L'ENCYCLOPÉDIE

Hachette

HISTOIRE

CIVILISATIONS

TECHNOLOGIES

MONDE VIVANT

GÉOGRAPHIE

SCIENCES

Avec
300
liens internet
pour en savoir plus

L'ENCYCLOPÉDIE

Hachette

HISTOIRE

CIVILISATIONS

TECHNOLOGIES

MONDE VIVANT

GÉOGRAPHIE

SCIENCES

A Dorling Kindersley Book
www.dk.com
Original title : *Children's Illustrated Encyclopedia*

Traduction de l'anglais : Pascal Aubin, Sabine Rolland, Francine Sirven

Réalisation et coordination éditoriale : Belle Page

Graphisme de la couverture : Hachette/Florence Le Maux

Crédits photos de couverture : chevalier © Getty Images/Jenny Young ; satellite © ESA Satellite/P. Carril ; lémurien © Eric Isselee/Shutterstock ; ville de Shangai © fototrav/Getty Images ; autres visuels de la couverture : extraits de l'intérieur © Dorling Kindersley

ISBN : 978-2-01-170055-1

43, quai de Grenelle – 75906 PARIS Cedex 15

Sommaire

COMMENT UTILISER CE LIVRE

IL EST FACILE de trouver dans l'*Encyclopédie Hachette* des informations précises sur de nombreux sujets. Les trois pages qui suivent vous expliquent en détail comment tirer le meilleur parti de cet ouvrage. Chaque thème se compose d'une ou de plusieurs pages. Les thèmes sont classés par ordre alphabétique, en commençant par « Abeilles et Guêpes » et en finissant par « Zoos ». Pour trouver le thème qui vous intéresse, vous pouvez soit le chercher directement dans les pages de l'encyclopédie, en vous aidant des titres situés en haut de page, soit vous reporter à l'index en fin d'ouvrage (pages 746-763), qui vous renverra aux pages du thème ou aux sujets complémentaires à cette recherche.

SITE WEB
Certaines pages comportent une adresse internet qui vous aidera à compléter vos recherches sur le sujet de la page.

ILLUSTRATION
Les thèmes sont illustrés par des dessins détaillés. Sur cette image, nous voyons des citoyens apporter des présents à leur souverain, le roi de Perse, dans son palais royal de Persépolis.

LÉGENDE
Toutes les illustrations sont accompagnées d'une légende.

CARTE
Certaines pages comportent des cartes pour vous aider à mieux situer géographiquement les populations ou les événements. Ici, la carte vous montre où se situait l'Empire perse et quelle était son étendue.

http://www.memo.fr

les Perses

IL Y A PLUS DE 3000 ANS, le pays connu aujourd'hui sous le nom d'Iran était occupé par différents peuples, dont les Mèdes et les Perses. Les Mèdes dominèrent la région durant quelques années. En 550 av. J.-C., Cyrus II le Grand, roi de Perse achéménide partit à la conquête du territoire des Mèdes et finit par fonder un immense empire. En à peine 30 ans, la Perse devint le plus puissant des royaumes de l'époque : l'empire englobait la Mésopotamie, l'Anatolie (Turquie), la Méditerranée orientale, ainsi que le Pakistan et l'Afghanistan actuels. La Perse s'imposa durant plus de deux siècles comme le plus grand empire au monde. Brillants soldats et cavaliers, les Perses se firent également remarquer pour leurs talents d'artisans et d'administrateurs. Sous Darius Ier, l'empire était divisé en provinces, baptisées satrapies, qu'un réseau routier reliait entre elles de façon à faciliter le commerce et les échanges. Le roi instaura un système postal et une monnaie unique, afin d'unifier son vaste empire. La Perse prospéra jusqu'à la conquête de l'empire par le roi grec Alexandre le Grand.

CYRUS II LE GRAND
Entre 550 et 530 av. J.-C., Cyrus II le Grand, qui fut à l'origine de la fondation de l'Empire perse, régna sur de nombreux peuples (Babyloniens, Égyptiens, Grecs, Syriens, etc.).

Le peuple se rendait au palais royal pour apporter des présents.

Des bas-reliefs représentaient les porteurs de présents du nouvel an.

PERSÉPOLIS
Vers 520 av. J.-C., Darius Ier ordonna la construction de Persépolis. Les travaux se poursuivirent sous le règne de son fils, Xerxès Ier (486-465 av. J.-C.). Persépolis abritait de somptueux édifices, dont le palais royal. La cité ne s'ouvrait au public que pour la fête du nouvel an, quand les populations de l'empire venaient offrir des présents à leur roi.

EMPIRE PERSE
À son apogée, l'Empire perse s'étendait des frontières de l'Inde aux rives du Nil, en Égypte. Suse était la capitale administrative de l'empire, Persépolis, la capitale royale et Parsagades la cité des couronnements.

Parmi les vestiges de Persépolis, on découvrit de nombreuses statues dont cette tête de cheval qui ornait la cour du palais principal.

ZOROASTRISME
Les Perses suivaient les préceptes de Zoroastre (620- 551). Le zoroastrisme, réforme du mazdéisme, resta la religion dominante de la Perse jusqu'à l'arrivée des musulmans au VIIe siècle.

Les prêtres zoroastriens portaient une masse à tête de taureau, symbole des luttes religieuses menées contre le démon.

PERSÉPOLIS AUJOURD'HUI
Lorsque Alexandre le Grand s'empara de Persépolis, il brûla et rasa la cité. Les vestiges de cette ancienne capitale et de son vaste complexe palatial se dressent aujourd'hui encore au sud de l'Iran.

550 AV. J.-C. Cyrus II le Grand défait les Mèdes et fonde l'Empire perse achéménide.
539 AV. J.-C. Cyrus II le Grand part à la conquête de l'Empire babylonien.
VERS 530 AV. J.-C. Mort de Cyrus II le Grand.
525 AV. J.-C. Les Perses partent à la conquête de l'Égypte.
521-486 AV. J.-C. Règne de Darius Ier.
510 AV. J.-C. Les Perses envahissent le sud-ouest de l'Europe et l'Asie centrale.
500-449 AV. J.-C. Guerres médiques entre les Perses et les Grecs; les rois perses craignent l'influence de la Grèce et de sa démocratie.
490 AV. J.-C. Les Grecs l'emportent sur les Perses lors de la bataille de Marathon.
480 AV. J.-C. La flotte grecque défait les Perses lors de la bataille navale de Salamine.
334 AV. J.-C. Alexandre le Grand envahit la Perse.
331 AV. J.-C. Alexandre le Grand défait les Perses lors de la bataille de Gaugamèles. Chute de l'Empire perse.

Pour en savoir plus
L'ARMÉE
LES ARMES
LES CHARS D'ASSAUT

537

P

INTRODUCTION
Chaque thème démarre par une introduction offrant des informations générales sur le sujet.

SOUS-TITRE
Les informations principales du thème abordé sont reprises dans les sous-titres. Ainsi, la capitale de l'Empire perse, Persépolis, fait l'objet d'un développement particulier.

PHOTOGRAPHIE
Des photographies sont présentes sur la plupart des pages. La photo ci-contre représente une sculpture de tête de cheval datant de l'Empire perse.

CHRONOLOGIE
La plupart des thèmes traitant de l'histoire comportent une frise chronologique. Cette dernière indique les dates majeures du thème. Dans la chronologie ci-dessus, on trouve les dates clés de l'Empire perse.

POUR EN SAVOIR PLUS
L'encadré « Pour en savoir plus » renvoie aux autres thèmes liés au sujet de la page. Dans cet exemple, l'encadré nous renvoie vers Alexandre le Grand, les Assyriens, etc., des thèmes qui vous permettront d'approfondir vos connaissances.

CARTES

Vous trouverez des cartes de tous les continents et de leurs principaux pays. Chaque page de carte comporte une multitude d'informations concernant le pays : son drapeau, sa population, son relief…

SYMBOLE
Chaque carte comporte des symboles qui permettent de localiser rapidement la capitale du pays, les principales villes, les volcans et les montagnes.

DONNÉES TERRITORIALES
Différents drapeaux accompagnent la carte du pays. Ces drapeaux représentent les nations ou territoires voisins du pays, et donnent des informations telles que la capitale, la langue parlée, le nombre d'habitants…

STATISTIQUES
Chaque pays est accompagné de ses caractéristiques : sa surface, son nombre d'habitants, la ou les langues parlées, sa monnaie…

DRAPEAU
Avec chaque carte, vous trouverez le drapeau du pays représenté. Celui-ci est le drapeau de l'Italie.

LIEU À DÉCOUVRIR
Une photo présente un aspect caractéristique d'une région ou d'une ville. Ici Milan, grande capitale de la mode.

ÉCHELLE
L'échelle permet, sur chaque carte, d'évaluer les distances.

BOUSSOLE
La boussole indique les quatre principaux points cardinaux.

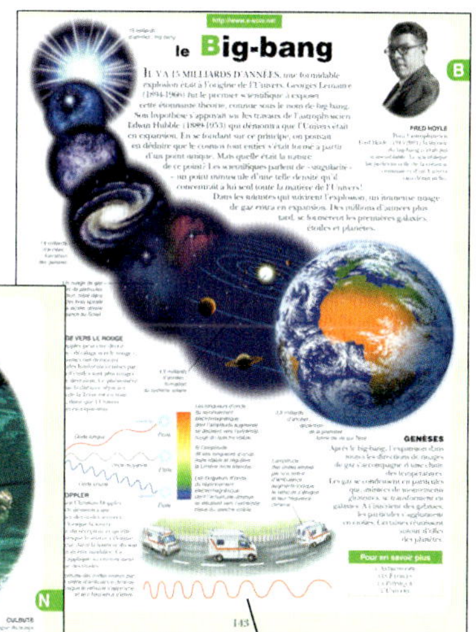

Des schémas expliquent, de façon simple et claire, les théories scientifiques.

Les pages consacrées aux sports montrent les différents équipements requis pour l'activité présentée.

Une biographie accompagne les personnages célèbres. Elle indique les dates des principaux événements de leur vie.

Les pages sur la nature sont dotées de cartes représentant les régions du monde qui sont concernées par le type de vie évoqué.

FAITS ET CHIFFRES

En fin d'ouvrage, vous trouverez une rubrique « Faits et chiffres » (pages 714-745) qui contient de nombreuses informations sur l'histoire, la géographie, les sciences, la nature et l'espace. Elle est constituée de tableaux, de chronologies, de dessins, de schémas... très clairs et précis, qui permettent d'aller à l'essentiel.

La frise en haut de page permet de comparer les événements d'une même période sur les cinq continents à la fois.

CHRONOLOGIE

L'histoire de chaque continent est retracée de façon condensée, de la préhistoire à nos jours, les dernières décennies étant plus développées.

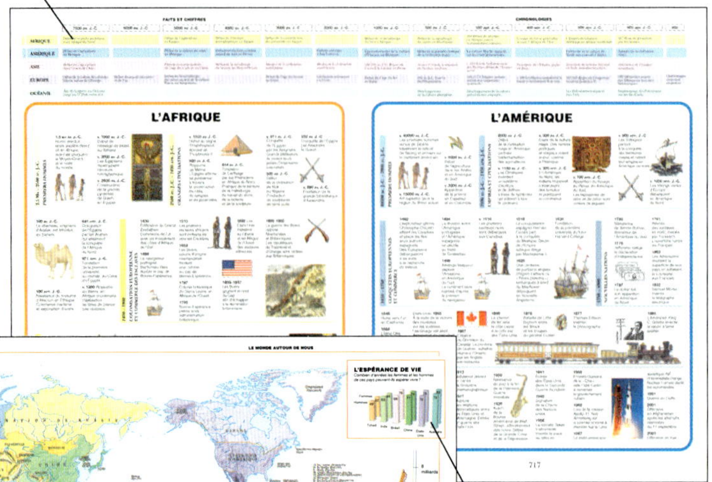

LE MONDE AUTOUR DE NOUS

Cette section, comportant trois cartes mondiales, aborde les aspects financiers, politiques et technologiques de différents pays, ainsi que les modes de vie des populations.

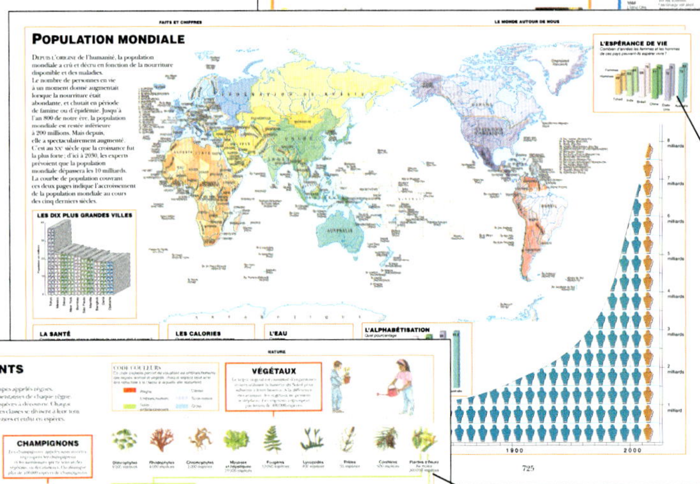

Les graphiques en 3D fournissent des informations comparatives pour les cinq continents.

Les encadrés fournissent des informations précises et facilement compréhensibles.

NATURE

Cette section est faite de tableaux classant la faune et la flore par espèces, et répertoriant des informations précises sur les espèces les plus connues.

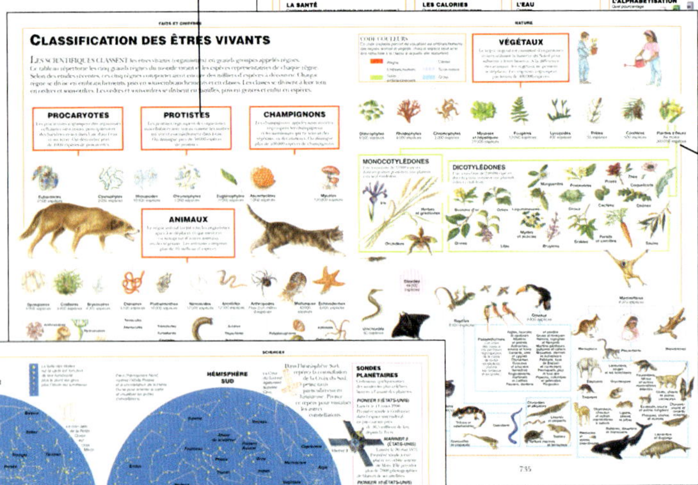

La plupart des plantes et des animaux sont ici représentés.

Les cartes du ciel montrent les différentes constellations.

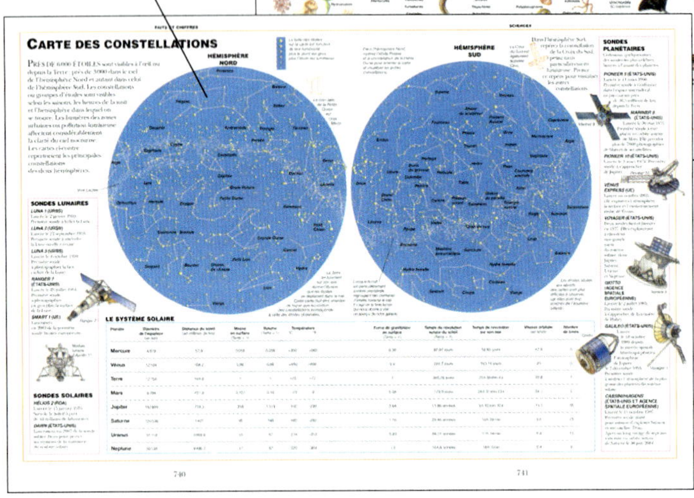

SCIENCES

Dans la partie traitant des sciences, vous trouverez des cartes du ciel, des formules de mathématiques et de chimie, et des tableaux de conversion.

CONVERSIONS ET ABRÉVIATIONS

CONVERSIONS

De temps en temps vous rencontrerez ce petit garçon ou cette petite fille qui mesurent environ 1,20 m et qui vous aideront à évaluer la taille de certains animaux ou objets.

ABRÉVIATIONS

Certains termes sont employés de façon abrégée dans cette encyclopédie. La liste suivante vous donnera la signification de ces abréviations :

°C = degré Celsius
mm = millimètre
cm = centimètre
m = mètre
km = kilomètre
m² = mètre carré
km/h = kilomètre par heure
g = gramme
kg = kilogramme
l = litre
av. J.-C. = avant Jésus-Christ
apr. J.-C. = après Jésus-Christ

INDEX

À la fin de l'ouvrage se trouve l'index (pages 746-763), dans lequel vous pourrez retrouver tous les sujets abordés dans l'encyclopédie. Les numéros en **gras** renvoient aux pages consacrées au thème recherché. Les numéros en *italique* se réfèrent à la rubrique *Faits et Chiffres*. Les numéros sans aucune caractéristique se réfèrent aux pages dans lesquelles le sujet est mentionné.

Angola 22
anguille 556
animation 240
animaux 144, 713, *734-735*
camouflage **154**
de compagnie **69**
de la ferme **70-71**

Le numéro 556 indique que l'anguille est mentionnée en page 556.

Les numéros 734-735 indiquent qu'il y a de plus amples informations sur les animaux dans la rubrique Faits et Chiffres.

Les numéros 70-71 indiquent qu'il y a une double page consacrée aux animaux de la ferme.

DE A À Z

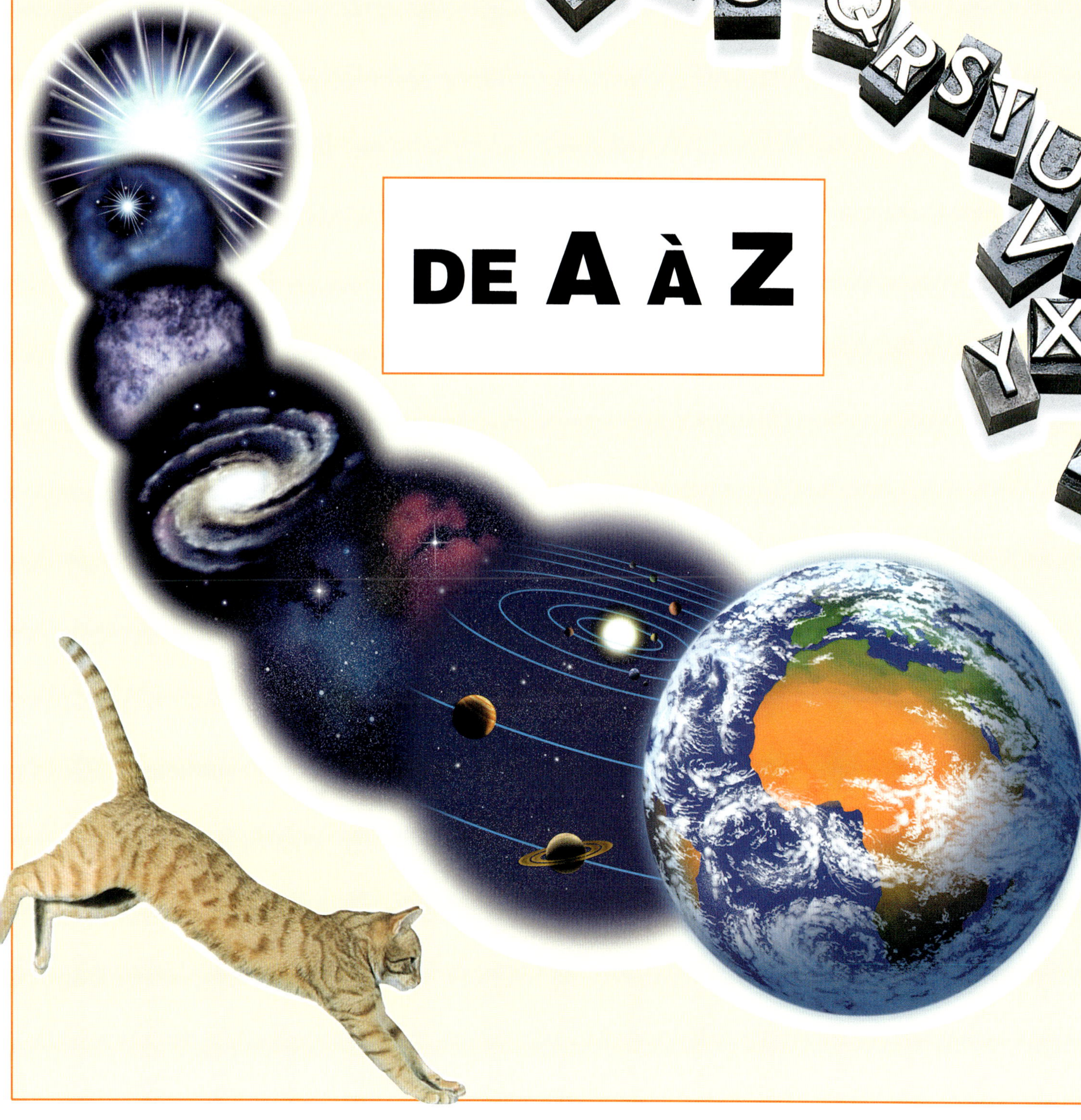

Abeilles et guêpes

Autrefois, pour récolter le miel, les apiculteurs détruisaient les ruches en paille.

NOUS CONNAISSONS surtout les abeilles domestiques, les bourdons et les guêpes communes, mais il en existe beaucoup d'autres comme l'abeille charpentière, la guêpe maçonne et la guêpe cartonnière. Les abeilles et les guêpes existent depuis des millions d'années sur tout le globe, ou presque. Elles volent parfaitement et le battement de leurs ailes puissantes produit un bourdonnement. Certaines sont solitaires, construisant leur nid dans le sol ou dans un tronc d'arbre, d'autres sociales comme les bourdons et les abeilles domestiques qui vivent en colonies dans les arbres, les toits et les rochers. Dans une colonie de bourdons, la reine travaille comme ses ouvrières. Mais dans une colonie d'abeilles domestiques, la reine ne travaille pas et passe son temps à pondre des œufs. Une colonie d'abeilles peut contenir 50 000 individus.

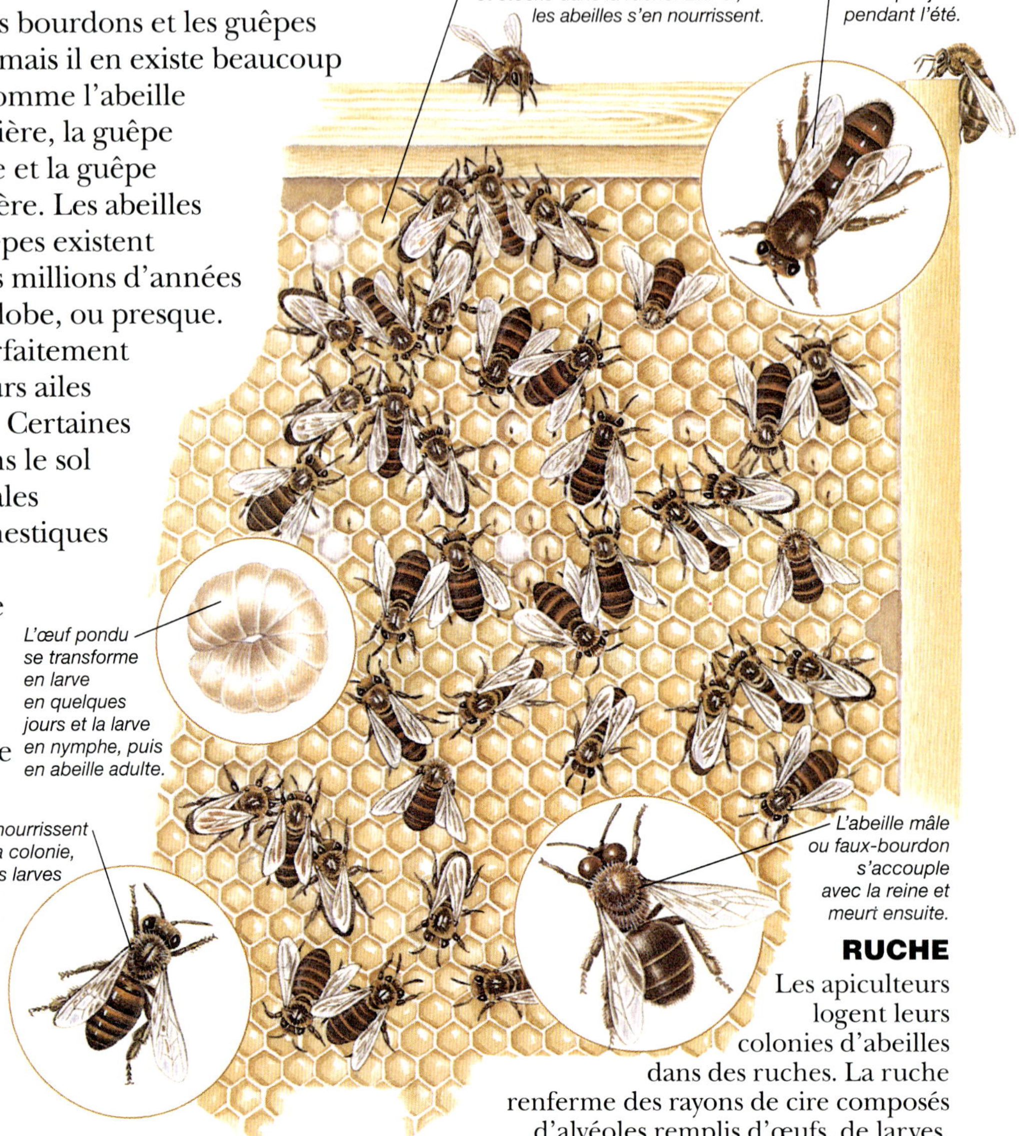

Le miel est produit par les abeilles et stocké dans la ruche. L'hiver, les abeilles s'en nourrissent.

La reine pond 1 500 œufs par jour pendant l'été.

L'œuf pondu se transforme en larve en quelques jours et la larve en nymphe, puis en abeille adulte.

Les ouvrières nourrissent et défendent la colonie, s'occupent des larves et nettoient la ruche.

L'abeille mâle ou faux-bourdon s'accouple avec la reine et meurt ensuite.

RUCHE

Les apiculteurs logent leurs colonies d'abeilles dans des ruches. La ruche renferme des rayons de cire composés d'alvéoles remplis d'œufs, de larves, de nymphes, de réserves de pollen, et de miel. La reine, les faux-bourdons et les ouvrières y vivent aussi. Chaque ruche peut abriter 40 000 ouvrières, quelques centaines de reproducteurs et une reine.

GUÊPE PARASITE

L'ichneumon paralyse araignées et insectes pour pondre ses œufs dans leur corps. Les œufs deviennent des larves qui dévorent l'hôte pour se nourrir.

Les œufs de guêpe se transforment en larves dans le nid.

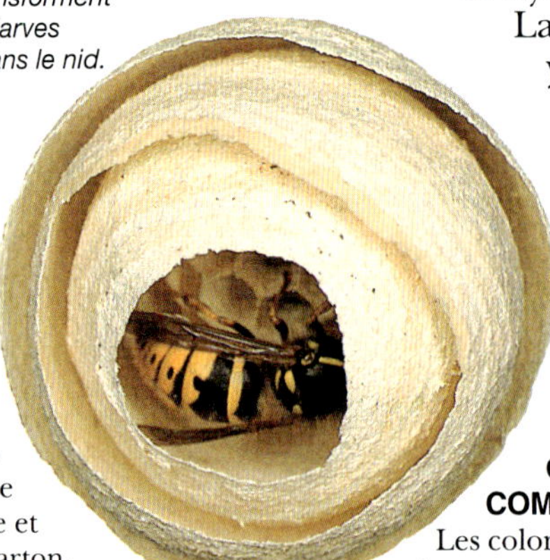

GUÊPIER

Après avoir hiberné, la guêpe femelle ramasse des fibres de bois, les mélange à de la salive pour obtenir une pâte et construit un nid en carton. Elle pond des œufs dans des alvéoles hexagonaux à l'intérieur du nid, puis attrape des insectes pour nourrir les larves. Les larves se transforment en ouvrières (stériles) qui continuent d'agrandir et de solidifier le nid. Les individus sexués, mâles et femelles, naîtront plus tard. Un grand guêpier peut contenir 5 000 ouvrières qui se nourrissent de sève, de fruits et de nectar.

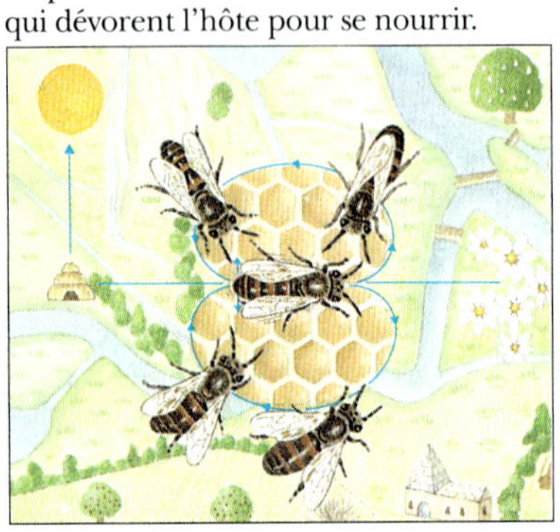

DANSE EN HUIT

Pour indiquer aux autres abeilles de la ruche une source éloignée de nectar ou de pollen, l'ouvrière exécute une danse en fonction de la position de la ruche, de celle du « butin » et de celle du soleil.

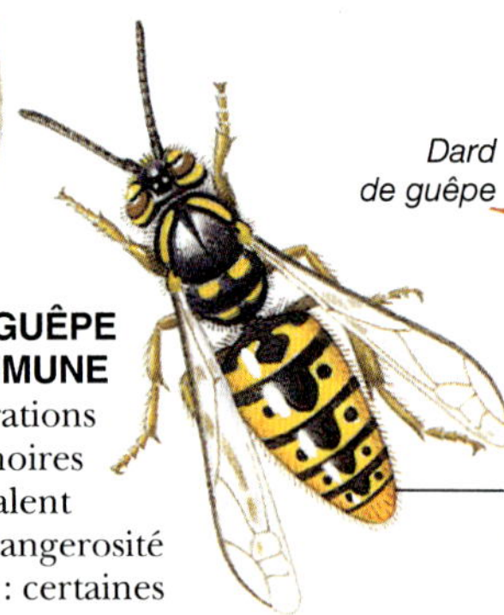

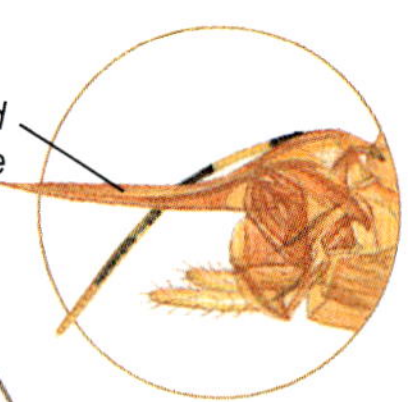

Dard de guêpe

Seules les guêpes femelles piquent.

GUÊPE COMMUNE

Les colorations jaunes et noires signalent la dangerosité de l'insecte : certaines guêpes se servent de leur aiguillon pour se défendre contre les prédateurs ou paralyser une proie. Les abeilles, elles, ne piquent que si on les provoque.

Pour en savoir plus

LES ESPÈCES ANIMALES
FLEURS ET HERBES AROMATIQUES
LES INSECTES

les Aborigènes

LES PREMIERS HABITANTS de l'Australie étaient des peuples nomades (itinérants) qui arrivèrent d'Asie du Sud-Est sur ce continent il y a environ 40 000 ans. Quand les Européens s'installèrent en Australie à la fin du XVIIIe siècle, ils appelèrent ces indigènes « Aborigènes », signifiant ainsi qu'ils vivaient là depuis les origines.

Aujourd'hui, l'Australie compte environ 160 000 Aborigènes. La plupart vivent dans les villes, mais quelques milliers tentent de subsister de manière traditionnelle. Ils parcourent la brousse, chassant à la lance et au boomerang, et se nourrissant de plantes, de gibier et d'insectes. Ils possèdent peu de biens et fabriquent tout ce dont ils ont besoin à partir de matériaux naturels. Ce mode de vie ne modifie pas l'environnement fragile des terres intérieures d'Australie.

L'équilibre biologique de la brousse, de ses plantes et de ses animaux est vital pour le peuple aborigène.

ART

L'art aborigène évoque surtout un passé très lointain : le *dreamtime* ou « temps de rêve ». Les peintures représentent le peuple, les esprits et les animaux de cette période. Peintes à l'ocre rouge et jaune et à l'argile blanche, ces représentations remontent pour certaines à plusieurs milliers d'années.

Cérémonies privées et rituels secrets occupent une place importante dans la vie des aborigènes. À travers la danse, le chant et les mélopées, les jeunes aborigènes découvrent le dreamtime.

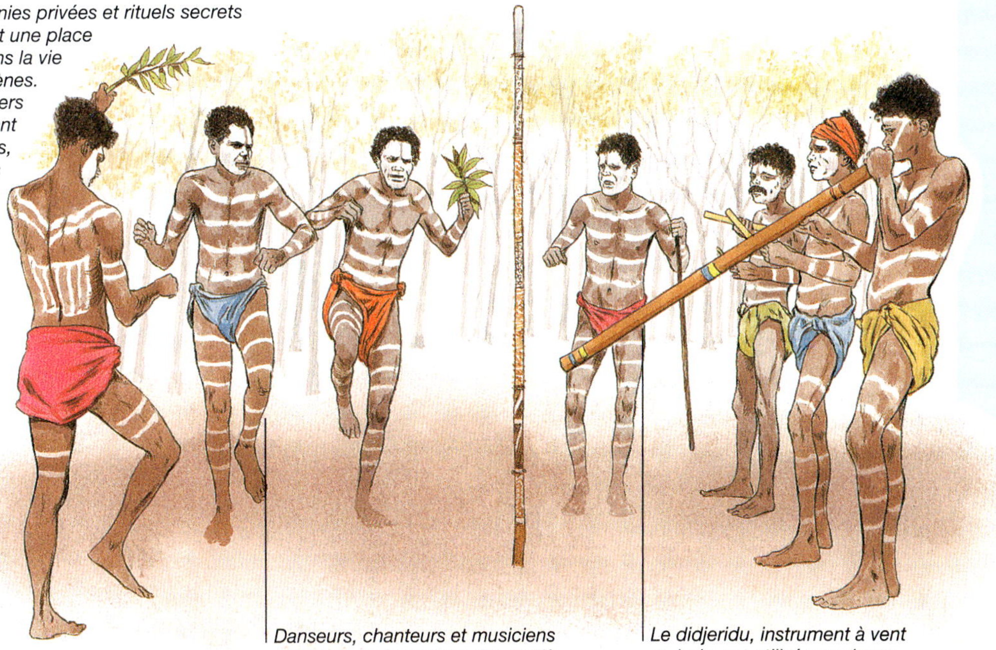

Danseurs, chanteurs et musiciens peignent sur leur corps des motifs complexes.

Le didjeridu, instrument à vent en bois, est utilisé pour jouer les rythmes de base de la musique aborigène.

DREAMTIME

Les Aborigènes pensent descendre d'ancêtres animaux, végétaux et humains qui ont créé le monde et tout ce qui s'y trouve. Cette période de création est appelée *dreamtime*. Il existe de nombreux chants et mythes la concernant, que les aborigènes se transmettent de génération en génération.

VIE URBAINE

La majorité des Aborigènes vit dans les villes. Certains exercent le métier d'enseignant, de médecin ou de juriste ; néanmoins beaucoup sont pauvres et isolés de la société occidentale, tout en ayant perdu le contact avec leur tribu. Aujourd'hui, des campagnes sont xependant menées parmi les aborigènes des villes afin de ranimer l'intérêt pour la culture tribale et les coutumes traditionnelles de leurs ancêtres.

Le boomerang courbe, qui revient au lanceur, n'est utilisé que pour le sport.

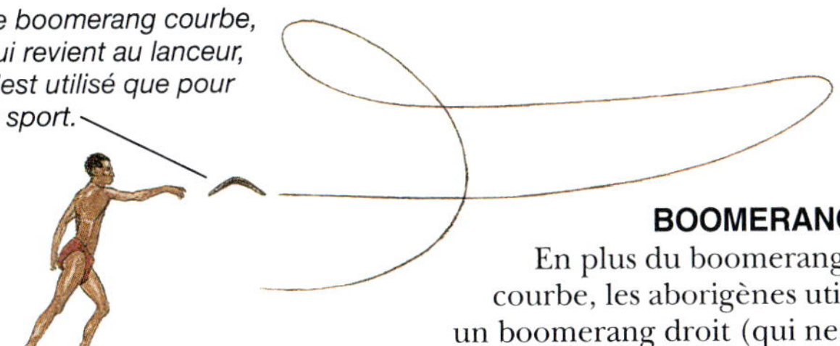

BOOMERANG

En plus du boomerang courbe, les aborigènes utilisent un boomerang droit (qui ne revient pas) comme arme de combat et pour chasser les mammifères tels que le kangourou.

REVENDICATIONS

Quand les colons britanniques arrivèrent en Australie, ils s'emparèrent de sites sacrés et d'autres territoires appartenant au peuple aborigène. En 1976, une partie des terres lui a été rendue et en 2008, le gouvernement australien s'est excusé pour les crimes commis contre la population aborigène, notamment les « générations volées », désignant des milliers d'enfants enlevés de force à leur famille et placés dans des institutions ou des familles d'accueil.

Pour en savoir plus

L'AUSTRALIE (FAUNE ET FLORE)
L'AUSTRALIE (GÉOGRAPHIE)
L'AUSTRALIE (HISTOIRE)
LES FÊTES
MYTHES ET LÉGENDES

les Aéroports

CHAQUE ANNÉE, plusieurs milliards de passagers fréquentent les aéroports du monde entier. Les terminaux de transport aérien traitent des centaines de millions de tonnes de marchandises. Lorsqu'ils circulent par voie aérienne, les gens et les biens doivent passer par un aéroport. Certains sont extrêmement grands. L'aéroport international Charles-de-Gaulle, en région parisienne, a accueilli ainsi environ 58 millions de passagers en 2009. D'énormes avions internationaux traversent des continents entiers. De plus petits appareils effectuent les vols intérieurs, transportant leurs passagers d'une région à l'autre du pays. Ils peuvent atterrir sur de minuscules aérodromes desservant une petite ville ou une île. Tout aéroport est équipé de pistes permettant aux avions de prendre de la vitesse pour décoller et d'installations pour ravitailler et réparer les appareils. Dans les plus grands, restaurants et salons accueillent les passagers en attente d'embarquement.

PASSEPORTS
Les passagers des vols internationaux doivent présenter un passeport pour prouver leur identité. Les fonctionnaires de l'aéroport le tamponnent pour indiquer que le voyageur a pénétré légalement dans le pays. L'utilisation des passeports remonte au XVIe siècle, mais ne s'est généralisée que depuis 50 ans.

TERMINAL DES PASSAGERS

Les grands aéroports modernes emploient des milliers de personnes. Dès qu'un avion atterrit, les contrôleurs aériens le dirigent vers un point de débarquement, où il s'arrête. Les passagers quittent l'appareil par une rampe (escalier) les amenant au sol. Les bagagistes sortent les valises de l'avion et les emportent au terminal où elles seront récupérées. Munis de leurs bagages, les passagers passent à la douane, puis prennent une correspondance ou continuent leur voyage par bus, voiture ou train.

AIGUILLEURS DU CIEL
Dans un aéroport, jusqu'à 50 avions peuvent décoller et atterrir toutes les heures. Les contrôleurs aériens, dans la tour de contrôle, envoient, par radio, des instructions aux avions qui doivent décoller ou qui attendent d'atterrir.

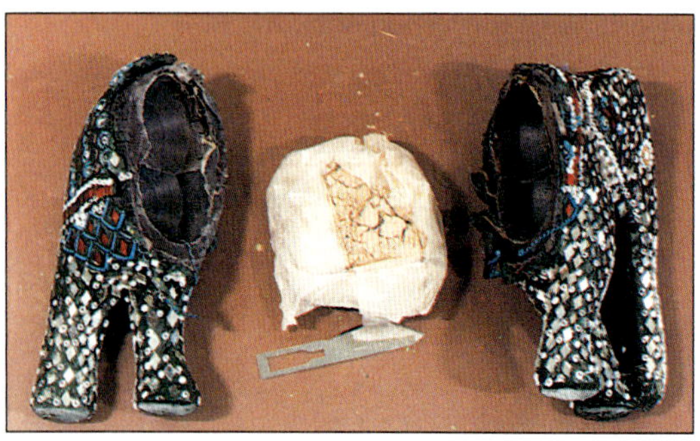

Les trafiquants cachent la drogue dans des bibelots creux ou d'autres objets.

DOUANE
À chaque arrivée, des fonctionnaires fouillent bagages et vêtements à la recherche de drogues et d'autres substances illégales, et vérifient les objets pour lesquels les voyageurs doivent payer une taxe d'importation ou d'exportation. Les trafiquants tentent de tromper les douaniers en dissimulant des objets illégaux ou taxés.

SÉCURITÉ
Les autorités de l'aéroport effectuent des contrôles de sécurité pour protéger les avions des bombes et des terroristes armés. Des machines à rayons X analysent les bagages à main. Les passagers traversent une arche qui détecte le métal ; le métal lourd, tel qu'une arme, déclenche une alarme.

Pour en savoir plus

LES AVIONS
LES AVIONS MILITAIRES
LES RAYONS X
LES TRANSPORTS

l'Afrique (faune et flore)

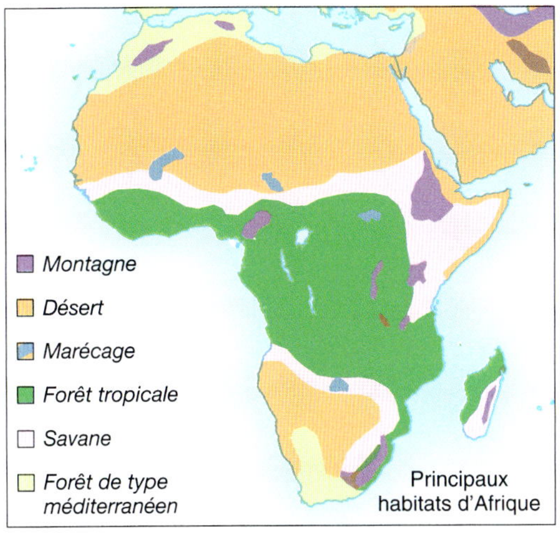

Principaux habitats d'Afrique

L'AFRIQUE abrite une faune et une flore d'une extrême diversité. Le guépard, le coureur le plus rapide du monde, pourchasse ses proies dans la brousse. Le crocodile du Nil se cache dans le fleuve du même nom. De vastes troupeaux de gnous, de zèbres et de buffles parcourent la savane à côté du plus gros mammifère terrestre, l'éléphant, et du plus grand oiseau, l'autruche. Des gorilles et des chimpanzés peuplent les forêts denses du centre de l'Afrique. Dans les déserts du Kalahari et du Namib, qui comptent parmi les régions les plus sèches de la planète, des scinques se protègent à l'ombre des euphorbes géantes, se méfiant des crotales venimeux. Bien que de nombreuses régions soient cultivées, l'Afrique abrite encore des lieux restés sauvages.

PARCS NATIONAUX
L'homme détruit maintes régions sauvages d'Afrique pour les transformer en exploitations forestières et agricoles. Le parc national de Korup, au Cameroun, constitue l'une des dernières forêts vierges. C'est aujourd'hui une réserve nationale protégée.

SAVANE
Les plaines à hautes herbes sont des savanes. Elles abritent, entre autres, des éléphants, des rhinocéros, des zèbres et des lions. La savane couvre près du quart de l'Afrique, essentiellement à l'est et au sud.

Le vautour percnoptère d'Égypte possède une tête et un cou chauves. Il se nourrit de charognes.

GIRAFE
La girafe est le plus grand mammifère du monde. Un mâle peut mesurer 5 m de haut, cornes comprises. Ses pattes et son cou, d'une longueur incroyable, lui permettent d'atteindre des végétaux inaccessibles aux autres animaux. Sa longue queue à poils rêches lui sert de tapette pour chasser les mouches.

Le grand serpentaire chasse les serpents dans la savane.

Deux hippopotames mâles défendant leur territoire

HYÈNE
Ce prédateur et charognard chasse la nuit tout ce qu'il peut trouver ; chèvres et autres mammifères, oiseaux et serpents, et apprécie les restes laissés par d'autres animaux. Malgré sa ressemblance physique avec le chien, l'hyène est plus proche des mangoustes.

ZONES HUMIDES

Les marécages et les lacs d'Afrique abritent des hérons, des pélicans, des flamants roses et d'autres oiseaux aquatiques, ainsi que des dipneustes et d'énormes bancs de cichlidés et d'autres poissons. Dans le désert du Kalahari, des crocodiles et des hippopotames vivent dans le bassin de l'Okawango, la plus grande oasis du monde, au milieu des papyrus.

SURICATE
Le suricate est une petite mangouste qui creuse la terre à la recherche d'insectes, de lézards et d'autres petites créatures et déménage dès que la nourriture se raréfie. Les suricates vivent en collectivité et creusent des réseaux de terriers pour se loger et élever leurs petits.

Le suricate adopte une posture de sentinelle à l'entrée de son terrier.

HIPPOPOTAME
Un hippopotame adulte peut peser plus de 2,7 tonnes, ce qui en fait l'un des animaux les plus lourds. Le jour il se vautre dans la boue ou se baigne dans les lacs et les cours d'eau, ne laissant que ses oreilles, ses yeux et ses narines hors de l'eau. La nuit il rejoint la terre ferme pour se nourrir de graminées.

PANGOLIN
Il existe 7 espèces de pangolins en Afrique et en Asie. Les pangolins vivent dans les savanes et les forêts où ils attrapent fourmis et termites en étirant leur langue collante. Ils se mettent en boule face au danger et leurs écailles les protègent des prédateurs.

De nombreux coléoptères récupèrent et recyclent les éléments nutritifs du sol.

Pour en savoir plus
LES ÉLÉPHANTS
LES GRANDS FÉLINS
LES MARÉCAGES

l'Afrique (géographie)

PEU DE RÉGIONS du monde sont aussi variées que l'Afrique. Ce vaste continent est formé de 53 nations indépendantes, et d'encore bien plus de peuples. La côte septentrionale est riche et fertile ; à l'ouest s'étend le désert sec du Sahara. Au sud du Sahara pousse la luxuriante forêt tropicale. L'essentiel de l'Afrique australe et orientale est constitué de savane. Les pays africains sont généralement pauvres, quoique souvent riches en ressources naturelles. De nombreux gouvernements sont instables ; rébellions et guerres civiles sont courantes. Il existe peu de grandes villes, la plus grande part du continent étant formée de vastes étendues où les modes de vie restent traditionnels.

L'Afrique est d'une forme à peu près triangulaire. L'océan Atlantique s'étend à l'ouest et l'océan Indien à l'est. Au nord-ouest, seuls quelques kilomètres de mer séparent le continent africain de l'Europe.

ÉCOLES
La scolarisation est encore faible en Afrique et les élèves doivent parfois parcourir de nombreux kilomètres à pied pour se rendre à l'école.

Les peuples touaregs, habitants du Sahara, pratiquent principalement l'élevage.

Les Ashanti d'Afrique occidentale sont principalement des fermiers.

Les grands Massaï du Kenya font paître leurs troupeaux dans les vastes plaines.

Les Pygmées ne mesurent pas plus de 1,50 m. Ils vivent dans la dense forêt tropicale d'Afrique centrale.

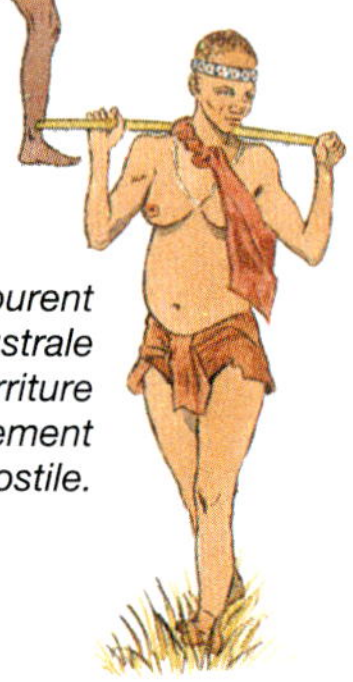

Les Bochimans parcourent les déserts d'Afrique australe et trouvent leur nourriture dans cet environnement hostile.

PEUPLES
Dans les campagnes africaines, les gens vivent en tribus regroupées par villages. Certains, tels les Kikuyu d'Afrique orientale, descendent de tribus vivant au même endroit depuis plusieurs siècles. D'autres, tels les Arabes d'Afrique du Nord, sont de récents immigrés venus d'autres régions d'Afrique ou d'autres continents. Les frontières entre pays ne tiennent pas compte de ces cultures diverses. Des gens d'une même culture peuvent ainsi habiter deux pays différents, et une nation être composée de plus d'une centaine d'ethnies.

Les minarets des mosquées dominent la ville du Caire.

LE CAIRE
Le Caire, capitale de l'Égypte, est la plus grande ville d'Afrique, avec une population de plus de 16 millions d'habitants. Elle est située sur le Nil, près du delta du fleuve. La vieille ville est un lacis de rues étroites et sinueuses, tandis que la ville nouvelle comporte de larges rues et de nombreux bâtiments, bureaux et logements modernes. La population du Caire vient de toute l'Afrique du Nord, ainsi que d'Europe et du Moyen-Orient.

KILIMANDJARO
La plus haute et la plus belle montagne d'Afrique est le Kilimandjaro, en Tanzanie. Son sommet le plus élevé, qui atteint 5 895 m, est un volcan éteint toujours couvert de neige, bien que la montagne ne soit qu'à quelques kilomètres de l'équateur. Un sentier conduit au sommet, qui peut être atteint en 3 jours depuis la route la plus proche. Beaucoup de gens vivent sur ses pentes les plus basses, où ils cultivent des fruits tropicaux.

DÉSERT DU SAHARA

Le Sahara est le plus grand désert du monde et couvre presque un tiers de l'Afrique. Ces dernières années, le désert s'est étendu, détruisant des terres cultivées et provoquant des famines. Dans certaines régions, l'irrigation a stoppé la progression du désert, mais elle peut à long terme rendre le sol salé et infertile. Les températures excèdent parfois –50 °C dans cet environnement

MÉDECINE ET GUÉRISSEURS

Pour se soigner, certains Africains consultent des médecins à l'occidentale. D'autres s'adressent à un guérisseur traditionnel (ci-dessus). Membre respecté de la communauté, il connaît bien les herbes et les plantes et la manière de les utiliser pour soigner. Pour identifier la source d'une maladie, le guérisseur peut contacter des esprits en se mettant en transe. Le traitement inclut parfois des sacrifices d'animaux.

En Afrique occidentale, la musique rythmique des djembés, instruments à percussion recouverts d'une peau tendue, est un art très développé.

MUSIQUE ET CULTURE

L'Afrique possède une culture riche et variée. L'Afrique du Nord partage les traditions islamiques du Moyen-Orient, qui ont produit de magnifiques mosquées et palais. La musique d'Afrique occidentale est très rythmée; elle accompagne souvent des danses élaborées. L'Afrique orientale et australe est devenue célèbre pour son bel artisanat à base de perles et ses costumes de fête colorés.

GUERRE ET FAMINE

Les guerres civiles sont courantes en Afrique. Elles sont causées par des luttes pour le pouvoir ou pour des territoires. Au Soudan, le conflit qui fait rage depuis 2003 dans la région du Darfour a causé la mort de plus de plus de 200 000 personnes. Depuis 2000, la Côte d'Ivoire doit faire face à une crise politique et militaire, et à des rébellions armées. La famine est une autre calamité. Traditionnellement, la plupart des peuples cultivaient assez de nourriture chaque année pour survivre. Cependant, la trop grande dépendance vis-à-vis d'une récolte unique et la croissance rapide de la population font que, si l'année est mauvaise, des milliers de gens peuvent mourir de faim en quelques mois.

VIE RURALE

La plupart des Africains vivent hors des villes. Pour se nourrir, ils cultivent légumes et céréales sur les mêmes terres depuis des générations et n'ont que de rares excédents à vendre ou à échanger contre d'autres biens. Parfois, les jeunes hommes partent vivre en ville quelques années, pour y gagner de l'argent dans les mines ou les usines, puis reviennent au village se marier et s'installer. Les types de cultures sont très variables. Ignames, manioc et bananes sont produits dans les luxuriantes régions tropicales; les fermiers des régions plus sèches se concentrent sur le blé et le bétail.

Construction d'une route au Nigeria

DÉVELOPPEMENT

Les mauvaises infrastructures, en particulier les routes, les voies ferrées et l'alimentation électrique peu fiables, entravent la croissance économique de nombreuses nations. La plupart comptent sur des prêts des gouvernements occidentaux et des banques internationales pour financer leurs programmes de développement.

Pour en savoir plus

L'AFRIQUE (HISTOIRE)
L'AFRIQUE AUSTRALE
L'AFRIQUE CENTRALE
L'AFRIQUE DU NORD
L'AFRIQUE OCCIDENTALE
L'AFRIQUE ORIENTALE

L'AFRIQUE POLITIQUE

Les États africains indépendants, à quelques exceptions près, couvrent un territoire identique à celui des colonies qu'ils ont remplacées. Jusque dans les années 1960, l'essentiel de l'Afrique était contrôlé par des États européens et appartenait à leur empire d'outre-mer. À la fin des années 1980, presque tous les pays avaient obtenu leur indépendance. Dans de nombreux cas, des gouvernements de type européen ont été hâtivement mis en place. Les dirigeants devenaient souvent des dictateurs, ou l'armée s'emparait du pouvoir. Cette situation a créé des guerres civiles, dont certaines font toujours rage en divers points du continent.

AFRIQUE DU SUD
Superficie : 1 221 040 km²
Population : 50 110 000
Capitale : Pretoria

ALGÉRIE
Superficie : 2 381 741 km²
Population : 34 895 000
Capitale : Alger

ANGOLA
Superficie : 1 246 700 km²
Population : 18 498 000
Capitale : Luanda

BÉNIN
Superficie : 112 622 km²
Population : 8 935 000
Capitale : Porto-Novo

BOTSWANA
Superficie : 581 730 km²
Population : 1 950 000
Capitale : Gaborone

BURKINA
Superficie : 274 000 km²
Population : 15 757 000
Capitale : Ouagadougou

BURUNDI
Superficie : 27 834 km²
Population : 8 303 000
Capitale : Bujumbura

CAMEROUN
Superficie : 475 442 km²
Population : 19 522 000
Capitale : Yaoundé

CAP-VERT
Superficie : 4 033 km²
Population : 506 000
Capitale : Praia

COMORES
Superficie : 2 235 km²
Population : 676 000
Capitale : Moroni

CONGO
Superficie : 342 000 km²
Population : 3 683 000
Capitale : Brazzaville

CÔTE D'IVOIRE
Superficie : 322 463 km²
Population : 21 075 000
Capitale : Yamoussoukro

DJIBOUTI
Superficie : 23 200 km²
Population : 864 000
Capitale : Djibouti

ÉGYPTE
Superficie : 1 001 449 km²
Population : 82 999 000
Capitale : Le Caire

ÉRYTHRÉE
Superficie : 117 600 km²
Population : 5 073 000
Capitale : Asmara

ÉTHIOPIE
Superficie : 1 104 300 km²
Population : 82 825 000
Capitale : Addis-Abeba

GABON
Superficie : 267 668 km²
Population : 1 475 000
Capitale : Libreville

GAMBIE
Superficie : 11 295 km²
Population : 1 705 000
Capitale : Banjul

GHANA
Superficie : 238 533 km²
Population : 23 837 000
Capitale : Accra

GUINÉE
Superficie : 245 857 km²
Population : 10 069 000
Capitale : Conakry

GUINÉE-BISSAU
Superficie : 36 125 km²
Population : 1 611 000
Capitale : Bissau

GUINÉE ÉQUATORIALE
Superficie : 28 051 km²
Population : 676 000
Capitale : Malabo

KENYA
Superficie : 580 367 km²
Population : 39 802 000
Capitale : Nairobi

LESOTHO
Superficie : 30 355 km²
Population : 2 067 000
Capitale : Maseru

LIBERIA
Superficie : 111 369 km²
Population : 3 955 000
Capitale : Monrovia

LIBYE
Superficie : 1 759 540 km²
Population : 6 420 000
Capitale : Tripoli

MADAGASCAR
Superficie : 587 041 km²
Population : 19 625 000
Capitale : Antananarivo

MALAWI
Superficie : 118 484 km²
Population : 15 263 000
Capitale : Lilongwe

MALI
Superficie : 1 240 192 km²
Population : 13 010 000
Capitale : Bamako

MAROC
Superficie : 446 550 km²
Population : 31 993 000
Capitale : Rabat

MAURICE
Superficie : 2 040 km²
Population : 1 288 000
Capitale : Port Louis

MAURITANIE
Superficie : 1 025 520 km²
Population : 3 291 000
Capitale : Nouakchott

MOZAMBIQUE
Superficie : 801 590 km²
Population : 22 894 000
Capitale : Maputo

NAMIBIE
Superficie : 824 292 km²
Population : 2 171 000
Capitale : Windhoek

NIGER
Superficie : 1 267 000 km²
Population : 15 290 000
Capitale : Niamey

NIGERIA
Superficie : 923 768 km²
Population : 154 729 000
Capitale : Abuja

OUGANDA
Superficie : 241 038 km²
Population : 32 710 000
Capitale : Kampala

RÉPUBLIQUE CENTRAFRICAINE
Superficie : 622 984 km²
Population : 4 422 000
Capitale : Bangui

RÉPUBLIQUE DÉMOCRATIQUE DU CONGO (EX-ZAÏRE)
Superficie : 2 344 858 km²
Population : 66 020 000
Capitale : Kinshasa

RWANDA
Superficie : 26 338 km²
Population : 9 998 000
Capitale : Kigali

SÃO TOMÉ-ET-PRÍNCIPE
Superficie : 964 km²
Population : 163 000
Capitale : São Tomé

SÉNÉGAL
Superficie : 196 722 km²
Population : 12 534 000
Capitale : Dakar

SEYCHELLES
Superficie : 455 km²
Population : 84 000
Capitale : Victoria

SIERRA LEONE
Superficie : 71 740 km²
Population : 5 696 000
Capitale : Freetown

SOMALIE
Superficie : 637 657 km²
Population : 9 133 000
Capitale : Muqdisho

SOUDAN
Superficie : 1 861 484 km²
Population : 34 848 000
Capitale : Khartoum

SOUDAN DU SUD
Superficie : 644 329 km²
Population : 11 090 104
Capitale : Juba

SWAZILAND
Superficie : 17 364 km²
Population : 1 185 000
Capitale : Mbabane

TANZANIE
Superficie : 883 749 km²
Population : 43 739 000
Capitale : Dar es-Salaam

TCHAD
Superficie : 1 284 000 km²
Population : 11 206 420
Capitale : N'Djamena

TOGO
Superficie : 56 785 km²
Population : 6 619 000
Capitale : Lomé

TUNISIE
Superficie : 163 610 km²
Population : 10 212 000
Capitale : Tunis

ZAMBIE
Superficie : 752 618 km²
Population : 12 935 000
Capitale : Lusaka

ZIMBABWE
Superficie : 390 757 km²
Population : 12 523 000
Capitale : Harare

A

Volcan	Montagne	Capitale	Grande ville	Petite ville

STATISTIQUES

Superficie : 30 310 000 km²
Population : 1 010 000 000
Nombre d'États indépendants : 54
Sommet le plus élevé : Kilimandjaro (Tanzanie) 5 895 m
Fleuve le plus long : Nil, 6 695 km
Plus grand lac : lac Victoria, 68 100 km²
Activité principale : agriculture

INDUSTRIE MINIÈRE

Les Africains extraient et travaillent les minéraux, dont le fer, le cuivre et l'or, depuis plus de 2 000 ans. Pendant la période coloniale, l'industrie minière se développa pour importer ces matières précieuses en Europe. Aujourd'hui, Afrique du Sud, Zimbabwe, Zambie et Zaïre possèdent des régions minières fortement industrialisées où l'on extrait de l'or, des diamants, du cuivre et de l'uranium.

Des équipements de forage modernes (ci-dessus) sont utilisés dans l'industrie d'extraction de l'or.

Des Dogons du Mali exécutent une danse funèbre (à droite).

MASQUES ET DANSE

De nombreuses communautés d'Afrique occidentale et centrale exécutent des danses masquées lors des rituels et des fêtes. Une fois costumée et masquée, la personne devient le personnage qu'elle représente. Souvent, certaines parties du corps sont exagérées à l'aide de rembourrage ou de morceaux de bois (à gauche). Pas de danse, chants et sons complètent le costume et représentent avec énergie le monde des esprits et celui des humains.

CAP-VERT

La république indépendante des îles du Cap-Vert est située à 620 km des côtes du Sénégal, dans l'océan Atlantique. Les îles ont une population de 418 000 habitants.

CORNE DE L'AFRIQUE

À cause de sa forme, le point le plus à l'est du continent africain est appelé Corne de l'Afrique. C'est l'une des régions les plus pauvres du monde, avec peu de ressources naturelles. Les sécheresses et guerres civiles récentes ont causé la mort de milliers de personnes et poussé à l'exode un grand nombre d'habitants.

SÃO TOMÉ - ET-PRÍNCIPE

Les îles volcaniques de São Tomé-et-Príncipe forment une république de 163 000 habitants. São Tomé, l'île la plus grande, est située juste au nord de l'équateur.

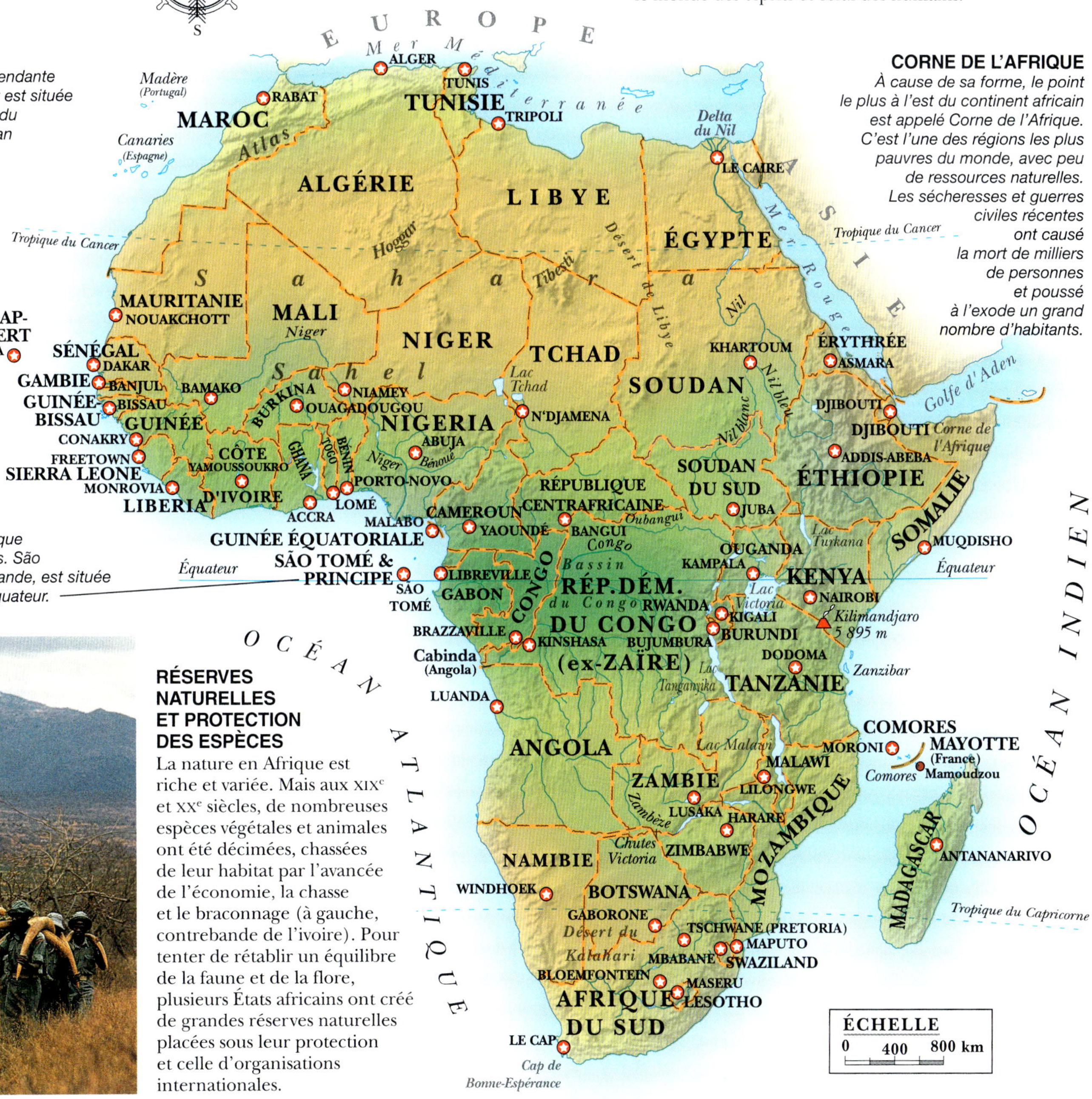

RÉSERVES NATURELLES ET PROTECTION DES ESPÈCES

La nature en Afrique est riche et variée. Mais aux XIXᵉ et XXᵉ siècles, de nombreuses espèces végétales et animales ont été décimées, chassées de leur habitat par l'avancée de l'économie, la chasse et le braconnage (à gauche, contrebande de l'ivoire). Pour tenter de rétablir un équilibre de la faune et de la flore, plusieurs États africains ont créé de grandes réserves naturelles placées sous leur protection et celle d'organisations internationales.

l'Afrique (histoire)

POUR UNE GRANDE PART DE SON HISTOIRE, l'Afrique est demeurée secrète aux yeux des observateurs extérieurs. Le désert du Sahara coupe les communications du nord au sud, et seuls les voyageurs les plus aguerris le traversent. Les peuples d'Afrique ont donc évolué essentiellement en autarcie. Vers 1200 av. J.-C., de riches et puissants empires tels que l'Égypte ancienne existaient. Ces empires ont disparu, mais ont laissé derrière eux de nombreux vestiges. D'autres peuples africains ont consigné leur histoire dans des chants transmis de génération en génération. Les Européens restèrent ignorants de cette riche histoire jusqu'à leur exploration de la côte occidentale, au XVe siècle. Bientôt, ils envoyèrent des milliers d'Africains en Europe et en Amérique comme esclaves, anéantissant ainsi de nombreuses sociétés traditionnelles. À la fin du XIXe siècle, les Européens explorèrent l'intérieur de l'Afrique et, en moins de 20 ans, se partagèrent presque tout le continent, qui resta sous leur contrôle jusque dans les années 1960, lorsque les colonies commencèrent à obtenir leur indépendance.

BANTOUS
La plupart des peuples d'Afrique australe sont apparentés aux Bantous, apparus dans l'ouest du continent entre 3000 et 2000 av. J.-C. En 400 apr. J.-C., ils avaient émigré vers le sud.

Le « grand enclos » de Zimbabwe

ZIMBABWE
Zimbabwe, la « ville de pierre », fut un important centre religieux, politique et commercial en Afrique australe au XIVe siècle. Elle s'enrichit grâce aux revenus de l'élevage et de l'extraction d'or, de cuivre et de fer. Les habitants exportaient leurs produits vers le port de Sofala, dans l'actuel Mozambique, et en Arabie. Zimbabwe est aujourd'hui un site archéologique.

BÉNIN
Le royaume du Bénin en Afrique occidentale atteignit son apogée du XIVe au XVIIe siècle. Son peuple faisait commerce d'ivoire, de poivre, d'huile de palme et d'esclaves avec les Portugais. Il excellait aussi dans la sculpture en bronze, tel ce masque, à gauche.

OISEAUX DE STÉATITE
Des sculptures en stéatite ou « pierre à savon » représentant des oiseaux perchés se dressaient au sommet de colonnes dans une enceinte à proximité de Zimbabwe. L'un de ces oiseaux est le symbole national du pays depuis son indépendance en 1980.

COURSE À L'AFRIQUE

Jusque dans les années 1880, la conquête européenne en Afrique se limita aux régions côtières et aux vallées des principaux fleuves. Mais les puissances européennes voulaient des colonies d'outre-mer. Dans les années 1880 et 1890, elles se disputèrent les terres d'Afrique. En 1900, presque tout le continent était entre leurs mains. Les seuls États indépendants subsistants étaient l'antique royaume d'Éthiopie à l'est, et l'État esclavagiste du Liberia à l'ouest. Ce dessin satirique (à gauche) montre l'aigle allemand « fondant » sur l'Afrique.

GUERRES ZOULOUES

Certains peuples africains réussirent à résister quelque temps aux Européens. Après 1838, les Zoulous d'Afrique australe combattirent d'abord les Boers (colons hollandais) puis les Britanniques. En 1879, cependant, la Grande-Bretagne vainquit finalement les Zoulous. En 1887, le Zoulouland devint une colonie britannique. Ci-dessus, les Anglais essayant de percer les lignes zouloues.

INDÉPENDANCE

Pour beaucoup de pays africains, l'avènement de l'indépendance après 1956 n'apporta pas toujours paix ou prospérité. Nombre d'entre eux ont été affaiblis par les famines et la sécheresse, ou déchirées par des guerres civiles. Bien peu ont échappé à des périodes de dictature militaire. En 1964, le Malawi (autrefois Nyassaland) devint le 35e État indépendant d'Afrique. Ci-dessus, la célébration de son indépendance.

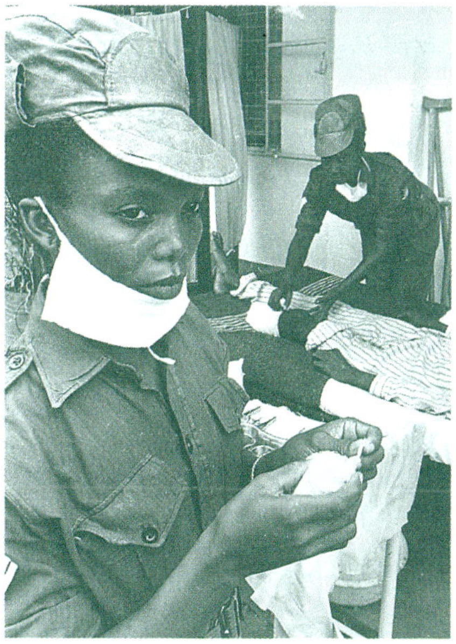

OUA

Malgré les nombreuses différences politiques existant entre les divers États africains, tous partagent des problèmes de pauvreté, de santé et de faible scolarisation. En 1963, l'Organisation de l'unité africaine (OUA) fut fondée pour promouvoir l'unité du continent et coordonner l'économie et la politique au sein de ses 50 états membres. Ci-dessus, deux membres de l'unité médicale de l'OUA soignent des victimes de guerre civile.

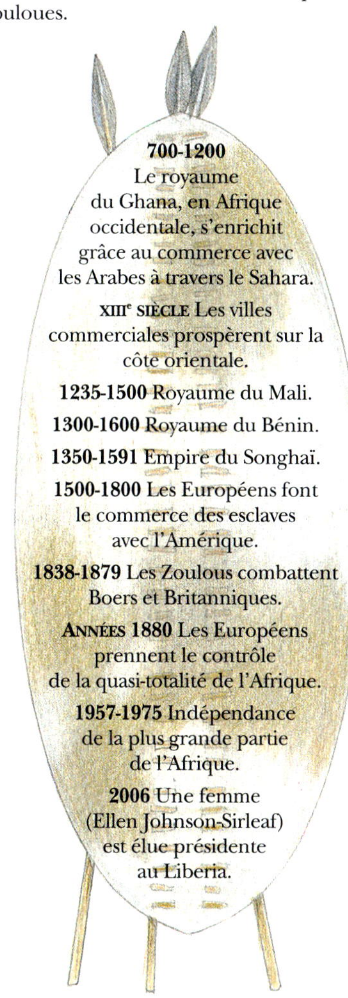

APARTHEID

En 1948, le Parti national prit le pouvoir en Afrique du Sud. S'ensuivit une politique de ségrégation, ou apartheid, qui donna le pouvoir aux Blancs et refusa aux Noirs de nombreux droits, dont le vote. En 1990, l'African National Congress (ANC), mouvement nationaliste noir interdit, dirigé par Nelson Mandela, fut légalisé. En 1994, ce dernier remporta les premières élections libres et devint le 1er président noir d'Afrique du Sud.

Pour en savoir plus

L'Afrique (géographie)
L'Égypte ancienne
L'Esclavage
L'Afrique du Sud (histoire)
Le Royaume du Bénin

l'Afrique australe

Bordé à l'ouest par l'océan Atlantique et à l'est par l'océan Indien, l'essentiel de l'Afrique australe se trouve sous les tropiques. Le territoire inclut les déserts du Namib et du Kalahari. Madagascar, quatrième plus grande île du monde, se trouve à l'est.

LES PAYS D'AFRIQUE AUSTRALE connaissent des paysages très contrastés, avec des savanes et des forêts sèches, des forêts subtropicales humides au nord et, au centre et à l'ouest, les déserts du Kalahari et du Namib. Traditionnellement, l'agriculture a toujours constitué la base de l'économie de ces pa mais de riches gisements de minéraux, en particulier diamants, uranium, cuivre et fer, sont actuellement découverts et exploités surtout en Namibie, en Zambie et au Botswana. L'Afrique du Sud domine économiquement la région, avec ses industries minières développées et ses grandes villes. Le Zimbabwe possède également une économie forte, avec d'une part les cultures de coton, de sucre et de tabac, et, d'autre part, les industries du charbon, de l'or et du nickel. L'Angola et le Mozambique, deux anciennes colonies portugaises, ont été dévastés par des guerres civiles et commencent à peine à reconstruire leur économie effondrée.

NOMADES DU DESERT
Les San, nomades du Kalahari au Botswana, vivent de la cueillette de fruits et de légumes et de la chasse à l'antilope et au gnou.

RICHESSE EN URANIUM

L'une des plus grandes mines d'uranium à ciel ouvert du monde, à Rössing, dans le désert du Namib, fut ouverte en 1976 par un groupe de sociétés anglaises, françaises, sud-africaines et canadiennes. La Namibie, 4e plus grand producteur d'uranium au monde, possède également d'importantes réserves d'étain, de plomb, de zinc, de cuivre, d'argent et de tungstène, mais aussi de diamants.

VILLE DE L'OR

Fondée en 1886, Johannesburg fut le centre de l'industrie sud-africaine d'extraction de l'or pendant près d'un siècle et demeure le principal centre industriel, commercial et financier du pays. L'agglomération de Johannesburg constitue l'une des plus grandes villes d'Afrique, au cœur d'un réseau routier en expansion et du réseau ferroviaire sud-africain.

CHUTES VICTORIA

Situées sur le Zambèze, à la frontière entre Zimbabwe et Zambie, les chutes Victoria sont hautes de 108 m. L'énorme volume d'eau provoque un impressionnant grondement, appelé par les habitants « la fumée qui tonne », qui s'entend à 40 km de là. À partir du gouffre, le fleuve creuse une gorge étroite avant de plonger dans un profond bassin appelé « la bouilloire ».

DÉSERT DU NAMIB
Ce désert s'étend jusqu'à 160 km à l'intérieur des terres depuis la côte sud-ouest de l'Afrique. Ses dunes peuvent atteindre 240 m. L'humidité provenant des brumes côtières permet à une rare végétation d'y pousser.

Pour en savoir plus
L'AFRIQUE (FAUNE ET FLORE)
L'AFRIQUE (GÉOGRAPHIE)
L'AFRIQUE (HISTOIRE)
L'AFRIQUE DU SUD (GÉOGRAPHIE)

A

Volcan | Montagne | Capitale | Grande ville | Petite ville

MOZAMBIQUE CONVALESCENT

Depuis son indépendance, en 1975, la guerre civile a ravagé le Mozambique, un des pays les plus pauvres d'Afrique. L'ONU a négocié un fragile accord de paix en 1992. Les réfugiés rentrent et reconstruisent leur pays dévasté.

Fabrication de briques pour de nouvelles habitations dans un camp de réfugiés du Mozambique

PÊCHE

Les eaux de l'océan Indien fournissent une zone de pêche abondante au Mozambique, où l'on exporte beaucoup de crevettes. Maputo, deuxième port d'Afrique, est actuellement agrandi pour desservir l'intérieur du continent.

* Pays traités dans d'autres articles

ÉCHELLE
0 200 400 km

AFRIQUE DU SUD *
Superficie : 1 221 040 km²
Population : 50 110 000
Capitale : Tschwane (anciennement Pretoria)

SWAZILAND *
Superficie : 17 364 km²
Population : 1 185 000
Capitale : Mbabane

ANGOLA
Superficie : 1 246 700 km²
Population : 18 498 000
Capitale : Luanda

LESOTHO *
Superficie : 30 355 km²
Population : 2 067000
Capitale : Maseru

MOZAMBIQUE
Superficie : 801 590 km²
Population : 22 894 000
Capitale : Maputo

ZAMBIE
Superficie : 752 618 km²
Population : 12 935 000
Capitale : Lusaka

BOTSWANA
Superficie : 581 730 km²
Population : 1 950 000
Capitale : Gaborone

MALAWI
Superficie : 118 484 km²
Population : 15 263 000
Capitale : Lilongwe

NAMIBIE
Superficie : 824 292 km²
Population : 2 171 000
Capitale : Windhoek

ZIMBABWE
Superficie : 390 757 km²
Population : 12 523 000
Capitale : Harare

l'Afrique centrale

L'équateur traverse les pays d'Afrique centrale, exerçant une forte influence sur le climat et la végétation. L'extrême nord de la région borde l'aride désert du Sahara. Le sud est dominé par le bassin du Congo et la forêt tropicale.

UNE GRANDE PART DE L'AFRIQUE CENTRALE est couverte par une forêt tropicale dense, drainée par le fleuve Congo qui s'écoule en un vaste arc sur 4666 km. La plupart des pays de cette région sont d'anciennes colonies françaises et ont connu l'indépendance dans les années 1960. La République démocratique du Congo (ex-Zaïre) possède de riches dépôts de minéraux et des terres fertiles, mais les guerres civiles et le conflit avec le Rwanda (1996-1997 et 1998) l'ont empêchée de s'enrichir. Le Tchad a également souffert de guerres civiles, tandis que la République centrafricaine est l'un des pays les plus pauvres du monde. À l'ouest, Gabon, Cameroun et Congo ont tiré profit de leur pétrole et de leur bois et sont relativement stables. Partout, la plupart des habitants survivent grâce à l'agriculture. Dans les plaines tropicales humides, des maladies telles que la malaria sont très répandues, et la mortalité infantile élevée.

PEULS

Les Peuls sont des nomades qui se sont dispersés en Afrique jusqu'en Guinée équatoriale. À partir du XIVe siècle, ils se sont convertis à l'Islam, répandant leur foi par la persuasion et la conquête. Certains Peuls sont toujours des pasteurs de troupeaux nomades, tandis que d'autres ont adopté l'agriculture sédentaire, ou vivent dans les villes.

Les feux maîtrisés, comme ci-dessus, « brûlent » la forêt tropicale au Cameroun, dégageant des terres pour l'agriculture et l'industrie.

INDUSTRIE DU BOIS

Les forêts équatoriales d'Afrique centrale fournissent beaucoup de bois précieux tels que l'acajou, l'ébène et le teck. Le bois est un produit d'exportation important pour plusieurs pays, surtout pour le Gabon et le Cameroun. Cependant, son industrie présente une menace sérieuse pour la forêt, qui met de nombreuses années à se reformer. De plus, la plupart des compagnies sont étrangères, et leurs profits ne reviennent pas au pays.

Établi en 1925, le parc national des Virunga (à droite) est le plus ancien parc national d'Afrique et fait partie du Patrimoine mondial.

PARC NATIONAL DES VIRUNGA

Situé dans le nord-est de la République démocratique du Congo, ce parc fut créé en 1925. Il est dominé par la chaîne des Virunga, formée de volcans actifs ou en sommeil et qui s'étend jusqu'au Rwanda et à l'Ouganda. Ces montagnes couvertes de forêts constituent un célèbre refuge pour les gorilles, espèce menacée. Le lac Édouard occupe presque tout le centre du parc, et le paysage dégagé qui l'entoure est peuplé de hardes d'éléphants et d'okapis.

RICHESSE PÉTROLIÈRE

Congo, Gabon et Cameroun ont découvert de vastes réserves de pétrole dans l'océan Atlantique. L'exportation de pétrole est vitale pour l'économie de ces pays, car elle leur rapporte des devises étrangères. Cette dépendance excessive au pétrole peut se révéler désastreuse lorsque les cours mondiaux de l'or noir fluctuent. Le pétrole est aussi la principale exportation du Gabon, qui réinvestit les profits dans les services de santé, parmi les meilleurs d'Afrique.

LIBREVILLE

Capitale du Gabon, Libreville fut fondée par des esclaves affranchis en 1849. Elle s'étend sur une série de collines autour d'un port. Le centre moderne, à l'européenne, est entouré de villages africains traditionnels.

Pour en savoir plus

L'AFRIQUE (FAUNE ET FLORE)
L'AFRIQUE (GÉOGRAPHIE)
L'AFRIQUE (HISTOIRE)
L'ESCLAVAGE

Volcan | Montagne | Capitale | Grande ville | Petite ville

CAMEROUN
Superficie : 475 442 km²
Population : 19 522 000
Capitale : Yaoundé

CONGO
Superficie : 342 000 km²
Population : 3 683 000
Capitale : Brazzaville

GABON
Superficie : 267 668 km²
Population : 1 475 000
Capitale : Libreville

GUINÉE ÉQUATORIALE
Superficie : 28 051 km²
Population : 676 000
Capitale : Malabo

TCHAD
Superficie : 1 284 000 km²
Population : 11 206 000
Capitale : N'Djamena

PYGMÉES

A

Les Pygmées habitent la forêt équatoriale. Leur taille dépasse rarement 1,25 m. Ils vivent en petits groupes comportant jusqu'à 30 familles. Les femmes sont chargées de ramasser des aliments tandis que les hommes chassent avec arcs et flèches, javelots, filets de chasse et pièges. De nombreux Pygmées commercent avec les fermiers vivant en lisière des forêts et travaillent occasionnellement comme ouvriers agricoles.

LAC TCHAD

Peu profond et entouré de dunes de sable, le lac Tchad est alimenté par le fleuve Chari. Il est poissonneux et ses rives sont très fertiles.

Le manioc est la principale culture de la République démocratique du Congo.

RÉPUBLIQUE CENTRAFRICAINE
Superficie : 622 984 km²
Population : 4 422 000
Capitale : Bangui

RÉPUBLIQUE DÉMOCRATIQUE DU CONGO (EX-ZAÏRE)
Superficie : 2 344 858 km²
Population : 66 020 000
Capitale : Kinshasa

SÃO TOMÉ-ET-PRÍNCIPE
Superficie : 964 km²
Population : 163 000
Capitale : São Tomé

TRANSPORT FLUVIAL

Le Congo et ses nombreux affluents fournissent 11 500 km de voies d'eau navigables, essentielles en République démocratique du Congo, dont le réseau routier et ferroviaire est très insuffisant. Les ports fluviaux possèdent des marchés animés, fournis par les marchands locaux qui parcourent le fleuve en pirogue.

N O E S

ÉCHELLE
0 200 400 km

l'Afrique du Nord

La côte d'Afrique du Nord occupe les rivages méridionaux de la Méditerranée, où le climat est doux et la terre fertile. Monts de l'Atlas et collines d'Algérie et de Tunisie se dressent entre la côte et les étendues arides du Sahara.

LES PAYS D'AFRIQUE DU NORD ont subi de nombreuses invasions, depuis les Romains jusqu'aux Français et aux Britanniques. Mais c'est la conquête par les Arabes au VIIe siècle qui marqua le plus durablement la région, imposant une religion – l'islam – et une langue – l'arabe – communes. Une grande part de l'Afrique du Nord est couverte par le plus grand désert du monde, le Sahara. En Égypte et en Libye, il a révélé des richesses cachées – de vastes réserves de pétrole et de gaz. Seuls quelques nomades y habitent. Au contraire, la bande fertile formée par les rives du Nil est très densément peuplée. Les villes attirent de plus en plus d'immigrants venus des campagnes : Le Caire est la ville à l'expansion la plus rapide du monde musulman, avec plus de 15 millions d'habitants. En 2011, une vague de manifestations pour la démocratie secoue la région. En Égypte et en Tunisie les régimes autoritaires sont renversés.

KAIROUAN
Quand les Arabes musulmans conquirent l'Afrique du Nord au VIIe siècle, ils fondèrent de nombreuses villes encore importantes aujourd'hui. La ville fortifiée de Kairouan, en Tunisie, est un lieu sacré pour les musulmans d'Afrique. La grande mosquée fut construite au IXe siècle. Son imposante esplanade de marbre, où prient les fidèles, est entourée de colonnes.

AGRICULTURE DU NIL

Le Nil déborde chaque été, charriant la boue fertile des plateaux d'Éthiopie et du Soudan vers les déserts arides d'Égypte. Ce miracle annuel fut à l'origine du développement de la civilisation de l'Égypte ancienne. Aujourd'hui, près de 99 % de la population égyptienne vit sur les terres vertes et fertiles entourant le Nil. L'Égypte est un important producteur de dattes, de melons et de coton. La plupart des fermiers égyptiens emploient des méthodes séculaires; ânes et mulets sont encore utilisés pour tirer de lourdes charges et transporter l'eau.

Les habitants des régions désertiques d'Afrique, tels ces Berbères, portent des vêtements amples pour conserver la fraîcheur, et des voiles pour se protéger des vents de sable.

BERBÈRES

Les Berbères, qui habitent l'Afrique du Nord depuis la préhistoire, furent convertis à l'islam au VIIIe siècle. Les envahisseurs arabes les repoussèrent dans les monts de l'Atlas où nombre d'entre eux habitent encore dans des villages isolés. Dans le Sahara, les Berbères vivent en nomades, élevant chameaux, moutons et chèvres.

LEPTIS MAGNA
Les ruines romaines de Leptis Magna datent du Ve siècle av. J.-C. La ville faisait partie de l'Empire romain et fut abandonnée après la conquête arabe en 643 apr. J.-C.

ALGER
Alger est la capitale politique et économique de l'Algérie. La vieille ville (casbah) s'étend sur les collines, labyrinthe de rues sinueuses et de maisons à hauts murs. Le quartier colonial français, avec ses avenues bordées d'arbres, se trouve près du port. Les Français prirent la ville, centre de la piraterie en Méditerranée, en 1830, et la quittèrent en 1962. Depuis 1993, le terrorisme a rendu cette ville dangereuse pour ses habitants et les touristes.

Pour en savoir plus

L'AFRIQUE (GÉOGRAPHIE)
L'AFRIQUE (HISTOIRE)
LES DÉSERTS (DÉFINITION)
L'ISLAM

A

Volcan | Montagne | Capitale | Grande ville | Petite ville

ALGÉRIE
Superficie : 2 381 741 km²
Population : 34 895 000
Capitale : Alger

MAROC
Superficie : 446 550 km²
Population : 31 993 000
Capitale : Rabat

ÉGYPTE
Superficie : 1 001 449 km²
Population : 82 999 000
Capitale : Le Caire

TUNISIE
Superficie : 163 610 km²
Population : 10 212 000
Capitale : Tunis

LIBYE
Superficie : 1 759 540 km²
Population : 6 420 000
Capitale : Tripoli

ÉCHELLE
0 200 400 km

ATLAS

L'Atlas forme un groupe de chaînes de montagnes à peu près parallèles à la côte méditerranéenne. Il s'étend sur 2 410 km du sud-est du Maroc jusqu'au nord-est de la Tunisie et atteint 4 165 m au sommet du Jebel Toubkal. Des lacs de montagne fournissent de l'eau aux fermiers des plaines, et de nombreux touristes se rendent dans la chaîne du Moyen Atlas pour les sports d'hiver.

NIL
Le Nil est le plus long fleuve du monde. Il parcourt 6 695 km jusqu'à la mer Méditerranée.

CHAMPS PÉTROLIFÈRES

Les réserves pétrolières de la Libye furent découvertes dans les années 1950, et les profits du pétrole investis dans l'industrie et l'agriculture. De nouvelles routes, voies ferrées, écoles et hôpitaux furent également construits. En 2005, le pétrole constituait 95 % des exportations libyennes. En 2011, une violente insurrection opposant des forces rebelles à l'armée éclate, mettant à mal le secteur pétrolier lybien.

TISSAGE

Le Maroc est réputé pour ses tapis colorés, noués à la main. Les Berbères tissent tapis et tentures, et même des bottes brodées (à gauche).

SOUK

Le souk (marché) constitue le cœur commercial des villes d'Afrique du Nord. Chaque type de commerce est situé dans une rue particulière. Les tanneries, très malodorantes, sont toujours situées aussi loin que possible de la mosquée.

l'Afrique du Sud (géographie)

À LA POINTE MÉRIDIONALE DU CONTINENT, l'Afrique du Sud possède d'immenses richesses naturelles, un paysage varié et des espèces animales très diverses. Au XVIIe siècle, la région du Cap fut peuplée par des colons néerlandais, bientôt suivis par les Français et les Britanniques. À partir des années 1830, les Néerlandais (ou Boers) commencèrent à pénétrer l'intérieur du pays. Ils y entrèrent en conflit avec la majorité noire, en particulier les Zoulous, force de combat disciplinée et efficace. Au XXe siècle, l'Afrique du Sud était encore dominée par la minorité blanche. La population noire fut privée du droit de vote jusqu'en 1994, année où le pays connut ses premières élections démocratiques et multiraciales. L'économie diversifiée de l'Afrique du Sud repose sur l'industrie minière, l'agriculture et le tourisme. Deux pays, le Lesotho et le Swaziland, sont enclavés mais indépendants, même s'ils dépendent économiquement de leur voisin.

Située à l'extrémité sud du continent, l'Afrique du Sud est bordée à la fois par l'Atlantique et par l'océan Indien. Un vaste plateau couvre l'essentiel du pays, limité au nord-ouest par les déserts arides du Namib et du Kalahari, et au sud par des montagnes et une plaine côtière sablonneuse.

LE CAP

Siège du parlement sud-africain, cette ville, située sur la rive sud-ouest de la baie de la Table, est dominée par la forme reconnaissable de la montagne de la Table, s'élevant à 1 005 m. Le Cap fut la première colonie néerlandaise d'Afrique du Sud au XVIIe siècle, occupant un point stratégique sur les principales routes commerciales entre l'Europe et l'Asie. C'est encore aujourd'hui un port et un centre commercial important.

VAISSELLE

La vaisselle de bois est utilisée dans tout le continent africain. Les bols tels que celui-ci, provenant du Lesotho, sont taillés dans un unique bloc de bois.

DRAKENSBERG

Le Drakensberg, ou « montagne du Dragon », est une importante chaîne située au sud-est de l'Afrique du Sud. Elle forme un escarpement abrupt atteignant une altitude de 3 482 m, qui se dresse au-dessus du plateau central. Une grande partie de l'intérieur du pays est constituée de hauts plateaux, zones de prairies sèches (veld) parsemées de rares arbres. S'élevant par endroits à plus de 1 200 m au-dessus du niveau de la mer, les plateaux servent de pâturages aux moutons et au bétail.

TOWNSHIPS

Jusqu'en 1994, le système de l'apartheid imposait la séparation de la majorité noire et de la minorité blanche gouvernante. Les Noirs étaient contraints de vivre dans des *townships* (ghettos) qu'ils occupent encore aujourd'hui. Soweto, banlieue distante de 15 km de Johannesbourg, n'est qu'un agglomérat de *townships* qui compte plus de 2 millions d'habitants.

MINÉRAUX

L'Afrique du Sud, le plus gros producteur d'or au monde, exporte également de grandes quantités de diamants, de manganèse, de chrome et de platine.

TERRE FERTILE

L'Afrique du Sud, avec ses sols fertiles et son climat chaud, occupe une situation idéale pour l'agriculture. Les principales cultures exportées sont le blé, la canne à sucre, la pomme de terre, la cacahuète, les agrumes et le tabac. Moutons et bovins paissent sur le veld. Des colons européens introduisirent la vigne au XVIIe siècle. La province du Cap, région viticole, exporte du vin sud-africain dans le monde entier.

Pour en savoir plus

L'AFRIQUE (FAUNE ET FLORE)
L'AFRIQUE (GÉOGRAPHIE)
L'AFRIQUE (HISTOIRE)
LES ÉLÉPHANTS
LES PARCS NATIONAUX DE FRANCE

Volcan | Montagne | Capitale | Grande ville | Petite ville

STATISTIQUES

Superficie : 1 219 910 km²
Population : 50 110 000
Capitales : Petroria, Le Cap, Bloemfontein
Langues : anglais, afrikaans, zoulou, xhosa, ndebele, setswana, siswati, sotho, tsonga, venda
Religions : protestante, catholique, hindoue, musulmane
Monnaie : rand
Principales activités : finance, industrie de fabrication
Principales exportations : or, diamant, manganèse, minerai de chrome, vanadium, uranium, platine

L'Afrique du Sud possède trois capitales : Pretoria, la principale ville, est la capitale administrative, Le Cap la capitale législative, et Bloemfontein la capitale judiciaire.

Un sangoma présente à son patient un remède.

SANGOMA

Dans les communautés tribales d'Afrique du Sud, une personne appelée *sangoma* (shaman ou sorcier) remplit de nombreux rôles. Il ou elle soigne, prédit l'avenir et communique avec les ancêtres. Musique et danse sont au centre de ces cultes : la musique invoque les esprits et accompagne les rituels de guérison.

SWAZILAND

Le minuscule royaume du Swaziland est bordé sur trois côtés par l'Afrique du Sud et, à l'est, par le Mozambique. Le paysage se compose essentiellement de hauts plateaux et de montagnes. L'économie est dominée par l'agriculture, avec pour principale exportation la canne à sucre. Une grande partie du peuple vit en clans traditionnels, centrés sur des villages épars. Un roi gouverne le Swaziland ; sa mère, appelée « grande éléphante », est un personnage puissant. Les touristes sud-africains viennent au Swaziland pour ses réserves à gibier et ses casinos.

FAUNE

Les Sud-Africains sont des pionniers de la préservation animale. Le Kruger National Park (ci-dessous) sert de refuge à d'importants troupeaux d'éléphants.

LESOTHO
Superficie : 30 355 km²
Population : 2 067 000
Capitale : Maseru

SWAZILAND
Superficie : 17 364 km²
Population : 1 185 000
Capitale : Mbabane

l'Afrique du Sud (histoire)

QUAND les premiers Européens s'installèrent en Afrique du Sud au XVIIe siècle, ils trouvèrent un pays riche et fertile habité depuis longtemps par des peuplades africaines. Ils durent donc entrer en conflit avec les Zoulous et d'autres royaumes africains pour pouvoir établir des ports de ravitaillement pour leurs navires allant aux Indes et en Extrême-Orient. En 1910, l'Afrique du Sud devint indépendante, mais sa population noire se vit refuser tout pouvoir politique jusqu'en 1994. Aujourd'hui, l'Afrique du Sud est un pays multiracial avec un président noir.

ZOULOUS
Les premiers habitants de l'Afrique du Sud, Bochimans, Qwaqwa, Bantous et Zoulous, s'installèrent dans le pays au fil des millénaires. Les Zoulous, de féroces guerriers, habitaient dans des villages protégés par des enclos, aux maisons de bois et aux toits de chaume.

AFRIQUE DU SUD

1652 Des Néerlandais établissent le port du Cap.
1688 Les premiers huguenots français arrivent au Cap.
1795 Les Anglais obtiennent la province du Cap.
1836-1845 Grand Trek.
1852 Les Boers créent le Transvaal et Orange (1854).
1879 Guerre zouloue.
1899-1902 Guerre des Boers, victoire des Britanniques.
1910 L'Afrique du Sud devient indépendante.
1948 Le Parti national introduit l'apartheid.
1960 Massacre de 69 Noirs manifestant contre l'apartheid à Sharpeville.
1994 Première élection multiraciale.
1999 Thabo Mbeki devient président à la suite de Nelson Mandela.

Des bœufs tiraient les chariots bâchés à travers le pays.

Boers émigrant vers le nord

GRAND TREK
Les Néerlandais furent les premiers Européens à s'installer en Afrique du Sud, établissant Le Cap en 1652. Les huguenots français s'y réfugièrent dès 1688, puis les Anglais dès 1795. Les relations entre fermiers hollandais (*Boers*) et Anglais devinrent conflictuelles et, de 1836 à 1845, plus de 15 000 Boers se réfugièrent au Natal et au Transvaal.

APARTHEID
En 1948, le Parti national prit le pouvoir et introduisit une politique d'apartheid, ou développement séparé : Africains du Sud noirs et blancs étaient isolés. L'apartheid interdisait aux Noirs de voter dans leur propre pays, et les obligeait à vivre dans des régions pauvres appelées bantoustans.

LA VOIX DE LA MAJORITÉ
Le Congrès national africain (CNA) mena l'opposition à l'apartheid, soutenu par des sympathisants du monde entier. En 1990, le président sud-africain F. W. De Klerk entreprit de négocier la fin de l'apartheid avec le CNA et fit sortir de prison Nelson Mandela. L'apartheid prit fin. En 1994, l'Afrique du Sud tint ses premières élections multiraciales, remportées par le CNA.

GUERRE DES BOERS
En 1886, de l'or fut découvert au Transvaal, gouverné par les Boers. Les Anglais affluèrent alors dans le pays. Les Boers menacés par ces *uitlanders* (étrangers) leur déclarèrent la guerre en 1899. Après quelques victoires des Boers, les Anglais occupèrent en 1900 les terres des Boers qui furent nombreux à mourir dans les camps de concentration britanniques. La paix fut signée en 1902.

Pour en savoir plus
L'Afrique (géographie)
L'Afrique (histoire)
L'Empire britannique
Nelson Mandela

l'Afrique occidentale

PLANTAIN
Cette espèce de banane cuite et écrasée constitue un aliment de base dans de nombreuses régions tropicales d'Afrique occidentale.

LES CLIMATS, ressources et paysages variés des pays d'Afrique occidentale ont attiré marchands et colons. Les Arabes mirent en place des caravanes commerciales à travers le Sahara, tandis que les Européens y recherchaient des esclaves et de l'or. Aujourd'hui, la plupart des pays de cette région sont terriblement pauvres, leurs problèmes aggravés par les gouvernements corrompus, la dette nationale et d'occasionnelles guerres civiles. La grande majorité des habitants vit de l'agriculture. Café, cacao et palmier à huile sont cultivés dans les plaines tropicales humides de l'ouest et du sud, tandis que les nomades du Sahel élèvent bovins, moutons et chèvres. De vastes réserves de pétrole ont été découvertes dans le delta du Niger et au large de la Côte d'Ivoire, et des minerais de matériaux précieux existent en Mauritanie et en Sierra Leone, mais ces ressources n'ont pas vraiment d'impact sur la vie quotidienne des populations.

La plupart des pays de cette région sont bordés par l'océan Atlantique. Ceux du nord s'étendent à la lisière du Sahara et du Sahel, une vaste zone semi-désertique. Les forêts tropicales humides de l'ouest et du sud sont irriguées par trois fleuves principaux : Niger, Volta et Sénégal.

PÊCHE EN MAURITANIE
Deux tiers de la Mauritanie sont couverts par le désert du Sahara. Seul 1 % du territoire, la zone drainée par le fleuve Sénégal, est cultivable. Cependant, la Mauritanie possède l'une des zones de pêche les plus riches du monde. La pêche représente plus de la moitié des gains à l'exportation de la Mauritanie.

Un pêcheur mauritanien utilise une perche pour porter ses filets au bord de l'eau. La pêche locale, à petite échelle, est traditionnelle.

ISLAM
Nombre des pays d'Afrique occidentale sont musulmans. Cette religion fut propagée par les marchands arabes, qui contrôlaient les grandes routes commerciales traversant le Sahara à partir du VIIIe siècle. Les dirigeants des royaumes d'Afrique occidentale adoptèrent l'islam à partir du XIIIe siècle. La grande mosquée de Djenné au Mali, plus grand bâtiment de briques de terre au monde, date du XIVe siècle.

DÉSERT DU SAHARA
Le Sahara gagne du terrain vers le sud, recouvrant une grande part de la Mauritanie, du Mali et du Niger. La sécheresse, l'abattage des arbres pour combustible et l'excès de pâturage contribuent à ce processus. Lorsque des racines ne retiennent pas le sol, le vent l'emporte. Arbres et buissons coupe-vent sont plantés afin d'endiguer l'avancée du désert.

Les rues du port de Dakar, capitale du Sénégal, fourmillent de marchés et de vendeurs L'agglomération compte plus de 2,5 millions d'habitants.

AGRICULTURE
La plupart des habitants vivent d'agriculture. Au Sénégal, les principaux produits cultivés pour l'exportation sont l'arachide, le coton et la canne à sucre, riz, millet et sorgho constituant les aliments de base. Les fermiers se rendent dans les villages voisins ou même à Dakar, la capitale, pour vendre leurs excédents. Ils comptent sur les crues du Sénégal pour irriguer leurs terres, crues perturbées par deux barrages construits dans les années 1990.

Les Peuls Wodaabe, des gardiens de troupeaux nomades, ne se rendent dans les villes que pour le commerce et les fêtes.

PEULS WODAABE

Le peuple nomade des Wodaabe fait paître ses troupeaux le long de la frontière entre Nigeria et Niger. Chaque année, ils organisent un concours de beauté auquel les hommes participent pour trouver des épouses. Sous l'œil attentif des femmes, ils paradent, le visage couvert d'un maquillage soulignant leurs yeux et leurs dents.

La principale teinture utilisée dans ce tissu est l'indigo, couleur bleue produite en écrasant les feuilles de la plante du même nom.

TEXTILES NIGÉRIANS

Les Yoruba et les Haoussa constituent les principaux groupes ethniques du Nigeria. Les Haoussa vivent dans le nord du pays et les Yoruba, traditionnellement citadins, dans le sud-ouest. Ces deux groupes produisent des textiles à motifs, teints à la main à l'aide d'extraits naturels de plantes.

CENTRE DE LAGOS

Lagos, plus grande ville du Nigeria et son principal port, fut jusqu'en 1991 la capitale du pays. Elle se développa en tant qu'important centre portugais de traite des esclaves jusqu'à ce que les Britanniques en prennent le contrôle en 1861. La ville s'étend sur les îles et bancs de sable de la lagune de Lagos, reliés par une série de ponts. L'essentiel de la population se concentre sur l'île de Lagos, dont le sud-ouest, avec ses impressionnants gratte-ciel, constitue le centre commercial, financier et universitaire de la ville. Lagos est le carrefour économique du Nigeria, mais souffre de problèmes de circulation et de surpopulation ; la pollution représente également un problème important.

TÊTE BAMBOKO

Dans de nombreuses régions d'Afrique occidentale, les croyances traditionnelles restent très vivaces. Les ancêtres sont vénérés et invoqués pour guérir les maladies et aider les gens en difficulté. Les esprits sont adorés lors des rituels et cérémonies. Dans l'est du Nigeria, l'expression féroce de cette tête bamboko, placée dans un petit abri à l'entrée du village, sert à chasser les mauvais esprits.

PÉTROLE NIGÉRIAN

Depuis les années 1970, le Nigeria dépend de ses vastes réserves de pétrole dans le delta du Niger. Dixième producteur du monde, ses ventes représentent 90 % de ses exportations. Les gouvernements nigérians ont trop misé sur cette ressource. Le pays exportait autrefois de grandes quantités de fruits tropicaux, mais l'agriculture a décliné. Lors de la baisse des prix du pétrole dans les années 1980, le Nigeria a bénéficié d'une aide financière de la Banque mondiale. Les problèmes de pollution causés par l'industrie pétrolière dans le delta du Niger deviennent préoccupants, mettant en cause Shell, principal opérateur au Nigeria.

L'emploi d'équipements modernes (à gauche) dans l'industrie du bois en Côte d'Ivoire accélère le processus de déforestation.

OR AFRICAIN

L'or d'Afrique occidentale est extrait du sous-sol, ou obtenu en tamisant la terre des lits de rivières peu profondes. Au XIXe siècle, l'or africain enrichit grandement les marchands européens. Dans la région de l'Ashanti, au Ghana, les orfèvres constituaient une classe privilégiée, créant de magnifiques pièces comme cette tête recouverte de feuilles d'or.

BOIS EN CÔTE D'IVOIRE

Les forêts tropicales de l'intérieur humide de la Côte d'Ivoire ont subi des dommages considérables. De nombreux arbres ont été abattus afin de cultiver les cacaotiers, plus rentables, qui prospèrent dans ces conditions tropicales. Les fèves de cacao sont transportées jusqu'aux usines de la côte qui les transforment en beurre de cacao, utilisé pour le cosmétique et le chocolat. Les exportations quittent le pays par le port d'Abidjan, autrefois capitale du pays et aujourd'hui principal port d'Afrique occidentale.

Le rendement des cacaotiers est très faible. Un arbre adulte ne donne en moyenne que 20 gousses de cacao.

FÈVES DE CACAO

Les fèves de cacao furent découvertes par les peuples aztèques du Mexique, qui utilisaient les graines pour préparer une boisson appelée « tchocoalatl ». L'Afrique occidentale produit aujourd'hui plus de la moitié des fèves de cacao du monde. Les graines, séchées au soleil, fermentées et rôties, sont écrasées pour fabriquer le beurre de cacao.

TOURISME EN GAMBIE

La Gambie, pays étroit, est presque entièrement encerclée par le Sénégal. La plupart des habitants sont agriculteurs, mais le tourisme constitue le secteur de pointe grâce aux plages de sable et aux hivers doux de la côte gambienne.

LAC VOLTA

L'un des plus grands lacs artificiels du monde, le lac Volta, résulte de la construction, en 1965, du barrage d'Akosombo sur le fleuve Volta au Ghana. Quelque 78 000 villageois furent déplacés. Le lac constitue une importante zone de pêche et fournit de l'eau aux agriculteurs. Le barrage hydroélectrique génère l'essentiel de l'énergie du Ghana.

Les réfugiés libériens, chassés de leur pays par la guerre civile, doivent vivre dans des abris de fortune et compter sur l'aide étrangère.

RÉFUGIÉS LIBÉRIENS

Le Liberia n'a jamais été colonisé, ce qui en fait la plus ancienne république indépendante d'Afrique. Pays fondé par les États-Unis en 1820 pour recueillir les esclaves africains affranchis, son nom signifie « pays libre ». Les descendants des esclaves américains se mélangèrent tant bien que mal à la population, constituée de nombreuses tribus. Aujourd'hui, le Liberia est une zone dévastée par la guerre, résultat d'un conflit violent entre groupes ethniques (peuples Kpelle, Bassa et Kru), ponctuée de vastes camps de réfugiés libériens insalubres. Les liens entre États-Unis et Liberia restent forts.

Pour en savoir plus

L'AFRIQUE (FAUNE ET FLORE)
L'AFRIQUE (GÉOGRAPHIE)
L'AFRIQUE (HISTOIRE)
LES DÉSERTS (DÉFINITION)
LES VOLCANS

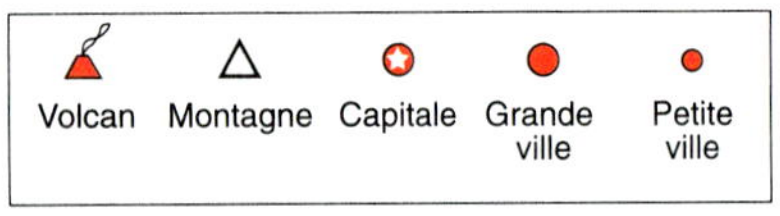

LIBERIA
Superficie : 111 369 km²
Population : 3 955 000
Capitale : Monrovia

NIGERIA
Superficie : 923 768 km²
Population : 154 729 000
Capitale : Abuja

BÉNIN
Superficie : 112 622 km²
Population : 8 935 000
Capitale : Porto Novo

GAMBIE
Superficie : 11 295 km²
Population : 1 705 000
Capitale : Banjul

MALI
Superficie : 1 240 192 km²
Population : 13 010 000
Capitale : Bamako

SÉNÉGAL
Superficie : 196 722 km²
Population : 12 534 000
Capitale : Dakar

BURKINA
Superficie : 274 000 km²
Population : 15 759 000
Capitale : Ouagadougou

GHANA
Superficie : 238 533 km²
Population : 23 837 000
Capitale : Accra

MAURITANIE
Superficie : 1 025 520 km²
Population : 3 291 000
Capitale : Nouakchott

SIERRA LEONE
Superficie : 71 740 km²
Population : 5 696 000
Capitale : Freetown

CÔTE D'IVOIRE
Superficie : 322 463 km²
Population : 21 075 000
Capitale : Yamoussoukro

GUINÉE
Superficie : 245 857 km²
Population : 10 069 000
Capitale : Conakry

TOGO
Superficie : 56 785 km²
Population : 6 619 000
Capitale : Lomé

NIGER
Superficie : 1 267 000 km²
Population : 15 290 000
Capitale : Niamey

GUINÉE-BISSAU
Superficie : 36 125 km²
Population : 1 611 000
Capitale : Bissau

KORA
La kora, harpe-luth traditionnelle à 21 cordes, du Mali. On en joue lors des cérémonies et des fêtes.

CALEBASSE
La calebasse est un fruit qui pousse presque partout en Afrique. Taillée et séchée, elle sert de bol et de caisse de résonance pour les instruments de musique. La calebasse peut être colorée à l'aide de teintures végétales. Les artisans y gravent souvent une série de formes géométriques avant de la teindre.

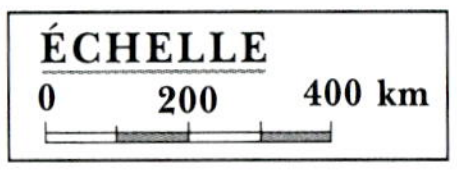

l'Afrique orientale

L'AFRIQUE ORIENTALE est une région de contrastes, depuis le semi-désert du nord jusqu'aux plateaux fertiles de l'Éthiopie et du Kenya, et des plaines côtières aux montagnes boisées de l'ouest. La plupart des habitants travaillent la terre. Café, thé et tabac sont cultivés pour le commerce, tandis que des groupes nomades font paître leur bétail dans la savane, qui domine une grande partie de la région. Quatre des pays les plus pauvres du monde – l'Éthiopie, l'Érythrée, la Somalie et Djibouti – composent la Corne de l'Afrique, où les modes de vie traditionnels ont été perturbés par les sécheresses, les famines et les guerres civiles. Le Kenya, avec ses terres fertiles et son climat chaud et humide, est plutôt stable et prospère, augmentant son revenu grâce au tourisme. À l'ouest, des conflits ethniques ont apporté le chaos au Rwanda et au Burundi, et l'Ouganda se remet lentement de la guerre civile.

L'Afrique orientale englobe la Corne de l'Afrique et débouche à la fois sur la mer Rouge et sur l'océan Indien. Ses traits dominants sont la Rift Valley et les sources du Nil. Au nord, le désert se transforme en savane sur une grande partie de la région.

DINKA

Les Dinka (ci-dessus), un peuple nomade vivant sur les plateaux du Soudan, déplacent leurs troupeaux selon la saison. Ils les emmènent paître dans la savane au printemps, quand les rivières débordent et que les terres sont fertiles. Le bétail joue un rôle capital dans la vie des Dinka. Il fait partie de la dot d'une jeune fille, et chaque jeune homme reçoit un bœuf particulier, dont la forme et la couleur influencent son nom d'adulte.

CULTURE DU THÉ

Au Kenya et en Éthiopie, on produit beaucoup de thé. Cultivé en altitude, lentement, il est l'un des meilleurs au monde. Les feuilles sont séchées, roulées, soufflées à l'air chaud puis fermentées, donnant au thé sa couleur foncée et son parfum prononcé.

Les buissons de thé sont régulièrement taillés pour stimuler la croissance de nouvelles feuilles, récoltées à la main.

Les différents styles d'architecture de Muqdisho (à droite) reflètent l'histoire de la ville.

MUQDISHO

La capitale de la Somalie, l'une des premières colonies commerciales arabes en Afrique orientale, existe depuis le Xe siècle. La ville, mélange d'architecture musulmane historique et moderne, est un port important. La guerre civile des années 1980 et 1990 en a cependant détruit une grande partie.

KAMPALA

Capitale depuis 1962 de l'Ouganda, Kampala se trouve dans le sud du pays, sur les collines dominant le lac Victoria. C'est un centre d'exportation de café, de coton, de thé, de sucre et de tabac. Les aliments locaux – manioc, millet et patate douce – se vendent sur des marchés animés. À Kampala, il pleut presque chaque jour de l'année, et de violents orages éclatent 242 jours par an.

LALIBELA

Les rois d'Éthiopie se convertirent au christianisme au IVe siècle, mais l'essentiel du pays ne devint chrétien qu'au XIIe siècle. Le roi Lalibela construisit 11 églises remarquables, souterraines et taillées dans le roc. Ce sont encore d'importants centres de pèlerinage pour les chrétiens d'Éthiopie.

RIFT VALLEY

S'étendant de la Syrie en Asie jusqu'au Mozambique, la Rift Valley, immense fracture de l'écorce terrestre, s'est formée il y a quelque 30 millions d'années à l'endroit où l'Afrique et l'Arabie s'écartent lentement. Longue de 6400 km et d'une largeur allant jusqu'à 64 km, la vallée est caractérisée, au Kenya et en Tanzanie, par de profonds lacs évoquant des fjords. Ailleurs, l'éruption de pics volcaniques a entraîné la formation de larges plateaux, dont les plaines du Kenya, la lave se répandant à la surface de la Terre.

MASSAÏ

Le peuple Massaï fait paître son bétail dans les prairies du Kenya et de Tanzanie, loin du village pendant la saison sèche. Chaque homme est responsable de son troupeau, qui lui est légué par sa mère. Les hommes sont généralement polygames, c'est-à-dire qu'ils ont plusieurs femmes. Les guerriers Massaï portent des bijoux en perles et les jeunes hommes des coiffures tressées très complexes ; ils se peignent également le corps d'ocre. Le lait de vache et le maïs sont la nourriture de base des Massaï.

Les Massaï élèvent le bétail pour son lait. Ils boivent également du sang tiré des veines de vaches vivantes.

ANIMAUX SAUVAGES

Les grandes plaines d'Afrique orientale abritent certains des animaux les plus fascinants du monde. Au Kenya, 10 % de la superficie du pays est répartie en plus de 40 parcs nationaux. Les touristes viennent y faire des safaris pour voir lions, antilopes, léopards et éléphants. Le braconnage, en particulier la chasse aux éléphants pour leur ivoire, reste un problème important, et les parcs nationaux sont étroitement surveillés par des gardes-chasse.

Une harde d'éléphants parcourt la savane du Kenya en quête d'eau. Un groupe de lions surveille, attendant de pouvoir tuer un animal affaibli.

Les maladies telles que le choléra se multiplient dans les camps de réfugiés surpeuplés (ci-dessous).

CAMP DE RÉFUGIÉS

Au centre de l'Afrique orientale, la plupart des frontières remontent à l'époque coloniale et ignorent les frontières ethniques. Au Rwanda, les Hutu majoritaires se sont rebellés contre le pouvoir des Tutsi, qu'ils ont massacrés. Au milieu de ce violent chaos, de nombreux habitants se sont enfuis dans des camps de réfugiés en Tanzanie. Des conflits entre Hutu et Tutsi ont également éclaté au Burundi voisin.

GORILLES

Les montagnes boisées du Rwanda et d'Ouganda constituent le dernier refuge de l'espèce de singes la plus rare du monde : celle des gorilles. Ils sont depuis longtemps la cible des braconniers et des collectionneurs. Le parc national Albert fut établi en 1925 pour leur protection, mais la guerre civile des années 1960 et le déboisement, pour l'agriculture, d'une grande part de leur habitat forestier réduisit encore leur nombre. Depuis les années 1980, les parcs nationaux sont soigneusement gardés et quelques programmes éducatifs et touristiques sont mis en place. Le nombre des gorilles du Rwanda a depuis augmenté, mais le récent conflit a de nouveau menacé leur survie.

Pour en savoir plus

L'AFRIQUE (FAUNE ET FLORE)
L'AFRIQUE (GÉOGRAPHIE)
LES ÉLÉPHANTS
LES GRANDS FÉLINS
LES PRAIRIES

A

KILIMANDJARO
Le mont Kibo en Tanzanie, plus haut sommet d'Afrique (5 895 m), appartient au groupe des trois volcans du Kilimandjaro. Son cratère fumant indique qu'il est encore actif. Il s'élève au-dessus d'une plaine aride, mais ses pentes supérieures connaissent une moyenne annuelle de 1 780 mm de pluie.

DÉSERT DE NUBIE
Le désert de Nubie, extension orientale du Sahara, occupe le nord-est du Soudan entre le Nil et la mer Rouge. De nombreuses rivières saisonnières traversent cette région aride, constituée en grande partie d'un plateau de grès.

SOUDAN DU SUD
Un nouvel État a vu le jour et a proclamé son indépendance le 9 juillet 2011. Le Soudan du Sud est le 193e État reconnu par l'ONU, et le 54e membre de l'Union africaine. Il a choisi pour capitale Juba.

LAC VICTORIA
Le lac Victoria, le plus grand d'Afrique, est le deuxième plus grand lac d'eau douce du monde. Il s'étend sur l'équateur, entre le Kenya, la Tanzanie et l'Ouganda, et couvre 69 500 km². Le Nil, au nord, représente son seul débouché.

JUBA
Ce fleuve prend sa source sur les plateaux d'Éthiopie et se déverse 1 200 km plus au sud, dans l'océan Indien. Le Juba et le Chébéli, qui le rejoint à environ 30 km de la côte, sont les seuls fleuves permanents de Somalie.

BURUNDI
Superficie :
27 834 km²
Population : 8 303 000
Capitale : Bujumbura

DJIBOUTI
Superficie :
23 200 km²
Population : 864 000
Capitale : Djibouti

ÉRYTHRÉE
Superficie :
117 600 km²
Population : 5 073 000
Capitale : Asmara

ÉTHIOPIE
Superficie :
1 104 300 km²
Population : 82 825 000
Capitale : Addis-Abeba

KENYA
Superficie :
580 367 km²
Population :
39 802 000
Capitale : Nairobi

OUGANDA
Superficie :
241 038 km²
Population : 32 710 000
Capitale : Kampala

RWANDA
Superficie :
26 338 km²
Population : 9 998 000
Capitale : Kigali

SOMALIE
Superficie :
637 657 km²
Population : 9 133 000
Capitale : Muqdisho (Mogadiscio)

SOUDAN
Superficie :
1 861 484 km²
Population : 34 848 000
Capitale : Khartoum

SOUDAN DU SUD
Superficie :
644 329 km²
Population : 11 090 104
Capitale : Juba

TANZANIE
Superficie :
883 749 km²
Population : 43 739 000
Capitale : Dar es-Salaam

l'Âge du bronze

MÉSOPOTAMIE
L'une des premières civilisations de l'âge du bronze vit le jour en Mésopotamie, vaste plaine comprise entre le Tigre et l'Euphrate. Cette terre fertile fut successivement cultivée par les Sumériens, les Assyriens et les Akkadiens.

L'ÂGE DU BRONZE fait référence à une période de la préhistoire caractérisée par la découverte de la métallurgie et l'usage du bronze. L'âge du bronze succéda à l'âge de la pierre et à celui du cuivre, avant l'apparition de l'âge du fer. Couvrant une période comprise entre 3500 et 3000 av. J.-C., l'âge du bronze débute à des dates différentes suivant les civilisations, de l'Égypte à la Mésopotamie, en passant par la vallée de Huang He en Chine, les îles de la mer Égée ou encore la vallée de l'Indus. Les hommes qui avaient appris à cultiver la terre et à domestiquer les animaux s'étaient sédentarisés. Les communautés se tournaient vers d'autres apprentissages comme celui de la fabrication des métaux. Alliage de cuivre et d'étain, le bronze se révéla bien plus solide et résistant que tous les autres métaux. On l'utilisa pour la fabrication d'armes et d'ornements en recourant soit au moulage, pour créer par exemple des épingles, soit au façonnage par martelage. Les artisans travaillaient également l'or et le cuivre pour la conception d'objets plus précieux, comme les bijoux.

3500 av. J.-C. Début de l'âge du bronze au Moyen-Orient. Apparition des premières cités en Mésopotamie. L'usage du bronze se généralise.
3250 av. J.-C. Naissance de l'écriture cunéiforme en Mésopotamie.
3000 av. J.-C. Invention de la roue en Mésopotamie et première utilisation de la charrue en Chine.
2800 av. J.-C. Début de l'âge du bronze dans la vallée de l'Indus, en Inde, où prospère une civilisation essentiellement fondée sur l'agriculture.
2650 av. J.-C. Début de la construction des premières grandes pyramides en Égypte.
2500 av. J.-C. L'utilisation du bronze se généralise à travers l'Europe. Début de la construction du site de Stonehenge en Angleterre.
2100 av. J.-C. Âge d'or de la cité sumérienne d'Ur.
Vers 1600 av. J.-C. Début de l'âge du bronze en Chine. Fabrication de vases de cérémonie en bronze.
Vers 1200 av. J.-C. Naissance de l'Empire assyrien.
1000 av. J.-C. L'usage du fer remplace celui du bronze.

MONDE ÉGÉEN
L'essor des peuples de la mer Égée coïncida avec le début du travail du bronze dans cette région. Plusieurs grandes civilisations se développèrent durant l'âge du bronze égéen (entre 3000 et 1100 av. J.-C.), principalement celles des Cyclades, des Minoens, des Mycéniens et des Troyens. Brillants architectes, peintres et artisans, ces peuples utilisaient le bronze à la fabrication d'armes, comme cette dague mycénienne (ci-contre), ou d'outils, comme des haches ou des pinces. Les défunts étaient souvent enterrés avec des armes en bronze de grande valeur, des ustensiles du quotidien ou des bijoux. Les peuples égéens produisirent un grand nombre d'objets en bronze.

MYCÉNIENS
La cité de Mycènes fut dirigée par le légendaire roi Agamemnon dont la dépouille fut découverte parée d'un somptueux masque mortuaire en or. Mycènes abritait un palais royal monumental cerné de puissantes murailles et des tombes surmontées d'une voûte, ou tholos, réservée aux rois. La puissante et prospère civilisation mycénienne domina la mer Égée aux environs de 1450 av. J.-C.

DYNASTIE DES SHANG
En Chine, l'âge du bronze coïncida avec l'essor de la dynastie des Shang (vers 1650 à 1027 av. J.-C.) dans la vallée du Huang He, ou fleuve Jaune. La métallurgie du bronze et l'écriture se généralisèrent dans cette région de 1500 à 1000 av. J.-C. La plupart des vases en bronze, comme ce vase rituel ci-dessous, étaient utilisés lors de cérémonies religieuses. Le bronze servait également à fabriquer des armes et des équipements pour les chars des soldats de la grande armée Shang.

INVENTION DE L'ÉCRITURE ET DE LA ROUE
La première écriture, dite cunéiforme, fit son apparition à l'âge du bronze. On la doit aux Sumériens, également inventeurs de la roue, qui équipait les chars de guerre et servait aux potiers. Une peinture découverte à Ur montre des troupes partant au combat avec des chars tirés par des ânes.

Pour en savoir plus
Les Assyriens
Les Babyloniens
Les Celtes
La Grèce antique
Les Hommes préhistoriques
Les Sumériens

http://fr.wikipedia.org/wiki/Age_de_la_pierre

A

l'Âge de la pierre

IL Y A PLUS DE 2 MILLIONS D'ANNÉES, le silex constituait un matériau inestimable pour les hommes préhistoriques, qui s'en servaient pour fabriquer leurs armes et leurs outils. Progressivement, ils conçurent des outils plus spécialisés, comme les couteaux. Les hommes de l'âge de la pierre vivaient de la cueillette et de la chasse. Petits groupes nomades, toujours en quête de territoires de chasse, ils construisaient des campements provisoires. Quelques communautés se réfugiaient dans des cavernes lors des saisons les plus froides. Au début du mésolithique (milieu de l'âge de la pierre), il y a près de 10000 ans, plusieurs grandes espèces animales s'éteignirent. Devenu un homme « moderne », l'*Homo sapiens* fabriquait des outils sophistiqués en pierre taillée pour pêcher ou chasser le cerf et le sanglier. Il y a environ 5000 ans, les hommes du néolithique (nouvel âge de la pierre) apprirent à domestiquer les animaux et à cultiver la terre, avant de se sédentariser.

- **- 2,5 MILLIONS** Paléolithique.
- **- 2 MILLIONS** Les homininés utilisent la pierre comme outil.
- **- 1,5 MILLION** Premier biface.
- **- 125000** Fin de la période glaciaire. Retour des hommes en Europe. Chasse au gros gibier.
- **- 75000** Les hommes exploitent le feu et enterrent leurs morts.
- **- 20000** Apparition de la lance, du harpon, de l'arc, de la couture et des peintures rupestres.
- **- 10000** Mésolithique.
- **- 5000** Néolithique.
- **- 3000** Outils et armes en métal remplacent la pierre.

Mammouth piégé dans une fosse recouverte de branchages

Chasseurs tuant leur proie à l'aide de lances munies de pointes en pierre taillée

Abri construit à l'aide de peaux animales et de défenses de mammouth

Confection de vêtements à l'aide de peaux d'animaux

Cuisson d'un lièvre à la broche

Utilisation d'un marteau en os pour tailler un noyau de silex

CHASSE AU MAMMOUTH

Il y a 50000 ans, *Homo sapiens sapiens* (l'homme « moderne ») avait acquis des techniques de chasse en groupes, qui lui permettaient de tuer en grand nombre des animaux sauvages. Il massacrait parfois des troupeaux entiers de cerfs (ou de gibier comparable) en les forçant à sauter du haut de falaises. À cette époque, le mammouth constituait un mets de choix.

OUTILS ET ARMES EN SILEX TAILLÉ

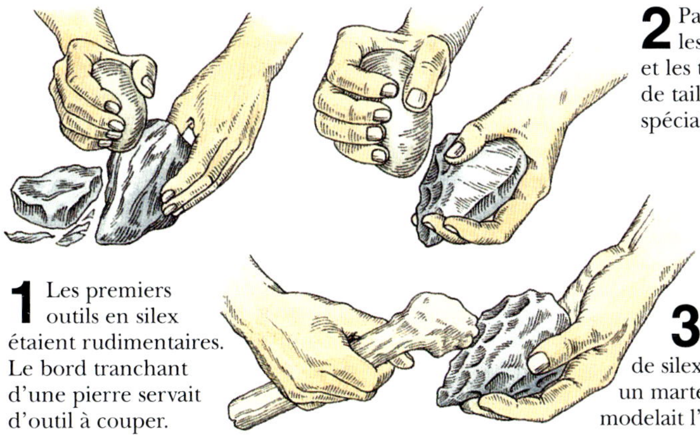

1 Les premiers outils en silex étaient rudimentaires. Le bord tranchant d'une pierre servait d'outil à couper.

2 Par la suite, les outils et les techniques de taille se spécialisèrent.

3 La frappe du noyau de silex avec un marteau en os modelait l'outil.

BIFACE

Le biface fut le premier outil de pierre taillée fabriqué par les hommes préhistoriques. On le tenait dans la main du côté arrondi, et son bord tranchant servait à découper la viande ou à déterrer les racines. Cet outil populaire fut utilisé durant plus d'un million d'années !

Biface de pierre taillée retrouvé dans le désert de Thèbes, en Égypte

Pour en savoir plus

L'ARCHÉOLOGIE
LES HOMMES PRÉHISTORIQUES
LA THÉORIE DE L'ÉVOLUTION

l'Âge du fer

6000 av. J.-C. Apparition au Moyen-Orient des premiers objets en fer, fabriqués à partir des météorites.

Vers 1500 av. J.-C. Découverte au Moyen-Orient des techniques de la fonte (extraction) du fer à partir du minerai et du travail par martelage du fer chaud. Les Hittites dominent le commerce du fer.

1000 av. J.-C. Début de l'âge du fer au Moyen-Orient et en Grèce. La métallurgie du fer se développe en Inde.

Vers 800 av. J.-C. L'usage du fer se généralise en Europe. Les Celtes imposent leur savoir-faire en la matière.

Vers 400 av. J.-C. Les Chinois découvrent le secret de fabrication des objets en fer en chauffant le minerai de façon à pouvoir mouler le métal en fusion.

Vers 1760 La révolution industrielle renouvelle l'usage du fer. La métallurgie du fer connaît de spectaculaires avancées sur le plan technique.

DANS PLUSIEURS LANGUES ANCIENNES, le mot désignant le fer signifiait littéralement « métal venu du ciel », parce que le premier métal utilisé à la fabrication des armes et des outils était extrait des météorites tombées sur Terre. La métallurgie du fer débuta probablement au Moyen-Orient il y a près de 6000 ans. On commença par marteler le fer froid avant d'apprendre à chauffer le minerai, pour en extraire le métal et le travailler. À la différence du bronze, également utilisé à cette période, le fer ne pouvait être moulé. Chauffé et réduit en une masse molle il était martelé par les forgerons jusqu'à adopter la forme souhaitée. Des fours spéciaux étaient requis pour atteindre la température de fusion. Les Hittites qui peuplaient la Turquie actuelle furent les premiers à en faire commerce. Vers l'an 1000 av. J.-C. la technique de la fonte du fer se généralisa et l'âge du fer débuta réellement. En Europe occidentale, les Celtes furent parmi les premiers à travailler et à utiliser ce métal.

Cette lame vieille de 2500 ans fut certainement aussi coupante que celle d'un rasoir actuel.

OPPIDUMS
Sites fortifiés des Celtes, ils servaient aussi de centres administratifs, de comptoirs commerciaux et d'enclos à bétail.

TRAVAIL DU FER

Les premiers fourneaux étaient constitués de petits foyers de pierre que l'on remplissait de minerai de fer et de charbon. Des soufflets permettaient d'atteindre une température de 1200 °C, suffisante pour rendre le fer malléable. Les Celtes utilisèrent des fourneaux plus profonds qui facilitaient la séparation du fer et des scories.

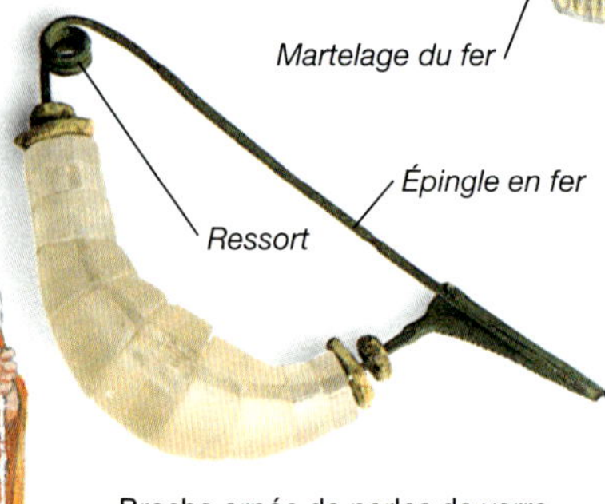

Broche ornée de perles de verre

VÊTEMENTS
Amateurs de parures, les Celtes portaient des vêtements tissés souvent ornés de motifs à damiers. Les femmes et les hommes appartenant à la noblesse arboraient des colliers torsadés en or ou en bronze, appelés torques. Des broches décoratives, ou fibules, fermaient les capes.

OUTILS
Les forgerons fabriquaient toutes sortes d'outils en fer, comme cette scie à dents ou cette paire de pinces, utilisée pour maintenir les pièces de métal durant le martelage.

ARMES
Les armes en fer, au tranchant plus affûté, étaient bien plus performantes que celles en bronze. Le manche de cette dague présente un profil humain.

Pour en savoir plus

L'ÂGE DU BRONZE
LES CELTES
FER ET ACIER
LA RÉVOLUTION INDUSTRIELLE

http://museum.agropolis.fr/pages/expos/agriculteurs/monde.htm

l'Agriculture (définition)

POUR APPROVISIONNER les rayons des supermarchés du monde entier les agriculteurs occidentaux font travailler la nature et la technologie en harmonie. Ils utilisent des machines pour labourer et moissonner d'immenses champs de blé ; ils fertilisent et irriguent les terres et élèvent leurs animaux dans des bâtiments pour les engraisser plus rapidement. Cette agriculture intensive peut nourrir dix personnes sur une terre qui n'en nourrissait qu'une seule auparavant. Mais tous les agriculteurs ne sont pas si productifs. Ceux qui possèdent des terrains accidentés ne peuvent pas utiliser de machines agricoles et recourent parfois encore à des méthodes ancestrales. Ils font paître quelques bêtes ou cultivent la terre avec des outils manuels moins efficaces. Sous les climats secs ils doivent se contenter de faibles rendements ou choisir des cultures moins productives qui supportent la sécheresse du sol.

AGRICULTURE DE SUBSISTANCE

Dans certains pays les familles d'agriculteurs ne cultivent que ce dont elles ont besoin pour vivre : c'est l'agriculture de subsistance. Si la récolte est bonne, il y a à manger pour tous. Mais une sécheresse ou une épidémie peut provoquer la famine.

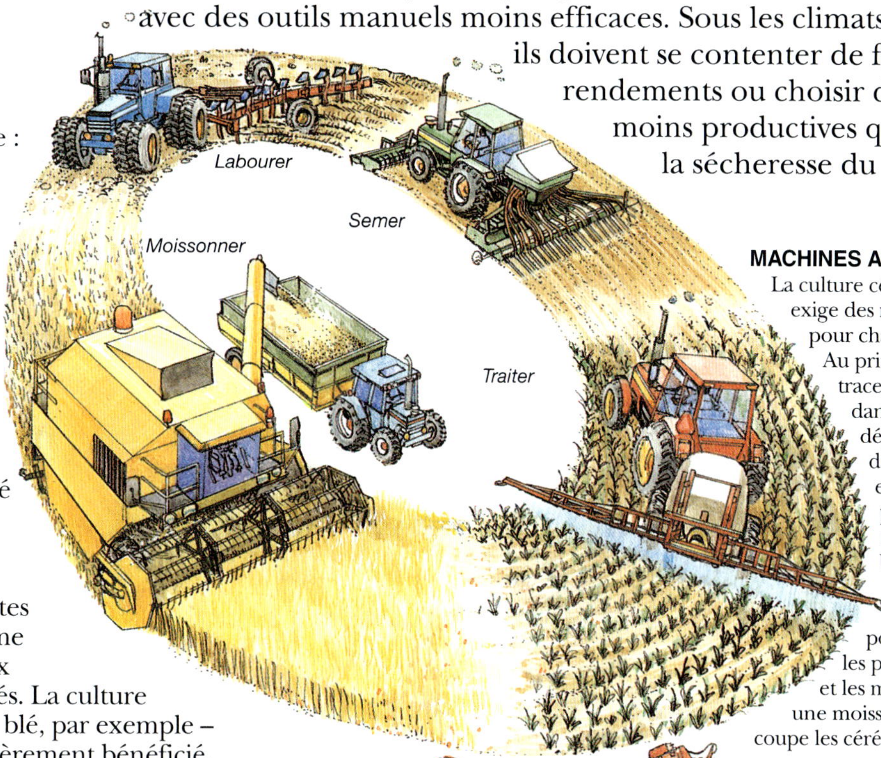

MACHINES AGRICOLES

La culture céréalière moderne exige des machines spécialisées pour chaque tâche. Au printemps une charrue trace des sillons dans la terre. Un semoir dépose les graines dans le sol préparé et les recouvre pour que les oiseaux ne les mangent pas. Un pulvérisateur à rampes disperse des pesticides pour lutter contre les parasites et les maladies. Enfin, une moissonneuse-batteuse coupe les céréales et bat les grains.

Blé moderne

PLANTES CULTIVÉES

La quasi-totalité des plantes cultivées aujourd'hui provient de plantes sauvages. Mais l'homme a créé des variétés aux rendements élevés. La culture céréalière – du blé, par exemple – en a particulièrement bénéficié. Les variétés de blé modernes ont des grains beaucoup plus gros que les variétés traditionnelles, même si elles sont moins résistantes aux maladies et nécessitent des soins accrus.

Blé traditionnel

Une ramasseuse-presse enroule la paille – les céréales moissonnées – et la presse pour former des balles rondes.

AGRICULTURE INTENSIVE

Le but de l'agriculture intensive est d'augmenter les rendements et de baisser les prix pour le consommateur. Les animaux d'élevage comme les poulets et les porcs sont confinés dans des enclos surpeuplés. Certaines personnes jugent ces méthodes anormales et cruelles et préfèrent manger uniquement des animaux élevés en plein air.

Dans les élevages en batterie, des tapis roulants apportent leur nourriture à des poules enfermées dans des cages bondées et récupèrent leurs œufs.

AGRICULTURE BIOLOGIQUE

Certains agriculteurs préfèrent cultiver leurs plantes et élever leurs animaux de façon naturelle. Ils n'utilisent pas de pesticides ni de fertilisants chimiques et respectent le cycle des saisons. Les aliments biologiques sont plus chers, mais meilleurs pour la santé.

Les agriculteurs biologiques utilisent des fertilisants naturels comme les algues ou le fumier pour rendre le sol plus productif.

Pour en savoir plus

L'AGRICULTURE (HISTOIRE)
LES ANIMAUX DE LA FERME

http://www.agriculture.gouv.fr/histoire/presentation.htm

l'Agriculture (histoire)

PREMIERS PAYSANS
Les premiers fermiers domestiquèrent les animaux pour en tirer viande, lait, peaux et laine. Certains choisirent le nomadisme, toujours en quête de nouveaux pâturages. Cette peinture rupestre, remontant à près de 8 000 ans, fut découverte sur les parois d'une grotte au Sahara, à l'époque où ce désert africain était encore une vaste prairie.

CULTURE DE LA TERRE ET ÉLEVAGE constituèrent l'une des étapes les plus importantes de l'histoire de l'humanité. Avant les débuts de l'agriculture, les hommes réunis en petits groupes nomades se nourrissaient en pratiquant la cueillette et la chasse. Il y a environ 12 000 ans, la culture des céréales, et notamment du blé, fit son apparition au Moyen-Orient. Avec le développement de cette activité, les populations commencèrent à se sédentariser. Les villages ne tardèrent pas à se transformer en cités. La production agricole était suffisante pour subvenir aux besoins des populations et les hommes purent pratiquer d'autres activités, comme le tissage, la poterie ou la ferronnerie. Devenus dépendants de l'agriculture pour assurer leur survie, les hommes connaissaient la famine lorsque les récoltes venaient à manquer. Au cours des siècles les méthodes de culture furent constamment améliorées, jusqu'à l'avènement de la révolution agricole au XVIIIe siècle et la mise au point de procédés scientifiques mettant fin aux problèmes de pénuries (dans les pays développés). L'agriculture est aujourd'hui une vaste industrie globale.

CULTURE DES CÉRÉALES
Vers 10000 av. J.-C., les agriculteurs du Moyen-Orient se lancèrent dans la culture des céréales, principalement du blé, de l'orge, du millet et du maïs. En Extrême-Orient, les hommes commencèrent à cultiver le riz vers 5000 av. J.-C.

IRRIGATION
L'eau et l'irrigation se révèlent indispensables aux cultures. En Chine et dans d'autres pays d'Extrême-Orient, les rizières sont alimentées par des canaux creusés à flanc de collines cultivées en terrasses.

Au XVIIIe siècle, le cochon de Berkshire fut la première race issue de la reproduction sélective.

AGRICULTURE AU MOYEN ÂGE
Au XIe siècle, le harnais à collier, venu de Chine, fit son apparition en Europe. La traction des charrues pouvait désormais être assurée par des chevaux. Au XIIIe siècle, l'agriculture européenne se pratiquait selon le système des champs ouverts et chaque paysan travaillait son lopin de terre.

Semeuse à cuillers

RÉVOLUTION AGRICOLE
De nouvelles techniques de production virent le jour au XVIIIe siècle, en même temps que les éleveurs s'attachaient à l'amélioration des races à travers la reproduction sélective. L'invention de machines comme la semeuse à cuillers permit d'accroître les productions.

Tracteur à vapeur

MÉCANISATION
Le développement des machines à vapeur au XIXe siècle, suivi par la découverte du moteur à explosion au XXe siècle, modifia profondément le visage de l'agriculture. Les tracteurs remplacèrent les chevaux et l'invention du chemin de fer et des navires réfrigérés rendirent possible l'acheminement des récoltes aux quatre coins du monde.

Pour en savoir plus
L'AGRICULTURE (DÉFINITION)
LES ANIMAUX DE LA FERME
LES MOTEURS

Aigles et autres rapaces diurnes

SI LES REQUINS chassent dans l'eau et les lions sur terre, les aigles sont de redoutables chasseurs dans les airs. Il existe environ 300 espèces de rapaces diurnes dont les aigles, les faucons, les vautours et les condors.

Toutes possèdent une vue perçante et peuvent apercevoir leurs proies de très haut et de très loin. Leurs pattes longues et puissantes se terminent par des serres redoutables pour leurs victimes, et leur bec est crochu pour déchiqueter la viande. L'un des aigles les plus grands et les plus majestueux est l'aigle d'Australie, d'une envergure de 2,5 m. Le faucon crécerelle est le plus commun des rapaces diurnes en France et on le voit souvent tournoyer à la recherche d'une proie. Ces rapaces deviennent de plus en plus rares aujourd'hui car les hommes transforment leur habitat naturel en terres agricoles et les pesticides empoisonnent leur nourriture.

PYGARGUE VOCIFÈRE
Ses longues plumes à l'extrémité des ailes facilitent le vol plané. Ses yeux perçants sont toujours à la recherche de poissons dans les lacs, marais et cours d'eau d'Afrique, au sud du Sahara.

ÉPERVIER
L'épervier (ci-dessus) chasse les petits oiseaux des régions boisées. Il peut fondre brusquement sur sa proie ou la pourchasser en zigzaguant à travers les arbres.

FAUCONNERIE
Les faucons et d'autres oiseaux de proie sont dressés à chasser par un fauconnier portant un gant de cuir. Ce faucon crécerelle a été coiffé d'un chaperon avant la chasse pour rester calme. La fauconnerie est très répandue au Moyen-Orient.

PYGARGUE À TÊTE BLANCHE
En raison de leur taille et de leur force, les aigles sont souvent choisis comme symboles. Le pygargue à tête blanche (à gauche), une espèce d'oiseau pêcheur, est l'emblème des États-Unis. Les plumes blanches de sa tête contrastent avec son corps noir.

CONDOR
Les condors figurent parmi les plus grands oiseaux aptes au vol : leur envergure peut atteindre 3 m. Le condor des Andes plane des heures durant au-dessus des montagnes isolées.

CHAROGNARDS
Les vautours et les condors sont dits charognards car ils se nourrissent essentiellement d'animaux morts ou agonisants. Ils tournoient haut dans le ciel à la recherche d'une proie au sol. Dès qu'un vautour repère sa victime, il s'abat rapidement sur elle, suivi par d'autres congénères. Plus de 50 vautours affluent alors pour dépecer la charogne.

VAUTOUR PAPE
Comme tous les vautours, le vautour pape d'Amérique du Sud, un rapace très coloré, possède une tête et un cou chauves. Il vit dans les forêts denses humides et vole au-dessus des arbres, des marécages et des prairies, à la recherche de charognes. Il chasse aussi les petits reptiles et mammifères.

Une tête multicolore et un collier de plumes grises : le vautour pape semble déguisé.

Vautour pape scrutant l'horizon

Pour en savoir plus
LES ESPÈCES ANIMALES
LES OISEAUX
LES RAPACES NOCTURNES
LE VOL DES ANIMAUX

http://www.antiquite.ac-versailles.fr/alexan/alex0.htm

Alexandre le Grand

ALEXANDRE
Alexandre de Macédoine (356-323 av. J.-C.) était admiré pour sa bravoure et son intelligence. Élève du philosophe grec Aristote, le jeune homme développa un intérêt particulier pour la culture grecque.

À SA MORT EN 323 AV. J.-C., le général Alexandre de Macédoine, plus connu sous le nom d'Alexandre le Grand, avait conquis la majeure partie du monde jusqu'alors connu et bâti un empire s'étendant de l'Asie Mineure (la Turquie actuelle) jusqu'à l'Inde. Son père Philippe II de Macédoine, roi d'un petit mais puissant royaume grec, fut assassiné en 336 av. J.-C. Alexandre à peine âgé de 20 ans lui succéda. Brillant et ambitieux, le jeune général se lança en 334 av. J.-C. à la conquête du puissant Empire perse, alors dirigé par le roi Darius III, qu'il écrasa à Gaugamèles. Il mourut à 33 ans, après avoir conduit ses armées sur plus de 19 000 km et diffusé la culture grecque jusqu'en Orient. Son empire ne tarda pas à être divisé mais l'œuvre d'Alexandre continua longtemps à susciter l'admiration des hommes.

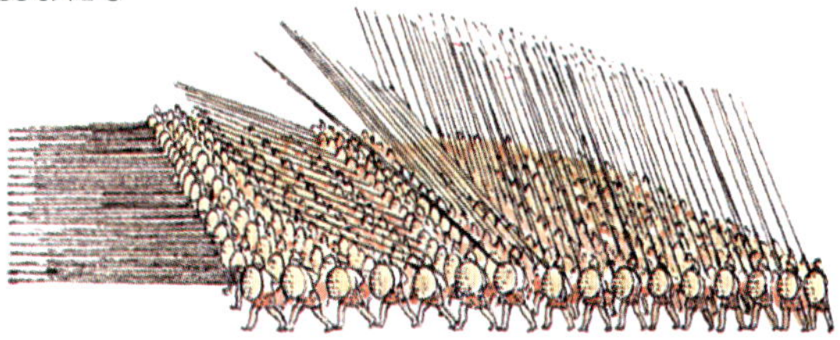

PHALANGES
L'armée avec laquelle Alexandre allait conquérir la Perse (Iran actuel) était principalement constituée par des troupes de fantassins. Les hommes, regroupés en phalanges, formaient une masse compacte hérissée de longues lances (sarisses) pointées vers l'ennemi.

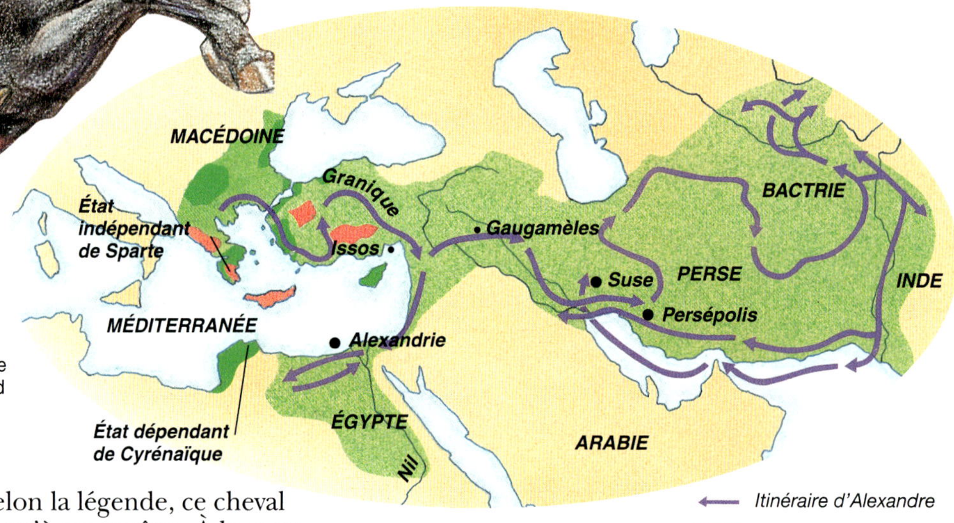

BUCÉPHALE
Le cheval préféré d'Alexandre avait pour nom Bucéphale. Selon la légende, ce cheval sauvage dompté par Alexandre n'obéissait qu'à son maître. À la mort de Bucéphale, Alexandre fit ériger un monument et une cité baptisée en son honneur. La ville de Bucéphalie existe toujours en Inde.

ALEXANDRIE
En 332 av. J.-C., Alexandre le Grand fonda la ville d'Alexandrie sur les rives de la Méditerranée. Devenue port prospère, la cité s'imposa rapidement comme l'un des principaux foyers de la culture grecque, attirant poètes et hommes de science des quatre coins du monde. Alexandrie est aujourd'hui la deuxième ville d'Égypte.

Après la mort d'Alexandre, le roi d'Égypte Ptolémée Ier Sôter ordonna la construction d'une immense bibliothèque à Alexandrie. De ce monument, riche disait-on de plus de 500 000 ouvrages, ne subsistent aujourd'hui que des ruines.

BATAILLES
Alexandre mena d'innombrables batailles. Ses armées, souvent plus modestes que celles de ses ennemis, étaient mieux entraînées et équipées. En 333 av. J.-C., lors de la bataille d'Issos, Alexandre à la tête de 36 000 soldats parvint à écraser les troupes de Darius fortes de 110 000 hommes. Deux ans plus tard, il réitéra son exploit à Gaugamèles, remportant une victoire contre 100 000 soldats perses avec seulement 45 000 fantassins !

Pour en savoir plus
LA GRÈCE ANTIQUE
L'ARMÉE

Alimentation et cuisine

CONSERVATION DES ALIMENTS
Pour empêcher les bactéries de se développer dans les aliments, divers modes de conservation sont utilisés depuis longtemps : les salaisons, les saumures, les fumages, les confits (enrobage de graisse), les confitures. Des techniques plus récentes, congélation, stérilisation, déshydratation et lyophilisation, les remplacent en partie.

TOUT ÊTRE VIVANT a besoin de nourriture ; c'est le carburant de base de la vie. Les aliments nous donnent de l'énergie et nous aident à grandir. L'être humain peut digérer une grande variété d'aliments tirés d'animaux ou de plantes. La manière dont nous mangeons et buvons varie dans le monde en fonction de la nourriture disponible et des habitudes culturelles. Les végétariens, par exemple, choisissent de ne pas manger de viande pour des raisons de santé, religieuses ou autres. Des carences dans l'alimentation peuvent entraîner des maladies, des troubles de la croissance et même la mort. Une alimentation déséquilibrée provoque aussi des problèmes.

Marché

NUTRITION

Un régime équilibré fournit au corps tout ce dont il a besoin pour sa santé et sa croissance. Les aliments énergétiques contiennent des glucides et des graisses, qui sont lentement brûlés par l'organisme. L'énergie des aliments se mesure en calories. Un enfant de 10 ans a besoin d'environ 2000 calories par jour. L'alimentation de croissance consiste en protéines provenant principalement de la viande, du poisson, du lait, des œufs, des noix et des céréales. Des vitamines sont nécessaires pour garder la peau et les yeux en bonne santé, et renforcer les vaisseaux sanguins. L'eau aide à dissoudre et à digérer la nourriture. De petites quantités de minéraux aident à la croissance : le calcium renforce os et dents, et le fer est nécessaire à l'équilibre sanguin. Les fibres des aliments ne sont pas digérées, mais facilitent la circulation de la nourriture à l'intérieur des intestins.

FAMINE ET ABONDANCE
Les hommes produisent assez d'aliments pour nourrir la population mondiale, mais ces derniers sont mal acheminés vers les pays pauvres. Les nations occidentales possèdent des montagnes de céréales qui constituent des surplus. Mais plus de 800 millions de personnes souffrent de malnutrition, et beaucoup en meurent.

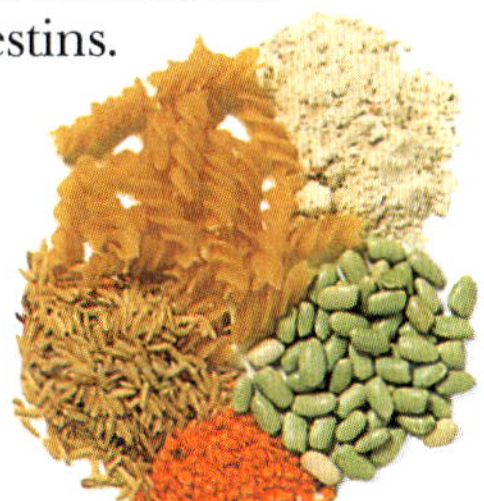

Pâtes et riz sont des aliments de base qui fournissent fibres, énergie et protéines. Graines, céréales et légumes tels que petits pois et haricots sont également des aliments de base. Leur utilisation varie d'un pays à l'autre.

Volailles et viandes apportent des protéines pour la croissance et des graisses pour l'énergie.

Algues marines riches en oligo-éléments

Fruits et légumes fournissent vitamines, fibres et sucres naturels. Certains légumes tels que la pomme de terre apportent des glucides énergétiques.

Noix et amandes sont de bonnes sources de protéines et de graisses.

Les champignons apportent fibres et minéraux en petite quantité.

Œufs et laitages apportent beaucoup de graisses. Ils sont également riches en protéines, en vitamines et en minéraux.

Poissons et coquillages sont riches en protéines de croissance, en minéraux et en vitamines.

ALIMENTATION RÉGIONALE
L'alimentation varie dans le monde selon le climat, les coutumes locales et les croyances religieuses. En France, on mange des escargots et au Japon, des algues. Le régime de certains Aborigènes et Africains comprend des insectes et des larves.

L'escargot est riche en protéines.

Le fourneau fermé, pourvu d'un four à température variable, fut inventé par Benjamin Thompson en 1795.

MODES DE CUISSON

La plus ancienne méthode de cuisson consiste à rôtir les aliments au-dessus d'un feu de bois. Plus tard, on a fait mijoter les plats dans une marmite suspendue. Le premier fourneau « moderne », pourvu de plaques de cuisson et d'un four alimenté au bois ou au charbon, fut introduit au XVIIIe siècle. À partir des années 1850, le gaz fut utilisé comme combustible puis, au début du XXe siècle, l'électricité.

Les fours modernes fonctionnent au gaz, à l'électricité ou aux deux.

FOUR À MICRO-ONDES

Un four à micro-ondes cuit la nourriture à l'aide d'ondes électromagnétiques à haute fréquence (appelées micro-ondes). Les micro-ondes font vibrer les molécules d'eau présentes dans les aliments, ce qui les chauffe. La chaleur émise cuit les parties solides des aliments. Le métal arrête les micro-ondes, c'est pourquoi il est impossible d'utiliser des plats métalliques dans un tel four.

Le plus souvent, la porte ne peut pas s'ouvrir tant que le four fonctionne.

PRÉPARATION DES ALIMENTS

De nombreux aliments doivent être cuits avant d'être mangés pour être plus faciles à digérer et avoir meilleur goût. Les aliments bouillis ou cuits à la vapeur sont cuits par l'eau ; friture et gril emploient une chaleur rapide, alors que ragoûts et rôtis nécessitent une chaleur lente. Les aliments consommés crus, tels que la salade, doivent également être préparés : lavés, parfois épluchés et coupés en morceaux.

Le poivre fraîchement moulu relève les aliments.

Tablier, mains et ustensiles doivent rester propres.

MIXEUR

Le mixeur, ou robot, électrique permet d'effectuer très rapidement des tâches autrefois laborieuses. À l'aide de différents outils et accessoires, un mixeur peut mélanger les ingrédients d'un gâteau, hacher, trancher et râper les légumes crus, produire de la chapelure, mélanger les farces et changer fruits et légumes cuits en purée ou en soupe. Il permet aussi de fouetter la crème et de battre les œufs en neige.

Bol à mixer

Casserole en Inox

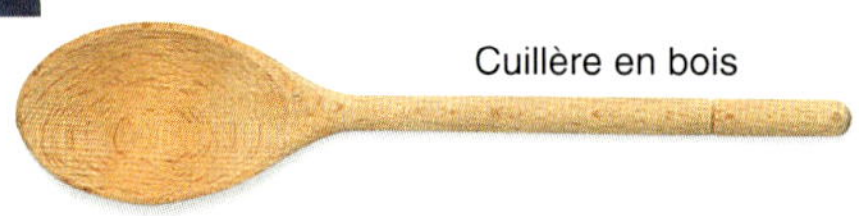

Cuillère en bois

Rouleau à pâtisserie

Verre mesureur

SÉCURITÉ EN CUISINE

Gant isotherme

Cuisiner est amusant, mais exige des précautions pour éviter les accidents et la prolifération de bactéries. Lavez-vous les mains avant de commencer et à chaque fois que vous manipulez des ingrédients différents. Utilisez un gant isotherme pour placer les plats chauds au four et les en sortir, et protégez-vous des éclaboussures avec un tablier.

Tablier

ÉQUIPEMENT

La plupart des ustensiles de cuisson sont faits d'un métal capable de conduire, sans fondre, la chaleur vers les aliments qu'ils contiennent. Une cuillère en bois sert à remuer les aliments chauds dans une casserole ; le bois ne conduisant pas la chaleur, il évite de se brûler les mains. Un verre mesureur permet de doser les ingrédients.

Pour en savoir plus

La Digestion
Forme et santé
Fruits et graines

l'Allemagne (géographie)

L'ALLEMAGNE ET SES 82 MILLIONS D'HABITANTS occupent une position centrale en Europe, géographiquement, économiquement, mais aussi en ce qui concerne les modes de vie et les traditions. C'est un pays ancien, dont les frontières ont souvent changé au fil des siècles. Pendant presque toute la seconde moitié du XXe siècle, elle se divisa en deux nations : la République fédérale d'Allemagne (Allemagne de l'Ouest) et la République démocratique allemande (Allemagne de l'Est), qui devinrent, en 1990, un unique pays avec la destruction du symbole de cette scission : le mur de Berlin. Le paysage du pays s'élève doucement depuis les côtes et les îles sablonneuses de la mer du Nord et de la Baltique. Au nord, on trouve essentiellement des plaines tandis que le sud, boisé, est dominé par les Alpes. L'Allemagne est un pays riche et fertile; Le climat frais et pluvieux est favorable à l'agriculture. Les fermes, qui produisent bétail et produits laitiers, céréales, pommes de terre, betteraves à sucre, fruits et légumes, sont parmi les plus productives du monde. Pourtant la plupart des Allemands vivent en ville, où sont installées les industries actives du pays.

L'Allemagne se trouve au cœur de l'Europe. Des plaines du nord aux pics enneigés des Alpes bavaroises, ses paysages sont très variés.

Les marchands de saucisses vendent souvent leurs produits sur des petits stands.

Les « guinguettes » dépendant d'un bar ou d'une taverne sont appréciées par temps chaud.

SAUCISSES ET BIÈRE

L'Allemagne est réputée pour sa bière. Les Allemands accompagnent souvent cette boisson du traditionnel encas : saucisse et pain assaisonnés d'une bonne rasade de moutarde douce. Il existe de nombreuses sortes de saucisses, et chaque région possède sa spécialité, par exemple la saucisse de Francfort, originaire de cette ville.

La porte de Brandebourg se dresse sur la ligne qui séparait autrefois Berlin-Est et Berlin-Ouest.

BERLIN

Redevenue la capitale de l'Allemagne en 1990, Berlin s'est développée sur les rives de la Spree. Des canaux relient également la ville à l'Elbe et à l'Oder. Dévastée pendant la Seconde Guerre mondiale, Berlin fut partagée en 1949 entre les deux États d'Allemagne de l'Est et de l'Ouest. Pendant de nombreuses années, un mur sépara les habitants des quartiers Est et Ouest, et les deux parties de la ville ont aujourd'hui encore un aspect très différent.

Usine de voitures BMW

INDUSTRIE

Il existe en Allemagne de nombreuses industries produisant des appareils électriques, des ordinateurs, des outils, des textiles et des médicaments. Les mines de charbon de la Ruhr, région du centre, produisent de grandes quantités de charbon brun, ou lignite, pour alimenter ces usines. L'Allemagne est célèbre pour ses appareils de précision de grande qualité, tels que les automobiles BMW ou les appareils photo Leitz.

Le château enchanteur de Neuschwanstein, niché au cœur des Alpes bavaroises

BAVIÈRE

Plus grand État d'Allemagne, la Bavière couvre tout le sud-est du pays. L'essentiel de la région consiste en forêts et en terres agricoles. Au sud, les Alpes bavaroises forment une frontière naturelle avec l'Autriche. La Bavière attire de nombreux touristes, qui viennent visiter ses châteaux de conte de fées (à gauche) et admirer ses paysages spectaculaires.

DÜRER

Né à Nuremberg, Albrecht Dürer (1471-1528) est célèbre pour ses tableaux et gravures. Il produisit son premier autoportrait à l'âge de 13 ans, et se prit régulièrement pour modèle toute sa vie. L'autoportrait ci-dessus fut peint alors qu'il avait 26 ans. À l'âge de 15 ans, Dürer fut l'apprenti de Michael Wolgemut, principal peintre et illustrateur de livres de Nuremberg. Inspiré par les peintres de la Renaissance italienne, il résolut de décrire personnes et objets avec un réalisme détaillé. En 1512, Dürer devint le peintre de cour de l'empereur Maximilien, et obtint une reconnaissance internationale.

OPÉRA DE SEMPER

L'architecte Gottfried Semper (1803-1879) construisit son premier opéra, le Théâtre royal, sur la Theaterplatz de Dresde, de 1838 à 1841. Près de 30 ans plus tard, le bâtiment brûla et l'opéra dut s'installer dans des locaux temporaires. La pression publique persuada Semper de créer un deuxième opéra entre 1871 et 1878. Le nouveau bâtiment (à droite), construit dans le style de la Renaissance italienne, fut détruit lors d'un bombardement aérien pendant la Seconde Guerre mondiale, et reconstruit sous sa forme originelle de 1977 à 1985. Son excellente acoustique et sa décoration intérieure opulente en font un modèle pour les opéras du monde entier.

DRESDE

La ville de Dresde, en Allemagne de l'Est, était autrefois la capitale d'un État allemand appelé Saxe. Bien que la ville compte encore quelques magnifiques monuments, dont le Grand Palais (ci-dessous), l'essentiel de sa splendide architecture fut détruit par les bombardements alliés pendant la Seconde Guerre mondiale (1939-1945). Dresde a aujourd'hui été complètement reconstruite, et de nombreux bâtiments ont été restaurés.

Dresde est considérée comme la « Florence de l'Elbe ».

FRÈRES GRIMM

Jacob (1785-1863) et Wilhelm (1786-1859) Grimm naquirent à Hanau, près de Francfort. Très liés, ces deux frères firent leurs études dans la même université et vécurent ensemble jusqu'à la mort de Wilhelm. Ils sont célèbres pour leurs recueils de contes allemands, parmi lesquels *Cendrillon*, *Hänsel et Gretel*, *Rapunzel*, *Blanche-Neige et les Sept Nains*, *La Belle au bois dormant* et *Le Petit Chaperon rouge*. Les frères n'inventèrent pas ces histoires, mais les rassemblèrent d'après des récits de paysans et des livres anciens. La plupart de ces histoires sont ancestrales.

Blanche-Neige et les sept nains

RHIN

Le Rhin, plus long fleuve d'Allemagne, prend sa source en Suisse, forme ensuite la frontière avec la France, puis traverse l'ouest de l'Allemagne en direction des Pays-Bas et de la mer. De grandes péniches remontent ce fleuve jusqu'à Bâle, en Suisse. Les vignobles des pentes escarpées de la partie méridionale du fleuve produisent l'essentiel du célèbre vin blanc allemand.

RÉUSSITE SPORTIVE

L'Allemagne a produit d'excellents sportifs au cours des dernières décennies, dont les stars Boris Becker, Steffi Graf et Michael Stich pour le tennis, Michael Schumacher pour les courses automobiles, et Katja Seizinger pour le ski. Le gouvernement allemand encourage les sports et ces athlètes médaillés font honneur à leur pays.

L'unification des deux Allemagne réunit certains des meilleurs athlètes du monde. À l'époque de la rivalité entre les deux pays, les concurrents de l'Est étaient aidés par tous les moyens pour atteindre des résultats excellents. Ils remportèrent beaucoup plus de compétitions que leurs collègues allemands de l'Ouest.

BONN

De 1949 à 1990, Bonn fut la capitale de l'Allemagne de l'Ouest. La ville, très ancienne, est construite sur le Rhin, sur l'emplacement d'un camp romain. Cette vieille ville universitaire, aux nombreux et magnifiques bâtiments dans le style allemand traditionnel, est la ville natale du compositeur Ludwig van Beethoven (1770-1827).

VALLÉE DE LA RUHR

Une grande part de l'industrie lourde allemande se concentre dans la vallée de la Ruhr. D'énormes gisements de charbon fournissent à la vallée une importante source d'énergie ; ses usines produisent fer, acier et produits chimiques. La vallée de la Ruhr est la région la plus densément peuplée d'Allemagne.

Des sangliers, chassés pour leur viande, errent dans les grandes forêts.

FORÊTS

De grandes forêts couvrent les collines et les montagnes des régions centrales et méridionales d'Allemagne ; elles sont appréciées pour leur beauté et leur richesse en bois, largement utilisé dans l'industrie. Parmi les plus célèbres, la forêt de Thuringe, la forêt de Bohême et la Forêt-Noire, dans le sud-ouest du pays.

OBERAMMERGAU

Tous les 10 ans, un événement extraordinaire se produit dans ce petit village des Alpes bavaroises, en Bavière. Les habitants d'Oberammergau se rassemblent pour représenter la Passion, l'histoire de la crucifixion du Christ. Les villageois montèrent ce spectacle pour la première fois en 1634 pour tenter d'arrêter la peste. La coutume s'est perpétuée depuis. C'est aujourd'hui une importante attraction touristique, et des milliers de visiteurs y assistent.

Pour en savoir plus
L'Allemagne (histoire)
L'Europe (géographie)
L'Union européenne

STATISTIQUES

Superficie : 357 022 km²
Population : 82 167 000
Capitale : Berlin
Langues : allemand
Religions : protestante, catholique, musulmane
Monnaie : euro
Principales activités : industrie mécanique, produits manufacturés
Principales exportations : automobiles, mécanique lourde, électronique, produits chimiques
Principales importations : sources d'énergie, matériaux bruts

AUTOMOBILES
L'Allemagne, le plus gros producteur de véhicules en Europe, se spécialise dans les voitures de qualité. Des sociétés automobiles américaines et japonaises s'y sont installées, attirées par la main-d'œuvre qualifiée.

HAMBOURG
Située sur l'Elbe, Hambourg est la deuxième ville d'Allemagne et son centre économique. C'est aussi le port le plus actif.

RHIN
Le Rhin, principal fleuve du pays, constitue une importante voie de transport vers les ports du nord. Il serpente sur 1 320 km depuis sa source, en Suisse, jusqu'à la mer du Nord.

FRONTIÈRES ALLEMANDES
L'Allemagne, située en plein centre de l'Europe, possède des frontières terrestres avec 9 pays. Il n'est donc pas étonnant que ce soit la plus importante nation commerciale d'Europe. Toutes sortes de matériaux sont importés en Allemagne, car le pays possède peu de ressources naturelles. Les biens manufacturés sont ensuite exportés. De toutes les frontières, la plus active est la française : plus de 10 % du commerce allemand se fait avec la France.

Volcan	Montagne	Capitale	Grande ville	Petite ville

STATISTIQUES
Superficie : 520 000 km²
Population : 40 740 000
Nombre d'États indépendants : 7

BELIZE
Superficie : 22 696 km²
Population : 307 000
Capitale : Belmopan
Monnaie : dollar de Belize

COSTA RICA
Superficie : 51 100 km²
Population : 4 579 000
Capitale : San José
Monnaie : colón

GUATEMALA
Superficie : 108 889 km²
Population : 13 029 000
Capitale : Guatemala
Monnaie : quetzal

HONDURAS
Superficie : 112 088 km²
Population : 7 466 000
Capitale : Tegucigalpa
Monnaie : lempira

l'Allemagne (histoire)

DE NOMBREUX PETITS ÉTATS INDÉPENDANTS, chacun possédant des lois et un gouvernement distincts, composèrent le territoire allemand pendant presque toute son histoire. Nombreuses furent les tentatives d'unification de ces États en une seule nation. Au IXe siècle, Charlemagne, empereur des Francs, gouverna sur un territoire qui comprenait une grande part de l'Allemagne et de la France. Ses successeurs tentèrent de maintenir cette union en établissant le Saint Empire romain germanique, mais l'Allemagne n'était unifiée qu'en théorie, car les divers États défendaient férocement leur indépendance. Au XVIe siècle, la Réforme, mouvement visant à réformer l'Église, divisa l'Allemagne en États catholiques et protestants. La Prusse émergea, défiant la domination de la famille autrichienne des Habsbourg. En 1871, les divers États allemands devinrent un seul pays gouverné par la Prusse. Mais après la défaite de l'Allemagne à l'issue de la Seconde Guerre mondiale (1939-1945), le pays fut à nouveau divisé en deux États séparés – l'Allemagne de l'Est communiste (République démocratique allemande) et celle de l'Ouest, non communiste (République fédérale d'Allemagne), réunifiées en 1990.

ROYAUME FRANC
Au IIIe siècle, les Francs, l'une des nombreuses tribus guerrières germaniques, s'installèrent sur les rives du Rhin. Au IXe siècle les Francs « Saliens » régnaient sur ce qui est aujourd'hui la France, et les Francs « Ripuaires » sur l'Allemagne. Ils étaient d'habiles ferronniers, comme le montre la boucle de ceinture en bronze ci-dessus.

GUERRE DES PAYSANS
En 1524, les paysans allemands se soulevèrent contre leurs seigneurs. Ils exigeaient de meilleures conditions sociales et économiques, dont le droit d'élire leur clergé, de chasser et de pêcher, encouragés par les enseignements de Martin Luther (1483-1546), qui voulait réformer l'église. Mais Luther soutint les seigneurs, qui écrasèrent impitoyablement cette révolte un an plus tard.

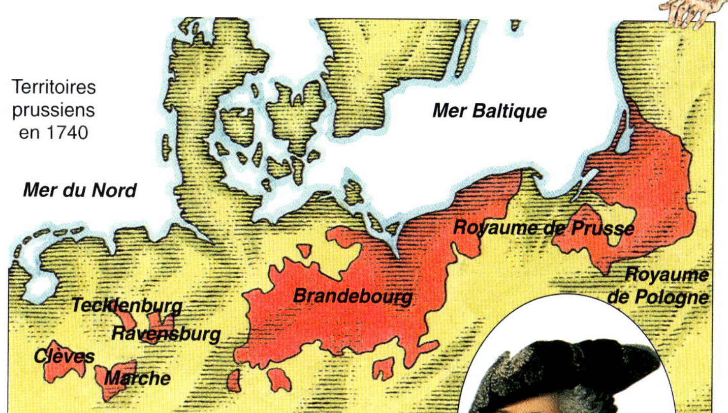

PRUSSE
La guerre de Trente Ans (1618-1648), qui détruisit l'Allemagne, laissa le pays sans pouvoir central, jusqu'à l'ascension de la Prusse. Celle-ci n'était à l'origine qu'un petit État dans l'actuelle Pologne. Elle s'étendit lentement jusqu'à devenir, sous le règne de Frédéric II le Grand (de 1740 à 1786), le plus puissant État d'Allemagne.

PARLEMENT DE FRANCFORT
En 1815, la Confédération germanique fut établie pour protéger l'indépendance des 39 États allemands de l'époque. Mais l'Allemagne était moins avancée et moins prospère que d'autres pays européens. De nombreux citoyens, insatisfaits, aspiraient à l'unité. En 1848, un groupe de politiciens mit en place un parlement (groupe législatif) siégeant à Francfort pour préparer l'unité allemande. Le plan échoua en 1849 quand le roi de Prusse, Frédéric-Guillaume IV, refusa de devenir empereur. La Confédération germanique fut bientôt rétablie.

l'Amérique du Nord (faune et flore)

L'AMÉRIQUE DU NORD abrite une faune et une flore extrêmement variées dont l'aigle royal, le lynx, le coyote, le cactus et le séquoia géant. Le Grand Nord est le royaume des terres arctiques où le sol est gelé et où pousse une maigre végétation, la toundra, une bonne partie de l'année. Les rennes grattent sous la neige à la recherche de mousses et de lichens. Au sud de la toundra, s'étend une vaste forêt de conifères avec des pins, des épicéas, des mélèzes et des sapins. Aujourd'hui, les forêts sont exploitées par l'homme, mais les loups, les ours et les lynx ont réussi à survivre dans les zones les plus sauvages. Le Midwest est couvert de grandes prairies et l'Est de forêts d'érables et d'hickorys autrefois immenses. L'Ouest est une zone de montagnes et de forêts de séquoias. Des déserts comme la vallée de la Mort couvrent le Sud-Ouest, des marécages l'extrême Sud-Est et un mélange de zones désertiques et de forêts denses l'Amérique centrale.

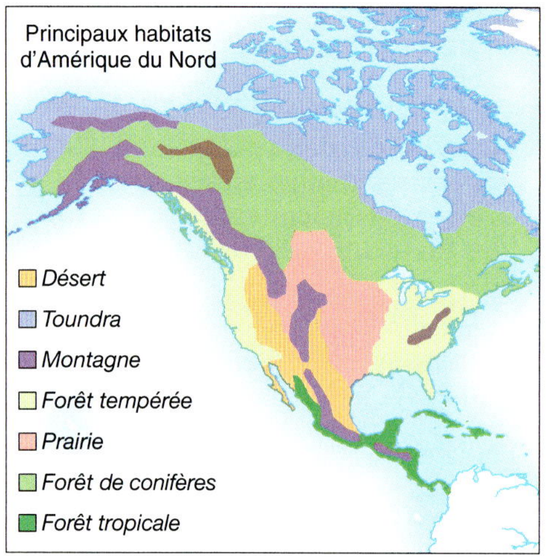

PYGARGUE À TÊTE BLANCHE
Le pygargue à tête blanche est l'emblème national des États-Unis. Son envergure atteint 2 m et il se nourrit surtout de poissons.

ZONES HUMIDES
Les lacs et les marécages du Sud-Est sont des zones humides. Des plantes, des poissons et des reptiles de toutes sortes y vivent, dont la jacinthe d'eau et l'alligator du Mississippi qui peut mesurer 6 m de long. On y trouve aussi de nombreuses petites créatures aquatiques, dont des grenouilles et des tortues à oreilles rouges.

CACTUS
Le cactus est l'une des nombreuses plantes à survivre dans le sud-ouest de l'Amérique du Nord malgré la sécheresse du climat. Il possède des organes qui stockent l'eau et des épines pour ne pas être mangé par les animaux. Le Mexique abrite des centaines d'espèces de cactus.

SAGUARO
Le saguaro, un cactus géant, appelé cactus candélabre, se rencontre principalement en Arizona. Il pousse lentement mais peut atteindre 14 m de haut. Ses fleurs blanches attirent les insectes comme le machaon.

LAPIN À QUEUE BLANCHE
Comme la plupart des herbivores des régions sèches, l'espèce appelée *Sylvilagus floridanus* vit près des rochers ou sous terre et court se mettre à l'abri à l'approche d'un prédateur. Sa courte queue blanche ressemble à une balle de coton.

LÉZARD À COLLERETTE
Ce lézard mange d'autres lézards et des insectes. Il peut mesurer jusqu'à 50 cm de long.

PRAIRIE
La prairie naturelle qui couvrait autrefois le Midwest s'est transformée en terres cultivées. Mais de nombreux animaux y vivent encore, en particulier les petits rongeurs fouisseurs comme les chiens de prairie dont les réseaux de terriers contribuent à remuer le sol, à améliorer le drainage et à recycler les éléments nutritifs.

LUZERNE
La luzerne est une légumineuse originaire d'Amérique du Sud. Les agriculteurs l'utilisent comme plante fourragère, mais les hommes la consomment également.

Un monticule de terre autour de l'entrée du terrier empêche les eaux de pluie de ruisseler à l'intérieur.

CHIEN DE PRAIRIE
Ce rongeur doit son nom à son cri qui ressemble à l'aboiement d'un chien. Les chiens de prairie vivent en groupes formés d'un mâle, de quelques femelles et de leurs petits. Ils construisent des réseaux de terriers réunis en villages qui peuvent couvrir plus de 40 hectares.

PUMA

Le puma ou cougouar appartient à la famille des félidés. Il survit dans les forêts denses et les régions semi-désertiques. Un grand mâle peut mesurer jusqu'à 1,8 m de long et peser près de 100 kg. Les pumas chassent surtout la nuit rongeurs, lapins et cervidés. Autrefois, ils étaient chassés et tués par l'homme parce qu'ils s'attaquaient aux animaux de la ferme.

FORÊT

Dans les vastes forêts de conifères du Nord canadien l'été est court et l'hiver long et rude. À l'automne les ours rentrent dans leur tanière pour hiberner, les tétras du Canada adoptent leur régime alimentaire hivernal composé d'aiguilles de pin et de branchages et les oiseaux migrateurs s'envolent vers le sud. Les élans et les rennes s'enfoncent dans la forêt et grattent le sol enneigé à la recherche de mousses et de lichens tout en guettant les loups qui rôdent. Au printemps, les oiseaux migrateurs reviennent, les insectes bourdonnent dans les arbres et les cervidés se nourrissent de la végétation nouvelle.

HARFANG DES NEIGES

Dans le Grand Nord le harfang des neiges chasse le jour lemmings, campagnols, souris, lapins, lièvres variables, canards, etc. Le mâle est blanc ou légèrement tacheté ; la femelle est plus grande et plus striée.

PIC À TÊTE ROUGE

Les pics sondent les troncs d'arbre à la recherche de larves et de coléoptères. Ils se propulsent vers le haut en s'appuyant sur leur queue rigide et martèlent l'écorce à coups de bec pour faire sortir leurs proies.

ÉLAN

L'élan est le plus grand de tous les cervidés. Le mâle possède d'énormes bois aplatis et peut mesurer 2,1 m au garrot. La femelle est plus petite et dépourvue de bois. L'été, les élans se réunissent dans les lacs et marécages dégelés pour manger des plantes aquatiques. L'hiver, ils se nourrissent de bourgeons, et d'autres plantes ligneuses. Ils vivent solitaires, excepté pendant la période de reproduction.

L'élan vit dans les forêts d'Amérique du Nord et en Europe où il est appelé orignal.

MONTAGNE

Les Rocheuses fournissent différents habitats à la faune et à la flore. Au-dessus de 1 400 m, la prairie laisse peu à peu la place aux armoises et aux genévriers, puis aux pins et aux sapins à 2 000 m. Au-dessus de 3 200 m, seules des plantes montagneuses poussent durant un été très bref. Ces montagnes aux contours déchiquetés servent de refuge aux ours, aux gloutons, ainsi qu'aux mouflons d'Amérique et aux chèvres des montagnes Rocheuses chassés par les lynx.

Le porc-épic américain est arboricole.

Vigne vierge

BÉCASSE D'AMÉRIQUE

Cet oiseau vit dans les régions forestières nord-américaines. Il sonde les sols meubles avec son long bec à la recherche de vers et de larves. Il détecte ses proies grâce à son odorat et à l'extrémité sensible de son bec.

PORC-ÉPIC

Le porc-épic américain se nourrit d'aiguilles de conifères et d'écorces d'arbres. L'été, il passe plus de temps au sol où il mange tiges, fleurs, graines et fruits. Il possède sur le dos de longs piquants pour se défendre. Même si le porc-épic ressemble au hérisson, ces deux animaux n'ont aucun lien de parenté.

Pour en savoir plus

Aigles et autres rapaces diurnes
Cerfs, antilopes et gazelles
Les Grands félins
Lapins et lièvres
Les Lézards
Les Rapaces nocturnes

l'Amérique du Nord (géographie)

Le continent nord-américain, qui s'étend depuis le cercle polaire arctique jusqu'aux tropiques, est flanqué par les océans Atlantique, Pacifique et Arctique.
Les cinq Grands Lacs d'Amérique du Nord forment la plus grande zone d'eau douce du monde.

LE CONTINENT nord-américain est une région de grands contrastes. D'impressionnantes chaînes de montagnes – Appalaches et Rocheuses – s'étendent le long de ses côtes est et ouest, renfermant un vaste paysage pratiquement plat, sillonné de puissants fleuves tels que le Mississippi et le Missouri. Des forêts de conifères recouvrent le nord. Les Grandes Plaines centrales sont des prairies où paissaient autrefois d'immenses troupeaux de bisons. Au nord, la région arctique est gelée en permanence, tandis que les déserts arides et les canyons rocheux s'étalent au sud. Des forêts tropicales couvrent le sud du Mexique, et des marécages le sud-est des États-Unis. Les Indiens d'Amérique, installés sur le continent il y a plus de 25 000 ans, furent chassés par les colons européens à partir du XVIe siècle. Des vagues successives d'immigrants, venus d'abord d'Europe, puis du reste du monde, continuèrent de s'installer en Amérique du Nord, attirés par ses filons d'or, ses prairies fertiles et ses villes animées – qui abritent l'essentiel de la population.

LE GRAND GEL
Les hivers rudes sont courants au centre du continent, en particulier autour des Grands Lacs, souvent gelés en hiver. De sévères tempêtes de neige isolent parfois Chicago, sur le lac Michigan. En 1998, une exceptionnelle tempête de pluie verglaçante dans la région canadienne des Grands Lacs fit geler les lignes électriques, privant la région d'énergie pendant plusieurs jours.

TOUNDRA EN ALASKA
Toundra, mot finlandais signifiant « hauteurs sans arbres », décrit le paysage d'Alaska (ci-dessus), dont lichens, mousses, herbes et buissons bas constituent la seule végétation. La température moyenne, inférieure à zéro, peut plonger en hiver jusqu'à – 32 °C, laissant une couche de sol gelé en permanence, qui peut atteindre une profondeur de 1,5 m.

ROCHEUSES
Les montagnes Rocheuses forment l'épine dorsale du continent américain, séparant les grandes plaines de l'est des hauts plateaux et des bassins de l'ouest. S'étendant de l'Arctique canadien au Nouveau-Mexique, elles sont le plus élevées dans le Colorado, où quelque 254 monts dépassent 4 000 m d'altitude. Le plus haut, le mont Elbert, atteint 4 312 m.

AUTOMNE EN NOUVELLE-ANGLETERRE
Le climat de l'Amérique du Nord varie, des forêts tropicales chaudes du Yucatán jusqu'à l'Arctique gelé. La côte est des États-Unis connaît des saisons marquées, dont l'automne, avec les érables rouge vif, est réputé et attire de nombreux touristes.

GRAND CANYON
Les canyons sont des formations profondes et impressionnantes de roche érodée par le cours d'une rivière. Le plus célèbre est le Grand Canyon, en Arizona, formé par les eaux du Colorado. Long de 350 km, il plonge à des profondeurs de 1 820 m. Le processus d'érosion commença il y a 5 à 6 millions d'années. Certaines des roches du fond sont vieilles de 2 milliards d'années !

Calcaire, grès, schiste et granit s'érodent à différentes vitesses, et donnent au Grand Canyon ses couches de couleurs distinctes.

L'élan, avec ses énormes bois, ses longues pattes et son museau charnu, vit dans les forêts subarctiques.

Le lamantin atteint une longueur moyenne de 3 m. Cette énorme créature pacifique vit dans les eaux côtières peu profondes de Floride.

EVERGLADES

Les Everglades (ci-contre) sont une vaste zone de marécages semi-tropicaux s'étendant dans la partie sud-ouest de la Floride. Une série d'îles basses, appelées « hamacs », abritent une grande diversité d'arbres, depuis les bois tropicaux tels que l'acajou jusqu'aux lauriers, eucalyptus et palétuviers. Plus de 400 espèces d'oiseaux vivent aux Everglades, et d'autres animaux tels qu'alligators, rainettes et loutres prospèrent sous leur climat. Cet écosystème unique est alimenté par un cycle d'hivers secs et d'été humides.

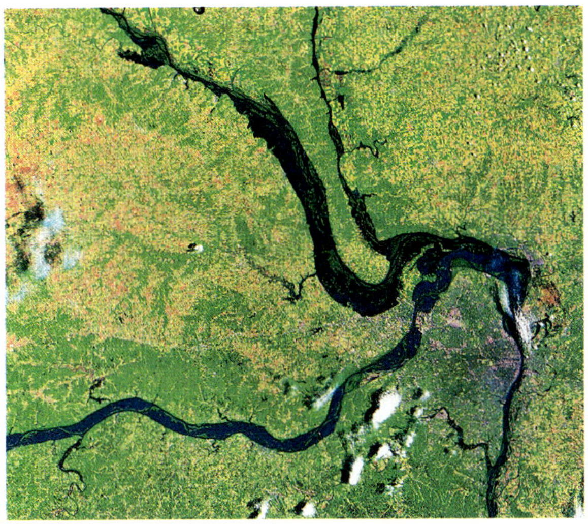

Cette image satellite montre le Mississippi et le Missouri convergeant à Saint Louis au cours des crues de 1993.

MISSISSIPPI

Long de 6 020 km, le Mississippi, principale artère fluviale des États-Unis, est l'une des voies d'eau commerciales les plus actives au monde. Il prend sa source dans le nord du Minnesota, s'écoule vers le sud et reçoit les eaux du Missouri et de l'Ohio vers le milieu de son cours. Il se jette dans le golfe du Mexique, où il forme un delta qui déplace le rivage vers la mer au rythme de presque 10 km par siècle.

Le pelage épais du bison et sa barbe accentuent sa taille impressionnante.

GRANDES PLAINES

Les Grandes Plaines, qui s'étendent au centre de l'Amérique du Nord, étaient autrefois des régions de prairie où paissaient d'immenses troupeaux de bisons. L'excès de chasse décima les bisons, tandis que la « frontière » des villages de pionniers se déplaçait vers l'ouest au cours du XIXe siècle. Aujourd'hui, c'est l'une des régions du monde où l'agriculture est la plus intensive, pour la culture du blé et du maïs.

Une grange et un champ de colza jaune dans les grandes plaines à l'est de Washington

BISON

Des troupeaux de bisons parcouraient autrefois les Grandes Plaines d'Amérique du Nord. Un animal adulte mesure 2 m de haut et pèse plus de 900 kg. Traditionnellement, le bison fournissait nourriture et vêtements aux Indiens des plaines. Jusqu'au XVIIIe siècle, les bisons se multiplièrent, car la méthode de chasse des Indiens était raisonnée. Avec « l'homme blanc » et ses excès, les troupeaux se réduisirent considérablement. Pendant la construction des voies ferrées au XIXe siècle, des troupeaux entiers furent décimés pour nourrir les ouvriers du rail. Aujourd'hui, il ne reste que 40 000 à 50 000 bisons vivant dans des réserves, protégés par la loi américaine.

VIE URBAINE

Une grande part du continent nord-américain, en particulier le sud et l'ouest, plus secs, est peu peuplée, mais il existe d'importantes concentrations de population et d'industrie dans les zones urbaines – surtout dans les régions tempérées le long des côtes et des rives des Grands Lacs. New York (à droite) s'étend au centre d'une vaste conurbation de villes, allant de Boston à Washington DC. Sur la vue ci-contre, on voit le quartier d'affaires de Manhattan avec les célèbres Twin Towers, avant l'attentat du 11 septembre 2001. Accessible à la fois par l'océan Atlantique et par l'Hudson, New York s'est développé comme un port important. Aujourd'hui, c'est le principal centre financier, commercial et culturel des États-Unis.

l'Amérique du Sud (géographie)

Ce continent est dominé par trois types très différents de paysage : le long de la côte ouest, c'est la montagne, avec l'imposante chaîne des Andes, qui atteint plus de 6 900 m d'altitude ; le nord-est, chaud et humide, est couvert de denses forêts tropicales ; plus au sud s'étendent de vastes plaines d'herbes et de broussailles. Le continent possède d'immenses gisements de minéraux et de riches terres agricoles. Malgré cela, certains des douze pays qui le constituent comptent parmi les plus pauvres du monde. Leurs gouvernements sont fragiles ou instables et la plupart ont emprunté de fortes sommes d'argent à des nations plus riches. Le paiement de ces dettes les empêche de développer des industries leur permettant de profiter de leurs ressources naturelles. Jusqu'au début du XIXe siècle, Espagne et Portugal régnaient sur presque toute l'Amérique du Sud. La plupart des habitants parlent toujours espagnol ou portugais. La population se répartit en trois groupes : descendants des colons européens, Indiens, et métis (habitants d'origine mixte). Beaucoup sont extrêmement pauvres et peuvent à peine s'acheter de quoi manger. Beaucoup sont également sans instruction, ne sachant ni lire ni écrire.

L'Amérique du Sud s'étend au sud de l'isthme de Panamá, entre les océans Atlantique et Pacifique. Le continent couvre 17,8 millions de km^2.

Le bétail argentin est gardé par des cow-boys appelés gauchos.

EXPLOITATION DES TERRES

De grands troupeaux de bovins parcourent les pampas, (vastes prairies) du Brésil, de l'Argentine et de l'Uruguay. Le maïs constitue une culture de base dans tout le continent. Le café est cultivé essentiellement pour l'exportation, tandis que la coca, cultivée en Bolivie, au Pérou et en Colombie principalement, fournit l'essentiel de la production mondiale de cocaïne, une drogue dangereuse et illégale.

ANDES

La cordillère des Andes, longue de près de 8 000 km, s'étend sur toute la longueur du continent. Les Andes sont dotées, en plus des gisements de minéraux, de terres agricoles fertiles dans les vallées et sur l'Altiplano, un vaste plateau du Pérou et de Bolivie.

Les routes traversant les Andes empruntent les rares passages de basse altitude.

LAC TITICACA

Situé dans les Andes entre le Pérou et la Bolivie, le lac Titicaca se trouve à 3 812 m d'altitude. Sa profondeur atteint par endroits 180 m. Bien que de grands navires opèrent sur le lac, les habitants utilisent des roseaux pour construire leurs bateaux de pêche traditionnels.

PÉROU

Bordé sur sa longueur par les Andes, le Pérou comprend une partie de la forêt amazonienne. Avec près de 30 millions d'habitants, c'est l'un des plus grands pays d'Amérique du Sud. La plupart des Péruviens sont très pauvres, et vivent dans la montagne. Beaucoup travaillent dans des plantations de café, de sucre et de coton destinés à l'exportation. Du pétrole, récemment découvert, va permettre au pays de s'enrichir.

Le café est encore récolté à la main dans certaines régions d'Amérique du Sud.

BOLIVIE

La Bolivie, pays montagneux, n'a aucun débouché sur la mer. Bien que les Andes recèlent de vastes gisements de pétrole, d'étain et d'argent, la pauvreté touche la majorité de la population, constituée à 70 % environ d'Indiens aymaras et quechua qui cultivent juste assez de nourriture pour se nourrir. La culture de la coca, plante dont est tirée la drogue appelée cocaïne, est très développée.

Une Bolivienne en costume traditionnel

FOOTBALL

Le football, sport favori de la plupart des pays d'Amérique du Sud, compte d'ardents supporters. Argentine, Brésil et Uruguay occupent une place de choix dans les compétitions internationales. En 1930, l'Uruguay fut le premier pays à accueillir la Coupe du monde, et réussit à remporter le tournoi la même année. Grâce à ses victoires en 1958, 1962, 1970, 1994 et 2002, le Brésil a remporté cette coupe très convoitée plus souvent que n'importe quel autre pays du monde.

Des amateurs de football argentins paradent dans les rues, manifestant leur soutien à l'équipe nationale. L'Argentine a remporté la Coupe du monde de la FIFA en 1978 et en 1986.

Les Indiens des forêts d'Amérique du Sud vivent dans de grandes huttes partagées par de nombreuses familles. Ils dorment dans des hamacs suspendus entre les piliers.

INDIENS

Les premiers peuples d'Amérique du Sud étaient des Indiens. Ceux des plaines occupaient de petits villages et trouvaient leur nourriture dans la forêt, tandis que ceux des villes des Andes bâtirent de grandes cités. L'arrivée des explorateurs européens anéantit ces cultures, et aujourd'hui seules quelques tribus isolées vivent encore dans la forêt comme leurs ancêtres, tout en étant menacées par la destruction de la forêt tropicale pour l'exploitation agricole et l'extraction minière.

ÎLES FALKLAND

Situées dans l'océan Atlantique, les îles Falkland furent découvertes par le navigateur anglais John Davis, en 1592. En 1690, les îles prirent le nom du vicomte Falkland, trésorier de la marine britannique. Leur nom argentin d'Islas Malvinas vient du nom de « Malouines » que leur donnèrent des marins français au XVIIIe siècle. Les îles furent occupées à diverses époques par l'Angleterre, l'Espagne, la France et l'Argentine.

Des colonies de manchots vivent sur les îles Falkland.

AMAZONE

L'Amazone, plus long fleuve d'Amérique du Sud, prend sa source dans les Andes et parcourt 6 516 km jusqu'à l'Atlantique. Elle traverse une immense forêt tropicale couvrant 6,5 millions de km^{2}. Ces dernières années, une grande part de cette forêt a été détruite pour son bois et remplacée par des terres cultivables.

Pour en savoir plus

L'ARGENTINE
LE BRÉSIL
LA COLOMBIE
FOOTBALL ET RUGBY
LES INCAS

MINÉRAUX AU CHILI
Le cuivre constitue la principale exportation du Chili. Chuquicamata (ci-dessus) est la mine de cuivre la plus productive du pays. Les gisements métallifères abondent sur toute la longueur des Andes. Le désert d'Atacama, dans le tiers septentrional du pays, contient cuivre, argent, or et d'abondants gisements de nitrate de sodium.

ARGENTINE
Superficie : 2 780 400 km²
Population : 40 276 000
Capitale : Buenos Aires

BOLIVIE
Superficie : 1 098 581 km²
Population : 9 863 000
Capitale : Sucre, La Paz
Langues : espagnol, quechua, aymara
Religion : catholique
Monnaie : boliviano
Principales activités : agriculture de subsistance, exploitation minière, commerce
Principales exportations : or, argent, zinc, plomb, étain, pétrole, gaz naturel

BRÉSIL
Superficie : 8 547 403 km²
Population : 193 734 000
Capitale : Brasília

CHILI
Superficie : 756 626 km²
Population : 16 970 000
Capitale : Santiago
Langues : espagnol, dialectes amérindiens
Religions : catholique, protestante
Monnaie : peso chilien
Principales activités : exploitation minière, agriculture
Principales exportations : cuivre, fruits frais, farine de poisson, saumon, vin, lithium, molybdène, or

COLOMBIE
Superficie : 1 138 914 km²
Population : 45 660 000
Capitale : Bogotá

ÉQUATEUR
Superficie : 283 561 km²
Population : 13 625 000
Capitale : Quito
Langues : espagnol, quechua, autres dialectes amérindiens
Religion : catholique
Monnaie : dollar des États-Unis
Principales activités : production de pétrole, agriculture, pêche
Principales exportations : pétrole, bananes, poisson

GUYANE FRANÇAISE
Superficie : 83 846 km²
Population : 225 751
Capitale : Cayenne
Statut : département français

GUYANA
Superficie : 214 969 km²
Population : 762 000
Capitale : Georgetown
Langues : créole anglais, hindi, dialectes amérindiens, anglais
Religions : chrétienne, hindoue, musulmane
Monnaie : dollar de Guyana
Principales activités : agriculture de subsistance, exploitation minière, exploitation forestière
Principales exportations : or, sucre, bauxite, diamants, bois, riz

PARAGUAY
Superficie : 406 752 km²
Population : 6 349 000
Capitale : Asunción
Langues : quechua, espagnol
Religion : catholique
Monnaie : guarani
Principales activités : agriculture
Principales exportations : énergie, coton, oléagineux, soja

PÉROU
Superficie : 1 285 216 km²
Population : 29 165 000
Capitale : Lima
Langues : espagnol, quechua, aymara
Religion : catholique
Monnaie : nouveau sol
Principales activités : agriculture de subsistance, pêche, industrie de fabrication
Principales exportations : pétrole, poisson, coton, café, textiles, cuivre, plomb, feuilles de coca, sucre

SURINAME
Superficie : 163 265 km²
Population : 520 000
Capitale : Paramaribo
Langues : pidgin, néerlandais, hindi, javanais, saramaccan, caribe
Religions : chrétienne, hindoue, musulmane
Monnaie : dollar surinamais
Principales activités : agriculture, exploitation forestière, exploitation minière, pêche
Principales exportations : bauxite, or, pétrole, riz, bananes, agrumes, crevettes, aluminium

URUGUAY
Superficie : 175 016 km²
Population : 3 361 000
Capitale : Montevideo
Langues : espagnol
Religions : catholique, protestante, juive
Monnaie : peso uruguayen
Principales activités : agriculture, tourisme, manufacture
Principales exportations : laine, viande, riz

TERRASSES INCAS
Ces terrasses près de Cuzco, au Pérou, furent construites par les Incas pour permettre la culture sur les collines. Leurs descendants les cultivent encore aujourd'hui.

VENEZUELA
Superficie : 912 050 km²
Population : 28 583 000
Capitale : Caracas
Langues : espagnol, dialectes amérindiens
Religions : catholique, protestante
Monnaie : bolívar fuerte
Principales activités : exploitation minière, agriculture, pétrole
Principales exportations : charbon, bauxite, fer, or, bitume, acier, aluminium, pétrole, café

D'une hauteur de 979 m, les majestueuses chutes Angel (du nom du pilote de brousse Jimmy Angel), au Venezuela, forment la cascade ininterrompue la plus haute du monde.

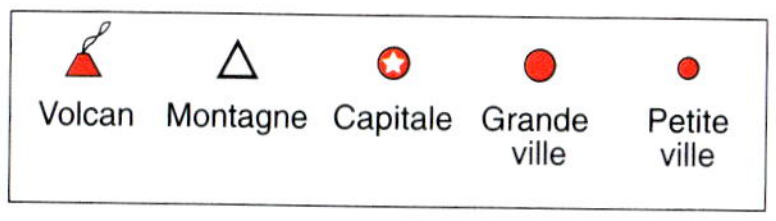

STATISTIQUES

Superficie : 17 846 599 km²
Population : 383 003 000
Point le plus élevé : Cerro Aconcagua (Argentine)
Plus long fleuve : Amazone (Brésil) 6 516 km
Plus grand lac : lac Titicaca (Bolivie/Pérou) 8 340 km²

VILLES EN EXPANSION
De nombreuses villes sud-américaines, dont Lima, Santiago, Rio de Janeiro et Buenos Aires, connaissent un grave problème de surpopulation. Elles ont atteint leur taille actuelle à la suite de la migration des habitants des zones rurales vers les villes pour y trouver du travail, mais ceux-ci se retrouvent souvent privés d'abri. Nombre d'entre eux doivent vivre dans des bidonvilles ou dans la rue.

RESSOURCES MINÉRALES

Plus d'un quart des réserves de cuivre découvertes dans le monde sont situées dans le nord du Chili. La cordillère des Andes recèle d'autres minéraux métalliques. Les gisements de pétrole découverts dans le lac de Maracaibo (ci-dessous) dans les années 1920 ont fait du Venezuela l'un des principaux producteurs de pétrole mondiaux.

INDUSTRIE

Principalement confinée dans les villes, l'industrie sud-américaine consiste surtout à conditionner les produits de l'agriculture et de l'élevage. La viande est mise en conserve ou congelée pour l'exportation. Le secteur du textile fabrique des tissus à partir de la laine de mouton et de lama. L'exploitation minière et forestière ainsi que la pêche emploient également de nombreuses personnes.

l'Antarctique

Situé à l'extrême sud de la planète, l'Antarctique couvre une zone d'environ 14 millions de km². Les terres les plus proches sont l'Amérique du Sud et la Nouvelle-Zélande. Le point culminant est le mont Vinson, qui s'élève à 4 897 m.

PLUS ÉTENDU QUE LES ÉTATS-UNIS, le continent antarctique est recouvert d'une énorme couche de glace atteignant 2 km d'épaisseur. Il est centré sur le pôle Sud et entouré par l'océan Antarctique, couvert de glace. Des vents puissants y créent une zone de tempêtes. C'est le lieu le plus froid et le plus venteux du monde. Même pendant les courts étés, la température monte à peine au-dessus de zéro, et la glace des mers ne fond que partiellement. En hiver, les températures peuvent chuter jusqu'à - 80 °C. Peu d'animaux et de plantes survivent sur terre, mais les mers avoisinantes abondent en poissons et en mammifères. À cause de son climat, l'Antarctique n'a pas de résidents permanents. Seuls y séjournent des touristes, des scientifiques et le personnel qui travaillent dans les stations de recherche. Ces premiers séjours ont engendré déchets et pollutions, si bien que l'impact environnemental du tourisme et des activités scientifiques est maintenant soigneusement contrôlé. Mais les abus de la pêche et la réduction de la couche d'ozone au-dessus du continent restent très préoccupants.

Des émetteurs radio permettent aux scientifiques de suivre les mouvements des manchots.

TEMPÉRATURES DE L'ANTARCTIQUE

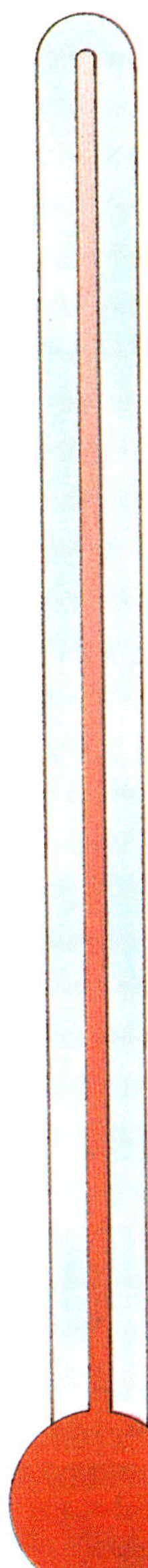

- 2 °C L'eau de mer gèle. Sur la côte antarctique, les températures estivales ne les dépassent que de quelques degrés.

- 25 °C L'acier cristallise et devient friable.

- 40 °C Le caoutchouc synthétique devient friable.

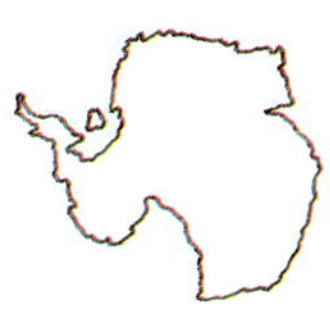

- 89 °C Température la plus basse jamais enregistrée, à la station de recherche de Vostok, en 1983.

RECHERCHE SCIENTIFIQUE

Il y a en Antarctique 40 stations de recherche permanentes, et une centaine de temporaires ; 15 nations différentes y mènent des projets scientifiques. Des équipes étudient la faune et la flore et surveillent la glace, dont les modifications traduisent les changements dans l'atmosphère terrestre. On leur doit la découverte d'un trou dans la couche d'ozone au-dessus du continent.

TOURISME

Des paquebots transportent des touristes en Antarctique depuis les années 1950. En 1983, les Chiliens ont commencé à fréquenter l'île du Roi-George, où un hôtel de 80 lits a été construit pour les vacanciers. Chaque année, plusieurs milliers de touristes viennent admirer l'impressionnant paysage et la faune unique, en particulier les manchots empereurs.

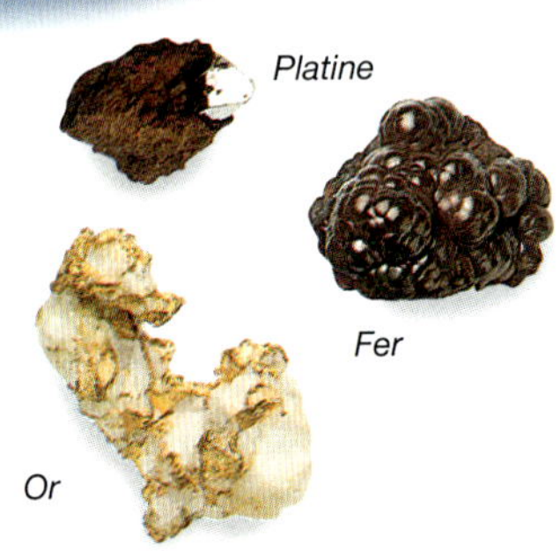

Platine

Fer

Or

RICHESSE MINÉRALE

L'Antarctique recèle des dépôts de minéraux, tels qu'or, cuivre, uranium et nickel. Mais les extraire risquerait d'endommager le fragile environnement polaire.

Pour en savoir plus

LES CONTINENTS
LES EXPÉDITIONS POLAIRES
LES GLACIERS
LES INUITS
LES RÉGIONS POLAIRES

Volcan | Montagne | Capitale | Grande ville | Petite ville

STATISTIQUES

Superficie : 13 900 000 km²
Population : aucun résident permanent
Capitale : aucune
Langues : anglais, français, espagnol, norvégien, chinois, polonais, russe, allemand, japonais
Religions : aucune
Monnaie : aucune
Activité principale : recherche scientifique

PROTECTION DES BALEINES

Leur chasse à grande échelle dans l'Antarctique, qui a commencé au XXᵉ siècle, n'a pas tardé à décimer les baleines. Pour éviter leur disparition, la communauté internationale a créé, en 1948, la Commission baleinière internationale chargée de contrôler leur nombre puis, en 1994, un sanctuaire des baleines.

TERRITOIRES ÉTRANGERS

Diverses nations, dont l'Australie, la France, la Nouvelle-Zélande, la Norvège, l'Argentine, le Chili et le Royaume-Uni, ont revendiqué des territoires en Antarctique lors de sa découverte au XIXᵉ siècle. Ces revendications ont été rejetées par le traité de l'Antarctique de 1959, entré en vigueur en 1961 : seules des stations à visées scientifiques peuvent être implantées ; les bases militaires sont interdites.

LA GLACE DE L'ANTARCTIQUE

Des icebergs barricadent plus de 90 % des côtes de l'Antarctique. Le continent contient plus de 80 % de l'eau douce de la planète, sous forme de glace.

MERS GELÉES

Pendant les froids mois d'hiver, les mers entourant l'Antarctique gèlent, doublant presque la taille du continent.

LE GLACIER LAMBERT

Le glacier Lambert est le plus grand groupe de glaciers du monde. Il est large de 80 km sur la côte et profond de plus de 300 km à l'intérieur des terres.

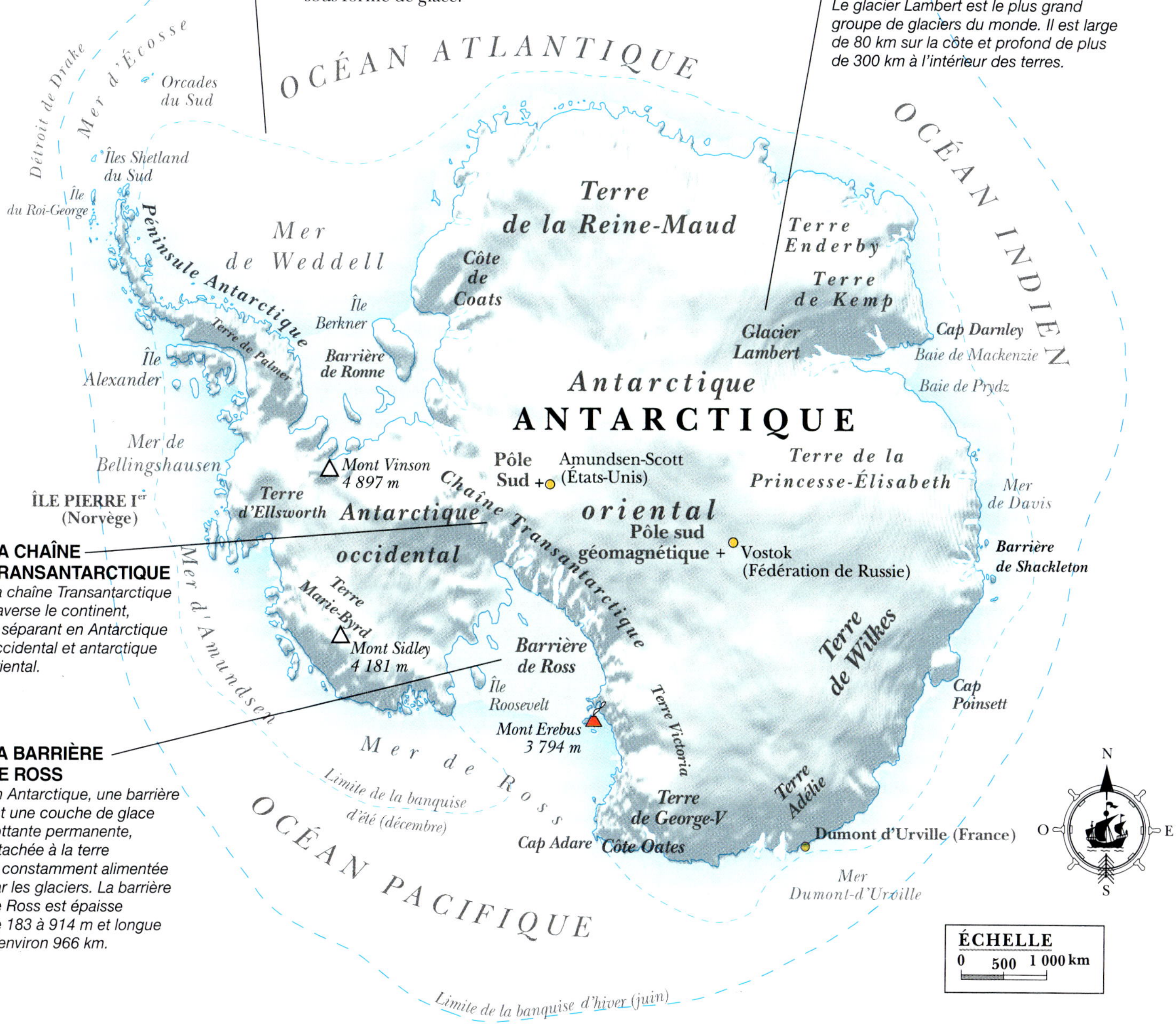

LA CHAÎNE TRANSANTARCTIQUE

La chaîne Transantarctique traverse le continent, le séparant en Antarctique occidental et antarctique oriental.

LA BARRIÈRE DE ROSS

En Antarctique, une barrière est une couche de glace flottante permanente, attachée à la terre et constamment alimentée par les glaciers. La barrière de Ross est épaisse de 183 à 914 m et longue d'environ 966 km.

les Arbres

Le séquoia géant est le plus grand de tous les organismes vivants : il peut atteindre 100 m de haut et peser plus de 2 000 tonnes (un éléphant pèse 5 tonnes).

SANS LES PLANTES, il n'y aurait pas de vie sur terre. Les arbres absorbent le dioxyde de carbone de l'air et dégagent de l'oxygène : c'est la photosynthèse. Ils contribuent donc au bon équilibre de l'atmosphère. Leurs racines stabilisent le sol pour qu'il ne soit pas lessivé par la pluie et leurs feuilles produisent de grandes quantités de vapeur d'eau, ce qui influence les conditions atmosphériques. La forêt couvre environ 39 millions de km^2 à la surface du globe. Les arbres n'ont pas tous la même taille : le séquoia géant est immense alors que le saule réticulé ne mesure que quelques centimètres. Source de nourriture pour des millions de créatures, ils fournissent du bois pour fabriquer des bâtiments, des meubles et du papier.

Les glands sont les fruits du chêne ; ils se développent en automne à partir de l'ovaire de la fleur.

Les racines d'un arbre à feuilles caduques peuvent être aussi longues que l'arbre est haut.

CONIFÈRES

Pins, sapins, cèdres et séquoias sont appelés conifères à cause de leurs cônes durs en bois. Leur feuillage est persistant : les aiguilles restent vertes toute l'année et ne tombent pas en hiver. Seule exception, le mélèze à aiguilles caduques.

CÔNES

Chaque conifère a son propre type de cône, un organe reproducteur femelle.

ARBRES FEUILLUS

Les chênes, les hêtres, les saules et bien d'autres arbres sont des feuillus : ils possèdent des feuilles à limbe déployé et non des aiguilles comme les conifères. La plupart sont à feuilles caduques, c'est-à-dire qu'elles tombent à l'automne.

Les aiguilles du pin sylvestre sont réunies par deux.

Aiguilles du pin arolle

Le cône de l'épicéa de Sitka brunit lorsqu'il est mûr.

L'épicéa de Sitka est un conifère à feuillage persistant très répandu dans les forêts.

Les racines des conifères s'étendent horizontalement.

AIGUILLES

Les aiguilles des conifères n'ont pas toutes la même forme ni la même disposition. Les aiguilles de l'épicéa de Sitka sont longues et pointues.

FEUILLES

D'un feuillu à l'autre, les feuilles n'ont pas la même forme ni la même disposition sur les rameaux. L'hiver, on identifie un arbre nu à son écorce, à ses bourgeons et à sa forme générale.

Les feuilles du houx sont piquantes.

Les feuilles de l'érable du Japon sont crantées.

Le ginkgo possède des feuilles en forme d'éventail.

Les feuilles du châtaignier sont dentées.

Les feuilles du sorbier des oiseleurs sont duveteuses.

CROISSANCE

Tous les arbres sont issus de petites graines enfermées dans leurs fruits. Chaque graine renferme une réserve nutritive et un arbre à l'état embryonnaire. La graine se met à pousser lorsque la température et l'humidité du sol lui conviennent.

CROISSANCE SAISONNIÈRE

Dans les régions tempérées, aux saisons bien définies, les arbres grandissent au printemps et en été. La croissance touche surtout les extrémités des branches et les racines. Les petites branches s'allongent, des fleurs et des feuilles naissent des bourgeons. Les extrémités des racines s'allongent et progressent dans le sol. Les racines et les branches s'épaississent et le diamètre du tronc augmente.

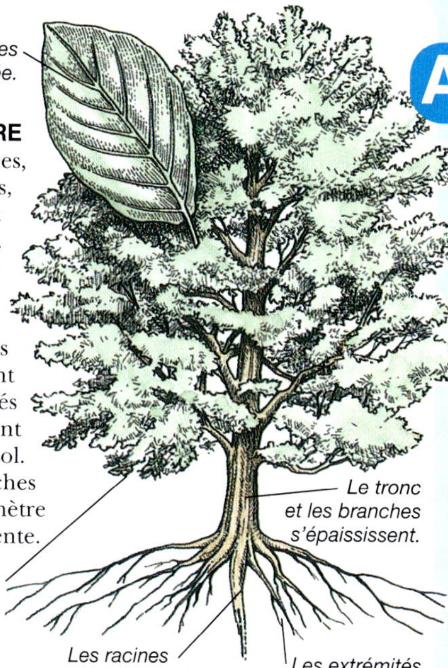

TRONC D'ARBRE

Au printemps et en début d'été, lorsque la croissance est rapide, les grosses cellules à paroi mince forment du bois clair. La croissance plus lente du reste de l'année produit des cellules à paroi épaisse, à l'origine d'un bois sombre. Bois clair et bois sombre d'une même année constituent un cerne de croissance. Certains arbres tropicaux poussent toute l'année : ils ont des cernes à peine visibles, voire inexistants.

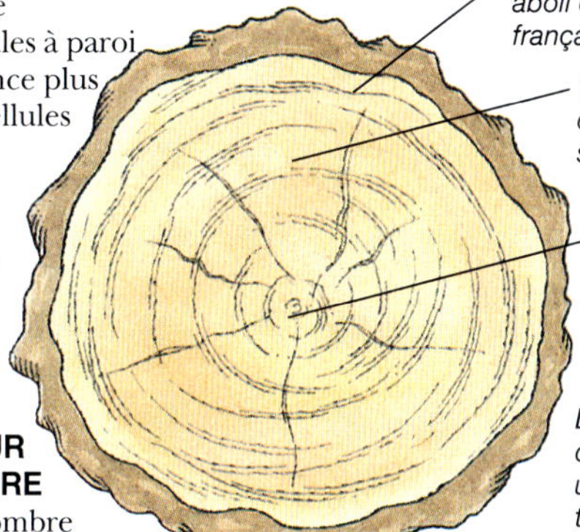

INTÉRIEUR D'UN ARBRE

Compter le nombre de cernes sur la coupe transversale d'un tronc renseigne sur l'âge de l'arbre. Il s'agit ici d'un très vieux séquoia géant.

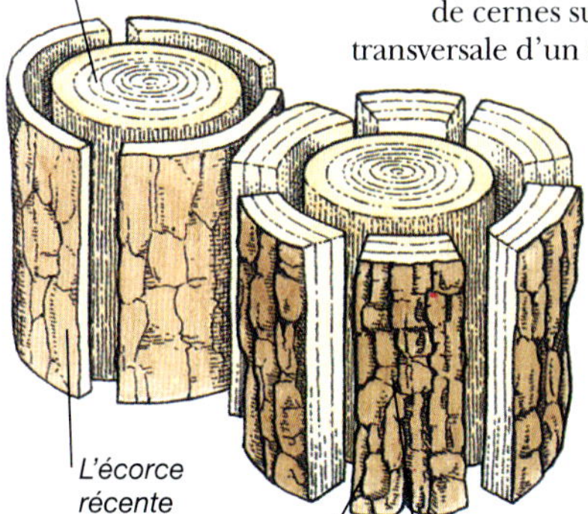

ÉCORCE

L'écorce de l'arbre est sa peau. Elle protège du froid ou de la chaleur extrême le bois constituant le tronc et l'empêche de sécher. Elle le protège aussi des moisissures, mais certains animaux comme le cerf et le castor la mangent et certains insectes qui percent le bois peuvent pénétrer dans le tronc. Même sans feuilles, un arbre est identifiable à la couleur et à la texture de son écorce.

PALMIERS

Les 2 700 espèces de palmiers vivent dans les régions méditerranéennes et tropicales. Ces grands arbres raides fournissent de nombreux produits, dont l'huile de palme, les dattes et la noix de coco.

La coque fibreuse de la noix de coco sert à fabriquer des nattes de couchage (ci-dessus). Les noix de coco sont une source de lait et de graisses comestibles et une nourriture pour le bétail.

BOIS

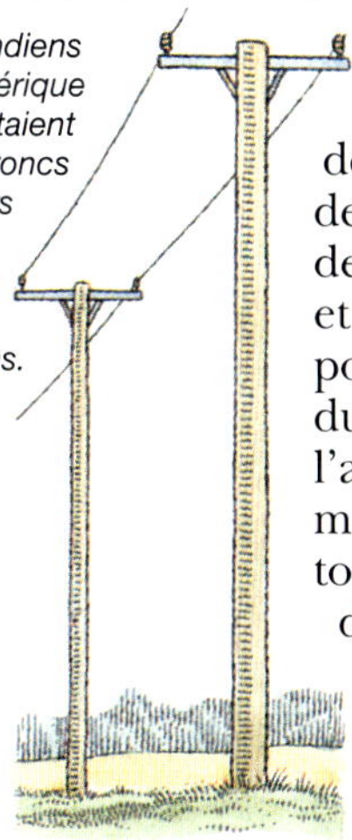

Chaque année nous utilisons des milliers de tonnes de bois comme matériau de construction, carburant et matière première pour fabriquer des outils, du mobilier et du papier. Avec l'augmentation de la population mondiale, la déforestation touche de vastes régions, dont l'Amérique du Sud, où l'essentiel des forêts denses a été détruit.

On utilisait des troncs entiers pour les poteaux télégraphiques.

Autrefois, les bûcherons acheminaient les rondins jusqu'aux scieries par voie d'eau.

Pour en savoir plus

LES FORÊTS
FRUITS ET GRAINES
LES PLANTES
LES SOLS

l'Archéologie

L'ARCHÉOLOGUE QUI FOUILLE LE SOL remonte le temps. Chacun des fragments qu'il met au jour éclaire un peu plus notre vision du passé. L'archéologie est une science qui s'applique à l'étude des vestiges matériels des sociétés humaines. À la différence de l'historien qui s'appuie sur des écrits, l'archéologue s'attache à l'étude des objets. Il fouille le sol ou les fonds marins à la recherche d'ossements, de poteries et de tout autre objet fabriqué par nos ancêtres. Mais il s'intéresse aussi aux graines, aux limites de terrains et à tout ce qui témoigne des transformations que l'homme a imposées à la nature. L'archéologie nous aide à appréhender l'avenir de nos sociétés : elle montre comment les hommes, les bouleversements climatiques et les modifications de l'environnement ont pu entraîner la disparition de communautés tout entières.

HEINRICH SCHLIEMANN
En 1870, l'archéologue allemand Heinrich Schliemann (1822-1890) découvre les ruines de Troie en Turquie. Il met au point les premières techniques de fouilles, comme l'inventaire minutieux des échantillons. Mais Schliemann ne respectera pas toujours les méthodes qu'il a lui-même instaurées et son impatience le conduira à détruire certains objets.

ANALYSE

La position et la localisation des objets découverts lors d'une campagne de fouilles peuvent révéler des informations capitales. Les archéologues mesurent, examinent, répertorient et analysent tout ce qu'ils trouvent avant, si possible, de le préserver. La technique de datation au carbone 14 permet de déterminer l'âge exact d'objets fabriqués il y a des milliers d'années.

FOUILLES

Les archéologues recueillent la plupart des échantillons sur les chantiers de fouilles. Le site est repéré par l'étude de photographies aériennes, l'examen de cartes et de vieux documents ou encore l'observation d'indices au sol. Les couches de terre sont soigneusement déblayées. La fouille se poursuit jusqu'à ce que les archéologues ne trouvent plus trace d'occupation humaine.

OUTILS DE L'ÂGE DU BRONZE
Cette tête de hache et cette pointe de flèche datent de la préhistoire, plus exactement de l'âge du bronze (il y a 6 000 à 3 000 ans).

STRATIGRAPHIE

Pour déterminer l'âge relatif des objets mis au jour sur un chantier de fouilles, les archéologues font appel à la technique de la stratigraphie. La règle veut que les objets les plus anciens reposent habituellement dans les couches les plus profondes du sol.

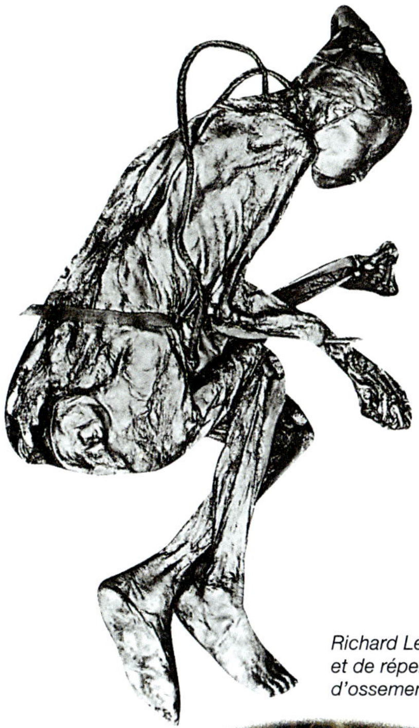

HOMME DE TOLLUND

En 1950, des archéologues firent une étonnante découverte, celle du corps remarquablement préservé d'un homme momifié dans la tourbe du site de Tollund Mose, au Danemark. L'homme avait été pendu avant d'être enterré. Son corps, au lieu de se décomposer, avait été conservé parce que la tourbe avait tanné sa peau. Les scientifiques parvinrent même à déterminer la composition du dernier repas ingurgité par l'homme !

PHOTOGRAPHIE AÉRIENNE

Le développement de la photographie aérienne remonte aux années 1920. Ces prises de vue facilitent le travail des archéologues en révélant des traces d'anciennes constructions, limites et routes invisibles depuis le sol.

Richard Leakey est en train de mesurer et de répertorier des détails d'ossements mis au jour.

UNE ILLUSTRE FAMILLE

C'est dans les années 1930 que Louis Leakey et sa femme Mary entreprirent leurs premières fouilles dans les gorges d'Olduvai en Tanzanie (Afrique). Leurs travaux démontrèrent que l'homme était apparu il y a 1,8 million d'années en Afrique et non en Asie, comme on le croyait jusque-là. Au cours des années 1960, leur fils Richard prit la relève et estima à son tour que l'origine de l'humanité pourrait remonter à quelque 2 millions d'années !

Les archéologues fouillant les épaves retrouvent beaucoup de pièces provenant de navires marchands : jarres, vaisselle…

FOUILLES D'ÉPAVES

La mise au point d'équipements de plongée légers durant ces 50 dernières années a conduit les archéologues à s'intéresser aux fonds marins. Les techniques de fouilles s'apparentent à celles utilisées en surface. Si l'archéologie sous-marine concerne avant tout l'étude des épaves, il arrive qu'on découvre des paysages, des constructions et même des cités entières, vestiges de civilisations disparues.

Parmi les objets retrouvés dans la tombe de Toutankhamon se trouvait un pectoral orné d'un scarabée.

TOUTANKHAMON

La découverte du tombeau de Toutankhamon fut l'un des plus grands événements de l'histoire de l'archéologie. Ce jeune pharaon a régné sur l'Égypte il y a environ 3350 ans. En 1922, l'archéologue britannique Howard Carter (1873-1939) mit au jour son fabuleux tombeau dans la Vallée des Rois. Aux côtés du corps embaumé reposaient de fabuleux trésors.

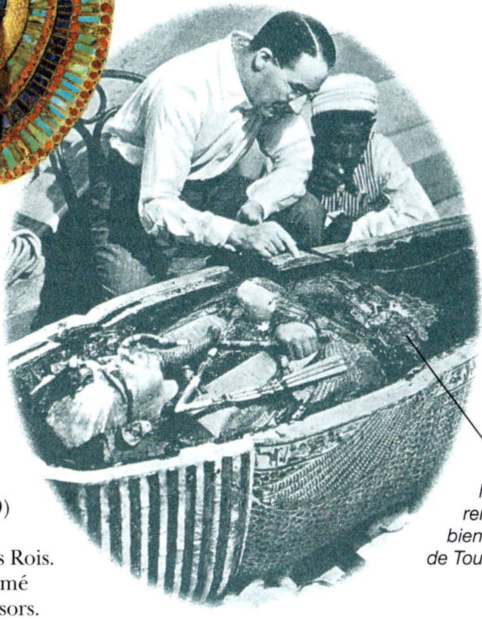

Howard Carter accroupi devant le sarcophage remarquablement bien préservé de Toutankhamon

Pour en savoir plus

L'ÂGE DU BRONZE
L'ÂGE DU FER
L'ÉGYPTE ANCIENNE
LES FOSSILES
LA GÉOLOGIE
LES HOMMES PRÉHISTORIQUES
LA THÉORIE DE L'ÉVOLUTION

http://www.archive.chez.com/

l'Architecture

Construit vers 200 av. J.-C., ce stupa (ou dôme) indien est un monument religieux élevé sur des reliques de Bouddha.

ARCHITECTE SIGNIFIE EN GREC « BÂTISSEUR », ou « artisan ». Les architectes cherchent à dessiner et à construire des bâtiments séduisants, fonctionnels et confortables. L'architecture est la conception d'un bâtiment ; le mot désigne aussi le style de construction. Ces styles ont changé au fil des siècles et diffèrent d'une culture à l'autre, de sorte que l'architecture peut nous apprendre beaucoup sur les peuples. Les Grecs de l'Antiquité, par exemple, élevaient des bâtiments simples et équilibrés exprimant leur approche disciplinée de l'existence. Les architectes sont des artistes qui créent des bâtiments. Mais contrairement aux autres artistes, ils doivent vendre leurs idées avant de pouvoir réaliser leurs œuvres.

En 447 av. J.-C., les architectes grecs Ictinos et Callicratès dessinèrent le Parthénon, un temple dédié à la déesse Athéna, à Athènes. Avec ses élégantes colonnes, c'est un exemple parfait d'architecture classique.

ARCHITECTURE CLASSIQUE

Grecs et Romains de l'Antiquité ont développé un style que nous appelons architecture classique. La plupart des bâtiments grecs étaient constitués de colonnes de différents types soutenant un toit triangulaire. Tout était simple et parfaitement régulier. Les Romains, qui vinrent après les Grecs, développèrent l'arche, le dôme et la voûte.

S'incurvant élégamment vers le ciel sur plusieurs niveaux, les pagodes furent construites pour servir d'autels à Bouddha. À droite, la pagode du temple de Yakushi-ji, au Japon, dont chaque élément a une signification religieuse.

La cathédrale de Milan, en Italie, (à droite) est un exemple d'architecture gothique tardive.

ARCHITECTURE GOTHIQUE

Avec leur multitude d'arches pointues, leur pierre finement taillée et leurs fenêtres complexes, les bâtiments gothiques s'opposent aux bâtiments classiques, plus purs. Le style architectural gothique est apparu en Europe occidentale au XIIe siècle et a essentiellement servi à la construction des cathédrales et des églises. La plupart des bâtiments gothiques sont immenses, mais leurs murs fins, leurs arches pointues et leurs grands vitraux leur donnent un aspect léger et délicat.

FRANK LLOYD WRIGHT

L'architecte américain Frank Lloyd Wright (1867-1959) influença de nombreux autres architectes. Il tentait de fondre les bâtiments dans leur environnement naturel. À Bear Run, en Pennsylvanie, il construisit une maison sur une chute d'eau : *Falling Water.*

Suivant les directives de son client, l'architecte lui présente un dessin (ci-dessous) montrant l'aspect qu'aura le bâtiment terminé.

ARCHITECTES

Pour construire une maison, il faut s'adresser à un architecte, et lui donner des informations claires et détaillées : il doit savoir à quoi servira le bâtiment, combien de personnes l'utiliseront et quel est le budget disponible. Un bon architecte s'assurera que le nouveau bâtiment s'intègre à son environnement, et qu'il est construit avec des matériaux adaptés. L'architecte présente ensuite dessins et plans au client. Une fois les plans approuvés, la construction peut commencer.

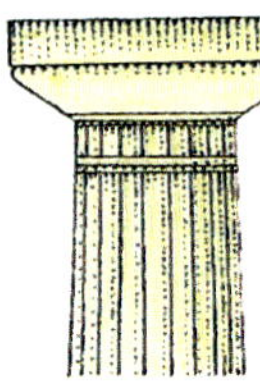

Colonne dorique

Colonne ionique

Colonne corinthienne

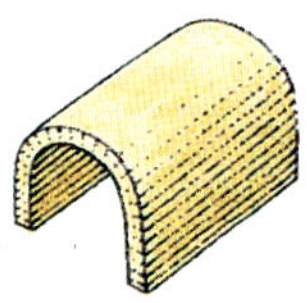

Voûte en berceau

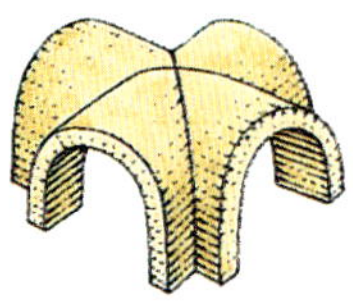

Voûte d'arêtes

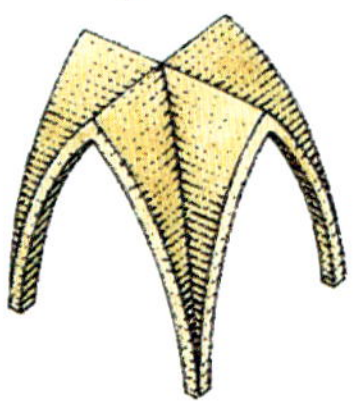

Voûte d'ogives

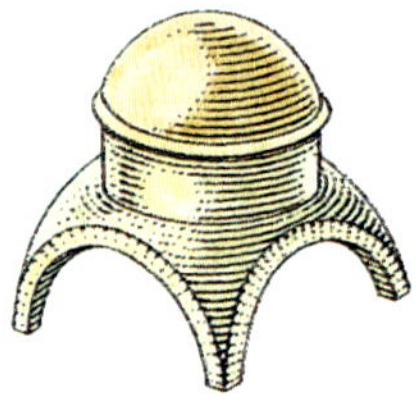

Dôme

A

UNE ARCHITECTURE EXTRAORDINAIRE

Certains architectes dessinent des bâtiments étranges et merveilleux qui se distinguent vraiment des autres. Une ville nouvelle a été construite en banlieue parisienne, Marne-la-Vallée. Elle comporte de nombreux bâtiments extraordinaires, conçus par des architectes audacieux. À gauche, la photographie représente un ensemble de logements, avec deux bâtiments circulaires se faisant face, séparés par une cour centrale. Il a été conçu par un Espagnol du nom de Manolo Nunez-Yanowsky.

Charles Garnier fut l'architecte de l'Opéra de Paris (construit de 1862 à 1875), de style néobaroque (une réinterprétation du style baroque au XIXe siècle).

Le Chrysler Building, un gratte-ciel de New York, aux États-Unis, fut terminé en 1929.

Conçu par l'architecte britannique Richard Rodgers, l'ensemble de bureaux Lloyds à Londres, en Angleterre, porte tous ses éléments de service, la plomberie par exemple, à l'extérieur, ce qui permet de les remplacer facilement.

ARCHITECTURE BAROQUE

Au XVIe siècle, à Rome, les architectes voulurent rompre avec les règles classiques de simplicité et de régularité et construire des bâtiments plus spectaculaires. Ils ajoutèrent donc dômes, groupes de statues, décorations et sculptures complexes à leurs bâtiments. Ce style, appelé baroque, se répandit de l'Italie vers d'autres pays d'Europe. De nombreuses églises et palais grandioses furent construits dans ce style.

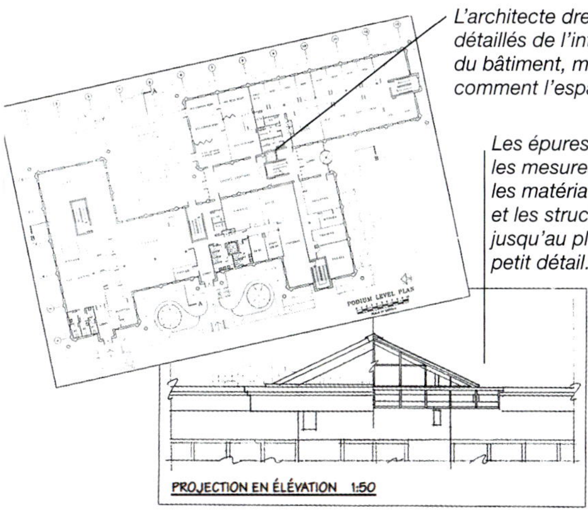

L'architecte dresse des plans détaillés de l'intérieur du bâtiment, montrant comment l'espace sera utilisé.

Les épures contiennent les mesures exactes, les matériaux et les structures, jusqu'au plus petit détail.

Le constructeur travaille à partir des épures (ci-dessus) pour construire le bâtiment.

ARCHITECTURE CONTEMPORAINE

Verre, acier et béton sont les matériaux de construction de l'architecture d'aujourd'hui. Il y a peu de décorations, car la fonction d'un bâtiment est considérée comme plus importante que sa forme ou son aspect. Le style « international » – verre et béton sur une structure d'acier – est visible presque partout dans le monde.

Fronton

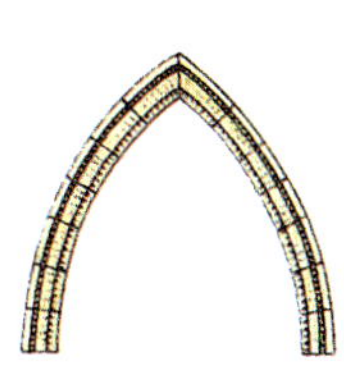

Arche gothique

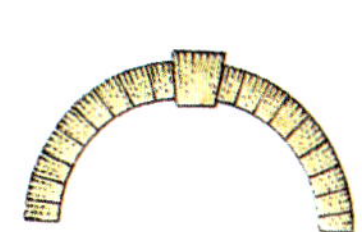

Arche romane

Corniche

Pour en savoir plus

CONSTRUCTION, MATÉRIAUX ET TECHNIQUES
ÉGLISES ET CATHÉDRALES
LES HABITATIONS
LA SCULPTURE
LES VILLES

STATISTIQUES

Superficie : 2 780 400 km²
Population : 40 276 000 habitants
Capitale : Buenos Aires
Langues : espagnol, italien, langues amérindiennes
Religions : catholique, israélite, protestante
Monnaie : peso argentin
Principale activité : agriculture
Principales exportations : bœuf, blé, fruits, vin
Principales importations : vêtements de haute couture

TERRE DE FEU

Cette chaîne d'îles est séparée du continent sud-américain par le détroit de Magellan. Les îles sont réparties entre l'Argentine et le Chili. Le paysage, avec ses montagnes, ses lacs gelés et ses glaciers, est désolé et battu par les vents. Il est également aride – seuls y poussent des arbustes et des mousses. Des troupeaux de moutons y paissent. Du pétrole a été découvert dans cette région isolée.

ÎLES FALKLAND

Découvertes par les Britanniques en 1592, les îles Falkland sont une colonie autonome de la Grande-Bretagne, à quelque 480 km des côtes d'Argentine. Ces îles au climat frais et venteux ne conviennent qu'à l'élevage des moutons. En 1982, l'Argentine a revendiqué les Falkland et les a envahies. Les Argentins ont capitulé au bout de 10 semaines, mais des troupes anglaises protègent toujours les îles.

l'Armée

DEPUIS TOUJOURS, l'objectif des armées a toujours été le même : conquérir des territoires ennemis et défendre leur pays. En Europe, il n'y a pas eu d'armée moderne avant le XVIe siècle, mais certaines tranches de la population étaient appelées aux armes lorsque le pays était en guerre. Aujourd'hui, la plupart des nations possèdent une armée de métier, constituée de soldats bien entraînés, mais aussi de matériel sophistiqué : hélicoptères, missiles guidés et chars. La technologie a modifié le rôle de l'armée. Autrefois, les soldats combattaient au corps à corps ; aujourd'hui, la plupart des armées s'appuient sur des armes à longue portée.

RECRUTEMENT
En 1917, l'oncle Sam, symbole des États-Unis, appelait les jeunes hommes à s'enrôler (se porter volontaire au combat) pour la Première Guerre mondiale.

ENTRAÎNEMENT
Les soldats, hommes ou femmes, sont des combattants entraînés à se battre sur le terrain. Ils sont formés aux techniques de combat, telles ces femmes israéliennes, et à l'entretien de leurs armes. Ils font de l'exercice pour être agiles et résistants. Ils apprennent également la discipline et l'importance d'obéir aux ordres.

UNIFORMES
L'uniforme de combat d'un soldat doit être pratique pour se protéger des intempéries (vêtements et chaussures épais et solides) et pour se camoufler.

UNIFORMES DU MONDE ENTIER
Les soldats de chaque pays portent un uniforme qui les identifie, parfois différent en temps de paix ou de guerre. Insignes et galons indiquent le grade du soldat et le régiment ou groupe auquel il ou elle appartient.

GUÉRILLA

En 1808, la France envahit et vainquit l'Espagne. Mais les fermiers espagnols formèrent de petits groupes et résistèrent. Ils lançaient des attaques surprises contre les patrouilles françaises et les dépôts de fournitures. Les Espagnols appelèrent cette campagne *guerrilla*, ce qui signifie « petite guerre » ; ce terme est toujours utilisé pour décrire des méthodes de combat similaires.

La guérilla moderne, comme ici en Afrique, est généralement livrée par un groupe combattant au nom de convictions religieuses, nationales ou politiques.

Pour en savoir plus

LES ARMES
LES ARMES À FEU
FUSÉES ET MISSILES
LES GUERRES NAPOLÉONIENNES
LA GUERRE DU VIETNAM
LA PREMIÈRE GUERRE MONDIALE
LA SECONDE GUERRE MONDIALE

http://fr.wikipedia.org/wiki/Ascenseur

Ascenseurs et escaliers mécaniques

DIFFICILE D'IMAGINER des bureaux, des magasins, des immeubles et bien d'autres infrastructures urbaines sans ascenseurs ou sans escaliers mécaniques… Un ascenseur permet de monter ou de descendre les étages à la verticale d'un immeuble. Un escalier mécanique est une volée de marches sans fin entraînées mécaniquement. Certains ascenseurs et escaliers mécaniques sont installés à l'extérieur des immeubles pour offrir une vue panoramique.

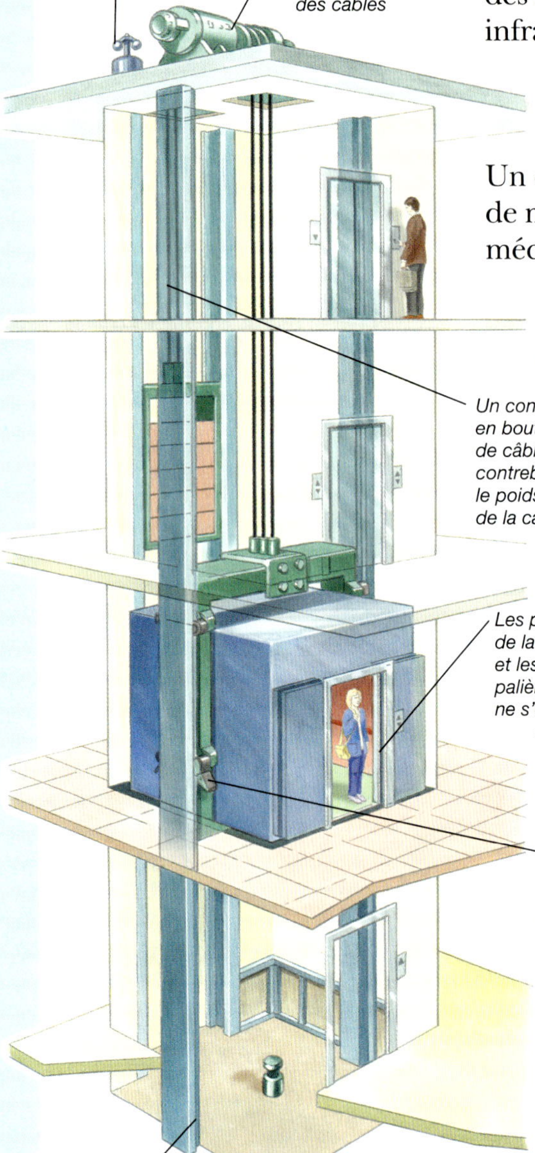

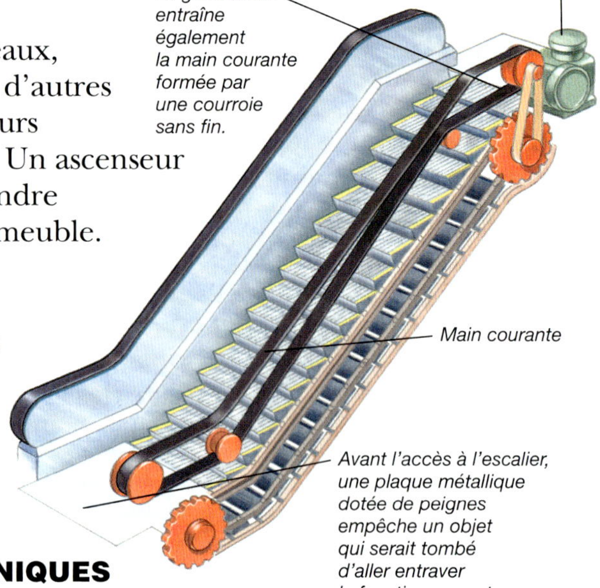

ESCALIERS MÉCANIQUES

Les marches d'un escalier mécanique sont reliées entre elles. Des roues, une bande de roulement et un système de guidage les entraînent dans une direction montante ou descendante en un mouvement sans fin.

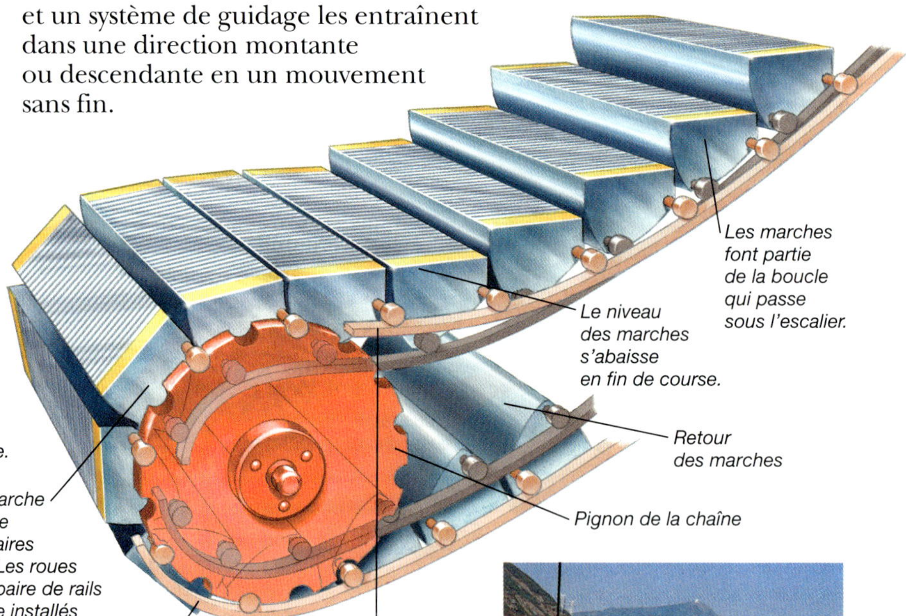

COMMANDER UN ASCENSEUR

Une pression sur un bouton commande automatiquement l'envoi de la cabine à l'étage souhaité. Un ascenseur à double plate-forme possède deux cabines, l'une au-dessus de l'autre, et dessert deux étages en même temps.

ASCENSEURS

La plupart des ascenseurs sont tirés par de lourds câbles d'acier d'un étage à l'autre, le long des rails de guidage. Les modèles hydrauliques, sont soulevés par un long vérin d'acier. Le plus rapide des ascenseurs atteint 600 m d'altitude en une minute à peine !

SYSTÈME OTIS

En 1854, l'Américain Elisha Graves Otis fit la démonstration d'un système de sécurité spécialement conçu pour les ascenseurs qui freinait automatiquement la cabine dans sa chute. Son invention rendait possible l'ascension mécanique des gratte-ciel. Tous les ascenseurs sont aujourd'hui équipés de dispositifs similaires.

TÉLÉPHÉRIQUES

Ce système, constitué de cabines suspendues à un ou plusieurs câbles, fonctionne selon un principe de va-et-vient et permet de gravir les flancs d'une montagne.

Pour en savoir plus

L'ARCHITECTURE
CONSTRUCTION, MATÉRIAUX ET TECHNIQUES

l'Asie (géographie)

Les monts de l'Oural forment la frontière entre les continents asiatique et européen. L'Asie est séparée de l'Afrique par la mer Rouge. Le détroit de Béring, large de 88 km à peine, sépare l'Asie de l'Amérique du Nord. L'Australie se trouve au sud-est de l'Asie.

L'ASIE OCCUPE UN TIERS des terres émergées du globe. Une grande part du continent est inhabitée. Le nord inhospitalier est une région froide de toundra. Déserts secs et montagnes impressionnantes occupent de grandes zones de sa région centrale. Pourtant, ce continent abrite bien plus de la moitié de la population mondiale, le plus souvent sur sa périphérie. La Chine à elle seule compte plus de 1,3 milliard d'habitants, et l'Inde a, elle aussi, franchi le cap du milliard. L'Asie compte 49 nations, et un grand nombre de peuples, de langues et de cultures. Elle se divise en cinq grandes zones. Alors qu'une partie de la Fédération de Russie se trouve en Europe, sa vaste région orientale, des monts de l'Oural à l'océan Pacifique, est asiatique. La côte pacifique de l'Asie, qui comprend la Chine, la Corée et le Japon, est appelée Extrême-Orient. Plus au sud s'étendent les pays chauds et humides d'Asie du Sud-Est. Inde et Pakistan sont les principaux pays du sous-continent indien, en Asie du Sud. L'une des premières civilisations humaines naquit ici, dans la vallée de l'Indus. Bordé par les mers Méditerranée et d'Arabie, le Moyen-Orient se trouve à l'ouest, au croisement de l'Europe, de l'Asie et de l'Afrique.

MOYEN-ORIENT

Les terres chaudes et sèches du Moyen-Orient occupent l'extrémité sud-ouest de l'Asie. Presque toute la péninsule arabe, entre la mer Rouge et le golfe Persique, est un désert. Au nord, en Irak et en Syrie, s'étendent les vallées fertiles du Tigre et de l'Euphrate. La plupart des peuples du Moyen-Orient sont arabes et parlent l'arabe.

Les Arabes du Moyen-Orient buvaient du café bien avant qu'il ne soit connu dans d'autres pays.

Des scientifiques doivent travailler par des températures très au-dessous de zéro. Le froid peut geler leur souffle.

SIBÉRIE

La côte septentrionale de l'Asie borde l'océan Arctique. La mer y est gelée presque toute l'année. Une couche des terres, le pergélisol, est elle aussi gelée en permanence. Cette zone fait partie de la vaste région de la Fédération russe appelée Sibérie. Malgré le froid, des Russes y vivent et y travaillent car elle est riche en bois, en charbon, en pétrole et en gaz naturel.

ANCIENNES ROUTES MARCHANDES

Le commerce entre l'Extrême-Orient et l'Europe remonte à plus de 2000 ans. il transitait par l'Inde et le Pakistan, au pied des monts Karakoram (ci-dessus). La « route de la soie » voyait passer épices, pierres précieuses et poteries; elle est toujours utilisée.

FORÊTS TROPICALES

Le climat chaud et humide d'une grande part de l'Asie du Sud-Est est idéal pour les forêts tropicales, qui prospèrent dans des pays tels que la Birmanie (Myanmar) et la Malaisie. Les forêts abritent une faune et une flore immensément variées, et sont peuplées par des tribus dont le mode de vie n'a pas changé depuis des siècles. Mais l'industrie du bois abat les arbres à un rythme aujourd'hui alarmant pour faire du commerce de bois précieux.

Le soleil ne perce le dense feuillage de la forêt tropicale que là où des rivières ont tracé des chemins entre les arbres.

PROSPÉRITÉ

Certains pays asiatiques, tels que le Japon et Singapour, font partie des nations les plus prospères du monde. La découverte de pétrole a rendu très riche d'autres pays, ainsi l'Arabie Saoudite au Moyen-Orient, et Brunei en Asie du Sud-Est.

L'immense richesse en pétrole de Brunei a permis au sultan (le dirigeant du pays) de construire un nouveau palais magnifique. Appelé Istana Nurul Iman, il n'est ouvert au public qu'à la fin du mois de jeûne islamique du ramadan.

CORÉE

La péninsule coréenne part de la Chine du Nord en direction du Japon. Son climat favorise la culture du riz, avec des étés chauds et des hivers glacials. La Corée du Sud, à l'économie florissante, est fortement soutenue par les États-Unis. La Corée du Nord, communiste, est plus pauvre. Les deux nations coréennes étaient en guerre de 1950 à 1953. Restées très méfiantes l'une à l'égard de l'autre depuis la fin de la guerre, elles tentent désormais de surmonter leurs différends.

Les travaux de construction sont courants en Corée du Sud, où de nouveaux bureaux et usines sont construits pour les industries locales en expansion.

Les rivières d'Extrême-Orient comptent de très nombreux marchés flottants.

Les plants de vanille poussent bien dans le climat chaud d'Indonésie, et les femmes récoltent les gousses à la main.

ASIE DU SUD-EST

De nombreux peuples vivent dans la partie chaude et tropicale située au sud-est de l'Asie. La région compte 10 nations indépendantes. Certaines – Birmanie (Myanmar), Laos, Thaïlande, Cambodge et Vietnam – occupent la péninsule rattachée au reste de l'Asie. Puis, dans l'océan indien, on trouve Brunei, la Malaisie et la minuscule île-État de Singapour. L'Indonésie s'étend sur tout le sud de cette région. C'est une nation éparpillée, comptant plus de 13 500 îles. Les îles des Philippines sont situées au nord-est de ces dernières. Bien que certains de ces pays soient très pauvres, l'Asie du Sud-Est dans son ensemble a l'une des croissances économiques les plus rapides du monde.

EXTRÊME-ORIENT

L'Asie orientale est souvent appelée Extrême-Orient. Au XIXe siècle, marchands et voyageurs européens employaient ce terme pour distinguer l'Asie orientale du Moyen-Orient. L'Extrême-Orient comprend la Chine, le Japon et la Corée.

Des centaines de langues différentes sont parlées sur le sous-continent indien, mais les écoles indiennes apprennent aux élèves à lire et à écrire l'hindi, langue officielle du pays.

SOUS-CONTINENT INDIEN

La masse triangulaire du sud de l'Asie s'étend de la chaîne de l'Himalaya aux eaux chaudes de l'océan Indien. Cette région est également appelée sous-continent indien. Elle comprend non seulement l'Inde mais aussi le Pakistan, le Népal, le Bangladesh et le Bhoutan. À l'extrémité sud de l'Inde se trouve l'île de Sri Lanka, État indépendant.

Le port de Shanghai se trouve à l'embouchure du Yangzi Jiang.

YANGZI JIANG

Le Yangzi Jiang, troisième fleuve le plus long du monde, parcourt 6 380 km en traversant la Chine par le milieu, depuis sa source au Tibet jusqu'à la mer, à Shanghai. La construction du barrage des Trois-Gorges, le plus grand projet chinois depuis la Grande Muraille, a été achevée entre 2006 et 2009.

Pour en savoir plus

L'Asie du Sud-Est (géographie)
La Chine (géographie)
L'Inde et son sous-continent
Le Japon (géographie)
Les Religions
La Russie (géographie)

ASIE

L'Asie est le plus grand continent. C'est une région de contrastes, par ses paysages comme par ses peuples. L'éclatement de l'Union soviétique a donné naissance à cinq nouvelles républiques d'Asie centrale. Les pays du Sud sont divisés par des conflits religieux. L'Inde est la plus grande démocratie du monde, tandis que la Chine communiste fait une entrée remarquée dans l'économie de marché.

AFGHANISTAN
Superficie : 652 090 km^2
Population : 28 150 000
Capitale : Kaboul

ARABIE SAOUDITE
Superficie : 2 149 690 km^2
Population : 25 721 844
Capitale : Riyad

ARMÉNIE
Superficie : 29 800 km^2
Population : 3 083 000
Capitale : Erevan

AZERBAÏDJAN
Superficie : 86 600 km^2
Population : 8 832 000
Capitale : Bakou

BAHREÏN
Superficie : 694 km^2
Population : 791 000
Capitale : Manama

BANGLADESH
Superficie : 143 998 km^2
Population : 162 221 000
Capitale : Dacca

BHOUTAN
Superficie : 47 000 km^2
Population : 708 000
Capitale : Thimbu

BIRMANIE (MYANMAR)
Superficie : 676 578 km^2
Population : 50 020 000
Capitale : Naypyidaw

BRUNEI
Superficie : 5 765 km^2
Population : 400 000
Capitale : Bandar Seri Begawan

CAMBODGE
Superficie : 181 035 km^2
Population : 14 805 000
Capitale : Phnom Penh

CHINE
Superficie : 9 596 961 km^2
Population : 1 353 311 000
Capitale : Pékin

CHYPRE
Superficie : 9 251 km^2
Population : 871 000
Capitale : Nicosie

CORÉE DU NORD
Superficie : 120 538 km^2
Population : 23 906 000
Capitale : Pyongyang

CORÉE DU SUD
Superficie : 99 268 km^2
Population : 48 333 000
Capitale : Séoul

ÉMIRATS ARABES UNIS
Superficie : 83 600 km^2
Population : 4 599 000
Capitale : Abu Dhabi

FÉDÉRATION DE RUSSIE
Superficie : 17 075 400 km^2
Population : 140 874 000
Capitale : Moscou

GÉORGIE
Superficie : 69 700 km^2
Population : 4 260 000
Capitale : Tbilissi

INDE
Superficie : 3 287 263 km^2
Population : 1 198 003 000
Capitale : New Delhi

INDONÉSIE
Superficie : 1 919 443 km^2
Population : 229 965 000
Capitale : Jakarta

IRAK
Superficie : 438 317 km^2
Population : 30 747 000
Capitale : Bagdad

IRAN
Superficie : 1 633 188 km^2
Population : 74 196 000
Capitale : Téhéran

ISRAËL
Superficie : 21 056 km^2
Population : 7 170 000
Capitale : Jérusalem

JAPON
Superficie : 377 829 km^2
Population : 127 156 000
Capitale : Tokyo

JORDANIE
Superficie : 97 740 km^2
Population : 6 316 000
Capitale : Amman

KAZAKHSTAN
Superficie : 2 724 900 km^2
Population : 15 637 000
Capitale : Astana

KIRGHIZSTAN
Superficie : 199 900 km^2
Population : 5 482 000
Capitale : Bichkek

KOWEÏT
Superficie : 17 818 km^2
Population : 2 985 000
Capitale : Koweït

LAOS
Superficie : 236 800 km^2
Population : 6 320 000
Capitale : Vientiane

LIBAN
Superficie : 10 400 km^2
Population : 4 224 000
Capitale : Beyrouth

MALAISIE
Superficie : 329 758 km^2
Population : 27 468 000
Capitale : Kuala Lumpur

MALDIVES
Superficie : 298 km^2
Population : 309 000
Capitale : Malé

MONGOLIE
Superficie : 1 566 500 km^2
Population : 2 671 000
Capitale : Oulan-Bator

NÉPAL
Superficie : 147 181 km^2
Population : 29 331 000
Capitale : Katmandou

OMAN
Superficie : 212 457 km^2
Population : 2 845 000
Capitale : Mascate

OUZBÉKISTAN
Superficie : 447 400 km^2
Population : 27 488 000
Capitale : Tachkent

PAKISTAN
Superficie : 796 095 km^2
Population : 180 808 000
Capitale : Islamabad

PHILIPPINES
Superficie : 300 000 km^2
Population : 91 983 000
Capitale : Manille

QATAR
Superficie : 11 000 km^2
Population : 1 409 000
Capitale : Doha

SINGAPOUR
Superficie : 618 km^2
Population : 4 737 000
Capitale : Singapour

SRI LANKA
Superficie : 65 610 km^2
Population : 20 238 000
Capitale : Colombo

SYRIE
Superficie : 185 180 km^2
Population : 21 906 000
Capitale : Damas

TADJIKISTAN
Superficie : 143 100 km^2
Population : 6 952 000
Capitale : Douchanbe

TAÏWAN
Superficie : 36 000 km^2
Population : 23 000 000
Capitale : Taipei

THAÏLANDE
Superficie : 513 115 km^2
Population : 67 764 000
Capitale : Bangkok

TIMOR-ORIENTAL
Superficie : 14 874 km^2
Population : 1 134 000
Capitale : Dili

TURKMÉNISTAN
Superficie : 488 100 km^2
Population : 5 110 000
Capitale : Achgabat

TURQUIE
Superficie : 774 815 km^2
Population : 74 816 000
Capitale : Ankara

VIETNAM
Superficie : 331 689 km^2
Population : 88 069 000
Capitale : Hanoi

YÉMEN
Superficie : 537 968 km^2
Population : 23 580 000
Capitale : Sanaa

Volcan	Montagne	Capitale	Grande ville	Petite ville

STATISTIQUES

Superficie : 44 000 000 km²
Population : 4,141 milliards
Sommet le plus élevé : mont Everest (Népal), 8 848 m
Fleuve le plus long : Yangzi Jiang (Chine), 6 380 km
Plus grand lac : mer Caspienne, 371 km²

MONT EVEREST

La chaîne de l'Himalaya court le long de la frontière entre Chine (Tibet) et Népal, au sud-est des monts Pamir. C'est un groupe de pics irréguliers et de vallées, parfois appelé le « Toit du monde ». Le point le plus haut de l'Himalaya, l'Everest (à droite), est aussi la plus haute montagne du monde.

ÉCHELLE
0 500 1000 km

MONTS DE L'OURAL

Ils forment une frontière naturelle entre l'Europe et l'Asie.

ÎLES KOURILES

Elles appartiennent à la Fédération de Russie, mais le Japon revendique les îles les plus au sud comme faisant partie de son territoire.

SÉOUL

Les immeubles modernes foisonnent à Séoul, capitale de la Corée du Sud, mais quelques bâtiments anciens subsistent. La Porte Sud (ci-dessous), construite à la fin du XIVe siècle, faisait partie d'un mur qui entourait la cité. Aujourd'hui, la ville s'étend bien au-delà de ses limites d'origine, car sa croissance industrielle rapide nécessite de nouveaux bureaux, usines et habitations.

TIMOR-ORIENTAL

En 1975, l'Indonésie a envahi la partie orientale de l'île de Timor, jusque-là colonisée par les Portugais. L'année suivante, cette région est devenue une province indonésienne. Administré par l'ONU depuis 1999, le Timor-Oriental est devenu indépendant en 2002.

JAVA

Le riz cultivé en terrasses (à droite) fournit l'aliment de base en Indonésie. L'île de Java, qui représente 7 % des terres indonésiennes, abrite 60 % de la population du pays.

l'Asie (histoire)

LE CONTINENT ASIATIQUE a donné naissance à des civilisations très riches. De nombreux déserts et des chaînes de montagnes pratiquement infranchissables ont favorisé le développement séparé des pays qui le composent. Cependant, les marchands qui suivaient la route de la soie, les dirigeants indiens envahissant leurs voisins, les moines bouddhistes franchissant l'Himalaya et les négociants arabes l'océan Indien, ont fini par créer des liens qui ont permis l'expansion des religions hindouiste, bouddhiste et musulmane. Ces 500 dernières années, l'Europe contrôlait une grande part de l'Asie. Depuis 1945, les pays asiatiques ont obtenu leur indépendance. Nombre d'entre eux possèdent aujourd'hui un poids économique considérable.

PREMIÈRES CIVILISATIONS

Le relief extrême de l'Asie, tels les pics impressionnants de l'Himalaya qui séparent l'Inde de la Chine, empêcha les cultures asiatiques originelles d'entrer en contact entre elles ou avec le reste du monde. Aussi les premières grandes civilisations asiatiques, comme celle de la vallée de l'Indus, sur le sous-continent indien, ou la dynastie Shang, en Chine, développèrent-elles des cultures très différentes.

Poterie fabriquée en Chine représentant un chameau

HINDOUISME

L'hindouisme est apparu dans la vallée de l'Indus, vers 2500 av. J.-C. Au fil des siècles, cette religion s'est répandue dans toute l'Inde jusqu'au Sri Lanka et aux îles d'Asie du Sud-Est. L'hindouisme est la plus ancienne religion du monde encore pratiquée aujourd'hui. C'est un fil conducteur qui relie toutes les époques de l'histoire indienne.

NÉGOCIANTS ARABES

Grands aventuriers, les marchands arabes traversaient déserts et océans en quête de nouveaux marchés. Au cours de leurs voyages, ils convertirent les populations locales à la religion musulmane, fondée par Mahomet, en Arabie, au début du VIIe siècle. L'Islam finit par se répandre dans toute l'Asie, jusqu'aux îles du Sud-Est.

ROUTE DE LA SOIE

La route de la soie était une importante voie commerciale qui s'étendait à travers l'Asie depuis Loyang, la capitale chinoise, jusqu'à la mer Méditerranée. Elle doit son nom à la soie chinoise qui se vendait sur tout son parcours. Il s'agissait en fait d'une série de routes reliant des villes importantes. Les marchands y achetaient et vendaient leurs denrées, ce qui créa un lien entre l'Asie et l'Europe.

Les moines bouddhistes se rasent la tête et portent des robes de couleur safran.

BOUDDHISME

Siddharta Gautama, fondateur du bouddhisme, naquit en Inde vers 563 av. J.-C. À sa mort, vers 483, son enseignement s'était répandu dans toute l'Inde. À partir du IIe siècle de notre ère, les moines bouddhistes l'exportèrent en Chine et en Asie centrale par la route de la soie. Aujourd'hui, la plupart des bouddhistes vivent en Asie.

MONGOLS

Ces guerriers vivaient en nomades dans les steppes de l'Asie centrale. Au XIIIe siècle, ils bâtirent un empire depuis la Chine jusqu'en Europe orientale. Leur puissance déclina au XIVe siècle, mais en 1369 l'un de leurs chefs, Tamerlan, étendit son pouvoir sur l'Asie centrale. Il construisit de magnifiques mosquées dans sa capitale, Samarkand.

DOMINATION EUROPÉENNE

En 1498, l'explorateur portugais Vasco de Gama contourna la pointe sud de l'Afrique et fut le premier Européen à atteindre l'Inde par la mer. Au cours des quatre siècles qui suivirent, les Européens dominèrent une grande part de l'Asie, d'abord commercialement, puis en créant des colonies. Seuls la Perse (l'Iran actuel), l'Afghanistan, la Thaïlande et le Japon restèrent libres de tout contrôle européen.

Maison coloniale portugaise à Macao, en Chine

SECONDE GUERRE MONDIALE

Pendant la Seconde Guerre mondiale (1939-1945), les Japonais poursuivirent leur conquête de la Chine et envahirent presque toute l'Asie du Sud-Est. Ils furent parfois bien accueillis, car ils renversaient le pouvoir colonial européen. Après la défaite du Japon en 1945, France, Pays-Bas, Grande-Bretagne et États-Unis reprirent le contrôle de leurs colonies.

ASIE COMMUNISTE

Les communistes prirent le pouvoir en Chine, en 1949, après des années de guerre civile, puis en Corée du Nord, au Laos, en Mongolie, au Vietnam et au Cambodge. Dans certains pays, cette expérience fut catastrophique. Quand les gouvernements communistes améliorèrent le niveau de vie de la population, ils n'obtinrent pas la réussite économique de leurs rivaux capitalistes.

Les gardes rouges, disciples du dirigeant communiste chinois Mao Zedong (1893-1976)

Écoliers chinois portant un portrait de Mao Zedong

Les Chinois manifestent leur ferveur révolutionnaire en 1967.

Vers 2500 av. J.-C. Fondation de l'hindouisme en Inde.

Vers 563-483 av. J.-C. Vie de Bouddha.

VIe siècle av. J.-C. La route de la soie est ouverte.

250 av. J.-C. Diffusion du bouddhisme au Sri Lanka et en Asie du Sud-Est.

100 apr. J.-C. Des moines diffusent le bouddhisme en Chine et en Asie centrale.

850-1200 Les rois Chola d'Inde diffusent l'hindouisme au Sri Lanka et en Asie du Sud-Est.

1279 L'Empire mongol, sous Kubilaï Khan, atteint son étendue maximale.

1369 Tamerlan crée un nouvel Empire mongol dans la cité de Samarkand.

1498 Vasco de Gama atteint l'Inde.

1600 Des marchands anglais fondent la Compagnie des Indes orientales.

1619 Les Hollandais commencent à contrôler les Indes orientales.

1757 Les Anglais s'emparent du Bengale et étendent leur contrôle sur l'Inde.

Années 1850 La France commence à contrôler l'Asie du Sud-Est.

1937 Les troupes japonaises envahissent la Chine.

1941-1945 La Seconde Guerre mondiale fait rage en Asie orientale et dans le Pacifique.

1947-1948 Fin de la domination britannique en Inde.

1949 Indépendance de l'Indonésie.

1999 Le Portugal restitue Macao à la Chine.

DRAGONS ASIATIQUES

Le Japon reconstruisit son économie après la Seconde Guerre mondiale. Il se concentra sur les industries lourdes, telles que l'automobile et la construction navale, et sur la haute technologie : informatique et électronique. Aujourd'hui, le Japon est la deuxième économie du monde. Taïwan, la Corée du Sud ou, par exemple, Singapour sont aussi très dynamiques.

INDÉPENDANCE

Après la Seconde Guerre mondiale, les pays européens commencèrent à se retirer de leurs colonies asiatiques. L'Inde devint indépendante de la Grande-Bretagne en 1947-1948, et l'Indonésie des Pays-Bas en 1949. Dernière colonie, le territoire portugais de Macao fut restitué à la Chine en 1999.

Pour en savoir plus

L'Asie du Sud-Est (histoire)
La Chine (histoire)
L'Inde (histoire)
Le Japon (histoire)
La Seconde Guerre mondiale

l'Asie centrale

À l'est et au sud, des montagnes séparent l'Asie centrale de la Chine et du Pakistan. À l'ouest s'étendent l'Iran et les rives orientales de la mer Caspienne, au nord, les steppes plates du Kazakhstan.

PAYSAGE de hautes montagnes, de vallées fertiles et de déserts étendus, l'Asie centrale était autrefois peuplée de nomades parcourant les terres avec leurs troupeaux en quête de nouveaux pâturages. La route de la soie, voie commerciale de la Chine à l'Europe, traversait cette région, et un certain nombre de villes furent fondées sur son passage. De 1922 à 1991, l'essentiel de la région faisait partie de l'Union soviétique. Pendant cette période, les modes de vie traditionnels ont commencé à disparaître et les technologies nouvelles ont rendu la terre plus productive. Aujourd'hui, les États indépendants de la région utilisent les courants montagneux pour produire de l'électricité et détournent les cours d'eau pour irriguer les sols arides. Un vaste éventail de produits agricoles, légumes, blé, fruits et tabac, y est cultivé. Le coton est une des principales récoltes exportées par l'Ouzbékistan. L'Afghanistan, au sud, sort à peine de 25 ans de guerre et doit se reconstruire de fond en comble.

L'élevage est important pour les Kirghizes, qui ont très peu de terres à cultiver. Ce sont également d'excellents cavaliers.

SAMARKAND

L'une des plus vieilles cités d'Asie centrale, Samarkand, était située sur la route de la soie reliant Chine et Europe. Certains de ses plus beaux bâtiments datent des XIIIe et XIVe siècles, époque où elle fut le centre d'un empire islamique. Les monuments du Rigestan (ci-dessous) sont décorés de mosaïques, de marbre et d'or.

Samarkand est toujours un centre commercial important, exportant soie et coton, fruits, légumes et tabac.

NOMADES KIRGHIZES

Les Kirghizes sont des nomades qui vivent sur les hauts plateaux, où ils élèvent moutons, chèvres, yaks, chevaux et chameaux. Ils habitent des yourtes, tentes couvertes de feutre. À l'époque soviétique, beaucoup durent s'installer dans de grandes fermes collectives.

TAPIS

On reconnaît les tapis du Turkménistan et d'Ouzbékistan à leurs dessins géométriques. Leur laine est nouée à la main. Ils sont utilisés comme tapis de selle, tentures murales et tapis de prière.

MER D'ARAL

En Ouzbékistan, le cours de l'Amou-Daria a été détourné pour arroser les champs de coton. La mer intérieure d'Aral, également alimentée par le fleuve, s'est progressivement asséchée. Plus de la moitié de son eau s'est perdue depuis 1960, et sa salinité a quadruplé, la rendant hostile aux poissons; les ports de pêche sont aujourd'hui entourés de navires échoués et de terres arides. Les engrais ont empoisonné l'eau potable, entraînant des problèmes de santé.

RÉCOLTE DU COTON

L'Asie centrale est la plus septentrionale des grandes régions cotonnières. L'Ouzbékistan est l'un des plus gros producteurs de coton du monde. Il fabrique et exporte des machines utilisées pour récolter et traiter le coton. Le ramassage de cette plante blanche et duveteuse est très mécanisé.

Pour en savoir plus

L'ASIE (GÉOGRAPHIE)
LES BARRAGES
L'ISLAM
MERS ET OCÉANS
L'UNION SOVIÉTIQUE

Volcan | Montagne | Capitale | Grande ville | Petite ville

AFGHANISTAN
Superficie : 652 090 km²
Population : 28 150 000
Capitale : Kaboul
Langues : perse, pachtou, dari, ouzbek, turkmène
Religions : musulmane sunnite et chiite
Monnaie : afghani

KIRGHIZSTAN
Superficie : 199 900 km²
Population : 5 482 000
Capitale : Bichkek
Langues : kirghiz, russe
Religions : musulmane, orthodoxe
Monnaie : som

OUZBÉKISTAN
Superficie : 447 400 km²
Population : 27 448 000
Capitale : Tachkent
Langues : ouzbek, russe, tadjik
Religions : musulmane sunnite, orthodoxe
Monnaie : som

TADJIKISTAN
Superficie : 143 100 km²
Population : 6 952 000
Capitale : Douchanbe
Langues : tadjik, russe
Religions : musulmane sunnite et chiite
Monnaie : somoni

TURKMÉNISTAN
Superficie : 488 100 km²
Population : 5 110 000
Capitale : Achgabat
Langues : turkmène, ouzbek, russe
Religions : musulmane sunnite, orthodoxe
Monnaie : manat

PASSE DE KHYBER

La passe de Khyber est une porte entre les montagnes d'Afghanistan et les plaines densément peuplées du sous-continent indien. Une route étroite, construite à la fin du XIXe siècle, serpente entre des falaises escarpées. La passe n'est parfois large que de 5 m. Pendant la deuxième guerre afghane (1879-1880), de nombreuses batailles y eurent lieu entre troupes britanniques et membres des tribus locales.

KABOUL EN GUERRE

La capitale de l'Afghanistan a été au centre des conflits qui ont ravagé le pays : guerre entre le gouvernement communiste, aidé par les Soviétiques, et les moudjahidin (1979-1989) ; guerre entre tribus afghanes rivales (1992-1996) ; dictature des talibans (1996-2001), tenants d'un islamisme radical, particulièrement hostile aux femmes. Ces dernières années, l'instabilité et la violence règnent dans la ville.

GORGES DU VAKHSH

Au sud du Tadjikistan, les rivières rapides qui descendent des monts Pamir sont une source importante d'énergie hydroélectrique. Le barrage sur le Vakhsh fut construit dans les années 1930 par les Soviétiques. Il fournit de l'électricité et alimente en eau, par un canal, les fermiers des plaines. L'eau a transformé les déserts en oasis où sont cultivés amandes, abricots et figues.

l'Asie du Sud-Est (géographie)

A

L'Asie du Sud-Est est située au sud de la Chine et à l'est de l'Inde. Sa partie continentale, qui couvre 1,6 million de km², se prolonge vers le sud par une chaîne d'îles séparant les océans Pacifique et Indien. L'île de Sumatra est longue de 1 720 km ; d'autres îles sont minuscules.

À SON EXTRÉMITÉ SUD-EST, le continent asiatique se prolonge dans l'océan par deux grandes péninsules et une vaste chaîne d'îles. En Asie du Sud-Est, plus de 543 millions de personnes vivent dans 11 pays indépendants. La région possède une culture riche et variée. Musique et danse sont particulièrement importantes. Ces spectacles sont souvent réglés par des rituels stricts, dont certains sont religieux. La plupart des habitants d'Asie du Sud-Est continentale sont bouddhistes, tandis que l'Indonésie est principalement musulmane et que les Philippines sont chrétiennes. Pendant presque tout le XXe siècle, l'existence de ces peuples a été bouleversée par les guerres. Les combats ont rendu le commerce, l'agriculture et l'industrie pratiquement impossibles et ont totalement ruiné le Laos. Le Cambodge se relève à peine d'une guerre civile particulièrement meurtrière au cours de laquelle la dictature des Khmers rouges a mené une politique de génocide. D'autres pays de la région, en particulier les nations insulaires, ont échappé aux pires combats. Ces pays sont aujourd'hui plus prospères et paisibles.

THAÏLANDE

La Thaïlande, avec ses 64 millions d'habitants, est l'un des pays les plus riches de la région. En ville, la plupart travaillent dans l'industrie et l'extraction minière ; dans les campagnes, beaucoup sont fermiers et cultivent riz, sucre et caoutchouc. Danses rituelles et merveilles architecturales font toute la richesse culturelle du pays.

La sève est extraite par gemmage : l'écorce est taillée à l'aide d'un couteau.

Les ouvriers des plantations tirent la sève des arbres le matin, lorsque le flux de sève est plus rapide.

CAOUTCHOUC

L'Asie du Sud-Est est un gros producteur de caoutchouc. Cette industrie naquit il y a environ un siècle, quand des marchands britanniques implantèrent dans la région des arbres à caoutchouc du Brésil. La sève des arbres est recueillie, puis mélangée à de l'acide pour former des feuilles de latex solide, qui sont ensuite mises à sécher.

Singapour fut d'abord un petit comptoir commercial britannique. Aujourd'hui, d'immenses gratte-ciel dominent la ville.

SINGAPOUR

Le minuscule État insulaire de Singapour n'occupe que 620 km² au large des côtes de Malaisie. Cette nation industrialisée est très riche. La plupart des 4,4 millions d'habitants gagnent leur vie dans des industries, telles que le textile et l'électronique.

JAVA ET SUMATRA

Java est la plus peuplée des îles indonésiennes, avec 127 millions d'habitants. Fermiers pour beaucoup, ils produisent surtout du riz. La capitale, Jakarta, est un centre de l'industrie textile. L'île abrite des espèces de tigres et de rhinocéros n'existant nulle part ailleurs. Le nord de Sumatra a été dévasté par le tsunami de 2004.

La construction du temple de Borobudur demanda quelque 56 600 m³ de pierre volcanique grise.

TEMPLE DE BOROBUDUR

Énorme monument bouddhiste situé à Java, le temple de Borobudur fut construit de 778 à 850 de notre ère. Disparu sous des cendres volcaniques aux environs de l'an 1000, il fut redécouvert par le lieutenant-gouverneur anglais Thomas Stamford Raffles en 1814. Une équipe d'archéologues néerlandais restaura le site de 1907 à 1911. Une seconde restauration se termina en 1983.

Protégés par la loi, les orangs-outans restent menacés par la chasse et la destruction de leur habitat, la forêt tropicale. Orang-outan signifie « personne de la forêt » en malais.

VIETNAM

La population du Vietnam, pays montagneux de l'est de l'Asie, habite surtout les plaines des deltas du fleuve Rouge et du Mékong. Trois Vietnamiens sur quatre sont agriculteurs. Les rizières occupent plus de terres que toutes les autres cultures réunies (caoutchouc, maïs, sucre, bananes, etc.). Le Nord, plus industrialisé, possède des ressources minérales : charbon, sel, étain et fer. Les paysans travaillent souvent dans des marais salants (ci-contre) pour améliorer leurs revenus.

ORANG-OUTAN

L'orang-outan est un grand singe humanoïde n'existant plus aujourd'hui que dans les forêts marécageuses des plaines de Bornéo et dans une petite région de Sumatra. Autrefois, il vivait aussi dans les jungles de l'Asie du Sud-Est continentale, mais cette population a été détruite par les chasseurs. Avec son corps court et trapu, ses longs bras et ses pattes courtes, l'orang-outan présente de nombreuses similitudes avec les gorilles et les chimpanzés. Mais son pelage hirsute et roux ainsi que la disproportion plus accentuée entre bras et jambes distinguent l'orang-outan de ces autres primates. Le mâle adulte peut mesurer 1,35 m et peser 85 kg ; la femelle pèse environ 40 kg.

DAO

Avec une population de 47 000 personnes, le peuple dao est le huitième groupe ethnique du Vietnam et vit dans les zones proches de la frontière septentrionale. Des Daos vivent aussi dans les pays voisins : Chine, Laos et Thaïlande. Les origines des premiers groupes daos du Vietnam sont incertaines, mais il semble qu'ils aient émigré de leurs provinces natales de Chine du Sud aux XVIIIe et XIXe siècles.

BIRMANIE (MYANMAR)

La Birmanie devint indépendante du contrôle colonial britannique en 1948 et adopta immédiatement une politique d'isolement économique et politique. Autrefois riche, le pays devint l'un des plus pauvres du monde malgré ses abondantes ressources naturelles. Le bassin du fleuve Irrawaddy irrigue l'essentiel du territoire et fertilise les terres agricoles. Il a été dévasté par un cyclone en mai 2008, qui a causé la mort de plus de 130 000 personnes. Mais l'actuel gouvernement militaire exclut toute aide et toute influence étrangère. Plus de 89 % de la population est bouddhiste, mais dans les campagnes de nombreux habitants vénèrent encore les *nat*, esprits de la forêt et des montagnes. Les fidèles bouddhistes prient dans des temples, telle la pagode de Shwedagon (ci-dessous) à Rangoon.

ÉCOLE DES ÉLÉPHANTS

En Thaïlande, les éléphants sont dressés pour travailler. Comparés aux tracteurs modernes, ils sont moins coûteux : ils ne consomment pas de carburant, ne rouillent pas et n'exigent aucune pièce de rechange. Quand un tracteur dure environ 6 ans, un éléphant vit 30 ans. De plus, l'éléphant n'est pas nocif pour l'environnement. Il déplace le bois et transporte les touristes lors de promenades en forêt.

BIRMANIE (MYANMAR)
Superficie : 676 578 km²
Population : 50 020 000
Capitale : Naypyidaw (depuis mars 2007)
Langues : birman, karen, shan, chin, kachin, môn, palaung, wa
Religions : bouddhiste, chrétienne, musulmane, hindoue
Monnaie : kyat

BRUNEI
Superficie : 5 765 km²
Population : 400 000
Capitale : Bandar Seri Begawan
Langues : malais, anglais, chinois
Religions : musulmane, bouddhiste, chrétienne
Monnaie : dollar de Brunei

CAMBODGE
Superficie : 181 035 km²
Population : 14 805 000
Capitale : Phnom Penh
Langues : khmer, français, chinois, vietnamien, cham
Religion : bouddhiste Theravada
Monnaie : riel

INDONÉSIE
Superficie : 1 919 443 km²
Population : 229 965 000
Capitale : Jakarta
Langues : javanais, madourais, soundanais, néerlandais
Religions : musulmane, protestante, catholique, hindoue, bouddhiste
Monnaie : rupiah

LAOS
Superficie : 236 800 km²
Population : 6 320 000
Capitale : Vientiane
Langues : lao, miao, yao, vietnamien, chinois, français
Religions : bouddhiste, animiste
Monnaie : kip

MALAISIE
Superficie : 329 758 km²
Population : 27 468 000
Capitale : Kuala Lumpur
Langues : malais, chinois, tamoul
Religions : musulmane, bouddhiste, chrétienne, croyances traditionnelles
Monnaie : ringgit

PHILIPPINES
Superficie : 300 000 km²
Population : 91 983 000
Capitale : Manille
Langues : tagalog, cebuano, hiligayen, waray-waray, ilocano, bikolano, anglais
Religions : catholique, protestante, musulmane, bouddhiste
Monnaie : peso philippin

SINGAPOUR
Superficie : 618 km²
Population : 4 737 000
Capitale : Singapour
Langues : malais, chinois, tamoul, anglais
Religions : bouddhiste, chrétienne, musulmane
Monnaie : dollar de Singapour

THAÏLANDE
Superficie : 513 115 km²
Population : 63 444 000
Capitale : Bangkok
Langues : thaï, chinois, malais, khmer, môn, karen, miao, anglais
Religions : bouddhiste Theravada, musulmane, chrétienne
Monnaie : baht

VIETNAM
Superficie : 331 689 km²
Population : 88 069 000
Capitale : Hanoi
Langues : vietnamien, chinois, thaï, khmer, muong, nung, miao, yao, jaraï, anglais, français
Religions : bouddhiste, chrétienne
Monnaie : dông

La magnifique mosquée Omar Ali Saifuddin au dôme doré, à Brunei

PHILIPPINES

La plupart des îles des Philippines sont montagneuses et boisées. Les Philippins habitent sur les étroites plaines côtières ou sur des plateaux situés entre les chaînes de montagnes. La beauté du cône volcanique du mont Mayon, à 320 km au sud-est de Manille, est un danger réel : des éruptions ont en partie détruit, par le passé, la ville voisine d'Albay.

BRUNEI

Situé sur la côte nord-ouest de l'île de Bornéo, Brunei est gouverné par un sultan. Depuis son indépendance, en 1984, l'islam influence de plus en plus le pays. L'intérieur est essentiellement composé de forêts tropicales, et les abondantes réserves de pétrole et de gaz du pays ont apporté à ses citoyens l'un des plus hauts niveaux de vie du monde, mais les libertés individuelles ne sont pas respectées.

La ville animée de Jogjakarta s'étend au pied d'un volcan.

INDONÉSIE

Seules 6 000 des 13 677 îles indonésiennes sont habitées. La plupart des Indonésiens vivent dans les campagnes et travaillent la terre. Mais certaines villes sont densément peuplées. Jogjakarta (à gauche), sur la côte sud de Java, compte environ 600 000 habitants.

Pour en savoir plus
L'ASIE DU SUD-EST (HISTOIRE)
LA GUERRE DU VIETNAM
L'ISLAM

Volcan | Montagne | Capitale | Grande ville | Petite ville

STATISTIQUES

Superficie : 4 477 761 km²
Population : 543 336 000
Nombre d'États indépendants : 11
Religions : bouddhisme, islam, taoïsme, christianisme, hindouisme
Plus grande ville : Jakarta, 8 540 121 habitants
Point le plus élevé : Hkakabo Razi, 5 885 m
Plus long fleuve : Mékong, 4 184 km
Principale activité : agriculture
Principales exportations : sucre, fruits, bois, riz, caoutchouc, tabac, étain
Principales importations : machines, produits du fer et de l'acier, textiles, produits chimiques, carburant

POPULATION

La population d'Asie du Sud-Est continentale se concentre dans les vallées fluviales, sur les plateaux ou dans les plaines. Celle de l'Asie du Sud-Est insulaire se répartit inégalement : Java est très peuplée, tandis que d'autres îles sont à peine occupées.

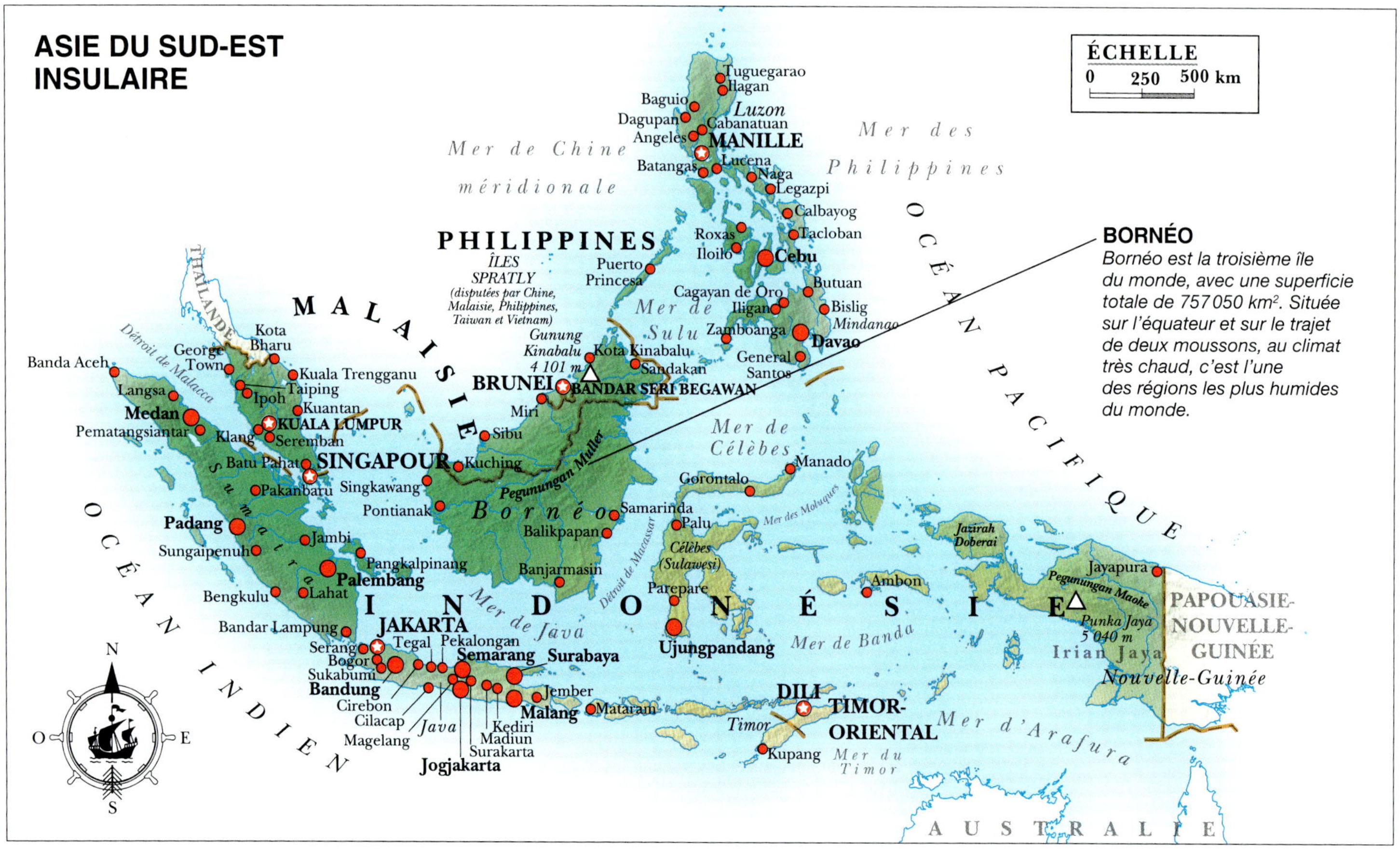

BORNÉO
Bornéo est la troisième île du monde, avec une superficie totale de 757 050 km². Située sur l'équateur et sur le trajet de deux moussons, au climat très chaud, c'est l'une des régions les plus humides du monde.

l'Asie du Sud-Est (histoire)

DE NOMBREUSES NATIONS ont joué un rôle dans l'histoire de l'Asie du Sud-Est, région qui s'étend entre l'Inde et la Chine et contrôle les voies maritimes reliant l'Europe et le Moyen-Orient à l'Extrême-Orient. En 111 av. J.-C., l'empire Han de Chine envahit une partie de l'Asie du Sud-Est, inaugurant 1 000 ans d'influence chinoise. Pendant ce temps, des moines venus d'Inde introduisirent le bouddhisme. Une nouvelle religion – l'islam – devait pénétrer la région, avec les marchands arabes qui traversèrent l'océan Indien en quête d'épices, tandis que le christianisme était apporté par les marchands portugais qui, en 1511, arrivèrent d'Europe. Avec eux commença une période de domination européenne qui dura jusqu'au XXe siècle. Entre 1940 et 1945, les Japonais occupèrent la région. Les Européens en reprirent brièvement le contrôle, mais bientôt toute l'Asie du Sud-Est devint indépendante.

ANGKOR VAT

Du XIe au XVe siècle, l'Empire khmer (Cambodge) domina l'Asie du Sud-Est. Le roi Suryavarman II (qui régna de 1113 à 1150) construisit à Angkor un magnifique temple hindou, Angkor Vat. Tous les bâtiments étaient ornés de bas-reliefs représentant des plantes, des animaux, des danseurs et des scènes de bataille ou de danse. En 1434, les Thaïs prirent la capitale khmère, qui ne fut redécouverte qu'en 1861.

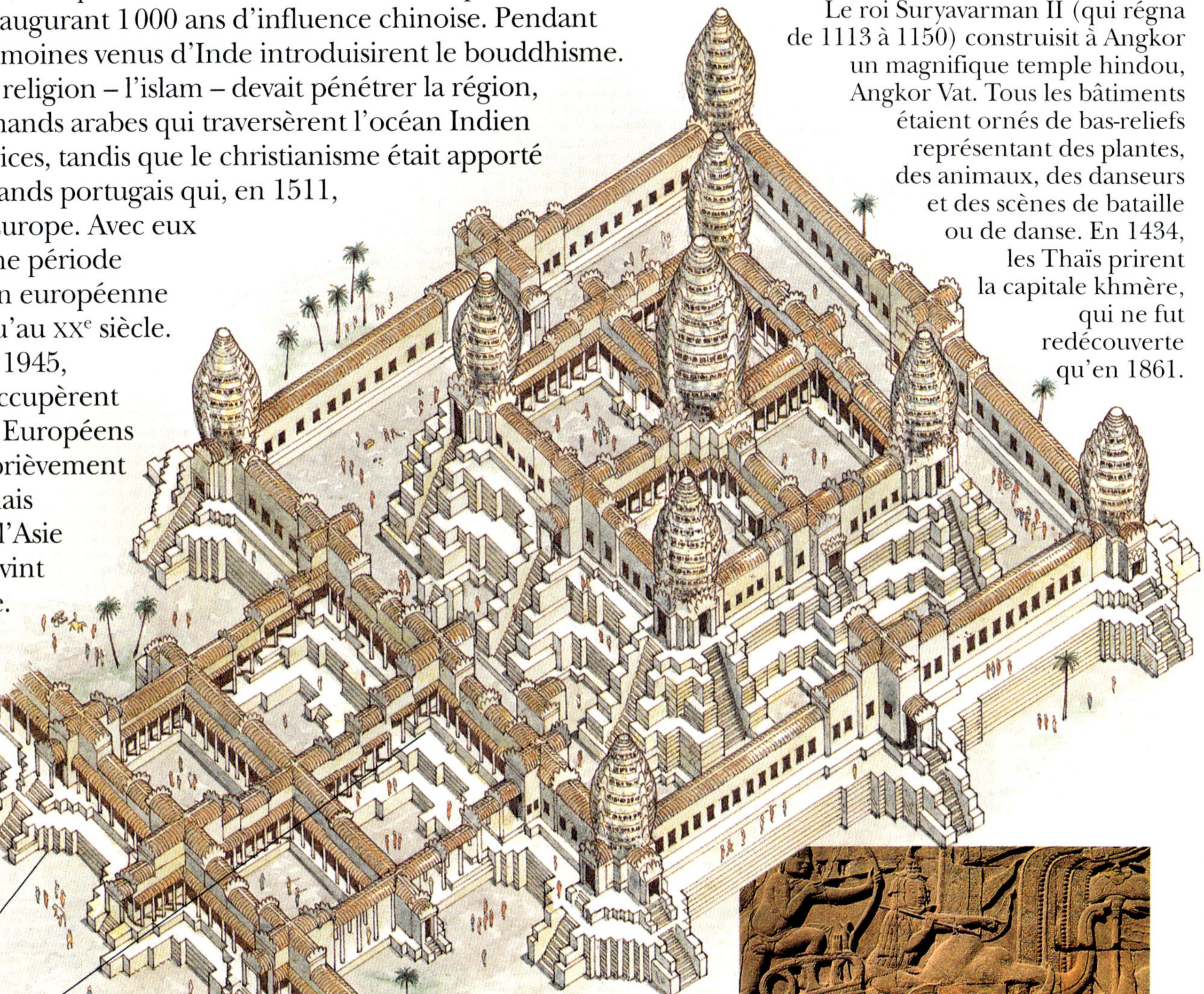

Les ruines d'Angkor Vat sont encore visibles aujourd'hui au Cambodge.

Cloître extérieur

Les murs intérieurs étaient couverts de bas-reliefs décrivant histoires hindoues et scènes de bataille.

THAÏLANDE

Les peuples thaïs vivaient à l'origine dans le Nan-tchao, en Chine du Sud. En 1253, les Mongols envahirent leur royaume, et les Thaïs émigrèrent vers le sud. Au cours des six siècles suivants, ils combattirent leurs voisins birmans, laotiens et khmers pour s'établir dans ce qui est aujourd'hui la Thaïlande. Ce bas-relief montre l'attaque par les Thaïs de la capitale khmère, Angkor.

PUISSANCE DE L'ÉLÉPHANT

L'éléphant d'Asie, plus petit que celui d'Afrique, a été utilisé au fil des siècles comme animal de trait, arme de guerre et moyen de transport royal.

COMMERCE DES ÉPICES

Au XVe siècle, des explorateurs européens, parvenant aux îles d'Asie du Sud-Est, furent ravis d'y trouver une large variété d'épices, telles que muscade, poivre et clou de girofle. Les épices, très recherchées pour la cuisine en Europe, coûtaient cher. Portugais et Espagnols d'abord, puis Hollandais et Britanniques combattirent pour le contrôle du lucratif commerce des épices.

De riches marchands hollandais débarquaient sur les rivages asiatiques pour commercer avec la population locale.

SINGAPOUR

En 1824, la Grande-Bretagne prit le contrôle de l'important port de Singapour. Mais, au cours de la Seconde Guerre mondiale, en 1942, les troupes japonaises s'emparèrent de l'île, forçant les Anglais à capituler (ci-contre). Plusieurs années après, la Grande-Bretagne réoccupa le pays. En 1965, Singapour devint une nation indépendante.

111 AV. J.-C. Les Chinois envahissent le Vietnam et dominent le nord de la région.

0-500 APR. J.-C. Le bouddhisme se répand en Asie du Sud-Est.

802 Les Khmers établissent un empire au Cambodge et au Laos.

1113-1150 Construction du temple d'Angkor Vat.

XIVe SIÈCLE Des marchands arabes introduisent l'islam en Indonésie.

1434 Les Thaïs prennent Angkor et envahissent l'Empire khmer.

1564 L'Espagne conquiert les Philippines.

1700 La Compagnie britannique des Indes orientales établit une base marchande à Bornéo.

1766-1769 Les Chinois envahissent la Birmanie.

1799 Les Néerlandais s'emparent de toute l'Indonésie.

XIXe SIÈCLE Seule la Thaïlande est indépendante de l'Europe.

1819 Singapour, fondé par Stamford Raffles, devient le port le plus riche de la région.

1824-1886 La Grande-Bretagne prend le contrôle de la Birmanie.

1859-1893 La France colonise le Vietnam, le Cambodge et le Laos.

1896 La Grande-Bretagne prend le contrôle de la Malaisie.

1940-1945 Les Japonais occupent l'Asie du Sud-Est.

1948 Indépendance de la Birmanie.

1949 Indépendance de l'Indonésie.

1953 Indépendance du Laos et du Cambodge.

1954 Défaite des Français à Diên Biên Phu.

1956 Début de la guerre entre le nord et le sud du Vietnam.

1957 Indépendance de la Malaisie.

1967 Formation de l'Association des nations du Sud-Est asiatique.

1965-1975 Les États-Unis entrent en guerre au Vietnam.

1975 Fin de la guerre du Vietnam.

1975-1979 Régime criminel des Khmers rouges.

1994 Levée de l'embargo des États-Unis sur le Vietnam.

2010 Violentes manifestations contre le gouvernement en Thaïlande.

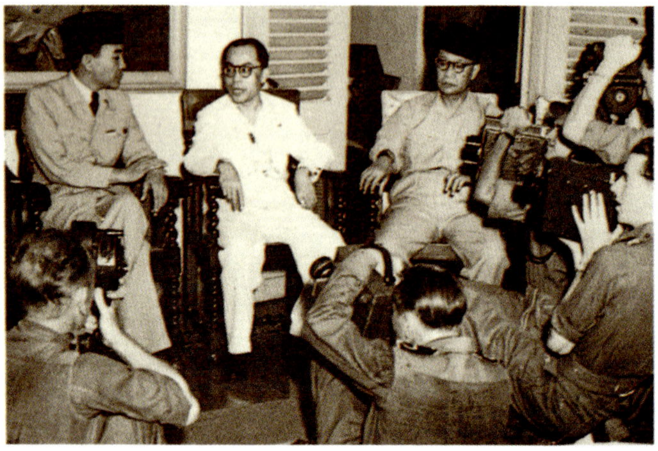

INDONÉSIE

Le 11 août 1945, Sukarno (1901-1970) déclara l'Indonésie indépendante des Pays-Bas et devint président de la République d'Indonésie. Les Néerlandais acceptèrent ce transfert de souveraineté quatre ans plus tard. À la fin des années 1950, Malaisie, Laos, Vietnam, Cambodge et Birmanie étaient devenus indépendants.

CORAZÓN AQUINO

De 1986 à 1992, Corazón Aquino fut présidente des Philippines. Elle entra en politique en 1983 quand son mari, Benigno, chef politique populaire, fut assassiné par les hommes de main de Ferdinand Marcos (1917-1989), qui fut président de la République pendant 20 ans. Marcos tenta d'empêcher Corazón Aquino de remporter les élections nationales. Mais le peuple se souleva contre lui, et il fut forcé de fuir le pays.

Pour en savoir plus

L'ASIE DU SUD-EST (GÉOGRAPHIE)
LA GUERRE DU VIETNAM
LE JAPON (HISTOIRE)

les Assyriens

ENVIRON 5 000 ANS AV. J.-C., un puissant royaume voyait le jour au cœur du Moyen-Orient (Irak actuel). L'Empire assyrien allait durer plusieurs siècles et ses frontières englober une région s'étendant du Nil à la Mésopotamie. Sous le règne de Salmanasar Ier (1275-1245 av. J.-C.), les Assyriens partirent à la conquête de Babylone et de nombreux autres États indépendants, avant d'unifier la région en un seul et même empire. Les Assyriens, qui passaient pour de rudes et valeureux combattants, disposaient d'une armée redoutable, assistée de chevaux caparaçonnés, de chars rapides et de monstrueux béliers d'assaut. L'Empire se développa sous l'impulsion de rois belliqueux, comme Assourbanipal II et Sennachérib. Le commerce florissant leur permit de construire les cités de Nimroud et Ninive (future capitale), avant de bâtir Khursabad. L'Assyrie se structura en une société puissante et bien organisée. En 612 av. J.-C., les Babyloniens alliés aux Mèdes pillèrent Ninive, annonçant le déclin de l'Empire assyrien, dont les frontières trop étendues devenaient difficiles à protéger.

ARMÉE
Les soldats assyriens étaient craints et redoutés pour leur courage et leur férocité. Juchés sur des chars, les combattants suréquipés arboraient casques, boucliers, armures, lances, arcs et épées.

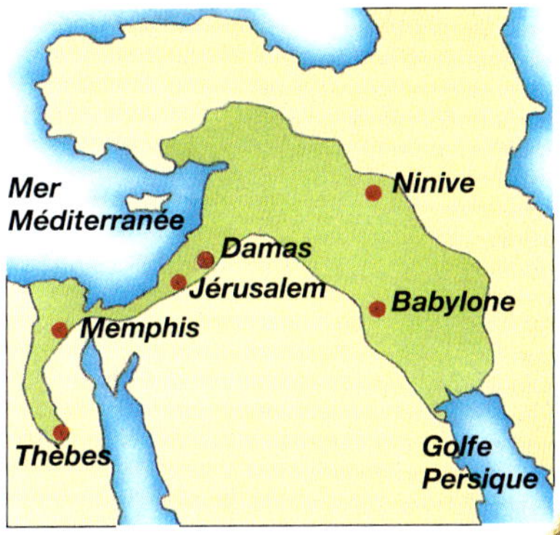

EMPIRE ASSYRIEN
Au VIIe siècle av. J.-C., l'Empire assyrien atteignait son apogée et son extension maximale. Ses frontières s'étendaient alors du golfe Persique, au sud, jusqu'aux rivages de la Méditerranée, au nord, et jusqu'à Thèbes, en Égypte, à l'ouest.

La chasse au lion était un des passe-temps favoris des rois assyriens.

CHASSE AU LION
Symbole de force et de puissance, le lion était considéré comme un animal noble. Des hommes armés de lances et d'épées accompagnaient le roi, mais seul celui-ci était autorisé à abattre ces animaux sauvages, parfois maintenus en captivité pour la seule gloire du roi.

SCÈNE DE LA VIE À LA COUR ROYALE
Sur ce bas-relief, le roi Assourbanipal II (669-627 av. J.-C.), une coupe de vin à la main, se délasse dans son jardin en compagnie de la reine. Rien ne semble troubler cette scène domestique, si ce n'est sur une autre partie du bas-relief, une tête accrochée dans les arbres… celle de Teumann, roi des Élamites, dont on célèbre la défaite.

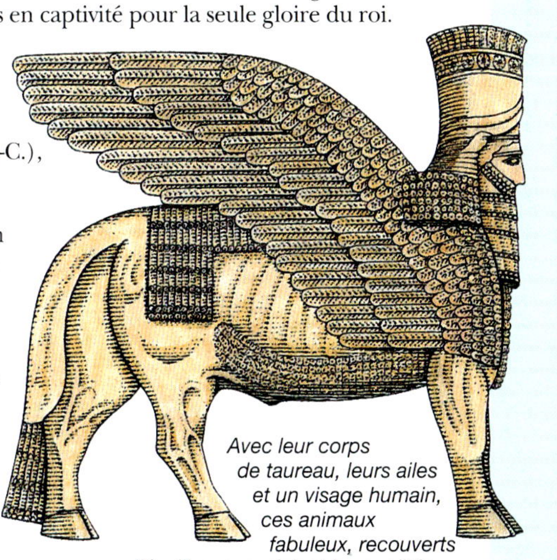

Avec leur corps de taureau, leurs ailes et un visage humain, ces animaux fabuleux, recouverts d'écailles, associaient les qualités de l'homme et de l'animal.

TAUREAUX AILÉS
Des sculptures massives de taureaux ailés androcéphales gardaient les portes des palais et des cités.

Des esclaves étaient chargés de convoyer les sculptures monumentales jusqu'aux palais.

Pour en savoir plus
LES BABYLONIENS
LE MOYEN-ORIENT

les Astronautes

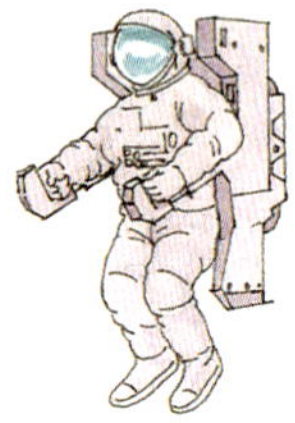

LE 12 AVRIL 1961, le monde apprend le premier vol d'un homme dans l'espace, le cosmonaute russe Iouri Gagarine, embarqué à bord d'un énorme vaisseau spatial. Huit ans plus tard, l'astronaute américain Neil Armstrong effectue les premiers pas d'un homme sur un autre corps céleste que la Terre en foulant le sol de la Lune. Depuis, quelques centaines d'astronautes, hommes et femmes, ont voyagé dans l'espace. Durant ces missions, les équipages travaillent et profitent des conditions d'apesanteur pour mener à bien des expériences scientifiques, s'aventurer hors du vaisseau spatial et réparer des satellites, ou photographier des planètes et des étoiles éloignées. Le prochain défi de l'aventure spatiale consistera à se lancer à la conquête de planètes situées en dehors du système solaire.

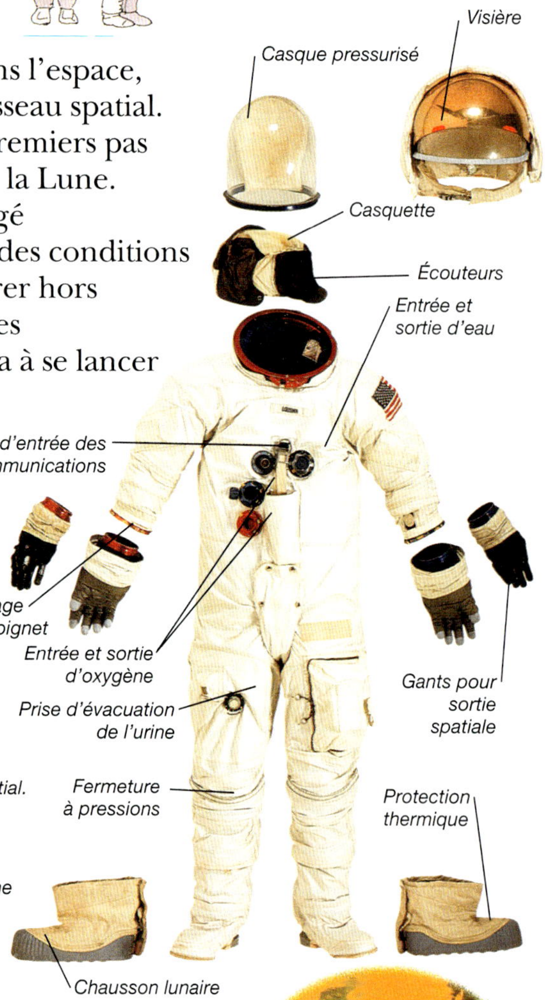

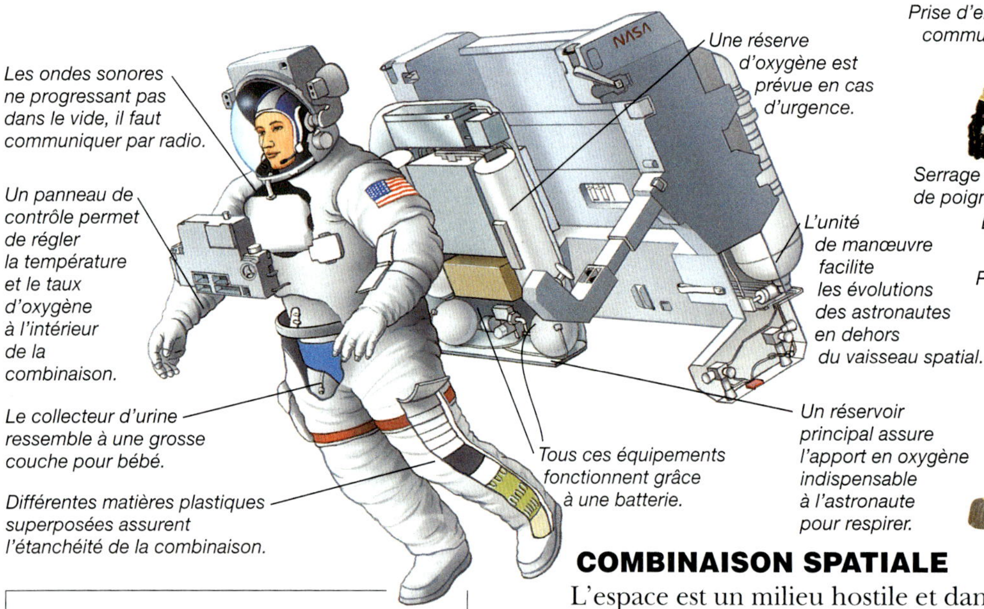

COMBINAISON SPATIALE

L'espace est un milieu hostile et dangereux pour l'homme. Sans apport d'oxygène et sans combinaison de protection, un astronaute n'y survivrait pas. Le corps habitué à une pression atmosphérique constante ne supporterait pas le vide spatial.

APESANTEUR

Notre poids est lié à la gravitation. Cette force maintient le vaisseau spatial en orbite autour de la Terre. Mais à l'intérieur du vaisseau, ses effets ne se font plus sentir et les astronautes en apesanteur flottent dans leur habitacle.

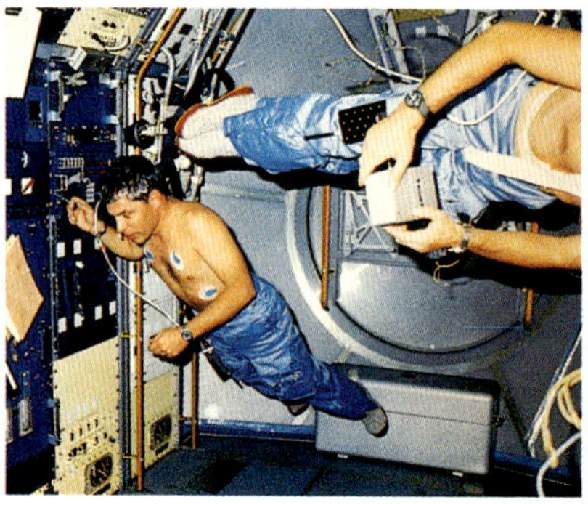

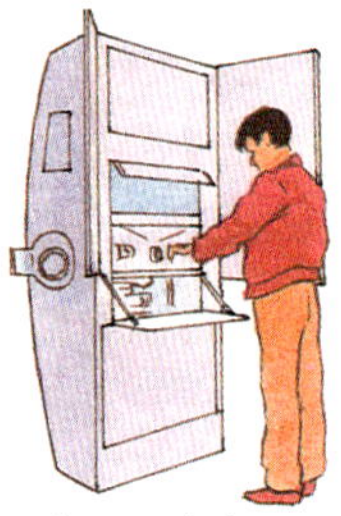

Nourriture et boisson sont conditionnées sous-vide. Elles peuvent être réchauffées au micro-ondes.

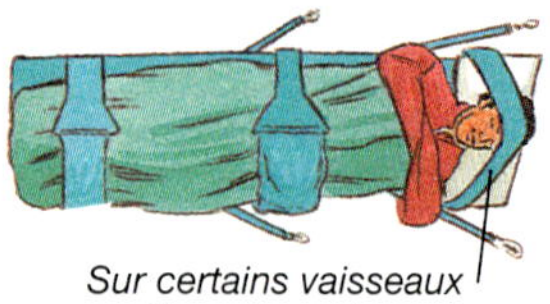

Sur certains vaisseaux spatiaux, les astronautes dorment dans des sacs de couchage fixés aux parois de l'habitacle.

Des équipements spéciaux permettent de garder la forme.

VIVRE DANS L'ESPACE

Durant leur mission, les astronautes s'alimentent comme ils le feraient sur Terre. Ils font leur toilette à l'aide de lingettes humides. Un entraînement physique quotidien évite l'affaiblissement des os et des muscles lors de longs séjours en apesanteur.

ENTRAÎNEMENT

Les apprentis astronautes s'entraînent à supporter l'apesanteur dans la réplique grandeur nature d'un vaisseau spatial immergé au fond d'un immense bassin rempli d'eau. Une excellente condition physique est indispensable.

Pour en savoir plus

LA CONQUÊTE SPATIALE
FUSÉES ET MISSILES
LA GRAVITATION
L'UNION SOVIÉTIQUE

l'Astronomie

LES CIEUX ET L'ESPACE nous offrent des spectacles étonnants – des mondes différents du nôtre, de gigantesques et éblouissants nuages de gaz où naissent les étoiles et de formidables explosions de lumière dans lesquelles elles finissent leur vie. Les astronomes sont les scientifiques qui étudient tous les objets de l'Univers, comme les planètes, les lunes, les comètes, les étoiles et les galaxies. Les Grecs et les Arabes furent les premiers à scruter le ciel pour tenter d'expliquer mathématiquement le fonctionnement de l'Univers. Mais les distances étaient telles que toute étude détaillée semblait impossible. Il faudra attendre l'invention du télescope, au XVIIe siècle, pour aborder plus précisément ce domaine. L'astronomie s'appuie aujourd'hui sur des équipements sophistiqués pour explorer l'espace. Les astronomes disposent désormais des observations fournies par les télescopes terrestres, par les satellites en orbite autour de la Terre ou encore par les sondes spatiales explorant d'autres planètes du système solaire.

OBSERVATOIRES
Les astronomes travaillent dans des observatoires souvent érigés au sommet de montagnes, là où le ciel est plus dégagé. Cette photographie, prise avec un temps de pose de plusieurs heures, met en évidence la rotation de la Terre à travers les traces en arc de cercle laissées par les étoiles pourtant fixes.

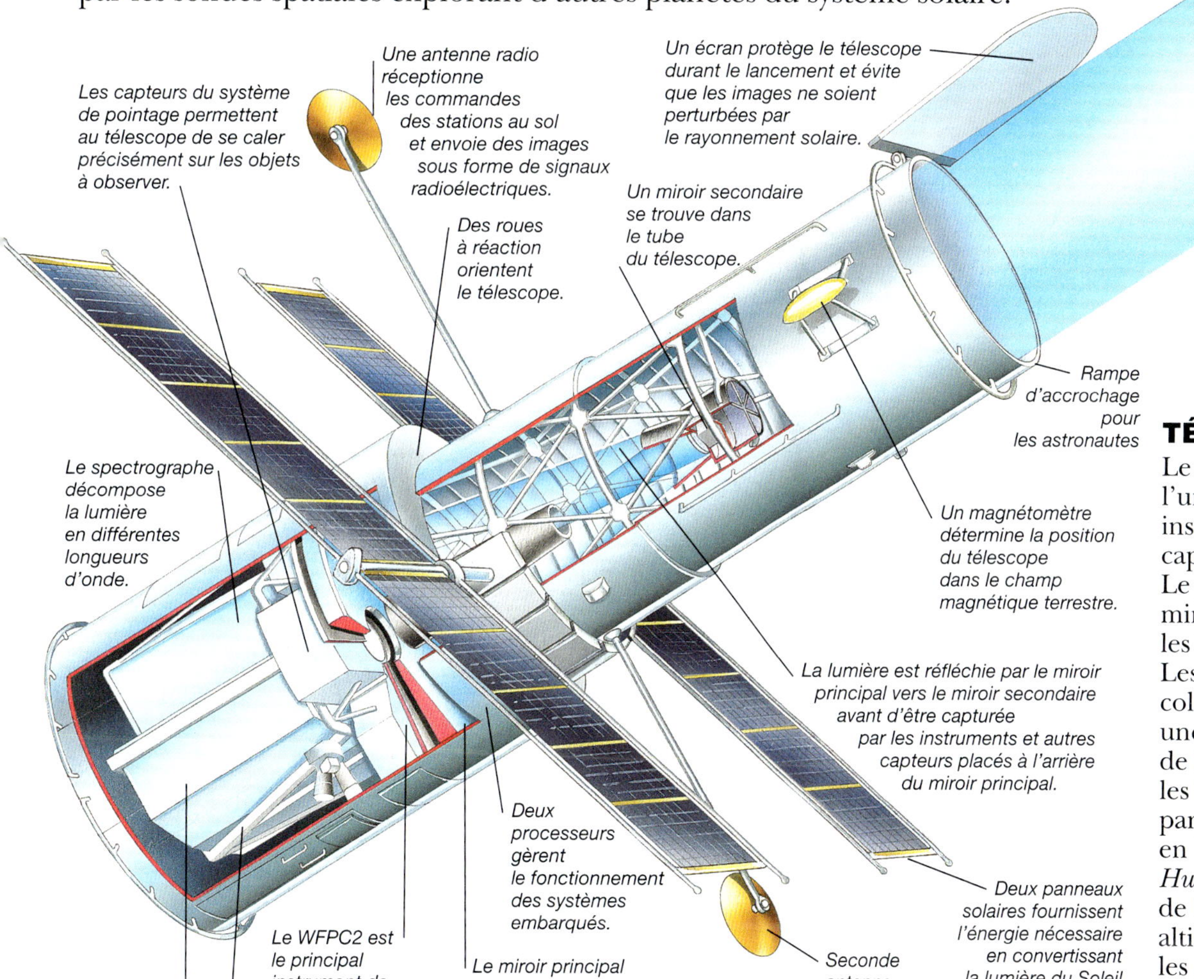

TÉLESCOPE SPATIAL

Le télescope optique est l'un des principaux instruments utilisés pour capter la lumière des étoiles. Le plus souvent, de grands miroirs sphériques remplacent les lentilles des lunettes. Les capteurs ultrasensibles collectent et réfléchissent une grande quantité de lumière, alors que les lentilles absorbent la seule part qui les traverse. Lancé en 1990, le télescope spatial *Hubble* fut mis en orbite autour de la Terre à très haute altitude de façon à éviter les effets perturbants de l'atmosphère terrestre.

RÉCEPTION ET ANALYSE DES DONNÉES

Tous les signaux en provenance de *Hubble* sont réceptionnés par le centre spatial Goddard de la Nasa, installé dans le Maryland (États-Unis). La maintenance de *Hubble* est assurée par les ingénieurs du centre. Les astronomes qui traitent les données travaillent au Space Telescope Science Institute. Puis les données sont enfin distribuées aux scientifiques d'autres pays. Ici à droite, un astronome analyse des images de la nébuleuse (amas d'étoiles) de la Tarentule.

OBSERVER L'UNIVERS

Les objets de l'Univers émettent des flux de particules infimes et toutes sortes d'ondes, comme les ondes radio. Mis à part la lumière, tous ces flux sont invisibles à l'œil nu. L'atmosphère bloquant une partie du rayonnement électromagnétique, des capteurs sont installés sur des satellites mis en orbite autour de la Terre.

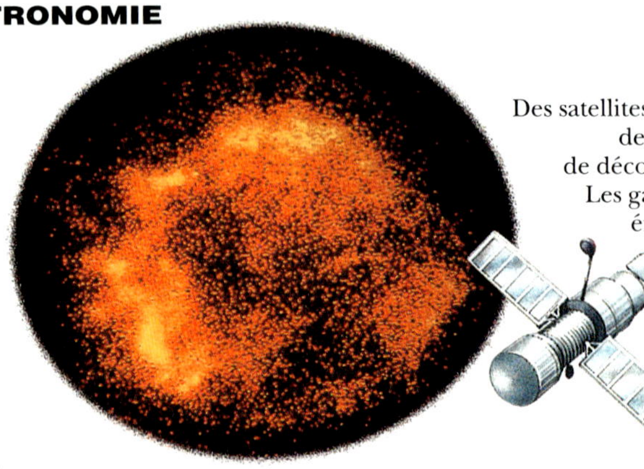

RAYONS X

Des satellites équipés de capteurs de rayons X ont permis de découvrir des trous noirs. Les gaz des étoiles voisines émettent des rayons X quand ils sont aspirés par le trou noir. Sur cette image, une supernova (étoile massive) est en train d'exploser.

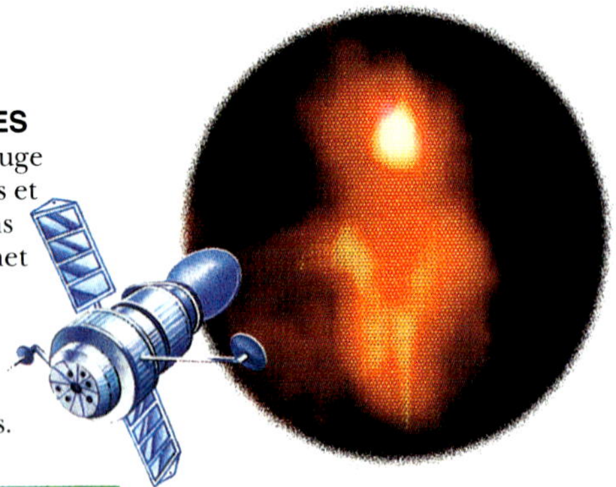

RAYONS INFRAROUGES

Le rayonnement infrarouge est capté par les satellites et les télescopes des stations au sol. Son analyse permet de localiser le cœur des galaxies et les nébuleuses (à droite), nuages de gaz où naissent les étoiles.

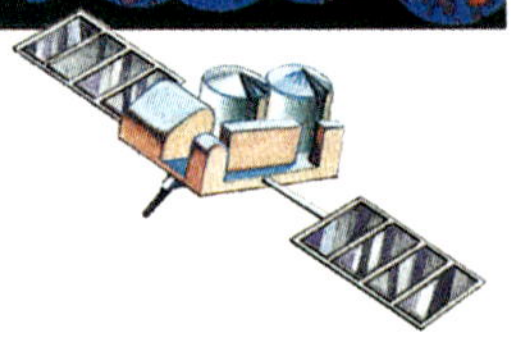

RAYONS GAMMA

Certains satellites détectent les rayons gamma (ondes à très haute fréquence). De nombreux objets en émettent, entre autres les pulsars qui apparaissent après l'explosion d'une étoile. Ci-dessus, le rayonnement gamma de notre galaxie.

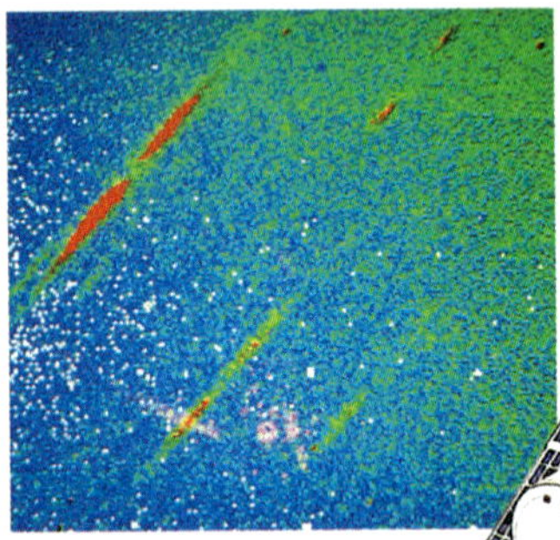

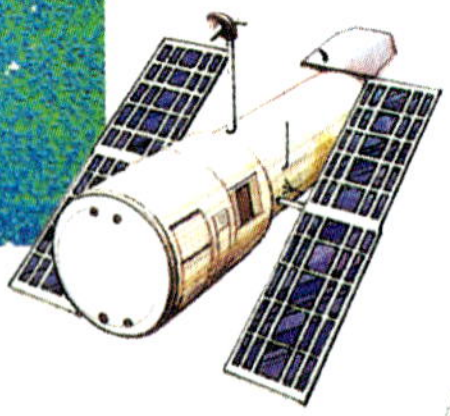

RAYONS ULTRAVIOLETS

L'analyse des rayons ultraviolets de faible longueur d'onde permet aux astronomes d'en apprendre beaucoup sur la composition des étoiles.

Une image numérique peut mettre en évidence ce rayonnement (à gauche) et fournir des informations sur la nature et la vitesse des gaz circulant aux abords d'une étoile.

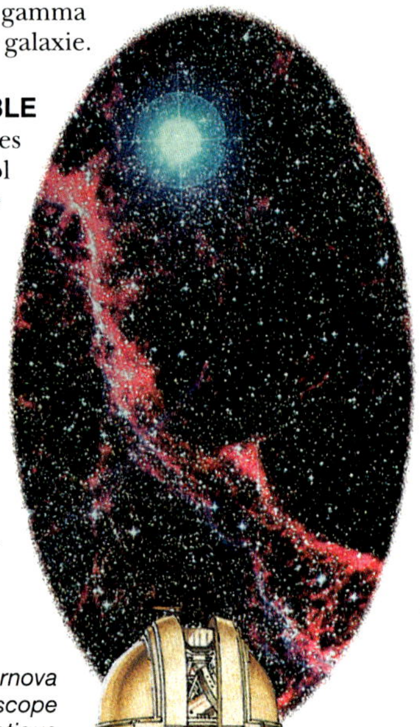

LUMIÈRE VISIBLE

Satellites et télescopes des stations au sol captent la lumière des planètes, des comètes, des étoiles et des galaxies. L'atmosphère terrestre brouille légèrement les images captées. Les télescopes de nouvelle génération, commandés par ordinateur, corrigent ces distorsions.

Image d'une supernova captée par un télescope optique

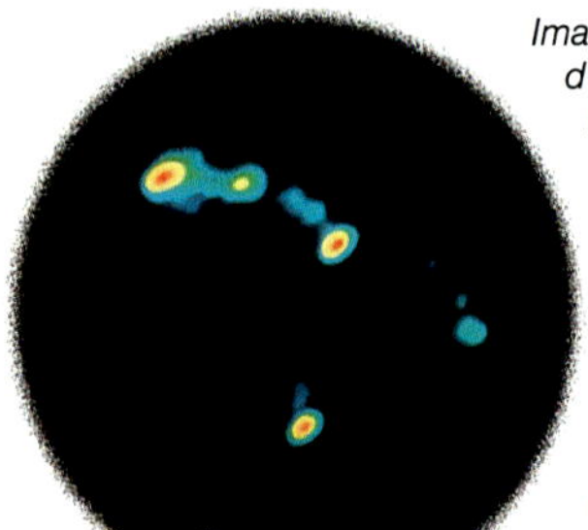

Image radio d'un quasar. Les quasars forment le cœur de lointaines galaxies.

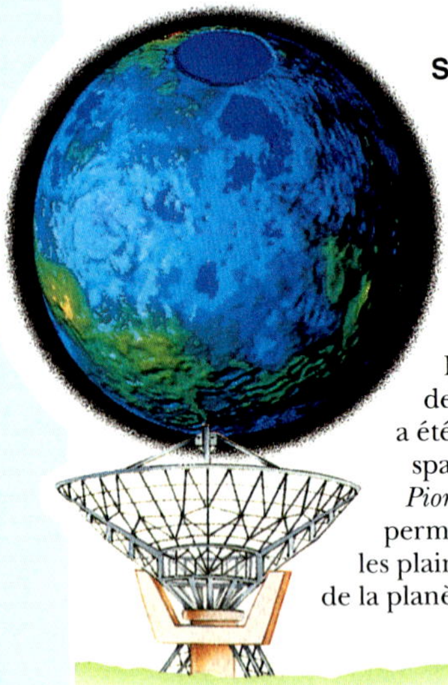

SIGNAUX RADAR

Les astronomes dressent des cartes radar des planètes et des lunes en bombardant leur surface d'ondes radio. La carte radar de Vénus (à gauche) a été établie par la sonde spatiale américaine *Pioneer.* Les couleurs permettent de distinguer les plaines et les montagnes de la planète.

ONDES RADIO

De nombreux objets produisent leurs propres ondes radio. Ainsi des pulsars, des quasars ou des radiogalaxies ont été découverts grâce aux grandes paraboles des radiotélescopes.

HISTOIRE DE L'ASTRONOMIE

Au IIIe siècle av. J.-C., le savant grec Aristarque de Samos suggère le mouvement de la Terre et des planètes autour du Soleil. Les premières observations réalisées à la lunette par le savant italien Galilée au XVIIe siècle confirment cette hypothèse. Dans les années 1920, l'Américain Edwin Hubble découvre les galaxies et élabore la théorie de l'expansion de l'Univers.

La structure en pierre de l'observatoire de Jaipur, en Inde, permet de mesurer la position du Soleil, de la Lune, des planètes et des étoiles.

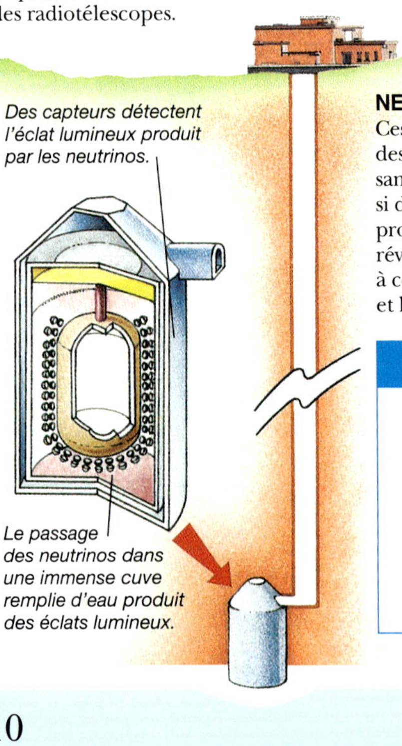

Des capteurs détectent l'éclat lumineux produit par les neutrinos.

Le passage des neutrinos dans une immense cuve remplie d'eau produit des éclats lumineux.

NEUTRINOS

Ces particules élémentaires issues des étoiles traverseraient la Terre sans qu'on n'en sache rien, si des détecteurs sophistiqués, profondément enfouis n'en révélaient des traces. Leur étude aide à comprendre les origines du Soleil et la formation des supernovas.

Pour en savoir plus

LA CONQUÊTE SPATIALE
LES ÉTOILES
LA LUNE
LES PLANÈTES
LES SATELLITES
LE SOLEIL
LES TÉLESCOPES
LES TROUS NOIRS
L'UNIVERS

l'Athlétisme

LA MAJORITÉ DES AMATEURS DE SPORT apprécie l'athlétisme, à l'origine de grands exploits. Il s'agit d'un ensemble de disciplines. Le sprint, la course de demi-fond, la marche et la course de haies se pratiquent sur piste, sur route ou sur un parcours de cross. Le saut en hauteur, le saut en longueur et plusieurs types de lancers font partie des épreuves du concours et se déroulent sur des lieux du stade spécialement aménagés. Toutes les épreuves exigent de l'endurance, de la rapidité, de la puissance et de la détermination. En sprint les coureurs peuvent atteindre une vitesse de 36 km/h. De nombreuses personnes ne font pas de compétition mais pratiquent l'athlétisme pour entretenir leur forme.

MARATHON
Les hommes et les femmes qui participent à un marathon courent sur une distance de 42,2 km. Cette épreuve suit généralement un parcours dans les rues d'une ville, comme ici à New York.

ÉPREUVES DE COURSE
Elles sont organisées sur la piste dans le sens inverse des aiguilles d'une montre. Les athlètes doivent courir dans leur couloir pour les distances qui n'excèdent pas 400 m.

LES ÉPREUVES DE SAUT
Elles comprennent le triple saut (réservé aux hommes), les sauts à la perche, en longueur et en hauteur (accessibles aux deux sexes). Les athlètes atterrissent dans des bacs à sable (longueur et triple saut) ou se reçoivent sur des matelas en mousse (hauteur et perche).

Javelot

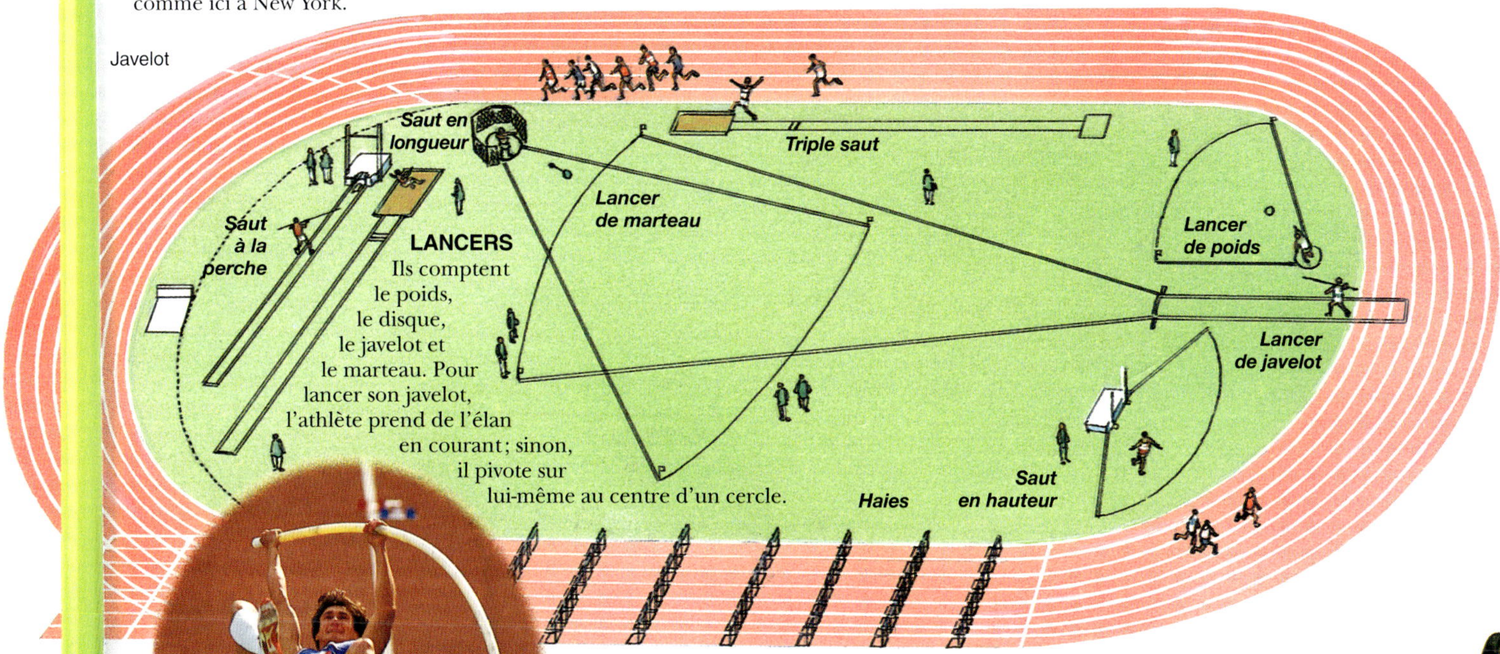

LANCERS
Ils comptent le poids, le disque, le javelot et le marteau. Pour lancer son javelot, l'athlète prend de l'élan en courant; sinon, il pivote sur lui-même au centre d'un cercle.

CONCOURS
Les compétiteurs participent à tour de rôle aux épreuves de saut ou de lancer. Ils ont droit à trois essais pour franchir chaque hauteur, à six dans les autres épreuves.

SAUT À LA PERCHE
Le perchiste utilise une perche pour se propulser au-dessus d'une barre qu'il ne doit pas faire tomber.

Le chronométrage officiel, électronique, donne les centièmes de seconde.

Les hommes lancent un disque de 2 kg, les femmes de 1 kg.

CHAUSSURES
Sur piste, des chaussures légères à pointes offrent une bonne adhérence. Sur route, elles doivent absorber les chocs et éviter les blessures.

Pour en savoir plus

LA GYMNASTIQUE
LES JEUX OLYMPIQUES
LA NATATION
LE SPORT

http://galileo.cyberscol.qc.ca/Intermet/

l'Atmosphère

L'atmosphère ne possède pas de limite bien définie. L'exosphère est sa dernière couche avant l'espace, là où l'air est pratiquement absent.

La thermosphère est comprise entre 80 et 500 km au-dessus du sol. L'ionosphère qui la compose en grande partie est constituée de fines couches de particules chargées d'ions et d'électrons qui réfléchissent les ondes électromagnétiques.

La mésosphère est comprise entre 50 et 80 km. Les météorites qui la traversent se consument et se transforment en étoiles filantes.

La stratosphère est comprise entre 11 et 50 km. C'est dans cette zone calme qu'évoluent les avions de ligne afin d'échapper aux vents et aux perturbations météorologiques.

La troposphère, la couche la plus mince de l'atmosphère, concentre la plus grande quantité de gaz. Cette couche s'étend en moyenne jusqu'à 11 km au-dessus du sol, l'altitude variant selon les points du globe et les saisons. Les phénomènes météorologiques s'y produisent.

SANS ATMOSPHÈRE, la vie serait impossible. Cette couche qui enveloppe la Terre nous protège des effets néfastes du rayonnement solaire et du froid intersidéral. Elle contient l'air que nous respirons, mais aussi de la vapeur d'eau et d'infimes particules de poussière. L'air est un mélange de gaz, comme l'oxygène, le dioxyde de carbone et l'azote, indispensables à la vie ; la vapeur d'eau se condense et donne naissance aux nuages où se forme la pluie. L'atmosphère, qui est soumise à la force de gravitation terrestre, a près de 2 000 km d'épaisseur. Les trois quarts de l'air qu'elle contient se trouvent en dessous de 10 700 m. L'air se raréfie à plus haute altitude. Au sommet de l'Everest, il ne reste plus qu'un tiers de l'air disponible au niveau de la mer. Ce qui explique pourquoi les alpinistes s'équipent de réserves d'oxygène et que les avions évoluant à très haute altitude sont étanches et pressurisés.

COUCHES DE L'ATMOSPHÈRE

L'atmosphère terrestre se compose de plusieurs couches. Schématiquement, on distingue du bas vers le haut, la troposphère, la stratosphère, la mésosphère, la thermosphère et l'exosphère.

COUCHE D'OZONE

Une fine couche d'ozone parcourt la stratosphère. L'ozone est un gaz proche de l'oxygène qui absorbe les rayons ultraviolets émis par le Soleil. Sans couche d'ozone, ces rayons atteindraient la Terre et causeraient la mort de toutes les formes de vie. La pollution et le recours à certains gaz artificiels (CFC) détruisent la couche d'ozone.

Comparée à la taille de la Terre, l'atmosphère forme une fine enveloppe comparable à celle de l'écorce d'une orange.

AUTRES ATMOSPHÈRES

Sur Neptune (ci-dessus), l'atmosphère est essentiellement composée de méthane. Sur Jupiter et Saturne, elle est faite d'épais nuages d'hydrogène. Aucune de ces planètes ne pourrait abriter la vie.

CIEL BLEU, CIEL ROUGE

En traversant l'atmosphère, les rayons lumineux se heurtent aux pollens, poussières et autres particules en suspension dans l'air. Les rayons sont alors déviés dans toutes les directions. Certaines couleurs se diffusent plus que d'autres.

CIEL BLEU

L'atmosphère diffuse principalement de la lumière bleue ; d'où le bleu du ciel. Moins diffusées, les autres couleurs atteignent directement la Terre. Un mécanisme similaire explique que les abords du Soleil soient jaunes.

COUCHER ET LEVER DE SOLEIL

Quand le Soleil se couche ou se lève, ses rayons traversent une épaisse couche d'atmosphère avant de nous parvenir. Le bleu est alors beaucoup plus diffusé qu'il n'est absorbé. Seuls les rayons rouges nous parviennent.

Pour en savoir plus

LES CLIMATS
LA MÉTÉOROLOGIE
L'OXYGÈNE
LES PLANÈTES
LA PRESSION ATMOSPHÉRIQUE

http://voyage.in2p3.fr

Atomes et molécules

REGARDEZ AUTOUR DE VOUS ! Des millions de substances différentes se côtoient, des métaux aux plastiques, en passant par les plantes et les êtres humains… Toutes ces substances sont formées à partir d'une centaine de particules différentes, assemblées de diverses manières. Ces particules élémentaires, appelées atomes, sont si petites qu'un simple grain de poussière peut en contenir plusieurs milliards ! Certaines substances, comme le fer, sont constituées d'une seule sorte d'atome ; d'autres, comme l'eau, renferment des assemblages d'atomes en groupes – ou molécules. Les molécules peuvent être simples ou complexes : chaque molécule d'eau contient deux atomes d'hydrogène et un atome d'oxygène ; les matières plastiques sont quant à elles composées de molécules renfermant souvent des millions d'atomes. L'atome est formé d'un noyau dense autour duquel gravitent des particules électriques, les électrons. Les scientifiques ont découvert que la fission de l'atome libérait une incroyable énergie exploitée dans les centrales nucléaires et les bombes atomiques.

Une goutte d'eau contient près de 3 000 millions de milliards de molécules.

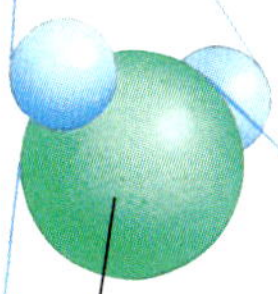

Une molécule d'eau renferme trois atomes : deux atomes d'hydrogène et un d'oxygène.

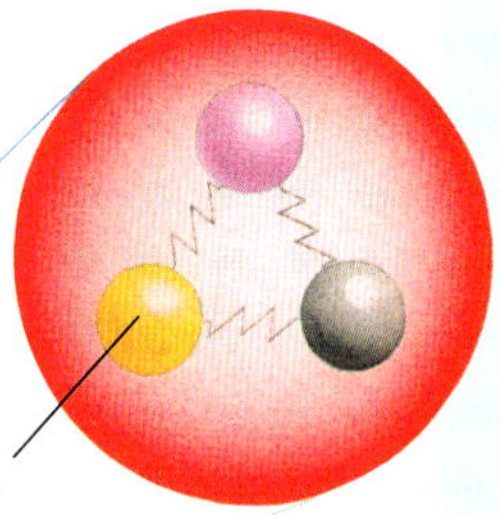

Protons et neutrons sont formés de quarks.

Le noyau d'un atome d'oxygène possède 8 protons et 8 neutrons. L'intégrité du noyau se maintient sous l'effet de forces puissantes.

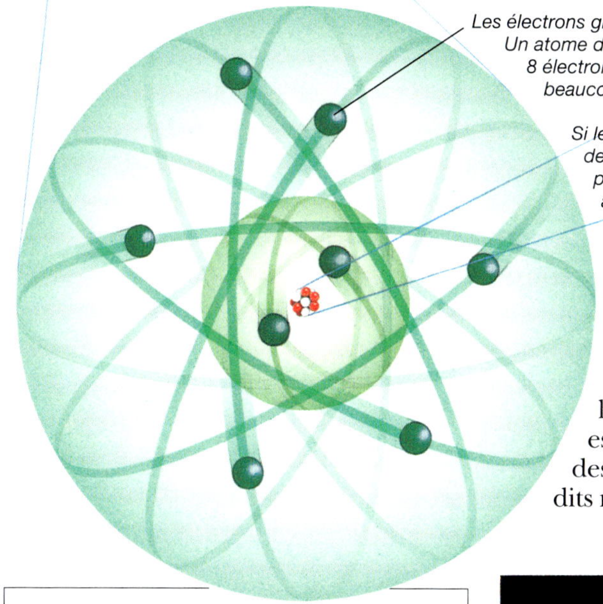

Les électrons gravitent autour du noyau. Un atome d'oxygène possède 8 électrons. Un atome emprisonne beaucoup d'espace vide.

Si le noyau avait la taille d'une balle de tennis, on estime que son plus proche électron se situerait à environ 1 km.

PROTONS ET NEUTRONS

Le noyau d'un atome renferme des particules appelées protons et neutrons. Elles-mêmes sont formées de particules encore plus petites, les quarks. La charge des protons est positive, contrairement à celle des électrons, négative. Les neutrons, dits neutres, sont dépourvus d'électricité.

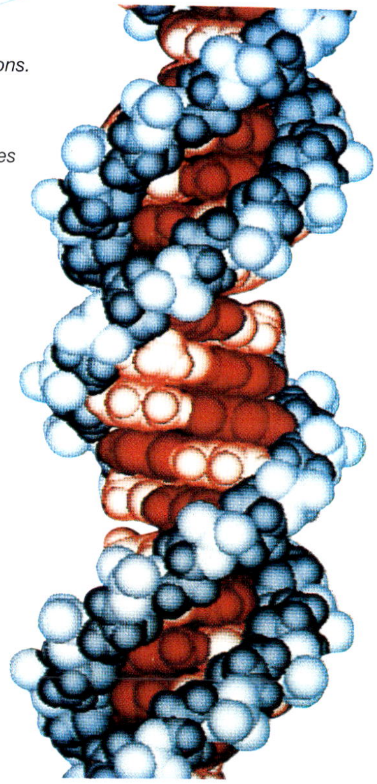

ADN

Les plantes et les animaux possèdent des molécules d'ADN (acide désoxyribonucléique). L'ADN renferme toutes les informations nécessaires au développement et au fonctionnement des organismes vivants. Une molécule d'ADN est formée de millions d'atomes assemblés sous forme d'une structure à double hélice.

DÉCOUVERTE DE L'ATOME

Il y a près de 2 400 ans, le philosophe grec Démocrite défendait l'idée que toute chose est constituée d'infimes particules. Ce n'est qu'en 1808 que le scientifique britannique John Dalton prouve l'existence des atomes. Vers 1909, le scientifique néo-zélandais Ernest Rutherford (ci-dessous) découvre le noyau.

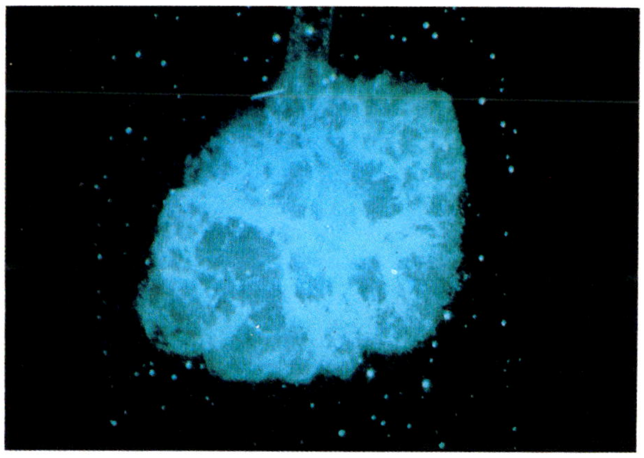

IMMORTALITÉ DES ATOMES

Les atomes ne meurent jamais. Tous les atomes ont vu le jour à la naissance de l'Univers, il y a environ 15 000 millions d'années. De la même façon, les atomes éparpillés par l'explosion d'une étoile comme la nébuleuse du Crabe (ci-dessus) dérivent dans l'espace et pourront un jour se retrouver dans un organisme terrestre vivant.

Pour en savoir plus

LA CHIMIE
L'OXYGÈNE
LES MATIÈRES PLASTIQUES
LA PHYSIQUE
LA REPRODUCTION

l'Australie (faune et flore)

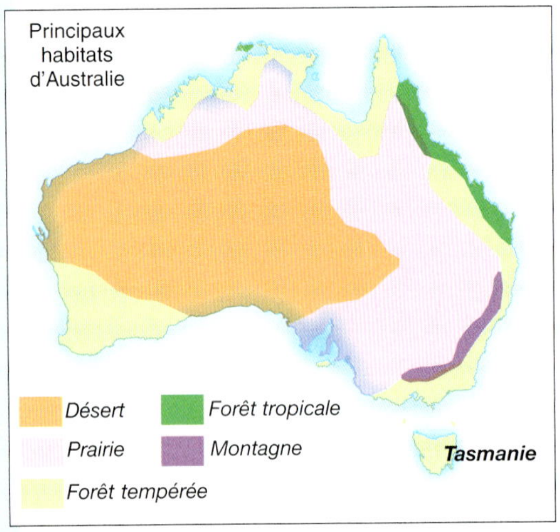

CE CONTINENT abrite des animaux et des végétaux des plus insolites. Près de la moitié des 266 espèces de marsupiaux (mammifères à poche ventrale) ne se trouvent qu'en Australie (kangourous, koalas, phalangers, phalangers volants et bandicoots sont des marsupiaux). L'ornithorynque et l'échidné – seuls mammifères à pondre des œufs – vivent aussi en Australie. La flore australienne est très variée : forêts denses et humides, marécages peuplés de crocodiles et d'échassiers au nord-est du pays ; grands déserts chauds de sable et de pierre au centre (l'Australie compte plus de régions où il ne pleut pas pendant des années que les autres continents) ; au sud, plus tempéré, les eucalyptus poussent dans les prairies vallonnées et dans la brousse arbustive.

ARAIGNÉE À TOILE EN ENTONNOIR
Cette grosse araignée velue attire ses proies dans sa toile en forme d'entonnoir. Les hommes la redoutent car sa morsure est extrêmement venimeuse.

EUCALYPTUS
Il existe quelque 500 espèces d'eucalyptus dans le monde. La quasi-totalité est originaire d'Australie. Le koala se nourrit exclusivement de feuilles d'eucalyptus.

KOALA
Le koala ne vit que dans les forêts d'eucalyptus d'Australie. Il passe l'essentiel de ses journées dans les arbres. Il se nourrit la nuit et dort jusqu'à 18 heures par jour.

Les kangourous sont herbivores (mangeurs de végétaux). Ils se nourrissent surtout de graminées et de feuilles.

Avec ses puissantes pattes postérieures, bien adaptées au saut, un kangourou peut atteindre 70 km/h.

PRAIRIES
Les kangourous vivent dans les prairies australiennes. Ces étendues herbeuses sont recouvertes de graminées d'environ 50 cm de haut et de spinifex, plantes coriaces et épineuses qui poussent dans les zones sèches. La plupart des prairies servent aujourd'hui à la culture et à l'élevage.

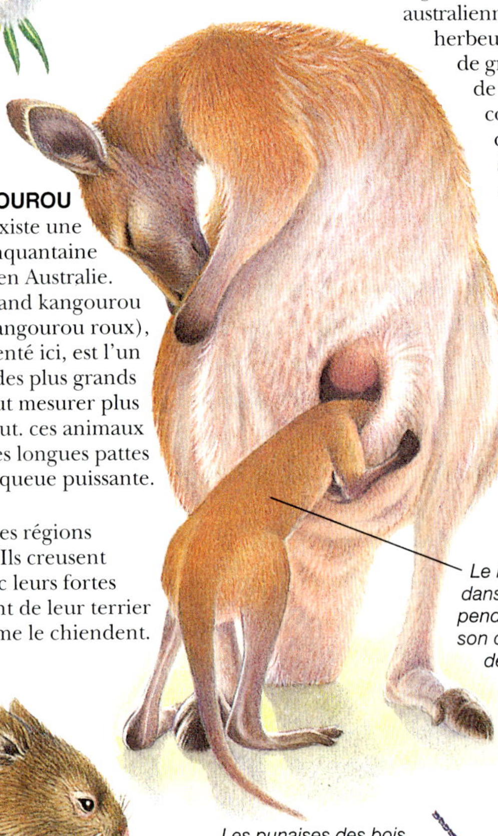

KANGOUROU
Il existe une cinquantaine d'espèces en Australie. Le grand kangourou (ou kangourou roux), représenté ici, est l'un des plus grands – le mâle peut mesurer plus de 2 m de haut. ces animaux possèdent de très longues pattes postérieures et une queue puissante.

Le kangourou nouveau-né se glisse dans la poche de sa mère qui l'allaite pendant plus de 30 semaines. Quand son développement dans la poche de sa mère est achevé, il n'y revient que pour se nourrir.

WALLABY DE BENNETT OU À COU ROUX
Le wallaby est un kangourou de petite taille. Le wallaby de Bennett, également appelé wallaby à cou roux, représenté ici, préfère les buissons épais aux étendues dégagées.

WOMBAT
Les wombats vivent dans les prairies, les régions boisées sèches et les zones arbustives. Ils creusent un système de galeries complexes avec leurs fortes pattes et leurs grosses griffes, et sortent de leur terrier la nuit pour manger des plantes comme le chiendent.

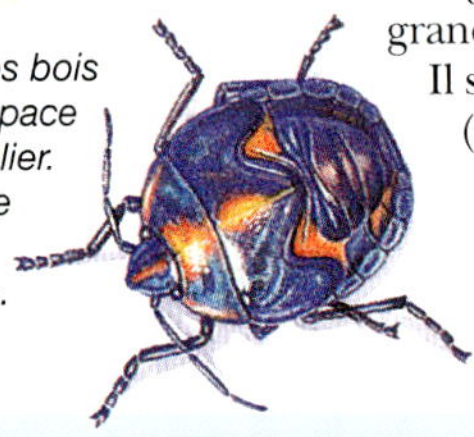

Les punaises des bois (ou pentatomes) ont une carapace en forme de bouclier. Elles se nourrissent de la sève des plantes, d'où leur surnom de « suceuses de sève ».

AIGLE D'AUSTRALIE
Avec une envergure de 2,5 m, cet aigle est l'un des plus grands rapaces du monde. Il survole le bush (brousse australienne) et les régions désertiques à la recherche de lapins et de proies similaires.

FORÊTS DENSES

Les forêts denses, qui couvrent la bande côtière nord et nord-est de l'Australie, sont composées de superbes palmiers, de pins bunya, de fougères arborescentes et d'orchidées très colorées. Celles qui sont situées près de la côte orientale doivent au climat subtropical leurs kauris et d'autres arbres immenses. Quant à celles des climats tempérés, elles sont plantées de hêtres antarctiques, et se trouvent dans certaines régions du sud-est et en Tasmanie.

OISEAU BERCEAU

Dans les forêts tropicales, l'oiseau berceau mâle attire la femelle en construisant un nid en forme de berceau. Il utilise divers matériaux : branches, feuilles, tiges et pétales, mais aussi des capsules de bouteilles et d'autres objets brillants.

Oiseau berceau satin

ORCHIDÉES

Parmi les 600 espèces d'orchidées australiennes, certaines poussent en hauteur, entre deux branches. Elles sont appelées plantes aériennes parce qu'elles se nourrissent d'air et n'ont pas besoin d'un sol pour croître.

Le scorpion du désert attrape ses proies (insectes et vers) avec ses pinces et utilise l'aiguillon venimeux du bout de sa queue pour se défendre.

LORIQUETS

Il existe sept espèces de loriquets en Australie, dont le loriquet arc-en-ciel (ci-contre). Ces oiseaux sont de la même famille que les perroquets. Très colorés et bruyants, ils se rassemblent en vastes volées. Ils sont dotés d'une langue en forme de pinceau pour aspirer le nectar des fleurs.

FIGUIER ÉTRANGLEUR

De nombreuses plantes grimpantes entremêlées poussent dans les forêts denses. Le figuier étrangleur s'enroule autour d'un tronc d'arbre qui lui sert de tuteur. Mais ses tiges épaisses peuvent étouffer l'arbre.

DÉSERT

L'Australie abrite beaucoup d'animaux venimeux, comme les serpents, les araignées et les scorpions. La plupart vivent dans les vastes régions désertiques du centre du pays. Le scrub et le désert couvrent plus de la moitié de l'Australie. L'un des arbres les plus répandus est le mulga, une variété d'acacia qui sert de nourriture et d'abri sous la chaleur torride.

PHALANGERS

Phalangers, phalangers volants et phalangers ringtails sont actifs la nuit. Ils vivent dans des régions boisées et sont végétariens. Ils apprécient en particulier le nectar des fleurs de banksia.

La langue en forme de pinceau des phalangers à queue touffue aspire le nectar des fleurs de banksia. Ces animaux aident les banksias à se reproduire en transportant le pollen d'une fleur à l'autre.

PARCS NATIONAUX

Plus de 2000 parcs nationaux et réserves naturelles couvrent 80 millions d'hectares en Australie. On peut citer le parc de Seal Rock, en Nouvelle-Galles-du-Sud, et le Lamington National Park (à gauche).

L'Australie abrite de nombreuses espèces de serpents, dont le naja brun (Pseudonaja textilis).

POIS DU DÉSERT

Le pois de Sturt ne fleurit qu'après les pluies. Ses graines peuvent rester dans le sable du désert pendant plusieurs années, avant que des pluies ne les fassent pousser.

Selenocosmia crassipes émet un bruit strident en frottant entre elles ses pièces buccales. Cette araignée attrape des grenouilles, des insectes et de petits reptiles.

LEPTODACTYLE-CITERNE

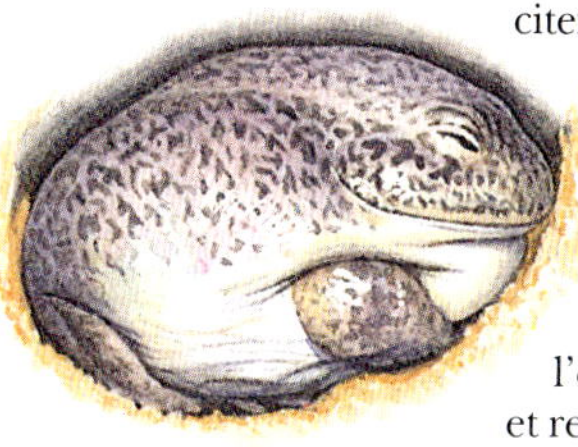

Durant la saison sèche, ce crapaud fouisseur, le leptodactyle-citerne, creuse un trou profond de 50 cm et s'entoure d'une membrane semblable à une bulle, dont seules dépassent ses narines. Après les pluies, il se réveille, sort de sa bulle et de son trou. Il pond ses œufs dans les flaques, absorbe l'eau à travers sa peau, se nourrit et retourne dans son trou.

DINGO

Le chien sauvage d'Australie, le dingo, a été introduit sur le sol australien par les premiers colons aborigènes il y a environ 40 000 ans. Les dingos mangent toutes sortes d'animaux – lapins, oiseaux, reptiles et wallabies. Ils tuent aussi les moutons, ce qui les rend impopulaires auprès des agriculteurs.

Pour en savoir plus

ARAIGNÉES ET SCORPIONS
L'AUSTRALIE (GÉOGRAPHIE)
L'AUSTRALIE (HISTOIRE)
LES FORÊTS
LES MAMMIFÈRES
LES PARCS NATIONAUX DE FRANCE

l'Australie (géographie)

SITUÉ ENTRE L'OCÉAN INDIEN ET LE PACIFIQUE, le continent australien est une île, et le sixième pays du monde par sa taille. C'est une terre aux paysages variés : forêts tropicales, vastes déserts, montagnes enneigées, grands pâturages vallonnés et plages magnifiques. L'Australie recèle de merveilles naturelles, dont les plus célèbres sont la Grande Barrière de corail et Uluru (Ayers Rock). Les Australiens aiment la vie au grand air et ont un niveau de vie élevé. Presque 90 % des 21 millions d'habitants vivent dans la bande de terres fertiles des côtes est et sud-est. La plupart d'entre eux sont des citadins et résident à Melbourne, à Sydney et à Canberra. Peu de gens restent dans les régions intérieures, la brousse australienne, où les conditions sont difficiles. Les premiers habitants de l'Australie, les Aborigènes, savent s'adapter à ce milieu, mais seul un petit nombre d'entre eux y vit aujourd'hui de façon traditionnelle. Les autres Australiens descendent des colons venus de Grande-Bretagne, d'Europe occidentale et d'Asie du Sud-Est.

L'Australie est située au sud-est de l'Asie, bordée par l'océan Pacifique à l'est et l'océan Indien à l'ouest. C'est le seul pays qui soit aussi un continent. Avec plusieurs îles avoisinantes, l'Australie couvre un territoire de 7,74 millions de km².

SURF

Les Polynésiens inventèrent le surf il y a des centaines d'années. C'est l'un des sports favoris des Australiens et des compétitions sont régulièrement organisées. Les surfeurs n'hésitent pas à parcourir de grandes distances pour atteindre les plages où les vagues sont les meilleures.

Au pays du surf, de nombreux maîtres nageurs surveillent les adeptes de ce sport.

Pendant les célébrations du 200e anniversaire de l'Australie, des voiliers de haute mer se sont rassemblés dans le célèbre port de Sydney.

SYDNEY

Sydney est la plus grande et la plus ancienne ville d'Australie. Elle fut fondée en 1788; c'était une colonie pénitentiaire britannique conçue pour environ 1 000 prisonniers et leurs gardes; aujourd'hui, elle compte environ 4,5 millions d'habitants. Centre industriel actif et destination touristique, elle s'étend autour de Port Jackson, immense baie naturelle traversée par le pont du port de Sydney.

CULTURE DE PLAGE

La majorité des Australiens habite des villes côtières. La plage est donc le lieu de loisirs le plus populaire. Le climat australien est idéal pour les activités de plage telles que surf, natation, voile et volley-ball. Grâce aux températures toujours douces, ces sports peuvent être pratiqués toute l'année.

La monnaie australienne est le dollar australien. Sur l'une de ses faces, le portrait de la reine d'Angleterre, qui reste le chef de l'État.

CINÉMA

L'industrie cinématographique australienne est importante. Certains films, tel *Crocodile Dundee* (1986) de Peter Faiman, ont rencontré un succès international.

TASMANIE

La Tasmanie se trouve au large de la côte sud-est de l'Australie ; c'est un État indépendant de près d'un demi-million d'habitants. L'île, au climat plus frais et plus humide que le reste du pays, est célèbre pour ses fruits, ses légumes et ses moutons. Étain, argent et autres minéraux y sont extraits. Une grande part de l'est tasmanien est inhabité et couvert d'une forêt dense où la faune locale, dont le diable de Tasmanie ci-dessous, est très riche.

CORDILLÈRE AUSTRALIENNE

Le long de la côte est du continent, du Cap York à Melbourne, court une chaîne de montagnes appelée Cordillère australienne. Son plus haut mont est le Kosciuszko, culminant à 2 228 m. Les autres pics sont bien moins hauts. Ces montagnes séparent les plaines côtières fertiles de l'intérieur sec du pays. Leurs versants escarpés interdisaient autrefois toute traversée ; aujourd'hui encore, seules quelques routes et voies ferrées les traversent d'est en ouest.

Le rocher des Trois-Sœurs (Nouvelle-Galles-du-Sud) appartient à la Cordillère australienne.

Les fermiers de l'intérieur utilisent des motos ou des chevaux pour rassembler bétail et moutons.

BROUSSE

Très peu de gens vivent dans l'intérieur de l'Australie, la « brousse ». Mais moutons et bétail sont élevés sur ces terres sèches. Certains ranchs, appelés « stations », couvrent des centaines de kilomètres carrés. Éloignés de tout, les Australiens de l'intérieur vivent une vie retirée et communiquent par radio.

MINES À CIEL OUVERT

L'Australie possède d'énormes richesses minérales, et l'industrie minière y est importante. Le pays produit un tiers de l'uranium mondial, essentiel pour l'énergie nucléaire. Actuellement, le minerai de fer est extrait dans de grandes mines à ciel ouvert où des machines géantes déplacent des collines entières.

D'antiques peintures sur roche et sur écorce montrent que la culture aborigène prospéra près de 40 000 ans avant l'arrivée des colons européens.

ULURU

L'un des sites naturels les plus impressionnants d'Australie est Uluru (autrefois appelé Ayers Rock). Cette énorme masse de grès, haute de 335 m, se dresse au milieu d'un vaste désert plat. Bien qu'à des centaines de kilomètres de la ville la plus proche, Uluru, attraction touristique majeure, a son propre hôtel. Le rocher est particulièrement magnifique au coucher du soleil ; il semble alors changer de couleur.

PERTH

Fondée en 1829, Perth (ci-dessous) est la capitale de l'Australie-Occidentale. C'est aussi son cœur financier et commercial. La population de Perth reflète bien les origines européennes d'un grand pourcentage d'Australiens.

Le centre commercial de Hay Street (à gauche) est un quartier piéton situé dans le centre d'affaires de Perth.

CANBERRA

Canberra, capitale de l'Australie, est située sur le Territoire de la capitale australienne, une zone de 2 360 km² complètement enclavée par l'État de Nouvelle-Galles-du-Sud. Elle fut conçue comme une ville de parcs et de jardins par l'architecte paysagiste américain Walter Burley Griffin. Sa construction commença en 1913. Canberra est un centre politique et universitaire plutôt qu'une ville commerciale ou industrielle.

ADÉLAÏDE

Adélaïde (à droite) est la capitale et le principal port d'Australie-Méridionale. Conçue avec soin, elle fut dessinée selon un plan quadrillé par le colonel William Light, premier inspecteur général de l'Australie-Méridionale. La ville, entourée de parcs, a reçu le nom de la reine Adélaïde, épouse du roi William IV d'Angleterre.

MELBOURNE

Capitale de l'État de Victoria et deuxième ville d'Australie, Melbourne (ci-dessous) est un mélange spectaculaire d'ancien et de nouveau. Elle fut fondée en 1835 par un fermier australien, John Batman. Vingt ans plus tard, de l'or fut découvert dans les environs et la population de Melbourne crût rapidement. Aujourd'hui, Melbourne, port maritime dominant, est le centre commercial et industriel de l'État de Victoria.

La cathédrale Saint-Paul se dresse fièrement au milieu de l'architecture moderne de Melbourne. Elle fut conçue par William Butterfield dans les années 1880, dans le style gothique.

BRISBANE

Capitale du Queensland et sa plus grande ville, Brisbane (à droite) est un port maritime affairé situé au bord de la baie de Moreton. Comme toutes les autres capitales d'États australiens, elle fut créée à l'embouchure d'une rivière pour devenir un port maritime, et constitue le cœur commercial de l'État, avec un centre d'affaires situé près du front de mer.

Pour en savoir plus

LES ABORIGÈNES
L'ARCHITECTURE
L'AUSTRALIE (FAUNE ET FLORE)
L'AUSTRALIE (HISTOIRE)
LES VILLES

Volcan	Montagne	Capitale	Grande ville	Petite ville

STATISTIQUES

Superficie : 7 741 220 km²
Population : 21 293 000
Capitale : Canberra
Langues : anglais, grec, vietnamien, dialectes aborigènes
Religions : catholique, anglicane, Église unie
Monnaie : dollar australien
Principales activités : agriculture, mines, élevage
Principales exportations : bière, vin, charbon, minerai de fer, or, bauxite, cuivre
Principales importations : véhicules, produits manufacturés

DÉSERTS

Peu de gens vivent dans les immenses étendues de l'intérieur australien, surtout couvertes par le désert. Les quatre plus grands déserts sont ceux de Simpson et de Gibson, le Grand Désert de Sable et le Grand Désert Victoria, où de vastes zones de sable tourbillonnant dérivent pour former des dunes géantes.

La Grande Barrière de corail fourmille de plus de 2 000 espèces de poissons et de coraux, qui présentent une incroyable variété de couleurs.

GRANDE BARRIÈRE DE CORAIL

Le corail est une minuscule créature marine, qui se développe dans les eaux chaudes. Les barrières de corail sont créées par l'accumulation des squelettes de ces créatures (des polypes). La Grande Barrière, qui se forme depuis 600 000 ans, continue de grandir. Située au large de l'État du Queensland, elle s'étend jusqu'au bout du Cap York.

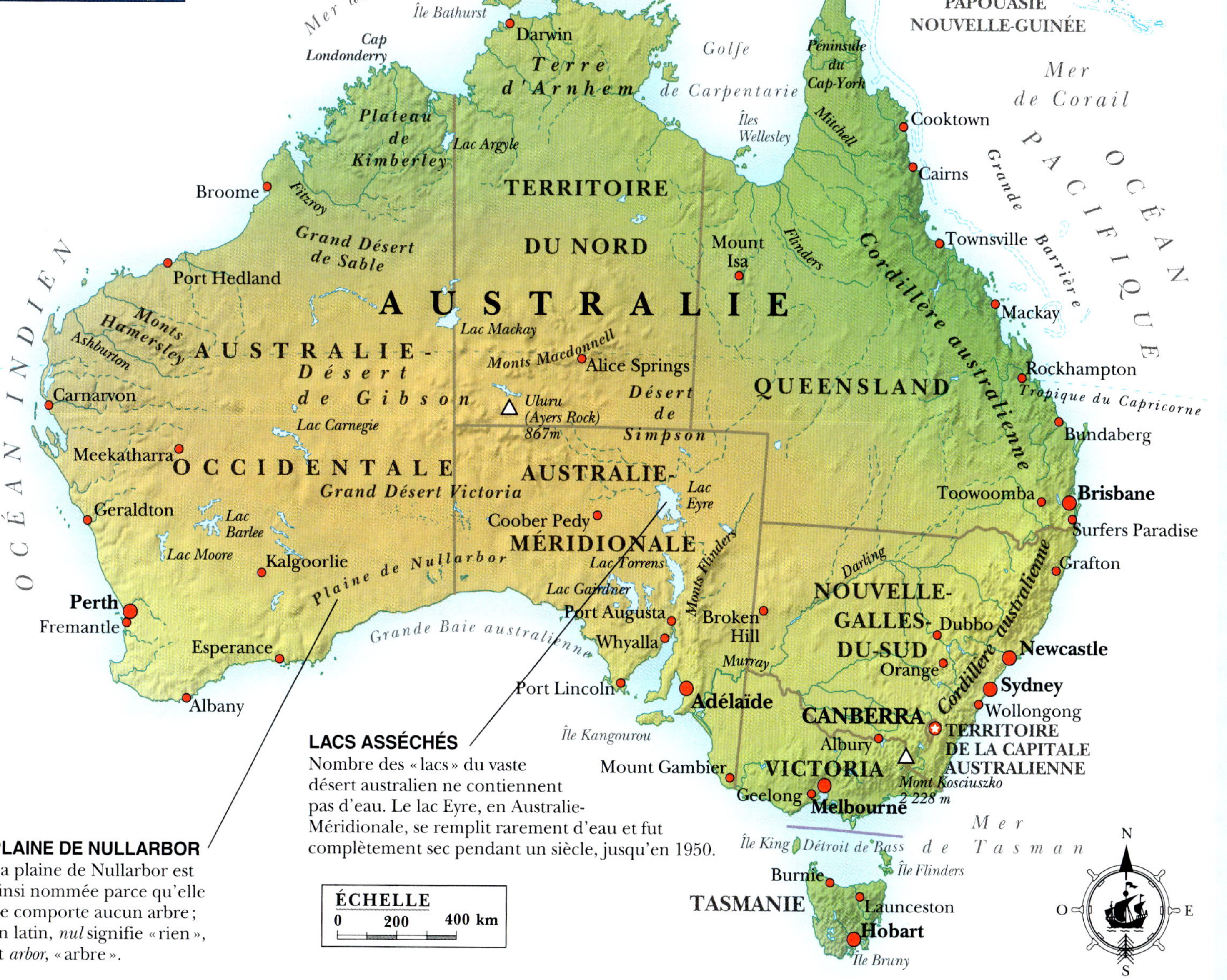

LACS ASSÉCHÉS

Nombre des « lacs » du vaste désert australien ne contiennent pas d'eau. Le lac Eyre, en Australie-Méridionale, se remplit rarement d'eau et fut complètement sec pendant un siècle, jusqu'en 1950.

PLAINE DE NULLARBOR

La plaine de Nullarbor est ainsi nommée parce qu'elle ne comporte aucun arbre ; en latin, *nul* signifie « rien », et *arbor*, « arbre ».

l'Australie (histoire)

Vers 40 000 av. J.-C. Les premiers Aborigènes arrivent d'Asie.

1770 Cook découvre Botany Bay, et la Couronne britannique annexe l'Australie.

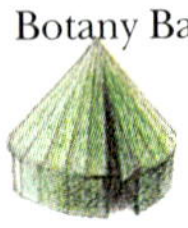

1788 Arrivée des détenus britanniques.

1901 L'Australie devient un dominion indépendant au sein de l'Empire britannique.

1915 Des troupes australiennes combattent à Gallipoli pendant la Première Guerre mondiale.

1945-1965 L'Australie paie des Européens pour qu'ils s'installent sur le continent.

JUSQU'AU XVIIe SIÈCLE, l'Australie n'était connue que des peuples aborigènes qui y vivaient depuis plus de 40 000 ans. Le reste du monde ignorait son existence. En 1606, l'explorateur hollandais William Jansz accosta dans le nord de l'Australie : il fut le premier Européen à voir ce pays. D'autres explorations de la côte par des explorateurs hollandais et anglais révélèrent que l'Australie était une île. En 1770, le capitaine britannique James Cook annexa la côte est de l'Australie au nom du roi d'Angleterre et la nomma Nouvelle-Galles-du-Sud. Les Britanniques envoyèrent des détenus dans leur nouvelle colonie, formant la base de Sydney, aujourd'hui ville la plus peuplée du pays. Au XIXe siècle, la population australienne crût avec l'arrivée de nouveaux détenus, suivis par des immigrants. Pour beaucoup d'entre eux la vie était dure, mais la colonie britannique s'enrichit quand de l'or y fut découvert en 1851. Des fermes s'implantèrent aussi. En 1901, l'Australie devint un État indépendant, mais resta proche de la Grande-Bretagne, et des troupes australiennes combattirent à ses côtés dans les deux guerres mondiales.

ABORIGÈNES
Les Aborigènes furent les premiers à arriver en Australie, il y a 40 000 ans. Ils venaient probablement des îles d'Asie du Sud-Est. En 1770, ils étaient environ 300 000.

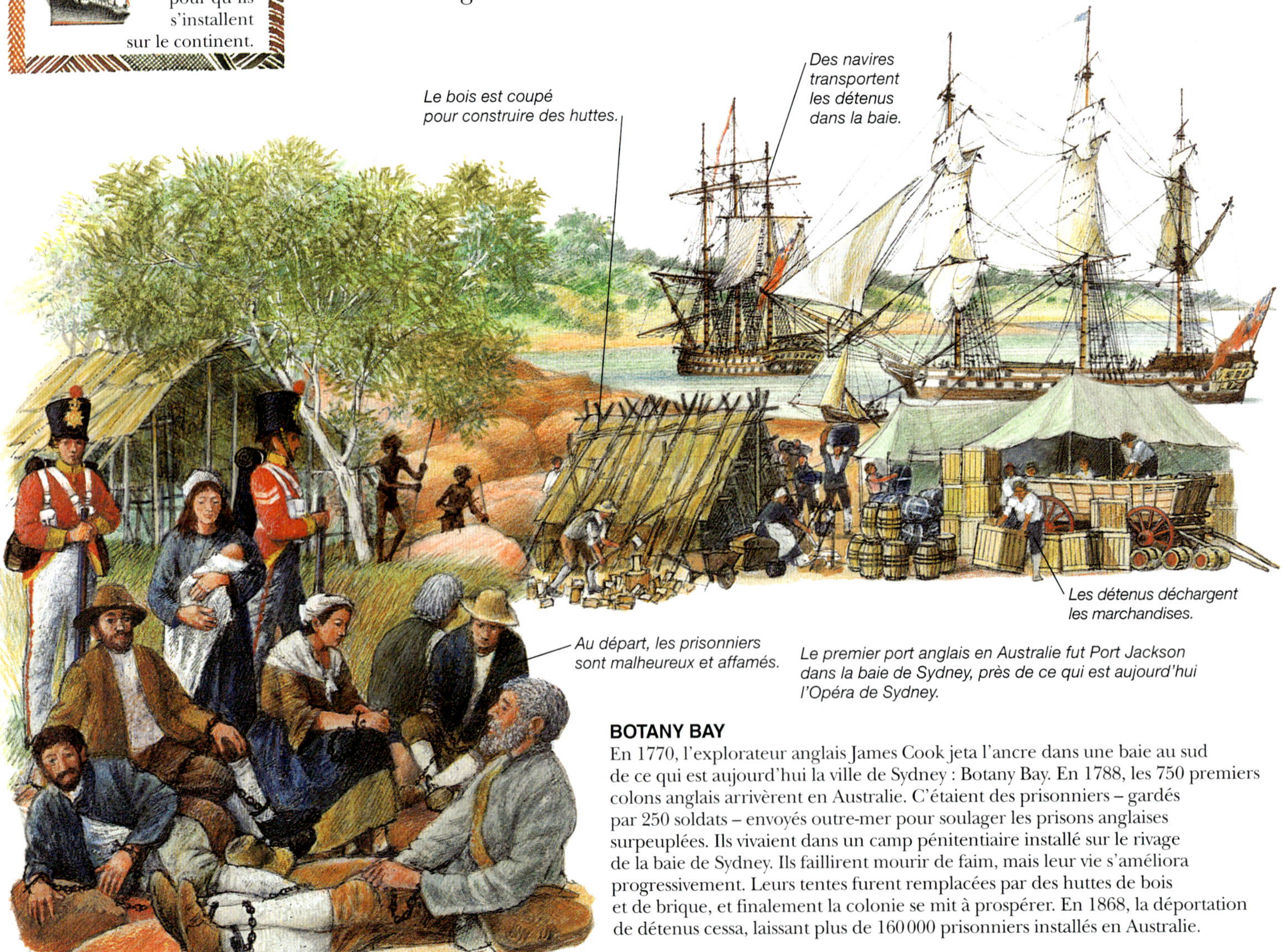

Le premier port anglais en Australie fut Port Jackson dans la baie de Sydney, près de ce qui est aujourd'hui l'Opéra de Sydney.

BOTANY BAY
En 1770, l'explorateur anglais James Cook jeta l'ancre dans une baie au sud de ce qui est aujourd'hui la ville de Sydney : Botany Bay. En 1788, les 750 premiers colons anglais arrivèrent en Australie. C'étaient des prisonniers – gardés par 250 soldats – envoyés outre-mer pour soulager les prisons anglaises surpeuplées. Ils vivaient dans un camp pénitentiaire installé sur le rivage de la baie de Sydney. Ils faillirent mourir de faim, mais leur vie s'améliora progressivement. Leurs tentes furent remplacées par des huttes de bois et de brique, et finalement la colonie se mit à prospérer. En 1868, la déportation de détenus cessa, laissant plus de 160 000 prisonniers installés en Australie.

EXPLORATION

Les premiers explorateurs de l'Australie cartographièrent les côtes mais laissèrent l'intérieur pratiquement inexploré. En 1606, le navigateur hollandais William Jansz visita brièvement le nord-est de l'Australie. Entre 1829 et 1830, l'explorateur anglais Charles Sturt explora les rivières du Sud mais ne trouva pas la mer intérieure que beaucoup croyaient s'étendre au centre de l'Australie. En 1840, Edward Eyre, un Anglais, découvrit les vastes lacs salés asséchés d'Australie méridionale avant de parcourir la côte sud à pied. En 1860 et 1861, l'Irlandais Robert O'Hara Burke et l'Anglais William Wills furent les premiers à traverser l'Australie du Sud au nord. Ce n'est que dans les années 1930 que l'Australie fut entièrement explorée.

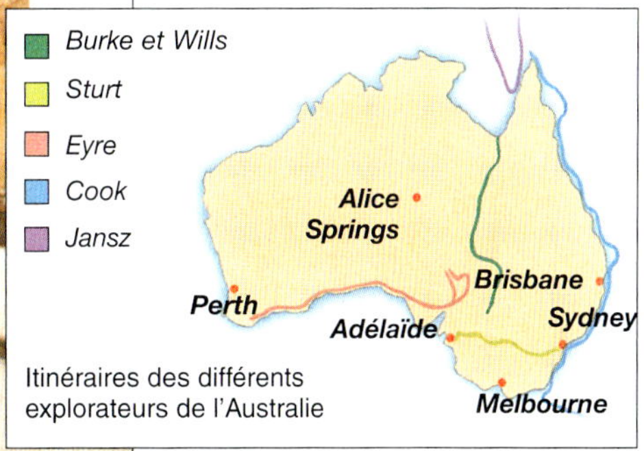

Itinéraires des différents explorateurs de l'Australie

BURKE ET WILLS

En 1860 et 1861, Burke et Wills réussirent à traverser l'Australie du sud au nord, mais ils moururent tous deux de faim lors du voyage de retour vers le sud.

RUÉE VERS L'OR

De l'or fut découvert en 1851 en Nouvelle-Galles-du-Sud et dans l'État de Victoria. Des milliers de prospecteurs affluèrent du monde entier, y compris de Chine, pour faire fortune en Australie. La population nationale passa de 400 000 en 1850 à 1 100 000 en 1860. Les conditions étaient dures pour les chercheurs d'or, et en 1854 un groupe de mineurs refusa de payer la licence exigée pour extraire l'or. Le gouvernement envoya des troupes ; 24 mineurs et 6 soldats furent tués dans la bataille qui suivit.

Les Aborigènes furent stupéfaits de voir les foules de Blancs débarquant sur leur territoire.

ABORIGÈNES VAINCUS

Au XIXe siècle, les colons européens perturbèrent le mode de vie des Aborigènes. De nombreux langages et coutumes aborigènes disparurent lorsque leurs terres leur furent volées. Les enfants étaient enlevés à leurs parents pour être éduqués à l'européenne. En conséquence, la population aborigène passa de 300 000 en 1770 à environ 60 000 en 1900.

IMMIGRATION

En 1880, il n'y avait que 2 millions d'habitants sur le vaste continent australien. Un siècle plus tard, près de 15 millions de personnes y vivaient. La plupart venaient de Grande-Bretagne, d'Italie et de Grèce. Pour tenter d'augmenter la population après 1945, le gouvernement australien proposa de payer une part du voyage aux Européens pauvres. Environ 2 millions de personnes profitèrent de ce plan qui prit fin en 1965, dont 1 million venu de la seule Grande-Bretagne. Asiatiques et autres peuples non blancs ne furent autorisés à immigrer que dans les années 1960. De nombreux enfants firent le voyage seuls. Ce groupe d'immigrants (à gauche) à la gare de Waterloo, à Londres, est en route vers un collège agricole d'Australie-Occidentale.

EXTRACTION D'URANIUM

L'Australie est riche en minéraux tels que l'uranium, matériau brut utilisé pour alimenter les centrales nucléaires et produire les bombes atomiques. Bien que l'extraction de l'uranium ait fortement augmenté dans les années 1970, de nombreux Australiens s'y opposèrent à cause du danger des radiations. De plus, d'importants dépôts d'uranium sont situés sur les terres tribales des Aborigènes.

Pour en savoir plus

LES ABORIGÈNES
L'AUSTRALIE (GÉOGRAPHIE)
ÉMIGRATION ET IMMIGRATION
L'ÈRE DU NUCLÉAIRE

les Autobus

Le mot « bus » vient du latin *omnibus*, qui signifie « pour tous » ; description pertinente pour un véhicule qui fut le premier mode de transport public et qui reste, en général, le moins cher. Les premiers bus datent du début du XIXe siècle et de l'extension des villes pendant la révolution industrielle : ils conduisaient les ouvriers sur leur lieu de travail. Auparavant, seuls ceux qui possédaient chevaux et attelages pouvaient parcourir de longues distances. Aujourd'hui, les autobus ont conquis le monde entier. Dans la plupart des grandes villes, ils respectent des horaires réguliers sur un réseau routier organisé, et ramassent les voyageurs à des arrêts fixes. Dans les lieux plus isolés, le bus peut n'être qu'un camion aménagé qui passe de temps en temps et s'arrête partout où il trouve des passagers.

BUS URBAINS
Dans les villes anglaises aux rues bondées, certains bus, comme cet autobus londonien, ont deux étages.

CARS ROUTIERS
Loin des villes, les cars peuvent être plus longs pour fournir de l'espace aux passagers et aux bagages. Ce car irakien est articulé pour manœuvrer dans les virages en épingle à cheveux des montagnes.

CARS SCOLAIRES
De nombreux enfants font leur premier voyage dans le car scolaire qui les conduit à l'école le matin et les reconduit chez eux l'après-midi. Comparés à d'autres véhicules routiers, les cars sont généralement très sûrs.

CARS INTERURBAINS
Les cars qui traversent les États-Unis sont munis de sièges inclinables et confortables, de toilettes, de machines à café et d'écrans vidéo.

BUS DE CAMPAGNE
Dans les régions peu industrialisées, il n'y a souvent aucun train et peu de voitures individuelles. Seuls moyens de transport, les bus cahotent sur des routes poussiéreuses, surchargés de gens et de tous leurs bagages, y compris poulets, chiens et autres animaux.

TRAMWAYS ET TROLLEYBUS
Dans certaines villes, comme Amsterdam aux Pays-Bas, tramways ou trolleybus remplacent les autobus. Le tramway glisse sur des rails installés dans les rues; il est alimenté par l'électricité venant de câbles aériens grâce à des tiges fixées sur son toit. Le trolleybus est alimenté de la même façon, mais il est monté sur pneus.

AUTOCARS
Les bus des pays riches sont de plus en plus sophistiqués; ils sont dotés de machines à composter les billets électroniques et de portes automatiques; certains sont même guidés par un ordinateur de bord. Dans les pays pauvres, les gens s'entassent souvent dans des camions cabossés ou des camionnettes découvertes, qui remplissent les mêmes fonctions que les bus.

Pour en savoir plus
Les Camions
Les Transports
Les Voitures

l'Autriche

L'Autriche est un pays sans débouché maritime, situé au cœur de l'Europe. À l'ouest, les Alpes ; au nord-est, la fertile vallée du Danube.

L'AUTRICHE OCCUPE une position stratégique au cœur de l'Europe. Le Danube et les cols des Alpes à l'ouest sont des routes commerciales importantes depuis des siècles, reliant l'Europe du Sud et de l'Est à celle du Nord et de l'Ouest. Jusqu'en 1918, l'Autriche fit partie de l'empire des Habsbourg, qui dominait pratiquement toute l'Europe centrale. Aujourd'hui, c'est un pays prospère et industrialisé. Au nord-est, pommes de terre, betteraves et céréales sont cultivées dans les plaines fertiles qui entourent le Danube. À l'ouest, le magnifique paysage montagneux des Alpes attire des millions de visiteurs. L'Autriche est riche en ressources minérales, le fer en particulier. Elle utilise l'énergie hydroélectrique produite par les torrents de ses montagnes pour alimenter ses aciéries et ses usines.

STATISTIQUES

Superficie : 83 859 km²
Population : 8 364 000
Capitale : Vienne
Langues : allemand, croate, slovène
Religions : catholique, protestante, musulmane, israélite
Monnaie : euro

CAFÉ AUTRICHIEN

Le café fut introduit à Vienne par les Turcs au XVIIe siècle. Accompagné de pâtisseries ou de gâteaux au chocolat, c'est une célèbre spécialité viennoise.

Mozart et sa sœur Maria Anna (1751-1829)

MOZART

Le compositeur Wolfgang Amadeus Mozart (1756-1791) naquit à Salzbourg et y passa son enfance. Son remarquable talent précoce et la popularité durable de sa musique attirent de nombreux visiteurs dans cette ville. Cette miniature vient du musée Mozart de Salzbourg.

Le palais de Schönbrunn, résidence d'été des Habsbourg

ÉCHELLE
0 — 50 — 100 km

Volcan · Montagne · Capitale · Grande ville · Petite ville

VIENNE

La famille des Habsbourg régna sur l'Autriche pendant plusieurs siècles. Vienne était la capitale de leur empire. La ville, qui enjambe le Danube, est une porte entre Europe de l'Est et Europe de l'Ouest. Elle est surtout célèbre pour sa magnifique architecture du XVIIe siècle. Aujourd'hui, c'est un important centre commercial et industriel.

TYROL

La région alpestre de l'ouest de l'Autriche est appelée Tyrol. Son identité et son folklore sont très marqués ; historiquement, le Tyrol fut un lien important entre l'Allemagne et l'Italie. Sel, mines de cuivre et produits laitiers sont essentiels à son économie. Les touristes sont attirés par sa spectaculaire beauté, surtout en hiver, le ski constituant une attraction importante.

Pour en savoir plus

L'EUROPE (GÉOGRAPHIE)
L'EUROPE (HISTOIRE)
LES GRANDS COMPOSITEURS

les Avions

IL Y A MOINS D'UN SIÈCLE, le plus rapide des bateaux mettait plus d'une semaine pour traverser l'Atlantique Nord. Aujourd'hui, la plupart des avions affectés au transport des passagers effectuent ce parcours de 4800 km en moins de sept heures ! Parce qu'il se joue des montagnes ou des océans, l'avion s'impose comme le plus rapide des moyens de transport. De puissants réacteurs propulsent les plus récents des avions de chasse à près de 3200 km/h, soit trois fois la vitesse du son. Un avion de ligne standard atteint quant à lui 850 km/h. Les ingénieurs font appel à des technologies de pointe pour élaborer des avions rapides, économiques et sûrs. Le pilotage s'appuie sur l'électronique. Le profil aérodynamique des ailes, conçues par ordinateur, réduit les coûts en carburant et l'utilisation d'alliages légers ou de matériaux composites minimise le poids tout en renforçant la structure.

PRESSURISATION
Comme tous les avions de ligne, le Boeing 747-400 évolue à plus de 10000 m d'altitude. La cabine étanche et pressurisée maintient une pression atmosphérique moyenne et constante qui évite aux passagers et à l'équipage de souffrir du manque d'oxygène et de la faible pression régnant à haute altitude.

Le train d'atterrissage (roues) rentre dans le fuselage durant le vol de façon à réduire la résistance à l'air de l'avion.

Le Boeing 747-400 peut transporter 416 à 660 passagers et effectuer un vol sans escale de 14000 km. Les sièges se répartissent sur deux ponts.

Un radar fournit à l'équipage les informations relatives aux conditions météorologiques dans un rayon de 320 km ; un moyen fiable pour éviter orages et zones de turbulences.

COCKPIT
Le commandant de bord et l'équipage contrôlent l'avion depuis le cockpit. Cette partie de l'avion abritait autrefois toute une série de cadrans, voyants et boutons de commande, qui aujourd'hui ont laissé place à l'électronique et aux écrans d'ordinateur. Le pilotage automatique permet de décoller et d'atterrir lorsque de mauvaises conditions météorologiques limitent la visibilité.

NOTIONS DE PILOTAGE

Tous les aéronefs disposent de trois gouvernes principales, qui dirigent l'avion à droite ou à gauche (lacet), qui le font basculer à droite ou à gauche (roulis) et qui le redressent ou abaissent son nez (tangage).

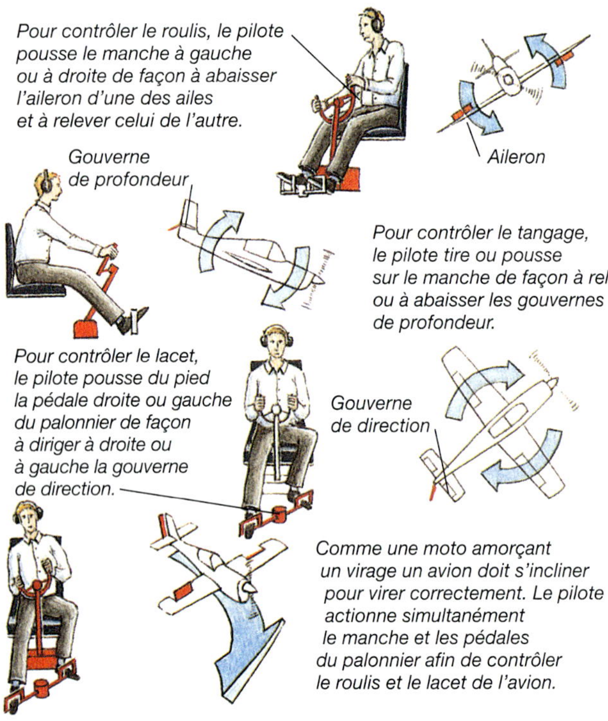

Pour contrôler le roulis, le pilote pousse le manche à gauche ou à droite de façon à abaisser l'aileron d'une des ailes et à relever celui de l'autre.

Pour contrôler le tangage, le pilote tire ou pousse sur le manche de façon à relever ou à abaisser les gouvernes de profondeur.

Pour contrôler le lacet, le pilote pousse du pied la pédale droite ou gauche du palonnier de façon à diriger à droite ou à gauche la gouverne de direction.

Comme une moto amorçant un virage un avion doit s'incliner pour virer correctement. Le pilote actionne simultanément le manche et les pédales du palonnier afin de contrôler le roulis et le lacet de l'avion.

AÉRONEFS

On désigne sous ce terme tous les engins volants, des hélicoptères aux planeurs en passant par les ULM et les avions. La plupart des avions de ligne et des avions de chasse sont équipés de réacteurs pour évoluer à grande vitesse et à très haute altitude. Le coût et la consommation d'un réacteur étant relativement élevés, beaucoup de petits avions en sont restés aux hélices des débuts de l'aviation.

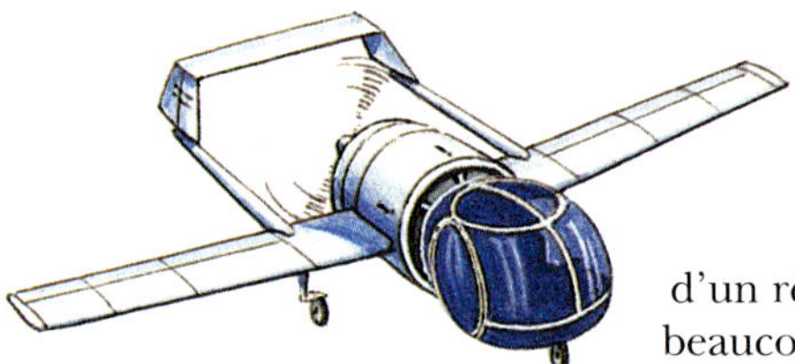

AVIONS D'OBSERVATION
Des avions spécialement conçus pour recueillir toutes sortes d'informations au sol, de l'état des cultures au trafic routier.

AVIONS DE LIGNE
Chaque année, des avions de ligne dits longs courriers transportent des millions de passagers aux quatre coins du monde. La plupart de ces modèles sont dotés de turboréacteurs à la fois puissants et relativement silencieux.

HYDRAVIONS
Les hydravions, qui ont des flotteurs à la place des roues, peuvent atterrir et décoller sur les plans d'eau et rallier des zones difficiles d'accès.

CONCORDE
Malgré ses performances – il pouvait traverser l'Atlantique en moins de quatre heures, soit deux fois plus vite qu'un avion de ligne classique –, le supersonique *Concorde*, par ailleurs assez bruyant et gourmand en carburant, a cessé de voler en 2004.

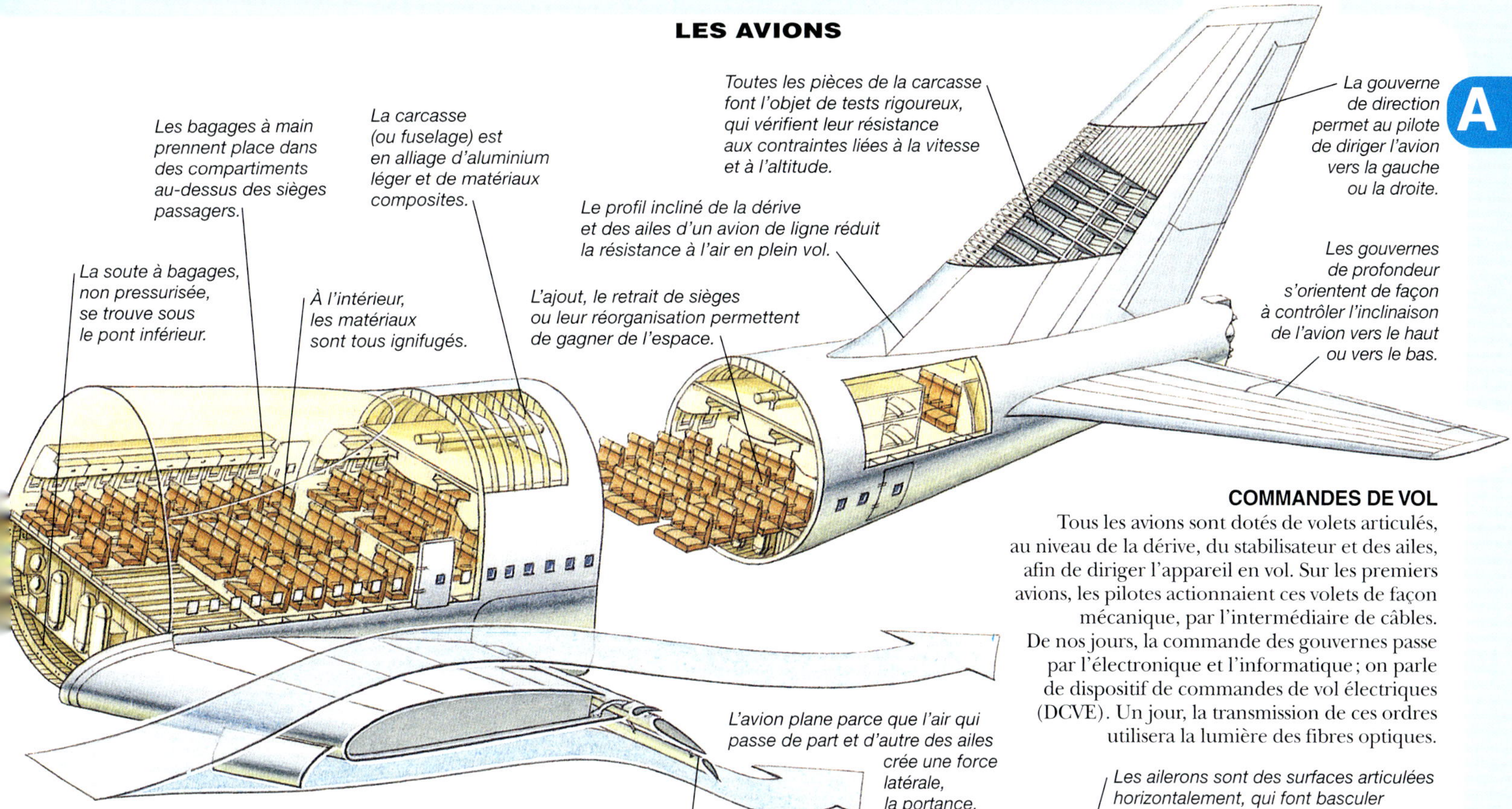

COMMANDES DE VOL

Tous les avions sont dotés de volets articulés, au niveau de la dérive, du stabilisateur et des ailes, afin de diriger l'appareil en vol. Sur les premiers avions, les pilotes actionnaient ces volets de façon mécanique, par l'intermédiaire de câbles. De nos jours, la commande des gouvernes passe par l'électronique et l'informatique ; on parle de dispositif de commandes de vol électriques (DCVE). Un jour, la transmission de ces ordres utilisera la lumière des fibres optiques.

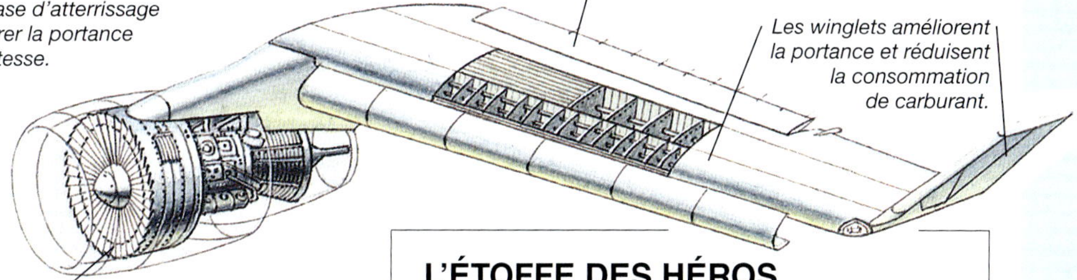

AILES ET PORTANCE

C'est la circulation de flux d'air au niveau des ailes qui permet à l'avion de planer. Une aile présente toujours une section au profil courbe incliné vers le bas de façon à accélérer l'écoulement de l'air en son sommet avant de l'entraîner vers le bas, créant ainsi une diminution de pression. Sous l'aile, l'air circule plus lentement et la pression est plus élevée. L'aile est ainsi aspirée vers le haut et subit une force latérale s'exerçant du bas vers le haut.

PRÉCURSEURS

À la fin des années 1840, le Britannique sir George Cayley met au point un engin capable d'embarquer une personne à bord et de planer une fois tracté. Des apprentis aviateurs lui succèdent avec plus ou moins de succès dans des machines volantes propulsées par des moteurs à vapeur puis à explosion. Il faudra attendre le début du XXe siècle et les frères Wright pour assister au premier vol concluant d'un aéroplane à moteur.

OTTO LILIENTHAL

À la fin des années 1890, l'ingénieur allemand Otto Lilienthal vole grâce à une sorte de deltaplane. Pour la première fois, le pilote dirige réellement son appareil.

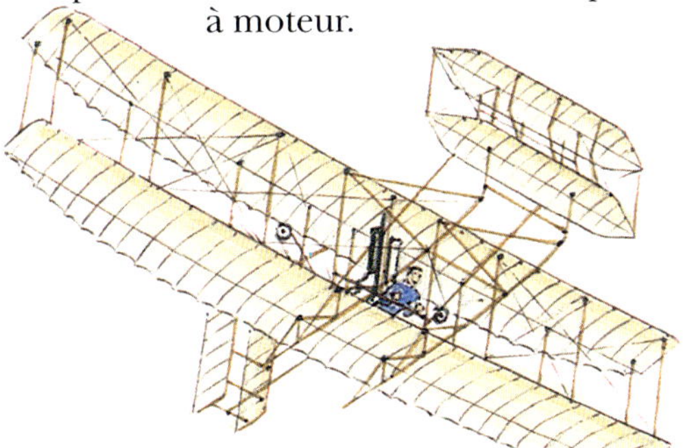

FRÈRES WRIGHT

Le 17 décembre 1903, à bord de leur biplan *Flyer*, Orville et Wilbur Wright effectuent avec succès leur premier vol aux États-Unis, à Kitty Hawk, en Caroline du Nord. Le vol ne dure que 12 secondes, mais il ouvre l'ère de l'aviation.

L'ÉTOFFE DES HÉROS

Les débuts de l'aviation ont été marqués par de véritables exploits. En 1909, l'aviateur et constructeur français Louis Blériot est le premier à traverser la Manche, de Calais à Douvres. En 1927, l'Américain Charles Lindbergh effectue le premier vol New York-Paris sans escale. En 1930, Jean Mermoz réalise la première traversée sans escale de l'Atlantique Sud. La même année, Amy Johnson (ci-contre) s'envole seule de l'Angleterre vers l'Australie.

MUR DU SON

On a longtemps pensé que les aéronefs ne pourraient jamais dépasser la vitesse du son. Le 14 octobre 1947, le pilote américain Chuck Yeager franchit cette barrière mythique à bord d'un supersonique à réaction, le *Bell X-1*.

Pour en savoir plus

LES AÉROPORTS
LES AVIONS MILITAIRES
BALLONS ET DIRIGEABLES
CERFS-VOLANTS ET PLANEURS
LES HÉLICOPTÈRES
LES MOTEURS

les Avions militaires

QUELQUES ANNÉES à peine après le premier vol historique des frères Wright, en 1903, des avions allaient être utilisés comme armes de guerre. Ces premières et fragiles machines volantes, faites de bois et de tissu tendu sur des armatures métalliques, n'étaient équipées que d'une seule, parfois deux, mitrailleuse. En 1918, à la fin de la Première Guerre mondiale, elles se transforment en lourds bombardiers d'attaque longue portée ou en petits chasseurs très manœuvrables, spécialisés dans le combat aérien. Ces modèles restent pourtant bien primitifs si on les compare aux appareils militaires les plus récents. Conçus en matériaux légers et résistants, propulsés par des turboréacteurs à la vitesse d'un projectile, les avions modernes sont équipés d'un arsenal impressionnant et peuvent, sous réserve de quelques modifications techniques, se transformer en avions de chasse, en bombardiers ou en appareils de reconnaissance aérienne.

AVION DE CHASSE

Considéré comme l'un des appareils de chasse les plus sophistiqués au monde, le F-15E Eagle est doté d'instruments de bord conçus pour détecter et mener des attaques sur des cibles aériennes et terrestres. Propulsé à près de 3000 km/h, il peut atteindre une altitude de 18000 m, soit plus de deux fois l'altitude de l'Everest.

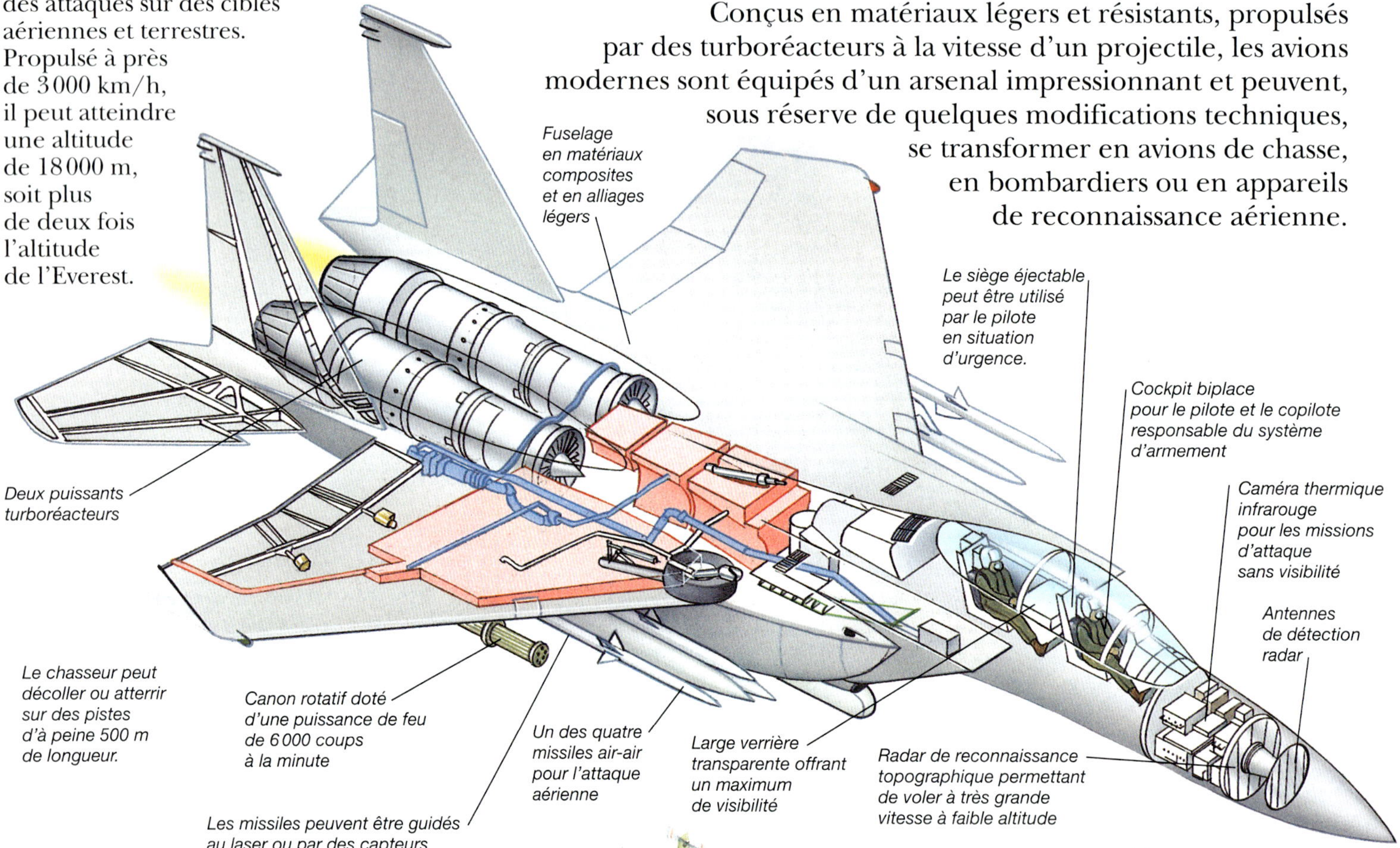

BOMBARDIER FURTIF

Conçu à grands renforts de subventions pour l'US Air Force, le B-2 Stealth est un bombardier stratégique que son curieux profil et les matériaux utilisés pour sa construction rendent indétectable au radar. Son premier vol date du 17 juillet 1989.

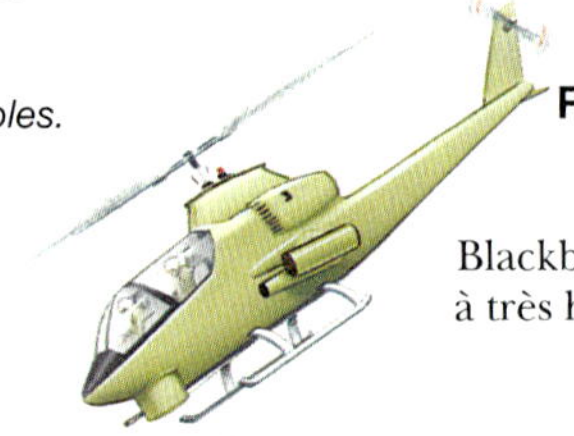

HÉLICOPTÈRE

La marine, les armées de terre et de l'air utilisent les hélicoptères pour de nombreuses missions. Les hélicoptères de combat attaquent les troupes au sol et les chars d'assaut.

RECONNAISSANCE AÉRIENNE

Le SR-71A Blackbird peut voler à très haute altitude, à près de 3200 km/h, performances qui facilitent l'espionnage en territoire ennemi.

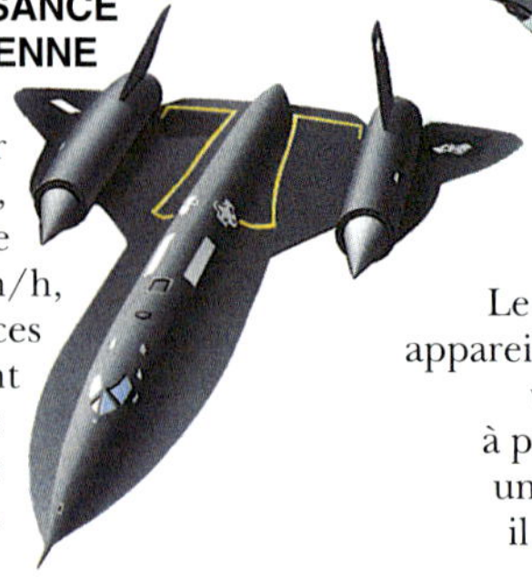

DÉCOLLAGE VERTICAL

Le Harrier fait partie des rares appareils à décollage et atterrissage verticaux. Capable d'opérer à partir de sites exigus, comme une clairière en pleine jungle, il peut changer brusquement de direction en vol.

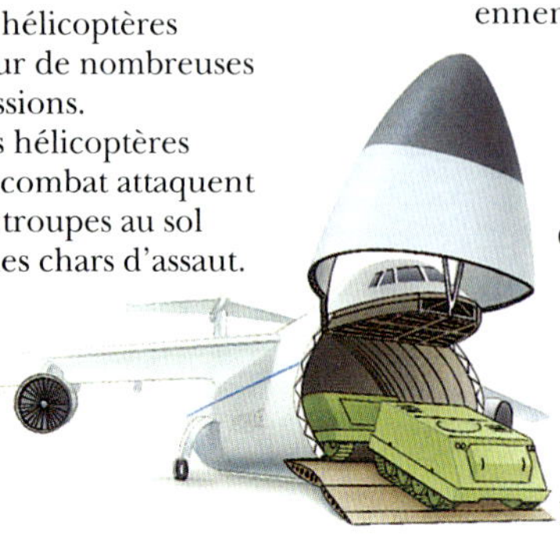

AVION DE TRANSPORT

Ces avions transportent le matériel et les hommes sur les champs de bataille. Le modèle russe Antonov AN-124 peut embarquer jusqu'à 150 tonnes de matériel.

Pour en savoir plus
L'Armée
Les Armes
Les Avions
Fusées et missiles
Les Hélicoptères
La Première Guerre mondiale
La Seconde Guerre mondiale

les Aztèques

IL Y A ENVIRON 700 ANS, au cœur du Mexique, la civilisation aztèque voyait le jour. Dernier peuple méso-américain à régner sur cette région, les Aztèques formaient à l'origine une tribu nomade qui s'établit sur les hauts plateaux mexicains au XIIIe siècle. Les Toltèques et les Olmèques, qui l'avaient précédé, allaient influencer la civilisation aztèque. Deux siècles durant, ce puissant empire et ses 12 millions de sujets occupèrent les lieux. Peuple aux rites sanguinaires, les Aztèques pratiquaient des sacrifices humains en l'honneur du dieu du Soleil et de la Guerre, Huitzilopochtli. Les prisonniers capturés lors des conquêtes étaient sacrifiés au sommet des temples et des pyramides des cités. En 1519, les conquistadors débarquaient au Mexique et soumettaient les Aztèques. La capture et le meurtre par ses sujets du dernier empereur, Moctezuma II, allaient signer le déclin de la civilisation aztèque.

Pyramides et temples aztèques

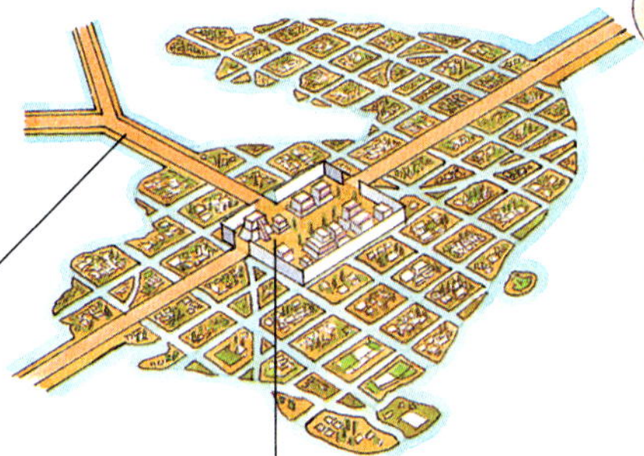

TENOCHTITLÁN

La capitale aztèque, Tenochtitlán, était une « cité flottante » érigée sur une île du lac Texcoco. Elle était rattachée à la terre ferme par des chaussées surélevées, et des canaux reliaient entre eux différents îlots artificiels. Mexico s'élève aujourd'hui sur ce site.

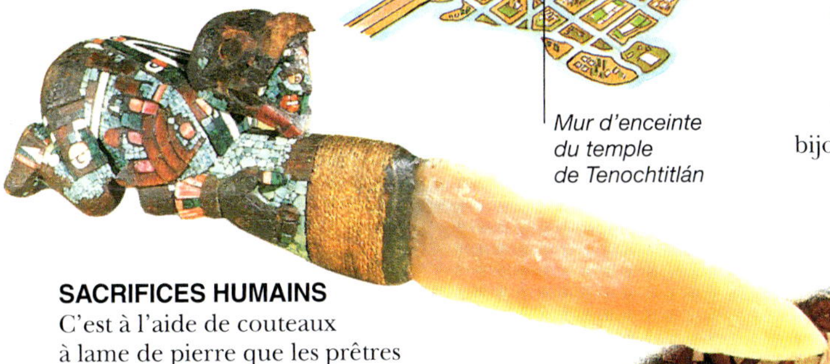

ART ET ARTISANAT

Les Aztèques élaboraient de superbes bijoux faits d'or, de turquoises, de perles, de coquillages et de plumes. D'autres pierres étaient exploitées, comme l'obsidienne ou le jade.

Masque rituel orné de jade

SACRIFICES HUMAINS

C'est à l'aide de couteaux à lame de pierre que les prêtres aztèques sacrifiaient chaque semaine près de 1 000 sujets, avant d'offrir leurs cœurs à Huitzilopochtli, dieu du Soleil et de la Guerre.

TRIBUTS DE GUERRE

Les Aztèques s'enrichirent grâce aux tributs (impôt en nature) fournis par les populations des régions conquises. Vêtements, poteries et luxueux présents en provenance des cités soumises prenaient la direction de Tenochtitlán. Les marchandises étaient échangées sur les quatre immenses marchés de la capitale. Des fonctionnaires établissaient des listes détaillées et illustrées de tous ces biens. Toute tribu refusant de se soumettre à l'impôt était impitoyablement persécutée.

Pour en savoir plus

L'AMÉRIQUE DU SUD (HISTOIRE)
LES CONQUISTADORS

les Babyloniens

SCEAU CYLINDRIQUE
Pour signer et authentifier leurs écrits, les Babyloniens pressaient un sceau (le plus souvent une pierre semi-précieuse finement gravée) sur la tablette d'argile humide calligraphiée. Ci-dessus, le sceau met en scène trois divinités, Shamash, Ishtar et Ea.

IL Y A QUELQUE 6000 ANS se développait au Moyen-Orient, entre le Tigre et l'Euphrate, l'une des premières grandes civilisations. Dans cette région fertile, connue sous le nom de Mésopotamie (ou « terre entre les fleuves »), des méthodes de culture sophistiquées allaient voir le jour. Son peuple fut l'un des premiers à mettre au point un système d'écriture, à utiliser la roue et à bâtir des cités. Babylone, l'une d'entre elles, fut érigée vers 2000 av. J.-C. et devint capitale de l'Empire babylonien (partie de l'Irak actuel). Haut lieu du commerce et centre religieux de premier plan, Babylone abritait plusieurs temples remarquables. La cité gagna en puissance et en prospérité sous le règne d'Hammourabi, qui unifia différentes régions en un seul et même empire. La gloire de Babylone allait encore grandir sous Nabuchodonosor II, avant que le roi de Perse, Cyrus II le Grand, ne la soumette, en 539 av. J.-C. Alexandre le Grand la reprit en 331 av. J.-C., puis les Romains s'en emparèrent à leur tour. Babylone, désormais intégrée à l'Empire romain, allait perdre tout son prestige.

BABYLONE
La cité fut reconstruite maintes fois avant sa destruction définitive. Elle connut son heure de gloire vers 600 av. J.-C. Son architecture imposante déclinait d'épais murs d'enceinte et de remarquables édifices religieux, dont une ziggourat (tour pyramidale). Babylone fut également célèbre pour ses extraordinaires jardins suspendus, l'une des Sept Merveilles du monde antique.

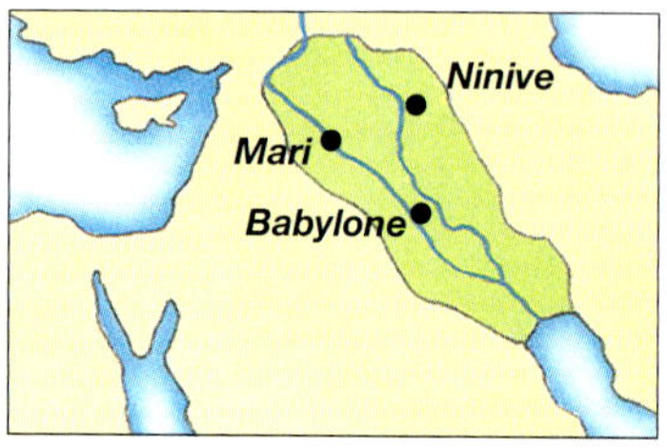

EMPIRE BABYLONIEN
Babylone était l'une des grandes cités de Mésopotamie. La capitale connut fortunes et déboires tout au long de ses 2000 ans d'existence. À son apogée, sous le règne d'Hammourabi et plus tard de Nabuchodonosor II, l'Empire babylonien dominait tout le sud de la Mésopotamie.

HAMMOURABI
Sous Hammourabi (1793-1750 av. J.-C.), Babylone prit le contrôle d'une grande partie de la Mésopotamie. Le souverain instaura un ensemble de lois, ou code, gravé sur une stèle de pierre. Celle-ci est ornée d'un portrait d'Hammourabi debout devant Shamash, le dieu de la Justice. Les lois, transcrites en écriture cunéiforme (en forme de clou), portent sur la vie économique, sociale et religieuse de cette civilisation sophistiquée.

NABUCHODONOSOR
Nabuchodonosor II (605-562 av. J.-C.) fut l'un des plus illustres rois de Babylone. Entre autres conquêtes, il s'empara de Jérusalem et contraignit ses habitants à un exil forcé en territoire babylonien. Cet épisode est relaté dans la Bible (livre de Daniel). La folie de Nabuchodonosor, à la fin de son règne, inspira l'artiste anglais William Blake (1757-1827), comme le montre l'image reproduite ci-dessus.

RUINES DE BABYLONE
À environ 90 km au sud de Bagdad, en Irak, se dressent les ruines de l'ancienne Babylone. Dans ces vestiges se devinent encore l'emplacement des palais et la ziggourat. Le site fut mis au jour par les archéologues au XIXe siècle. Plusieurs sections du mur d'enceinte ont été restaurées.

Pour en savoir plus

LES ALPHABETS
LES ASSYRIENS
LES MERVEILLES DU MONDE ANTIQUE
LES PHÉNICIENS

Baleines et dauphins

LES BALEINES peuplaient les océans 10 millions d'années avant l'apparition de l'homme sur terre. Ces créatures intelligentes, gentilles et gracieuses sont aussi les plus gros représentants du règne animal. Les cétacés sont des mammifères fascinants. Ils sont à sang chaud mais, contrairement aux phoques, sont dépourvus de fourrure. Une épaisse couche de graisse sous la peau leur tient chaud. Les cétacés actuels sont divisés en deux groupes, selon qu'ils ont des dents ou des fanons. Les cétacés à dents comprennent le dauphin souffleur et l'orque, qui mange tout ce qu'il trouve dans les océans. Les cétacés à fanons incluent la baleine à bosse (ou mégaptère) et la grande baleine bleue (ou rorqual bleu), qui se nourrissent de plancton et de krill en filtrant l'eau dans leur bouche. Les cétacés doivent revenir régulièrement à la surface de l'eau pour respirer. Ils nagent par battements verticaux de leur nageoire caudale, contrairement aux poissons qui se déplacent par battements latéraux. Les baleines ont été beaucoup chassées par l'homme et 21 espèces sont en voie de disparition. Aujourd'hui, la chasse à la baleine est officiellement interdite, dans l'espoir de regonfler les effectifs.

DAUPHIN COMMUN
Le dauphin est un animal très joueur et très sociable, qui peut vivre en troupe de 1 000 individus. Il bondit dans les vagues et nage parfois devant les bateaux.

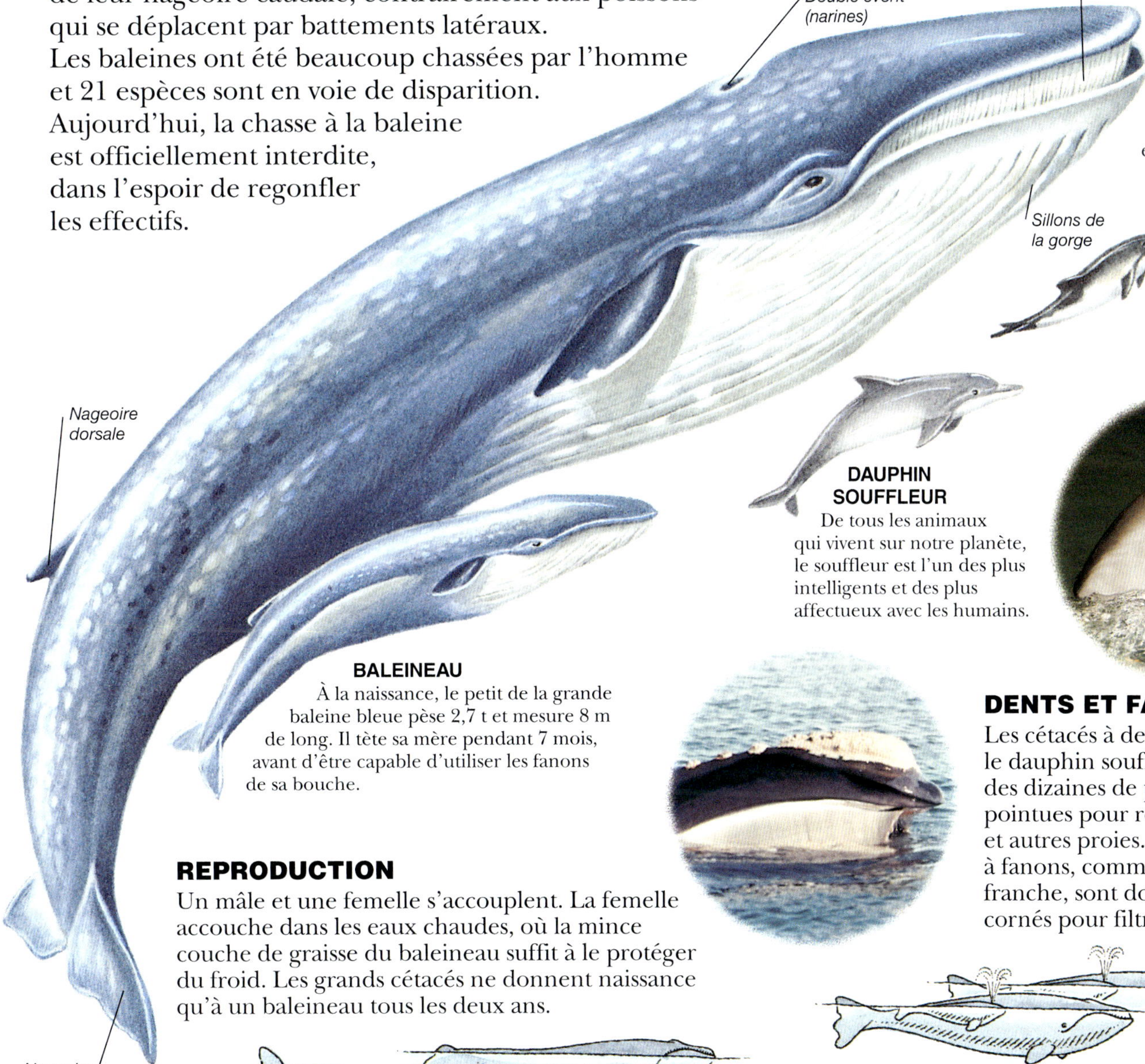

GRANDE BALEINE BLEUE
Le plus gros animal de tous les temps, le rorqual bleu, parcourt tous les océans du monde et peut vivre jusqu'à 80 ans. La peau de sa gorge possède de nombreux sillons et s'étire quand l'animal se nourrit.

BALEINEAU
À la naissance, le petit de la grande baleine bleue pèse 2,7 t et mesure 8 m de long. Il tète sa mère pendant 7 mois, avant d'être capable d'utiliser les fanons de sa bouche.

MARSOUIN
Il existe six espèces de marsouins. Celui-ci (à gauche) se rencontre dans les eaux peu profondes à proximité des ports et des plages.

DAUPHIN SOUFFLEUR
De tous les animaux qui vivent sur notre planète, le souffleur est l'un des plus intelligents et des plus affectueux avec les humains.

DENTS ET FANONS

Les cétacés à dents, comme le dauphin souffleur, possèdent des dizaines de petites dents pointues pour retenir les poissons et autres proies. Les cétacés à fanons, comme la baleine franche, sont dotés de fanons cornés pour filtrer le plancton.

REPRODUCTION

Un mâle et une femelle s'accouplent. La femelle accouche dans les eaux chaudes, où la mince couche de graisse du baleineau suffit à le protéger du froid. Les grands cétacés ne donnent naissance qu'à un baleineau tous les deux ans.

Le baleineau suit sa mère pour respirer à la surface de l'eau.

Il retient sa respiration et plonge sous sa mère.

Il tète sa mère.

Il retourne à la surface pour expirer et se repose.

RESPIRER ET TÉTER
Le baleineau doit apprendre à respirer à la surface de l'eau dans les minutes qui suivent sa naissance, sinon il se noie. Il doit aussi savoir plonger sous le ventre de sa mère pour téter. Durant les premiers jours, il ne fait qu'apprendre à respirer et à téter.

CACHALOT

Le cachalot est le mammifère marin qui plonge le plus profond – jusqu'à 1 km, en retenant son souffle pendant plus d'une heure. Avec plus de 15 m de long, c'est le plus grand cétacé à dents – des dents énormes de 25 cm de long. Il se nourrit de calmars géants et de poissons des grandes profondeurs. L'homme a tellement chassé les cachalots pour leur couche de graisse, leur chair et leur spermaceti qu'ils ont presque disparu.

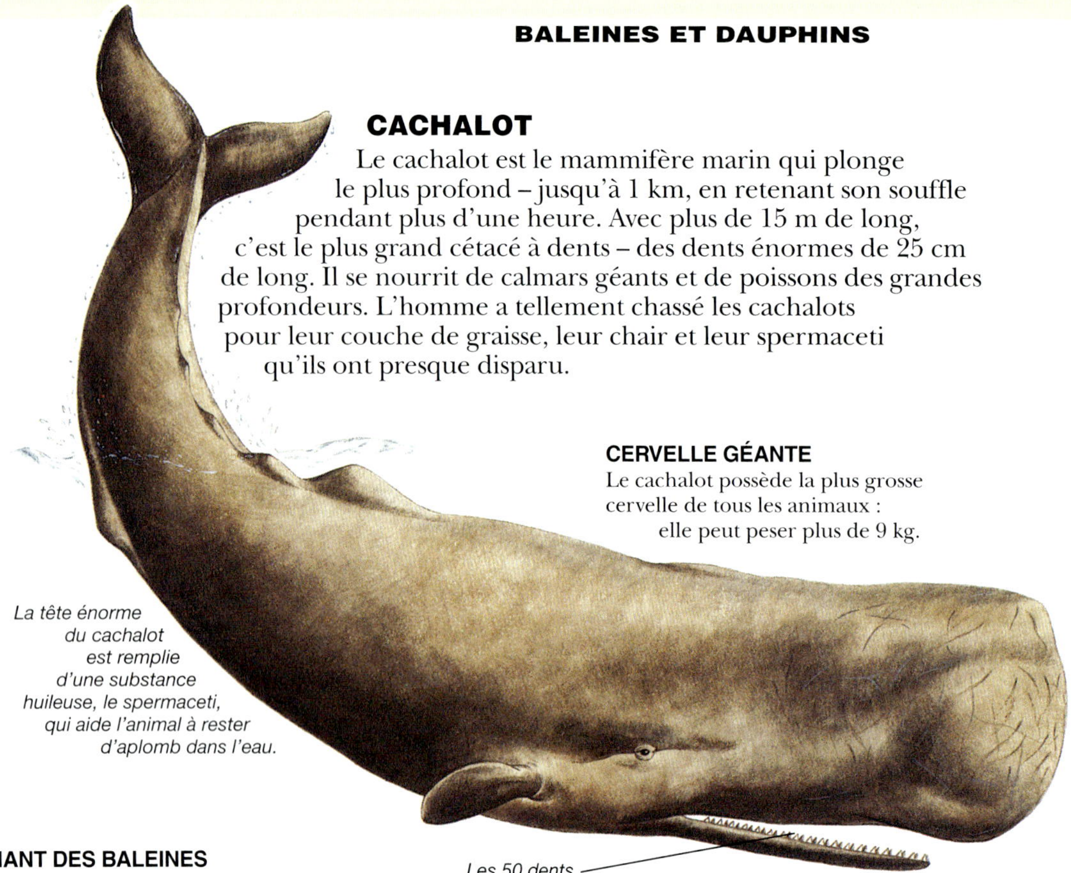

CERVELLE GÉANTE

Le cachalot possède la plus grosse cervelle de tous les animaux : elle peut peser plus de 9 kg.

SOUFFLE

En émergeant, les cétacés expulsent l'air chaud et humide contenu dans leurs poumons : ils soufflent. Cet air se mélange avec l'air froid de l'océan, ce qui provoque une condensation. Ce nuage de vapeur d'eau s'appelle un souffle.

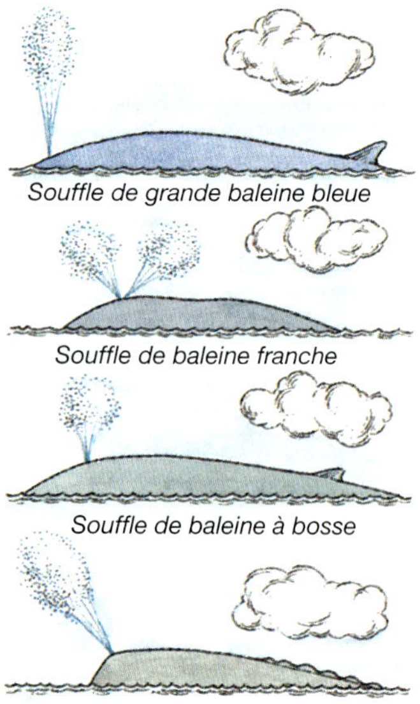

CHANT DES BALEINES

Les cétacés émettent une grande variété de sons, qui se propagent à des kilomètres sous l'eau. Chaque baleine à bosse mâle possède son propre chant, qui peut durer 35 min et se répéter durant des heures. Les dauphins communiquent constamment entre eux, qu'ils soient en train de jouer ou de se nourrir.

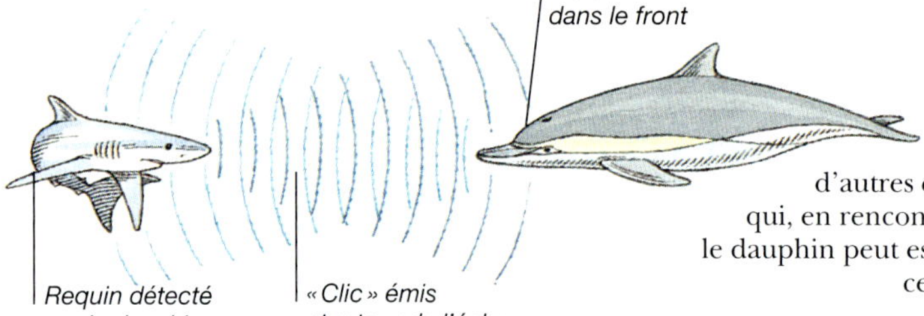

ÉCHOLOCATION

Les dauphins se servent de leur vue, de leur ouïe et d'un organe spécial, le melon, pour localiser et identifier d'autres créatures. En émettant un « clic » sonore qui, en rencontrant un obstacle, produit des ultrasons, le dauphin peut estimer la taille de l'animal et sa distance, ce qui lui permet d'avertir ses congénères d'un danger éventuel.

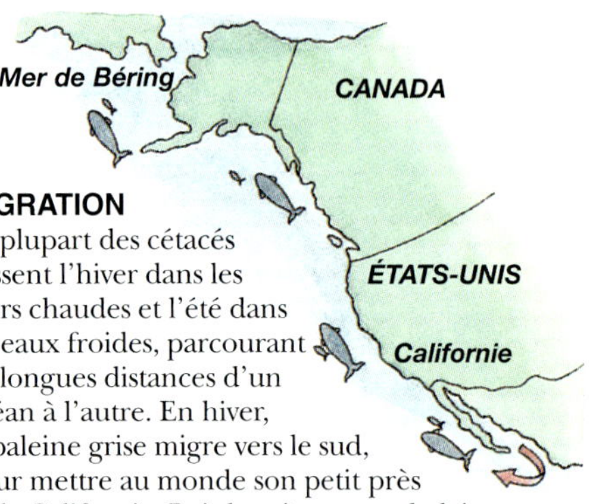

MIGRATION

La plupart des cétacés passent l'hiver dans les mers chaudes et l'été dans les eaux froides, parcourant de longues distances d'un océan à l'autre. En hiver, la baleine grise migre vers le sud, pour mettre au monde son petit près de la Californie. Puis la mère et son baleineau commencent un long voyage vers la mer de Béring et l'océan Arctique.

CÉTACÉS DU MONDE

Toutes les baleines et la plupart des dauphins vivent dans les océans ; il existe 5 espèces de dauphins d'eau douce. Certains cétacés, comme le mégaptère et l'orque, sont présents dans toutes les mers du monde ; d'autres, comme le narval et le bélouga, vivent seulement dans l'Arctique.

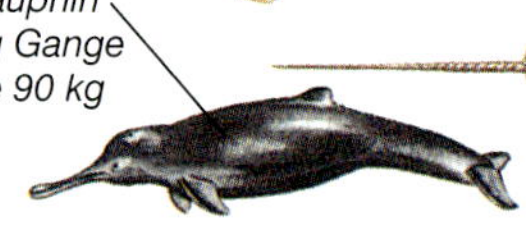

BALEINES ÉCHOUÉES

Les baleines nagent parfois trop près des côtes et s'échouent. Elles s'asphyxient, écrasées par leur propre poids et meurent.

RECORD DE TAILLE

Le rorqual bleu est l'animal le plus lourd et le plus long qui ait jamais existé – 136 tonnes, soit le poids de 2 000 hommes, et 30 m, contre 27 pour le diplodocus.

Pour en savoir plus

LES ESPÈCES ANIMALES
LES MAMMIFÈRES
LES MIGRATIONS ANIMALES
LES OCÉANS
LES SENS DES ANIMAUX

les Balkans occidentaux

Les Balkans occidentaux sont en grande partie montagneux. Des chaînes de montagnes, dont les Alpes Dinariques, les parcourent du nord au sud, parallèles à la côte occidentale : celle-ci est bordée par la mer Adriatique, un bras de la Méditerranée.

LE PAYSAGE DES BALKANS MÉDITERRANÉENS se compose de montagnes escarpées, de côtes rocheuses et de vallées isolées. Au carrefour des sphères musulmane, orthodoxe et catholique, la région a connu de nombreux siècles de conflits et d'invasions. Croatie, Bosnie-Herzégovine et Albanie furent annexées par l'Empire ottoman, tandis que la Slovénie faisait partie de l'empire des Habsbourg puis de l'Empire austro-hongrois. Devenues communistes après 1945, les républiques yougoslaves de Bosnie, Croatie et Slovénie s'éloignèrent du bloc de l'Est, alors que l'Albanie devenait le seul allié de la Chine maoïste en Europe. En 1990, la Slovénie élut un gouvernement non communiste, prélude à l'éclatement sanglant de la fédération yougoslave. Aujourd'hui, ces pays aspirent à la paix et à la démocratie. La Slovénie a rejoint l'Union européenne le 1er janvier 2007.

SARAJEVO

La capitale de Bosnie-Herzégovine, sur la Milhacka, présente un caractère musulman prononcé, avec ses mosquées, ses maisons de bois et son ancienne place du marché turque. En 1992, quand la Bosnie se déclara indépendante de la Yougoslavie, Sarajevo devint le centre d'une guerre civile. Des milliers de musulmans, chassés des campagnes environnantes par les combats, y trouvèrent refuge. La ville subit de terribles dommages en 1993, quand elle fut assiégée par les forces serbes et bombardée.

Les danseurs slovènes portent pantalons de cuir et jupes dirndl.

TOURISME SLOVÈNE

La Slovénie est une destination touristique de plus en plus appréciée, en particulier par les touristes germanophones. Plus de 3 millions d'entre eux s'y rendent chaque année pour visiter les stations balnéaires de l'Adriatique, les villes d'eaux historiques et les montagnes, propices au ski, aux randonnées, au canotage et à la pêche. Le lac Bled (ci-dessus), au pied des Alpes Juliennes, est une destination populaire, appréciée pour la baignade estivale et les sports d'hiver.

DANSEURS SLOVÈNES

La Slovénie partage une longue histoire avec son voisin du nord, l'Autriche. Culturellement, la Slovénie est, en effet, plus proche des Alpes que des Balkans. Ses traditions restent vivantes grâce à la musique et à la danse. Les costumes nationaux sont typiques des régions alpestres (Autriche et Suisse).

DUBROVNIK

Dubrovnik, ville la plus pittoresque de la côte adriatique, a une histoire millénaire. En 1991, cette magnifique cité fut attaquée quand la Croatie déclara son indépendance. La guerre civile a détruit une partie de la ville et perturbé le tourisme. Avec ses rues étroites, escarpées et sinueuses, ses antiques murailles et ses fortifications historiques, Dubrovnik est redevenue l'une des principales attractions touristiques de Croatie.

ZAGREB

La capitale de la Croatie est d'abord un important centre commercial. Légumes et fruits produits par les agriculteurs locaux sont vendus sur les marchés de la ville. Mais c'est aussi le principal centre industriel du pays, spécialisé dans les produits manufacturés, le textile et la chimie. Zagreb date en grande partie du XIXe siècle, mais certains bâtiments médiévaux remontent au XIIIe siècle.

Volcan | Montagne | Capitale | Grande ville | Petite ville

ALBANIE
Superficie : 28 748 km²
Population : 3 155 000
Religions : musulmane, orthodoxe, catholique
Capitale : Tirana
Monnaie : lek

BOSNIE-HERZÉGOVINE
Superficie : 51 197 km²
Population : 3 767 000
Religions : musulmane, orthodoxe, catholique
Capitale : Sarajevo
Monnaie : mark convertible

CROATIE
Superficie : 56 538 km²
Population : 4 416 000
Religions : catholique, orthodoxe
Capitale : Zagreb
Monnaie : kuna croate

MONTÉNÉGRO
Superficie : 13 812 km²
Population : 624 000
Religions : orthodoxe, musulmane, catholique
Capitale : Podgorica
Monnaie : euro

SLOVÉNIE
Superficie : 20 256 km²
Population : 2 020 000
Religions : catholique, protestante
Capitale : Ljubljana
Monnaie : euro

La place Skanderbeg, au centre de Tirana, a longtemps ignoré les embouteillages. Posséder une automobile était interdit par les communistes.

TIRANA

Tirana fut fondée par les Turcs au XVIIe siècle. Située au carrefour stratégique de plusieurs routes marchandes, elle devint un important centre commercial, puis capitale de l'Albanie en 1920. Dans les années 1930, des architectes italiens furent engagés pour en redessiner le centre. À partir de 1946, l'Albanie communiste reçut des aides de la Chine et de la Russie. Tirana se spécialise aujourd'hui dans le verre, la porcelaine, la réparation de machines agricoles et le conditionnement alimentaire.

KOSOVO

Le Kosovo a déclaré son indépendance de la Serbie le 17 février 2008, ce qui pourrait être le prélude à une nouvelle crise régionale et à une redéfinition des frontières. À l'heure où ce livre est imprimé, tous les pays de l'Union européenne n'ont pas reconnu l'indépendance de ce pays ; c'est pourquoi il ne figure pas sur la carte.

AGRICULTURE ALBANAISE

Seul un quart de ce pays accidenté est cultivable, mais l'Albanie est autosuffisante dans presque toutes ses récoltes principales. La moitié de la population est employée dans l'agriculture, cultivant blé, maïs, betteraves, coton, tournesols, tabac, pommes de terre et fruits. L'important potentiel agricole du pays reste limité par les méthodes agricoles très traditionnelles.

Les pastèques profitent des étés extrêmement chauds en Albanie.

LAC D'OHRID

Situé sur sa frontière avec l'Albanie, le lac d'Ohrid est la principale attraction touristique de Macédoine. Les visiteurs y viennent pêcher, nager et visiter, sur la rive nord-est, les nombreux bâtiments historiques que possède Ohrid (dont cette église médiévale qui se dresse sur la rive du lac à la sortie du bourg). La Macédoine est dominée par les Slaves, qui constituent environ deux tiers de la population et qui, comme les Serbes, sont de religion orthodoxe. Cependant, environ 23 % des Macédoniens sont albanais et musulmans. Cette situation provoque des tensions dans le pays, d'autant que la population albanaise connaît une croissance rapide.

Pour en savoir plus
Les Balkans orientaux
Le Communisme
L'Europe (géographie)

les Balkans orientaux

B

S'étendant au sud des Alpes, le nord-ouest de la région est montagneux, avec de profondes vallées boisées. La côte rocheuse de l'Adriatique forme sa frontière occidentale. À l'est s'étendent la plaine du Danube, qui se jette dans la mer Noire, et des steppes vallonnées.

LE DANUBE divise en deux les Balkans orientaux, irriguant des terres agricoles fertiles dans sa partie basse, au cœur de la région. La plaine danubienne est entourée d'imposantes chaînes de montagnes, Carpates au nord, Balkans et Rhodope au sud. Après la Seconde Guerre mondiale, les nations des Balkans orientaux furent gouvernées par des régimes communistes stricts, jusqu'à l'effondrement de l'Union soviétique, au début des années 1990. La Moldavie, autrefois région de Roumanie, fut rattachée à l'URSS en 1940. Depuis son indépendance en 1991, elle doit résoudre un conflit avec la minorité russophone de Transnistrie. Serbie et Monténégro faisaient autrefois partie de la Yougoslavie, dont l'effondrement a donné naissance à cinq États distincts, au terme d'une guerre civile atroce.

TABAC BULGARE

La Bulgarie possède des sols fertiles et un climat doux propices à la culture, en particulier de céréales, de tournesol, de raisin et de tomates. Un excellent vin rouge, tiré des raisins de la plaine danubienne, constitue un produit d'exportation. Un tabac de type turc, récolté dans le sud du pays, est traité dans des usines autour de la ville de Plovdiv. Ces femmes attachent en liasses les feuilles de tabac, qui sont ensuite séchées au soleil, avant d'être triées selon leur taille et leur couleur.

MOLDAVIE RURALE

Autrefois région roumaine, la Moldavie est devenue une république soviétique en 1940. Indépendant depuis 1991, ce petit pays est surtout constitué de steppes vallonnées et fertiles. L'essentiel de sa population travaille dans l'agriculture. Les étés chauds et les pluies régulières fournissent des conditions idéales à la culture des légumes et des fruits, et la Moldavie est réputée pour ses vins. Les Soviétiques ont mécanisé des fermes appartenant à l'État, mais aujourd'hui de nombreuses petites exploitations cultivent leurs terres selon des méthodes traditionnelles.

Une tzigane roumaine gagne sa vie en vendant des baies.

TZIGANES

La Roumanie a la plus importante population tzigane (ou Rom) d'Europe. Ce peuple, à la langue et à la culture distinctes, serait originaire d'Inde et aurait émigré en Europe en passant par le Moyen-Orient. Traditionnellement, les Tziganes allaient de ville en ville, vendant leurs produits, réparant les ustensiles métalliques et vivant du commerce des chevaux et du bétail. Depuis des siècles, ils subissent les persécutions des autochtones ayant du mal à comprendre leurs coutumes et leur mode de vie différents.

TRANSYLVANIE

Entourée par les montagnes des Carpates qui, à l'est et au sud, forment une barrière infranchissable, cette région de Roumanie, avec ses paysages accidentés et ses châteaux impressionnants, a connu une histoire mouvementée, passant de la domination hongroise à celle des Turcs ottomans, puis des Habsbourg (Autrichiens). Lorsque Bram Stoker écrivit *Dracula*, en 1897, il s'inspira des légendes slaves et hongroises qui couraient sur la région. Son vampire assoiffé de sang était à l'origine Vlad l'Empaleur, prince de sinistre mémoire… mais qui régna sur la Valachie voisine au XVe siècle.

ROSES

En Bulgarie, les pétales de roses sont cueillis à l'aube pour produire l'attar, huile essentielle de rose.

Pour en savoir plus

LES BALKANS OCCIDENTAUX
LE COMMUNISME
LA DANSE
L'EUROPE (GÉOGRAPHIE)
FLEURS ET HERBES AROMATIQUES
TOURISME ET VOYAGES

BULGARIE
Superficie : 110 912 km²
Population : 7 545 000
Capitale : Sofia
Religions : orthodoxe, musulmane
Monnaie : lev bulgare

MACÉDOINE
Superficie : 25 713 km²
Population : 2 042 000
Capitale : Skopje
Religions : orthodoxe, musulmane
Monnaie : denar

MOLDAVIE
Superficie : 33 851 km²
Population : 3 604 000
Capitale : Chisinau
Religion : orthodoxe
Monnaie : leu moldave

ROUMANIE
Superficie : 238 391 km²
Population : 21 275 000
Capitale : Bucarest
Religions : orthodoxe, catholique, protestante
Monnaie : leu

SERBIE
Superficie : 77 474 km²
Population : 7 412 000
Capitale : Belgrade
Religions : orthodoxe, musulmane, catholique
Monnaie : dinar serbe

PORTES DE FER

Le Danube, deuxième fleuve d'Europe, coule de l'Allemagne à la mer Noire. À la frontière entre la Roumanie et la Serbie, il traverse une gorge étroite, les Portes de Fer. Une centrale hydroélectrique y a été construite, utilisant l'énergie du fleuve pour créer de l'électricité.

Volcan | Montagne | Capitale | Grande ville | Petite ville

CARPATES

Les Carpates constituent un important ensemble montagneux s'étendant sur 1 500 km au nord et à l'est de la plaine danubienne. Elles relient les Alpes aux Balkans.

ÉCHELLE
0 75 150 km

COPSA MICA

Le gouvernement communiste désirait faire de la Roumanie une puissance industrielle. À Copsa Mica, une usine produisant du noir de carbone, utilisé dans la fabrication des pneus, vomissait des fumées qui noircissaient les moutons et couvraient toute la ville d'une couche de suie. Cette usine est aujourd'hui fermée. L'air est plus pur, mais l'héritage empoisonné demeure.

MONASTÈRE SERBE

L'Église serbe, indépendante, fait partie de l'Église orthodoxe d'Orient et compte quelque 8 millions de fidèles. Les Serbes devinrent orthodoxes dès le XIIIe siècle. En 1389, ils furent vaincus par les Turcs à la bataille de Kosovo Polje. À partir de 1459, la Serbie fut une province turque et ne redevint totalement indépendante qu'en 1878. Pendant cette période, seule l'Église entretint le sentiment national. Les monastères furent les dépositaires de la littérature et de l'histoire nationales. Nombre des plus beaux monastères historiques de Serbie sont situés dans le nord du Kosovo, et le peuple serbe leur est très attaché.

le Ballet

L'extrémité des chaussons des danseuses est renforcée pour leur permettre de faire des pointes.

MUSIQUE, DANSE et mime s'associent dans le ballet pour raconter une histoire. Chaque pas, chaque mouvement a été prévu et l'ensemble forme une chorégraphie.

Le ballet classique trouve son origine dans les divertissements proposés aux familles royales d'Europe il y a plus de trois siècles. La tradition veut que les pas et les sauts effectués par les danseurs soient nommés en français. Le ballet s'est répandu au XIXe siècle. Les plus connues des œuvres romantiques sont *La Sylphide* et *Giselle* où la danseuse porte un long tutu blanc. Au début du XXe siècle, le Russe Serge de Diaghilev fonde les Ballets russes, l'une des plus grandes compagnies de ballets à se produire dans le monde entier. De grands chorégraphes comme le Russe Michel Fokine (1880-1942) ont créé des chefs-d'œuvre pour les Ballets russes. La formation à la danse classique commence dès l'enfance, car c'est une discipline très dure qui nécessite des heures de travail et d'entraînement.

Les mouvements gracieux du danseur semblent faciles à exécuter, mais exigent une excellente condition physique.

BALLET MODERNE

Au début du XXe siècle, certains danseurs se sont éloignés du ballet classique pour adopter une forme de danse moins contraignante. Isadora Duncan (1878-1927) a été la pionnière d'une danse libre, plus naturelle, plus instinctive, plus expressive. Martha Graham (1894-1991) a créé la technique de la modern dance. Les danseurs actuels étudient la technique classique pour acquérir des bases avant de se tourner vers la danse moderne.

MARGOT FONTEYN ET RUDOLF NOUREÏEV

Vers la fin de sa carrière, la ballerine britannique Margot Fonteyn (1919-1991) dansait avec un jeune danseur russe, Rudolf Noureïev (1938-1993). Ils formaient sur scène un couple merveilleux (ici dans *Roméo et Juliette*), qui a vite conquis le public.

ANNA PAVLOVA

La Russe Anna Pavlova (1881-1931), l'une des plus grandes danseuses classiques de tous les temps, a débuté la danse à l'âge de 10 ans. Fokine a créé pour elle un solo devenu mondialement célèbre, *la Mort du cygne*.

Première — Seconde — Troisième — Quatrième — Cinquième

CINQ POSITIONS

Tous les pas et figures de la danse classique commencent et finissent par l'une de ces cinq positions. Elles ont été créées au XVIIIe siècle.

Pour en savoir plus

La Danse
Les Grands compositeurs
La Musique
Pop, reggae et rock
Le Théâtre

Ballons et dirigeables

BIEN QUE DÉPOURVUS D'AILES, les ballons et les dirigeables parviennent à s'élever dans les airs grâce au gaz contenu dans leur enveloppe, plus léger que l'air qui les entoure. Les premiers modèles du genre faisaient appel à l'hydrogène, gaz dangereux car explosif. De nos jours, la plupart des ballons sont propulsés à l'air chaud et les dirigeables à l'hélium. Alors que les ballons voguent au gré du vent, les dirigeables sont motorisés et dirigés par un pilote. Les hommes, qui volaient en ballons et en dirigeables avant l'invention de l'avion, y ont progressivement renoncé à partir des années 1930, quand l'aviation a pris son essor. Ces dernières années, le vol en ballon semble connaître un regain d'intérêt et de nouveaux modèles de dirigeables voient le jour.

FRÈRES MONTGOLFIER
Les inventeurs français Joseph et Jacques de Montgolfier sont à l'origine du premier ballon à air chaud. Le vol inaugural a eu lieu à Paris, le 21 novembre 1783. Cent vingt ans plus tard, les frères Wright mettaient au point le premier avion.

ACCIDENT DU *HINDENBURG*
Les dirigeables des années 1930 avaient des allures de géant. Le dirigeable allemand *Hindenburg*, mesurait plus de 244 m de long. Rempli d'hydrogène, un gaz hautement inflammable, il explosa en 1937.

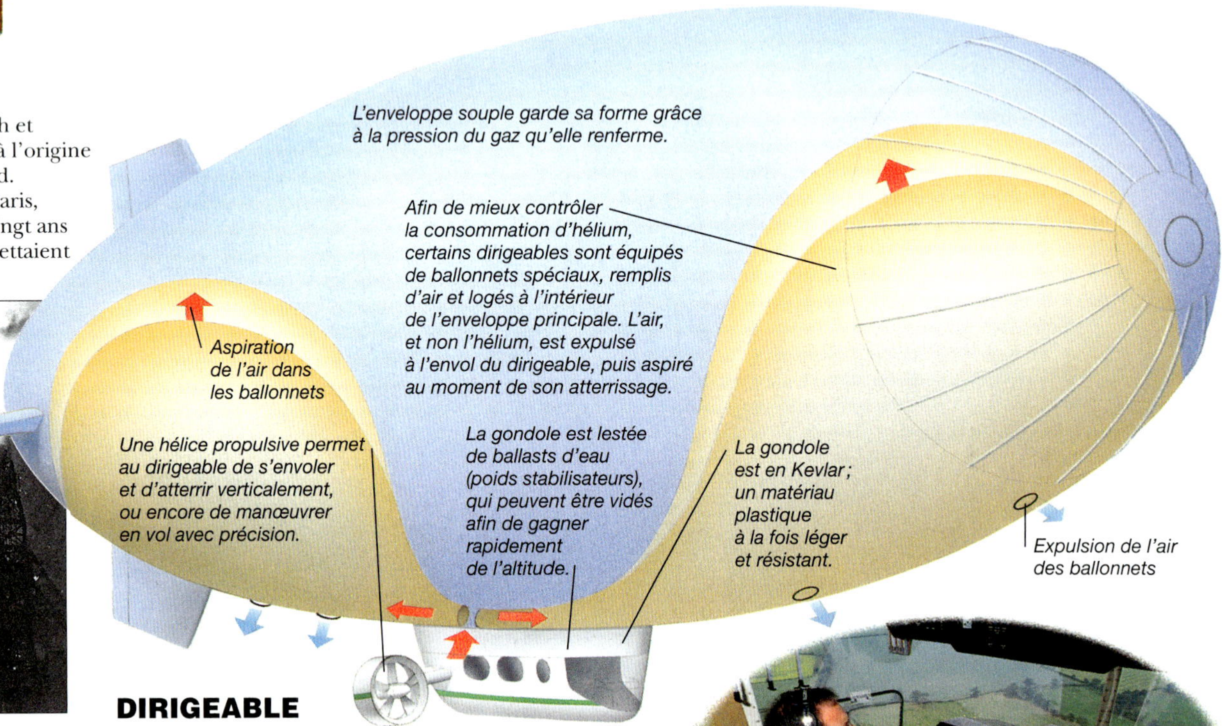

DIRIGEABLE
Le système de motorisation du dirigeable permet de propulser l'engin dans toutes les directions. L'orientation des hélices décide des mouvements vers le bas, le haut et l'avant. Un dirigeable peut dépasser les 90 km/h.

GONDOLE
Les voyageurs s'installent dans la cabine (ou gondole). La relative lenteur du dirigeable, sa stabilité et son aptitude à se maintenir en vol des heures durant en font une plate-forme d'observation idéale. Le pilote dirige l'engin à l'aide d'un manche semblable à celui d'un avion.

BALLONS À AIR CHAUD

Ce type d'engin est doté d'une nacelle en osier et d'une enveloppe en Nylon, généralement de couleur vive, qui peut adopter toutes les formes, celle d'un chameau comme celle d'un château… Le gonflage de l'enveloppe nécessite beaucoup d'air chaud, mais le recours à un brûleur à propane facilite l'opération. Des bouteilles de propane liquide sont embarquées dans la nacelle.

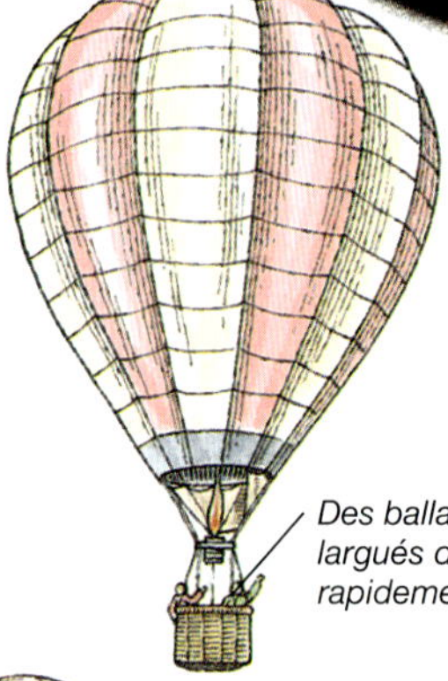

Des ballasts de sable sont parfois largués de la nacelle afin de gagner rapidement de la hauteur.

Avant chaque vol, l'enveloppe est couchée sur le sol et maintenue ouverte. Le brûleur à propane est allumé de façon à gonfler l'enveloppe d'air chaud.

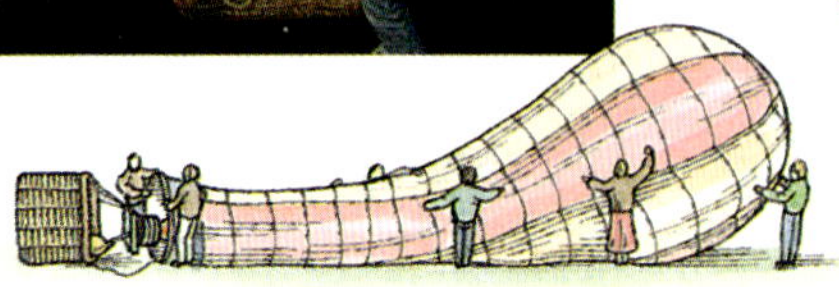

Le ballon se redresse à mesure que l'enveloppe se gonfle d'air chaud.

Une fois en l'air, quelques souffles d'air chaud dans l'enveloppe suffisent à maintenir le ballon à bonne altitude.

Pour en savoir plus

LES AVIONS
LE GAZ
LA PRESSION ATMOSPHÉRIQUE
LES TRANSPORTS

les Barbares

LA FIN DU Ve SIÈCLE APR. J.-C. vit la chute du grand Empire romain, assailli par des tribus venues d'au-delà de ses frontières. Les Romains méprisaient ces populations nomades, considérées comme barbares. En réalité, ces peuples très hiérarchisés excellaient dans le travail du métal, pratiquaient l'agriculture et étaient de remarquables guerriers. Vers 370 apr. J.-C., sous l'assaut de hordes de Huns venues d'Asie centrale, des peuples sédentaires furent repoussés toujours plus à l'ouest, jusqu'à franchir les frontières de l'Empire. Certaines de ces populations demandèrent même asile aux Romains. En 406, les Vandales et les Goths envahirent la Gaule (France actuelle) ; en 410, les Wisigoths, menés par Alaric Ier, prirent Rome, et les Barbares déferlèrent sur l'Empire. En 452, Attila à la tête des Huns attaqua le nord de l'Italie. L'Empire romain s'affaiblit sous les attaques incessantes de ces hordes qui peu à peu prirent le contrôle des régions conquises.

ATTILA, CHEF DES HUNS
Les Huns étaient dirigés par Attila (vers 395-453) et par son frère Bléda. Après avoir assassiné son frère, Attila envahit l'Italie.

SAC DE ROME
En 410, Alaric Ier, roi des Wisigoths, s'empara de Rome et saccagea une cité qui avait résisté à tous les assauts pendant huit siècles. Le sac de Rome fut un choc pour le monde civilisé, mais l'Empire résista jusqu'à sa chute, en 476.

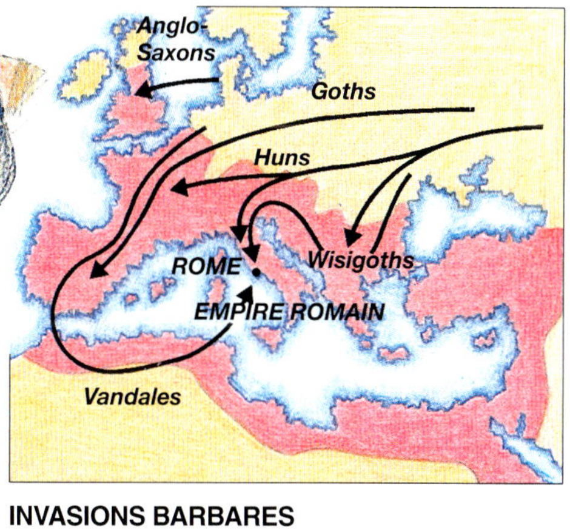

INVASIONS BARBARES
Vers 500 apr. J.-C., des tribus barbares avaient déjà envahi l'empire d'Occident. Leur nouveau territoire fut divisé en royaumes. Avec le temps, les envahisseurs adoptèrent les us et coutumes des Romains, allant jusqu'à leur emprunter certains mots latins. Ci-dessus, la carte des invasions au Ve siècle.

ARTISANAT

Chacune des tribus barbares possédait sa propre culture, ses lois et ses coutumes. Plusieurs populations vivaient au sein de l'Empire romain bien avant 500, certaines s'étant même converties au christianisme. Les Barbares étaient bien plus que des guerriers ; pour preuve leur habileté dans le travail des métaux et la joaillerie.

Boucle en or ornée de grenats

Cette fibule en or sertie d'émaux servait à agrafer les capes masculines.

Pour en savoir plus

CHARLEMAGNE
L'EMPIRE ROMAIN
L'EUROPE (HISTOIRE)
LES VIKINGS (VIE EN SOCIÉTÉ)

les Barrages

QUOTIDIENNEMENT, les usines et les hommes consomment de phénoménales quantités d'eau. Ainsi, une raffinerie de pétrole utilise dix fois plus d'eau qu'elle ne produit de pétrole ! Les barrages construits sur les cours d'eau constituent des réserves suffisantes pour couvrir une grande partie de nos besoins, y compris l'irrigation des terres agricoles. Le lac artificiel (ou réservoir) se remplit pendant les saisons pluvieuses : il joue un rôle régulateur en prévenant les inondations et assure une réserve pour des périodes de sécheresse. Les barrages mobiles (ou portes à flot) installées dans les estuaires limitent les effets dévastateurs des marées sur les berges. Certains barrages fournissent de l'électricité en abritant des turbines qui sont actionnées par l'eau du réservoir.

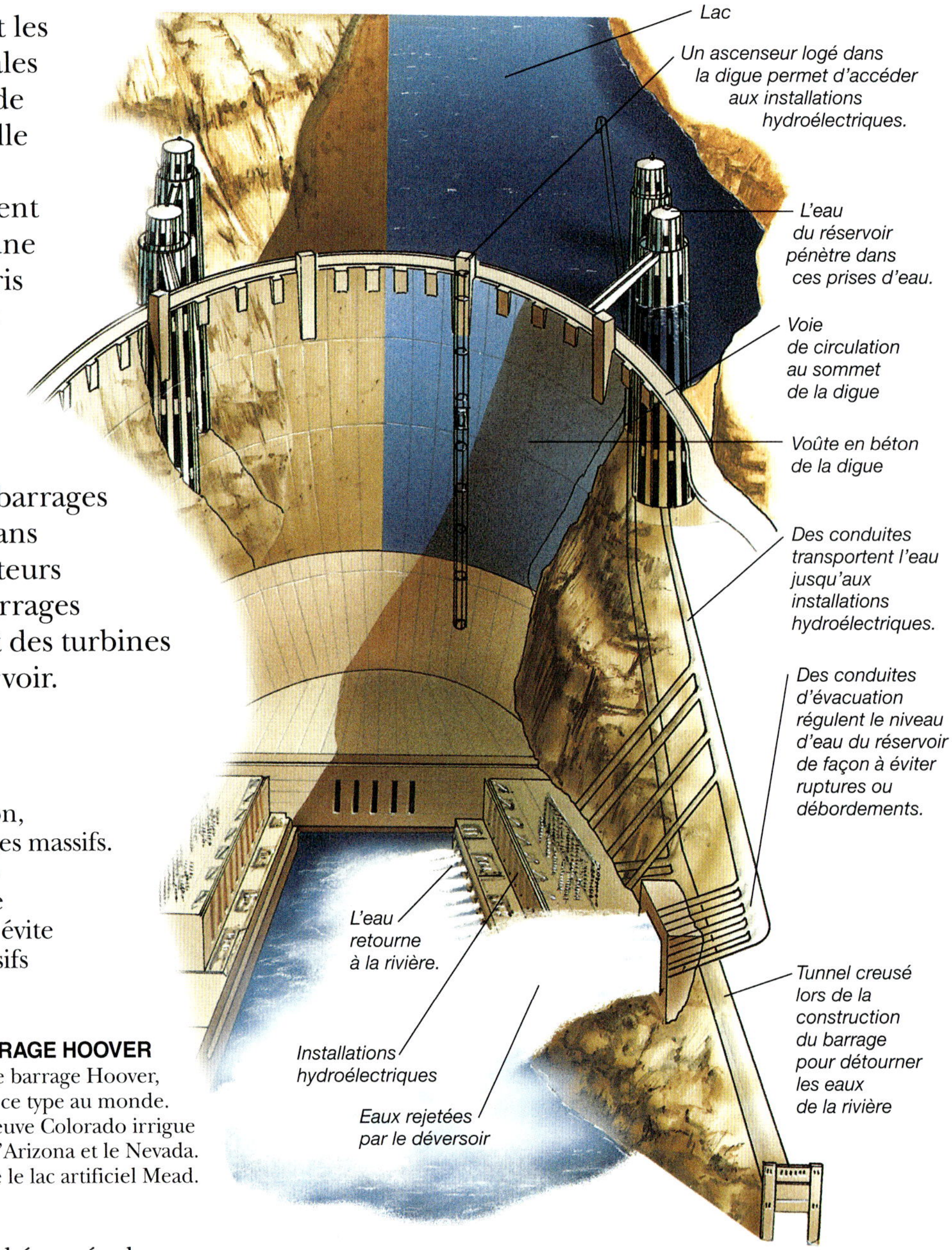

BARRAGES EN BÉTON

On distingue deux types d'ouvrages en béton, les barrages en forme de voûte et les barrages massifs. Les premiers (à simple ou multiples voûtes) sont relativement hauts ; leur paroi incurvée a au minimum 3 m d'épaisseur ; leur forme évite tout risque de fissuration. Les barrages massifs garantissent une solidité à toute épreuve.

BARRAGE HOOVER

Avec sa paroi de 221 m de hauteur, le barrage Hoover, aux États-Unis, est l'un des plus hauts ouvrages de ce type au monde. Ce barrage-voûte construit sur le fleuve Colorado irrigue et alimente en électricité la Californie, l'Arizona et le Nevada. Son réservoir de 185 km de long forme le lac artificiel Mead.

BARRAGES EN ENROCHEMENTS

On peut retenir l'eau par l'empilement de phénoménales quantités de roches et de terre. Au cœur de la digue, un noyau de béton ou d'argile assure l'étanchéité de l'ouvrage. La paroi est protégée de l'eau par un enrochement. Avec ses 325 m de haut, le barrage de Rogunsky, au Tadjikistan, s'impose comme le plus grand ouvrage du genre.

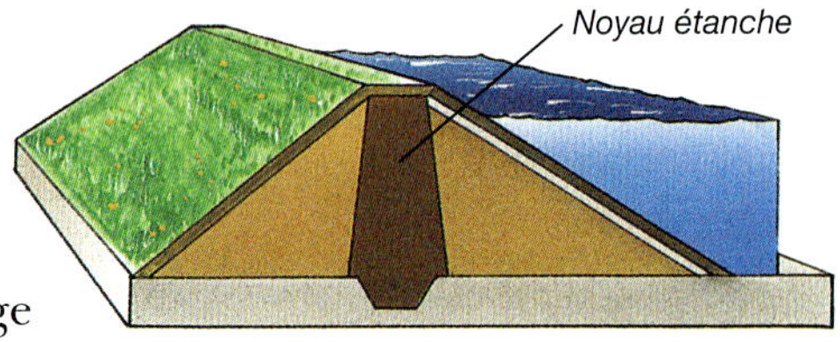

PORTES À FLOT

Les barrages mobiles (ou portes à flot) sont érigés pour réguler les crues des cours d'eau. Construit en 1982 sur la Tamise, ce barrage protège Londres des fortes marées de la mer du Nord. De grandes portes à plan incliné se dressent lorsque les eaux du fleuve montent dangereusement.

BARRAGE ET ENVIRONNEMENT

Engloutir tout une vallée sous les eaux n'est pas sans conséquences sur l'environnement. En Égypte, par exemple, le barrage d'Assouan – érigé pour prévenir les crues du Nil – a perturbé le cours du fleuve et appauvri la fertilité naturelle des terres environnantes.

Un barrage empêche certains poissons, comme les saumons, de remonter les rivières. Des bassins, des conduits ou des écluses leur permettront de franchir cet obstacle.

Pour en savoir plus

L'AGRICULTURE (DÉFINITION)
LES COURS D'EAU
L'EAU
L'ÉLECTRICITÉ
LES LACS

les Bateaux

CONSTRUCTION NAVALE
Les ouvriers conçoivent chaque pièce séparément avant l'assemblage de la structure sur le chantier naval. Après des mois d'essais en mer et de vérifications techniques le navire est prêt pour le service.

DEPUIS LA DÉCOUVERTE par nos ancêtres de la flottabilité du bois, bateaux et navires se sont imposés dans l'histoire de l'humanité comme un moyen de transport incontournable. Les premières embarcations servaient à franchir rivières et fleuves ou à pêcher. Plus tard, quand les hommes se lancèrent à la conquête de nouveaux territoires, il fallut construire des vaisseaux susceptibles de résister à de longues traversées. Bateaux et navires n'ont cessé de s'améliorer au fil des siècles, en même temps que se développaient le commerce et les luttes pour la domination des mers. Aujourd'hui, à côté des navires au long cours, des embarcations plus modestes sont conçues pour la navigation côtière ou en eau douce.

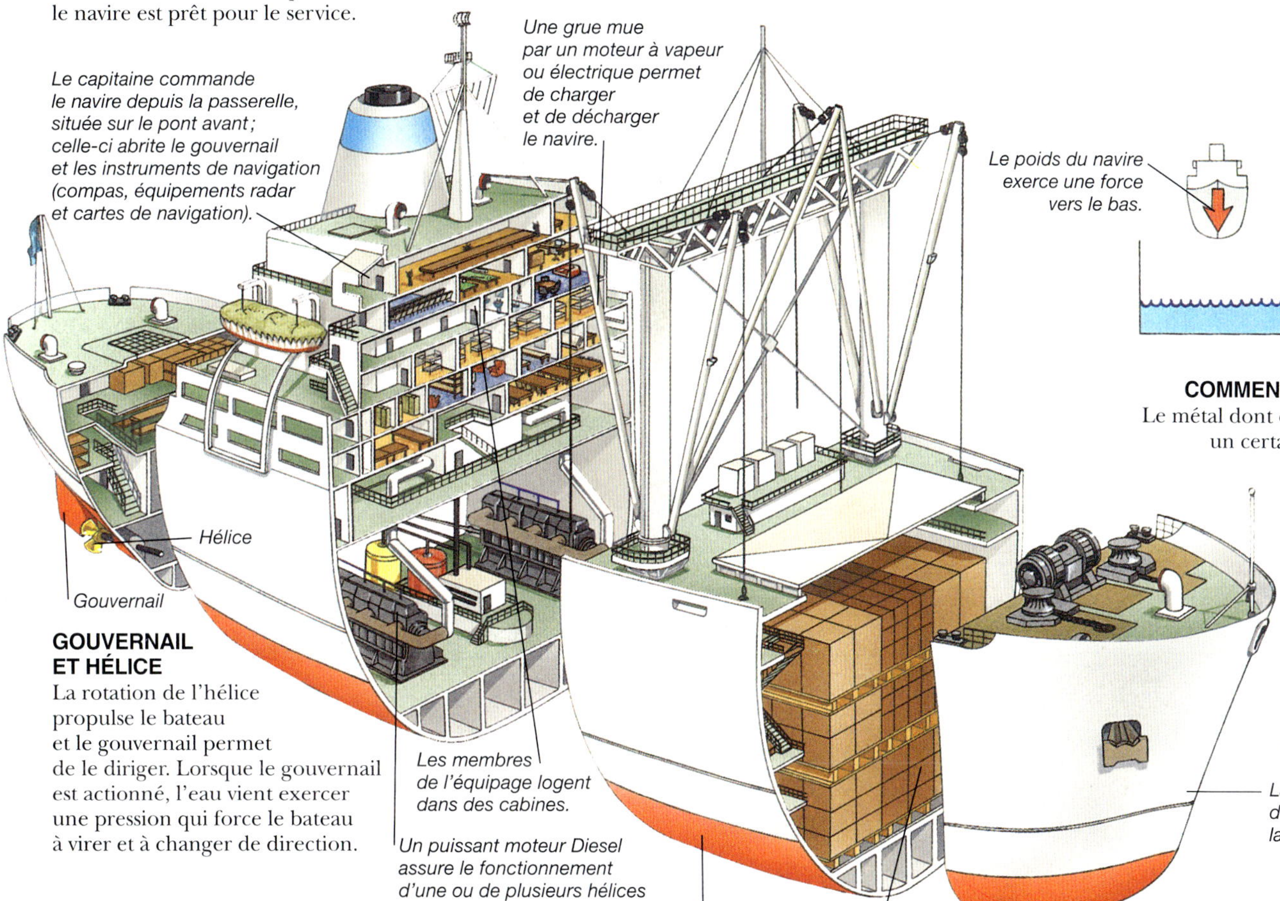

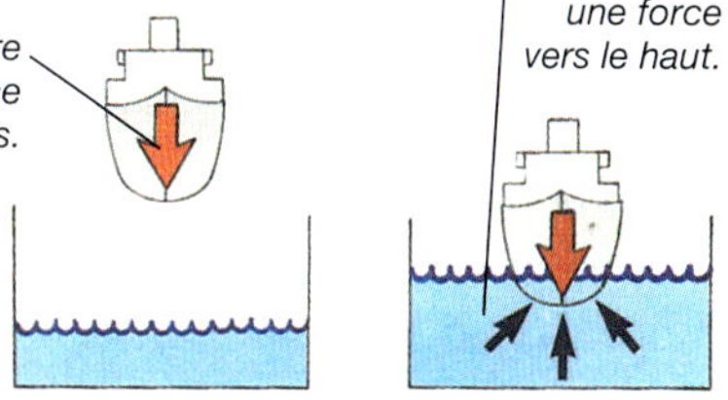

COMMENT FLOTTE UN NAVIRE
Le métal dont est fait un navire exerce un certain poids mais le bateau en lui-même abrite beaucoup d'espaces vides. Si la coque exerce une poussée vers le bas, l'eau en retour renvoie une poussée (ou force) dirigée vers le haut. Cette force compense le poids du navire et lui permet de flotter.

GOUVERNAIL ET HÉLICE
La rotation de l'hélice propulse le bateau et le gouvernail permet de le diriger. Lorsque le gouvernail est actionné, l'eau vient exercer une pression qui force le bateau à virer et à changer de direction.

CARGO PORTE-CONTENEURS

Chaque année, les cargos transportent des millions de tonnes de fret sur tous les océans. Certains, appelés porte-conteneurs, sont chargés de lourdes caisses d'acier qu'on empile dans la soute comme des parpaings. Les plus gros peuvent embarquer plus de 4 000 conteneurs.

TYPES DE NAVIRES

Toutes sortes de navires, des paquebots de croisière aux cargos transportant des marchandises, rallient les différents ports de la planète.

FERRY
Un ferry est un navire de transport mixte embarquant des passagers et des marchandises sur de courtes distances.

PÉTROLIER
C'est une immense citerne flottante. Les moteurs et le pont sont situés à la poupe de façon à augmenter l'espace de stockage.

PAQUEBOT
Ces grands navires embarquent des voyageurs pour des circuits touristiques. Véritables hôtels flottants, ils sont destinés aux croisières.

CHALUTIER
Ces bateaux de pêche à moteur traînent un vaste filet (ou chalut) sur le fond de la mer, pour capturer les poissons évoluant en eaux profondes.

VOGUE L'HISTOIRE !

En 6000 ans, on est passé des radeaux et des bateaux de roseaux aux navires à propulsion nucléaire et aux bateaux en matériaux composites, ultralégers et résistants.

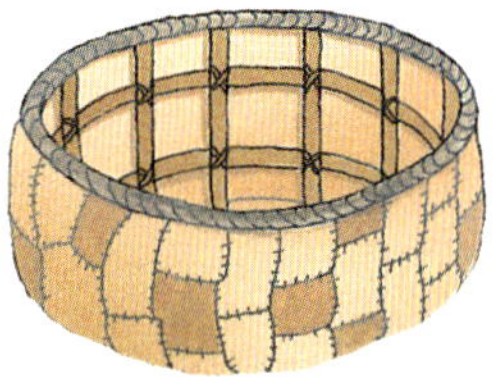

BATEAUX DE PEAUX

Il y a près de 6000 ans, les Égyptiens naviguaient sur des embarcations légères, faites d'une carcasse d'osier recouverte de peaux d'animaux. Vers 3200 av. J.-C. ils inventèrent la voile.

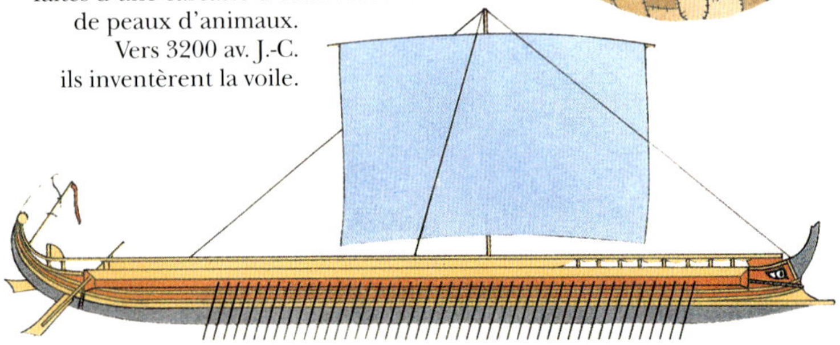

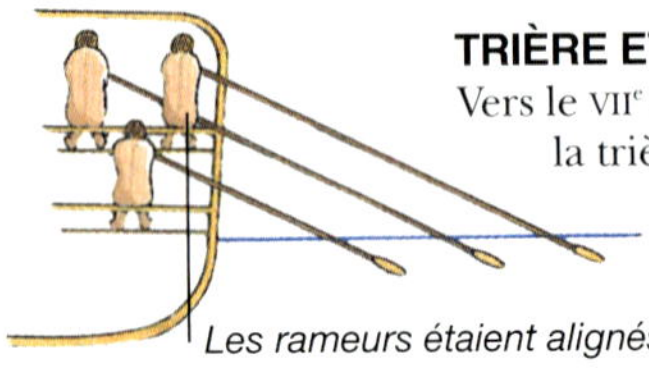

TRIÈRE ET TRIRÈME

Vers le VIIe siècle av. J.-C., les Grecs inventaient la trière, bateau à voiles avec trois rangées de rameurs. La trirème des Romains était destinée au commerce et à la guerre.

Les rameurs étaient alignés sur deux niveaux.

CLIPPEUR

Ces voiliers rapides font leur apparition au XIXe siècle, en plein âge d'or de la navigation à voile. Leur ligne élancée et leurs nombreuses voiles contribuent à accroître leur vitesse. Ces bateaux étaient principalement destinés au commerce.

NAVIRE À VAPEUR

Les transatlantiques à vapeur apparaissent au début du XIXe siècle. Après 1840, l'hélice va remplacer la roue à aubes, qui, associée aux voiles, servait à gagner de la vitesse sous vents forts.

HYDROPTÈRE

Le moteur d'un bateau dépense beaucoup d'énergie pour compenser la force de résistance de l'eau. L'hydroptère est un bateau léger et rapide qui, à grande vitesse, se soulève hors de l'eau en prenant appui sur des ailes portantes. L'hydroptère effleure la surface de l'eau et se comporte alors comme un avion évoluant dans les airs.

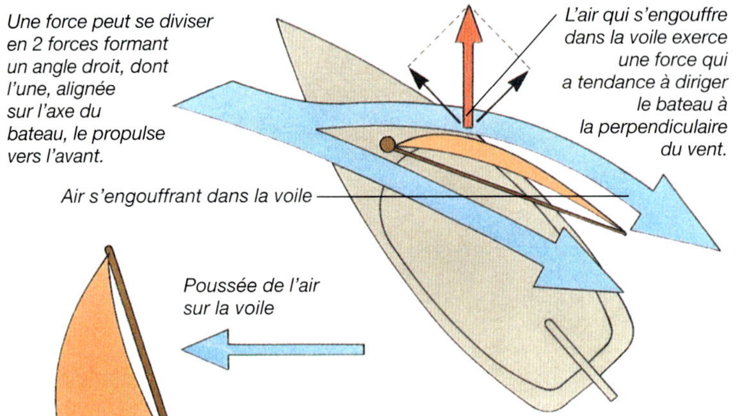

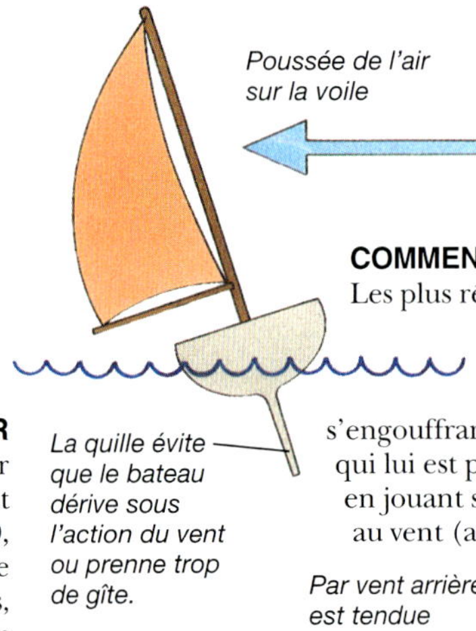

COMMENT DIRIGER UN VOILIER

Les plus récents voiliers peuvent évoluer librement quelle que soit l'orientation du vent. Il en va comme de la portance pour un avion : le vent s'engouffrant dans une voile produit une force qui lui est perpendiculaire. Un voilier se dirige en jouant sur la position de la voile par rapport au vent (allures).

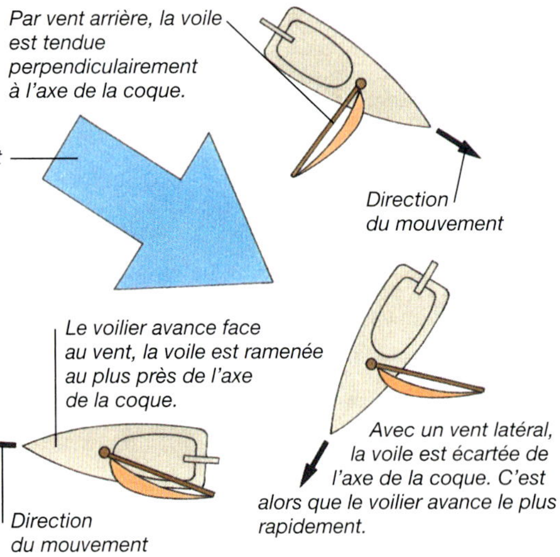

TYPES DE BATEAUX

À chaque bateau son usage. Les yachts vont à la plaisance, les remorqueurs et les bateaux de pêche aux professionnels de la mer travaillant près des côtes.

HORS-BORD

Ces petits bateaux rapides, propulsés par de puissants moteurs Diesel ou à essence, sont sollicités pour la plaisance ou la course.

REMORQUEUR

Ces embarcations guident les gros bateaux en les tirant pour rentrer au port, sortir en haute mer ou évoluer sur les eaux des canaux.

YACHT

Ces bateaux de plaisance, à moteur ou à voile, conçus pour les régates, font appel à des matériaux à la fois légers et résistants.

Pour en savoir plus

LES BATEAUX DE GUERRE
LA MARINE
LA NAVIGATION
PORTS ET CANAUX
LES SOUS-MARINS
VOILE ET CANOË-KAYAK

les Bateaux de guerre

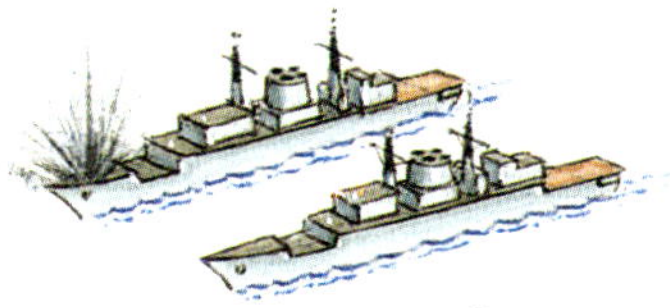

CHAQUE BATEAU de la marine militaire est affecté à une mission particulière. Les porte-avions, sortes de piste d'envol flottantes de près de 300 m de long, peuvent accueillir plus d'une centaine d'avions. Les cuirassés, imposants et lourdement armés, sont équipés de canons puissants d'une portée d'environ 30 km. Les contre-torpilleurs ont pour vocation de protéger la flotte. Les frégates sont généralement armées de missiles. Détecteurs de mines et patrouilleurs évoluent en zones côtières. L'invention des armes nucléaires a modifié les missions de la marine militaire : elle doit à présent localiser et éventuellement attaquer les sous-marins porteurs de missiles. Le recours systématique à l'électronique illustre la sophistication des équipements de détection. L'armement repose désormais sur tout un éventail de missiles guidés et de canons.

FRÉGATE

Ce bâtiment léger et rapide, de taille moyenne, généralement affecté à l'escorte d'autres navires est équipé de détecteurs de sous-marins, de missiles antinavires et de tout un éventail d'armes antiaériennes.

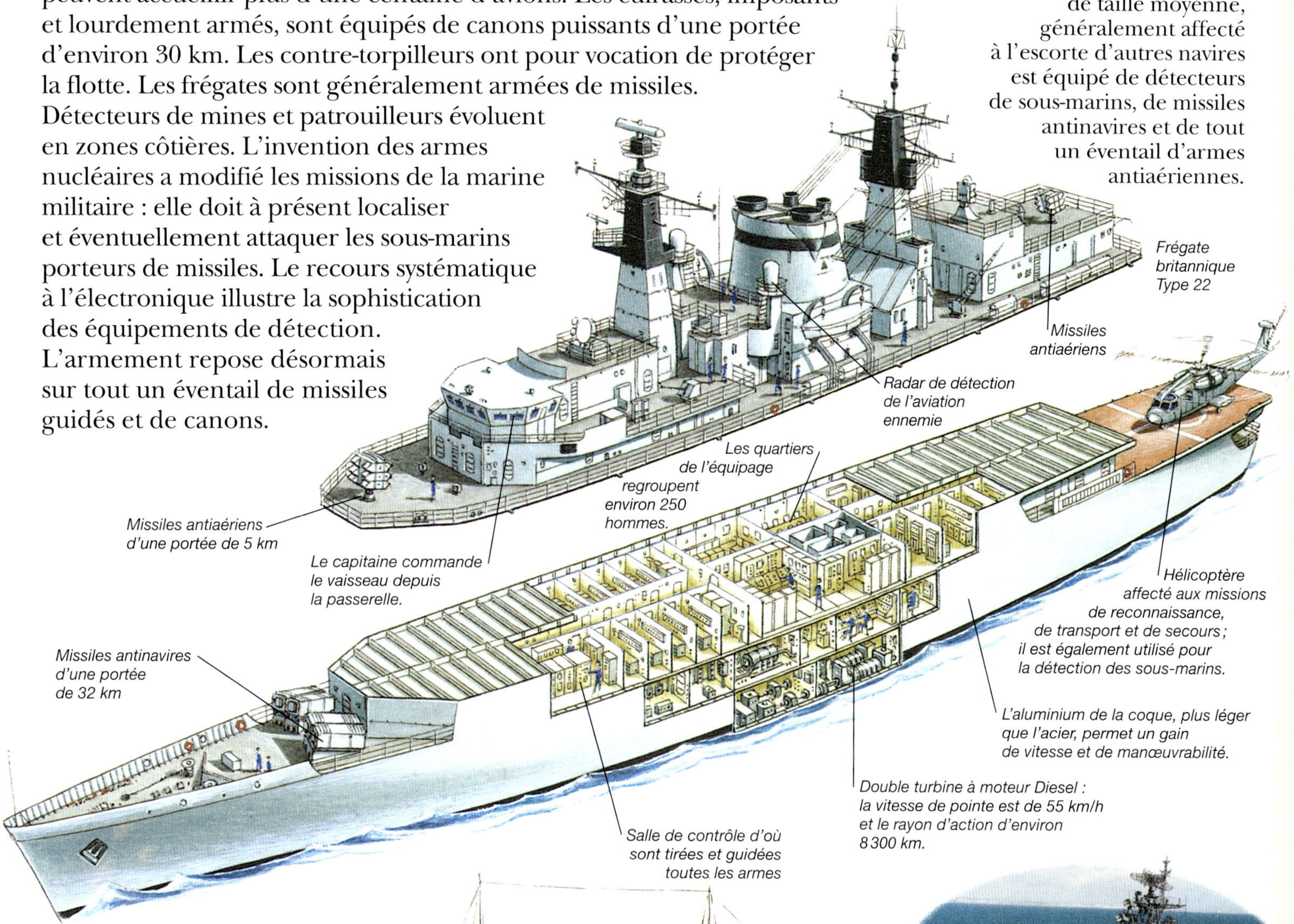

Le premier cuirassé moderne fut un modèle britannique, le Dreadnought, *conçu en 1906. Le bâtiment était armé de puissants canons et protégé par une épaisse coque d'acier.*

FLOTTE MODERNE

De nombreux bateaux de guerre sont aujourd'hui équipés de missiles aussi bien que de canons. Les missiles antiaériens servent à se défendre contre l'aviation ennemie ; les missiles antinavires permettent d'attaquer des navires qui ne sont visibles que sur les écrans radar.

SURVOL HISTORIQUE

Premiers bateaux de guerre, les galères de la Grèce antique et de l'Empire romain, étaient propulsées au moyen de rames et de voiles. L'invention du canon, l'exploitation de la vapeur et l'utilisation de l'acier ont changé la donne. Au cours des deux conflits mondiaux (1914-1918 et 1939-1945), les bateaux sont devenus d'imposantes machines de guerre, ouvrant la voie à la marine militaire contemporaine.

Galion espagnol du début du XVe siècle : ce navire bardé de canons fut utilisé pour conquérir les Amériques et l'Asie.

Au IXe siècle, les Vikings quittaient leur Scandinavie natale à bord de longs drakkars pour piller les pays d'Europe septentrionale.

200 av. J.-C. : la trirème (galère romaine) abritait trois rangées de rameurs. La forme particulière de la proue facilitait l'abordage des vaisseaux ennemis.

Pour en savoir plus

LES ARMES
FUSÉES ET MISSILES
LA MARINE
LA PREMIÈRE GUERRE MONDIALE
LA SECONDE GUERRE MONDIALE
LES SOUS-MARINS

Belettes, hermines et martres

AVEC LEURS DENTS POINTUES et leur corps agile, les belettes, hermines et martres, qui appartiennent à la famille des mustélidés, sont d'excellents prédateurs. Souples, musclées et vives, elles peuvent chasser dans des espaces réduits – un terrier, par exemple. Leur vue et leur ouïe sont bonnes. Leur odorat, excellent, leur permet de déceler à distance l'odeur de leurs proies préférées – les rongeurs, les lapins et les oiseaux. La belette est plus petite que l'hermine et la martre. Mais ses 20 cm de long n'empêchent pas la belette pygmée de tuer des lapins beaucoup plus gros qu'elle. Ces trois petits carnivores se ressemblent. La martre possède une épaisse fourrure brune et une tache jaunâtre sur la poitrine. Les mustélidés comprennent aussi les putois, les furets, les visons, les moufettes, les blaireaux, les loutres et les gloutons. La plupart élèvent leurs petits dans des terriers. Au bout de quelques semaines, les jeunes quittent le terrier pour apprendre à attaquer et à se défendre en jouant à l'air libre.

MARTRE

Bien qu'elle chasse surtout au sol, la martre commune est un bon grimpeur. Elle est si agile en haut des arbres qu'elle attrape facilement un écureuil. Elle se nourrit de coléoptères, de rongeurs, d'œufs d'oiseaux et de poussins, ainsi que de baies.

HERMINE

Au printemps et en été, l'hermine possède un pelage fauve, mais en hiver sa fourrure devient blanche. Hermine est aussi le nom que l'on donne à cette fourrure blanche, qui lui permet, dans les régions les plus froides d'Europe du Nord, d'Amérique du Nord et d'Asie, de se camoufler pour chasser les lièvres variables, les lemmings et les souris dans la neige. Comme tous les mustélidés, elle vole les œufs des oiseaux et traîne dans les poulaillers.

VISON

Avec ses pieds partiellement palmés et son corps souple de 40 à 50 cm de long, le vison est un nageur et un plongeur remarquable. Il vit au bord des lacs et des cours d'eau, et se nourrit d'oiseaux aquatiques, de campagnols et de poissons. On a beaucoup tué les visons sauvages pour leur fourrure magnifique ; aujourd'hui, on en fait l'élevage.

Vison

PUTOIS

Le putois albinos est appelé furet. Il existe trois espèces de putois : le putois d'Europe, le putois des steppes et le putois à pieds noirs (ou putois d'Amérique). Cette dernière espèce est menacée d'extinction, sa principale source de nourriture, le chien de prairie, se faisant de plus en plus rare.

Putois à pieds noirs

BELETTE COMMUNE

Avec son corps long et fin et ses pattes courtes, la belette commune peut pénétrer dans un terrier ou dans une galerie pour s'emparer de sa proie. Elle est si longiligne et si agile qu'elle peut faire facilement demi-tour une fois entrée. Prédateur redoutable, elle déchiquette un petit rongeur en quelques secondes avec ses dents et ses griffes.

Belette commune

Pour en savoir plus

BLAIREAUX ET MOUFETTES
LES ESPÈCES ANIMALES
LES ESPÈCES EN VOIE DE DISPARITION
LAPINS ET LIÈVRES
LES MAMMIFÈRES

http://www.e-scio.net

le Big-bang

IL Y A 15 MILLIARDS D'ANNÉES, une formidable explosion était à l'origine de l'Univers. Georges Lemaitre (1894-1966) fut le premier scientifique à exposer cette étonnante théorie, connue sous le nom de big-bang. Son hypothèse s'appuyait sur les travaux de l'astrophysicien Edwin Hubble (1889-1953) qui démontra que l'Univers était en expansion. En se fondant sur ce principe, on pouvait en déduire que le cosmos tout entier s'était formé à partir d'un point unique. Mais quelle était la nature de ce point? Les scientifiques parlent de « singularité » – un point minuscule d'une telle densité qu'il concentrait à lui seul toute la matière de l'Univers!

Dans les minutes qui suivirent l'explosion, un immense nuage de gaz entra en expansion. Des millions d'années plus tard, se formèrent les premières galaxies, étoiles et planètes.

FRED HOYLE
Pour l'astrophysicien Fred Hoyle (1915-2001) la théorie du big-bang n'était pas vraisemblable. Le scientifique lui préférait celle de la création continue et d'un Univers sans début ni fin.

B

DÉCALAGE VERS LE ROUGE
L'effet Doppler peut être décrit comme un « décalage vers le rouge ». Les astronomes ont démontré que les ondes lumineuses émises par beaucoup d'étoiles sont plus rouges qu'elles ne devraient. Ce phénomène indique que la distance séparant ces étoiles de la Terre est en train de croître, donc que l'Univers est toujours en expansion.

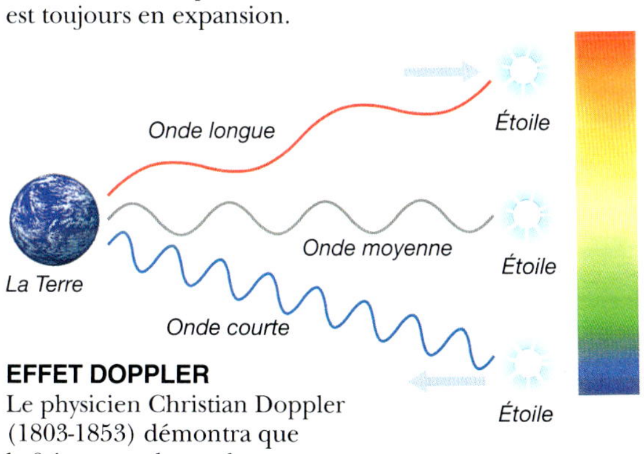

Les longueurs d'onde du rayonnement électromagnétique dont l'amplitude augmente se décalent vers l'extrémité rouge du spectre visible.

Si l'amplitude de ces longueurs d'onde reste stable et régulière la lumière reste blanche.

Les longueurs d'onde du rayonnement électromagnétique dont l'amplitude diminue se décalent vers l'extrémité bleue du spectre visible.

EFFET DOPPLER
Le physicien Christian Doppler (1803-1853) démontra que la fréquence des ondes sonores augmente lorsque la source s'approche du récepteur et qu'elle diminue lorsque la source s'éloigne du récepteur. Ainsi la hauteur du son perçu pouvait être modifiée. Ce principe s'applique au rayonnement magnétique des étoiles.

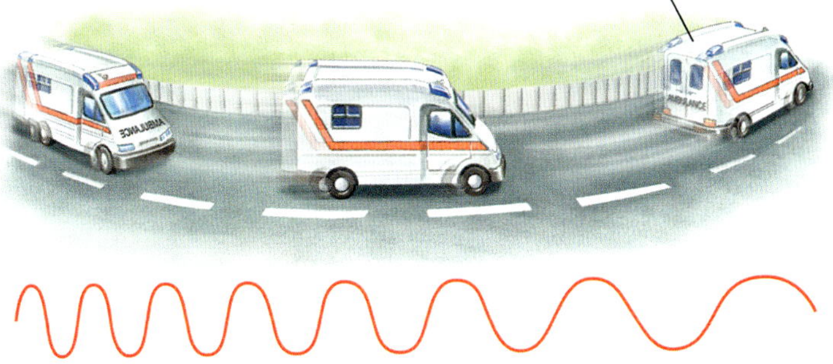

L'amplitude des ondes émises par une sirène d'ambulance augmente lorsque le véhicule s'éloigne et leur fréquence diminue.

L'amplitude des ondes émises par une sirène d'ambulance diminue lorsque le véhicule s'approche et leur fréquence s'élève.

GENÈSES
Après le big-bang, l'expansion dans toutes les directions de nuages de gaz s'accompagne d'une chute des températures. Les gaz se condensent en particules qui, animées de mouvements giratoires, se transforment en galaxies. À l'intérieur des galaxies, les particules s'agglutinent en étoiles. Certaines réunissent autour d'elles des planètes.

Pour en savoir plus
L'ASTRONOMIE
LES ÉTOILES
LA PHYSIQUE
L'UNIVERS

la Biologie

LE MONDE NATUREL est fait de merveilles et de mystères comme en témoignent la palette de couleurs d'une fleur, la splendeur du plumage d'un paon ou encore la magie de la naissance d'un enfant… La biologie est la science qui étudie le monde vivant, des micro-organismes aux baleines. Elle s'intéresse aux plantes et aux animaux ainsi qu'à leur environnement ou habitat. Il s'agit de comprendre leurs modes de développement, d'alimentation, de locomotion, de reproduction et leur évolution sur une longue période. Parce qu'elle aborde un large éventail de domaines et s'attache à des millions d'espèces animales et végétales, la biologie se divise en plusieurs branches spécialisées. Ainsi l'anatomie analyse la structure des êtres vivants, tandis que la physiologie se penche sur leur fonctionnement. La biologie se retrouve dans d'autres sciences et intéresse tous les milieux professionnels liés au monde vivant, comme l'agriculture, l'écologie ou la médecine.

BOTANIQUE
La botanique est l'étude des végétaux. C'est l'une des deux principales branches de la biologie.

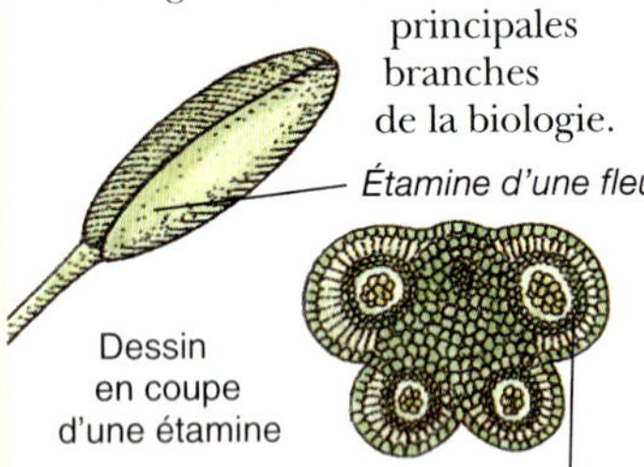

Étamine d'une fleur

Dessin en coupe d'une étamine

Les biologistes étudient la structure des plantes et leur reproduction.

LABORATOIRES
Un biologiste travaille dans une pièce spécialement équipée appelée laboratoire. Ces scientifiques font appel à différentes techniques d'observation pour étudier les plantes et les animaux. Ils pratiquent la dissection de spécimens ou utilisent des microscopes pour explorer ce qui ne se voit pas à l'œil nu, comme la structure de micro-organismes comme les cellules ou les bactéries.

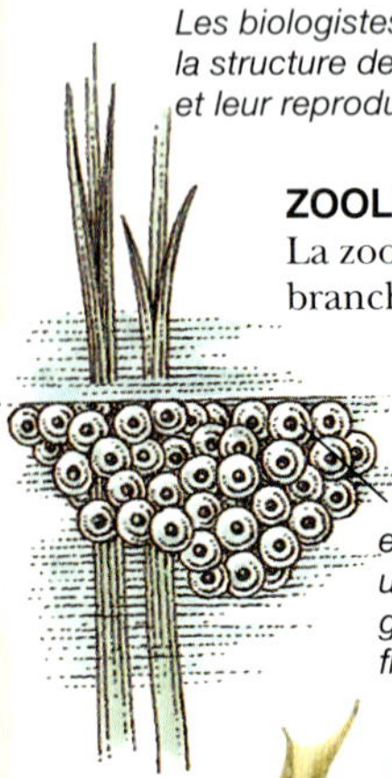

ZOOLOGIE
La zoologie est l'autre branche de la biologie.

Le frai de grenouille est constitué par un chapelet d'œufs gélatineux fraîchement pondus.

La zoologie étudie la vie et le développement des animaux.

LA BIOLOGIE AU QUOTIDIEN

Les processus biologiques envahissent notre quotidien. Prenons l'exemple de la pâte à pain qui lève lorsqu'elle repose au chaud. En fait, ce phénomène est dû à la levure contenue dans la pâte, qui, en fermentant, entraîne la formation de bulles de gaz.

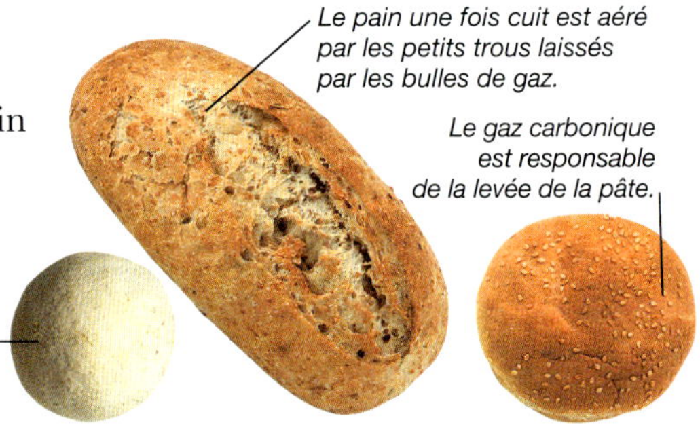

Le pain une fois cuit est aéré par les petits trous laissés par les bulles de gaz.

Le gaz carbonique est responsable de la levée de la pâte.

La levure est constituée d'organismes monocellulaires qui agissent pendant la phase de préparation de la pâte en libérant des bulles de gaz carbonique.

HISTOIRE DE LA BIOLOGIE

Le philosophe grec Aristote fut le précurseur de la biologie. Il s'intéressa dès 350 av. J.-C. à l'étude des animaux et notamment des oiseaux. Au XVIIe siècle, le scientifique anglais Robert Hooke découvrit les cellules grâce à l'invention du microscope. En 1953, les biologistes Francis Crick, James Watson et Maurice Wilkins mettent en évidence la structure de l'ADN (acide désoxyribonucléique) qui assure le contrôle de l'activité des cellules et la transmission du patrimoine héréditaire.

Le biochimiste Francis Crick (à gauche) et le biologiste James Watson

Piéride d'Amérique centrale et d'Amérique du Sud

Thècle d'Hewitson d'Amérique du Sud

TAXONOMIE
Les biologistes classent les plantes et les animaux en différents groupes, de façon à mieux saisir les relations qui les unissent. Cette classification est appelée taxonomie. Ainsi, les papillons et les papillons de nuit appartiennent au même groupe taxonomique, celui des lépidoptères.

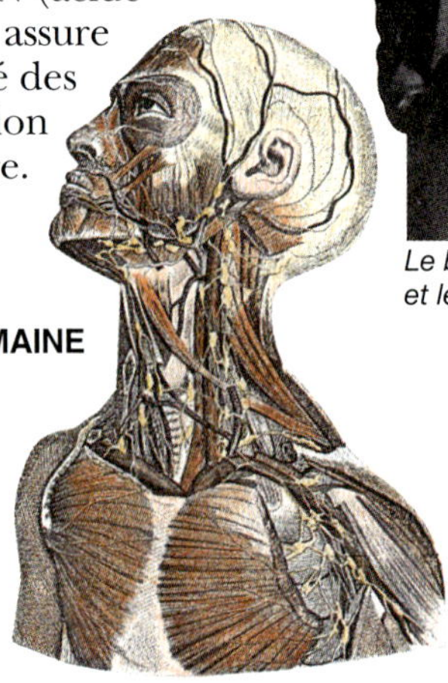

BIOLOGIE HUMAINE
La biologie humaine s'attache à l'étude des différents systèmes du corps humain. On distingue, les systèmes digestif, urinaire, circulatoire, respiratoire, reproductif, endocrinien, lymphatique, tégumentaire, nerveux, musculaire et osseux.

Pour en savoir plus

LA CHIMIE
LE CORPS HUMAIN
CHARLES DARWIN
LA GÉNÉTIQUE
LES PLANTES
LA REPRODUCTION
LA THÉORIE DE L'ÉVOLUTION

Blaireaux et moufettes

BLAIREAUX ET MOUFETTES appartiennent à la famille des mustélidés et se rencontrent en Europe, en Amérique du Nord et en Afrique. Les blaireaux sont des animaux robustes, massifs et bas sur pattes, au corps trapu et musclé. Ils utilisent leurs griffes puissantes pour creuser des terriers où ils vivent le jour. Leur épaisse fourrure est brune, blanche et noire. Comme les blaireaux, les moufettes possèdent des marques noires et blanches, mais leur queue est grande et touffue. Elles habitent dans les régions boisées d'Amérique du Nord et du Sud. Il en existe trois espèces : la moufette commune (ou rayée), la moufette tachetée et la moufette à nez de cochon. La première et la troisième vivent dans des terriers, la deuxième dans les arbres. Blaireaux et moufettes chassent de préférence à l'aube et au crépuscule, dans la pénombre. Ils ont un moyen efficace d'éloigner les prédateurs : ils projettent un liquide nauséabond, sécrété par leurs glandes anales.

TERRIER

Les blaireaux vivent en famille dans des terriers qu'ils creusent dans les talus ou entre les racines des arbres. Au fil des années, ils étendent leur réseau de terriers. Un grand terrier peut dater d'un siècle, posséder plus de 20 entrées et abriter jusqu'à 15 individus. Les blaireaux changent régulièrement les végétaux qui tapissent leurs chambres – herbes, feuilles et mousses.

RATEL

Le ratel d'Afrique se nourrit de miel. Il se fait conduire jusqu'aux ruches par un oiseau appelé indicateur, puis utilise ses griffes puissantes pour détruire les nids et manger le miel. Grâce à son épaisse fourrure et à sa peau lâche, il semble insensible aux piqûres des abeilles et des guêpes.

Les blaireaux sont facilement reconnaissables à leurs marques noires et blanches.

MOUFETTE

Les marques blanches et noires assez spectaculaires de la moufette commune avertissent les autres animaux qu'ils risquent d'être aspergés par le liquide nauséabond que ses glandes anales sécrètent. Ce liquide irritant, s'il touche aux yeux le prédateur, peut le rendre temporairement aveugle. Il existe treize espèces de moufettes. Elles se nourrissent de petits mammifères, d'insectes, d'œufs d'oiseaux et de fruits.

La moufette trépigne sur ses pattes antérieures pour prévenir le prédateur qu'elle s'apprête à l'asperger.

Blaireau chinois

Blaireau d'Amérique

MARQUES

Blaireaux et moufettes possèdent des marques sur la face ou les flancs qui les camouflent dans la pénombre en fragmentant leur silhouette. Comme aucun blaireau ni aucune moufette n'a les mêmes marques, ils peuvent se reconnaître individuellement.

JEUNES BLAIREAUX

Deux ou trois jeunes naissent à la fin de l'hiver ou au début du printemps. Ils jouent à l'entrée du terrier durant l'été.

Pour en savoir plus

LES ESPÈCES ANIMALES
LES MAMMIFÈRES
NIDS ET TERRIERS

Le Bouddhisme

L'UNE DES GRANDES religions du monde, le bouddhisme, vit le jour en Inde, il y a 2500 ans environ. Elle s'est répandue, et l'on rencontre aujourd'hui plus de 350 millions de bouddhistes, principalement en Asie. Tous suivent les enseignements du Bouddha, nom qui signifie « l'illuminé ». Bouddha lui-même naquit vers 563 av. J.-C. Il s'appelait à l'origine Siddharta ; c'était un riche prince qui fut horrifié par les souffrances du monde. Il quitta famille et richesses, prit le nom de Gautama et commença à méditer. Après trois ans, il trouva l'illumination (ou compréhension totale), devint moine et voyagea beaucoup pour transmettre ses idées. Les bouddhistes croient que chacun renaît une fois que son ancien corps est mort. La qualité de cette nouvelle vie dépend du karma de l'individu. Le karma est la somme des actions bonnes et mauvaises commises pendant la vie qu'il vient de quitter. Le bouddhisme vise à la paix absolue (état appelé nirvana). Le Bouddha enseignait que le nirvana ne peut être atteint qu'en suivant la voie octuple : justesse de vue, intention, parole, action, moyens d'existence, concentration, attention et effort.

PAGODE D'OR

Les temples bouddhistes contiennent généralement des reliques du Bouddha, telles que robe ou sandales. Certains, comme le Pavillon d'or, à Kyoto (Japon), sont de magnifiques bâtiments incrustés d'or et décorés de diamants.

BOUDDHAS

Bien que de tailles très variées, les images du Bouddha se ressemblent toutes. Elles représentent le Bouddha assis sur une fleur de lotus. À la maison, un petit bouddha fait partie d'un autel. Cette image rappelle aux disciples la bonté du Bouddha et les aide à méditer et à prier.

Les bouddhistes brûlent de l'encens sur l'autel et y déposent des offrandes de fleurs.

FÊTES BOUDDHISTES

JOUR DE LA BODHI Le jour où Gautama devint Bouddha.
PARINIRVANA Passage du Bouddha au nirvana.
VESAKHA PUJA Fête de trois jours, célébrant les principaux événements de la vie du Bouddha.
JOUR DU DHARMACHAKRA Commémore le premier sermon du Bouddha.

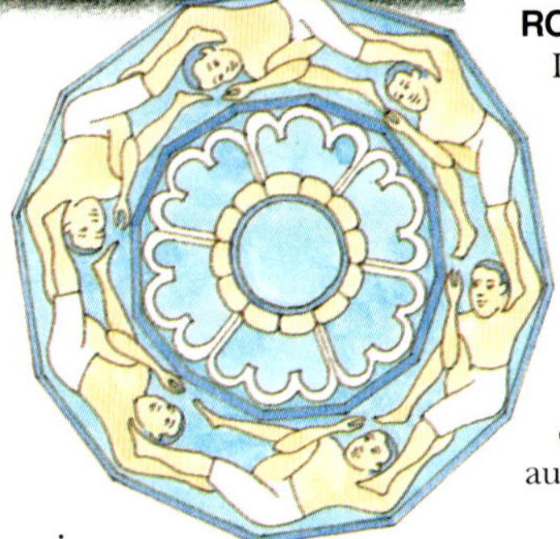

ROUE DE LA VIE

Le bouddhisme partage avec l'hindouisme la croyance en la roue de la vie, également appelée roue de la loi. C'est le cycle continu des renaissances emprisonnant ceux qui n'ont pas encore atteint le nirvana. Les rayons de la roue rappellent au bouddhiste la voie octuple.

MOINES

Les moines bouddhistes abandonnent toutes leurs possessions. Ils ne gardent que leurs robes jaune safran, une aiguille, un rasoir, une passoire et un grand morceau de tissu pour recevoir les dons. Les moines passent leur vie à prier, à enseigner et à méditer. Chaque jour, ils sortent collecter leur nourriture. Dans certains pays bouddhistes, les garçons passent une brève période de leur scolarité dans un monastère.

Pour en savoir plus

L'ASIE (GÉOGRAPHIE)
LA CHINE (GÉOGRAPHIE)
L'HINDOUISME
LE JAPON (GÉOGRAPHIE)
LES RELIGIONS

la Bourse

BOURSE DANS UN CAFÉ
En 1760, les opérateurs anglais se réunissaient pour acheter et vendre des actions dans un café appelé Jonathan's Coffee House. En 1773, ce café est devenu le marché boursier de Londres. Le palais Brongniart (la Bourse de Paris) a été construit en 1807.

LA BOURSE EST UN MARCHÉ sur lequel des valeurs mobilières s'achètent et se vendent. Le public n'est pas autorisé à pénétrer dans une Bourse. L'achat et la vente de titres se font par des intermédiaires appelés opérateurs. Si vous voulez acheter ou vendre des actions, vous devez demander à un opérateur de le faire à votre place. Une action est un titre de propriété, c'est-à-dire un document qui prouve que vous avez investi de l'argent dans une société. La plupart des sociétés mettent en vente des actions auprès du public pour financer le développement de leurs activités. Et le public achète des actions dans l'espoir de voir leur valeur augmenter : il pourra alors les revendre plus cher. La première Bourse de valeurs a été fondée en 1531 à Anvers, en Belgique. Aux États-Unis, la Bourse de New York a été créée en 1792, à Wall Street, une rue de la ville où les opérateurs se réunissaient sous un platane. Aujourd'hui les plus grandes Bourses du monde sont à Tokyo, Londres, New York et Paris.

KRACH DE 1929
En 1929, les cours des actions des sociétés américaines ont chuté brusquement, paralysant la Bourse de New York. Les sociétés cotées en Bourse ont fermé et des millions de personnes ont perdu leur emploi.

TRANSACTIONS BOURSIÈRES

Traditionnellement, les opérateurs travaillaient dans des espaces compartimentés, appelés parquets. À l'extérieur, d'autres opérateurs leur communiquaient les ordres des clients. Chaque parquet s'occupait d'échanger les titres d'un type de société donné. Aujourd'hui, les transactions se font surtout par téléphone, fax ou courriel.

Les opérateurs de la Bourse de New York achètent et vendent sur ordre de leurs clients.

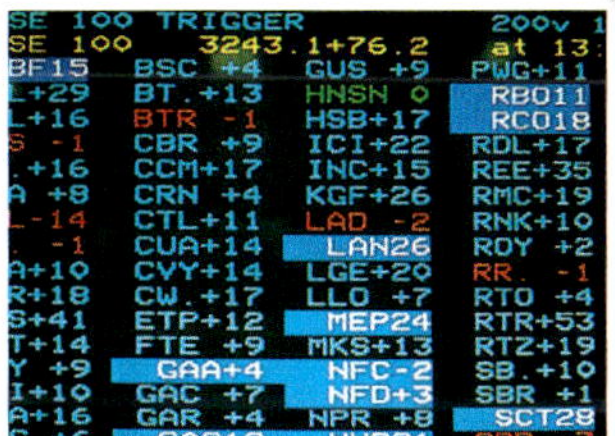

INDICES BOURSIERS
À l'intérieur d'une Bourse, de gigantesques dispositifs électroniques indiquent les cours (les prix) des valeurs mobilières. Ils permettent de voir la tendance générale du marché d'un seul coup d'œil, en établissant une moyenne appelée indice. L'unité de compte utilisée est le point. L'indice peut monter et baisser tous les jours. On parle de marchés en baisse et de marchés en hausse.

CONSULTER LA PRESSE FINANCIÈRE
Grâce aux technologies de l'information, l'achat d'actions est devenu plus facile et plus rapide. Certains salariés reçoivent une partie de leur rémunération en actions de leur entreprise. Tout le monde peut suivre l'évolution des actions en consultant les listes des cours publiées tous les jours dans la presse financière.

ACHETER À TERME
Dans un contrat à terme, quelqu'un s'engage à acheter quelque chose à une date ultérieure et à un prix convenu d'avance. Par exemple, vous vous engagez en 2008 à acheter du café ou des oranges en 2009. Si à cette date le prix est plus élevé que celui fixé au départ, vous êtes gagnant.

Pour en savoir plus
L'ARGENT
L'ASIE (HISTOIRE)
BOUTIQUES ET GRANDES SURFACES
COMMERCE ET INDUSTRIE

Boutiques et grandes surfaces

CAURI
Le cauri est un coquillage qui servait autrefois de monnaie dans les îles du Pacifique, en Inde et en Afrique noire.

LES PREMIÈRES BOUTIQUES SONT APPARUES avec l'introduction de la monnaie dans la Chine ancienne. Auparavant, les hommes recouraient au troc : ils échangeaient leurs récoltes ou des objets qu'ils avaient fabriqués contre les produits dont ils avaient besoin. Les premiers commerces étaient spécialisés : le boucher vendait de la viande et le boulanger du pain. Le premier grand magasin (un établissement de vente au détail proposant de nombreux articles différents) a ouvert ses portes à Paris, en 1850. Les libres-services ont vu le jour aux États-Unis dans les années 1930 : le client se sert lui-même, en choisissant des produits préemballés dans les rayons. Les supermarchés modernes ont des parkings : les consommateurs utilisent des Caddie pour faire leurs courses une fois par semaine plutôt que tous les jours. Aujourd'hui, vous pouvez même rester chez vous et effectuer des achats par correspondance (courrier, téléphone) ou par Internet (commerce électronique).

MARCHANDS MÉDIÉVAUX
Au Moyen Âge, les clients aimaient tester les produits et discuter le prix (marchander) avec le commerçant. Des colporteurs proposaient leur marchandise d'un village à l'autre.

VENTE PAR CORRESPONDANCE
La VPC est née il y a plus d'un siècle pour répondre aux besoins des populations qui vivaient dans des régions isolées, loin de tout commerce.

MAGASINS FRONTALIERS
Les premiers colons américains s'approvisionnaient en denrées alimentaires et en outils de toutes sortes dans les magasins situés à la limite des terres colonisées. Mais le choix était restreint et les produits n'étaient pas conditionnés. Les stocks étaient souvent épuisés et parfois les clients ne réglaient leurs dettes qu'après avoir vendu leurs récoltes.

CENTRE COMMERCIAL
Un centre commercial regroupe de très nombreux magasins, divers services et des restaurants. C'est un lieu climatisé qui comprend plusieurs étages et doit être le plus accueillant possible pour attirer les clients.

MARCHÉS
Partout dans le monde, des lieux publics accueillent des marchés. Les paysans y vendaient le surplus de leur récolte. Puis les marchés se sont développés aux carrefours des grandes routes commerciales.

CODE-BARRES
Des mentions et des barres verticales noires et blanches figurent aujourd'hui sur les emballages des produits. Lors du passage en caisse, un lecteur optique lit le code-barres pour identifier l'article, afficher son prix et permettre la gestion informatisée du stock.

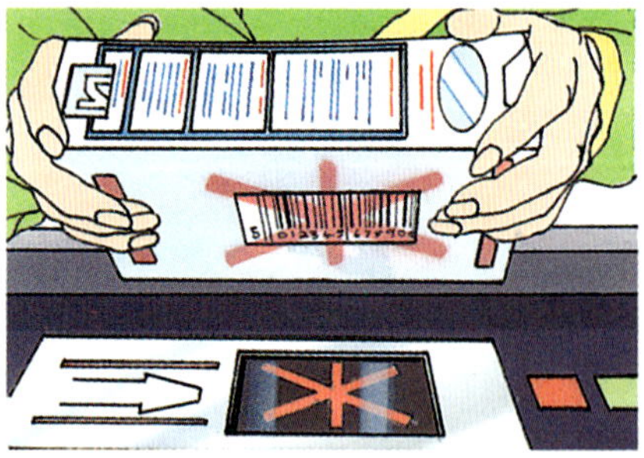

CAISSE ENREGISTREUSE
La caisse enregistreuse a été inventée aux États-Unis, dans l'Ohio, en 1879. Chaque vente était enregistrée et la monnaie protégée dans le tiroir-caisse. Les caisses électroniques actuelles impriment un ticket de caisse.

Pour en savoir plus

L'ARGENT
COMMERCE ET INDUSTRIE
LA PUBLICITÉ

les Bovins

CHAQUE FOIS que nous buvons du lait, nous pouvons remercier les vaches laitières : elles nous donnent des millions de litres de lait par an, avec lesquels nous fabriquons ainsi des produits laitiers. La vache à lait n'est qu'un membre de la grande famille des bovidés et de la sous-famille des bovins. Les hommes ont domestiqué les bovidés il y a environ 5 000 ans. Aujourd'hui, ils les élèvent sur tous les continents pour leur viande, leur lait et leur cuir. Il existe de nombreuses espèces de bovins, mais toutes possèdent des cornes, des sabots fourchus et vivent en troupeaux. Les bovins sont également appelés ruminants à cause de leur mode de digestion particulier. Le buffle d'eau d'Asie centrale et du Sud-Est et l'anoa de l'île des Célèbes, en Indonésie, sont des bovidés sauvages.

VACHE SACRÉE
Parce qu'elles nourrissent les hommes, les vaches sont sacrées dans certaines régions d'Asie. Ci-dessus, la déesse indienne Parvati est assise sur une vache.

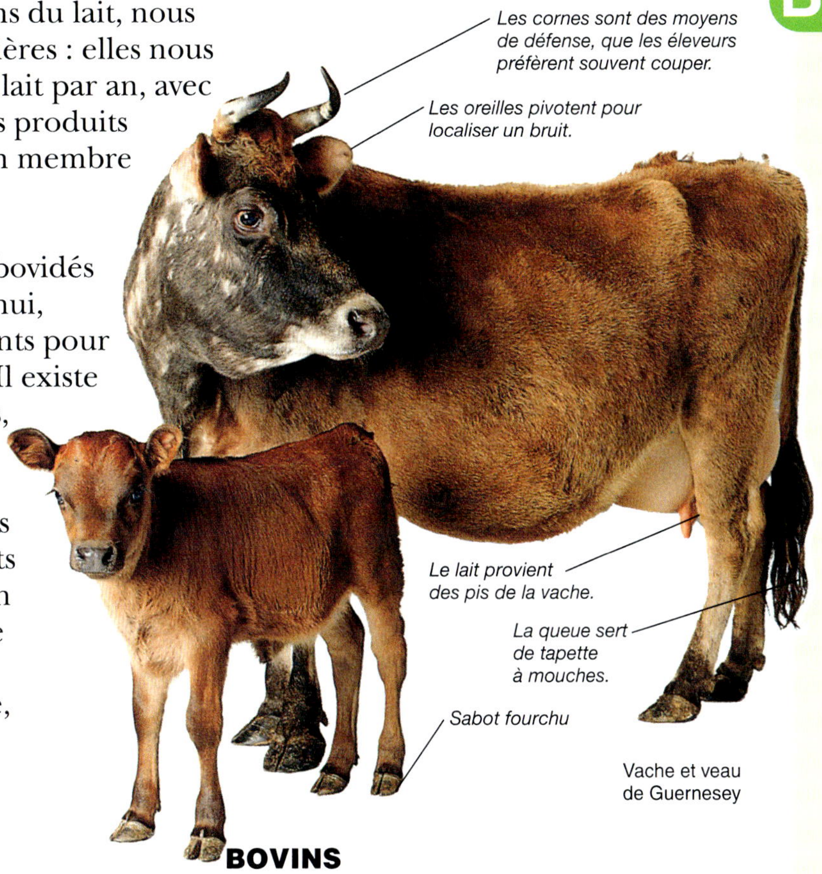

Vache et veau de Guernesey

RUMINATION
Les bovins possèdent un estomac à quatre poches. Ils avalent de l'herbe sans la mâcher et l'emmagasinent dans leur panse (ou rumen). Puis ils la régurgitent sous forme de boulettes, qu'ils mâchent, avant de les avaler et de les faire descendre dans le bonnet. La nourriture passe ensuite dans le feuillet et la caillette, où elle est digérée sous l'action du suc gastrique. Grâce à cette digestion complexe, le ruminant peut transformer tous les éléments nutritifs de ses aliments.

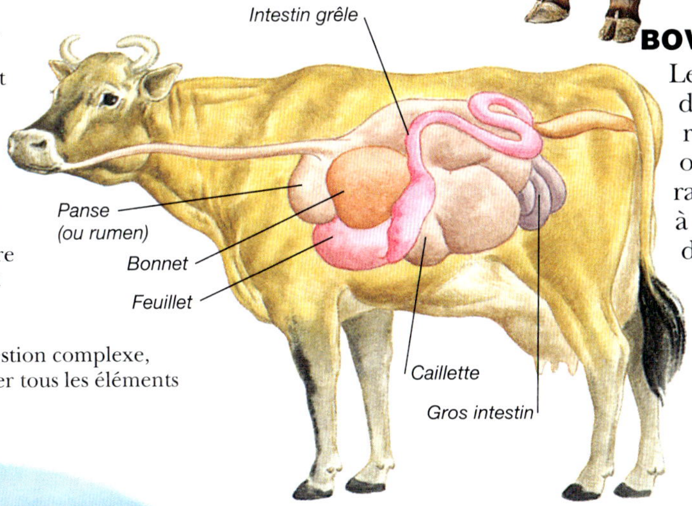

Les aliments mettent plus de trois jours à traverser l'appareil digestif.

BOVINS
Les bovins (1,4 milliard d'individus) descendent de l'aurochs, un bœuf sauvage dont le dernier représentant est mort en 1617. Les éleveurs ont progressivement développé différentes races domestiques, chacune adaptée à un climat donné et fournissant de la viande, du lait ou du cuir. En France, les vaches bretonnes, normandes et flamandes sont les meilleures laitières, la charolaise et la limousine des races à viande.

BISON
Les bisons parcouraient autrefois les plaines d'Amérique du Nord par millions. Mais il y a un siècle, les colons les avaient si bien massacrés qu'il n'en restait plus que 500. Actuellement, on estime à environ 300 000 le nombre de bisons vivant en Amérique. Le bison d'Europe, plus petit que le bison d'Amérique, fait l'objet d'un élevage en captivité, ce qui sauve la race menacée d'extinction.

BUFFLE
En Asie, en Europe, en Afrique du Nord et en Amérique du Sud, les buffles d'eau sont utilisés comme animaux de trait et fournissent à l'homme de la viande et du lait. Avec leurs larges sabots et leurs pattes trapues, ils se déplacent facilement dans la boue et le long des lacs et des cours d'eau. Ils sont souvent utilisés dans les rizières.

Bison d'Amérique

Pour en savoir plus
L'AGRICULTURE (DÉFINITION)
L'AMÉRIQUE DU NORD (FAUNE ET FLORE)
LES ANIMAUX DE LA FERME
LES ESPÈCES ANIMALES
LES MAMMIFÈRES

http://www.bresilbresils.org

le Brésil

Le Brésil a des frontières communes avec tous les pays d'Amérique du Sud, sauf le Chili et l'Équateur. Sa côte atlantique est longue de 7 400 km.

LE PLUS GRAND PAYS d'Amérique du Sud est une terre de contrastes. Le sud est dominé par les prairies vallonnées du plateau du Brésil, tandis que des déserts arides s'étendent au nord-est. Les trois cinquièmes de la superficie du pays sont couverts par la plus grande forêt tropicale du monde, qui forme le bassin hydrographique de l'Amazone, premier fleuve du monde par sa longueur. La forêt est de plus en plus déboisée pour l'agriculture, l'élevage de bétail, l'industrie minière et celle du bois, la population en croissance rapide exploitant les terres de façon intensive. La pauvreté rurale pousse de nombreux paysans à s'installer dans les villes surpeuplées. São Paulo, qui a l'expansion la plus rapide du continent, est un important centre industriel. Le Brésil fut colonisé au XVIe siècle par les Portugais, qui firent venir des esclaves africains pour travailler sur les plantations de canne à sucre. Aujourd'hui, le Brésil est le plus grand pays catholique du monde et présente un mélange vivant de cultures indiennes, portugaises et africaines.

RIO DE JANEIRO

Rio de Janeiro s'étend sur plusieurs baies, îles et collines de la chaîne côtière atlantique. La ville est dominée par la forme reconnaissable du Pain de sucre et la monumentale statue du Christ rédempteur. Fondée par les Portugais en 1565, elle fut capitale du Brésil de 1763 à 1960. Aujourd'hui, cette ville en expansion rapide est un important port international ainsi qu'un centre commercial, industriel et culturel. Elle est également célèbre pour ses plages, son carnaval annuel et sa vie nocturne.

BIDONVILLES

Pour beaucoup de paysans pauvres et sans terre, les villes paraissent une chance d'avoir un emploi et une vie meilleure. Pourtant, le manque de logements dans les principales villes a entraîné le développement des favelas. Ces bidonvilles de bois et de tôle s'étendent sur des terres impropres à d'autres usages.

Environ 25 % du café mondial vient du Brésil. Il est cultivé dans les terres chaudes et fertiles du centre et du sud.

RUÉE VERS L'OR

La richesse minérale du Brésil va du fer et de l'étain à l'or et aux pierres précieuses (diamants et topazes). Depuis les années 1980, des milliers de prospecteurs ont afflué dans la région de la Serra Pelada, creusant les collines à mains nues pour trouver de l'or.

CARNAVAL DE RIO

Chaque année, juste avant le carême, Rio de Janeiro est envahie de couleurs et de spectacles. D'immenses parades serpentent à travers la ville pendant cinq jours. Chanteurs, musiciens et danseurs aux costumes brillants emplissent les rues au son de la samba.

Les participants au carnaval rivalisent pour décrocher le prix du costume le plus extravagant et du char le mieux décoré.

Des nuées de chercheurs d'or (ou garimpeiros) couvrent cette colline brésilienne. Ils taillent le roc à coups de pioche dans l'espoir de faire fortune.

FORÊT AMAZONIENNE

La plus grande forêt tropicale subsistant sur notre planète est située dans le bassin de l'Amazone. C'est l'habitat le plus biologiquement diversifié du monde, puisqu'il abrite des millions d'espèces de plantes et d'animaux. Les scientifiques estiment que plus de 2000 espèces peuvent vivre dans un seul arbre. La température moyenne est de 26 °C et les précipitations annuelles peuvent atteindre 2000 mm, emportant la terre dès qu'elle n'est plus retenue par les arbres et les plantes. L'agriculture et l'industrie du bois détruisent la forêt, qui disparaît à jamais.

Conséquences de la déforestation des régions équatoriales : les fortes pluies érodent le sol, laissant un désert vert ; les récoltes ne poussent pas dans ces conditions et de nombreux animaux perdent leur habitat naturel.

Les bois tropicaux sont une ressource précieuse et les grandes compagnies d'abattage sont responsables de la perte d'une importante part de la forêt tropicale. Quand des paysans sans terre s'installent dans la forêt amazonienne, ils défrichent et cultivent la terre, qui dégénère en broussailles ou est vendue à des éleveurs de bétail.

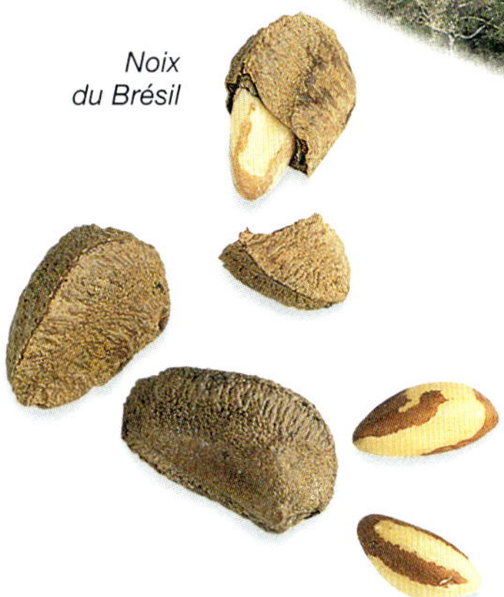

Noix du Brésil

RESSOURCES FORESTIÈRES

La forêt tropicale amazonienne est riche de nombreuses ressources, depuis les plantes aux propriétés médicinales et les hévéas produisant le latex jusqu'aux noix du Brésil. Ces dernières (à gauche) sont comestibles ; écrasées, elles donnent de l'huile. Elles sont exportées dans le monde entier.

INDIENS D'AMAZONIE

On estime que 220000 indigènes habitent encore la forêt tropicale. Ces peuples, également appelés Indiens d'Amazonie, ont un mode de vie traditionnel : ils chassent, pêchent et défrichent de petites parcelles pour cultiver blé et manioc. De nombreuses tribus indiennes ont été exterminées par la maladie ou les mineurs, colons et bûcherons avides de terres. Aujourd'hui, la plupart vivent dans des zones protégées.

À Manaus (ci-dessus), pendant la saison sèche, les camions retournent au bord de l'Amazone pour y recevoir leur chargement.

AUTOROUTE FLUVIALE

Le puissant Amazone a le plus grand volume d'eau du monde. Il est navigable sur 6400 km, et 10 % des marchandises brésiliennes passent par cette voie de communication. Le fleuve fourmille de barques, de transports de passagers et de patrouilleurs. Les ports fluviaux, tels que Manaus et Belém, sont d'importants centres commerciaux.

MANAUS

Manaus était au XIXe siècle une ville riche grâce à l'industrie du caoutchouc. Aujourd'hui, c'est un centre pour l'élevage et les industries minières et du bois. Son rôle culturel, dans cette région isolée, est important. Elle est célèbre pour le dôme de son Opéra. Avec une population de presque 2 millions d'habitants, Manaus attire les paysans pauvres qui continuent d'y émigrer.

Ce petit garçon est un Indien Yanomami. Le mode de vie traditionnel de son peuple a disparu quand les prospecteurs d'or les ont chassés de leurs terres.

Pour en savoir plus

L'Amérique du Sud (géographie)
Les cours d'eau
Les fêtes
Football et rugby
Les forêts

Volcan	Montagne	Capitale	Grande ville	Petite ville

STATISTIQUES

Superficie : 8 547 403 km²
Population : 193 734 000
Capitale : Brasília
Langues : portugais, allemand, italien, espagnol, polonais, japonais, dialectes amérindiens
Religions : catholique, protestante, animiste afro-américaine
Monnaie : real brésilien
Principales activités : scieries, industrie de fabrication, culture du café et du sucre
Principales exportations : café, fèves de soja, sucre, jus d'orange, acier, automobiles, ordinateurs
Principale importation : pétrole

CHUTES D'IGUAÇU

Ces chutes en fer à cheval se trouvent à la frontière du Brésil et de l'Argentine, où la rivière Iguaçu plonge et se divise en quelque 275 chutes d'eau, de 60 à 82 m de haut. Nombre de ces chutes sont brisées par des rochers en saillie, qui dévient l'eau en gouttelettes et créent un mur d'arcs-en-ciel. Au pied des chutes, un rideau de brume s'élève jusqu'à une hauteur de 150 m. Ce site spectaculaire est protégé par le parc national de l'Iguaçu.

La star brésilienne du football Rivaldo

FOOTBALL

Le football a de nombreux supporters au Brésil. On y joue même dans la rue.

MIGRATION

Le nord-est du Brésil comprend de vastes fermes d'élevage. La sécheresse prolongée a poussé des millions de fermiers vers les villes du sud.

BRASÍLIA

En 1960, la capitale brésilienne fut déplacée de Rio de Janeiro à Brasília. Il s'agissait d'encourager le développement de l'intérieur du pays, très peu habité. Suivant un plan en forme de croix, les larges boulevards et les grandes places ouvertes de Brasília sont bordés d'impressionnants bâtiments fédéraux et municipaux et de sculptures modernes.

http://www.infovisual.info/05/pano_fr.html

les Camions

C

DU PLUS PETIT DES UTILITAIRES aux géants de la route, camionnettes et poids lourds jouent un rôle vital dans notre société. Véhicules puissants et robustes, conçus pour le transport de marchandises de toutes sortes, ils approvisionnent aussi bien les magasins que les usines ou les stations-service. Dans beaucoup de pays, ils ne transportent pas de charges trop encombrantes. Mais les trains et leur fret restent limités au réseau ferré alors qu'un camion charge et décharge sa marchandise en n'importe quel point de n'importe quelle route suffisamment carrossable. Il peut être spécialement conçu pour une charge particulière, petite ou grosse, lourde ou légère, liquide ou solide, sur de courtes ou de longues distances. Qu'il s'agisse des terres gelées de Finlande, des cités du désert, ou de subvenir aux besoins de populations isolées et affamées, comme en Éthiopie, les camions restent souvent le seul lien avec la civilisation.

CAMIONS TOUT-TERRAIN
Les camions sont parfois le seul moyen d'approvisionnement des régions isolées et montagneuses. Pour rouler sur des pistes difficiles, les véhicules doivent être robustes, maniables et équipés d'un jeu de roues qui leur assure une parfaite adhérence.

Le profil du déflecteur a été spécialement étudié pour limiter la résistance à l'air du camion. Cet équipement vise à diminuer la consommation de carburant.

Les chauffeurs des camions effectuant des transports sur de longues distances vivent en partie sur la route. L'aménagement de la cabine, comme la couchette, doit leur assurer un maximum de confort.

Le moteur turbo Diesel fournit la puissance nécessaire au tractage de lourdes charges. Un dispositif de démultiplication au niveau de la boîte de vitesses permet d'affronter toutes les conditions de route.

Un jeu de trois roues répartit la charge sur une surface plus importante.

Les remorques s'articulent sur un pivot spécial. Pour les décrocher, on utilise parfois des vérins hydrauliques.

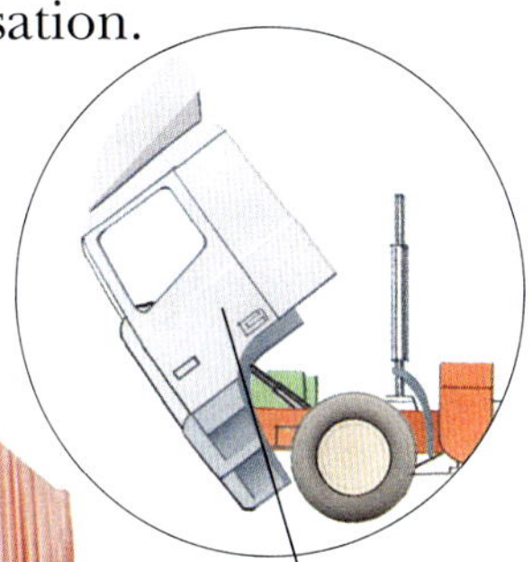

Les cabines basculent vers l'avant pour faciliter l'accès au moteur.

SEMI-REMORQUES
Les plus récents et les plus imposants des semi-remorques sont équipés de plates-formes articulées ou fixes. La charge placée sur la plate-forme est tirée par le véhicule tracteur abritant le moteur et la cabine du chauffeur. Une plate-forme articulée est bien plus manœuvrable qu'un modèle rigide. Les semi-remorques sont équipés de plates-formes adaptées aux charges qu'ils transportent : nourriture, bois, pétrole, animaux, etc.

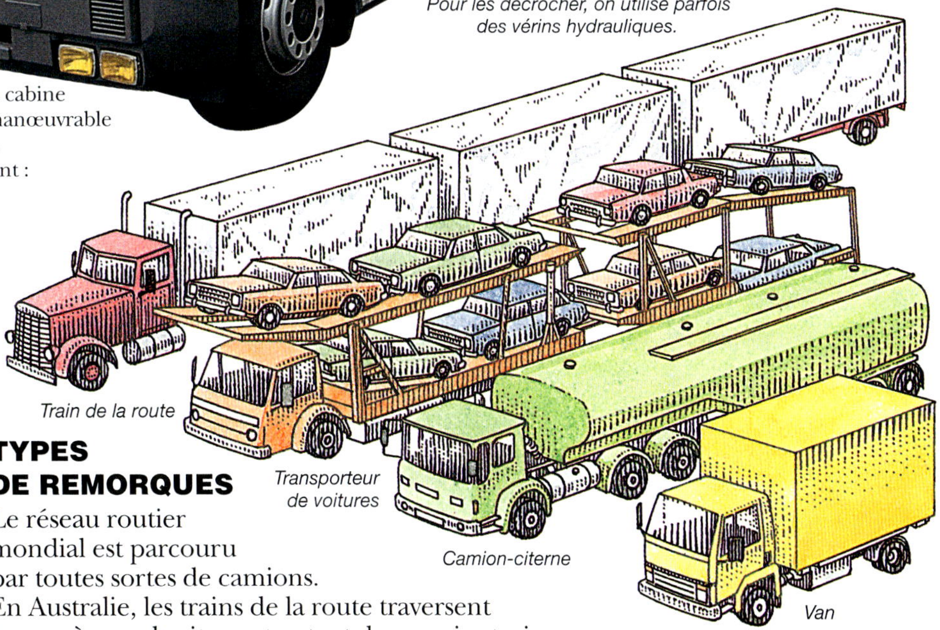

VÉHICULES SPÉCIAUX

Certains camions sont construits pour des usages bien précis, comme ce camion à benne utilisé dans les carrières (ci-dessous) ou le semi-remorque à plate-forme géante destiné au transport de la navette spatiale jusqu'à la rampe de lancement.

TYPES DE REMORQUES
Le réseau routier mondial est parcouru par toutes sortes de camions. En Australie, les trains de la route traversent le pays à grande vitesse, tractant deux, voire trois, remorques. Jusqu'à 18 véhicules peuvent tenir sur la plate-forme d'un camion. Pétrole, vin, lait et parfois farine circulent dans des camions-citernes. Les vans, adaptés au transport des petites charges, sont de loin les plus nombreux.

Pour en savoir plus
LES AUTOBUS
LES TRANSPORTS
LES VOITURES

http://www.momes.net/dictionnaire/c/cameleon.html

le Camouflage des animaux

UN PAPILLON qui imite une fleur, un oiseau qui ressemble à un morceau de bois, un poisson aussi inerte qu'une pierre : de nombreux animaux survivent en se confondant avec leur environnement. On parle de camouflage, de mimétisme animal. Il peut exister une similitude de couleurs, de formes ou de motifs. Par exemple, il est difficile de discerner un faon au milieu des arbres en raison de sa robe tachetée de brun clair. Le corps en forme de feuille d'une mante religieuse tend à être invisible. Quant au caméléon, il change de couleur selon son milieu. Le camouflage aide les animaux à se cacher des prédateurs et les prédateurs, comme les tigres et les léopards, à s'approcher de leurs proies sans être vus. Certains animaux, comme les lapins, passent inaperçus en restant parfaitement immobiles.

Le caméléon devient brun sur une branche sans feuille.

Le caméléon se confond avec le vert du feuillage qui l'entoure.

LIÈVRE VARIABLE

Le lièvre variable est brun l'été pour se confondre avec la terre et les troncs d'arbre. En automne, il troque son pelage brun pour une fourrure couleur de neige. Le renard polaire chasse le lièvre variable. Lui aussi possède une fourrure blanche en hiver.

CAMÉLÉON

Le caméléon harmonise sa couleur et ses motifs avec l'environnement pour passer inaperçu. Les cellules de sa peau changent de taille et leurs pigments colorés migrent soit vers la surface, soit plus profondément dans la peau. Un caméléon de Jackson que l'on retire de sa branche passe du vert au jaune et du jaune au brun moucheté en 5 minutes environ.

PHASME

Le phasme se confond avec les branchages. Quand il allonge ses pattes grêles contre son corps, il ressemble à une brindille. Face au danger, il reste immobile, comme un bâton.

TIGRE

Ses rayures imitent les effets du soleil (ombres et lumières) sur les hautes herbes. Ainsi le tigre peut-il s'approcher discrètement de sa proie dans les broussailles.

Pour en savoir plus

LES ESPÈCES ANIMALES
LES GRANDS FÉLINS
LES INSECTES
LAPINS ET LIÈVRES
LES OISEAUX
LES POISSONS

le Canada (géographie)

LE DEUXIÈME PLUS GRAND pays du monde est aussi l'un des plus vides. Une grande part du Canada est pratiquement inhabitée. Le nord est un désert hostile de neige et de glace presque toute l'année. Peu de gens vivent dans les hautes montagnes Rocheuses de l'ouest. Même les immenses plaines céréalières du centre comptent peu d'habitants. La majorité des 33,5 millions de Canadiens vivent dans le sud-est, près de la frontière avec les États-Unis. Beaucoup parlent anglais, mais la langue maternelle de certains, particulièrement dans la province du Québec, est le français, car ils descendent des Français qui s'installèrent au Canada au XVIe siècle. Les langues des Indiens d'Amérique du Nord et des Inuits sont peu parlées aujourd'hui. Le Canada commerce surtout avec son voisin, les États-Unis, mais entretient des liens étroits avec de nombreux pays d'Europe, d'Asie et d'Afrique.

Le Canada occupe la moitié nord de l'Amérique du Nord, du Pacifique à l'Atlantique. Une partie du pays se trouve à l'intérieur du cercle polaire arctique. Entre le Canada et les États-Unis s'étend sur 6416 km la plus longue frontière continue entre deux pays.

TORONTO

Plus de 5 millions de personnes habitent Toronto. Centre d'affaires du Canada, et capitale de la province d'Ontario, la ville possède de nombreux gratte-ciel, dont la CN Tower, haute de 553 m.

Le sirop d'érable est obtenu en taillant le tronc de l'érable et en dirigeant la sève vers un récipient.

SPORTS ET LOISIRS

Des sports tels que le ski et le hockey sur glace sont populaires au Canada, car les hivers sont longs et neige et glace y abondent. Le hockey sur glace moderne a été inventé au Canada dans les années 1870. On y joue aujourd'hui presque partout dans le monde. L'été, voile, canoë et hockey sur gazon prennent le relais.

Le hockey sur glace est le sport national canadien. Le pays possède certains des meilleurs joueurs du monde.

MONTAGNES ROCHEUSES

L'ouest du Canada est dominé par les montagnes Rocheuses, qui s'étendent de la frontière des États-Unis au sud jusqu'à l'Alaska au nord. Ces montagnes couvertes d'arbres sont un paradis pour les ours et d'autres animaux.

ORDRE PUBLIC

Le surnom de la police montée royale du Canada (la police nationale) est « The Mounties ». Elle se vante de « toujours capturer le coupable ».

RESSOURCES NATURELLES

Le Canada est riche en minéraux (zinc et fer) et possède d'énormes réserves de pétrole, de charbon et de gaz naturel. Le long de la côte est s'étendent les bancs de Terre-Neuve, l'une des zones de pêche les plus fertiles du monde. Jusqu'à 320 km des côtes, les eaux sont réservées aux pêcheurs canadiens. Les vastes forêts du pays produisent du bois. Le Canada exporte surtout vers les États-Unis ; les deux pays ont formé une zone franche, ce qui signifie que leurs échanges ne sont pas taxés.

Provinces et date à laquelle elles ont rejoint la Confédération du Canada

ALBERTA (1905)
Superficie : 661 190 km²
Population : 3 290 350
Capitale : Edmonton

COLOMBIE-BRITANNIQUE (1871)
Superficie : 947 800 km²
Population : 4 114 000
Capitale : Victoria

ÎLE-DU-PRINCE-ÉDOUARD (1873)
Superficie : 5 657 km²
Population : 135 851
Capitale : Charlottetown

MANITOBA (1870)
Superficie : 600 000 km²
Population : 1 148 400
Capitale : Winnipeg

NOUVEAU-BRUNSWICK (1867)
Superficie : 73 437 km²
Population : 729 997
Capitale : Fredericton

NOUVELLE-ÉCOSSE (1867)
Superficie : 55 490 km²
Population : 913 462
Capitale : Halifax

ONTARIO (1867)
Superficie : 1 068 630 km²
Population : 12 160 282
Capitale : Toronto

QUÉBEC (1867)
Superficie : 1 540 680 km²
Population : 7 546 131
Capitale : Québec

SASKATCHEWAN (1905)
Superficie : 652 330 km²
Population : 968 157
Capitale : Regina

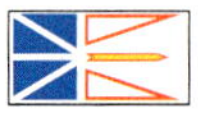
TERRE-NEUVE-ET-LABRADOR (1949)
Superficie : 404 720 km²
Population : 505 469
Capitale : Saint John's

Territoires et date à laquelle ils ont rejoint la Confédération du Canada

TERRITOIRES DU NORD-OUEST (1870)
Superficie : 1 480 000 km²
Population : 41 464
Capitale : Yellowknife

YUKON (1898)
Superficie : 483 450 km²
Population : 30 372
Capitale : Whitehorse

NUNAVUT (1870 ; séparé des Territoires du Nord-Ouest en 1999)
Superficie : 2 093 190 km²
Population : 29 500
Capitale : Iqaluit

VANCOUVER

Vancouver est le principal port canadien du Pacifique. Située au sud-ouest de la Colombie-Britannique, la ville, qui surplombe le détroit de Géorgie, est entourée de montagnes. Ses monuments datent surtout des années 1880, mais des styles très divers sont représentés : Renaissance, Art déco, moderne et postmoderne.

Cette terrasse panoramique, perchée au sommet de la Harbour Centre Tower, donne une vue à 360° sur Vancouver.

QUÉBEC

Québec (ci-dessus), la plus ancienne ville du Canada, est la capitale de la province du Québec. Le style français de ses bâtiments rappelle au visiteur que nombre des premiers colons venaient de France. Québec fut fondé en 1608 par l'explorateur français Samuel de Champlain. Le Québec resta une colonie française jusqu'à son annexion par les Anglais en 1759. Aujourd'hui, Québec est le centre de la culture francophone canadienne. Le français est toujours la langue officielle, et la plupart des habitants sont catholiques. Les Québécois se considèrent comme différents des autres Canadiens et sont nombreux à faire campagne pour l'indépendance.

YUKON

Ce territoire, au nord-ouest du Canada, est peu habité, mais la région est riche en minerais (argent, zinc, plomb et or). Dans les années 1890, le Klondike, affluent du Yukon, fut le théâtre d'une ruée vers l'or. Prospecteurs et aventuriers accourus dans l'espoir de faire fortune, fondèrent Whitehorse, qui devint capitale territoriale en 1952. Les températures d'été, relativement clémentes (16 °C), permettent la croissance d'une végétation variée, qui prend un riche éventail de couleurs en automne. Élans, caribous, castors et ours sont nombreux au Yukon.

Pour en savoir plus
L'Amérique du Nord (faune et flore)
L'Amérique du Nord (géographie)
L'Arctique

Volcan | Montagne | Capitale | Grande ville | Petite ville

STATISTIQUES

Superficie : 9 970 610 km²
Population : 33 573 000
Capitale : Ottawa
Langues : anglais, français, chinois, italien, allemand, ukrainien, portugais, inuktitut, algonquin
Religions : catholique, protestante
Monnaie : dollar canadien
Principales activités : produits manufacturés, industrie minière, exploitation forestière, scieries, industrie mécanique
Principales exportations : produits forestiers, poisson, fourrure, blé, zinc, uranium, nickel, amiante, potasse, gypse, pétrole, gaz naturel
Principales importations : voitures, produits chimiques, machines, électronique

Des silos à grains sont placés le long d'une voie ferrée dans les prairies canadiennes.

PRAIRIE

Les provinces du Manitoba, du Saskatchewan et de l'Alberta sont appelées « la prairie ». Les céréales poussent bien dans leur sol riche, ce qui en fait le pilier de l'agriculture canadienne. Une fois le grain ramassé, il est stocké dans d'immenses silos (à gauche), puis envoyé par train vers les villes ou les ports. Les voies ferrées furent essentielles au développement de la région.

C

ABATTAGE DU BOIS

Plus d'un tiers du pays est couvert de forêts denses, dont l'exploitation revêt une grande importance économique : les dérivés du bois, dont la pâte à papier, le papier journal et le bois de construction constituent une part importante des exportations du Canada. Le Québec, l'Ontario et la Colombie-Britannique sont les principales provinces productrices. Les bois durs des forêts du Québec et d'Ontario se prêtent idéalement à la menuiserie, tandis que le bois de Colombie-Britannique fournit planches et contreplaqué.

Récemment encore, il n'existait aucun contrôle de l'abattage du bois au Canada, si bien que de vastes zones boisées, comme ci-dessus, disparaissaient.

GRAND LAC DE L'OURS
Avec une surface de 31 800 km², le Grand Lac de l'Ours est le plus grand du Canada.

PÔLE MAGNÉTIQUE
Le pôle Nord magnétique est situé dans le nord du Canada, à des centaines de kilomètres du véritable pôle. Près du nord magnétique, les boussoles ne fonctionnent plus.

BAIE DE BAFFIN
Les mois d'été, la mer sépare les îles du nord du Canada. Mais en hiver, la banquise comble les passages entre ces îles.

ÉCHELLE
0 250 500 750 km

BOUCLIER CANADIEN
Le Bouclier canadien, immense arc en U de roche ancienne, couvre plus de la moitié du Canada, inclut presque tout le Groenland et une partie des États-Unis.

L'emblème du Canada est la feuille de l'arbre national, l'érable rouge.

le Canada (histoire)

VOILÀ QUELQUE 25 000 ANS, des êtres humains venus de Sibérie traversèrent à pied le détroit de Béring, alors à sec. Les populations, les futurs Indiens d'Amérique, allaient s'installer sur les deux continents du nord et du sud. Des pêcheurs d'Europe s'aventurèrent à explorer les riches côtes du Canada. Anglais et Français se combattirent puis s'approprièrent ces terres, au détriment des Indiens, jusqu'à ce qu'en 1759 la Grande-Bretagne en obtienne le contrôle. Un siècle plus tard, le Canada était indépendant, bien que toujours *dominion* (territoire) britannique. Après la Seconde Guerre mondiale, il devint très prospère et développa des relations commerciales étroites avec les États-Unis. Dans les années 1970, les Canadiens français exigèrent plus de pouvoir, certains rêvant à l'indépendance du Québec. Mais le Canada est resté uni.

CANADA

VERS 23000 AV. J.-C. Premier peuplement du Canada.

VERS 1005 APR. J.-C. Les Vikings accostent à Terre-Neuve.

1497 Jean Cabot explore Terre-Neuve.

1534 Jacques Cartier remonte le Saint-Laurent.

1605 Première colonie : les Français à Port-Royal.

1670 La Compagnie de la baie d'Hudson bénéficie d'une charte royale pour commercer au Canada.

1689-1763 Guerres fréquentes entre Français, Britanniques et Indiens.

1759 La Grande-Bretagne prend le Québec à la France.

1778 James Cook annexe la côte ouest au nom de la Grande-Bretagne.

1867 Création du *dominion* du Canada.

1891-1914 Plus de 3 millions d'immigrants arrivent d'Europe.

1949 Terre-Neuve rejoint la fédération.

1995 Les Québécois décident, par référendum, de rester dans la fédération autonome du Canada.

CABOT ET CARTIER

L'Italien Jean Cabot, naviguant pour le compte de l'Angleterre, fut le premier Européen, après les Vikings, à découvrir le Canada lorsqu'il suivit les côtes de Terre-Neuve en 1497. L'explorateur français Jacques Cartier remonta l'embouchure du Saint-Laurent en 1534. Dès lors, France et Grande-Bretagne voulurent annexer le Canada.

Jean Cabot

COMPAGNIE DE LA BAIE D'HUDSON

Au XVIIe siècle, Britanniques et Français créèrent des compagnies pour le commerce des fourrures. Devenues riches et puissantes, celles-ci se comportèrent comme des gouvernements indépendants. La compagnie britannique de la baie d'Hudson dirigea une grande part du nord du pays jusqu'en 1869 ; puis ses terres furent rattachées au Canada.

PIERRE TRUDEAU

Depuis les années 1960, le Canada est de plus en plus indépendant de l'Angleterre. Un nouveau drapeau fut adopté en 1965 et, deux ans plus tard, une foire internationale – Expo 67 – eut lieu pour célébrer les talents canadiens à l'occasion du centenaire de l'indépendance. En 1968 Pierre Trudeau (à droite) fut élu Premier ministre. Grand intellectuel, il fut un ardent partisan du Canada unifié.

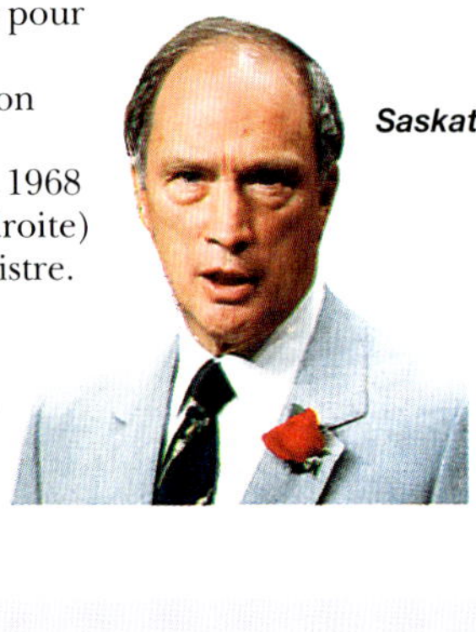

DOMINION

En 1867, quatre colonies anglaises – Nouvelle-Écosse, Nouveau-Brunswick, Canada supérieur et Canada inférieur – formèrent la fédération autonome du Canada. Six autres colonies les rejoignirent par la suite, la dernière en 1949 – Terre-Neuve, qui contrôlait le Labrador.

Pour en savoir plus

LE CANADA (GÉOGRAPHIE)
LES INDIENS D'AMÉRIQUE
LES INUITS
LES VIKINGS (VIE EN SOCIÉTÉ)

http://www.oiseaux.net/oiseaux/anatides.html

Canards, oies et cygnes

GIBIER D'EAU : tel est le nom donné aux canards, aux oies et aux cygnes, qui vivent en milieu aquatique. La plupart de ces oiseaux sont dotés d'un cou long et flexible, adapté à la recherche de nourriture au fond de l'eau. Ils passent l'essentiel de leur temps à lisser et à lubrifier leurs plumes avec leur bec. L'huile, qui provient de glandes spéciales situées au niveau du croupion, imperméabilise le plumage et garde la chaleur. Ces oiseaux vivent généralement en bandes, sauf pendant la période de reproduction. Certains, telle la bernache, migrent sur de longues distances jusqu'à leur lieu de nidification. Le gibier d'eau est élevé par les hommes pour ses œufs, sa viande et ses plumes. L'eider fournit un duvet qui sert à fabriquer les édredons.

CYGNE

Le cygne noir d'Australie femelle porte ses petits sur son dos pour les tenir au chaud et à l'abri des prédateurs. Ceux-ci volent à l'âge de 3 mois.

Les oies du Canada migrent en couples vers le nord pour se reproduire.

OIE DU CANADA

Comme la plupart des oies et des cygnes, les oies du Canada forment des couples durables. C'est pourtant en volée, se relayant à la tête du V qu'elles forment dans le ciel, qu'au printemps elles quittent le Mexique et le sud des États-Unis pour aller se reproduire au Canada. Elles nidifient dans des cavités tapissées d'herbes sur des îles et dans des marais. Les deux parents élèvent les jeunes et toute la famille reste groupée jusqu'à la prochaine saison de reproduction.

CANARDS PLONGEURS

et canards de surface

Certains canards barbotent à la surface de l'eau, comme le colvert, le pilet, le siffleur et la sarcelle. Ils se nourrissent à la surface ou juste en dessous, en balançant leur bec latéralement pour filtrer l'eau et retenir graines et petites proies. D'autres canards plongent et nagent sous l'eau, tels le milouin et le morillon, à la recherche de végétaux aquatiques, de vers et de crustacés.

Les pattes sont à l'arrière du corps pour faciliter la nage.

MORILLON

Le morillon mange des moules zébrées, petits mollusques d'eau douce, ainsi que des petits poissons, des têtards et des insectes aquatiques.

COLVERT

La plupart des canards mâles de surface, comme le colvert, sont plus colorés que les femelles.

PIEDS PALMÉS

Les oiseaux aquatiques ont des pattes courtes et des pieds palmés, qui jouent le rôle de pagaies dans l'eau mais gênent la marche sur la terre ferme.

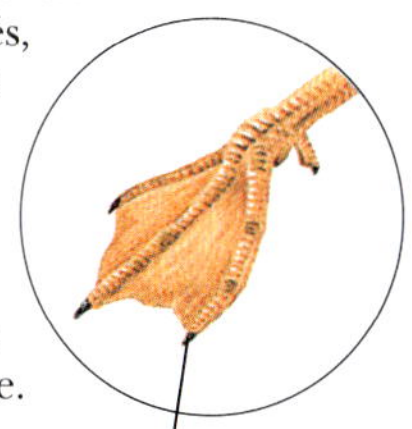

Les pieds palmés sont munis de griffes au bout des doigts pour gratter le sol.

Pour en savoir plus

LES MIGRATIONS ANIMALES
LES OISEAUX
LE VOL DES ANIMAUX
LACS ET RIVIÈRES (FAUNE ET FLORE)

les Caraïbes (géographie)

La mer des Caraïbes a une surface d'environ 1 943 000 km². Elle est fermée sur trois côtés par l'Amérique centrale, l'Amérique du Sud et les îles des Caraïbes.

COMME UN RANG de perles, une longue suite d'îles tropicales s'étend en courbe sur plus de 3 200 km entre le Mexique et le Venezuela. Elles sont appelées collectivement Antilles, ou îles des Caraïbes. Certaines sont de minuscules rochers ou récifs de corail inhabités; d'autres, bien plus grandes, possèdent une population florissante. Sur l'île de la Martinique, par exemple, 397 000 personnes vivent autour des pentes boisées de plusieurs volcans s'élevant à des centaines de mètres au-dessus de la mer. Les Caraïbes comptent 13 pays et 11 territoires. Cuba, avec ses 11,3 millions d'habitants, est le plus grand pays. Bien que chacun ait sa propre culture, nombre d'entre eux ont des liens avec d'autres pays. Ces liens subsistent depuis les XVIIIe et XIXe siècles, lorsque toute la région fut colonisée par des royaumes européens. Les nations colonisatrices y ont amené des esclaves africains pour récolter la canne à sucre. Aujourd'hui, les descendants de ces esclaves constituent une large part de la population.

TOURISME
Les Antilles sont magnifiques, avec leurs arbres luxuriants, leurs oiseaux colorés, leurs longues plages de sable et des mois d'ensoleillement. La région attire des touristes du monde entier, ce qui a créé de nombreux emplois, particulièrement dans les villes. Le tourisme est aujourd'hui la principale source de revenus de plusieurs îles.

Brian Lara (à droite) joue dans l'équipe de cricket des Antilles. Avec 375 points, il détient le record mondial des matchs internationaux.

CRICKET
Le cricket est un rappel du passé colonial des Caraïbes. Il est pratiqué, et a des supporters passionnés, dans nombre des anciennes colonies britanniques. Pour les matchs internationaux, les Caraïbes unissent leurs forces et jouent dans l'équipe des Antilles, qui a remporté la Coupe du monde de cricket en 1975 et 1979.

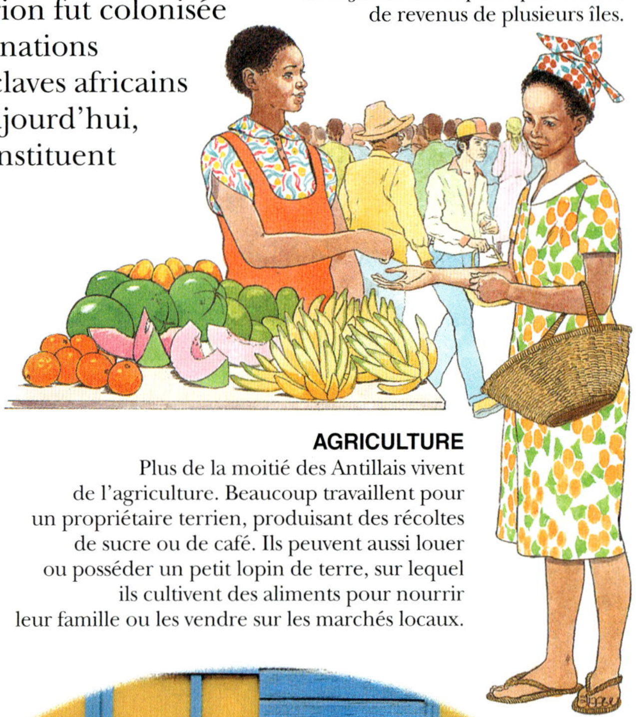

AGRICULTURE
Plus de la moitié des Antillais vivent de l'agriculture. Beaucoup travaillent pour un propriétaire terrien, produisant des récoltes de sucre ou de café. Ils peuvent aussi louer ou posséder un petit lopin de terre, sur lequel ils cultivent des aliments pour nourrir leur famille ou les vendre sur les marchés locaux.

14 JUILLET
Les îles de la Guadeloupe et de la Martinique font partie de la France, avec laquelle leurs peuples entretiennent des liens étroits. Ils parlent français, ont l'euro pour monnaie, arborent le drapeau français et célèbrent le 14 Juillet. D'autres îles des Caraïbes entretiennent des liens politiques et économiques avec la Grande-Bretagne, les Pays-Bas ou les États-Unis.

ARCHITECTURE ET CULTURE
Des couleurs vives rehaussent les formes traditionnelles de l'architecture. Musique, littérature, art et cuisine des Caraïbes réalisent un mélange unique de cultures africaines et européennes.

Pour en savoir plus

L'AMÉRIQUE CENTRALE
CHRISTOPHE COLOMB
L'ESCLAVAGE

Volcan — Montagne — Capitale — Grande ville — Petite ville

ANGUILLA
Superficie : 102 km²
Statut : territoire britannique
Annexé en : 1650
Population : 13 677
Capitale : The Valley

ANTIGUA-ET-BARBUDA
Superficie : 442 km²
Population : 88 000
Capitale : Saint John's

ANTILLES NÉERLANDAISES
Superficie : 800 km²
Statut : région autonome (Pays-Bas)
Annexé en : 1816
Population : 221 000
Capitale : Willemstad

ARUBA
Superficie : 193 km²
Statut : région autonome (Pays-Bas)
Annexé en : 1643
Population : 72 194
Capitale : Oranjestad

BAHAMAS
Superficie : 13 878 km²
Population : 342 000
Capitale : Nassau

BARBADE
Superficie : 430 km²
Population : 256 000
Capitale : Bridgetown

CUBA
Superficie : 110 861 km²
Population : 11 204 000
Capitale : La Havane

DOMINIQUE
Superficie : 751 km²
Population : 67 000
Capitale : Roseau

GRENADE
Superficie : 344 km²
Population : 104 000
Capitale : Saint George's

GUADELOUPE
Superficie : 1 780 km²
Statut : département français d'outre-mer
Annexé en : 1635
Population : 442 000
Capitale : Basse-Terre

HAÏTI
Superficie : 27 750 km²
Population : 10 033 000
Capitale : Port-au-Prince

ÎLES CAÏMAN
Superficie : 262 km²
Statut : territoire britannique
Annexé en : 1670
Population : 44 270
Capitale : George Town

ÎLES TURKS ET CAICOS
Superficie : 497 km²
Statut : territoire britannique
Annexé en : 1766
Population : 20 560
Capitale : Cockburn Town

ÎLES VIERGES
Superficie : 352 km²
Statut : territoire des États-Unis
Annexé en : 1917
Population : 108 775
Capitale : Charlotte Amalie

ÎLES VIERGES BRITANNIQUES
Superficie : 153 km²
Statut : territoire britannique
Annexé en : 1672
Population : 22 640
Capitale : Road Town

JAMAÏQUE
Superficie : 10 990 km²
Population : 2 719 000
Capitale : Kingston

MARTINIQUE
Superficie : 1 100 km²
Statut : département français d'outre-mer
Annexé en : 1635
Population : 397 000
Capitale : Fort-de-France

MONTSERRAT
Superficie : 102 km²
Statut : territoire britannique
Annexé en : 1632
Population : 9 439
Capitale : Brades Estate

PORTO RICO
Superficie : 9 100 km²
Statut : État libre associé aux États-Unis
Annexé en : 1898
Population : 3 969 000
Capitale : San Juan

RÉPUBLIQUE DOMINICAINE
Superficie : 48 511 km²
Population : 10 090 000
Capitale : Saint-Domingue

SAINT-KITTS-ET-NEVIS
Superficie : 261 km²
Population : 52 000
Capitale : Basseterre

SAINTE-LUCIE
Superficie : 622 km²
Population : 165 000
Capitale : Castries

SAINT-VINCENT-ET-GRENADINES
Superficie : 388 km²
Population : 109 000
Capitale : Kingstown

TRINITÉ-ET-TOBAGO
Superficie : 5 130 km²
Population : 1 328 000
Capitale : Port of Spain

GROUPES D'ÎLES

Les grandes îles des Caraïbes, situées entre Cuba et Porto Rico, sont souvent appelées Grandes Antilles, pour les distinguer des Petites Antilles situées à l'est. Quant à celles-ci, elles sont parfois appelées îles du Vent (des îles Vierges à la Dominique) et, plus au sud, îles Sous-le-Vent (de la Martinique à Grenade).

les Caraïbes (histoire)

PENDANT DES SIÈCLES, les magnifiques îles des Caraïbes furent peuplées par les Arawak et les Carib, qui étaient peut-être originaires d'Amérique du Sud. Habiles navigateurs, ils établirent des villages sur différentes îles, et vécurent d'agriculture et de pêche. En 1492, l'explorateur génois Christophe Colomb arriva aux Caraïbes. D'autres suivirent, et avec eux 500 ans de domination européenne, Espagnols d'abord, puis Anglais, Français et Hollandais luttant pour contrôler ces îles. Les Européens asservirent ou tuèrent les populations locales, et déportèrent des Africains par vaisseaux négriers entiers pour travailler sur les plantations. Au XXe siècle, de nombreuses îles conquirent leur indépendance. Aujourd'hui, elles sont très pauvres et dépendent souvent d'une seule production, canne à sucre ou bananes.

PREMIERS HABITANTS
Les premiers colons furent les Arawak, qui vécurent sur les îles du nord et de l'ouest, et les Carib, qui s'installèrent sur les petites îles de l'est. Les Arawak sont célèbres pour leurs sculptures sur bois et pierre.

RASTAFARISME
Nombre de Jamaïcains et d'habitants des autres îles sont des rastafaris. Ils croient que les Noirs retourneront finalement en Afrique pour trouver la liberté. Les rastafaris tirent leur nom du prince Ras Tafari, mieux connu sous le nom d'Hailé Sélassié. Empereur d'Éthiopie de 1930 à 1974, il fut le seul dirigeant africain à garder son pays indépendant face au contrôle européen.

ESCLAVAGE

Quand les Espagnols conquirent les Caraïbes au début du XVIe siècle, ils asservirent la population, et la forcèrent à travailler dans les plantations de canne, de fruits, d'épices et de café. Lorsque ces esclaves mouraient, d'autres étaient envoyés d'Afrique. L'Angleterre fut la principale nation esclavagiste. Les navires anglais emportaient les esclaves à travers l'Atlantique, et rapportaient en Europe sucre et autres produits.

INDÉPENDANCE

En 1962, la Jamaïque et Trinité-et-Tobago obtinrent leur indépendance de la Grande-Bretagne. Les deux décennies suivantes, huit autres colonies britanniques devinrent indépendantes. Mais certaines îles restent dirigées par les États-Unis, les Pays-Bas ou la France.

L'indépendance de la Jamaïque fut l'occasion de grandes célébrations.

1492 Christophe Colomb débarque aux Bahamas.

XVIe SIÈCLE L'Espagne prend le contrôle des Caraïbes.

XVIIIe SIÈCLE Anglais, Français, Hollandais et Danois annexent de nombreuses îles.

1804 Haïti devient le premier État noir indépendant des Caraïbes.

1834 Abolition de l'esclavage dans l'Empire britannique.

1898 Cuba obtient son indépendance de l'Espagne.

1962 Indépendance de la Jamaïque et de Trinité-et-Tobago.

1983 Les États-Unis renversent le régime de gauche à Grenade.

1994 Une invasion menée par les États-Unis renverse le dictateur d'Haïti.

2010 À Haïti un terrible séisme désorganise le pays tout entier.

CUBA
En 1959, Fidel Castro (né en 1927) renversa le gouvernement corrompu de Cuba et y établit un régime communiste. Il réforma le pays, fournissant éducation et santé gratuite pour tous, mais faillit provoquer une guerre nucléaire en 1962 quand les États-Unis refusèrent que des missiles soviétiques soient placés sur l'île. Fidel a abandonné le pouvoir en février 2008 en faveur de son frère Raúl.

Pour en savoir plus
LES CARAÏBES (GÉOGRAPHIE)
CHRISTOPHE COLOMB
ÉMIGRATION ET IMMIGRATION
L'EMPIRE BRITANNIQUE
L'ESCLAVAGE

la Cartographie

MAPPA MUNDI
C'est à un moine anglais que l'on doit ce dessin de la *mappa mundi* (carte du monde), entre 1280 et 1300. Cette représentation médiévale illustre la vision du monde par les chrétiens de l'époque qui plaçaient Jérusalem au centre de la carte et l'est à son sommet.

LES PREMIERS VOYAGEURS trouvaient leur route en questionnant les gens qu'ils rencontraient. Ceux-ci inventèrent les premières cartes en dessinant sur le sol le chemin à suivre. Depuis la cartographie s'est singulièrement perfectionnée. Pour les petites escapades, on préfère des cartes à grande échelle, très détaillées, mais couvrant de petites superficies. Un long parcours relève d'une carte à petite échelle, peu détaillée, mais couvrant de grandes superficies, voire d'un atlas, où l'ensemble des pays sont présentés. Certaines cartes plus spécialisées sont dites thématiques, comme les cartes politiques. Les services publics utilisent des cartes à très grande échelle quand ils travaillent, par exemple, sur un réseau d'adduction d'eau. Les gens de mer, quant à eux, font appel à des cartes montrant les côtes et les fonds marins.

ÉCHELLE
Une droite graduée indique à quelle distance réelle correspond un cm sur la carte.

Cette ligne verte pointillée suit le tracé du parc naturel régional.

COURBES DE NIVEAU
Une courbe de niveau, en reliant des points situés à la même hauteur, indique le relief du paysage.

Plus une localité est importante plus son nom est imprimé en gros sur la carte.

Les étendues d'eau (mer, océan ou lac) sont conventionnellement coloriées en bleu.

Le sommet est symbolisé par un petit triangle noir à côté duquel est inscrite sa hauteur en mètres.

autoroute	sommet
route principale	marais
autre route	église
chemin, sentier	chapelle
piste cyclable	château d'eau
voie ferrée	phare
gare	usine
espace urbanisé	aérodrome
village	golf
chef-lieu de canton	panorama
forêt domaniale	point de vue
forêt ou bois	curiosité touristique
parc naturel régional	

LÉGENDE
Beaucoup de cartes sont accompagnées d'un encadré, appelé légende, où sont explicités les couleurs et les symboles utilisés. Ces symboles permettront d'aérer la carte et de l'enrichir d'informations supplémentaires. Sans légende, il est parfois difficile de comprendre une carte.

LIRE UNE CARTE

Une carte est une sorte de photographie aérienne du paysage. Il faut savoir la lire. Les cartographes utilisent des symboles pour représenter des éléments importants du paysage, comme une ligne de chemin de fer ou une carrière. Un code couleur différencie les zones urbaines des zones de campagne.

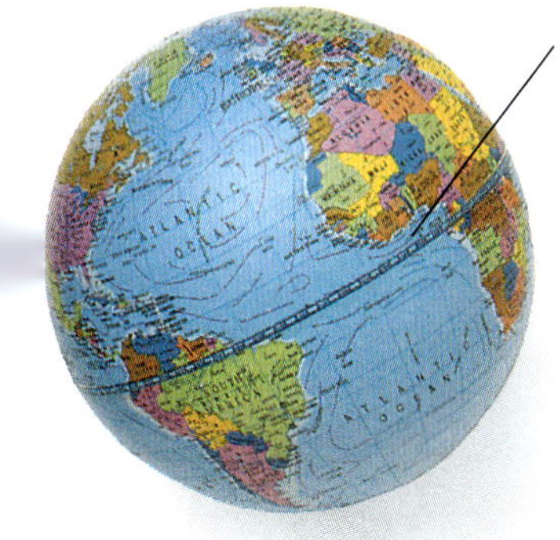

L'équateur est à 0° de latitude.

LONGITUDE ET LATITUDE
Les lignes de longitude, ou méridiens, qui s'étirent du pôle Nord au pôle Sud, nous indiquent une position est-ouest exprimée en degrés et calculée à partir du méridien d'origine passant par Greenwich, en Angleterre. Les lignes de latitude, parallèles à l'équateur, indiquent une position sur l'axe nord-sud.

Projection de Mercator

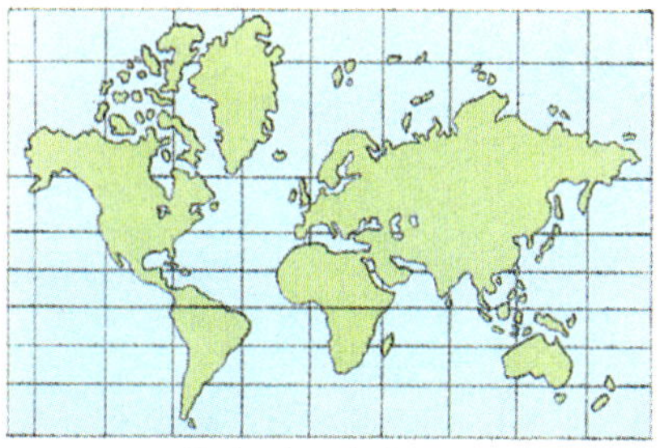

Projection de Peters

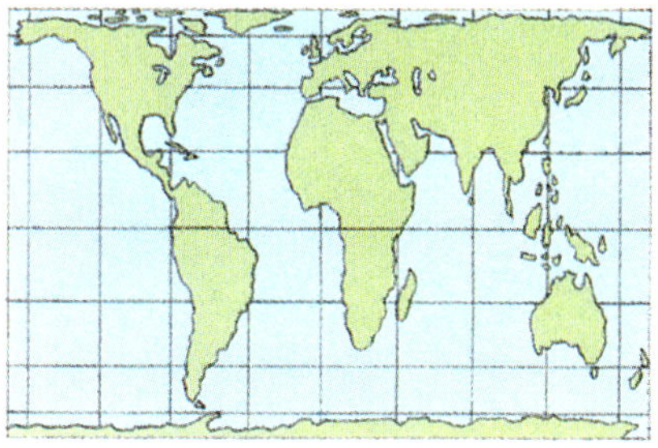

PROJECTIONS
Pour représenter la sphère terrestre sur une surface plane, les cartographes utilisent une méthode mathématique appelée projection. Imaginez un globe transparent éclairé en son centre. La lumière projette les ombres des continents sur un écran plat, mais en déformant contours, surfaces ou distances. La plus célèbre des projections reste celle de Gerard Mercator, en 1569 : elle restitue fidèlement la forme des continents, mais déforme leur surface. La projection d'Arno Peters, publiée en 1973, respecte les surfaces mais déforme les contours. La représentation de Mercator faisait paraître l'Europe bien plus grande qu'elle n'est.

Image satellite de New York

IMAGES SATELLITES

Les satellites cartographient la surface de la planète. Leurs capteurs envoient des images de la surface aux stations au sol, qui traduisent ces données pour en tirer des cartes.

Pour en savoir plus

LES GRANDS EXPLORATEURS
LE MAGNÉTISME
LA NAVIGATION
LES SATELLITES

les Castors

IL EXISTE DEUX ESPÈCES DE CASTORS : le castor d'Europe et le castor d'Amérique du Nord. Ils font partie des rongeurs, groupe de mammifères qui comprend les rats, les souris et les écureuils. Ce sont d'excellents bâtisseurs. Leurs longues incisives tranchantes leur permettent de ronger plantes et arbres, et de couper des branchages pour bâtir des huttes et construire des digues dans les cours d'eau. Bien que les castors aillent sur la terre ferme pour se nourrir, ce sont des animaux aquatiques qui passent l'essentiel de leur temps dans l'eau ou à proximité. Bons nageurs, ils utilisent leurs pattes postérieures palmées pour se propulser. Ils peuvent plonger et rester sous l'eau pendant plusieurs minutes. Leur large queue aplatie et couverte d'écailles leur sert de gouvernail et de pagaie. Ils l'utilisent aussi pour avertir leurs congénères d'un danger en la faisant claquer à la surface de l'eau. Aux XVIIIe et XIXe siècles, les castors étaient chassés pour leur épaisse fourrure, avec laquelle on fabriquait des manteaux et des chapeaux. Dans certaines régions d'Amérique du Nord, ils ont presque totalement disparu. Mais aujourd'hui leur chasse est contrôlée. En France, on essaie de les réintroduire dans les cours d'eau.

DENTS
Les incisives du castor tranchent l'écorce et le bois. L'animal rassemble des branchages pour se nourrir et construire des digues.

DIGUES
Le castor construit une digue à l'aide de branchages, de pierres et de boue, pour maintenir constant le niveau du cours d'eau. L'eau qui stagne en amont du barrage forme un lac où le castor construit sa hutte.

BOIS
Le bois se raréfiant, les castors doivent parcourir de longues distances pour en trouver. Ils creusent des canaux et font flotter des branches d'arbres qui viennent renforcer la digue.

ALIMENTATION
Le castor est herbivore. Sa nourriture varie selon les saisons. En automne et en hiver, il se nourrit d'écorce et de bois tendre, en particulier de tremble et de saule, dont il stocke les branchages dans le lac ou le cours d'eau où il vit. Il peut les atteindre même lorsque l'eau est gelée, puisque l'entrée de sa hutte est sous l'eau. Au printemps et en été, il mange des graminées, des feuilles et des plantes aquatiques.

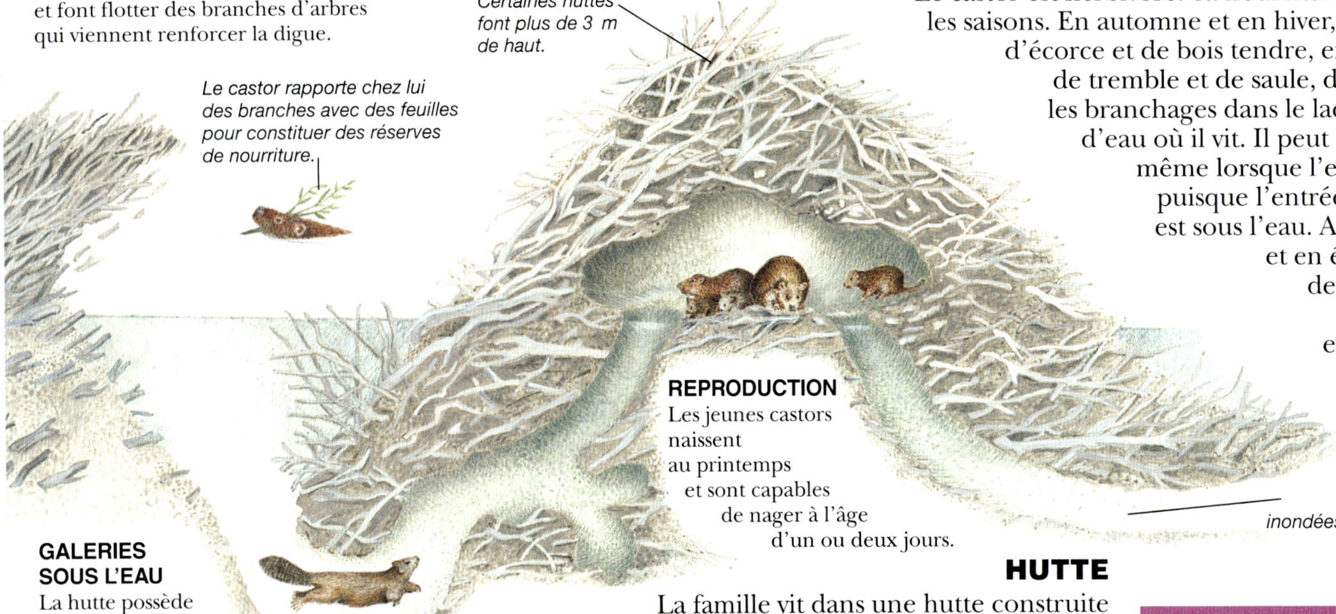

REPRODUCTION
Les jeunes castors naissent au printemps et sont capables de nager à l'âge d'un ou deux jours.

GALERIES SOUS L'EAU
La hutte possède plusieurs entrées (des galeries sous l'eau). À l'intérieur, les castors sont à l'abri des prédateurs – des loups, par exemple – qui ne peuvent ni creuser les parois solides de la hutte ni nager sous l'eau pour y accéder.

HUTTE
La famille vit dans une hutte construite avec des branchages entrelacés, liés par un mortier de boue. À l'intérieur, les castors creusent une chambre au-dessus du niveau de l'eau pour dormir au sec. En automne, les adultes recouvrent l'extérieur de la hutte d'une couche de boue, qui gèle en hiver et les protège des prédateurs.

Pour en savoir plus

LES ESPÈCES ANIMALES
LES ESPÈCES EN VOIE DE DISPARITION
LES MAMMIFÈRES
SOURIS, RATS ET ÉCUREUILS

les Celtes

IL Y A PRÈS DE 2 000 ANS, la majeure partie de l'Europe occidentale était occupée par les Celtes, peuple de guerriers et d'artisans, doués pour la métallurgie et l'agriculture. Des siècles durant, l'art et la culture celtes s'imposèrent dans tout le nord de l'Europe. Bien que divisés en tribus, les Celtes partageaient un même mode vie. Les Atrebates s'étaient installés dans le sud des îles Britanniques et les Parisii dans le nord de la France.

La plupart des Celtes habitaient des villages ou des oppidums, qui parfois furent transformés en petites cités. Ce peuple ne forma jamais un empire unifié. Entre 300 av. J.-C. et 100 apr. J.-C., il s'intégra à l'Empire romain. La langue celte est encore parlée dans certaines régions de Grande-Bretagne, d'Irlande et de France.

BOADICÉE

En 61 apr. J.-C., Boadicée, reine d'une tribu celte des îles Britanniques, les Icènes, prit la tête d'une grande révolte menée contre l'oppression romaine. Comme le chef gaulois Vercingétorix, un siècle auparavant, elle dut s'incliner. Vaincue, elle préféra s'empoisonner.

HABITAT

Chaque famille habitait dans une grande hutte, parfois en pierre, le plus souvent en torchis. Un chaudron en fer suspendu au-dessus d'un feu permettait de cuire les aliments ou de faire bouillir de l'eau ; le pain était cuit dans un four en argile. Tissage, élevage et travail du fer étaient assurés par les différents membres de la famille.

DRUIDES

Les druides formaient une classe importante de la société celte. Ces prêtres présidaient des cérémonies religieuses, exerçaient la justice et assuraient l'éducation des fils de la noblesse guerrière. Les Celtes vénéraient plusieurs divinités, et des arbres ou arbustes tels que chêne ou gui étaient considérés comme sacrés.

TRAVAIL DES MÉTAUX

Les Celtes travaillaient différents métaux, comme le fer, le bronze, le cuivre, l'or et l'argent. Outillage agricole, armes, boucliers, chars et casques étaient fabriqués en métal ; certains de ces objets étaient ornés de frises raffinées, associant des représentations très réalistes de plantes et d'animaux.

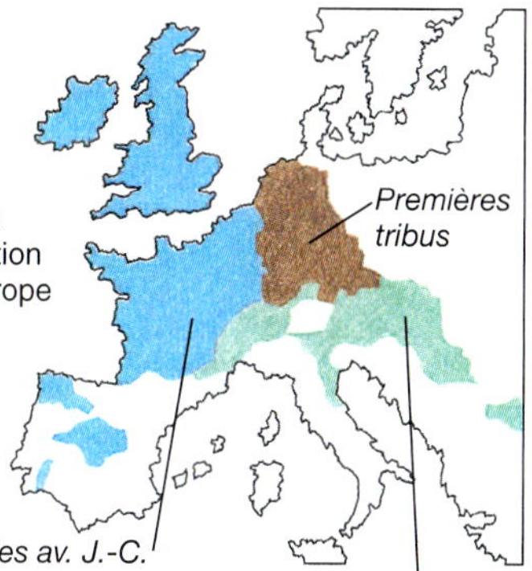

MONDE CELTE

Les premières tribus celtes occupèrent l'Europe centrale, soit le sud de l'Allemagne actuelle. Vers 500 av. J.-C., les Celtes gagnèrent la majeure partie de l'Europe, de l'Irlande à la mer Noire.

Pour en savoir plus

L'ÂGE DU BRONZE
L'ÂGE DU FER

Cerfs, antilopes et gazelles

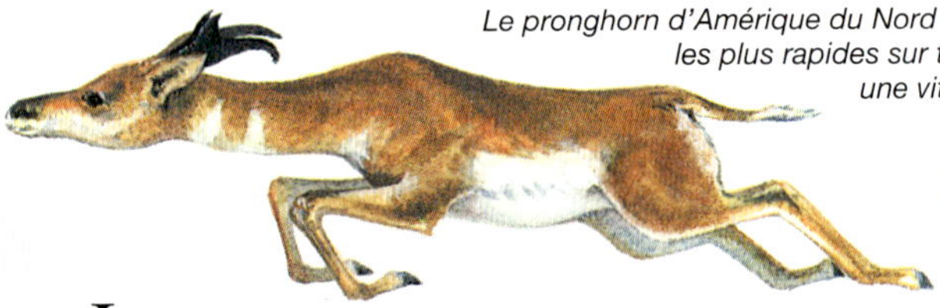

Le pronghorn d'Amérique du Nord est l'un des animaux les plus rapides sur terre : il peut atteindre une vitesse de 90 km/h.

LES CERFS, les antilopes et les gazelles ont tout ce qu'il faut pour échapper au danger : leur poil brun ou gris leur sert de camouflage ; ils sont dotés d'une ouïe, d'une vue et d'un odorat excellents, grâce auxquels ils détectent la présence de prédateurs pour s'enfuir à temps. La famille des ruminants à bois (cervidés) compte 36 espèces. Elles vivent principalement dans les régions boisées, hormis le renne qui se rencontre dans les régions arctiques. Quant aux antilopes et aux gazelles, qui sont des bovidés, elles vivent dans les régions désertiques et les milieux ouverts tels que les prairies et les savanes. Le gnou et le bubale sont des antilopes d'Afrique.

RENNE
Le renne vit en Scandinavie, en Amérique du Nord (où il est appelé caribou), en Sibérie et en Russie. Le mâle et la femelle portent des bois, ce qui est rare, car en général seuls les cervidés mâles en possèdent.

Les cerfs, les antilopes et les gazelles sont des ruminants comme les bovins et les ovins.

Le daim mâle possède des bois aplatis, dits palmés.

Les cornes de gazelle sont spiralées.

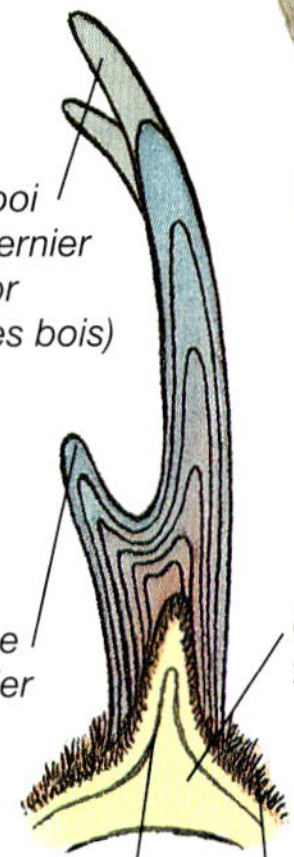

CORNES ET BOIS
Les bovidés possèdent des cornes à croissance continue sur la tête. Les cornes sont en kératine, comme nos ongles. Certaines sont en forme de tire-bouchon. Les cervidés mâles ont des bois constitués d'une substance osseuse très dure, qui tombent et repoussent chaque année.

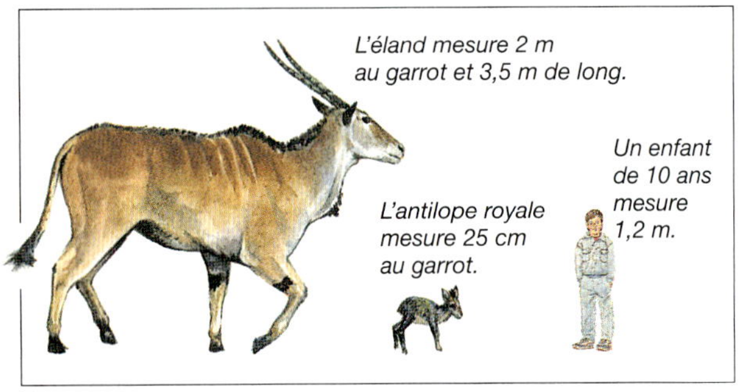

ANTILOPES
Il existe une centaine d'espèces d'antilopes. Ces mammifères ongulés (à sabots) sont proches des bovins et des caprins. L'éland est la plus grande antilope. Il vit dans les savanes d'Afrique centrale et d'Afrique australe. Il n'a pas besoin de boire souvent, les végétaux dont il se nourrit contenant suffisamment d'eau. Les élands vivent 15 ans environ. La plus petite antilope est l'antilope royale d'Afrique occidentale.

HARDES
La plupart des cerfs, des antilopes et des gazelles vivent en hardes. À l'automne, les cerfs mâles se battent pour un territoire et pour un groupe de femelles. Ils brament, entrechoquent leurs bois et luttent pour la suprématie : c'est la période du rut. Les mâles les plus grands et les plus forts remportent le combat. Ils défendent alors leur harde et leur territoire contre d'autres hardes.

FAON
Le petit du cerf, le faon, naît à la fin du printemps. Sa fourrure tachetée se confond avec les taches d'ombre et de lumière des sous-bois où il vit. Mais ce camouflage ne tarde pas à disparaître et le poil devient brun-roux.

Pour en savoir plus
L'AFRIQUE (FAUNE ET FORE)
L'AMÉRIQUE DU NORD (FAUNE ET FLORE)
LES FORÊTS

Cerfs-volants et planeurs

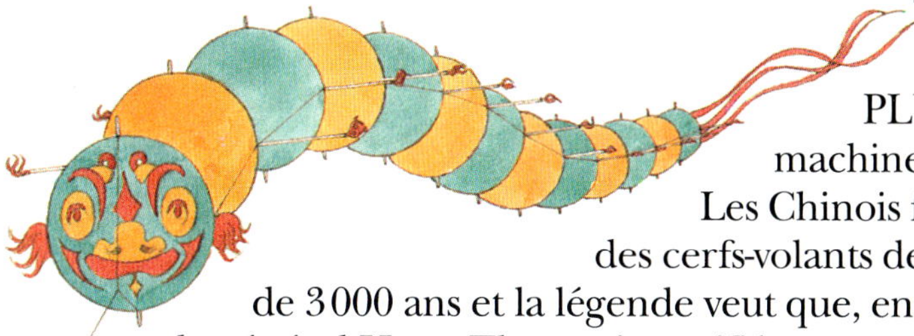

CERFS-VOLANTS CHINOIS
Dragons, oiseaux, papillons multicolores font partie des modèles traditionnels, comme le mille-pattes : des cercles de papier tendus sur des armatures de bambou sont reliés entre eux en une longue chaîne articulée.

CE SONT LES PLUS ANCIENNES machines volantes. Les Chinois faisaient voler des cerfs-volants de soie il y a plus de 3 000 ans et la légende veut que, en 202 av. J.-C., le général Huan Theng ait terrifié ses ennemis grâce à son armée de cerfs-volants dont les lignes tendues au vent faisaient entendre des sons surnaturels. Près de 1 500 ans plus tard, le grand explorateur italien Marco Polo rapportait de Chine de bien étranges histoires, où il était question de prisonniers hissés dans les airs au moyen de grands cerfs-volants… En Europe, le cerf-volant fait la joie des enfants depuis près d'un millénaire. Les planeurs sont issus des cerfs-volants. C'est en 1800 que l'inventeur britannique George Cayley mit au point une sorte de cerf-volant doté d'ailes courbes et d'un empennage : il évoluait sans l'aide du vent ni d'une ligne pour le guider. Cayley améliora son prototype pour qu'il puisse accueillir un passager. Son invention est aujourd'hui considérée comme l'ancêtre des planeurs et des avions en général.

Impossible de faire évoluer un cerf-volant sans une ligne pour le stabiliser et maintenir son inclinaison face au vent.

CERFS-VOLANTS PLATS
Les plus anciens et les plus simples des cerfs-volants présentaient une forme en diamant et des armatures plates. Reliés entre eux, ils formaient de longs serpents articulés.

CERFS-VOLANTS DELTAS
Cerfs-volants à armature triangulaire, faciles à fabriquer et se satisfaisant de peu de vent, ils ont servi de modèle aux Deltaplane.

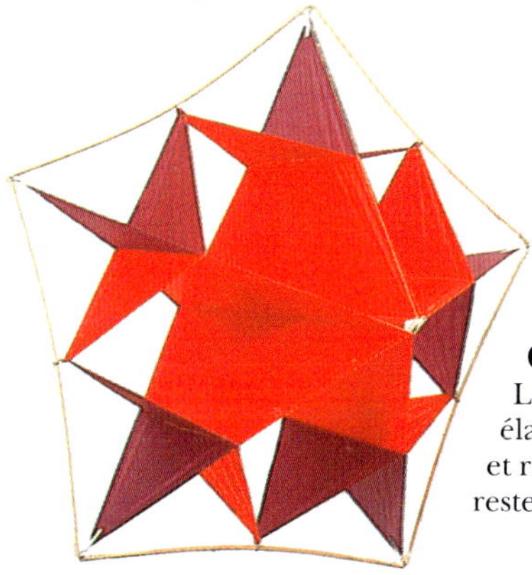

CERFS-VOLANTS CELLULAIRES
Leur structure particulièrement élaborée combine carrés, triangles et rectangles. Ces cerfs-volants restent les plus stables de tous.

DELTAPLANE
Considéré comme le plus économique et le plus élémentaire des engins volants, le Deltaplane séduit un public de sportifs de plus en plus nombreux. Lorsque le Deltaplane prend son envol, le tissu de sa voile se gonfle sous l'effet du vent et la forme aérodynamique de l'engin lui permet de planer dans les airs.

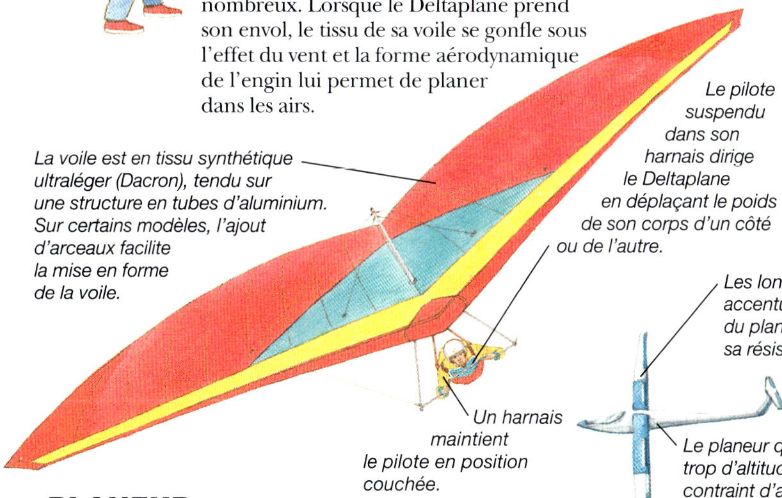

PLANEUR
Dépourvu de moteur, le planeur ne peut prendre son envol que tracté par un avion ou un camion. Le pilote utilise les courants d'air chaud ascendants pour prendre de l'altitude et se maintenir en vol. Mais le planeur est condamné à redescendre. De nos jours, certains modèles ultralégers, en fibres de verre, sont profilés de façon à ne perdre que progressivement de l'altitude.

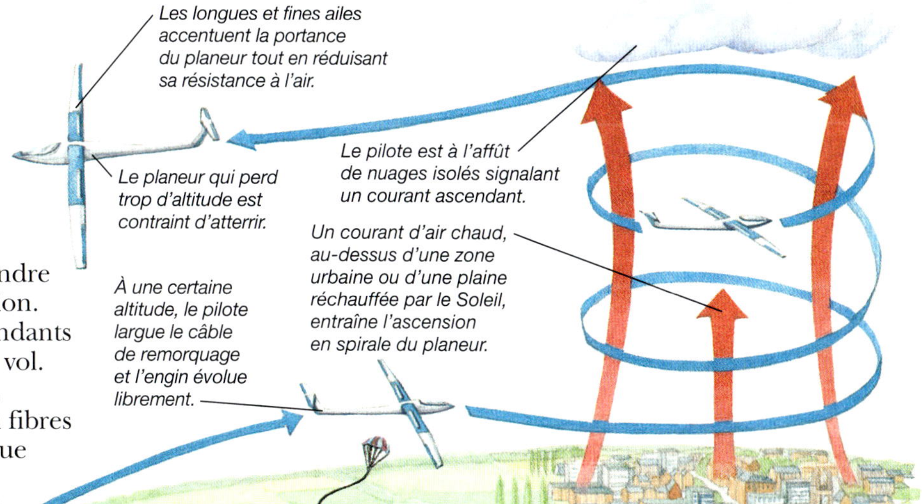

Pour en savoir plus
LES AVIONS
LA CHINE (HISTOIRE)
LES MATIÈRES PLASTIQUES

Cerveau et nerfs

SOMMEIL
Nous dormons, mais notre corps continue de contrôler notre respiration et notre rythme cardiaque ; nous nous rappelons parfois nos rêves.

TOUS NOS MOUVEMENTS ET TOUTES NOS PENSÉES sont commandés par notre cerveau. Le cerveau est plus complexe que n'importe quel ordinateur. Il nous permet de penser, de parler, d'entendre, de voir, de sentir et de bouger. Il fonctionne sans interruption, jour et nuit. Des milliards de cellules vivantes, les neurones (ou cellules nerveuses) transmettent des millions de messages au cerveau. Ceux-ci passent en particulier par la moelle épinière qui, située dans la colonne vertébrale, relie le cerveau au reste du corps. Lorsque ces messages (ou signaux nerveux) atteignent le cerveau, ce dernier les trie et envoie des instructions au reste du corps grâce aux nerfs. Les nerfs ressemblent à des fils composés de fibres nerveuses. Les nerfs sensoriels transmettent les messages des yeux, des oreilles et de la peau jusqu'au cerveau ; les nerfs moteurs transmettent les messages du cerveau jusqu'aux muscles. Le poids moyen d'un cerveau humain adulte est de 1,4 kg. Sa texture est gélatineuse et il est protégé par le crâne.

HÉMISPHÈRES CÉRÉBRAUX
Les deux hémisphères cérébraux sont séparés par un sillon. Nos pensées se forment dans ces hémisphères. L'enveloppe externe du cerveau est la substance grise (cortex cérébral), riche en cellules nerveuses. Le cortex recouvre la substance blanche constituée de fibres nerveuses.

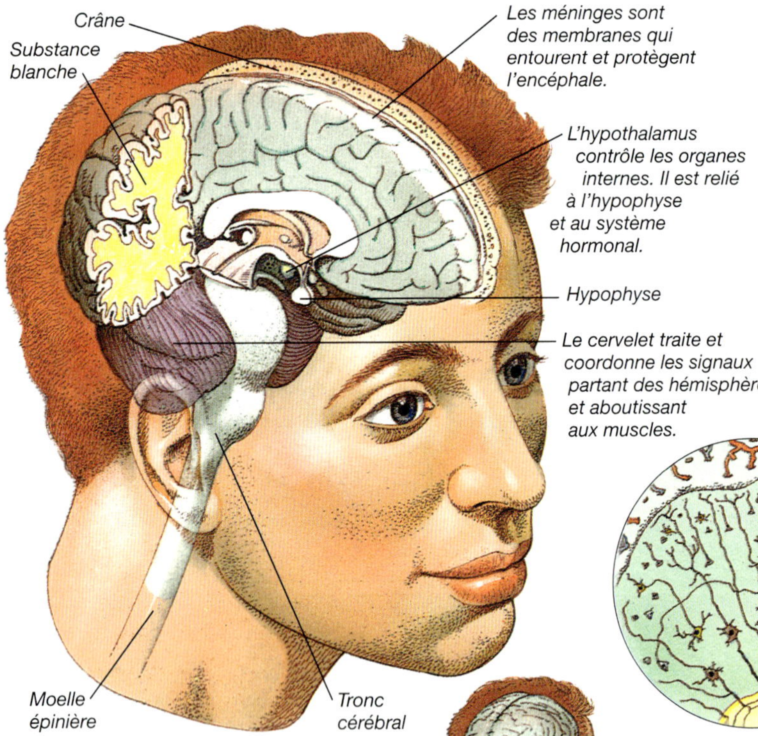

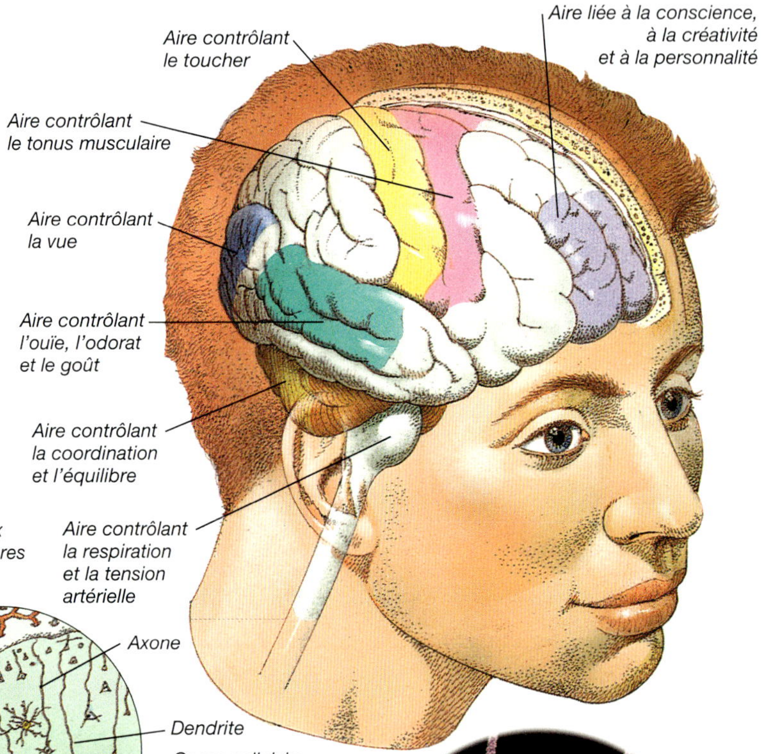

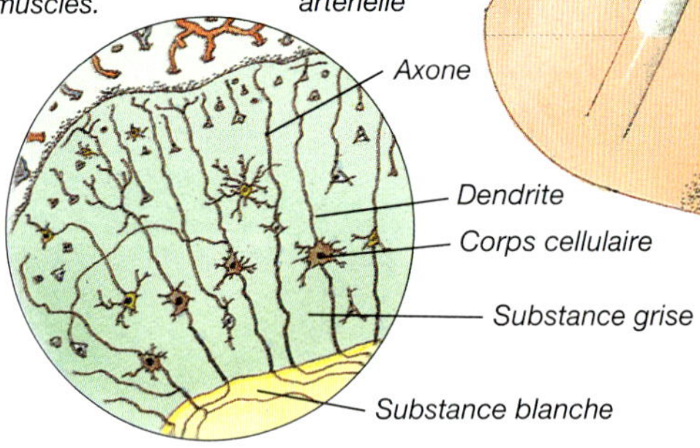

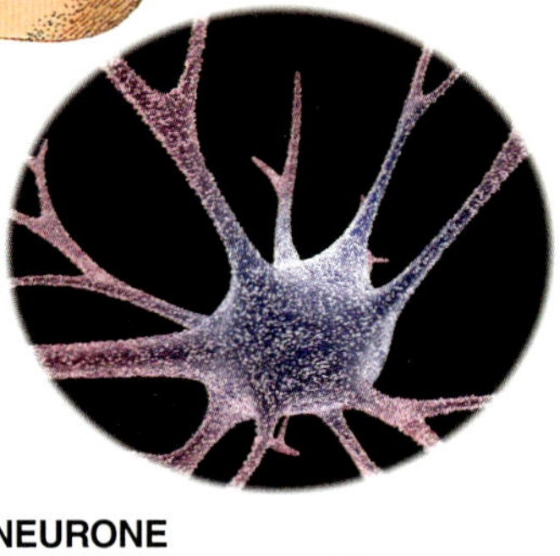

NEURONE
Chaque neurone possède un corps cellulaire, de courtes fibres duveteuses (les dendrites) qui reçoivent l'information, et une terminaison longue et mince (l'axone) qui la transmet à des milliers d'autres neurones.

RÉFLEXES

Lorsque l'on se pique le doigt, les nerfs sensitifs transmettent le message à la moelle épinière qui, par les nerfs, le renvoie aux muscles : on appelle réflexe le mouvement automatique qui fait retirer le doigt sans réfléchir.

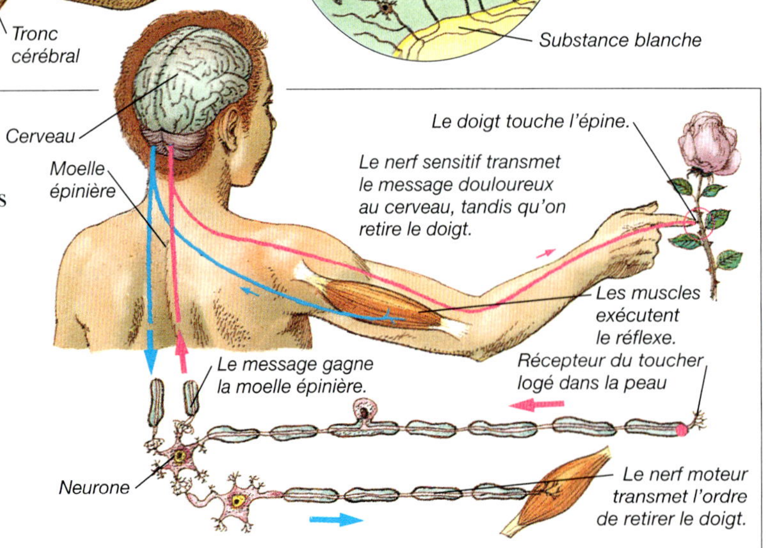

Pour en savoir plus

CŒUR ET CIRCULATION SANGUINE
LE CORPS HUMAIN
MUSCLES ET MOUVEMENT

Jules César

En 49 av. J.-C., Jules César, grand chef militaire et brillant politicien, prit la tête de la République romaine. Sa popularité lui venait des jeux grandioses qu'il avait organisés à Rome en 65 av. J.-C. Après avoir occupé différentes fonctions au sein de l'appareil d'État, dont celle de consul, il se retrouva à la tête d'une armée avec laquelle il conquit la Gaule (France, Belgique et Suisse actuelles). Les sénateurs, représentants élus qui dirigeaient alors la République, craignant que Jules César ne profite de son triomphe pour s'autoproclamer souverain absolu, tentèrent en vain de le dissuader d'entrer dans Rome avec son armée. Une guerre civile éclata entre les partisans de Pompée, qui s'était fait nommer consul, et ceux de César. Pompée, qui avait dû s'exiler, fut assassiné en 48 av. J.-C. César fut nommé dictateur à vie en 44, peu avant d'être assassiné à son tour.

- **100 av. J.-C.** Naissance à Rome.
- **60 av. J.-C.** Premier triumvirat.
- **59 av. J.-C.** Il devient consul.
- **58 av. J.-C.** Début de la guerre des Gaules.
- **55 av. J.-C.** Invasion des îles Britanniques.
- **49 av. J.-C.** Guerre civile. César est nommé dictateur.
- **48-47 av. J.-C.** Défaite de Pompée puis de ses partisans.
- **44 av. J.-C.** César devient dictateur à vie. Il est assassiné le 15 mars.

César s'apprêtait à franchir le Rubicon avec son armée quand un géant jouant de la trompette lui apparut au milieu du fleuve. César interpréta cette vision comme un signe des dieux et ordonna à ses hommes de le suivre dans sa marche sur Rome.

TRIUMVIRAT

En 60 av. J.-C., César, qui souhaitait être consul, s'allia avec le général Pompée (ci-dessus) et le financier Crassus. Cette alliance prit le nom de triumvirat et devint l'un des plus puissants groupes politiques de Rome.

FRANCHISSEMENT DU RUBICON

Les victoires de César durant la guerre des Gaules avaient accru sa popularité auprès de nombreux Romains. Pour d'autres, César représentait un danger. En 50 av. J.-C., le sénat lui ordonna d'abandonner son armée. Mais César refusa et franchit le Rubicon, fleuve séparant la Gaule de l'Italie. Sa marche triomphale sur Rome déclencha une guerre civile.

Chaque légion possédait une aigle romaine : un insigne orné d'un aigle triomphant.

ASSASSINAT DE CÉSAR

Nombreux étaient les hommes politiques romains à penser que César était bien trop puissant. Marcus Brutus et Gaius Cassius prirent la tête d'une coalition, formée de partisans de Pompée, et décidèrent de tuer César. Le 15 mars 44 av. J.-C. (ides de mars), l'assassinat de César à coups de poignards, en plein sénat, déclencha une guerre civile. Octave, fils adoptif de César, en sortit vainqueur et accéda à la tête de l'Empire romain.

COURONNE DE LAURIERS

Après une victoire, les chefs militaires romains étaient décorés d'une couronne de lauriers, qui symbolisait leur puissance. Une couronne d'olivier vint plus tard honorer le triomphe des empereurs.

Pour en savoir plus

L'Empire romain
L'Italie (histoire)

Chaleur et température

Métal en fusion

LA CHALEUR EST SOUVENT ASSOCIÉE à la vie. Notre corps produit d'ailleurs une chaleur qui nous maintient en vie. Le rayonnement solaire vient de la chaleur générée au cœur de l'astre. Le climat terrestre est tributaire de la chaleur émise par le Soleil et le noyau de la Terre est aussi très chaud, ce dont témoignent les éruptions volcaniques et les séismes. Les moteurs de voiture, les réacteurs d'avion exploitent la chaleur libérée par la combustion du carburant et la transforment en mouvement. Les centrales produisent de l'électricité à partir de la chaleur… En réalité, la chaleur est une forme d'énergie. Tout objet, même le plus froid, est source de chaleur. Toute matière est constituée d'infimes particules, les molécules, qui en vibrant libèrent de la chaleur.

SOLIDES, LIQUIDES ET GAZ

Une substance peut être solide, liquide ou gazeuse, selon son degré de chaleur. Un changement de température suffit à la faire passer d'un état à un autre. Par exemple, de l'eau sous forme liquide se transforme en solide (glace) en se refroidissant ou en gaz (vapeur) en se réchauffant.

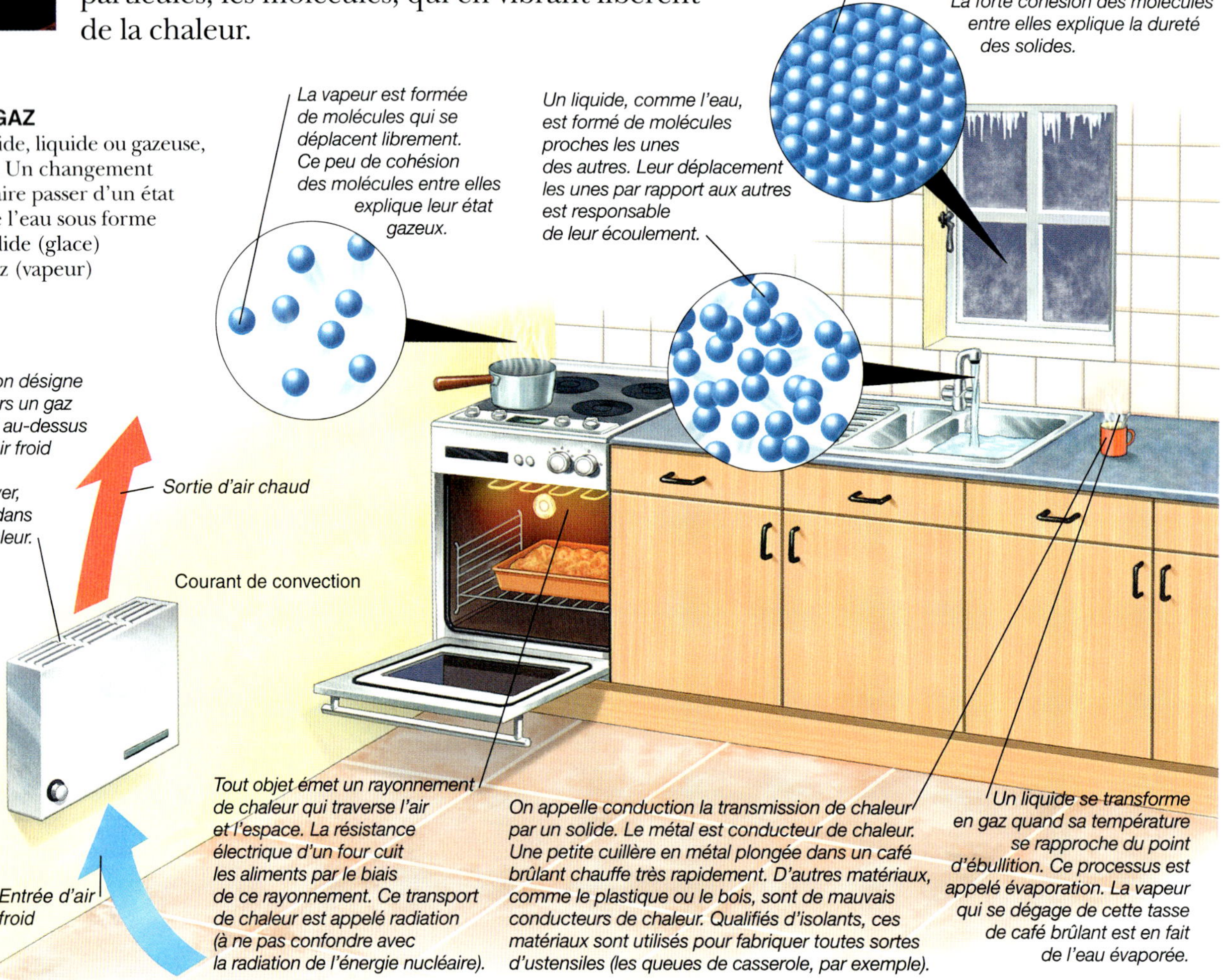

Un solide, comme la glace sur les vitres, est formé de rangées serrées de molécules animées de mouvements vibratoires. La forte cohésion des molécules entre elles explique la dureté des solides.

La vapeur est formée de molécules qui se déplacent librement. Ce peu de cohésion des molécules entre elles explique leur état gazeux.

Un liquide, comme l'eau, est formé de molécules proches les unes des autres. Leur déplacement les unes par rapport aux autres est responsable de leur écoulement.

Le processus appelé convection désigne un transport de chaleur à travers un gaz ou un liquide. Ainsi, l'air chaud au-dessus d'un convecteur s'élève. De l'air froid pénètre dans le convecteur et se réchauffe, avant de s'élever, induisant une circulation d'air dans la pièce, avec transport de chaleur.

Sortie d'air chaud

Courant de convection

Entrée d'air froid

Tout objet émet un rayonnement de chaleur qui traverse l'air et l'espace. La résistance électrique d'un four cuit les aliments par le biais de ce rayonnement. Ce transport de chaleur est appelé radiation (à ne pas confondre avec la radiation de l'énergie nucléaire).

On appelle conduction la transmission de chaleur par un solide. Le métal est conducteur de chaleur. Une petite cuillère en métal plongée dans un café brûlant chauffe très rapidement. D'autres matériaux, comme le plastique ou le bois, sont de mauvais conducteurs de chaleur. Qualifiés d'isolants, ces matériaux sont utilisés pour fabriquer toutes sortes d'ustensiles (les queues de casserole, par exemple).

Un liquide se transforme en gaz quand sa température se rapproche du point d'ébullition. Ce processus est appelé évaporation. La vapeur qui se dégage de cette tasse de café brûlant est en fait de l'eau évaporée.

POINT D'ÉBULLITION

Parvenu au point d'ébullition, un liquide se change en gaz. Au-dessous de ce point, le gaz se transforme à nouveau en liquide. Le point d'ébullition de l'eau est de 100 °C.

POINT DE FUSION

Un solide en chauffant se transforme en liquide. Cette transformation se produit à une certaine température, appelée point de fusion. Au-dessous de ce point, le liquide redevient solide. Le point de fusion de la glace est de 0 °C.

ÉNERGIE THERMIQUE

La chaleur est une énergie parmi d'autres. Une source de chaleur est capable de convertir en énergie thermique une autre forme d'énergie. Il s'agit, pour le feu, de l'énergie chimique libérée à la combustion ou, pour les convecteurs, de l'énergie électrique.

Sous l'effet de processus chimiques, le système digestif d'un animal ou d'un être humain transforme l'énergie des aliments en énergie thermique.

RAYONS INFRAROUGES

Le rayonnement émis par une source de chaleur se traduit en rayons infrarouges. Ces rayons invisibles sont émis par tous les objets; ceux des objets chauds sont plus intenses que ceux des objets froids. Certains convecteurs électriques sont équipés de déflecteurs, qui renvoient ces rayons comme un miroir réfléchit les rayons lumineux.

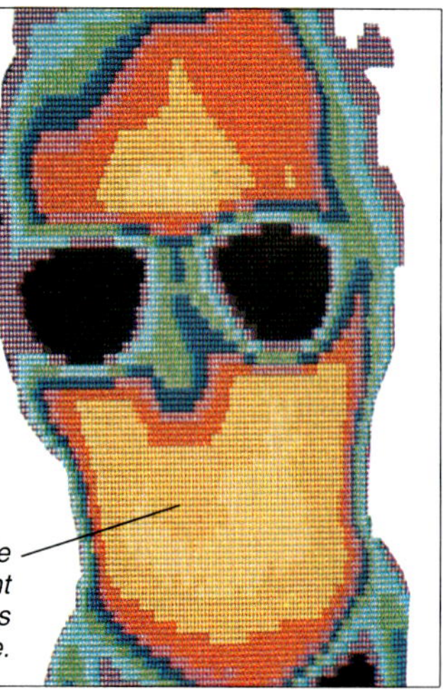

Thermographie d'un visage. Sur cette image captée à l'aide d'une caméra sensible au rayonnement infrarouge et non à la lumière, les zones les plus chaudes du visage apparaissent en jaune.

TEMPÉRATURE

La température est la mesure du degré de chaleur d'un objet. Un objet chaud a une température plus élevée qu'un objet froid. Des objets excessivement froids présentent des températures négatives, le signe « moins » indiquant à quel degré au-dessous de zéro ils se situent sur l'échelle des températures.

ÉCHELLE DES TEMPÉRATURES

L'échelle des températures se mesure en degrés Celsius (C), Fahrenheit (F) ou Kelvin (K). En degrés Celsius, l'eau boue à 100 °C et gèle à 0 °C.

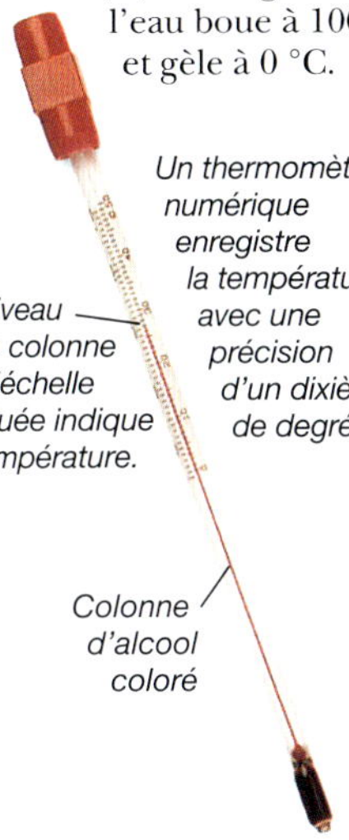

ZÉRO ABSOLU

Le zéro absolu correspond à la plus basse des températures que l'on puisse atteindre, soit – 273 °C (– 460 °F). À cette limite, les molécules s'immobilisent. Les scientifiques ont approché ce seuil sans jamais l'atteindre.

DILATATION ET CONTRACTION

La plupart des objets se dilatent et augmentent de volume sous l'effet de la chaleur. En se refroidissant, ces mêmes objets se contractent et diminuent de volume. Les molécules d'un objet que l'on chauffe accélèrent la vitesse et l'amplitude de leurs mouvements vibratoires, provoquant la dilatation de l'objet. Ainsi, le supersonique *Concorde* gagnait 25 cm en vol. La friction de l'air sur l'avion, propulsé à plus de 2 400 km/h, augmentait la température du fuselage.

THERMOMÈTRE

Le thermomètre est l'instrument qui sert à mesurer la température. Un thermomètre numérique, équipé d'une sonde thermosensible, exprime la température en chiffres sur un écran à cristaux liquides. Un thermomètre liquide contient une colonne d'alcool coloré qui se dilate ou se contracte selon les changements de température.

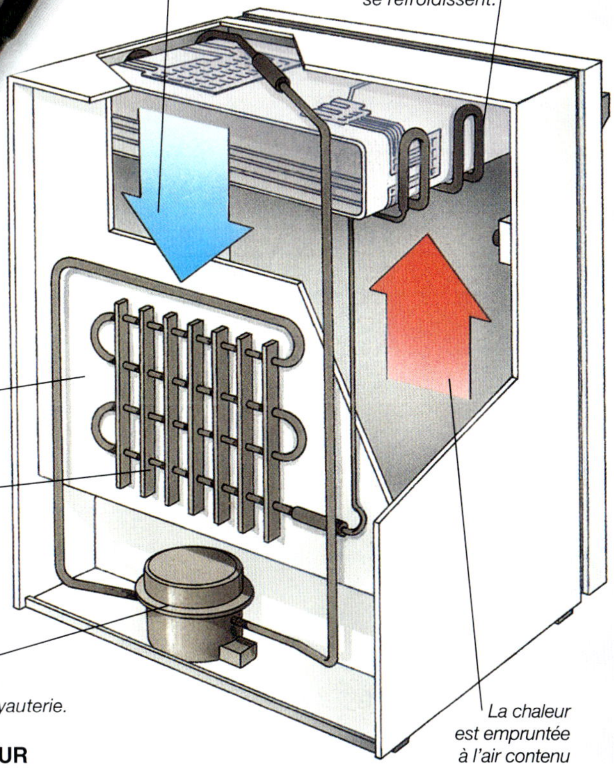

RÉFRIGÉRATEUR

Lorsqu'un liquide s'évapore (transformation en gaz) il emprunte de la chaleur au milieu environnant. Dans un réfrigérateur, un liquide en circuit fermé passe par un cycle d'évaporation et de condensation, avant de se transformer à nouveau en liquide. En s'évaporant, le liquide emprunte la chaleur des aliments conservés à l'intérieur du réfrigérateur.

TRANSPIRATION ET FRISSONS

La température normale du corps humain se situe à 37 °C. Un système de régulation évite refroidissement et chaleur à l'excès. Par forte chaleur, la transpiration abaisse la température corporelle. En cas de froid, les muscles se contractent et les poils se redressent, emprisonnant une couche d'air au niveau de la peau de façon à stopper toute déperdition de chaleur.

Pour en savoir plus

Atomes et molécules
Les Étoiles
Le Feu
Les Moteurs
Le Soleil
La Terre
Les Volcans

Chameaux et lamas

LE CHAMEAU EST LE MAMMIFÈRE le mieux adapté à la vie dans le désert. Grâce aux réserves de graisse accumulées dans ses bosses et à une faible élimination d'urine et de sueur, il est capable de parcourir de longues distances sans manger ni boire. Et lorsqu'il dispose de nourriture en abondance, son estomac énorme stocke de grandes quantités de végétaux et d'eau. Il existe deux espèces de chameaux : le chameau proprement dit, mammifère ruminant d'Asie centrale, et le dromadaire, très répandu en Afrique et en Arabie. Le lama appartient à la même famille, mais ne possède pas de bosse. Comme les autres camélidés (alpaga, guanaco et vigogne), il vit en Amérique du Sud. Les chameaux et les lamas sont pourvus de longues pattes solides et sont de bons coureurs (dromadaire vient du grec *dromas*, qui signifie coureur). Chameaux, lamas et alpagas sont utilisés comme bêtes de somme et comme montures depuis des milliers d'années. La plupart des dromadaires sont domestiqués et élevés pour leur viande, leur lait et leur peau. Les chameaux de Bactriane vivent encore à l'état sauvage dans le désert de Gobi.

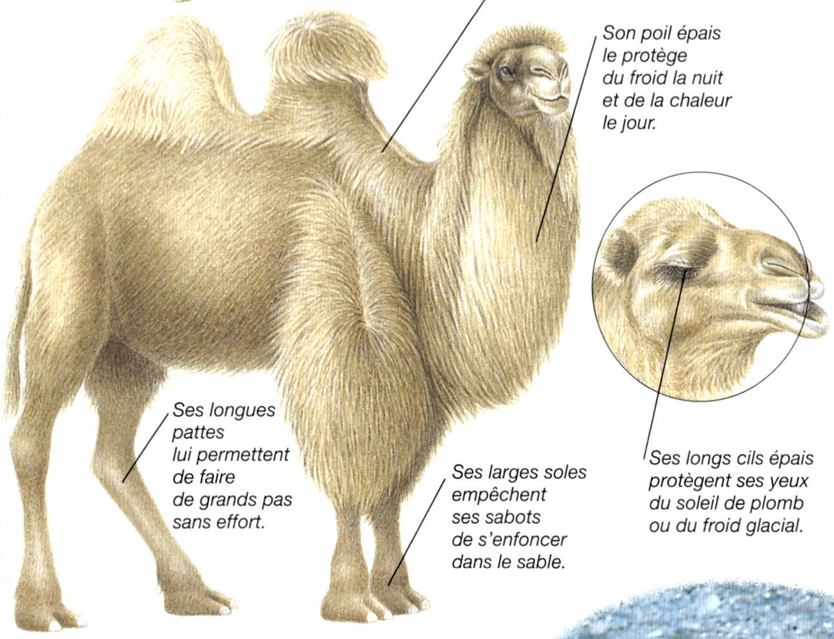

SURVIVRE À UNE TEMPÊTE DE SABLE

Lors d'une tempête de sable, le chameau s'agenouille, aplatit ses oreilles, ferme ses yeux bordés de longs cils, sa bouche et presque totalement ses narines. Il évite ainsi de respirer trop de sable et de poussière.

LAMA

Le lama pèse 140 kg et mesure 1,2 m au garrot. Il a été domestiqué par l'homme il y a plus de 4000 ans. Malgré la concurrence très efficace des voitures, des camions et des trains, il sert encore de moyen de transport en Amérique du Sud. Lamas et alpagas sont abattus pour leur viande et leur peau. Ces lamas (à gauche) transportent des marchandises au Pérou.

DROMADAIRE

Le dromadaire sert de monture en Afrique du Nord et au Moyen-Orient et fournit à l'homme du lait et de la viande. Son poil et sa peau sont utilisés pour fabriquer des tentes, des descentes de lit et des vêtements. Ses lèvres dures lui permettent de saisir des plantes épineuses. Il est sobre, mais, lorsque l'eau est abondante, il peut en boire 100 litres d'un coup.

GUANACO

Le gracieux guanaco photographié ci-contre vit à l'état sauvage dans les contreforts de la cordillère des Andes, en Amérique du Sud. La vigogne, une espèce protégée, est également sauvage, mais vit à plus haute altitude. Guanacos et vigognes continuent malgré tout d'être chassés pour leur chair, leur peau et leur laine.

Les dromadaires sont beaucoup plus nombreux que les chameaux.

Le chameau possède un poil long et hirsute.

BOSSES GRAISSEUSES

Le dromadaire possède une bosse, le chameau deux bosses. Ce sont des réserves de graisse leur assurant la survie dans les terres arides. Un chameau adulte mesure 2 m au garrot et pèse 500 kg.

Pour en savoir plus

L'AFRIQUE (FAUNE ET FLORE)
LES DÉSERTS (FAUNE ET FLORE)
LES ESPÈCES ANIMALES

les Champignons

Certains champignons comestibles affectionnent les prés et l'orée des bois, tels ces mousserons.

CHAMPIGNONS VÉNÉNEUX, champignons comestibles ou moisissures, ce ne sont ni des végétaux ni des animaux, mais les principaux décomposeurs du monde naturel. Ils se nourrissent en libérant des enzymes, qui font pourrir les matières organiques, absorbant et recyclant les éléments nutritifs et les minéraux. La plupart poussent dans les régions boisées humides et les plaines fertiles, surtout à l'automne. Il n'existe pas de différence scientifique entre champignons vénéneux et champignons comestibles. Les premiers sont souvent plus colorés, même si les amanites mortelles sont beiges et blanches. La partie comestible du champignon est le chapeau. Il contient des spores – des cellules microscopiques qui, disséminées, donnent de nouveaux champignons. Certains champignons parasites provoquent des maladies chez les végétaux, chez l'homme (la teigne) et l'animal. La levure est un champignon qui fait lever la pâte à pain.

MOISISSURE
Les végétaux ou les animaux qui pourrissent sont décomposés par des moisissures. Certaines moisissures se développent sur des aliments (pain, fruits, etc.) humides.

FISTULINE
La fistuline est un champignon rouge sang qui vit sur les troncs d'arbre. Elle est aussi appelée langue-de-bœuf ou foie-de-bœuf.

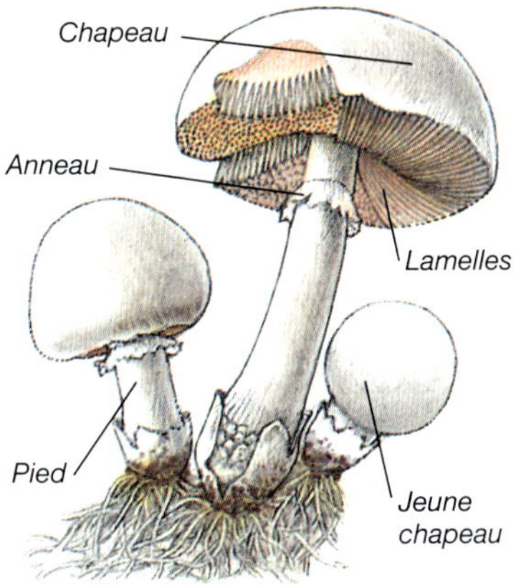

Les spores mûres contenues entre les lamelles du chapeau se disséminent.

CHAMPIGNONS COMESTIBLES

De nombreux champignons sont comestibles. Non seulement délicieux, mais riches en minéraux et en fibres, ils sont cultivés dans des abris sombres et humides, sur des lits de tourbe. Manger des champignons ramassés dans la nature peut être très dangereux : certains champignons mortels ressemblent à des champignons comestibles.

PLEUROTE
Le pleurote vit sur les troncs de divers feuillus, dont les hêtres. Son chapeau ressemble à une coquille d'huître. Il est délicieux et se conserve bien une fois séché.

AGARIC DES CHAMPS
En automne, l'agaric des champs apparaît du jour au lendemain dans les champs et les prés humides.

MORILLE
Réputé pour son goût délicieux, le chapeau de la morille est alvéolé.

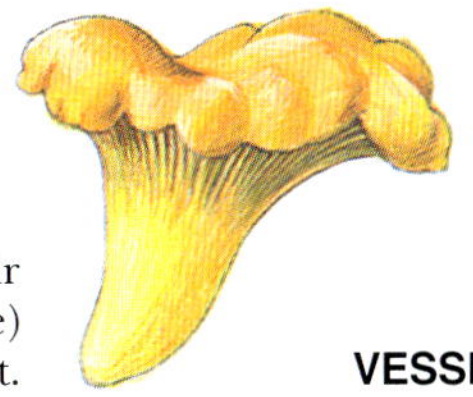

CHANTERELLE
Le chapeau en entonnoir de la chanterelle (girolle) est jaune et sent l'abricot. La chanterelle vit sous les chênes, les hêtres et les bouleaux. Elle pousse lentement, est très appréciée en gastronomie et se conserve bien.

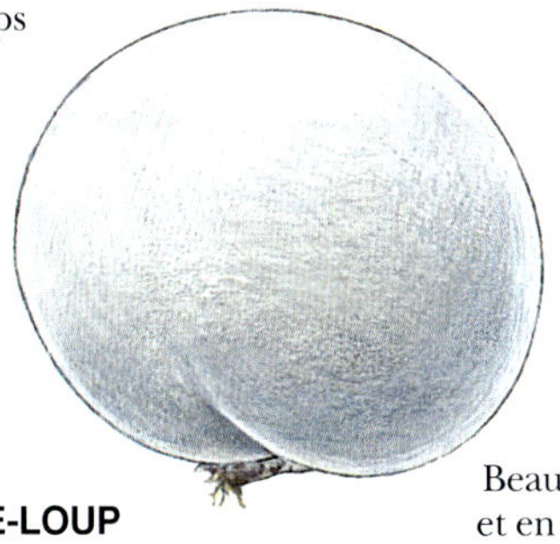

VESSE-DE-LOUP
Lorsque la vesse-de-loup arrive à maturité, son chapeau s'ouvre et rejette une poussière de spores.

CHAMPIGNON PARASITE
Beaucoup d'ormes meurent en Europe et en Amérique du Nord d'une maladie appelée graphiose. Le responsable est un parasite transporté par le scolyte destructeur, un coléoptère qui vit dans les ormes. Le champignon pousse à travers l'écorce et obstrue les cellules tubulaires qui sont chargées du transport de l'eau.

CHAMPIGNONS VÉNÉNEUX

Certains sont vénéneux, d'autres mortels. Certains sont très colorés et facilement reconnaissables, d'autres, comme l'amanite phalloïde, ont l'air inoffensifs, mais leur consommation peut entraîner une mort rapide.

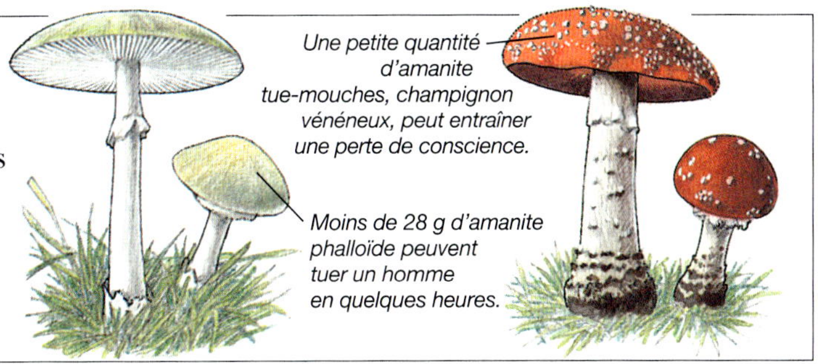

Une petite quantité d'amanite tue-mouches, champignon vénéneux, peut entraîner une perte de conscience.

Moins de 28 g d'amanite phalloïde peuvent tuer un homme en quelques heures.

Pour en savoir plus

ALIMENTATION ET CUISINE
LES FORÊTS
LES MÉDICAMENTS
LES PLANTES
LES SOLS

le Charbon

Bloc d'anthracite, charbon pur et dur

LES HOMMES UTILISENT le charbon depuis des siècles pour se chauffer et cuisiner. Au XIXe siècle, il représentait encore la première des sources d'énergie au monde : il alimentait les moteurs à vapeur à l'origine de la révolution industrielle. Sa combustion assure toujours une grande partie des besoins en énergie de la planète : brûlé dans les fourneaux des centrales, il produit de l'électricité ; il entre dans le processus de fabrication de nombreux produits comme le fer ou l'acier. Ce combustible est souvent qualifié de fossile parce qu'il est issu de végétaux fossilisés vieux de plusieurs millions d'années. Certains blocs de charbon portent l'empreinte de plantes ou d'insectes datant de la préhistoire. Les réserves en charbon de la Terre sont estimées à quelques milliers d'années, mais l'utilisation extensive de ce combustible contribue à accroître la pollution de l'atmosphère.

FORMATION DU CHARBON

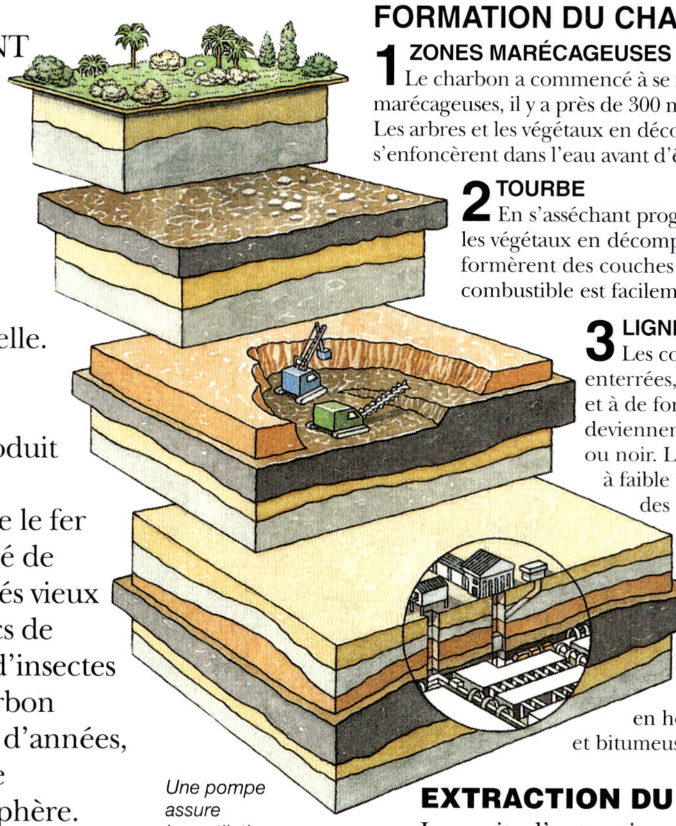

1 ZONES MARÉCAGEUSES Le charbon a commencé à se former dans des zones marécageuses, il y a près de 300 millions d'années. Les arbres et les végétaux en décomposition s'enfoncèrent dans l'eau avant d'être recouverts de boue.

2 TOURBE En s'asséchant progressivement, les végétaux en décomposition dans la boue formèrent des couches de tourbe. Ce matériau combustible est facilement extrait du sol.

3 LIGNITE Les couches de tourbe enterrées, soumises à la chaleur et à de fortes pressions, deviennent du lignite brun ou noir. Le lignite est extrait à faible profondeur dans des mines à ciel ouvert.

4 HOUILLE La tourbe la plus profonde, soumise à une intense chaleur et à de très fortes pressions, se transforme en houille grasse et bitumeuse ou en anthracite.

EXTRACTION DU CHARBON

Les puits d'extraction s'enfoncent dans les profondeurs de la Terre jusqu'aux veines de charbon. Les mineurs creusent tout un réseau de galeries pour exploiter le gisement. D'autres minerais, comme le cuivre, sont extraits suivant le même principe. La mine la plus profonde au monde est une mine d'or d'Afrique du Sud, s'enfonçant à près de 4 km sous terre.

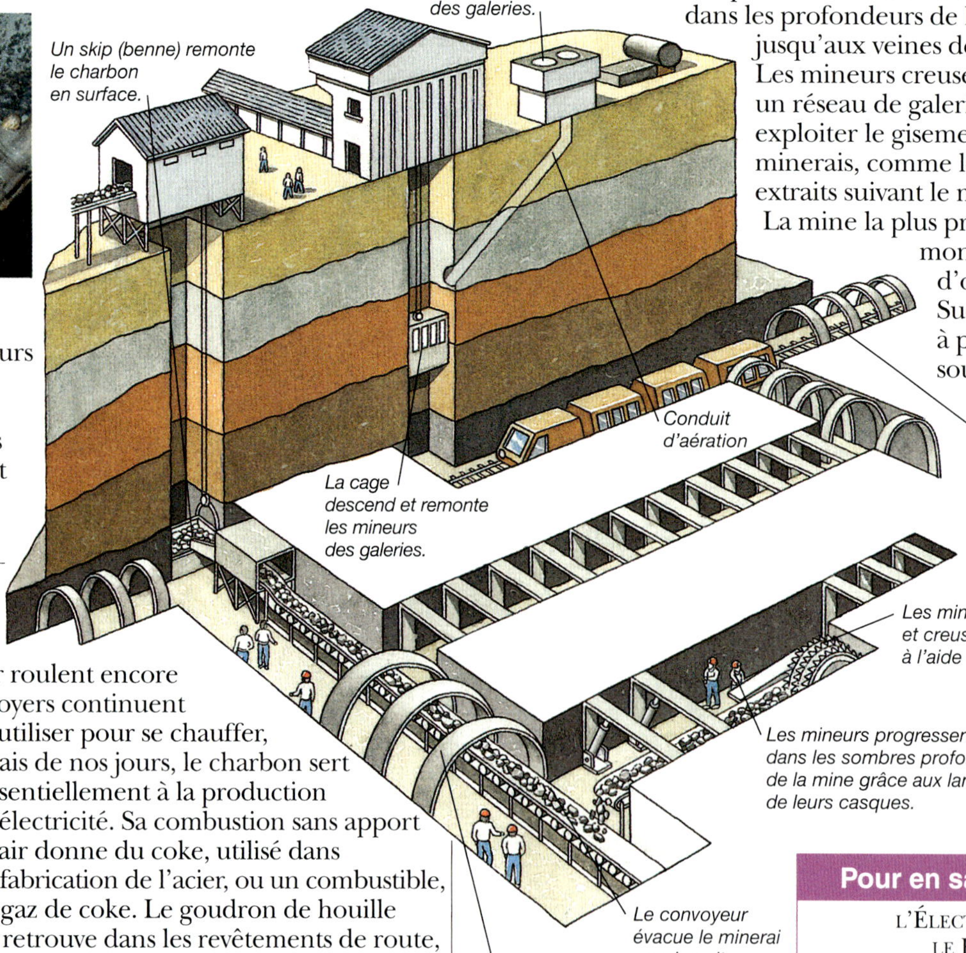

MINEURS

Des siècles durant les mineurs ont extrait le charbon à la main. Aujourd'hui, de nombreux équipements électroniques les secondent dans leur tâche.

À QUOI SERT LE CHARBON ?

Quelques trains à vapeur roulent encore au charbon, et certains foyers continuent de l'utiliser pour se chauffer, mais de nos jours, le charbon sert essentiellement à la production d'électricité. Sa combustion sans apport d'air donne du coke, utilisé dans la fabrication de l'acier, ou un combustible, le gaz de coke. Le goudron de houille se retrouve dans les revêtements de route, d'autres dérivés dans des médicaments, matières plastiques, teintures et de nombreux autres produits.

Centrale électrique des environs de Berlin, en Allemagne

Pour en savoir plus

L'ÉLECTRICITÉ
LE FEU
FER ET ACIER
LA PRÉHISTOIRE
LA RÉVOLUTION INDUSTRIELLE
LES TRAINS

Charlemagne

TRÔNE
Puissant souverain, Charlemagne se contentait d'un trône de marbre épuré, copie d'après la Bible de celui de Salomon, roi d'Israël. L'empereur avait édifié une chapelle au sein de son palais afin d'abriter son trône. La chapelle est encore visible aujourd'hui, dans la cathédrale d'Aix-la-Chapelle, en Allemagne.

IL Y A DOUZE SIÈCLES, la majeure partie de l'Europe était aux mains d'un seul homme : Charlemagne. Il savait à peine lire et écrire mais il avait réussi à bâtir le plus vaste des empires. Fils de Pépin le Bref, il appartenait à ce peuple germanique, les Francs, qui, au Ve siècle, à la chute de l'Empire romain, s'était installé au nord de la France. Lorsqu'il accéda au trône, en 768, son territoire encore modeste suscitait la convoitise des peuples voisins. Mais Charlemagne ne tarda pas à affirmer sa puissance et se lança à la conquête du nord de l'Italie. Guerrier affirmé, il s'attaqua aux peuples de Hongrie et aux Saxons en Allemagne. Il envahit l'Espagne et mit un terme aux désirs de conquêtes des musulmans qui occupaient la région. Bien plus que le pouvoir, Charlemagne souhaitait convertir au christianisme les sujets de son vaste royaume. Il engagea de profondes réformes et encouragea l'éducation en créant de nombreuses écoles. En 800, Charlemagne fut sacré empereur d'Occident par le pape Léon III qui officiait à la tête de l'Église chrétienne. À sa mort, en 814, Charlemagne régnait sur le plus puissant des empires depuis celui de Rome.

PORTRAIT
Il existe peu de portraits de l'empereur. Les seules représentations qui nous sont parvenues montrent un homme grand, blond et barbu.

SACRE DE L'EMPEREUR
Charlemagne fut couronné empereur le 25 décembre de l'an 800, en la basilique Saint-Pierre de Rome, par le pape Léon III. Après plus de trois siècles, Charlemagne devenait le premier souverain à être sacré empereur depuis la chute de Rome.

Monnaie frappée sous le règne de Charlemagne

SAINT EMPIRE ROMAIN GERMANIQUE
Le royaume de Charlemagne couvrait une grande partie de l'Europe. À sa mort, l'empire fut partagé entre ses fils. Plus tard, le Saint Empire romain germanique ira au-delà de ces frontières. Son dernier représentant, François II, renonça à la couronne impériale en 1806. Pour certains, cette décision visait à priver de ce titre l'empereur des Français, Napoléon Ier. Pour d'autres, Napoléon, qui ne pouvait supporter de rival en Europe, aurait forcé la dissolution du Saint Empire romain germanique.

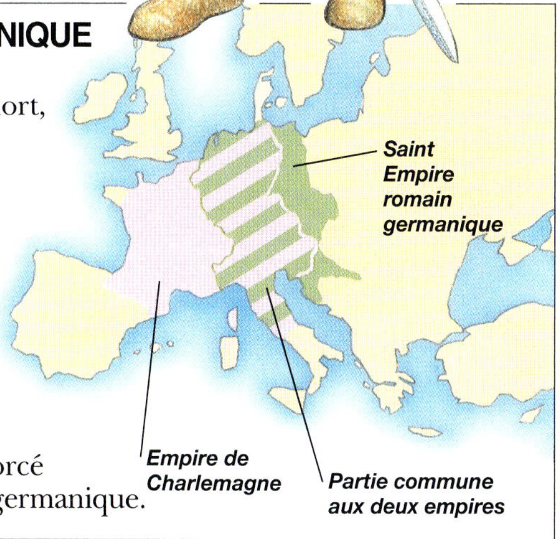

TOMBEAU DE L'EMPEREUR
Des scènes de la vie de l'empereur ornent le tombeau de Charlemagne, qui repose dans la cathédrale d'Aix-la-Chapelle. L'un des panneaux illustre le siège de Pampelune, en Espagne, par les armées franques. Le tombeau, rehaussé d'or, est incrusté de pierres précieuses.

Pour en savoir plus
LES BARBARES
L'EUROPE MÉDIÉVALE
LA FRANCE (HISTOIRE)

les Chars d'assaut

PREMIER MODÈLE
En 1916, le char d'assaut britannique Mark I fut le premier modèle mis en service sur un champ de bataille. La forme incongrue de sa coque lui permettait de franchir de larges tranchée et d'évoluer dans la boue ou sur les terrains hérissés de barbelés. Depuis, l'armement, la vitesse et le blindage de ces machines de guerre ont beaucoup évolué.

LA CARAPACE DE LA TORTUE a fait école. Au début du XXe siècle, les militaires s'en sont inspirés pour mettre au point le char d'assaut. Ce monstre d'acier fit son apparition sur les champs de bataille de la Première Guerre mondiale (1914-1918), réduisant à néant les lignes de défense et les positions de tir des mitrailleuses. Les chars d'assaut se sont aujourd'hui métamorphosés en armes sophistiquées, associant puissance de feu, protection et mobilité. Chaque engin est équipé d'un canon à visée laser, guidé par ordinateur pour un tir de précision sans égal. Une carapace d'acier blindé, pouvant atteindre 11 cm d'épaisseur, assure la protection de l'équipage. Le char d'assaut manœuvre sur les terrains les plus difficiles, y compris dans l'eau, et certains modèles, dits légers, peuvent dépasser les 80 km/h.

MODÈLE TYPE

Le char d'assaut allemand Leopard 2 est l'un des plus puissants au monde. Malgré un poids de 55 t, soit à peu près l'équivalent de 30 voitures, l'engin peut atteindre la vitesse de 72 km/h ! Armé d'un canon et de deux mitrailleuses, il accueille quatre membres d'équipage.

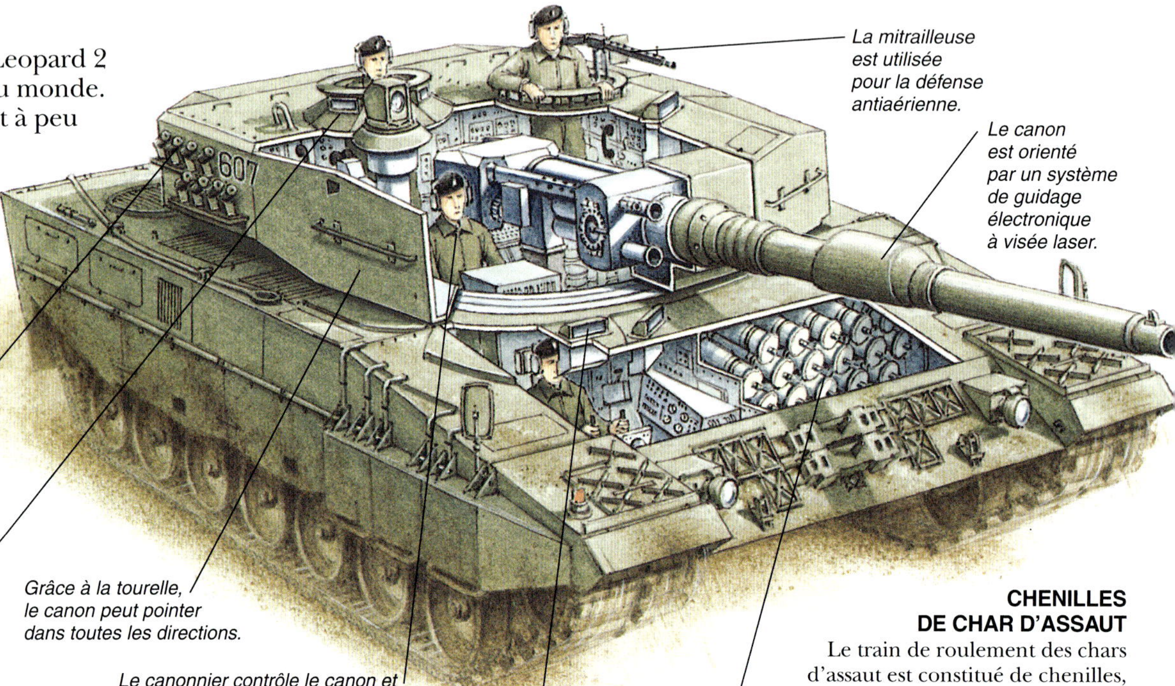

CHENILLES DE CHAR D'ASSAUT
Le train de roulement des chars d'assaut est constitué de chenilles, sorte de bande sans fin munie de patins, et de plusieurs roues. Pour tourner, le chauffeur joue sur la vitesse de l'une ou l'autre des chenilles.

CANON AUTOPROPULSÉ
Des pièces d'artillerie, montées sur des véhicules légers, peuvent se déplacer rapidement d'une position à l'autre.

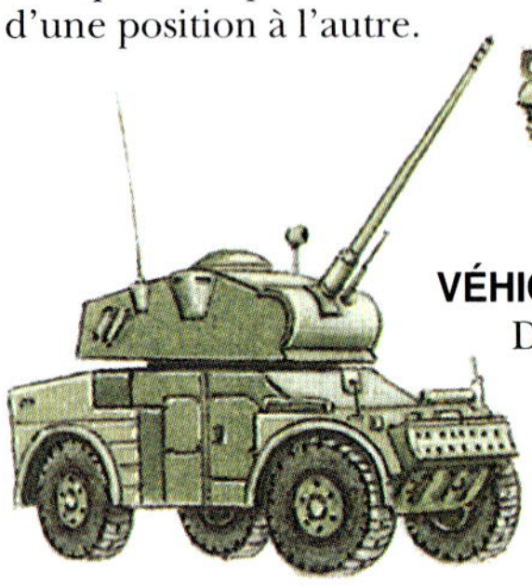

VÉHICULE BLINDÉ
Des véhicules légers et rapides sont utilisés pour les missions de reconnaissance ou les patrouilles.

TRANSPORTEUR DE TROUPE
Amphibie et terrestre, ce véhicule blindé destiné au transport des soldats sur les champs de bataille est équipé de chenilles.

CHAR D'ASSAUT ABRAMS

Le char d'assaut américain M1 Abrams, dont la mise au point a nécessité près de 10 ans, évalue la distance de sa cible par télémétrie laser. Durant la guerre du Golfe, en 1991, le M1 permit d'anéantir plus de 2 000 chars ennemis sans subir aucune perte.

Pour en savoir plus

L'ARMÉE
LA PREMIÈRE GUERRE MONDIALE
LA SECONDE GUERRE MONDIALE
LES ARMES
LES ARMES À FEU

les Châteaux forts

ARCHÈRES
Les archers prenaient place derrière des meurtrières – ces étroites fentes percées dans les murailles s'élargissaient vers l'intérieur afin de faciliter le tir. Le rempart intérieur était plus haut que le rempart extérieur, de façon que les archers puissent atteindre l'ennemi sans blesser les défenseurs.

LES SOLIDES MURAILLES ET LES TOURS des châteaux devaient résister aux assauts de l'ennemi. Ces places fortes abritaient un monde miniature, où se côtoyaient le seigneur et sa famille, la Cour, les soldats, les serviteurs et les animaux… À l'intérieur, on trouvait des jardins, des entrepôts, une salle du trésor et un donjon, qui abritait les appartements du seigneur. Une colline entourée d'un cours d'eau constituait l'emplacement idéal pour construire un château. Mais les bâtisseurs érigeaient parfois des buttes artificielles, protégées par de profonds fossés remplis d'eau, appelés douves. Un château bien défendu pouvait tenir un siège de plusieurs mois. La plupart de ces ouvrages ont vu le jour entre les IXe et XVIe siècles, époque marquée par les guerres incessantes. Aux modestes châteaux en bois des débuts succédèrent des constructions en pierre beaucoup plus élaborées, abritant la population de la cité tout entière. L'invention de la poudre à canon au XIIIe siècle rendit ces forteresses plus vulnérables. Avec le temps, une fois la paix revenue, les seigneurs et la noblesse délaissèrent les châteaux pour des demeures plus confortables.

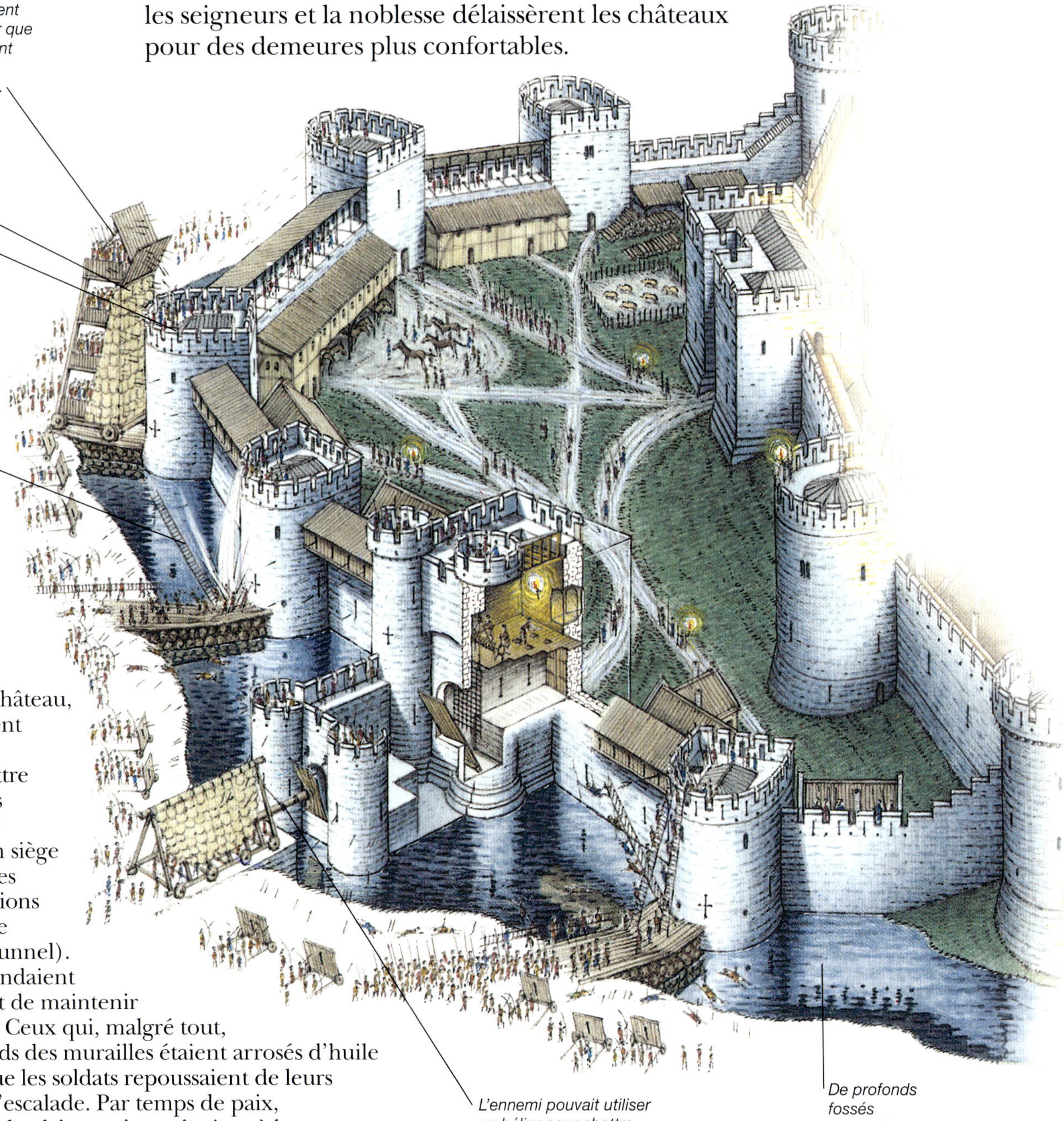

Les engins utilisés lors des sièges devaient être assez hauts pour que les attaquants puissent atteindre les soldats défendant le château.

Des sacs remplis de sable protégeaient les archers assaillant le château.

Du haut des tours érigées en saillie le long du rempart extérieur, les archers pouvaient atteindre les attaquants qui tentaient d'escalader l'enceinte.

Les attaquants qui réussissaient à franchir les douves étaient arrosés d'huile ou d'eau bouillantes jetées du haut des remparts.

L'ennemi pouvait utiliser un bélier pour abattre le pont-levis.

De profonds fossés entouraient les murailles.

DÉFENDRE UN CHÂTEAU

Lors du siège d'un château, les assaillants tentaient de franchir le mur d'enceinte, de l'abattre à l'aide de différents engins ou d'affamer ses occupants par un siège (de profondes douves ou de solides fondations rendaient impossible le percement d'un tunnel). Les archers qui défendaient le château essayaient de maintenir l'ennemi à distance. Ceux qui, malgré tout, parvenaient aux pieds des murailles étaient arrosés d'huile bouillante, tandis que les soldats repoussaient de leurs lances les échelles d'escalade. Par temps de paix, chevaliers et soldats du château s'entraînaient à la guerre lors de tournois organisés en grandes pompes.

L'ÂGE DES CHÂTEAUX

À cause des guerres, notamment des croisades, les armées se dotèrent d'un armement de plus en plus sophistiqué, auquel répondirent des moyens de défense de plus en plus élaborés et la construction de nombreux châteaux.

CHÂTEAUX NORMANDS
Entre le XIe et le XIIIe siècle, les Normands érigèrent des châteaux de pierre, comme celui de Douvres, en Angleterre.

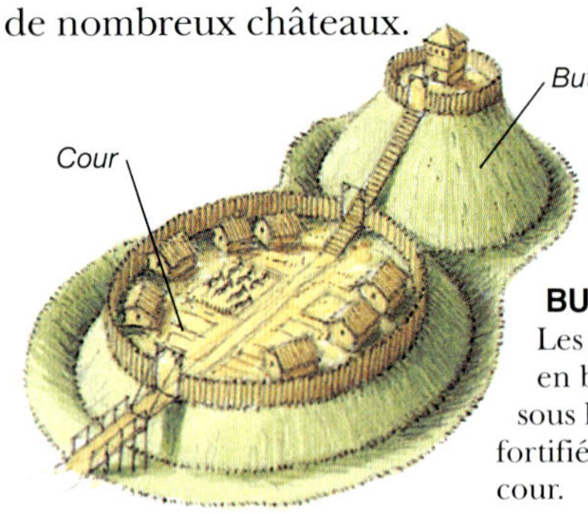

BUTTES FORTIFIÉES
Les premiers châteaux en bois se présentaient sous la forme d'une butte fortifiée attenante à une vaste cour.

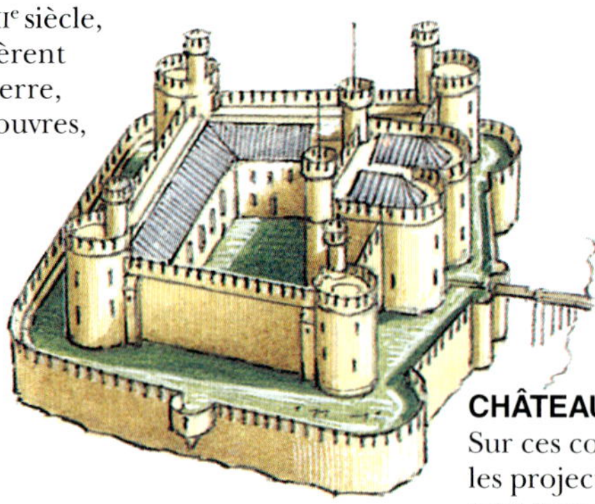

CHÂTEAUX À TOURS RONDES
Sur ces constructions à tours rondes, les projectiles des catapultes rebondissaient sans trop endommager la structure.

CHÂTEAUX ESPAGNOLS
Certains châteaux forts, comme l'alcazar de Ségovie, furent transformés en de grandioses palais royaux.

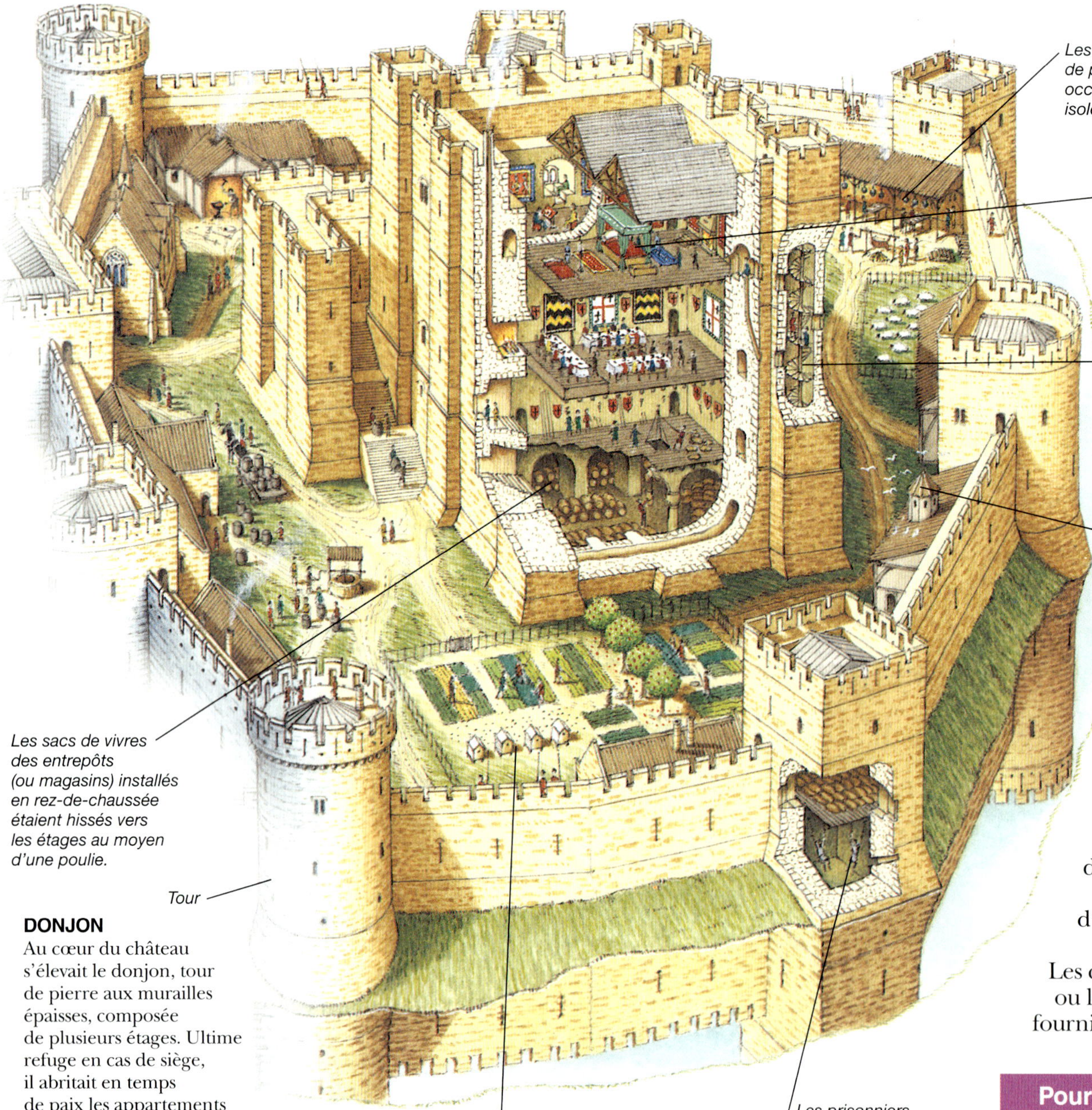

VIE QUOTIDIENNE

En plus du seigneur et de sa famille, des serviteurs et des soldats, la forteresse abritait des dizaines d'artisans et d'ouvriers chargés d'entretenir bâtiments et équipements. Les champs environnants ou les jardins du château fournissaient la nourriture.

DONJON
Au cœur du château s'élevait le donjon, tour de pierre aux murailles épaisses, composée de plusieurs étages. Ultime refuge en cas de siège, il abritait en temps de paix les appartements du seigneur et de ses suivants. L'entrée située au premier étage était protégée par le corps de garde. Au-dessus se trouvait une grande salle destinée aux festins ou faisant office de dortoir. La chambre du seigneur occupait le dernier étage.

Pour en savoir plus
CHEVALERIE ET HÉRALDIQUE
LES CROISADES
L'EUROPE MÉDIÉVALE
LES NORMANDS (HISTOIRE)

les Chats

LORSQUE VOUS REGARDEZ un chat guetter un oiseau, vous comprenez pourquoi il appartient à la même famille que le lion et le tigre. Tous les chats sont d'excellents chasseurs. Ils ont des sens très développés, des dents et des griffes acérées, sont puissants et agiles. Ils chassent principalement à l'aube et au crépuscule car ils voient très bien dans la pénombre. Même un chat domestique pourrait survivre dans la nature en attrapant des souris, des insectes et des petits oiseaux. Le chat de race fait cependant exception, trop habitué à une vie d'intérieur confortable. Il existe aujourd'hui plus de 500 millions de chats domestiques dans le monde. Leur ancêtre est le chat sauvage d'Afrique, un chat tigré qui vivait il y a environ un million d'années. Ce petit félin s'est répandu à travers l'Afrique, l'Asie et l'Europe, jusqu'à ce que les Égyptiens le domestiquent il y a 3000 ans pour qu'il protège leurs récoltes des rongeurs. Depuis, l'élevage des chats a engendré de nombreuses races, de l'européen tigré à poil court au persan à poil long, en passant par le chat sans queue de l'île de Man, ou le sphinx, quant à lui dépourvu de poils.

CHATS SAUVAGES
Le chat sauvage d'Afrique ressemble au chat domestique, mais son corps est plus massif et sa tête plus large. Il possède des rayures noires sur les pattes et la queue.

AGILITÉ
Le chat a un sens de l'équilibre exceptionnel. Il grimpe très bien aux arbres, aux murs et aux clôtures, pour chasser ou explorer son territoire, et a d'excellents réflexes s'il tombe : l'organe de l'équilibre situé dans ses oreilles l'incite à se retourner. Sa tête pivote, puis son corps, et il atterrit sur ses quatre pattes.

CHATS NOIRS
Pendant des siècles, les chats noirs ont été associés à la magie et à la sorcellerie. Aujourd'hui, certaines personnes croient encore qu'ils portent bonheur ou malheur.

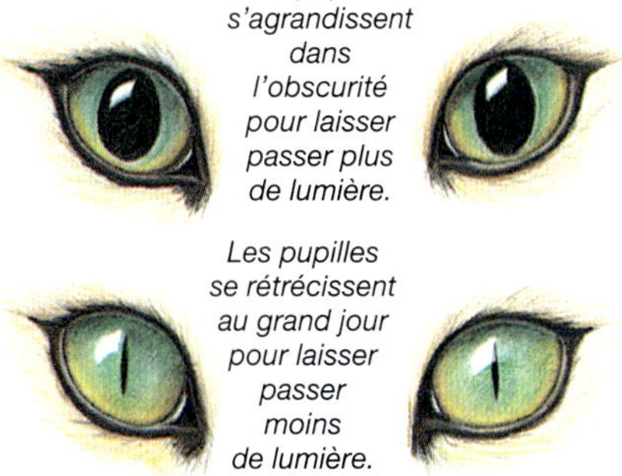

VUE
Dans la pénombre les pupilles s'agrandissent pour laisser passer un maximum de lumière. Le *tapetum lucidum*, un tapis réfléchissant au fond de son œil, reflète la lumière et fait briller ses yeux dans le noir.

CHATS DOMESTIQUES
Plus de 100 races de chats domestiques sont officiellement reconnues, mais les spécialistes en créent sans cesse par l'élevage sélectif. Le bombay (à gauche), apparu aux États-Unis en 1960, résulte d'un croisement entre un burmese et un american shorthair noir. Hormis un poil particulièrement court et dense, il présente les mêmes caractéristiques que n'importe quel chat.

CHATONS

Les jeunes chats sont des chatons. Ils passent des heures à pourchasser leur queue, à sauter les uns sur les autres et à se battre « pour de faux ». Mais les jeux sont importants : ils leur permettent de développer leurs techniques de chasse, leurs réflexes, leur force et leur souplesse – qualités nécessaires pour se défendre et chasser.

SOMMEIL

Le chat dort en moyenne 16 heures par jour, mais par petits sommes. L'organisme du chat est conçu pour des périodes d'activité intense, entrecoupées de périodes de repos.

TOILETTE

Les chats sont réputés pour leur propreté. Ils passent au moins une heure par jour à se lécher avec leur langue rugueuse pour nettoyer leur poil et le rendre lisse et brillant. Mais le léchage permet aussi de réguler la température du corps, d'éliminer les parasites et d'activer la circulation du sang.

COMPORTEMENT

Les chats domestiques ressemblent à leurs ancêtres sauvages sous plusieurs aspects. Même si, en principe, ils n'ont pas besoin de chasser pour se nourrir, ils restent très actifs à l'aube et au crépuscule, et guettent tout ce qui ressemble à une proie avant de bondir dessus. Ce sont des comportements instinctifs, qui ne s'apprennent pas. Un chat se comportera toujours ainsi, même élevé loin de ses congénères.

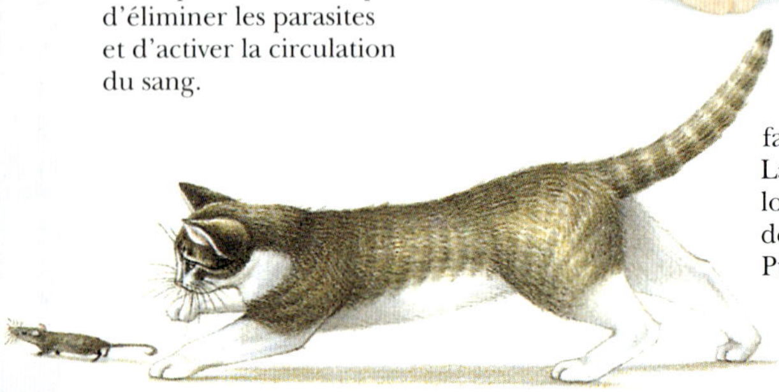

CHASSE

Grâce à son odorat très développé, le chat identifie facilement l'odeur d'une souris. La vue et l'ouïe interviennent lorsqu'il s'approche lentement de sa proie, sans faire de bruit. Puis il bondit dessus en sortant ses griffes et la mord à la nuque pour lui briser le cou.

SAUT

Avec ses longues pattes, ses muscles puissants et ses articulations souples, le chat saute très bien. Avant de bondir, il évalue la distance avec précision. Si l'endroit sur lequel il veut sauter est trop éloigné, il essaie de trouver un autre chemin.

Au cours de l'allaitement les chatons tètent les mamelles du ventre de leur mère.

La mère surveille ses petits jusqu'à ce qu'ils soient capables de se défendre tout seuls.

CHAT SANS POILS

Le sphynx est une race de chat développée au cours des années 1960 à partir d'un chaton né sans poils. Il possède un fin duvet sur la face, les pattes et l'extrémité de la queue. Il est fort improbable qu'un chat « nu » puisse survivre longtemps à l'état sauvage.

REPRODUCTION

La gestation dure neuf semaines environ. Une chatte met au monde une portée de deux à cinq chatons en moyenne. Les nouveau-nés sont sans défense. Ils gardent les yeux fermés pendant la première semaine au moins et ne commencent à ramper qu'au bout de deux semaines. Au début, ils se nourrissent du lait maternel. Entre quatre et huit semaines, ils arrêtent peu à peu de téter leur mère et se mettent à manger des aliments solides : c'est le sevrage. Quatre semaines plus tard, la chatte peut s'accoupler à nouveau.

Dans l'Égypte ancienne, les chats domestiques protégeaient les greniers à blé. Certains étaient vénérés comme des dieux et représentés sous forme de statues comme celle-ci.

Pour en savoir plus

L'Égypte ancienne
Les Espèces animales
Les Grands félins
Les Mammifères
Les Sens des animaux

les Chauves-souris

VAMPIRE
Le vampire d'Amérique du Sud mord les mammifères et les oiseaux pour sucer leur sang, mais ne s'attaque généralement pas aux hommes.

AU MOMENT où d'autres animaux cherchent un abri pour passer la nuit, les chauves-souris sortent. Ce sont les seuls mammifères capables de voler. Ces créatures nocturnes aux ailes membraneuses planent et descendent en piqué dans l'obscurité pour attraper des papillons de nuit et autres insectes volants. Mais certaines se nourrissent de fruits, de nectar, de pollen, de poissons, de petits mammifères ou de reptiles. Les chauves-souris donnent naissance à un ou deux petits chaque année. Les jeunes vivent agglutinés les uns aux autres pour se tenir chaud pendant que leur mère part chasser. Il existe 932 espèces de chauves-souris, dont la noctule, le vespertilion, le murin, la pipistrelle, le vampire et la roussette. Elles représentent un quart de l'ensemble des mammifères, mais il est rare qu'on les voie. Actuellement, de nombreuses espèces sont menacées de disparition parce que leurs gîtes naturels sont détruits et leurs zones de chasse transformées en cultures agricoles et en habitations humaines.

Les chauves-souris dorment la tête en bas dans leur gîte sombre et humide.

Grâce à une griffe, qui correspond au pouce, la chauve-souris s'agrippe aux parois rocheuses des grottes, des carrières et des caves.

RHINOLOPHE
Il existe plus de 60 espèces de rhinolophes. Le rhinolophe est appelé aussi fer-à-cheval, en raison de la forme de l'appendice qui surmonte son nez. Le plus grand spécimen d'Europe possède une envergure de 30 cm.

Les ailes sont soutenues par de très longs doigts. Pour se reposer, la chauve-souris se suspend par sa griffe.

CHAUVE-SOURIS BULLDOG
La chauve-souris bulldog d'Amérique du Sud est piscivore. Elle possède de grands pieds munis de griffes acérées pour attraper les poissons. L'écholocation lui permet de détecter les ondulations de l'eau. Elle frôle alors la surface, croche le poisson au passage et le porte à sa gueule, où ses dents pointues le maintiennent solidement.

ROUSSETTE

La roussette est la plus grande chauve-souris : l'envergure de ses ailes peut atteindre 2 m. Elle habite dans les arbres creux ou les grottes, et sort à l'aube ou au crépuscule pour se nourrir de fruits, de fleurs et de feuilles. On la rencontre en Afrique, en Asie méridionale et en Océanie. Dans les régions où elles vivent en grand nombre, les roussettes font de graves dégâts en mangeant les récoltes.

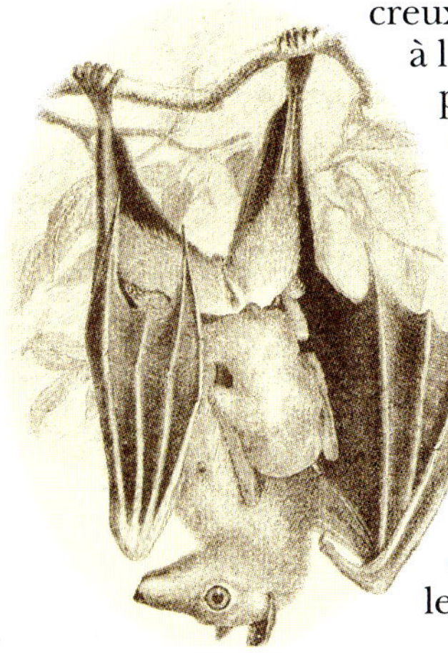

ÉCHOLOCATION

Les chauves-souris s'orientent dans l'obscurité en émettant des ultrasons, vibrations sonores inaudibles par l'oreille humaine. C'est l'écholocation. En rencontrant une proie ou un obstacle, ces ultrasons se réfléchissent, donnant un écho que la chauve-souris détecte grâce à ses grandes oreilles pivotantes. En une fraction de seconde, elle a repéré la taille, la distance et la direction de sa proie.

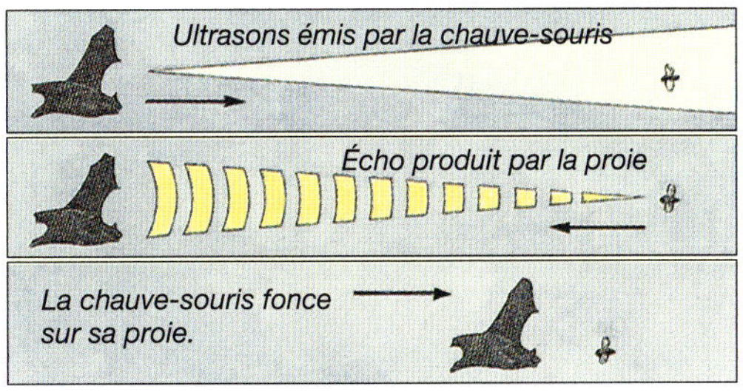

Pour en savoir plus

BALEINES ET DAUPHINS
LES ESPÈCES ANIMALES
LES MAMMIFÈRES
LES SENS DES ANIMAUX
LE VOL DES ANIMAUX

Chevalerie et héraldique

Étoile azur sur argent

LES HOMMES QUI COMBATTAIENT à cheval, il y a un millénaire, étaient appelés des chevaliers. Ces puissants guerriers, bêtes noires des fantassins des armées ennemies, commencèrent à jouer un rôle prépondérant en Europe occidentale à partir du XIIIe siècle. Les chevaliers qui se mettaient au service de rois et de reines étaient récompensés par l'octroi de terres. Les paysans sous leur protection les remerciaient en leur offrant divers services et produits. Méconnaissables sous des armures qui masquaient corps et visages, les chevaliers étaient identifiés par leurs armoiries. Ainsi se développa l'héraldique. Chaque chevalier portait sur sa cotte d'armes et sur son bouclier un emblème ou un dessin caractéristique. Le blason choisi se transmettait de génération en génération.

Lis or sur sinople

Croix recroisetée sur hermine

Dauphin argent sur azur

Abeille or sur sable

Les armoiries du chevalier étaient peintes ou cousues sur le caparaçon du cheval.

Une chute de cheval signifiait la défaite, souvent accompagnée d'une blessure pour le chevalier.

Lion rampant sur gueules

TOURNOIS ET JOUTES

La mode des tournois débuta en France vers le milieu du XIe siècle. D'abord simples exercices, les tournois devinrent de plus en plus violents : des équipes de chevaliers s'affrontaient lors de luttes féroces sur de vastes terrains; les perdants devaient s'acquitter d'une rançon ou céder une partie de leurs possessions. Au XIIIe siècle, les tournois furent limités à un champ clos où les chevaliers s'affrontaient à l'aide d'armes émoussées. Plus tard, les joutes remplacèrent les tournois : dans ce combat singulier, le chevalier armé d'une lance devait désarçonner son rival.

Or chaperonné de pourpre denché

CODE DE L'HONNEUR

La période comprise entre le XIe et le XIVe siècle est connue comme « l'âge d'or de la chevalerie ». Les chevaliers de cette époque obéissaient aux règles du code de la chevalerie, mêlant honneur, bravoure, courtoisie, obéissance à Dieu, loyauté envers son roi et protection des faibles. En réalité, peu de chevaliers respectaient ces principes et beaucoup n'hésitaient pas à voler les pauvres et les faibles.

C'est la croix de Saint-Georges (rouge et blanche, emblème du chevalier anglais qui terrassa le dragon) que l'on retrouve sur l'actuel drapeau du Royaume-Uni.

Braque passant sable sur argent

Fasce d'hermine sur azur

Galère argent sur gueules

Chouette argent sur azur

Chevron sable sur vair

CHEVALERIE

L'éducation d'un chevalier commençait dès l'âge de 7 ans. Les filles ne pouvaient accéder à ce titre. Un jeune garçon débutait comme page dans la maison du seigneur auquel son père avait prêté serment. Il apprenait les règles de la chevalerie et le maniement des armes, et, vers l'âge de 15 ou 16 ans, devenait écuyer au service d'un maître. Après 5 ans d'apprentissage de l'art du combat à cheval, l'écuyer accédait enfin au rang de chevalier. Cet honneur lui était octroyé par un chevalier. De nos jours, seule la reine d'Angleterre peut gratifier quelqu'un de ce titre, qui reste aussi le premier grade de certains ordres honorifiques : on est chevalier de la Légion d'honneur avant d'être officier, puis commandeur, etc.

L'écuyer est armé chevalier au cours de la cérémonie d'adoubement, par un effleurement de l'épaule avec le plat de l'épée.

Devenu chevalier, l'écuyer devait faire l'acquisition de son équipement.

Chardon naturel sur argent

Lion passant gueules sur or

Giron gueules et argent

Aigle éployée sable sur argent

Croix engrêlée or sur sable

Bâton d'Esculape or sur gueules

Harpie or sur azur

Licorne cabrée argent sur sinople

CHEVALIERS DE LA TABLE RONDE

Selon la légende, le roi Arthur et ses chevaliers se réunissaient autour d'une table ronde, dans l'ancienne capitale de Camelot. Si Camelot a un jour existé, elle fut probablement érigée, il y a 15 siècles, à l'ouest du pays de Galles. Arthur aurait, dit-on, conduit les chevaliers celtes à combattre l'envahisseur saxon. Les chevaliers de Camelot devinrent des héros et inspirèrent nombre de récits d'aventures.

Les vestiges de Caerleon (pays de Galles) sont peut-être ceux de Camelot.

HOSPITALIERS DE SAINT-JEAN

Cet ordre de chevalerie, issu de l'alliance de chevaliers originaires du nord-ouest de l'Europe, s'engagea dans les croisades et prit part aux guerres de Religion qui opposèrent les chrétiens aux musulmans, aux XIIe et XIIIe siècles. Les Hospitaliers participèrent à l'édification d'hôpitaux le long des routes parcourues par les croisés.

BOUCLIER

Chaque chevalier portait ses armoiries sur son bouclier. Ce dernier, également appelé écu, était divisé en deux parties : le champ (ou fond de l'écu), à émail de couleur uniforme ou orné de motifs, et la charge (ou meuble), présentant un symbole – un animal, par exemple. Les armoiries se retrouvaient sur tout l'équipement du chevalier. La zone au-dessus de l'écu pouvait être ornée d'un casque à plume, d'une couronne ou de lambrequins, et la devise du chevalier être ajoutée sous l'écu. L'héraldique a pour objet l'étude et la connaissance des armoiries.

Baril de bière or sur gueules

Rose gueules sur argent

Gerbe or sur sinople

Tête de sanglier arrachée or sur sable

ÉTUDE DES ÉCUS

Le blason renvoie à la composition de chaque écu. Le langage utilisé pour désigner le champ et la charge, ainsi que les couleurs et autres détails de l'écu, vient de l'ancien français.

CODE COULEUR

Azur	=	Bleu
Gueules	=	Rouge
Sable	=	Noir
Sinople	=	Vert

La charge est un dragon sinople, accroupi pattes au sol.

Champ d'or

Dragon sinople accroupi sur or

Pour en savoir plus

LES ARMES
LES ARMURES
LES CHÂTEAUX FORTS
LES CROISADES
L'EUROPE MÉDIÉVALE

Chevaux, zèbres et ânes

IL Y A 3 000 ANS, avant l'invention du train et de la voiture, les chevaux représentaient un moyen de transport rapide et efficace. Ces créatures, qui peuvent galoper très vite et avec élégance, sont extrêmement intelligentes et faciles à dresser. On compte aujourd'hui plus de 75 millions de chevaux domestiques et plus de 100 races différentes. Les chevaux, les zèbres et les ânes appartiennent à la famille des équidés, de même que les mulets et les mules. Ces mammifères possèdent de longues pattes, des sabots, et du crin à la queue et à l'encolure. Dotés d'un odorat, d'une vue et d'une ouïe bien développés, ils sont toujours vigilants et prêts à fuir face au danger. Ce sont des herbivores.

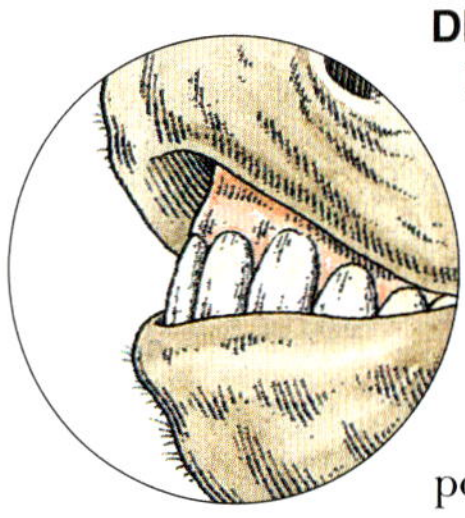

DENTITION

Les spécialistes peuvent déterminer l'âge d'un cheval par le nombre de ses dents, leur taille et le type d'usure qu'elles ont subi. Un cheval adulte possède 40 à 42 dents.

LICORNE

La licorne est un animal fabuleux à corps de cheval. Elle apparaît souvent dans les légendes et les contes populaires comme symbole de pureté.

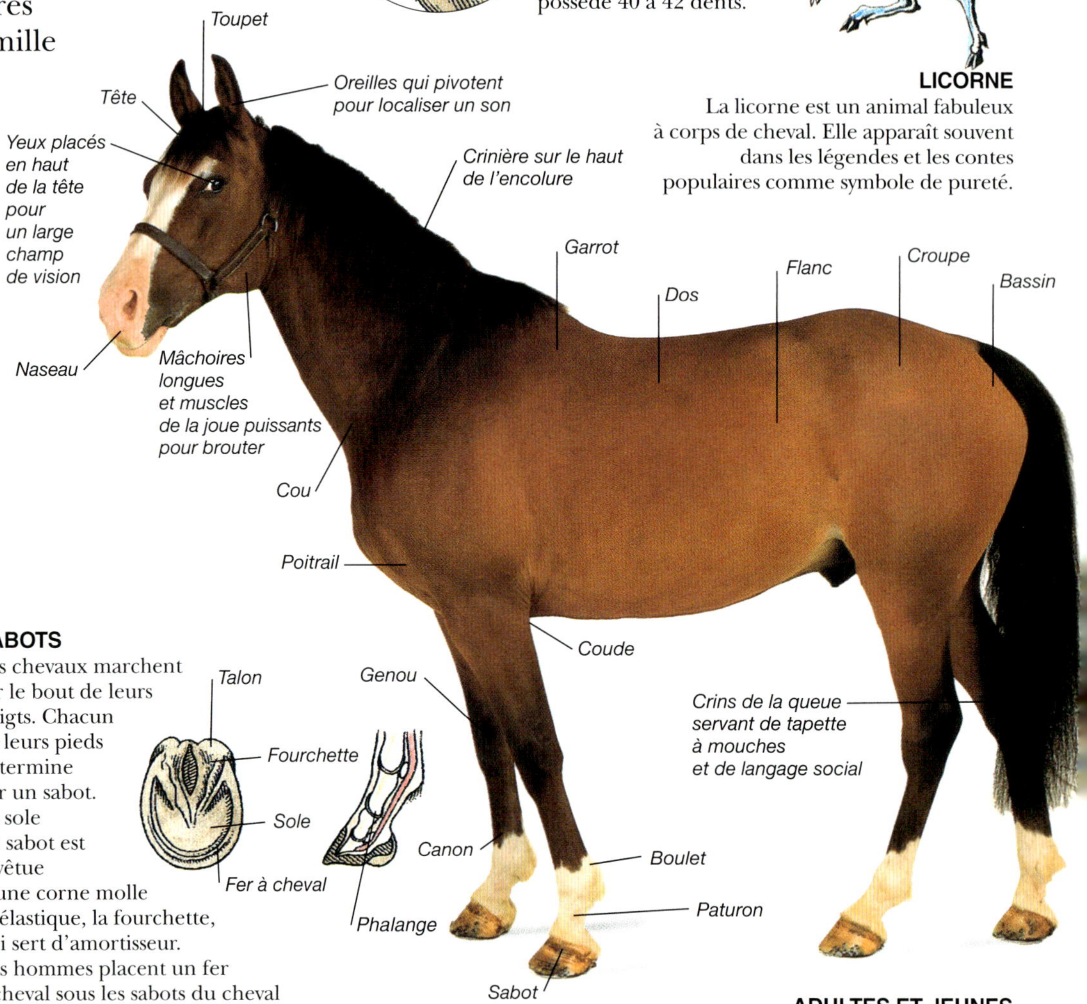

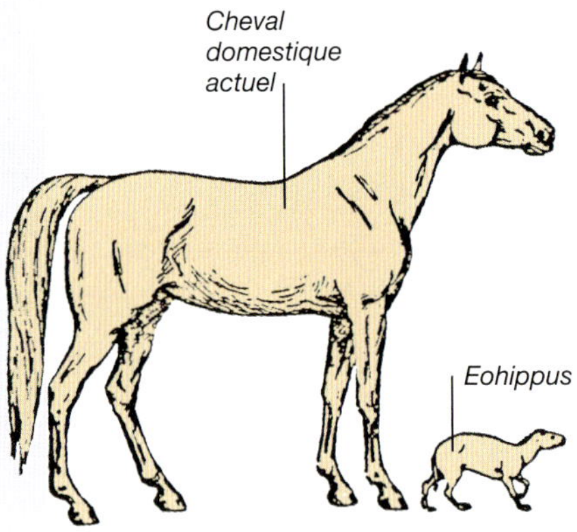

PREMIERS CHEVAUX

Le premier cheval, l'*eohippus*, peuplait les régions boisées il y a plus de 50 millions d'années. Il ne mesurait que 60 cm au garrot. Au cours de l'évolution, les chevaux sont devenus de plus en plus grands et ont vécu dans des milieux plus ouverts, comme les prairies.

SABOTS

Les chevaux marchent sur le bout de leurs doigts. Chacun de leurs pieds se termine par un sabot. La sole du sabot est revêtue d'une corne molle et élastique, la fourchette, qui sert d'amortisseur. Les hommes placent un fer à cheval sous les sabots du cheval pour les protéger des sols durs.

ADULTES ET JEUNES

Un mâle adulte est un étalon, une femelle adulte une jument. Un jeune mâle est un poulain, une jeune femelle une pouliche.

CHEVAUX ET HOMMES

Monture ou animal de trait, le cheval est dressé pour effectuer de nombreuses tâches. Mais il participe aussi à de nombreux sports et loisirs – saut d'obstacles, polo, rodéo, course de plat, steeple-chase. Les champions valent de l'or et le vainqueur d'une course hippique de renommée internationale remporte une somme d'argent considérable.

Dans certains pays, chevaux et mules constituent encore des moyens de transport. Ils sont aussi utilisés pour labourer et fertiliser les champs, et pour transporter les marchandises.

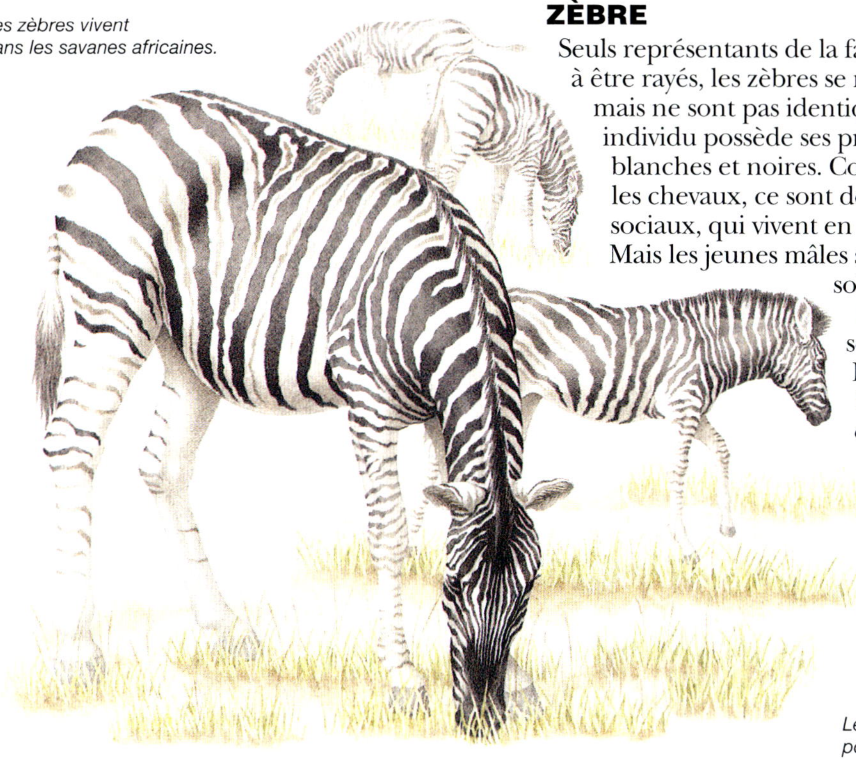

Les zèbres vivent dans les savanes africaines.

ZÈBRE

Seuls représentants de la famille des équidés à être rayés, les zèbres se ressemblent, mais ne sont pas identiques : chaque individu possède ses propres rayures blanches et noires. Comme les chevaux, ce sont des animaux sociaux, qui vivent en troupeaux. Mais les jeunes mâles sont souvent solitaires jusqu'à leur maturité sexuelle. Devenus adultes, ils se battent entre eux pour régner sur un groupe de femelles. Puis ils se reproduisent. Un zèbre peut courir à 65 km/h, le temps d'échapper à un prédateur (une lionne, par exemple).

ÂNE DOMESTIQUE

Comme les chevaux, les ânes servent de bêtes de somme depuis des millénaires. Une autre bête de somme : l'hybride femelle d'un âne et d'une jument (la mule).

ÂNE

Il existe deux espèces d'ânes sauvages : le premier vit dans les régions sèches et rocailleuses d'Afrique du Nord, le second (ou hémione) en Asie. Les ânes sauvages ont besoin de très peu d'eau et survivent en se nourrissant de plantes coriaces et épineuses. La femelle ne met bas qu'un seul petit à la fois, comme chez tous les équidés. L'ânon marche quelques minutes après sa naissance.

Âne sauvage d'Afrique (le plus grand) et âne domestique

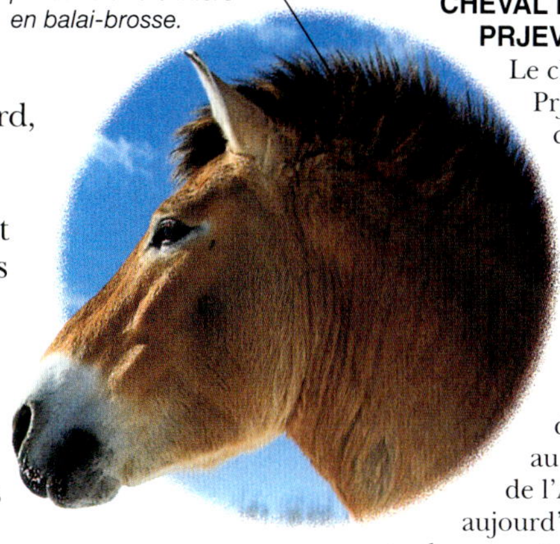

Le cheval de Prjevalski possède une crinière en balai-brosse.

CHEVAL DE PRJEVALSKI

Le cheval de Prjevalski (ou cheval sauvage) est l'ancêtre de la plupart des races domestiques. Il vivait autrefois en troupeaux dans les steppes de Mongolie, au nord de l'Asie. Il n'en reste aujourd'hui que quelques centaines dans des zoos et des réserves naturelles.

ALLURES DU CHEVAL

Les allures du cheval sont, de la plus lente à la plus rapide, le pas, le trot, le petit galop et le galop. Pendant une fraction de seconde, aucun sabot ne touche le sol. Le cheval peut galoper à plus de 65 km/h sur une courte distance.

Les quatre sabots décollent au galop.

Les chevaux légers sont les mieux adaptés à la course.

HAUTEUR AU GARROT

Le cheval se mesure au garrot – le point le plus élevé de l'épaule. Le shire est le plus grand et le shetland, le plus petit.

Le poney shetland mesure 1,2 m au garrot.

L'appaloosa (cheval de selle) mesure 1,5 m au garrot.

Le shire peut mesurer 1,8 m au garrot et peser 1 135 kg.

TYPES DE CHEVAUX

Il existe trois principaux types de chevaux : les chevaux de trait, comme le shire, les chevaux de selle, comme le pur-sang anglais, et les poneys, comme le shetland.

Pour en savoir plus

LES ESPÈCES ANIMALES
L'ÉQUITATION
LES MAMMIFÈRES
LES TRANSPORTS

http://www.dinosoria.com/chien_races.htm

Chiens, loups et renards

PREMIERS CHIENS
Le chien domestique est l'une des 35 espèces de canidés. Comme le montre cette peinture rupestre, il existait déjà à l'âge de la pierre.

LORSQU'UN CHIEN ABOIE face à un étranger ou tourne en rond avant de se coucher pour dormir, il affiche le même comportement que son ancêtre, le loup. Du labrador au fox-terrier, les races de chien, pour nombreuses qu'elles soient, ne constituent jamais qu'une des 35 espèces de canidés, à côté, par exemple, du dhole, canidé sauvage d'Asie, du chien sauvage d'Afrique, du renard et du chacal. Ces coureurs rapides sont d'excellents prédateurs : leur crâne allongé est d'ailleurs adapté à la saisie des proies en pleine course. De nombreux canidés sauvages, comme le dingo et le loup, vivent en meutes. Chaque meute a son chef, auquel obéissent tous les individus. Le chien domestique considère son maître comme le chef de la meute et obéit à ses ordres.

LOUP
Le loup serait l'ancêtre du chien domestique. C'est le plus grand canidé : queue comprise, il mesure au moins 2 m. Là où la nourriture est abondante, les loups vivent en meutes et chaque meute peut comprendre jusqu'à 20 individus. Lorsque la nourriture manque, la meute se divise en groupes de 7 individus environ.

BERGER ALLEMAND
Ce chien à museau long et à grandes oreilles ressemble à son ancêtre, le loup. Le berger allemand est puissant, agile, intelligent et très répandu comme chien de garde, chien d'aveugle et chien de compagnie.

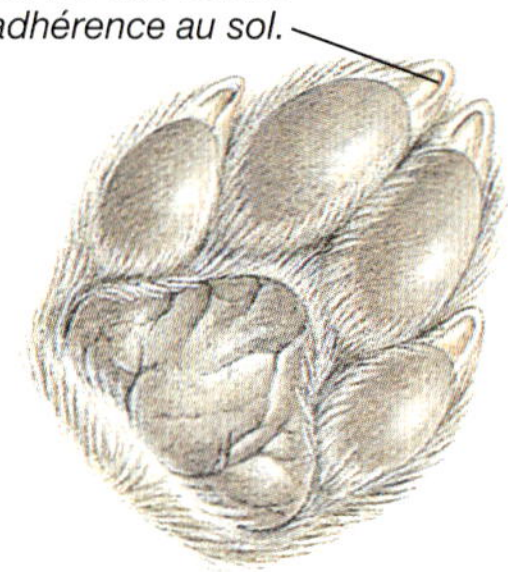

CHIENS DOMESTIQUES
Les chiens vivent en harmonie avec l'homme depuis plus de 10 000 ans. Les hommes ont d'abord capturé et dressé plusieurs représentants des canidés, pour que ceux-ci les aident à chasser, à surveiller leurs troupeaux et à garder la maison, beaucoup plus tard pour en faire des animaux de compagnie. On dénombre environ 400 races de chiens domestiques.

CHIENS DE TRAVAIL
Les chiens accomplissent de nombreuses tâches. Certaines, comme garder la maison, utilisent leur instinct naturel. Mais guider les aveugles, tirer des traîneaux, participer à des courses, devenir chien de berger ou d'avalanche nécessite une formation. La police et l'armée dressent des chiens pour flairer la drogue, maîtriser des prisonniers ou détecter la présence de clandestins.

http://www.dinosoria.com/renard.htm

C

RENARD

Rares sont les animaux aussi adaptables que le renard. Ce canidé, qui vit dans tous les pays, ou presque, de l'hémisphère Nord, mange de tout, y compris des insectes et des poissons. Il bondit sur sa proie comme le chat. Sa ruse légendaire l'aide à survivre dans les villes, où il se nourrit de restes alimentaires trouvés dans les poubelles et les décharges.

Les bâtards sont des chiens domestiques qui ne sont pas de race – comme les trois chiens ci-dessus.

Un coyote femelle a une portée tous les ans.

COYOTE

Le coyote d'Amérique du Nord est voisin du loup, du chacal et du chien domestique. Comme chez la plupart des chiens, la gestation de la femelle dure neuf semaines avant la mise bas de cinq petits en moyenne. Les jeunes tètent leur mère pendant sept semaines. Après quatre semaines, ils avalent la nourriture régurgitée par leurs parents. On a longtemps pensé que les coyotes vivaient en solitaires, mais on sait aujourd'hui que certains vivent en petites meutes.

HALÈTEMENT

Lorsque le chien a chaud, il ne peut transpirer à cause de sa fourrure, trop épaisse. Il ouvre alors sa gueule et halète, c'est-à-dire respire à un rythme précipité, pour faire baisser sa température interne.

YORKSHIRE

Ce petit chien ne mesure que 18 cm au garrot. C'est un coureur agile, élevé à l'origine pour déloger les lapins de leurs terriers.

LOUP À CRINIÈRE

Le loup à crinière est élevé dans les zoos et les réserves naturelles pour tenter d'enrayer la disparition de l'espèce.

PETITS CHIENS D'AGRÉMENT

Les éleveurs canins ont créé des chiens de toutes tailles et de toutes formes en accouplant des spécimens aux caractéristiques inhabituelles – à pattes courtes ou à petites oreilles, par exemple. Les races les plus petites sont très éloignées de leurs lointains ancêtres, les loups. Le chihuahua, par exemple, peut peser moins de un kilo.

RENARD CRABIER

Le renard crabier vit en Amérique du Sud. Il a une nourriture très variée, mais apprécie surtout les crabes, d'où son nom, qu'il déniche en grattant le sol le long des côtes. D'autres renards crabiers vivent à l'intérieur des terres, dans les bois et les prairies, où ils ne croisent jamais aucun crabe.

PROTECTION DES ESPÈCES

Le loup à crinière d'Amérique du Sud, aux pattes très longues, est l'un des nombreux représentants de la famille des canidés à figurer sur la liste des espèces en voie de disparition. Les loups et les renards, dont le loup gris, sont chassés pour leur fourrure et parce qu'ils s'attaquent parfois aux animaux de ferme. Mais ils sont surtout menacés par la perte de leur habitat naturel, transformé en terres agricoles, en habitations ou en usines.

CHIOTS

Les chiots, comme ce petit labrador, jouent toute la journée. Culbutes, sauts, mordillements et… bêtises de toutes sortes les aident à développer les techniques de chasse dont ils auront besoin à l'âge adulte.

Pour en savoir plus

L'Afrique (faune et flore)
L'Australie (faune et flore)
Les Espèces animales
Les Espèces en voie de disparition
Les Expéditions polaires
Les Mammifères
Les Sens des animaux

la Chimie

NE VOUS ÊTES-VOUS JAMAIS DEMANDÉ comment la cuisson pouvait transformer un aliment sec et cru en un mets tendre et délicieux ? La cuisine est un exemple de réaction chimique. Par une succession de réactions chimiques, on peut transformer des matériaux bruts en matières plastiques, médicaments, teintures et nombreux autres produits indispensables à notre quotidien. Le travail d'un chimiste consiste aussi à analyser la composition de la matière et à explorer les combinaisons susceptibles de donner de nouveaux matériaux. Les outils de base sont les agents chimiques. On en dénombre 4 millions ; près de 35 000 sont régulièrement sollicités. Ces agents chimiques peuvent être utilisés pour combiner des substances simples, appelées éléments, en substances plus complexes, appelées composés. Les précurseurs de la chimie distinguaient quatre éléments : le feu, l'eau, l'air et la terre. La chimie moderne en compte 118 ; certains se retrouvent à l'état naturel et quelques autres sont obtenus par synthèse. Le plus répandu de tous dans l'Univers, l'hydrogène, est le principal composant des étoiles.

ÉQUIPEMENT
Flacons, cornues, fioles, éprouvettes, tubes à essai, équipement électronique et automates se retrouvent sur les paillasses des laboratoires.

RÉACTIONS CHIMIQUES

Une réaction chimique intervient lorsque différentes substances se combinent pour donner naissance à un nouveau produit. Si certaines réactions sont provoquées par la chaleur, d'autres en se produisant libèrent de la chaleur.

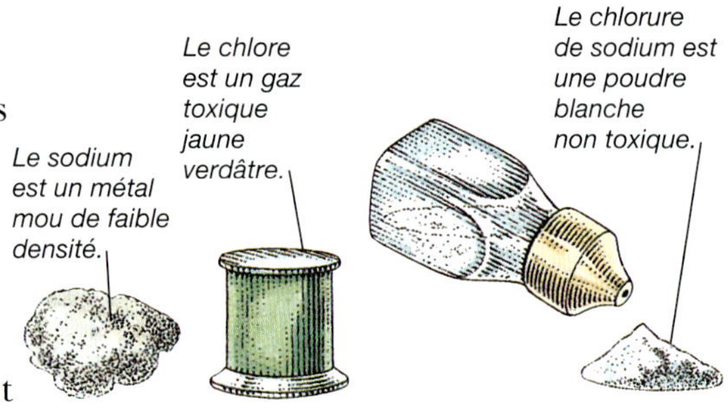

ÉLÉMENTS ET COMPOSÉS
Les éléments sont des substances simples, faites d'une seule sorte d'atomes. La combinaison d'éléments différents entraîne la liaison des atomes en molécules et la formation d'une nouvelle substance appelée composé. Le sel de table est un composé nommé chlorure de sodium (NaCl), né de la combinaison du sodium (Na) et du chlore (Cl). La combinaison de deux éléments donne un composé aux propriétés différentes de celles de chacun de ses éléments.

$$H_2O$$

Les chimistes utilisent des symboles pour identifier les éléments chimiques. Le symbole de l'eau, H_2O, signifie qu'une molécule d'eau contient deux atomes d'hydrogène (H) et un atome d'oxygène (O).

HISTOIRE DE LA CHIMIE

Les Égyptiens furent les précurseurs de la chimie. L'origine du mot « chimie » remonterait pour certains à l'ancienne Égypte. La chimie moderne prit son essor en 1790, sous l'impulsion du savant français Antoine de Lavoisier qui, le premier, tenta d'expliquer les réactions chimiques. En 1808, le scientifique anglais John Dalton élabora la théorie des atomes. En 1871, l'enseignant russe Dimitri Mendeleïev révolutionna la chimie avec sa classification périodique des éléments chimiques.

ALCHIMIE
Avant d'être une science, la chimie, qui n'était encore que l'alchimie, était un mélange de magie et d'approximations. Vers 300 apr. J.-C., les alchimistes tentèrent de tirer de l'or de métaux comme la fonte ou le mercure. Certains se hasardèrent à créer un élixir de longue vie… Ils échouèrent dans leur quête, mais réussirent à isoler certains éléments et découvrirent de nombreuses substances.

Pour en savoir plus
ATOMES ET MOLÉCULES
CHALEUR ET TEMPÉRATURE
L'ÉGYPTE ANCIENNE
LA PHYSIQUE
LES SCIENCES (HISTOIRE)

la Chine (géographie)

La Chine, quatrième pays du monde par la taille, se trouve dans l'est de l'Asie. La Fédération de Russie et la Mongolie s'étendent au nord, l'Asie du Sud-Est et le sous-continent indien au sud et à l'ouest, la mer de Chine orientale à l'est.

DÉCRIRE LA CHINE EXIGE des chiffres énormes. Ce vaste pays couvre plus de 9,6 millions de km². L'histoire écrite de la Chine remonte à 3500 ans – plus haut que toute autre nation ; 1,32 milliards de personnes y vivent : un cinquième de la population mondiale est chinois. Un pays si grand ne peut qu'accueillir la plus grande variété. On recense ainsi quatre importantes familles de langues. L'est et le sud-est, où vivent la plupart des habitants, sont verts et fertiles. D'autres régions du pays sont des déserts arides de sable et de roc. Organiser et nourrir l'immense population chinoise représente une tâche colossale. Depuis 1949, la Chine est dirigée par un gouvernement communiste qui a tenté de relever ce défi avec plus ou moins de succès. À la fin des années 1970, les communistes modérés entreprirent des réformes économiques qui abolirent certains contrôles gouvernementaux et encouragèrent l'entreprise privée. C'est ainsi que la Chine devint la troisième économie du monde au milieu des années 1990. Mais dans le domaine des droits de l'homme, le pays est toujours critiqué à cause de l'oppression politique intérieure.

L'automobile reste un luxe en Chine. La bicyclette constitue le principal moyen de transport pour gens et bagages.

Les fermiers chinois exploitent toutes les terres adaptées, taillant des terrasses dans les collines pour cultiver riz et autres denrées.

Le riz est cultivé dans des champs inondés, appelés rizières.

La place Tiananmen à Pékin

PÉKIN

La capitale de la Chine est Pékin. La ville moderne s'étend autour de la vieille ville. Au nord et à l'ouest, se trouvent des habitations et l'université de Pékin. La zone industrielle se développe à l'est. Au cœur de la ville, la place Tiananmen (« porte de la paix céleste ») accueille les parades et célébrations des jours de fête nationale. En 1989, le gouvernement y dispersa par la force une manifestation étudiante en faveur de la démocratie, tuant des milliers de personnes.

AGRICULTURE ET EXPLOITATION DES TERRES

La plupart des Chinois s'entassent sur 15 % seulement de la superficie du pays, surtout dans les vallées fluviales de l'est. Trois sur dix vivent dans d'immenses villes ; les autres habitent les campagnes. Ils y cultivent riz et blé, et élèvent des porcs et autre bétail. Une grande part du pays est montagneuse et sauvage. Le désert de Takla-makan, à l'ouest, sec et froid, est pratiquement inhabité.

NOUVEL AN

La plus importante fête chinoise est le Nouvel an. Chaque année porte le nom d'un animal et le peuple la célèbre par des processions colorées. La mandarine avec ses feuilles est le porte-bonheur de l'année nouvelle. Les chiffres impairs portant malheur, elles sont toujours offertes par deux.

VIE DE FAMILLE

La famille est la clef de voûte de la société chinoise. Les enfants respectent leurs parents et s'occupent d'eux lorsqu'ils deviennent vieux. Pour lutter contre la surpopulation, le gouvernement récompense les parents qui n'ont qu'un enfant. Cette politique, efficace en ville, l'est moins dans les communautés, où la famille ne se conçoit que nombreuse.

HAN

La Chine possède un grand nombre de groupes ethniques. Les Han constituent 90 % de la population. Leurs ancêtres vinrent peut-être du Turkestan, région aujourd'hui à cheval sur la Chine, l'Asie centrale et l'Afghanistan. Mais il est possible que les Han descendent de tribus mongoles qui émigrèrent vers le sud.

TAÏWAN L'INDUSTRIELLE

Dotée d'une main-d'œuvre hautement qualifiée et ambitieuse, Taïwan a développé l'une des économies asiatiques les plus riches. Le pays produit environ 10 % des ordinateurs de la planète. Il se spécialise aussi dans la fabrication de chaussures. L'industrie minière de Taïwan est à la mesure de ressources en minerais relativement modestes.

PANDAS

Le panda géant ne vit que dans les forêts montagneuses du sud-ouest de la Chine. Il se nourrit presque exclusivement de bambou. Cette plante ligneuse est peu nutritive, de sorte qu'un panda doit en manger environ 38 kg par jour pour survivre. Le panda fait partie des espèces menacées : il en reste aujourd'hui moins de 1 000 à l'état sauvage. Ils vivent dans des zones forestières classées réserves naturelles par le gouvernement chinois.

LHASSA

Les monastères de Lhassa, capitale du Tibet, rappellent que la cité était autrefois le centre du lamaïsme (bouddhisme tibétain). Autrefois, c'était le chef religieux, le dalaï-lama, qui dirigeait l'État. Mais, en 1950, la Chine communiste envahit le Tibet, qu'elle dirige encore aujourd'hui.

SHANGHAI

La plus grande ville du pays est aussi l'un des plus grands ports du monde. Pendant des siècles, la Chine fut fermée à l'Occident ; mais en 1842, elle signa avec la Grande-Bretagne le traité de Nankin, qui ouvrit le port au commerce occidental. Depuis, Shanghai est le principal centre commercial et industriel de Chine. Aujourd'hui, environ la moitié du commerce extérieur chinois transite par cette ville.

Le spectaculaire palais du Potala (à gauche), à Lhassa, date du XVIIe siècle.

JONQUES

La jonque est un navire maritime d'origine ancienne et inconnue. Au Moyen Âge, les jonques chinoises avaient déjà navigué jusque dans les eaux d'Indonésie et d'Inde. La jonque porte jusqu'à cinq voiles faites de panneaux de lin ou de nattes, aplatis par des lattes de bambou. Chaque voile peut être tendue ou repliée à la manière d'un store vénitien. Un gouvernail massif, qui dirige le navire, remplace la quille ou la dérive, et empêche le bateau de chavirer ou de dériver avec le vent. La coque est compartimentée par de solides cloisons, qui contribuent énormément à la solidité de l'embarcation.

Pour un œil occidental, au Moyen Âge, la jonque chinoise paraissait grossière. Mais elle est toujours très utilisée, prouvant qu'elle tient la mer.

La plupart des Chinois sont des agriculteurs. Mais plus de 24 % des 696 millions de travailleurs chinois sont employés dans les industries comme le textile (à gauche) et l'électronique.

MÉDECINE

La médecine chinoise marie l'Orient et l'Occident. Techniques chirurgicales et médicaments modernes sont empruntés à l'Europe et aux États-Unis. Mais les médecins emploient encore des remèdes traditionnels, utilisés depuis des milliers d'années, dont les herbes et autres remèdes naturels. Pour soulager les douleurs, ils recourent parfois à l'acuponcture, technique consistant à enfoncer de fines aiguilles à des endroits spécifiques du corps. Les « médecins aux pieds nus » appliquent aux paysans des remèdes naturels.

Les schémas d'acuponcture montrent la position des méridiens (lignes d'énergie) où l'acuponcteur enfonce ses aiguilles.

Un apothicaire (pharmacien) chinois utilise un vaste éventail de remèdes naturels, animaux ou végétaux.

INDUSTRIE

Les usines chinoises se sont modernisées depuis 1949, mais, comparées à celles du Japon ou des États-Unis, elles restent archaïques. Malgré cela, la Chine, qui est l'un des principaux fabricants de télévisions du monde, est présente sur le marché des appareils électriques, des machines agricoles et machines-outils, et du textile. Avec une population si nombreuse, la main-d'œuvre ne manque pas.

Les Chinois mangent avec deux baguettes. Ils les tiennent dans une main et s'en servent comme d'une pince pour attraper la nourriture.

NOURRITURE

Le riz est l'un des principaux aliments des Chinois, avec les nouilles et de nombreux légumes. Aliments secs, fèves de soja, poisson et viande sont également utilisés dans la cuisine, qui varie d'une région à l'autre du pays.

Les moines bouddhistes du Tibet, au sud-ouest de la Chine, passent beaucoup de temps à étudier et à écrire.

LANGUE CHINOISE

Le mandarin, principale langue chinoise, est parlé partout sauf sur les côtes du sud-est. Au sein de chaque langue existent de nombreux dialectes, ou variantes régionales. Bien que chaque vocabulaire soit différent, toutes les variantes utilisent la même écriture.

Chaque symbole de l'écriture chinoise représente un mot ou une idée. On en compte des milliers.

HONG KONG ET MACAO

À minuit, le 29 juillet 1997, Hong Kong (ci-dessus) a retrouvé la souveraineté chinoise après avoir été une colonie britannique pendant 157 ans. Son voisin Macao, quant à lui, a cessé d'être une colonie portugaise : ce territoire est officiellement gouverné par la Chine depuis le 19 décembre 1999 à minuit.

L'opéra de Pékin joue des œuvres traditionnelles et modernes.

CULTURE

La culture chinoise est riche et ancienne : des peintures trouvées dans certains tombeaux remontent à plus de 6000 ans. Aujourd'hui, les traditions artistiques se perpétuent avec la danse et la musique folkloriques ; cinéma, opéra et théâtre sont très populaires. Le gouvernement encourage les œuvres magnifiant les accomplissements du peuple chinois.

Pour en savoir plus

L'Asie (géographie)
La Chine (histoire)
Le Communisme
L'Empire mongol
Mao Zedong

Volcan	Montagne	Capitale	Grande ville	Petite ville

STATISTIQUES

Superficie : 9 598 050 km²
Population : 1 320 864 000
Capitale : Pékin
Langues : chinois mandarin, wu, cantonais, xiang, min, hakka, kan
Religions : laïcs (59 %), croyances traditionnelles, bouddhiste, musulmane
Monnaie : yuan
Principale activité : agriculture
Principales exportations : produits chimiques, produits agricoles, titane, charbon
Principales importations : machines, céréales, fer

THÉ

L'origine de l'utilisation du thé comme boisson est inconnue. Mais elle fut mentionnée pour la première fois, en Chine, à la fin du IIIe siècle. La culture du thé commença sans doute dans l'intérieur de la Chine, avant de s'étendre progressivement dans la vallée du Yangzi Jiang jusqu'aux provinces côtières. Aujourd'hui, de nombreux mélanges de thé sont disponibles dans les magasins spécialisés, comme celui-ci, à Pékin (à droite).

MONT EVEREST
La plus haute montagne du monde est située à la frontière entre la Chine et le Népal. Son nom tibétain est Chomolungma, qui signifie « déesse mère du monde ».

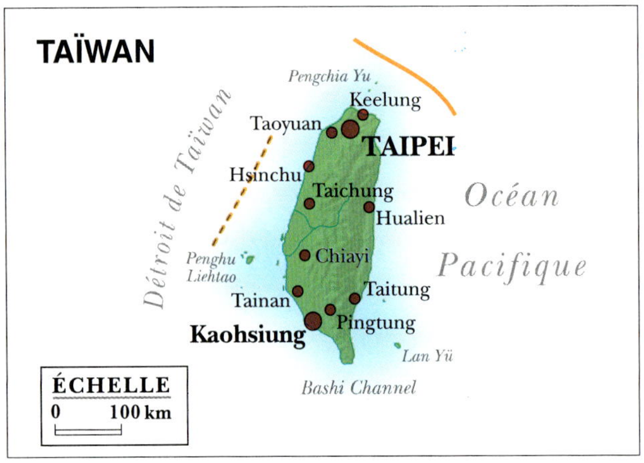

TAÏWAN

La république insulaire de Taïwan se trouve à 130 km de la côte sud-est de la Chine. Longtemps partie intégrante de la Chine, elle s'en est détachée en 1949 quand le gouvernement nationaliste de Chine s'est réfugié sur l'île après avoir été renversé par les communistes. Peu de nations reconnaissent Taïwan comme un État indépendant.

TAÏWAN
Superficie : 35 980 km²
Population : 22 834 000
Capitale : Taipei
Langue : chinois mandarin, taïwanais
Religions : bouddhisme, taoïsme, christianisme
Monnaie : dollar de Taïwan

la Chine (histoire)

LA CIVILISATION CHINOISE est la plus ancienne du monde et s'est souvent montrée bien plus avancée que les autres. Le pays est peuplé depuis plus de 500 000 ans. Des villes y furent construites il y a environ 5 500 ans, longtemps avant qu'elles n'existent en Afrique, en Europe ou en Amérique. Les Chinois ont inventé le papier, l'encre, l'écriture, le tissage de la soie, l'imprimerie et la poudre à canon. Des empereurs provenant de différentes dynasties, ou familles royales, régnèrent sur ce vaste empire, qu'ils gardèrent pratiquement isolé du reste du monde jusqu'au XIXe siècle. Mais en 1911, le peuple chinois força le dernier empereur à abdiquer (démissionner). Une république fut instaurée, mais la guerre civile et l'invasion japonaise l'affaiblirent. En 1949, le parti communiste prit le pouvoir et commença à transformer la Chine en une grande nation industrielle. Depuis la fin des années 1970, le parti encourage la libre entreprise.

Les corps des personnages sont creux pour plus de légèreté.

Les armes étaient réelles. Quand le tombeau fut découvert, au début des années 1970, certaines étaient encore assez aiguisées pour couper un cheveu.

Les personnages sont faits de plusieurs pièces agencées.

DYNASTIE QIN

La Chine tire son nom de la dynastie Qin et de Qin Shi Huangdi, qui régna sur le pays de 221 à 206 av. J.-C. La dynastie était impitoyable et son armée invincible. Les officiers, qui se déplaçaient souvent dans des chars légers en bois, étaient reconnaissables à leurs armures et à leurs casques particuliers.

ARMÉE DE TERRE CUITE

En 221 av. J.-C., Qin Shi Huangdi devint le premier empereur de toute la Chine. Sa nombreuse armée l'aida à unifier les royaumes chinois rivaux. Quand il mourut, en 210 av. J.-C., 700 000 esclaves et artisans réalisèrent une copie grandeur nature de son armée. Plus de 8 000 archers, soldats, chars et chevaux en terre cuite furent enterrés en rangées silencieuses pour garder son tombeau.

GRANDE MURAILLE

La Grande Muraille de Chine est le plus long mur du monde : plus de 5 000 km de long, 12 m de haut et de 6 à 15 m de large. Elle fut construite pendant le règne de Qin Shi Huangdi pour défendre la frontière septentrionale de la Chine contre les tribus hostiles d'Asie centrale.

CONFUCIUS

Confucius (551-479 av. J.-C.) fut un sage professeur. Ses idées ont profondément influencé les Chinois. Son enseignement insiste sur la courtoisie, la loyauté et l'absence d'égoïsme.

DYNASTIE HAN

La dynastie Han régna sur la Chine de 206 av. J.-C. jusqu'en 220 de notre ère. Ce fut une époque paisible, pendant laquelle la Chine étendit son territoire. Des écoles furent construites et l'instruction encouragée. Papier et encre furent inventés à cette époque. Les artistes créèrent de magnifiques objets, tels que ce « cheval céleste » de bronze (ci-dessus), réalisé il y a près de 2 000 ans.

DYNASTIE TANG

La Chine était puissante et riche sous la dynastie Tang (618-906). Les artisans réalisèrent de magnifiques poteries et sculptures, et les artistes peignirent de splendides aquarelles sur soie. L'impératrice Tang Wu Zetian autorisa les femmes à passer les examens pour des postes gouvernementaux. Ce bol d'or (ci-dessous) témoigne de la richesse de cette dynastie.

DYNASTIE MING

La Cité interdite de Pékin (ci-dessus) fut construite sous la dynastie Ming (1368-1644). Les empereurs Ming et leur famille habitaient un palais de la cité. Le peuple n'y avait pas accès.

ROBE DU DRAGON

Seul un empereur ou un membre de la famille impériale pouvait porter la robe du dragon en soie jaune. Celle-ci fut tissée il y a environ 100 ans. Le dessin, avec sa mer tourbillonnante, ses vagues, ses montagnes, ses nuages et ses dragons, montre que celui qui la portait dominait tout l'Univers.

Il y a 500 000 ans L'homme de Pékin fabrique des outils.

Vers 5000 av. J.-C. Premiers villages.

Vers 3500 av. J.-C. Première ville chinoise.

Vers 1523-1027 av. J.-C. La dynastie Shang règne sur la Chine du Nord. Invention de l'écriture et du calendrier.

551-479 av. J.-C. Vie de Confucius.

221-206 av. J.-C. La dynastie Qin unifie la Chine. Construction de la Grande Muraille.

206 av. J.-C.-200 apr. J.-C. Dynastie Han. Introduction du bouddhisme. Invention du papier et de l'encre.

618-906 apr. J.-C. Dynastie Tang. Invention de la poudre à canon et de l'imprimerie.

868 Impression du premier livre connu.

960-1279 Dynastie Song. Invention de la boussole.

1279-1368 Les Mongols envahissent la Chine puis la gouvernent.

1368-1644 Dynastie Ming. Premiers marchands et missionnaires européens.

1644-1911 Dynastie mandchoue (Qing). Ingérences étrangères.

1911 L'empereur abdique. La Chine devient une république.

1921 Fondation du parti communiste chinois.

1931 Le Japon envahit la Mandchourie.

1937-1945 Le Japon, qui occupe le nord de la Chine, progresse vers le sud.

1945-1949 Guerre civile entre communistes et nationalistes.

1949 Les communistes prennent le contrôle du pays.

1989 Massacre d'étudiants sur la place Tiananmen.

1997 La Grande-Bretagne rétrocède Hong Kong à la Chine.

SUN YAT-SEN

En 1911, une rébellion éclata contre la dynastie mandchoue corrompue et inefficace. Une république fut proclamée. Le premier président chinois fut Sun Yat-sen (1866-1925, à droite), fondateur du Guomindang (parti national chinois). Il essaya de moderniser le pays, mais voyant son autorité contestée, dut démissionner. Cependant, Sun continua de dominer la politique chinoise jusqu'à sa mort.

ÉCROULEMENT DE L'EMPIRE

Au XIXe siècle, de nombreux pays étrangers forcèrent la Chine à leur accorder des droits commerciaux et à laisser leurs citoyens ignorer la loi chinoise. Le dessin ci-dessus montre Grande-Bretagne, Allemagne, Russie, Italie et Japon se partageant le « gâteau » chinois. Mais les Chinois rejetèrent cette forme d'ingérence et se rebellèrent contre ces étrangers haïs.

MAO ZEDONG

Mao Zedong (1893-1976) était le chef du parti communiste chinois, fondé en 1921. Il livra une guerre civile contre Tchang Kaï-chek, chef du Guomindang, qui prit le pouvoir en 1928. Après leur victoire en 1949, les communistes créèrent la République populaire de Chine, que Mao dirigea jusqu'à sa mort.

Pour en savoir plus

La Chine (géographie)
Le Communisme
L'Empire mongol
Le Japon (histoire)
Mao Zedong

le Christianisme

Les vitraux des églises racontent des passages de la Bible en images.

DEPUIS SES TRÈS HUMBLES ORIGINES, le christianisme s'est étendu pour devenir la plus importante religion du monde. Les chrétiens suivent l'enseignement de Jésus-Christ, un juif qui vécut il y a 2000 ans dans ce qui est aujourd'hui Israël. Les chrétiens croient que Jésus était le fils de Dieu, venu au monde pour sauver les hommes du péché (des mauvaises actions). Jésus fut tué par ses ennemis, mais selon ses disciples, il ressuscita et rejoignit son Père au ciel. Il s'agit là d'une croyance essentielle des chrétiens, appelée Résurrection. Après la mort de Jésus, ses disciples répandirent son enseignement. Le christianisme se développa, mais restait illégal dans la plupart des pays, et beaucoup des premiers chrétiens moururent pour leur foi. Aujourd'hui, plus de 2,1 milliards de gens dans le monde pratiquent le christianisme. Il existe différents courants au sein de cette religion : les trois plus importantes sont le protestantisme, l'Église catholique et l'Église orthodoxe. Chacune a sa propre façon de pratiquer le culte. Mais malgré leurs différences, tous les chrétiens partagent la foi dans les enseignements de Jésus-Christ. La plupart pratiquent le culte en se retrouvant en groupes appelés assemblées. Ils prient ensemble et chantent des hymnes (chants sacrés).

Dans le Nouveau Testament, Jésus compare Dieu à un « bon berger » prenant soin de ses « brebis ».

BIBLE

La Bible est sacrée pour les chrétiens et pour les juifs. Ils considèrent qu'elle contient la parole de Dieu. La Bible a deux parties : l'Ancien Testament, commun aux juifs et aux chrétiens, et le Nouveau Testament, que seuls les chrétiens reconnaissent et qui comprend, entre autres textes, les Évangiles, récits de la vie et des enseignements du Christ par ses disciples, Matthieu, Marc, Luc et Jean. Les chrétiens tentent de suivre le message central du Nouveau Testament, qui est d'aimer Dieu et leurs semblables, et de pardonner à leurs ennemis.

COMMUNION

Avant sa mort, Jésus partagea avec ses proches disciples le pain et le vin. Il leur demanda de se souvenir de lui en revivant ce repas. Aujourd'hui, la cérémonie de la communion (l'eucharistie), au cours de laquelle les fidèles reçoivent le pain et le vin, rappelle la Cène et le mystère de la Résurrection. Les Églises catholique et orthodoxe célèbrent la communion sous la forme d'une messe.

FÊTES ET JOURS SAINTS

AVENT Préparation de Noël.

NOËL 25 décembre : naissance de Jésus.

La naissance de Jésus est célébrée à Noël. De nombreux non-chrétiens s'associent à ces réjouissances pour leur atmosphère festive.

DIMANCHE DES RAMEAUX Jésus entre à Jérusalem, le dimanche précédant Pâques.

VENDREDI SAINT Mort de Jésus, le vendredi précédant le dimanche de Pâques.

DIMANCHE DE PÂQUES Fin mars ou avril : célèbre la résurrection de Jésus (son retour à la vie).

Pâques est la plus importante fête du calendrier chrétien. Elle célèbre le retour de Jésus d'entre les morts trois jours après sa crucifixion.

CATHOLICISME

Les catholiques forment le groupe chrétien le plus nombreux. Ils considèrent le pape, chef de l'Église catholique, comme le représentant de Dieu sur Terre. Son autorité sur les questions religieuses est respectée. Le pape vit à Rome dans un minuscule État indépendant, le Vatican. L'Église catholique est la principale religion dans de nombreux pays (Brésil, Espagne, Irlande, France, Pologne, Philippines…). Les catholiques pratiquants assistent à la messe le dimanche et peuvent confesser leurs péchés à un prêtre. Ils prient Dieu et vénèrent Marie, la mère de Jésus. Ils prient également les saints chrétiens, personnages profondément religieux dont certains sont morts pour leur foi.

CHAPELET

Les catholiques utilisent un rosaire – un collier symbolique de perles – pour aider à la prière. Ils disent une prière pour chacune des perles.

ÉGLISE ORTHODOXE

Au début, le christianisme n'était que « catholique ». Mais en 1054, l'Église chrétienne se divisa. Le pape de Rome et le patriarche, chef de l'Église de Constantinople (aujourd'hui Istanbul, en Turquie), se disputèrent l'autorité sur le monde chrétien. L'Église de Rome (catholique) et l'Église d'Orient (orthodoxe) se séparèrent. Catholiques et orthodoxes, de Russie comme de Grèce, partagent de nombreuses croyances. Mais les orthodoxes ne reconnaissent pas l'autorité du pape. De nombreux chrétiens en Europe de l'Est et en Asie appartiennent à l'Église orthodoxe. Dans leurs églises, les portraits religieux, appelés icônes, sont sacrés.

BAPTÊME

Adultes et enfants entrent dans la communauté chrétienne par le baptême, cérémonie au cours de laquelle ils sont aspergés d'eau ou immergés. Le baptême lave les péchés de la personne. Les enfants sont souvent nommés (baptisés) lors du baptême. Les parents promettent de les élever en bons chrétiens. Dans certains pays, le baptême a lieu dehors, dans un lac ou une rivière. Jésus fut baptisé dans le Jourdain, au Moyen-Orient.

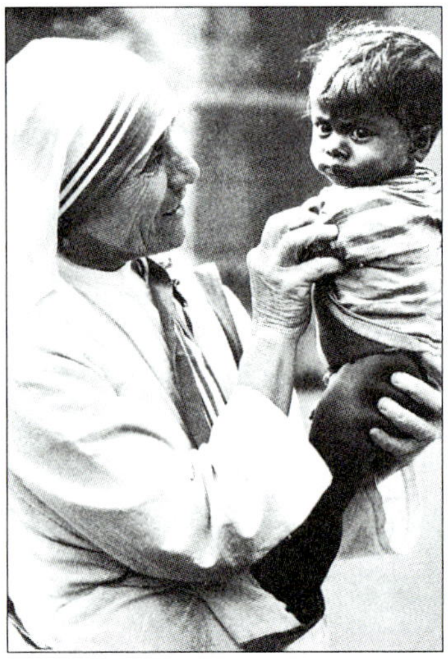

MÈRE TERESA

Les chrétiens croient qu'il est de leur devoir de soulager les souffrances des pauvres et des malades. Mère Teresa fonda les Missionnaires de la charité pour les sans-abri et les mourants en Inde. Devenue célèbre pour son travail parmi les lépreux, elle reçut le prix Nobel de la paix en 1979 et mourut en 1997.

Mère Teresa, née en Albanie en 1910, est devenue citoyenne indienne. Toutes les sœurs de sa mission portent une robe indienne flottante, appelée sari.

La plupart des chrétiens pratiquants aux États-Unis sont membres d'Églises protestantes.

PROTESTANTISME

Au début du XVIe siècle, certains chrétiens considérèrent que l'Église catholique ne suivait plus les véritables enseignements du Christ. Martin Luther, un moine allemand, prit la tête des protestants. D'autres, en accord avec lui, se détachèrent de l'Église et formèrent des groupes de protestation dans un mouvement qui fut appelé la Réforme. Aujourd'hui, la plupart des chrétiens qui ne sont pas membres des Églises catholique et orthodoxe sont appelés protestants. Certaines Églises protestantes, les évangélistes, sont parmi les groupes chrétiens qui ont actuellement la plus forte croissance.

Pour en savoir plus

ÉGLISES ET CATHÉDRALES
JÉSUS-CHRIST
LA RÉFORME
LES RELIGIONS

le Cinéma

C'EST EN DÉCEMBRE 1895 que le premier film de l'histoire du cinéma a été projeté, dans un café parisien, par les frères Louis et Auguste Lumière. Ce début était modeste – de courtes scènes très simples –, mais très prometteur. Les premiers films étaient muets. Sur l'écran, des sous-titres expliquaient l'histoire. Un pianiste accompagnait les images en improvisant une musique adaptée – rapide et endiablée pour une course-poursuite, par exemple. Les États-Unis n'ont pas tardé à prendre la tête de l'industrie cinématographique. Et le public a vite élu ses acteurs et actrices fétiches, comme Rudolph Valentino, l'une des premières grandes stars hollywoodiennes des années 1920. En 1927 était projeté le premier film partiellement parlant, c'est-à-dire qui enregistre la parole, la musique et les sons. Depuis, les améliorations techniques n'ont pas cessé. Aux États-Unis, la Metro-Goldwyn-Mayer (MGM) et d'autres grands studios produisaient 95 % des films. Un temps supplanté par la télévision, le cinéma, devenu septième art, a retrouvé les faveurs du public. Il existe de nombreuses sociétés de production nationales. La France, l'Italie, la Russie, l'Allemagne, le Japon et l'Inde, notamment, ont produit des films qui ont connu un retentissement planétaire.

CHARLOT
L'acteur britannique Charlie Chaplin (1889-1977) a créé un personnage qui a touché un public innombrable : un petit vagabond muet, à la démarche comique.

HOLLYWOOD
Le sud de la Californie possédait un climat et des décors idéaux pour tourner des films. Entre 1907 et 1913, un quartier de Los Angeles appelé Hollywood est devenu le centre de l'industrie cinématographique américaine. Mais toutes les stars hollywoodiennes n'étaient pas humaines : King Kong (ci-dessus) était un mannequin animé !

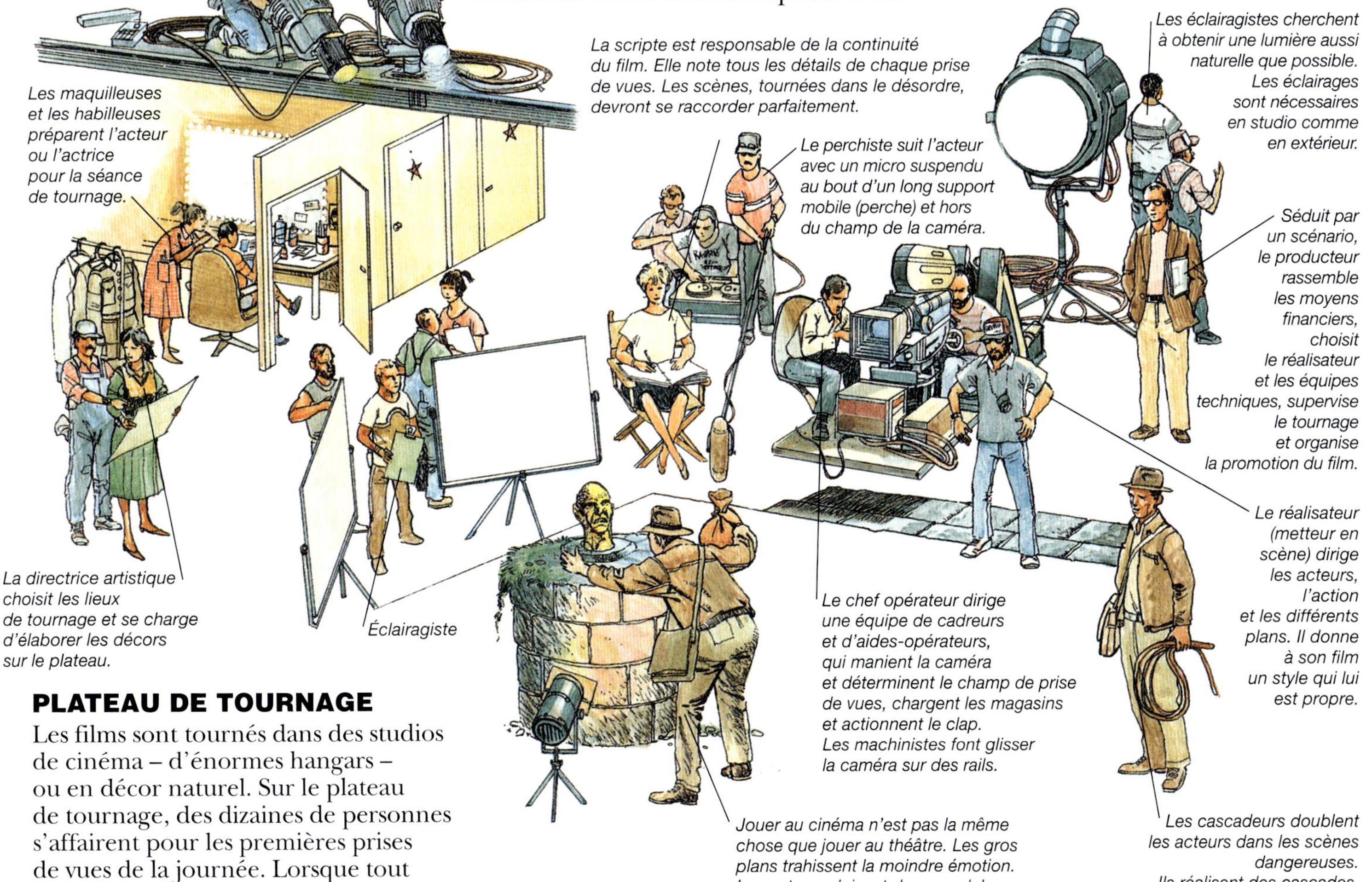

PLATEAU DE TOURNAGE
Les films sont tournés dans des studios de cinéma – d'énormes hangars – ou en décor naturel. Sur le plateau de tournage, des dizaines de personnes s'affairent pour les premières prises de vues de la journée. Lorsque tout le monde est prêt, une lumière rouge s'allume et le réalisateur crie : « Moteur ! »

EFFETS SPÉCIAUX

Les effets spéciaux ont transformé l'écran en royaume de l'imagination. Selon la technique de la transparence, utilisée dès 1913, on projetait un décor préalablement filmé, devant lequel les acteurs, marionnettes ou maquettes évoluaient, ce qui donnait l'impression qu'ils étaient réellement dans ce décor. On utilisait toutes sortes de truquages – des panneaux en verre peints, des dispositifs pour déclencher des explosions contrôlées, dégager des fumées spéciales ou produire du vent, etc. Dans les années 1970, des marionnettes ou des maquettes plus vraies que nature étaient encore filmées en studio, comme le requin du film *Les Dents de la mer*, ou les batailles spatiales impressionnantes de *La Guerre des étoiles*. Aujourd'hui, la quasi-totalité des effets spéciaux sont créés par ordinateur.

Les acteurs sont filmés sur un fond mat, bleu ou vert.

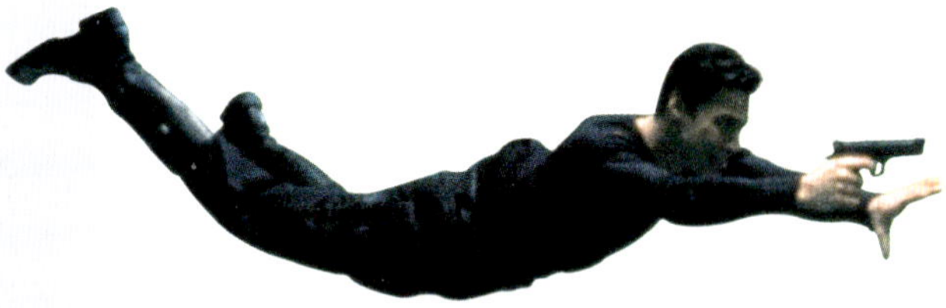

Sur ordinateur, le fond de couleur est facilement supprimé.

EFFET DE SUPERRALENTI « À LA MATRIX »

Chaque petit trou figurant dans le décor ci-dessus dissimule un appareil photo qui prend une photo de la scène sous un angle spécifique. Les prises de vue réalisées sont numérisées et montées en continuité avec des milliers d'images « intermédiaires » supplémentaires créées par le logiciel. L'effet obtenu est celui d'une scène d'action tournée extrêmement lentement.

Les acteurs apparaissent devant un nouveau fond et les fils qui les tiennent sont effacés.

STEVEN SPIELBERG

Les réalisateurs peuvent devenir des stars. Steven Spielberg est né en 1946. Il a tourné son premier film à l'âge de 12 ans et signé un contrat avec le studio hollywoodien Universal après avoir fini ses études. Il est devenu l'un des réalisateurs américains les plus célèbres, avec des films à grand succès comme *Les Dents de la mer* (1975) et *Jurassic Park* (1993). Il a remporté un oscar avec *La Liste de Schindler* (1994) et *Il faut sauver le soldat Ryan* (1998).

TRUQUAGES NUMÉRIQUES

Les logiciels de montage vidéo permettent aux cinéastes d'intégrer les acteurs dans n'importe quel environnement, ou presque. Les acteurs sont filmés devant un fond mat, vert ou bleu, qui est ensuite remplacé par un nouveau décor – soit filmé ailleurs, soit créé par ordinateur. Des acteurs en chair et en os peuvent aussi être associés à des personnages virtuels, comme dans *Harry Potter*, et une multitude de personnages qui ont leur propre « vie artificielle » peuvent être créés de toutes pièces, comme dans *Le Seigneur des anneaux*.

MONTAGE

Le monteur veille à ce que les différents plans soient assemblés correctement et vérifie la durée du film. Mais le montage peut être une opération plus complexe. Un bon monteur peut améliorer le film en supprimant des séquences qui ralentissent l'action ou en insérant des gros plans pour rendre une scène plus dramatique. Le réalisateur et le monteur travaillent ensemble des heures durant pour obtenir le meilleur résultat possible. Dans le passé, cette opération était artisanale – il fallait couper et coller des bouts de pellicules. Aujourd'hui, le montage est réalisé grâce à des logiciels informatiques qui permettent d'intégrer des effets spéciaux.

ÉLABORATION DE LA BANDE-SON

Les différentes bandes sonores du film (paroles, musique, bruitages) doivent être assemblées et leurs volumes équilibrés, puis elles sont recopiées sur une bande-son unique (autrement dit, mixées). Les ingénieurs du son sont responsables des opérations d'enregistrement et de mixage du son.

1895 Première représentation publique et payante du Cinématographe des frères Lumières à Paris.
1910 Premier film hollywoodien.
1927 *Le Chanteur de jazz*, premier film partiellement parlant ou chantant.
1928 Premier film 100 % parlant (*Lights of New York*).
1946 Premier grand film français en couleurs (*Le Mariage de Ramuntcho*).
1953 Premier film en Cinémascope et son stéréo (*La Tunique*).
1983 Colorisation électronique de films noir et blanc.
1990 Première colorisation d'un film en France (*La Vache et le Prisonnier*).
1995 *Toy Story*, premier long métrage d'animation entièrement animé par ordinateur.
2009 *Avatar*, premier long métrage tourné en relief 3D.

Pour en savoir plus
LES APPAREILS PHOTO
LES DESSINS ANIMÉS
TÉLÉVISION ET VIDÉO
LE THÉÂTRE

le Cirque

LES PREMIERS NUMÉROS DE CIRQUE, culbutes et acrobaties, remontent à la nuit des temps. Le cirque que nous connaissons aujourd'hui ne fut inventé qu'en 1768, quand l'Anglais Philip Astley monta un spectacle d'exercices équestres. Il y ajouta bientôt d'autres numéros, tels que danseurs de corde et hercules. En 1793, John Ricketts créa des cirques similaires aux États-Unis. Ces premiers spectacles avaient lieu à l'intérieur de bâtiments spéciaux ; plus tard, les cirques itinérants bâchés apparurent : ils se déplaçaient de ville en ville, apportant le spectacle au public. Aujourd'hui, le cirque associe numéros de corde raide, jongleurs, clowns, numéros équestres, acrobaties et dressages d'animaux. C'est l'une des formes les plus populaires de divertissement familial.

TRAPÈZE VOLANT
Les numéros aériens des trapézistes exigent une précision extrême. Le trapèze volant fut inventé par le Français Jules Léotard en 1859.

PISTE DE CIRQUE
Philip Astley découvrit que le meilleur espace pour les numéros équestres était un cercle de 12,8 m de diamètre. C'est devenu la taille standard d'une piste de cirque.

Giuseppe Grimaldi

Têtes de clown peintes sur des œufs

GRAND CHAPITEAU
Certains cirques donnent leur spectacle sous une immense tente appelée chapiteau. Celui-ci doit être très solide pour résister au vent et supporter les éclairages et les équipements des numéros aériens. Les artistes et les animaux du cirque sont logés dans des caravanes.

MONSIEUR LOYAL
Au début de chaque spectacle, Monsieur Loyal pénètre sur la piste, porteur d'un fouet indiquant qu'il est responsable du spectacle. Avant de présenter un numéro, il doit s'assurer que costumes et équipement sont prêts. Il rappelle à l'ordre les clowns facétieux et fait en sorte que le spectacle se déroule bien.

CLOWNS
Faire rire les spectateurs est une affaire sérieuse. Le déguisement et le maquillage ne suffisent pas. Les clowns doivent apprendre de nombreuses disciplines : ils peuvent être musiciens ou acrobates, mimes ou comiques. Chaque clown est unique. Le premier véritable clown, Giuseppe Grimaldi, était un clown de théâtre au XVIIIe siècle, et c'est de lui que les clowns blancs tirent leur surnom et leur visage blanc. Certains clowns « déposent » leur maquillage en le dessinant sur un œuf.

PARADE DE CIRQUE
Défilant à travers les rues, la parade annonce la présence du cirque en ville. Des chevaux bien dressés font partie de la tradition du cirque. Certaines personnes trouvent cruel de dresser pour le cirque des animaux sauvages tels que les lions et les tigres.

Tambour

De nombreux numéros de cirque s'appuient sur l'équilibre.

Monocycle

Cracheur de feu

Clown

Pour en savoir plus
LE THÉÂTRE

la Civilisation de la vallée de l'Indus

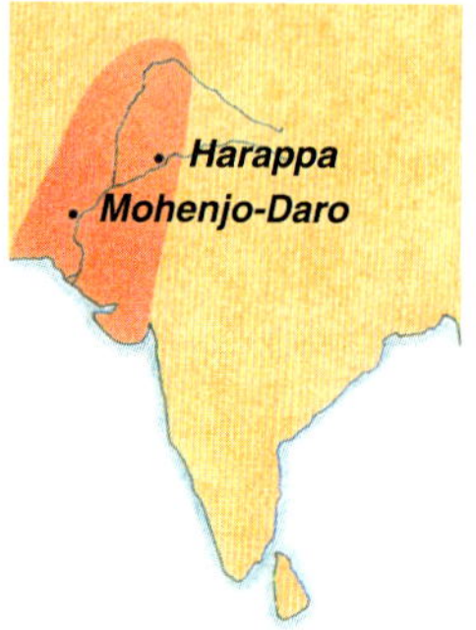

VALLÉE DE L'INDUS
L'Indus traverse le Pakistan oriental. La population de la vallée de l'Indus s'était établie sur une large bande de terre, le long des deux rives du fleuve.

IL Y A PRÈS DE 4500 ANS, l'une des plus prestigieuses civilisations anciennes se développait sur les rives de l'Indus, à l'ouest du Pendjab. La population de la vallée de l'Indus occupait une vaste région, d'une superficie bien plus grande que celles de l'Égypte ancienne et de Sumer réunies. La plupart des habitants, regroupés dans des villages, cultivaient la terre fertile de la vallée. Deux importantes cités, Harappa et Mohenjo-Daro, bénéficièrent d'un urbanisme élaboré, avec de larges avenues rectilignes, des maisons dotées d'une cour intérieure et une citadelle fortifiée. Régulièrement inondés par les crues du fleuve, les bâtiments exigeaient de constantes restaurations. Le déclin de cette civilisation, vers 1800 av. J.-C., s'expliquerait par une succession d'inondations et de mauvaises récoltes.

SCEAUX
Les marchands de la vallée de l'Indus utilisaient des sceaux pour signer sur documents ou identifier des marchandises. Chaque sceau présentait une figure animale et quelques caractères d'une écriture unique, pas encore déchiffrée à ce jour.

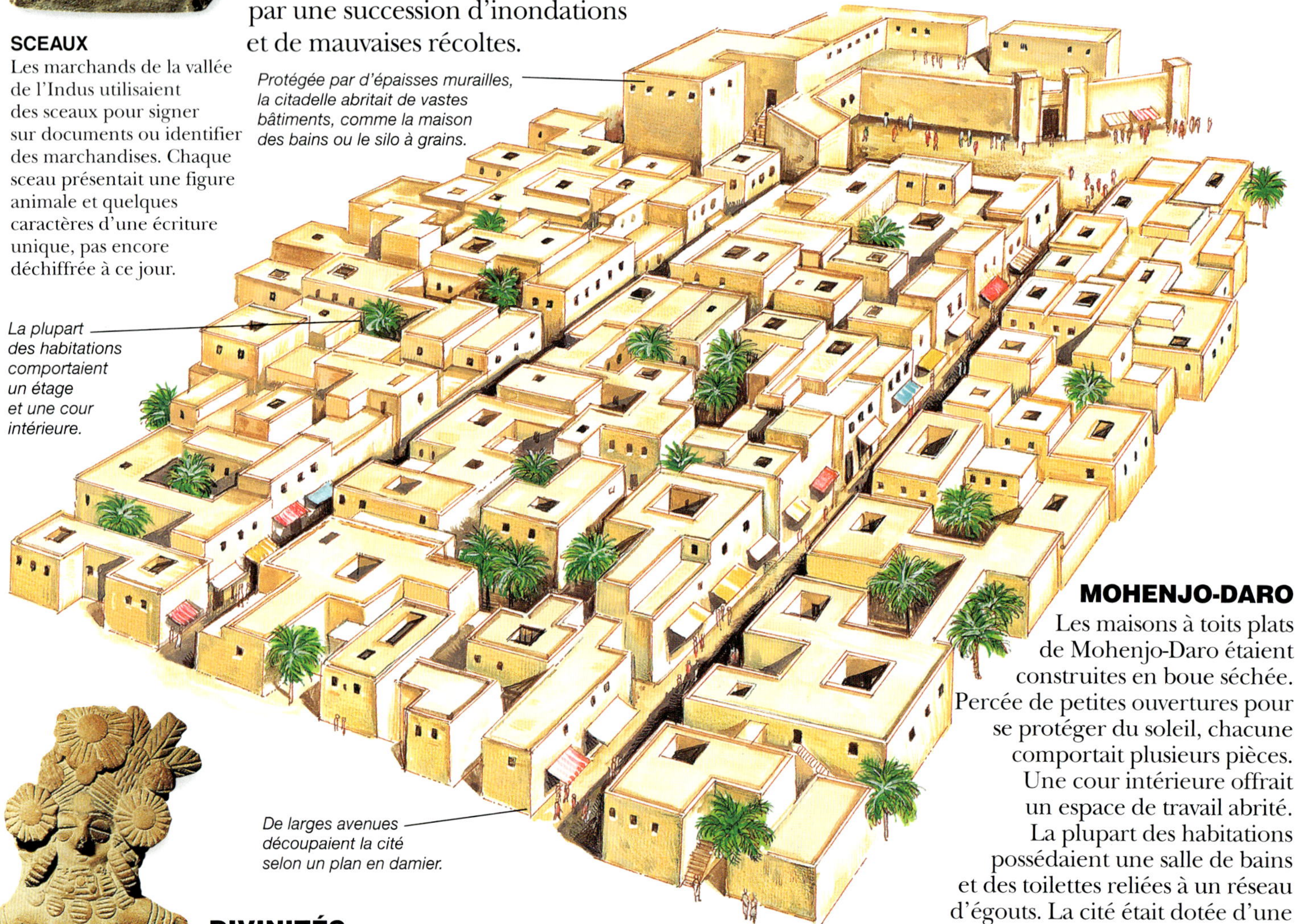

MOHENJO-DARO
Les maisons à toits plats de Mohenjo-Daro étaient construites en boue séchée. Percée de petites ouvertures pour se protéger du soleil, chacune comportait plusieurs pièces. Une cour intérieure offrait un espace de travail abrité. La plupart des habitations possédaient une salle de bains et des toilettes reliées à un réseau d'égouts. La cité était dotée d'une grande maison des bains, certainement utilisée à des fins rituelles. On estime que Mohenjo-Daro et Harappa comptaient chacune près de 40000 habitants.

DIVINITÉS
Des statuettes en terre cuite représentant une femme parée d'une coiffe et de bijoux furent retrouvées dans les vestiges de plusieurs maisons de Mohenjo-Daro et d'Harappa. Cette déesse mère, vénérée par les populations de l'Indus, était censée apporter prospérité et abondance de récolte.

ARTISANAT ET JOUETS
Les enfants de la vallée de l'Indus s'amusaient avec des jouets de terre cuite, comme ce modèle de char à bœufs. Ce type de véhicule servait à transporter le blé jusqu'au silo à grains des cités. Les archéologues ont également mis au jour des dés à jouer, des billes et de petites figurines animales montées sur roulettes.

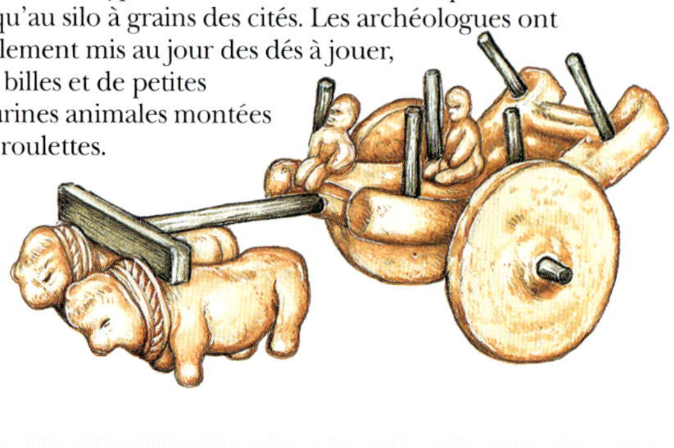

Pour en savoir plus

L'INDE (HISTOIRE)
LES RELIGIONS
LA ROUE
LES VILLES

les Climats

CERTAINES RÉGIONS DU GLOBE, par exemple les forêts denses d'Amérique du Sud, sont chaudes et humides toute l'année. L'Arctique, au contraire, a des hivers longs et polaires. Les conditions atmosphériques propres à une région constituent son climat. Il ne faut pas confondre climat et temps. Le temps peut changer rapidement, contrairement au climat qui caractérise les conditions météorologiques durables d'une région. Le climat est influencé par la proximité de l'équateur, qui détermine le degré d'ensoleillement; par le relief, car les régions de haute montagne, comme l'Himalaya, sont plus froides que celles situées à basse altitude; par l'océan qui tempère les régions côtières alors que les régions continentales sont soumises à de grands écarts de température. Le climat d'une région influe sur le mode de vie des hommes et des animaux et sur le type de végétation. Mais il peut évoluer. Actuellement les climatologues observent un réchauffement climatique mondial.

ANTARCTIQUE
Seuls quelques animaux, tels les manchots, peuvent survivre au milieu des étendues enneigées et glacées de l'Antarctique.

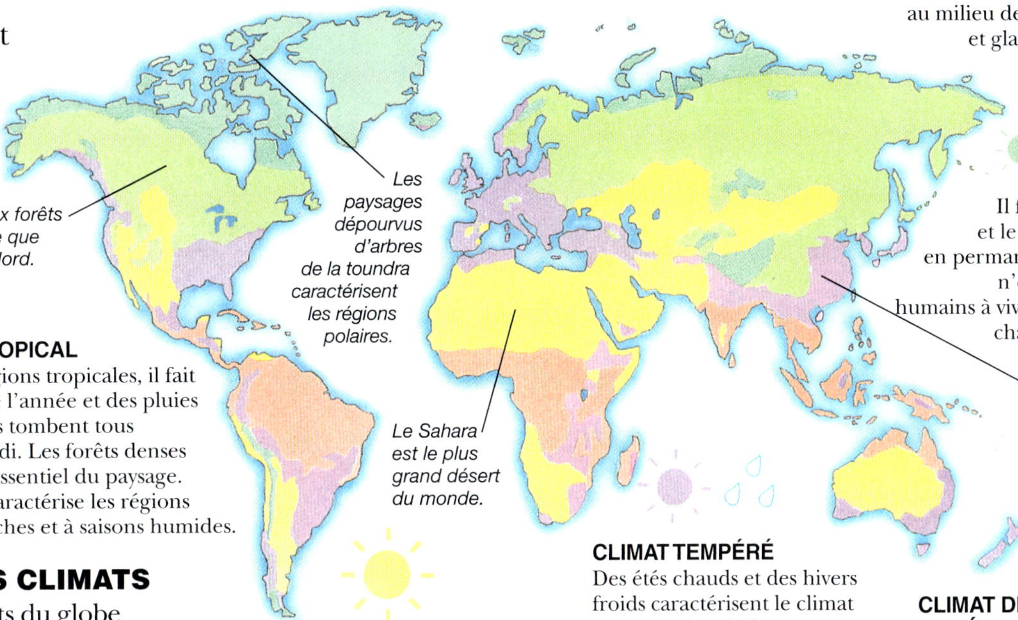

CLIMAT POLAIRE
Il fait froid toute l'année et le sol est enneigé et gelé en permanence. Aucune culture n'est possible et les rares humains à vivre dans ces conditions chassent pour se nourrir.

CLIMAT TROPICAL
Dans les régions tropicales, il fait chaud toute l'année et des pluies torrentielles tombent tous les après-midi. Les forêts denses couvrent l'essentiel du paysage. La savane caractérise les régions à saisons sèches et à saisons humides.

CLIMAT DÉSERTIQUE
Dans les déserts arides, les nuits sont froides et les journées caniculaires. Mais en altitude il peut y avoir des hivers froids et secs.

CLIMAT TEMPÉRÉ
Des étés chauds et des hivers froids caractérisent le climat tempéré chaud. Il peut pleuvoir en toute saison ou l'été peut être sec et chaud, comme dans les régions méditerranéennes.

CLIMAT DES FORÊTS BORÉALES
Les étés sont frais et courts, les hivers longs et froids. Les conifères poussent en vastes forêts qui couvrent la majorité du paysage.

DIVERSITÉ DES CLIMATS

Les différents climats du globe se répartissent dans des zones situées de part et d'autre de l'équateur, dans les hémisphères Nord et Sud. Aux extrêmes : les climats chauds et pluvieux de l'équateur et les climats glacials des régions polaires. Il existe cinq zones climatiques principales, chacune représentée sur cette carte par une couleur.

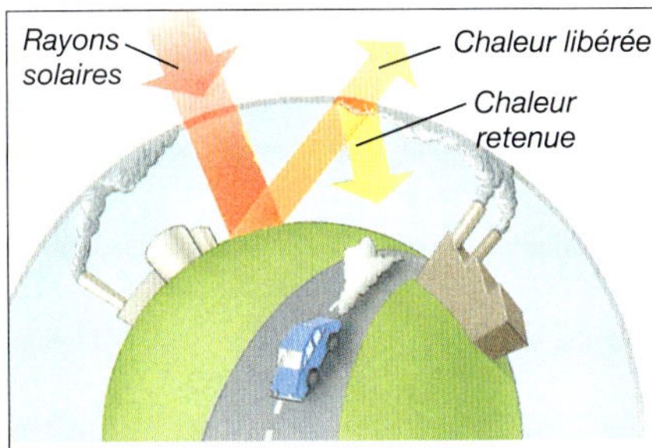

EFFET DE SERRE
L'atmosphère fonctionne comme une serre, emprisonnant la chaleur du Soleil et réchauffant la Terre. La pollution atmosphérique retient encore davantage de chaleur, accentuant le réchauffement climatique. Si les hommes ne luttent pas contre la pollution, elle bouleversera le climat.

CHANGEMENTS CLIMATIQUES

Les changements climatiques telles les périodes glaciaires sont généralement lents. Mais les cendres rejetées dans l'atmosphère par les volcans voilent le Soleil et refroidissent brusquement le climat. Des vents changeants peuvent chasser les pluies et apporter la sécheresse. Et les activités humaines influencent de plus en plus le climat.

SAHARA
Les Touaregs, peuple nomade, sont les rares êtres humains à vivre dans le désert d Sahara, un milieu particulièrement inhospitalier, où la chaleur est accablante le jour et le froid intense la nuit.

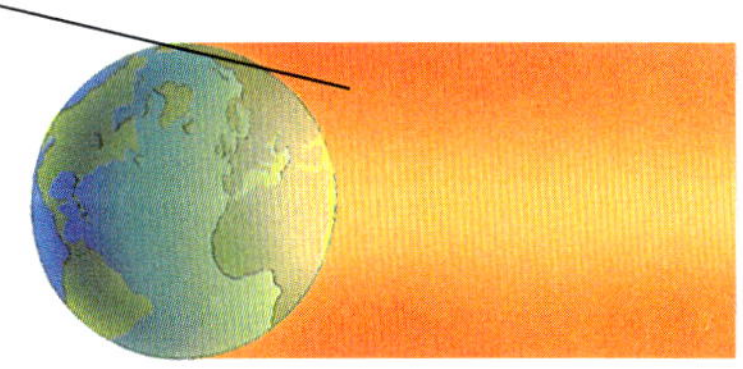

SOLEIL ET CLIMAT
Sous les tropiques, les rayons solaires sont faiblement inclinés, d'où une chaleur torride. Plus on s'éloigne de l'équateur, plus les rayons sont inclinés et moins il fait chaud.

Pour en savoir plus

L'ATMOSPHÈRE
LES DÉSERTS (DÉFINITION)
LES GLACIERS
LE TEMPS
LA TERRE

Cœur et circulation sanguine

NOTRE CORPS contient 4,5 litres de sang. Le sang apporte de l'oxygène et des éléments nutritifs issus de la digestion à chaque partie du corps. Il recueille aussi des déchets, comme le dioxyde de carbone. Le sang est formé de globules rouges, de globules blancs et de plaquettes en suspension dans le plasma. Un millimètre cube de sang contient 5 millions de cellules. À l'intérieur de notre thorax, le cœur propulse le sang avec une telle puissance qu'il ne faut qu'une minute à chaque cellule sanguine pour revenir au cœur. Les parois musculaires du cœur se contractent à chaque seconde, chassant le sang dans les artères. Les artères ont de nombreuses ramifications : les plus petites d'entre elles se déversent dans des vaisseaux microscopiques, les capillaires. Ceux-ci, après avoir irrigué un organe, convergent pour former les veines qui ramènent le sang au cœur, d'où il est chassé vers les poumons pour y être oxygéné.

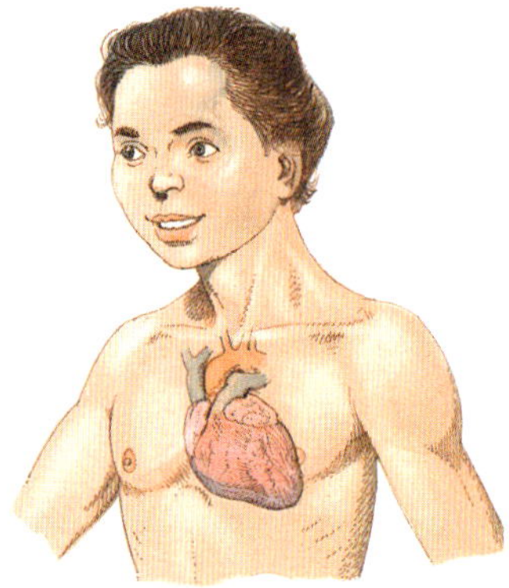

CŒUR HUMAIN
Le cœur est protégé par la cage thoracique. Chez un adulte, il a la taille d'un poing serré et pèse environ 300 g.

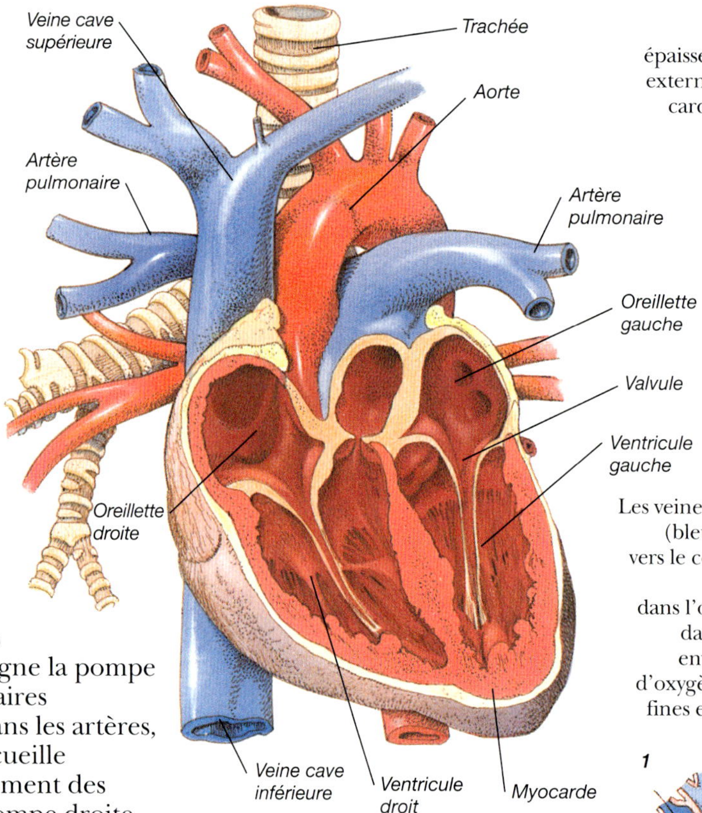

CŒUR

Le cœur est formé de deux pompes fonctionnant côte à côte, chacune comprenant deux cavités, une oreillette en haut, un ventricule en bas. Le sang veineux passe de l'oreillette au ventricule droit, puis aux poumons. Une fois oxygéné, il gagne la pompe gauche. Les parois épaisses et musculaires du ventricule gauche le propulsent dans les artères, à travers tout l'organisme. Le sang recueille les déchets produits par le fonctionnement des organes et retourne au cœur par la pompe droite qui l'envoie aux poumons pour être oxygéné ; il en repart par la pompe gauche pour alimenter tout l'organisme.

ARTÈRES

Les parois des artères sont épaisses et composées de trois tuniques : externe, moyenne et interne. Le muscle cardiaque est irrigué par deux artères coronaires qui, avant division, ont le diamètre d'une paille.

CAPILLAIRES

Les minuscules vaisseaux sanguins qui transportent le sang entre les petites artères (artérioles) et les petites veines (veinules) sont les capillaires. L'oxygène et les éléments nutritifs passent à travers leurs parois pour alimenter toutes les cellules de l'organisme.

VEINES

Les veines transportent le sang désoxygéné (bleu, car porteur de gaz carbonique) vers le cœur. Les deux plus grosses veines, les veines caves, débouchent dans l'oreillette droite. Puis le sang passe dans le ventricule droit, avant d'être envoyé aux poumons où il se charge d'oxygène. Les veines ont des parois plus fines et moins élastiques que les artères.

BATTEMENTS CARDIAQUES

Le cœur d'un adulte bat en moyenne 60 à 70 fois par minute et peut atteindre 150 pulsations à la minute après un effort physique intense. On distingue deux périodes : celle où le cœur se contracte et éjecte le sang dans les artères, la systole, et celle où il se dilate et se remplit de sang, la diastole.

1

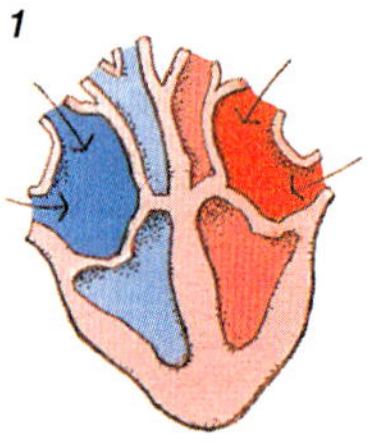

Le sang remplit les deux oreillettes.

2

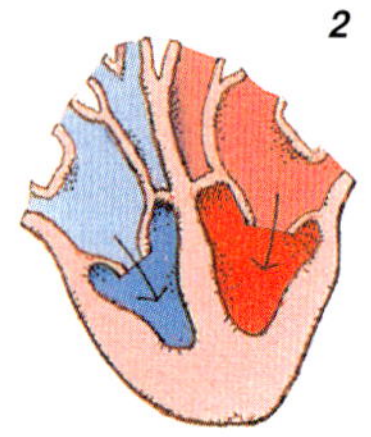

Le sang passe dans les deux ventricules.

3

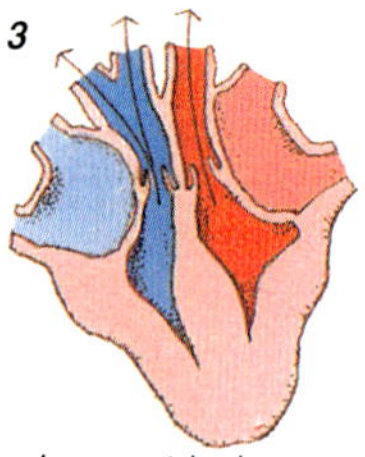

Les ventricules se contractent.

4

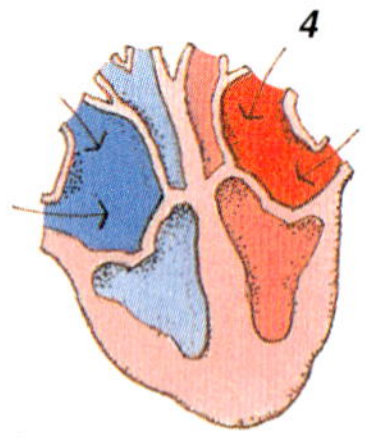

Le sang remplit les deux oreillettes.

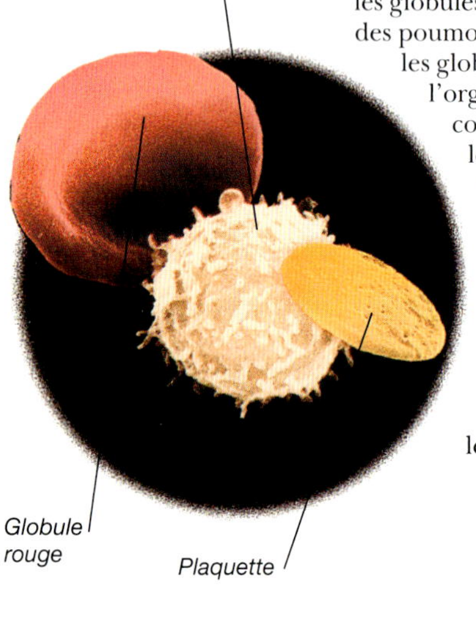

CELLULES SANGUINES

Il existe trois types de cellules sanguines : les globules rouges transportent l'oxygène des poumons vers le reste de l'organisme, les globules blancs protègent l'organisme des maladies et luttent contre l'infection ; les plaquettes, les plus petites cellules, aident le sang à coaguler. Toutes les cellules sanguines sont produites dans la moelle osseuse.

COAGULATION

Lorsque vous vous coupez et saignez, vos plaquettes se collent les unes contre les autres. Un fin réseau de fibres emprisonne un grand nombre de cellules sanguines et forme un caillot qui empêche le sang de couler.

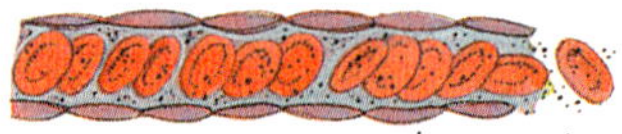

Une coupure provoque un saignement.

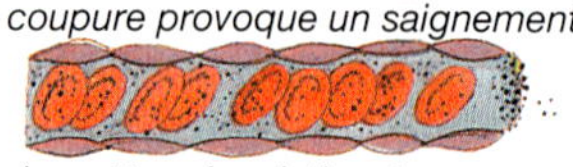

Les plaquettes s'agglutinent.

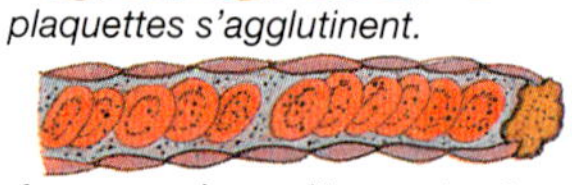

Il se forme un réseau fibreux de plaquettes.

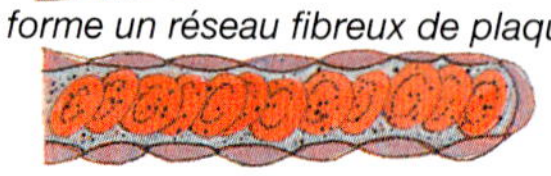

Le caillot ferme la blessure.

Pour en savoir plus

CERVEAU ET NERFS
LE CORPS HUMAIN
MUSCLES ET MOUVEMENT
POUMONS ET RESPIRATION

http://www.cosmovisions.com/coleopteres.htm

les Coléoptères

LES BOUSIERS, les doryphores et les vrillettes sont des insectes coléoptères, le plus grand groupe d'animaux du monde. Un animal sur trois est un coléoptère. La plupart savent voler et possèdent des élytres durs et souvent colorés, qui recouvrent et protègent les ailes au repos et s'écartent pendant le vol pour permettre aux ailes de battre. Certains coléoptères sont des prédateurs. La cicindèle, par exemple, chasse les insectes plus petits qu'elle. D'autres ne mangent que des végétaux. Quelques-uns sont nuisibles : le doryphore se nourrit de feuilles de pommes de terre ; le scolyte destructeur propage un champignon parasite qui provoque la graphiose, maladie responsable de la disparition des ormes. Mais de nombreux coléoptères contribuent au recyclage des feuilles et du bois morts, et des cadavres d'animaux.

VER LUISANT
La femelle du lampyre, le ver luisant, possède des organes luminescents sous l'abdomen. L'émission de lumière attire le mâle ou, chez certaines espèces, une proie.

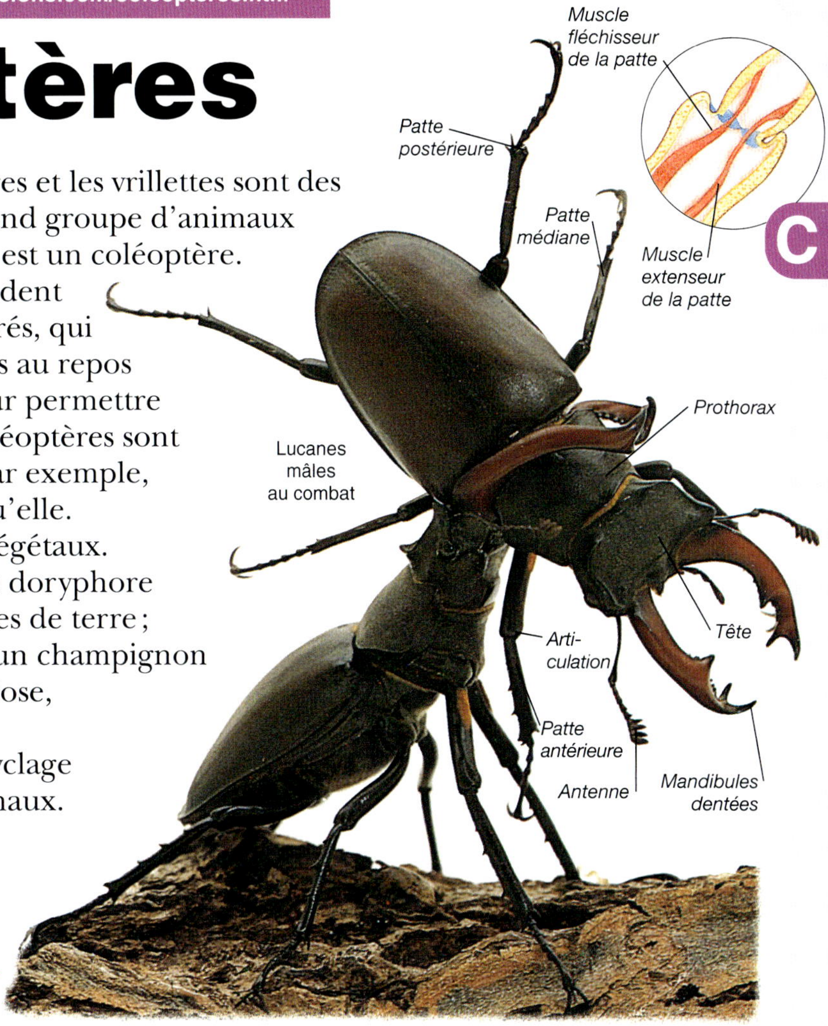

Lucanes mâles au combat

Cicindèle — Clyte — Collops vittatus — *Charançon*

BOUSIER
Les bousiers sont appelés ainsi parce qu'ils se nourrissent d'excréments de mammifères et pondent leurs œufs dedans. Les larves éclosent et mangent des déjections, avant de se métamorphoser en nymphes. Certains bousiers façonnent des boulettes d'excréments et les font rouler dans leur abri souterrain avant de pondre dedans.

Certains bousiers sont appelés scarabées. Les anciens Égyptiens les considéraient comme sacrés.

LUCANE
Le lucane mâle (ou cerf-volant) est doté d'énormes mandibules dentées, si lourdes qu'il peut à peine les manier, et qui servent surtout à la parade. Les mâles se menacent et se battent pour une femelle.

HANNETON
Le hanneton vole lentement et très mal. Attiré par la lumière, il s'écrase souvent contre les fenêtres. Sa larve, le ver blanc, vit sous terre où elle se nourrit des racines de graminées.

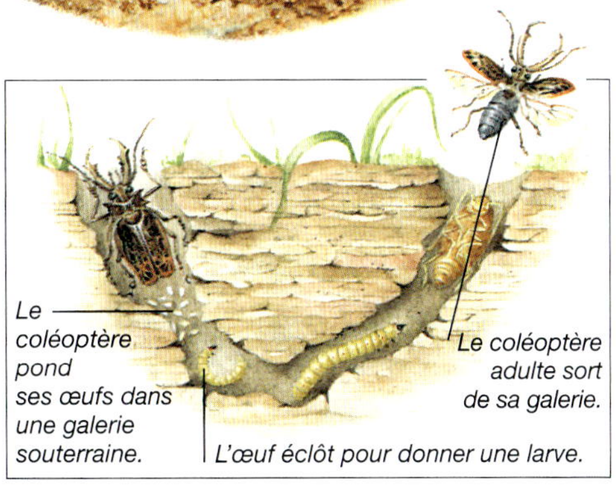

Le coléoptère pond ses œufs dans une galerie souterraine.
Le coléoptère adulte sort de sa galerie.
L'œuf éclôt pour donner une larve.

INSECTES XYLOPHAGES
Le coléoptère est au départ un œuf qui éclôt pour former une larve. La larve de certains coléoptères, comme le cérambyx, mange le bois et creuse des galeries. Elle se transforme en nymphe, puis en insecte adulte qui, pour sortir du bois, creuse un trou. Les vieux meubles peuvent contenir des centaines de petits trous : on parle des vers du bois.

COCCINELLE
Les vives couleurs de la coccinelle avertissent ses prédateurs qu'elle a un goût détestable. Elle se nourrit de pucerons nuisibles aux cultures, ce qui en fait une alliée des hommes.

Pour en savoir plus
LES ESPÈCES ANIMALES
LES INSECTES
LES MONTAGNES (FAUNE ET FLORE)
LE VOL DES ANIMAUX

Christophe Colomb

EN 1492, TROIS PETITES CARAVELLES, la *Niña*, la *Pinta* et la *Santa Maria*, quittaient l'Espagne pour un fabuleux voyage. Le but était d'ouvrir une nouvelle route commerciale vers l'Asie pour rapporter de l'or et des épices. Christophe Colomb, marin italien originaire de Gênes, commandait l'expédition. À la différence des explorateurs de l'époque, qui mettaient cap à l'est, Colomb pensait atteindre les Indes en quelques mois à peine, en faisant route vers l'ouest. L'Espagne, qui espérait tirer profit du commerce avec l'Inde et le reste de l'Asie, s'empressa de financer l'expédition. Fort du soutien de la reine Isabelle, Colomb larguait les amarres le 3 août et abordait deux mois plus tard sur ce qu'il pensait être l'Asie. En fait, il venait de débarquer sur l'une des îles des Caraïbes. Cette découverte allait ouvrir la voie à la colonisation de l'Amérique par les Européens.

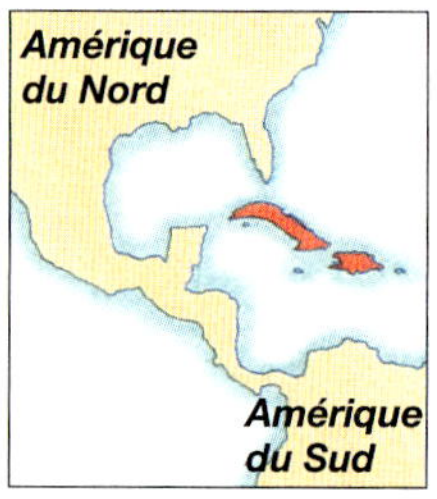

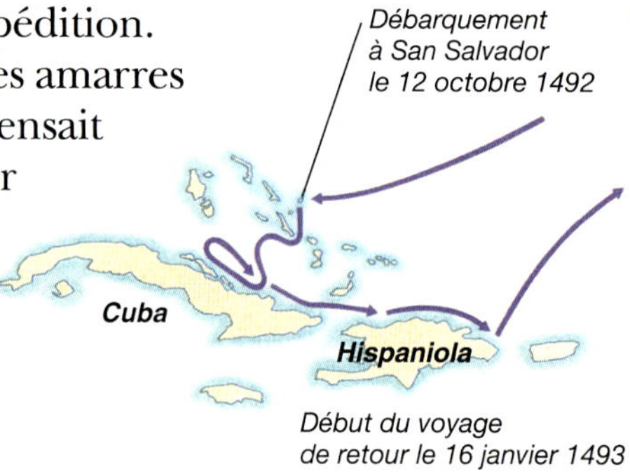

PREMIÈRE EXPÉDITION
Le premier voyage de Christophe Colomb dura près de quatre mois. Au terme de trois autres expéditions, il atteignit l'Amérique centrale.

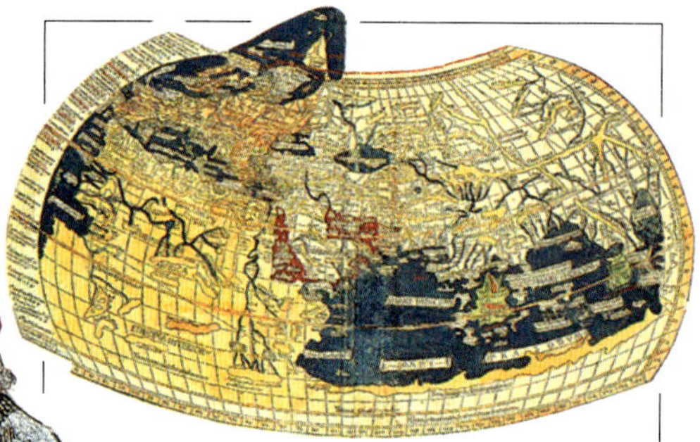

CARTE DU MONDE SELON PTOLÉMÉE

La carte à laquelle se référait Christophe Colomb avait été dessinée par Ptolémée, cartographe grec du IIe siècle ; Elle ignorait l'existence du continent américain, de l'Australie et du Pacifique.

DÉCOUVERTE DES CARAÏBES

Christophe Colomb fut accueilli par les tribus Arawak et Carib. Les premiers explorateurs, pensant avoir découvert l'Inde, donnèrent le nom d'Indiens à l'ensemble de ces populations.

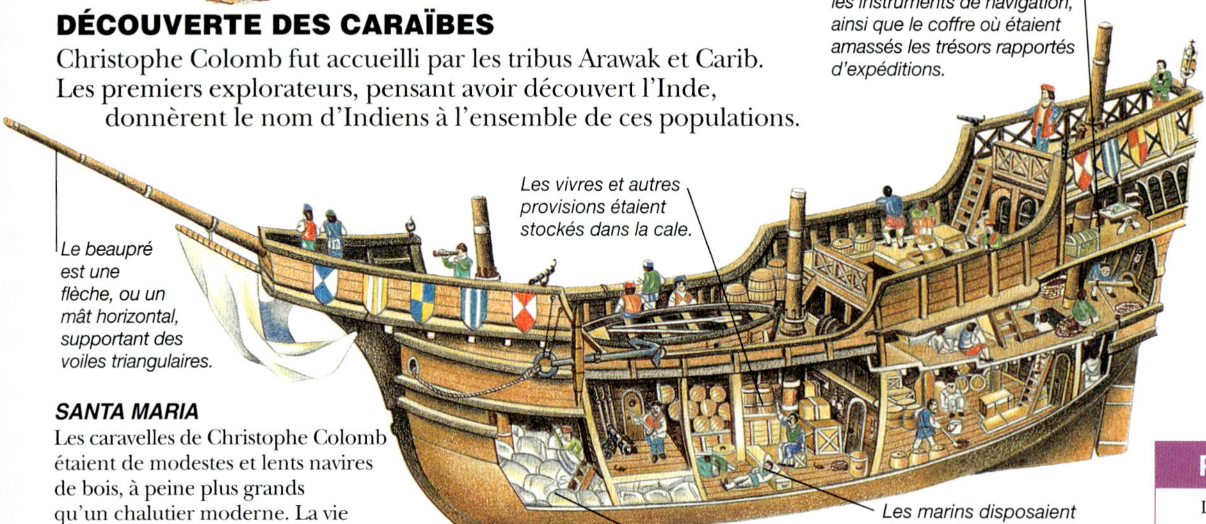

SANTA MARIA
Les caravelles de Christophe Colomb étaient de modestes et lents navires de bois, à peine plus grands qu'un chalutier moderne. La vie à bord de ces embarcations soumises aux caprices des vents était particulièrement éprouvante.

ÉQUIPAGE
Le plus grand risque pour les 40 hommes d'équipage de la *Santa Maria* était de se trouver à cours d'eau potable et de vivres.

Pour en savoir plus

LES CARAÏBES (HISTOIRE)
LES CONQUISTADORS
LES GRANDS EXPLORATEURS

http://www.memo.fr/dossier.asp?ID=109

la Colombie

Volcan Montagne Capitale Grande ville Petite ville

La Colombie s'étend à l'extrême nord du continent sud-américain, et débouche à la fois sur la mer des Caraïbes et sur l'océan Pacifique.

LA COLOMBIE est dominée par les Andes à l'ouest et par la partie supérieure du puissant fleuve Amazone à l'est. L'essentiel du pays, peu peuplé, est inadapté à l'agriculture. Les forêts tropicales de l'est abritent une flore et une faune variées : plus de 1 500 espèces d'oiseaux, de nombreux singes et des félins menacés, tels que jaguar et ocelot. Dans les plaines à l'ouest des Andes, le climat subtropical fournit des conditions idéales à la production de café, principale récolte de la Colombie, et de coca, base du commerce illégal de drogue colombienne. Originellement peuplé de nombreuses tribus amérindiennes, le pays fut colonisé par les Espagnols en 1525. Il devint indépendant en 1819, mais son histoire est semée de guerres civiles et de conflits, dus récemment au commerce de la drogue.

STATISTIQUES

Superficie : 1 138 914 km²

Population : 45 660 000

Capitale : Bogotá

Langues : espagnol, langues indiennes, créole anglais

Religion : catholique

Monnaie : peso colombien

Principales activités : agriculture, industrie minière, trafic de drogue

Principales exportations : café, charbon, cocaïne, or, platine, argent, émeraudes

ÉMERAUDES

La plupart des émeraudes du monde proviennent de Colombie. Certaines des plus belles sont extraites près de la capitale, Bogotá.

Indiens guambianos

AMÉRINDIENS

Amérindiens et colons espagnols se sont mélangés. Aujourd'hui, la moitié des Colombiens sont métis (d'origine à la fois européenne et indienne). Mais quelque 400 tribus indiennes subsistent, parlant plus de 180 langues différentes. Ces Indiens guambianos vivent dans des réserves, où ils gagnent leur vie en cultivant du maïs, du blé et des pommes de terre et en vendant leur artisanat aux touristes.

CAFÉ

Principale exportation colombienne, le café provient d'arbustes persistants subtropicaux, dont la culture nécessite chaleur et fortes précipitations. On extrait les graines des baies traitées. Séchées au soleil, puis débarrassées de leur enveloppe, celles-ci donnent alors les grains, prêts à l'exportation. Le séchage des graines, travail pénible, est aujourd'hui de plus en plus mécanisé.

Pour en savoir plus

L'Amérique du Sud (géographie)
L'Espagne (histoire)
Pierres précieuses et bijoux

Comètes et météorites

PAR NUIT CLAIRE, il n'est pas rare d'apercevoir plusieurs étoiles filantes en une petite heure. Ces points lumineux, qui traversent fugitivement le ciel avant de disparaître, sont des météorites. Elles voyagent dans l'espace et s'embrasent en pénétrant dans l'atmosphère terrestre. La friction occasionnée par leur vitesse – près de 240 000 km/h – libère une intense chaleur sous forme de traînée lumineuse. L'embrasement se produit à environ 90 km au-dessus de la surface terrestre. Beaucoup de météorites sont des fragments détachés de comètes gravitant autour du Soleil. Une comète se matérialise sous la forme d'un point lumineux qui se déplace dans le ciel durant quelques nuits. À l'approche du Soleil, apparaît une longue queue, qui finit par disparaître quand la comète s'éloigne de l'astre. En suivant leur orbite, certaines comètes sont régulièrement visibles, depuis la Terre, à quelques années d'intervalle.

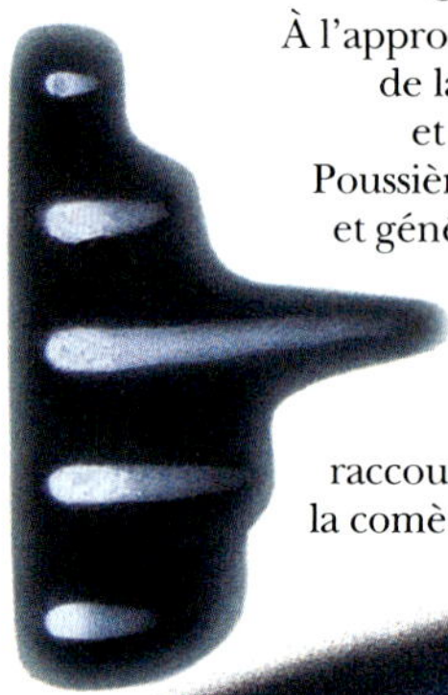

QUEUE DE COMÈTE
À l'approche du Soleil, la glace de la comète se réchauffe et se transforme en gaz. Poussières et gaz s'échappent et généralement se séparent en une ou plusieurs queues. Celles-ci pointent à l'opposé du Soleil, puis raccourcissent à mesure que la comète s'éloigne de l'astre.

La traînée de gaz d'une comète peut atteindre 100 millions de km de long. Réchauffée par le Soleil, elle prend des reflets bleutés.

La traînée de poussières d'une comète peut atteindre un million de km de long. Sa lueur est due aux particules de poussières qui réfléchissent la lumière du Soleil.

Le noyau d'une comète peut mesurer de quelques centaines à quelque 10 000 mètres de diamètre.

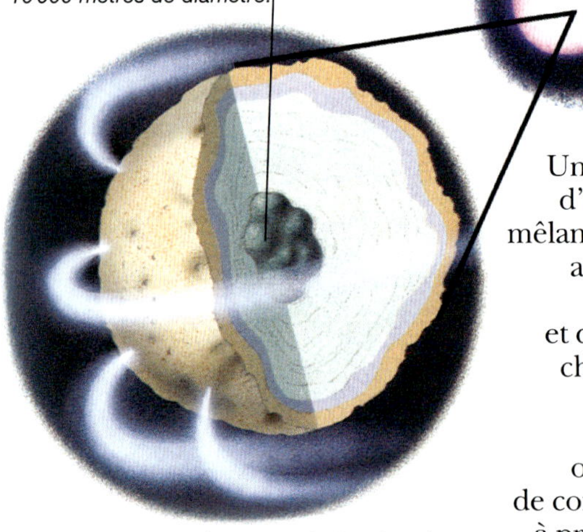

Le vent solaire – ce flot de particules chargées s'échappant du Soleil – balaie la queue des comètes. À l'approche de l'astre la queue des comètes s'allonge avant de se condenser lorsque les comètes s'éloignent.

COMÈTES
Une comète est formée d'un cœur (ou noyau) mêlant poussières et glace, autour duquel gravite un nuage de gaz et de poussières, appelé chevelure, et d'une ou plusieurs queues. Les astronomes ont observé des centaines de comètes, mais estiment à près d'un billion (10^{12}) les comètes invisibles, en orbite autour du Soleil, bien au-delà de la plus distante des planètes.

En 1986, la sonde spatiale Giotto approcha la comète de Halley et envoya sur Terre de nombreux clichés de ses observations.

COMÈTE DE HALLEY
L'astronome anglais Edmond Halley (1656-1742) fut le premier à mettre en évidence l'orbite décrite par certaines comètes. En 1705, il découvrit une comète périodique, réapparaissant dans le ciel de la Terre tous les 75 ou 76 ans, et la baptisa de son nom.

Les astronomes chinois ont probablement observé la comète de Halley il y a plus de 2 200 ans. Le passage de la comète se retrouve sur un détail de la tapisserie de Bayeux, qui illustre la conquête au XIe siècle de l'Angleterre par les Normands.

MÉTÉORITES
Les blocs rocheux qui traversent l'atmosphère terrestre sans se consumer entièrement sont des météorites. Il y a environ 25 000 ans, la chute d'une météorite de près de 900 000 t creusa un cratère de 1,2 km de diamètre dans le sol de l'Arizona, aux États-Unis. Pour beaucoup de scientifiques, l'impact de météorites géantes, il y a plus de 65 millions d'années, serait à l'origine de la disparition de plusieurs espèces animales sur Terre.

MÉTÉORES
On distingue les météorites isolées des météores qui s'abattent en pluie d'étoiles filantes sur la Terre. Un événement spectaculaire qui se produit tous les 33 ans, en novembre, au moment où la Terre traverse une nuée de météores, les Léonides, en orbite autour de la comète de Tempel-Tuttle.

Pour en savoir plus
L'ASTRONOMIE
LES ÉTOILES
LES PLANÈTES
ROCHES ET MINÉRAUX
LE SOLEIL
LA TERRE
LES TROUS NOIRS

Commerce et industrie

SANS LE COMMERCE et l'industrie, les hommes devraient créer eux-mêmes tout ce dont ils ont besoin pour vivre. Pour manger du pain, il vous faudrait cultiver du blé, le moudre en farine, pétrir la pâte et la cuire au four ! L'industrie organise la fabrication du pain, ce qui permet aux agriculteurs, aux minotiers et aux boulangers de nourrir le consommateur que vous êtes. Mais l'industrie vous offre d'autres produits de base ou de luxe, qui arrivent jusqu'à vous grâce à l'activité de vente et d'achat qu'est le commerce. Les consommateurs achètent les produits dont ils ont besoin et qu'ont créés les fabricants qui, toujours grâce au commerce, peuvent acheter les matières premières nécessaires à la production dans leurs usines. Le commerce et l'industrie d'un pays représentent son économie.

ROUTE DE LA SOIE
Le commerce entre les pays et les peuples remonte à l'Antiquité. La route de la soie a été l'une des premières et des plus célèbres routes commerciales. Les marchands transportaient la soie de Chine en Europe à dos de cheval et de chameau entre 300 av. J.-C. et 1600 apr. J.-C.

COMMERCE INTERNATIONAL

Les biens circulent autour du globe par voie maritime, terrestre ou aérienne. Ce commerce international achemine des matières premières, comme le pétrole, des pays qui ont une production excédentaire vers ceux dont la production est déficitaire ou nulle. Il sert aussi à trouver des débouchés pour des biens qui ne rapportent pas assez dans les pays où ils sont fabriqués. Par exemple, de nombreux vêtements sont fabriqués à la main dans des pays à bas salaires. Mais ils sont exportés et vendus dans des pays riches où les consommateurs peuvent les acheter plus cher. Grâce à l'argent ainsi gagné, les pays pauvres importent les marchandises qui leur sont nécessaires.

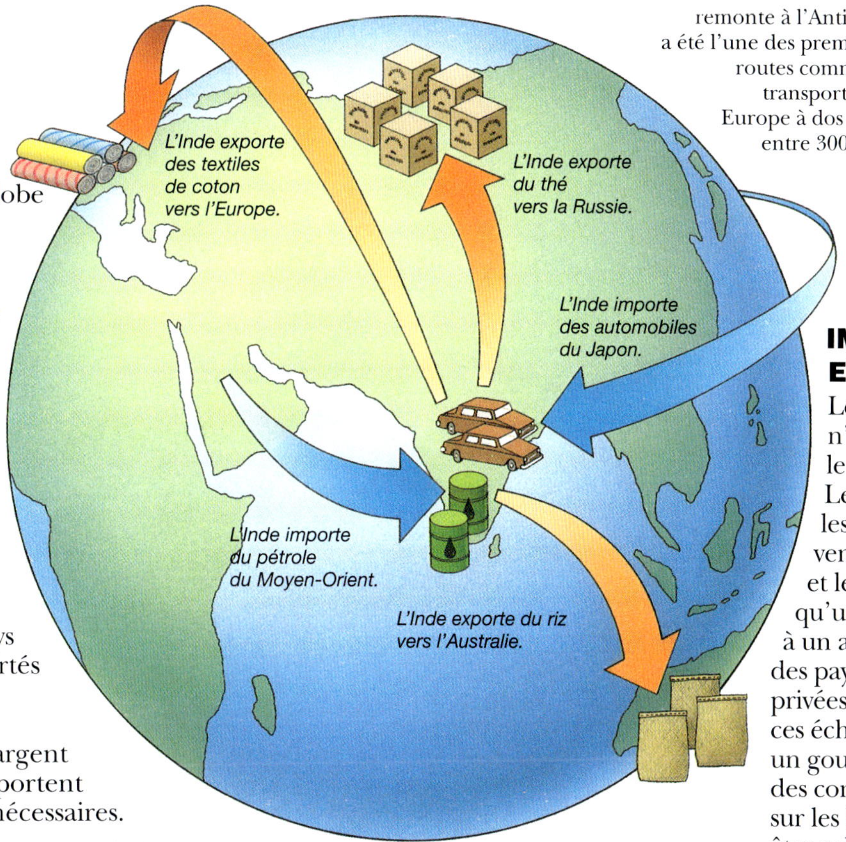

IMPORTATIONS/ EXPORTATIONS

Les frontières n'arrêtent pas le commerce. Les exportations sont les biens qu'un pays vend à un autre, et les importations ceux qu'un pays achète à un autre. Dans la plupart des pays, des entreprises privées contrôlent ces échanges. Parfois, un gouvernement impose des contrôles stricts sur les biens qui peuvent être achetés et vendus.

ACCORDS COMMERCIAUX
Certains pays signent des accords commerciaux pour contrôler leurs échanges. Un accord peut simplement fixer le prix auquel deux pays achèteront et vendront tel ou tel bien. Il existe un ensemble d'accords commerciaux complexes au sein de l'Union européenne, autorisant le libre-échange des produits entre les pays membres. L'Union limite aussi le commerce avec des pays non communautaires, afin de favoriser le commerce et l'industrie européens.

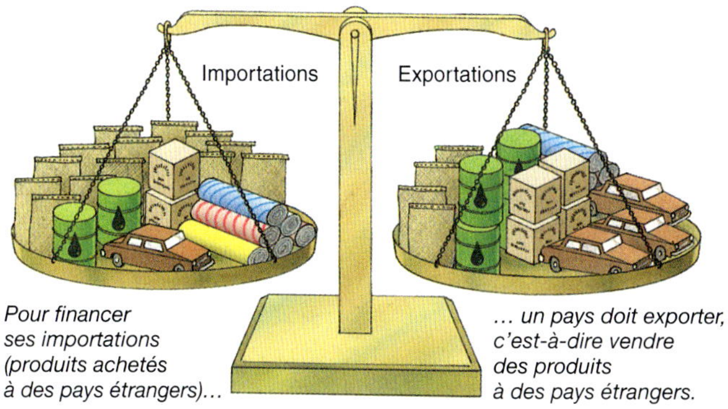

BALANCE COMMERCIALE
Chaque pays paie ses importations avec l'argent tiré de ses exportations. L'équilibre entre les deux constitue la balance commerciale. Les pays qui n'exportent pas assez doivent emprunter à l'étranger pour payer leurs importations.

USINES

Des ouvriers fabriquent l'essentiel des produits que vous achetez. Dans l'usine, chaque travailleur participe au processus de fabrication par la tâche qu'il exécute. Il peut faire fonctionner une machine ou assembler quelque chose à la main. Le produit fini n'est jamais fabriqué par une seule personne. La production de masse rend la fabrication moins chère et plus rapide. La plupart des usines sont la propriété de grandes entreprises ou d'un État ; quelques-unes appartiennent aux salariés qui y travaillent.

OFFRE ET DEMANDE

Les usines ne fabriquent et ne vendent des biens que s'il existe une demande. Si la demande baisse, les consommateurs étant moins nombreux à acheter tel ou tel produit, les ouvriers de l'usine qui le fabrique peuvent perdre leur emploi. Dans les pays communistes, l'État décide des biens qui seront produits et à quel prix ils seront vendus.

Une usine fabrique un petit nombre de parapluies.

Les magasins proposent aux clients quelques parapluies à un prix élevé.

Beaucoup de monde a besoin d'un parapluie et achète ce produit, ce qui augmente la demande.

L'usine embauche pour fabriquer davantage de parapluies.

Lorsque tout le monde possède un parapluie, la demande diminue.

Les prix baissent et l'usine licencie des ouvriers.

La restauration fournit un service au client : elle cuisine pour lui et lui sert ce qu'il a commandé.

SERVICES

Toutes les activités ne produisent pas des biens. Certaines fournissent des services. Un garagiste, par exemple, répare votre voiture à votre place et vous le payez pour ce service rendu.

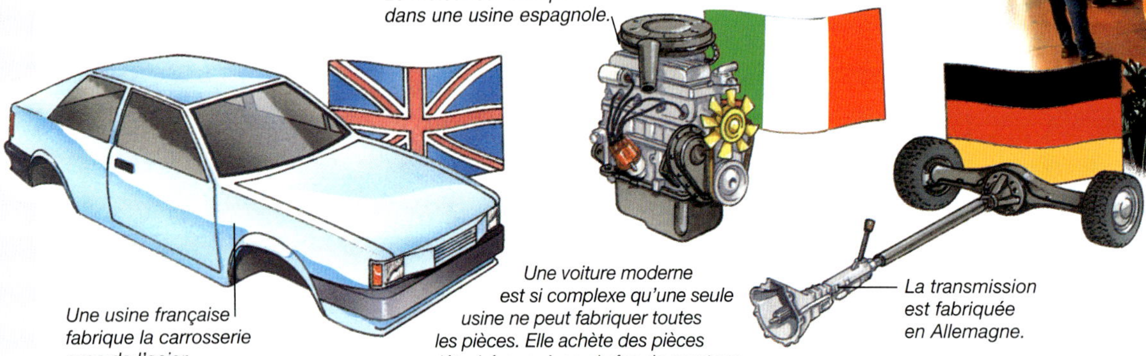

Le moteur est fabriqué dans une usine espagnole.

Une usine française fabrique la carrosserie avec de l'acier britannique.

Une voiture moderne est si complexe qu'une seule usine ne peut fabriquer toutes les pièces. Elle achète des pièces détachées, qu'une chaîne de montage assemble pour produire la voiture.

La transmission est fabriquée en Allemagne.

Le montage final se fait en Chine.

SYNDICATS

Au cours du XIXe siècle, les ouvriers ont commencé à s'organiser en syndicats pour obtenir des salaires décents et de meilleures conditions de travail. Si le syndicat n'obtient pas ce qu'il veut, ses membres peuvent faire grève – arrêter le travail – jusqu'à ce que leurs exigences soient satisfaites.

La grève réussie des ouvrières d'une fabrique d'allumettes londonienne, en 1888, a encouragé d'autres travailleurs à devenir syndicalistes.

INDUSTRIE MANUFACTURIÈRE

Transformer industriellement des matières premières en produits finis, tel est le rôle de l'industrie manufacturière. La quasi-totalité des biens que vous utilisez vient d'une usine. Mais l'artisanat existe toujours. Certains biens passent par de nombreuses étapes de fabrication : par exemple, des ouvriers assemblent des pièces détachées qui ont été fabriquées dans d'autres usines, souvent à l'étranger.

Pour en savoir plus

L'Argent
Boutiques et grandes surfaces
La Crise de 1929
La Révolution industrielle
La Publicité
Les Usines

Communication et techniques

LE TERME DE COMMUNICATION regroupe un ensemble de moyens et de technologies qui permettent de stocker et de diffuser des informations. Si la communication est aujourd'hui indissociable de l'ordinateur, d'autres outils de stockage et de diffusion des informations sont à notre disposition, comme la radio, la télévision, le téléphone, le télécopieur ou la vidéo. La transmission de l'information a débuté avec l'apparition de l'image et de l'écriture ; bien plus tard, des inventions – mais surtout celle de l'imprimerie – allaient rendre l'information accessible au plus grand nombre. De nos jours, grâce aux progrès de l'informatique et du multimédia, des quantités phénoménales de données, stockées sous forme de signaux électriques, sont véhiculées partout dans le monde, modifiant profondément notre rapport au réel.

Téléphone à cadran

Appareil photo

PREMIERS OUTILS

Des inventions comme celles du téléphone et de l'appareil photo révolutionnèrent le XIXe siècle. Les gens pouvaient enfin communiquer en direct d'un bout à l'autre de la planète et enregistrer images et souvenirs pour l'éternité.

INFORMATIQUE ET MULTIMÉDIA

L'accès aux nouvelles technologies de l'information exige un ordinateur (*hardware*) et des logiciels (*software*). Les logiciels regroupent le système d'exploitation qui contrôle l'ordinateur et les programmes ou applications, comme les traitements de texte ou les jeux. Ordinateurs et logiciels font l'objet de constantes mises à jour.

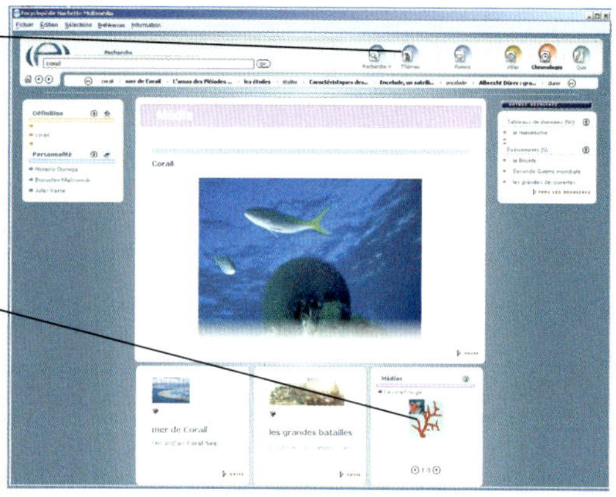

Cette icône renvoie l'utilisateur à des pages traitant de thèmes similaires.

Un clic sur cette icône permet de visionner un petit film sur le corail rouge.

MULTIMÉDIA

La plupart des ordinateurs sont équipés d'un lecteur de CD-ROM et de DVD, qui donne accès aux informations stockées sur support numérique : textes, images fixes ou animées et sons. Le multimédia facilite l'apprentissage en enrichissant les modes de représentation de l'information, qui s'appréhende dans toute sa complexité sur un simple clic de souris.

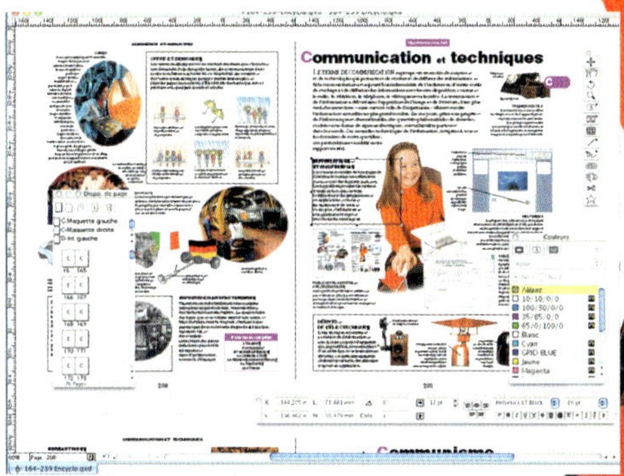

PUBLICATION ASSISTÉE PAR ORDINATEUR

Les logiciels de publication assistée par ordinateur (PAO) sont utilisés par les professionnels de l'édition et les particuliers pour la mise en pages de textes et d'images.

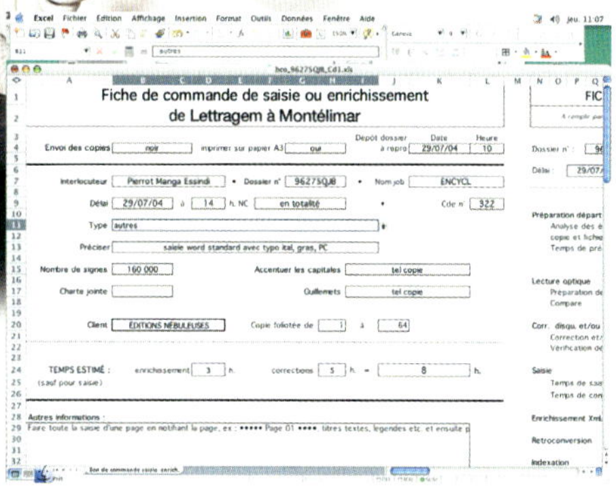

TABLEURS

Certains ordinateurs sont équipés de logiciels de calcul (ou tableurs). Un tableur stocke des données sous forme de feuilles de calcul ou de graphiques et permet d'effectuer toutes sortes d'opérations : calculs de pourcentages, résolution d'équations. Comptables, gestionnaires et scientifiques s'en servent beaucoup.

DÉBUTS DE L'ÉLECTRONIQUE

L'électronique est entrée au service de l'information avec la mise au point d'appareils qui, aujourd'hui, nous semblent d'un autre âge. Sous leurs formes désuètes, ces premiers appareils obéissent pourtant à des principes toujours en application.

Premier modèle de téléphone mural

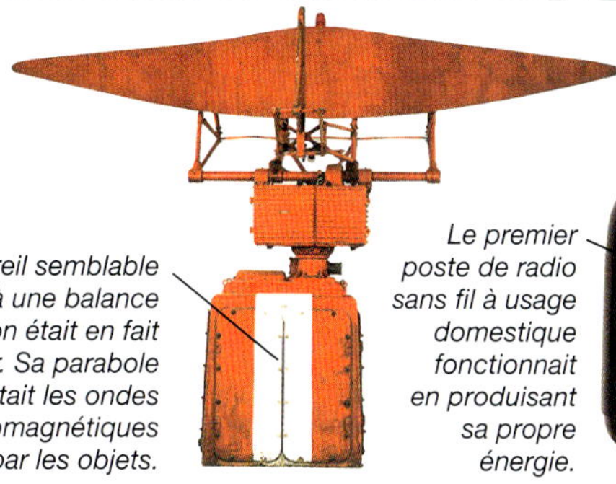

Cet appareil semblable à une balance de précision était en fait un radar. Sa parabole captait les ondes électromagnétiques renvoyées par les objets.

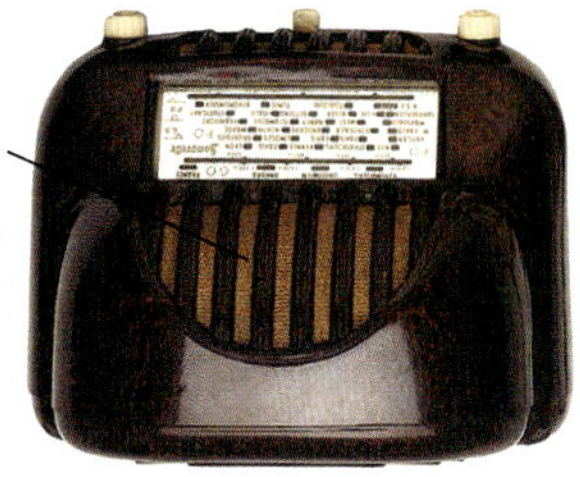

Le premier poste de radio sans fil à usage domestique fonctionnait en produisant sa propre énergie.

BUREAUTIQUE

L'essor de la bureautique remonte au début du XXe siècle, quand les bureaux commencent à être équipés de machines à écrire et de téléphones. Plus tard, l'électricité imposa ses normes, d'abord aux machines à écrire, qui devinrent électriques, puis avec de nouveaux outils, comme les photocopieurs. De nos jours, l'informatique règne en maître dans les bureaux et les données transitent sur le réseau Internet, par e-mail ou par transfert sur des serveurs.

TRANSPORT
Le transport est l'un des domaines où les nouvelles technologies de l'information ont fait une entrée remarquée en venant seconder le contrôle aérien, maritime et même automobile. Le cockpit d'un avion témoigne aujourd'hui de ces avancées technologiques qui permettent notamment au pilote de diriger son avion en « aveugle » et en toute sécurité.

Les clients peuvent visualiser les produits qu'ils ont achetés dans les boutiques en ligne.

COMMERCE EN LIGNE
La vente électronique, ou « e-commerce », s'effectue sur Internet. Les acheteurs utilisent leur carte de crédit comme moyen de paiement. Ce commerce est sécurisé par le recours à des logiciels spécialisés qui garantissent les transactions bancaires.

MÉDECINE

Les progrès de la médecine tiennent en partie à l'évolution des outils de diagnostic et de traitement qui désormais font appel à l'imagerie médicale. L'échographie permet ainsi de suivre l'évolution du fœtus dans le ventre de la mère et de diagnostiquer précocement une éventuelle anomalie.

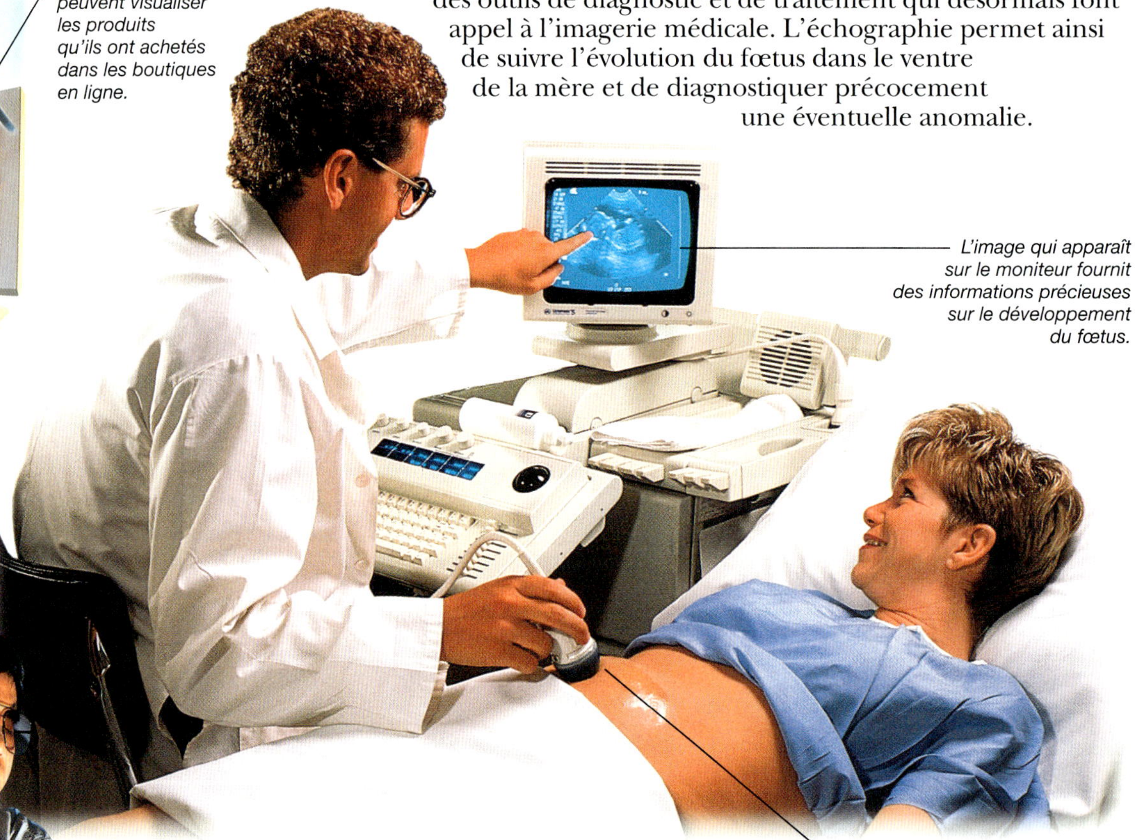

L'image qui apparaît sur le moniteur fournit des informations précieuses sur le développement du fœtus.

L'échographiste déplace une sonde sur l'abdomen de la mère. Les informations recueillies par la sonde sont envoyées au moniteur sous forme de photographies.

HANDICAP

Les technologies de l'information ont révolutionné le monde des handicapés : on exploite un potentiel pour pallier une déficience. Ainsi les outils de saisie vocale et de reconnaissance de la parole ont permis aux non-voyants de recevoir et de transmettre des messages. Le courrier électronique ouvre la voie à une nouvelle forme de communication et Internet donne accès à l'information sans qu'il soit nécessaire de sortir de chez soi.

Pour en savoir plus
L'ÉLECTRONIQUE
INTERNET
LES ORDINATEURS
TECHNIQUES ET TECHNOLOGIES

le Communisme

LE MOT « COMMUNISME » S'IMPOSA après 1917 lorsque la Russie forma le premier gouvernement communiste. En 1950, près d'un tiers de la population mondiale vivait sous ce régime. L'étymologie du mot renvoie au latin *communis* signifiant « appartenant à tous ». Le philosophe grec Platon jeta les bases de ce système, il y a près de 2 000 ans, dans son ouvrage *La République*. Bien plus tard, le révolutionnaire russe Vladimir Ilitch Oulianov, dit Lénine, s'inspira des écrits du philosophe allemand Karl Marx pour développer cette doctrine et la structurer en un courant politique moderne. À la différence du capitalisme qui s'appuie sur la notion de propriété privée, le communisme préconise le partage des richesses et des biens entre les individus. Dans les pays communistes, le parti contrôle et gère tous les aspects de la vie quotidienne. Force politique de premier plan durant le XXe siècle, le communisme amorça un lent déclin à partir de la fin des années 1980, de nombreux pays, y compris l'Union soviétique, aspirant à plus de liberté et optant pour une économie plus libérale.

UN MONDE ENCHAÎNÉ
« Les travailleurs n'ont rien à perdre… en dehors de leurs chaînes. Ils ont un monde à gagner… » (Marx, *Manifeste du parti communiste*). Cette allégorie montre un travailleur brisant les chaînes du monde.

KARL MARX
Karl Marx (1818-1883) fut le théoricien du communisme. Dans son œuvre majeure, *Le Capital*, il développa l'idée selon laquelle l'histoire se résume à une lutte des classes entre dirigeants et prolétaires. Marx, qui appela à la révolution prolétaire et au renversement du pouvoir, mourut à Londres en exil.

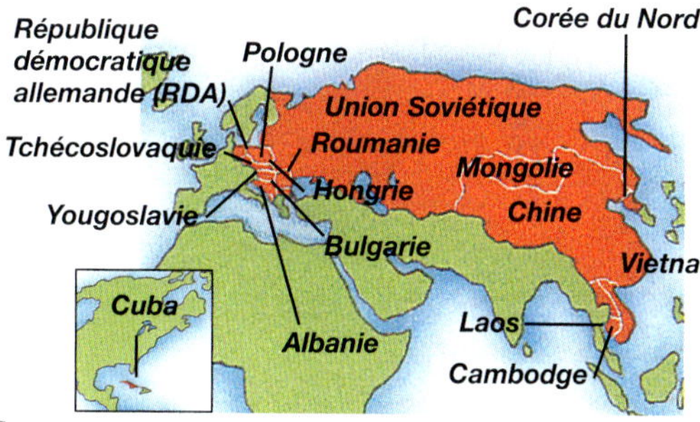

EXPANSION DU COMMUNISME
Après la victoire de 1945 sur le nazisme, la Russie soviétique étendit son influence en Europe centrale, tandis que des peuples, jusque-là écartés des richesses et du pouvoir par une poignée de privilégiés, se révoltaient et faisaient basculer leur pays dans le camp communiste.

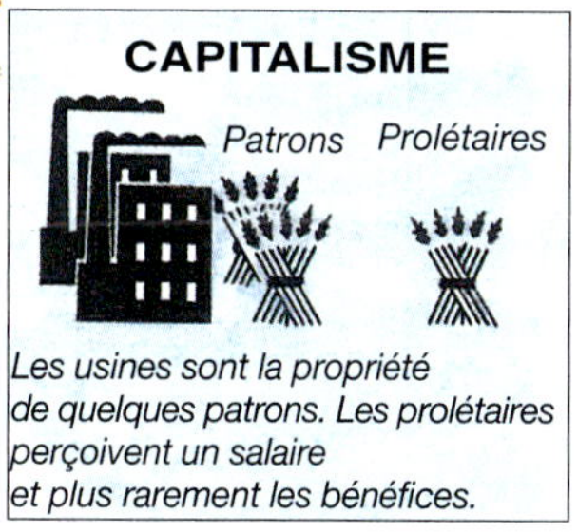

CHINE
En 1949, la Chine de Mao Zedong (1893-1976) se transformait en un État communiste. Le parti communiste chinois – le plus important au monde – regroupait 49 millions de membres. Les conditions de vie des paysans s'améliorèrent au détriment de la liberté individuelle. Le parti supervise l'éducation et encourage les sports collectifs comme le tai-chi.

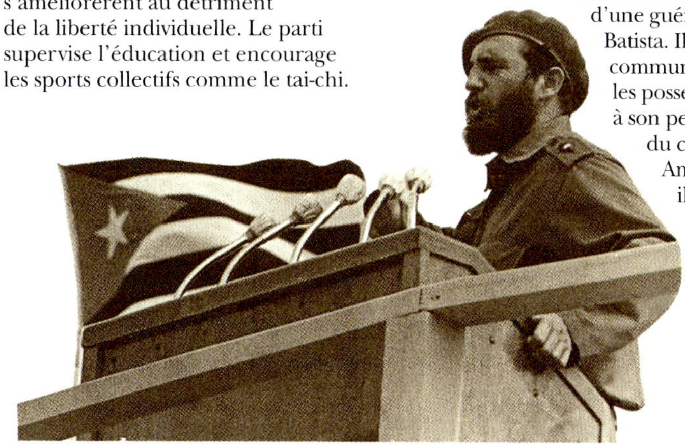

FIDEL CASTRO
En 1959, l'étudiant en droit Fidel Castro prit la tête d'une guérilla visant à renverser le dictateur cubain Batista. Il accéda au pouvoir et Cuba devint communiste. Castro confisqua toutes les possessions américaines et promit la liberté à son peuple. Il encouragea le développement du communisme en Amérique centrale et en Amérique du Sud. En 2008, âgé de 80 ans, il laisse le pouvoir à son frère Raúl.

Pour en savoir plus

L'AMÉRIQUE DU SUD (HISTOIRE)
LA CHINE (HISTOIRE)
LA GUERRE FROIDE
MAO ZEDONG
LA RÉVOLUTION RUSSE
L'UNION SOVIÉTIQUE

http://www.sciencepresse.qc.ca/articles/tous/197

la Conquête spatiale

NAVETTE SPATIALE

Une navette spatiale est conçue pour être réutilisable. États-Unis et Russie se sont lancés dans l'aventure. La navette américaine dispose de puissants moteurs et de propulseurs d'appoint suffisants pour rejoindre l'espace. La navette russe voyage accolée au dos d'un imposant lanceur, la fusée *Energia*.

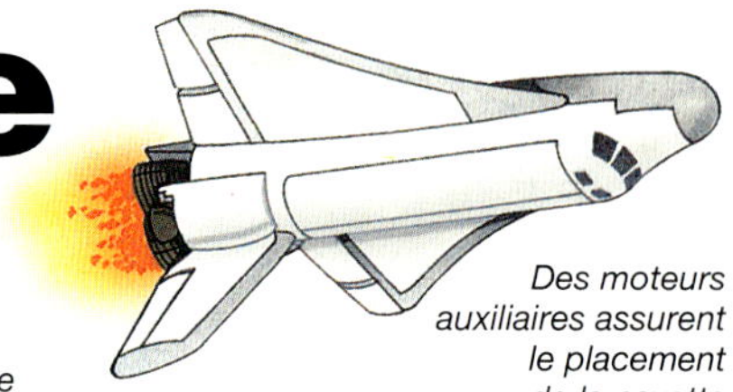

Des moteurs auxiliaires assurent le placement de la navette sur son orbite.

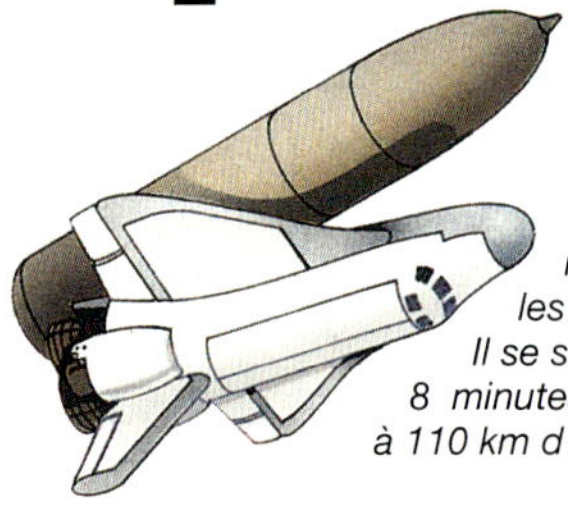

Un gigantesque réservoir alimente les moteurs principaux. Il se sépare de la navette 8 minutes après le lancement, à 110 km d'altitude.

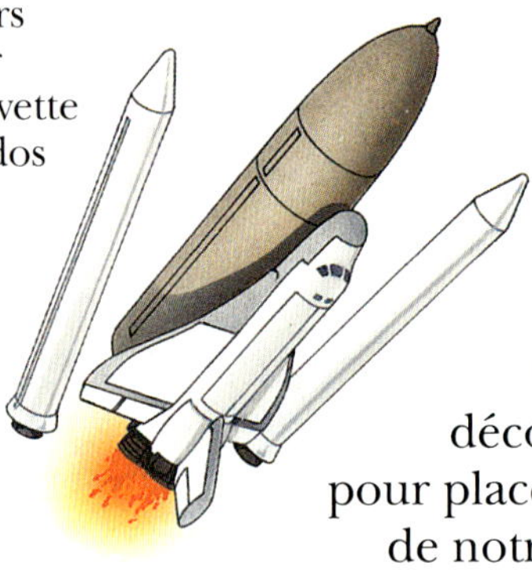

Les propulseurs d'appoint se détachent à 47 km d'altitude. Ils sont récupérés en mer et peuvent être réutilisés.

IL Y A QUELQUES décennies, la conquête spatiale relevait encore de la science-fiction. Aujourd'hui, des engins décollent régulièrement de la Terre pour placer des satellites en orbite autour de notre planète et envoyer des sondes ou des astronautes explorer l'espace. Deux inventions ont favorisé l'essor de la conquête spatiale, la fusée et l'informatique, indispensable au contrôle d'un vaisseau. Un engin spatial peut accomplir toutes sortes de missions, la principale consistant à placer des satellites en orbite. Ces derniers œuvrent dans de nombreux domaines, de l'observation de la Terre aux communications entre pays. Mais l'exploration reste la part la plus excitante de l'aventure spatiale. Le fabuleux voyage accompli par les astronautes qui ont foulé le sol lunaire n'est pourtant rien en comparaison de l'immensité de l'Univers. Les vrais explorateurs de l'espace, comme *Pioneer* ou *Voyager*, sont aujourd'hui les sondes spatiales non habitées qui voyagent des années durant à travers le système solaire et au-delà, photographiant planètes, lunes et autres objets rencontrés dans leur périple.

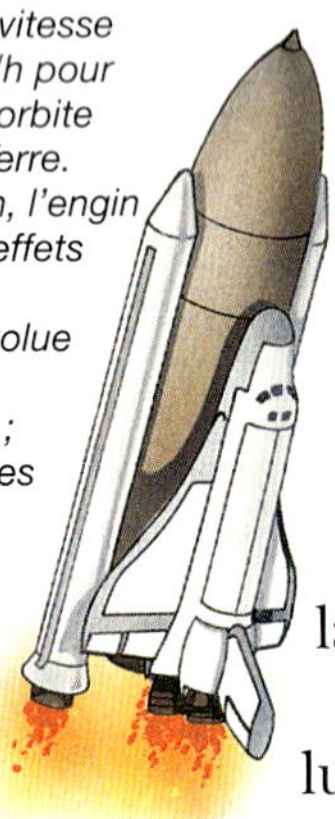

Un engin spatial doit atteindre une vitesse de 28 000 km/h pour être placé en orbite autour de la Terre. À 40 000 km/h, l'engin se libère des effets de l'attraction terrestre et évolue librement dans l'espace ; les scientifiques parlent de « vitesse de libération ».

FUSÉE

Une fusée est un lanceur formé de plusieurs étages indépendants, chacun propulsé par un moteur. Les étages se séparent après combustion du carburant, jusqu'à la mise en orbite de leur charge. Les modules de certaines fusées reviennent sur Terre en utilisant des moteurs auxiliaires pour quitter leur orbite et des parachutes pour ralentir leur chute.

Un immense portique installé sur le pas de tir permet aux astronautes de rejoindre la navette. Quelques secondes après la mise à feu, la navette s'élève et entame son voyage dans l'espace.

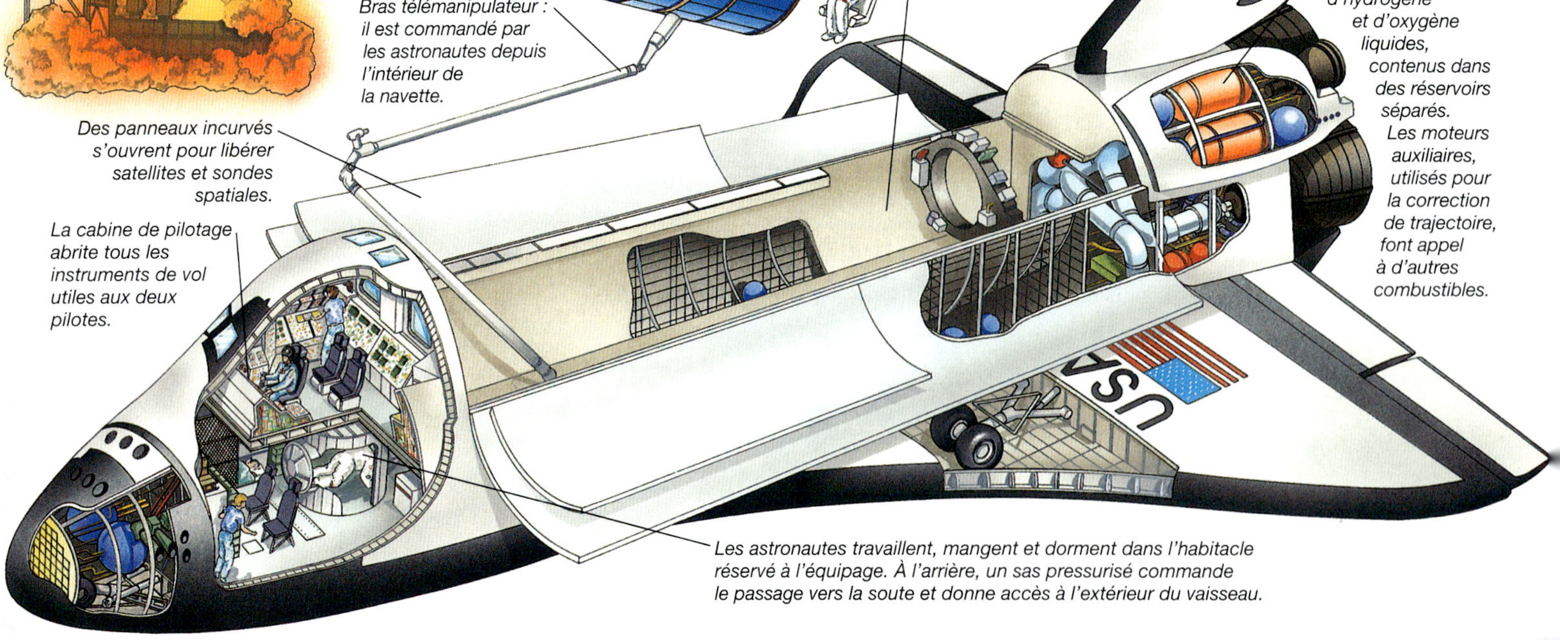

Bras télémanipulateur : il est commandé par les astronautes depuis l'intérieur de la navette.

La soute de la navette accueille la charge utile, à savoir satellites, sondes spatiales et matériel d'expérimentation.

Le moteur principal brûle un mélange d'hydrogène et d'oxygène liquides, contenus dans des réservoirs séparés. Les moteurs auxiliaires, utilisés pour la correction de trajectoire, font appel à d'autres combustibles.

Des panneaux incurvés s'ouvrent pour libérer satellites et sondes spatiales.

La cabine de pilotage abrite tous les instruments de vol utiles aux deux pilotes.

Les astronautes travaillent, mangent et dorment dans l'habitacle réservé à l'équipage. À l'arrière, un sas pressurisé commande le passage vers la soute et donne accès à l'extérieur du vaisseau.

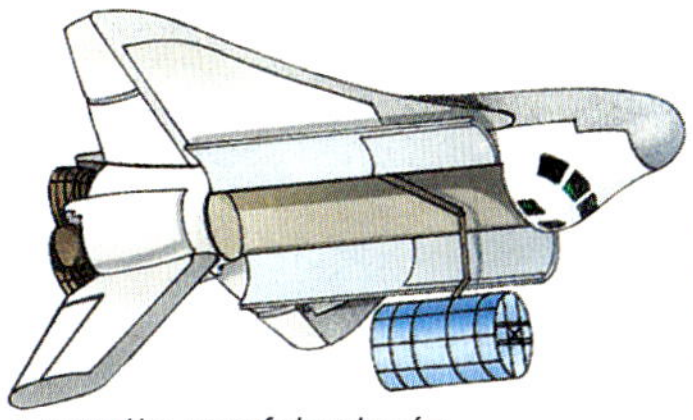

La navette, une fois placée sur son orbite, peut lancer satellites et sondes spatiales ou récupérer des satellites endommagés, qui seront réparés.

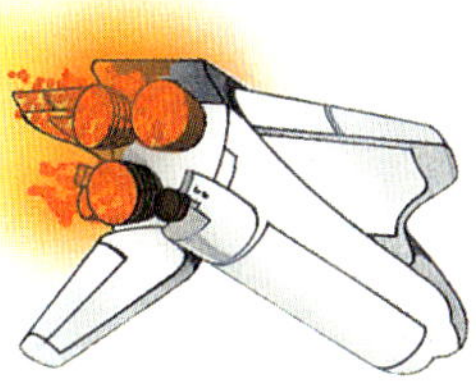

En fin de mission, la navette change sa trajectoire et allume ses moteurs pour amorcer sa décélération.

SONDE SPATIALE

Les sondes spatiales quittent la Terre pour effectuer de longues missions dans l'espace. Équipées de caméras et de divers capteurs, elles collectent toutes sortes de données sur l'espace et les planètes avant de les retransmettre aux stations terrestres sous forme de signaux radio.

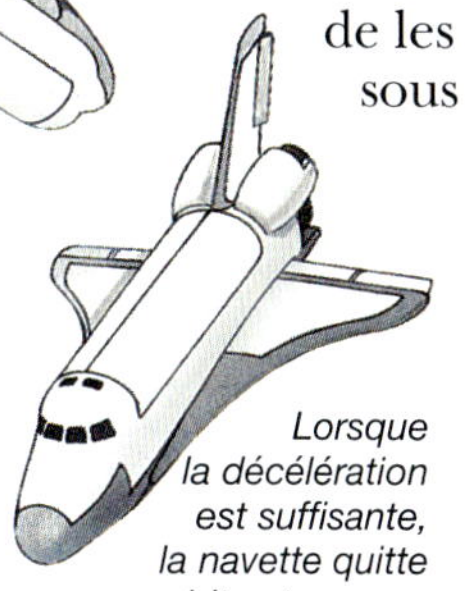

Lorsque la décélération est suffisante, la navette quitte son orbite et amorce son retour sur Terre.

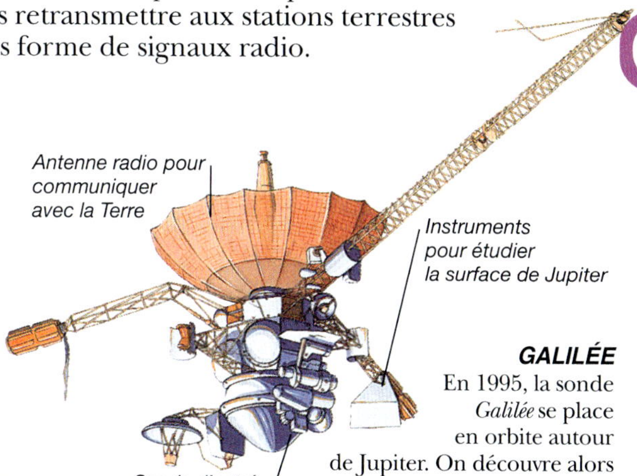

Antenne radio pour communiquer avec la Terre

Instruments pour étudier la surface de Jupiter

Sonde d'entrée dans l'atmosphère

GALILÉE

En 1995, la sonde *Galilée* se place en orbite autour de Jupiter. On découvre alors un phénomène inconnu dans le système solaire : Ganymède, la plus grande des lunes de Jupiter, possède son propre champ magnétique, inclus dans celui de Jupiter.

LA CONQUÊTE SPATIALE

1957 Lancement du 1er satellite artificiel *Spoutnik 1*.

1959 La sonde spatiale russe *Lunik 1* s'approche de la Lune et envoie les premières images de la face cachée de la Lune.

1961 Le cosmonaute soviétique Iouri Gagarine est le premier homme à effectuer un vol dans l'espace en accomplissant une révolution complète autour de la Terre.

1962 La sonde spatiale américaine *Mariner 2* est la première à s'approcher d'une planète en survolant Vénus.

1969 L'Américain Neil Armstrong marche sur la Lune.

1971 *Saliout 1* (Russie) est la première station orbitale habitée.

1977 La sonde spatiale américaine *Voyager 2* quitte la Terre, dépasse Jupiter (1979), Saturne (1981), Uranus (1986) et Neptune (1989).

1981 Premier vol spatial de la navette américaine *Columbia*.

1986 La sonde spatiale européenne *Giotto* envoie les premières images du noyau de la comète de Halley.

1997 La sonde américaine *Pathfinder* se pose sur Mars et envoie les premières images et données de la planète.

2005 La sonde européenne *Huygens* se pose sur le plus gros satellite de Saturne, Titan, et en envoie des images.

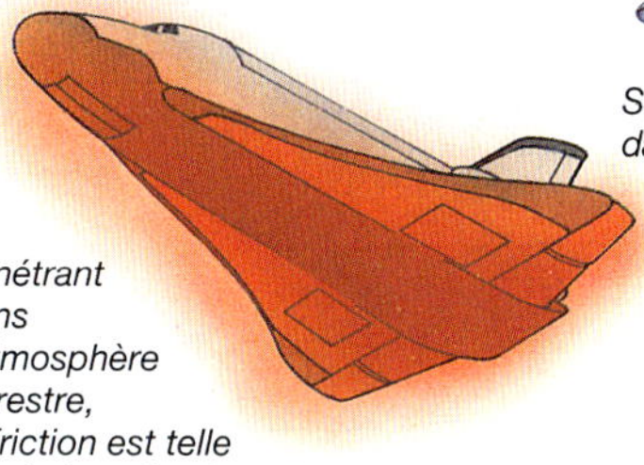

En pénétrant dans l'atmosphère terrestre, la friction est telle que le bouclier thermique de la navette vire au rouge.

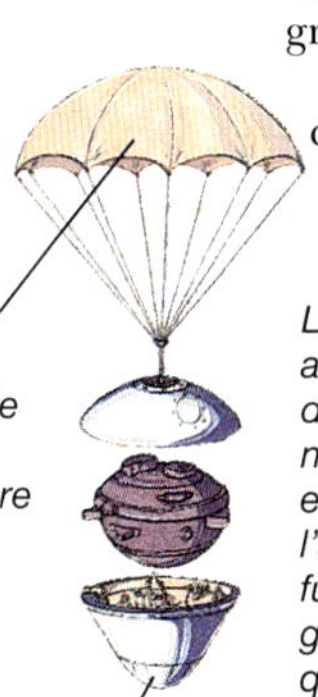

Un parachute freine la descente de la sonde dans l'atmosphère de Jupiter.

Les capteurs de la sonde analysèrent l'atmosphère de Jupiter. Mais leur mission ne dura que 75 minutes : en descendant dans l'atmosphère, la sonde fut soumise à une force gravitationnelle croissante, qui finit par la broyer, comme une simple coquille d'œuf.

Bouclier thermique

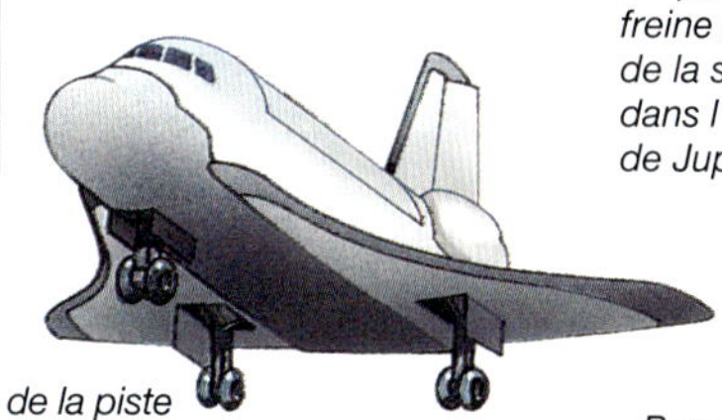

À l'approche de la piste d'atterrissage, la navette plane et se manœuvre comme un avion.

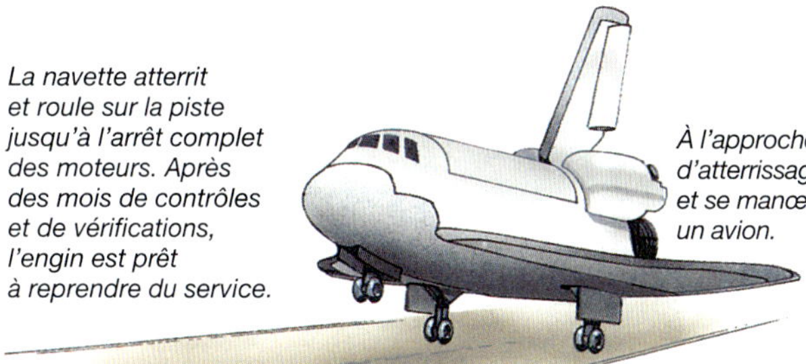

La navette atterrit et roule sur la piste jusqu'à l'arrêt complet des moteurs. Après des mois de contrôles et de vérifications, l'engin est prêt à reprendre du service.

STATION SPATIALE INTERNATIONALE

Ce technicien de la *Station spatiale internationale* vole entre les circuits informatiques. Il est en apesanteur, c'est-à-dire qu'il ne ressent plus la gravité. Les notions de poids, mais aussi de bas et de haut, n'existent plus dans une station spatiale.

STATION ORBITALE

Les stations orbitales sont de gros vaisseaux qui peuvent tourner autour de la Terre pendant plusieurs années. L'équipage, amené à bord par une navette, travaille dans la station orbitale durant quelques semaines, voire plusieurs mois. Matériel et ravitaillement sont débarqués de modules, qui s'arriment à la station.

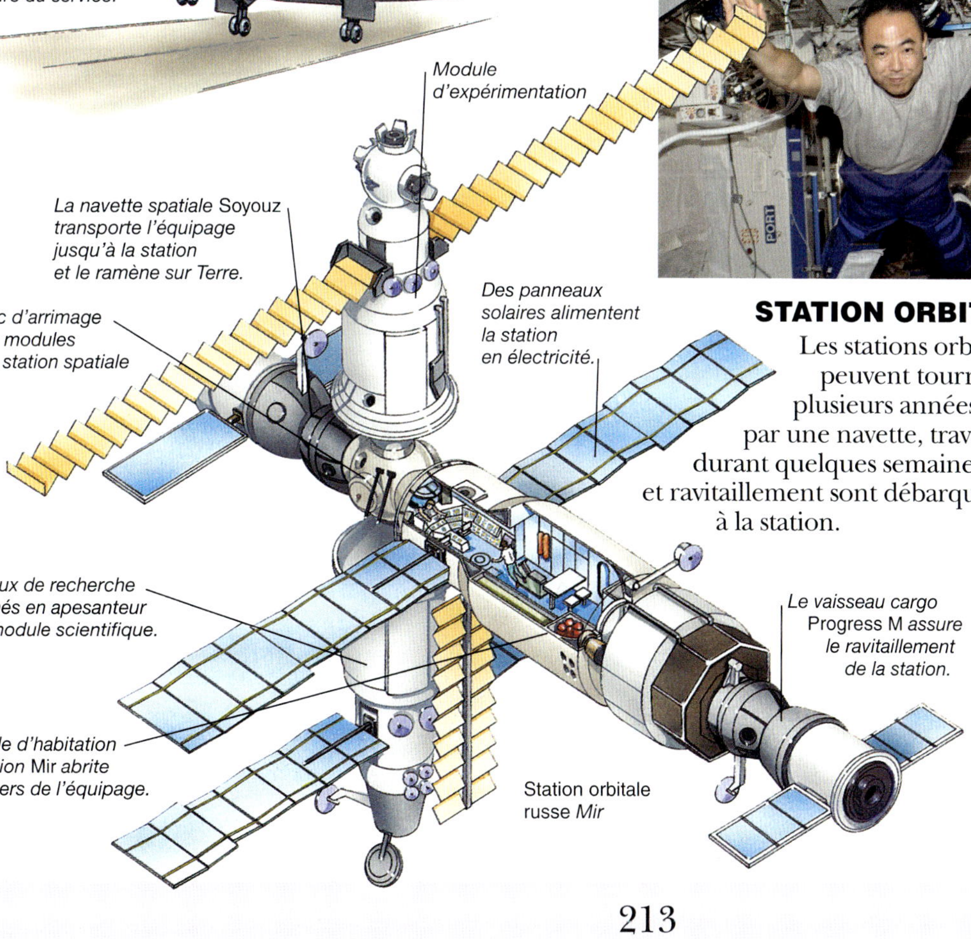

Module d'expérimentation

La navette spatiale Soyouz transporte l'équipage jusqu'à la station et le ramène sur Terre.

Bloc d'arrimage des modules à la station spatiale

Des panneaux solaires alimentent la station en électricité.

Les travaux de recherche sont menés en apesanteur dans le module scientifique.

Le vaisseau cargo Progress M assure le ravitaillement de la station.

Le module d'habitation de la station Mir abrite les quartiers de l'équipage.

Station orbitale russe *Mir*

Pour en savoir plus

Les Astronautes
Comètes et météorites
Fusées et missiles
La Gravitation
La Lune
Les Planètes
Les Satellites

http://www.americas-fr.com/histoire/cortes2.html

les Conquistadors

AU DÉBUT DU XVIe SIÈCLE, DES AVENTURIERS espagnols s'embarquèrent à la suite de Christophe Colomb à la découverte des Caraïbes, de l'Amérique du Sud et de l'Amérique centrale. Ces conquistadors avides d'or, d'argent et de nouveaux territoires étaient accompagnés de prêtres et de moines, chargés par l'Église catholique de convertir les Indiens. Hernán Cortés (1485-1547) partit à la conquête de l'Empire aztèque du Mexique et Francisco Pizarro (1475-1541) prit possession de l'empire des Incas, au Pérou. À la tête de petits détachements, ces conquistadors à cheval, armés de fusils et d'épées, n'eurent aucun mal à soumettre leurs adversaires. Les Européens apportèrent avec eux de nombreuses maladies, comme la variole et la rougeole, qui décimèrent près de 70 millions d'Indiens et participèrent au déclin de ces civilisations. L'arrivée des conquistadors marqua le début de la conquête de ces territoires du Nouveau Monde, qui allaient rester sous domination espagnole jusqu'au début du XIXe siècle.

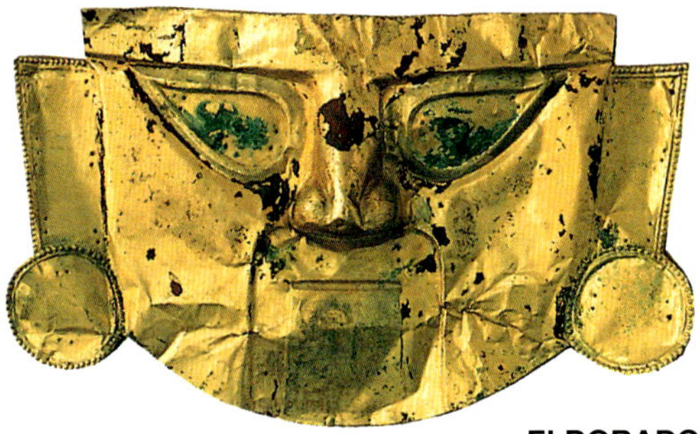

ELDORADO
Les premiers conquistadors s'enthousiasmèrent pour une légende évoquant un royaume regorgeant d'or, qu'ils baptisèrent *El Dorado*, « le Doré ». Les Espagnols ne découvrirent jamais cette terre, mais rapportèrent en Europe d'inestimables trésors.

HERNÁN CORTÉS
En 1519, contre l'avis du gouverneur espagnol Diego Velázquez, Cortés quitta Cuba et partit à la conquête du Mexique. Cet homme ambitieux, assoiffé d'aventures et de gloire, prit le contrôle du Mexique tout entier.

MOCTEZUMA II RENCONTRE CORTÉS
L'empereur aztèque Moctezuma II rencontra Cortés à Tenochtitlán. Prenant cet homme à la peau claire et à la barbe d'or pour le dieu Quetzalcóatl, il l'accueillit en grande pompe et le couvrit de présents. Mais il fut fait prisonnier et son empire tomba aux mains des Espagnols.

NOUVELLE-ESPAGNE
Les Espagnols baptisèrent leurs conquêtes Nouvelle-Espagne. La prospérité de ces terres de culture et d'élevage, célèbres pour leurs mines d'argent, attisa la convoitise de toute l'Europe.

INDIENS
Peu après la conquête espagnole, les Indiens furent soumis à l'esclavage et au travail forcé ; la plupart furent exploités dans les mines d'or et d'argent. Ces populations asservies allaient perdre à jamais leur mode de vie et leur culture.

FRANCISCO PIZARRO
En 1532, Pizarro marcha en direction du Pérou avec une armée de 200 soldats. Il captura Atahualpa, l'empereur des Incas, puis exigea une rançon colossale, en or, avant de l'exécuter. L'Empire inca finit par s'écrouler.

Pour en savoir plus

L'AMÉRIQUE DU SUD (HISTOIRE)
LES AZTÈQUES
CHRISTOPHE COLOMB
LES GRANDS EXPLORATEURS
LES INCAS
LES MAYAS

Construction, matériaux et techniques

GRUE
La grue prend de la hauteur avec l'évolution du chantier. Elle peut parfois opérer à partir du sommet de l'édifice.

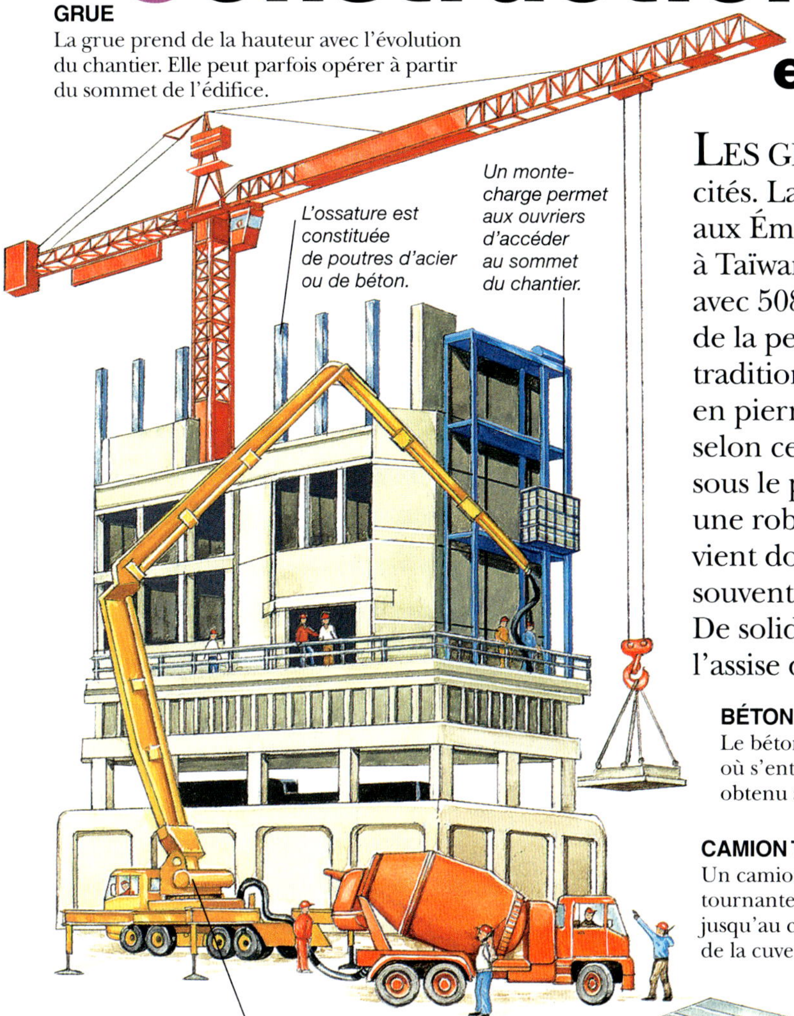

Les gratte-ciel pointent à l'horizon de nombreuses cités. La plus haute tour du monde, la Burj-Khalifa, aux Émirats arabes unis, culmine à 828 m. Taipei 101, à Taïwan, est le plus haut immeuble de bureaux au monde, avec 508 mètres et 100 étages. Un défi aux lois de la pesanteur ! Les étages et le toit d'un bâtiment traditionnel reposent sur des murs en bois, en pierre ou en brique. Un gratte-ciel construit selon ce principe s'écroulerait, ses murs cédant sous le poids d'une construction aussi haute ; une robuste ossature en acier et en béton armé vient donc renforcer les planchers et les murs, souvent constitués de parois de verre. De solides et profondes fondations assurent l'assise de l'édifice.

BÉTON ARMÉ
Le béton liquide est coulé dans des coffrages où s'entrecroisent des tiges d'acier. Le matériau obtenu après séchage est appelé béton armé.

CAMION TOUPIE
Un camion équipé d'une cuve tournante transporte le béton frais jusqu'au chantier. La rotation de la cuve évite la prise du béton.

PILES
Les poutres de béton ou d'acier qui supportent l'assise de l'édifice prennent le nom de piles. Un imposant marteau-pilon permet de les enfoncer dans le sol.

CHANTIER
Les ouvriers du bâtiment portent toujours un casque de protection sur le chantier. La construction d'édifices comme les gratte-ciel fait appel à de nombreux engins de chantier spécialisés. Certaines étapes de la construction, comme le boulonnage des poutrelles d'acier ou le coulage des dalles de béton, s'effectuent en dehors du chantier. Les grues hissent les structures et les ouvriers les assemblent.

ÉCHAFAUDAGE
Les ouvriers montent des échafaudages en tubes d'acier qui leur permettent d'accéder à toutes les parties de l'édifice en construction. En Asie, ces structures sont parfois en tiges de bambou.

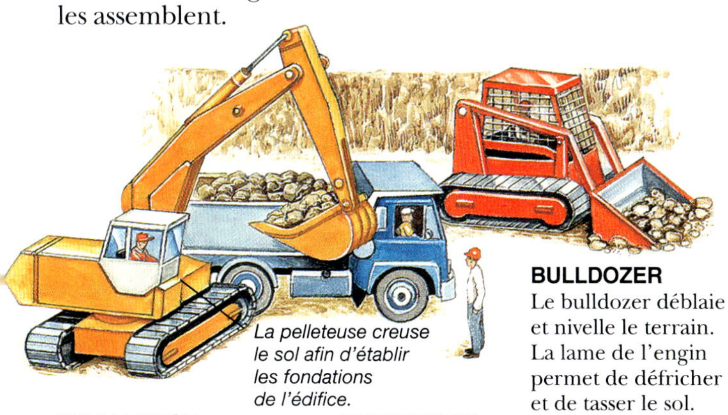

BULLDOZER
Le bulldozer déblaie et nivelle le terrain. La lame de l'engin permet de défricher et de tasser le sol.

PELLETEUSE
Trous et tranchées sont creusés à l'aide d'une pelleteuse. La pelle collecte la terre et la dépose dans la benne des camions.

FONDATIONS
Tout édifice repose sur des fondations. Celles-ci résultent du creusement d'un large trou dans lequel on coule du béton. L'assise est constituée de béton armé. L'ossature (ou structure) repose sur la base et soutient le poids de l'édifice tout entier.

MATÉRIAUX DE CONSTRUCTION
Le bois et la pierre sont des matériaux de construction traditionnels. La brique est fabriquée à partir de l'argile. Les blocs de pierre ou les briques sont montés en rangées et liés par un mélange de sable et de ciment. Le bois est assemblé en structures. Le béton, formé d'un mélange de sable, de gravier, de ciment et d'eau, peut être moulé dans la forme souhaitée.

Pour en savoir plus
L'Architecture
Ascenseurs et escaliers mécaniques
Les Habitations

http://dinosoria.com/derive.htm

les Continents

PRÈS D'UN TIERS de la surface du globe est émergée. Les grandes étendues de terre sont appelées continents, les plus petites sont des îles. Les cinq continents (Afrique, Amérique, Asie, Australie, Europe) se répartissent approximativement sur une superficie qui représente la moitié de la planète, l'océan Pacifique occupant l'autre moitié. Le plus grand continent est l'Asie, avec plus de 44 millions de km^2. Parfois, l'Antarctique est considéré comme un sixième continent. Il y a environ 200 millions d'années, les continents ne formaient qu'une seule étendue de terre immense. Puis ils ont dérivé et changé de forme pendant des millions d'années. Ils reposent en fait sur des parties de l'écorce terrestre appelées plaques qui entrent en collision ou s'écartent. Ces mouvements provoquent des éruptions volcaniques et des séismes, élèvent les montagnes et créent des failles énormes dans la croûte terrestre.

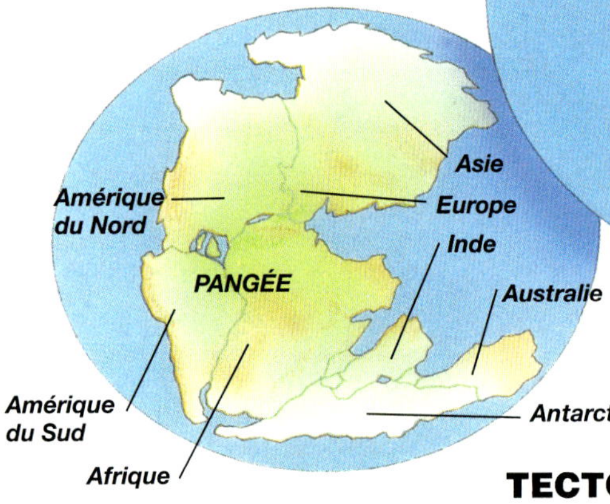

1 LA PANGÉE Un continent unique, la Pangée, regroupait toutes les terres émergées. Ce supercontinent a commencé à se diviser il y a 200 millions d'années.

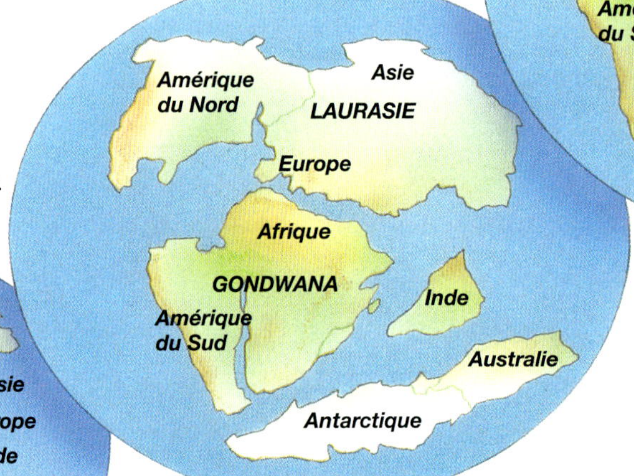

2 LA DIVISION Il y a 135 millions d'années, la Pangée s'est divisée entre le Gondwana au sud et la Laurasie au nord.

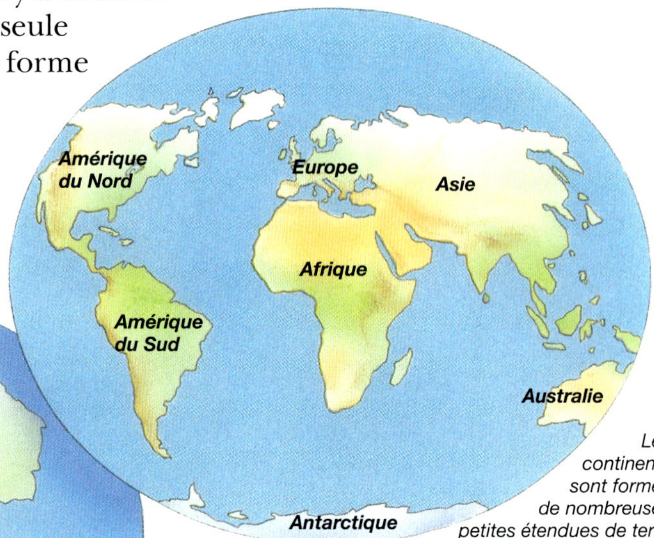

3 LE MONDE ACTUEL L'Amérique s'est écartée des autres continents, l'Inde a rejoint l'Asie, l'Australie et l'Antarctique se sont séparés.

Les continents sont formés de nombreuses petites étendues de terre qui se sont rassemblées.

DÉRIVE DES CONTINENTS

Il suffit de regarder les contours des côtes orientales des Amériques et occidentales de l'Europe et de l'Afrique pour voir qu'elles s'imbriquent. En 1912, Alfred Wegener, un météorologue allemand, a élaboré la théorie de la dérive des continents : un continent unique initial s'est divisé et ses différentes parties se sont mises à dériver.

TECTONIQUE DES PLAQUES

Continents et océans reposent sur d'immenses plaques rocheuses d'environ 100 km d'épaisseur, qui flottent sur les roches en fusion du manteau supérieur de la Terre et que l'énergie thermique émanant des profondeurs fait bouger. Des chaînes de montagnes, des reliefs sous-marins, des failles et d'énormes vallées se forment aux points de rencontre ou de rupture des plaques.

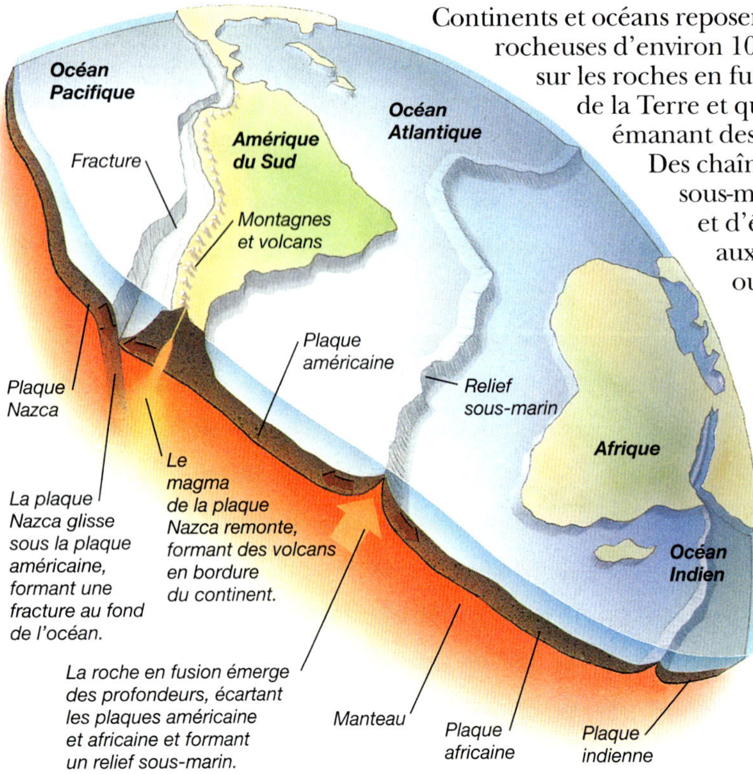

MOUVEMENTS DE PLAQUES

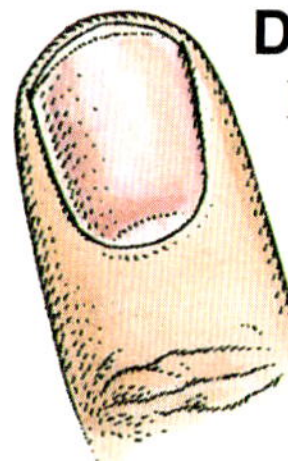

Les plaques se déplacent aussi vite que croît un ongle : 2,5 cm par an. L'océan Atlantique s'élargit à ce rythme pendant que les Amériques s'éloignent de l'Europe et de l'Afrique.

FAILLE DE SAN ANDREAS
La faille de San Andreas, aux États-Unis, est une fracture située à la limite de deux plaques qui glissent l'une sous l'autre, provoquant de graves séismes.

Pour en savoir plus

LA GÉOLOGIE
MERS ET OCÉANS
LES MONTAGNES (DÉFINITION)
LES SÉISMES
LA TERRE
LES VOLCANS

les Coquillages

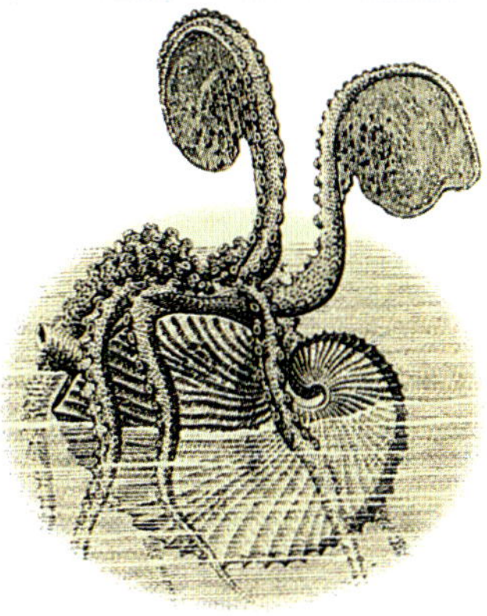

ARGONAUTE
L'argonaute est un mollusque proche de la pieuvre, dont la femelle fabrique une fine coquille pour abriter ses œufs. Il doit son nom aux héros de la mythologie grecque, qui auraient utilisé sa coquille comme embarcation.

LES MAGNIFIQUES coquillages que vous ramassez au bord de la mer sont des coquilles vides qui renfermaient des mollusques marins. La coquille est une « maison » construite par le mollusque. En se nourrissant, il extrait le calcaire de l'eau et l'utilise pour fabriquer sa coquille, couche après couche. La coquille grandit en même temps que l'animal. Il existe des milliers d'espèces de coquillages marins, dont les moules, les huîtres et les palourdes. La plupart, comme les bigorneaux, possèdent de petites coquilles fragiles, quelques-uns, comme la conque, sont dotés de grosses coquilles résistantes. Certains vivent dans une seule coquille spiralée, d'autres, les bivalves (ou lamellibranches), ont des coquilles à charnière, qui s'ouvrent et se ferment quand le mollusque se nourrit.

INTÉRIEUR D'UNE COQUILLE
Le nautile possède une coquille cloisonnée à l'intérieur. À mesure qu'il grandit, il quitte une chambre trop petite pour une plus grande, qu'il sépare de la précédente par une cloison.

NAUTILE
Ce prédateur et charognard des océans Indien et Pacifique chasse la nuit. Il possède plus de 30 tentacules pour attraper ses proies.

CROISSANCE DES COQUILLAGES
Le coquillage est à l'origine un œuf qui développe progressivement une coquille. Des mollusques gastéropodes à coquille spiralée, comme le triton, croissent en accumulant les couches calcaires à partir de leur ouverture. Les mollusques bivalves, comme les coques, accumulent les couches concentriques à partir de leurs bords arrondis sous forme de spirales, appelées anneaux de croissance.

Les jeunes mollusques sont minuscules et n'ont presque pas d'anneaux de croissance.

Les anneaux de croissance s'accumulent à partir de l'ouverture.

MOLLUSQUES BIVALVES
Les valves de la coquille de ces mollusques sont unies par un ligament dur. Des muscles puissants les maintiennent fermées pour protéger l'animal. Ces valves s'entrouvrent pour qu'il puisse respirer et se nourrir.

Intérieur d'une coque

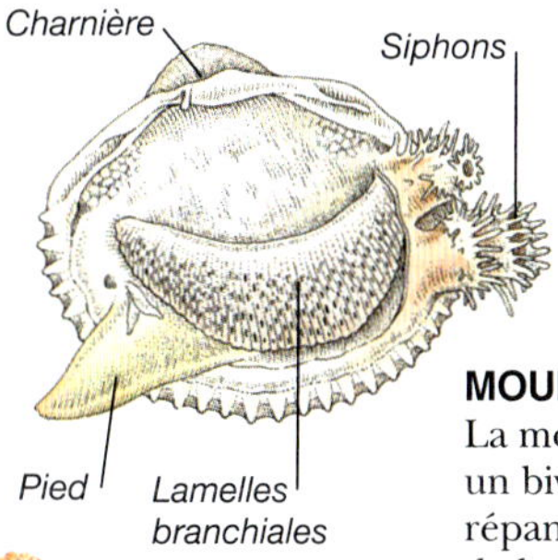

MOULE
La moule est un bivalve très répandu au bord de la mer.

COQUE
La minuscule coque se cache dans le sable et se nourrit quand la marée monte.

COQUILLE SAINT-JACQUES
La coquille Saint-Jacques se déplace en refermant ses valves.

Intérieur d'une coquille Saint-Jacques

FORMATION D'UNE PERLE

L'huître enrobe de nacre (substance qui tapisse l'intérieur de sa coquille) un corps étranger (grain de sable, par exemple).

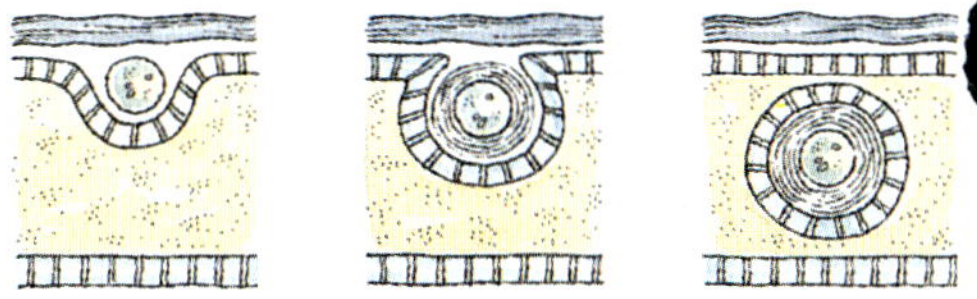

Un minuscule corps étranger irrite l'huître. *La nacre enrobe le corps étranger.* *La perle se détache et l'irritation disparaît.*

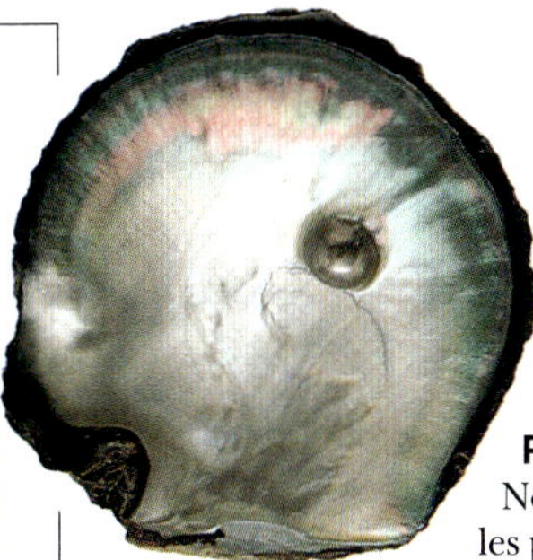

PERLES
Nous apprécions beaucoup les perles des huîtres pour leur aspect nacré, mais d'autres mollusques marins en produisent. Celles de la conque des Caraïbes sont roses, d'autres sont orange. La perle ci-dessus est celle de l'huître perlière à lèvres noires.

Pour en savoir plus

ALIMENTATION ET CUISINE
LES ESPÈCES ANIMALES
LES OCÉANS
LES RIVAGES
LES SENS DES ANIMAUX

Coraux, anémones de mer et méduses

Les tentacules d'un siphonophore peuvent mesurer plus de 15 m de long.

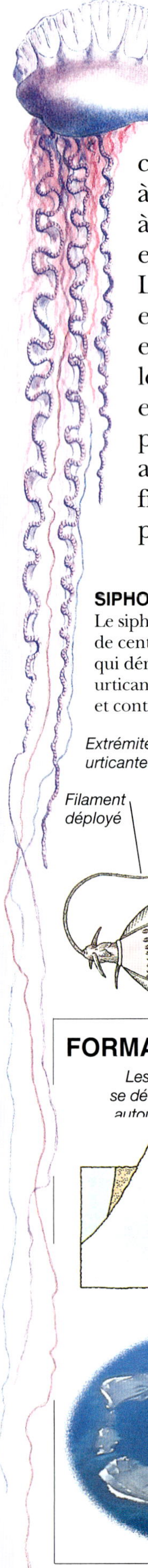

Cuboméduse

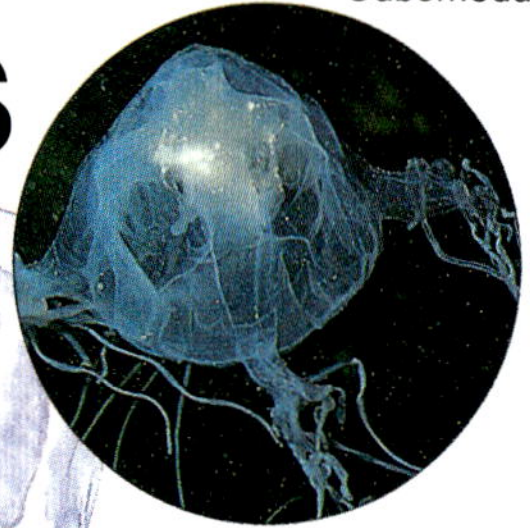

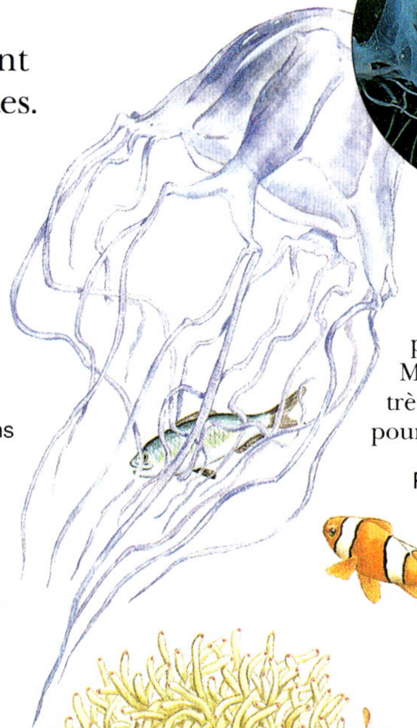

DANS LES MERS chaudes tropicales entourant les atolls, vivent des créatures marines fascinantes. Bien que leur apparence soit très différente, coraux, méduses et anémones de mer appartiennent à la même famille. Les polypes ressemblent à des anémones de mer miniatures. Ils se développent en formant un squelette calcaire autour d'eux. Lorsqu'ils meurent, leurs squelettes se rassemblent en récif corallien. Les méduses sont mobiles et traînent leurs longs tentacules derrière leur corps gélatineux. Certaines flottent en surface, se laissant entraîner par le courant. Les anémones de mer attendent le passage d'une proie, fixées aux rochers du littoral par leur pied.

CUBOMÉDUSE
La cuboméduse utilise ses tentacules venimeux pour paralyser les poissons. Mais elle est aussi très dangereuse pour l'homme.

Poissons clowns

POISSON CLOWN
Le poisson clown vit en harmonie avec les anémones de mer. Le mucus épais qui recouvre son corps le rend insensible aux cellules urticantes. Il nettoie les anémones en se nourrissant des restes de nourriture déposés entre les tentacules.

Coraux flocons de neige

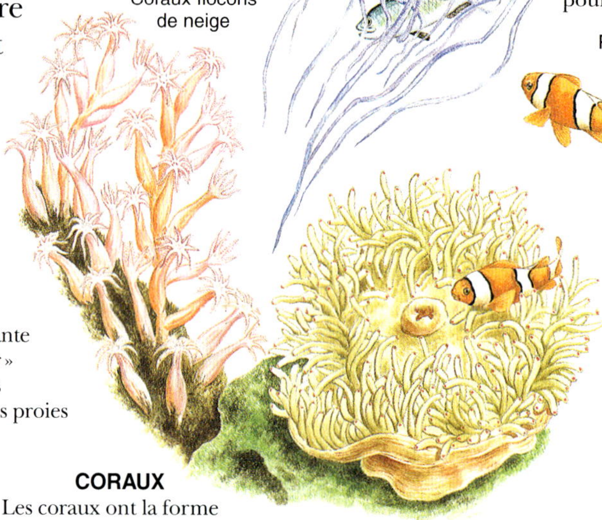

Anémone de mer

SIPHONOPHORE
Le siphonophore n'est pas une méduse, mais une colonie flottante de centaines de polypes. Certains polypes forment le « flotteur » qui dérive au gré des courants, d'autres portent des tentacules urticants pour paralyser les proies, d'autres encore digèrent les proies et contribuent à l'assimilation des éléments nutritifs.

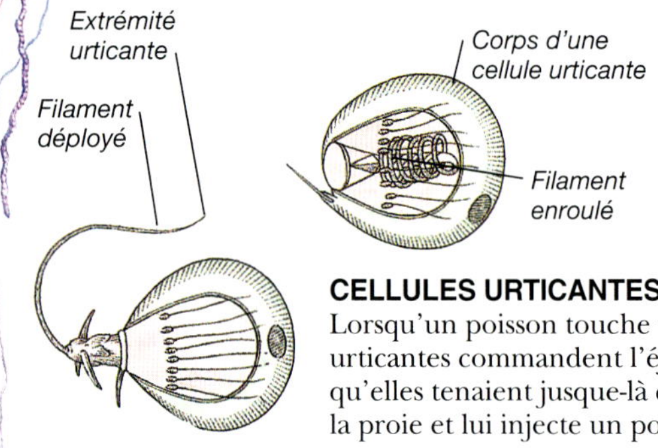

CORAUX
Les coraux ont la forme que leur donnent la disposition et le développement de leurs polypes. Ils peuvent avoir des couleurs extraordinaires. Les coraux flocons de neige ressemblent à un arbre avec des branches.

CELLULES URTICANTES
Lorsqu'un poisson touche un tentacule de méduse, les cellules urticantes commandent l'éjection d'un minuscule filament qu'elles tenaient jusque-là enroulé en elles. Celui-ci harponne la proie et lui injecte un poison paralysant.

L'anémone de mer digère lentement sa proie.

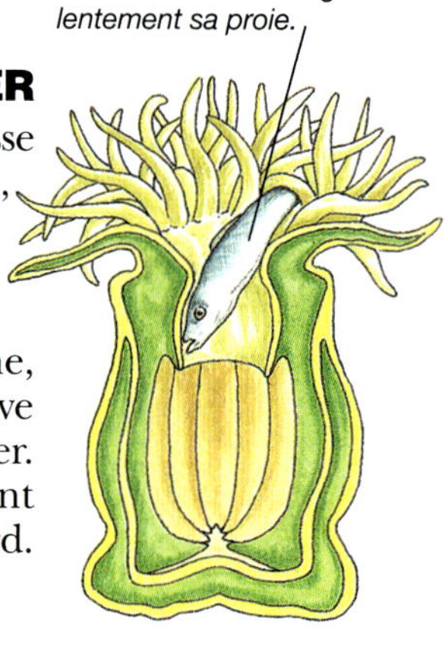

ANÉMONE DE MER

Lorsque le poisson cesse de se débattre, les tentacules se raccourcissent et font pénétrer le poisson dans la bouche, puis dans la cavité digestive de l'anémone de mer. Les restes non digérés sont évacués plus tard.

FORMATION DES RÉCIFS CORALLIENS

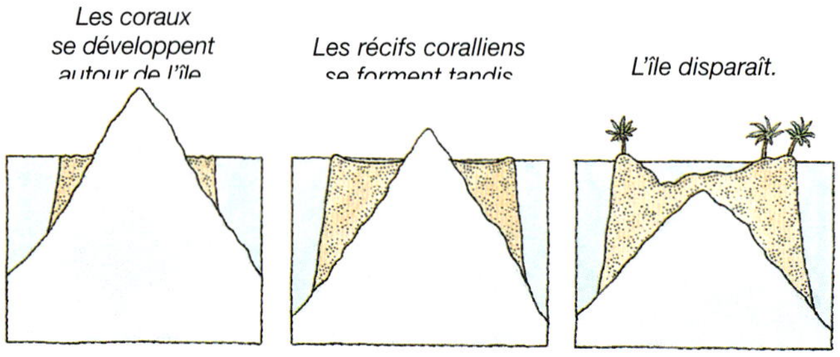

Les coraux vivent dans une eau peu profonde, exposée à la chaleur du soleil, qui entoure une île. L'île, en s'enfonçant sous l'effet des mouvements de l'écorce terrestre, transforme les coraux en une ceinture de récifs, puis en atoll.

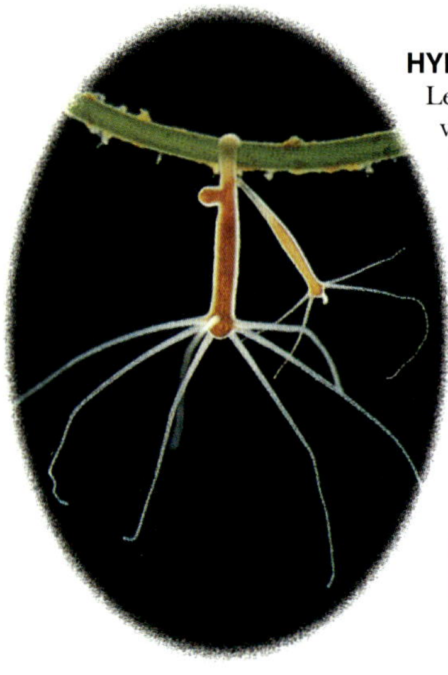

HYDRE
Les hydres, petits polypes des eaux douces, vivent dans les étangs et les mares. Les plus connues en Europe sont l'hydre verte, l'hydre brune et l'hydre grise. Elles se nourrissent de petites créatures aquatiques qu'elles saisissent avec leurs tentacules. Chaque tentacule possède des cellules urticantes renfermant un poison qui paralyse la proie. Si on coupe une hydre en morceaux, chaque tronçon devient une nouvelle hydre. C'est une forme de multiplication asexuée.

Pour en savoir plus

LES ESPÈCES ANIMALES
LES GRANDES PROFONDEURS
LES OCÉANS

Corbeaux, pies et geais

LES OISEAUX de la famille des corvidés ne passent pas inaperçus en raison de leur grande taille, de leur effronterie et de leurs cris bruyants caractéristiques. Pourtant, certains geais et pies d'Asie et d'Amérique du Sud peuplent les forêts denses en toute discrétion. Corneille, corbeau et freux sont trois de leurs 116 espèces. Amateurs de céréales, ils sont détestés par les agriculteurs. Leur régime alimentaire est varié. Outre les graines, ils se nourrissent de fruits, d'insectes, de petits mammifères, de charognes, d'œufs d'oiseaux et d'oisillons. Aux tests d'intelligence, les corvidés, en particulier les choucas et les corbeaux, obtiennent de meilleurs résultats que les autres oiseaux. Ils sont capables d'imiter les cris d'autres oiseaux, ceux de certains mammifères et jusqu'au langage humain.

COLONIES DE FREUX
Les freux se reproduisent en colonies sur les cimes des arbres. Ils construisent de grands nids de branchages au début du printemps.

CORNEILLE NOIRE OU COMMUNE
Les corneilles sont nuisibles, car elles causent des dégâts aux cultures. Elles sont suffisamment intelligentes pour ne pas craindre les épouvantails plantés dans les champs.

PIE VOLEUSE
Attirée par les objets brillants, la pie est réputée pour voler les pièces de monnaie, les bijoux et d'autres objets métalliques qu'elle cache ou enterre. Les pies vivent en Europe, en Amérique du Nord, en Afrique du Nord et en Asie.

GEAI
Le geai, à plumage très coloré, vit surtout dans les bois, où il se nourrit de glands, de faines, de fruits et de baies. Le geai bleu possède un plumage bleuté et se rencontre dans les arbres des parcs et des jardins du centre et de l'est de l'Amérique du Nord. Il existe aussi des geais colorés en Asie.

CORBEAU
Le corbeau (ou grand corbeau) est le plus grand corvidé, avec une envergure de 2 m. On croyait autrefois qu'il portait malheur, probablement parce qu'il se nourrissait des cadavres de condamnés suspendus à la potence.

PARADE
De nombreux corvidés exécutent, durant la période de reproduction, des danses et des parades élaborées. Ici, un corbeau mâle ébouriffe ses plumes et salue sa partenaire en poussant un cri spécial.

CHOUCAS
Le choucas vit dans des arbres creux ou au-dessus des cheminées. Il construit un nid de branchages tapissé d'herbe, de poils, de fourrure volée sur le dos d'animaux. Comme les pies, il est attiré par les objets brillants.

Pour en savoir plus
LES OISEAUX
LE VOL DES ANIMAUX

la Corée

La péninsule coréenne se détache de la Chine et, à son extrémité nord-est, de la Russie. La mer Jaune la baigne à l'ouest, la mer du Japon à l'est. La péninsule se divise, le long du 38e parallèle, en Corée du Nord et Corée du Sud.

LA PÉNINSULE coréenne a une longue histoire d'invasions et d'occupation par ses deux puissants voisins, la Chine et le Japon. En 1948, le Nord devint communiste et le Sud pro-occidental, et l'invasion du Sud par le Nord entraîna un conflit qui dévasta le pays et entérina sa division. Le Sud, autrefois rural, devint une puissance industrielle majeure (chantiers navals, construction automobile, technologies de pointe, électronique), tandis que le Nord, soumis à un régime communiste répressif, s'isolait du reste du monde. L'industrie lourde y a entraîné une pollution importante, et les coupures d'électricité à l'échelle nationale sont fréquentes. En 1995 et 1996, des inondations détruisirent les récoltes, et de nombreux habitants souffrirent de terribles privations. La politique nucléaire de la Corée du Nord inquiète ses voisins.

CORÉE DU NORD

Superficie : 120 538 km²
Population : 23 906 000
Capitale : Pyongyang
Langues : coréen, chinois
Religions : croyances traditionnelles, chondogyo, bouddhiste
Monnaie : won nord-coréen

CORÉE DU NORD

La république communiste de Corée du Nord envahit le Sud en 1950, déclenchant la guerre de Corée (1950-1953). La frontière qui sépare aujourd'hui les deux pays est la plus militarisée au monde. La Corée du Nord possède l'une des plus importantes organisations militaires du monde, une immense armée et une industrie d'armement avancée. Elle affiche régulièrement sa puissance militaire et nucléaire.

La Corée du Nord et celle du Sud sont séparées par un accord de cessez-le-feu depuis 1953.

GINSENG

La Corée est un important exportateur de la précieuse racine de ginseng, considérée comme un fortifiant améliorant l'espérance de vie.

CORÉE DU SUD

Superficie : 99 268 km²
Population : 48 333 000
Capitale : Séoul
Langues : coréen, chinois
Religions : bouddhiste Mahayana, protestante, catholique, confucianiste
Monnaie : won sud-coréen

SÉOUL

Séoul fut capitale de la Corée de 1394 à 1948, lorsqu'elle devint capitale de la Corée du Sud. Cette ville de plus de 11 millions d'habitants connaît une expansion rapide. Le dessin régulier et rectangulaire des rues du centre laisse place à des banlieues tentaculaires sur les collines basses environnantes. Séoul est un centre commercial et industriel majeur, avec de nombreuses petites usines textiles. La circulation y est difficile, et la pollution devient un problème préoccupant.

Pour en savoir plus

L'ARMÉE
L'ASIE (GÉOGRAPHIE)
L'ASIE (HISTOIRE)
LE COMMUNISME
LE JAPON (HISTOIRE)

le Corps humain

UN POTENTIEL SANS ÉGAL
Le corps humain est une incroyable mécanique de précision. Beaucoup d'animaux courent plus vite ou sautent plus haut que l'homme, aucun ne développe un potentiel égal au sien. Notre cerveau nous permet de tirer le meilleur de nos facultés.

DE LA NAISSANCE À LA MORT, le corps humain ne cesse de fonctionner. Cette formidable machine abrite plus de 50 000 millions de cellules. Les cellules sont les unités de base de tout être vivant. Chez l'homme, on en distingue 200 types différents. Les cellules glandulaires, par exemple, sécrètent, entre autres substances, des hormones et des enzymes qui sont libérées dans le corps à des fins particulières. Car chaque type de cellule exerce une fonction qui lui est propre. Les cellules d'un même type s'organisent pour former un tissu, comme le tissu musculaire ou le tissu nerveux. Les tissus à leur tour se regroupent et forment les organes, comme les poumons, le cœur, le foie ou les reins… Les organes se réunissent au sein de systèmes, chacun assumant une fonction particulière. Par exemple, le cœur, les vaisseaux et le sang forment le système circulatoire qui alimente notre corps en oxygène et nutriments, tout en le débarrassant de ses déchets. Enfin, les différents systèmes travaillent de concert sous le contrôle du cerveau.

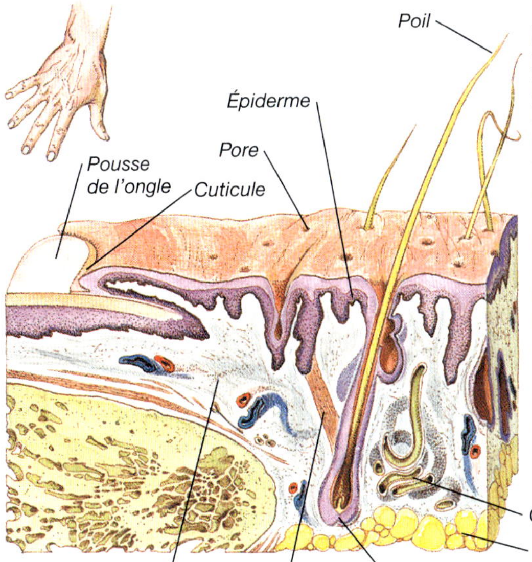

PEAU
La peau recouvre le corps. Revêtement élastique, elle le protège, retient ses fluides, l'imperméabilise et forme une barrière contre les bactéries. Résistante, elle se régénère : elle élimine les cellules mortes en surface pour les remplacer par les nouvelles cellules qui se forment au niveau de la couche inférieure de l'épiderme.

CELLULES

Toutes les secondes, des millions de cellules meurent et sont remplacées. Une cellule mesure en moyenne 0,025 mm de diamètre. Chaque sorte de cellule est adaptée à une fonction particulière. Les cellules nerveuses, longues et fines, véhiculent l'influx nerveux sous forme de signaux électriques. Les globules rouges, cellules sanguines de forme arrondie, chargées d'hémoglobine, transportent l'oxygène dans le corps. En surface, par exemple autour de la bouche, les cellules épithéliales sont assemblées en mosaïque.

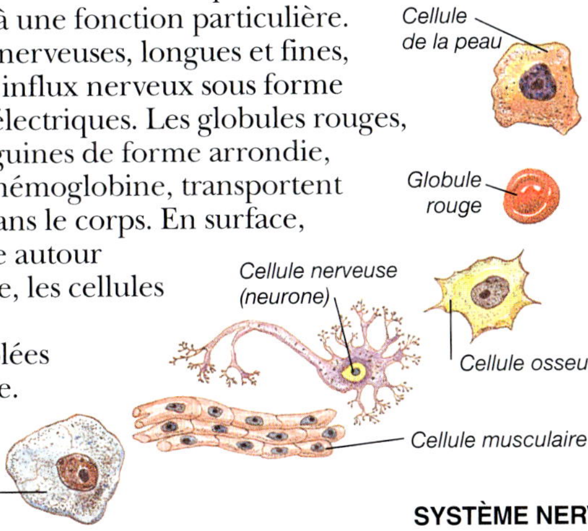

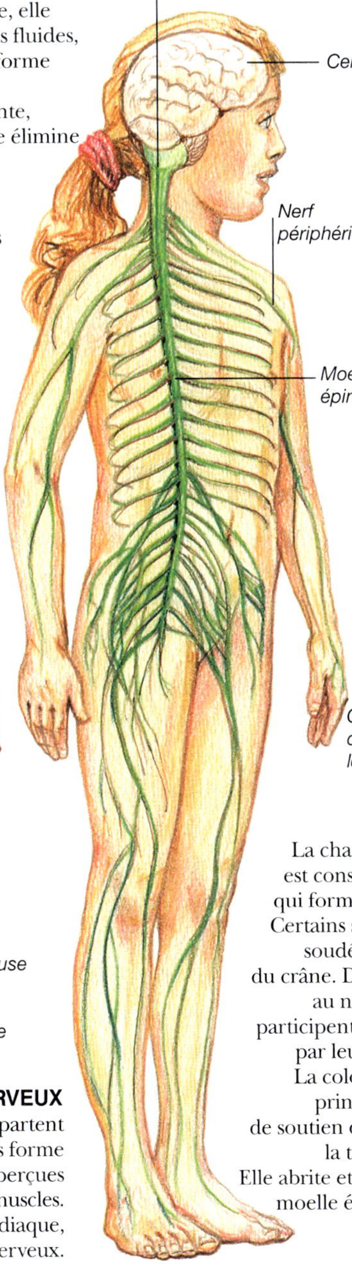

SYSTÈME NERVEUX
Le cerveau et les nerfs forment le système nerveux. Les nerfs partent du cerveau et se ramifient dans tout le corps, véhiculant des signaux sous forme d'impulsions électriques. Ces signaux transmettent les informations perçues par les organes sensoriels au cerveau, qui les interprète et commande les muscles. De nombreuses fonctions dites autonomes (respiration, rythme cardiaque, digestion), sont régulées de façon automatique par le système nerveux.

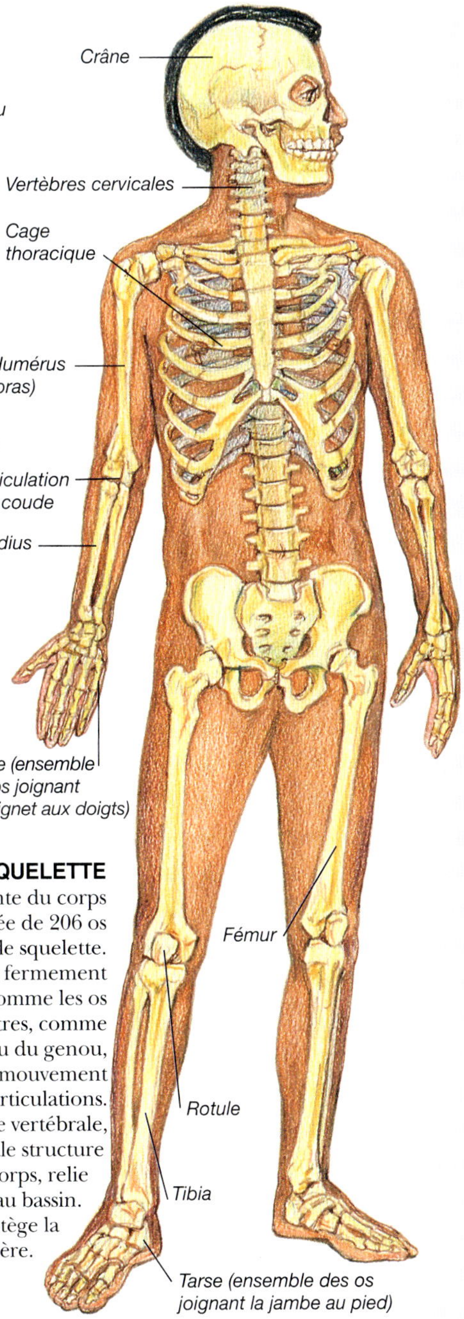

SQUELETTE
La charpente du corps est constituée de 206 os qui forment le squelette. Certains sont fermement soudés, comme les os du crâne. D'autres, comme au niveau du genou, participent au mouvement par leurs articulations. La colonne vertébrale, principale structure de soutien du corps, relie la tête au bassin. Elle abrite et protège la moelle épinière.

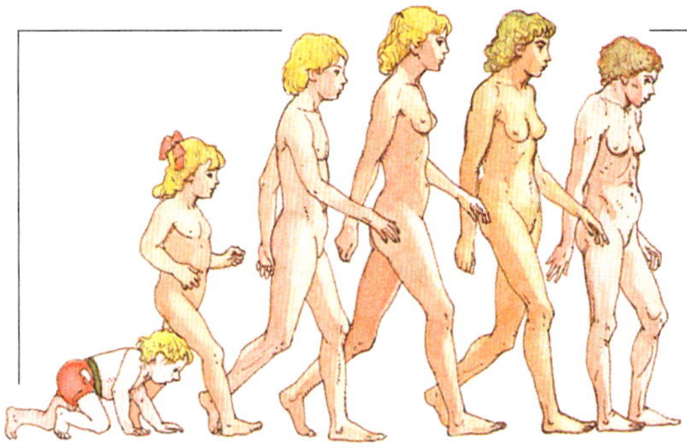

On distingue plusieurs stades de développement chez l'homme, de la naissance à l'enfance, puis de l'adolescence à l'âge adulte, jusqu'au vieillissement.

CROISSANCE ET DÉVELOPPEMENT

Le corps humain ne cesse d'évoluer. Les bébés apprennent à sourire, à s'asseoir, à ramper, à marcher, puis à parler. L'apprentissage se poursuit à l'école. On estime que l'être humain atteint sa pleine maturité physique entre 18 et 25 ans. Avec l'âge, des changements interviennent : la peau perd de son élasticité et se ride, les articulations sont moins souples, les os se fragilisent, les muscles s'affaiblissent et le corps a tendance à se tasser, tandis que les cheveux commencent à grisonner.

Chez beaucoup de personnes âgées, la perte de force physique est compensée par la sagesse et l'expérience.

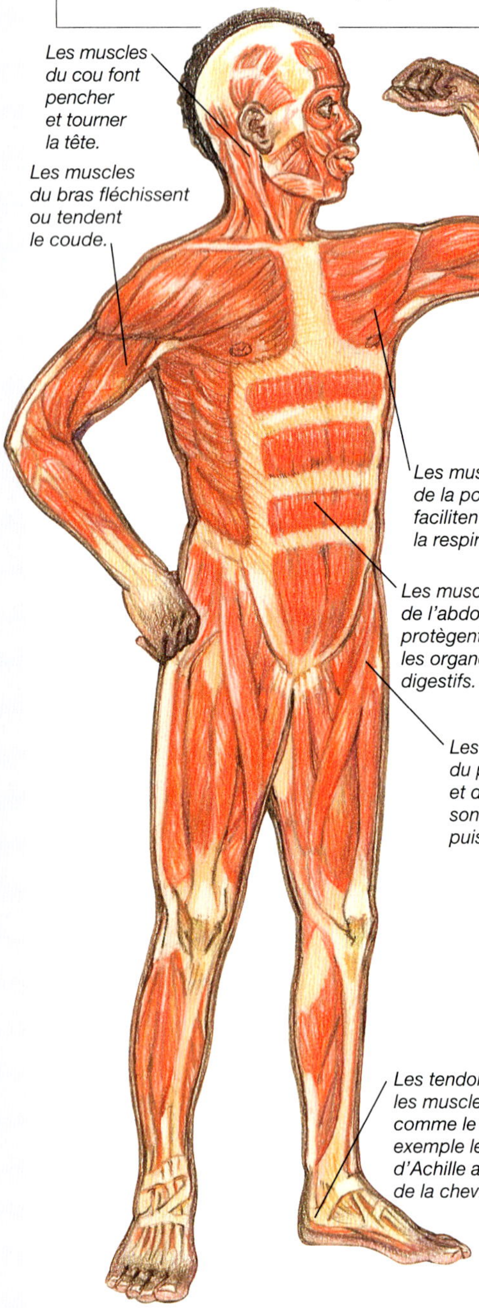

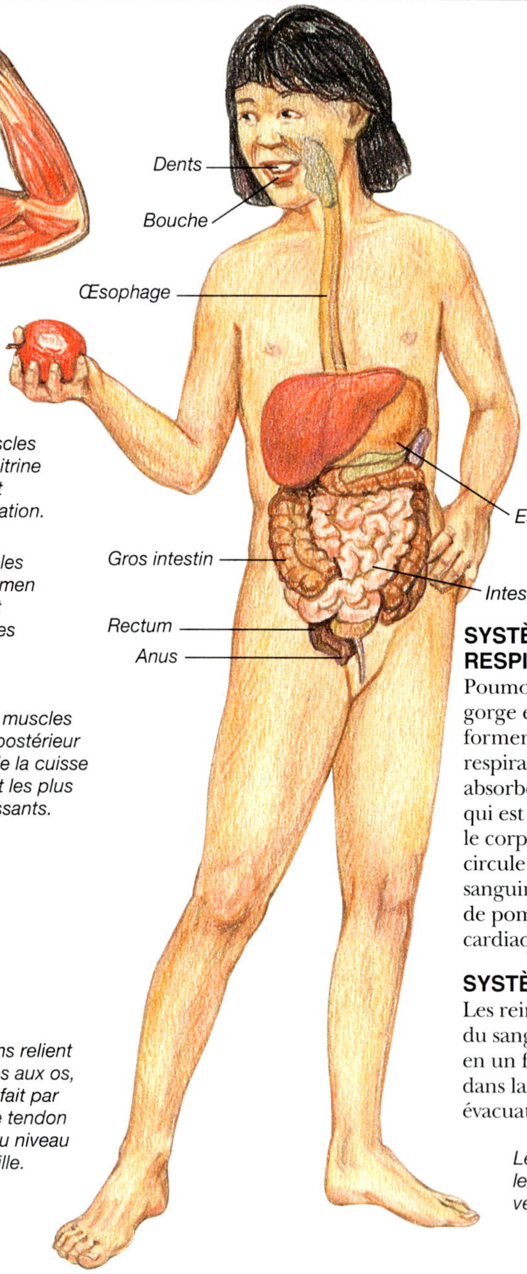

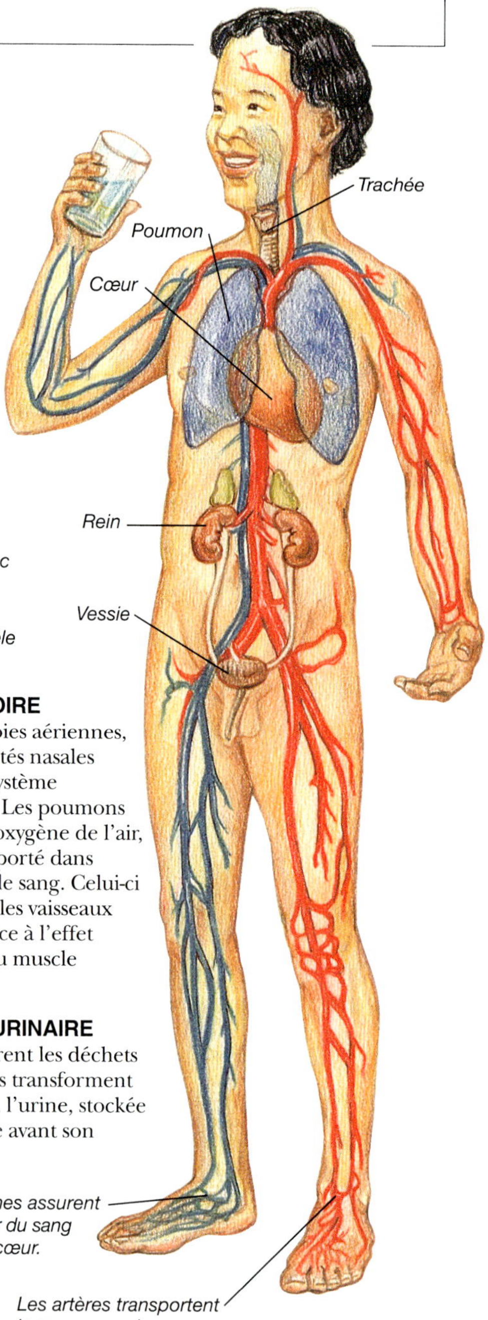

SYSTÈME RESPIRATOIRE

Poumons, voies aériennes, gorge et cavités nasales forment le système respiratoire. Les poumons absorbent l'oxygène de l'air, qui est transporté dans le corps par le sang. Celui-ci circule dans les vaisseaux sanguins grâce à l'effet de pompe du muscle cardiaque.

SYSTÈME URINAIRE

Les reins filtrent les déchets du sang et les transforment en un fluide, l'urine, stockée dans la vessie avant son évacuation.

SYSTÈME MUSCULAIRE

Le corps humain compte près de 600 muscles. Certains, comme les muscles du bras, obéissent à notre volonté pour mettre le corps en mouvement. D'autres, comme le muscle cardiaque ou ceux des intestins, fonctionnent de façon automatique.

SYSTÈME DIGESTIF

La bouche, l'œsophage, l'estomac et les intestins, qui composent le système digestif, ont pour tâche de réduire les aliments en particules suffisamment petites pour qu'elles puissent traverser les parois intestinales et soient assimilées par le sang. La bouche et les dents hachent et mâchent les aliments. Puis ceux-ci rejoignent l'estomac où ils sont soumis aux attaques des enzymes digestives. Le foie convertit les nutriments absorbés en éléments plus facilement assimilables. Le gros intestin se charge des déchets et de leur évacuation.

Pour en savoir plus

Cerveau et nerfs
Cœur et circulation sanguine
Les Dents
Les Oreilles
Poumons et respiration
La Reproduction
Squelette et structure
Les Yeux

les Couleurs

SANS COULEURS, LE MONDE SERAIT BIEN TRISTE ! La couleur est à ce point intégrée à notre quotidien que nous avons du mal à imaginer un monde qui en serait dépourvu. Sans elles, comment interpréter, par exemple, les feux de circulation ? La nature elle-même exploite la couleur comme un langage : la vivacité des couleurs d'une grenouille renseigne les prédateurs sur sa toxicité et l'éclat d'une fleur attire les abeilles vers son nectar. Aucune créature ne perçoit les couleurs de la même façon. Certains animaux, comme les cochons d'Inde ou les écureuils, ne les distinguent même pas ! La couleur résulte de l'interprétation par nos yeux de la lumière. La lumière se compose d'ondes invisibles, de longueurs différentes, auxquelles nos yeux sont sensibles. La lumière blanche, comme celle du Soleil, est un mélange de toutes les couleurs composant l'arc-en-ciel.

PRISME
Un prisme est un bloc de verre transparent à base triangulaire, qui sépare la lumière blanche en différentes couleurs. Le prisme dévie ou réfracte chacune des composantes de la lumière selon un angle différent, donnant naissance à une bande de couleurs : le spectre de la lumière blanche.

SPECTRE
Le prisme sépare toujours la lumière blanche en un spectre (ou bande) de couleurs, qui se présentent dans le même ordre, avec le violet d'un côté et le rouge de l'autre. La réfraction de la lumière du Soleil par les gouttes de pluie donne naissance à un arc-en-ciel qui dévoile toutes les couleurs du spectre.

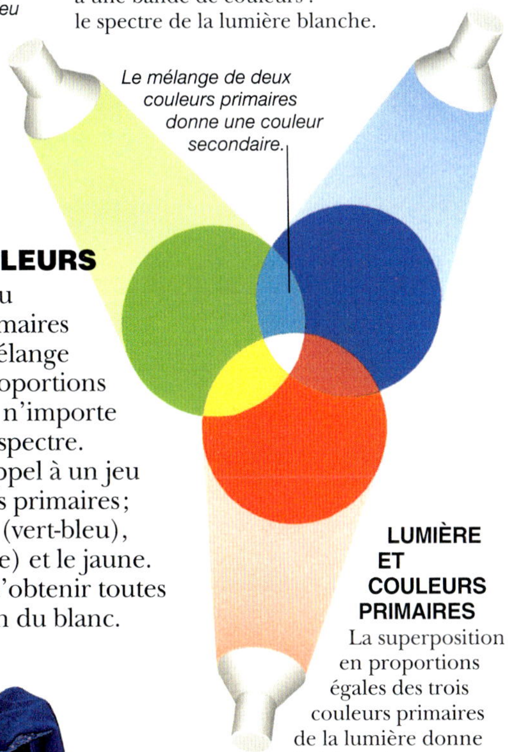

MÉLANGE DES COULEURS
Le rouge, le vert et le bleu sont les trois couleurs primaires de la lumière. Leur mélange en différentes proportions permet d'obtenir n'importe quelle couleur du spectre. L'imprimerie fait appel à un jeu différent de couleurs primaires ; elle distingue le cyan (vert-bleu), le magenta (rose-rouge) et le jaune. Leur mélange permet d'obtenir toutes les couleurs, à l'exception du blanc.

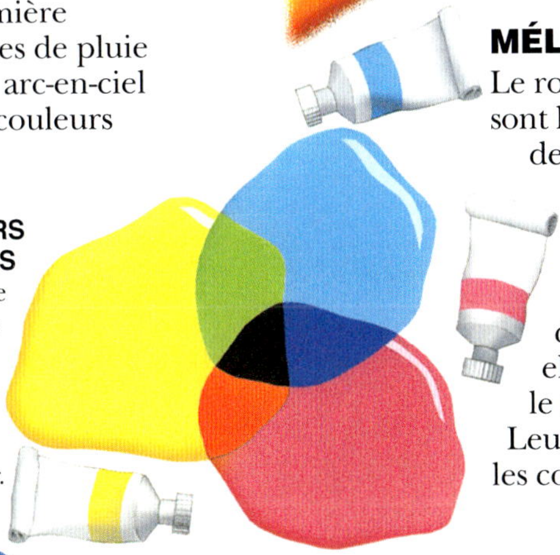

PEINTURE ET COULEURS PRIMAIRES
Le magenta, le jaune et le cyan forment en peinture les trois couleurs primaires. Leur mélange en quantités égales permet d'obtenir du noir.

LUMIÈRE ET COULEURS PRIMAIRES
La superposition en proportions égales des trois couleurs primaires de la lumière donne du blanc. Les techniciens de l'éclairage jouent avec différentes couleurs de spots pour transformer ou nuancer l'éclairage des scènes musicales ou des plateaux de cinéma.

OBJETS ET COULEURS
La couleur des objets dépend de la façon dont ils réfléchissent la lumière qui les éclaire. Lorsque la lumière blanche éclaire un objet, certaines de ses composantes sont absorbées alors que d'autres sont réfléchies. L'œil ne perçoit que les longueurs d'onde réfléchies par l'objet et les interprète comme des couleurs.

CHAUSSURES ROUGES
À la lumière du jour, cette paire de chaussures paraît rouge ; toutes les composantes de la lumière sont absorbées à l'exception du rouge.

CHAUSSURES NOIRES ?
Sous une lumière bleue, cette paire de chaussures rouges paraît noire ; la composante bleue est absorbée et aucune autre n'est réfléchie.

Pour en savoir plus

LE CAMOUFLAGE DES ANIMAUX
L'IMPRIMERIE
LA LUMIÈRE
PLUIE ET NEIGE
LES YEUX

les Cours d'eau

Tous les cours d'eau ont leur origine en altitude. L'eau s'écoule en se frayant un passage à travers les roches. Cet écoulement forme un torrent, alimenté par la fonte d'un glacier, le débordement d'un lac ou une source de montagne. Il va façonner le paysage : l'eau entraîne de la terre et finit par creuser de profondes vallées dans le sol. Celle de la Gandak, dans l'Himalaya, atteint 5,5 km de profondeur. Les cours d'eau peuvent aussi être souterrains et éroder lentement les roches calcaires pour former des grottes. Rivières et fleuves servent au transport et à l'approvisionnement en eau, ce qui explique pourquoi la plupart des grandes villes sont situées sur leurs rives. Les cours d'eau les plus longs sont l'Amazone, en Amérique du Sud, avec 7 000 km, et le Nil, en Afrique, qui est long de 6 695 km.

Les précipitations alimentent le réseau hydrographique, l'ensemble des cours d'eau.

AFFLUENT
Une rivière qui se jette dans une autre est un affluent.

CHUTE D'EAU
Une brusque différence de niveau dans le lit de la rivière provoque un écoulement vertical, la chute d'eau.

RÉSEAU HYDROGRAPHIQUE

Les petits cours d'eau alimentent les plus grands. L'ensemble forme le réseau hydrographique. Une ligne de partage des eaux est une crête qui sépare deux bassins hydrographiques de pente opposée.

GORGE
La chute d'eau érode lentement la roche, creusant une gorge profonde.

RAPIDE
L'eau accélère et tourbillonne là où la pente est raide. Ces sections du cours d'eau sont des rapides.

CHUTES DU NIAGARA
Le Niagara se précipite dans des chutes de 50 m de haut, à la frontière des États-Unis et du Canada.

VALLÉE
Le cours d'eau charrie des pierres et de la boue qui érodent son lit et ses berges, élargissant la vallée en forme de V.

L'érosion des flancs de la vallée fragmente les roches tendres et le sol. Ces débris tombent dans le cours d'eau et sont charriés par le courant.

BRAS MORT
En creusant ses berges, le cours d'eau coupe un méandre. Des dépôts s'accumulent aux extrémités de la boucle, l'isolent et créent un bras mort.

INONDATIONS
Les cours d'eau peuvent déborder en cas de fortes pluies ou de remontées de la mer. Les inondations sont dévastatrices dans les plaines situées à basse altitude, comme certaines régions du Brésil, souvent touchées par des tempêtes tropicales. La destruction des forêts environnantes aggrave les inondations.

ZONE INONDABLE
Plus en aval, la vallée est moins pentue. Cet endroit, appelé zone inondable, est sous les eaux en cas de crue. Le fleuve s'écoule à travers la plaine en formant des méandres.

DELTA
Un fleuve se divise parfois en plusieurs cours d'eau distincts avant d'atteindre la mer, c'est un delta. Des alluvions s'y déposent et forment une zone plane.

Certains fleuves ne se divisent pas et rejoignent la mer par une seule embouchure, l'estuaire.

RÔLES DES COURS D'EAU

Les principaux cours d'eau, qui traversent des pays entiers, servent au transport des marchandises. Certains sont interrompus par des barrages qui constituent d'énormes réservoirs d'eau. Cette eau sert à alimenter les villes, à irriguer les cultures et à produire de l'électricité dans des centrales hydroélectriques. Les cours d'eau sont aussi des lieux de pêche, mais beaucoup sont aujourd'hui pollués par les exploitations agricoles et les usines.

RHIN
Le Rhin est la principale voie navigable d'Europe. Des chalands transportent les marchandises entre les différentes villes du nord de l'Europe.

Pour en savoir plus

Les Barrages
L'Eau
Les Glaciers
Les Lacs
Lacs et rivières (faune et flore)
Pluie et neige

Crabes et autres crustacés

BERNARD-L'ERMITE
Le bernard-l'ermite habite dans la coquille vide d'un buccin où il est protégé de prédateurs comme les goélands.

LES CRABES, LES HOMARDS ET LES ÉCREVISSES sont des crustacés. Leur corps est segmenté, leurs membres sont articulés et leur tête porte deux paires d'antennes. Le crabe est d'abord un œuf qui se transforme en larve, puis en crabe adulte. Au cours de sa croissance il mue, c'est-à-dire change de carapace. Les crabes respirent sous l'eau grâce à leurs branchies, mais certains peuvent survivre longtemps hors de l'eau. Tous sont protégés par une carapace très dure. Des milliers d'espèces de crabes se déplacent furtivement sur nos rivages sablonneux et se cachent dans les flaques d'eau laissées par la marée. De minuscules crabes parasites vivent dans des moules, tandis que les pattes des araignées de mer géantes du Japon peuvent mesurer plus de 3 m de long.

TOURTEAU
Le tourteau n'est que l'un des nombreux crustacés pêchés, cuits et dégustés par les humains du monde entier.

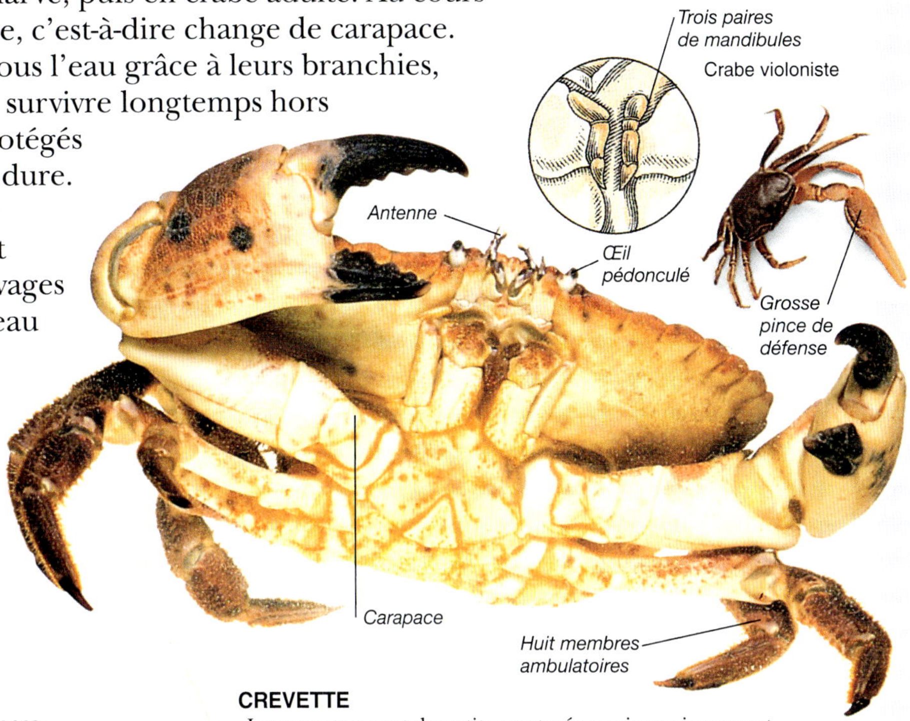

HOMARD
Le homard ratisse les fonds marins à la recherche de poissons morts et d'autres restes d'animaux. L'une des pinces sert à broyer, l'autre à couper. Les plus grands homards font 60 cm de long et peuvent vivre jusqu'à 70 ans.

CREVETTE
Les crevettes sont de petits crustacés marins qui creusent le sable le jour pour s'y cacher et sortent la nuit pour chasser à l'aide de leurs longues antennes. Elles fuient rapidement le danger d'un petit battement de la queue.

CIRRIPÈDES
Les pouces-pieds se fixent aux bois flottants par leur pédoncule. Les balanes vivent dans des coquilles fixées aux rochers. Ces crustacés marins sans tête recueillent le plancton avec leurs longues pattes duveteuses.

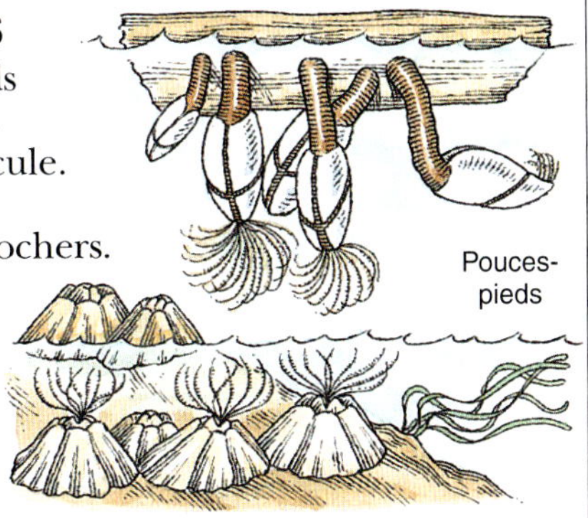

HABITAT DES CRUSTACÉS
Certains crustacés, comme l'écrevisse et la puce d'eau, vivent en eaux douces, dans les rivières et les lacs. D'autres, peu nombreux, vivent sur la terre ferme. Le cloporte, par exemple, se rencontre sous les feuilles mortes et dans les bois humides.

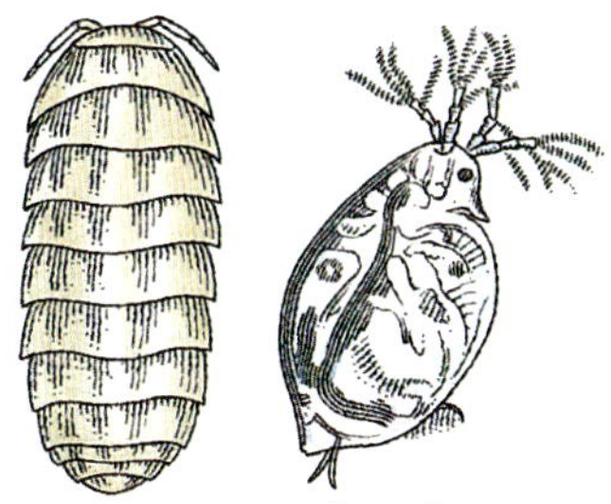

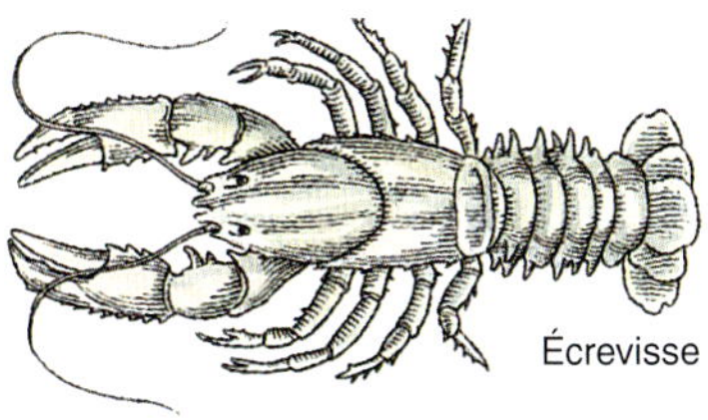

Pour en savoir plus

LES ESPÈCES ANIMALES
LES OCÉANS
LES RIVAGES

la Crise de 1929

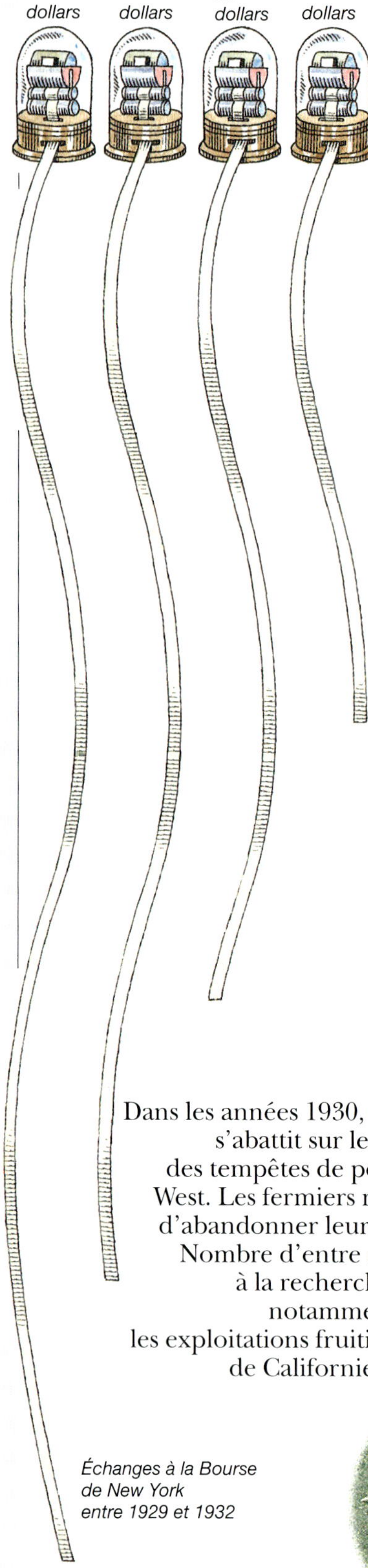

Échanges à la Bourse de New York entre 1929 et 1932

LE 24 OCTOBRE 1929, les cours de la Bourse de New York s'effondraient et les investisseurs perdaient des fortunes. Cet événement provoqua un véritable vent de panique, une perte de confiance et la ruine de l'économie américaine. Les banques se déclarèrent en cessation de paiement, les usines firent faillite et le commerce déclina. Le chômage gagna du terrain : en 1932, plus de 13,7 millions d'Américains se retrouvaient sans emploi. La crise eut des répercussions mondiales et toucha de nombreux pays qui, jusqu'alors, bénéficiaient de prêts octroyés par les États-Unis au lendemain de la Première Guerre mondiale (1914-1918). Privés de ces aides indispensables, les entreprises européennes licencièrent à leur tour des millions d'ouvriers. La misère et la pauvreté ajoutèrent au malaise social. Alors que la France votait à gauche, pour le Front populaire, d'autres pays, comme l'Allemagne avec le nazisme, choisirent l'extrême droite. D'une manière aussi singulière que sinistre, les préparatifs de la Seconde Guerre mondiale, accompagnés d'une reprise d'activité dans les usines d'armement, mirent un terme au chômage et à la crise.

CRISE AGRICOLE
Dans les années 1930, une terrible sécheresse s'abattit sur les États-Unis, entraînant des tempêtes de poussière dans le Middle West. Les fermiers ruinés furent contraints d'abandonner leurs fermes et leurs terres. Nombre d'entre eux sillonnaient le pays à la recherche d'un travail, notamment dans les exploitations fruitières de Californie.

NEW DEAL
Après avoir remporté les élections américaines de 1932, Franklin D. Roosevelt lança un vaste programme de mesures, le New Deal, visant à redresser l'économie. La Tennessee Valley Authority (TVA) employait ainsi des milliers de personnes à la construction de barrages et de centrales hydroélectriques dans le sud-est des États-Unis.

KRACH DE WALL STREET
Le 24 octobre 1929 fut qualifié de « jeudi noir » : c'en était fini de la période d'euphorie et de croissance qui avait suivi la Première Guerre mondiale, et du dynamisme des investissements des années 1920. Lorsque les cours de Wall Street s'effondrèrent, les investisseurs tentèrent désespérément de vendre leurs actions. En à peine deux mois, les cours chutèrent d'un tiers. Beaucoup y perdirent leurs économies et des milliers d'entreprises se déclarèrent en faillite.

MARCHE DE JARROW
Le chômage en Grande-Bretagne donna lieu à l'organisation de manifestations spectaculaires. En 1936, près de 200 chômeurs entamèrent une marche de protestation qui les mena de Jarrow, dans le nord-est du pays, à Londres. Un périple de 480 km pour sensibiliser la population à leur misère.

Pour en savoir plus
L'ALLEMAGNE (HISTOIRE)
LA PREMIÈRE GUERRE MONDIALE
FRANKLIN DELANO ROOSEVELT
LA SECONDE GUERRE MONDIALE

Crocodiles et alligators

À MOITIÉ IMMERGÉ ET IMMOBILE, le crocodile pourrait être pris pour un tronc d'arbre mort, mais il guette la moindre proie. Il semble venir de la nuit des temps – et tel est le cas. Il y a 100 millions d'années, les crocodiles vivaient aux côtés des dinosaures dans les zones marécageuses. Crocodiles et alligators appartiennent à l'ordre des reptiles crocodiliens, qui comprend quatorze espèces de crocodiles, sept espèces d'alligators (dont cinq sont couramment appelées caïmans) et une espèce de gavial. Les crocodiliens sont des reptiles carnivores. Ils se cachent dans les cours d'eau, les lacs et les marécages, prêts à attraper tout type de proie. Ils avalent d'un seul coup les poissons et les grenouilles, mais entraînent sous l'eau des proies plus imposantes, comme les cervidés, en les serrant dans leurs mâchoires avant de les déchiqueter. Ils peuvent même s'attaquer à l'homme.

CROCODILE DU NIL

Le crocodile du Nil a colonisé de nombreuses régions aquatiques d'Afrique. Comme la plupart des reptiles, la femelle pond des œufs dont elle s'occupe jusqu'à leur éclosion. Les nouveau-nés entendent le bruit des pas de leur mère et l'appellent. Elle les prend doucement dans sa gueule et les transporte en lieu sûr : dans l'eau.

JEUNES CROCODILES
Après trois mois de développement dans l'œuf, les jeunes crocodiles sortent de leur coquille. Leur mère les surveille de près, car ce sont des proies rêvées pour les grands lézards et pour les renards.

CROCODILE
La quatrième dent de chaque côté de la mâchoire inférieure est visible quand la gueule du crocodile est fermée.

ALLIGATOR
Aucune dent de la mâchoire inférieure n'est visible quand la gueule de l'alligator est fermée.

CAÏMAN
Le museau du caïman lui sert à manger toutes sortes de proies.

GAVIAL
Le museau du glavial possède des dents acérées pour attraper les poissons.

SOURIRE DE CROCODILE
Les crocodiles prennent souvent des bains de soleil la gueule ouverte. Les vaisseaux sanguins à l'intérieur de la gueule absorbent la chaleur, ce qui élève la température corporelle de l'animal et lui donne de l'énergie pour chasser le soir.

ALLIGATOR

Il existe deux espèces d'alligators : l'alligator chinois et l'alligator du Mississippi. Aujourd'hui, le premier est en voie d'extinction (il ne reste que quelques centaines d'individus) ; le second vit dans les cours d'eau et les marécages du sud-est des États-Unis, où il se nourrit de poissons et d'oiseaux aquatiques. Dans les zones plus peuplées, il lui arrive de s'emparer d'animaux de la ferme.

Pour en savoir plus

LES ESPÈCES ANIMALES
LES LÉZARDS
LA PRÉHISTOIRE

les Croisades

CROISADE DES ENFANTS
En 1212, des milliers de jeunes chrétiens quittèrent la Rhénanie, en Europe, pour Jérusalem. Beaucoup périrent de faim ou de maladie, ou furent vendus comme esclaves.

IL Y A PRÈS DE NEUF SIÈCLES, le pape appelait les chrétiens à reconquérir Jérusalem, alors aux mains des Turcs musulmans. Des milliers d'Européens, chevaliers, princes, pèlerins et paysans, répondirent à l'appel et s'engagèrent dans cette aventure périlleuse qui les mena d'Europe occidentale en Palestine. Après quatre années de luttes, de privations et de maladies, les survivants s'emparèrent enfin de la Ville sainte. Le royaume chrétien mis en place par les croisés aux portes de la Palestine dura près d'un siècle, avant que le sultan Saladin Ier ne reprenne Jérusalem. Sept autres croisades furent organisées, en vain. Les contacts établis entre l'Europe et le Moyen-Orient à cette époque marquèrent néanmoins le début de relations qui se poursuivent encore aujourd'hui.

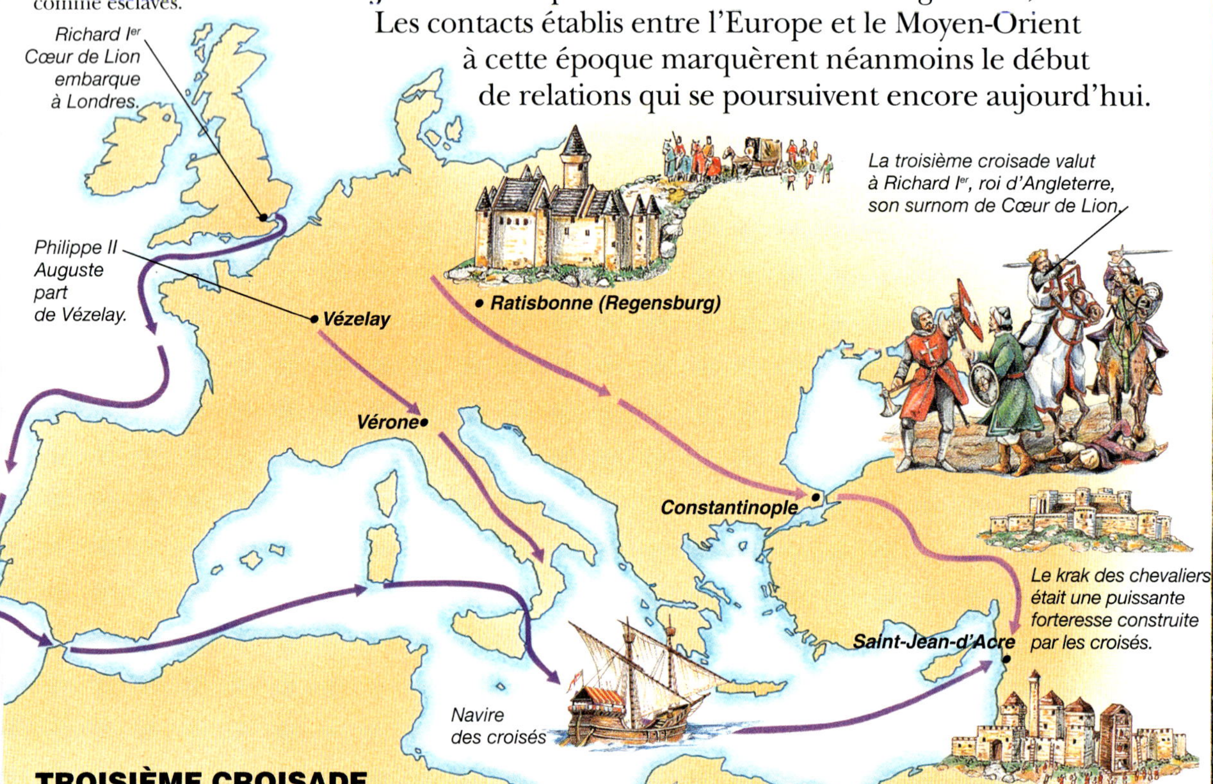

1096 Première croisade. Beaucoup de paysans perdirent la vie, mais les chevaliers survécurent.

1097 Arrivée des croisés à Constantinople (Istanbul).

1098 Les armées françaises et normandes s'emparent d'Antioche.

1099 Les croisés s'emparent de Jérusalem. Création de royaumes chrétiens sur les côtes de Palestine.

1147-1149 Deuxième croisade. Attaque des musulmans en Espagne, au Portugal et en Asie Mineure.

1187 Saladin Ier s'empare de Jérusalem et d'une grande partie de la Palestine.

1189 Troisième croisade conduite par les rois de France et d'Angleterre, aux côtés de Frédéric Ier, empereur germanique. Mort de Frédéric Ier.

1191-1192 Prise de Saint-Jean-d'Acre.

1202-1204 Quatrième croisade. Prise et pillage de Constantinople.

1217 Cinquième croisade. Prise de Damiette, en Égypte. Négociation d'une trêve.

1228-1229 Sixième croisade. L'empereur Frédéric II négocie une trêve de 10 ans.

1248-1250 Septième croisade. Louis IX, roi de France, reprend Damiette, mais, fait prisonnier, doit la céder.

1270 Huitième croisade. Mort de Louis IX. Les croisés rejoignent définitivement l'Europe.

TROISIÈME CROISADE
Richard Ier, roi d'Angleterre (1189-1199), prit part à la troisième croisade avec le roi de France et l'empereur du Saint Empire romain germanique. Il s'empara du port de Saint-Jean-d'Acre, mais fut capturé durant son voyage de retour et libéré contre une rançon. Lors de cette croisade, les chrétiens ne réussirent pas à prendre Jérusalem mais acceptèrent une trêve avec Saladin Ier qui autorisa les pèlerins à entrer dans la Ville sainte.

PRISE DE SAINT-JEAN-D'ACRE
D'immenses tours de bois aidèrent les croisés à s'emparer de la cité de Saint-Jean-d'Acre. Les défenseurs réagissaient en jetant des lances, de l'eau bouillante et du sable brûlant sur l'ennemi.

SALADIN Ier
Le chef des forces musulmanes, Saladin Ier (1138-1193), était un homme de guerre avisé. Sultan régnant sur l'Égypte et la Syrie, il avait fait de son royaume l'un des plus puissants de tout le Moyen-Orient.

EN ROUTE POUR JÉRUSALEM
Le voyage qui menait d'Europe en Terre sainte était long et dangereux. De nombreux croisés moururent. Ceux qui rentrèrent en Europe rapportèrent de Palestine des soieries et des épices, ainsi que de nouvelles connaissances en mathématiques et astronomie.

Pour en savoir plus
LES ARMES
LES CHÂTEAUX FORTS

la Danse

DANSE RITUELLE
Dans les rituels religieux, la danse est un moyen de remercier les dieux ou de leur demander de l'aide. Ces Indiens d'Amérique exécutent une danse de fertilité. Il est important que les pas soient toujours dansés dans le même ordre.

ENTENDRE DE LA MUSIQUE donne souvent envie de taper du pied. La danse est une activité naturelle, dont il existe de nombreux styles, du smurf endiablé à l'élégante valse. Elle existe depuis très longtemps : les peintures des cavernes préhistoriques montrent des personnages effectuant des mouvements animés, battant la mesure avec leurs mains et leurs pieds. Plus tard, les danseurs se mirent à suivre des pas établis, et la danse en couples ou en groupes, dans les bals ou soirées dansantes, devint une distraction sociale. Dans de nombreux pays, les danses folkloriques sont très importantes.

Les danseurs de quadrille s'habillent souvent dans le style des cow-boys.

Cette danseuse de modern jazz combine la grâce et l'élégance du ballet traditionnel avec des poses souples et fluides exprimant mieux les émotions personnelles. Les mouvements tournoyants de sa robe complètent et soulignent son interprétation.

Les danseurs modernes inventent souvent leurs propres pas et dansent pieds nus.

DANSE MODERNE
La plupart des danses traditionnelles comportent une série prédéfinie de pas et de mouvements, tandis que les formes de danse moderne encouragent les danseurs à se mouvoir plus librement. La danse contemporaine apparaît au début du XXe siècle. La danseuse américaine Isadora Duncan fut l'une des premières à s'éloigner du ballet orthodoxe et à développer son propre style. La danse jazz, née dans les années 1920, forme une des bases de la danse moderne.

Amour : passer un anneau

Mariage : attacher le lacs d'amour au cou de la fiancée

MIME
Le mime mélange danse et comédie pour créer un langage sans paroles qui peut être compris par tous. Le danseur montré ici vient d'Inde, mais le mime existe aussi dans la plupart des régions du monde.

ROCK'N' ROLL
L'émergence de la musique rock dans les années 1950 fit naître la première forme de danse moderne pratiquée en masse. Les pas du rock'n' roll, audacieux et acrobatique, sont très différents des danses de salon conservatrices.

Il existe six styles de danse classique indienne, qui consistent généralement à mimer des histoires de la mythologie ancienne.

DANSE ET CULTE
En Inde, presque tous les arts du spectacle sont liés à la religion. Le *bharatanãtya*, style de danse classique, est apparenté aux anciennes danses sacrées. Les danseurs se peignent mains et pieds à la teinture rouge. Autrefois, les danseuses étaient choisies parmi certaines familles, on les appelait *dévadãsis*.

Pour en savoir plus
LE BALLET
LE CINÉMA

Charles Darwin

1809 Naissance à Shrewsbury, en Angleterre.

1825-1827 Études de médecine.

1827 Études de théologie. Intérêt pour la biologie, la zoologie et la géologie.

1831-1836 Expédition à bord du *Beagle.*

1858 Communication sur l'évolution des espèces.

1859 Publication de *De l'origine des espèces par voie de sélection naturelle.* C'est un succès.

1882 Mort de Darwin. Enterrement à l'abbaye de Westminster, à Londres.

LE 27 DÉCEMBRE 1831, le *Beagle* quittait le port de Plymouth, en Angleterre, pour une mission d'étude sur les côtes sud-américaines. À son bord se trouvait le naturaliste Charles Darwin. Le navire s'attarda dans les eaux du Pacifique, où Darwin fit de nombreuses découvertes scientifiques, notamment sur l'archipel des Galápagos, puis, dans l'océan Indien, au large des îles Cocos. Très jeune, Darwin avait délaissé ses études de théologie pour la biologie et l'étude des spécimens. Au retour de son périple, en 1836, il se maria et s'installa à Londres, où il se consacra à la rédaction de ses notes. Ces écrits devaient être à l'origine de la célèbre théorie de l'évolution des espèces.

PÉRIPLE DU *BEAGLE*

Les nombreuses escales du *Beagle* permirent à Darwin d'étudier les plantes, les animaux et la géologie des régions abordées. Le navire fit route vers les Canaries et traversa l'Atlantique. Au passage, Darwin découvrit que la formation des îles du Cap-Vert était due à l'éruption de volcans sous-marins. Le *Beagle* longea la côte est de l'Amérique du Sud, contourna le cap Horn et remonta la côte ouest, où l'équipage fut témoin d'un séisme.

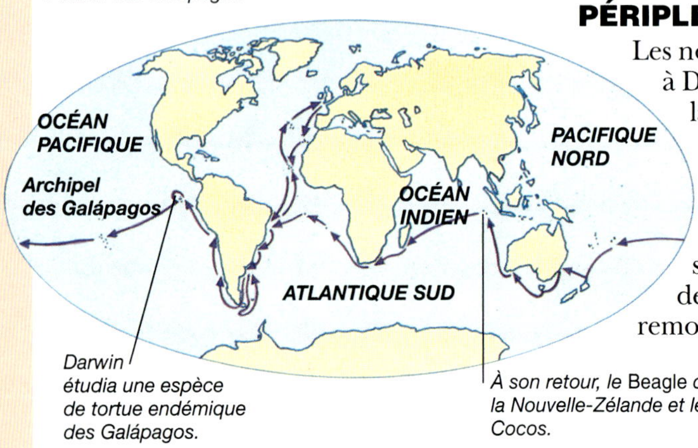

CORAIL

Darwin étudia la structure des récifs coralliens des îles Cocos, milieu encore ignoré à l'époque. Le naturaliste évoqua la formation des coraux à partir de fonds marins qui progressivement s'affaissaient. Des études récentes ont prouvé que Darwin avait vu juste.

ORIGINE DES ESPÈCES

Ses études sur les tortues des Galápagos poussèrent Darwin à envisager que les espèces (végétales ou animales) pouvaient évoluer pour s'adapter à leur milieu. En 1859, il publia *De l'origine des espèces par voie de sélection naturelle.* Il y expose sa théorie de l'évolution et suggère que l'homme descend du singe.

ALFRED RUSSEL WALLACE

Les études du naturaliste britannique Alfred Russel Wallace (1823-1913) confirmèrent la théorie de Darwin. Ses expéditions en Amazonie et en Malaisie le conduisirent à émettre l'hypothèse que la nature favorisait la survie des espèces les mieux adaptées. Il contacta Darwin et, le 1er juillet 1858, les deux naturalistes soumirent leur théorie aux membres de la société scientifique de Linné.

Pour en savoir plus

CORAUX, ANÉMONES DE MER ET MÉDUSES
LES FOSSILES
LA GÉOLOGIE
LA THÉORIE DE L'ÉVOLUTION

Charles De Gaulle

1890 Le 22 novembre Charles de Gaulle naît à Lille au sein d'une famille catholique et patriote.

1908 Charles entre à l'École spéciale militaire de Saint-Cyr.

1914-1918 Le lieutenant Charles de Gaulle est blessé et laissé pour mort à Verdun. Fait prisonnier, il est transféré en Allemagne dans des camps d'où il tente de s'évader. Il est nommé capitaine.

1940 Le 18 juin, le général lance aux Français un appel à la résistance sur les ondes de la BBC. Il est reconnu comme chef des Français libres le 28 juin.

1940-1944 De Gaulle essaie de rassembler, sous l'emblème de la croix de Lorraine, les territoires de l'empire colonial, et tous les Français décidés à combattre.

1958 Le 29 mai, le président de la République, René Coty, fait appel à de Gaulle. Il devient ainsi le dernier président du Conseil de la IVe République.

1965 Réélection pour sept ans de De Gaulle lors des premières élections présidentielles au suffrage universel.

1969 Le 27 avril, le chef de l'État organise un référendum sur la régionalisation et la réforme du Sénat. Cette proposition est rejetée par 52,4 % des voix. De Gaulle démissionne.

1970 Le 9 novembre, Charles de Gaulle meurt à Colombey-les-Deux-Églises.

La personnalité charismatique de Charles de Gaulle, son engagement dans la Résistance et son sens politique, ont fait de lui le « père des Français » pour toute une génération qui avait connu la Seconde Guerre mondiale dans sa jeunesse. Ce militaire atypique, qui a développé des thèses stratégiques, pédagogiques et politiques originales mais controversées, a suscité de véritables passions et répulsions à la hauteur de son amour pour la France. En tant qu'officier, de Gaulle a combattu lors de la Première Guerre mondiale où il a été plusieurs fois blessé et emprisonné. Lors de la Seconde Guerre, il n'a pas hésité à refuser les décisions prises par le maréchal Pétain. C'est l'homme de l'appel du 18 juin 1940, de la France libre et de la Libération. Personnalité politique de la IVe et de la Ve Républiques, il en a été le Président de 1959 jusqu'au référendum de 1969, à la suite duquel il donna sa démission. Ami de Churchill et d'Adenauer, il a toujours prôné une Europe forte contre les États-Unis, dont il refusa la tutelle en excluant la France de l'OTAN en 1966.

A TOUS LES FRANÇAIS

La France a perdu une bataille!
Mais la France n'a pas perdu la guerre!

Des gouvernants de rencontre ont pu capituler, cédant à la panique, oubliant l'honneur, livrant le pays à la servitude. Cependant, rien n'est perdu!

Rien n'est perdu, parce que cette guerre est une guerre mondiale. Dans l'univers libre, des forces immenses n'ont pas encore donné. Un jour, ces forces écraseront l'ennemi. Il faut que la France, ce jour-là, soit présente à la victoire. Alors, elle retrouvera sa liberté et sa grandeur. Tel est mon but, mon seul but!

Voilà pourquoi je convie tous les Français, où qu'ils se trouvent, à s'unir à moi dans l'action, dans le sacrifice et dans l'espérance.

Notre patrie est en péril de mort. Luttons tous pour la sauver!

VIVE LA FRANCE !

GÉNÉRAL DE GAULLE

QUARTIER-GÉNÉRAL,
4, CARLTON GARDENS,
LONDON, S.W.1

VERS UNE ALGÉRIE INDÉPENDANTE

Alors que l'Algérie est une colonie française depuis plus de 100 ans, de Gaulle s'écrie en octobre 1958 : « Vive l'Algérie et vive la France ! », se refusant toutefois à toute négociation officielle avec le FLN, un parti qui multipliait les attentats en Algérie et qui réclamait l'indépendance. Cependant, les Français d'Algérie déclenchèrent des émeutes. Quatre généraux allèrent jusqu'à prendre le pouvoir à Alger le 22 avril 1961. Face à cette menace, de Gaulle exerça les pleins pouvoirs, et mit fin en quatre jours à la tentative de coup d'État. Les partisans de l'Algérie française se regroupèrent au sein de l'OAS (Organisation armée secrète) et se livrèrent à des actes terroristes, tentant même d'assassiner de Gaulle à de nombreuses reprises. Les accords d'Évian, signés le 18 mars 1962, mirent fin aux hostilités et donnèrent l'indépendance à l'Algérie.

La casbah d'Alger

27 AVRIL 1969 : « JE CESSE D'EXERCER MES FONCTIONS… »

De Gaulle, qui a utilisé le référendum comme peu l'ont fait, jugea que 52,4 % de « non » à ses projets de régionalisation et de réforme du Sénat exigeaient sa démission. Le soir même, il se retirait dans sa propriété de Colombey-les-Deux-Églises.

L'APPEL DU 18 JUIN

En 1940, de Gaulle ne put accepter l'armistice annoncé par Pétain. Il n'hésita pas à devenir un général rebelle, ce qui lui valut d'être condamné à mort par contumace en août. Réfugié à Londres, il justifia ainsi son entrée en résistance : « L'honneur, le bon sens, l'intérêt de la Patrie, commandent à tous les Français libres de continuer le combat… »

Pour en savoir plus

La Première Guerre mondiale
La Seconde Guerre mondiale
La France (histoire)

la Démocratie

Le mot démocratie vient du grec ancien *demos*, qui signifie « peuple », et *kratos*, « pouvoir ». Démocratie veut donc dire : « gouvernement par le peuple », c'est-à-dire que toute personne a le droit de jouer un rôle dans le gouvernement du pays. Il y a 2500 ans, le peuple d'Athènes, en Grèce, pratiquait déjà la démocratie : les hommes se réunissaient pour décider des lois à appliquer dans leur communauté. Comme il y a trop d'habitants dans un pays pour que chacun participe à chaque décision, le peuple élit des représentants qui prennent les décisions en son nom. On parle de démocratie représentative. En règle générale, une personne majeure obtient le droit de vote pour choisir son maire, son député ou encore son conseiller régional. Parfois, les électeurs donnent leur avis sur une question précise lors d'un référendum.

URNE
Lors d'une élection, seul le choix de l'électeur est indiqué sur la feuille de papier qu'il dépose dans l'urne. Le vote est donc secret, pour éviter toute forme de pression ou d'intimidation.

Un journal français montre les partis politiques en campagne aux États-Unis, en 1908.

DÉMOCRATIE REPRÉSENTATIVE

Cette expression signifie que les citoyens votent pour élire leurs représentants. Ceux-ci appartiennent le plus souvent à des partis politiques. Les différents partis présentent leur programme lors de la campagne électorale. Obtenir le droit de vote a été une lutte acharnée pour les hommes, puis pour les femmes.

Les Indiens font la queue pour voter dans les isoloirs.

MAJORITÉ

Dans une démocratie, les citoyens ont souvent des opinions très différentes, et peuvent être en désaccord sur une question donnée. Dans ce cas, l'opinion de la majorité (groupe le plus nombreux) l'emporte. Le risque est alors que les avis des minorités soient ignorés : de nombreux pays et organisations démocratiques respectent donc une Constitution (un ensemble de règles) sauvegardant les droits des individus et des minorités. Quelques pays ne sont pas démocratiques; une seule personne, généralement appelée « dictateur », y détient le pouvoir.

Vote majoritaire

Vote minoritaire

Des manifestants en faveur de la démocratie, dans l'ancienne Tchécoslovaquie, allument des bougies lors d'une veillée.

EUROPE DE L'EST
À partir de 1989, les peuples de l'Europe de l'Est communiste, désireux d'avoir leur mot à dire sur la gestion de leur pays, exigèrent des gouvernements démocratiques. En 1990, ce qui était alors la Tchécoslovaquie devint le premier de nombreux pays communistes à opter pour une véritable démocratie.

VOTES

L'Inde est la plus grande démocratie représentative du monde : plus de 600 millions de citoyens peuvent voter. Lors de l'élection générale de 1998, près de 400 millions d'entre eux se rendirent dans les bureaux de vote pour élire leurs représentants au Parlement. Quand les électeurs sont si nombreux, il faut parfois plusieurs jours pour compter tous les votes.

Pour en savoir plus

Le Communisme
Le Droit
Gouvernement et politique
La Grèce antique

les Dents

CHAQUE FOIS que nous mangeons, nous nous servons de nos dents pour croquer ou mastiquer nos aliments. Notre dentition nous permet de réduire en bouillie la nourriture, afin que notre organisme la digère et la transforme en énergie. La dent comporte trois parties : la couronne (partie visible), le collet, qui sépare la couronne de la racine, et la racine, cachée et solidement fixée dans la mâchoire par le cément. Une dent possède trois couches : l'émail (la couche externe de couleur blanc crème), la dentine (ou ivoire) et la pulpe au centre, où se trouvent les vaisseaux sanguins et les nerfs venant de l'os maxillaire et qui font de la dent un tissu vivant. Il existe quatre sortes de dents, chacune adaptée à une fonction : les incisives, situées à la partie antérieure de la bouche, coupent et tranchent les aliments que les canines, pointues, déchirent ; les prémolaires et les molaires, larges et plates, servent au broyage. Au cours de notre vie, nous avons deux dentitions : les dents de lait pendant l'enfance et les dents permanentes à l'âge adulte.

HYGIÈNE DENTAIRE
Il est important de prendre soin de ses dents pour les garder en bonne santé. Après chaque repas, il faut les nettoyer avec une brosse à dents, du dentifrice et un fil dentaire. Les aliments sucrés sont mauvais pour les dents et provoquent des caries.

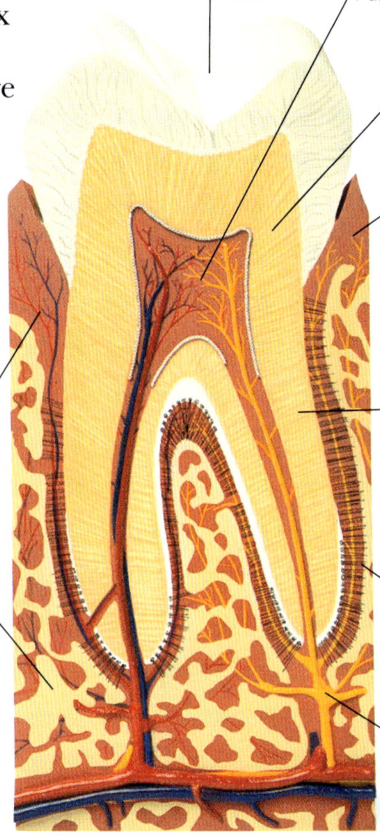

Coupe d'une molaire

STRUCTURE D'UNE DENT
Les dents possèdent une, deux (comme cette molaire), trois ou quatre racines, qui les fixent solidement dans le maxillaire et résistent aux pressions de la mastication. Les vaisseaux sanguins, qui transportent les éléments nutritifs et l'oxygène, et les nerfs, qui transmettent les sensations, traversent de minuscules trous à la base de chaque racine.

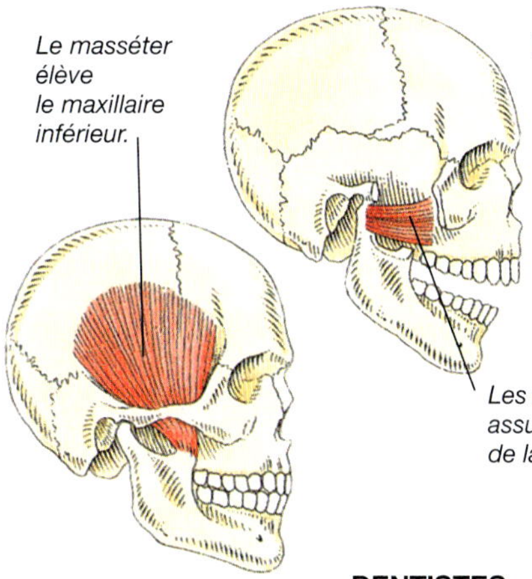

MÂCHOIRES
La mâchoire supérieure est solidaire du crâne et reste fixe. De puissants muscles masticateurs élèvent la mâchoire inférieure, d'autres permettent de la faire bouger latéralement. La mastication est une étape essentielle dans le processus de digestion.

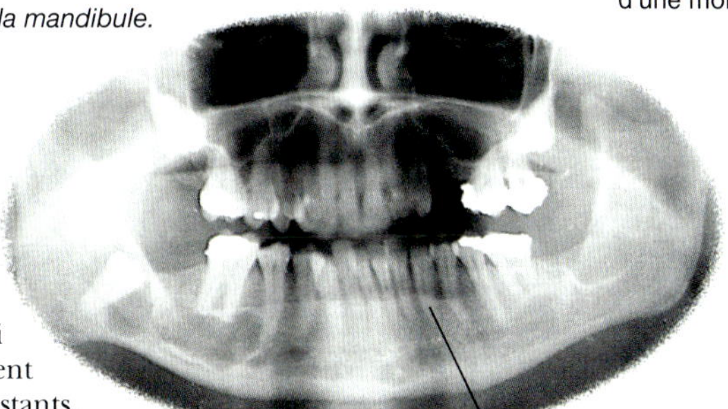

DENTISTES
Les dentistes utilisent les rayons X (à droite) pour voir les racines des dents et repérer d'éventuelles caries. Jadis, ils procédaient souvent à l'extraction des dents cariées ; aujourd'hui ils n'enlèvent que les caries et obstruent les cavités avec des amalgames résistants. Les zones blanches sur cette radio sont les amalgames.

DENTITION DE LAIT ET DENTITION ADULTE
Les enfants possèdent 20 dents de lait qui sont progressivement remplacées par des dents définitives. Les adultes ont 32 dents. Chaque maxillaire est doté de 4 incisives, 2 canines, 4 prémolaires et 6 molaires (dont 2 dents de sagesse). Les dents de sagesse poussent vers l'âge de 20 ans, mais certaines ne sortent jamais.

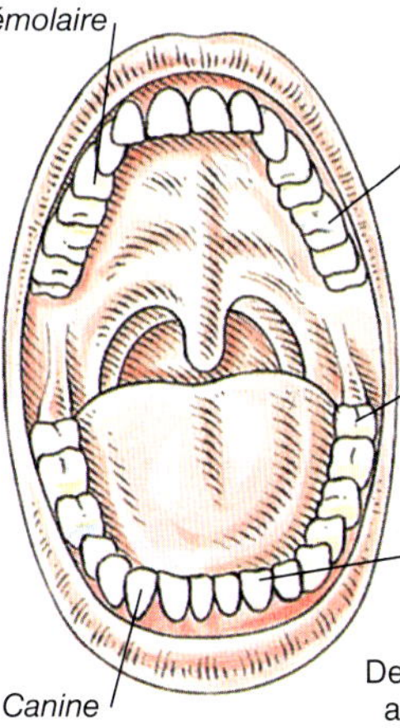

Dentition adulte

DÉFENSES
Les animaux utilisent leurs dents pour se nourrir, se défendre ou, chez les mâles, se battre contre les rivaux pendant la période de reproduction. Les défenses incurvées du phacochère sont d'énormes canines, alors que celles des éléphants sont des incisives. Les défenses servent à effrayer les prédateurs et parfois à déterrer de la nourriture.

Pour en savoir plus
ALIMENTATION ET CUISINE
LE CORPS HUMAIN
LA DIGESTION
SQUELETTE ET STRUCTURE

les Déserts (définition)

UN CINQUIÈME de la surface du globe est constitué de régions sèches et inhospitalières : les déserts. Lieux où ne poussent que quelques plantes, où ne vivent que les animaux les plus robustes, où la vie des êtres humains, organisés en tribus nomades, comme les Bédouins du Moyen-Orient, est entièrement guidée par la recherche d'eau et de nourriture. Les précipitations sont rares, parce que l'air est chaud et les nuages absents. Comme le ciel est clair, la chaleur est torride le jour et se dissipe pendant la nuit : l'absence de couverture nuageuse peut faire chuter la température au-dessous de zéro. Mais tous les déserts ne sont pas caniculaires et recouverts de sable ; beaucoup sont jonchés de rochers et, dans certaines régions d'Asie, ils sont froids car situés en altitude. De nouveaux déserts peuvent se former dans des régions aux sécheresses fréquentes, aux déboisements massifs et au surpâturage. Durant les années 1970, la sécheresse et le surpâturage ont transformé le Sahel, au centre de l'Afrique, en désert. Le problème est toujours d'actualité.

MONUMENT VALLEY
D'impressionnantes formations de pierre jonchent le site de la Monument Valley, région désertique des États-Unis. Le sable transporté par le vent érode la roche et la sculpte en colonnes extraordinaires.

SABLE
Dans le désert, la chaleur caniculaire du jour dilate les roches, tandis que le froid de la nuit les contracte. Résultat, leur surface se casse. Les fragments sont emportés par le vent, érodant d'autres roches. Des millions de minuscules particules solides finissent par recouvrir le désert : c'est le sable. Mais le vent peut soulever le sable, l'emporter ailleurs et laisser les roches à nu.

DUNES DE SABLE
De nombreux déserts sont formés d'énormes collines de sable, les dunes. Le vent accumule des monticules de sable qui avancent lentement lorsque le vent souffle. Les dunes sont alors comme des vagues de sable qui mesureraient jusqu'à 33 m de haut.

TEMPÊTES DE SABLE
Des vents forts font tourbillonner le sable au-dessus du désert. Ils peuvent même transporter des particules de sable par-dessus des continents entiers.

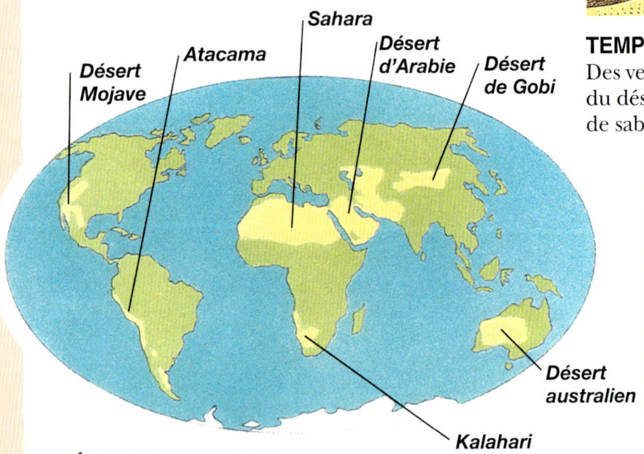

DÉSERTS DU MONDE
Deux grandes ceintures désertiques entourent le globe de chaque côté de l'équateur. Mais on trouve aussi des déserts dans des régions de haute montagne privées de pluie et des déserts froids au centre de continents où les vents sont secs. Le plus grand désert du monde, le Sahara, a une superficie de 9 millions de km².

OASIS
Dans le désert, les voyageurs cherchent des oasis. L'eau y arrive de très loin, après s'être écoulée sous terre et être remontée à la surface au printemps. Cette oasis se trouve dans le désert de Tamerza (Tunisie).

IRRIGATION
En creusant des puits ou en faisant venir de l'eau depuis un barrage proche, on peut irriguer une région désertique, la rendre fertile et la couvrir de végétation.

Pour en savoir plus

CHAMEAUX ET LAMAS
LES CLIMATS
LES DÉSERTS (FAUNE ET FLORE)

les Déserts (faune et flore)

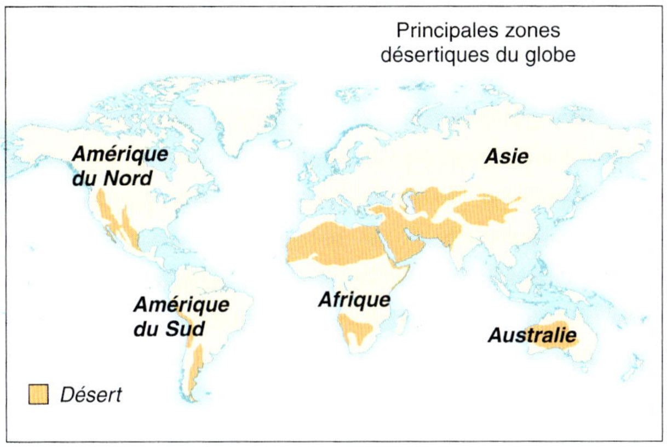

LE DÉSERT, CETTE VASTE ÉTENDUE ARIDE, peut paraître inhabité, mais toutes sortes de végétaux et d'animaux y vivent, dont des insectes, des reptiles, des mammifères et des poissons. Certains déserts reçoivent moins de 10 cm de précipitations par an. Les animaux ont dû s'adapter à ce manque chronique d'eau de multiples façons. Les chameaux, par exemple, peuvent survivre longtemps sans boire. D'autres animaux trouvent suffisamment d'eau dans les plantes et les insectes qu'ils mangent, et ne boivent donc jamais. Des végétaux, tels que les baobabs, possèdent de profondes racines pour puiser l'eau souterraine. La faune et la flore du désert sont confrontées aux températures extrêmes et au manque d'abris. Certains déserts sont torrides, d'autres glacials. Les mammifères déserticoles ont une épaisse fourrure pour se protéger de la chaleur comme du froid. La plupart évitent le soleil et les vents polaires en creusant des terriers. Dans les déserts chauds, les animaux restent sous terre le jour et sortent chasser la nuit.

MANGOUSTE
Ce mammifère adaptable chasse le jour toutes sortes de petits animaux, tels que les abeilles, les araignées, les scorpions, les rongeurs et les serpents. Ses réactions sont très vives, ce qui lui permet de prendre de vitesse le serpent, d'éviter sa morsure et de le tuer d'un coup de dents.

AIGLE ROYAL
L'aigle royal survit bien dans les régions désertiques. Sa vue perçante lui permet de repérer un lièvre ou un lézard à des kilomètres. Lorsqu'il aperçoit sa proie, il pique à grande vitesse et la saisit dans ses serres puissantes.

COBRA
Le cobra des Indes (ou serpent à lunettes) tue des petits mammifères, des grenouilles et des lézards, en les mordant avec ses crochets venimeux. Lorsqu'il est en danger, il se dresse et dilate son capuchon, partie élargie de son cou, pour impressionner son adversaire.

DÉSERTS FROIDS
Dans le désert de Gobi, en Asie, il peut faire extrêmement froid la nuit et l'hiver. Pourquoi ? Parce qu'il est situé à très haute altitude, 1 000 m au-dessus du niveau de la mer. Il peut faire jusqu'à 50 °C le jour et –40 °C la nuit. Pour les animaux, seul un terrier permet de rester au chaud. Certains, comme la mangouste, creusent leur propre terrier, alors que les serpents prennent possession d'un terrier vide ou en tuent et dévorent l'occupant.

Hérisson à longues oreilles

HÉRISSON À LONGUES OREILLES
Comme son nom l'indique, ce hérisson possède de grandes oreilles par lesquelles la chaleur excédentaire s'évapore. Ses piquants sur le dos le protègent des prédateurs. Le hérisson quitte son terrier la nuit pour chasser insectes et vers.

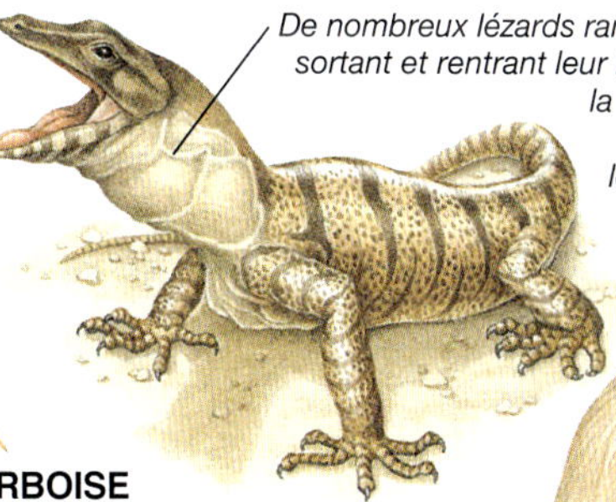

De nombreux lézards rampent dans le sable, sortant et rentrant leur langue pour prendre la température de l'air. Ce varan mange les œufs des oiseaux et ceux d'autres reptiles.

Gerboise d'Amérique du Nord

GERBOISE
Nombre de petits mammifères vivent dans le désert : souris, gerbilles, gerboises, etc. La gerboise d'Amérique du Nord échappe au danger en bondissant sur ses longues pattes postérieures, ses grands doigts écartés lui évitant de s'enfoncer dans le sable. Elle se nourrit de graines et de végétaux.

CONSERVATION DES DÉSERTS

L'essentiel de la faune et de la flore du désert n'a pas besoin d'être sauvegardé d'urgence : les déserts ne sont pas gravement menacés de destruction. Certains pourtant sont transformés en terres agricoles, au détriment d'une végétation qu'on ne trouve nulle part ailleurs.

GAZELLE DORCAS

Les gazelles dorcas vivent en Afrique du Nord, au Moyen-Orient et en Inde. Elles sont en voie de disparition, car l'agriculture les prive de leur habitat naturel.

DATTIER

Le dattier est très précieux. Les dattes sont des fruits nourrissants pour l'homme et pour l'animal ; l'écorce et le bois servent à fabriquer des nattes et des cordes ; les feuilles deviennent des toitures et des parasols.

Gazelle dorcas

CACTUS

Le cactus stocke l'eau dans ses tiges charnues. Ses épines dissuadent les animaux de le manger. Ce cactus (ci-contre) est appelé figuier de Barbarie ou figuier d'Inde. Ses fruits sont comestibles.

DÉSERTS CHAUDS

Le Sahara africain est le désert le plus grand et le plus chaud du monde. À midi, le sable est si chaud qu'il vous brûlerait la peau en quelques secondes. La température à l'ombre grimpe à plus de 55 °C. Peu d'animaux sont actifs. Mais quand le soleil se couche, l'air et le sable se refroidissent : toute une vie émerge qui était cachée sous les rochers ou dans des terriers. La rosée de la nuit apporte l'humidité tant attendue.

GRAND GÉOCOUCOU

Le grand géocoucou peut voler, mais préfère courir et se cacher dans les broussailles en cas de danger. Il vit dans les déserts et les milieux secs et ouverts d'Amérique du Nord, se nourrissant de toutes sortes de petits animaux (sauterelles, serpents), d'œufs et de fruits.

ADDAX

Cette grande antilope herbivore du Sahara ne boit jamais – elle absorbe suffisamment d'eau par sa nourriture. Ses pieds s'étalent largement pour répartir son poids et ne pas s'enfoncer dans le sable. Ses cornes sont spiralées. L'addax mâle les utilise pour se défendre et lors des combats pour le commandement de la harde.

CROTALE CORNU

Des traces en forme de S découvertes à l'aube dans le sable signalent le passage nocturne d'un crotale cornu poursuivant un rat ou une souris. Il se déplace par ondulations latérales, ce qui lui donne une meilleure prise dans le sable.

RAT-TAUPE NU

Ce rat sans poils, presque aveugle, vit en colonies dans des galeries souterraines. Ces colonies sont organisées comme des fourmilières, avec une « reine » qui donne naissance à tous les jeunes. Ces rongeurs se nourrissent uniquement de tubercules qu'ils trouvent dans le sol.

PAPILLON DU YUCCA ET YUCCA

Le yucca est une plante du désert de la famille des agavacées. Ses fleurs pâles et parfumées attirent la teigne du yucca, un papillon nocturne blanc. Le papillon femelle effectue la pollinisation du yucca en butinant les fleurs. Quand le fruit du yucca mûrit, la chenille s'en nourrit. Le papillon du yucca et le yucca ne pourraient pas exister l'un sans l'autre.

CHLAMYDOPHORE TRONQUÉ

Ne mesurant que 15 cm de long, ce membre de la famille des dasypodidés (ou tatous) vit dans les déserts d'Amérique du Sud. Il sort de sa galerie à la tombée de la nuit pour déterrer, entre autres, des fourmis et des vers.

Pour en savoir plus

L'Amérique du Nord (faune et flore)
Cerfs, antilopes et gazelles
Les Déserts (définition)
Les Papillons
Les Reptiles
Les Serpents

le Design

Lampe de bureau conçue pour être orientée dans toutes les directions

LES OBJETS QUI NOUS ENTOURENT ont une forme adaptée à leur fonction. Pourquoi ? Parce que, avant d'être fabriqués, ils ont été conçus selon certains critères. Le design est un art, ou une technique, visant à créer des objets à la fois agréables à regarder, pratiques et susceptibles d'être produits industriellement. Un objet adapté à son usage, par exemple une chaise stable et confortable ou une lampe facile à orienter, est un objet bien conçu. S'il est en plus attractif, bon marché et d'une sécurité d'emploi totale, son design n'en est que meilleur. Les designers doivent connaître les propriétés des matériaux avec lesquels ils travaillent pour satisfaire à toutes ces exigences. L'esthétique industrielle, le stylisme de mode et le graphisme peuvent être considérés comme des activités de design. Aujourd'hui, l'informatique est omniprésente dans la création de n'importe quel produit design.

Designer travaillant sur sa planche à dessin

DESIGN INDUSTRIEL

Le design industriel concerne la conception d'objets pratiques – voitures, ordinateurs, mobilier de bureau, lampes, etc. Les designers industriels peuvent aussi s'occuper de l'aménagement intérieur, des emballages des produits ou des logos d'entreprise.

Créée dans les années 1960 par Alec Issigonis, la Mini Austin était esthétique, économique et facile à garer.

OUTILS DE TRAVAIL

Les designers ont toujours travaillé sur une planche à dessin, avec du papier et des crayons. Aujourd'hui, pourtant, ils créent des modèles en trois dimensions sur ordinateur. C'est la conception assistée par ordinateur.

Le designer crée des modèles tridimensionnels sur écran informatique.

DÉVELOPPEMENT D'UN PRODUIT

Le développement d'un produit passe par plusieurs étapes. Le designer commence par dessiner l'objet à fabriquer, par exemple un aspirateur. À partir de ce dessin, il construit un prototype (ou premier exemplaire). Le prototype est testé, car il doit fonctionner correctement et en toute sécurité. Enfin, l'objet est produit en série.

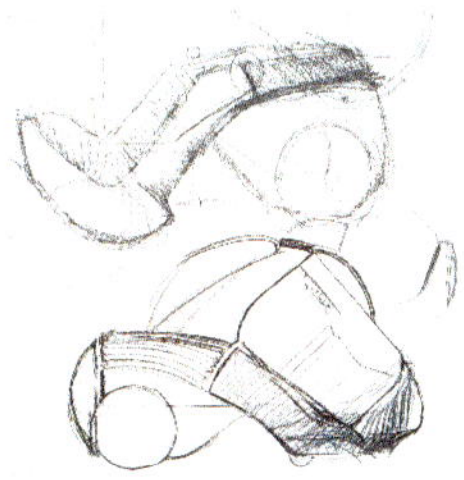

Dessin initial

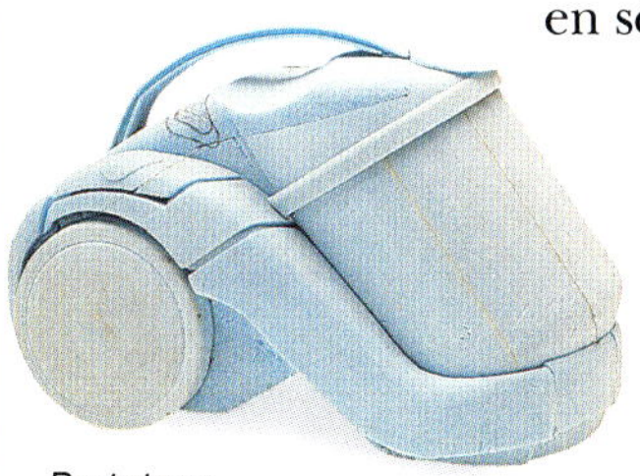

Prototype

Produit fini

Service à thé créé par Walter Gropius, fondateur du Bauhaus

BAUHAUS

En 1919, en Allemagne, l'architecte Walter Gropius (1883-1969) fonda une célèbre école de design : le Bauhaus. Attirant les plus grands artistes et architectes, le Bauhaus a révolutionné le design en combinant l'art et l'artisanat pour produire des objets à la fois esthétiques et fonctionnels, qui ont acquis une renommée internationale.

Tissu créé dans les années 1970 et inspiré du Bauhaus

À la fin du XIXe siècle, les gens de la haute société portaient une longue cape. Les hommes étaient coiffés d'un chapeau haut de forme et s'appuyaient avec élégance sur une canne. Les femmes portaient de grands chapeaux décorés.

Le mobilier fin XVIIIe siècle était très ornemental.

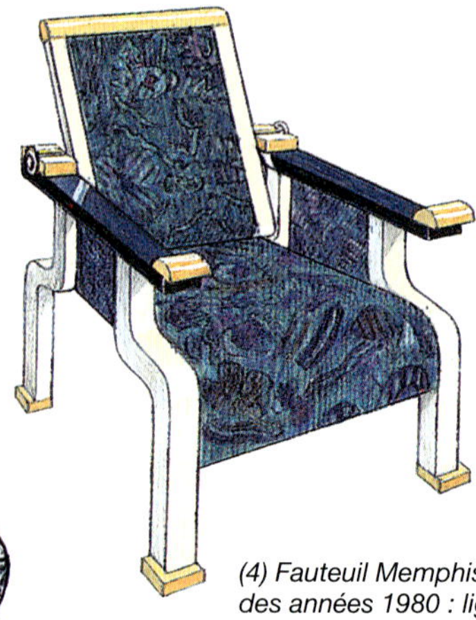

(4) Fauteuil Memphis des années 1980 : lignes audacieuses et couleurs très contrastées.

(1) Chaise de style Shaker du XIXe siècle : d'une extrême simplicité

STYLISME DE MODE

Rien ne change plus vite que la mode. Chaque année, les stylistes imaginent et dessinent de nouveaux vêtements pour séduire le public – par exemple, avec des tissus modernes, faciles d'entretien et qui protègent des intempéries. Certains vêtements sont spécialement conçus pour répondre aux besoins des montagnards, des navigateurs, des athlètes et de tous ceux qui travaillent en extérieur. D'autres privilégient le confort et la durabilité. Même les couches-culottes ont un design étudié ! Sans parler des vêtements uniquement destinés à attirer l'œil ou à choquer.

MOBILIER DESIGN

Les meubles design évoluent en fonction des goûts du public et des nouveaux matériaux disponibles. Les meubles du XIXe siècle étaient très décoratifs, à l'exception de certains, comme ceux créés par la secte américaine des shakers (1), qui étaient d'une grande simplicité. La chaise en bois conçue par Michael Thonet (2), en 1850, utilisait un nouveau procédé de fabrication bon marché. Un fauteuil de style Bauhaus (3) était conçu pour épouser les contours du corps. Le siège de travail appelé assis-à-genoux, créé dans les années 1970, est le fruit d'une réflexion sur la posture exacte d'un individu assis. Les créateurs modernes réintroduisent des éléments décoratifs, comme sur ce fauteuil Memphis (4).

L'assis-à-genoux des années 1970 aidait les employés de bureau à se tenir assis correctement.

(2) La chaise en bois cintré créée par Thonet, dans les années 1850, était déjà fabriquée en série.

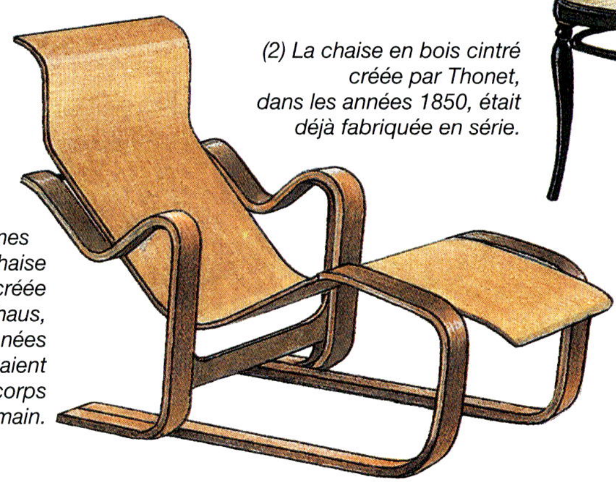

(3) Les lignes sévères de la chaise longue créée par le Bauhaus, dans les années 1920, épousaient les formes du corps humain.

AMÉNAGEMENT INTÉRIEUR

Les architectes d'intérieur créent une ambiance par le choix de certaines couleurs, de certains styles de meubles, et utilisent l'espace disponible de façon optimale. Pour cette chambre, l'architecte a choisi des objets attrayants, confortables, sûrs et faciles à utiliser : papier mural lavable, jouets non toxiques, tissus ininflammables et éclairages conformes aux normes de sécurité. Les espaces de rangement ont des étagères réglables en hauteur.

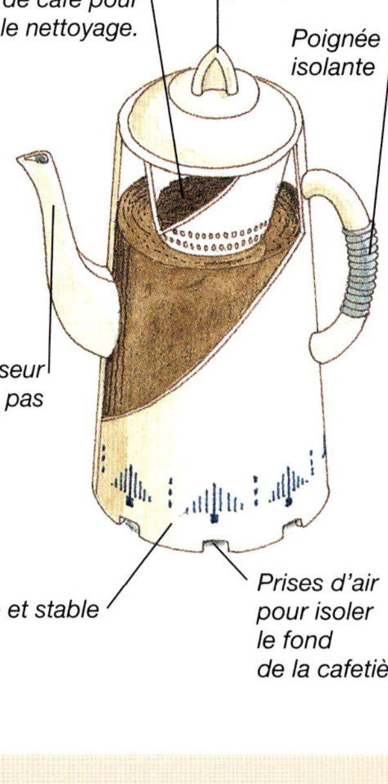

CONCEPTION D'UN PRODUIT

Un produit doit être agréable à regarder. Mais le rôle d'une cafetière, par exemple, est de contenir du café bouillant. Le designer doit se demander quel est le matériau le mieux adapté à sa fonction, tenir compte de sa forme, de son coût de fabrication et de son prix de vente.

Pour en savoir plus

L'ARCHITECTURE
LE MOBILIER
LA PUBLICITÉ
LES VÊTEMENTS

le Dessin

LES PREMIERS HOMMES ont commencé par gratter la terre avec des branches ou avec leurs doigts pour reproduire les contours des ombres projetées par des objets. Puis des pigments naturels (terres colorées) et du charbon de bois leur ont permis de dessiner sur d'autres surfaces pour ainsi transmettre leurs idées. Des pointes de plomb, d'étain, de cuivre et d'autres métaux ont été utilisées de l'Antiquité jusqu'au XVIIIe siècle. Aujourd'hui, on utilise craies, fusains, crayons à papier, crayons de couleur, pastels ou une plume et de l'encre. Le papier est le support le plus pratique. Les dessins des artistes sont souvent des préparations à des peintures ou à des sculptures, mais nombre d'entre eux sont considérés comme des œuvres élaborées. Le dessin a un but à la fois pratique et artistique. Un architecte doit dessiner les plans précis et détaillés d'un ouvrage à construire. Les artistes des salles d'audience dessinent des scènes au cours des procès où les photographies sont interdites. Et avant l'invention de la photographie, les artistes dessinaient des batailles et d'autres événements pour les journaux.

ALBRECHT DÜRER
L'artiste allemand Albrecht Dürer (1471-1528) a réalisé de nombreux dessins de personnes, de paysages et d'animaux. Son dessin au pinceau *Mains en prière* (ci-dessus) était une étude pour un retable d'église. Dürer a également réalisé des peintures et des gravures.

CRAYONS À PAPIER
Le crayon à papier actuel est un mélange de graphite et d'argile, cuit à haute température et associé à de la cire. Ce type de crayon n'est apparu qu'à la fin du XVIIIe siècle. Pour obtenir les meilleurs résultats, un papier de bonne qualité est nécessaire. Le papier a parfois un grain qui donne au dessin des caractéristiques particulières.

ÉTUDE
Les artistes font souvent des études ou esquisses, dessins rapides, pour noter ce qu'ils voient ou préparer une œuvre élaborée. L'artiste italien Léonard de Vinci (1452-1519) a exécuté des milliers d'études pour garder la trace de ses observations. Il a rempli des cahiers entiers en dessinant des parties de l'anatomie humaine, des machines, des plantes et des plans de villes. L'une de ses études pour *Léda* est représentée ci-dessus.

DESSIN INDUSTRIEL
Le dessin industriel montre exactement comment il faut construire un pont, un avion, une maison... Il doit donc être très précis et minutieux. Les architectes, les ingénieurs et les designers dessinent leurs projets à l'aide de logiciels spécialisés, par exemple AutoCAD. Auparavant, ils utilisaient des instruments comme l'équerre et le compas.

Pour en savoir plus

L'ARCHITECTURE
LES DESSINS ANIMÉS
LA PEINTURE

les Dessins animés

TOURNOYANT et bondissant sur les écrans de cinéma et de télévision, les personnages de dessin animé font paraître faciles des exploits irréalisables. Mais la création d'un dessin animé est un processus lent, exigeant une grande patience. Un artiste doit réaliser 12 dessins du personnage pour une seule seconde de mouvement. Ce type de film est apparu au cinéma il y a environ 100 ans. Mais ce fut l'Américain Walt Disney (1901-1966) qui rendit célèbre le dessin animé. En 1928, Disney créa l'immortel Mickey Mouse et, en 1937, produisit son premier long-métrage, *Blanche-Neige et les sept nains.* Le dessin animé tire son origine du dessin humoristique, qui existe encore aujourd'hui. Les dessins satiriques critiquent les politiciens et autres personnages publics, et les personnages imaginaires des bandes dessinées nous permettent, par exemple, de rire de nous-mêmes ou du monde qui nous entoure.

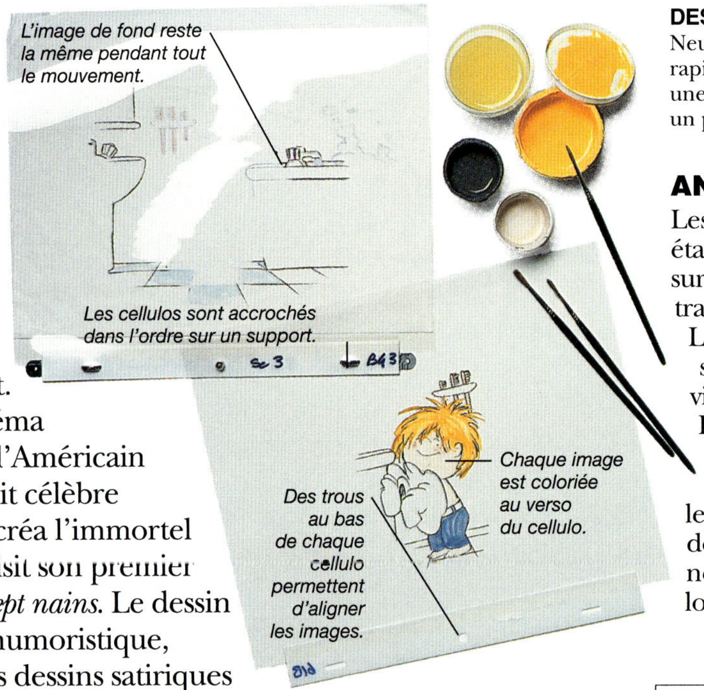

DESSIN ANIMÉ
Neuf dessins différents se suivent rapidement pour créer une séquence fluide représentant un petit garçon enfilant son pull.

ANIMATION
Les artistes dessinent chaque étape de chaque mouvement sur une feuille de plastique transparent (cellulo). L'arrière-plan est peint sur une feuille séparée, visible à travers les autres. Les cellulos sont photographiés l'un après l'autre, ce qui fait bouger les personnages. Un million de dessins sont parfois nécessaires pour un seul long-métrage.

EXEMPLES HISTORIQUES
Le dessin humoristique peut aider les politiciens à attaquer leurs opposants. Daumier, dessinateur français du XIXe siècle, fut un critique impitoyable du gouvernement français. Dans ce dessin, il a placé un personnage représentant l'Europe en équilibre sur une baïonnette, pour montrer l'instabilité de la politique européenne.

FILM D'ANIMATION
Aujourd'hui, on peut fabriquer un film entier à partir d'un ordinateur, selon les mêmes principes que pour un dessin animé traditionnel. On utilise des images en 3D créées avec des logiciels spécialisés au lieu de dessiner des planches à la main. Les progrès technologiques donnent de plus en plus de possibilités pour faire des films d'animation époustouflants, comme *Les Indestructibles*, qui ont reçu un oscar en 2004.

BANDE DESSINÉE
La bande dessinée nous raconte une histoire sous forme d'images successives. Parfois, l'image parle d'elle-même. D'autre fois, des bulles de texte font parler les personnages. Des personnages tels que Snoopy (ci-dessus) ou Astérix ont amusé des générations d'enfants, et de nombreux adultes ont aussi suivi leurs aventures.

Pour en savoir plus

LE CINÉMA
LE DESSIN
LES JOURNAUX
REVUES ET MAGAZINES

Dictionnaires et encyclopédies

SI VOUS CHERCHEZ DES INFORMATIONS sur un sujet, vous consulterez sans doute un ouvrage de référence. Les principaux ouvrages de référence sont les dictionnaires, les encyclopédies, les collections encyclopédiques, les atlas et les annuaires. La consultation des ouvrages de référence constitue le point de départ de la recherche. Cette première collecte d'informations permet de clarifier les notions impliquées par le sujet (termes utilisés, synonymes, notions associées, etc.). Elle va aussi faire apparaître des noms, des événements et des notions qui seront des « mots-clés » pour poursuivre votre recherche. Les ouvrages de référence sont enrichis de cartes, d'illustrations, de photographies et de schémas dont le rôle est de faciliter la compréhension. Ils incluent généralement des renvois à d'autres articles en rapport avec le sujet qui vous intéresse, ainsi qu'un index pour repérer les pages où ce sujet est traité.

PREMIERS DICTIONNAIRES

Parmi les maîtres ouvrages de la langue française figure en première place le monumental *Dictionnaire de la langue française* (1863-1872) en 4 volumes et un supplément d'Émile Littré, qui aura consacré vingt années de sa vie à la rédaction de son dictionnaire.

Les ouvrages de référence ont généralement une couverture rigide, qui les rend plus résistants.

QU'EST-CE QU'UN DICTIONNAIRE ?

Les dictionnaires sont tous organisés de la même façon, avec des articles classés par ordre alphabétique. Les dictionnaires généraux donnent le sens, l'usage ou l'orthographe d'un mot. Quant aux dictionnaires thématiques, ils réfèrent aux concepts spécifiques de disciplines particulières. Ils peuvent aussi donner des listes d'auteurs ou d'œuvres reconnus dans la discipline. Les dictionnaires spécialisés ne contiennent que les mots en rapport avec un sujet particulier, comme des termes techniques ou scientifiques.

QU'EST-CE QU'UNE ENCYCLOPÉDIE ?

Les encyclopédies sont des ouvrages de référence qui donnent une information globale sur des sujets généraux ou spécialisés. Les articles font le point sur des grands thèmes et sont en général écrits par des spécialistes dans le domaine. Elles présentent une suite alphabétique de termes qui donnent lieu à un article ou une notice. Les termes introduisant les articles sont appelés entrées, rubriques ou intitulés. Il est souvent nécessaire de passer par l'index, qui indique pour chaque mot les rubriques auxquelles se reporter.

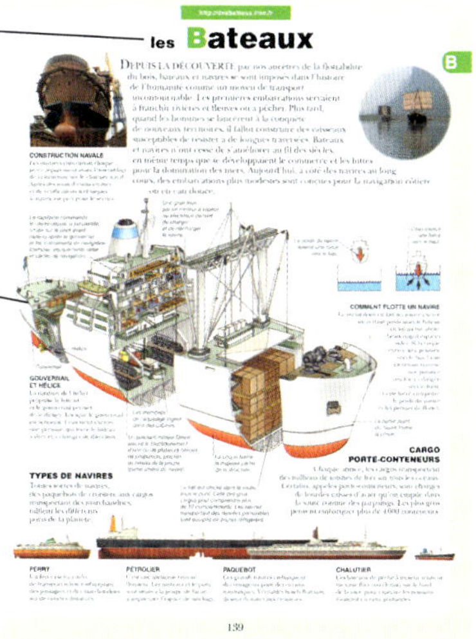

Le titre annonce le thème abordé.

Une photo ou un dessin illustre le texte.

ATLAS

Un atlas est un ensemble de cartes. Le plus souvent, celles-ci représentent la géographie physique comme les cours d'eau, les montagnes et les déserts, ainsi que les villes, grandes et petites, et les routes. Les cartes peuvent aussi renseigner sur la population ou la distribution des ressources.

Les atlas mondiaux regroupent les pays par continents ou régions.

Le son et l'image peuvent accompagner le texte pour mieux expliquer un sujet.

NOUVEAUX SUPPORTS

Des ouvrages de référence sont aujourd'hui disponibles sous forme de CD-ROM ou sur Internet. Les supports électroniques permettent de stocker un très grand nombre d'informations sur un seul disque. Les internautes accèdent ainsi aux informations les plus récentes d'une façon simple et pratique.

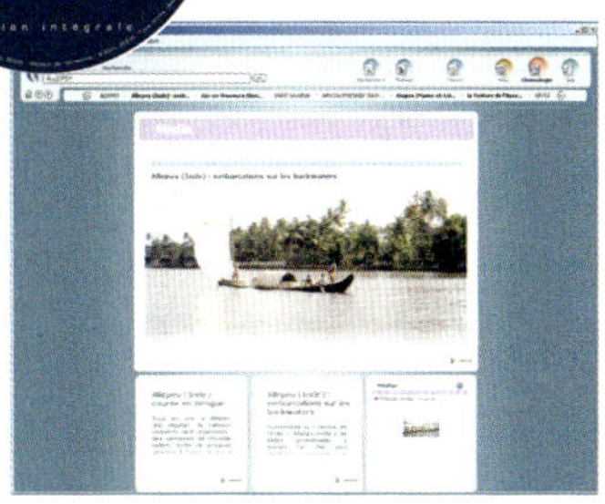

Pour en savoir plus

LA CARTOGRAPHIE
COMMUNICATION ET TECHNIQUES
L'ÉDUCATION
LA LITTÉRATURE
LES LIVRES

la Digestion

Les êtres humains doivent manger pour vivre. L'organisme a besoin de nourriture pour fonctionner correctement, se développer et se régénérer. Les aliments contiennent de l'eau et cinq nutriments essentiels – protéines, glucides, lipides, vitamines et minéraux. La nourriture doit être transformée et combinée à de l'oxygène pour être assimilée. L'appareil digestif est constitué de plusieurs étages : le tube digestif, l'œsophage, va de la bouche à l'estomac ; l'estomac est une poche où la nourriture mastiquée et avalée est mélangée à des acides et à des sucs digestifs ; le foie ; l'intestin grêle contracte sa paroi pour faire progresser les aliments – la nourriture digérée passe à travers la muqueuse de l'intestin grêle pour rejoindre la circulation sanguine générale et être absorbée par l'organisme ; le gros intestin absorbe l'eau des aliments et transforme les résidus de la digestion en matières fécales, reçues dans le rectum, partie terminale de l'appareil digestif, d'où elles sont évacuées *via* l'anus.

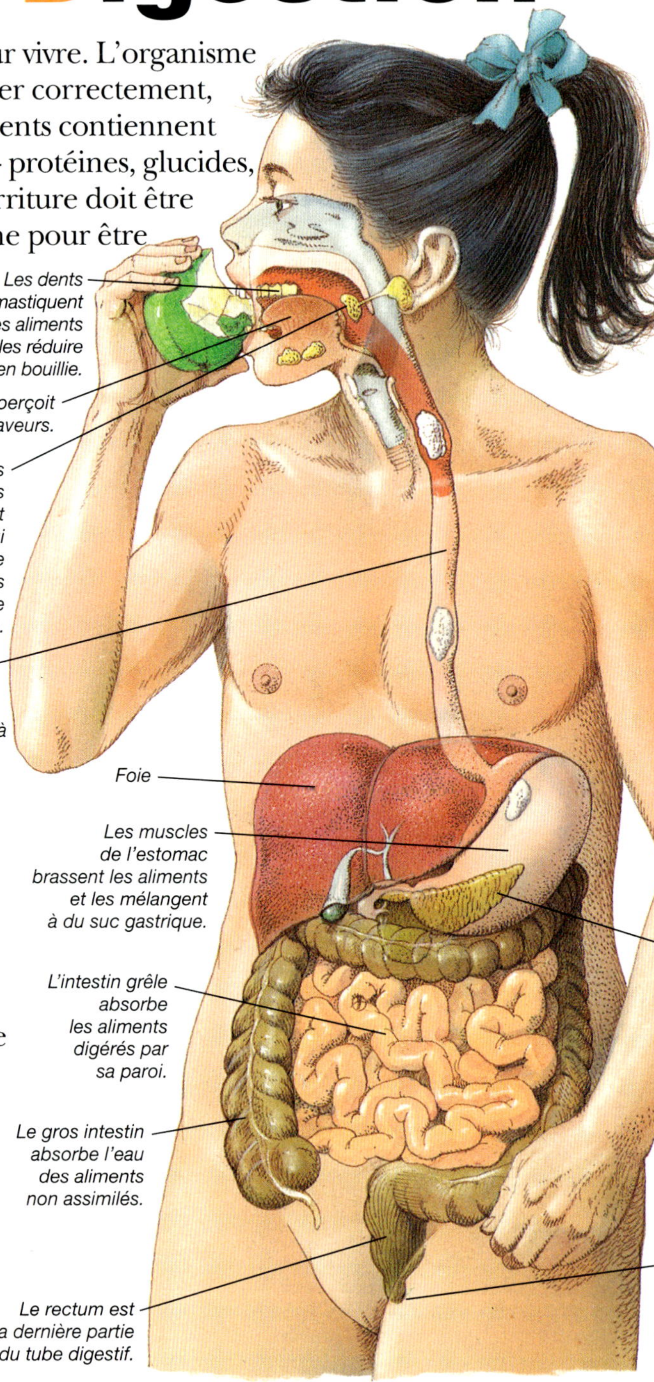

DÉGLUTITION

Lorsque vous avalez les aliments, ils passent par votre gosier, où l'épiglotte ferme le larynx pour que la nourriture pénètre dans l'œsophage et non dans les poumons, ce qui vous ferait étouffer.

FOIE

Le foie est l'usine chimique de l'organisme. Il reçoit les nutriments digérés et les transforme en éléments plus facilement assimilables tels que le glucose, indispensable à l'énergie musculaire.

INTESTIN GRÊLE

L'intestin grêle mesure environ 6 m de long. Il est enroulé dans l'abdomen, et sa muqueuse possède de nombreux replis, ce qui lui permet d'absorber un maximum de nutriments.

GROS INTESTIN

Le gros intestin est beaucoup plus court que l'intestin grêle, mais trois fois plus large – il peut atteindre 7 cm de largeur.

DIGESTION

La digestion commence dans la bouche par la mastication. La salive ramollit les aliments, les dégrade en partie et facilite leur déglutition. Les parois musculaires de l'estomac les brassent pour qu'ils deviennent liquides et les imprègnent de suc gastrique. Les nutriments digérés sont suffisamment décomposés pour passer à travers la muqueuse de l'intestin grêle vers la circulation générale.

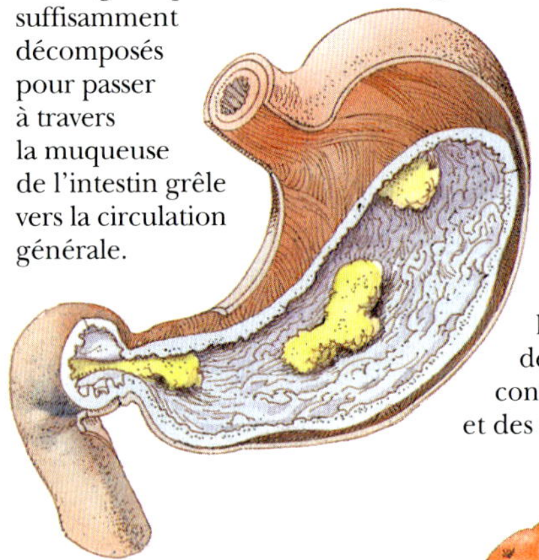

ESTOMAC

Cette poche est tapissée d'une couche épaisse de mucus. De minuscules glandes situées dans la muqueuse produisent des sucs digestifs puissants contenant des enzymes et des acides.

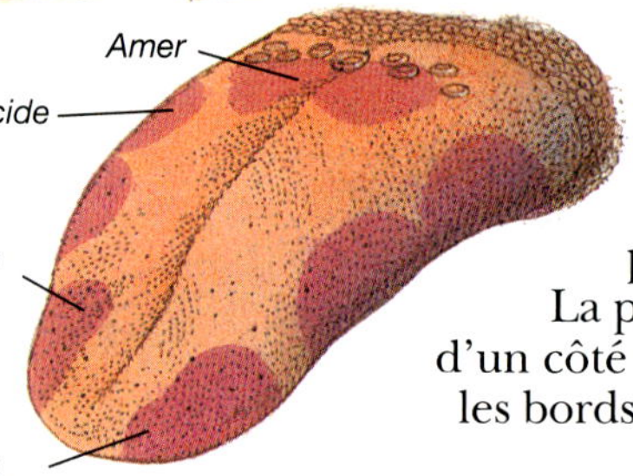

LANGUE

La langue est un muscle flexible dont la surface est recouverte de papilles pour percevoir les saveurs. La pointe de la langue perçoit d'un côté le sucré, de l'autre le salé, les bords l'acide et l'arrière l'amer.

VILLOSITÉS

La cavité de l'intestin grêle est tapissée de milliers de petites saillies filiformes appelées villosités. Les villosités intestinales permettent une absorption maximale des nutriments.

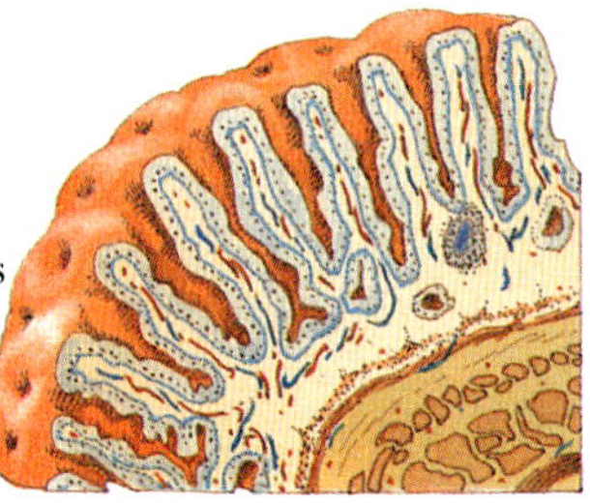

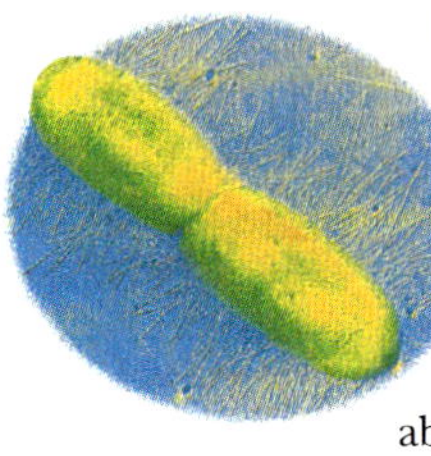

ENZYMES

Les sucs digestifs renferment des protéines appelées enzymes qui décomposent les aliments pour permettre leur absorption par l'organisme.

Pour en savoir plus

Alimentation et cuisine
Le Corps humain
Forme et santé
Muscles et mouvement

http://www.dinosoria.com/espece.htm

les Dinosaures

NOTRE CONNAISSANCE de ces grandes créatures qui peuplaient la terre il y a près de 160 millions d'années, bien avant l'apparition des premiers hommes, est toute récente. Les scientifiques commencèrent à s'y intéresser dans les années 1820, quand on découvrit les ossements fossilisés de créatures jusqu'alors inconnues. Ces fossiles nous renseignent aujourd'hui sur l'habitat, l'apparence et le régime alimentaire de ces animaux. Les dinosaures étaient des reptiles vivant sur la terre ferme. Ces « lézards terrifiants », comme le laisse entendre leur nom, étaient recouverts d'écailles rugueuses. On distingue des centaines d'espèces, divisées en deux groupes : les ornithischiens (dinosaures à hanche d'oiseau), comme le protocératops, et les saurischiens (dinosaures à hanche de lézard), comme le diplodocus. Tous les dinosaures n'étaient pas des géants : le compsognathe avait la taille d'un poulet et l'hétérodontosaure ressemblait à un grand chien. Certains, comme le tyrannosaure, étaient carnivores, d'autres, comme le stégosaure, étaient herbivores. Il y a environ 65 millions d'années, les dinosaures ainsi que certains reptiles ailés et marins disparurent mystérieusement de la surface de la Terre.

REPTILES
Les dinosaures étaient des reptiles, comme les crocodiles, les alligators ou les lézards. À l'image de ces reptiles, ils étaient pourvus d'une peau couverte d'écailles et pondaient des œufs. À la différence de nos reptiles modernes, ils possédaient de longues pattes pour se déplacer rapidement.

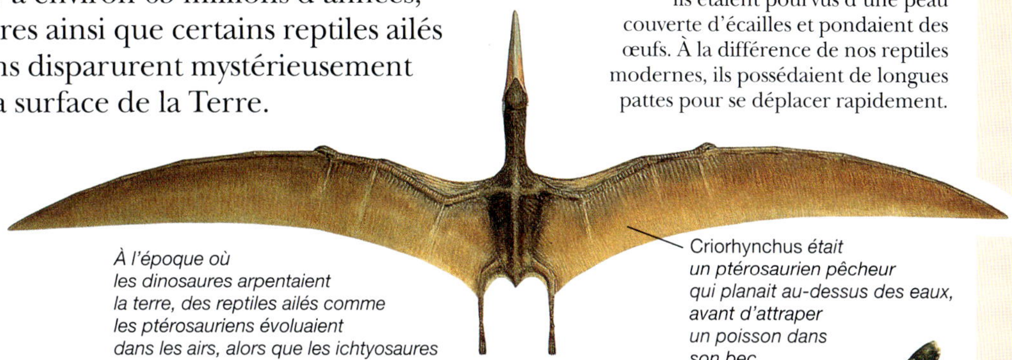

À l'époque où les dinosaures arpentaient la terre, des reptiles ailés comme les ptérosauriens évoluaient dans les airs, alors que les ichtyosaures et les plésiosaures hantaient les eaux des mers.

Criorhynchus *était un ptérosaurien pêcheur qui planait au-dessus des eaux, avant d'attraper un poisson dans son bec.*

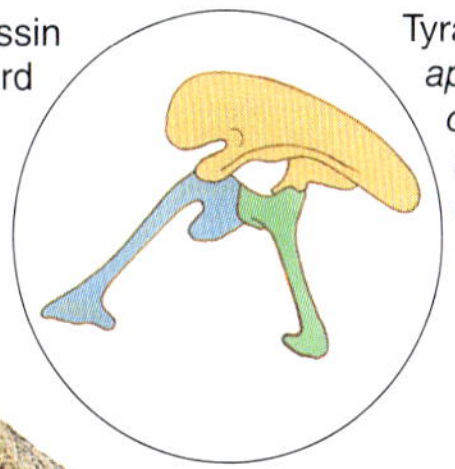

Bassin de lézard

Tyrannosaurus rex *appartenait au groupe des dinosaures à hanche de lézard, dits saurischiens.*

Les petites pattes avant du tyrannosaure ne lui permettaient pas d'atteindre sa gueule et personne à ce jour n'a élucidé leur fonction.

TYRANNOSAURUS REX

Ce dinosaure géant était le plus gros de tous les carnivores et le plus grand des carnassiers ayant jamais existé sur terre. Les premiers fossiles de ce prédateur ont été mis au jour en Amérique du Nord. Le tyrannosaure mesurait 14 m de long pour une hauteur d'environ 6 m. Ses dents dépassaient 15 cm. Avec ses 7 tonnes, il était certainement trop lourd pour courir et chasser. Il préférait se nourrir de petites proies ou de carcasses de dinosaures.

Les dinosaures carnivores lacéraient leurs proies à l'aide de leurs longues dents acérées, comme celles du baryonyx.

ALBERTOSAURE
Les dinosaures carnivores, tel l'albertosaure, possédaient de longues dents et de puissantes mâchoires. Tous les dinosaures ne partageaient pas ces caractéristiques, puisque certains étaient dotés de dents aussi petites que celles des humains.

Os de la mâchoire de l'albertosaure

Le protocératops mesurait près de 2 m de long. Il arrachait et découpait probablement les végétaux à l'aide de sa bouche en forme de bec.

DIPLODOCUS

Parmi les grands dinosaures, le diplodocus appartenait au groupe des herbivores (ou sauropodes). Il battait tous les records de longueur (27 m) et sa queue fine et allongée formait la majeure partie de son corps. Ce dinosaure élancé ne pesait que 9 tonnes.

Le diplodocus était un herbivore. Ses dents étant placées à l'avant de la mâchoire, il pouvait grignoter les feuilles les plus coriaces.

PROTOCÉRATOPS

Dans les années 1920, les scientifiques découvrirent des ossements fossilisés de protocératops, dans le désert de Gobi, en Mongolie. Aux côtés des squelettes de jeunes et d'adultes se trouvaient également des œufs fossilisés. La région abritait il y a 80 millions d'années un site de ponte, refuge de nombreuses familles de protocératops.

REPRODUCTION

Les fossiles de protocératops ont permis de démontrer que la femelle creusait un profond trou dans le sable et déposait ses œufs en cercle. Plusieurs nids ont été découverts les uns à côté des autres, ce qui tend à prouver que ces dinosaures nichaient en colonies, comme les oiseaux.

TYPES DE DINOSAURES

Les dinosaures se distinguent par leur taille (ici comparée à celle d'un enfant de 10 ans), leur forme et leur âge : certains vivaient il y a près de 200 millions d'années, d'autres il y a 70 millions d'années.

Les scientifiques sont parvenus à reconstituer le squelette de certaines espèces comme ce tuojiangosaure.

BARYONYX

En 1983, le squelette et les griffes fossilisés d'un baryonyx furent découverts dans le comté de Surrey, en Angleterre. La présence d'écailles de poisson fossilisées au niveau de l'estomac du dinosaure tend à prouver que l'espèce consommait du poisson qu'elle attrapait à l'aide de ses griffes.

EXTINCTION DES DINOSAURES

Plusieurs hypothèses ont été émises pour expliquer l'extinction des dinosaures. Certains pensent que la chute d'une météorite géante aurait soulevé un gigantesque nuage de poussière qui aurait fini par masquer le Soleil. Privés de lumière, les plantes et les dinosaures qui s'en nourrissaient n'auraient pas survécu.

IGUANODON

À l'âge adulte, cette espèce herbivore mesurait près de 10 m de long et présentait des sortes de sabots au niveau des pattes avant et arrière. La découverte de plusieurs squelettes fossilisés d'iguanodons dans certaines régions d'Europe, a pu faire penser que l'espèce vivait en hardes.

L'iguanodon possédait des pattes avant aux doigts polyvalents : les trois doigts du milieu faisaient office de sabot, le petit doigt servait à la préhension et l'ergot du pouce était utilisé comme arme défensive.

Sa longue queue massive agissait tel un balancier.

C'était un dinosaure à bassin d'oiseau (un ornithischien).

Pour en savoir plus

LES FOSSILES
LES HOMMES PRÉHISTORIQUES
LA PRÉHISTOIRE
LA THÉORIE DE L'ÉVOLUTION

les Drapeaux

LES DRAPEAUX aux couleurs vives qui flottent au gré du vent ont chacun une signification. Ils servent à envoyer des messages, à saluer le gagnant d'une course ou à représenter une nation. Chaque pays possède aujourd'hui son propre drapeau. Il s'agit d'un morceau de tissu au dessin facilement reconnaissable. L'un des bords est fixé à une hampe ou à un mât, et le reste flotte librement. Avant l'invention du téléphone ou de la radio, le drapeau constituait un moyen rapide d'envoyer un message. Les drapeaux ont toujours joué un rôle important dans les batailles. Un porte-drapeau prenait la tête de chaque armée. Dans la confusion des combats, les soldats cherchaient leur drapeau pour savoir où se trouvait leur chef. Capturer le drapeau de l'ennemi signifiait souvent remporter la bataille. Aujourd'hui, agiter un drapeau blanc en temps de guerre signifie toujours qu'on veut se rendre. Et arborer un drapeau en berne (à mi-hauteur du mât) est un hommage rendu à une personne décédée.

DRAPEAU DE L'UNION EUROPÉENNE
Contrairement aux drapeaux nationaux qui comportent des symboles propres à chaque pays et à chaque peuple, le drapeau de l'Europe choisi par ses 12 premiers pays membres – 12 étoiles d'or sur un fond azur symbolisant la perfection et la plénitude – exprime un projet politique commun fondé sur une paix durable entre des peuples dont la diversité fait aussi la richesse.

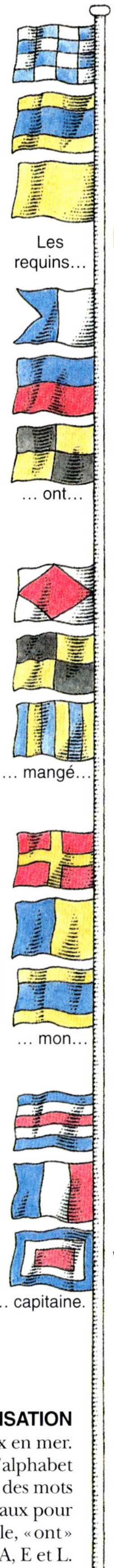

DRAPEAU À DAMIER
On agite un drapeau à damier noir et blanc à la fin d'une course automobile dès que le gagnant a passé la ligne d'arrivée. D'autres drapeaux sont utilisés pendant la course. Un drapeau noir indique au pilote qu'il doit s'arrêter pour raison mécanique ; un drapeau à bandes jaunes et rouges avertit qu'il y a de l'huile sur la piste ; un drapeau rouge signale aux pilotes de s'arrêter immédiatement.

DRAPEAUX NATIONAUX
Les drapeaux ne manquent pas d'allure lorsqu'ils flottent en groupe. Les bâtiments importants appartenant à une organisation internationale, telle que les Nations unies, peuvent arborer les drapeaux de tous leurs membres, hissés tout en haut de leurs mâts par une corde appelée drisse.

C E X

SÉMAPHORE
Il est possible d'envoyer des messages complexes avec deux drapeaux. Chaque position représente une lettre de l'alphabet ou un chiffre. Ce système est appelé sémaphore. À l'aide de grands drapeaux simples mais colorés, les messages peuvent être envoyés sur de grandes distances, tant qu'ils restent visibles à l'œil nu.

DRAPEAUX DE SIGNALISATION
Les drapeaux ont d'abord servi à envoyer des signaux en mer. Il y avait un drapeau pour chaque lettre de l'alphabet et pour chaque chiffre. Les signaux épelaient des mots ou utilisaient des combinaisons particulières de drapeaux pour les représenter. Dans le message ci-dessus, par exemple, « ont » est représenté par les drapeaux signifiant A, E et L.

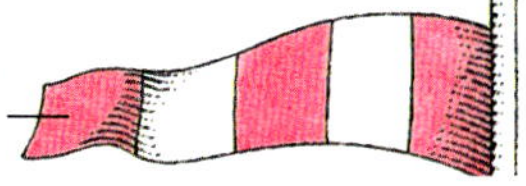

Pour en savoir plus
LES BATEAUX
CHEVALERIE ET HÉRALDIQUE
LA MARINE

le Droit

TOUTE SOCIÉTÉ POSSÈDE un ensemble de lois visant à sauvegarder les droits de ses citoyens et à équilibrer libertés individuelles et réglementations collectives. Le droit est constitué de toutes ces lois qui ont pour objet d'organiser et de faire fonctionner la vie en société, en définissant le statut des personnes et en réglementant les relations entre elles. Il s'agit des règles qui organisent un État, d'autres relatives à l'activité des commerçants, d'autres gérant l'institution du mariage, ou encore qui définissent l'âge de la scolarité, etc. Le droit est donc omniprésent. Ses domaines d'application sont très variés et se regroupent en deux genres : le droit privé qui comprend le droit civil, le droit commercial, le droit social et le droit international privé ; et le droit public qui inclut le droit constitutionnel, le droit administratif, le droit fiscal, le droit pénal, le droit judiciaire et le droit international public.

LOI ÉQUITABLE ET JUSTE
Cette statue représente la justice. La balance signifie que la justice pèse les preuves contradictoires de la même façon qu'une balance pèse les marchandises. L'épée symbolise le châtiment.

JUGES
Le juge aide les jurés à comprendre les lois applicables lors du procès, et prononce un jugement (décide d'une sanction) s'il y a verdict de culpabilité.

PEINE DE MORT
Depuis 1994, l'Assemblée européenne a défini l'Europe comme « une zone sans peine de mort ». Les conditions *sine qua non* pour qu'un pays puisse adhérer au Conseil de l'Europe sont d'instaurer un moratoire immédiat sur les exécutions capitales et d'être prêt à abolir la peine de mort. En France, la peine de mort a été abolie en 1981.

PROCÈS D'ASSISE

Une personne accusée de crime a le droit d'être jugée par un jury, groupe de neuf hommes et femmes choisis au hasard dans la communauté. Un avocat de l'accusation (ministère public) tente de convaincre le jury que le prévenu (la personne accusée) est coupable. Un avocat de la défense entreprend de prouver son innocence. Les témoins disent à la cour ce qu'ils savent du crime. Le jury écoute l'exposé des faits et décide si l'accusation a prouvé ou non la culpabilité du prévenu.

Beaucoup de films font la critique de la justice à travers la représentation de procès. Dans La Vérité, *de Henri-Georges Clouzot, le jugement de l'héroïne (Brigitte Bardot) ne se fonde que sur des mensonges. Ce film obtint l'oscar du Meilleur film étranger à Hollywood en 1960.*

ALTERNATIVES À LA PRISON
Des bracelets électroniques attachés aux chevilles des condamnés leur permettent de rester chez eux plutôt que d'aller en prison. Le bracelet contient une puce qui envoie, à heures fixes, un signal au centre de surveillance de la prison, *via* un boîtier relié au téléphone. Cela permet de vérifier la présence du condamné.

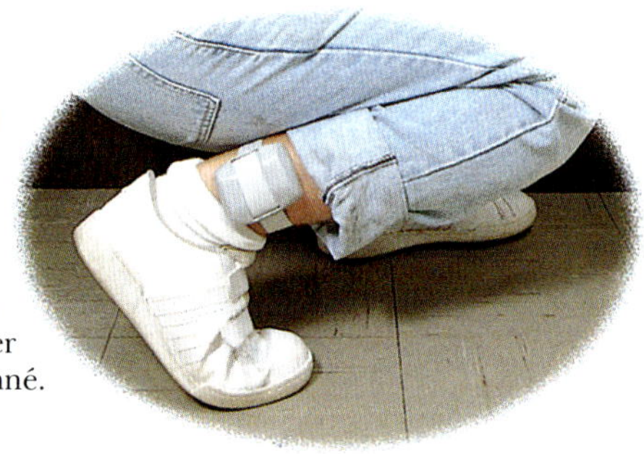

Les condamnés préparent leur réinsertion en suivant un programme de travail, par exemple en travaillant aux cuisines.

PRISON ET PUNITION
Les personnes jugées coupables d'un crime sont condamnées à des peines d'emprisonnement. La France compte aujourd'hui 63 211 détenus (avril 2008).

L'avocat entame sa plaidoirie pour convaincre les jurés de l'innocence de son client.

DROIT CIVIL

Le droit civil est l'ensemble des règles gérant les relations juridiques d'un particulier. Il nous concerne en tant qu'individu et citoyen de la naissance à la mort : il concerne notre identité, nos liens de parenté, nos responsabilités envers des personnes ou des choses qui sont sous notre garde, les biens à recevoir en héritage, etc. Le code civil comprend l'ensemble de la réglementation relative au droit civil, c'est lui qui nous confère des droits et des obligations.

JUSTICE ET TORTURES

La justice a été bien souvent barbare jusqu'à la Révolution. Des tourments gradués étaient infligés aux personnes soupçonnées, pour leur arracher des aveux. Bastonnades, pierres chauffées au rouge et autres tortures, étaient infligées au prétendu coupable. S'il survivait, il était considéré comme innocent.

AVOCATS

« Je jure, comme avocat, d'exercer mes fonctions avec dignité, conscience, indépendance, probité et humanité », tel est le serment d'un nouvel avocat lors d'une cérémonie solennelle devant la cour d'appel. Il constitue une garantie de sécurité irremplaçable pour son client. Tout avocat doit exercer son métier selon des principes essentiels qui garantissent notamment son indépendance et la confidentialité des consultations.

LOIS

En France, les lois, proposées par le gouvernement (projet de loi) ou par l'Assemblée nationale (proposition de loi), sont votées par le parlement (Assemblée nationale et Sénat). Les tribunaux sont chargés de faire respecter ces lois. Les décisions de justice s'appuient sur la jurisprudence – les décisions antérieurement prises lors de procès similaires. Le système légal français suit le modèle accusatoire : deux parties (l'accusation et la défense) argumentent pour convaincre le juge. La partie qui apporte l'affaire devant le tribunal est appelée accusation, et celle qui défend l'accusé est appelée défense. Dans les affaires civiles, l'accusation est souvent appelée « plaignant ».

DROIT INTERNATIONAL

Les problèmes internationaux exigent une coopération mondiale. Une catastrophe aérienne, par exemple, peut impliquer des compagnies et des individus de nombreux pays. Les magistrats doivent s'accorder sur la manière équitable d'établir la responsabilité et d'indemniser les victimes dans le cadre de la législation internationale.

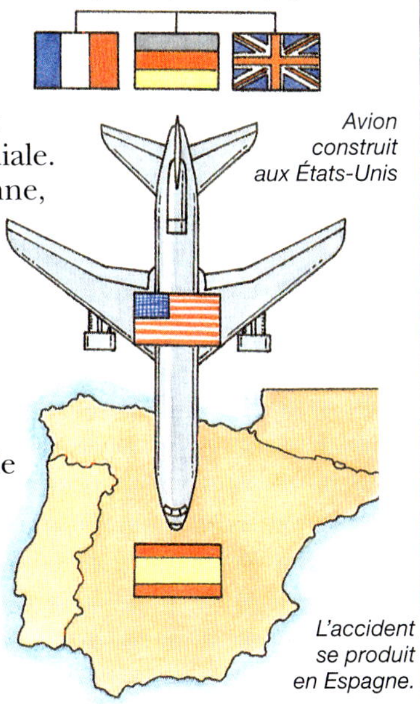

Daumier, Avocats dans un couloir du tribunal

Pour en savoir plus

LES DROITS DE L'HOMME
GOUVERNEMENT ET POLITIQUE
LA POLICE

les Droits de l'homme

« LES HOMMES NAISSENT ET DEMEURENT LIBRES ET ÉGAUX en droits. » Voilà la première phrase de la Déclaration des droits de l'homme et du citoyen, établie par les représentants du peuple français en pleine révolution le 26 août 1789 : ils décidèrent « d'exposer, dans une déclaration solennelle, les droits naturels, inaliénables et sacrés de l'homme ». En 1948, l'ONU adopte la Déclaration universelle des droits de l'homme, qui présente les droits fondamentaux de chaque être humain, dont le droit de vote, le droit à la liberté de penser, le droit à l'éducation, le droit au travail, etc. Ces droits n'ont pas toujours été respectés, mais ils sont devenus pour les hommes épris de liberté et de justice une base solide et concrète de revendications. Certains pays les bafouent impunément, et aujourd'hui encore, partout dans le monde, certaines femmes, certains Noirs, certains Indiens d'Amérique, certains homosexuels luttent contre les discriminations dont ils sont victimes.

NELSON MANDELA
En 1948, le gouvernement d'Afrique du Sud introduisit l'apartheid, un régime refusant tout droit civil à la majorité noire de la population. Le Congrès national africain (ANC) dirigé par Nelson Mandela (né en 1918) combattit longtemps l'apartheid, finalement abrogé en 1991.

MOHANDAS GANDHI
En 1915, Mohandas Gandhi (1869-1948) prit la tête de la lutte contre la domination anglaise en Inde avec des méthodes pacifistes. Appelant à la désobéissance civile non-violente, unissant et mobilisant son peuple, Gandhi, par ses grèves de la faim et ses marches, contribua largement à l'indépendance de l'Inde en 1947.

DROITS DES NOIRS AMÉRICAINS

Le racisme est un déni des droits de l'homme, et les Noirs des États-Unis en ont longtemps souffert. Dans les années 1890, des lois votées dans les États du sud du pays leur ont retiré les droits les plus élémentaires, les réduisant de nouveau à l'état d'esclaves, alors même que l'esclavage avait été aboli en 1848 : c'était l'époque de la ségrégation raciale. Sous la direction de Martin Luther King (1929-1968), un mouvement pour les droits civils des Noirs naquit. Il recourait à des méthodes non-violentes telles que les *sit-in* (à gauche) lors desquels les Noirs occupaient pacifiquement des lieux publics qui leur étaient interdits. Finalement, des lois votées en 1964 et en 1965 rendirent illégale la discrimination fondée sur la race, la couleur ou la religion dans les domaines de l'éducation, de l'emploi et du vote.

AMNESTY INTERNATIONAL

Organisation mondiale de défense des droits de l'homme, Amnesty International fut fondée en 1961 suite à un appel d'un avocat anglais, Peter Benenson, pour la libération de deux étudiants portugais emprisonnés pour avoir porté un toast à la liberté. Amnesty lutte pour obtenir un jugement équitable et rapide de tous les prisonniers, mettre fin à la torture et aux exécutions, et assurer la libération de personnes emprisonnées pour leurs opinions politiques ou religieuses, qui n'ont pas usé de violence ou encouragé cette dernière. L'organisation, basée à Londres, compte plus d'un million de membres. En 1977, Amnesty International a reçu le prix Nobel de la paix pour son travail.

MOUVEMENT DES INDIENS D'AMÉRIQUE
Depuis les années 1960, les Indiens d'Amérique revendiquent leurs droits avec énergie. En 1968, le Mouvement des Indiens d'Amérique (AIM) s'est constitué pour obtenir droits civils et meilleures conditions de vie dans les réserves. En 1973, il occupa Wounded Knee (Dakota du Sud), site d'un massacre du peuple sioux en 1890. Des agents fédéraux encerclèrent les manifestants, et un siège commença lors duquel deux membres de l'AIM furent tués. Depuis, certains Indiens ont obtenu des droits territoriaux, mais la discrimination continue.

Pour en savoir plus
L'AFRIQUE (HISTOIRE)
LE DROIT
L'ESCLAVAGE
LES INDIENS D'AMÉRIQUE
MARTIN LUTHER KING
NELSON MANDELA

les Droits des femmes

FEMMES EN GUERRE
Pendant la Première Guerre mondiale, dans les usines et dans les fermes, les femmes remplacèrent les hommes partis pour le front. Cette période contribua largement à prouver que les femmes pouvaient exercer les mêmes métiers que les hommes. En 1914, le service de Santé des armées recruta ses premières femmes sous réserve qu'elles serviraient pour toute la durée de la guerre. Elles sauveront de nombreuses vies.

IL Y A ENCORE DEUX SIÈCLES, les femmes avaient peu de droits. Considérées comme la propriété de leur père ou de leur mari, elles n'étaient pas autorisées à voter. Au milieu du XIXe siècle, les femmes occidentales commencèrent à exiger l'égalité avec les hommes. Elles voulaient obtenir le droit de voter, et une égalité des chances dans le travail et les études. Elles revendiquèrent aussi le droit de divorcer. La première manifestation organisée en faveur du droit de vote eut lieu aux États-Unis en 1848. Les femmes des années 1970 reprirent la lutte pour l'égalité des droits. Cette nouvelle vague de protestation fut appelée mouvement de libération des femmes. Il lutta efficacement contre les discriminations à l'égard des femmes. Mais il reste encore beaucoup à faire. Le combat pour les droits des femmes est appelé féminisme.

1851 Marie-Angélique Duchemin, première femme chevalière de la légion d'Honneur.

1903 Marie Curie première femme à obtenir le prix Nobel (de physique).

1908 Première action violente des suffragettes qui envahissent un bureau de vote pour s'emparer des urnes.

1910 Judith Gautier première femme élue à l'académie Goncourt; la prochaine sera Colette en 1945.

1944 L'ordonnance du 21 avril 1944 accorde le droit de vote aux femmes françaises.

1947 Germaine Poinso-Chapuis première femme ministre. Ministère de la Santé publique et de la Population.

1949 Simone de Beauvoir écrit son essai *Le Deuxième Sexe*, bible du féminisme contemporain.

1967 Loi Neuwirth autorisant l'accès aux moyens de contraception.

1970 Fondation du MLF (Mouvement de libération des femmes).

1974 Adoption de la loi Veil sur l'interruption volontaire de grossesse, votée en 1975.

2003 Marche des femmes de banlieue « Ni putes ni soumises » pour dénoncer la condition des femmes dans les cités de banlieue. Trente mille femmes défilent dans les rues de Paris.

D

Des suffragettes anglaises furent emprisonnées (1909). Comme elles refusaient de s'alimenter, les gardes les nourrissaient à l'aide de tubes qu'ils enfonçaient de force par le nez jusque dans l'estomac.

SIMONE VEIL
Simone Veil est une figure politique et féministe de premier plan, dont l'autorité morale est reconnue dans tous les partis. Née le 13 juillet 1927 à Nice, elle est déportée à l'âge de 17 ans à Auschwitz où mourront sa mère et sa sœur. Après des études de droit, elle entre en 1974 au gouvernement Chirac comme ministre de la Santé, jusqu'en 1979. En 1975, elle réussit à faire voter sa loi sur l'IVG (interruption volontaire de grossesse). C'est une victoire importante dans le long combat qui garantit le droit des femmes à disposer librement de leur corps.

LES SUFFRAGETTES
Le combat mené au cours du XIXe siècle en faveur du vote des femmes aboutit à la création en 1904 de l'Alliance internationale pour le suffrage des femmes. Son succès doit beaucoup au radicalisme des suffragettes anglaises et, paradoxalement, à la dureté de la répression que leur a opposée l'État britannique. En France, le débat, plus philosophique, n'engendrera pas autant de violences. Madeleine Pelletier, psychiatre de formation, en fut la principale animatrice. Dans les années 1930, Louise Weiss organisa des actions médiatiques. Elle se présenta aux élections municipales du 5 mai 1935, avec des cartons à chapeaux en guise d'urnes. Elle recueillit à Montmartre 18000 voix. Toutes ces féministes devront pourtant attendre le 20 avril 1945 pour voter !

Manifestation de suffragettes devant le Palais-Bourbon, à Paris (1906)

MOUVEMENT DE LIBÉRATION DES FEMMES
Au début des années 1970, fut créé en France le MLF (Mouvement de libération des femmes). Une première action de choc le 26 août 1970 : le MLF manifesta à l'Arc de triomphe avec des slogans, comme « Il y a plus inconnu que le soldat inconnu, sa femme », ou « Un homme sur deux est une femme ». Les féministes des années 1970 organisèrent d'importantes manifestations pour le droit à la contraception et la libéralisation de l'avortement, ou encore pour les congés de maternité payés et contre le licenciement abusif durant la grossesse.

Manifestation de suffragettes devant le Palais-Bourbon (1906)

Pour en savoir plus
LA DÉMOCRATIE
LE DROIT
LES DROITS DE L'HOMME
L'ÉCOLE

l'Eau

L'EAU EST PARTOUT. Plus de 70 % de la surface du globe est occupée par les mers et les océans. Près de 10 % de la surface terrestre, soit l'équivalent de l'Amérique du Sud, est recouverte d'eau sous forme de glace. Mais l'eau ne se renouvelle pas si facilement. Son cycle est lent bien que sans fin. L'eau de pluie s'infiltre dans les sols, devient rivière, fleuve, et rejoint la mer avant de s'évaporer pour former des nuages et se transformer à nouveau en pluie. L'eau a fait de notre planète ce qu'elle est. La vie des plantes, de l'humanité et des animaux en dépend, qui elle-même a débuté dans l'eau des mers de la préhistoire. Mers et fleuves sculptent le paysage depuis des millions d'années, en creusant falaises et canyons, alors que les glaciers y découpent de profondes vallées. L'eau est essentielle aux hommes, à l'industrie et à l'agriculture.

La tension superficielle contraint les molécules d'eau à former de petites gouttes de forme sphérique.

TENSION SUPERFICIELLE

La surface de l'eau est semblable à une peau élastique. Il suffit pour s'en rendre compte d'observer certains petits insectes qui se déplacent sur l'eau : la surface se creuse au bout de leurs pattes, mais l'insecte ne s'enfonce pas dans l'eau. Cet effet, dit de tension superficielle, est dû au fait que les molécules d'eau s'attirent mutuellement. La formation des gouttes d'eau obéit à la même loi.

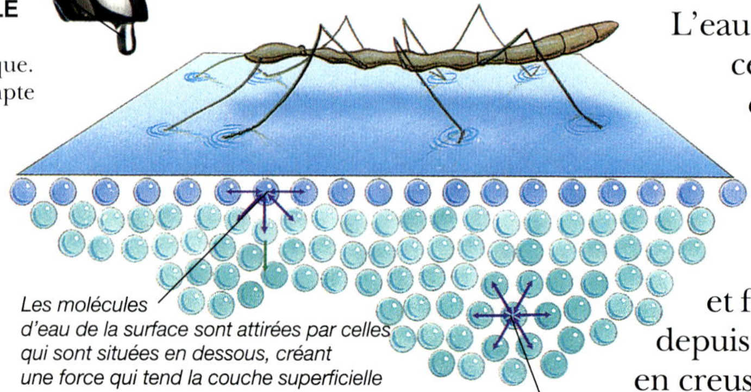

Les molécules d'eau de la surface sont attirées par celles qui sont situées en dessous, créant une force qui tend la couche superficielle telle une bande élastique.

Au sein du liquide, chaque molécule d'eau est entourée par d'autres et les forces exercées s'équilibrent.

ÉLÉMENT VITAL

Plantes et animaux sont en grande partie composés d'eau. Leur vie en dépend. Plus des deux tiers du corps humain sont constitués d'eau. Pour compenser celle qu'il perd en urinant, en transpirant et en respirant, notre corps a besoin d'un apport quotidien équivalent. Personne ne peut survivre plus de quatre jours sans boire.

GLACE

L'eau gèle lorsque la température descend au-dessous de 0 °C. En gelant, l'eau occupe plus de place, si bien que les conduites d'eau peuvent éclater en cas d'hiver particulièrement rigoureux.

LIQUIDE, SOLIDE ET GAZ

L'eau pure est formée d'hydrogène et d'oxygène. Chaque molécule d'eau contient un atome d'oxygène et deux atomes d'hydrogène. Les scientifiques désignent l'eau par le symbole H_2O. L'eau généralement à l'état liquide peut se présenter sous forme solide ou gazeuse. Au repos, elle s'évapore lentement et se transforme en vapeur d'eau. En se refroidissant suffisamment, elle devient solide et se transforme en glace.

EAU

L'eau salée boue à une température plus élevée et gèle à une température plus basse que l'eau pure. On sale les routes en hiver pour éviter la formation de verglas.

VAPEUR D'EAU

L'eau boue à 100 °C. L'évaporation est si rapide qu'elle forme des bulles. La rencontre de vapeur d'eau, gaz invisible, et d'air froid donne des nuages de vapeur constitués de minuscules gouttelettes d'eau qui se forment à la rencontre de vapeur chaude et d'air froid.

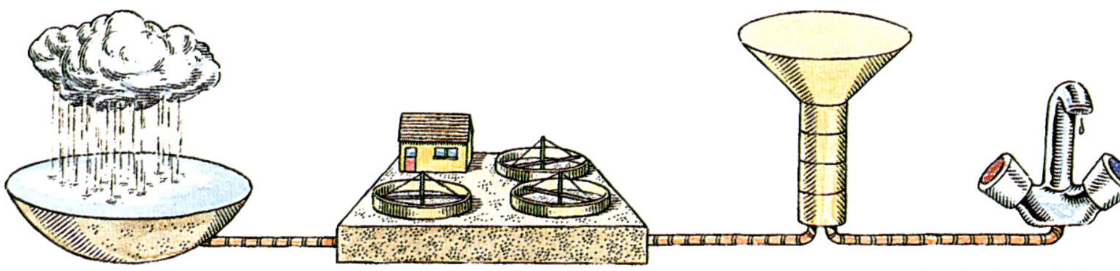

L'eau des précipitations alimente lacs et barrages artificiels.

L'eau est purifiée dans une usine de traitement.

L'eau purifiée est pompée à l'intérieur d'un réservoir ou d'un château d'eau.

Le stockage de l'eau en hauteur assure son écoulement lors de l'ouverture d'un robinet d'alimentation.

TRAITEMENT DE L'EAU

L'eau stockée dans un réservoir est généralement impropre à la consommation. Elle doit passer par un centre de traitement qui élimine les germes et les substances nocives contenus dans l'eau. Le chlore dissous dans l'eau tue bactéries et virus. L'eau est enfin stockée dans d'immenses bassins de décantation, avant de passer à travers des filtres de graviers et de sable, qui éliminent les particules restantes.

L'eau constitue une immense réserve d'énergie, pratiquement illimitée, à la différence du charbon et du gaz naturel.

CENTRALE HYDROÉLECTRIQUE

Il y a plus de 2000 ans que l'homme utilise l'eau comme source d'énergie. Aujourd'hui, l'eau alimente des centrales hydroélectriques. Ces installations prennent souvent place en contrebas des barrages. L'eau, propulsée depuis la retenue dans des conduites forcées, entraîne des turbines couplées à des générateurs pour produire de l'électricité. Cette énergie est propre et renouvelable : elle ne pollue pas et n'épuise pas les ressources.

SOLUTIONS

On trouve rarement dans la nature de l'eau à l'état pur. De nombreuses substances y sont dissoutes, formant des mélanges appelés solutions. L'eau de mer est salée, car de nombreux minéraux y sont dissous. Certaines solutions à base d'eau sont essentielles à la vie, comme le plasma du sang.

Le sucre en se dissolvant dans l'eau donne une solution sucrée.

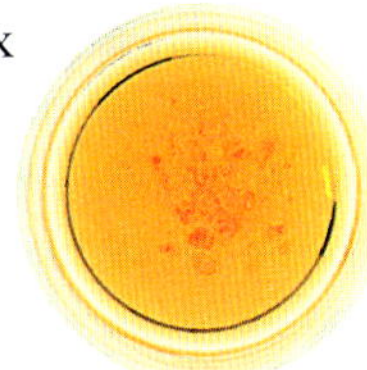

La dissolution entraîne la disparition des particules de sucre.

Si trois trous identiques sont percés dans la paroi d'un conteneur rempli d'eau, la pression de l'eau qui s'écoule du trou le plus bas est la plus forte, car le poids de l'eau dans le conteneur est bien plus important à ce niveau.

PRESSION

L'eau s'écoule d'un robinet car elle est sous pression (elle est poussée sous l'effet d'une force). Cet effet est obtenu au moyen de pompes qui forcent l'eau dans des conduites en utilisant des pistons ou des pales semblables à celles des moteurs de bateau. L'eau exerce également une pression variable selon sa profondeur. Cette pression peut être ressentie au niveau des tympans quand on plonge dans une piscine.

Les camions des pompiers sont équipés de puissantes pompes, qui propulsent l'eau jusqu'aux flammes les plus hautes.

POLLUTION ET SÉCHERESSE

Dans de nombreux endroits du globe, comme en Afrique orientale, l'absence de précipitations entraîne une sécheresse perpétuelle. Les végétaux ne poussent pas, les animaux et les hommes se battent pour survivre. Il est parfois tout aussi difficile d'obtenir de l'eau pure et saine dans des régions même très arrosées, l'eau étant menacée par la pollution et les déchets humains et industriels.

Les profondes réserves d'eau souterraines finissent par s'assécher, ou mettent des années à se reconstituer après une période de longue sécheresse.

Pour en savoir plus

Chaleur et température
L'Électricité
Les Fleuves
Les Lacs
Mers et océans
Pluie et neige

l'École

LES ÉCOLES DIFFÈRENT selon les cultures et les pays, mais tous les êtres humains sont émus au souvenir de la première fois qu'ils sont allés à l'école. Toutes les écoles sont là pour enseigner les savoirs fondamentaux dont nous avons besoin pour vivre en société : la lecture, l'écriture et le calcul. Dans les pays occidentaux, c'est l'école primaire ou élémentaire qui assure cet enseignement à des enfants de 6 à 11 ans. Mais dans d'autres pays, les enfants ne vont plus à l'école après 10 ans, voire plus tôt. Le système scolaire coûte cher et seuls les pays les plus riches peuvent se permettre d'offrir des écoles gratuites à tous les enfants. Et même dans les pays en voie de développement où l'enseignement primaire est gratuit, de nombreuses familles ont besoin pour vivre de l'argent supplémentaire gagné par les enfants. C'est pourquoi des millions d'enfants travaillent et vont à l'école, ou travaillent au lieu d'aller à l'école.

ENSEIGNEMENT MÉDIÉVAL
Pour l'écolier du XIIe siècle, la discipline était sévère et la journée d'école très longue. On enseignait peu la lecture et l'écriture et les enfants apprenaient surtout en écoutant le professeur et en posant des questions.

Apprendre à connaître les autres peuples, les autres langues et les autres pays nous aide à comprendre le monde qui nous entoure.

Les jeunes écoliers adorent les activités manuelles — peinture, pâte à modeler, etc. C'est une première approche de l'art en général.

ÉCOLES DU XIXe SIÈCLE
Au XIXe siècle, l'école gratuite pour tous s'est répandue dans de nombreux pays européens et aux États-Unis. Le programme scolaire comprenait les mêmes matières qu'aujourd'hui, mais apprendre n'était pas aussi amusant. Les enseignants exigeaient de leurs élèves qu'ils récitent leurs leçons par cœur, parfois il y avait des châtiments corporels.

CLASSES EN PLEIN AIR
Dans certaines régions d'Afrique et d'Inde où l'argent manque pour construire des écoles, l'enseignement a lieu dehors. Dans les pays où la population est dispersée, les écoles sont rares et les enfants marchent plusieurs kilomètres pour s'y rendre. Lorsque l'école la plus proche est vraiment trop éloignée, comme en Australie, un émetteur-récepteur permet de suivre des cours à domicile.

Jouer d'un instrument de musique exige coordination et sens du rythme. Et jouer à plusieurs apprend la coopération.

SOCIALISATION
La vie à l'école permet d'apprendre à partager, à communiquer et à s'entendre avec les autres. Les élèves doivent travailler ensemble, écouter leurs idées et leurs opinions respectives, mais aussi se faire des amis et respecter leurs différences.

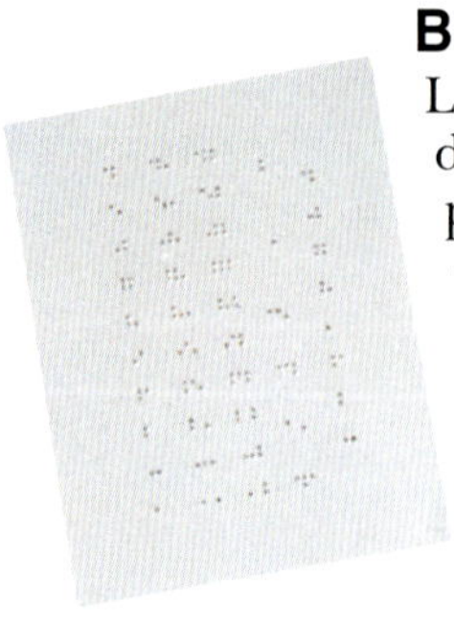

BRAILLE
Les écoliers souffrant d'un handicap physique peuvent avoir besoin d'un équipement spécial pour étudier, par exemple des livres en braille s'ils sont aveugles. Le braille est une écriture en relief : les aveugles ou les malvoyants passent l'extrémité de leurs doigts sur les lettres pour lire.

Un exercice physique régulier améliore la forme physique et le bien-être psychologique. L'éducation physique enseigne aux enfants la discipline et l'endurance, et encourage à la fois l'effort collectif et les performances individuelles.

Dans certaines écoles, les élèves apprennent les bases d'une alimentation saine et équilibrée, à composer un repas, à préparer et à présenter les aliments.

Savoir calculer et mesurer est indispensable dans la vie quotidienne et dans de nombreux métiers. Les mathématiques améliorent la logique et aident à la résolution des problèmes.

SCOLARITÉ

En France, l'école est obligatoire à partir de 6 ans et jusqu'à 16 ans. Auparavant, les enfants âgés de 2 à 6 ans fréquentent la maternelle, une école facultative. L'école primaire enseigne aux écoliers de 6 à 11 ans. Les élèves fréquentent ensuite le collège et le lycée de la sixième à la terminale. Après le baccalauréat, de nombreux jeunes poursuivent des études supérieures, par exemple à l'université où ils deviennent des étudiants.

ÉCOLE PUBLIQUE, ÉCOLE PRIVÉE

L'enseignement, qu'il soit primaire, secondaire ou supérieur, peut être public et gratuit (partiellement ou totalement) ou privé et payant. Souvent, les écoles privées sont confessionnelles. En France, certaines écoles privées catholiques sont encore tenues par des religieuses.

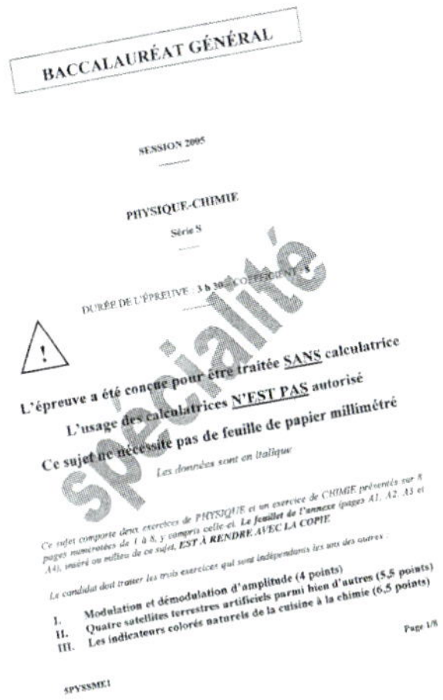

BACCALAURÉAT GÉNÉRAL

SESSION 2005

PHYSIQUE-CHIMIE

Série S

DURÉE DE L'ÉPREUVE : 3 h 30 – COEFFICIENT : 8

spécialité

L'épreuve a été conçue pour être traitée SANS calculatrice

L'usage des calculatrices N'EST PAS autorisé

Ce sujet ne nécessite pas de feuille de papier millimétré

Les données sont en italique

*Ce sujet comporte deux exercices de PHYSIQUE et un exercice de CHIMIE présentés sur 8 pages numérotées de 1 à 8, y compris celle-ci. **Le feuillet de l'annexe** (pages A1, A2, A3 et A4), inséré au milieu de ce sujet, **EST À RENDRE AVEC LA COPIE***

Le candidat doit traiter les trois exercices qui sont indépendants les uns des autres :

I. Modulation et démodulation d'amplitude (4 points)
II. Quatre satellites terrestres artificiels parmi bien d'autres (5,5 points)
III. Les indicateurs colorés naturels de la cuisine à la chimie (6,5 points)

Page 1/8

SPYSSME1

EXAMENS

Au cours de sa scolarité, un élève doit passer des examens. Le brevet des collèges marque la fin du 1er cycle de l'enseignement secondaire. On le passe à la fin de la troisième. Le baccalauréat, l'examen le plus important, marque la fin des études secondaires. Le diplôme du bac est généralement un passeport pour les études supérieures.

ÉLÈVES EN DIFFICULTÉ ET HANDICAPÉS

Certains élèves ont besoin d'un soutien scolaire pour rattraper leur retard – dans l'apprentissage de la lecture ou de l'écriture, par exemple. Quant aux enfants souffrant de handicaps physiques ou mentaux graves, ils doivent être pris en charge dans des établissements spécialisés.

MATIÈRES DU SECONDAIRE

Les matières principales enseignées au collège et au lycée sont les mathématiques, le français, l'histoire et la géographie, les langues, la physique/chimie et les sciences naturelles. Les élèves ont le choix des langues étrangères qu'ils veulent apprendre, et peuvent optionnellement étudier le grec ou le latin.

Élèves d'un établissement public d'enseignement secondaire en Grande-Bretagne. Dans de nombreux pays, les élèves portent un uniforme.

RÉSULTATS SCOLAIRES

Si un élève obtient de trop mauvais résultats, il peut redoubler une classe, c'est-à-dire y accomplir une seconde fois la même année de scolarité. S'il ne rencontre aucune difficulté d'apprentissage particulière, il passe tous les ans dans la classe supérieure. S'il est vraiment excellent, voire surdoué, il peut sauter une ou plusieurs classes.

Pour en savoir plus

COMMUNICATION ET TECHNIQUE
L'ÉDUCATION
LES ORDINATEURS

Écologie et chaînes alimentaires

ÉCOSYSTÈME
Une communauté d'espèces et son environnement en interaction permanente constituent un écosystème. La Terre peut être considérée comme un écosystème géant tournant dans l'espace. Elle recycle ses matériaux bruts, tels que les feuilles, et est alimentée par l'énergie du Soleil.

CHAQUE ÊTRE VIVANT A SA PLACE dans la nature ; l'écologie étudie les rapports entre les organismes et leur environnement. Elle nous aide à comprendre comment plantes et animaux dépendent les uns des autres, ainsi que de l'environnement, pour survivre. Grâce à elle, nous pouvons travailler à sauver des espèces de l'extinction, et à résoudre les problèmes causés par la pollution. Plantes et animaux peuvent être répartis en différents groupes, selon leur fonction écologique. Les plantes, qui capturent l'énergie du soleil et l'utilisent pour produire de nouvelles pousses, sont appelées producteurs ; les animaux mangent des végétaux et se mangent entre eux, et sont donc appelés consommateurs. Tous les organismes vivant dans une zone donnée, et se nourrissant les uns des autres, constituent une communauté. Les relations liant les individus d'une ommunauté forment une chaîne alimentaire ; l'énergie circule dans la communauté le long de cette chaîne.

Le martin-pêcheur d'Europe est bien protégé : son plumage vivement coloré avertit les prédateurs que sa chair a mauvais goût. Il porte bien son nom – c'est un excellent pêcheur.

CHAÎNES ALIMENTAIRES
Une plante utilise l'énergie du soleil pour pousser. Un herbivore (mangeur de plantes) mange la plante. Un carnivore (mangeur de viande) ou un omnivore (mangeur de plantes et de viande) mange ensuite l'herbivore. Cette série d'événements est appelée chaîne alimentaire.

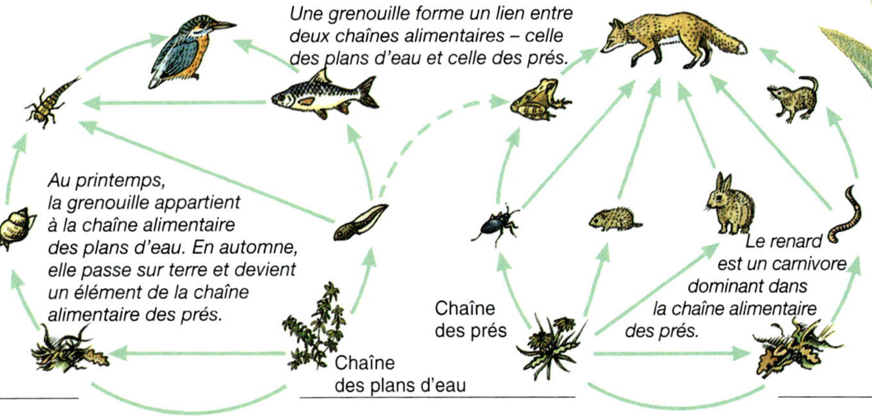

Les plantes sont au début de la chaîne alimentaire, dans un plan d'eau, ou sur terre.

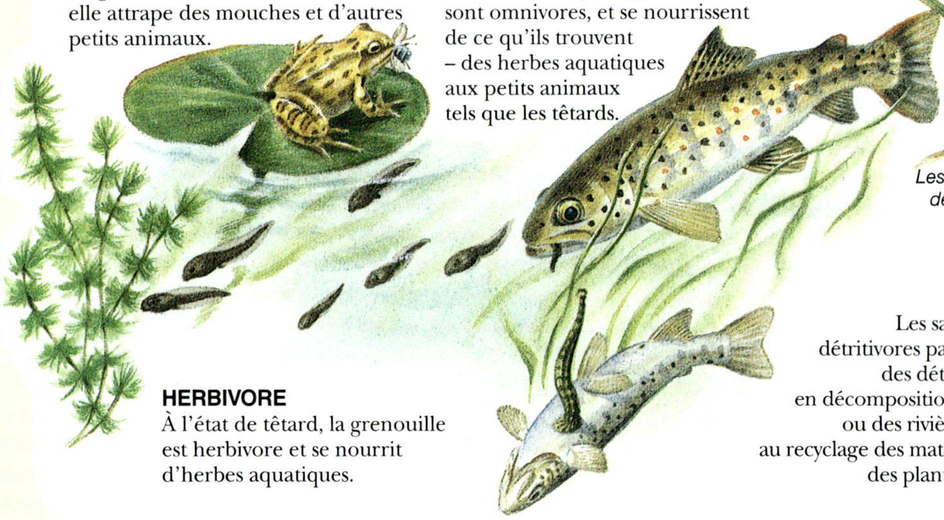

CARNIVORE
La grenouille adulte est carnivore ; elle attrape des mouches et d'autres petits animaux.

OMNIVORE
De nombreux petits poissons sont omnivores, et se nourrissent de ce qu'ils trouvent – des herbes aquatiques aux petits animaux tels que les têtards.

HERBIVORE
À l'état de têtard, la grenouille est herbivore et se nourrit d'herbes aquatiques.

DÉTRITIVORE
Les sangsues sont appelées détritivores parce qu'elles mangent des détritus, ou des matières en décomposition, au fond des étangs ou des rivières. Elles contribuent au recyclage des matériaux et de l'énergie des plantes et animaux morts.

MARTIN-PÊCHEUR
Certains carnivores, n'ayant pratiquement aucun prédateur, sont appelés carnivores dominants. Ils meurent généralement de maladie, d'une blessure ou de vieillesse, devenant alors la proie des charognards. Le martin-pêcheur d'Europe a une alimentation très variée : petits poissons tels que vairons et épinoches, limaces et scarabées, larves de libellule, têtards et petites grenouilles. Cet oiseau occupe donc le sommet d'une chaîne alimentaire complexe.

HABITAT

Un habitat est le lieu où vit habituellement une plante ou un animal donné. Il existe plusieurs habitats caractéristiques, tels que la forêt de chênes, la mangrove et la falaise calcaire. Un habitat comporte souvent une ou quelques plantes principales, comme l'herbe des pampas dans les prairies d'Amérique du Sud. Certains animaux caractéristiques se nourrissent de ces plantes. Chaque espèce animale peut en général vivre dans plusieurs types d'habitats, mais ce n'est pas toujours le cas : le desman, par exemple, est un type de rat musqué qui n'existe que dans les torrents de montagne. La barrière de corail montrée ici est un des habitats les plus riches du monde. Ses eaux chaudes et peu profondes abondent en nutriments, et la lumière du soleil y encourage de nombreuses formes de vie différentes.

E

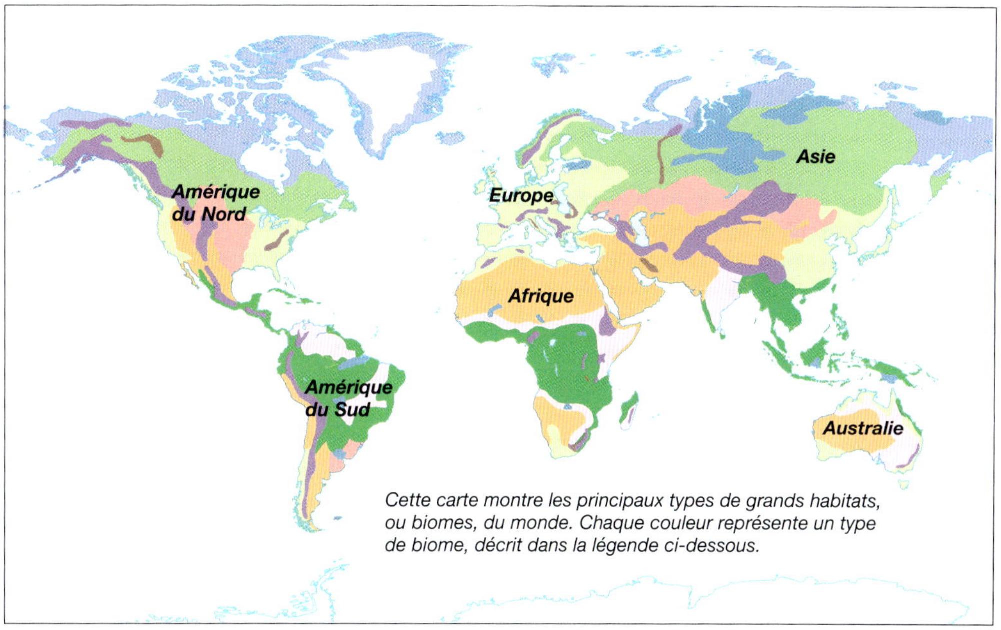

Cette carte montre les principaux types de grands habitats, ou biomes, du monde. Chaque couleur représente un type de biome, décrit dans la légende ci-dessous.

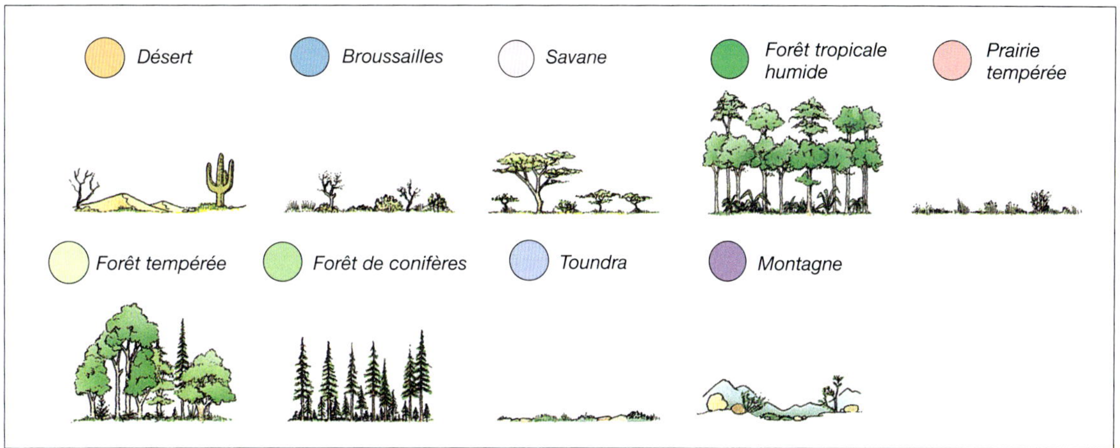

IOME

Un biome est un immense habitat, tel qu'une forêt tropicale ou un désert. Les déserts d'Afrique, d'Asie centrale et d'Amérique du Nord comportent des types distincts de plantes et d'animaux, mais leur écologie est similaire. Chacun de ces grands habitats, ou biomes, a un grand félin pour prédateur dominant – le caracal (une sorte de lynx) en Afrique, le lynx roux en Amérique du Nord et le manul en Asie centrale. Les principaux types de plantes poussant dans un biome sont déterminés par son climat. Les zones proches de l'équateur, à fortes précipitations, deviennent des forêts tropicales ; dans les régions froides proches de l'Arctique et de l'Antarctique, seules les plantes de la toundra survivent.

PESTICIDES

Fermiers et jardiniers utilisent des pesticides pour tuer les insectes qui parasitent les cultures. En 1972, l'insecticide appelé DDT a été interdit aux États-Unis parce qu'il causait de grands dommages dans la faune locale. Une fois pulvérisé sur les récoltes, le DDT est partiellement mangé par des herbivores tels que souris et écureuils et s'accumule dans leur corps. Un oiseau de proie comme le faucon mange l'animal, le DDT se concentre dans le corps de l'oiseau, et la coquille de ses œufs, contaminée, devient trop fine ou se déforme, se casse et entraîne la mort des petits qu'il couve. Depuis l'interdiction du DDT, le nombre de faucons a lentement augmenté.

Aujourd'hui, faucons et autres oiseaux de proie sont rares. Beaucoup sont morts à cause des pesticides employés par les fermiers pour tuer les insectes qui parasitent leurs cultures.

Pour en savoir plus

AIGLES ET AUTRES RAPACES DIURNES
LES ESPÈCES ANIMALES
LES ESPÈCES EN VOIE DE DISPARITION
LACS ET RIVIÈRES (FAUNE ET FLORE)
LES PLANTES
LA POLLUTION

l'Écosse

CROIX DE SAINT-ANDRÉ
La croix de Saint-André, saint patron de l'Écosse, est appelée « sautoir ».

D'ÉDIMBOURG JUSQU'AUX HIGHLANDS, le peuple écossais est fier de sa culture. L'Écosse fait partie du Royaume-Uni et occupe la partie nord de la Grande-Bretagne, mais bénéficie depuis 1999 d'un statut d'autonomie, avec un Parlement aux pouvoirs étendus. Les banques écossaises impriment leurs propres livres (monnaie), et la région jouit de son propre système juridique. Situé très au nord, le pays connaît des journées courtes en hiver, mais de longues heures de jour en été. La grande majorité des 5 130 000 habitants se concentre dans les Lowlands (basses terres), proches des côtes, où l'on trouve les villes principales, et la capitale Édimbourg. Les anciennes industries ont décliné, même si les industries de services et le pétrole de la mer du Nord ont créé des emplois.

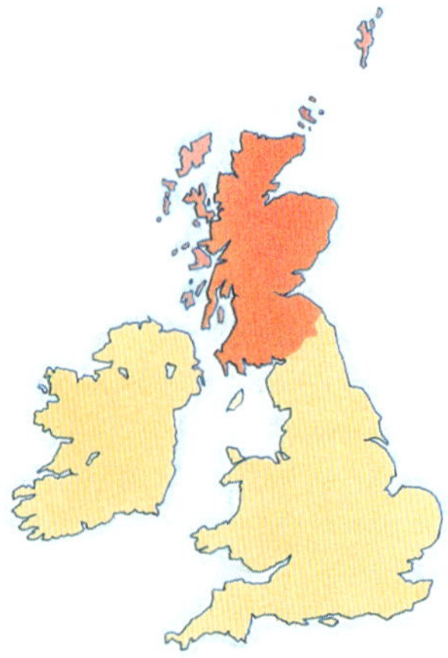

L'Écosse et ses îles constituent la partie la plus septentrionale du Royaume-Uni.

HIGHLANDS
Au nord de l'Écosse, les Highlands, région montagneuse rude mais magnifique, comprennent le Ben Nevis, la plus haute montagne de Grande-Bretagne, et de spectaculaires lochs (lacs). L'Écosse couvre une superficie de 78 742 km². L'essentiel de sa population (environ 5,1 millions d'habitants) vit plus au sud, dans les Lowlands (basses terres), près des villes de Glasgow et d'Édimbourg.

ÉDIMBOURG
Capitale du pays, Édimbourg était autrefois la ville des rois d'Écosse, et le nouveau Parlement écossais y siège. Le roc volcanique situé au centre, surmonté par le château d'Édimbourg, domine les toits de la ville. Chaque année, Édimbourg accueille un festival d'art de renommée internationale.

Sporran

KILT ET SPORRAN
Tartan et kilt sont typiques de la culture écossaise. Le kilt, sorte de jupe, est taillé dans le tartan, un tissu de laine à carreaux. Traditionnellement, le kilt se porte avec le sporran (bourse de peau), des chaussures spéciales et parfois une dague glissée dans la chaussette. Chaque tartan est représentatif d'un clan particulier.

WHISKY
L'Écosse est célèbre pour son whisky (scotch). Nombre de distilleries dans tout le pays produisent des centaines de whiskies pur malt, de goût et de couleur variables. Parmi les plats traditionnels écossais : le porridge et le haggis, panse de mouton farcie.

JEUX DES HIGHLANDS
Les champions des sports traditionnels écossais concourent lors des jeux annuels des Highlands. Ces jeux ont une longue histoire, et comprennent des disciplines telles que lancer de poids ou de marteau. Une des disciplines leur est propre : le lancer de tronc. Les athlètes en compétition doivent soulever et lancer un gros tronc d'arbre le plus loin possible.

Pour en savoir plus

LE ROYAUME-UNI (GÉOGRAPHIE)
LE ROYAUME-UNI (HISTOIRE)

les Écrivains

PITIÉ, CURIOSITÉ, EXCITATION, rêve, tristesse, joie… Les mots de l'écrivain procurent bien des émotions au lecteur. Qu'il s'agisse d'un roman historique, d'une poésie romantique, d'un article d'investigation, d'une comédie, nos sens et notre imagination sont mis en éveil par l'agencement des mots et leur signification. Un écrivain exprime en effet des faits, mais aussi des émotions, des idées, des questionnements, avec des mots, des petits signes tracés à l'encre sur du papier. Il a un grand pouvoir sur ses lecteurs : celui de « conditionner » plus ou moins leur état d'esprit. La plupart des écrivains espèrent être publiés pour pouvoir vivre de leur plume, mais écrire n'est pas une activité très lucrative, si ce n'est pour les quelques auteurs de *best-sellers* qui sont traduits dans toutes les langues et vendus à des centaines de milliers d'exemplaires.

HOMÈRE

Homère est un des plus anciens poètes dont les œuvres nous soient parvenues. Il vécut il y a à peu près 2 700 ans dans la Grèce antique, et est reconnu comme l'auteur de *L'Iliade* et de *L'Odyssée*, deux épopées très anciennes qui racontent l'histoire de la Grèce, la guerre de Troie notamment, et celle d'un de ses héros, Ulysse. L'image ci-dessus représente un épisode très célèbre des aventures d'Ulysse, au cours duquel des sirènes tenteront de l'envoûter ainsi que son équipage.

ÉCRIRE

Même le plus court roman contient plus de 50 000 mots : écrire est un rude travail ! Aujourd'hui, même si l'ordinateur est devenu un outil indispensable pour la plupart des auteurs, nombreux sont ceux qui préfèrent écrire avec un crayon et du papier. Chaque écrivain se trouve une méthode personnelle pour travailler. Écrire demande de l'obstination et de la concentration ; il faut se relire plusieurs fois pour améliorer des passages, et souvent même couper son texte en vue de le rendre plus agréable et plus dense. Les écrivains sont rarement satisfaits de leur travail. Ci-contre, voici la table de travail de Raymond Chandler (1888-1959), écrivain américain de romans noirs et de romans policiers.

Comme beaucoup d'auteurs, Chandler s'aidait d'un plan de la ville pour organiser les déplacements de ses personnages dans Los Angeles.

Chandler écrivait la première version de ses romans sur des feuilles de papier jaune. Ses feuilles étaient petites, car l'écrivain avait pour habitude non de corriger son texte par une rature, mais de réécrire toute la feuille quand il voulait changer un passage, et ce pour que son travail reste propre. Réécrire une grande feuille aurait pris plus de temps.

Des livres spécialisés, sur les armes notamment, donnaient à Chandler les informations nécessaires pour que ses romans soient vraisemblables et réalistes.

La secrétaire de Chandler tapait à la machine la version finale de ses romans.

L'auteur fumait la pipe et buvait du café pendant qu'il travaillait.

ANNE FRANK (1929-1945)

Lors de la Seconde Guerre mondiale, les nazis ont persécuté des millions de juifs. Pour leur échapper, Anne Frank et sa famille se sont cachées dans un grenier au Pays-Bas. L'adolescente a tenu son journal pendant tout le temps de la clandestinité de sa famille, et a laissé au monde entier un témoignage poignant sur cette période de l'histoire. Elle mourut en 1945 dans un camp de concentration.

BANDES DESSINÉES

Les auteurs de bandes dessinées touchent à deux arts : ils doivent être doués pour dessiner, mais aussi pour écrire. Parfois, une bande dessinée est le fruit d'une collaboration entre un dessinateur et un scénariste ; ainsi *Astérix et Obélix* ont été inventés par Albert Uderzo, un dessinateur et René Goscinny, un scénariste. Cet art est très populaire, et il a longtemps été déprécié. Il est né, tel que nous le connaissons aujourd'hui, à la fin du XIXe siècle. Il existe des bandes dessinées humoristiques, policières, d'aventures, sentimentales : tous les genres sont représentés.

Zep est le créateur du jeune héros Titeuf. Zep est un pseudonyme ; il est devenu très célèbre grâce à son petit personnage.

LITTÉRATURE ENGAGÉE

Les écrivains jouent un rôle important dans la société : ce sont des « passeurs d'idées ». Souvent, les histoires qu'ils racontent dénoncent les injustices et permettent à la société d'évoluer. Le roman *La Case de l'oncle Tom*, écrit en 1852 par une romancière américaine, Harriet Elizabeth Beecher Stowe, décrit les malheurs d'une famille d'esclaves. C'est l'un des livres les plus célèbres au monde, et il fut l'une des armes les plus puissantes contre l'esclavagisme, faisant basculer bien des consciences dans le camp des antiesclavagistes.

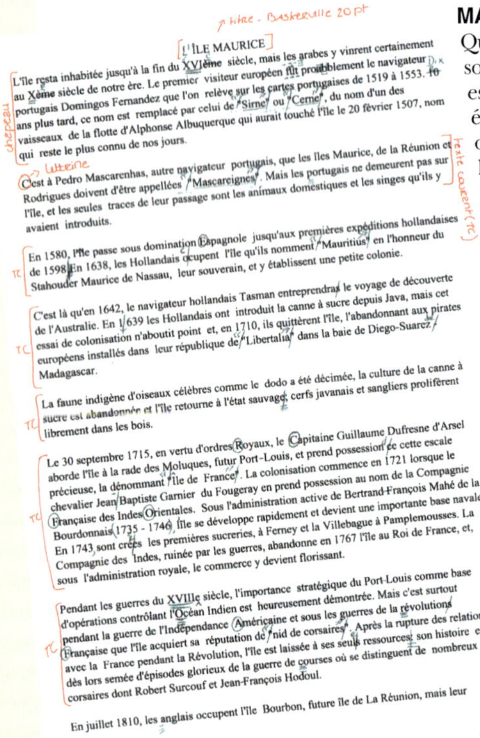

titre - Baskerville 20 pt

L'ÎLE MAURICE

L'île resta inhabitée jusqu'à la fin du XVIème siècle, mais les arabes y vinrent certainement
au Xème siècle de notre ère. Le premier visiteur européen fût proabblement le navigateur
portugais Domingos Fernandez que l'on relève sur les cartes portugaises de 1519 à 1553. 10
ans plus tard, ce nom est remplacé par celui de "Sirne" ou "Cerne", du nom d'un des
vaisseaux de la flotte d'Alphonse Albuquerque qui aurait touché l'île le 20 février 1507, nom
qui reste le plus connu de nos jours.

chapeau

lettrine

C'est à Pedro Mascarenhas, autre navigateur portugais, que les îles Maurice, de la Réunion et
Rodrigues doivent d'être appellées "Mascareignes". Mais les portugais ne demeurent pas sur
l'île, et les seules traces de leur passage sont les animaux domestiques et les singes qu'ils y
avaient introduits.

texte courant (TC)

En 1580, l'île passe sous domination Espagnole jusqu'aux premières expéditions hollandaises
de 1598. En 1638, les Hollandais ocupent l'île qu'ils nomment "Mauritius" en l'honneur du
Stahouder Maurice de Nassau, leur souverain, et y établissent une petite colonie.

C'est là qu'en 1642, le navigateur hollandais Tasman entreprendras le voyage de découverte
de l'Australie. En 1639 les Hollandais ont introduit la canne à sucre depuis Java, mais cet
essai de colonisation n'aboutit point et, en 1710, ils quittèrent l'île, l'abandonnant aux pirates
européens installés dans leur république de "Libertalia" dans la baie de Diego-Suarez
Madagascar.

La faune indigène d'oiseaux célèbres comme le dodo a été décimée, la culture de la canne à
sucre est abandonnée et l'île retourne à l'état sauvage, cerfs javanais et sangliers prolifèrent
librement dans les bois.

Le 30 septembre 1715, en vertu d'ordres Royaux, le Capitaine Guillaume Dufresne d'Arsel
aborde l'île à la rade des Moluques, futur Port-Louis, et prend possession de cette escale
précieuse, la dénommant "Île de France". La colonisation commence en 1721 lorsque le
chevalier Jean Baptiste Garnier du Fougeray en prend possession au nom de la Compagnie
Française des Indes Orientales. Sous l'administration active de Bertrand-François Mahé de la
Bourdonnais (1735 - 1746) l'île se développe rapidement et devient une importante base navale.
En 1743 sont crées les premières sucreries, à Ferney et la Villebague à Pamplemousses. La
Compagnie des Indes, ruinée par les guerres, abandonne en 1767 l'île au Roi de France, et,
sous l'administration royale, le commerce y devient florissant.

Pendant les guerres du XVIIIe siècle, l'importance stratégique du Port-Louis comme base
d'opérations contrôlant l'Océan Indien est heureusement démontrée. Mais c'est surtout
pendant la guerre de l'Indépendance Américaine et sous les guerres de la révolutions
Française que l'île acquiert sa réputation de "nid de corsaires". Après la rupture des relations
avec la France pendant la Révolution, l'île est laissée à ses seuls ressources; son histoire est,
dès lors semée d'épisodes glorieux de la guerre de courses où se distinguent de nombreux
corsaires dont Robert Surcouf et Jean-François Hodoul.

En juillet 1810, les anglais occupent l'île Bourbon, future île de La Réunion, mais leur

MANUSCRIT

Quand un écrivain remet son texte à un éditeur, sa version est appelée « manuscrit », qu'elle soit écrite à la main, tapée à la machine ou avec un ordinateur. Sur le manuscrit, l'éditeur note des indications pour le maquettiste et fait des corrections dans le texte pour l'améliorer. L'éditeur et l'auteur travaillent ensemble à rendre le texte meilleur ; souvent, l'éditeur propose des changements pour rendre le roman plus cohérent ou plus agréable à lire.

LITTÉRATURE ET CINÉMA

De nombreux films sont tirés d'œuvres littéraires – pièce de théâtre, nouvelle ou roman. On parle alors d'adaptation cinématographique. L'auteur doit céder ses droits au cinéaste. Celui-ci peut être amené à couper des passages. En mettant en images un texte, il donne son interprétation et son analyse de celui-ci, en même temps qu'il crée une œuvre artistique. Voici quelques films célèbres qui voient leur origine dans la littérature : *Le Seigneur des anneaux* (roman de J.R.R. Tolkien, 1954-1955 ; film de Peter Jackson, 2001-2003), *Mort à Venise* (roman de Thomas Mann, 1913 ; film de Luchino Visconti, 1971), *Cyrano de Bergerac* (pièce d'Edmond Rostand, 1897 ; film de Jean-Paul Rappeneau, 1990).

RÉALITÉ ET IMAGINATION

Parfois, les auteurs se servent de leur imagination pour inventer un monde bien différent du nôtre, dans lequel des dragons peuvent affronter des vaisseaux spatiaux, par exemple. Il s'agit de la littérature de science-fiction et de la littérature fantastique. L'écriture permet à l'auteur de se départir de la réalité mais, en même temps, cette distance par rapport à la réalité permet d'appréhender notre société sous un autre jour, car les univers imaginés sont toujours transposés de notre monde réel et de ses problèmes. Depuis quelques années, ces deux genres littéraires sont sujets à un engouement sans précédent, comme en témoigne la saga *Twilight*, dont le succès est retentissant, autant sur les écrans que dans les rayons de librairie. Cette saga se penche sur les tourments de l'amour à travers l'histoire passionnée qui se noue entre une jeune humaine et un vampire.

-2300 Première littérature écrite au monde, en Égypte ancienne : *le Livre des Morts*.

-700 Homère écrit L'*Iliade* et L'*Odyssée*.

-600 Premiers poèmes lyriques avec Sappho, écrivain grec.

-500 Premières tragédies, avec l'écrivain grec Eschyle.

-400 Transcription écrite du *Mahabharata*, gigantesque épopée indienne de plus de 20 000 vers.

V. -98 *De la nature des choses*, poème philosophique et scientifique de Lucrèce, écrivain latin.

-29-19 Virgile écrit *L'Énéide*.

100 Première biographie, avec l'écrivain grec Plutarque (*Vies parallèles*).

IIe SIÈCLE Invention du papier par les Chinois.

Ve SIÈCLE Invention de l'imprimerie par les Chinois (xylographie).

XIIe SIÈCLE Chrétien de Troyes est le premier romancier français, célèbre pour ses romans de la Table ronde.

1307-1321 Dante écrit *La Divine Comédie*, un long poème visionnaire qui décrit le Paradis, le Purgatoire et l'Enfer.

1440 Gutenberg met au point le procédé de caractère mobile dans l'imprimerie (xylographie mécanisée).

1511 Érasme écrit L'*Éloge de la folie*, vaste fresque sociale.

1605 Apparition du roman moderne avec *Don Quichotte de la Manche* de Cervantès, un auteur espagnol.

1704-1717 Première traduction en français des *Mille et Une Nuits*, par Antoine Gallard.

1774 Naissance du romantisme avec *Les Souffrances du jeune Werther*, de Gœthe.

1865 *Alice au pays des merveilles*, de Lewis Caroll.

1865-1869 Écriture de *Guerre et Paix*, une épopée du Russe Léon Tolstoï.

1922 *Ulysse*, de James Joyce, l'un des romans les plus importants et les plus modernes du XXe siècle.

XXe SIÈCLE Le poète et homme politique Pablo Neruda reçoit le Prix international de la paix en 1955.

Pour en savoir plus

LA LITTÉRATURE FRANÇAISE
LA LITTÉRATURE
LES LIVRES
LA POÉSIE
SHAKESPEARE
LE THÉÂTRE

http://www.education.gouv.fr/index.php

L'Éducation

APPRENDRE ne se fait pas seulement à l'école. L'éducation – le processus consistant à acquérir des savoirs – commence à notre naissance et continue toute la vie. Apprendre à parler, par exemple, est une compétence de base que nous acquérons très jeunes en imitant et en répétant les sons produits par notre entourage. L'éducation, c'est aussi savoir se comporter en société ; ce sont les parents qui transmettent les connaissances : savoir dire merci, montrer du respect à l'égard des personnes âgées, ou encore savoir manger proprement… Au fil de notre vie, voyages, lectures et rencontres nous enrichissent également. L'éducation scolaire commence à la maternelle, puis à l'école primaire et secondaire, où nous acquérons des connaissances de base et un savoir précieux. À 16 ans, certains étudiants continuent jusqu'au baccalauréat et entament des études supérieures, qui leur permettent d'élargir leur culture générale et d'étudier en profondeur un ou plusieurs sujets. École et université aident également à reconnaître et à développer les talents individuels de chacun, et à exploiter ce potentiel dans une profession pour en faire profiter la société.

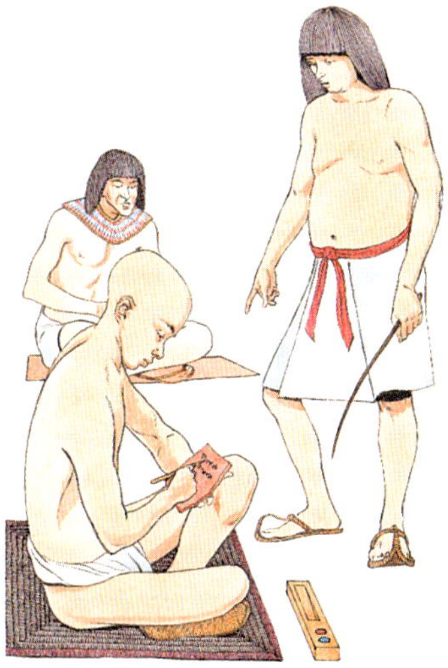

ÉCOLES DE SCRIBES
Dans l'Égypte ancienne, seuls les scribes cultivés savaient lire et écrire. Les garçons qui apprenaient le métier de scribe écrivaient et copiaient laborieusement des manuscrits chaque jour. Ils commençaient par écrire sur des objets sans valeur tels que des poteries brisées ; lorsque leurs résultats s'amélioraient, ils étaient autorisés à écrire sur papyrus (feuille fabriquée à partir de la tige de papyrus). Les filles recevaient leur éducation au foyer, apprenant de leur mère à effectuer les tâches domestiques.

Les savants du XIXe siècle croyaient que certaines parties du cerveau humain étaient réservées à des savoirs spécifiques. Cette science se nommait la phrénologie. La médecine moderne a abandonné ces théories.

ORIENTATION
Dès le collège, différents cursus sont proposés aux élèves. Après la cinquième, on peut continuer en quatrième ou commencer un CAP (certificat d'aptitude professionnel), qui donne une qualification d'ouvrier ou d'employé qualifié dans un métier déterminé. Le BEP (brevet d'études professionnel) se prépare après la troisième. Ces deux diplômes permettent d'entrer rapidement dans la vie active, et préparent à des métiers généralement techniques. Au lycée, on peut choisir entre un baccalauréat général (littéraire, scientifique ou économique), un baccalauréat technique et un baccalauréat professionnel qui prépare à un métier spécifique. Bref, le choix est ample ! Pour vous aider à vous orienter, un conseiller d'orientation est présent dans chaque collège et lycée.

ÉTUDES SUPÉRIEURES
L'université accueille toute personne ayant son baccalauréat. Les étudiants se spécialisent dans une matière, la littérature ou les sciences sociales par exemple. Le plus haut diplôme que l'on peut obtenir à l'université est le doctorat d'État.

ÉDUCATION DE L'ÉLITE
L'éducation gratuite pour tous n'existe que depuis 1883. Avant cela, rares étaient les personnes sachant lire et écrire, et plus rares encore les femmes. Au Moyen Âge, les jeunes hommes en quête de savoir étaient contraints d'entrer dans le clergé pour recevoir une éducation.

ÉDUCATION GRECQUE
Aristote, philosophe grec de l'Antiquité, s'est intéressé de très près à l'éducation. Selon lui, les enfants devaient, dès l'âge de sept ans, apprendre gymnastique, musique, lecture, écriture et dessin. Ensuite, les études devaient comprendre physique, philosophie et politique. L'idéal d'Aristote était « un esprit sain dans un corps sain ».

APPRENTISSAGE PRATIQUE
L'éducation doit répondre aux besoins de la société. Les enfants des tribus des forêts tropicales apprennent à construire des bateaux et à chasser. Dans les sociétés modernes, le système éducatif doit produire les scientifiques et ingénieurs dont le pays a besoin pour se développer.

ÉDUCATION DES PAUVRES

Sous l'ancien Régime, paysans et ouvriers n'avaient généralement pas accès à l'éducation. Saint Jean-Baptiste de la Salle (1661-1715) milita en faveur de l'instruction des classes pauvres, mais jusqu'à la fin du XIXe siècle, les enfants d'ouvriers et de paysans étaient souvent obligés de travailler pour aider leur famille. En 1866, Jean Macé fonda la Ligue française de l'enseignement pour favoriser l'instruction des classes populaires.

Caricature de Jules Ferry

1257 Fondation de la Sorbonne.
1792 Rapport de Condorcet à l'Assemblée sur l'instruction publique.
1826 Création des « salles d'asile » (ancêtres des écoles maternelles).
1833 La loi Guizot oblige chaque commune à avoir une école primaire.
1881 L'école primaire devient gratuite.
1882 L'école devient laïque et obligatoire pour les enfants de 6 à 12 ans.
1930-1932 Lois sur la gratuité du collège.
1936 Scolarité obligatoire jusqu'à 14 ans.
1959 Scolarité obligatoire jusqu'à 16 ans.
1975 Loi Haby sur le collège unique (pour tous).

ÉCOLES COMMUNALES

Jusqu'à la Révolution française, l'école était essentiellement une institution religieuse. Ce n'est qu'en 1833 que le ministre de l'Instruction François Guizot obligea chaque commune de France à posséder une école primaire. Souvent les élèves étaient réunis dans une seule classe et le maître d'école devait s'occuper en même temps des petits et des grands.

JULES FERRY

Jules Ferry (1832-1893), ministre de l'Instruction publique à partir de 1879, voulait fonder la France républicaine et laïque à partir de l'école. Il fut à l'origine des lois sur la gratuité de l'école primaire (1881) et sur l'école laïque et obligatoire (1882), changeant ainsi les usages du pays.

ENSEIGNEMENT SECONDAIRE

Avant 1789, il existait en France 562 collèges accueillant 73 000 élèves. Au XIXe siècle, l'enseignement primaire se généralisa, mais il fallut attendre le XXe siècle pour que la scolarité devienne obligatoire jusqu'à 14 ans (1936), puis jusqu'à 16 ans (1959).

Jusque dans les années 1970, la plupart des écoles privées délivraient un enseignement non mixte, c'est-à-dire qu'il y avait des écoles pour les filles et des écoles pour les garçons. Certaines écoles sont encore non mixtes.

ENSEIGNEMENT POUR ADULTES

De nombreux adultes regrettent d'avoir quitté l'école trop tôt ou avec des connaissances insuffisantes. L'enseignement pour adultes leur donne une chance de devenir plus qualifiés et d'acquérir de nouvelles connaissances : apprendre une langue étrangère, ou utiliser un ordinateur. Certains adultes suivent des cours pour apprendre le français si ce n'est pas leur langue maternelle, ou pour mieux maîtriser lecture et écriture.

ENSEIGNEMENT À DISTANCE

Tout le monde n'a pas les moyens ou le temps d'aller à l'université. Le téléenseignement (enseignement à distance) utilise la télévision, la radio, Internet ou la poste pour permettre aux gens de suivre des cours à domicile. Divers organismes proposent des cours permettant à ceux qui le désirent de suivre à leur rythme des études universitaires.

Pour en savoir plus

L'ÉCOLE
L'EUROPE MÉDIÉVALE
LES ORDINATEURS

http://www.culture.gouv.fr/culture/inventai/itiinv/cathedrale/cat_2.html

Églises et cathédrales

PREMIÈRES ÉGLISES
Les premières églises furent construites avec les matériaux locaux. Cette église norvégienne ancienne est entièrement en bois et a un toit pentu qui laisse glisser la neige.

TOURS BLANCHES étincelantes, dômes dorés, vitraux multicolores, gargouilles et statues en pierre décorent les églises et les cathédrales. Comme elles sont construites selon les coutumes du pays, elles sont très différentes les unes des autres, mais toutes servent un même but : le culte et la prière des chrétiens. « Église » vient d'un mot grec *ekklêsia* signifiant « assemblée ». Une église ancienne est souvent le plus magnifique bâtiment de la ville. Ceux qui l'ont construite pensaient qu'une église glorieuse était le symbole de la gloire de Dieu : ils l'ont faite aussi belle et durable que possible. Une cathédrale est une église dans laquelle un évêque préside au culte de toute une région ; il étend son autorité à toutes les églises de son diocèse. La plupart des cathédrales datent du Moyen Âge et sont décorées de vastes vitraux. D'autres religions ont elles aussi un bâtiment particulier pour le culte : synagogues pour les juifs, temples pour les bouddhistes, mosquées pour les musulmans, ils sont souvent aussi magnifiques que les plus belles cathédrales.

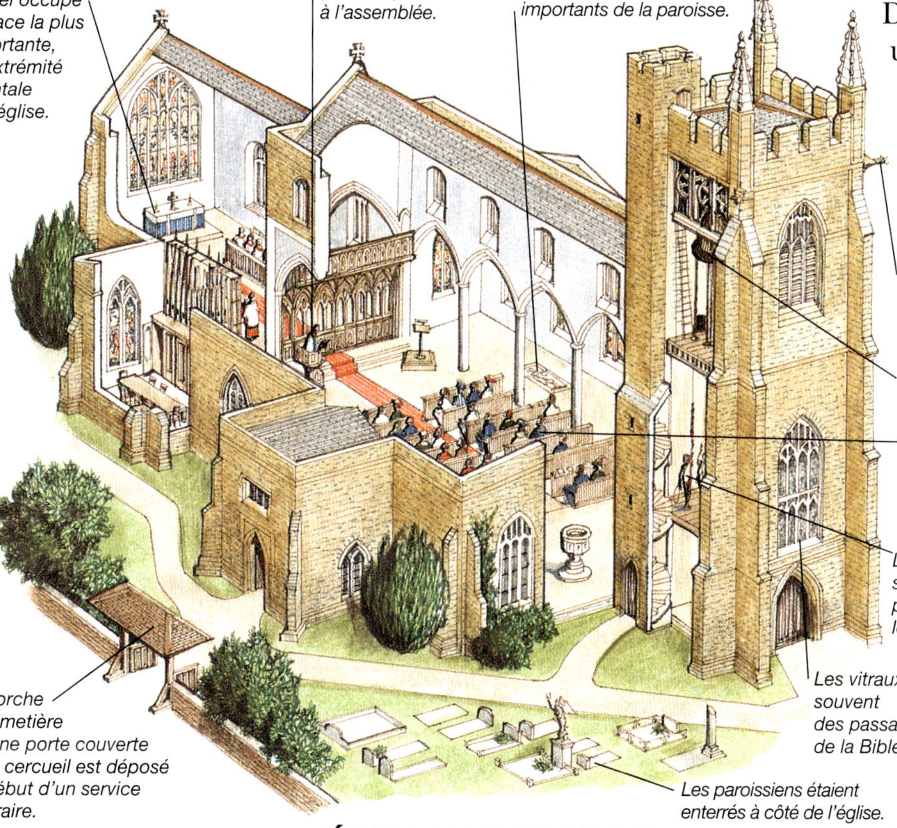

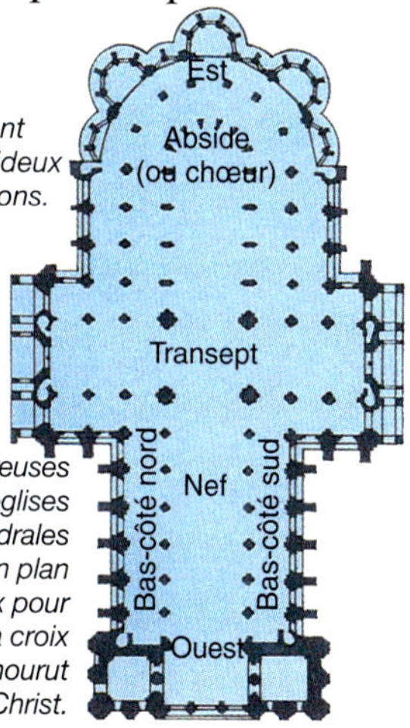

De nombreuses églises et cathédrales suivent un plan en croix pour symboliser la croix sur laquelle mourut le Christ.

ÉGLISE PAROISSIALE
Dans de nombreux pays chrétiens, le territoire est divisé en paroisses, chacune possédant une église avec son propre prêtre ou pasteur. Dans le passé, l'église paroissiale était le centre des activités du village. Les gens y étaient baptisés après leur naissance, mariés à l'âge adulte, et enterrés à leur mort.

CATHÉDRALE
Depuis une cathédrale, l'évêque contrôle tout un diocèse (ou groupe de paroisses). La cathédrale tire son nom de la cathèdre (ou trône) de l'évêque. Les cathédrales et les églises sont généralement placées sous le patronage d'un saint.

La basilique Saint-Marc à Venise, en Italie, fut construite du xe au xve siècle.

ÉGLISES MODERNES
On construit toujours des églises. Certains architectes suivent les plans de l'architecture religieuse traditionnelle, mais beaucoup utilisent des matériaux et des techniques modernes pour produire des effets nouveaux et impressionnants (à gauche).

Pour en savoir plus

L'ARCHITECTURE
LE CHRISTIANISME
L'EUROPE MÉDIÉVALE
LES RELIGIONS

http://www.legypteantique.com/

l'Égypte ancienne

DES TERRES FERTILES de la vallée du Nil surgit une civilisation dont le règne débuta il y a environ 5 000 ans et prospéra durant près de trois millénaires. L'Égypte ancienne ne connut que peu de changement au cours de son histoire. Les pharaons gouvernaient, aidés de fonctionnaires qui collectaient les impôts et rendaient la justice. Les Égyptiens vénéraient plusieurs dieux et pensaient rejoindre « l'autre monde » après la mort. Des impressionnants tombeaux édifiés pour les pharaons, les plus célèbres restent les pyramides. Peuple éclairé, les Égyptiens avaient des connaissances étendues en médecine. Mais aussi brillante fut-elle, cette civilisation finit par décliner et succomba à l'invasion étrangère. Soumise à l'influence grecque depuis sa conquête par Alexandre le Grand, en 332 av. J.-C., l'Égypte passa sous domination romaine, en 30 av. J.-C., après la mort de Cléopâtre.

Intérieur de la grande pyramide de Kheops

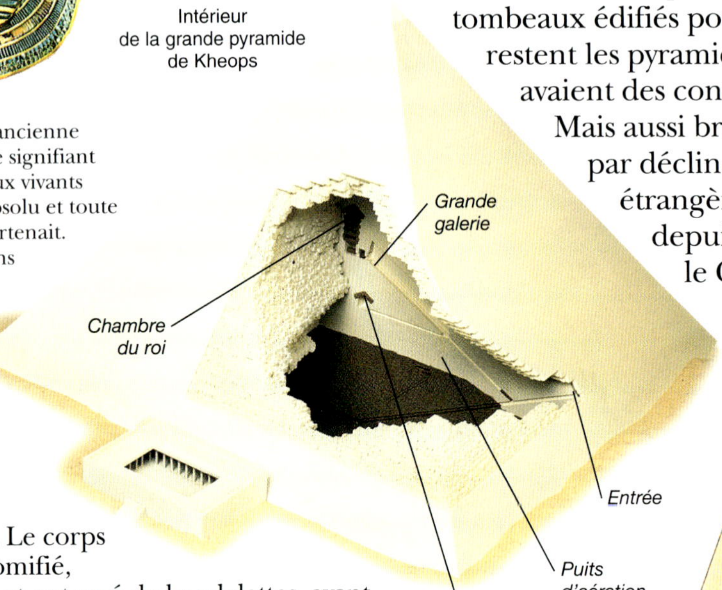

PHARAONS

Les dirigeants de l'Égypte ancienne s'appelaient pharaons, titre signifiant « grande maison ». Ces dieux vivants jouissaient d'un pouvoir absolu et toute la terre d'Égypte leur appartenait. Pour le peuple, les pharaons étaient fils de Ra, dieu du Soleil. Ci-dessus, le masque de Toutankhamon, pharaon mort à l'âge de 18 ans à peine.

PYRAMIDES

Les Égyptiens croyaient au repos éternel après la mort. Le corps des pharaons était momifié, c'est-à-dire embaumé et entouré de bandelettes, avant d'être placé dans un sarcophage et transporté au sein d'une pyramide. Les premières pyramides étaient à degrés, caractéristique qui, selon la croyance, permettait à l'esprit du défunt de gravir les marches pour rejoindre le dieu solaire au sommet de la pyramide. Les pyramides construites par la suite présentaient des flancs lisses. Les nombreux pillages conduisirent les Égyptiens à choisir des sépultures plus anonymes, regroupées dans la vallée des Rois (sur la rive occidentale du Nil, près de Thèbes) et placées sous haute surveillance.

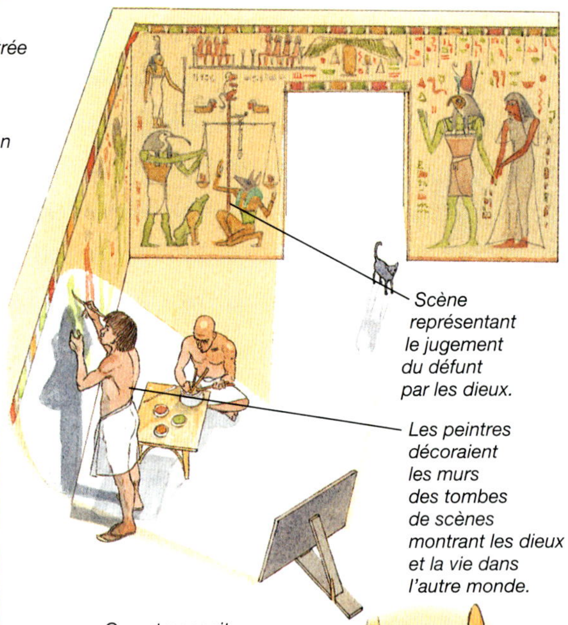

Scène représentant le jugement du défunt par les dieux.

Les peintres décoraient les murs des tombes de scènes montrant les dieux et la vie dans l'autre monde.

Peinture illustrant le transport du bétail d'une rive à l'autre du Nil, sur de larges embarcations de bois

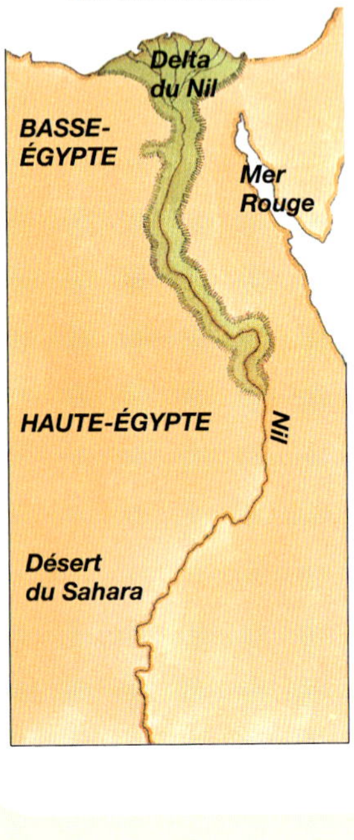

TRANSPORT ET COMMERCE

Le bateau restait le moyen le plus rapide pour voyager en Égypte. Des barges transportaient leur cargaison de vivres le long du Nil et les marchands égyptiens ralliaient les ports de Méditerranée orientale et de la mer Rouge à bord de navires faits de bois et de roseaux. Là, ils troquaient de l'or, des grains et des rouleaux de papyrus contre de l'argent, du fer, des chevaux, du bois de cèdre et de l'ivoire.

NIL

Chaque année, le Nil débordait de ses berges et ses eaux envahissaient la terre, où elles déposaient leur limon fertile. Ces crues s'étendaient sur près de 10 km, de chaque côté du fleuve. Les agriculteurs égyptiens avaient appris à exploiter le phénomène pour irriguer leurs champs. Le désert tout autour formait une barrière défensive naturelle et constituait un gisement de roches et de minéraux.

On entreposait nourriture, bijoux, vêtements, armes et statuettes de serviteurs dans les tombes royales.

Intérieur d'une tombe

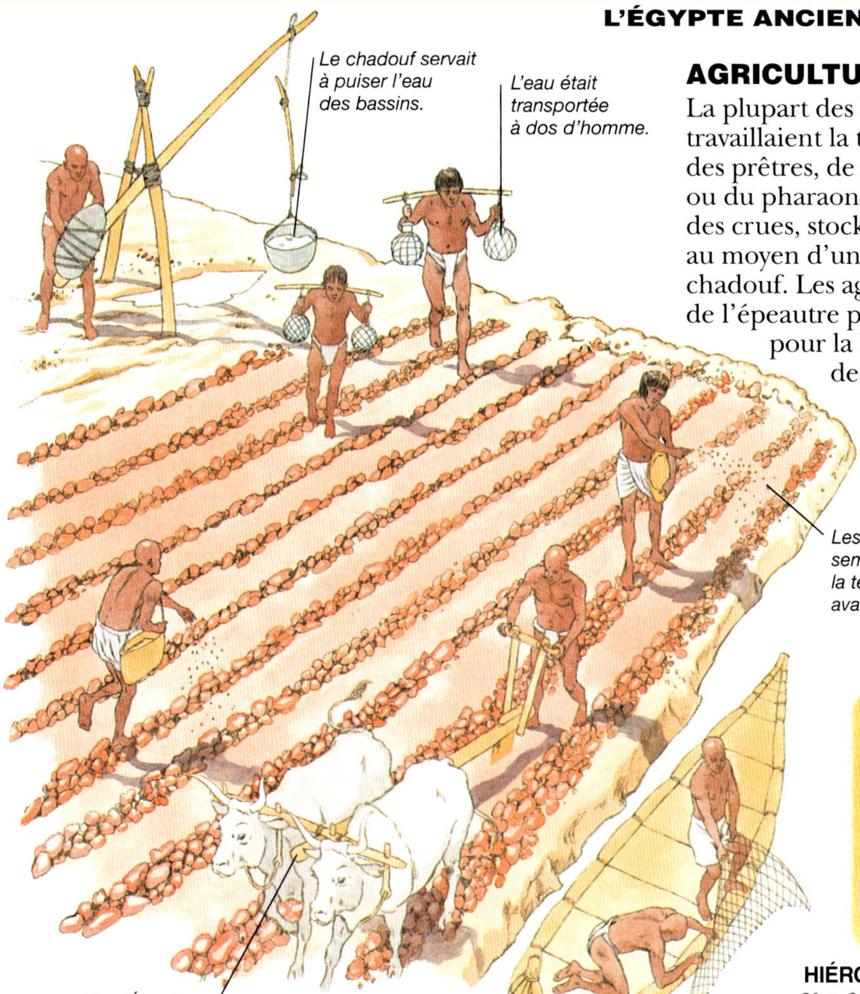

Le chadouf servait à puiser l'eau des bassins.

L'eau était transportée à dos d'homme.

Les graines étaient semées à la main, puis la terre était labourée avant d'être arrosée.

Les Égyptiens utilisaient des araires tirés par des bœufs.

Les pêcheurs embarqués sur des pirogues de roseaux se servaient de paniers, filets, harpons ou lignes.

AGRICULTURE ET PÊCHE

La plupart des Égyptiens travaillaient la terre, au service des prêtres, de riches propriétaires ou du pharaon. On puisait l'eau des crues, stockée dans des bassins, au moyen d'un système de levage, appelé chadouf. Les agriculteurs cultivaient de l'épeautre pour le pain, de l'orge pour la bière, des haricots, des dattes, des oignons, des melons et des concombres. Les poissons du Nil constituaient l'autre grande source de subsistance.

NÉFERTITI

Épouse du pharaon Aménophis IV dit Akhenaton, Néfertiti régna de 1367 à 1355 av. J.-C. Reine influente, elle joua un grand rôle dans la vie politique, aux côtés de son mari. Habituellement, seules les prêtresses pouvaient prétendre à de tels honneurs.

Cartouche de Toutankhamon

HIÉROGLYPHES

Vers 3000 av. J.-C., les Égyptiens inventèrent une écriture à base d'images appelées hiéroglyphes. Chaque objet était représenté par son image (ou pictogramme). Progressivement, ces pictogrammes représentèrent des sons. Des groupes de signes graphiques (ou phonogrammes) furent enfin utilisés pour représenter des mots.

MÉDECINE ET MAGIE

Les médecins égyptiens furent les premiers à étudier le corps humain sous un angle scientifique. Leurs talents de dentiste étaient indéniables. Nombre de leurs médications recouraient cependant à la magie.

Insectes sacrés pour les Égyptiens, les scarabées étaient utilisés pour conjurer la maladie.

Amulette repose-tête

Bas-relief mettant en scène des instruments médicaux de l'Égypte ancienne

MOMIES

Pour les Égyptiens, l'embaumement du corps assurait la vie éternelle. La momification préservait le corps des effets du temps. Les embaumeurs retiraient du corps le foie, les poumons et le cerveau, pour ne laisser que le cœur. Le corps était enfin enduit de natron (une sorte de carbonate de sodium) puis entouré de bandelettes.

Les organes du défunt étaient enveloppés dans un linge et placés dans une urne funéraire appelée canope.

Un portrait idéalisé du défunt était peint sur le sarcophage.

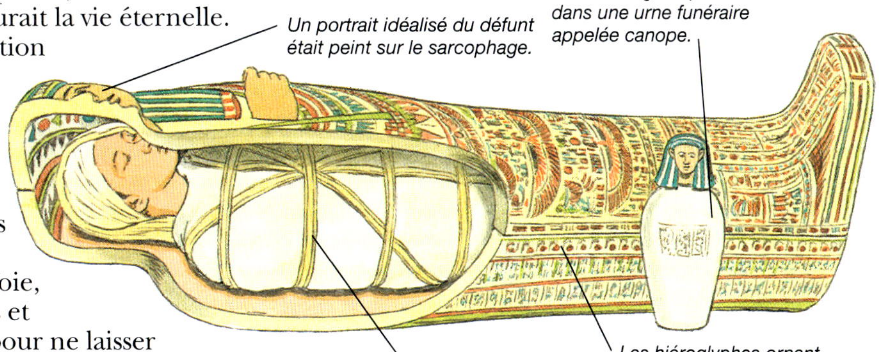

Des bandelettes de lin protègent le corps.

Les hiéroglyphes ornant le sarcophage renvoyaient à des formules incantatoires destinées à faciliter le passage du défunt dans l'autre monde.

VERS 10000-5000 AV. J.-C. Implantation des premiers villages sur les rives du Nil. Développement des royaumes de Haute et Basse-Égypte.

VERS 2630 AV. J.-C. Première pyramide à degrés à Saqqarah.

VERS 2575 AV. J.-C. Sous l'Ancien Empire, le bronze remplace le cuivre. Construction des pyramides à Gizeh. Embaumement des corps.

VERS 2134 AV. J.-C. Les luttes pour le pouvoir entraînent la fin de l'Ancien Empire.

VERS 2040 AV. J.-C. Début du Moyen Empire. Les nobles de Thèbes unifient le pays et conquièrent la Nubie.

VERS 1640 AV. J.-C. Fin du Moyen Empire.

1550 AV. J.-C. Début du Nouvel Empire. Rôle important de l'armée.

1400 AV. J.-C. Apogée de la civilisation égyptienne.

1070 AV. J.-C. Début du déclin de la civilisation égyptienne.

332 AV. J.-C. Alexandre le Grand conquiert l'Égypte.

51 AV. J.-C. Règne de Cléopâtre.

30 AV. J.-C. L'Égypte devient une province romaine.

Pour en savoir plus

L'AFRIQUE (HISTOIRE)
LES ALPHABETS
L'ARCHÉOLOGIE
LES CHATS

Albert Einstein

1879 Naît à Ulm (Allemagne).
1900 Diplômé de l'école polytechnique fédérale de Zurich (Suisse).
1902-1909 Ingénieur au Bureau des inventions techniques de Berne, en Suisse.
1905 Publication de la théorie de la relativité restreinte.
1916 Publication des lois de la théorie généralisée.
1921 Prix Nobel de physique.
1933 Exil aux États-Unis.
1955 Mort à Princeton, aux États-Unis.

LE PHYSICIEN ALBERT EINSTEIN est l'un des plus grands penseurs scientifiques de tous les temps. Ses théories sur la matière, l'espace et le temps ont bouleversé notre compréhension de l'Univers et sont à la base de la physique contemporaine. C'est avec ses travaux sur la relativité, publiés pour la première fois en 1905, que ce génie révolutionna la pensée scientifique. Einstein démontra que le temps s'écoule de manière différente pour chaque individu, en fonction de la vitesse à laquelle il se déplace. Ses recherches le conduisirent à émettre d'autres théories tout aussi innovantes sur l'énergie et la masse. Prix Nobel de physique en 1921, il s'exila aux États-Unis en 1933. Pacifiste convaincu, Einstein était aussi profondément croyant.

JEUNESSE

Einstein est né en Allemagne. Très tôt, le jeune garçon manifeste un intérêt particulier pour les choses qui l'entourent. À l'âge de 15 ans, il s'installe avec sa famille en Suisse, où il poursuit ses études. Le jeune élève se penche déjà sur la nature de la lumière. Employé au Bureau des inventions techniques, il rédige à 26 ans ses premières notes sur la relativité.

Albert Einstein dans son bureau aux États-Unis

Le désordre de son bureau était légendaire.

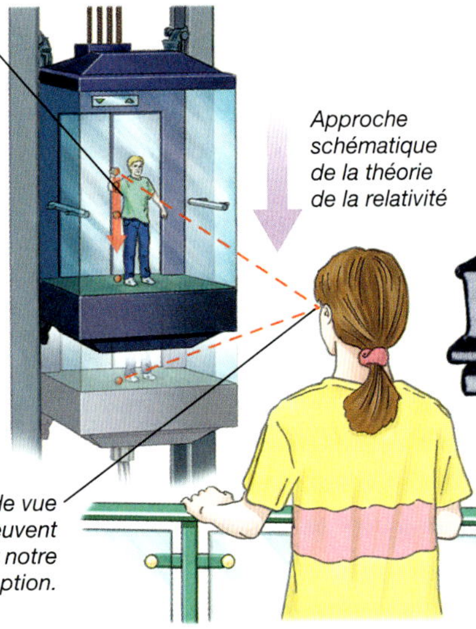

Un individu placé dans une cabine d'ascenseur laisse tomber une balle. La balle paraît tomber plus vite aux yeux d'un observateur extérieur que pour l'individu dans la cabine. Qu'en est-il réellement ?

Approche schématique de la théorie de la relativité

Des points de vue différents peuvent altérer notre perception.

RELATIVITÉ

Le concept de relativité est particulièrement difficile à appréhender. La théorie repose sur l'idée de la « dilatation du temps » : pour un individu en mouvement le temps passerait plus lentement que pour un individu immobile. Cet effet s'accentue lorsque la vitesse s'accroît et approche celle de la lumière ; il est surtout difficile à mettre en évidence, étant donné les faibles vitesses de nos déplacements. Rien ne pouvant se déplacer plus vite que la lumière, on estime que sa vitesse est constante.

APPROCHE SCIENTIFIQUE

Einstein développa ses théories révolutionnaires en inventant « l'expérimentation réfléchie ». Il se demandait, par exemple, à quoi pourrait ressembler le monde s'il tenait dans un faisceau de lumière. Ces questions amenaient des réponses surprenantes, que le physicien mettait en équations complexes. Ses théories, alors controversées, furent confirmées par des recherches ultérieures.

ÉNERGIE ATOMIQUE

Einstein est l'auteur de la célèbre équation $E = mc^2$ où l'énergie (E) = la masse (m) multipliée par le carré de la vitesse de la lumière (c). Ainsi, la fission du noyau d'un atome devait libérer une formidable quantité d'énergie. La bombe atomique en fut l'illustration catastrophique. En 1946, Einstein condamna l'utilisation des armes nucléaires.

Pour en savoir plus

ATOMES ET MOLÉCULES
LA SCIENCE (HISTOIRE)
LE TEMPS

l'Électricité

L'ÉCLAIR QUI ZÈBRE LE CIEL durant un orage est une des manifestations les plus évidentes de l'électricité. En règle générale, l'électricité est invisible. Cette forme d'énergie est produite par le mouvement des électrons, particules infimes issues des atomes. Chaque électron porte une charge électrique. Quand vous allumez la lumière, près d'un million de milliards d'électrons par seconde passent dans l'ampoule. Les câbles électriques alimentent en électricité nos maisons et les usines, délivrant de l'énergie grâce à un simple interrupteur. L'électricité peut aussi être fabriquée par des générateurs portables. Les piles produisent de l'électricité à partir d'une réaction chimique et les cellules photosensibles avec l'énergie du Soleil. Les lampes, les moteurs et des milliers d'autres machines fonctionnent à l'électricité. Le téléphone, la radio, la télévision et les ordinateurs exploitent, quant à eux, les signaux électriques.

COURANT ÉLECTRIQUE

L'électricité peut être en mouvement ou statique. Une charge électrique en mouvement est un courant électrique. Ce sont des milliards d'électrons qui circulent dans un câble. L'électricité se déplace d'une source, générateur ou centrale électrique, vers une machine, avant de revenir vers la source par un autre câble. L'intensité d'un courant électrique se mesure en ampères (symbole A).

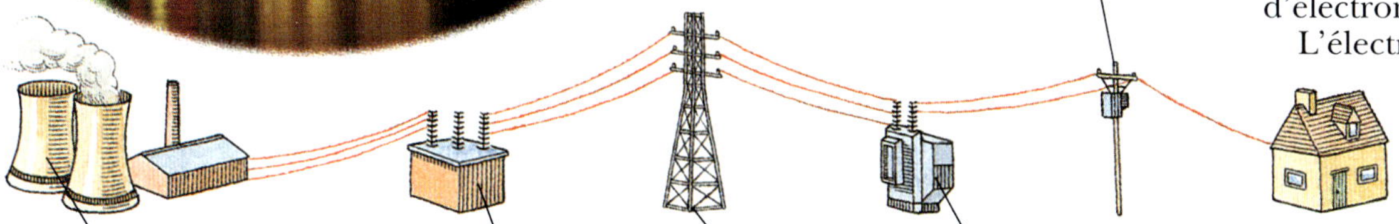

CONDUCTEURS ET ISOLANTS

L'électricité ne peut circuler que dans des matériaux dits conducteurs, comme le cuivre ou d'autres métaux. Les conducteurs sont formés d'atomes dont les électrons circulent librement, à la différence des isolants où les électrons restent piégés dans les atomes. Le courant électrique ne peut passer dans de tels matériaux.

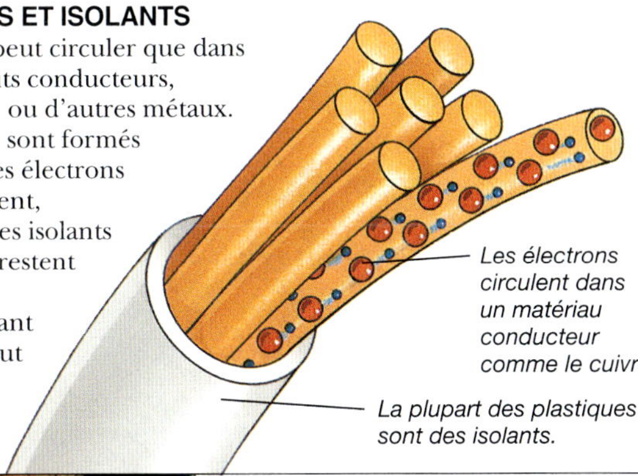

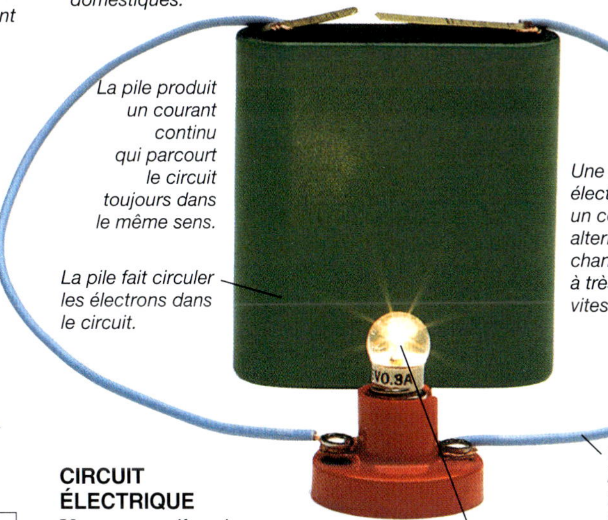

CIRCUIT ÉLECTRIQUE

Un courant électrique exige un circuit fermé ou continu. Une rupture dans le circuit interrompt le passage du courant.

SUPRACONDUCTEURS

Les conducteurs ordinaires laissent passer le courant, mais lui opposent une certaine résistance, d'où une déperdition de l'électricité transportée. Certains matériaux perdent leur résistance en étant refroidis. Ils se transforment alors en supraconducteurs.

Un supraconducteur émet un puissant champ magnétique qui permet à un petit aimant de flotter au-dessus de lui.

ÉLECTRICITÉ STATIQUE

On distingue deux sortes de charge électrique, positive (+) et négative (–). Chaque objet contient généralement une quantité égale de charges positives et de charges négatives qui s'annulent. En frottant sur de la laine un morceau d'ambre (gomme ou résine d'arbre), celui-ci se charge en électrons porteurs de charges négatives. Cette charge, appelée électricité statique, attire les corps légers, une plume, par exemple.

GÉNÉRATEUR

Les générateurs produisent de l'électricité à partir du mouvement. Une bobine de fil électrique, en tournant entre les pôles d'un aimant, produit un courant électrique dans la bobine. Les petits générateurs qui alimentent, par exemple, le phare d'un vélo sont appelés dynamos. Ceux des centrales électriques fournissent des quantités phénoménales de courant.

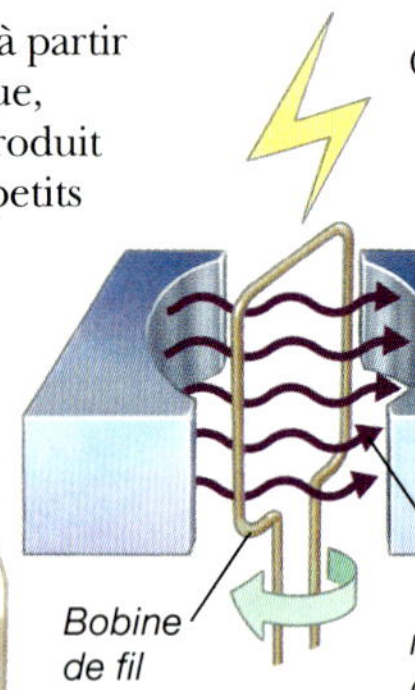

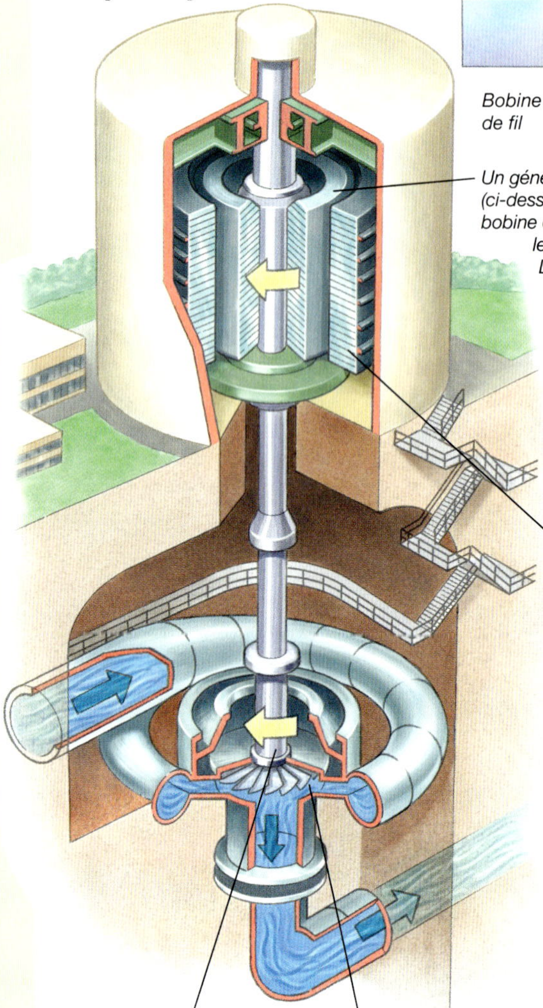

DE LA CHIMIE À L'ÉLECTRICITÉ

Nous transformons en mouvement l'énergie que nous puisons dans les aliments. L'énergie d'une réaction chimique peut également se transformer en électricité, comme dans une pile : lorsque les composants de la pile s'altèrent, la production de courant cesse. Dans une pile à combustible, le gaz résultant d'une réaction chimique produit de l'électricité.

ANGUILLE ÉLECTRIQUE

Les fleuves d'Amérique du Sud sont le repaire des anguilles électriques. Des organes spéciaux, répartis le long de leur corps, agissent telles des piles : l'anguille étourdit sa proie en lui assenant un puissant choc électrique.

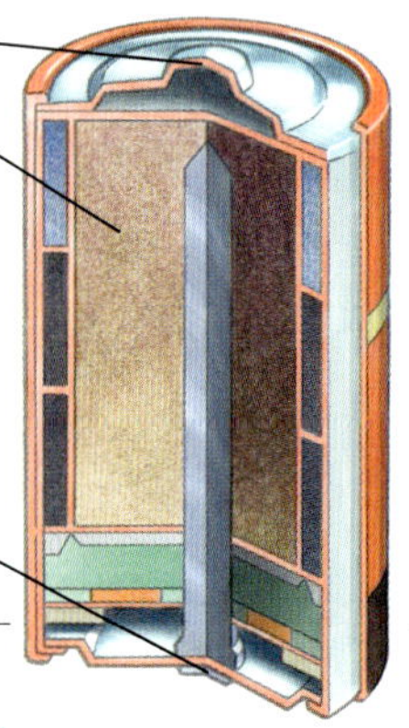

PILE

Le fait de la mettre en circuit déclenche à l'intérieur de la pile une réaction chimique qui se traduit par la production de courant électrique. La pile crée une force à l'origine des déplacements des électrons. L'intensité de cette force se mesure en volts (symbole V).

À l'intérieur de la pile, les électrons circulent du pôle négatif au pôle positif.

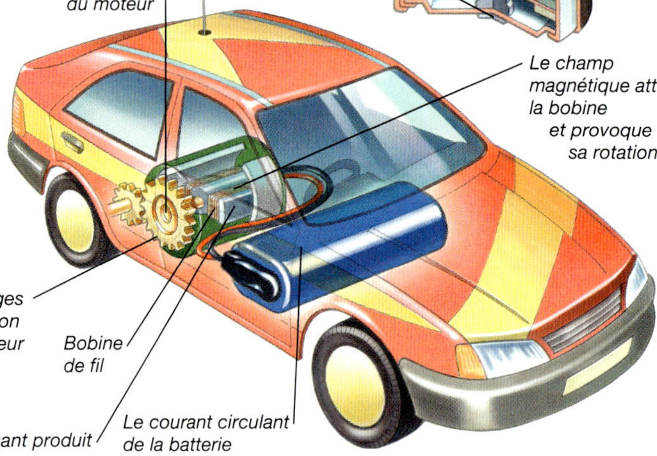

MOTEUR ÉLECTRIQUE

De nombreuses machines fonctionnent avec un moteur électrique, constitué d'une bobine de fil placée entre les pôles d'un aimant. Le courant électrique qui circule dans la bobine induit un champ magnétique. L'aimant attire la bobine, provoque sa rotation et actionne l'arbre d'entraînement du moteur.

DÉCHARGE ÉLECTRIQUE

Tous les êtres vivants exploitent l'électricité. Les nerfs envoient de faibles impulsions électriques au cerveau. Ces impulsions agissent sur les muscles, les battements du cœur, veillant ainsi au bon fonctionnement de notre organisme. Le contact avec un courant électrique trop intense provoque une décharge, qui endommage le corps et peut entraîner la mort. Il ne faut jamais oublier que l'électricité représente un danger potentiel.

Les oiseaux perchés sur un fil électrique sont à l'abri d'une décharge. L'oiseau, qui ne touche qu'un seul fil, ne forme pas un circuit fermé et le courant ne peut le traverser.

DÉCOUVERTES

Benjamin Franklin (1706-1790) étudiait les éclairs au moyen de cerfs-volants qu'il faisait voler par temps d'orage.

Il y a près de 2500 ans, les Grecs découvrirent que le frottement d'un morceau d'ambre sur de la laine produisait de l'électricité statique. Le mot électricité vient du grec *elektron* qui signifie « ambre ». Vers 1750, le scientifique américain Benjamin Franklin démontra que les éclairs correspondaient à des phénomènes électriques. À la fin du XVIIIe siècle, les physiciens italiens Luigi Galvani et Alessandro Volta mirent au point la première pile électrique.

Pour en savoir plus

Atomes et molécules
L'Électronique
L'Énergie
Le Magnétisme
Les Poissons

l'Électronique

Les semi-conducteurs en silicium sont fabriqués à partir du sable, lui-même composé de silicium et d'oxygène.

Une diode à jonction est formée en accolant un semi-conducteur de type N et un semi-conducteur de type P.

L'ÉLECTRONIQUE EXPLOITE les signaux électriques pour transporter des informations et contrôler des dispositifs. Notre environnement est envahi par les appareils électroniques, de l'ordinateur au lecteur de CD en passant par le téléphone ou la télévision… Ces appareils sont constitués de circuits à travers lesquels circule un courant électrique. De minuscules composants électroniques, placés sur les circuits, contrôlent le flux du courant électrique et produisent en retour des signaux. Ainsi, un courant variable peut se traduire par du son sur une ligne téléphonique ou un chiffre sur l'écran d'un ordinateur. Les transistors sont les plus importants des composants électroniques. Un petit poste de radio peut en contenir des dizaines. Un ordinateur renferme quant à lui des milliers de transistors miniatures, rassemblés à l'intérieur de microprocesseurs.

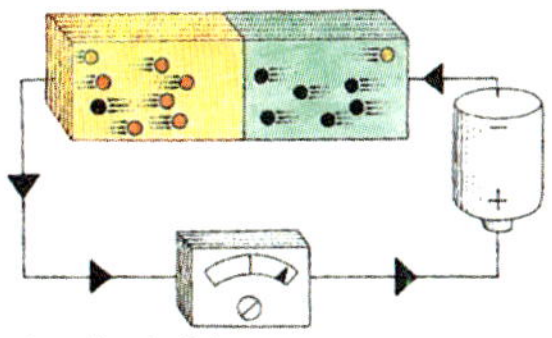

La diode laisse passer le courant dans un seul sens. Le courant est transporté par un flux d'électrons et de trous.

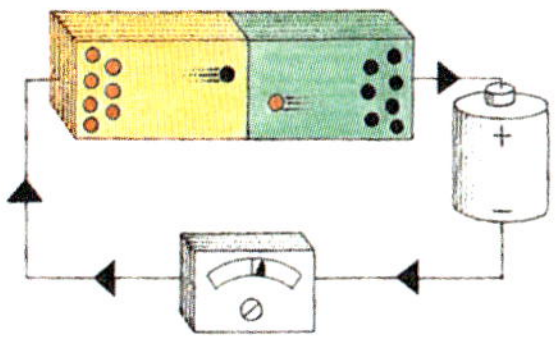

Si une pile est reliée au circuit, trous et électrons se rencontrent et s'annulent, interrompant la circulation du courant électrique.

SEMI-CONDUCTEUR

La plupart des composants électroniques sont constitués de matériaux comme le silicium. Ce sont des semi-conducteurs. Ils contrôlent l'intensité du courant qui les traverse. Il existe deux types de semi-conducteurs, selon que la charge est négative et le courant porté par un plus grand nombre d'électrons (type N, comme négatif) ou que les « trous » (pas d'électrons) dominent (type P, comme positif).

CIRCUIT IMPRIMÉ

Un appareil électronique est un circuit imprimé, comprenant plusieurs composants électroniques soudés sur une plaque. Chaque circuit imprimé a sa fonction. Celui d'un récepteur radio, par exemple, capte et amplifie les ondes radio qu'il convertit en sons.

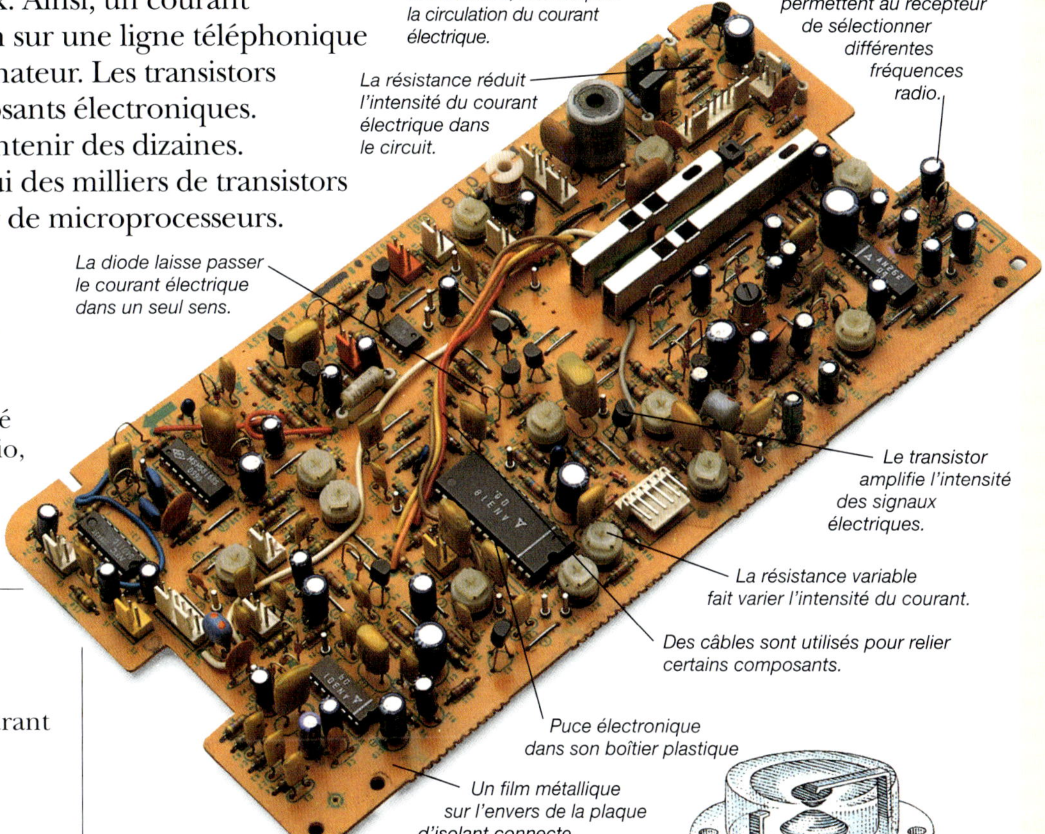

Dans un circuit radio, les condensateurs permettent au récepteur de sélectionner différentes fréquences radio.

La résistance réduit l'intensité du courant électrique dans le circuit.

La diode laisse passer le courant électrique dans un seul sens.

Le transistor amplifie l'intensité des signaux électriques.

La résistance variable fait varier l'intensité du courant.

Des câbles sont utilisés pour relier certains composants.

Puce électronique dans son boîtier plastique

Un film métallique sur l'envers de la plaque d'isolant connecte les différents composants.

CONTRÔLE DU COURANT ÉLECTRIQUE

Les circuits électroniques peuvent amplifier le courant, produire un courant alternatif (qui change rapidement de direction), ou commuter (passer d'un circuit à l'autre).

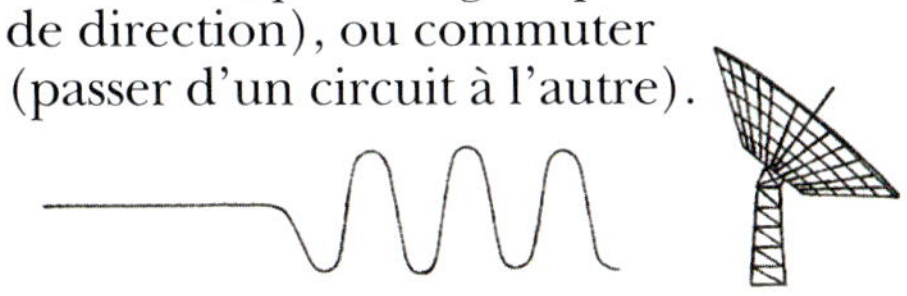

Oscillation : un circuit oscillateur convertit un courant continu (DC) en courant alternatif (AC).

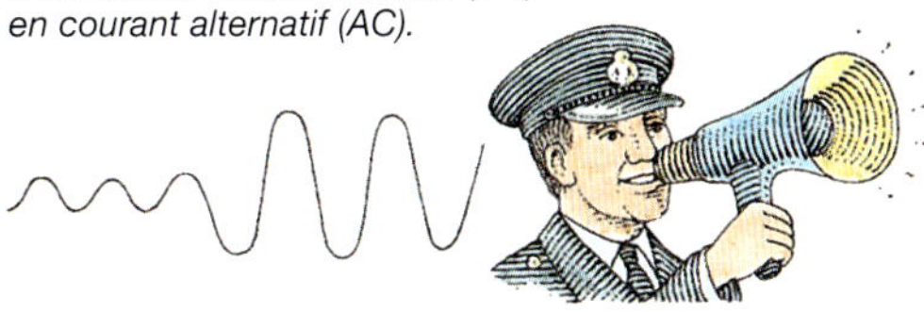

Amplification : un circuit amplificateur induit un courant alternatif de forte intensité, en gardant les caractéristiques du courant de faible intensité.

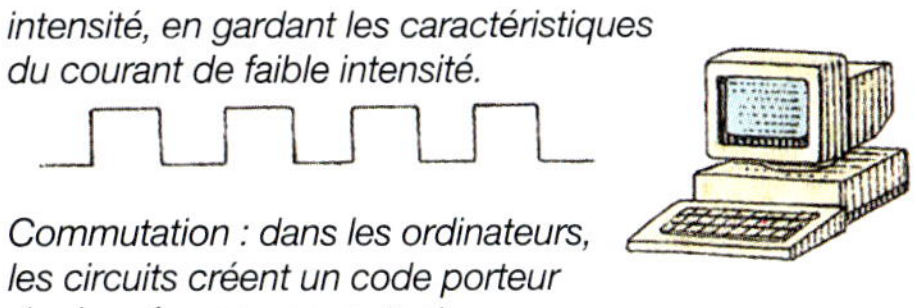

Commutation : dans les ordinateurs, les circuits créent un code porteur de données en commutant rapidement le courant.

MICROPROCESSEUR

Le microprocesseur, ou puce de silicium, est constitué de circuits regroupant des centaines de milliers de composants électroniques microscopiques. Ces circuits sont intégrés sur des plaques de silicium de 10 à 300 mm².

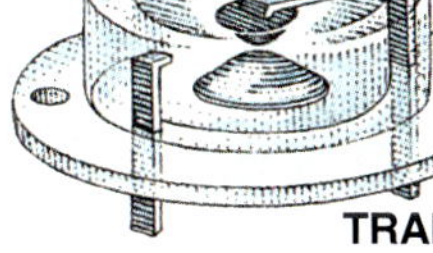

TRANSISTOR

Les transistors se trouvent au cœur de la plupart des appareils électroniques. Entre autres tâches, ils amplifient le courant électrique et son intensité et stockent l'information dans les ordinateurs. Le transistor fut mis au point en 1947 par les physiciens William Shockley, John Bardeen et Walter Brattain.

Pour en savoir plus

L'ÉLECTRICITÉ
LES ORDINATEURS
LA RADIO
LE SON (ENREGISTREMENT)
TECHNIQUES ET TECHNOLOGIES

les Éléphants

MAMMOUTH LAINEUX
Le mammouth préhistorique a disparu il y a environ 10 000 ans. Des restes de mammouths gelés ont été découverts en Alaska et en Sibérie.

AVEC SES LONGUES DÉFENSES, ses grandes oreilles et sa trompe puissante, l'éléphant est l'une des créatures les plus impressionnantes du monde. Il est le plus grand mammifère terrestre actuel et l'un des plus anciens. C'est un animal extrêmement fort et intelligent, au service de l'homme depuis des millénaires. Il en existe deux espèces : l'éléphant d'Afrique et l'éléphant d'Asie. L'éléphant d'Afrique est un peu plus grand que son cousin d'Asie et ses oreilles sont beaucoup plus larges. Un grand mâle d'Afrique mesure plus de 3 m au garrot et pèse plus de 5 tonnes. La trompe de l'éléphant touche le sol et l'animal la relève jusqu'en haut des arbres pour se nourrir. Cet organe lui sert aussi à boire, à sentir, à accueillir d'autres membres du troupeau et à respirer quand il est sous l'eau.

TROMPE
La trompe est formée du nez et de la lèvre supérieure. Elle est très sensible au toucher et aux odeurs. L'éléphant l'utilise pour saisir les feuilles, les fruits et les pousses, et les mettre dans sa bouche. Pour boire, il doit aspirer l'eau avec sa trompe pour ensuite la faire gicler dans sa bouche.

ÉLÉPHANT D'ASIE

Il reste moins de 10 000 éléphants d'Asie à l'état sauvage, dans les forêts isolées d'Inde, de Chine et d'Asie du Sud-Est. Les femelles sont faciles à domestiquer quand elles sont âgées de 10 à 20 ans. Elles sont capturées et gardées en captivité. Les hommes les utilisent pour défricher les forêts et remorquer les rondins. Les éléphants d'Asie sont habillés et décorés lors des cérémonies et des processions.

REPRODUCTION
À la naissance, un éléphant pèse 100 à 120 kg. Il va rester avec sa mère pendant sa première décennie. Il se nourrit à la mamelle, entre les pattes de devant de sa mère, jusqu'à l'âge de quatre ans environ. Dès l'âge de six ans, il atteint le poids respectable d'une tonne. Il est apte à se reproduire à quinze ans.

ÉLÉPHANT D'AFRIQUE

À la fin des années 1970, on comptait environ 1,3 million d'éléphants en Afrique. Il n'en reste plus que quelques centaines de milliers aujourd'hui. Les braconniers les tuent pour leur ivoire et leur habitat disparaît avec la construction de fermes. Mais dans les réserves où ils sont protégés, leur population a augmenté. On en abat régulièrement pour limiter leur nombre et empêcher la dégradation de la végétation. Les éléphants font partie des espèces menacées d'extinction et le commerce de l'ivoire est réglementé par des accords internationaux.

Éléphant d'Afrique : mâle de six ans

Pour en savoir plus

L'AFRIQUE (FAUNE ET FLORE)
LES ESPÈCES ANIMALES
LES ESPÈCES EN VOIE DE DISPARITION
LES MAMMIFÈRES

Émigration et immigration

ÉMIGRER, C'EST QUITTER SON PAYS d'origine ; immigrer, c'est arriver dans un nouveau pays pour y vivre. Un immigré est donc toujours également un émigré : le pays qui voit l'un de ses citoyens partir nomme celui-ci « émigré » tandis que le pays qui voit ce même homme s'installer sur son territoire le nomme « immigré ». On peut quitter son pays pour beaucoup de raisons différentes, mais le plus souvent ce sont la guerre, la misère ou les persécutions qui poussent des hommes et des femmes à abandonner leur patrie… Les immigrés espèrent trouver une terre d'accueil qui leur offre mieux que leur terre natale. C'est pourquoi ils sont généralement pauvres et émigrent vers des pays riches. Depuis toujours, les humains se sont déplacés espérant découvrir des contrées plus riches et paisibles. Aujourd'hui, les nations occidentales sont des terres convoitées par des millions d'hommes et de femmes, qui cherchent souvent à les rejoindre au prix d'immenses sacrifices et sans même vraiment savoir comment la vie s'y déroule.

FUITE DES CERVEAUX
Quand les ingénieurs et les intellectuels quittent leur pays, on parle de « fuite des cerveaux ». En France, beaucoup de chercheurs préfèrent aller vivre et travailler aux États-Unis car ils sont mieux payés. D'autres nations voient leur territoire déserté par les artistes et les journalistes, car ils n'ont pas de liberté d'expression et peuvent être emprisonnés s'ils abordent des sujets qui fâchent le pouvoir.

DROIT D'ASILE

Le droit d'asile permet aux personnes qui ne sont plus protégées dans leur pays natal – et qui craignent pour leur sécurité à cause de leur couleur, de leur religion ou de leurs idées –, de se réfugier dans un autre pays. Chaque pays a des lois pour reconnaître à quelqu'un le statut de réfugié. Il est parfois très difficile de prouver que l'on sera persécuté si on retourne dans son pays. Moins de 15 % des demandes d'asile ont été acceptées en France en 2010. C'est pourtant le pays en Europe qui reçoit le plus de demandes, après l'Allemagne, la Suède et la Belgique. Il y a environ 44 millions de réfugiés dans le monde (2010).

INTÉGRATION ET MÉTISSAGE

Un immigré doit chercher à épouser les coutumes de son pays d'accueil : c'est ce qu'on appelle l'intégration. Souvent, ses enfants acquièrent la nationalité française parce qu'ils sont nés sur le sol français, et eux-mêmes influencent la culture et les modes de vie français. Environ 20 % des Français ont une mère ou un père étranger. Dans les manifestations contre le racisme, on entend souvent ce slogan : « Première, deuxième, troisième génération, etc., nous sommes tous des enfants d'immigrés ! »

IX-XIe SIÈCLE Les Vikings envahissent la France et s'y installent.

1685 Les Huguenots fuient la France.

XVIIe-XIXe SIÈCLE Migration forcée de 12 à 15 millions d'esclaves noirs de l'Afrique vers les États-Unis.

1847 Un million d'Irlandais émigrent vers les États-Unis, suivis par des Italiens, puis des Grecs.

VERS 1880 La France fait venir des mineurs polonais.

XXe SIÈCLE La France sollicite des travailleurs italiens, puis espagnols, portugais et maghrébins.

1962 À la fin de la guerre d'Algérie, les pieds-noirs (Français qui habitaient en Algérie) sont rapatriés en France et la plupart des harkis (Algériens qui ont combattu du côté des Français) se réfugient en France.

1974 Une politique de contrôle des flux migratoires est mise en place.

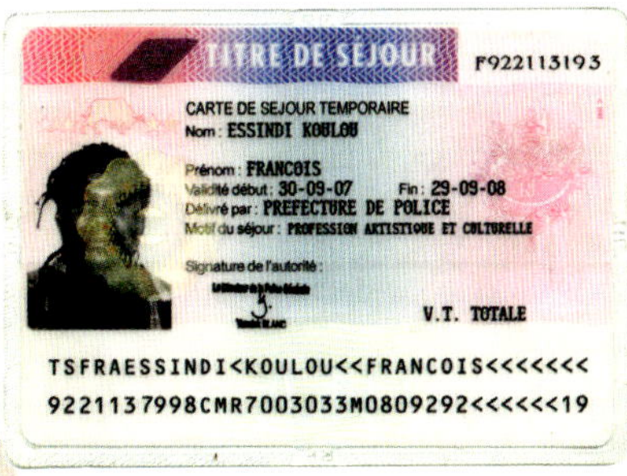

Les étrangers qui ne font pas partie de la Communauté européenne doivent être titulaires d'un titre de séjour – délivré par la préfecture de police – pour avoir l'autorisation de travailler sur le territoire français. Le titre de séjour peut être valable six mois, un, deux ou dix ans.

POLITIQUE D'IMMIGRATION
Les pays riches sont constamment sollicités pour accueillir des étrangers. C'est pourquoi ils régulent et contrôlent cette immigration. S'ils ont besoin de travailleurs, ils ouvrent grand leurs frontières, mais si l'économie du pays est fragile, ils tentent de limiter les entrées d'étrangers sur leur territoire. Beaucoup d'étrangers immigrent sans en avoir l'autorisation : ce sont des clandestins, bien qu'ils vivent parfois dans le pays depuis plusieurs années. Peu de « sans-papiers » obtiennent la régularisation de leur situation, c'est-à-dire l'obtention de papiers en règle. Ils sont souvent exploités par des patrons peu scrupuleux qui profitent de leur situation.

Pour en savoir plus

L'ESCLAVAGE
L'EMPIRE BRITANNIQUE
LES ÉTATS-UNIS (HISTOIRE)
GOUVERNEMENT ET POLITIQUE

l'Empire britannique

LE PLUS VASTE EMPIRE DU MONDE vit le jour dans les années 1600, quand la Grande-Bretagne commença à commercer avec ses colonies de la côte est d'Amérique du Nord. D'autres colonies furent fondées dans les Caraïbes, en Inde, puis, après 1770, en Australie, en Océanie et en Afrique. En 1920, l'Empire britannique était à son apogée. Les conquêtes militaires étaient « justifiées » par la nécessité d'approvisionner l'industrie en matières premières. Bien que gérées par une administration toute-puissante et regroupées sous la bannière du christianisme, presque toutes les colonies de la Couronne britannique finirent par obtenir leur indépendance.

Une clôture en bois faisait obstacle à l'ennemi et aux animaux sauvages.

Les colons utilisaient le bois des forêts pour bâtir leurs cabanes.

Les femmes aidaient aux récoltes et s'occupaient des animaux.

JAMESTOWN

En 1607, les Britanniques fondaient une première colonie permanente sur la côte est de l'Amérique du Nord, à Jamestown, en Virginie actuelle. Baptisée en l'honneur du roi Jacques Ier, la colonie regroupait de simples cabanes en bois protégées par un enclos.

CONQUÊTE DU CANADA

Au début du XVIIe siècle, des colons français commencèrent à s'établir le long des rives du Saint-Laurent, au Canada. En 1670, les Britanniques fondèrent la Compagnie de la baie d'Hudson, au nord du Canada, afin d'organiser le commerce des fourrures avec les Inuits. Des tensions ne tardèrent pas à voir le jour entre Français et Britanniques. En 1759, l'armée britannique, commandée par le général James Wolfe, s'emparait de Québec, capitale du Canada français, avant de prendre le contrôle de toutes les possessions françaises.

LE RAJ

Fondée en 1600 par la reine Élisabeth Ire, la Compagnie anglaise des Indes orientales prit progressivement le contrôle de l'Inde. En 1886, le sous-continent tout entier se trouvait sous domination britannique. Les Victoriens baptisèrent l'Inde « joyau de la Couronne », tandis que l'autorité britannique prenait le nom de Raj, tiré d'un mot indien signifiant « règne ».

RÉVOLTE DES CIPAYES

En 1857, les troupes indiennes, craignant d'être converties de force au christianisme, se mutinèrent. Le bruit courut que les armes étaient lubrifiées avec de la graisse de porc ou de bœuf, ce qui était insupportable aux soldats musulmans ou hindous. La rébellion fut matée, l'armée et le gouvernement indiens réformés.

COMMERCE ET IMPÉRIALISME

Tout au long des XVIIIe et XIXe siècles, les colonies de l'empire contribuèrent à hisser la Grande-Bretagne au rang de première puissance industrielle du monde. Elles fournissaient des matières premières : coton, thé, hévéa et différents minéraux, exportés par la Grande-Bretagne. Pour asseoir ce commerce, les Britanniques firent l'acquisition de certains ports, notamment à Malte et aux Malouines.

AUSTRALIE

Les premiers colons australiens étaient des repris de justice, exilés par les Britanniques en 1788. Les derniers arrivants comptaient des Irlandais fuyant la famine et des aventuriers en quête de grands espaces. La découverte de gisements d'or, en 1851, provoqua une véritable ruée qui entraîna de profonds bouleversements économiques et sociaux. En 1901, les six colonies du continent furent réunies en un seul et même État.

RÊVE DE GRANDEUR

Des milliers de Britanniques, beaucoup plus d'hommes que de femmes, partirent pour l'étranger. Certains, comme, en Afrique, Cecil Rhodes (1853-1902), firent fortune. Ces citoyens britanniques étaient persuadés servir le bien en servant la Couronne. Rhodes caressait, entre autres rêves, celui d'une ligne de chemin de fer qui relierait Le Caire au Cap, en ne passant que par des possessions britanniques…

MISSIONNAIRES

Alors que l'empire s'agrandissait, des missionnaires britanniques furent envoyés pour convertir les populations locales. Ils fondèrent écoles et hôpitaux et contribuèrent à propager le christianisme, ainsi que les us et coutumes britanniques. Le plus célèbre de tous, l'Écossais David Livingstone, débarqua au Cap en 1841. À sa mort, en 1873, le missionnaire avait exploré la majeure partie de l'Afrique.

PREMIÈRE GUERRE MONDIALE

En 1914, la guerre éclatait entre la Grande-Bretagne et l'Allemagne. Elle impliqua 2 800 000 soldats de l'empire. Les Indiens se battaient sur le front occidental, les Australiens et les Néo-Zélandais, à Gallipoli ; les troupes africaines envahissaient les colonies ennemies d'Afrique.

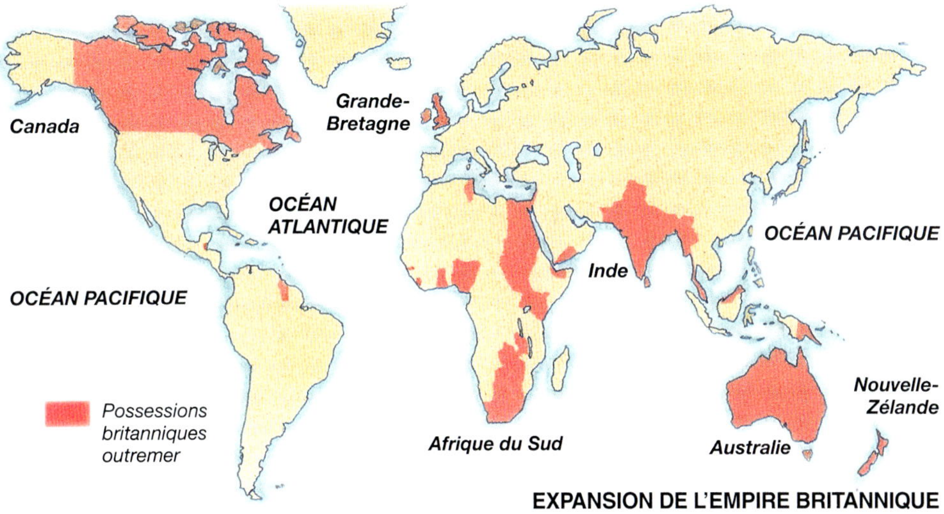

EXPANSION DE L'EMPIRE BRITANNIQUE

L'Empire britannique atteignit son apogée dans les années qui suivirent la fin de la Première Guerre mondiale, en 1918, avec l'annexion d'anciennes possessions allemandes et turques. Le roi George V (1865-1936) régnait alors sur un empire de 410 millions d'âmes (un cinquième de la population mondiale), de près de 29 500 000 km², distribués sur tous les continents.

DÉCOLONISATION

Les premiers pays à gagner leur indépendance furent les dominions blancs du Canada (1867), d'Australie (1901) et de Nouvelle-Zélande (1907). Le sous-continent indien était indépendant en 1947-1948 ; le Ghana et la Malaisie quittèrent l'empire en 1957. La décolonisation se poursuivit tout au long du XXᵉ siècle, parfois accompagnée de violences. En 1997, la Grande-Bretagne ne possédait plus que 13 petites colonies, dont certaines inhabitées.

COMMONWEALTH

En 1931, plus de 50 anciennes possessions britanniques, récemment indépendantes, se regroupèrent au sein du Commonwealth. Monarchies ou républiques, ces États continuent de reconnaître comme chef symbolique la reine Élisabeth II d'Angleterre. Les pays membres du Commonwealth se réunissent tous les deux ans.

1497 Jean Cabot fait de Terre-Neuve une possession britannique.
1600 Fondation de la Compagnie anglaise des Indes orientales.
Années 1620 Établissement de colonies dans les Caraïbes.
1763 Par le traité de Paris, la France abandonne le Canada à la Grande-Bretagne.
1783 Les Britanniques perdent leurs colonies américaines.
1788-1867 Des repris de justice britanniques sont envoyés purger leur peine en Australie.
1814 Première colonie britannique en Afrique, au Cap.
1867 Le Canada devient le premier dominion de l'Empire britannique.
1876 La reine Victoria est proclamée impératrice des Indes.
1886 La Grande-Bretagne prend le contrôle de l'Inde.
1901-1910 L'Australie, la Nouvelle-Zélande et l'Afrique du Sud deviennent dominions britanniques.
Années 1920 Apogée de l'Empire britannique.
1931 Westminster reconnaît l'indépendance des dominions.
1947 L'Inde et le Pakistan deviennent indépendants.
1997 La Grande-Bretagne rétrocède Hong Kong à la Chine.

Pour en savoir plus

Émigration et immigration
Le Royaume-Uni (géographie)
Le Royaume-Uni (histoire)

l'Empire byzantin

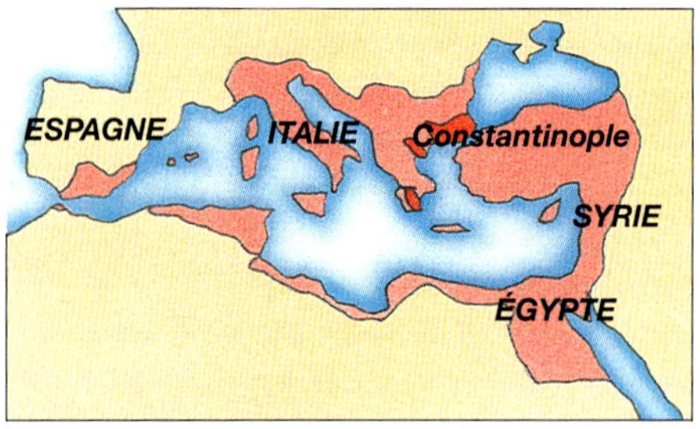

FRONTIÈRES DE L'EMPIRE BYZANTIN
En 565, l'Empire byzantin, alors à son apogée, s'étendait de l'Espagne, à l'ouest, jusqu'en Syrie, à l'est. Mais il perdit peu à peu son influence au fil des siècles.

L'EMPIRE BYZANTIN commença à émerger au IIIe siècle apr. J.-C., avec l'affaiblissement de l'Empire romain. En 330, l'empereur romain Constantin Ier délaissa Rome et fit de Byzance (en Turquie actuelle) sa nouvelle capitale. La cité, rebaptisée Constantinople (aujourd'hui Istanbul), se trouva au centre du nouvel Empire romain d'Orient ou Empire byzantin. Celui-ci profita de la chute de l'Empire romain d'Occident pour se développer. Le christianisme devint la religion d'État et Constantinople se transforma en un grand centre chrétien. Artistes et érudits venus de toute l'Europe et du Moyen-Orient s'y pressaient. Sous Justinien Ier, l'empire s'étendit à l'ouest et annexa certaines régions de l'ancien Empire romain. Commerce, art et architecture prospéraient. L'Empire byzantin subissait pourtant de multiples attaques. En 642, les Arabes déferlèrent sur les territoires byzantins d'Afrique du Nord et du Moyen-Orient. Progressivement, l'Empire perdit ses possessions en Asie Mineure (Turquie actuelle) et au sud-est de l'Europe. La prise de Constantinople par les Ottomans, en 1453, sonna le glas de l'Empire byzantin.

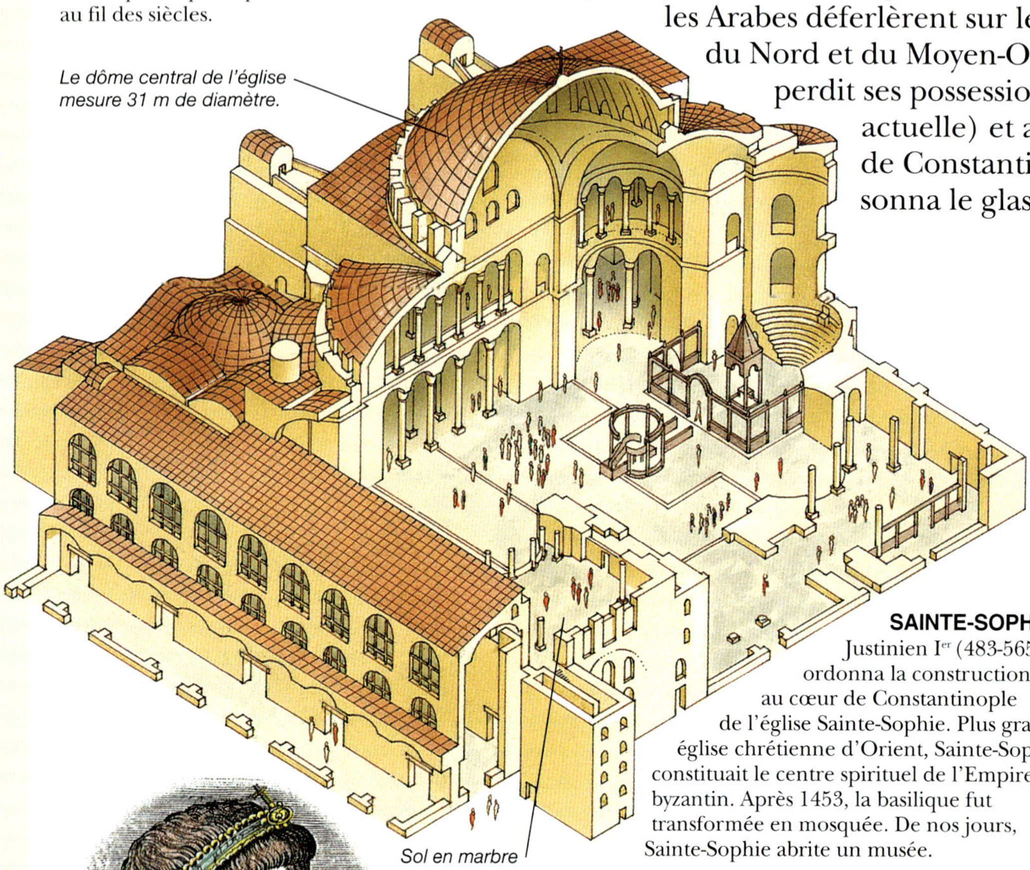

SAINTE-SOPHIE
Justinien Ier (483-565) ordonna la construction au cœur de Constantinople de l'église Sainte-Sophie. Plus grande église chrétienne d'Orient, Sainte-Sophie constituait le centre spirituel de l'Empire byzantin. Après 1453, la basilique fut transformée en mosquée. De nos jours, Sainte-Sophie abrite un musée.

395 L'Empire romain est scindé en deux. L'Empire romain d'Orient a pour capitale Constantinople.

476 Chute de l'Empire romain d'Occident. L'Empire romain d'Orient se développe et prend le nom d'Empire byzantin.

527-565 Sous le règne de Justinien Ier, l'Empire byzantin s'étend et retrouve les frontières de l'ancien Empire romain d'Occident.

635-642 L'Empire byzantin capitule face aux Arabes et leur cède le contrôle du Moyen-Orient et de l'Afrique du Nord.

1071 L'Empire byzantin cède l'Asie Mineure aux Turcs ottomans.

1333 Les Turcs ottomans pénètrent en Europe et commencent à encercler Constantinople.

1453 Constantinople tombe aux mains des Turcs ottomans, précipitant le déclin de l'Empire byzantin.

CONSTANTIN Ier LE GRAND
En 314, quand Constantin devint empereur, le christianisme était banni dans tout l'empire. Selon la légende, Constantin se convertit après avoir aperçu une croix dans le ciel. À la fin du IVe siècle, le christianisme était la religion officielle de l'Empire byzantin; celle-ci est devenue depuis l'Église orthodoxe d'Orient.

SIÈGE DE CONSTANTINOPLE
En 1453, les Turcs ottomans, qui avaient déferlé sur l'Empire byzantin, se trouvaient aux portes de Constantinople. Placés sous l'autorité du sultan Mehmet II (1432-1481), ils s'emparèrent de la cité après deux mois de siège, le 29 mai. Les chrétiens furent autorisés à rester dans la ville, qui devint la capitale de l'Empire ottoman sous le nom d'Istanbul.

Pour en savoir plus

LE CHRISTIANISME
L'EMPIRE OTTOMAN
L'EMPIRE ROMAIN

l'Empire mongol

GENGIS KHAN
Temüdjin (v. 1167-1227), fils d'un chef tribal qui fut assassiné, devint lui-même un chef redoutable en parvenant à placer sous ses ordres toutes les tribus mongoles. Il prit le titre de Gengis Khan, « prince de toutes les terres entre les océans » et ne vécut que dans l'idée de conquérir le monde.

AU DÉBUT DU XIIIe SIÈCLE, Gengis Khan, chef de clan tout-puissant, avait transformé un groupe de tribus nomades, les Mongols, en une redoutable armée. Ces guerriers impitoyables étaient endurcis par la rigueur d'une existence menée à arpenter les plaines arides du nord-est de l'Asie. Leur armée comptait de formidables cavaliers dotés d'armes novatrices, comme des grenades fumigènes et incendiaires à base de poudre à canon. En 1211, les Mongols envahirent la Chine, avant de balayer l'Asie. Ces guerriers rapides et rusés planifiaient leurs opérations dans les moindres détails. Pillant et brûlant tout sur leur passage, ils semaient la terreur dans l'esprit et le cœur de l'ennemi. À sa mort, en 1227, Gengis Khan cédait un vaste empire à ses quatre fils, qui en étendirent les frontières d'Asie Mineure jusqu'en Europe. L'Empire mongol fut victime de la lutte de pouvoir à laquelle se livrèrent les khans (rois mongols).

E

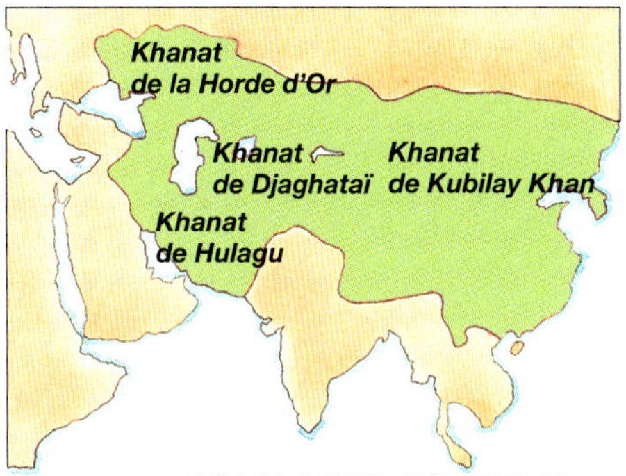

KHANATS MONGOLS
En 1267, l'Empire mongol comptait quatre khanats (ou États), chacun gouverné par un roi. Kubilay Khan, petit-fils de Gengis Khan, fonda la dynastie des Yuan en Chine. Le plus petit des khanats occidentaux devait connaître son heure de gloire avec Tamerlan, au XIVe siècle.

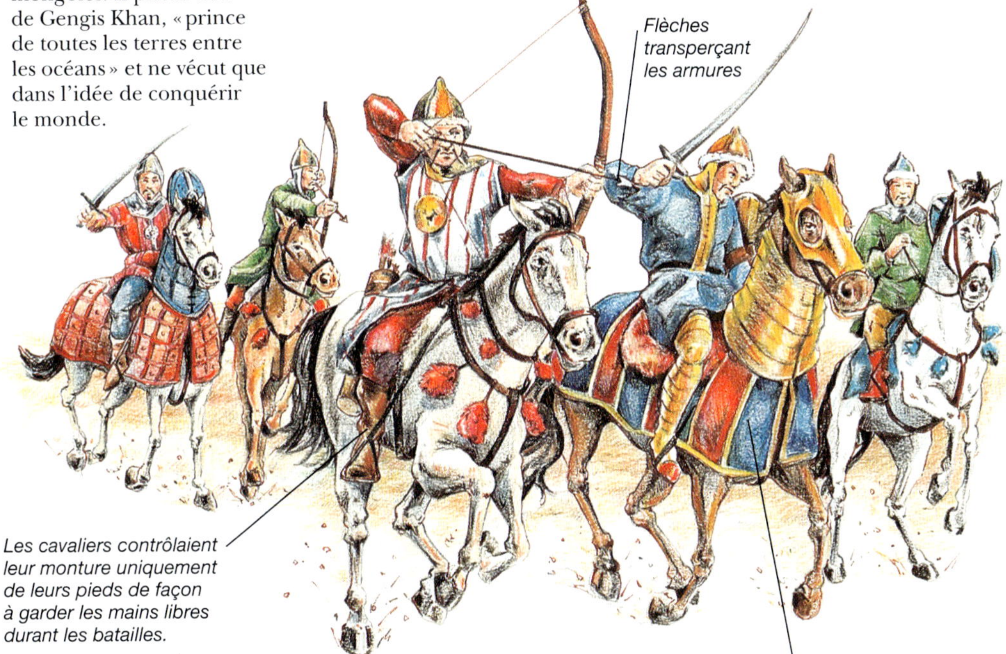

Flèches transperçant les armures

Les cavaliers contrôlaient leur monture uniquement de leurs pieds de façon à garder les mains libres durant les batailles.

Cheval caparaçonné

1206 Temüdjin (Gengis Khan) réunit les différentes tribus de Mongolie.

1219 Les Mongols envahissent la Perse.

1223 Les Mongols envahissent la Russie.

1237 Batu, petit-fils de Gengis Khan, envahit le nord de la Russie.

1240 Batu envahit la Pologne et la Hongrie.

1260 Défaite des Mongols face aux mamelouks (guerriers égyptiens).

1279 Kubilay Khan achève la conquête de la Chine.

1370 Tamerlan (Timur Lang) conquiert le Khârezm (khanat de Khiva).

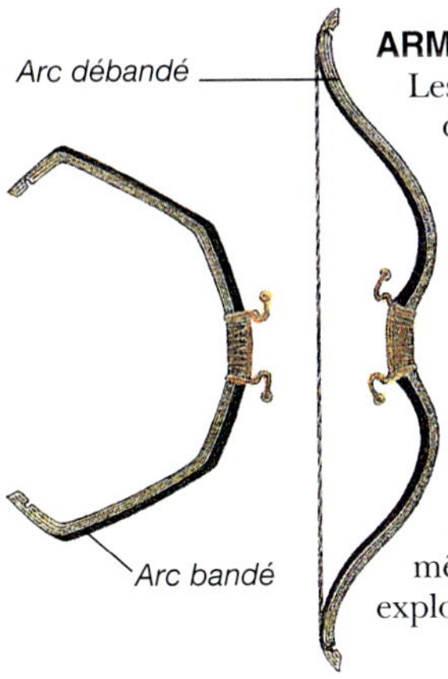

Arc débandé

Arc bandé

ARMES PERFECTIONNÉES
Les Mongols confectionnaient leurs arcs à l'aide de bois, de corne et de boyaux, qui donnaient à ces armes une puissance redoutable. Ces archers accomplis étaient capables d'armer, de viser et de tirer, tout en chevauchant leur monture au galop. Ils inventèrent des flèches à pointe blindée, des flèches de signalisation et même des flèches explosives.

YOURTES
Les tribus des steppes mongoles suivaient leurs troupeaux de chèvres, de moutons, de bovins et de chevaux. Les Mongols vivaient (et vivent toujours) dans des yourtes, tentes circulaires qu'ils transportaient avec eux. Les femmes conduisaient les chariots alors que les hommes chassaient, surveillaient les troupeaux ou troquaient grains et métaux.

Pour en savoir plus

LA CHINE (HISTOIRE)
LES GRANDS EXPLORATEURS
LA RUSSIE (HISTOIRE)

l'Empire ottoman

SOLIMAN Ier LE MAGNIFIQUE
Soliman Ier (1494-1566) dit Soliman le Magnifique fut le plus illustre de tous les sultans de l'Empire ottoman. Sous son règne, l'Empire connut son apogée. Protecteur des arts, Soliman réforma le système éducatif et législatif.

À LA FIN DU XIIIe SIÈCLE, des tribus nomades regroupant des Turcs ottomans s'installaient en Anatolie (Turquie actuelle). Ces hommes s'étaient placés sous les ordres du sultan Osman Ier Gazi, qui fonda l'Empire ottoman, considéré comme l'un des plus grands hommes de l'histoire ottomane. En 1556, les frontières de l'empire s'étendaient des rivages méditerranéens au Moyen-Orient et au golfe Persique.
Les Ottomans s'appuyaient sur une armée de métier intégrant de nombreux chrétiens. Ces recrues, mobilisées dans l'infanterie, formaient le corps d'élite des janissaires. L'Empire ottoman prospéra grâce à sa maîtrise du commerce dans tout le Moyen-Orient. L'art et l'architecture fleurissaient à l'intérieur de ses frontières. Des désaccords au sein du gouvernement affaiblirent l'empire qui déclina tout au long du XIXe siècle, avant de s'effondrer en 1918. La Turquie naquit sur ses décombres.

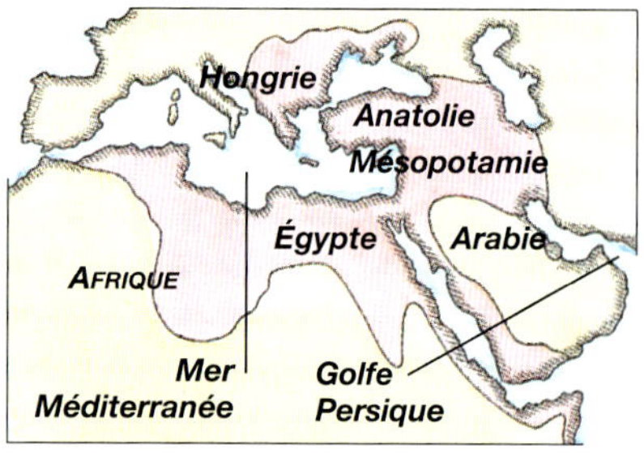

Extension de l'Empire ottoman

Les janissaires étaient reconnaissables à leur coiffe très élaborée.
Des écrivains publics offraient leurs services à la population.

OTTOMANS
Musulmans, les Ottomans toléraient que les chrétiens et les juifs pratiquent leur religion au sein d'un empire où se côtoyaient des populations d'origines très différentes. Les sultans, qui vivaient dans le luxe et l'abondance, encourageaient les arts et la culture. Les femmes des dignitaires occupaient un quartier réservé du palais, appelé harem.

1281-1324 Fondation de l'Empire ottoman par le sultan Osman Ier Gazi.
1333 Prise de Gallipoli par les Ottomans qui pénètrent en Europe.
1453 Les Ottomans prennent Constantinople (Istanbul actuelle), alors capitale de l'Empire byzantin, et en font leur capitale.
1566 L'Empire ottoman atteint son extension maximale.
1571 Les forces navales chrétiennes écrasent la flotte ottomane lors de la bataille de Lépante.
1697-1878 Les Russes repoussent progressivement les Turcs installés sur les rivages de la mer Noire.
1878-1913 Les Turcs perdent peu à peu toutes leurs possessions en Europe.
1914-1918 L'Empire ottoman se range aux côtés de l'Allemagne et de l'Autriche au cours de la Première Guerre mondiale.
1918 Les Alliés, dont la Grande-Bretagne et la Grèce, occupent l'Empire ottoman.
1922 Le dernier sultan est renversé. La Turquie devient une république.

BATAILLE DE LÉPANTE
Soucieux de mettre un terme à l'expansion de l'Empire ottoman, le pape Pie V ordonna la levée d'une ligue chrétienne, regroupant l'Espagne, Venise, Gênes et Naples. Le 7 octobre 1571, les forces navales de la Sainte Ligue écrasèrent la flotte ottomane à Lépante, au large des côtes grecques. Première défaite importante pour l'Empire ottoman, Lépante marqua la fin de la suprématie des Turcs en Méditerranée.

L'HOMME MALADE DE L'EUROPE
Durant le XIXe siècle, l'Empire ottoman perdit progressivement de son influence et céda peu à peu ses possessions en Europe. Menacé de démantèlement, il fut surnommé « l'homme malade de l'Europe ».

Gravure du XIXe siècle caricaturant le déclin de l'Empire ottoman

Pour en savoir plus

L'EMPIRE BYZANTIN
L'ISLAM

http://www.memo.fr/dossier.asp?id=22

l'Empire romain

IL Y A 2000 ANS, un seul et même gouvernement allait unifier et influencer la majeure partie de l'Europe occidentale, le Moyen-Orient et les rivages d'Afrique du Nord. L'Empire romain s'appuyait sur une organisation sans faille et un pouvoir centralisé. Les cités des différents territoires obéissaient toutes au même schéma et un réseau de voies pavées (dont certaines subsistent encore) reliait chaque province à Rome. Le règne d'Auguste, premier empereur romain, marqua le début d'une longue période de paix et de prospérité. La *pax romana* dura près de deux siècles. Les murs défensifs érigés aux frontières étaient gardés par une armée de métier et une législation avancée gouvernait l'empire. Le commerce prospérait et un sentiment d'unité soudait la population. L'empire atteignit son apogée vers 200 apr. J.-C., puis commença lentement à décliner, avant d'être scindé en deux, en 395. En 476, Rome capitale de l'Empire romain d'Occident tomba aux mains des Barbares. L'Empire romain d'Orient, dont la capitale était Constantinople (aujourd'hui Istanbul, en Turquie), survécut jusqu'en 1453.

GRAFFITI
Les Romains avaient le sens de l'humour. Cette caricature retrouvée sur un mur de Pompéi représentait un citoyen influent, probablement un noble, à en juger par sa couronne de lauriers.

URBANISME

Les cités romaines obéissaient à un plan en damier, avec des voies rectilignes et un réseau d'alimentation et d'évacuation des eaux. Elles comptaient de nombreux temples. Le forum, ou place centrale, regroupait boutiques, édifices publics et hôtel de ville. Les riches occupaient de luxueuses villas, les pauvres des sortes d'appartements. Les esclaves, privés des droits des citoyens, comme celui d'entrer aux thermes publics, accomplissaient les basses besognes.

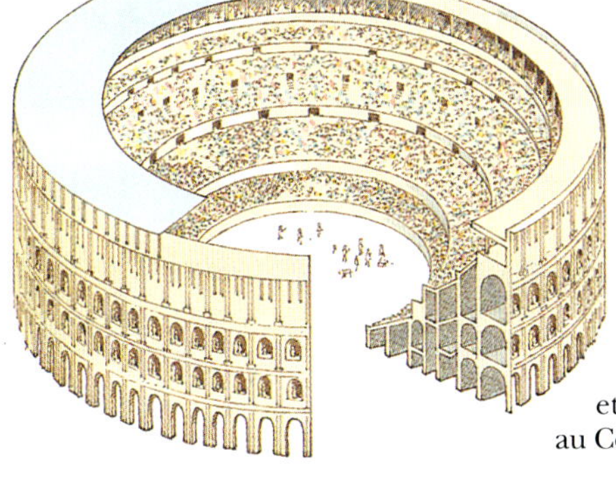

COLISÉE
Les empereurs, soucieux de leur popularité, organisaient pour le peuple des divertissements grandioses, comme les courses de chars. À Rome, les combats opposaient gladiateurs et animaux sauvages au Colisée, théâtre monumental.

THERMES ROMAINS

Les Romains fréquentaient assidûment les thermes. Ils s'y lavaient, s'enduisaient le corps d'huile, se relaxaient au sauna, nageaient dans des bassins d'eau chaude, puis dans de l'eau glacée.

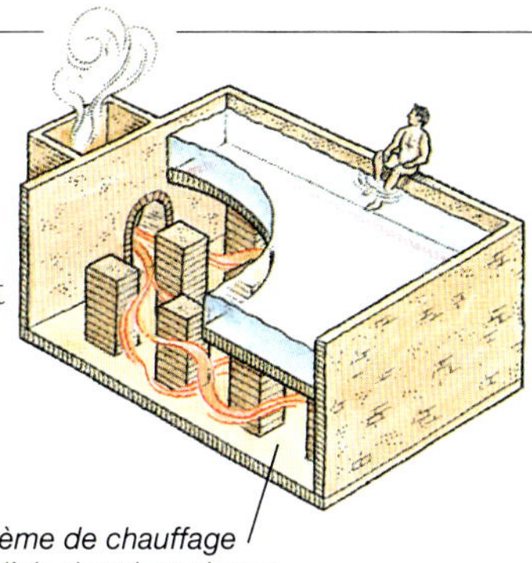

L'hypocauste était un système de chauffage fondé sur la circulation d'air chaud au niveau du sous-sol et à travers les murs.

Les Romains s'enduisaient d'une huile, conservée dans de petits flacons.

Les strigiles étaient des sortes de racloirs utilisés pour nettoyer la peau.

ARMÉE ROMAINE

La puissance de l'empire s'appuyait sur le professionnalisme de son armée. Les fantassins étaient regroupés en légions. Chacune comptait environ 5 000 légionnaires. Ces soldats surentraînés étaient armés de lances, de boucliers et de courtes épées. Ils bâtissaient des routes et des fortins pour défendre les territoires conquis. À leur retraite, les officiers étaient souvent récompensés par l'octroi de terres dans l'une des multiples colonies de l'empire.

VERS 753 AV. J.-C. Premier peuplement sur le Palatin.

509 AV. J.-C. Les Étrusques sont chassés de Rome. Début de la République.

275 AV. J.-C. Conquête de l'Italie. L'expansion se poursuit au-delà des mers.

146 AV. J.-C. Destruction de Carthage : contrôle de l'Espagne et de l'Afrique du Nord.

71 AV. J.-C. Révolte des esclaves (Spartacus).

52 AV. J.-C. Conquête de la Gaule par Jules César.

27 AV. J.-C. Auguste est le premier empereur.

43 Claude envahit la Bretagne.

VERS 117 Apogée de l'Empire romain.

395 L'Empire romain est scindé en deux.

VERS 410 Les Wisigoths pillent Rome.

VERS 476 Chute de l'Empire romain d'Occident.

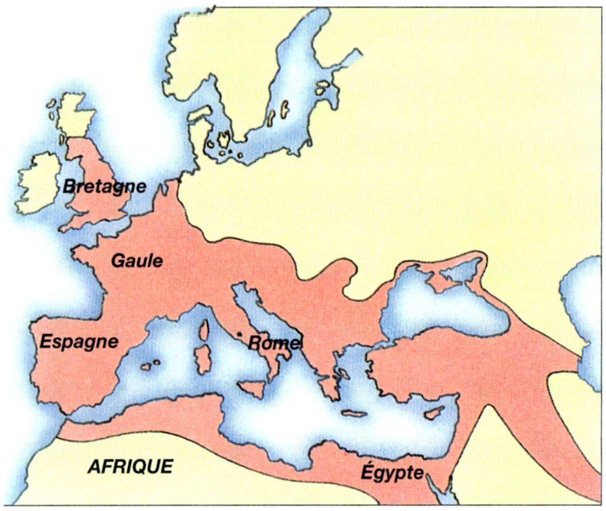

EXPANSION DE L'EMPIRE ROMAIN
À son apogée, l'empire s'étendait du Moyen-Orient à la Bretagne (actuelle Grande-Bretagne). Les populations qui le composaient étaient d'origine et de culture très différentes.

MUR D'HADRIEN
L'empereur Hadrien qui régna de 117 à 138 ordonna la construction d'un mur au nord de la Grande-Bretagne, de façon à défendre les terres romaines des féroces Barbares peuplant les montagnes d'Écosse. Ce mur de près de 120 km de long, dont il subsiste encore certaines sections, était longé de fossés défensifs et ponctué de fortins et de tours de guet érigés par les légionnaires.

TECHNOLOGIE ET ARTISANAT

Les Romains étaient d'excellents ingénieurs. Leurs cités avaient l'eau courante, et les habitations les plus riches, qu'ornaient souvent de superbes mosaïques, bénéficiaient du chauffage central. Les artisans travaillaient le verre, le métal, l'ivoire et l'argile et nombre de leurs réalisations nous sont parvenues.

Clé en métal

Lampe à huile en terre cuite décorée

Carafe en verre

Pour en savoir plus
L'ARMÉE
LES BARBARES
L'EMPIRE BYZANTIN
JULES CÉSAR
L'ITALIE (HISTOIRE)

l'Énergie

TRAVAIL, ÉNERGIE ET PUISSANCE
Lorsqu'une force s'applique sur un objet et le déplace, l'énergie est transférée vers l'objet ou son entourage immédiat. Ce transfert d'énergie est appelé travail. La quantité de travail dépend de la force exercée et de la distance parcourue par l'objet. Cet haltérophile fournit un travail colossal en soulevant ces haltères au-dessus des épaules. La puissance se calcule en divisant le travail par la durée. Plus l'action est rapide, plus la puissance est forte.

LA COURSE D'UNE VOITURE, le son d'une trompette ou la lueur d'une bougie sont impossibles sans énergie. L'énergie permet aux événements d'avoir lieu. Lorsque, par exemple, vous lancez une pierre, l'énergie du mouvement peut se manifester par le bris d'une vitre. La vie sur terre est tributaire de l'énergie, dont la majeure partie est fournie par le Soleil. L'énergie solaire permet aux végétaux de pousser; les animaux stockent dans leurs muscles l'énergie puisée dans les végétaux qu'ils consomment pour la transformer par exemple en mouvement. L'énergie n'a rien d'un objet visible ou palpable, mais on peut la définir comme un potentiel circulant d'un endroit à un autre. Imaginons, par exemple, l'énergie stockée au sommet d'une chute d'eau. Dès que l'eau bascule, cette énergie se transforme en mouvement jusqu'au bas de la chute d'eau.

La chaleur est une énergie transportée par des ondes invisibles, appelées infrarouges ou rayonnement thermique.

La lumière est une énergie qui voyage sous forme d'ondes. On distingue également les rayons X et les ondes radio.

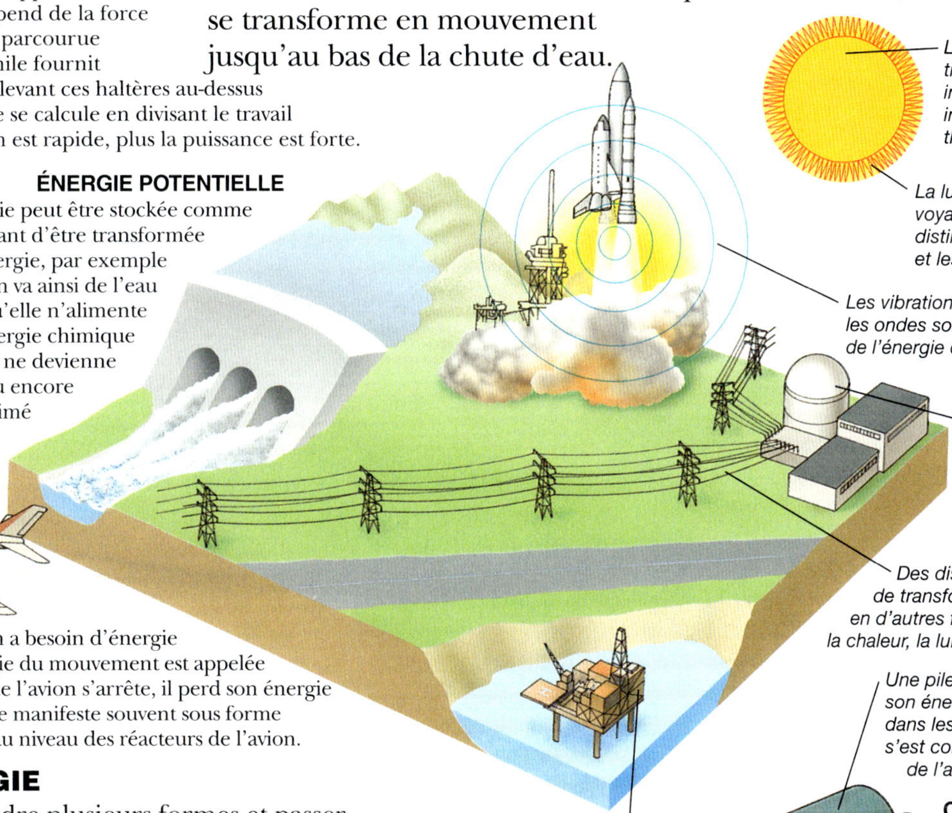

ÉNERGIE POTENTIELLE
L'énergie peut être stockée comme un potentiel, avant d'être transformée en une autre sorte d'énergie, par exemple en mouvement. Il en va ainsi de l'eau d'un barrage avant qu'elle n'alimente des turbines, de l'énergie chimique d'une pile avant qu'elle ne devienne courant électrique ou encore du ressort comprimé attendant d'être libéré.

Les vibrations de l'air que sont les ondes sonores transportent de l'énergie cinétique.

Certaines centrales produisent de l'électricité à partir de l'énergie nucléaire issue de la fission du noyau des atomes.

Des dispositifs permettent de transformer le courant électrique en d'autres formes d'énergies, comme la chaleur, la lumière ou le mouvement.

Pétrole et charbon stockent de l'énergie chimique, qui se transforme en chaleur et en lumière lorsque ces combustibles sont brûlés.

ÉNERGIE CINÉTIQUE
Un objet comme un avion a besoin d'énergie pour se déplacer. L'énergie du mouvement est appelée énergie cinétique. Lorsque l'avion s'arrête, il perd son énergie cinétique. Cette énergie se manifeste souvent sous forme de chaleur, par exemple au niveau des réacteurs de l'avion.

TYPES D'ÉNERGIE

L'énergie peut prendre plusieurs formes et passer de l'une à l'autre. Par exemple, certaines centrales transforment l'énergie chimique du charbon ou du pétrole en énergie thermique. Celle-ci entraîne l'ébullition de l'eau. Puis les turbines transforment l'énergie thermique de la vapeur en énergie électrique qui alimente habitations et usines.

Une pile s'épuise lorsque toute son énergie a été convertie en chaleur dans les câbles et que la chaleur s'est convertie en lumière au niveau de l'ampoule.

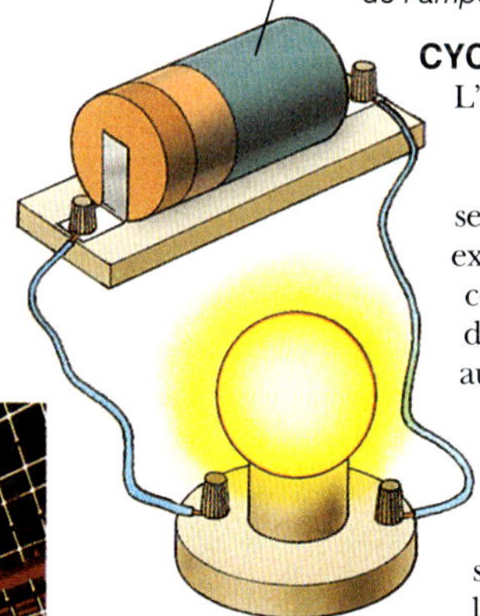

CYCLE DE L'ÉNERGIE
L'énergie ne peut être créée ou détruite, mais seulement se transformer. La seule exception pourrait concerner le passage de la matière à l'énergie au sein d'un réacteur nucléaire. Mais ici encore le principe se vérifie puisque matière et énergie se confondent et que l'une peut être convertie en l'autre.

SOURCES D'ÉNERGIE
Les hommes consomment des quantités phénoménales d'énergie, issue en grande partie du charbon, du pétrole, du gaz et de l'uranium. Mais ces réserves d'énergie sont limitées et ne peuvent être remplacées. Les scientifiques se penchent aujourd'hui sur de nouvelles sources d'énergies dites renouvelables, comme le Soleil, le vent, l'énergie des vagues ou des marées.

Les panneaux solaires servent à produire de l'électricité.

Pour en savoir plus

CHALEUR ET TEMPÉRATURE
L'EAU
L'ÉLECTRICITÉ
L'ÉNERGIE NUCLÉAIRE
LA LUMIÈRE
LE SOLEIL
LE SON
LE VENT

l'Énergie nucléaire

Réacteur expérimental fondé sur la fusion nucléaire

LES ATOMES qui composent chaque chose dans l'Univers sont une source d'énergie phénoménale, baptisée énergie nucléaire. On lui doit la chaleur et la lumière du Soleil, la production d'énormes quantités d'électricité, mais aussi la destruction et la mort en cas d'explosion. Matière et énergie étant deux formes différentes d'une seule et même chose, l'une peut se convertir en l'autre. En cas de réaction nucléaire, une infime quantité de matière se transforme en une incroyable quantité d'énergie. Cette réaction, qui intervient au cœur (noyau) des atomes, peut prendre deux voies différentes, celle de la fission du noyau d'un atome lourd ou celle de la fusion des noyaux de deux atomes légers. Lors de l'explosion d'une bombe nucléaire, fission et fusion interviennent presque simultanément. Les centrales nucléaires produisent quant à elles de l'électricité à partir d'un processus contrôlé de fission nucléaire, mais des accidents très graves peuvent survenir, comme au Japon en 2011.

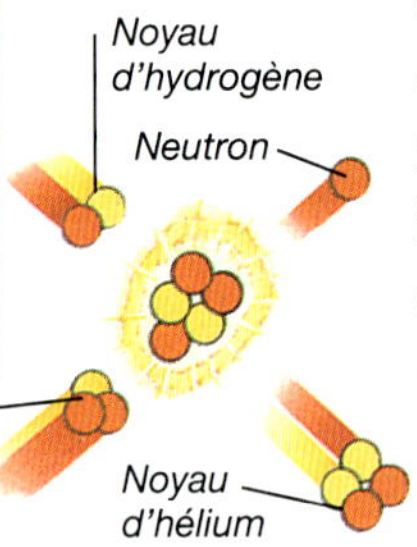

FUSION NUCLÉAIRE

Des réacteurs fondés sur la fusion nucléaire produiraient moins de déchets toxiques que la fission nucléaire. La fusion a lieu lorsque deux atomes légers d'hydrogène se télescopent puis s'assemblent, pour former un atome d'hélium. Mais ce procédé exige que les atomes d'hydrogène soient comprimés par un champ magnétique puis portés à une température plus élevée que celle relevée au centre du Soleil.

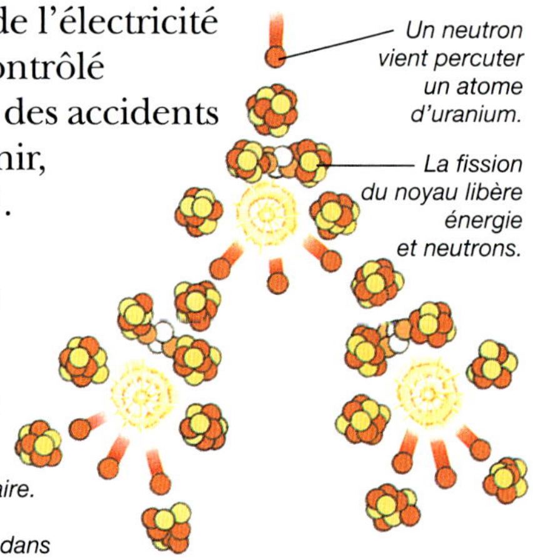

FISSION NUCLÉAIRE

Les centrales nucléaires produisent de l'électricité en bombardant des atomes d'uranium avec des neutrons. La fission du noyau libère de l'énergie thermique, ainsi que deux ou trois neutrons, qui vont bombarder d'autres atomes d'uranium. Ainsi de suite pour générer une quantité phénoménale d'énergie.

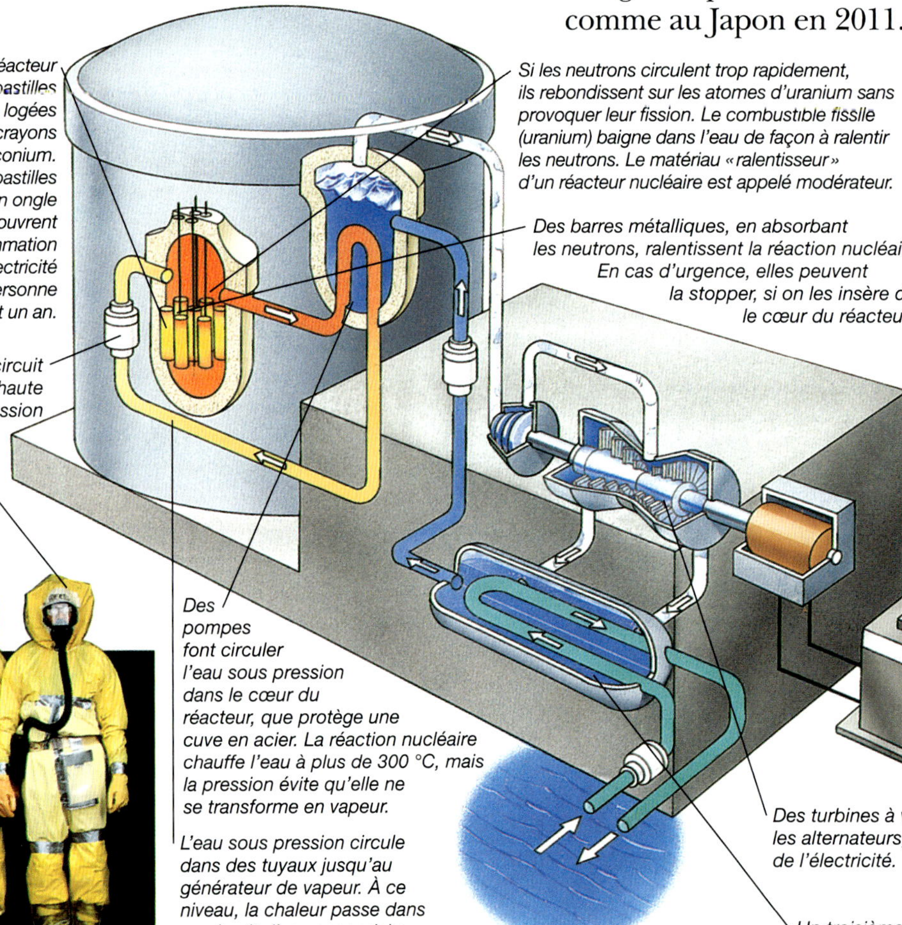
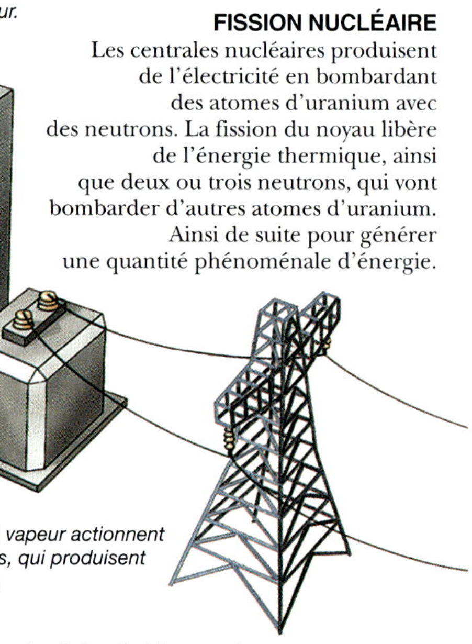

Réacteur à eau sous pression (REP)

Combinaison pour manipuler des déchets radioactifs

RADIOACTIVITÉ

Les déchets des centrales nucléaires sont radioactifs. Leurs radiations, faites d'infimes particules ou d'ondes invisibles, détruisent la vie. Ce rayonnement dure près d'un millénaire, ce qui explique que les déchets soient enterrés profondément, dans des conteneurs scellés. Le danger qu'ils représentent pousse une partie de la population à exiger la fermeture des centrales nucléaires.

CENTRALE NUCLÉAIRE

Le processus de fission nucléaire, pour être continu, exige une masse suffisante de combustible, appelée masse critique. Dans un réacteur nucléaire, les crayons de combustible fissile sont étroitement regroupés de façon à obtenir une réaction en chaîne.

Pour en savoir plus

LES ARMES
L'ÉNERGIE
L'ÈRE DU NUCLÉAIRE
LA PHYSIQUE
LA RADIOACTIVITÉ
LA RUSSIE (HISTOIRE)

l'Équitation

LES CHEVAUX ET LES HOMMES font équipe depuis plus de 2000 ans. Pendant des siècles, le cheval a été un moyen de transport essentiel. L'équitation en tant que sport et loisir ne s'est développée qu'au XVIIe siècle. Elle représente un formidable passe-temps, en particulier pour les jeunes. Il existe de nombreux sports équestres, comme le polo ou le concours complet. Monter à cheval exige un savoir-faire qui s'acquiert par l'entraînement, et un certain courage. Les cavaliers sont assis sur une selle et mettent leurs pieds dans des étriers. Ils tiennent des rênes, reliées à un mors, placé dans la bouche du cheval. Avec de légères pressions des jambes et en maniant les rênes, les cavaliers commandent à leur cheval d'aller au pas, au trot, au petit galop ou de tourner. Ils portent un équipement vestimentaire spécial, dont une bombe sur la tête.

Le cavalier exerce une pression avec sa jambe sur le flanc du poney pour lui dire de tourner.

ÉTRIERS

Vers 300 av. J.-C., des tribus d'Asie centrale ont mis au point les étriers. En calant les pieds du cavalier, ils rendaient plus facile le combat à cheval. Les étriers modernes sont en acier.

CLUBS DE PONEY

Les jeunes cavaliers souhaitant participer à des compétitions équestres s'inscrivent dans un club de poney. Un club organise des épreuves sportives, des sorties et des camps. Il apprend aussi aux jeunes à prendre soin de leur cheval et à entretenir la sellerie (selle, rênes, etc.).

POLO

Dans ce sport de rapidité et d'adresse, deux équipes de quatre cavaliers s'affrontent sur un grand terrain. Il s'agit de pousser une balle de bois avec un long maillet dans le but adverse. L'équipe qui marque le plus de buts gagne. Les chevaux de polo doivent être très agiles et les cavaliers les guident avec leurs jambes. Les déplacements sont rapides et les montures se fatiguent vite. Les joueurs changent de cheval plusieurs fois au cours du match.

Pommeau

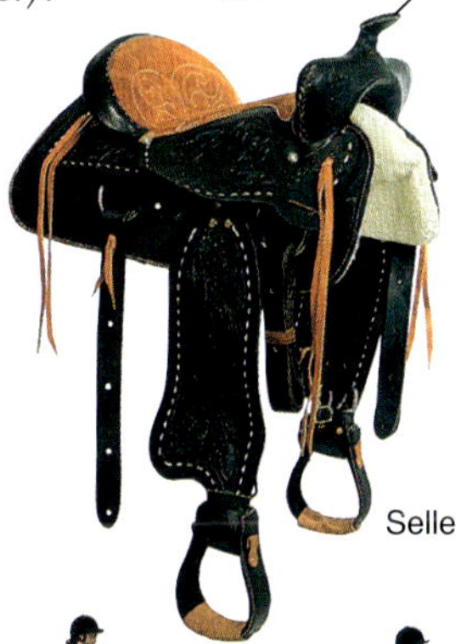

Selle western

SELLE

La selle est une pièce importante de l'équipement. Elle assoit confortablement le cavalier et protège la colonne vertébrale du cheval. Une sangle passe autour du corps de l'animal pour maintenir la selle en place. La selle western a un pommeau relevé et des étriers larges.

Pas

Trot

Petit galop

PAS, TROT ET PETIT GALOP

Les chevaux ont trois façons de se déplacer (ou allures) : le pas, le trot et le petit galop. Au pas, le cheval avance ses quatre jambes l'une après l'autre. Au trot, les membres se meuvent par paires croisées sur un rythme saccadé. Le petit galop est plus fluide. Le cavalier donne l'ordre au cheval de passer d'une allure à une autre en modifiant la longueur des rênes ou en exerçant une pression avec ses jambes. Il reste assis, sauf pour le trot, où il peut s'élever en prenant appui sur ses étriers. Les chevaux peuvent aussi aller au grand galop, mais sur de courtes distances.

CONCOURS COMPLET

Le concours complet peut durer deux ou trois jours. Il met à l'épreuve l'agilité et l'endurance du cheval et de son cavalier. Il comprend trois disciplines : le dressage (test d'obéissance), le cross et le saut, où le cheval doit franchir des barres et des rivières.

Pour en savoir plus

CHEVAUX, ZÈBRES ET ÂNES
LES JEUX OLYMPIQUES
LE SPORT

l'Ère du nucléaire

En 1945, les premières bombes atomiques furent lancées sur les villes japonaises d'Hiroshima et de Nagasaki. Une nouvelle ère s'ouvrait. L'utilisation de l'arme atomique et son pouvoir de destruction affectèrent profondément le monde et l'attitude des gouvernements face à la guerre : on parla de « dissuasion ». En 1953, le président américain Eisenhower décida de sensibiliser les populations aux vertus pacifiques de l'atome et à sa capacité à produire de l'électricité. Bien accueillie à l'époque, l'énergie nucléaire compte aujourd'hui de nombreux adversaires. La course à l'armement nucléaire, qui débuta après 1945 entre les États-Unis et l'Union soviétique, fut responsable de tensions entre les deux blocs, plusieurs années durant. Dans les années 1980, les États-Unis et l'Union soviétique possédaient de quoi détruire la planète tout entière. Sous la poussée de l'opinion publique, les deux superpuissances entamèrent une campagne de désarmement vers la fin des années 1980. Aujourd'hui, beaucoup de pays possèdent l'arme nucléaire.

FISSION DE L'ATOME
En 1938, les physiciens allemands Fritz Strassmann (ci-dessus, à gauche) et Otto Hahn démontrèrent que la fission d'un atome d'uranium libérait de l'énergie. La fission nucléaire fut par la suite exploitée pour produire de l'énergie électrique, mais aussi pour mettre au point la bombe atomique.

HIROSHIMA
Le 6 août 1945, une bombe atomique américaine frappait Hiroshima. Il s'agissait de forcer le Japon à capituler. La ville fut anéantie et un premier bilan dénombra près de 130 000 victimes (sans compter les pathologies des irradiés). Chaque année, une cérémonie se déroule sur la place de la Paix d'Hiroshima, près des vestiges de quelques bâtiments, laissés en l'état.

MOUVEMENTS PACIFISTES
Le refus du nucléaire naquit dans les années 1950, lorsque la population prit conscience des effets dévastateurs potentiels d'une telle énergie. Le symbole de la paix (ci-contre) fut adopté à travers le monde par les pacifistes, pour exprimer le rejet du nucléaire.

COURSE À L'ARMEMENT NUCLÉAIRE
En 1945, le monde ne comptait que trois bombes nucléaires. En 1962, ce nombre avait atteint 2 000 pour dépasser 25 000 en 1990 ! Les États-Unis et l'Union soviétique détenaient à eux seuls près de 98 % de l'armement nucléaire mondial ; la Grande-Bretagne, la Chine, la France et l'Inde se partageaient les 2 % restants. Ces armes réunies étaient un million de fois plus puissantes que la bombe lancée sur Hiroshima.

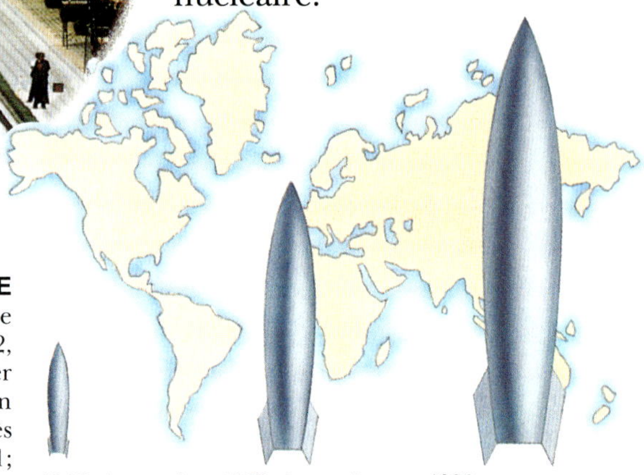

1945 : le monde possède trois bombes nucléaires.

1962 : le nombre des armes nucléaires se chiffre en milliers.

1990 : on dénombre plus de 25 000 armes nucléaires.

DÉSARMEMENT NUCLÉAIRE
Vers la fin des années 1980, les États-Unis et l'Union soviétique entamèrent des négociations pour le désarmement nucléaire. En 1987, l'Américain Ronald Reagan et le Soviétique Mikhaïl Gorbatchev acceptaient de retirer de leur arsenal des missiles de moyenne portée. En 1993, les présidents George Bush et Boris Ieltsine décidaient de réduire leur armement nucléaire de deux tiers en 10 ans.

UNE ÉNERGIE DANGEREUSE
Les centrales nucléaires ne sont pas à l'abri de dysfonctionnements, dont les conséquences peuvent être désastreuses. En 1986, un réacteur de la centrale de Tchernobyl (Ukraine) a explosé, laissant échapper des particules radioactives qui polluent l'environnement encore aujourd'hui. Plus récemment, en 2011, c'est au Japon qu'un séisme a endommagé la centrale de Fukushima, entraînant des fuites radioactives très dangereuses. Cette catastrophe a suscité une réflexion dans le monde entier sur les risques liés à l'énergie nucléaire, et l'Allemagne a annoncé son choix de renoncer progressivement aux centrales nucléaires.

Pour en savoir plus
L'Énergie nucléaire
La Seconde Guerre mondiale
La Russie (histoire)

Escargots et limaces

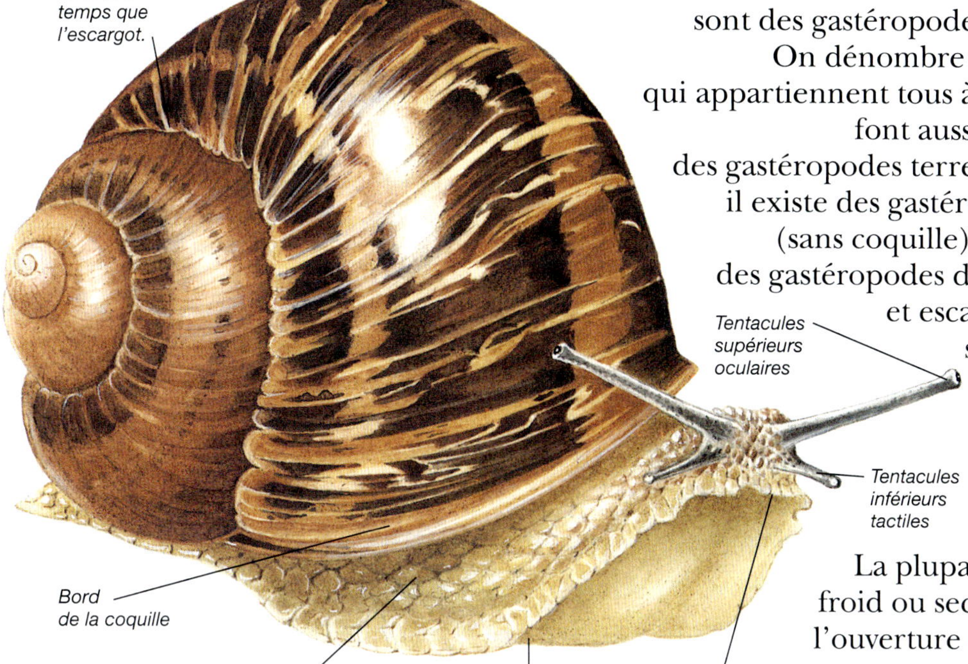

LES ESCARGOTS ET LES LIMACES, qui se déplacent lentement, sont des gastéropodes : ils rampent sur un large pied central. On dénombre quelque 70 000 espèces de gastéropodes qui appartiennent tous à l'embranchement des mollusques dont font aussi partie les moules et les pieuvres. Outre des gastéropodes terrestres comme les escargots et les limaces, il existe des gastéropodes marins comme les nudibranches (sans coquille), les bigorneaux et les patelles, ainsi que des gastéropodes d'eau douce comme les limnées. Limaces et escargots se ressemblent, mais les premières sont dépourvues de coquille protectrice. Tous les deux sont dotés de quatre tentacules rétractiles dont la paire supérieure porte les yeux. Ils sont hermaphrodites : ils ont les organes reproducteurs des deux sexes. La plupart se cachent et hibernent quand il fait froid ou sec. Pour hiberner, les escargots scellent l'ouverture de leur coquille par un opercule de mucus desséché.

ESCARGOT

La coquille calcaire de l'escargot le protège des prédateurs et empêche son corps mou et humide de se dessécher. Le développement de la coquille coïncide avec celui de l'animal. La langue de l'escargot s'appelle la radula. Râpeuse, elle est dotée de 150 000 dents minuscules pour s'attaquer aux végétaux.

JEUNES

Après l'accouplement, l'escargot, ou la limace, pond des œufs et les enfouit, en tas ou en chapelets, dans du mucus. Les petits sortent des œufs au bout de deux à quatre semaines.

BAVE

Escargots et limaces produisent plusieurs sortes de bave. En rampant, la limace dépose un mucus différent de celui qu'elle sécrète lorsqu'elle est attaquée par un prédateur. Elle se déplace par contractions musculaires successives de son pied.

LIMACE

Les limaces sont détestées des jardiniers parce qu'elles causent de sérieux dégâts aux plantes potagères. La plupart sont dépourvues de coquille ; certaines en possèdent une très petite cachée sous leur manteau. Elles évitent la dessiccation en vivant dans des endroits humides et en ne sortant que la nuit ou après la pluie.

LIMACE DE MER

De nombreuses limaces de mer aux couleurs magnifiques peuplent les eaux côtières, en particulier dans les récifs coralliens. Elles ont des branchies duveteuses pour absorber l'oxygène de l'eau. Prédatrices, elles se nourrissent surtout d'éponges, de bernacles et d'anémones de mer.

TROQUE POURPRE

Le troque pourpre vit près du niveau des hautes eaux.

Pour en savoir plus

LES COQUILLAGES
LES OCÉANS
LES RIVAGES

l'Esclavage

ESCLAVES ROMAINS
La plupart des citoyens romains aisés possédaient des esclaves. Parfois assimilés à la famille dont ils étaient la propriété, certains parvenaient à s'affranchir de leur condition et à gagner leur liberté après de bons et loyaux services.

IL Y A PRÈS DE 5 000 ANS, les Sumériens pratiquaient l'esclavage en forçant leurs prisonniers à travailler comme ouvriers agricoles. Privés de droits et de salaires, les esclaves étaient la propriété de leurs maîtres. Dans la Grèce antique et à Rome, ils assuraient la majeure partie de la production des ressources ou travaillaient comme serviteurs. Au XVIe siècle, les Européens déplacèrent des milliers d'Africains vers les plantations et les mines d'argent des colonies américaines. Entre 1500 et 1800, les navires négriers européens transportèrent ainsi près de 12 millions d'esclaves. La France révolutionnaire abolit l'esclavage en 1794. Au XVIIIe siècle, des mouvements en faveur de l'abolition de l'esclavage virent le jour aux États-Unis et en Grande-Bretagne : ils eurent gain de cause vers le milieu du XIXe siècle. Malheureusement, la pratique perdure dans certains pays du monde, touchant cette fois les enfants et les immigrants.

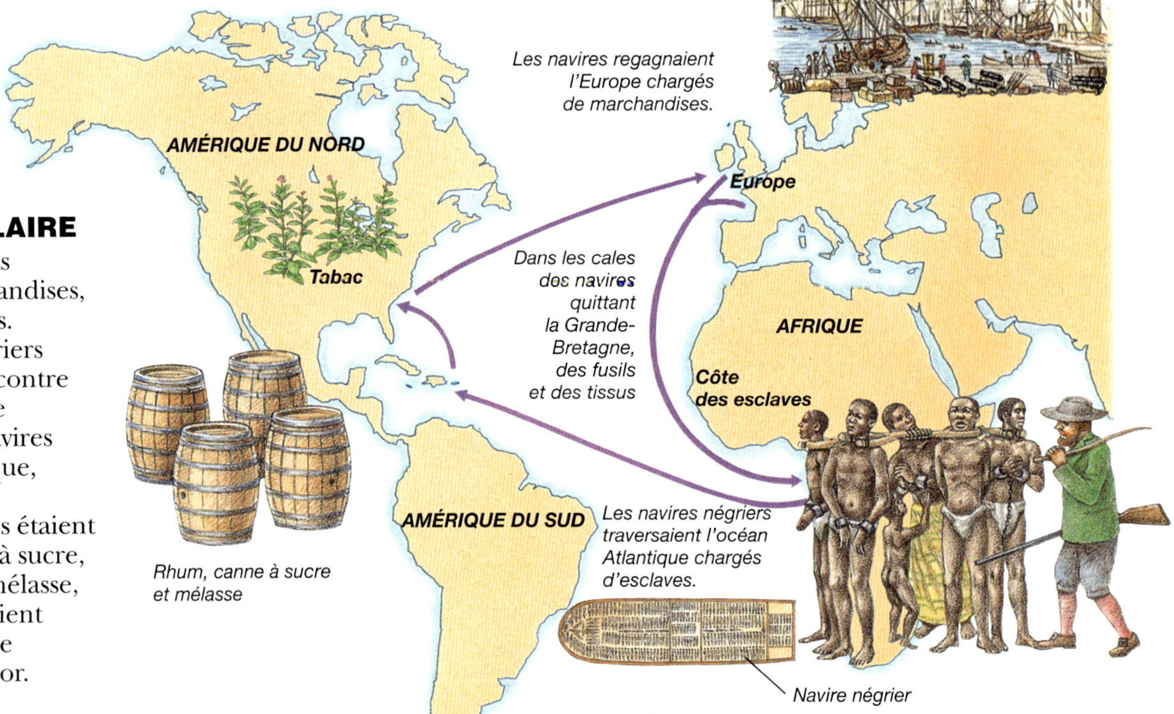

COMMERCE TRIANGULAIRE

Les navires quittaient les ports européens chargés de marchandises, comme des fusils ou des tissus. Parvenus en Afrique, les négriers échangeaient leur cargaison contre des Noirs réduits en esclavage par les chefs de tribus. Les navires traversaient ensuite l'Atlantique, en direction des Caraïbes et des Amériques. Les esclaves étaient échangés contre de la canne à sucre, du tabac, du rhum ou de la mélasse, puis les navires s'en retournaient en Europe avec leur précieuse cargaison, revendue à prix d'or.

NAVIRES NÉGRIERS
Les marchands d'esclaves, ou négriers, entassaient littéralement les esclaves africains dans leurs navires. Enchaînés dans les soutes tout au long de leur voyage, sous-alimentés et maltraités, des milliers d'Africains trouvèrent la mort au cours de ces traversées.

RÉVOLTE DES ESCLAVES
Beaucoup d'esclaves africains se révoltèrent. En 1791, une rébellion éclata dans la colonie française d'Haïti. Toussaint Louverture, placé à la tête d'une armée d'esclaves, combattit les soldats français durant plus de 13 ans. Finalement capturé, il décéda dans sa prison, en 1803. Un an plus tard, Haïti accédait à l'indépendance et devenait la première république noire du monde.

MARCHÉ AUX ESCLAVES

Les hommes et les femmes qui survivaient à leur transport vers les Indes orientales ou les colonies du sud des États-Unis étaient vendus aux enchères sur les marchés aux esclaves. Maltraités, séparés de leur famille, ils étaient achetés par de riches propriétaires terriens pour travailler sur les plantations de coton, de canne à sucre et de tabac. Tout esclave qui se rebellait ou cherchait à fuir était sévèrement fouetté.

Bateaux dans le port de Bristol

ESCLAVAGE ET PROSPÉRITÉ

La Grande-Bretagne régnait sur le commerce des esclaves. Ainsi, Bristol et Liverpool s'enrichirent en important de la canne à sucre et du tabac récolté par les esclaves des Indes orientales. Leurs navires négriers transportaient des esclaves achetés en Afrique vers les plantations américaines.

« Ne suis-je pas un homme et un frère ? »

COTON

Les esclaves récoltaient la canne à sucre au Brésil et aux Caraïbes. Le tabac fit une apparition plus tardive. À la fin du XVIIIe siècle, le coton du sud des États-Unis alimentait l'industrie textile britannique stimulée par la révolution industrielle. Les filatures de Glasgow et Manchester assuraient la transformation du coton.

GRANVILLE SHARP

En 1772, le notable Granville Sharp prit la défense d'un immigrant noir nommé James Somerset. Le « cas Somerset » fit grand bruit. Il fut établi que l'esclavagisme n'était pas légal en Grande-Bretagne et qu'un esclave demeurant sur le sol britannique était forcément libre. Ce constat eut force de loi.

ABOLITIONNISME

Des deux côtés de l'Atlantique, quakers, évangélistes et libéraux se battaient en faveur de l'abolitionnisme. En 1787-1788, Granville Sharp et William Wilberforce fondèrent la Société des antiesclavagistes. L'artiste et industriel britannique Josiah Wedgwood fit même éditer une médaille spéciale pour défendre cette cause. En 1833, un décret promulgua l'émancipation de tous les esclaves dans l'Empire britannique.

OLAUDAH EQUIANO

Les Africains jouèrent un grand rôle en faveur de l'abolitionnisme. L'un des plus célèbres fut Olaudah Equiano (1745-1797). Né au Nigeria, il avait été capturé à l'âge de 11 ans, puis vendu comme esclave et envoyé en Grande-Bretagne comme serviteur. Son autobiographie, première œuvre rédigée en anglais par un Africain, influença le mouvement abolitionniste.

LES ANTIESCLAVAGISTES

En 1840, Londres accueillit une convention mondiale antiesclavagiste, à laquelle participaient des délégués nord-américains. Les femmes furent d'actives abolitionnistes. Les féministes américaines Lucretia Mott et Susan B. Anthony prirent la tête de nombreuses campagnes antiesclavagistes.

Pour en savoir plus

L'Afrique (histoire)
Les Caraïbes (histoire)
La Guerre civile américaine
La Révolution industrielle

l'Espagne (géographie)

L'Espagne est située dans la péninsule Ibérique, au sud-ouest de l'Europe. France et golfe de Gascogne se trouvent au nord, la Méditerranée à l'est, le détroit de Gibraltar et l'Afrique au sud, et le Portugal à l'ouest.

L'ESPAGNE PARTAGE LA PÉNINSULE IBÉRIQUE avec le Portugal. Quatrième pays d'Europe par sa superficie, l'Espagne se caractérise par un paysage à l'image de sa population : contrasté. Le centre est un plateau chaud et sec en été, rude en hiver, avec des chaînes de montagnes enneigées au nord et au sud. Le sud du pays, hormis le littoral, est quasi désertique. Les Espagnols sont divisés en groupes régionaux, chacun avec une langue et une culture propre : environ 16 % de Catalans, 7 % de Galiciens, et 2 % seulement de Basques. La plupart des autres sont des Espagnols castillans. Le pays fut déchiré par une guerre civile sanglante de 1936 à 1939, suivie par la dictature du général Franco jusqu'en 1975, année de sa mort. Cette même année, le pays élut un gouvernement démocratique.

Ce changement a permis à l'Espagne de se joindre à l'Union européenne (UE) en 1986 et de bénéficier d'un meilleur niveau de vie en raison de sa modernisation. Autrefois dépendante de l'agriculture et de la pêche pour son revenu, l'économie est aujourd'hui dominée par le tourisme.

Dans certaines régions d'Espagne, la charrette tirée par un âne est encore un moyen de transport courant.

FLAMENCO

La musique et la danse appelées flamenco furent développées par des gitans d'Andalousie, au sud de l'Espagne. Les chants flamencos couvrent tout l'éventail des émotions humaines, du désespoir à l'extase. Les danseurs, vêtus de costumes traditionnels, sont généralement accompagnés par des guitares et leurs propres instruments à percussion appelés castagnettes. Les hommes effectuent des pas complexes, tapant du talon et de la pointe du pied ; la danse des femmes repose sur la grâce des mains et du corps plutôt que sur les mouvements des pieds.

TOURISME

Plus de 50 millions de touristes du monde entier visitent l'Espagne chaque année. Le tourisme emploie plus de 10 % de la main-d'œuvre et constitue une importante source de revenus. Les vacanciers viennent profiter du soleil, car le climat est doux en hiver et chaud en été. Le pays possède de belles plages, et ses villes anciennes regorgent de bâtiments intéressants et de magnifiques œuvres d'art.

RELIGION

L'Église catholique joue un rôle important dans la vie de la plupart des Espagnols et des Portugais. Presque toute la population est catholique et se rend à la messe le dimanche. Le prêtre est un membre influent de la communauté, et l'église un centre d'activités locales.

En Espagne, la tauromachie est un sport national, très populaire, mais considéré par beaucoup comme cruel. Ce matador porte un costume sophistiqué typique de la tradition et appelé habit de lumière.

CORRIDA

En Espagne, des hommes combattent des taureaux pour divertir les foules. Le matador, ou torero, descend dans l'arène et excite le taureau en agitant une cape rouge. Quand l'animal charge, le matador lui enfonce de longues piques dans l'échine. Une fois le taureau épuisé, le matador le tue à l'aide d'une épée.

Des calèches à l'ancienne mode tirées par des chevaux promènent les touristes. Les attelages ci-contre traversent la Plaza de España, à Séville.

ROI JUAN CARLOS

La guerre civile espagnole (1936-1939) aboutit à la dictature fasciste du général Franco, qui mourut en 1975 et fut remplacé par le roi Juan Carlos, petit-fils du dernier roi d'Espagne. Sous son gouvernement, l'Espagne devint une démocratie multipartite et entra dans l'UE.

Juan Carlos et la princesse Sophie de Grèce (ci-contre) se marièrent à Athènes le 14 mai 1962.

E

SÉVILLE

Séville est un grand port ainsi qu'un centre industriel, culturel et touristique important. Avec la découverte du Nouveau Monde, Séville connut sa plus grande période de prospérité, car elle constitua le principal port commerçant avec les nouvelles colonies jusqu'en 1718, où elle fut dépassée par Cadix. Séville est la capitale de la tauromachie espagnole et une ville fétiche pour les gitans d'Andalousie, réputés pour leurs chants et leurs danses.

Plats régionaux : jambon salé (ci-dessus), tortilla (omelette espagnole, ci-contre) et moules à l'ail et aux oignons (ci-dessous)

CUISINE RÉGIONALE

L'Espagne s'enorgueillit de ses plats régionaux, dont les plus célèbres sont la paella et les tapas. La paella, plat traditionnel de la région de Valence où l'on cultive le riz, se compose de viandes, poissons, légumes frais et riz parfumé au safran. Les tapas sont de petits amuse-gueules inventés en Andalousie au XIXe siècle pour accompagner le xérès. Trouvant son origine dans l'habitude qu'avaient les restaurateurs de couvrir un verre d'une soucoupe ou *tapa* (couvercle) pour le protéger des mouches, ce terme a fini par désigner les aliments servis à l'apéritif. Les tapas peuvent être constitués de viandes froides, de fromages ou de préparations culinaires chaudes sophistiquées incluant fruits de mer, viande ou légumes.

Les splendides jardins et l'architecture du palais mauresque de Grenade

GRENADE

Des musulmans d'Afrique du Nord, appelés Maures, gouvernèrent autrefois presque toute l'Espagne. La ville de Grenade était la capitale de leur royaume, et la forteresse de l'Alhambra, qui domine la ville, contenait un magnifique palais mauresque qui subsiste aujourd'hui. Le palais et ses jardins (à gauche) tombèrent progressivement en ruine après la défaite des Maures en 1492 mais, restaurés depuis, ont retrouvé toute leur splendeur.

Le point culminant de la fiesta annuelle de Pampelune, Los Sanfermines, consiste en un lâcher de taureaux dans les rues de la ville.

GUITARE ESPAGNOLE

La guitare fut inventée en Espagne au XVIe siècle. Elle joue un rôle central dans le flamenco, où elle accompagne traditionnellement le chanteur. La guitare flamenco, dérivée de la guitare classique, apparut en Espagne au XIXe siècle. Plus légère et moins profonde, elle comporte sous la rosace une plaque plus épaisse, qui sert à battre le rythme. Aujourd'hui, les guitaristes de flamenco jouent souvent en solo.

La guitare classique est l'instrument national espagnol.

FIESTAS

Plus de 3 000 fiestas ont lieu chaque année en Espagne. Chaque jour de l'année est donc l'occasion d'une ou de plusieurs fiestas. C'est un moyen pour le village, le bourg ou la ville d'honorer son saint patron, la vierge Marie ou le changement de saison. Elle peut prendre la forme d'une procession, de courses de taureaux (ci-dessus), de feux d'artifice, de reconstitutions historiques, d'un rite ancestral ou d'un pèlerinage vers un sanctuaire rural. Quel qu'en soit le prétexte, la fiesta est l'occasion de rompre avec la routine quotidienne et de se distraire.

PEINTURE

De nombreux artistes importants vécurent et travaillèrent en Espagne. Diego Velázquez (1599-1660) fut célèbre pour ses portraits de la famille royale. Plusieurs peintres modernes, dont Pablo Picasso (1881-1973) et Salvador Dalí (1904-1989), sont nés en Espagne.

Velázquez s'est représenté peignant le tableau dans Les Ménines.

INDUSTRIE

Agriculture et pêche constituaient autrefois la base de l'économie espagnole. Le pays a aujourd'hui développé d'autres industries dont textiles, métaux, construction navale, construction automobile et tourisme. Fer, charbon et autres minéraux sont extraits dans les monts Cantabriques, au nord du pays. Dans les années 1980, de nombreuses industries étrangères de pointe commencèrent à s'installer en Espagne. Les principales productions agricoles sont les céréales, les olives, le raisin pour le vin, et les agrumes, en particulier les oranges des environs de Séville.

Dans les villages côtiers d'Espagne, beaucoup d'habitants sont des pêcheurs ou travaillent dans les industries apparentées à la construction navale et à la fabrication de filets.

BARCELONE

La ville de Barcelone, située sur la côte méditerranéenne de l'Espagne, est la deuxième ville du pays, derrière la capitale, Madrid. Port animé de presque 3 millions d'habitants et capitale de la province de Catalogne, Barcelone se trouve au cœur d'une grande zone industrielle et a accueilli les Jeux olympiques en 1992. Sa population parle catalan, une langue romane apparemment semblable à l'espagnol, mais pourtant très différente. La ville est renommée pour sa magnifique architecture et ses nombreux bâtiments historiques.

La cathédrale de la Sagrada Familia, à Barcelone, conçue par Antonio Gaudí et commencée en 1882, n'est toujours pas terminée aujourd'hui.

GIBRALTAR

L'Espagne affirme que Gibraltar, à sa pointe méridionale, est espagnol. Mais depuis 1713, cet affleurement rocheux est une colonie britannique. Gibraltar ne mesure que 6,5 km^2, et la plupart des 27 000 habitants travaillent dans le secteur touristique.

Le rocher de Gibraltar se dresse au-dessus de l'entrée de la Méditerranée.

OLIVES

Les terres fertiles et le climat chaud du sud de l'Espagne sont idéaux pour la culture des oliviers. Le pays est l'un des principaux producteurs d'olives dans le monde. L'essentiel de la récolte sert à fabriquer l'huile d'olive.

Pour en savoir plus

L'Espagne (histoire)
L'Europe (histoire)
le Portugal (histoire)
L'Union européenne

MADRID

La plus grande ville d'Espagne, Madrid, se trouve au centre du pays, entourée par une vaste plaine. Madrid est la capitale depuis le XVIe siècle. Récemment, elle est devenue un centre important pour le commerce et l'industrie. La Gran Via (ci-contre), au cœur de la ville, est une artère commerçante très vivante, autour de laquelle rayonne une mosaïque de quartiers, tous différents les uns des autres.

POPULATION

Dans la première moitié du XXe siècle, l'essentiel de la population espagnole habitait des villages ou bourgs éparpillés dans tout le pays. Aujourd'hui, tourisme et industrie ont attiré une grande part de la population vers les villes et les régions côtières.

STATISTIQUES

Superficie : 505 992 km²
Population : 44 904 000
Capitale : Madrid
Langues : espagnol, catalan, galicien, basque
Religion : catholique
Monnaie : euro
Principales activités : industrie de fabrication, construction navale, pêche, agriculture, tourisme
Principales exportations : textiles, produits chimiques, bateaux, automobiles, poissons, fruits et légumes
Principales importations : pétrole, gaz naturel

E

MONTS CANTABRIQUES

Ces montagnes abruptes et boisées se dressent près de la côte atlantique de l'Espagne. Elles forment le bord septentrional de la Meseta.

MESETA

Ce vaste plateau de roche ancienne est principalement couvert de plaines sèches et poussiéreuses. La terre y est peu profonde et sert essentiellement de pâturage aux moutons.

PYRÉNÉES

Ces montagnes majestueuses forment une frontière naturelle avec la France.

CANARIES

Ce n'est pas un oiseau, mais un chien qui a donné son nom aux Canaries. Dans l'Antiquité, ces îles abritaient de nombreux chiens : Canaries vient du même mot latin que canin. Les Canaries sont situées à environ 100 km de la côte nord-ouest de l'Afrique.

http://www.tlfq.ulaval.ca/axl/europe/espagne.htm/

l'Espagne (histoire)

DÈS 1550, L'ESPAGNE ÉTAIT DEVENUE l'une des plus grandes puissances d'Europe. Elle avait exploré d'autres continents et établi un immense empire avec des colonies en Afrique, aux Amériques, aux Caraïbes et en Asie. Son histoire débuta par la visite de conquérants. D'abord vinrent des Celtes du Nord. À partir de 1000 av. J.-C. environ, les Phéniciens, puis les Carthaginois et les Grecs construisirent des colonies commerciales sur la péninsule. Les Romains, puis les Visigoths, une tribu germanique, occupèrent tout le pays. En 711 apr. J.-C., des Maures d'Afrique du Nord envahirent la péninsule. À la fin du XVe siècle, Espagne et Portugal avaient chassé les Maures, mais une rivalité se développa entre les deux pays lorsqu'ils entrèrent en compétition pour agrandir leurs empires d'outre-mer. En 1580, l'Espagne envahit le Portugal et le conserva 60 ans. Après cela, les Portugais restèrent déterminés à conserver leur indépendance. L'Espagne combattit de nouveau le Portugal lors des guerres napoléoniennes contre la France. Le fascisme marqua une grande partie du XXe siècle espagnol.

HISPANIE
En 201 av. J.-C., les Romains conquirent l'Espagne. Ils nommèrent cette région Hispanie et firent du latin la langue officielle. Ils construisirent également d'immenses aqueducs (ci-dessus, celui de Ségovie) apportant l'eau jusqu'aux villes. Plusieurs grands empereurs romains, dont Hadrien et Trajan, naquirent en Hispanie.

ALHAMBRA
Commencé en 1248, le palais de l'Alhambra à Grenade fut la dernière forteresse maure en Espagne. La muraille extérieure est faite de briques rouges qui donnèrent leur nom au palais (*alhambra* signifie « rouge » en arabe). L'Alhambra, doté de 13 tours, contient les plus beaux exemples d'art mauresque en Europe.

CONQUÊTES ESPAGNOLES
À l'époque des grandes découvertes européennes (fin du XVe siècle), l'Espagne, bordée par l'Atlantique, occupait une situation idéale pour envoyer des explorateurs aux Amériques. Au milieu du XVIe siècle, elle avait colonisé la région allant du Mexique au Pérou.

LE CID

Pendant l'occupation mauresque, le peuple de Castille, dans le nord de l'Espagne, se fit le champion du christianisme. Rodrigo Díaz de Vivar (v. 1043-1099), aristocrate et soldat, combattit héroïquement pour la cause chrétienne sous le roi Sanche II de Castille. Mais quand le frère de ce dernier, Alphonse, devint roi, il bannit Rodrigo. Ce dernier rassembla rapidement une petite armée et combattit les Maures. En 1094, il leur prit la ville de Valence. Il reçut le titre de Cid (du mot arabe *sidi*, qui signifie « seigneur ») et devint l'un des héros nationaux espagnols. Il mourut immensément riche, régnant sur le royaume qu'il s'était bâti.

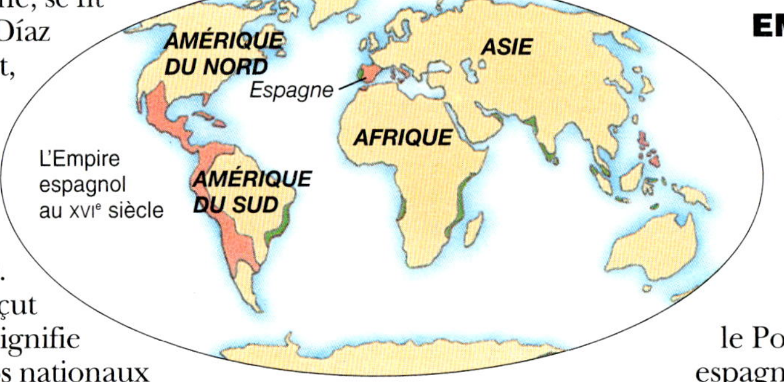

EMPIRE ESPAGNOL

Lors du traité de Tordesillas, le pape partagea le monde non européen entre Espagne et Portugal afin d'éviter la guerre entre les deux pays. En 1588, alors que le Portugal était sous tutelle espagnole, l'Empire espagnol atteignit l'apogée de sa puissance.

Cette épée à lame longue et fine au dessin stylisé fut cédée par le gouverneur français d'une forteresse espagnole pendant la guerre de la péninsule.

GUERRE DE LA PÉNINSULE

En 1807, l'Espagne accepta de soutenir Napoléon Ier dans la guerre contre le Portugal. Les troupes françaises vainquirent le Portugal, mais ce faisant occupèrent d'importantes villes espagnoles. En 1808, Napoléon renversa le monarque espagnol et fit proclamer son frère Joseph roi d'Espagne. Le peuple espagnol se révolta et finalement, en 1814, chassa les Français. Cette guerre est appelée en Espagne « guerre d'indépendance ».

GUERRE CIVILE

Un gouvernement républicain de gauche fut élu en Espagne en février 1936. L'essentiel de l'armée espagnole (conservatrice) se rebella et tenta de renverser le gouvernement. Conduite par le général Franco, l'armée combattit furieusement les républicains pendant près de trois ans. Mussolini et Hitler envoyèrent des troupes pour aider la cause franquiste. Des centaines de milliers d'Espagnols moururent dans cette sanglante guerre civile. En 1939, les armées républicaines furent défaites et Franco fit de l'Espagne une dictature, jusqu'à sa mort en 1975.

La politique de Philippe II visait à établir une monarchie absolue.

PHILIPPE II

Philippe II (1527-1598), fils et successeur de Charles Quint, gouverna l'Espagne à l'apogée de sa puissance. Il fit de Madrid la capitale de l'Espagne. Sous son règne, art, littérature et mode espagnols servirent de modèle à l'Europe. Il unifia Espagne et Portugal et conquit les Philippines. Il s'engagea dans de nombreuses guerres; lors d'une tentative d'invasion de l'Angleterre, l'Invincible Armada (flotte) espagnole fut détruite. Après la mort de Philippe, la puissance espagnole commença à décliner.

BASQUES

Le peuple basque vit dans les Pyrénées (entre la France et l'Espagne) et possède sa propre langue, l'euskera. Dans les années 1960, les Basques espagnols réclamèrent un État basque indépendant. Certains Basques formèrent un groupe terroriste pour combattre le gouvernement espagnol (ETA, toujours actif de nos jours). Le Pays basque est aujourd'hui doté de son propre Parlement et bénéficie d'une autonomie régionale.

FRANCO

Le général Francisco Franco (1892-1975) fut un chef militaire victorieux avant de devenir dictateur de l'Espagne. Il refusa d'engager le pays dans la Seconde Guerre mondiale. Après la guerre, la croissance économique du pays fut rapide. Mais de nombreux Espagnols étaient mécontents des restrictions sur les libertés individuelles. Nombre de citoyens furent arrêtés et exécutés par la police pour s'être battus en faveur de la liberté.

800-200 av. J.-C. Grecs, Phéniciens et Carthaginois établissent des colonies commerciales sur les côtes d'Espagne.

201 av. J.-C. Début de la domination romaine.

711 apr. J.-C. Invasion des Visigoths. Les Maures d'Afrique du Nord conquièrent l'Espagne.

1094 Prise de Valence par le Cid.

1385 Les Espagnols tentent d'envahir le Portugal, mais sont défaits.

1494 Le traité de Tordesillas entre Espagne et Portugal partage leurs empires.

1519 Le roi Charles Ier devient l'empereur Charles Quint.

1580 Philippe II d'Espagne envahit le Portugal et unifie les deux pays.

1588 La marine anglaise détruit l'Invincible Armada.

1640 L'Espagne perd le Portugal et toutes les colonies portugaises. Début du déclin de l'Empire espagnol.

1807 Début de la guerre de la péninsule.

1898 La guerre contre les États-Unis à propos de Cuba entraîne la fin de l'Empire espagnol.

1931 Le roi Alphonse XIII d'Espagne fuit le pays. L'Espagne devient une république.

1936-1939 Guerre civile.

1939 Le général Franco devient dictateur.

1975 Mort de Franco. L'Espagne devient une démocratie.

1986 L'Espagne rejoint la Communauté européenne (CE).

1992 Jeux olympiques d'été à Barcelone.

2004 Un attentat islamiste fait 191 victimes à Madrid.

Pour en savoir plus

L'Amérique du Sud (histoire)
Christophe Colomb
L'Espagne (géographie)
Les Habsbourg

les Espèces animales

LE RÈGNE ANIMAL est l'un des plus grands groupes d'êtres vivants : 10 millions d'espèces, selon les scientifiques. Certains animaux sont microscopiques comme les protozoaires, d'autres gigantesques comme la grande baleine bleue. Le règne animal se divise en embranchements, les embranchements en classes et les classes en ordres. Le hérisson, par exemple, appartient à l'ordre des insectivores et à la classe des mammifères placentaires. Tous les mammifères appartiennent à l'embranchement des vertébrés. Un animal est une créature vivante qui se nourrit et se reproduit. Il naît, se développe, atteint sa maturité sexuelle, se reproduit et finit par mourir. Il ingère de la nourriture pour croître et avoir l'énergie de se mouvoir. Certains animaux demeurent immobiles : l'éponge, par exemple, passe sa vie fixée à un rocher. Toutes sortes d'animaux ont disparu, du dinosaure au dodo. Beaucoup d'autres comme l'éléphant et le tigre sont menacés d'extinction si l'homme continue de les abattre pour leur ivoire et leur fourrure.

GRENOUILLE TAUREAU
Comme tous les animaux, la grenouille taureau perçoit ce qui l'entoure et peut se mouvoir, se nourrir et se reproduire. Les grenouilles appartiennent à la classe des amphibiens, des animaux qui vivent dans l'eau ou à proximité.

SQUELETTE INTERNE

Deux grandes divisions distinguent le monde animal : vertébrés et invertébrés. Les vertébrés ont un squelette interne avec une colonne vertébrale, généralement osseuse ; certains vertébrés marins tels les requins ont un squelette cartilagineux.

DU PLUS GRAND...
La girafe est le plus grand animal actuel. Un mâle peut mesurer 5 m de haut, cornes comprises.

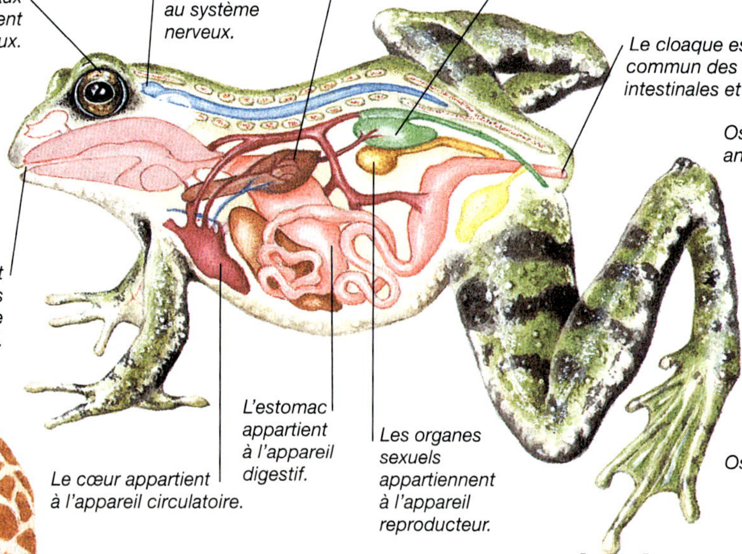

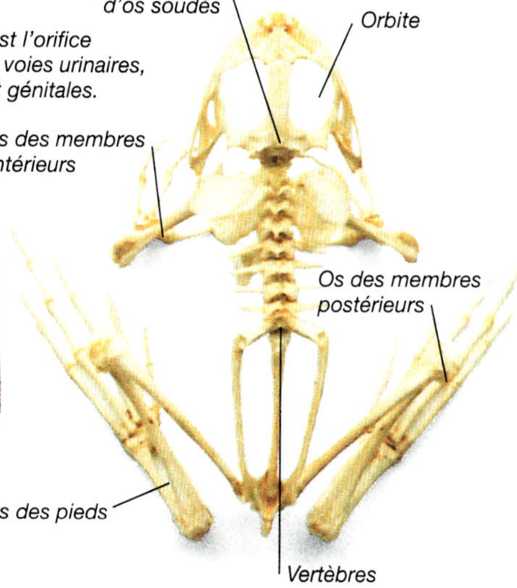

ORGANES INTERNES D'UN VERTÉBRÉ

Le corps d'un animal renferme de nombreux organes de toutes formes et de toutes tailles, avec pour chacun une fonction particulière. Plusieurs organes fonctionnent ensemble pour former un appareil – l'appareil digestif, circulatoire ou reproducteur, par exemple. Le système nerveux et le système hormonal contrôlent et coordonnent le fonctionnement de tous les organes internes.

... AUX PLUS PETITS
Les animaux les plus petits sont invisibles à l'œil nu : ce sont des unicellulaires appelés protozoaires. Les plus petits mammifères sont la chauve-souris naine, originaire de Thaïlande, qui mesure 3 cm, et le pachyure étrusque, une espèce de musaraigne qui ne mesure que 4 cm

OS DU SQUELETTE
Chaque vertébré possède un squelette adapté à sa taille et à son mode de vie. Une grenouille, par exemple, est munie de membres postérieurs longs et puissants pour sauter. Mais il existe des similitudes : tous les vertébrés ont un crâne renfermant le cerveau et les principaux organes des sens, ainsi que deux paires de membres. Certains os, comme ceux du crâne, sont soudés, d'autres, comme ceux des membres, reliés par des articulations.

VERTÉBRÉS

Poissons, amphibiens, reptiles, oiseaux et mammifères sont les principaux vertébrés. Les oiseaux et les mammifères sont à sang chaud : leur organisme produit de la chaleur pour les maintenir actifs s'il fait froid. Les poissons, les reptiles et les amphibiens sont à sang froid : ils ne peuvent pas réguler leur température interne.

Requins, raies et saumons sont des poissons.

L'homme est l'un des plus grands mammifères.

Tritons, grenouilles et crapauds sont des amphibiens.

Pélicans, aigles et goélands sont des oiseaux.

Tortues, crocodiles, serpents et lézards sont des reptiles.

Souris, chats et koalas sont des mammifères.

SQUELETTE EXTERNE

De nombreux invertébrés tels les insectes et les araignées possèdent un squelette externe ou exosquelette, c'est-à-dire une enveloppe dure autour du corps. L'exosquelette est doté d'articulations souples dans lesquelles s'insèrent des muscles permettant à l'animal de se mouvoir. Il soutient et protège les organes internes. Comme il ne se développe pas, l'animal doit muer : se débarrasser de son squelette existant pour laisser place à un nouveau.

La crevette est un crustacé de la même famille que le crabe et le homard.

ORGANES INTERNES D'UN INVERTÉBRÉ

Une crevette, par exemple, possède des organes internes similaires à ceux d'un vertébré. Avec les insectes et les arachnides, les crevettes appartiennent à l'embranchement des arthropodes, aux membres articulés. Lorsque la crevette mue, même l'enveloppe de ses antennes et de ses yeux tombe.

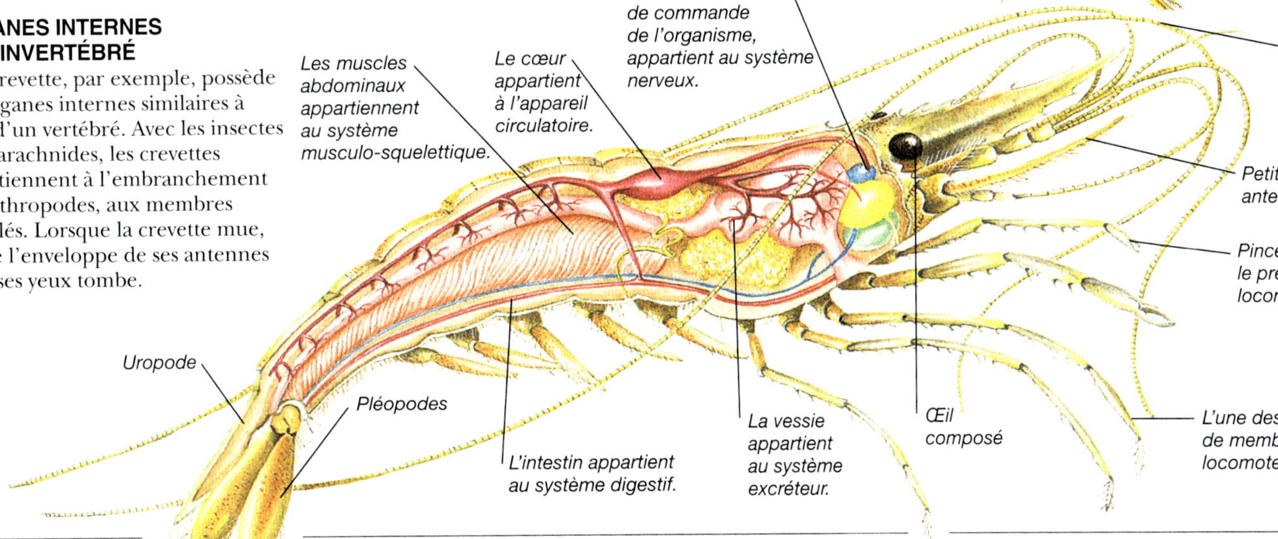

INVERTÉBRÉS

Certains invertébrés comme les escargots ont un corps mou protégé par une coquille. D'autres comme la méduse sont dépourvus de coquille. Les insectes forment le plus grand groupe d'invertébrés avec plus d'un million d'espèces. Les plus petits invertébrés ne sont visibles qu'au microscope. Le plus grand invertébré est le calmar géant, d'une longueur totale de 20 m.

Crabes, homards et bernacles sont des crustacés.

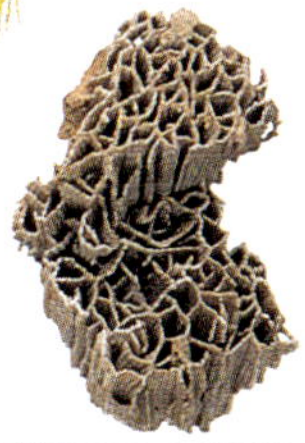

Méduses, coraux et anémones de mer sont des cnidaires.

Les bryozoaires sont des petits invertébrés marins.

Oursins, étoiles de mer et concombres de mer sont des échinodermes.

Coléoptères, mouches et puces sont des insectes.

Éponges

Araignées, scorpions et mites sont des arachnides.

Escargots, coquillages et pieuvres sont des mollusques.

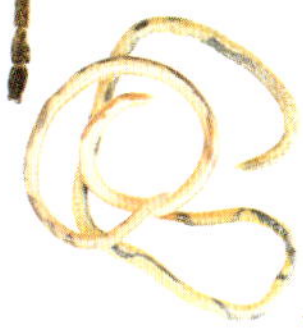

Lombrics et sangsues sont des annélides.

Ténias et douves sont des vers plats.

Ascaris et ankylostomes sont des nématodes.

Scolopendre

Mille-pattes

Pour en savoir plus

GRENOUILLES ET AUTRES AMPHIBIENS
LES INSECTES
LES MAMMIFÈRES
LES OISEAUX
LES REPTILES

http://www.planete.org/

les Espèces en voie de disparition

LES ESPÈCES ANIMALES ET VÉGÉTALES n'ont jamais disparu à un rythme aussi rapide qu'aujourd'hui. Si certaines se sont éteintes au cours de l'histoire de la Terre, le plus souvent à cause de bouleversements climatiques, actuellement c'est l'homme qui représente la plus grande menace. La déforestation et l'assèchement des zones humides pour l'agriculture et la construction d'habitations mettent en péril la survie de milliers d'espèces de la faune et de la flore dans leurs habitats naturels. La chasse constitue aussi une terrible menace. L'homme chasse les animaux pour leur fourrure, leur peau, leurs cornes et leur viande, mais parfois simplement parce qu'ils l'importunent, comme on le voit dans les Pyrénées avec le loup. Enfin, la pollution dégrade les océans, les cours d'eau et les forêts. Il faut absolument préserver la faune et la flore sauvages par des actions organisées et concrètes. Il existe aujourd'hui dans le monde entier de nombreuses organisations de protection de la nature qui agissent pour protéger les espèces en voie de disparition en leur réservant certaines zones sauvages où elles peuvent vivre en sécurité.

GREENPEACE
Des associations internationales comme Greenpeace entreprennent différentes actions pour sauver les espèces polaires en voie d'extinction, en particulier les baleines et les phoques.
Ici un membre de l'association asperge un bébé phoque d'une peinture rouge inoffensive pour le marquer et empêcher les chasseurs de le tuer pour sa fourrure.

SANGLIER PYGMÉE
Il ne reste plus que quelques sangliers pygmées en raison de la destruction de leur habitat situé dans les contreforts de l'Himalaya, en Inde.

CROCODILE DU SIAM
Beaucoup de crocodiles sont tués pour leur peau qui sert à fabriquer des sacs, des chaussures et des ceintures de cuir. Aujourd'hui, 20 espèces sont menacées d'extinction, dont le crocodile du Siam et le crocodile de l'Orénoque.

Crocodile du Siam

TORTUE DES GALÁPAGOS
Ce grand reptile a souffert de l'importation de rats, de chiens et d'autres animaux sur l'île des Galápagos, dans le Pacifique. La tortue géante des Galápagos est aujourd'hui une espèce protégée.

CACTUS
Cet échinocactus mexicain et des dizaines d'autres cactus sont devenus très rares parce que les collectionneurs les prélèvent dans la nature.

Échinocactus mexicain

PROTECTION DE LA NATURE
Pour sauvegarder efficacement la nature, il faut étudier les milieux sauvages, identifier la faune et la flore qui y habitent et les observer pour en connaître le mode de vie. L'Union mondiale pour la nature (IUCN) recueille des données scientifiques et contribue à la protection de la nature dans de nombreux pays en collaboration avec des organismes tels que le Programme des Nations unies pour l'environnement (UNEP).

SABOT-DE-VÉNUS
De nombreuses orchidées sont menacées de disparition parce que les collectionneurs les cueillent dans la nature.
Le sabot-de-Vénus a presque disparu de son habitat naturel en Inde.

DEINACRIDA FALLAI
Il existe de nombreuses espèces de weta crickets en Nouvelle-Zélande.
On a trouvé des fossiles datant de plus de 180 millions d'années. Aujourd'hui, plusieurs espèces sont en danger d'extinction, dont le cricket weta géant représenté ici.

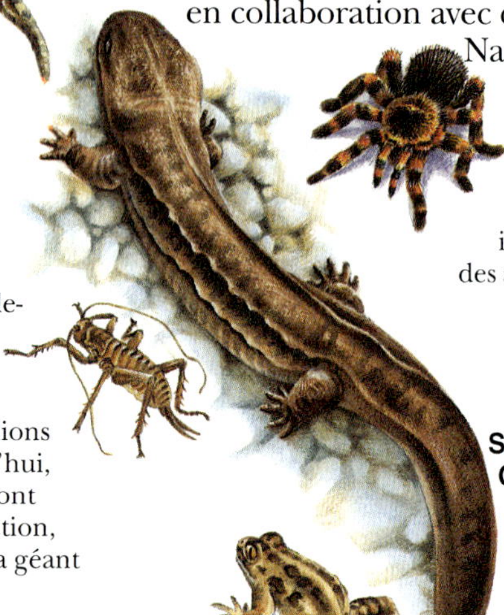

GRANDE MYGALE MEXICAINE
La grande mygale mexicaine est devenue rare parce que de nombreux individus font des araignées exotiques des animaux de compagnie.

CHAUVE-SOURIS GRISE D'AMÉRIQUE
De nombreuses espèces de chauves-souris, dont la chauve-souris grise d'Amérique, sont menacées de disparition en raison de la destruction de leur habitat naturel et des insecticides qui contaminent leurs sources de nourriture.

SALAMANDRE GÉANTE DU JAPON
La salamandre géante du Japon (à gauche) est le plus grand amphibien du monde avec plus de 1,5 m de long. Elle est devenue rare car les hommes la chassent pour sa chair.

PÉLOBATE BRUN
Il existe plusieurs espèces de pélobates, mais le pélobate brun représenté ici est particulièrement menacé.

SAINTPAULIA
Le saintpaulia est une plante ornementale très répandue, mais elle a presque disparu à l'état sauvage dans les forêts tropicales de Tanzanie, en Afrique.

PHOQUE MOINE

Le phoque moine de la Méditerranée bénéficie aujourd'hui de réserves naturelles où il n'est pas dérangé par les touristes sur les côtes où il se reproduit.

SINGE-LION

La déforestation menace la survie de nombreux singes. Beaucoup de tamarins, de ouistitis et de singes-lions ont été tués en Amérique du Sud parce qu'ils étaient supposés propager la malaria et la fièvre jaune.

ORNITHOPTÈRE

L'ornithoptère est un spécimen qui a été prélevé par des scientifiques en 1855. Aujourd'hui, ce papillon et beaucoup d'autres espèces voient leur survie menacée par les collectionneurs.

DODO

Le dodo était un oiseau sans ailes qui vivait sur des îles de l'océan Indien. L'espèce a disparu au XVIIe siècle.

PETIT RHINOCÉROS DE SUMATRA

Les rhinocéros sont très menacés, mais les braconniers continuent de les tuer pour vendre leurs cornes servant à fabriquer des manches de poignard et réputées pour leurs vertus aphrodisiaques ! Il ne reste plus que quelques centaines de ces petits rhinocéros à Sumatra et en Asie du Sud-Est.

MANCHOT DU CAP

En Afrique du Sud, la population de manchots du Cap a diminué en raison de la pollution des eaux et de la pêche qui la prive de ses sources de nourriture.

ÉLEVAGE EN CAPTIVITÉ

L'élevage en captivité permet de reconstituer les effectifs d'une espèce en voie de disparition. Des spécialistes capturent quelques animaux à l'état sauvage, les élèvent avec soin et les encouragent à se reproduire en captivité. Ils relâchent ensuite les jeunes dans un milieu adapté. Le notornis est un oiseau inapte au vol que les scientifiques croyaient éteint jusqu'à ce qu'ils le redécouvrent en 1948. Ses œufs sont placés dans un incubateur, où ils éclosent, et les oisillons sont tenus au chaud dans de minuscules couvertures chauffantes. Ils sont nourris par quelqu'un qui porte un gant – une marionnette qui ressemble aux parents.

DESTRUCTION DE L'HABITAT

Les forêts denses sont détruites à un rythme effrayant. Les arbres sont brûlés ou exploités pour leur bois et la terre est cultivée ou utilisée pour construire des routes et des habitations. Les scientifiques pensent que de nombreuses forêts denses abritent des animaux et des végétaux que nous ne connaissons pas. Pour un végétal ou un animal menacé d'extinction ou éteint, il y en a 100 dont nous ignorons l'existence.

Notornis

RÉGLEMENTATION

Certains animaux et végétaux font l'objet d'un commerce ou d'un trafic. Les éléphants sont tués pour leurs défenses en ivoire et les fleurs colorées broyées pour fabriquer des teintures. La Convention sur le commerce international des espèces de faune et de flore sauvages menacées d'extinction en a recensé des centaines. Le commerce de ces animaux ou de leurs produits sans autorisation spéciale est illégal. Les espèces menacées d'extinction immédiate sont, entre autres, les cétacés, les tortues marines, les grands singes et les lémuriens.

PEAUX DE SERPENT

Ci-dessus, ces objets colorés sont des peaux de serpent et de lézard qui ont été teintées pour être transformées en sacs et en chaussures.

PANTHÈRE DES NEIGES

La panthère des neiges vit dans les hautes montagnes de l'Himalaya et de l'Asie centrale. L'hiver, sa fourrure s'épaissit pour la protéger du froid glacial. Cette espèce de grand félin est aujourd'hui protégée, mais elle est toujours chassée illégalement dans certaines régions isolées.

Pour en savoir plus

ÉCOLOGIE ET CHAÎNE ALIMENTAIRE
LES ESPÈCES ANIMALES
LES FORÊTS
LES PARCS NATIONAUX DE FRANCE
LES PLANTES
LA POLLUTION

l'Espionnage

MATA HARI
L'espionne la plus célèbre de la Première Guerre mondiale était une danseuse qui travaillait à Paris sous le nom de scène de Mata Hari. Elle était née aux Pays-Bas en 1876 et s'appelait Margaretha Geertruida Zelle. Elle était agent double : elle espionnait les Français pour le compte des Allemands, mais renseignait aussi les Français sur les Allemands. Elle fut arrêtée par les Français et fusillée en 1917.

Charmés par la beauté de Mata Hari, les militaires lui ont confié des informations secrètes.

LES NATIONS EN GUERRE s'efforcent par tous les moyens de découvrir les plans de l'ennemi afin d'organiser une défense ou une attaque plus efficace. Essayer de découvrir secrètement les plans de l'ennemi ou d'un concurrent s'appelle de l'espionnage. La personne chargée de cette mission délicate est un espion. Il prétend travailler pour un camp tout en recueillant des renseignements pour le camp adverse. Son travail est dangereux : s'il est démasqué en temps de guerre, il est fusillé. L'espionnage ne date pas d'hier, mais a atteint son paroxysme durant la Seconde Guerre mondiale et les années suivantes, qui ont vu les États-Unis et l'Union soviétique s'espionner pour évaluer la puissance de leurs forces respectives. Aujourd'hui l'espionnage est moins militaire qu'industriel. En copiant le processus de fabrication d'un concurrent, un fabricant peut obtenir un produit identique sans frais de recherche.

Des agents secrets peuvent se présenter à des emplois mal rémunérés — technicien de surface, par exemple — pour avoir accès à des dossiers secrets.

AGENTS SECRETS

Les espions peuvent travailler sous une fausse identité. Ils semblent mener une vie normale mais recueillent discrètement des informations. Ce sont des agents secrets. Ils peuvent soudoyer un individu pour lui soutirer des renseignements confidentiels ou le faire chanter après avoir découvert quelque chose d'embarrassant sur lui qu'ils menacent de révéler s'il ne coopère pas.

Des micros cachés transmettent des messages qu'un espion peut capter à distance.

Des jumelles à vision nocturne permettent de voir très loin dans l'obscurité.

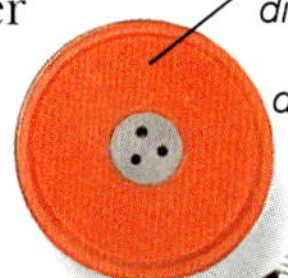

Des capsules microphoniques difficiles à détecter transmettent des conversations téléphoniques.

Un appareil photo dissimulé dans une montre permet de prendre discrètement des photos.

Même un étui à cigarettes peut contenir un minimagnétophone.

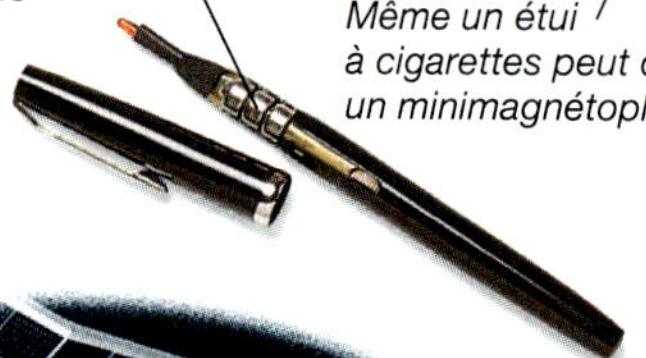

Des détecteurs de micros en forme de stylo informent de la présence d'un micro caché dans la pièce.

CODE SECRET

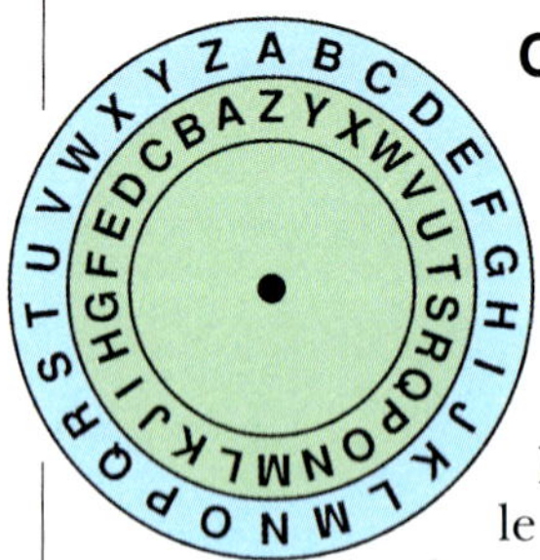

Lorsqu'un espion envoie un message, il l'encode pour en masquer le sens. Il utilise une lettre pour une autre et seule la personne qui connaît le code pourra décrypter le message. Ici les lettres de l'alphabet sont en bleu et leur forme codée en vert. Par exemple, le C correspond à un X. Ainsi AU SECOURS devient ZF HVXLFIH. Ce code est facile à décrypter, contrairement aux codes informatiques.

ÉQUIPEMENT DU PARFAIT ESPION

Tout espion a besoin d'un équipement spécial pour observer, écouter, envoyer des messages secrets. Pour entendre une conversation privée, il cache un micro – minimicrophone ou émetteur radio – dans une pièce et, grâce à un récepteur, peut entendre les messages transmis. Il dispose aussi d'un appareil photo avec lentille grossissante pour prendre des photos compromettantes d'un individu et le faire chanter. Mais la technique la plus en vogue actuellement est le piratage informatique pour découvrir des dossiers d'État ultraconfidentiels.

SATELLITES ESPIONS

En 1961 les États-Unis ont lancé le premier satellite espion muni d'appareils photo pour photographier les mouvements des troupes. Il existe aujourd'hui de nombreux satellites espions beaucoup plus sophistiqués qui peuvent intercepter les messages radio et repérer des véhicules individuels au sol. L'espionnage depuis l'espace a fortement réduit le nombre d'espions classiques.

Pour en savoir plus

LE DROIT
LA POLICE
LES SATELLITES
LA SECONDE GUERRE MONDIALE

les États-Unis (géographie)

Les États-Unis couvrent une grande part du continent nord-américain, s'étendant de l'Atlantique jusqu'au Pacifique et de la frontière mexicaine jusqu'au Canada. La nation occupe un total de 9,37 millions de km².

SUR LE DRAPEAU DES ÉTATS-UNIS, 50 étoiles identiques représentent les 50 États du pays. Mais ces États sont très différents les uns des autres. Si les étoiles montraient leur superficie, la plus grande, celle de l'Alaska, mesurerait près de 500 fois celle du plus petit État, Rhode Island. Si les étoiles symbolisaient la population, celle de l'Alaska serait la plus petite, et celle de la Californie, État le plus peuplé, occuperait 60 fois plus d'espace. Paysage et climat sont également très contrastés. Les montagnes Rocheuses, dans les États de l'ouest, atteignent plus de 4400 m d'altitude, mais de basses plaines s'étendent sur des centaines de kilomètres dans le centre du pays. À Barrow, dans l'Alaska, ville la plus septentrionale du pays, la température moyenne n'est que de – 13 °C, tandis qu'en Arizona les températures maximales atteignent parfois 57 °C. Depuis 1945, les États-Unis jouent un rôle dominant dans les affaires mondiales. Cette nation est actuellement la plus puissante du monde. Finance, culture et politique américaines se sont répandues dans le monde entier. Les produits fabriqués aux États-Unis sont disponibles partout. Les décisions prises par les politiciens américains affectent l'existence de nombreuses personnes dans le reste du monde.

Des employés de la NASA étudient les données dans un centre de contrôle de la navette spatiale.

NASA

Les États-Unis sont un leader mondial dans le domaine technologique, en particulier pour la recherche spatiale, avec l'administration nationale de l'aéronautique et de l'espace (NASA), dont l'une des réussites récentes est la navette spatiale, un vaisseau spatial réutilisable. En 1969, Neil Armstrong, commandant du vaisseau *Apollo 11* de la NASA, fut le premier homme à marcher sur la Lune.

NEW YORK

À l'embouchure de l'Hudson, sur la côte est des États-Unis, se trouve New York, la plus grande ville du pays et l'une des plus anciennes. New York fut fondée dans les années 1620 ; la ville compte aujourd'hui plus de 9 millions d'habitants. Elle constitue le cœur financier de la nation et abrite les bureaux de nombreuses grandes entreprises ainsi que de nombreux théâtres, musées et parcs. Des gratte-ciel hauts de plus de 300 m dominent le centre de la ville, Manhattan.

GOUVERNEMENTS D'ÉTAT ET FÉDÉRAL

Les États-Unis sont une démocratie dotée d'une Constitution qui établit le fonctionnement du gouvernement. Le gouvernement de chaque État, qui se réunit dans sa capitale, a l'autorité de promulguer des lois affectant ses propres résidents. Les États étaient autrefois pratiquement autonomes, mais aujourd'hui le gouvernement fédéral (national) détient plus de pouvoir. Il prend des décisions concernant la politique étrangère et peut édicter des lois affectant le pays entier.

Manhattan, centre de New York, est construit sur une île rocheuse, entre l'Hudson, l'East River, et la rivière de Harlem.

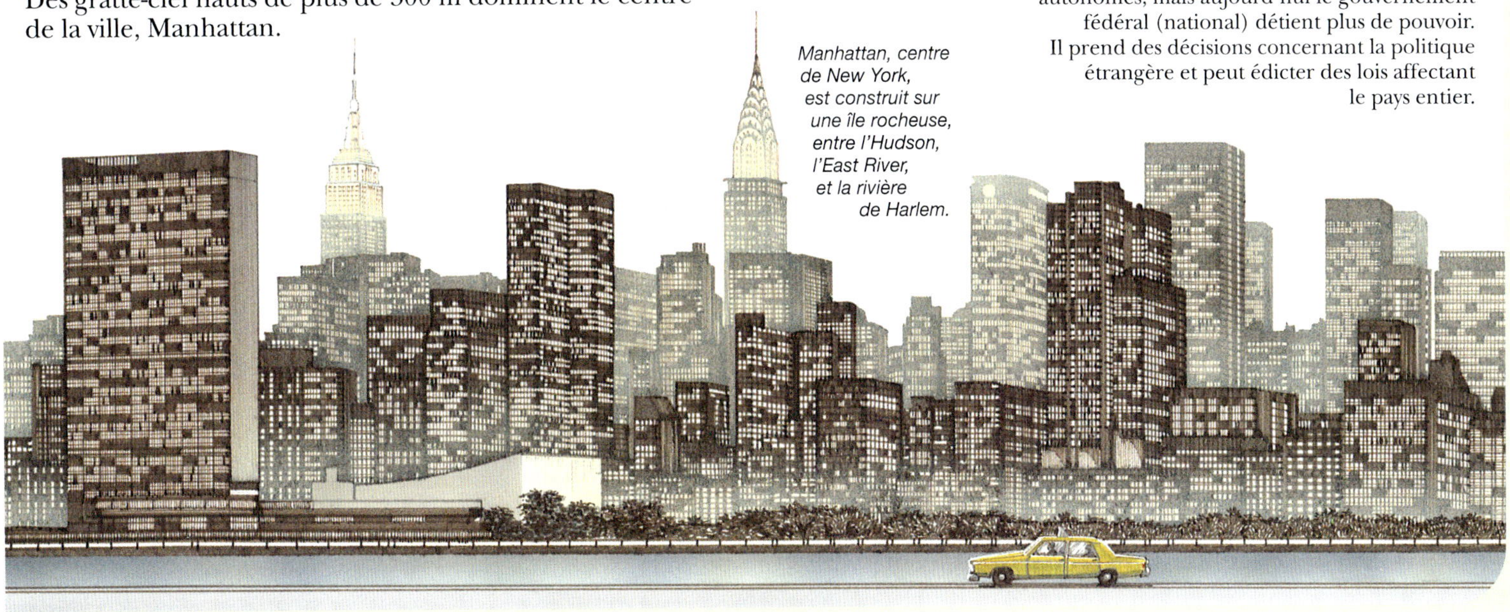

HAWAII ET ALASKA

Hawaii, groupe d'îles tropicales dans l'océan Pacifique, devint le 50ᵉ État américain en 1959. Les îles produisent ananas, sucre et café. Les Polynésiens s'installèrent à Hawaii au VIIIᵉ siècle, et nombre de leurs descendants y vivent encore. L'Alaska se trouve également à l'extérieur des États-Unis, séparé des autres États par le Canada.

Le Sugar Train *sur l'île hawaiienne de Maui*

CALIFORNIE

En 1848, de l'or fut découvert en Californie, et de nombreux prospecteurs affluèrent dans la région. La Californie est toujours l'État le plus peuplé. Environ 36 millions de personnes y vivent. Une grande part de l'État a un climat doux et ensoleillé et produit d'importantes quantités de fruits. De nombreuses villes californiennes sont devenues des lieux de villégiature. Des industries modernes ont débuté en Californie : la Silicon Valley, par exemple, constitue un centre important pour l'informatique.

Des tramways transportent encore leurs passagers sur certaines des 43 collines de San Francisco, en Californie.

PEUPLE AMÉRICAIN

Les Indiens d'Amérique, habitants d'origine du pays, ne constituent plus qu'une petite partie de sa population totale (plus de 308 millions d'habitants). La plupart des Américains sont des descendants des colons venus d'outre-mer, et parlent anglais. Leurs cultures se sont mélangées, produisant une nouvelle forme d'anglais différente de la langue parlée en Angleterre. Certains groupes, tels Chinois et Italiens, conservent aussi leurs propres traditions et leur langue au sein de leurs communautés urbaines.

BASE-BALL

Le base-ball s'est joué pour la première fois entre deux équipes organisées en 1846.

Le Grand Canyon est une attraction touristique majeure, et nombre de visiteurs descendent au fond à dos de mulet.

GRAND CANYON

Il existe de nombreuses merveilles naturelles aux États-Unis : l'une des plus impressionnantes est le Grand Canyon, en Arizona. Le Colorado l'a creusé à travers la roche, par érosion naturelle, pendant des milliers d'années. Le canyon mesure 29 km de large par endroits, et sa profondeur dépasse 1 800 m.

HOLLYWOOD

Hollywood, dans le centre de Los Angeles, fut fondé en 1887 en tant que communauté chrétienne. Aujourd'hui, c'est le centre de l'industrie américaine du cinéma. De nombreux studios de cinéma importants y sont implantés ; acteurs, actrices et autres célébrités vivent et travaillent à proximité. Le quartier constitue une attraction touristique importante. Les visiteurs viennent y apercevoir les stars et prendre des photos du nom de la ville (à droite) sur la colline de Hollywood.

BLUES

Aux XVIIᵉ, XVIIIᵉ et XIXᵉ siècles, des milliers d'Africains furent amenés comme esclaves en Amérique. L'esclavage fut aboli en 1865, et depuis, écrivains, artistes et musiciens noirs ont laissé leur empreinte sur la culture américaine. La musique populaire appelée blues est née parmi les esclaves du sud des États-Unis.

Le célèbre chanteur de blues B. B. King (né en 1925) a donné des concerts dans le monde entier accompagné de sa guitare, surnommée Lucille.

Pour en savoir plus

GOUVERNEMENT ET POLITIQUE
LES INDIENS D'AMÉRIQUE
MARTIN LUTHER KING
FRANKLIN DELANO ROOSEVELT

SIÈGE DU GOUVERNEMENT

DISTRICT OF COLUMBIA
Superficie : 159 km^2
Population : 601 723
Capitale : Washington

ÉTATS ET DATE D'ADMISSION DANS L'UNION

ALABAMA (1819)
Superficie : 131 427 km^2
Population : 4 779 736
Capitale : Montgomery

ALASKA (1959)
Superficie : 1 481 354 km^2
Population : 710 231
Capitale : Juneau

ARIZONA (1912)
Superficie : 294 314 km^2
Population : 6 392 017
Capitale : Phoenix

ARKANSAS (1836)
Superficie : 134 857 km^2
Population : 2 915 918
Capitale : Little Rock

CALIFORNIE (1850)
Superficie : 403 935 km^2
Population : 37 253 956
Capitale : Sacramento

CAROLINE DU NORD (1789)
Superficie : 126 161 km^2
Population : 9 535 483
Capitale : Raleigh

CAROLINE DU SUD (1788)
Superficie : 77 988 km^2
Population : 4 625 364
Capitale : Columbia

COLORADO (1876)
Superficie : 268 658 km^2
Population : 5 029 196
Capitale : Denver

CONNECTICUT (1788)
Superficie : 12 547 km^2
Population : 3 574 097
Capitale : Hartford

DAKOTA DU NORD (1889)
Superficie : 178 695 km^2
Population : 672 591
Capitale : Bismarck

DAKOTA DU SUD (1889)
Superficie : 196 695 km^2
Population : 814 180
Capitale : Pierre

DELAWARE (1787)
Superficie : 5 133 km^2
Population : 897 934
Capitale : Dover

FLORIDE (1845)
Superficie : 139 697 km^2
Population : 18 801 310
Capitale : Tallahassee

GÉORGIE (1788)
Superficie : 152 577 km^2
Population : 9 687 653
Capitale : Atlanta

HAWAII (1959)
Superficie : 16 636 km^2
Population : 1 360 301
Capitale : Honolulu

IDAHO (1890)
Superficie : 214 235 km^2
Population : 1 567 582
Capitale : Boise City

ILLINOIS (1818)
Superficie : 144 123 km^2
Population : 12 830 632
Capitale : Springfield

INDIANA (1816)
Superficie : 92 903 km^2
Population : 6 483 802
Capitale : Indianapolis

IOWA (1846)
Superficie : 144 716 km^2
Population : 3 046 355
Capitale : Des Moines

KANSAS (1861)
Superficie : 211 922 km^2
Population : 3 853 118
Capitale : Topeka

KENTUCKY (1792)
Superficie : 102 907 km^2
Population : 4 339 367
Capitale : Frankfort

LOUISIANE (1812)
Superficie : 112 836 km^2
Population : 4 533 372
Capitale : Baton Rouge

MAINE (1820)
Superficie : 79 931 km^2
Population : 1 328 361
Capitale : Augusta

MARYLAND (1788)
Superficie : 25 316 km^2
Population : 5 773 552
Capitale : Annapolis

MASSACHUSETTS (1788)
Superficie : 20 300 km^2
Population : 6 547 629
Capitale : Boston

MICHIGAN (1837)
Superficie : 150 644 km^2
Population : 9 883 640
Capitale : Lansing

MINNESOTA (1858)
Superficie : 206 207 km^2
Population : 5 303 925
Capitale : Saint Paul

MISSISSIPPI (1817)
Superficie : 122 331 km^2
Population : 2 967 297
Capitale : Jackson

MISSOURI (1821)
Superficie : 178 446 km^2
Population : 5 988 927
Capitale : Jefferson City

MONTANA (1889)
Superficie : 376 991 km^2
Population : 989 415
Capitale : Helena

NEBRASKA (1867)
Superficie : 199 113 km^2
Population : 1 826 341
Capitale : Lincoln

NEVADA (1864)
Superficie : 284 613 km^2
Population : 2 700 551
Capitale : Carson City

NEW HAMPSHIRE (1788)
Superficie : 23 992 km^2
Population : 1 316 470
Capitale : Concord

NEW JERSEY (1787)
Superficie : 19 210 km^2
Population : 8 791 894
Capitale : Trenton

NEW YORK (1788)
Superficie : 122 310 km^2
Population : 19 378 102
Capitale : Albany

NOUVEAU-MEXIQUE (1912)
Superficie : 314 334 km^2
Population : 2 059 179
Capitale : Santa Fe

OHIO (1803)
Superficie : 106 067 km^2
Population : 11 536 504
Capitale : Columbus

OKLAHOMA (1907)
Superficie : 177 877 km^2
Population : 3 751 351
Capitale : Oklahoma City

OREGON (1859)
Superficie : 251 385 km^2
Population : 3 831 074
Capitale : Salem

PENNSYLVANIE (1787)
Superficie : 116 083 km^2
Population : 12 702 379
Capitale : Harrisburg

RHODE ISLAND (1790)
Superficie : 2 707 km^2
Population : 1 052 567
Capitale : Providence

TENNESSEE (1796)
Superficie : 106 759 km^2
Population : 6 346 105
Capitale : Nashville-Davidson

TEXAS (1845)
Superficie : 678 358 km^2
Population : 25 145 561
Capitale : Austin

UTAH (1896)
Superficie : 212 816 km^2
Population : 2 763 885
Capitale : Salt Lake City

VERMONT (1791)
Superficie : 23 955 km^2
Population : 625 741
Capitale : Montpelier

VIRGINIE (1788)
Superficie : 102 558 km^2
Population : 8 001 024
Capitale : Richmond

VIRGINIE-OCCIDENTALE (1863)
Superficie : 62 385 km^2
Population : 1 852 994
Capitale : Charleston

WASHINGTON (1889)
Superficie : 172 447 km^2
Population : 6 724 540
Capitale : Olympia

WISCONSIN (1848)
Superficie : 141 712 km^2
Population : 5 686 986
Capitale : Madison

WYOMING (1890)
Superficie : 251 501 km^2
Population : 563 626
Capitale : Cheyenne

Volcan | Montagne | Capitale | Grande ville | Petite ville

STATISTIQUES

Superficie : 9 629 047 km²
Population : 308 745 538
Capitale : Washington D. C.
Langues : anglais, espagnol, italien, allemand, français, polonais, chinois, tagalog, grec
Religions : protestante, catholique, juive
Monnaie : dollar américain
Principales activités : recherche, industrie de fabrication, agriculture
Principales exportations : énergie, matériaux bruts, nourriture, électronique, automobiles, charbon
Principale importation : pétrole

MIDDLE WEST

Les États-Unis, plus grand exportateur mondial de blé, produisent aussi près de la moitié du maïs mondial. Ces énormes quantités de nourriture sont cultivées dans les plaines qui couvrent le Middle West, entre le Mississippi et les Rocheuses. L'agriculture céréalière est extrêmement mécanisée, des machines géantes opérant dans des champs couvrant des centaines d'hectares. Les États-Unis produisent également un quart des oranges, un septième des noix et la moitié des graines de soja du monde.

Les immenses étendues des champs de blé du Middle West

INDUSTRIE

La plupart des industries des États-Unis sont les plus grandes et les plus rentables de leur type dans le monde. L'Amérique possède en abondance gisements de minéraux, matières premières et sources d'énergie. Les industries les plus importantes sur le plan économique sont : construction automobile, conditionnement alimentaire, textiles et fabrication de vêtements, et informatique. La Silicon Valley, en Californie, constitue un centre mondial de la microélectronique. New York est la capitale financière du pays, tandis que Washington possède une importante industrie aérospatiale.

FRONTIÈRE
La frontière entre le Canada et les États-Unis est la plus longue frontière terrestre du monde.

ÉCHELLE
0 250 500 km

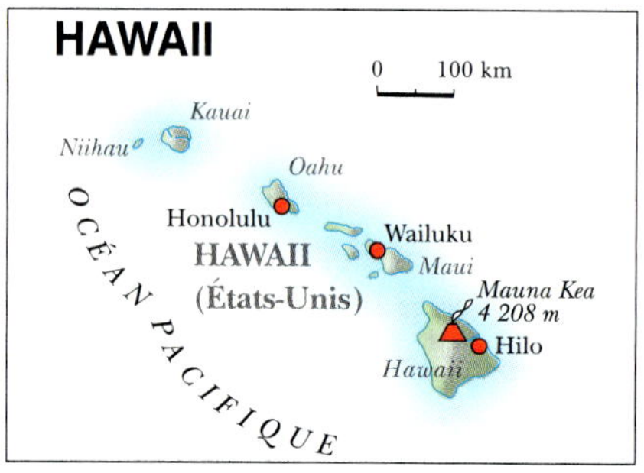

HAWAII
Hawaii est le seul État qui ne soit pas situé sur le continent nord-américain. Les huit principales îles de l'archipel se trouvent à quelque 3 380 km au sud-ouest de San Francisco. L'essentiel de la population vit sur l'île d'Oahu, mais celle de Hawaii est la plus grande.

DISTRICT OF COLUMBIA
Quand des membres du Congrès adoptèrent en 1790 et 1791 des lois visant à créer la capitale des États-Unis, ils voulurent éviter les rivalités entre États. Lorsque George Washington choisit pour la ville le site qui porte son nom, la région fut organisée sous forme de district particulier, appelé District of Columbia (D. C.). Ce n'est cependant pas un État, et bien que ses habitants prennent part aux élections du Congrès, leur délégué à la Chambre des représentants ne peut pas voter.

les États-Unis (histoire)

AUJOURD'HUI, LES ÉTATS-UNIS D'AMÉRIQUE sont la plus puissante nation du monde. Mais il y a 230 ans à peine, il s'agissait d'une nation nouvelle et vulnérable, occupant une étroite bande de terre sur la côte atlantique de l'Amérique du Nord, et peuplée d'environ 4 millions d'habitants. Au-delà de ses frontières s'étendaient de vastes régions où vivaient des populations indiennes. Pendant tout le XIXe siècle, des colons américains repoussèrent la frontière vers l'ouest à travers ce territoire, combattant les Indiens pour sa possession. En même temps, des millions d'immigrants venus d'Europe arrivaient sur la côte est. En 1900, fermes et usines de la nation produisaient plus que tout autre pays. Cette richesse et cette puissance impliquèrent les États-Unis dans les affaires internationales et les engagèrent dans les deux guerres mondiales. Mais le pays continua de prospérer. Depuis 1945, le système d'entreprise individuelle qui inspira les fondateurs des États-Unis a fait de leur peuple l'un des plus riches du monde. Affaires, influence et culture américaines se sont répandues dans tous les pays du globe.

PÈRES FONDATEURS
Les États-Unis étaient à l'origine constitués de 13 États, chacun avec ses coutumes et son histoire propres. En 1787, George Washington et d'autres dirigeants, parfois appelés pères fondateurs, rédigèrent la Constitution des États-Unis, document établissant un gouvernement central fort. La Constitution, qui préserve également les droits des États et ceux de leur population, est appliquée depuis 1789.

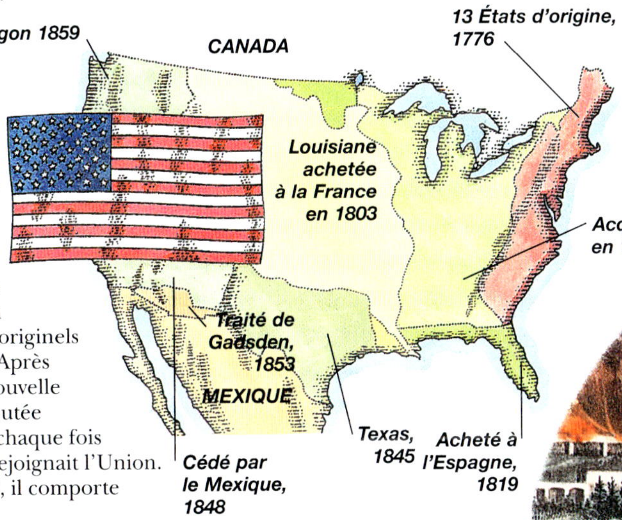

BANNIÈRE ÉTOILÉE
Le premier drapeau officiel, créé en 1777, comportait une bande et une étoile pour chacun des 13 États originels de l'Union. Après 1818, une nouvelle étoile fut ajoutée au drapeau chaque fois qu'un État rejoignait l'Union. Aujourd'hui, il comporte 50 étoiles.

CROISSANCE DES ÉTATS-UNIS
Les 13 colonies d'origine sur la côte est obtinrent leur indépendance de la Grande-Bretagne en 1783, et acquirent toutes les terres s'étendant vers l'ouest jusqu'au Mississippi. En 1803, la vaste région de Louisiane fut achetée à la France, et en 1848 les États-Unis avaient atteint l'océan Pacifique.

CHUTE DU SUD
La guerre de Sécession se termina en 1865, laissant le Sud en ruine et dans la pauvreté. La haine et l'amertume provoquées par cette guerre durèrent de nombreuses années, le gouvernement central prenant temporairement le contrôle des États vaincus du Sud.

MULTIPLICATION DES VOIES FERRÉES
En 1860, il existait plus de 48 000 km de voies ferrées dans les États-Unis de l'Est, mais presque aucune n'avait été posée à l'ouest du Missisipi. Le 10 mai 1869, la première voie continentale fut terminée, et les deux côtes de l'Amérique reliées pour la première fois. Une cérémonie eut lieu à Promontory Point, dans l'Utah, pour marquer l'occasion. La croissance du réseau ferroviaire national contribua à unifier le pays.

Les immigrants arrivant aux États-Unis étaient examinés dans un centre d'accueil sur Ellis Island, à New York.

IMMIGRATION

Au XIXe siècle, de nombreux Européens traversèrent l'Atlantique en quête de libertés et d'opportunités nouvelles. Les États-Unis accueillirent les Irlandais fuyant la famine, les Juifs d'Europe de l'Est fuyant les persécutions et d'innombrables autres immigrants. En 1890, un demi-million d'entre eux arrivait chaque année dans le pays. En conséquence, ce dernier devint un mélange de nombreuses cultures et religions différentes.

INDUSTRIE

Les États-Unis offraient une réserve inépuisable de matériaux bruts aux industriels du XIXe siècle, qui ne tardèrent pas à exploiter ces ressources. Les fabricants tels que Ransom Olds furent des pionniers, entre autres, de la production massive d'automobiles. Dans les usines Olds, les voitures suivaient une chaîne de production, des ouvriers placés le long de la chaîne accomplissant chacun une tâche unique. Cette technique accélérait le montage ; Henry Ford s'empressa de l'adopter.

JOHN F. KENNEDY

En 1960, John F. Kennedy (1917-1963) devint le plus jeune président jamais élu. En 1961, il approuva l'invasion de Cuba, communiste, par des exilés cubains soutenus par les États-Unis. Cette invasion, dans la baie des Cochons, fut un désastre, et Kennedy fut sévèrement critiqué. En 1962, les Soviétiques déployèrent des missiles nucléaires sur l'île. Pendant une semaine, une guerre nucléaire sembla inévitable, mais Kennedy persuada l'Union soviétique de déplacer ses missiles et évita la guerre. Sa présidence se termina tragiquement le 22 novembre 1963, lorsqu'il fut assassiné pendant une visite à Dallas, au Texas, après un mandat de 1 000 jours exactement.

CHICAGO DAILY NEWS

PRESIDENT IS KILLED

Texas Sniper Escapes; Johnson Sworn In

Story Begins on Next Page

ÉTATS-UNIS EN GUERRE

Jusqu'à l'entrée en guerre des États-Unis en 1917, ses forces armées n'avaient jamais combattu outre-mer. Après la fin de la guerre, le pays tenta une fois de plus de rester hors des conflits étrangers. Mais en 1941 les Japonais attaquèrent la base navale de Pearl Harbor à Hawaii, entraînant les États-Unis dans la Seconde Guerre mondiale. Depuis 1945, le pays a combattu entre autres, en Corée (1950-1953), au Vietnam (1954-1975), dans le Golfe (1990-1991) et en Irak depuis 2003.

Le monument d'Iwo Jima au cimetière national d'Arlington est un mémorial dédié aux Américains morts durant la Seconde Guerre mondiale. Il montre des Marines hissant le drapeau sur l'île d'Iwo Jima, dans le Pacifique. De nombreux soldats américains moururent dans la bataille de l'île.

ÉGALITÉ DES CHANCES

Depuis 1789, la Constitution américaine garantit à tous ses citoyens des droits égaux. En réalité, de nombreux groupes minoritaires commencent seulement à obtenir l'égalité. Ci-dessus, David Dinkins, premier maire noir de New York, élu en 1989.

1783 Les 13 colonies anglaises deviennent indépendantes.

1787 Rédaction de la Constitution.

1789 George Washington devient le premier président.

1790-1800 Washington, est construite sur le Potomac.

1803 Achat de la Louisiane.

1845 Le Texas rejoint l'Union.

1848 Victoire sur le Mexique et acquisition, entre autres, de la Californie.

1861-1865 La guerre de Sécession met fin à l'esclavage.

1869 Construction du premier chemin de fer transcontinental.

1917-1918 Participation à la Première Guerre mondiale.

1929 Grande dépression économique.

1941 Entrée dans la Seconde Guerre mondiale.

1963 Assassinat du président Kennedy.

1969 Neil Armstrong marche sur la Lune.

1990-1991 Les États-Unis dirigent les forces de l'ONU contre l'Irak dans la guerre du Golfe.

2001 Attentat contre le World Trade Center.

2003 Offensive militaire en Irak.

Pour en savoir plus

ÉMIGRATION ET IMMIGRATION
L'ÈRE DU NUCLÉAIRE
LES ÉTATS-UNIS (GÉOGRAPHIE)
LA GUERRE DE SÉCESSION
LA RÉVOLUTION AMÉRICAINE
GEORGE WASHINGTON

http://www.etoile-des-enfants.ch/

les Étoiles

OBSERVEZ LE CIEL PAR NUIT CLAIRE et vous pourrez admirer quelques étoiles parmi les 3 000 milliards que compte notre galaxie. Ces points lumineux sont en fait, à l'image du Soleil – notre plus proche étoile – de gigantesques boules de gaz chaud perdues dans l'espace. Certaines sont si volumineuses que, placées au centre de notre système solaire, elles s'étendraient au-delà de l'orbite de la Terre. D'autres, plus modestes, ont une taille comparable à celle de notre planète et n'émettent qu'une pâle lueur. Les étoiles sont si distantes que la lumière de la plus proche d'entre elles (en dehors du Soleil) met plus de 4 ans à nous parvenir. Les premiers astronomes avaient remarqué que les étoiles formaient dans le ciel des dessins qu'ils appelèrent constellations. Ces constellations, comme la Grande Ourse, nous apprennent à localiser les étoiles. Les astronomes identifient les étoiles d'après leur constellation et par des lettres de l'alphabet grec, comme alpha, bêta ou gamma (A, B et C). Ainsi, la deuxième étoile la plus brillante de la constellation du Centaure est nommée « Bêta Centauri ».

TROU NOIR
Une étoile massive qui s'effondre ne laisse qu'un noyau très dense qui se contracte et finit par former un trou noir. Le champ gravitationnel d'un trou noir est si puissant qu'il absorbe la matière et la lumière.

PULSAR
Une supernova peut se transformer en pulsar. Cette boule en rotation, qui pour un diamètre d'à peine 16 km aurait une densité plus importante que celle du Soleil, émet entre autres des ondes radio et des ondes lumineuses.

SUPERNOVA
Lorsqu'une étoile massive meurt, elle s'effondre en moins d'une seconde et donne lieu à une formidable explosion appelée supernova. L'explosion libère des débris qui se dispersent dans l'espace au sein d'un nuage de gaz en expansion.

SUPERGÉANTE ROUGE
Certaines étoiles en mourant grossissent et deviennent des supergéantes rouges (1 000 fois le diamètre du Soleil). Composées de substances issues de réactions nucléaires, elles peuvent passer par une étape métallique, avant de se refroidir complètement.

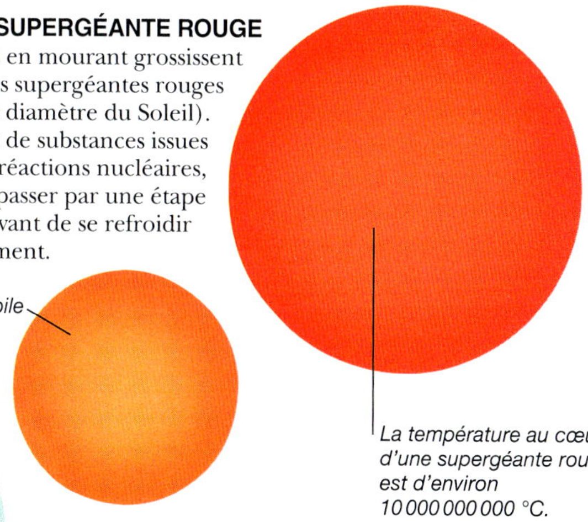

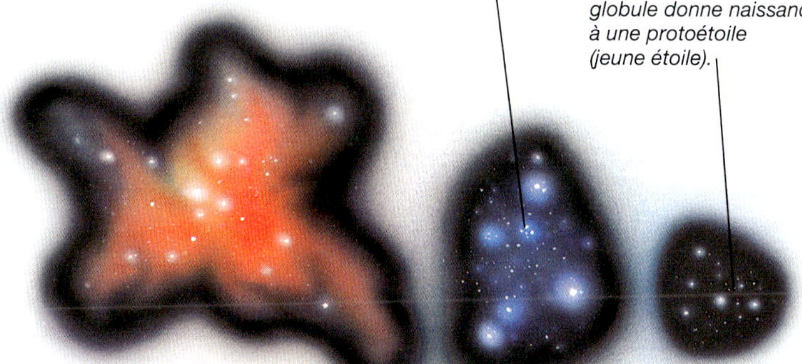

ÉCLAT D'UNE ÉTOILE
Lorsque le noyau d'une protoétoile atteint 10 000 000 °C, des réactions nucléaires se produisent et l'hydrogène commence à se transformer en hélium. La protoétoile se met à briller et son éclat signe la naissance de l'étoile.

NÉBULEUSE
Les étoiles se forment dans de gigantesques nuages de poussières et d'hydrogène appelés nébuleuses. Le terme nébuleuse est tiré du mot latin *nebula* signifiant « brume ».

NAISSANCE D'UNE ÉTOILE
La gravitation agglomère les particules de la nébuleuse en « grumeaux ». Ces globules en rotation s'effondrent en libérant quelques milliers de « miniglobules », futures étoiles potentielles.

GÉANTE ROUGE
Lorsqu'une étoile de la masse du Soleil a consommé tout son hydrogène, elle grossit, refroidit et se transforme en géante rouge. Cela se produira pour le Soleil dans 5 milliards d'années.

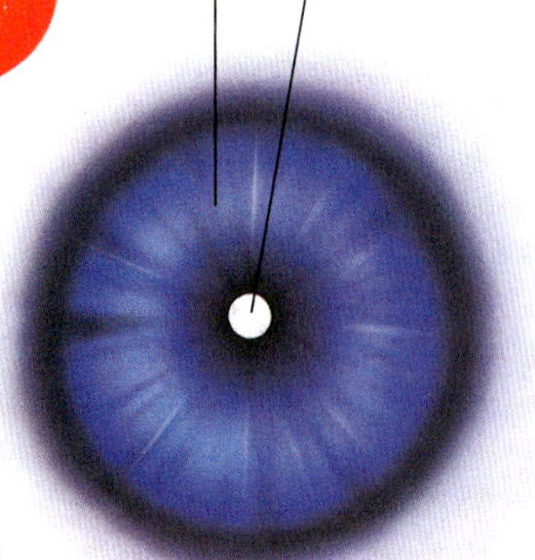

NÉBULEUSE PLANÉTAIRE
Vers la fin de sa vie, une étoile de la masse du Soleil peut s'effondrer en laissant une étoile dense et chaude, appelée naine blanche. L'enveloppe de gaz en expansion qui l'entoure forme ce que l'astronome William Herschel a nommé, en 1785, une nébuleuse planétaire : sa forme ronde lui évoquait le disque des planètes.

VIE ET MORT DES ÉTOILES

Des étoiles naissent et meurent à travers l'Univers. Elles se forment dans les nuages de gaz et de poussières disséminés dans l'espace. Les étoiles de la masse du Soleil brillent durant près de 10 milliards d'années. Les étoiles massives (100 fois la masse du Soleil) ont un éclat très vif mais vivent moins longtemps (à peine 10 millions d'années).

SCINTILLEMENT D'ÉTOILE

Les réactions nucléaires qui se produisent au sein d'une étoile libèrent de l'énergie sous forme de lumière et de chaleur. La lumière émise par une étoile traverse la couche de gaz instables de l'atmosphère terrestre ; cette instabilité est responsable du scintillement de l'étoile. Observé depuis un vaisseau spatial, l'éclat d'une étoile reste fixe car aucune atmosphère ne vient perturber le trajet de la lumière.

CONSTELLATIONS

Les étoiles sont regroupées en 88 constellations, dont beaucoup portent des noms d'animaux (la Grande Ourse, le Scorpion) ou des noms de personnages de la mythologie grecque (Orion). Les 12 constellations du zodiaque occupent la bande de ciel que parcourent le Soleil et ses planètes tout au long de l'année.

Selon la saison, la constellation d'Orion est visible de n'importe quel point de la Terre.

NAINE BLANCHE

À la fin de sa vie, une étoile de la masse du Soleil s'effondre et se condense, jusqu'à former une naine blanche, étoile dense et compacte de la taille de la Terre. Bien que brûlante, cette étoile est si petite que son éclat se réduit à une faible lueur.

NAINE NOIRE

Après plusieurs milliards d'années, une naine blanche refroidit et devient une naine noire. Aucune n'a encore été observée : notre galaxie n'est pas assez âgée pour qu'une naine noire ait eu le temps de s'y former.

PARALLAXE

La méthode de la parallaxe permet de mesurer la distance d'une étoile par rapport à la Terre. La Terre tournant autour du Soleil, les étoiles les plus proches semblent se déplacer plus lentement que les étoiles distantes. L'astronome évalue la position d'une étoile puis réalise une nouvelle mesure 6 mois plus tard. L'écart constaté donne la distance exacte de l'étoile.

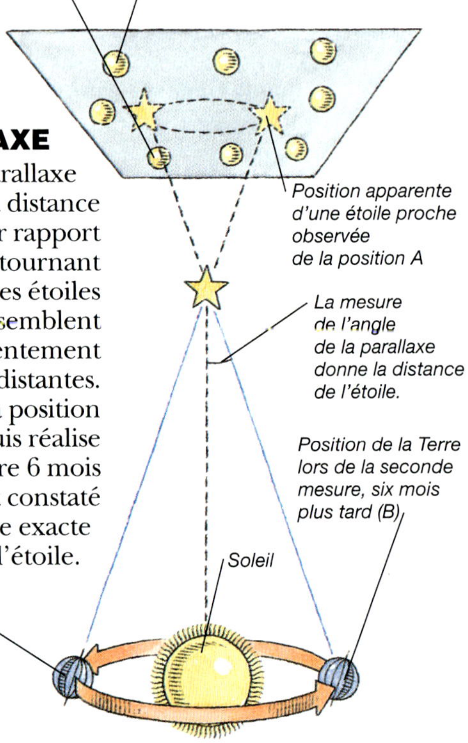

ÉTOILES VARIABLES

Les étoiles sont dites variables quand leur éclat change d'intensité. Certaines s'effondrent et se dilatent périodiquement, alternant la brillance de leur éclat. D'autres offrent un éclat éclipsé à intervalles réguliers par le passage d'une seconde étoile.

Deux étoiles sont en rotation l'une autour de l'autre. Lorsque la première se trouve devant la seconde, l'éclat diminue d'intensité. Lorsque les deux étoiles sont visibles, l'intensité de l'éclat augmente.

Leur explosion rend variables certaines étoiles. Au moment de l'explosion, période qui peut durer de quelques jours à quelques années, l'étoile paraît plus brillante.

CLASSIFICATION DES ÉTOILES

La couleur de l'éclat d'une étoile dépend de sa température interne ; les étoiles à éclat rouge sont plus froides que celles à éclat bleu. La brillance d'une étoile (quantité d'énergie qu'elle diffuse) est liée à sa masse (quantité de matière qu'elle renferme) ; les étoiles les plus lourdes sont plus brillantes que les étoiles plus légères. Les astronomes se fondent sur la couleur et la brillance d'une étoile pour déterminer sa taille et la distance la séparant de la Terre.

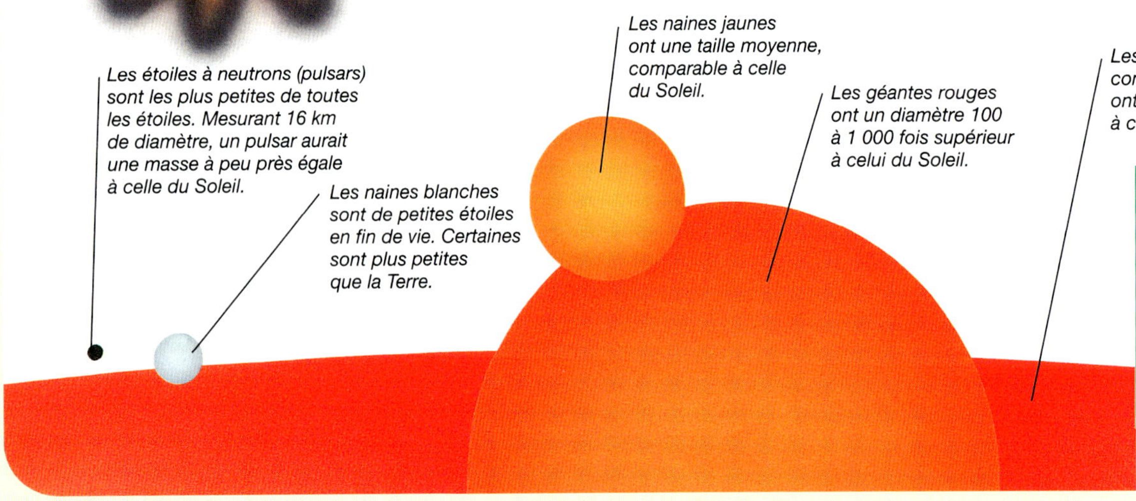

Pour en savoir plus

L'Astronomie
La Gravitation
La Navigation
Les Planètes
Le Soleil
Les Télescopes
Les Trous noirs
L'Univers

http://www.snv.jussieu.fr/bmedia/oursinMDC/index.html

Étoiles de mer et oursins

L'enveloppe dure de l'oursin est un test. Cet oursin a perdu tous ses piquants.

LES FONDS MARINS ABRITENT des créatures à peau hérissée de piquants dont l'étoile de mer, l'oursin et l'ophiure. L'étoile de mer peut mesurer de 8 cm à 1 m de diamètre et possède un disque central d'où rayonnent cinq bras. L'oursin est doté d'un test, une enveloppe dure couverte de longs piquants, alors que les épines de l'étoile de mer sont petites. Les oursins se nourrissent de petits animaux et végétaux des rochers et des fonds marins et les étoiles de mer de coraux et de coquillages. Ces deux échinodermes se déplacent grâce à des pieds ventouses qui pompent et chassent l'eau, permettant une « locomotion pneumatique ». Ces « pieds » peuvent s'étirer et se plier dans toutes les directions pour propulser l'animal. Les ventouses servent également à l'oursin pour se fixer aux rochers et à l'étoile de mer pour ouvrir un coquillage et en manger la chair.

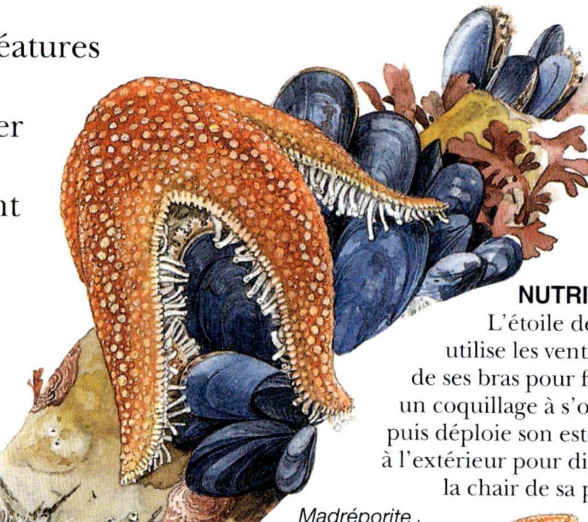

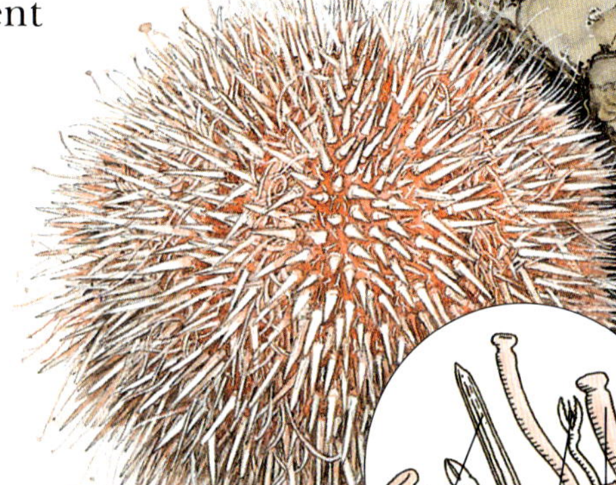

NUTRITION

L'étoile de mer utilise les ventouses de ses bras pour forcer un coquillage à s'ouvrir, puis déploie son estomac à l'extérieur pour digérer la chair de sa proie.

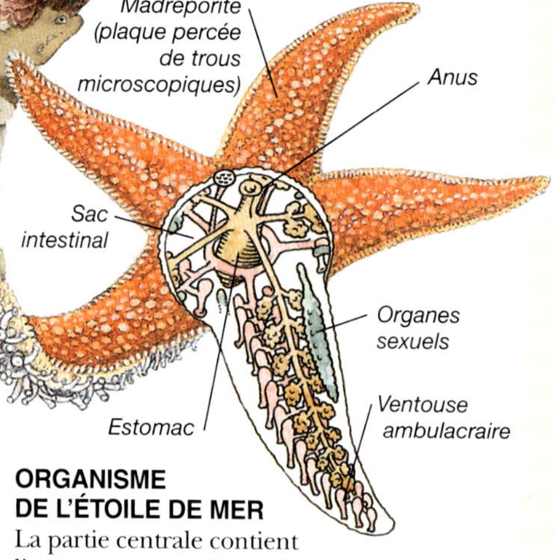

ORGANISME DE L'ÉTOILE DE MER

La partie centrale contient l'estomac avec au-dessus l'anus et en dessous la bouche. Le long de chaque bras se trouvent des faisceaux de nerfs, des canaux pour laisser passer l'eau et d'autres par lesquels transite la nourriture partiellement digérée.

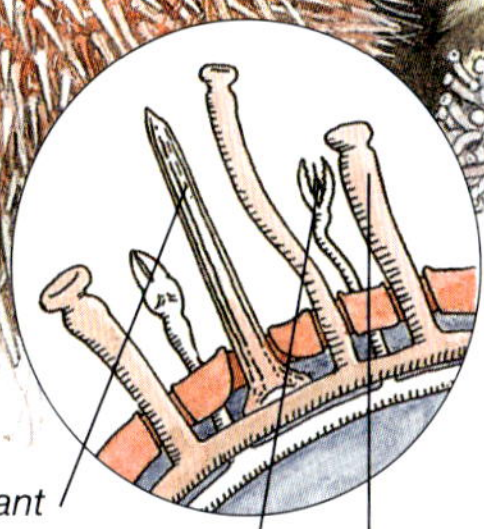

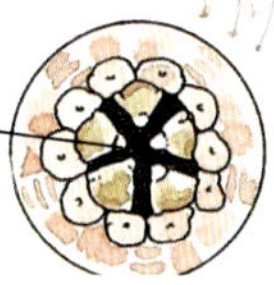

L'appareil masticateur de l'oursin est appelé « lanterne d'Aristote ».

OURSIN

L'oursin possède de longs piquants pour se défendre. Autour des piquants se trouvent des poches venimeuses et entre les piquants des ventouses ambulacraires, les organes locomoteurs. Les pédicellaires sont en forme de pince à sucre pour saisir les proies.

PATATE DE MER

Les patates de mer se cachent dans le sable à l'aide de leurs piquants aplatis. Leurs ventouses ambulacraires ont une extrémité servant à transmettre la nourriture à la bouche. Un long pied supplémentaire sort du sable, tel un périscope, pour permettre la respiration, un autre sert à évacuer les déchets.

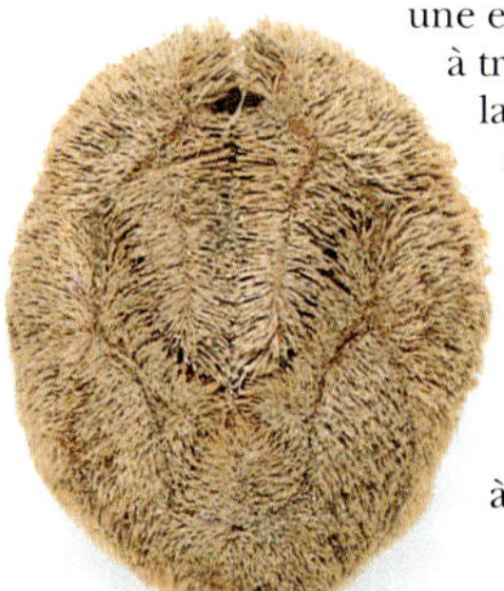

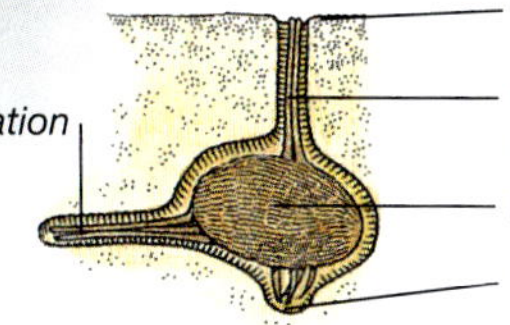

ACANTHASTER OU « COURONNE DU CHRIST »

Cette grande étoile de mer hérissée de piquants se nourrit de coraux vivants et dévaste de nombreux récifs coralliens, dont la Grande Barrière de corail australienne. Avec ses piquants venimeux acérés, elle attaque les récifs coralliens du monde entier, du Kenya à Tahiti.

L'acanthaster est dotée de plus d'une dizaine de bras recouverts de piquants venimeux.

BRAS QUI REPOUSSENT

La plupart des étoiles de mer peuvent régénérer certaines parties de leur corps, en particulier leurs bras. Pour échapper à un prédateur, elles peuvent donc se laisser arracher un bras et un nouveau repoussera en quelques semaines.

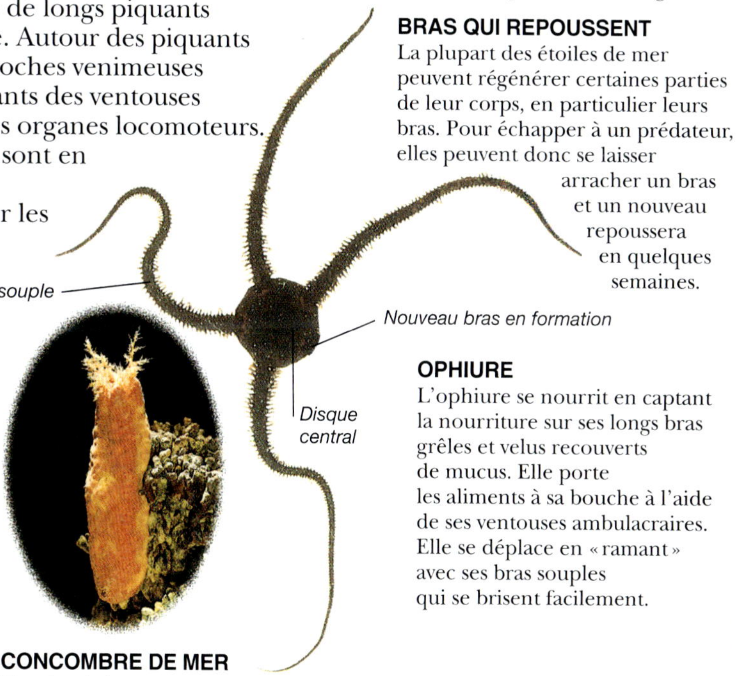

OPHIURE

L'ophiure se nourrit en captant la nourriture sur ses longs bras grêles et velus recouverts de mucus. Elle porte les aliments à sa bouche à l'aide de ses ventouses ambulacraires. Elle se déplace en « ramant » avec ses bras souples qui se brisent facilement.

CONCOMBRE DE MER

Vue de côté, avec son corps cylindrique, cette étrange créature marine ressemble à un concombre. Des tentacules duveteux autour de la bouche saisissent les particules alimentaires présentes dans l'eau.

Pour en savoir plus

LES ESPÈCES ANIMALES
LES GRANDES PROFONDEURS
LES RIVAGES

http://www.toporopa.eu/fr/index.html

l'Europe (géographie)

EURO
En 1979, le système monétaire européen (SME) fut mis en application, et lia les monnaies nationales à l'unité monétaire européenne, l'écu. Ce dernier n'eut pas beaucoup de succès, mais posa les fondations pour que l'Union européenne évolue vers une union économique à monnaie unique. En janvier 1999, l'euro fut formellement adopté comme monnaie de l'Union européenne.

COMPARÉE À L'ASIE, son puissant voisin oriental, l'Europe est un continent minuscule. Mais son influence s'est étendue bien au-delà de ses frontières. L'Europe possède une longue histoire culturelle, industrielle et commerciale, et a construit des empires. Une grande part de sa prospérité vient de ses terres vertes et fertiles, arrosées par des pluies abondantes et irriguées par de nombreuses rivières. Pourtant, son climat est très varié. Les pays d'Europe du Sud, que borde la mer Méditerranée, attirent les vacanciers avec leurs longs étés chauds. L'extrême Nord, au contraire, touche le cercle polaire arctique. L'Europe compte également de nombreuses chaînes de montagnes élevées, dont les Alpes et les Pyrénées. La composition ethnique de ses 732 millions d'habitants est aussi variée que ses paysages. Les peuples nordiques de Scandinavie ont plus souvent des cheveux blonds, une peau claire et des yeux bleus que les Européens du Sud, qui, de leur côté, ont plutôt la peau mate et des cheveux bruns et bouclés.

L'Europe s'étend des rivages nord de la Méditerranée à la partie nord de l'océan Atlantique. Elle inclut les îles environnantes, îles Britanniques et Islande. Les monts de l'Oural, dans la Fédération de Russie, marquent sa longue frontière orientale avec l'Asie.

Les bâtiments anciens d'Europe peuvent paraître pittoresques, mais leur architecture n'est pas seulement décorative. Pierre et brique fournissent une protection essentielle contre le temps frais et humide.

Pour affronter la compétition grandissante de l'étranger, en particulier du Japon, les entreprises européennes ont modernisé leurs usines.

INDUSTRIE
L'industrie à grande échelle a vu le jour en Europe. Les inventions des XVIIIe et XIXe siècles, autorisant un rendement plus élevé, ont permis aux travailleurs des usines européennes de fabriquer en grand nombre des produits bon marché. Cette révolution industrielle s'est rapidement étendue à d'autres parties du monde – États-Unis, Inde et Japon. Les industries de fabrication jouent encore un rôle essentiel dans la plupart des pays d'Europe.

Le compositeur autrichien Johann Strauss fils (1825-1899) nomma l'une de ses valses Le Beau Danube bleu, *en l'honneur du fleuve.*

DANUBE
Le deuxième plus long fleuve d'Europe est le Danube. Il coule de la Forêt-Noire en Allemagne, jusqu'à la mer Noire, et traverse 9 pays d'Europe : Allemagne, Autriche, Serbie, Hongrie, Slovaquie, Croatie, Roumanie, Bulgarie et Ukraine.

VILLES
La plupart des villes européennes sont plus anciennes que celles d'Australie et d'Amérique. Beaucoup remontent à l'Antiquité et se sont développées au fil des siècles. Leur plan et leur conception diffèrent donc totalement de ceux des villes plus récentes qui ont vu le jour dans le reste du monde. Elles sont un mélange irrégulier d'étroites rues sinueuses et de grands boulevards. Les villes modernes, d'emblée adaptées aux moyens de transport actuels, tendent à suivre un dessin quadrillé plus uniforme.

COMMERCE

Les Européens ont toujours été de grands marchands. Du XVe au XVIIIe siècle, les pays d'Europe furent les plus puissants du monde. Leur commerce s'étendait à toute la planète, et leurs colons gouvernèrent une partie de l'Amérique et de l'Afrique, l'Inde, certains pays d'Asie du Sud-Est et l'Australie. Presque toutes ces régions sont aujourd'hui indépendantes, mais beaucoup conservent des traces de la culture européenne.

Commerce et monnaie européens ont servi de base au système bancaire mondial.

SCANDINAVIE

Une grande péninsule en forme de crochet entoure presque toute la mer Baltique, en Europe du Nord, et s'étend jusque dans l'océan Arctique. Suède et Norvège se la partagent. Avec le Danemark, au sud, elles forment la Scandinavie. La Finlande, à l'est de la Baltique, et la grande île d'Islande sont souvent incluses, elles aussi, dans ce groupe de pays.

Les habitants peignent les maisons en blanc pour réfléchir la chaleur du soleil.

Dans les climats chauds de la région méditerranéenne, olives, oranges, citrons, tournesols, melons, tomates et aubergines poussent facilement.

Chèvres et moutons sont plus courants que les bovins, amateurs de pâturages plus verts.

MÉDITERRANÉE

Dix pays européens bordent la Méditerranée : Espagne, France, Monaco, Italie, Slovénie, Croatie, Bosnie-Herzégovine, Serbie-et-Monténégro, Albanie et Grèce. Il faut y ajouter la Turquie, dont une petite partie se trouve en Europe. Les peuples méditerranéens ont longtemps vécu de l'agriculture ; mais beaucoup, aujourd'hui, possèdent des industries florissantes. La chaleur des étés méditerranéens n'empêche pas certains hivers d'être très froids.

ART ET CULTURE

L'Europe a ses propres traditions artistiques et culturelles, très différentes de celles des autres parties du monde. La peinture à l'huile, la musique dite classique et le ballet y ont vu le jour. Ses traditions musicales, littéraires et picturales, comme sa sculpture et son théâtre, remontent à l'Antiquité.

Tallinn (à gauche), capitale de l'Estonie, est un important port de la Baltique.

PAYS BALTES

Lituanie, Lettonie et Estonie, pays de plaines agricoles situés sur la côte orientale de la mer Baltique, sont collectivement appelés pays Baltes. Créés en 1918, ils restèrent indépendants jusqu'à l'occupation soviétique, en 1940. En 1991, la Lituanie devint l'une des premières parmi les anciennes républiques soviétiques à obtenir l'indépendance, suivie quelques mois plus tard par l'Estonie et la Lettonie.

Pour en savoir plus

L'ALLEMAGNE (GÉOGRAPHIE)
LES BALKANS OCCIDENTAUX
LES BLAKANS ORIENTAUX
L'ESPAGNE (GÉOGRAPHIE)
LA FRANCE (GÉOGRAPHIE)
LA GRÈCE
L'ITALIE (GÉOGRAPHIE)
PAYS BALTES ET BIÉLORUSSIE
PAYS-BAS, BELGIQUE ET LUXEMBOURG
LE ROYAUME-UNI (GÉOGRAPHIE)
LA RUSSIE (GÉOGRAPHIE)
LA SCANDINAVIE (GÉOGRAPHIE)

STATISTIQUES

Superficie : 10 498 000 km^2
Population : 732 000 000
Pic le plus élevé : Elbrouz, dans le Caucase (Russie d'Europe), 5 642 m
Plus long fleuve : Volga (Russie d'Europe), 3 688 km
Plus grand lac : Ladoga (Russie d'Europe), 17 700 km^2
Principales activités : agriculture, industrie, services
Principales exportations : machines et équipement de transports
Principales importations : pétrole et autres matières premières

UNION EUROPÉENNE

En 1957, cinq pays d'Europe décidèrent de former la Communauté économique européenne (CEE). Selon eux, la coopération économique et politique réduirait la probabilité de guerres entre pays membres et apporterait la prospérité aux peuples d'Europe. En décembre 1991, le traité de Maastricht créa l'Union européenne (UE) et ses États membres s'engagèrent à créer une monnaie unique. L'Union compte maintenant 27 membres.

ALBANIE
Superficie : 28 748 km^2
Population : 3 155 000
Capitale : Tirana

ALLEMAGNE
Superficie : 357 022 km^2
Population : 82 167 000
Capitale : Berlin

ANDORRE
Superficie : 468 km^2
Population : 86 000
Capitale : Andorre-la-Vieille

AUTRICHE
Superficie : 83 859 km^2
Population : 8 364 000
Capitale : Vienne

BELGIQUE
Superficie : 30 528 km^2
Population : 10 647 000
Capitale : Bruxelles

BIÉLORUSSIE
Superficie : 207 600 km^2
Population : 9 634 000
Capitale : Minsk

BOSNIE-HERZÉGOVINE
Superficie : 51 197 km^2
Population : 3 767 000
Capitale : Sarajevo

BULGARIE
Superficie : 110 912 km^2
Population : 7 545 000
Capitale : Sofia

CROATIE
Superficie : 56 538 km^2
Population : 4 416 000
Capitale : Zagreb

DANEMARK
Superficie : 43 094 km^2
Population : 5 470 000
Capitale : Copenhague

ESPAGNE
Superficie : 505 992 km^2
Population : 44 904 000
Capitale : Madrid

ESTONIE
Superficie : 45 100 km^2
Population : 1 340 000
Capitale : Tallinn

FINLANDE
Superficie : 338 145 km^2
Population : 5 326 000
Capitale : Helsinki

FRANCE
Superficie : 551 500 km^2
Population : 65 000 000
Capitale : Paris

GRÈCE
Superficie : 131 957 km^2
Population : 11 161 000
Capitale : Athènes

HONGRIE
Superficie : 93 032 km^2
Population : 9 993 000
Capitale : Budapest

IRLANDE
Superficie : 70 273 km^2
Population : 4 515 000
Capitale : Dublin

ISLANDE
Superficie : 103 000 km^2
Population : 323 000
Capitale : Reykjavik

ITALIE
Superficie : 301 318 km^2
Population : 59 870 000
Capitale : Rome

LETTONIE
Superficie : 64 600 km^2
Population : 2 249 000
Capitale : Riga

LIECHTENSTEIN
Superficie : 160 km^2
Population : 36 000
Capitale : Vaduz

LITUANIE
Superficie : 65 200 km^2
Population : 3 287 000
Capitale : Vilnius

LUXEMBOURG
Superficie : 2 586 km^2
Population : 486 000
Capitale : Luxembourg

MACÉDOINE
Superficie : 25 713 km^2
Population : 2 042 000
Capitale : Skopje

MALTE
Superficie : 316 km^2
Population : 409 000
Capitale : La Valette

MOLDAVIE
Superficie : 33 851 km^2
Population : 3 604 000
Capitale : Chisinau

MONACO
Superficie : 1,81 km^2
Population : 33 000
Capitale : Monaco

MONTÉNÉGRO
Superficie : 13 812 km^2
Population : 624 000
Capitale : Podgorica
Monnaie : euro

NORVÈGE
Superficie : 323 877 km^2
Population : 4 812 000
Capitale : Oslo

PAYS-BAS
Superficie : 41 526 km^2
Population : 16 592 000
Capitales : Amsterdam, La Haye

POLOGNE
Superficie : 323 250 km^2
Population : 38 074 000
Capitale : Varsovie

PORTUGAL
Superficie : 91 982 km^2
Population : 10 707 000
Capitale : Lisbonne

RÉPUBLIQUE TCHÈQUE
Superficie : 78 866 km^2
Population : 10 369 000
Capitale : Prague

ROUMANIE
Superficie : 238 391 km^2
Population : 21 275 000
Capitale : Bucarest

ROYAUME-UNI
Superficie : 242 900 km^2
Population : 61 565 000
Capitale : Londres

RUSSIE
Superficie : 17 075 400 km^2
Population : 140 874 000
Capitale : Moscou

SAINT-MARIN
Superficie : 61 km^2
Population : 31 000
Capitale : Saint-Marin

SERBIE
Superficie : 77 474 km^2
Population : 7 411 000
Capitale : Belgrade

SLOVAQUIE
Superficie : 49 012 km^2
Population : 5 406 000
Capitale : Bratislava

SLOVÉNIE
Superficie : 20 256 km^2
Population : 2 020 000
Capitale : Ljubljana

SUÈDE
Superficie : 449 964 km^2
Population : 9 249 000
Capitale : Stockholm

SUISSE
Superficie : 41 284 km^2
Population : 7 568 000
Capitale : Berne

UKRAINE
Superficie : 603 700 km^2
Population : 45 708 000
Capitale : Kiev

VATICAN
Superficie : 0,39 km^2
Population : 557
Capitale : Vatican

POPULATION

Plus de 730 millions de personnes vivent en Europe. Cette population est très urbanisée. En Belgique et aux Pays-Bas, près de 90 % des gens vivent dans les villes. Dans le sud et l'est du continent, la population rurale reste importante.

PYRÉNÉES

Les Pyrénées marquent la frontière entre la France et l'Espagne. Cette chaîne de montagnes s'étend du golfe de Gascogne à la Méditerranée, sur une distance de 435 km. Le climat des Pyrénées est doux et humide ; c'est une région de pêche, de tourisme et de sports d'hiver. On y trouve aussi des stations thermales aux sources chaudes.

Les majestueuses Pyrénées forment une frontière naturelle spectaculaire entre l'Espagne et la France.

En 1992, les forces de l'ONU entrèrent à Sarajevo, capitale de la Bosnie déchirée par la guerre.

EUROPE DE L'EST

Cette région englobe des pays comme la Hongrie et la Pologne, tombés sous contrôle soviétique en 1945, et la partie occidentale de l'ex-Union soviétique. Depuis 1989, les régimes communistes y ont cédé la place à des gouvernements plus démocratiques. La Tchécoslovaquie a donné naissance à deux États. La Yougoslavie a éclaté en plusieurs entités antagonistes. D'autres États, qui constituaient des régions de l'Union soviétique, ont vu le jour, par exemple l'Ukraine ou la Moldavie.

l'Europe (histoire)

L'EUROPE, bien que deuxième plus petit continent du monde, a joué un rôle important dans l'histoire mondiale. Les empires grec et romain de l'Antiquité s'étendirent jusqu'en Afrique du Nord et au-delà du Moyen-Orient, et leur art, leur pensée et leur science nous influencent encore. Plus de 1 000 ans après, les explorateurs portugais et espagnols découvrirent de nouveaux continents, et firent même le tour du monde. Ce fut le début d'une période de domination européenne sur les affaires mondiales qui dura 400 ans. Mais au cours de leur longue histoire, les pays d'Europe ont rarement connu la paix : au XXe siècle, leurs conflits incessants entraînèrent deux guerres mondiales. Depuis 1945, avec l'avènement d'une superpuissance mondiale, les États-Unis, l'influence politique de l'Europe sur la planète a diminué, mais elle conserve son importance culturelle.

EUROPE PRÉHISTORIQUE
Les premiers Européens étaient des chasseurs nomades. Vers 5000 av. J.-C., ils se sédentarisèrent, devinrent cultivateurs et domestiquèrent des animaux. Les grandes pierres levées d'Europe du Nord sont caractéristiques de cette période.

Aqueduc romain sur le Gard, dans le sud de la France

GRÈCE ET ROME
Vers 900 av. J.-C., les Grecs établirent de puissantes cités-États, telles Athènes et Sparte. Elles commerçaient le long des côtes méditerranéennes, créant des colonies de l'Espagne à la mer Noire. Fondée en 753 av. J.-C., Rome, capitale de l'Empire romain, contrôlait, en 117 de notre ère, l'essentiel de l'Europe, de l'Afrique du Nord et du Moyen-Orient.

Rosace de la cathédrale de Chartres

CHRISTIANISME
Au IVe siècle, le christianisme devint la principale religion de l'Empire romain. Progressivement, au cours des 700 années suivantes, il se répandit dans toute l'Europe. Dirigée par le pape à Rome, l'Église chrétienne était très puissante. Elle unifia le continent et domina tous les aspects de la vie quotidienne, y compris l'éducation.

COMMERCE MÉDIÉVAL
Le commerce prospéra dans l'Europe médiévale. Au XIIIe siècle, un groupe de villes de la Baltique et de la mer du Nord fonda la Hanse, association de ports, tels Lübeck, Hambourg, Cologne et Bruges, qui conserva le monopole du commerce jusqu'au XVIIe siècle. Tissus, épices et or étaient vendus lors de grandes foires commerciales.

Caravelle portugaise

DOMINATION EUROPÉENNE
Au milieu du XVe siècle, les Portugais partirent explorer les côtes de l'Afrique à bord d'un nouveau vaisseau rapide, la caravelle. Ils établirent des comptoirs commerciaux, bientôt suivis par d'autres explorateurs et marchands, qui rayonnèrent d'Europe vers le reste du globe. Les Européens ne tardèrent pas à dominer le commerce mondial, fondant des colonies aux Amériques, en Asie et en Afrique, et construisant de vastes empires.

LES LUMIÈRES

Au XVIIIe siècle, les penseurs européens commencèrent à rejeter les croyances religieuses, qu'ils assimilaient à la superstition, pour développer une conception du monde fondée sur la raison et la science. Ce qu'on appela le siècle des Lumières eut des conséquences politiques : il entraîna des révolutions en Amérique et en France. La tolérance religieuse profita à l'économie, à la philosophie et à la science.

Les intellectuels s'assemblaient pour discuter les nouvelles idées scientifiques.

GUERRES MONDIALES

Au XXe siècle, des conflits entre puissances européennes provoquèrent deux guerres mondiales. La première (1914-1918) affaiblit l'Europe ; la seconde (1939-1945) la laissa en ruine, avec des millions de personnes sans foyer. États-Unis et Union soviétique allaient se partager le monde.

Mustafa Kemal Atatürk (1881-1938), « père de la Turquie »

EMPIRES MORCELÉS

Après la Première Guerre mondiale, les empires multinationaux d'Allemagne, d'Autriche-Hongrie, de Turquie ottomane et de Russie se morcelèrent, les différentes nationalités qu'ils contenaient créant des pays indépendants, tels que Tchécoslovaquie et Pologne. Mustafa Kemal Atatürk abolit le gouvernement islamique de l'Empire ottoman et créa la nation laïque de Turquie.

Chars russes dans les rues de Budapest (Hongrie) en 1956

EUROPE COMMUNISTE

En 1945, l'Europe se trouva divisée entre pays communistes, dominés par l'Union soviétique, et non communistes, influencés par les États-Unis. L'Allemagne fut scindée en deux nations. La vie était souvent dure dans les pays communistes, et les libertés civiles restreintes. Des révoltes en Allemagne de l'Est (1953), en Hongrie (1956) et en Tchécoslovaquie (1968) furent durement réprimées par les troupes russes.

HISTOIRE DE L'EUROPE

5 000 AV. J.-C. Les peuples de l'âge de pierre commencent à établir des villages.

900 Fondation des cités-États grecques.

753 Fondation de Rome.

117 APR. J.-C. Apogée de l'Empire romain.

313 Le christianisme est toléré dans tout l'Empire romain.

XIe SIÈCLE Le christianisme se répand dans toute l'Europe.

VERS 1241 Établissement de la Hanse entre marchands de Lübeck et de Hambourg.

1492 Christophe Colomb traverse l'Atlantique ; début de la domination européenne aux Amériques.

1498 Des explorateurs européens atteignent l'Inde.

1517 La Réforme entraîne l'émergence du protestantisme.

XVIIIe SIÈCLE Époque des Lumières.

XIXe SIÈCLE Les empires européens contrôlent presque toute l'Afrique et l'Asie.

1914-1918 La Première Guerre mondiale dévaste l'Europe.

1939-1945 La Seconde Guerre mondiale entraîne la division de l'Europe en deux secteurs, communiste et non communiste.

1957 Le traité de Rome établit la Communauté économique européenne (CEE).

1989 La chute du mur de Berlin annonce la fin du communisme en Europe de l'Est.

1991 L'URSS se divise en 15 pays distincts.

1991-1999 Guerres dans les Balkans après le morcellement de la Yougoslavie.

EFFONDREMENT DU COMMUNISME

À la fin des années 1980, le communisme perdit son influence et l'Union soviétique (URSS) retira son soutien à l'Europe de l'Est. En 1989, les Allemands de l'Est descendirent en masse dans les rues. La chute du mur de Berlin, qui coupait en deux l'ex-capitale du Reich, précéda d'un an la réunification de l'Allemagne. Les gouvernements communistes de toute l'Europe de l'Est furent ensuite renversés.

YOUGOSLAVIE

Quand la Yougoslavie se morcela, la Serbie essaya d'en prendre le contrôle. Slovénie, Croatie et Bosnie-Herzégovine déclarèrent leur indépendance, ce qui entraîna de terribles atrocités dans les deux camps. La Serbie entreprit une « purification ethnique » – tuant ou expulsant tous les non-Serbes, notamment en Bosnie et au Kosovo. Malgré la déclaration d'indépendance du Kosovo en 2008, reconnue par certains pays seulement, la situation reste très tendue.

Pour en savoir plus

L'EUROPE MÉDIÉVALE
LA PREMIÈRE GUERRE MONDIALE
LA SECONDE GUERRE MONDIALE
L'UNION EUROPÉENNE

l'Europe médiévale

FOIRES ET MARCHÉS
D'importantes foires étaient organisées chaque année dans les cités jalonnant les grandes routes commerciales, comme Winchester, en Angleterre. Les marchands accouraient de toute l'Europe pour vendre leur marchandise.

SEIGNEURS ET PRINCESSES festoyant dans les salles de banquet d'un château, paysans au labour et chevaliers en armure sont autant d'images qui renvoient à une période de l'histoire de l'Europe connue sous le nom de Moyen Âge. De profonds changements affectèrent l'Europe occidentale entre le Ve et le XVe siècle. Au Ve siècle, elle avait subi l'invasion de tribus germaniques, suivie du morcellement de l'Empire romain en plusieurs royaumes. Le commerce régressant, les populations tirèrent l'essentiel de leurs ressources de la terre. Des seigneurs tout-puissants se retrouvèrent à la tête de vastes domaines, en même temps que se mettait en place le système féodal. La culture et le savoir hérités de l'Antiquité furent en partie oubliés. On a pu parler, mais à tort, pour le Moyen Âge, d'une période d'obscurantisme. L'Église catholique imposa son autorité au peuple. Progressivement, le commerce retrouva sa vitalité et l'Europe médiévale atteignit son apogée vers le XIIIe siècle. Le féodalisme régissait alors la société et le savoir se concentrait au sein des monastères. Le Moyen Âge toucha à sa fin au XVe siècle sous l'impulsion de la Renaissance.

VIE QUOTIDIENNE
Deux ou trois champs ouverts s'étendaient généralement aux abords du village. Le seigneur était propriétaire des terres, mais les paysans cultivaient les petits lopins qui leur étaient concédés et conservaient une partie de leurs récoltes. Ils payaient une taxe à leur seigneur et un impôt à l'Église, sous forme de vivres ou de jours de corvée.

Boutique du cordonnier

Tissus et étoffes étaient achetés pour confectionner des vêtements.

Marchand de volailles

VIE CITADINE

Le développement du commerce vers la fin du Moyen Âge assura richesse et prospérité aux marchands. Les cités bénéficièrent de cet essor et la classe des artisans fit son apparition au sein de la société. Les artisans regroupés en guildes contrôlaient le prix et la qualité des marchandises.

- **400 APR. J.-C.** Début du déclin de l'Empire romain.
- **450** Des tribus germaniques – Angles, Jutes et Saxons – s'installent en Bretagne.
- **ANNÉES 480** Les Francs bâtissent un royaume en Gaule (France actuelle).
- **800** Charlemagne roi des Francs unifie l'Europe occidentale.
- **900-1000** Misère et maladie gagnent une Europe divisée en royaumes féodaux.
- **1066** Les Normands envahissent l'Angleterre.
- **1000-1200** Haut Moyen Âge. Développement du commerce et des cités, accroissement de la population, épanouissement des arts, du savoir et de la culture.
- **VERS 1100** Création des premières universités.
- **1214** Victoire de Philippe Auguste à Bouvines. Son règne voit l'épanouissement de l'art gothique.
- **1300-1500** Fin du Moyen Âge.
- **VERS 1320** Début de la Renaissance en Italie.
- **1337** Début de la guerre de Cent Ans entre la France et l'Angleterre.
- **1348** La Peste noire frappe l'Europe. Un tiers de la population est décimé.
- **1378-1417** Grand schisme. Jusqu'à trois papes, installés à Rome, Avignon et Pise, se disputent l'autorité de l'Église catholique.
- **1454** L'Allemand Gutenberg met au point un procédé de composition avec des caractères mobiles. Début de l'imprimerie en Europe.

FÉODALISME

Les rois concédaient des terres, appelées fiefs, à leurs vassaux (de puissants nobles). En retour, ceux-ci s'engageaient à se battre aux côtés de leur suzerain en cas de conflit. Chaque vassal partageait sa terre entre seigneurs et chevaliers, auxquels il octroyait des manoirs et dont il attendait qu'à leur tour ils se mettent à son service, et combattent pour lui, au besoin.

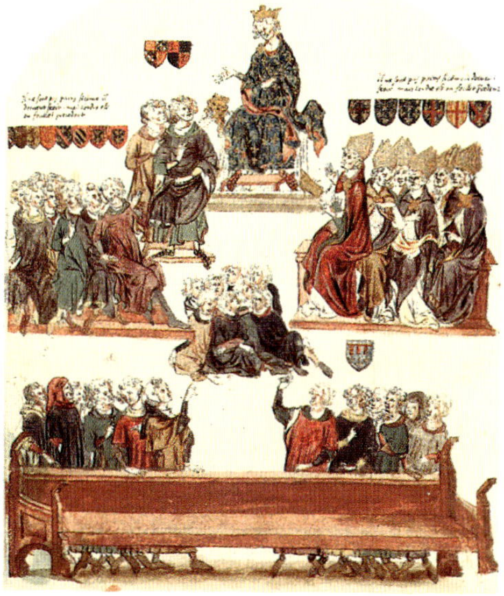

Manuscrit du XIVe siècle (ci-contre) illustrant la structure du système féodal, avec le roi trônant au sommet.

La chasse (ci-dessus) faisait figure de loisir populaire chez les femmes des classes aisées de la population.

Christine de Pisan (ci-contre) fut la première femme de lettres française à vivre de sa plume.

CONDITION FÉMININE

Les paysannes menaient une vie laborieuse. Elles élevaient les enfants, filaient puis tissaient la laine et participaient à tous les travaux de la terre. Les femmes des classes aisées se retrouvaient souvent seules à diriger leur domaine, leurs époux vaquant à d'autres occupations, guerroyant ou partant en croisades. Entre autres tâches, elles veillaient les malades et assuraient l'éducation des enfants restés à leur charge.

Pour en savoir plus

CHEVALERIE ET HÉRALDIQUE
ÉGLISES ET CATHÉDRALES
L'EMPIRE ROMAIN
LES MONASTÈRES
LA PESTE NOIRE
LA RENAISSANCE

http://www.institut-polaire.fr

les Expéditions polaires

ROBERT PEARY
L'explorateur américain Robert Peary (1856-1920) fut le premier à atteindre le pôle Nord, le 6 avril 1909, accompagné d'un autre Américain et de quatre Inuits.

LES RÉGIONS POLAIRES sont les derniers endroits de la planète à avoir été explorés. Les premiers explorateurs à s'aventurer vers les pôles Nord et Sud risquaient leur vie, et certains y périrent. Ces pionniers, qui faisaient route à ski, devaient non seulement affronter des conditions extrêmes, mais aussi emporter sur des traîneaux tirés par des chiens ou des poneys tous les équipements et les vivres indispensables à un voyage aller et retour. Faute de repères fiables sur ces étendues glacées et désertiques, ils se fiaient au Soleil. Par la suite, les expéditions allaient bénéficier de moyens plus sophistiqués, à commencer par des véhicules motorisés. Ce n'est que vers le milieu du XXe siècle que l'exploration des régions polaires fut considérée comme achevée. En 1936, l'explorateur français Paul-Émile Victor (1907-1995) traversa l'indlansis groenlandais. Il hiverna également à deux reprises (1934-1935 et 1936-1937) chez les Inuits de la côte est du Groenland. En 1947, il créa les Expéditions polaires françaises, qu'il dirigea jusqu'en 1976.

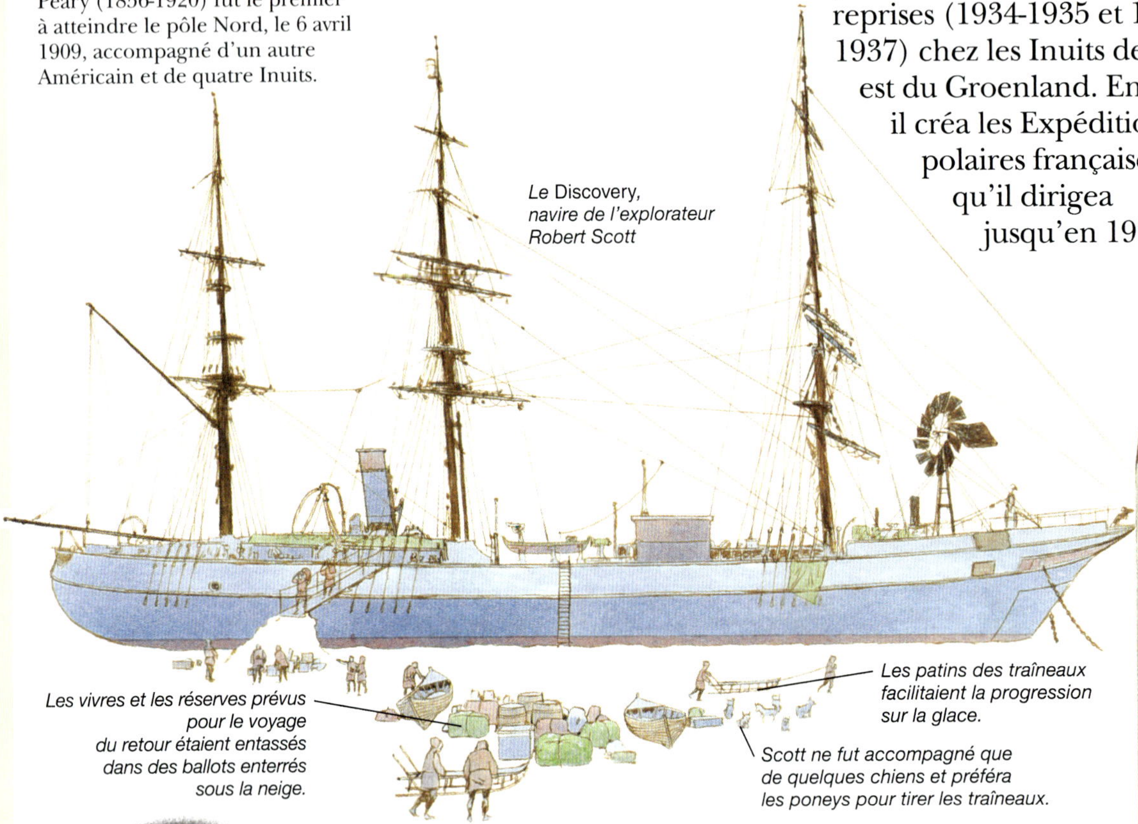

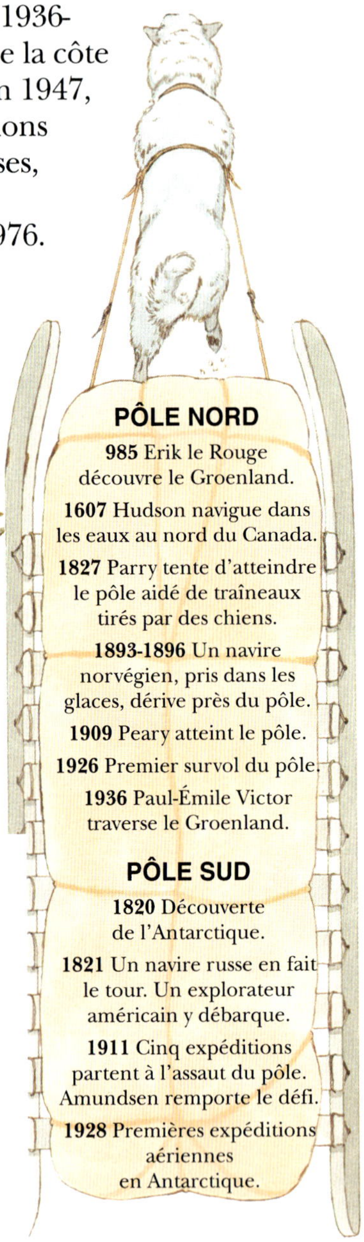

PÔLE NORD

985 Erik le Rouge découvre le Groenland.

1607 Hudson navigue dans les eaux au nord du Canada.

1827 Parry tente d'atteindre le pôle aidé de traîneaux tirés par des chiens.

1893-1896 Un navire norvégien, pris dans les glaces, dérive près du pôle.

1909 Peary atteint le pôle.

1926 Premier survol du pôle.

1936 Paul-Émile Victor traverse le Groenland.

PÔLE SUD

1820 Découverte de l'Antarctique.

1821 Un navire russe en fait le tour. Un explorateur américain y débarque.

1911 Cinq expéditions partent à l'assaut du pôle. Amundsen remporte le défi.

1928 Premières expéditions aériennes en Antarctique.

AMUNDSEN ET SCOTT

En 1912, le capitaine Robert Scott (1868-1912) prit la tête d'une expédition polaire à bord du *Discovery* et atteignit le pôle Sud après un périple de 1 450 km. Les Britanniques découvrirent alors qu'ils avaient été devancés : l'équipe norvégienne conduite par Roald Amundsen (1872-1928) était en effet parvenue au but le 14 décembre 1911. Scott et les membres de son équipe trouvèrent la mort lors de leur voyage de retour.

EXPÉDITIONS SCIENTIFIQUES
Les explorateurs d'hier ont cédé la place à des scientifiques qui mènent leurs recherches avec un matériel sophistiqué, mais dans un environnement toujours aussi hostile.

Équipement vestimentaire des premiers explorateurs

Pour en savoir plus

L'ANTARCTIQUE
L'ARCTIQUE
LES GLACIERS
LES GRANDS EXPLORATEURS

l'Exploration sous-marine

SOUS LES OCÉANS s'épanouit un autre monde, que l'homme découvre peu à peu. À quelques mètres seulement de la surface évoluent des créatures fascinantes, prospèrent des récifs coralliens aux couleurs étonnantes et se déploie un paysage composé d'étranges formations rocheuses. Sur les fonds océaniques gisent les épaves de bateaux parfois échoués depuis des siècles, les trésors qu'elles renferment constituent d'inestimables témoignages du passé. Dans les profondeurs se croisent les plongeurs affectés à la maintenance des structures sous-marines, comme les plates-formes pétrolières, et les océanographes qui étudient les fonds marins. La plongée reste une activité à risques et tous ceux qui la pratiquent doivent respecter des règles de sécurité très strictes. Seuls les submersibles, sortes de petits sous-marins, peuvent rejoindre les fonds océaniques, pour en cartographier le relief ou découvrir des formes de vie jusqu'alors inconnues.

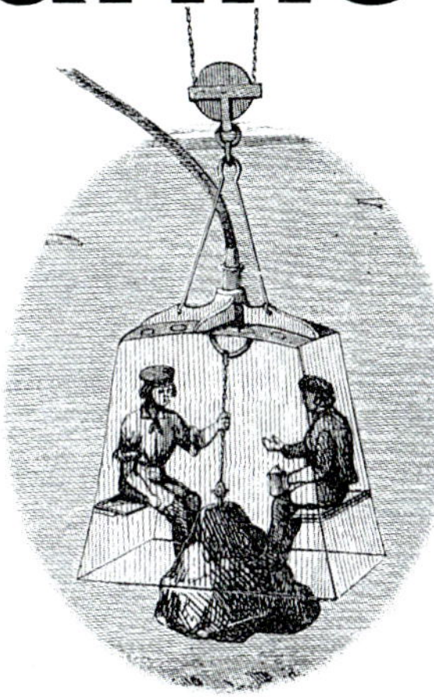

CLOCHE À PLONGEURS
Les premiers explorateurs sous-marins utilisaient des cloches, sortes de cuves emplies d'air où ils prenaient place.

TUBA
Un masque, un tuba et des palmes suffisent à un nageur pour s'initier à la vie sous-marine et effectuer des plongées en petites profondeurs.

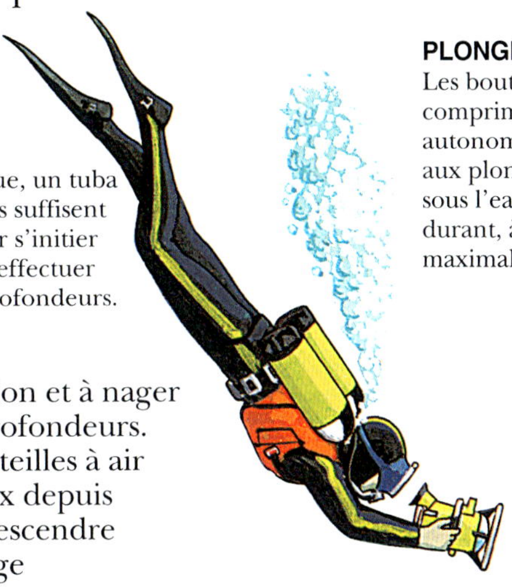

PLONGÉE AUTONOME
Les bouteilles à air comprimé des scaphandres autonomes permettent aux plongeurs d'évoluer sous l'eau une heure durant, à une profondeur maximale de 50 m.

ATTEINDRE LES PROFONDEURS

La plongée en apnée, qui consiste à retenir sa respiration et à nager sous l'eau, reste limitée dans le temps et à de faibles profondeurs. Les plongeurs en eaux profondes font appel à des bouteilles à air comprimé ou reçoivent de l'air insufflé dans des tuyaux depuis la surface. Ces équipements spéciaux permettent de descendre à environ 500 m. Un submersible emporte son équipage à des profondeurs encore plus importantes.

SUBMERSIBLES
Les équipes des submersibles peuvent s'enfoncer jusqu'à 6000 m de profondeur. Après sa plongée, le submersible rejoint le vaisseau dont il dépend.

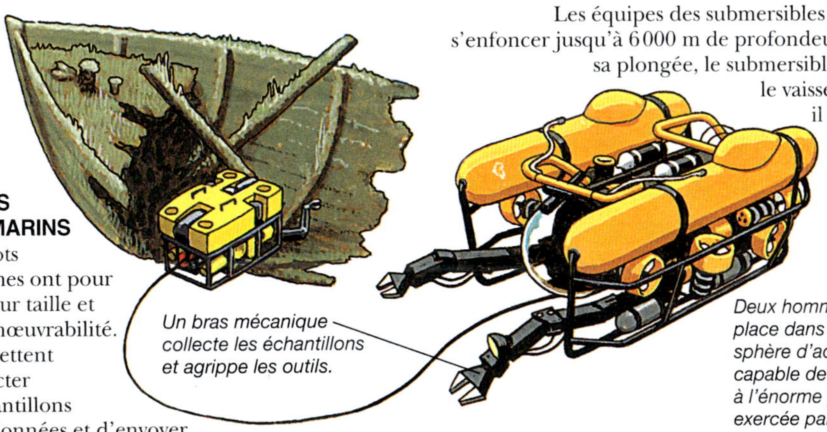

ROBOTS SOUS-MARINS
Ces robots autonomes ont pour atouts leur taille et leur manœuvrabilité. Ils permettent de collecter des échantillons ou des données et d'envoyer des images vidéo en surface.

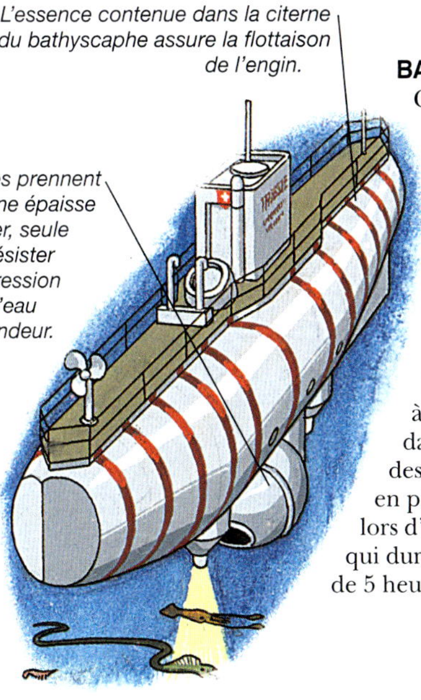

BATHYSCAPHES
Ces submersibles autonomes et habitables peuvent atteindre les grands fonds océaniques. En 1960, le bathyscaphe *Trieste* s'enfonça à environ 11 km, dans la fosse des Mariannes, en plein Pacifique, lors d'une descente qui dura près de 5 heures.

EXPLORATION DE L'ÉPAVE DU *TITANIC*
En 1986, le submersible américain *Alvin* entama l'exploration de l'épave du paquebot *Titanic*. L'équipage utilisa un robot sous-marin, baptisé *Jason Junior* (ci-contre), pour inspecter la coque et l'intérieur de l'épave. Le *Titanic*, réputé insubmersible, avait sombré en 1912, lors de sa première traversée, après avoir heurté un iceberg. Son épave gît à plus de 3200 m de profondeur dans les eaux de l'Atlantique Nord.

ÉQUIPEMENT DE PLONGÉE AUTONOME

La plongée exige un minimum d'équipement. Le scaphandre autonome fournit l'air que respire le plongeur et la combinaison isothermique maintient sa température corporelle. Un gilet de stabilisation, dans lequel l'air est inspiré ou expiré, peut être nécessaire en cas de plongée profonde.

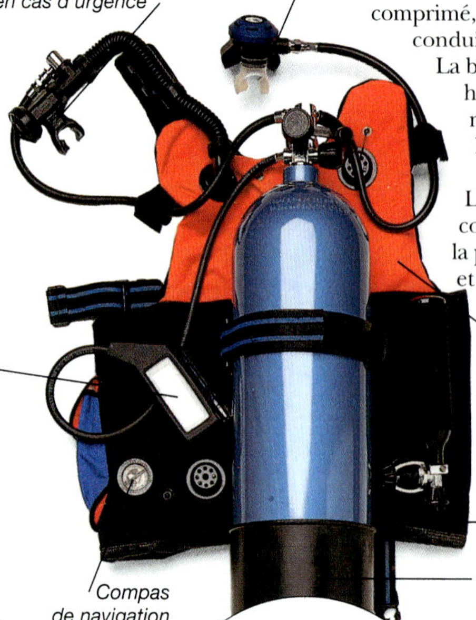

SCAPHANDRE AUTONOME

L'équipement respiratoire d'un scaphandre autonome comprend une bouteille à air comprimé, un détendeur et un tube qui conduit l'air jusqu'à l'embout buccal. La bouteille renferme de l'air à haute pression mais le plongeur ne peut inhaler que de l'air dont la pression est identique à celle de son environnement. La valve de l'embout buccal contrôle automatiquement la pression de l'air inspiré et expiré par le plongeur.

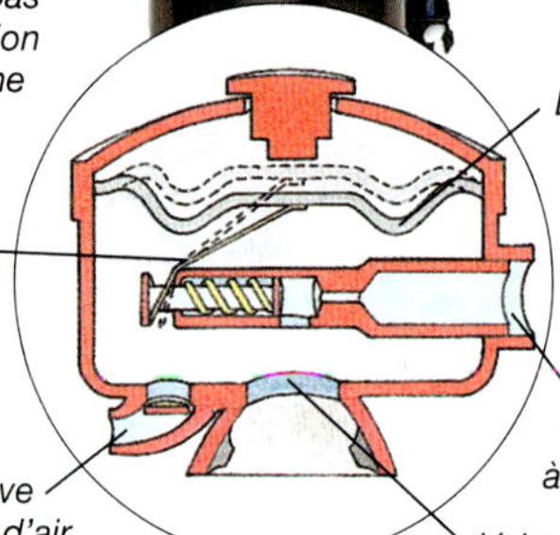

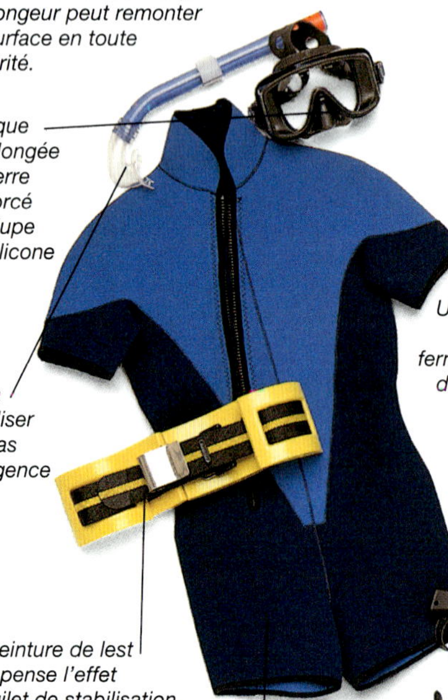

LE COMMANDANT COUSTEAU

Inventeur, avec Émile Gagnan, d'un scaphandre autonome, en 1943, le Français Jacques-Yves Cousteau (1910-1997) contribua à vulgariser le monde de la mer avec ses campagnes à bord du navire océanographique *Calypso*.

SCAPHANDRE ATMOSPHÉRIQUE

Cet équipement permet de longues plongées à très grandes profondeurs, en toute sécurité. Ainsi protégé de la pression extérieure, le plongeur respire librement grâce à une réserve d'air intégrée.

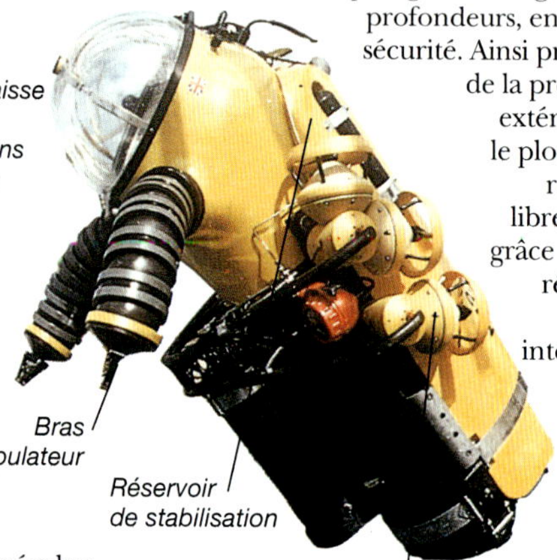

DANGERS DE LA PLONGÉE

L'air contient de l'azote. Plus le plongeur évolue profondément, plus la pression s'accroît et plus la quantité d'azote augmente dans le sang. Une concentration d'azote trop importante peut provoquer des troubles du comportement et des syncopes. La profondeur et la durée d'une plongée déterminent la vitesse de la remontée en surface. Une remontée trop rapide peut entraîner la formation de bulles de gaz dans le sang, responsables de graves accident dits de décompression.

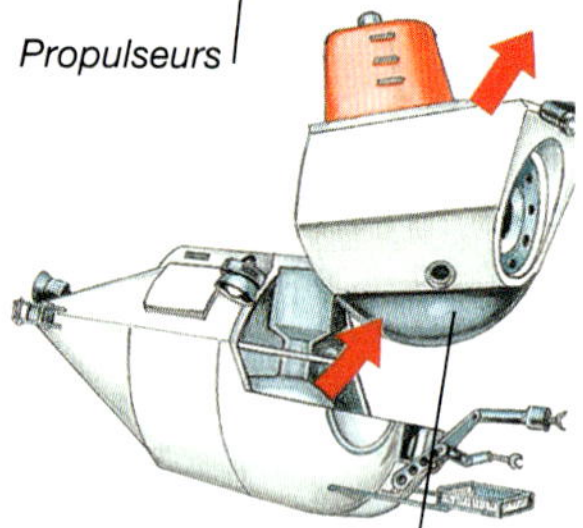

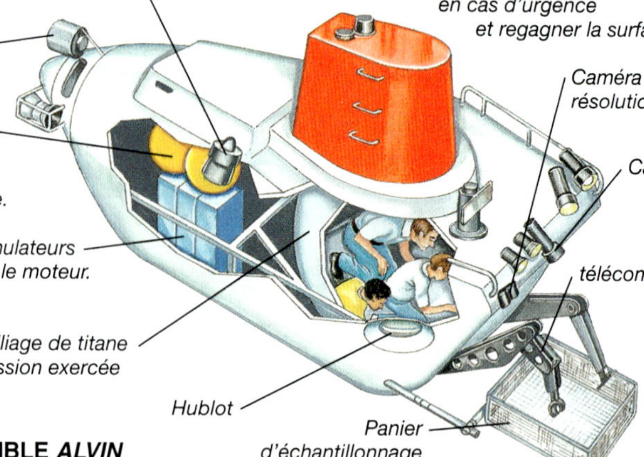

LE SUBMERSIBLE *ALVIN*

Depuis sa mise en service en 1964, *Alvin* a effectué plus de 2 000 plongées dans tous les océans de la planète. Des missions essentiellement à but scientifique. Son équipage, un pilote et deux scientifiques, peut évoluer pendant 6 à 10 heures à une profondeur maximale de 4 000 m.

ARCHÉOLOGIE SOUS-MARINE

La cargaison des anciens navires était souvent constituée d'amphores en terre cuite, utilisées pour le transport de vin ou d'huile.

Les plongeurs fouillent les épaves des bateaux échoués et mettent au jour leur trésor, comme le font les archéologues qui opèrent sur la terre ferme. Les vestiges sont délicatement collectés. Parfois, des bateaux entiers sont hissés à la surface.

Pour en savoir plus

LES GRANDES PROFONDEURS
MERS ET OCÉANS
LES SOUS-MARINS

Fer et acier

DES PLUS IMPOSANTES structures, comme les pétroliers ou les ponts, aux plus petits objets, comme les boulons ou les vis, l'acier est partout ! La production mondiale annuelle approche les 680 millions de tonnes. Ce métal, le plus utilisé de tous, est fabriqué à partir de minerai de fer, extrait de l'écorce terrestre, et de coke tiré du charbon. Quant au fer, ses usages sont multiples (fabrication de pièces automobiles et toutes sortes d'accessoires). Les météorites tombées sur Terre contiennent du fer. Il est également indispensable au bon fonctionnement de notre organisme et tout régime équilibré passe par la consommation de légumes verts, riches en fer. Extrait de la roche, le minerai est chauffé avec du coke pour donner du fer. Les Hittites ont perfectionné, vers 1500 av. J.-C., les techniques de fonte du minerai de fer, avant que l'âge du fer ne voie la généralisation de son utilisation dans la fabrication d'armes et d'outils.

Fer et acier étaient autrefois utilisés à la fabrication d'armes et d'armures, comme ce heaume du XVIe siècle.

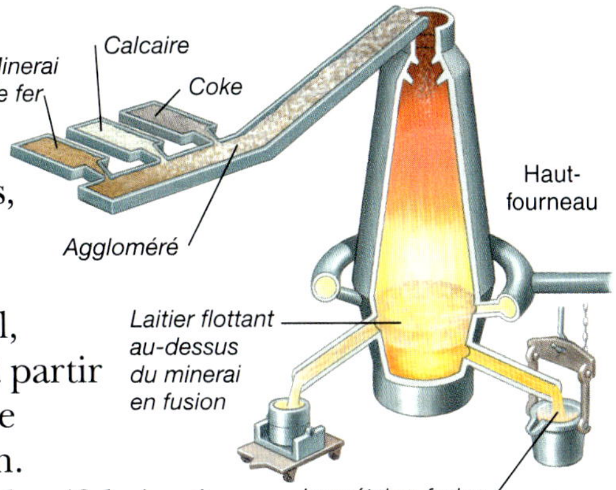

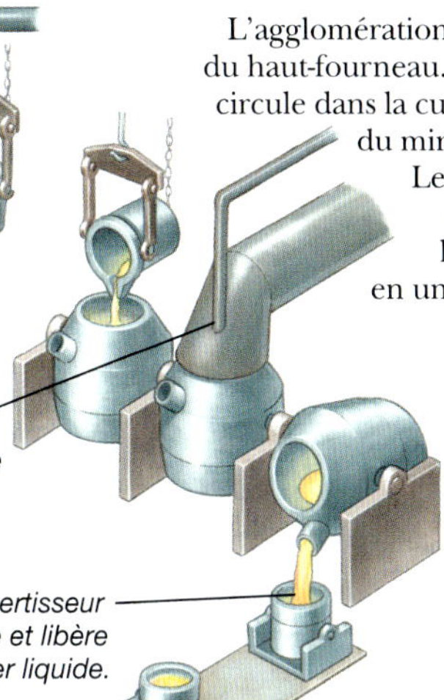

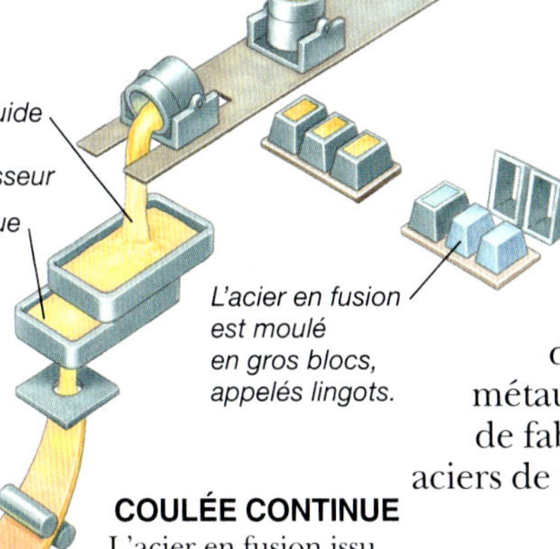

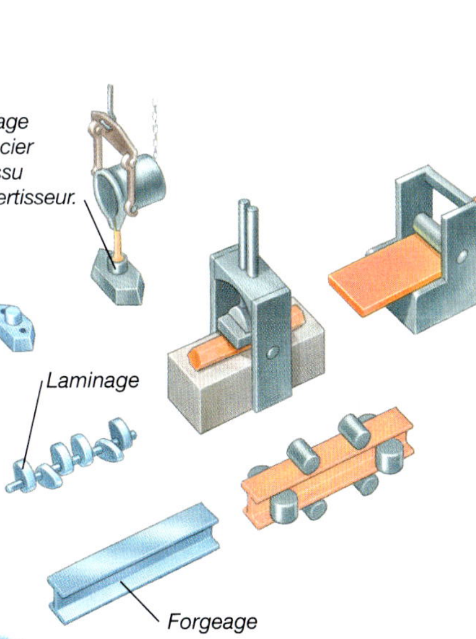

MATIÈRES PREMIÈRES

Du fer exige du minerai de fer, du coke (combustible à base de carbone issu du charbon) et du calcaire qui sont mélangés et traités, lors d'une opération dite de frittage, de façon à former un aggloméré.

HAUT-FOURNEAU

L'agglomération est déversée au sommet du haut-fourneau. Un souffle d'air brûlant circule dans la cuve, entraînant la fusion du minerai de fer et du coke. Le calcaire se transforme en chaux et rassemble les impuretés du minerai en une couche appelée laitier.

F

FAIRE DU FER ET DE L'ACIER

La fusion transforme les minerais en métaux. En chauffant du minerai de fer mélangé à du coke, on obtient de la fonte, riche en carbone. Une fois débarrassée de ses impuretés, la fonte donne de l'acier. L'ajout de métaux lors du processus de fabrication donne des aciers de différentes qualités.

CONVERTISSEUR

Le fer en fusion du haut-fourneau est versé dans un convertisseur. De l'air chaud ou de l'oxygène insufflé en surface brûle une grande partie du carbone, transformant le fer en acier. L'acier et la ferraille de récupération peuvent être recyclés dans le convertisseur.

COULÉE CONTINUE

L'acier en fusion issu du convertisseur se solidifie en se refroidissant et passe dans des rouleaux de mise en forme. La longue bande ininterrompue est découpée en longueurs, appelées brames, avant d'être laminée en bobine.

ROUILLE

Le fer et l'acier rouillent quand ils sont exposés trop longtemps à l'humidité. Le fer se couvre d'un film brun-rouge à base d'oxyde de fer hydraté. La rouille est un composé de fer et d'oxygène qui corrode les métaux et provoque leur effritement.

USINAGE DE L'ACIER

Des rouleaux laminent la bande d'acier chaud et malléable pour former des brames ou des feuilles. Presse à emboutir ou marteau-pilon interviennent dans le forgeage de formes plus complexes. L'acier en fusion peut aussi être mis en forme par moulage.

USAGES DE L'ACIER

On fabrique les carrosseries avec de l'acier pauvre en carbone. Plus riche en carbone, il intervient dans la construction navale ou de structures portantes. Très riche en carbone et d'autant plus dur et difficile à usiner, il se trouve dans les pièces soumises à de lourdes charges, comme les rails de chemin de fer. Résistant à la chaleur parce que enrichi en tungstène, il est utilisé dans les réacteurs.

ACIER INOXYDABLE

L'ajout de métaux (chrome ou nickel) rend l'acier inoxydable (il ne rouille pas). Cet alliage sert à fabriquer des ustensiles de cuisine ou des équipements soumis à des contraintes d'hygiène sévères, dans les hôpitaux ou les coopératives laitières, par exemple.

Pour en savoir plus

L'ÂGE DU FER
LA RÉVOLUTION INDUSTRIELLE
LE CHARBON
LES MÉTAUX

les Fêtes

DES FÊTES PONCTUENT l'année aux quatre coins du monde, en des occasions particulières. La plupart des festivités sont liées aux croyances, surtout religieuses, des sociétés. Elles peuvent aussi célébrer le changement de saison ou des événements importants dans l'histoire d'un pays. Les rituels – chanter, donner et recevoir des cadeaux – font souvent partie des fêtes et, dans de nombreuses sociétés, certaines actions, certaines images et certains objets y prennent une signification particulière. Par exemple, lors du Nouvel An chinois, les poissons rouges deviennent symbole de richesse. Des cultures très différentes partagent parfois les mêmes symboles : les chrétiens allument des bougies à Noël et les hindous font la même chose lors de la divali, une grande fête indienne. Se costumer et partager des repas sont des activités festives communes à de nombreux pays du monde.

LE MÂT ENRUBANNÉ

En Grande-Bretagne la jeunesse fêtait autrefois le printemps en dansant autour d'un mât enrubanné. Il s'agissait souvent d'une aubépine décorée de fleurs et de rubans pour le 1er mai.

La foule qui défile fait exploser des pétards.

La procession est éclairée par des lanternes.

NOUVEL AN CHINOIS

Dans le calendrier chinois, le Nouvel An tombe fin janvier ou début février. Les Chinois qui vivent hors de la Chine rendent hommage aux coutumes de leur pays natal en organisant des processions conduites par des dragons géants et en faisant exploser des pétards.

LES CARNAVALS

Les carnavals sont apparus dans les pays catholiques comme le Mexique et le Brésil. La consommation d'aliments interdits durant le carême, période de jeûne précédant Pâques, y est autorisée. La journée du mardi gras est l'occasion de fêtes où l'on chante et danse déguisés ; c'est aussi la journée pour déguster des crêpes.

NOËL

Noël est l'une des plus anciennes fêtes puisqu'elle remonte au IVe siècle. Si les chrétiens célèbrent la naissance du Christ, ce qui en fait une fête religieuse, elle est désormais avant tout, et presque dans le monde entier, l'occasion d'offrir des cadeaux à ses proches dans le cadre de fêtes de famille.

HALLOWEEN

Allumer une bougie à l'intérieur d'une tête de citrouille éloigne les mauvais esprits le 31 octobre, jour de la fête de Halloween.

Pour en savoir plus

LE BOUDDHISME
LE CHRISTIANISME
L'HINDOUISME
L'ISLAM
LE JUDAÏSME
LES RELIGIONS

le Feu

La foudre qui s'abat sur un arbre ou la lave brûlante d'un volcan peuvent déclencher un feu en quelques secondes. C'est certainement grâce à des phénomènes naturels de ce type que les hommes préhistoriques ont découvert le feu il y a environ un million d'années. Ils ont appris ensuite à faire du feu en frottant l'un contre l'autre des morceaux de bois ou certaines pierres, comme le silex. Aujourd'hui, le feu nous est utile au quotidien. La chaleur qu'il dégage cuit nos aliments, chauffe nos habitations et fournit de l'énergie aux moteurs et aux centrales électriques. Les flammes produisent également de la lumière. La combustion a lieu lorsqu'un combustible s'unit à l'oxygène, qui constitue un cinquième de l'air qui nous entoure. Chaque matériau s'enflamme au-delà d'une température qui lui est propre. En brûlant, il dégage une chaleur suffisante pour entretenir la combustion. Lorsque le feu n'est plus maîtrisé, il peut devenir très dangereux. Il tue ou blesse chaque année des milliers de personnes, et détruit des habitations et des forêts entières.

ALLUMETTES
La combustion exige trois éléments : un combustible, de la chaleur et de l'oxygène. Pour faire du feu, nous frottons une allumette contre sa boîte, ce qui produit de la chaleur. La chaleur fait s'enflammer le bout de l'allumette dont le produit inflammable se combine à l'oxygène de l'air.

CAMIONS DE POMPIERS
Les camions de pompiers contiennent des pompes puissantes qui envoient de l'eau à forte pression à travers des tuyaux d'incendie. Ils transportent des échelles, des ballons d'oxygène, des lampes, des appareils de levage et bien d'autres équipements pour combattre l'incendie.

Une grue permet aux pompiers de monter très haut pour sauver des vies humaines et éteindre les flammes.

Quand des personnes sont prisonnières du feu, les pompiers utilisent des haches pour ouvrir portes et fenêtres. Ils portent des combinaisons ignifugées et imperméables, et respirent au milieu des fumées grâce à des ballons d'oxygène.

Le feu produit des fumées, des cendres et des gaz toxiques susceptibles de provoquer des évanouissements, voire la mort.

La citerne renferme une quantité d'eau limitée destinée à être envoyée à travers les tuyaux d'incendie.

BOUCHE D'INCENDIE
Dans les villes, les tuyaux sont reliés à des bouches d'incendie à l'usage des pompiers, qui leur fournissent une quantité d'eau illimitée.

PROPAGATION D'UN FEU

Les feux de forêt résultent souvent d'une négligence : une allumette ou une cigarette mal éteinte laissée au sol. Une fois déclenché, un feu peut en général se propager de deux façons : des courants d'air chaud transportent des particules incandescentes qui allument de nouveaux foyers; ou le dégagement de chaleur met le feu à des objets à proximité.

Des incendies de forêt plus ou moins dévastateurs ont lieu tous les ans dans le sud de la France.

POMPIERS

Les pompiers sont spécialement entraînés pour éteindre les incendies rapidement et en toute sécurité. Ils se rendent sur le lieu de l'incendie dès que l'alarme est donnée. Là, ils doivent sauver les personnes prisonnières du bâtiment en feu. Ils projettent de l'eau ou une mousse carbonique sur les flammes pour éteindre l'incendie.

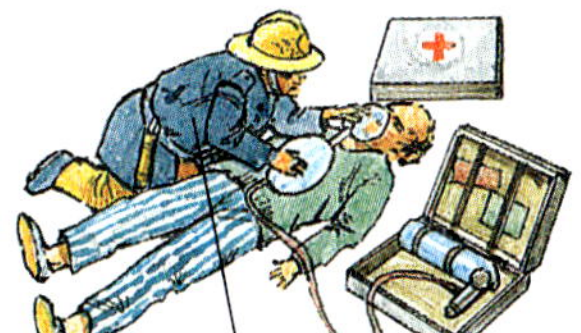

Un pompier oxygène une personnes qui a inhalé des fumées.

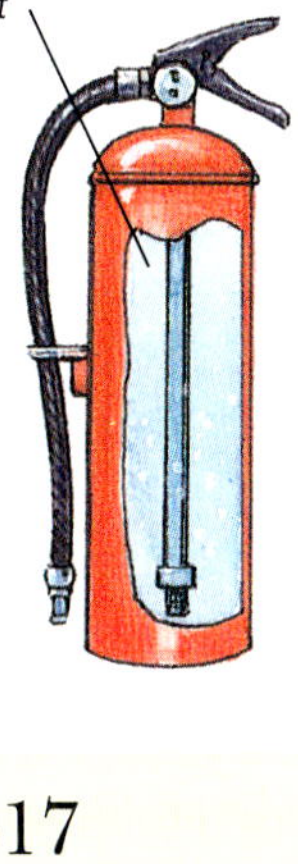

La gachette permet de libérer le gaz carbonique contenu sous pression dans le cylindre. La dilatation du gaz provoque l'expulsion de l'eau par l'ajutage.

EXTINCTEURS
Il existe plusieurs sortes d'extincteurs adaptés à chaque type de feu. Un extincteur à eau éteint les incendies en supprimant la chaleur des flammes. Un extincteur à mousse carbonique étouffe le feu en le privant d'oxygène.

Il ne faut jamais tenter d'éteindre un feu d'origine électrique avec de l'eau, car celle-ci est conductrice.

Pour en savoir plus

Chaleur et température
L'Oxygène
La Préhistoire

Fleurs et herbes aromatiques

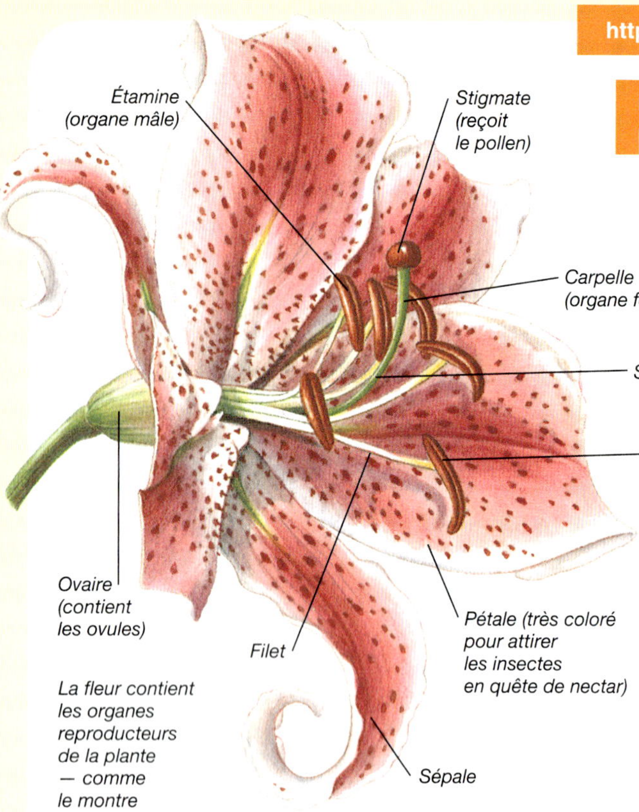

La fleur contient les organes reproducteurs de la plante – comme le montre ce lis rose.

LA BEAUTÉ, LES COULEURS et les parfums des fleurs ont toujours inspiré les artistes et les poètes. Les fleurs sont parmi les organismes vivants qui offrent les plus belles couleurs. Fleurs du désert, fleurs des régions arctiques, fleurs tropicales, fleurs du jardin : sans elles, les abeilles ne fabriqueraient pas de miel, les papillons et les colibris n'auraient rien à manger ; rien non plus pour parfumer notre corps ou façonner de jolis parterres. Pour la plupart d'entre nous, le mot fleur désigne toute plante à fleur ornementale. Mais pour les botanistes, elle désigne surtout l'organe reproducteur d'une plante. Quant aux herbes aromatiques, ce sont des plantes à fleurs moins colorées, aux feuilles odorantes et au goût prononcé mais agréable.

STRUCTURE D'UNE FLEUR

Les sépales, généralement de couleur verte, protègent le bouton floral. Ils tombent une fois la fleur fécondée. Les pétales sont grands et colorés pour attirer abeilles et papillons. Les cellules mâles se trouvent dans les grains de pollen contenus dans les anthères, les cellules femelles à l'intérieur de l'ovaire, sous le style.

HERBES AROMATIQUES

Les herbes aromatiques possèdent des tiges vertes et juteuses, non ligneuses, contrairement aux arbres et arbustes. Certaines sont dites annuelles parce qu'elles poussent, fleurissent, fructifient et meurent tous les ans. D'autres sont bisannuelles : leur cycle vital est de deux ans. Quant aux vivaces, elles vivent plusieurs années.

JARDIN D'HERBES AROMATIQUES

Autrefois, il était important d'entretenir un jardin d'herbes aromatiques parce que les hommes cultivaient eux-mêmes les produits qu'ils consommaient. Les herbes aromatiques relèvent le goût des aliments, parfument l'air ambiant, procurent certains bienfaits et soignent diverses maladies. De nombreux médicaments modernes en contiennent. La menthe poivrée, par exemple, entre dans la composition des médicaments qui facilitent la digestion. Les huiles aromatiques, dites huiles essentielles, sont extraites des herbes aromatiques et entrent dans la fabrication des parfums et des huiles de bain.

Le basilic est couramment utilisé dans la cuisine méditerranéenne et éloigne les insectes.

Le persil décore les plats, entre dans la préparation des sauces et soulage les troubles urinaires.

Le thym est un aromate et possède des propriétés antibactériennes.

La sauge est utilisée en cuisine et en infusion comme tonique général.

Le laurier relève les ragoûts et les bouillons.

La menthe parfume le thé, dégage les voies respiratoires et facilite la digestion.

L'estragon est utilisé comme condiment.

Le romarin est reconnu pour ses propriétés stimulantes et sert de condiment.

La marjolaine est employée comme aromate et en infusion pour faciliter la digestion.

POLLINISATION

Pour produire une graine, la cellule mâle présente dans un grain de pollen doit féconder une cellule femelle logée dans l'ovule et donc passer de l'anthère au stigmate. Chez certaines fleurs le pollen est ultraléger et transporté d'une fleur à l'autre par le vent.

Églantine (fleur sauvage)

Rose thé (fleur cultivée)

HORTICULTURE

Depuis les débuts de la civilisation les hommes cultivent des fleurs pour leur parfum et leur beauté. Les roses cultivées actuellement sont issues des roses sauvages (les églantines) et possèdent des pétales plus grands, plus nombreux et plus colorés, un parfum plus suave et une floraison plus longue. L'art du jardinage est l'horticulture.

ABEILLES ET FLEURS

L'abeille contribue à la pollinisation. Comme elle se nourrit de nectar et de pollen, le pollen à l'intérieur de la fleur se colle à ses pattes et à son corps et se trouve transporté jusqu'au stigmate d'une autre fleur, ce qui permet la fécondation.

NECTAR

Les papillons, certaines chauves-souris et quelques oiseaux se nourrissent du liquide sucré à l'intérieur de la fleur, le nectar. Les abeilles le transforment en miel dans la ruche.

STRELITZIA

Le strelitzia, ou oiseau-de-paradis, originaire d'Afrique australe, est actuellement cultivé dans de nombreux parcs et jardins. Il possède des fleurs orange et bleu et, de loin, ressemble à un oiseau de paradis, ou paradisier.

Les fleurs de muguet, en forme de clochette, dégagent un parfum doux et envoûtant.

PARFUM

Le parfum des fleurs attire les papillons, les abeilles et… les hommes. Le muguet et la rose entrent dans la composition de centaines parfums et de savons.

PROTECTION DES FLEURS SAUVAGES

De nombreuses fleurs sauvages sont en voie d'extinction. Déforestation et assèchement des zones humides détruisent les fleurs qui poussent dans ces milieux. De plus, les spécimens les plus rares et les plus beaux sont cueillis illégalement par les collectionneurs. Si l'on veut les sauve garder, il faut protéger leur habitat naturel. Certaines espèces disparaissent avant même qu'on les connaisse.

Pour en savoir plus

Abeilles et guêpes
Les Espèces en voie de disparition
Fruits et graines
Les Plantes

http://www.fff.fr/

Football et rugby

QUEL ENFANT n'a jamais rêvé de devenir un grand joueur de football ? Ce jeu est extrêmement populaire ; il passionne les foules et attire des milliers de supporters sur les stades tandis que la télévision et la radio retransmettent et commentent en direct les matchs importants. Le monde entier joue au football, et chaque pays possède son équipe nationale, dont il est généralement assez fier. Le rugby est, lui, moins développé et connu que le foot, et il est pratiqué principalement sur les îles Britanniques, dans les anciennes colonies britanniques (Nouvelle-Zélande, Australie, Afrique du Sud), en France et en Italie. Ces deux sports sont « cousins » : ils ont la même origine, et se jouent entre deux équipes avec un ballon sur un stade.

ANCÊTRE DU FOOTBALL
Jouer à la balle avec ses pieds est une activité que l'homme apprécie depuis des siècles. On trouve les traces de ce genre de jeu dans la Chine du IIIe siècle av. J.-C., dans la Grèce antique, dans l'Empire romain et aussi en Gaule. Le Moyen Âge, en Angleterre, voit la naissance d'un jeu très proche du football que nous connaissons, mais beaucoup plus libre et si violent qu'il fut interdit pendant des années. En 1863, la « football association » voit le jour : en édictant des règles au jeu, elle permet de distinguer le football du rugby.

FOOTBALL
C'est le sport le plus populaire au monde, et le plus pratiqué. Deux équipes de 11 joueurs s'affrontent, et tentent de marquer des buts en envoyant le ballon dans les cages adverses. La particularité de ce jeu réside dans le fait qu'il est interdit de toucher le ballon avec ses mains. Chaque partie dure 90 minutes, avec une mi-temps de 15 minutes. Si, à la fin du match, les deux équipes sont à égalité, le jeu peut continuer par des prolongations. Si, au bout des prolongations, aucune équipe n'est gagnante, le jeu se termine par des penalties ou tirs au but.

Au rugby, la mêlée est un temps fort. Ordonnée par l'arbitre ou spontanée à la suite d'un placage, elle permet à une des deux équipes de s'emparer du ballon et d'orienter ainsi le jeu en sa faveur.

RUGBY
En 1823, lors d'une partie de football dans la ville de Rugby en Angleterre, William Web Ellis commit une infraction aux règles de l'époque en s'emparant à la main du ballon et en courant vers les buts adverses. Cette faute devint une règle du football de Rugby : un nouveau jeu était né. Vingt ans plus tard, le premier club de rugby vit le jour, toujours en Angleterre. Il se joue avec deux équipes de 15 joueurs (il existe aussi des rugbys à 13 ou même à 7 joueurs), qui tentent de marquer le plus d'essais possibles au cours du match. Depuis 1995, le rugby est devenu un sport professionnel, c'est-à-dire que les joueurs peuvent en faire leur métier et être payés pour jouer.

COMPÉTITIONS
La compétition la plus connue et la plus importante au football est la Coupe du monde, organisée tous les quatre ans par la FIFA, la Fédération internationale de football association. La dernière Coupe a eu lieu en 2010 et c'est l'équipe espagnole qui l'a remportée. En 1998, la compétition eut lieu en France et les Français furent victorieux, déclenchant dans le pays un enthousiasme effréné. D'autres compétitions sont importantes, comme la Ligue des champions. Au rugby, les compétitions les plus importantes sont la Coupe du monde et le Tournoi des six nations (qui met en concurrence la France, l'Écosse, le pays de Galles, l'Italie, l'Angleterre et l'Irlande).

TERRAINS
Les terrains de football, de rugby et de football américains ont une forme rectangulaire et sont recouverts d'un gazon impeccablement entretenu. Chacun a des dimensions standards pour les compétitions internationales, mais leur taille peut varier en fonction du niveau de la compétition.

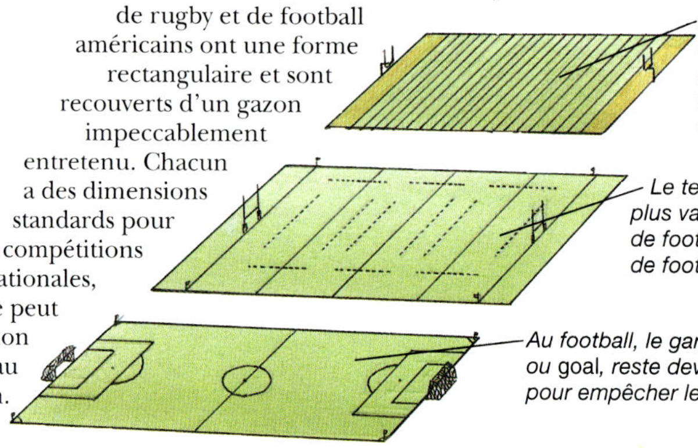

Le Nou Camp, stade de Barcelone

STADES

Les matchs importants ont lieu dans des immenses stades. Les supporters s'installent sur les gradins. Le stade de France, inauguré en 1998, peut accueillir jusqu'à 100 000 personnes qui viennent assister non seulement à des matchs, mais aussi à des compétitions d'athlétisme ou à des spectacles (opéras, concerts de rock, etc.). Face à une telle affluence, les consignes de sécurité sont très strictes, et les possibilités d'évacuation ont été étudiées à la loupe par les architectes : le stade doit pouvoir se vider en quelques minutes.

RESPECT DES RÈGLES

Que ce soit au football ou au rugby, un arbitre assisté par deux juges de touche reste sur le terrain tout au long de la partie pour s'assurer que les règles du jeu sont bien respectées. C'est lui qui donne le coup d'envoi, donne des pénalités, exclut un joueur s'il a fait une faute grave et valide et comptabilise les buts, etc. Un arbitre doit avoir une excellente condition physique pour pouvoir suivre les joueurs et le ballon tout au long du match. Aujourd'hui, un débat a lieu pour savoir si les arbitres peuvent être aidés par la vidéo, ce qui permettrait de suppléer aux erreurs humaines d'arbitrage, inévitables : on parle de vidéo-arbitrage.

Au football, l'arbitre donne des cartons aux joueurs qui commettent des fautes : jaune pour lui donner un avertissement si sa conduite est à la limite des règles, et rouge pour l'exclure de la partie.

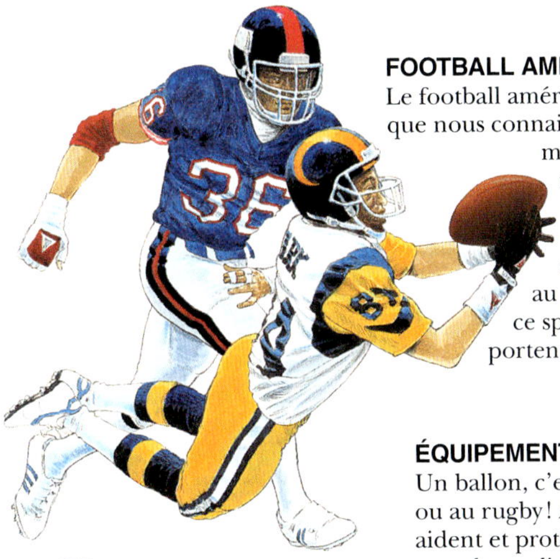

FOOTBALL AMÉRICAIN

Le football américain ne ressemble ni au football que nous connaissons, ni au rugby. Chaque équipe compte 11 joueurs, mais le nombre de remplaçants n'est pas limité. Les joueurs marquent des points en franchissant avec le ballon la ligne de but adverse (le *touchdown*, qui rapporte 6 points) et en transformant au pied cet essai (1 point). Ils peuvent aussi tenter un *fieldgoal* (3 points) en lançant le ballon au pied entre les deux poteaux du camp adverse. Dans ce sport, tous les affrontements sont autorisés et les joueurs portent des protections spéciales pour éviter de se blesser.

David Campese, célèbre joueur de rugby australien

ÉQUIPEMENT

Un ballon, c'est tout ce qu'il faut pour jouer au football ou au rugby ! Aujourd'hui, des équipements modernes aident et protègent les joueurs, par exemple des gants pour le gardien de but, des chaussures à crampons pour ne pas glisser sur le gazon ou des protège-oreilles. Les vêtements portés par les joueurs sont confectionnés dans de nouveaux textiles ultralégers.

Le maillot du footballeur montre à quelle équipe il appartient.

Les protège-tibias se portent sous les chaussettes.

Protège-tibias

Gants de gardien de but

Chaussure de rugby

Protège-dents

Ballon de football

Ballon de rugby

Edson Arantes do Nascimento, plus connu sous le nom de Pelé

NOUVEAUX HÉROS

Les grands joueurs de football sont des stars internationales. Par exemple Christiano Ronaldo, en Espagne, et Samuel Eto'o, en Italie, gagnent des millions et sont connus du monde entier. Certains anciens joueurs, comme Zinedine Zidane ou Roger Milla sont devenus des modèles pour beaucoup de jeunes, qui voient dans le sport un moyen de s'en sortir.

Pour en savoir plus

Jeux de balle et de ballon
Les Jeux olympiques
Les Sports

Force et mouvement

FORCE CENTRIFUGE
Un mouvement rotatif, comme celui qu'on imprime au manège d'une fête foraine, écarte les nacelles du centre du cercle. Cette force centrifuge qui tire les corps vers l'extérieur est égale à la force opposée, ou force centripète, qui attire les corps vers le centre du cercle.

QU'EST-CE QUI PROVOQUE le déplacement d'un objet ? Pourquoi un bateau flotte-t-il ? Comment fonctionne un aimant ? Un objet au repos commence à s'animer dès qu'une force l'oblige au mouvement, en exerçant une traction ou une poussée. Par exemple, un moteur de voiture dégage une force qui pousse vers l'avant. On distingue différentes forces. Un aimant induit une force magnétique qui attire à lui tous les objets métalliques ; un élastique, dès que l'on commence à le tendre, répond par une force élastique de sens inverse. Tout liquide exerce également une force. Un bateau flotte sous l'effet de la force de l'eau sur sa coque. Une goutte d'eau doit sa forme à une force, dite tension superficielle, qui enveloppe le liquide d'une sorte de « peau élastique ». De la plus petite des particules subatomiques aux plus vastes galaxies, l'Univers tout entier est soumis à des forces puissantes. L'une d'elles, la gravité, nous maintient à la surface de la Terre.

ACCÉLÉRATION
L'action d'une force sur un objet se traduit par un mouvement qui peut être accéléré. Ainsi, la force dégagée par le moteur d'un bateau peut entraîner son accélération. Celle-ci sera d'autant plus importante que le moteur est plus puissant.

INERTIE
Une force puissante est nécessaire pour mouvoir un objet lourd. Une force équivalente est requise pour le stopper. L'inertie est la force qui s'oppose à la mise en mouvement de l'objet ou à son arrêt. Plus l'objet est lourd, plus la force d'inertie est importante.

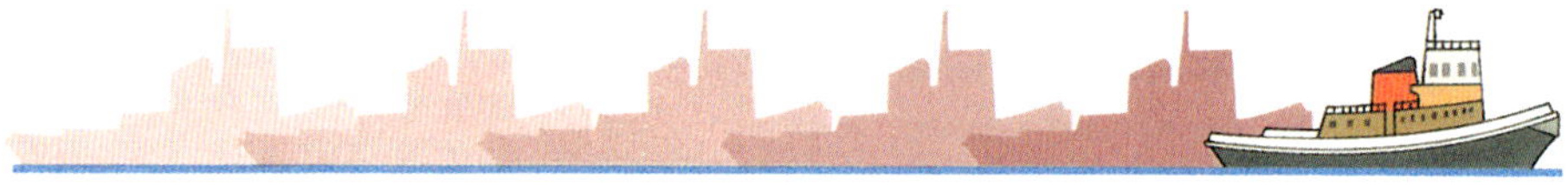

De la résistance de l'air et de l'eau résulte une force appelée traînée. Un petit bateau accélère et atteint sa vitesse de croisière rapidement. La résistance croît avec la vitesse : quand elle devient aussi forte que la poussée du moteur, la vitesse se stabilise.

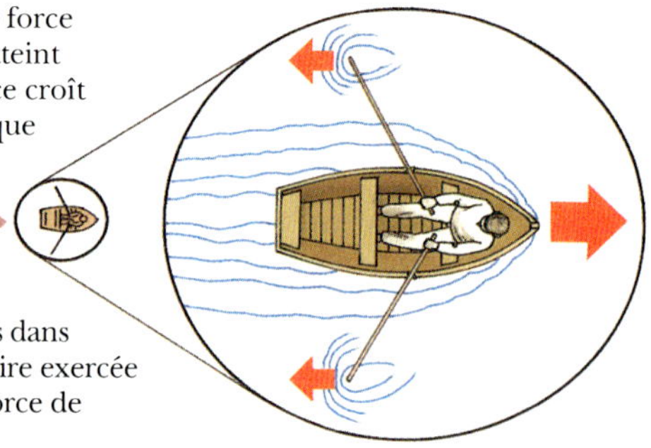

ACTION ET RÉACTION
Une barque avance sous l'effet de l'action et de la réaction. La force exercée par les rames dans l'eau est l'action. La force équivalente et contraire exercée sur les rames par l'eau est la réaction. C'est la force de réaction qui pousse la barque vers l'avant.

LOIS DE NEWTON
En 1687, Isaac Newton (1642-1727) publiait ses lois sur le mouvement. La première démontrait qu'un objet restait en repos ou gardait une vitesse constante s'il n'était soumis à aucune poussée ou traction. La deuxième expliquait la relation entre inertie et accélération. La troisième démontrait qu'à une force de poussée (action) répond toujours une force équivalente et contraire (réaction).

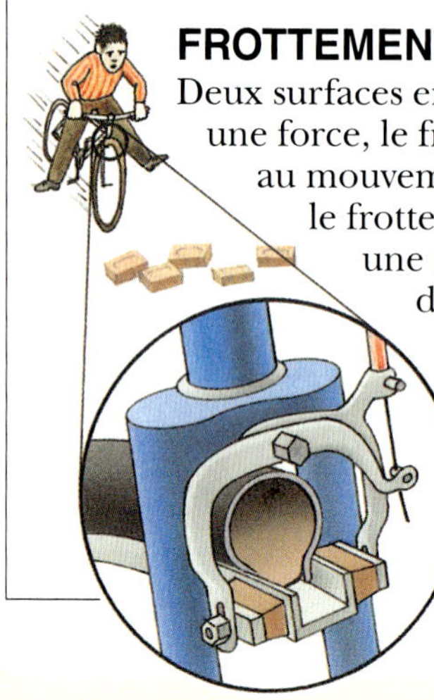

FROTTEMENT
Deux surfaces en contact produisent une force, le frottement, qui s'oppose au mouvement. Les freins utilisent le frottement pour ralentir une roue. Le frottement dissipe l'énergie sous forme de chaleur : en lubrifiant les pièces d'une machine, on réduit le frottement et on améliore le rendement.

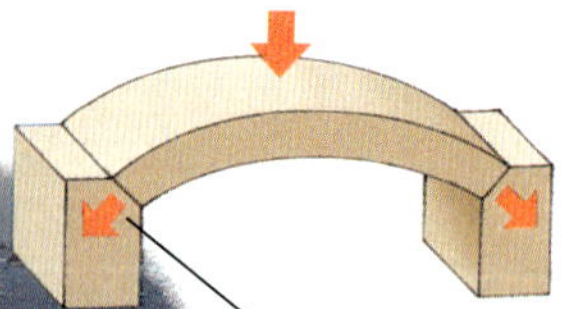

Les piles du pont supportent le poids de l'arche.

FORCE STATIQUE
Lorsque deux équipes tirent à force égale à chaque bout d'une corde, aucune ne se déplace. Des forces qui s'annulent sont dites statiques. Un pont tient debout par l'effet de forces qui s'équilibrent et s'annulent. Le poids est une force dirigée vers le bas que compense la force exercée vers le haut par la structure.

Pour en savoir plus

ATOMES ET MOLÉCULES
LA GRAVITATION
LE MAGNÉTISME
LA PHYSIQUE
LES PONTS

les Forêts

LES ARBRES SONT LES PRINCIPAUX habitants des forêts. Ils fournissent de la nourriture, une maison et un refuge, en cas de danger, à toutes sortes d'animaux. L'arbre le plus répandu dans une forêt sert à la désigner – forêts de pins dans les régions nordiques, forêts de tecks dans les régions tropicales. Une forêt dense est constituée de plusieurs étages de végétation. Le sol est recouvert d'une litière végétale composée de feuilles mortes et de débris végétaux en décomposition. La strate herbacée est constituée de petites fleurs et de fougères qui poussent là où le soleil filtre à travers les arbres. Broussailles, arbustes et jeunes arbres forment la strate suivante. De grands troncs d'arbre sur lesquels s'accrochent et s'enroulent des plantes grimpantes constituent la strate moyenne. Enfin, vient la canopée, qui désigne la cime des arbres. Les feuilles poussent à la lumière du soleil ; les insectes, les oiseaux et les chauves-souris assurent la pollinisation des fleurs et les fruits mûrissent pour nourrir d'innombrables créatures.

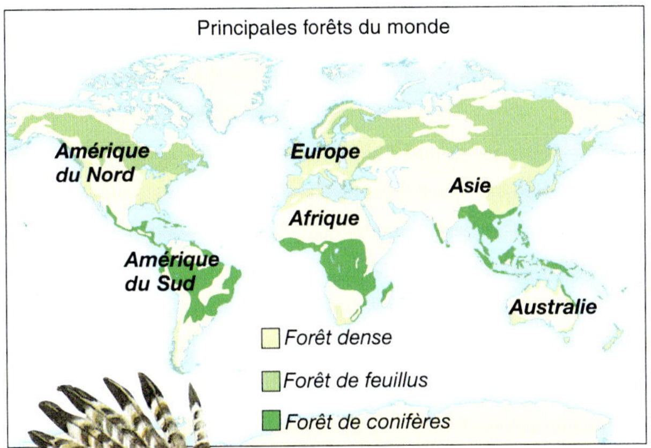

HIBOU MOYEN DUC

Le hibou moyen duc chasse en silence au milieu des arbres à l'aube, au crépuscule et la nuit. Il se perche le jour dans un arbre et son plumage brun moucheté le camoufle efficacement. Il porte des aigrettes de plumes sur la tête.

GLOUTON

Le glouton des forêts boréales est un animal très fort pour sa taille. Avec son appétit vorace, il s'attaque à des proies beaucoup plus grosses que lui et mange aussi des charognes, des fruits et des baies.

FORÊT DE CONIFÈRES

Pins et sapins constituent les forêts de conifères. Ce sont des arbres à feuilles persistantes qui servent d'abris aux animaux toute l'année. Leurs aiguilles coriaces ne peuvent être mangées et digérées que par quelques animaux. Certains conifères, tel le mélèze, perdent leurs feuilles à l'automne.

FORÊT DE FEUILLUS

Les arbres des forêts de feuillus sont dits à feuilles caduques parce que leurs feuilles tombent à l'automne et sont remplacées par de nouvelles l'année suivante. Ils fleurissent au printemps, la saison de reproduction de la plupart des animaux, leur offrant ainsi de jeunes pousses à manger. En automne, les animaux mangent les fruits des arbres.

CHEVREUIL

Le pelage brun-roux du chevreuil lui offre un camouflage efficace au milieu de la végétation. Il vit en solitaire une grande partie de l'année, se nourrissant à l'aube et au crépuscule de bourgeons, de jeunes pousses et de feuilles.

Les fougères poussent rapidement pour recouvrir les clairières. On les trouve sur tous les continents, sauf l'Antarctique. Elles se reproduisent par leur rhizome qui développe des tiges aériennes dont les feuilles portent des organes contenant des spores.

Plusieurs oiseaux au corps massif et aux pattes puissantes vivent dans les bois, dont les gallinacés, tel ce paon bleu. Ces oiseaux peuvent voler mais préfèrent fuir le danger en courant dans les broussailles des sous-bois.

PROTECTION DES FORÊTS

La déforestation prive les animaux de leur habitat naturel. Les animaux arboricoles comme cet ouakari sont particulièrement menacés. Ces singes se nourrissent des fleurs et des fruits des grands arbres séculaires des forêts denses d'Amérique du Sud. Des organisations mondiales de protection de la nature tentent de stopper la destruction des forêts denses pour sauver les singes et des milliers d'autres animaux.

FORÊT DENSE

Sous les tropiques il n'existe pas d'été et d'hiver mais une saison humide et une saison sèche. Chaleur et pluies abondantes permettent aux forêts denses d'abriter une faune et une flore d'une richesse extraordinaire. À elles seules elles abriteraient plus de la moitié des espèces terrestres.

CALLISTE SEPTICOLORE

Le calliste septicolore est un oiseau actif et bruyant qui vit dans la canopée des forêts denses. Il garde toute l'année son plumage coloré et saute d'une branche à l'autre, en quête d'insectes et de fruits mûrs.

PARESSEUX

La lenteur caractérise le paresseux d'Amérique centrale et du Sud. Il se suspend aux branches avec ses griffes incurvées, mange des feuilles et se déplace si lentement que de minuscules plantes vertes poussent sur sa fourrure et l'aident à se camoufler.

PERROQUET

Le mâle et la femelle ci-contre possèdent un plumage si différent qu'on a longtemps cru qu'il s'agissait de deux espèces. Ces perroquets eclectus vivent dans les forêts de Nouvelle-Guinée et d'Australie. Comme tous les psittacidés, ils possèdent un gros bec pour broyer les graines.

TOUCAN

Avec son énorme bec creux, le toucan est un excellent cueilleur de baies. À la période de reproduction, son plumage aux couleurs vives sert à la parade. Il existe 42 espèces de toucans qui vivent toutes en Amérique du Sud. Les toucans nichent dans des arbres creux et se nourrissent d'œufs d'oiseaux, d'oisillons, de fruits, d'insectes, de grenouilles et de lézards.

Plusieurs espèces de grenouilles, de lézards, de serpents et d'écureuils ont développé au cours de l'évolution un moyen efficace d'échapper aux prédateurs ou d'atteindre leur nourriture : le vol plané. Le serpent volant aplatit ses côtes, ce qui lui donne une forme aérodynamique.

Attacus se reposant sur une broméliacée

PHYLLOBATES

Il fait si humide dans les forêts denses que les grenouilles passent leur vie dans les arbres et n'ont pas besoin de points d'eau. Elles pondent leurs œufs dans de grosses gouttes de pluie qui se forment sur les feuilles, les champignons et dans certaines fleurs comme les broméliacées qui poussent sur les arbres. Les phyllobates vivent dans les forêts denses d'Amérique du Sud. Leurs couleurs vives avertissent les prédateurs que leur peau contient un poison mortel.

ATTACUS

L'attacus est l'un des plus grands papillons du monde avec une envergure de 30 cm. Il se fait rare aujourd'hui, les collectionneurs ayant tué des milliers de spécimens.

LÉMURIENS

Il en existe 22 espèces apparentées aux singes et qui vivent dans les arbres de Madagascar, d'Afrique, d'Asie et des Philippines. Le cheirogale ne pèse que 60 g.

Le gingembre est une épice tirée de la racine de la plante du même nom, originaire des forêts d'Asie.

Certaines espèces de fourmis enroulent des feuilles et en relient les bords pour faire un nid en forme de tube.

Pour en savoir plus

LES ESPÈCES EN VOIE DE DISPARITION
GRENOUILLES ET AUTRES AMPHIBIENS
LES OISEAUX
LES PAPILLONS
LES RAPACES NOCTURNES

Forme et santé

ÊTES-VOUS EN BONNE SANTÉ ? Avant de répondre, réfléchissez à ce que vous entendez par « santé ». La santé n'est pas seulement l'absence de maladie. Elle reflète le dynamisme et l'équilibre du corps et de l'esprit. Une personne en bonne santé éprouve un bien-être physique et mental. Notre santé est précieuse et fragile. Mais nous pouvons agir pour la préserver. Avoir une bonne alimentation, faire de l'exercice et dormir suffisamment nous aide à rester en forme. Les niveaux de santé et les risques pour la santé ne sont pas les mêmes partout. Dans certaines régions du monde, la population est confrontée à de graves problèmes de santé dus à la pauvreté, à la faim et au manque d'eau potable. Dans d'autres pays, le stress au travail, le manque d'exercice et une nourriture trop abondante entraînent des problèmes de santé, comme les maladies de cœur. L'alcool, le tabac et la drogue sont dangereux pour la santé.

Un exercice physique régulier aide à prévenir les maladies cardiaques.

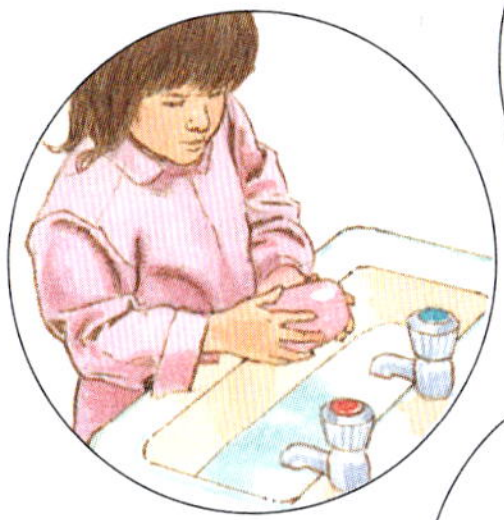

Une meilleure hygiène et une alimentation plus équilibrée pourraient améliorer la santé des pays développés.

RESTER EN BONNE SANTÉ

L'alimentation joue un grand rôle dans la santé. Une alimentation saine comprend des fruits et des légumes frais, de la viande, u poisson, du pain, des œufs et du lait, mais pas trop d'aliments gras, salés ou sucrés. L'exercice est bon pour le cœur et empêche de grossir.

Un médecin ou une infirmière vaccine le patient par une injection.

VACCINATION

La bonne santé inclut la prévention des maladies. La vaccination consiste à injecter un vaccin dans l'organisme. Un vaccin est une dose minuscule de l'agent infectieux responsable de la maladie, qui a été rendu inoffensif. La vaccination immunise, c'est-à-dire protège contre la maladie. Aujourd'hui, il est possible de se faire vacciner contre la diphtérie, la polio, le tétanos, la rougeole, les oreillons, la rubéole et la tuberculose. La vaccination a complètement éradiqué la variole.

SANTÉ MENTALE

La santé mentale est aussi importante que la santé physique. Stress, drogue, maladies physiques et problèmes familiaux (comme un divorce) peuvent perturber l'équilibre psychique. Les médecins spécialisés dans les troubles mentaux ou psychologiques sont appelés psychiatres. Mais les médicaments, l'assistance psychologique et les groupes d'entraide peuvent aussi être efficaces.

SANTÉ PUBLIQUE

La saleté et le manque d'hygiène peuvent nuire à la santé. Si elle n'est pas combattue, l'insalubrité s'étend à travers les villes et touche de vastes populations. Dans les années 1840, des pionniers de la santé publique en Europe ont tout fait pour promouvoir des systèmes d'eau potable et d'égouts efficaces. Des organismes comme l'Organisation mondiale de la santé (OMS) ont été créés pour contrôler la santé publique au niveau international.

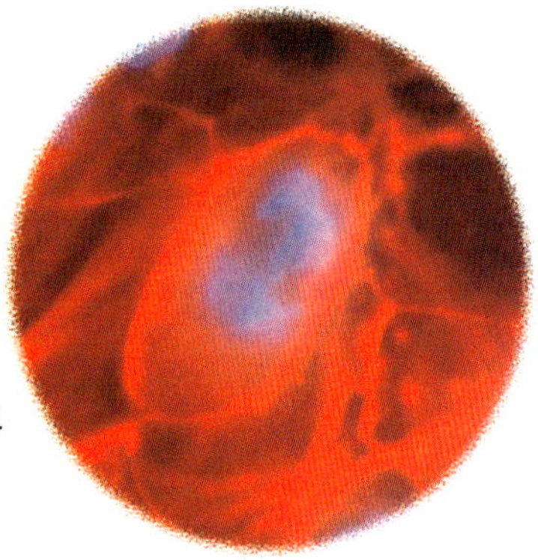

Pour identifier les cellules cancéreuses, on injecte un colorant dans le tissu prélevé.

CHECK-UP

Grâce à des bilans de santé (ou check-up) les médecins peuvent dépister très tôt des maladies comme le cancer, ce qui rendra leur traitement plus efficace. Les check-up peuvent aussi révéler des maladies héréditaires, c'est-à-dire qui se transmettent de parents à enfants.

EXERCICE PHYSIQUE

Un exercice physique régulier améliore la circulation sanguine, ainsi que le fonctionnement du cœur et des poumons. Il entretient la tonicité musculaire et la souplesse des articulations. Et ce qui est bon pour le cerveau et le corps l'est pour le moral et la vivacité d'esprit. Il faut toujours s'échauffer avant de pratiquer un exercice physique et se relaxer à la fin pour prévenir les courbatures.

VÉLO

Le vélo est une façon agréable de faire de l'exercice parce qu'il se pratique dehors et trouve facilement sa place dans la vie quotidienne – aller à l'école à vélo, par exemple. Il améliore l'endurance, muscle les cuisses et les jambes, et oxygène l'organisme. En plus, vous pouvez moduler votre vitesse. C'est une activité qui convient à tous les âges.

ALIMENTATION SAINE

Les aliments nous apportent de l'énergie, les constituants dont notre organisme a besoin pour se développer et se régénérer, et les vitamines indispensables à un système immunitaire capable de résister aux maladies. Les fruits et les légumes frais doivent représenter un tiers de notre ration quotidienne.

SPORT ET PLAISIR

Choisissez un sport que vous aimez. Plus il vous plaira, plus vous le pratiquerez et mieux vous vous porterez. Il existe de nombreuses activités sportives à la fois amusantes et aptes à améliorer la force, l'endurance et l'agilité, comme le trampoline, le football, le tennis, la danse, la gymnastique, la natation ou l'athlétisme.

BONNES POSTURES

Bien se tenir contribue aussi à la santé. Être droit sur ses deux pieds, sans se crisper, favorise la circulation du sang et prévient le mal de dos. Être assis, le dos voûté, induit des tensions dans le dos, les épaules, le cou, la poitrine et gêne la respiration.

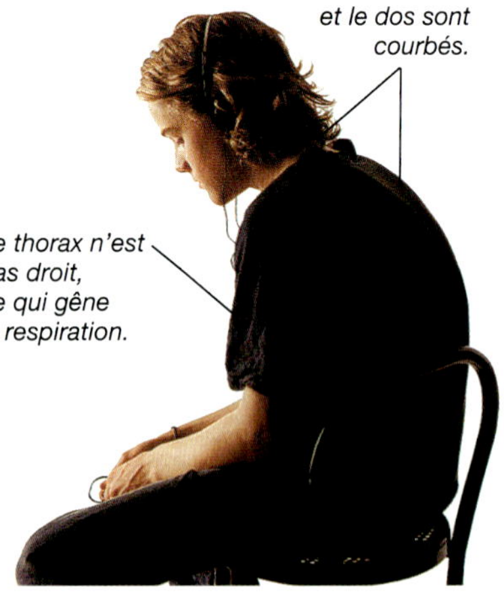

GYMNASTIQUE INTELLECTUELLE

Il est aussi important de faire travailler son cerveau que son corps. Une alimentation saine, un sommeil régulier et une activité physique suffisante pour nourrir et oxygéner le cerveau permettent de garder cet organe en bonne santé physique. Les mots croisés, les énigmes et les jeux de société qui font réfléchir, comme les échecs, sont des moyens agréables d'entretenir ses neurones.

Pour en savoir plus
CŒUR ET CIRCULATION SANGUINE
LA DIGESTION
LE SPORT

les Fossiles

AMMONITE
Certains des fossiles les plus courants sont ceux des coquilles de créatures marines appelées ammonites. Cette espèce, proche des calamars et des poulpes, était particulièrement répandue il y a près de 250 millions d'années. Le diamètre des plus petites ne dépasse pas 2 cm, celui des plus grandes atteint 2,5 m. L'espèce s'est éteinte en même temps que les dinosaures, il y a quelque 65 millions d'années.

TOUTES NOS connaissances sur la préhistoire nous viennent des fossiles. Ce sont les restes d'animaux et de végétaux, préservés depuis des millions ou des milliards d'années. Un fossile peut se matérialiser sous la forme d'une dent de dinosaure prise dans la roche ou par l'empreinte d'une feuille laissée sur une pierre. L'étude des fossiles, ou paléontologie, nous renseigne sur l'aspect et le mode de vie des plantes et des créatures des temps anciens. La plupart des fossiles sont ceux de végétaux et d'animaux aquatiques. Lorsque la plante ou l'animal mourait, ses parties molles se décomposaient : ne subsistaient que les parties dures, comme les tiges, les troncs ou les os. Avec le temps, des couches de sédiments se sont accumulées sur ces restes qui progressivement ont durci jusqu'à se minéraliser. Des milliers d'années plus tard, les mouvements de la terre ont comprimé et plissé ces couches de sédiments, entraînant la remontée des fossiles en surface. Finalement, le Soleil, la pluie et le vent érodent le sol et mettent à nu les fossiles.

La recherche de fossiles est un loisir passionnant, accessible à tous. Les fossiles se trouvent dans les roches, sur les plages ou dans les carrières.

F

Fossile de Sparnodus*, un ancêtre de la brème de mer*

ICHTYOSAURE
Il arrive que l'empreinte des parties molles d'un animal soit aussi bien préservée que ses os. L'ichtyosaure présenté ci-dessus était un reptile marin qui vivait il y a près de 150 millions d'années. Cette espèce, proche du dauphin, avait certainement un mode de vie similaire. L'empreinte laisse deviner la disposition des nageoires. Les petites dents pointues, réparties le long des mâchoires, indiquent que cet animal saisissait ses proies au passage.

Le mot fossile signifie littéralement *« extrait de la terre ». Les scientifiques qui étudient les fossiles sont des paléontologues.*

TYPES DE FOSSILES

Les sédiments qui se sont déposés sur un végétal ou un animal mort finissent par se transformer en roche. Parfois, si les restes enterrés se décomposent, le fossile apparaît en creux. Si le trou se remplit de substances minérales, on obtient un moulage interne. On appelle « empreintes fossiles », les signes laissés par les animaux, comme les excréments (coprolithes) ou les pistes.

Fossile minéralisé d'une feuille de peuplier de 25 millions d'années

Empreinte fossile d'une carapace de trilobite (arthropode marin)

Pour en savoir plus

LES DINOSAURES
LA PRÉHISTOIRE
ROCHES ET MINÉRAUX
LA THÉORIE DE L'ÉVOLUTION

Fourmis et termites

TÊTE DE FOURMI
La fourmi d'Asie arboricole, aux mandibules peu développées, mange des insectes mous. Les autres fourmis, dotées de mandibules puissantes, mastiquent le bois et les tiges.

IL EXISTE AU MOINS 14 000 espèces de fourmis et 2 250 espèces de termites sur notre planète. Ces minuscules créatures sont fascinantes. Ce sont des insectes sociaux qui vivent en colonies où chaque individu joue un rôle précis : la reine s'accouple avec un mâle, puis passe sa vie à pondre des œufs ; les ouvrières sont chargées de rapporter de la nourriture et d'élever les larves ; les soldats gardent la fourmilière et protègent les ouvrières. Les fourmis ont une nourriture variée – chenilles, feuilles et champignons. Quant aux termites, ils se nourrissent principalement de végétaux et recyclent très efficacement les déchets organiques.

FOURMILIÈRE
La plupart de ses galeries sont souterraines. Œufs, larves et nymphes se trouvent dans des chambres séparées du reste de la fourmilière, qui peut abriter jusqu'à 100 000 individus. Des soldats gardent l'entrée.

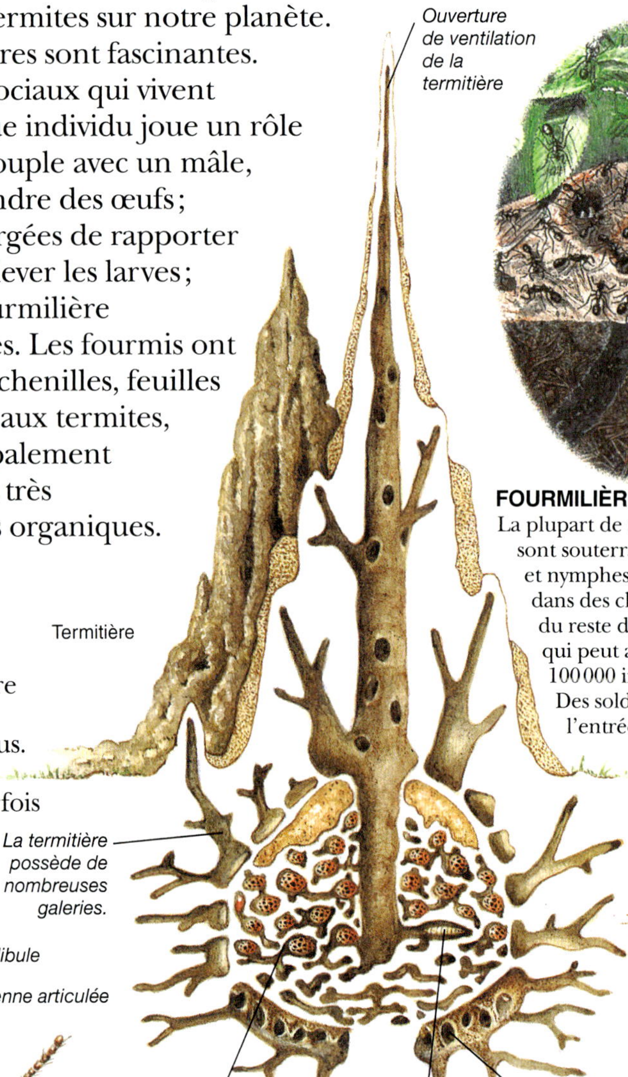

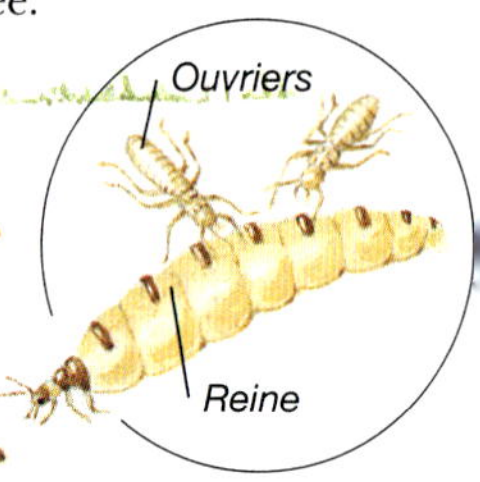

TERMITIÈRE

La plupart des termites construisent leur nid dans un arbre creux ou sous terre. Certaines espèces bâtissent un monticule pouvant abriter plusieurs millions d'individus. Dans les régions chaudes, les termitières sont creusées de galeries et d'ouvertures de ventilation, et mesurent parfois plus de 6 m de haut. Elles sont souvent habitées près de 50 ans et leurs parois épaisses protègent les termites des fourmiliers et des autres prédateurs. La reine et le roi vivent dans une cellule souterraine.

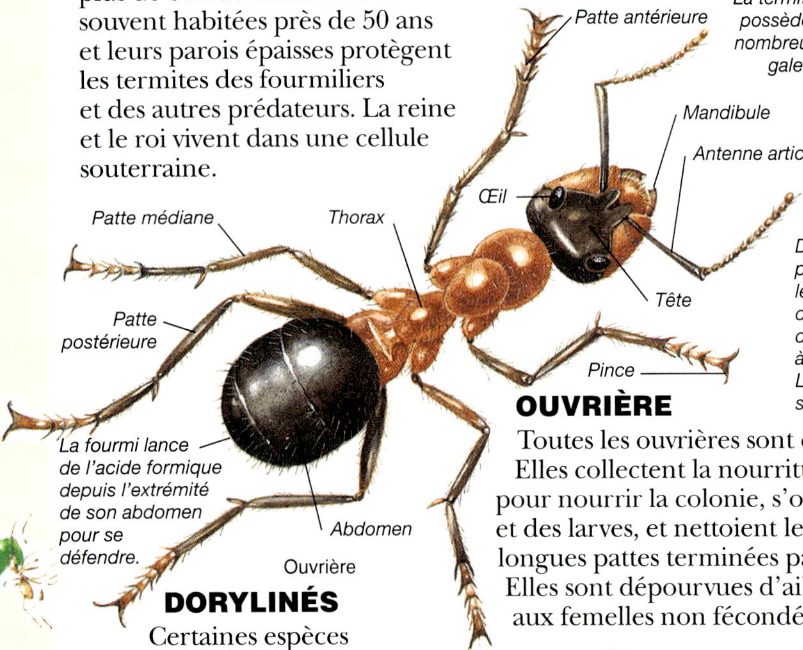

Ouvrière

OUVRIÈRE

Toutes les ouvrières sont des femelles stériles. Elles collectent la nourriture, la régurgitent pour nourrir la colonie, s'occupent des œufs et des larves, et nettoient le nid, grâce à leurs longues pattes terminées par des pinces. Elles sont dépourvues d'ailes, contrairement aux femelles non fécondées et aux mâles.

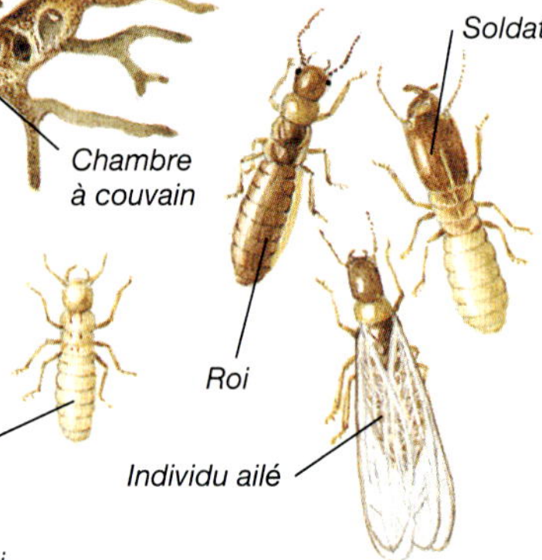

TERMITES
Le mâle et la femelle effectuent leur vol nuptial et s'accouplent, puis la femelle fécondée, ou reine, retourne dans sa termitière. Elle n'en ressortira plus et les ouvriers subviendront à ses besoins. Le roi demeurera à ses côtés.

DORYLINÉS

Certaines espèces comme les dorylinés ne construisent pas de nid permanent et voyagent sans cesse. Elles avancent à la queue leu leu et détruisent tous les insectes sur leur passage, parfois même des proies plus grosses qu'elles.

FOURMIS CHAMPIGNONNISTES
Les fourmis champignonnistes d'Amérique du Sud découpent des feuilles et les rapportent dans leur grand nid souterrain. Puis elles les mastiquent pour fabriquer une sorte de compost destiné à faire pousser les champignons dont elles se nourrissent.

Pour en savoir plus

L'Afrique (faune et flore)
Écologie et chaînes alimentaires
Les Espèces animales
Les Insectes

la France (géographie)

La France partage sa longue frontière nord et est avec l'Italie, la Suisse, l'Allemagne, le Luxembourg et la Belgique. L'Espagne se trouve au sud-ouest. La côte sud-est donne sur la mer Méditerranée, la côte ouest sur l'océan Atlantique.

LE PLUS GRAND PAYS d'Europe de l'Ouest est la France. Ses grands espaces verdoyants sont parsemés de villages pittoresques et de petites villes, tandis que de nombreux et magnifiques châteaux anciens rappellent sa longue histoire. Mais c'est aussi une nation moderne, aux industries florissantes, et l'un des pays dominants de l'Union européenne (UE), organisation qui a pour ambition de promouvoir l'union politique et économique de ses États membres. Le nord de la France possède un climat frais et humide. Le sud, avec sa côte méditerranéenne, est plus sec et plus chaud. Des collines ondoyantes s'élèvent des côtes et des vallées, fournissant d'excellentes terres agricoles. Les monts accidentés du Massif central occupent le centre du pays. Les chaînes des Pyrénées et des Alpes longent ses frontières au sud-ouest et au sud-est. L'île méditerranéenne de Corse est française, comme, à des milliers de kilomètres de là, quelques îles de l'océan Pacifique et des Antilles. Un gouvernement et son Président, élus démocratiquement, dirigent la France depuis Paris.

Les travailleurs des petites propriétés familiales ramassent encore parfois le raisin à la main. Certains profitent de leurs vacances pour faire les vendanges, mais c'est un travail éprouvant.

Même les petits producteurs de vin utilisent aujourd'hui un équipement moderne, comme ces cuves à fermentation en acier inoxydable.

VINS

Environ un cinquième de la production vinicole mondiale vient de France. De nombreux vins célèbres, tels que champagne et bordeaux, portent le nom de ses régions. Le plus souvent, les vignerons se regroupent localement au sein de coopératives, partageant leurs installations pour la production et la mise en bouteilles. Mais certains vins sont encore produits par de petites propriétés dépendant des anciens châteaux. Le raisin est cueilli au début de l'automne. Les grappes sont pressées pour en extraire le jus. Celui-ci fermente dans de grandes cuves pour produire l'alcool et le goût délicieux du vin. Puis le vin est mis en bouteilles.

Le Louvre, à Paris, est l'un des plus célèbres musées du monde. Ses pyramides de verre ont été construites en 1989.

MARSEILLE

Le plus grand port de mer français est Marseille, sur la côte méditerranéenne. Le climat chaud du sud de la France donne à cette ville son atmosphère animée et extravertie. Marseille doit à sa longue histoire commerciale avec le reste de la Méditerranée d'accueillir une importante population arabe, venue surtout d'Afrique du Nord.

PARIS

Les rives de la Seine, où se dresse Paris, capitale de la France, sont peuplées depuis l'Antiquité. Un cinquième de la population du pays (65 millions d'habitants) vit à Paris et dans sa banlieue. Cette grande ville d'Europe, aux larges rues bordées d'arbres, appelées boulevards, compte de nombreux monuments et musées célèbres. Le Paris d'aujourd'hui fut en grande partie reconstruit au XIXe siècle.

TOUR EIFFEL

Construite pour impressionner les visiteurs de l'Exposition universelle de 1889, la tour Eiffel n'était pas faite pour durer. Mais elle ne fut jamais démontée. Son concepteur, l'ingénieur français Gustave Eiffel, est célèbre dans le monde entier pour ses ponts et aqueducs ; 2,5 millions de rivets assemblent les 7000 tonnes de poutrelles d'acier de la tour. S'élevant à 322 m, ce fut le plus haut bâtiment du monde jusqu'à la construction de l'Empire State Building à New York, en 1931. Les visiteurs peuvent atteindre ses différents niveaux par ascenseur, ou en montant des centaines de marches.

Lors de sa construction au XIXe siècle, la tour Eiffel fut férocement critiquée. Devenue depuis le symbole de Paris, c'est un monument très visité.

MONACO

Minuscule État sur la Côte d'Azur, Monaco se situe dans le sud-est de la France. Le quartier sophistiqué de Monte-Carlo, célèbre pour ses casinos et son grand prix automobile (ci-dessus), en est le véritable centre. Principauté indépendante, Monaco a été gouverné pendant presque toute son histoire par la famille Grimaldi. Seul un faible pourcentage de la population est originaire de Monaco ; plus de la moitié des habitants sont des Français attirés par des impôts bas et un niveau de vie élevé. Monaco possède le revenu par habitant le plus élevé du monde.

La Normandie est une région de plaines, de collines ondoyantes et de champs, célèbre en particulier pour son bocage (champs entourés de haies).

NORMANDIE

La région normande, située entre Paris et la Manche, est une zone agricole, connue dans toute la France pour ses produits laitiers et pour ses pommes. En faisant paître leur bétail dans les vergers, de nombreux fermiers tirent un double profit de leurs terres. Ils vendent les pommes ou leurs dérivés (du cidre et un alcool appelé calvados). Le lait produit par les vaches normandes est l'ingrédient de certains des plus célèbres fromages français, dont le camembert.

LOIRE

La vallée de la Loire est célèbre pour ses magnifiques châteaux, tels que celui-ci, de Gien. Rois, nobles ou riches propriétaires terriens construisirent ces châteaux pour y vivre. Leur architecture rompt avec celle, uniquement défensive, des châteaux du Moyen Âge. La vallée de la Loire est également une importante région viticole.

La conception du TGV a évolué au fil des ans. Ce train possède un nez aérodynamique, gage de vitesse.

TRANSPORT

Non seulement les Français sont des pionniers de l'aviation (ils ont coconstruit le *Concorde*), mais ils occupent le 1er rang mondial pour la vitesse sur rails. Avec un record de 574,8 km/h, le TGV (train à grande vitesse) français est le train le plus rapide du monde. La première ligne de TGV, Paris-Lyon, fut mise en service en 1983. D'autres ont suivi, vers la Belgique, l'Italie et l'Espagne, entre autres. Le tunnel sous la Manche relie la France au Royaume-Uni.

TOUR DE FRANCE

Le cyclisme est un passe-temps très populaire en France. Le Tour de France, qui a lieu chaque été, est la plus célèbre course cycliste du monde. Son trajet suit les routes du pays sur environ 3 500 km, mais il lui arrive de faire brièvement étape dans des pays voisins. La course dure 26 jours, les meilleurs cyclistes mondiaux y participent, mais sa réputation est entachée par le dopage.

CUISINE FRANÇAISE

La cuisine française est considérée comme l'une des meilleures du monde. Même de petits villages possèdent d'excellents restaurants, et l'alimentation quotidienne des Français reste de qualité. Certains artisans s'enorgueillissent de produire des plats, pâtisseries et pains exceptionnels, dont la fameuse baguette. Les fromages français, tel le camembert, sont consommés dans le monde entier.

Un boulanger-pâtissier est un artisan qui se spécialise dans la production quotidienne d'un grand choix de délicieux pains et gâteaux (pâtisseries).

Par beau temps, les propriétaires des cafés sortent tables et chaises sur le trottoir pour que leurs clients puissent boire et manger en plein air.

Traditionnellement, la place du village accueille des activités comme la pétanque, un jeu de boules français.

VILLAGES

Progressivement, la campagne française s'urbanise et les agriculteurs y sont de moins en moins nombreux. Les communautés agricoles s'étendent autour de petits villages, pourvus de marchés, de banques, de restaurants, de boutiques et de supermarchés. Chaque commune possède une mairie (les bureaux de l'administration locale). La mairie donne souvent sur la place centrale, où les habitants se rencontrent pour discuter et parfois, dans le Sud, jouer à la pétanque.

L'extrait de fleurs parfumées, comme la lavande, est un ingrédient important des parfums.

PARFUM ET MODE

Fabrication de parfums et haute couture constituent deux des industries françaises les plus célèbres. Nombre des marques de parfum les plus connues et les plus coûteuses sont françaises. Les couturiers français ont dominé la mode pendant presque tout le siècle dernier. Les défilés parisiens, qui présentent chaque printemps leurs nouvelles collections, sont les défilés internationaux les plus importants; des couturiers du monde entier y assistent. Ils décident des tendances que suivra le reste du monde.

Les 176 magnifiques vitraux de la cathédrale de Chartres (ci-contre) attestent du grand talent des artisans du Moyen Âge.

CHARTRES

La France est un pays catholique. Chaque village possède son église et les villes leur cathédrale. La cathédrale de Chartres, dans le centre-ouest de la France, fut terminée en 1260. Elle est célèbre non seulement pour sa remarquable architecture gothique, mais aussi pour la splendeur de ses magnifiques vitraux, au nombre de 176, couvrant une surface totale de 2 600 m², l'équivalent de 10 courts de tennis.

Pour en savoir plus

ÉGLISES ET CATHÉDRALES
L'EUROPE (GÉOGRAPHIE)
LA FRANCE (HISTOIRE)
LES NORMANDS (HISTOIRE)
LA RÉVOLUTION FRANÇAISE

Volcan | Montagne | Capitale | Grande ville | Petite ville

STATISTIQUES

Superficie : 551 500 km²
Population : 65 000 000
Capitale : Paris
Langues : français, provençal, alsacien, breton, catalan, basque, corse
Religions : catholique, musulmane, protestante, israélite, bouddhiste
Monnaie : euro

ALPES DU SUD

Vallées et collines ondoyantes forment l'essentiel de la campagne française, mais de hautes chaînes de montagnes bordent le sud-est et le sud-ouest. À la frontière sud-est, la chaîne des Alpes rejoint la Méditerranée sur la Côte d'Azur. Les escarpements de cette côte correspondent aux Préalpes du Sud (à droite). Toute cette région, pourvue de nombreuses stations balnéaires à la mode, vit du tourisme.

TUNNEL SOUS LA MANCHE

L'Angleterre est reliée à la France par un tunnel sous-marin, composé de trois tunnels longs de 50 km : deux pour les voies ferrées, et un pour la sécurité.

ÉCHELLE
0 50 100 km

SUD DE LA FRANCE

Les températures estivales du sud de la France dépassent souvent 27 °C. Sur les places, des platanes fournissent de l'ombre et des fontaines rafraîchissent l'atmosphère. L'agriculture est importante presque partout en France ; la plupart des fermes sont relativement petites, et de nombreux agriculteurs vendent toute leur production sur les marchés locaux.

ANDORRE
Superficie : 468 km²
Population : 86 000
Capitale : Andorre-la-Vieille

MONACO
Superficie : 1,81 km²
Population : 33 000
Capitale : Monaco

la France (histoire)

LA RÉGION D'EUROPE que nous appelons France tire son nom d'un peuple de guerriers qui la conquit il y a 1 500 ans. Les Francs régnèrent sur une grande partie de l'Europe pendant plus de quatre siècles, et furent le premier peuple à dominer tout le pays après l'écroulement de l'Empire romain en 476 de notre ère. La puissance franque atteignit son apogée sous Charlemagne, au début du IXe siècle, mais déclina à partir de 895 quand des Vikings, venus de Scandinavie, s'installèrent dans le nord de la France. Ces hommes du Nord, ou Normands, envahirent l'Angleterre en 1066, établissant entre les deux pays un lien qui devait durer 500 ans. Les Anglais dominèrent un temps une partie de la France, mais, en 1453, ils n'occupaient plus que Calais. Au cours des trois siècles suivants, les rois de France acquirent une immense puissance et servirent d'exemple à d'autres familles royales européennes. Ce qui n'empêcha pas la monarchie de devenir de plus en plus impopulaire. Le roi Louis XVI fut décapité en 1792 lors d'une révolution (1789-1799) qui choqua et inspira les peuples du monde entier. Le peuple français abolit la monarchie et choisit de se gouverner lui-même, établissant la première d'une série de républiques qui ont fait de la France l'un des plus puissants pays d'Europe occidentale.

CARNAC
Les anciens habitants de la France, à l'âge de pierre, étaient très évolués. Il y a plus de 7 500 ans, ils érigèrent à Carnac, en Bretagne, de nombreuses rangées de pierres levées, sans doute utilisées lors de cérémonies religieuses.

CONSTRUCTIONS ROMAINES
Les Romains occupèrent la Gaule de 58 av. J.-C. à 486 apr. J.-C. Ils construisirent de nombreuses routes et villes, auxquelles ils apportèrent l'eau courante grâce à des canaux. Pour permettre aux canaux de traverser des vallées, ils édifièrent des aqueducs, tels que celui-ci, sur le Gard.

SOLDATS FRANCS
Quand l'Empire romain se retira de Gaule (la France de l'Antiquité), différentes armées d'envahisseurs colonisèrent la région. La France ne retrouva son unité que lorsque les impressionnants guerriers francs conquirent presque toute l'Europe.

Les propriétaires terriens construisirent d'immenses forteresses grâce à la richesse tirée du système féodal. Le château était au centre de ce système.

Les paysans travaillaient sans relâche sur les terres du seigneur. En retour, ils étaient autorisés à cultiver de quoi se nourrir.

Les paysans travaillaient la terre à l'aide de charrues tirées par des bœufs.

FRANCE FÉODALE

Pendant près de 1 000 ans, et en particulier pendant tout le Moyen Âge, les paysans français subirent le système féodal. Ils ne possédaient aucune terre et devaient travailler pour les propriétaires locaux. Ce système fut aboli par la Révolution française.

CAMP DU DRAP D'OR
Au XVIe siècle, la France était déjà l'une des principales puissances européennes. En 1520, le roi François Ier rencontra Henri VIII d'Angleterre lors d'une somptueuse cérémonie pour signer un traité de paix entre les deux nations. Le lieu de la rencontre fut plus tard appelé Camp du Drap d'or.

VERSAILLES

Sous Louis XIV et durant tout le XVIIIe siècle, arts et artisanats français furent parmi les plus beaux d'Europe. Louis XIV fit construire un magnifique palais à Versailles, près de Paris. Sculptures et fontaines richement décorées abondent dans le parc du château.

JEAN-JACQUES ROUSSEAU

Philosophe et écrivain, Rousseau (1712-1778) influença fortement la pensée française du XVIIIe siècle. Il critiqua la société, considérant qu'elle corrompait l'être humain. Ses idées et celles d'autres philosophes furent à l'origine de la Révolution de 1789.

RÉVOLUTIONS

La France a connu plusieurs révolutions, le peuple se soulevant contre la domination absolue d'un roi. La révolution de Juillet, en 1830, renversa Charles X, qui tentait de gouverner en s'attribuant tous les pouvoirs. *La Liberté guidant le peuple* d'Eugène Delacroix (ci-dessus) représente ce soulèvement.

L'ingénieur Gustave Eiffel (1832-1923) construisit sa fameuse tour pour célébrer le centenaire de la Révolution française.

PARIS

La capitale française a toujours été au centre de la politique nationale. Sa physionomie fut profondément modifiée pendant le second Empire. Sous la direction du baron Haussmann (1809-1891), des boulevards larges et rectilignes furent percés au cours de travaux gigantesques. En 1871, la ville refusa les termes de la paix avec la Prusse, signée par le gouvernement installé à Versailles. Le gouvernement insurrectionnel de la Commune de Paris fut sauvagement réprimé par les troupes lors de la « semaine sanglante ».

Perspective haussmanienne

- **5700 av. J.-C.** Alignements de Carnac.
- **58 av. J.-C. à 486 apr. J.-C.** Occupation romaine.
- **500** Colonisation franque.
- **768-814** Charlemagne dirige l'Empire franc.
- **895** Attaques vikings.
- **1337-1453** Guerre de Cent Ans.
- **1431** Jeanne d'Arc est brûlée vive par les Anglais.
- **1515-1547** Règne de François Ier.
- **1562-1598** Guerres de Religion.
- **1643-1715** Règne de Louis XIV.
- **1789** Révolution française.
- **1792** Ire République.
- **1799** Bonaparte prend le pouvoir (Consulat).
- **1815** Défaite de Napoléon Ier. Retour de la monarchie.
- **1830** Charles X est renversé par la révolution de Juillet.
- **1848** IIe République.
- **1852** Napoléon III fonde le second Empire.
- **1870** Guerre franco-prussienne, défaite française, IIIe République.
- **1914-1918** Première Guerre mondiale : victoire de la France sur l'Allemagne.
- **1940** L'Allemagne envahit la France.
- **1944** La France est libérée.
- **1946** IVe République.
- **1954-1962** Guerre d'Algérie.
- **1957** Création de la Communauté économique européenne.
- **1958** Ve République.
- **1958-1969** Charles de Gaulle président de la République.
- **1981-1995** Premier président socialiste, François Mitterrand.
- **1995-2007** Jacques Chirac est président de la République.
- **2007** Nicolas Sarkozy est élu président de la République.

ALGÉRIE

La France possédait des colonies en Afrique du Nord, dont l'Algérie. Dans les années 1950, de nombreuses colonies obtinrent leur indépendance, mais la France voulait conserver l'Algérie, où près de 1 million de colons français s'étaient installés. Mécontentement et mauvaises conditions de vie poussèrent les Algériens à la révolte, et une guerre éclata. Les troupes françaises occupèrent le pays (ci-dessus). En 1962, après de violents combats, la France accorda finalement son indépendance à l'Algérie.

CHARLES DE GAULLE

Pendant la Seconde Guerre mondiale, de Gaulle (1890-1970) fut le chef de la France libre. Il devint président de la République en 1958. Il gouverna la France pendant la période difficile qui aboutit à l'indépendance de l'Algérie. Il démissionna en 1969.

Pour en savoir plus

Charles De Gaulle
La France (géographie)
Jeanne d'Arc
Louis XIV
Napoléon Bonaparte
La Révolution française

http://flore06.voila.net/pages/divers/graine.htm

Fruits et graines

LES PLANTES À FLEURS se reproduisent à partir de graines. Chaque graine renferme un embryon (plante en germe) et une réserve de nourriture pour la croissance de l'embryon. Le fruit, résultat de l'accroissement et du mûrissement du pistil, contient la graine et la protège jusqu'à ce qu'elle soit disséminée pour donner naissance à une nouvelle plante. Les fruits incluent les citrons, les melons, les cerises et les tomates. Le noyau ou les pépins qu'ils renferment sont leurs graines. Certains fruits comme l'orange, le kiwi et le cassis sont très riches en vitamine C. Les hommes cultivent les fruits depuis des siècles. Certains aliments que nous appelons légumes, tel le concombre, sont en réalité des fruits. Tout comme les piments et les grains de poivre. En revanche, la partie de la rhubarbe que nous consommons en dessert est le pétiole (partie de la feuille qui en constitue le « pied », le support) et ce n'est pas un fruit.

POMME

La partie charnue de la pomme que nous mangeons est issue du réceptacle de la fleur. Le trognon se forme à partir de l'ovaire et les pépins sont les graines. Les poires, les coings et les fruits de l'aubépine (cenelles) se développent ainsi.

FRUITS

Le fruit est l'organe qui contient les graines et provient, en général, uniquement de l'ovaire de la fleur. Mais certains fruits sont le réceptacle de la fleur auquel sont fixés des akènes – les fraises, par exemple. Selon leur forme, les fruits reçoivent différents noms (drupe, baie, capsule, etc.).

Les baies rouge vif du sorbier des oiseleurs se développent à partir de grappes de fleurs blanches.

FRUITS CHARNUS

Les fruits charnus comprennent des fruits à pépins comme les baies (groseille, raisin), les fruits à noyau comme les drupes (abricot, pêche), les agrumes (orange, citron), ainsi que les tomates et les bananes. Les baies sont des fruits juteux à pépins. Le raisin, dont il existe 5 000 variétés, sert à fabriquer du vin et, séché, donne des raisins secs.

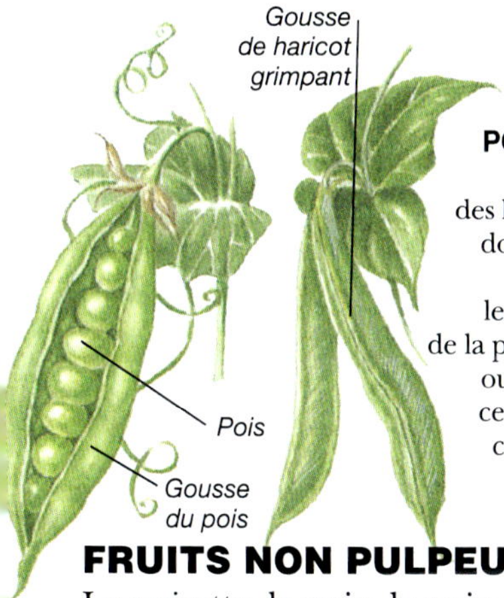

POIS ET HARICOTS

Le pois et le haricot sont des légumineuses, des plantes dont le fruit est une gousse, l'enveloppe qui contient les graines. Le haricot, fruit de la plante, se mange en grains ou en gousses. Dans le pois, ce sont les graines que nous consommons (petits pois).

CAPSULE DE PAVOT

Une capsule est un fruit dur et sec qui s'ouvre par des fentes ou des pores. Le fruit du pavot est une capsule qui renferme les graines et agit comme une salière : les graines s'échappent par les pores quand le vent souffle.

DRUPE

Les drupes sont des fruits charnus à un seul noyau comme l'abricot, la cerise, la pêche, la prune ou la noix de coco. Le noyau renferme les graines.

FRUITS NON PULPEUX

La noisette, la noix, la noix du Brésil et le gland sont des fruits secs ou non pulpeux. La noix désigne le fruit du noyer, mais aussi d'autres fruits, telle la noix du Brésil. Mais la noix est une drupe et la noix du Brésil, une graine.

Les noix du Brésil sont les graines d'un arbre sud-américain.

TOURNESOL

Le tournesol peut mesurer 2,5 m de haut. Après fécondation, la fleur devient un gros capitule formé de petites fleurs serrées les unes contre les autres. Les graines renferment des vitamines et une huile comestible.

GERMINATION

Les graines ont besoin de chaleur, d'humidité et d'air pour germer (commencer à se développer). Les graines de certaines plantes tropicales germent en quelques jours, celles de la plupart des autres plantes conservent une vie latente jusqu'à ce que les conditions soient favorables à leur plein développement.

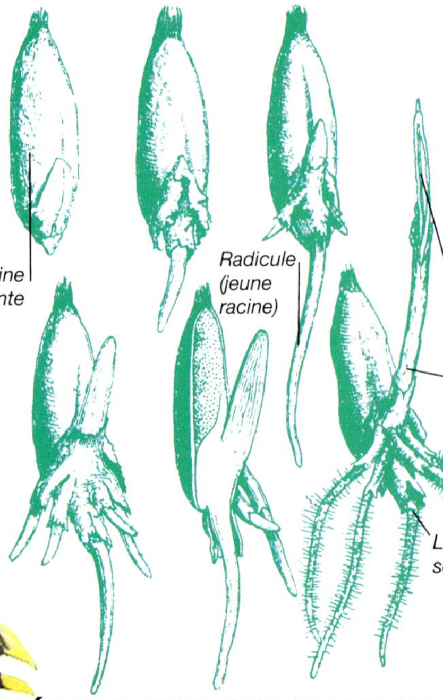

BLÉ

Les graines de céréales comme le blé contiennent une plantule à un seul cotylédon (réserve nutritive) : le blé est une plante monocotylédone.

HARICOT GRIMPANT

La graine de haricot contient une plantule à deux cotylédons : le haricot est une plante dicotylédone.

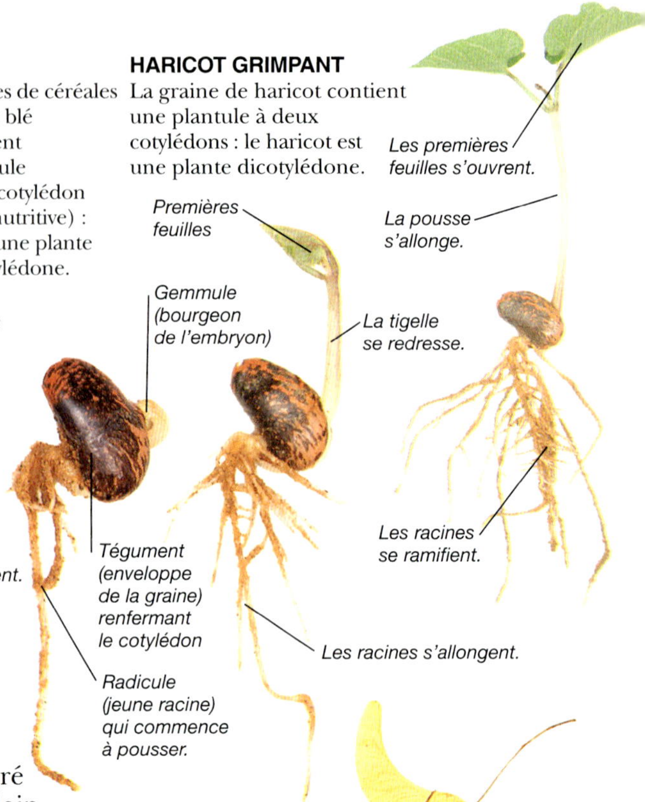

DISSÉMINATION DES GRAINES

Certaines graines sont ailées et emportées par le vent, d'autres flottent et sont transportées au gré des courants ; d'autres encore sont lancées au loin par un mécanisme interne de la plante. Les animaux contribuent aussi à disséminer les graines. Les oiseaux mangent les baies en laissant tomber les graines ou les évacuent après avoir digéré le fruit.

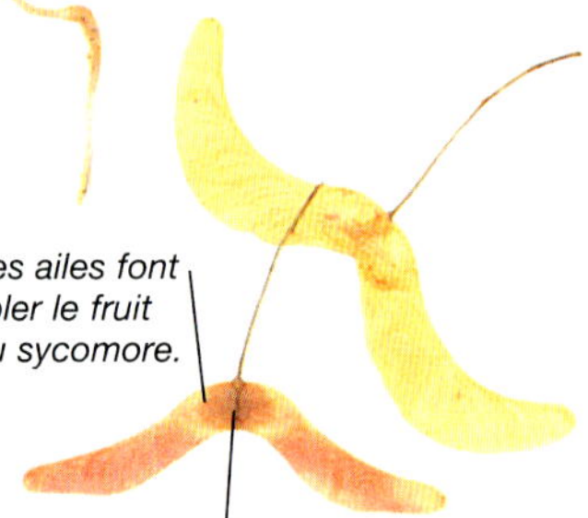

OISEAUX

Les oiseaux sont les principaux agents de dissémination des graines des fruits. Les graines collent au bec de l'oiseau qui s'en débarrasse en les laissant tomber au sol.

GLANDS

Un grand chêne porte des milliers de fruits mûrs, les glands. Ceux qui ne sont pas mangés par les animaux peuvent être fécondés pour engendrer de nouveaux chênes.

ÉCUREUILS

Les écureuils font des provisions de fruits secs pour l'hiver. Mais ils oublient parfois où ils les ont cachés et les graines oubliées peuvent germer le printemps suivant.

VENT

Les fruits secs ailés (samares) des sycomores tournoient dans l'air. Les frênes et les ormes possèdent également des samares. D'autres végétaux, comme les pissenlits, ont des petits fruits secs surmontés d'une aigrette qui facilite leur dissémination par le vent.

EAU

Les plantes aquatiques, tels les nénuphars et les fleurs de lotus, produisent des fruits qui flottent dans l'eau. Les fruits germent pour donner de nouvelles plantes de la même espèce, souvent très loin de la plante mère.

PISSENLIT

Lorsque vous soufflez sur le pissenlit, vous disséminez les aigrettes de ses fruits.

ACCROCHAGE

Beaucoup de plantes sont dotées de bractées (petites feuilles) ou de fruits crochus. Ceux de la bardane, de l'aigremoine et du gratteron, par exemple, s'accrochent à la fourrure des mammifères, aux plumes des oiseaux et parfois à nos chaussures et à nos vêtements.

ÉCLATEMENT

Les fruits du lupin, de la balsamine et de l'ecballium sont mous et charnus avant la maturité. Mais lorsqu'ils sont mûrs, leur enveloppe éclate et les graines sont projetées très loin avec une force incroyable.

En automne, le blaireau creuse son terrier et ramasse de nombreuses graines qui s'accrochent à son pelage au passage. Ces graines finiront par tomber et donner naissance à de nouvelles plantes.

Pour en savoir plus

Les Arbres
Fleurs et herbes aromatiques
Graminées et céréales
Les Plantes

Fusées et missiles

L'INVENTION de la fusée changea le cours de l'histoire de l'humanité. Elle permit à l'homme de se lancer à la conquête de l'espace, mais elle participa aussi à la mise au point du missile, arme dotée d'une force de destruction redoutable. Le réacteur d'une fusée est si puissant qu'il propulse un vaisseau spatial à plus de 40 000 km/h, soit la vitesse nécessaire pour se libérer de l'attraction terrestre. Tout repose sur la poussée des gaz produits par la combustion du carburant. Contrairement aux autres réacteurs, ceux des fusées ne peuvent utiliser l'oxygène de l'air pour brûler leur carburant ; l'oxygène est donc embarqué sous forme liquide pour alimenter le moteur en l'absence d'air. La principale différence entre une fusée et un missile tient à la charge utile qu'ils emportent, pour l'une, un satellite ou un vaisseau habité, pour l'autre, une tête explosive.

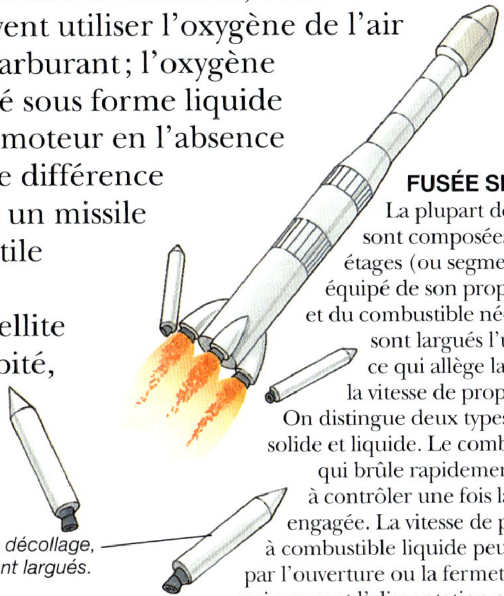

FUSÉE SPATIALE

La plupart des fusées spatiales sont composées de plusieurs étages (ou segments), chacun étant équipé de son propre réacteur et du combustible nécessaire. Ces étages sont largués l'un après l'autre, ce qui allège la fusée et augmente la vitesse de propulsion. On distingue deux types de combustible, solide et liquide. Le combustible solide, qui brûle rapidement, est difficile à contrôler une fois la combustion engagée. La vitesse de propulsion des fusées à combustible liquide peut être maîtrisée par l'ouverture ou la fermeture des valves qui assurent l'alimentation en carburant des réacteurs.

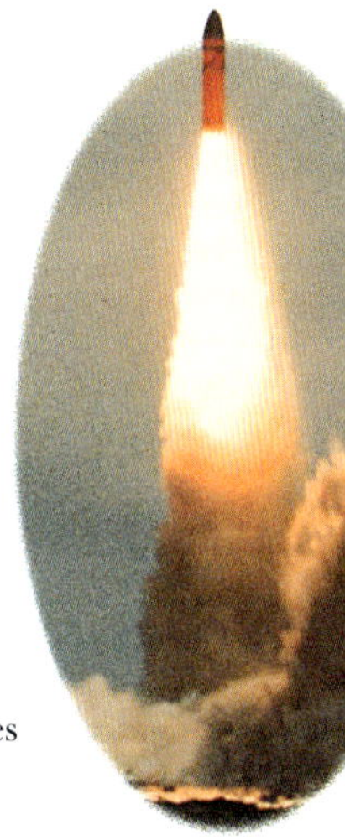

MISSILES À TÊTE NUCLÉAIRE

Les têtes nucléaires qui coiffent les missiles pilotés par des systèmes de guidage haute précision sont les armes les plus redoutables de toute l'histoire de l'humanité. Un seul de ces missiles peut anéantir une ville tout entière et causer la mort de milliers de personnes. Les missiles nucléaires peuvent être lancés à partir de sous-marins, d'avions, de véhicules terrestres ou encore depuis des silos de lancement souterrains.

FUSÉE *ARIANE*

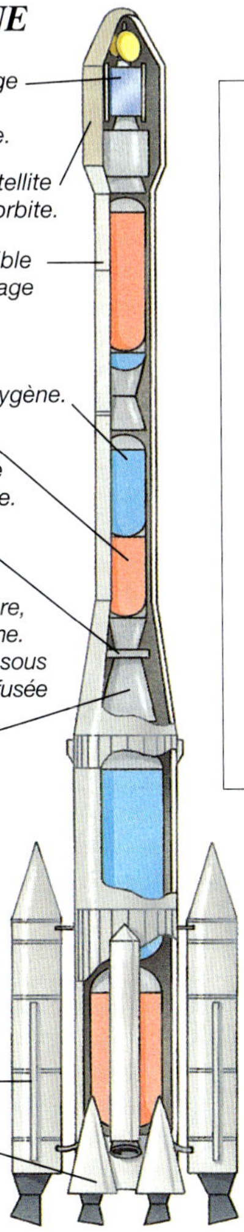

TYPES DE MISSILES

Les missiles balistiques intercontinentaux traversent l'espace avant de fondre sur leur cible, des milliers de kilomètres plus loin. Tous les missiles ne sont pas dotés d'un si grand rayon d'action ; ceux qui équipent les chars, les bateaux et les avions sont des armes de moyenne portée qui sont guidées automatiquement vers leur cible.

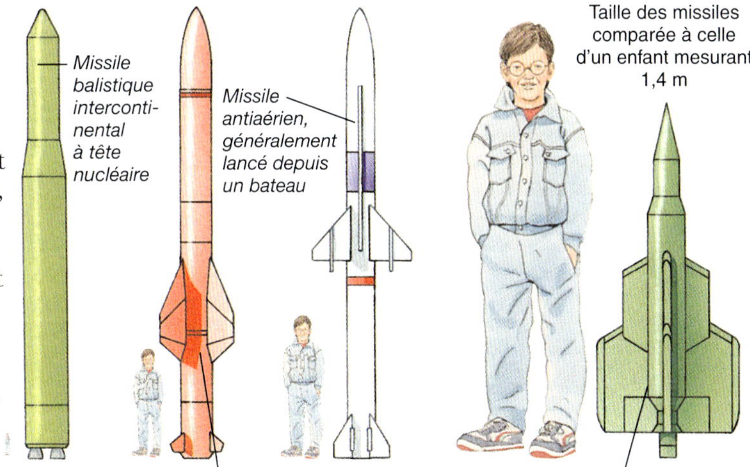

HISTOIRE DES FUSÉES

Au XIIIe siècle, les Chinois effrayaient les cavaliers ennemis avec de simples fusées propulsées par de la poudre à canon. Six siècles plus tard, l'officier britannique sir William Congreve mit au point une fusée à poudre utilisée par les forces britanniques durant les guerres napoléoniennes. C'est au cours de la Seconde Guerre mondiale (1939-1945) que l'ingénieur allemand Wernher von Braun inventa la première fusée longue portée, le V2, ancêtre des missiles balistiques intercontinentaux.

Pour en savoir plus

LES ARMES
LES AVIONS MILITAIRES
LA CONQUÊTE SPATIALE
L'ÉNERGIE NUCLÉAIRE
L'ÈRE DU NUCLÉAIRE
LES GUERRES NAPOLÉONIENNES
LA SECONDE GUERRE MONDIALE
LES SOUS-MARINS

le Gaz

NOUS AVONS L'HABITUDE de brûler du gaz pour nous chauffer ou cuire des aliments. Mais le gaz est également exploité dans l'industrie, à la fois comme source de chaleur et matière première. Nous utilisons surtout du gaz naturel, extrait de poches souterraines, et parfois du gaz de houille, fabriqué à partir du charbon. Mais d'autres gaz existent. Par exemple, l'air que nous respirons est fait d'un mélange de plusieurs gaz.

FORMATION DU GAZ NATUREL

Le gaz naturel que nous utilisons aujourd'hui s'est formé il y a plusieurs millions d'années, à partir des débris de végétaux terrestres et marins. Des gisements de gaz naturel sont encore en train de se former.

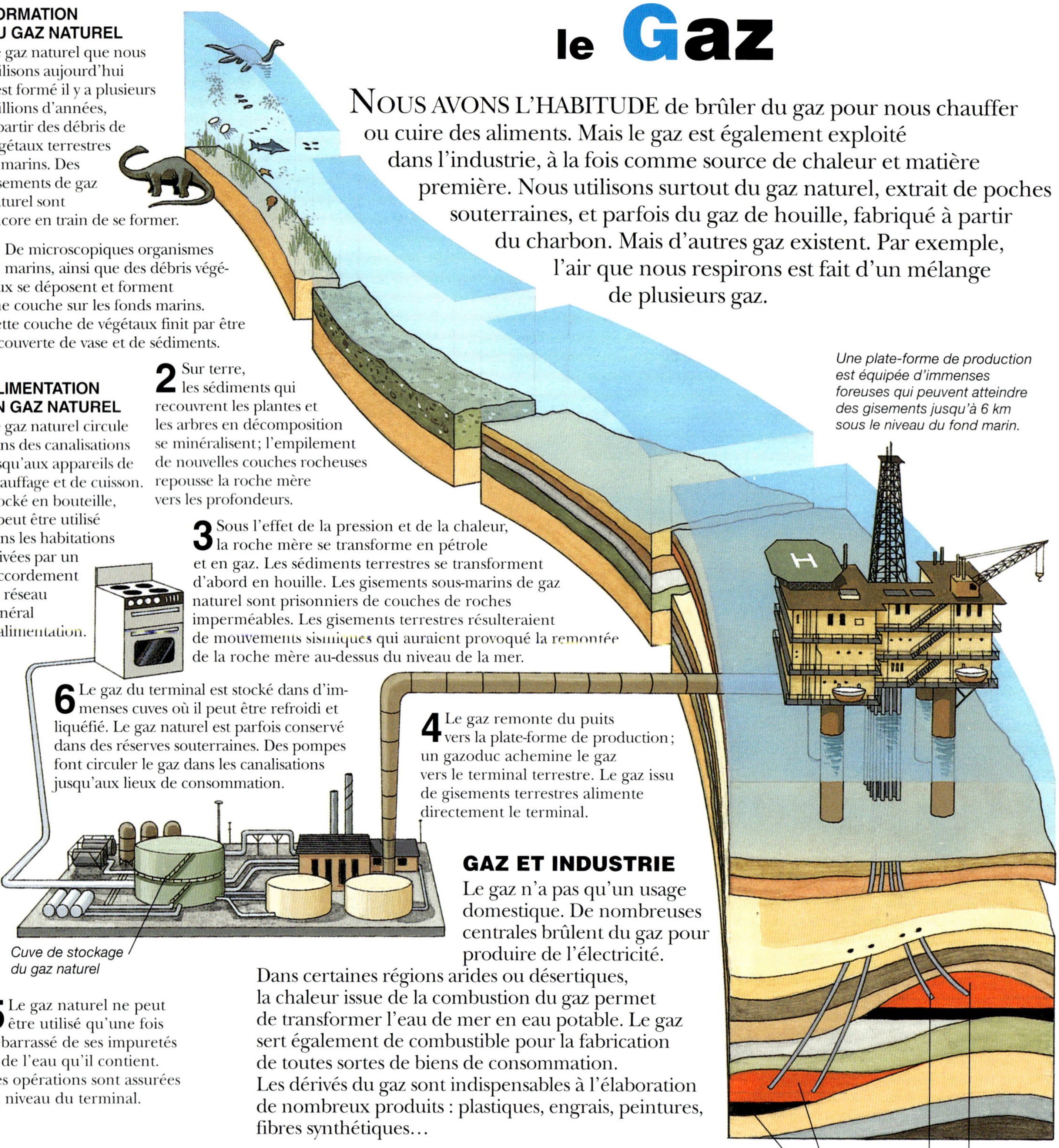

1 De microscopiques organismes marins, ainsi que des débris végétaux se déposent et forment une couche sur les fonds marins. Cette couche de végétaux finit par être recouverte de vase et de sédiments.

2 Sur terre, les sédiments qui recouvrent les plantes et les arbres en décomposition se minéralisent; l'empilement de nouvelles couches rocheuses repousse la roche mère vers les profondeurs.

3 Sous l'effet de la pression et de la chaleur, la roche mère se transforme en pétrole et en gaz. Les sédiments terrestres se transforment d'abord en houille. Les gisements sous-marins de gaz naturel sont prisonniers de couches de roches imperméables. Les gisements terrestres résulteraient de mouvements sismiques qui auraient provoqué la remontée de la roche mère au-dessus du niveau de la mer.

4 Le gaz remonte du puits vers la plate-forme de production; un gazoduc achemine le gaz vers le terminal terrestre. Le gaz issu de gisements terrestres alimente directement le terminal.

ALIMENTATION EN GAZ NATUREL

Le gaz naturel circule dans des canalisations jusqu'aux appareils de chauffage et de cuisson. Stocké en bouteille, il peut être utilisé dans les habitations privées par un raccordement au réseau général d'alimentation.

6 Le gaz du terminal est stocké dans d'immenses cuves où il peut être refroidi et liquéfié. Le gaz naturel est parfois conservé dans des réserves souterraines. Des pompes font circuler le gaz dans les canalisations jusqu'aux lieux de consommation.

Cuve de stockage du gaz naturel

5 Le gaz naturel ne peut être utilisé qu'une fois débarrassé de ses impuretés et de l'eau qu'il contient. Ces opérations sont assurées au niveau du terminal.

GAZ ET INDUSTRIE

Le gaz n'a pas qu'un usage domestique. De nombreuses centrales brûlent du gaz pour produire de l'électricité. Dans certaines régions arides ou désertiques, la chaleur issue de la combustion du gaz permet de transformer l'eau de mer en eau potable. Le gaz sert également de combustible pour la fabrication de toutes sortes de biens de consommation. Les dérivés du gaz sont indispensables à l'élaboration de nombreux produits : plastiques, engrais, peintures, fibres synthétiques…

GAZ ET APPLICATIONS

Les gisements contiennent toutes sortes de gaz. Le méthane reste le principal composant, aux côtés d'autres combustibles, comme le butane et le propane. Ces gaz sont stockés dans des bouteilles au niveau du terminal de production. On extrait aussi de l'hélium, gaz plus léger que l'air et non inflammable, qu'on utilise, par exemple, pour gonfler les ballons. L'air, qui est un mélange de plusieurs gaz, renferme du gaz carbonique et une faible proportion de néon. Certaines enseignes publicitaires sont formées à partir de tubes de verre remplis de gaz néon qui s'illumine lorsqu'un courant électrique le traverse.

Enseigne au néon

Ballons gonflés à l'hélium

Pour en savoir plus

CHALEUR ET TEMPÉRATURE
LE CHARBON
L'OXYGÈNE
LE PÉTROLE
LA PRESSION ATMOSPHÉRIQUE

http://museum.agropolis.fr/pages/dossiers/genetique/genetique.htm

la Génétique

LA GÉNÉTIQUE a officiellement vu le jour en 1909, quand le botaniste danois Wilhelm Johannsen (1857-1927) a introduit le mot « gène ». Ce terme fut inventé pour désigner les « unités » du patrimoine génétique qui se transmettent d'une génération à une autre. La génétique, ou science de l'hérédité, s'est développée tout au long du XXe siècle et a donné lieu à d'importantes découvertes. Les scientifiques ont démontré que les gènes étaient formés de segments d'acide désoxyribonucléique (ADN), liés entre eux pour constituer les chromosomes. Les gènes contiennent toute l'information nécessaire pour fabriquer les protéines qui déterminent les caractères d'un individu. Les gènes se transmettent des parents aux enfants par le biais de la reproduction sexuelle. Certains traits et caractères héréditaires passent ainsi d'une génération à l'autre.

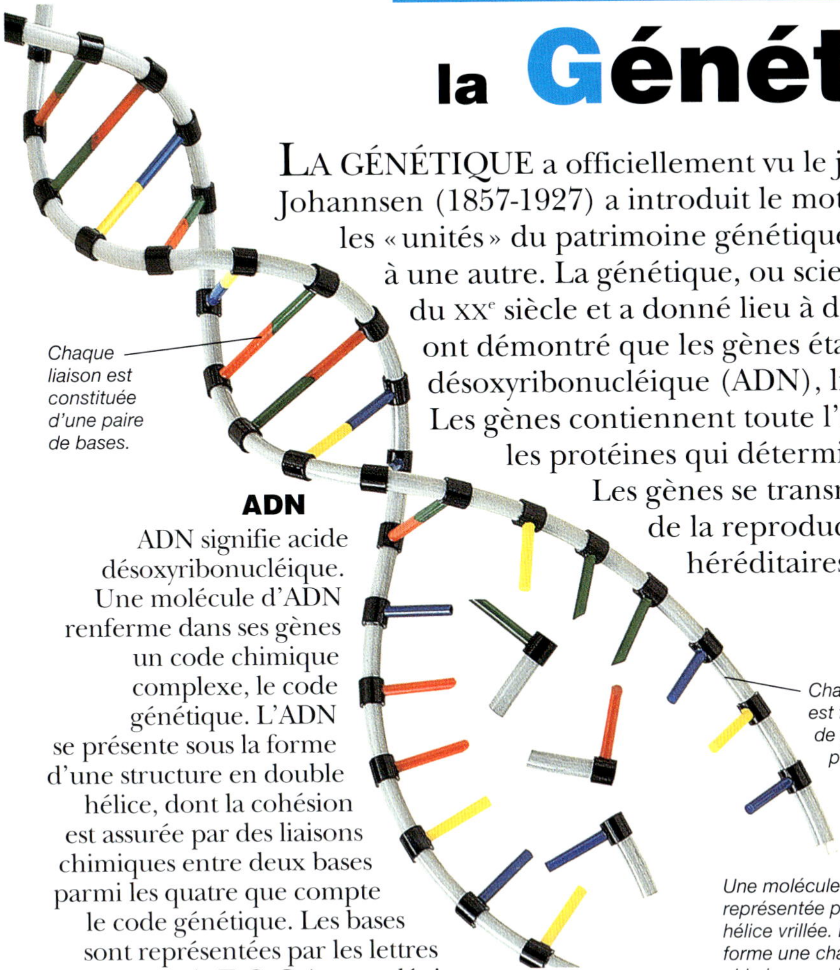

Chaque liaison est constituée d'une paire de bases.

Chaque brin de l'hélice est formé de molécules de sucre et d'acide phosphorique.

Une molécule d'ADN peut être représentée par une double hélice vrillée. En réalité, elle forme une chaîne de liaisons chimiques sphériques.

ADN

ADN signifie acide désoxyribonucléique. Une molécule d'ADN renferme dans ses gènes un code chimique complexe, le code génétique. L'ADN se présente sous la forme d'une structure en double hélice, dont la cohésion est assurée par des liaisons chimiques entre deux bases parmi les quatre que compte le code génétique. Les bases sont représentées par les lettres A, T, C, G (pour adénine, thymine, cytosine et guanine).

Les enfants ressemblent à leurs parents, mais ne sont pas identiques entre eux.

HÉRÉDITÉ

Lorsqu'une plante ou un animal vient au monde, il hérite d'un patrimoine génétique unique transmis par reproduction sexuée ou non sexuée. L'hérédité est la transmission des caractères d'un être vivant à ses descendants. Cela signifie qu'un bébé partage des caractères avec chacun de ses parents, mais que chaque bébé est généralement différent de ses frères et sœurs.

Yeux bleus

Certains des caractères transmis par les gènes sont facilement repérables, comme les yeux bleus, les cheveux raides et la peau claire de cette jeune fille.

Hamster albinos à fourrure blanche et yeux rouges

Standard de l'espèce

MUTATION

Des erreurs peuvent se produire lors du processus de duplication d'une molécule d'ADN. Ces erreurs (ou mutations) peuvent se traduire par l'apparition d'un handicap ou d'un nouveau caractère. Une mutation « utile » sera intégrée à la structure de la molécule et se transmettra aux générations futures.

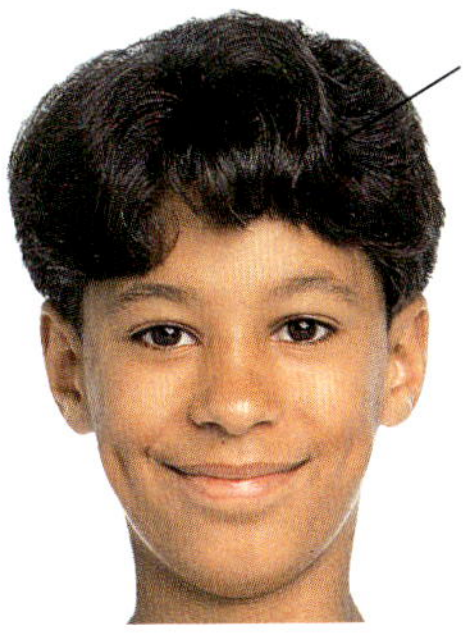

Cheveux bouclés

La raison de ses yeux bruns, de ses cheveux bouclés et de sa peau mate est génétique.

GÈNES

Les chromosomes se révèlent extrêmement longs lorsqu'ils sont détortillés. Un chromosome est en fait une longue structure filiforme, constituée de plusieurs segments. Chaque segment correspond à un gène, responsable d'un caractère particulier, la couleur des yeux par exemple. La longueur des gènes varie selon la quantité d'instructions nécessaires au codage de l'information relative à un caractère donné.

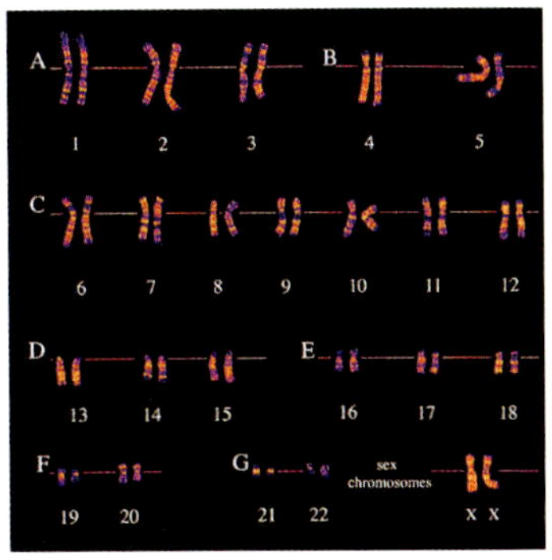

Les chromosomes sexuels décident du sexe d'un individu. Les hommes possèdent une paire de chromosomes XY, les femmes une paire de chromosomes XX.

CHROMOSOMES

Le noyau des cellules de tout être vivant contient un certain nombre de paires de chromosomes (23 pour l'être humain). Ces structures filiformes, qui contiennent tout le matériel génétique d'un organisme vivant, se séparent lors des processus de reproduction et de création de nouvelles cellules.

chromosome X

MENDEL

Gregor Mendel (1822-1884) découvrit les lois de la transmission des caractères héréditaires grâce à des expériences sur l'hybridation des plantes. En 1866, il démontra que certains caractères d'un pois de senteur, comme sa couleur ou sa forme, étaient déterminés par l'information transmise d'une génération à l'autre. Il appela « particules » ces unités d'information que le botaniste danois W. Johannsen baptisa « gènes » en 1909.

Gregor Mendel était un prêtre autrichien passionné de botanique.

LOIS DE L'HÉRÉDITÉ

Les allèles sont les formes alternatives d'un gène ; ils peuvent être dominants ou récessifs. L'allèle dominant d'un gène l'emporte toujours sur l'allèle récessif, si bien que le caractère héréditaire porté par l'allèle récessif n'est exprimé que s'il n'est pas opposé à l'allèle dominant. Le caractère récessif d'un gène est souvent lié au sexe de l'individu.

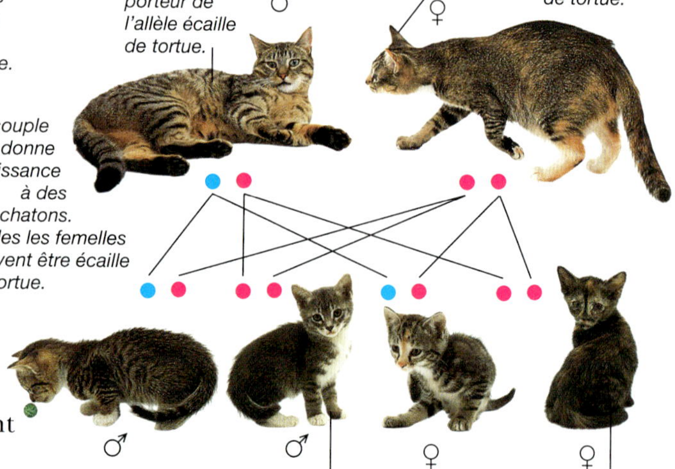

Le mâle est porteur de l'allèle écaille de tortue.

La femelle est écaille de tortue.

Le couple donne naissance à des chatons. Seules les femelles peuvent être écaille de tortue.

Le 2e chaton mâle n'est pas écaille de tortue, bien que porteur de l'information écaille de tortue.

Seul un des chatons femelles est écaille de tortue, car il est porteur de deux allèles écaille de tortue.

JUMEAUX

Un ovule fécondé peut se diviser en deux et donner naissance à des jumeaux dits homozygotes. Ceux-ci possèdent le même patrimoine génétique. En réalité, ils ne sont pas véritablement identiques car chaque fœtus se développe à un rythme légèrement différent après la division de l'œuf. Bien que semblable en apparence, chaque jumeau possède sa personnalité. Les jumeaux dizygotes se développent quant à eux à partir de deux ovules fécondés.

Des jumeaux homozygotes sont toujours du même sexe et accusent une parfaite ressemblance.

Dolly, premier animal à avoir été cloné, déchaîna l'intérêt des médias.

CLONAGE

Le clonage consiste à reproduire à l'identique, en laboratoire, des molécules, des cellules ou des organismes. Une plante ou un animal obtenus par ce procédé possèdent le même patrimoine génétique que leur modèle. Le premier clone animal fut la brebis Dolly, en 1997. Cette expérience fut à l'origine d'un débat éthique qui continue de passionner l'opinion internationale.

1858 Darwin publie ses premiers travaux sur la théorie de l'évolution.

1866 Mendel découvre les lois de l'hérédité.

1905 Découverte des chromosomes sexuels X et Y, puis, en 1918, des 23 paires de chromosomes humains.

1927 Modification génétique d'une mouche drosophile par rayons X.

1950 Découverte de l'ADN et de l'ARN (acide ribonucléique).

1953 Watson, Franklin et Crick décrivent la double hélice d'ADN.

1967 Synthèse de l'ADN.

1976 Création d'un gène artificiel.

1981 Transplantation d'un gène (université de l'Ohio, États-Unis).

1984 Clonage à partir de cellules embryonnaires.

1985 Premières cartes du génome humain.

1997 Clonage d'une brebis.

OGM

Les plantes et organismes sont dits génétiquement modifiés (OGM) quand leur patrimoine génétique a été modifié. En théorie, on se contente d'accélérer des processus de sélection par hybridation qui se produisent à l'état naturel. Mais à l'heure actuelle, nous ne disposons pas du recul nécessaire pour évaluer les risques de ces manipulations.

Pour en savoir plus

ATOMES ET MOLÉCULES
LA RADIOACTIVITÉ
LA REPRODUCTION

la Géologie

LA TERRE est en constante évolution. Des montagnes s'élèvent, d'autres s'érodent, des continents se déplacent, des océans se rétractent ou s'élargissent… Ces modifications qui se déroulent sur des millions d'années sont à peine perceptibles, mais d'autres événements, comme les séismes ou les éruptions volcaniques, sont bien plus soudains et spectaculaires. La géologie est la science qui étudie les transformations de la Terre, sa formation et les roches qui la composent. C'est en effet dans les roches que se décrypte l'histoire de notre planète. Les géologues cartographient les paysages et forent l'écorce terrestre à la recherche de roches et de fossiles (restes de plantes et d'animaux préhistoriques) qui les aident à mieux appréhender la structure et l'évolution de la Terre. Ils participent aussi à toute sorte de missions, comme la recherche de gisements de houille, de pétrole ou d'autres minéraux, l'étude prospective du sol avant la construction d'ouvrages importants (barrages, par exemple) ou encore la surveillance des mouvements sismiques, signes annonciateurs d'une éruption volcanique ou d'un séisme.

GÉOLOGUES AU TRAVAIL
Les roches constituent un terrain d'étude privilégié pour les géologues. Les failles, qui révèlent des strates rocheuses, témoignent de la puissance des forces qui ont sculpté le relief.

G

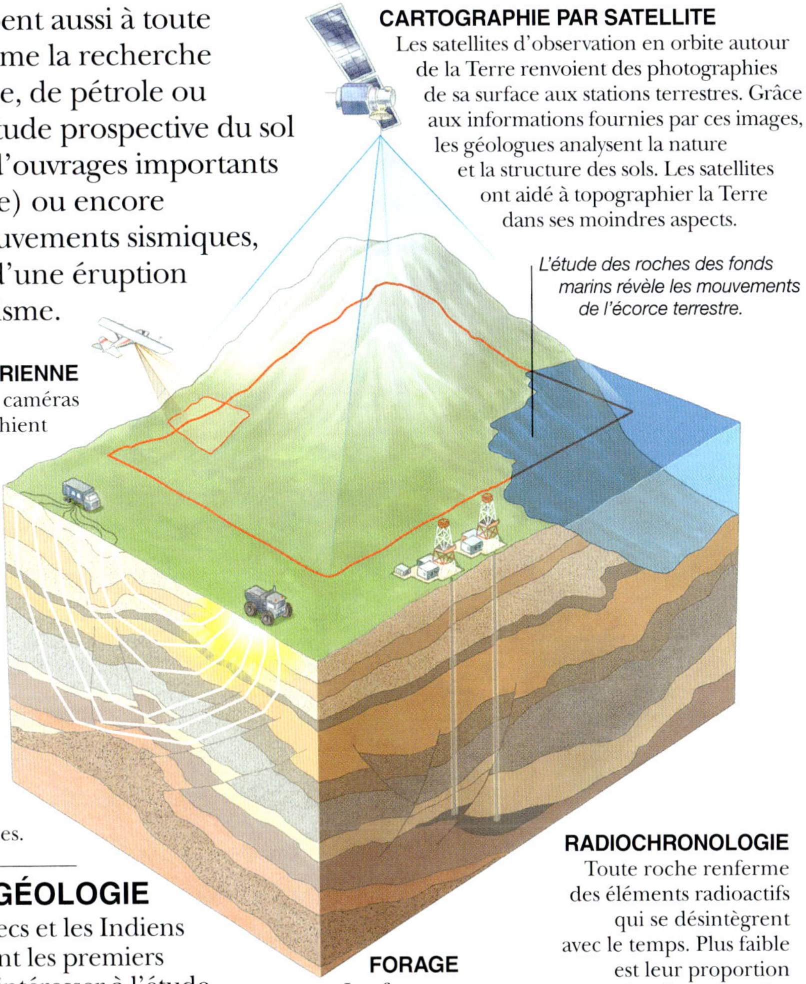

CARTOGRAPHIE PAR SATELLITE
Les satellites d'observation en orbite autour de la Terre renvoient des photographies de sa surface aux stations terrestres. Grâce aux informations fournies par ces images, les géologues analysent la nature et la structure des sols. Les satellites ont aidé à topographier la Terre dans ses moindres aspects.

CARTOGRAPHIE AÉRIENNE
Des avions équipés de caméras spéciales photographient le paysage en trois dimensions et mesurent la force du magnétisme terrestre à l'aide de différents capteurs.

ÉTUDE DES ONDES
Des camions équipés d'une plaque pulsante envoient des ondes dans le sol, qui rebondissent sur les couches de roches souterraines. Des capteurs analysent les ondes réfléchies et permettent de cartographier les structures géologiques.

FORAGE
Les forages descendent à plus de 3 000 m de profondeur et servent à récolter des échantillons de roches du sous-sol.

RADIOCHRONOLOGIE
Toute roche renferme des éléments radioactifs qui se désintègrent avec le temps. Plus faible est leur proportion dans la roche, plus celle-ci est ancienne. La datation radiochronologique donne l'âge des échantillons de roches collectés.

GRÈS
Le grès se trouve dans les couches récentes et superficielles du sol. Il se forme parfois à partir du sable des déserts : ses stries de surface indiquent alors la direction du vent.

SCHISTE
Le schiste provient toujours d'un terrain autrefois situé à faible profondeur sous les eaux. Il est formé d'argile et de boues compactées par de fortes pressions.

BASALTE
Le basalte est formé par le dépôt sur la couche de roche d'une terre émergée, d'une coulée de lave émanant d'un volcan proche en éruption.

CALCAIRE
La présence de micro-organismes fossilisés dans ces couches profondes et anciennes indique qu'elles se trouvaient sous les océans du temps des dinosaures.

ÉCHANTILLONNAGE
Les strates rocheuses présentées ci-dessus se retrouvent dans les profondeurs de la Terre.

HISTOIRE DE LA GÉOLOGIE

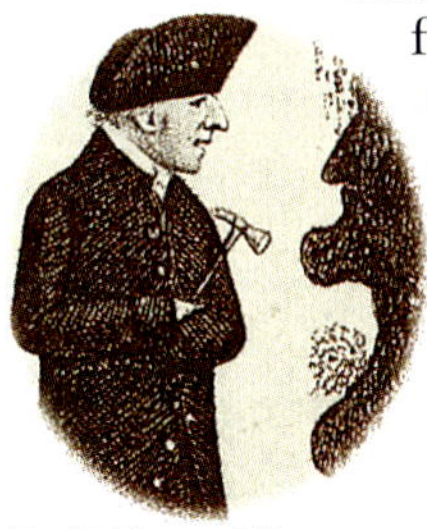

En 1795 parut l'ouvrage La Théorie de la Terre. Son auteur, James Hutton, est considéré comme le père de la géologie moderne.

Les Grecs et les Indiens furent les premiers à s'intéresser à l'étude et à la datation des roches. Vers la fin du XVIIIe siècle, l'Écossais James Hutton (1726-1797), premier géologue européen, démontra que l'âge de la Terre se comptait en millions d'années et que la planète était en constante évolution. Ses hypothèses ne furent reconnues que bien après sa mort. En 1912, le météorologiste allemand Alfred Wegener avança l'hypothèse de la dérive des continents. Il faudra attendre 50 ans avant que sa théorie ne soit vérifiée.

STRATIGRAPHIE

L'écorce terrestre est composée de différentes strates rocheuses, qui se sont superposées depuis des millénaires. Les strates superficielles sont généralement plus récentes que les strates les plus profondes. La stratigraphie s'intéresse à l'étude de ces couches rocheuses et peut ainsi remonter le cours de l'histoire de la Terre.

Pour en savoir plus
LE CHARBON
LES CONTINENTS
LES FOSSILES
LE GAZ
LE PÉTROLE
ROCHES ET MINÉRAUX
LES SÉISMES
LA TERRE

la Géométrie

THALÈS
Ce savant et philosophe grec (v. 625-547 av. J.-C.) séjourna en Égypte et à Babylone, où il s'initia à l'astronomie et à la topographie. Il développa les premiers principes de géométrie en s'appuyant sur ses études. La légende veut qu'il ait prédit une éclipse de Soleil en 585 av. J.-C.

LA GÉOMÉTRIE étudie les propriétés des points, des droites, des courbes, des surfaces et des angles. Cette science tire son nom du grec *gê* signifiant « Terre » et du latin *metiri* signifiant « mesurer ». Le monde qui nous entoure est rempli de figures géométriques. Les liquides offrent des surfaces planes et les gouttes d'eau forment des sphères parfaites. Les solides suivent des droites ou des courbes. Les cristaux se développent en prismes à sections carrée, triangulaire ou hexagonale… La géométrie nous aide à mieux appréhender ces figures. Au quotidien, cette science intervient dans bien des domaines, tels que l'architecture et l'urbanisme par exemple. Navigateurs et pilotes se fondent sur des principes géométriques pour établir leur route. Ces principes n'ont pas changé depuis leur découverte par les mathématiciens de la Grèce antique, pères fondateurs de la géométrie.

Pièce anglaise hexagonale

Pièce américaine ronde

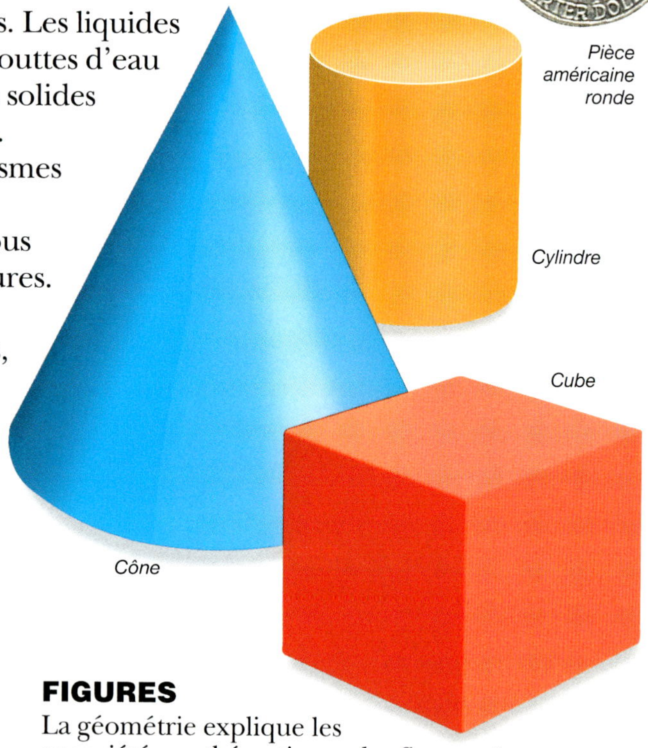

Cylindre

Cube

Cône

FIGURES
La géométrie explique les propriétés mathématiques des figures. Longueurs, angles, aires et volumes analysent les relations entre côtés, coins et surfaces. Les figures à deux dimensions sont planes (cercles, triangles, rectangles ou polygones) ; à trois dimensions, ce sont des volumes (cônes, cylindres ou cubes).

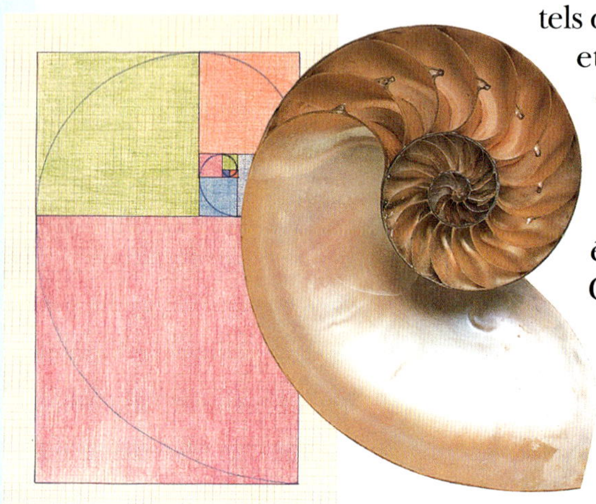

Le schéma ci-dessus montre comment les courbes de la coquille s'inscrivent dans des carrés. Le rayon de courbure décroît progressivement pour dessiner la spirale.

GÉOMÉTRIE NATURELLE
Beaucoup d'éléments naturels possèdent des propriétés géométriques. Le mathématicien Leonardo Fibonacci (v. 1175-1240) découvrit ainsi que l'enroulement en une série de spirales complexes de la coquille d'un escargot obéissait à une suite géométrique.

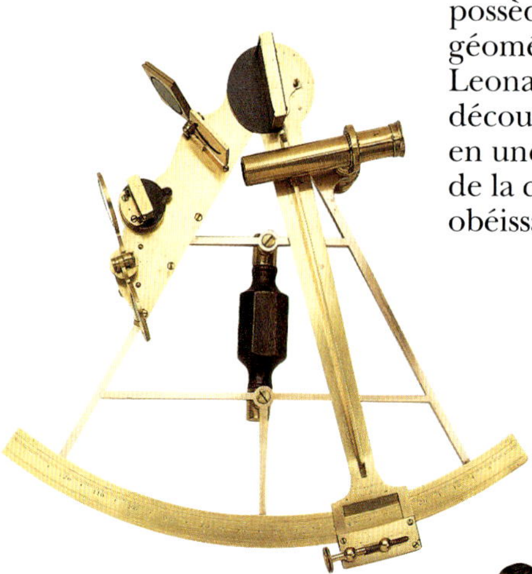

SEXTANT
Le sextant fut inventé dans les années 1730 pour aider les marins à se repérer pendant une traversée. Le sextant mesurant l'angle formé entre une étoile donnée et l'horizon, il suffit de faire appel à la géométrie des triangles pour calculer la position d'un bateau.

ANGLES
La géométrie s'intéresse aux angles, autrement dit à la figure que forment deux droites ou deux plans qui se coupent. Les angles se mesurent en degrés (°). Un angle droit est formé par deux droites perpendiculaires se coupant à 90°. Un angle obtus est compris entre 90° et 180°, un angle aigu fait moins de 90°. Un angle de 180° est un angle plat.

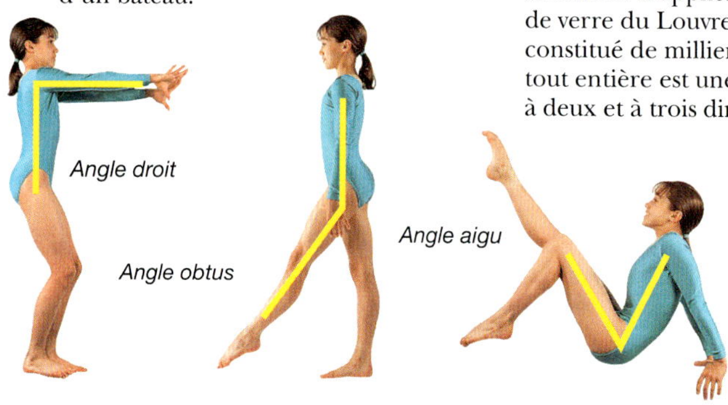

GÉOMÉTRIE AU QUOTIDIEN
L'architecture et l'ingénierie constituent deux des nombreux domaines d'application de la géométrie. La célèbre pyramide de verre du Louvre, à Paris, se présente comme un triangle constitué de milliers de triangles plus petits. La structure tout entière est une combinaison de figures géométriques à deux et à trois dimensions.

Pour en savoir plus
L'ARCHITECTURE
LA GRÈCE ANTIQUE
LES MATHÉMATIQUES
LA NAVIGATION

http://www.larecherche.fr/content/recherche/article?id=22830

les Glaciers

LA NEIGE qui tombe sur les plus hautes montagnes du monde ne fond jamais. Les températures sont rarement positives et les nouvelles chutes de neige recouvrent les couches précédentes. Une masse épaisse de glace et de neige accumulées appelée calotte glaciaire recouvre les sommets des montagnes. La neige qui s'accumule dans les vallées forme des glaciers. Les glaciers progressent très lentement, généralement de moins d'un mètre par jour, d'amont en aval. À plus faible altitude, il fait plus chaud et le glacier fond. Mais dans les régions arctiques et antarctiques, les glaciers recouvrent le sol en permanence. Ils descendent vers la mer et se fragmentent en icebergs. Une énorme calotte glaciaire recouvrait la majeure partie de l'Amérique du Nord et de l'Europe il y a un million d'années pendant la dernière glaciation. Lorsque le climat s'est réchauffé il y a 10 000 ans, une partie de la glace a fondu et la banquise s'est réduite. Aujourd'hui, la banquise fond à un rythme inquiétant au Groenland et en Antarctique.

GLACIERS
Les glaciers fusionnent souvent, comme les petits cours d'eau qui se rencontrent pour former de grandes rivières.

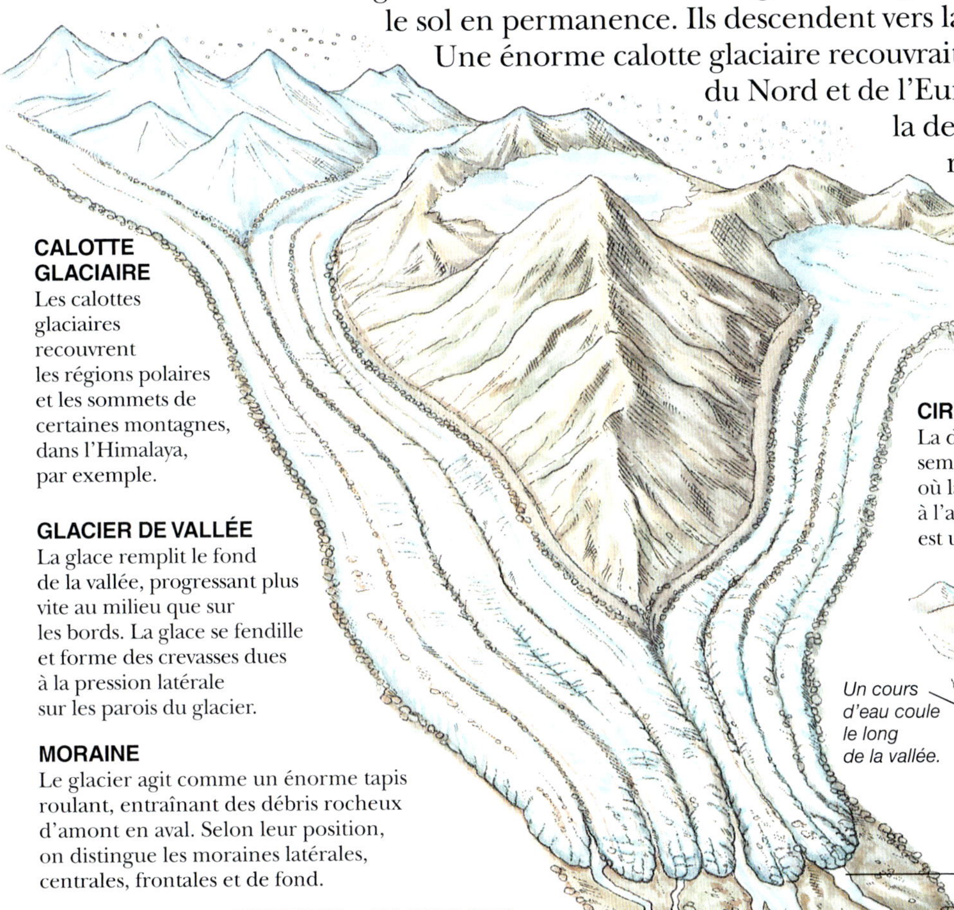

CALOTTE GLACIAIRE
Les calottes glaciaires recouvrent les régions polaires et les sommets de certaines montagnes, dans l'Himalaya, par exemple.

GLACIER DE VALLÉE
La glace remplit le fond de la vallée, progressant plus vite au milieu que sur les bords. La glace se fendille et forme des crevasses dues à la pression latérale sur les parois du glacier.

MORAINE
Le glacier agit comme un énorme tapis roulant, entraînant des débris rocheux d'amont en aval. Selon leur position, on distingue les moraines latérales, centrales, frontales et de fond.

CIRQUE
La dépression semi-circulaire où la glace s'accumule à l'amont d'un glacier est un cirque.

FAÇONNEMENT DU PAYSAGE
Les glaciers érodent lentement les roches les plus dures et laissent apparaître un nouveau paysage lorsqu'ils reculent : vallées profondes, lacs, cours d'eau et cascades.

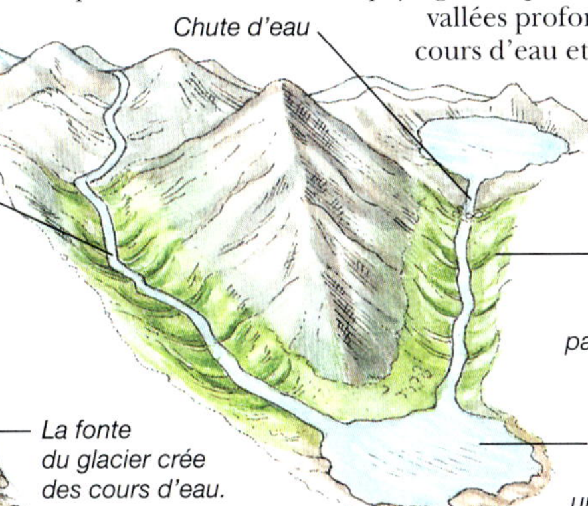

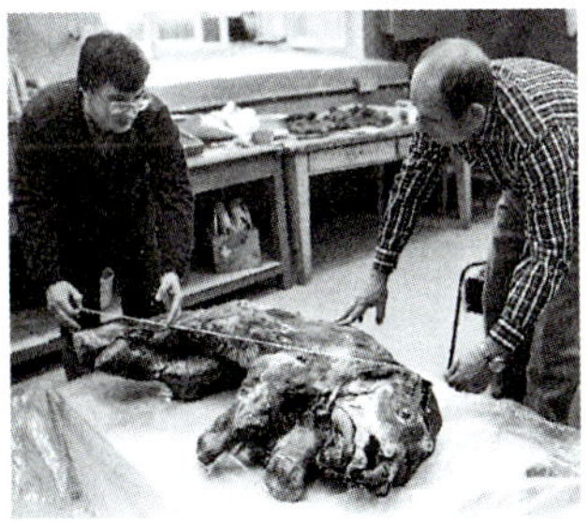

MAMMOUTHS GELÉS
En Sibérie, le gélisol (sol soumis au gel) a conservé les mammouths, éteints il y a pourtant 10 000 ans. Les derniers mammouths ont vécu en Amérique du Nord, en Europe et en Asie durant l'ère glaciaire.

FJORDS
Le niveau de la mer s'est élevé à la fin de l'époque glaciaire, noyant les vallées formées par les glaciers. Ces anciennes vallées glaciaires, profondes, à parois abruptes et envahies par la mer sont des fjords.

ICEBERG

Les gigantesques blocs de glace flottant à la surface de la mer sont des icebergs. Mais les 9/10e d'un iceberg sont immergés : c'est un grand danger pour les bateaux. Ainsi, en 1912, le *Titanic* coula après avoir heurté un iceberg.

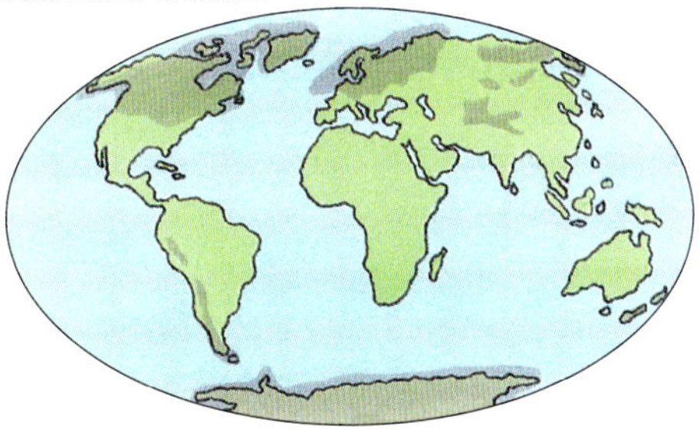

PÉRIODE GLACIAIRE
Les glaces recouvraient environ un tiers du globe au cours de la dernière glaciation. L'histoire de la Terre est jalonnée de plusieurs glaciations.

Pour en savoir plus
L'ANTARCTIQUE
L'ARCTIQUE
LES MONTAGNES (FAUNE ET FLORE)
PLUIE ET NEIGE
LES RÉGIONS POLAIRES

Gouvernement et politique

L'ADMINISTRATION des affaires d'un pays est assurée par un gouvernement qui définit les grandes lignes politiques. C'est lui qui décide comment l'argent collecté par les impôts sera réparti dans les différents services publics, tels que santé, éducation, aide sociale et culture. Il entretient aussi une armée pour la défense de la nation, une force de police pour la sécurité de la société. Les différentes traditions culturelles et politiques varient d'un pays à l'autre. Il existe cependant trois principaux types de gouvernement : le gouvernement monarchique, le gouvernement républicain et le gouvernement dictatorial. Aujourd'hui la plupart des pays sont des républiques, le peuple votant lors d'une élection pour choisir son gouvernement et son chef d'État. Dans une monarchie, c'est le chef de la famille royale qui exerce le pouvoir. Les pays dans lesquels un seul dirigeant s'est emparé du pouvoir absolu – souvent par un coup d'État militaire – sont appelés dictatures.

PLATON
Il y a plus de 2000 ans, le philosophe grec Platon écrivit le premier ouvrage sur les gouvernements et leur façon de diriger les peuples, c'est-à-dire ce que nous appelons aujourd'hui la politique. Son livre, *La République*, présentait la notion de démocratie, mot grec signifiant « gouvernement par le peuple ».

FONCTION PUBLIQUE
La fonction publique regroupe tous les salariés de l'État. Les fonctionnaires collectent impôts et taxes, distribuent les allocations et font fonctionner les nombreux services de l'État, comme l'enseignement, les hôpitaux, la poste…

SÉNAT
Le Sénat, deuxième chambre du parlement français, peut modifier ou rejeter les lois votées par l'Assemblée. Contrairement aux députés, les sénateurs ne sont pas élus au suffrage universel, mais au suffrage indirect par les « grands électeurs » (députés, maires, conseillers généraux et régionaux).

PALAIS DE L'ÉLYSÉE
Le palais de l'Élysée est la résidence du président de la république française. Il est situé au 55 rue du Faubourg-Saint-Honoré à Paris, dans le 8e arrondissement. Édifié et décoré entre 1718 et 1722, c'est sous le règne de Napoléon Bonaparte que son histoire sera liée à celle de la France. En 1816, l'Élysée entra définitivement dans les biens nationaux. En 1853, Napoléon III décida de sa rénovation complète par un nouvel architecte, Joseph-Eugène Lacroix. Sa structure actuelle provient pour l'essentiel de cette époque, et l'ensemble de ces travaux, qui s'achevèrent en 1867, constituent les derniers grands aménagements. « L'Élysée » désigne également couramment la présidence de la République, c'est-à-dire l'ensemble des collaborateurs du président de la République.

ANARCHISME
Tout le monde n'est pas partisan d'un gouvernement. Les anarchistes, dont Proudhon (1809-1865) est le père, préfèrent une société sans aucun contrôle central. Ce tableau du XIXe siècle montre une bombe placée à l'Opéra.

Une séance de l'Assemblée nationale où siègent les députés français

PARLEMENT
De nombreuses nations occidentales sont des démocraties. Elles organisent des élections, lors desquelles le peuple vote pour choisir le prochain gouvernement parmi divers partis politiques. Certains pays, tels que la France et les Pays-Bas, ont une démocratie parlementaire. Des politiciens élus des différents partis siègent au Parlement avec le gouvernement, et discutent de la meilleure façon de diriger le pays. Le gouvernement est généralement issu du parti politique ayant obtenu le plus grand nombre de votes lors de l'élection, et le leader de ce parti devient chef du gouvernement.

ASSEMBLÉE NATIONALE

Le 17 juin 1789, un mois après la réunion à Versailles des États généraux, les députés du tiers état, considérant qu'ils représentaient « les quatre-vingt-seize centièmes au moins de la nation » se proclamèrent Assemblée nationale. Ils décidèrent d'élaborer une Constitution limitant les pouvoirs du roi. La souveraineté résida désormais, non plus dans la personne du monarque, mais dans la nation qui l'exercerait par l'intermédiaire de représentants qu'elle choisirait. Cette conception révolutionnaire trouvera son expression dans les différentes constitutions dont va se doter la France. La dernière, celle de la Ve République, a été mise en place en 1958. L'Assemblée nationale voit son rôle de plus en plus affirmé, tant du point de vue politique qu'en matière de contrôle du gouvernement. Les députés sont élus au suffrage universel direct, dans 577 circonscriptions (555 circonscriptions en métropole et 22 à l'outre-mer) ; 577 députés siègent donc à l'Assemblée nationale.

Le 15 mai 1848, l'Assemblée nationale fut forcée et envahie. Tous les dirigeants socialistes et communistes, dont Barbès, Leroux, Blanqui, Raspail, furent arrêtés. Cet événement devait marquer l'échec prochain de la révolution de 1848.

MONARCHIE

Dans une monarchie, un roi ou une reine dirige le pays. Peu de monarques modernes détiennent un pouvoir politique réel, mais jusqu'au XVIIIe siècle, les monarques européens dictaient les lois et collectaient les impôts.

MONARCHIE BRITANNIQUE

La monarchie britannique détenait autrefois le pouvoir, mais joue aujourd'hui un rôle cérémonial. Le monarque peut être consulté quant à la politique du gouvernement, peut choisir un nouveau Premier Ministre et convoquer des élections législatives, mais en pratique il ou elle n'agit que sur les conseils du Premier Ministre.

Elizabeth II, actuel monarque du Royaume-Uni

EMENT

ement administre le pays. Il propose de nouvelles lois au Parlement, et prend des décisions concernant divers aspects de notre vie quotidienne. Le gouvernement français se compose d'une vingtaine de ministres, ainsi que de nombreux secrétaires d'État. Le chef du gouvernement est le Premier ministre, généralement l'un des leaders du parti politique majoritaire. Il assiste aux débats de l'Assemblée nationale, auxquels d'autres ministres peuvent également participer.

DÉCENTRALISATION

On appelle décentralisation le fait de transférer certains pouvoirs de l'État aux collectivités territoriales. Chaque commune française a sa propre mairie. En France, commune, département et région se partagent l'administration locale, gérant éducation, logement, services sociaux, environnement et santé publique, et mettant en œuvre la politique du gouvernement national.

PARTIS POLITIQUES

Les partis politiques sont des organisations formées pour représenter des opinions particulières concernant le gouvernement ou l'administration locale. En France, les principaux partis politiques sont l'Union pour un mouvement populaire (UMP), le Mouvement démocrate (Modem), le parti socialiste (PS), le parti communiste (PC) et les Verts (parti écologiste) ; il existe aussi plusieurs partis d'extrême droite ou d'extrême gauche.

Thabo Mbeki prête serment en tant que président de la république d'Afrique du Sud, en 1999.

PRÉSIDENCE

Dans une république, l'Afrique du Sud par exemple, le peuple vote pour élire son chef d'État. Le Président détient un réel pouvoir : il est responsable de l'administration du pays et de sa politique étrangère. En France, le pouvoir est réparti entre Président et Premier ministre. Dans certains pays tels que l'Inde, le Président est plutôt une figure de proue symbolique, qui assume un rôle cérémonial, un peu comme certains monarques.

Affiche de propagande éditée à l'occasion des élections législatives de 1902

DIFFÉRENTES ÉLECTIONS EN FRANCE

Il y a en France trois grands types d'élection : les élections locales, les élections à portée nationale et les élections européennes. Les élections locales sont : les élections municipalespermettant d'élire les conseils municipaux tous les six ans ; les élections cantonales,où est élu le conseil général qui gère le département, tous les six ans ; les élections régionales qui désignent les membres du conseil régional pour six ans. Les élections nationales sont : l'élection présidentielle, qui a lieu désormaistous les 5 ans ; les élections législatives permettant l'élection des députés pour cinq ans ; les élections sénatoriales, qui ont la particularité de se dérouler au scrutin universelindirect élisent les sénateurs pour 6 ans depuis la réforme du 30 juillet 2003. Les élections européennes : les citoyens et les ressortissants d'un État de l'Union européenne résidant en France élisent les députés du Parlement européen tous les cinq ans. Mais il y a dans la vie citoyenne d'autres types d'élections. Les élections professionnelles : par exemple, les élections des conseillers prud'homaux par les salariés ; les élections universitaires : les étudiants élisent leurs représentants au sein des organes gérant l'université.

GROUPES DE PRESSION

Les citoyens forment des groupes de pression pour obtenir une action ou des changements au service d'une cause particulière. Certains groupes, tels que l'organisation internationale environnementale Greenpeace, font campagne sur diverses questions, s'engageant souvent dans des actions directes telles qu'interpeller des pêcheurs de baleines. D'autres se préoccupent de causes locales (empêcher la fermeture d'un hôpital), ou de cas individuels, tels que la libération d'une personne injustement emprisonnée. Les groupes de pression peuvent se montrer très efficaces, obtenant gain de cause ou persuadant les hommes politiques de changer d'avis.

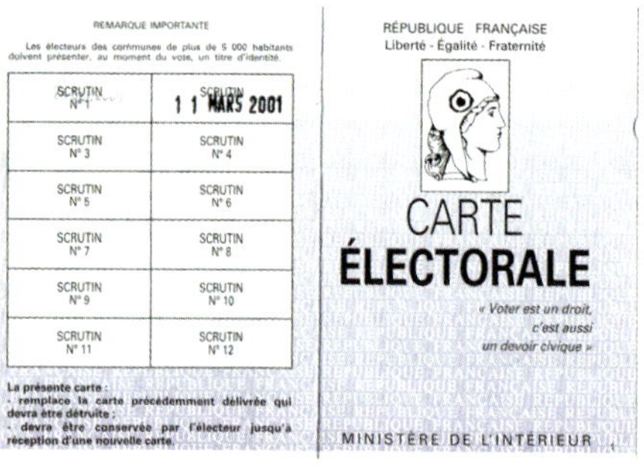

QUELLES SONT LES CONDITIONS POUR VOTER ?

Selon l'article 3 de la Constitution, « sont électeurs dans les conditions déterminées par la loi tous les nationaux français majeurs des deux sexes, jouissant de leurs droits civils et politiques ». Ainsi, les conditions pour voter sont les suivantes : disposer de la nationalité française, le droit de vote demeurant lié, en France, à la nationalité (sauf s'agissant des ressortissants d'un État membre de l'Union européenne, pour les élections municipales et européennes) ; être majeur : âge fixé à 18 ans depuis 1974 ; jouir de ses droits civils et politiques : cela exclut, d'une part, les majeurs sous tutelle ; d'autre part, jusqu'en 1992, le code électoral prévoyait, pour certains délits et pour l'ensemble des crimes, que les personnes condamnées étaient aussi privées de leur droit de vote de façon permanente ; enfin, être inscrit sur la liste électorale : elle est tenue à jour dans chaque mairie. Pour se faire inscrire, il faut remplir au moins l'une des conditions suivantes : être domicilié dans la commune, y résider depuis 6 mois ou être inscrit au rôle des contributions directes (ex : impôts locaux) depuis 5 ans. Les jeunes ayant atteint l'âge de 18 ans sont inscrits d'office.

GOUVERNEMENT FRANÇAIS

Juin 1789 Les états généraux se déclarent assemblée nationale : naissance du régime représentatif en France.

Septembre 1791 Première Constitution française.

Septembre 1792 Proclamation de la république.

1815 Rétablissement de la monarchie.

1848 Chute de Louis-Philippe, proclamation de la IIe République. Première élection de l'Assemblée au suffrage universel.

1852 Second Empire.

1870 IIIe République.

Le président de la République est élu par l'Assemblée nationale et le Sénat.

1913 Le vote devient secret.

1944 Le droit de vote est accordé aux femmes.

1945 Le droit de vote est accordé aux militaires de carrière.

1946 IVe République.

1958 Le général de Gaulle est élu président de la République – début de la Ve République.

1962 Première élection du président de la République au suffrage universel.

1974 Abaissement de la majorité (et du droit de vote) à 18 ans.

1992 Droit de vote accordé aux étrangers originaires de l'Union Européenne.

Transport des bulletins des sections à la mairie, le 10 décembre 1848

Pour en savoir plus

La Démocratie
Le Droit
La France (histoire)

Graminées et céréales

Moissonner à la main est un travail long et pénible. Une moissonneuse-batteuse peut remplacer jusqu'à 100 cultivateurs.

IL EXISTE plus de 10 000 espèces de graminées. Elles poussent dans les jardins, dans les champs, dans les forêts tropicales et dans les savanes africaines. Ce sont des plantes à fleurs frêles, aux tiges dressées, aux feuilles à limbe étroit, aux minuscules fleurs en épis, sans pétales. Leurs nombreuses petites racines sont emmêlées. Le vent assure leur pollinisation et les graines se développent comme celles des autres plantes à fleurs. Leurs fruits se réduisent à des grains. Les graminées constituent une source de nourriture essentielle pour les humains et les animaux. Nous mangeons les grains des céréales sous forme de muesli, de pain ou de biscuits. Le blé et l'orge figurent parmi les premières plantes cultivées par l'homme, il y a 10 000 ans. Aujourd'hui, la culture du blé, du riz et du maïs compte parmi les plus importantes du monde.

CANNE À SUCRE

La canne à sucre peut atteindre 4,5 m de haut. Au moment de la moisson les tiges sont coupées tout près du sol, débarrassées de leurs feuilles et transportées jusqu'à une sucrerie où elles sont broyées. Le jus sucré (vesou) est transformé en sucre.

CÉRÉALES

Les céréales – avoine, blé, orge, maïs et seigle – sont cultivées pour leurs grains qui, une fois mûrs, restent entiers (riz) ou sont moulus (blé, millet) pour fabriquer de nombreux produits alimentaires. Les chaumes sont tressés pour faire des paniers ou servent à fabriquer des toits et des litières pour les animaux. Les feuilles et les petites tiges (fourrage vert) sont stockées dans des silos, d'où le nom d'ensilage, et serviront à nourrir le bétail.

ORGE

L'orge est utilisée dans l'alimentation animale et pour fabriquer de la bière.

BLÉ

Il existe plus de 30 variétés de blé. Le blé dur sert à fabriquer des pâtes alimentaires, le blé tendre, du pain et des pâtisseries.

SEIGLE

Le seigle sert à fabriquer du pain et les éleveurs l'utilisent comme fourrage.

MILLET

Les grains de millet servent à fabriquer des galettes, du muesli. On les retrouve dans les graines pour oiseaux et le fourrage.

RIZ

Le riz constitue la nourriture de base dans de nombreuses régions du monde, en Asie surtout.

BAMBOU

Le bambou peut atteindre 27 m de haut. Ses tiges creuses et ligneuses sont utilisées pour fabriquer des habitations et des meubles. Elles font aussi des échafaudages très solides.

CHAUME

Les tiges séchées des graminées servent pour les toitures.

Pour en savoir plus

FRUITS ET GRAINES
LES PLANTES
LES PRAIRIES
LES SOLS

les Grandes profondeurs

LES GRANDS FONDS MARINS représentent l'habitat le plus vaste du monde pour toutes sortes d'espèces animales. À plus de 1 km de profondeur, aucune plante ne pousse en raison de l'absence de lumière solaire. Mais dans l'obscurité abyssale vivent des créatures extraordinaires qu'on ne trouve nulle part ailleurs. Elles se sont adaptées pour survivre dans un milieu où la pression est 1 000 fois supérieure à celle qui règne à la surface de l'eau. Certains poissons des grandes profondeurs dépendent de la nourriture qui tombe de la surface (restes animaux et débris végétaux), d'autres ont une bouche énorme et de longues dents incurvées vers l'arrière pour saisir et avaler tout ce qui passe à leur portée. Ces poissons ont un très gros estomac qui s'étire pour digérer des proies plus grosses qu'eux. Près des fonds marins, des anémones de mer, des vers, des concombres de mer, des étoiles de mer… filtrent la vase à la recherche de benthos (organismes vivant au fond des mers).

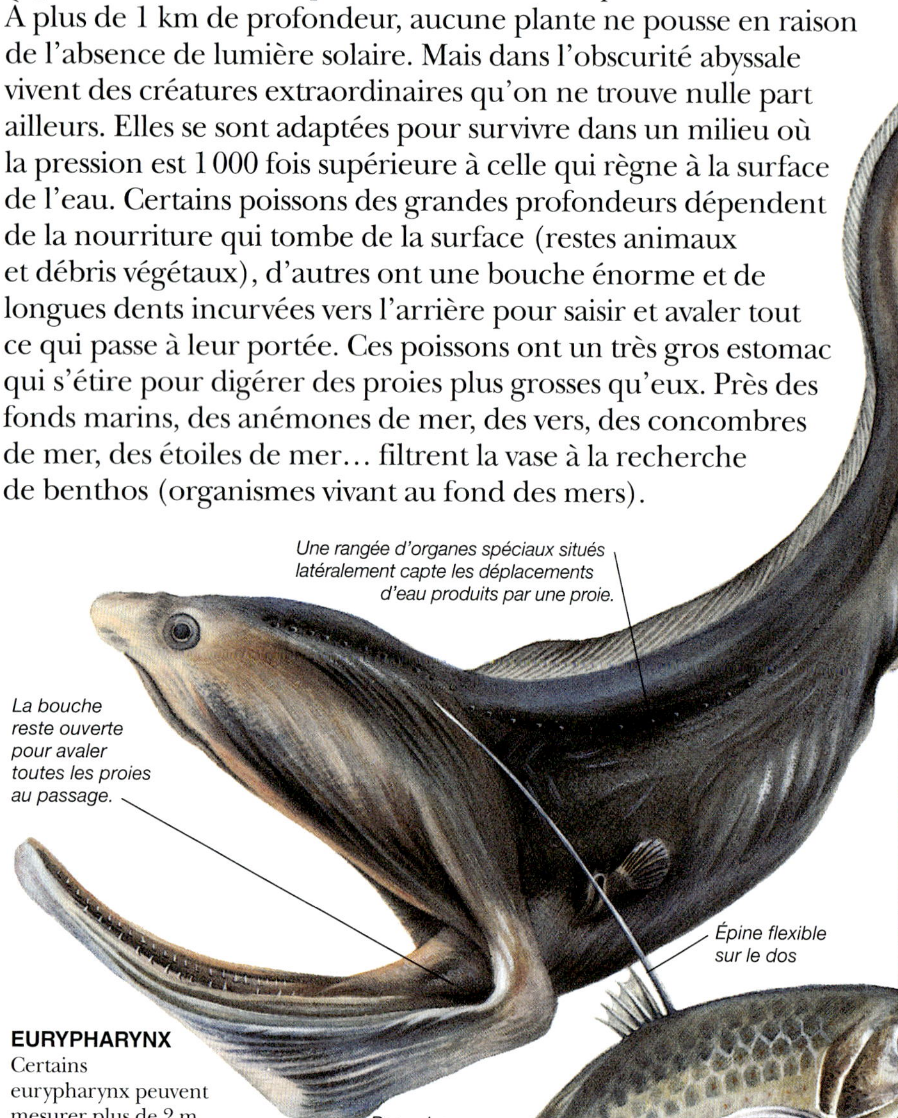

EURYPHARYNX
Certains eurypharynx peuvent mesurer plus de 2 m de long. Ils semblent formés uniquement d'une bouche énorme et d'une queue, sauf lorsque leur estomac gonfle après le repas. Comme la plupart des poissons abyssaux, ils sont de couleur foncée. L'eurypharynx ci-dessus mesure 60 cm de long et possède des dents minuscules. Il se nourrit de petites proies en nageant la bouche ouverte.

POISSON-LANTERNE
Le poisson-lanterne vit à des centaines de mètres de profondeur. Avec ses grands yeux, il guette les prédateurs pendant qu'il mange de petits végétaux et animaux en suspension dans l'eau. Les scientifiques s'interrogent toujours sur le rôle que jouent les taches brillantes qu'il possède le long du corps.

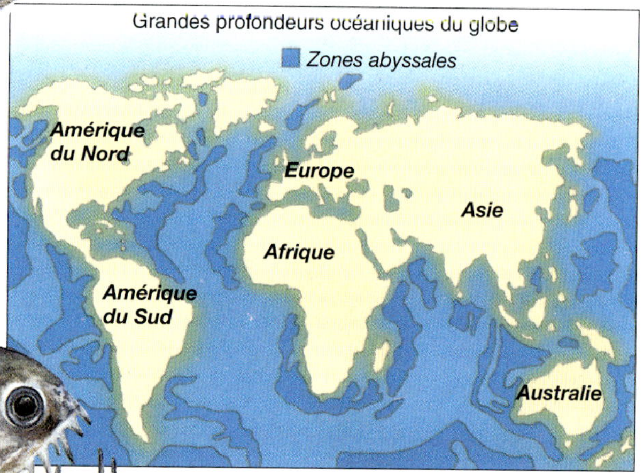

POISSON-ALLIGATOR
Le poisson-alligator ne mesure que 30 cm de long, mais se révèle un prédateur redoutable. Il nage en maintenant pointée au-dessus de sa tête l'épine qui surmonte sa nageoire dorsale. L'extrémité de l'épine brille et attire les proies trop curieuses. Le poisson-alligator poignarde sa victime avec les longues dents de sa mâchoire inférieure dont la forme courbe empêche la proie de s'échapper.

BIOLUMINESCENCE

Des centaines de poissons abyssaux brillent dans l'obscurité, dont la baudroie et le poisson-lanterne. Ils émettent leur propre lumière par un procédé appelé bioluminescence. Il s'agit d'une réaction chimique s'opérant dans certaines parties du corps. La lueur est diffuse ou constituée d'un ensemble de points lumineux, forte (signal émis pour attirer un partenaire) ou faible (camouflage).

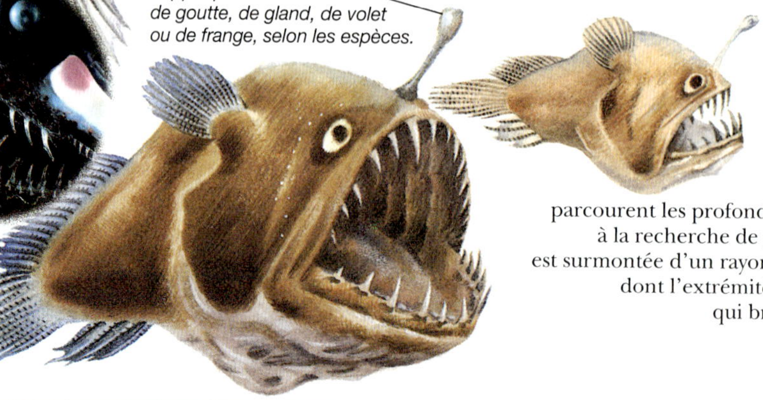

BAUDROIE
Des dizaines d'espèces de baudroies parcourent les profondeurs océaniques à la recherche de proies. Leur tête est surmontée d'un rayon long et flexible dont l'extrémité porte un appât qui brille dans le noir.

PROTECTION DES ABYSSES

Contrairement à d'autres milieux, comme les forêts denses, les fonds marins ne sont pas gravement menacés. Mais des polluants ont été retrouvés à de grandes profondeurs. La surpêche a épuisé les eaux peu profondes et risque maintenant de menacer les grands fonds et la survie des poissons abyssaux comme cet *Arripis georgianus* (à droite).

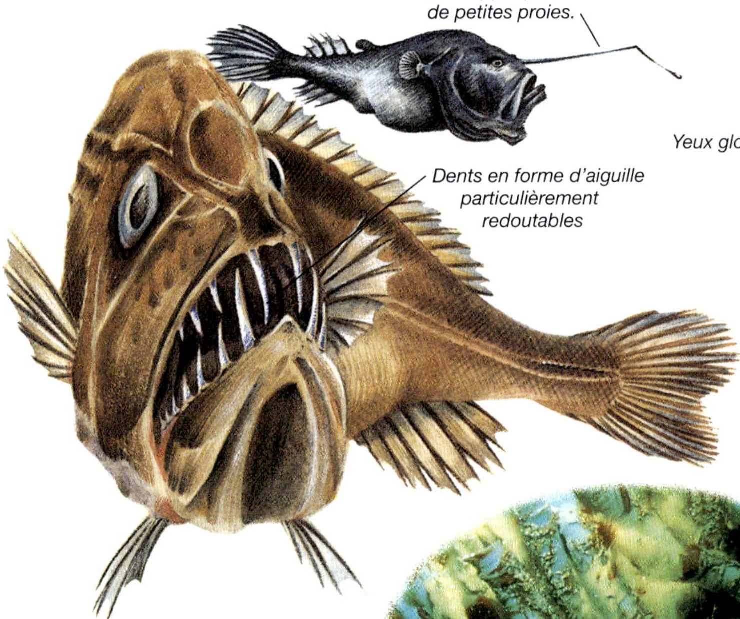

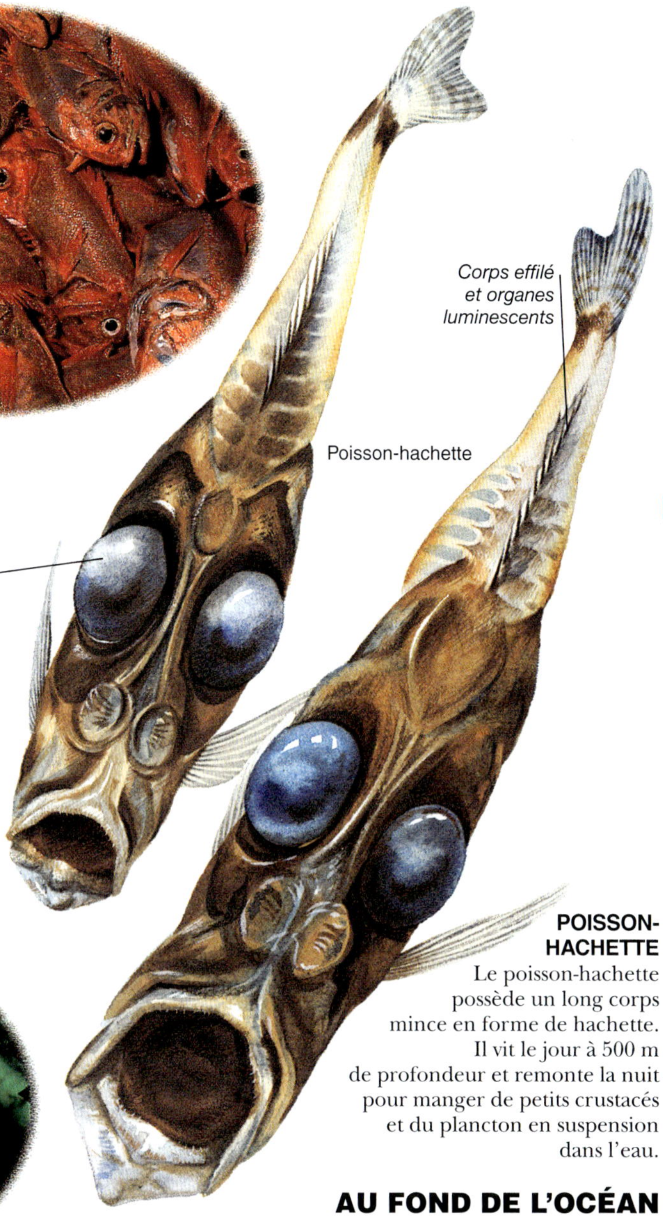

POISSON-HACHETTE
Le poisson-hachette possède un long corps mince en forme de hachette. Il vit le jour à 500 m de profondeur et remonte la nuit pour manger de petits crustacés et du plancton en suspension dans l'eau.

SOURCES HYDROTHERMALES MARINES

Le long des dorsales océaniques se trouvent des sources hydrothermales d'où jaillissent des eaux brûlantes riches en hydrogène sulfuré. Des bactéries se développent en transformant l'hydrogène sulfuré et le méthane en énergie chimique. D'autres créatures se nourrissent de ces bactéries. Des crustacés aveugles et des vers géants de 3 m de long vivent dans ce milieu totalement obscur.

ENCRINE
L'encrine, apparentée à l'étoile de mer, est fixée au fond des mers par une longue tige. Ses tentacules lui servent à saisir les proies puis à les porter à sa bouche.

CALMAR DES PROFONDEURS
Les calmars nagent entre les encrines à la recherche de proies. Le calmar géant chasse aussi près du fond.

CONCOMBRE DE MER
Le concombre de mer est un animal cylindrique apparenté à l'étoile de mer. Il possède des tentacules autour de sa bouche pour saisir des organismes vivants sur les fonds marins où il rampe avec ses pieds tubulaires.

AU FOND DE L'OCÉAN

De nombreuses espèces animales filtrent l'eau et les dépôts boueux du fond à la recherche d'organismes vivants. Là où les courants océaniques apportent une nourriture abondante, ces créatures couvrent les fonds marins. La plupart sont aveugles et se déplacent lentement. Lorsque certains poissons abyssaux remontent à la surface, la décompression les fait enfler et éclater. Les scientifiques les étudient avec des submersibles spéciaux commandés à distance et dotés de caméras qui peuvent descendre jusqu'à 6 km de profondeur.

Pour en savoir plus

L'Atmosphère
Étoiles de mer et oursins
L'Exploration sous-marine
Les Océans
Pieuvres et calmars
Les Poissons

les Grands compositeurs

Au XVe siècle, les marges des partitions étaient bien souvent ornées de délicates enluminures.

AVEC LES SEPT NOTES DE LA GAMME, un compositeur peut créer une infinité de mélodies de styles très divers, du jazz au rock ou à la variété, en passant par la musique classique. Il utilise aussi différents signes et symboles pour transcrire sa musique. La position d'une note sur la portée indique la hauteur d'un son, sa forme (ronde, blanche, noire, croche…) renvoie à la durée de ce son. D'autres indications complètent ces notations, comme le *tempo*, relatif à la vitesse d'exécution, ou encore la clé placée en début de portée permettant d'identifier les notes. Toute musique repose sur une combinaison de sons produisant mélodies, rythmes et harmonies. L'étude des grands compositeurs qui ont jalonné l'histoire de la musique constitue l'un des meilleurs moyens pour appréhender cet art complexe et exigeant.

PURCELL
Enfant, le compositeur anglais Henry Purcell (1659-1695) officiait en tant que choriste à la chapelle royale de Londres. À 20 ans, il devint organiste à Westminster avant de remplir la charge de compositeur de la Cour. Son œuvre abondante aborde tous les genres, de la musique religieuse à la musique de chambre, en passant par l'opéra.

ART DE LA COMPOSITION
La plupart des compositeurs commencent par créer des thèmes et des mélodies pour un ou plusieurs instruments, ou pour une ou plusieurs voix. Quelquefois, les voix et les instruments se combinent, comme dans l'opéra ou le chant choral. Toute la difficulté consiste alors à associer les sons produits par chacun des instruments et des chanteurs, de façon que les différents interprètes puissent être clairement identifiés.

Chaque membre de l'orchestre se réfère à une ligne de la partition, où sont retranscrites les notes correspondant à son instrument.

Les compositeurs de musique symphonique indiquent sur les partitions leurs parties instrumentales de chaque section de l'orchestre.

Certains compositeurs trouvent l'inspiration en improvisant des variations mélodiques au piano.

MUSIQUE BAROQUE
La musique occidentale du XVIIe siècle et du début du XVIIIe siècle prit le nom de baroque, en référence au style architectural très chargé de l'époque. Genre musical savant et sophistiqué, il insiste sur l'expressivité, les ornements et le contrepoint.

BACH
Le compositeur allemand Jean-Sébastien Bach (1685-1750) fut l'auteur de nombreuses œuvres de musique religieuse et profane de la période baroque. Les *Concertos brandebourgeois*, achevés en 1721, comptent parmi ses plus illustres chefs-d'œuvre.

HAENDEL
Né en Allemagne, Georg Friedrich Haendel (1685-1759) s'installa en Angleterre en 1712. Il composa pour la famille royale anglaise et signa de nombreux opéras, sonates et suites, et de célèbres oratorios, tel *Le Messie*, en 1742.

La Royal Firework Music *a été composée par Haendel en 1749, pour être jouée en plein air et accompagner les feux d'artifice royaux.*

MUSIQUE CLASSIQUE

On oppose souvent la musique dite classique à la musique populaire. Mais, pour les musiciens, la musique classique correspond à une période bien précise, de la fin du XVIIIe siècle au début du XIXe siècle. La symphonie se développa sous l'impulsion d'artsites classiques comme Joseph Haydn (1732-1809), qui en écrivit 104.

MOZART

Le compositeur autrichien Wolfgang Amadeus Mozart (1756-1791) aborda tous les genres : musique de chambre, concerto, sonate, symphonie et opéra, telle *La Flûte enchantée*, en 1791.

Le jeune Mozart se produisit dans toute l'Europe dès l'âge de six ans !

BEETHOVEN

Pianiste virtuose et compositeur de génie, l'Allemand Ludwig van Beethoven (1770-1827) dut sa célébrité à ses symphonies et à ses concertos pour piano. Devenu sourd, il composa des œuvres souvent complexes, qui annonçaient le romantisme.

MUSIQUE ROMANTIQUE

Vers 1820, on commença à s'intéresser à de nouvelles sonorités. L'orchestration devint plus élaborée. Pour des compositeurs comme Tchaïkovski, la musique devait délaisser les règles formelles et susciter l'émotion grâce à des sonorités colorées et évocatrices.

TCHAÏKOVSKI

Le compositeur russe Piotr Ilitch Tchaïkovski (1840-1893) connut une vie tourmentée, que reflète son œuvre musicale. Il est l'auteur de symphonies, d'opéras et de ballets, dont le plus célèbre reste *Le Lac des cygnes* (1876).

Le ballet d'Igor Stravinsky L'Oiseau de feu *fit scandale lors de sa première représentation sur une scène parisienne en 1910.*

Grâce au clavier MIDI, on peut aujourd'hui obtenir un panel infini de sonorités.

MUSIQUE ASSISTÉE PAR ORDINATEUR

La musique assistée par ordinateur (MAO) s'est développée à pas de géant depuis les années 1970. Les logiciels de création musicale deviennent de plus en plus intuitifs et faciles d'accès ; ils permettent de stocker, de modifier et de restituer à volonté des sons.

MUSIQUE MODERNE

Au début du XXe siècle, la musique s'éloigna de la mélodie et de l'harmonie classiques. Les œuvres du Russe Igor Stravinsky (1882-1971) heurtèrent la sensibilité du public. Avec *Pelléas et Mélisande*, le Français Claude Debussy (1862-1918) réinventa l'opéra, tandis que l'écriture de l'Autrichien Arnold Schoenberg (1874-1951) influença tout le siècle. Karlheinz Stockhausen (1928-2007) fut le premier à associer bande magnétique et instruments traditionnels dans ses compositions.

IXe SIÈCLE Les moines commencent à transcrire le chant grégorien sur des portées pour accompagner le texte liturgique en langue latine.

1300-1600 Les compositeurs de la fin du Moyen Âge et de la Renaissance inventent une forme de musique vocale à l'harmonie plus élaborée, appelée polyphonie.

1597 Le compositeur italien Jacopo Peri (1561-1633) crée *Dafne*, le premier opéra de l'histoire de la musique.

XVIIe SIÈCLE Début de la musique baroque. Petit à petit, les compositions musicales deviennent de plus en plus sophistiquées.

1750-1820 Début de la musique classique. Son style davantage dépouillé se révèle plus accessible au grand public.

1817-1823 Beethoven introduit un chœur dans sa *9e Symphonie*. C'est « L'hymne à la joie ».

ANNÉES 1820 Début de la musique romantique, qui privilégie l'expression des émotions.

1830 Hector Berlioz (1803-1869) crée sa *Symphonie fantastique*.

ANNÉES 1850 Des compositeurs d'Europe du Nord et de l'Est créent des œuvres s'inspirant des chants traditionnels et du folklore de leurs pays.

1865 Richard Wagner (1813-1883) achève *Tristan et Isolde*, un opéra annonciateur de la musique moderne.

1888 Le compositeur russe Rimski-Korsakov (1844-1908) s'inspire des *Mille et Une Nuits* pour composer son poème symphonique, intitulé *Shéhérazade*.

XXe SIÈCLE Les musiciens impressionnistes s'appliquent à traduire atmosphères, mouvements et couleurs.

1905 Claude Debussy (1862-1918) achève *La Mer*, œuvre d'inspiration impressionniste.

1924 George Gershwin (1898-1937) écrit *Rhapsody in Blue*, œuvre mêlant jazz et musique postromantique.

1959 Le compositeur allemand Karlheinz Stockhausen (1928-2007) écrit *Zyklus*, une œuvre de musique aléatoire pour percussionniste solo.

1972 Le Français Pierre Boulez aborde la musique électronique avec la composition d'*Explosante fixe*.

1977 Création de l'IRCAM, institut de Recherche et Coordination Acoustique/Musique.

Pour en savoir plus
LES INSTRUMENTS DE MUSIQUE
LA MUSIQUE
OPÉRA ET CHANSONS
LES ORCHESTRES
LA RENAISSANCE

les Grands explorateurs

NOUS QUI AVONS TRANSFORMÉ LE TOUR DU MONDE en compétition sportive, nous avons du mal à imaginer comment nos ancêtres se représentaient la Terre. On raconte qu'au VIe siècle, le moine irlandais Brendan traversa l'Atlantique à la recherche d'une hypothétique terre promise. Il fallut attendre le XVe siècle et l'essor de la construction navale pour que des Européens se lancent à la conquête des océans. Les Turcs contrôlaient depuis le XIe siècle les routes terrestres entre l'Europe et les Indes (Asie du Sud-Est actuelle). Si lourdes étaient les taxes qu'ils exigeaient sur les marchandises importées d'Orient que les Européens cherchèrent à les contourner. C'est ainsi que des navigateurs européens découvrirent les Amériques et d'autres pays dont ils ignoraient jusqu'à l'existence. Les populations autochtones furent bien souvent victimes de ces nouveaux arrivants, qui n'hésitèrent pas à les exploiter, à les réduire en esclavage et à anéantir leurs cultures.

VIKINGS
Les Vikings étaient originaires de Norvège, de Suède et du Danemark. À la recherche de nouveaux territoires, ils firent route vers l'Islande, le Groenland et l'Amérique du Nord, à bord de leurs longs vaisseaux, se guidant et naviguant à l'aide du Soleil et des étoiles.

MONDE IMAGINAIRE
Les premiers explorateurs disposaient de bien peu de cartes et leur vision du monde manquait singulièrement de précision. Les érudits eux-mêmes pensaient que le monde était plat et qu'il était dangereux de s'aventurer au-delà de ses limites. D'autres prétendaient que la Terre était supportée par une tortue…

ÎLES DU PACIFIQUE
Les premiers Européens à sillonner l'océan Pacifique, au XVIe siècle, découvrirent avec stupéfaction que des îles avaient été colonisées par des hommes bien avant eux. Vers 30000 av. J.-C., les ancêtres des Polynésiens avaient débarqué d'Asie du Sud-Est à bord de fragiles esquifs. Vers 1000 apr. J.-C., ils s'étaient approprié des centaines d'îles du Pacifique.

Ancêtres des Maoris débarquant en Nouvelle-Zélande

PÉRIL EN MER
Les navigateurs qui s'aventuraient sur les océans affrontaient de multiples dangers, tempêtes, récifs, icebergs et brouillard. La mer restait un territoire hostile et certaines légendes évoquaient l'existence de monstres marins hantant les eaux lointaines. Ces histoires trouvèrent sans doute leur origine dans l'observation de baleines et autres créatures marines. Les hommes à leur retour faisaient le récit de leurs aventures, enflammant l'imagination des artistes et des écrivains. Ainsi prenaient vie mythes et légendes.

DÉCOUVERTES

De retour des Amériques, les navigateurs rapportèrent en Europe de l'or, des trésors, mais aussi de nouveaux fruits et légumes. De l'Orient furent importés soieries, bijoux et épices. De quoi susciter l'avidité des Européens qui ne tardèrent pas à se lancer dans le commerce avec l'Orient et le Nouveau Monde.

Soie d'Orient

Pomme de terre d'Amérique du Nord

Tomates et piments des Amériques

Épices d'Orient

Chocolat élaboré à partir des fèves de cacao des Amériques

LES GRANDS EXPLORATEURS

GRANDS EXPLORATEURS

Sur les traces des premiers découvreurs, tel Christophe Colomb, des Européens se lancèrent dans l'exploration de la planète. Qu'ils soient guidés par la curiosité, par la soif de reconnaissance ou par le désir de convertir au christianisme les populations des régions les plus reculées du globe, tous ces pionniers durent affronter des dangers et des périls extrêmes.

SIR HENRY MORTON STANLEY (1841-1904)

Employé par un journal new-yorkais, ce journaliste gallois fut envoyé en Afrique sur les traces de l'explorateur écossais David Livingstone. L'ayant retrouvé, en 1871, il l'aurait abordé avec cette phrase devenue fameuse « Docteur Livingstone, je suppose ? » Stanley explora bien plus tard l'Afrique centrale et les rives du lac Victoria.

MARY KINGSLEY (1862-1900)

Femme téméraire et déterminée, Mary Kingsley traversa l'Afrique occidentale en pratiquant le commerce. Elle mena à bien diverses études scientifiques, entra en contact avec des cannibales au cours de l'une de ses expéditions et fut l'une des premières à défendre la cause du peuple noir opprimé par les colons.

AMÉRIC VESPUCE (1454-1512)

Premier Européen à explorer les côtes du Brésil, ce navigateur italien donna son nom à l'Amérique. Responsable d'une école de navigation à Séville, en Espagne, Vespuce soutenait qu'il était possible de faire route vers les Indes en contournant l'Amérique du Sud.

FERNAND DE MAGELLAN (1480-1521)

Le Portugais Magellan, premier navigateur européen à tenter un tour du monde, fut tué aux Philippines, mais apporta la preuve qu'on pouvait atteindre les Indes par le sud-ouest, en traversant le Pacifique.

VASCO DE GAMA (1469-1524)

Difficultés et mauvaises conditions météorologiques ne détournèrent pas de sa route ce navigateur portugais qui réussit à gagner les côtes de l'Afrique orientale et à ouvrir une nouvelle voie vers les Indes. Vasco de Gama fut le premier Européen à franchir le cap de Bonne-Espérance (pointe sud de l'Afrique) en 1497.

Marco Polo quitte Venise.

Le voyage de Marco Polo à la découverte de la Chine dura près de 24 ans.

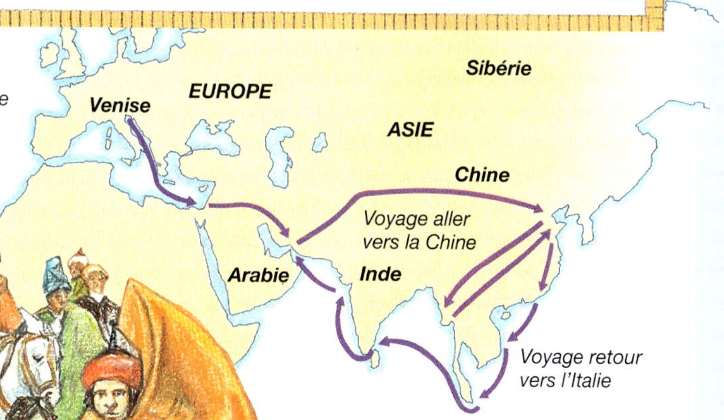

MARCO POLO

Cet explorateur italien (1254-1324) était le fils d'un négociant de Venise, l'une des plus grandes cités marchandes européennes de l'époque. À peine âgé de 17 ans, Marco Polo embarqua pour la Chine, avec son père et son oncle.

MERVEILLES DE CHINE

C'est au cours de son voyage en Chine que Marco Polo devint l'un des favoris de l'empereur mongol Kubilay Khan. L'explorateur vénitien publia par la suite un récit détaillé de son voyage, le *Livre des merveilles du monde*. Mais les Européens ne prendront conscience de la grandeur de la civilisation chinoise que bien plus tard.

Pour en savoir plus

CHRISTOPHE COLOMB
LES CONQUISTADORS
LES EXPÉDITIONS POLAIRES
LA NAVIGATION

Les Grands félins

PEU D'ANIMAUX suscitent autant de crainte et d'admiration que les lions, les tigres, les guépards, les léopards : tous des grands félins. Ces prédateurs agiles possèdent des dents puissantes et tranchantes comme un rasoir, des griffes acérées, un corps musclé et des sens excellents. Leur magnifique fourrure rayée ou tachetée leur offre un camouflage efficace au milieu des arbres, leur permettant de bondir soudainement sur des zèbres, des girafes et d'autres proies. Il existe sept espèces de grands félins – dont le tigre est la plus grande. Un tigre adulte peut mesurer plus de 3 m du museau à la pointe de la queue ; un lion adulte est presque aussi grand. Les premiers grands félins vivaient il y a 45 millions d'années. Beaucoup, dont le lion, le guépard et le léopard, peuplent encore les régions d'Afrique. Les panthères des neiges habitent dans les montagnes et les forêts asiatiques. Les jaguars sont les grands félins les plus imposants d'Amérique du Nord et du Sud, aussi à l'aise pour nager dans les lacs que pour grimper aux arbres.

BÉBÉ TIGRE
Comme tous les petits des grands félins, il possède des marques pâles à la naissance. Au bout de quelques mois, ses rayures transversales deviennent noires sur fond jaune-roux.

CHASSE
Les lions vivent dans les savanes (vastes prairies à hautes herbes) et la brousse, et ce sont les lionnes qui chassent. La photo montre deux lionnes pourchassant une jeune gazelle et tentant de l'isoler du reste du troupeau.

Le chef de la bande est le mâle le plus fort. Il peut mesurer 2,5 m de long et 1 m de haut au garrot.

LION
Les lions sont les seuls grands félins à vivre en bandes, pouvant compter jusqu'à 30 individus. La bande règne sur un territoire d'au moins 100 km² ; son étendue dépend de l'abondance des proies. Le mâle protège le territoire de sa bande et défend les femelles contre d'autres mâles.

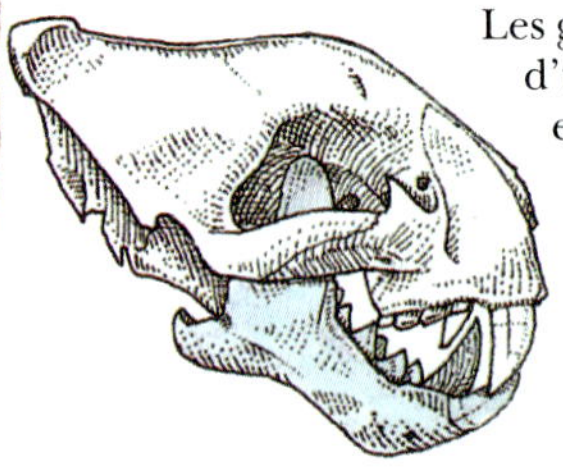

CRÂNE ET DENTITION
Les grands félins sont dotés d'un crâne court et fort et de puissantes mâchoires. Leurs canines pointues transpercent et déchirent la chair de leurs proies. Les grosses molaires broient la chair et les tendons.

CARNIVORES
Les grands félins sont des carnivores (mangeurs de viande). Les lions mangent généralement de grandes proies – antilopes et zèbres. Une girafe suffit à nourrir toute la bande.

SORTIR SES GRIFFES
Lorsqu'un félin bondit sur sa victime ou grimpe aux arbres, il sort ses griffes. Des muscles du pied permettent aux griffes de sortir de leur gaine.

RENTRER SES GRIFFES
La plupart du temps, les griffes des félins sont protégées dans des gaines musculaires. Elles restent ainsi bien aiguisées et sont moins susceptibles de se casser. Lorsque l'animal lèche sa patte, ses griffes sont sorties.

LÉOPARD
Le léopard pèse 60 kg et mesure 1,5 m de long. C'est un animal capable de survivre dans les forêts tropicales chaudes comme dans les montagnes froides. Il peut aussi habiter à proximité des villes et des villages.

GRIMPEUR
Le léopard est un excellent grimpeur. Il dort, sommeille et surveille les alentours du haut d'un arbre. Et il emporte ses restes de nourriture là-haut pour les stocker et les mettre à l'abri des charognards.

TIGRE
Contrairement aux autres grands félins, le tigre ne craint pas l'eau. Il tire parfois sa proie morte près d'un point d'eau parce qu'il boit fréquemment en mangeant. Il se cache dans les épaisses broussailles pour guetter sa victime, puis s'élance sur les 15 derniers mètres et bondit dessus par surprise. Le tigre consomme environ 18 kg de viande par jour.

PANTHÈRE
La panthère noire est une panthère d'Afrique ou léopard. Le jour ses taches sont visibles : noires, elles se détachent de son pelage sombre de couleur gris-brun.

JAGUAR
Le jaguar traque ses proies – des grands mammifères – de la même façon que le tigre. Il se nourrit aussi de tapirs, de poissons, de grenouilles, de rongeurs, de paresseux et de petits caïmans.

RUGISSEMENT
Seuls les grands félins rugissent, mais le jaguar et la panthère des neiges ne rugissent que rarement. Le rugissement exprime la colère et avertit d'autres animaux de ne pas s'approcher.

GUÉPARD
Aucun animal ne peut courir plus vite que le guépard sur une courte distance : il peut atteindre une vitesse de 100 km/h. Contrairement aux autres félins, ses griffes ne sont pas rétractiles, ce qui lui donne une prise au sol supplémentaire pour démarrer sa course. S'il est repéré par sa proie avant d'être à 180 m d'elle, il ne parcourt pas cette distance.

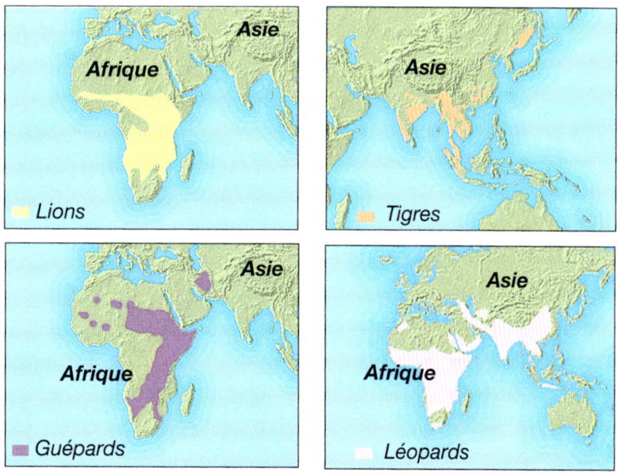

PROTECTION DES GRANDS FÉLINS
Les léopards et d'autres grands félins ont été trop chassés pour leur fourrure. Le commerce des grands félins et de leur fourrure est aujourd'hui interdit par un accord international. La carte ci-contre montre les principales régions du globe où ces animaux survivent.

Guépard

Pour en savoir plus

L'Afrique (faune et flore)
Le Camouflage des animaux
Les Chats
Les Espèces animales
Les Espèces en voie de disparition
Les Mammifères
Les Zoos

la Gravitation

CHUTE

La gravitation accélère la chute des corps. Leur vitesse ne dépend pas de leur poids : un corps léger chute aussi rapidement qu'un corps lourd, à moins que la résistance de l'air ne le ralentisse. Le savant italien Galilée (1564-1642) en apporta la preuve, il y a près de quatre siècles.

Bien qu'une roche pèse bien plus qu'un œuf, si les deux corps ont la même taille, ils chutent à la même vitesse et touchent le sol en même temps.

LA TERRE TOURNE autour du Soleil à une vitesse 50 fois supérieure à celle d'une balle de carabine. Une force phénoménale maintient la Terre sur son orbite. Sans cette force, dite de gravitation, la Terre serait projetée dans l'espace comme une roche lancée par une catapulte. La gravitation fait que les corps s'attirent mutuellement. La puissance de cette force dépend de la masse du corps : plus sa masse est importante, comme dans le cas d'une planète par exemple, plus la force de gravitation est importante. Cette force agit également sur nous et nous attache au sol en nous attirant vers le centre de la Terre. L'effort que nous devons fournir pour grimper une volée de marches, par exemple, traduit l'opposition du corps en mouvement à la force de gravitation.

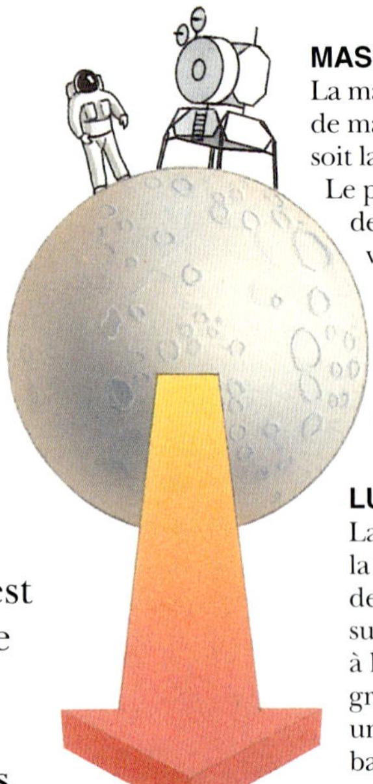

MASSE ET POIDS

La masse d'un corps correspond à sa quantité de matière. Elle reste inchangée, quelle que soit la position de cet objet dans l'Univers. Le poids d'un corps correspond à la force de gravitation qu'il subit. Il est donc variable. La Lune est plus petite que la Terre ; sa force de gravitation est six fois moindre environ que celle de la Terre. Un astronaute sur la Lune pèse donc 6 fois moins que sur Terre, alors que sa masse reste inchangée.

LUNE ET TERRE

La force de gravitation maintient la Lune dans son orbite autour de la Terre. Cette force agit également sur la Terre. Lorsque la Lune se trouve à la verticale d'un océan, sa force de gravitation attire les eaux et provoque une marée haute, suivie d'une marée basse après rotation de la Terre.

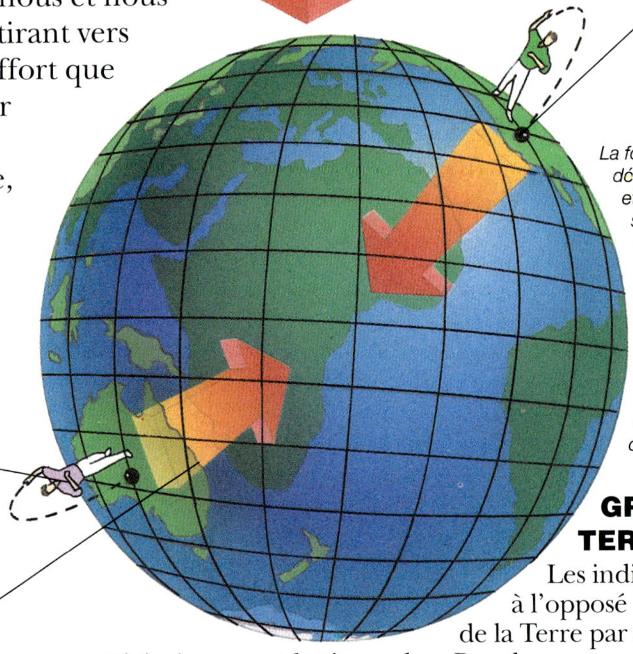

L'objet lancé vers le ciel retombe sur le sol.

La force de gravitation décroît au fur et à mesure que l'on s'éloigne du centre de la Terre. Au sommet d'une montagne, cette force est plus faible qu'au niveau de la mer. Le poids d'un objet varie en fonction de ces données.

Lorsque vous lancez une balle, elle tombe sous l'effet de la force de gravitation qui l'attire vers le centre de la Terre.

La force de gravitation attire tous les objets vers le bas, en direction du centre de la Terre.

GRAVITATION TERRESTRE

Les individus situés à l'opposé (aux antipodes) de la Terre par rapport à nous ont théoriquement la tête en bas. Pas plus que nous, pourtant, ils ne tombent dans l'espace, car ils subissent, comme nous, la force de la gravitation terrestre. Cette force est toujours dirigée vers le bas, à savoir vers le centre de la Terre.

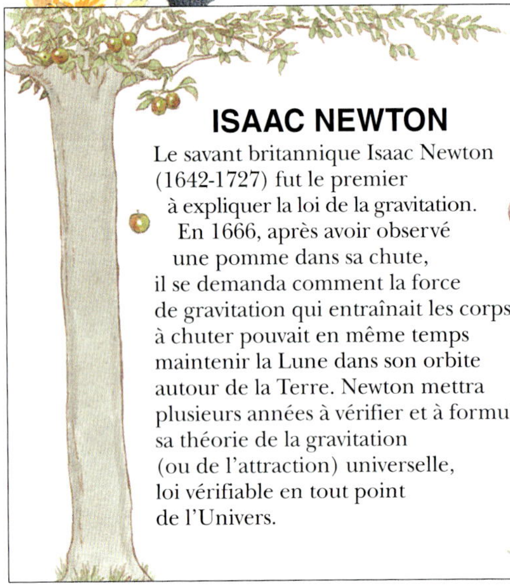

ISAAC NEWTON

Le savant britannique Isaac Newton (1642-1727) fut le premier à expliquer la loi de la gravitation. En 1666, après avoir observé une pomme dans sa chute, il se demanda comment la force de gravitation qui entraînait les corps à chuter pouvait en même temps maintenir la Lune dans son orbite autour de la Terre. Newton mettra plusieurs années à vérifier et à formuler sa théorie de la gravitation (ou de l'attraction) universelle, loi vérifiable en tout point de l'Univers.

CENTRE DE GRAVITÉ

Il est toujours préférable de transporter un objet lourd et instable, comme une échelle par exemple, en le saisissant par le centre. Le poids d'une échelle s'équilibre au niveau de son centre de gravité (ou centre de masse). Un objet présentant une base large ou lourde est plus stable, car il possède un centre de gravité plus bas.

Un objet, tel ce plateau, se maintient en équilibre lorsqu'on le porte à la verticale de son centre de gravité.

Pour en savoir plus

LES ASTRONAUTES
LA PHYSIQUE
LES PLANÈTES
POIDS ET MESURES
LES SCIENCES (HISTOIRE)
L'UNIVERS

Volcan | Montagne | Capitale | Grande ville | Petite ville

la Grèce

STATISTIQUES
Superficie : 131 957 km²
Population : 11 161 000 habitants
Capitale : Athènes
Langues : grec, turc, macédonien, albanais
Religions : orthodoxe, musulmane
Monnaie : euro

LA GRÈCE EST UNE TERRE de montagnes sauvages, de vallées isolées et d'îles éparpillées. La plupart des habitants vivent de l'agriculture. Les oliviers poussent bien sur les collines sèches, moutons et chèvres s'accommodent du paysage accidenté. La Grèce, troisième producteur mondial d'huile d'olive, exporte agrumes, raisin et tomates. Avec l'une des plus grandes flottes marchandes du monde, c'est une nation de marins : les biens et les personnes voyagent par mer. Le tourisme a transformé l'économie du pays. Des millions de visiteurs sont attirés par ses paysages et par la richesse de son histoire : la démocratie est née en Grèce au Vᵉ siècle av. J.-C.

Située à l'est de la Méditerranée, la Grèce, entourée par les mers Méditerranée, Égée et Ionienne, comporte une partie continentale, une péninsule (le Péloponnèse) et plus de 2 000 îles.

G

ÎLES GRECQUES

De nombreuses îles entourent la partie continentale de la Grèce. Bateaux et ferries relient ces communautés dispersées. En été, les îles, avec leur climat chaud, leurs villages de pêcheurs et leurs magnifiques plages, attirent plus de 9 millions de visiteurs. L'hiver, les petites îles sont désertées par les estivants, qui retournent sur le continent.

PRÊTRES ORTHODOXES

L'Église orthodoxe d'Orient fut fondée à Constantinople (Istanbul) au IVᵉ siècle. L'Église orthodoxe grecque, devenue indépendante en 1850, est la religion officielle du pays. Elle compte plus de 9 millions de fidèles. On reconnaît ses prêtres à leur costume.

ÉCHELLE
0 50 100 km

ATHÈNES

La cité antique d'Athènes, centre culturel de la Grèce au Vᵉ siècle av. J.-C., est généralement considérée comme le berceau de la civilisation occidentale. L'Acropole et ses fortifications (ci-dessus) se dressent à 100 m au-dessus de la ville, couronnées par le temple du Parthénon, dédié à la déesse patronne de la ville, Athéna, et construit en 432 av. J.-C. Aujourd'hui, le gouvernement grec siège dans la ville moderne, important centre commercial, maritime et touristique.

POULPE

Le poulpe, l'une des spécialités culinaires grecques, devient rare, victime de sa pêche excessive en Méditerranée.

Pour en savoir plus

L'ARCHÉOLOGIE
LE CHRISTIANISME
LA DÉMOCRATIE
LA GRÈCE ANTIQUE

la Grèce antique

NOMBRE DE MOTS OCCIDENTAUX, de monuments, d'idées et de courants artistiques puisent leurs racines dans l'une des plus brillantes civilisations de l'histoire, qui s'épanouit il y a près de 2500 ans, en Grèce. Les architectes de l'époque donnèrent naissance à un style dont la modernité ne se dément pas. Les philosophes formulèrent des questions dont nous cherchons toujours les réponses et les auteurs dramatiques définirent un genre qui régit encore le théâtre contemporain. Les Grecs instaurèrent à Athènes la première forme de démocratie au monde. Mais le pouvoir politique était confié aux seuls citoyens, c'est-à-dire aux hommes libres nés à Athènes. La civilisation de la Grèce antique atteignit son âge d'or entre 600 et 300 av. J.-C., en même temps que fleurirent les arts et la culture. Philippe de Macédoine conquit la Grèce en 338; son fils et successeur Alexandre le Grand s'employa à diffuser la culture grecque à travers tout le Moyen-Orient et l'Afrique du Nord.

TEMPLE D'HÉRA
Les Grecs bâtirent de nombreux temples pour célébrer leurs divinités. Celui-ci fut érigé à Paestum, en Italie, en l'honneur d'Héra, déesse du Mariage.

PÉRICLÈS
Homme d'État athénien, Périclès (v. 495-429 av. J.-C.) remodela complètement la cité et ordonna, entre autres, la construction du Parthénon, temple dédié à la déesse Athéna.

Athènes était une ville au commerce florissant, abritant de nombreux marchés.

ATHÈNES
À son apogée, la Grèce antique était constituée de plusieurs cités-États indépendantes, nommées *polis*. Athènes et son grand port du Pirée s'imposèrent comme la plus influente de ces cités-États. Centre intellectuel et artistique de premier plan, cette cité dotée d'un gouvernement démocratique attira d'illustres auteurs et philosophes, comme Socrate. Les citoyens se retrouvaient sur l'agora, place publique regroupant les activités commerciales, publiques et religieuses de la cité. L'Acropole (haute ville) dominait la cité.

SPARTE

Deuxième des grandes cités-États de la Grèce antique, Sparte était avant tout une puissance militaire. Les citoyens de Sparte menaient une vie âpre et disciplinée. Dès l'âge de 7 ans, chaque garçon s'initiait au métier des armes et s'engageait comme soldat jusqu'à l'âge de 60 ans. Les femmes s'entraînaient à la course et à la lutte. Les redoutables hoplites (fantassins) de Sparte étaient redoutés dans toute la Grèce.

Hoplites de Sparte

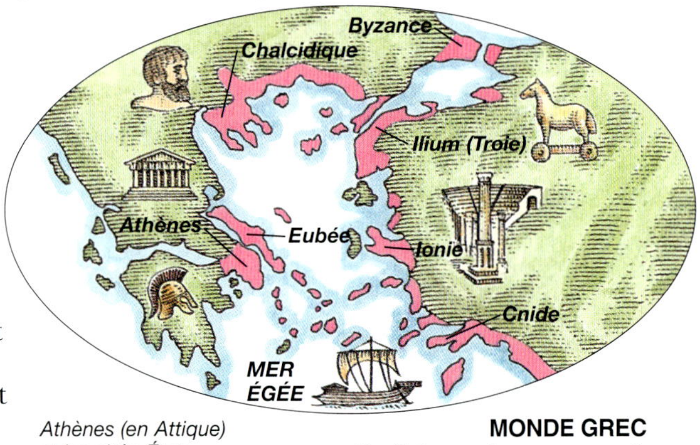

Athènes (en Attique) et les cités-États dépendantes (en rose) vers 450 av. J.-C.

MONDE GREC
La Grèce antique regroupait de nombreuses cités-États et des colonies réparties sur tout le pourtour méditerranéen.

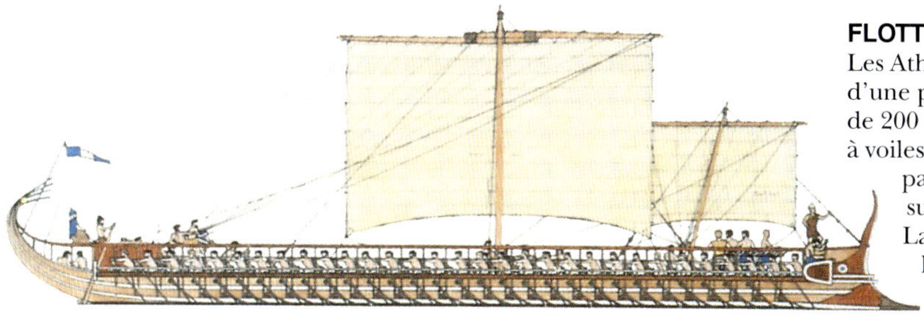

Maquette d'une trière grecque

FLOTTE

Les Athéniens étaient à la tête d'une puissante flotte, comptant plus de 200 trières. Ces vaisseaux de guerre à voiles carrées étaient propulsés par 170 rameurs alignés sur trois rangs superposés. La tactique consistait à ramer le plus vite possible avant d'éperonner les navires ennemis. En 480 av. J.-C., lors des guerres médiques, la flotte athénienne écrasa les navires perses à Salamine.

THÉÂTRE

La tragédie naquit à Athènes. À l'origine, il s'agissait de pièces chantées ou jouées lors de fêtes religieuses, célébrées en l'honneur de Dionysos. Le public assistait à une série de représentations et désignait en fin de spectacle la meilleure pièce et le meilleur acteur. Des auteurs comme Sophocle et Aristophane donnèrent par la suite leurs lettres de noblesse à la tragédie et à la comédie. La tragédie impliquait toujours drame et souffrances; la comédie, plus légère, faisait appel à l'humour et à l'ironie.

PENSEURS

Les penseurs athéniens dominèrent le savoir et la culture entre le Vᵉ et le IVᵉ siècle av. J.-C. Socrate (470-399 av. J.-C.) fut l'un des plus illustres d'entre eux. À travers ses réflexions sur le sens de la vie et la morale, Socrate préconise la connaissance de soi et la recherche de la vérité. Le penseur n'a laissé aucun écrit, mais ses réflexions ont été consignées sous forme de dialogues par Platon (vers 427-348 av. J.-C.), qui était l'un de ses disciples.

POTERIE ET PEINTURE

Les scènes peintes sur les poteries n'illustraient pas que des dieux, mais aussi, par exemple, un soldat faisant ses adieux à sa famille avant de partir pour la guerre. Ces compositions délicates sont un témoignage précieux de la vie quotidienne dans la Grèce antique.

Amphore d'Attique représentant Zeus, père de tous les dieux, assistant à la naissance de sa fille Athéna

1500 av. J.-C. Apogée de la civilisation minoenne (île de Crète).

Vers 1400 av. J.-C. La civilisation mycénienne, partie de Grèce continentale, rayonne sur l'ensemble du monde grec.

Vers 1250 av. J.-C. Début supposé des guerres opposant les Mycéniens à la cité de Troie.

Vers 1000 av. J.-C. Des peuples de langue grecque fondent des cités-États.

776 av. J.-C. Premiers Jeux olympiques à Athènes.

750 av. J.-C. Premières colonies grecques.

Vers 505 av. J.-C. Entrée de la démocratie à Athènes.

Vᵉ siècle Âge d'or du théâtre grec.

490-479 av. J.-C. Guerres médiques. Les cités-États unies contre les Perses.

490 av. J.-C. Les Grecs battent les Perses à Marathon.

480 av. J.-C. La flotte grecque anéantit les Perses (bataille de Salamine).

479 av. J.-C. Capitulation des Perses à Platées.

461-429 av. J.-C. Périclès ordonne la construction du Parthénon.

431-404 av. J.-C. Guerre du Péloponnèse entre Athènes et Sparte, qui l'emporte.

359 av. J.-C. Philippe II devient roi de Macédoine.

338 av. J.-C. Philippe II conquiert la Grèce.

336-323 av. J.-C. Alexandre le Grand, fils de Philippe II, étend l'Empire grec jusqu'au Moyen-Orient.

Pour en savoir plus

Alexandre le Grand
L'Architecture
La Démocratie
Les Minoens
La Sculpture
Le Théâtre

Grenouilles et autres amphibiens

La rainette se fie à sa vue pour guetter les proies et évaluer les distances avant de sauter.

Les pattes antérieures absorbent les chocs lorsque la rainette atterrit.

Doigts de la rainette

LES AMPHIBIENS sont des animaux capables de vivre à la fois sur terre et dans l'eau. Cette classe de vertébrés comprend les grenouilles, les crapauds, les salamandres, les tritons et les cécilies. Les amphibiens existent depuis des millions d'années aux quatre coins du monde, sauf en Antarctique et au Groenland. Les grenouilles sont les amphibiens les plus répandus : elles sont capables de survivre dans les déserts, les forêts denses et les montagnes. La cécilie, un amphibien dépourvu de membres, ne peut vivre que dans les régions tropicales. C'est un animal fouisseur qui nage en frétillant comme les anguilles. Les grenouilles, elles, peuvent nager, sauter et grimper aux arbres à l'aide de leurs longues pattes postérieures. La plupart des amphibiens se reproduisent dans l'eau où ils pondent des œufs qui se transforment en larves (têtards). Au stade larvaire, ils respirent grâce à des branchies, mais à l'âge adulte ils développent des poumons pour respirer sur terre.

Après son éclosion, le têtard nage et respire par ses branchies.

AMPHIBIENS

Certains amphibiens pondent des œufs dans l'eau, d'autres hors de l'eau, sur les feuilles ou dans des trous. Dans une mare, les œufs éclosent pour laisser apparaître des têtards dépourvus de membres. Durant leur croissance dans l'eau, les têtards développent des membres. Ils se transforment peu à peu en grenouilles et rejoignent la terre ferme. Ce processus est appelé métamorphose.

Les membres se forment et les poumons se développent. Le têtard commence à respirer à la surface de l'eau.

La jeune grenouille sort de l'eau 16 semaines après l'éclosion.

La queue rapetisse et finit par disparaître.

RAINETTE AUX YEUX ROUGES

Les grenouilles arboricoles ont un corps plus long et plus fin que les autres grenouilles. Leurs longues pattes postérieures se détendent avec force pour leur permettre de nager et de bondir loin des prédateurs. La rainette aux yeux rouges possède des doigts adhésifs pour s'accrocher aux branches.

Salamandre

SALAMANDRE

Après le stade larvaire, la salamandre rampe jusqu'à la terre ferme et vit au milieu des feuilles dans les régions boisées humides. La femelle retourne dans l'eau pour donner naissance à 10-15 petits. Au Moyen Âge, on attribuait aux salamandres la capacité de vivre dans le feu.

Triton mandarin

TRITON

Les salamandres et les tritons ressemblent aux lézards. Pour sa parade nuptiale, le triton revêt des couleurs plus vives – rouge, jaune ou orange, comme le triton mandarin ci-dessus. Les couleurs avertissent les prédateurs que sa chair est très venimeuse.

Le bufo peut atteindre 23 cm de long.

BUFO

Le bufo est originaire d'Amérique centrale et du Sud. Dans les années 1930, il a été introduit en Australie pour manger les coléoptères nuisibles aux plantations de canne à sucre. Aujourd'hui, c'est lui qui est considéré comme nuisible.

Grenouille feuille d'Asie

Grenouille tomate

Pour en savoir plus

L'AUSTRALIE (FAUNE ET FLORE)
LES ESPÈCES ANIMALES
LES ESPÈCES EN VOIE DE DISPARITION

les Grottes

SOUS LA SURFACE DE LA TERRE se cache un univers mystérieux : les grottes. Creusées naturellement dans la roche, elles forment d'immenses cavités décorées de colonnes de pierre. Des cours d'eau souterrains serpentent à travers des passages profonds et des chutes d'eau alimentent des lacs cachés. Les grottes datent de plusieurs milliers d'années et résultent de l'action dissolvante des eaux d'infiltration sur les roches calcaires. Mais toutes les grottes ne sont pas souterraines. Les falaises au bord de la mer renferment des grottes érodées par les vagues. D'autres peuvent se former à l'intérieur de glaciers et dans la lave solidifiée autour des volcans. Les grottes sont des cavités sombres et humides. Certaines sont si exiguës qu'elles ne peuvent abriter qu'un seul individu; d'autres s'étendent sur des centaines de kilomètres. Les hommes préhistoriques utilisaient les grottes comme abris. Les murs des grottes de Lascaux sont couverts de peintures pariétales datant de 15000 av. J.-C. Des habitations troglodytiques (aménagées dans la terre ou le roc) existent encore dans certaines régions d'Europe, d'Afrique et d'Asie.

STALACTITES
Ces colonnes fines sont suspendues à la voûte des grottes. Elles résultent de la dissolution des couches calcaires par les eaux d'infiltration, se développant par précipitation d'un minéral appelé calcite. Les gouttes d'eau filtrées s'évaporent et déposent la calcite. C'est un processus très lent : une stalactite croît de 2,5 cm en 500 ans.

Une goutte d'eau tombe de l'extrémité de la stalactite.

STALAGMITES
L'eau qui goutte de la voûte ou d'une stalactite tombe au sol, y déposant de la calcite. Une colonne trapue se forme lentement par accumulation de calcite sur le sol.

Une stalactite et une stalagmite peuvent former une colonne unique du sol à la voûte.

Les stalactites et les stalagmites mettent des milliers d'années à se former.

FORMATION DES GROTTES

Les grottes les plus vastes se forment sous terre dans des régions calcaires. Pendant des milliers d'années, les eaux de pluie, naturellement acides, ont dissous la roche calcaire. De petites fissures sont apparues, s'élargissant pour créer des cavités qui sont devenues des grottes et des cours d'eau souterrains, l'eau continuant d'éroder la roche.

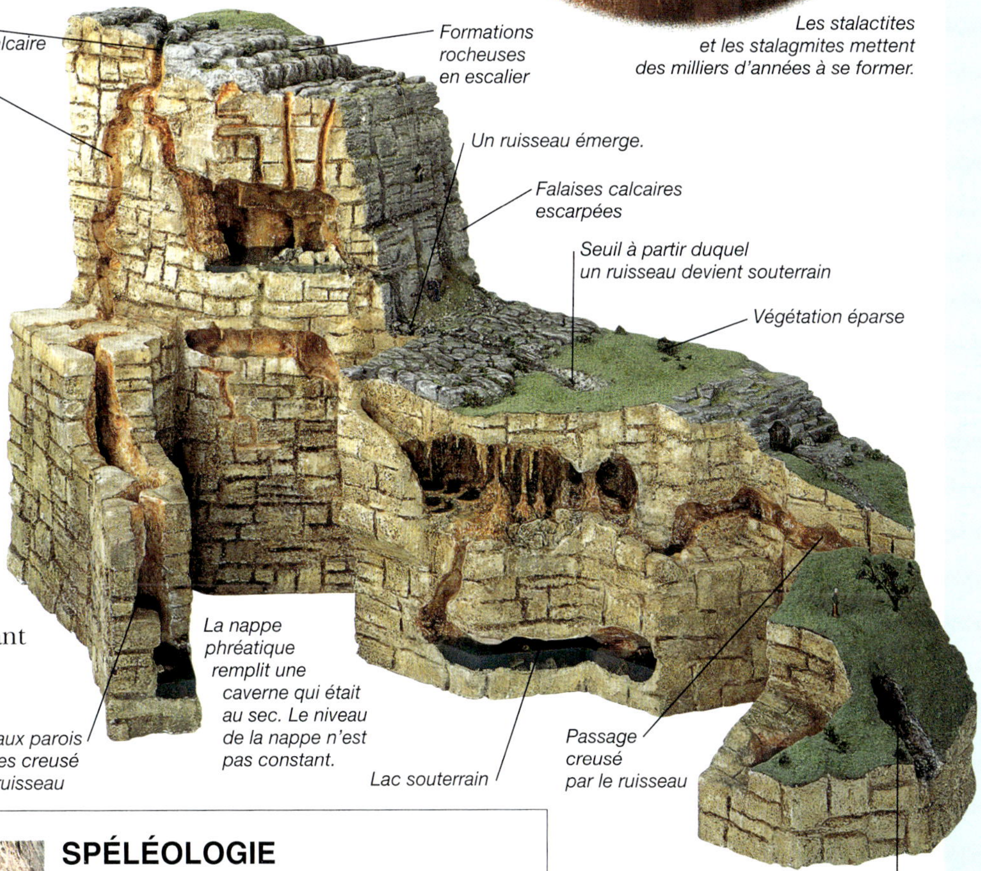

Les spéléologues s'émerveillent devant des formations rocheuses fascinantes autour d'un lac souterrain à l'entrée d'une grotte.

SPÉLÉOLOGIE

Ce sport consiste à explorer les grottes. Partir à la découverte des grottes nécessite des vêtements suffisamment résistants et un matériel spécial composé de cordes en Nylon, d'un casque doté d'une torche et d'échelles constituées de câbles d'acier. Les spéléologues travaillent en équipe et peuvent rester dans une grotte plusieurs jours. La spéléologie peut être dangereuse : la pluie peut provoquer des inondations et des éboulements soudains.

Pour en savoir plus

LES CHAUVES-SOURIS
LA GÉOLOGIE
LA PRÉHISTOIRE
ROCHES ET MINÉRAUX
LES VOLCANS

la Guerre de Cent Ans

EN 1328, LE DERNIER FILS DE PHILIPPE LE BEL meurt en ne laissant pour seule descendance qu'une fille. C'est donc Philippe de Valois qui fut désigné roi sous le nom de Philippe VI. Dix ans plus tard, suite à une querelle obscure, Édouard III, roi d'Angleterre, conteste sa légitimité et revendique le trône de France. C'est le début de la guerre de Cent ans, une série d'affrontements ponctués de trêves sur plusieurs générations. Les Anglais remportèrent les premières victoires : la bataille de Crécy en 1346, de Poitiers en 1356, et d'Azincourt en 1415. Mais, Charles VII, grâce à Jeanne d'Arc et à sa nouvelle armée réorganisée et modernisée, parviendra finalement à reprendre les territoires conquis par les Anglais, lors des batailles décisives de Formigny (1450) et de Castillon (1453).

FRANCE ET ANGLETERRE
Par le jeu des alliances royales, les Anglais possédaient déjà de vastes territoires au nord et à l'ouest de la France. En 1420, lors du traité de Troyes, Henri V revendiqua la couronne de France.

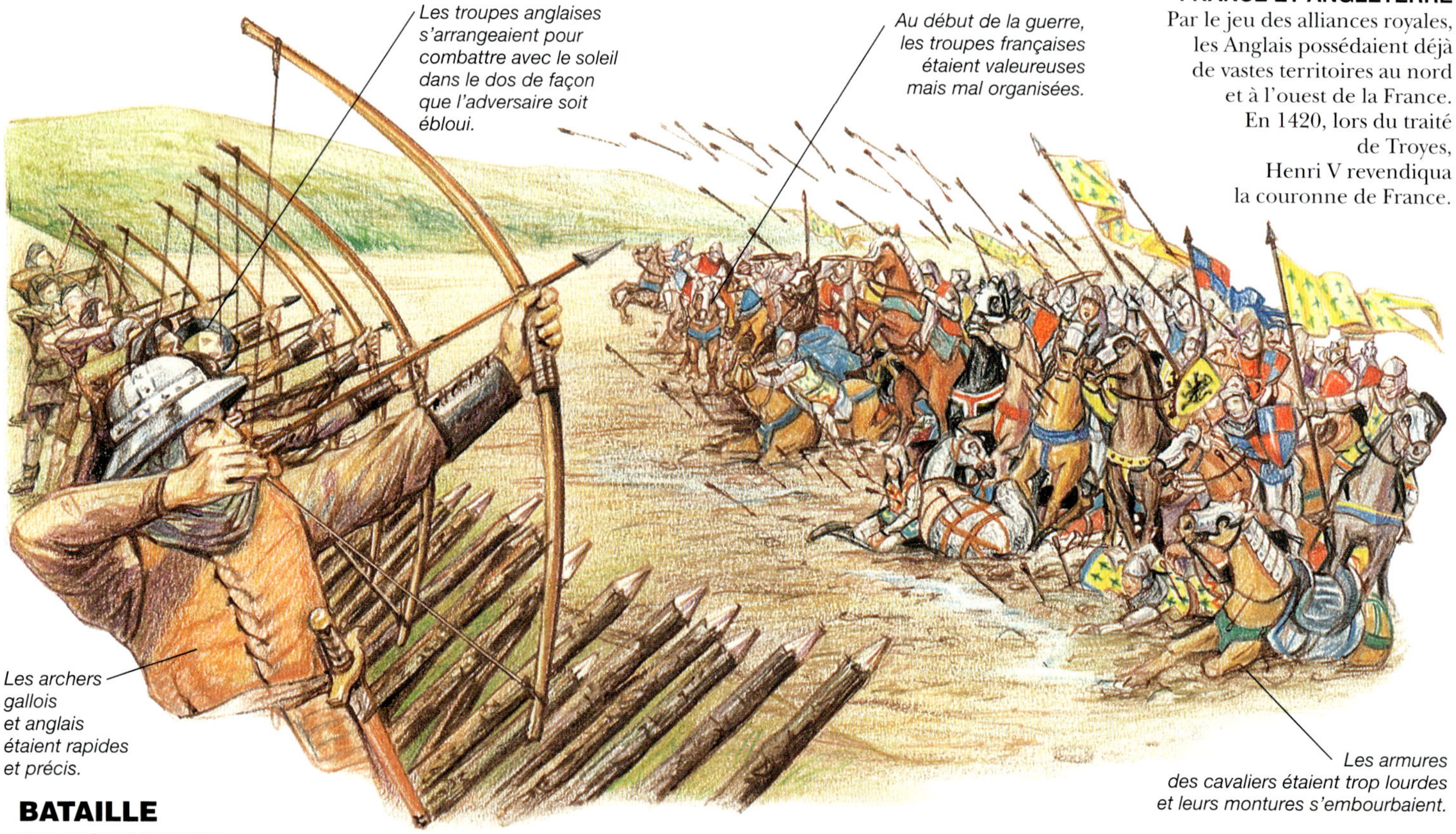

BATAILLE DE FORMIGNY
Charles V sut tirer les conséquences des cuisantes défaites qui marquèrent le début de la guerre. L'armée fut réorganisée et placée sous le commandement d'officiers royaux. L'artillerie et les francs archers furent développés. Le 15 avril 1450, les troupes françaises prouvèrent leur efficacité en écrasant les Anglais à Formigny.

DÉFAITE D'AZINCOURT
Le 25 octobre 1415, à Azincourt, l'armée d'Henry V (forte d'à peine 13000 soldats) parvint à vaincre les 50000 hommes de l'armée française. L'organisation et la mobilité des Anglais eurent raison d'une armée encore équipée de lourdes armures et indisciplinée. Cette bataille fut relatée par Shakespeare dans sa pièce *Henry V.*

Archers anglais

ARCHERS ANGLAIS
Les arcs des Anglais étaient en bois d'if et les flèches en frêne. Aux XIVe et XVe siècles, tous les Anglais étaient tenus de s'entraîner au tir à l'arc.

1338 Édouard III d'Angleterre revendique la couronne française.

1356 Le roi de France, Jean II le Bon, est fait prisonnier à Poitiers.

1359 Le traité de Brétigny donne aux Anglais la moitié de la France.

1369-1380 Charles V reconquiert la majorité de ses terres, Du Gesclin écrase les Anglais à Pontvallain en 1370.

1407 La guerre civile éclate en France. Armagnacs et Bourguignons se disputent le pouvoir.

1415 Cuisante défaite d'Azincourt.

1420 Traité de Troyes. Influencé par les Bourguignons qui se sont alliés aux Anglais, Charles VI reconnaît Henry V d'Angleterre comme son successeur.

1429 Jeanne d'Arc délivre Orléans et fait sacrer Charles VII (le dauphin déshérité) à Reims.

1450 Bataille de Formigny, la Normandie est reconquise.

1453 Bataille de Castillon. Les Français récupèrent Bordeaux. La guerre est finie.

Pour en savoir plus

LES ARMES
CHEVALERIE ET HÉRALDIQUE
LA FRANCE (HISTOIRE)
JEANNE D'ARC
LE ROYAUME-UNI (HISTOIRE)

la Guerre de Sécession

À PEINE 80 ANS après leur unification et l'accession à leur indépendance, les États-Unis se trouvèrent divisés par un conflit qui menaça les fondements mêmes de leur union. Entre 1861 et 1865, une guerre civile déchira la nation en deux camps qui s'opposaient sur différentes questions, dont celle de l'esclavage. Le Sud déclarait l'esclavage légal, le Nord voulait l'abolir. En novembre 1860, l'élection du président Abraham Lincoln, ouvertement abolitionniste, marqua le début des hostilités. Les États esclavagistes du Sud firent sécession et quittèrent l'Union les uns après les autres pour former les États confédérés d'Amérique, présidés par Jefferson Davis. Le conflit éclata en avril 1861. Le général Robert E. Lee, fin stratège, prit la tête des armées confédérées. Celles de l'Union bénéficiaient d'un contingent plus nombreux et de subventions plus importantes; le Nord était en effet beaucoup plus industrialisé et plus riche que le Sud, plutôt tourné vers l'agriculture. La guerre fut dévastatrice et anéantit la nation. La victoire des États de l'Union, en 1865, conduisit à l'abolition de l'esclavage dans tout le pays mais une fracture subsista des années durant entre le Nord et le Sud.

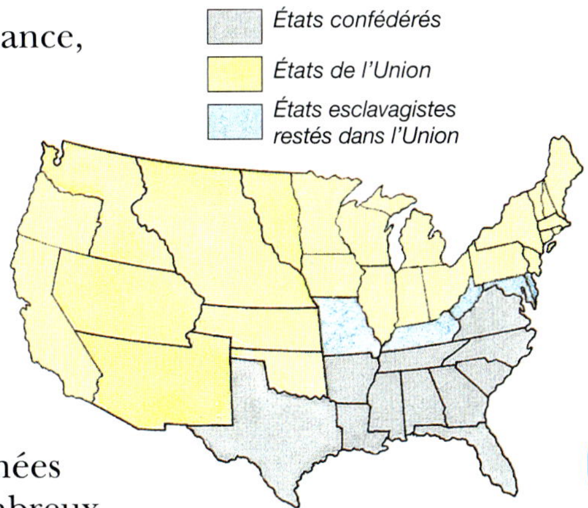

DIVISION DE LA NATION
En 1860, la nation fut divisée entre États confédérés du Sud et États de l'Union.

GUERRE MODERNE
La guerre de Sécession fut la première de l'histoire où le chemin de fer et des navires cuirassés jouèrent un rôle décisif. Pour la première fois, la photographie et la presse furent invitées à couvrir le conflit.

FIN DES HOSTILITÉS
Le 9 avril 1865, à Appomattox, en Virginie, le général des armées confédérées Robert E. Lee rendit les armes au général de l'Union, Ulysses S. Grant. Plus de 600 000 Américains perdirent la vie durant les quatre années de conflit.

Soldat unioniste *Soldat confédéré*

TROUPES
Les forces engagées dans le conflit étaient avant tout composées de fantassins. Près de trois millions d'hommes se combattirent.

1860 Élection du président Abraham Lincoln.

1860-1861 Sécession de 11 États du Sud, qui créent la Confédération.

1861 Les Confédérés attaquent fort Sumter. Début de la guerre.

1861 Victoire confédérée à Bull Run.

1862 Négociations infructueuses.

1862 Victoire des Confédérés à Fredericksburg.

1862 Affrontement entre les cuirassés *Monitor* et *Merrimack*.

1862 Bataille de Shiloh, Tennessee.

1863 La proclamation d'émancipation abolit l'esclavage et déclare libres les esclaves de la Confédération.

1863 Victoire des Confédérés à Chancellorsville.

1863 La défaite des Confédérés à Gettysburg marque le tournant de la guerre.

1863 Défaite des Confédérés à Vicksburg et à Chattanooga.

1864 Le général unioniste W. T. Sherman prend Atlanta, en Géorgie. Début de la «Grande Marche vers la mer».

1865 Le général confédéré Robert E. Lee se rend au général unioniste Ulysses S. Grant, à Appomattox. Fin de la guerre de Sécession.

1865 Abolition de l'esclavage aux États-Unis.

Pour en savoir plus

L'ESCLAVAGE
LES ÉTATS-UNIS (HISTOIRE)
ABRAHAM LINCOLN

la Guerre du Vietnam

1859 Début de la colonisation française au Vietnam.

1954 Victoire du Viêt-minh sur les Français à Diên Biên Phu.

1956 Le Viêt-cong se soulève contre le régime sud-vietnamien.

1961 Les États-Unis envoient des conseillers auprès des forces sud-vietnamiennes.

1964 À la suite d'un accrochage dans le golfe du Tonkin avec les Nord-Vietnamiens, les Américains interviennent directement dans la guerre.

1965 Début des bombardements américains sur le Nord. Arrivée des troupes américaines au Sud.

1968 Offensive viêt-cong lors du Têt (nouvel an vietnamien). Massacre des habitants de My Lai par les Américains. Protestations pacifistes aux États-Unis.

1973 Signature d'un cessez-le-feu à Paris. Les Américains quittent le Vietnam.

1975 Le Vietnam réunifié devient communiste.

ENTRE 1956 ET 1975, le Vietnam fut au centre de l'une des guerres les plus dévastatrices de l'histoire contemporaine. En 1954, après la défaite des forces coloniales françaises, le Vietnam fut divisé en deux, le Vietnam du Nord était communiste, le Vietnam du Sud étant soutenu par les États-Unis. Opposé au régime sud-vietnamien, le Viêt-cong (communistes vietnamiens) s'allia aux forces du Nord dirigées par Hô Chi Minh dans l'espoir de réunifier le pays. Les États-Unis craignant que la mainmise des communistes s'étende aux pays voisins décidèrent d'intervenir. Le Sud bénéficia de leur soutien financier et de leur aide militaire. Mais les bombardements intensifs et l'arsenal militaire américain ne vinrent pas à bout du Viêt-cong, mieux équipé et plus entraîné aux combats de jungle. Devant l'importance des pertes américaines, un mouvement de contestation se développa aux États-Unis. Un cessez-le-feu fut négocié et, en 1973, les troupes américaines se retirèrent du conflit. Deux ans plus tard, les forces nord-vietnamiennes s'emparèrent de Saigon, capitale du Sud et le pays, réunifié en 1976, devint une république socialiste.

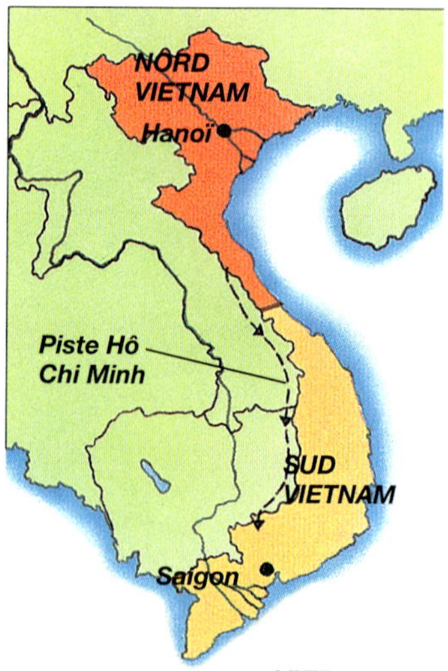

VIETNAM
Le Vietnam est un pays du Sud-Est asiatique. Le conflit qui s'y déroula eut pour cadre les jungles du Vietnam du Sud et le ciel du Vietnam du Nord. Le Viêt-cong était ravitaillé depuis le Nord par la piste Hô Chi Minh. À la fin de la guerre, le pays réunifié prit Hanoi pour capitale. Saigon, la capitale du Sud, fut rebaptisée Hô Chi Minh-Ville.

TROUPES
Les premiers Américains, débarqués au Vietnam en 1961, se contentèrent de jouer un rôle de conseillers auprès du régime sud-vietnamien. En 1969, près de 550 000 hommes de troupes avaient rejoint le pays.

DESTRUCTIONS
La violence inouïe des combats eut des effets dévastateurs sur les populations. Les rizières furent détruites, les jungles anéanties et les maisons soufflées… On estime aujourd'hui à quatre millions le nombre de civils vietnamiens tués lors de ce conflit.

COÛT DE LA GUERRE
Difficile de chiffrer le coût exact de la guerre du Vietnam, mais, qu'il s'agisse de vies perdues, d'argent ou de bombes larguées, les chiffres atteignirent des sommets. Les pertes furent énormes dans les deux camps, sur les plans militaire, civil et économique.

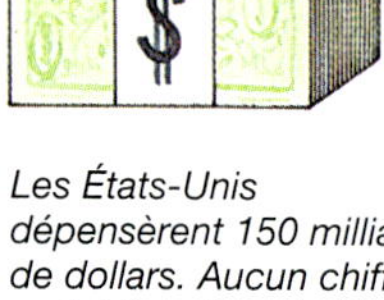

Les États-Unis dépensèrent 150 milliards de dollars. Aucun chiffre ne fut fourni par le Vietnam du Nord.

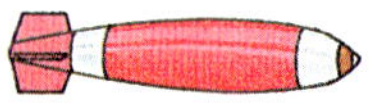

Les Américains larguèrent quatre fois plus de bombes que les Alliés (Américains et Britanniques) durant la Seconde Guerre mondiale.

Le nombre de combattants vietnamiens qui périrent durant le conflit est aujourd'hui évalué à un million. Plus de 58 000 soldats américains, y compris des infirmières, furent tués.

Les forces aériennes américaines larguèrent des défoliants sur la jungle. Aujourd'hui encore le Vietnam souffre de déforestation à grande échelle.

Pour en savoir plus

L'ASIE DU SUD-EST (HISTOIRE)
LES ÉTATS-UNIS (HISTOIRE)

la Guerre froide

EN 1945, au lendemain de la Seconde Guerre mondiale, l'Europe n'était plus que ruines, alors que les États-Unis et l'URSS s'imposaient comme les deux superpuissances du moment. En 1949, deux nouveaux blocs se formèrent, divisant l'Europe entre pays communistes de l'Est, alliés de l'URSS, et pays capitalistes de l'Ouest, alliés des États-Unis. Durant près de 40 ans, ce fut ce que l'on appela la guerre froide : ces deux camps s'affrontèrent sur les plans diplomatique et politique, et s'engagèrent dans une course effrénée aux armements. Les tensions s'apaisèrent au cours des années 1980, quand les deux blocs entamèrent des négociations sur le désarmement. En 1990, les États-Unis et l'Union soviétique mirent officiellement un terme à la guerre froide.

CONFÉRENCE DE POTSDAM

En 1945, la conférence de Potsdam, en Allemagne, réunit le Premier Ministre britannique Winston Churchill, le président américain Harry Truman et le dirigeant soviétique Joseph Staline. Il s'agissait de décider du sort de l'Europe au sortir de la guerre. Staline refusa de renoncer à son influence sur les pays de l'Est. Cette décision rencontra la désapprobation des dirigeants de l'Ouest.

RIDEAU DE FER

Dès la fin de la Seconde Guerre mondiale, Staline ferma les frontières de l'Europe de l'Est. Churchill parla d'un « rideau de fer s'abattant en travers de l'Europe ». Désormais sous contrôle communiste, les pays situés à l'est de cette frontière devinrent des satellites de l'Union soviétique. La Yougoslavie se détacha du bloc soviétique en 1948, l'Allemagne de l'Est l'intégra en 1949.

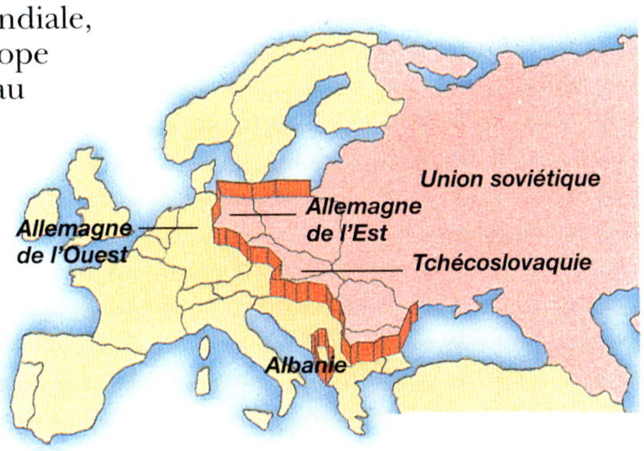

PONT AÉRIEN

En 1945, les vainqueurs se partagèrent Berlin, la capitale enclavée en Allemagne de l'Est. En 1948, les secteurs de Berlin-Ouest administrés par les Alliés furent unifiés, mais Staline en ferma l'accès. Un pont aérien fut alors mis en place par les Alliés pour ravitailler la population et Staline finit par lever le blocus.

Symbole de l'OTAN

OTAN

En 1949, les États-Unis et plusieurs pays européens formèrent l'Organisation du traité de l'Atlantique Nord (OTAN). Cette alliance militaire avait pour but de prévenir une invasion de l'Europe par l'Union soviétique. En réponse à cette décision, l'URSS et les pays communistes signèrent le pacte de Varsovie.

RÉCHAUFFEMENT

À partir des années 1960, les relations entre les deux blocs se détendirent. En 1987, le président américain Ronald Reagan et le secrétaire général du parti communiste de l'Union soviétique, Mikhaïl Gorbatchev, signèrent le traité de Washington. Les deux nations s'engagèrent à réduire leur armement nucléaire. La guerre froide touchait à sa fin.

GUERRE DE CORÉE

En 1950, la Corée du Nord communiste, armée par les Soviétiques, envahit la Corée du Sud. Les États-Unis firent appel aux forces des Nations unies pour chasser les communistes. La Chine répliqua à l'envoi de troupes par les Nations unies en engageant ses soldats dans le conflit. Pour la première fois, les Américains livrèrent une véritable guerre contre le communisme.

Pour en savoir plus

LE COMMUNISME
L'ÈRE DU NUCLÉAIRE
LES ÉTATS-UNIS (HISTOIRE)
LA GUERRE DU VIETNAM
LA SECONDE GUERRE MONDIALE
L'UNION SOVIÉTIQUE

les Guerres napoléoniennes

GUERRE D'ESPAGNE
Napoléon envahit l'Espagne en 1808 et plaça son frère Joseph Bonaparte sur le trône. Les Espagnols ripostèrent et organisèrent un mouvement de guérilla qui allait être sauvagement réprimé. De nombreux Espagnols furent exécutés ou moururent au combat.

IL Y A DEUX SIÈCLES, une série de guerres ensanglanta l'Europe. L'économie vacilla et des millions d'individus souffrirent de privations. Conséquences directes de la Révolution française, ces guerres, qui débutèrent en 1792 opposèrent pendant près d'un quart de siècle la France révolutionnaire aux vieux royaumes d'Angleterre, d'Autriche, de Russie et de Prusse. Dans un premier temps, les pays frontaliers de la France lui déclarèrent successivement la guerre dans l'espoir de vaincre la toute jeune république. En 1799, après l'arrivée de Napoléon au pouvoir, la France partit à la conquête de l'Europe et seule l'Angleterre échappa à son emprise. Pour combattre l'expansion des idées révolutionnaires, les monarchies européennes formèrent plusieurs coalitions.

Les soldats des divisions d'artillerie étaient équipés de canons sophistiqués, mobiles et précis.

GRANDE ARMÉE
La Grande Armée, formée de soldats de différents pays, s'appuyait sur un encadrement d'officiers très attachés à l'Empereur. Mais Napoléon a souvent dû la victoire à son génie tactique.

DUC DE WELLINGTON
Vainqueur de la bataille de Waterloo en 1815, le duc de Wellington, général des forces britanniques, fit à l'époque l'objet de nombreuses caricatures. Vaincu, Napoléon abdiqua pour la seconde fois et fut exilé à l'île de Sainte-Hélène.

BATAILLE DE TRAFALGAR

Malgré la mort de l'amiral Nelson au début de la bataille de Trafalgar, en 1805, les Anglais battirent les Français de Villeneuve. Nelson avait adopté une tactique d'attaque particulière, en répartissant ses navires en éventail.

Tactique traditionnelle

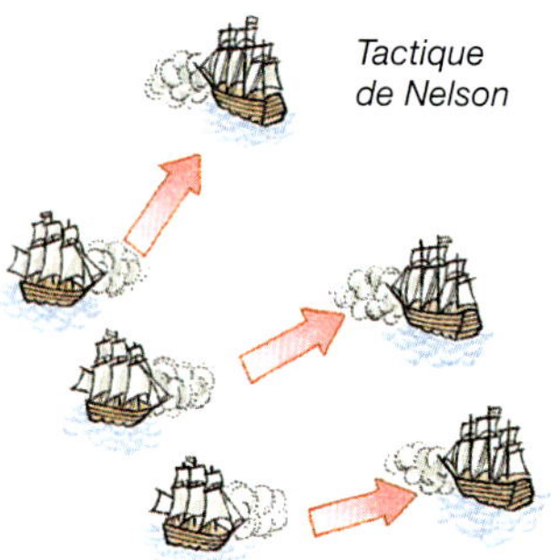

Tactique de Nelson

BONAPARTE EN ÉGYPTE
En juillet 1798, Bonaparte partit à la conquête de l'Égypte, à l'époque colonie britannique. Il vint à bout des Mamelouks, maîtres du pays, lors de la bataille des Pyramides.

Pour en savoir plus
L'ESPAGNE (HISTOIRE)
LA FRANCE (HISTOIRE)
NAPOLÉON BONAPARTE

http://www.ffgym.com/

la Gymnastique

GYMNASTIQUE RYTHMIQUE
Branche plus récente de ce sport, la gymnastique rythmique est pratiquée par les femmes. Cerceaux, rubans ou balles servent d'accessoires. Cette discipline, qui implique grâce et beauté, emprunte au ballet (la musique) et à la gymnastique traditionnelle. Les juges évaluent l'enchaînement au sol sur ses mérites artistiques et sportifs.

UN EXCELLENT GYMNASTE doit être fort, souple, courageux et gracieux. Mais presque tout le monde peut faire un peu de gymnastique. Les enfants, par exemple, apprennent à faire l'équilibre et la roue à l'école, deux mouvements de base en gymnastique. En tant qu'exercice acrobatique, la gymnastique remonte à la Grèce antique. Aujourd'hui, c'est un sport de plus en plus populaire, attirant de nombreux spectateurs. Les compétitions se déroulent en huit concours. Hommes et femmes pratiquent les exercices au sol et le saut de cheval. Quatre disciplines sont strictement masculines : les anneaux, la barre fixe, les barres parallèles, le cheval-d'arçons; deux sont strictement féminines : les barres asymétriques et la poutre. Les juges décernent des points comptés sur dix. De nombreux champions de ce sport sont des adolescents.

CALCUL DES POINTS
Pour obtenir un score élevé, les gymnastes doivent effectuer leurs mouvements correctement, selon des règles établies, et se tenir en même temps dans la bonne position. Lors d'un saut, par exemple, les pieds doivent être tendus et les jambes séparées pendant tout le mouvement.

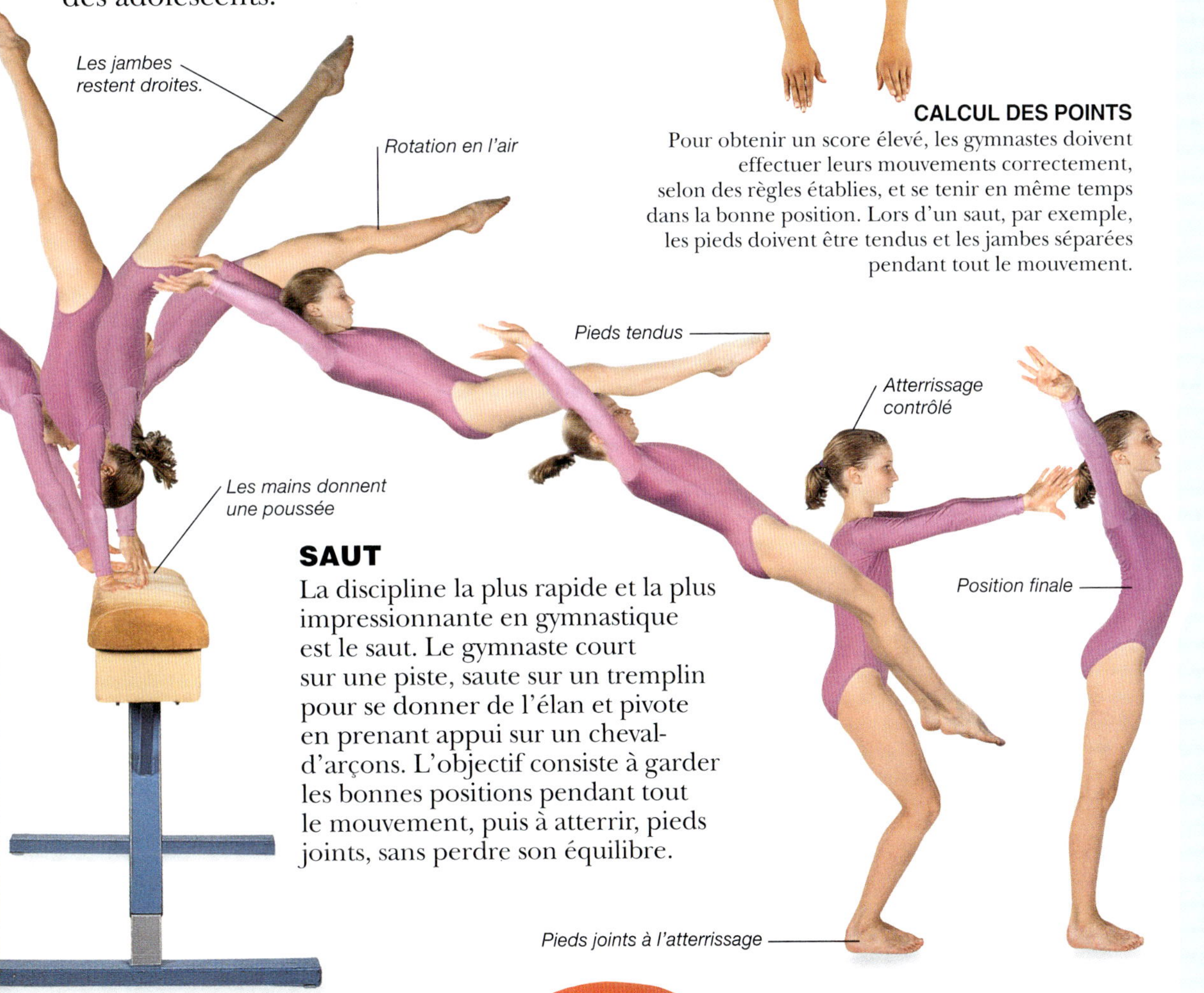

SAUT
La discipline la plus rapide et la plus impressionnante en gymnastique est le saut. Le gymnaste court sur une piste, saute sur un tremplin pour se donner de l'élan et pivote en prenant appui sur un cheval-d'arçons. L'objectif consiste à garder les bonnes positions pendant tout le mouvement, puis à atterrir, pieds joints, sans perdre son équilibre.

BARRE FIXE
La barre fixe est réservée aux hommes. Le gymnaste effectue des mouvements de balancement en tenant la barre des deux mains, ou d'une seule. Au cours des mouvements les plus difficiles, il lâche puis rattrape la barre. Les femmes concourent aux barres asymétriques, l'une étant haute et l'autre plus basse.

ÉQUILIBRE
Un bon équilibre est nécessaire pour les exercices au sol et pour le travail sur la poutre, qui est très étroite.

Pour en savoir plus

LES JEUX OLYMPIQUES
MUSCLES ET MOUVEMENT
LE SPORT

http://www.6climats6habitats.com/

les Habitations

RÉSIDENCE MOBILE
La roulotte tirée par des chevaux qui transportait les forains d'un lieu à l'autre était l'ancêtre du mobile home.

DÉLAISSANT LES GROTTES SOMBRES où ils se protégeaient des intempéries et des bêtes sauvages affamées lorsqu'ils parcouraient le monde, les hommes, afin de s'établir dans des régions où n'existaient pas d'abris naturels, y ont appris l'art de la construction. Même dans les étendues glacées de l'Arctique, les Inuits ont bâti des igloos avec de la glace. Mais la plupart des habitations ont des murs et un toit et offrent des styles très différents. Les matériaux locaux et le climat dictent le type de construction utilisé. Par exemple, les chalets alpins ont des toits pentus sur lesquels glissent les neiges hivernales.

Les habitations modernes sont souvent des structures complexes qui abritent dans leurs murs des réseaux de tuyaux et de câbles pour alimenter les habitants en eau et en électricité et évacuer les déchets. Mais dans le centre de la Turquie, certains individus vivent encore dans des grottes, ce sont des troglodytes.

La boue était l'un des premiers matériaux de construction.

MAISONS DE BOUE
Les habitants du Nouveau-Mexique construisent leurs maisons avec de la boue séchée. Comme il pleut rarement, la boue reste dure. Les travaux de construction et de réparation sont faciles et rapides. Les murs épais et les petites fenêtres protègent de la chaleur le jour et du froid la nuit.

PÉNICHES
Une maison flottante : la solution idéale dans les villes surpeuplées où il n'y a plus de place pour construire des habitations. Les péniches sont généralement amarrées en permanence.

Ce type de péniche se rencontre à Hong Kong.

MAISONS DE BOIS
Les pionniers américains construisaient leurs maisons en bois, le meilleur matériau dont ils disposaient. Les habitations en bois sont bien adaptées aux régions froides et forestières parce que le bois y est abondant et, surtout, parce qu'il constitue un bon isolant.

Les premières maisons de bois étaient de simples cabanes en rondins. Les murs et le toit de cette maison sont en bois scié.

IMMEUBLES
Les immeubles des villes logent de nombreuses familles sur une superficie réduite. Les immeubles les plus hauts sont en matériaux très résistants, comme l'acier et le béton.

MAISON DU FUTUR
Les constructions les plus récentes visent à économiser l'énergie. On cherche à construire des maisons mieux isolées et moins gourmandes en combustible. Le vent peut fournir de l'électricité, le soleil chauffer l'eau. Bientôt, des ordinateurs commanderont les ouvertures et le système de chauffage.

BIDONVILLES
Beaucoup de grandes villes sont entourées de bidonvilles parce que les gens affluent dans les villes pour chercher du travail mais ne trouvent pas de logement. Certaines personnes construisent leur maison avec des matériaux de récupération. D'autres restent sans abri et dorment dans les rues.

Pour en savoir plus

L'ARCHITECTURE
CONSTRUCTION, MATÉRIAUX ET TECHNIQUES
LES INUITS
LE MOBILIER

les Habsbourg

ARMOIRIES DE LA FAMILLE
Les armoiries de la maison des Habsbourg représentaient un aigle bicéphale arboré sur toutes les bannières et toutes les oriflammes.

À PARTIR DU XIIe SIÈCLE, les Habsbourg, à la tête de vastes domaines en France et en Suisse, prospérèrent jusqu'à dominer l'Europe durant plus de huit siècles. Leur nom leur venait de l'appellation du premier château qu'ils possédèrent en Suisse, Habichtsburg. Une succession de guerres, d'héritages et d'alliances judicieuses leur permit d'accroître leurs possessions. Au XVIe siècle, la famille se retrouva à la tête de la majeure partie de l'Europe du Sud et de l'Europe centrale, sans compter les territoires acquis aux Amériques. Leur empire était à ce point étendu qu'en 1556 Charles Quint décida de le partager entre les différents membres de sa famille. Philippe II en gouverna une moitié depuis Madrid, en Espagne, Ferdinand d'Autriche l'autre moitié depuis Vienne, en Autriche. La branche espagnole des Habsbourg s'éteignit en 1700, mais la branche autrichienne poursuivit son expansion. Au XIXe siècle, la diversité des populations qui peuplaient ce vaste empire contribua à l'affaiblir. La chute de l'empire des Habsbourg, après la Première Guerre mondiale (1914-1918), donna naissance à quatre nouvelles nations, l'Autriche, la Tchécoslovaquie, la Hongrie et la Yougoslavie.

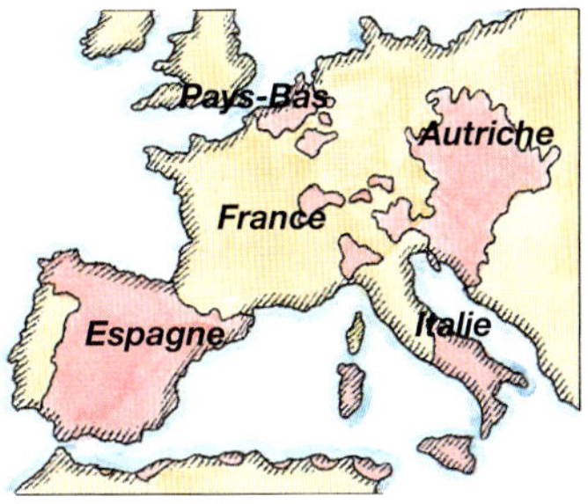

CHARLES QUINT
L'empire des Habsbourg parvint à son apogée sous Charles Quint, empereur du Saint Empire romain germanique de 1519 à 1556. Cet immense territoire est représenté en rose sur notre carte.

H

JOSEPH II
Joseph II était le fils aîné de Marie-Thérèse et de François Ier de Habsbourg-Lorraine, et le frère de Marie-Antoinette, reine de France. Il se préoccupa des conditions de vie misérable de ses sujets, entreprit de nombreuses réformes, mit un terme à certains privilèges et abolit le servage.

1273 Rodolphe Ier devient empereur du Saint Empire romain germanique.
1282 Albert Ier est le premier des Habsbourg à régner sur l'Autriche.
1438 Albert II, empereur du Saint Empire romain germanique.
1519 Charles Quint, empereur du Saint Empire romain germanique.
1526 Ferdinand, frère de Charles Quint, hérite de la Bohême.
1556 Charles Quint partage en deux l'empire des Habsbourg.
1700 Décès de Charles II. Fin de la lignée espagnole des Habsbourg.
1740-1780 Marie-Thérèse restaure l'influence des Habsbourg.
1781 Joseph II abolit le servage.
1867 L'Empire autrichien est scindé en deux monarchies, autrichienne et hongroise.
1918 Charles Ier, dernier représentant des Habsbourg, abdique.

MARIE-THÉRÈSE
En 1740, Marie-Thérèse accéda au trône d'Autriche. Elle n'avait que 23 ans et son empire se trouvait au bord de la faillite. En 40 ans de règne, elle réussit à tirer l'Autriche de la misère et à restaurer l'influence des Habsbourg en Europe.

AUTRICHE
Sous le règne de Marie-Thérèse, l'Autriche devint l'un des premiers centres artistiques et intellectuels d'Europe. Patrie des compositeurs Franz Joseph Haydn et Wolfgang Amadeus Mozart, le pays attira de grands artistes et architectes, qui édifièrent de somptueux palais dans la capitale, comme celui de Schönbrunn.

Pour en savoir plus

L'ALLEMAGNE (HISTOIRE)
L'AUTRICHE
CHARLEMAGNE
L'ESPAGNE (HISTOIRE)
L'EUROPE (HISTOIRE)

les Hélicoptères

DE TOUS LES ENGINS VOLANTS, l'hélicoptère est certainement le plus maniable. Il peut évoluer dans toutes les directions, latéralement ou en arrière, et même rester en vol stationnaire. Son décollage vertical, comme son atterrissage, n'exige aucune piste. Des appareils de toutes les formes et de toutes les tailles, du plus léger des monoplaces aux plus puissants, capables de hisser un poids lourd, se prêtent à toutes les missions, du secours en montagne, au ravitaillement de plates-formes pétrolières en passant par le transport et le dépôt de passagers au sommet de gratte-ciel. Tous les hélicoptères sont équipés en guise d'ailes d'un ou deux rotors, à longues et fines pales. La rotation des pales entraîne l'élévation de l'appareil et lui permet d'évoluer dans les airs.

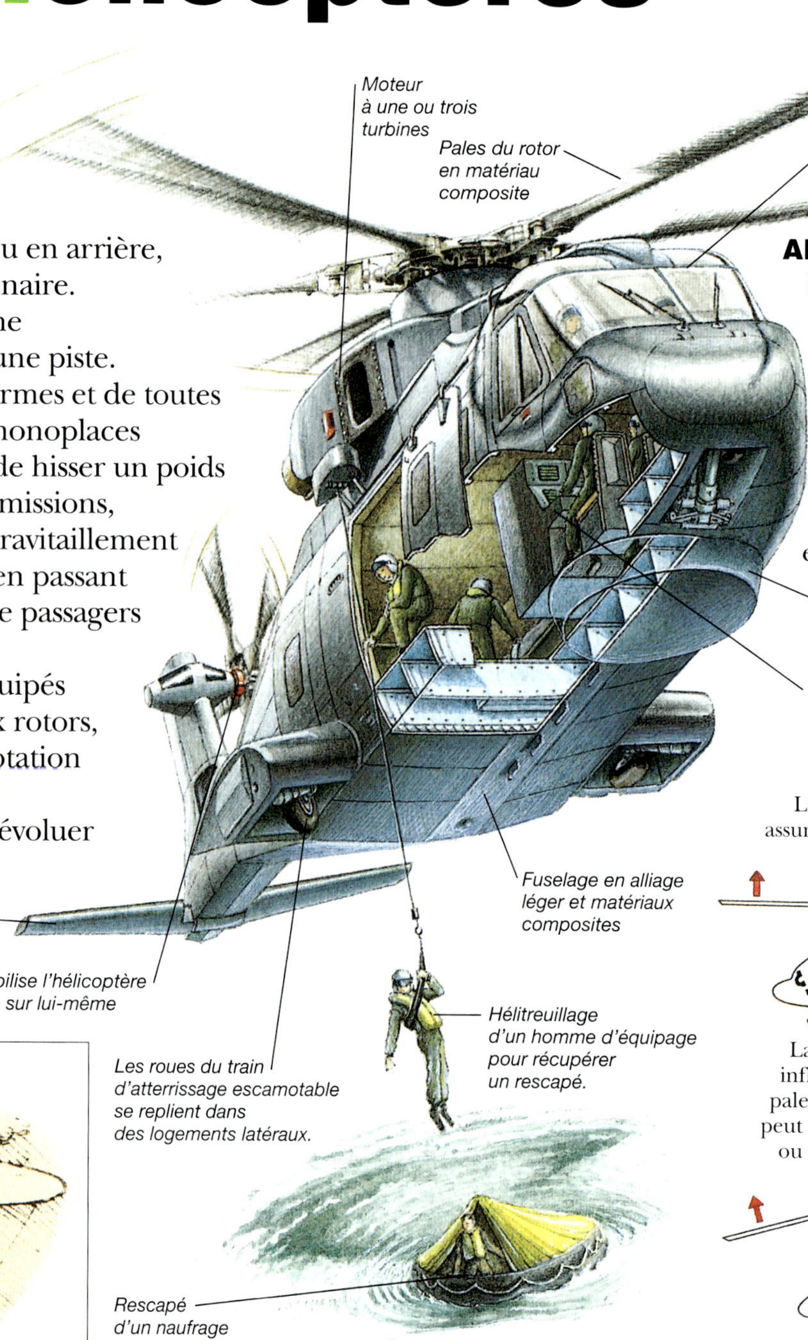

APPAREIL POLYVALENT

Le EH101 est capable de transporter 30 hommes de troupe, d'évacuer 16 blessés ou d'embarquer plus de 6 tonnes de ravitaillement. Sa vitesse de croisière est de 280 km/h.

HISTOIRE

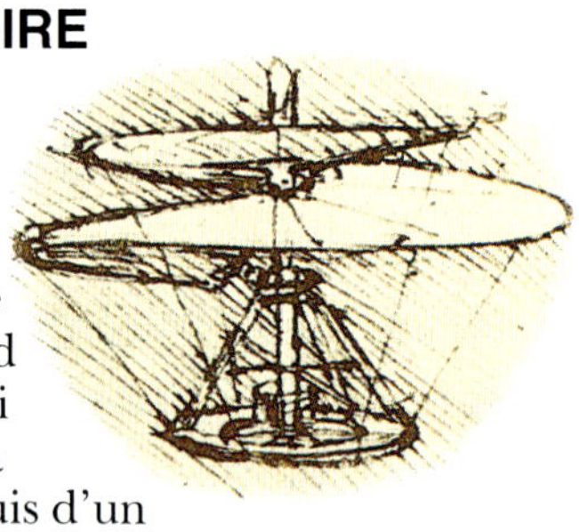

L'idée était dans l'air puisque Léonard de Vinci esquissa le croquis d'un hélicoptère, il y a plus de cinq siècles. Mais c'est au mécanicien français Paul Cornu que l'on doit l'invention, en 1907, du premier hélicoptère, un monoplace.

Le VS-300, premier hélicoptère à simple rotor conçu, en 1939, par le Russe américain Igor Sikorsky, ouvrit la voie à l'avenir.

HÉLICOPTÈRE À DOUBLE ROTOR

Les gros hélicoptères, comme le Chinook de Boeing, sont parfois dotés de deux rotors. Ceux-ci tournent dans des directions opposées. Il n'y a pas de rotor de queue. Un des hélicoptères les plus imposants, le Mil MI 12, est russe. Cet engin à double rotor est propulsé par un moteur à quatre turbines.

DÉCOLLAGE

La rotation des pales du rotor assure la portance, qui maintient l'hélicoptère en l'air.

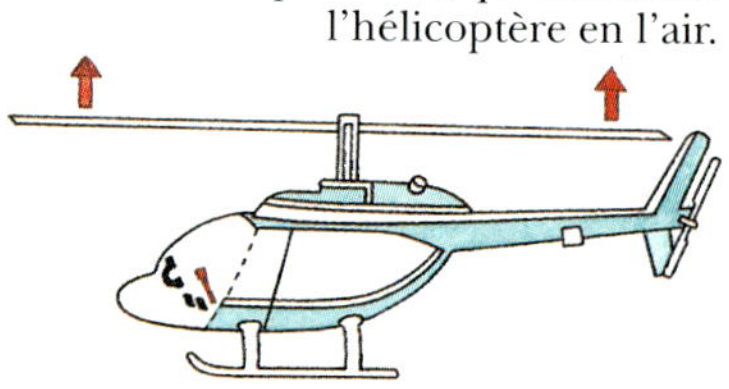

La commande de pas collectif influe sur l'angle d'attaque des pales, en sorte que l'hélicoptère peut s'élever, descendre ou rester stationnaire.

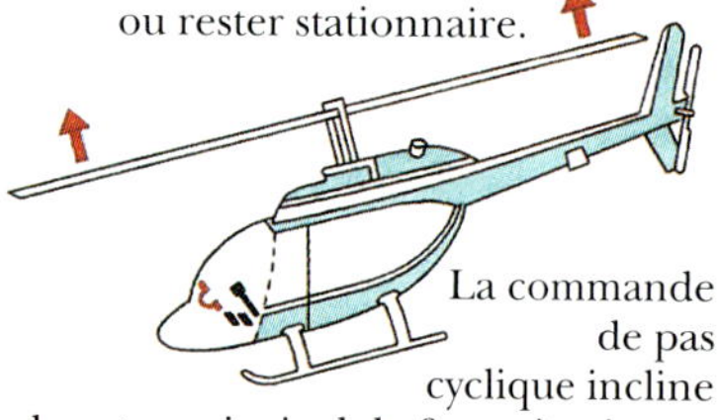

La commande de pas cyclique incline le rotor principal de façon à orienter l'appareil dans toutes les directions, en avant, en arrière ou latéralement.

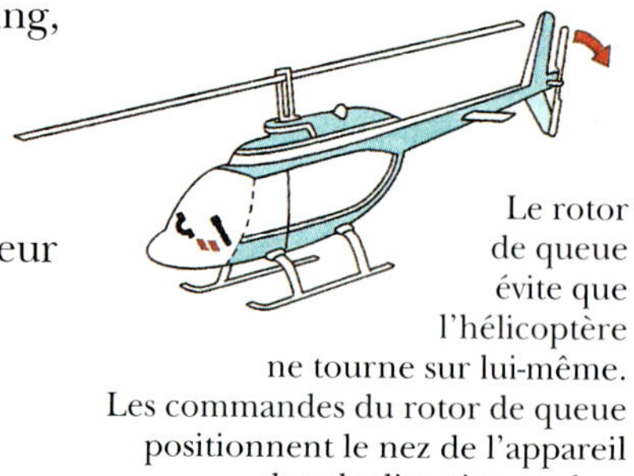

Le rotor de queue évite que l'hélicoptère ne tourne sur lui-même. Les commandes du rotor de queue positionnent le nez de l'appareil dans la direction voulue.

Pour en savoir plus

L'ARMÉE
LES AVIONS
LES AVIONS MILITAIRES
LES MATIÈRES PLASTIQUES

Hérissons, taupes et musaraignes

Malgré leurs pattes courtes, les hérissons avancent avec une rapidité étonnante.

LES HÉRISSONS, les taupes et les musaraignes sont actifs surtout la nuit. Leur vue et leur ouïe sont médiocres, mais leur odorat est très développé et leurs moustaches sensorielles leur permettent de trouver leur chemin dans le noir. Le hérisson mesure 23 cm de long, possède des oreilles et une queue courtes, un long museau et des piquants sur le dos. Il vit dans son terrier le jour et sort la nuit pour chasser insectes et vers. La taupe commune vit essentiellement sous terre. Son pelage, semblable à du velours, reste toujours lisse, ce qui lui permet de se mouvoir facilement dans la terre. Elle utilise ses pattes antérieures, recourbées et munies de longues griffes, pour creuser des galeries. Les musaraignes sont également adaptées à l'obscurité.

Elles ressemblent à des souris mais sont plus petites, avec un long museau pointu et des yeux minuscules. La plupart ont des mœurs terrestres, sauf la musaraigne aquatique qui vit dans les cours d'eau où elle chasse poissons et têtards. Hérissons, taupes et musaraignes appartiennent à l'ordre des insectivores.

H

Face au danger, le hérisson se roule en boule pour cacher ses pattes et sa face.

Il jette un coup d'œil pour voir si le danger est passé avant de se redresser.

HIBERNATION
L'hiver les hérissons se mettent en boule pour hiberner jusqu'au printemps.

HÉRISSON COMMUN

Lorsqu'il sent le danger, le hérisson commun se roule en boule. Il ramène sa tête et ses pattes au centre et un anneau musculaire autour de la partie inférieure de son corps se tend, comme le cordon d'une bourse qui se resserre. Le hérisson est muni de 5000 piquants et n'hésite pas à s'en servir en cas de danger.

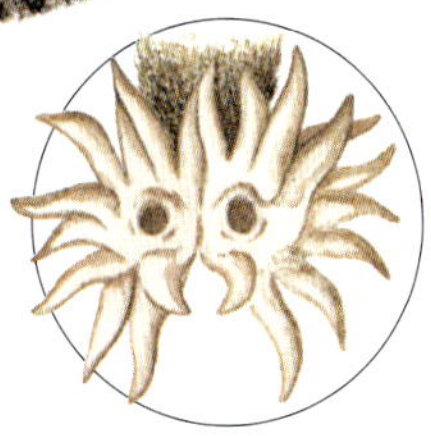

CONDYLURE
Le condylure possède un museau inhabituel, très sensible au toucher et aux vibrations, ce qui l'aide à trouver des vers et des coléoptères dans l'obscurité.

TAUPE
Il existe une vingtaine d'espèces de taupes dans le monde. Comme tous ses congénères, la taupe commune vit sous terre, creusant chaque jour de nouvelles galeries de 5 cm de large. Elle parcourt régulièrement son réseau de galeries à la recherche de vers et d'insectes tombés des parois.

MUSARAIGNE
La plus petite musaraigne mesure 5 à 8 cm de long du bout du museau à la pointe de la queue. Son corps minuscule perd si rapidement sa chaleur qu'elle doit avaler son propre poids de nourriture chaque jour pour survivre.

TAUPINIÈRE
Le monticule de terre que la taupe élève en creusant ses galeries est une taupinière. Le grand terrier représenté ici est l'endroit où la taupe habite et élève ses petits.

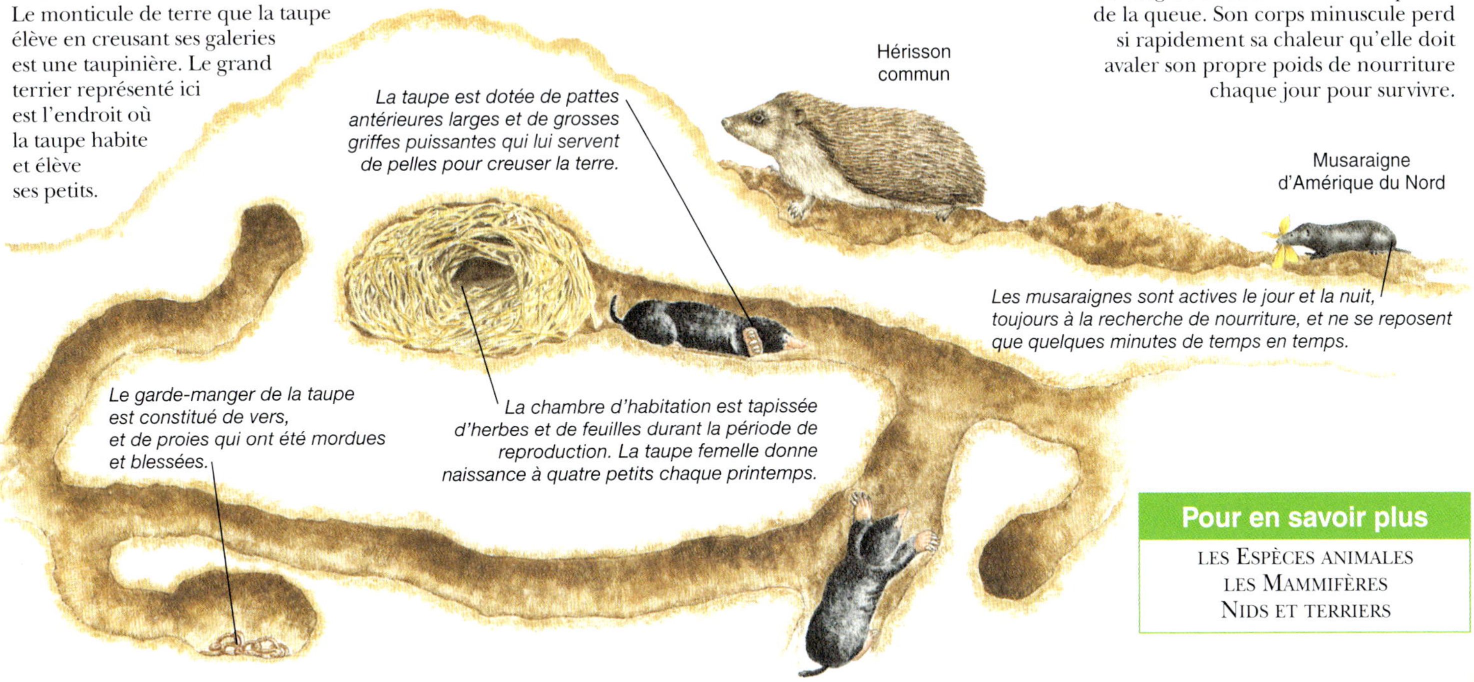

Pour en savoir plus

LES ESPÈCES ANIMALES
LES MAMMIFÈRES
NIDS ET TERRIERS

l'Hibernation

LA PLUPART DES ANIMAUX À SANG CHAUD ont besoin d'un supplément d'énergie pour résister au froid hivernal, mais la nourriture susceptible de leur fournir cette énergie est rare en hiver. Certains survivent en migrant vers des régions chaudes, d'autres comme les chauves-souris et les hérissons hibernent, c'est-à-dire passent l'hiver à dormir dans un lieu sûr (nid, terrier ou grotte). En pleine hibernation, l'organisme de l'animal fonctionne au ralenti : son rythme cardiaque diminue et ses mouvements respiratoires se font très lentement. La température du corps chute pour atteindre 3 °C ou 4 °C, voire 0 °C chez le hamster. Si la température extérieure descend au-dessous de zéro, les réactions chimiques du corps repartent pour éviter la mort par congélation. L'animal hibernant se nourrit beaucoup en automne pour faire des réserves de graisse et passer l'hiver sans manger.

LOIR

L'un des animaux hibernants les plus connus est le loir. En automne, il mange davantage que d'habitude pour constituer des réserves de graisse, puis s'installe dans son nid hivernal entre les racines des arbres ou dans les broussailles. Son rythme cardiaque s'abaisse à un battement toutes les 2 ou 3 minutes et sa respiration ralentit. Sa température corporelle chute à quelques degrés seulement au-dessus de la température ambiante.

OURS NOIR

Le sommeil hivernal des ours, des mouffettes et des tamias n'est pas aussi profond que celui des vrais hibernants comme les chauves-souris et les souris. La température interne de l'ours noir diminue, mais pas son rythme cardiaque. Il peut donc se réveiller assez vite si le temps se réchauffe provisoirement. Mais s'il se réveille, il ne mange pas et continue de vivre sur ses réserves de graisse jusqu'au printemps. Certaines femelles accouchent pendant l'hiver.

TORPEUR

Pour économiser de l'énergie, certains petits animaux à sang chaud comme les chauves-souris et les colibris laissent leur corps se refroidir et leur rythme cardiaque et respiratoire ralentir une partie du jour ou de la nuit. C'est la torpeur. Les grands animaux ne peuvent pas entrer dans un état de torpeur parce qu'il leur faudrait trop d'énergie pour se réchauffer ensuite. Les chauves-souris se blottissent les unes contre les autres la tête en bas pour garder un maximum de chaleur corporelle. À l'approche de l'hiver, elles se rendent dans une grotte ou un arbre creux pour commencer une véritable hibernation.

ESTIVATION

De nombreux animaux du désert dorment pendant la saison chaude et sèche pour survivre à la canicule : c'est l'estivation. Les animaux concernés sont : lézards, amphibiens, insectes et escargots. Avant le début de l'estivation, les escargots ferment l'ouverture de leur coquille avec un film de mucus qui durcit à la chaleur.

Pour en savoir plus

LES CHAUVES-SOURIS
ESCARGOTS ET LIMACES
OURS ET PANDAS
LES MIGRATIONS ANIMALES
SOURIS, RATS ET ÉCUREUILS

l'Hindouisme

Holi Festival de deux jours au printemps.

Janmashtami Fête en août/septembre célébrant la naissance de Krishna.

Durga Puja Festival de neuf jours en septembre/octobre, avec don d'offrandes à Durga, déesse de l'énergie universelle.

Diwali « Fête des lumières ».

Des fêtes dans les temples sont organisées une fois par an.

L'HINDOUISME, L'UNE DES PLUS ANCIENNES religions du monde, est né en Inde il y a plus de 5 000 ans. Il n'a pas été fondé par un seul individu, mais s'est développé à partir de croyances primitives. Il existe aujourd'hui de très nombreuses sectes hindoues. Elles peuvent vénérer les mêmes dieux, mais ne partagent pas toutes les mêmes croyances religieuses. La plupart des hindous pensent néanmoins que les hommes ont une âme qui ne meurt pas avec eux. Après la mort, l'âme sort du corps du défunt pour se réincarner dans le corps d'un enfant en train de naître. Les individus qui font le bien sur Terre se réincarnent à un niveau spirituel supérieur. Ceux qui font le mal peuvent renaître sous une forme animale. Il est possible d'échapper au cycle des réincarnations par de bonnes actions. Les hindous appartiennent à des castes – des groupes sociaux hiérarchisés. Des règles définissent les relations et les mariages entre les individus des différentes castes. Aujourd'hui, environ 1 milliard de personnes suivent les principes de l'hindouisme à travers le monde.

LES DIEUX

Il existe trois dieux primitifs, Vishnou, Brahma et Shiva, créés par l'énergie de l'univers. Mais un hindou ne vénère qu'une seule de ces divinités. Vishnou, qui protège l'univers créé, apparaît sous dix incarnations ou formes différentes. Les deux plus populaires sont Rama et Krishna. Les histoires des dieux et de leurs guerres contre le mal sont racontées dans des épopées sanskrites comme le Mahabharata.

Vishnou vient pour restaurer l'ordre et la paix du monde après le passage de Shiva.

Les quatre têtes de Brahma, le créateur, symbolisent sa connaissance universelle.

Shiva, le destructeur, gouverne tout ce qui meurt et se régénère sur Terre. Quand il danse, il détruit toute forme de vie.

LES MARIAGES

La vie familiale et le mariage sont très importants chez les hindous. Ce sont souvent les parents qui décident pour leurs enfants. La femme doit être obéissante et dévouée envers son père et son époux. La cérémonie de mariage s'accompagne de musique et de réjouissances. Les futurs mariés s'échangent des guirlandes de fleurs colorées et se font des promesses solennelles devant un prêtre.

LES TEMPLES

Dans le sud et le centre de l'Inde, de grands temples abritent de belles sculptures et statues de dieux hindous. Les prêtres entretiennent les temples. Ils baignent et décorent leurs idoles tous les jours. Les visiteurs viennent prier et font des offrandes de fleurs et de nourriture. Après avoir été bénite, la nourriture est partagée entre les fidèles ou donnée aux pauvres.

Pour en savoir plus

Les Fêtes
L'Inde et son sous-continent
Les Religions

l'Holocauste (Shoah)

ÉTOILE DE DAVID
Après 1941, tous les Juifs de l'Europe occupée âgés de plus de 6 ans furent obligés de porter une étoile jaune, l'étoile de David, cousue à leurs vêtements. Ce signe distinctif devait être conservé même au sein des camps.

EN 1933, LE PARTI NAZI D'ADOLF HITLER accédait au pouvoir en Allemagne. Profondément antisémites, les nazis commencèrent par persécuter les Juifs allemands. Dans un premier temps, les Juifs furent regroupés et envoyés dans des camps de travail ou de concentration avec d'autres groupes jugés indésirables, comme les Tsiganes, les homosexuels ou les communistes. Les Juifs de l'Europe occupée furent rassemblés dans des ghettos (quartiers coupés du reste de la ville) ou exécutés. En 1942, les nazis décidèrent d'exterminer tous les Juifs d'Europe. On ignore encore le nombre exact de personnes qui furent victimes de ce processus d'élimination systématique, mais, à la fin de la Seconde Guerre mondiale, plus de 6 millions de Juifs étaient portés disparus. Cet épisode sans précédent dans l'histoire est appelé Holocauste, ou Shoah.

Oscar Schindler

GHETTOS
À partir de 1939, dans certaines villes d'Europe de l'Est sous occupation allemande, les Juifs furent concentrés dans des ghettos.
Ces quartiers étaient coupés du reste de la cité et de toute structure médicale ; les populations y mouraient de faim. 500 000 personnes vivaient dans le ghetto de Varsovie.
Après l'écrasement de l'insurrection de 1943 et la politique de déportation massive, on ne dénombra qu'une centaine de survivants.

RÉSISTANCE
Beaucoup de Juifs entrèrent dans la résistance armée contre l'occupation nazie. Les Hongrois et les Italiens, pourtant alliés aux Allemands, refusèrent de livrer les Juifs vivant sur leurs territoires. Le diplomate suédois Raoul Wallenberg aida de nombreux Juifs à fuir vers la Suède en 1944. L'entrepreneur allemand Oscar Schindler réussit à sauver près de 1 200 Juifs en les employant dans sa fabrique de munitions.

LA « SOLUTION FINALE »
En 1942, lors de la conférence de Wannsee, près de Berlin, les nazis décidèrent d'appliquer aux Juifs la « solution finale » : de toute l'Europe occupée, des trains convoyèrent des Juifs – femmes, enfants, vieillards, adultes – vers les camps de la mort (Auschwitz, Treblinka, Bergen-Belsen, Dachau, Buchenwald), où ils furent gazés et leurs corps brûlés.

Portes du camp d'Auschwitz

COMMÉMORATION
À la fin de la guerre, les Nations unies s'appliquèrent à offrir aux Juifs rescapés une patrie qui serait la leur ; ainsi fut créé en 1948, en Palestine, l'État d'Israël. Un musée de l'Holocauste fut inauguré à Berlin et dans plusieurs autres villes d'Europe. Chaque 27 janvier, date anniversaire de la libération du camp d'Auschwitz, différents pays rendent hommage aux victimes de la barbarie.

1933 Hitler accède au pouvoir en Allemagne.

1935 Les lois de Nuremberg interdisent le mariage entre Juifs et non-Juifs.

1937 Confiscation des biens et des avoirs des Juifs.

9 ET 10 NOVEMBRE 1938 Nuit de cristal. Saccage des synagogues, des magasins et des maisons des Juifs.

1942 Début de la « solution finale ».

1943 Révolte et massacre des Juifs du ghetto de Varsovie.

1945 Libération des camps.

1948 Fondation d'Israël.

ANNE FRANK
De nombreux Juifs d'Europe tentèrent d'échapper aux nazis. Anne Frank, 13 ans, et sa famille se cachèrent dans une pièce dérobée d'un appartement d'Amsterdam, aux Pays-Bas. Dénoncée près de deux ans plus tard, en 1944, la famille fut envoyée dans un camp de concentration. Anne mourut du typhus à l'âge de 16 ans. Dans sa cachette, la jeune fille avait tenu un journal, où elle faisait part de ses espoirs et de ses craintes. Publié en 1947, le *Journal d'Anne Frank* fut traduit en plus de 50 langues.

Musée juif à Berlin

Pour en savoir plus
ISRAËL
LE JUDAÏSME
LA SECONDE GUERRE MONDIALE

les Hommes préhistoriques

7 MILLIONS D'ANNÉES Les singes et les hominidés évoluent de façon séparée.

2,5 MILLIONS D'ANNÉES Fabrication des premiers outils de pierre.

1,5 MILLION D'ANNÉES Apparition de l'*Homo erectus*.

VERS 50000 AV. J.-C. Apparition de l'homme moderne, l'*Homo sapiens*.

VERS 8000 AV. J.-C. Début du néolithique (âge de la pierre polie).

VERS 7000 AV. J.-C. Agriculture, sédentarisation et début de l'artisanat.

VERS 3500 AV. J.-C. Les Sumériens en Mésopotamie inventent un système d'écriture. Début de l'urbanisation.

VERS 3000 AV. J.-C. Les outils et les armes en métal remplacent la pierre.

COMPARÉE à l'apparition de la vie sur Terre, celle des hominidés (ancêtres des hommes et des grands singes) – bien postérieure à l'extinction des dinosaures et à la naissance des premiers mammifères – est relativement récente. Certaines preuves fossiles manquent encore pour retracer l'histoire complète de l'évolution de l'homme. Les premiers primates apparentés à l'homme seraient apparus il y a près de 5 millions d'années, en Afrique centrale. Ces hominidés (ancêtres de l'homme) commencèrent à adopter la station debout, puis la marche, tandis que leur cerveau se développait. Ce cerveau évolué fut à la base de la création du langage, qui leur permit de se socialiser. Les hominidés vivaient en petits groupes et pratiquaient la chasse et la cueillette de baies, racines, fruits et graines. Debout, et de ce fait libres de leurs mains, ils se lancèrent dans la fabrication d'outils et d'armes, et domestiquèrent le feu. Ils trouvèrent refuge dans des grottes ou des abris faits de branchages et de pierres. Ces premiers hommes se répandirent lentement à la surface du globe, jusqu'à dominer le monde vivant.

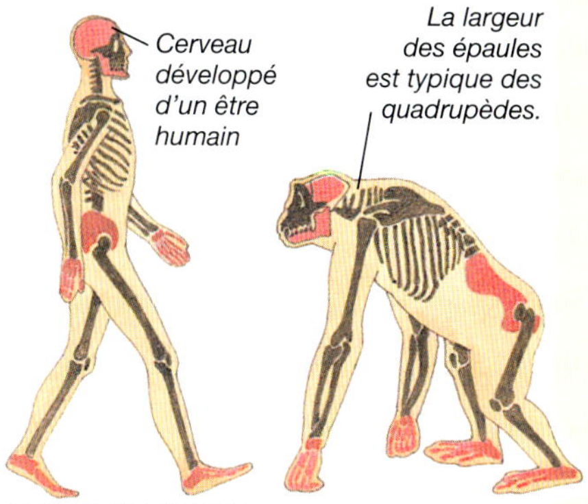

SINGE OU HOMME ?
Les hominidés ont des mâchoires plus modestes et un cerveau plus développé que les singes. Le pouce d'un homme est plus long que celui d'un singe. Son bassin et ses cuisses facilitent la station debout et la marche (sa colonne vertébrale a la forme d'un S.) Ses jambes sont plus longues que ses bras et il n'utilise pas son gros orteil comme un pouce ; ses pieds servent à marcher, non à prendre.

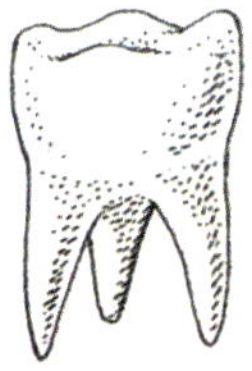

DENTS DE SAGESSE
Les hommes préhistoriques utilisaient leurs dents de sagesse pour mâcher racines et baies. Ces dents devenues aujourd'hui inutiles ne se développent même plus chez certains individus.

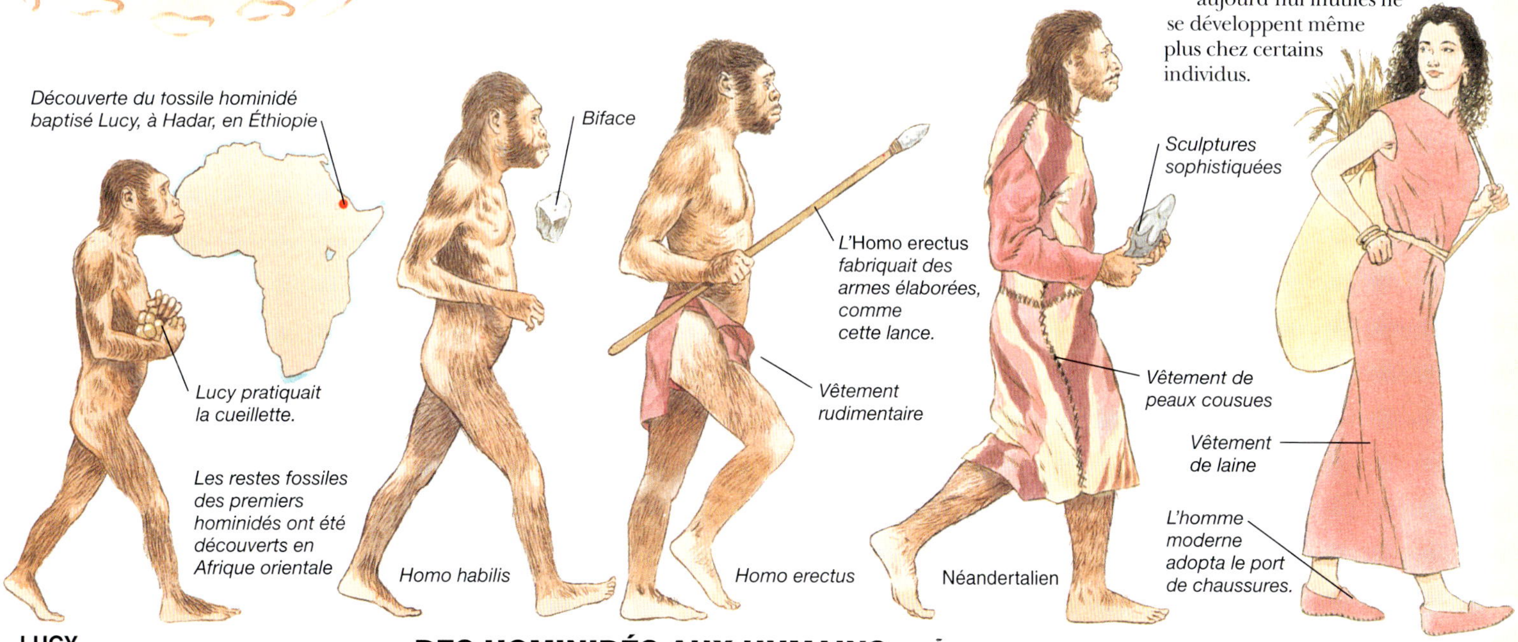

LUCY
En 1974, les archéologues découvrirent un fossile hominidé presque complet en Éthiopie, au nord-est de l'Afrique. Le squelette fut baptisé Lucy, en hommage au célèbre titre des Beatles, *Lucy in the sky with diamonds*. Ce lointain ancêtre de notre espèce, de la classe des australopithèques, vivait il y a près de 3,2 millions d'années.

Lucy pesait environ 30 kg pour une taille comparable à celle d'une fillette de 10 ans.

DES HOMINIDÉS AUX HUMAINS

Il y a près de 2,5 millions d'années, l'*Homo habilis* (« homme habile ») fabriquait des outils de pierre et confectionnait des abris rudimentaires. Puis vint l'*Homo erectus* qui, de l'Afrique, gagna l'Europe et l'Asie. Il vivait en tribus, dans des habitats élaborés, maîtrisait le feu et possédait probablement un langage. Après la période glaciaire, l'Europe fut peuplée par les néandertaliens, hominidés portant des vêtements, taillant le silex, faisant usage du feu et enterrant leurs morts. Disparu il y a près de 30 000 ans, le néandertalien cédait la place à l'homme moderne (l'*Homo sapiens*), qui inventa l'agriculture voici environ 9 000 ans, commença à se sédentariser et inventa les premières civilisations.

HOMME MODERNE
Les hommes commencèrent à se sédentariser avec la pratique de l'élevage et de l'agriculture. De petites communautés virent ainsi le jour.

Pour en savoir plus

L'ÂGE DE LA PIERRE
L'ÂGE DU BRONZE
L'ARCHÉOLOGIE
LA PRÉHISTOIRE
LA THÉORIE DE L'ÉVOLUTION

les Hôpitaux

UNE MACHINE CAPABLE DE SOIGNER LES MALADES? Ce n'est pas un rêve d'inventeur. Elle existe déjà : c'est l'hôpital. Comme une machine, un hôpital est une unité au fonctionnement bien huilé qui contient tous les équipements nécessaires au traitement des maladies. Mais contrairement à une machine, un hôpital est un lieu humain où les médecins, les infirmières et l'ensemble du personnel médical sont formés pour soigner les patients. Les hôpitaux sont indispensables car il existe certaines maladies que les médecins ne peuvent pas traiter dans leur cabinet ou au domicile du patient. Une opération chirurgicale, par exemple, nécessite un plus ou moins long séjour à l'hôpital. On peut aussi se rendre à l'hôpital dans la journée pour consulter un spécialiste ou passer des examens. Les hôpitaux disposent de moyens matériels pour diagnostiquer les maladies et s'occuper des patients qui, même s'ils ne sont pas malades, ont besoin d'une surveillance médicale – telles les femmes enceintes ou qui accouchent.

PREMIERS HÔPITAUX
Jusqu'au XIXe siècle les hôpitaux étaient des lieux insalubres et surpeuplés qui accueillaient les pauvres. Les individus souffrant de graves maladies infectieuses y étaient conduits pour éviter qu'ils ne contaminent le reste de la population.

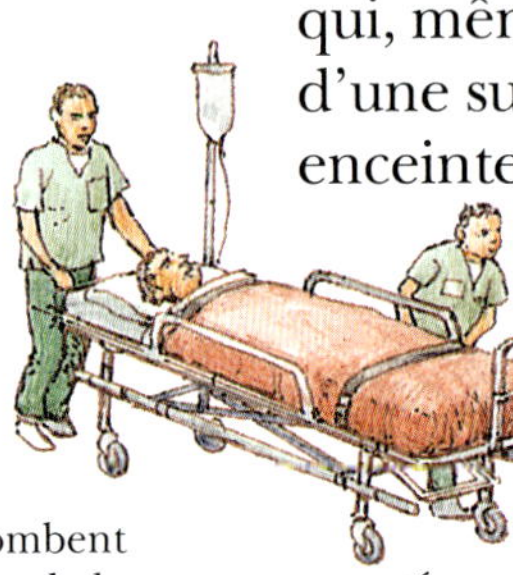

URGENCES MÉDICALES
Les blessés ou les personnes qui tombent soudainement très malades sont transportés en ambulance jusqu'au service des urgences.

HÔPITAUX GÉNÉRAUX

Certains établissements sont spécialisés, par exemple dans le traitement des troubles mentaux, mais la plupart traitent l'ensemble des maladies. La quasi-totalité des villes, grandes et petites, ont un hôpital général. L'hôpital abrite des services de médecine générale, des services chirurgicaux, un service de maternité, un service pédiatrique, et des unités de soins intensifs, des urgences et des salles d'opération.

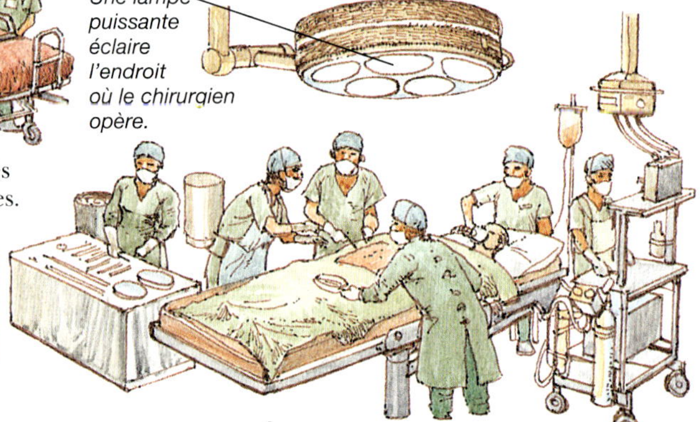

SALLES D'OPÉRATION
Les chirurgiens opèrent dans des salles spécialement équipées où les règles d'hygiène sont draconiennes pour éviter toute infection.

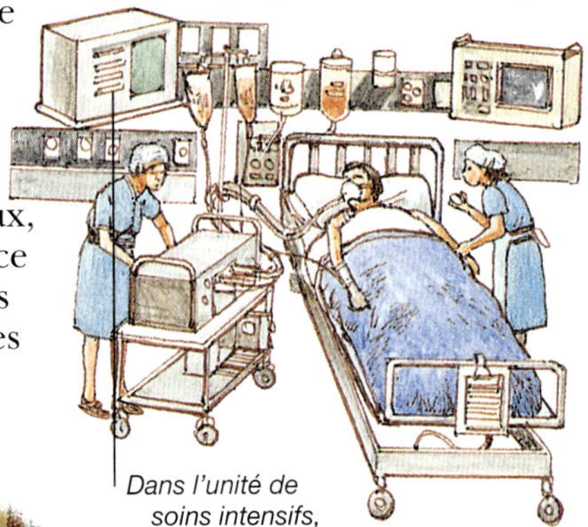

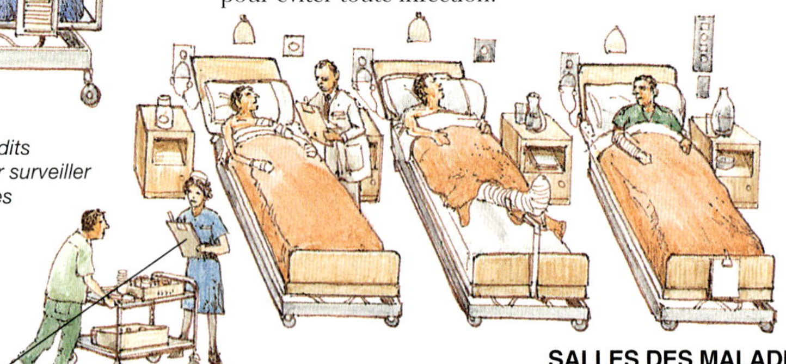

SALLES DES MALADES
Certains patients sont soignés dans des salles communes équipées de plusieurs lits.

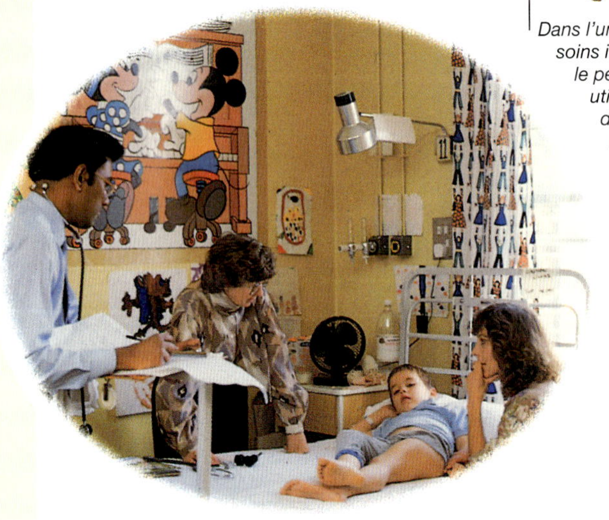

HÔPITAUX D'ENFANTS

Certaines villes abritent des hôpitaux réservés aux enfants. Les médecins et les infirmières qui y travaillent sont spécialement formés en pédiatrie. Les parents peuvent généralement rester auprès de leurs enfants toute la journée et, si besoin, passer la nuit à l'hôpital.

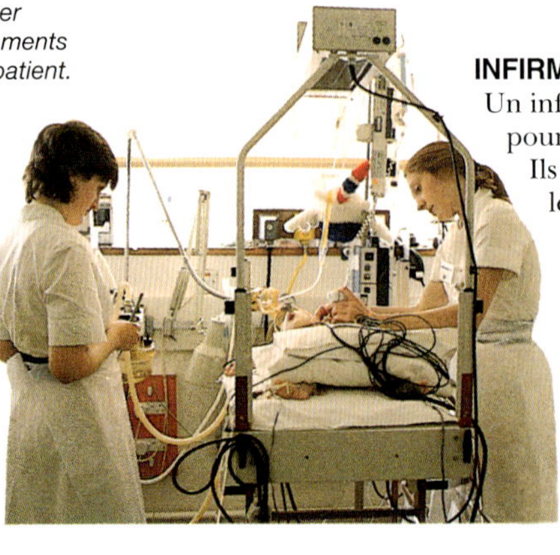

INFIRMIERS ET INFIRMIÈRES
Un infirmier ou une infirmière sont formés pour s'occuper des malades et des blessés. Ils surveillent l'état de leurs patients, leur administrent leurs médicaments et essaient de rendre leur séjour à l'hôpital aussi agréable que possible.

Pour en savoir plus

LA MÉDECINE (DIFFÉRENTS TYPES)
LA MÉDECINE (HISTOIRE)
LES MÉDECINS
LES RAYONS X

Horloges et montres

AVEZ-VOUS JAMAIS COMPTÉ le nombre de fois où vous regardez votre montre ? C'est une évidence, le temps régit notre vie ! Montres et horloges mesurent le temps et nous aident à planifier notre quotidien. Certaines sont pourvues d'aiguilles en rotation sur un cadran, d'autres, dites numériques, affichent de simples chiffres. Toutes les horloges et les montres possèdent un système ou un mécanisme de régulation très précis.
Les hommes se fondaient autrefois sur le jour et la nuit ou encore sur le passage des saisons pour mesurer le temps. Plus tard, ils firent appel à des instruments comme le cadran solaire, l'horloge à eau ou les bougies graduées. Les horloges mécaniques se développèrent entre le XVe et le XVIIe siècle, avec l'invention du pendule et du balancier. Des ressorts ou des poids suspendus mettaient en mouvement des rouages qui assuraient le fonctionnement de l'horloge. La miniaturisation de ces instruments à aiguilles et cadran allait déboucher sur l'invention de la montre. Les horloges et montres contemporaines sont généralement électroniques et leur fonctionnement est assuré par les pulsations régulières de cristaux de quartz.

CADRAN SOLAIRE
L'ombre projetée par un style se déplace lentement sur un cadran circulaire divisé en heures. L'ombre indique l'heure. Cet instrument de mesure du temps fut inventé il y a près de 5 000 ans par les Égyptiens.

CADRAN ASTRONOMIQUE
Ce superbe modèle conservé à Prague, en République tchèque, indique les heures et les minutes, ainsi que les signes du zodiaque et les phases de la Lune.

HORLOGE À EAU
L'eau qui s'écoule dans un réservoir déplace un flotteur qui indique les durées. Le principe fut d'abord utilisé par les Égyptiens pour leurs horloges à eau appelées clepsydres. Ce modèle chinois date du XIVe siècle.

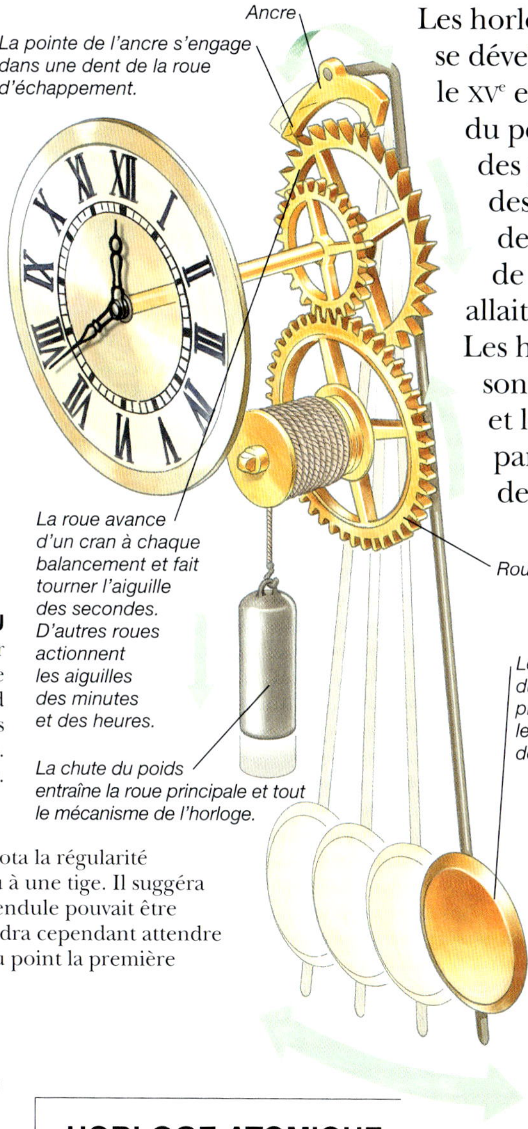

HORLOGE À BALANCIER
Vers 1580, le savant italien Galilée nota la régularité de l'oscillation d'un poids suspendu à une tige. Il suggéra que le mouvement régulier de ce pendule pouvait être utilisé pour mesurer le temps. Il faudra cependant attendre près de 70 ans pour que soit mise au point la première horloge mécanique à balancier.

MONTRE MÉCANIQUE
L'énergie libérée par un ressort en spirale remplace celle du pendule de l'horloge. La première montre de ce type fut mise au point au XVIe siècle, en Allemagne.

Cette montre à gousset du XIXe siècle se portait au bout d'une petite chaîne.

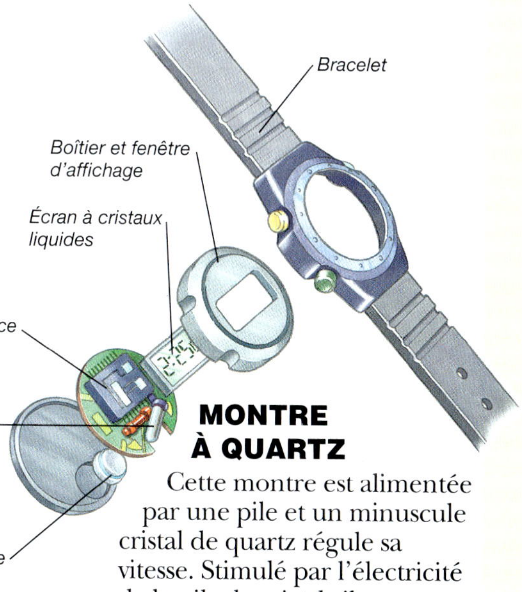

MONTRE À QUARTZ
Cette montre est alimentée par une pile et un minuscule cristal de quartz régule sa vitesse. Stimulé par l'électricité de la pile, le cristal vibre des milliers de fois par seconde. Une puce utilise ces signaux réguliers pour modifier, seconde après seconde, l'affichage numérique du cadran et ainsi mesurer le temps de façon très précise.

HORLOGE ATOMIQUE
Ces horloges ne dérivent que d'une seconde en un million d'années ! Leur fonctionnement repose sur les vibrations des atomes d'un élément, en général le césium 133. Les scientifiques les utilisent pour mesurer des intervalles de temps de façon très précise.

Pour en savoir plus
L'ÉLECTRONIQUE
ROCHES ET MINÉRAUX
LE TEMPS

l'Imprimerie

Un objet doit être gravé à l'envers (comme l'image d'un miroir) pour s'imprimer du bon côté.

LES IMPRIMÉS, qu'il s'agisse de caractères ou d'images, ont envahi notre quotidien ; on les retrouve dans la publicité, sur les panneaux de signalisation, les étiquettes, les emballages, les textiles, la presse et bien évidemment les livres. Si tout ceci nous paraît aujourd'hui comme allant de soi, il fut un temps où les informations étaient laborieusement copiées ou illustrées à la main et où l'accès à l'éducation ne concernait qu'une petite minorité. L'invention de l'imprimerie fut à l'origine d'une véritable révolution. Mots et images pouvaient enfin être reproduits à l'identique à des milliers d'exemplaires pour un coût relativement modeste. Les presses à imprimer permettent de transférer images et textes sur du papier, du carton ou tout autre matériau. Les premiers imprimeurs se servaient de caractères mobiles en plomb qui étaient assemblés pour composer un mot ou une ligne de texte. De nos jours, l'informatique tient un place très importante dans les procédés d'impression modernes.

1 MISE EN PAGES

Les documents qui doivent être imprimés sont aujourd'hui tous préparés informatiquement grâce à des logiciels qui permettent de travailler les photographies et d'agencer textes et images dans un format choisi.

2 SÉPARATION DES COULEURS

Toutes les couleurs et les illustrations d'un ouvrage sont reproduites à partir de 4 couleurs primaires : le jaune, le cyan (bleu), le magenta (rouge) et le noir. À partir du document informatique, une machine sépare ces 4 couleurs sur 4 plaques d'impression.

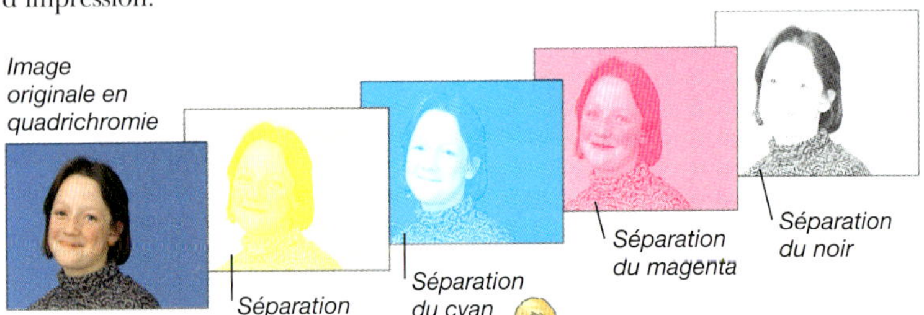

3 IMPRESSION OFFSET

Les 4 plaques d'impression sont fixées sur les cylindres de la presse. Chacune des 4 plaques est encrée par sa couleur primaire qui est déposée sur le papier quand celui-ci passe dans la presse : d'abord le jaune, puis le cyan, le magenta et le noir. Des rouleaux encreurs assurent l'encrage régulier des plaques. En fin de presse sortent les feuilles imprimées en quadrichromie. Il faut ensuite les découper et les relier entre elles (en les collant ou en les agrafant) : c'est le façonnage.

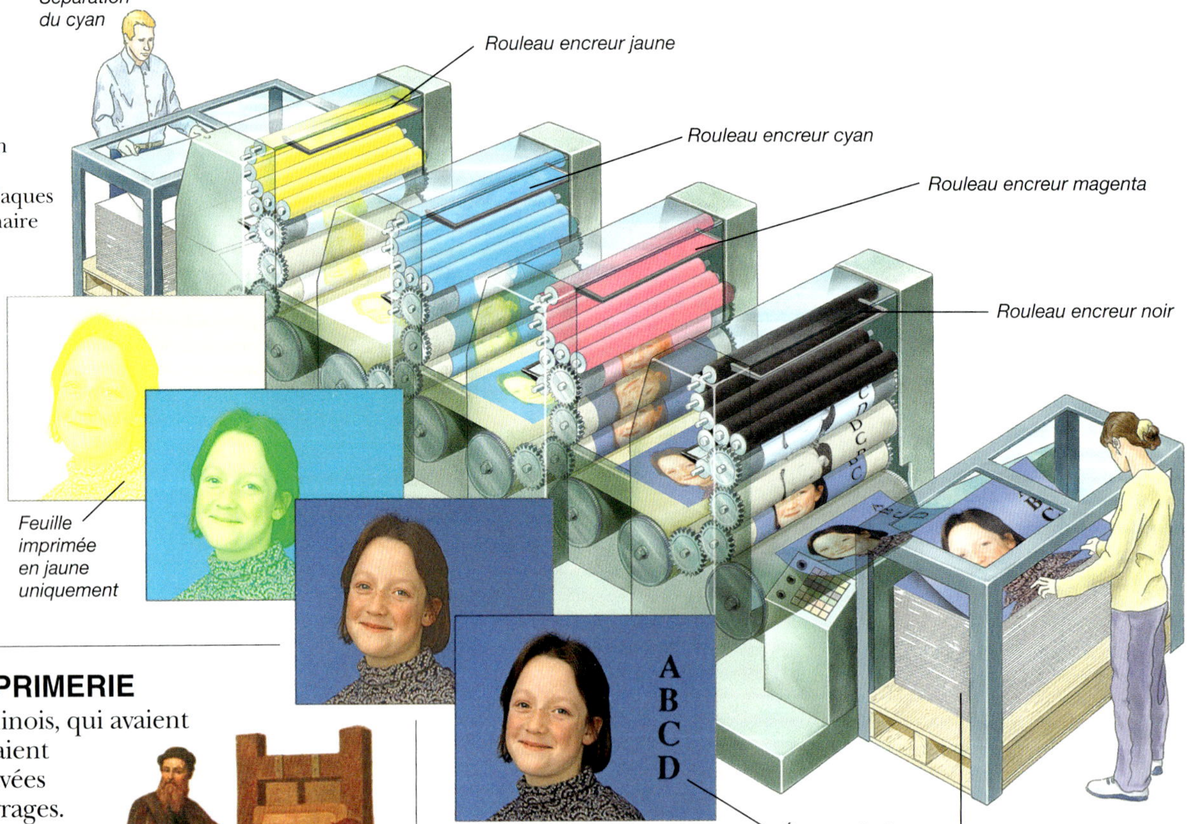

IMPRESSION EN QUADRICHROMIE

Toutes les couleurs de cette page sont composées de points de trame, réalisés à partir des encres de quatre couleurs primaires. Pour les impressions de qualité supérieure, généralement plus coûteuses, les imprimeurs font appel à des procédés comme l'hexachromie utilisant une palette de couleurs plus étendue.

HISTOIRE DE L'IMPRIMERIE

En 868 apr. J.-C., les Chinois, qui avaient inventé le papier, utilisaient des plaques en bois gravées pour imprimer des ouvrages. En Europe, vers 1440, l'Allemand Johannes Gutenberg mit au point une presse manuelle sur laquelle étaient assemblés des caractères mobiles. Ce procédé sera utilisé pendant 350 ans, jusqu'à l'invention de presses mécanisées et automatisées.

Gutenberg (au centre) et sa presse

Pour en savoir plus

LES COULEURS
LES JOURNAUX
LES LIVRES
LE PAPIER

http://www.pinacotheque.com/fr/accueil/expositions/deja-vu.html

les Incas

AU XIIe SIÈCLE, un peuple d'Amérique du Sud descendit des montagnes de la cordillère des Andes pour s'installer dans la vallée fertile de Cuzco. Vers la fin du XVe siècle, ce peuple avait réussi à conquérir un territoire de près de 1 140 000 km², regroupant plus de 10 millions d'individus. À la tête d'une puissante armée, les Incas parvinrent à contrôler leur empire en s'appuyant sur un remarquable réseau de voies de communication, fait de routes pavées. Les Incas, qui ne disposaient ni de chevaux ni de véhicules à roues, communiquaient grâce à des messagers impériaux qui se relayaient pour parcourir près de 250 km par jour et transmettre les informations entre les différentes cités de l'empire. Placé au sommet de l'échelle sociale, l'empereur était vénéré comme une divinité et jouissait d'un pouvoir absolu sur ses sujets. En 1525, à la mort de l'empereur Huayna Capac, une guerre civile éclata, ses deux fils se disputant sa succession. En 1532, un petit détachement de soldats espagnols, mené par le conquistador Francisco Pizarro, débarqua et découvrit un pays en plein désarroi. L'armée inca fut rapidement maîtrisée et, en 1533, l'empire passa aux mains des Espagnols.

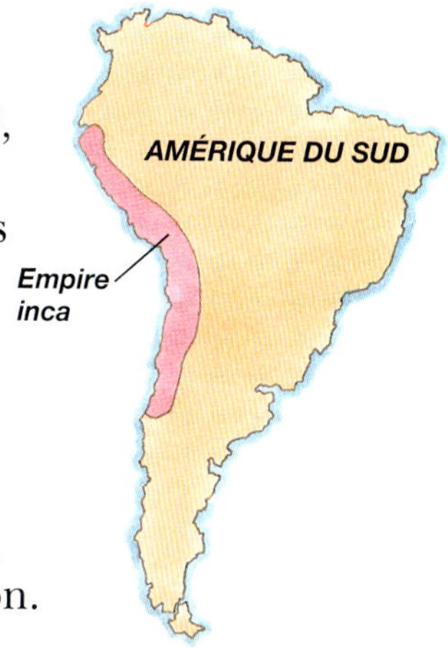

EMPIRE INCA
À son apogée, en 1525, l'Empire inca s'étendait sur près de 3 200 km, le long de la côte pacifique de l'Amérique du Sud, englobant une grande partie de l'Équateur, du Pérou, de la Bolivie et du Chili actuels.

MACHU PICCHU
Couvrant une superficie de près de 13 km², la cité fortifiée de Machu Picchu, au cœur des Andes, fut érigée sur des terrasses s'étageant à flanc de montagne, à près de 2 280 m d'altitude.

Les lamas ont été convertis en animaux de bât il y a près de 4 000 ans.

Les femmes tissaient des lainages aux motifs élaborés.

CULTURE EN TERRASSES
Les agriculteurs incas avaient appris à exploiter la moindre parcelle de terre fertile de leur empire montagneux. Ils bâtissaient des terrasses à flanc de montagne et utilisaient le guano (excréments d'oiseau) comme engrais pour leurs cultures. L'irrigation était assurée par l'eau des rivières et des torrents.

TISSAGE
Les Incas étaient réputés pour la confection artisanale de tissus colorés aux motifs élaborés. La laine utilisée provenait des lamas, des alpagas et des vigognes élevés dans les fermes. Les motifs de prédilection des artisans incas restaient les pumas et les jaguars.

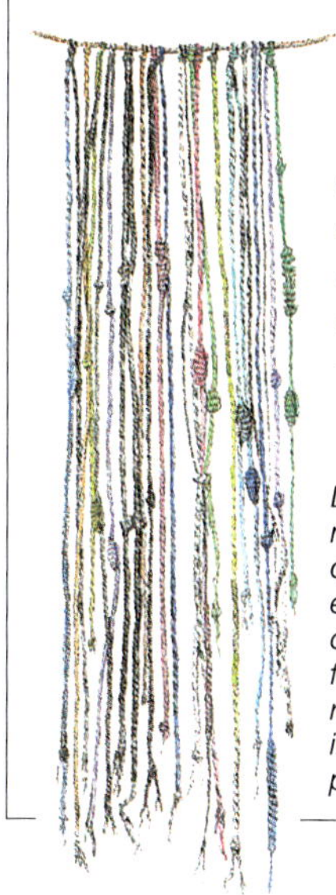

QUIPU
Les Incas ignoraient l'écriture. Faits historiques, lois, comptabilité des réserves d'or, recensement et autres informations étaient enregistrés grâce au *quipu*, dispositif consistant à nouer des cordelettes de différentes couleurs sur un bâton ou une corde.

Le nombre de nœuds ainsi que la couleur et la longueur des cordelettes faisaient référence à une information particulière.

Orfèvres de talent, les Incas confectionnaient des statuettes en or, souvent déposées dans les tombes. Cet or fut en grande partie volé par les conquistadors, puis fondu.

Pour en savoir plus
L'AMÉRIQUE DU SUD (HISTOIRE)
CHAMEAUX ET LAMAS
LES CONQUISTADORS

l'Inde (histoire)

CIVILISATION DE L'INDUS
Ces peuples utilisaient l'eau de l'Indus pour fertiliser leurs terres. Ils bâtirent Mohenjo-Daro et Harappa, premières villes du monde. D'élégantes représentations de personnes, d'animaux et de dieux, tel ce sceau orné d'un taureau, témoignent de la qualité de leur artisanat.

IL Y A PRÈS DE 5 000 ANS, une civilisation se développa autour du fleuve Indus, en Asie du Sud. Les peuples de cette région construisirent les premières villes du monde. Puis l'Inde vit naître deux grandes religions, l'hindouisme et le bouddhisme. Au fil des siècles, le pays connut de nombreux dirigeants et de nombreuses invasions. Les premiers envahisseurs furent les Aryens, venus du nord-ouest. À l'époque, l'Inde était constituée de plusieurs cité-États, souvent en conflit. La dynastie (famille régnante) Maurya s'imposa vers 322 av. J.-C. et sous Ashoka, un de ses empereurs, l'Inde entama une période de paix. Les 1 500 ans qui suivirent furent marqués par la dynastie Gupta et par celle des Moghols, qui créèrent une magnifique civilisation. Mais les différends entre divers groupes religieux musulmans, sikhs et hindous, affaiblirent le pays. Du XVIIe au XVIIIe siècle, la Compagnie anglaise des Indes orientales prit le contrôle d'une grande part du pays ; un siècle plus tard, le gouvernement britannique annexait l'Inde. De nombreux Indiens désiraient l'indépendance. Ils l'obtinrent en 1947, mais les antagonismes religieux aboutirent au partage du pays en deux nations : Inde pour les hindous, Pakistan pour les musulmans.

EMPIRE GUPTA
Une famille de riches propriétaires terriens, les Gupta, fonda son empire en 320 apr. J.-C., sous Candragupta Ier. En un siècle, l'empire couvrit une grande part du nord et de l'est de l'Inde, inaugurant un âge d'or culturel. Les Gupta conçurent le système de calcul décimal et l'écriture des chiffres que nous utilisons encore aujourd'hui. L'empire s'effondra au VIIe siècle lorsque des tribus d'Asie centrale l'envahirent.

COMPAGNIE DES INDES ORIENTALES
En 1600, les Britanniques fondèrent la Compagnie des Indes orientales pour commercer avec l'Inde. Dès 1765, la compagnie gouvernait elle-même certaines régions du pays, mais en 1858 le gouvernement britannique la remplaça. La compagnie cessa d'exister en 1873. Ce dessin, à droite, montre un Anglais voyageant à dos d'éléphant.

EMPIRE MOGHOL
En 1526, Babur, chef moghol, arriva d'Asie centrale et prit le pouvoir d'une Inde affaiblie. Les Moghols, des musulmans, construisirent parmi les plus magnifiques mosquées (lieux de culte musulmans) et palais du monde. En 1858, l'Empire moghol s'effondra et l'Angleterre prit le contrôle de presque tout le territoire.

RAJ BRITANNIQUE

Dès le début du XVIe siècle, Portugal, France, Grande-Bretagne et Pays-Bas tentèrent d'annexer l'Inde. Les Britanniques y parvinrent : au milieu du XIXe siècle, ils gouvernaient tout le sous-continent indien. En 1876, la reine d'Angleterre, Victoria, devint impératrice des Indes. Le gouvernement du pays était appelé Raj britannique (d'après un mot indien signifiant « loi »). Le Raj employait des fonctionnaires pour administrer le pays depuis la capitale, New Delhi, achevée en 1931.

MOHANDAS GANDHI

Dirigeant du mouvement pour l'indépendance de l'Inde, Mohandas Gandhi (1869-1948) fut surnommé Mahatma, ce qui signifie « grande âme ». Gandhi tenta d'unifier les différents peuples et religions de l'Inde. Il insistait sur l'importance du *satyagraha*, ou résistance non violente, face aux colons britanniques.

FAMILLE NEHRU

Le Premier ministre de l'Inde fut Jawaharlal Nehru (1889-1964, ci-dessus). Deux ans après sa mort, sa fille Indira Gandhi (à droite) devint Premier ministre. Elle resta presque continuellement à la tête du pays jusqu'à son assassinat, en 1984. Son fils Rajiv lui succéda. En 1989, il perdit la majorité au Parlement, avant d'être lui aussi assassiné, en 1991.

PAKISTAN ET BANGLADESH

L'inde, que gouvernaient les Britanniques, comptait surtout des hindous, mais aussi des musulmans. De nombreux conflits les opposèrent. En 1947, lorsque le pays obtint l'indépendance, les Britanniques décidèrent la partition (division) de l'Inde.

Un train venu du Pakistan transporte des réfugiés hindous terrifiés.

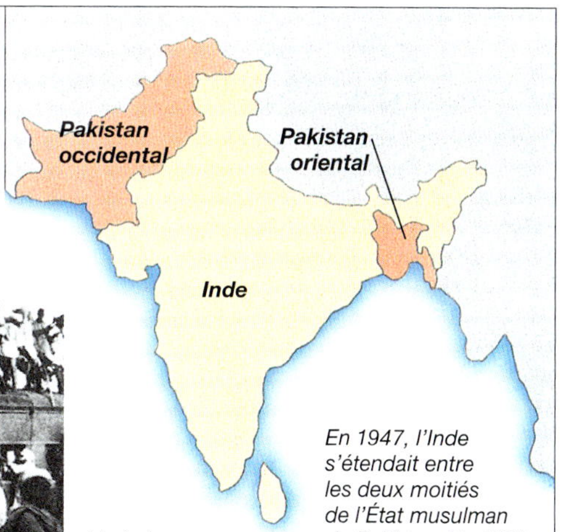

En 1947, l'Inde s'étendait entre les deux moitiés de l'État musulman du Pakistan. En 1971, le Pakistan oriental devint l'État indépendant du Bangladesh.

VERS 2500 AV. J.-C. La civilisation de la vallée de l'Indus bâtit des villes.

VERS 1500 AV. J.-C. Les Aryens introduisent l'hindouisme, le sanscrit et le système des castes.

VERS 320-550 APR. J.-C. Dynastie Gupta.

VIe SIÈCLE Les Huns renversent les Gupta.

VIIIe SIÈCLE Marchands arabes en Inde ; les Turcs introduisent l'islam.

Xe SIÈCLE Invasion musulmane.

1206-1526 Le sultanat de Delhi gouverne le pays.

1526 Babur unifie l'Inde sous l'Empire moghol.

1876 La reine Victoria impératrice des Indes.

1885 Fondation du Congrès national indien favorable à l'indépendance du pays.

1947 La division du pays entre l'Inde et le Pakistan fait plus de 500 000 morts.

1948 Un fanatique hindou assassine Mohandas Gandhi.

1956, 1961 L'État indien annexe les dernières colonies françaises et portugaises en Inde.

1962 Conflit avec la Chine au Ladakh.

1964 Mort du Premier ministre Nehru.

1965 Deuxième guerre indo-pakistanaise à propos du Cachemire.

1966 Indira Gandhi devient Premier ministre.

1971 Indépendance du Bangladesh.

1984 Assassinat d'Indira Gandhi.

1991 Assassinat de Rajiv Gandhi.

1998 Essais nucléaires de l'Inde et du Pakistan.

2011 Avancées du processus de paix entre l'Inde et le Pakistan à propos du Cachemire.

I

Pour en savoir plus

L'ASIE DU SUD-EST (HISTOIRE)
LE BOUDDHISME
LA CIVILISATION DE LA VALLÉE DE L'INDUS
L'HINDOUISME
L'INDE (GÉOGRAPHIE)

l'Inde et son sous-continent

Inde, Pakistan, Népal, Bhoutan, Bangladesh et Sri Lanka composent le sous-continent indien. La Chine se trouve au nord. À l'est s'étendent les jungles du Sud-Est asiatique. L'océan Indien baigne les côtes méridionales. Montagnes et déserts d'Iran et d'Afghanistan ferment le sous-continent à l'ouest.

UN ÉTRANGER VOYAGEANT EN INDE devrait parler plus de 1 000 langues et dialectes pour comprendre toutes les conversations. Outre l'hindi et l'anglais, les langues officielles, 14 autres sont parlées dans tout le pays. La principale religion est l'hindouisme, mais on compte de nombreux musulmans, sikhs, chrétiens et bouddhistes. Le territoire présente lui aussi une grande variété. Le nord est montagneux. Au centre, le Gange arrose une riche plaine de terres agricoles productives. Au sud, une région côtière chaude et fertile entoure un plateau intérieur sec. Avec plus de 1 milliard d'habitants, l'Inde est le deuxième pays du monde (après la Chine) par sa population. Environ 70 % des habitants vivent dans de petits villages, souvent très pauvres, et travaillent la terre. Les autres habitent des villes souvent surpeuplées, où des privilégiés travaillent dans des usines ou des bureaux modernes. Les récents progrès agricoles ont rendu la terre plus productive, et, après de nombreuses années de famine, l'Inde peut maintenant nourrir sa population.

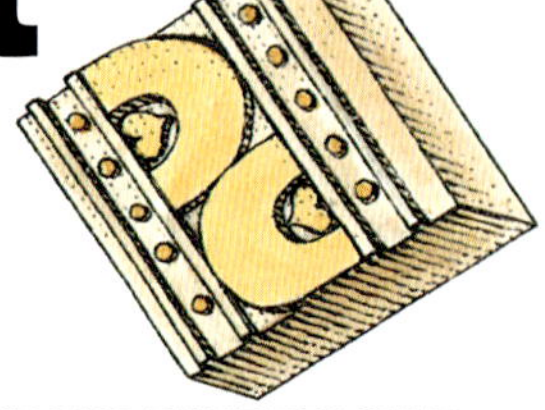

TAMPONS D'IMPRESSION
Des tampons d'impression traditionnels en bois sont encore utilisés dans la production de tissus colorés.

THÉ

En 1824, des plants de thé furent découverts dans les collines frontalières entre la Birmanie et l'État indien d'Assam. Les Britanniques introduisirent la culture du thé en Inde en 1836 et au Sri Lanka en 1867 ; aujourd'hui, l'essentiel du thé mondial provient du sous-continent indien. Les buissons de thé poussent sur les collines abritées et bien irriguées de l'Himalaya, en Inde du Sud et au Sri Lanka. Seules les feuilles supérieures de la plante sont ramassées, puis séchées, roulées et chauffées.

La cueillette du thé, travail laborieux et souvent pénible, est principalement effectuée par des femmes, qui passent de longues journées à récolter les feuilles à la main.

TEXTILES

La production de textile, tapis et vêtements est l'une des principales industries de l'Inde. Des millions de personnes, dans de grandes usines ou à domicile, travaillent à filer, tisser et confectionner un large éventail de produits en coton, ou autre textile, souvent imprimés de dessins utilisés depuis plusieurs siècles. Une grande partie de cette production est destinée à l'exportation.

INDE MODERNE
L'Inde, l'un des pays les plus industrialisés d'Asie, possède de nombreuses industries mécaniques, électroniques et manufacturières. Certains pôles se développent au rythme accéléré de la mondialisation. Coutumes et modes de vie traditionnels côtoient le modernisme.

CHAÎNE DU KARAKORUM

L'Himalaya sépare le sous-continent indien de la Chine. À son extrémité occidentale, l'Himalaya prend le nom de Karakorum et forme la frontière septentrionale du Pakistan. Ces régions montagneuses, peu peuplées, ont néanmoins une grande influence sur la population vivant à des milliers de kilomètres de là : la plupart des rivières irriguant, ou inondant, les plaines fertiles du sous-continent indien prennent leur source dans l'Himalaya.

PAKISTAN

La fin de la domination britannique en Inde a entraîné, en 1947, la création de deux États distincts : l'Inde, à prédominance hindouiste, et le Pakistan, essentiellement musulman. Depuis, les deux États se disputent une région située à la frontière nord-est du Pakistan, le Cachemire. Deux guerres ont déjà eu lieu, en 1947-1948 et en 1965. Après la menace d'un nouveau conflit en 1999, les deux pays ont fini par engager un processus de paix, avec de notables avancées en 2005. Les grands problèmes actuels du Pakistan sont la surpopulation et les risques de terrorisme international, comme l'a montré l'assassinat de Benazir Bhutto en décembre 2007.

L'expansion de Bombay est limitée par sa situation insulaire, si bien que la densité de la population y est parmi les plus élevées du monde.

SHERPAS

Les sherpas (à droite) du Népal, célèbres pour leurs talents de montagnards, servent souvent de guides aux randonneurs et aux touristes dans l'Himalaya népalais.

BOMBAY

Capitale de l'État occidental du Maharastraa, Bombay, l'une des plus grandes villes de l'Inde, compte plus de 16 millions d'habitants. Construite sur une île, la ville possède un superbe port naturel à l'est, qui en fait un partenaire important pour le commerce avec l'Occident. Située à proximité de cultures de coton, elle est le plus grand centre cotonnier du pays. La moitié des habitants travaille dans l'industrie textile.

KERALA

L'État de Kerala, dans le sud-ouest de l'Inde, borde la mer d'Oman. Vallonné dans sa partie orientale, ce territoire, l'un des États les plus peuplés de l'Inde, est d'abord une plaine. La pêche représente une part importante de l'économie locale. Près de la côte, les habitants cultivent noix de cajou, noix de coco et riz ; plus à l'est, thé, caoutchouc, café et poivre. Le gouvernement a encouragé les techniques agricoles modernes, mais les méthodes traditionnelles de culture et de transport (le canoë, ci-contre) sont courantes. Les montagnes comptent des forêts de teck, d'ébène et de bois de rose, sources d'une importante exploitation forestière, ainsi qu'une faune et une flore très variées.

BHOUTAN

La plupart des habitants du Bhoutan descendent de Tibétains ayant émigré dans cette région il y a plusieurs siècles. Comme leurs voisins, ils sont surtout bouddhistes et considèrent le dalaï-lama comme leur chef spirituel. Les forêts denses et les hautes montagnes qui couvrent le pays abritent de nombreux animaux propres au sous-continent indien, tels que tigres (à gauche), singes et éléphants. Afin de protéger la culture et l'environnement naturel du pays, le gouvernement du Bhoutan limite le tourisme.

PEUPLE INDIEN

À travers l'histoire, différentes ethnies se sont installées en Inde, chacune apportant sa culture, ses coutumes et ses idiomes. Les mariages interethniques sont fréquents, mais de nombreux groupes conservent leurs traditions et le système des castes continue de cloisonner la société. Il n'y a pas de langue indienne commune, et chacun, localement, possède sa propre langue.

CINÉMA

Avec environ 800 longs métrages par an, l'industrie du cinéma indien produit, principalement à Bombay (surnommée « Bollywood »), ainsi qu'à Madras, plus de films que n'en produisent les États-Unis à Hollywood.

Photo tirée d'un film du metteur en scène indien Satyajit Ray (1921-1992), dont l'œuvre est projetée et admirée dans le monde entier.

EAUX SACRÉES

Depuis sa source dans l'Himalaya, le Gange (ci-dessous) s'écoule vers l'est, puis vers le sud. Le cours du fleuve, long de 2 510 km, lui fait traverser le Bangladesh pour atteindre la mer dans le golfe du Bengale. Les hindous considèrent le Gange comme sacré. Selon eux, se baigner dans ses eaux lave les péchés et guérit les maladies. Les Indiens utilisent les eaux du Gange pour irriguer leurs terres agricoles.

MUSIQUE

La musique indienne traditionnelle est très complexe et savante. Les mélodies sont fondées sur le raga, série fixe de notes que l'interprète doit jouer avant d'improviser ou de construire la mélodie. Ces dernières années, le bhangra, qui associe musique traditionnelle du Punjab et rock occidental, est devenu populaire auprès des jeunes.

DANSE

Les danses traditionnelles de l'Inde prennent divers rythmes et formes, selon la région, la profession et la caste.

Les vaches, sacrées aux yeux des hindous, ne doivent pas etre maltraitées.

DELHI

La ville ancienne de Delhi se déploie dans les plaines chaudes de l'Inde du Nord. En 1638, elle devint capitale de l'Empire moghol. Quand les Anglais prirent le contrôle de l'Inde au XIXe siècle, ils déplacèrent la capitale à Calcutta, dans l'est du pays. Mais, en 1912, ils entreprirent de construire une ville nouvelle à proximité de Delhi, d'où ils pourraient gouverner leur vaste empire. New Delhi est la capitale de l'Inde depuis 1947.

Le Tadj Mahall, construit dans un magnifique marbre blanc, est un exemple parfait d'architecture islamique.

TADJ MAHALL

Le Tadj Mahall (à gauche) d'Agra, dans le nord de l'Inde, fut construit en 1631 par Chah Djahan, l'empereur moghol de l'Inde. Il devait servir de tombeau et de mémorial pour son épouse bien-aimée, Mumtaz Mahall, mère de 14 enfants. Le Tadj Mahall est construit en marbre blanc, incrusté de pierres semi-précieuses.

Pour en savoir plus

L'Asie (géographie)
L'Asie du Sud-Est (histoire)
Le Bouddhisme
La Danse
L'Hindouisme
L'Inde (histoire)

Volcan	Montagne	Capitale	Grande ville	Petite ville

STATISTIQUES

Superficie : 3 287 263 km²
Population : 1 198 003 000
Capitale : New Delhi
Langues : hindi, anglais, urdu, bengali, mahratti, telugu, tamoul, bihari, gujarati, kanara
Religions : hindoue, musulmane, chrétienne, sikh, bouddhiste
Monnaie : roupie indienne
Principales activités : agriculture, industrie
Principales exportations : riz, minerai de fer, diamants taillés, charbon
Principales importations : pétrole, charbon, acier

AMRITSAR

La ville d'Amritsar, dans le Punjab (nord-ouest de l'Inde), est le plus important centre religieux des sikhs, qui vivent principalement dans le nord de l'Inde. L'agglomération entoure un bassin sacré où, sur une petite île, se dresse le Temple d'or (ci-dessus). En 1984, des sikhs combattant pour un État sikh indépendant dans la région occupèrent le temple, et le gouvernement envoya des troupes pour les en déloger.

ÉCHELLE
0 250 500 km

FRONTIÈRE NATURELLE

Un immense mur de montagnes enneigées s'étend en arc entre le sous-continent indien et le reste de l'Asie continentale.

BANGLADESH
Superficie : 143 998 km²
Population : 162 221 000
Capitale : Dacca

BHOUTAN
Superficie : 47 000 km²
Population : 697 000
Capitale : Thimbu

NÉPAL
Superficie : 147 181 km²
Population : 29 331 000
Capitale : Katmandou

PAKISTAN
Superficie : 796 095 km²
Population : 180 808 000
Capitale : Islamabad

SRI LANKA
Superficie : 65 610 km²
Population : 20 238 000
Capitale : Colombo

BANGLADESH

Le Bangladesh occupe le delta du Gange, où les fleuves Gange, Brahmapoutre et Meghna se divisent en des douzaines de rivières avant de se jeter dans le golfe du Bengale. La région est soumise aux moussons (orages tropicaux), et les inondations y sont très fréquentes. La plupart des habitants vivent dans des habitations de bois sur pilotis, au-dessus du niveau des crues, pour éviter que leurs foyers ne soient balayés lors des moussons importantes.

http://woglakapi.free.fr/sioux/index.htm

les Indiens d'Amérique

LES PREMIÈRES POPULATIONS d'Amérique du Nord arrivèrent d'Asie il y a plus de 20 000 ans, quand des chasseurs, lancés à la poursuite d'animaux sauvages, traversèrent le détroit de Béring, alors simple pont de terre gelée entre Sibérie et Alaska. Leurs descendants divisés en tribus évoluèrent au fil des siècles en différentes communautés. Les Européens qui débarquèrent au XVIe siècle crurent avoir découvert les Indes et baptisèrent les autochtones du nom d'Indiens. La conquête des terres qui s'ensuivit menaça l'existence des Indiens, en conflit permanent avec les nouveaux arrivants. Au XIXe siècle, les tribus indiennes s'opposèrent au gouvernement américain qui cherchait à les déloger de leurs terres. Une guerre sanglante éclata et se solda par la défaite des Indiens, bientôt parqués dans des réserves, où beaucoup vivent encore aujourd'hui.

FEMMES

Les femmes jouaient un rôle important dans la vie de la tribu. Elles s'occupaient de la nourriture, confectionnaient les vêtements et élevaient les enfants. Les femmes des tribus Hopi, installées dans le sud-ouest du pays, étaient propriétaires de leur maison et s'impliquaient dans la vie de leur village.

TIPI

Les Sioux, comme d'autres tribus des Grandes Plaines, vivaient dans des tipis. Ces abris facilement démontables étaient faits de peaux de bisons tendues sur une armature en bois. Une ouverture aménagée au sommet du tipi laissait échapper la fumée des feux de camp.

TRIBUS

Les populations autochtones d'Amérique du Nord étaient réparties en une multitude de tribus qui vivaient de chasse, de pêche et pratiquaient l'agriculture. Les plus connues d'entre elles regroupaient les Cheyenne, les Comanche et les Sioux des Grandes Plaines ; les Apaches, les Navajo et les Pueblo établis dans le Sud-Ouest ou encore les Iroquois, les Hurons et les Cherokee installés à l'Est.

GERONIMO

Geronimo (1829-1909), chef apache de la nation des Chiricahua, fut l'un des opposants les plus illustres à l'« homme blanc ». Il mena plusieurs opérations de guérilla à travers les États du Sud-Ouest et pénétra même au Mexique. Capturé en 1886, il fut exilé en Floride. Relâché par la suite, il devint une véritable légende pour son peuple.

LANGAGE DES SIGNES

Chaque tribu possédait sa propre langue. Les hommes de tribus différentes communiquaient au moyen d'un langage spécial, à base de signes, compréhensible par tous.

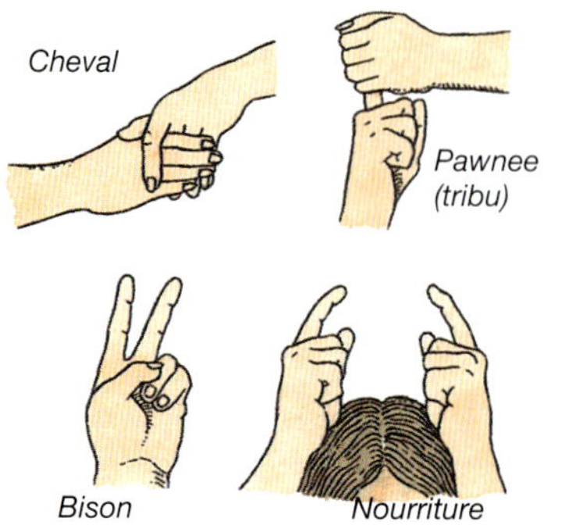

SIOUX

Les Sioux vivaient dans les Grandes Plaines. Ils chassaient le bison, utilisaient les peaux pour se vêtir ou confectionner des tipis, la viande pour se nourrir et les os ou les cornes pour fabriquer des armes. Braves et adroits au combat, ils luttèrent contre l'invasion de leurs terres par les colons européens et les chercheurs d'or. En 1876, ils infligèrent une cuisante défaite à la cavalerie américaine à Little Big Horn, dans le Montana. Finalement désarmés, ils furent parqués dans des réserves.

PUEBLO

Cette tribu pacifique était installée dans le sud-ouest des États-Unis. Les Pueblo vivaient de l'agriculture, tissaient de somptueux vêtements colorés à partir du coton qu'ils cultivaient, et se distinguaient par leur travail de poterie. Leurs maisons à étages, en pierre ou en adobe (briques de terre crue séchées à l'air), abritaient plusieurs familles. Les Pueblo vivent aujourd'hui dans les réserves d'Arizona et du Nouveau-Mexique.

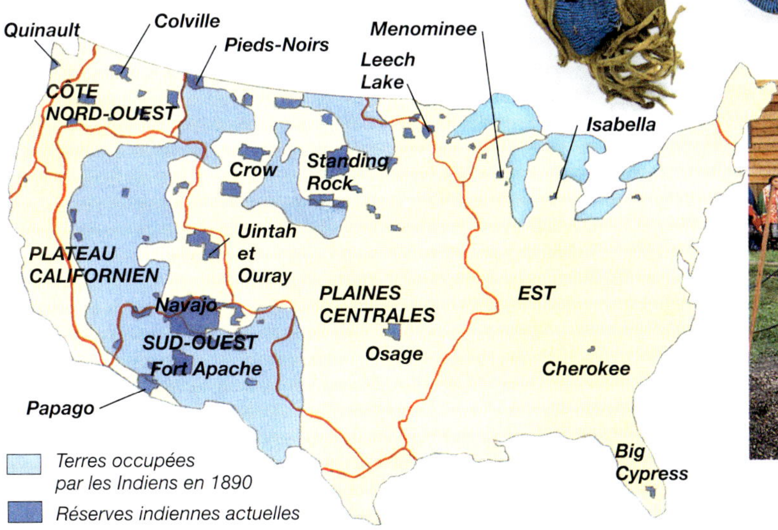

RÉPARTITION DES TRIBUS

Avant l'arrivée des Européens, les populations autochtones occupaient la majeure partie du territoire qui allait former les États-Unis. Les tribus se répartissaient en six grandes régions. Les colons repoussèrent progressivement les Indiens vers l'ouest et le sud-ouest. En 1890, ces derniers se retrouvèrent parqués dans des réserves disséminées sur tout le territoire.

CANOË

Les tribus du Nord, comme les Algonquins, installées dans des régions de lacs et de rivières, fabriquaient des canoës en écorce de bouleau. Ces embarcations, à la fois robustes et légères, pouvaient être transportées à dos d'homme.

ARMES

Les Indiens privilégiaient des armes comme les arcs et les flèches, les couteaux ou encore les lances. Certains avaient adopté le tomahawk. Les fusils furent importés par les Européens au XVIe siècle.

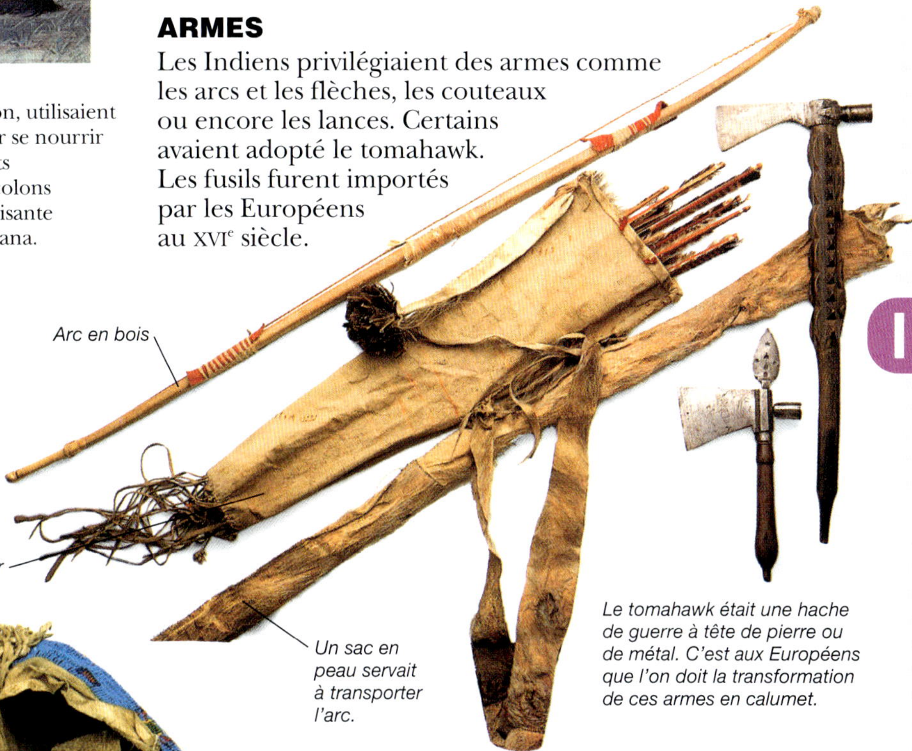

Le tomahawk était une hache de guerre à tête de pierre ou de métal. C'est aux Européens que l'on doit la transformation de ces armes en calumet.

ARTISANAT

Habiles artisans, les Indiens confectionnaient de somptueuses coiffes et parures. Cette paire de mocassins d'homme, de la tribu des Pieds-Noirs de l'ouest du Canada, est faite de pièces de cuir cousues ornées de lanières de cuir et de perles colorées.

RÉSERVES INDIENNES

Près de 1,5 million d'Indiens vivent aujourd'hui dans des réserves autogérées. Celle des Navajo couvre 6 millions d'hectares, à cheval entre l'Arizona, le Nouveau-Mexique et l'Utah. Dans les années 1970, certaines tribus, comme celles installées au nord-ouest du pays, parvinrent à récupérer une partie de leurs terres.

Pour en savoir plus

LES AZTÈQUES
LE CANADA (HISTOIRE)
LES ÉTATS-UNIS (HISTOIRE)
LES INCAS
SIGNES ET SYMBOLES

les Insectes

LES INSECTES sont les représentants les plus nombreux du règne animal. On dénombre au moins un million d'espèces dont les coléoptères, les papillons, les fourmis et les abeilles. Les insectes sont apparus sur Terre il y a plus de 500 millions d'années et vivent dans tous les habitats, ou presque, des montagnes froides aux forêts denses. Bien qu'ils possèdent tous six membres et un corps enveloppé dans un exosquelette dur, leur taille et leur forme sont très variables. Certains pèsent plus de 100 g, d'autres sont invisibles à l'œil nu. Et certains sont nuisibles à l'homme : la mouche transmet des maladies, le charançon et la locuste dévorent les cultures. Quant aux parasites comme la tique et le pou, ils vivent sur les animaux et parfois sur les humains pour se nourrir de leur sang. Mais les insectes sont indispensables dans la nature. Ils assurent la pollinisation des fleurs et constituent une source de nourriture importante pour de nombreux oiseaux, reptiles et chauves-souris. Certains sont également très utiles à l'homme, car sans les abeilles, nous ne mangerions pas de miel.

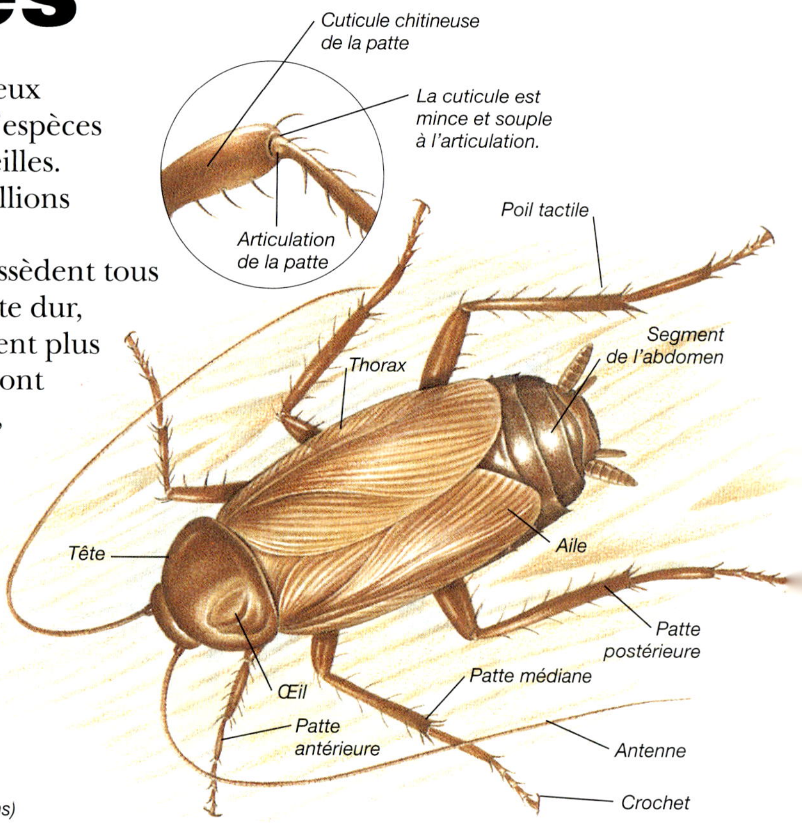

CAFARD

Un insecte typique comme le cafard présente un corps divisé en trois segments : la tête, qui comprend les centres nerveux et porte les antennes, les pièces buccales et les yeux ; le thorax, portant trois paires de pattes ; et l'abdomen qui renferme les viscères et les organes reproducteurs. L'exosquelette est constitué essentiellement d'une membrane, la chitine.

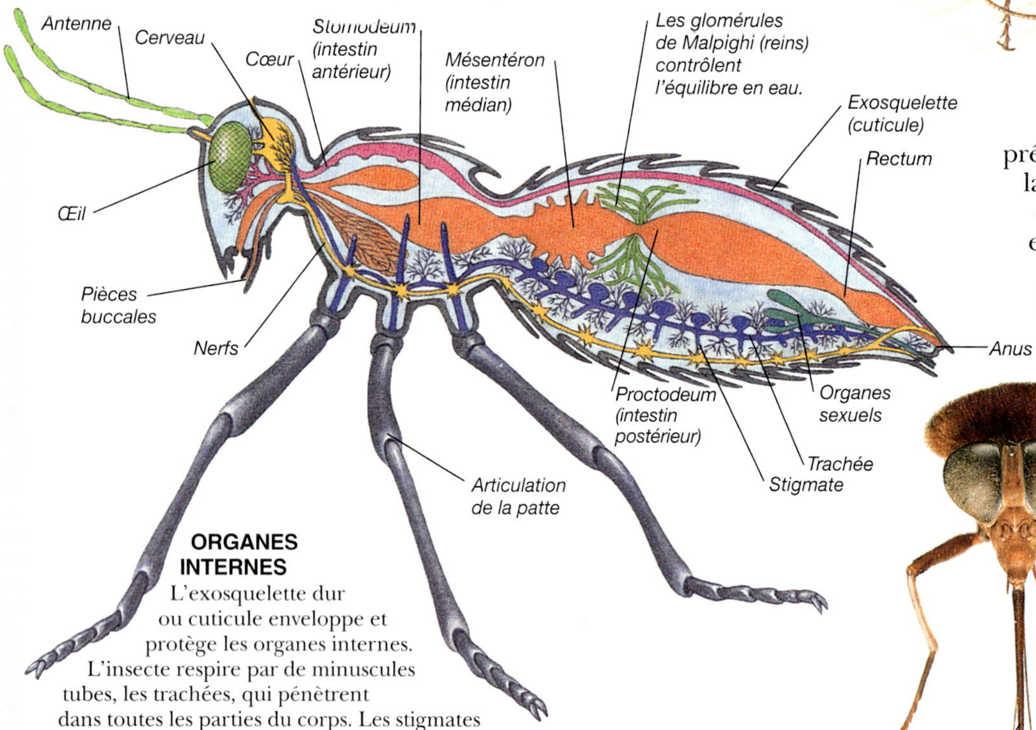

ORGANES INTERNES

L'exosquelette dur ou cuticule enveloppe et protège les organes internes. L'insecte respire par de minuscules tubes, les trachées, qui pénètrent dans toutes les parties du corps. Les stigmates sont des orifices qui apportent au sang l'oxygène venant de l'extérieur. Les larves de coléoptères aquatiques respirent par des branchies.

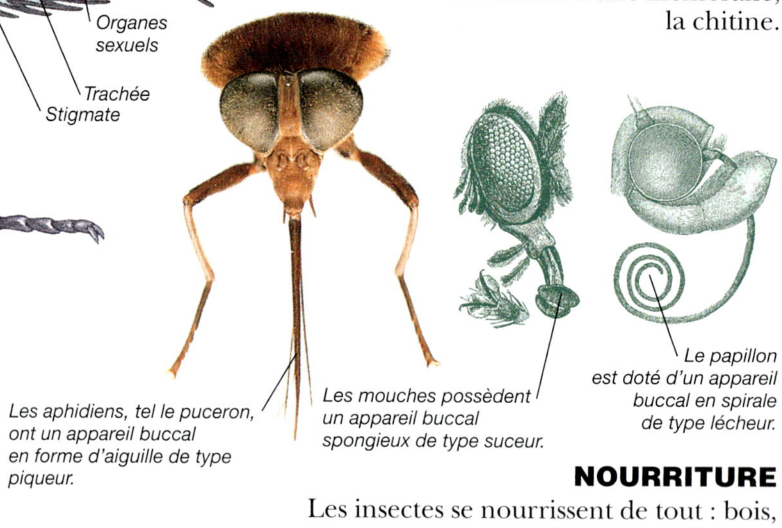

NOURRITURE

Les insectes se nourrissent de tout : bois, sang, nectar, papier, cirage, algues et d'autres insectes. Mais leurs pièces buccales sont adaptées à un type de nourriture particulier. Certaines sont faites pour mordre, d'autres pour percer, aspirer, absorber, gratter ou sonder. Les pièces buccales comprennent quatre structures : une paire de mandibules ; une paire de mâchoires, le labre ou lèvre supérieure et le labium ou lèvre inférieure.

ŒIL COMPOSÉ

L'œil d'un insecte est formé par la réunion de nombreux yeux simples ou ommatidies. L'œil composé d'une mouche possède 4 000 ommatidies. Chacune détecte la quantité de lumière – et sa couleur – qui pénètre dans l'œil mais ne peut pas former l'image. Ensemble les milliers d'ommatidies produisent une image du monde extérieur semblable à une mosaïque, constituée de taches claires et sombres.

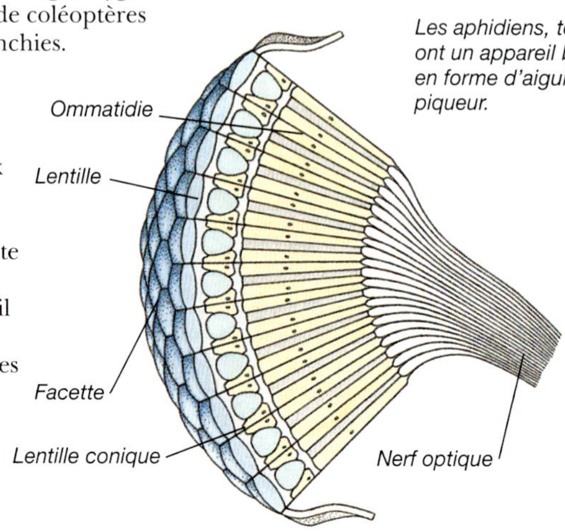

La mante religieuse est le seul insecte capable de tourner la tête à 180°.

COMPORTEMENT

Certains insectes, telle la mante religieuse, ont un comportement particulier. Après l'accouplement, la femelle dévore le mâle. Les substances nutritives présentes dans le corps du mâle facilitent le développement des œufs.

ANTENNES

Les antennes sont des organes sensoriels qui détectent les odeurs et les vibrations dans l'air et les objets solides. Le mâle possède souvent des antennes plus grandes et plus ramifiées pour capter les odeurs diffusées par la femelle en période de reproduction. Près des antennes se trouvent plusieurs petits yeux à lentille unique appelés ocelles.

Cyclocephala insulicola *est doté d'antennes très ramifiées.*

Le charançon possède des antennes coudées.

MÉTAMORPHOSE

Au départ l'insecte est un œuf et il change de forme en se développant : c'est la métamorphose. Il mue – perd sa cuticule dure pour permettre à une nouvelle de se développer et de durcir. Chez le papillon, l'œuf donne naissance à une larve, la chenille, qui se transforme en nymphe ou chrysalide, puis en insecte adulte appelé imago. La métamorphose avec stade intermédiaire nécessaire est dite complète. Chez d'autres insectes comme les sauterelles, le jeune ressemble à ses parents à l'éclosion. Et à chaque mue il leur ressemble davantage : c'est une métamorphose incomplète.

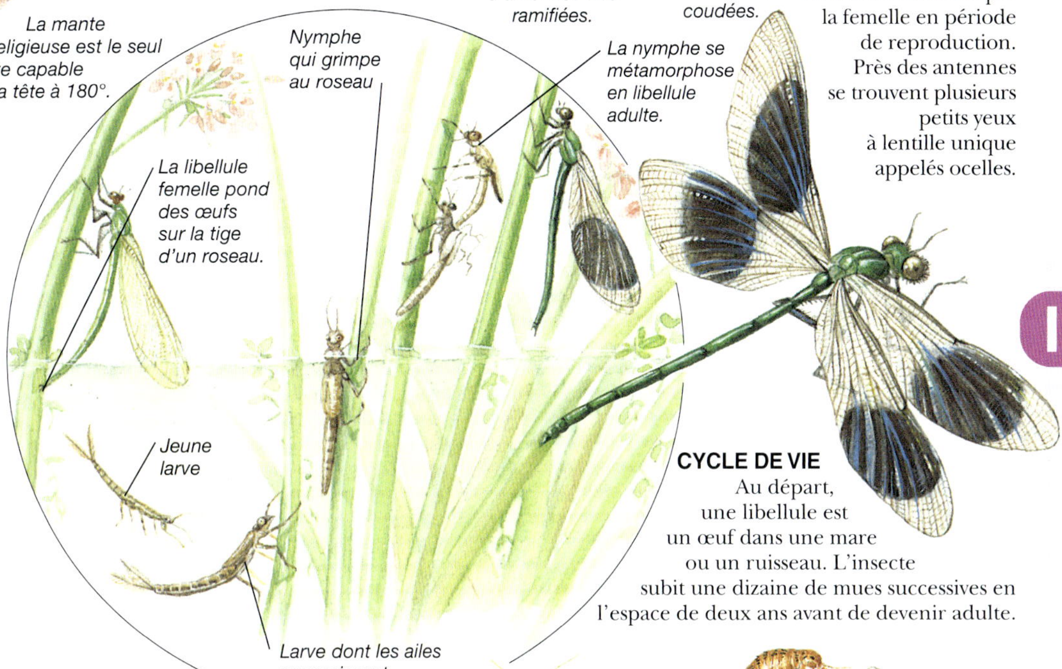

CYCLE DE VIE

Au départ, une libellule est un œuf dans une mare ou un ruisseau. L'insecte subit une dizaine de mues successives en l'espace de deux ans avant de devenir adulte.

CLASSIFICATION DES INSECTES

Il existe une trentaine d'ordres d'insectes. Les coléoptères forment le plus grand ordre avec plus de 300 000 espèces connues des entomologistes. La plupart des insectes ont des ailes, d'autres en sont dépourvus tel le lépisme ou poisson d'argent qui appartient à l'ordre des thysanoures ou insectes primitifs. Les puces n'ont pas d'ailes non plus : ces dernières ont disparu au cours de l'évolution.

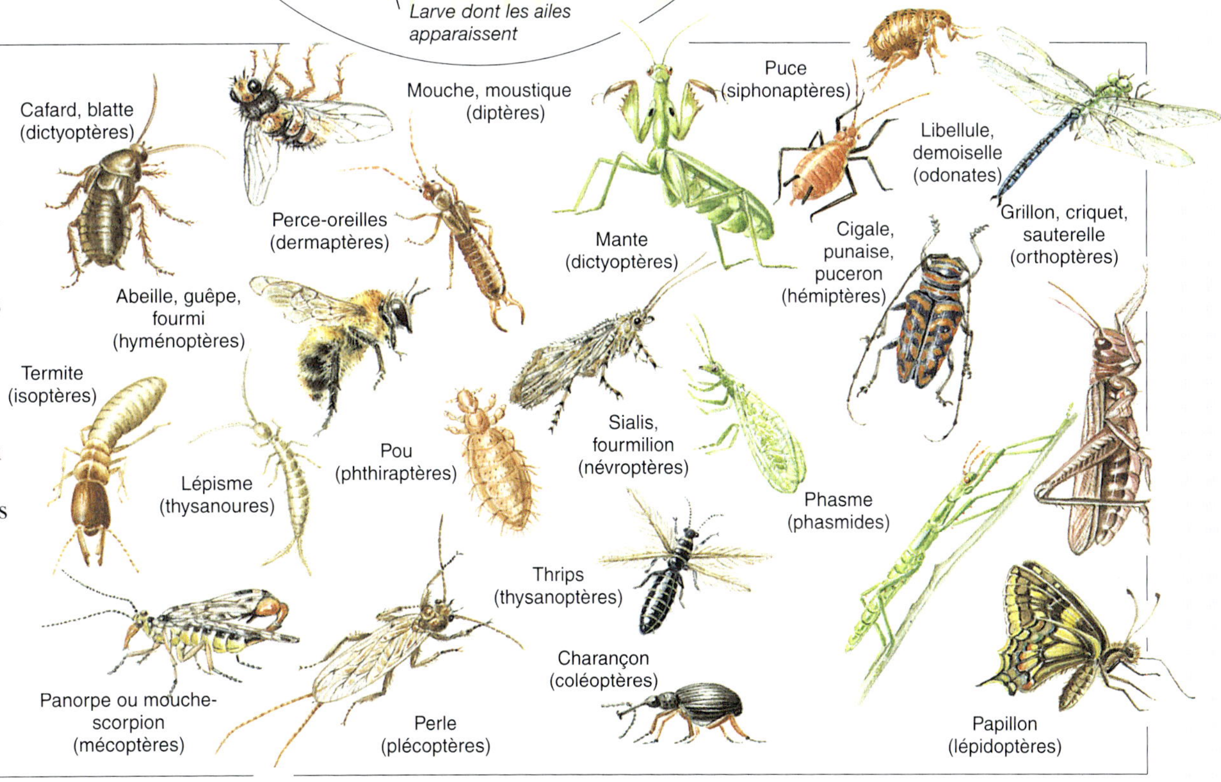

PUCE

La puce peut sauter à plus de 30 cm au-dessus du sol, ce qui équivaut pour un être humain à un saut de 245 m en l'air – un immeuble de 70 étages ou la cathédrale Saint-Paul de Londres.

Pattes postérieures sauteuses

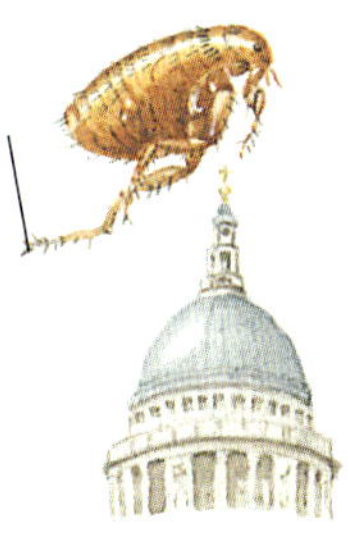

Les puces sont dotées de muscles puissants et l'élasticité de leur cuticule les aide à rebondir rapidement.

Cathédrale Saint-Paul de Londres

Pour en savoir plus

Les Coléoptères
Fourmis et termites
Mouches et moustiques
Les Papillons
Sauterelles, criquets et grillons

http://www.cite-musique.fr/

les Instruments de musique

LE RYTHME MARTELÉ d'une guitare électrique peut sembler très éloigné du chant délicat d'un violon classique, mais ces deux instruments produisent leurs sons différents de manière similaire. Ils utilisent tous les deux des cordes tendues pour créer des vibrations sonores. La guitare électrique et le violon sont donc des instruments à cordes, mais ils n'appartiennent pas à la même famille : on distingue les cordes pincées, comme la guitare acoustique, et les cordes frottées par un archet, comme le violon. La guitare électrique produit de faibles vibrations qui doivent être amplifiées pour devenir audibles. Il existe quatre autres familles d'instruments : les vents (bois et cuivres), les percussions, les instruments à cordes et à clavier (piano), et les instruments électroniques. Ces familles ne sont pas que nombreuses, elles accueillent la plus grande diversité ; certains de leurs membres, comme la flûte, sont très simples ; d'autres, comme le synthétiseur, très complexes.

LES CONQUES
Au Pérou, ces coquillages font office de trompettes depuis l'Antiquité.

INSTRUMENTS À CORDES

La vibration des cordes tendues produit une note : plus la corde est fine et courte, plus la note est aiguë. La taille de l'instrument a son importance : le violon produit des sons plus aigus que la contrebasse. Les musiciens pincent les cordes des guitares, des harpes et des luths et utilisent un archet pour frotter celles du violon, de l'alto, du violoncelle et de la contrebasse.

Jouer du violon

VIOLON
Le violoniste joue en tenant son violon sous son menton.

VIOLONCELLE
Les quatre cordes du violoncelle produisent un son grave et profond.

Un archet se compose d'une baguette de bois sur laquelle est tendue une mèche de crins. Il fait vibrer les cordes en les frottant.

BOIS

En soufflant dans un instrument à vent, on provoque, à l'intérieur, une vibration sonore. En bouchant les trous avec les doigts ou en appuyant sur les clés, on fait vibrer l'air autrement, ce qui donne des notes différentes. Les instruments les plus courts, comme le piccolo, produisent les notes les plus aiguës. La famille des bois comprend aussi le basson, le cor anglais, le saxophone, la clarinette, le hautbois et la flûte.

FLÛTE
Pour jouer de la flûte traversière, il faut souffler dans l'embouchure latérale.

HAUTBOIS
Le bec du hautbois est à anche (languette) double. Cet instrument produit un son doux et mélancolique.

Flûtiste jouant de la flûte traversière

Musicienne jouant du hautbois

DOUBLE ANCHE
La plupart des hautboïstes fabriquent leur propre anche en attachant deux languettes d'osier à un tuyau.

CUIVRES

Les cuivres produisent des sons puissants. Cette famille comprend le cor d'harmonie, la trompette, le clairon, le cornet à pistons, le trombone et le tuba. Les instruments sont de longs tuyaux, généralement en cuivre, recourbés pour faciliter leur utilisation. En soufflant dans l'embouchure, le musicien fait vibrer l'air à l'intérieur du tuyau, ce qui produit des sons. Quand il appuie sur les pistons, davantage d'air entre, ce qui donne un son plus grave. Il y a plus de 3000 ans, les Égyptiens ont placé une trompette dans le tombeau de Toutankhamon.

Joueur de cor d'harmonie

CORNET À PISTONS

Les musiciens des fanfares jouent souvent du cornet, instrument issu du cor que l'on sonnait pour annoncer l'arrivée d'une voiture-poste. Le cornet, qui a un tuyau de 1,5 m de long, est l'un des plus petits instruments en cuivre.

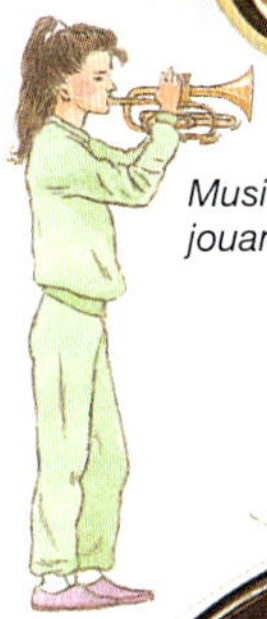

Musicienne jouant du cornet à pistons

COR D'HARMONIE

Déroulé, le cor mesure 5 m de long. Il est issu d'un cor de chasse du XVIIIe siècle et produit un son chaud et riche. Le compositeur autrichien Wolfgang Amadeus Mozart a créé quatre œuvres pour le cor d'harmonie.

LES INSTRUMENTS À PERCUSSION

Cloches, gongs et tambours sont des percussions. C'est une famille nombreuse. On peut produire des sons en secouant des perles ou des graines. Certains instruments, comme le xylophone et la timbale, sont accordés pour produire des notes définies.

CAISSE CLAIRE

Les cordes tendues contre la peau de timbre vibrent quand le musicien frappe la peau de batterie.

PIANO

Quand on appuie sur une touche, le marteau frappe une corde du piano. Les pédales font durer le son lorsque la touche est relâchée.

INSTRUMENTS TRADITIONNELS

Les musiciens des orchestres symphoniques jouent d'un petit nombre d'instruments par rapport à tous ceux qui existent dans le monde. Les musiques traditionnelles ou folkloriques font appel à des instruments très variés. Même apparentés, ils n'ont pas la même forme, puisqu'ils sont fabriqués avec les matériaux locaux. Mais certains se ressemblent beaucoup : on joue de la cornemuse en Europe, en Asie et en Afrique.

Joueur de flûte en Thaïlande

INSTRUMENTS ELECTRONIQUES

Ces instruments peuvent produire toute une panoplie de sons, qu'ils simulent des instruments existants ou synthétisent des sons complètement nouveaux. En enregistrant des sons dans la mémoire de l'instrument, puis en les diffusant ensemble, on obtient une écoute orchestrale.

Pour en savoir plus

LES GRANDS COMPOSITEURS
LA MUSIQUE
LES ORCHESTRES
POP, ROCK, REGGAE…

Internet

INTERNET FACILITE LA COMMUNICATION et l'échange d'informations entre ordinateurs à travers le monde. Ce réseau a vu le jour en 1969, sous la forme d'un projet de recherche militaire américain. À l'origine, il se limitait à l'acheminement de courriers électroniques et de simples fichiers de données. Au début des années 1990, le réseau, revendu à des sociétés commerciales, prend le nom d'Internet et s'ouvre au public, qui accède ainsi à une quantité phénoménale de données, en provenance du monde entier. Depuis des siècles, l'accès à la connaissance se faisait par l'intermédiaire du livre. Aujourd'hui, textes, images, musiques, vidéos, etc. sont échangés presque instantanément par le biais d'Internet. Cette invention a révolutionné nos modes de vie, alors que près d'un quart de la population mondiale dispose d'un accès à Internet.

Ce diagramme est une représentation d'une infime section du réseau Internet. Chaque petit segment symbolise une connexion entre deux ordinateurs.

Page du site Web d'Hachette Éducation. Les pages d'un site sont en général régulièrement mises à jour.

WEB

La plupart des données disponibles sur Internet sont accessibles sous forme de pages Web. Le *world wide web* est constitué de pages Web reliées par des liens et structurées en sites. Ces sites stockés sur des serveurs Web (ordinateurs en permanence connectés à Internet) sont accessibles depuis un ordinateur personnel, grâce à un logiciel appelé navigateur.

COMMENT ÇA MARCHE ?

L'échange d'informations entre ordinateurs proches s'effectue par des connexions appelées réseaux. Internet relie entre eux différents réseaux et permet aux ordinateurs disséminés à travers le monde d'échanger des données. Pour qu'un fichier soit transmis, il est scindé en plusieurs tronçons. En règle générale, ces échanges de données s'effectuent par le biais de câbles électriques, sous forme de signaux électriques, ou par le biais de la fibre optique, sous forme d'impulsions de lumière.

© Apple

Aujourd'hui, de nombreux téléphones portables peuvent se connecter à Internet. Grâce à ce smartphone, on peut consulter ses courriels partout.

Un modem sert à connecter un ordinateur à Internet par l'intermédiaire d'une ligne téléphonique.

CONNEXION À INTERNET

Un modem est indispensable pour traduire un message en données électroniques qui seront transmises d'un ordinateur à un autre, avant leur affichage sur l'écran. Pour se connecter à Internet depuis son domicile, on se sert en règle générale d'un ordinateur relié à un fournisseur d'accès Internet (FAI), proposant une connexion en échange d'un forfait. La liaison avec le fournisseur d'accès s'effectue par l'intermédiaire d'une ligne téléphonique. Pour les utilisateurs en déplacement, des équipements mobiles proposent une connexion à Internet sans fil, faisant appel à une liaison radio, comparable à celle des réseaux des téléphones portables.

LES USAGES D'INTERNET

La recherche d'informations par l'intermédiaire du Web ne représente qu'un des nombreux usages possibles d'Internet. Dialoguer en ligne est possible grâce aux programmes de messagerie instantanée, et la vidéoconférence (ci-contre) est de plus en plus prisée. La compression de musiques ou de vidéos en blocs de données permet l'accès à la radio et à la télévision via Internet. Citons aussi les jeux en réseau, au cours desquels des joueurs des quatre coins de la planète peuvent s'affronter « en direct ».

Cette clé 3G permet de connecter un ordinateur à Internet en utilisant le réseau des téléphones portables.

Pour en savoir plus

COMMUNICATION ET TECHNIQUES
LES ORDINATEURS
LES SATELLITES
LE TÉLÉPHONE

les Inuits

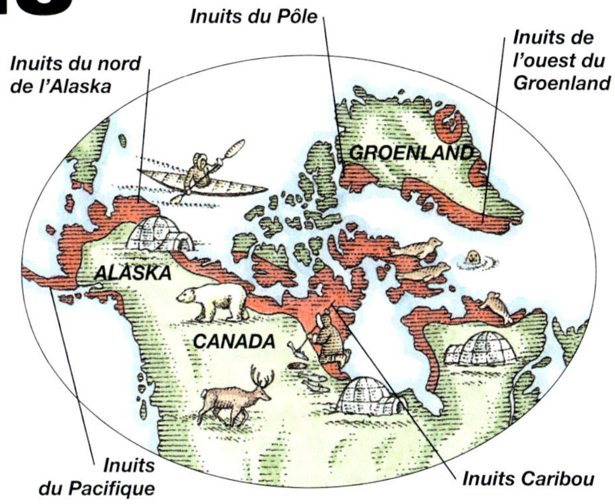

L'ARCTIQUE GELÉ FUT L'UNE DES DERNIÈRES régions du monde à être habitée par l'être humain. Les Inuits (Esquimaux), originaires d'Asie, s'y installèrent il y a environ 4000 ans. Une tribu d'Indiens d'Amérique les appela Eskimos, ce qui signifie « mangeurs de viande crue » ; mais eux-mêmes se nommaient Inuits, c'est-à-dire « êtres humains ». Ces nomades se déplaçaient par groupes familiaux, chassant phoques et caribous. Ils survivaient au terrible froid hivernal en creusant des abris dans le sol. Les toits de ces abris étaient construits à l'aide de bois flotté ou d'os de baleine et recouverts de tourbe. Pour se vêtir, ils utilisaient deux épaisseurs de fourrure de caribou ou d'ours polaire. Aujourd'hui, la plupart des Inuits habitent des petits villages, mais ils restent fidèles à leur culture et préservent leur langue, leur art et leurs chants. La chasse occupe toujours une grande part de leur vie.

Aujourd'hui, les Inuits chassent sur des motoneiges plutôt que sur des traîneaux.

Une expédition de chasse dure de nombreux jours ; les fournitures sont transportées par motoneige.

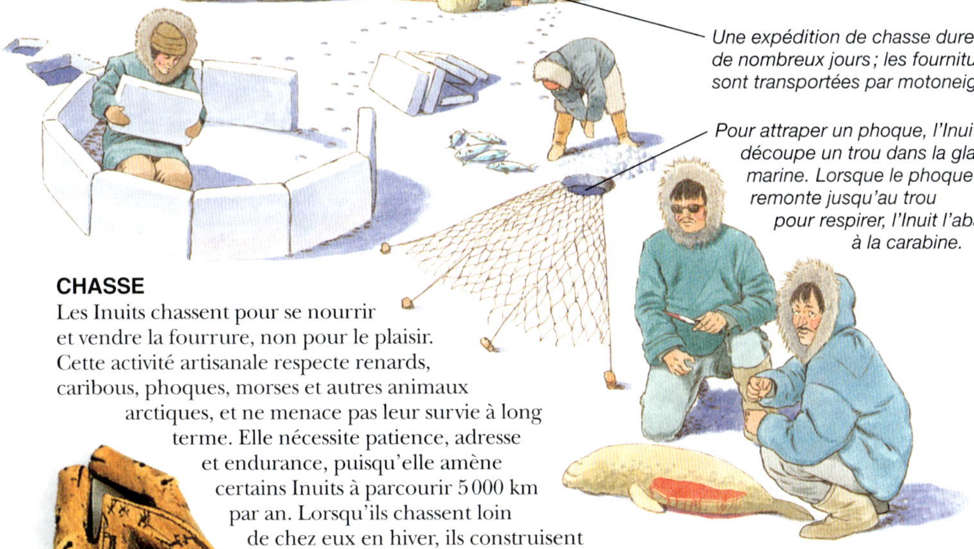

Pour attraper un phoque, l'Inuit découpe un trou dans la glace marine. Lorsque le phoque remonte jusqu'au trou pour respirer, l'Inuit l'abat à la carabine.

Les Inuits mangent de la viande de phoque crue et cuite.

COMMUNAUTÉS INUIT

Les Inuits vivent en Sibérie (Russie), dans l'Alaska, au Canada et au Groenland. Il existe de nombreux groupes différents, chacun portant le nom de la région où il vit. Les Inuits polaires du Groenland sont les plus septentrionaux de tous les peuples du monde.

CHASSE

Les Inuits chassent pour se nourrir et vendre la fourrure, non pour le plaisir. Cette activité artisanale respecte renards, caribous, phoques, morses et autres animaux arctiques, et ne menace pas leur survie à long terme. Elle nécessite patience, adresse et endurance, puisqu'elle amène certains Inuits à parcourir 5000 km par an. Lorsqu'ils chassent loin de chez eux en hiver, ils construisent des abris temporaires, appelés igloos, à l'aide de blocs de neige.

Les artistes inuits exploitent leurs talents pour décorer des outils quotidiens, tel cet outil à redresser les flèches.

ART INUIT

Pendant les longs mois d'hiver arctique, la brièveté du jour limite le temps de chasse. Dans le passé, d'adroits sculpteurs inuits en profitaient pour travailler bois, os, stéatite (une pierre tendre) et défenses de morses. Ils créèrent de magnifiques statues représentant des animaux, des personnes et surtout des scènes de chasse. Aujourd'hui, musées et collectionneurs recherchent activement les sculptures inuits de qualité.

VIE INUIT

Environ 50000 Inuits vivent au Canada. La plupart habitent des maisons de bois équipées comme n'importe quel foyer d'Amérique. Certains Inuits sont encore chasseurs à plein-temps, mais la majorité travaille dans diverses entreprises et industries.

Une équipe de 10 à 15 huskies tire le traditionnel traîneau inuit. Dirigée par un conducteur habile, elle peut parcourir 80 km par jour.

Pour en savoir plus

L'ANTARCTIQUE
L'ARCTIQUE
LE CANADA (GÉOGRAPHIE)
LES EXPÉDITIONS POLAIRES
LES RÉGIONS POLAIRES

l'Iran

L'Iran se situe au cœur de l'Asie. Il est bordé par la mer Caspienne au nord, le golfe Persique et celui d'Oman au sud. Les chaînes de l'Elbourz et du Zagros entourent le plateau central, terre désertique et rocailleuse.

Volcan | Montagne | Capitale | Grande ville | Petite ville

PAYS DE MONTAGNES ET DE DÉSERTS inhospitaliers, l'Iran fut gouverné pendant de nombreux siècles par un chah (roi). La révolution de 1979 renversa le dernier chah et le pays devint une république islamique. De 1980 à 1988, des frontières contestées l'entraînèrent dans une guerre dévastatrice avec l'Irak. Le coût de cette guerre prolongée a mis l'économie du pays à rude épreuve. Si l'Iran possède de très substantielles réserves de pétrole et de gaz, il reste peu industrialisé. Les œufs d'esturgeons pêchés dans la mer Caspienne servent à fabriquer le caviar, mets coûteux, qui est exporté. De très beaux tapis fabriqués à la main sont une importante source de revenus pour les villageois, qui cultivent blé, orge et riz et élèvent des moutons. Les strictes lois islamiques du pays ont découragé le tourisme, bien que l'Iran possède un riche patrimoine architectural et de magnifiques mosquées. Sa politique nucléaire le met en délicatesse avec la communauté internationale.

STATISTIQUES

Superficie : 1 633 188 km²
Population : 74 196 000
Capitale : Téhéran
Langues : farsi (persan), azerbaïdjanais (turc), kurde, baloutchi, arabe, turkmène
Religions : musulmane chiite et sunnite
Monnaie : rial iranien

TISSAGE DE TAPIS

Les célèbres tapis iraniens sont faits de laine nouée à la main, colorée grâce à diverses teintures végétales. Leurs dessins remontent souvent à plusieurs siècles, et furent créés pour les opulents tapis des palais royaux et des mosquées. Chaque région s'enorgueillit de ses tapis aux dessins uniques et aux combinaisons de couleurs particulières.

MER CASPIENNE

La Caspienne, lac salé s'étendant entre Europe et Asie, est située à 28 m au-dessous du niveau de la mer.

KURDES

Les 25 à 30 millions de Kurdes sont le peuple le plus important du monde à ne pas disposer d'État. Distincts par l'ethnie et par la langue, ils vivent en Iran, en Irak, en Syrie et en Turquie. Ces éleveurs de moutons et de chèvres se sont récemment tournés vers l'agriculture et la vie sédentaire. L'Iran les pousse à s'intégrer à la société locale. En Turquie et en Syrie, ils subissent de sévères discriminations. En Irak, depuis la guerre du Golfe, ils bénéficient d'une large autonomie.

ÉCHELLLE
0 100 200 300 km

MECHHED

La plupart des Iraniens appartiennent à la branche minoritaire chiite de l'islam. Mechhed, lieu du martyre de l'imam Reza (770-819), est leur principal lieu saint. Le gouvernement religieux de l'Iran impose sa loi à la population. Les femmes doivent porter un voile hors de chez elles. Le comportement en public est surveillé de près.

Pour en savoir plus

L'ASIE (GÉOGRAPHIE)
L'ISLAM
LES PERSES
LES SÉISMES

l'Irlande (géographie)

Au nord-ouest de l'Europe s'étend l'une des plus belles îles du monde. Depuis des siècles, écrivains et chanteurs ont vanté la campagne verdoyante et les montagnes sauvages d'Irlande. Malgré sa beauté, l'Irlande possède peu de ressources naturelles : ni charbon, ni minerai de fer, ni vastes réserves de pétrole. Néanmoins, l'influence irlandaise s'est étendue loin, car le pays est riche de son peuple et de sa culture gaéliques. De nombreuses régions du monde abritent une communauté irlandaise dont les membres entretiennent la mémoire et les coutumes de leur pays d'origine. En 1973, la république d'Irlande a rejoint la Communauté économique européenne (aujourd'hui l'Union européenne). Jusque-là, son puissant voisin et ancien dirigeant, le Royaume-Uni, avait toujours dominé l'économie du pays. Après une période de très forte croissance, l'Irlande connaît depuis 2008 une grave crise économique. De nouvelles industries de pointe remplacent l'agriculture traditionnelle et les textiles en tant que sources principales d'emploi.

L'Irlande est la plus petite des deux principales îles Britanniques. L'autre – la Grande-Bretagne (Angleterre, Écosse, pays de Galles) –, se trouve à l'est. L'Irlande est divisée en république d'Irlande indépendante et province d'Irlande du Nord, qui fait partie du Royaume-Uni.

Des blocs de tourbe – une terre riche en carbone constituée de végétaux décomposés – sont extraits dans les campagnes marécageuses et séchés avant d'être utilisés comme combustible.

DUBLIN

La capitale irlandaise, Dublin, est située sur la Liffey, non loin de la mer d'Irlande. Les Vikings fondèrent la ville au IXe siècle ; elle possède de nombreux bâtiments historiques et de magnifiques places.

CAMPAGNE

Des vents d'ouest humides venus de l'Atlantique traversent l'Irlande, arrosant certaines régions avec plus de 2 000 mm d'eau par an. Cela rend les terres très productives ; les industries agricole et alimentaire sont très importantes pour l'économie.

Le « Ha'penny Bridge », qui enjambe la Liffey, est considéré comme le symbole de Dublin. Ouvert en 1816, il doit son nom au demi-penny autrefois exigé pour le traverser.

GÉOGRAPHIE

Les montagnes du sud, de l'ouest et du nord entourent la grande plaine centrale d'Irlande. Cette dernière, marécageuse par endroits, comporte de nombreux lacs, appelés *loughs*. Le lac Neagh (à droite), en Irlande du Nord, plus grand lac des îles Britanniques, est réputé pour son gibier à plume et ses saumons.

MUSIQUE

L'Irlande possède une importante tradition musicale. Les artistes irlandais, rock ou classiques, sont connus dans le monde entier. The Corrs et U2 sont des groupes irlandais très célèbres. Musique et danse traditionnelles constituent aussi une part importante de l'héritage culturel du pays.

Flûte, violon et banjo sont les instruments de la musique irlandaise traditionnelle.

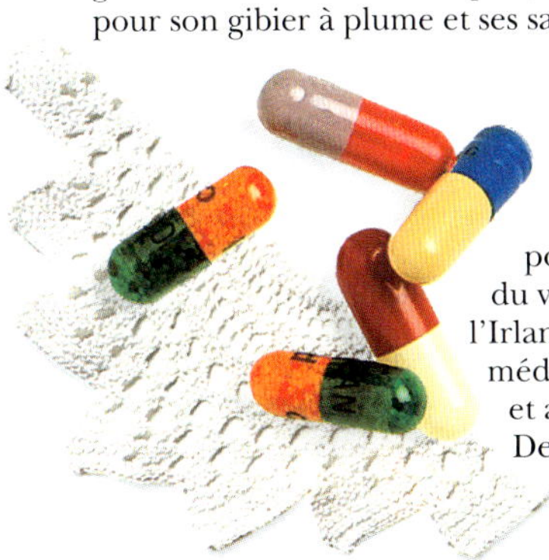

INDUSTRIE

Autrefois renommée pour ses industries traditionnelles du verre, de la dentelle et du lin, l'Irlande produit aujourd'hui médicaments, composants électroniques et autres biens modernes. De nombreux Irlandais travaillent dans le secteur touristique.

Pour en savoir plus

Les Celtes
L'Europe (géographie)
L'Irlande (histoire)
le Royaume-Uni (géographie)
le Royaume-Uni (histoire)
Les Vikings (vie en société)

Volcan	Montagne	Capitale	Grande ville	Petite ville

STATISTIQUES

Superficie : 70 273 km²
Population : 4 515 000
Capitale : Dublin
Langues : anglais, gaélique
Religions : catholique, anglicane, israélite
Monnaie : euro
Principales activités : industries de fabrication, agriculture, industrie alimentaire
Principales exportations : bétail, viande de bœuf, produits laitiers
Principales importations : textiles, machines-outils, véhicules

HURLING

Jeu d'extérieur se jouant avec bâtons et balle, analogue au hockey sur gazon, le hurling est un ancien sport gaélique. D'anciens manuscrits irlandais remontant au XIIIe siècle font référence à ce jeu, et de nombreux héros des récits anciens y étaient experts. Le bâton utilisé est appelé « hurley » (*camán* en gaélique). Le XVIIIe siècle vit l'âge d'or du hurling, mais entre 1790 et 1800 la noblesse terrienne lui retira son soutien. La Grande Famine, en 1846-1848, empêcha également son développement. Le hurling connut une renaissance avec la fondation de l'Association des jeux gaéliques en 1884.

GLENDALOUGH

La vallée de Glendalough dans les monts Wicklow est célèbre pour son association avec saint Kevin, un ermite qui y fonda un monastère au VIe siècle. Saint Kevin, censé avoir accompli de nombreux miracles, aurait eu 120 ans à sa mort en 618.

SLIEVE LEAGUE

Les falaises du Donegal sont parmi les plus hautes d'Europe. S'élevant verticalement jusqu'à une hauteur de 670 m, le Slieve League a été taillé par l'érosion marine.

SHANNON

Le plus long fleuve des îles Britanniques, le Shannon, parcourt environ 380 km. Il prend sa source dans le nord-ouest de l'Irlande et se jette dans la mer à l'ouest de Limerick. Sur son cours sinueux, le fleuve traverse de nombreux lacs, dont le plus grand est le lac Derg.

l'Irlande (histoire)

CALICE D'ARDAGH
Au cours de l'âge d'or, les artisans irlandais créèrent de magnifiques œuvres d'art. Le calice d'Ardagh en argent, très célèbre, est décoré de bronze et d'or.

LES PREMIERS CHASSEURS DE L'ÂGE DE PIERRE arrivèrent en Irlande depuis l'Europe. Les Celtes suivirent et divisèrent le pays en petits royaumes. L'époque celtique produisit légendes fantastiques et histoires merveilleuses portant sur les dieux, les batailles et les héros. En 432, saint Patrick christianisa l'Irlande et devint son saint patron. Un âge d'or suivit au cours duquel l'Irlande connut un essor tel, sur les plans du savoir, de la peinture et de la littérature, qu'elle devint le centre culturel de l'Europe. En 795, des envahisseurs vikings brisèrent cet élan. Ils s'installèrent et construisirent Dublin. Au XIIe siècle, les Normands prirent le contrôle de presque tout le pays. Les rois Henri VIII, Jacques VI et la reine Élisabeth Ire favorisèrent l'implantation d'Anglais protestants et d'Écossais sur des terres prises aux Irlandais pour augmenter le nombre de loyaux sujets de la couronne britannique ; cette stratégie, très efficace en Irlande du Nord, explique une grande part des conflits actuels dans la province.

I

BATAILLE DE LA BOYNE
En 1690, le protestant Guillaume d'Orange vainquit le roi catholique exilé Jacques II d'Angleterre à la bataille de la Boyne, et Jacques abandonna toute tentative pour reconquérir le trône. La victoire de Guillaume III fut le point de départ d'une longue période de domination impitoyable des Anglais sur les catholiques irlandais.

VERS 600 AV. J.-C. Les Celtes envahissent l'Irlande.

795 APR. J.-C. Les Vikings pillent l'Irlande.

1014 Le roi Brian Boru vainqueur des Vikings à Clontarf.

1170 Des Normands accostent en Irlande.

1641 Rébellion des Irlandais contre le gouvernement anglais.

1690 Bataille de la Boyne, puis domination protestante.

1798 La rébellion des Irlandais unis est écrasée.

1846-1848 Grande Famine. La population diminue de 3 millions.

1916 Insurrection de Pâques.

1919-1923 Guerre d'indépendance. Six comtés de l'Ulster restent au sein du Royaume-Uni.

1973 L'Irlande rejoint la CE.

1999 Mise en place d'un gouvernement semi-autonome en Irlande du Nord.

2009 Très grave crise économique.

GRANDE FAMINE
Au XIXe siècle, la plupart des Irlandais vivaient sur de petits lopins de terre. Ils se nourrissaient surtout de pommes de terre. Les récoltes de 1846 à 1848 furent catastrophiques. Plus de 750 000 personnes moururent de faim, et des milliers d'autres émigrèrent.

RÉBELLION DE PÂQUES

Le lundi de Pâques 1916, les républicains irlandais, impatientés par les retards dans la mise en place du gouvernement autonome, se soulevèrent. L'armée britannique écrasa la rébellion et exécuta 15 des rebelles, qui devinrent des héros ; le soutien à la cause républicaine grandit encore.

TROUBLES
En 1921 fut créé l'État libre d'Irlande (du Sud). En Irlande du Nord, la majorité protestante gouvernait. L'année 1968 vit la répression des manifestations catholiques pour les droits civils. L'hostilité entre les deux communautés déclencha de nouvelles violences. L'armée britannique fut envoyée pour maintenir la paix, mais son arrivée aviva les tensions.

Pour en savoir plus
L'IRLANDE (GÉOGRAPHIE)
L'IRLANDE DU NORD
LE ROYAUME-UNI (HISTOIRE)

l'Irlande du Nord

DRAPEAU
Le drapeau mêle la croix rouge de saint Georges et une main rouge représentant l'Ulster.

SITUÉE JUSTE EN FACE DE L'ÉCOSSE, de l'autre côté de la mer d'Irlande, l'Irlande du Nord fait partie du Royaume-Uni. Elle couvre une superficie de 14 121 km² et sa population se chiffre à environ 1,7 million d'habitants, divisée entre une majorité protestante et un petit nombre de catholiques. Également appelée Ulster, l'Irlande du Nord est constituée de six comtés : Antrim, Londonderry, Tyrone, Fermanagh, Armagh et Down. Restée attachée au Royaume-Uni quand l'Irlande du Sud s'en est détachée en 1921, l'histoire de l'Irlande du Nord est dominée par les conflits religieux et politiques. En 2008, l'Irlande du Nord a fêté les dix ans de l'accord de paix de Belfast, qui a apporté paix et stabilité relatives à la province.

L'Irlande du Nord occupe la partie nord-est de l'Irlande. Elle est contiguë à la république d'Irlande, au sud et à l'ouest, et borde la mer d'Irlande à l'est.

BELFAST
Belfast est la plus grande ville d'Irlande du Nord, et la capitale de la province. Située sur la côte nord-est, Belfast est un port et un centre industriel importants, autrefois renommé dans le monde entier pour son industrie mécanique et ses chantiers navals. Le *Titanic*, par exemple, fut construit à Belfast. Les troubles politiques ont divisé la ville ces dernières décennies.

CHAUSSÉE DES GÉANTS
Site important, la Chaussée des Géants s'étend près de la côte du comté d'Antrim, dans le nord. Les milliers de roches composant la Chaussée ont une forme d'hexagone, ou de colonne à 8 côtés. Elles se sont formées quand la lave de volcans souterrains s'est refroidie dans la mer il y a quelque 60 millions d'années. Son nom vient d'une légende affirmant que des géants avaient construit une chaussée vers l'Écosse afin de pouvoir traverser la mer d'Irlande.

LIN
Le textile est l'une des principales industries d'Irlande du Nord. Tissé à partir des fibres de la plante du même nom, le lin d'Irlande du Nord, fabriqué de manière traditionnelle, est l'un des plus beaux du monde. Agriculture et industrie mécanique occupent aussi une place économique importante.

MUSIQUE
Il existe une tradition musicale ancienne en Irlande du Nord, et de nombreux musiciens célèbres y sont nés. Les styles varient, depuis les flûtes et tambours de l'ordre d'Orange jusqu'à la pop music moderne, en passant par la musique gaélique traditionnelle.

Le célèbre chanteur Van Morrison a grandi en Irlande du Nord.

ORDRE D'ORANGE
L'ordre d'Orange, société défendant le protestantisme fondée en 1795, prit le nom de Guillaume d'Orange, qui devint Guillaume III, premier roi protestant de Grande-Bretagne.

PEUPLE
Nombre des enfants de Belfast ont grandi au milieu de violences provoquées par les conflits entre protestants et catholiques. La plupart des protestants souhaitent rester au sein du Royaume-Uni, bien que certains soient favorables à un gouvernement autonome. De nombreux catholiques désireraient l'unification avec la république catholique d'Irlande.

Pour en savoir plus
L'IRLANDE (HISTOIRE)
LE ROYAUME-UNI (GÉOGRAPHIE)
LE ROYAUME-UNI (HISTOIRE)

l'Islam

CORAN
Le livre sacré de l'islam est le Coran. Les musulmans considèrent qu'il contient la parole directe de Dieu telle qu'elle fut révélée à son messager, Mahomet.

AU VIIe SIÈCLE, LE PROPHÈTE MAHOMET fonda en Arabie une religion qui devait devenir une force importante dans le monde. Cette religion prit le nom d'islam ; ses adeptes sont appelés musulmans. Pour les musulmans, si de nombreux prophètes ou enseignants ont été envoyés par Dieu, dont Moïse et Jésus-Christ, Mahomet fut le dernier. Comme les chrétiens et les juifs, les musulmans croient en un seul Dieu, Allah. Islam signifie « soumission à la volonté de Dieu », et les musulmans s'engagent à obéir à Allah. La vie islamique est fondée sur un ensemble de règles appelées les cinq piliers de l'islam, dont la prière rituelle, le jeûne et le pèlerinage à La Mecque une fois dans la vie. La religion dicte également un code strict de comportement social, plus particulièrement pour les femmes. Certaines femmes musulmanes portent des vêtements qui leur couvrent complètement le corps, y compris le visage. Il y a aujourd'hui environ 1,16 milliard de musulmans vivant principalement au Moyen-Orient, en Asie et en Afrique. L'islam est une religion en expansion. Parmi les courants de l'islam, on retrouve le fondamentalisme – porté par des hommes extrêmement religieux qui appellent au retour à des valeurs islamiques traditionnelles et strictes.

FÊTES MUSULMANES

Jour de l'Hégire Premier jour de l'année musulmane.

Ramadan Jeûne durant un mois.

Aïd-al-fitr Fête qui marque la fin du ramadan.

Laylat-al-qadr Révélation du Coran à Mahomet.

Mouled-en-nabi Anniversaire de Mahomet.

Laylat-til-isra Mort de Mahomet.

MOSQUÉES
Le lieu de culte musulman est la mosquée. Avant d'y entrer, les musulmans ôtent leurs chaussures et font des ablutions. Les fidèles s'agenouillent pour prier, leur tête touchant le sol. Au moment de la prière, les musulmans font face au mihrab, une niche creusée dans le mur indiquant la direction de La Mecque. S'ils doivent se rendre à la mosquée le vendredi, à d'autres moments les musulmans prient là où ils se trouvent.

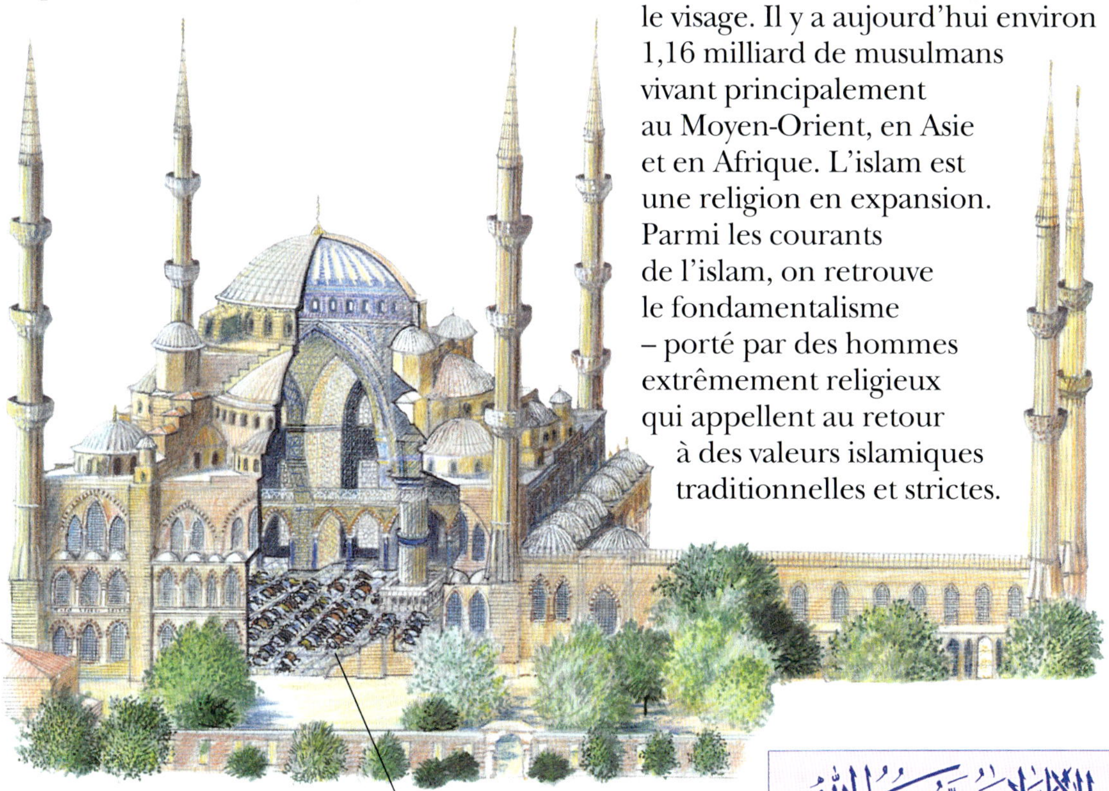

MOSQUÉE BLEUE
Les premières mosquées étaient très simples, mais certains édifices plus tardifs tels que la mosquée Bleue d'Istanbul (1609-1616), en Turquie (à droite), constituent de magnifiques exemples d'art islamique. L'islam interdit les représentations réalistes d'humains ou autres êtres vivants, de sorte que les murs carrelés sont décorés de dessins complexes et d'une magnifique calligraphie.

Avant de s'agenouiller pour prier à la mosquée, les musulmans se lavent visage, mains et pieds.

MAHOMET
La shahada est la profession de foi musulmane. « Nul ne doit être vénéré en dehors d'Allah : Mahomet est son prophète. »

LA MECQUE
Le lieu de naissance de Mahomet est La Mecque, en Arabie saoudite, et tout musulman essaie de se rendre dans la cité sainte au moins une fois dans sa vie. La Kaaba, l'autel sacré, qui contient la Pierre noire remontant aux temps anciens, constitue le point central de ce pèlerinage.

Les pèlerins musulmans doivent faire sept fois le tour de la Kaaba.

Pour en savoir plus

Les Croisades
Les Fêtes
Mahomet
Les Religions

Israël

Israël se trouve à l'extrémité orientale de la Méditerranée, entouré par le Liban au nord, la Syrie et la Jordanie à l'est, l'Égypte au sud-ouest.

L'ÉTAT MODERNE D'ISRAËL n'existe que depuis 1948. Il fut créé sur les lieux d'anciens villages juifs. Les juifs du monde entier affluèrent dans ce nouvel État, en particulier les survivants victimes des persécutions nazies. Ils firent renaître l'ancienne langue hébraïque, qu'ils prirent comme langue nationale. Mais de nombreux problèmes se posent. La région était auparavant la terre de Palestine et nombre de Palestiniens arabes, qui sont partis lorsque le pays devint Israël, vivent dans l'espoir du retour et de la création d'un État palestinien. D'autres sont restés et constituent environ 15 % des 7 millions d'habitants d'Israël. Le pays a dû également livrer des guerres à ses voisins arabes pour consolider ses frontières. Il occupe toujours certains des territoires conquis pendant ces guerres que les Palestiniens veulent libérer. Israël est aujourd'hui un pays riche, mais le problème des relations israélo-palestiniennes reste au cœur de la diplomatie mondiale.

STATISTIQUES

Superficie : 21 056 km²
Population : 7 170 000
Capitale : Jérusalem (contestée)
Langues : hébreu, arabe, yiddish, allemand, russe, polonais, français, roumain, persan
Religions : juive, musulmane, chrétienne, druze
Monnaie : nouveau shekel israélien
Principales activités : agriculture, industrie de fabrication, finance
Principales exportations : potasse, brome, sel, vin, agrumes
Principale importation : eau

MUR DES LAMENTATIONS

Israël correspond en grande partie à ce que la Bible décrit comme la Terre sainte, territoire sacré non seulement pour les juifs, mais aussi pour les chrétiens et les musulmans. Le Mur des lamentations, à Jérusalem, est tout ce qui reste du temple construit par le roi Hérode il y a 2 000 ans. Des visiteurs donnèrent ce nom au mur lorsqu'ils entendirent des juifs pieux se lamenter sur la destruction du Temple.

ÉCHELLE
0 25 50 km

TEL-AVIV

Le principal centre commercial et industriel d'Israël est Tel-Aviv-Jaffa, deuxième ville du pays. Il s'agissait autrefois de deux villes distinctes, mais la croissance rapide de Tel-Aviv absorba son voisin, l'ancien port de Jaffa.

Le centre de Tel-Aviv est le visage moderne et prospère d'Israël.

MER MORTE

Mer la plus salée du monde, c'est aussi l'étendue d'eau la plus basse de la planète : elle se trouve à 400 m au-dessous du niveau de la Méditerranée. Le Jourdain se jette dans ce lieu brûlant et désertique. L'eau s'évapore à la chaleur du soleil, mais son sel subsiste ; la concentration saline est devenue très forte au fil des siècles.

Les visiteurs des environs de la mer Morte prennent des bains de boue, considérés comme excellents pour la peau.

Pour en savoir plus

LE CHRISTIANISME
LES CROISADES
L'ISLAM
LE JUDAÏSME
LE MOYEN-ORIENT

l'Italie (géographie)

L'Italie, en Europe du Sud, appartient à la côte septentrionale de la Méditerranée et partage des frontières avec la France, la Suisse, l'Autriche et la Slovénie.

EN FORME DE BOTTE, pointe et talon compris, l'Italie avance profondément dans la Méditerranée depuis l'Europe du Sud. Entre les côtes est et ouest du pays s'élèvent les Apennins, qui divisent le pays en deux sur sa longueur. L'Italie du Nord, verte et fertile, s'étend des Alpes enneigées jusqu'au centre du pays. Elle comprend des terres agricoles dans la grande plaine du Pô, et des villes industrielles telles que Turin et Milan. Les usines y produisent automobiles, textiles, vêtements et appareils électriques. Cette production a contribué à faire de l'Italie l'un des pays les plus prospères d'Europe. L'Italie du Sud, par contraste, est sèche et rocailleuse. Agriculture et industrie y sont moins développées, et la population y est plus pauvre. Sicile et Sardaigne, les deux plus grandes îles de la Méditerranée, sont également italiennes. Rome, la capitale, est située au centre du pays. Elle abrite le gouvernement ainsi que l'État de la Cité du Vatican, siège de l'Église catholique.

De nombreuses fermes italiennes sont anciennes et pittoresques, mais l'équipement agricole y est moderne.

AGRICULTURE

L'Italie est célèbre pour ses olives – et son huile d'olive –, ses tomates, son vin, ses pâtes, ses fromages, ses fruits et sa charcuterie – salami et jambon. Le pays cultive également de grandes quantités de céréales, en particulier blé, riz, pommes de terre et tournesol, ce dernier pour son huile. Presque un tiers des Italiens vivent dans des zones rurales.

ROME

Une promenade dans Rome est un voyage à travers l'histoire. Depuis la construction de la cité, il y a plus de 2 500 ans, chaque nouvelle génération y a ajouté ses œuvres. Aujourd'hui, la vie urbaine se déroule autour d'anciennes arènes romaines, d'églises du XVᵉ siècle et de palais du XVIIᵉ. Comme nombre de villes historiques italiennes, Rome attire chaque année des milliers de touristes.

PÂTES

Il existe au moins 200 formes de pâtes, dont ravioli, spaghetti et macaroni. Elles sont faites à base de farine de blé dur et d'œufs. Servies avec une sauce savoureuse, elles constituent le plat favori des Italiens. C'est Marco Polo qui aurait rapporté de Chine en Italie la recette des pâtes.

VENISE

Venise est l'une des villes culturelles et touristiques les plus anciennes du monde. À la fin du Moyen Âge, elle devint le plus grand port maritime d'Europe, servant au continent de lien commercial et culturel avec l'Asie. Comme plusieurs autres villes italiennes, Venise possède de magnifiques édifices anciens. Ses palais, tours et dômes au décor sophistiqué de marbre et de fresques attirent chaque année des milliers de touristes. La ville fut construite sur quelque 120 petites îles, dans une lagune. Les automobiles sont interdites dans la vieille ville, et les déplacements se font en bateau sur plus de 170 canaux. Le bateau traditionnel, la gondole (ci-dessus), reste un moyen de transport courant.

Ferrari fabrique certaines des meilleures voitures de course.

AUTOMOBILES

L'industrie italienne produit parmi les meilleures voitures d'Europe. Les fabricants tels Alfa Romeo, Ferrari et Lamborghini ont la réputation de construire des voitures rapides, aux lignes élégantes.

La Roca (ou Guaita), fort pittoresque perché sur un piton rocheux, surplombe Saint-Marin.

Le temple dorique (ci-contre) de la vallée des Temples, en Sicile, fut construit entre 460 et 450 av. J.-C.

SAINT-MARIN

Saint-Marin est l'un des plus petits États indépendants d'Europe, après Monaco et la Cité du Vatican. Long d'environ 14 km et large de 8, il occupe principalement les pentes du Monte Titano, sur la côte adriatique. Le tourisme constitue une importante source de revenus pour le pays, de même que l'émission fréquente de timbres-poste locaux. Les habitants sont gouvernés par deux *capitani reggenti* (« capitaines-régents ») élus tous les six mois. Saint-Marin a signé en 1862 avec l'Italie un traité d'amitié, toujours en vigueur.

SICILE

La Sicile, plus grande île de la mer Méditerranée, appartient à l'Italie, dont elle est séparée par le détroit de Messine. Le point le plus haut de l'île est le mont Etna, un volcan actif d'une altitude de 3 323 m. Agriculture et tourisme sont les principales sources de revenus. Les magnifiques plages et les ruines antiques de l'île attirent un nombre croissant de touristes.

CATHOLIQUES

Plus de la moitié des chrétiens sont des catholiques. Ils reconnaissent l'autorité du pape siégeant au Vatican et, avec les autres chrétiens, croient en la Trinité divine : Dieu le Père créateur, Jésus-Christ en tant que Dieu fait homme, et le Saint-Esprit. Plus de 80 % des Italiens sont catholiques.

La basilique Saint-Pierre du Vatican, à Rome, est la plus grande église chrétienne du monde. En forme de croix, elle mesure près de 210 m de long et atteint environ 137 m au niveau du transept.

CITÉ DU VATICAN

La Cité du Vatican, un territoire entouré de remparts à Rome, constitue le siège de l'Église catholique. Résidence officielle du pape, c'est le plus petit État indépendant du monde, avec une surface de 0,44 km². Le Vatican possède son drapeau, son hymne national, ses timbres et sa monnaie, ainsi qu'un journal et une station de radio. La basilique Saint-Pierre, précédée d'une vaste place (ci-contre), domine la Cité.

Les catholiques considèrent la Vierge Marie, mère du Christ, comme la plus sainte.

SARDAIGNE

La Sardaigne est une île située à 175 km des côtes italiennes, en Méditerranée. Cette région italienne autonome possède son propre président et une assemblée régionale élue. Le gouvernement central de l'Italie contrôle éducation, justice, communications (réseau ferroviaire et service postal), défense nationale et Trésor public.

L'extrémité méridionale du massif Gennargentu, en Sardaigne

MALTE

Malte est un petit pays situé au sud de la Sicile, dans la Méditerranée. Depuis l'Antiquité, l'île constitue une base navale essentielle due à sa position sur les routes commerciales vers l'Orient. Romains, Arabes, Français, Turcs, Espagnols et Britanniques ont tour à tour colonisé l'île. Malte a obtenu son indépendance de l'Angleterre en 1964. Le tourisme constitue une source majeure de revenus pour le pays.

Pour en savoir plus

L'EUROPE (GÉOGRAPHIE)
L'EMPIRE ROMAIN
L'ITALIE (HISTOIRE)
LA RENAISSANCE

Volcan | Montagne | Capitale | Grande ville | Petite ville

DOLOMITES
Ces hautes montagnes appartenant à la chaîne des Alpes se sont formées il y a 65 millions d'années.

STATISTIQUES

Superficie : 301 318 km²
Population : 59 870 000
Capitale : Rome
Langues : italien, allemand, français, dialectes réto-romans, sarde
Religions : catholique, juive, protestante, musulmane
Monnaie : euro
Principales activités : design, communications, tourisme, agriculture
Principales exportations : haute couture, appareils ménagers, automobiles, plastique
Principales importations : pétrole, matériaux bruts, machines-outils

I

APENNINS
Cette chaîne de montagnes forme la « colonne vertébrale » de l'Italie, séparant la côte ouest rocailleuse de la côte est, sablonneuse et plus plate.

GOLFE DE TARENTE
Au cours de séismes, de grands blocs de terre se sont effondrés dans la mer, donnant au golfe sa forme carrée.

POPULATION
L'essentiel de la population italienne habite le nord du pays, industriel, surtout la plaine du Pô et ses alentours. L'Italie du Sud est plus rurale ; ses villes sont plus petites et la vie y est plus difficile.

MER TYRRHÉNIENNE
Cette mer qui sépare l'Italie de la Sardaigne se remplit progressivement de sédiments provenant des rivières qui s'y jettent.

SICILE
La Sicile possède un célèbre volcan actif, l'Etna, et connaît de fréquents séismes.

MALTE
Superficie : 316 km²
Population : 409 000
Capitale : La Valette
Langues : maltais, anglais

SAINT-MARIN
Superficie : 61 km²
Population : 31 000
Capitale : Saint-Marin
Langue : italien

CITÉ DU VATICAN
Superficie : 0,439 km²
Population : 557
Langues : italien, latin

MILAN
Avec 1,5 million d'habitants, Milan est la deuxième ville d'Italie. Elle a connu une croissance rapide depuis la Seconde Guerre mondiale du fait de la migration de travailleurs du sud vers le nord industriel.

l'Italie (histoire)

ÉTRUSQUES
Les Étrusques occupaient, vers 800 av. J.-C., une région d'Italie occidentale appelée Étrurie. Ces grands marchands, agriculteurs, artistes et ingénieurs édifièrent une civilisation composée de petites cités-États. Les Romains finirent par conquérir la région mais adoptèrent nombre de leurs coutumes, dont combats de gladiateurs et courses de chars. Ci-dessus, une sculpture représentant un homme écrasé par un chariot étrusque.

PENDANT 500 ANS, L'ITALIE FUT LE CŒUR du puissant Empire romain, dont la chute remonte à la fin du Ve siècle. Diverses tribus conquirent ensuite l'Italie et se la partagèrent. Les papes italiens jouèrent un rôle important aussi bien sur le plan religieux que politique et chassèrent la tribu la plus forte, les Lombards. Au XIVe siècle, des « cités-États » indépendantes se développèrent à partir de villes enrichies par le commerce et la banque, et leurs prospères dirigeants propagèrent l'art de la Renaissance au cours du XVe siècle. Un temps, idées et styles italiens dominèrent l'Europe. Mais, affaiblies par les constantes querelles et guerres qui les opposaient, les cités-États furent annexées par la famille des Habsbourg d'Autriche et d'Espagne. En 1796, Napoléon Ier envahit l'Italie, et un mouvement pour l'unification se développa et s'accomplit en 1861, sans que l'Italie retrouve jamais son ancienne puissance. Le dictateur Benito Mussolini (1883-1945) l'entraîna dans la Seconde Guerre mondiale. L'Italie est aujourd'hui l'un des principaux pays européens.

CITÉS-ÉTATS
Pendant la Renaissance (époque de renouveau artistique et scientifique), les cités-États italiennes telles que Venise et Florence étaient d'importants centres culturels. À Florence, la célèbre famille Médicis prit le pouvoir en 1434 et régna près de 300 ans. De nombreuses autres cités étaient gouvernées par des princes élus par les citoyens riches, qui possédaient d'immenses propriétés à l'extérieur de la ville. Ces domaines produisaient de quoi nourrir les citadins. La plupart des cités-États se trouvaient près de la mer, situation propice pour le commerce dans le monde, jusqu'au Moyen-Orient par exemple.

BARGE DU DOGE
Venise, la plus puissante cité-État italienne, était construite sur une lagune et sillonnée de canaux. Son immense flotte navale lui permit d'établir un riche empire en Méditerranée orientale. Chaque année, le chef du gouvernement, appelé doge, prenait la mer dans sa magnifique barge et jetait un anneau au large, symbole de l'union entre la ville et la mer.

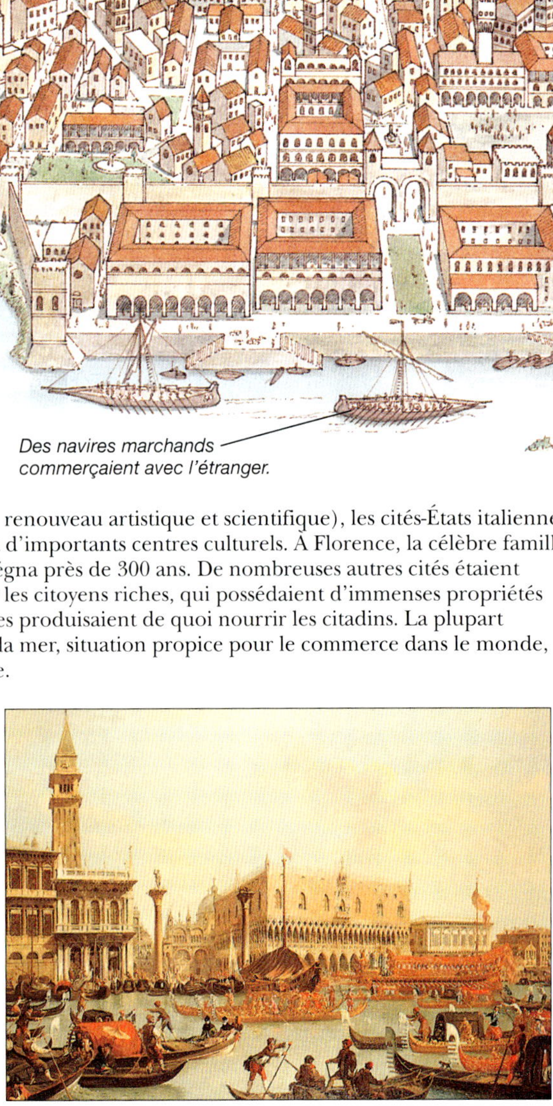

ITALIE DE LA RENAISSANCE
À la fin de la Renaissance, rivalités et luttes constantes affaiblirent les cités-États. L'Italie devint une proie facile et ses richesses attirèrent ses voisins d'Espagne, d'Autriche et de France, qui cherchèrent à s'approprier le pays.

GARIBALDI

En 1860, Giuseppe Garibaldi (1807-1882) devint un héros pour l'Italie. Il conduisit une petite armée de 1 000 volontaires, appelés Chemises rouges, à libérer la Sicile du règne du roi de Naples, afin que l'île puisse rejoindre une nouvelle Italie unifiée.

CAVOUR

Camillo de Cavour (1810-1861), Premier ministre de la cité-État du Piémont, était un brillant homme d'État qui rêvait d'une Italie unifiée. Il dirigea le mouvement visant à fondre tous les États italiens en une seule nation.

MUSSOLINI

En 1922, Benito Mussolini (ci-dessous) devint Premier ministre d'Italie. Nationaliste et militaire, il avait fondé le parti fasciste trois ans plus tôt. Une fois au pouvoir, il élimina les opposants et se fit octroyer des pouvoirs dictatoriaux. Mussolini, également appelé « Il Duce », se rapprocha de Hitler et, en 1940, lança l'Italie dans la guerre aux côtés de l'Allemagne nazie. Vaincu en 1943, Mussolini sera arrêté sur ordre du roi. Il finira fusillé en 1945.

Benito Mussolini prononçant un discours

NAPOLÉON

Napoléon Bonaparte (ci-dessus, à cheval) envahit l'Italie et vainquit les Habsbourg d'Autriche, qui la gouvernaient à l'époque. Il détruisit l'ancien système composé de nombreux gouvernements différents et introduisit un système pénal (les lois) unique. Pour la première fois depuis l'époque de la Rome antique, les Italiens de différentes régions étaient gouvernés selon des règles communes. Nombre d'entre eux se mirent à rêver d'une Italie unifiée, libre de tout pouvoir étranger.

PALIO

Chaque été, une fête colorée a lieu dans l'ancienne ville étrusque de Sienne, en Italie du Nord. Cette fête historique, appelée Palio, célèbre la puissance de la cité et atteint son paroxysme avec une course à cheval, rapide et dangereuse, sur la place centrale de la ville. Chaque *contrada* (quartier de la ville), représentée par un drapeau coloré et un symbole, concourt férocement pour l'honneur de la victoire.

509 AV. J.-C. Les Romains chassent les Étrusques et établissent la République romaine.

476 APR. J.-C. Des Barbares germaniques déposent le dernier empereur romain, Romulus Augustule. L'invasion des tribus germaniques divise l'empire.

VERS 1400 Début de la Renaissance italienne.

1796 Napoléon Bonaparte envahit l'Italie.

1815 Napoléon Ier vaincu à Waterloo. Les représentants de l'Autriche, de la Grande-Bretagne, de la Prusse et de la Russie (les nations victorieuses) se réunissent au congrès de Vienne. Presque toute l'Italie est rendue à ses anciens dirigeants.

1858 Cavour, Premier ministre du royaume de Piémont, signe avec Napoléon III un traité visant à défendre le royaume contre les Autrichiens.

1859 Victoire des armées française et piémontaise sur les Autrichiens.

1861 Toute l'Italie, sauf Venise, Saint-Marin et la ville de Rome, s'unit et devient le royaume d'Italie. Victor-Emmanuel II, roi du Piémont, devient roi d'Italie.

1870 Rome devient capitale de l'Italie, mais le territoire papal du Vatican reste un État indépendant.

1915 L'Italie entre dans la Première Guerre mondiale, combattant avec les Alliés (France, Grande-Bretagne, Russie et États-Unis).

1922 Benito Mussolini devient Premier ministre.

1940 L'Italie entre dans la Seconde Guerre mondiale aux côtés de l'Allemagne.

1943 L'Italie se rend aux Alliés.

1945 Des résistants italiens tuent Mussolini.

1946 L'Italie devient une République.

1949 L'Italie rejoint l'OTAN (Organisation du traité de l'Atlantique Nord) avec 11 autres pays occidentaux, pour se protéger contre l'expansion soviétique.

1957 L'Italie entre dans la CEE.

Pour en savoir plus

L'EMPIRE ROMAIN
LES GUERRES NAPOLÉONIENNES
L'ITALIE (GÉOGRAPHIE)
NAPOLÉON BONAPARTE
LA RENAISSANCE

le Japon (géographie)

BONSAÏS
Les bonsaïs japonais sont taillés de telle sorte qu'ils n'atteignent pas plus que quelques centimètres de haut.

LES SOMMETS D'UNE CHAÎNE DE MONTAGNES immergée forment les îles du Japon. Environ trois quarts du pays sont trop escarpés pour être cultivés ou construits. Le pays compte près de 128 millions d'habitants, dont la plupart vivent dans les vallées et l'étroite plaine côtière. Jusque vers 1870, le pays resta fermé aux étrangers, et le gouvernement refusa d'importer des machines modernes. Les entreprises japonaises ont depuis exporté avec grand succès leurs produits, de sorte que le Japon, vendant plus qu'il n'achète, est devenu très riche. L'influence occidentale est forte, mais les Japonais restent très fiers de leur culture et de leur religion traditionnelles. Ils continuent de pratiquer des coutumes anciennes tout en se modernisant. Deux religions principales coexistent au Japon, le bouddhisme et le shintoïsme. Le chef de l'État est un empereur dont la fonction est symbolique mais le gouvernement est démocratique. En 2011, un séisme suivi d'un tsunami provoque une catastrophe nucléaire et cause la mort de dizaines de milliers de personnes, laissant le pays ravagé et traumatisé.

Le Japon est situé dans l'océan Pacifique, le long des côtes orientales de l'Asie. Corée du Nord et Corée du Sud se trouvent à l'ouest, et la Russie au nord. Le Japon compte quatre îles principales, couvrant près de 378 000 km².

TOKYO
La plus grande ville du Japon est la capitale, Tokyo. Plus de 35 millions de personnes habitent la ville et sa banlieue, et l'ensemble de la zone est surpeuplé. La pollution automobile et industrielle constitue un problème majeur, surtout depuis la catastrophe de Fukushima en 2011.

SUSHI
La cuisine traditionnelle japonaise est surtout constituée de poisson et de riz. Le poisson est souvent mangé cru ou légèrement cuit sous forme de préparations culinaires appelées sushis.

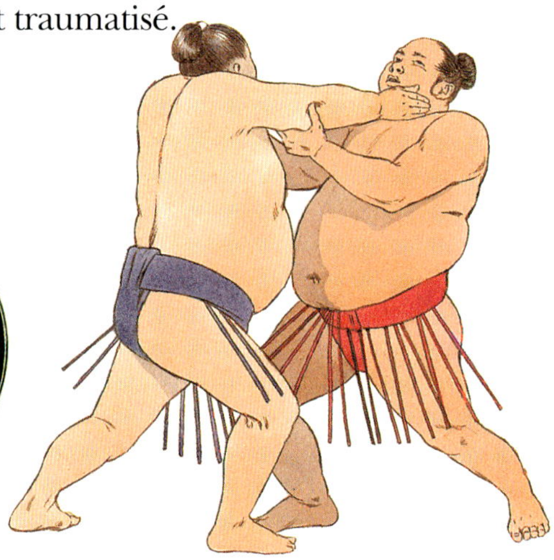

SUMO
Le sport national du Japon est le sumo, qui attire de nombreux spectateurs et téléspectateurs. Les deux concurrents tentent de se pousser l'un l'autre hors d'un petit ring. La réussite dépend de leur force et de leur poids; les lutteurs étudient dans des écoles où ils s'entraînent et suivent un régime spécial. Les champions peuvent devenir extrêmement riches et célèbres. Ce sport traditionnel suit un rituel complexe, contrôlé par des officiels en costume d'apparat.

INDUSTRIE
Bien que le Japon possède peu de matières premières, comme le minerai ou le charbon, l'industrie japonaise est l'une des plus performantes au monde, grâce entre autres à ses exportations : acier, navires, automobiles, motos, téléviseurs, lecteurs de DVD, ordinateurs…, mais aussi à sa main-d'œuvre. En effet, non seulement le travailleur se sacrifie à l'entreprise, mais le Japon est également l'un des pays où l'on encourage beaucoup la performance.

TRAIN À GRANDE VITESSE
Le Japon possède plus de 25 000 km de voies ferrées. Le plus célèbre train est le Shinkansen, train à grande vitesse reliant Tokyo à Fukuoka. Il couvre la distance de 1 176 km en moins de 6 heures, à une vitesse moyenne de 195 km/h.

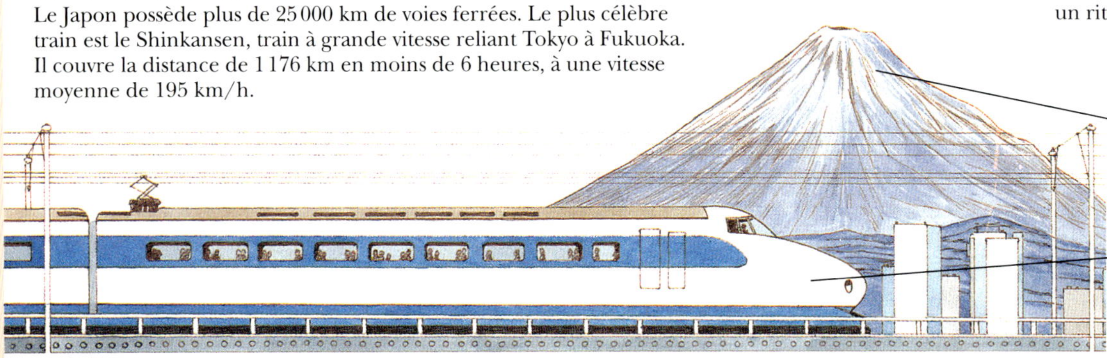

Le mont Fuji-Yama, volcan haut de 3 776 m, est sacré aux yeux des Japonais.

Les Japonais se déplacent plus souvent en train que les voyageurs du reste du monde.

GÂTEAU DE RIZ

Le gâteau de riz appelé *chimaki* est un mets traditionnel dans tout le Japon. En forme de cône, il est enveloppé dans une feuille de bambou. Une friandise similaire, appelée *sasadango*, existe également dans certaines régions du Nord.

KYUSHU

L'île la plus méridionale du Japon, Kyushu, est montagneuse ; son point le plus élevé est un volcan, le mont Aso. Kyushu, la plus densément peuplée des îles japonaises, est reliée à Honshu par un tunnel ferroviaire sous le détroit de Shimonoseki.

INDUSTRIE MÉCANIQUE

Les fabricants de véhicules japonais devinrent des leaders mondiaux dans les années 1980 grâce à leur design élégant, leur technologie de pointe et leurs méthodes de production efficaces. Aujourd'hui, les véhicules à moteur constituent la plus importante exportation du pays. Les fabricants japonais ont également ouvert plusieurs usines en Europe et aux États-Unis.

SAKE

Le *sake* est un alcool japonais issu de la fermentation du riz. Cette boisson nationale est généralement servie tiède après le dîner, réchauffée dans un contenant de porcelaine appelé *tokkuri*.

Cette Kawasaki ZZ-R1100 atteint une vitesse de 282 km/h sur circuit.

JARDIN ZEN

Les monastères bouddhistes zen du Japon renferment des jardins minéraux, conçus pour représenter l'univers en miniature. Ils ne figurent pas littéralement un paysage, mais donnent l'impression de terres entourées d'eau. Le sable ou le gravier symbolisent l'eau, tandis que les rochers représentent la terre. Le jardin zen ne comporte ni plantes ni arbres ni eau, uniquement du gravier ou du sable ratissé, et de la rocaille. Ces « jardins secs » ont été introduits par les moines bouddhistes au XIVe siècle.

CERFS-VOLANTS

Ces cerfs-volants en forme de carpe sont lancés le 5 mai pour célébrer le *kodomono-hi* ou « fête des enfants ». La carpe est un poisson robuste et renommé pour son énergie et sa détermination, car elle nage à contre-courant, effectuant souvent des bonds hors de l'eau. Elle constitue donc un bon exemple, pour les garçons japonais en particulier, qui doivent surmonter les obstacles et réussir. Un groupe de cerfs-volants représente une famille, et le plus grand symbolise le père.

Les bouddhistes zen considèrent qu'effectuer de simples tâches telles que le ratissage du sable dans un jardin zen peut apporter l'illumination de l'esprit.

OSAKA

La troisième ville du Japon est Osaka, sur la côte sud de l'île de Honshu, centre industriel important doté d'aciéries et d'industries chimiques et électriques. L'une des plus anciennes villes du Japon, elle comporte de nombreux temples bouddhistes et shintoïstes, ainsi qu'un impressionnant château construit au XVIe siècle par le *shogun* (« seigneur de guerre ») Toyomoti Hideyoshi, qui gouverna le Japon vers 1582. En 1970, Osaka a accueilli l'Exposition universelle.

Pour en savoir plus

L'ASIE (GÉOGRAPHIE)
LA DÉMOCRATIE
L'ÈRE NUCLÉAIRE
LE JAPON (HISTOIRE)
LES SÉISMES

Volcan	Montagne	Capitale	Grande ville	Petite ville

STATISTIQUES

Superficie : 377 829 km²
Population : 127 156 000
Capitale : Tokyo
Langues : japonais, coréen, chinois
Religions : shinto et bouddhiste, chrétienne
Monnaie : yen
Point le plus élevé : mont Fuji 3 776 m
Principales activités : industrie de fabrication, finance
Principales exportations : automobiles, acier, fer, textiles, équipement électronique, navires, motos
Principales importations : pétrole, machines, bois, blé, charbon, minerai de fer

ÉCHELLE 0 100 200 km

BANLIEUES

La plupart des Japonais vivent dans les villes, mais peu ont les moyens d'habiter le centre, de sorte que beaucoup doivent emprunter les transports en commun pour aller travailler. Les trains sont rapides et efficaces, mais si bondés que des gardes spéciaux sont employés pour pousser les voyageurs dans les wagons.

MONT FUJI

Le mont Fuji, immense cône volcanique dont la dernière éruption remonte à 1707, est le point le plus élevé de l'île de Honshu. La montagne, sacrée, constitue un lieu traditionnel de pèlerinage. D'après la légende, un séisme donna naissance au mont Fuji en 286 avant J.-C.

KYUSHU

La plus méridionale des grandes îles japonaises, Kyushu, est aussi la plus densément peuplée.

IWO JIMA

L'île d'Iwo Jima fut le site d'une bataille féroce entre Japon et États-Unis pendant la Seconde Guerre mondiale.

SÉISMES

Au Japon, les séismes font partie de la vie quotidienne. Les îles sont situées sur une ligne de faille, et des secousses se produisent, en moyenne, 5 000 fois par an. La plupart, légères, passent inaperçues, mais la menace d'une catastrophe reste constante. Ainsi en 2011, un séisme doublé d'un tsunami causa la mort de plus de 30 000 personnes.

ÎLES RYUKYU

Une chaîne d'îles appelées Ryukyu s'étend à 1 120 km au sud du Japon, en direction de Taïwan. La plus grande, Okinawa, a une surface de 1 165 km², mais la plupart des autres sont petites. Les insulaires sont surtout des agriculteurs, cultivant riz, canne à sucre et patates douces.

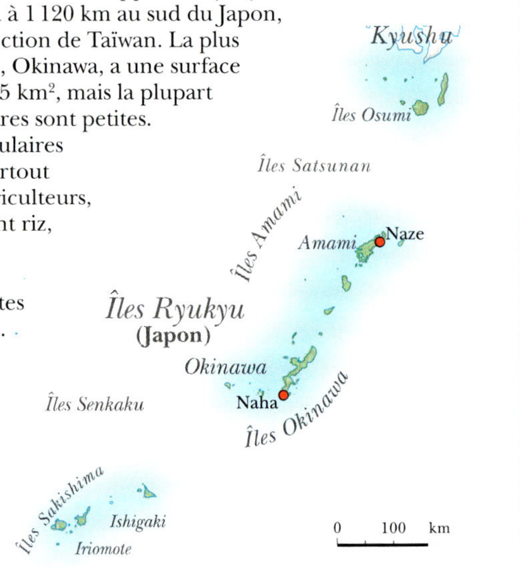

le Japon (histoire)

NARA
Nara, première capitale du Japon, était le centre politique et religieux du pays, ainsi que le site du temple bouddhiste du Horyu-ji (ci-dessus).

LE GROUPE D'ÎLES QUI CONSTITUE LE JAPON demeura isolé du reste du monde jusqu'à très récemment. Au VIe siècle, le Japon bénéficia de l'influence chinoise et en adopta la religion bouddhiste et le système de gouvernement impérial. Mais, 200 ans plus tard, l'influence chinoise déclina, et le système impérial se dédoubla : l'empereur et sa cour d'un côté et son gouvernement de l'autre. Le système dura jusqu'aux années 1860. Les invasions du Japon furent rarement couronnées de succès. Les Mongols tentèrent, et échouèrent, au XIIIe siècle. Au XVIe siècle, les marchands européens ne parvinrent pas non plus à s'implanter. Mais, en 1868, le Japon commença à se tourner vers l'Occident. En l'espace de 50 ans il établit une économie forte et moderne et un vaste empire. Ruiné par la Seconde Guerre mondiale (1939-1945), le Japon s'est relevé et a retrouvé sa prospérité, bien que son économie soit en recul en ce début de IIIe millénaire.

CÉRÉMONIE DU THÉ
Après le XIVe siècle, la cérémonie rituelle du thé devint très populaire au Japon. Cette cérémonie, fondée sur les principes d'autodiscipline et de méditation du bouddhisme zen, fut adoptée par les shoguns et les samouraïs.

Épée courbe de samouraï

Armure spéciale dans laquelle le samouraï pouvait entrer rapidement, par le côté ou par-dessous.

LE DIT DU GENJI

Au début du XIe siècle, une Japonaise nommée Murasaki Shikibu écrivit l'un des premiers romans du monde. Riche de plus de 600 000 mots, *Le Dit du Genji* décrit les aventures d'un jeune prince et ses voyages en quête d'amour et d'éducation. Ce roman fut écrit en japonais à une époque où la langue officielle du pays était le chinois; seuls les roturiers et les femmes étaient autorisés à parler japonais.

SHOGUNAT
Le shogunat était une dictature militaire héréditaire. Sous les shoguns, une classe aristocratique de chevaliers appelés samouraïs obtint un pouvoir considérable. Ces guerriers protégeaient les terres des daimyo (seigneurs locaux) et suivaient un code d'honneur appelé bushido, « la voie du guerrier ». Les samouraïs se faisaient *hara-kiri* – ou *seppuku* – (se suicidaient) s'ils perdaient leur honneur.

Ve SIÈCLE APR. J.-C. Le clan Yamato unifie le Japon.

794 Fondation de Kyoto.

1192 Minamoto Yoritomo devient le premier shogun.

1281 « Vent divin » sauve le Japon des Mongols.

1338-1573 Guerres civiles.

1542 Des marins portugais visitent le Japon.

1549 Saint François Xavier introduit le christianisme au Japon.

1592, 1597 Le Japon envahit la Corée.

1639 Départ des Européens.

1868 La restauration de Meiji redonne le pouvoir à l'empereur.

1868 Tokyo devient capitale nationale.

1889 Gouvernement constitutionnel.

1904-1905 Guerre russo-japonaise.

1910 Contrôle de la Corée.

1914-1918 Combat l'Allemagne.

1937-1945 Le Japon envahit la Chine et l'Asie du Sud-Est ; bombardement de Pearl Harbor (1941). Les États-Unis entrent en guerre.

1945 Les États-Unis lancent les premières bombes atomiques sur Hiroshima et Nagasaki ; reddition du Japon.

1989 Mort de l'empereur Hirohito.

DEPUIS 2001 Koizumi Junichiro est Premier ministre.

DYNASTIE TOKUGAWA

En 1603, Ieyasu, du clan aristocratique Tokugawa, devint shogun. Sa dynastie régna sur le Japon jusqu'au renversement du shogunat en 1868. Ieyasu réprima le mouvement chrétien introduit par saint François Xavier. Les étrangers furent expulsés, et tout contact avec le monde extérieur interdit.

OCCIDENTALISATION

En 1853, le commandant Matthew Perry de la marine américaine entra dans la baie de Tokyo, obligeant le Japon à mettre fin à son isolement et à commercer avec le reste du monde. Des changements spectaculaires s'ensuivirent. Le shogunat prit fin, et le jeune empereur Meiji prit le pouvoir. En 50 ans, le Japon devint l'une des premières puissances industrielles et économiques du monde. Usines et voies ferrées furent construites, un système national d'éducation instauré, et les étudiants envoyés à l'étranger pour découvrir la vie à l'occidentale.

GUERRES SINO-JAPONAISE ET RUSSO-JAPONAISE

Le Japon entra en guerre avec la Chine en 1894-1895 à propos du contrôle de la Corée, puis avec la Russie en 1904-1905 afin d'obtenir des colonies à Taïwan, en Corée et en Chine. Ces deux guerres révélèrent la puissance du Japon nouvellement occidentalisé dans les affaires mondiales.

KAMIKAZES

Au XIIIe siècle, une tempête détruisit la flotte mongole et sauva le Japon de l'invasion. Les Japonais appelèrent cette tempête *Kamikaze*, « vent divin ». Pendant la Seconde Guerre mondiale, le Japon utilisa des pilotes kamikazes, qui s'écrasaient avec leur avion rempli d'explosifs sur l'ennemi. Ces « pilotes-suicide » croyaient ainsi sauver le pays et étaient bénis par l'empereur, considéré comme d'origine divine.

HIROHITO

Selon la tradition, le premier empereur du Japon descendait de la déesse du Soleil et prit le pouvoir vers 660 av. J.-C. Une lignée d'empereurs perdura jusqu'à Hirohito, qui devint le 124e empereur en 1926. En 1946, après la défaite japonaise dans la Seconde Guerre mondiale, Hirohito réfuta publiquement la divinité de l'empereur. Il mourut en 1989. Son fils Akihito lui succéda en 1990.

Pour en savoir plus

LA CHINE (HISTOIRE)
L'ÈRE DU NUCLÉAIRE
LE JAPON (GÉOGRAPHIE)
LA PREMIÈRE GUERRE MONDIALE
LA SECONDE GUERRE MONDIALE

http://www.jeanne-darc.com

Jeanne d'Arc

Bannière que Jeanne d'Arc portait lors des batailles

AU DÉBUT DU XVe SIÈCLE, la France réussit enfin à l'emporter sur les Anglais, maîtres d'une grande partie du pays. Les armées de Charles VII furent menées à la victoire par l'une des héroïnes les plus populaires de l'histoire de France, Jeanne d'Arc. Jeanne naquit en 1412, dans une famille de fermiers. Ne sachant ni lire ni écrire, cette paysanne pieuse et opiniâtre parvint néanmoins à convaincre les foules. Inspirée par des voix célestes, elle se fit conduire à Chinon afin de restaurer le dauphin sur le trône de France. En 1429, l'héritier du trône, le futur Charles VII, confia à la jeune femme de 17 ans le commandement d'une petite armée, avec laquelle elle délivra Orléans du joug anglais. Jeanne remporta d'autres victoires, avant d'être capturée par les Bourguignons. Vendue aux Anglais, elle fut emprisonnée et jugée comme sorcière et hérétique. Le 30 mai 1431, Jeanne reconnue coupable fut condamnée au bûcher et mourut en martyre à Rouen. Sa réputation ne cessa de grandir après sa mort, alors que les Anglais avaient été boutés hors de France. Jeanne d'Arc fut béatifiée en 1909 et canonisée en 1920.

RENCONTRE AVEC LE DAUPHIN
Cette tapisserie contemporaine illustre l'arrivée de Jeanne d'Arc, accompagnée de six hommes d'armes, au château de Chinon, en février 1429. Jeanne est accueillie par le futur Charles VII, dont la couronne d'or laisse clairement entrevoir les prétentions au trône de France.

LA PUCELLE D'ORLÉANS

Jeanne d'Arc était une féroce combattante qui, à l'image des hommes, portait une armure. Profondément pieuse, la jeune femme priait avant chaque bataille. Le surnom de Pucelle d'Orléans lui fut donné après sa victoire contre les Anglais qui assiégeaient Orléans.

CASQUE DE JEANNE D'ARC
La légende veut que Jeanne d'Arc ait porté ce casque en livrant bataille aux Anglais. Le trou apparent sur l'un des côtés aurait été causé par la pointe d'une flèche ou d'un carreau d'arbalète.

UNE MENEUSE D'HOMMES

Jeanne d'Arc parvint à prouver que les défaites françaises étaient dues à des erreurs militaires et que seule une meilleure tactique conduirait à la victoire. D'abord méfiants, les soldats admirent bientôt le bien-fondé de ses ordres. En 1429, Jeanne et sa troupe délogèrent les Anglais qui assiégeaient Orléans. Cette première victoire contribua à renforcer la confiance des soldats en la jeune meneuse d'hommes. D'autres succès suivirent, à Jargeau, Meung, Beaugency et Patay, jusqu'à ce 24 mai 1430, qui vit la capture de Jeanne d'Arc à Compiègne.

Jeanne menant les troupes françaises à la bataille d'Orléans

CROIX DE LORRAINE
Durant la Seconde Guerre mondiale (1939-1945), alors que la France, sous contrôle militaire allemand, était dirigée par le gouvernement français proallemand de Vichy, certains résistants adoptèrent pour emblème la croix de Lorraine, à l'origine symbole de Jeanne d'Arc, parce qu'ils partageaient son but : délivrer leur pays de la domination étrangère.

Pour en savoir plus

LA FRANCE (HISTOIRE)
LA GUERRE DE CENT ANS

Jésus-Christ

NATIVITÉ
La naissance de Jésus, dans une étable à Bethléem, est appelée Nativité. Chaque année, le 25 décembre, les chrétiens célèbrent la naissance du Christ.

L'UNE DES PRINCIPALES RELIGIONS DU MONDE – le christianisme – fut inspirée par un homme nommé Jésus-Christ. Nous connaissons son existence par les Évangiles du Nouveau Testament, écrits par Luc, Marc, Jean et Matthieu. Les Évangiles racontent que Jésus, un juif né à Bethléem, dans la province romaine de Judée, fut considéré comme le fils de Dieu. Vers l'âge de 30 ans, il se mit à parcourir la Palestine (alors sous domination romaine), prêchant un message nouveau, qui annonçait la venue du royaume de Dieu, sous forme de paraboles, de brefs récits où s'exprimaient ses idées sur les hommes, Dieu, la mort, la fraternité… Sa pensée, qui faisait de Dieu le chef suprême, ne plaisait ni à certains Juifs ni au pouvoir romain. Il fut arrêté, jugé et condamné à mort. Mais les Évangiles racontent qu'il ressuscita. L'Église chrétienne fut en partie fondée sur cette croyance d'un dieu ressuscité d'entre les morts.

SERMON SUR LA MONTAGNE
Jésus enseignait que Dieu était un père bon et aimant, et que les hommes ne devaient pas répliquer lorsqu'ils étaient attaqués, mais « tendre l'autre joue ». Il soulignait par là l'importance de l'amour et combien la vengeance était un sentiment néfaste. Son Sermon sur la montagne contenait de nouvelles idées, expliquant que les gens ordinaires humbles, doux et pauvres iraient au paradis.

OÙ VÉCUT JÉSUS ?
Jésus passa son enfance à Nazareth. Il prêcha principalement en Judée et en Galilée.

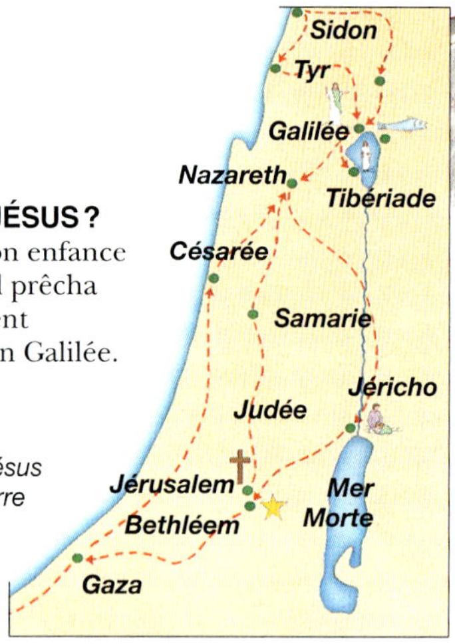

Voyages de Jésus à travers la Terre sainte

LA CÈNE
À la fin de sa vie, Jésus partagea un dernier dîner avec ses 12 apôtres. Utilisant le pain et le vin pour symboliser son corps et son sang, Jésus leur demanda de se souvenir de lui à travers ce repas. Aujourd'hui encore, la Cène est symbolisée par la communion, lors de laquelle les chrétiens boivent le vin et mangent l'hostie (pain azyme) à la fin du service religieux.

CRUCIFIXION
Jésus, accusé de trahison contre Rome et jugé par le gouverneur romain Ponce Pilate, fut condamné à être crucifié – cloué sur une croix sur le mont Golgotha, à l'extérieur de Jérusalem. Après sa mort, son corps fut enfermé dans un tombeau.

RÉSURRECTION
Le dimanche matin, trois jours après la mort de Jésus, le tombeau dans lequel son corps avait été placé fut trouvé vide. Les Évangiles de Matthieu, de Marc, de Luc et de Jean racontent qu'il apparut à ses disciples auxquels il demanda de prêcher à travers le monde, puisqu'il monta au Ciel.

Pour en savoir plus
LE CHRISTIANISME
LES RELIGIONS

les Jeux

LA MARELLE dans la cour de l'école et le championnat du monde d'échecs ont une chose en commun – tous deux sont des jeux. Comme le sport, les jeux procurent de la détente, du plaisir, ils sont stimulants et encouragent les défis. Il en existe des milliers. Certains suivent des règles qui diffèrent selon les pays; par exemple, les règles du poker, un jeu de cartes, connaissent de nombreuses variantes. De nombreux jeux partagent les mêmes éléments, par exemple les dés. D'autres n'exigent aucun équipement particulier. Les jeux font réfléchir ou nécessitent des capacités physiques, souvent les deux à la fois. Certains se jouent seul ou à deux, tandis que d'autres ne sont amusants qu'en groupe.

DÉS
Jeter les dés, généralement par deux, fait intervenir chance et hasard dans le jeu. Dans de nombreux jeux de société, tel le Monopoly, le nombre de points indiqué par le dé détermine le nombre de cases franchies par le joueur. Les dés classiques comportent des points, de 1 à 6. Les dés de poker, eux, ont des faces similaires à des cartes.

JEUX VIDÉO
Les jeux vidéo se jouent à l'aide d'une manette, ou du clavier et de la souris d'un ordinateur. On peut affronter d'autres joueurs, parfois connectés entre eux grâce au réseau Internet.

CORDE À SAUTER
Les joueurs chantonnent généralement des chansons traditionnelles en sautant à la corde. Avec une corde assez longue, plusieurs peuvent sauter ensemble.

CHAT
À chat, le joueur désigné comme « chat » tente d'attraper les autres.

MARELLE
La plupart des jeux de marelle présentent sept cases numérotées. Ce jeu exige un bon équilibre pour sauter de case en case.

JEUX DE BALLE
Dans certains jeux, un joueur placé entre deux autres tente d'intercepter la balle qu'ils se lancent.

JEUX DE PLEIN AIR
La cour de récréation permet toutes sortes de jeux. Certains, tel l'élastique, n'occupent que peu d'espace, et les joueurs attendent leur tour. D'autres, tels que « la balle au prisonnier », nécessitent un terrain plus vaste.

Certains jeux de cartes, comme celui des 7 familles, exigent des cartes spéciales.

COULEURS
Un jeu de cartes comporte quatre couleurs ou groupes, de 13 cartes chacun : (de gauche à droite) cœur, trèfle, carreau et pique.

Les cartes d'une couleur sont numérotées de 1, ou as, à 10. En outre, il y a trois figures : valet, dame et roi.

JEUX DE PLATEAU
Les plateaux de jeux taillés furent inventés il y a 4000 ans. Ils représentaient à l'origine le champ de bataille, sur lequel des soldats (les pions) se battent. Au backgammon, les joueurs font traverser le territoire ennemi à leurs pions.

PACHISI
Variante du backgammon, le pachisi est un ancien jeu royal de l'Inde. Deux ou quatre joueurs lancent les dés et tentent d'amener leurs pions au centre du plateau.

JEUX DE CARTES
Un jeu de cartes standard contient 52 cartes. Il permet de s'amuser à d'innombrables jeux, d'adresse, de hasard ou de réflexion. Le bridge demande une bonne concentration et une excellente mémoire, mais la bataille s'apprend en quelques secondes, car elle n'exige que de bons réflexes.

Pour en savoir plus
JEUX D'ESPRIT…
LES JOUETS
LE SPORT

Jeux de balle et de ballon

PELOTE BASQUE
Dans ce jeu originaire du Pays basque, les joueurs lancent une balle (la pelote) contre un mur à l'aide d'un étroit panier d'osier recourbé (le chistera).

DANS DE NOMBREUX SPORTS ET JEUX, les participants lancent une balle ou un ballon avec leurs pieds ou leurs mains sur un terrain. Ils peuvent aussi utiliser une raquette (tennis, ping-pong), une batte (cricket, base-ball), un club (golf) ou une queue (billard). Balles et ballons ont des tailles et des formes différentes. La plupart sont ronds, soit durs et pleins comme au billard et au base-ball, soit creux comme au tennis. Le ballon de football est généralement en cuir. La pratique des jeux de balle et de ballon remonte à la nuit des temps. À l'origine, ils faisaient partie de cérémonies religieuses, destinées à prolonger l'été ou à faire tourner les vents, par exemple. Les Grecs anciens ont été parmi les premiers à jouer pour le plaisir. Et chez les Mayas et les Aztèques, ces jeux étaient très répandus. Aujourd'hui, le football, le rugby et le tennis font partie des jeux de balle et de ballon les plus populaires.

Raquette de ping-pong

Au billard américain, les boules sont numérotées.

Le joueur de bowling saisit sa boule par trois trous.

Ballon de football en caoutchouc recouvert de cuir

JEUX D'ÉQUIPE
La plupart des sports d'équipe sont des jeux de balle et de ballon : football, basket-ball, base-ball, rugby, etc. Les déplacements sont nombreux et rapides. Les joueurs doivent posséder des talents individuels, en particulier une course rapide, mais aussi un esprit d'équipe pour les passes. Ces jeux développent le sens du travail collectif, la discipline et l'amitié.

JEUX DE RAQUETTE
Au tennis ou au squash, les joueurs lancent une balle par-dessus un filet ou contre un mur avec une raquette. Une raquette est généralement un réseau de fils tendus sur un cadre. Les joueurs s'affrontent individuellement (simple) ou deux contre deux (double). Le ping-pong ou tennis de table se joue avec une petite raquette en bois plein.

GOLF
Les golfeurs doivent envoyer une petite balle dans un trou à l'aide d'un club. Mais d'autres jeux de balle exigent aussi de l'adresse : le bowling, où l'on doit renverser des quilles avec une boule ; la pétanque, où il faut placer une boule le plus près possible du cochonnet ; le billard américain, où une boule en percute d'autres pour qu'elles tombent dans les trous de la table.

TENNIS
Le tennis est dérivé du jeu de paume, un sport encore pratiqué dans quelques pays. La paume est née en France au XIIe siècle. Elle était jouée en terrain ouvert (longue paume) ou en terrain fermé et couvert (courte paume). Le tennis moderne est pratiqué le plus souvent sur gazon ou sur terre battue. Les principaux championnats internationaux de tennis sont les Internationaux de France (Roland-Garros), les Internationaux de Grande-Bretagne (Wimbledon), l'US Open (Flushing Meadows) et l'Open d'Australie (Melbourne Park).

BASE-BALL ET CRICKET
Le base-ball est le sport national américain. En France, il est géré par la Fédération française de base-ball, softball et cricket. Le softball est une version moins violente du base-ball, jouée sur un terrain plus réduit. Les joueurs de cricket utilisent une batte en bois et une balle très dure. Le cricket est très répandu en Angleterre, en Australie, aux Antilles britanniques, au Pakistan et en Inde.

Pour en savoir plus

LES AZTÈQUES
FOOTBALL ET RUGBY
LE SPORT

Jeux d'esprit, jeux de patience et énigmes

MOTS CROISÉS
Les mots croisés sont des énigmes à base de mots. Vous devez trouver des mots à partir de définitions. Chacune des lettres d'un mot horizontal entre dans la composition d'un mot vertical.

TOUT CE QUI FAIT TRAVAILLER nos méninges jusqu'à ce que nous trouvions une solution est une énigme. Notre cerveau sait résoudre des énigmes. Certains scientifiques pensent que l'être humain doit son développement à sa curiosité et à sa capacité à comprendre et à résoudre des problèmes. Aujourd'hui, notre survie ne dépend plus vraiment de notre aptitude à trouver des solutions et la plupart des énigmes sont devenues des jeux : jeux verbaux et visuels (mots croisés et puzzles), énigmes en trois dimensions (labyrinthes, Rubik's cubes, jeux de réalité virtuelle). Les devinettes et les casse-tête exigent beaucoup de réflexion. Un roman ou un film policier nous soumettent à des énigmes, la science en résout de nombreuses, mais certaines, comme le triangle des Bermudes, restent un mystère.

PUZZLES
Les premiers puzzles étaient faits de morceaux découpés à la main dans des plaques de bois. Les puzzles actuels sont fabriqués à la machine : une presse coupante tranche des plaques de carton. Les puzzles vont de quelques pièces à 10 000 pièces. Il en existe donc pour tous les âges. Assembler les pièces nécessite patience et concentration.

Un casque permet au joueur de voir des images en trois dimensions.

LABYRINTHES
Les réseaux compliqués des labyrinthes testent votre sens de l'orientation et votre pensée logique. Le but du jeu est d'atteindre le centre du labyrinthe, pour ensuite retrouver le chemin de la sortie. Dans l'Égypte et la Grèce anciennes, les labyrinthes étaient des prisons. Ils sont devenus de simples jeux.

Le monde virtuel tel qu'il est vu par le joueur

JEUX ÉLECTRONIQUES
Dans les jeux électroniques, les joueurs doivent résoudre une énigme, ou plusieurs énigmes successives, à partir d'indices. Dans les jeux de réalité virtuelle, la solution des énigmes se situe en dehors du monde réel.

ACTIVITÉ CÉRÉBRALE
C'est le fonctionnement de notre cerveau qui nous fait aimer résoudre les énigmes. Notre intelligence nous rend curieux et déterminés à trouver la solution d'un problème. Lorsque nous nous intéressons à une énigme, notre cerveau est stimulé et libère des substances chimiques appelées endorphines, qui font ressentir du plaisir.

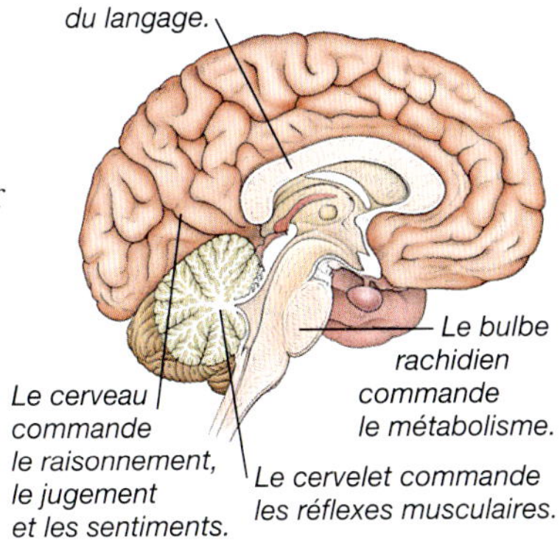

Coup d'œil sur le triangle des Bermudes

TRIANGLE DES BERMUDES
Beaucoup d'avions et de bateaux ont mystérieusement disparu dans une zone triangulaire située entre les Bermudes, la Floride et Porto Rico, dans l'océan Atlantique. Le triangle des Bermudes a été décrit pour la première fois en 1964. Certes, les tempêtes sont fréquentes dans cette région. Les avions ont pu s'écraser et les bateaux couler, mais faute de les avoir retrouvés, on ne peut rien affirmer.

Pour en savoir plus
CERVEAU ET NERFS
LES JEUX
L'OCÉAN ATLANTIQUE
LES ORDINATEURS

http://www.olympic.org/fr

les Jeux olympiques

Cinq anneaux entrelacés : le symbole olympique

LES JEUX OLYMPIQUES D'HIVER ET D'ÉTÉ se déroulent en alternance tous les deux ans et réunissent les meilleurs athlètes du monde : près de 10 000 athlètes de 200 nations différentes participent aux 25 sports des jeux d'été ; ils ne sont que 1 800 de 70 nations à participer aux sept sports des jeux d'hiver. Les Jeux olympiques modernes sont nés à Athènes en 1896. Ils reprennent la tradition des Jeux qui se tenaient dans la Grèce antique, il y a plus de 2 000 ans. Il s'agit de performances individuelles et collectives, non d'une compétition entre nations. Les Jeux ne sont pas « gagnés » par un pays et les récompenses attribuées aux individus et aux équipes ne sont pas de l'argent, mais des médailles : or (première place), argent (deuxième place) et bronze (troisième place). Pour un sportif, le simple fait de participer aux Jeux olympiques est une immense satisfaction. C'est le Comité international olympique (CIO) qui choisit une ville qui organisera les Jeux.

La cérémonie d'ouverture des Jeux olympiques est un grand événement.

FLAMME OLYMPIQUE

Les Jeux s'ouvrent par une grande cérémonie dont le temps fort est l'allumage de la flamme olympique. Des équipes de coureurs se sont relayées pour l'apporter d'Olympie, en Grèce, lieu des Jeux antiques, jusqu'au stade de la ville qui accueille les Jeux. C'est en 1928 que Pierre de Coubertin, fondateur des Jeux modernes, a demandé aux athlètes de faire revivre l'esprit olympique en gardant la flamme allumée tout au long des Jeux.

Le saut à ski est l'une des disciplines les plus spectaculaires des jeux d'hiver.

JEUX ANTIQUES

À l'origine, les Jeux étaient une fête religieuse réservée aux hommes et qui ne comprenait qu'une course à pied. À leur apogée, ils duraient cinq jours et incluaient des disciplines comme la lutte et la course de chars. Les femmes organisaient leurs propres jeux en l'honneur de la déesse Héra.

JEUX D'HIVER

Les Jeux d'hiver ont lieu tous les quatre ans en alternance avec les jeux d'été. Ils sont consacrés aux sports de neige et de glace, comme le ski et le patinage.

JEUX ET POLITIQUE

La presse, les radios et les télévisions du monde entier se retrouvent aux Jeux olympiques. Certains profitent de cette couverture médiatique exceptionnelle. En 1968, des athlètes noirs manifestaient leur solidarité avec les Black Panthers en levant le poing pendant l'exécution de l'hymne américain. En 1972, des terroristes palestiniens provoquaient la mort de 11 athlètes israéliens à Munich, en Allemagne.

Le salut du Black Power

Les Jeux incluent un grand nombre de sports individuels et collectifs. Certains deviennent des disciplines olympiques, tandis que d'autres cessent de l'être.

Course

Cyclisme

Haltérophilie

Gymnastique

Pour en savoir plus

L'ATHLÉTISME
LA GRÈCE ANTIQUE
LA GYMNASTIQUE
LES JEUX DE BALLE ET DE BALLON
LE SPORT

les Jouets

BIEN QUE LES JOUETS servent principalement à amuser et à distraire les enfants, ils ont d'autres fonctions. Certains préparent à des activités d'adulte. Par exemple, le cheval à bascule apprend à l'enfant à se tenir sur un cheval avant qu'il soit assez grand pour monter sur un vrai. Et les petites voitures lui donnent l'impression de conduire. Au Moyen Âge, les enfants jouaient avec des toupies et des hochets, mais dans les siècles qui ont suivi seules les familles riches ont pu s'offrir les jouets plus sophistiqués qui devenaient à la mode. Dans les familles traditionnelles, les seuls jouets autorisés le dimanche étaient liés à la Bible, comme des modèles réduits de l'arche de Noé, par exemple. Aujourd'hui il n'y a jamais eu autant de jouets sur le marché. Les enfants n'ont que l'embarras du choix, mais il existe toujours une demande pour des jouets semblables à ceux qui amusaient les enfants de l'Antiquité.

CERCEAU
N'importe quel objet peut devenir un jouet. Un bâton entre les jambes est un cheval, une vieille boîte le lit d'une poupée. Pendant des siècles, les enfants ont utilisé des roues en bois ou des cercles de tonneaux pour jouer au cerceau. Ils les lançaient en l'air, les faisaient rouler ou tourner autour de leur taille.

JOUETS ANTIQUES
Des chevaux en terre cuite datant de près de 2500 ans ont été découverts en Égypte. À Rhodes, en Grèce, des archéologues ont trouvé des jouets encore plus anciens. Ces jouets antiques nous racontent comment les enfants se sont amusés au fil des siècles.

J

POUPÉES
Les poupées figurent parmi les jouets les plus anciens. Autrefois, elles étaient en tissu, en cire, en bois ou en papier. Au XIXe siècle, elles portaient de beaux vêtements et avaient des têtes en porcelaine. Aujourd'hui, elles sont moins fragiles et certaines peuvent marcher, parler et manger.

Le ballon est un jouet universel, présent dans toutes les sociétés.

Les cubes sont utilisés pour apprendre le calcul, l'équilibre et la construction.

OURS EN PELUCHE

Lors d'une partie de chasse, en 1902, le président américain Theodore Roosevelt a refusé de tuer un ourson. Les journaux en ont parlé et peu après un commerçant s'est mis à vendre des ours en peluche. En Europe, une société allemande a fabriqué des ours similaires, avec des bras et des jambes articulés. Aujourd'hui, les ours en peluche ont toutes les couleurs et toutes les tailles, mais toujours la même forme.

JEUX DE CONSTRUCTION
En assemblant des éléments de différentes tailles pour construire, par exemple, un château ou un engin spatial, l'enfant sollicite son imagination et ses capacités manuelles.

PETITES VOITURES
Enfants et adultes aiment collectionner les petites voitures. Certaines sont téléguidées.

Pour en savoir plus

LES JEUX
JEUX D'ESPRIT, JEUX DE PATIENCE ET ÉNIGMES
LES MARIONNETTES

les Journaux

POUR UN PEU PLUS D'UN EURO PAR JOUR, un journal vous tient informé de l'actualité locale, nationale et internationale. Il donne davantage de détails sur les événements que les journaux télévisés et aborde toutes sortes de sujets : non seulement les dernières nouvelles, mais aussi la politique, l'art, le sport, la mode, le monde des affaires, la technologie, la science et l'environnement. Les journaux contiennent aussi des opinions ou des points de vue ; certains reflètent une idéologie politique, d'autres essaient de rester neutres. En France, les journaux régionaux donnent la priorité à l'actualité de la région où ils sont en vente, tandis que les journaux nationaux couvrent les événements saillants de tout le pays et du monde. La fabrication d'un grand journal sollicite toute une équipe de journalistes, reporters, photographes, dessinateurs, maquettistes, opérateurs de saisie, correcteurs, imprimeurs et bien d'autres professionnels qui travaillent toute la nuit pour vous apporter les nouvelles du matin.

DES FEUILLES VOLANTES
Avant la publication du premier journal au XVIIe siècle en Allemagne, les gens lisaient les nouvelles sur des feuilles volantes imprimées.

DIFFÉRENTS JOURNAUX
Chaque pays a ses propres journaux. Certains sont des quotidiens, d'autres des hebdomadaires. Certains se vendent à des millions d'exemplaires par jour, d'autres à quelques milliers par semaine. Chaque journal se différencie des autres par sa typographie et sa mise en pages.

SALLE DE RÉDACTION
Le centre stratégique d'un journal est la salle de rédaction. C'est là qu'arrivent toutes les nouvelles nationales et internationales, par téléphone, fax et Internet. C'est aussi là que les journalistes rédigent leurs articles, que les rédacteurs en chef adjoints les vérifient et que le rédacteur en chef décide de l'importance de chaque article et des sujets à traiter.

Un texte court, la légende, explique ce que montre la photo.

LA UNE
Les gros titres et les photos d'événements importants figurent en une (la première page du journal). Si la journée est riche en événements, le rédacteur en chef peut être amené à changer plusieurs fois de une. La hiérarchie des articles au sein du journal s'en trouve changée. Font la une une catastrophe, une victoire en coupe du monde, le déclenchement d'une guerre, un mariage princier…

ROTATIVE DE PRESSE
Le bruit des rotatives qui, chaque nuit, impriment les journaux, est assourdissant. D'énormes bobines de papier, longues parfois de 8 km, passent à travers la machine. Certaines rotatives peuvent imprimer, plier, découper et empiler plus d'un millier de journaux à la minute. Des camions les transportent jusqu'aux kiosques.

Pour en savoir plus
COMMUNICATION ET TECHNIQUES
LES DESSINS ANIMÉS
L'IMPRIMERIE
LA PUBLICITÉ
REVUES ET MAGAZINES

le Judaïsme

FÊTES JUIVES

Yom kippour (jour de l'expiation) Dixième jour de la nouvelle année ; fête la plus importante, avec un jeûne de 24 heures.

Pourim (fête des sorts) Fête du début de printemps.

Pâque (Pessah) Fête de printemps durant huit jours.

Shevuot (fête des semaines) Fête des moissons au début de l'été.

Rosh ha-shana (nouvel an) Début d'automne.

Sukkot (fête des tabernacles) Fête d'automne durant neuf jours.

Hanoukka (fête des lumières) Fête d'hiver durant huit jours.

L'HISTOIRE DU PEUPLE JUIF est étroitement liée à celle de sa religion, le judaïsme. Les Juifs croient en un Dieu unique qui, il y a plus de 4000 ans, conclut un pacte avec leur ancêtre, Abraham. Peuple élu de Dieu, ils promirent en retour d'obéir à ses lois et de répandre son message parmi les hommes. Les Juifs pensent qu'un messie, le messager de Dieu, viendra un jour créer un monde meilleur et restaurer l'ancien royaume juif, détruit au VIe siècle av. J.-C. Le judaïsme aspire à une vie juste et paisible pour tous les peuples de la Terre. Les Écritures juives expliquent que, pour atteindre ce but, il est essentiel de se plier à la loi religieuse. Les Juifs orthodoxes – ceux qui interprètent très strictement les Écritures – obéissent à de nombreuses règles dans leurs activités quotidiennes, y compris concernant leur tenue vestimentaire et leur alimentation. Par exemple, ils ne mangent ni porc ni coquillages. Mais de nombreux Juifs ne sont pas orthodoxes et appliquent ces règles avec plus de souplesse. Pour tous les Juifs, l'hébreu est la langue du culte. C'est aussi la langue nationale d'Israël, patrie du peuple juif. Cependant, des Juifs vivent et travaillent dans le monde entier, parlant de nombreuses langues différentes.

Les Juifs allument des bougies sur une menora, ou chandelier à sept branches, lors de l'Hanoukka.

Les hommes portent une calotte appelée kippa.

Pendant les prières, les hommes portent un tallith, ou châle de prière, sur leurs épaules.

Le Talmud contient des instructions pour adopter le mode de vie juif.

TALMUD

Les chefs religieux juifs sont appelés rabbins. Il leur revient d'enseigner et d'expliquer les lois du judaïsme. Ils étudient deux livres saints : le Talmud (ci-contre) et la Torah, sous forme de rouleau. Le Talmud contient des instructions pour suivre un mode de vie juif et comprendre les lois juives.

SYNAGOGUE

Le culte juif se pratique à la synagogue. Prière, étude et fêtes familiales, telles que mariage et bar- ou bat-mitsva (célébration du passage à l'âge adulte), ont lieu ici. Un minyan (un nombre minimal de 10 hommes) est exigé pour réciter formellement le kaddish (prières commémoratives) et lire la Torah.

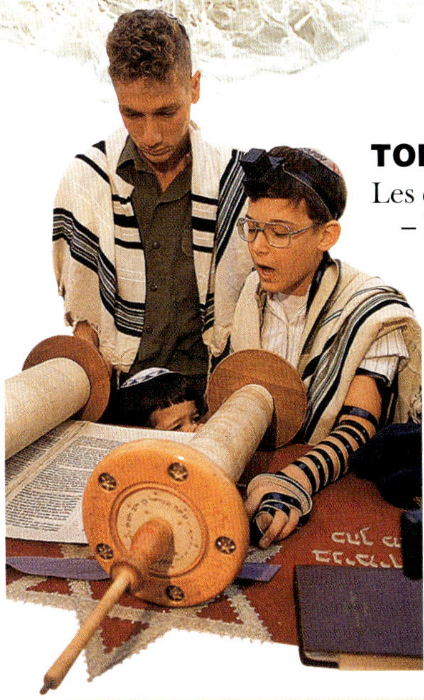

TORAH

Les cinq premiers livres de la Bible hébraïque – la Torah (ci-contre) – contiennent les lois du judaïsme et l'histoire du peuple juif. D'autres sections de la Bible des Hébreux renferment les psaumes, les paroles des prophètes et autres écrits saints. Pour les Juifs, la Torah est le plus important des livres.

Pour en savoir plus

LES FÊTES
ISRAËL
LES RELIGIONS

Martin Luther King

En 1963, un pasteur baptiste d'Alabama, aux États-Unis, prit la tête d'une marche pour la paix : 250 000 personnes se dirigèrent vers le Lincoln Memorial de Washington, où il prononça un discours qui fit date. Ce pasteur, Martin Luther King, partisan de la non-violence, lutta toute sa vie pour l'égalité de droits entre Noirs et Blancs américains. Sous son autorité, le Mouvement pour les droits civiques remporta plusieurs victoires contre les lois ségrégationnistes qui interdisaient aux Noirs de voter et leur refusaient l'accès aux écoles et à différents lieux publics fréquentés par les Blancs. Martin Luther King poussa ses militants vers des actions non violentes, comme des sit-in ou des occupations de lieux publics. Mais certains Blancs le haïssaient pour sa couleur de peau et certains Noirs le jugeaient trop modéré dans ses actions. Bien que plusieurs fois emprisonné, malgré les menaces de mort, King poursuivit son combat. Il fut assassiné en 1968, avant que se réalise son rêve d'une nation respectueuse de l'égalité de tous ses citoyens. En 1986, les États-Unis décidèrent d'honorer sa mémoire par un jour férié.

1929 Naissance à Atlanta, Géorgie (États-Unis).

1951 Doctorat en théologie.

1954 Pasteur baptiste.

1955 Boycott des autobus de Montgomery.

1961 Marches pour la liberté et contre la ségrégation.

1963 Discours du Lincoln Memorial (Washington).

1964 Prix Nobel de la paix.

1965 Marche de Selma-Montgomery.

4 avril 1968 Assassinat.

ORATEUR

Les idéaux de Martin Luther King touchèrent des millions de citoyens américains. Le 28 août 1963, le pasteur prononça à Washington un discours devenu célèbre. Il commençait par ses mots : « J'ai fait le rêve qu'un jour cette nation se lèvera et vivra pleinement la véritable réalité de son credo : nous tenons ces vérités pour évidentes par elles-mêmes que tous les hommes naissent égaux. »

MOUVEMENT POUR LES DROITS CIVIQUES

Dans les États du Sud, les Noirs furent longtemps considérés comme des citoyens de seconde zone. Des lois leur refusaient le droit de vote et réglementaient leur accès aux transports et à certains lieux publics. Vers la fin des années 1950, un mouvement vit le jour, sous l'impulsion, entre autres, de Martin Luther King, réclamant, par des actions non violentes, l'égalité de droits pour tous les Américains. En 1964-1965, la discrimination raciale fut déclarée hors la loi dans tout le pays.

BOYCOTT DES AUTOBUS

En décembre 1955, Rosa Parks, couturière noire à Montgomery, en Alabama, fut arrêtée pour avoir refusé de céder sa place dans un autobus à un passager blanc. Martin Luther King et un de ses amis décidèrent d'organiser durant près d'un an un boycott de tous les autobus municipaux, jusqu'à ce que la ségrégation dans les transports soit déclarée illégale.

Pour en savoir plus

Les Droits de l'homme
L'Esclavage
Les États-Unis (histoire)
La Guerre de Sécession

les Lacs

L'EAU DES COURS D'EAU, DES SOURCES DE MONTAGNE et l'eau de pluie remplissent des cavités dans le sol et forment des lacs, de grandes étendues d'eau entourées de terre. Les lacs se forment aussi dans des dépressions creusées par les glaciers ou des cavités creusées dans les roches calcaires. Certains lacs sont artificiels : les réservoirs sont des bassins où l'eau d'une rivière est accumulée grâce à un barrage. La mer Caspienne et la mer Morte sont en réalité d'immenses lacs. La mer Caspienne, située aux confins de l'Europe et de l'Asie, est le plus grand lac du monde. Sa superficie est presque identique à celle du Japon. Les lacs abritent une faune et une flore d'une grande richesse et sont souvent entourés de terres fertiles. Les lacs d'eau douce alimentent en eau les villes et constituent des lieux où l'on peut se baigner, faire du bateau ou du ski nautique. Certains lacs comme les Grands Lacs nord-américains servent au transport des marchandises. Mais les lacs ne sont pas éternels. La vase et les végétaux peuvent s'accumuler et transformer le lac en marécage.

LACS SALÉS
Le sel s'accumule dans des lacs dépourvus de déversoir, telle la mer Morte située entre Israël et la Jordanie. L'eau est si salée que l'on peut flotter sans nager.

LACS DE CRATÈRE
Les eaux de pluie remplissent le cratère au sommet du mont Mazama, dans l'Oregon, pour former un lac de cratère baptisé Crater Lake. Avec ses 589 m de profondeur, c'est le lac le plus profond des États-Unis.

FORMATION DES LACS

Les lacs se forment dans des cavités creusées par les glaciers au cours des glaciations et à des endroits où les glaciers ont laissé des barrières rocheuses à travers les vallées. L'eau érode les roches et finit par creuser des cavités dans les régions calcaires. Ces cavités se remplissent d'eau de pluie pour former des lacs.

LACS D'EAU DOUCE
L'eau des lacs d'eau douce n'est pas salée parce que ces lacs sont constamment alimentés et renouvelés par des cours d'eau. Les plus grands lacs d'eau douce sont les Grands Lacs des États-Unis et du Canada. Le lac Supérieur (à gauche) est le plus étendu des cinq.

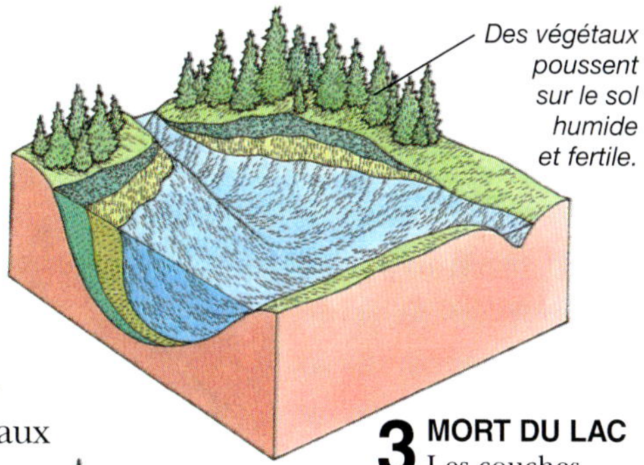

3 MORT DU LAC
Les couches de terre s'accumulent. Des végétaux poussent et un véritable sol se constitue. Le processus se poursuit jusqu'à ce que le lac disparaisse.

VIE D'UN LAC

Les lacs ne sont pas éternels. Ils peuvent se former et disparaître au gré des variations du niveau des eaux qui l'alimentent; se remplir lentement de débris de terre et de roche entraînés par l'érosion. L'embouchure du cours d'eau peut devenir plus profonde et drainer le lac.

ZONES MARÉCAGEUSES

Les Everglades constituent une grande région marécageuse aux États-Unis. Des marécages peuvent se former au bord d'un lac, là où le sol est saturé d'eau ou recouvert d'eau peu profonde, mais aussi sur des terres où l'eau ne peut pas s'évacuer.

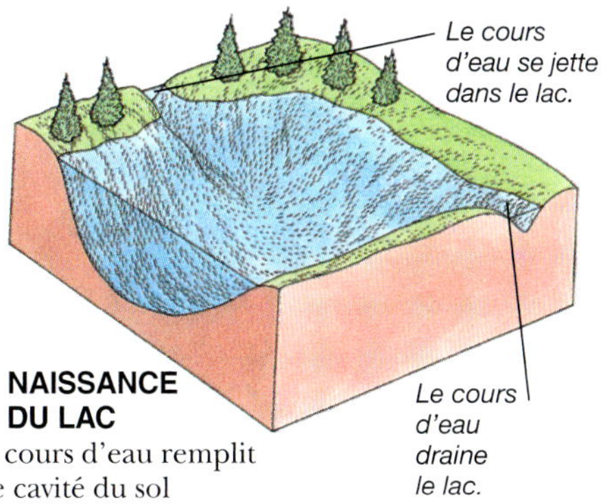

1 NAISSANCE DU LAC
Un cours d'eau remplit une cavité du sol et forme un lac. L'eau s'écoule par un autre cours d'eau.

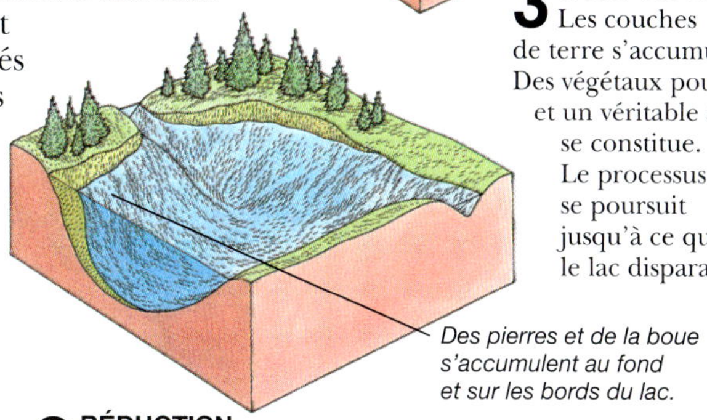

2 RÉDUCTION DU VOLUME DU LAC
Le cours d'eau charrie de la terre qui tombe au fond du lac. Une couche de terre se forme le long des bords du lac.

Pour en savoir plus

LES BARRAGES
LES COURS D'EAU
L'EAU
LES GLACIERS
LACS ET RIVIÈRES (FAUNE ET FLORE)
LES MARÉCAGES

Lacs et rivières (faune et flore)

LES LACS ET LES RIVIÈRES regorgent d'espèces animales et végétales. Graminées, roseaux et autres plantes poussent le long des rives, servant de réserve de nourriture et d'abri aux insectes, aux oiseaux qui y nidifient et à des mammifères tels le rat d'eau et le rat musqué. Dans les rivières, le courant emporte les végétaux mais dans les lacs de minuscules plantes en suspension sont mangées par de petites créatures, puces d'eau et écrevisses, elles-mêmes avalées par les poissons. Les excréments des animaux et les végétaux décomposés qui tombent au fond des lacs et des rivières forment une vase où vivent des vers, des mollusques et d'autres petits animaux. Aujourd'hui de nombreux lacs et rivières sont gravement pollués. Des produits chimiques rejetés par l'industrie, des fertilisants et des pesticides – dont l'agriculture fait grand usage – et d'autres substances toxiques ont bouleversé ou détruit l'équilibre naturel de la faune et de la flore.

EAU DOUCE
L'eau des lacs et des rivières constitue l'eau douce. Même si elle ne représente que 0,03 % de l'ensemble des eaux du globe, elle abrite des milliers d'espèces animales et végétales.

La pontédérie pousse dans les eaux douces.

ONDATRA
L'ondatra, ou rat musqué, est un rongeur qui se nourrit de plantes aquatiques et de petits animaux tels que poissons, grenouilles et coquillages.

L'ondatra nage avec ses pattes postérieures palmées et utilise sa longue queue sans poil comme gouvernail.

ÉRISMATURE ROUSSE
L'érismature rousse vit dans les milieux aquatiques de nombreuses régions d'Europe. Ce canard possède une queue rigide dressée et plonge à la recherche de végétaux, de petits insectes, de larves et de vers.

LOUTRE GÉANTE
La plus grande loutre vit en Amérique du Sud : la loutre géante peut mesurer plus de 1,5 m de long, queue comprise. Elle chasse les poissons-chats, les piranhas et d'autres poissons. Contrairement aux autres loutres, elle préfère les ruisseaux et les étangs à la terre ferme. Aujourd'hui cette espèce est en voie de disparition.

BROCHET
Le brochet, qui peut dépasser 1 m de long, est un prédateur redoutable aux grandes mâchoires munies de 700 dents pointues pour saisir les poissons mais aussi grenouilles, oiseaux aquatiques et petits mammifères. Il vit dans les lacs et les cours d'eau à faible courant.

TORTUE
L'une des nombreuses créatures aquatiques qui souffrent de la pollution des eaux douces est la tortue pseudogéographique d'Amérique du Nord. Les produits toxiques rejetés dans les lacs et les rivières ont également réduit la population des mollusques dont elle se nourrit.

FLORE DES RIVIÈRES

Le courant dans une rivière influence beaucoup la faune et la flore. Quand le courant est fort, par exemple lorsqu'il forme un torrent, il entraîne le sable et la vase, ne laissant que des cailloux. Rien ne peut pousser au milieu de la rivière. Mais si le courant est faible, il permet le dépôt de sable et de vase au fond de l'eau et l'enracinement de plantes comme les iris.

ÉCREVISSE
L'écrevisse est un crustacé d'eau douce, actif essentiellement la nuit, qui marche sur le lit de la rivière sur ses quatre paires de pattes à la recherche de végétaux, de vers, de mollusques et de petits poissons.

La végétation aquatique constitue une source de nourriture pour de nombreux poissons d'eau douce.

La massette ou roseau-massue peut atteindre 2,5 m de haut.

FLORE DES LACS

Des arbres tels que les saules et les aulnes bordent de nombreux lacs ; des joncs, des roseaux et d'autres plantes de ce type poussent au bord de l'eau. Quant au nénuphar et à la prêle, ils poussent dans les eaux peu profondes et restent à la surface. Ces plantes sont des sources de nourriture pour de nombreux animaux.

HÉRON

De nombreuses espèces de hérons vivent au bord des eaux douces du monde entier. Ces échassiers restent parfois immobiles plusieurs minutes, puis saisissent brusquement un poisson avec leur long bec effilé.

SAULE PLEUREUR

Le saule pleureur se plaît dans les sols humides des bords des lacs et des rivières. Ses racines profondes contribuent à consolider les berges.

POULE D'EAU

En période de reproduction le mâle et la femelle construisent un nid dans la végétation au bord de l'eau ; la femelle pond jusqu'à 11 œufs. Les longs doigts écartés de la poule d'eau lui permettent de marcher sur des feuilles qui flottent à la surface des rivières, des lacs et des marécages. Cet oiseau se nourrit de plantes aquatiques, de fruits et parfois d'insectes.

Les libellules sont nombreuses aux abords des lacs et des rivières, l'été.

NÉNUPHARS

Il existe 200 espèces de nénuphars. Leurs feuilles et leurs fleurs flottent à la surface de l'eau et leurs longues tiges peuvent mesurer 2 m sous l'eau, jusqu'aux racines.

CORISE PONCTUÉE ET NOTONECTE GLAUQUE

La corise ponctuée utilise ses pattes en forme de pagaies pour ramer à la surface de l'eau. La notonecte glauque, autre insecte aquatique, nage sur le dos.

SERPENT D'EAU

Cette espèce de couleuvre aquatique est une très bonne nageuse. Elle glisse dans l'eau sans provoquer la moindre ondulation. Elle se nourrit de petits mammifères, de grenouilles, de poissons, de petits oiseaux aquatiques et de leurs œufs.

Des larves d'insectes, de jeunes poissons et d'autres petites créatures se cachent dans les plantes au bord de l'eau.

CARPE MIROIR

La carpe miroir est un poisson qui vit dans les rivières à faible courant et les lacs riches en végétaux aquatiques. Son corps est recouvert de grandes écailles brillantes. Elle nage au fond de l'eau à la recherche de petits végétaux, de mollusques et de vers.

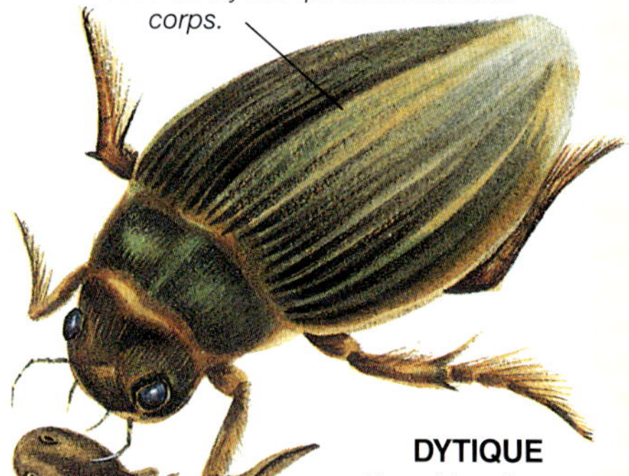

Les dytiques respirent en piégeant l'air sous les élytres qui recouvrent leur corps.

DYTIQUE

Ce coléoptère d'eau douce à pattes postérieures nageuses est un prédateur redoutable qui chasse les têtards, les petits poissons, les vers aquatiques et les insectes.

PROTECTION DES LACS ET RIVIÈRES

L'axolotl est la forme larvaire de l'ambystome, un amphibien du Mexique. Il ne peut pas survivre sur la terre et ne se rencontre que dans les lacs. Comme beaucoup d'autres créatures d'eau douce, il est menacé par la pollution. Des milliers de lacs du monde ont perdu leur faune et leur flore à cause des substances toxiques qu'ils reçoivent, et qui sont en grande partie apportées par les pluies acides. Mais certains sont déclarés réserves naturelles pour protéger les oiseaux, les poissons et les mammifères qui y vivent.

Axolotl *est un mot aztèque qui signifie « bête d'eau ».*

Pour en savoir plus

CANARDS, OIES ET CYGNES
LES ESPÈCES ANIMALES
GRENOUILLES ET AUTRES AMPHIBIENS
LES POISSONS
LES SERPENTS

Langues et langages

TOUR DE BABEL
Selon la Bible, tous les humains parlaient à l'origine la même langue. Mais lorsqu'ils tentèrent de construire une tour pour atteindre les cieux, Dieu les punit en multipliant les formes de langage.

NOTRE APTITUDE À PARLER est l'un des critères qui différencient l'homme du reste du règne animal. Certains mammifères et oiseaux communiquent par des « langages » simples – quelques sons –, mais la parole humaine est bien plus sophistiquée. En français, par exemple, la plupart des individus utilisent un vocabulaire d'environ 5000 mots à l'oral, et de 10000 à l'écrit. Un langage est une manière d'organiser les sons parlés pour exprimer des idées. Le langage humain s'est développé au fil de milliers d'années, et les peuples, selon leur origine, parlent différentes langues. Certaines langues partagent des mots avec celles de pays proches. Par exemple, le mot « livre » se dit *libro* en italien et en espagnol ; le mot anglais *library* (bibliothèque) a la même racine. Il existe aujourd'hui quelque 5000 langues différentes et de nombreux dialectes – variante régionale d'une langue.

L'anglais est la langue maternelle de 330 millions de personnes, et la deuxième ou troisième langue de 600 millions d'autres.

Environ deux tiers de la population chinoise, soit 803 millions de personnes, parlent mandarin.

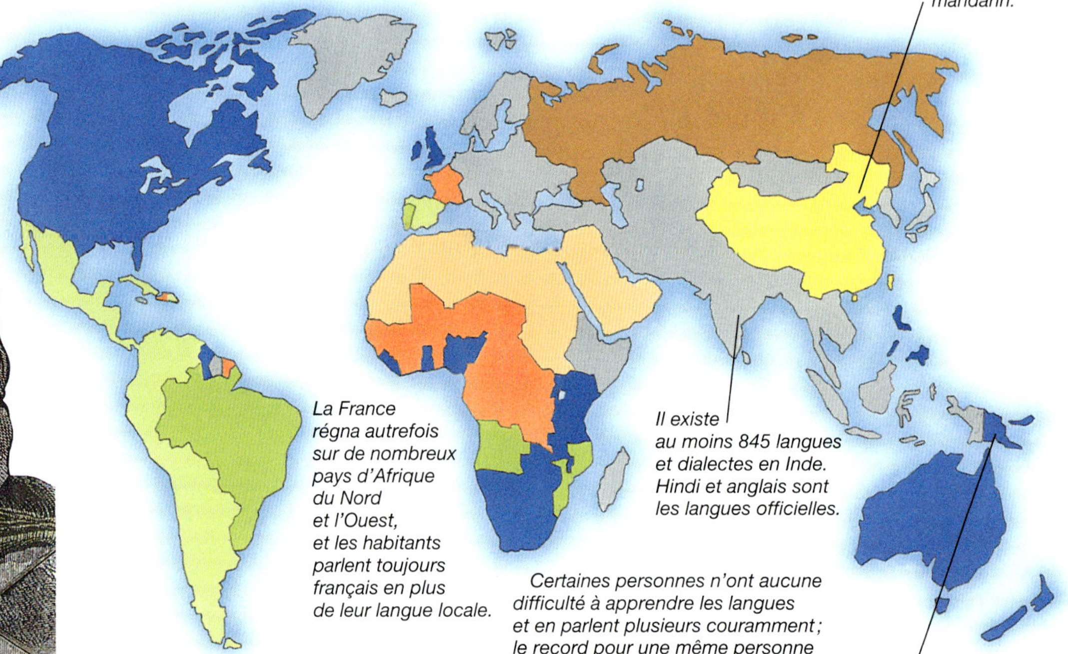

La France régna autrefois sur de nombreux pays d'Afrique du Nord et l'Ouest, et les habitants parlent toujours français en plus de leur langue locale.

Il existe au moins 845 langues et dialectes en Inde. Hindi et anglais sont les langues officielles.

Certaines personnes n'ont aucune difficulté à apprendre les langues et en parlent plusieurs couramment ; le record pour une même personne est d'environ 28 langues différentes.

Il existe environ 700 langues et dialectes en Papouasie-Nouvelle-Guinée.

- Mandarin
- Anglais
- Russe
- Espagnol
- Français
- Portugais
- Arabe
- Autres

LATIN
Le français, comme l'italien et l'espagnol, dérive du latin, langue parlée dans l'Antiquité de l'Europe jusqu'au Moyen-Orient. En France, le latin resta la langue littéraire (celle des écrivains) jusqu'au XVIe siècle.

LANGUES COMMUNES

Une carte des langues nationales montre comment les nations européennes ont exploré le monde : par exemple, des colons anglais ont introduit leur langue aux États-Unis, au Canada, en Australie et en Nouvelle-Zélande. L'Espagne a conquis une grande partie de l'Amérique du Sud, et l'espagnol y est encore parlé. Mais de nombreux peuples employant ces langues possèdent également leur propre langue locale, qui fait partie de leur culture d'origine.

LANGAGE DES SIGNES

La voix et l'audition humaine rendent le langage possible. Les personnes muettes ou sourdes ne peuvent pas utiliser un langage parlé. Elles communiquent donc à l'aide d'un langage codé : les signes, que l'on pratique avec les mains. Il existe des signes et des gestes pour tous les mots courants, et des signes pour chaque lettre.

P A R L E

Pour en savoir plus

LES ALPHABETS
L'ÉDUCATION
SIGNES ET SYMBOLES

http://fr.wikipedia.org/wiki/Leporidae

Lapins et lièvres

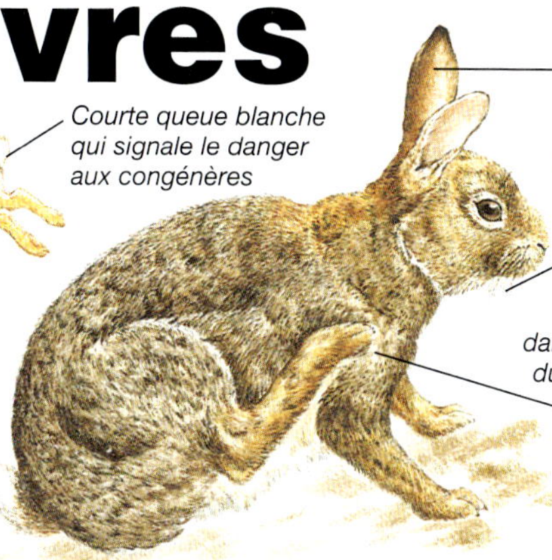

LE LAPIN DE GARENNE femelle met au monde plus de 20 lapereaux chaque année, ce qui fait du lapin l'un des mammifères les plus répandus. Originaires d'Europe, les lapins sont aujourd'hui présents partout, excepté dans l'Antarctique. Ils sont détestés des agriculteurs parce qu'ils ravagent les cultures. Le lapin appartient à l'ordre des lagomorphes avec le lièvre et le pica. Les lapins et les lièvres sont des coureurs rapides et agiles. Ils peuvent marcher mais préfèrent sauter. Ils possèdent des moustaches sensorielles et des sens bien développés. Leurs longues incisives, semblables à celles des rongeurs, leur permettent de manger des graminées, des racines et des feuilles. Leur mode de digestion est inhabituel : ils avalent leur nourriture, la digèrent en partie et expulsent des excréments qu'ils mangent pour obtenir davantage d'éléments nutritifs. Enfin, ils laissent de petites boulettes d'excréments, très dures, sur le sol. Les lapins creusent des terriers, contrairement aux lièvres qui vivent en milieu ouvert. Les levrauts, petits du lièvre, naissent avec de la fourrure et peuvent ouvrir les yeux dès la naissance ; les lapereaux sont nus et gardent les yeux fermés.

LAPIN DE GARENNE

La garenne désigne le lieu où les lapins vivent à l'état sauvage : champs, bois, collines… Les lapins de garenne vivent dans un terrier qui peut mesurer jusqu'à 140 m de long. Bien qu'ils se nourrissent généralement la nuit, ils sortent parfois de leur terrier le jour. Ils grignotent des graminées et d'autres plantes au ras du sol.

PICA

Le pica d'Asie et d'Amérique du Nord est beaucoup plus petit que son cousin le lapin. L'été, il coupe des tiges de graminées, les laisse sécher au soleil, puis les empile pour former une petite meule de foin qui lui servira de réserve de nourriture pour l'hiver.

LIÈVRE COMMUN

Le lièvre est plus gros et plus grand que le lapin et possède des pattes postérieures et des oreilles plus longues. Le mâle est appelé bouquin, la femelle, hase. La hase donne naissance à deux ou trois levrauts. Pendant que la mère est partie chercher de la nourriture, les petits se tapissent dans une cavité peu profonde. Les levrauts sont efficacement camouflés tant qu'ils restent immobiles.

TERRIER

Le terrier est un réseau de galeries creusées entre les racines des arbres, sur un talus ou dans une dune de sable. Il peut abriter 10 adultes et leurs petits. D'autres petits terriers situés sur le territoire des lapins sont utilisés comme refuge en cas de danger. Et la lapine creuse son propre terrier, la rabouillère, pour y mettre au monde ses lapereaux et les élever.

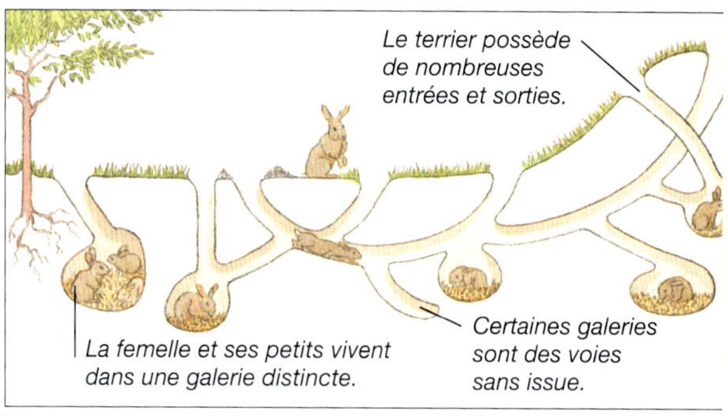

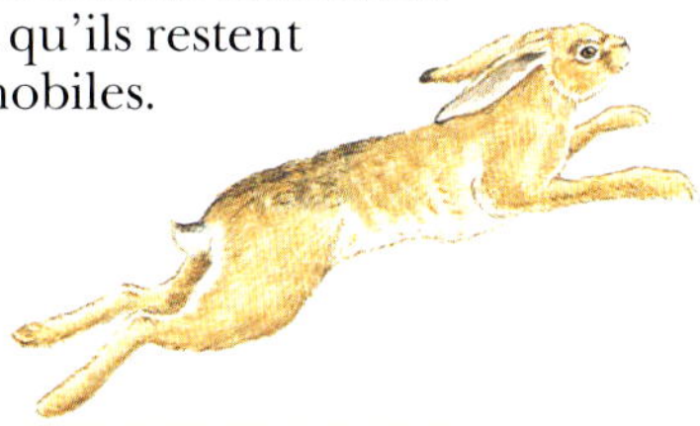

LIÈVRE DE CALIFORNIE

Le lièvre de Californie est un coureur très rapide qui peut atteindre une vitesse de plus de 80 km/h. Dans les déserts chauds il régule sa chaleur interne excessive grâce à ses très longues oreilles qui permettent l'évaporation. Il cause de sérieux dégâts aux cultures.

Pour en savoir plus

BELETTES, HERMINES ET MARTRES
LE CAMOUFLAGE DES ANIMAUX
LES ESPÈCES ANIMALES
LES MAMMIFÈRES
NIDS ET TERRIERS

le Laser

SI L'ON VOUS DEMANDE QUELLE est la plus intense et la plus brillante de toutes les lumières, vous citerez certainement celle émise par le Soleil. En réalité, la lumière d'un rayon laser est encore plus brillante. Un laser engendre un étroit faisceau de lumière colorée d'une telle intensité qu'il peut perforer une plaque d'acier; sa précision est telle, que l'on pourrait l'orienter sur un minuscule miroir placé sur la Lune, à plus de 384 000 km! Le premier laser optique fut mis au point, en 1960, par le physicien américain Theodore Maiman, qui piégea de la lumière ordinaire dans une tige de rubis synthétique. D'autres matériaux que le rubis sont aujourd'hui utilisés pour produire un rayon laser : le laser à gaz, comme celui à l'hélium-néo, engendre un faisceau de faible intensité largement utilisé en chirurgie. Les puissants lasers à solide sont produits à partir de cristaux d'émeraude.

SPECTACLE SON ET LUMIÈRE
Les rayons laser sont utilisés lors des concerts et des spectacles.

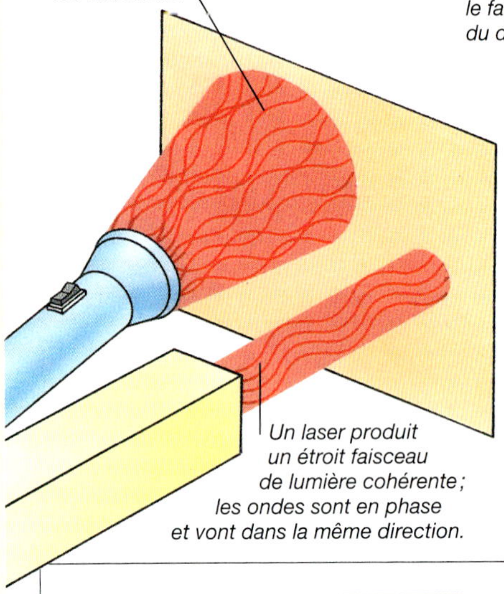

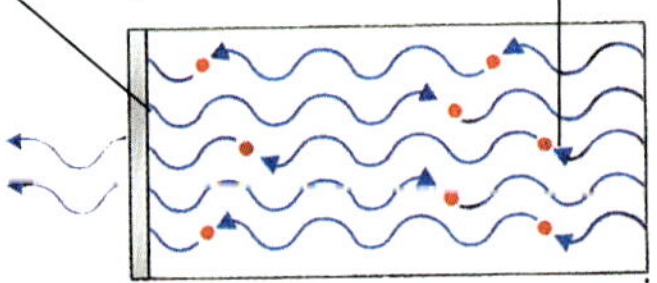

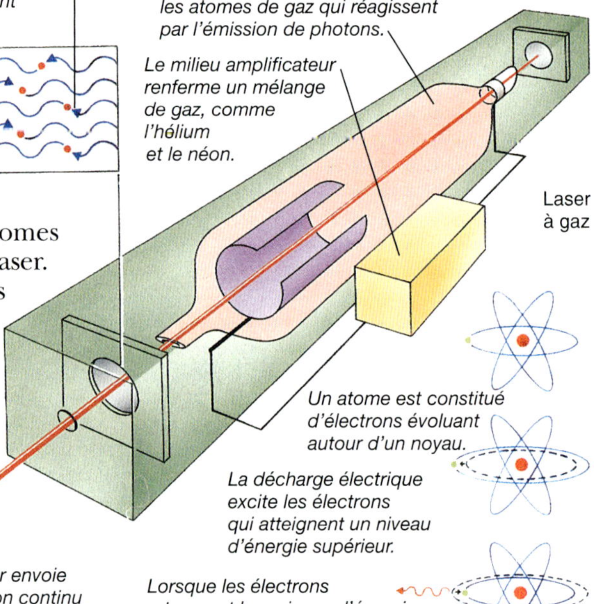

PRINCIPE DU LASER
Une décharge électrique excite les atomes du milieu amplificateur au cœur du laser. L'énergie dégagée libère des photons (particules de lumière). Ceux-ci se heurtent à d'autres atomes qui, à leur tour, émettent des photons. Des miroirs situés aux extrémités du laser se renvoient les photons jusqu'à ce que la lumière soit assez puissante pour traverser le miroir moins réfléchissant.

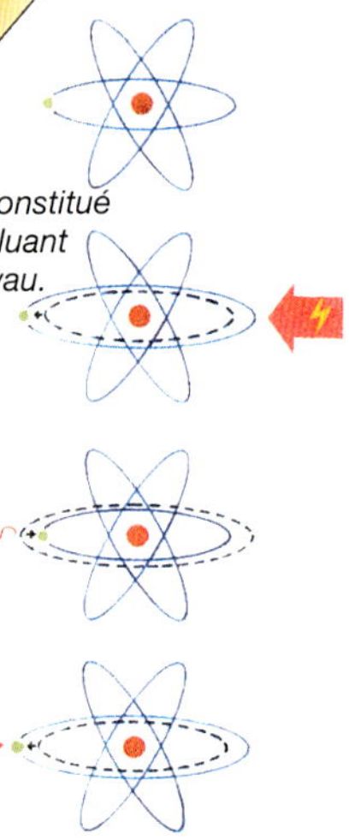

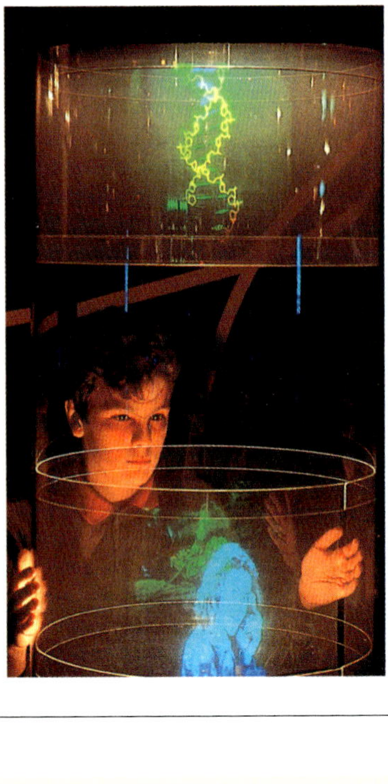

HOLOGRAMME
Un hologramme est une sorte de photographie en relief. L'hologramme qui présente une image en trois dimensions d'un objet est réalisé en scindant en deux un faisceau laser. Un des faisceaux, dit de référence, atteint directement la plaque photosensible; le second frappe l'objet à holographier avant d'être réfléchi sur la plaque photosensible. Les interférences entre les deux faisceaux impriment une image en trois dimensions sur la plaque.

APPLICATIONS DU LASER
Dans l'industrie, le laser découpe ou perce l'acier, ou grave les puces des microprocesseurs. Il procure aux ingénieurs la finesse de mesure nécessaire à la construction des ponts et gratte-ciel. La téléphonie l'utilise pour envoyer des signaux par fibres optiques, les chirurgiens pour opérer les yeux, etc.

Les rayons laser réfléchis par les satellites aident les scientifiques à mesurer la dérive des continents.

Pour en savoir plus
BOUTIQUES ET GRANDES SURFACES
LE GAZ
LA LUMIÈRE
PIERRES PRÉCIEUSES ET BIJOUX
LE SON (ENREGISTREMENT)

les Lézards

LES LÉZARDS appartiennent au sous-ordre des sauriens qui rassemble environ la moitié des reptiles actuels, soit quelque 3 700 espèces. Ils vivent dans tous les habitats, excepté en haute mer et au pôle Nord. Le varan de Komodo est le plus grand, le gecko le plus petit. L'iguane possède un corps allongé, une longue queue, des pattes écartées et des pieds à cinq doigts. Mais il existe de nombreuses variantes. Le scinque est souvent doté d'un corps très long et de pattes courtes. Dans le sable, il semble se déplacer sans effort en se trémoussant. Les seps ressemblent davantage à des serpents. Ils sont dépourvus de membres antérieurs et dotés de petits membres postérieurs en forme de pagaie. Certains lézards sont apodes (sans pattes), tel l'orvet. Comme chez tous les reptiles, la plupart des femelles pondent des œufs qu'elles enfouissent dans le sol ou cachent sous les rochers jusqu'à leur éclosion.

Iguane

BASILIC

Ce grand lézard d'Amérique tropicale porte sur le dos et la queue une crête dentée épineuse. Contrairement aux autres espèces qui se déplacent sur leurs quatre membres, il peut courir dressé sur ses deux pattes postérieures pour fuir le danger, ce qui accroît sa vitesse sur la terre ferme.

QUEUES DE LÉZARDS

La queue du lézard repousse comme les bras de l'étoile de mer. Lorsqu'un prédateur (oiseau ou félin) attrape le lézard par la queue, le reptile s'en débarrasse pour lui échapper. Sa queue se brise facilement grâce à des vertèbres particulières. Le bout de la queue qui s'est détaché remue encore quelques minutes, ce qui déroute l'ennemi pendant que le lézard prend la fuite. La queue repousse et atteint sa longueur habituelle en huit mois.

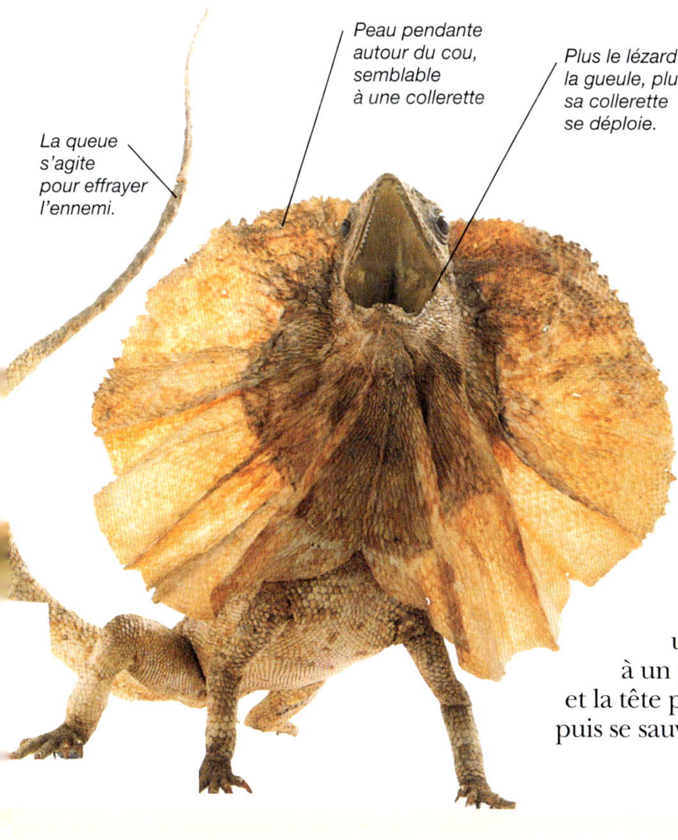

LÉZARD À COLLERETTE

Le lézard à collerette d'Australie possède un repli de peau autour du cou qui se déploie comme une collerette. Il l'utilise pour se donner une allure menaçante face à un prédateur. Il agite aussi la queue et la tête pour intimider son ennemi, puis se sauve.

Gecko tokay

GECKO TOKAY

Les pattes du gecko tokay sont munies de coussinets adhésifs servant de ventouses, ce qui lui permet de se déplacer sur des surfaces verticales et lisses. Le dessous de ses pieds ressemble à la semelle d'une chaussure de tennis ou de randonnée.

TÉJU

Le jeune téju représenté à gauche peuple les régions tropicales d'Amérique du Sud. Il se nourrit de jeunes oiseaux et mammifères et d'autres lézards. Comme la plupart des sauriens, il possède une peau dure couverte d'écailles, une langue bifide (fourchue), cinq griffes à ses pieds et des paupières mobiles.

ANOLIS À GORGE ROUGE

Les anolis à gorge rouge sont apparentés aux iguanes. Il en existe plusieurs espèces en Amérique tropicale. L'anolis défend son territoire. Les mâles gonflent le fanon de leur cou pour s'intimider mutuellement.

Varans de Komodo dévorant une charogne

VARAN DE KOMODO

Le varan de Komodo est le plus grand des lézards : il peut mesurer 3 m de long. Il se nourrit de charognes et de cervidés, de cochons et de sangliers. On le trouve sur l'île de Komodo et d'autres îles à l'est de Java.

MONSTRE DE GILA

Seuls deux lézards originaires du sud de l'Amérique du Nord ont une morsure venimeuse : l'héloderme perlé ou mexicain et le monstre de Gila. Le monstre de Gila, représenté ici, vit dans les zones sèches et broussailleuses. Il se cache le jour dans son terrier et sort la nuit pour manger des petits mammifères ainsi que des œufs d'oiseaux et d'autres reptiles.

Monstre de Gila mangeant des souris qui viennent de naître

GECKO VERT

De nombreux lézards arborent des couleurs identiques à leur environnement pour se camoufler. Les lézards arboricoles, tel ce gecko vert, sont souvent vert vif, comme les feuilles; les lézards déserticoles sont couleur sable ou bruns. De nombreux caméléons changent de couleur selon leur milieu.

MOLOCH

Le corps du moloch est hérissé d'énormes épines du museau à la queue. Les molochs vivent dans les déserts australiens et se nourrissent de fourmis. Les jeunes sont des modèles réduits de leurs parents.

Après chaque plongeon, les iguanes marins des Galápagos s'exposent au soleil sur les rochers pour se réchauffer.

IGUANE

Comme tous les lézards, les iguanes ont besoin de chaleur pour maintenir la température de leur corps et rester actifs. Ils passent la journée à prendre des bains de soleil pour emmagasiner la chaleur. La nuit, leur température corporelle chute et ils deviennent lents et mous. Les iguanes marins des Galápagos représentés ici plongent à plus de 11 m sous l'eau à la recherche d'algues.

L'orvet mesure 50 cm de long.

ORVET

L'orvet n'est pas un serpent, mais un lézard qui vit dans les milieux ouverts d'Europe, d'Afrique du Nord et du Sud-Ouest asiatique. Il se nourrit de limaces, d'araignées et d'insectes. Contrairement à la plupart des lézards, il donne naissance à des petits totalement développés.

Pour en savoir plus

L'Amérique du Nord (faune et flore)
Le Camouflage des animaux
Les Déserts (faune et flore)
Les Reptiles

http://www.herodote.net/histoire/evenement.php?jour=18650414

Abraham Lincoln

ABRAHAM LINCOLN est certainement le plus illustre de tous les présidents de l'histoire des États-Unis. Pourtant, lors de son élection, en 1860, moins de la moitié des Américains lui firent confiance et il resta impopulaire auprès de nombreux citoyens tout au long de ses cinq ans de mandat. Fervent antiesclavagiste, Lincoln se heurta à la plupart des propriétaires terriens du sud du pays. Après son élection, onze États esclavagistes firent sécession et se regroupèrent en confédération. Une guerre civile éclata entre les États de l'Union et les États confédérés. Chef de guerre avisé, Lincoln parvint à se maintenir à la tête des États de l'Union, malgré l'opposition de certains membres de son gouvernement. Après avoir mené les unionistes à la victoire, il s'appliqua à redresser la situation économique du pays et tenta sans succès de réconcilier les deux camps.

JEUNESSE
Fils de pionniers, Lincoln vit le jour le 12 février 1809, près de Hodgenville, dans le Kentucky. Son orientation politique fut certainement influencée par les conditions de vie difficiles de son enfance.

1809 Naissance à Hodgenville, Kentucky (États-Unis).
1831 Part pour New Salem, Illinois. Il est magasinier puis receveur des postes. Étudie le droit et la législation.
1834 Élection à l'assemblée de l'État.
1836 Pratique le droit.
1842 Épouse Mary Todd.
1846 Élu au Congrès.
1855-1859 Échec au Sénat.
1860 Élu président des États-Unis.
1861 Mobilisation de 75 000 volontaires pour mater la rébellion sudiste.
1863 Proclamation de l'Émancipation.
1864 Second mandat.
1865 Il est assassiné.

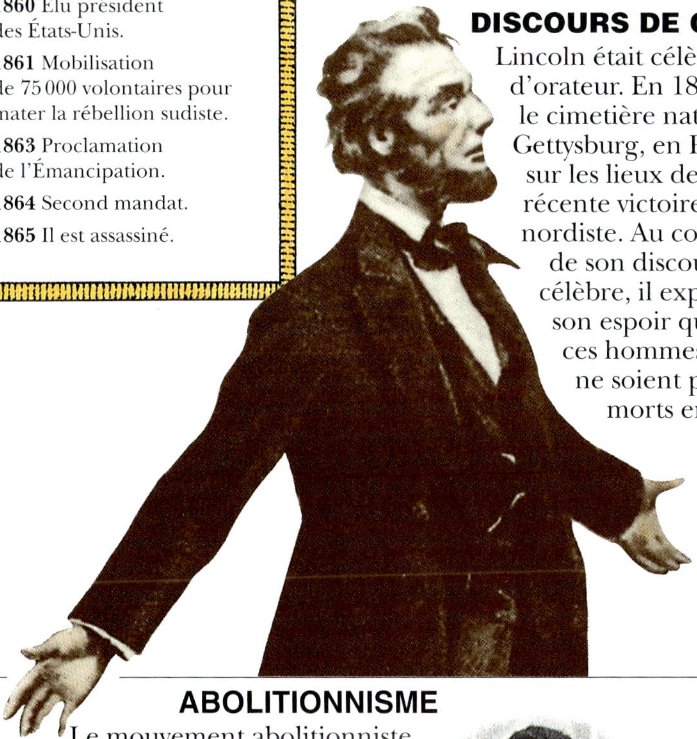

DISCOURS DE GETTYSBURG
Lincoln était célèbre pour ses talents d'orateur. En 1863, il inaugura le cimetière national de Gettysburg, en Pennsylvanie, sur les lieux de la toute récente victoire nordiste. Au cours de son discours devenu célèbre, il exprima son espoir que ces hommes ne soient pas morts en vain…

ASSASSINAT DE LINCOLN
Le 14 avril 1865, Abraham Lincoln assista à une pièce de théâtre au Ford's Theatre de Washington. L'acteur John Wilkes Booth, un fanatique partisan de la cause des sudistes, se glissa dans la loge du Président et l'assassina d'une balle dans la nuque. Lincoln décéda le lendemain.

ABOLITIONNISME
Le mouvement abolitionniste prit son essor grâce à Abraham Lincoln. Dirigé par des nordistes issus de la classe moyenne, il bénéficia du soutien de nombreux esclaves affranchis. Certains, comme Andrew Scott (ci-contre), se battirent dans les rangs de l'Union. Les esclaves rejoignaient le Nord et la liberté par une route secrète, l'Underground Railroad. La Noire américaine Harriet Tubman, qui avait ouvert la voie, aida près de 300 esclaves à fuir le Sud.

MONT RUSHMORE
Les visages de quatre présidents américains – George Washington, Thomas Jefferson, Theodore Roosevelt et Abraham Lincoln – sont sculptés sur la paroi granitique du mont Rushmore (Black Hills), dans le Dakota du Sud, aux États-Unis.

Pour en savoir plus
LES DROITS DE L'HOMME
L'ESCLAVAGE
LES ÉTATS-UNIS (HISTOIRE)
LA GUERRE DE SÉCESSION

la Littérature

QUAND ONT TROUVE UNE PAROLE (dite ou écrite) belle, c'est qu'il s'agit de littérature. Les pièces de théâtre, les poèmes, les romans et les nouvelles en font partie. La littérature est universelle parce qu'elle plonge au cœur de la nature humaine. Le poète anglais William Shakespeare (1564-1616) s'est inspiré de célèbres histoires ou récits anciens (*Roméo et Juliette*, par exemple) et, grâce à son immense talent d'auteur et sa profonde connaissance de l'âme humaine, il a écrit des pièces qui continuent de captiver un public innombrable, des siècles après leur création. La littérature ne fait pas que divertir. Les écrivains ont souvent protesté contre l'injustice dans le monde et critiqué la société. Ils se sont servis de leurs écrits pour essayer d'amener le peuple et les dirigeants à des changements qu'ils jugeaient nécessaires. Dans *Les Misérables*, par exemple, Victor Hugo dénonce les misères du XIXe siècle.

LES VOYAGES DE GULLIVER
L'écrivain anglais Jonathan Swift (1667-1745) a écrit *Les Voyages de Gulliver* en 1726. Ce roman n'était pas destiné aux enfants, pourtant ses deux premières parties sont devenues un classique de la littérature enfantine.

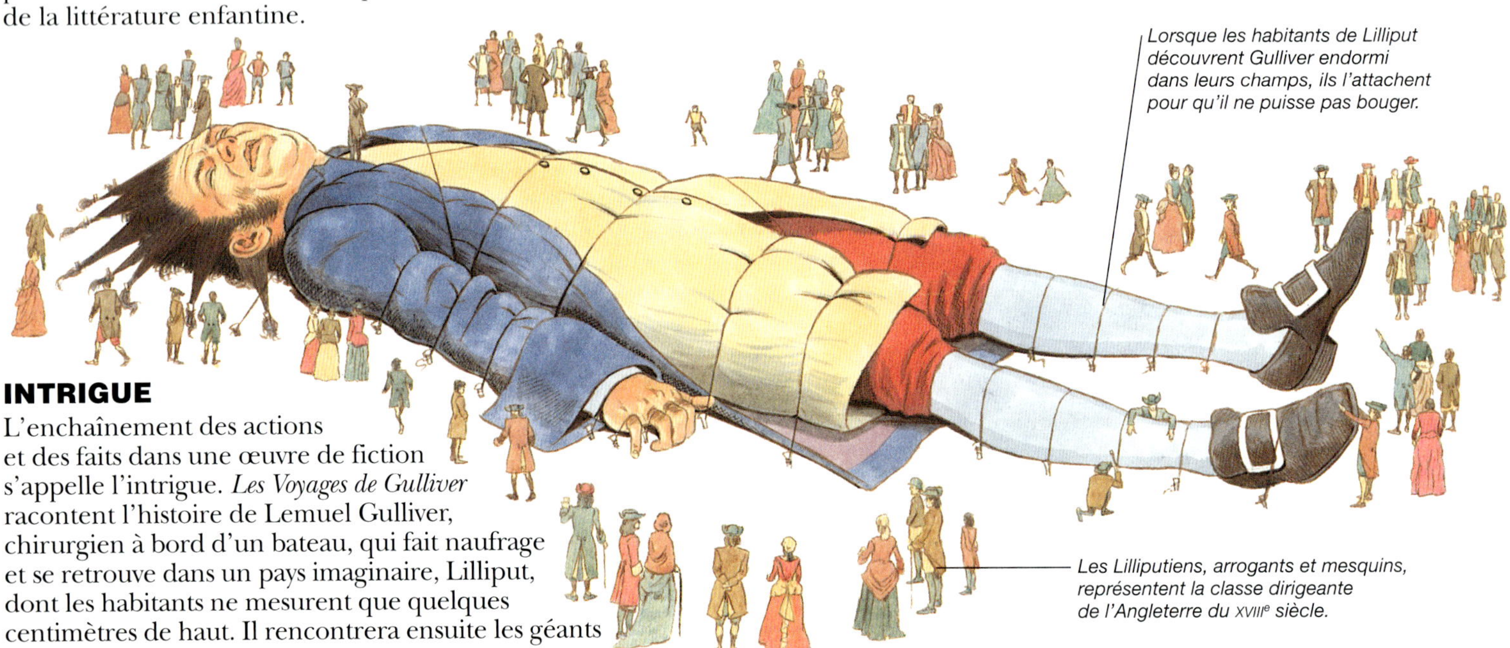

Lorsque les habitants de Lilliput découvrent Gulliver endormi dans leurs champs, ils l'attachent pour qu'il ne puisse pas bouger.

Les Lilliputiens, arrogants et mesquins, représentent la classe dirigeante de l'Angleterre du XVIIIe siècle.

INTRIGUE
L'enchaînement des actions et des faits dans une œuvre de fiction s'appelle l'intrigue. *Les Voyages de Gulliver* racontent l'histoire de Lemuel Gulliver, chirurgien à bord d'un bateau, qui fait naufrage et se retrouve dans un pays imaginaire, Lilliput, dont les habitants ne mesurent que quelques centimètres de haut. Il rencontrera ensuite les géants de Brobdingnag, et visitera d'étranges pays. Puis, abandonné dans une région inconnue, il rencontre les Houyhnhnms, des chevaux plus sages et plus intelligents que leurs serviteurs humains répugnants, les Yahoos. Rejeté par les Houyhnhnms, Gulliver retourne en Angleterre, mais ne supporte plus la compagnie de ses semblables.

PERSONNAGES
Dans la plupart des récits, les personnages jouent un grand rôle. L'auteur nous dévoile leur personnalité en décrivant comment ils réagissent aux événements que lui-même invente. Par exemple, Swift montre que Gulliver était un homme bon en décrivant comment il divertissait les Lilliputiens : « Il m'arrivait de me coucher par terre et d'en laisser cinq ou six danser sur ma main ; et enfin, les enfants, garçons et filles, n'hésitaient pas à venir jouer à cache-cache dans mes cheveux. »

Les responsables politiques de Lilliput envisagent de mener de nouvelles guerres contre leurs ennemis.

THÈME
Les écrivains utilisent leurs intrigues et leurs personnages pour explorer de grands thèmes, comme l'amour, la mort, le bien, le mal, et des sujets sociaux ou politiques. *Les Voyages de Gulliver* ne sont pas qu'un roman d'aventures. Ce récit a pour toile de fond l'Angleterre du XVIIIe siècle, et ses personnages nous parlent des hommes, avec leurs qualités et leurs défauts.

LITTÉRATURE ORALE
Longtemps avant l'invention de l'écriture, les mythes et les histoires se transmettaient par voie orale (par la parole). *Les Mille et Une Nuits* sont un recueil de contes arabes dont l'héroïne, Schéhérazade, repousse l'heure de sa mort grâce à son art du récit. Son mari a juré de la tuer à l'aube, mais elle le captive par ses contes. Chaque nuit, elle lui raconte une nouvelle histoire, chaque matin elle est encore vivante. Au bout de mille et une nuits, son mari renonce à la tuer.

Ce *Livre des rois* est écrit en arabe.

ÉPOPÉES

Les épopées racontent, le plus souvent en vers, les exploits de héros légendaires. L'épopée mésopotamienne de Gilgamesh remonte au IIe millénaire av. J.-C. *Le Livre des rois*, écrit par Firdoussi il y a 1 000 ans, raconte les combats de rois perses contre des monstres. L'*Iliade* et l'*Odyssée* d'Homère (VIIIe siècle av. J.-C.) ou l'*Énéide* de Virgile (70-19 av. J.-C.) sont des classiques de la littérature occidentale.

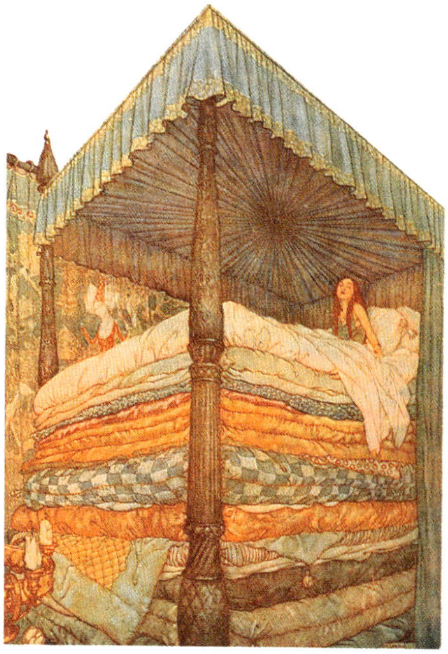

Dans *La Princesse au petit pois*, un conte d'Andersen, un seul petit pois caché sous une montagne de matelas empêche une princesse de dormir.

CONTES

La plupart des contes mettent en scène un héros confronté à des épreuves qu'il doit surmonter. Il existe des contes sur tous les sujets. Les contes les plus célèbres du monde sont les contes de Perrault, les contes de Grimm et les contes d'Andersen.

ROMANS

Un roman est une longue histoire vécue par des personnages et écrite le plus souvent en prose. Cette forme littéraire n'est apparue qu'au début du XVIIe siècle, mais sa popularité n'a cessé de croître, car il y a des romans pour tous les goûts. Certains racontent des histoires de la vie quotidienne, d'autres des aventures extraordinaires qui vous tiennent en haleine. Quelques romanciers modernes, comme l'auteur de *Harry Potter*, tirent aujourd'hui des revenus importants de la vente de leurs livres et des adaptations qui en sont faites au cinéma.

Anne, Charlotte et Emily Brontë sont trois sœurs qui ont vécu en Angleterre au XIXe siècle. Toutes trois ont écrit des romans d'une qualité exceptionnelle à un très jeune âge, notamment *Jane Eyre* (1847) de Charlotte et *Les Hauts de Hurlevent* (1847) d'Emily.

PIÈCES DE THÉÂTRE

Les œuvres littéraires écrites pour être jouées par des acteurs s'appellent des pièces de théâtre. Tous les pays n'ont pas la même tradition théâtrale. Dans le drame japonais nô (ci-dessous), apparu au XIVe siècle, il n'y a pas beaucoup de décors. Les acteurs, tous des hommes, utilisent la danse, le mime et des masques pour chaque représentation, qui peut durer plusieurs heures. Le drame nô s'inspire des croyances religieuses du bouddhisme et du shintoïsme.

Les acteurs nô jouent un programme de 5 pièces inspiré de la littérature classique, romanesque ou poétique et sont accompagnés par un chœur, des tambours et des flûtes.

POÉSIE

La poésie travaille le rythme et les sonorités de la langue. La parole devient comme une musique. Dans les poèmes qui riment, les vers se terminent par des mots dont les finales ont les mêmes sons. Victor Hugo (ci-contre) (1802-1885) a écrit *La Légende des siècles*, l'un des plus grands recueils de poésie française.

Portrait de Victor Hugo

BIOGRAPHIE

Une biographie est un livre qui décrit la vie d'une personne. Dans une autobiographie, c'est l'auteur qui raconte sa propre vie. Les *Confessions* de saint Augustin (354-430) en sont un exemple ancien. L'autobiographie a un caractère historique important : il permet de mieux connaître et comprendre l'époque de son auteur.

Pour en savoir plus

LES ÉCRIVAINS
L'IMPRIMERIE
LES LIVRES
LA POÉSIE
LE THÉÂTRE

la Littérature française

CONTRAIREMENT À LA PEINTURE dont le « langage » est international, la littérature, qui met en jeu les mots, revêt un caractère national important. La langue et la littérature françaises sont étroitement liées ; d'une part, la langue française a été officialisée par les auteurs : ce sont eux qui ont décidé de l'utiliser, à la fin du Moyen Âge, alors que, jusque-là, tous les textes étaient écrits en latin et le français était réservé à l'usage oral ; d'autre part, il va de soi qu'il ne peut y avoir de littérature française sans langue française.

MOYEN ÂGE

Au Moyen Âge, le français n'est encore que l'une des nombreuses langues parlées en France, et le latin la langue écrite « officielle » dans l'Europe tout entière. Les rares individus qui avaient la possibilité d'étudier travaillaient exclusivement avec le latin. Les livres étaient très rares et réservés à une élite parce que très chers : l'Europe ne connaissait pas encore l'imprimerie et chaque livre était recopié à la main, ce qui demandait des dizaines d'heures de travail. À cette époque, la littérature en français est donc surtout orale ; ainsi en est-il des chansons de geste, longs poèmes en vers qui mêlent les exploits réels et légendaires attribués à tel ou tel personnage historique pour le glorifier. Ces poèmes étaient chantés par des troubadours. L'un des plus connus est *La Chanson de Roland* (vers 1200).

Illustration de la fable « Le Corbeau et le Renard »

FABLES

La fable est un genre poétique qui propose une petite histoire dont les personnages sont généralement des animaux et dont l'auteur tire une leçon de morale : on dit que la fable est « didactique » parce qu'elle cherche à enseigner une vérité à son lecteur. La Fontaine (1621-1695) est le roi de la fable en France, et les enfants apprennent ses textes dans toutes les écoles. Certaines de ses « moralités » sont même devenues des dictons populaires, telle : « La raison du plus fort est toujours la meilleure » (« Le Loup et l'Agneau »).

XVIe SIÈCLE

Au XVIe siècle, l'Europe change son regard sur le monde : elle explore de nouvelles terres et de nouveaux continents, et découvre l'Amérique ; Copernic (1473-1543) démontre que la Terre tourne autour du Soleil et non l'inverse. L'Europe n'est donc plus au centre du monde ni la Terre au centre de l'Univers ! Les auteurs étudient les écrivains de l'Antiquité sans chercher à donner une interprétation chrétienne à leurs textes, comme c'était l'usage au Moyen Âge. Les humanistes, avec Rabelais et La Boétie, considèrent l'homme comme « la mesure de toute chose » et la connaissance comme l'outil principal de la paix. Ils réfléchissent beaucoup à la transmission du savoir et à l'éducation. C'est la « Renaissance » ; le groupe de poètes de la Pléiade, avec Joachim Du Bellay et Pierre de Ronsard, s'inspire des poètes grecs et latins pour renouveler la poésie et établir une grammaire définitive du français, qui devient la langue officielle. Ce siècle est néanmoins marqué par de cruelles guerres de Religion qui contrastent avec la liberté et la tolérance prônées par les intellectuels.

GARGANTUA

Gargantua (1534) est un roman de François Rabelais (vers 1494-1553). Il raconte la vie de Gargantua, un géant issu de la tradition populaire, en mêlant habilement culture populaire et culture savante.

Dès sa naissance, le « petit » Gargantua réclame du vin à boire.

XVIIe SIÈCLE

Le début de ce siècle, marqué par les guerres de Religion, voit l'apogée du mouvement baroque, qui touche tous les arts ; il est marqué par l'étrangeté et le pessimisme, et par la recherche d'effets spectaculaires et pathétiques. En littérature, ses principaux représentants français sont le poète Jean de Sponde et le dramaturge Pierre Corneille. On lui oppose le classicisme, qui place la raison et le respect des règles au premier plan, et qui prend bientôt le pas sur le baroque. Au théâtre, c'est le triomphe de la tragédie, qui met en scène des personnages de la mythologie antique en proie à des dilemmes moraux universels. L'auteur le plus connu est Jean Racine, dont les chefs-d'œuvre sont *Andromaque* (1667), *Britannicus* (1669) ou *Phèdre* (1677). Les autres auteurs importants de ce siècle sont Boileau, La Fontaine, La Bruyère, Molière.

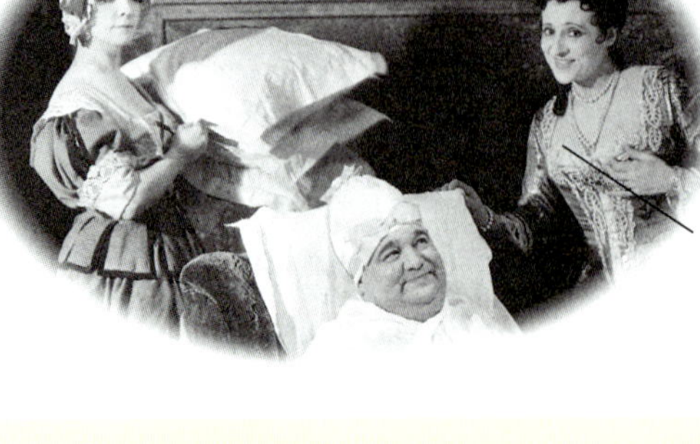

Les pièces de Molière comme Le Malade imaginaire *sont encore représentées de nos jours.*

Voltaire (1694-1778) a écrit de nombreux contes philosophiques, dont *Candide* (1759).

XVIIIe SIÈCLE

On appelle siècle des Lumières, le siècle où les philosophes ont éclairé le monde et se sont engagés en faveur des droits de l'homme. Beaucoup prirent ainsi position contre l'esclavage et la colonisation, comme Diderot dans son *Supplément au voyage de Bougainville.* Au théâtre, les auteurs abordent les rapports entre les différentes classes sociales sous un jour ironique et drôle, si bien que les pièces étaient admirées par ceux-là mêmes qui y étaient vivement critiqués. *Le Jeu de l'amour et du hasard*, écrit par Marivaux en 1730, met en scène des quiproquos amoureux entre maîtres et serviteurs, qui finissent par bousculer l'ordre établi. Dans ses pièces (*Le Barbier de Séville*, 1775, et *Le Mariage de Figaro*, 1784), Beaumarchais dénonçait les privilèges de la noblesse. Par leurs idées novatrices, ces hommes de lettres ont largement contribué au déclenchement de la Révolution française.

RÉALISME ET NATURALISME

Les auteurs réalistes et naturalistes écrivent exclusivement des romans, dans lesquels ils entendent décrire exhaustivement le réel, en réaction au romantisme. Inspirée de la sociologie et de l'anthropologie, cette littérature devenait un moyen de connaissance du monde, par une observation scientifique, minutieuse et objective de la réalité.

Balzac tenta de décrire la société française dans *La Comédie humaine*, une œuvre qui comporte plusieurs dizaines de romans, tous liés les uns aux autres.

XIXe SIÈCLE

Ce siècle est celui qui aura consacré le roman. Jusque-là, ce genre littéraire était relativement rare. À partir de 1789, débute un siècle de bouleversements sociaux et politiques, et avec lui des révolutions artistiques, comme elle du romantisme, un mouvement pour lequel l'expression de la sensibilité, les liens de l'homme avec la nature comptent plus que l'intellect et les contraintes de style imposées par le classicisme. Ce courant est marqué en France par Victor Hugo, Chateaubriand, Musset, et Lamartine, etre autres. Après 1850, le romantisme s'étiole pour laisser la place à deux mouvements opposés : le réalisme qui, comme le romantisme, croit en la fonction sociale et politique de la littérature, et le Parnasse, école poétique selon laquelle l'art doit rester inutile.

La littérature réaliste a offert quelques-uns des plus beaux romans français, comme *Le Rouge et le Noir* (1830) de Stendhal (ci-contre), *Le Père Goriot* (1834) d'Honoré de Balzac et *L'Éducation sentimentale* (1869) de Gustave Flaubert.

Alfred Jarry (1873-1907) a créé Ubu, un personnage cocasse et ridicule qui ne recule jamais devant l'absurde.

XXe SIÈCLE

C'est le siècle de toutes les libertés pour les écrivains français. L'art cherche à se défaire des contraintes qui lui ont été imposées jusqu'alors : les poètes écrivent donc des poésies sans rime ni vers, les romanciers des romans sans héros ni sujet – comme Nathalie Sarraute dans *Disent les imbéciles* (1976) – et les dramaturges mettent en scène des histoires invraisemblables pour montrer l'absurdité de la condition humaine, tel Samuel Beckett avec sa pièce *En attendant Godot* (1953). En même temps, la Seconde Guerre mondiale et ses atrocités contraignent les intellectuels à se poser des questions sur la nature de l'homme, auxquelles le courant existentialiste, mené en France par Jean-Paul Sartre, répond : « Oui, l'homme est libre et responsable de ses actes ».

Portrait de Baudelaire, l'un des poètes maudits

MAL DU SIÈCLE

Les œuvres des écrivains du XIXe siècle sont souvent mélancoliques, voire désespérées, à une époque où les changements politiques brusques ont effacé les repères moraux. Chateaubriand écrivit ainsi : « L'imagination est riche, abondante et merveilleuse, l'existence pauvre, sèche, désenchantée. On habite avec un cœur plein un monde vide. » On appela « poètes maudits » toute une génération d'auteurs, parmi lesquels Baudelaire, Verlaine et Rimbaud, dont les œuvres sont l'expression d'un désespoir sans limites et d'un dégoût pour l'humanité.

1558 Joachim Du Bellay écrit *Les Regrets*.

1667 Première d'*Andromaque*, de Jean Racine.

1678 Premier roman psychologique moderne avec *La Princesse de Clèves*, de Mme de La Fayette.

1782 Jean-Jacques Rousseau écrit ses *Rêveries d'un promeneur solitaire*.

1831 Publication de *Notre-Dame de Paris*, de Victor Hugo.

1871-1893 Écriture des *Rougon-Macquart*, par Émile Zola.

1886 Publication des *Illuminations* d'Arthur Rimbaud.

1913-1927 Publication d'*À la Recherche du temps perdu*, de Marcel Proust.

1959 Raymond Queneau, fondateur de l'OULIPO, écrit *Zazie dans le métro*.

Pour en savoir plus

LES ÉCRIVAINS
LA LITTÉRATURE
LES PEINTRES FRANÇAIS
LA POÉSIE
LE THÉÂTRE

les Livres

MANUSCRITS MÉDIÉVAUX
En Europe, au Moyen Âge (du Vᵉ au XVᵉ siècle), les monastères étaient des lieux d'étude. Ils renfermaient les secrets des techniques d'écriture et de fabrication des livres. Les livres religieux étaient écrits à la main (d'où le nom de manuscrits) et magnifiquement décorés (l'enluminure).

PRESQUE TOUTES LES IDÉES et les découvertes de l'histoire sont dans les livres. Le livre est l'une des grandes inventions de l'homme et il est universel. Il existe toutes sortes de livres : certains racontent une histoire (romans, contes), d'autres contiennent des informations (livres pratiques, dictionnaires, encyclopédies). Les Égyptiens ont fabriqué les premiers livres il y a 5 000 ans, en écrivant sur des rouleaux de papyrus, un papier extrait du roseau. Les Romains ont inventé le livre tel que nous le connaissons aujourd'hui, en utilisant du parchemin, une peau d'animal traitée, pour fabriquer les pages. Pendant des siècles les livres ont été écrits à la main, ce qui les rendait rares et précieux. Les Chinois ont inventé l'imprimerie au IXᵉ siècle et cette technique est arrivée en Europe au cours du XVᵉ siècle. On pouvait désormais fabriquer plus d'un livre à la fois. Les livres sont devenus moins chers, ont attiré davantage de lecteurs et le savoir s'est diffusé plus largement.

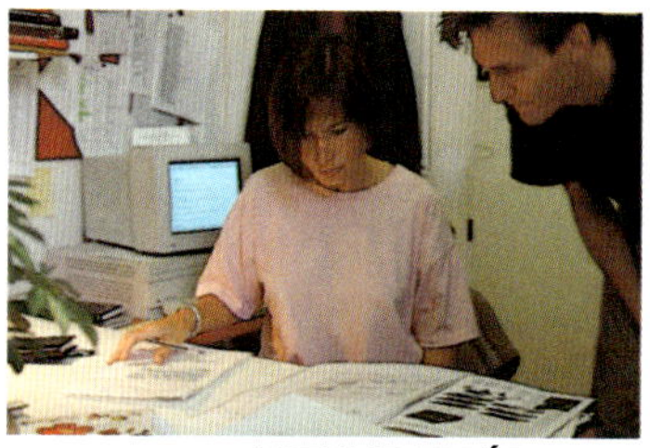

AUTEUR ET ÉDITEUR
L'auteur écrit le livre et le soumet à l'éditeur, qui vérifie et corrige le manuscrit avant de le transmettre à l'imprimeur.

FABRIQUER UN LIVRE
Aujourd'hui on utilise des ordinateurs pour composer le texte et le mettre en pages et des scanners pour numériser les illustrations. Des machines effectuent l'impression, la pliure, le brochage et la reliure en une seule opération.

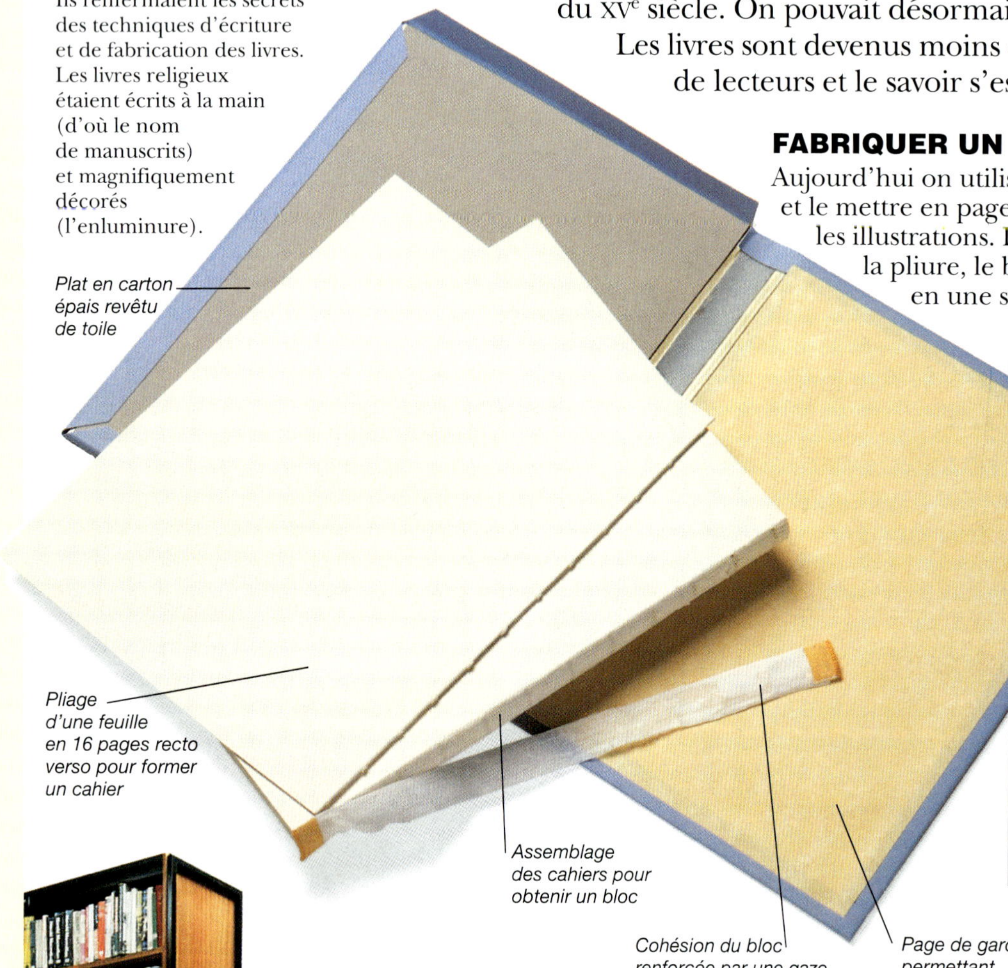

LIVRES DE POCHE
Des livres à couverture souple se sont répandus au début du XXᵉ siècle. De petit format, moins chers à fabriquer que les livres à couverture rigide et donc d'un prix plus abordable, ils contribuent à mettre la lecture à la portée de tous.

ÉDITEUR
Des milliers de livres sont publiés tous les ans par les éditeurs. Ce sont eux qui les choisissent et supportent le coût de leur fabrication. Ils se chargent aussi de leur promotion et de leur distribution.

BIBLIOTHÈQUES
Une bibliothèque est une collection de livres. Certaines sont privées, d'autres publiques. De nombreuses écoles et universités ont des bibliothèques, où les élèves et les étudiants peuvent consulter ou emprunter des livres et d'autres documents. Les livres sont classés par auteurs et par sujets. Les livres de fiction et les livres d'information ne sont pas rangés sur le même rayonnage.

HACHETTE Éducation

La couverture d'un livre de recettes doit mettre en appétit.

Un exemple de guide de voyage sur la Croatie. Le format de ce livre est destiné à pouvoir être transporté facilement et résister aux nombreuses manipulations dues à sa consultation lors du voyage.

Un livre destiné aux futures mamans, avec de nombreux conseils pour l'éducation du bébé

FORMES ET FORMATS

Il existe des livres de toutes formes et de tous formats sur les sujets les plus variés. Les livres de poche, les plus petits, s'emportent partout avec soi. Les plus grands, comme les livres animés ou d'autres livres aux formes nouvelles, sont plus encombrants. Les livres destinés aux jeunes enfants sont en gros caractères pour une lecture facile. Le format d'un livre dépend de son usage. Les encyclopédies sont de grande taille, parce qu'elles contiennent beaucoup d'informations.

LIVRES AUDIO

Les livres à écouter sont appelés livres audio. L'auteur ou un acteur enregistre le texte sur une cassette ou un disque compact (CD). Les livres audio sont très utilisés pour l'apprentissage d'une langue et l'on peut écouter la cassette autant de fois qu'on le veut. Des journaux, des revues spécialisées, des romans et des ouvrages de référence sont aussi enregistrés pour les non-voyants.

L

JAQUETTE

De nombreux livres ont un couvre-livre appelé jaquette. La jaquette tient au livre grâce à ses rabats. Elle le protège, indique son titre et le nom de l'auteur. Les rabats de jaquette renseignent aussi sur l'auteur et le contenu du livre. Le logo et le nom de l'éditeur, ainsi que le code-barres figurent sur la jaquette.

Le titre du livre doit être bien visible.

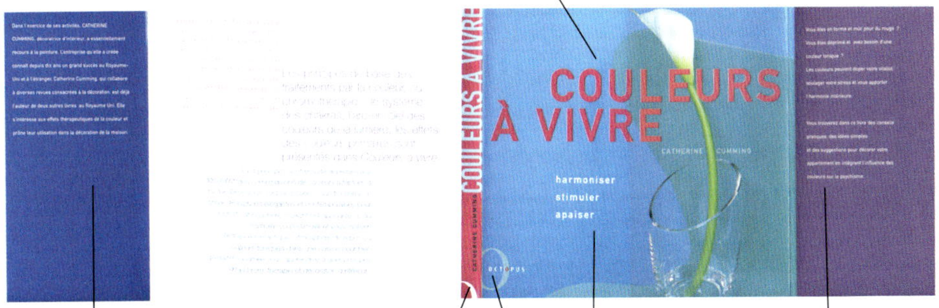

La jaquette renseigne sur l'auteur.

Dos

Logo

Image de la couverture

La jaquette contient beaucoup d'informations sur le livre.

TABLE DES MATIÈRES

La plupart des livres, surtout les livres d'information, ont une table des matières (ou sommaire) qui informe le lecteur sur le contenu du livre et indique les pages des différents chapitres. Une liste de toutes les personnes qui ont participé au livre se trouve au début et un index à la fin.

Des personnages en carton surgissent des livres animés : ce sont des pop-up.

ILLUSTRATIONS

Les images et les photos sont importantes, surtout dans les livres pour enfants. Elles peuvent être décoratives ou expliquer des notions difficiles dans le texte. Les livres d'enfants illustrés ont une longue histoire : le premier est apparu au milieu du XVIIe siècle. Aujourd'hui, ils font appel à de nombreux artistes ou illustrateurs célèbres.

Pour en savoir plus

COMMUNICATION ET TECHNIQUES
DICTIONNAIRES ET ENCYCLOPÉDIES
L'IMPRIMERIE
MUSÉES ET BIBLIOTHÈQUES
LE PAPIER

Louis XIV

En 1643, Louis XIV accéda au trône de France pour un règne de 72 ans, au cours duquel il hissa son pays au rang de première puissance d'Europe. Le jeune souverain fut assisté dans sa tâche par sa mère, la régente Anne d'Autriche, et par son Premier ministre, le cardinal Mazarin. L'heureuse issue de la Fronde (1648-1653), série de troubles provoqués par la politique fiscale de Mazarin, renforça la royauté. À sa majorité, le roi, alors âgé de 23 ans, décida de diriger seul le pays. Il transféra la Cour à Versailles, aux environs de Paris, et nomma Jean-Baptiste Colbert contrôleur général des Finances. Sous le ministère de Colbert, le commerce et l'industrie se développèrent. Louis XIV entama une série de conflits et réussit à étendre le territoire français. Mais le coût prohibitif de ces guerres mena le pays au bord de la faillite et la hausse des impôts ne fit qu'accroître les difficultés des classes les plus pauvres.

1638 Naissance de Louis XIV à Saint-Germain-en-Laye.

1662 Transfert de la Cour à Versailles.

1667-1668 Guerre de Dévolution. Acquisition par la France d'une partie de la Flandre.

1672-1679 Guerre de Hollande.

1688-1697 Guerre de la ligue d'Augsbourg.

1701-1714 Guerre de la Succession d'Espagne.

1713 Traité d'Utrecht : fin de la guerre et de l'hégémonie française.

1715 Mort de Louis XIV.

CHÂTEAU DE VERSAILLES

Célèbre, entre autres, pour sa galerie des Glaces, longue de 75 m, aux plafonds richement décorés, le château de Versailles fit l'objet de nombreuses transformations, jusqu'à devenir l'un des exemples les plus aboutis de l'art classique français. Louis XIV consacra un dixième du budget de la France à l'entretien de son château et des jardins de Le Nôtre qui l'entourent.

La galerie des Glaces, œuvre de Le Brun et de Mansart, accueillait la Cour.

La broderie de cette bergère est typique du style Louis XIV.

LE ROI-SOLEIL

Louis XIV, protecteur des arts et des lettres, convia à la Cour les grands peintres, écrivains et musiciens de son temps. Celui qui déclara « L'État c'est moi » était convaincu de l'essence divine de sa fonction. Il fut surnommé le Roi-Soleil et prit pour emblème un soleil resplendissant.

MOBILIER

Louis XIV fit appel à d'habiles artisans pour fabriquer les meubles qui devaient orner le château de Versailles. Ce style sophistiqué de mobilier devint le style Louis XIV.

Pour en savoir plus

La France (histoire)
La Révolution française

http://www.commentcamarche.net/video/lumiere.php3

la Lumière

SANS LUMIÈRE, LA VIE SUR TERRE serait impossible. La lumière du Soleil apporte l'énergie indispensable à la croissance des végétaux et au maintien de la vie en général. La lumière est en effet une forme d'énergie qui progresse en ondes invisibles. Les ondes lumineuses se laissent ainsi décrire comme un flux de particules, appelées photons. En pénétrant dans l'œil, les photons stimulent les cellules photosensibles de la rétine, pour que nous voyions. Les couleurs du spectre visible forment en réalité une toute petite partie du spectre électromagnétique, entre infrarouges et ultraviolets. De la même façon, le spectre de la lumière visible est défini par une bande de couleurs, le spectre électromagnétique comprend de nombreux types d'ondes, comme les ondes radio, les rayons X ou les micro-ondes. Toutes les ondes électromagnétiques se déplacent à près de 300 000 km/s, ce qui équivaut à effectuer huit fois le tour de la Terre en presque une seconde ! Rien dans l'Univers ne voyage aussi vite que la lumière.

LUMIÈRE FLUORESCENTE

De nos jours, presque toutes les ampoules fluorescentes ressemblent au modèle ci-contre (ampoule fluocompacte). Lorsqu'un courant électrique traverse le gaz contenu dans le tube, les atomes de gaz émettent un rayonnement ultraviolet invisible. Les ultraviolets frappent la couche de phosphore qui tapisse la paroi interne du tube et entraînent l'émission d'une lumière blanche brillante.

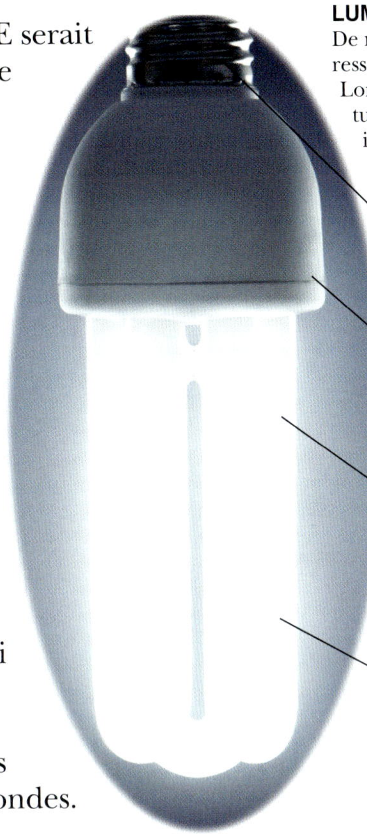

Le contact électrique est établi en vissant le culot de l'ampoule dans la douille.

Les composants électroniques dissimulés dans le culot en plastique blanc régulent l'éclairage.

Le passage d'un courant électrique à l'intérieur d'un tube en verre renfermant du gaz (vapeur de mercure) entraîne l'émission d'un rayonnement ultraviolet (UV) invisible.

La couche de phosphore qui tapisse l'intérieur de l'ampoule convertit la lumière invisible (UV) en lumière blanche visible.

L'explosion de la poudre des fusées de feux d'artifice se manifeste par une gerbe de lumières colorées.

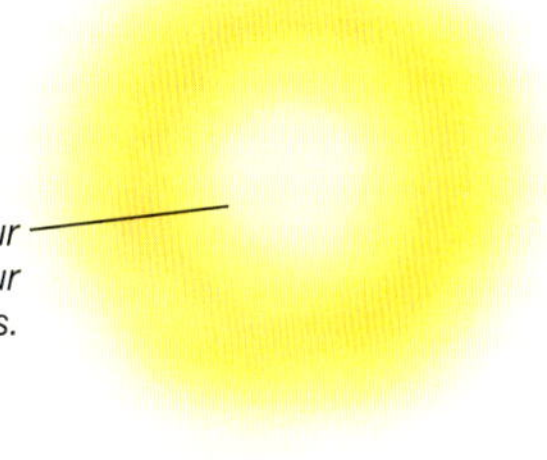

Les réactions nucléaires au cœur du Soleil produisent une chaleur et une lumière intenses. Des phénomènes identiques sont responsables de la lumière émise par les étoiles d'autres galaxies.

L'intense lumière des projecteurs est généralement déclenchée par une étincelle qui se produit entre deux tiges de charbon.

LUMINOSITÉ

Plus on s'éloigne d'une source de lumière, moins elle semble lumineuse. Ce phénomène s'explique par la dispersion des rayons lumineux. Plus nous nous éloignons de leur source, plus leur aire de dispersion s'accroît. De nombreuses étoiles sont ainsi plus brillantes que le Soleil, mais leur éloignement est tel que leur lueur nous paraît à peine plus puissante que celle de la flamme d'une bougie.

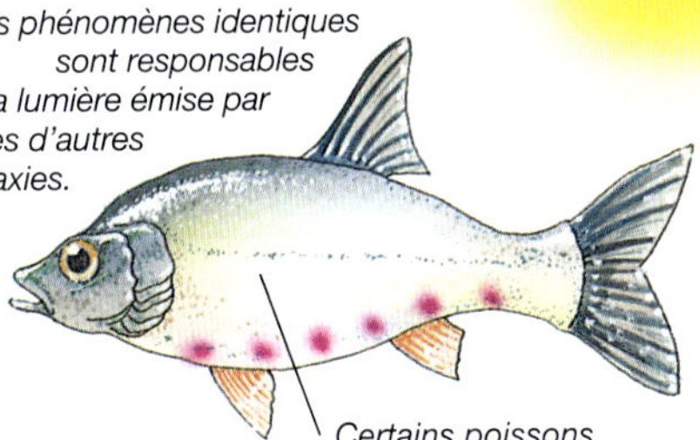

Certains poissons de haute mer ont des rayures ou des points lumineux.

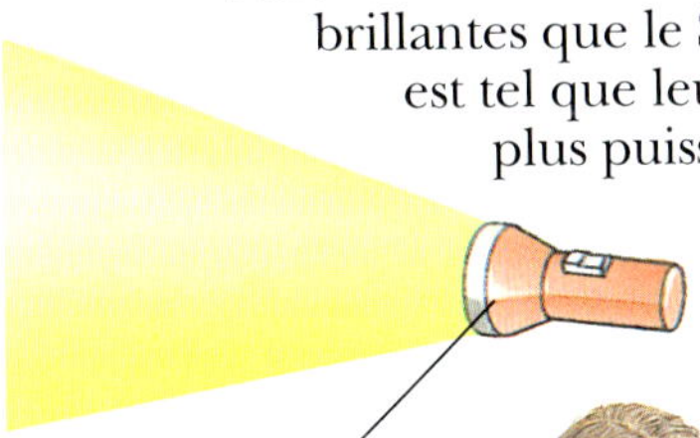

Le faisceau lumineux d'une lampe torche dirigé sur un mur s'élargit au fur et à mesure que l'on s'éloigne du mur.

La lumière diffuse de la flamme d'une bougie crée une ombre vacillante.

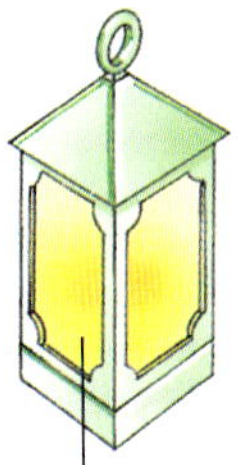

La flamme d'une bougie ou d'une lampe à pétrole produit de la lumière.

La combustion engendre chaleur et lumière.

SOURCES DE LUMIÈRE

De nombreux corps et objets produisent de la lumière. Le Soleil, les ampoules électriques ou les feux d'artifice sont incandescents, ils luisent sous l'effet de la chaleur. Mais ce sont des substances chimiques, non la chaleur, qui rendent lumineuses les taches de certains poissons. Toutes les lumières froides, y compris fluorescentes, sont dites luminescentes.

OMBRE ET LUMIÈRE

La lumière se déplace en ligne droite. Lorsque les rayons lumineux heurtent un objet, certains sont réfléchis (nous les voyons), d'autres sont absorbés par l'objet qui se réchauffe légèrement. La surface d'un objet privée de lumière reste dans l'ombre.

AMPOULE INCANDESCENTE

Au centre d'une ampoule électrique dite incandescente, un minuscule filament de tungstène est enroulé en spirale. Lorsqu'un courant électrique traverse ce filament, il s'échauffe et finit par produire une lumière blanche et chaude. Ce type d'ampoules est de moins en moins utilisé, car elles consomment plus d'énergie et sont moins résistantes que les ampoules fluorescentes.

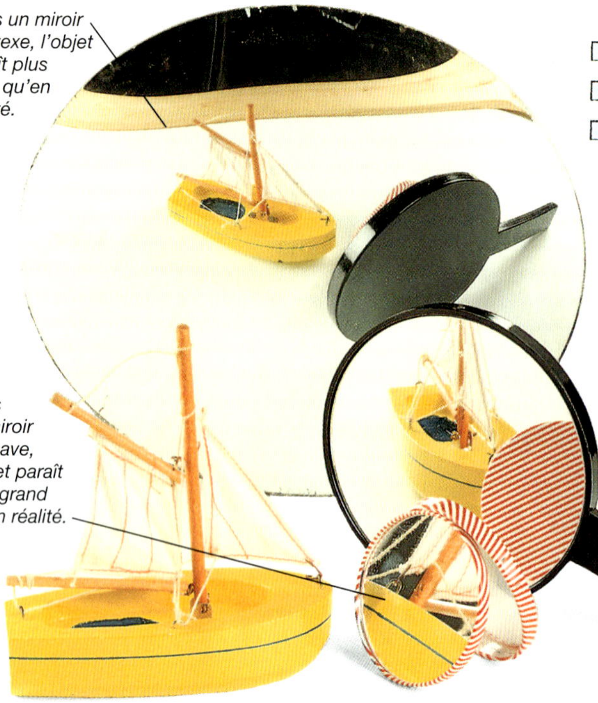

Dans un miroir convexe, l'objet paraît plus petit qu'en réalité.

Dans un miroir concave, l'objet paraît plus grand qu'en réalité.

Dans un miroir plan, la taille de l'objet est fidèle à la réalité.

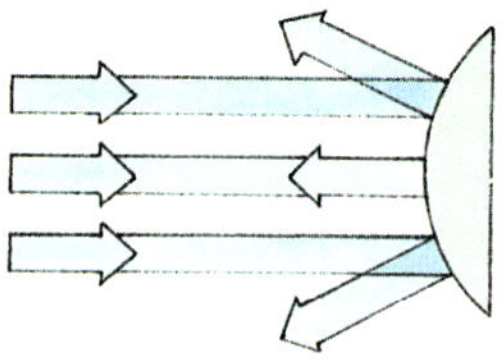

MIROIR CONVEXE

Un miroir à surface bombée est dit convexe. Son angle de réflexion très ouvert couvre un champ de vision plus large que celui d'un miroir plan. Les objets qui s'y reflètent paraissent plus petits.

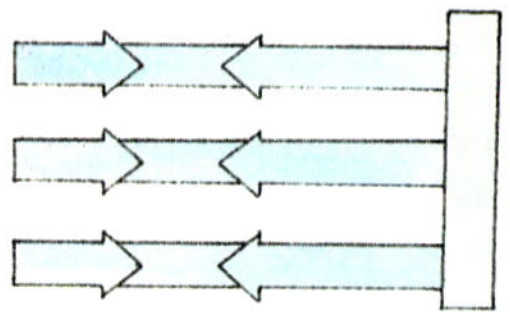

MIROIR PLAN

Un miroir plat (ou plan) renvoie la lumière symétriquement. Les objets reflétés conservent leur taille mais avec une inversion gauche-droite. Le reflet semble se former en arrière du miroir, que celui-ci soit courbe ou plat.

MIROIRS

Les substances transparentes, comme le verre et l'eau, laissent passer la lumière, à la différence des matériaux opaques comme le papier. La surface mate de la plupart des objets opaques disperse la lumière dans toutes les directions. La surface lisse et polie d'un miroir réfléchit la lumière de manière symétrique. Lorsque vous vous regardez dans un miroir, la lumière est réfléchie de façon parallèle et renvoie une image fidèle de votre visage. La plupart des miroirs ont une surface réfléchissante, constituée par une fine couche métallique et protégée par la plaque de verre du miroir.

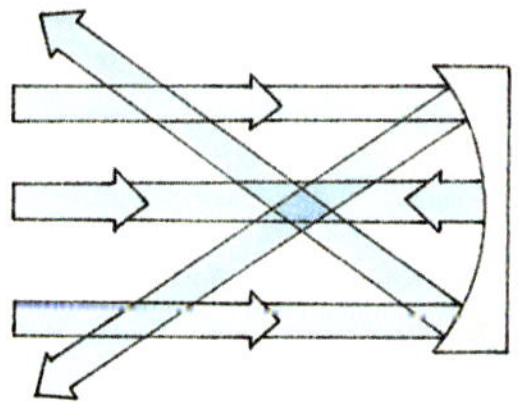

MIROIR CONCAVE

Un miroir à surface en creux, dit concave, produit deux sortes d'images : si l'objet est proche du miroir, le reflet paraît plus grand que l'objet reflété ; si l'objet est éloigné, son reflet paraît plus petit et présente une inversion haut-bas.

MIRAGE

Les voyageurs perdus dans l'immensité d'un désert surchauffé sont parfois sujets à des hallucinations et ont l'impression d'apercevoir une oasis à l'horizon. En s'approchant, le voyageur constate qu'il ne s'agit que d'une illusion d'optique, appelée mirage. L'oasis existe peut-être, mais au-delà de l'horizon. Les rayons réfléchissant son image sont déviés (courbés) par la couche d'air chaud au niveau du sol, donnant l'illusion d'une apparente proximité.

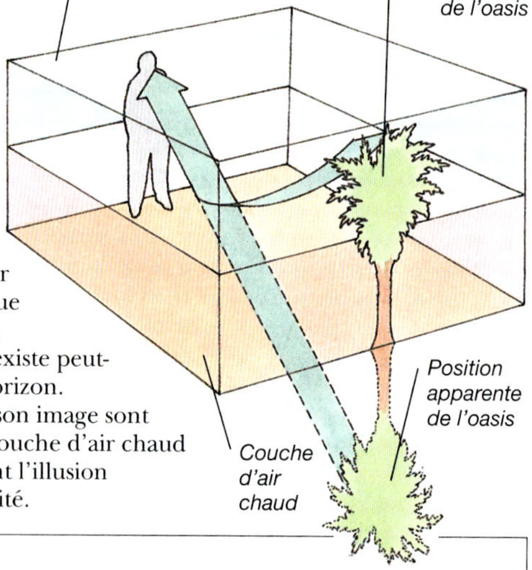

LENTILLES ET RÉFRACTION

Lunettes astronomiques, appareils photo, télescopes et microscopes sont équipés de lentilles pour produire des images particulières. Les lentilles d'un télescope, par exemple, donnent une image agrandie d'un objet éloigné. Toutes les lentilles sont fondées sur le principe qu'un rayon lumineux, voyageant en ligne droite, traverse le verre bien plus lentement que l'air. Lorsque la vitesse de propagation d'un rayon lumineux est modifiée par les milieux transparents qu'il traverse, il se produit une déviation de ce rayon appelée réfraction.

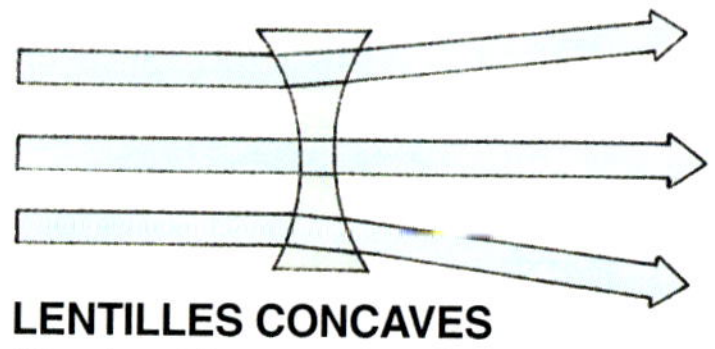

LENTILLES CONCAVES

Une lentille concave, plus épaisse au niveau des bords qu'en son centre, fait diverger les rayons lumineux. À travers elle, la taille des objets paraît plus petite.

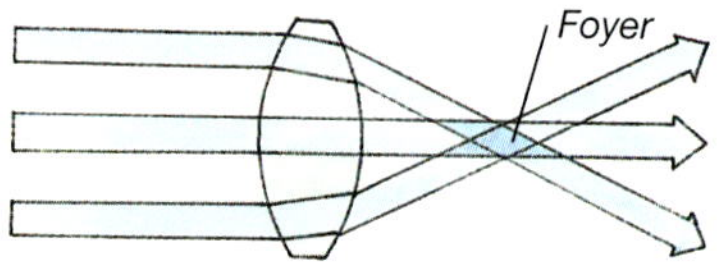

LENTILLES CONVEXES

Une lentille convexe fait converger les rayons lumineux d'un objet éloigné. Au point de rencontre des rayons, appelé foyer, se forme une image que l'on peut capter en intercalant un écran.

FIBRES OPTIQUES

La fibre optique est un filament de verre transparent, qui guide la lumière, en la réfléchissant de multiples fois sur sa face interne. Entourées d'une gaine protectrice, plusieurs fibres optiques forment des câbles souples, surtout utilisés dans les télécommunications. Les endoscopes à fibre optique explorent l'intérieur du corps humain en passant par les orifices naturels.

Les verres grossissants sont constitués de lentilles convexes.

En traversant l'eau, la lumière perd de sa vitesse et se réfracte : on a l'illusion que la paille se courbe au contact de l'eau.

Pour en savoir plus

Les Appareils photo
Les Couleurs
Le Laser
La Photographie
Les Plantes
Le Soleil
Les Yeux

la Lune

La lave en fusion, qui s'écoula il y a plus de 4 000 millions d'années après l'impact d'une gigantesque météorite, s'est solidifiée en vastes nappes, que les scientifiques ont baptisées mers (mare en latin).

La plupart des cratères ont été formés par l'impact de météorites. Quelques-uns résultent de l'activité volcanique de la Lune.

LA LUNE EST LA PLUS PROCHE VOISINE de la Terre. Dans sa révolution autour de la Terre, elle lui présente toujours une seule et même face éclairée. La Lune offre un environnement hostile. À la différence de la Terre, elle n'a pas d'atmosphère, ce qui explique les incroyables écarts de températures entre le jour (115 °C) et la nuit (– 160 °C). L'absence d'eau y rend la vie végétale ou animale impossible. Sa surface présente de vastes plaines, relevées de montagnes et parsemées d'innombrables cratères. La Lune, qui n'émet aucune lumière, réfléchit tel un miroir celle du Soleil. C'est un satellite naturel de la Terre, autrement dit un corps céleste qui tourne autour d'une planète ou d'une étoile. Au total, plus de 60 lunes tournent autour des planètes de notre système solaire.

ORIGINE DE LA LUNE

De nombreuses théories tentent d'expliquer l'origine de la Lune. Certains scientifiques avancent qu'elle aurait pu se former à partir de matériaux rejetés par la Terre, il y a des millions d'années. La plupart des astronomes s'accordent à dire que la Terre et la Lune sont nées du même nuage de gaz et de poussières, il y a 4,5 milliards d'années.

L'attraction gravitationnelle de la Lune est responsable des marées qui affectent les océans.

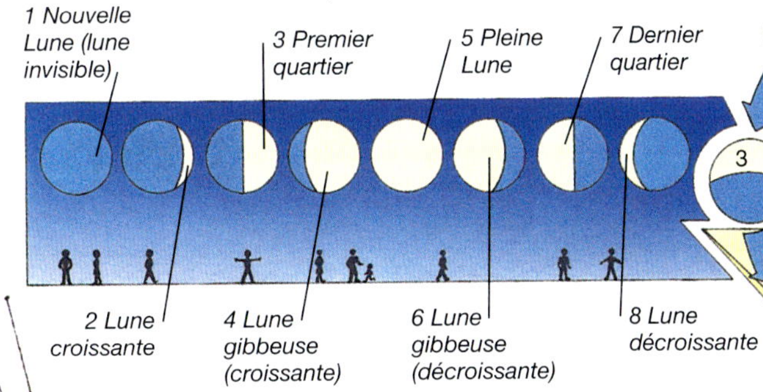

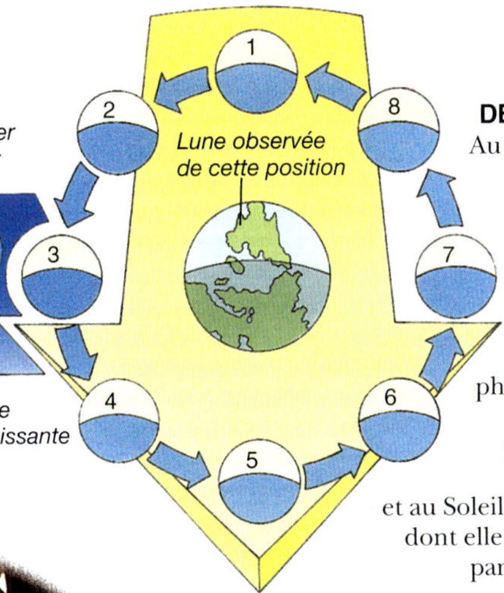

PHASES DE LA LUNE

Au cours de sa révolution autour de la Terre, la Lune présente différents aspects (ou phases), selon sa position par rapport à la Terre et au Soleil, et la façon dont elle est éclairée par ce dernier.

LUNA 3

Jusqu'en 1959, la face cachée de la Lune n'avait jamais été observée. En octobre 1959, la sonde spatiale russe *Luna 3* envoya les premières photographies de cet hémisphère.

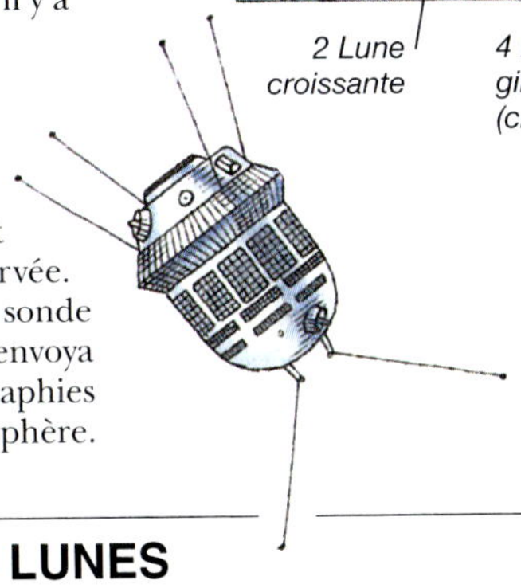

AUTRES LUNES

Notre système solaire compte plus de 60 lunes connues. Presque toutes gravitent autour de planètes géantes et sont constituées d'un mélange de glace et de roches. La plus grande des planètes, Jupiter, possède aussi le plus gros de tous les satellites naturels du système solaire, Ganymède. Trois de ses 16 lunes sont plus grosses que la nôtre. Io, photographiée ci-contre à proximité de Jupiter, est le siège d'un volcanisme actif. Certaines lunes de Saturne sont minuscules et gravitent sur une orbite inscrite à l'extérieur des anneaux de la planète.

Buzz Aldrin, coéquipier d'Armstrong, photographié à proximité du module lunaire

ALUNISSAGES

En 1966, la sonde spatiale russe *Luna 9* réalisa le premier alunissage de la conquête spatiale. Trois ans plus tard, en juillet 1969, l'astronaute américain Neil Armstrong, embarqué à bord d'*Apollo 11*, fut le premier homme à fouler le sol lunaire.

LA LUNE EN CHIFFRES

Distance de la Terre	384 401 km
Diamètre	3 477,8 km
Révolution sidérale	27 jours, 7 heures, 43 minutes
Cycle (mois) lunaire	29 jours, 12 heures, 44 minutes
Pesanteur	6 fois moins forte que sur la Terre
Luminosité	1/425 000 de celle du Soleil

Pour en savoir plus

L'ASTRONOMIE
LA CONQUÊTE SPATIALE
MERS ET OCÉANS
LES PLANÈTES
LA TERRE

les Machines

PLAN INCLINÉ

Les machines simples réduisent l'effort nécessaire pour déplacer ou soulever un objet. La rampe (ou plan incliné) en est la forme la plus élémentaire. On déploie en effet moins de force pour déplacer un poids au sommet d'un plan incliné que pour le soulever à la verticale. La distance de déplacement est cependant plus grande. Plus la pente est douce, plus le poids est facile à déplacer et plus la distance à parcourir est grande.

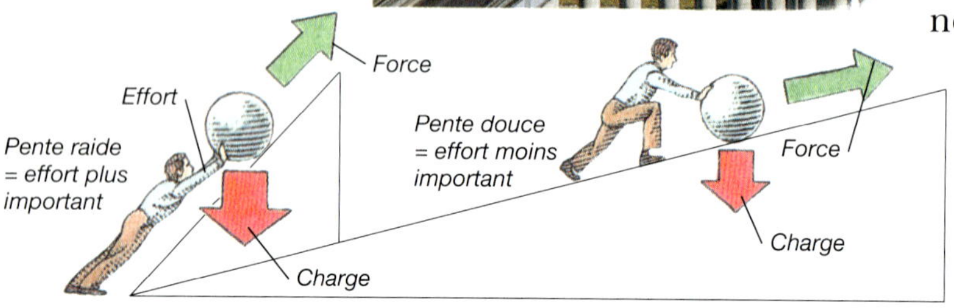

QU'ONT EN COMMUN un ordinateur et une scie ? Ce sont des machines et, si l'une est plus simple que l'autre, toutes deux sont au service de l'homme. Les machines nous facilitent les tâches difficiles, voire accomplissent celles qui sont au-dessus de nos forces. Impossible en effet de scier un tronc à mains nues, et certaines opérations trop complexes excèdent nos facultés de calcul mental. Toutes les machines exigent une source d'énergie pour fonctionner. Les machines dites mécaniques, comme le tournevis, utilisent l'énergie du mouvement. Un moteur ou les muscles du corps humain fournissent la force (ou effort) nécessaire au fonctionnement de la machine. La machine répond à cet effort en produisant une force bien plus puissante, appelée charge. Par exemple, lorsque vous manipulez un ouvre-boîtes, la lame de l'instrument exerce une force bien plus importante que celle appliquée par vos doigts. Beaucoup de machines manuelles font appel à des mécanismes simples comme les leviers, les engrenages, les poulies ou les vis.

VIS

En s'enfonçant, une vis parcourt une distance beaucoup plus réduite que sa tête en tournant. De ce fait, la force qui enfonce la vis est beaucoup plus importante que celle appliquée à la faire tourner. La vis mord dans le bois et assure une solide fixation.

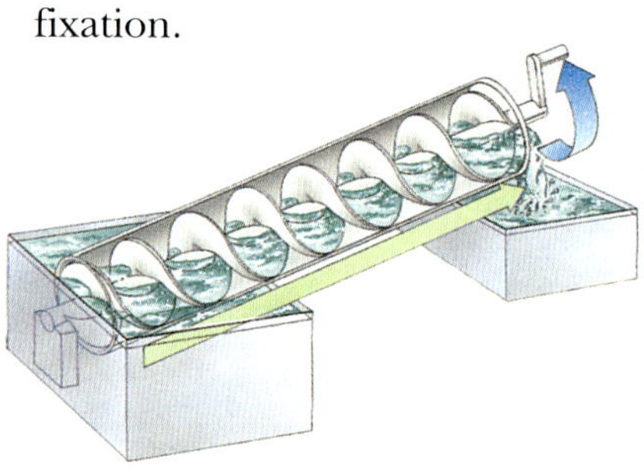

La vis d'Archimède (ci-dessus) a été inventée au IIIe siècle av. J.-C. pour irriguer les cultures. La vis recueillait l'eau dans les pales d'un pas de vis sans fin et, en tournant, la hissait d'un point à un autre.

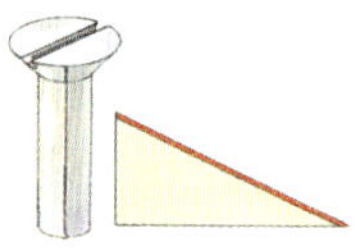

La vis utilise le principe du plan incliné.

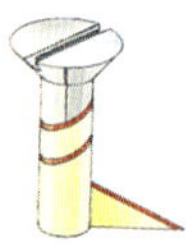

Le filet de la vis est semblable à une pente qui s'enroule le long d'un cylindre.

CHARRUE

Le profil en V de la pièce tranchante (ou soc) de la charrue qui s'enfonce dans le sol permet de retourner la terre.

MOUVEMENT PERPÉTUEL

Beaucoup d'inventeurs ont cherché à mettre au point une machine qui une fois lancée ne s'arrêterait jamais. Une machine à mouvement perpétuel, capable de fonctionner sans aucune source d'énergie. Il s'agit d'un rêve impossible, puisque toute machine en travaillant perd de l'énergie. Sans une alimentation constante, la machine ralentit et finit par s'arrêter.

Le mouvement des balles est supposé faire tourner la roue indéfiniment.

COIN

Un coin est un plan incliné. Au lieu de monter une charge sur une pente, il utilise la pente pour déplacer la charge sur un côté ou vers le haut, au fur et à mesure de son avancée. Le coin pousse avec plus de force que la force requise pour le faire avancer. Les instruments tranchants sont formés de coins à deux plans inclinés qui facilitent les opérations de découpe.

La hache est une forme de coin.

POULIES

Un système de poulies facilite le levage d'une charge. Plusieurs poulies sont attachées à un support. Une corde est engagée dans les gorges des poulies. Quand on tire sur la corde, la poulie la plus basse s'élève avec la charge. L'effort nécessaire pour hisser la charge est limité, mais beaucoup de corde doit être déroulé pour que la charge se soulève un peu.

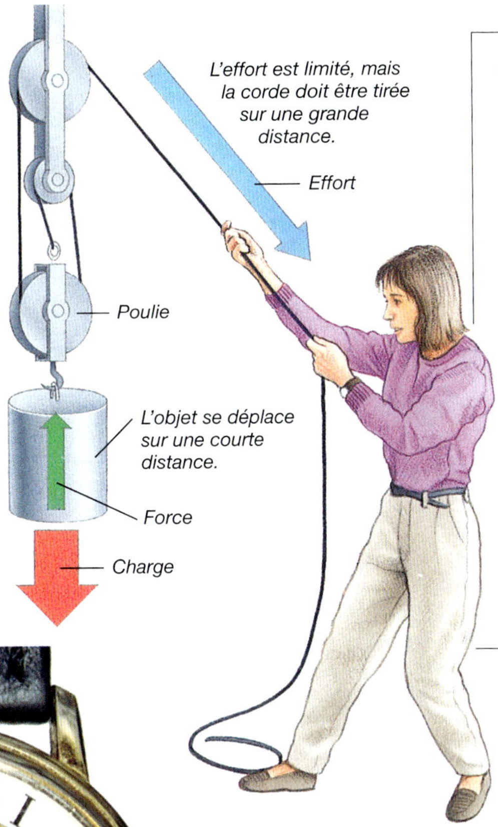

MACHINES AUTOMATIQUES

De nombreuses machines, dites automatiques, ne nécessitent aucune intervention de l'homme. Leur fonctionnement est assuré par des mécanismes ou des circuits intégrés. Ce type de machines peut reproduire certaines tâches à volonté, comme une porte automatique qui s'ouvre chaque fois qu'une personne se présente. D'autres machines sont à même de contrôler et de modifier leur mode de fonctionnement selon les circonstances, comme les dispositifs de pilotage automatique des avions.

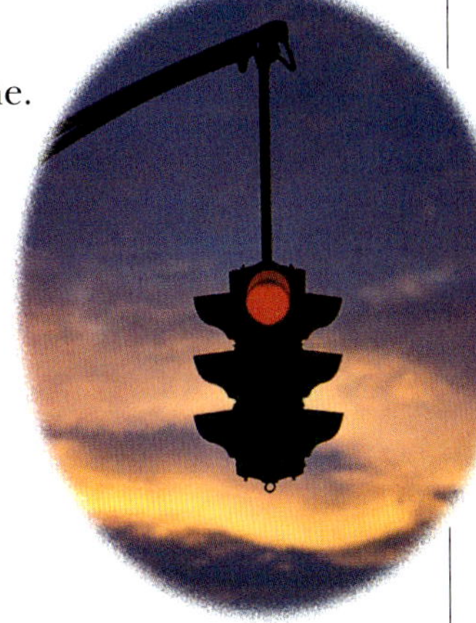

Les feux de signalisation sont des machines automatiques qui régulent le trafic automobile.

Une paire de ciseaux est formée par deux leviers reliés entre eux.

Les engrenages des horloges et des montres font appel à des roues dentées qui tournent à différentes vitesses.

ENGRENAGES

Un engrenage est un dispositif de roues dentées, qui permet d'accroître la force ou la vitesse, selon la taille des roues et le nombre de leurs dents. Un engrenage mû par une petite roue fera tourner une grande roue moins vite, mais avec plus de force. Inversement, un engrenage mû par une grande roue fera tourner une petite roue plus vite, mais avec moins de force.

LEVIERS

Un long bras rigide prenant appui sur un pivot fixe aide à soulever de lourdes charges. Cette machine est un simple levier. Une poussée sur l'extrémité du bras la plus éloignée du pivot soulève sans trop d'efforts l'extrémité soutenant la charge. Selon la catégorie de levier utilisée, on augmente la force sur la charge ou l'ampleur de son déplacement.

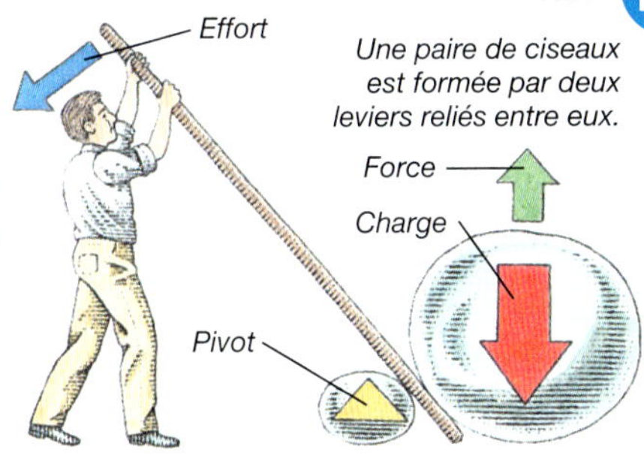

On distingue trois catégories de leviers. Dans un levier de première catégorie, le pivot est placé entre la charge et le point où l'effort est appliqué.

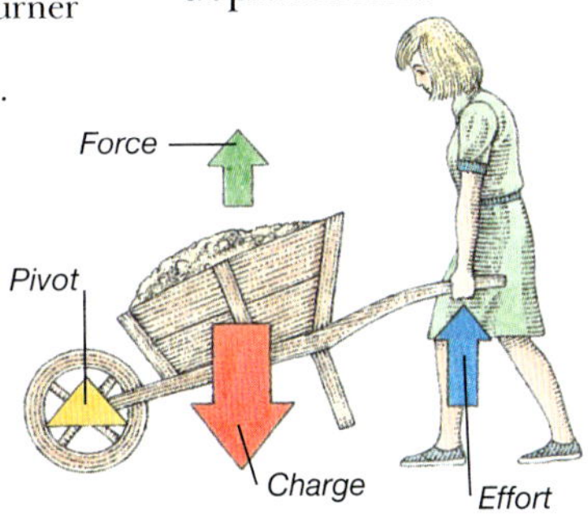

La brouette est un levier de deuxième catégorie. La charge est située entre le pivot et l'effort.

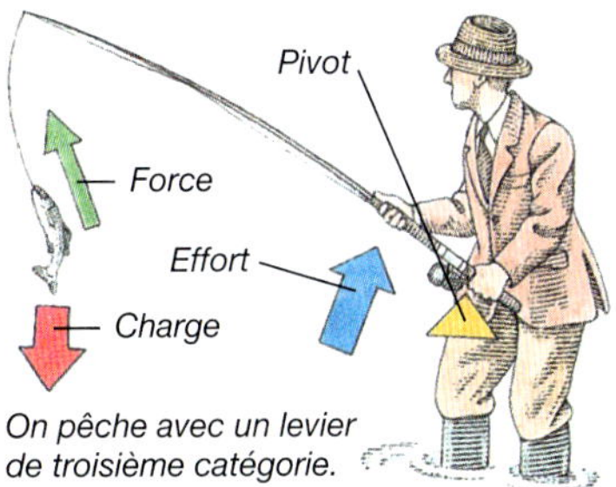

On pêche avec un levier de troisième catégorie. L'effort s'applique entre le pivot et la charge. La charge se déplace plus que le point où porte l'effort, mais avec une force moindre.

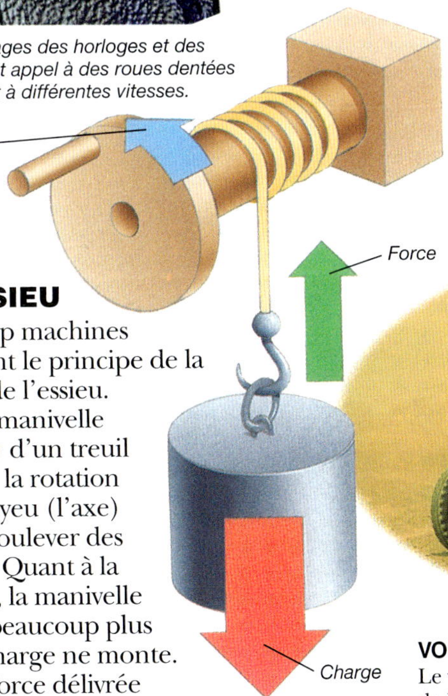

ROUE ET ESSIEU

Beaucoup machines exploitent le principe de la roue et de l'essieu. Ainsi, la manivelle (la roue) d'un treuil entraîne la rotation d'un moyeu (l'axe) afin de soulever des charges. Quant à la distance, la manivelle tourne beaucoup plus que la charge ne monte. Mais la force délivrée par le treuil dépasse de beaucoup celle exercée sur la manivelle.

VOLANT

Le volant d'une voiture illustre le rapport de la roue et de l'essieu. L'essieu tourne avec beaucoup plus de force qu'il n'en faut pour tourner le volant.

Pour en savoir plus

LES MOTEURS
LA RÉVOLUTION INDUSTRIELLE
LES ROBOTS
TECHNIQUES ET TECHNOLOGIE
LES USINES

M

http://www.palais-decouverte.fr/index.php?id=429/magnetisme/

le Magnétisme

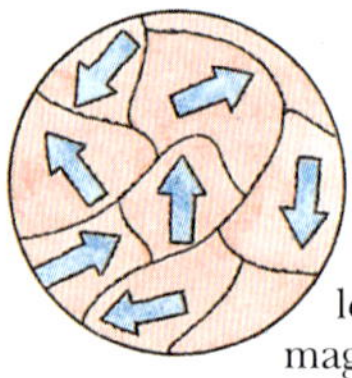

ORIGINE DU MAGNÉTISME

Le fer contient des millions de particules magnétiques, appelées dipôles. Les dipôles pointent normalement dans différentes directions, ce qui a pour effet d'annuler leur magnétisme.

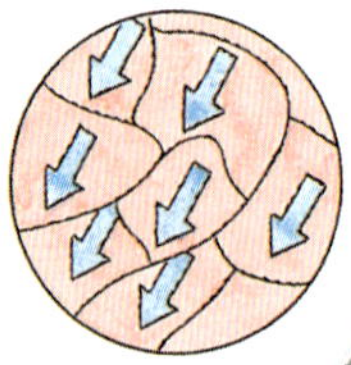

Dans un aimant, tous les dipôles sont orientés dans la même direction, ce qui se traduit par un renforcement de leur propriété magnétique.

Les aimants attirent le fer et l'acier, mais ni le plastique ni le bois.

CHAMP MAGNÉTIQUE

La zone autour d'un aimant où interviennent les phénomènes d'attraction est appelée champ magnétique. Par exemple, une agrafe est attirée par un aimant dès qu'elle est placée à l'intérieur de son champ magnétique.

Si le magnétisme est une force invisible, ses effets se vérifient en approchant un aimant d'une pièce métallique. Un matériau susceptible d'attirer certains métaux, le fer par exemple, est un aimant. Les matériaux attirés par un aimant sont dits magnétiques. Par définition, le pôle nord de l'aimant est attiré par le pôle magnétique nord terrestre, tandis que son pôle sud renvoie au pôle magnétique sud terrestre. La Terre elle-même est un aimant dont les pôles magnétiques se situent à proximité des pôles Nord et Sud géographiques. Les matériaux doués de magnétisme de façon durable sont des aimants permanents. Un courant électrique circulant dans une bobine à noyau de fer forme un électroaimant : son champ magnétique est interrompu quand on coupe le courant. Les électroaimants sont utilisés dans de nombreux appareils (moteurs, électriques, haut-parleurs, etc.).

PIERRE D'AIMANT

La magnétite est un minerai de fer, souvent doué de propriétés magnétiques. Surnommée « pierre d'aimant », la magnétite était utilisée par les premiers navigateurs comme instrument d'orientation.

PÔLES MAGNÉTIQUES

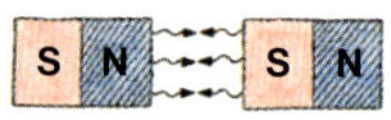

Le pôle nord et le pôle sud d'un aimant s'attirent mutuellement.

Deux pôles semblables (nord ou sud) se repoussent.

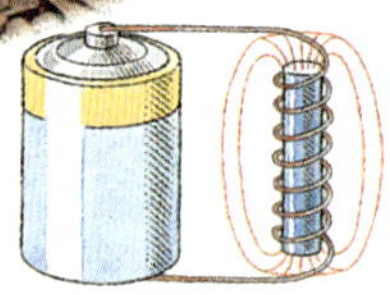

ÉLECTROAIMANTS

Un électroaimant est une bobine à noyau de fer. Le courant électrique qui la parcourt crée un champ magnétique, qui peut être amplifié si on l'entoure de fil de fer. Le champ magnétique s'annule quand on coupe le courant. Certaines grues soulèvent leur charge métallique grâce à un électroaimant.

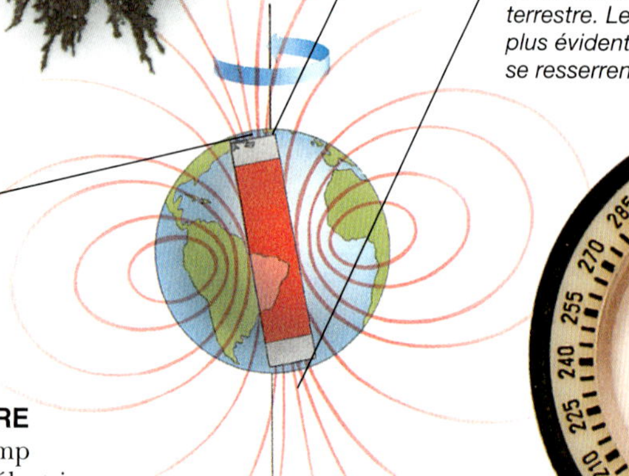

Les pôles Nord et Sud géographiques s'alignent sur l'axe de rotation de la Terre.

Ces ellipses symbolisent les forces du champ magnétique terrestre. Leurs effets sont plus évidents là où les ellipses se resserrent.

Les pôles magnétiques nord et sud se situent à proximité des pôles Nord et Sud géographiques.

MAGNÉTISME TERRESTRE

La Terre a son propre champ magnétique. Les courants électriques, qui parcourent le fer et le nickel en fusion de son noyau, engendrent un vaste champ magnétique qui l'enveloppe et s'étend sur des dizaines de milliers de kilomètres.

BOUSSOLE

L'aiguille aimantée d'une boussole est montée sur un pivot, de façon à pouvoir tourner librement. Une des extrémités de l'aiguille est attirée par le pôle magnétique nord terrestre, situé à proximité du pôle Nord géographique. La boussole permet au voyageur de s'orienter, sur terre comme sur mer.

Pour en savoir plus

La Cartographie
L'Électricité
La Navigation
La Terre

http://www.herodote.net/Bio/bio.php?nom=Mahomet

Mahomet

PROPHÈTE DE L'ISLAM
L'ange Gabriel, envoyé d'Allah, annonça à Mahomet qu'il avait été choisi par Dieu pour être son prophète, de la même façon que l'avaient été Moïse et Abraham avant lui.

LE VIIe SIÈCLE VIT APPARAÎTRE l'une des plus grandes religions au monde. Cette nouvelle foi, révélée au prophète Mahomet, prit le nom d'islam. Mahomet naquit vers 570 dans l'un des clans arabes établis à La Mecque, dans le sud-ouest de l'Arabie (Arabie saoudite actuelle). Orphelin dès son plus jeune âge, il devint marchand et épousa Khadija, une riche veuve qui lui donna trois filles. Les Arabes vénéraient alors plusieurs dieux et en appelaient aux idoles et aux esprits. De méditations en révélations, Mahomet finit par ne croire qu'en un seul Dieu, nommé Allah, et dit avoir été choisi par lui pour être son messager. Sa famille et ses proches furent ses premiers disciples, mais les prêches de Mahomet soulevèrent la colère de certains habitants de La Mecque. Contraint à l'exil, il gagna Médine, plus au nord, et réussit à attirer de nombreux fidèles. Après une série de guerres saintes, Mahomet et ses partisans s'emparèrent en 630 de La Mecque. Des missionnaires propagèrent le message de l'islam à travers toute la région, et à la mort de Mahomet, en 632, la péninsule Arabique tout entière était gagnée à la cause islamique.

MONT HIRA
À l'âge de 40 ans, Mahomet se retira pour méditer dans une grotte du mont Hira, au nord de La Mecque. L'ange Gabriel lui apparut et lui dicta les paroles de Dieu. Mahomet fut désigné pour convaincre les hommes de l'existence d'un Dieu unique (Allah). L'enseignement d'Allah fut révélé à Mahomet tout au long de sa vie, par une série de visions.

L'ENSEIGNEMENT DE MAHOMET

Mahomet ne prétendait pas être divin. Il pensait être le dernier des prophètes et affirmait avoir été choisi par Dieu pour propager Sa parole. Il enseigna aux hommes qu'il n'y avait qu'un seul Dieu, auquel chacun devait obéissance, et que tous les individus étaient égaux. Mahomet s'éleva contre la suffisance des riches, l'injustice avec laquelle les femmes étaient traitées, dénonça l'esclavage, la pauvreté et la cruauté envers les animaux. En 632, sentant venir la fin de sa vie, il entreprit un ultime pèlerinage à La Mecque. Il y prononça un sermon où il énonçait les grands principes de l'islam.

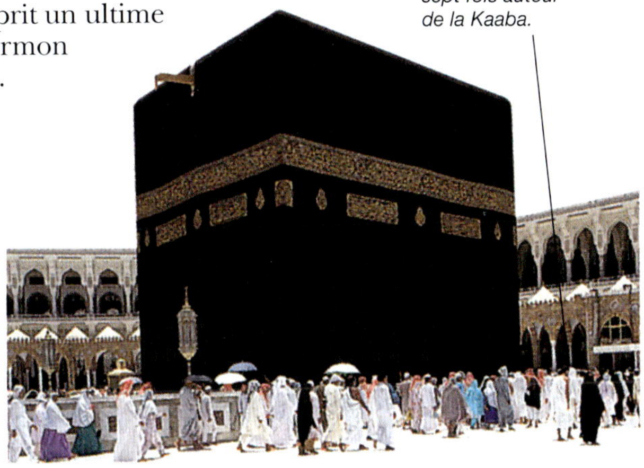

Les pèlerins tournent sept fois autour de la Kaaba.

Une mosquée à Alexandrie, en Égypte.

HÉGIRE

La Kaaba était, à La Mecque, un lieu de commerce et de prière, qui abritait des centaines d'idoles. Persécuté pour avoir condamné le culte des idoles, Mahomet dut quitter La Mecque, avec quelques disciples, en 622. Cette migration (l'hégire) marque le début de l'ère musulmane. Aujourd'hui, la Kaaba se trouve au centre d'une grande mosquée, où convergent chaque année des milliers de musulmans (fidèles à l'islam).

VERS 570 APR. J.-C. Naissance à La Mecque.

595 Vision de l'ange Gabriel, qui le désigne comme le prophète de la foi islamique.

613 Début des prêches à La Mecque.

622 Départ de La Mecque pour Médine.

624 Une petite troupe de musulmans remporte une victoire sur une armée de soldats de La Mecque lors de la bataille de Badr.

630 Conquête de La Mecque.

632 Mort à Médine.

FATIMA ET ALI
La fille de Mahomet, Fatima (605-633), se rendit à Médine en compagnie de son père. Elle se maria plus tard avec Ali, cousin de Mahomet. Leur fils Husayn est vénéré par les chiites.

MORT DE MAHOMET
Mahomet mourut quelques jours après son dernier pèlerinage à La Mecque. Les paroles de Dieu qui lui avaient été révélées furent consignées par ses fidèles dans le Coran, livre sacré des musulmans. Sa tombe se trouve dans la mosquée du Prophète, à Médine.

Pour en savoir plus
L'ISLAM
LES RELIGIONS

les Maladies

VOUS AVEZ SÛREMENT DÉJÀ ÉTÉ MALADE un jour. Il y a des maladies bénignes et des maladies graves ; des maladies physiques et des maladies psychiques. Il en existe des milliers susceptibles de toucher n'importe quel organe. Certaines maladies sont chroniques (elles évoluent lentement mais sûrement) comme les rhumatismes, qui déforment les articulations. D'autres sont aiguës (elles évoluent et se terminent rapidement) comme la grippe. Elles ont de nombreuses causes différentes : micro-organismes pathogènes (végétaux ou animaux) qui envahissent notre organisme et provoquent des maladies infectieuses, mauvaises conditions de vie, hérédité, etc. Les causes de certaines maladies, comme le cancer, restent obscures. Les scientifiques font des recherches pour les comprendre et trouver des remèdes pour les soigner ou les guérir.

LES MALADIES LIÉES À L'ENVIRONNEMENT
Les conditions de vie influencent la santé des populations. Les rayons du soleil peuvent provoquer un cancer. La pollution de l'air ou des sols par des substances chimiques comme le plomb affecte la santé, surtout celle des enfants. Se baigner dans une eau polluée expose au risque d'hépatite, de typhoïde et de choléra.

Il existe différents types de bactéries (ci-dessous). Chacune se compose d'une seule cellule vivante. Certaines provoquent des maladies chez les humains et les animaux, mais la plupart sont inoffensives.

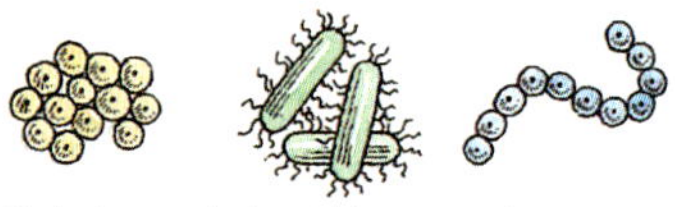

Trois types de bactéries : staphylocoques, salmonelles, streptocoques

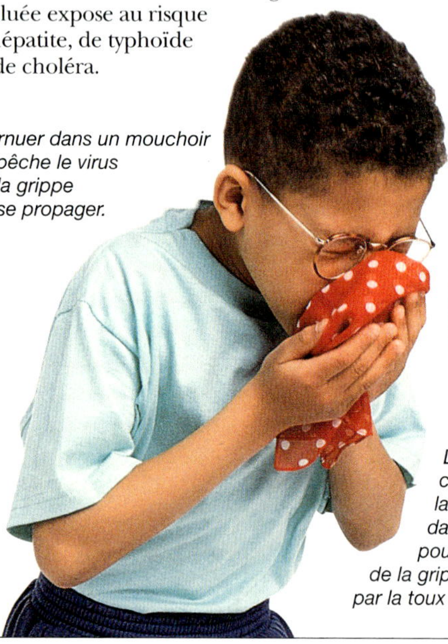

Éternuer dans un mouchoir empêche le virus de la grippe de se propager.

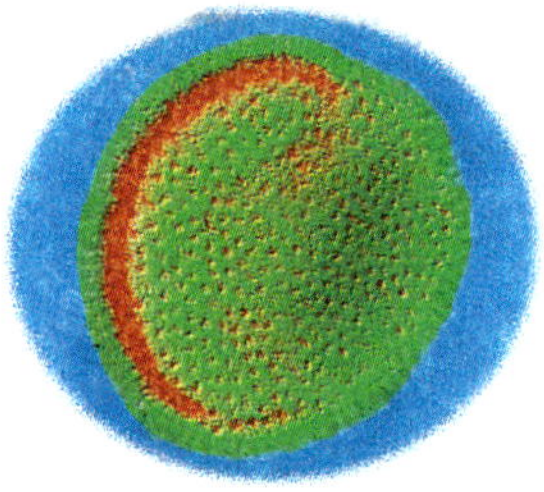

Les virus sont plus petits qu'une cellule vivante. Ils provoquent la maladie lorsqu'ils pénètrent dans des cellules saines pour se reproduire. Le virus de la grippe (ci-dessus) se propage par la toux et les éternuements.

MICRO-ORGANISME
Les infections impliquent des organismes microscopiques, appelés bactéries, virus et parasites, qui envahissent notre corps. La tuberculose est une maladie bactérienne ; la varicelle et la rougeole sont virales ; le paludisme est dû à un parasite (le plasmodium).

Les maladies cardiaques sont souvent causées par une obstruction des vaisseaux du cœur. Elles sont favorisées par une alimentation riche et grasse, et par le tabac.

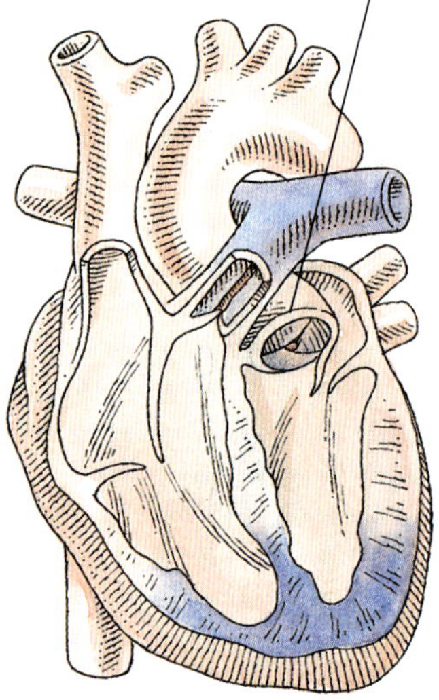

SIDA
Notre organisme possède des défenses naturelles pour lutter contre la maladie. Le système immunitaire est là pour attaquer les agents étrangers qui envahissent notre organisme. Dans les années 1980, une nouvelle maladie est apparue : le syndrome d'immunodéficience acquise (sida). Le sida tue les malades en empêchant leur système immunitaire de fonctionner.

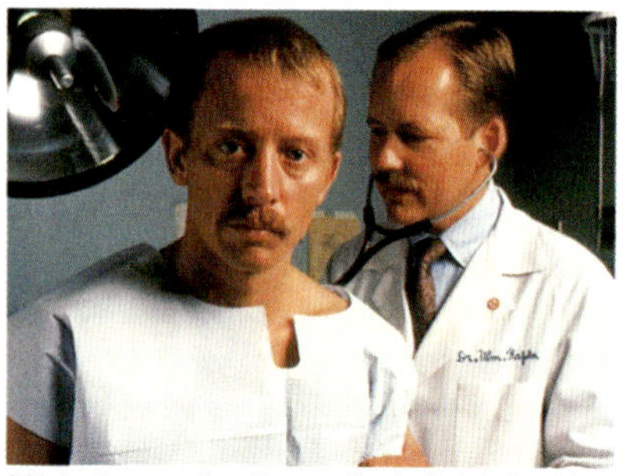

Médecin examinant un patient atteint du sida

MALADIES HÉRÉDITAIRES
Les maladies qui, comme la mucoviscidose, certaines myopathies ou l'anémie falciforme, sont transmises aux enfants par leurs parents, sont dites héréditaires. Ces maladies peuvent ne pas affecter tous les enfants d'une famille et apparaître tard dans la vie. Celles qui apparaissent à la naissance comme le spina-bifida, une malformation de la colonne vertébrale et du système nerveux, sont dites congénitales.

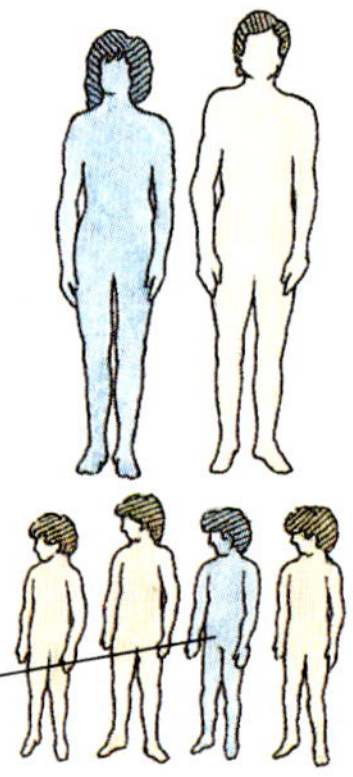

L'anémie falciforme peut ne toucher qu'un seul enfant dans une famille.

LES ÉPIDÉMIES
Lorsqu'une maladie se transmet rapidement et touche un grand nombre de personnes en même temps, c'est une épidémie. Ainsi, de la peste au Moyen Âge, du sida aujourd'hui, de la grippe ou du paludisme, maladie transmise par les moustiques. Dans les pays occidentaux, les individus qui souffrent de problèmes cardiaques et de cancers sont si nombreux que ces maladies sont parfois dites épidémiques.

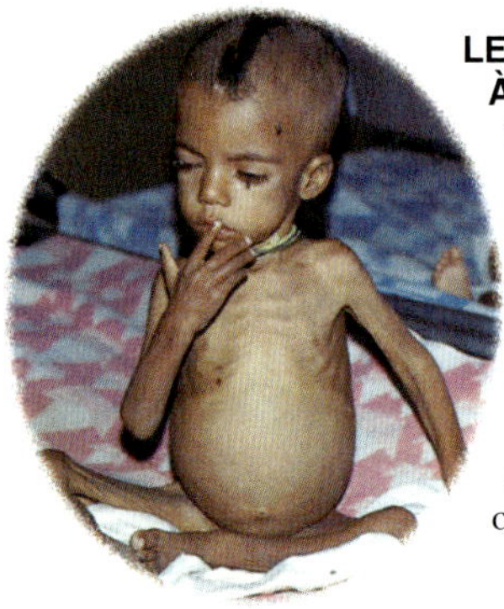

LES MALADIES LIÉES À LA NUTRITION
Dans certaines régions du monde, le manque de nourriture (la sous-alimentation) provoque de nombreux troubles : anémie, rachitisme, scorbut. La famine tue. En Europe et en Amérique du Nord, la suralimentation est une cause d'obésité, de diabète et de maladies cardiaques.

Pour en savoir plus

FORME ET SANTÉ
LES HÔPITAUX
LA MÉDECINE (DIFFÉRENTS TYPES)
LA MÉDECINE (HISTOIRE)
LES MÉDECINS
LES MÉDICAMENTS

les Mammifères

LA CLASSE DES MAMMIFÈRES inclut les animaux les plus lourds, les plus grands et les plus rapides sur terre : l'éléphant, la girafe et le guépard. La souris, la baleine, le rhinocéros, la chauve-souris et l'homme sont aussi des mammifères. Comme les oiseaux, ils sont à sang chaud, mais trois caractéristiques distinguent les mammifères de toutes les autres créatures : ils sont recouverts de poils ou de fourrure, nourrissent leurs petits avec du lait et possèdent un maxillaire à l'articulation unique, qui nous permet d'identifier les os fossilisés des mammifères préhistoriques qui vivaient sur Terre il y a des millions d'années. Les mammifères font partie de l'embranchement des vertébrés puisqu'ils sont dotés d'une colonne vertébrale. On en compte aujourd'hui plus de 4000 espèces dont les carnivores (mangeurs de viande) comme le tigre, les herbivores (mangeurs de végétaux) comme le lapin et les omnivores (mangeurs d'aliments divers) comme l'ours. Les mammifères comprennent les bovins, les ovins, les caprins et d'autres animaux de la ferme, ainsi que la plupart des animaux de compagnie (chats, chiens, cochons d'Inde). Ils vivent sur terre, dans la mer et dans les airs, des régions arctiques les plus froides aux zones désertiques les plus chaudes.

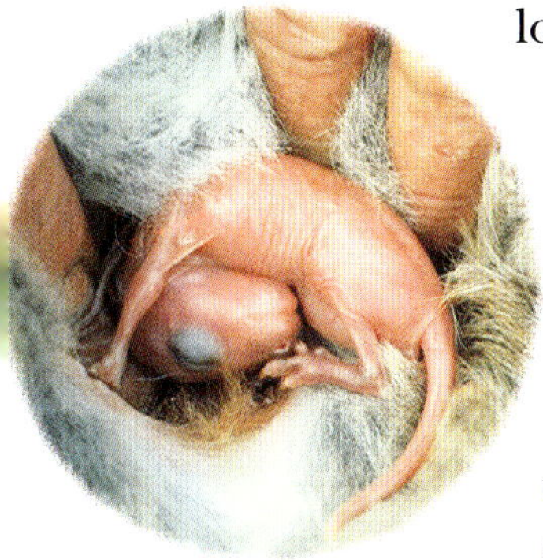

JEUNES MARSUPIAUX
Les marsupiaux sont minuscules à la naissance, un kangourou mesure moins de 2,5 cm de long. Le petit kangourou rampe jusqu'à la poche ventrale de sa mère où il tête pour achever son développement.

Le corps d'un mammifère est couvert de poils ou de fourrure.

La queue du kangourou est si puissante que l'animal s'appuie dessus pour se propulser.

Jeune kangourou mâle

M

MAMMIFÈRES PLACENTAIRES

La plupart des mammifères, dont les singes, les chats et les chiens, sont dits placentaires parce que le fœtus se développe à l'intérieur de l'utérus et grâce à un véritable placenta. Le placenta est un organe spécialisé qui adhère à l'utérus. Il permet les échanges nutritifs entre le corps du fœtus et le sang maternel. Ces échanges sont indispensables à la croissance du fœtus. Après la naissance, le placenta est expulsé de l'utérus.

MARSUPIAUX
Kangourous, opossums, wallabies, wombats et bandicoots sont des marsupiaux ou mammifères à poche ventrale. Après une courte gestation, la femelle met bas une larve qui gagne la poche ventrale pour y téter et y poursuivre sa croissance. Les marsupiaux vivent en Australie et en Nouvelle-Guinée, en Amérique du Sud et en Amérique du Nord. Quelques espèces comme le rat marsupial d'Amérique du Sud sont dépourvus de poche.

PRIMATES

Les singes et l'homme sont des primates. Ils possèdent des mains préhensiles avec des pouces, des doigts et des ongles plats. Parmi les primates figurent le cheirogale, un lémurien qui ne pèse que 60 g, et le gorille, qui peut atteindre 275 kg.

MAMMIFÈRES MONOTRÈMES
Trois espèces de mammifères pondent des œufs et sont appelées monotrèmes : l'ornithorynque et deux échidnés qui vivent en Australie et en Nouvelle-Zélande. Les œufs éclosent au bout de 10 jours et les jeunes se nourrissent du lait maternel.

ÉCHIDNÉ
L'échidné pond un seul œuf dans une poche temporaire de son abdomen. Le jeune sort de l'œuf pour téter aux mamelles de sa mère.

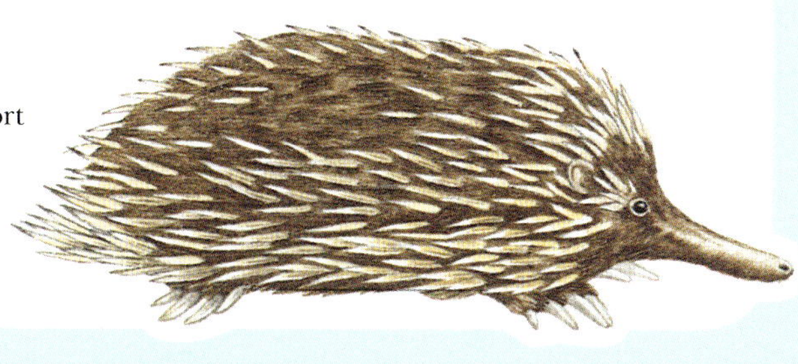

ORDRES DE PLACENTAIRES

Il existe 19 ordres de mammifères placentaires. Les rongeurs en représentent près de la moitié, les chauves-souris un quart. On ne compte que deux espèces d'éléphants et l'oryctérope est le seul représentant de son ordre.

Les chiots tètent leur mère pendant deux ou trois mois. La musaraigne allaite ses petits pendant quatre semaines. La baleine nourrit ses baleineaux pendant au moins six mois.

LAIT DE MAMMIFÈRES

Les mammifères sont les seules créatures à nourrir leurs petits avec du lait. Lorsqu'elle est sur le point de mettre bas, la femelle commence à produire du lait dans les glandes mammaires de ses mamelles. Une fois nés, les petits tètent leur mère. Le lait maternel est l'aliment idéal : chaud et nourrissant, il contient des substances spécifiques qui protègent les jeunes des maladies. Lorsqu'ils deviennent plus grands et plus forts, les petits délaissent progressivement le lait au profit d'une nourriture solide : c'est le sevrage.

GESTATION

La période située entre l'accouplement et la naissance durant laquelle le petit se développe dans l'utérus de sa mère s'appelle la gestation. Les grands mammifères ont généralement une gestation plus longue et moins de « bébés » que les petits mammifères.

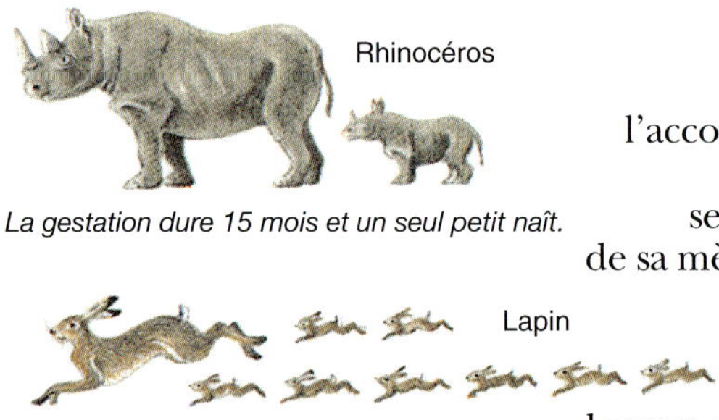

La gestation dure 15 mois et un seul petit naît.

La gestation dure 30 jours et la portée peut compter 8 lapereaux.

Une fourrure sale et mal entretenue abrite des parasites et laisse la chaleur s'échapper. Les mammifères font leur toilette en léchant ou en grattant leur poil.

POILS ET FOURRURE

Les poils ou la fourrure protègent la peau du mammifère des rayons du soleil et des blessures. Ils permettent aussi de retenir la chaleur et de protéger de l'humidité. Les couleurs et les marques du pelage servent de camouflage. Les mammifères aquatiques comme les castors possèdent une fourrure imperméabilisée par une huile. Les piquants du porc-épic et les cornes du rhinocéros sont des phanères riches en kératine, comme nos cheveux et nos ongles.

TATOU

Certains mammifères tels que les tatous et les pangolins n'ont pas de fourrure, mais des écailles comme celles des reptiles. Ces écailles sont des plaques cornées produites par la peau. Des poils poussent entre les écailles et couvrent la peau fragile du bas-ventre de l'animal.

Le husky garde sa chaleur même dans la neige grâce à son épaisse fourrure.

TEMPÉRATURE INTERNE

Les mammifères et les oiseaux sont dits à sang chaud parce que leur température reste constante et élevée même s'il fait froid. Mais ils ont besoin de beaucoup de nourriture pour leur fournir l'énergie nécessaire. La chaleur produite pour maintenir cette température interne constante résulte de réactions chimiques dans l'organisme, en particulier dans les muscles.

Pour en savoir plus

Les Animaux de la ferme
L'Australie (faune et flore)
Les Espèces animales
L'Hibernation
La Préhistoire
Les Sens des animaux
Le Vol des animaux

Nelson Mandela

EN FÉVRIER 1990, NELSON MANDELA, alors âgé de 72 ans, retrouva la liberté : cela faisait 27 ans que le leader africain était en prison à cause de son opposition à la politique de l'apartheid (ségrégation raciale) appliquée par la minorité blanche au pouvoir en Afrique du Sud. Quatre ans suffirent à Mandela pour mener son parti, l'African National Congress (ANC), à une victoire électorale qui fit de lui le premier président noir d'une république multiraciale et démocratique. Jusqu'à la fin de son mandat, en 1999, Mandela s'imposa comme l'un des leaders politiques les plus charismatiques au monde.

1918 Naissance à Qunu, dans le Transkei.

1942 Avocat au barreau de Johannesbourg.

1952 Adhère à l'ANC.

1960 Interdiction de l'ANC. Il organise la lutte armée.

1962 Arrestation.

1964 Condamné à la prison à vie, il est interné à Robben Island jusqu'en 1985.

1990 Libération.

1993 Prix Nobel de la paix.

1994 Élu premier président noir d'Afrique du Sud.

1999 Fin de son mandat.

AFRICAN NATIONAL CONGRESS

L'African National Congress (ANC) fut créé en 1912, afin de défendre les intérêts de la population noire en Afrique du Sud. Cette organisation politique tenta de promouvoir, par des moyens pacifiques, l'idée d'une société multiraciale et démocratique. Jugé révolutionnaire par les autorités en place, le parti fut déclaré illégal en 1960. Mandela adhéra à l'ANC en 1952 et en fut président de 1991 à 1997.

ROBBEN ISLAND

Mandela passa 21 ans à Robben Island, au large du Cap. Quand il n'était pas affecté à une carrière, il étudiait avec les autres prisonniers de l'ANC. Aujourd'hui, la prison est fermée mais on peut visiter la cellule de Mandela.

M

LIBÉRATION DE MANDELA

Une campagne de soutien internationale fut organisée en faveur de la libération de Mandela. Les produits en provenance d'Afrique du Sud, comme les fruits ou le vin, furent boycottés et des manifestations contre le gouvernement sud-africain éclatèrent un peu partout dans le monde. En 1988, un gigantesque concert de rock se déroula à Londres pour le 70e anniversaire de Mandela.

VÉRITÉ ET RÉCONCILIATION

Soucieux de refermer les plaies laissées par l'apartheid, Mandela créa la commission Vérité et Réconciliation. L'archevêque du Cap, Desmond Tutu, prix Nobel de la paix en 1984, fut placé à la tête de la commission. Il réévalua les différents événements survenus du temps de l'apartheid et tenta de réconcilier les anciens ennemis.

WINNIE MANDELA

En 1961, Mandela épousa Winnie Mdikizela. Militante convaincue, elle lutta pour la libération de Mandela, mais fut suspectée d'activités politiques douteuses. Ils ont divorcé en 1996.

MANDELA PRÉSIDENT

Les premières élections multiraciales eurent lieu en 1994. Mandela et l'ANC y remportèrent une éclatante victoire. Élu président, Mandela s'appliqua à engager son pays sur la voie de la paix, en tentant de réunifier les différentes communautés. Politiques et artistes lui rendirent visite, comme ici le prince de Galles, en compagnie des Spice Girls.

Pour en savoir plus

L'AFRIQUE (HISTOIRE)
L'AFRIQUE DU SUD (HISTOIRE)
LES DROITS DE L'HOMME

Mao Zedong

1893 Naissance à Shaoshan, province de Hunan.

1921 Participe à la fondation du parti communiste chinois.

1931 Fonde la République socialiste chinoise dans la province du Jiangxi.

1934-1935 Longue Marche.

1946-1949 Guerre civile entre communistes et nationalistes.

1958 Grand Bond en avant.

1966-1969 Révolution culturelle.

1976 Mort de Mao Zedong.

SOUS L'INFLUENCE DE MAO ZEDONG, la Chine quitta son statut de simple société paysanne pour se transformer en l'une des nations les plus puissantes du monde. Né dans une famille de paysans aisés, Mao fut dans sa jeunesse un voyageur assidu, préoccupé par les conditions de vie des plus défavorisés. Soucieux d'améliorer le sort des classes les plus pauvres, il s'intéressa au marxisme et participa, en 1921, à la fondation du parti communiste chinois. L'opposition entre les communistes et le parti nationaliste chinois, dirigé par Tchang Kaï-chek, fut marquée par une longue période de lutte qui se termina en guerre civile. En octobre 1949, le parti communiste sortit vainqueur de l'affrontement et prit le pouvoir à Pékin. Mao proclama la République populaire de Chine. Sous son autorité, le contrôle de l'État se renforça. Le visage de Mao s'imposa à tous et de jeunes partisans enthousiastes s'employèrent à travers le monde à diffuser la doctrine de ce chef d'État charismatique (le maoïsme).

La Longue Marche

LA LONGUE MARCHE

En octobre 1934, Mao mena les troupes communistes, que l'armée nationaliste menaçait d'encerclement, de leur place forte de Juichin, dans la province du Jiangxi, jusqu'à Yan'an, dans la province de Shanxi, au nord-ouest de la Chine. Cette marche de 9 700 km dura près d'un an. Seuls 8 000 marcheurs sur 100 000 survécurent à cette épreuve.

Itinéraire de la Longue Marche

RÉVOLUTION CULTURELLE

Après l'échec du Grand Bond en avant, Mao perdit de son influence au sein du parti communiste. En 1966, il lança une campagne de reconquête du pouvoir visant également à débarrasser le pays de toute influence étrangère ; ce mouvement politique et idéologique prit le nom de Révolution culturelle. Durant trois ans, les gardes rouges, partisans de Mao, armés du *Petit Livre rouge*, s'appliquèrent à mettre en pratique le programme de leur leader.

GRAND BOND EN AVANT

En 1958, Mao lança le Grand Bond en avant. Des communes populaires furent créées, ainsi que de petites unités de production agricole et industrielle. Mais une succession de mauvaises récoltes et un manque de planification contribuèrent à l'échec de cette politique.

CULTE DE LA PERSONNALITÉ

Mao Zedong s'appuya sur le culte de la personnalité pour fédérer le pays. De gigantesques affiches, placardées sur les façades de tous les bâtiments publics, imposèrent son image dans toute la Chine. Considéré comme le père et le guide de son peuple, Mao subjuguait la foule de ses partisans lors de rassemblements mémorables.

Pour en savoir plus
LA CHINE (HISTOIRE)
LE COMMUNISME

les Marécages

LES MARÉCAGES sont des étendues d'eau douce ou d'eau salée au milieu desquelles vivent des crocodiles, des grenouilles, des oiseaux, des poissons et toutes sortes de plantes. Mais le niveau d'eau n'est pas constant tout au long de l'année. L'été, l'eau s'évapore et la terre s'assèche ; l'hiver, l'eau l'inonde.

Les marécages ne sont généralement pas adaptés aux grands mammifères, excepté ceux d'Afrique où vivent les hippopotames. Des petits mammifères comme les rats musqués peuplent les zones humides d'Amérique du Nord, et les marais d'Europe abritent de nombreux oiseaux. La flore palustre se compose de roseaux, de joncs, de laîches et de massettes. De grands arbres poussent uniquement dans les mangroves tropicales. Les saules pleureurs et d'autres arbres vivant près de l'eau poussent dans les sols plus secs qui entourent les marécages.

PROTECTION DES ZONES HUMIDES
L'agriculture et l'industrie menacent de nombreux marécages, mais certains animaux tels les busards des marais représentés ci-dessus sont protégés.

NASIQUE
Ce singe au nez proéminent vit au milieu des palétuviers des zones marécageuses d'Asie. C'est un bon nageur. Il se nourrit de feuilles, de fleurs et de fruits.

PÉLICAN
Cet oiseau piscivore construit son nid dans des zones marécageuses reculées. Certaines espèces se reproduisent sur la terre ferme, d'autres dans les arbres. Le pélican à bec tacheté et le pélican frisé sont en voie d'extinction.

LAPIN PALUSTRE
Ce grand lapin d'Amérique du Nord sait nager et plonger pour échapper à ses prédateurs. Il se nourrit principalement de plantes aquatiques.

MOCASSIN D'EAU
La plupart des serpents sont des nageurs et des grimpeurs excellents qui se déplacent aisément dans les marécages en quête de nourriture. Le mocassin d'eau, qui peuple les zones humides d'Amérique du Nord, a une morsure très venimeuse.

La vase des mangroves est si dense et si détrempée qu'elle ne contient quasiment pas d'oxygène.

Les racines des palétuviers émergent pour absorber l'oxygène dont elles ont besoin pour croître.

Les gouttes d'eau touchent l'insecte comme de minuscules balles.

La réserve d'eau du périophtalme

PÉRIOPHTALME
Ce poisson inhabituel possède une réserve d'eau dans des cavités situées de chaque côté de sa tête, ce qui lui permet de rester hors de l'eau assez longtemps. Il plonge de temps en temps pour faire provision d'eau.

MARAIS

Les marais sont des sortes de nurseries pour de nombreux insectes dont les larves vivent dans l'eau, comme la libellule et le moustique. Les larves d'insectes et les vers constituent la principale nourriture des poissons et des oiseaux aquatiques.

MANGROVES
Les palétuviers sont des arbres qui prospèrent dans les mangroves (forêts qui poussent dans l'eau). Certaines espèces croissent dans les eaux douces, d'autres supportent l'eau salée. Leurs racines et leurs troncs piègent la vase et leurs graines commencent à germer encore sur l'arbre. Lorsqu'elles tombent dans la vase, elles produisent des racines.

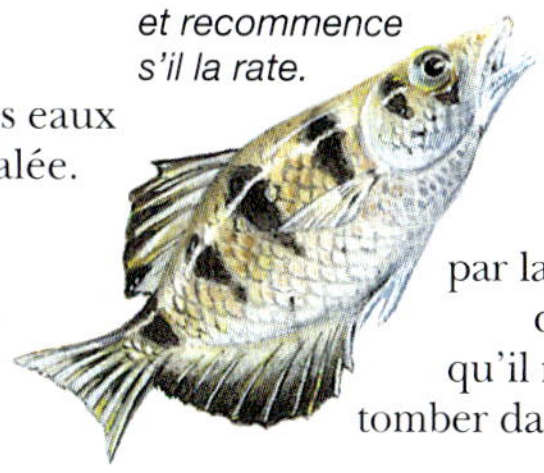

Le toxote vise sa cible et recommence s'il la rate.

TOXOTE
Le toxote est un poisson d'Asie qui envoie par la bouche des gouttes d'eau sur les insectes qu'il repère pour les faire tomber dans l'eau et les avaler.

Pour en savoir plus

LAPINS ET LIÈVRES
LES OISEAUX
LES POISSONS
LES RIVAGES
LES SERPENTS
LES SINGES

http://www.musee-marine.fr

la Marine

GROUPES DE PRESSION
Au XVIIIe siècle la vie des marins était dure et ils étaient peu nombreux à s'engager dans la marine. C'est pourquoi des racoleurs les y obligeaient. Les marins membres du groupe de pression kidnappaient ceux qui refusaient de s'engager.

AVANT L'AVÈNEMENT de la voiture et de l'avion, le bateau constituait le moyen de transport le plus rapide, mais aussi le plus dangereux : les pirates pillaient les navires de commerce, et en temps de guerre les flottes des pays ennemis se livraient bataille. Les Grecs, les Perses et les Romains de l'Antiquité ont été parmi les premiers à construire des navires de guerre. Puis vint le temps des Scandinaves, du VIIIe au XIe siècle : les Vikings naviguant sur des drakkars envahirent la Normandie, en France. Au XVIe siècle, les nations européennes se sont dotées d'une puissance navale pour protéger les navires de commerce et étendre leur empire. En temps de guerre, la marine militaire poursuit toujours sa mission de protection des navires marchands en plus de combattre l'ennemi sur les mers. Les forces navales transportent également les soldats jusqu'à la zone de conflit et assurent l'approvisionnement en denrées alimentaires et munitions. La marine participe aussi à des missions de sauvetage. Actuellement, les navigations commerciales et de plaisance peuvent faire l'objet d'attaques de pirates dans certaines régions du globe.

BATAILLE DE TRAFALGAR
La première marine était à voiles et les batailles navales mettaient à l'épreuve les capacités militaires et de navigation de l'équipage. Lors de la bataille de Trafalgar en 1805, la flotte britannique a vaincu une flotte franco-espagnole, coulant ou s'emparant de plus de la moitié des navires ennemis.

PORTE-AVIONS

Les avions de combat basés sur des porte-avions défendent la flotte des attaques aériennes ennemies. La plate-forme d'envol étant réduite, une catapulte facilite le lancement des avions. Les porte-avions sont des bâtiments énormes qui disposent d'une faible artillerie : d'autres navires de guerre doivent les protéger lors des conflits.

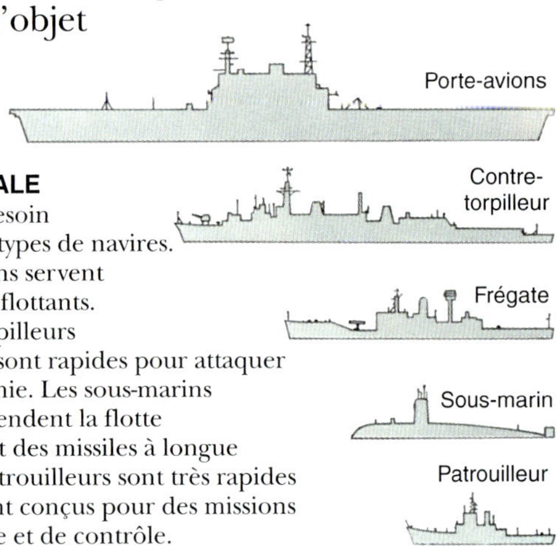

FLOTTE NAVALE
La marine a besoin de nombreux types de navires. Les porte-avions servent d'aérodromes flottants. Les contre-torpilleurs et les frégates sont rapides pour attaquer la flotte ennemie. Les sous-marins nucléaires défendent la flotte et transportent des missiles à longue portée. Les patrouilleurs sont très rapides et spécialement conçus pour des missions de surveillance et de contrôle.

PORTE-AVIONS *CHARLES-DE-GAULLE*
Le *Charles-de-Gaulle* est un porte-avions nucléaire français qui peut embarquer 40 avions et héberger 1 950 personnes.

UNIFORMES

À la marine de chaque pays correspondent des uniformes qui renseignent sur le grade et le rôle des individus qui les portent. Un artilleur à bord d'un contre-torpilleur porte un casque et un matelot sur un porte-avions, des lunettes de protection et des écouteurs.

Pour en savoir plus
LES BATEAUX
LES BATEAUX DE GUERRE
LA NAVIGATION
LA PREMIÈRE GUERRE MONDIALE
LA SECONDE GUERRE MONDIALE

http://www.marionnettes.ca/

les Marionnettes

MARIONNETTES À FILS
Il faut deux mains et beaucoup de dextérité pour manipuler des marionnettes à fils. Le marionnettiste fait bouger un bâtonnet de bois sur lequel les fils sont attachés pour actionner sa marionnette. Certains fils sont reliés entre eux pour synchroniser les mouvements ; par exemple, quand une jambe se lève, l'autre se pose.

LE THÉÂTRE DE MARIONNETTES est l'une des plus anciennes formes de théâtre et chaque époque a créé de nouvelles traditions. En Afrique, en Chine et en Inde, les marionnettes étaient jadis utilisées pour donner vie à des légendes et à des textes sacrés. Au XVIIIe siècle, les marionnettes japonaises du bunraku étaient manipulées à la vue des spectateurs et racontaient des histoires extraordinaires grâce à un narrateur qui leur prêtait sa voix. Polichinelle en France, Punch et Judy en Angleterre, Petrouchka en Russie sont issus de personnages de la comédie italienne créés entre le XVIe et le XVIIIe siècle. Une main suffit pour mouvoir une marionnette à gaine. Certaines marionnettes japonaises, plus sophistiquées, ont besoin de trois manipulateurs. Les marionnettes commentent souvent notre vie quotidienne et peuvent être très malicieuses. Les marionnettistes modernes, comme le défunt Jim Henson, créateur des Muppets, ont remplacé les fils et tiges traditionnels par des mécanismes électroniques.

MARIONNETTES À GAINE
Ce type de marionnette est aussi facile à fabriquer qu'à manipuler. Avec un peu d'entraînement, vous pourrez monter tout un spectacle en utilisant seulement les doigts de vos deux mains.

Il faut plusieurs marionnettistes pour actionner une marionnette géante.

Un poste de télévision montre aux marionnettistes ce que voient les spectateurs.

Les yeux de la marionnette peuvent s'ouvrir et se fermer.

Pour que la bouche puisse bouger, elle est attachée au cadre par des charnières.

À l'intérieur, la personne peut entendre les consignes des marionnettistes.

La marionnette est actionnée par des câbles reliés aux marionnettistes.

MARIONNETTES GÉANTES
Actionner une marionnette grandeur nature est un travail d'équipe. À l'intérieur, une personne bouge les bras et les jambes, tandis que d'autres marionnettistes animent le visage. La marionnette est constituée d'un cadre rigide recouvert de caoutchouc mousse, ce qui la rend très légère et facile à mouvoir.

THÉÂTRE D'OMBRES
Le montreur tient la marionnette derrière un écran. La lumière projette une ombre que le public voit de l'autre côté de l'écran. Les marionnettes japonaises comme celles-ci peuvent mesurer plus de un mètre de haut. Les bras sont actionnés au moyen de tiges. Ces figurines traditionnelles sont découpées dans de la peau de buffle et décorées de couleurs vives – rouge, bleu et doré.

La caméra de télévision filme seulement les marionnettes. Jim Henson (au centre) et les autres marionnettistes restent cachés.

MARIONNETTES À GAINE ET À TIGE
Une marionnette à gaine est très facile à manipuler. Elle s'enfile comme un gant. L'index tient la tête et la fait bouger. Les bras de ces Muppets sont mus à la fois par la technique de la gaine et par celle de la tige.

Pour en savoir plus
LE THÉÂTRE

les Matières plastiques

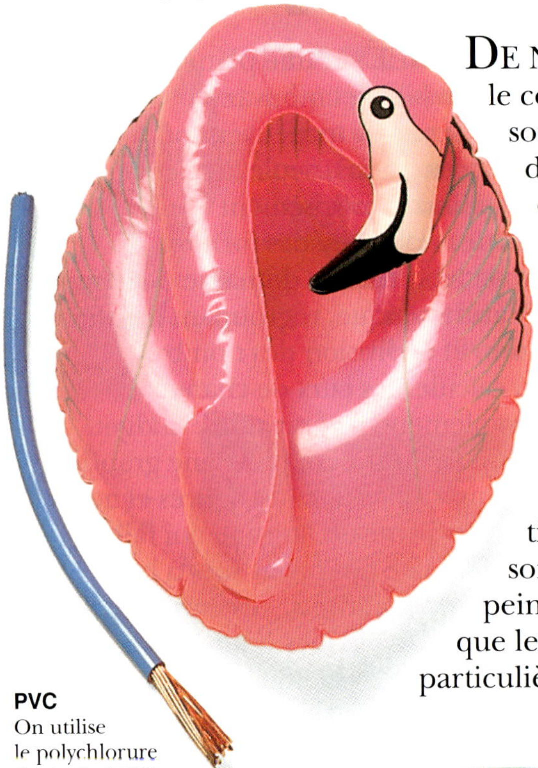

DE NOMBREUX MATÉRIAUX, comme le coton, la laine, le cuir, le bois et le métal, sont dits naturels, car ils sont issus des végétaux et des animaux, ou extraits du sol. Les plastiques, qui remplacent parfois les matériaux naturels, par exemple dans l'habillement ou l'industrie automobile, sont des matériaux synthétiques, élaborés en usine à partir d'éléments chimiques, eux-mêmes extraits du pétrole, du gaz naturel ou du charbon. La principale qualité des plastiques tient à leur facilité à être moulés. On les utilise pour fabriquer toutes sortes d'objets, aussi bien que des fibres textiles. Colles extrafortes, peintures longue durée et matériaux extralégers, aussi résistants que les métaux, sont tous élaborés à partir de plastiques aux propriétés particulières que ne possède aucun matériau naturel.

BAKÉLITE
La Bakélite fut inventée en 1907 par le chimiste américain Leo Baekeland. Ce fut la première matière plastique mise au point à partir d'éléments chimiques.

PVC
On utilise le polychlorure de vinyle (PVC) pour fabriquer des gaines de câbles électriques et de nombreux jouets gonflables.

TYPES DE MATIÈRES PLASTIQUES

Leur comportement à la chaleur divise les centaines de plastiques en thermoplastiques et thermodurcissables.

POLYTHÈNE
Les sacs en plastique sont souvent en polythène. Cette matière synthétique existe sous la forme d'un film flexible et résistant ; mais en couche épaisse, elle permet de fabriquer bottes, seaux et autres accessoires ménagers.

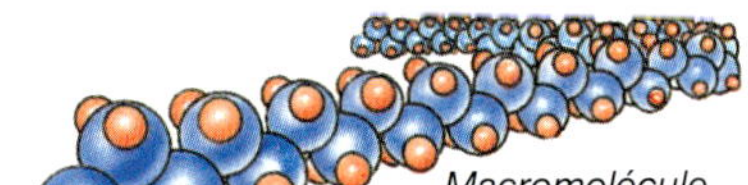

Macromolécule de polythène

POLYMÈRES

Les plastiques sont des polymères : leurs macromolécules sont formées de longues chaînes d'atomes. Aussi l'appellation des plastiques débute-t-elle souvent par *poly*, préfixe signifiant « plusieurs ». Les macromolécules donnent aux plastiques leurs propriétés, comme la souplesse et la résistance.

NYLON
Flexible et résistante, la fibre de Nylon devient cordes ou vêtement imperméable à usage professionnel. Sous forme rigide, le Nylon est transformé en pièces d'engrenage ou autres composants.

POLYSTYRÈNE
Dur et léger et thermoplastique, le polystyrène est présent dans les emballages et les plastiques durs.

MIEUX QUE LE MÉTAL
Dans l'aéronautique, les plastiques composites viennent remplacer le métal de nombreuses pièces. Ce modèle est entièrement réalisé en composites, particulièrement résistants à la corrosion et à la fissuration.

POLYCARBONATE
Transparent et résistant, le polycarbonate se prête à la fabrication de verres de lunettes, de vitres de phares automobiles et de casques de moto.

COMPOSITES

Les fibres dures qui renforcent certains plastiques permettent d'obtenir des matériaux dits composites, alliant légèreté, solidité et facilité de moulage. Le renfort est obtenu à partir de fines fibres de verre, de carbone ou de Kevlar, une fibre aramide très robuste.

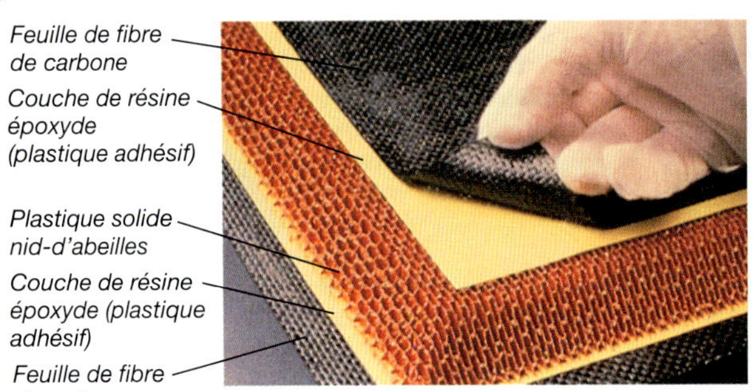

Pour en savoir plus

ATOMES ET MOLÉCULES
LE CHARBON
LA CHIMIE
LES MATÉRIAUX
LE PÉTROLE
LES TEXTILES

les Mayas

Au cœur des forêts tropicales du Mexique, les Mayas développèrent une civilisation étonnante, dont l'apogée se situa entre 250 et 900 de notre ère. Les bâtisseurs Mayas érigèrent d'impressionnantes cités, dominées par d'écrasants temples de pierre. Chaque cité-État constituait le centre d'un royaume, dirigé par un roi tout-puissant, vénéré tel un dieu. Peuple érudit, les Mayas s'intéressèrent aux mathématiques et à l'astronomie. Ils créèrent leur propre système d'écriture et gravèrent les faits marquants de leur histoire sur des stèles de pierre dressées en certains endroits de leurs cités. Cette civilisation sophistiquée ignorait pourtant la roue et utilisait de simples outils de pierre. Au XVIe siècle, le territoire maya fut conquis par les Espagnols.

ROYAUME MAYA
Les Mayas résidaient sur la presqu'île du Yucatán et sur les plateaux méridionaux d'une région située à l'est du Mexique. Ils fondèrent également des cités-États dans certaines parties du Guatemala et du Honduras actuels.

SILEX SCULPTÉS
Les artisans fabriquaient leurs outils à partir de roches, comme le silex ou l'obsidienne (roche volcanique vitreuse de couleur noire), qu'ils affûtaient. Passés maîtres dans l'art de la taille, ils réalisaient des sculptures sophistiquées, qui étaient souvent placées dans les tombes ou offertes aux dieux.

PALENQUE

Le célèbre temple des Inscriptions de Palenque fut érigé au sommet d'une pyramide. Profondément enfouie sous la base de la pyramide, une chambre secrète abritait la sépulture d'un dignitaire local, Pacal, mort vers 684. Au sommet, le temple recélait des tablettes de pierre gravées de glyphes, énumérant les exploits des souverains antérieurs à Pacal. Des vestiges de la pyramide subsistent de nos jours.

GLYPHES
Le système d'écriture des Mayas faisait appel à une série de signes, que les archéologues ont baptisés glyphes. Certains glyphes étaient des pictographes (ou images simplifiées) des objets qu'ils désignaient. D'autres représentaient des sons nécessaires à l'élaboration de mots ou des symboles faisant office de nombres. Les glyphes des Mayas servaient à marquer les dates du calendrier ou à transcrire l'histoire de leur civilisation.

Glyphes décrivant une femme de la noblesse nommée dame Xoc

Urne à tête de jaguar

SACRIFICES HUMAINS
Certaines communautés honoraient leurs divinités en pratiquant des sacrifices humains. Le sang des victimes était censé nourrir les dieux. Au cours de ces rites, une urne à tête de jaguar, animal sacré pour les Mayas, servait à recueillir le sang des sacrifiés.

JEU DE BALLE
De nombreuses cités mayas possédaient un terrain de jeu. Le but était de faire passer une balle de caoutchouc par un petit anneau de pierre fixé sur le bord du terrain. Les perdants étaient parfois condamnés à mort. Vêtus de tenues rembourrées, les joueurs ne pouvaient toucher la balle qu'avec les hanches, les coudes ou les bras.

Pour en savoir plus

L'Âge de bronze
L'Amérique centrale
La Roue

la Médecine (différents types)

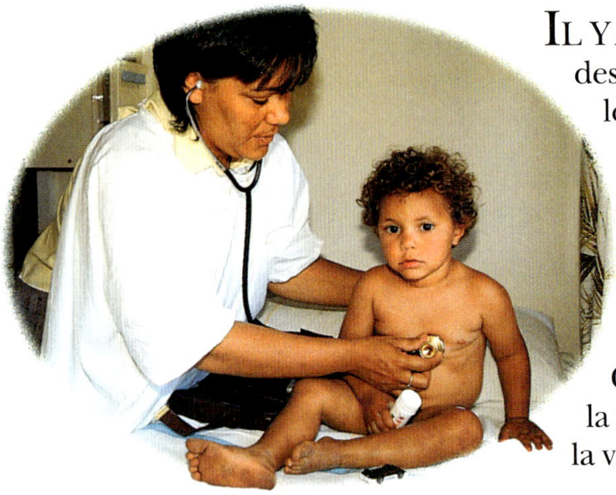

Il y a encore 250 ans, l'espérance de vie de la plupart des êtres humains ne dépassait pas 35 ans. De nos jours, dans tous les pays industrialisés de la planète, elle s'est accrue au point de dépasser 70 ans. Hygiène de vie et alimentation ont largement contribué à cette évolution, mais celle-ci tient surtout aux progrès réalisés par la médecine. La médecine est la science de la prévention, du diagnostic, du traitement des maladies et autres dommages subis par le corps humain. La recherche médicale s'applique à trouver de nouveaux traitements. Ces thérapeutiques englobent, entre autres, les médicaments, la radiothérapie et la chirurgie. Des mesures préventives, comme la vaccination, font partie intégrante de la médecine moderne.

DIAGNOSTIC
La première étape, pour un médecin, consiste à identifier le mal dont souffre son patient. Il va donc l'interroger et lui demander de décrire ce qui ne va pas. L'examen physique et l'auscultation lui permettront d'orienter son diagnostic, qui peut être complété par des examens complémentaires, comme une prise de sang ou une analyse d'urine par exemple.

BRANCHES DE LA MÉDECINE

La médecine est un vaste domaine, qui requiert différentes compétences. Chaque praticien (généraliste, cardiologue, pédiatre, etc.) se spécialise dans l'une ou l'autre des différentes branches de la médecine.

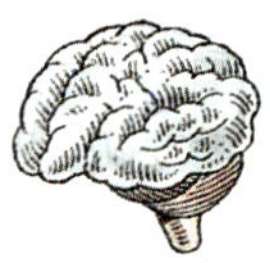

La neurologie s'intéresse aux troubles relatifs au cerveau et au système nerveux.

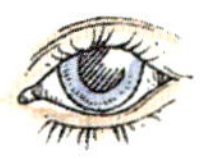

L'ophtalmologie concerne toutes les affections de l'œil.

L'orthopédie touche aux affections de l'appareil locomoteur (os, vertèbres, articulations et muscles).

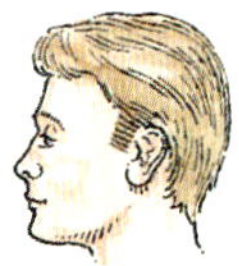

La psychiatrie traite les maladies mentales.

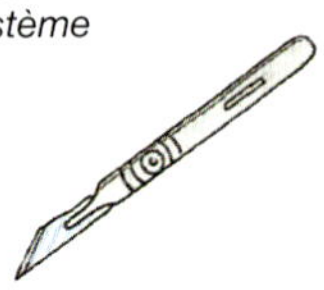

La chirurgie intervient en ouvrant le corps humain.

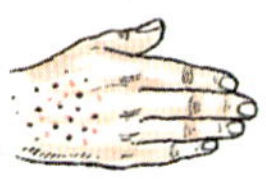

La dermatologie s'occupe de la peau et de ses maladies.

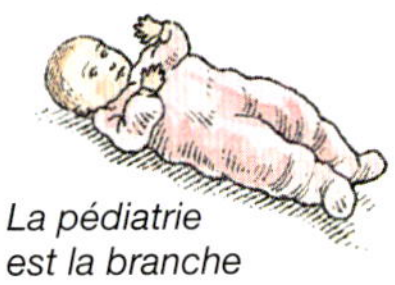

La pédiatrie est la branche de la médecine consacrée aux enfants.

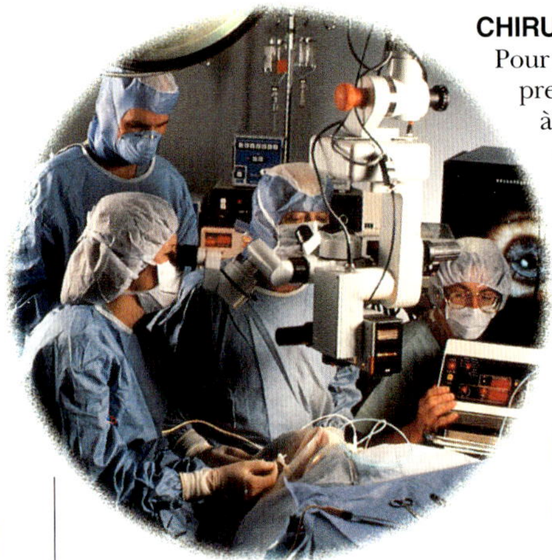

CHIRURGIE
Pour traiter une maladie, on peut prescrire des médicaments ou recourir à la chirurgie. Celle-ci se pratique sous anesthésie, par incision du corps humain. Le chirurgien ôte, répare ou remplace (au cours d'une greffe cardiaque, par exemple) le tissu ou l'organe malade.

CONVALESCENCE
Une maladie ou une intervention sont suivies d'une période de convalescence, dont la durée peut varier de quelques heures à plusieurs mois. Tout dépend de la sévérité de l'affection et de l'impact des traitements prescrits.

La cataire, qui traite les rhumes, était déjà utilisée par les hommes préhistoriques.

La rue est prescrite en cas de rhumatismes.

La menthe dissipe les troubles de la digestion.

MÉDECINES PARALLÈLES

Revendiquant une approche de l'homme dans sa globalité, alors que la médecine moderne officielle privilégie le traitement de la maladie, les médecines parallèles (ou médecines douces) plongent souvent leurs racines dans des traditions anciennes. On distingue, entre autres, l'acupuncture (stimulation par des aiguilles de points précis du corps), l'aromathérapie et la phytothérapie (traitements par les plantes), l'homéopathie, etc.

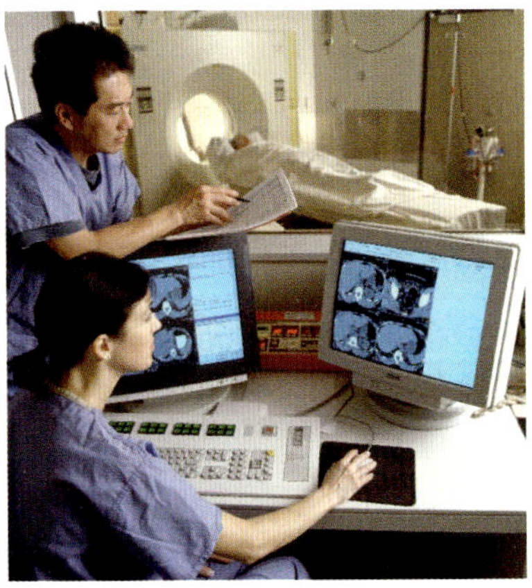

Tumeurs ou lésions cérébrales sont détectées grâce à une IRM.

MÉDECINE ET TECHNIQUES

La médecine moderne fait appel à tout un éventail de techniques. Le diagnostic et le suivi médical bénéficient de nombreux procédés d'imagerie (scanner, IRM, échographie) qui permettent de photographier l'intérieur du corps humain. Ces équipements ont révolutionné la pratique médicale.

Pour en savoir plus
Forme et santé
Les Hôpitaux
Les Maladies
La Médecine (histoire)
Les Médecins
Les Médicaments
Le Secourisme

la **Médecine** (histoire)

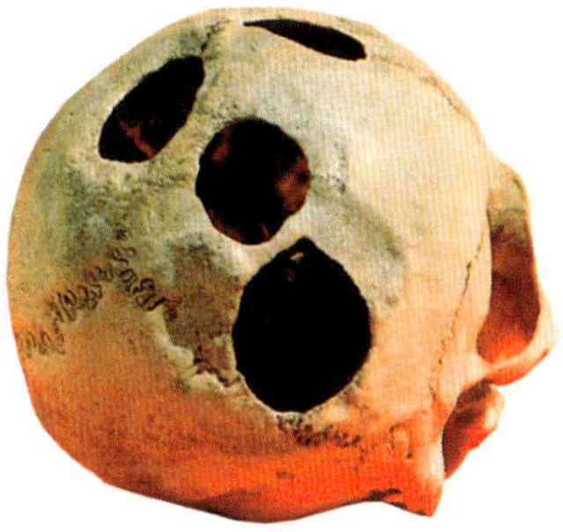

TRÉPANATION
Il y a 10 000 ans, les premiers médecins pratiquaient la trépanation en perçant un trou dans le crâne des patients afin de les guérir. Les esprits malins responsables de la douleur et des maux pouvaient ainsi s'échapper du malade.

L'ART DE SOIGNER REMONTE aux débuts de l'humanité. Les premiers hommes, qui voyaient souvent en la maladie une punition des dieux, pensaient que prières et magie pouvaient en venir à bout. Dans la Grèce antique, les malades se rendaient au temple pour y sacrifier des animaux en l'honneur d'Asclépios, dieu grec de la Santé et de la Médecine. Ils buvaient des eaux aux vertus médicinales ou s'y baignaient, et s'imposaient des régimes très stricts dans l'espoir de guérir. Au Vᵉ siècle av. J.-C., le médecin grec Hippocrate déclara que seule la nature, et non la magie, était responsable de la maladie et pouvait la soigner. Considéré comme le père de la médecine, Hippocrate, aidé de ses disciples, se lança dans la rédaction de nombreux ouvrages médicaux. L'appétit de savoir qui a caractérisé la Renaissance européenne, dès le XVᵉ siècle, devait aussi encourager l'expérimentation et permit d'asseoir la médecine sur des fondements plus scientifiques.

Les théories des Anciens furent remises en question et des scientifiques comme Vésale (1514-1564) commencèrent à disséquer les cadavres pour tenter de comprendre les mécanismes du corps et de la maladie. Depuis, découvertes et innovations n'ont cessé de se succéder.

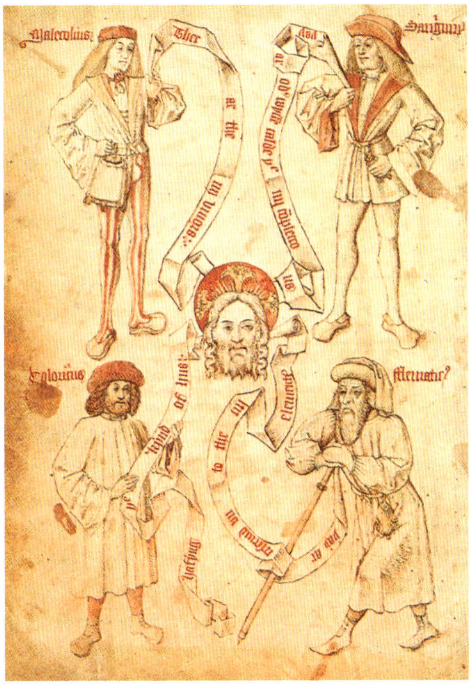

HUMEURS
Le médecin grec Galien (v. 130-200) émit l'idée que le corps humain renfermait quatre fluides (ou humeurs) : le sang, le flegme, la bile et l'atrabile (ou bile noire). Selon Galien, la santé d'une personne était liée à la prédominance de l'un ou l'autre de ces fluides, un déséquilibre des humeurs entraînant la maladie.

HERBORISTERIE
Voilà des millénaires que les hommes utilisent les plantes et les herbes à des fins médicinales. Les herboristes, parmi lesquels de nombreux moines, répertoriaient les plantes selon leur usage. Les premiers pharmaciens, appelés apothicaires, en tiraient des potions et remèdes, ce qui les fit souvent accuser de sorcellerie dans l'Europe de la Renaissance. De nos jours, la phytothérapie (ou thérapie par les plantes) fait partie des médecines douces.

WILLIAM HARVEY
En 1628, le médecin anglais William Harvey (1578-1657) mit en évidence la circulation du sang dans le corps humain. Il décrivit la façon dont le sang était pompé par le cœur et distribué dans les artères, avant de revenir vers le cœur par le système veineux. Il démontra comment les valvules veineuses s'opposaient au reflux sanguin. Critiqué par ses contemporains, Harvey fut plus tard nommé médecin personnel du roi d'Angleterre Charles Iᵉʳ.

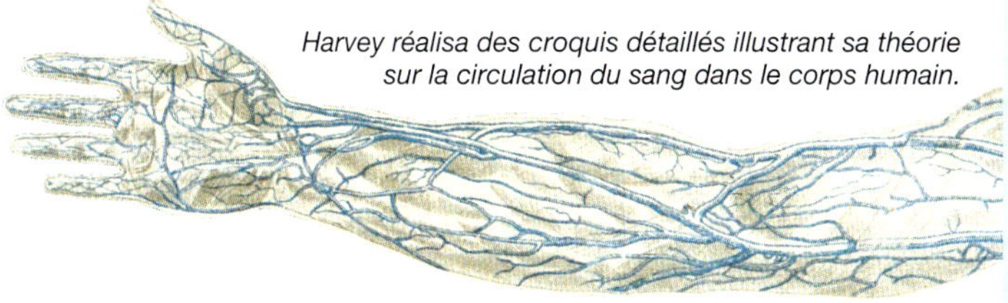

Harvey réalisa des croquis détaillés illustrant sa théorie sur la circulation du sang dans le corps humain.

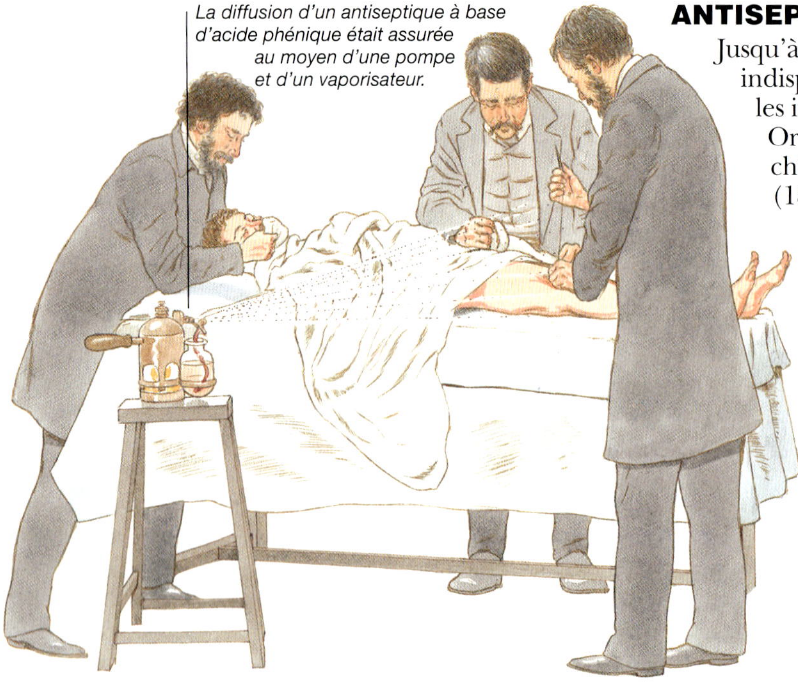

La diffusion d'un antiseptique à base d'acide phénique était assurée au moyen d'une pompe et d'un vaporisateur.

ANTISEPSIE

Jusqu'à la fin du XIXᵉ siècle, les chirurgiens ne jugeaient pas indispensable de se laver les mains ni de désinfecter les instruments chirurgicaux avant une opération. Or de nombreux patients décédaient après l'intervention chirurgicale. Le chirurgien britannique Joseph Lister (1827-1912) suspecta que des bactéries pouvaient être à l'origine de ces décès. En 1865, il mit au point un antiseptique, l'acide phénique, et sa diffusion par un vaporisateur. Les bactéries pouvaient être détruites par la pulvérisation de l'antiseptique dans la salle d'opération. Le taux de mortalité postopératoire chuta dès lors considérablement.

Les sangsues sont des parasites qui vivent aux dépens de leur hôte. Elles sécrètent une substance qui stoppe la coagulation du sang dont elles se nourrissent.

SAIGNÉE

Les médecins pensaient autrefois qu'un excès de sang dans le corps pouvait être source de maladie. La saignée permettait de purger l'organisme. On procédait à l'incision d'une veine ou à la pose de sangsues sur le corps. Celles-ci s'accrochaient à la peau au moyen de leurs ventouses et aspiraient le sang du patient. L'endroit du corps où on les mettait dépendait de l'affection dont souffrait le malade.

ALEXANDER FLEMING

Les bactéries sont à l'origine de nombreuses maladies. Les scientifiques ont donc cherché à mettre au point une substance susceptible de détruire ces microbes et qui ne serait pas toxique pour les tissus humains. Le bactériologiste écossais Alexander Fleming (1881-1955) fut le premier à identifier une substance aux propriétés antibactériennes. En 1928, alors qu'il travaillait dans un laboratoire du Saint Mary's Hospital de Londres, il découvrit qu'une moisissure, mise accidentellement au contact de bactéries, les avait détruites. En 1941, les chercheurs Howard Florey et Ernst Chain purifièrent cette moisissure, *Penicillium notatum*, et créèrent le premier antibiotique, la pénicilline. Celle-ci fut largement utilisée dans le traitement de nombreuses affections, dont certaines méningites et pneumonies. En 1945, Fleming, Florey et Chain partagèrent le prix Nobel de médecine.

VERS 8000 AV. J.-C. Premières trépanations.

Vᵉ SIÈCLE AV. J.-C. Approche scientifique de la médecine par le médecin grec Hippocrate.

1543 Vésale publie ses premières planches anatomiques.

1615 L'Italien Santorio met au point le thermomètre buccal.

1683 Van Leeuwenhoek découvre les bactéries.

1796 Le médecin anglais Edward Jenner pratique la première vaccination contre la variole.

1816 Le médecin français René Laennec invente le stéthoscope.

1842 Le chirurgien américain Horace Long opère sous anesthésie générale.

1895 Découverte des rayons X par le physicien allemand Wilhelm Röntgen. L'intérieur du corps humain devient visible.

1910 Les physiciens d'origine polonaise Pierre et Marie Curie isolent le radium, bientôt utilisé en cancérologie.

1928 Alexander Fleming découvre la pénicilline.

PIONNIERS DE LA MÉDECINE

La médecine moderne doit beaucoup aux précurseurs des siècles passés. Le Flamand André Vésale contribua à parfaire la connaissance du corps humain grâce à ses planches anatomiques. Le Néerlandais Van Leeuwenhoek (1632-1723) découvrit les microbes et le médecin anglais Edward Jenner (1749-1823) la vaccination.

LOUIS PASTEUR

On doit à Pasteur (1822-1895), outre les vaccins contre la rage et le charbon, la pasteurisation, procédé de conservation par chauffage, qui tue les microbes présents dans le lait ou la bière.

SIGMUND FREUD

Le médecin autrichien Sigmund Freud (1856-1939) s'intéressa au fonctionnement du psychisme humain et découvrit l'existence de l'inconscient. Il entreprit de soigner les troubles mentaux en fondant sa thérapie sur l'écoute des patients. Il exposa sa méthode, la psychanalyse, dans ses ouvrages, dont l'*Interprétation des rêves*, paru en 1900.

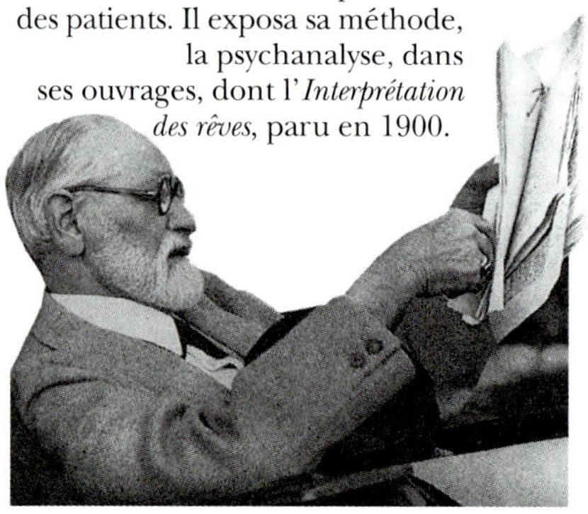

Pour en savoir plus

L'ÉGYPTE ANCIENNE
LA GRÈCE ANTIQUE
LA MÉDECINE (DIFFÉRENTS TYPES)
LES MÉDICAMENTS

les Médecins

SI VOUS ÊTES MALADE, vous avez besoin de voir un médecin. Celui-ci est capable d'identifier votre maladie et de la soigner pour que vous alliez mieux. On commence habituellement par téléphoner à son médecin généraliste, qui connaît toutes les maladies, ou presque. Selon la maladie qu'il diagnostique, il peut vous prescrire un traitement, demander des examens, ou vous adresser à l'un de ses confrères, chirurgien ou spécialiste. Les chirurgiens opèrent : ils ouvrent le corps du patient pour retirer ou remettre en état l'organe malade. Les pédiatres ont pour spécialité de soigner les enfants. Pour vérifier que vous êtes en bonne santé, votre généraliste peut vous faire un bilan de santé, ou vous vacciner pour éviter que vous ne tombiez malade. On ne devient docteur en médecine qu'après de longues études dans une faculté de médecine.

SERMENT D'HIPPOCRATE
Les médecins existent depuis l'Antiquité. Hippocrate était un célèbre médecin grec, il y a 2500 ans. Il a prêté le serment de préserver la vie et d'œuvrer pour le bien-être de tous les hommes. Les médecins actuels prêtent toujours ce serment à la fin de leurs études.

Le stéthoscope permet d'ausculter le patient pour écouter les bruits émis par ses organes.

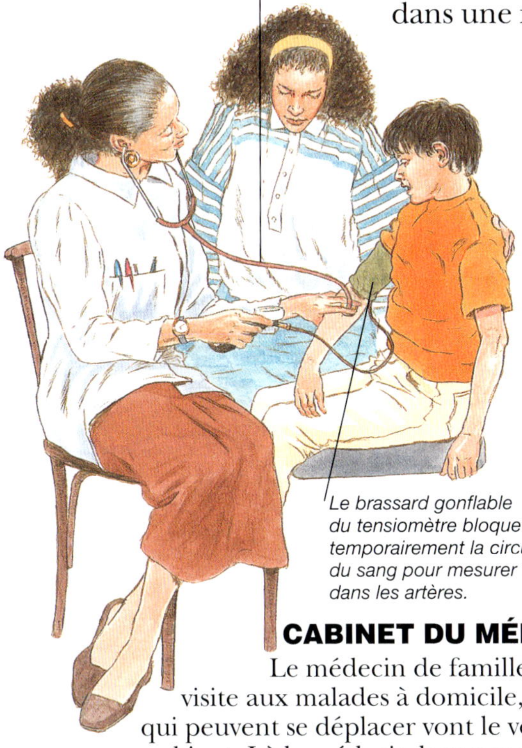

Le brassard gonflable du tensiomètre bloque temporairement la circulation du sang pour mesurer la pression dans les artères.

CABINET DU MÉDECIN

Le médecin de famille rend parfois visite aux malades à domicile, mais les patients qui peuvent se déplacer vont le voir dans son cabinet. Là le médecin leur pose des questions et les examine pour établir un diagnostic (identifier ce qui ne va pas). Avant de prescrire un traitement, il peut avoir besoin d'une radio ou d'une prise de sang.

OUTILS DU DIAGNOSTIC
Les médecins utilisent les radiographies et d'autres instruments spécialisés pour les aider à établir un diagnostic.

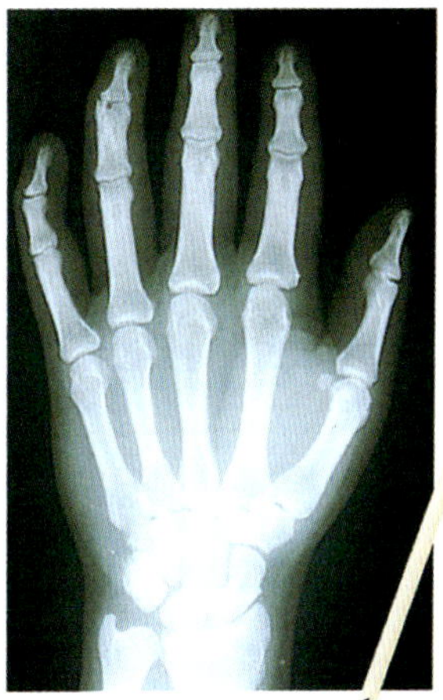

Les clichés radiographiques révèlent des fractures et certaines maladies, comme le cancer du poumon.

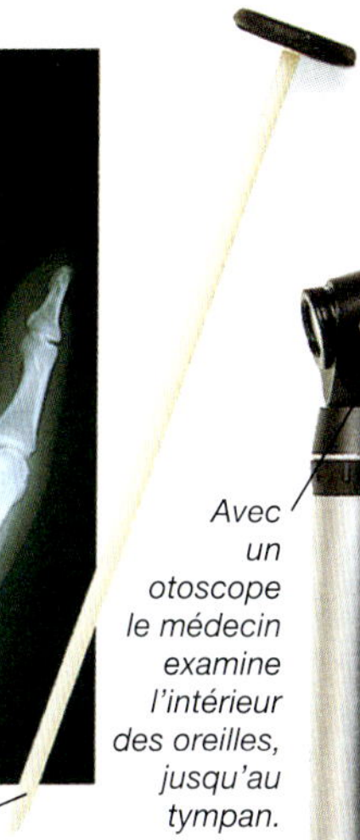

Un léger coup de marteau au-dessous du genou teste les réflexes : le genou d'une personne en bonne santé réagit.

Avec un otoscope le médecin examine l'intérieur des oreilles, jusqu'au tympan.

Le médecin utilise un ophtalmoscope pour examiner les yeux.

MICROCHIRURGIE

Grâce aux microscopes, les chirurgiens peuvent opérer des parties du corps minuscules. Cette technique, la microchirurgie, permet d'intervenir sur des organes malades trop petits pour être manipulés sans grossissement. Les spécialistes opèrent ainsi les tissus fragiles des yeux ou des oreilles et recousent, par exemple, des doigts sectionnés.

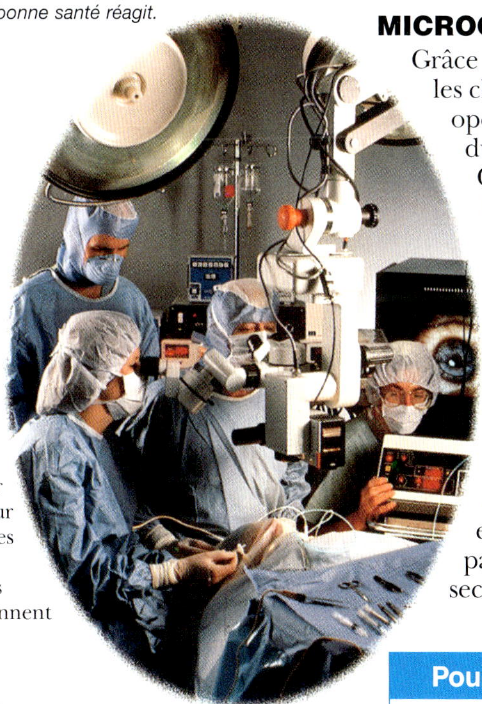

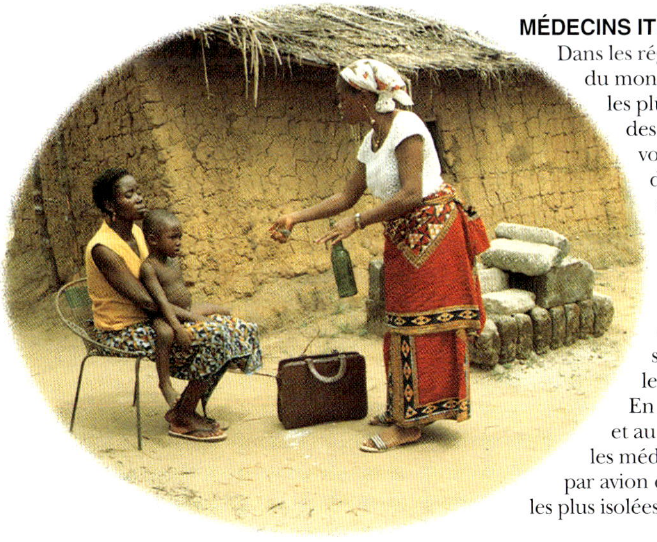

MÉDECINS ITINÉRANTS
Dans les régions du monde les plus reculées, des médecins vont de village en village pour soigner les gens. Pour les problèmes de santé courants, des soignants prennent le relais. En Australie et au Canada, les médecins se rendent par avion dans les zones les plus isolées.

Pour en savoir plus
FORME ET SANTÉ
LES HÔPITAUX
LES MALADIES

les Médicaments

Certains médicaments peuvent être toxiques. Un conditionnement adapté, comme ces bouchons spéciaux, évite que les enfants ne les consomment.

Les médicaments sont des substances possédant des propriétés curatives ou préventives, destinées à soulager ou guérir les malades, ou à prévenir les maladies. Ils se présentent sous différentes formes : comprimés, gélules, sirops, solutions buvables, etc. Des milliers de médicaments sont aujourd'hui disponibles, classés par catégories, selon leur principe actif et leur effet thérapeutique. Certains sont élaborés à partir de substances naturelles, comme les plantes, d'autres sont des molécules de synthèse. Les chercheurs œuvrent en permanence à la mise au point de nouveaux médicaments ; la découverte des antibiotiques, la pénicilline par exemple, permet aujourd'hui de traiter des infections qui étaient encore fatales il n'y a pas si longtemps.

VOIE ORALE
De nombreux médicaments doivent être avalés. Ils sont assimilés par le système digestif et leur principe actif passe dans le sang, pour être transporté dans tout l'organisme jusqu'à sa cible.

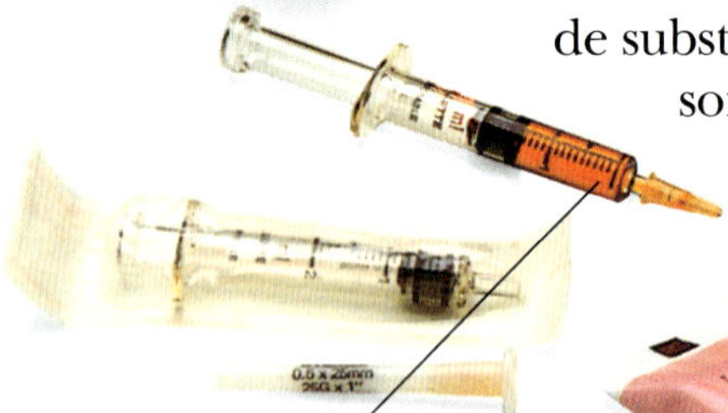

Les médicaments de l'urgence, comme l'adrénaline, sont injectés par voie intraveineuse ou intramusculaire, à l'aide d'une seringue.

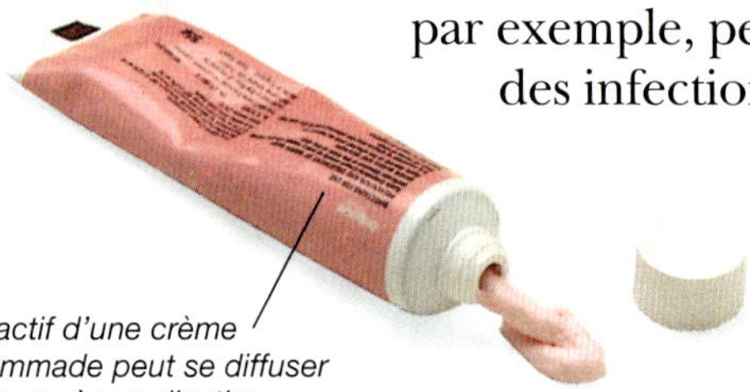

Le principe actif d'une crème ou d'une pommade peut se diffuser dans le corps après application locale sur la peau. Cette catégorie de médicaments sert généralement à traiter les affections cutanées.

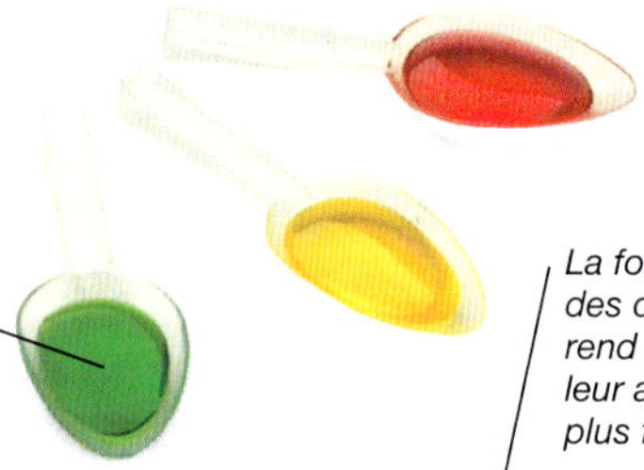

Certains médicaments, en particulier ceux destinés aux enfants, se présentent sous forme de sirop au goût sucré. Des cuillères d'une contenance adaptée assurent un dosage correct du médicament à chaque prise.

La forme des comprimés rend parfois leur absorption plus facile.

Certains médicaments se présentent sous forme de poudre à diluer dans l'eau. Leur principe actif est dans ce cas plus rapidement diffusé dans le sang.

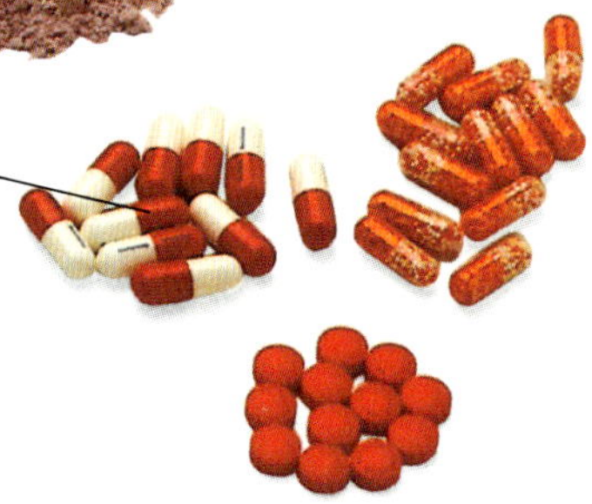

Gélules et comprimés sont dosés de façon très précise. Une fois ingéré, le principe actif du médicament se diffuse lentement dans le sang. Certains comprimés sont enrobés d'une pellicule qui se dissout lentement de façon à libérer progressivement le principe actif qu'ils contiennent.

TYPES DE MÉDICAMENTS

À chaque médicament son usage. La gamme s'étend des antibiotiques (destinés au traitement des infections) aux anxiolytiques, en passant par les antalgiques, comme l'aspirine. Les anesthésiques sont administrés aux patients pour les endormir avant une intervention chirurgicale. Les médicaments peuvent être avalés, injectés, appliqués sur la peau, utilisés en aérosols ou inhalés.

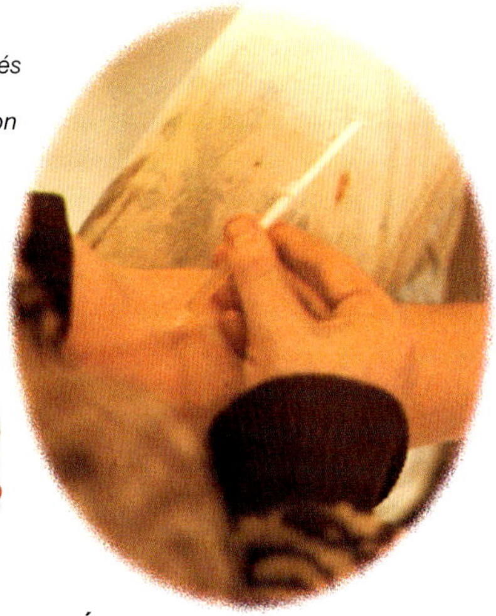

DÉPENDANCE
L'usage abusif de certains médicaments peut entraîner un phénomène d'accoutumance et conduire à une dépendance, jusqu'à mettre en danger la santé psychique et physique du patient. Ces substances, généralement des psychotropes, sont surtout utilisées en psychiatrie. Détournées de leur usage, elles sont consommées comme des drogues par les toxicomanes.

ORIGINE DES MÉDICAMENTS

Autrefois, tous les médicaments étaient conçus à partir de substances naturelles, le plus souvent des plantes. De nos jours, la plupart sont des molécules de synthèse, et la recherche génétique ouvre la porte à des médicaments plus spécifiques et plus efficaces.

Certains médicaments comme l'insuline (pour le traitement du diabète) peuvent être obtenus à partir des cochons et des vaches.

La digitaline utilisée dans les affections cardiaques est extraite d'une plante appelée digitale.

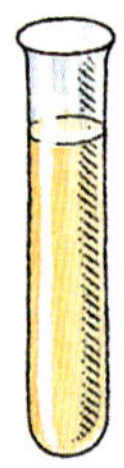

L'aspirine est élaborée à partir d'une substance chimique extraite de l'écorce de saule.

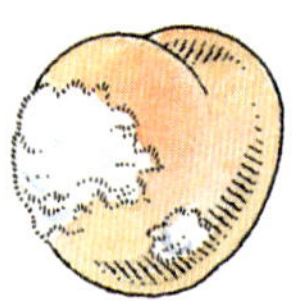

La pénicilline est un antibiotique extrait d'une moisissure appelée Penicillium notatum.

Pour en savoir plus
Fleurs et herbes aromatiques
Forme et santé
Les Maladies
La Médecine (différents types)
La Médecine (histoire)
Les Médecins

Mers et océans

PÊCHE
Les bateaux de pêche sillonnent les mers et les océans du monde pour rapporter poissons, crustacés… Les zones les plus poissonneuses sont les mers peu profondes. Mais les captures doivent être contrôlées afin que les poissons aient le temps de se reproduire. certaines espèces se raréfient et sont même menacées de disparition.

CERTES, NOS PIEDS REPOSENT solidement sur la terre ferme, mais plus des deux tiers de notre planète sont… de l'eau. Mers et océans recouvrent près de 71 % de la surface du globe. Ils influencent le climat, constituent une source de nourriture, d'énergie et de minéraux pour l'homme et abritent une faune et une flore d'une richesse extraordinaire. Ils sont apparus il y a des millions d'années lorsque la Terre, alors en fusion, s'est refroidie. De la vapeur d'eau s'est échappée de ses entrailles sous forme d'éruptions volcaniques, qui s'est condensée puis transformée en pluie. Cette eau a rempli de grandes cuvettes entourant des étendues « solides », terres et montagnes : c'est ainsi que sont nés les océans et les continents. Les cours d'eau qui se sont formés sur terre et jetés dans les mers ont progressivement dissous les minéraux des roches, rendant les mers et les océans salés.

MARÉES D'ÉQUINOXE
Les marées d'équinoxe se produisent lorsque la Terre, la Lune et le Soleil sont alignés.

MARÉES

Deux fois par jour, le niveau de la mer monte et descend. C'est ce qu'on appelle les marées. Ces oscillations résultent de l'attraction gravitationnelle de la Lune et du Soleil. Lorsque la Lune est exactement au-dessus de la mer, elle attire l'eau et la mer monte. Et comme la Terre elle-même est attirée par la Lune, la masse d'eau a tendance à s'éloigner du centre de la Terre.

MERS ET OCÉANS DU MONDE
Les océans sont de vastes étendues d'eau séparant les continents. L'océan Pacifique, le plus grand et le plus profond, s'étend entre l'Amérique et l'Asie et couvre plus d'un tiers du globe. Les autres océans sont, du plus grand au plus petit, l'Atlantique, l'océan Indien et l'océan Arctique. L'océan Arctique, au pôle Nord, est recouvert de glace. Les mers, les baies et les golfes sont des étendues d'eau plus petites situées entre des isthmes ou entre des îles et des continents. Certaines mers, telles la mer Caspienne et la mer Morte, entièrement entourées de terre, sont en réalité d'immenses lacs.

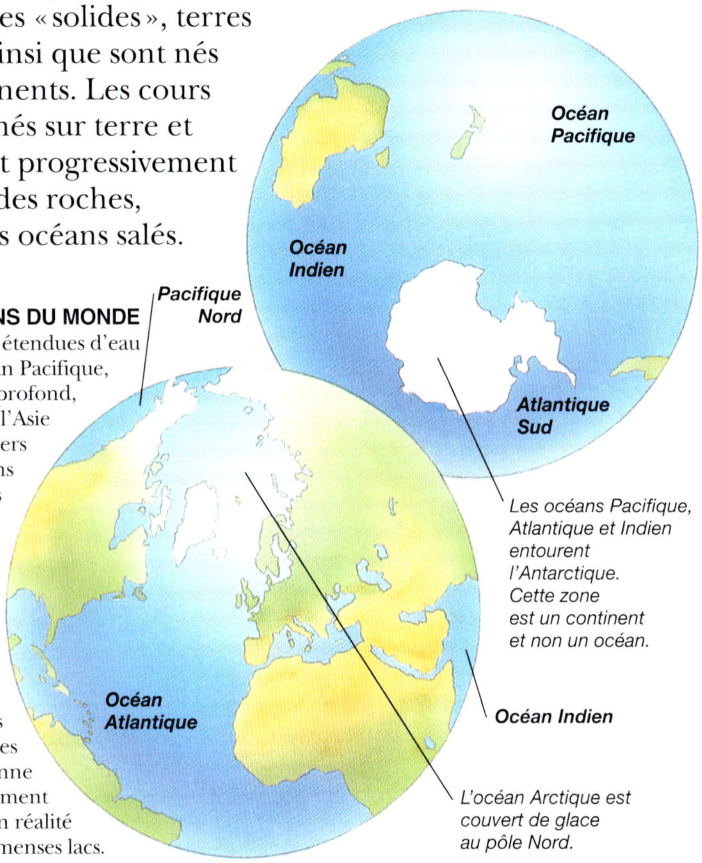

COURANTS OCÉANIQUES

L'eau des océans se déplace continuellement en grands mouvements circulaires, les courants de surface, sous l'action des vents. Les courants, chauds ou froids, ont une grande influence sur les climats des terres qu'ils touchent. Parfois des courants circulent en profondeur dans le sens inverse des courants de surface. Par exemple, des courants de surface éloignent des eaux chaudes de l'équateur tandis que des courants profonds amènent des eaux froides vers ce même équateur. La plupart des mers sont animées de forts courants. Mais les eaux de la mer des Sargasses, dans l'Atlantique Nord, sont tellement calmes qu'elles sont envahies par les algues.

EXPÉDITION DU *KON-TIKI*
Les hommes ont toujours profité des courants pour traverser les océans. En 1947, l'expédition du *Kon-Tiki*, menée par le Norvégien Thor Heyerdahl, avait pour but de prouver que les Indiens péruviens auraient pu aller peupler la Polynésie en voyageant à bord d'un radeau de bois.

GULF STREAM
L'eau chauffée par le soleil s'éloigne du golfe du Mexique. Ce courant chaud traverse l'Atlantique et adoucit les climats littoraux de l'Europe du Nord-Ouest. De l'autre côté de l'océan, là où les terres ne sont pas soumises à l'action du Gulf Stream, il fait très froid.

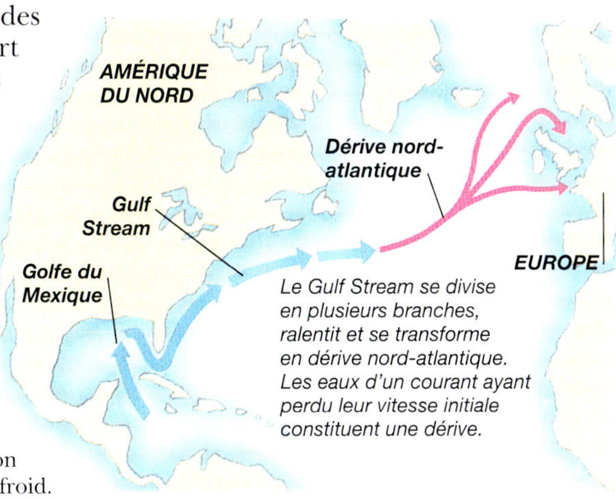

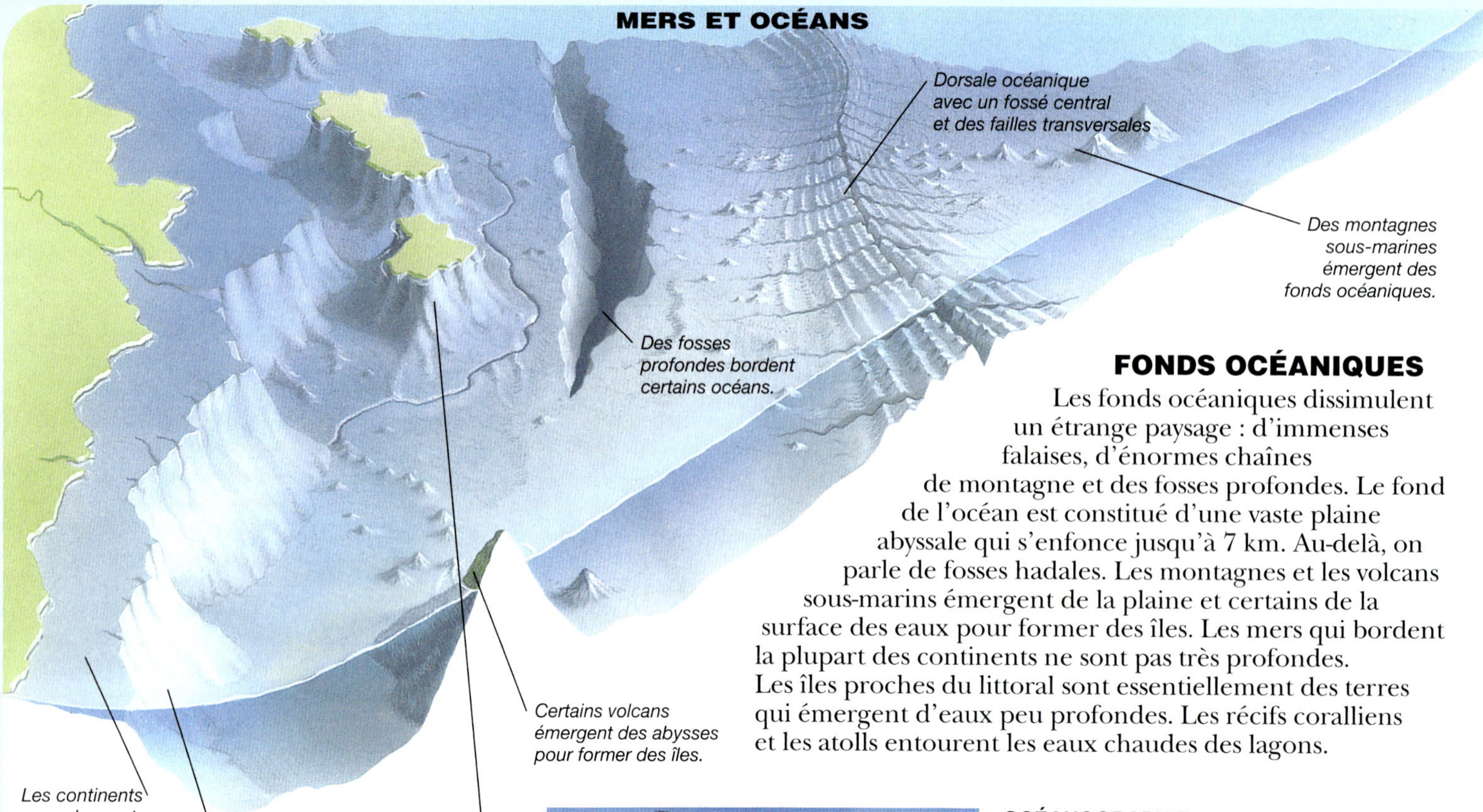

FONDS OCÉANIQUES

Les fonds océaniques dissimulent un étrange paysage : d'immenses falaises, d'énormes chaînes de montagne et des fosses profondes. Le fond de l'océan est constitué d'une vaste plaine abyssale qui s'enfonce jusqu'à 7 km. Au-delà, on parle de fosses hadales. Les montagnes et les volcans sous-marins émergent de la plaine et certains de la surface des eaux pour former des îles. Les mers qui bordent la plupart des continents ne sont pas très profondes. Les îles proches du littoral sont essentiellement des terres qui émergent d'eaux peu profondes. Les récifs coralliens et les atolls entourent les eaux chaudes des lagons.

OCÉANOGRAPHIE

Notre connaissance des océans provient des océanographes, qui les étudient. Ils naviguent à bord de bateaux spéciaux avec des instruments destinés à prélever des échantillons d'eau et de vase, à établir les cartes des courants marins, des dorsales et des fosses sous-marines. Ces scientifiques plongent aussi à bord de submersibles et utilisent des robots sous-marins pour observer les étranges créatures abyssales. Enfin, des satellites dans l'espace nous renseignent sur les océans.

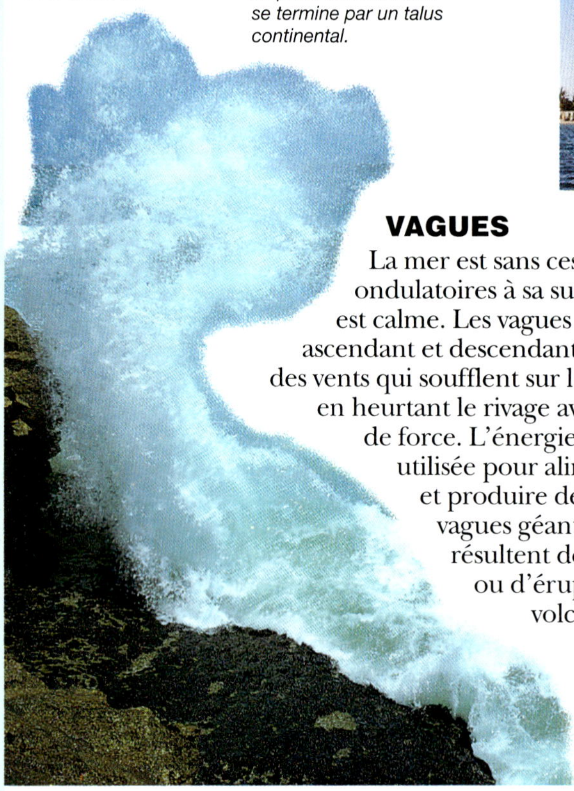

VAGUES

La mer est sans cesse animée de mouvements ondulatoires à sa surface, même lorsqu'elle est calme. Les vagues produisent un mouvement ascendant et descendant de l'eau sous l'action des vents qui soufflent sur l'océan et finissent en heurtant le rivage avec plus ou moins de force. L'énergie des vagues peut être utilisée pour alimenter des générateurs et produire de l'électricité. Les tsunamis, vagues géantes de 10 à 30 m de haut, résultent de séismes ou d'éruptions volcaniques.

RIVAGES ET CÔTES

Près du rivage, les hautes terres forment des falaises et les basses terres des plages. Les vagues s'écrasent au pied des falaises, détachant les roches pour former des côtes avec des baies et des caps. Il peut en résulter des formations rocheuses et des grottes d'aspect étrange. Les vagues battent les rochers et les fragmentent en petites pierres, puis en sable. Des plages apparaissent au pied des falaises dont la mer balaie les galets et le sable, le long du rivage.

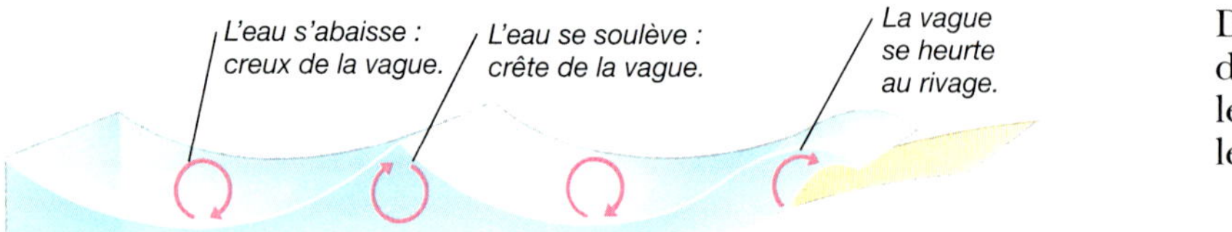

DÉFERLEMENT EN VOLUTE

Loin du rivage la vague ne s'accompagne d'aucun mouvement horizontal de l'eau. Près du rivage l'interaction avec le fond produit le « déplacement » où la partie supérieure de la vague bascule par-dessus la partie inférieure.

Pour en savoir plus

LES CONTINENTS
L'EAU
L'EXPLORATION SOUS-MARINE
LES GRANDES PROFONDEURS
LES OCÉANS
LES RIVAGES
LES SÉISMES

les Merveilles du monde antique

PYRAMIDES D'ÉGYPTE
Trois pyramides furent construites vers 2600 av. J.-C. à Gizeh (Égypte) pour servir de tombeaux à trois pharaons. La plus grande, comportant plus de 2 millions d'énormes blocs de calcaire, mesure 147 m de haut.

IL Y A 2000 ANS, les voyageurs grecs et romains de l'Antiquité visitaient les grands monuments du monde comme nous le faisons aujourd'hui. Une liste avait été établie de ces lieux impressionnants qui suscitaient une admiration universelle. Ces « Merveilles » constituaient des exemples exceptionnels de réussite artistique ou d'accomplissement technique. Les sept plus belles, parmi lesquelles de remarquables statues et de gigantesques structures, étaient appelées les Merveilles du monde. Hélas, seules les pyramides d'Égypte existent encore aujourd'hui. Les jardins suspendus, le temple d'Artémis, la statue de Zeus, le mausolée d'Halicarnasse, le colosse de Rhodes et le phare d'Alexandrie ont tous disparu, ou ne sont plus que ruines.

JARDINS DE BABYLONE
En 605 av. J.-C., Nabuchodonosor II, roi de Babylone, construisit ces jardins suspendus. Il fit planter de nombreuses plantes exotiques sur une terrasse de brique à 23 m au-dessus du sol. Des machines actionnées par des esclaves arrosaient les plantes.

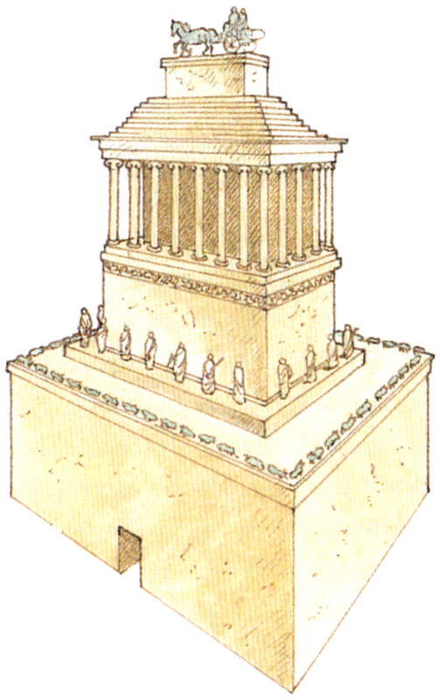

TOMBEAU DE MAUSOLE
Le mausolée d'Halicarnasse (Turquie actuelle) était une immense tombe de marbre construite pour Mausole, un riche gouverneur. Haut de 41 m, sa base supportait 36 colonnes, sous une pyramide à degrés. Un séisme détruisit presque tout le mausolée.

PHARE D'ALEXANDRIE
L'architecte grec Sostratos conçut le premier phare du monde, vers 304 av. J.-C. sur l'île de Pharos, à Alexandrie, en Égypte. Il mesurait 134 m de haut. Un feu brûlait au sommet, pour signaler l'entrée du port.

TEMPLE D'ARTÉMIS
Le plus grand temple de l'Antiquité était dédié à Artémis, déesse de la Lune et de la Chasse. Construit presque entièrement en marbre par les Grecs d'Éphèse (Turquie actuelle), il brûla en 356 av. J.-C., ne laissant que quelques statues brisées.

COLOSSE DE RHODES
La statue de bronze d'Hélios, dieu du Soleil, dominait du haut de ses 32 m l'entrée du port sur l'île de Rhodes, dans la mer Égée. Érigée en 292 av. J.-C., elle mesurait 15 m de moins que la statue de la Liberté à New York.

STATUE DE ZEUS DE PHIDIAS
La grande statue de Zeus, dieu du Ciel et maître des dieux, à Olympie (Grèce), mesurait 12 m de haut. Phidias, un célèbre sculpteur grec, créa cette statue vers 435 av. J.-C. Le vêtement et les attributs du dieu étaient en or, et sa peau en ivoire.

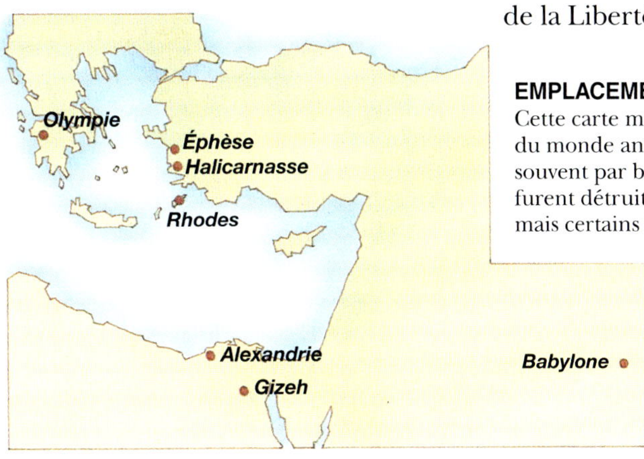

EMPLACEMENT DES MERVEILLES
Cette carte montre l'emplacement des Sept Merveilles du monde antique. Les voyageurs s'y rendaient le plus souvent par bateau. La plupart de ces monuments furent détruits par un séisme ou un incendie, mais certains fragments sont encore visibles au British Museum, à Londres (Angleterre).

Pour en savoir plus
ALEXANDRE LE GRAND
LES BABYLONIENS
L'ÉGYPTE ANCIENNE

les Métaux

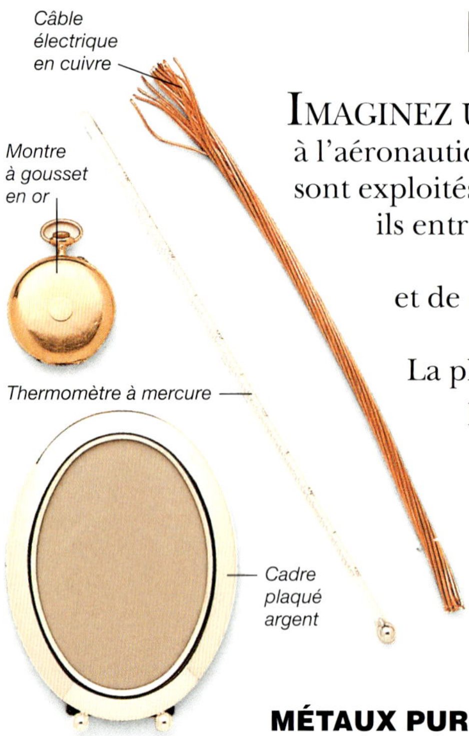

IMAGINEZ UN MONDE SANS MÉTAUX ! Indispensables à l'industrie automobile, à l'aéronautique ou encore à la construction, les métaux et leurs multiples propriétés sont exploités dans d'innombrables domaines. Solides, résistants et faciles à travailler, ils entrent dans la fabrication de toutes sortes d'objets, des navires aux capsules de bouteilles. Presque tous les métaux sont conducteurs d'électricité et de chaleur. Autant de qualités qui peuvent être améliorées par l'association de deux ou de plusieurs métaux pour donner naissance à des alliages. La plupart des objets métalliques sont à base d'alliages plutôt que de métaux purs. On distingue plus de 80 métaux purs, dont certains sont très rares. L'aluminium et le fer comptent parmi les plus répandus. Quelques-uns, comme l'or, se retrouvent dans le sol à l'état pur ; d'autres se présentent sous la forme de gisements de minerais. Les métaux peuvent s'obtenir par recyclage, de carcasses de voitures par exemple. Cette dernière méthode a pour effet de réduire le gaspillage et de limiter les coûts de production.

MÉTAUX PURS

La rareté et l'éclat des métaux précieux, comme l'or ou l'argent, suscitent la convoitise des hommes depuis des siècles. D'autres métaux purs sont réservés à des usages spécifiques. Ainsi le cuivre est-il exploité en électricité pour sa conductivité. Le mercure est le seul métal liquide.

Le fuselage des avions est souvent réalisé avec des alliages à base d'aluminium.

ALUMINIUM

L'aluminium est le plus répandu des métaux présents dans la croûte terrestre. On le trouve sous forme de minerai de bauxite, roche sédimentaire contenant un mélange d'aluminium et d'oxygène (l'alumine). L'aluminium est léger, il conduit l'électricité et la chaleur, et résiste à la corrosion. Ces propriétés expliquent son exploitation dans de multiples domaines : fabrication de cadres de bicyclettes, de câbles électriques, de peintures, d'ustensiles de cuisine, aéronautique ou construction navale…

Minerai de bauxite

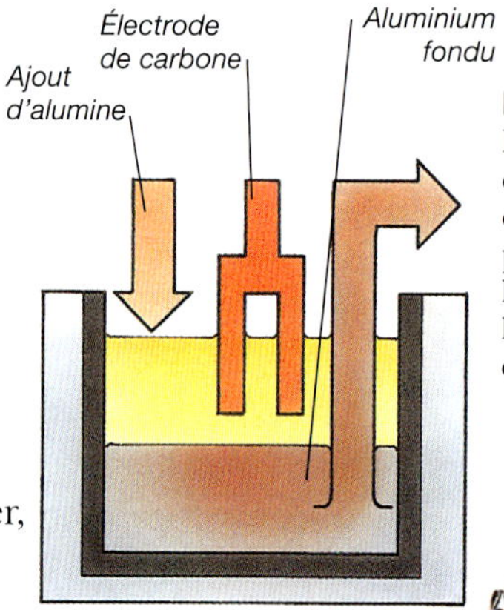

ÉLECTROLYSE

Le passage d'un courant électrique dans l'alumine permet de séparer l'aluminium et l'oxygène. Ce procédé est appelé électrolyse.

Fine, légère et souple, la feuille d'aluminium est utilisée en cuisine et pour la conservation des aliments. Métal non réactif, l'aluminium supporte de hautes températures.

ALLIAGES

La plupart des objets métalliques sont en acier ou à base d'autres alliages, plus résistants et plus faciles à travailler que les métaux purs. Le cuivre et l'étain sont des métaux peu résistants et malléables, mais leur association donne du bronze, un alliage particulièrement dur et solide. Le laiton conjugue le cuivre et le zinc, qui résiste à la corrosion. Les alliages à base d'aluminium sont utilisés dans l'aéronautique parce que solides et légers.

FATIGUE DU MÉTAL

Bien que solide et résistant, le métal peut casser. La corrosion et la rouille, en particulier, affectent les métaux comme l'acier. Des sollicitations répétées ou de trop fortes contraintes peuvent si bien « fatiguer » le métal qu'il rompt.

Un usage répété peut entraîner une rupture du métal.

TRAVAIL DU MÉTAL

Différents procédés sont utilisés à la mise en forme des métaux. Le métal peut être fondu puis versé dans des moules, pour fabriquer des statues en bronze par exemple. On peut aussi le façonner à chaud ou à froid, par laminage, pressage, martelage, forgeage ou étirement.

SOUDURE

On soude deux pièces de métal en les soumettant à la flamme d'un chalumeau ou à un arc électrique. La chaleur fait fondre le métal des pièces mises bout à bout ; en refroidissant l'assemblage durcit et les deux pièces n'en font plus qu'une.

Pour en savoir plus

L'ÂGE DE BRONZE
L'ÂGE DU FER
FER ET ACIER
ROCHES ET MINÉRAUX
LA SCULPTURE

http://www.meteofrance.com

la Météorologie

LA MÉTÉOROLOGIE EST UNE SCIENCE. Elle porte sur les conditions atmosphériques qui, à courte échéance, affectent une région donnée. Le climat caractérise le temps d'une région selon sa latitude. Les météorologues s'attachent à l'étude et à la prévision du temps. Ils prennent en compte différents paramètres, comme les nuages, le vent, la température et la pression des masses d'air de l'atmosphère. Pourtant, malgré le recours aux satellites, aux ordinateurs et à de multiples instruments de mesure, ils ne peuvent pas prévoir à coup sûr l'évolution des conditions météorologiques. Celles-ci évoluent rapidement. Un violent orage peut subitement ternir une journée chaude et ensoleillée. Et le phénomène peut ne durer que quelques minutes avant le retour d'un soleil radieux. Sous certaines latitudes, comme dans les régions tropicales, les conditions météorologiques n'évoluent que très peu au fil des mois. Il y fait toujours chaud et les précipitations y sont abondantes.

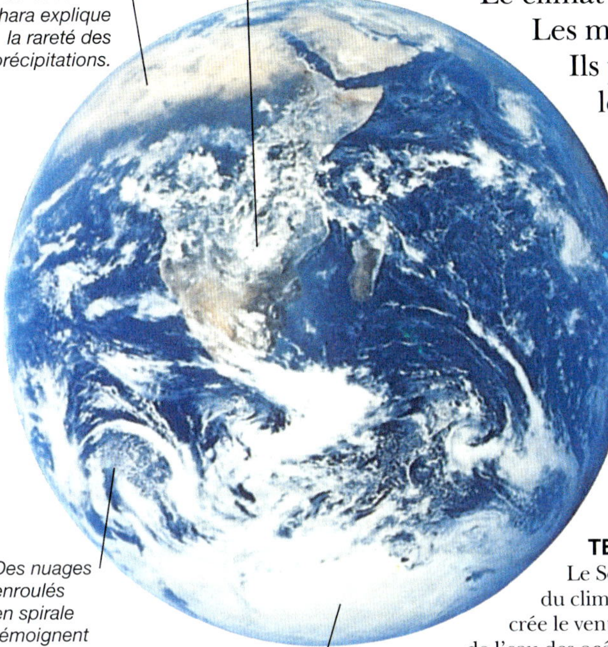

La présence d'une masse d'air stable et sec au-dessus du désert du Sahara explique la rareté des précipitations.

Une masse nuageuse surplombe la zone tropicale chaude et humide d'Afrique centrale.

Des nuages enroulés en spirale témoignent de la présence de vents.

Neige et glace recouvrent le continent froid de l'Antarctique.

TERRE ET CLIMAT

Le Soleil est le principal moteur du climat. Le rayonnement solaire crée le vent et entraîne l'évaporation de l'eau des océans, qui se transforme en nuages et en pluie. La température se réchauffe au niveau de l'équateur, frappé de façon plus directe par les rayons du Soleil. Les pôles, moins ensoleillés, sont plus froids et nuageux.

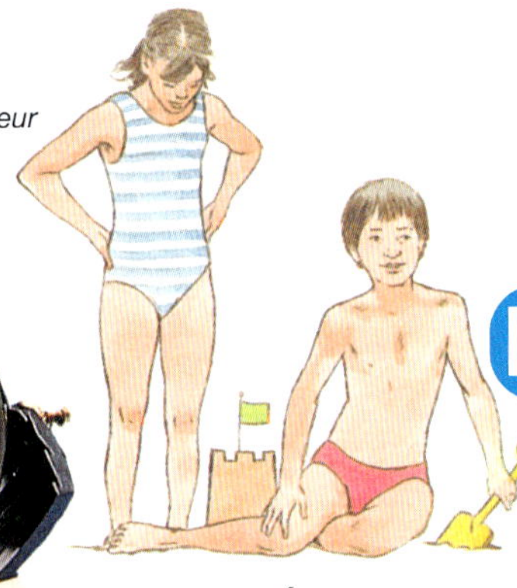

Une règle graduée en heures permet de mesurer la longueur des brûlures sur le carton.

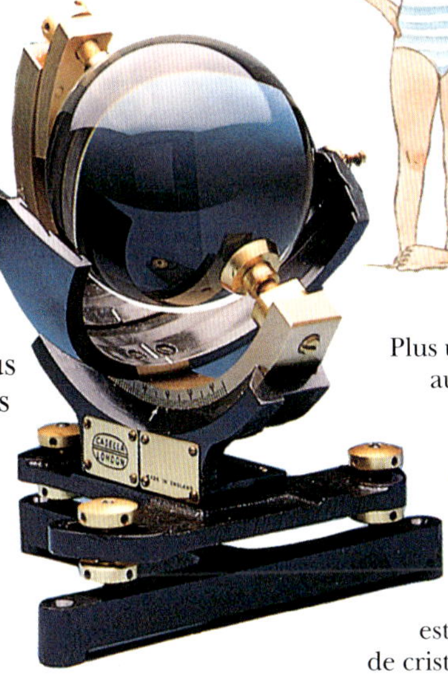

HÉLIOGRAPHE

Plus une région est soumise au rayonnement solaire, plus elle se réchauffe. L'héliographe permet de mesurer le nombre d'heures d'ensoleillement dans une journée. L'instrument est constitué d'une boule de cristal qui, telle une loupe, concentre les rayons du Soleil, si bien que ceux-ci laissent une trace de brûlure sur un carton placé derrière la boule.

STATIONS MÉTÉOROLOGIQUES

Des milliers de stations météorologiques installées sur terre, à bord de navires et d'avions, enregistrent les conditions atmosphériques tout autour du globe. Elles sont équipées d'instruments qui mesurent la température, le volume des précipitations, la vitesse et la direction du vent, la pression atmosphérique et l'humidité de l'air. Des ballons munis de radiosondes nous renseignent sur les conditions atmosphériques à haute altitude. Les satellites renvoient sur Terre des photographies de la couverture nuageuse.

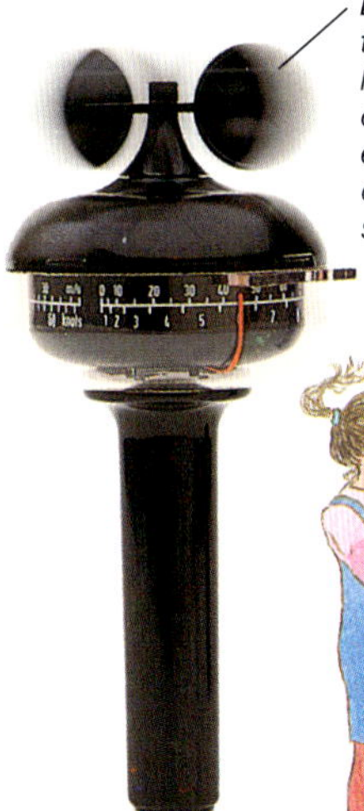

Le vent fait tourner les coupelles de l'anémomètre et la vitesse du vent s'affiche sur l'écran.

ANÉMOMÈTRE

La chaleur du Soleil est à l'origine des vents, ces masses d'air en mouvement qui balaient la surface de la Terre. Les météorologues utilisent des anémomètres pour mesurer la vitesse du vent, qui est un indicateur du temps à venir.

L'eau de pluie tombe dans un tube, dont la partie supérieure est en forme d'entonnoir, puis dans un cylindre gradué en cm. La lecture de l'échelle graduée donne la quantité de pluie tombée en 24 heures.

PLUVIOMÈTRE

Le regroupement de gouttelettes d'eau et de minuscules cristaux de glace forme les nuages. La chute de gouttelettes d'eau ou de flocons donne de la pluie ou de la neige. On mesure la quantité de pluie tombée en un lieu précis à l'aide d'un pluviomètre.

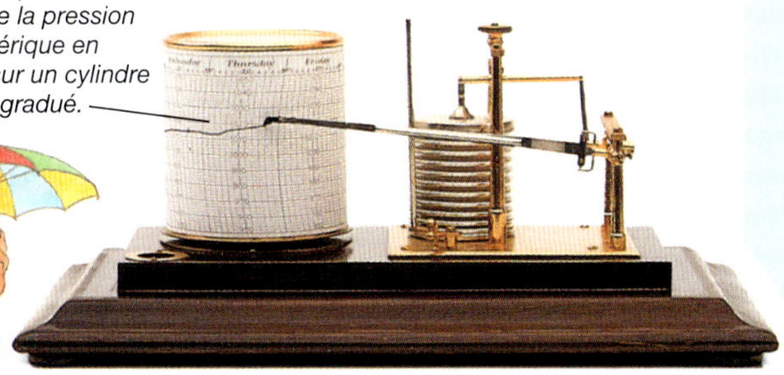

Le barographe enregistre la pression atmosphérique en continu sur un cylindre tournant gradué.

BAROGRAPHE

Le barographe, ou baromètre enregistreur, mesure la pression atmosphérique. Cette donnée est essentielle : une pression élevée signe un temps stable, une pression basse engendre vent et précipitations.

NUAGES

Les formations nuageuses accrochées au sommet des reliefs entraînent humidité, brouillard et refroidissement de l'air. Le phénomène s'explique aisément : les nuages se forment dans l'air ascendant ; la vapeur d'eau contenue dans l'air se condense en s'élevant et en se refroidissant ; cette condensation entraîne la formation des nuages, qui sont donc constitués de gouttelettes d'eau ou de cristaux de glace en suspension. L'air en s'élevant rapidement forme des amas de nuages ; en s'élevant plus lentement, des couches de nuages.

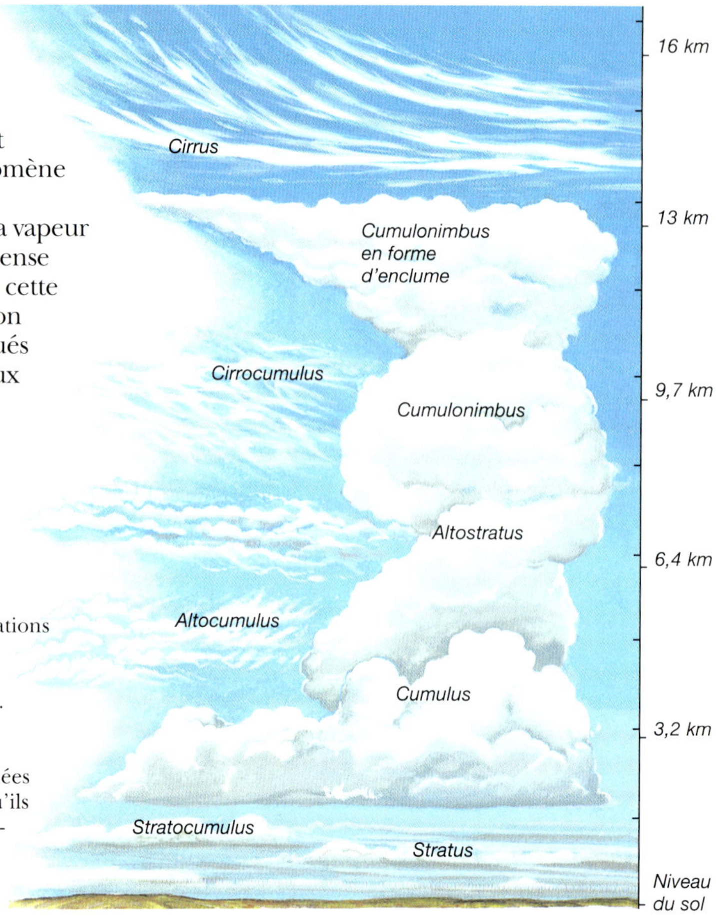

FORMATIONS NUAGEUSES

On distingue trois grands types de formations nuageuses, chacune à des altitudes différentes. Les traînées nuageuses (ou cirrus) naissent à très haute altitude. À mi-hauteur apparaissent les amas nuageux (ou cumulus). Les couches nuageuses relativement basses sont formées de stratus, annonciateurs de pluie lorsqu'ils prennent une couleur grise. Les cumulonimbus à développement vertical sont souvent signe d'orage.

CIRRUS

Les cirrus, présents à très haute altitude, sont essentiellement constitués de cristaux de glace. Les cirrocumulus (ci-dessus) et les cirrostratus se forment également à haute altitude.

CUMULUS

Les cumulus sont des amas de nuages séparés, les altocumulus des bancs de nuages de moyenne altitude. Les stratocumulus se développent à faible altitude en couches aérées.

MASSES D'AIR ET FRONTS

Les masses d'air se forment au-dessus des continents et des mers. Selon que cet air est chaud, froid, humide ou sec, les conditions météorologiques induites par ces masses d'air seront différentes. Un front désigne la zone où deux masses d'air se rencontrent. Le temps évolue à l'arrivée d'un front.

FRONT CHAUD

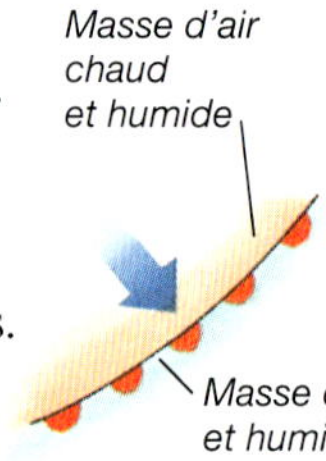

L'air chaud s'élève au-dessus de l'air froid, une dépression se forme accompagnée de pluie.

FRONT FROID

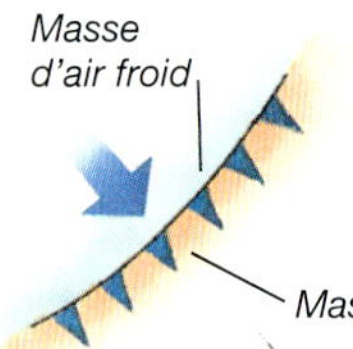

L'air froid s'engouffre sous l'air chaud, apportant de fortes précipitations suivies de petites averses.

FRONT OCCLUS

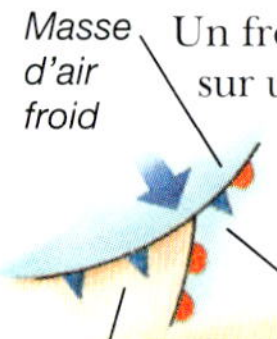

Un front froid prend le pas sur un front chaud et l'air chaud s'élève. Des précipitations se produisent le long de la ligne du front occlus.

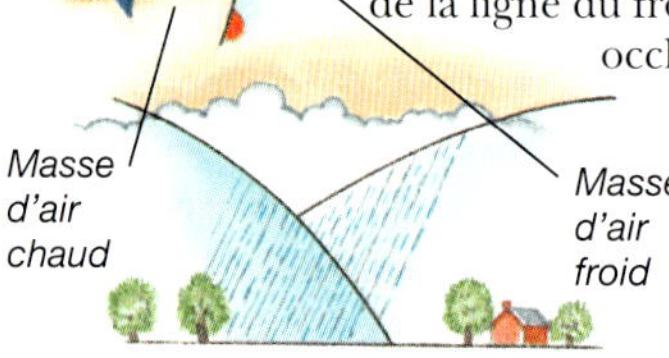

PRÉVISIONS MÉTÉOROLOGIQUES

Les centres météorologiques prévoient le temps à venir à partir des informations qu'ils reçoivent des satellites et des différentes stations d'observation implantées à travers le monde. Ces données dûment enregistrées et analysées par de puissants ordinateurs sont exploitées pour élaborer des cartes météorologiques. Celles-ci sont transmises aux organismes chargés de la navigation aérienne et maritime, ainsi qu'à la télévision et la presse pour les bulletins météorologiques.

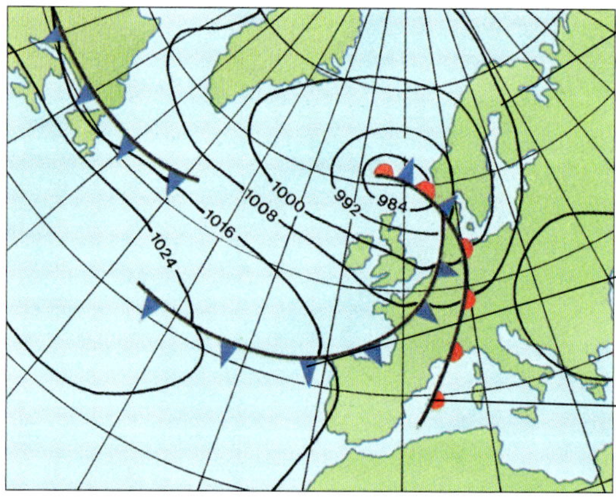

Les isobares sont des lignes qui relient les points d'égale pression atmosphérique. La pression est indiquée en millibars.

Les triangles bleus signalent l'avancée d'un front froid.

Les demi-cercles rouges signalent l'avancée d'un front chaud.

HAUTES ET BASSES PRESSIONS

La pression atmosphérique varie d'un moment à l'autre et d'un endroit à l'autre. Dans les zones de basses pressions (cyclones ou dépressions), l'air en s'élevant se refroidit, apportant nuages et précipitations. En cas d'anticyclone (haute pression), l'air descend et se réchauffe, engendrant un temps beau et sec. Le vent circule entre hautes et basses pressions, comme le montre la photo-satellite ci-contre, où se forme une tempête cyclonique.

CARTES SYNOPTIQUES

Les prévisionnistes se fondent sur des cartes synoptiques présentant la répartition des systèmes dépressionnaires et anticycloniques sur de vastes régions. Des lignes (les isobares) relient entre eux les points de pression atmosphérique égale. Un anticyclone se caractérise par une pression maximale au centre, diminuant vers la périphérie. Une dépression se caractérise par une pression minimale au centre, augmentant vers la périphérie. Plus les isobares sont rapprochées, plus le vent va souffler.

Pour en savoir plus

L'ATMOSPHÈRE
LES CLIMATS
PLUIE ET NEIGE
LES TEMPÊTES
LA TERRE
LE VENT

http://www.mexique-fr.com/

le Mexique

Le Mexique fait partie de l'Amérique du Nord et s'étend entre les États-Unis, au nord, et l'Amérique centrale, au sud.

LE MEXIQUE, TRADITIONNELLEMENT, TIRE SA RICHESSE de sa terre. Des métaux précieux sont enfouis dans les montagnes, et de riches cultures poussent dans les vallées. Le peuple mexicain commença à exploiter ces ressources il y a des siècles. L'agriculture faisait vivre la plupart des habitants, et les mines du pays fournissaient l'argent utilisé dans de magnifiques bijoux. La richesse minérale du pays attira les Européens qui l'envahirent au XVIe siècle, et l'Espagne régna sur le Mexique pendant trois siècles. Une révolte contre les Espagnols permit au peuple mexicain de devenir indépendant en 1821. La découverte de pétrole au début du XXe siècle apporta une richesse nouvelle au Mexique, ce qui lui permit d'investir dans de nouvelles infrastructures industrielles et de financer des programmes sociaux de santé et d'éducation. En 1994, l'Accord de libre-échange nord-américain (ALENA) réduisit les barrières commerciales entre Mexique, Canada et États-Unis et devait permettre des bénéfices économiques à long terme. Mais la surveillance de la frontière entre Mexique et États-Unis a été renforcée pour freiner, voire stopper, toute immigration clandestine.

José Guadalupe Posada (1852-1913) réalisa des dessins humoristiques, dont beaucoup en soutien à la révolution mexicaine.

POLITIQUE ET RÉVOLUTION

Le Mexique fut une colonie espagnole de 1521 à 1821, puis devint une république indépendante. Après une longue période d'agitation politique, une révolution eut lieu en 1910, au cours de laquelle un demi-million de personnes moururent. De 1929 à 2000, le parti révolutionnaire institutionnel gouverna le Mexique. Son autoritarisme n'aura pas réussi à étouffer les luttes des Indiens, dont les droits sont encore bafoués.

MEXICO

Plus de 23 millions de personnes vivent dans l'agglomération de Mexico, capitale du Mexique, ce qui en fait l'une des villes les plus peuplées du monde. Située à 1 600 m au-dessus du niveau de la mer, la ville s'étend dans un bassin naturel entouré de montagnes. Ces montagnes retiennent la pollution issue des industries de la ville. En conséquence, Mexico est l'une des villes les plus insalubres du monde : l'eau y est insuffisante, les logements manquent et la menace constante de séismes ajoute à ses nombreux problèmes.

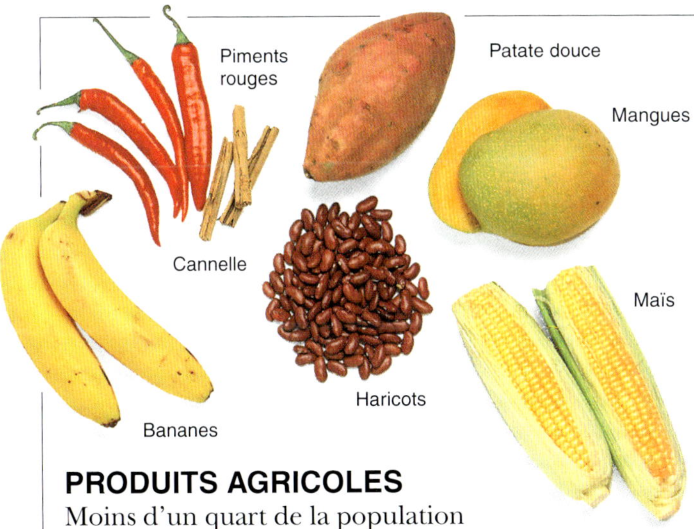

PRODUITS AGRICOLES

Moins d'un quart de la population mexicaine travaille dans l'agriculture, cultivant des aliments de base. Mais de plus en plus, les agriculteurs cultivent café, coton, canne à sucre et tomates pour l'exportation. Ces cultures commerciales enlèvent des terres importantes à l'agriculture vivrière (destinée à l'alimentation des Mexicains eux-mêmes). La plupart des agriculteurs sont membres de coopératives, mettant en commun leurs ressources limitées à des fins d'entraide.

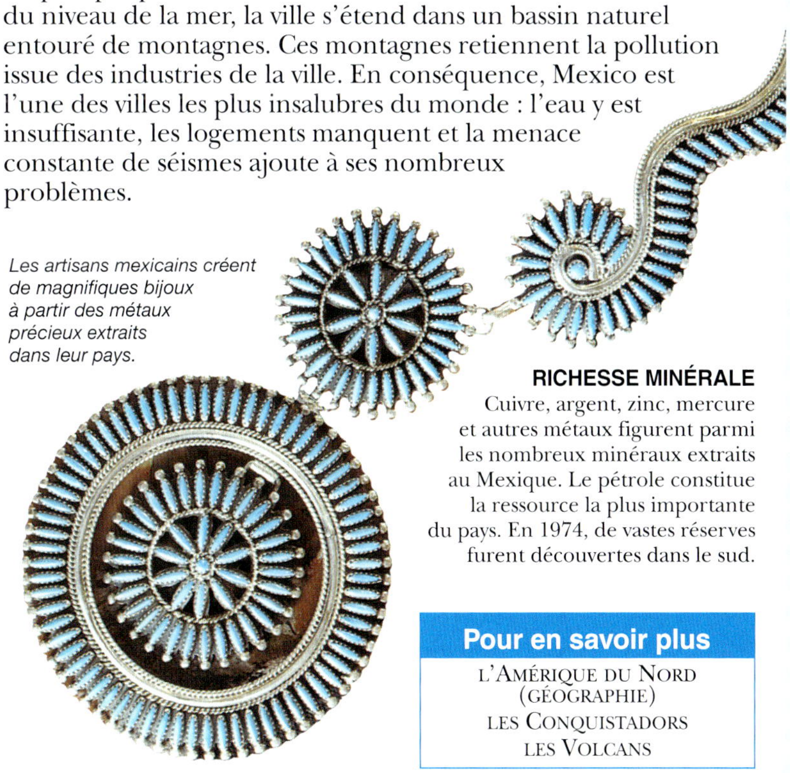

Les artisans mexicains créent de magnifiques bijoux à partir des métaux précieux extraits dans leur pays.

RICHESSE MINÉRALE

Cuivre, argent, zinc, mercure et autres métaux figurent parmi les nombreux minéraux extraits au Mexique. Le pétrole constitue la ressource la plus importante du pays. En 1974, de vastes réserves furent découvertes dans le sud.

Pour en savoir plus

L'AMÉRIQUE DU NORD (GÉOGRAPHIE)
LES CONQUISTADORS
LES VOLCANS

Volcan | Montagne | Capitale | Grande ville | Petite ville

STATISTIQUES

Superficie : 1 958 201 km²
Population : 109 610 000
Capitale : Mexico
Langues : espagnol, nahuatl, maya, zapotèque, mixtèque, otomi, totonac, tzotzil, tzeltal
Religions : catholique, protestante
monnaie : nouveau peso mexicain
Principales activités : agriculture de subsistance, industrie de fabrication, production de pétrole
Principales exportations : pétrole, coton, moteurs automobiles, café, argent
Principales importations : machines-outils, véhicules, produits chimiques

SIERRA MADRE

Le principal système montagneux du Mexique, la Sierra Madre, s'étend sur 2 400 km vers le sud-est à partir de la frontière avec les États-Unis. Elle comporte trois chaînes, à l'est, au sud et à l'ouest, entourant le plateau central du pays. Troisième montagne du Mexique par son altitude, le volcan Iztaccíhuatl est situé dans la Sierra Madre méridionale, la chaîne du sud. Le nom de cette montagne à trois sommets signifie « femme blanche » en langue aztèque, parce que les pics évoquent une femme portant une capuche.

Le plus haut pic du volcan Iztaccíhuatl s'élève à 5 286 m.

POPULATION

Le nord du Mexique est peu peuplé à cause du climat chaud et sec et de l'absence de terres cultivables. La population quittant les campagnes en quête de travail, près de 75 % des Mexicains vivent aujourd'hui dans les zones urbaines. Mexico abrite près d'un quart de la population et c'est l'une des plus grandes villes du monde. Une croissance rapide et non planifiée a entraîné des carences dans le système sanitaire et l'approvisionnement en eau.

GUANAJUATO

Des prospecteurs espagnols recherchant de l'or fondèrent Guanajuato (ci-dessous) en 1554. Capitale de l'État de Guanajuato dans les montagnes du centre du Mexique, la ville, construite dans un ravin, se situe à plus de 2 050 m au-dessus du niveau de la mer. Ses rues sont escarpées et sinueuses.

RIO GRANDE

Le Rio Grande prend sa source dans le Colorado, aux États-Unis, et forme une grande part de la frontière septentrionale du Mexique. Il traverse une vaste région aride avant de se jeter dans le golfe du Mexique.

BASSE-CALIFORNIE

Cette péninsule, Baja California en espagnol, appartient au Mexique, et ne fait pas partie de l'État américain dont elle partage le nom.

TISSUS MEXICAINS

Les Mexicains sont d'habiles tisserands depuis des siècles. Ils produisent des tissus très colorés aux dessins géométriques audacieux, tels que la jupe à rayures portée par cette petite fille. Aujourd'hui, la plupart des tissus mexicains sont produits mécaniquement par de grandes usines.

les Micro-organismes

NOUS SOMMES ENTOURÉS D'ÊTRES VIVANTS invisibles à l'œil nu. Ils sont partout : dans l'air, dans l'eau, sur les roches, les sols, les végétaux et les animaux. Les micro-organismes incluent les bactéries et les virus, ainsi que de nombreux éléments unicellulaires : animaux (protozoaires), végétaux (algues), grains de pollen (spores mâles des plantes à fleurs), spores des champignons… Mais qu'il s'agisse de bactéries ou d'algues, les micro-organismes ne sont détectables qu'au microscope. Ainsi, les plus petits et les plus rudimentaires des êtres vivants, les virus, ne sont visibles que grossis un million de fois. Les micro-organismes jouent un rôle essentiel dans le développement de la vie. Le plancton est formé de millions d'algues et de protozoaires qui constituent une source de nourriture importante pour les créatures aquatiques. Les bactéries du sol contribuent au recyclage des éléments nutritifs. Mais certains micro-organismes, comme les virus, peuvent provoquer des maladies.

Acarien

ACARIENS

Les acariens sont des animaux microscopiques qui vivent dans les maisons et les appartements, au milieu des poussières, des saletés et des poils d'animaux. Ils se nourrissent des peaux mortes que l'homme perd chaque jour.

AMIBES

Les amibes sont des animaux unicellulaires, appelés protozoaires, qui vivent dans les eaux douces ou salées. Nous ne pouvons les voir que grossies au moins 1 000 fois. Les amibes se déplacent grâce à des expansions cellulaires, appelées pseudopodes (ou « faux pieds »), qui leur servent à se nourrir (de bactéries, par exemple).

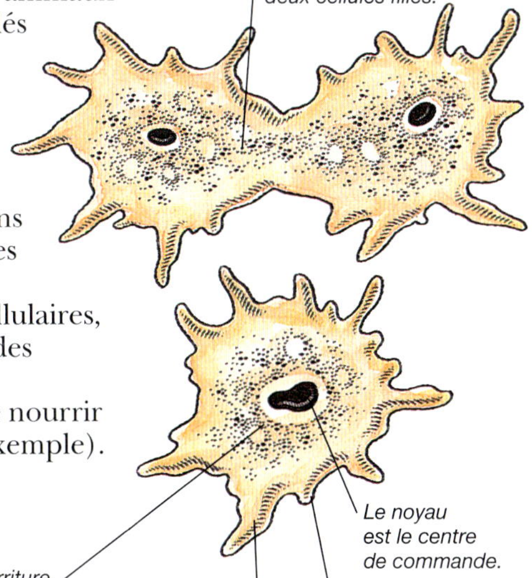

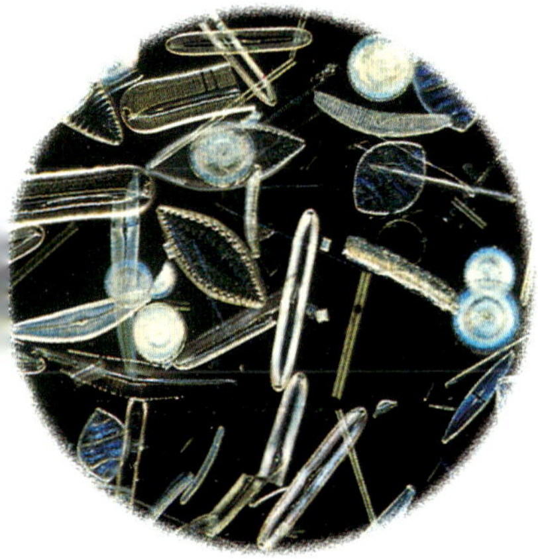

DIATOMÉES

Ces végétaux unicellulaires vivent dans les lacs, les cours d'eau et les océans. Il existe des milliers de diatomées différentes. Élément majeur du plancton, elles servent de nourriture à de nombreuses créatures aquatiques et se développent grâce à la lumière du soleil et aux nutriments présents dans l'eau. Leur corps est entouré d'une coque en silice, matière des grains de sable.

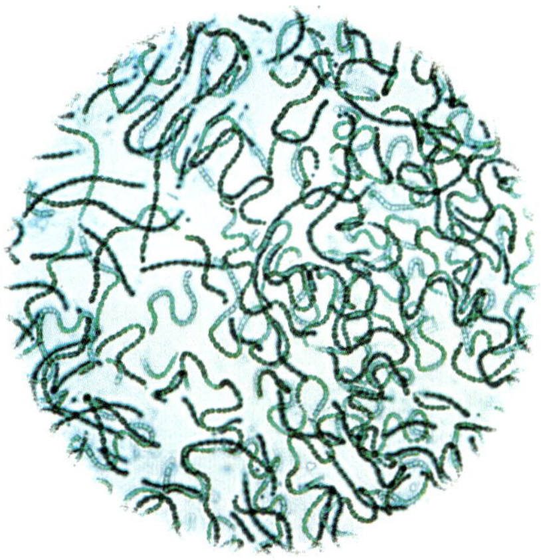

ALGUES

Les filaments visqueux visibles à la surface d'une eau stagnante sont une algue bleu-vert, appelée cyanobactérie (ou algue bleue). Ces algues ne sont pas réellement des végétaux, mais plutôt des bactéries. Elles faisaient partie des premières formes de vie apparues sur Terre il y a plus de 2 milliards d'années.

POLLEN

Les grains de pollen microscopiques proviennent de l'étamine, l'organe mâle des plantes à fleurs. Chaque espèce végétale possède son propre type de grain de pollen, à la forme et à la structure bien définies.

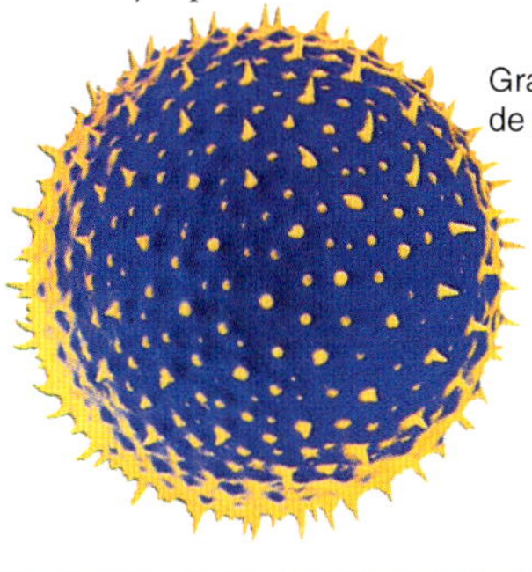

Grain de pollen de rose trémière

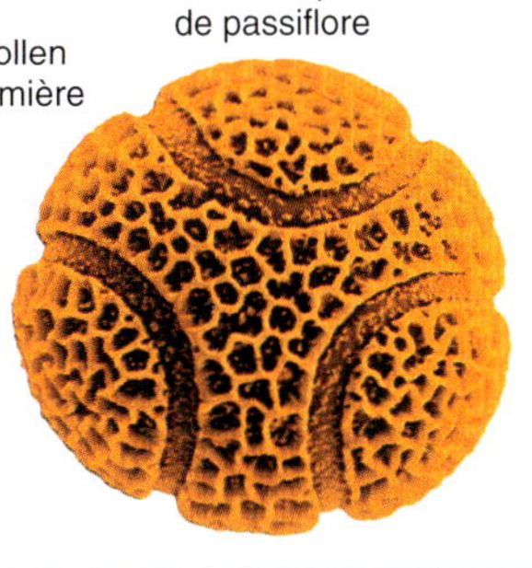

Grain de pollen de passiflore

MODE DE REPRODUCTION DE L'AMIBE

L'amibe se reproduit en se divisant. C'est d'abord le noyau qui se divise, puis le reste du corps, pour former deux amibes distinctes, appelées cellules filles.

Pour en savoir plus

LE CORPS HUMAIN
LES MALADIES
LES MICROSCOPES
LES OCÉANS

les Microscopes

TOUT OBJET CACHE DES DÉTAILS invisibles à l'œil nu. L'invention du microscope au XVIe siècle permit aux scientifiques de plonger dans un monde inconnu et d'éclaircir quelques-uns des grands mystères de la vie. Ils découvrirent dans un premier temps que les animaux et les plantes étaient constitués de millions de minuscules cellules; plus tard, ils identifièrent les bactéries, virus et parasites responsables de maladies. Si les premiers microscopes se contentaient d'une simple loupe grossissante, les modèles d'aujourd'hui sont dotés de plusieurs lentilles et le microscope électronique utilise un faisceau d'électrons (particules constituantes des atomes) à la place de la lumière. Cette technologie permet d'agrandir les objets plusieurs millions de fois. Grâce aux microscopes électroniques, les scientifiques peuvent étudier les plus infimes des organismes vivants, mais aussi aller jusqu'au cœur de la matière et de matériaux, comme le plastique ou les métaux.

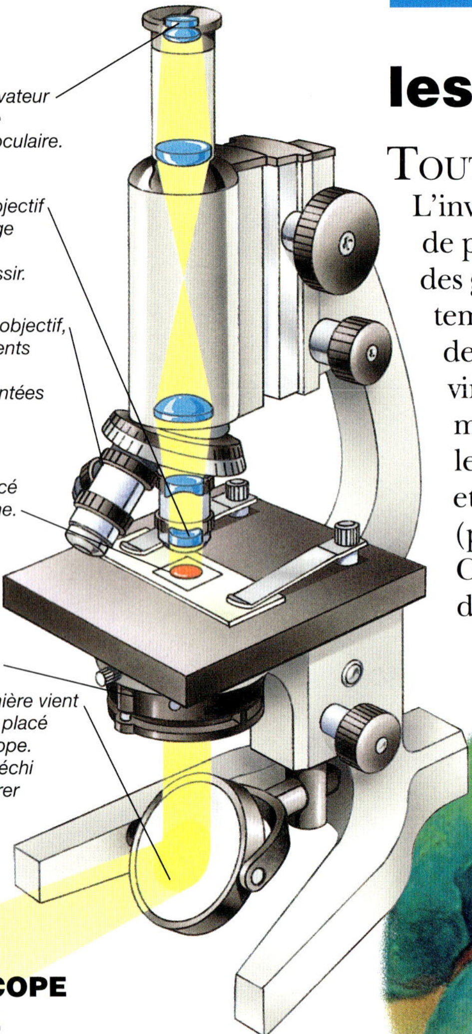

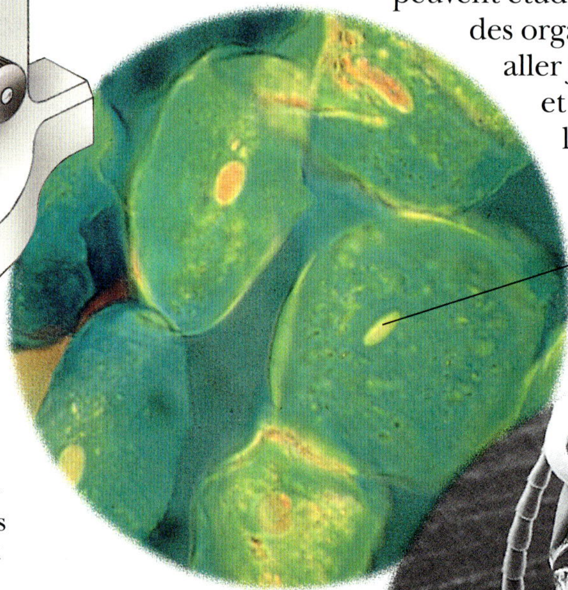
Le microscope optique permet de visualiser des cellules vivantes. Celles-ci, prélevées à l'intérieur d'une joue humaine, ont été grossies 200 fois.

MICROSCOPE OPTIQUE

Un microscope optique a deux lentilles principales, celle de l'oculaire et celle de l'objectif. Certains disposent de plusieurs lentilles additionnelles qui aident à renvoyer une image nette et claire. Différents objectifs peuvent s'adapter au microscope, proposant une possibilité de grossissement de 10 à 1 500 fois.

MICROSCOPE ÉLECTRONIQUE

Les échantillons à étudier au microscope optique doivent se présenter sous forme de fines lames découpées. Le microscope électronique à balayage permet de voir un objet entier, comme la fourmi ci-contre, qui est grossie 150 fois.

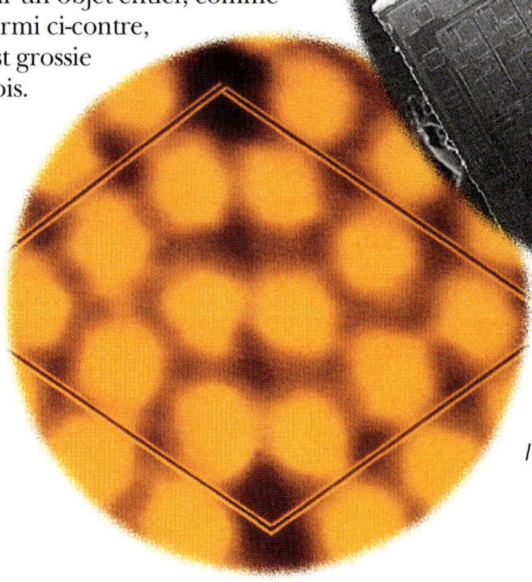

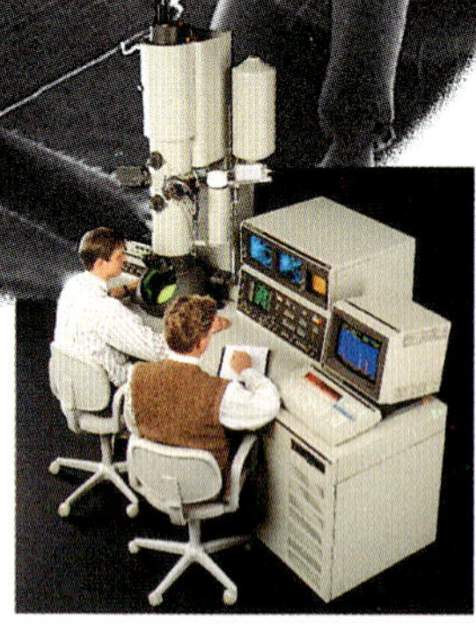
Le microscope électronique à balayage reconstruit l'image de l'objet sur un écran.

IMAGES D'ATOMES

Certains microscopes électroniques permettent de visualiser des atomes. Ces particules sont si petites qu'en en alignant côte à côte 0,5 million, on n'atteindrait pas la largeur d'un cheveu ! L'échantillon de silicone (ci-dessus) est grossi 45 millions de fois.

INVENTION DU MICROSCOPE

Si les Romains utilisaient des loupes grossissantes il y a 2 000 ans, le microscope fut inventé vers 1590 par les opticiens néerlandais Hans et Zacharias Janssen. En 1663, le Britannique Robert Hooke s'en servit pour étudier les plantes et les insectes. Il révolutionna la science en découvrant que le liège était fait de minuscules alvéoles qu'il nomma « cellules ». Le microscope et le monde qu'il révélait éveillèrent bientôt la curiosité de tous, comme le montre cette ancienne caricature.

Pour en savoir plus

ATOMES ET MOLÉCULES
LA BIOLOGIE
LES MICRO-ORGANISMES

les Migrations animales

CERTAINS ANIMAUX DEMEURENT toute leur vie dans la même région, d'autres effectuent des migrations : de longs voyages pour trouver de la nourriture, de la chaleur ou l'endroit idéal pour se reproduire et élever leurs petits. Les migrations peuvent être saisonnières : durant la saison sèche, les buffles migrent à la recherche de points d'eau ou d'herbe fraîche à brouter. Certains animaux migrent pour échapper au froid hivernal, d'autres à la canicule estivale. Les migrations peuvent représenter des milliers de kilomètres à parcourir, sans compter le voyage de retour. Des oiseaux tels que les coucous et les hirondelles passent l'été en Europe et l'hiver en Afrique. Quant aux lemmings et aux locustes, ils ne migrent que s'il n'y a plus assez de nourriture pour subvenir à leurs besoins, en cas de surpopulation.

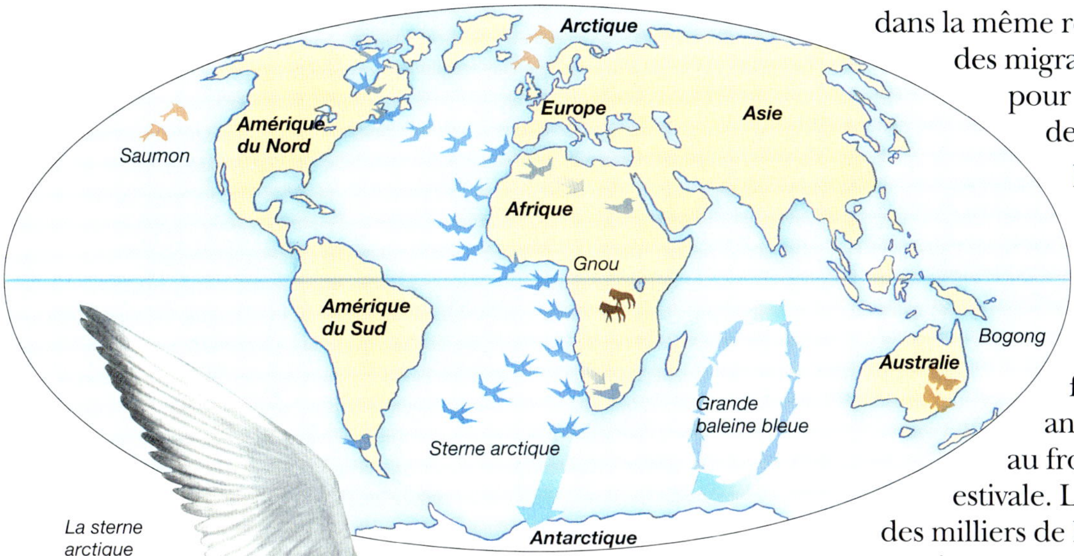

La sterne arctique peut vivre plus de 30 ans et parcourir plus de 1 million de kilomètres dans sa vie.

STERNE ARCTIQUE

C'est la sterne arctique qui effectue la plus longue migration. Cet oiseau migrateur parcourt tous les ans un aller-retour pôle Nord/pôle Sud. Il passe l'été dans l'Arctique où il élève ses petits et se nourrit d'insectes, de poissons et de mollusques, puis s'envole vers le Sud pour atteindre l'Antarctique. Le trajet direct fait 15 000 km, mais les sternes arctiques parcourent de plus longues distances pour traverser l'Atlantique Nord, puis l'Atlantique Sud. Après avoir passé l'été près du pôle Sud elles repartent vers le Nord.

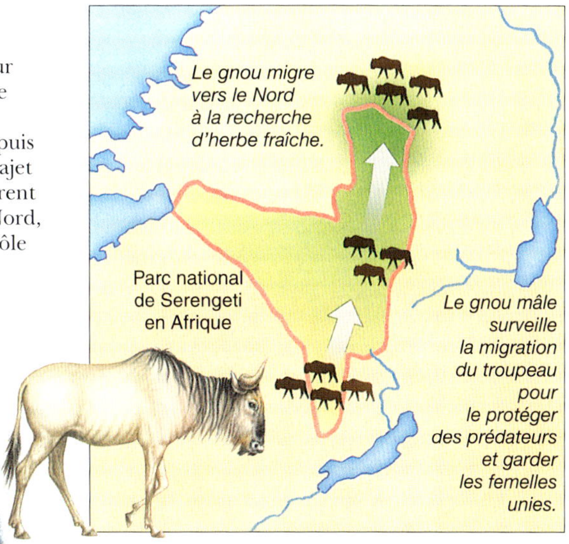

ORIENTATION

Certains animaux semblent s'orienter grâce à la position du Soleil, de la Lune ou des étoiles, d'autres posséder une boussole interne qui capte le champ magnétique de la Terre ou le champ électrique des courants océaniques. Les scientifiques ignorent encore comment les animaux se dirigent, en particulier les jeunes qui n'ont jamais migré.

GNOU

Durant la saison sèche africaine, d'immenses troupeaux de gnous partent à la recherche de pâturages et d'eau. Ils parcourent parfois plus de 1 500 km avant de trouver un lieu adapté.

SAUMON

Les saumons naissent dans les cours d'eau, puis nagent vers les océans où ils passent l'essentiel de leur vie. Une fois adultes, ils parcourent des milliers de kilomètres pour retourner dans les rivières où ils sont nés et se reproduire. Ils sont si sensibles aux substances chimiques présentes dans ces rivières qu'ils peuvent y retourner des années plus tard. Les saumons sont des nageurs puissants qui bondissent hors de l'eau en remontant le courant.

BOGONG

Certains animaux migrent l'été. Durant l'été torride du sud-est de l'Australie, les bogongs dorment dans des grottes fraîches et des fissures rocheuses tout en haut des montagnes. Ce type d'hibernation est l'estivation. À l'automne, ces papillons nocturnes retournent dans les plaines. Certains continuent de voler, jusqu'à atteindre les côtes, et périssent en mer.

Pour en savoir plus

LES ESPÈCES ANIMALES
L'HIBERNATION
LES OISEAUX
LES PAPILLONS
LES POISSONS

les Mille-pattes

PÉRIPATE
Le péripate est un arthropode qui ressemble au mille-pattes. La photographie ci-dessus montre un péripate qui attaque un diplopode et l'immobilise en projetant sur lui une substance gluante.

POSSÉDANT DAVANTAGE DE PATTES que la plupart des animaux, les mille-pattes chilopodes sont des carnassiers qui pourchassent des insectes et d'autres petites proies, voire des mille-pattes diplopodes. Les mille-pattes appartiennent à la classe des myriapodes et à l'embranchement des arthropodes – animaux à « pieds articulés ». Les chilopodes présentent des segments portant chacun une paire de pattes, les diplopodes deux paires de pattes. Un mille-pattes peut être doté de 180 paires de pattes au maximum. Il existe 3 000 espèces de chilopodes et 10 000 de diplopodes. Elles vivent toutes dans le sol et les végétaux en décomposition des régions boisées et humides. Les chilopodes pondent leurs œufs dans le sol, et laissent leurs petits naître et se débrouiller tout seuls. Les diplopodes pondent des chapelets de 30 à 100 œufs. Certains déposent leurs œufs dans le sol, d'autres construisent un nid à partir d'excréments durcis ou tissent un cocon de protection. Ils sont essentiellement herbivores. Ils recyclent les feuilles et le bois morts en les mâchant, en les avalant, puis en les évacuant dans le sol.

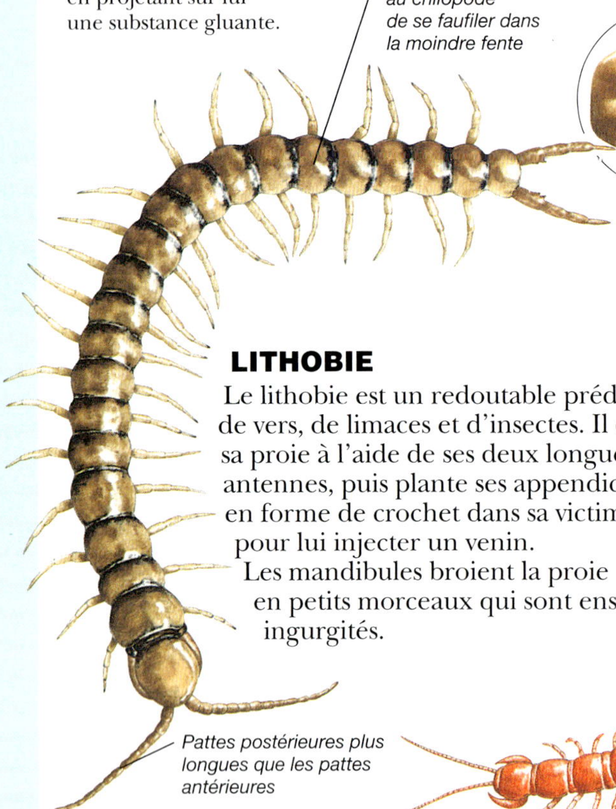

LITHOBIE
Le lithobie est un redoutable prédateur de vers, de limaces et d'insectes. Il détecte sa proie à l'aide de ses deux longues antennes, puis plante ses appendices en forme de crochet dans sa victime pour lui injecter un venin. Les mandibules broient la proie en petits morceaux qui sont ensuite ingurgités.

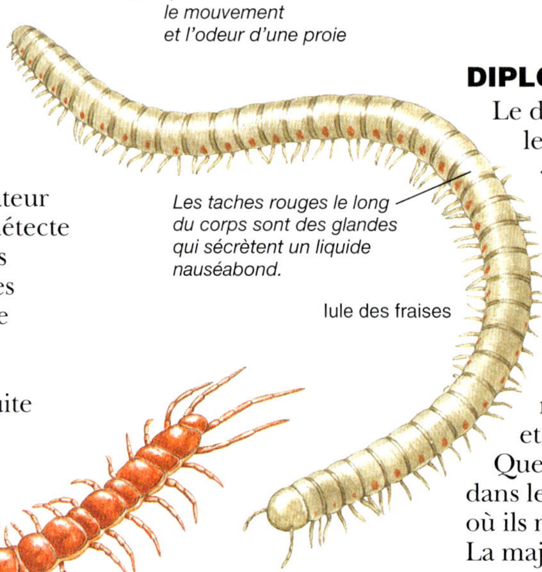

DIPLOPODE
Le diplopode se déplace lentement dans le sol « en accordéon », prenant appui sur 10 à 20 pattes à la fois. Ses pièces buccales sont faites pour broyer les végétaux. La plupart des diplopodes se nourrissent de végétaux en décomposition, mais certains aussi de racines et ils détruisent donc les cultures. Quelques-uns vivent dans les rochers et les grottes, où ils mangent des animaux. La majorité, dont l'iule, produit une substance nauséabonde pour éloigner les prédateurs.

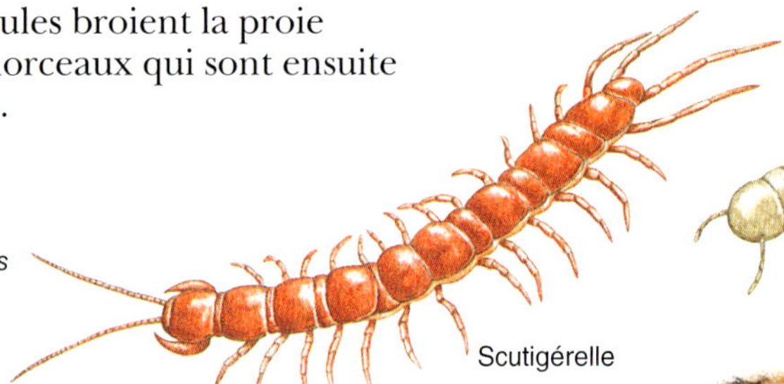

SCUTIGÉRELLE
La scutigérelle attaque les animaux de sa taille, parmi lesquels d'autres chilopodes. Elle possède 15 paires de pattes et vit dans les endroits humides sous des morceaux de bois, des pierres, des écorces d'arbre ou des feuilles.

SCOLOPENDRE
Certains mille-pattes peuvent atteindre 30 cm de long tel la scolopendre d'Afrique, d'Asie et d'Amérique. Cet animal s'introduit parfois dans les maisons pour se nourrir d'insectes nuisibles. Sa morsure venimeuse est douloureuse pour l'homme.

L'exosquelette dur du diplopode est divisé en nombreux segments qui se chevauchent en partie et permettent à l'animal de s'enrouler en spirale lorsqu'il se sent menacé.

Le diplopode se déplace « en accordéon ».

Les chilopodes ont des segments portant chacun une paire de pattes, les diplopodes deux paires de pattes.

Pour en savoir plus

LES ESPÈCES ANIMALES
LES INSECTES

le Minoen

Durant presque un millénaire, la brillante civilisation minoenne, qui emprunta son nom au légendaire roi Minos, domina le monde méditerranéen. Vers 6000 av. J.-C., les premières colonies de peuplement quittèrent la Grèce continentale pour s'installer en Crète. Les terres fertiles de l'île et les richesses tirées de la mer contribuèrent au développement d'une civilisation qui atteignit son apogée entre 2200 et 1500 av. J.-C. Le peuple minoen bâtit d'imposants et somptueux palais, comme celui de Cnossos, leur principale cité. Marins avisés, ils commercèrent avec les cités du pourtour méditerranéen, notamment avec l'Égypte, transportant passagers, vin, huile, étoffes et bronzes. Ils cultivaient le blé et la vigne, produisaient de l'huile d'olive et élevaient des moutons. Leur civilisation aurait été anéantie par une éruption volcanique et il fallut attendre le début du XXe siècle pour que les archéologues mettent au jour les vestiges du palais de Cnossos.

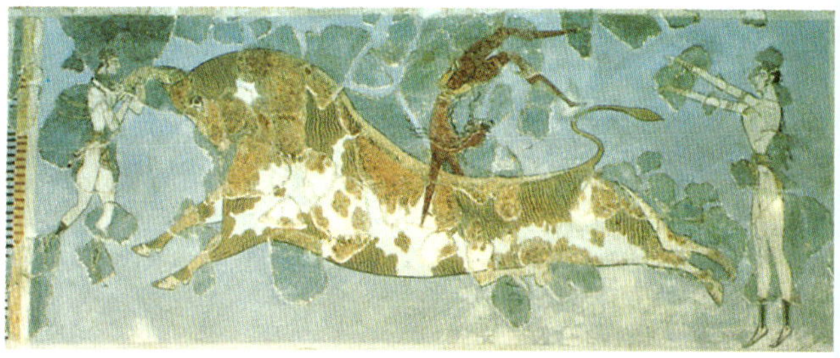

DANSE DU TAUREAU
Dans la civilisation minoenne, certaines danses associées à des rites religieux impliquaient que les jeunes hommes et femmes exécutent des acrobaties sur le dos d'un taureau en train de charger. À la fin de la danse, le taureau était sacrifié et son sang répandu au sol. Peu de danseurs survivaient à ce genre d'épreuve.

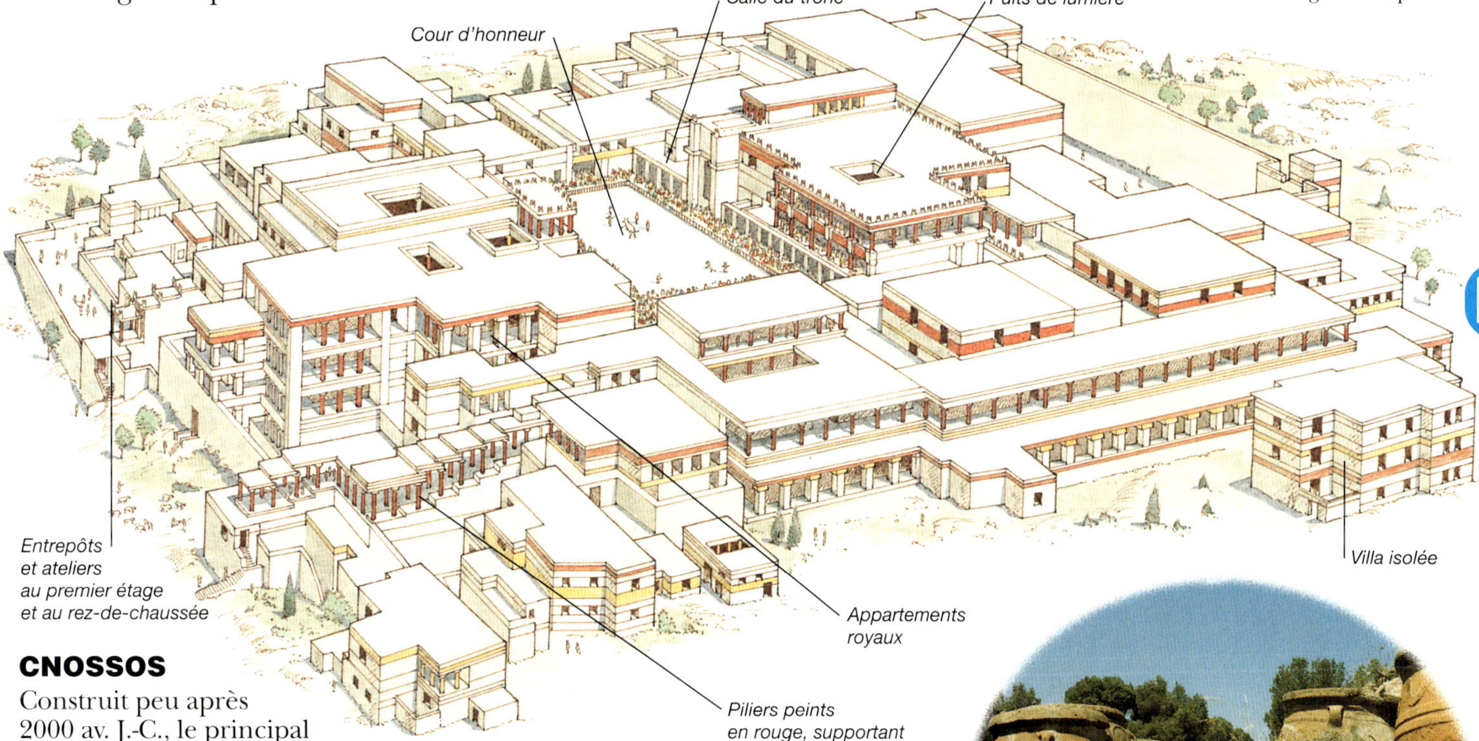

CNOSSOS
Construit peu après 2000 av. J.-C., le principal palais de Cnossos comptait quatre étages et plus de 1 300 pièces. Les murs étaient ornés de fresques colorées, illustrant des scènes de la vie quotidienne. Le palais regroupait temples, sanctuaires, ateliers d'artisans, magasins et quartiers d'habitation.

POTERIE
Les artisans minoens réalisèrent d'étonnantes poteries. Ils utilisaient un tour pour créer des pièces aux parois fines, dites en coquille d'œuf, ornées de riches décors polychromes. Les grosses jarres en argile qui servaient à stocker l'huile, le vin et le grain étaient appelées *pithoi*.

EMPIRE MINOEN
Le peuple minoen édifia un réseau de cités sur l'île de Crète et implanta de nombreux comptoirs commerciaux sur les rives orientales de la Méditerranée. Lors de l'éruption volcanique qui affecta l'île voisine de Thíra (Santorin), vers 1550 av. J.-C., la Crète aurait été secouée par d'effroyables tremblements de terre. Puis, assaillie par le peuple mycénien, la civilisation minoenne déclina.

Une fresque (peinture murale exécutée sur une couche de mortier) mettant en scène un jeune pêcheur fut découverte sur les murs d'une habitation de l'île de Thíra (Santorin).

PÊCHE
Les Crétois pêchaient dans les eaux tout autour de l'île et commerçaient avec les pays de Méditerranée orientale. La pêche constituait la base de l'économie minoenne.

Pour en savoir plus
L'Égypte ancienne
La Grèce antique

http://www.mobiliernational.culture.gouv.fr/

le Mobilier

QUAND NOUS NOUS ASSEYONS pour travailler ou manger, quand nous nous allongeons pour dormir, un meuble soutient confortablement notre corps. Quand nous effectuons diverses tâches au bureau, à l'école ou dans la cuisine, les surfaces des meubles sont à une hauteur qui nous évite de nous pencher ou de faire trop d'efforts. Nous disposons de meubles pour ranger ou cacher nos objets utiles ou précieux. Finalement, nous oublions l'existence de nos chaises, lits, tables et armoires parce que nous les utilisons tous les jours. Mais jusqu'au XIXe siècle, les meubles, qui étaient fabriqués à la main, n'étaient pas bon marché. La plupart des foyers possédaient une table, mais de simples tabourets ou bancs pour s'asseoir. Chacun rangeait ses quelques vêtements et possessions dans un coffre, et dormait sur un matelas à même le sol. Aujourd'hui, la plupart des meubles, fabriqués en usine, sont très pratiques et leurs surfaces faciles à nettoyer. Leurs différents styles s'adaptent à tous les types d'intérieur. Ils imitent même les styles du passé, avec leurs riches tapisseries et leur bois sculpté.

Un lit de l'ancienne ville romaine de Pompéi

MEUBLES ANTIQUES

Il y a plus de 2000 ans, les riches citoyens romains possédaient des tables de bronze dans leurs villas de Pompéi, en Italie. Le tombeau de Toutankhamon, en Égypte, contenait un mobilier raffiné, enterré avec le jeune roi, il y a 3500 ans.

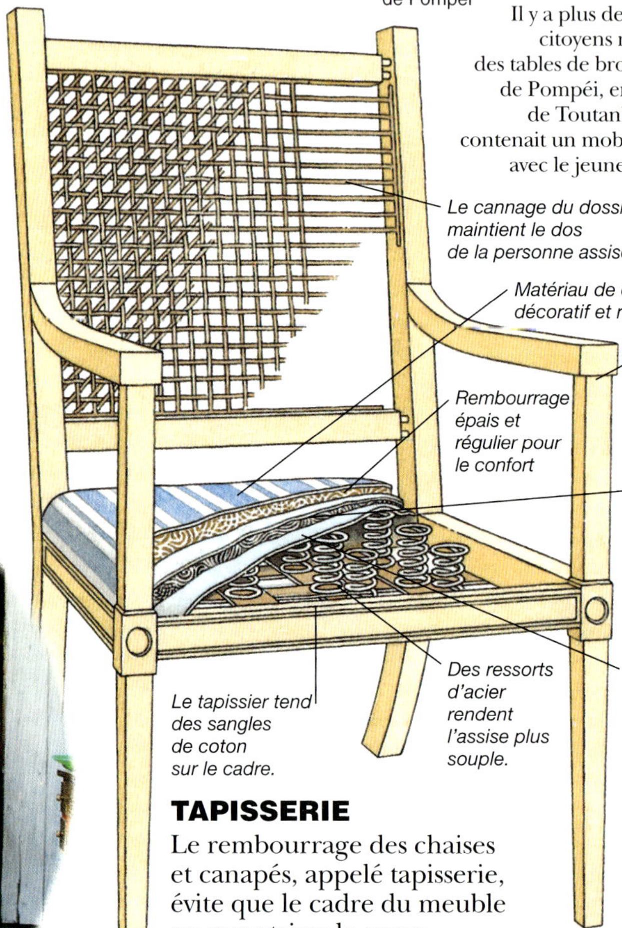

TAPISSERIE

Le rembourrage des chaises et canapés, appelé tapisserie, évite que le cadre du meuble ne meurtrisse le corps. De nombreux matériaux sont nécessaires pour fabriquer un siège, car la tapisserie doit être ferme par endroits pour soutenir le corps et éviter le mal de dos, mais plus souple ailleurs, pour le confort.

Paravent ancien du Japon

ANTIQUITÉS

Lorsque des ébénistes tels que l'Anglais Thomas Chippendale (1718-1779) fabriquaient des meubles à la main, leurs créations étaient à la fois magnifiques et pratiques. Ces meubles restent très recherchés.

MEUBLES TRANSPORTABLES

Les familles d'Europe et d'Amérique du Nord ne déménagent pas souvent ; leurs meubles sont conçus pour rester au même endroit. Mais les peuples nomades transportent leur maison avec eux : fauteuils et tables ne leur conviennent pas. Les Bédouins du Moyen-Orient, par exemple, « meublent » leurs tentes de tapis, de coussins et de couchage faciles à transporter.

Les Indiens d'Amérique du Sud ont inventé le hamac, lit aisément transportable.

TYPES DE MEUBLES

La conception des meubles a évolué avec leur rôle. Les portes d'un placard de cuisine sont pleines et cachent les ustensiles, mais celles d'une vitrine sont en verre et montrent la vaisselle décorative.

Les tiroirs du vaisselier permettent de ranger les couverts. La partie supérieure expose la porcelaine décorative.

Un bureau bien conçu contient tout le nécessaire. Les tiroirs à serrure dissimulent les documents importants, et des compartiments protègent les fournitures.

Le futon, rempli de coton, est un canapé convertible en literie. Il fut inventé au Japon pour économiser l'espace dans les logements exigus.

Les miroitiers commencèrent à fabriquer des miroirs au XVIe siècle. Ces panneaux articulés permettent à l'utilisateur de se voir de profil.

Pour en savoir plus

LE DESIGN
L'ÉGYPTE ANCIENNE
LES HABITATIONS

les Monastères

LES HOMMES QUI VEULENT consacrer leur vie à Dieu peuvent entrer dans un monastère et devenir moines. Ils promettent de renoncer à tous leurs biens terrestres et de ne jamais se marier. Prière et travail rythment leurs journées. Mais les monastères ont surtout prospéré au Moyen Âge. La plupart des moines ne quittaient jamais leur monastère. Les journées s'écoulaient, entre travail, prière, étude et repos, à heures précises. Les moines assistaient parfois à huit offices par jour. Ils cultivaient leur jardin, élevaient leurs animaux et fabriquaient les outils dont ils avaient besoin. Lieux d'étude, les monastères accueillaient aussi les malades et nourrissaient les pauvres.

UN LIEU D'ÉTUDE
Au Moyen Âge, des moines érudits copiaient et enluminaient des manuscrits dans les bibliothèques des monastères.

MONASTÈRE
L'église abbatiale était le centre de la vie monastique. Les moines prenaient leurs repas au réfectoire.

HABIT MONASTIQUE
Les moines portaient des sandales aux pieds et un habit, une robe en tissu épais. Ils avaient le haut du crâne rasé en cercle, la tonsure, symbole de la couronne d'épines du Christ.

ORDRES MONASTIQUES
Tous les moines ne mènent pas la même vie selon l'ordre auquel ils appartiennent. Certains consacrent l'essentiel de leur temps à la prière, d'autres au travail. Certains monastères ont leur site Internet.

RELIGIEUSES ET COUVENTS
Les maisons où vivent les religieuses s'appellent des couvents. Autrefois, certaines femmes entraient au couvent pour échapper aux violences de leur époux. Quoi qu'il en soit, elles apprenaient, priaient, étudiaient et suivaient la même discipline que les moines. Certains ordres sont très stricts, d'autres plus ouverts sur le monde.

Pour en savoir plus
LE CHRISTIANISME
ÉGLISES ET CATHÉDRALES
L'EUROPE MÉDIÉVALE
LES RELIGIONS

les Montagnes (définition)

SOUS LA TERRE, les plaques tectoniques entrent en collision et ces pressions engendrent les montagnes. Certaines sont des volcans formés de couches de lave solidifiée. On en trouve sur tous les continents, et même sous la mer et sur d'autres planètes ! La plus haute montagne connue se dresse sur Mars, et elle est trois fois plus élevée que l'Everest, qui est pourtant le point culminant de la Terre (à 8 848 m). Les montagnes jeunes, telles que la cordillère des Andes en Amérique du Sud, ou les Alpes en Europe, se sont formées au cours des 50 derniers millions d'années et continuent de s'élever à cause des mouvements souterrains, tandis que les montagnes plus anciennes, formées il y a plus de 200 millions d'années, s'érodent lentement : c'est le cas par exemple de l'Oural en Russie ou du Massif central en France.

MONT EVEREST
Le point culminant de la Terre est le mont Everest, sur la chaîne de l'Himalaya, à la frontière de la Chine et du Népal, à 8 848 m. Le Néo-Zélandais sir Edmund Hillary et le Népalais Tenzing Norgay ont atteint son sommet en 1953.

ALPINISME
C'est un sport qui consiste à gravir des montagnes, équipé de cordes et de chaussures à crampons pour éviter les chutes.

AVALANCHE
Une masse de neige ou de glace peut soudain dévaler les flancs d'une montagne : c'est une avalanche. Les avalanches se produisent souvent au printemps, à la fonte des neiges.

ÉTAGES DE VÉGÉTATION
Une montagne comprend plusieurs étages de végétation. On rencontre d'abord des forêts de feuillus, puis de conifères. Ensuite les arbres disparaissent peu à peu pour laisser place à des plantes adaptées au froid. Le sommet est dépourvu de toute flore.

ROCHES FAILLÉES, ROCHES PLISSÉES

Les plaques tectoniques, toujours en mouvement, exercent une pression sur les couches sédimentaires, ce qui engendre d'énormes failles et soulève des blocs rocheux qui forment des chaînes dites faillées. Si les mouvements tectoniques déforment la surface de l'écorce terrestre sans créer de faille, cela donne naissance à des chaînes plissées.

Formation des chaînes faillées

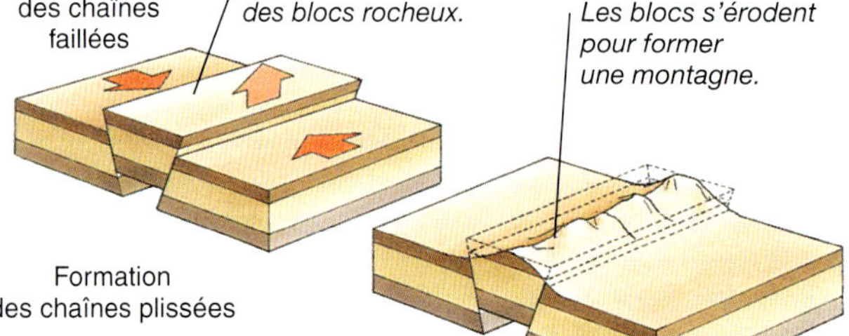

Formation des chaînes plissées

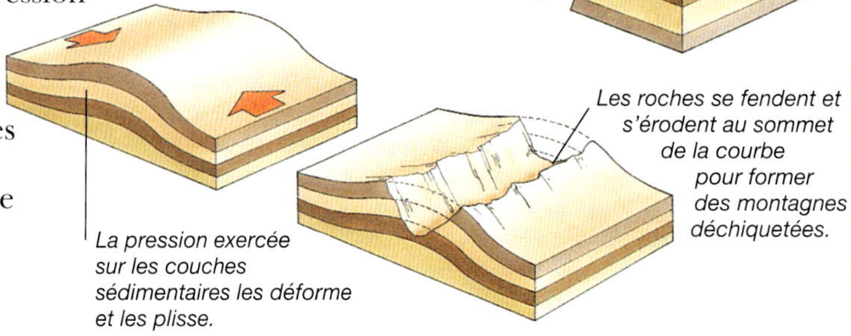

ÉROSION
La glace, le vent et la pluie érodent, c'est-à-dire rongent lentement les roches pendant des millions d'années. Ce processus commence par creuser de profondes vallées à versants raides et par former des pics élevés, puis finit par arrondir ces pics eux-mêmes, réduisant ainsi la hauteur des montagnes.

Pour en savoir plus

LES CONTINENTS
LES GLACIERS
MERS ET OCÉANS
LES MONTAGNES (FAUNE ET FLORE)
LES VOLCANS

les Montagnes (faune et flore)

GYPAÈTE
Le gypaète est l'un des plus grands rapaces diurnes et un charognard. Il possède une envergure de 3 m et s'élève au-dessus des montagnes d'Afrique, d'Asie et d'Europe.

LES CHAÎNES DE MONTAGNES abritent une faune et une flore d'une grande diversité, des minuscules coléoptères aux ours colossaux, mais plus on monte, plus les températures diminuent et plus la faune et la flore se raréfient. Les mammifères qui vivent en haute montagne possèdent une épaisse fourrure pour résister au froid. Là où les pentes sont trop raides, seuls des chamois et des chèvres bondissent avec agilité sur les rochers. Près du sommet, le vent est si fort que seuls des oiseaux aussi puissants que le condor peuvent voler. Dans certaines zones ventées les insectes ont perdu leurs ailes au cours de l'évolution, ce qui les protège du vent. Les araignées et les insectes dépourvus d'ailes sont d'ailleurs les créatures qui vivent à la plus haute altitude. Une élévation de 100 m diminue la température d'environ 1 °C. Au-dessus de 2 400 m seules des plantes courbées sous la force des vents glaciaux subsistent. Tout près du sommet on ne rencontre plus que quelques mousses et lichens et au sommet rien ne vit : ce sont les neiges persistantes.

PROTECTION DE LA FAUNE DES MONTAGNES
Des parcs naturels protègent des animaux comme le lynx. Les hommes ont toujours chassé ce félin pour sa fourrure, mais il est aujourd'hui en voie de disparition.

CHAMOIS
Le chamois est doté de sabots recouverts d'un coussinet caoutchouté pour bondir sans glisser sur les rochers à la recherche de graminées, d'herbes et de fleurs. Les femelles vivent avec leurs petits en troupeaux de 30 individus maximum. Les mâles sont solitaires, sauf en période de reproduction.

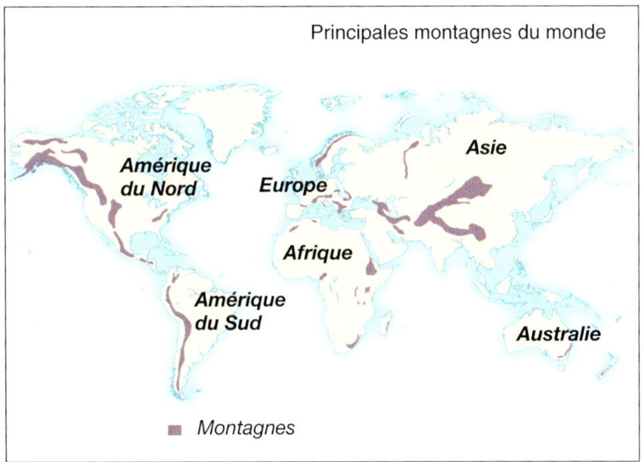

La chèvre des montagnes Rocheuses est apparentée au chamois d'Europe bien que son corps soit plus massif et qu'elle pèse trois fois plus lourd. Elle se déplace lentement et sûrement à travers la neige épaisse.

OURS À LUNETTES
Le seul ours à vivre en Amérique du Sud est l'ours à lunettes, nommé ainsi en raison des marques circulaires blanches autour de ses yeux. Il habite la cordillère des Andes, dans les forêts chaudes et humides ou dans les montagnes à 3 500 m d'altitude. Sa nourriture est variée : feuilles, fruits, insectes, œufs, petits cervidés et autres mammifères.

PLANTES ALPINES
Là où les arbres ne poussent plus, des fleurs alpines fleurissent durant le court été. Leurs feuilles sont plates et situées en bas de la tige pour se protéger des vents violents. Des mouches, des papillons ou d'autres insectes qui ont survécu à l'hiver assurent la pollinisation de ces fleurs.

Aujourd'hui, l'edelweiss est une plante protégée dans de nombreuses régions.

La gentiane pousse dans des endroits rocheux et un sol humide à 3 000 m d'altitude dans les Alpes, les Pyrénées et les Apennins d'Europe. Sa fleur ressemble à une trompette.

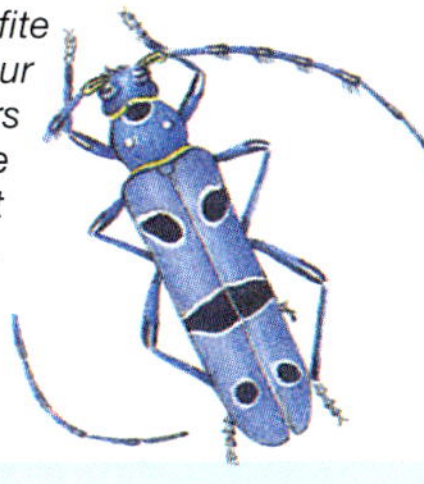

La rosalie profite du soleil sur les fleurs de montagne et se nourrit de leur pollen.

Le daman du Cap se nourrit de graminées.

DAMAN
Le daman est un petit mammifère ongulé aux allures de marmotte qui vit en Afrique et en Asie. On le rencontre jusqu'à 4 000 m d'altitude dans les zones rocheuses, en particulier sur le mont Kenya.

Pour en savoir plus

AIGLES ET AUTRES RAPACES DIURNES
LES ESPÈCES EN VOIE DE DISPARITION
LES GRANDS FÉLINS
LES MONTAGNES (DÉFINITION)
OURS ET PANDA

les Moteurs

En apprivoisant le feu, les hommes préhistoriques découvrirent le moyen de produire de l'énergie. Près d'un million d'années plus tard, l'homme inventa le moteur à vapeur : il domestiquait l'énergie pour la convertir en mouvement. De nos jours, différents types de moteurs sont exploités dans le monde des transports et dans l'industrie. Tous obéissent au même principe : transformer l'énergie d'un combustible, comme le pétrole ou le charbon, en une énergie mécanique, susceptible de mettre en mouvement une machine. Avant l'invention du moteur, la réalisation de certaines tâches était tributaire de la force animale ou humaine. Les moteurs sont aujourd'hui dotés d'une puissance suffisante pour hisser les plus lourdes charges et mettre en mouvement les plus imposantes des machines. Les plus puissants du genre restent les moteurs à réaction, capables de propulser un engin dans l'espace, au-delà de la gravitation terrestre.

MOTEUR À EXPLOSION

La plupart des moteurs automobiles sont des moteurs à explosion à quatre temps, où quatre pistons effectuent chacun un cycle qui contribue à créer un mouvement rotatif.

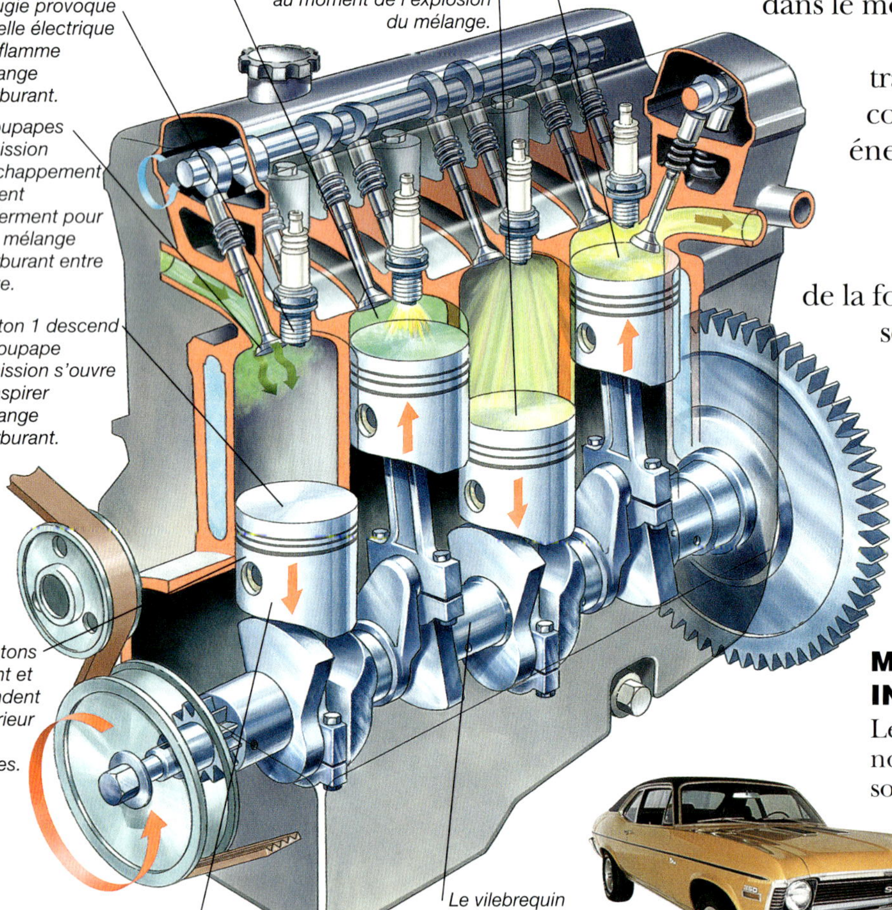

MOTEUR À COMBUSTION INTERNE

Les moteurs qui propulsent la plupart de nos véhicules (automobiles, motos, camions) sont des moteurs à combustion interne. Ils transforment en mouvement l'énergie des gaz libérés au moment de l'explosion d'un mélange air/carburant. Enflammé par une étincelle électrique, le mélange explose et libère des gaz qui actionnent des pistons situés dans des cylindres.

MOTEUR ÉLECTRIQUE

Les moteurs, qu'ils fonctionnent à l'essence ou au gazole, libèrent des gaz d'échappement, qui polluent l'atmosphère et créent un effet de serre, responsable de l'augmentation de la température à la surface du globe. Les moteurs électriques, propres et silencieux, n'engendrent aucune pollution de cet ordre. Plusieurs constructeurs automobiles ont mis au point des voitures propulsées par ce type de moteurs. Mais leur production reste limitée par le poids des batteries et leur manque de puissance.

MOTEUR DIESEL

Beaucoup de locomotives et de poids lourds sont équipés de moteurs Diesel. Ces moteurs à combustion interne brûlent du gazole à la place de l'essence. Leur principe de fonctionnement reprend celui des moteurs à essence, mais ne nécessite pas de bougies. Un injecteur introduit le carburant à l'intérieur de chaque cylindre. Le piston comprime le mélange air/carburant qui s'échauffe. La température s'élève jusqu'à provoquer la combustion du mélange.

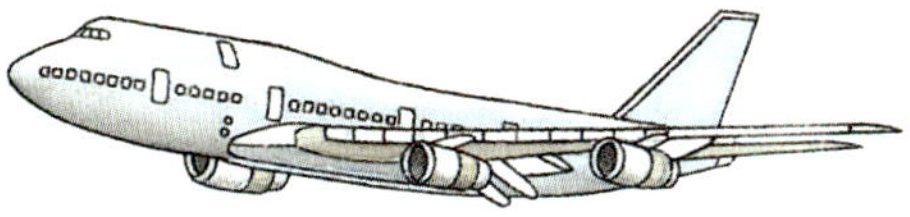

MOTEUR À RÉACTION

Les moteurs à réaction équipent aujourd'hui les plus rapides des avions. Le réacteur produit une poussée par la détente de gaz chauds et à haute pression dans sa tuyère d'éjection. Un compresseur, mû par une turbine à l'avant du moteur, aspire l'air et le comprime dans plusieurs chambres de combustion. Le kérosène en brûlant réchauffe l'air et les gaz s'échappent par la tuyère d'éjection, entraînant en même temps la turbine qui actionne le compresseur.

FRANK WHITTLE

En 1928, le pilote et ingénieur britannique Frank Whittle (1907-1996) mit au point le moteur à réaction. En 1941, ce type de moteur propulsa un avion expérimental. En 1936, l'ingénieur allemand Hans von Ohain avait déjà déposé le brevet d'un moteur à réaction ; ce moteur équipa un prototype qui effectua son premier vol le 27 août 1939.

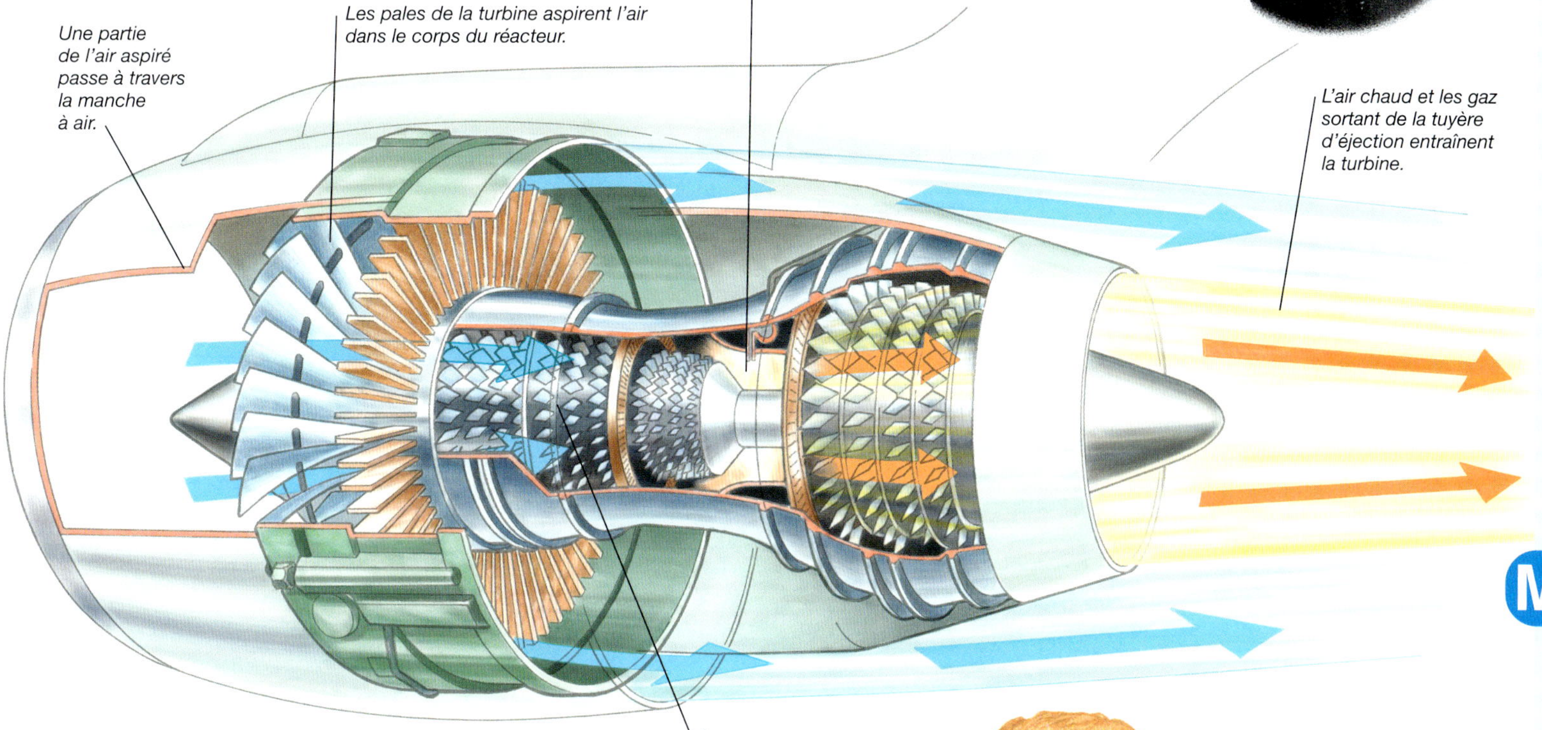

TURBORÉACTEUR

Un turboréacteur est un moteur encore plus puissant que les simples moteurs à réaction. Seule une partie de l'air admis traverse le moteur ; l'autre partie le contourne par sa périphérie jusqu'à la tuyère d'éjection, où il est éjecté avec les gaz chauds. L'augmentation de débit de gaz accroît la poussée et réduit le bruit du moteur.

JAMES WATT

Un moteur équipa une machine à vapeur rudimentaire, inventée par le savant grec Hero, au Ier siècle de notre ère. En 1712, le Britannique Thomas Newcomen (1663-1729) mit au point le premier vrai moteur à vapeur, utilisé pour pomper l'eau des galeries des mines. L'invention fut améliorée en 1769, par un autre ingénieur britannique, James Watt (1736-1819). L'unité de mesure de la puissance énergétique et thermique (watt) lui doit son nom.

MOTEUR À VAPEUR

La mise au point du moteur à vapeur dans le courant du XVIIIe siècle modifia considérablement les conditions de vie de l'époque. L'industrie et les transports se développèrent. Les populations abandonnèrent le travail de la terre pour rejoindre les usines équipées de machines mues par la vapeur. L'avènement du train à vapeur permit de voyager bien plus vite et bien plus loin qu'auparavant.

Pour en savoir plus

Les Avions
L'Électricité
Fusées et missiles
Les Trains
Les Transports
Les Voitures

Mouches et moustiques

La mouche domestique peut marcher à l'envers.

LES PLUS PETITS animaux peuvent être les plus dangereux pour l'homme. Ainsi mouches et moustiques, habitués à sucer le sang et à se nourrir de détritus, peuvent-ils transmettre le choléra, le paludisme et la fièvre jaune. Il existe quelque 90 000 espèces de mouches dont la mouche bleue (ou à viande), le taon, la mouche du vinaigre (ou drosophile) et les moucherons. Nous appelons mouches beaucoup de petits insectes ailés, mais les seules vraies mouches possèdent deux ailes (ordre des diptères). Toutes les mouches pondent des œufs qui se transforment en larves (ou asticots). Celles-ci se développent pour devenir des nymphes (ou pupes). Enfin, les pupes se métamorphosent en mouches adultes, qui vont jouer un rôle essentiel dans la nature : elles assurent la pollinisation des fleurs, recyclent les éléments nutritifs en se nourrissant de charognes et sont une source de nourriture pour d'autres animaux.

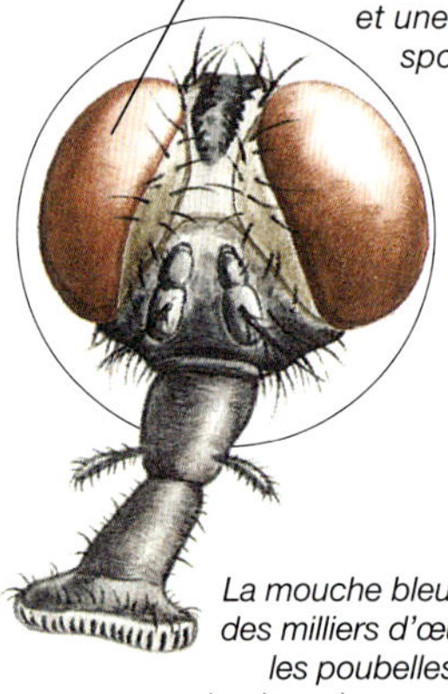

La mouche domestique a une vue excellente et une trompe spongieuse.

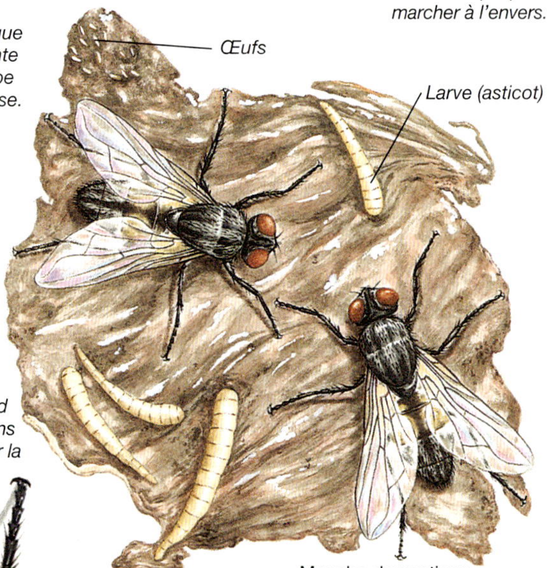

Mouche domestique sur de la viande en décomposition

La mouche bleue pond des milliers d'œufs dans les poubelles et sur la viande, qui, en quelques semaines, donnent autant de mouches adultes.

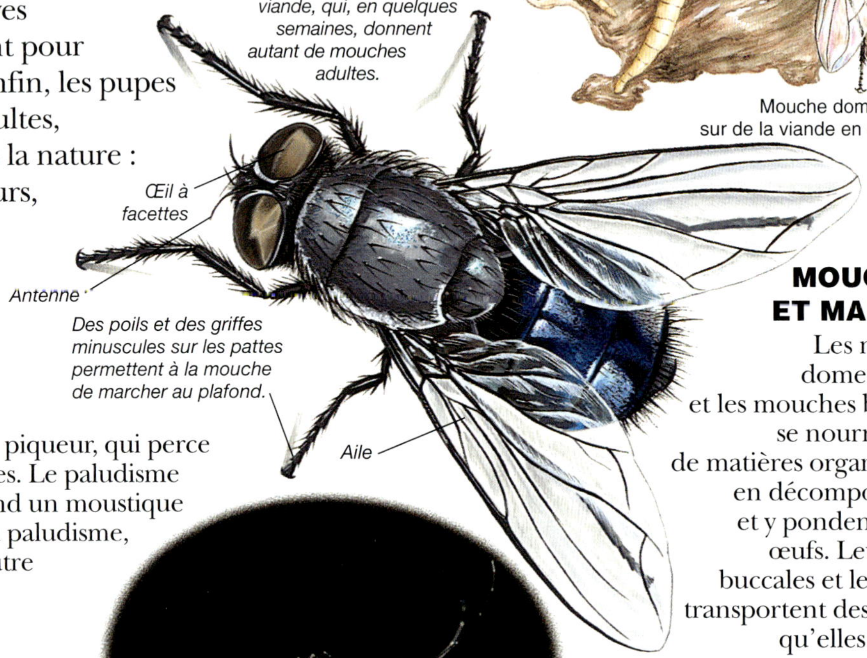

Des poils et des griffes minuscules sur les pattes permettent à la mouche de marcher au plafond.

MOUSTIQUE

Le moustique possède un appareil buccal piqueur, qui perce la peau pour sucer le sang des mammifères. Le paludisme est dû à un parasite, le plasmodium. Quand un moustique (l'anophèle femelle) pique un malade du paludisme, il suce du sang infecté. En piquant une autre personne, il lui transmet le plasmodium et propage la maladie.

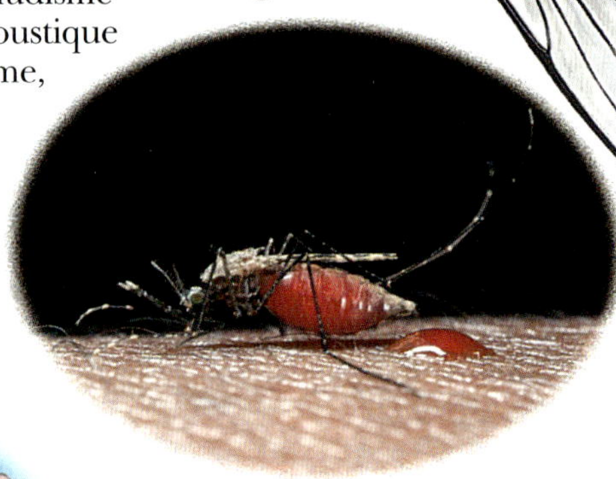

MOUCHES ET MALADIES

Les mouches domestiques et les mouches bleues se nourrissent de matières organiques en décomposition et y pondent leurs œufs. Leurs pièces buccales et leurs pattes transportent des bactéries qu'elles déposent sur nos aliments, nos assiettes et nos ustensiles de cuisine, et qui sont responsables parfois d'un dérangement digestif, voire d'une infection mortelle comme la typhoïde…

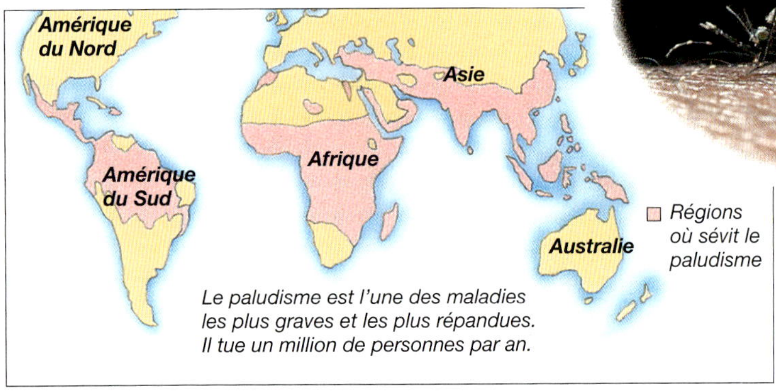

Le paludisme est l'une des maladies les plus graves et les plus répandues. Il tue un million de personnes par an.

Les extrémités des ailes du syrphe décrivent un 8 à chaque battement.

SYRPHE

Le syrphe est l'un des meilleurs spécialistes du vol. Il peut aussi bien voler en faisant du surplace, même si le temps est venté, que dans toutes les directions (en haut, en bas, sur le côté, en arrière). Des haltères, balanciers situés à l'arrière des ailes, stabilisent son vol.

ÉRISTALE

L'éristale est une grosse mouche qui ressemble à une guêpe et émet un bourdonnement sourd en volant. Après l'accouplement, la femelle pond ses œufs près d'une étendue d'eau stagnante. Les larves vivent dans l'eau et respirent grâce à leur longue queue creuse qui leur sert de tuba. Elles cherchent un milieu plus sec avant de se métamorphoser en nymphes. Les nymphes se transforment en adultes qui s'envolent pour se nourrir de pollen et de nectar.

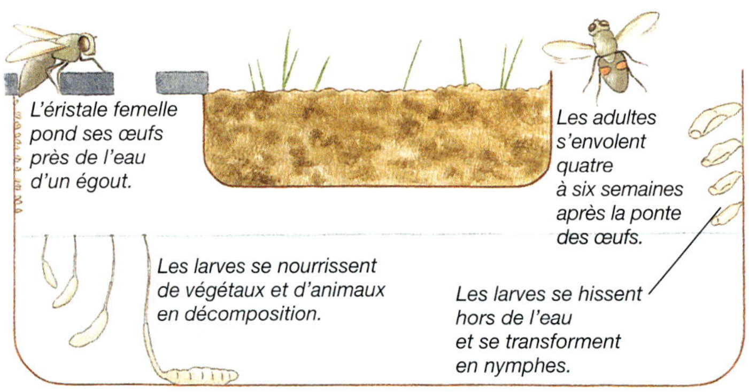

Pour en savoir plus

LES ESPÈCES ANIMALES
LES INSECTES
LES MALADIES
LE VOL DES ANIMAUX

Mousses et fougères

PRÊLES
Les prêles appartiennent au même groupe que les fougères. Il y a 300 millions d'années, elles atteignaient 46 m de haut et formaient des forêts. En se décomposant, elles se sont transformées en charbon.

LES FORÊTS denses et les régions boisées, humides et ombragées, abritent certains des végétaux terrestres les plus rudimentaires : les mousses et les hépatiques, plantes que l'on rencontre aussi sur les bûches, les murs de pierre et les pelouses des jardins. Elles forment l'embranchement des bryophytes. Elles n'ont ni racines, ni fleurs, ni graines et sont uniquement pourvues de minuscules radicelles, qui ne prélèvent qu'une faible quantité d'eau dans le sol, et de feuilles à tige courte qui absorbent l'humidité de l'air. Quant aux fougères, également dépourvues de fleurs, elles appartiennent à l'embranchement des ptéridophytes, un groupe apparu sur Terre il y a 300 millions d'années. Contrairement aux mousses et végétaux apparentés, elles possèdent de véritables racines. La fougère arborescente est la plus grande de toutes. Elle peut atteindre 20 m de haut et ressembler à un palmier. Les plus petites fougères des forêts denses ont des frondes (feuilles) de moins de un centimètre de long. Les fougères poussent dans tous les sols, hormis le sable des déserts chauds.

Un tapis de mousse recouvre l'écorce humide d'une bûche.

REPRODUCTION DES MOUSSES
La mousse possède des organes mâles et femelles. Les œufs fécondés se développent dans des sporophytes, contenant des spores, et situés à l'extrémité des tiges.

FOUGÈRE POLYPODE

À maturité, la feuille de la fougère (ou fronde) porte des sores – amas de sporanges (sacs contenant les spores). La germination des spores produit des prothalles, petites lames vertes en forme de cœur, qui portent les organes reproducteurs.

L'extrémité de la fronde se déroule.

Fronde enroulée du polypode

Les frondes des polypodes restent vertes tout l'hiver.

La face inférieure des feuilles porte les sores (amas de sporanges).

Fougère

Hépatique

PLANTES DES MILIEUX HUMIDES

Mousses et hépatiques poussent à proximité des cours d'eau parce qu'elles ont besoin d'humidité. Dépourvues de racines, elles ne peuvent absorber l'eau du sol. Ce sont leurs feuilles qui absorbent l'humidité de l'air.

Fougère grand aigle dans un pâturage

FOUGÈRE GRAND AIGLE
Cette fougère se rencontre sur tous les continents, excepté l'Antarctique. Pourvue de rhizomes et de tiges aériennes, elle se propage rapidement dans les régions herbeuses et boisées. Difficile à arracher une fois qu'elle a pris racine, elle n'a pas la cote auprès des agriculteurs et des jardiniers.

HÉPATIQUE

L'hépatique pousse tout près du sol dont elle absorbe l'humidité. Certaines hépatiques, mousses et fougères poussent sur des arbres qui leur servent de support.

L'hépatique doit son nom à sa forme lobée qui évoque celle d'un foie humain.

SPHAIGNE

Cette mousse est l'une des rares plantes à pousser dans des zones gorgées d'eau. Familière des marécages, elle s'accumule en couches pour former des monticules. Sa lente décomposition contribue à la formation de la tourbe.

Pour en savoir plus
LES FORÊTS
LES MARÉCAGES
LES PLANTES
LES SOLS

M

Le Moyen-Orient

Le Moyen-Orient est constitué de 15 États indépendants, situés au carrefour de trois continents : Europe au nord-ouest, Afrique au sud-ouest et, au nord et à l'est, Asie.

IL Y A MOINS DE 100 ANS, les populations du Moyen-Orient étaient soit des Bédouins, nomades du désert vivant dans des tentes et conduisant leurs troupeaux en quête de nourriture, soit les habitants de petites villes et villages pratiquant l'agriculture ou l'artisanat. Presque tous étaient pauvres et sans instruction. Le mode de vie de leurs enfants et petits-enfants a été transformé par la découverte du pétrole. De nombreuses personnes se sont enrichies grâce aux industries et aux services liés à la production et au raffinage du pétrole. Dans certains pays, notamment au Koweït et à Bahreïn, éducation et soins médicaux sont gratuits pour tous. Le pétrole a également modifié le rôle international du Moyen-Orient. La région avait peu d'influence sur les affaires de la planète. Aujourd'hui, elle contrôle un quart de la production mondiale de pétrole, et les décisions prises au Moyen-Orient affectent l'économie mondiale. Malgré ce changement radical, les coutumes ancestrales n'ont pas été complètement abandonnées, et la religion musulmane continue de dominer la vie quotidienne de tout le Moyen-Orient, comme elle le fait depuis plus de 1 300 ans.

VOIES NAVIGABLES

Depuis leurs sources dans les montagnes de Turquie, et tout au long de leurs cours parallèles au golfe Persique, le Tigre et l'Euphrate irriguent les terres presque sans pluie du Moyen-Orient. La fertilité de leur delta, appelé Mésopotamie dans l'Antiquité, donna naissance aux premières villes du monde.

MODERNISATION

La découverte de pétrole a soudainement enrichi le Moyen-Orient, permettant une industrialisation rapide et des progrès sociaux. Les gouvernements de la région, conscients que le pétrole finira par s'épuiser, ont dépensé une partie de l'argent tiré de l'exploitation pétrolière pour encourager et moderniser les industries et les entreprises locales. De nombreux pays du Moyen-Orient ont également investi à l'étranger, achetant des biens et des entreprises hors de leurs frontières.

Dans un centre de formation, les étudiants acquièrent des compétences qui les aideront à moderniser les affaires de leur pays.

Les zones du désert bordant le Tigre et l'Euphrate sont des marécages. Ici, des petits bateaux remplacent le dromadaire comme moyen de transport habituel.

PAYSAGE ET CLIMAT

L'essentiel du Moyen-Orient est fait de déserts chauds, secs et rocailleux. Un croissant de terres fertiles s'étend vers l'ouest depuis le Tigre et l'Euphrate, à travers le nord de l'Irak et la Syrie, puis vers le sud, au Liban et en Israël. Turquie et Iran sont montagneux, de même que le sud de la péninsule arabe. Au sud-est de l'Arabie saoudite s'étend le Rub'al-Khali, un vaste désert de sable inhabité, surnommé le « quartier vide ».

Le dromadaire, bien adapté aux rudes conditions du Moyen-Orient, reste un moyen de transport privilégié.

Le canal de Suez n'est pas assez large pour que des navires puissent s'y croiser. Les bateaux doivent le parcourir en convois, ne se croisant qu'aux by-passes où des segments du canal ont été doublés.

CANAL DE SUEZ

Long de plus de 160 km, le canal de Suez relie la Méditerranée et la mer Rouge. Sa construction dura 10 ans. Son ouverture, en 1869, réduisit de plus de 11 000 km la distance parcourue par les navires pour atteindre l'Extrême-Orient depuis l'Europe. Ils sont près de 50 à y naviguer chaque jour. Cette route commerciale importante s'est souvent trouvée au centre des conflits au Moyen-Orient. Elle fut plusieurs fois fermée pour cause de guerre et de désaccords politiques, la dernière fois pendant la guerre des Six-Jours entre Arabes et Israéliens, en 1967.

DUBAYY

La ville-État de Dubayy, dans le golfe Persique, possède un centre moderne, mais sa périphérie se fond dans le désert environnant. Les précipitations sur la péninsule arabe ne dépassent pas, en moyenne, 100 mm par an. Presque partout, la seule eau naturelle provient de sources souterraines. Des centrales de dessalement changent l'eau du golfe en eau potable.

Dubayy, l'un des Émirats arabes unis, est très plat, avec de larges zones couvertes de dunes et de rocs stériles.

Abu Dhabi (ci-dessous) possède une architecture grandiose, financée par les revenus du pétrole.

ABU DHABI

Les gouvernements de nombreux États du Moyen-Orient ont investi le revenu des ventes de pétrole pour améliorer les conditions de vie de leur population et développer l'économie de la nation. Dans les années 1960, la ville d'Abu Dhabi n'était qu'un village de pêcheurs dans le golfe Persique. Aujourd'hui, c'est la capitale d'Abu Dhabi, l'un des Émirats arabes unis, dotée d'un aéroport international et d'un centre aux hautes tours. Les royalties du pétrole d'Abu Dhabi lui apportent l'un des revenus par habitant les plus élevés du monde.

ÉMIRATS ARABES UNIS

Comme de nombreuses nations du Moyen-Orient, les Émirats arabes unis n'ont pas de gouvernement démocratique, mais sont dirigés par un groupe de riches émirs (rois) ayant un pouvoir absolu sur leur peuple. Chaque émir contrôle son propre émirat (ou royaume), mais tous se réunissent au Conseil suprême fédéral pour prendre les décisions affectant tout le pays. Aujourd'hui, le pétrole fournit l'essentiel des richesses nationales, mais les transports maritimes conservent leur importance traditionnelle. Abu Dhabi, Dubayy et Chardja constituent des ports importants.

Le port de Chardja est conçu pour accueillir les porte-conteneurs les plus modernes.

Des rebelles musulmans combattent dans les rues du Liban, lors de la guerre civile.

GUERRES AU MOYEN-ORIENT

Depuis un demi-siècle, le Moyen-Orient est déchiré par les guerres. Quatre conflits ont opposé Israël et ses voisins arabes, et le drame israélo-palestinien empoisonne la région. Huit ans de guerre entre Iran et Irak ont fait de très nombreux morts. Le Liban fut dévasté par une guerre civile. La première, puis la seconde guerre du Golfe ont conduit l'Irak au fond de l'abîme.

Les Kurdes, répartis entre la Turquie, l'Arménie, l'Irak, l'Iran et la Syrie, luttent pour leur indépendance depuis 1918. Ils sont nombreux à vivre dans des camps de réfugiés.

Pour en savoir plus

LES DÉSERTS (DÉFINITION)
L'IRAN
L'ISLAM
ISRAËL
LE PÉTROLE

Volcan | Montagne | Capitale | Grande ville | Petite ville

ARABIE SAOUDITE
Superficie : 2 149 690 km²
Population : 25 721 000
Capitale : Riyad

BAHREÏN
Superficie : 694 km²
Population : 791 000
Capitale : Manama

ÉMIRATS ARABES UNIS
Superficie : 83 600 km²
Population : 4 599 000
Capitale : Abu Dhabi

IRAK
Superficie : 438 317 km²
Population : 30 747 000
Capitale : Bagdad

IRAN
Superficie : 1 633 180 km²
Population : 74 196 000
Capitale : Téhéran

ISRAËL
Superficie : 21 057 km²
Population : 7 170 000
Capitale : Jérusalem

JORDANIE
Superficie : 97 740 km²
Population : 6 316 000
Capitale : Amman

KOWEÏT
Superficie : 17 818 km²
Population : 2 985 000
Capitale : Koweït

LIBAN
Superficie : 10 400 km²
Population : 4 224 000
Capitale : Beyrouth

OMAN
Superficie : 212 457 km²
Population : 2 845 000
Capitale : Mascate

QATAR
Superficie : 11 000 km²
Population : 1 409 000
Capitale : Doha

SYRIE
Superficie : 185 180 km²
Population : 21 906 000
Capitale : Damas

YÉMEN
Superficie : 537 968 km²
Population : 23 580 000
Capitale : Sanaa

INDUSTRIE PÉTROLIÈRE

Des gisements de pétrole et de gaz naturel furent découverts au début du XXe siècle dans le golfe Persique, qui possède aujourd'hui plus de la moitié des réserves mondiales de pétrole. Certains pays de la région sont devenus extrêmement riches, en particulier l'Arabie saoudite, les Émirats arabes unis, Bahreïn et le Koweït.

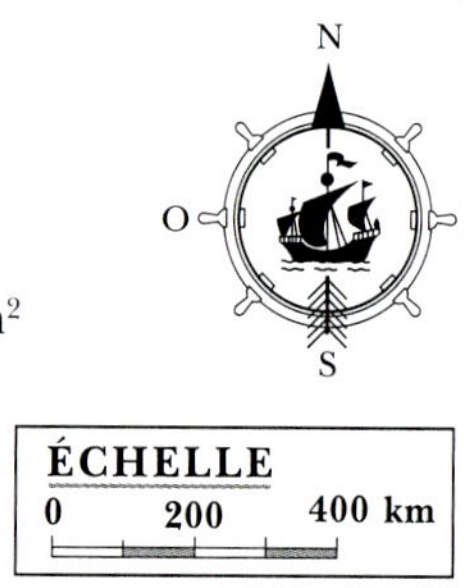

Les toits des bâtiments de Bahreïn s'étendent au-dessus des trottoirs, dispensant de l'ombre contre le soleil brûlant.

BAHREÏN

L'île de Bahreïn mesure à peine plus de 50 km de long. Puits et raffineries de pétrole emploient de nombreuses personnes, mais le tourisme est également important. Depuis 1986, une chaussée relie Bahreïn à l'Arabie saoudite. De nombreux visiteurs venus des États voisins, aux strictes lois islamiques, viennent profiter de son mode de vie libéral.

Muscles et mouvement

LES MUSCLES PERMETTENT les mouvements. Ils sont commandés par des influx nerveux provenant du cerveau. Il existe trois sortes de muscles : le muscle strié squelettique, le muscle lisse (ou viscéral), et le muscle strié cardiaque. Les muscles squelettiques recouvrent le squelette ; ils s'insèrent sur les os par les tendons. Ils déclenchent un mouvement en se contractant (donc en se raccourcissant). Leur contraction est volontaire. Les muscles lisses ou viscéraux se trouvent dans les parois de l'appareil digestif, de la vessie et des artères. Leur contraction est involontaire et inconsciente. Le muscle cardiaque (ou myocarde) est unique en son genre. Tous les muscles ont besoin d'énergie pour fonctionner correctement : le sang leur apporte donc de l'oxygène et du glucose.

Plus le muscle travaille, plus il a besoin d'énergie et plus le cœur accélère son rythme pour lui apporter davantage de sang.

RESTER EN FORME

Tous les muscles, dont le cœur, doivent fonctionner pour ne pas s'atrophier. Un exercice physique régulier, deux ou trois fois par semaine, permet de rester en forme.

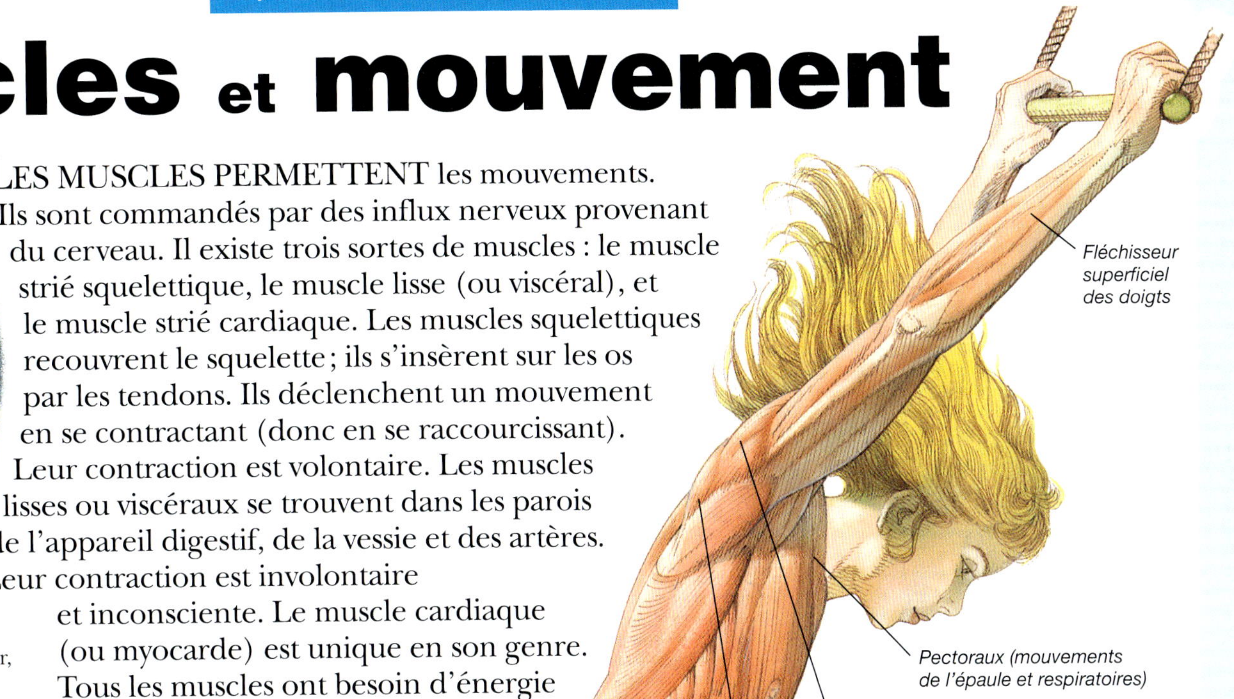
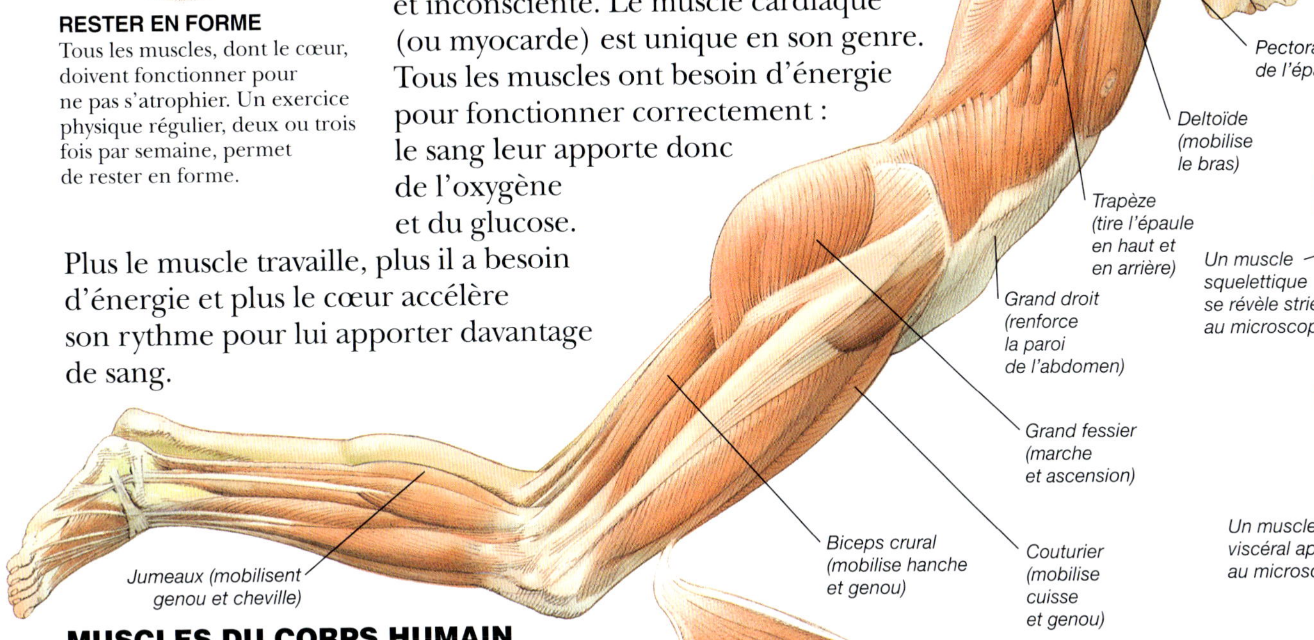

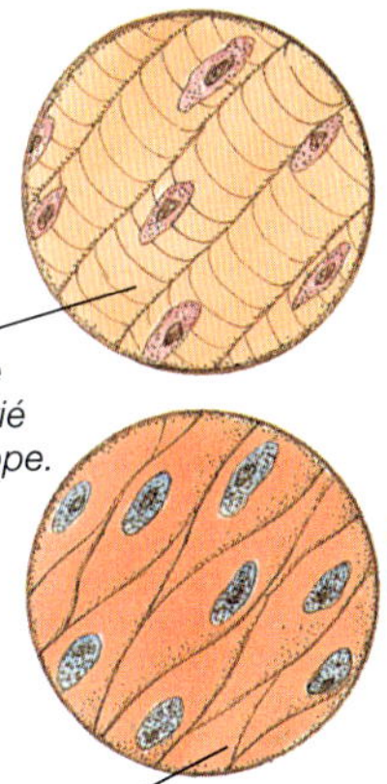

M

MUSCLES DU CORPS HUMAIN

Un mouvement aussi simple que lever le bras implique l'intervention simultanée de dizaines de muscles. Nous possédons environ 650 muscles, qui actionnent les différentes parties de notre squelette. Les muscles fonctionnent par groupes. Le plus grand muscle est le grand fessier. Les plus petits sont situés à l'intérieur de l'oreille. L'ensemble des muscles représente plus de la moitié du poids d'un adulte.

STRUCTURE DU MUSCLE

Un muscle est constitué d'un faisceau de fibres. Chaque fibre musculaire se compose de myofibrilles. Les myofibrilles sont constituées de deux protéines : l'actine et la myosine. Lorsque les filaments d'actine se contractent, ils entraînent, par un glissement analogue à un système à cliquet, les filaments de myosine.

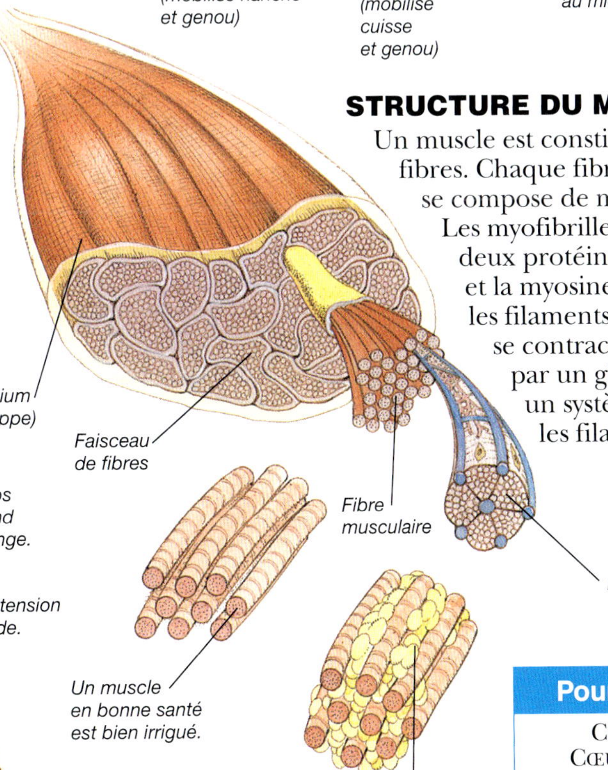

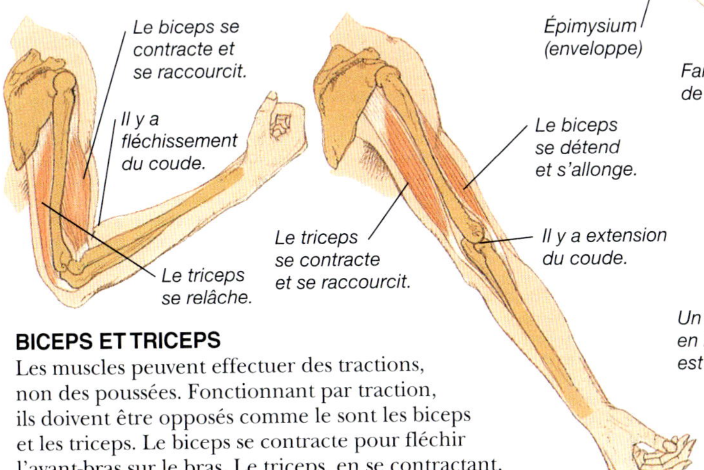

BICEPS ET TRICEPS

Les muscles peuvent effectuer des tractions, non des poussées. Fonctionnant par traction, ils doivent être opposés comme le sont les biceps et les triceps. Le biceps se contracte pour fléchir l'avant-bras sur le bras. Le triceps, en se contractant, aligne l'avant-bras sur le bras.

Pour en savoir plus

CERVEAU ET NERFS
CŒUR ET CIRCULATION
LE CORPS HUMAIN
POUMONS ET RESPIRATION
SQUELETTE ET STRUCTURE

Musées et bibliothèques

LES BÂTIMENTS DANS LESQUELS ON COLLECTIONNE et expose des œuvres d'art ou des objets intéressants sont des musées. Certains musées contiennent des collections générales, d'autres sont plus spécialisés. La personne responsable du musée s'appelle un conservateur. Elle se charge d'organiser les expositions, d'étudier, de préserver et de restaurer les collections. Elle veille aussi à ce que les informations sur les œuvres soient bien visibles pour les visiteurs. Les bibliothèques sont des collections de livres et de documents. Le bibliothécaire est chargé de classer les livres par sujet et de faciliter la recherche des ouvrages dans les rayonnages. Les premiers musées et bibliothèques datent de l'Antiquité. Aujourd'hui, on peut visiter des musées et fréquenter des bibliothèques dans la plupart des villes.

ISBN 0-7513-5770-7

9 780751 357707 >

L'ISBN
Un numéro d'identification sous forme de code-barres est attribué à chaque livre publié. L'ISBN (International Standard Book Number) donne à une bibliothèque toutes les informations nécessaires pour cataloguer ses livres correctement.

Cette maquette de silo à grains fonctionne à la main, ce qui permet aux visiteurs de participer.

Groupe scolaire participant à une exposition interactive

Ici les enfants ont le droit de toucher et de manipuler.

MUSÉE INTERACTIF

Au XIXe siècle, les premiers musées financés par l'État sont apparus, exposant leurs pièces derrière des vitrines de verre. Aujourd'hui, les expositions interactives des musées scientifiques intègrent des maquettes, de nouvelles technologies permettent une approche plus concrète et les audioguides rendent les visites plus attrayantes.

BIBLIOTHÈQUES

La première bibliothèque publique a ouvert ses portes dans la ville grecque d'Athènes, en 330 av. J.-C. Jusqu'au XVIIIe siècle, les bibliothèques proposaient des ouvrages uniquement à consulter sur place. Aujourd'hui, il est possible d'emprunter des livres pour les lire chez soi.

Proue incurvée d'un drakkar

MUSÉES SPÉCIALISÉS

De nombreux musées sont spécialisés : ils se consacrent aux sciences, à l'histoire naturelle ou à une période historique, telle qu'ici celle des Vikings. Beaucoup de petits musées étaient au départ des collections particulières qui reflétaient les centres d'intérêt des collectionneurs privés.

Le musée Guggenheim de Bilbao est une œuvre d'art en soi.

MUSÉES D'ART

Ces musées sont spécialisés dans les œuvres d'art. Les plus grands abritent toute une collection d'œuvres différentes, mais certains sont consacrés à un seul artiste ou à la production d'une seule période. Le musée Guggenheim de Bilbao abrite des œuvres d'art américaines et européennes du XXe siècle.

COLLECTIONS LOCALES

Les grands musées nationaux et musées spécialisés sont généralement situés dans les capitales ou les grandes villes du monde, du MOMA à New York au musée d'Orsay à Paris. Mais on trouve des musées abritant des collections purement locales dans des petites villes et même des villages.

Pour en savoir plus

DICTIONNAIRES ET ENCYCLOPÉDIES
L'ÉDUCATION
LES LIVRES
LES PEINTRES

la Musique

LES MUSICIENS FONT DE LA MUSIQUE en combinant des sons pour produire des phrases musicales harmonieuses. La note est l'élément de base de toutes les musiques : c'est une vibration de l'air produite par un instrument de musique ou par la voix humaine ; plus la vibration est rapide, plus la note semble haute et aiguë à l'auditeur. Certaines notes sonnent mieux ensemble que d'autres. Les notes s'organisent pour former une gamme. Une gamme est une série de notes ascendantes, c'est-à-dire de plus en plus hautes. Les musiciens jouent des notes à des intervalles de temps définis, ce qu'on appelle le rythme ou la mesure. Une mélodie associe un rythme et des notes jouées dans un certain ordre. Cette suite de sons forme un air, que l'on garde en mémoire et que l'on chantonne des jours, voire des semaines encore, après l'avoir entendu.

Les musiciens antiques de la cité d'Our, dans la région de Sumer (Irak), jouaient du luth, de la flûte, de la flûte de Pan et des instruments à percussion.

PREMIÈRE MUSIQUE

Tout a sans doute commencé par les chants lents des peuples préhistoriques. Les plus anciens instruments de musique sont les os de mammouth du nord de l'Eurasie ; les musiciens les frappaient l'un contre l'autre ou soufflaient dedans pour produire des sons, il y a environ 35 000 ans.

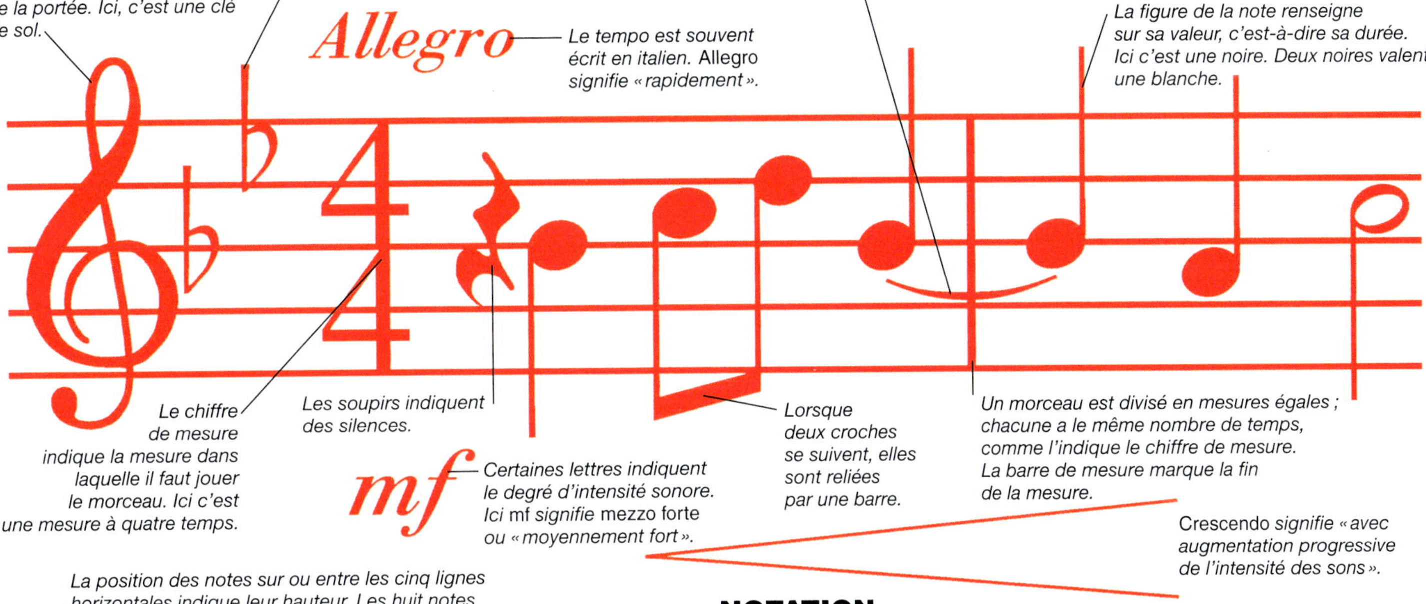

La position des notes sur ou entre les cinq lignes horizontales indique leur hauteur. Les huit notes d'une octave sont représentées ci-dessous.

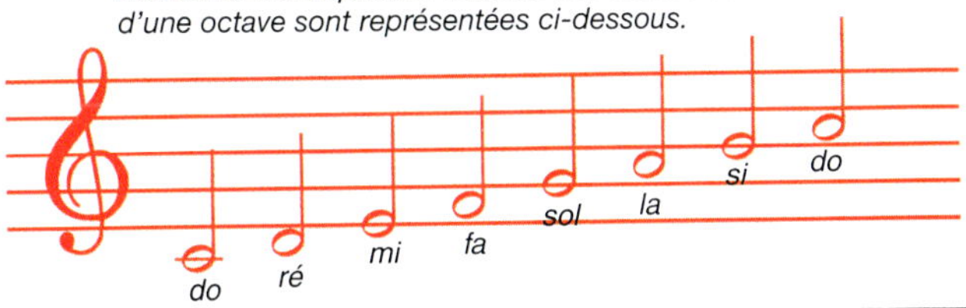

NOTATION

Les compositeurs ont besoin d'un code pour noter la musique qu'ils créent. La notation musicale est un ensemble de signes convenus. Les moines ont été les premiers à l'utiliser au IXe siècle pour retenir plus facilement les airs de leurs chants sacrés. Le système utilisé aujourd'hui date de 1200 apr. J.-C.

JAZZ

Le jazz se caractérise surtout par l'improvisation, le musicien crée sa musique en la jouant. Il a été inventé par des Noirs au début du XXe siècle à La Nouvelle-Orléans, aux États-Unis. C'est un mélange de blues, de gospel et de musique européenne.

Charlie Parker (1920-1955), surnommé Bird, a popularisé une nouvelle forme de jazz, le be-bop, dans les années 1940.

MUSIQUE DE CHAMBRE

La musique classique destinée à un petit groupe d'instruments s'appelle musique de chambre parce qu'à l'origine elle était jouée dans une pièce d'habitation. Les compositeurs écrivaient d'autres types de musiques pour les théâtres ou les églises. Aujourd'hui, les chambristes jouent dans des salles de concert.

MUSIQUE TRADITIONNELLE

Dans la plupart des musiques traditionnelles, le compositeur est inconnu et la musique elle-même peut ne pas être écrite. Ceux qui la jouent sont souvent des musiciens amateurs qui apprennent les mélodies en s'écoutant jouer les uns les autres. Ils n'ont donc pas besoin de partition. Ils font parfois des petits changements en jouant, c'est pourquoi il existe de nombreuses versions légèrement différentes d'une même mélodie traditionnelle.

Les pom-pom girls défilent en musique et encouragent les spectateurs à chanter avec elles.

Les moines bouddhistes soufflent dans de longues cornes lors des cérémonies religieuses.

MUSIQUES ET MARCHES MILITAIRES

La musique au rythme appuyé et régulier aide les soldats à marcher au pas. Aujourd'hui les orchestres militaires ne sont pas les seuls à jouer ce type de musique. Les lycées et les équipe de football américains ont souvent leurs propre fanfares, qui divertissent la foule en divers occasions (à la mi-temps par exemple

MUSIQUE RELIGIEUSE

La musique a toujours joué un rôle important dans la religion. Au cours des cérémonies religieuses, elle invite les fidèles à penser à Dieu ou à leurs dieux. Elle accompagne les chants religieux et les danses sacrées. Mais un thème religieux peut être choisi pour une œuvre profane d'inspiration religieuse : ainsi le compositeur allemand Georg Friedrich Haendel (1685-1759) mit-il en musique certains passages de la Bible quand il écrivit *Le Messie*.

MUSIQUE ROCK

Une nouvelle forme de musique populaire est apparue dans les années 1950. Les chansons rock and roll avaient un rythme très appuyé et des mots qui « parlaient » aux jeunes. Ce style de musique est originaire des États-Unis et issu du rhythm and blues joué par les musiciens noirs. Au fil des années, le rock a influencé bien d'autres musiques.

Le chanteur américain Elvis Presley (1935-1977) a vendu des millions de disques rock and roll et joué dans 33 films.

MUSIQUE CLASSIQUE

La musique classique est devenue plus populaire ces dernières années, en partie grâce aux efforts de jeunes musiciens comme la violoniste Vanessa Mae. Elle a commencé à composer à l'âge de 9 ans ; à 18 ans elle avait enregistré plusieurs disques et donné des concerts dans le monde entier. Elle a aussi mélangé classique et moderne en associant les sons de violons acoustiques et électriques.

Pour en savoir plus

LES GRANDS COMPOSITEURS
LES INSTRUMENTS DE MUSIQUE
OPÉRA ET CHANSONS
LES ORCHESTRES
POP, ROCK, REGGAE…

Mythes et légendes

AVANT L'EXISTENCE DES LIVRES, se raconter des histoires constituait le seul moyen pour transmettre savoirs et croyances d'une génération à l'autre. Ces récits, ou mythes, se proposaient généralement d'expliquer les mystères de la nature, par exemple l'origine du tonnerre. La mythologie raconte l'histoire des dieux et des déesses, ainsi que celle des héros dotés de pouvoirs surnaturels, et a enrichi de façon considérable la littérature et les arts. Les légendes s'attachent quant à elles à dépeindre des faits historiques transformés au fil des temps en récits fantastiques. Tous les peuples ont leurs légendes et leurs mythes. Parfois, monstres et animaux fabuleux jouent un rôle important, comme le loup-garou que l'on retrouve dans les récits légendaires de nombreuses cultures.

CHEVAL DE TROIE
La légende veut que des soldats grecs qui tentaient de conquérir la cité de Troie assiégée se soient dissimulés dans un gigantesque cheval de bois. Après que les Troyens eurent introduit le cheval dans l'enceinte de la cité, les Grecs sortirent de leur cachette et réussirent à s'emparer de la ville.

DIEUX SOLAIRES

Les mêmes mythes se retrouvent en différents endroits du monde. En effet, tous les hommes sont confrontés aux mêmes tourments et réalités. Plusieurs peuples ont vénéré des dieux solaires, comme Surya en Inde ou Apollon dans la Grèce antique, qui, disait-on, arpentait les cieux juché sur un chariot de feu.

Représentation de Surya, dieu-Soleil du panthéon hindou, peint sur un porche de Jaipur, en Inde

Rê, le dieu du Soleil des Égyptiens anciens

GUILLAUME TELL

Guillaume Tell est un héros suisse condamné, après avoir insulté un représentant de la monarchie autrichienne, à percer d'une flèche une pomme posée sur la tête de son propre fils. Il sortit victorieux de l'épreuve et mena plus tard une révolte contre l'occupant autrichien.

CRÉATION

Tous les peuples ont recouru aux mythes pour expliquer l'origine du monde. Le récit ci-dessous reprend celui de la tribu indienne des Kwakiutls.

Un corbeau qui volait au-dessus de l'eau ne trouvait aucune terre où se poser. Il décida de créer un monde et commença par lâcher de petites pierres pour former des îles.

Puis il créa les arbres et les prairies. Des bêtes peuplèrent les forêts, des oiseaux sillonnèrent les airs et la mer se remplit de poissons.

Après plusieurs échecs, le corbeau réussit à créer le premier homme et la première femme, façonnés dans l'argile et le bois. Son monde était enfin complet.

Athéna, déesse grecque guerrière de la Sagesse

Quetzalcóatl, dieu aztèque

DIEUX ET DÉESSES

Les anciens Grecs vénéraient plusieurs divinités, qui prenaient part aux batailles des hommes et influençaient leur cours. La capitale de la Grèce, Athènes, doit son nom à la déesse Athéna. Quetzalcóatl apparaît dans la mythologie mexicaine comme l'un des plus grands dieux aztèques. Il créa le vent qui chassait la pluie.

Pour en savoir plus
LA GRÈCE ANTIQUE
LA LITTÉRATURE
LES RELIGIONS

Napoléon Bonaparte

15 août 1769 Naissance de Napoléon à Ajaccio, Corse.

1799 Coup d'État du 18 Brumaire. Napoléon devient Premier consul.

1804 Sacre de l'empereur Napoléon Ier.

1805 Victoire d'Austerlitz.

1812 Retraite de Russie.

1814 Abdication et exil sur l'île d'Elbe, en Méditerranée.

1815 Retour en France, période des Cent-Jours. Défaite de Waterloo.

5 mai 1821 Mort en exil à Sainte-Hélène.

Le 2 décembre 1804, Napoléon Bonaparte fut couronné empereur des Français. Ce grand chef militaire corse se fit connaître en 1793, après sa victoire contre la flotte anglaise qui assiégeait le port de Toulon. En 1795, il mata au canon une insurrection royaliste à Paris, avant de conduire les armées françaises à la victoire lors de la campagne d'Italie. En 1799, Napoléon, aidé de l'armée, organisa le coup d'État du 18 Brumaire et renversa le Directoire. Nommé Premier consul, il rétablit l'autorité du gouvernement, singulièrement malmenée par la Révolution française. De nombreuses réformes sociales furent mises en place, l'administration et les finances furent réorganisées et le code civil entra en vigueur. Brillant stratège, Napoléon Ier étendit son empire jusqu'aux frontières de la Russie. Vaincu une première fois, en 1814, par les armées de la Prusse, de l'Autriche, de l'Angleterre et de la Russie, qui envahirent la France, puis en 1815, à Waterloo, Napoléon mourut en exil, six ans plus tard, sur l'île britannique de Sainte-Hélène, dans l'Atlantique Sud.

GRAND EMPIRE NAPOLÉONIEN

En 1812, à l'apogée de son règne, Napoléon dominait l'Europe, de la Baltique au sud de Rome. Sa famille régnait sur l'Espagne, l'Italie et une partie de l'Allemagne. Le reste de l'Allemagne, la Suisse et la Pologne restaient sous contrôle français, le Danemark, l'Autriche et la Prusse étant considérés comme des alliés. Seuls le Portugal, l'Angleterre, la Suède et la Russie échappaient à son emprise.

SACRE DE L'EMPEREUR

Le 2 décembre 1804, Napoléon se couronna empereur des Français, lors d'une fastueuse cérémonie en la cathédrale Notre-Dame de Paris. Il avait déjà troqué le nom de Buonaparte, d'origine lombarde, contre celui de Bonaparte. Mais c'est Napoléon Ier qui devait passer à la postérité.

CAMPAGNE DE RUSSIE

En juin 1812, les troupes napoléoniennes, fortes de 500 000 hommes, pénétrèrent en Rus Les Russes se retirèrent, entraînant l'armée française jusqu'au cœur du pays. Napoléon s'empara de Moscou le 14 septembre, mais fut contraint à la retraite par manque de vivres et d'équipements. Sur le chemin du retour, la rigueur de l'hiver russe décima ses soldats.

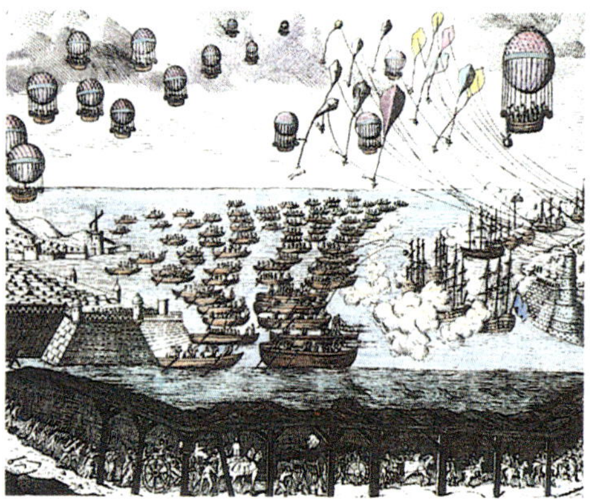

INVASION DE L'ANGLETERRE

En 1805, Napoléon rassembla une armée de 140 000 soldats le long des côtes de la Manche et mit sur pied un plan d'invasion de l'Angleterre, qu'il qualifiait de « nation de marchands ». Sa stratégie prévoyait la traversée de la Manche en bateaux et en ballons, ainsi que le percement d'un tunnel sous la mer. L'amiral Nelson balaya ces projets en remportant la bataille navale de Trafalgar le 21 octobre 1805.

Pour en savoir plus

La France (histoire)
Les Guerres napoléoniennes
La Révolution française

la Natation

QUE CE SOIT dans la mer ou en piscine, la plupart des êtres humains aiment nager. La natation (se déplacer dans l'eau en s'aidant de ses bras et de ses jambes) est l'un des sports les plus pratiqués à tout âge. Elle fait travailler l'ensemble du corps dans des conditions de pesanteur diminuée et permet de garder la forme. C'est également un sport de compétition international qui exige une condition physique optimale. Les nageuses et les nageurs professionnels s'entraînent pendant des heures à parcourir de longues distances. Gagner une médaille d'or olympique est leur objectif suprême. Tout le monde ou presque peut apprendre à nager ou simplement à barboter dans l'eau. Savoir très bien nager peut être utile, pour soi-même comme pour les autres.

EXPLOIT À LA NAGE
Le 25 août 1875, le capitaine Matthew Webb a été le premier à traverser la Manche à la nage. Il lui a fallu 22 heures pour nager de Douvres à Calais. Nager sur de longues distances exige de l'endurance. Les nageurs s'enduisent d'une matière grasse (huile, vaseline) pour se protéger de l'eau froide.

PLAISIR ET SÉCURITÉ

Il est agréable de nager. Mais savoir bien nager permet aussi de pratiquer en toute sécurité des sports nautiques comme le canoë, l'aviron, le surf et le ski nautique.

Tuba et masque

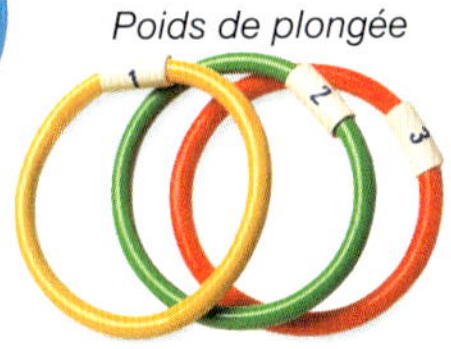

Poids de plongée

Lunettes

STYLES DE NAGES

Il existe quatre nages principales. Le crawl (ou nage libre) est la plus rapide : les nageurs battent des jambes en continu et effectuent une rotation alternative des bras. Les mouvements du dos crawlé sont les mêmes sur le dos. Le papillon consiste à lancer simultanément les bras hors de l'eau en effectuant des moulinets, tandis que, au cours de la brasse, on se propulse comme une grenouille en détendant et en pliant alternativement les bras et les jambes.

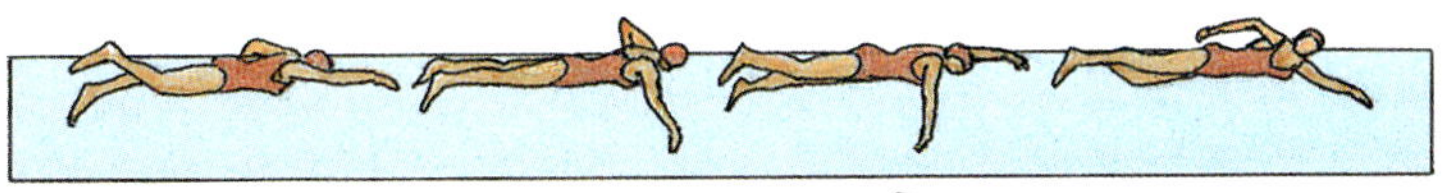

Crawl

Dos crawlé

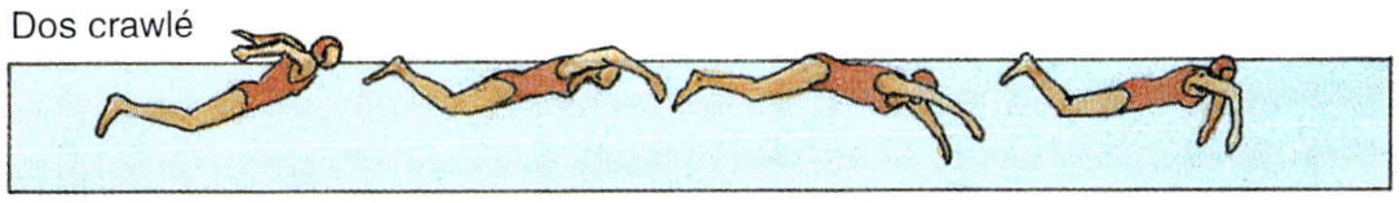

Papillon

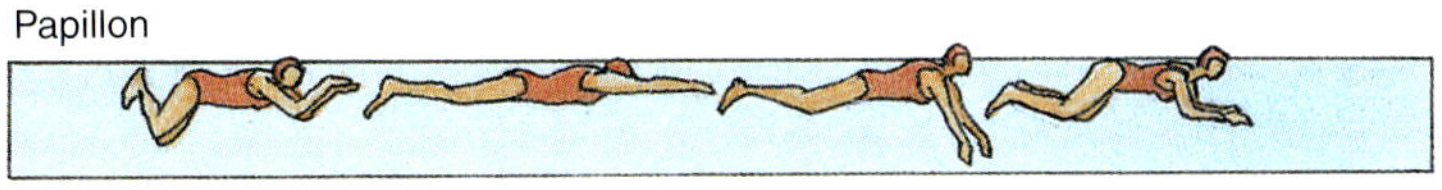

Brasse

Palmes

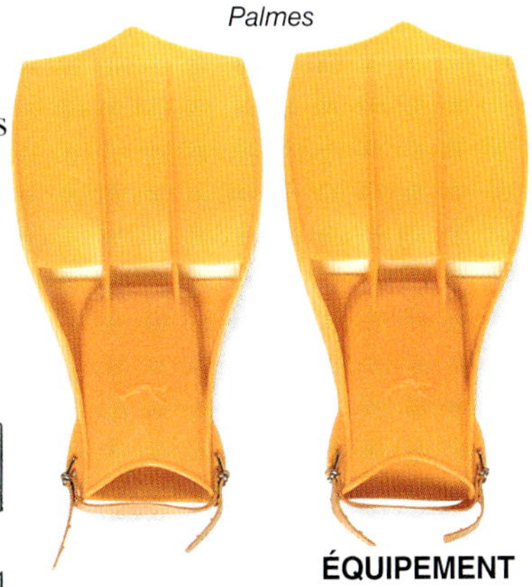

ÉQUIPEMENT
Avec un masque et un tuba, le nageur peut voir et respirer sous l'eau, puisque l'extrémité du tuba reste au-dessus de la surface. Grâce aux lunettes, il observe ce qui se passe sous l'eau sans que les yeux soient irrités. Les palmes, comme les nageoires des poissons, facilitent sa propulsion. Quant aux poids, ils lui permettent de se maintenir sous l'eau plus facilement.

CULBUTE
Le nageur gagne du temps en faisant une culbute à la fin d'une longueur. Juste avant l'extrémité du bassin, il prend une bonne inspiration, se retourne sur lui-même dans l'eau et donne une poussée contre le bassin avec ses pieds. Une culbute réussie peut faire la différence et donner la victoire.

Pour en savoir plus
FORME ET SANTÉ
LE SPORT
LES SPORTS NAUTIQUES

http://www.un.org/fr/

les Nations unies

SOCIÉTÉ DES NATIONS
En 1919, les vainqueurs de la Grande Guerre créèrent la Société des nations (SDN) pour garantir la paix. Mais l'intervention de l'empereur d'Éthiopie, Hailé Sélassié Ier (ci-dessus), à la tribune de la SDN, en 1935, ne put empêcher l'invasion de son pays par l'Italie. En 1946, l'ONU remplaçait la SDN.

EN 1945, au lendemain de la Seconde Guerre mondiale, les vainqueurs ont décidé de tout faire pour éviter qu'un tel conflit se reproduise. Ils ont rédigé la Charte des Nations unies. L'Organisation des Nations unies (ONU) s'est réunie pour la première fois à San Francisco en 1945. Elle compte actuellement 192 pays. Ses six organes principaux – l'Assemblée générale, le Conseil de sécurité, le Secrétariat, le Conseil économique et social, le Conseil de tutelle et la Cour internationale de justice – ont pour mission le maintien de la paix dans le monde et la justice sociale. L'ONU possède d'autres organes, qui traitent de questions d'ordre général, comme la santé. Chaque État membre a un siège à l'Assemblée générale. Quinze nations siègent au Conseil de sécurité. Suite à une grave crise politico-financière dans les années 2000, l'ONU doit faire face à de nombreuses critiques portant sur son impartialité et sur son efficacité. Dans ce but, le Conseil des droits de l'homme est créé, en 2006.

NATIONS UNIES
C'est au siège de l'ONU, à Manhattan, que l'Assemblée générale, le Conseil de sécurité et la plupart des institutions des Nations unies se réunissent. Les responsables politiques des États membres y débattent des problèmes de la planète et tentent de régler de nombreux conflits internationaux.

CONSEIL DE SÉCURITÉ

Le but du Conseil de sécurité est de maintenir la paix dans le monde. Il est chargé de surveiller les événements susceptibles d'entraîner un conflit. Il est doté de cinq membres permanents (Chine, États-Unis, France, Royaume-Uni et Russie) et de dix membres élus pour deux ans.

EMBLÈME DE L'ONU
L'emblème de l'ONU représente une carte du monde, entourée d'une couronne de rameaux d'olivier, symbole de la paix.

MAINTIEN DE LA PAIX
L'ONU peut envoyer des forces de maintien de la paix dans des pays menacés par la guerre. En 1989, un groupe d'assistance est allé en Namibie, dans le sud de l'Afrique, pour surveiller les élections qui ont conduit à l'indépendance du pays. Plus récemment, les Casques bleus sont intervenus dans l'ex-Yougoslavie, tandis que l'ONU représentait les instances internationales au Kosovo et en Afghanistan.

UNICEF

Le Fonds des Nations unies pour l'enfance est l'un des organismes les plus actifs de l'ONU. Créé pour venir en aide aux enfants victimes de la Seconde Guerre mondiale, l'Unicef fournit aujourd'hui des soins, en particulier médicaux, aux enfants du monde entier, surtout dans les régions les plus pauvres d'Afrique et d'Asie, qui sont souvent dévastées par la guerre ou la famine. Il organise également des programmes éducatifs.

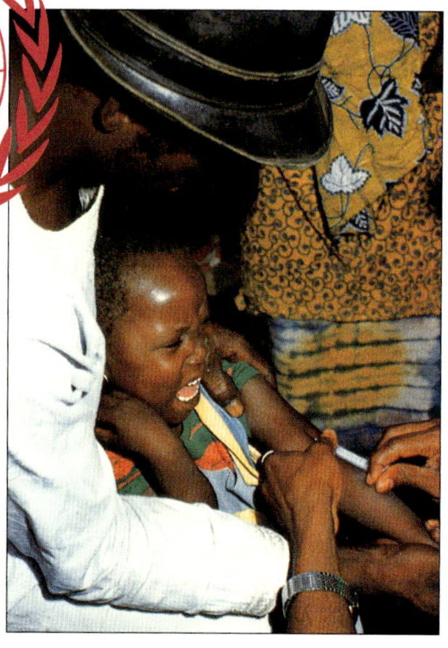

Grâce à l'Unicef, les enfants des pays en voie de développement sont vaccinés.

Pour en savoir plus

L'ARMÉE
GOUVERNEMENT ET POLITIQUE
LA PREMIÈRE GUERRE MONDIALE
LA SECONDE GUERRE MONDIALE

la Navigation

CARTE ET BOUSSOLE
Les cartes indiquent les reliefs, les routes et bien d'autres éléments. La boussole aide le voyageur à orienter la carte de sorte qu'elle soit correctement positionnée par rapport au territoire qu'elle représente. Les Chinois furent les premiers à utiliser la boussole, il y a plus d'un millénaire, mais la première carte fut dessinée par les Babyloniens vers 200 av. J.-C.

MÊME DANS UNE VILLE où les panneaux sont omniprésents, il arrive que l'on se perde. Imaginez ce qu'il peut advenir en pleine nature ou à bord d'un bateau au beau milieu des mers ! Les premiers marins partis à la découverte du monde et confrontés au problème de l'orientation établissaient leur position par rapport au Soleil et aux étoiles. Le Soleil qui se lève à l'est et se couche à l'ouest constituait un repère fiable et sûr, tout comme l'étoile polaire par exemple, presque alignée sur le pôle Nord. La navigation regroupe l'ensemble des procédés mis en œuvre pour calculer une position et une route à suivre, sur terre, sur mer ou dans les airs. Les navigateurs d'aujourd'hui ont à leur disposition différents instruments pour les aider à s'orienter, facilitant et sécurisant les plus longs des voyages. Cartes détaillées et systèmes électroniques utilisant des données envoyées par radars et par satellites permettent de donner la position d'un avion ou d'un bateau à quelques centaines de mètres près.

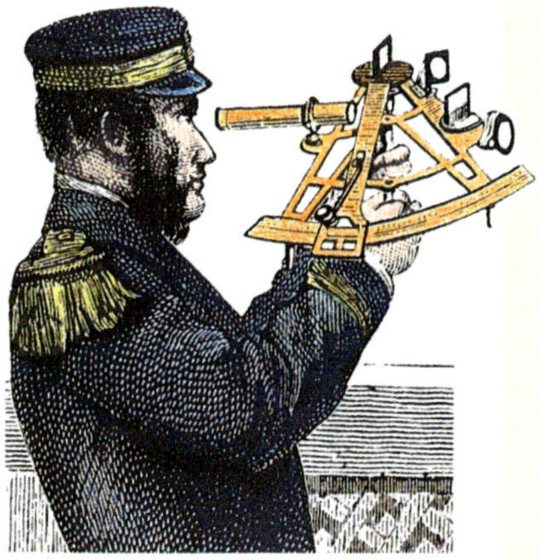

SEXTANT
Durant plus de deux siècles, les navigateurs utilisèrent un instrument baptisé sextant. Le sextant donne la mesure de l'angle entre deux objets positionnés dans le ciel, par exemple deux étoiles. À partir de cet angle, on peut calculer sa position.

SYSTÈMES DE NAVIGATION

De nos jours, bateaux et avions sillonnent quotidiennement le monde. Les navigateurs font appel à des compas gyroscopiques, qui permettent de s'orienter de façon encore plus précise que la boussole. De plus, des systèmes de navigation électronique, embarqués sur les bateaux et les avions, calculent automatiquement les routes à suivre.

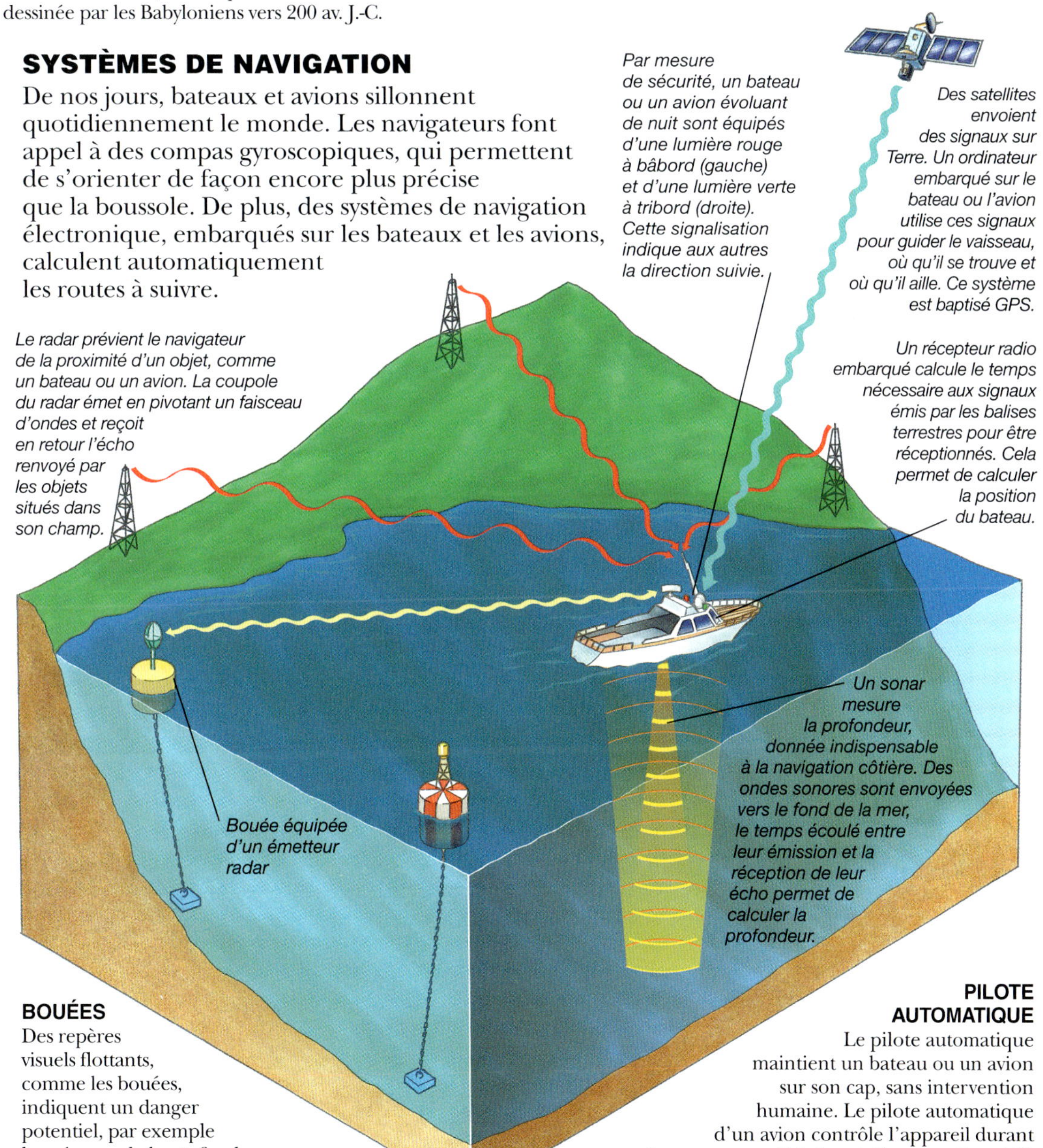

BOUÉES
Des repères visuels flottants, comme les bouées, indiquent un danger potentiel, par exemple la présence de hauts fonds. Leur forme et leur couleur indiquent aux bateaux la voie à suivre.

PILOTE AUTOMATIQUE
Le pilote automatique maintient un bateau ou un avion sur son cap, sans intervention humaine. Le pilote automatique d'un avion contrôle l'appareil durant la presque totalité du vol. Certains dispositifs peuvent même guider l'avion durant les procédures d'atterrissage ou de décollage.

PHARES
Les eaux côtières ponctuées de rochers, de zones de hauts fonds et soumises aux marées peuvent se révéler dangereuses pour la navigation. Les phares envoient un signal lumineux pour avertir les bateaux.

N

Pour en savoir plus

LES AVIONS
LES BATEAUX
LA CARTOGRAPHIE
LE MAGNÉTISME
LE RADAR
LES SATELLITES

http://www.dinosoria.com/ornithorynque.htm

Nids et terriers

Pigeonniers et nichoirs encouragent les oiseaux à venir se reproduire tous les ans au même endroit.

LES ANIMAUX ont besoin d'un abri et d'un endroit où élever leurs petits. Un nid ou un terrier protège l'animal des prédateurs et des températures extrêmes. Les oiseaux et les écureuils construisent des nids. Celui du rat des moissons est sphérique, situé au milieu des épis de maïs, où l'animal se repose et dort. Les oiseaux nidifient uniquement pendant la saison de reproduction : le fond de leur nid est tapissé de mousse, d'herbes, de poils ou de plumes pour tenir les œufs, puis les oisillons au chaud et au sec. Les lapins et les renards creusent des terriers, tout comme les tortues des régions désertiques, qui s'abritent ainsi de l'ardeur du soleil. Certains terriers sont peu profonds, d'autres au contraire très profonds avec des sorties de secours, des impasses et une galerie séparée pour la reproduction et l'élevage des jeunes.

NIDS

Construire un nid peut demander des semaines. Chaque oiseau a son endroit et ses matériaux favoris. La bergeronnette grise nidifie souvent à proximité d'une ferme, avec des brindilles, de la paille, des feuilles et de la mousse, ainsi que des poils et des plumes pour garnir le fond. La bergeronnette des ruisseaux trouve, près d'un cours d'eau à fort débit, des graminées et de la mousse pour la structure, des poils pour le garnissage.

Le nid du flamant rose est conique et construit avec de la boue.

FLAMANT ROSE

Beaucoup d'animaux, comme les flamants roses d'Afrique, nichent en colonies. Si un prédateur approche, ils font un bruit assourdissant pour l'intimider. Dans une colonie de flamants, l'union fait la force.

MYGALE MAÇONNE

La mygale maçonne creuse dans les sols meubles un petit terrier où elle se cache. À l'aide de la soie qu'elle produit, elle agglomère des particules de terre pour fabriquer une trappe bien camouflée. Au passage d'un insecte, la mygale ouvre la trappe et saisit sa victime.

ORNITHORYNQUE

L'ornithorynque d'Australie creuse un réseau de galeries à 30 m de profondeur, près de l'eau. La femelle y pond ses œufs. Chaque fois que l'ornithorynque entre ou sort pour aller chercher de la nourriture, il reconstruit la série de « portes » en boue qui jalonnent les galeries pour protéger ses petits contre les intrus.

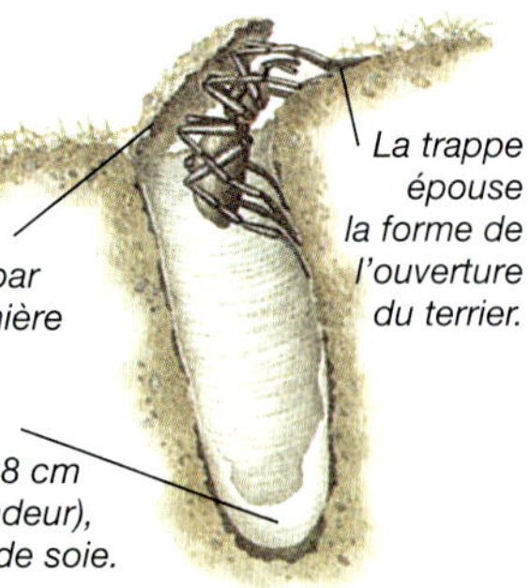

Pour en savoir plus

ABEILLES ET GUÊPES
FOURMIS ET TERMITES
LAPINS ET LIÈVRES
LES OISEAUX
SOURIS, RATS ET ÉCUREUILS

les Nombres

LES NOMBRES SONT DES SYMBOLES qui nous aident à compter et à évaluer grandeurs et quantités. Les premiers hommes comptaient très certainement à l'aide de leurs doigts ; les dix doigts de la main ont servi de base au développement du système décimal, baptisé d'après le mot latin *decimus*, signifiant « dixième ». Dans ce système, on distingue seulement dix chiffres : 0, 1, 2, 3, 4, 5, 6, 7, 8 et 9 ; assemblés et combinés de différentes façons, ces chiffres servent à former tous les autres nombres. L'art de les manipuler relève de l'arithmétique. Ils sont utilisés pour calculer des durées et des distances, mais aussi pour ordonner les choses. Les données numériques sont aussi importantes que les mots pour transmettre une information, et les signes qui les représentent sont aujourd'hui universels.

FRACTIONS
On peut diviser un nombre entier en portions égales. Ces portions sont appelées fractions.

CALCUL

Autrefois, pour compter au-delà de 10, les hommes utilisaient des objets comme des cailloux pour symboliser les multiples de 10. Ainsi, 5 cailloux et 3 doigts représentaient le nombre 53. Ce mode de calcul conduisit à l'invention des bouliers, puis plus tard des règles à calcul et des machines à calculer.

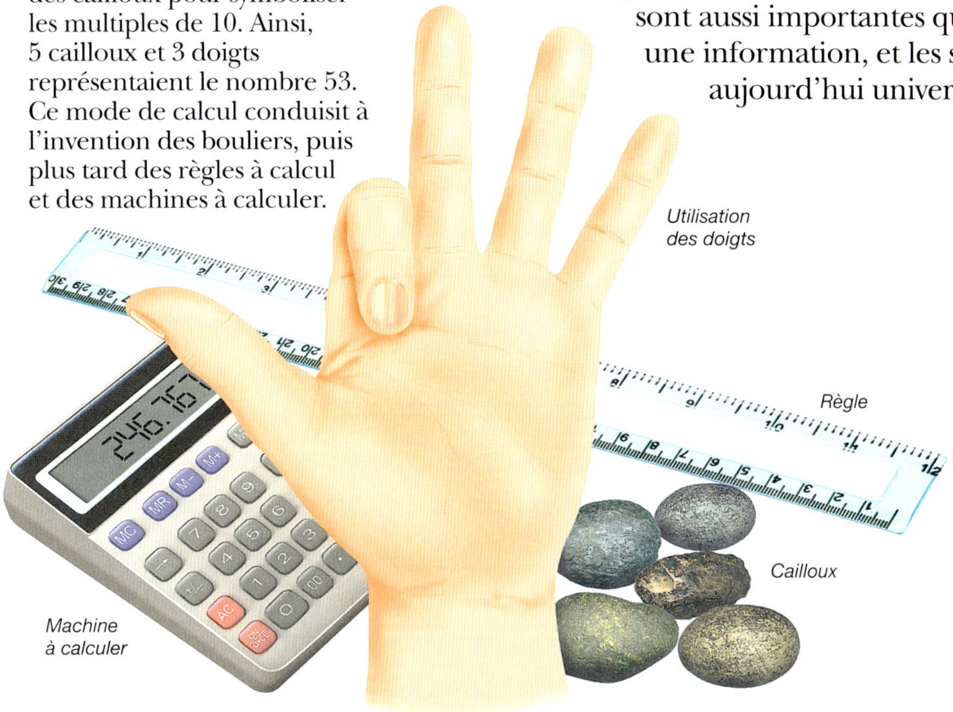

NOMBRES DANS L'HISTOIRE
Les hommes ont développé différents systèmes d'écriture des nombres à l'aide de symboles. Le système décimal moderne a aujourd'hui été adopté à travers le monde, bien que de rares pays utilisent encore des systèmes différents. Les chiffres romains sont toujours d'actualité et se retrouvent notamment sur les cadrans des montres et horloges.

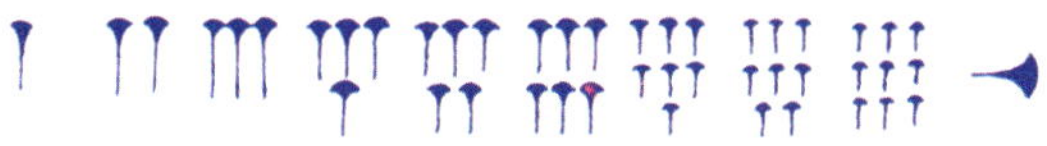

Les Babyloniens inventèrent un système de numération décimal il y a près de 3 500 ans, mais le temps nécessaire à l'écriture des nombres était assez long.

I II III IV V VI VII VIII IX X

Le système de numération des Romains fut élaboré vers 500 av. J.-C. ; peu commode, il reste pourtant toujours utilisé de nos jours.

Vers 200 av. J.-C. les Hindous utilisaient un système décimal. Il y a environ 1 400 ans, ils introduisirent le zéro dans leur suite de nombres entiers.

Vers le XVe siècle, l'emploi des chiffres indo-arabes se généralise et ces derniers viennent remplacer les chiffres romains.

0 1 2 3 4 5 6 7 8 9 10

Aujourd'hui, la plupart des pays font appel à un système décimal moderne, à base de chiffres indo-arabes.

Tableau d'affichage

TYPES DE NOMBRES

Les nombres entiers qui renvoient à des quantités, comme 1, 2 ou 3, sont appelés nombres cardinaux. Les nombres utilisés pour le classement, comme 1er, 2e ou 3e sont des nombres ordinaux. Dans une fraction, le nombre placé sous le trait de fraction, le dénominateur, désigne l'unité par laquelle est divisé le tout ; le nombre du haut, ou numérateur, désigne le nombre de parts utilisées.

INVENTION DU ZÉRO
Le zéro fit une première apparition au IIIe siècle av. J.-C., à Babylone, mais son usage remonte au Ve siècle, en Inde. Les Arabes l'utiliseront avant qu'il ne soit introduit en Occident vers le VIIIe siècle. La graphie du zéro, au début représenté comme un cercle parfait, s'inspirait de la représentation de la voûte céleste.

Pour en savoir plus

LA GÉOMÉTRIE
LES MATHÉMATIQUES
LES ORDINATEURS
LES STATISTIQUES

les Normands (histoire)

TAPISSERIE DE BAYEUX
Datée du XIe siècle, la tapisserie de Bayeux fut créée pour immortaliser la conquête de l'Angleterre par les Normands. Cette broderie sur toile de lin de 70 m de long sur 50 cm de large est aujourd'hui exposée à Bayeux.

ENTRE LE VIIIe ET LE XIIe SIÈCLE DE NOTRE ÈRE, les Vikings semèrent la terreur dans toute l'Europe. Venus de Norvège, de Suède et du Danemark, terres froides et inhospitalières aux sols arides, ces hommes commencèrent par piller les villages côtiers et les fermes isolées du nord de l'Europe, volant chevaux et vivres, faisant des prisonniers réduits à l'esclavage et dérobant l'or et l'argent des églises. Ils envahirent l'Angleterre, la France, l'Allemagne, l'Italie et la Russie avant de s'installer dans certaines régions, dont la Normandie au début du Xe siècle. Leur domination atteignit son apogée sous le règne de Guillaume Ier, duc de Normandie, qui partit à la conquête de l'Angleterre, en 1066. Le pays intégré au royaume normand se couvrit de châteaux défensifs, d'églises, de monastères et de cathédrales. Les Normands gouvernèrent l'Angleterre jusqu'en 1154. Les Saxons et les Normands finirent par former une seule et même nation. En 1204, le roi de France Philippe Ier Auguste reprit la Normandie.

GUILLAUME LE CONQUÉRANT

Guillaume Ier, duc de Normandie (vers 1028-1087) était un chef militaire conjuguant talent et cruauté. À la tête des armées normandes, il partit à la conquête de l'Angleterre dont il fut couronné roi après avoir défait le roi saxon Harold II.

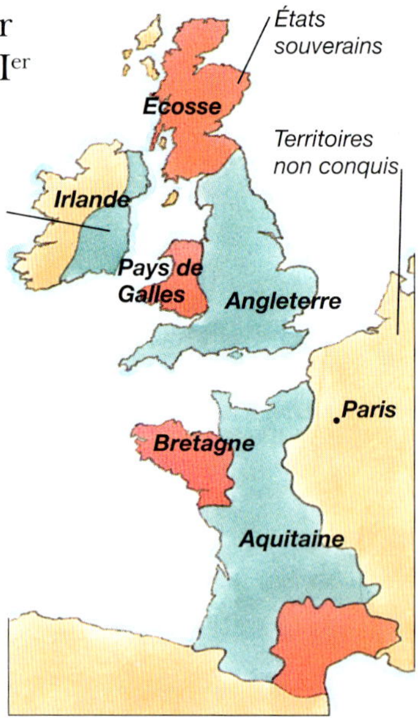

ROYAUME NORMAND
Au sommet de leur gloire, sous le règne du roi Henri II (de 1154 à 1189), les Normands dominaient le nord de la France, l'Angleterre, le sud de l'Italie et la Sicile. Ils ne s'imposèrent pas, préférant se fondre dans les populations des pays conquis.

GUERRIERS

Les guerriers combattaient le plus souvent armés d'épées à double tranchant et de haches de guerre, ou encore avec des javelots et des arcs. Ils se protégeaient à l'aide de lourds boucliers et portaient des armures faites de plusieurs couches de cuir. Les chefs arboraient des casques en métal et des cottes de mailles.

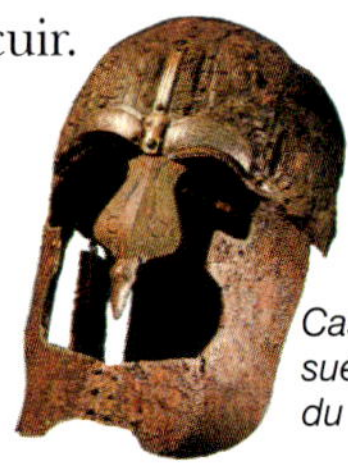

Casque suédois du VIIe siècle

Le guerrier tenait à deux mains le long manche de sa hache de guerre.

L'épée à double tranchant était l'arme favorite des Vikings.

DOMESDAY BOOK
En 1805, le roi Guillaume Ier ordonna que l'on dresse un document cadastral complet de l'Angleterre. Ce recueil connu sous le nom de *Domesday Book* faisait l'inventaire des populations, des terres, des récoltes et du bétail de chacun des villages du pays.

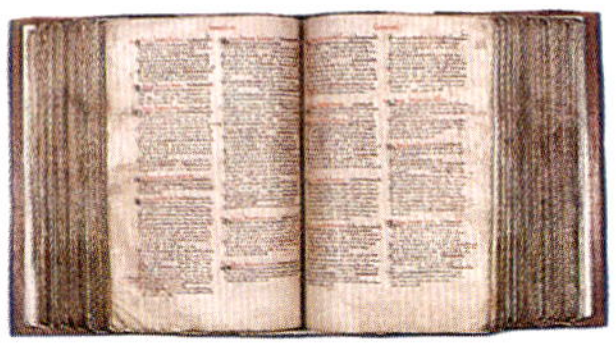

Pour en savoir plus
L'ARCHITECTURE
LES CHÂTEAUX FORTS
LA FRANCE (HISTOIRE)
LE ROYAUME-UNI (HISTOIRE)
LES VIKINGS (VIE EN SOCIÉTÉ)

la Nouvelle-Zélande (géographie)

La Nouvelle-Zélande est située dans l'océan Pacifique, à l'est de l'Australie. Elle comporte deux grandes îles : l'île du Nord et l'île du Sud, et de nombreuses petites îles, pour une surface totale de 270 534 km².

NATION INSULAIRE, la Nouvelle-Zélande présente un fascinant mélange de cultures et de peuples. Les Maoris, premiers habitants du pays qu'ils appellent Aotearoa, l'occupent encore, y côtoient les descendants des premiers colons anglais et des immigrants venus d'autres pays d'Europe et d'Asie. La Nouvelle-Zélande ne compte que 4 millions d'habitants et peu de grandes villes. La population est jeune, puisque 21 % des Néo-Zélandais ont moins de 15 ans, et le taux de natalité est élevé. Cette ancienne colonie britannique, devenue indépendante en 1907, constitue une nation dominante dans le Pacifique et possède des liens forts avec nombre des petites îles de la région, telles que Niue (qui a le statut de territoire associé). Le paysage néo-zélandais est varié : montagnes escarpées, glaciers, volcans, lacs, sources chaudes, plages de sable, collines et plaines.

KIWI
La Nouvelle-Zélande est éloignée des autres terres, si bien que sa faune s'est développée de manière inhabituelle. Le kiwi, oiseau coureur mais incapable de voler (aussi appelé aptéryx), est le plus célèbre des animaux néo-zélandais.

WELLINGTON
La capitale de la Nouvelle-Zélande, Wellington, située à l'extrémité sud de l'île du Nord, étend son activité portuaire autour d'une grande baie. D'anciens bâtiments de bois y côtoient des structures récentes, construites dans un style moderne.

Les tondeurs de moutons travaillent très rapidement : certains peuvent tondre un agneau en moins d'une minute.

CULTURE MAORI
Les Maoris, peuple polynésien, arrivèrent de leurs îles du Pacifique en Nouvelle-Zélande vers 950 apr. J.-C. Aujourd'hui, leurs descendants entretiennent la riche culture (sculpture sur bois, tissage, musique et danse) qu'ils apportèrent avec eux.

AGRICULTURE
Le climat de Nouvelle-Zélande, chaud et humide, est idéal pour de nombreux types d'agriculture. Élevages de moutons et de bovins forment les exploitations les plus importantes. Il y a plus de 2 bovins pour chaque Néo-Zélandais, et près de 5 moutons ! Le pays exporte plus de produits laitiers et d'agneau que n'importe quel autre, et c'est le deuxième exportateur de laine du monde. Ces 15 dernières années, de nouvelles productions, telles que kiwis, oranges et citrons, se sont développées. Des bateaux de pêche modernes ont permis au pays de devenir un important exportateur de fruits de mer.

ÎLE DU SUD
Bien que la plus grande, l'île du Sud est moins peuplée que l'île du Nord. Son côté occidental voit se dresser les Alpes néo-zélandaises, région de montagnes et de glaciers, dont certaines parties sont encore inexplorées. Le reste de l'île est constitué de terres agricoles, de pâturages pour moutons et bovins, et de quelques ports et villes côtières.

Pour en savoir plus

FOOTBALL ET RUGBY
LES MONTAGNES (DÉFINITION)
LA NOUVELLE-ZÉLANDE (HISTOIRE)
L'OCÉAN PACIFIQUE
LES OISEAUX QUI NE VOLENT PAS

Volcan | Montagne | Capitale | Grande ville | Petite ville

ÉCHELLE
0 50 100 km

STATISTIQUES

Superficie : 270 534 km²
Population : 4 266 000
Capitale : Wellington
Langues : anglais, maori
Religions : anglicane, presbytérienne, catholique, méthodiste
Monnaie : dollar néo-zélandais
Principale activité : agriculture
Principales exportations : beurre, laine, agneau, fruits, légumes, poisson, liège, bois, textiles
Principales importations : produits manufacturés, fer, acier

AUCKLAND

Auckland occupe un site où l'île du Nord se réduit à une bande de terre large de 1 500 m. Le Pacifique s'étend à l'est, la mer de Tasman à l'ouest, de sorte que la ville, principal port du pays, possède deux zones portuaires. Auckland est un centre de distribution majeur, en particulier pour l'importante industrie laitière du pays, et des gratte-ciel dominent son centre d'affaires. Un tiers des habitants sont des Polynésiens.

ALPES NÉO-ZÉLANDAISES

Sur la côte ouest de l'île du Sud, les Alpes néo-zélandaises atteignent presque le rivage de la mer de Tasman. Le terrain est montagneux et escarpé, avec quelques rares passes entre les côtes est et ouest.

Chutes du Sutherland (580 m)

MONT TARANAKI

Le pic du mont Taranaki, au sud-ouest de l'île du Nord, s'élève à 2 518 m, de sorte que ce volcan est visible à des kilomètres. Le Taranaki est aujourd'hui éteint, mais Ruapehu et Ngauruhoe, au centre de l'île, sont encore occasionnellement actifs.

À l'âge de 19 ans, Jonah Lomu est devenu le plus jeune membre de l'équipe des All Blacks. Il fut élu Joueur du tournoi lors de la Coupe du monde de 1995.

RUGBY

Le rugby est le sport favori des Néo-Zélandais. L'équipe nationale, les All Blacks (nom dû à leur maillot et à leur short noirs), est célèbre dans le monde entier. Les All Blacks dansent la haka, danse maori, avant chaque match international. Charles John Monro, Néo-Zélandais élevé en Angleterre, introduisit le rugby en Nouvelle-Zélande. Le premier match fut disputé entre le Nelson College et le Nelson Football Club en 1870.

la Nouvelle-Zélande (histoire)

Vers 950 apr. J.-C. Arrivée des premiers Maoris.

1642 Le navigateur hollandais Abel Tasman visite les îles.

1769-1777 Le Britannique James Cook explore le littoral.

1814 Arrivée de missionnaires britanniques.

1840 Colonie anglaise établie à Wellington. Traité de Waitangi.

1844-1870 Guerres maories.

1852 La Nouvelle-Zélande a un gouvernement autonome.

1863 La ruée vers l'or attire de nombreux Européens.

1893 Droit de vote des femmes.

1898 L'État octroie des pensions de retraite.

1907 La Nouvelle-Zélande est un dominion au sein de l'Empire britannique.

1914-1918, 1939-1945 Les Néo-Zélandais combattent aux côtés de la Grande-Bretagne.

Années 1960 Des troupes combattent aux côtés des Américains au Vietnam.

1985 La Nouvelle-Zélande se joint à ses voisins du Pacifique pour déclarer la région zone dénucléarisée.

Il y a environ 1 000 ans, un groupe d'hommes s'aventura sur les rivages d'une chaîne d'îles dans le Pacifique Sud. Ces Maoris avaient traversé l'océan Pacifique en canoë, depuis les îles lointaines de Polynésie, jusqu'à cette terre qu'ils nommèrent Aotearoa. Pendant 700 ans, les Maoris y vécurent en paix. En 1642, l'explorateur hollandais Abel Tasman visita les îles et les baptisa Nouvelle-Zélande, du nom d'une province des Pays-Bas. Bientôt, chasseurs de phoques et pêcheurs de baleines américains, australiens et européens exploitèrent les eaux côtières poissonneuses et, en 1840, les Britanniques fondèrent la première colonie européenne. Les Maoris leur opposèrent une résistance armée (les guerres maories), mais perdirent le contrôle de leurs terres en 1870. En tant que colonie britannique, la Nouvelle-Zélande s'enrichit en exportant sa production agricole. En 1907, elle devint indépendante. Plus récemment, le pays a formé plusieurs alliances avec ses voisins du Pacifique Sud afin d'éviter l'implantation d'armes nucléaires dans la région.

Cape de plumes maorie traditionnelle

MAORIS

Longtemps avant l'arrivée des Européens en Nouvelle-Zélande, les Maoris y avaient établi une communauté agricole prospère. Ils cultivaient des patates douces, pêchaient le poisson et chassaient le gibier. Ils portaient des vêtements de lin tissé, aux couleurs vives, et habitaient des maisons de roseau et de bois. Aujourd'hui, la plupart des 500 000 Maoris habitent sur l'île du Nord.

TRAITÉ DE WAITANGI

En 1840, les Maoris accordèrent la souveraineté (ou propriété) de leur pays à la Grande-Bretagne. En retour, cette dernière leur promit de protéger leurs droits et leurs biens. La Nouvelle-Zélande devint alors une colonie de l'Empire britannique.

INDÉPENDANCE

Dotée par la Grande-Bretagne d'un gouvernement autonome dès 1852, la Nouvelle-Zélande développa un système de retraite et fut le premier pays du monde à accorder le droit de vote aux femmes. Indépendante depuis 1907, elle garde des liens étroits avec l'Angleterre : Élisabeth II, ici avec le prince Philippe, est le chef de l'État néo-zélandais.

Des militants écologistes tentent de couper le passage à un sous-marin nucléaire.

ZONE DÉNUCLÉARISÉE

En 1983, des militants écologistes bloquèrent le sous-marin nucléaire USS *Phoenix* dans le port d'Auckland. En 1985, la Nouvelle-Zélande signa le traité de Rarotonga, qui déclarait zone dénucléarisée la région du Pacifique Sud. La France, qui persista à effectuer des tests nucléaires dans l'atoll de Mururoa, se heurta à une opposition farouche des autres pays du Pacifique.

Pour en savoir plus

L'Empire britannique
La Nouvelle-Zélande (géographie)

l'Océan Atlantique

ÎLES SUBTROPICALES
Le Gulf Stream est un courant océanique chaud qui remonte le long de la côte est de l'Amérique du Nord, puis balaye l'Europe de l'Ouest, poussé par des alizés de nord-est. Ces vents apportent aux terres l'humidité et la chaleur de l'océan : sur les îles Scilly, en Angleterre, des plantes subtropicales s'épanouissent en hiver.

LE PAYSAGE SOUS-MARIN DE L'ATLANTIQUE est dominé par la dorsale médio-atlantique, la plus longue chaîne de montagnes du monde. Les îles volcaniques, comme l'Islande et les Açores, sont des pics de la dorsale s'élevant au-dessus du niveau de la mer. La partie la plus profonde de l'océan, la fosse de Porto Rico, plonge à 9200 m. Le sous-sol de l'Atlantique est riche en pétrole et en gaz naturel. Ses réserves de pétrole sont exploitées dans le golfe du Mexique, le delta du Niger et en mer du Nord. Au États-Unis et au Royaume-Uni, on utilise les dépôts de sable, de gravier et de coquillages dans l'industrie de la construction. L'Atlantique, lieu de pêche le plus productif au monde, fournit des millions de tonnes de poisson par an. Traversé par des routes maritimes, il est très fréquenté par des navires de transport en masse de matériaux bruts, de pétrole, de céréales et de fer, vers les centres industriels.

L'océan Atlantique est bordé par les Amériques à l'ouest, et par l'Europe et l'Afrique à l'est. Le long de la dorsale médio-atlantique, longue chaîne de montagnes sous-marine, de hauts pics volcaniques percent la surface sous forme d'îles.

TOURISME ATLANTIQUE
Les îles volcaniques émergeant le long de la dorsale atlantique, en particulier les Canaries, les Açores et Madère, attirent de nombreux touristes européens, séduits, en hiver, par leur climat subtropical doux. La terre noire fertile des Canaries est, en outre, idéale pour la culture des bananes, des tomates, de la canne à sucre et du tabac.

Un chalutier brave les eaux agitées de l'Atlantique. Son équipage pêche le homard.

ACTIVITÉ SOUS-MARINE
Pendant la guerre froide (1945-1990), les marines russe et américaine patrouillaient sur l'Atlantique. Depuis, les spécialistes des technologies sous-marines des deux pays travaillent dans un but défensif, partagent leurs progrès et collaborent pour cartographier et étudier le monde sous-marin de l'Atlantique.

PÊCHE ATLANTIQUE
L'océan Atlantique, lieu de pêche depuis des siècles, contient plus de la moitié des réserves de poisson du monde : morue, églefin, maquereau et homard dans le nord ; merlu, thon et sardine au sud. Des chalutiers frigorifiques pouvant pêcher et traiter une tonne de poisson, ou plus, à l'heure, menacent la survie des espèces. Certains pays réclament l'exclusivité sur des zones s'étendant jusqu'à 370 km de leurs côtes pour préserver les stocks de poisson.

NAVIGATION
La boussole est essentielle pour la traversée des océans. Son aiguille indique le pôle nord magnétique, situé dans l'Arctique canadien.

CHAUFFAGE ISLANDAIS
L'Islande s'est formée il y a 65 millions d'années par l'action volcanique le long d'une faille dans la croûte terrestre. Elle compte plus de 100 volcans, dont beaucoup restent actifs. Les vastes réserves de chaleur naturelle sous la surface glacée de l'île sont maîtrisées pour fournir eau chaude et chauffage à la population.

Des colonnes de vapeur s'élèvent d'une centrale géothermique (à gauche). L'intense chaleur souterraine crée des sources chaudes bouillonnantes et des bassins de boue. L'Islande possède le plus grand nombre de cheminées volcaniques (solfatares) au monde.

Pour en savoir plus
LES BATEAUX
MERS ET OCÉANS
LES SOUS-MARINS
LE VENT
LES VOLCANS

TERRITOIRES D'OUTRE-MER

ASCENSION
Superficie : 88 km²
Statut : territoire britannique de Sainte-Hélène
Annexé en : 1673
Population : 1 099
Capitale : Jamestown (Sainte-Hélène)

BERMUDES
Superficie : 53 km²
Statut : colonie britannique
Annexé en : 1612
Population : 66 356
Capitale : Hamilton

ÎLE BOUVET
Superficie : 49 km²
Statut : territoire norvégien
Annexé en : 1928
Population : aucune
Capitale : aucune

ÎLES FALKLAND
Superficie : 12 173 km²
Statut : colonie britannique
Annexé en : 1832
Population : 3 140
Capitale : Stanley

ÎLES FÉROÉ
Superficie : 1 400 km²
Statut : territoire autonome du Danemark
Annexé en : 1380
Population : 48 917
Capitale : Tórshavn

SAINTE-HÉLÈNE
Superficie : 122 km²
Statut : territoire britannique
Annexé en : 1673
Population : 6 567
Capitale : Jamestown

TRISTAN DA CUNHA
Superficie : 207 km²
Statut : territoire britannique de Sainte-Hélène
Annexé en : 1612
Population : 275
Capitale : Jamestown (Sainte-Hélène)

GÉORGIE DU SUD ET ÎLES SANDWICH DU SUD
Superficie : 4 190 km²
Statut : territoire britannique
Annexé en : 1775
Population : aucun résident permanent
Capitale : aucune

LE TRIANGLE DES BERMUDES

Le triangle des Bermudes s'étend entre Bermudes, Floride et Porto Rico. De nombreux navires, sous-marins et avions ont disparu dans ses eaux. En 1872, un navire désert, la *Marie-Céleste*, fut retrouvé dérivant dans l'Atlantique : ses dix membres d'équipage ne furent, eux, jamais retrouvés.

Volcan | Montagne | Capitale | Grande ville | Petite ville

COURSES DE VOILIERS

La première course transatlantique eut lieu en 1866, du Connecticut (États-Unis) jusqu'à Cowes sur l'île de Wight. Elle dura treize jours. Les courses en solitaire devinrent populaires dans les années 1960.

ÉCHELLE
0 — 50 — 100 km

ÉTATS INDÉPENDANTS

CAP-VERT
Superficie : 4 033 km²
Population : 499 796
Capitale : Praia

ISLANDE
Superficie : 103 125 km²
Population : 311 058
Capitale : Reykjavík

l'Océan Indien

L'océan Indien est limité par l'Afrique à l'ouest, l'Inde et l'Australie à l'est, l'Asie au nord. Au sud, il rejoint l'océan Antarctique. Au nord-ouest, le canal de Suez donne accès, par la mer Rouge, à la Méditerranée.

PLUS D'UN MILLIARD d'êtres humains peuplent les pays qui bordent l'océan Indien et certaines des 5 000 îles éparpillées à sa surface. Le troisième océan du monde est parcouru de voies maritimes qui sont un lien essentiel entre l'Europe et l'Asie. Les vents de mousson, qui apportent de fortes précipitations à de nombreux pays de la région, ont également un impact sur les courants, qui inversent leur direction entre mars et août. Les navigateurs arabes les utilisèrent pour atteindre l'Inde du Sud et l'Indonésie, et y apporter l'islam et sa culture. Malais et Indonésiens firent le voyage vers l'ouest et s'installèrent à Madagascar. La plupart des îles de l'océan Indien sont petites et inhabitées. Mais leurs magnifiques plages et palmiers attirent de nombreux touristes, et, dans certaines régions, les activités liées au tourisme côtoient les modes de vie traditionnels fondés sur l'agriculture et la pêche.

MOUSSON
Les terres entourant l'océan Indien dépendent des pluies de mousson. La mousson est un vent saisonnier, soufflant du sud-ouest en été et du nord-est en hiver, qui apporte des pluies torrentielles. Les très fortes pluies gonflent les rivières, provoquant des inondations désastreuses, souvent accompagnées de maladies telles que le choléra. Le golfe du Bengale est particulièrement vulnérable aux inondations.

PÊCHEURS ÉCHASSIERS

L'océan Indien compte moins de zones d'eau peu profonde, où les poissons se reproduisent, que le Pacifique ou l'Atlantique. La pêche à grande échelle, utilisant chalutiers et navires-usines, ne s'y est donc pas développée. La pêche se fait surtout localement, près des côtes et des îles. Le poisson le plus prisé est le thon. Au Sri Lanka, des pêcheurs perchés sur des pilotis utilisent canne et ligne pour attraper le poisson.

VILLAGE MALGACHE
La plupart des Malgaches descendent de Malais et d'Indonésiens, qui traversèrent l'océan Indien au VIIe siècle. La côte orientale, très peuplée, est pauvre. Ces villageois sont originaires de la côte sud-est. L'essentiel de la classe dirigeante du pays vient du plateau central.

SEYCHELLES

La république insulaire des Seychelles compte 40 îles montagneuses, entourées par plus de 70 îles coralliennes, peu élevées et peu peuplées. Les îles principales sont d'une beauté à couper le souffle : des plages de sable blanc bordent leurs collines revêtues de végétation tropicale. Les températures sont constantes toute l'année, atteignant un maximum de 30 °C dans la journée. Les Seychelles attirent en toute saison des visiteurs venus de l'hémisphère Nord.

MADAGASCAR

La quatrième île du monde par sa superficie s'étend non loin de la côte est de l'Afrique. Une grande part de la population se concentre sur l'étroite bande de terres fertiles de la côte est, au climat humide et tropical. L'agriculture (riz et manioc) domine l'économie ; café et vanille sont cultivés pour l'exportation. L'élevage de volailles, moutons, cochons et chèvres se pratique à petite échelle. Les tentatives du gouvernement pour le moderniser ont échoué.

Pour en savoir plus

L'AFRIQUE (GÉOGRAPHIE)
L'ASIE (GÉOGRAPHIE)
L'ASIE DU SUD-EST (GÉOGRAPHIE)
CORAUX, ANÉMONES DE MER ET MÉDUSES
MERS ET OCÉANS

COMORES
Superficie : 2 235 km²
Population : 676 000
Capitale : Moroni
Langues : arabe, comorien, français
Religions : musulmane, catholique
Monnaie : franc des Comores

ÎLES ASHMORE - ET-CARTIER
Superficie : 5 km²
Statut : territoire australien
Annexé en : 1978
Population : aucune
Capitale : aucune

ÎLE CHRISTMAS
Superficie : 135 km²
Statut : territoire australien
Annexé en : 1958
Population : 1 493
Capitale : The Settlement

ÎLES COCOS
Superficie : 14,24 km²
Statut : territoire australien
Annexé en : 1955
Population : 572
Capitale : aucune

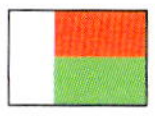

MADAGASCAR
Superficie : 587 041 km²
Population : 21 281 844
Capitale : Antananarivo
Langues : malgache, français
Religions : croyances traditionnelles, chrétienne, musulmane
Monnaie : ariary malgache

MALDIVES
Superficie : 298 km²
Population : 309 000
Capitale : Malé
Langue : divehi (maldivien), anglais
Religion : musulmane sunnite
Monnaie : rufiyaa

ÎLE MAURICE
Superficie : 2 040 km²
Population : 1 288 000
Capitale : Port Louis
Langues : anglais, créole, français
Religions : catholique, musulmane, hindoue
Monnaie : roupie mauricienne

TERRITOIRE BRITANNIQUE DE L'OCÉAN INDIEN
Superficie : 60 km²
Statut : territoire britannique
Annexé en : 1814
Population : aucune
Capitale : aucune

SEYCHELLES
Superficie : 455 km²
Population : 84 000
Capitale : Victoria
Langues : créole, français, anglais
Religions : catholique, anglicane
Monnaie : roupie des Seychelles

BOUTRE ARABE

Le boutre est un navire marchand arabe fait de planches de teck ou de cocotier, attachées par de la ficelle. Ce navire à voile latine, c'est-à-dire pourvu d'une ou parfois de deux voiles triangulaires, rapide et maniable, fut un atout déterminant dans l'exploration de l'océan Indien par les Arabes à partir du VIIIe siècle. Grâce aux vents de mousson, ceux-ci ne tardèrent pas à contrôler le commerce de la région et répandirent l'islam jusqu'en Indonésie.

MALDIVES

Les Maldives sont constituées de 1 800 îles coralliennes plates, correspondant au sommet d'anciens volcans submergés. Aucune des îles ne dépasse 1,8 m d'altitude, et seules 20 ont plus de 1 000 habitants. La montée du niveau de la mer, provoquée par le réchauffement de la planète, menace de submerger ces îles.

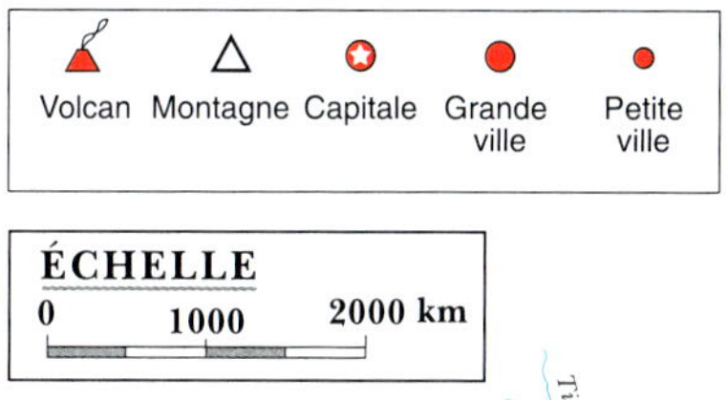

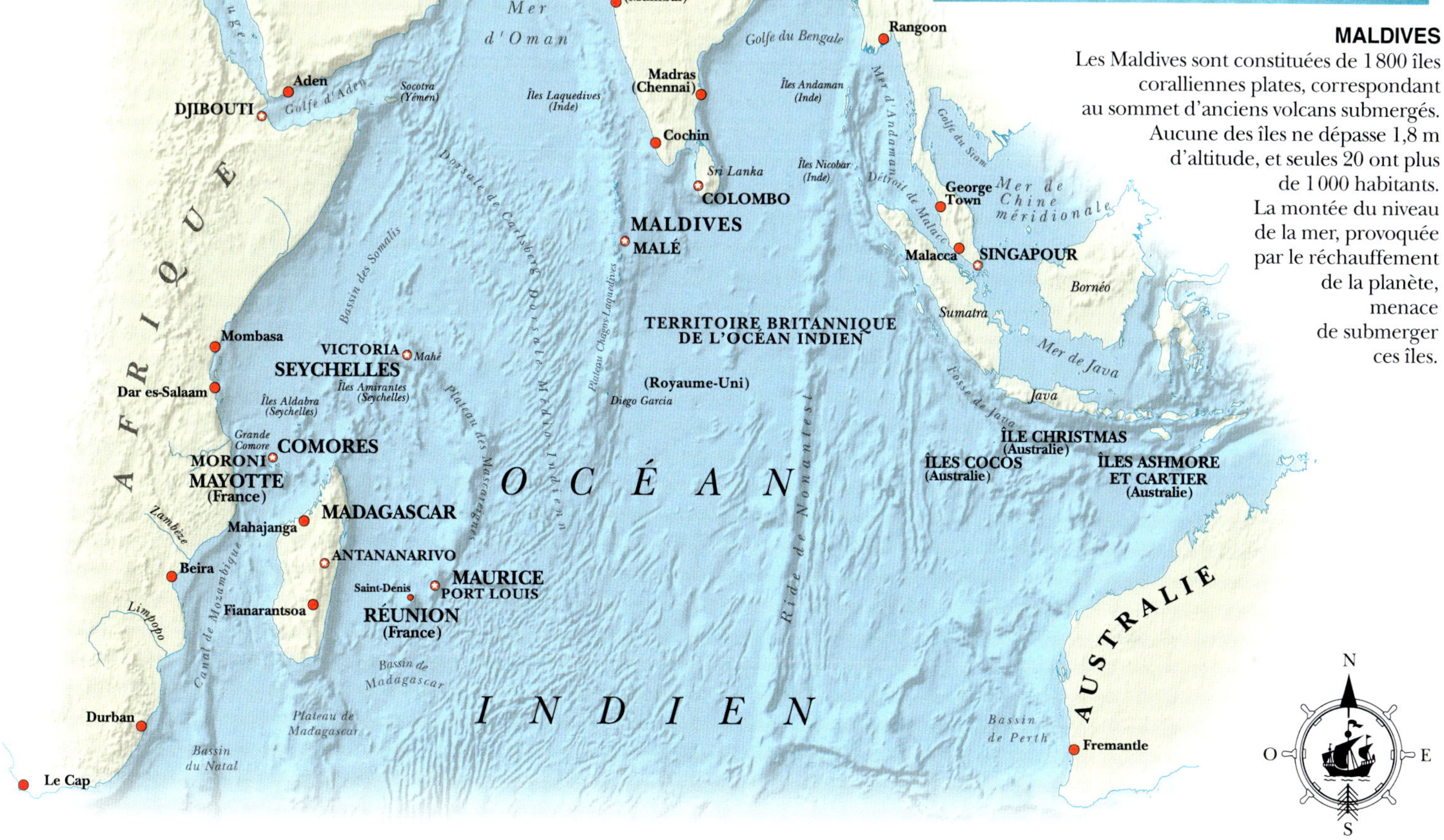

l'Océan Pacifique

Le Pacifique compte quelque 25 000 îles, dont seules quelques milliers sont habités. Elles s'étendent dans la partie centrale de l'océan, enjambant l'équateur et occupant une zone plus grande que l'Asie. À l'ouest et au sud-ouest s'étendent Asie du Sud-Est, Australie et Nouvelle-Zélande ; le continent américain se trouve à l'est.

SUR UNE CARTE de l'océan Pacifique, ses îles tropicales ensoleillées ressemblent à de minuscules grains de sable dispersés sur la mer. Les premiers colons à s'aventurer sur ces îles venaient d'Asie du Sud-Est. Ils se répandirent progressivement dans la région, parcourant les vastes étendues océaniques dans leurs légères embarcations de bois. Aujourd'hui, les îles sont réparties en trois groupes principaux : la Micronésie au nord, la Mélanésie au sud et la Polynésie à l'est. Il existe 12 états indépendants dans le Pacifique, dont Fidji, Tonga et Nauru, l'une des plus petites nations du monde. Les Européens explorèrent le Pacifique au XVIe siècle, et un certain nombre d'îles maintiennent des liens étroits avec l'Europe. La Nouvelle-Calédonie, par exemple, est française. La vie de nombreux insulaires n'a pratiquement pas changé depuis des siècles, malgré l'installation d'industries modernes, telles que la pêche à grande échelle, l'extraction minière, et le tourisme.

Les bateaux de bois appelés outriggers comportent une coque principale et des balanciers latéraux, comme un catamaran.

VIE INSULAIRE

De nombreuses îles du Pacifique sont minuscules. Ce sont les sommets de montagnes submergées. Des récifs de corail les protègent des vagues du Pacifique. Sur les plus isolées, les populations vivent comme le faisaient leurs ancêtres. Leurs habitations simples ont des toits de feuilles de palmier. Les familles élèvent cochons et poulets, et cultivent fruits et légumes. Les hommes utilisent des embarcations traditionnelles pour la pêche et le commerce entre les îles.

Les participants des danses traditionnelles spectaculaires de Papouasie-Nouvelle-Guinée portent de superbes costumes décorés de plumes et de perles.

PAPOUASIE-NOUVELLE-GUINÉE

La Nouvelle-Guinée, l'une des plus grandes îles du monde, fait partie de la Mélanésie. La moitié de l'île appartient à l'Indonésie et porte le nom de Papouasie-Occidentale. L'autre moitié est un pays indépendant montagneux appelé Papouasie-Nouvelle-Guinée. Ses épaisses forêts tropicales abritent de nombreuses tribus isolées ayant peu de contacts avec le monde extérieur.

Des bases militaires américaines couvrent pratiquement la totalité de certaines îles du Pacifique, principalement en Micronésie.

ÎLE DE PÂQUES

La minuscule et lointaine île de Pâques est l'une des plus orientales du Pacifique. Un amiral hollandais lui donna ce nom lorsqu'il y accosta le jour de Pâques 1722. Il y a plus de 1 000 ans, les ancêtres polynésiens des habitants sculptèrent de mystérieuses statues de pierre, qui parsèment encore ce paysage sec et désolé.

Plus de 600 de ces énormes statues monolithiques se dressent sur l'île de Pâques ; certaines mesurent plus de 20 m de haut.

ÎLE WAKE

Les États-Unis contrôlent un certain nombre d'îles du Pacifique, dont l'île Wake (ci-dessus) et Midway, qui fut le lieu d'une importante bataille pendant la Seconde Guerre mondiale. Les îles d'Hawaii forment le 50e État américain.

Pour en savoir plus

MER ET OCÉANS

LA SECONDE GUERRE MONDIALE

STATISTIQUES

Superficie : 166 241 700 km²
Population : 7 854 000
Nombre de pays indépendants : 12
Langues : anglais, français, langues et dialectes locaux
Religions : protestante, catholique, hindoue
Point le plus élevé : mont Wilhelm (Papouasie-Nouvelle-Guinée), 4 509 m
Principales activités : agriculture, pêche

FIDJI
Superficie : 18 300 km²
Population : 849 000
Capitale : Suva
Monnaie : dollar des Fidji

ÎLES MARSHALL
Superficie : 181 km²
Population : 62 000
Capitale : Majuro
Monnaie : dollar des États-Unis

ÎLES SALOMON
Superficie : 30 000 km²
Population : 523 000
Capitale : Honiara
Monnaie : dollar des îles

KIRIBATI
Superficie : 900 km²
Population : 98 000
Capitale : Tarawa
Monnaie : dollar australien

MICRONÉSIE
Superficie : 702 km²
Population : 107 665
Capitale : Palikir
Monnaie : dollar des États-Unis

NAURU
Superficie : 21,2 km²
Population : 9 267
Centre du gouvernement : Yaren
Monnaie : dollar australien

PALAOS
Superficie : 497 km²
Population : 20 842
Capitale : Koror
Monnaie : dollar des États-Unis

PAPOUASIE-NOUVELLE-GUINÉE
Superficie : 462 840 km²
Population : 5 940 775
Capitale : Port Moresby
Monnaie : kina

SAMOA
Superficie : 2 944 km²
Population : 217 083
Capitale : Apia
Monnaie : tala

TONGA
Superficie : 750 km²
Population : 119 009
Capitale : Nuku'alofa
Monnaie : pa'anga

TUVALU
Superficie : 30 km²
Population : 12 177
Capitale : Funafuti
Monnaie : dollar australien

VANUATU
Superficie : 12 200 km²
Population : 225 246
Capitale : Port-Vila
Monnaie : vatu

NOUVELLE-CALÉDONIE
L'île des Pins (ci-dessus) est l'une des plus petites îles habitées de Nouvelle-Calédonie. Comme de nombreux archipels du Pacifique, la Nouvelle-Calédonie est gouvernée par un pays plus puissant, la France, et l'aide française fournit un tiers du revenu local. L'essentiel du reste provient de l'exportation de nickel – les îles possèdent 40 % des réserves mondiales de ce métal.

Volcan · Montagne · Capitale · Grande ville · Petite ville

ÉCHELLE
0 1000 2000 km

DÉPENDANCES

En plus des 12 nations indépendantes listées en haut de la page, il existe de nombreux autres archipels dans le Pacifique. La plupart de ces îles dépendent de l'aide d'un pays plus important, et certaines sont très peu peuplées. Pitcairn, par exemple, colonie britannique, comporte moins de 100 habitants.

http://www.cite-sciences.fr/francais/ala_cite/expositions/ocean-climat-et-nous/

les Océans

LA VIE EST APPARUE dans les océans il y a des millions d'années. Aujourd'hui, les océans couvrent 71 % de la surface du globe et abritent une multitude de poissons, pieuvres, phoques, requins et méduses. C'est dans les mers chaudes et peu profondes des récifs coralliens que la faune est la plus riche : des poissons-anges y croisent des poissons-papillons aux couleurs splendides. Dans les eaux plus profondes nagent des baleines, des dauphins et des marsouins. La plupart des animaux et des végétaux vivent près de la surface, là où la lumière du soleil permet à des plantes microscopiques, telles que les diatomées, de se développer. Une foule de petits animaux s'en nourrissent. Puis, les grands mangeant les plus petits, on remonte jusqu'aux requins et autres grands prédateurs. Aujourd'hui, de nombreux animaux et végétaux marins sont menacés par la pollution des océans et par la surpêche. Ainsi, nous privons les mammifères piscivores, tels que phoques et dauphins, d'une bonne partie de leurs ressources alimentaires.

Oiseaux de mer

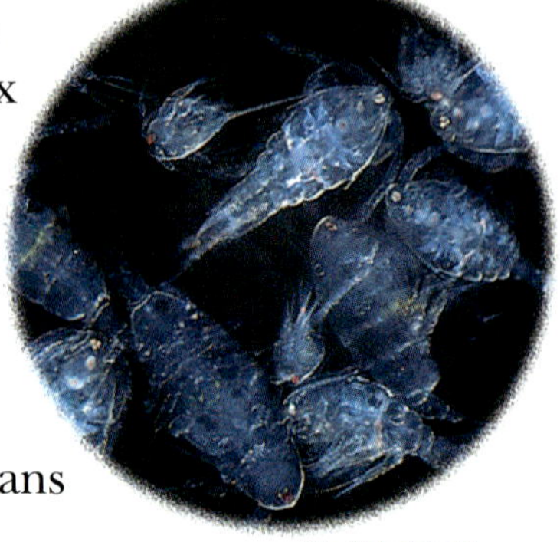

CŒLACANTHE
Le cœlacanthe est un survivant de l'ère primaire, bien que les scientifiques ne l'aient découvert qu'en 1938. Ce poisson vit au large des Comores et de Célèbes, entre 70 et 400 m de profondeur. Adulte, il peut atteindre 1,7 m de long. Aujourd'hui, le cœlacanthe est menacé par les collectionneurs et les touristes qui le chassent.

PLANCTON
Une multitude de plantes et d'animaux minuscules vivent en suspension dans la mer : c'est le plancton (du grec *plagkton*, « qui erre »). Le plancton constitue une source de nourriture pour de nombreux animaux marins.

Calmar

Balénoptère

BALÉNOPTÈRE
Le balénoptère, qui se rencontre des pôles aux tropiques, est le deuxième plus grand animal du monde (la baleine bleue étant le plus grand). Il peut mesurer 25 m de long et peser 73 tonnes. Il se nourrit de krill, minuscules crustacés qui constituent le menu préféré des baleines à fanons.

ANIMAUX DU LARGE

Au large, les animaux ont le plus souvent une forme hydrodynamique pour échapper rapidement aux prédateurs et chasser leurs proies. Mais on y trouve des poissons de toutes formes et de toutes tailles, ainsi que des méduses et des mammifères marins. Les oiseaux de mer, tels qu'albatros, pétrels et puffins, se nourrissent à la surface de l'eau.

REQUIN-TIGRE
Les requins sont les prédateurs marins les plus redoutables. Le requin-tigre chasse avant même d'être né, c'est-à-dire dans l'utérus de sa mère ! Celui-ci contient 10 à 15 embryons qui, en se développant, se mangent les uns les autres jusqu'à ce qu'ils ne soient plus que deux. Les deux survivants naissent complètement développés et se mettent à chasser les poissons. Un requin-tigre atteint 3,5 m de long.

SARDINE
La sardine, le hareng, le sprat et l'alose sont des poissons voisins. Ils sont chassés par les phoques.

HARENG
Les océans étaient autrefois peuplés d'immenses bancs de harengs : ils étaient faciles à pêcher et leur chair était très estimée. Aujourd'hui, les harengs se sont raréfiés en raison de la surpêche. Le hareng se nourrit de plancton.

Espadon

ESPADON
Ce prédateur, dont la mâchoire supérieure a la forme d'une épée, est l'un des poissons les plus rapides : il peut atteindre une vitesse de 95 km/h. Apparenté au marlin et au voilier, il peut peser jusqu'à 675 kg. Il blesse sa proie en lui donnant des coups d'épée, puis la dévore.

Les algues, comme cette laminaire, poussent sur le rivage et à quelques mètres de profondeur. Elles constituent un abri et une source de nourriture pour les animaux du littoral.

MARSOUIN DE DALL

Il existe 6 espèces de marsouins. La plus grande est le marsouin de Dall (ci-dessus), qui peut peser 150 kg. Ce marsouin vit dans le Pacifique Nord, de l'Amérique du Nord au Japon. Il reste près des côtes où il attrape, entre autres animaux marins, des petits poissons et des calmars.

En période nuptiale, la frégate mâle gonfle la poche écarlate située sous son bec pour attirer la femelle.

FRÉGATE

Les frégates pêchent à la surface des océans ou obligent d'autres animaux à régurgiter leur nourriture. En période de reproduction, elles nichent sur de petites îles tropicales.

RAIE MANTA

L'immense raie manta (ou mante) chasse près de la surface des petites proies marines. Elle porte deux petites cornes sur la tête, d'où son surnom de raie cornue. Les plus grosses mantes dépassent 1 600 kg et l'envergure de leurs nageoires triangulaires atteint 6 m.

Mante

PLATEAU CONTINENTAL

Le continent se prolonge en pente douce sous la mer, parfois sur des centaines de kilomètres. Ce plateau continental, situé à moins de 200 m de profondeur, et qu'interrompt le talus continental, possède une flore et une faune d'autant plus riches qu'elles bénéficient des éléments nutritifs rejetés par les cours d'eau et de la lumière du soleil.

PIEUVRE AUX ANNEAUX BLEUS

Cette pieuvre du Pacifique est très dangereuse : sa piqûre est mortelle pour l'homme. Les anneaux dessinés sur son corps et sur ses tentacules deviennent bleu vif quand un prédateur la menace.

MURÈNE

La murène est très redoutée. Elle préfère pourtant se cacher dans les anfractuosités des fonds rocheux et ne mord que lorsqu'elle est en danger. Cette prédatrice chasse les poissons, les crabes et les mollusques.

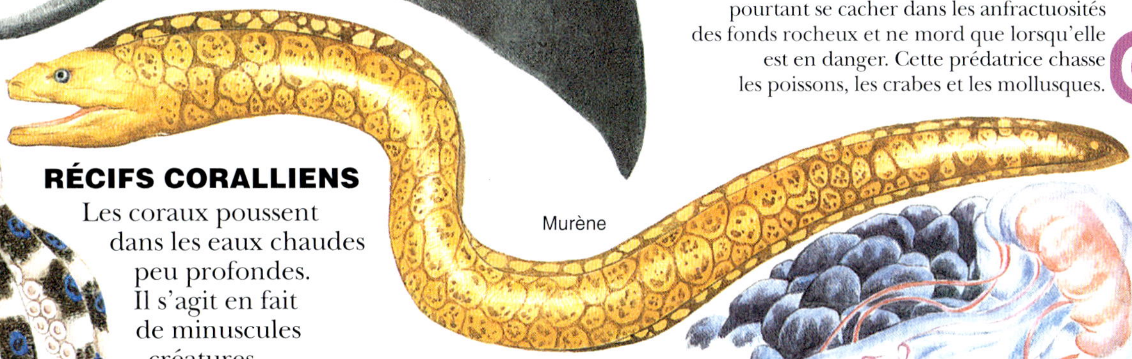

Murène

RÉCIFS CORALLIENS

Les coraux poussent dans les eaux chaudes peu profondes. Il s'agit en fait de minuscules créatures, semblables à de petites anémones de mer. Chaque corail fabrique un squelette calcaire autour de son corps. Lorsqu'il meurt, son squelette s'unit aux squelettes d'autres animaux marins pour former des récifs coralliens.

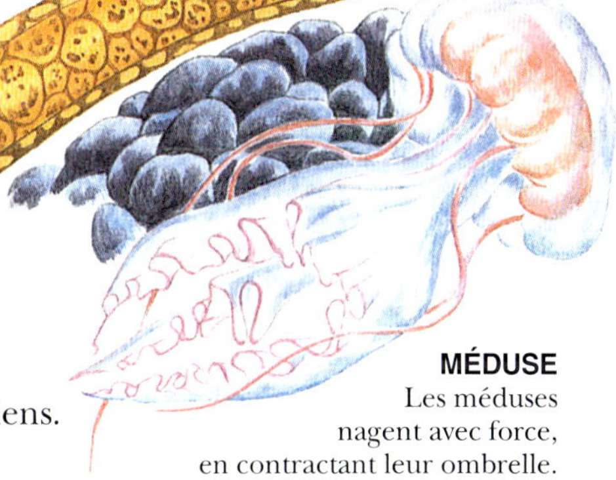

MÉDUSE

Les méduses nagent avec force, en contractant leur ombrelle. Leurs tentacules piquent les petites proies et les amènent à l'estomac au centre de l'ombrelle.

POISSON-ANGE

Des poissons aux couleurs vives peuplent les récifs coralliens. Ils se servent de ces couleurs pour attirer un partenaire, se camoufler et éloigner les intrus. Le poisson-ange (ci-dessus) se nourrit des petits animaux et végétaux cachés entre les rochers.

MÉROU

Le mérou, qui vit dans les récifs coralliens, peut mesurer plus de 3 m de long. Il se cache dans une fissure avant de gober sa proie tout entière avec sa bouche énorme. Les taches de couleur vive de son corps contribuent à son camouflage dans un milieu très coloré.

Face à un prédateur, le diodon se gonfle d'eau pour faire sortir ses grosses épines.

Pour en savoir plus

Baleines et dauphins
Coraux, anémones de mer et méduses
L'Exploration sous-marine
Les Grandes profondeurs
Mers et océans
Phoques et otaries
Les Poissons
Requins et raies

http://www.oiseaux.net/

les Oiseaux

LES OISEAUX SONT LES SEULS ANIMAUX à plume. Ils sont également à sang chaud, comme les mammifères. Plus de 9 000 espèces d'oiseaux peuplent notre planète : exotiques et colorés comme les perroquets, familiers de nos jardins comme les rouges-gorges et les grives, aquatiques comme les canards, marins comme les manchots et les macareux, sans oublier les poules de nos basses-cours, les pigeons de nos villes et les migrateurs qui annoncent les changements de saisons. La plupart sont capables de voler et possèdent des muscles pectoraux puissants qui leur permettent d'actionner leurs ailes. Leurs os sont légers parce que pneumatiques, c'est-à-dire remplis d'air, ce qui les allège pour voler. Leurs plumes aussi sont légères. Elles leur tiennent chaud et les protègent. Celles des ailes sont assemblées pour former une surface lisse, étanche et aérodynamique. Celles de la queue servent de balancier et de gouvernail. Mais certains oiseaux, comme les autruches, les manchots et le kakapo, un perroquet de Nouvelle-Zélande, sont inaptes au vol, ou presque. Les oiseaux n'ont pas de dents, qui pèseraient trop lourd, mais un bec à la fois léger et puissant. La plupart, en particulier les aigles et autres rapaces, ont une vue et une ouïe très développées. Leur odorat, en revanche, est médiocre.

Pinson mâle en vol

PLUMAGE

Certains oiseaux, comme le roitelet et le moineau, ont un plumage terne, tandis que d'autres possèdent un plumage aux couleurs vives et aux dessins spectaculaires. L'absence de couleurs constitue un camouflage. Les couleurs aident les oiseaux à se reconnaître, à choisir un partenaire pour se reproduire et à assurer la cohésion d'une volée.

Squelette d'un pigeon

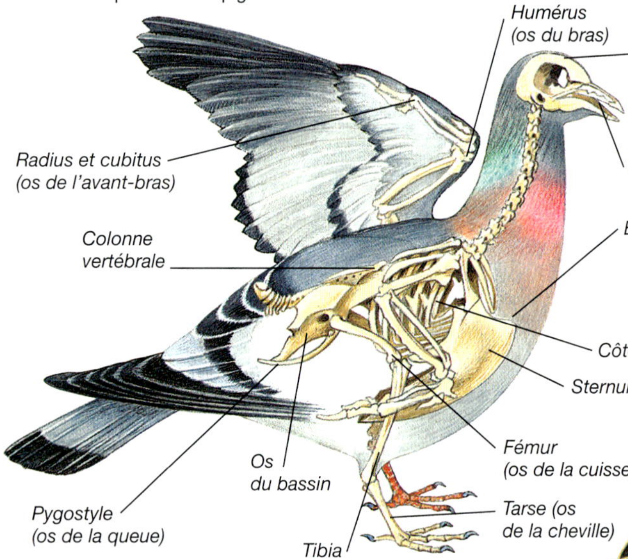

OSSATURE

La plupart des os du squelette d'un oiseau sont creux, donc légers. Les ailes sont actionnées par des muscles puissants attachés au bréchet, une crête sur la face externe du sternum.

Organes internes d'un étourneau

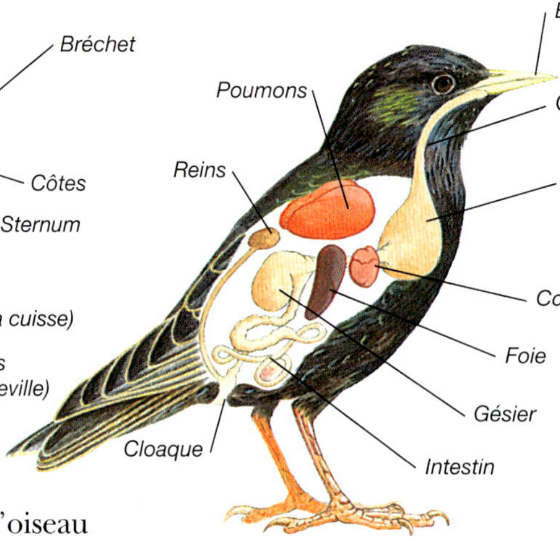

ORGANES

L'organisme de l'oiseau fonctionne grâce à des muscles, un cœur, des poumons et un système digestif. Les oiseaux possèdent deux estomacs : le jabot, qui stocke la nourriture, et le gésier, qui la broie.

OISEAU LE PLUS PETIT, OISEAU LE PLUS GRAND

Le colibri est l'un des plus petits oiseaux du monde. Il ne mesure que 6 cm du bec à la queue et ne pèse pas 2 g. L'autruche, qui mesure plus de 2,5 m de haut, est le plus grand oiseau du monde, mais elle ne peut pas voler.

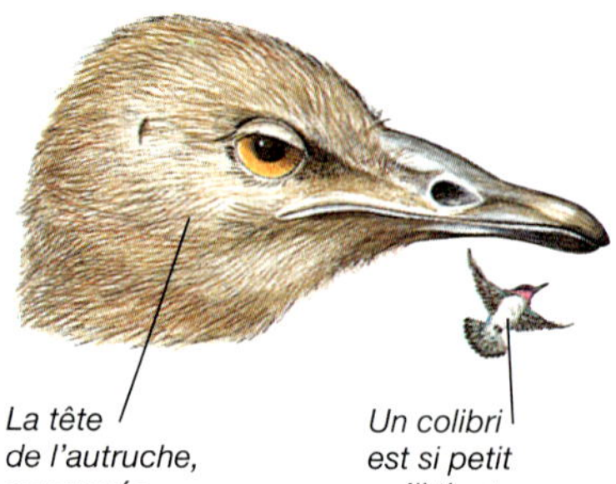

BECS

Le bec de l'oiseau est un outil multifonctionnel. Il est formé d'une substance dure, la kératine, et permet à l'animal de se nourrir, de lisser ses plumes, de construire un nid et de repousser les prédateurs. On peut savoir ce que mange un oiseau à la forme de son bec. Un bec crochu est idéal pour déchiqueter de la viande.

BEC DE COURLIS
Ce bec long et mince déniche les vers et les crustacés dans la vase.

BEC DE GOÉLAND
Ce bec polyvalent sonde, découpe, permet de déchirer les aliments et d'attraper les poissons.

BEC DE PERROQUET
Il a une extrémité crochue pour saisir et déchiqueter les fruits, et une base puissante pour écraser les graines et les pépins.

BEC D'ARA
Ce gros bec massif peut broyer des noix et des graines. Les psittacidés, tel l'ara, sont menacés par l'homme qui détruit les forêts denses dans lesquelles ils vivent.

PLUMES

Les colibris ont moins de 1 000 plumes, les cygnes plus de 25 000. Les plumes sont principalement en kératine, comme nos cheveux et nos ongles. De part et d'autre de leur tige centrale (ou calamus) sont implantées des barbes, accrochées entre elles par des barbules (ou crochets) ; celles-ci forment une surface plane appelée vexille. Les grandes plumes des ailes (les rémiges) portent le vol. Le duvet fait de plumes tient chaud à l'oiseau.

Plumules de perroquet

Plumes de paon

Les taches rondes colorées (ocelles) des plumes du paon attirent la femelle.

Œuf de mésange bleue

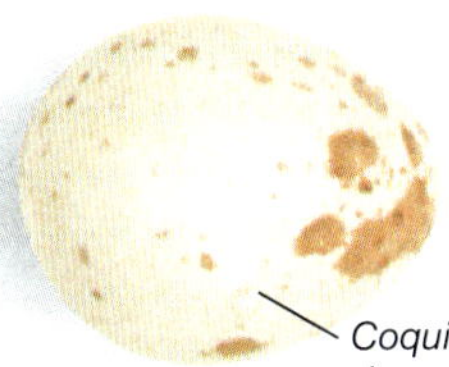

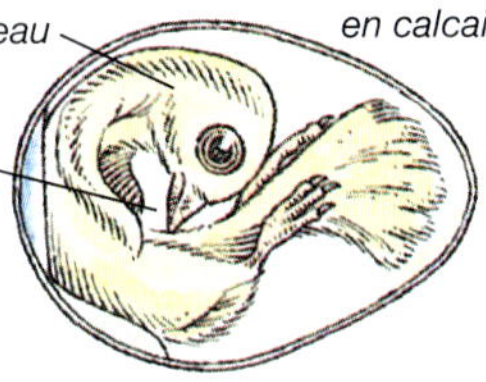

NIDS ET ŒUFS

Les oiseaux ne se reproduisent pas comme les mammifères. Ils pondent des œufs et les couvent pour les garder au chaud. L'embryon se développe à l'intérieur de la coquille, le jaune de l'œuf lui servant de nourriture. Au bout de quelques semaines, l'oisillon perce sa coquille pour sortir. Certains oiseaux comme les flamants roses construisent de grands nids pour leurs œufs. D'autres, comme les guillemots, se contentent de pondre des œufs sur le rebord d'une falaise. Les coucous pondent leurs œufs dans le nid d'un congénère et les abandonnent, laissant au propriétaire du nid le soin d'élever leurs petits.

COMPORTEMENT

Les migrations ou le picotage sont innés (ces comportements ne s'apprennent pas). Le plus souvent, les oiseaux s'occupent de leurs petits, communiquent, se nourrissent et entretiennent leur plumage pendant le jour. Le podarge gris d'Australie fait partie de ceux qui se nourrissent la nuit et restent inactifs le jour.

Paradisier bleu mâle

PARADE NUPTIALE
Pendant la saison de reproduction, le paradisier bleu mâle se suspend la tête en bas dans un arbre et gonfle ses plumes pour attirer la femelle. Les mâles de certaines espèces d'oiseaux, comme la grouse, se disputent un territoire pour s'accoupler. Sans territoire, pas de femelle.

Mésanges bleues âgées d'un jour

NOUVEAU-NÉS
La plupart des nouveau-nés sont sans défense, car ils sont nus et aveugles. Ils restent dans le nid pour être nourris et protégés par l'un de leurs parents (ou les deux) jusqu'à ce que leurs plumes poussent. Le père ou la mère peut faire des dizaines d'allers et retours par jour pour apporter à manger à sa progéniture.

Pour en savoir plus

Aigles et autres rapaces diurnes
Corbeaux, pies et geais
Les Oiseaux de mer
Les Oiseaux qui ne volent pas
Les Passereaux
Les Rapaces nocturnes
Le Vol des animaux

O

les Oiseaux de mer

LES OISEAUX DE MER vivent au bord de la mer. Ils se nourrissent sur le rivage tout proche ou plongent dans l'eau à la recherche de poisson. Ils sont purement marins ou côtiers, auquel cas ils reviennent à terre pour passer la nuit. La plupart ont des pieds palmés pour nager, un plumage imperméable et un bec puissant pour retenir les poissons glissants. Les courtes ailes des petits pingouins et des guillemots leur servent de nageoires. Les pétrels et les albatros s'élèvent haut dans le ciel grâce à leurs longues ailes étroites. Les mouettes, les goélands et les labbes mangent de tout, chair morte, œufs et poussins des autres oiseaux marins. Le grand labbe attaque les oiseaux en plein ciel pour leur faire régurgiter le contenu de leur jabot. Les fous et les fous de Bassan plongent de 30 m de haut pour attraper les poissons. Les manchots, inaptes au vol, mais excellents nageurs, pourchassent les poissons dans les océans au sud de l'équateur.

L'océanite tempête a des narines tubulaires sur son bec.

ALBATROS HURLEUR

La plupart des albatros vivent au sud de l'équateur. Il en existe 14 espèces. Ils l'emportent sur tous les oiseaux pour l'envergure de leurs ailes (plus de 3 m) et planent pendant des heures au-dessus des mers, en quête de poissons.

Les ailes longues et étroites de l'albatros sont adaptées au vol plané.

GOÉLAND ARGENTÉ

Bruyants et agressifs, les goélands argentés suivent les bateaux de pêche pour se nourrir des restes, fréquentent les décharges publiques et épient les agriculteurs qui labourent pour manger vers, insectes et petits mammifères.

FOU DE BASSAN

En période de reproduction, le fou de Bassan ramasse des herbes pour son nid, puis retourne en haut des falaises, où il niche en colonies. Une colonie peut compter plus de 50 000 individus.

Bec pointu pour transpercer le poisson

COLONIES DE NIDIFICATION

La plupart des oiseaux de mer élèvent leurs jeunes sur les falaises et les petites îles rocheuses. La nourriture n'est pas loin et les jeunes sont à l'abri des prédateurs. Le bruit d'une colonie d'oiseaux de mer est assourdissant. Les mouettes tridactyles, les cormorans et les guillemots nidifient ensemble, mais gardent chaque nid hors de portée des coups de bec des voisins.

Cormorans, mouettes tridactyles et guillemots partagent le même site de nidification, en haut des falaises.

Le nid de la mouette tridactyle est fait d'algues et de végétaux amalgamés avec des fientes.

L'œuf de guillemot a une extrémité pointue.

ŒUFS

Les guillemots n'ont pas de nid. Leurs œufs, s'ils roulent, décrivent sur leur pointe un cercle de faible rayon qui leur évite de tomber de la falaise.

Macareux moine

MACAREUX MOINE

Le macareux moine peut saisir dans son gros bec coloré une dizaine d'anguilles de sable ou de petits poissons. Quand son bec est plein, l'oiseau rapporte la nourriture à ses petits dans le terrier.

Pour en savoir plus

LES MIGRATIONS ANIMALES
LES OISEAUX
LES RIVAGES
LE VOL DES ANIMAUX

les Oiseaux qui ne volent pas

ŒUF GÉANT
Un œuf d'autruche mesure 20 cm de long et pèse 30 fois plus lourd qu'un œuf de poule. C'est le plus gros œuf d'oiseau du monde.

DE NOMBREUSES ESPÈCES D'OISEAUX, le plus souvent de grande taille, sont inaptes au vol. Ainsi de l'autruche et de l'émeu ; du casoar qui vit dans les forêts denses d'Australasie et de Nouvelle-Guinée ; du kiwi de Nouvelle-Zélande, haut de 30 cm et qui possède de minuscules ailes inutiles ; et des nandous, qui peuplent les pampas du Brésil et de l'Argentine et forment en hiver de grands rassemblements. Les autruches, qui mesurent plus de 2,5 m de haut, sont les plus grands oiseaux actuels. Elles vivent dans les savanes africaines. Leurs plumes sont molles et ébouriffées puisqu'elles ne servent pas au vol. Leurs œufs sont les plus gros que pondent les oiseaux actuels. Leur coquille, bien qu'épaisse de 3 mm seulement, est très dure. Les autruches sont des coureurs très rapides, tout comme les émeus. Mais ceux-ci savent aussi nager et sont la bête noire des agriculteurs d'Australie parce qu'ils piétinent les champs de blé.

OISEAU COUREUR LE PLUS RAPIDE
L'autruche court plus vite que les autres oiseaux et que la plupart des animaux. Elle peut atteindre une vitesse de 50 km/h pendant quelques minutes et une vitesse de pointe de 70 km/h.

AUTRUCHE
Le mâle et la femelle s'occupent de leurs petits, mais c'est généralement le mâle qui surveille les œufs jusqu'à leur éclosion. Les autruchons peuvent courir très vite et se nourrir tout seuls au bout d'un mois. Les adultes ont des pattes puissantes et de grands pieds flexibles, adaptés à la course.

ÉMEU
L'émeu d'Australie peut atteindre 2 m de haut, ce qui en fait le deuxième plus grand oiseau actuel. Sa nourriture est variée, composée de graines, de feuilles, de fruits, de pousses et d'insectes. La femelle pond jusqu'à 15 œufs verts dans un nid peu profond, à même le sol. Les jeunes naissent rayés et restent avec leurs parents jusqu'à 18 mois.

NANDOU
Le mâle construit un nid peu profond, pouvant contenir jusqu'à 60 œufs. Ce nandou de Darwin mesure 1 m de haut.

CASOAR
Trois espèces de casoars peuplent l'Australasie, parcourant les forêts denses à la recherche de fruits et de graines. La femelle pond en moyenne 5 œufs vert vif dans un nid peu profond, garni de feuilles. Le mâle les couve pour les garder au chaud et reste auprès des jeunes pendant un an après leur naissance.

Pour en savoir plus
L'AUSTRALIE (FAUNE ET FLORE)
LES OISEAUX
LES PRAIRIES

Opéra et chansons

OPÉRA DE SYDNEY
L'audace architecturale de l'opéra de Sydney (Australie) a fait couler beaucoup d'encre. Mais chaque salle est unique pour son acoustique : le palais Garnier et l'Opéra-Bastille à Paris, la Scala à Milan, le Covent Garden de Londres, le Metropolitan à New York.

LA VOIX HUMAINE est un instrument de musique polyvalent, qui a inspiré de nombreux compositeurs de chansons ou d'opéras, pour des solistes ou des chœurs. Chaque voix est unique. Certaines femmes ont une voix de soprano, la plus élevée, d'autres une voix de contralto, la plus grave. Les voix masculines les plus aiguës sont celles des hautes-contre, les plus graves celles des basses. Il existe toutes les variantes possibles entre ces extrêmes. Au Moyen Âge, le chant faisait partie de la vie des moines et les troubadours célébraient en chansons le courage et l'amour. Au XVIIe siècle, une nouvelle forme de drame chanté, l'opéra, est apparue en Italie, qui a rapidement fait appel à des chanteurs professionnels. À partir du XVIIIe siècle, ils devaient conquérir les publics du monde entier. Aujourd'hui, les chanteurs abordent tous les genres musicaux et recherchent sans cesse de nouvelles façons d'utiliser leur voix.

TÉNORS ET DIVAS

Les plus grands artistes lyriques font vibrer leur public. Nelly Melba, par exemple, savait émouvoir par la beauté de sa voix. Maria Callas ne se contentait pas de chanter : elle « vivait » ses personnages – dans *Aïda* et *Tosca*, par exemple. Quant à Kiri Te Kanawa et Placido Domingo, ils s'illustrent aussi bien dans les chansons populaires que dans l'opéra.

Maria Callas

GRAND OPÉRA

Dans le grand opéra, chaque mot est chanté. Les personnages principaux ont l'occasion de montrer la qualité de leur voix grâce aux arias, airs chantés par des solistes. « Sur la mer calmée » est une aria immensément célèbre de *Madame Butterfly*, de Puccini. Les opéras composés par Rossini, Bizet, Verdi, Wagner et Mozart font intervenir des chœurs, groupes de chanteurs lyriques anonymes.

COMÉDIES MUSICALES

Les comédies musicales sont devenues populaires aux États-Unis au début du XXe siècle. Elles alternent solos, chœurs et dialogues parlés pour l'intrigue. Les numéros de danse spectaculaires jouent un rôle important (*West Side Story*, de Leonard Bernstein). Les comédies musicales qui ont le plus de succès deviennent souvent des films.

Le film Un violon sur le toit *reposait sur des traditions musicales russes et hébraïques.*

UN VIOLON SUR LE TOIT
Des comédies musicales à succès peuvent transformer les acteurs en véritables stars. Topol (ci-dessus) est devenu célèbre dans *Un violon sur le toit*, dirigé par le chorégraphe Jerome Robbins.

CHANSONS DE MARINS

Avant l'apparition des bateaux à vapeur, les marins chantaient pour se donner du cœur à l'ouvrage. Chanter les aidait à garder le rythme pour hisser les voiles ou lever l'ancre.

Pour en savoir plus

LES GRANDS COMPOSITEURS
LA MUSIQUE
LES ORCHESTRES
LE THÉÂTRE

les Orchestres

La musique jouée par un orchestre n'est pas improvisée. Un orchestre n'est pas un groupe d'instruments choisis au hasard et apportés par les musiciens, c'est un ensemble d'instruments soigneusement sélectionnés et appartenant à différentes familles : les cordes, les bois, les cuivres et les percussions. Chaque famille d'instruments joue sa propre partie dans l'orchestre. L'orchestre symphonique est la plus grande formation qui réponde à ces exigences. Autrefois pourtant, les orchestres n'étaient pas organisés avec des règles aussi strictes : pendant longtemps, les musiciens ont utilisé les instruments dont ils pouvaient disposer. Mais au XVIIIe siècle, les compositeurs ont voulu être sûrs que leur musique serait jouée tout le temps de la même façon. Ils ont donc noté sur la partition les instruments de l'orchestre qui devaient jouer telle ou telle partie de l'œuvre musicale. Dès le début du XXe siècle, l'orchestre symphonique avait pris sa forme définitive et beaucoup de grandes villes en Russie, aux États-Unis et en Europe avaient leur propre orchestre symphonique.

GAMELAN
Un orchestre indonésien s'appelle un gamelan. La plupart des instruments appartiennent à la famille des percussions : gongs, métallophones, xylophones et carillons. Des flûtes, des violons à deux cordes et des cithares complètent le gamelan formé d'une trentaine de musiciens.

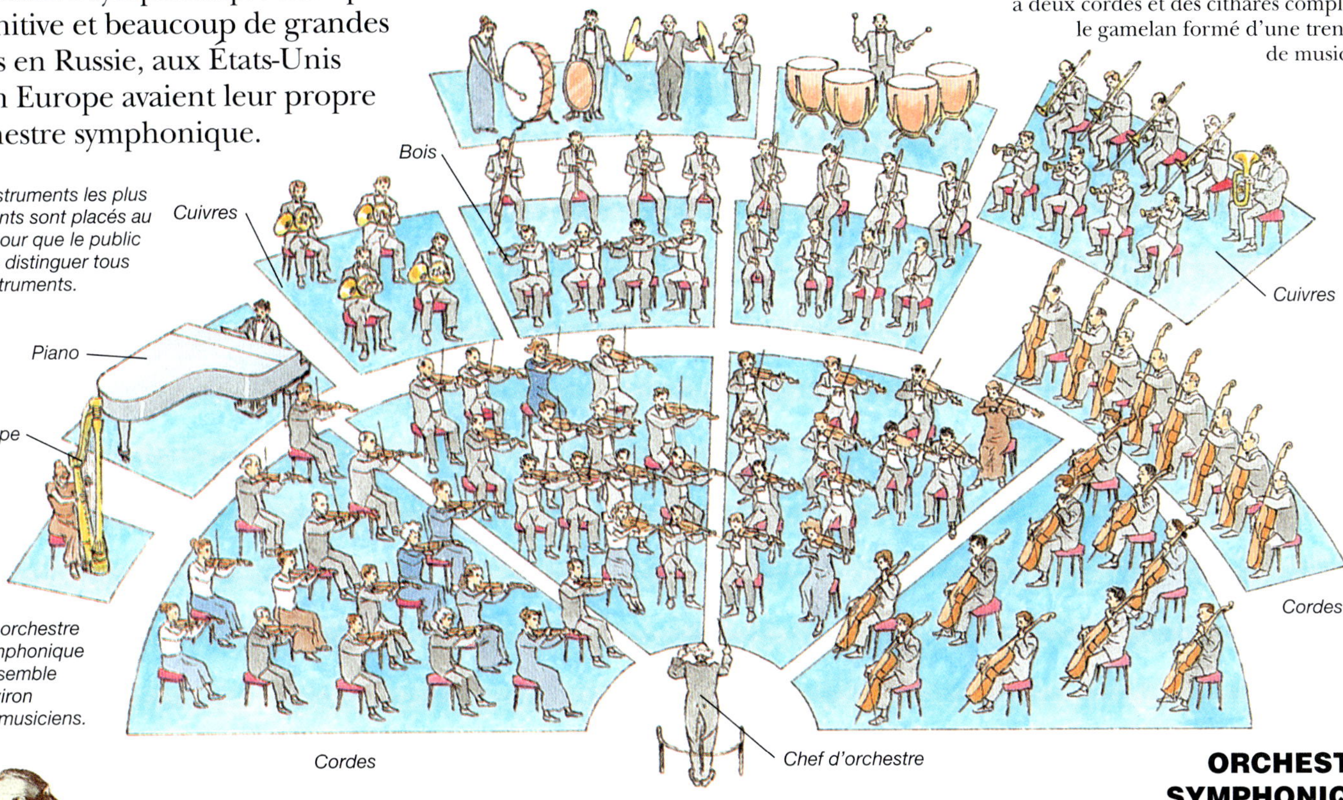

Les instruments les plus puissants sont placés au fond pour que le public puisse distinguer tous les instruments.

Un orchestre symphonique rassemble environ 90 musiciens.

ORCHESTRE SYMPHONIQUE

D'illustres compositeurs, tels Mozart et Beethoven, ont écrit de grandes œuvres pour orchestre, appelées symphonies. D'où le nom d'orchestre symphonique. Mais les orchestres jouent aussi de la musique de chambre, de la musique de film, des génériques de télévision et de la musique de variété.

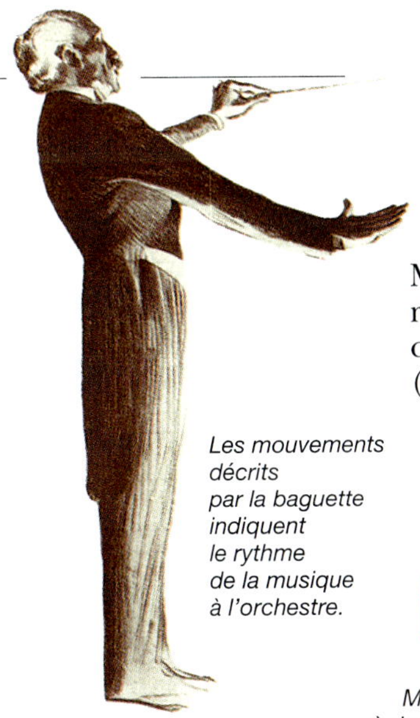

CHEF D'ORCHESTRE

Le chef d'orchestre utilise ses bras ou une baguette pour diriger l'orchestre, c'est-à-dire pour lui indiquer la vitesse (le tempo) à laquelle il doit exécuter la musique. Mais il ne dirige pas l'orchestre comme un agent de police règle le trafic. Il interprète la musique du compositeur, ce qui rend chaque exécution unique. Arturo Toscanini (1867-1957), ci-contre, était un chef d'orchestre fougueux.

Les mouvements décrits par la baguette indiquent le rythme de la musique à l'orchestre.

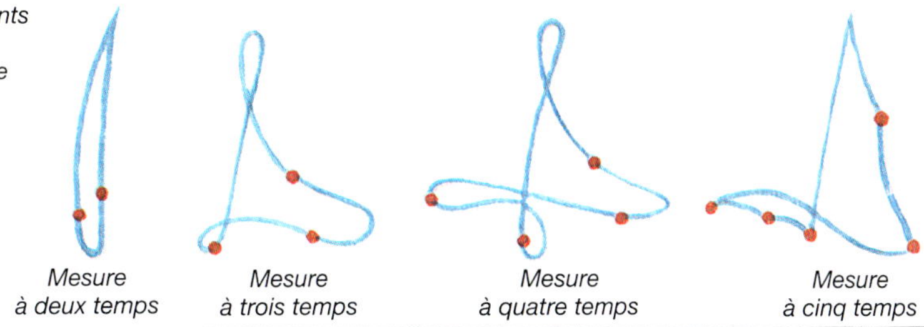

Pour en savoir plus

Les Grands compositeurs
Les Instruments de musique
La Musique
Opéra et chansons

les Ordinateurs

PRÉVISIONS MÉTÉOROLOGIQUES, navigation aérienne ou imagerie médicale sont autant de domaines dans lesquels l'ordinateur joue un rôle prépondérant. Si l'ordinateur ne peut penser par lui-même, il fonctionne comme un cerveau électronique en effectuant des calculs ou en interprétant des données en un temps record. Les ordinateurs affectés à la navigation aérienne, par exemple, peuvent suivre des centaines d'avions en même temps et indiquer à chacun le cap à suivre afin d'éviter toute collision. Un micro-ordinateur peut être utilisé pour diverses tâches, de la simple saisie à la gestion de son compte bancaire en passant par l'envoi de photographies ou les messageries instantanées. L'ordinateur est constitué de milliers de composants et de circuits électroniques. Les programmes qui lui permettent de fonctionner et d'accomplir des tâches spécifiques sont appelés logiciels (*software*). Des éléments additionnels, comme des barrettes de mémoire ou des cartes vidéo (*hardware*) peuvent venir s'ajouter pour améliorer les performances de l'ordinateur.

ORDINATEURS INTÉGRÉS
On a tendance à croire qu'un ordinateur est toujours relié à un moniteur et à un clavier. Pourtant, de nombreux appareils, comme les appareils photo ou les automobiles sont équipés de micro-ordinateurs conçus pour en contrôler le fonctionnement.

ORDINATEURS PERSONNELS

Ces ordinateurs comptent quatre éléments de base : un clavier pour saisir les informations; une mémoire pour stocker les données et les programmes; un processeur central pour véhiculer les instructions de chaque programme; et un écran pour visualiser le résultat des tâches accomplies.

PROCESSEUR
Le processeur central (CPU), ou microprocesseur, est un circuit électronique qui exécute des instructions et différentes autres tâches.

STOCKAGE DES DONNÉES
Le disque dur, comme ci-dessous, désigne le support où sont stockés de façon permanente les programmes et les données de l'ordinateur. Les puces mémoire électroniques conservent quant à elles les informations utilisées par l'ordinateur en cours de travail. Ces données disparaissent dès que l'ordinateur est mis hors tension.

L'écran affiche les données.

Le pavé tactile sert à contrôler la position du curseur sur l'écran.

Toute une gamme de prises permet la connexion de périphériques. Imprimante, lecteur MP3 et clé USB se raccordent ainsi à différents ports.

Le lecteur/enregistreur DVD/CD lit et grave des disques amovibles, capables d'enregistrer des millions de pages de données.

La pression d'une touche du clavier transmet des informations à l'ordinateur, entraînant l'apparition de lettres ou chiffres sur le moniteur, ou la mise en marche d'une fonction.

CARTE RÉSEAU
Ce dispositif assure des liaisons haute vitesse sans-fil grâce à la technologie Wi-Fi. Ainsi, un portable peut être relié à Internet, sans avoir à brancher un câble sur la prise téléphonique.

FONCTIONNEMENT D'UN ORDINATEUR

Un ordinateur appréhende et manipule toutes les données sous forme numérique. Le langage machine utilisé par l'ordinateur est formé d'une suite de 0 et de 1. Ce codage de l'information est appelé « binaire ». Les nombres, les lettres et les images sont ainsi représentés par des séquences de 0 et de 1. L'ordinateur accomplit différentes tâches, l'insertion d'un mot dans une phrase par exemple, en opérant des calculs à très grande vitesse entre les chiffres des différentes séquences. À la fin des calculs, les chiffres sont convertis en mots ou en images.

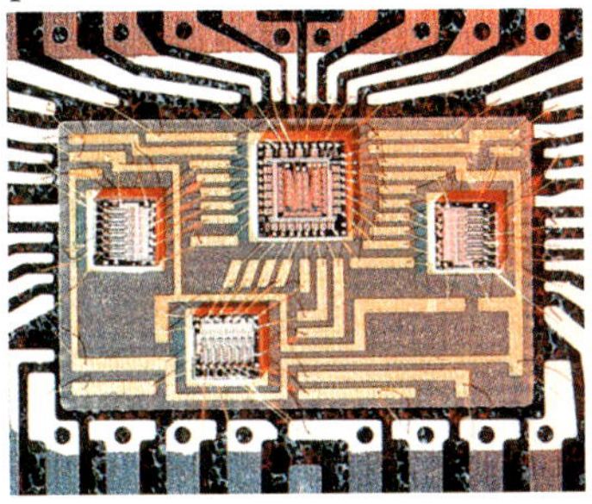

Tous les ordinateurs sont constitués de circuits intégrés. Ces circuits abritent des centaines de composants électroniques qui stockent et manipulent des signaux électroniques.

LOGICIELS

Les programmes ou applications qui permettent aux ordinateurs d'accomplir différentes tâches sont appelés logiciels. Le *software* désigne toute la partie logicielle d'un ordinateur, des traitements de texte aux applications multimédias, en passant par les tableurs utilisés par les scientifiques et autres logiciels plus spécifiques destinés aux infographistes, par exemple.

MATÉRIEL

L'ensemble des éléments matériels de l'ordinateur est qualifié de *hardware*. Sous ce terme sont regroupés les ordinateurs personnels, les portables et les puissants ordinateurs centraux utilisés dans les grandes entreprises. Le *hardware* désigne également les moniteurs, les imprimantes et bien d'autres périphériques.

L'écran affiche les informations. Des haut-parleurs sont intégrés à l'ordinateur.

Le lecteur/enregistreur DVD/CD lit et grave des données sur des disques.

Processeur, cartes mémoire et disque dur sont regroupés dans l'unité centrale.

Les ports USB permettent de raccorder à l'ordinateur une clé USB, un appareil photo numérique, etc.

Clavier

Souris

L'imprimante reproduit sur papier des images ou des données en provenance de l'ordinateur. Le scanner intégré transforme les images en photos et les textes de livres en données utilisables par l'ordinateur.

NAISSANCE DE L'ORDINATEUR

Le premier ordinateur « mécanique », programmé à l'aide de cartes perforées, fut inventé en 1834 par le mathématicien britannique Charles Babbage. Cette machine demeura cependant à l'état de projet. Le premier ordinateur totalement électronique, baptisé ENIAC, fut mis au point en 1943, aux États-Unis. Mais c'est le développement des transistors et des microprocesseurs au cours des années 1980 qui favorisa l'émergence d'ordinateurs de plus en plus compacts et performants. Enfin, les programmes tels ceux développés par Microsoft contribuèrent à rendre l'ordinateur accessible au plus grand nombre.

En 1975, l'Américain Bill Gates fonde la société Microsoft. Dès la fin des années 1990, Microsoft distribue plus de la moitié des logiciels exploités dans le monde.

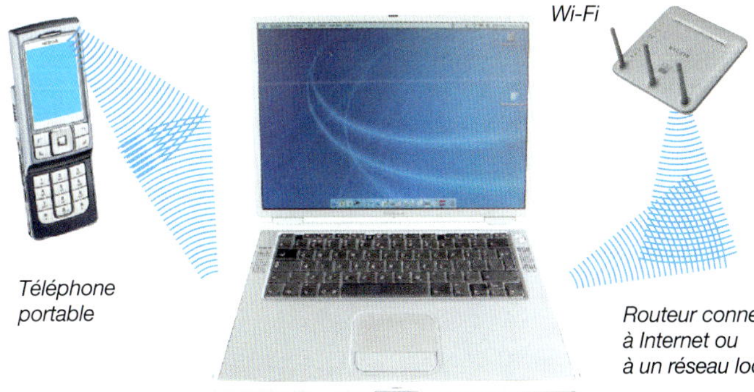

Wi-Fi

Téléphone portable

Routeur connecté à Internet ou à un réseau local

NOUVELLES TECHNOLOGIES

Les ordinateurs misent de plus en plus sur la mobilité et la polyvalence. La technologie Wi-Fi, ou sans-fil, propose une connexion à Internet par le biais de signaux radio. La technologie Bluetooth autorise une communication sans fil sur de courtes distances entre différents périphériques ou appareils électroniques.

Les smartphones sont des téléphones portables permettant aussi d'envoyer et de recevoir des courriels, de travailler sur des fichiers importés de son ordinateur, de stocker des images, de la musique, etc.

Pour en savoir plus

L'ÉLECTRONIQUE
LES MACHINES
LES MATHÉMATIQUES
LES ROBOTS
TECHNIQUES ET TECHNOLOGIES

les Oreilles

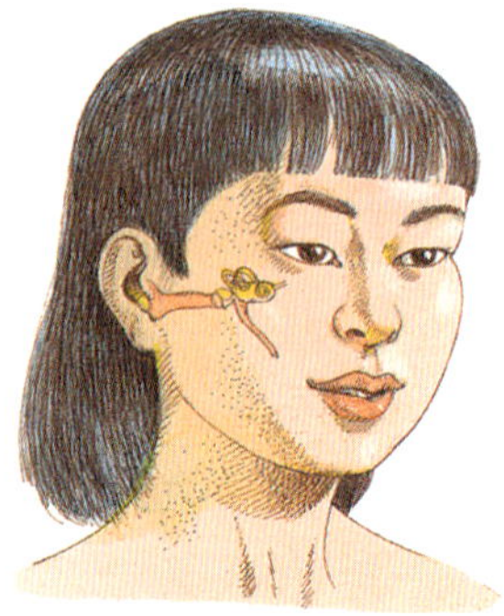

LES OREILLES SONT LES ORGANES de l'ouïe et de l'équilibre. Elles recueillent les ondes sonores de l'air et les transforment en influx nerveux transmis au cerveau. Une oreille est constituée de trois parties : externe, moyenne et interne. L'oreille externe comprend le pavillon et le conduit auditif externe. L'oreille moyenne contient le tympan et trois osselets qui transmettent les vibrations du tympan à l'oreille interne. La partie principale de l'oreille interne, la cochlée, qui transforme les vibrations en influx nerveux, est remplie de liquide. L'oreille interne assure également l'équilibre du corps. Même si l'homme est capable d'entendre de nombreux sons différents, il ne perçoit pas une gamme aussi étendue que la plupart des animaux. De plus, contrairement au lapin et au cheval, il ne peut orienter ses oreilles en direction du son, ce qui l'oblige à tourner la tête.

Les ultrasons sont inaudibles par l'homme.

PERCEPTION DU SON

L'oreille humaine peut percevoir des sons dont la hauteur (fréquence vibratoire) est comprise entre 30et 20 000 hertz. De nombreux animaux, dont les chiens, entendent des sons beaucoup plus aigus que nous. Quant à la chauve-souris, elle en perçoit dont la fréquence atteint 100 000 hertz.

INTÉRIEUR D'UNE OREILLE

Le conduit auditif est légèrement courbe et mesure 2,5 cm de long. L'oreille moyenne et l'oreille interne sont à l'abri à l'intérieur d'un os du crâne, le rocher.

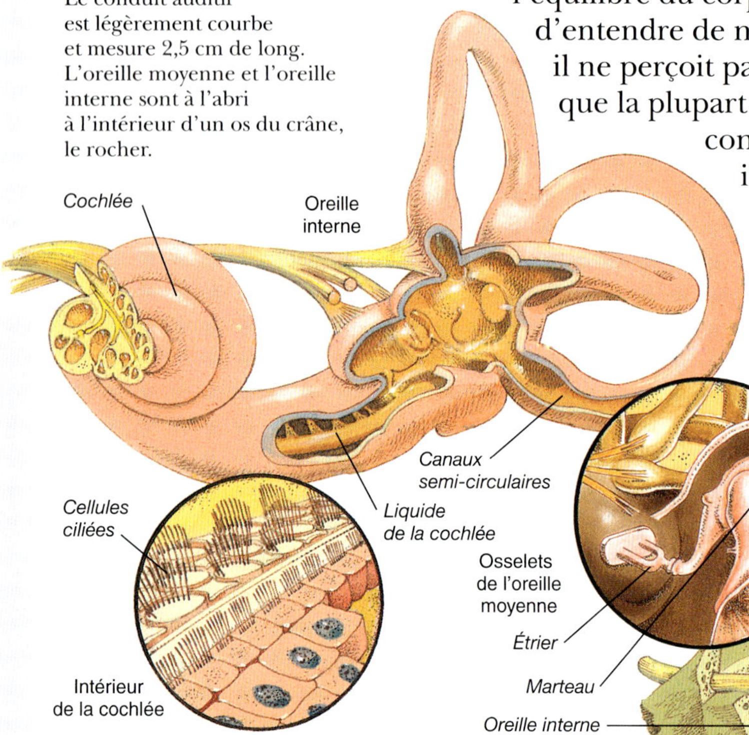

OSSELETS

Les osselets de l'oreille moyenne sont le marteau, l'enclume et l'étrier.

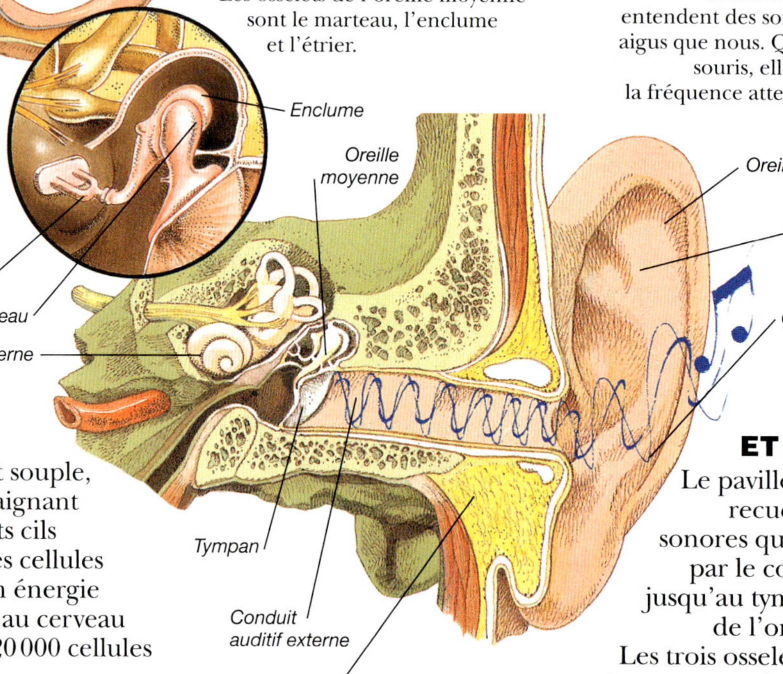

OREILLE INTERNE

L'étrier appuie sur la fenêtre ovale, qui, par l'intermédiaire d'une membrane fine et souple, transmet les vibrations sonores au liquide baignant la cochlée. Ces vibrations stimulent des petits cils sensibles reliés à des cellules sensorielles. Ces cellules transforment les vibrations (mécaniques) en énergie nerveuse (électrique) qu'elles transmettent au cerveau par le nerf auditif cochléaire. Il y a plus de 20 000 cellules ciliées à l'intérieur de la cochlée.

OREILLES EXTERNE ET MOYENNE

Le pavillon de l'oreille recueille les ondes sonores qui progressent, par le conduit auditif, jusqu'au tympan, au fond de l'oreille externe. Les trois osselets de l'oreille moyenne, pas plus gros que des grains de riz transmettent les vibrations du tympan à l'oreille interne et amplifient les sons.

AUDITION DES ANIMAUX

Des animaux comme les poissons et les calmars possèdent des organes sensoriels capables de détecter des vibrations dans l'eau. Une ligne latérale parcourt le corps des poissons de la tête à la queue, dont les cellules sensorielles captent les sons ou le mouvement d'animaux évoluant à proximité. Le poisson-chat est doté de « moustaches » sensorielles. D'où son nom.

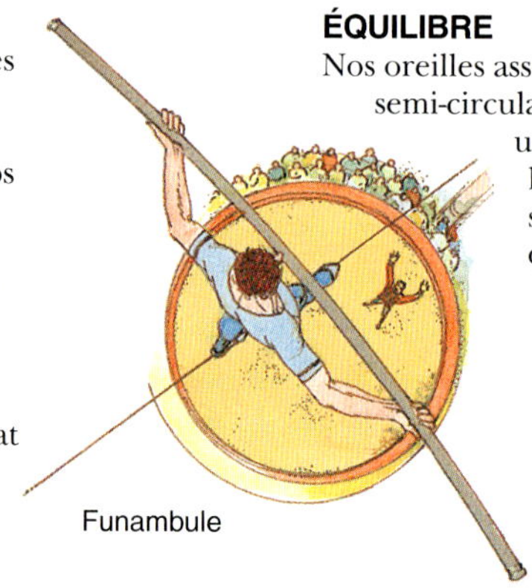

Funambule

ÉQUILIBRE

Nos oreilles assurent notre équilibre. Les trois canaux semi-circulaires de l'oreille interne contiennent un liquide. Lorsque vous bougez la tête, le liquide se déplace. Ce mouvement stimule des cellules pourvues de poils, qui transmettent le message au cerveau.

Pour en savoir plus

LE CORPS HUMAIN
LE SON (DÉFINITION)
SQUELETTE ET STRUCTURE

Ours et pandas

LES OURS NE SONT PAS des « nounours », mais des créatures dangereuses. Il en existe sept espèces. La plus impressionnante, l'ours polaire (ou ours blanc), peut mesurer 3 m de long pour un poids de 500 kg. La plus petite, l'ours des cocotiers du Sud-Est asiatique (ou ours malais), ne mesure que 1,2 m de long. Parmi les autres espèces, citons le grizzli et le lippu (ou ours jongleur). Ces mammifères au corps massif ne sont pas tous carnivores ; certains sont végétariens. Le grand panda, qui se nourrit de bambou, est apparenté à l'ours. Noir et blanc, il peut peser 135 kg. Il est devenu extrêmement rare. Le petit panda, lui, est voisin du raton laveur. Les ours et les grands pandas possèdent une vue médiocre, mais un excellent odorat, grâce auquel ils dénichent leur nourriture.

ANIMAL DE FOIRE
Les ours étaient autrefois arrachés à leur habitat naturel et domptés pour divertir le public. Cette pratique cruelle est aujourd'hui interdite dans la plupart des pays.

OURS NOIR

Il existe deux espèces d'ours noirs : le baribal d'Amérique du Nord et l'ours à collier du Sud-Est asiatique. Mais certains ne sont pas totalement noirs : le baribal peut être brun foncé ou brun-roux et l'ours à collier possède une marque blanche au cou. Les ours noirs grimpent très bien aux arbres et peuvent atteindre 40 km/h en courant. Les baribals peuplent les forêts nord-américaines et beaucoup vivent dans des parcs nationaux.

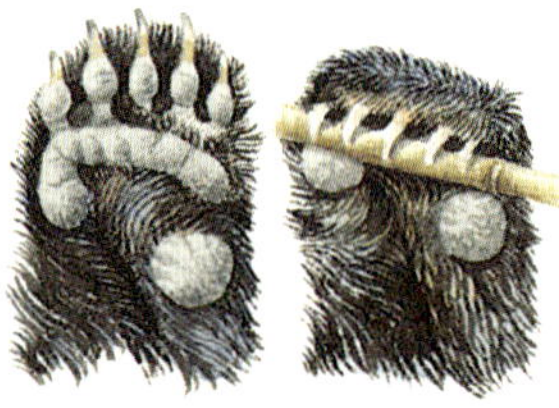

PIEDS
Les pieds de l'ours, larges et forts, sont pourvus de cinq doigts et sont armés de griffes épaisses pour saisir les aliments, creuser la terre et défendre les oursons. Un coup de patte donné par un ours polaire peut tuer un homme.

GRAND PANDA

Le grand panda vit dans le centre et l'ouest de la Chine et se nourrit principalement de bambou. Il n'en reste plus que quelques centaines dans la nature, et ils sont devenus l'emblème du Fonds mondial pour la nature (WWF, World Wide Fund for Nature).

O

RATON LAVEUR
Il existe 15 espèces de ratons laveurs, toutes originaires d'Amérique. Ce sont des mammifères vifs et agiles, apparentés aux ours. Ils sont actifs la nuit et se nourrissent de détritus, de plantes cultivées et d'animaux de basse-cour.

OURS BRUN

L'ours brun peut être d'Europe, d'Amérique du Nord (grizzli) ou d'Asie. Le grizzli n'a pas d'autre ennemi que l'homme. La femelle met au monde deux ou trois oursons dans sa tanière. Une race d'ours brun de l'Alaska s'appelle le kodiak. L'ours brun se nourrit de fruits, de miel, de saumons et de petits animaux.

À l'automne, l'ours brun chasse les saumons qui remontent les rivières pour y pondre leurs œufs.

Pour en savoir plus

L'AMÉRIQUE DU NORD (FAUNE ET FLORE)
LES ESPÈCES ANIMALES
LES ESPÈCES EN VOIE DE DISPARITION
LES MAMMIFÈRES
LES RÉGIONS POLAIRES

l'Oxygène

INVISIBLE, INODORE ET SANS SAVEUR, l'oxygène est pourtant indispensable à la vie ; sans lui aucun d'entre nous ne pourrait survivre plus de quelques minutes ! L'oxygène est heureusement le gaz le plus répandu sur Terre. Mélangé à d'autres, il constitue un cinquième de l'air que nous respirons. Combiné à d'autres substances, il peut se présenter sous une forme liquide ou solide. Gaz chimiquement réactif, l'oxygène en se liant à d'autres substances chimiques libère souvent de l'énergie, comme le démontre le phénomène de la combustion. Lorsqu'un morceau de bois brûle, l'oxygène se mêle aux molécules de carbone du bois et dégage de la chaleur. L'oxygène est également présent dans l'eau, associé aux atomes d'un autre gaz, l'hydrogène. L'extraction de l'oxygène de l'eau est opérée par électrolyse. Un courant électrique traverse l'eau et dissocie les molécules d'oxygène et d'hydrogène qui sont libérées sous forme de bulles.

RESPIRATION
L'oxygène fournit aux muscles l'énergie dont ils ont besoin pour travailler. L'oxygène que nous inspirons est utilisé pour « brûler » les aliments que nous ingérons et produire ainsi de l'énergie. Le processus de la respiration est contrôlé par les muscles. L'oxygène de l'air passe dans le sang après avoir traversé les poumons. Le sang alimente les muscles en oxygène et en nutriments indispensables à leur bon fonctionnement.

COMBUSTION
Rien ne peut brûler sans oxygène. Impossible donc d'allumer un feu dans l'espace ! Les moteurs des fusées qui propulsent les engins spatiaux ont pourtant besoin d'oxygène pour brûler le carburant. Les engins spatiaux emportent donc des réserves d'oxygène liquide qui se mélange au carburant à l'intérieur du moteur. Tout ce qui s'enflamme au contact de l'oxygène liquide génère une flamme intense. Les machines à souder brûlent le gaz utilisé comme carburant avec de l'oxygène liquide, pour produire une flamme suffisamment chaude et fondre les métaux.

PHOTOSYNTHÈSE
Au cours de la photosynthèse, les feuilles des végétaux captent la lumière du soleil, et absorbent le gaz carbonique de l'air, alors que leurs racines se nourrissent d'eau. Les végétaux se servent de l'énergie solaire pour changer l'eau et le dioxyde de carbone en glucose (qui les nourrit) et rejettent de l'oxygène.

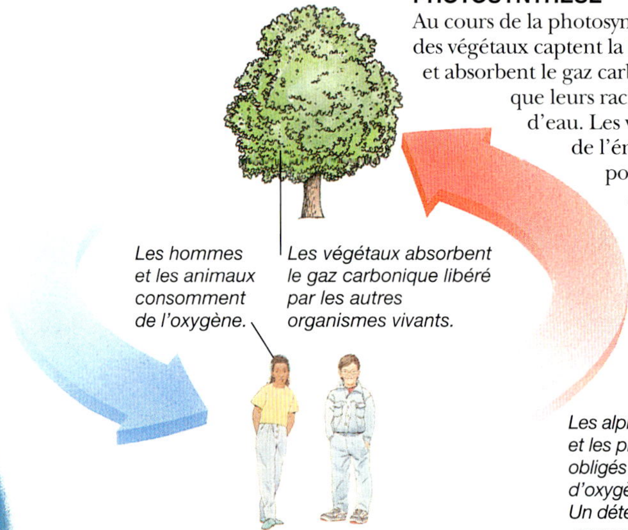

OXYGÈNE DE L'EAU
L'eau de mer contient de l'oxygène dissous. Les poissons utilisent cet oxygène pour respirer. L'eau traverse leurs branchies qui se chargent d'extraire l'oxygène de l'eau. À la différence des autres poissons, les requins ne peuvent respirer dans l'eau que sous l'effet du mouvement. Pour éviter de suffoquer, les requins doivent être constamment en mouvement, même en dormant !

Les alpinistes, les astronautes et les plongeurs sous-marins sont obligés d'emporter des réserves d'oxygène pour respirer. Un détendeur sous forme de valve permet de libérer l'oxygène à la pression nécessaire à la respiration.

Pour en savoir plus

L'AIR
LA CHIMIE
LE CORPS HUMAIN
LE FEU
LES PLANTES

le Papier

LE LONG DE LA DÉCHIRURE d'un morceau de papier apparaissent de minuscules fibres enchevêtrées. Ces fibres sont d'origine végétale et un simple bout de papier en contient des millions, comprimées les unes aux autres. Le papier peut parfois renfermer d'autres substances, comme des colles de type gélatine, pour le rigidifier, ou de la résine pour éviter que l'encre ne s'imprègne dans les fibres ou encore des teintures pour le colorer. Selon les additifs utilisés la qualité diffère et l'on obtient différentes sortes de papiers, des cartons épais aux papiers les plus fins. Les fibres sont principalement issues des arbres. L'utilisation de chiffons dans la pâte à papier ainsi que le recyclage du papier limitent la destruction des forêts, et réduisent la pollution de l'air et de l'eau. Le papier doit son nom au papyrus, sorte de roseau que les premiers Égyptiens utilisaient comme support d'écriture, il y a près de 5 000 ans. Le papier tel que nous le connaissons fut inventé par les Chinois, il y a deux millénaires de cela. Les guêpes en fabriquent en mâchant les fibres et le bois des végétaux pour bâtir leurs nids.

ORIGAMI
Les modèles décoratifs obtenus par le pliage d'une simple feuille de papier relèvent de l'origami. Cette activité élevée au rang d'art à part entière est née au Japon il y a près de trois siècles.

DÉCORATION
Les papiers utilisés en tapisserie, appelés papiers peints, sont parfois imprimés de motifs décoratifs. L'utilisation du papier peint remonte au XVe siècle. À cette époque, il servait uniquement d'ornement à l'intérieur des coffres et des meubles.

USAGE DOMESTIQUE
À la maison, le papier sert de multiples façons : sacs aspirateur, papier toilette, essuie-tout, lingettes, mais aussi nappes et serviettes.

IMPRIMÉS
Des milliers d'informations se retrouvent imprimées sur papier, sous forme de mots mais aussi d'images ou de photographies. Les billets de banque et les chèques sont imprimés selon des techniques très spéciales.

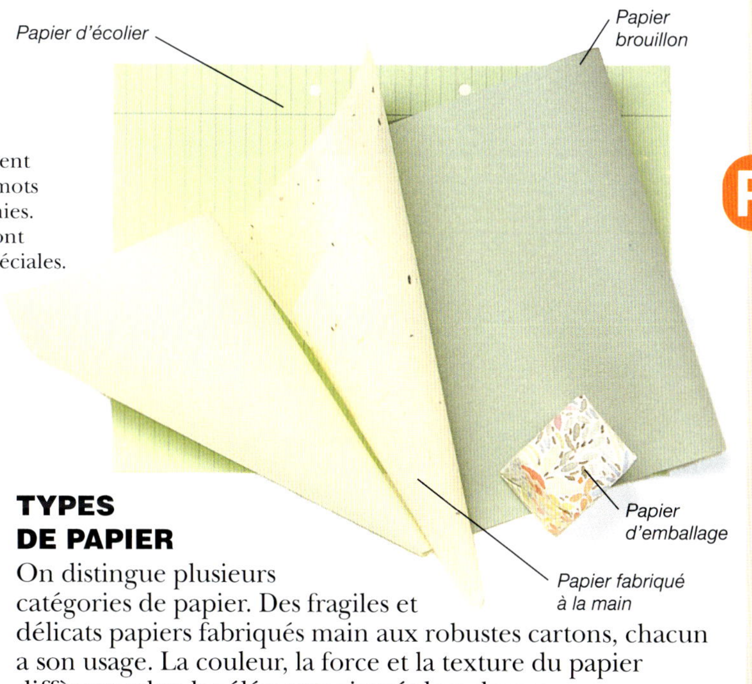

TYPES DE PAPIER
On distingue plusieurs catégories de papier. Des fragiles et délicats papiers fabriqués main aux robustes cartons, chacun a son usage. La couleur, la force et la texture du papier diffèrent selon les éléments ajoutés lors du processus de fabrication : colorants, liants et autres adjuvants.

FABRICATION DU PAPIER
Les arbres sont écorcés et râpés puis les fibres mélangées à de l'eau pour former une pâte à base de cellulose. Une machine équipée de rouleaux presseurs et sécheurs transforme la pâte en papier.

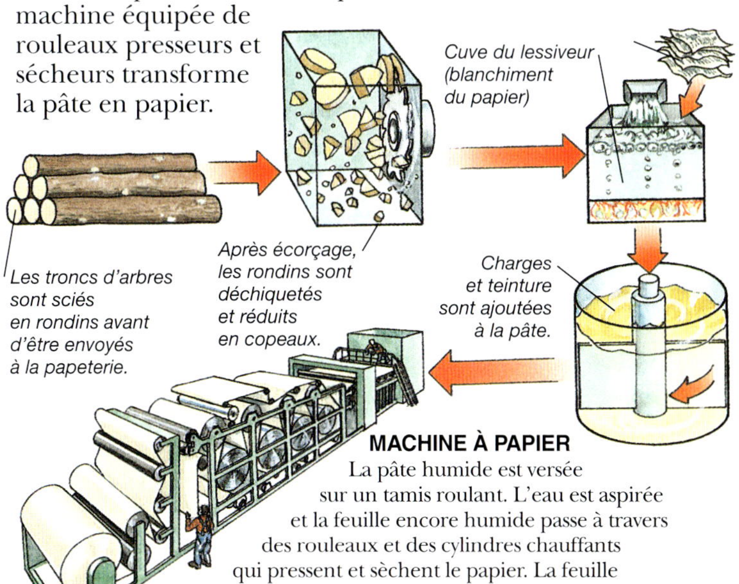

MACHINE À PAPIER
La pâte humide est versée sur un tamis roulant. L'eau est aspirée et la feuille encore humide passe à travers des rouleaux et des cylindres chauffants qui pressent et sèchent le papier. La feuille une fois séchée s'enroule sur de larges rouleaux pour former des bobines.

PLANTATION
L'abattage d'un grand arbre suffit à peine à couvrir la consommation annuelle de papier d'une personne. Les arbres abattus sont remplacés par de jeunes plants. Il faut entre 15 et 50 ans pour renouveler une plantation.

Pour en savoir plus
L'AIR
LA CHIMIE
LE CORPS HUMAIN
LE FEU
LES PLANTES

les Papillons

AUSSI COLORÉS QUE DES FLEURS exotiques, les papillons diurnes figurent parmi les plus belles créatures terrestres. Ils nous sont plus familiers que les papillons de nuit puisqu'ils sont actifs le jour. Pourtant, il existe beaucoup plus d'espèces nocturnes que diurnes. Papillons diurnes et nocturnes sont des insectes appartenant à l'ordre des lépidoptères, dont le cycle biologique comprend quatre états : l'œuf, la larve (ou chenille), la nymphe (ou chrysalide) et l'adulte, le papillon. Le passage d'un état à l'autre est une métamorphose. Tous les papillons se nourrissent de végétaux et vivent partout où la végétation pousse, ce qui exclut les régions les plus froides du globe. Certains, tel le vulcain, hibernent l'hiver. D'autres migrent à la recherche de nourriture. Quelques papillons sont nuisibles à l'homme : la chenille de la piéride du chou dévore les légumes du potager; celle de la mite mange les fibres naturelles de nos vêtements.

VER À SOIE
Le ver à soie est la chenille d'un papillon de nuit, le bombyx du mûrier. Il tisse un cocon de soie, à l'intérieur duquel il se métamorphose en chrysalide. L'étoffe appelée soie est produite par le ver à soie.

MORPHO BLEU
Les papillons diurnes ont souvent des couleurs plus vives que les espèces nocturnes. Ce morpho bleu vit en Amérique du Sud.

Machaon

PAPILLON NOCTURNE

Les ailes des espèces nocturnes sont souvent ternes. Le papillon les replie. Son corps est lourd et velu, ses antennes plumeuses ou pectinées. Celles du brahméide du Sud-Est asiatique sont pectinées.

DE L'ŒUF À LA CHENILLE
Après l'accouplement, le papillon de nuit femelle pond des œufs sur une source de nourriture destinée aux futures chenilles, ou à proximité. Les œufs de certaines espèces nocturnes n'éclosent que lorsque le climat se réchauffe – au printemps, en général, quand le retour de la végétation peut nourrir les chenilles affamées.

Le papillon-chouette pond des chapelets d'œufs d'un millimètre de diamètre, qui foncent à l'approche de leur éclosion.

La chenille brise son chorion avec ses pièces buccales puissantes et émerge, tête la première.

La tête velue s'agite et le corps se tortille pour sortir du chorion.

La chenille dévore son chorion riche en nutriments.

ALIMENTATION
Chaque espèce de chenille mange un certain type de végétation. Cette activité peut être dévastatrice pour les cultures, puisque la chenille n'arrête de se nourrir que le temps de muer. Elle grossit avant que sa nouvelle enveloppe ne durcisse.

La chenille du bombyx du chêne mange une feuille.

Elle préfère le limbe aux nervures.

En quelques minutes, la feuille est dévorée.

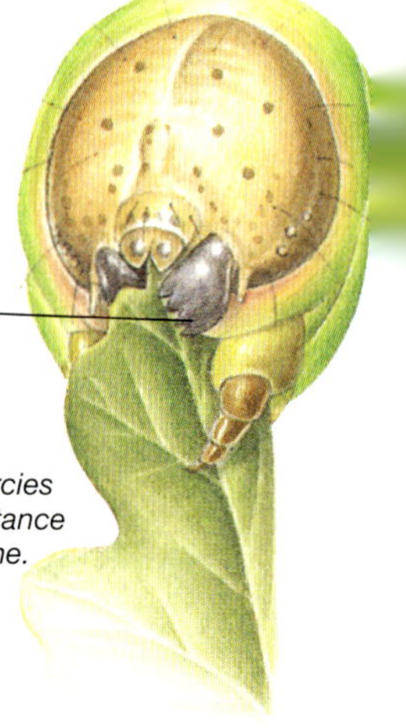

Les pièces buccales détachent et broient la nourriture. Elles sont durcies par une substance appelée chitine.

Certains papillons nocturnes, comme ceux représentés à gauche, loin d'être ternes, ont des couleurs magnifiques.

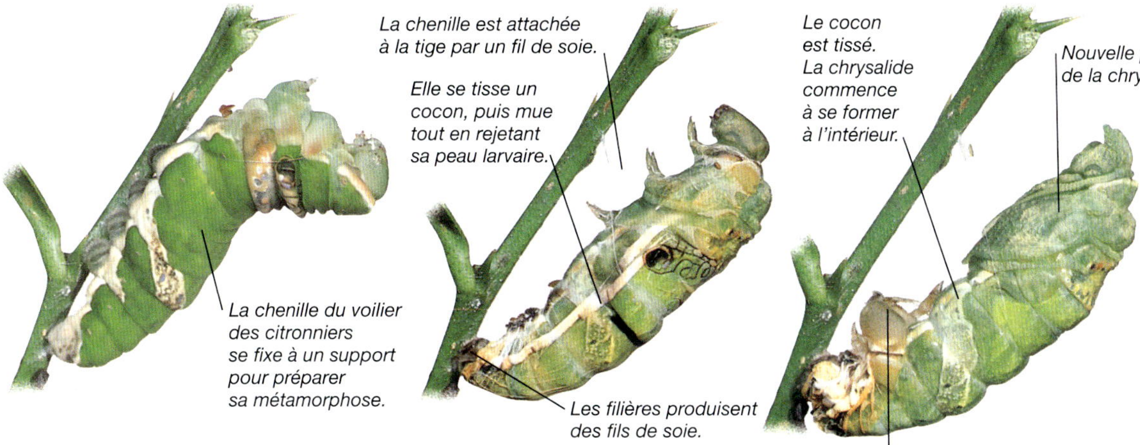

La chenille du voilier des citronniers se fixe à un support pour préparer sa métamorphose.

La chenille est attachée à la tige par un fil de soie.

Elle se tisse un cocon, puis mue tout en rejetant sa peau larvaire.

Les filières produisent des fils de soie.

Le cocon est tissé. La chrysalide commence à se former à l'intérieur.

Nouvelle peau de la chrysalide

Enveloppe vide de la chenille

DE LA CHENILLE À LA CHRYSALIDE

Avant son ultime mue, la chenille cesse de se nourrir et peut changer de couleur. Elle cherche un lieu de transformation adapté. Elle s'attache à un support avec des fils de soie produits par ses filières. De nombreuses chenilles tissent un cocon protecteur avant de se métamorphoser. Celles de la tordeuse, par exemple, s'enroulent dans des feuilles, qu'elles lient avec des fils de soie à l'aide de leurs pièces buccales.

DE LA CHRYSALIDE AU PAPILLON

Vu de l'extérieur, il ne se passe rien, mais à l'intérieur de son enveloppe dure, la chrysalide subit une étonnante métamorphose, commandée par ses hormones. Au bout de plusieurs semaines, la peau de la chrysalide se brise et le papillon émerge. Ses ailes humides et froissées ne tardent pas à se déployer et à sécher.

La chrysalide du morpho bleu reste immobile, semblable à un bourgeon.

Le papillon apparaît.

Le sang afflue dans le système vasculaire des ailes, qui se développent, sèchent et se durcissent.

Papillon morpho bleu adulte, ailes repliées

ÉCAILLES

De minuscules écailles qui se chevauchent en partie recouvrent les ailes des papillons. Les couleurs et la disposition des écailles forment un dessin magnifique.

Lorsque ses ailes sont repliées, le papillon-feuille ressemble à une feuille morte.

CAMOUFLAGE

Isolé, un papillon coloré peut attirer l'attention. Mais chez de nombreuses espèces, les couleurs et les marques des ailes se fondent dans leur environnement. La forme de l'aile peut aussi ressembler à une feuille ou à un fruit.

Papillon-feuille, toutes ailes déployées

PROTECTION

Des centaines d'espèces de papillons sont menacées de disparition : leur habitat naturel est détruit et leur rareté attire les collectionneurs.

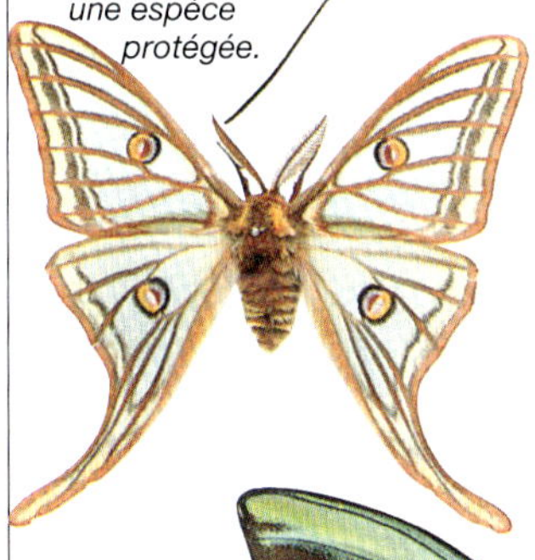

L'isabelle est aujourd'hui une espèce protégée.

L'ornithoptère est menacé d'extinction à cause de la déforestation.

L'azuré du serpolet avait disparu en Grande-Bretagne. Il y a été réintroduit.

OCELLES

Les ocelles sur les ailes d'un papillon diurne ressemblent aux yeux du hibou.

Le Taenaris macrops de Nouvelle-Guinée se nourrit de bananes mûres.

Quand ses ailes sont déployées, les ocelles ressemblent aux yeux d'un prédateur.

Pour en savoir plus

LE CAMOUFLAGE DES ANIMAUX
LES ESPÈCES ANIMALES
LES INSECTES
LE VOL DES ANIMAUX

les Parcs nationaux de France

LE TEXTE FONDATEUR des parcs nationaux a été voté le 22 juillet 1960. Depuis, la loi du 14 avril 2006 a modifié les missions des parcs nationaux et leurs modes de fonctionnement. Ce qui n'a pas changé, c'est la responsabilité de l'État quant à la protection de la nature et à l'utilité publique de sa mission de conservation. Aujourd'hui, les parcs sont organisés en deux zones :

• le cœur du parc, où la priorité est donnée à la protection des milieux et des espèces vivantes, et qui fait l'objet d'une réglementation particulière ;

• l'aire d'adhésion, autour du cœur, dans lequel les communes qui s'y trouvent peuvent adhérer à la charte du parc et avoir un rôle d'animateur. C'est là que les diverses administrations peuvent expérimenter des réalisations d'ordre social, économique et culturel, tout en rendant plus efficace la protection de la nature dans le parc.

Les parcs nationaux ont pour principale mission la protection de la biodiversité. Chaque parc est géré par un établissement public à caractère administratif doté de la personnalité morale et de l'autonomie financière.

TOURISME PÉDAGOGIQUE

Visites guidées, classes de découverte, conférences et expositions, accueils de groupes sont organisés par les Maisons des parcs, qui offrent des circuits d'interprétation et des milliers de kilomètres de sentiers balisés pour mieux approfondir la connaissance des milieux naturels. Ainsi, les parcs contribuent de façon dynamique au développement local, en participant à l'aménagement des grands sites, à la valorisation des paysages et au soutien d'activités compatibles avec le respect de la nature.

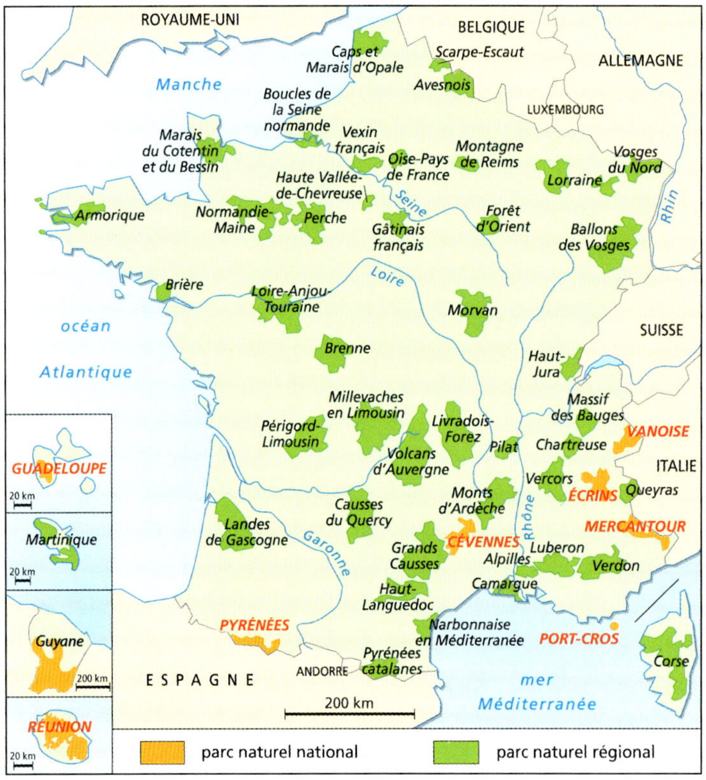

CONSERVATION DU PATRIMOINE CULTUREL

Une autre mission des parcs est de conserver les activités traditionnelles qui ont contribué à enrichir leur histoire. Ainsi, les bâtisseurs de murs en pierres sèches ou les clôtures tressées qu'utilisaient les montagnards pour parquer leurs bêtes sur leur terroir.

PROTECTION DE LA NATURE

Chaque parc développe sa propre stratégie en respectant la loi de 1960. Tous procèdent à un suivi scientifique de la faune et de la flore, avec réintroduction des espèces menacées ou disparues en France. Tous concourent à la sauvegarde des espèces pour donner un nouvel essor biologique à leurs territoires. Pour cela, des professionnels de la nature : gardes moniteurs, scientifiques, communicateurs et gestionnaires exercent un travail d'équipe dans le cadre d'une pluridisciplinarité.

PARCS NATIONAUX	DATE DE CRÉATION	SUPERFICIE (HA) CŒUR DE PARC	AIRE D'ADHÉSION
La Vanoise	1963	53 500	146 500
Port-Cros	1963	Terrestre 700	-
		Maritime 1 800	-
Les Pyrénées	1967	45 700	206 300
Les Cévennes	1970	93 500	278 500
Les Écrins	1973	91 800	178 400
Le Mercantour	1979	68 500	146 500
La Guadeloupe	1989	21 850	94 065
La Réunion	2007	105 447	87 800
La Guyane	2007	2 028 126	1 359 078

Pour en savoir plus

LA FRANCE (GÉOGRAPHIE)
TOURISME ET VOYAGES
ÉCOLOGIE ET CHAÎNES ALIMENTAIRES

les Passereaux

LES PASSEREAUX sont également appelés oiseaux chanteurs, parce qu'ils émettent des sons agréables, et oiseaux percheurs, parce qu'ils se perchent dans les arbres pour chanter. Il existe plus de 5 000 espèces de passereaux, la plupart de petite taille et de couleur terne, qui vivent cachées dans les arbres. Dans les régions très boisées, où il fait sombre, un chant clair et sonore est plus utile pour communiquer qu'un plumage très coloré. C'est habituellement le mâle qui chante, pour défendre son territoire et attirer la femelle. Chaque espèce de passereaux possède son chant, modulable comme la voix humaine. Parmi les chanteurs les plus remarquables figurent les chanteurs d'Afrique, les fringillidés (pinson), les turdidés (rossignol, grive, merle) et les sylviidés (fauvette, pouillot) d'Europe et d'Asie, ainsi que les timaliidés et les arapongas d'Australasie.

CONCERT MATINAL
Dès que le soleil se lève, les oiseaux s'adonnent à leurs activités quotidiennes. La plupart chantent fort à l'aube et au crépuscule. En chantant, l'oiseau dit à ses congénères qu'il a passé la nuit sans encombre et qu'il occupe toujours son territoire.

GRIVE MUSICIENNE
Ce passereau possède un chant musical, sonore et très varié. Il aime se percher sur les antennes de télévision et les hautes branches des arbres. La grive musicienne mange des escargots : elle casse la coquille sur une pierre pour extraire son repas.

ROUGE-GORGE
Au printemps, lorsque les rouges-gorges se sont accouplés, ont construit leur nid et élevé leurs petits, le chant mélodieux et triste du mâle informe les intrus qu'ils doivent rester en dehors du territoire de sa famille. Le cri d'alarme du rouge-gorge, un « tsiiip » fin et aigu, prévient les congénères de la proximité d'un prédateur.

P

ROSSIGNOL
Le chant du rossignol (à droite) est réputé. Il a toujours inspiré les poètes et les musiciens. Bien qu'il chante de jour comme de nuit, il est surtout connu pour son chant crépusculaire. Il construit son nid dans des buissons touffus, où ses œufs sont bien cachés.

CHANT DES OISEAUX

Il existe plusieurs façons de décrire le chant d'un oiseau, avec des mots et avec des signes. Des enregistrements sonores permettent aux hommes d'apprendre à identifier les oiseaux d'après leur chant.

FAUVETTE SARDE : chant sonore, rapide et gazouillant

ROSSIGNOL : sons doux, liquides et mélodieux

PARULINE JAUNE
Aux États-Unis et en Amérique centrale, la paruline jaune est très répandue dans les parcs et les vergers. Son chant commence souvent par trois ou quatre notes mélodieuses et se termine par une série de notes aiguës et graves. Elle se nourrit de chenilles, de papillons de nuit, de coléoptères et d'araignées. Avec son petit bec pointu, elle déloge les insectes des feuilles et de l'écorce des arbres.

Pour en savoir plus
LES ESPÈCES ANIMALES
LES MIGRATIONS ANIMALES
LES OISEAUX
LE VOL DES ANIMAUX

Pays baltes et Biélorussie

Les républiques baltes occupent une petite bande de la côte baltique. Elles ont à l'est la Russie, à l'ouest la Pologne et l'enclave russe de Kaliningrad, au sud la Biélorussie. La mer Baltique donne accès à la mer du Nord.

LITUANIE, LETTONIE, Estonie et Biélorussie, ont été les premières républiques à déclarer leur indépendance vis-à-vis de l'URSS en 1991. Les pays baltes, aux terres fertiles et aux fortes précipitations, ont dépendu de leur agriculture et de l'élevage des vaches laitières jusqu'à ce que les Soviétiques, en encourageant la croissance de l'industrie lourde et des manufactures, en fassent des nations industrielles. L'indépendance fut synonyme de hausses des prix, de pénurie de nourriture et de pollution. Malgré tout, en 2004, les trois pays Baltes ont adhéré à l'Union européenne. La Biélorussie, pays occidental pauvre et isolé, reste inféodée à la Russie. Les peuples baltes, quant à eux, redécouvrent leur histoire et leur culture, longtemps occultées par les Russes.

NATIONALITÉ ESTONIENNE
À l'époque soviétique, de nombreux Russes furent installés dans les États baltes, ce qui entraîna des tensions avec les peuples baltes, qui s'efforcèrent de maintenir leur identité nationale. En Estonie, la population est aux deux tiers estonienne. Sa langue, finno-ougrienne, est apparentée au finlandais et au hongrois.

RIGA
La capitale lettone est située sur la Dvina occidentale, à 15 km de la mer Baltique. La ville, fondée en 1201, devint un important centre commercial de la Baltique. Les bâtiments médiévaux qui subsistent, tels le château et la cathédrale, témoignent de sa prospérité. Mais une grande part de cet héritage historique fut détruite par l'occupant allemand pendant la Seconde Guerre mondiale. C'est aujourd'hui un important centre industriel, bien que le port soit gelé de décembre à avril.

BIÉLORUSSIE
Superficie : 207 600 km²
Population : 9 634 000
Capitale : Minsk
Langues : biélorusse, russe, polonais, ukrainien

ESTONIE
Superficie : 45 100 km²
Population : 1 340 000
Capitale : Tallinn
Langues : estonien, russe, ukrainien, finnois

LETTONIE
Superficie : 64 600 km²
Population : 2 249 000
Capitale : Riga
Langues : letton, russe, lituanien

LITUANIE
Superficie : 65 200 km²
Population : 3 287 000
Capitale : Vilnius
Langues : lituanien, russe, polonais

ÉCHELLE
0 50 100 km

CÔTE BALTE
Tous les États baltes donnent sur la mer Baltique. En hiver, celle-ci est gelée, mais en été les stations balnéaires attirent les touristes. La pollution industrielle endommage cette côte.

Pour en savoir plus
L'EUROPE (HISTOIRE)
MERS ET OCÉANS
L'UNION SOVIÉTIQUE

le Pays de Galles

DRAGON GALLOIS
Le drapeau gallois comporte un dragon rouge, symbole national du pays de Galles.

DES ÉTENDUES SAUVAGES des montagnes du nord aux vallées industrielles du sud, le pays de Galles couvre une superficie de 20 754 km². Avec près de 3 millions d'habitants, c'est le plus petit pays du Royaume-Uni. Il est sous contrôle anglais depuis la fin du XIIIᵉ siècle, mais l'élection, en 1999, d'une assemblée galloise a donné au pays une autonomie limitée. Jusqu'à récemment, l'extraction du charbon constituait une industrie importante, en particulier dans le sud, mais, dès les années 1990, la plupart des mines ont fermé, provoquant un chômage généralisé. Le pays de Galles, qui reste une terre d'élevage (moutons, bovins), possède une forte identité nationale, avec sa propre langue, apparentée au breton continental, et une longue tradition de musique et de chants. Les chœurs gallois sont célèbres dans le monde entier.

Le pays de Galles occupe une péninsule à l'ouest de la principale île britannique, entre l'Angleterre à l'est et la mer d'Irlande à l'ouest.

CARDIFF
Situé sur la côte méridionale du pays, Cardiff, la plus grande ville du pays, en est la capitale et le siège de la nouvelle assemblée galloise. Pendant de nombreuses années, ce port important exportait le charbon venu des vallées du sud. Son activité a décliné, mais la ville reste un centre d'affaires et administratif.

CAMPAGNE GALLOISE
Le paysage gallois est magnifique et varié, en particulier autour de la baie de Saint-David, sur la côte du Pembrokeshire, à l'ouest. La région de Snowdonia, au nord du pays, avec ses spectaculaires montagnes, constitue un parc national. De vertes collines couvrent le centre ; le sud-est est industriel.

PRINCE DE GALLES
Édouard Iᵉʳ d'Angleterre conquit le pays de Galles en 1284, mais déclara aux Gallois qu'il leur trouverait un prince n'ayant jamais parlé anglais. Sur quoi il présenta son fils, encore bébé, comme prince de Galles, au château de Caernarvon. Ce titre, qui s'est transmis à l'héritier du trône d'Angleterre, est actuellement porté par le prince Charles.

Neil Jenkins, star du rugby gallois

RUGBY
Le rugby est le sport national. Les équipes galloises jouent au niveau national et international. Le stade du Millenium, à Cardiff, est considéré par beaucoup comme le plus beau du monde.

LANGUE GALLOISE
Le pays de Galles est officiellement bilingue. Aussi les panneaux indicateurs sont-ils rédigés en anglais et en gallois, première langue de nombreux habitants du nord. Son enseignement dans les écoles a ravivé l'intérêt pour les traditions du pays. Poètes, orateurs et chœurs concourent lors de fêtes appelées *eisteddfods*.

Pour en savoir plus
FOOTBALL ET RUGBY
LE ROYAUME-UNI (GÉOGRAPHIE)
LE ROYAUME-UNI (HISTOIRE)

Pays-bas, Belgique et Luxembourg (géographie)

CHAMPS DE TULIPES
Les Pays-Bas sont réputés pour leurs fleurs à bulbes depuis le XVIe siècle, lorsque les tulipes, venues de Turquie, furent implantées en Europe. Au printemps, les champs de fleurs offrent un magnifique spectacle. Les fleurs coupées des Pays-Bas s'exportent dans le monde entier.

PEU ÉTENDUS MAIS TRÈS PEUPLÉS, les pays du Benelux (Belgique, Pays-Bas et Luxembourg) sont des nations industrielles hautement développées, à l'économie florissante. Près d'un tiers des Pays-Bas se trouve au-dessous du niveau de la mer. Au cours des quatre derniers siècles, des terres ont été gagnées sur la mer du Nord grâce à un réseau de digues. En Belgique, le territoire, également plat et bas au nord, s'élève au sud en direction du plateau boisé des Ardennes. La Belgique n'est devenue indépendante qu'au XIXe siècle mais depuis 2010, les tensions entre Wallons et Flamands laissent actuellement le pays sans gouvernance. Toute cette région doit sa richesse à ses terres fertiles, à son climat frais et pluvieux, idéalement adaptés à l'agriculture et à l'élevage de vaches laitières, ainsi qu'à son industrie : fer, acier, gaz naturel, vêtements, textiles et équipement électrique. Le minuscule État du Luxembourg, centre bancaire réputé, a le niveau de vie le plus élevé d'Europe.

Les pays du Benelux, situés en Europe du Nord, côtoient l'Allemagne à l'est et la France au sud. À l'ouest s'étend la mer du Nord.

AMSTERDAM
Rattachée par un canal à la mer du Nord, bâtie sur 90 îles reliées par 1 000 ponts, Amsterdam est une ville importante depuis le Moyen Âge qui a conservé nombre de ses anciennes églises, tours et maisons de marchands à pignons. Au XVIIe siècle, elle fut la capitale financière de l'Occident. Depuis 1945, de nouvelles banlieues se sont construites sur des polders (terres asséchées), triplant la superficie de la ville.

LUXEMBOURG
La capitale du Luxembourg se dresse sur un plateau de grès, divisé en profonds ravins par la rivière Alzette. La vieille ville entoure le palais grand-ducal (1572), la cathédrale et l'hôtel de ville. Luxembourg est un centre industriel et bancaire florissant.

ASSÈCHEMENT DES TERRES
Au fil des siècles, des terres basses ont été récupérées sur la mer. Des ingénieurs construisirent des digues pour enfermer des zones d'eau peu profonde, qui furent ensuite drainées. À partir du XIVe siècle, des moulins à vent furent utilisés pour pomper l'eau vers des canaux. Sur ces terres basses, balayées par les vents, l'énergie éolienne était très efficace. Aujourd'hui, des pompes à vapeur ou électriques ont pris le relais. Pour autant, tempêtes et marées hautes restent une menace pour la population des Pays-Bas.

Porteurs de fromages au célèbre marché d'Alkmaar

FROMAGE
L'essentiel des fromages produits aux Pays-Bas provient du lait des vaches qui paissent sur les polders. Les plus célèbres fromages de ce pays sont le gouda et l'édam, avec sa croûte de cire rouge.

Les moulins à vent exploitent l'énergie du vent avec leurs voiles montées sur un axe tournant.

Pour en savoir plus

L'EUROPE (GÉOGRAPHIE)
FLEURS ET HERBES AROMATIQUES
PORTS ET CANAUX
LA PREMIÈRE GUERRE MONDIALE
L'UNION EUROPÉENNE

Volcan	Montagne	Capitale	Grande ville	Petite ville

SIÈGE DE L'UNION EUROPÉENNE (UE)

En 1957, les trois pays du Benelux furent membres fondateurs de la Communauté européenne, alliance politique et économique, devenue Union européenne, qui regroupe aujourd'hui 27 nations. Bruxelles abrite le siège administratif de l'UE. Le siège de la Cour de justice européenne se trouve à Luxembourg.

BELGIQUE
Superficie : 30 528 km²
Population : 10 647 000
Capitale : Bruxelles
Langues : flamand, français, allemand
Religions : catholique, protestante, musulmane
Monnaie : euro

LUXEMBOURG
Superficie : 2 586 km²
Population : 486 000
Capitale : Luxembourg
Langues : luxembourgeois, allemand, français
Religions : catholique, protestante, orthodoxe, juive
Monnaie : euro

PAYS-BAS
Superficie : 41 526 km²
Population : 16 592 000
Capitales : Amsterdam, La Haye
Langues : néerlandais, frison
Religions : catholique, protestante, juive, musulmane
Monnaie : euro

BIÈRE BELGE

La Belgique est renommée pour sa bière. Produite dans de nombreuses brasseries locales, elle est exportée dans le monde entier. C'est également le troisième exportateur mondial de chocolat.

BRUXELLES

Bruxelles, capitale de la Belgique, connut une croissance rapide au XIXᵉ siècle grâce au développement des aciéries et des industries chimiques et textiles du pays. La Grand-Place (ci-dessus) est le cœur de la vieille ville. Bruxelles est aujourd'hui un centre financier et économique d'importance internationale, qui possède sa propre Bourse.

CIMETIÈRE MILITAIRE

La région des Flandres, au sud-ouest de la Belgique, est imprégnée de souvenirs de la Première Guerre mondiale. L'une des batailles les plus sanglantes de ces quatre années fut celle de Passchendaele, en 1917, où moururent environ 800 000 soldats alliés et allemands. De vastes cimetières militaires, tels que celui de Tyne Cot, près d'Ypres (à gauche), attirent de nombreux visiteurs.

P

http://benelux-parlement.eu/fr/benelux/geschiedenis.asp

Pays-bas, Belgique et Luxembourg (histoire)

PAYS-BAS, BELGIQUE ET LUXEMBOURG étaient autrefois une seule et même région, appelée Pays-Bas. Du XIIe au XVIIe siècle, elle fut gouvernée par les principales puissances européennes, Allemagne, France, Bourgogne et Espagne. En 1568, le nord de la région (les actuels Pays-Bas), convertie au protestantisme, se rebella contre l'Espagne catholique et obtint en 1648 son indépendance. Le sud resta espagnol, puis passa sous domination autrichienne avant de revenir à la France révolutionnaire jusqu'à la chute de Napoléon Ier en 1815. Pays-Bas, Belgique et duché de Luxembourg formèrent alors le royaume des Pays-Bas. La Belgique obtint son indépendance en 1830, le Luxembourg, en 1890. Ces trois pays devinrent au XXe siècle des membres fondateurs de la Communauté européenne.

Charles Quint

BOURGOGNE ET ESPAGNE

Au XVe siècle, la Bourgogne régnait sur les Pays-Bas, qui passèrent sous la tutelle des Habsbourg et bientôt sous celle de l'Espagne, avec Charles Quint, en 1516.

Indiaman hollandais (navire commercial de haute mer)

Marchands vérifiant la cargaison d'épices, d'or et de porcelaine

LE SIÈCLE D'OR

Au XVIIe siècle, les Pays-Bas s'enrichirent grâce au commerce international et aux explorations. Cette période fut appelée Siècle d'or. Amsterdam devint le centre du commerce et du marché monétaire de l'Occident, après qu'Anvers, en Belgique, eut été prise par les Espagnols en 1576. De riches marchands se construisirent d'imposantes demeures le long des canaux d'Amsterdam.

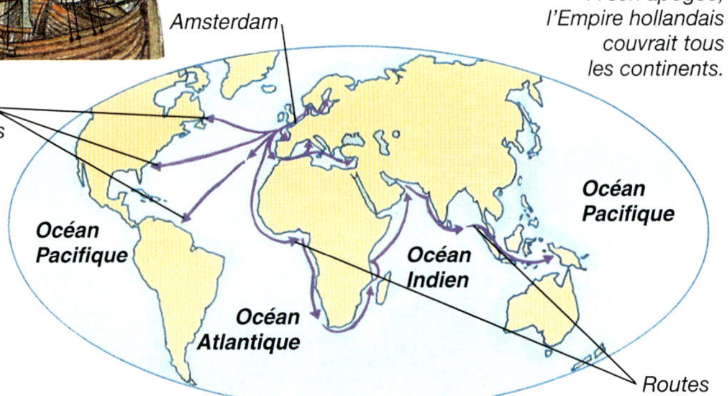

À son apogée, l'Empire hollandais couvrait tous les continents.

TULIPOMANIE

La tulipe, apportée de Turquie en Europe au XVIe siècle, devint rapidement à la mode. Un engouement appelé « tulipomanie » s'empara des Pays-Bas de 1634 à 1637. Les habitants investissaient dans les tulipes, si bien que les prix des bulbes rares finirent par valoir plus que l'or. Lorsque les prix chutèrent, de nombreuses personnes furent ruinées.

COLONIES DES PAYS-BAS

Au début du XVIIe siècle, les Pays-Bas commencèrent de s'installer sur un territoire correspondant à l'actuelle Indonésie et qui allait devenir, sous le nom d'Indes orientales hollandaises, après plusieurs décennies d'implantation progressive, leur plus importante colonie. En 1634, les Hollandais prirent les Antilles (Curaçao, Aruba, Bonaire, Saba, Saint-Eustache et l'île Saint-Martin) à l'Espagne. En 1674, ils prirent le Surinam à la Grande-Bretagne.

Architecture hollandaise aux couleurs des Caraïbes sur l'île de Curaçao

LES GRANDS MARCHANDS

Les Pays-Bas devinrent au XVIIe siècle une puissance maritime majeure, découvrant de nouvelles routes commerciales. La Compagnie hollandaise des Indes orientales fut fondée en 1602 pour commercer avec l'Indonésie et l'Afrique australe. La Compagnie hollandaise des Indes occidentales, fondée en 1621, ouvrit des routes vers l'Amérique, l'Australasie et l'Afrique occidentale.

NOUVELLE-AMSTERDAM

En 1624, la Compagnie hollandaise des Indes occidentales établit la colonie de Nouvelle-Amsterdam, en Amérique du Nord, sur l'île de Manhattan, qu'elle venait d'acheter aux Indiens contre des biens d'une valeur de 60 florins. En 1664, les Anglais se saisirent de la colonie et la rebaptisèrent New York.

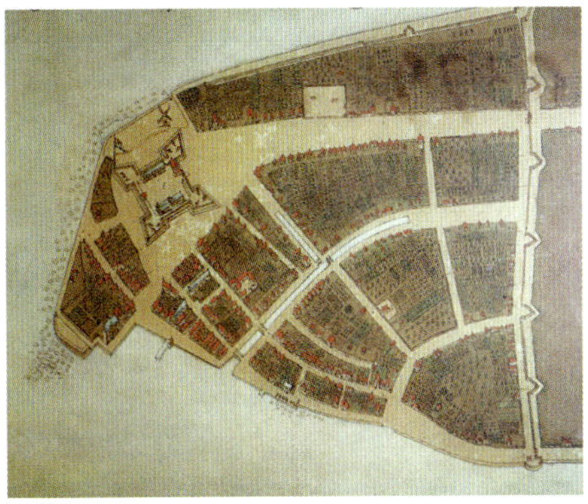

GUERRES MARITIMES

De 1652 à 1674, Hollandais et Anglais se livrèrent trois guerres pour le contrôle des voies maritimes. Les Hollandais l'emportèrent, malgré l'aide apportée par la France à l'Angleterre.

CONGRÈS DE VIENNE

Les vainqueurs de Napoléon à Waterloo étaient déterminés à empêcher la France de retrouver sa puissance passée. Ils se réunirent en congrès à Vienne en 1815 et décidèrent de renforcer les Pays-Bas pour éviter que la France ne soit tentée de prendre pied dans la région. Ainsi naquit le royaume des Pays-Bas, gouverné par Guillaume Ier, roi des Pays-Bas.

Dessin satirique représentant les diplomates du congrès de Vienne

INDÉPENDANCE BELGE

Après l'indépendance des Pays-Bas, en 1648, la Belgique resta sous domination espagnole, conservant croyances et traditions catholiques. En 1830, elle se révolta contre les Pays-Bas protestants et lutta pour son indépendance derrière Charles Rogier. Les combats durèrent un mois, puis le peuple élut son premier roi, le prince Léopold de Saxe-Cobourg, devenu Léopold Ier.

XIVe ET XVe SIÈCLES La Bourgogne gouverne la région.

1516 La région passe sous domination espagnole avec Charles Quint.

1648 L'Espagne reconnaît l'indépendance de la Hollande.

1652-1674 Guerres anglo-hollandaises.

1652 Des colons hollandais arrivent en Afrique du Sud.

1776 La Hollande prend le parti des Américains dans la guerre d'Indépendance américaine.

1795-1814 La France contrôle les Pays-Bas.

1815 Union de la Belgique et des Pays-Bas.

1830 Indépendance de la Belgique.

1890 Indépendance du Luxembourg.

1914-1918 La Belgique se joint aux Alliés; neutralité des Pays-Bas.

1948 Formation du Benelux (association économique entre Belgique, Pays-Bas et Luxembourg).

1957 Le Benelux signe le traité de Rome établissant la Communauté économique européenne (CEE).

1967 Le Benelux est membre fondateur de l'Union européenne.

2010 Crise politique majeure en Belgique, qui laisse craindre une scission du pays entre Wallons et Flamands.

CHAMP DE BATAILLE DE L'EUROPE

La Belgique a souvent été un champ de bataille européen. Napoléon fut vaincu à Waterloo. Pendant la Première Guerre mondiale, le pays connut les batailles d'Ypres, de Mons et de Namur. L'offensive allemande des Ardennes, en 1944, se déroula sur tout le territoire de la Belgique et au Luxembourg.

Le Luxembourg est très prospère.

LUXEMBOURG

Luxembourg vient d'un mot signifiant « petit château ». Comté en 963, duché en 1354, le pays est annexé par les Pays-Bas en 1443. Alors que ceux-ci arrachaient leur indépendance à l'Espagne en 1648, le Luxembourg, devenu grand-duché (1815) et rattaché au royaume des Pays-Bas, devait attendre le traité de Londres, en 1867, pour que lui soit reconnu, au cœur de la poudrière européenne, le statut d'État neutre indépendant.

Pour en savoir plus

L'Europe (histoire)
Les Guerres napoléoniennes
L'Union européenne

la Pêche industrielle

RIVIÈRES, MERS ET OCÉANS DU MONDE fournissent l'un de nos aliments les plus importants : le poisson. On peut en pêcher quelques-uns à l'aide d'un simple crochet au bout d'un morceau de ficelle, mais nourrir un grand nombre de personnes exige une organisation industrielle. Ainsi les bateaux japonais capturent-ils plus de 35 500 tonnes de poisson par jour. Certains filets mesurent plusieurs kilomètres de long et peuvent capturer plus de 100 millions de poissons en une prise. Paniers, boîtes et autres pièges sont laissés en mer pour les crustacés (crabes, homards et langoustes). Des hameçons sont disposés par centaines le long de lignes attachées à un bateau de pêche, si bien que de grandes quantités de poissons sont ramenées en une fois. Les flotilles de pêche utilisent des techniques de plus en plus sophistiquées (repérage au sonar des poissons), au risque de dépeupler les océans.

PÊCHE À LA BALEINE
Depuis deux siècles, la pêche à la baleine est une industrie importante, qui a presque détruit certaines espèces de cétacés. Quand les baleines remontent à la surface pour respirer, les pêcheurs les attaquent au harpon : une énorme flèche explosive lancée par un canon.

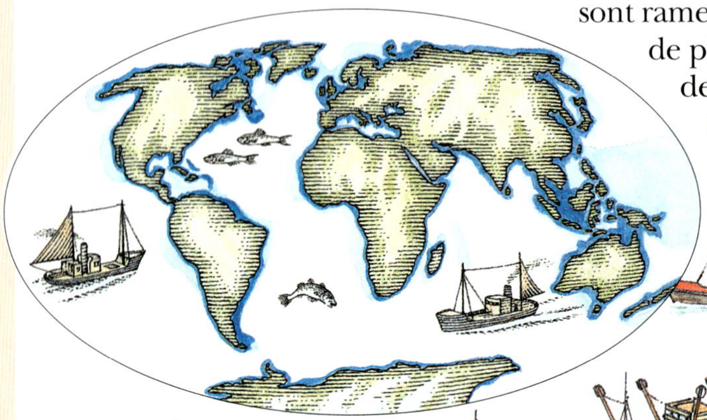

LIEUX DE PÊCHE
Les bateaux pêchent le plus souvent près des côtes, dans les mers peu profondes qui couvrent le plateau continental (en bleu foncé sur la carte). Ce plateau, qui prolonge le continent sous la mer, bénéficie de courants riches en nutriments, qui remontent des profondeurs et créent un environnement propice à l'alimentation des poissons.

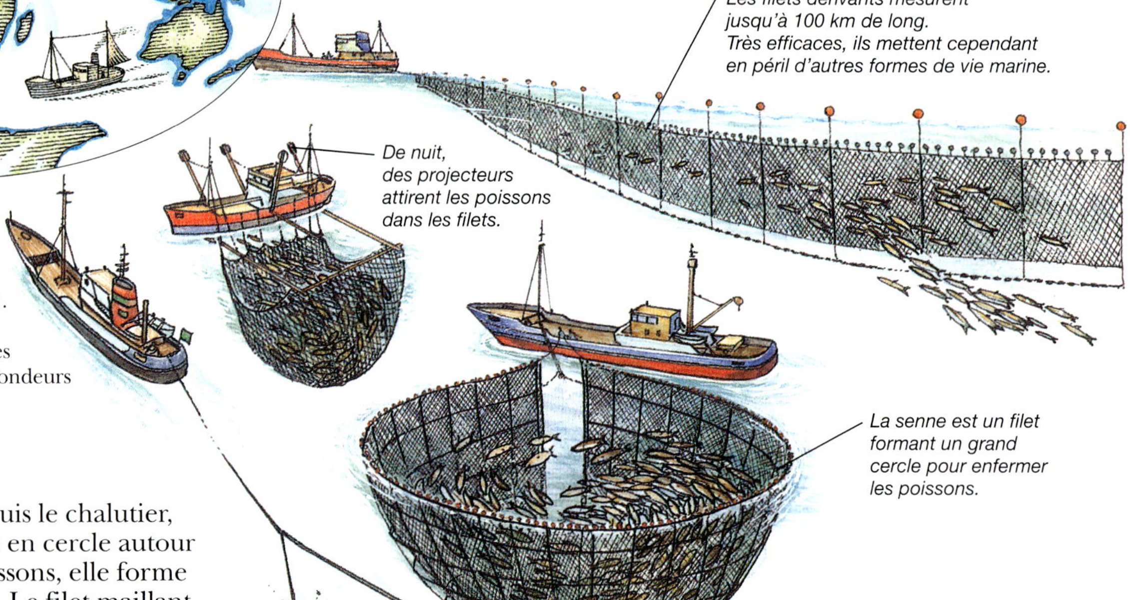

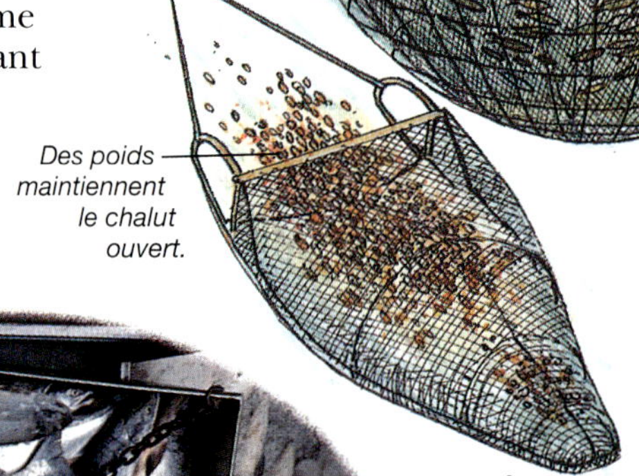

PÊCHE EN MER

La senne est un filet lancé depuis le chalutier, qui flotte dans l'eau ; refermée en cercle autour d'un banc (ou groupe) de poissons, elle forme un énorme sac qui les capture. Le filet maillant est un long rideau qui piège les poissons par les branchies : certains flottent à la surface comme des filets dérivants ; d'autres sont fixés au fond marin par des ancres. Un chalut est un grand sac de filet, traîné derrière un bateau. Une épuisette, pourvue d'un cadre, est accrochée au flanc du chalutier. Soulever le cadre piège les poissons.

POISSON CONGELÉ
Une fois le poisson mort, sa chair pourrit rapidement. Congélation, mise en conserve, séchage, fumage et saumurage empêchent la décomposition. La congélation est la méthode la plus efficace. Les grands bateaux conservent leur pêche dans des congélateurs jusqu'à leur arrivée au port.

ÉLEVAGES
Tous les poissons ne sont pas pêchés dans la nature. Carpes, saumons, truites et coquillages peuvent être élevés dans des centres de pisciculture. Aux États-Unis, par exemple, on élève des poissons-chats pour l'alimentation. Le pisciculteur construit des enclos dans un lac, un étang ou un estuaire (embouchure d'une rivière). Il fait éclore des œufs de poissons, puis les élève jusqu'à ce qu'ils soient assez gros pour la vente.

Pour en savoir plus

L'AGRICULTURE (DÉFINITION)
ALIMENTATION ET CUISINE
LES OCÉANS
LES POISSONS

les Peintres

LES ARTISTES utilisent la peinture comme les écrivains les mots : pour exprimer des idées sur un support. Les peintres saisissent la ressemblance d'un visage ou d'une fleur, mais peuvent aller beaucoup plus loin que la simple reproduction de la réalité. Ils associent les couleurs, les textures et les formes pour peindre le monde tel qu'ils le voient. Chaque époque a eu ses grands peintres : Giotto au XIVe siècle ou Picasso au XXe siècle. Il a existé de nombreux mouvements picturaux différents : classicisme, cubisme et pop art, entre autres. Les peintres modifient notre façon de percevoir le monde. Les portraits de Rembrandt, par exemple, sont d'un réalisme extrême, tandis que les paysages surréalistes de Salvador Dalí sont sortis tout droit de son imagination. Les peintres utilisent toutes sortes de peintures et de techniques : touches épaisses de couleurs à l'huile appliquées au couteau sur la toile, touches délicates d'aquarelle ou de gouache appliquées au pinceau sur une feuille de papier, applications à l'éponge, au chiffon ou avec les doigts, application directe sur un support de la peinture qui sort du tube. Quel que soit le matériel qu'il utilise, un grand peintre possède son propre style.

PREMIERS PEINTRES
Les artistes de l'Égypte ancienne ornaient les murs des tombes de scènes de chasse et de banquets, de figures divines. Les minoens de la Grèce antique représentaient danseurs, oiseaux et fleurs sur les murs de leurs maisons et de leurs palais. Les artistes romains peignaient divinités et scènes de la mythologie classique.

PEINTRES MÉDIÉVAUX
Jusqu'au XIVe siècle les artistes occidentaux peignaient surtout des sujets religieux comme la vie du Christ et des saints, avec des couleurs riches et de fines couches d'or. Leurs techniques de peinture étaient différentes de celles des époques ultérieures mais, cependant, les peintures médiévales avaient une grande puissance expressive. Les artistes exécutaient leurs retables sur des panneaux de bois et peignaient directement sur les murs des églises.

Les personnages des peintures médiévales sont parfois figés et inexpressifs, comme l'empereur, le saint et l'ange figurant sur cette peinture du XIe siècle (à gauche).

Le plafond de la chapelle Sixtine peint par Michel-Ange

RENAISSANCE
La Renaissance, qui a atteint son apogée en Italie au début du XVIe siècle, est l'une des périodes les plus marquantes de l'histoire de la peinture européenne. Les peintres ont adopté un style plus réaliste, étudié la perspective et l'anatomie humaine, exécuté des paysages plus réels et développé l'art du portrait.

MICHEL-ANGE
Michel-Ange (1475-1564) est l'un des peintres les plus célèbres de la Renaissance italienne. Il a essentiellement travaillé pour le pape Jules II qui lui a confié le décor de la voûte de la chapelle Sixtine du Vatican, à Rome, entre 1508 et 1512.

Michel-Ange avait du mal à atteindre certaines parties du plafond de la chapelle Sixtine, aussi il dressait un échafaudage et peignait parfois couché sur le dos.

GIOTTO
L'artiste italien Giotto (vers 1266-1337) a peint surtout au début de la Renaissance. Il a apporté une grande modernité à la peinture occidentale. Le tableau ci-dessus, *La Fuite en Égypte*, représente Marie et Jésus sur un âne conduit par Joseph.

LE XXe SIÈCLE

L'histoire de la peinture au XXe siècle pourrait être placée sous le signe de la découverte. Tous les matériaux, toutes les techniques sont testés : papier, collage, encre, liant, etc. La France, et notamment Paris, deviennent un creuset de la recherche picturale. De nombreux étrangers viennent s'y installer : Picasso, Picabia, Mondrian. Parmi ces représentants des écoles surréalistes, expressionnistes, fauvistes… quelques peintres inclassables, indépendants, parviennent à rester fidèles à leur art. C'est le cas d'Henri Rousseau (1844-1910), alias le Douanier. Son œuvre devait séduire les grands artistes de son siècle (Picasso, Matisse), par la richesse de la couleur qu'il ose pure, l'imagination enfantine qui ouvre dans la toile un grand espace au rêve, à l'introspection, à l'inconscient.

La Charmeuse de serpent *(1907) : Rousseau n'essaie pas de représenter une plante de manière réaliste, mais l'idée d'une plante. L'ombre et la lumière les ignorent, seul le regard de l'artiste les traverse.*

EUGÈNE DELACROIX
***LA LIBERTÉ GUIDANT LE PEUPLE* (1830)**
En pleine révolution de 1830, Delacroix exprime toute la force des acquis de 1789 au travers de cette scène typiquement romantique où la Liberté encourage les Parisiens à résister. Un travail technique important met en scène le courage et la valeur du citoyen.

LES IMPRESSIONNISTES

C'est à propos du tableau de Monet (1840-1926), intitulé *Impression, soleil levant*, qu'un critique mentionna le concept d'impressionnisme qui allait fortement contribuer à la renommée de la peinture française. Portés par cette nouvelle technique picturale, des artistes tels que Manet, Pissaro, Renoir, Cézanne vont s'affranchir des conventions artistiques, sortir des ateliers et suggérer les couleurs et les formes par des vibrations de couleur.

***PAYSAGE PRÈS D'ARLES* (1888)**
Paul Gauguin arriva à Arles le 23 octobre 1888, attendu avec ferveur par Vincent Van Gogh. Il réalisa quelques peintures comme celle-ci, où l'on sent l'influence de l'école de Pont-Aven, puis les deux hommes s'opposèrent sur leur façon de travailler et leurs idées. La tension atteignit son paroxysme le 23 décembre, lorsque Van Gogh menaça Gauguin avec un rasoir, avant de se mutiler partiellement l'oreille.

FEMMES AU JARDIN
Réalisé en plein air, Monet a l'idée de placer ses modèles sous des ombrages, les ombres jouant entre elles pour rendre les jeux de lumières.

LES POSTIMPRESSIONNISTES

Gauguin (1848-1903) et Van Gogh (1853-1890), héritiers de l'impressionnisme, ont tous deux repoussé un peu plus loin les conventions picturales. Gauguin, avec ses larges aplats colorés, et Van Gogh (bien que néerlandais, il a toujours travaillé en France où il s'est installé), avec ses intenses vibrations chromatiques, annoncent le fauvisme et les expressionnistes du siècle suivant.

Pour en savoir plus
LA LITTÉRATURE
LES PEINTRES
LA PEINTURE

la Peinture

DEPUIS QUE LES HOMMES PRÉHISTORIQUES ont appliqué pour la première fois des pigments naturels sur les murs des grottes, les artistes ont peint pour s'exprimer. Suivre une formation n'est pas indispensable, mais permet d'apprendre plus facilement les techniques de base. On peut peindre à l'huile, à l'aquarelle ou des fresques, c'est-à-dire sur du mortier frais. Le type de peinture dépend du liant avec lequel les pigments en poudre sont mélangés. Les couleurs à l'huile sont à base d'huile végétale, de lin ou d'œillette. Avant l'apparition de la peinture à l'huile au XVe siècle, les artistes peignaient *a tempera* (les pigments étaient mélangés à une émulsion à base d'œuf). On peut peindre sur toutes les surfaces, ou presque : la pierre, le bois, le tissu, le papier, le métal, le plastique et même la peau. Les peintures peuvent être des documents historiques importants, qui nous renseignent sur l'habillement, les coutumes et les activités d'une époque ancienne.

PEINTURES RUPESTRES
Il y a 18 000 ans, les hommes préhistoriques utilisaient des os et du bois brûlés, et des terres de différentes couleurs mélangées à de l'eau ou à de la graisse animale, pour peindre des scènes sur les parois des grottes. Des Bochimans d'Afrique du Sud ont réalisé cette peinture rupestre qui représente des hommes tuant une antilope.

PEINTURE À L'HUILE

La peinture à l'huile sèche lentement, ce qui facilite le mélange des couleurs et donne à l'artiste le temps d'effectuer des retouches ou d'enlever la peinture en raclant le support. Elle s'applique en couches fines ou épaisses. L'artiste peut superposer les couches pour produire un effet particulier. Il applique les couleurs avec un pinceau, un couteau à peindre, ou avec ses doigts, sur une toile (un tissu tendu sur un châssis).

Essence de térébenthine pour délayer les couleurs

L'huile de lin est le liant le plus utilisé.

Palette

Le trou pour le pouce permet au peintre de tenir sa palette d'une main et de peindre de l'autre.

Les meilleurs pinceaux sont en soie de porc ou en martre. Certains sont en fibres synthétiques.

Les pigments utilisés pour fabriquer les couleurs à l'huile sont d'origine naturelle (baies, écorces, racines, terres) ou sont issus du pétrole et des minéraux.

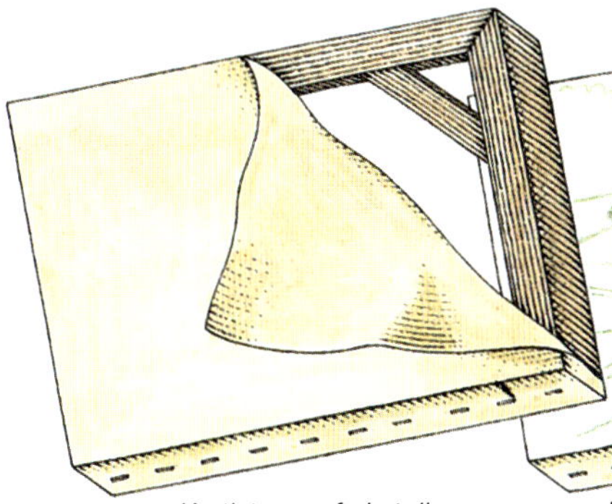

L'artiste agrafe la toile à un châssis en bois pour la tendre.

Il applique un apprêt pour que la toile n'absorbe pas la peinture, puis réalise une esquisse.

Il applique la peinture à l'huile par couches. Une fois sec, le tableau sera verni pour être protégé.

DIFFÉRENTES ÉTAPES
Une toile de lin est le support habituellement retenu pour la peinture à l'huile. Mais elle doit recevoir un apprêt. Une fois qu'elle est prête, le peintre peut commencer à appliquer sa peinture par couches. Certains artistes exécutent d'abord une esquisse au fusain ou au crayon, d'autres peignent directement. Les couleurs à l'huile peuvent être diluées à l'essence de térébenthine pour produire un effet proche de l'aquarelle.

RESTAURATION

Au fil des ans, les peintures à l'huile jaunissent et se craquellent, la toile pourrit, le tableau souffre de la lumière vive et de la pollution atmosphérique. Le travail des restaurateurs repose sur les méthodes scientifiques modernes et sur leur connaissance des techniques des grands maîtres et des types de peintures qu'ils employaient.

PEINTURE SUR LE CORPS

Pendant des millénaires, les tribus ont utilisé des terres, des craies et des teintures rouges, jaunes ou brunes, issues de végétaux et d'animaux, pour peindre des motifs sur leur corps. Certains dessins sont purement décoratifs et festifs, d'autres ont une signification. De nombreuses tribus peignaient sur leur corps les marques des animaux qu'elles allaient chasser, convaincues que cela leur donnait un certain pouvoir sur leurs proies. En Inde, les futurs mariés peignent de beaux motifs sur leurs mains avec une teinture issue du henné (ci-dessus).

PEINTURE À L'EAU

Les couleurs à l'eau sont composées de pigments finement broyés, liés à la gomme arabique fournie par l'acacia. Elles sont délayées dans l'eau et, grâce à la gomme, adhèrent au papier. Il existe deux types de peinture à l'eau : l'aquarelle, où le blanc du papier sert de fond aux couleurs transparentes, et la gouache, peinture opaque.

Peinture en pot

Un papier de bonne qualité est le meilleur support de la peinture à l'eau.

Les artistes utilisent des pinceaux en martre pour appliquer la gouache ou l'aquarelle sur le papier.

La peinture acrylique, faite de pigments liés à une résine synthétique, ne date que du XXe siècle. Elle est très appréciée des peintres car elle sèche rapidement et s'applique sur toutes les surfaces, ou presque.

Cette fresque colorée représentant des dauphins figure sur les murs des appartements de la reine du palais minoen de Cnossos, en Crète.

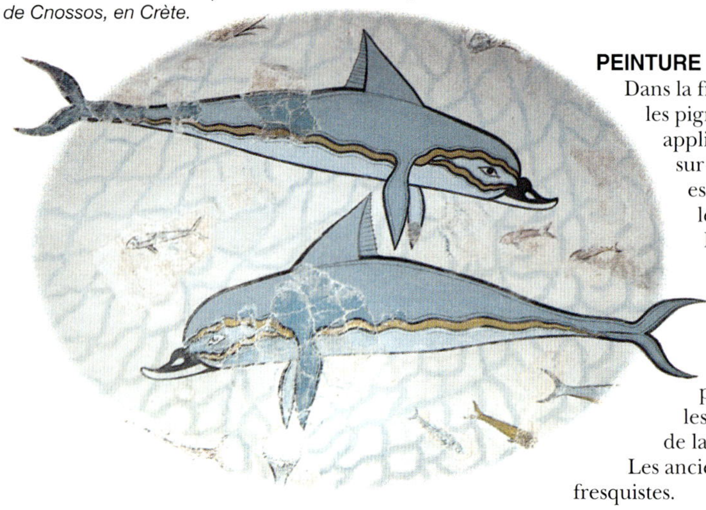

PEINTURE À FRESQUE

Dans la fresque (de l'italien *fresco*, frais), les pigments broyés dans l'eau sont appliqués directement au pinceau sur du mortier frais. La peinture est absorbée en profondeur par le mortier et définitivement fixée. Le peintre doit travailler très rapidement sur des endroits précis. Cette technique a connu son apogée au cours de la Renaissance italienne ; Michel-Ange (1475-1564) a mis plusieurs années pour peindre les scènes de la Bible sur le plafond de la chapelle Sixtine à Rome. Les anciens Grecs étaient d'excellents fresquistes.

Pour en savoir plus

LE DESSIN
LES MINOENS
LES PEINTRES
LA RENAISSANCE
LA SCULPTURE

les Perses

CYRUS II LE GRAND
Entre 550 et 530 av. J.-C., Cyrus II le Grand, qui fut à l'origine de la fondation de l'Empire perse, régna sur de nombreux peuples (Babyloniens, Égyptiens, Grecs, Syriens, etc.).

IL Y A PLUS DE 3 000 ANS, le pays connu aujourd'hui sous le nom d'Iran était occupé par différents peuples, dont les Mèdes et les Perses. Les Mèdes dominèrent la région durant quelques années. En 550 av. J.-C., Cyrus II le Grand, roi de Perse achéménide partit à la conquête du territoire des Mèdes et finit par fonder un immense empire. En à peine 30 ans, la Perse devint le plus puissant des royaumes de l'époque : l'empire englobait la Mésopotamie, l'Anatolie (Turquie), la Méditerranée orientale, ainsi que le Pakistan et l'Afghanistan actuels. La Perse s'imposa durant plus de deux siècles comme le plus grand empire au monde. Brillants soldats et cavaliers, les Perses se firent également remarquer pour leurs talents d'artisans et d'administrateurs. Sous Darius Ier, l'empire était divisé en provinces, baptisées satrapies, qu'un réseau routier reliait entre elles de façon à faciliter le commerce et les échanges. Le roi instaura un système postal et une monnaie unique, afin d'unifier son vaste empire. La Perse prospéra jusqu'à la conquête de l'empire par le roi grec Alexandre le Grand.

Le peuple se rendait au palais royal pour apporter des présents.

Des bas-reliefs représentaient les porteurs de présents du nouvel an.

PERSÉPOLIS
Vers 520 av. J.-C., Darius Ier ordonna la construction de Persépolis. Les travaux se poursuivirent sous le règne de son fils, Xerxès Ier (486-465 av. J.-C.). Persépolis abritait de somptueux édifices, dont le palais royal. La cité ne s'ouvrait au public que pour la fête du nouvel an, quand les populations de l'empire venaient offrir des présents à leur roi.

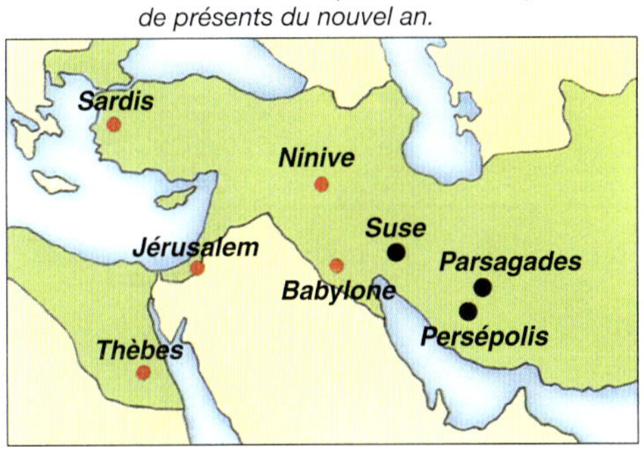

EMPIRE PERSE
À son apogée, l'Empire perse s'étendait des frontières de l'Inde aux rives du Nil, en Égypte. Suse était la capitale administrative de l'empire, Persépolis, la capitale royale et Parsagades la cité des couronnements.

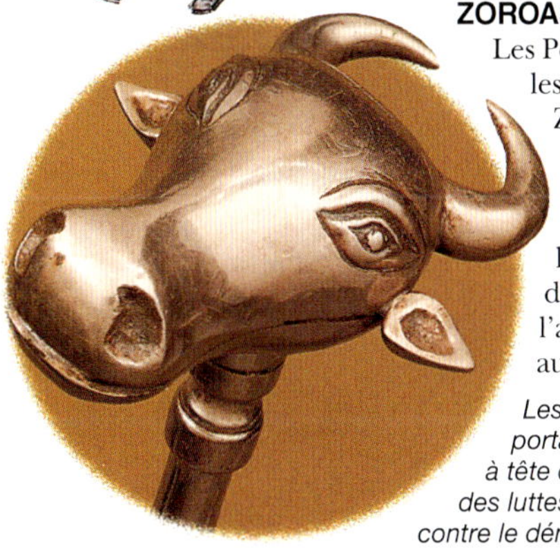

ZOROASTRISME
Les Perses suivaient les préceptes de Zoroastre (620-551). Le zoroastrisme, réforme du mazdéisme, resta la religion dominante de la Perse jusqu'à l'arrivée des musulmans au VIIe siècle.

Les prêtres zoroastriens portaient une masse à tête de taureau, symbole des luttes religieuses menées contre le démon.

Parmi les vestiges de Persépolis, on découvrit de nombreuses statues dont cette tête eval qui ornait la cour du palais principal.

PERSÉPOLIS AUJOURD'HUI
Lorsque Alexandre le Grand s'empara de Persépolis, il brûla et rasa la cité. Les vestiges de cette ancienne capitale et de son vaste complexe palatial se dressent aujourd'hui encore au sud de l'Iran.

550 AV. J.-C. Cyrus II le Grand défait les Mèdes et fonde l'Empire perse achéménide.

539 AV. J.-C. Cyrus II le Grand part à la conquête de l'Empire babylonien.

VERS 530 AV. J.-C. Mort de Cyrus II le Grand.

525 AV. J.-C. Les Perses partent à la conquête de l'Égypte.

521-486 AV. J.-C. Règne de Darius Ier.

510 AV. J.-C. Les Perses envahissent le sud-ouest de l'Europe et l'Asie centrale.

500-449 AV. J.-C. Guerres médiques entre les Perses et les Grecs ; les rois perses craignent l'influence de la Grèce et de sa démocratie.

490 AV. J.-C. Les Grecs l'emportent sur les Perses lors de la bataille de Marathon.

480 AV. J.-C. La flotte grecque défait les Perses lors de la bataille navale de Salamine.

334 AV. J.-C. Alexandre le Grand envahit la Perse.

331 AV. J.-C. Alexandre le Grand défait les Perses lors de la bataille de Gaugamèles. Chute de l'Empire perse.

Pour en savoir plus

ALEXANDRE LE GRAND
LES ASSYRIENS
LES BABYLONIENS
LA GRÈCE ANTIQUE
LE MOYEN-ORIENT

la Peste noire

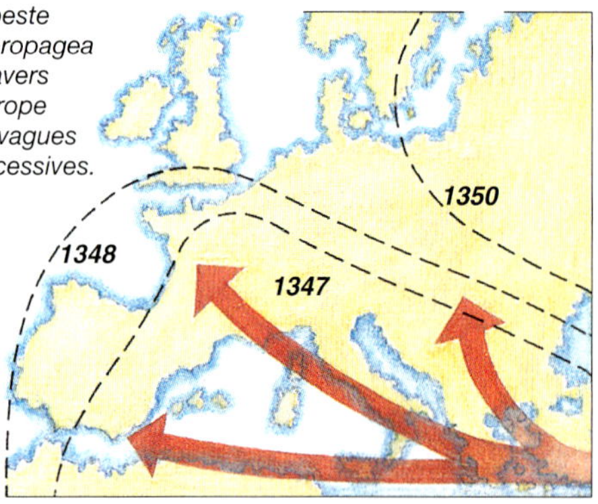

La peste se propagea à travers l'Europe par vagues successives.

En 1347, un mal mystérieux commençait à décimer la population d'une île méditerranéenne, la Sicile. Les malades toussaient avant de souffrir de violents maux d'estomac. Des ganglions suppurés se développaient à l'aine, et les corps se couvraient de taches noires. À ce stade, la mort intervenait dans les trois jours. Ce fléau, appelé peste noire en raison des taches qui marquaient la peau, est scientifiquement connu sous le nom de peste bubonique. L'épidémie se répandit en Italie, avant de gagner la France. À la fin de 1348, la peste avait tué des millions de personnes, soit environ un tiers de la population européenne. Les gens terrifiés évitaient tout contact et les citadins fuyaient vers les campagnes, propageant du même coup la maladie. La famine ne tarda pas à s'installer. Les champs abandonnés étaient couverts de carcasses en décomposition.

HISTOIRE DE LA PESTE
La peste apparut en Asie, puis gagna la Turquie. En octobre 1347, des navigateurs l'introduisaient en Sicile ; un an plus tard, elle était en Grande-Bretagne. Elle fit quelques percées sporadiques jusqu'au début du XVIIIe siècle ; quelques cas furent recensés à l'aube du XIXe siècle.

Enluminure du XVe siècle

Fosse commune

CROIX DE LA MORT
Des croix étaient peintes sur les portes des habitations où le fléau avait sévi. Criminels et volontaires transportaient les dépouilles jusqu'aux fosses communes.

PUNITION DE DIEU
Le mal touchait les pauvres comme les riches. Pour certains, la peste était une punition de Dieu et le salut ne pouvait venir que de l'autoflagellation ou des prières.

PESTE BUBONIQUE

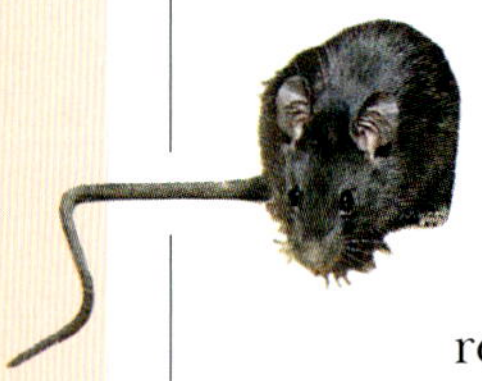

Les puces des rats noirs sont les responsables de la transmission à l'homme de la peste bubonique. Une forme plus infectieuse, la peste pneumonique, est transmise par la toux.

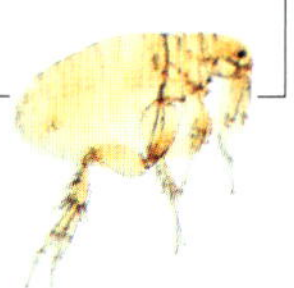

TRAITEMENTS

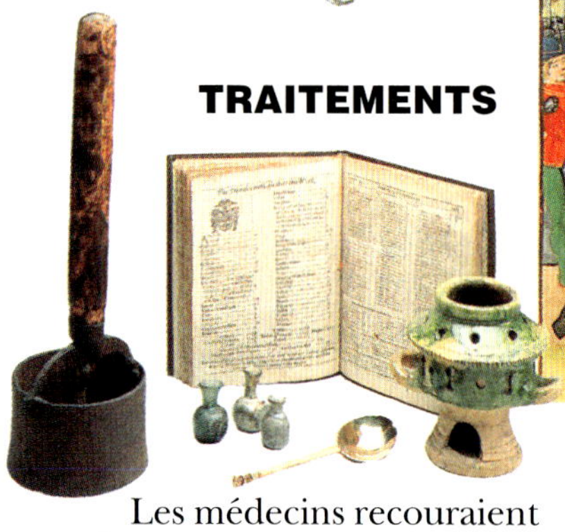

Les médecins recouraient aux plantes ou aux saignées pour purger les malades. Sans grand résultat. La plupart des gens refusaient d'approcher les malades et leur famille.

RÉVOLTE DES PAYSANS
La peste noire fit tellement de victimes qu'elle entraîna une pénurie de main-d'œuvre. Les rescapés exigeaient des salaires plus élevés et des révoltes éclataient en France et en Angleterre contre les taxes trop élevées et la dureté de lois qui n'étaient plus d'actualité.

Pour en savoir plus

L'Europe médiévale
Les Maladies
La Médecine (histoire)

http://www.cite-sciences.fr/francais/ala_cite/expo/tempo/planete/petrole/index_petrole.php

le Pétrole

LE PÉTROLE EST UNE MATIÈRE PREMIÈRE indispensable à l'économie mondiale. Liquide sombre et visqueux, mélange avant tout d'hydrocarbures, il se présente sous la forme de profondes nappes enfouies sous la terre et les océans, qu'on atteint par des puits de forage. Raffiné, distillé, transformé, le pétrole brut fournit, entre autres, de l'huile de graissage, les carburants de la plupart de nos véhicules (automobiles, navires, avions, locomotives Diesel), sans oublier les plastiques, les textiles, la peinture… La majeure partie de l'électricité mondiale provient de centrales qui brûlent du pétrole, et le fioul domestique chauffe de nombreux foyers.

FORAGE
Les puits de forage descendent jusqu'au pétrole que les plates-formes remontent en surface. En mer, les plates-formes sont fixées ou flottantes.

RAFFINERIE DE PÉTROLE
Le pétrole brut des gisements est un mélange de composés chimiques et d'hydrocarbures. Après son extraction, il est conduit à une raffinerie où, en le chauffant, on sépare ses différents composants, dont sont issus, après distillation, pétrole raffiné, essence, kérosène, carburants divers, huile, solvants ou encore bitume.

OLÉODUC
De longs tuyaux de gros diamètre, appelés oléoducs ou pipelines, conduisent le pétrole brut de la plate-forme au terminal de stockage ou au port pétrolier. De là le pétrole est transporté jusqu'aux raffineries.

FORAGE
Un puits est réalisé avec un appareil de forage qui descend au gisement. Puis il est coiffé d'un « arbre de Noël », nom donné aux vannes qui l'obstruent tant qu'il n'est pas exploité. Une pompe remontera le pétrole brut en surface.

GISEMENTS DE PÉTROLE

Les gisements de pétrole se trouvent en différents endroits de la planète, du Moyen-Orient à l'Arctique, qui tous furent autrefois recouverts par les océans. Des micro-organismes animaux et végétaux, échoués au fond des mers, se trouvèrent piégés dans des boues. Celles-ci se solidifièrent, tandis que les matières organiques se transformaient en pétrole et en gaz naturel. Le processus se déroula sur des millions d'années.

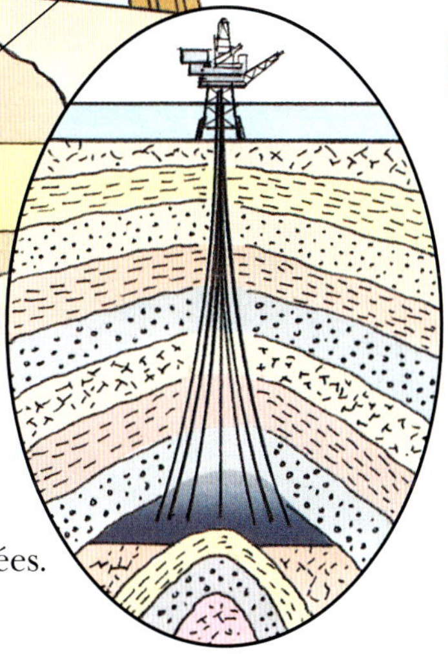

USAGES ET HISTOIRE
Durant l'Antiquité, les Mésopotamiens utilisaient le pétrole affleurant comme produit pharmaceutique et comme combustible pour les lampes à huile. Au Moyen Âge, les Vénitiens, qui l'appelaient « feu grégeois », s'en servaient pour incendier les navires ennemis. À la fin du XXe siècle, le pétrole remplaça les chandelles dans les lampes et l'éclairage public. Il fallut attendre le XXe siècle pour que le pétrole produise de l'énergie, puis devienne une matière première indispensable à la fabrication de matières plastiques.

CHIMIE ET PÉTROLE

L'industrie chimique utilise les produits issus du raffinage du pétrole brut pour fabriquer, entre autres, des matières plastiques, des textiles et des solvants. Le polythène, par exemple, vient d'un gaz extrait du pétrole. La pétrochimie produit aussi médicaments, engrais, détergents, teintures et peintures.

ESSENCE
De tous les carburants issus du raffinage du pétrole brut, l'essence est le plus répandu, avec le gazole et le kérosène.

Pour en savoir plus

LE GAZ
LA GÉOLOGIE
LES MATIÈRES PLASTIQUES
ROCHES ET MINÉRAUX
LES TEXTILES

P

les Phéniciens

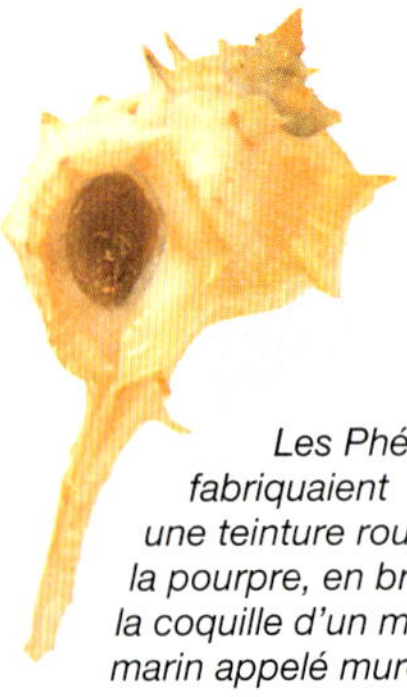

Les Phéniciens fabriquaient une teinture rouge, la pourpre, en broyant la coquille d'un mollusque marin appelé murex.

UN PETIT GROUPE DE CITÉS RÉPARTIES sur le pourtour méditerranéen abritait les activités du plus illustre des peuples de marins et de marchands que le monde antique ait connus, les Phéniciens. Leurs cités étaient liées par la mer et leur empire reposait sur le commerce de toutes sortes de marchandises, dont la pourpre, le verre et l'ivoire. De 1200 à 350 av. J.-C., les Phéniciens dominèrent le commerce en Méditerranée, établissant des comptoirs tout le long de ses rivages. Carthage, le port commercial le plus prospère, vit le jour sur la côte nord de l'Afrique. Plusieurs fois, la Phénicie tomba aux mains d'empires étrangers, dont ceux des Assyriens, des Babyloniens et des Perses. Mais ces envahisseurs autorisèrent les Phéniciens à poursuivre leur commerce. Il n'en alla pas de même après la conquête de la Phénicie par Alexandre le Grand, en 332 av. J.-C. Les Grecs s'y installèrent durablement et leur culture ne tarda pas à éclipser celle des Phéniciens.

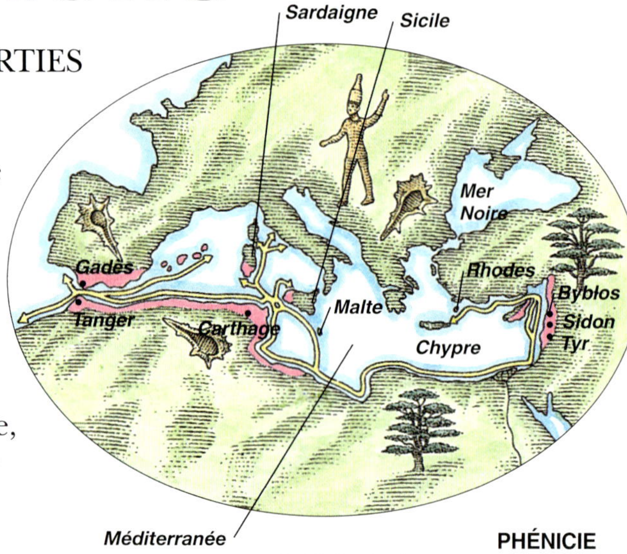

PHÉNICIE
La Phénicie était située sur la côte actuellement libanaise. Les Phéniciens étendirent leur empire à tout le bassin méditerranéen, de Carthage à Rhodes, en passant par Chypre, la Sicile, Malte, la Sardaigne, Gadees (ancien nom de Cadix) et Tanger.

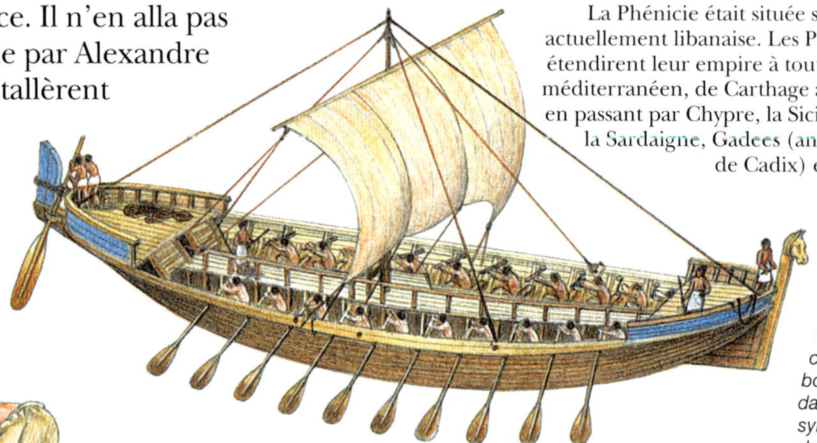

Des statues montrent les hommes affublés de chapeaux coniques.

Lorsque les marchands phéniciens accostaient un rivage étranger, ils débarquaient toutes leurs marchandises et improvisaient un marché pour les populations locales.

Les Phéniciens transportaient toutes sortes de marchandises : métaux animaux de ferme, blé, bijoux, pierres précieuses, etc.

La verrerie phénicienne, tel ce modèle coloré de bouteille, était, dans l'Antiquité, synonyme de luxe.

NAVIRES PHÉNICIENS

Les navires phéniciens étaient réputés à travers toute la Méditerranée. Les marchands pouvaient se fier à ces embarcations robustes, dotées de voiles, propulsées par des rameurs et pourvues de lourdes quilles. Autant d'atouts qui facilitaient leur navigation sur toutes les eaux.

TEINTURE
Les Phéniciens savaient extraire la pourpre de la coquille du murex. La qualité de la teinture expliquait son coût exorbitant. Dans l'Empire romain, seuls quelques hauts dignitaires pouvaient se permettre d'arborer des tuniques de couleur pourpre, symbole de pouvoir et de bravoure.

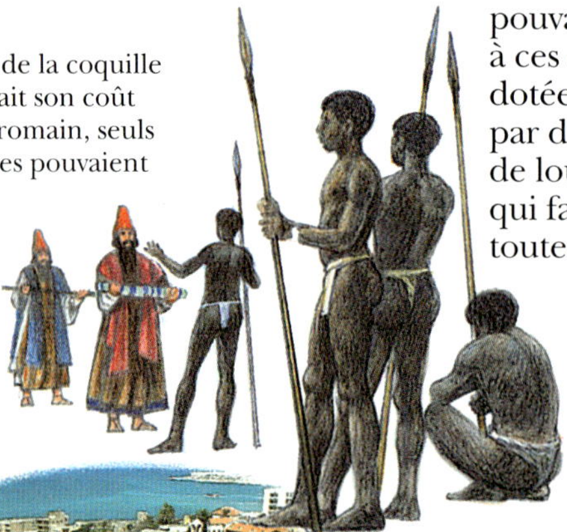

VERRE PHÉNICIEN
Les Égyptiens découvrirent le verre bien avant les Phéniciens, mais sa qualité laissait à désirer. Le verre phénicien était unique par sa transparence. Le secret de cette réussite tenait à la composition du sable utilisé, particulièrement riche en quartz.

BYBLOS

Le port phénicien de Byblos étant réputé pour le commerce du papyrus, sorte de papier élaboré en Égypte après pressage des tiges d'un roseau du même nom, les Grecs appelèrent le papyrus *biblos*. Ce mot a donné Bible, bibliothèque, etc. Les Phéniciens ont créé la première écriture alphabétique.

Le papyrus poussait sur les rives chaudes et humides du Nil.

Pour en savoir plus

ALEXANDRE LE GRAND
LES ALPHABETS
LES ASSYRIENS
LES BABYLONIENS
LA GRÈCE ANTIQUE
LES PERSES
LES SUMÉRIENS

http://www.dinosoria.com/phoque.htm

Phoques et otaries

AVEC LEUR CORPS FUSELÉ et malgré leur grande taille, ces mammifères nagent rapidement et vigoureusement. Leur fourrure huileuse et lustrée, ainsi que l'épaisse couche de graisse qu'ils ont sous la peau, leur tiennent chaud dans les eaux froides. Les phoques nagent avec grâce, les battements de leurs membres postérieurs les propulsant comme une nageoire caudale. Mais ils se hissent sur le rivage en se trémoussant sur le ventre et sont maladroits sur terre. Les otaries rament avec leurs membres antérieurs pour chasser les poissons dans l'eau. Elles arrivent à se redresser en s'appuyant sur leurs membres antérieurs. Leurs membres postérieurs s'écartant de leur queue, elles peuvent s'en servir dans leurs déplacements sur terre. Il existe plus de 30 espèces de phoques et d'otaries.

PHOQUE DU GROENLAND
Ces bébés phoques possèdent une fourrure blanche qui les confond avec la glace. Au bout de quelques semaines, ils deviennent gris.

OTARIE DE CALIFORNIE
Cette otarie bien connue vit, comme son nom l'indique, au large des côtes californiennes. Elle se nourrit, entre autres, de calmars et de poissons.

PHOQUE COMMUN
Le phoque commun, (ou veau marin) est piscivore. On le croise souvent près des ports. Il vit dans tous les océans, mais surtout dans la partie nord de l'Atlantique et du Pacifique.

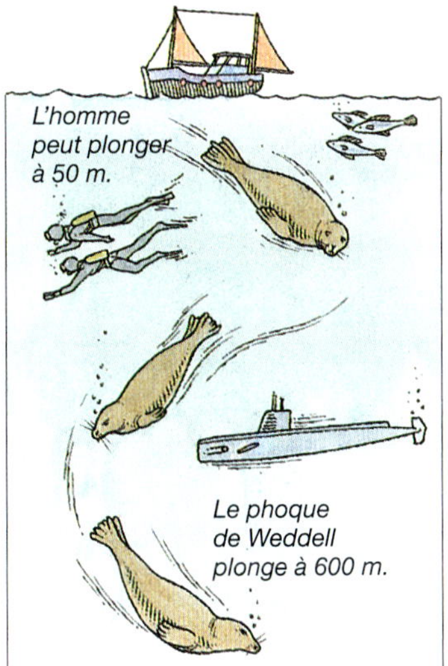

PHOQUE DE WEDDELL
Ce phoque est capable de plonger à 600 m pendant près d'une heure. Seul un cachalot peut aller plus profond (1 000 m).

COLONIE DE REPRODUCTION
Toutes les espèces de phoques et d'otaries se rassemblent par centaines sur le rivage au printemps et au début de l'été. Ce sont des colonies de reproduction. Les mâles (comme ces deux éléphants de mer) luttent pour leur territoire. Une fois ce territoire acquis, la femelle gestante rejoint le mâle. Chaque femelle donne naissance à un petit, qu'elle allaite pendant plusieurs semaines. Avec ses 3 tonnes, l'éléphant de mer adulte est le plus grand représentant de la famille des phoques.

DENTS DE MORSE
Le morse possède des défenses. Ces énormes canines supérieures, qui peuvent mesurer plus de 50 cm de long, sont un symbole de puissance : celui qui possède les plus longues défenses a de grandes chances de devenir chef de bande. Le morse les utilise pour creuser des trous dans la glace et se hisser hors de l'eau sur la banquise.

MORSE
Le morse, apparenté au phoque, peuple l'océan Arctique. Le mâle, plus grand que la femelle, dépasse parfois 3 m de long. Ces mammifères marins se servent de leurs membres postérieurs comme de pagaies, leurs membres antérieurs tenant lieu de gouvernail. La peau dure, épaisse de 2,5 cm, est recouverte de poils courts et rêches. La femelle met bas un petit tous les deux ans ; celui-ci reste avec elle pendant ses deux premières années de vie. Le morse peut vivre jusqu'à 40 ans.

Pour en savoir plus

LES ESPÈCES ANIMALES
LES MAMMIFÈRES
LES OCÉANS
LES RÉGIONS POLAIRES

la Photographie

PLUS DE 2 MILLIONS DE FOIS PAR JOUR, le déclencheur d'un appareil photo est actionné en différents endroits de la planète. Ce sont autant de photos de famille immortalisant les moments heureux de la vie, de photos chocs de reportages, de photos publicitaires ou de mode, photos d'identité, clichés de planètes lointaines ou images satellites… La photographie connaît tous les jours de nouvelles applications. Les premières photographies étaient réalisées en enduisant des feuilles de métal poli de solution photosensible ; l'image manquait de netteté, paraissait argentée et ne pouvait être regardée que sous un certain angle. L'émulsion photosensible recouvre aujourd'hui des films souples en Celluloïd pour des photographies dites argentiques en noir et blanc ou en couleurs. La photographie numérique fait appel à des capteurs électroniques : les images, que l'on peut visualiser sur l'écran de l'appareil photo, se présentent sous la forme de fichiers informatiques, exportables vers un ordinateur où elles peuvent être retouchées, publiées sur Internet, imprimées ou encore stockées sur CD-Rom ou DVD.

Caricature d'un photographe du XIXe siècle. La prise de vue relevait alors d'un véritable exploit.

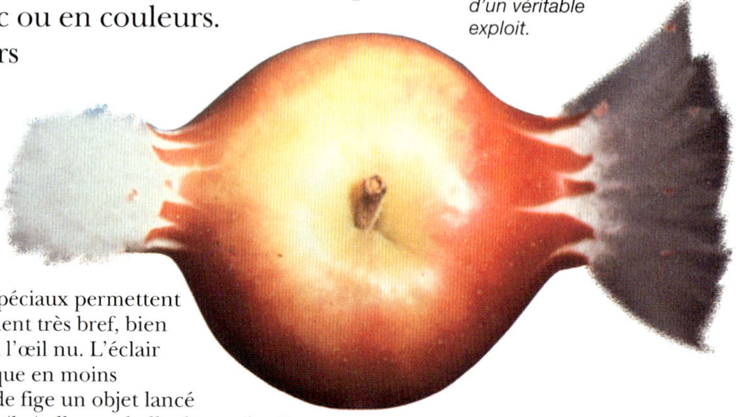

PHOTOGRAPHIE ULTRARAPIDE

Des appareils et des flashs spéciaux permettent d'appréhender un mouvement très bref, bien trop rapide pour être saisi à l'œil nu. L'éclair émis par un flash électronique en moins d'un millionième de seconde fige un objet lancé à plusieurs centaines de km/h (telle une balle de revolver).

MOUVEMENTS

Le déclenchement d'une série d'éclairs rapides par un flash particulier, le stroboscope, permet de saisir sur un cliché les étapes successives d'un sujet en mouvement. Les athlètes s'en servent pour analyser leur technique.

GRAND-ANGLE

La photographie peut montrer des objets familiers sous un angle inédit. Les prises de vue réalisées avec un objectif grand-angle déforment les objets en exagérant leur taille, accentuant du même coup leur stature.

HISTOIRE DE LA PHOTOGRAPHIE

La première photographie, réalisée en 1826 par le Français Nicéphore Niépce, exigea près de huit heures de pose pour un résultat flou et sombre. En 1837, un autre Français, Louis Daguerre, découvrit un procédé plus rapide, donnant des images enfin nettes. Deux ans plus tard, l'Anglais William Fox Talbot inventa la calotypie, procédé toujours utilisé pour développer les films.

Les premiers portraits photographiques manquaient de naturel. La prise de vue demandait de longues minutes.

MACROPHOTOGRAPHIE

La macrophotographie (ou photographie rapprochée) permet de saisir des détails presque invisibles à l'œil nu, comme la profondeur et la richesse des nuances de cet œil de rainette.

Le papier photographique exposé est développé et fixé, comme une pellicule.

DÉVELOPPEMENT ET TIRAGE

Jusque très récemment encore, la photographie faisait appel à la pellicule argentique. Lorsque la lumière pénètre l'objectif et frappe la pellicule, chaque grain argentique photosensible de la pellicule se transforme subtilement sous l'effet de cette exposition, en formant une image invisible. La pellicule doit subir un traitement avant de révéler l'image : elle est immergée dans un bain de produits chimiques appelés révélateur. Les sels d'argent exposés se transforment alors en argent métallique. La pellicule développée est rincée, puis « fixée », afin de créer un négatif transparent qui n'est plus sensible à la lumière. L'image est agrandie en chambre noire, par projection sur un papier photosensible. Ce papier est à son tour développé pour obtenir un tirage.

PHOTOGRAPHIE NUMÉRIQUE

Un appareil photo numérique n'utilise pas de pellicule. Il abrite un capteur d'image numérique photosensible – une puce constituée de millions de minuscules photodiodes en silicium, enregistrant chacune l'éclat et la couleur de la lumière qui les frappe au moment de la prise de la photographie. Ces informations sont traduites en données numériques et conservées dans la carte mémoire de l'appareil photo, avant l'impression ou le téléchargement de l'image vers un ordinateur.

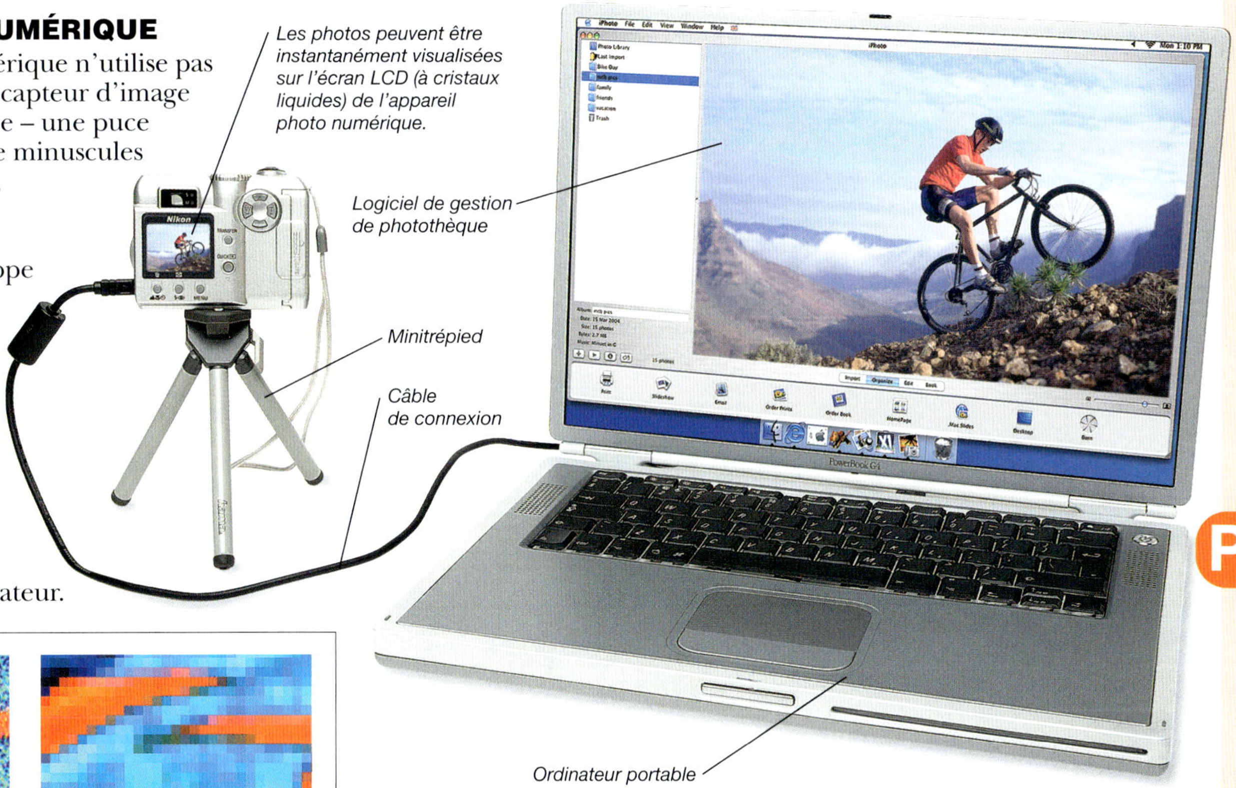

P

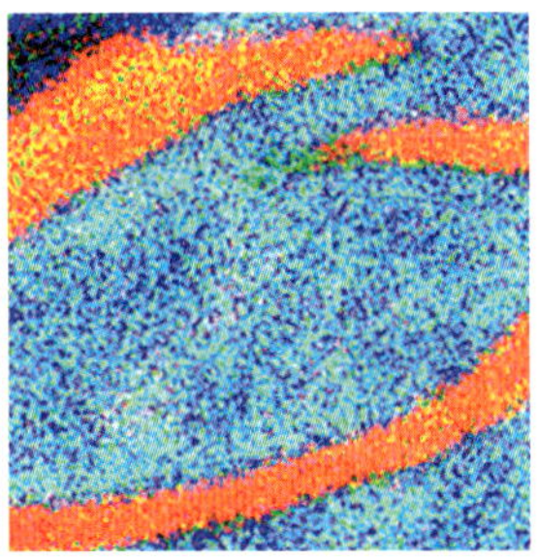

Grossissement d'un tirage papier mettant en évidence le grain de la pellicule.

L'agrandissement d'une image numérique révèle les pixels qui la composent.

TIRAGE PAPIER ET IMAGE NUMÉRIQUE

Photographie papier et image numérique sont constituées de minuscules blocs de couleurs, généralement invisibles à l'œil nu. Seul un agrandissement à l'écran révèle les pixels individuels composant une image numérique. L'observation à la loupe ou au microscope d'une photographie argentique permet de distinguer des grains séparés.

APPAREIL PHOTO D'UN TÉLÉPHONE PORTABLE

Tous les téléphones portables récents intègrent un appareil photo numérique, capable de prendre des photographies et d'enregistrer de courtes vidéos. Images et vidéos peuvent être instantanément envoyées vers d'autres téléphones portables, ou transférées par une liaison sans fil vers un téléviseur, un ordinateur ou une imprimante.

Pour en savoir plus

LES APPAREILS PHOTO
LE CINÉMA
LES COULEURS
LA LUMIÈRE
TÉLÉVISION ET VIDÉO

la Physique

La physique dans sa plus large acception est une science de la nature qui s'attache à mettre au jour les lois régissant l'Univers. Le champ d'étude des physiciens s'étend par conséquent des plus infimes particules aux plus éloignées des galaxies. Les grands physiciens ont toujours cherché à répondre à des questions fondamentales, impliquant le temps, la nature des atomes ou encore les lois de la pesanteur. En fait, la physique marche sur deux jambes : les théoriciens tentent de développer des concepts qui expliquent les résultats expérimentaux, tandis que les expérimentateurs conçoivent et exécutent des expériences pour tester des théories. Des hypothèses tenues pour justes ont été érigées au rang de lois. Une de ces lois met en avant que rien ne voyage aussi vite que la lumière. Le physicien allemand Albert Einstein (1879-1955) avança cette hypothèse en 1905, en l'intégrant à sa théorie révolutionnaire sur la relativité.

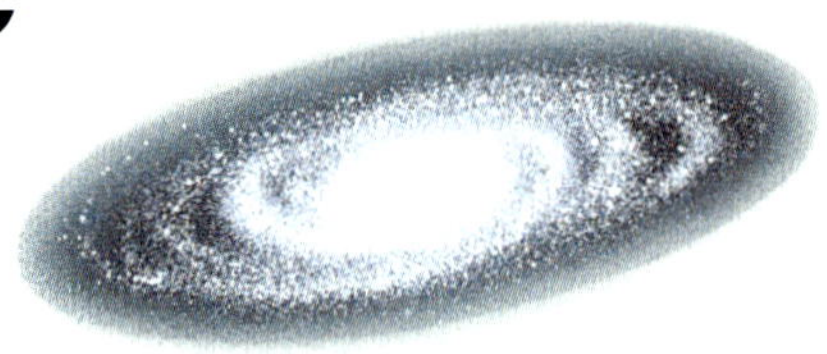

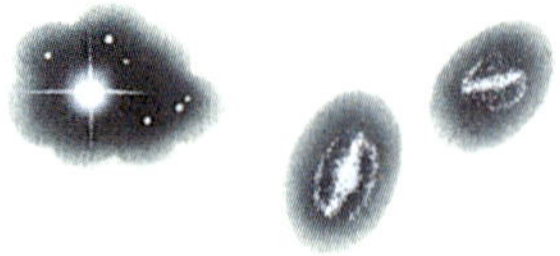

DISCIPLINES DE LA PHYSIQUE

La physique s'intéresse au comportement et aux interactions de la matière à travers l'espace et le temps. Les domaines de la physique vont de l'infiniment grand à l'infiniment petit.

ASTROPHYSIQUE
Les astronomes font appel à la physique pour tenter de comprendre la formation de l'Univers ou la composition des étoiles et du Soleil. Cette branche de la physique porte le nom d'astrophysique.

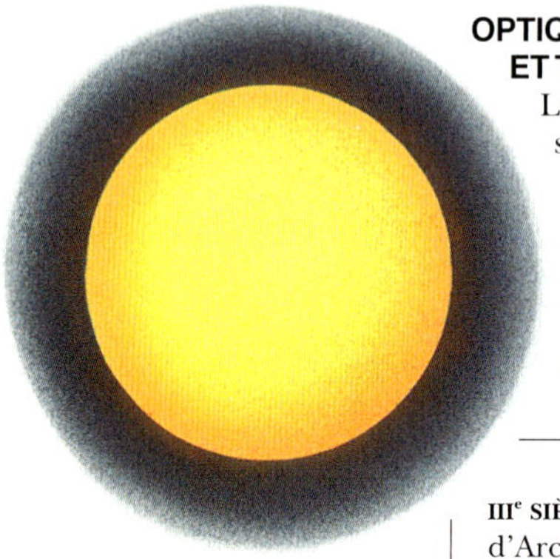

OPTIQUE ET THERMOPHYSIQUE
La chaleur et la lumière sont des formes d'énergie incontournables; dont la vie sur Terre est redevable au Soleil. La science de la lumière est l'optique ; celle de la chaleur, la thermophysique.

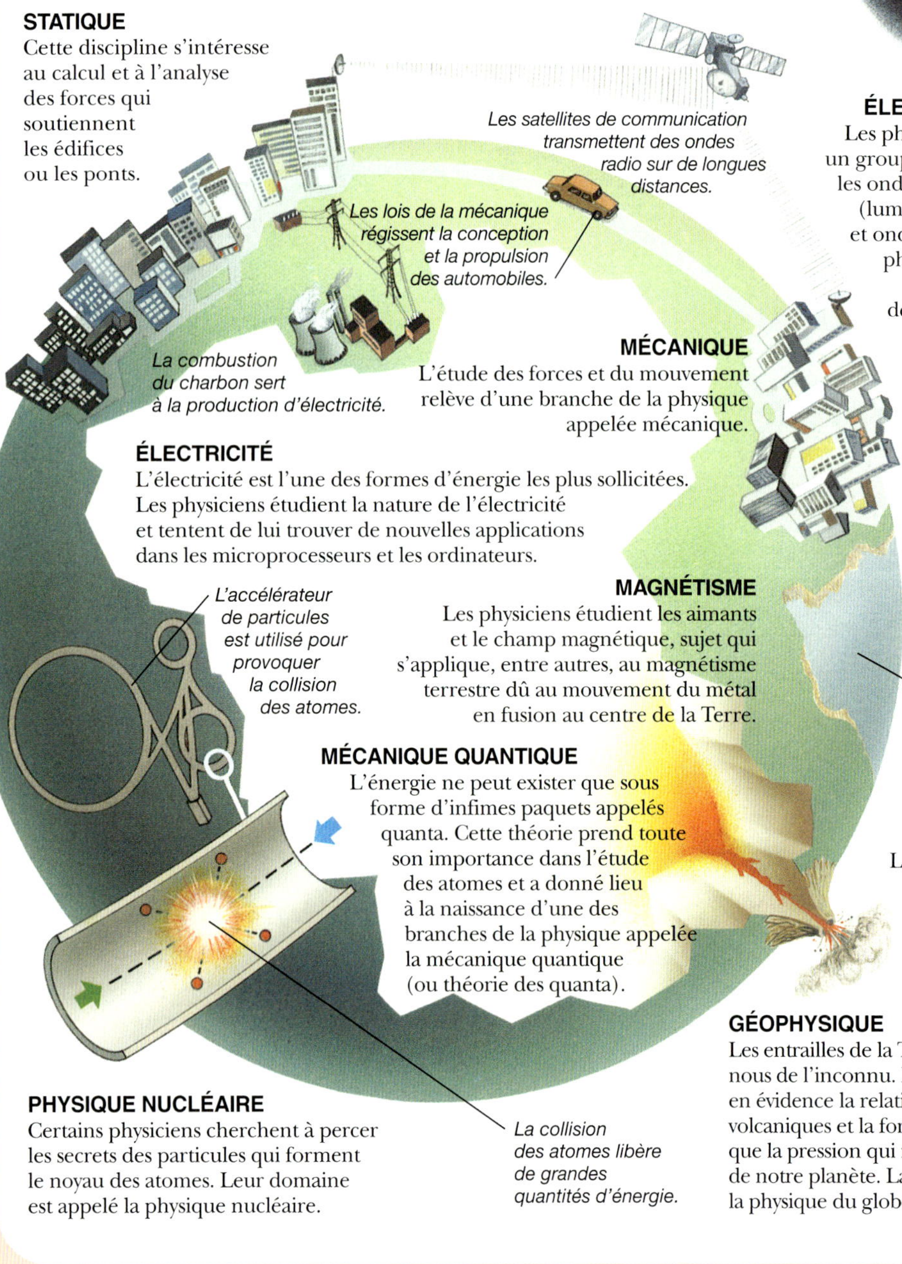

STATIQUE
Cette discipline s'intéresse au calcul et à l'analyse des forces qui soutiennent les édifices ou les ponts.

Les satellites de communication transmettent des ondes radio sur de longues distances.

Les lois de la mécanique régissent la conception et la propulsion des automobiles.

La combustion du charbon sert à la production d'électricité.

MÉCANIQUE
L'étude des forces et du mouvement relève d'une branche de la physique appelée mécanique.

ÉLECTRICITÉ
L'électricité est l'une des formes d'énergie les plus sollicitées. Les physiciens étudient la nature de l'électricité et tentent de lui trouver de nouvelles applications dans les microprocesseurs et les ordinateurs.

L'accélérateur de particules est utilisé pour provoquer la collision des atomes.

MAGNÉTISME
Les physiciens étudient les aimants et le champ magnétique, sujet qui s'applique, entre autres, au magnétisme terrestre dû au mouvement du métal en fusion au centre de la Terre.

MÉCANIQUE QUANTIQUE
L'énergie ne peut exister que sous forme d'infimes paquets appelés quanta. Cette théorie prend toute son importance dans l'étude des atomes et a donné lieu à la naissance d'une des branches de la physique appelée la mécanique quantique (ou théorie des quanta).

PHYSIQUE NUCLÉAIRE
Certains physiciens cherchent à percer les secrets des particules qui forment le noyau des atomes. Leur domaine est appelé la physique nucléaire.

La collision des atomes libère de grandes quantités d'énergie.

ÉLECTROMAGNÉTISME
Les physiciens ont découvert un groupe de rayons invisibles, les ondes électromagnétiques (lumière, chaleur, rayons X et ondes radio). L'étude des phénomènes électriques et magnétiques relève de l'électromagnétisme.

PHYSIQUE MOLÉCULAIRE
La branche de la physique qui se fonde sur les molécules pour expliquer le comportement des solides, des gaz et des liquides est la physique moléculaire.

Les ondes sonores renvoient en surface des données sur la structure des fonds marins qu'elles viennent de frapper.

ACOUSTIQUE
Les physiciens utilisent la science des sons (ou acoustique) pour étudier la croûte terrestre et les océans.

GÉOPHYSIQUE
Les entrailles de la Terre relèvent pour nous de l'inconnu. Les physiciens ont mis en évidence la relation entre les éruptions volcaniques et la formidable chaleur ainsi que la pression qui règnent au cœur de notre planète. La géophysique est la physique du globe.

IIIe siècle av. J.-C. Principe d'Archimède. Le savant grec étudie les leviers et les poulies.

1867 L'Anglais Isaac Newton approfondit les lois du mouvement et de la gravité.

1900 L'Allemand Max Planck introduit la mécanique quantique.

1905 L'Allemand Albert Einstein publie sa théorie de la relativité.

1938 Les Allemands Fritz Strassmann et Otto Hahn s'intéressent à la fission de l'atome.

Le célèbre physicien anglais Stephen Hawking développa de nouvelles théories sur la nature de la matière et des trous noirs, et sur l'origine de l'Univers. Ses travaux ont contribué à élargir le champ de la recherche en physique.

Pour en savoir plus

Chaleur et température
Albert Einstein
L'Électricité
Force et mouvement
La Gravitation
La Lumière
Le Magnétisme
Les Sciences (définition)
Le Son (définition)

Pierres précieuses et bijoux

JOYAUX DE LA COURONNE
Le sceptre royal anglais (ci-dessus) contient le plus gros diamant taillé du monde, l'Étoile d'Afrique, qui pèse 106 g.

UNE BAGUE SERTIE de diamants, ou autres pierres précieuses, brille de mille feux lorsqu'elle accroche la lumière. À l'origine, ce ne sont pourtant que des pierres ternes enfouies dans la roche. Leur beauté est l'œuvre de lapidaires, qui façonnent les gemmes (les pierres utilisées pour fabriquer des bijoux), et de joailliers qui les montent sur un socle en or, en argent ou quelque autre métal précieux. Ces pierres servent parfois de porte-bonheur (saphir, diamant…) ; elles peuvent être précieuses (rubis, émeraude…) ou semi-précieuses (opale et jade, par exemple) ; certaines ont également des usages industriels : les lasers utilisent le rubis et des forets à tête de diamant creusent la roche pour extraire le pétrole. La plupart des gemmes sont dures. Le diamant est même le matériau le plus dur qui soit.

Saphir bleu poli

Le jade est une gemme dure, faite de nombreux cristaux minuscules.

Ce cristal de rubis, appelé rubis Edwardes, est célèbre pour sa taille et sa qualité.

Rubis taillé

PIERRES PRÉCIEUSES

Les gemmes proviennent de minéraux translucides trouvés dans les roches. Sous leur forme pure, ces minéraux sont incolores ; mais les métaux et autres impuretés qu'ils contiennent leur donnent une couleur. Un métal, le chrome, quand il colore le minéral en vert, produit une pierre précieuse, l'émeraude. Les gemmes reposent souvent dans le lit des rivières. Résistantes, elles subsistent bien après que l'eau courante a usé la roche environnante.

Le brillant et les couleurs du titane en font un matériau idéal pour les bijoux.

Veine d'opale incluse dans une roche sédimentaire

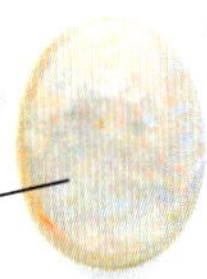

Opale blanche polie

Monture en or

Œil-de-tigre, constitué principalement de quartz

Broche de faux diamants en verre taillé

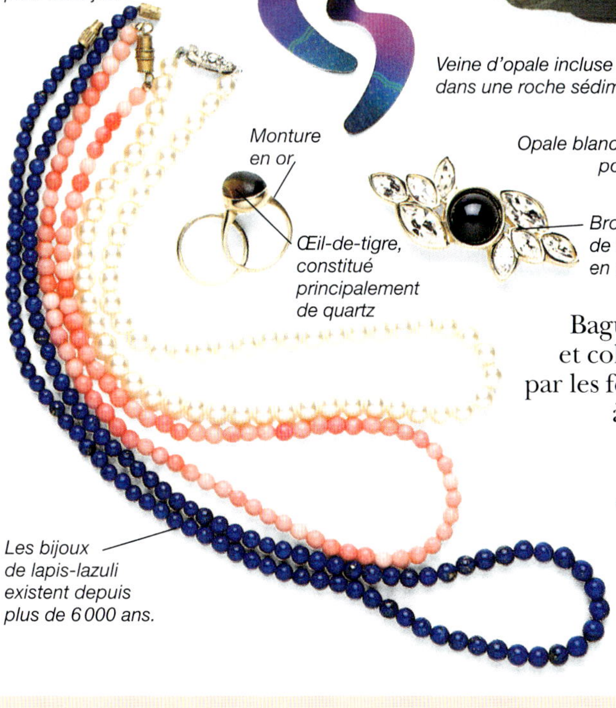

Les bijoux de lapis-lazuli existent depuis plus de 6 000 ans.

SAPHIR ET RUBIS

Les gemmes précieuses sont constituées de cristaux de minéraux colorés. Saphir et rubis sont des variétés d'un minéral appelé corindon. La présence de fer et de titane colore le corindon en bleu et donne le saphir ; le chrome produit des rubis rouges.

OPALE

De magnifiques dessins aux couleurs de l'arc-en-ciel chatoient à l'intérieur des opales. Ces pierres sont essentiellement constituées de silice (qui est aussi le minéral du sable). Nul besoin de facettes : de minuscules sphères de silice y reflètent et dispersent la lumière, produisant des couleurs allant du blanc laiteux au noir, l'opale la plus recherchée.

BIJOUX

Bagues, broches, bracelets, boucles d'oreilles et colliers sont portés par les hommes comme par les femmes. Les plus beaux bijoux font appel à l'or, au diamant et à d'autres matériaux précieux. Mais pierres semi-précieuses, matériaux organiques (perles et ambre) ou bon marché (coquillages, corail, bois, plastique), voire des pierres artificielles, faites, par exemple, avec du verre, les remplacent avantageusement quand le créateur du bijou a du talent.

TAILLE DES GEMMES

Une gemme scintille parce qu'elle comporte de nombreux côtés (ou facettes), qui reflètent la lumière. Les lapidaires clivent les pierres, puis les taillent et les polissent pour former les facettes. Il existe différents types de taille, dont certaines ont un dessin complexe.

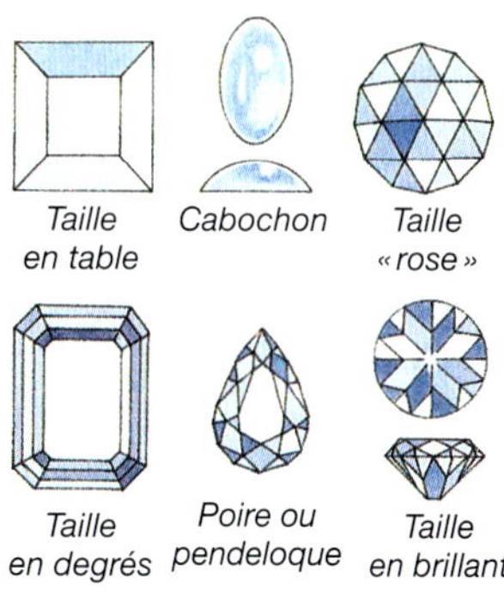

Pour en savoir plus

LES COQUILLAGES
CORAUX, ANÉMONES DE MER ET MÉDUSES
LES MÉTAUX
ROCHES ET MINÉRAUX

P

Pieuvres et calmars

LES PIEUVRES ET LES CALMARS SONT DES CRÉATURES qui ont toujours exercé une étrange fascination sur les hommes. Avec leurs tentacules puissants et leurs formes inhabituelles, on les considérait autrefois comme des monstres marins. Ce sont les plus grands et les plus intelligents de tous les invertébrés (animaux sans colonne vertébrale). Ils possèdent une vue excellente, une cervelle importante, des réactions rapides et de la mémoire. Pieuvres, calmars et seiches sont des mollusques, comme l'escargot et la palourde, mais ils sont dépourvus de coquille externe. Le calmar est doté d'une fine coquille interne, la plume, et la seiche d'une coquille interne dorsale, l'os de seiche, que la mer dépose parfois sur nos plages. La pieuvre possède huit bras à ventouses, tandis que le calmar et la seiche ont huit bras courts et deux grands tentacules. Ils utilisent leurs bras pour nager et leurs tentacules pour attraper des proies.

Certaines grandes pieuvres, tous bras déployés, mesurent 9 m de long. Mais les histoires de pieuvres géantes qui avalent des plongeurs sont fausses.

L'eau circule par un tube, le siphon. Lorsqu'elle est expulsée, elle propulse l'animal.

La bouche est sous l'animal. Elle est dotée d'un bec corné pour dépecer les proies et contient une salive venimeuse.

Chaque bras possède deux rangées de ventouses, au rôle locomoteur, tactile et préhensile.

PIEUVRE

La pieuvre se cache dans les anfractuosités le jour et sort la nuit pour chasser crabes, mollusques et petits poissons. Elle possède une bouche munie d'un bec corné et d'une langue rugueuse.

SEICHE

Pieuvres, calmars et seiches peuvent changer de couleur en une fraction de seconde pour se camoufler dans leur environnement naturel. Le rouge tacheté de cette seiche (à gauche) la confond avec les coraux. Mais un changement de couleur peut traduire un changement d'humeur : le mâle devient noir lorsqu'il est en colère.

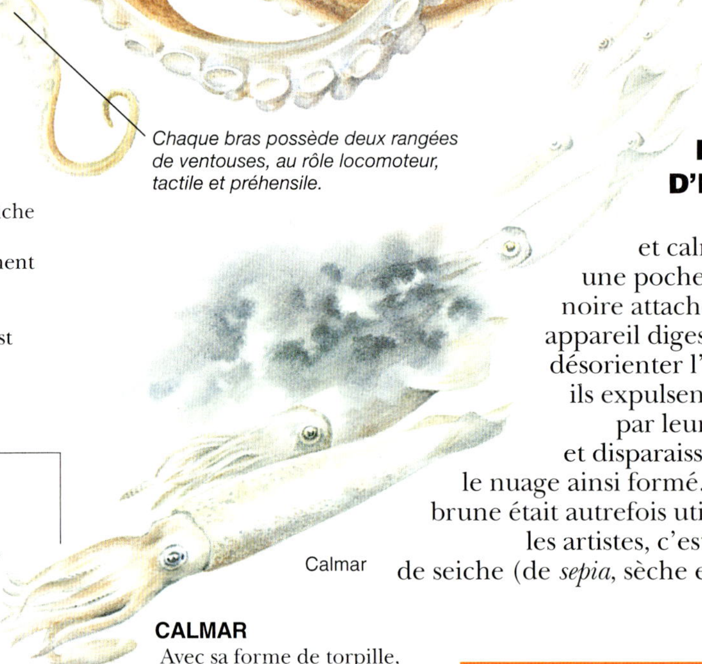

POCHE D'ENCRE

Pieuvres et calmars ont une poche d'encre noire attachée à leur appareil digestif. Pour désorienter l'ennemi, ils expulsent l'encre par leur siphon, et disparaissent dans le nuage ainsi formé. L'encre brune était autrefois utilisée par les artistes, c'est le sépia de seiche (de *sepia*, sèche en latin).

CALMAR GÉANT

Avec une longueur de 20 m, tentacules compris, le calmar géant est le plus grand invertébré du monde. Il constitue une source de nourriture appréciée des cachalots.

CALMAR

Avec sa forme de torpille, le calmar est un excellent nageur. Les muscles puissants de son corps expulsent rapidement l'eau par le siphon, ce qui a pour effet de le propulser dans l'eau.

Pour en savoir plus

LES ESPÈCES ANIMALES
LES GRANDES PROFONDEURS
LES OCÉANS

les Pirates

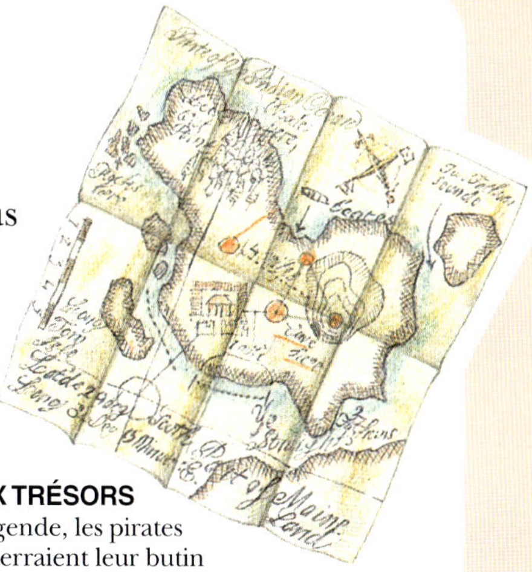

LES HISTOIRES DE PIRATES mettent toutes en scène de sombres héros, perdus sur des îles tropicales et chargés de butin. La vie des pirates fut bien évidemment tout autre. La plupart étaient de simples criminels qui s'emparaient des navires, souvent après avoir massacré l'équipage. Ils firent leur apparition avec l'essor du commerce en Méditerranée, il y a 4000 ans. Puis la piraterie se développa et toucha tous les océans du monde, principalement entre le XVIe et le XVIIIe siècles. Certains pirates, comme Barbe Noire, écumaient la mer des Caraïbes (ou mer des Antilles) ; d'autres, comme le capitaine Kidd, sillonnaient les eaux de l'océan Indien. Certains pays en guerre n'hésitaient pas à encourager la piraterie : ces pirates étaient appelés corsaires. Le Français Robert Surcouf (1773-1827) fut ainsi officiellement chargé de couler des navires britanniques dans l'océan Indien. Encore très récemment, des pirates attaquaient en mer de Chine les bateaux des réfugiés quittant le Vietnam.

CARTES AUX TRÉSORS
Selon la légende, les pirates enterraient leur butin en un lieu marqué d'un X sur une carte. En réalité, leurs proies étaient des navires marchands faiblement armés, et ils se contentaient de piller vivres et armes.

VAISSEAUX PIRATES

Les vaisseaux traditionnels utilisés par les pirates étaient des embarcations légères et rapides, facilement manœuvrables. En cas de poursuite, ces vaisseaux trouvaient refuge dans des criques et des anses peu profondes. L'armement comprenait de nombreux canons, certains tirant de lourds boulets, et de simples canardières chargées de plombs.

ANNE BONNEY
Anne Bonney naquit en Irlande. La jeune femme s'éprit du pirate Calico Jack, connu sous le nom de Jack Rackham, et embarqua à ses côtés. Elle rencontra Mary Read au cours d'une de ses aventures. Les deux femmes, qui écumaient la mer des Antilles, furent arrêtées en 1720. Certains historiens prétendent qu'elles auraient échappé à la potence parce qu'elles étaient enceintes.

BARBE NOIRE
L'un des pirates les plus célèbres, Barbe Noire, de son vrai nom Edward Teach, aimait boire du rhum mélangé à de la poudre à canon, et se lançait dans la bataille armé de six pistolets, des mèches allumées dans ses cheveux pour effrayer ses adversaires. Il fut tué en 1718 lors de l'abordage d'un navire britannique.

DOUBLONS
Les pirates qui sillonnaient les eaux des Caraïbes cherchaient à s'emparer de la cargaison des galions espagnols, chargés de pesos et de doublons d'or. Les doublons ou escudos étaient appelés pièces de huit.

Pour en savoir plus
LES CONQUISTADORS

les Planètes

LA TERRE EST L'UNE DES HUIT PLANÈTES qui suivent une orbite elliptique autour du Soleil. On appelle planètes ces corps célestes relativement sphériques qui gravitent autour d'une étoile. Observées au télescope, ces boules volumineuses, formées de roches, de métaux et de gaz sont des disques de lumière traversant la nuit. Aucune ne produit de lumière, mais chacune renvoie celle du Soleil. Certaines planètes, comme la Terre et Vénus, sont enveloppées d'une couche gazeuse appelée atmosphère. Les plus volumineuses, comme Jupiter ou Saturne, sont cernées d'anneaux de particules et de poussières. Mercure, la plus proche du Soleil, est bien plus chaude qu'un four durant le jour. La Terre semble la seule planète du système solaire à abriter la vie. Cependant, l'Univers compte des millions d'étoiles semblables au Soleil et chacune pourrait bien être accompagnée de ses propres planètes. Rien ne permet d'exclure que la vie se soit développée sur l'une d'elles…

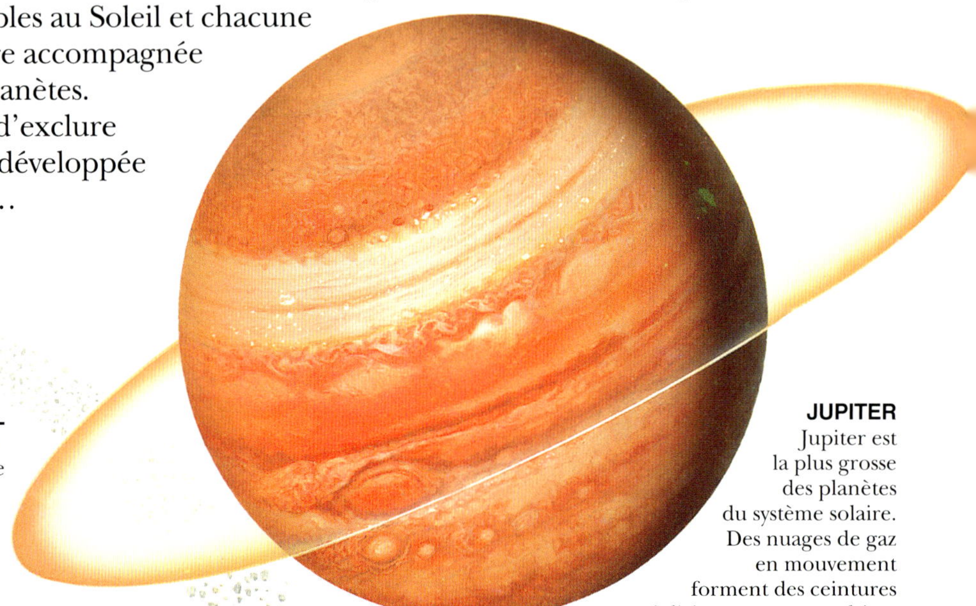

SOLEIL
Le Soleil est une étoile. Cette gigantesque boule de gaz brûlants est bien plus grosse que ses planètes.

JUPITER
Jupiter est la plus grosse des planètes du système solaire. Des nuages de gaz en mouvement forment des ceintures qui divisent son atmosphère. Cette planète froide, constituée d'un mélange de liquides et de gaz, est entourée d'anneaux formés de particules et de poussières. Seize lunes gravitent autour de Jupiter.

MARS
Sur Mars, petite planète froide et aride, faite de roches rougeâtres, la température avoisine – 23 °C. Elle compte deux calottes polaires glaciaires. deux petites lunes l'accompagnent, Phobos et Deimos.

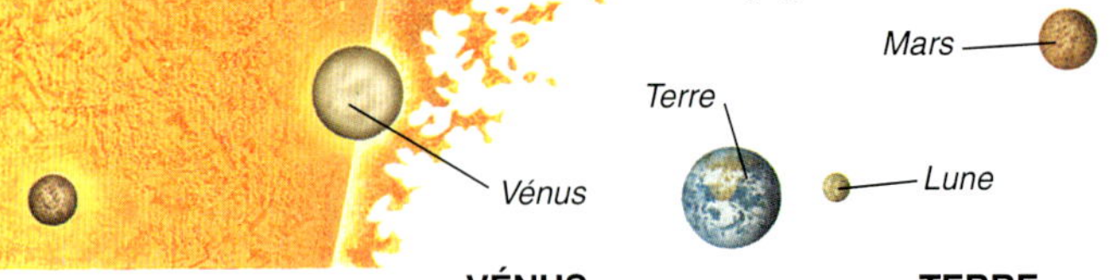

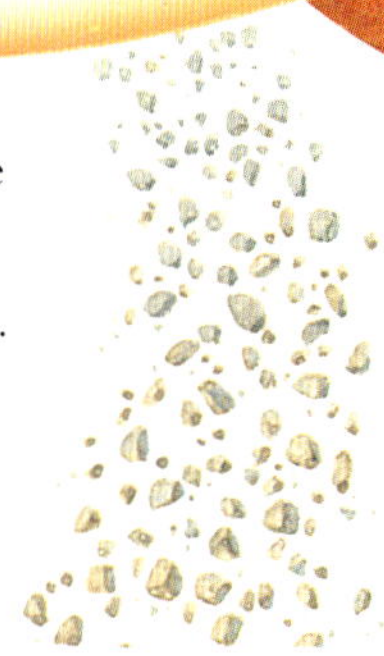

ASTÉROÏDES
Des milliers d'astéroïdes gravitent autour du Soleil, entre Mars et Jupiter. Ces corps, datant du début du système solaire, sont des résidus formés de roches et de métaux, dont le diamètre varie de quelques centimètres à quelques dizaines de kilomètres. La force gravitationnelle de Jupiter peut les entraîner sur des orbites erratiques (instables), sources de collisions avec une planète ou d'autres astéroïdes.

MERCURE
Mercure, la planète la plus proche de Soleil, ne possède ni atmosphère ni eau. Sa surface rocheuse connaît des températures de 350 °C.

VÉNUS
Une couche d'épais nuages enveloppe Vénus et retient la chaleur du Soleil. Cette planète est la plus chaude du système solaire : sa température en surface atteint 480 °C.

TERRE
La Terre est enveloppée d'une atmosphère et possède de l'eau en abondance. Sa température moyenne est d'environ 15 °C. L'air et l'eau y sont indispensables à la vie. Si la Terre se réchauffait, l'eau s'évaporerait ; si la Terre se refroidissait, l'eau gèlerait.

IMAGES DES PLANÈTES

La conquête spatiale et les progrès de la technologie ont permis aux hommes de découvrir les planètes du système solaire, de les analyser et d'en déduire que la présence d'une quelconque forme de vie sur ces planètes paraissait bien peu probable.

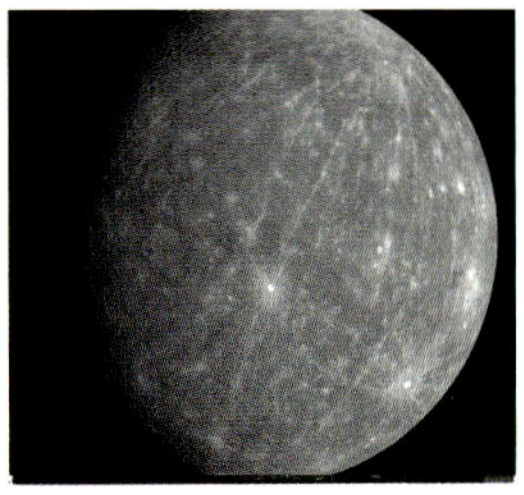

L'image composite renvoyée par la sonde spatiale Messenger *révèle les profonds cratères qui creusent la surface de Mercure.*

Ce cliché réalisé par la sonde Pioneer-Venus *met en évidence la couche d'épais nuages jaunâtres enveloppant Vénus.*

Cette image de la Terre a été prise par le satellite météorologique Meteosat. *Les couleurs ont été retouchées à l'ordinateur.*

Cette image de Mars a été reconstituée à partir de clichés envoyés par la sonde spatiale Hubble.

ANNEAUX DE SATURNE

Jupiter, Saturne, Uranus et Neptune sont ceinturées d'anneaux. Ceux de Saturne sont constitués de millions de fragments de roches recouverts de glace. Ces anneaux, visibles depuis la Terre à travers une lunette, offrent un spectacle saisissant. Les astronomes s'interrogent encore sur leur origine; ont-ils été formés en même temps que la planète ou représentent-ils les résidus d'une gigantesque lune glaciaire désintégrée?

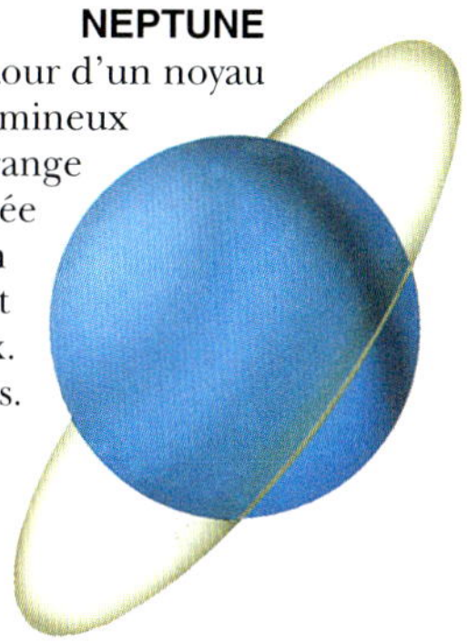

NEPTUNE

Neptune présente, autour d'un noyau rocheux aussi volumineux que la Terre, une étrange atmosphère bleue, composée d'hydrogène, d'hélium et de méthane. Neptune est ceinturée de quatre anneaux. On lui connaît huit lunes.

URANUS

Uranus a un noyau de métal solide, entouré de glace et de gaz. Son atmosphère verdâtre est composée d'un mélange de gaz : méthane, hydrogène, hélium. Planète glaciale, elle affiche une température de – 214 °C. Elle compte 11 anneaux et 15 lunes.

SATURNE

Saturne est une géante, presque aussi grosse que Jupiter. Une couche de nuages denses, perturbée par des tempêtes, entoure la planète sous forme de bandes. Son noyau de roches et de glace est enveloppé d'hydrogène sous formes liquide et gazeuse. On lui connaît 18 lunes – bien plus que chez les autres planètes –, mais les scientifiques pensent que la planète pourrait en posséder plus de 20, issues de la désagrégation d'une lune plus grosse.

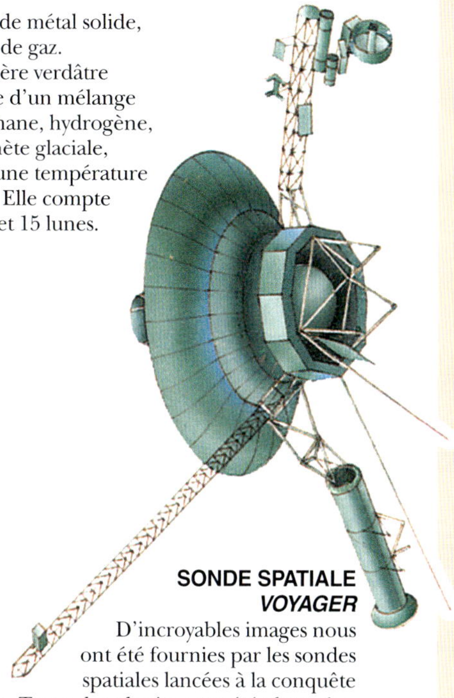

SONDE SPATIALE *VOYAGER*

D'incroyables images nous ont été fournies par les sondes spatiales lancées à la conquête de l'espace. Toutes les planètes ont été observées. La mission spatiale interplanétaire accomplie par la sonde *Voyager 2* fut la plus riche de toutes. En 10 ans de voyage, la sonde a photographié les planètes, avant de quitter le système solaire, en 1990. Elle utilisait la force gravitationnelle des planètes pour obtenir le supplément de poussée nécessaire à son périple.

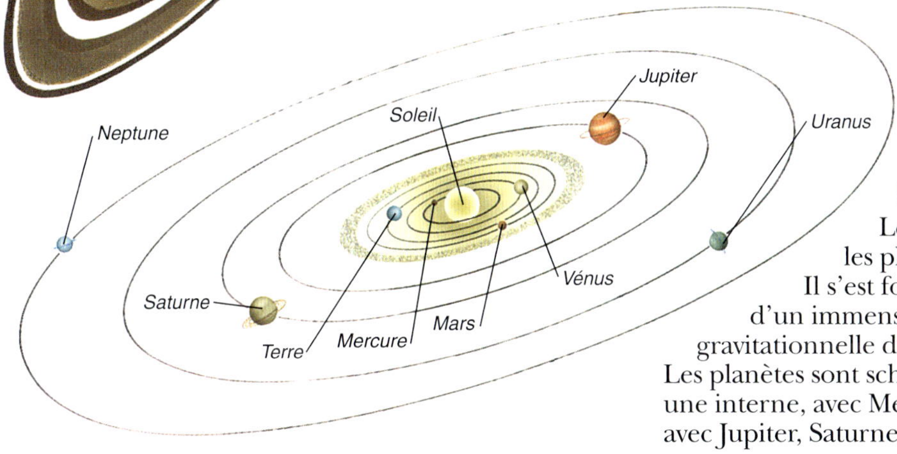

SYSTÈME SOLAIRE

Le système solaire est constitué par le Soleil, les planètes et leurs lunes, les astéroïdes et les comètes. Il s'est formé il y a près de 4,5 milliards d'années à partir d'un immense nuage de gaz et de poussière. La force gravitationnelle du Soleil maintient les planètes sur leur orbite. Les planètes sont schématiquement réparties en deux bandes, une interne, avec Mercure, Vénus, la Terre et Mars; une externe, avec Jupiter, Saturne, Uranus et Neptune.

Cette photo de Voyager 1 montre, en surface de Jupiter, une grande tache rouge correspondant à un vaste anticyclone.

Cette photo transmise par la sonde spatiale Voyager 1 montre bien les magnifiques anneaux qui ceinturent Saturne.

Photo d'Uranus prise par Voyager 2. Des nuages de méthane sont responsables de l'aspect bleuâtre de son atmosphère.

Photo de Neptune prise par Voyager 2. Les deux grandes taches sombres correspondent à des zones de tempête dans l'atmosphère.

Pour en savoir plus

L'ASTRONOMIE
LA GRAVITATION
LA LUNE
LE SOLEIL
L'UNIVERS

les Plantes

La vie sur Terre n'existerait pas sans les plantes. Les hommes et les animaux ont besoin des plantes pour se nourrir et respirer. Les céréales et le jus d'orange de votre petit déjeuner, comme le jean que vous portez, proviennent des plantes. Les arbres nous fournissent du bois pour nous chauffer, construire des habitations, fabriquer des meubles et des outils. Les fleurs et les légumes sont une source de beauté ou de nourriture. Les scientifiques utilisent des plantes pour fabriquer des médicaments, comme la digitaline (digitale) et la morphine (pavot). Il existe des plantes microscopiques comme le phytoplancton marin et des conifères si gigantesques qu'on ne voit pas leur cime. Mais les plantes ont en commun leur capacité unique à utiliser la lumière solaire comme source d'énergie. Ce processus appelé photosynthèse assure la survie et la croissance de tous les végétaux. Nous connaissons environ 400 000 plantes et il en reste autant, voire plus, à découvrir, en particulier dans les régions tropicales. Mais plus de 25 000 espèces sont menacées par la destruction de leur habitat naturel.

FLEURS
Les fleurs contiennent les organes reproducteurs de la plante (grains de pollen et ovaires). Après fécondation, l'ovaire donne un fruit.

TIGE
La tige rigide soutient feuilles et fleurs, et transporte l'eau et les nutriments jusqu'aux feuilles et aux fruits.

FEUILLES
Les feuilles vertes captent l'énergie solaire par un processus appelé photosynthèse.

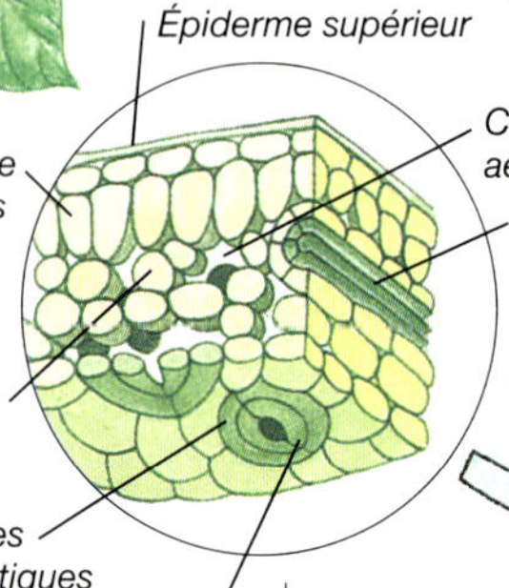

FRUIT
Le fruit renferme des graines qui donneront une nouvelle plante. Le gros fruit de cette plante est un haricot.

STRUCTURE D'UNE PLANTE

Une plante à fleurs typique, tel le haricot grimpant, possède une tige, des racines, des pousses, des feuilles, des fleurs et des fruits. Le tronc des arbres correspond à la partie inférieure de la tige, alors constituée d'un tissu ligneux.

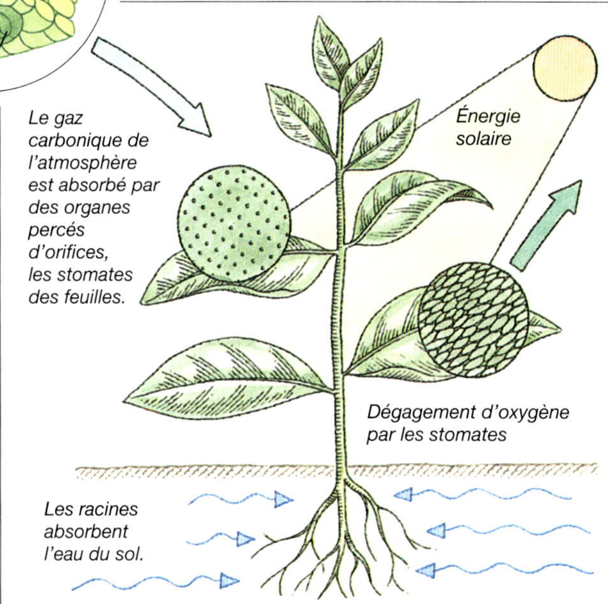

PHOTOSYNTHÈSE

Les plantes utilisent l'énergie de la lumière solaire pour croître : c'est la photosynthèse. La chlorophylle, pigment vert contenu dans les cellules des feuilles, réagit à son exposition à la lumière en déclenchant une série de réactions chimiques, par lesquelles le gaz carbonique de l'atmosphère et l'eau du sol se combinent pour fabriquer des glucides, des lipides et des protéines, indispensables à la nutrition de la plante.

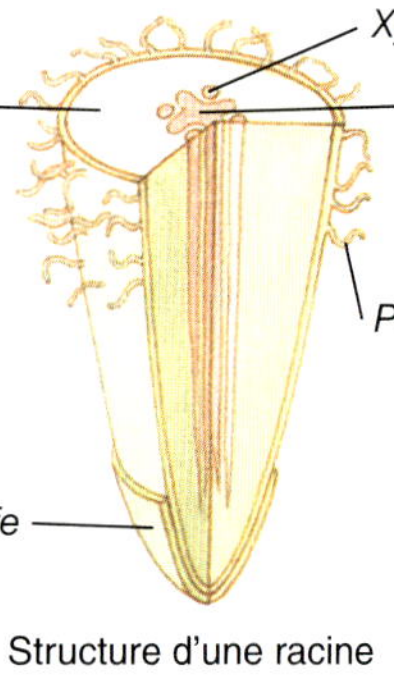

Structure d'une racine

RACINES
Les racines absorbent l'eau et les minéraux du sol, qui sont apportés aux feuilles et aux fruits par le système vasculaire de la tige. Elles servent aussi à fixer la plante au sol.

REPRODUCTION

La plupart des plantes ont une reproduction sexuée. Le pollen féconde les ovules contenus dans l'ovaire, qui donnent des fruits renfermant des graines. Certaines plantes, comme la pomme de terre, ont une multiplication végétative, c'est-à-dire par ramification des tiges souterraines (ou rhizomes).

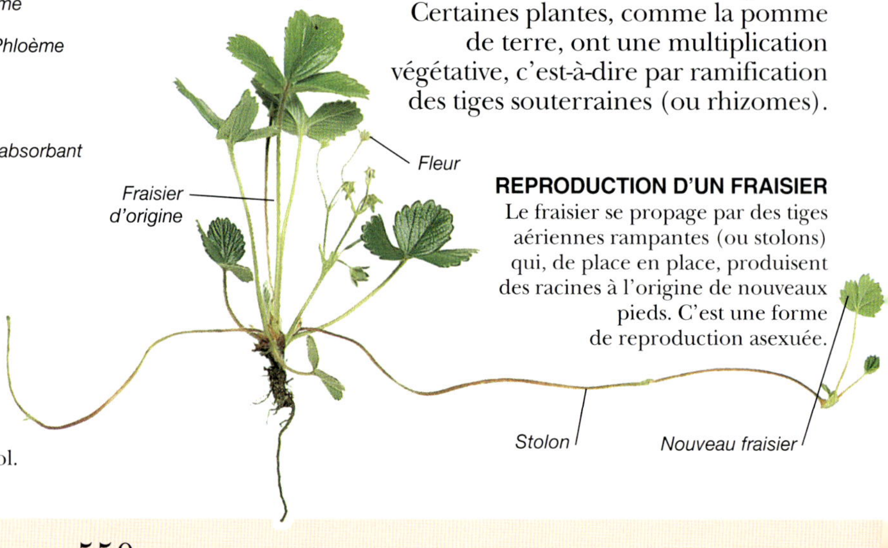

REPRODUCTION D'UN FRAISIER
Le fraisier se propage par des tiges aériennes rampantes (ou stolons) qui, de place en place, produisent des racines à l'origine de nouveaux pieds. C'est une forme de reproduction asexuée.

RÈGNE VÉGÉTAL

Le règne végétal comprend plusieurs embranchements, divisés eux-mêmes en deux sous-embranchements principaux : les plantes à fleurs et les plantes sans fleurs.

L'algue, généralement aquatique, se fixe aux rochers.

Les mousses poussent sur du bois et des pierres humides, dans les régions boisées.

Les plantes microscopiques ne sont visibles qu'au microscope.

Le lichen est l'association d'un champignon et d'une algue. Il n'a pas de feuilles, de tiges ni de racines véritables.

L'hépatique est une petite plante sans fleurs, apparentée aux mousses.

La prêle est l'une des premières plantes à être apparues sur Terre.

Le lycopode a de véritables tiges.

Les conifères incluent les pins et les sapins. Ils sont généralement à feuilles persistantes.

Les fougères poussent partout dans le monde. Certaines sont aussi grandes que des arbres, d'autres ressemblent à des mousses.

Les mauvaises herbes sont des plantes à fleurs nuisibles aux cultures : pissenlit, ortie, bouton-d'or…

Il existe de très nombreux arbres fruitiers : pommier, citronnier, bananier…

Les légumes sont des plantes à fleurs, comestibles, riches en vitamines et minéraux : carotte, épinard, tomate, haricot…

Les véritables plantes à fleurs comprennent, entre autres, la rose et la tulipe.

La tige des arbustes, plantes ligneuses plus petites que les arbres, n'est pas ramifiée à sa base.

Les plantes aromatiques, comme le basilic et le laurier, ont des feuilles odorantes.

Les graminées incluent les herbes des prairies et les céréales.

Les arbres feuillus (à feuilles caduques) perdent leurs feuilles à l'automne.

Les arbrisseaux sont des plantes ligneuses plus petites que les arbustes, à tige ramifiée dès la base.

MAUVAISES HERBES

Une mauvaise herbe est une plante sauvage qui pousse là où elle dérange les hommes. La plupart poussent et fleurissent vite, puis propagent leurs graines. Le liseron (ci-dessus) possède de jolies fleurs pâles et délicates. Celles du pissenlit et du bouton-d'or sont de couleur vive.

CHOCOLAT

Le fruit du cacaotier, la cabosse, renferme une quarantaine de fèves de cacao. Ces fèves sont grillées, décortiquées et broyées pour devenir une pâte. La pâte de cacao est mélangée à du sucre à haute température pour produire le chocolat.

P

PLANTES CULTIVÉES

L'homme cultive les plantes pour se nourrir. Les plantes cultivées incluent les céréales (riz), les fruits (orange) et les légumes (carotte). Les épices, dont la cannelle, sont des parties de la plante utilisées pour relever le goût des aliments. Certaines parties de plantes ne sont pas comestibles parce que trop amères, trop acides ou carrément toxiques. La pomme de terre est cultivée pour ses tubercules souterrains, mais ses fruits et ses feuilles sont toxiques.

RAFFLÉSIE

La rafflésie, dépourvue de feuilles, vit en parasite sur les lianes. Elle produit les plus grosses fleurs connues (1 m de diamètre), mais elle sent mauvais.

GUI

Cette plante vit en parasite sur les branches des arbres. Le gui prive l'arbre de ses éléments nutritifs.

PLANTES CARNIVORES

Certaines plantes se nourrissent d'animaux. La dionée, qui pousse dans les marécages, attrape et digère les insectes imprudents.

Dionée gobe-moches en fleur

La dionée se referme sur l'insecte et l'emprisonne.

Si un insecte touche les poils sensoriels des feuilles, ces dernières se referment sur lui en une fraction de seconde.

Pour en savoir plus

L'Afrique (géographie)
L'Asie (géographie)
L'Asie du Sud-Est (géographie)
Coraux, anémones de mer et méduses
Mers et océans

http://www.lesagencesdeleau.fr/francais/cycle/cycle.php

Pluie et neige

NEIGE OU PLUIE, L'EAU QUI TOMBE du ciel fait partie d'un cycle continu. Ce cycle commence lorsque l'eau présente à la surface de la Terre s'évapore et, portée par des courants aériens ascendants, monte dans l'atmosphère sous forme de vapeur d'eau. L'air se refroidissant en s'élevant, la vapeur d'eau se condense en minuscules gouttelettes. Celles-ci forment des nuages. Un nuage de pluie contient des millions de gouttelettes qui s'unissent pour donner de grosses gouttes. Lorsque ces gouttes deviennent trop lourdes pour flotter dans l'air, elles tombent sur le sol. Il pleut et le cycle recommence. Si l'atmosphère est très froide, l'eau des nuages gèle : il neige ou il grêle. Mais les précipitations varient d'une région à l'autre. Dans les déserts, il ne pleut presque jamais, alors que dans les régions tropicales les pluies sont si abondantes qu'elles provoquent de graves inondations. Et les régions polaires ne connaissent que la neige.

IMPORTANCE DE LA PLUIE
La pluie est indispensable à la vie sur Terre. Elle nourrit les végétaux, les hommes et les animaux. Elle remplit les lacs et les cours d'eau, où nous nous approvisionnons.

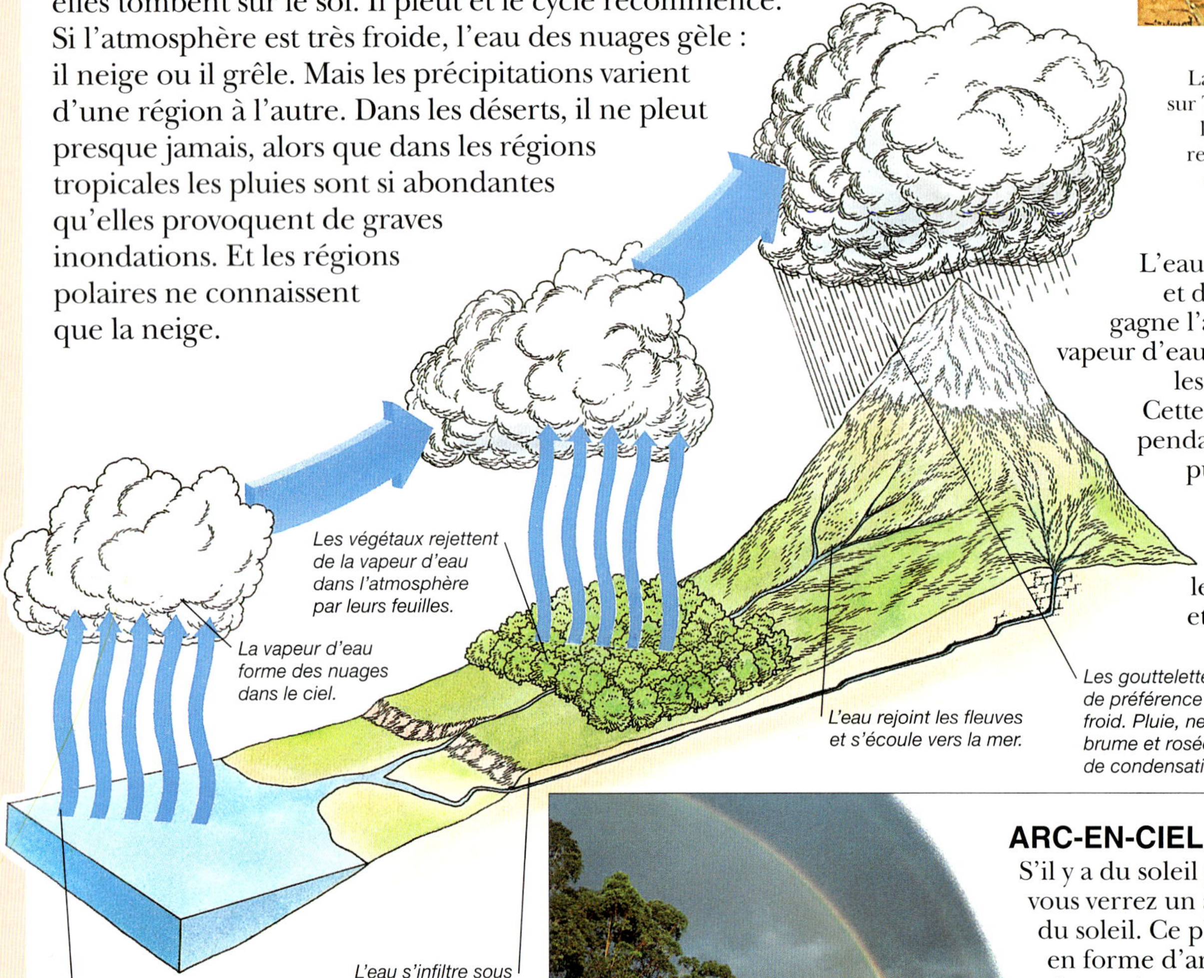

CYCLE DE L'EAU

L'eau des lacs, des cours d'eau et des océans en s'évaporant gagne l'atmosphère. S'y ajoute la vapeur d'eau rejetée par les végétaux, les animaux et les hommes. Cette vapeur d'eau y demeure pendant 10 jours en moyenne, puis se condense et tombe sous forme de pluie ou de neige. L'eau de pluie remplit les océans, les cours d'eau et les nappes souterraines.

ARC-EN-CIEL

S'il y a du soleil pendant une averse, vous verrez un arc-en-ciel à l'opposé du soleil. Ce phénomène lumineux en forme d'arc, qui offre les couleurs du prisme, est produit par la réfraction et la réflexion des rayons du soleil dans les gouttelettes d'eau.

NEIGE ET GRÊLE

Par temps froid, l'eau des nuages gèle : les cristaux de glace s'agglomèrent et tombent en flocons. Si la neige fond un peu en tombant, cela donne de la neige fondue. Dans certains nuages, des courants aériens puissants agitent les gouttes de pluie gelées qui, montant et descendant, agrègent d'autres cristaux de glace et d'eau. Les couches gelées s'additionnent en enveloppes successives et finissent par devenir si lourdes qu'elles tombent sous forme de grêlons.

CRISTAUX DE GLACE
Un flocon de neige est constitué de cristaux de glace jamais identiques, mais le plus souvent en forme d'étoiles.

Pour en savoir plus

LES COULEURS
LES COURS D'EAU
L'EAU
LA MÉTÉOROLOGIE
LES TEMPÊTES
LE TEMPS
LE VENT

la Poésie

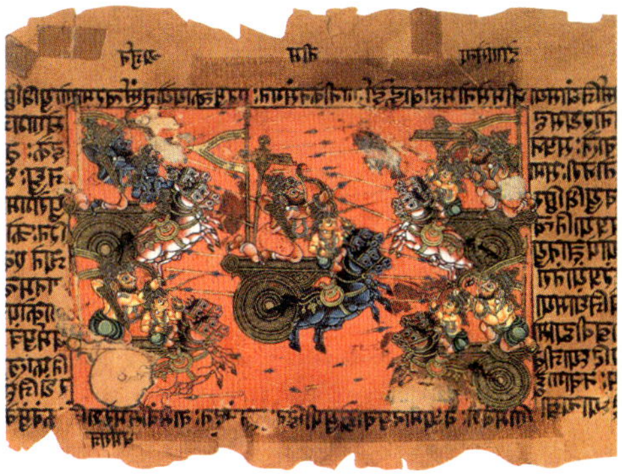

MAHABHARATA
Le plus long poème jamais écrit est une épopée indienne qui s'appelle *Le Mahabharata*. Ce sont plus de 90 000 strophes, écrites en sanskrit par différents auteurs au IVe siècle av. J.-C., qui racontent une lutte entre deux familles royales.

LA POÉSIE EST UN ART ANCESTRAL. Avant l'écriture, les rimes permettaient aux hommes de se souvenir des histoires qu'ils se racontaient, et ces histoires renfermaient tout le savoir et la science de leur culture, qui n'était pas couchée sur le papier. D'ailleurs, les premiers livres ont été écrits en vers, qu'il s'agisse de récits religieux, de traités scientifiques ou de textes de lois. Des milliers d'années plus tard, les rimes sont restées le seul apanage de la poésie, qui est devenue un genre littéraire bien particulier. Les poètes tentent de mêler la sonorité des phrases et leur sens afin de donner à leurs paroles une force singulière. La poésie évolue avec les époques, perpétuant une tradition, ou au contraire, en marquant une rupture avec les poètes d'antan pour créer un nouveau langage. Aujourd'hui, beaucoup de poètes n'écrivent plus en vers, par exemple.

C'est un e muet : on ne le prononce pas.

Chaque trait souligne un pied, c'est-à-dire une syllabe prononcée.

Comme un vol de gerfauts/hors du charnier natal, A
Fatigués de porter/leurs misères hautaines, B
De Palos de Moguer,/routiers et capitaines B
Partaient, ivres d'un rêve/héroïque et brutal A

1 2 3 4 5 6 / 7 8 9 10 11 12

Premier hémistiche — *Second hémistiche*

Ici, les rimes sont embrassées, selon le schéma ABBA : la sonorité « al », à la fin du premier vers, se répète à la fin du dernier vers, et la sonorité « aine » se répète à la fin des deux vers du milieu.

Les barres obliques montrent la césure, qui sépare le vers en deux hémistiches d'égale longueur.

Ces vers sont des alexandrins, c'est-à-dire qu'ils sont composés de 12 pieds. Ils forment un quatrain, une strophe de quatre vers, le premier du sonnet « Les Conquérants » (Les Trophées, 1893) de José-Maria de Heredia.

CALLIGRAMMES

Un calligramme est un poème qui représente un personnage, un animal, un objet, un paysage, une idée, à la fois par le dessin et par les mots : par exemple, un texte dont la disposition représente un cheval, et dont le cheval est le thème. Le calligramme est donc un subtil mélange entre deux arts : la poésie et le dessin. Depuis l'Antiquité, il existe une tradition de « vers figurés » inaugurée par le poète grec Simmias de Rhodes, mais c'est le poète Guillaume Apollinaire qui inventa le terme de « calligramme » en 1918.

LA CRAVATE
DOU
LOU
REUSE
QUE TU
PORTES
ET QUI T'
ORNE O CI
VILISÉ
OTE- TU VEUX
LA BIEN
SI RESPI
RER

Extrait de « La cravate et la montre », du recueil Calligrammes, d'Apollinaire (1925)

RIMES ET RYTHME

La rime est la répétition d'un même son à la fin d'un ou de plusieurs vers. Le rythme est à l'origine de la poésie, quand les poèmes étaient systématiquement accompagnés de musique. Il est déterminé par le retour, à intervalles réguliers, d'accent toniques (c'est-à-dire une syllabe dont la prononciation est accentuée). Ces deux éléments, rime et rythme, sont le fondement de la poésie.

SLAM

Le slam n'est pas une poésie écrite, mais orale : devant un public, dans un café ou dans la rue, les slameurs scandent leurs textes, qui sont très rythmés. Le slam se rapproche du rap, mais il est plus théâtral. Ce mouvement poétique, qui vient des États-Unis, est né dans la rue et le revendique : il se veut démocratique et ouvert à tous. Souvent, les textes de slam sont très politiques.

Un slameur fait une performance et dit son poème en public.

Les comptines parlent généralement d'objets ou d'animaux très familiers, que tous les enfants connaissent.

Neuf, la poule pond un œuf !

COMPTINES

Les comptines sont de petits poèmes que l'on récite aux enfants pour qu'ils apprennent à compter (d'où le nom de « comptines »), ou à dire l'alphabet. Elles sont souvent chantées, ce qui les rend plus faciles à retenir. Les comptines sont souvent très anciennes, et elles sont transmises de génération en génération.

Pour en savoir plus

LA LITTÉRATURE
LA LITTÉRATURE FRANÇAISE
ÉCRIVAINS ET POÈTES

P

http://www.bipm.fr/

Poids et mesures

Des masses marquées en grammes sont posées sur le plateau de la balance.

À QUELLE DISTANCE DE LA TERRE LA LUNE SE SITUE-T-ELLE? Quelle est la profondeur des océans? Combien mesurez-vous? Quelle température fait-il sur Mars? Quelle heure est-il? Toutes ces questions renvoient à la notion de mesure, à laquelle nous sommes quotidiennement confrontés. En cuisine par exemple, une recette veut que les ingrédients soient pesés précisément et la cuisson exige le respect d'une température donnée. Des instruments adaptés nous aident à prendre différentes mesures : thermomètre pour la température, mètre pour les distances ou encore la montre pour le temps. Chaque mesure est fondée sur un système d'unités. Le temps est calculé en heures, minutes et secondes; la longueur en mètres (et le mètre d'après la vitesse de la lumière).

La précision étant indispensable dans certains domaines, comme la science ou la médecine, les scientifiques utilisent des instruments de mesure de haute précision, pour déterminer, par exemple, la distance séparant deux atomes ou encore la température d'une planète aussi éloignée que Neptune.

POIDS
Une balance sert à peser un objet : on place celui-ci sur un des plateaux, des masses marquées sur l'autre, jusqu'à ce que les plateaux s'équilibrent. L'unité de poids est le kg.

VOLUME
Le niveau du liquide indique sur l'échelle graduée de ce récipient quel espace le liquide occupe. Le volume correspond à l'espace occupé par un objet ou un liquide. L'unité est le m^3, soit un cube de 1 m de côté.

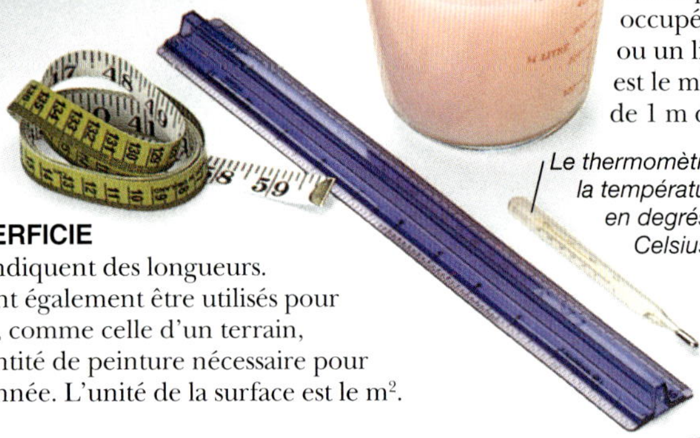

LONGUEUR ET SUPERFICIE
Mètres et règles nous indiquent des longueurs. Ces instruments peuvent également être utilisés pour calculer une superficie, comme celle d'un terrain, ou pour évaluer la quantité de peinture nécessaire pour couvrir une surface donnée. L'unité de la surface est le m^2.

Le thermomètre mesure la température en degrés Celsius (°C).

Nous pouvons mesurer des choses invisibles. Cet ampèremètre mesure l'intensité d'un courant électrique en ampères (A).

UNITÉS DE MESURE

En 1960 fut adopté un système international d'unités de mesure. Ce système définit sept unités de base, le mètre, le kilogramme, la seconde, l'ampère, le kelvin (K, pour température thermodynamique), la mole (mol, pour quantité de matière) et la candela (cd, pour intensité lumineuse). D'autres unités, dites dérivées, sont obtenues par multiplication ou division des unités de base, comme la superficie, le volume ou la vitesse, par exemple.

TEMPS
La durée se mesure en heures, minutes et secondes, voire en centièmes de seconde, grâce à un chronomètre à affichage numérique.

SYSTÈME MÉTRIQUE DÉCIMAL
Ce système vit le jour en France, sous la Révolution. Il fut concrétisé en 1799 par un mètre étalon en platine équivalant à la dix millionième partie du quart du méridien terrestre (distance du pôle Nord à l'équateur). Le mètre vaut, depuis 1983, la longueur parcourue dans le vide par la lumière pendant une durée de 1/299 792 458e de seconde.

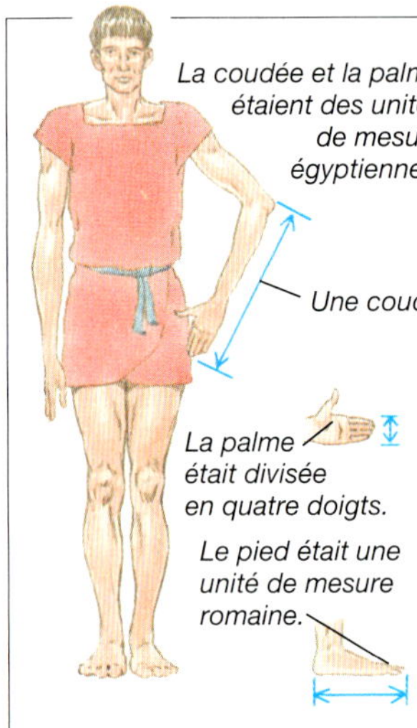

La coudée et la palme étaient des unités de mesure égyptiennes.

Une coudée

La palme était divisée en quatre doigts.

Le pied était une unité de mesure romaine.

UNITÉS DE MESURE

Les premiers systèmes de mesure de longueur utilisaient les parties du corps humain, comme la main ou le pied. Ces unités, dites anciennes, se retrouvaient dans l'Égypte ancienne (vers 3000 av. J.-C.) et dans la Rome antique (à partir de 800 av. J.-C.). Mais ce système était peu fiable, car tributaire de la taille ou de la stature de la personne qui réalisait les mesures.

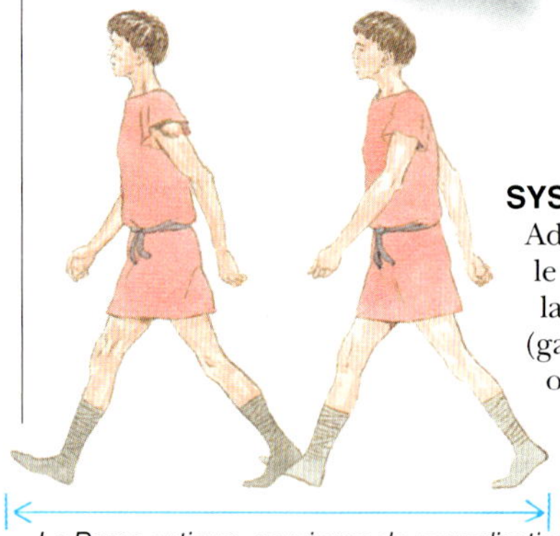

La Rome antique, soucieuse de normalisation, mit en place son propre système de mesures, lui-même dérivé de celui inventé par les Grecs. Un mille valait 1 000 pas.

SYSTÈME IMPÉRIAL BRITANNIQUE
Adopté en 1824, ce système comprend le pouce (in) et le pied (ft) pour la longueur, la pinte (pt) et le gallon (gal) pour le volume, la livre (lb) ou la tonne (t) pour le poids.

Pour en savoir plus

L'ÉGYPTE ANCIENNE
L'EMPIRE ROMAIN
HORLOGES ET MONTRES
LES MATHÉMATIQUES

les Poissons

ANATOMIE D'UN POISSON

Poisson typique, cette morue a un corps fuselé, une caudale propulsive, des nageoires de pilotage et de stabilisation, une rangée d'organes sensoriels (la ligne latérale), sensibles aux mouvements des corps dans l'eau.

Les poissons nageaient dans les océans il y a 500 millions d'années. Les premières espèces ne possédaient ni écailles, ni nageoires, ni mâchoires. Mais l'actuelle myxine est dépourvue de mâchoires, le périophtalme sautille dans la vase et le poisson-chat n'a pas d'écailles et peut ramper. Entre l'énorme requin-baleine et le minuscule gobie pygmée, des milliers d'espèces peuplent nos cours d'eau, nos lacs et nos mers. Certains poissons vivent dans les eaux douces, d'autres dans les eaux salées ; certains se contentent de nager près de la surface, d'autres plongent dans les grandes profondeurs. Pourtant, malgré leur très grande diversité, la plupart ont une forme hydrodynamique idéalement adaptée au milieu aquatique. Leur corps est généralement recouvert d'écailles et d'une couche de mucus qui les protège des parasites et accélère leur vitesse dans l'eau. Les poissons se propulsent grâce à leur nageoire caudale, les autres nageoires leur servant à se diriger.

BRANCHIES

Les poissons respirent par des branchies situées de chaque côté de leur tête : ils absorbent l'oxygène de l'eau et rejettent du gaz carbonique.

Squelette d'un poisson plat

SQUELETTE

Les poissons ont été les premiers animaux sur Terre à posséder un squelette. Le plus souvent osseux, comme chez ce poisson plat, il peut être cartilagineux, par exemple chez les requins et les raies.

PRINCIPAUX ORGANES

La majorité des organes internes du poisson est située dans la moitié inférieure du corps. Le reste du corps est constitué d'éléments musculaires : les myotomes. Ces muscles actionnent la queue pendant la nage.

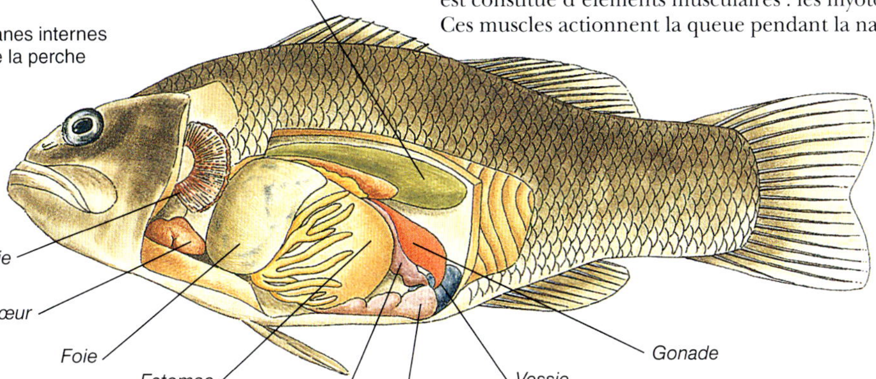

Organes internes de la perche

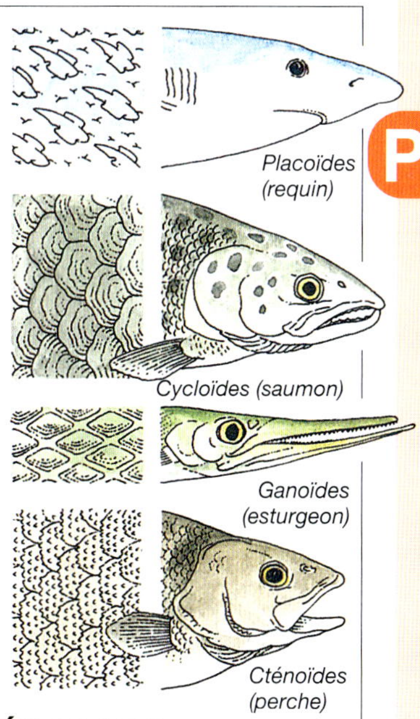

ÉCAILLES

Les écailles sont des plaques osseuses incluses dans la peau, qui se chevauchent en partie pour suivre les ondulations du corps qu'elles protègent. La plupart des poissons ont des écailles cycloïdes ou cténoïdes.

FORMES ÉTRANGES

Le poisson-papillon des récifs coralliens utilise son long museau pour attraper la nourriture dans les fentes des rochers. Le poisson volant effectue des sauts planés au-dessus de l'eau grâce à des nageoires pectorales développées en forme d'ailes. Quant au poisson-dragon, ses couleurs vives avertissent les prédateurs que ses épines renferment un poison mortel.

Poisson-dragon

Poisson-papillon

Poisson volant

BANCS DE POISSONS

Les petits poissons d'une même espèce vivent souvent en vastes communautés, appelées bancs. Ils recherchent leur nourriture ensemble et les prédateurs sont parfois si désorientés par leur nombre et par la rapidité de leurs mouvements qu'ils sont incapables de s'arrêter à une proie.

Banc de cyprins dorés dans un récif corallien de la mer Rouge

ALIMENTATION

Les prédateurs véloces (barracuda, brochet) ont un corps long et fuselé, et des dents pointues. Ceux qui nagent plus lentement ont un corps moins hydrodynamique. Malgré sa forme, le poisson-perroquet est un nageur agile, qui se faufile entre les rochers pour trouver sa nourriture.

Le poisson-perroquet arrache les végétaux des rochers avec sa bouche dure et cornée.

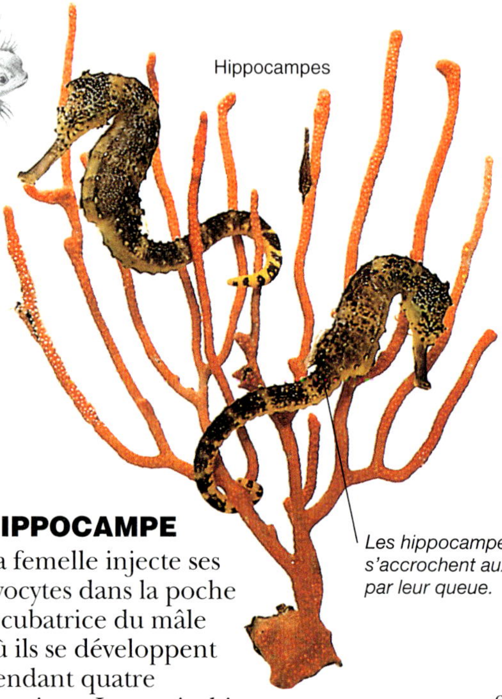

Hippocampes

Les hippocampes s'accrochent aux algues par leur queue.

HIPPOCAMPE

La femelle injecte ses ovocytes dans la poche incubatrice du mâle où ils se développent pendant quatre semaines. Les petits hippocampes émergent de la poche à l'éclosion des œufs.

REPRODUCTION

La plupart des poissons se reproduisent en déposant leurs ovocytes et leur sperme (laitance) dans l'eau (fécondation externe), puis en laissant les œufs fécondés se transformer en poissons. Certaines espèces, comme l'épinoche et l'amie, s'occupent des œufs et des alevins après leur éclosion. D'autres, telles certaines espèces de requins, donnent naissance à des petits déjà formés : les œufs se sont développés dans le corps de la femelle.

INCUBATION BUCCALE

La femelle d'une espèce de cichlidés garde ses œufs dans sa bouche : c'est l'incubation buccale. Une fois nés, les petits sortent nager, puis retournent dans la bouche de leur mère pour se protéger.

Cichlidé et ses petits

ANGUILLES

Les anguilles argentées pondent leurs œufs dans la mer des Sargasses. Les larves, ou leptocéphales, traversent l'Atlantique pour gagner les fleuves d'Europe (soit 5 000 km en trois ans), devenir civelles, anguilles jaunes, puis argentées.

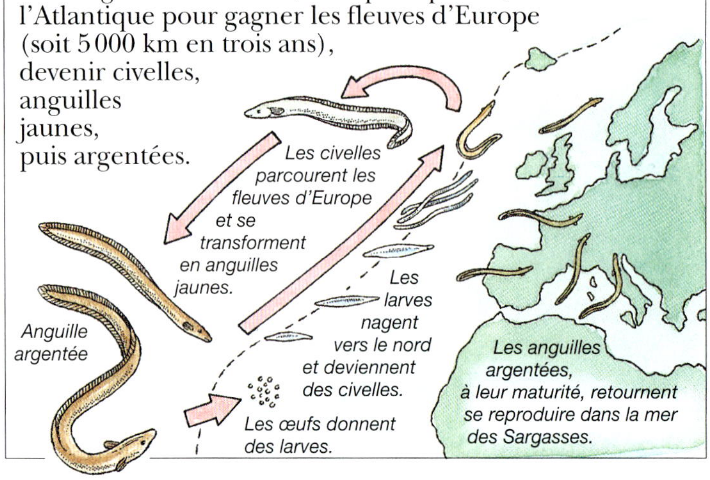

Gramma royal

POISSONS TROPICAUX

Les poissons des mers tropicales sont parmi les animaux les plus colorés. Des couleurs éclatantes et des marques variées servent à camoufler le poisson au milieu des coraux, à avertir les intrus de rester en dehors de son territoire, à montrer aux prédateurs que sa chair est toxique ou à attirer un partenaire pour l'accouplement.

Pour en savoir plus

LES ESPÈCES ANIMALES
LES GRANDES PROFONDEURS
LES MIGRATIONS ANIMALES
LES OCÉANS
LES RIVAGES

la Police

TOUTES LES SOCIÉTÉS ONT DES RÈGLES OU DES LOIS pour protéger les droits de leurs citoyens. Dans de rares communautés, ce sont les individus eux-mêmes qui font respecter la loi et arrêtent tous ceux qui l'enfreignent. Mais dans la plupart des sociétés, il revient à la police de garantir l'ordre public. Les officiers de police sont chargés de nombreuses missions : pourchasser les dangereux criminels, arrêter les automobilistes qui roulent trop vite, patrouiller dans les rues… Certains travaillent dans des bureaux, étudiant avec soin le moindre indice susceptible de les aider à résoudre une affaire criminelle. La police place en garde à vue les individus suspects, avant qu'ils ne soient mis en examen et livrés à la justice pour être jugés. Elle doit veiller à n'appliquer que les lois en vigueur et à ne pas arrêter un individu pour un crime qu'il n'aurait pas commis. Mais, dans de nombreux pays, le gouvernement utilise les forces de police pour se maintenir au pouvoir et faire arrêter les opposants au régime.

PREMIERS POLICIERS
C'est en 1254 que Saint Louis créa le chevalier du guet. Assisté de sergents à cheval et à pied, il assurait la police de nuit à Paris. En 1699, la charge de lieutenant de police fut instituée dans les grandes villes du royaume. En 1708, les inspecteurs de police étaient chargés d'assister les commissaires de police.

Les policiers établissent un portrait-robot à partir des descriptions des témoins.

L'empreinte digitale d'un individu est unique. Les policiers recherchent des empreintes sur le lieu du crime.

Les policiers étiquettent les preuves rassemblées.

La police conserve les empreintes de chaque criminel fiché.

Les pièces à conviction recueillies sur le lieu du crime sont conservées dans des sachets en plastique.

Les policiers relèvent les empreintes sur la surface d'un objet en appliquant au pinceau une poudre spéciale.

POLICE JUDICIAIRE

Lorsqu'un crime a été commis, le commissaire et ses inspecteurs, policiers spécialisés dans les affaires criminelles, enquêtent : ils interrogent des témoins et cherchent des indices qui les mettent sur la piste du coupable. S'ils pensent l'avoir identifié, ils le placent en garde à vue, rassemblent des preuves de nature à fonder leurs soupçons, avant que le juge d'instruction ne le mette en examen.

Japon Zimbabwe France Thaïlande

POLICIERS EN UNIFORME
Les officiers de police judiciaire sont habillés en civil, mais les autres officiers portent un uniforme qui permet de les identifier. C'est le cas, par exemple, de la police de la route et de la circulation. Un uniforme doit être pratique et doté de nombreuses poches pour contenir toutes sortes d'objets. La plupart des policiers portent une arme de service.
En France, la police nationale dépend du ministère de l'Intérieur, les polices municipales sont placées sous l'autorité du maire, alors que la gendarmerie dépend du ministère de la Défense.

POLICE ANTIÉMEUTE
Les manifestations peuvent dégénérer et devenir très violentes, les manifestants pillant les magasins ou attaquant des passants. Les forces antiémeutes sont là pour contrôler la situation. Elles tentent de stopper la violence en arrêtant les casseurs et en dispersant la foule. Certains policiers antiémeutes appartiennent à des forces spéciales, d'autres aux forces de police régulières. Ils sont équipés de casques, de boucliers et de matraques.

POLICIER LOCAL

La Grande-Bretagne possédait une particularité en matière de police : durant la première moitié du XIXe siècle, de nombreux petits villages avaient un agent de police local, qui patrouillait à pied ou à vélo. Il vivait souvent dans le village et connaissait les noms de tous les habitants.

POLICE DE LA ROUTE ET DE LA CIRCULATION

La police de la route veille au respect des règles de la circulation routière. Elle utilise des radars électroniques pour enregistrer la vitesse des automobiles et des Alcootest pour évaluer l'alcoolémie (concentration d'alcool dans le sang). L'agent de la circulation règle la circulation, aide les piétons à traverser et gère les accidents de la circulation.

Les menottes empêchent les criminels de s'échapper.

ÉQUIPEMENT DES POLICIERS

Les policiers utilisent des motos, des voitures ou des hélicoptères pour se déplacer. Des émetteurs-récepteurs leur permettent de se mobiliser rapidement et d'appeler des renforts. Dans les grandes villes, la police antiémeute porte des visières en plastique et des boucliers. Les matraques actuelles sont mieux conçues que les anciennes. Certains policiers portent un gilet pare-balles.

Matraque à poignée latérale

CAMÉRAS DE SURVEILLANCE

Pour prévenir les crimes et délits, la police utilise les dernières technologies. Un nombre croissant de villes sont équipées de caméras pour surveiller les rues. Elles sont reliées à des salles de contrôle. Certains pays ont commencé de coupler leurs réseaux de surveillance vidéo avec des ordinateurs performants, capables d'identifier automatiquement les auteurs de crimes ou délits.

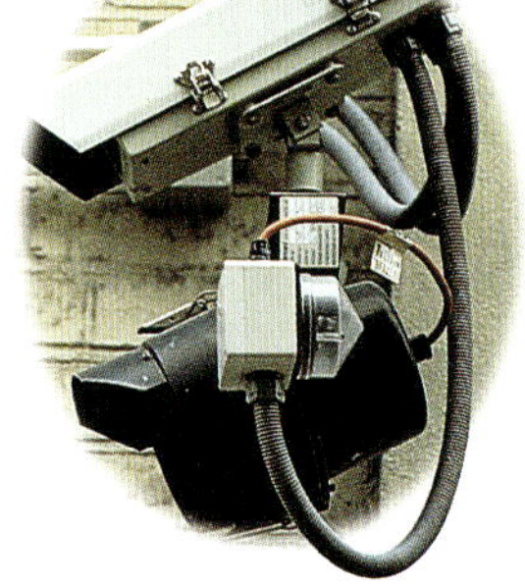

Caméra de surveillance

POLICE MODERNE

Aujourd'hui, toutes les informations judiciaires sont stockées dans des bases de données, ce qui facilite l'accès à l'information lorsqu'il s'agit de résoudre une enquête criminelle.

POLICE DE PROXIMITÉ

Les forces de sécurité publique peuvent être chargées de missions d'îlotage (surveillance policière consistant à diviser une ville ou un quartier en îlots, chacun étant placé sous le contrôle d'un îlotier). Il s'agit d'encourager le rapprochement entre les policiers et la population. La police peut aussi réaliser des activités d'animation en direction de la jeunesse.

Policière parlant avec des écoliers

Les policiers transmettent des informations et reçoivent des ordres par radio.

Les officiers de la sécurité publique portent un uniforme, les officiers de la police judiciaire sont habillés en civil.

Pour en savoir plus

COMMUNICATION ET TECHNIQUES
LE DROIT
LES ORDINATEURS

la Pollution

LES HYDROCARBURES SUR LES PLAGES, les gaz d'échappement des véhicules, toutes sortes de déchets industriels et ménagers, de rejets provenant des centrales thermiques ou nucléaires, et bien d'autres polluants encore dégradent notre environnement et sont néfastes à la santé de tous les êtres vivants. La pollution est inévitablement liée à la vie moderne. Elle n'est pas nouvelle : il y a un siècle, les usines rejetaient d'énormes nuages de fumées toxiques. Mais aujourd'hui, il existe davantage d'usines et de polluants. La pollution de l'air, des sols et des eaux touche toutes les régions du monde, même l'Antarctique et l'Everest, le climat de la planète semble se modifier. Les scientifiques ne savent pas encore tout sur la pollution, mais ils connaissent les mesures à prendre pour la réduire : recycler les déchets, utiliser des matériaux biodégradables qui se décomposent et finissent par disparaître, diminuer la production des gaz à effet de serre, économiser l'énergie…

POLLUTIONS ACCIDENTELLES
Outre la pollution quotidienne permanente, il existe des pollutions accidentelles. Les marées noires, par exemple, dégradent l'environnement et tuent des millions de poissons et d'oiseaux marins, comme le montrent ces oiseaux mazoutés.

POLLUTION DE L'AIR
L'ozone est un gaz proche de l'oxygène. Ce constituant naturel de la haute atmosphère forme un écran qui empêche le passage des rayons ultraviolets, responsables des cancers de la peau chez l'homme. Les chlorofluorocarbures (CFC) présents dans les réfrigérateurs et les bombes aérosols détruisent l'ozone. Les scientifiques ont ainsi découvert des trous dans la couche d'ozone au-dessus de l'Antarctique et de l'Arctique.

PLUIES ACIDES
Les gaz d'échappement contiennent des oxydes d'azote. Le charbon brûlé dans les centrales thermiques dégage du dioxyde de soufre. Lorsque ces deux substances se mélangent aux précipitations atmosphériques, elles se transforment en acides. Les pluies acides dégradent les forêts, érodent les constructions et tuent la faune et la flore des cours d'eau. On sait réduire les quantités de fumées industrielles, mais cela coûte cher.

POLLUTION AUTOMOBILE
Les gaz d'échappement de tous les véhicules contiennent du plomb, du monoxyde de carbone, du dioxyde de carbone et des oxydes d'azote à l'origine des pluies acides et du smog photochimique. Les pots catalytiques des voitures permettent de limiter la quantité de substances toxiques rejetées dans l'atmosphère.

RECYCLAGE
Le verre, le métal, le plastique et le papier que nous utilisons quotidiennement peuvent être réutilisés. Ce recyclage contribue à préserver les ressources naturelles de la planète. Il réduit la quantité de déchets ménagers, diminue les pollutions de l'air et des eaux, et économise de l'énergie. Chaque citoyen est aujourd'hui invité à trier ses déchets.

DÉCHARGES
Trop souvent, produits chimiques toxiques et autres déchets dangereux ne sont qu'enfouis dans le sol. Ils s'infiltrent et polluent les eaux, détruisent la faune et la flore. Les océans deviennent de vastes poubelles. Si nous voulons que la faune et la flore des océans survivent, nous devons produire des déchets moins toxiques.

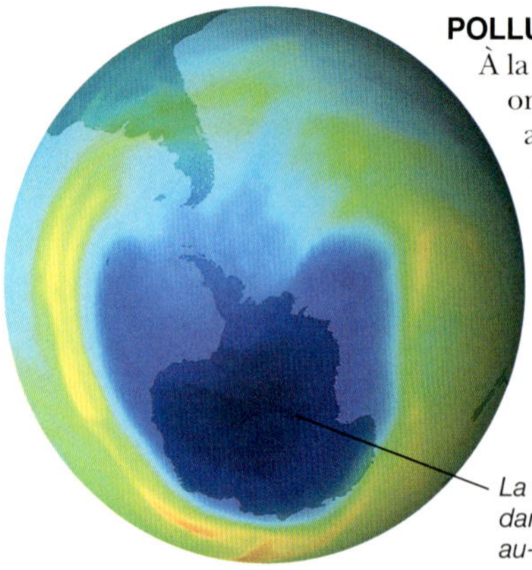

POLLUTION DOMESTIQUE

À la fin des années 1970, les scientifiques ont repéré des trous dans la couche d'ozone au-dessus des pôles, qui ne cessent de s'agrandir. Entre autres responsables, les CFC et le méthane, utilisés comme gaz propulseurs dans les bombes aérosols et comme fluides frigorigènes dans les réfrigérateurs. Aujourd'hui, des gaz moins dangereux remplacent les CFC.

La tache sombre est le trou dans la couche d'ozone au-dessus de l'Antarctique.

EFFET DE SERRE

Une partie du rayonnement solaire est réfléchie par la surface terrestre sous forme de chaleur, qui, retenue par certains gaz, stabilise la température globale moyenne de la Terre à 13 °C, les glaciers reculent partout, la banquise se fragmente, le niveau des eaux menace de monter : la pollution de l'air accentue l'effet de serre. Depuis le protocole de Kyoto (1997), la communauté internationale tient le réchauffement climatique pour un danger majeur. Reste à diminuer notre production de gaz à effet de serre (gaz carbonique, méthane…)

NETTOYAGE DES ZONES POLLUÉES

Certains produits chimiques sont capables de neutraliser des polluants : les détergents, par exemple, détruisent les nappes de pétrole. Mais ils sont aussi toxiques que le fioul lui-même. Les moyens mécaniques constituent parfois la seule méthode de dépollution. Mais le mal est déjà fait.

Des pelles mécaniques ramassent les nappes de fioul.

CONFINER LA NAPPE DE PÉTROLE

Le pétrole brut est un polluant chimique particulièrement toxique. Mais comme il flotte sur l'eau, il est possible de le confiner pour empêcher sa propagation avant de le disperser ou de le récupérer rapidement. Sinon, il épaissit et coule.

Le poumon de la Terre est en danger.

ÉCONOMISER L'ÉNERGIE

L'essentiel de nos pollutions provient de la combustion de combustibles fossiles (charbon, pétrole, gaz naturel) dans les centrales thermiques et les véhicules à moteur. Il faut les rendre moins gourmands en carburants. Nous-mêmes pouvons agir en éteignant nos installations électriques chaque fois que nous cessons de nous en servir et en prenant moins souvent notre voiture.

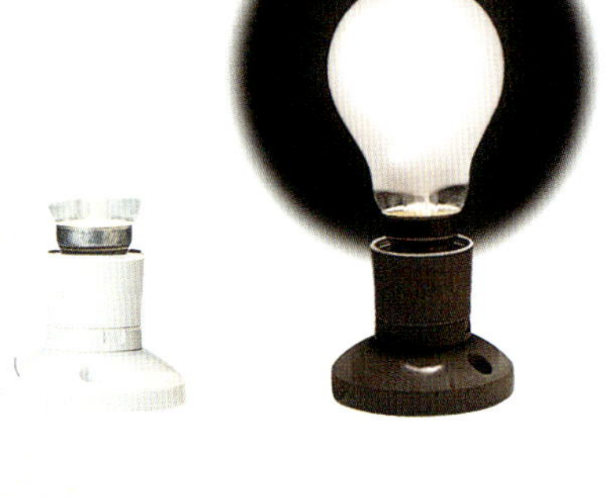

Utiliser une lampe à basse consommation, c'est bien. Mais éteindre la lumière, c'est mieux.

FORÊTS DENSES

Depuis 1945, plus de la moitié des forêts denses du globe ont été détruites. On abat les arbres pour leur bois ou pour créer des zones de culture. Mais brûler les forêts dégage du dioxyde de carbone et contribue au réchauffement climatique. Il se peut qu'on coure à la catastrophe.

Pour en savoir plus

L'ATMOSPHÈRE
LES CLIMATS
L'ÉNERGIE
LES ESPÈCES EN VOIE DE DISPARITION

les Ponts

LES PONTS SONT DES OUVRAGES D'ART qui enjambent les lacs, les fleuves et les vallées encaissées. Grâce à eux, les piétons peuvent franchir en toute sécurité certaines routes ou voies ferrées. Les premiers ponts furent de simples troncs d'arbre jetés en travers des cours d'eau ou des pierres plates entassées dans le lit des rivières. Les hommes perfectionnèrent le système en créant des ponts de corde, à partir de lianes tressées. Plus tard, ils bâtirent de solides ponts de pierre sur des arches. Des ouvrages similaires sont aujourd'hui réalisés en béton et à partir de nouveaux matériaux tout aussi résistants. Poutres et câbles d'acier viennent renforcer ces structures. Le pont le plus haut du monde se trouve en France à Millau avec une hauteur de 245 m et une longueur de 2,5 km.

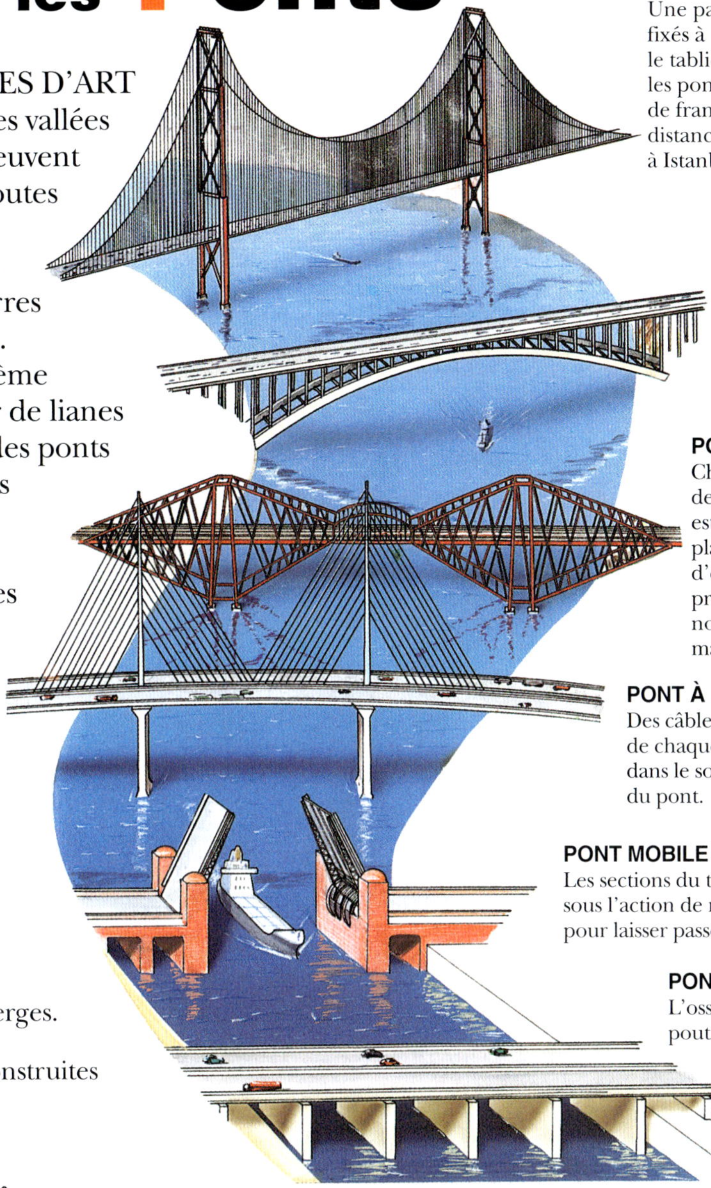

PONT SUSPENDU
Une paire de câbles porteurs fixés à de hautes tours soutient le tablier. Ouvrages légers, les ponts suspendus permettent de franchir de longues distances, comme le Bosphore à Istanbul (Turquie).

PONT EN ARCHE
Une arche semi-elliptique, solidement arrimée sur les berges, supporte le tablier du pont. Ces structures très résistantes autorisent de longues portées.

PONT CANTILEVER
Chacune des deux parties de ces ponts métalliques est en équilibre sur des piles plantées dans le lit du cours d'eau à franchir. Les poutres prennent appui non aux extrémités, mais en leur centre.

PONT À HAUBANS
Des câbles d'acier (haubans), fixés de chaque côté de pylônes fichés dans le sol, maintiennent le tablier du pont.

PONT MOBILE
Les sections du tablier se relèvent sous l'action de machines pour laisser passer les bateaux.

PONT À POUTRES
L'ossature est constituée de poutres parallèles reposant sur des piles ou sur les berges. Ce type de pont, parfois habillé d'un treillis de poutres métalliques, est adapté à la route comme au rail.

CONSTRUCTION D'UN PONT

Les travaux commencent par l'élévation des pylônes et des piles. Puis les travées sont solidement arrimées à la rive et aux berges. Les sections du tablier destiné à supporter la route ou la voie ferrée sont hissées ou construites à partir des deux rives.

SUSPENSION DES CÂBLES
La construction d'un pont suspendu commence par celle des tours où seront accrochés les câbles porteurs. Des câbles, fixés aux tours, vont guider la machine qui déroule les câbles porteurs.

ÉLÉVATION DU TABLIER
De grandes longueurs de câbles, appelées suspentes, sont fixées à intervalles réguliers aux câbles porteurs. Le tablier du pont est constitué de plusieurs sections. Chaque section est hissée en position, puis fixée aux suspentes.

TRAVÉES RECORDS
Le pont suspendu à haubans d'Akashi-Kaikyo, au Japon, possède la plus longue travée, avec un élément central de 1,99 km. L'ouvrage fut achevé en 1998. Le pont de Xihoumen, en Chine, vient en 2e position avec une travée centrale de 1,65 km.

TYPES DE PONTS

Il existe toutes sortes de ponts et de techniques pour les construire. Les ponts aériens reposent sur de solides supports, tandis que des pontons flottants sont posés à même les eaux de certains lacs.

CHUTE DU PONT DE TACOMA
Le Tacoma Narrows Bridge de Washington s'effondra en 1940. Le vent soufflant en rafales provoqua la torsion des pylônes et l'effondrement du tablier. Il n'y eut aucune victime.

AQUEDUCS

Un aqueduc conduit l'eau, et sert, par exemple, à alimenter une cité. Pour franchir un obstacle, il passe sur un pont-canal. Les Romains construisirent de nombreux ponts aqueducs en pierre, dont l'illustre pont du Gard (49 m de haut).

Pour en savoir plus
L'ARCHITECTURE
CONSTRUCTION, MATÉRIAUX ET TECHNIQUES

Pop, rock, reggae...

Liam Gallagher

Noel Gallagher

UN NOUVEAU STYLE DE MUSIQUE est apparu aux États-Unis dans les années 1950. D'abord appelé rock and roll, le rock est issu d'une rencontre entre la country music blanche et le rhythm and blues noir. Mais il incarnait une volonté de rupture : il était joué et souvent écrit par des jeunes en révolte contre la musique et le style de vie de leurs parents. La pop music est un style de rock moins dur. L'image est très importante dans le monde du rock et de la pop, où les fans s'identifient à des groupes ou à des chanteurs en copiant leurs vêtements, leurs coiffures, etc. La pop et le rock sont écoutés dans le monde entier. Des millions de gens de tous âges achètent et jouent ce style de musique qui satisfait le public le plus large.

Liam et Noel Gallagher, membres du groupe de rock britannique Oasis

Le rock and roll est une danse rapide et dynamique.

LES INSTRUMENTS

C'est Bill Haley and the Comets, avec son tube à succès *Rock around the Clock* qui a lancé ce nouveau style musical. La batterie et la guitare électrique produisaient une musique très bruyante et très rythmée. Depuis, un groupe de rock se compose généralement d'un chanteur, d'un guitariste principal, d'un guitariste rythmique, d'un bassiste et d'un batteur.

RHYTHM AND BLUES

Dans les années 1940, des musiciens, parmi lesquels l'Américain Muddy Waters (1915-1983), ont joué vite et fort, sur des guitares électriques, une complainte rurale du folklore noir américain, le blues. Ce nouveau style musical, le rhythm and blues, a influencé le rock.

ELVIS PRESLEY

Le chanteur Elvis Presley (1935-1977) a été la première star internationale du rock and roll. Son physique avantageux a fait de lui l'idole de toute une jeunesse. Né dans le sud des États-Unis, il a grandi en écoutant toutes sortes de musiques populaires qui l'ont inspiré pour créer un rock endiablé qui plaisait autant aux Noirs qu'aux Blancs.

LA DANSE ROCK AND ROLL

Les adolescents des années 1950 se sont rebellés contre la musique douce et romantique de leurs parents. Ils voulaient écouter leur propre musique, des chansons au rythme rapide et appuyé, sur lesquelles ils pouvaient danser le samedi soir.

LES BEATLES

Quatre jeunes musiciens de Liverpool, en Angleterre, John Lennon, Paul McCartney, George Harrison et Ringo Starr, ont enregistré ensemble pour la première fois en 1962. En 1964, les Beatles étaient devenus le groupe de rock le plus célèbre de la planète. Ils se sont séparés en 1970, mais leurs chansons restent incroyablement populaires.

Aretha Franklin

LA SOUL MUSIC

Écrite et chantée par des Noirs américains, tels que Marvin Gaye (1939-1984) et Otis Redding (1941-1967), la soul music était un mélange de blues et de gospel. De nombreux musiciens, notamment Aretha Franklin (née en 1942), dont la voix est puissante et émouvante, ont commencé en chantant du gospel dans les églises.

Bob Marley

LE REGGAE

Originaire de l'île caraïbe de la Jamaïque, le reggae est issu du jazz, du gospel, du rhythm and blues et de la soul music. Cette musique entraînante associe des mélodies accrocheuses à des paroles fortes et pleines d'espoir. La star du reggae, Bob Marley (1945-1981), a fait connaître ce style de musique dans le monde entier.

Le festival de Woodstock fut organisé à la campagne. Il a rassemblé plus de 400 000 personnes.

LES FESTIVALS ROCK

Ces festivals sont nés dans les années 1960, sur la côte ouest des États-Unis, lorsque des milliers de personnes se sont retrouvées pour écouter des concerts en plein air, qui duraient toute une journée. Le plus célèbre eut lieu à Woodstock, dans l'État de New York, en août 1969. Jimi Hendricks, Janis Joplin et The Who y participaient. Aujourd'hui la plupart des festivals sont de grands événements commerciaux, où se produisent toutes sortes de groupes rock et pop.

1951 Premiers disques rock and roll.
1955-1958 Elvis vend 14 millions de disques dont *Hearthsbreak Hotel.*
1962 Les Beatles enregistrent *Love Me Do*, leur premier single.
1964 Les Beatles ont 5 singles en tête des ventes aux États-Unis.
1965 Bob Dylan introduit la guitare électrique dans la folk.
1967 Aretha Franklin enregistre ses premiers disques de soul music.
1969 Festival de Woodstock.
1975 Bob Marley devient une star mondiale avec *No Woman No Cry.*
ANNÉES 1980 Naissance du mouvement rap.
1983 Premier album de Madonna.
1994 Mort de Kurt Cobain.
1997 Le 1er album de Daft punk, groupe français de musique électronique, rencontre un succès international.
2009 Mort de Michael Jackson.

MADONNA

Madonna (née en 1958) a commencé à chanter de la pop au début des années 1980. Elle est vite devenue une star planétaire de la chanson et ses albums ont atteint des chiffres de vente records. Elle doit sa célébrité en partie à son image qu'elle renouvelle sans cesse.

LA DANCE MUSIC

La première musique composée spécialement pour danser dans les clubs a été le disco, dans les années 1970. La house music, mélange de rythmes rapides et de sons électroniques, est apparue dans les années 1980. Puis sont venues la techno, l'acid house et la jungle.

Norman « Fatboy Slim » Cook

Boyzone est un boys band très populaire.

BOYS ET GIRLS BANDS

Des boys bands, comme Take That et Boyzone, et des girls bands, comme les Spice Girls, cherchent à attirer surtout un public adolescent. Composés généralement de cinq chanteurs qui « bougent » bien et chantent des chansons romantiques sur un rythme enlevé, ces groupes ne durent pas longtemps. Mais certains de leurs membres font ensuite une carrière en solo.

Pour en savoir plus

LA DANSE
LA MUSIQUE
LES INSTRUMENTS DE MUSIQUE

Ports et canaux

LES NAVIRES CHARGENT ET DÉCHARGENT leur cargaison dans les ports maritimes et fluviaux, où toutes sortes d'infrastructures permettent de réceptionner les marchandises et les passagers, avant de les acheminer par le rail ou par la route vers l'intérieur des terres. Les premiers ports, installés aux embouchures des fleuves, étaient de simples lieux d'accostage abrités des tempêtes, où les marins transbordaient les cargaisons sur des bateaux plus petits qui remontaient les fleuves. Les digues érigées le long des berges facilitèrent ces opérations, comme le développement d'un réseau de canaux, grâce auquel bateaux et péniches pouvaient rallier une ville, un fleuve, une autre mer, en passant par l'intérieur des terres. Le plus impressionnant des systèmes de voies navigables au monde reste celui du Mississippi qui, avec ses 24000 km de canaux, relie la région des Grands Lacs au golfe du Mexique.

CHARGEMENT ET DÉCHARGEMENT
Les navires transportent près de deux tiers de leur cargaison dans des conteneurs, qui sont hissés hors des bateaux et déchargés sur les quais à l'aide de portiques (ou grues de levage). Les navires transportant des marchandises en vrac, comme les céréales, sont vidés de leur cargaison à l'aide de grosses pompes aspirantes, qui conduisent le grain dans des silos. Les véhicules sont chargés ou déchargés des navires rouliers par des portes reliées à des rampes d'accès, à l'arrière ou sur les côtés du navire.

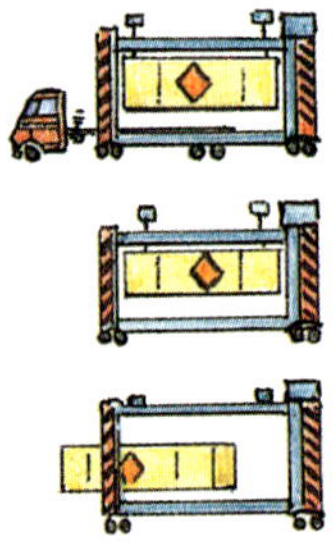

CONTENEURS
Un portique est une grue de levage sur roue spécialement conçue pour le chargement et le déchargement des conteneurs. La grue de levage hisse le conteneur hors des cales du navire puis le dépose sur le quai ou sur la remorque d'un poids lourds.

DOCKS

Aux XVIIIᵉ et XIXᵉ siècles, les autorités portuaires ordonnèrent la construction de profonds bassins artificiels, appelés docks. À leur entrée, d'immenses portes maintiennent un niveau d'eau constant à l'intérieur des bassins. Tout y est étudié pour charger et décharger les conteneurs.

SINGAPOUR
Plaque tournante du trafic international, le port de Singapour, situé au centre des routes maritimes de toute l'Asie du Sud, accueille dans ses docks et le long de ses quais démesurés des marchandises du monde entier. Le fret des cargos est transbordé sur des bateaux de plus petit tonnage, qui assurent des liaisons avec les pays voisins.

ÉCLUSES

Les écluses permettent le passage des bateaux d'un plan d'eau à un autre, qui n'est pas situé au même niveau. La dénivellation est franchie par le déplacement d'une masse d'eau. La fermeture et l'ouverture des vannes alignent la surface de l'eau à l'intérieur de l'écluse sur le niveau d'amont, puis sur celui d'aval.

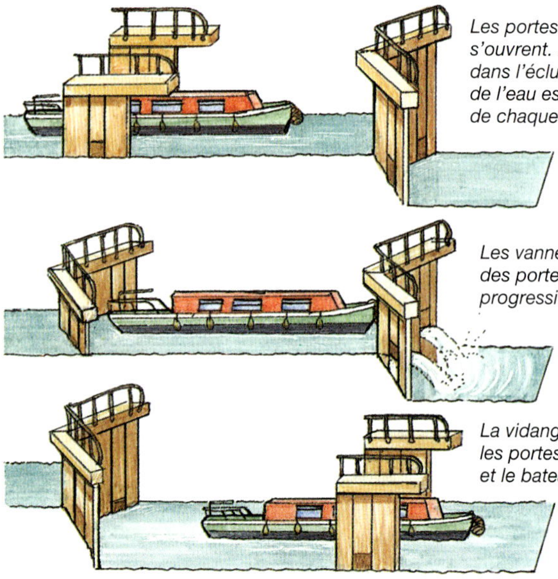

CANAL DE PANAMÁ
10000 km séparent l'Atlantique du Pacifique si on longe l'Amérique du Sud. Pourtant, les deux océans sont séparés de 79,6 km, au niveau de l'isthme de Panamá, dont le canal fut inauguré en 1914.

Pour en savoir plus

LES BATEAUX
COMMERCE ET INDUSTRIE
LA NAVIGATION

le Portugal (géographie)

Au sud-ouest de la péninsule Ibérique, qu'il partage avec l'Espagne, le Portugal est le pays le plus occidental du continent européen. Il comprend aussi les Açores et Madère, deux archipels autonomes de l'océan Atlantique.

LA LONGUE CÔTE ATLANTIQUE du Portugal a façonné sa destinée de nation maritime. Le pays possède peu de ressources naturelles, mais son économie s'appuie traditionnellement sur la pêche et l'agriculture. Les raisins cultivés sur les pentes humides et fertiles de la vallée du Douro produisent vins et portos de qualité ; olives, liège et poisson en boîte sont également exportés. Aujourd'hui, le Portugal se modernise, et son industrie textile est en expansion. Malgré un réseau routier intérieur développé, les voies de communication avec l'Espagne sont rares, et la plupart des biens lourds sont transportés par bateau. Le tourisme, en particulier sur la côte sud, prend une importance croissante.

ALGARVE

Les plaines côtières fertiles du sud du Portugal sont densément peuplées. À l'intérieur des terres, l'économie, principalement agricole, se fonde sur les cultures : maïs, figues, amandes et raisin. De nombreux villages de pêcheurs bordent la côte. Récemment, le tourisme a transformé ces lieux paisibles (ci-dessus). Certains villages ont été complètement avalés par le développement touristique. Les vacanciers apprécient les hivers doux, les beaux paysages et certains des meilleurs terrains de golf d'Europe.

VIGNOBLES

Les collines en terrasse qui bordent la vallée du Douro (à gauche) donnent des raisins qui servent à fabriquer les vins typiques du Portugal, dont le célèbre porto, du nom de la grande ville située dans l'estuaire du Douro. Des péniches transportent les raisins jusqu'aux villes de Porto et Vila Nova de Gaia, où le vin est mélangé et vieilli en fûts et en bouteilles, puis exporté dans le monde entier. L'île de Madère est également célèbre pour son vin, chauffé pendant six mois par les rayons du soleil et des canalisations d'eau chaude, puis fortifié à l'aide d'eau-de-vie, ce qui contribue à lui donner un parfum plus riche.

LISBONNE

La capitale du Portugal, et son principal port, s'étend sur les rives du Tage, à 13 km de la côte. La Baixa, centre historique de la ville (ci-dessous), se trouve sur la rive nord. En 1755, presque tout le quartier fut détruit par un séisme et complètement reconstruit. Le centre industriel de la ville, dominé par de grandes usines de ciment et d'acier, s'étend sur la rive sud.

CULTURE DU LIÈGE

Le Portugal est le principal producteur mondial de liège, tiré de l'écorce du chêne du même nom, prélevée lorsque l'arbre a entre 15 et 20 ans, puis tous les 10 ans.

FÊTES

Au Portugal, pays catholique, de nombreux villages organisent une procession annuelle, souvent pour fêter un saint. Le cortège défile dans les rues, accompagné par la fanfare, puis tout le village se réunit pour un festin, avec musique et danses. Les chants folkloriques, dont le *fado*, sont célèbres dans tout le pays.

P

Pour en savoir plus

L'EUROPE (HISTOIRE)
LE PORTUGAL (HISTOIRE)

Volcan | Montagne | Capitale | Grande ville | Petite ville

STATISTIQUES

Superficie : 91 982 km²
Population : 10 707 000
Capitale : Lisbonne
Langue : portugais
Religions : catholique, protestante
Monnaie : euro
Principales activités : finance, tourisme, manufacture, agriculture
Principales exportations : vêtements, chaussures, vin, tomates, agrumes, liège, sardines, tungstène, cuivre, étain
Principale importation : pétrole

PÊCHE

La pêche a toujours été une activité importante au Portugal, et de nombreux villages de pêcheurs jalonnent la côte atlantique. Les petits bateaux de pêche prennent de grandes quantités de thons, d'anchois, de sardines, d'huîtres et de maquereaux, ensuite conditionnés dans les usines de la côte. Le Portugal est ainsi devenu un important exportateur de sardines en boîte. Le plat national portugais est le *bacalhau*, morue séchée et salée, pêchée au large de l'Atlantique.

ÉCHELLE
0 25 50 km

AGRICULTURE

Dans l'ensemble, le territoire portugais est fertile et bien arrosé, malgré une extrémité méridionale très aride et de nombreuses sécheresses ces dernières années. Les cultures sont diversifiées : blé, seigle, avoine, orge, olives, figues, raisins et tomates. Il existe dans tout le Portugal des élevages de chèvres et de moutons. Au nord du Tage, la plupart des fermes, petites et familiales, recourent à des méthodes agricoles traditionnelles. Dans la région d'Alentejo, au sud (ci-dessous), une part des terres est cultivée par des coopératives de village.

CÉRAMIQUE

Ces carreaux de céramique appelés *azulejos* viennent de la région du Minho, dans le nord. Figurant des scènes pittoresques, ils sont utilisés depuis des siècles pour décorer les murs.

le Portugal (histoire)

APPARTENANT à la péninsule Ibérique, le Portugal ne devint un pays indépendant qu'au XIIe siècle. Quand les Romains colonisèrent la région, au IIe siècle av. J.-C., ils la nommèrent Lusitanie. Les Maures s'emparèrent de ce territoire au VIIIe siècle et le firent prospérer. Au XVe siècle, des explorateurs portugais établirent un grand empire en compétition avec l'Espagne, qui occupa le Portugal à la fin du siècle suivant. En 1910, le pays devint une république. Gouverné par une dictature pendant plus de 40 ans, le Portugal est une démocratie depuis 1974.

ALPHONSE III
Le Portugal émergea comme nation indépendante au XIIe siècle, mais les Maures en occupaient toujours le sud. En 1248, Alphonse III devint roi et chassa les Maures du Portugal.

EMPIRE PORTUGAIS
Au XVe siècle, encouragés par le prince Henri le Navigateur (fils de Jean Ier, roi du Portugal), des navigateurs portugais effectuèrent de longs voyages d'exploration autour du monde. En 1498, Vasco de Gama conduisit quatre navires à Calicut, en Inde, et deux ans plus tard, Pedro Alvares Cabral atteignit le Brésil. Bientôt, le Portugal régna sur un vaste empire, avec des terres en Asie du Sud, en Afrique et au Brésil.

RÉVOLTE

En 1580, Philippe II d'Espagne conquit le Portugal. Les Portugais rejetèrent cette domination, mais ils ne réussirent à se rebeller efficacement qu'en 1640, menés par le duc de Bragance, plus grand propriétaire terrien du pays, alors que l'Espagne était grandement affaiblie par une guerre contre la France. Les Espagnols chassés, le duc fut couronné Jean IV, premier roi de la maison de Bragance, qui gouverna le pays jusqu'à la fin de la monarchie, en 1910.

Scène de bataille lors de la révolte portugaise de 1640

IIe SIÈCLE AV. J.-C. Les Romains colonisent la péninsule Ibérique.

VIIIe SIÈCLE APR. J.-C. Les Maures (musulmans d'Afrique du Nord) occupent le Portugal.

XIIe SIÈCLE Les chrétiens chassent les Maures ; le Portugal devient un pays indépendant de l'Espagne.

1419 Les Portugais commencent leurs voyages d'exploration.

1494 Traité de Tordesillas : l'Espagne et le Portugal se partagent le monde.

1500 Le Portugal s'approprie le Brésil (il le perd en 1822).

1580-1640 L'Espagne annexe le Portugal.

1910 Le Portugal devient une république.

1932 Salazar prend le pouvoir.

1974 Un putsch militaire, la « révolution des œillets », renverse la dictature.

1986 Le Portugal rejoint la CEE (ancienne Union européenne).

SÉISME DE LISBONNE

En 1755, un important séisme détruisit la partie basse de Lisbonne, la capitale du pays, tuant plus de 60 000 personnes. Le château Saõ Jorge, autrefois demeure royale, subsista, parce qu'il se trouvait sur une colline. Le marquis de Pombal, Premier ministre du Portugal de 1756 à 1777, fit reconstruire la ville.

ANTÓNIO DE SALAZAR
Chef du gouvernement à partir de 1932, António de Oliveira Salazar régna comme dictateur jusqu'en 1968, puis Marcelo Caetano lui succéda. En avril 1974, un putsch militaire engendra la « révolution des œillets » et renversa le régime.

Pour en savoir plus

LA DÉMOCRATIE
L'ESPAGNE (HISTOIRE)
LES PHÉNICIENS
LES SÉISMES

http://www.laposte.fr/

la Poste

DES MILLIONS DE LETTRES sont traitées chaque jour par la poste. Le courrier qu'on vous envoie de l'autre côté de la Terre arrive à votre domicile en quelques jours. Pour accomplir ce miracle, la poste est très organisée et chaque lettre fait l'objet de plusieurs opérations de tri dans différents centres. Vous postez une lettre à un ami qui habite à l'étranger en laissant votre courrier dans une boîte aux lettres de la poste. Les postiers procèdent à la levée du courrier qui contient, entre autres, votre lettre. Celle-ci est acheminée vers un centre de tri où elle est mise dans un sac contenant d'autres lettres à destination du même pays. Le sac est acheminé dans le pays en question en train ou en avion. Là-bas, des postiers l'ouvrent et procèdent au tri des lettres par ville. La lettre est alors conduite vers un centre de tri local, puis vers un bureau de poste où les postiers trient les lettres par rue et par habitation avant de les distribuer à pied, à vélo ou en fourgonnette.

FEUX D'ALARME
Les feux transmettaient des messages bien avant que le service postal n'existe. Au XVIe siècle, une succession de feux avertissait les Britanniques du risque d'une invasion espagnole. Ceux qui montaient la garde allumaient un feu en haut d'une colline et le signal d'alarme se transmettait plus vite que par un messager à cheval.

Le poids du courrier et sa vitesse d'acheminement déterminent le tarif de l'affranchissement.

Le nom et l'adresse doivent être lisibles.

Le timbre figure toujours en haut à droite de l'enveloppe.

L'oblitération rend le timbre non réutilisable.

Le code postal est indispensable au tri automatique.

TIMBRES
Le timbre-poste est apparu en Angleterre en 1840. Il ne coûtait qu'un penny quelle que fût la destination du courrier. Il est apparu en France en 1849. Chez nous, le timbre dentelé date de 1862, le premier carnet de timbres autocollants de 1990 et le timbre sans valeur faciale de 1993. Les timbres représentent souvent un personnage célèbre ou un événement national. En France, le timbre le plus courant est à l'effigie de Marianne.

Centre de tri où la machine n'a pas encore totalement remplacé l'homme

TRI POSTAL
Les machines à trier automatiques ont facilité et accéléré l'opération de tri. Elles sont munies de lecteurs optiques pour lire les adresses et les chiffres du code postal et d'oblitérateurs de timbres. La capacité de tri est en moyenne de 30 000 plis par heure vers 180 directions différentes.

EXPÉDITION DU COURRIER

En 1860, aux États-Unis, la société Pony Express a lancé un service d'expédition rapide du courrier entre le Missouri et la Californie. L'expédition par diligence prenait six semaines, celle par des cavaliers qui se relayaient huit jours seulement, chacun des 80 cavaliers parcourant 120 km par jour. Parmi eux se trouvait William Cody, âgé de 14 ans, qui allait devenir le célèbre Buffalo Bill. Mais ce service n'a pas tardé à être remplacé par le télégraphe.

Pour en savoir plus
COMMERCE ET INDUSTRIE
LES TRANSPORTS

la Poterie

LA CUISSON DE L'ARGILE EXTRAITE du sol transforme cette terre molle en matériau dur qu'on appelle la terre cuite. Celle-ci a de tout autres propriétés que l'argile. Le potier façonne l'argile imbibée d'eau pour lui donner toutes sortes de formes (assiettes ou jarres). La forme définitive de l'objet appelé poterie est obtenue par la cuisson. L'art du potier est très ancien. Les premiers potiers travaillaient au Moyen-Orient il y a 9000 ans. Ils fabriquaient des poteries par pressage ou enroulement (à gauche). Ils ont commencé à utiliser des plaques tournantes, aujourd'hui appelées tours, il y a 3500 ans, pour obtenir des formes parfaites. Comment le savons-nous ? Parce qu'une poterie ne se décompose pas dans le sol. L'étude des fragments de poteries permet aux archéologues de mieux connaître les peuples qui les ont fabriquées il y a des siècles.

PORCELAINE
En ajoutant du sable à l'argile, le potier obtient un matériau appelé porcelaine. Le sable se transforme en verre à la cuisson, rendant la porcelaine translucide. Les Chinois ont inventé la porcelaine il y a plus de 1200 ans, mais leur art est resté secret jusqu'au XVIIIe siècle.

POTERIES PRESSÉES
Le potier presse la pâte d'argile contre les parois d'un moule en plâtre.

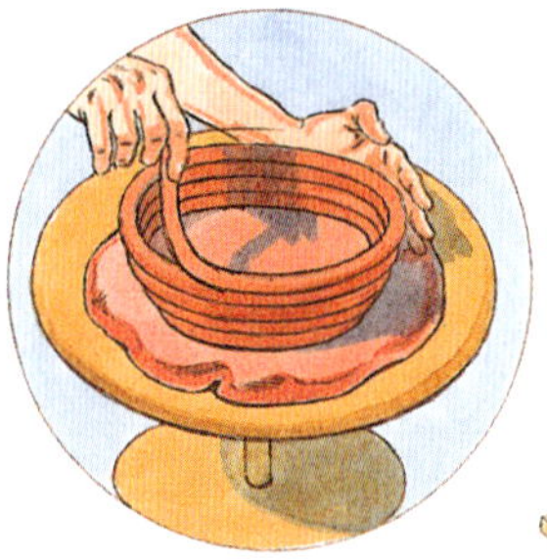

POTERIES ENROULÉES
Sans l'aide d'un tour, le potier enroule un boudin long et fin de pâte argileuse.

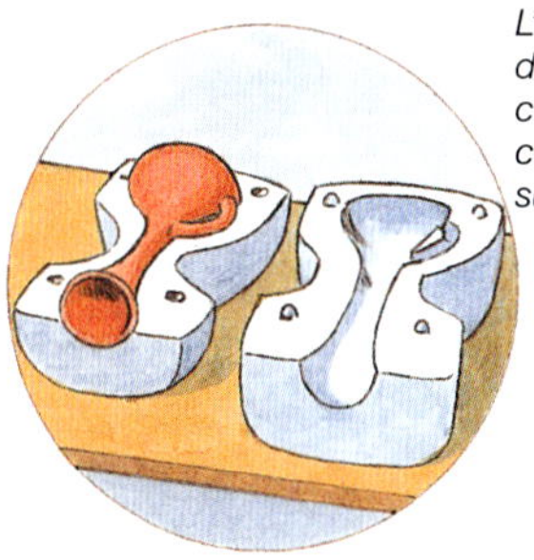

POTERIES MOULÉES
Le potier verse de l'argile liquide dans le moule en plâtre. Une fois cuite, l'argile possède la forme exacte du moule.

FABRICATION DES POTERIES

Elle comprend trois étapes : le façonnage de la pâte d'argile, la cuisson et le vernissage. Les potiers utilisent différentes techniques de façonnage. Pour fabriquer un objet parfaitement circulaire, ils placent une motte d'argile sur un tour en mouvement et se servent de leurs deux mains pour donner à l'objet la forme souhaitée.

CUISSON
Après avoir été façonnés, les objets doivent sécher, puis être cuits dans un four à plus de 600 °C. L'argile sèche et friable se durcit. Le potier contrôle la température du four et la durée de la cuisson.

VERNISSAGE
Après la première cuisson, la poterie est poreuse. Le vernissage permet de rendre sa surface imperméable et très dure, semblable à du verre. On obtient la glaçure en mélangeant des oxydes métalliques et des minéraux dans de l'eau. Le potier y plonge sa poterie ou l'applique sur l'objet. La glaçure sèche. Une seconde cuisson au four fait fondre la glaçure, qui alors adhère à la terre cuite.

POTERIE TRADITIONNELLE

Dans toutes les cultures, les potiers ont façonné et décoré leurs poteries pour en faire des objets uniques. Ils fabriquaient des objets utiles (bols, récipients de cuisson) et des objets décoratifs ou de divertissement (colliers et instruments de musique).

Pour en savoir plus

LA CHINE (HISTOIRE)
ROCHES ET MINÉRAUX
VERRES ET CÉRAMIQUES

Poumons et respiration

RESPIRER NOUS APPORTE L'OXYGÈNE dont nous avons besoin pour vivre. Lorsque nous inspirons, l'air passe par le nez ou la bouche et descend par la trachée jusqu'aux poumons, deux organes situés dans le thorax, qui prélèvent un maximum d'oxygène dans l'air inspiré. Le sang oxygéné circule des poumons vers toutes les parties du corps. Car notre organisme a besoin d'oxygène pour transformer les aliments en énergie. Cette opération produit du gaz carbonique qui est rejeté par les poumons. L'absorption de l'oxygène et le rejet du gaz carbonique constituent la respiration. Les poumons, les voies respiratoires, la gorge et les voies nasales forment l'appareil respiratoire. Chaque poumon est entouré d'une fine membrane, la plèvre. Les poumons renferment les bronches, les bronchioles, des capillaires et des millions de sacs microscopiques, les alvéoles. Si ces sacs étaient dépliés, ils couvriraient la surface d'un court de tennis.

PRODUCTION DES SONS

Nous utilisons l'air qui entre dans les poumons et en sort pour produire des sons. Nous pouvons parler, crier ou rire, parce que l'air fait vibrer deux petits cordons musculo-membraneux, les cordes vocales, situées au niveau du larynx, entre le pharynx et la trachée. Selon que les cordes vocales sont plus ou moins tendues, le son produit est plus ou moins aigu.

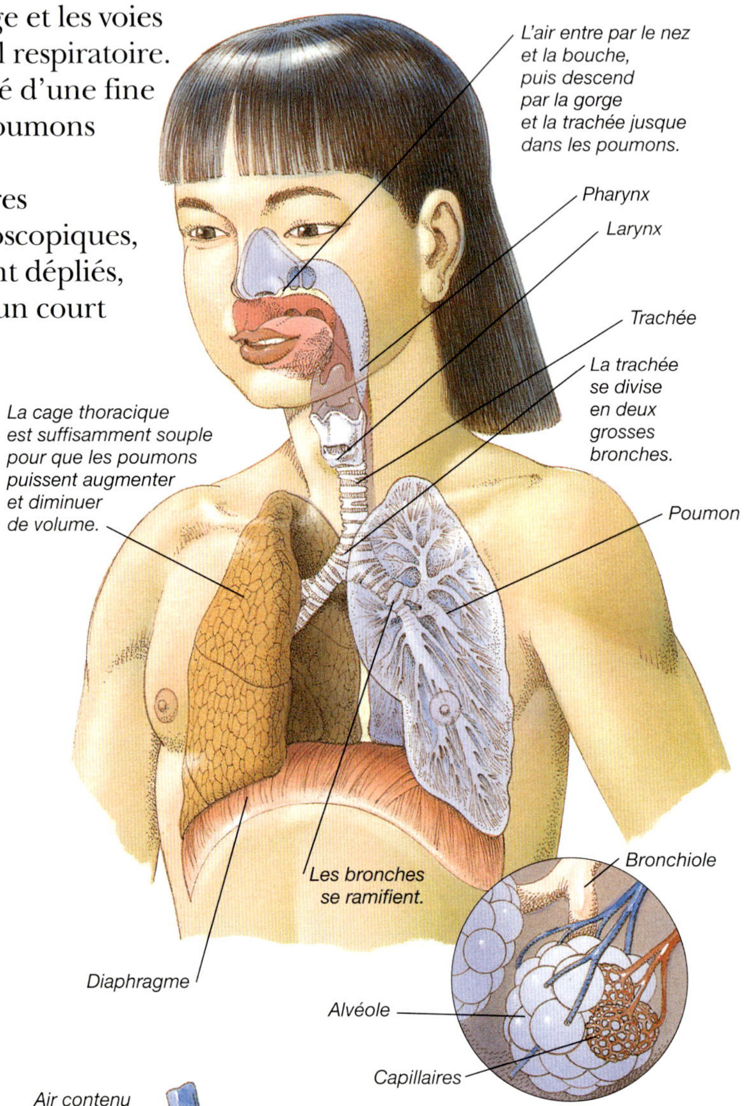

Les bronches se divisent en bronchioles, qui se terminent en grappes d'alvéoles. L'air qui y parvient donne de l'oxygène au sang des capillaires et en reçoit du gaz carbonique.

RESPIRATION

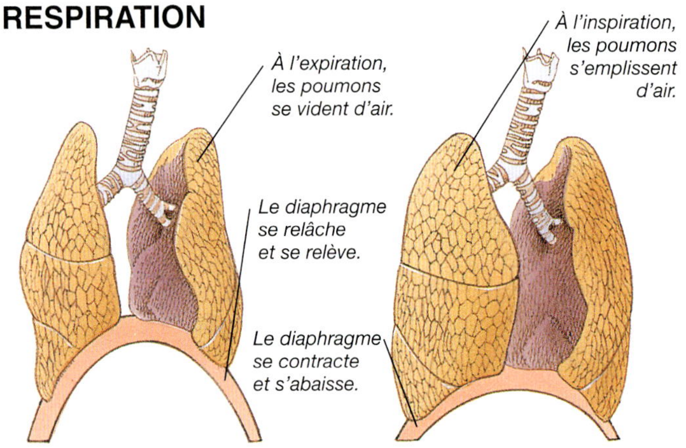

EXPIRATION

Lorsque vous expirez, le diaphragme et la cage thoracique se relâchent. Les poumons, spongieux et élastiques, se contractent et expulsent l'air.

INSPIRATION

Lorsque vous inspirez, le diaphragme se contracte et s'abaisse, tandis que les muscles intercostaux se contractent, le tout concourant à dilater les poumons qui s'emplissent d'air.

DIPNEUSTE

La plupart des animaux possèdent des poumons. Mais la majorité des espèces aquatiques comme les poissons ont des branchies pour respirer. L'oxygène de l'eau passe dans le sang à travers les branchies. Le dipneuste ci-contre est un poisson inhabituel qui possède à la fois des branchies et des poumons, ce qui lui permet de respirer aussi bien sous l'eau qu'à l'air libre.

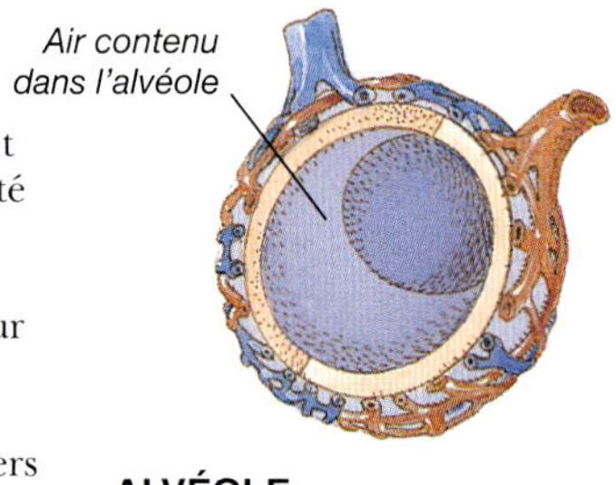

ALVÉOLE

Chaque alvéole est entourée par un réseau de vaisseaux sanguins microscopiques, les capillaires. L'oxygène se diffuse de l'espace alvéolaire au sang des capillaires, tandis que le gaz carbonique suit le chemin inverse.

Pour en savoir plus

CERVEAU ET NERFS
CŒUR ET CIRCULATION SANGUINE
LE CORPS HUMAIN
MUSCLES ET MOUVEMENT
L'OXYGÈNE
SQUELETTE ET STRUCTURE

les Prairies

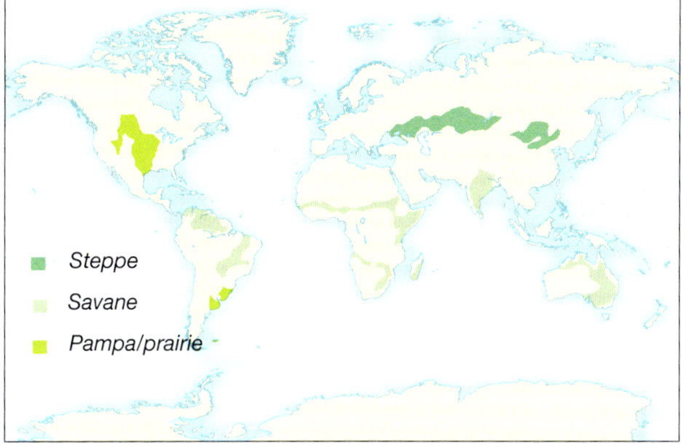

Cette carte montre les principales prairies du globe.

De vastes régions d'Afrique, d'Amérique, d'Asie et d'Australie sont couvertes de prairies. Ce sont des étendues trop sèches pour des arbres, mais pas pour des plantes herbacées comme les graminées, qui repoussent même après des incendies, fréquents durant la saison chaude et sèche. Le feu ne détruit que les parties aériennes des plantes, laissant les racines intactes. Les graminées résistent aussi aux animaux, nombreux dans les milieux dits ouverts que constituent les prairies. Le zèbre mange la partie supérieure de la plante, le gnou la partie moyenne et la gazelle de Thomson la partie proche du sol. Criquets, fourmis et termites se cachent au milieu des tiges aériennes et des racines, mais sont mangés par des animaux plus grands, tels les fourmiliers et les tatous. L'absence d'arbres implique que les petits mammifères et certains oiseaux doivent creuser des terriers pour s'abriter et se reproduire. Chaque type de prairie possède ses rongeurs fouisseurs : le chien de prairie et le gaufre à poches vivent en Amérique du Nord, le souslik peuple l'Asie, le xérus ou rat palmiste l'Afrique, la viscache et le tuco-tuco se rencontrent en Amérique du Sud.

PRAIRIES
Les principales étendues herbeuses du monde sont les steppes d'Asie, les savanes d'Afrique, les prairies d'Amérique du Nord et les pampas d'Amérique du Sud. Il existe aussi des milieux ouverts au climat tropical en Inde et au nord de l'Australie et des prairies au climat tempéré dans le sud de l'Australie.

Le chardon pousse dans les étendues herbeuses du monde entier. Ses épines le protègent des mammifères brouteurs. Ses fleurs pourpres forment des capitules globuleux.

PAMPA
Les mammifères qui vivent dans la pampa sud-américaine sont le cerf des pampas, le guanaco et la viscache, un rongeur qui creuse le sol pour y trouver refuge. Un oiseau coureur, le nandou, se nourrit de graminées.

VISCACHE
La viscache est un gros rongeur voisin du chinchilla. Le mâle pèse 8 kg, soit le double de la femelle. Les viscaches creusent un réseau de galeries avec leurs pattes antérieures et amoncellent des morceaux de bois et des pierres à proximité des nombreuses entrées. Elles se nourrissent de tiges et de feuilles.

CHEVÊCHE DES TERRIERS
La chevêche des terriers vit dans les pampas. Elle construit souvent son nid dans une cavité dont elle a chassé l'occupant, une viscache, généralement. Elle se nourrit d'insectes, de petits mammifères, d'oiseaux, de lézards et de serpents.

TAMANOIR
Avec les grosses griffes de ses deuxièmes et troisièmes doigts, le tamanoir détruit facilement les fourmilières et les termitières. Il utilise sa langue visqueuse de 60 cm de long pour capturer fourmis et termites.

Sa queue protège son corps lorsqu'il dort dans un trou peu profond. Le puma est l'un de ses prédateurs.

GYNÉRIUM
Les inflorescences plumeuses blanches du gynérium, ou herbe de la pampa, sont souvent admirées dans les parcs et jardins. À l'état sauvage, il couvre la pampa argentine. Ses feuilles sont dotées de minuscules dents très coupantes.

P

CHACAL

Le chacal mange tout ce qu'il trouve dans la savane africaine : fruits, petits mammifères, œufs, oiseaux et charognes de grands mammifères.

Les chacals chassent parfois en groupes des mammifères brouteurs comme ces gazelles de Thomson.

SAVANE

Les vastes étendues herbeuses de l'est et du sud de l'Afrique sont des savanes. Elles abritent les plus grands troupeaux de mammifères brouteurs du monde, dont les zèbres, les gnous et les bubales. Ces mammifères parcourent la savane selon les pluies pour trouver de l'herbe fraîche. Des acacias et des baobabs donnent de l'ombre aux lions qui font la sieste, constituent un lieu d'embuscade pour les léopards et offrent un endroit où dormir aux babouins.

GAZELLES DE THOMSON

Ces mammifères rapides et agiles vivent dans les savanes en troupeaux constitués d'une centaine d'individus. Mâles et femelles portent des cornes, mais celles du mâle sont plus grandes. Les gazelles de Thomson sont chassées par les guépards et les chacals.

PROTECTION DE LA FAUNE DES PRAIRIES

La plupart des prairies naturelles sont aujourd'hui cultivées, confinant les animaux dans des zones de plus en plus limitées, exposées au surpâturage et devenues arides et stériles. Sans compter les hommes qui les chassent. Autrefois, le saïga d'Asie (ci-contre) était abattu pour ses cornes. C'est aujourd'hui une espèce protégée qui n'est plus menacée de disparition.

Un saïga nouveau-né ne porte pas de cornes.

PORC-ÉPIC AFRICAIN

Le porc-épic africain possède de longs piquants sur son dos pour se protéger. Il avertit ses ennemis en agitant les piquants de sa queue. Si les prédateurs ignorent cet avertissement, le porc-épic recule vers eux et enfonce ses piquants, qui se détachent aisément, dans leur chair.

La pivoine sauvage, dont est issue la pivoine cultivée, pousse dans de nombreuses étendues herbeuses du monde.

STEPPE

Les vastes plaines asiatiques sont des steppes. Dans l'ouest de l'Asie les précipitations annuelles sont abondantes, ce qui permet aux graminées de croître rapidement. Mais vers les régions orientales où les pluies se raréfient, les graminées disparaissent pour laisser place au désert de Gobi. Saïgas, cerfs nobles et chevreuils broutent dans les plaines vallonnées.

COULEUVRE

La couleuvre vit au bord des cours d'eau et dans les zones marécageuses d'Europe et d'Asie. Elle sait très bien nager.

CHAT MANUL

Ce chat à poil long vit dans les montagnes, les hautes steppes et les vastes plaines d'Asie centrale. La nuit, il chasse les lièvres, les oiseaux et les souris.

Ce chat mesure 60 cm de long sans la queue.

GECKO NOCTURNE

Avec ses griffes acérées et ses pattes à forte adhérence, le gecko grimpe avec agilité sur des rochers lisses, le long des fissures et dans les fentes. Le gecko nocturne chasse les insectes la nuit et se cache le jour sous les rochers ou dans une fourmilière vide.

SYRRHAPTE

Le plumage moucheté du syrrhapte le camoufle efficacement au milieu des steppes asiatiques. Cet oiseau boit peu et survit en se nourrissant de graines très sèches et très dures.

Pour en savoir plus

L'Afrique (faune et flore)
Chevaux, zèbres et ânes
Les Grands félins
Les Lézards

http://www.grands-sites-archeologiques.culture.fr/

la Préhistoire

À LA FORMATION DE LA TERRE, il y a plus de 4,6 milliards d'années, la planète n'abritait aucune forme de vie. De formidables tempêtes perturbaient un ciel saturé d'éclairs et les volcans libéraient leurs gaz toxiques, alors que la Terre encore privée d'atmosphère subissait les effets du rayonnement solaire. Progressivement, des mers chaudes et peu profondes se formèrent. Les premières formes de vie apparurent dans ces eaux. Les fossiles, ces restes préservés de végétaux et d'animaux, constituent aujourd'hui les seuls vestiges de cette époque. L'étude de spécimens vieux de près de 2 milliards d'années a révélé l'existence de bactéries comme premières formes de vie, avant le développement d'algues unicellulaires, baptisées cyanobactéries, qui bientôt évoluèrent et se diversifièrent. Ces végétaux produisirent de l'oxygène, indispensable à la vie des animaux. L'oxygène de l'eau libéré dans l'air forma une couche d'ozone protectrice dans l'atmosphère. Des organismes vivants commencèrent à coloniser la terre et les airs. Des millions d'espèces végétales et animales virent progressivement le jour. Certaines, comme les insectes, prospérèrent ; d'autres, comme les dinosaures, s'éteignirent sous l'effet des changements climatiques profonds qui affectèrent la Terre.

2 MILLIARDS D'ANNÉES

Les bactéries et les algues constituèrent les premières formes de vie. Ces algues ou cyanobactéries se développaient en colonies et finissaient par former des constructions calcaires appelées stromatolites. Le phénomène se rencontre encore aujourd'hui dans les mers chaudes et peu profondes.

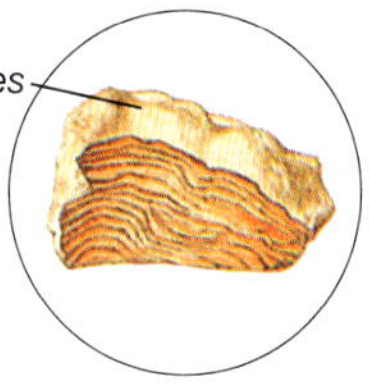

Les stromatolites sont les restes fossilisés des premières formes de vie sur Terre.

600 MILLIONS D'ANNÉES

De rares fossiles de créatures à corps mou témoignent de la diversification et de l'évolution des espèces depuis cette époque. Ces créatures regroupaient les premiers représentants des méduses, des vers marins, des coraux et des pennes de mer.

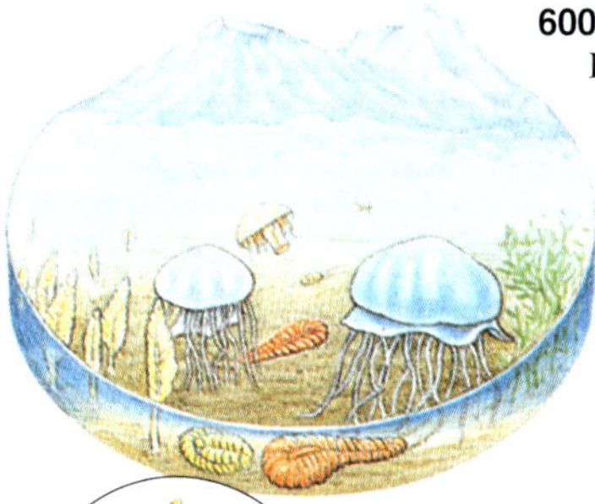

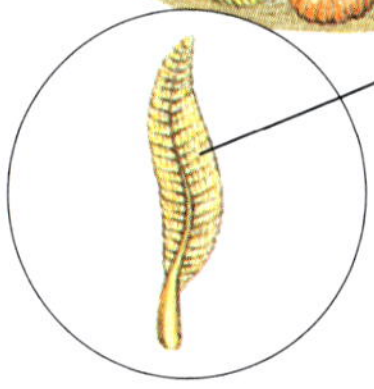

Apparition des pennatulaires de mer il y a 600 millions d'années

450 MILLIONS D'ANNÉES

Les fossiles de cette époque sont plus répandus. Les premiers animaux à coquille virent le jour et leurs carapaces fossilisées traversèrent plus facilement les siècles. Parmi eux se retrouvent les trilobites, les nautiles, les oursins et les euryptérides géants ou scorpions de mer, mesurant plus de 2,5 m de long.

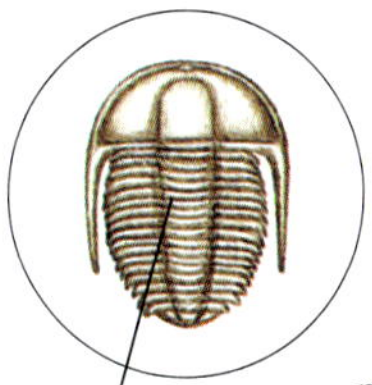

Les trilobites qui existaient il y a 450 millions d'années étaient des proches parents du crabe.

Apparition de l'une des premières espèces de poissons il y a près de 390 millions d'années

390 MILLIONS D'ANNÉES

Les poissons furent les premiers vertébrés. Ils évoluèrent rapidement en différentes espèces. Progressivement apparurent dents et nageoires. Les premiers végétaux terrestres furent des mousses qui se développèrent sur des rives marécageuses.

La Cooksonia fut l'une des premières plantes à faire son apparition sur Terre.

DATATION DES FOSSILES

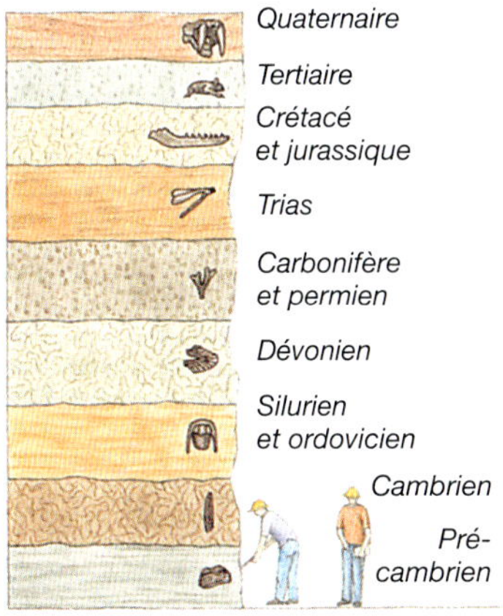

Ères	Millions d'années (Ma)
Quaternaire	2 Ma à aujourd'hui
Tertiaire	65-2
Crétacé et jurassique	205-65
Trias	245-205
Carbonifère et permien	360-245
Dévonien	410-360
Silurien et ordovicien	500–410
Cambrien	540–500
Pré-cambrien	3 000–540

Les paléontologues déterminent l'âge d'un fossile en étudiant la structure des roches environnantes. Cette méthode est appelée datation relative. La méthode de datation basée sur la mesure des éléments radioactifs contenus dans les roches et les fossiles est appelée datation absolue.

La préhistoire se divise en différentes ères elles-mêmes divisées en périodes. Chacune de ces ères s'étire sur plusieurs millions d'années. En creusant la croûte terrestre on parvient à mettre au jour des fossiles végétaux ou animaux qui ont vécu à ces différentes époques.

350 MILLIONS D'ANNÉES

Après la colonisation de la terre ferme par les premières plantes, apparurent les premiers animaux, comme les mille-pattes et les insectes. Des arbres semblables à des conifères s'élevaient à plus de 30 m de hauteur. Les requins et bien d'autres espèces marines hantaient les océans.

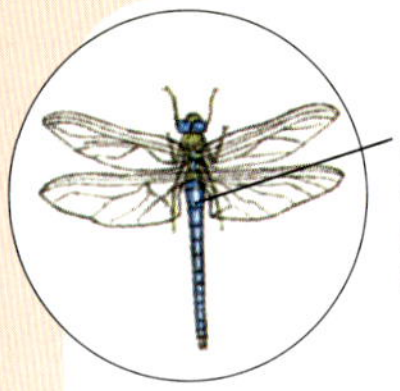

Apparition des libellules il y a près de 350 millions d'années

Les premiers amphibiens apparus il y a près de 50 millions d'années évoluent ; leurs membres se développent et leur peau s'épaissit, ce qui leur permet d'évoluer sur la terre ferme. Ils retournent pourtant dans l'eau pour y pondre leurs œufs. Fougères géantes et prêles poussent dans les marais.

Les dinosaures régnaient en maître sur la terre ferme. Des reptiles, comme les plésiosaures, évoluaient dans les océans, et d'autres reptiles, comme les ptérosauriens, sillonnaient les airs. Les oiseaux et les mammifères firent leur apparition. Les ammonites abondaient dans les mers.

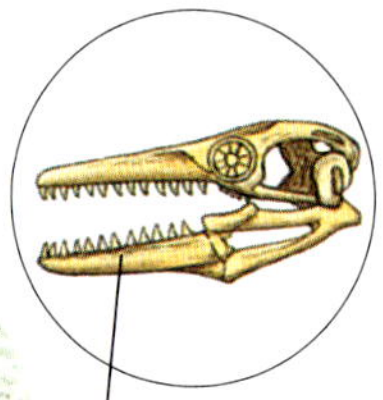

Le mosasaure est l'un des premiers reptiles marins. Ses dents pointues montrent qu'il était carnivore et qu'il chassait probablement les poissons.

Apparition des premières chauves-souris il y a 50 millions d'années

Les arbres à fleur, comme les magnolias, font leur apparition sur Terre il y a plus de 100 millions d'années. Un peu plus tard, s'éteignent les dinosaures et un certain nombre d'autres espèces. Durant les quelques millions d'années qui suivirent, les mammifères et les oiseaux se diversifièrent et prospérèrent.

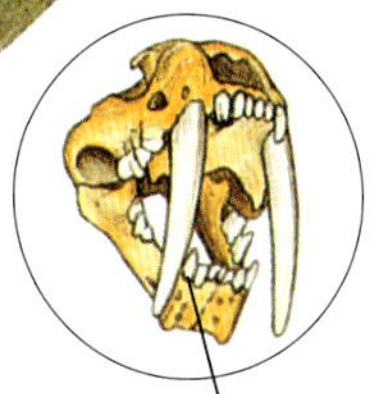

Le tigre à dents de sabre vécut il y a entre 19 et 2 millions d'années. Ses dents démesurées lui permettaient d'attaquer et de tuer de grosses proies.

EXTINCTION DES ESPÈCES

Si de nombreuses espèces animales et végétales sont aujourd'hui menacées d'extinction, il faut savoir que le phénomène se produisit dès l'apparition de la vie sur Terre. Le problème est inhérent à la nature. Certaines espèces n'ont pu en effet s'adapter aux changements qui affectèrent notre planète. Les scientifiques estiment que sur 100 % des espèces animales et végétales qui se sont éteintes, 99 % disparurent naturellement. De brusques changements climatiques étaient responsables de ce genre de phénomènes. Il y a 225 millions d'années, 90 % de l'ensemble des organismes marins s'éteignirent. Les dommages causés par l'homme à l'environnement menacent aujourd'hui de disparition à court terme de nombreuses espèces végétales et animales.

STÉGOSAURE

Cette espèce de dinosaure vivait il y a 150 millions d'années en Amérique du Nord. Son extinction remonte à 140 millions d'années.

HOMME DE NEANDERTAL

Ces hominidés vivaient entre 120 000 et 35 000 millions d'années. Il s'agissait des plus proches parents de l'*Homo sapiens* ou homme moderne. Suite à l'évolution des hominidés, l'homme de Neandertal s'éteignit.

PÉRIODES GLACIAIRES

Il y a près de 2 millions d'années, la Terre connut une succession de périodes glaciaires, avec alternance de phases de refroidissement et de réchauffement. Les hominidés firent leur apparition, probablement en Afrique, et se répandirent sur toute la planète.

Pour en savoir plus

LE CHARBON
LES DINOSAURES
LES FOSSILES
LES HOMMES PRÉHISTORIQUES
LA THÉORIE DE L'ÉVOLUTION

la Première Guerre mondiale

ARCHIDUC FRANÇOIS-FERDINAND
Le 28 juin 1914, un nationaliste serbe assassinait à Sarajevo l'archiduc François-Ferdinand, héritier du trône d'Autriche-Hongrie. L'Allemagne poussa l'Autriche à exercer des représailles contre la Serbie en lui déclarant la guerre. Un mois plus tard débutait la Première Guerre mondiale.

ENTRE 1914 ET 1918, L'EUROPE FUT au cœur d'un terrible conflit. Les rivalités qui opposaient les sept plus grandes puissances européennes furent à l'origine du déclenchement de ce qui devait devenir la Première Guerre mondiale (ou la Grande Guerre). L'Empire austro-hongrois commença par déclarer la guerre à la Serbie, avant que d'autres nations ne viennent se joindre aux belligérants. Deux groupes se formèrent, celui des Alliés, composé de la France, de la Grande-Bretagne, de l'Italie, de la Russie et des États-Unis, qui s'opposa à celui des puissances centrales : Allemagne, Autriche-Hongrie et Turquie. Persuadés que la guerre serait brève, les jeunes hommes s'engagèrent en masse. Il apparut bien vite qu'aucun des partis n'était suffisamment puissant pour remporter une victoire décisive. Plusieurs millions de soldats perdirent la vie sur les champs de bataille, s'épuisant à gagner quelques mètres sur l'ennemi. La guerre s'acheva mais, quelques années plus tard, un conflit encore plus dévastateur éclata.

Les Alliés sont représentés en vert, les puissances centrales en rose et les pays neutres en jaune.

NATIONS EN GUERRE
Le conflit impliqua près de 30 pays, chiffre jamais atteint au cours d'une guerre. Il gagna le Moyen-Orient, l'Afrique et le Pacifique, mais les combats décisifs se déroulèrent en Europe. Le front occidental, au nord de la France, formait une ligne de tranchées de la Suisse à la Manche. À l'est, les soldats se battaient sur le territoire de la Pologne actuelle. Les combats se déroulaient sur terre, en mer et dans les airs.

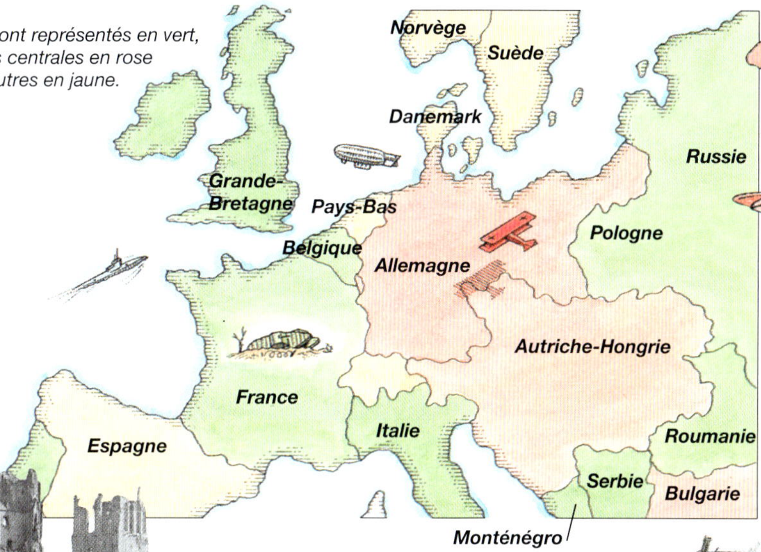

DUELS AÉRIENS
L'aviateur allemand Manfred von Richthofen (1892-1918), surnommé le Baron rouge, comptait 80 victoires quand il fut tué.

P

YPRES
La cité belge d'Ypres fut le théâtre de violents combats durant la Première Guerre mondiale. Les Allemands engagés sur le front occidental y utilisèrent pour la première fois des gaz asphyxiants. La ville fut dévastée en 1918.

GUERRE DES TRANCHÉES
Les armées progressaient aussi loin que possible en creusant des tranchées, utilisant leur abri au plus près de l'ennemi. Les soldats dans la boue jusqu'aux genoux, étaient la proie des poux et cohabitaient avec les rats. Des millions succombèrent sous le feu des mitrailleuses ennemies au cours d'assauts souvent inutiles. Chaque camp possédait une artillerie lourde et les obus tirés de part et d'autre firent un nombre incalculable de victimes, transformant les champs de bataille en bourbiers.

U-BOOTS
Les sous-marins allemands coulèrent de nombreux navires dans l'Atlantique, coupant l'Angleterre de ses sources de ravitaillement.

RMS LUSITANIA
Le 7 mai 1915, un sous-marin allemand torpilla le paquebot de croisière *RMS Lusitania*. Près de 100 civils américains perdirent la vie, dont un célèbre producteur de théâtre. L'opinion américaine se déchaîna contre l'Allemagne et l'événement fut l'un des facteurs déterminants de l'entrée en guerre des États-Unis, aux côtés des Alliés.

28 juin 1914 Assassinat de l'archiduc François-Ferdinand.

Juillet 1914 L'Autriche-Hongrie déclare la guerre à la Serbie.

Août 1914 L'Allemagne déclare la guerre à la Russie et à la France avant d'envahir la Belgique. La Grande-Bretagne déclare la guerre à l'Allemagne et à l'Autriche-Hongrie.

Mai 1915 L'Italie se joint aux Alliés.

Juin 1916 Les Alliés utilisent des chars d'assaut.

Avril 1917 Entrée en guerre des États-Unis.

Mars 1918 Fin de la guerre à l'est. Offensive allemande en Picardie.

Septembre 1918 Début de l'offensive finale des Alliés.

11 novembre 1918 Armistice.

TRAVAIL DES FEMMES
Des millions d'hommes ayant rejoint les champs de bataille, les femmes les remplacèrent dans les usines. Les journées de travail étaient longues et les tâches parfois dangereuses pour toutes celles qui étaient employées à la fabrication de munitions. Leur participation à l'effort de guerre contribua à changer les mentalités et accéléra dans certains pays l'obtention du droit de vote pour les femmes. À la fin de la guerre, avec le retour des hommes, le chômage gagna l'ensemble de la population.

PROPAGANDE
Les affiches, les journaux et les messages devinrent des instruments de propagande. Ils diabolisaient l'ennemi, tout en cherchant à le démoraliser. Cette manipulation de l'information par les autorités, poussait les populations à travailler, à se battre et à se sacrifier pour sauver la nation. L'affiche ci-contre montre une caricature de l'Allemagne enserrant l'Europe.

COURRIER
Les familles n'avaient aucune idée des conditions réelles dans lesquelles se déroulait le conflit. Les officiers lisaient et censuraient les lettres trop explicites expédiées par les soldats. Les hommes démobilisés étaient souvent trop éprouvés pour raconter à leurs familles les atrocités des champs de bataille.

1918
Le traité de Brest-Litovsk ayant mis un terme aux combats à l'est, l'Allemagne put mobiliser ses forces à l'ouest. Son offensive, d'abord victorieuse, fut bientôt repoussée par les armées, placées sous le commandement du maréchal Foch. Les Allemands, affamés par le blocus maritime anglais, forcèrent leur empereur, Guillaume II, à abdiquer. Le 11 novembre 1918, l'Allemagne signait l'armistice, à Rethondes. Puis ce fut le traité de paix de Versailles, en juin 1919.

MORTS AU COMBAT

Les morts se chiffrent par millions.
Allemagne : 1 800 000 ;
Russie : 1 700 000 ;
France : 1 400 000 ;
Autriche-Hongrie : 950 000 ;
Grande-Bretagne : 780 000 ;
Roumanie : 700 000 ;
Italie : 530 000 ;
Serbie : 400 000 ;
Turquie : 400 000 ;
États-Unis : 114 000…

Pour en savoir plus
La Crise de 1929
les Droits des femmes
la Seconde Guerre mondiale

la Pression atmosphérique

MÉLANGE DE GAZ INDISPENSABLE à la vie végétale et animale, l'atmosphère forme tout autour de la Terre une enveloppe d'air d'environ 650 km d'épaisseur. Le vent est un déplacement de l'air. Il peut entraîner une tempête comme un simple bruissement de feuilles ou l'élévation d'un cerf-volant. Bien que léger, l'air ambiant pèse et exerce une pression qui agit uniformément et dans toutes les directions sur les objets et les corps. Cette pression, dite atmosphérique, se mesure en millibars (mb) ou en hectopascals (hPa). Au niveau de la mer, elle est en moyenne de 1 013 mb, pression comparable à celle exercée par une colonne d'eau de 1 m² de base et de 10 m de hauteur. La pression atmosphérique décroît au fur et à mesure que l'altitude augmente : à 16 000 m d'altitude, elle est dix fois plus faible qu'au niveau de la mer.

COMPOSITION DE L'AIR
La plupart des gaz composant l'atmosphère sont invisibles, insipides et inodores.

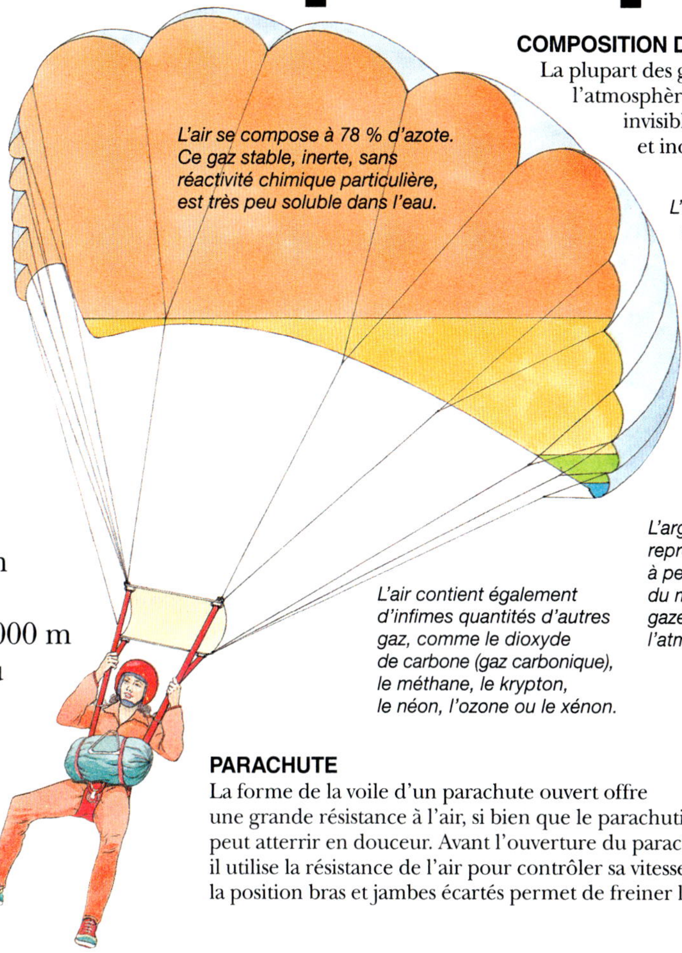

PARACHUTE
La forme de la voile d'un parachute ouvert offre une grande résistance à l'air, si bien que le parachutiste peut atterrir en douceur. Avant l'ouverture du parachute, il utilise la résistance de l'air pour contrôler sa vitesse : la position bras et jambes écartés permet de freiner la chute.

RÉSISTANCE DE L'AIR
Comme tout objet solide, l'air occupe de l'espace. Une voiture, en pénétrant dans cet espace, entraîne des déplacements d'air. Les frottements qui en résultent ont pour effet de ralentir le véhicule. L'industrie automobile s'appuie sur des tests effectués en soufflerie pour mettre au point des modèles aux formes aérodynamiques, profilés de façon à optimiser leur coefficient de pénétration dans l'air.

AIR COMPRIMÉ
L'air comprimé nous aide à accomplir toutes sortes de tâches. Ainsi, un simple siphon, dont le principe est fondé sur la poussée exercée par la pression atmosphérique, permet de vider un aquarium. Les pneus d'une voiture remplis d'air comprimé amortissent les irrégularités de la chaussée… De nombreux outils et machines, dits pneumatiques, comme le marteau-piqueur, tirent leur énergie de l'air comprimé par une pompe mécanique.

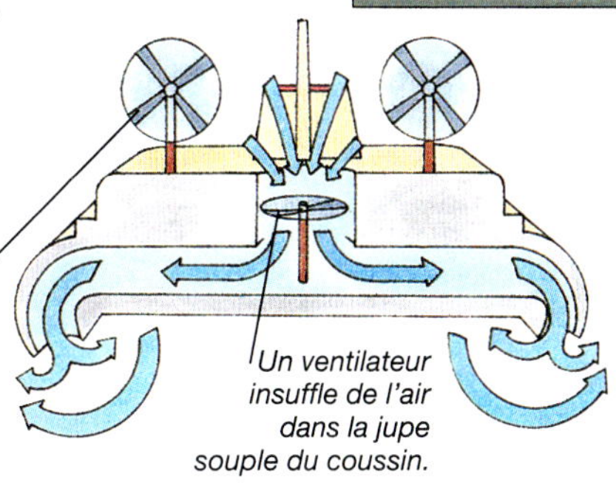

AÉROGLISSEUR
Un coussin d'air comprimé permet à l'aéroglisseur de répartir son poids uniformément, tout en se maintenant légèrement au-dessus de la surface sur laquelle il évolue. Un aéroglisseur peut ainsi traverser sans s'y enfoncer marécages, plans d'eau et champs recouverts de neige. Un puissant ventilateur pompe l'air, qui gonfle le coussin et soulève le véhicule au-dessus du sol.

DÉPLACEMENT DES FLUIDES
La différence de pression entraîne le déplacement des fluides et des solides. Par exemple, lorsque vous aspirez dans une paille, vos poumons font office de pompe et réduisent la pression de l'air au-dessus du liquide dans la paille. La pression de l'air ambiant étant plus élevée, le liquide aura tendance à monter.

Pour en savoir plus

L'ATMOSPHÈRE
LA MÉTÉOROLOGIE
L'OXYGÈNE
LA POLLUTION
LA TERRE

la Publicité

LES PANNEAUX D'AFFICHAGE au bord de la route et les annonces publicitaires des journaux ont le même but : signaler les produits en vente dans le commerce et nous convaincre de choisir une marque plutôt qu'une autre. Les premières publicités étaient locales : les vendeurs sur les marchés vantaient leur marchandise en criant et les boutiques possédaient de grandes enseignes pour signaler leur commerce au public. La publicité moderne est apparue il y a 150 ans environ, lorsque les usines ont commencé à fabriquer des produits en masse. Les journaux contenaient des réclames pour toutes sortes de produits (alimentaires, ménagers, pharmaceutiques...). De nos jours, elle fait partie du marketing, activité qui inclut la création des produits, la fixation de leur prix, leur emballage et leur promotion sur les lieux de vente. La publicité est partout. Avec la télévision, l'Internet et la radio, elle touche des milliers de personnes. Des messages sont diffusés par des haut-parleurs dans les magasins, peints sur des véhicules, montés en lettres lumineuses sur les toits des immeubles. Mais des lois protègent le consommateur contre la publicité mensongère et la publicité pour des produits nocifs, comme le tabac et l'alcool, est soumise à des restrictions.

COCA-COLA

Un produit devenu si familier que les consommateurs l'appellent par son nom est le résultat d'une publicité réussie. Les produits célèbres s'appellent des marques. Certaines marques sont vendues dans le monde entier. Coca-Cola est l'une des marques les plus connues. Elle a été inventée aux États-Unis en 1886. Les fabricants ont utilisé un signe distinctif (la marque de fabrique), pour rendre leur boisson facile à reconnaître. Il s'agissait de lettres rouges entrecroisées. Dix ans plus tard, toute l'Amérique buvait du Coca-Cola. Aujourd'hui, la marque est si célèbre qu'elle se reconnaît dans toutes les langues.

© The Coca-Cola Company

PROPAGANDE

Les méthodes de la publicité sont utilisées par les gouvernements, par exemple pour lutter contre le tabagisme ou la violence routière. Cette affiche, qui incite le peuple chinois à travailler pour améliorer la société, relève de la propagande.

Questionnaire d'étude de marché

Échantillon d'emballage

Story-board

Publicité dans la presse

LANCER DE NOUVEAUX PRODUITS

La publicité coûte très cher. Avant de commercialiser une nouvelle tablette, un fabricant de chocolat doit donc être sûr que son produit plaira et que les gens voudront l'acheter.

STORY-BOARD

Avant le tournage d'un spot publicitaire, un dessinateur doit dessiner sur papier le déroulement de l'action, scène après scène, comme une bande dessinée. Un rédacteur publicitaire écrit le texte et le slogan qui vont avec les images.

ÉTUDE DE MARCHÉ

Des centaines de personnes goûtent la tablette de chocolat avant sa mise en vente et répondent à un questionnaire. Elles donnent leur avis sur son goût, son prix, son nom et sa taille, parfois même sur son emballage. C'est l'étude de marché.

CAMPAGNE PUBLICITAIRE

Un fabricant a un budget limité. Il fait donc beaucoup de publicité pour son produit, mais sur une courte période. C'est la campagne publicitaire. Au cours de la campagne, les publicités n'apparaissent pas n'importe où. Par exemple, un spot pour une tablette de chocolat sera diffusé aux heures où les enfants regardent le plus la télévision. Et c'est surtout dans la presse pour les jeunes que l'on verra des annonces pour ce produit.

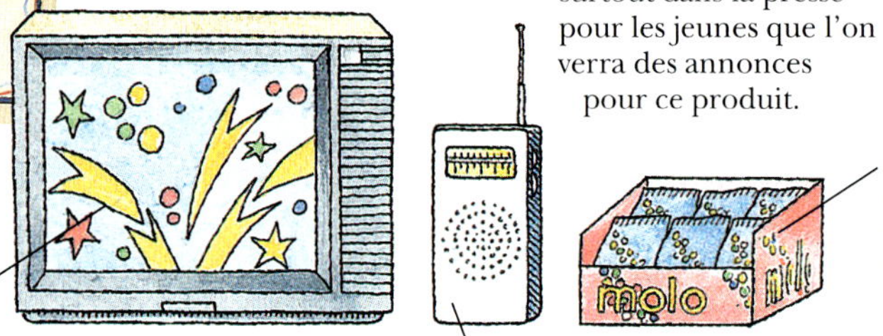

La publicité à la télévision coûte très cher, mais bénéficie de l'audience la plus forte.

À la radio, un air accrocheur doit accompagner le message publicitaire.

Les échantillons dans les magasins sont de la publicité sur les lieux de vente.

Pour en savoir plus

BOUTIQUES ET GRANDES SURFACES
COMMERCE ET INDUSTRIE
TÉLÉVISION ET VIDÉO

le Radar

UN OPÉRATEUR RADAR peut suivre les mouvements de bateaux ou d'avions évoluant à des centaines de kilomètres de distance, de nuit comme de jour, quelles que soient les conditions météorologiques. Un radar envoie des ondes électromagnétiques qui se réfléchissent sur la cible et permettent de mesurer la position exacte de celle-ci. Ce précieux instrument aide les avions à maintenir leur cap dans un ciel encombré, à prévenir les météorologistes de l'approche d'une tempête ou encore à réduire les risques de collisions en mer. Les astronomes les utilisent pour étudier les planètes, l'armée y a recours pour guider ses missiles ou localiser les forces ennemies. Le premier système radar fut mis au point dans les années 1930. Durant la Seconde Guerre mondiale (1939-1945), il permit de défendre l'espace aérien en prévenant les attaques des bombardiers ennemis.

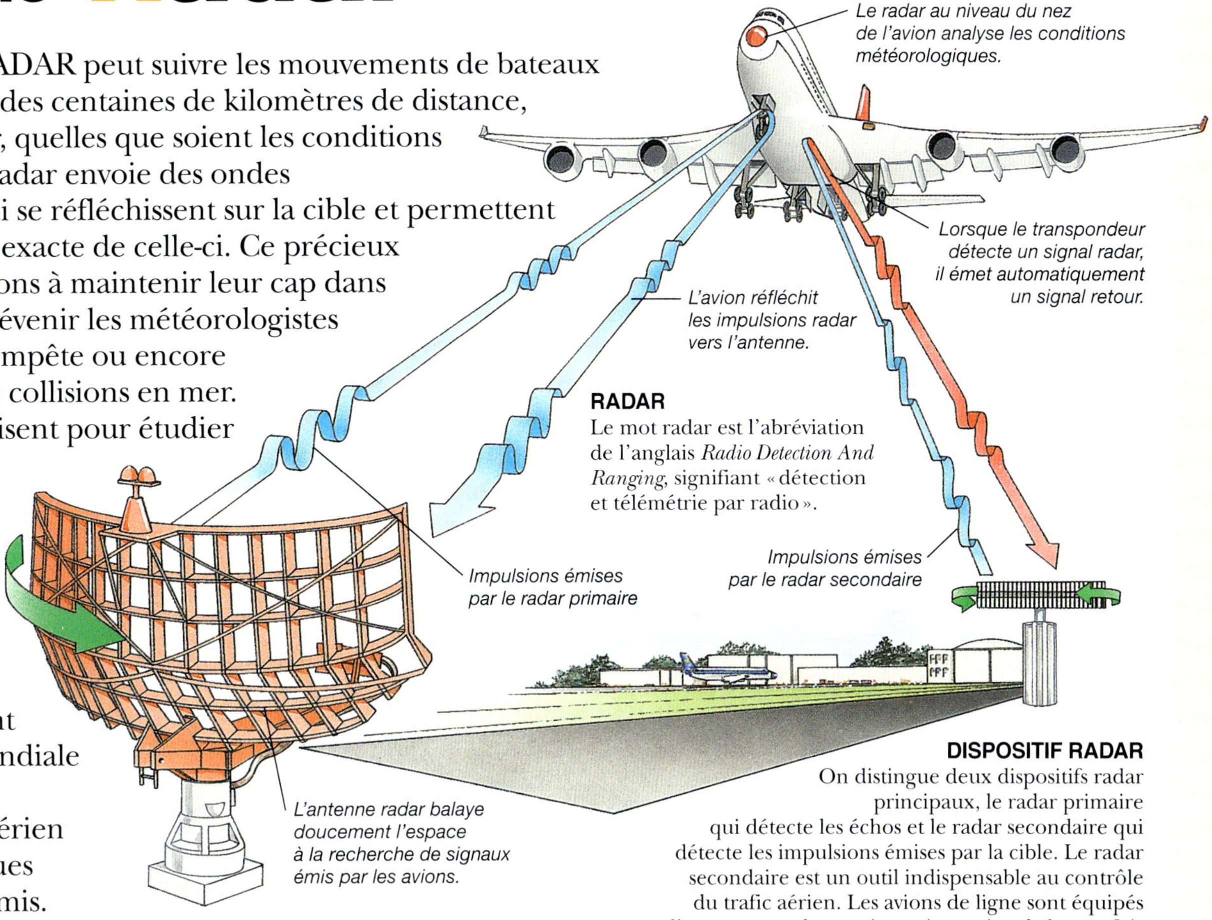

RADAR
Le mot radar est l'abréviation de l'anglais *Radio Detection And Ranging*, signifiant « détection et télémétrie par radio ».

DISPOSITIF RADAR
On distingue deux dispositifs radar principaux, le radar primaire qui détecte les échos et le radar secondaire qui détecte les impulsions émises par la cible. Le radar secondaire est un outil indispensable au contrôle du trafic aérien. Les avions de ligne sont équipés d'un transpondeur qui envoie un signal chaque fois que l'appareil est touché par une impulsion radar émise par les services de contrôle au sol, et qui permet d'identifier l'appareil, son altitude et sa vitesse.

PRINCIPE DU RADAR

L'antenne radar émet de courtes impulsions d'ondes électromagnétiques. Entre chaque émission, elle détecte le signal réfléchi par la cible. La direction dans laquelle elle pointe indique la position de la cible. Le délai entre l'impulsion émise et le signal retour renseigne l'opérateur sur la distance à laquelle se trouve la cible.

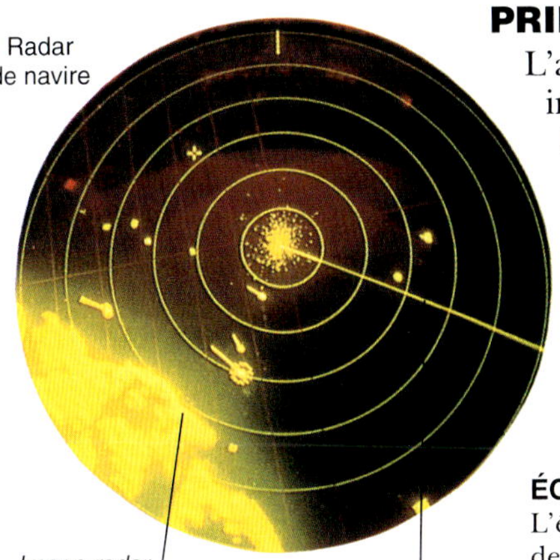

ÉCRAN RADAR
L'écran radar des postes de navigation des avions ou des bateaux affiche la carte numérique des zones traversées. Un point central indique la position de l'avion ou du bateau ; les autres appareils sont signalés à l'écran par des symboles.

RADAR MILITAIRE
Les stations radar terrestres militaires, équipées de radars longue portée, scrutent le ciel à la recherche de missiles intercontinentaux. Les radars embarqués à bord des appareils évoluant à très haute altitude recherchent les avions en approche volant à basse altitude, hors de portée des stations radar. Les chasseurs sont équipés des systèmes les plus perfectionnés ; leurs antennes scrutent le sol en permanence, leur permettent d'évoluer à très basse altitude et d'attaquer l'ennemi par surprise.

RADAR DE CONTRÔLE DE VITESSE

La gendarmerie utilise les radars pour contrôler la vitesse des automobilistes. Le radar envoie une onde électromagnétique qui est réfléchie par la voiture en approche. La vitesse de la voiture comprime les ondes de sorte que le signal réfléchi possède une longueur d'onde – ou fréquence – légèrement plus courte que celle du signal original. Le dispositif mesure cette différence et en déduit la vitesse de la voiture.

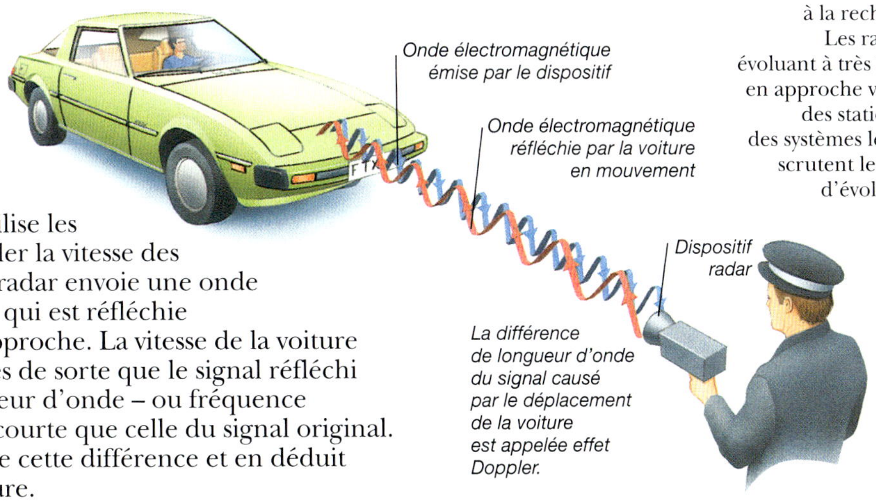

Pour en savoir plus

LES AÉROPORTS
LES AVIONS
LES AVIONS MILITAIRES
LA NAVIGATION
LA RADIODIFFUSION

http://www.laradioactivite.com/

la Radioactivité

CERTAINS ÉLÉMENTS ÉMETTENT un rayonnement dans l'obscurité. Ce n'est pas parce que nous ne le voyons pas qu'il n'existe pas. Cette radiation est une forme d'énergie semblable à la lumière ou à la chaleur que produit l'électricité, mais due à une substance dite radioactive. Une substance radioactive comme l'uranium est constituée de gros atomes instables. Un atome instable ou rendu instable (radioactivité artificielle) se transforme en un atome stable en « perdant » de l'énergie sous forme de rayonnement alpha ou bêta ou encore d'ondes gamma. Cette transformation radioactive dure ce que dure la désintégration de l'atome considéré : d'une infime fraction de seconde à plusieurs millions d'années, durée au terme de laquelle la substance cesse d'être radioactive.

MARIE CURIE
Polonaise d'origine, Marie Curie (1867-1934), et son mari, Pierre, reçurent le prix Nobel de physique en 1903 pour leurs découvertes sur la radioactivité. Elle mourut, victime des radiations.

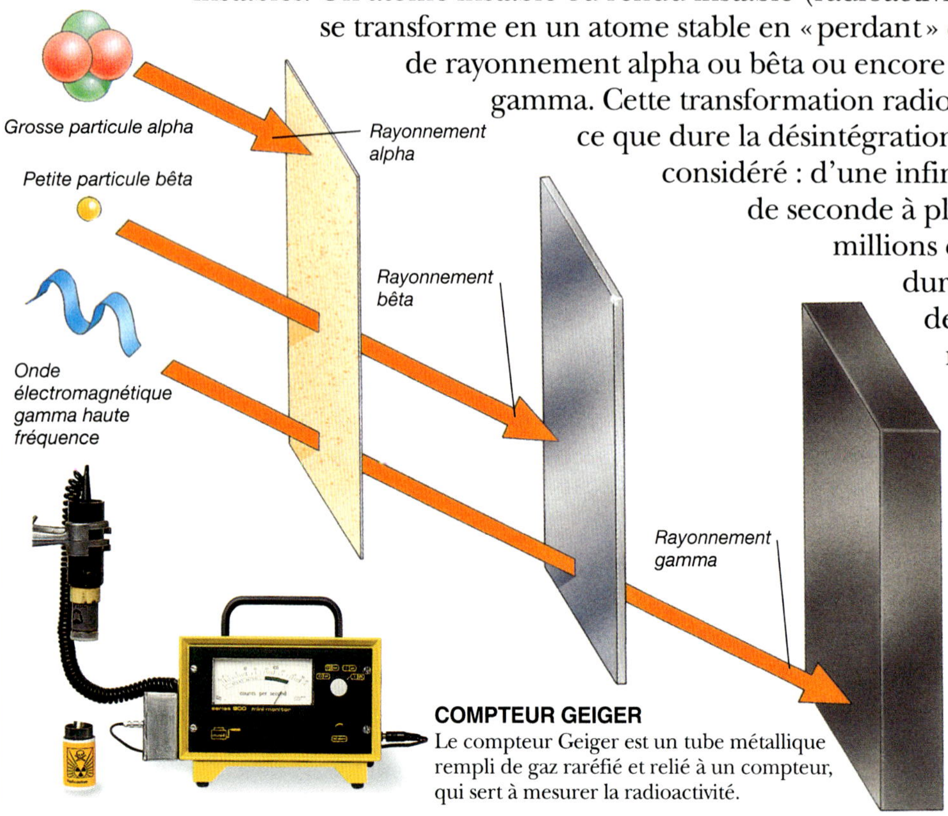

COMPTEUR GEIGER
Le compteur Geiger est un tube métallique rempli de gaz raréfié et relié à un compteur, qui sert à mesurer la radioactivité.

TYPE DE RADIATION

Les substances radioactives émettent trois types de rayonnements : alpha, bêta et gamma. Les particules du rayonnement alpha, plus grosses que celles du rayonnement bêta, ont un pouvoir pénétrant moindre. Les ondes électromagnétiques du rayonnement gamma traversent la plupart des matériaux. Seules des collisions directes avec des atomes peuvent les arrêter. Nos boucliers de protection sont à base de matériaux denses (plomb).

SOURCES DE RADIATION

L'énergie du Soleil libère de la chaleur et de la lumière sous forme de rayonnements électromagnétique (rayons, ultraviolets, ondes visibles, infrarouges et rayons X).

Des objets comme cet avion réfléchissent le rayonnement électromagnétique du Soleil sous forme d'ondes lumineuses.

L'explosion d'une bombe nucléaire libère à la fois des ondes électromagnétiques et des radiations aux effets dévastateurs.

Dans les centrales nucléaires le rayonnement produit par la radioactivité est utilisé à la production de vapeur et d'énergie électrique.

Les écrans de télévision et les moniteurs des ordinateurs fonctionnent en convertissant l'énergie électrique en rayonnement électromagnétique visible, c'est-à-dire en lumière.

RADIOGRAPHIE

Les substances radioactives libèrent également des rayons X. Ces ondes électromagnétiques, comparables aux ondes gamma, ont une longueur d'onde plus importante. En 1895, le scientifique allemand Wilhelm Röntgen (1845-1923) découvrit que les rayons X pouvaient traverser le corps humain et que seuls les tissus denses comme les os pouvaient les arrêter.

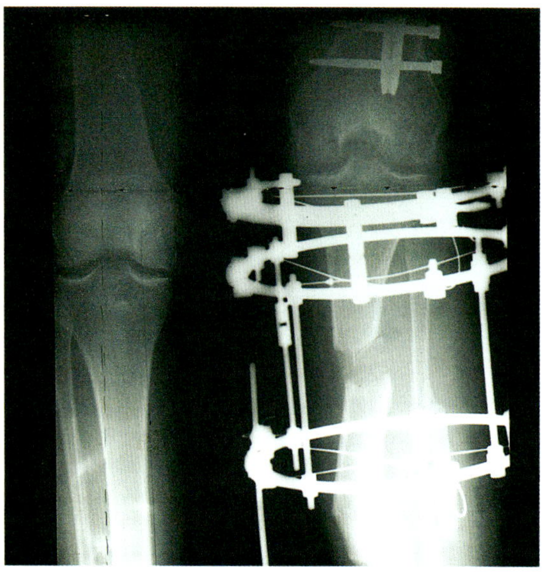

Les effets du rayonnement radioactif se traduisent par une mutation des gènes déterminant la couleur des yeux.

Mouche domestique mutante

MUTATION GÉNÉTIQUE
Les rayonnements alpha, bêta, gamma et les rayons X produits par la radioactivité endommagent les tissus vivants et altèrent l'ADN. Une exposition à ce type de rayonnements peut entraîner l'apparition de cancers, ou conduire à l'altération du message génétique.

Pour en savoir plus
ATOMES ET MOLÉCULES
L'ÉNERGIE NUCLÉAIRE
L'ÈRE DE NUCLÉAIRE
LES RAYONS X

la Radiodiffusion

La radio fut d'abord appelée la TSF, pour télégraphie sans fil, ce moyen de communication utilisant des ondes invisibles au lieu de passer par des fils électriques. Les ondes radioélectriques parcourent aujourd'hui le monde en tous sens. À l'intérieur des circuits d'un émetteur radio, des courants électriques variant à très grande vitesse induisent des ondes radioélectriques de différentes longueurs, qui se propagent dans l'espace avant d'être captées par un récepteur radio. Les ondes radioélectriques sont des ondes électromagnétiques, de même nature que la lumière ou les rayons X : elles se propagent à la vitesse de la lumière, soit près d'un million de fois plus vite que le son, à 300 000 km/s.

CODE MORSE
Les premiers signaux radio se présentaient sous forme d'impulsions électriques courtes ou longues. Ce système de télégraphie sans fil, aujourd'hui abandonné, fut mis au point en 1837 par l'Américain Samuel Morse (1791-1872).

STUDIO D'ENREGISTREMENT
Un microphone transforme la voix du présentateur en signaux électriques, transmis sous forme d'ondes radioélectriques.

FRÉQUENCES RADIO
Les ondes radioélectriques se présentent sous forme d'oscillations électriques et de champs magnétiques. Leur longueur d'onde (ou fréquence) correspond à leur nombre d'oscillations ou de cycles par seconde. L'unité de fréquence est le hertz (Hz) ; 1 Hz correspondant à 1 cycle par seconde, 1 kilohertz (kHz) représente 1 000 cycles par seconde.

RÉCEPTEUR RADIO
L'antenne réceptrice d'un poste de radio convertit les ondes radioélectriques en oscillations électriques. Après sélection de la station et de la fréquence, les signaux électriques passent par un démodulateur, avant d'être amplifiés au niveau du haut-parleur, qui les transforme pour produire des sons audibles.

PIONNIERS DE LA RADIO
En 1864, l'Écossais James Clerk Maxwell développa une théorie sur les ondes électromagnétiques. En 1888, l'Allemand Heinrich Hertz découvrit les ondes radioélectriques. En 1895, l'Italien Guglielmo Marconi (à droite) mit au point le premier système radio, avant d'établir, en 1901, la première liaison radio transatlantique.

Pour en savoir plus

L'Astronomie
La Navigation
Le Radar
Le Téléphone
Télévision et vidéo

R

les Radios

CRIEUR PUBLIC
Avant l'invention de la presse, de la radio et de la télévision, les nouvelles et les informations étaient colportées par la voix d'un crieur public.

À L'INVENTION DE LA RADIO, au début du XXe siècle, furent diffusés sur les ondes les premiers programmes de divertissement et d'information. Près de 40 ans plus tard, les progrès de l'électronique et l'invention de la télévision rendirent possible la transmission d'images et de sons. En 1937, alors que la France ne compte encore qu'une centaine de téléspectateurs, sont diffusées les premières émissions de télévision hebdomadaires depuis un émetteur installé au sommet de la tour Eiffel. La société de Radiodiffusion et télévision française (RTF) est inaugurée en 1949. Le journal télévisé fait son apparition sur les écrans, bientôt suivi de la mise en place de programmes de divertissement, d'émissions culturelles et de retransmissions d'événements sportifs. La couleur fait son apparition sur les écrans en 1967. Un an plus tard sont diffusés les premiers messages publicitaires et l'on assiste rapidement à la création de nouvelles chaînes.

Des écoliers invités dans un studio s'essaient au métier de présentateur.

Le responsable du studio d'enregistrement décide de l'ordre de passage des reportages, des séquences et des interviews réalisés en extérieur.

STUDIOS D'ENREGISTREMENT
Les émissions de radio et de télévision sont préparées quelques heures avant leur diffusion par une équipe de techniciens, de journalistes et de présentateurs. L'équipe de rédaction décide des sujets à traiter ; les monteurs sélectionnent les séquences à diffuser pour les reportages réalisés hors du studio. En régie, le réalisateur et son équipe s'assurent du bon déroulement des émissions.

SOCIÉTÉS DE RADIODIFFUSION
Presque tous les pays possèdent leur propre société de radiodiffusion, comme Radio France ou la BBC en Grande-Bretagne. Le financement de ces sociétés est assuré par des fonds publics ou privés. Publicités et sponsors assurent une grande partie de leurs revenus.

Maison de la radio à Paris.

QUÊTE D'INFORMATIONS
Les journalistes parcourent le monde à la recherche d'informations. Reporters, cameramen, photographes et preneurs de son se retrouvent au cœur des événements pour rendre compte en direct de l'actualité. Certains journalistes, lors de conflits ou de catastrophes, utilisent l'hélicoptère pour réaliser leurs reportages.

RADIO SANS FIL
Les radios solaires ou mécaniques font leur apparition dans les années 1990. Ces récepteurs qui fonctionnent sans électricité ni piles permettent d'écouter la radio quel que soit l'endroit où l'on se trouve.

EN DIRECT
Les programmes des grandes chaînes de télévision et de radio nationales sont aujourd'hui accessibles dans les régions les plus reculées du monde. La retransmission instantanée de certains événements dans toutes les parties du monde, comme le premier pas de l'homme sur la Lune ou la Coupe du monde de football permettent à des millions de personnes de suivre l'actualité en direct.

Pour en savoir plus

COMMUNICATION ET TECHNIQUES
LES JOURNAUX
LA RADIODIFFUSION
TÉLÉVISION ET VIDÉO

les Rapaces nocturnes

Les franges veloutées des plumes des ailes rendent le vol silencieux.

LA PLUPART DE CES RAPACES chassent la nuit et s'éclipsent le jour. Sur 133 espèces, plus de 20 sont menacées d'extinction, en particulier celles dont l'habitat, les forêts denses, est détruit par l'homme. On reconnaît les rapaces nocturnes à leur grosse tête, généralement ronde, et à leurs grands yeux. Petits de corps mais bien armés, avec leurs serres et leur bec crochu, ils possèdent des ailes imposantes au plumage lâche et à la surface veloutée, qui leur permettent de s'abattre en silence sur leur proie. Le harfang des neiges, chouette de l'Arctique, chasse le jour. La chevêchette des Saguaros, qui nidifie dans les cactus d'Amérique du Nord, a la taille d'un moineau, tandis que le grand duc pèse 4 kg.

SAGES PRÉSAGES ?
Les chouettes et les hiboux sont considérés comme des oiseaux sages, mais dans certaines cultures ils sont de mauvais augure.

CHOUETTE HULOTTE
La hulotte vit dans le nord de l'Asie et en Europe. Elle chasse toute sorte de petits mammifères et de petits oiseaux, mais se nourrit aussi de vers, d'escargots, voire de poissons.

CHOUETTE EFFRAIE
La chouette effraie est l'amie des agriculteurs, parce qu'elle attrape les petits rongeurs qui vivent dans les granges et mangent les céréales.

Cette pelote est composée de poils, de plumes et de fourrure, enveloppant des os et des dents.

Les pelotes de régurgitation de la hulotte contiennent les restes d'autres oiseaux : ici, le crâne et le maxillaire inférieur d'un étourneau.

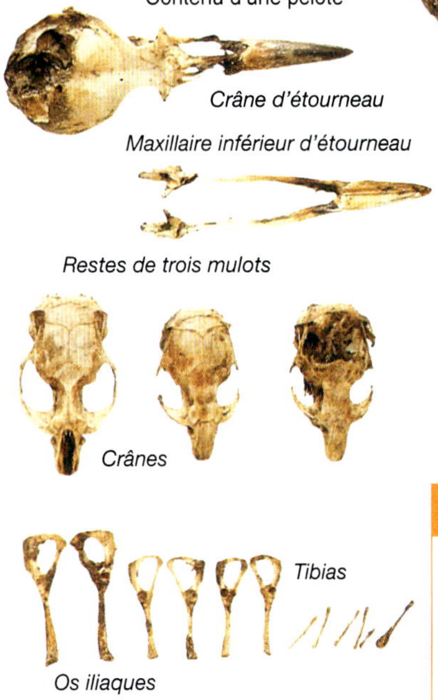

PELOTES DE RÉGURGITATION
Les rapaces nocturnes avalent leurs proies en entier, mais ne digèrent pas les os, les poils, les pattes ni les becs. Ils les régurgitent sous forme de pelotes, qui tombent par terre. En ouvrant une pelote, on peut dire ce que le rapace a mangé récemment.

VUE ET OUÏE
Les rapaces nocturnes ont une vue et une ouïe excellentes. Contrairement à la plupart des oiseaux, dont les yeux sont disposés latéralement, ils voient en trois dimensions, leurs yeux étant situés sur le devant de la tête. Ceux-ci sont fixes, mais ce défaut est compensé par leur cou ultraflexible qui permet à leur tête de pivoter sur 270°.

Pour en savoir plus

AIGLES ET AUTRES RAPACES DIURNES
L'AMÉRIQUE DU NORD (FAUNE ET FLORE)
LES OISEAUX
LE VOL DES ANIMAUX

R

les Rayons X

DE NOS JOURS, MÉDECINS ET DENTISTES ont régulièrement recours à la radiographie pour photographier les os ou les dents de leurs patients. Les rayons X sont une forme de rayonnement électromagnétique invisible, comme les ondes radio. Ces rayons peuvent traverser les matières molles, tout comme la lumière traverse le verre. Ainsi, les rayons X pénètrent la peau et la chair mais butent sur les matières denses, comme les os ou le métal, qui, sur les radiographies, apparaissent en clair. Les rayons X connaissent de multiples applications et sont utilisés aussi bien par les scientifiques que par les ingénieurs pour mettre en évidence la structure moléculaire de matériaux, comme les plastiques, ou détecter des fissures sur le fuselage d'un avion… Le Soleil, les étoiles et d'autres corps célestes émettent des rayons X.

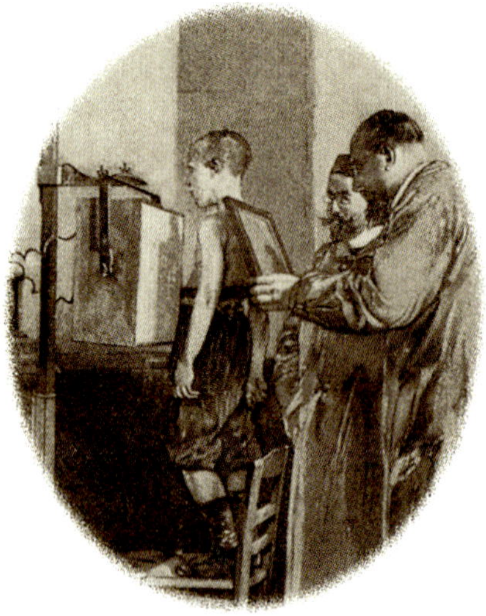

WILHELM CONRAD RÖNTGEN
Le physicien allemand Wilhelm Conrad Röntgen (1845-1923) découvrit en 1895 ce qu'il nomma rayons X, leur nature étant alors encore inconnue. Il fut récompensé en 1901 par un prix Nobel de physique.

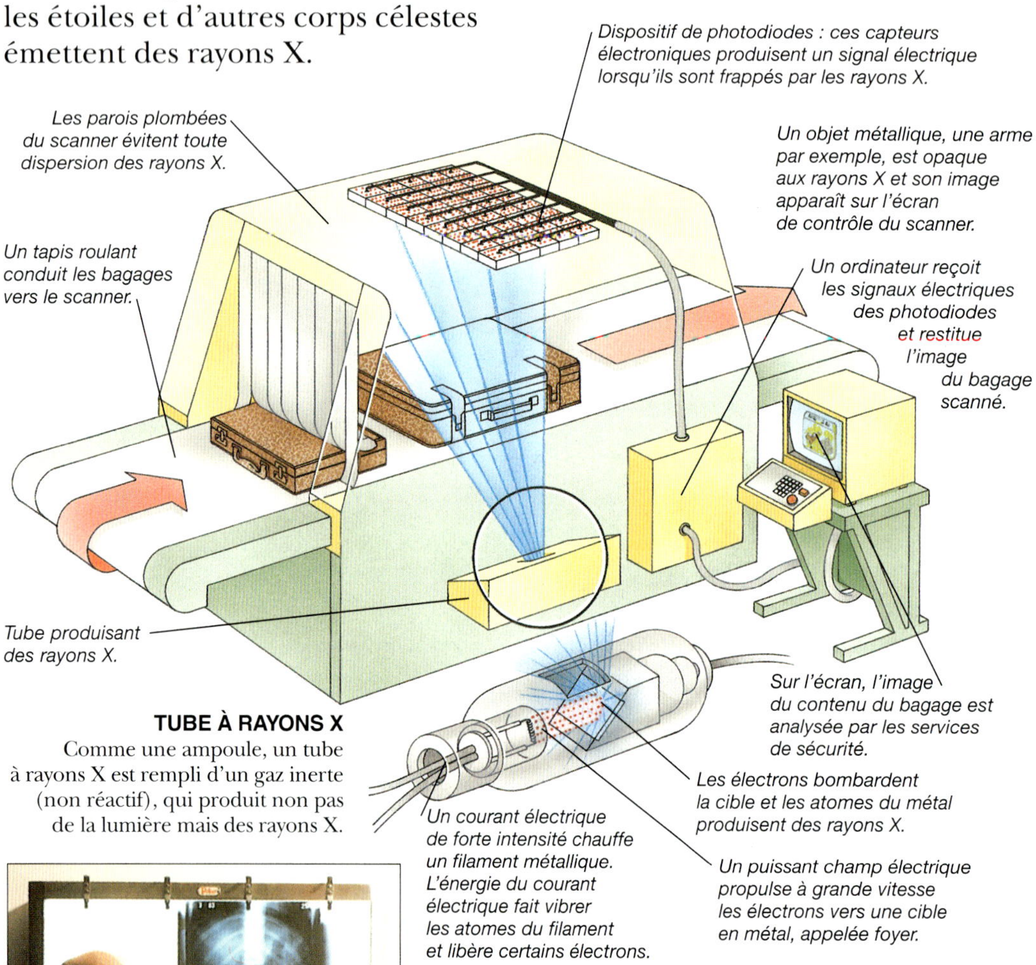

TUBE À RAYONS X
Comme une ampoule, un tube à rayons X est rempli d'un gaz inerte (non réactif), qui produit non pas de la lumière mais des rayons X.

SCANNER À BAGAGES
Les aéroports sont équipés de scanner à rayons X (ci-contre). Un faisceau de rayons X balaie les bagages à mesure de leur passage. Des capteurs électroniques convertissent en valeurs numériques l'intensité du rayonnement qui a traversé les bagages. Un ordinateur récupère ces données et les utilise pour restituer sur un écran l'image du contenu des bagages.

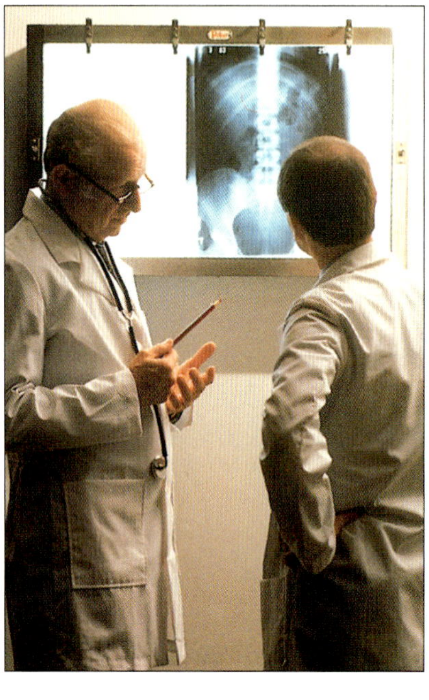

IMAGERIE MÉDICALE
Médecins et dentistes utilisent la radiographie pour explorer l'intérieur du corps humain. Les appareils produisent des clichés en négatif, sur lesquels les os apparaissent en blanc. Les rayons X étant nocifs à fortes doses, la pratique des examens radiographiques doit obéir à de strictes consignes de sécurité.

RAYONS X ET ESPACE
Des satellites équipés de télescopes à rayons X sont placés en orbite autour de la Terre. Les télescopes détectent les rayons X émis par le Soleil, les étoiles ou d'autres corps, comme les trous noirs. Les satellites envoient les clichés aux stations terrestres, où des astronomes qui se consacrent à l'étude de l'Univers les analysent.

Pour en savoir plus

LES AÉROPORTS
ATOMES ET MOLÉCULES
LES ÉTOILES
LA MÉDECINE (DIFFÉRENTS TYPES)
LA MÉDECINE (HISTOIRE)

http://pedagogie.ac-toulouse.fr/daac/religieux/editnant.htm

la Réforme

MARTIN LUTHER
Moine augustin, Luther (1483-1546) fut à l'origine de la Réforme. Il dénonça le trafic des indulgences, affirmant que seule la foi pouvait assurer le salut, non l'argent versé au clergé pour racheter les fautes.

LE 31 OCTOBRE 1517, le moine allemand Martin Luther épingla sur la porte d'une église de Wittenberg, en Saxe, une liste de 95 thèses, ou plaintes, signant ainsi la naissance de la Réforme. Ce mouvement exigeait un changement profond de l'Église catholique, qui dominait à l'époque toute l'Europe. Nombreux étaient ceux qui, à l'image de Luther, dénonçaient la corruption et les abus de l'Église, et le fait qu'elle s'enrichisse grâce au commerce des indulgences. Excommunié, Luther fonda sa propre Église, qui prit le nom de protestantisme, par référence aux protestataires qui remettaient en question l'autorité du catholicisme. Le protestantisme gagna l'Europe, avant que la Contre-Réforme catholique s'applique elle-même à transformer l'Église et que l'époque sombre dans d'impitoyables guerres civiles.

PROTESTANTISME
En 1560, l'Europe était partagée entre deux grandes religions, le protestantisme et le catholicisme. Le protestantisme prit son essor en Allemagne. De nombreux princes allemands s'y convertirent, échappant ainsi à l'autorité du pape et à celle de l'empereur du Saint Empire romain germanique.

GUERRE DE TRENTE ANS
Ce conflit, qui dura de 1618 à 1648, débuta en Allemagne, par une querelle religieuse entre protestants et catholiques. Elle se transforma bientôt en une guerre entre les Habsbourg, placés à la tête du Saint Empire romain germanique, et les rois de France. En 1648, les traités de Westphalie mirent fin au conflit en concédant la victoire aux protestants.

SAINT-BARTHÉLEMY
Au mois d'août 1572, les catholiques français décidèrent d'exécuter les principaux chefs protestants. Le massacre de la Saint-Barthélemy, à Paris, et les tueries qui suivirent en province firent plusieurs milliers de morts. Depuis 10 ans, les guerres de religion affaiblissaient la France et le pouvoir royal. Elles prirent fin en 1598, avec la signature par Henri IV de l'édit de Nantes.

CONCILE DE TRENTE
La Contre-Réforme débuta en 1545, avec la rencontre des dirigeants catholiques lors du concile de Trente. Le concile réaffirma les dogmes de l'Église catholique et chargea des prêtres et des missionnaires de répandre sa doctrine. L'ordre des jésuites, ou Compagnie de Jésus, fondée en 1540 par Ignace de Loyola, excella dans cette tâche.

Pour en savoir plus

L'ALLEMAGNE (HISTOIRE)
L'EUROPE (HISTOIRE)
LA FRANCE (HISTOIRE)
LES HABSBOURG
LE ROYAUME-UNI (HISTOIRE)

http://www.edunet.ch/activite/wall/encyclopedie/index_flash.html

les Régions polaires

LE PÔLE NORD ET LE PÔLE SUD sont les régions les plus froides du globe. Mais une faune et une flore variées, qu'on ne rencontre nulle part ailleurs, se sont adaptées à ces conditions extrêmes. La végétation possède des tiges très courtes pour se protéger des vents mordants et profite d'un court été pour croître. Les animaux sont dotés d'une fourrure épaisse, d'un plumage dense ou d'une couche de graisse sous la peau pour leur tenir chaud. Les plus gros mammifères, les grandes baleines, parcourent les eaux de l'Antarctique, près du pôle Sud, et les plus gros ours, les ours polaires, vivent dans les régions arctiques, près du pôle Nord. Beaucoup d'autres mammifères à sang chaud, dont les loups, les renards, les rennes, les lièvres et les lemmings parcourent les étendues gelées des pôles. Ces animaux sont souvent blancs et se confondent avec la neige ou la glace. Les mers froides regorgent aussi d'espèces vivantes, en particulier l'été. Autour de l'Antarctique, les courants océaniques venus des profondeurs apportent des éléments nutritifs au plancton, qui nourrit à son tour le krill, dont se nourrissent les baleines.

PÔLE NORD
Dans l'océan Arctique, à l'extrême nord du globe terrestre, flotte une banquise de plusieurs mètres d'épaisseur qui, cependant, tend à fondre très vite depuis peu.

PÔLE SUD
À l'extrême sud de la Terre, le continent antarctique était recouvert d'une couche de glace de plusieurs kilomètres d'épaisseur qui va en s'amenuisant.

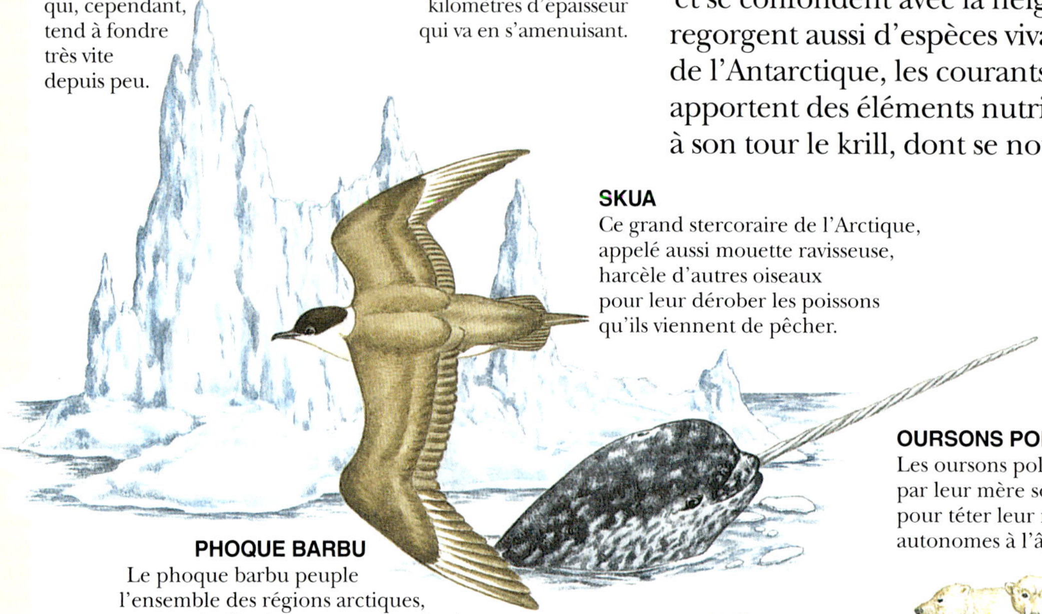

SKUA
Ce grand stercoraire de l'Arctique, appelé aussi mouette ravisseuse, harcèle d'autres oiseaux pour leur dérober les poissons qu'ils viennent de pêcher.

NARVAL
Ce mammifère cétacé chasse en petits groupes, à proximité de la banquise, morues, poissons plats, crevettes et calmars. Il ne possède que deux dents et, chez le mâle, l'une d'elles est une dent torsadée qui peut mesurer 2 à 3 m de long.

OURSONS POLAIRES
Les oursons polaires sont nés en hiver dans une tanière creusée par leur mère sous la neige. Ils y restent pendant quatre mois pour téter leur mère, puis apprennent à chasser et deviennent autonomes à l'âge de deux ans.

PHOQUE BARBU
Le phoque barbu peuple l'ensemble des régions arctiques, en particulier les eaux peu profondes. Il se nourrit de mollusques, de crustacés et de concombres de mer. En période de reproduction, les mâles émettent sous l'eau des bruits sinistres. Au printemps, la femelle donne naissance à des petits sur la banquise.

PHOQUE À CAPUCHON
En été, les phoques à capuchon migrent vers le nord, dans les eaux du Groenland. Ils chassent les poissons abyssaux et les calmars. Ils passent l'hiver plus au sud sur la banquise, au large des côtes nord-est de l'Amérique du Nord.

Le phoque à capuchon mâle gonfle son capuchon pour intimider ses rivaux.

OURS POLAIRE
L'ours polaire est recouvert d'une fourrure épaisse et imperméable, sauf au niveau de ses coussinets plantaires et de l'extrémité de son museau. Il possède un odorat excellent pour localiser ses proies et peut bondir rapidement sur la glace pour saisir sa victime. Un adulte pèse 500 kg. Il est si fort qu'un seul coup de patte peut tuer un homme.

Ses griffes énormes saisissent efficacement les proies.

L'ours polaire se nourrit de phoques, de poissons, d'oiseaux et de petits mammifères. Il apprécie aussi les baleines mortes.

PROTECTION DE LA FAUNE POLAIRE

L'ours polaire et la baleine sont aujourd'hui des espèces protégées. Mais de nombreux animaux polaires sont menacés par les marées noires, par la surpêche et par le réchauffement climatique.

KRILL

Le krill est constitué de petits crustacés (à gauche). Ce plancton des mers froides est la nourriture principale des baleines à fanons, qui en avalent d'énormes quantités chaque jour.

MANCHOT

Il existe 16 espèces de manchots. Toutes vivent dans les régions antarctiques. Les manchots ne peuvent pas voler, mais nagent et plongent à merveille. Ils pourchassent les poissons et les calmars à vive allure, en se servant de leurs membres antérieurs comme de nageoires.

MANCHOT EMPEREUR

Le manchot empereur possède deux taches orange près des oreilles. Il peut sortir de l'eau à toute vitesse pour échapper au léopard de mer. Il se reproduit dans les régions les plus froides du globe, sur les glaces antarctiques où il fait en moyenne – 20 °C. Le mâle tient au chaud, entre ses pattes et sous son ventre, pendant 60 jours, l'œuf pondu par la femelle. Le poussin reste au chaud sur les pieds du mâle.

POISSON DES GLACES

Le sang de la plupart des poissons se solidifie à – 35 °C environ. Or les eaux des régions polaires descendent parfois encore plus bas. Mais le sang du poisson des glaces contient des substances chimiques spéciales qui l'empêchent de geler.

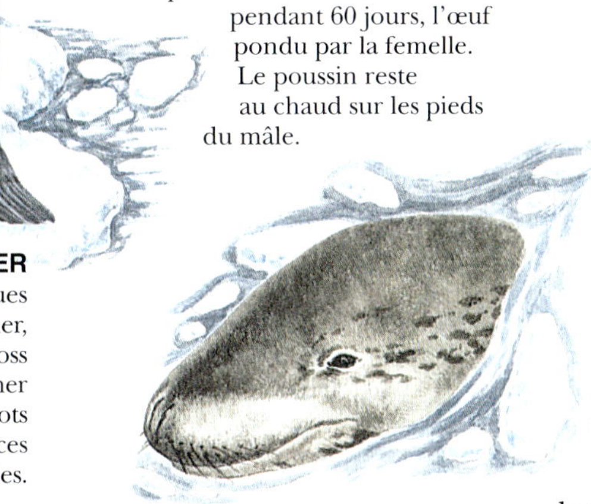

LÉOPARD DE MER

Les quatre principales espèces de phoques de l'Antarctique sont le léopard de mer, le phoque crabier, le phoque de Ross et le phoque de Weddell. Le léopard de mer peut atteindre 3 m de long. Il chasse les manchots et d'autres phoques au milieu du pack (glaces flottantes arrachées à la banquise) et près des îles.

TOUNDRA

Les terres désolées et dépourvues d'arbres qui bordent l'océan Arctique constituent la toundra. Laîches, saxifrages, bruyères, mousses et lichens croissent pendant le court été. Ces petites plantes sont la nourriture de nombreux insectes et des caribous qui les broutent. Des oiseaux comme les oies des neiges se reproduisent le long des rivages et migrent vers le sud à l'automne.

La vie est rare sur le continent antarctique, excepté quelques mousses et lichens et des créatures microscopiques comme les mites.

BŒUF MUSQUÉ

Le bœuf musqué (ou ovibos) est le seul grand mammifère de la toundra. Son corps massif est recouvert d'un sous-poil dense et d'une épaisse toison de longs poils. La vie en troupeaux serrés le protège du froid et des loups.

OIE DES NEIGES

Une centaine d'espèces d'oiseaux migrent vers la toundra pour s'y reproduire au printemps. Les oies des neiges arrivent deux semaines avant la croissance des plantes : elles vivent sur leur réserve de graisse le temps de construire un nid et de pondre leurs œufs. Puis elles nourrissent leurs petits avec les graminées qui commencent à pousser.

Le saule herbacé figure parmi les plus petits arbustes du monde. Il se protège des vents glacials en poussant latéralement plutôt que vers le haut.

SAXIFRAGE ARCTIQUE

La forme matelassée des fleurs de la toundra, comme la saxifrage et l'empêtre, les empêche de geler. Ces végétaux offrent un abri aux minuscules créatures qui y vivent.

Pour en savoir plus

L'ANTARCTIQUE
L'ARCTIQUE
BALEINES ET DAUPHINS
LES OISEAUX DE MER
OURS ET PANDAS
PHOQUES ET OTARIES
LES POISSONS

R

http://www.museedesreligions.qc.ca/les-grandes-religions

les Religions

DÉESSES MÈRES
probablement les Anciens vénéraient-ils, à travers ces statuettes de femmes enceintes, la création de la vie.

LES ÊTRES HUMAINS ont toujours tenté de comprendre le monde. Ce questionnement est à l'origine des religions. Celles-ci donnent un sens à la vie et à la mort. La plupart des croyants invoquent un ou plusieurs dieux. Les dieux sont des êtres suprêmes qui ont créé le monde ou régissent son fonctionnement. Fondées sur un ensemble de croyances et de rites, les religions enseignent aux hommes la dimension spirituelle du monde. Elles possèdent leurs lieux de culte et leurs guides spirituels. Selon certaines, il y a un esprit ou un dieu dans chaque chose. Ou une vie après la mort. D'autres religions ont des règles moins strictes et leurs adeptes les appliquent à leur manière. Les six grandes religions organisées du monde sont le christianisme, le judaïsme, l'islam, l'hindouisme, le bouddhisme et le sikhisme.

RELIGION ET ART
Beaucoup d'artistes utilisent la peinture, l'architecture et la sculpture pour transmettre leurs idées religieuses en représentant les principales figures de leur religion. Cette sculpture chrétienne de la Vierge Marie portant Jésus la représente couronnée comme la Reine des Cieux.

CULTE ET PRIÈRE
Chaque religion a ses propres modalités de culte et de prière. Le culte est un hommage rendu à un dieu publiquement. Il a lieu dans un édifice prévu à cet effet, comme une mosquée ou une église. La prière est un acte par lequel on s'adresse à un dieu à haute voix ou en silence, au cours du culte ou en privé, pour exprimer une action de grâces ou une demande. La petite fille (ci-dessus) prie lors du festival bouddhiste des fantômes affamés, à Singapour.

MYTHE
Le recours au mythe et à la légende accompagne souvent le culte d'un dieu. Le père de Ganesha (à droite), dieu hindou du Savoir et de l'Intelligence, lui ayant par accident coupé la tête, l'a remplacée par celle d'un éléphant.

APRÈS LA MORT
Pour beaucoup, le corps humain n'est qu'une enveloppe temporaire de l'âme. Après la mort, l'âme renaît dans un autre corps ou gagne un au-delà déterminé par ce qu'elle a fait sur Terre. La plupart des religions ont des rituels pour rendre hommage aux défunts, comme le jour des Morts au Mexique (ci-dessus). Des bougies aident les morts à trouver leur chemin vers le monde des vivants.

JÉRUSALEM
Jérusalem est une ville trois fois sainte. Les juifs prient devant le Mur des lamentations, vestiges du temple détruit en 70 apr. J.-C. La coupole du Rocher est pour les musulmans le lieu d'où Mahomet s'est élevé dans le ciel. L'église du Saint-Sépulcre se dresse là où Jésus a été crucifié et enseveli.

TEXTES SACRÉS
La plupart des religions reposent sur des textes sacrés. Les musulmans lisent le Coran, les chrétiens la Bible, et les juifs étudient le Talmud (ci-dessus).

JUDAÏSME

La religion des juifs, le judaïsme, est née il y a plus de 4 000 ans. Les juifs vénèrent un seul dieu. Ils se considèrent comme le peuple élu par Dieu pour porter son message au reste du monde. La pâque juive commémore la sortie d'Égypte du peuple hébreu et son retour à Israël.

Repas typique de la pâque juive

HINDOUISME

L'hindouisme est né en Inde il y a des millénaires. Les hindous vénèrent plusieurs dieux issus d'un dieu suprême, Brahma. Ils croient qu'après la mort nous renaissons être humain, animal ou plante. Plus nous faisons le bien dans cette vie, meilleure sera notre prochaine vie. La fête de Divali célèbre la victoire du Bien sur le Mal.

On allume des bougies lors de la fête de Divali.

Les moines bouddhistes ne possèdent presque rien et consacrent leur vie à expliquer les enseignements de Bouddha.

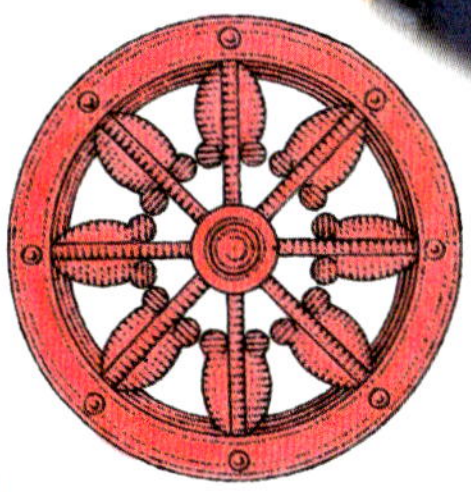

BOUDDHISME

Les adeptes de Bouddha, le plus grand maître à penser de l'Inde, sont des bouddhistes. Comme les hindous, ils croient à la réincarnation. En menant une vie vertueuse et sage, et en pratiquant la méditation, ils espèrent rompre le cycle des naissances et des morts pour atteindre un état de sérénité totale, le nirvana.

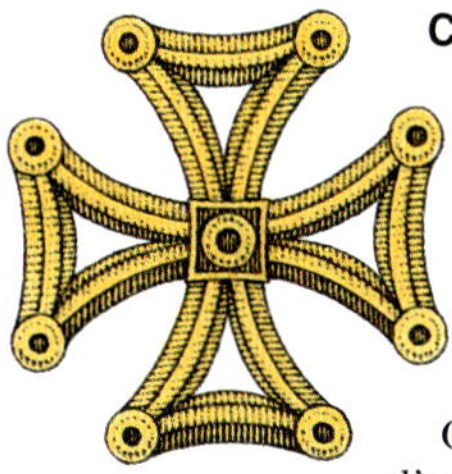

CHRISTIANISME

Selon les chrétiens, Jésus de Nazareth était le fils de Dieu. Il a vécu en Palestine, alors sous domination romaine, et a été crucifié. Sa vie, sa mort et sa résurrection libèrent les croyants de leur condition de pécheurs. Pâques, qui commémore la résurrection du Christ, est la principale fête chrétienne. On offre des œufs pour symboliser l'arrivée d'une nouvelle vie.

ISLAM

Les adeptes de l'islam sont les musulmans. Le Coran a été révélé au prophète Mahomet par Dieu au VIIe siècle. Les musulmans doivent prier cinq fois par jour, jeûner au ramadan, donner l'aumône aux pauvres et faire le pèlerinage à La Mecque au moins une fois dans leur vie.

Les musulmans prient en direction de La Mecque.

Jeune garçon sikh portant le turban

SIKHISME

Le gourou Nanak a fondé le sikhisme, au nord de l'Inde, au XVIe siècle. Les sikhs suivent les préceptes des 10 gourous successifs qui affirmaient l'existence d'un dieu unique. La fraternité universelle et le culte sont essentiels. Les hommes (et certaines femmes) portent le turban pour montrer leur appartenance à la communauté sikh.

Pour en savoir plus

LE BOUDDHISME
LE CHRISTIANISME
L'HINDOUISME
L'ISLAM
LE JUDAÏSME

la Renaissance

L'ITALIE DU XVe SIÈCLE fut le théâtre d'un formidable mouvement intellectuel et artistique : les érudits portèrent un nouveau regard sur la façon de concevoir le monde et l'on assista à la redécouverte de l'Antiquité grecque et romaine. Durant près de deux siècles, la Renaissance fut marquée par l'essor de l'éducation, des techniques et des arts. L'invention de l'imprimerie contribua à la diffusion du savoir à travers toute l'Europe. Mais, par-delà l'élite cultivée, la Renaissance toucha l'ensemble de la société, affectant aussi bien les modes de vie que les façons de penser. De grands artistes y puisèrent leur inspiration, tels Michel-Ange ou Raphaël. Des érudits et des penseurs, comme Érasme, développèrent un nouveau courant de pensée, baptisé humanisme, qui remettait en question l'autorité de l'Église catholique et plaçait l'homme au centre de toutes les préoccupations. Des artistes comme Léonard de Vinci délaissèrent la représentation symbolique au profit du réalisme. Les savants révolutionnèrent l'approche du monde et de la nature et se lancèrent dans des expériences inédites.

COPERNIC
C'est en observant le mouvement des planètes et des étoiles que Nicolas Copernic (1473-1543) remit en question les théories en vigueur depuis l'Antiquité. L'astronome fut le premier à émettre l'idée d'une rotation de la Terre sur elle-même en 24 heures et autour du Soleil en une année.

TECHNIQUES
Les savants de la Renaissance inventèrent ou perfectionnèrent certains instruments de recherche. Modèle de la sphère céleste plaçant la Terre en son centre, la sphère armillaire servait à calculer la position des étoiles. Le compas de proportion inventé par Galilée peut mesurer n'importe quel angle.

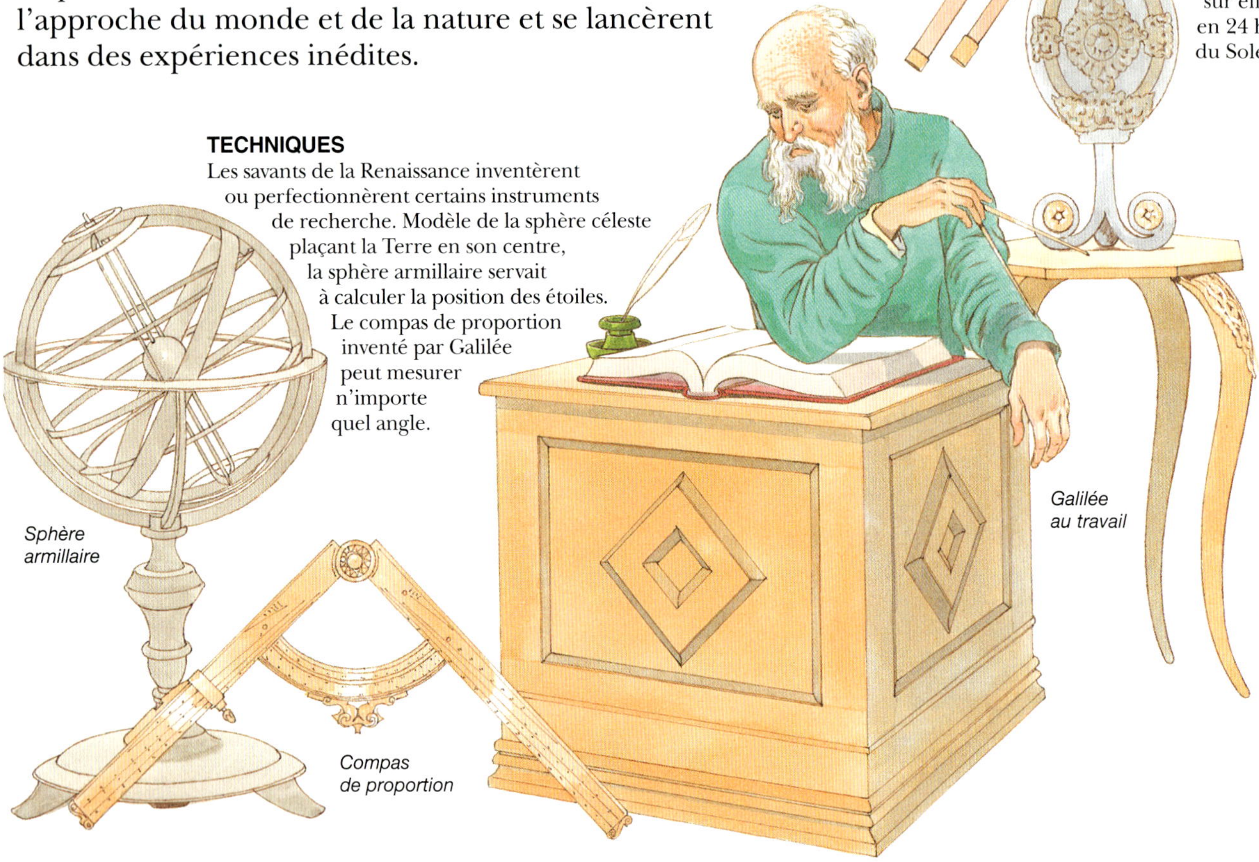

Sphère armillaire

Compas de proportion

Galilée au travail

GALILÉE
L'astronome et physicien italien Galileo Galilei, dit Galilée (1564-1642), réfuta la plupart des principes établis par le penseur grec Aristote, en particulier sa théorie selon laquelle les corps lourds tombaient plus vite que les corps légers. Galilée mit au point une lunette astronomique qui lui permit d'observer la course de la Terre et des autres planètes du système solaire autour du Soleil.

RENAISSANCE ET MUSIQUE

À la fin du XVe siècle, avec l'impression des premières partitions en Italie, un nouveau courant musical commença de s'imposer en Europe, celui d'une musique non religieuse, marquée par la naissance de l'humanisme. L'accent fut mis sur l'harmonie et la mélodie. Les productions de Clément Janequin (1485-1559) revêtent une importance particulière dans le genre typiquement français de la chanson profane. Il fit chanter des textes écrits par Marot, Rabelais, Ronsard, et même François Ier.
Dès le XVIe siècle, sa renommée dépassa largement les frontières et plusieurs étrangers reprirent ses chansons comme matériau musical pour en faire des messes, des adaptations et des pièces.

ÉRASME
Prêtre hollandais, Desiderius Erasmus (1469-1536) chercha à réformer l'Église catholique. Il critiqua les superstitions du clergé et publia des études sur l'Ancien et le Nouveau Testament, en tentant de rendre la Bible plus accessible. Humaniste convaincu, il osa remettre en question l'autorité et la toute-puissance de l'Église.

BOTTICELLI
Le peintre Sandro Botticelli (1445-1510) fut un artiste majeur de la Renaissance. À l'image de ses contemporains, il privilégia les lignes épurées, les compositions rigoureuses et la mise en valeur du corps humain. Les peintres cherchaient leur inspiration dans la Bible et la mythologie. Soucieux de réalisme, ils s'appuyaient sur les lois de la perspective pour donner plus de profondeur à leurs compositions. Ci-dessus, *Vénus et Mars*, une œuvre de Botticelli.

LES MÉDICIS

Cette puissante et illustre famille de banquiers régna sur Florence durant près de trois siècles. Nombre de ses membres, en particulier Laurent le Magnifique (1449-1492), jouèrent un rôle de mécène en encourageant et en soutenant financièrement des artistes, comme Michel-Ange.

MICHEL-ANGE
On doit au peintre et sculpteur italien Michelangelo Buonarroti (1475-1564) un *David* en marbre qui reste l'un des chefs-d'œuvre de la sculpture de la Renaissance. La force d'expression et le réalisme de cette statue monumentale, sculptée entre 1501 et 1504, suscite toujours l'admiration du public.

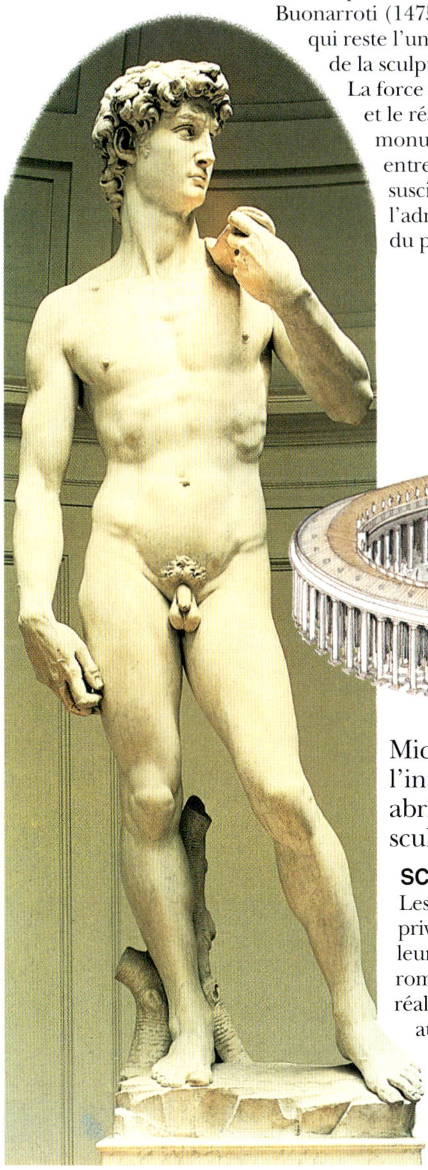

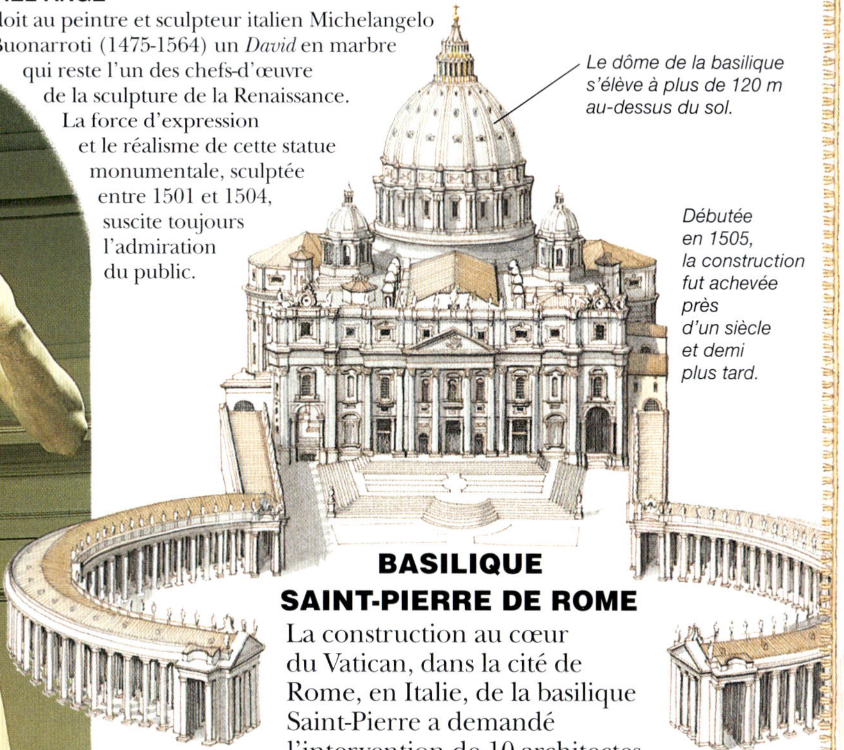

BASILIQUE SAINT-PIERRE DE ROME

La construction au cœur du Vatican, dans la cité de Rome, en Italie, de la basilique Saint-Pierre a demandé l'intervention de 10 architectes. Michel-Ange dessina la coupole, Bernin (1598-1680) conçut l'intérieur de l'édifice et la place à colonnade. Saint-Pierre abrite d'inestimables trésors artistiques, dont de superbes sculptures en marbre et de riches mosaïques.

SCULPTURE
Les sculpteurs de la Renaissance privilégiaient le marbre et puisaient leur inspiration dans la statuaire romaine antique. Les progrès réalisés en anatomie contribuèrent au réalisme des nus. Certains sculpteurs n'hésitaient pas à disséquer des cadavres pour mieux appréhender la structure du corps humain.

ARCHITECTURE
Les architectes de la Renaissance s'inspirèrent du classicisme de la Rome antique. Coupoles, voûtes, colonnes sculptées et arches devinrent des éléments récurrents de leurs œuvres. Les villas et les palais construits par Andrea Palladio (1508-1580) ont, à leur tour, été une source d'inspiration pour de nombreux architectes.

1420-1436 L'architecte italien Filippo Brunelleschi s'intéresse aux lois de la perspective.

1430-1435 Le *David* du sculpteur Donatello est le premier nu monumental sculpté depuis l'Empire romain.

1480-1485 Sandro Botticelli peint *La Naissance de Vénus*.

1497 Léonard de Vinci achève la peinture de *La Cène*.

1501 L'imprimeur italien Ottaviano Petrucci publie le premier livre de musique imprimé.

1501-1504 Michel-Ange sculpte son *David*.

1502 Léonard de Vinci peint *La Joconde*.

1505 L'architecte Bramante entame les travaux d'édification de la basilique Saint-Pierre de Rome. L'édifice est achevé en 1655.

1508 Raphaël commence à décorer les appartements du pape au Vatican.

1508-1512 Michel-Ange décore la chapelle Sixtine.

1509 Érasme signe son *Éloge de la folie*, vive critique de l'Église.

VERS 1510 Titien, Véronèse et Le Tintoret portent l'art de la Renaissance à son apogée.

1513 Décès du pape Jules II.

1532 Machiavel publie *Le Prince*; son ouvrage traite de la façon de gouverner.

1543 L'astronome Copernic démontre que la Terre et les autres planètes tournent autour du Soleil.

1552 L'architecte Palladio entame la construction de la villa la Rotonda en Vénétie, près de Vicence.

1564 Décès de Michel-Ange.

1593 Galilée invente le thermomètre.

1608 Galilée invente la lunette astronomique.

R

Pour en savoir plus
L'ARCHITECTURE
L'ITALIE (HISTOIRE)
LA PEINTURE
LA SCULPTURE
LÉONARD DE VINCI

la Reproduction

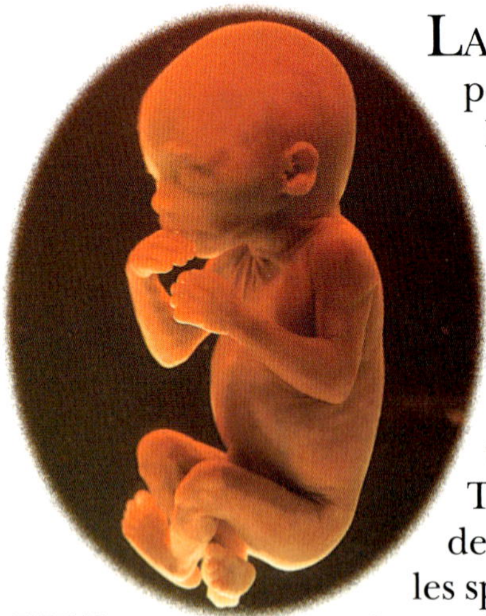

FŒTUS
Le fœtus vit dans l'utérus, où il est protégé des chocs, de la lumière et du bruit par le liquide dans lequel il baigne, le liquide amniotique. Mais il peut entendre les battements du cœur de sa mère et les bruits de la digestion dans ses intestins.

LA FONCTION PAR LAQUELLE les êtres vivants perpétuent leur espèce est la reproduction. Les humains se reproduisent de la même façon que les autres mammifères. Le bébé fille possède à la naissance un stock d'ovules, chacun de la taille d'une tête d'épingle, contenus dans deux glandes à l'intérieur de l'abdomen, les ovaires. Dès la puberté, les ovaires expulsent un ovule tous les mois, au rythme du cycle menstruel. Tout au long de sa vie, l'homme produit des cellules reproductrices en forme de têtard, les spermatozoïdes, dans ses organes génitaux, les testicules. Lors d'un rapport sexuel, les spermatozoïdes pénètrent dans l'organisme féminin pour atteindre les ovaires. Si un spermatozoïde rencontre un ovule à maturité, les deux s'unissent : c'est la fécondation. L'ovule ne peut être fécondé que durant les trois jours qui suivent l'ovulation. L'ovule fécondé se développe dans l'utérus pour donner naissance à un nouvel individu neuf mois plus tard.

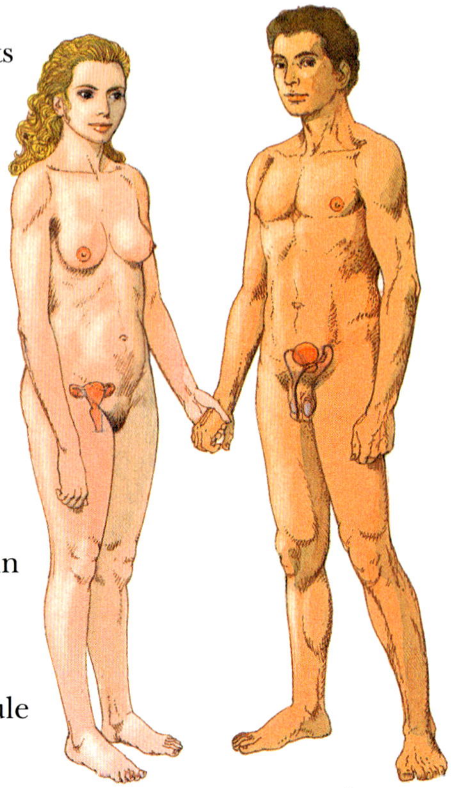

ORGANES GÉNITAUX
Les organes génitaux féminins, les ovaires, sont à l'intérieur de l'abdomen. Ceux de l'homme, les testicules et le pénis, sont à l'extérieur. Les autres différences entre l'homme et la femme (les seins, la pilosité…) sont appelées caractères sexuels secondaires.

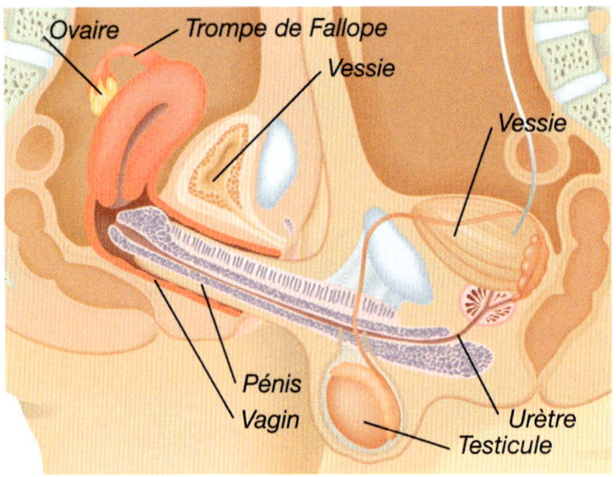

RAPPORT SEXUEL
Au cours du rapport sexuel, le pénis devient suffisamment rigide (état d'érection) pour pénétrer dans le vagin, qui s'élargit. Les contractions musculaires provoquent l'expulsion du sperme, liquide émis par les testicules et contenant les spermatozoïdes : c'est l'éjaculation. Le sperme s'écoule dans le vagin. Propulsés par leur flagelle, les spermatozoïdes traversent l'utérus et gagnent l'oviducte. Un seul, parfois, réussit à féconder l'ovule.

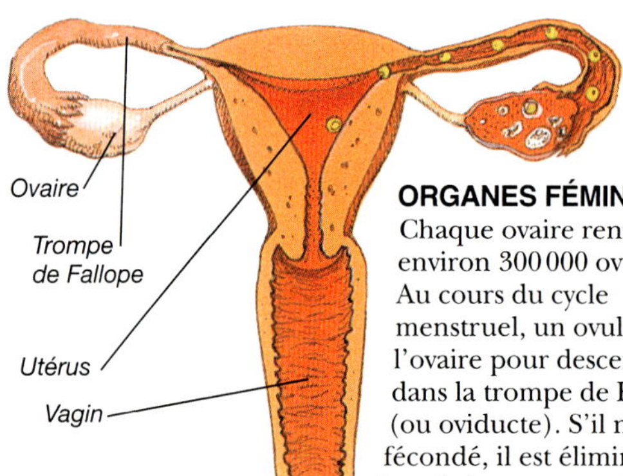

ORGANES FÉMININS
Chaque ovaire renferme environ 300 000 ovules. Au cours du cycle menstruel, un ovule quitte l'ovaire pour descendre dans la trompe de Fallope (ou oviducte). S'il n'est pas fécondé, il est éliminé lors de la menstruation.

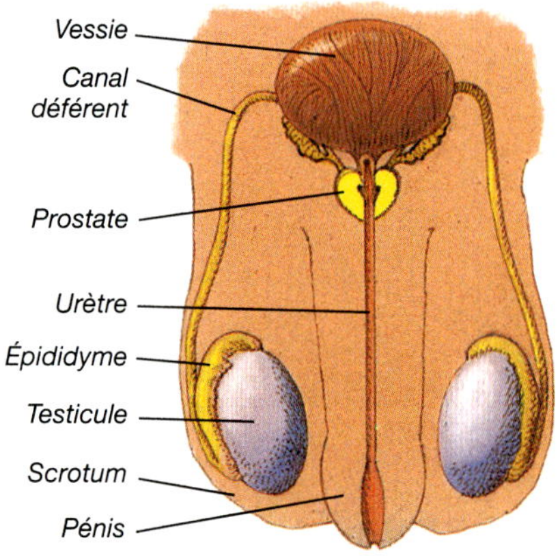

ORGANES MASCULINS
Un testicule fabrique chaque jour 250 millions de spermatozoïdes, qui sont stockés dans le testicule et dans un long canal sinueux, l'épididyme. Ils sont libérés lors de l'éjaculation ou réabsorbés dans la circulation sanguine générale.

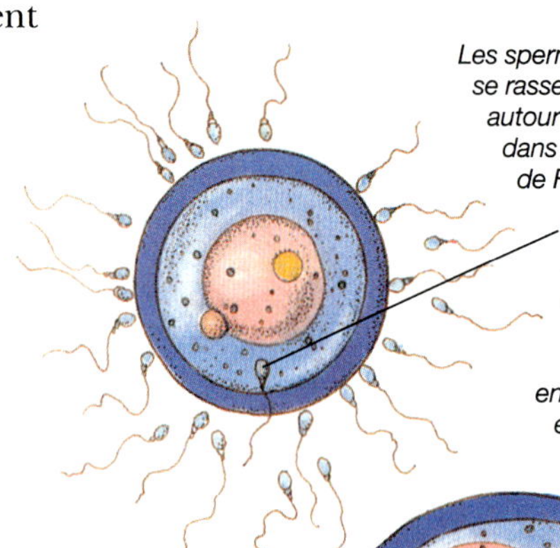

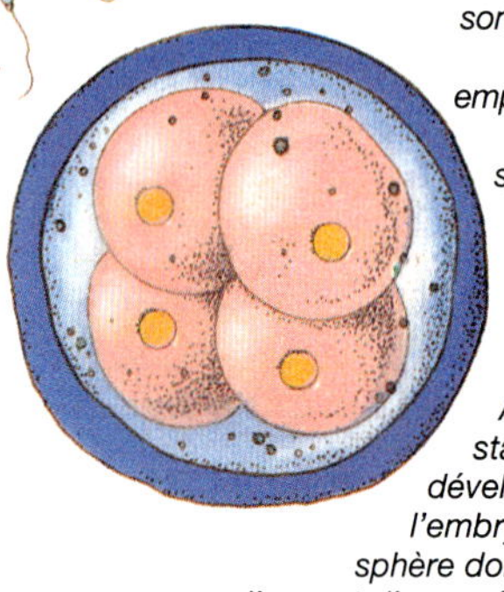

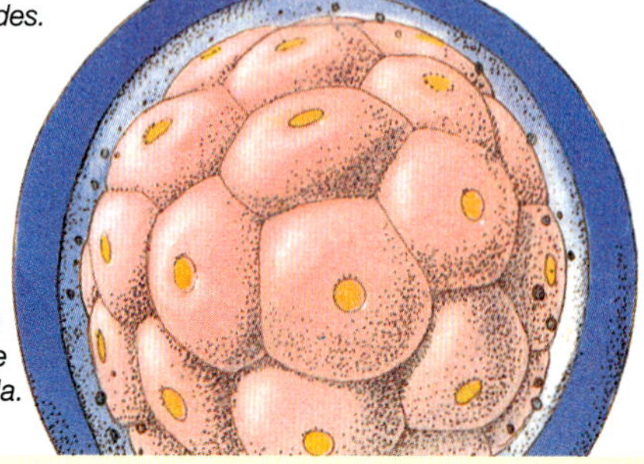

FÉCONDATION
Après le rapport sexuel, des centaines de spermatozoïdes peuvent atteindre l'ovule, mais un seul réussit à en percer l'enveloppe externe. Le matériel héréditaire – les informations nécessaires à la fabrication d'un nouvel être humain – contenu dans le spermatozoïde fusionne avec celui de l'ovule. L'union du spermatozoïde et de l'ovule, et donc de leurs gènes, s'appelle la fécondation. Dès qu'elle a réussi, l'œuf fécondé commence à se diviser pour fabriquer un nouvel individu.

GROSSESSE

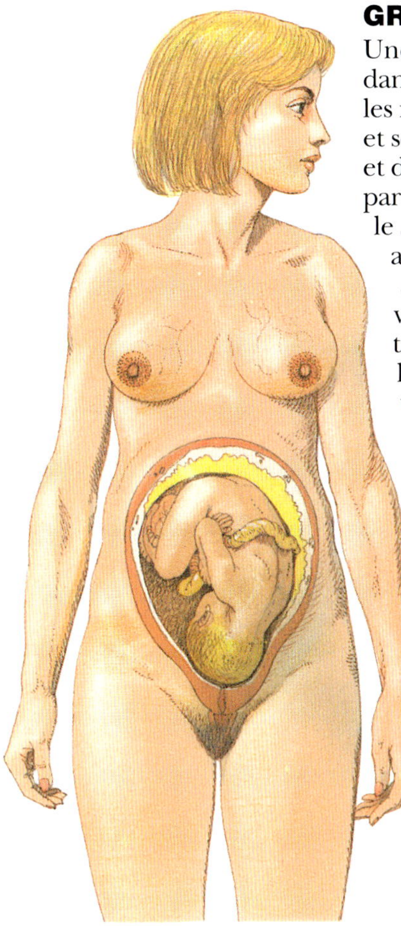

Une semaine après la fécondation, l'embryon s'implante dans la muqueuse utérine, richement vascularisée, où il absorbe les nutriments : c'est la nidation. Il continue de se diviser et se transforme rapidement. Les cellules se différencient et deviennent de plus en plus spécialisées, fabriquant, par exemple, la peau, le système nerveux, le tube digestif, le squelette, les muscles, etc. L'enveloppe de la cavité amniotique forme bientôt le placenta, organe où se font les échanges entre la mère et l'embryon via le cordon ombilical. Le cordon contient trois vaisseaux sanguins : le plus gros transporte les nutriments et le sang oxygéné de la mère vers l'embryon, les deux plus petits ramènent les déchets et le sang désoxygéné vers le placenta, puis vers la mère.

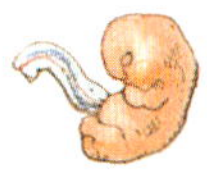

5 SEMAINES
L'embryon mesure environ 10 mm de long. Il possède une tête, un dos et un cœur aisément reconnaissables, mais une bouche et des yeux encore informes. Ses membres ressemblent à de petits bourgeons.

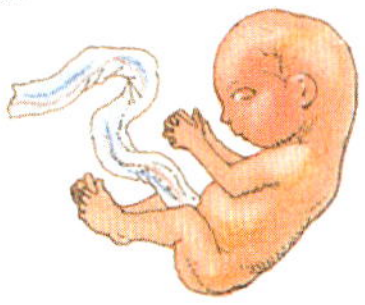

8 SEMAINES
L'embryon prend le nom de fœtus et mesure environ 25 mm de long. Tous ses organes et ses doigts sont formés.

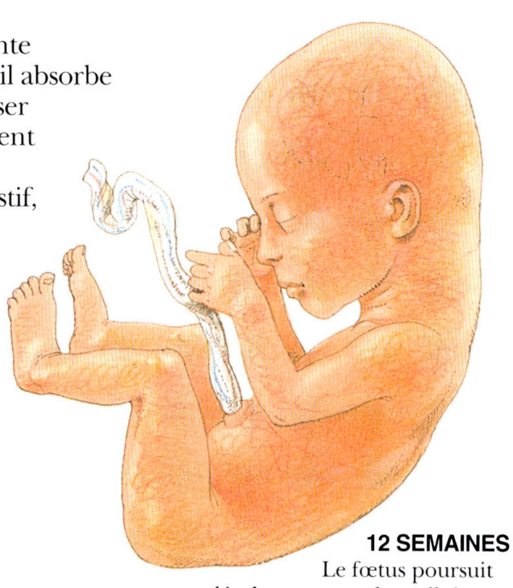

12 SEMAINES
Le fœtus poursuit son développement : les cellules continuent de se segmenter pour former, par exemple, les paupières et les ongles. Il mesure environ 13 cm de long.

NAISSANCE

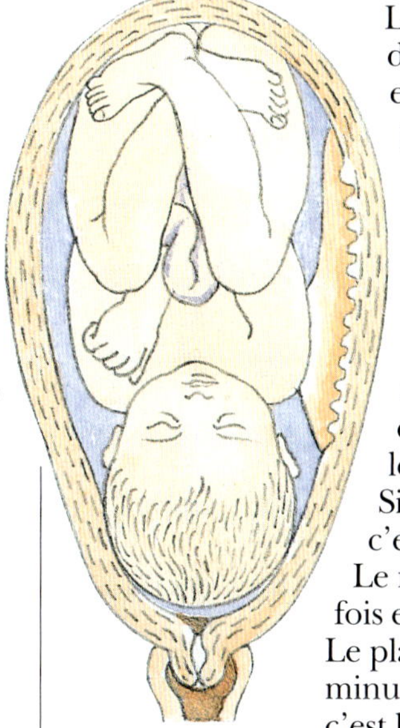

La naissance met fin à la grossesse. Le fœtus est expulsé de l'utérus au bout de 38 à 42 semaines. Quand le bébé est à terme (à gauche), c'est-à-dire pleinement développé, il mesure environ 50 cm de long. Le travail est déclenché par la sécrétion d'une hormone, l'ocytocine, et par des variations des taux d'autres hormones dans le sang. Au cours de l'accouchement, le col de l'utérus s'élargit et des contractions puissantes de l'utérus expulsent le fœtus par le vagin, en général la tête la première. Si l'enfant se présente dans l'autre sens, c'est un accouchement par le siège. Le nouveau-né respire pour la première fois et on coupe le cordon ombilical. Le placenta est expulsé de l'utérus quelques minutes après l'accouchement : c'est la délivrance.

PUBERTÉ

Les petites filles et les petits garçons possèdent des organes sexuels encore inaptes à la reproduction. À la puberté, entre 10 et 15 ans, les glandes hormonales libèrent des hormones sexuelles dans la circulation sanguine, qui provoquent la maturation des organes génitaux. D'autres changements se produisent, en particulier une poussée de croissance.
Chez le garçon, les testicules produisent une hormone sexuelle, la testostérone, qui favorise l'apparition de la pilosité sur le visage et le corps, rend la voix plus grave (mue), stimule le développement musculaire et déclenche la fabrication du sperme.
Chez la fille, les ovaires produisent de l'œstradiol et de la progestérone, qui agissent sur le développement des seins et la formation du tissu graisseux. Et le cycle menstruel se met en route. Les hormones dont les taux varient dans le sang préparent la paroi utérine à l'implantation d'un œuf fécondé.

1re semaine (œstrogène) — 2e semaine (œstrogène) — 3e semaine (progestérone) — 4e semaine (progestérone)

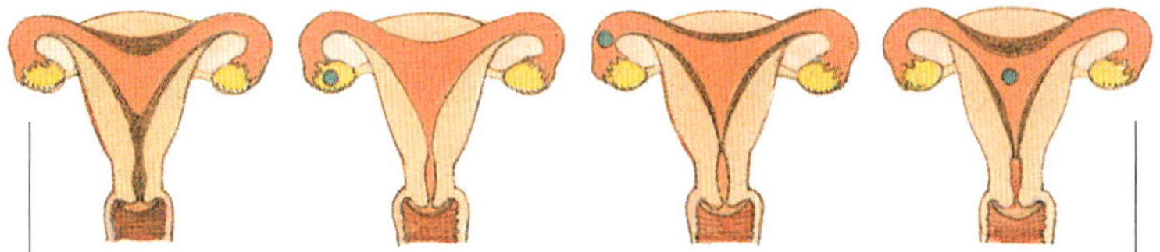

La muqueuse utérine se désagrège et s'élimine par le vagin sous la forme d'un écoulement sanguin appelé menstruation.

La muqueuse utérine s'épaissit pour accueillir l'ovule suivant, qui commence à mûrir dans l'ovaire.

L'ovule mature est libéré par l'ovaire dans la trompe de Fallope. Il peut être fécondé pendant 36 heures.

L'ovule descend dans l'utérus et s'y implante s'il a été fécondé. Sinon, il est éliminé.

PRÉMATURÉS
Si l'enfant naît avant la 37e semaine de grossesse, c'est un prématuré qui peut souffrir de difficultés respiratoires. Il est placé en couveuse et surveillé constamment, jusqu'à ce qu'il soit capable de respirer par lui-même.

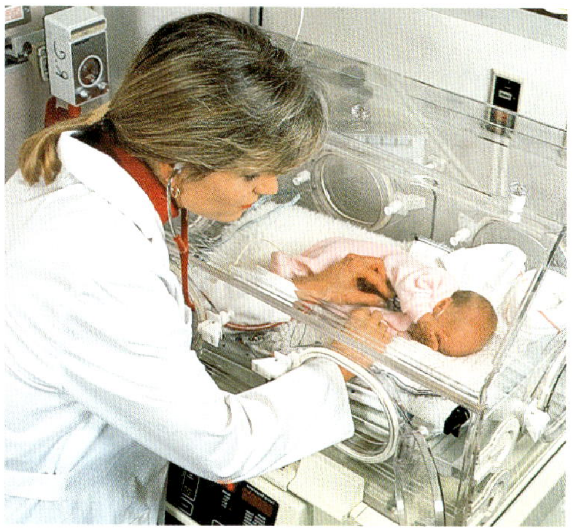

Le médecin contrôle le rythme cardiaque du prématuré en couveuse.

Pour en savoir plus

LE CORPS HUMAIN
LES ESPÈCES ANIMALES

les Reptiles

LES ANIMAUX DONT LE CORPS EST RECOUVERT D'ÉCAILLES, tels les alligators, les tortues et les serpents, sont des reptiles. Certains vivent dans l'eau, d'autres sont terrestres. La plupart peuplent les régions les plus chaudes du globe. La classe des reptiles comprend cinq groupes : les tortues, les lézards, les serpents, les crocodiliens et l'hattéria, seul représentant de son groupe. Les lézards constituent le groupe principal, avec près de 4 000 espèces. Les tortues sont les seuls reptiles à posséder une carapace. Les reptiles comptent parmi les plus anciens habitants de la Terre : leurs ancêtres étaient les dinosaures, qui ont vécu pendant 150 millions d'années, puis soudainement disparu, il y a 65 millions d'années. Il existe actuellement plus de 6 500 espèces de reptiles, du python réticulé de 10 m de long au lézard nain de 33 mm. Contrairement aux mammifères à sang chaud, les reptiles sont à sang froid : ils ont besoin de l'énergie du soleil pour se mouvoir.

Les serpents muent : ils se débarrassent de leur peau, devenue trop serrée, quand ils grandissent.

Python réticulé

SERPENT
La plupart des serpents sont des nageurs et des grimpeurs excellents, qui, bien que dépourvus de membres, se déplacent rapidement sur le sol même. Le mamba d'Afrique, un serpent très venimeux, mesure plus de 2 m et a une vitesse de pointe de 16 km/h.

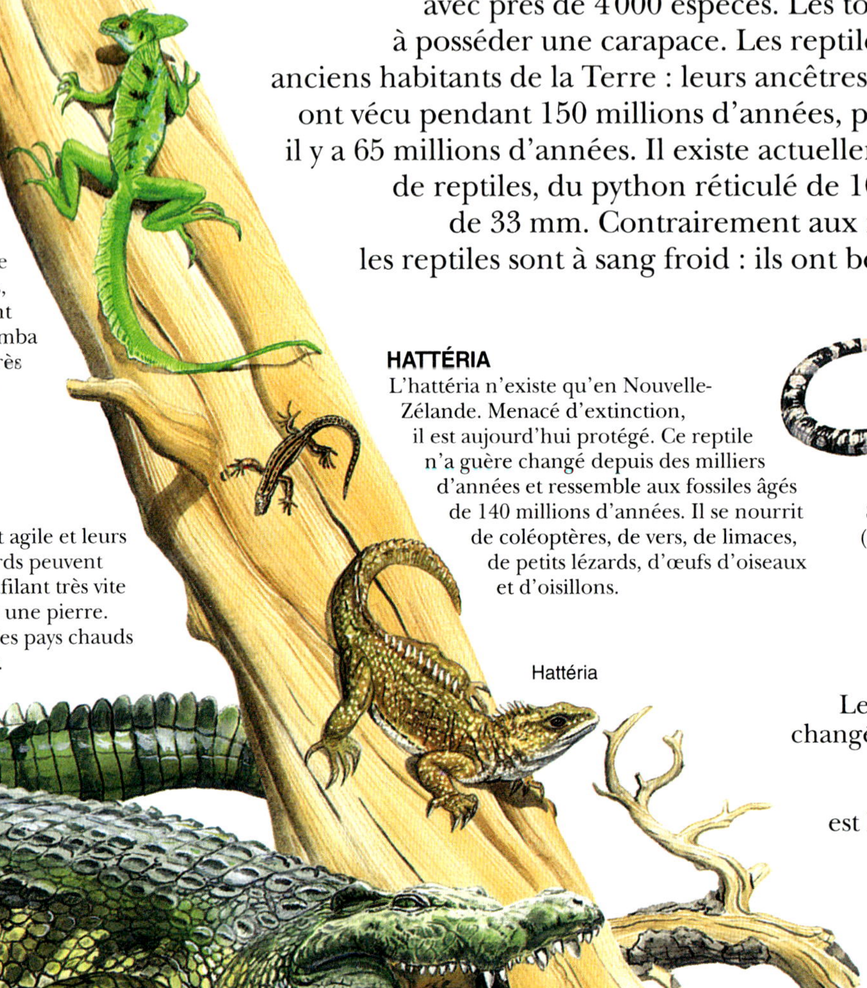

LÉZARD
Avec leur corps effilé et agile et leurs griffes acérées, les lézards peuvent fuir le danger en se faufilant très vite dans une fente ou sous une pierre. Ils vivent surtout dans les pays chauds où ils sont actifs le jour.

HATTÉRIA
L'hattéria n'existe qu'en Nouvelle-Zélande. Menacé d'extinction, il est aujourd'hui protégé. Ce reptile n'a guère changé depuis des milliers d'années et ressemble aux fossiles âgés de 140 millions d'années. Il se nourrit de coléoptères, de vers, de limaces, de petits lézards, d'œufs d'oiseaux et d'oisillons.

Hattéria

AMPHISBÈNE
L'amphisbène est un reptile apode, aux yeux atrophiés, qui mesure 8 à 60 cm de long. Il détecte ses proies (insectes, vers, rongeurs, petits lézards) grâce à son ouïe et à son odorat.

Crocodile

TORTUE TERRESTRE
Les tortues terrestres n'ont guère changé depuis 200 millions d'années. Certaines vivent jusqu'à plus de 100 ans. La plus grande est la tortue géante des Seychelles, qui pèse 272 kg.

Tortue de la pampa

CROCODILIENS
L'alligator, le crocodile, le caïman et le gavial sont des crocodiliens. Il existe 14 espèces de crocodiles, 2 espèces d'alligators, 5 espèces de caïmans et une seule espèce de gavial, vivant en Inde. Le crocodile marin est le plus grand reptile actuel, avec 7 m de long.

La plupart des crocodiliens, ainsi que certaines espèces de tortues, de serpents et de lézards, sont aujourd'hui protégés. Le commerce de ces espèces ou de leurs produits est interdit par la loi.

Alligator

La carapace est constituée d'environ 60 plaques cornées soudées aux vertèbres et à la face ventrale.

Tortue verte d'Amérique du Sud

TORTUE AQUATIQUE
Les tortues d'eau douce et les tortues marines sont de tailles très différentes. La tortue-luth peut atteindre 2 m et peser 800 kg, tandis que la cistude (ou tortue bourbeuse) ne mesure que 7 à 12 cm de long. Les tortues marines, comme la tortue verte (ci-dessus), nagent très vite : elles peuvent atteindre une vitesse de 32 km/h.

REPRODUCTION

La plupart des reptiles pondent des œufs. Ceux des serpents et des lézards ont généralement une coquille souple, semblable à du cuir, tandis que celle des œufs des crocodiles et des tortues est dure, comme chez les oiseaux. Le caret tortue des mers chaudes (à droite) creuse un trou profond dans le sable d'une plage et y pond ses œufs de nuit. Ceux-ci éclosent au bout de plusieurs semaines, s'ils n'ont pas été dénichés et mangés par les renards et les varans. Les jeunes tortues doivent éviter les oiseaux marins et les crabes quand elles rejoignent la mer.

La femelle rejoint le rivage à la nage et creuse le sable de nuit pour y déposer ses œufs.

Elle pond une centaine d'œufs dans le sable.

TARENTE COMMUNE

La tarente commune (ou gecko des maisons) possède des coussinets adhésifs sous ses pattes, grâce auxquels elle peut se déplacer sur des surfaces lisses et verticales ou, à l'envers, sur des surfaces horizontales.

SCINQUE À LANGUE BLEUE

Les lézards et les serpents sortent leur langue pour détecter des substances chimiques présentes dans leur environnement et la rentrent pour la coller contre un organe sensoriel situé dans la voûte du palais, l'organe de Jacobson. Face au danger, le scinque à langue bleue d'Australie ouvre sa bouche, darde sa langue bleu vif, siffle et gonfle son corps pour intimider le prédateur.

ÉCAILLES

Les écailles qui recouvrent la peau des reptiles les protègent des prédateurs et maintiennent leur hydratation. Leur organisation permet aux scientifiques d'identifier les différentes espèces. Certains reptiles, tels les caméléons, possèdent des cellules cutanées spéciales, qui provoquent l'expansion ou le retrait des pigments colorés dans la peau. C'est ainsi qu'ils changent de couleur pour se camoufler.

Certains geckos tiennent dans le creux de la main.

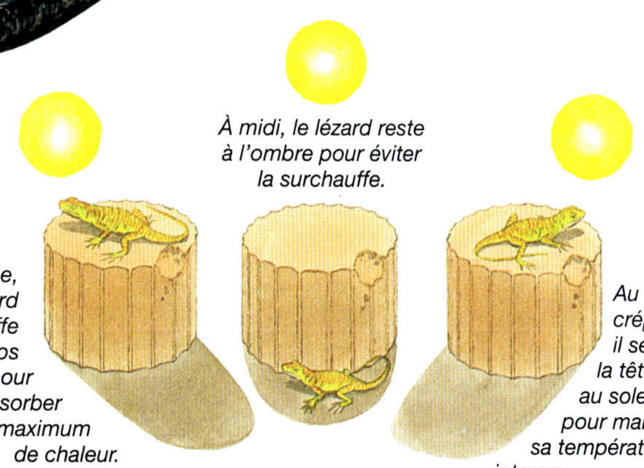

À l'aube, le lézard chauffe son corps pour absorber un maximum de chaleur.

À midi, le lézard reste à l'ombre pour éviter la surchauffe.

Au crépuscule, il se chauffe, la tête face au soleil, pour maintenir sa température interne.

THERMORÉGULATION

Les reptiles ne sont pas véritablement des animaux à sang froid. Leur organisme ne produit pas de la chaleur, contrairement aux mammifères, mais ils peuvent contrôler leur température corporelle par leur comportement. Ils prennent des bains de soleil pour absorber la chaleur, puis se mettent à l'ombre s'ils ont trop chaud.

Le cœlophysis chassait probablement des reptiles apparentés aux lézards et d'autres petits animaux de l'époque.

LE PLUS GRAND, LE PLUS PETIT

Le crocodile marin est le plus grand des reptiles, même si certains serpents, comme le python réticulé, peuvent mesurer 10 m de long. Le plus grand lézard est le varan de Komodo. Les plus petits reptiles sont certaines espèces de geckos qui ne mesurent que 1 cm de long.

COELOPHYSIS

Les premiers reptiles sont apparus sur Terre il y a plus de 300 millions d'années et se sont progressivement affranchis du milieu aquatique, devenant les plus grands animaux terrestres. Les dinosaures ont été les premiers reptiles terrestres à évoluer sur la terre ferme, il y a 200 à 220 millions d'années. Ce *Coelophysis* avait à peu près la taille d'un homme adulte.

Pour en savoir plus

Crocodiles et alligators
Les Dinosaures
Les Espèces animales
Les Lézards
Les Serpents

les Républiques du Caucase

Géorgie, Azerbaïdjan et Arménie sont pris en sandwich entre les hautes montagnes du Caucase. La région est bordée à l'ouest par la mer Noire, à l'est par la mer Caspienne, mers intérieures. De l'autre côté du Caucase, au nord, s'étend la Fédération de Russie.

CES PAYS ACCIDENTÉS et montagneux s'étendent entre les steppes de la Fédération de Russie et les hauts plateaux du sud-ouest de l'Asie. La Géorgie, l'Azerbaïdjan et l'Arménie, qui faisaient partie de l'Union soviétique, obtinrent leur indépendance en 1991. La région est riche en ressources naturelles. Les climats y sont variés et les paysages contrastés. La côte géorgienne, sur la mer Noire, est luxuriante et verte, son climat chaud et humide, tandis qu'une grande part de l'Arménie consiste en hauts plateaux semi-désertiques. L'agriculture est importante pour les trois pays : on y récolte abricots, pêches, céréales, agrumes, raisin et thé. Les montagnes sont riches en ressources minérales, telles que le fer, le cuivre et le plomb, tandis que le sous-sol de la mer Caspienne abonde en pétrole. Plus de 50 groupes ethniques différents vivent dans le Caucase, chacun conservant ses propres langue et culture. Depuis l'indépendance, les tensions ethniques et religieuses n'ont fait que croître.

TOURS DE FORAGE
Au début du XXe siècle, l'Azerbaïdjan était l'un des premiers producteurs de pétrole du monde, au point d'alimenter bientôt toute l'Union soviétique. L'exploitation des ressources pétrolières de la mer Caspienne, bien que freinée par le manque d'investissement, reste importante. Le pétrole est transporté par pipeline de Bakou vers l'Iran, la Russie, le Kazakhstan et le Turkménistan.

CAUCASE
La région est isolée de la Fédération russe, au nord, par la barrière montagneuse du Caucase, dont de nombreux sommets dépassent 4 600 m.

MER NOIRE
Mer intérieure, située entre l'Asie et l'Europe, elle est reliée à la Méditerranée par le Bosphore, la mer de Marmara et les Dardanelles.

EREVAN
La capitale de l'Arménie, Erevan, est située sur la rivière Razdan, à 23 km de la frontière turque. C'est depuis longtemps un centre de commerce. Aujourd'hui, ses marchés regorgent de fruits, de légumes, de tapis de soie et de laine, tissés dans le pays. À l'époque soviétique, la ville s'est étendue rapidement grâce à la construction de centrales hydroélectriques sur la Razdan qui alimentaient les industries chimiques et mécaniques.

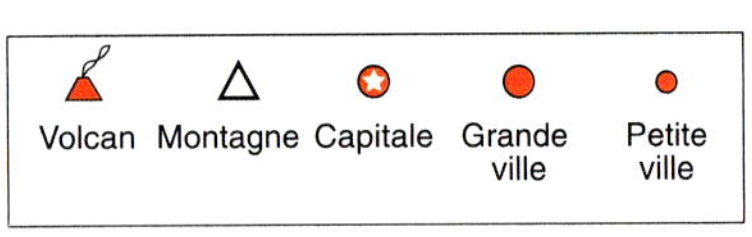

ÉCHELLE
0 50 km

ARMÉNIE
Superficie : 29 800 km²
Population : 3 083 000
Capitale : Erevan

AZERBAÏDJAN
Superficie : 86 600 km²
Population : 8 832 000
Capitale : Bakou

GÉORGIE
Superficie : 69 700 km²
Population : 4 260 000
Capitale : Tbilissi

Pour en savoir plus
L'ASIE (GÉOGRAPHIE)
L'ASIE (HISTOIRE)
LES MONTAGNES (DÉFINITION)
LE PÉTROLE
L'UNION SOVIÉTIQUE

http://www.dinosoria.com/raie.htm

Requins et raies

LES REQUINS ET LES RAIES ne possèdent pas un squelette osseux, mais cartilagineux. Avec leur corps hydrodynamique, une olfaction très fine et une bouche aux dents tranchantes, les requins sont les poissons les plus redoutés des océans. À la fois carnassiers et charognards, ils existent depuis 350 millions d'années et n'ont guère évolué, sans doute parce qu'ils n'ont pas de prédateurs. Le plus grand d'entre eux, le grand requin blanc, mesure plus de 9 m et pèse 2,7 t. Ses mâchoires sont pourvues de dizaines de dents énormes. Les requins doivent être sans cesse en mouvement, sinon ils coulent. Le grand requin blanc parcourt ainsi plus de 500 km par jour à la recherche d'animaux vivants ou morts, dont il ne fait qu'une bouchée. La raie est dotée d'un corps aplati, d'une grande bouche ventrale et de dents en pavés pour broyer les mollusques et les crustacés. Elle vit près des fonds marins et nage avec grâce en faisant onduler ses immenses nageoires pectorales soudées à sa tête.

Le renard de mer fouette l'eau avec sa longue queue pour regrouper les poissons, puis, bouche grande ouverte, fonce sur eux et les engloutit d'un coup.

RENARD DE MER
Ce requin de 6 m de long vit principalement dans les eaux côtières chaudes de l'Atlantique et du Pacifique, mais se dirige parfois vers le nord en été.

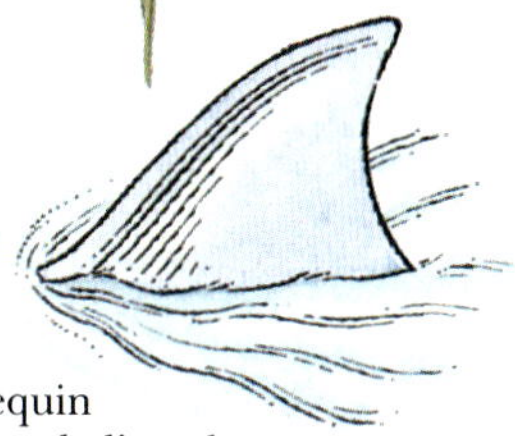

NAGEOIRE
La nageoire dorsale du requin fend la surface de l'eau lorsque l'animal décrit des cercles avant d'attaquer. La nageoire du dauphin est davantage en forme de croissant.

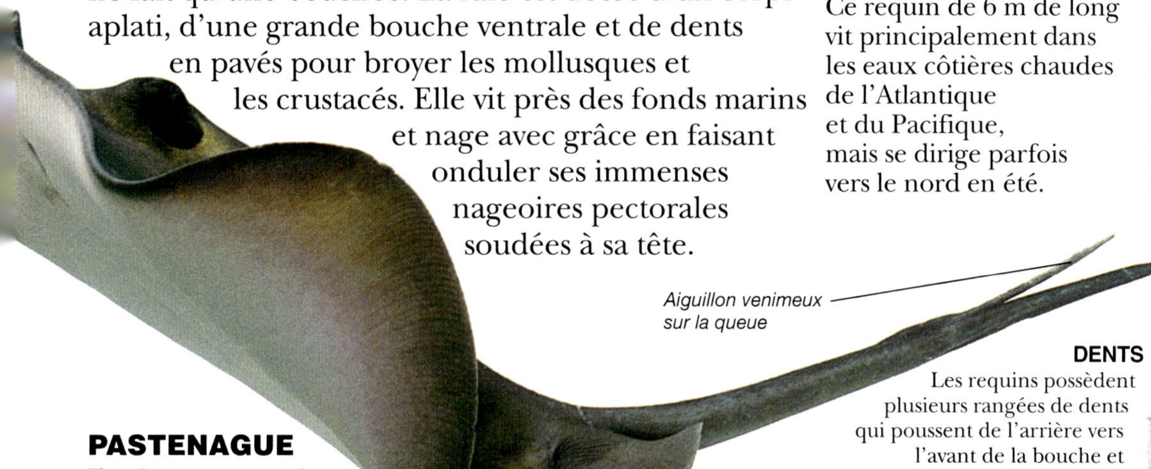

PASTENAGUE
Il existe une centaine d'espèces de cette raie, la plus grande mesurant 4 m d'envergure.

DENTS
Les requins possèdent plusieurs rangées de dents qui poussent de l'arrière vers l'avant de la bouche et servent à déchiqueter les proies. Lorsqu'elles sont usées ou cassées, elles sont remplacées par celles qui poussent derrière.

Les dents du requin sont bordées de minuscules scies, pour découper la chair des proies.

REQUIN-BALEINE
Le requin-baleine, tout à fait inoffensif pour l'homme, parcourt lentement les océans tropicaux, se nourrissant du plancton marin. Avec une longueur de 15 m, cette créature pacifique est le plus grand poisson des océans.

L'homme peut nager en toute sécurité à côté du requin-baleine, le plus grand poisson des océans.

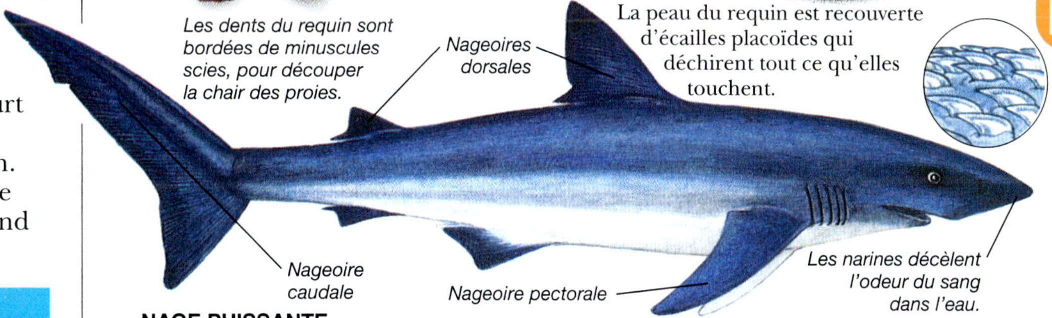

PEAU
La peau du requin est recouverte d'écailles placoïdes qui déchirent tout ce qu'elles touchent.

NAGE PUISSANTE
La puissance de nage du requin lui vient de sa nageoire caudale dissymétrique : elle fournit une poussée vers l'avant et vers le haut et stabilise à l'horizontale son corps, qui sinon plongerait tête la première, entraîné par son poids. Le requin ne peut pas faire pivoter ses nageoires pour s'arrêter net, il doit changer de direction.

REQUIN-MARTEAU
Les yeux et les narines sont situés aux deux extrémités de la tête du « marteau ». Ce requin chasse les pastenagues : il est insensible au venin de leur aiguillon.

Pour en savoir plus

LES ESPÈCES ANIMALES
LES OCÉANS
LES POISSONS
LES SENS DES ANIMAUX

la Révolution américaine

PAUL REVERE
Dans la nuit du 18 avril 1775, Paul Revere, orfèvre de son état, quitta au grand galop Charlestown, dans le Massachusetts, pour prévenir les colons de l'arrivée des forces anglaises. Sa chevauchée marqua l'histoire des États-Unis.

CHAQUE 4 JUILLET, les Américains célèbrent l'Independance Day, la naissance de leur nation. Le 4 juillet 1776, les treize colonies britanniques d'Amérique du Nord déclaraient en effet leur indépendance et faisaient sécession de l'Angleterre. Les colons, lourdement taxés par la Couronne britannique, et qui ne pouvaient élire de représentants au Parlement de Londres, tentèrent dans un premier temps de négocier avec les Britanniques. Ils essuyèrent un échec en 1774, lors de la première session du Congrès continental, à Philadelphie, où siégeait un représentant de chaque colonie. L'année suivante, colons et soldats britanniques s'affrontèrent à Lexington, dans le Massachusetts. Les colons finirent par mettre sur pied une armée, commandée par George Washington. L'organisation d'un second congrès ne donna pas plus de résultats que le premier et se solda par une déclaration de guerre. La France dépêcha des troupes pour soutenir les insurgés américains. Les Britanniques finirent par capituler et la guerre d'Indépendance s'acheva en 1781. Deux ans plus tard, l'Angleterre reconnaissait l'indépendance des États-Unis.

BATAILLE DE LEXINGTON
Le 19 avril 1775, un détachement de soldats britanniques, qui cherchaient à s'emparer d'un dépôt d'armes, se heurta, près de Lexington, à un groupe d'insurgés américains. Cette embuscade et la bataille qui suivit marquèrent le début de la guerre d'Indépendance.

BOSTON TEA PARTY
En 1773, les taxes sur les importations de thé en Angleterre furent abolies, sauf pour les colonies américaines. Les colons, privés de représentants au Parlement de Londres, ne purent faire entendre leurs protestations. Dans la nuit du 16 décembre 1773, à Boston, un groupe de colons déguisés en Indiens monta à bord de trois navires de la compagnie des Indes et jeta à l'eau toutes les caisses de thé en signe de protestation.

1767 De lourdes taxes sur les importations sont imposées par les Britanniques dans leurs colonies américaines.

1773 Boston Tea Party. Début de la rébellion contre les taxes sur les importations.

1774-1775 Première session du Congrès continental à Philadelphie. Opposition à l'autorité de la Couronne britannique.

1775 Bataille de Lexington. Début de la guerre d'Indépendance.

1775 Bataille de Bunker Hill : victoire des Britanniques. La résistance américaine se renforce.

1776 Déclaration de l'indépendance.

1777 Victoire des colons américains à Saratoga.

1778 La France apporte son soutien aux colons américains.

1781 Le général Cornwallis se rend aux Américains et aux Français après sa défaite à Yorktown.

1783 L'Angleterre reconnaît l'indépendance des États-Unis en signant le traité de Paris.

NOUVEAU DRAPEAU
Le drapeau de la toute nouvelle nation américaine comportait 13 bandes et 13 étoiles, une pour chacun des États.

Pour en savoir plus

LES ÉTATS-UNIS (HISTOIRE)
LES GRANDS EXPLORATEURS
GEORGE WASHINGTON

la Révolution française

EXÉCUTION DE LOUIS XVI
« C'est parce que le pays doit vivre que le roi doit mourir ! » Ces mots furent prononcés le 21 janvier 1793 avant que Louis XVI ne soit conduit à l'échafaud pour y être guillotiné.

LIBERTÉ, ÉGALITÉ, FRATERNITÉ ! En 1789, cette devise fut scandée par le peuple français qui s'unit dans la révolte. Une crise financière déclencha cette insurrection politique et, pour la résoudre, Louis XVI convoqua les États généraux en mai 1789. Mais, dès le mois de juin, ceux-ci se proclamèrent Assemblée nationale et prirent le pouvoir. À Paris, la Bastille, symbole de l'autorité royale, fut prise d'assaut, et le 4 août on décida de l'abolition des privilèges de la noblesse et du clergé. Le roi ne put rien contre les événements, et la république fut proclamée le 21 septembre 1792. Louis XVI tenta alors de fuir à l'étranger, mais il fut pris, jugé, puis guillotiné par les révolutionnaires le 21 janvier 1793. La révolution gagna les provinces et influença les pays étrangers, dont les monarques déclarèrent la guerre à la France. La France passa par différents régimes, dont celui très sanglant de la Terreur. Finalement, en 1799, suite à un coup militaire de Napoléon Bonaparte, le pouvoir se stabilisa sous le Consulat.

5 MAI 1789 Convocation des États généraux à Versailles.

14 JUILLET 1789 Prise de la Bastille.

4 AOÛT 1789 Abolition des privilèges.

26 AOÛT 1789 Déclaration des droits de l'homme et du citoyen.

20 JUIN 1791 Tentative de fuite du roi, qui est arrêté à Varennes.

AOÛT 1792 Arrestation et emprisonnement de Louis XVI.

SEPTEMBRE 1792 Proclamation de la république.

MARS 1793 Début de la guerre de Vendée.

SEPTEMBRE 1793 Début de la Terreur.

JUILLET 1794 Fin de la Terreur. Robespierre est guillotiné.

NOVEMBRE 1795 Début du Directoire.

10 NOVEMBRE 1799 Napoléon Bonaparte renverse le Directoire. Début du Consulat.

MAXIMILIEN DE ROBESPIERRE
C'est en 1793 que l'avocat Maximilien de Robespierre, alors âgé de 35 ans, parvint au pouvoir à la tête du Comité de salut public. Il ordonna de sévères mesures afin de préserver les acquis de la Révolution, avant d'instaurer le règne de la Terreur. Il fut exécuté en 1794.

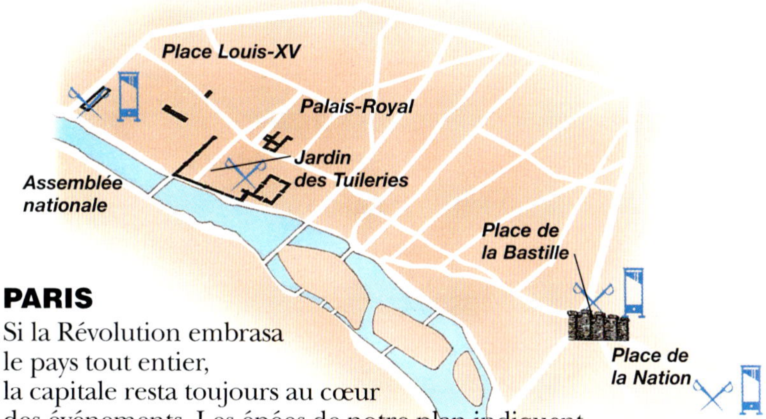

PARIS
Si la Révolution embrasa le pays tout entier, la capitale resta toujours au cœur des événements. Les épées de notre plan indiquent les principaux lieux où éclatèrent des insurrections.

MARIANNE
Le calendrier révolutionnaire entra en vigueur le 24 novembre 1793 (4 frimaire an II), sur décret de la Convention. L'abolition de la royauté marquait son premier jour. Marianne, symbole de la Révolution, illustrait vendémiaire, premier mois de l'année républicaine.

SANS-CULOTTES
Les sans-culottes étaient les partisans déclarés de la révolution. Ils portaient le pantalon des hommes du peuple au lieu de la culotte aristocratique. Ils arboraient aussi un bonnet phrygien orné d'une cocarde, qui devint très vite le symbole de l'opposition à la monarchie.

FEMMES RÉVOLUTIONNAIRES
Les femmes jouèrent un rôle majeur tout au long de la Révolution, prenant souvent la tête des marches protestataires. Elles n'acquirent pourtant ni le droit de vote ni celui de participer au gouvernement, et la Déclaration des droits de l'homme et du citoyen ne leur attribua aucune considération particulière.

Pour en savoir plus
LA FRANCE (HISTOIRE)
LES GUERRES NAPOLÉONIENNES
NAPOLÉON BONAPARTE

la Révolution industrielle

CE TOURNANT dans l'histoire humaine marque le passage d'une économie essentiellement agricole à une économie industrielle. Il prend ses racines dans des inventions techniques, comme la fonte de coke, et la généralisation de l'utilisation de la machine à vapeur. La révolution industrielle se déploya d'abord dans l'Angleterre du début du XIXe siècle, et connut son apogée en France à partir de 1840. Elle mit en place une forte concentration industrielle et capitalistique, précipita la mécanisation des processus de travail et favorisa le développement du monde ouvrier, bouleversant ainsi les liens sociaux traditionnels. Cependant, la révolution industrielle n'a pas touché uniformément tous les pays de la vieille Europe.

ROBERT OWEN (1771-1858) ET L'UTOPISME

Cet Écossais, d'origine modeste, avait créé une entreprise-modèle de filature, où il démontra que l'amélioration des conditions de vie et de travail de ses ouvriers (écoles, réduction de la durée du travail, augmentation des salaires) pouvait aller de pair avec des hausses de productivité. Face aux conditions de vie pénibles des ouvriers, plusieurs voix s'élevèrent aussi en France : Fourier (1772-1837), qui écrivit *Le nouveau monde industriel et sociétaire*, et Saint-Simon (1760-1824) essayèrent de bâtir des sociétés-modèles utopiques.

INNOVATIONS TECHNIQUES

Deux secteurs ont été particulièrement touchés par les innovations techniques apparues au XVIIIe siècle : le textile et la métallurgie. La « navette volante » mise au point par John Kay (1730) et diffusée dès 1760 améliore la productivité du tissage, et la mule-jenny de Samuel Crompton, introduite en 1779, permet d'obtenir un fil de coton fin et résistant avec une productivité bien supérieure à celle du rouet. Le Français Jacquard crée en 1804 le premier métier à tisser totalement automatisé. Quant à la fonte au coke mise au point par la famille Darby au tout début du XVIIIe siècle, elle révolutionne l'industrie métallurgique. Plusieurs adaptations seront nécessaires pour arriver à la fameuse technique du « puddlage » qui permet le passage de la fonte à l'acier par décarburation, en 1784. Les architectes et les ingénieurs vont vite intégrer ces innovations dans les ouvrages d'art (pont, bâtiments publics), dans la construction navale et les voies ferrées.

Le coton fin, souple et résistant remplace peu à peu les habits de laine.

Le fer est employé dans les objets quotidiens comme ce lit, traditionnellement en bois.

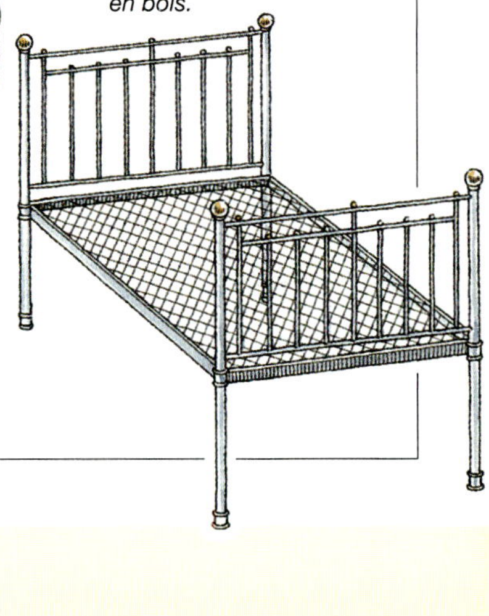

CONDITIONS DE TRAVAIL PÉNIBLES

En 1840, le docteur Louis René Villermé est chargé d'une enquête sur l'état de santé des ouvriers des manufactures françaises. On peut lire dans son rapport que ce sont des femmes qui travaillaient dans les manufactures de tissage, ainsi que des enfants de quatre ou cinq ans, employés à dévider les trames. Ils travaillaient presque 15 heures par jour, 2 heures étant consacrées au repos et au repas. D'après L.R. Villermé, ces enfants n'étaient plus que de « misérables créatures hébétées par un inconcevable excès de travail, et réduites à l'état de machines dont elles ne sont plus que les accessoires obligés ».

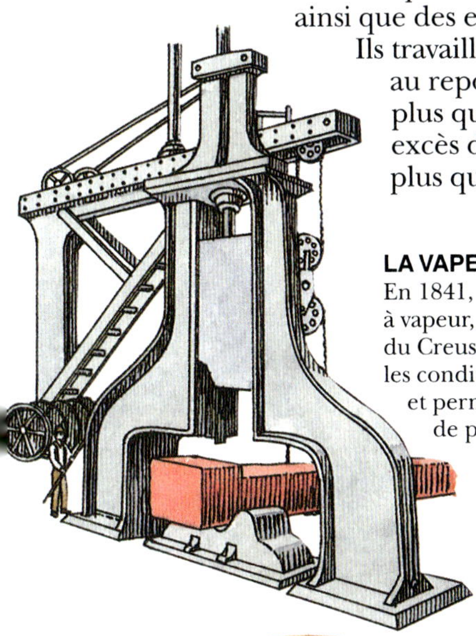

LA VAPEUR : UNE NOUVELLE ÉNERGIE

En 1841, l'invention du marteau-pilon à vapeur, par M. Bourdon, ingénieur du Creusot, transforme les conditions du forgeage et permet la production de pièces de dimensions et de qualité inconnues jusqu'alors.

BRUNEL

Isambard Kingdom Brunel (1806-1859) était un ingénieur anglais d'origine française. Il travailla avec son père, ingénieur civil français émigré, pour construire un tunnel sous la Tamise. Devenu ingénieur en chef de la Great Western Railways Company, il entreprit de relier Londres à Bristol. Il fut à l'origine de très nombreux ouvrages comme le Clifton suspension bridge ainsi que de nombreux viaducs à treillis, avant de se lancer dans la construction des premiers grands transatlantiques à vapeur…

ASSOCIATIONS OUVRIÈRES ET SYNDICALISME

Lors de la révolution industrielle, de nombreuses associations voient le jour. Elles défendent les intérêts des ouvriers et l'amélioration de leurs conditions de travail. Des syndicats se développent rapidement à la fin du XIXe siècle dans tous les pays où progresse l'industrialisation.

INVENTIONS

1707 Bateau à vapeur, Denis Papin.

1710 Coke (houille distillée qui améliore la fonte), famille Darby.

1733 Navette volante (tissage), John Kay.

1763 Rails en fonte, aiguillage pour le chemin de fer des mines, Richard Reynolds.

1769 Chariot à vapeur (fardier), Nicolas Cugnot.

1779 Mule-jenny (filature mécanique), Crompton.

1782 Ballon à hydrogène, Tiberio Cavallo.

1783 Bateau à vapeur avec roues à aubes, Claude Jouffroy d'Abbans.

1783 Montgolfière, Joseph et Étienne Montgolfier.

1784 Machine à vapeur automatique, James Watt.

1801 Pile électrique, Volta.

1804 1er métier à tisser totalement automatisé, Jacquard.

1807 Brevet pour la machine avec moteur à explosion à gaz, François-Isaac de Rivaz.

1827 1re ligne de chemin de fer française entre Saint-Étienne et Andrézieux (20 km), pour faciliter la livraison du charbon.

1828 Moissonneuse à vapeur

1837 Télégraphie électrique, Morse (1re ligne aux États-Unis en 1844).

1839 Photographie, Daguerre.

1840-1850 Grandes villes éclairées au gaz.

1847 Béton armé, nitroglycérine, canon en acier de Krupp.

1858 Moteur à explosion à essence, Lenoir.

1859 Puit de pétrole, Drake.

1866 Dynamite, Nobel.

1867 Dynamo, Siemens.

1876 Téléphone, Graham Bell.

1877 Phonographe, Thomas Edison.

1889 Tour Eiffel, Gustave Eiffel.

R

Pour en savoir plus

L'AGRICULTURE (DÉFINITION)
COMMERCE ET INDUSTRIE
FER ET ACIER
LES SCIENCES (HISTOIRE)
LES TEXTILES
LES USINES

la Révolution russe

EN 1917, LE PEUPLE RUSSE fut à l'origine d'une révolution qui allait profondément marquer le cours de l'histoire moderne. Les pertes considérables infligées par les Allemands aux troupes russes, lors de la Première Guerre mondiale, plongèrent la Russie dans une crise sans précédent : pénurie alimentaire et privations de toutes sortes condamnaient sa population à la plus grande misère. Le tsar Nicolas II fut rendu responsable de la situation. En mars 1917 (février selon le calendrier russe orthodoxe) une grève ouvrière accompagnée d'émeutes paralysa Petrograd (Saint-Pétersbourg). Ce soulèvement, organisé pour protester contre l'implication de la Russie dans la guerre, conduisit à l'abdication du tsar. Un groupe de révolutionnaires, les mencheviques, forma un gouvernement provisoire mais échoua à arrêter la guerre et ne tarda pas à tomber. En novembre 1917, les bolcheviques, un groupe radical dirigé par Lénine, accédèrent au pouvoir. Ils négocièrent une paix séparée avec l'Allemagne. Premier État communiste au monde, la Russie fédéra autour d'elle les républiques socialistes qui constituèrent l'Union soviétique.

RÉVOLUTION DE 1905
En 1905, un groupe d'ouvriers organisa une marche en direction du palais d'Hiver de Petrograd, où siégeait le tsar Nicolas II. Les soldats tirèrent sur la foule désarmée. Face à l'agitation, le tsar finit par accepter la création d'une assemblée élue, la douma. mais celle-ci resta sans réel pouvoir.

RÉVOLUTION D'OCTOBRE
Les événements de la révolution d'Octobre se déroulèrent en réalité le 7 novembre 1917 (25 octobre selon le calendrier russe orthodoxe). Les hostilités débutèrent par un coup de canon tiré du croiseur *Aurora*, en position sur le fleuve Neva, face au palais d'Hiver de Petrograd, où s'était installé le gouvernement provisoire, formé par les mencheviques. Les bolcheviques attaquèrent d'autres édifices, tout aussi stratégiques.

1914 La Russie s'engage dans la Première Guerre mondiale contre l'Allemagne et l'Autriche.

1914-1916 Un million de soldats perdent la vie suite aux offensives allemandes. Les prix flambent en Russie.

MARS 1917 La marche organisée à Petrograd pour la Journée internationale des femmes tourne à l'émeute. Les mencheviques forment un gouvernement provisoire. Les bolcheviques, organisés en comités (ou soviets), mettent en place un second gouvernement.

JUILLET 1917 Lénine fuit la Russie.

OCTOBRE 1917 Retour de Lénine à Petrograd.

7 NOVEMBRE Des travailleurs armés s'emparent de certains édifices stratégiques de Petrograd.

15 NOVEMBRE Les bolcheviques contrôlent Petrograd.

NICOLAS II
Le dernier tsar de Russie, Nicolas II (1868-1918), se vit reprocher l'engagement et la défaite de la Russie durant la Première Guerre mondiale (1914-1918). Le conseiller du tsar, un moine nommé Raspoutine, était haï et craint par tous les Russes. Après son abdication, Nicolas II et sa famille furent arrêtés, puis fusillés l'année suivante par les bolcheviques.

LÉNINE
Vladimir Ilitch Oulianov, dit Lénine (1870-1924), fut le fondateur du parti bolchevique, influencé par les thèses de Karl Marx. Revenu d'exil grâce aux Allemands en 1917, il organisa l'insurrection d'octobre. Promettant « paix, terre et pain », il s'attacha le soutien des masses russes, tandis que le pays tombait dans la dictature.

Pour en savoir plus
LE COMMUNISME
LES DROITS DE L'HOMME
LA PREMIÈRE GUERRE MONDIALE
LA RUSSIE (HISTOIRE)
L'UNION SOVIÉTIQUE

Revues et magazines

QUELS QUE SOIENT LES SUJETS qui vous intéressent, vous trouverez toujours une revue ou un magazine pour satisfaire votre curiosité. Comme les journaux, les revues et magazines font l'objet d'une publication régulière (hebdomadaire ou mensuelle le plus souvent). Mais leur durée de vie est plus longue. Les revues scientifiques, en particulier, s'apparentent à des livres : les acheteurs les conservent pour s'y référer des mois, voire des années plus tard. Certains magazines traitent de sujets grand public, d'autres sont plus spécialisés. La plupart sont imprimés en couleurs sur du papier glacé et comportent de nombreuses photos. Le rédacteur en chef décide du contenu, les journalistes écrivent les articles, photographes et infographistes veillent aux illustrations. Le directeur artistique est responsable de l'esthétique du magazine. Quant aux maquettistes, ils réalisent la mise en pages.

PARIS MATCH

Les premiers magazines sont apparus en Europe au XVIIe siècle. Mais les magazines modernes, remplis de photos, sont nés beaucoup plus tard. En France, l'un des plus grands magazines illustrés d'information générale et d'actualité est *Paris Match*. Il a été fondé en 1949 par Jean Prouvost, repris en 1975 par Daniel Filipacchi et ensuite par le groupe Lagardère.

Certains magazines présentent les programmes de télévision. Ils sont généralement enrichis de l'actualité du cinéma et de la vie des stars. Le plus souvent, ils sont hebdomadaires.

Les magazines féminins présentent les dernières tendances de la mode ainsi que des astuces pour être belle.

Les magazines de jeux offrent un large choix de rubriques pour se divertir : des mots croisés, des rébus, des tests, etc.

Superman, l'un des héros de BD les plus célèbres du monde, est apparu pour la première fois dans Action Comics *en 1938.*

Avec l'autorisation de © 1982 DC Comics Inc.

BANDES DESSINÉES

Enfants et adultes lisent des bandes dessinées. Mais les personnages de BD sont souvent apparus d'abord dans des journaux et des revues, quotidiens ou hebdomadaires ainsi Spirou, Snoopy, Michel Vaillant, etc.

UN GRAND CHOIX DE MAGAZINES

Il existe des revues et des magazines sur tous les sujets, ou presque : la mode, la beauté, la famille, l'informatique, l'art, l'économie, la finance, les sciences, le sport, etc. On trouve même des magazines destinés aux fans de certaines pop stars. Des hebdomadaires comme *L'Express*, *Le Point* ou *Le Nouvel Observateur* traitent l'actualité plus en profondeur que les quotidiens ou les journaux télévisés.

UNE ÉQUIPE DE PROFESSIONNELS

L'organisation d'un magazine tourne autour de la rédaction. Le rédacteur en chef choisit ses sujets et son équipe de rédacteurs. Les journalistes de la rédaction font des recherches sur les différents sujets, réalisent des interviews et rédigent les articles. Le rédacteur en chef passe en dernier pour réviser et corriger les articles.

KIOSQUES À JOURNAUX

Les kiosques à journaux proposent un très large choix de magazines et de revues, à la fois nationaux et étrangers, sur les sujets les plus divers.

Pour en savoir plus

LES DESSINS ANIMÉS
LES JOURNAUX
LA PUBLICITÉ

Rhinocéros et tapirs

LES PREMIERS RHINOCÉROS sont apparus il y a 30 millions d'années et certaines espèces sont devenues les plus grands mammifères terrestres qui aient jamais existé. Mais aujourd'hui, leur survie est gravement menacée. Des milliers ont été massacrés pour leurs cornes et tous figurent sur la liste officielle des espèces en voie de disparition. Ces animaux sont herbivores. Il en existe cinq espèces : le rhinocéros banc et le rhinocéros noir d'Afrique, les rhinocéros unicornes de l'Inde et de Java et le petit rhinocéros de Sumatra. Ces créatures solitaires sont dotées d'une mauvaise vue mais d'une bonne ouïe et d'un odorat excellent. Le tapir est apparenté au rhinocéros. C'est un mammifère robuste, trapu, qui ressemble au porc et vit principalement dans les forêts. Il se nourrit, surtout la nuit, de toutes sortes de végétaux. Bons nageurs, les tapirs passent l'essentiel de leurs journées dans l'eau. Mais ils sont menacés par une chasse excessive.

RHINOCÉROS BLANC

Avec un poids de plus de 2 tonnes, le rhinocéros blanc est le deuxième plus gros mammifère terrestre après l'éléphant. Il possède une très mauvaise vue et charge parfois des objets qu'il n'identifie pas. Il arrache les végétaux, en général des graminées, avec sa lèvre supérieure préhensible (qui permet de saisir). Les vertus prétendument médicinales de ses cornes lui valent d'être chassé de façon intensive.

RHINOCÉROS NOIR

Le rhinocéros noir est légèrement plus petit que le rhinocéros blanc. On le rencontre dans le centre et le sud de l'Afrique. Il distingue mal les objets éloignés de plus de 30 m, qu'il attaque s'il se sent menacé. Il se nourrit, surtout la nuit, de feuilles et de pousses d'arbres, qu'il saisit avec sa longue lèvre supérieure recourbée.

Tapir d'Amérique — Rhinocéros noir — Rhinocéros blanc

TÊTES

Les tapirs d'Amérique et les rhinocéros noirs possèdent une lèvre supérieure longue et recourbée. La bouche du rhinocéros blanc est de forme carrée.

CORNE

La corne du rhinocéros est faite de poils agglomérés. Il n'y a pas d'os à l'intérieur. Les rhinocéros de l'Inde (à droite) et de Java ne possèdent qu'une seule corne ; les autres espèces en ont deux.

PEAU

Extrêmement dure et épaisse, semblable à du cuir, la peau forme une cuirasse sur le corps et de nombreux plis et replis autour des pattes et du cou. Seul le rhinocéros de Sumatra a des poils.

TAPIR À CHABRAQUE

La femelle met bas un petit après 400 jours de gestation. Le nouveau-né est recouvert d'une fourrure tachetée qui le camoufle efficacement au milieu des ombres et lumières de la forêt. Les marques disparaissent au bout de 6 mois et le jeune tapir commence à ressembler à ses parents. Le tapir à chabraque adulte possède une énorme tache blanche sur son corps noir, qui contribue à fragmenter sa silhouette dans la pénombre.

Pour en savoir plus

L'AFRIQUE (FAUNE ET FLORE)
LES ESPÈCES ANIMALES
LES ESPÈCES EN VOIE DE DISPARITION
LES MAMMIFÈRES

les Rivages

UN RIVAGE EST LA BANDE DE TERRE qui borde une étendue d'eau marine, côtes glacées des régions polaires ou surchauffées des tropiques. Le mouvement continuel des vagues et des marées change constamment l'aspect du rivage. Celui-ci abrite une faune et une flore particulières, adaptées à un environnement gouverné par le rythme des marées. Les habitants du rivage doivent s'acclimater au battement des vagues, à l'eau salée, aux eaux de pluie, aux vents desséchants et à la chaleur du soleil. La végétation, qui pousse le long des côtes rocheuses et dans certains endroits vaseux, est à la fois un abri et une source de nourriture pour la faune. Mais elle ne pousse pas dans le sable, trop meuble, ni sur les galets. Les animaux du rivage dépendent donc des marées pour leur nourriture. Elle leur parvient sous forme de particules alimentaires en suspension dans l'eau. Les mieux adaptés sont les mollusques et les crustacés, qui sont protégés par des enveloppes dures.

RIVAGE MORTEL
La plupart de ces bébés tortues, qui viennent d'éclore des œufs enfouis dans le sable par leur mère, vont être mangés par des goélands, des crabes, des lézards et autres prédateurs. Il existe aujourd'hui des actions en faveur de la protection des tortues.

Les goélands planent au-dessus de la mer quand les échassiers fouillent le rivage.

Des oiseaux marins patrouillent le long des côtes, en quête de proies ou de charognes.

PLAGES DE SABLE
Les vagues remuent sans cesse les minuscules grains de sable de la plage. Les plantes, ne pouvant s'y enraciner, poussent plus loin. Pour autant, les plages ne sont pas désertes : des dizaines d'espèces vivent dans le sable, cachette idéale pour les animaux fouisseurs qui filtrent la nourriture présente dans l'eau à marée haute et se nourrissent des particules alimentaires laissées sur le sable à marée basse.

ÉCHASSIERS
Les échassiers sondent le sable ou la vase avec leur bec étroit pour dénicher petits mollusques et vers. Ceux dont le bec est très long, comme le courlis, pêchent à plusieurs centimètres de profondeur. Ceux dont le bec est plus court, comme le bécasseau, prélèvent leur nourriture juste sous la surface.

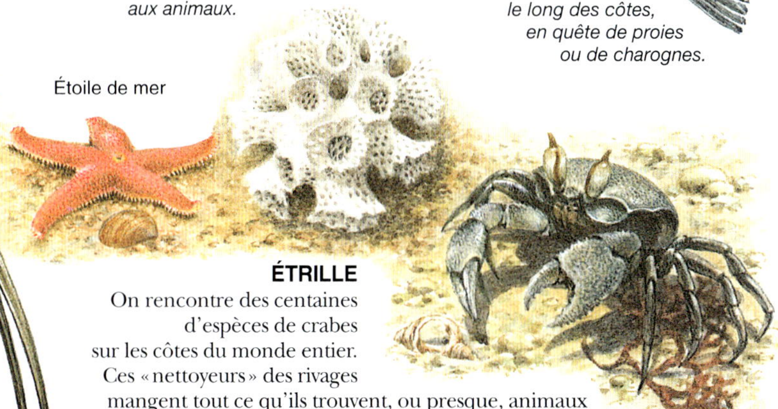

La dentelle de Vénus résiste au frottement des grains de sable battus par les vagues. Ses cavités offrent un refuge aux animaux.

Étoile de mer

ÉTRILLE
On rencontre des centaines d'espèces de crabes sur les côtes du monde entier. Ces « nettoyeurs » des rivages mangent tout ce qu'ils trouvent, ou presque, animaux vivants ou morts. L'étrille (ci-dessus) utilise ses pinces munies de dents pointues pour découper sa nourriture.

TALITRE
Les talitres (ou puces de mer) sont de petits crustacés qui se nourrissent de végétaux en décomposition. Ils grouillent sur les algues rejetées par la mer et, face au danger, peuvent faire des bonds rapides grâce à leurs pattes postérieures puissantes.

COQUES D'ŒUFS
Requins et raies pondent des œufs, qui se fixent aux algues ou aux rochers par des vrilles adhésives. Les œufs étant éclos, les coques épaisses qui les protégeaient, alors vides, sont rejetées sur le rivage.

COUTEAU
Ce mollusque bivalve à coquille allongée, en forme de rasoir, creuse le sable à l'aide de son pied puissant et y reste enfoui. Seul son siphon dépasse.

Avec ses nombreux tentacules, l'anémone de mer pique et attrape sa proie. Son long pied (jusqu'à 30 cm) la fixe dans le sable.

VIVE
Enfouie dans le sable, la vive guette petits poissons, crabes et crevettes. Ses nageoires sont recouvertes d'épines venimeuses, qui font très mal quand on marche dessus.

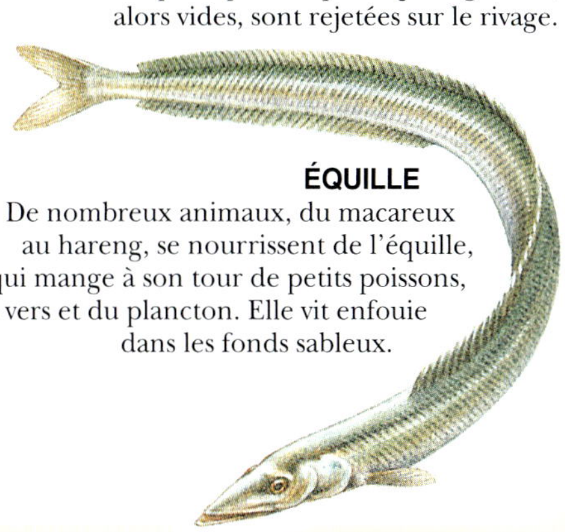

ÉQUILLE
De nombreux animaux, du macareux au hareng, se nourrissent de l'équille, qui mange à son tour de petits poissons, des vers et du plancton. Elle vit enfouie dans les fonds sableux.

R

MARAIS SAUMÂTRES

Les marais saumâtres se forment à proximité du rivage, là où la marée inonde les terres plates, près de l'embouchure d'un cours d'eau. Cet habitat est favorable à la croissance de certains végétaux : spartine, salicorne, zostère, scirpe, aster… Des oiseaux, tels les oies, les goélands et les sternes, s'y nourrissent tout au long de l'année, surtout en hiver quand l'arrière-pays est gelé. Certains oiseaux s'y reproduisent l'été, d'autres y font escale au cours de leurs migrations.

Certaines grandes algues, comme la laminaire, sont dotées d'un thalle rubané qui peut atteindre 3 m de long.

FALAISES

Seuls quelques animaux terrestres très agiles, comme les serpents, peuvent atteindre les rebords des falaises. Elles sont donc un site de nidification sûr pour toutes sortes d'oiseaux : fous de Bassan, goélands, petits pingouins, cormorans… Quelques plantes, dont le statice, y résistent aux vents violents et aux embruns.

ALGUES

Leurs pigments photosynthétiques permettent de distinguer trois espèces d'algues : brunes, rouges et vertes. Elles sont dépourvues de racines, de tiges et de feuilles et se fixent aux rochers par des crampons. Les algues brunes et rouges possèdent des stipes, sortes de tiges terminées par des frondes qui évoquent des feuilles.

Lorsque la mer se retire, les bigorneaux utilisent leur mucus pour se coller aux rochers et garder l'eau qui leur évite de se dessécher.

CÔTES ROCHEUSES

La surface des rochers se prête au développement des plantes, et de nombreuses créatures trouvent refuge dans la végétation qu'ils abritent. Mais ces plantes ont une vie mouvementée : elles sont battues par les vagues contre la pierre et submergées par l'eau salée à marée haute. Certains mollusques et crustacés s'accrochent aux rochers et de nombreux poissons et crabes se cachent des prédateurs dans les anfractuosités rocheuses.

BUCCIN

Ce gros mollusque gastéropode, qui peuple les rivages rocheux, se nourrit d'animaux morts ou agonisants. Apparenté aux escargots, il repère ses proies à l'odorat et les aspire par son siphon.

CHITON

Ce mollusque possède une coquille formée de 8 plaques articulées et qui ressemble à une cotte de mailles. Il s'accroche solidement aux rochers littoraux et se nourrit à leur surface de petites algues.

Les crampons arborescents de l'algue offrent un abri aux petits animaux.

Algue rouge

ANÉMONE DE MER

Apparentée aux méduses, l'anémone de mer utilise ses tentacules pour piquer des petits poissons et des crevettes, et les porter à sa bouche située dans son pied. Lorsque la mer descend, les tentacules se replient.

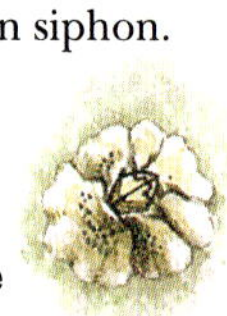

Anatife

SQUILLE-MANTE

Ce crustacé se cache dans une cavité pour guetter sa proie. Lorsque sa victime approche, il l'assomme avec l'une de ses pattes en forme de massue.

GONIODISCASTER SCABER

Cette étoile de mer se nourrit de mollusques, de crustacés, de concombres de mer, de coraux et d'éponges. Elle se déplace avec ses pieds ambulacraires, ventouses locomotrices sortant de la face ventrale de ses bras.

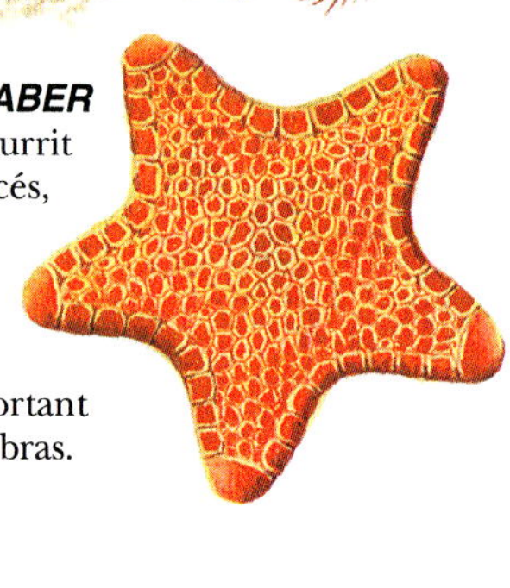

Pour en savoir plus

Les Coquillages
Coraux, anémones de mer et méduses
Crabes et autres crustacés
Étoiles de mer et oursins
Les Océans
Les Oiseaux de mer
Les Poissons

les Robots

UN ROBOT EST UNE MACHINE CONTRÔLÉE par un ordinateur, qui accomplit certaines tâches spécifiques. Le mot « robot », inventé en 1923 par le romancier tchèque Karel Capek, signifie en tchèque « travail forcé ». De fait, les robots accomplissent des tâches qui peuvent se révéler difficiles ou dangereuses pour l'homme. Dans de nombreuses usines, le robot se présente sous la forme d'un simple bras articulé pivotant et se contente d'exécuter la tâche pour laquelle il a été programmé, comme la peinture de pièces automobiles. Les ingénieurs ont cependant mis au point des robots plus sophistiqués, mobiles, et qui analysent leur environnement au moyen de capteurs. D'autres robots, doués d'une intelligence artificielle, « comprennent » ce qu'ils voient et entendent, et sont capables de prendre des décisions. Ce type de robots est conçu pour accomplir des missions de surveillance, de détection et d'exploration spatiale.

SCIENCE-FICTION
Les robots de science-fiction, comme le C3-P0 de *Star Wars*, sont généralement des androïdes (à apparence humaine). Actuellement, les Japonais travaillent à la mise au point de robots domestiques en tout point semblables aux humains.

BRAS ROBOTISÉS
Les robots qu'on utilise dans l'industrie sont programmés pour assembler, peindre ou souder pièces et composants. La programmation du robot est effectuée par un opérateur, lui-même peintre ou soudeur. Certains robots sont capables d'obéir à des instructions simples, transmises par la voix. Ces automates, souvent équipés de capteurs, comme des dispositifs à visée laser, sont conçus pour accomplir des travaux de précision.

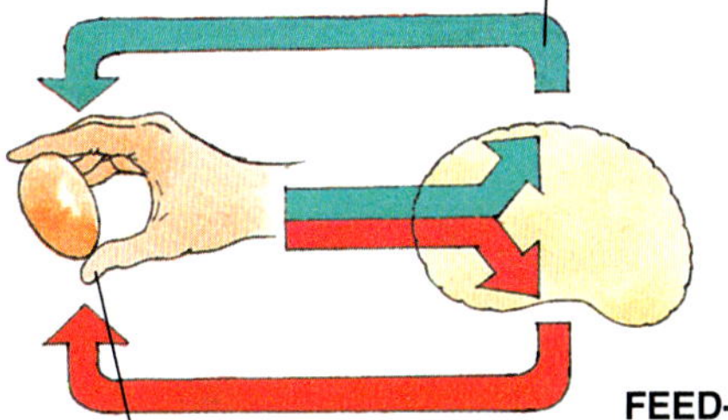

FEED-BACK
Lorsque vous saisissez un œuf, par exemple, vos sens envoient instantanément des signaux à votre cerveau. Grâce à ces informations, le cerveau adapte automatiquement le mouvement de la main et la pression exercée par les doigts sur l'objet saisi. Ce processus d'adaptation, appelé feed-back, est mis en œuvre sur les robots sophistiqués qui contrôlent leurs mouvements au moyen de capteurs électroniques, comme le laser, les caméras vidéo ou encore les senseurs de pression.

ROBOTS D'EXPLORATION SPATIALE
En 1976, deux sondes spatiales *Viking* inhabitées réussirent à se poser sur Mars. Ces robots d'exploration, destinés à étudier les planètes et à rechercher des traces de vie, obéissent aux instructions des opérateurs basés sur Terre.

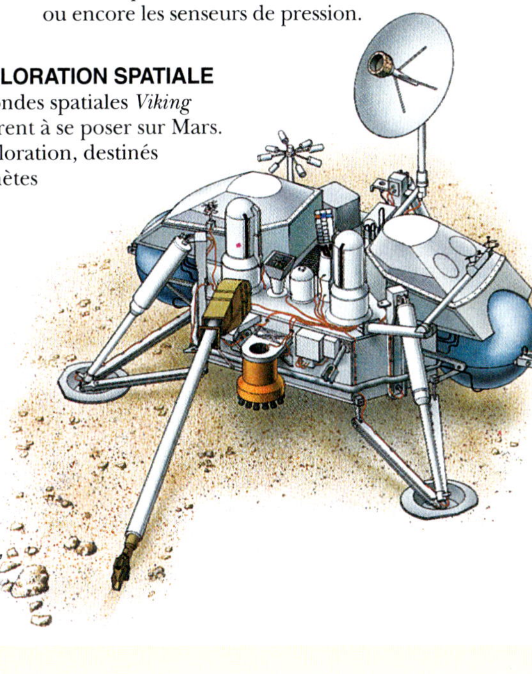

Les sondes spatiales sont douées d'un minimum d'autonomie, les instructions envoyées depuis la Terre pouvant mettre des minutes, voire des heures, à leur parvenir.

Ce robot démineur est équipé de chenilles pour se déplacer en terrain accidenté. Une caméra vidéo embarquée envoie des images à l'opérateur et le bras articulé est équipé d'un mécanisme de désamorçage.

CONTRÔLE À DISTANCE
Les robots mobiles exécutent des missions dangereuses pour l'homme, comme la réparation ou le démontage de réacteurs nucléaires, ou encore le désamorçage de mines. Ces robots sont télécommandés par un opérateur placé à distance raisonnable du site d'opération. Des capteurs embarqués permettent de contrôler les mouvements du robot.

Pour en savoir plus

LES ORDINATEURS
TECHNIQUES ET TECHNOLOGIES
LES USINES

Roches et minéraux

CHAUSSÉE DES GÉANTS
Cette formation rocheuse inhabituelle du nord de l'Irlande est formée de colonnes basaltiques. Le basalte provient du refroidissement et de la solidification de la lave d'un volcan.

NOUS VIVONS à la surface d'une énorme sphère rocheuse : la Terre. Les roches créent nos paysages. La plupart des roches sont recouvertes d'un sol, d'arbres ou d'herbe. D'autres sont visibles comme le flanc des falaises, les rochers de nos plages, les pics des montagnes ou le sable des déserts. Les roches terrestres les plus anciennes datent de 3 800 millions d'années. D'autres sont beaucoup plus récentes et il s'en forme sans cesse. Toutes sont constituées de minéraux : le marbre se compose essentiellement de calcite, le granite de mica, de quartz et de feldspath. Les roches proviennent soit du magma solidifié, soit de fossiles animaux et végétaux, soit de l'action de la chaleur et de la pression sur des roches anciennes à l'intérieur de la Terre. Mais aucune, aussi dure soit-elle, n'est éternelle. Les roches s'usent lentement sous l'action du vent, de la pluie et d'autres agents : c'est l'érosion.

FORMATION DES ROCHES

Au départ l'espace était rempli de nuages de poussière. Les particules de poussière se sont réunies pour former les roches qui constituent les planètes, leurs satellites et les météorites. Il existe trois familles de roches sur Terre : endogènes (ou magmatiques), sédimentaires et métamorphiques. Chacune se forme à sa façon.

Les bulles de gaz emprisonnées dans la lave créent des trous dans la roche.

En refroidissant, la lave du volcan se transforme en basalte.

La boue et les galets s'enfoncent dans le sol et s'agglomèrent pour former une roche détritique dure, le conglomérat.

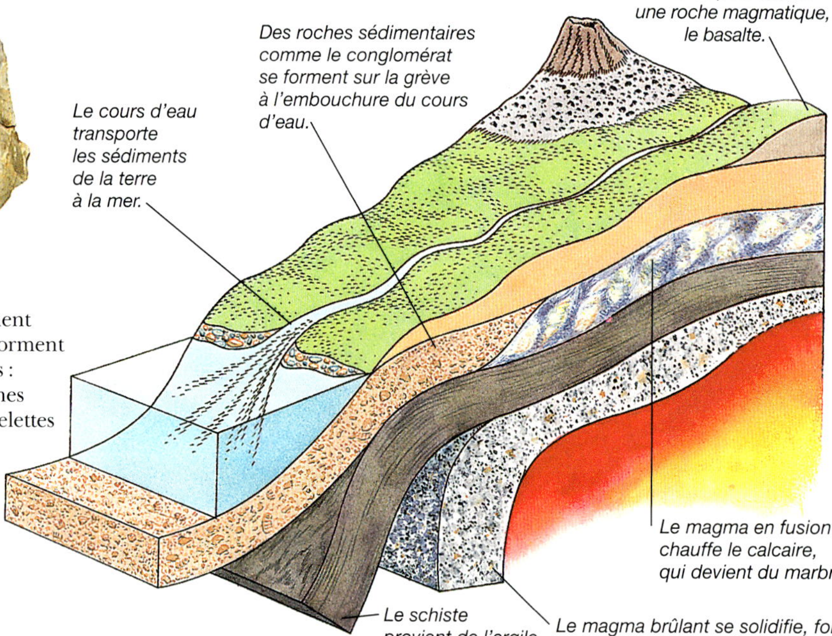

ROCHES MAGMATIQUES
À l'intérieur de la Terre, la chaleur est si intense que certaines roches fondent. En refroidissant, le magma se solidifie pour produire une roche magmatique. Le magma reste en profondeur ou remonte à la surface sous forme de lave et se solidifie.

ROCHES SÉDIMENTAIRES
La glace, le vent et le ruissellement érodent les roches qui se transforment en galets et en petites particules : les sédiments. Tassées, les couches de sédiments (sable, argile, squelettes d'animaux…) donnent des roches sédimentaires.

Lorsque le magma refroidit lentement, en profondeur, il forme du granite, roche dure utilisée comme matériau de construction.

Le calcaire contient des fossiles de coquillages. La craie, une roche calcaire, est constituée de squelettes d'animaux marins.

L'argile produit le schiste, une roche sédimentaire très friable. L'ardoise (ci-contre) est une roche métamorphique issue du schiste.

ROCHES MÉTAMORPHIQUES
La chaleur et la pression à l'intérieur de la Terre cuisent et compriment les roches sédimentaires et magmatiques. Les minéraux contenus dans les roches se transforment et durcissent. Ils donnent de nouvelles roches, dites métamorphiques. Des millions d'années plus tard, les roches de surface, s'érodant, laissent apparaître les roches métamorphiques.

Le chauffage et la compression du calcaire produisent une roche métamorphique très dure, le marbre.

MINÉRAUX

Une véritable collection de minéraux doit aligner des cristaux magnifiques. Les minéraux sont les différentes substances constitutives des roches terrestres. Par exemple, le calcaire et le marbre sont formés de calcite, un minéral blanc. Les pierres précieuses, comme le diamant, les minerais renfermant des métaux comme le fer et l'aluminium, sont des minéraux. La quasi-totalité des métaux est extraite des minerais (métallurgie lourde).

ROSE DES SABLES
Le gypse forme des cristaux en pétales dans les déserts et les régions sèches. Ce phénomène est dû aux dépôts minéraux laissés par l'évaporation de l'eau. Les cristaux ressemblent à des fleurs, d'où leur nom de roses des sables.

TURQUOISE
Les bijoutiers taillent de magnifiques bijoux dans la turquoise. Ce minéral bleu-vert forme souvent une veine dans une autre roche, dite encaissante.

HALITE
Le sel gemme provient d'un minéral appelé halite. L'halite se forme là où l'eau de mer s'évapore au bord du rivage. Les gisements souterrains proviennent d'anciens lacs salés. Incolore, le sel doit son ton rosé aux impuretés présentes dans l'halite.

SOUFRE
Des cristaux jaunes se forment lorsque le soufre en fusion refroidit. Les vastes gisements souterrains situés aux États-Unis fournissent du soufre pour fabriquer du caoutchouc et des produits chimiques.

GALÈNE
Les cristaux cubiques de la galène, gris et à l'éclat métallique, saillent d'un morceau de calcaire blanc. La galène, principal minerai de plomb, apparaît souvent sous forme de veine dans le calcaire. La galène est du sulfure de plomb : si on la fait fondre, le soufre disparaît et le plomb reste.

CRISTAUX

Les cristaux proviennent de minéraux fondus ou dissous dans un liquide comme l'eau. Ce sont des solides de structure régulière, aux faces planes, à la surface lisse et brillante, et souvent transparents, dont la forme (cubes ou colonnes, par exemple) est propre à chaque minéral.

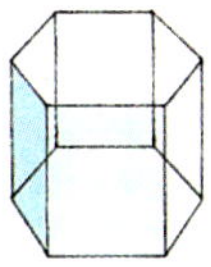

Les cristaux hexagonaux possèdent six axes de symétrie.

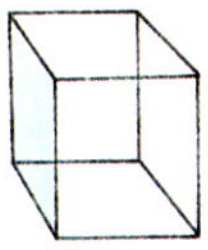

Les cristaux cubiques possèdent quatre axes de symétrie.

Certains cristaux sont en forme d'aiguilles.

Les cristaux de béryl sont en forme de colonne.

QUARTZ
Le quartz est l'un des minéraux les plus répandus. Les pendules et les montres électroniques contiennent de minuscules cristaux de quartz.

USAGE DES ROCHES

Les roches nous entourent, à la ville comme à la campagne, sous les formes les plus diverses. Les roches dures (granit, grès, calcaire) font de bons matériaux de construction (murs, habitations) et les routes contiennent des fragments de roches dures broyées. Une roche tendre, comme l'argile ou le schiste, chauffée avec du calcaire broyé, produit du ciment que l'on utilise pour la fabrication du béton et la pose des briques. Les briques sont de l'argile cuite dans des moules.

Les premiers outils étaient en pierre. Les hommes préhistoriques cassaient des roches pour fabriquer des outils tranchants ou pointus (des haches, par exemple).

On peut sculpter le bronze pour réaliser des statues et autres objets décoratifs.

Pour en savoir plus

ATOMES ET MOLÉCULES
COMÈTES ET MÉTÉORITES
LES FOSSILES
LA GÉOLOGIE
HORLOGES ET MONTRES
PIERRES PRÉCIEUSES ET BIJOUX
LES VOLCANS

Franklin Delano Roosevelt

1882 Naissance à Hyde Park, État de New York.

1905 Diplômé de Harvard.

1910 Élu sénateur démocrate de l'État de New York.

1913-1920 Sous-secrétaire du département de la Marine.

1920 Campagne pour la vice-présidence.

1928 Élu gouverneur de l'État de New York.

1932 Élu président des États-Unis.

1933 Mise en place du New Deal.

1936, 1940, 1944 Réélu président des États-Unis.

1941 Entrée en guerre des États-Unis après le bombardement de la base navale américaine de Pearl Harbor, à Hawaii, par les Japonais.

1945 Roosevelt décède avant la fin de la Seconde Guerre mondiale.

En 1932, les États-Unis traversaient une crise économique majeure, avec près de 30 millions de personnes au chômage, soit environ un tiers des forces vives du pays. L'élection présidentielle plaça à leur tête un homme qui se donna pour mission de ramener le pays sur la voie de la prospérité. La carrière politique de Franklin Delano Roosevelt avait pourtant semblé compromise lorsqu'il fut frappé en 1921 par la poliomyélite. Aidé de sa femme, Eleanor, cet homme au tempérament combatif réussit à retrouver l'usage de ses jambes. Élu gouverneur de New York en 1928, il accéda à la présidence des États-Unis 4 ans plus tard. Tout au long de ses 13 ans de mandat, il s'appliqua à lutter contre le chômage et la pauvreté, répétant aux Américains que « la seule chose dont ils pouvaient avoir peur était la peur elle-même ». Roosevelt lança une série de réformes sociales et de grands travaux (le New Deal), et la Seconde Guerre mondiale révéla ses qualités de chef militaire. Avec les Soviétiques et les Britanniques, il contribua à modeler l'image du monde d'après-guerre.

UN PRÉSIDENT MÉDIATIQUE

Expert en communication, le président Roosevelt sut tirer parti du nouveau média qu'était la radio pour imposer sa politique. C'est à l'occasion de discours informels qu'il réussit à tisser des liens durables et forts avec ses concitoyens.

NEW DEAL

Roosevelt lutta contre la crise économique des années 1930 avec le New Deal. Il lança une politique de grands travaux et redonna du travail aux chômeurs. Des réformes sociales améliorèrent les conditions des travailleurs et des retraités.

Le New Deal illustré par un caricaturiste de l'époque

ELEANOR ROOSEVELT

Eleanor Roosevelt (1884-1962) fut une combattante acharnée des droits de l'homme. Après 1945, elle représenta son pays au siège des Nations unies.

CONFÉRENCE DE YALTA

En février 1945, le président Roosevelt, Churchill, Premier ministre britannique (à gauche) et Staline pour les Soviétiques (à droite) se rencontrèrent à Yalta, sur les bords de la mer Noire, pour décider du sort du monde de l'après-guerre. Ils convinrent aussi de créer les Nations unies.

Pour en savoir plus

La Crise de 1929
Les États-Unis (histoire)
Les Nations unies
La Seconde Guerre mondiale

la Roue

LES PLUS SIMPLES DES INVENTIONS sont parfois les plus révolutionnaires. Personne ne sait exactement quand fut inventée la roue. Les premiers témoignages remontent à environ 3 500 ans. Depuis, c'est une incroyable série de machines, prolongée jusqu'à nos photocopieurs et moteurs à réaction. La roue possède une caractéristique unique : elle est parfaitement circulaire et roule ou tournoie de façon régulière. Elle peut équiper toutes les formes de véhicules de transport (cycles, trains, voitures, autocars ou avions) et rouler sur tous les revêtements : pistes de terre, bitume, rails. Entraînée par un moteur, son mouvement circulaire produit une énergie continue. Nombre d'inventions exploitent ses propriétés : la grue réduit l'effort nécessaire au soulèvement d'une charge grâce à la poulie (roue à gorge autour de laquelle passe une corde) ; les engrenages, qui multiplient ou réduisent la vitesse et la force d'une roue, sont au cœur d'innombrables machines.

AXE ET ROULEMENT
Une roue tourne sur un arbre, appelé essieu. Entre la roue et l'essieu, des petites billes d'acier (roulement à billes) assurent une rotation régulière et sans contrainte de la roue. Sans roulements à billes, une grande roue de foire serait empêchée de tourner sur son essieu par son poids.

Avant l'invention de la roue, les hommes poussaient ou tiraient les charges. Il est probable qu'ils eurent l'idée de la roue en voyant des pierres rouler au bas d'une pente.

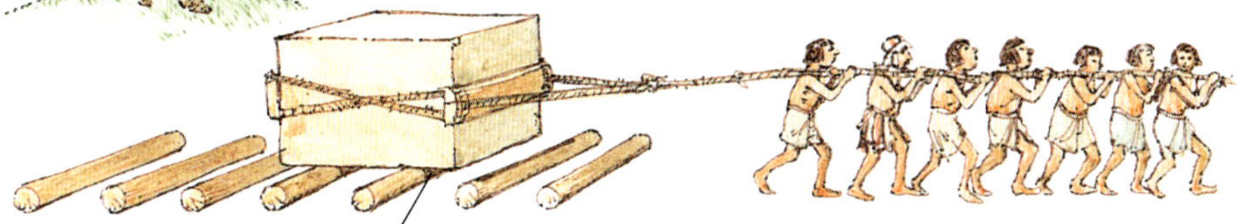

Il y a 4500 ans, les Égyptiens se lancèrent dans la construction de gigantesques temples et de tombes en forme de pyramides. Les ouvriers s'aidaient de troncs couchés à terre pour acheminer les blocs de pierre.

INVENTION DE LA ROUE
La première roue date de 3500 av. J.-C. Il s'agit d'un tour de potier, simple table tournante, utilisée en Mésopotamie (Irak actuel) pour fabriquer des pots en argile lisses et ronds. Près de 300 ans plus tard, les Mésopotamiens inventaient la charrette, inaugurant l'ère du transport sur roues.

Les premières roues équipant un véhicule de transport étaient en bois plein. Deux ou trois planches étaient fixées côte à côte, puis découpées en cercle. Leur apparition remonte à 3 200 av. J.-C.

Les roues à rayons apparurent vers 2000 av. J.-C. Plus légères que les roues en bois plein, elles équipaient les chars de combat.

Les roues à rayons métalliques firent leur apparition vers 1800. Légères et résistantes, elles équipèrent les voitures, puis les motos et les avions. Dans les années 1950, les roues à jantes de métal se généralisèrent dans l'automobile.

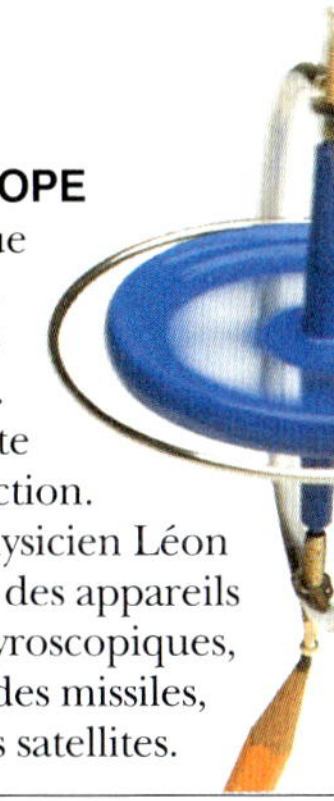

GYROSCOPE
Un gyroscope est une roue que sa vitesse de rotation maintient en équilibre sur un axe, comme une toupie. En mouvement, il pointe toujours dans la même direction. Inventé en 1852 par le physicien Léon Foucault, il est utilisé dans des appareils appelés compas gyroscopiques, qui servent au guidage des missiles, des avions et des satellites.

Bibendum, le célèbre logo du fabricant de pneumatiques français Michelin

PNEUMATIQUES
Nos véhicules sont équipés de pneus en caoutchouc gonflés d'air. Inventés par l'Écossais Robert W. Thompson, en 1845, ils renforcent le confort de conduite et, sauf ceux des voitures de course, ont des sculptures qui améliorent l'adhérence au revêtement.

Les roues d'un engrenage s'entraînent par leur denture. Leur positionnement décide des conversions des forces opérées.

ENGRENAGE
Un mécanisme formé de roues dentées en contact s'appelle un engrenage. Dans les machines, les engrenages modifient le mouvement. Une grosse roue fait tourner plus rapidement une petite roue, mais avec moins de force. Les engrenages servent également à modifier la direction du mouvement.

Pour en savoir plus
LES AUTOBUS
LES TRANSPORTS
VÉLOS ET MOTOS

R

Routes et autoroutes

LES ÉTATS-UNIS POSSÈDENT LE PLUS IMPORTANT réseau routier au monde, avec près de 6 millions de kilomètres de routes bitumées. Un automobiliste roulant à 80 km/h mettrait à peu près 9 ans pour le parcourir en entier ! Différents types de voies répondent aux besoins de la circulation, des autoroutes aux grandes artères urbaines, en passant par les périphériques et les petites routes secondaires. Sillonné par les voitures, les autocars, les poids lourds et toutes sortes de véhicules, le réseau routier voit passer aussi bien des personnes que des marchandises. Si l'on roule le plus souvent à droite, certains pays, comme la Grande-Bretagne, l'Inde, le Japon et l'Australie, pratiquent la conduite à gauche.

ANCIENNES VOIES DE CIRCULATION

Il y a plus de 2000 ans, les Romains construisirent un vaste réseau routier, qui s'étendait à travers tout l'empire. Ces voies pavées (environ 90000 km de grandes routes et 200000 km de voies secondaires) étaient jalonnées de bornes milliaires. Certaines routes reliaient des civilisations différentes, comme la route de la soie qui, dès le IIe siècle av. J.-C., permettait d'importer de la soie de Chine en Europe *via* l'Asie.

VOIES RAPIDES

Les voies rapides assurent une circulation fluide entre les villes et aux abords des centres-villes. Larges, à plusieurs voies et à double sens, ces infrastructures sans intersections n'évitent pas toujours les bouchons. Une glissière (ou terre-plein central) sépare les deux chaussées.

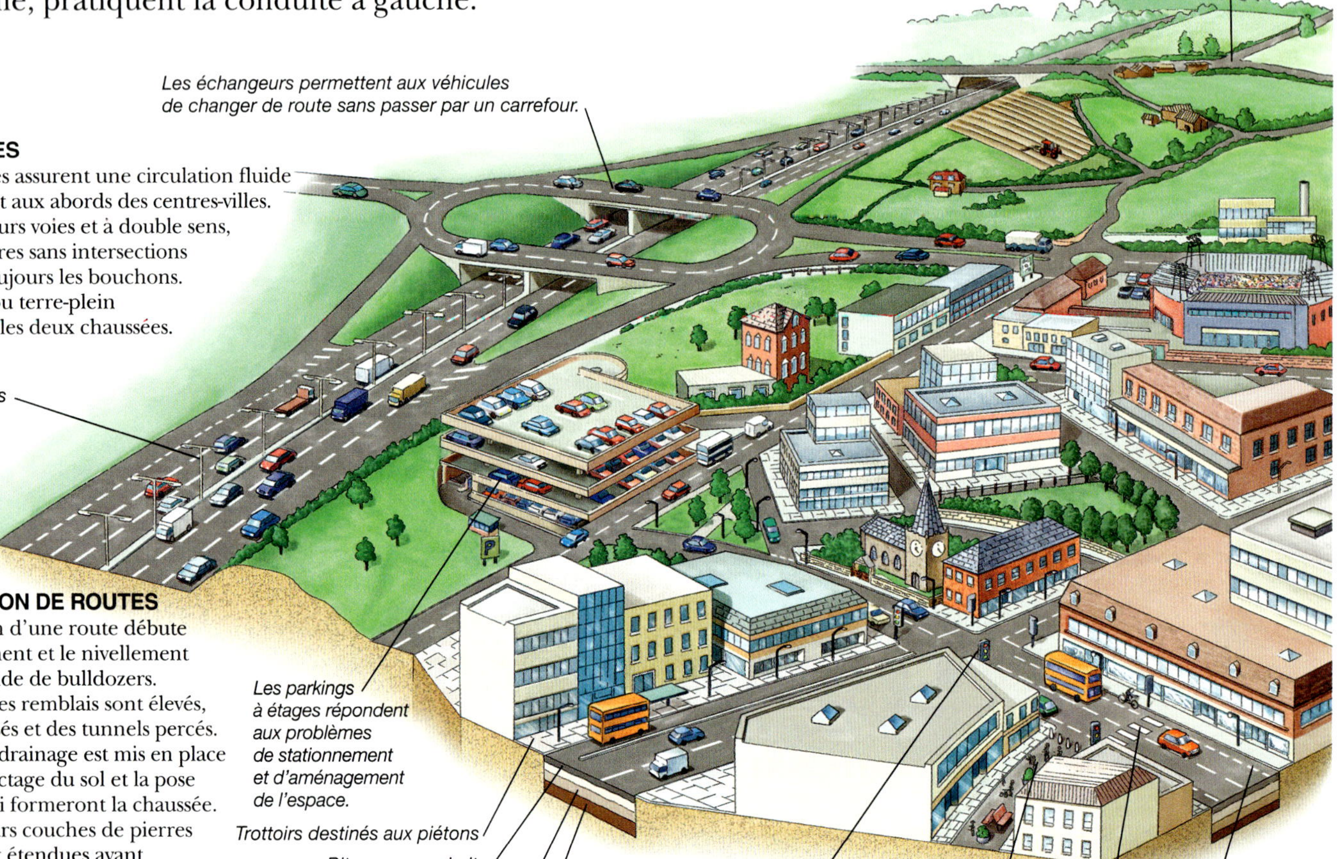

CONSTRUCTION DE ROUTES

La construction d'une route débute par le déblaiement et le nivellement du terrain à l'aide de bulldozers. Si nécessaire, des remblais sont élevés, des fossés creusés et des tunnels percés. Un système de drainage est mis en place avant le compactage du sol et la pose des couches qui formeront la chaussée. Une ou plusieurs couches de pierres concassées sont étendues avant le bitumage. Entre chaque couche un rouleau compresseur compacte le revêtement.

TRAFIC ROUTIER

On estime que 1 milliard de véhicules parcourent le réseau routier mondial. À quand la saturation ?

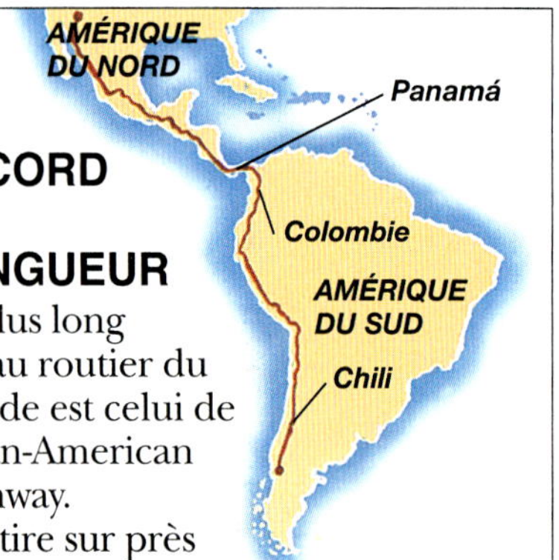

RECORD DE LONGUEUR

Le plus long réseau routier du monde est celui de la Pan-American Highway. Il s'étire sur près de 47000 km, de l'Alaska jusqu'au Chili, avec une interruption au niveau du canal de Panamá et de la Colombie.

CONTRÔLE DU TRAFIC

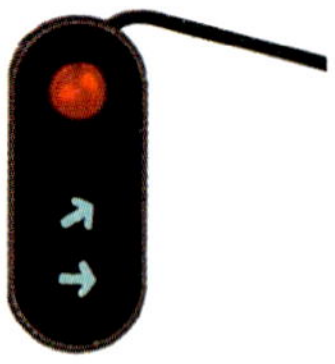

Panneaux de limitation de vitesse ou panneaux lumineux améliorent la sécurité des automobilistes. Les marquages au sol délimitent les couloirs de circulation. Les feux régulent le trafic aux carrefours et limitent le risque de collision. La surveillance vidéo contrôle en temps réel des voies très fréquentées et l'informatique rend la circulation fluide en synchronisant les feux de signalisation.

Pour en savoir plus

CONSTRUCTION, MATÉRIAUX ET TECHNIQUES
L'EMPIRE ROMAIN
LES PONTS
LES TUNNELS
LES VILLES

http://fr.wikipedia.org/wiki/Royaume_du_Benin

le Royaume du Bénin

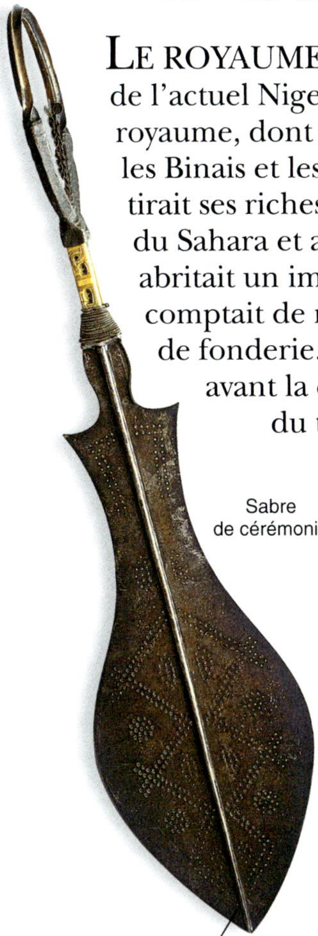

LE ROYAUME DU BÉNIN occupait la région du delta du fleuve Niger, au sud de l'actuel Nigeria. Fondée au XIe siècle, cette cité-État devint, en 1450, un grand royaume, dont la prospérité dura près de trois siècles. Sa population regroupait les Binais et les Yorubas, dirigés par de puissants rois, appelés obas. Le royaume tirait ses richesses des échanges commerciaux avec les populations africaines du Sahara et avec les Européens installés sur les côtes. Grand-Bénin, sa capitale, abritait un immense palais royal réservé aux obas. La population du royaume comptait de remarquables artisans, auteurs de superbes sculptures et pièces de fonderie. Les Portugais débarquèrent au XVe siècle dans la région avant la conquête du royaume par les Britanniques en 1897 et l'annexion du territoire à la colonie du Nigeria.

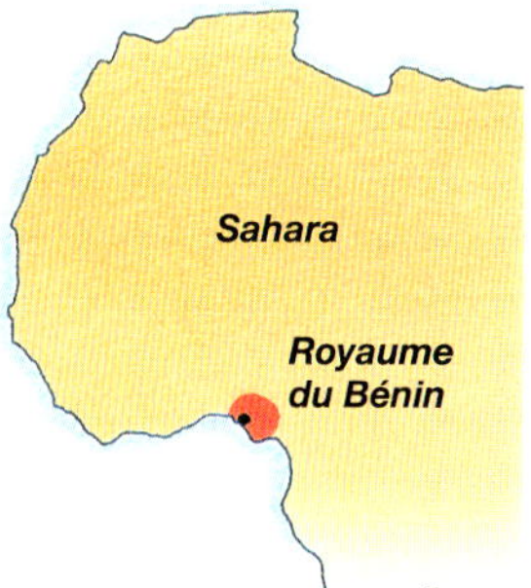

FRONTIÈRES
Le royaume du Bénin, en Afrique occidentale, s'étendait tout autour de la cité de Grand-Bénin qui a donné son nom au Bénin actuel.

Sabre de cérémonie

La lame large témoigne d'un souci plus ornemental que pratique.

Un oba, ou grand roi, est escorté par deux courtisans.

Plaque de bronze ornant les piliers de bois qui supportent les galeries du palais

OBAS

Les prospères obas contrôlaient les échanges commerciaux. Le plus célèbre d'entre eux, Ewuare le Grand (1440-1480), transforma la capitale du royaume en une cité influente. Révérés comme des dieux par leurs sujets, ces souverains tout-puissants, honorés par des sacrifices, déléguaient une partie de leur pouvoir à des dignitaires.

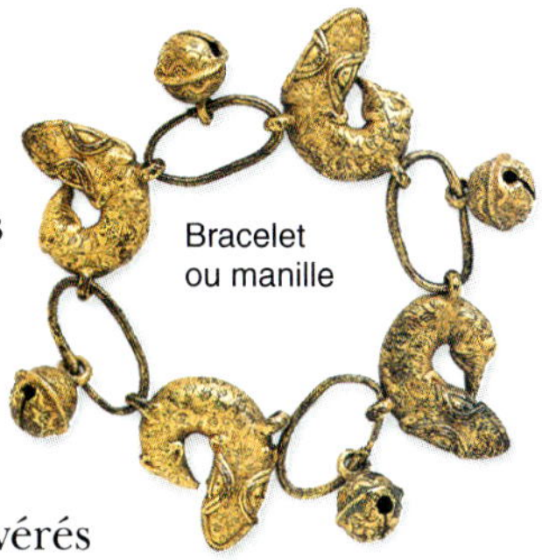

Bracelet ou manille

GRAND-BÉNIN
En 1688, l'humaniste hollandais Olfert Dapper décrivait Grand-Bénin comme une imposante et prospère cité, ceinte d'un haut rempart de terre. La ville abritait de remarquables bâtiments, dont un luxueux palais royal, ainsi que des quartiers réservés aux artisans.

R

XIe SIÈCLE Fondation de Grand-Bénin.

1450 Apogée du royaume.

1486 Première exploration du royaume par les Portugais.

VERS 1500 Commerce avec les marchands anglais, hollandais et français.

VERS 1680 Reprise du commerce des esclaves.

1688 Olfert Dapper écrit une histoire du Bénin.

1897 Les Britanniques s'emparent de Grand-Bénin et incendient la cité.

BRONZES DU BÉNIN

Le royaume du Bénin était célèbre pour ses bronzes ou, plus précisément, ses alliages et ses cuivres. D'étonnantes et monumentales têtes de bronze honoraient les obas et leurs dignitaires. Les artisans s'essayaient parfois à représenter des marchands européens qui s'aventuraient dans la région. Ivoire sculpté, bas-reliefs et autres créations étaient réalisés par des guildes d'artisans installées dans des quartiers réservés de Grand-Bénin.

COMMERCE ET ESCLAVAGE
Plusieurs siècles durant, le Bénin commerça avec les royaumes africains situés plus au nord. Vers 1480, le royaume commençait à vendre aux Portugais esclaves, vêtements, piments et ivoire. Les obas mirent fin au commerce des esclaves en 1550, avant que cette activité ne soit relancée au XVIIe siècle avec d'autres Européens.

Pour en savoir plus

L'AFRIQUE (GÉOGRAPHIE)
L'AFRIQUE (HISTOIRE)
LA SCULPTURE

le Royaume-Uni (géographie)

Le Royaume-Uni se situe au nord-ouest de l'Europe. À l'est s'étend la mer du Nord. L'océan Atlantique baigne ses côtes nord et ouest. La Manche sépare le pays du continent européen.

LE ROYAUME-UNI se compose de l'Angleterre, du pays de Galles et de l'Écosse, pour l'île de Grande-Bretagne, et de la province d'Irlande du Nord. À la fin des années 1990, le gouvernement britannique a délégué ses pouvoirs aux gouvernements régionaux, en créant de nouveaux parlements en Irlande du Nord, en Écosse et au pays de Galles. La Grande-Bretagne est en effet une nation multiculturelle. Anglais, Écossais, Gallois et Irlandais sont des peuples distincts qui, parfois, ont leur propre langue (pays de Galles, Écosse et Irlande). Ces 100 dernières années, réfugiés et immigrants venus d'Europe, d'Afrique, d'Asie et des Caraïbes se sont installés dans le pays, apportant avec eux leurs propres langues et religions. La Grande-Bretagne contrôlait autrefois un empire qui s'étendait dans le monde entier. Après la Seconde Guerre mondiale, son économie a décliné, mais la découverte de pétrole en mer du Nord, dans les années 1980, a contribué à rendre le pays autosuffisant sur le plan de l'énergie. Ses collines ondoyantes et ses riches terres agricoles font la réputation de la campagne anglaise. Pays de Galles et Écosse sont en grande partie sauvages et montagneux ; l'essentiel de l'Irlande du Nord est plat et marécageux.

Autobus à impériale et taxis noirs typiques permettent aux Londoniens de se déplacer en ville.

LONDRES

Quand l'armée romaine envahit la Grande-Bretagne, il y a près de 2 000 ans, elle construisit un bourg fortifié, appelé Londinium, pour protéger le passage de la Tamise. En 1100, la ville de Londres avait grandi jusqu'à devenir la capitale du pays. Aujourd'hui, cette métropole de plus de 8 millions d'habitants est le centre politique, financier et culturel de la Grande-Bretagne. Des touristes du monde entier viennent admirer ses bâtiments historiques, en particulier la Tour de Londres (ci-contre), forteresse du XIe siècle.

Le cricket naquit en Grande-Bretagne. C'est le sport national du pays et de nombreux villages possèdent leur propre équipe.

LA CITY

L'antique cœur de Londres est appelé la City. Londres est l'un des principaux centres financiers du monde, et la plupart des banques et entreprises du pays y ont leur siège. Ci-contre, le bâtiment moderne de la Lloyd's, où les transports maritimes du monde entier sont enregistrés et assurés.

ANGLETERRE

L'Angleterre est la partie la plus vaste et la plus peuplée du Royaume-Uni. Quatre-vingt-dix pour cent des habitants vivent dans les villes (Londres, Birmingham, Manchester…). Certaines régions du sud-est et du nord ont une forte population.

La campagne anglaise est variée : terres agricoles vallonnées au sud et à l'est, collines couvertes de landes au nord et à l'ouest. Des villages pittoresques, où les maisons et les magasins anciens se regroupent souvent autour d'un terrain communal, parsèment le pays.

La rose est l'emblème national de l'Angleterre.

Des milliers de fleurs colorées sont utilisées pour décorer les chars de la Bataille des fleurs à Jersey.

JERSEY ET GUERNESEY

Les îles Anglo-Normandes de Jersey et Guernesey, qui accueillirent l'exil de Victor Hugo entre 1851 et 1870, sont plus proches de la France que de la Grande-Bretagne. La côte française ne se trouve qu'à 24 km de Jersey, l'île la plus vaste. Autour de Jersey et de Guernesey, d'autres îles plus petites appartiennent également à cet archipel. Toutes possèdent un climat doux, favorable aux cultures maraîchères, florales et fruitières. Le temps clément et le bon ensoleillement attirent également des vacanciers qui s'ajoutent, pendant l'été, aux 150 000 autochtones.

NORD DE L'ANGLETERRE

Le nord de l'Angleterre est traditionnellement la région la plus industrialisée du Royaume-Uni. Pendant la révolution industrielle du XIXe siècle, usines et fabriques confectionnaient les biens exportés dans un Empire britannique qui couvrait la moitié de la planète. Aujourd'hui, la vocation industrielle du Nord demeure, mais nombre des usines sont vides, leur activité n'étant plus compétitive. Le nord de l'Angleterre est également réputé pour la beauté de sa nature ; dans le Nord-Ouest se trouve une région montagneuse et accidentée appelée Lake District. De profonds lacs y séparent des collines escarpées culminant à 975 m. Cette magnifique région de lacs attire de nombreux visiteurs et touristes.

Tourisme à moto sur l'île de Man

ÎLE DE MAN

L'île de Man appartient au Royaume-Uni, mais jouit d'une certaine indépendance. Les insulaires (ou Mannois) possèdent leur propre gouvernement, appelé Tynwald, qui a un pouvoir de décision quant à la gestion de l'île. La langue mannoise n'est plus utilisée que pour les cérémonies officielles. L'indépendance de Man remonte à plusieurs siècles. De 1405 à 1765, l'île constituait un royaume séparé de l'Angleterre.

PÊCHE INDUSTRIELLE

Les eaux de l'Atlantique Nord figurent parmi les plus poissonneuses du monde. Mais les directives de l'Union européenne, conçues pour réduire la pêche et préserver les espèces, provoquent le mécontentement de nombreux pêcheurs.

Le Royaume-Uni possède de nombreux ports de pêche, comme celui-ci, en Écosse.

R

POPULATION

Le Royaume-Uni est très peuplé, la plupart des habitants vivant dans les zones urbaines, en particulier dans le sud-est de l'Angleterre, région la plus prospère. Près de 13 % de la population du pays habite Londres ou sa banlieue. D'autres régions sont moins peuplées. Par exemple, les Highlands d'Écosse ont moins d'habitants aujourd'hui qu'il y a 200 ans.

SHETLAND ET ORCADES

Au nord-est de l'Écosse, deux archipels forment les bastions les plus septentrionaux de la Grande-Bretagne. Orcades et Shetland comptent environ 170 îles, mais seules les plus grandes sont habitées. Le paysage désolé et les arbres rares rendent la terre trop pauvre pour une agriculture rentable, et la pêche reste l'industrie locale traditionnelle. Les îles sont également célèbres pour leurs tricots artisanaux : l'île de Fair a donné son nom à un dessin particulier de tricot.

Le nom de ce village gallois est sans doute l'un des plus longs du monde.

PAYS DE GALLES

Agriculture, exploitation forestière et tourisme constituent les principales activités des régions rurales du pays de Galles. Les fermes sont souvent petites, 40 hectares en moyenne. Les fermiers des hautes terres élèvent bovins et moutons. Le pays de Galles était autrefois l'un des principaux producteurs mondiaux de charbon : on dénombrait, en 1913, 630 houillères. Mais l'industrie du charbon déclina après la Première Guerre mondiale. En 1990, seules sept houillères restaient ouvertes et actuellement, toutes sont fermées.

PUBS

Le pub (abréviation de *public house*) était autrefois une auberge offrant aux voyageurs nourriture, boisson et abri. Il a également joué un rôle culturel. Les *Contes de Cantorbéry* de Geoffrey Chaucer (1340-1400) mettent en scène des pèlerins en route vers Cantorbéry, au sud-est de l'Angleterre, qui se reposent dans des pubs et s'y racontent des histoires. De nombreuses pièces de William Shakespeare (1564-1616) furent jouées dans les cours des pubs londoniens. Aujourd'hui, le pub est un lieu de rencontre où l'on discute des événements du jour. Musique ou poésie y distraient souvent la clientèle. Il n'est pas rare qu'un groupe de rock anglais y ait fait ses premières armes.

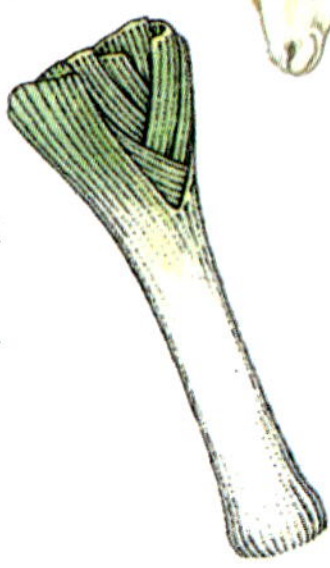

Le poireau est l'emblème national gallois.

La coutume veut que le fils aîné du roi ou de la reine d'Angleterre devienne prince de Galles, et porte une couronne en or.

EISTEDDFOD

Chaque année, un concours de poésie, de musique et de théâtre célèbre promeut la langue galloise. Cet *eisteddfod* national remonte au VIIe siècle. Chœurs et orchestres bigarrés concourent pour les prix remis lors du festival.

TOURISME ÉCOSSAIS

Le tourisme constitue une source importante de revenus pour l'Écosse. Les visiteurs, attirés par les magnifiques paysages sauvages des Highlands, profitent souvent de l'occasion pour visiter ses nombreux châteaux médiévaux. Pendant des siècles, les luttes entre familles rivales, appelées clans, dominèrent la vie du pays. Aujourd'hui, l'un des souvenirs touristiques les plus appréciés est le tartan, tissu à larges carreaux, aux couleurs des différents clans.

L'emblème de l'Écosse est le chardon.

Le trèfle, emblème de l'Irlande

Avant les années 1960, l'économie de l'Irlande du Nord reposait sur l'industrie manufacturière, la construction mécanique et navale et le textile. L'industrie lourde se concentrait à Belfast, où la construction navale (ci-dessus) était le principal employeur. Mais les désordres civils ont eu, depuis 1968, un effet négatif sur l'économie. Aujourd'hui, l'Irlande du Nord est la région la plus pauvre du Royaume-Uni.

Les paysages d'Écosse alternent de hautes montagnes et des vallées (glens) isolées.

Pour en savoir plus

L'ANGLETERRE
L'ÉCOSSE
L'IRLANDE DU NORD
LE PAYS DE GALLES

Volcan | Montagne | Capitale | Grande ville | Petite ville

STATISTIQUES

Superficie : 242 900 km²
Population : 61 565 500
Capitale : Londres
Langues : anglais, gallois, gaélique écossais, gaélique irlandais
Religions : anglicane, catholique, musulmane, presbytérienne, méthodiste
Monnaie : livre sterling
Principales activités : finance, construction mécanique, production de pétrole et de gaz, industrie manufacturière, agriculture
Principales exportations : pétrole, gaz naturel, produits chimiques, électronique, automobiles, avions
Principales importations : Machines, fruits et légumes, métaux, matières premières

MANCHE
L'étroit bras de mer qui sépare l'Angleterre de la France est le canal anglais (English Channel), pour les Britanniques, la Manche pour les Français.

ÎLES SHETLAND

ANGLETERRE
Superficie : 130 423 km²
Population : 50 093 800
Capitale : Londres

ÉCOSSE
Superficie : 78 133 km²
Population : 5 078 400
Capitale : Édimbourg

PAYS DE GALLES
Superficie : 20 800 km²
Population : 2 952 500
Capitale : Cardiff

IRLANDE DU NORD
Superficie : 14 148 km²
Population : 1 710 300
Capitale : Belfast

PÉTROLE EN MER DU NORD

La découverte de pétrole en mer du Nord relança l'économie britannique dans les années 1980. Construction et exploitation des plates-formes pétrolières créèrent de nombreux emplois. L'argent tiré de la vente du pétrole permit de réduire les impôts.

ÎLES ANGLO-NORMANDES

R

le Royaume-Uni (histoire)

EN 1801, LE ROYAUME-UNI VIT LE JOUR avec l'Acte d'union entre quatre nations distinctes : Angleterre, pays de Galles, Écosse et Irlande. Cependant, l'Angleterre avait commencé d'assumer le gouvernement du pays de Galles au XIe siècle, celui de l'Irlande au XIIe, et partageait une monarchie unique avec l'Écosse depuis 1603. Le petit pays qu'était le Royaume-Uni devenait, au milieu du XIXe siècle, la nation la plus riche et la plus puissante du monde, contrôlant le plus vaste empire de l'histoire. Aujourd'hui encore, le Commonwealth regroupe plus de 40 pays indépendants, autrefois colonies britanniques. Le Royaume-Uni a dû livrer des guerres longues et sanglantes, mais a survécu et prospéré, sa position insulaire l'ayant protégé des invasions et conduit à développer sa forte puissance maritime. Le système juridique britannique et son gouvernement par un parlement sont devenus des modèles pour de nombreuses nations.

COLONS DU PALÉOLITHIQUE
Il y a 250 000 ans, profitant d'une période tempérée entre deux ères glaciaires, des hommes s'installèrent dans ce qui serait la Grande-Bretagne, mais qui était alors relié au continent par une bande de terre.

BATAILLE D'HASTINGS
En 1066, une bataille changea le cours de l'histoire britannique. Une armée normande conduite par Guillaume le Conquérant vainquit un roi anglais, Harold de Wessex, à Hastings, dans le sud de l'Angleterre. Les descendants de Guillaume règnent depuis sur le pays. Devenu roi, il construisit des châteaux dans son nouveau royaume, donna des terres à ses puissants barons, qui à leur tour en distribuèrent aux seigneurs locaux, ceux-ci acceptant de combattre pour eux. Des paysans travaillaient les terres du seigneur local, et lui payaient un loyer sous forme de produits agricoles et d'argent. Ce système fut appelé féodalisme.

HENRI VIII
Roi aux talents multiples, Henri VIII était expert dans de nombreux domaines, de la joute et du tir à l'arc au luth et aux langues étrangères. Son règne marqua fortement l'Angleterre. Il rompit avec l'Église catholique afin de pouvoir divorcer de son épouse, et devint le chef suprême de l'Église d'Angleterre. En 1541, il força le parlement irlandais à le reconnaître roi d'Irlande. Ce monarque absolu exécuta tous ceux qui lui déplaisaient, y compris deux de ses six épouses.

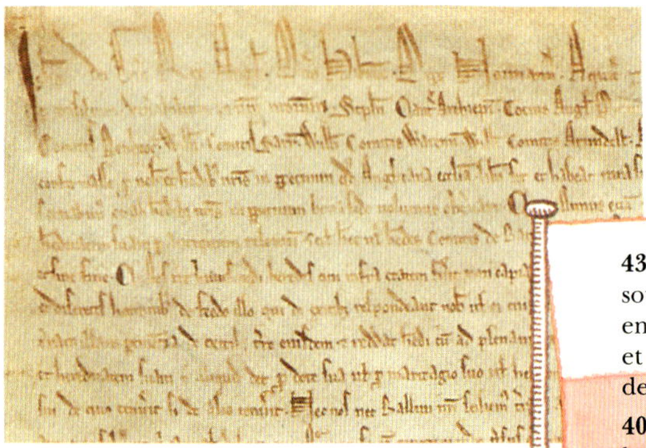

MAGNA CARTA
La Magna Carta (*Grande Charte*) de 1215, accord entre le roi et la noblesse d'Angleterre, stipulait que le roi n'abuserait pas de son pouvoir royal pour taxer les nobles. Ce moment important de l'histoire d'Angleterre fut à l'origine de la conviction que même les rois doivent obéir à certaines lois nationales.

43 APR. J.-C. Les Romains, sous l'empereur Claude, envahissent l'Angleterre et en font une partie de leur empire.

400 Les Romains quittent la Grande-Bretagne.

VERS 500 Des missionnaires chrétiens arrivent en Grande-Bretagne et convertissent la population.

VERS 870 Début de la conquête de la Grande-Bretagne par les Vikings.

1066 Les Normands envahissent la Grande-Bretagne.

1215 Magna Carta, accord entre le roi et la noblesse d'Angleterre.

1282 Édouard Ier, roi d'Angleterre, conquiert le pays de Galles.

1485 Bataille de Bosworth. Henri VII devient le premier roi Tudor.

1534 Le Parlement déclare Henri VIII chef de l'Église d'Angleterre.

1588 Victoire de la marine anglaise sur l'Invincible Armada, flotte envoyée par Philippe II, roi d'Espagne.

DRAPEAU DE L'UNION
Le drapeau du Royaume-Uni se compose des croix rouges de saint Georges d'Angleterre et de saint Patrick d'Irlande, plus la croix blanche de saint André d'Écosse, sur fond bleu. Le pays de Galles a son propre drapeau.

CHARLES II

La guerre civile anglaise (1642-1651) prit fin avec la victoire de l'armée parlementaire et l'exécution du roi Charles Ier. Pendant neuf ans, Oliver Cromwell (1599-1658), membre du Parlement, et son armée gouvernèrent le pays devenu une république. En 1660, le fils de Charles revint de ses voyages à l'étranger (ci-dessus) et revendiqua le trône sous le nom de Charles II. La nation, lassée de la république, l'accueillit favorablement.

AMIRAL NELSON

Le plus célèbre et audacieux commandant de la marine royale anglaise fut l'amiral Horatio Nelson (1758-1805), qui vainquit Espagnols et Français à la bataille de Trafalgar. Avant cette bataille, où il trouva la mort, Nelson déclara : « L'Angleterre compte que chaque homme fera son devoir. »

CHARTISTES

Au XIXe siècle, le peuple britannique lutta pour obtenir le droit de vote. Des groupes tels que les chartistes (1837-1848) organisèrent des manifestations, parfois violentes (ci-dessus), exigeant un système plus juste où tous seraient représentés, un système de vote secret et des élections régulières.

IMMIGRATION

Le Royaume-Uni est devenu une société multiraciale et multiculturelle, l'immigration provenant principalement du Commonwealth (Caraïbes et pays asiatiques). Cette photo des années 1960 montre de nouveaux arrivants de Jamaïque recevant un repas dans un foyer ouvert pour venir en aide aux immigrants.

ÉTAT PROVIDENCE

Venus au pouvoir en 1945, à la fin de la guerre, les travaillistes mirent en place un État providence : certaines entreprises privées furent placées sous contrôle public ; une aide fut apportée à la population « du berceau à la tombe », dont la gratuité des soins délivrés par les services de santé nationaux.

NEW LABOUR

Quand le parti travailliste remporta une victoire écrasante sur les conservateurs, en 1997, Tony Blair (ci-contre) devint Premier Ministre du Royaume-Uni. Sous sa direction, le parti, rebaptisé « New Labour », se rapprocha politiquement du centre. Blair séduit les différentes générations, notamment les jeunes, par des initiatives médiatiques.

1642-1651 Guerre civile opposant le roi et le Parlement.

1660 Charles II devient roi d'Angleterre.

1707 L'Acte d'union réunit Angleterre, pays de Galles et Écosse.

1801 L'Irlande rejoint l'union.

1900 La Grande-Bretagne est le pays le plus puissant et le plus riche du monde.

1914-1918 La Grande-Bretagne sort vainqueur de la Première Guerre mondiale.

1931 Création du Commonwealth.

1939-1945 La Grande-Bretagne sort vainqueur de la Seconde Guerre mondiale.

1945 Introduction de l'État providence.

1973 La Grande-Bretagne devient membre du Marché commun, future Union européenne.

2003 Le Royaume-Uni participe à l'offensive militaire américaine en Iraq.

Pour en savoir plus

L'ÉCOSSE
L'IRLANDE (HISTOIRE)
L'EMPIRE BRITANNIQUE
LES NORMANDS (HISTOIRE)
LE PAYS DE GALLES
LA RÉVOLUTION INDUSTRIELLE
LE ROYAUME-UNI (GÉOGRAPHIE)
L'UNION EUROPÉENNE

la Russie (géographie)

La Fédération de Russie s'étend de l'Europe orientale à l'ouest à travers toute l'Asie jusqu'à l'océan Pacifique à l'est, et du cercle polaire arctique au nord jusqu'à l'Asie centrale au sud.

LA FÉDÉRATION DE RUSSIE, plus grande nation du monde, réunit 20 républiques autonomes et plus de 50 autres régions. Elle couvre un dixième des terres émergées : un tiers de l'Asie et deux cinquièmes de l'Europe. La Russie connaît des climats aussi variés que le sont les paysages, des montagnes du sud et de l'est aux vastes plaines et fleuves du nord et de l'ouest. Bien que l'essentiel des 140 millions d'habitants soit d'origine russe et parle le russe, la population s'émiette sur ses marges en une multitude de nationalités. La Fédération de Russie a vu le jour en 1991, sur les ruines de l'Union soviétique (URSS). Après 1991, le peuple russe a connu un début de liberté politique, mais aussi toutes les difficultés économiques inhérentes au passage d'une économie planifiée par l'État à une économie de marché. La Fédération russe possède de vastes ressources agricoles. Elle est riche en minerais et détient un potentiel industriel considérable. Depuis le début des années 1990, le gouvernement russe a fait appel aux investissements internationaux.

RUSSIE MODERNE
Les villes russes ressemblent aux autres villes du monde, mais leurs lumières cachent bien des problèmes économiques. La pénurie touche aussi bien les produits de base que de luxe. Faire la queue pour acheter sa nourriture est une occupation quotidienne. Vêtements et biens de consommation courante ne sont pas de très bonne qualité. Ces dernières années, l'écart entre les plus riches et les plus pauvres n'a fait que s'accentuer.

MOSCOU

La capitale de la Fédération russe, Moscou, a été fondée au XIIe siècle. Au cœur de la ville, au bord de la Moskova, s'étend le Kremlin. Cette forteresse abrite tous les bâtiments gouvernementaux. Contre ses murs, s'étend l'impressionnante place Rouge. La magnifique église Basile-le-Bienheureux, construite au XVIe siècle pour célébrer une victoire militaire, se dresse à l'extrémité sud de la place.

ÉGLISE ORTHODOXE RUSSE
Sous le régime communiste, toutes les religions étaient persécutées. À la fin des années 1980, le pays retrouva la liberté de culte. Aujourd'hui, des millions de personnes pratiquent sans crainte leur religion, principalement au sein de l'Église orthodoxe. La Fédération russe compte également de nombreux musulmans, juifs et bouddhistes.

SAINT-PÉTERSBOURG
Deuxième ville de la Fédération russe, Saint-Pétersbourg compte 4,6 millions d'habitants. Avant 1917, la ville (appelée Leningrad de 1924 à 1991) fut capitale de la Russie. Elle contient encore de nombreux bâtiments historiques, tels que le musée de l'Ermitage, autrefois palais d'été des tsars.

La perspective Nevski est la rue commerçante la plus animée de Saint-Pétersbourg.

AGRICULTURE

L'essentiel de l'agriculture russe provient de la fertile plaine de Russie, qui s'étend de la frontière occidentale jusqu'à l'Asie centrale. Les fermiers y produisent, entre autres céréales, du blé, ainsi que de la viande, des produits laitiers, de la laine et du coton. Bien que la Fédération russe soit l'un des plus importants producteurs de céréales au monde, elle doit en importer pour nourrir sa population.

L'agriculture concerne principalement les régions du sud et de l'ouest, le nord étant trop froid.

ROUBLES ET KOPECKS

L'unité monétaire russe est le rouble, divisé en 100 kopecks. Les étrangers en visite en Russie peuvent acheter des roubles dans les banques du gouvernement. Mais le taux de change officiel est défavorable et des changeurs indépendants proposent des taux plus élevés à ceux qui sont prêts à enfreindre la loi.

PEUPLE RUSSE

La plupart des habitants de la Fédération sont d'origine russe. Mais il existe au moins 100 groupes minoritaires : Tatars, Ukrainiens, Bachkirs, Tchouktches… Certains, tels les chasseurs yakoutes, photographiés ici en costume traditionnel, sont d'origine turque ; d'autres groupes sont asiatiques. La population ne se répartit pas également dans cette vaste nation. Trois Russes sur 4 vivent à l'ouest de l'Oural, moins de 25 % en Sibérie et dans les régions orientales du pays.

Les Yakoutes (à gauche) sont répartis dans une vaste zone entourant la Lena. L'économie des Yakoutes du Sud repose sur l'élevage de bovins et de chevaux, tandis que ceux du Nord sont des chasseurs, des pêcheurs et des gardiens de troupeaux.

Le Bolchoï, berceau du ballet du même nom

BOLCHOÏ

Le ballet mondialement connu du Bolchoï, fondé à Moscou en 1773, devint célèbre par ses tournées dans le monde entier, représentant danses folkloriques russes et ballets classiques tels que *Le Lac des cygnes*. Les autres formes d'art russe n'ont pas, jusqu'à récemment, profité de la même liberté d'expression. Les artistes opposés au gouvernement communiste travaillaient en secret. Les romans d'Alexandre Soljenitsyne (né en 1918) furent interdits pendant de nombreuses années. Ses œuvres les plus célèbres (dont *L'Archipel du goulag*) furent introduites clandestinement en Europe, ou retapées par des lecteurs et diffusées secrètement.

R

Ленингра́д

LANGUES RUSSES

On parle plus de 112 langues dans la Fédération russe, dont le tatar, l'ukrainien et le russe. Première langue de la majorité de la population, le russe est aussi la seconde langue d'autres anciennes républiques soviétiques. Son écriture utilise l'alphabet cyrillique ci-dessus.

RÉUSSITES TECHNOLOGIQUES

En Union soviétique, le progrès scientifique fut irrégulier. Aujourd'hui, la Russie est à la pointe de certaines techniques médicales, en particulier la chirurgie de l'œil (à droite), mais reste très en retard sur l'Europe de l'Ouest et les États-Unis dans d'autres domaines, comme l'informatique. L'URSS lança le premier satellite en 1957 et envoya le premier homme dans l'espace, Iouri Gagarine, en 1961. Plus récemment, les Russes ont lancé des stations spatiales orbitales pour des vols de longue durée : elles ont accueilli des astronautes étrangers, dont plusieurs Français.

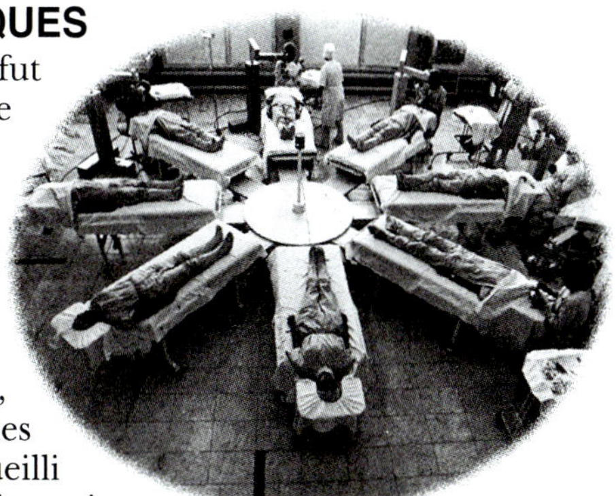

SIBÉRIE

L'immense Sibérie s'étend des monts de l'Oural à l'ouest jusqu'à presque toucher la pointe de l'Alaska (États-Unis), à l'est. Malgré sa taille (près de 80 % des terres de la Fédération), elle est très peu peuplée. La plupart des Sibériens vivent près de la voie ferrée du Transsibérien, qui relie la Russie d'Europe au Pacifique Nord. Le nord de la Sibérie s'étend à l'intérieur du cercle polaire, si bien que, pendant les mois d'été, le soleil ne s'y couche jamais, ne faisant qu'effleurer l'horizon pendant la nuit.

VOLGA

Le plus long fleuve d'Europe, la Volga, coule en Russie, entre le plateau du Valdaï jusqu'à la mer Caspienne. Long de 3 531 km, c'est la principale voie fluviale du pays. De grands navires y transportent pétrole, blé, bois et machines d'un point à un autre du pays. Des canaux relient le fleuve à la Baltique et à la mer Blanche. Mais on pêche aussi dans la Volga, en particulier au niveau de son estuaire, les esturgeons, dont les œufs servent à fabriquer le caviar.

LAC BAÏKAL

Le lac Baïkal, un des deux plus grands lacs du monde (31 468 km²), est le plus encaissé, puisqu'il peut atteindre une profondeur de 1 940 m. Ces dernières années, l'abattage des arbres et les industries chimiques ont pollué ses eaux, justifiant une campagne importante pour la protection de cet environnement fragile.

Le lac Baïkal, surnommé l'« œil bleu de la Sibérie », représente plus de 20 % des réserves d'eau douce du monde.

TRANSSIBÉRIEN

Plus longue voie ferrée continue du monde, elle part de Moscou pour se terminer 9 297 km plus loin, dans le port de Vladivostok, après avoir traversé 8 fuseaux horaires. La construction de la voie ferrée, entre 1891 et 1916, a permis l'exploitation des richesses minérales de Sibérie et le développement de grandes villes sur son trajet. Le voyage prend 8 jours. Les trains de voyageurs se succèdent à 24 heures d'intervalle, dans chaque sens, tandis que les trains de marchandises circulent toutes les 5 minutes, jour et nuit.

Fondée en 1893, là où le Transsibérien traverse l'Ob, Novossibirsk, à 3 183 km à l'est de Moscou, est devenue un important centre commercial.

MAIN-D'ŒUVRE FÉMININE

Beaucoup d'hommes moururent pendant la Seconde Guerre mondiale et dans les camps de travail ouverts sous la dictature de Staline. Plus nombreuses que les hommes, les femmes constituent plus de 50 % de la main-d'œuvre en Russie. Un système de crèches et des services médicaux efficaces permettent aux femmes ayant des enfants de travailler. Beaucoup effectuent des travaux physiques, dans la construction ou au volant de véhicules lourds, mais de plus en plus étudient pour exercer des professions comme la médecine.

Des ouvrières construisent une route en Sibérie, près de la frontière avec la Mongolie.

Pour en savoir plus

LE COMMUNISME
LA GUERRE FROIDE
LA RÉVOLUTION RUSSE
LA RUSSIE (HISTOIRE)
L'UNION SOVIÉTIQUE

Volcan	Montagne	Capitale	Grande ville	Petite ville

STATISTIQUES

Superficie : 17 075 400 km²
Population : 140 874 000
Capitale : Moscou
Langue : russe
Religion : orthodoxe russe
Monnaie : nouveau rouble russe
Principales activités : construction mécanique, recherche, agriculture
Principales exportations : pétrole, gaz naturel, électricité, vodka
Principales importations : automobiles, machines

PROGRAMME SPATIAL

Le programme spatial russe commença avec le lancement du satellite *Spoutnik* en 1957. En 1965, le cosmonaute russe Alexeï Leonov fut le premier à sortir dans l'espace. En 1969, les Russes perdirent la course à la Lune contre les États-Unis, qui firent alunir un vaisseau spatial le 21 juillet. La station orbitale (vaisseau permanent tournant autour de la Terre) *Mir*, lancée en 1986, aujourd'hui abandonnée, est le plus grand objet artificiel flottant dans l'espace. Composée de modules ajoutés au fil des ans, elle pouvait accueillir jusqu'à cinq cosmonautes pendant de longues périodes, car vivres et fournitures étaient livrés par des navettes.

BOÎTE RUSSE

Ces boîtes en papier mâché, fabriquées depuis quatre siècles dans la région de Moscou, sont décorées de miniatures sur des thèmes populaires (scènes rurales, danses, forêts et contes), puis recouvertes de laque.

CAVIAR

Le caviar, un mets coûteux, est tiré des minuscules œufs noirs de l'esturgeon bélouga, poisson de la mer Noire et de la Caspienne. Les boîtes de caviar sont exportées dans le monde entier.

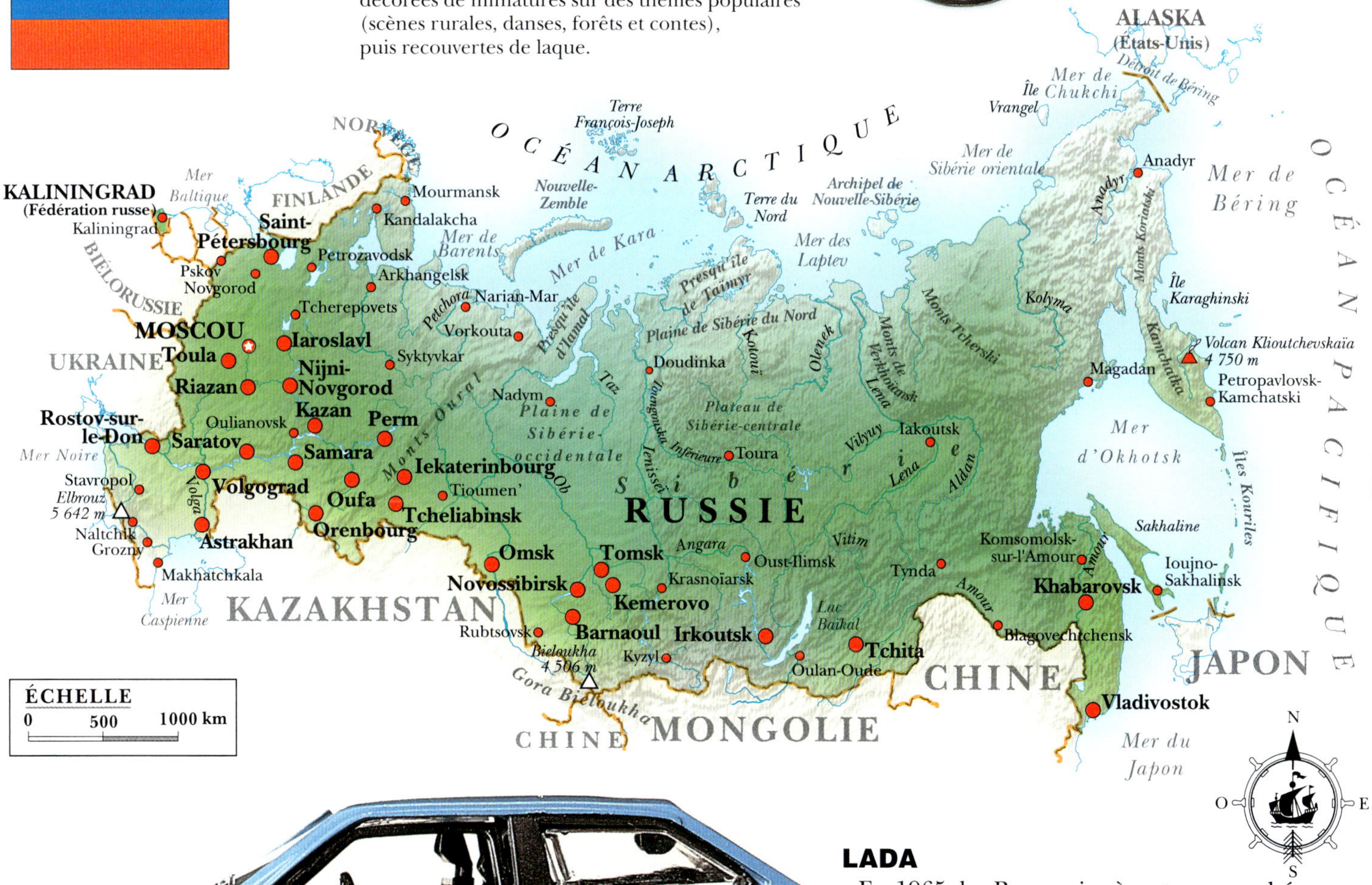

LADA

En 1965, les Russes signèrent un marché avec la compagnie automobile italienne Fiat pour la production, en Union soviétique, d'une voiture économique, appelée Lada. Aujourd'hui, la Lada, fondée sur la Fiat, est exportée en Occident. Peu de Russes possèdent une automobile, mais la demande en voitures occidentales d'importation augmente.

la Russie (histoire)

AVANT LE IXe SIÈCLE, seules des tribus éparses cultivaient les paysages désolés, faits de marécages, de forêts et de steppes de l'Europe orientale. En 882, le premier État russe fut établi à Kiev, lieu commercial stratégique entre la Baltique et la mer Noire. Mais au XIIIe siècle, d'immenses armées mongoles ravagèrent le pays. Les princes russes ne gardèrent leurs prérogatives que parce qu'ils acceptèrent de prélever des taxes au nom des Mongols. Leurs méthodes inauguraient une longue période de gouvernement cruel en Russie. Au XVe siècle, les Mongols s'étant retirés, Moscou devint capitale de la Russie. Au cours des siècles suivants, les tsars (empereurs) entreprirent d'étendre le territoire de la Russie, au nord vers la Baltique, au sud vers la mer Noire et le Caucase, à l'ouest vers l'Ukraine et la Biélorussie, à l'est jusqu'en Asie centrale. Mais la Russie gaspillait ses forces dans les guerres et tardait à se moderniser. Il existait un immense fossé entre la richesse du tsar et la pauvreté du peuple. En 1917, la Révolution russe renversa le régime tsariste. Les communistes prirent le pouvoir, et de 1917 à 1991, la Russie fut la plus grande république de l'Union soviétique. Avec la dissolution de l'URSS, en 1991, naissait la Fédération de Russie.

KIEV
En 882, un Viking nommé Oleg prit Kiev et en fit la capitale de la Russie. Après lui, les princes russes surent exploiter la situation de la ville : construite sur le Dniepr, elle contrôlait une partie du commerce entre Baltique et mer Noire. En 988, Vladimir Ier de Kiev devint chrétien et fit de sa foi la religion d'État. En 1240, Kiev tomba aux mains des Mongols.

ÉGLISE SAINT-BASILE
En 1552, Ivan le Terrible construisit l'église Saint-Basile, à Moscou. La splendeur de l'édifice devait montrer la grande richesse et la prospérité de Moscou. Selon la légende, Ivan fit aveugler les architectes pour que Saint-Basile reste sans rivale.

Les motifs colorés et les dômes en forme de bulbe de l'église Basile-le-Bienheureux sont typiques des églises orthodoxes russes.

MOSCOU
C'est sous contrôle mongol que Moscou gagna en puissance. Les Mongols laissèrent le prince Ivan Ier (surnommé « Bourse ») collecter les impôts en leur nom. Celui-ci garda une partie de l'argent, étendit son territoire et fit de Moscou le centre religieux de la Russie. Ivan III (le Grand) poursuivit cette politique d'expansion, se libéra du joug mongol (1480) et fit de Moscou la plus puissante ville de Russie.

IVAN LE TERRIBLE
Ivan IV (1530-1584) fut le premier à porter le titre de tsar. Sa cruauté lui valut d'être appelé Ivan le Terrible. Il haïssait et craignait les boyards (nobles) et fit tuer des centaines d'entre eux. Il assassina même son propre fils. Son gouvernement tyrannique appauvrit des millions de Russes et réduisit pratiquement les paysans en esclavage.

PIERRE LE GRAND
En 1682, Pierre le Grand devint tsar. Son règne fut marqué par une politique d'occidentalisation du pays. Il voyagea en Europe sous un déguisement pour mieux s'imprégner de sa civilisation, puis modernisa l'armée, vainquit la Suède et prit le contrôle de la côte de la mer Baltique, donnant ainsi à la Russie une ouverture vers l'ouest. Il construisit une nouvelle capitale à Saint-Pétersbourg et améliora l'industrie et l'éducation. Symbole de tous les changements qu'il voulait apporter : il fit couper la barbe des Russes orthodoxes.

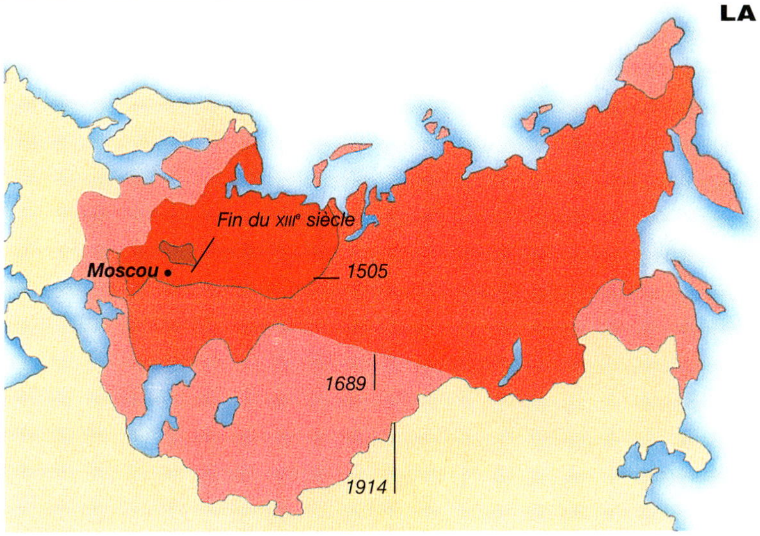

EXPANSION RUSSE

À partir du XIVe siècle, la Russie obéit à une politique de conquêtes. Une des raisons en était la recherche d'un port qui ne serait jamais bloqué par les glaces. Les pionniers qui s'installèrent dans les régions conquises, telles la Pologne, vivaient surtout dans de minuscules fermes, gagnant durement une existence misérable. Le tsar et quelques nobles très riches détenaient le pouvoir. Les communications sur de si grandes distances étaient difficiles, de sorte que les tsars n'avaient aucune idée des problèmes de leur peuple.

882 Les Vikings fondent le premier État russe à Kiev.

988 Vladimir Ier impose le baptême à la Russie.

1237 Invasion mongole.

1480 Ivan III délivre la Russie de la domination mongole et place les autres villes sous le contrôle de Moscou.

1547 Ivan IV introduit le servage : les paysans doivent travailler pour un propriétaire terrien.

1604-1613 Guerres civiles.

1613 Michel Romanov devient tsar. Les Romanov gouverneront la Russie jusqu'en 1917.

1703 Pierre le Grand construit Saint-Pétersbourg et modernise l'industrie.

1774 Les paysans se révoltent.

1812 Napoléon Ier envahit la Russie, prend Moscou, mais est vaincu par le froid.

1825 Soulèvement décabriste : des officiers exigent un gouvernement élu.

1905 Victoire du Japon sur la Russie. Échec de la révolution de 1905, malgré la création de la Douma.

1914-1917 Lourdes pertes russes face à l'Allemagne.

1917 Les communistes prennent le pouvoir.

1945 Victoire sur le nazisme.

1991 Effondrement de l'Union soviétique. Création de la Fédération de Russie.

2008 Vladimir Poutine est au pouvoir en tant que Premier ministre. Le conflit tchétchène et la corruption empoisonnent la vie publique.

LA GRANDE CATHERINE

Pendant le règne de Catherine II (1762-1796), le territoire de la Russie s'étendit. Catherine créa une cour brillante qui fut très admirée hors de Russie. Elle donna davantage de pouvoir à la noblesse mais ne fit rien pour les paysans, exploités comme des esclaves dans les régions reculées, qui menaient une existence misérable.

Paysans russes travaillant la terre

La Grande Catherine

ŒUF DE FABERGÉ

En 1884, Karl Fabergé devint joaillier des tsars. Il créa de magnifiques pièces couvertes d'or, de pierres précieuses et d'émaux colorés pour la riche noblesse de la cour de Russie. Ses plus célèbres créations furent les œufs de Pâques qu'il conçut pour les tsars Alexandre III et Nicolas II.

ALEXANDRE II

Le tsar Alexandre II (1818-1881) réalisa que la Russie devait suivre l'Occident. Il libéra les paysans et les aida à acheter des terres. Mais ils furent déçus de la mauvaise qualité de leurs terres et des impôts élevés qu'ils devaient payer. En 1881, un groupe révolutionnaire assassina Alexandre.

Pour en savoir plus

LE COMMUNISME
LES GUERRES NAPOLÉONIENNES
LA RÉVOLUTION RUSSE
LA RUSSIE (GÉOGRAPHIE)
L'UNION SOVIÉTIQUE

R

les Satellites

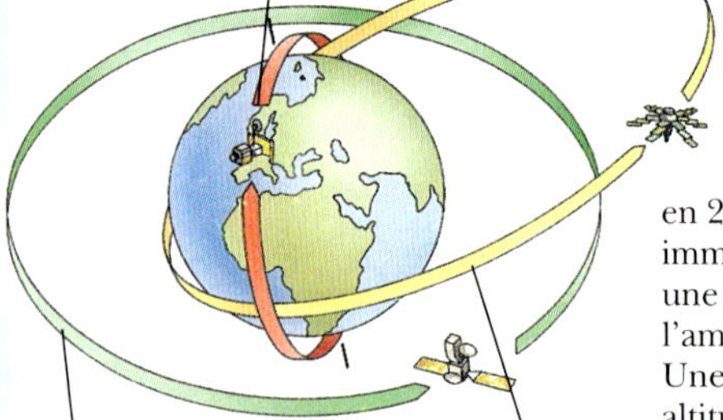

ORBITE DES SATELLITES
Un satellite de télécommunications en orbite géostationnaire gravite en 24 heures autour de la Terre, d'où son apparente immobilité. Un satellite en orbite polaire offre une vue globale de la Terre, chaque révolution l'amenant au-dessus d'une région différente. Une orbite elliptique permet de survoler à basse altitude une région précise de la Terre.

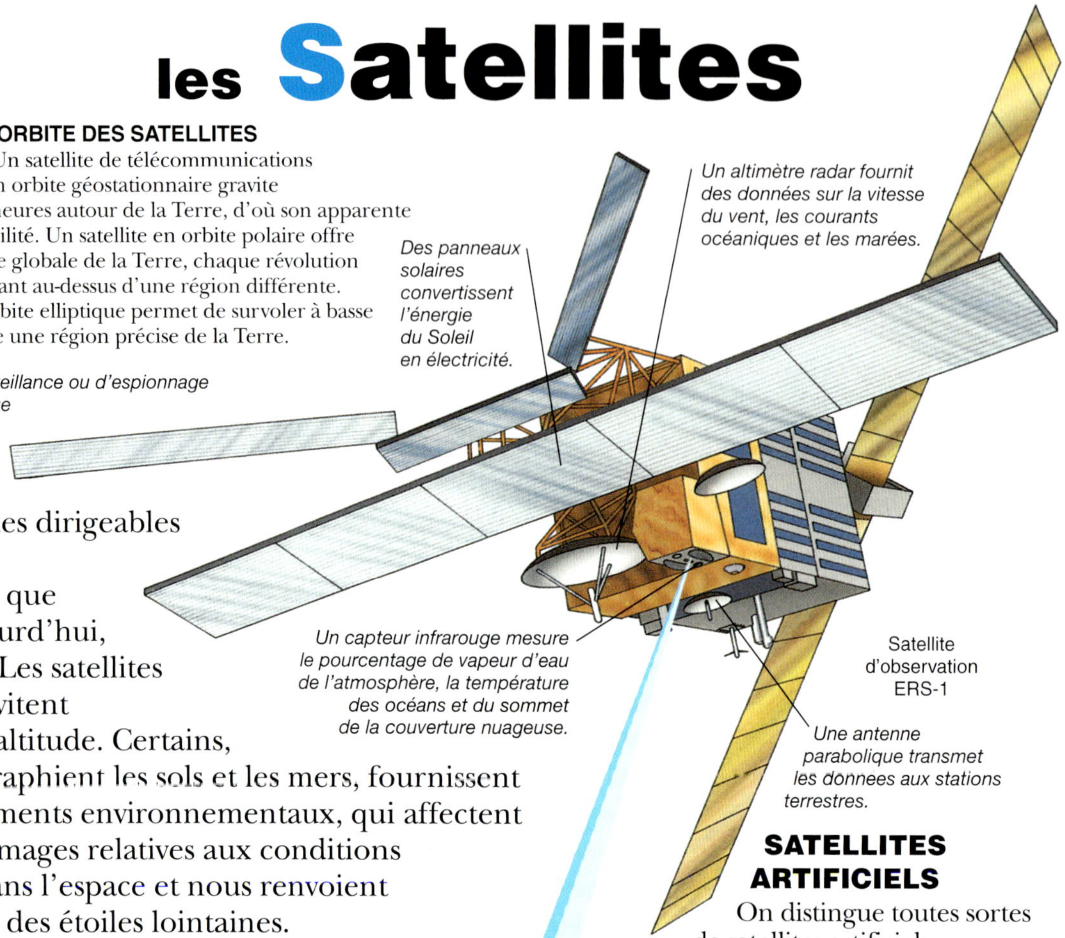

LES PREMIERS PASSAGERS des dirigeables et des avions furent stupéfaits par la nouvelle vision du monde que leur offraient ces aéronefs. Aujourd'hui, cette vision s'est encore élargie. Les satellites en orbite autour de la Terre gravitent à des centaines de kilomètres d'altitude. Certains, équipés de capteurs qui photographient les sols et les mers, fournissent des informations sur les changements environnementaux, qui affectent la Terre. D'autres envoient des images relatives aux conditions météorologiques ou voyagent dans l'espace et nous renvoient des données sur des planètes ou des étoiles lointaines. Tous sont des satellites artificiels, lancés depuis la Terre. Mais le terme satellite désigne également tout corps gravitant autour d'une planète selon une certaine orbite. L'Univers compte des milliers de satellites naturels. Celui de la Terre n'est autre que la Lune.

SATELLITES ARTIFICIELS
On distingue toutes sortes de satellites artificiels. Les satellites météorologiques observent l'évolution des précipitations, des tempêtes ou de la couche nuageuse et effectuent des mesures de températures de la terre et de la mer. Les satellites de télécommunications relaient les lignes téléphoniques et les chaînes de télévision d'un continent à l'autre. Les satellites espions observent à basse altitude des cibles militaires. Les satellites d'observation nous renseignent sur la pollution, suivent les mouvements de population ou encore étudient le sous-sol.

CARTOGRAPHIE DE LA TERRE
Les satellites prennent des clichés de la surface de la Terre. Leurs capteurs sont adaptés au rayonnement infrarouge et aux différentes longueurs d'onde de la lumière. La végétation réfléchissant les rayons infrarouges, on distingue à l'image les zones boisées. L'ordinateur attribue aux différentes zones photographiées des couleurs différentes, ce qui permet de les délimiter.

Image satellite de la baie de San Francisco, en Californie. Les ponts du Golden Gate, à gauche, et de Bay Bridge, à droite, sont clairement visibles sur l'image.

SPOUTNIK 1
Le 4 octobre 1957, l'Union soviétique lançait *Spoutnik 1*, premier satellite artificiel. L'engin, équipé d'un transmetteur radio, émit des signaux vers la Terre puis se consuma, 92 jours après son lancement.

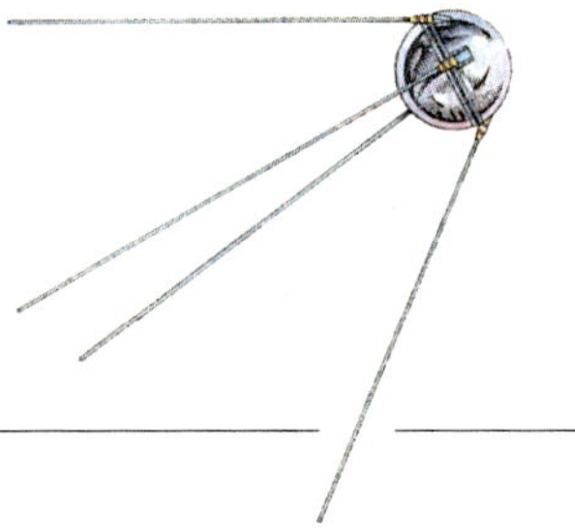

Photo de Jupiter et de deux de ses satellites naturels, Io (à gauche) et Europa (à droite)

SATELLITES NATURELS
Plus de 60 satellites naturels (ou lunes) gravitent dans le système solaire, la plupart autour des quatre planètes géantes que sont Jupiter, Saturne, Uranus et Neptune. Le plus volumineux est bien plus gros que Pluton – qui n'est plus considérée comme une planète en raison de sa masse. Le plus petit, de forme irrégulière, n'a que quelques kilomètres de diamètre.

Pour en savoir plus

L'ASTRONOMIE
LA CONQUÊTE SPATIALE
LA GÉOLOGIE
LA NAVIGATION
LE TÉLÉPHONE
TÉLÉVISION ET VIDÉO

http://www.abacq.net/insecta

Sauterelles, criquets et grillons

LA STRIDULATION est émise par le mâle des sauterelles, des criquets et des grillons pour attirer la femelle ou évincer les rivaux : il frotte ses deux élytres (ailes antérieures) l'un contre l'autre ou ses fémurs postérieurs contre les élytres. Les sauterelles, les criquets et les grillons sont des insectes de l'ordre des orthoptères. Plus de 20 000 espèces vivent dans toutes les régions du globe, excepté les plus froides. Les criquets sont végétariens et s'organisent parfois en nuées dévastatrices, alors que les sauterelles sont omnivores (à la fois herbivores et carnivores). Quelques espèces vivent dans le sol, où elles se nourrissent, entre autres, de racines. Les sauterelles ont de longues antennes, parfois plus longues que leur corps, celles des criquets sont courtes. Tous les orthoptères possèdent de longues pattes postérieures : le criquet peut sauter à plus d'un mètre de hauteur.

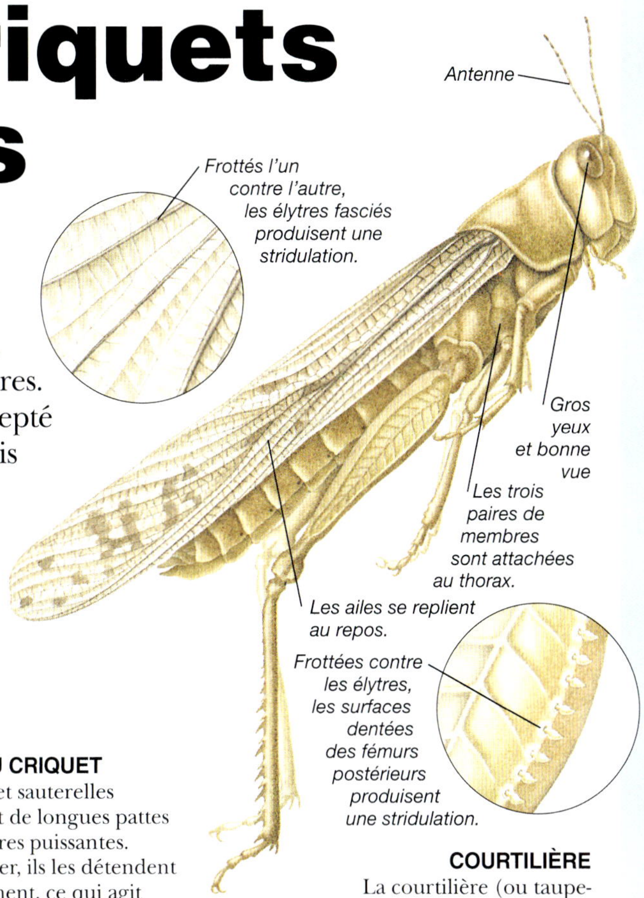

SAUT DU CRIQUET

Criquets et sauterelles possèdent de longues pattes postérieures puissantes. Pour sauter, ils les détendent brusquement, ce qui agit comme un levier. Le corps est propulsé vers le haut et en avant. La plupart de ces insectes possèdent des épines sur leurs membres et leurs pieds, pour se défendre contre les prédateurs.

COURTILIÈRE

La courtilière (ou taupe-grillon) mesure plus de 5 cm de long et vit dans un terrier qu'elle creuse avec ses membres antérieurs en forme de pelle. L'entrée du terrier fait porte-voix : en période de reproduction, le chant du mâle porte à plus de 1,6 km. La femelle pond ses œufs dans un nid souterrain et les surveille jusqu'à leur éclosion.

SAUTERELLE VERTE

La sauterelle verte tire profit de sa couleur pour se dissimuler efficacement au milieu de la végétation. Les ailes du mâle sont plus longues que son corps. La femelle dépose ses œufs dans le sol grâce à la tarière, organe allongé situé à l'extrémité de son abdomen. La sauterelle verte se nourrit de feuilles et de petits insectes.

LOCUSTE

La locuste (ou criquet migrateur) se reproduit rapidement quand les conditions sont favorables (chaleur et végétation abondante). De vastes nuées, composées de plus de 50 milliards d'individus, fondent sur les cultures, engendrant privations et famines.

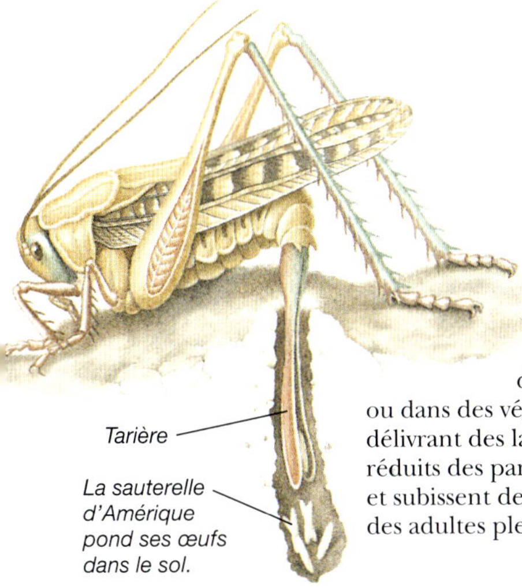

REPRODUCTION D'UNE SAUTERELLE

Après l'accouplement, la femelle pond ses œufs à l'aide de sa tarière dans le sol ou dans des végétaux. Les œufs éclosent, délivrant des larves, les nymphes. Les nymphes sont des modèles réduits des parents, mais dépourvus d'ailes. Elles sont très voraces et subissent des mues successives (5 en moyenne) pour devenir des adultes pleinement développés, quant à eux pourvus d'ailes.

Pour en savoir plus

LES ESPÈCES ANIMALES
LES INSECTES
LES SENS DES ANIMAUX

la Scandinavie (géographie)

Le ski de fond est un sport populaire dans de nombreuses régions scandinaves.

À L'EXTRÊME NORD de l'Europe, les pays scandinaves, par-delà leurs nombreux points communs, cultivent leurs différences. Leurs économies sont étroitement associées, mais chacun utilise sa propre monnaie. Ce sont des nations indépendantes, dont les destins furent intimement liés. Chaque pays a sa propre langue, mais tisse d'étroits liens culturels avec ses voisins. Leurs paysages enfin sont très différents. Le Danemark est plat (il « culmine » à 173 m d'altitude), et l'essentiel du pays est très fertile. La Norvège et l'Islande sont montagneuses, avec peu de terres cultivables. Suède et Finlande sont parsemées de lacs (plus de 180 000 rien qu'en Finlande). Le Groenland est presque entièrement couvert de glace et de neige. Politiquement, les différents pays coopèrent au sein du Conseil nordique. Danemark, Finlande et Suède sont membres de l'Union européenne. La plupart des Scandinaves jouissent d'un niveau de vie élevé et d'une vie culturelle active. Norvège et Suède décernent chaque année le prix Nobel pour les sciences, la littérature et la paix. Aujourd'hui, les pays scandinaves sont des leaders mondiaux dans les domaines de l'environnement et de la santé.

Géographiquement, la Scandinavie correspond à la péninsule de Norvège et de Suède, mais, au sens large, ce mot désigne aussi le Danemark et la Finlande. Les îles Féroé, l'Islande et le Groenland leur sont souvent associés.

Le nord gelé de la Scandinavie, appelé Laponie, est peuplé d'environ 35 000 Samis. Nombre d'entre eux vivent de l'élevage de rennes, dont ils utilisent la peau et la viande.

FINLANDE

La Finlande est étroitement liée à la Russie. Ces deux pays partagent une longue frontière. Jusqu'en 1917, la Finlande était une province de l'Empire russe. Inféodée à la Russie après la guerre, elle en dépend toujours par le commerce. Des forêts couvrent les deux tiers du pays ; l'industrie du papier domine l'économie, devant la construction navale et le tourisme. La Finlande est un pays du Grand Nord : en hiver, seule la côte méridionale n'est pas prise dans les glaces.

Stockholm, capitale de la Suède, est construite sur de nombreuses îles.

SUÈDE

Le plus grand des pays scandinaves est aussi le plus riche. Au fil des ans, les Suédois ont développé un système fiscal et d'aide sociale permettant à tous de profiter d'un niveau de vie élevé. Ainsi, peu de Suédois sont très riches ou très pauvres. La plupart habitent le sud et l'est du pays. Le Nord, montagneux et situé à l'intérieur du cercle polaire arctique, est pratiquement inhabité ; plus de la moitié du territoire suédois est couvert de forêts.

La pêche en haute mer constitue une activité essentielle dans toute la Scandinavie.

NORVÈGE

Transports maritimes, exploitation forestière et pêche constituaient traditionnellement les principales industries norvégiennes. Mais en 1970, du pétrole fut découvert dans le secteur norvégien de la mer du Nord, ce qui changea le destin du pays. Aujourd'hui, les 4,8 millions de Norvégiens jouissent d'un niveau de vie élevé, de faibles impôts et le chômage est presque inexistant. Mais la Norvège ne possède aucune ressource naturelle en dehors du pétrole et du bois. Ce pays est montagneux, entaillé par de nombreux bras de mer (fjords) de l'Atlantique Nord. Ces fjords rendent les communications difficiles entre les villes du sud et les régions moins peuplées du nord.

PÊCHE

Morue et maquereau de grande qualité sont pêchés dans les eaux froides et riches en nutriments de l'Atlantique Nord. La pisciculture, en particulier dans les fjords, se développe en Norvège, qui est le plus important producteur de saumon au monde.

PÉTROLE EN MER DU NORD

La découverte de pétrole et de gaz naturel dans le sous-sol de la mer du Nord date de 1959, avec l'identification de l'extension sous la mer d'un important gisement de gaz naturel dans le nord-est des Pays-Bas. En l'espace de 20 ans, des sites de production de gaz naturel furent installés sur une bande de 160 km courant des Pays-Bas à l'est de l'Angleterre. Plus au nord, le premier gisement maritime de pétrole norvégien démarra sa production en 1971. Aujourd'hui, l'économie norvégienne dépend en grande partie de ses abondantes ressources naturelles. Ce pays est le plus gros producteur de pétrole d'Europe. Il est autosuffisant pour le gaz naturel et le pétrole.

Le pétrole de la mer du Nord, produit sur des plates-formes comme celle-ci, est exporté dans le monde entier. La Norvège est un leader mondial dans la construction de plates-formes de forage.

SAUNAS

La Finlande est le pays du sauna. C'en est devenu une institution nationale. Les Finlandais recourent aux bains de vapeur depuis des siècles pour purifier et détendre le corps. Aujourd'hui, la plupart des foyers possèdent un sauna. C'est une petite pièce très chaude, noyée de vapeur. Celle-ci est produite en jetant de l'eau sur des pierres brûlantes. L'eau s'évaporant, l'air se remplit de nuages de vapeur. Après une séance dans le sauna, les Finlandais se rafraîchissent sous une douche froide ou en plongeant dans un bassin glacé (ci-contre). Les saunas, traditionnellement alimentés par des bûches, fonctionnent de plus en plus à l'électricité, en particulier dans les villes.

Cet homme se rafraîchit dans un bassin d'eau glacée, après une séance de sauna.

COPENHAGUE

Copenhague (à droite) est la capitale du Danemark. Environ un quart des Danois habitent la ville et ses environs. Elle se trouve sur la côte est du Sjaelland, la plus vaste des 482 îles danoises ; 30 % du territoire sont ainsi constitués d'îles, jouxtant la péninsule basse du Jutland, à l'ouest.

FJORDS

À l'ère glaciaire, des glaciers taillèrent des vallées escarpées dans les roches de la côte norvégienne. La glace fondant, la mer s'y engouffra. Des centaines de fjords ont ainsi vu le jour le long de la côte atlantique de la Scandinavie. Ils sont généralement plus profonds en leur centre et à l'intérieur des terres que du côté de la mer. L'eau y est aussi plus calme qu'au large.

Les eaux tranquilles d'un fjord norvégien atteignent souvent des profondeurs impressionnantes. Le poids énorme des glaciers qui les formèrent a érodé le fond de la vallée bien au-dessous du niveau de la mer. Les meilleures terres agricoles se trouvent dans les plaines entourant les fjords.

AGRICULTURE SUÉDOISE

Les sols fertiles du Sud font de cette région la zone agricole la plus productive du pays : élevages de porcs et de vaches laitières, cultures telles que blé, orge et pommes de terre. De nombreux fermiers suédois se regroupent au sein de coopératives qui conditionnent et distribuent leurs produits.

Les régions agricoles proches du golfe de Botnie sont célèbres pour leurs produits laitiers.

Pour en savoir plus

L'ANTARCTIQUE
L'ARCTIQUE
L'EUROPE (GÉOGRAPHIE)
LA SCANDINAVIE (HISTOIRE)

GROENLAND
Superficie : 2 186 090 km²
Population : 57 000

ISLANDE
Superficie : 103 000 km²
Population : 323 000
Capitale : Reykjavik

ÎLES FÉROÉ (DANEMARK)
Superficie : 1 399 km²
Population : 48 917

DANEMARK
Superficie : 43 094 km²
Population : 5 470 000
Capitale : Copenhague

FINLANDE
Superficie : 338 145 km²
Population : 5 326 000
Capitale : Helsinki

NORVÈGE
Superficie : 323 877 km²
Population : 4 812 000
Capitale : Oslo

SUÈDE
Superficie : 449 964 km²
Population : 9 249 000
Capitale : Stockholm

Volcan | Montagne | Capitale | Grande ville | Petite ville

la Scandinavie (histoire)

CANUT LE GRAND
En 1014, Canut (vers 995-1035) devint roi du Danemark. Il conquit l'Angleterre en 1016 puis la Norvège en 1028. Canut gouverna son immense empire de façon juste et équitable jusqu'à sa mort.

HISTORIQUEMENT, la Scandinavie se composait de la Norvège, de la Suède et du Danemark. Aujourd'hui, Finlande et Islande les ont rejoints. Tous ces États sont indépendants, mais leurs histoires sont liées. Les Vikings furent parmi les premiers à habiter la région. Les nations distinctes du Danemark, de la Norvège et de la Suède apparurent pour la première fois au Xe siècle. Leur union, acquise au XVe siècle, fut rompue en 1523, quand Gustave Vasa chassa les Danois de Suède. La Suède, grande puissance européenne, et le Danemark se disputèrent l'hégémonie de la Baltique. L'année 1658 devait voir la défaite du Danemark, mais la Suède sortait épuisée de la guerre du Nord (1721). En 1814, après les guerres napoléoniennes, l'Islande revint au Danemark, qui perdit la Norvège au profit de la Suède, alors dirigée par le maréchal français Bernadotte, futur Charles XIV, qui elle-même avait dû céder la Finlande à la Russie (1808). La Norvège devint une nation indépendante en 1905, l'Islande en 1918.

MARGUERITE Ire
Marguerite Ire (1353-1412) devint reine du Danemark (1375), de Norvège (1380) et de Suède (1389). En 1397, elle unifia ces pays par l'union de Kalmar.

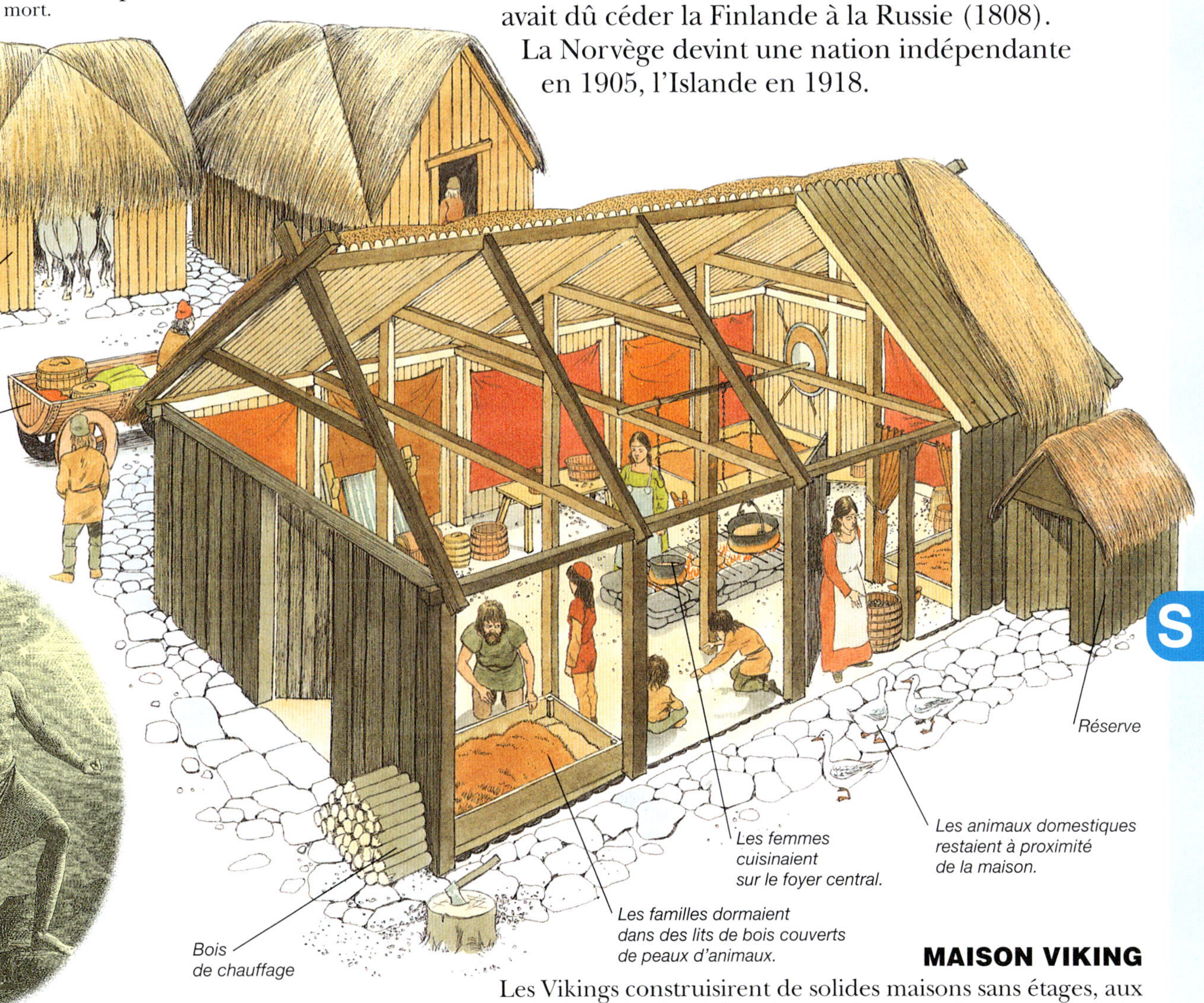

MAISON VIKING
Les Vikings construisirent de solides maisons sans étages, aux toits inclinés. Ces habitations avaient une charpente de bois, des murs de bois ou de pierre et des toits de chaume. Le foyer constituait l'élément central de la maison. Il fournissait la chaleur et la lumière et permettait de cuire les aliments. Les maisons vikings n'avaient pas de fenêtres, et l'unique pièce était souvent très enfumée.

THOR
Les Vikings vénéraient de nombreux dieux. Thor était l'un des plus puissants. Régnant sur le ciel, il contrôlait les intempéries et était dieu du Tonnerre, de la Foudre, de la Pluie et des Tempêtes. Les Vikings le priaient pour obtenir de bonnes récoltes et pour attirer la chance.

S

SUÈDE

En 1523, la Suède quitta l'union de Kalmar. Gustave Ier (1496-1560) introduisit de nombreuses réformes pour renforcer la Suède, devenue indépendante. Il fit du protestantisme la religion d'État, mit en place une armée efficace et améliora l'économie du pays. Sous le règne de Gustave II, entre 1611 et 1632, la Suède devint une puissance européenne majeure. Elle étendit son territoire, jusqu'à obtenir de la Russie presque toute la Finlande. Sa marine contribua à consolider son hégémonie.

IXe-Xe SIÈCLES Raids des Vikings sur l'Europe. Ils créent des États et des routes commerciales.

1014-1035 Règne du roi du Danemark Canut le Grand.

1319 Union Norvège-Suède.

1375-1412 Marguerite Ire règne sur le Danemark.

1397-1523 L'union de Kalmar associe Danemark, Norvège et Suède sous le nom de Scandinavie.

1523 Indépendance de la Suède sous Gustave Ier. La Norvège appartient au Danemark jusqu'en 1814.

XVIe-XVIIIe SIÈCLES Suède et Russie se disputent la Finlande.

1612-1632 Règne de Gustave II : la Suède devient une puissance européenne majeure.

1700-1721 Guerre du Nord. La Suède est affaiblie.

1814-1905 La Norvège passe sous domination suédoise.

1905 Indépendance de la Norvège.

1917 La Finlande profite de la révolution russe pour proclamer son indépendance.

1914-1918 Les nations scandinaves restent neutres.

1940-1945 L'Allemagne occupe la Norvège et le Danemark.

1986 Olof Palme, Premier ministre de Suède, est assassiné.

1995 La Suède et la Finlande rejoignent le Danemark au sein de l'Union européenne.

GUERRE DU NORD

De 1563 à 1658, les Suédois livrèrent à leurs voisins des guerres pour s'assurer le contrôle de la Baltique. Les 40 années suivantes apportèrent à la région une paix précaire. Puis, en 1700, Russie, Danemark et Pologne reprirent les armes pour mettre fin à la puissance suédoise. La guerre du Nord dura 21 ans. Les Suédois perdirent des territoires à l'est, au profit de la Russie.

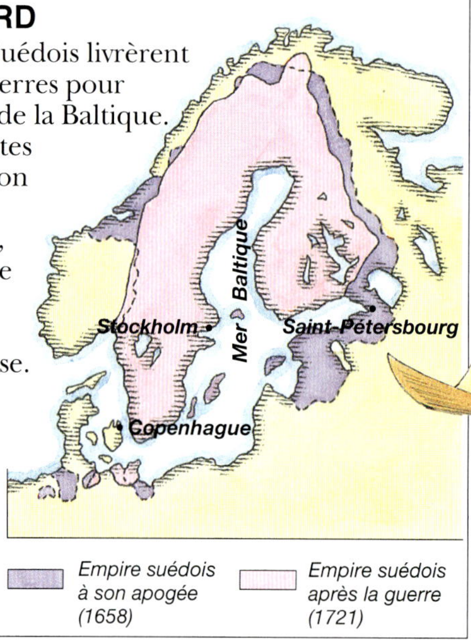

EDVARD GRIEG

Au XIXe siècle, la Suède gouvernait la Norvège. Le compositeur norvégien Edvard Grieg (1843-1907) soutint la cause de l'indépendance. Surnommé « la voix de la Norvège », il écrivit de la musique patriotique fondée sur d'anciens chants folkloriques norvégiens. Son œuvre la plus célèbre est sa musique de scène pour le *Peer Gynt* du dramaturge Ibsen.

CHRISTIAN X

L'Allemagne envahit la Norvège et le Danemark pendant la Seconde Guerre mondiale (1939-1945). Le roi de Norvège, Haakon VII, s'exila en Grande-Bretagne, et Vidkun Quisling, favorable aux Allemands, prit le pouvoir (aujourd'hui encore son nom est synonyme de trahison). Au Danemark, le roi Christian X (ci-contre) mena une résistance passive à l'occupation allemande. Les Allemands ayant exigé que les juifs portent l'étoile jaune, il déclara que lui aussi en porterait une. Les Danois aidèrent de nombreux juifs à s'enfuir vers la Suède neutre.

GRO HARLEM BRUNDTLAND

En 1987, le Premier ministre de Norvège, Gro Harlem Brundtland, publia *Notre avenir commun : le rapport Brundtland*, œuvre majeure décrivant les problèmes environnementaux, leurs effets sur les pauvres du monde entier, et suggérant des solutions.

PRIX NOBEL

Le chimiste suédois Alfred Nobel (1833-1896) inventa la dynamite. Déçu par les utilisations militaires qu'on en faisait, il laissa par testament de l'argent destiné à financer des prix pour promouvoir la paix et l'instruction. Les prix Nobel de physique, chimie, médecine, littérature et paix sont décernés depuis 1901.

Pour en savoir plus

LES NORMANDS (HISTOIRE)
LA SCANDINAVIE (GÉOGRAPHIE)
LES VIKINGS (VIE ET SOCIÉTÉ)

les Sciences (définition)

LA SCIENCE REGROUPE plusieurs branches mais toutes s'intéressent à la nature et aux comportements des choses et des êtres qui peuplent l'Univers. Le terme science est tiré d'un mot latin (*scientia*) signifiant « connaissance ». Les scientifiques observent, mesurent et expérimentent avant de publier leurs résultats. La science se divise en quatre grandes catégories, les sciences naturelles, les sciences physiques, les sciences appliquées et les sciences sociales. Les sciences naturelles incluent les sciences de la vie, comme la biologie et la botanique, ainsi que les sciences de la Terre, comme la géologie. Les sciences physiques regroupent la physique et la chimie. Les sciences appliquées renvoient à l'ingénierie et à l'exploitation de connaissances scientifiques en vue de la construction ou de la réalisation d'une invention pratique. Les sciences humaines s'intéressent à l'homme et regroupent entre autres l'anthropologie et la psychologie. Toutes les sciences dépendent des mathématiques.

Une paille plongée dans un verre d'eau semble brisée car les ondes lumineuses se propagent plus lentement dans l'eau que dans l'air.

PHYSIQUE

La physique est l'étude de la matière, de l'énergie et de leurs corrélations. De même que l'on distingue différentes formes de matière et d'énergie, on dénombre différentes branches dans la physique. L'optique, par exemple, s'intéresse au comportement des ondes lumineuses ; à leur vitesse de propagation selon les matières qu'elles traversent, espace, air, verre ou eau.

MÉTHODE SCIENTIFIQUE

Pour s'assurer de la validité de leurs résultats, les scientifiques obéissent à des règles strictes lors de leurs expériences. Un échantillon du matériel utilisé au cours de l'expérience est écarté pour servir de témoin. Si le résultat de l'expérience est inédit, l'échantillon réservé peut être testé afin de s'assurer qu'aucun élément extérieur, comme le froid ou la chaleur, n'a pu affecter les résultats de l'expérience.

Expérience simple sur la dissolution du sel dans l'eau

Une quantité précise de sel est mélangée dans une mesure précise d'eau.

On ajoute du sel dans l'eau, jusqu'à ce que la dissolution ne soit plus possible et que le sel se dépose au fond du récipient. Ce stade est appelé seuil de saturation.

Ces échantillons d'eau et de sel serviront de témoin.

SCIENCES HUMAINES

Les sciences humaines qui étudient l'homme distinguent plusieurs disciplines. L'anthropologie relève de l'étude générale de l'espèce humaine ; la sociologie s'intéresse aux comportements des groupes d'individus, qu'il s'agisse d'une famille ou d'une société, et à la façon dont ils se forment et évoluent. La psychologie est une des branches des sciences humaines qui se penche sur l'individu et ses rapports avec la société.

Pousse de soja

La pousse se développe en s'orientant vers le soleil.

Les racines absorbent l'eau et les nutriments du sol.

SCIENCES DE LA VIE

Toutes les sciences qui s'intéressent à l'étude du vivant sont regroupées sous l'appellation de sciences de la vie. La biologie est l'étude du vivant, la botanique s'intéresse aux végétaux et la zoologie aux animaux. Les animaux et les plantes entretiennent des rapports étroits qui font l'objet d'une discipline appelée écologie. L'écologie étudie les relations qu'entretiennent les organismes vivants entre eux et avec leur milieu ainsi que la façon dont ils modifient leur environnement.

SCIENCES DE LA TERRE

La géographie et la géologie relèvent des sciences de la Terre. Les scientifiques qui travaillent dans ces domaines s'intéressent à la structure de notre planète et à la façon dont elle évolue. L'étude des roches et des fossiles permet d'en apprendre beaucoup sur les origines et l'évolution de la vie sur Terre. Les sciences de la Terre sont étroitement liées aux sciences de la vie.

Les géologues étudient les roches et les cristaux.

Malachite

Cyanotrichite

Pour en savoir plus

LA BIOLOGIE
LA CHIMIE
LA PHYSIQUE
ROCHES ET MINÉRAUX
LA TERRE

S

http://www.memo.fr/Dossier.asp?ID=607

les Sciences (histoire)

ASTRONOMIE, INFORMATIQUE, MÉDECINE doivent leur existence et leur essor aux scientifiques et aux inventeurs. Les scientifiques s'attachent à l'étude du monde naturel (des galaxies les plus lointaines aux particules atomiques) et à l'explication des phénomènes qu'ils observent. Leurs travaux font appel à l'expérimentation, à l'observation et à la théorisation. Au XVIIe siècle par exemple, le scientifique anglais Isaac Newton expérimenta la dispersion de la lumière traversant un prisme. Le spectre (bandes de couleur) qu'il observa le conduisit à la théorie selon laquelle la lumière blanche est formée d'un mélange de couleurs. Les inventeurs réfléchissent à la mise en pratique de nouvelles idées.

Une invention peut résulter d'une découverte scientifique, comme le laser, mis au point en 1960 par le physicien américain Theodore Maiman qui exploita ses connaissances sur la lumière et les atomes. Toutes les inventions ne sont pourtant pas le fruit de la connaissance, comme en témoigne le levier qui fut inventé avant même que les hommes puissent en expliquer le mécanisme. Mais quel que soit leur domaine, inventeurs et scientifiques ont en commun la recherche du progrès.

PRÉHISTOIRE ET ANTIQUITÉ

Il y a près de 2 millions d'années, les hommes préhistoriques inventaient les outils. Agriculture et construction se développèrent il y a 10 000 ans, à la sédentarisation des populations. Les premières civilisations prirent leur essor au Moyen-Orient, en Afrique, en Inde et en Chine. Les hommes étudièrent le Soleil et les étoiles, mirent au point le cadran solaire, conçurent les mathématiques et découvrirent la métallurgie et la poterie.

Ce biface était utilisé il y a environ 200 000 ans en Égypte.

Le tour de potier fut inventé vers 3000 av. J.-C.

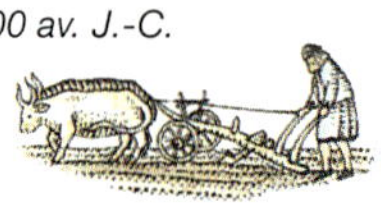

La charrue fut inventée vers 3500 av. J.-C.

GRECS ET ROMAINS

Vers 600 av. J.-C., les Grecs commencèrent à étudier le monde. Des philosophes comme Pythagore développèrent l'approche scientifique, fondée sur l'observation et l'expérimentation, principes, encore aujourd'hui à la base de toute science. Les Grecs s'intéressèrent aux mathématiques et à l'astronomie en même temps qu'ils mirent au point des machines dites simples.

La pompe fut inventée au IIe siècle av. J.-C.

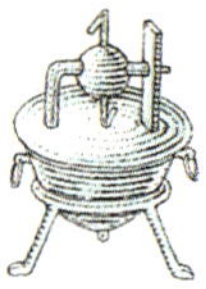

Le savant grec Hero mit au point le premier prototype de moteur à vapeur au Ier siècle de notre ère.

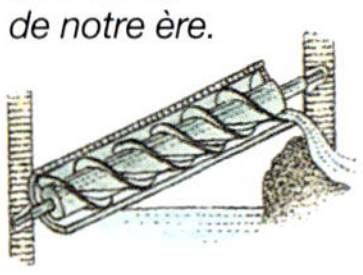

La vis sans fin d'Archimède permettait d'élever l'eau.

ARCHIMÈDE

Le savant grec Archimède (287-212 av. J.-C.) expliqua le principe des poulies et des leviers. La légende veut qu'il découvrît le principe de l'hydrostatique alors qu'il était dans son bain.

En 1783, les Montgolfier inventent le ballon à air chaud : la montgolfière.

En 1608, l'opticien hollandais Hans Lippershey inventa le télescope.

ISAAC NEWTON

En 1666, Isaac Newton (1642-1727) révolutionna les esprits avec sa théorie sur l'attraction universelle et le concept de la force de gravitation qui maintient planètes et satellites sur leur orbite en même temps qu'elle explique la chute des corps. Il découvrit que la lumière était formée de toutes les couleurs de l'arc-en-ciel.

DU XIe AU XVIIe SIÈCLE

Les Arabes firent de grandes découvertes durant cette période, notamment sur la nature de la lumière. Vers le XIe siècle, les Européens développèrent des hypothèses émises par les Grecs durant l'Antiquité. L'astronome polonais Nicolas Copernic (1473-1543) suggéra que la Terre gravitait autour du Soleil et le médecin flamand André Vésale (1514-1564) fit ses premières découvertes sur l'anatomie humaine.

LÉONARD DE VINCI

L'illustre artiste et inventeur italien Léonard de Vinci (1452-1519) réalisa les croquis de nombreuses machines, comme l'hélicoptère ou le parachute, mais ses inventions restèrent à l'état de projets.

En 1438, l'imprimeur allemand Gutenberg (vers 1398-1468) inventa le procédé de composition à caractères mobiles.

DU XVIIe AU XIXe SIÈCLE

Le scientifique italien Galilée (1564-1642) fit des découvertes majeures sur la force, la gravitation et le mouvement. L'astronomie moderne débuta en 1609 avec l'astronome allemand Johannes Kepler (1571-1630) qui découvrit les lois du mouvement des planètes, alors que Galilée inventait une lunette d'observation du ciel. Les premiers moteurs furent mis au point au cours du XVIIIe siècle, par des ingénieurs comme l'Écossais James Watt (1736-1819). La chimie progressa avec la découverte de l'oxygène et de l'hydrogène.

DU XIXe AU XXe SIÈCLE

L'invention de la pile par le physicien italien Alessandro Volta (1745-1827) conduisit aux découvertes sur l'électricité et le magnétisme, et à bien des inventions, comme l'ampoule électrique. Le chimiste et physicien britannique John Dalton (1766-1844) et d'autres scientifiques découvrirent la nature des atomes. Le biologiste et chimiste français Louis Pasteur (1822-1895) mit en évidence le rôle des microbes dans les maladies. Le monde des transports vit la naissance de la locomotive, des bateaux et des voitures à vapeur.

THOMAS EDISON
Thomas Edison (1847-1931) fut l'un des plus illustres inventeurs du XIXe siècle. Auteur de plus de 1 000 inventions, dont le phonographe (déposé en 1877) et un dispositif de mise en mouvement des images fixes, il fut également à l'origine de l'invention de l'ampoule électrique.

En 1804, le Britannique Richard Trevithick inventa la locomotive à vapeur.

Le téléphone fut inventé par l'américain Alexander Graham Bell en 1876.

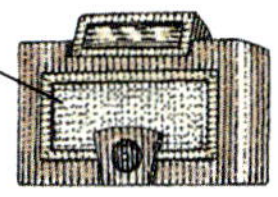

En 1895, le physicien italien Guglielmo Marconi réalisa les premières liaisons par ondes hertziennes.

DU XXe SIÈCLE À NOS JOURS

Les scientifiques se sont penchés sur les atomes, ont découvert les électrons et le noyau avant de s'intéresser à l'étude du noyau lui-même. Toutes ces découvertes ont mené au développement de la puissance nucléaire et de l'électronique, à l'origine de la télévision et de l'ordinateur. L'exploration des cellules vivantes a entraîné la découverte de nouvelles thérapies. Les astronomes ont approfondi leurs connaissances sur les étoiles, les planètes et les galaxies.

FRÈRES WRIGHT
En 1903, le monde assista avec émerveillement au vol d'Orville Wright (1871-1948) et de son frère Wilbur (1867-1912) embarqués à bord du premier aéroplane à moteur.

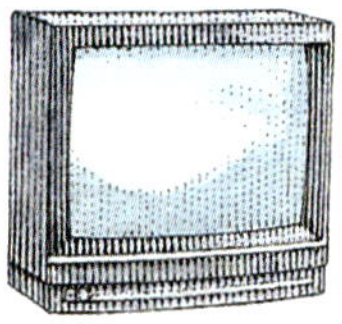

Plusieurs scientifiques participèrent à la mise au point de la télévision dans les années 1920. La première chaîne de télévision vit le jour dans les années 1930.

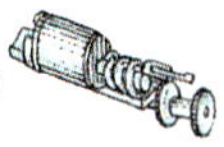

En 1960, Theodore Maiman et Charles Townes mirent au point le premier laser opérationnel.

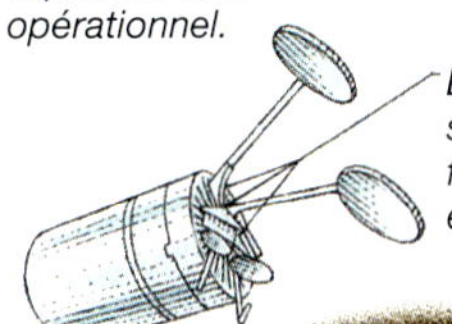

Le premier satellite artificiel fut lancé en 1957.

WILLIAM SHOCKLEY
Ordinateurs, téléviseurs et autres appareils électroniques doivent tout au transistor mis au point en 1948 par une équipe de scientifiques dirigée par William Shockley (1910-1989). Les puces électroniques peuvent aujourd'hui abriter des millions de transistors.

En 1946, une équipe de scientifiques américains mit au point le premier ordinateur.

ALBERT EINSTEIN
En 1905 et 1915, le physicien allemand Albert Einstein publia ses théories sur la relativité. Il démontra que la lumière était l'élément qui voyageait le plus vite dans l'Univers. Ses découvertes permirent de mieux appréhender la nature de l'énergie du Soleil.

MAX PLANCK
Vers 1900, le physicien allemand Max Planck publia la théorie quantique qui explorait la nature de l'énergie, à l'origine de nombreux progrès. Sa théorie contredisait les idées reçues sur la propagation des ondes lumineuses et mettait en évidence le comportement de minuscules particules de lumière, les photons.

5000 AV. J.-C. Fabrication d'objets en métal au Moyen-Orient.

400 AV. J.-C. Le savant grec Démocrite suggère que toute chose est constituée d'atomes.

105 Le Chinois Ts'ai Lun invente le papier.

650 Les Perses inventent le moulin à vent.

1000 Les Chinois font usage de la poudre noire lors des batailles.

1657 Le savant néerlandais Christian Huygens invente l'horloge à balancier.

1712 L'ingénieur britannique Thomas Newcomen met au point le premier moteur à vapeur opérationnel.

1774 Le chimiste britannique Joseph Priestley découvre l'oxygène.

1826 L'inventeur français Nicéphore Niépce réalise la première photographie.

1869 Le chimiste russe Dimitri Mendeleïev réalise la classification périodique des éléments chimiques.

1878 L'Américain Thomas Edison et le Britannique Joseph Swan inventent l'ampoule électrique.

1886 L'ingénieur allemand Karl Benz construit sa première voiture.

1887 Le physicien allemand Heinrich Hertz découvre les ondes radioélectriques.

1910 La physicienne franco-polonaise Marie Curie découvre le radium.

1911 Le physicien britannique Ernest Rutherford découvre le noyau de l'atome.

1929 L'astronome américain Edwin Hubble découvre en 1929 les lois de l'expansion de l'Univers.

1942 Le physicien italien Enrico Fermi met au point le premier réacteur nucléaire.

1959 L'Union soviétique lance son premier vaisseau spatial.

ANNÉES 1990 Lancement d'Internet.

Pour en savoir plus
LA BIOLOGIE
LA CHIMIE
LA MÉDECINE (HISTOIRE)
LA PHYSIQUE
LA RENAISSANCE
LES SCIENCES (DÉFINITION)
TECHNIQUES ET TECHNOLOGIES

la Sculpture

QU'IL TAILLE LE MARBRE ou coule du métal en fusion dans un moule, le sculpteur crée une œuvre d'art en trois dimensions. Comme la peinture et le dessin, la sculpture naît de l'imagination de l'artiste. Mais contrairement à la peinture, qui est déposée sur une surface plane, la sculpture a un volume, et l'on peut souvent tourner autour d'elle, la toucher et apprécier sa texture. C'est la profondeur d'une sculpture qui la rend intéressante. Selon l'angle sous lequel on la regarde, son aspect change complètement. C'est pourquoi les urbanistes dressent souvent des sculptures dans les jardins publics et d'autres lieux extérieurs pour les animer et les embellir. Une sculpture représentant un être humain ou un animal en entier est une statue. Les sculpteurs modernes se sont intéressés à l'abstraction : ces œuvres non figuratives, qui ne représentent pas la réalité, modifient l'espace qu'elles occupent.

BAS-RELIEF
Toutes les sculptures ne sont pas en ronde-bosse, c'est-à-dire pleinement développées dans les trois dimensions. Les sculptures en relief saillent plus ou moins du fond. Les civilisations antiques représentaient souvent les événements historiques sur des bas-reliefs.

SCULPTURE SUR BOIS
Les artistes africains excellent dans la sculpture sur bois. Ils taillent, rabotent et poncent le bois pour réaliser des statues humaines ou animales. En Europe, les sculpteurs sur bois ont décoré l'intérieur de nombreuses églises et cathédrales.

Un bloc de bois est d'abord dégrossi avec un maillet en bois et des ciseaux affûtés.

Le façonnage final renonce au maillet, les ciseaux se maniant à la main.

Des outils ultralégers pour modeler l'argile.

Les surfaces en plâtre sont travaillées avec des racloirs métalliques.

Un marteau aide à tailler la pierre.

OUTILS DE SCULPTURE
Les sculpteurs utilisent des outils adaptés au matériau choisi. Les matières dures, comme la pierre, se travaillent avec des ciseaux solides. Mais réaliser un modèle en plâtre ou en cire avant de couler du bronze dans un moule exige des outils assez légers, comme les racloirs.

SCULPTURE SUR PIERRE
Les sculpteurs travaillent de nombreux types de roches, mais surtout le marbre, parce qu'il ne se fragmente pas. Le sculpteur sur pierre commence généralement par réaliser un modèle de taille réduite en plâtre. Il dégrossit ensuite sa sculpture au ciseau et au marteau avant de la tailler et de la ciseler à la main. Un polissage final améliore encore l'aspect de l'œuvre.

STATUES DE BRONZE

La plupart des sculptures fondues sont en bronze, alliage de cuivre et d'étain. Le sculpteur façonne un modèle dans un matériau tendre, plâtre ou argile. Il en fait une copie en cire, qu'il recouvre de plâtre. La cire est ensuite éliminée par chauffage, laissant un moule parfait. Reste à remplir le moule avec le métal en fusion pour obtenir la sculpture. C'est le procédé dit de fonte à cire perdue. Le sculpteur peut ôter le rebut et polir son ouvrage pour lui donner la touche finale.

SCULPTURE MODERNE

Les artistes peuvent exprimer leurs idées sur la société à travers la sculpture. L'artiste américain Christo Javacheff (né en 1935) enveloppe de toile des monuments et des paysages pour attirer l'attention sur l'emballage des produits commercialisés.

« Empaquetage » du Pont-Neuf, à Paris, 1985

Pour en savoir plus
LES MÉTAUX
LES PEINTRES
LA PEINTURE
LA RENAISSANCE

la Seconde Guerre mondiale

LA SECONDE GUERRE MONDIALE est le conflit armé le plus vaste que l'humanité ait connu, se déroulant sur terre, sur mer et dans les airs. Elle opposa deux camps : les forces alliées (Australie, Belgique, Canada, Chine, France, Norvège, Pays-Bas, Pologne, Royaume-Uni, Luxembourg, URSS, États-Unis, Mexique, Brésil…) contre les forces de l'Axe (Allemagne, Autriche, Hongrie, Finlande, Italie, Japon, Roumanie, Bulgarie, Slovaquie, Croatie, Thaïlande…). Elle commença en Europe, lorsque la France et le Royaume-Uni déclarèrent la guerre à l'Allemagne le 3 septembre 1939, en réaction à l'invasion de la Pologne. En moins d'un an, l'Allemagne occupa la majeure partie de l'Europe : Belgique, Pays-Bas, Luxembourg et France capitulèrent. L'Angleterre résista grâce à sa flotte puissante. En 1941, l'armée allemande est stoppée à Moscou par le froid et le manque d'équipements. Le 7 décembre, les Japonais détruisent, par surprise, la flotte américaine du Pacifique à Pearl Harbor, rendant officielle l'entrée en guerre des États-Unis. La situation se renverse alors : les Soviétiques remportent la victoire de Stalingrad, et les Anglais et les Américains débarquent en Normandie et libèrent la France. La Seconde Guerre mondiale tua près de 60 millions de personnes, dont des millions de civils.

ADOLF HITLER
En 1933, le chef du NSDAP (parti ouvrier allemand national-socialiste), Adolf Hitler (1889-1945), prit le pouvoir en Allemagne. Tous ses opposants politiques furent réduits au silence et le pays fut guidé par l'idéologie nazie, raciste, belliciste et expansionniste. Des millions de personnes (parmi lesquelles une majorité de Juifs, de Slaves, de Tsiganes, et de personnes issues d'autres minorités) furent parquées dans des camps et exterminées.

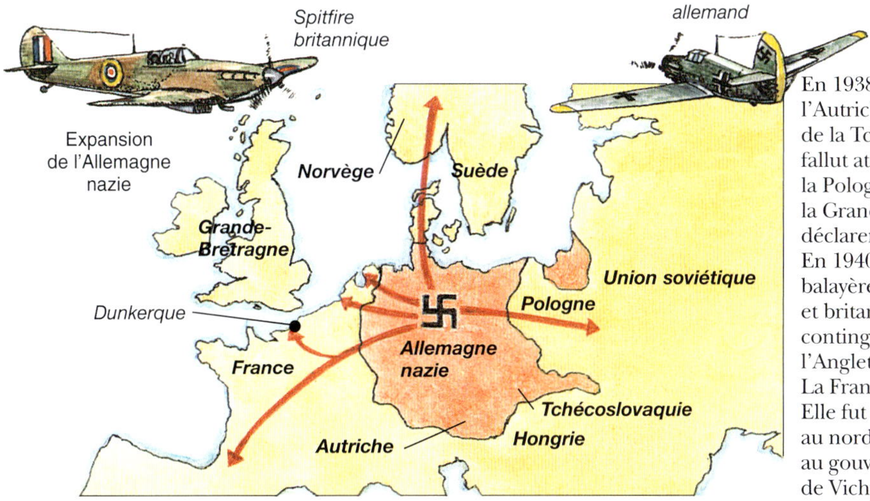

INVASION
En 1938, Hitler annexa l'Autriche et une partie de la Tchécoslovaquie. Mais il fallut attendre qu'il envahisse la Pologne, en 1939, pour que la Grande-Bretagne et la France déclarent la guerre à l'Allemagne. En 1940, les troupes allemandes balayèrent les armées françaises et britanniques, dont un fort contingent parvint à rejoindre l'Angleterre depuis Dunkerque. La France demanda l'armistice. Elle fut occupée par l'Allemagne au nord, et soumise au gouvernement proallemand de Vichy.

BLITZ
Entre septembre 1940 et mai 1941, une bataille aérienne opposa, dans le ciel d'Angleterre, la Royal Air Force britannique et les avions allemands de la Luftwaffe. Hitler ne put envahir l'Angleterre malgré le pilonnage nocturne des villes britanniques par ses bombardiers. Le Blitz fit près de 40 000 victimes dans la population civile.

ÉVACUATIONS
Entre 1940 et 1941, alors que les raids aériens de l'aviation allemande frappaient les grandes villes britanniques, la population civile et principalement les enfants furent évacués vers les campagnes.

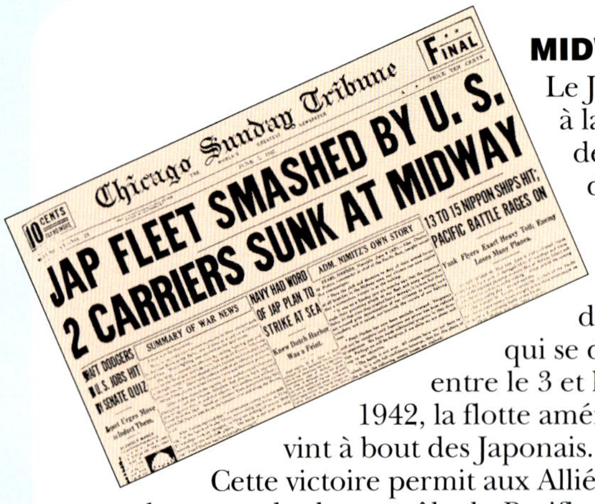

MIDWAY

Le Japon partit à la conquête de nombreuses îles du Pacifique et envahit l'Asie. Lors de la bataille aéronavale de Midway, qui se déroula entre le 3 et le 5 juin 1942, la flotte américaine vint à bout des Japonais. Cette victoire permit aux Alliés de reprendre le contrôle du Pacifique.

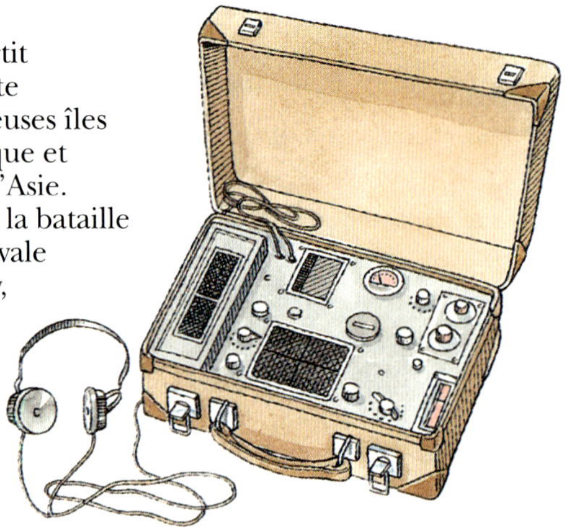

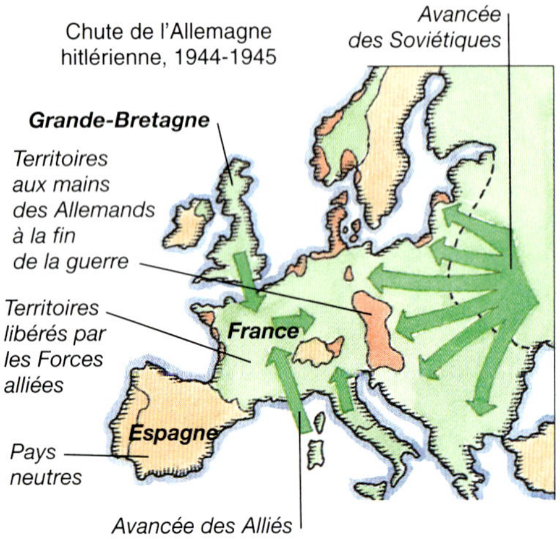

RÉSISTANCE

Dans de nombreux pays européens, les opposants à l'occupation nazie organisèrent des mouvements de résistance à l'ennemi. Ces groupuscules qui agissaient dans l'ombre communiquaient au moyen de radios clandestines. Les résistants qui se faisaient prendre étaient torturés et exécutés.

PAIX EN EUROPE

Au printemps 1945, les Alliés avaient repris la majorité des territoires occupés d'Europe et commençaient à franchir le Rhin, en direction de l'Allemagne. À l'est, l'armée soviétique se dirigeait sur Berlin, capitale de l'Allemagne. Prises entre deux feux, les armées allemandes capitulèrent. Hitler se suicida. Le plus grand et le plus coûteux des conflits de l'histoire touchait à sa fin.

JOUR J

Le 6 juin 1944, les Alliés se lancèrent à la reconquête de l'Europe occupée. Cette opération, le plus grand débarquement jamais organisé dans l'histoire, baptisée « Jour J » (D-Day), débuta par de féroces combats sur les plages normandes. Paris fut libéré le 25 août, puis presque tout le territoire français. Mais les dernières poches de résistance allemandes ne rendirent les armes qu'en mai 1945.

CAMPS DE CONCENTRATION

Après la reddition de l'Allemagne, les Forces alliées découvrirent horrifiées l'atrocité des camps de concentration érigés à travers l'Europe par les nazis. Près de 26 millions de personnes y furent internées, privées de nourriture et torturées. Les Juifs avaient été dirigés vers des camps d'extermination et avaient été, pour la plupart, gazés.

VICTOIRE

Le 8 mai 1945, l'Allemagne se rendait sans condition et les Alliés fêtaient la victoire en Europe. Mais la guerre continua dans le Pacifique. En août 1945, des bombardiers américains lâchèrent deux bombes atomiques sur le Japon, réduisant à néant les villes d'Hiroshima et de Nagasaki. Les États-Unis comptaient sur une capitulation rapide du Japon, qui survint effectivement quelques semaines plus tard. La Seconde Guerre mondiale prit fin.

1er SEPTEMBRE 1939 L'Allemagne envahit la Pologne. Deux jours plus tard l'Angleterre et la France déclarent la guerre à l'Allemagne.

AVRIL 1940 L'Allemagne envahit le Danemark et la Norvège.

JUIN 1940 Les Allemands entrent dans Paris. La France signe un armistice avec l'Allemagne.

AVRIL 1941 L'Allemagne envahit la Grèce et la Yougoslavie.

22 JUIN 1941 L'Allemagne attaque l'Union soviétique.

SEPTEMBRE 1941 Début du siège de Leningrad (Union soviétique) ; il durera 2 ans et demi.

7 DÉCEMBRE 1941 Attaque de Pearl Harbor par l'aviation japonaise. États-Unis, Grande-Bretagne et Canada déclarent la guerre au Japon.

DÉBUT 1942 Les Japonais prennent les Philippines, Singapour, Rangoon, l'Indonésie… mais sont battus à Midway.

AOÛT 1942 Début de l'offensive allemande sur Stalingrad.

MAI-NOVEMBRE 1942 La première division française libre s'installe à Bir-hakeim. Les Britanniques, sous le commandement du général Montgomery, écrasent les troupes allemandes dirigées par Rommel lors de la bataille d'El-Alamein. Les Alliés débarquent en Afrique du Nord.

FÉVRIER 1943 Les armées allemandes assiégeant Stalingrad capitulent.

MAI 1943 En Afrique du Nord, les Allemands se rendent aux Alliés.

JUILLET 1943 Les Forces alliées envahissent la Sicile.

SEPTEMBRE 1943 Les Alliés débarquent en Italie, qui capitule.

6 JUIN 1944 Jour J : les Alliés débarquent en Normandie.

MAI 1945 L'Allemagne capitule.

AOÛT 1945 Les Américains larguent deux bombes atomiques sur le Japon.

2 SEPTEMBRE 1945 Capitulation sans conditions du Japon.

Pour en savoir plus

CHARLES DE GAULLE
L'ÈRE DU NUCLÉAIRE
LA GUERRE FROIDE
L'HOLOCAUSTE
LA PREMIÈRE GUERRE MONDIALE
FRANKLIN DELANO ROOSEVELT

http://www.ac-grenoble.fr/ecole/peyrins/Secouris1.html

le Secourisme

EN CAS D'URGENCE, une aide rapide et compétente est essentielle. Une personne qui s'étouffe en mangeant ne peut pas attendre l'arrivée d'un médecin : son entourage doit immédiatement éliminer l'obstruction afin qu'elle puisse respirer. Ce type de traitement rapide, appelé premier secours, varie selon le type de blessure ou de pathologie. Pour les blessures légères, telles qu'une coupure, il n'est pas toujours utile d'appeler un médecin. Les premiers soins consistent alors à nettoyer la blessure et à arrêter le saignement. En cas de fracture, il faut garder la personne calme et immobile, puis la faire transporter à l'hôpital. Lors d'une urgence majeure, accident de la route ou crise cardiaque, par exemple, il peut être nécessaire de faire repartir le cœur de la victime, en attendant une ambulance. Les premiers soins mal appliqués peuvent causer plus de mal que de bien, mais la formation est simple. Un cours de quelques heures suffit à acquérir des compétences qui peuvent contribuer à sauver des vies.

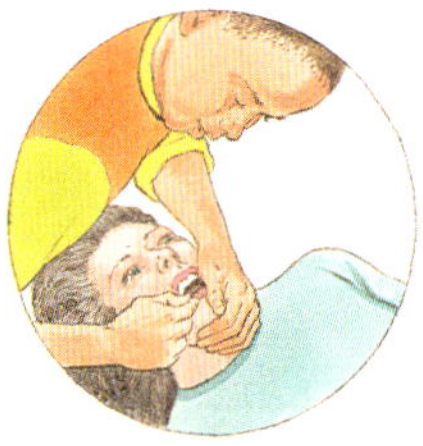

VOIES RESPIRATOIRES
D'abord vérifier que les voies respiratoires de la victime ne sont pas obstruées.

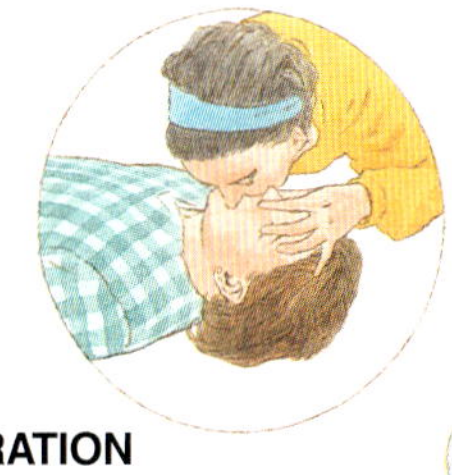

RESPIRATION
Le bouche-à-bouche envoie de l'air dans les poumons de la victime.

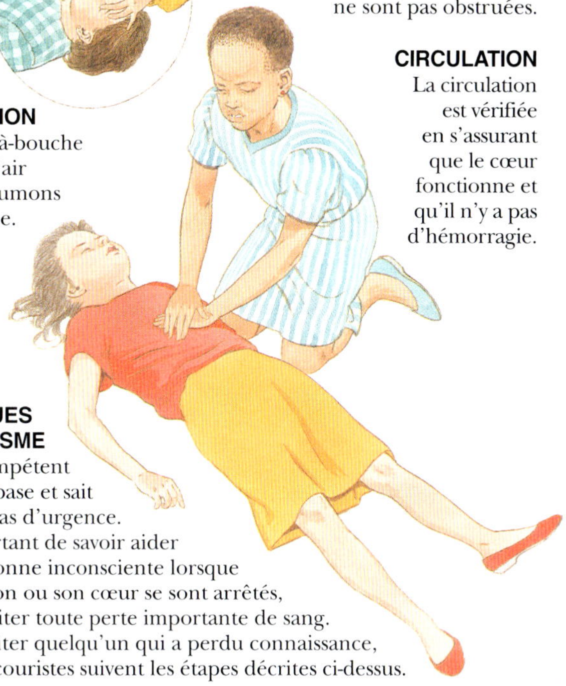

CIRCULATION
La circulation est vérifiée en s'assurant que le cœur fonctionne et qu'il n'y a pas d'hémorragie.

TECHNIQUES DE SECOURISME
Un secouriste compétent connaît les gestes de base et sait rester calme en cas d'urgence. Il est important de savoir aider une personne inconsciente lorsque sa respiration ou son cœur se sont arrêtés, et d'éviter toute perte importante de sang. Pour traiter quelqu'un qui a perdu connaissance, les secouristes suivent les étapes décrites ci-dessus.

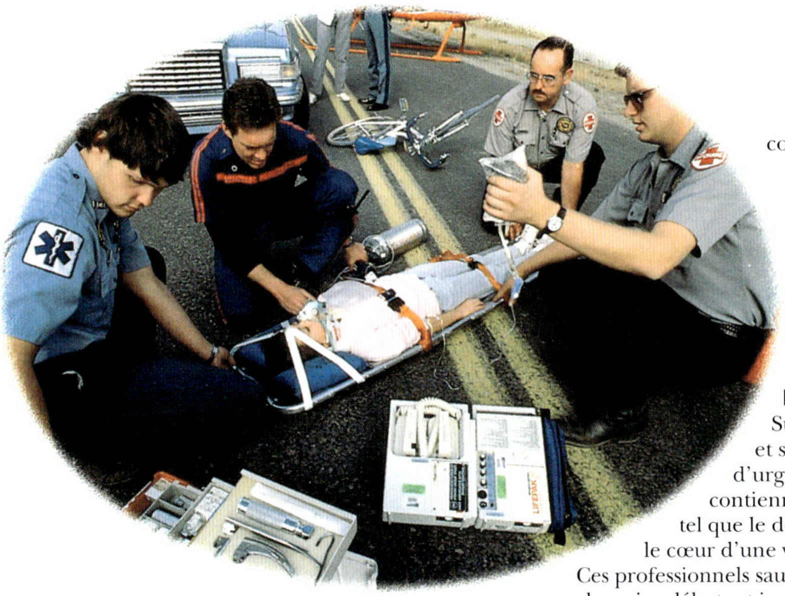

PROFESSIONNELS DE L'URGENCE
Sur les lieux d'un accident, médecins et secouristes appliquent un traitement d'urgence aux blessés. Leurs ambulances contiennent un équipement de survie, tel que le défibrillateur, utilisé pour faire repartir le cœur d'une victime d'arrêt cardiaque. Ces professionnels sauvent de nombreuses vies, car les soins débutent immédiatement, avant même que le patient n'arrive à l'hôpital.

CROIX-ROUGE
Le symbole de la Croix-Rouge est reconnu partout. Les membres de cette organisation, fondée en Europe au XIXe siècle, enseignent le secourisme, collectent le sang pour les transfusions et participent à l'aide sociale.

TROUSSE DE PREMIERS SOINS
Idéalement présente dans chaque maison ou voiture, la trousse, propre et sèche, doit être clairement étiquetée, son contenu remplacé une fois utilisé ou si l'emballage est accidentellement abîmé.

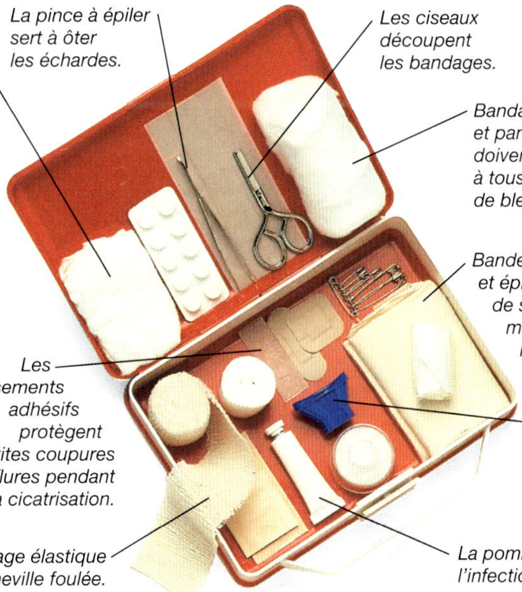

Pour en savoir plus
FORME ET SANTÉ
LES HÔPITAUX
LES MALADIES
LA MÉDECINE (DIFFÉRENTS TYPES)

les Séismes

TOUTES LES 30 SECONDES, la terre tremble quelque part dans le monde, généralement sans causer de dégâts. L'intervalle est de quelques mois pour les tremblements de terre majeurs. La secousse est alors violente, la terre se fissure, les édifices et les ponts s'écroulent, et l'on dénombre des victimes : sans doute plus de 40 000 à Izmir (Turquie), en 1999, et plus de 300 000 en Chine, en 1976. Un séisme est dû au déplacement soudain de gigantesques plaques rocheuses (ou plaques tectoniques) au sein de l'écorce terrestre. Ces mouvements se situent à la jonction des plaques, comme au niveau de la faille de San Andreas qui traverse la Californie sur près de 435 km de long. Il arrive que les scientifiques prédisent l'imminence d'un séisme, comme ce fut le cas en Chine, en 1974. Mais la plupart des séismes, soudains, prennent tout le monde au dépourvu.

VIOLENCE ET CHAOS
La soudaineté et la violence d'un séisme surprennent les populations, qui ne peuvent éviter la chute des immeubles et les glissements de terrain.

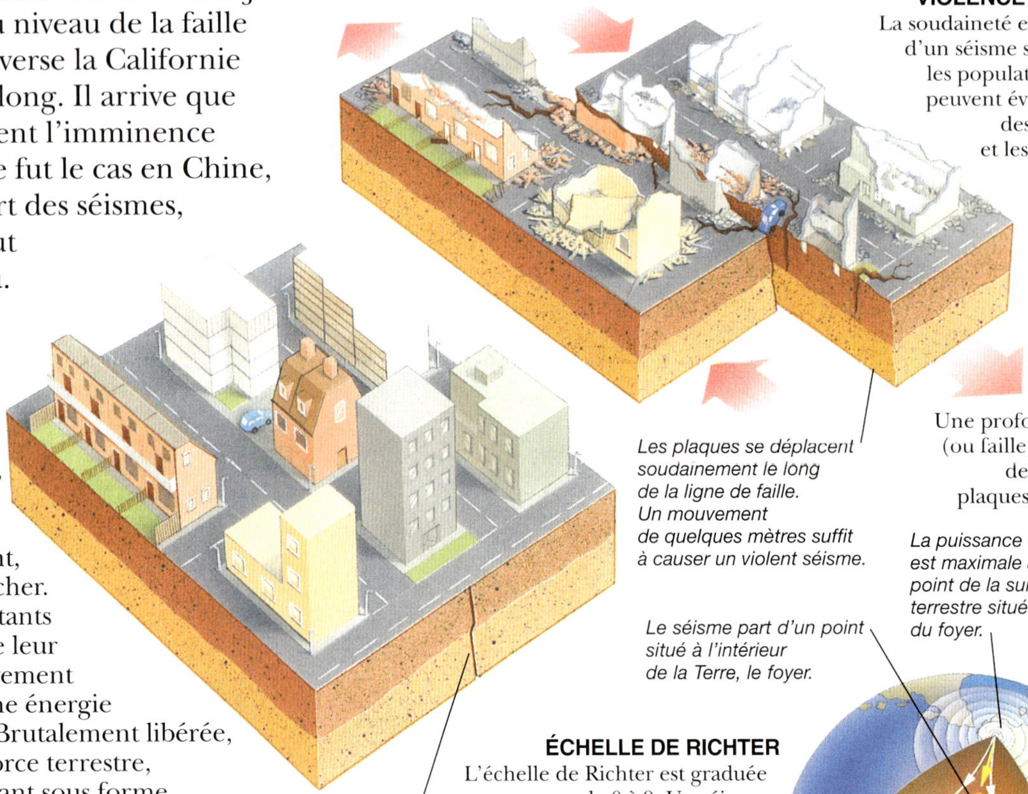

Les plaques se déplacent soudainement le long de la ligne de faille. Un mouvement de quelques mètres suffit à causer un violent séisme.

Une fissure se produit en profondeur au niveau de la ligne de faille.

FAILLE
Une profonde fracture (ou faille) suit la ligne de jonction des plaques tectoniques.

CAUSES DES SÉISMES

L'écorce terrestre est formée de plusieurs vastes plaques tectoniques, constituées de roches solides. Ces plaques, qui se déplacent très lentement, peuvent parfois se chevaucher. Les séismes les plus importants se produisent au niveau de leur jonction. Lorsque le mouvement des plaques est entravé, une énergie considérable s'accumule. Brutalement libérée, cette énergie ébranle l'écorce terrestre, le phénomène se propageant sous forme d'ondes sismiques dévastatrices.

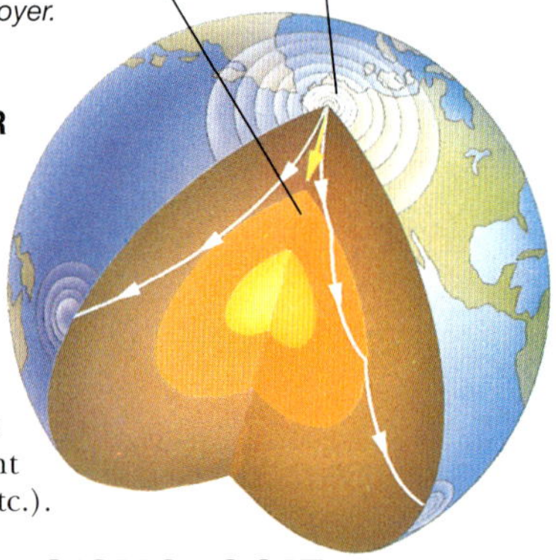

La puissance du séisme est maximale à l'épicentre, point de la surface terrestre situé à la verticale du foyer.

Le séisme part d'un point situé à l'intérieur de la Terre, le foyer.

ÉCHELLE DE RICHTER
L'échelle de Richter est graduée de 0 à 9. Un séisme de magnitude 8 a assez de puissance pour raser une ville. Cette échelle évalue les mouvements de la Terre, non les dégâts qu'ils causent. Ceux-ci dépendent de nombreux autres facteurs (éloignement de l'épicentre, etc.).

Photo du tsunami qui, en 2011, dévasta les côtes japonaises.

TSUNAMI
Les séismes des fonds océaniques, ou les éruptions volcaniques sous-marines, peuvent provoquer la formation d'une vague géante : un tsunami. Cette vague, de faible hauteur en plein océan, grandit quand elle s'approche des côtes. Elle peut atteindre 75 m. Le tsunami submerge alors la zone côtière, déposant par exemple les bateaux à l'intérieur des terres. Le dernier en date (mars 2011) a fait des dizaines de milliers de victimes sur les rivages japonais de l'océan Pacifique.

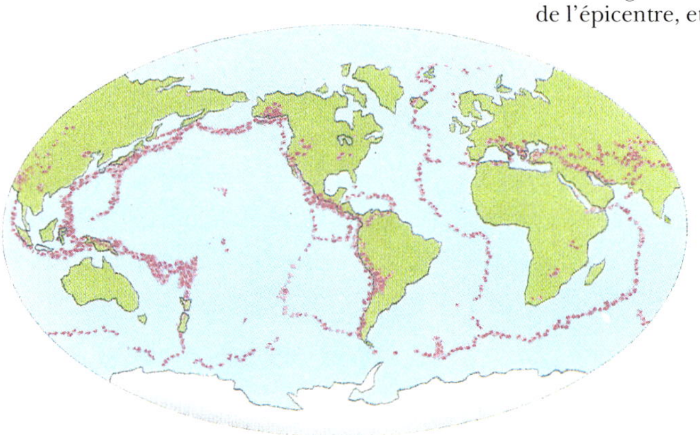

ZONES À RISQUE
Les séismes se produisent de façon récurrente en certains endroits du monde. Cette carte montre les zones à risque : elles ceinturent la Terre et traversent les océans. Les séismes les plus violents se produisent en bordure des plaques tectoniques, ce qui explique que les lignes symbolisant les zones à forte sismicité épousent leur contour.

SISMOLOGIE

Les sismographes sont des capteurs qui enregistrent les vibrations de l'écorce terrestre. Lors du glissement d'une plaque tectonique sur une autre, des ondes sismiques se propagent à travers toute la Terre. L'étude des séismes et de leurs effets est appelée sismologie.

Pour en savoir plus

LES CONTINENTS
LA GÉOLOGIE
LA TERRE
LES VOLCANS

les Sens des animaux

TOUS LES ANIMAUX ont conscience de leur environnement. Le toucher, l'odorat, le goût, la vue et l'ouïe sont les cinq sens que l'homme et l'animal utilisent pour savoir ce qui se passe autour d'eux. Mais les animaux possèdent des sens beaucoup plus développés que les nôtres. Le museau du chien est si sensible aux odeurs qu'il perçoit le monde comme un ensemble d'odeurs. Les poissons peuvent détecter l'électricité émise par les êtres vivants qui les entourent grâce à des électrorécepteurs et les vibrations de l'eau à l'aide de la ligne latérale, un organe sensoriel situé le long de leurs flancs. Les sens d'un animal, tout comme la forme de son corps, résultent de son évolution et sont adaptés à ses besoins. La vue serait inutile à un poisson vivant dans les profondeurs abyssales, où l'obscurité est totale. En revanche, l'odorat et le toucher lui sont indispensables. Certains sens sont extrêmement spécialisés. Les antennes longues et plumeuses d'un grand paon de nuit (papillon diurne) mâle lui permettent de « sentir » l'odeur d'une femelle à 5 km à la ronde.

CHASSE
Un requin peut sentir du sang dans l'eau à des centaines de mètres de distance. Ce requin, prêt à attaquer, utilise sa vue perçante et ses électrorécepteurs pour s'approcher de sa proie.

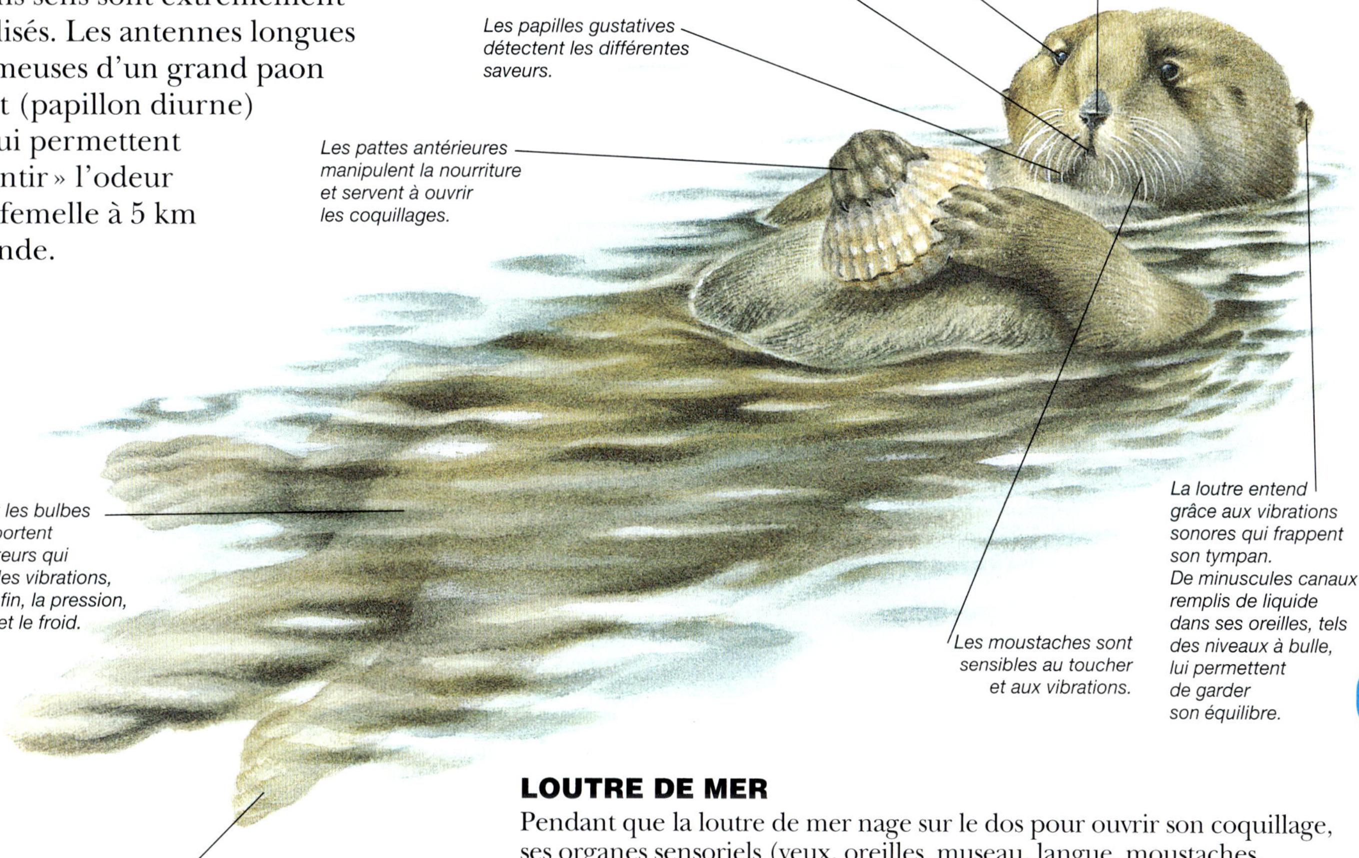

LOUTRE DE MER
Pendant que la loutre de mer nage sur le dos pour ouvrir son coquillage, ses organes sensoriels (yeux, oreilles, museau, langue, moustaches, fourrure et peau) envoient en permanence à son cerveau des informations sur son environnement. Des récepteurs situés dans ses articulations et ses muscles l'informent sur la position de son corps. L'odeur d'un coquillage toxique ou les ondulations de l'eau produites par la nageoire d'un requin l'avertissent immédiatement du danger.

LIMIER
Le limier est un chien élevé spécialement pour pister le gibier. Son odorat est un million de fois plus développé que le nôtre. Il peut même détecter les particules de peau qui se détachent du corps d'un individu en mouvement.

Les oreilles tombantes, en frôlant le sol, canalisent les odeurs vers le museau.

Son museau rasant le sol, le chien suit la trace olfactive.

RÉCEPTEURS DE CHALEUR

Le crotale détecte les infrarouges émis par un animal à sang chaud. Les rayons pénètrent par de petites fossettes situées de chaque côté des narines, puis gagnent les terminaisons nerveuses sensibles à la chaleur, présentes à l'intérieur des narines. En déplaçant la tête à gauche et à droite, le crotale peut localiser sa proie, puis la mordre avec précision, même dans l'obscurité totale.

CHIMIORÉCEPTEURS

Les serpents « goûtent » les odeurs en sortant leur langue. Les particules odorantes qui flottent dans l'air se collent au liquide qui la recouvre et pénètrent dans la bouche quand le serpent la rentre. C'est ainsi qu'il suit une proie à la trace, cherche un partenaire pour s'accoupler ou évite un danger.

Les serpents détectent les vibrations des proies en mouvement.

ORGANES SENSORIELS DES INSECTES

La localisation des organes sensoriels dépend du mode de vie de l'animal. Ainsi, la mouche possède des récepteurs gustatifs sous ses pieds pour identifier la nourriture sur laquelle elle se pose. La nature de ces organes témoigne d'un même principe d'adaptation. Le criquet émet une stridulation pour appeler une femelle ou intimider un rival. Aussi possède-t-il une ouïe excellente.

ANTENNES

Les longues antennes bougent constamment pour détecter les courants d'air.

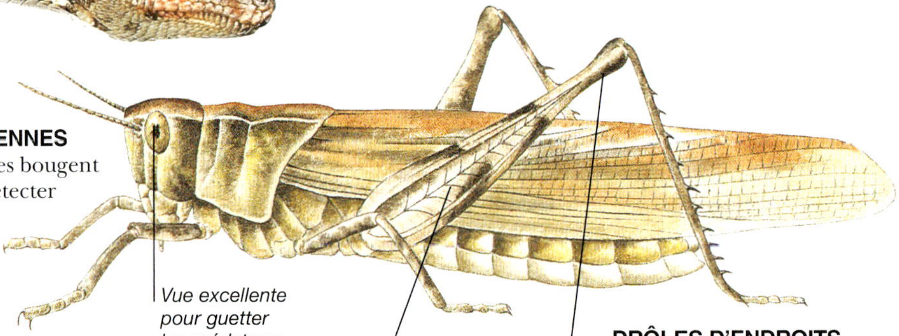

Vue excellente pour guetter les prédateurs

Pattes puissantes pour fuir le danger en sautant

Les « oreilles » du criquet n'identifient que la gamme de sons émise par ses congénères.

DRÔLES D'ENDROITS POUR DES OREILLES

Le criquet possède des « oreilles » aux genoux, la sauterelle à la base de l'abdomen. De fines membranes recouvrent les pattes du criquet et vibrent au chant d'un partenaire.

BOUSSOLE INTERNE

Certains animaux auraient une boussole interne pour parcourir de longues distances sans être désorientés. Le monarque, papillon diurne, migre ainsi en traversant toute l'Amérique du Nord, alors qu'il vient d'éclore quelques semaines auparavant. Son corps renferme une substance magnétique naturelle, la magnétite, qui le rend sensible au champ magnétique terrestre.

ÉLECTRORÉCEPTEURS

Tout animal produit de minuscules décharges électriques, en particulier dans ses muscles. Le bec corné de l'ornithorynque est très sensible au toucher et aux courants électriques présents dans l'eau. Il déniche des écrevisses dans la vase en détectant les décharges électriques de leur queue en mouvement.

OREILLES RADARS

Les immenses pavillons des oreilles du fennec, outre qu'ils dissipent la chaleur et lui permettant de supporter les températures caniculaires du désert, sont des cornets acoustiques de premier ordre. Chaque oreille peut pivoter indépendamment de l'autre pour localiser un son. Le fennec est capable d'entendre le déplacement d'un coléoptère sur le sable à plusieurs mètres de distance.

Les récepteurs de l'odorat présents dans les fosses nasales du limier ont une taille 30 fois supérieure à ceux de l'homme.

Mission accomplie : à la fin de la traque, le limier obtient sa récompense, un os.

Pour en savoir plus

Chiens, loups et renards
Les Espèces animales
Les Mammifères
Les Oiseaux
Les Poissons
Requins et raies
Les Serpents

http://www.nature.ca/notebooks/francais/freppg.htm

les Serpents

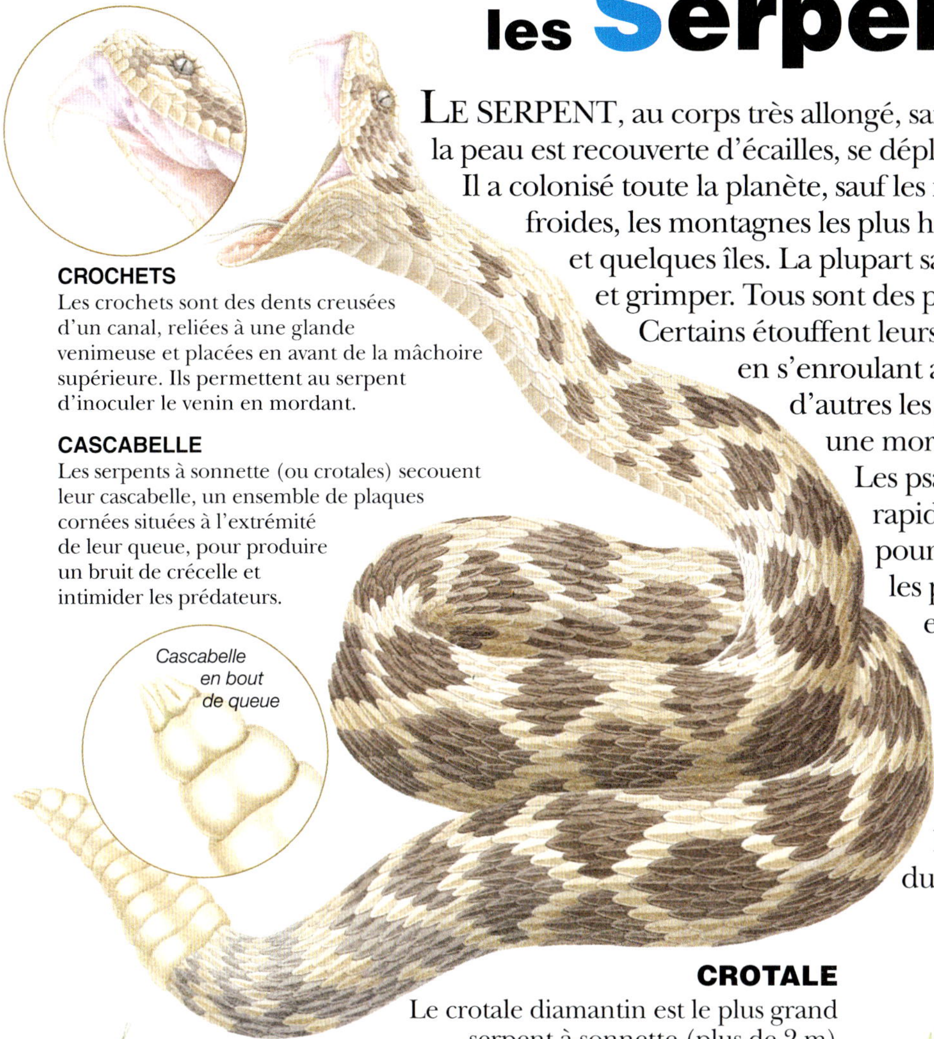

LE SERPENT, au corps très allongé, sans membres, dont la peau est recouverte d'écailles, se déplace par reptation. Il a colonisé toute la planète, sauf les régions les plus froides, les montagnes les plus hautes et quelques îles. La plupart savent nager et grimper. Tous sont des prédateurs. Certains étouffent leurs proies en s'enroulant autour d'elles, d'autres les paralysent par une morsure venimeuse. Les psammophiles, très rapides sur le sable, pourchassent les insectes, les petits oiseaux et les mammifères. Les typhlopidés, aveugles et fouisseurs, se nourrissent de fourmis et de termites. Plus de 400 espèces sur les 2000 connues sont venimeuses. Quelques-unes sont mortelles pour l'homme : cobras, serpents arboricoles du Cap (ou boomslangs), vipères, mambas…

CROCHETS
Les crochets sont des dents creusées d'un canal, reliées à une glande venimeuse et placées en avant de la mâchoire supérieure. Ils permettent au serpent d'inoculer le venin en mordant.

CASCABELLE
Les serpents à sonnette (ou crotales) secouent leur cascabelle, un ensemble de plaques cornées situées à l'extrémité de leur queue, pour produire un bruit de crécelle et intimider les prédateurs.

Cascabelle en bout de queue

CHARMEUR DE SERPENT
C'est un spectacle traditionnel en Afrique et en Asie : le charmeur hypnotise et fait danser un serpent venimeux en jouant de la flûte.

CROTALE
Le crotale diamantin est le plus grand serpent à sonnette (plus de 2 m) et le plus venimeux d'Amérique du Nord. Cet amateur de rats, de lapins et d'oiseaux ne pond pas ses œufs, mais les conserve dans ses voies génitales jusqu'à l'éclosion d'une dizaine de jeunes à la fin de l'été.

Les écailles ventrales du serpent se chevauchent en partie, comme les tuiles d'un toit.

Le boa arboricole étouffe sa proie en s'enroulant autour d'elle.

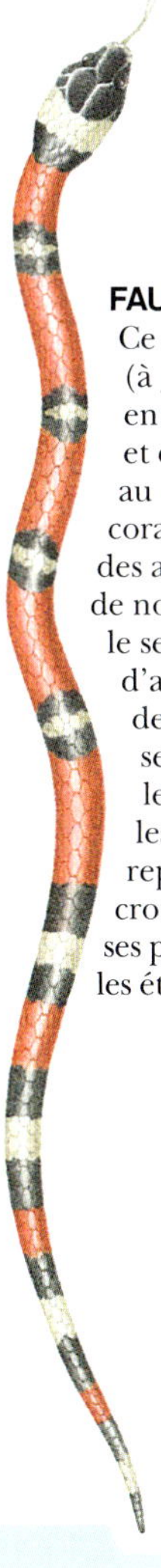

FAUX SERPENT CORAIL
Ce serpent non venimeux (à gauche) se rencontre en Amérique du Nord et du Sud. Il ressemble au très venimeux serpent corail, mais possède des anneaux jaunes bordés de noir, alors que le serpent corail est doté d'anneaux noirs bordés de jaune. Le faux serpent corail chasse les petits mammifères, les oiseaux et d'autres reptiles, dont les crotales. Il tue ses proies en les étouffant.

JEUNES SERPENTS
Certains serpents sont vivipares : ils donnent naissance à des petits complètement développés. D'autres sont ovipares : ils pondent des œufs dans un terrier ou sous une bûche. Certains pythons s'enroulent autour de leurs œufs pour les protéger jusqu'à l'éclosion.

La jeune couleuvre sort de sa coquille, tête la première, et siffle pour sentir son environnement.

SERPENTS CONSTRICTEURS
Les boas et les pythons sont des serpents constricteurs : ils étouffent leur proie par constriction, en s'enroulant autour d'elle. Il existe 66 espèces de boas et de pythons, qui comptent parmi les plus grands serpents terrestres. Les anacondas, serpents d'Amérique du Sud, proches des boas, peuvent atteindre 8 m de long et peser 225 kg.

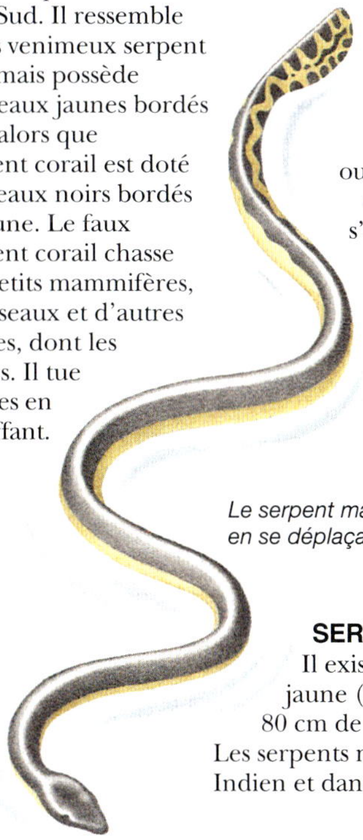

Le serpent marin trace un S en se déplaçant dans l'eau.

SERPENT MARIN
Il existe 50 espèces de serpents marins, le serpent marin à ventre jaune (à gauche) étant le plus répandu. Il est piscivore, peut mesurer 80 cm de long et donne naissance à 5 jeunes sur le rivage. Les serpents marins passent leur vie à nager dans les eaux chaudes de l'océan Indien et dans le Pacifique ouest.

Pour en savoir plus
L'AUSTRALIE (FAUNE ET FLORE)
LES DÉSERTS (FAUNE ET FLORE)
LES ESPÈCES ANIMALES
LES FORÊTS
LES REPTILES

Shakespeare

1564 Naissance à Stratford-upon-Avon, Angleterre.

1582 Épouse Anne Hathaway.

1592 Écrit ses premières pièces à Londres.

1594-1599 Produit ses premières comédies, et de nombreuses pièces historiques.

1599 Construction du théâtre du Globe, qui brûlera en 1613.

1600-1608 Écrit nombre de ses plus grandes tragédies.

1616 Meurt à Stratford-upon-Avon.

LE PLUS GRAND DRAMATURGE de tous les temps fut probablement l'Anglais William Shakespeare. Né en 1564 à Stratford-upon-Avon, il y fit ses études et s'y maria. Âgé d'une vingtaine d'années, il se rendit à Londres pour y travailler comme acteur et dramaturge. Ses pièces rencontrèrent un vif succès, et 37 d'entre elles nous sont parvenues. Certaines, telles qu'*Hamlet*, sont des tragédies. Ce sont des pièces sérieuses se terminant souvent par la mort du héros. D'autres, comme *La Nuit des rois*, sont des comédies, pleines de personnages amusants rencontrant de terribles difficultés qui finissent par être résolues. Shakespeare écrivit également des pièces fondées sur l'histoire réelle, comme *Henri IV*. La plupart des pièces de Shakespeare sont écrites dans une forme de vers non rimés appelée vers blancs. Elles sont célèbres dans le monde entier pour leur emploi de la langue, leurs personnages fascinants et leur charme universel.

LYCÉE
Avec ses rangées de pupitres en bois, l'ancien lycée existe toujours à Stratford. Shakespeare y fit probablement ses études.

Henry Wriothesley

POÉSIE
Shakespeare, excellent poète, écrivit une série de poèmes d'amour de 14 vers appelés sonnets. Ils sont adressés à deux personnes, « une dame brune » et M. W. H. D'après les spécialistes, M. W. H. pourrait avoir été Henry Wriothesley, troisième comte de Southampton, qui fut le mécène de Shakespeare.

Des acteurs masculins jouaient les rôles féminins.

Le public, debout, entourait la scène.

TROUPE DU ROI
Dans les années 1590, Shakespeare entra dans la troupe de comédiens du lord chambellan, et devint leur écrivain attitré. Quand Jacques Ier monta sur le trône en 1603, la troupe obtint son soutien et prit le nom de « troupe du roi » (King's Men), installée dans son propre théâtre, le Globe, près de la Tamise à Londres.

ÉTAIT-CE BACON ?
Au XIXe siècle, certains pensaient que c'était l'écrivain érudit Francis Bacon (1561-1626) qui avait écrit les pièces de Shakespeare, car ce dernier n'était pas allé à l'université et n'aurait donc été qu'un prête-nom. Mais aucun indice ne vient étayer cette thèse.

L'actrice anglaise Maggie Smith dans une représentation du Songe d'une nuit d'été.

LE SONGE D'UNE NUIT D'ÉTÉ
L'une des pièces les plus populaires de Shakespeare, *Le Songe d'une nuit d'été*, est une comédie écrite vers 1595. La pièce comprend une nombreuse distribution, dont deux couples qui tombent amoureux puis se séparent pour mieux se retrouver, un groupe d'artisans, le roi et la reine des fées, dont la magie est source d'une confusion des plus drôle.

Pour en savoir plus

LES ÉCRIVAINS
LA LITTÉRATURE
LE THÉÂTRE

Signes et symboles

Nous sommes entourés de signes et de symboles. Un signe est la représentation matérielle simple d'une réalité parfois plus complexe. Il possède un caractère conventionnel. La signalisation routière est un ensemble de signes que tous les conducteurs connaissent. Les signes sont généralement assez faciles à comprendre : il s'agit souvent d'images simplifiées. Les symboles ressemblent aux signes, mais peuvent être plus difficiles à saisir. Ainsi, le Soleil ne symbolise pas la même chose dans toutes les cultures. S'il représente souvent la lumière et la chaleur, il peut aussi renvoyer aux notions de croissance et de fertilité, puisqu'il aide les plantes à pousser.

Le Soleil et la Lune symbolisent l'énergie masculine et l'énergie féminine.

SYMBOLES NATURELS

Toutes les cultures utilisent des symboles tirés de la nature. Les plantes et les arbres illustrent le cycle de la vie, de la naissance à la mort. Les fleurs représentent la beauté et l'amour. Les herbes aromatiques sont associées au pouvoir de guérison de la nature. Le Soleil, la Lune, les planètes et les étoiles sont souvent assimilés à des divinités, capables d'influencer la vie sur Terre.

Masque sri-lankais représentant un démon à tête de serpent, symbole de création et de destruction

SYMBOLES UNIVERSELS

Certains symboles sont si puissants qu'ils sont universellement compris et utilisés. Le Soleil est un symbole de vie dans presque toutes les cultures. Mais d'autres n'ont pas la même signification partout. Le serpent, par exemple, peut symboliser la vie, la force, la ruse ou la tentation.

SYMBOLES DES COULEURS

Les couleurs n'ont pas la même signification dans toutes les cultures. Par exemple, le blanc symbolise la pureté, la sainteté dans le monde occidental, et le deuil en Asie. Dans un autre domaine, le vert est associé à l'autorisation de circuler et le rouge à l'interdiction et au danger dans la quasi-totalité des pays.

Le rouge a de multiples sens. Une voiture rouge symbolise les sensations fortes et la puissance, la chasuble rouge des religieux chrétiens rappelle le sang des martyrs. Quant à la rose rouge, elle signifie la passion amoureuse.

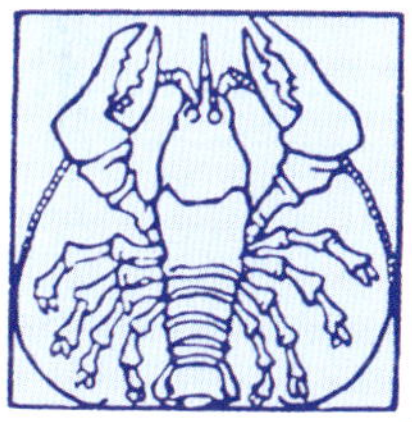

Le Taureau, le Cancer et le Poisson sont trois signes solaires dans l'astrologie occidentale.

SYSTÈMES SYMBOLIQUES

Certaines disciplines, telles que la musique et les sciences, possèdent leur propre système de signes ou de symboles. Une fois que vous les avez appris, vous pouvez les utiliser comme un langage pour créer un morceau de musique ou élaborer une formule scientifique. L'astrologie repose sur un système où chaque signe solaire possède sa propre symbolique.

SYMBOLES ANIMAUX

Les créatures préhistoriques, les animaux de la ferme et les animaux domestiques ont toujours joué un rôle essentiel dans la vie des humains. Et tous les animaux symbolisent quelque chose : le lion est la force, l'aigle le pouvoir, le singe la malice et la colombe la paix. Les oiseaux, par leur capacité à voler, sont souvent considérés comme les messagers des dieux. Les amphibiens et les poissons symbolisent la vie parce qu'ils vivent dans l'eau, source de toute vie.

Le chat noir est associé à la nuit et à la sorcellerie. Certains pensent qu'il porte malheur, d'autres qu'il porte bonheur.

SIGNES UNIVERSELS

De nombreux signes, comme une flèche indiquant une direction sur un chemin, sont si faciles à comprendre que nous oublions qu'ils sont des signes. Un coup d'œil suffit à les identifier. L'emblème des Jeux olympiques, le drapeau des Nations unies et la croix de la Croix-Rouge sont si connus que tout le monde les reconnaît.

MYTHOLOGIE

Les mythologies regorgent de symboles, dont certains sont encore utilisés aujourd'hui. La plupart des mythologies sont peuplées de dieux et de déesses qui personnifient un aspect de la vie ou de la nature. Par exemple, Athéna était la déesse grecque de la Sagesse et de l'Intelligence. Son attribut était la chouette. Thor était le dieu scandinave du Tonnerre et son emblème était le marteau.

Éros, dieu de l'Amour

BRAILLE

Le système d'écriture en points saillants pour les aveugles, en usage dans le monde entier, a été créé par l'inventeur français Louis Braille (1809-1852). Les gros et les petits points en relief représentent des lettres et des chiffres, que les aveugles identifient au toucher, avec la pulpe des doigts.

PICTOGRAMMES

Les pictogrammes sont des dessins schématiques visant à donner certaines indications simples dans les lieux publics. On les comprend facilement, même si l'on se trouve dans un pays étranger dont on ne parle pas la langue. Le « i » (à gauche) indique un point d'information destiné aux touristes, la chaise roulante (à droite) un accès aux handicapés.

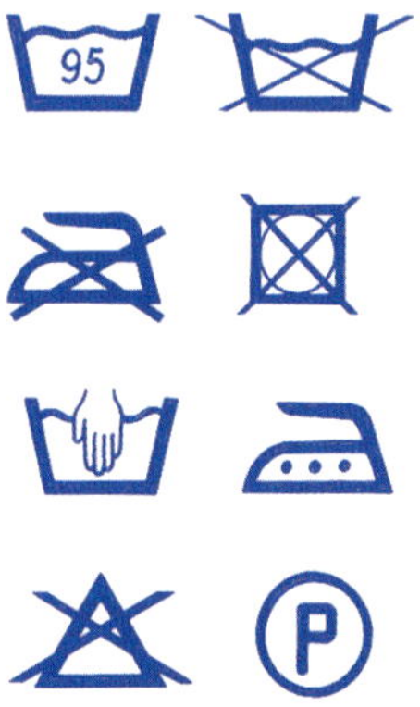

MARQUAGES INFORMATIFS

Les signes et les symboles sont des moyens d'information pratiques. Par exemple, un système international de signes renseigne sur la façon de nettoyer, laver ou repasser différents tissus et vêtements. Les symboles indiquent à quelle température les laver, comment les repasser ou les différents modes de séchage. Un symbole barré d'une croix signifie « à ne pas faire ».

MARQUE DE FABRIQUE

Tout signe servant à identifier une entreprise et ses produits est une marque. Une fois déposée, la marque ne peut plus être copiée ou utilisée par un concurrent. L'une des marques les plus célèbres du monde est le logo des restaurants McDonald's. En 1955, l'un des premiers restaurants avait été conçu avec un arc de chaque côté du bâtiment. Il ne s'agissait donc pas d'une initiale au départ, mais les arcs formaient un « M ». C'est ainsi qu'ils sont devenus l'emblème du fast-food.

LANGAGES ÉCRITS

Tout système d'écriture est constitué de signes ou de symboles, qui représentent des sons, des mots ou des parties de mots. Les hiéroglyphes égyptiens étaient des idéogrammes, des signes graphiques représentant des mots ou des notions. Certaines écritures idéographiques sont récentes : les symboles reproduits ci-dessous ont été créés par le peuple Bamoun, au Cameroun, au début du XXe siècle.

Fil *Enfant* *Maison* *Assiette* *Non* *Aller* *Donner*

SIGNALISATION ROUTIÈRE

La signalisation routière est internationale et la plupart des panneaux sont identiques aux quatre coins du monde. Les panneaux n'ont pas tous la même forme : les panneaux triangulaires signalent un danger. Les panneaux circulaires – sont une interdiction dépassement interdit ou sens interdit, par exemple. Les panneaux rectangulaires ou carrés sont généralement des indications.

PANNEAUX DE DANGER

Les panneaux triangulaires signalent toutes sortes de dangers. En Europe occidentale, les conducteurs connaissent ceux qui mettent en garde contre la présence possible sur la route d'un troupeau ou la traversée éventuelle d'une biche. Au Moyen-Orient, c'est un dromadaire qui figure sur le panneau !

INSIGNES

Les insignes des grades dans l'armée de terre, l'armée de l'air, la marine nationale ou la gendarmerie nationale permettent d'identifier instantanément la situation d'un sujet au sein de sa hiérarchie. Mais certains insignes sont honorifiques : les médailles, par exemple, qui récompensent souvent un acte de bravoure ou un service rendu.

Pour en savoir plus

LES ALPHABETS
LE DESIGN
MYTHES ET LÉGENDES

les Singes

LES SINGES FIGURENT parmi les animaux les plus intelligents qui existent. Les grands singes (ou singes anthropoïdes) comprennent les chimpanzés, les gorilles, les gibbons et les orangs-outans. Ils possèdent un volume crânien important, de longs bras, des doigts et sont recouverts de poils. Par la forme de leur corps et leur intelligence, ils ressemblent à l'homme et forment avec lui la famille des hominidés. Les petits singes sont plus nombreux que les grands et incluent les babouins, les macaques, les ouistitis et les nasiques. Le ouistiti, le plus petit, ne pèse que 150 g, alors que le gorille, le plus grand, atteint 180 kg. Les singes ont une face ronde avec un museau écrasé, de petites oreilles et de grands yeux dirigés vers l'avant. Ils se servent de leurs membres antérieurs comme de bras et leurs mains sont préhensiles. Les grands singes sont dépourvus de queue, alors que les petits utilisent leur queue comme balancier pour s'équilibrer dans les arbres. Chez certains, la queue est puissante et préhensile. Les singes ont une nourriture variée : fruits, feuilles, insectes et œufs d'oiseaux.

ORANG-OUTAN

Ce singe au poil brun-roux se rencontre dans les forêts de Bornéo et de Sumatra, en Asie du Sud-Est. Il vit tout en haut des arbres, en solitaire, excepté pendant la période de reproduction.

Les orangs-outans sont aujourd'hui menacés de disparition, en raison de la déforestation.

GORILLE

Avec plus de 2 m de haut, le gorille est le singe le plus grand. C'est un animal lent et pacifique, sauf s'il est dérangé, qui passe son temps à se reposer et à manger des feuilles, des tiges et des pousses. Les gorilles vivent en petits groupes qui se déplacent à travers la forêt en fonction de la nourriture qu'ils trouvent.

REPRODUCTION

Un groupe de gorilles compte entre 5 et 10 individus dont un grand mâle, plusieurs femelles et leurs petits. La femelle ne met au monde qu'un seul petit tous les quatre ans environ.

PRIMATES

Tous les singes appartiennent à l'ordre des primates. En font également partie le galago, le potto, le tarsier et l'homme. Nombre de ces mammifères, dont le gibbon et d'autres grands singes, sont actuellement menacés d'extinction.

MACAQUE

Les singes ont des comportements intelligents. Ils communiquent bien, possèdent une bonne mémoire et sont capables de résoudre des problèmes. Un macaque du Japon, par exemple, a découvert qu'en trempant sa nourriture dans l'eau il pouvait la rendre plus propre. Des congénères l'ont observé et copié.

S

GIBBON

Les bras et les mains du gibbon sont si longs que les doigts touchent le sol, même quand l'animal est redressé. Les gibbons vivent en famille, laquelle comprend un mâle, une femelle et deux à quatre petits. Il existe neuf espèces de gibbons, la plus grande étant le siamang, un singe arboricole de 10 kg, tellement lourd qu'il doit éviter de se balancer à l'extrémité des branches les plus fines.

Le gibbon se nourrit de fruits et de jeunes feuilles.

Très agile, le gibbon se balance dans les arbres d'une branche à l'autre sans jamais tomber. Il vit dans les forêts du Sud-Est asiatique.

COMMUNICATION

De nombreux singes communiquent en émettant des sons. Le singe hurleur d'Amérique du Sud, encore appelé alouate, pousse des cris puissants et modulés qui sont produits par son larynx. Ces hurlements indiquent aux intrus qu'ils doivent rester en dehors du territoire du groupe. Le mâle dominant est celui qui crie le plus fort : il peut être entendu à 3 km.

La plupart des singes dépendent des arbres, qui leur servent d'abri et de source de nourriture, en particulier dans les forêts denses.

PROTECTION DES SINGES

Les forêts où les singes vivent sont détruites à un rythme effroyable. Les jeunes arbres sont rapidement abattus pour leur bois et la faune locale est donc privée d'habitat. Des dizaines d'espèces de petits singes sont en danger, dont l'atèle (ou singe-araignée) du Brésil. Certaines organisations à but non lucratif se battent pour leur survie. Leur programme se résume en trois points : sauver les espèces et les réintégrer dans leur milieu, sensibiliser l'opinion publique et développer la recherche scientifique.

Les jeunes chimpanzés passent leur temps à jouer avec des objets et à courir les uns après les autres. Ils doivent apprendre à trouver leur nourriture et à repousser leurs futurs ennemis.

CHIMPANZÉ

Le chimpanzé vit en groupe dans les forêts et les savanes africaines. C'est le singe qui ressemble le plus à l'homme par ses expressions et mimiques faciales et par sa façon de jouer, de fabriquer des outils et de résoudre des problèmes. Les conflits entre groupes voisins ne sont pas rares. Il se nourrit essentiellement de fruits, de feuilles, de graines, de fleurs et d'insectes, mais parfois de mammifères : petits singes ou petits cervidés. Le chimpanzé nain (ou bonobo) ne se rencontre que dans les forêts denses de la République démocratique du Congo.

BABOUIN

Le babouin d'Afrique peut grimper aux arbres, mais préfère la terre ferme : il marche et court sur ses 4 membres. Comme il vit en milieu ouvert, il est facile à étudier. On peut parler à son propos d'une société organisée. Chaque groupe social est centré autour des femelles les plus âgées et de leur progéniture. Solitaire jusqu'à sa maturité sexuelle, le jeune mâle rejoint un groupe lorsqu'il devient adulte, mais doit prouver sa supériorité sur les autres mâles. Le groupe se protège des prédateurs (lions) et d'autres groupes de congénères qu'il n'accepte pas sur son territoire.

Pour en savoir plus

L'AFRIQUE (FAUNE ET FLORE)
LES ESPÈCES ANIMALES
LES ESPÈCES EN VOIE DE DISPARITION
LES FORÊTS
LES MAMMIFÈRES

le Soleil

LE SOLEIL EST L'ÉTOILE la plus proche de notre planète. La Terre, comme les autres planètes du système solaire, tourne autour du Soleil et se maintient en orbite sous la force de son champ gravitationnel. Le Soleil génère la chaleur et la lumière indispensables à presque toutes les formes de vie sur Terre ; son rayonnement est pourtant issu d'un processus comparable à celui mis en œuvre dans les armes nucléaires. Le Soleil est une boule de gaz constituée d'environ trois quarts d'hydrogène, un quart d'hélium et de traces d'autres éléments. Au sein de son noyau dense et brûlant, la fission des atomes d'hydrogène produit des réactions thermonucléaires qui conduisent à la formation d'hélium ; l'énergie libérée sous forme de chaleur et de lumière se traduit en surface par un rayonnement intense. Les sources d'énergie utilisées par l'homme trouvent souvent leur origine dans le Soleil. Ainsi, le charbon est issu de la décomposition de végétaux qui se sont développés en exploitant l'énergie du Soleil.

HISTOIRE ET FORMATION

Il y a 5 milliards d'années, le Soleil se formait à partir d'un nuage d'hydrogène et d'hélium mêlés à des particules de poussière. La contraction de cette masse gazeuse sous son propre poids a entraîné une élévation de la température. Par une réaction de fusion thermonucléaire, l'hydrogène se changea en hélium et le Soleil commença à luire intensément. Les scientifiques estiment que l'astre devrait encore luire quelque 5 milliards d'années.

ÉRUPTIONS SOLAIRES

De gigantesques explosions se produisent à la surface du Soleil sous forme d'éruptions solaires ; ces jets de feu libèrent dans l'espace des particules chargées d'électricité. Certaines de ces éruptions donnent naissance à des aurores boréales qui se manifestent au niveau des pôles par l'apparition de lumières colorées dans le ciel.

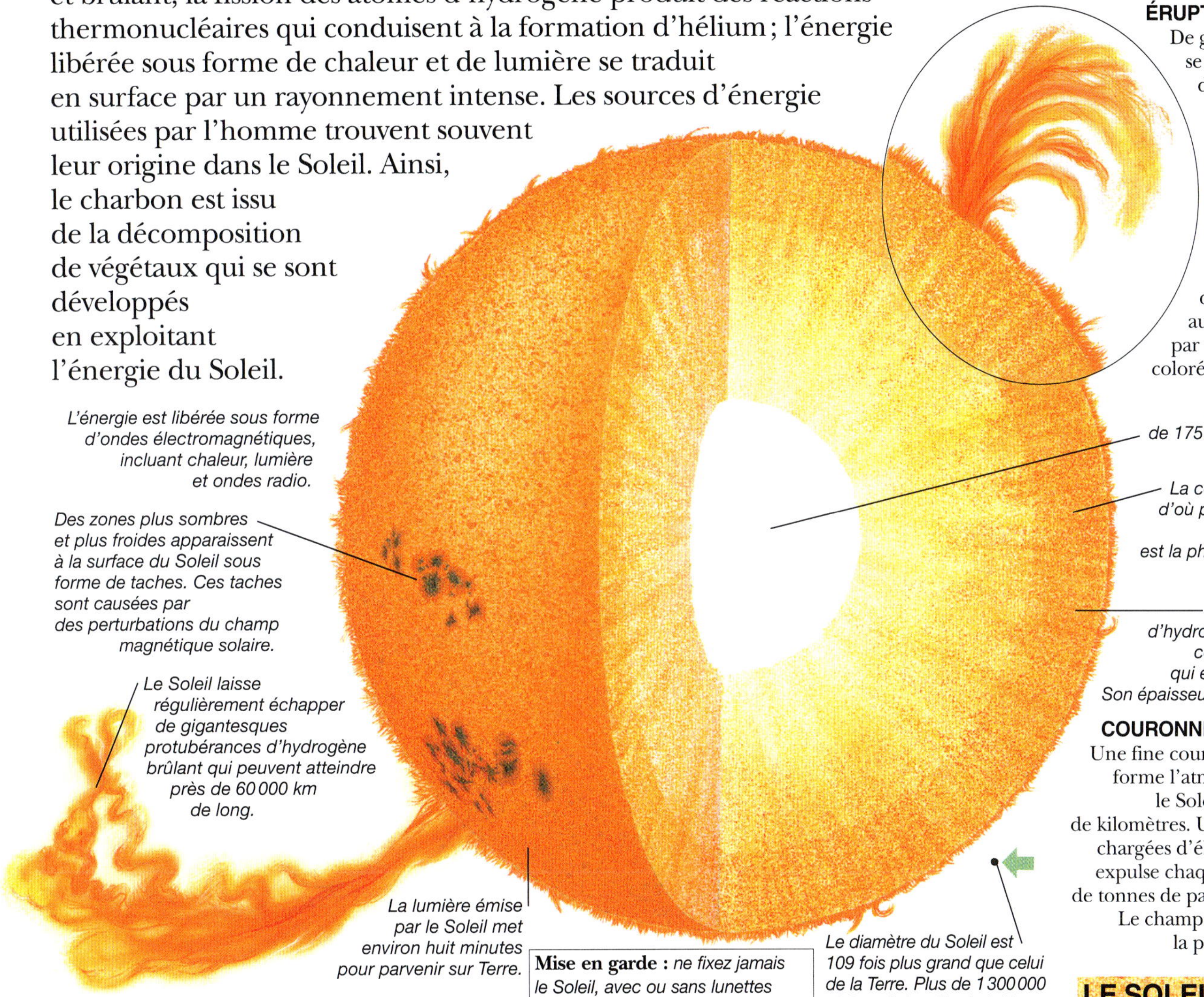

COURONNE ET VENT SOLAIRES

Une fine couronne blanchâtre de gaz forme l'atmosphère qui enveloppe le Soleil sur plusieurs millions de kilomètres. Un courant de particules chargées d'électricité, le vent solaire, expulse chaque seconde des millions de tonnes de particules de la couronne. Le champ magnétique de la Terre la protège de ces particules.

Mise en garde : *ne fixez jamais le Soleil, avec ou sans lunettes de soleil. Son rayonnement intense peut endommager gravement l'œil.*

ÉNERGIE SOLAIRE

Les cellules photosensibles convertissent l'énergie solaire en énergie électrique. Ces cellules équipent les satellites et alimentent en électricité de façon encore expérimentale foyers et voitures. En 1987, une voiture solaire, Sunraycer, traversa l'Australie à une vitesse moyenne de 66,9 km/h.

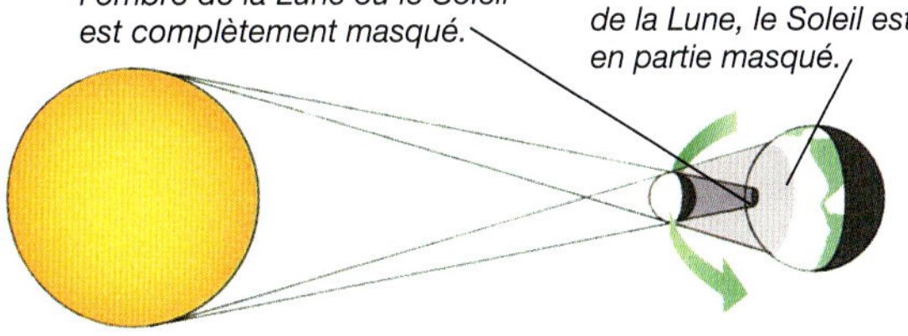

ÉCLIPSES SOLAIRES

Lorsque la Lune passe entre le Soleil et la Terre, le Soleil est masqué. Le phénomène est appelé éclipse solaire. Pour que l'éclipse solaire soit totale, il faut que le Soleil soit complètement masqué, même si les éruptions, la chromosphère et la couronne sont encore visibles. Dans le cas contraire on parle d'éclipse partielle du Soleil.

LE SOLEIL EN CHIFFRES

Distance Terre-Soleil :	149 600 000 km
Diamètre équatorial :	1 392 000 km
Révolution :	25,4 jours
Température en surface :	5 500 °C
Température du noyau :	15 000 000 °C

Pour en savoir plus

L'ASTRONOMIE
L'ÉNERGIE
LES ÉTOILES

les Sols

FERTILISANTS
Les agriculteurs enrichissent un sol pauvre à l'aide de fertilisants, riches en minéraux, pour favoriser la croissance des plantes.

RAMASSEZ UNE POIGNÉE DE TERRE : vous tenez entre vos mains l'une des ressources les plus fondamentales et les plus précieuses de la planète. Le sol fourmille de vie. Un petit jardin peut contenir des millions d'insectes et de micro-organismes, ainsi que les matières organiques d'animaux et de végétaux en décomposition. Arbres et plantes plongent leurs racines dans le sol, où ils se nourrissent, celui-ci servant d'habitat aux animaux fouisseurs, comme les taupes, et à des millions d'araignées et de mille-pattes. Il existe différents types de sols : limoneux, sableux, argileux. Le sol résulte de la transformation (désagrégation mécanique et altération chimique) des roches. Quelques centimètres carrés de sol peuvent mettre de 1 à 20 siècles pour se former. La qualité du sol varie d'une région à l'autre. Dans des pays chauds comme l'Afrique et l'Australie, où il pleut rarement, le sol est très sec. Dans des régions tempérées, comme l'Europe et l'Amérique du Nord, le sol est plutôt riche et fertile. Mais il peut être détruit beaucoup plus vite qu'il ne s'est formé. Sa surexploitation par l'agriculture a provoqué son érosion dans de nombreuses parties du monde.

TYPES DE SOLS

Les sols peuvent être noirs, bruns, rouges, jaunes, orange ou crème selon les minéraux qu'ils renferment. Un sol riche, sombre, tourbeux est idéal pour l'horticulture.

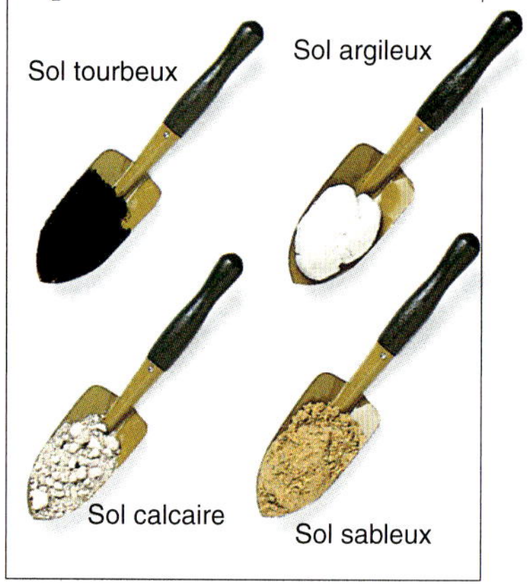

COUCHES SUPERPOSÉES

Le sol est fait de couches superposées. En surface, des matières organiques issues de débris végétaux et animaux en voie de décomposition constituent l'humus. La couche arable, formée de matières animales et végétales décomposées et recyclées par les insectes, les champignons et les bactéries, vient juste en dessous. Le sous-sol, qui contient moins de matières organiques, recouvre une couche peu compacte de roches partiellement érodées. Enfin, la couche la plus profonde, très dure, est le soubassement.

ÉROSION DES SOLS
Dans les régions surexploitées par l'agriculture ou privées de leur végétation naturelle, le sol n'est plus protégé des pluies ni maintenu en place par les racines des végétaux. Le vent emporte les particules fines et légères, la pluie lessive le sol. La terre devient stérile. Aujourd'hui, l'érosion des sols concerne plus de 513 000 km² pour les seuls États-Unis.

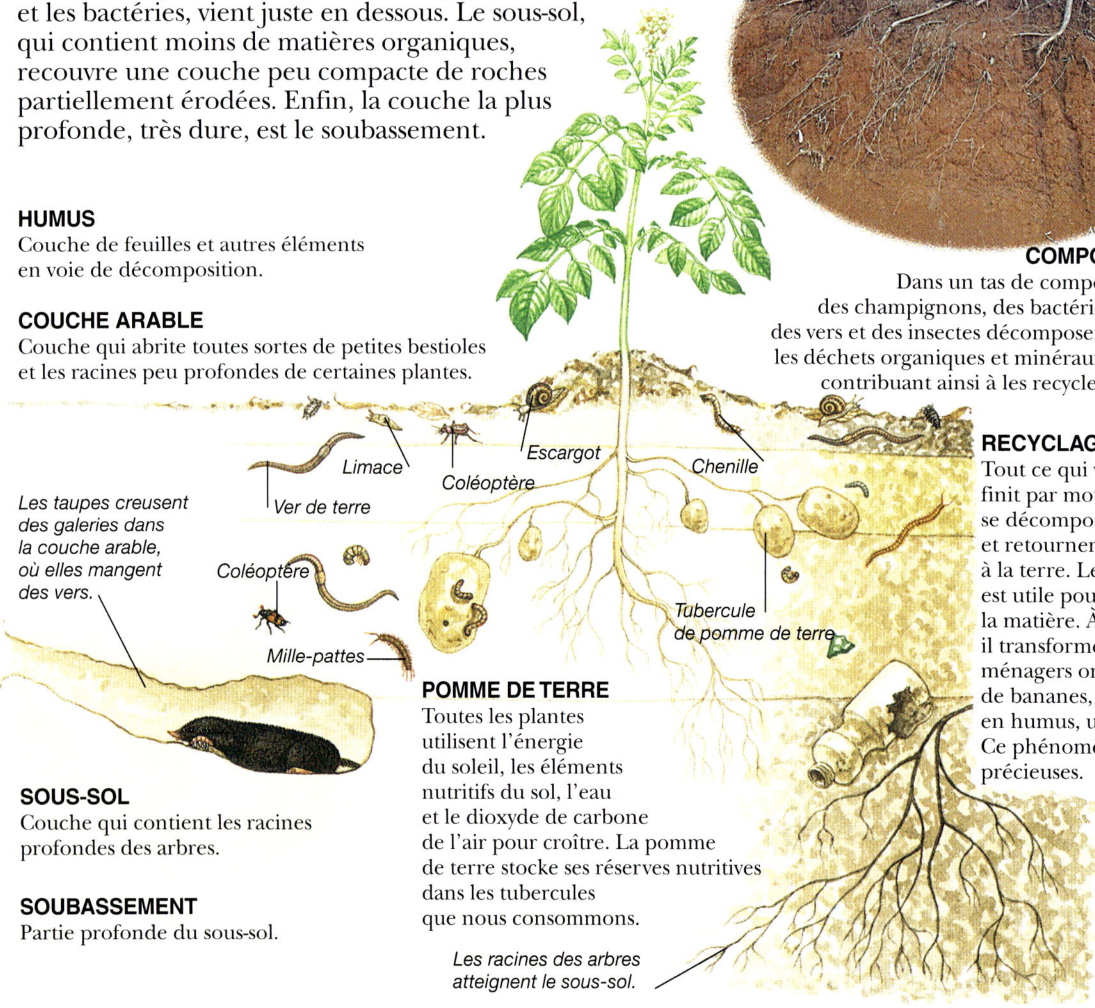

HUMUS
Couche de feuilles et autres éléments en voie de décomposition.

COUCHE ARABLE
Couche qui abrite toutes sortes de petites bestioles et les racines peu profondes de certaines plantes.

SOUS-SOL
Couche qui contient les racines profondes des arbres.

SOUBASSEMENT
Partie profonde du sous-sol.

POMME DE TERRE
Toutes les plantes utilisent l'énergie du soleil, les éléments nutritifs du sol, l'eau et le dioxyde de carbone de l'air pour croître. La pomme de terre stocke ses réserves nutritives dans les tubercules que nous consommons.

COMPOST
Dans un tas de compost, des champignons, des bactéries, des vers et des insectes décomposent les déchets organiques et minéraux, contribuant ainsi à les recycler.

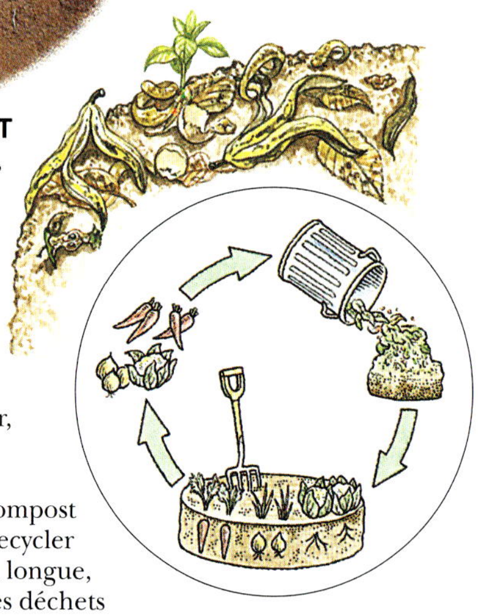

RECYCLAGE
Tout ce qui vit finit par mourir, se décomposer et retourner à la terre. Le compost est utile pour recycler la matière. À la longue, il transforme les déchets ménagers organiques (épluchures, peaux de bananes, coquilles d'œufs, herbes coupées) en humus, une réserve nutritive pour le sol. Ce phénomène permet le recyclage des ressources précieuses.

Pour en savoir plus

LES ARBRES
LES CHAMPIGNONS
FLEURS ET HERBES AROMATIQUES
LES PLANTES

le Son (définition)

LES SONS PARVIENNENT À NOS OREILLES après s'être propagés dans l'espace sous forme d'ondes. Le son naît d'une vibration et d'un déplacement d'air, par exemple lors du pincement d'une corde de guitare. Nous percevons le son lorsque les ondes sonores atteignent nos tympans. Les ondes sonores ne se propagent pas dans le vide mais dans les milieux solides (brique ou pierre, par exemple), liquides (comme l'eau), ou gazeux (comme l'air). Les sons comme les notes de musique ont une certaine fréquence. Un son haute fréquence génère plus de vibrations de l'air par seconde qu'un son basse fréquence. Le nombre de vibrations de l'air par seconde est appelé fréquence et se mesure en hertz (Hz). Les hommes ne peuvent percevoir des sons dont la fréquence dépasse les 20 000 Hz ou se trouve au-dessous de 30 Hz.

INTENSITÉ ET DÉCIBELS

Le grondement d'une locomotive est bien plus intense qu'un murmure ; en fait, la locomotive déplace bien plus d'air et génère donc plus de vibrations. L'intensité d'un son dépend également de la proximité à laquelle nous nous trouvons par rapport à la source sonore. L'intensité se mesure en décibels (dB). Un avion de ligne au décollage génère environ 130 dB alors que le bruissement des feuilles d'un arbre est estimé à 33 dB.

ÉCHO

L'écho se produit lorsque l'onde sonore réfléchie par un obstacle revient rapidement à sa source. La clarté avec laquelle on perçoit de la musique dans une salle de concert atteste d'une bonne acoustique s'il n'y a pas d'écho.

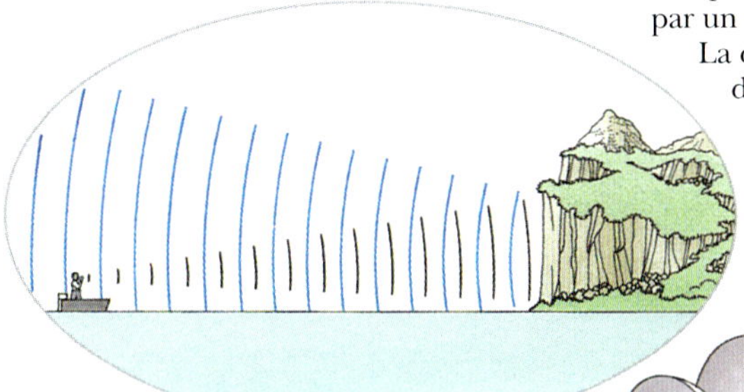

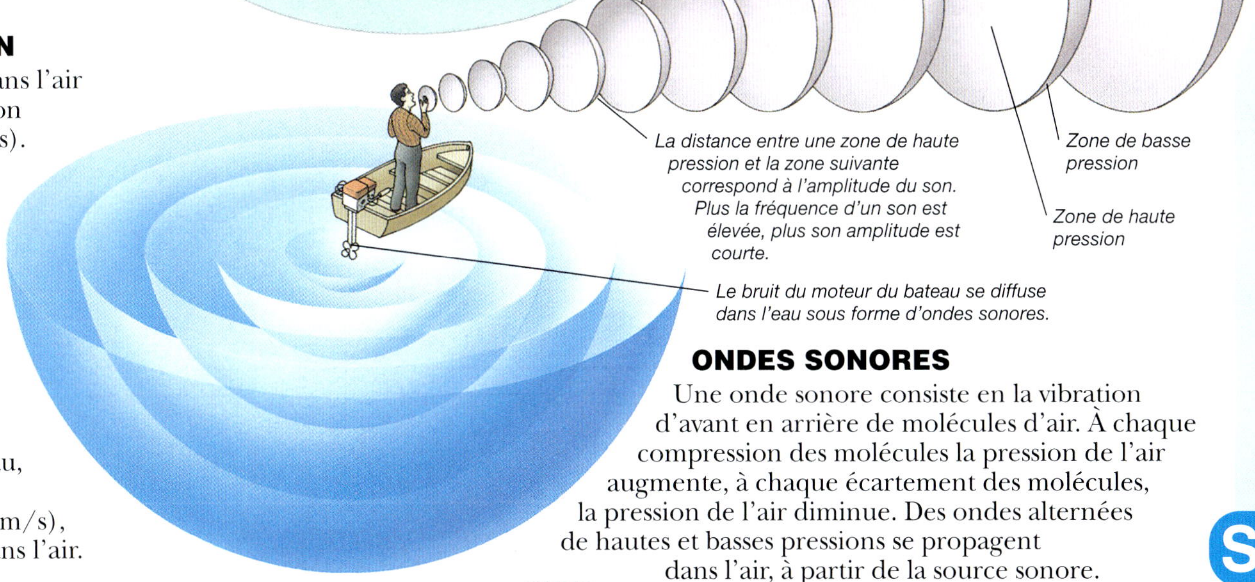

VITESSE DU SON

Le son se propage dans l'air à une vitesse d'environ 1 224 km/h (340 m/s). Il se déplace plus lentement lorsque la température et la pression de l'air sont basses. Dans l'air froid raréfié, à près de 11 km d'altitude, la vitesse du son est de 1 000 km/h (275 m/s). Dans l'eau, le son se propage à 5 400 km/h (1 500 m/s), bien plus vite que dans l'air.

ONDES SONORES

Une onde sonore consiste en la vibration d'avant en arrière de molécules d'air. À chaque compression des molécules la pression de l'air augmente, à chaque écartement des molécules, la pression de l'air diminue. Des ondes alternées de hautes et basses pressions se propagent dans l'air, à partir de la source sonore. Ces ondes sonores transportent les sons jusqu'à nos oreilles.

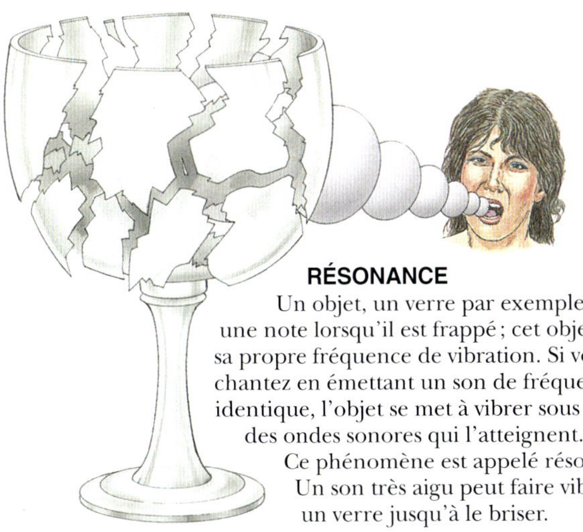

RÉSONANCE

Un objet, un verre par exemple, produit une note lorsqu'il est frappé ; cet objet possède sa propre fréquence de vibration. Si vous chantez en émettant un son de fréquence identique, l'objet se met à vibrer sous l'effet des ondes sonores qui l'atteignent. Ce phénomène est appelé résonance. Un son très aigu peut faire vibrer un verre jusqu'à le briser.

HARMONIQUES

En musique, les fréquences intermédiaires, les harmoniques, sont mélangées aux fréquences principales dites fondamentales. Les harmoniques varient selon les instruments, ce qui explique qu'une même note jouée au piano et au violon paraisse différente à l'oreille.

Pour en savoir plus

LA MUSIQUE
LES OREILLES
LA RADIODIFFUSION
LE SON (ENREGISTREMENT)

le Son (enregistrement)

Le son peut aujourd'hui être enregistré et restitué à volonté. Tous les appareils d'enregistrement du son font appel à la copie des ondes sonores. Cette copie peut se matérialiser sous la forme d'une bande magnétique de cassette, d'un sillon de disque vinyle ou encore d'une série de pistes concentriques en surface d'un disque compact. Dans un studio d'enregistrement, des microphones servent à enregistrer les sons séparément. Généralement, ces pistes sonores sont stockées sur bande magnétique, même si la plupart des studios sont désormais équipés d'ordinateurs. L'ingénieur du son peut modifier chacune des pistes pour parfaire la tonalité ou le timbre d'un instrument ou la voix de l'interprète. L'enregistrement réalisé en studio après mixage des pistes est une maquette originale qui sert ensuite à réaliser des milliers de copies, sur disques compacts, minidisques, cassettes audio ou encore sur disques vinyles.

PHONOGRAPHE
Le premier enregistrement sonore prit la forme de sillons gravés sur un disque de cire. En 1887, Emile Berliner, inventeur américain d'origine allemande, mit au point le gramophone ou phonographe. Le modèle présenté ci-dessus est illustré par la célèbre marque « La Voix de son maître ».

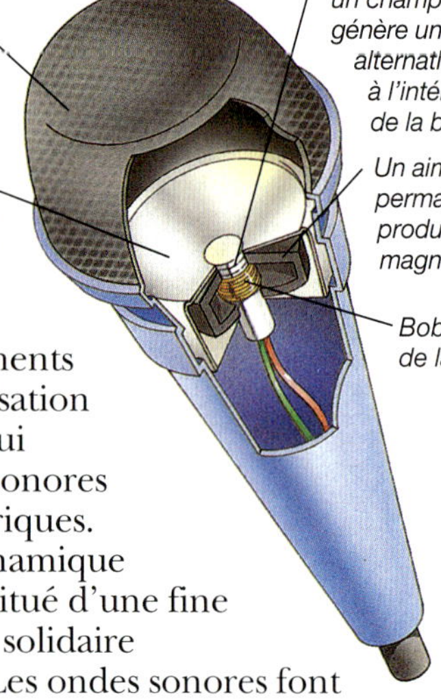

MICROPHONE

Tous les enregistrements débutent avec l'utilisation d'un microphone qui convertit les ondes sonores en impulsions électriques. Un microphone dynamique (ci-contre) est constitué d'une fine membrane flexible, solidaire d'une bobine fixe. Les ondes sonores font vibrer la membrane et la bobine. La bobine se déplace dans le champ magnétique d'un petit aimant et ce mouvement génère un courant électrique alternatif qui fluctue en fonction des vibrations des ondes sonores.

CASSETTE AUDIO
Une cassette audio se présente sous la forme d'un boîtier renfermant une bande magnétique constituée d'un long ruban sur lequel sont collées d'infimes particules magnétiques d'oxyde de fer dont l'orientation change lors de l'enregistrement audio.

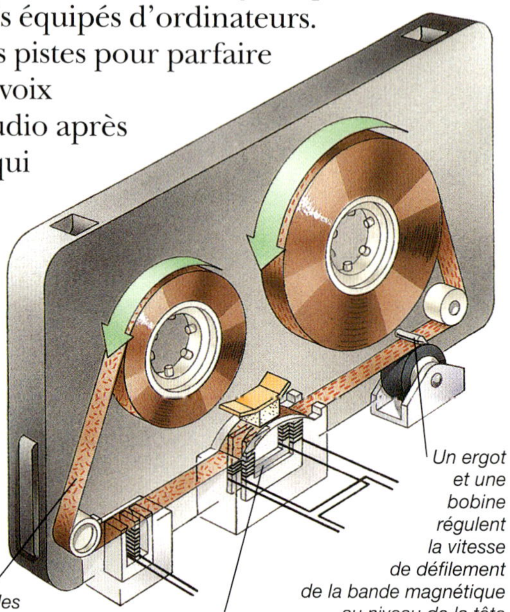

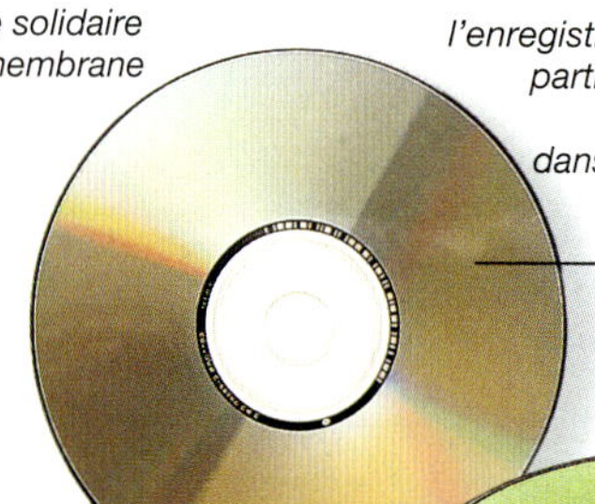

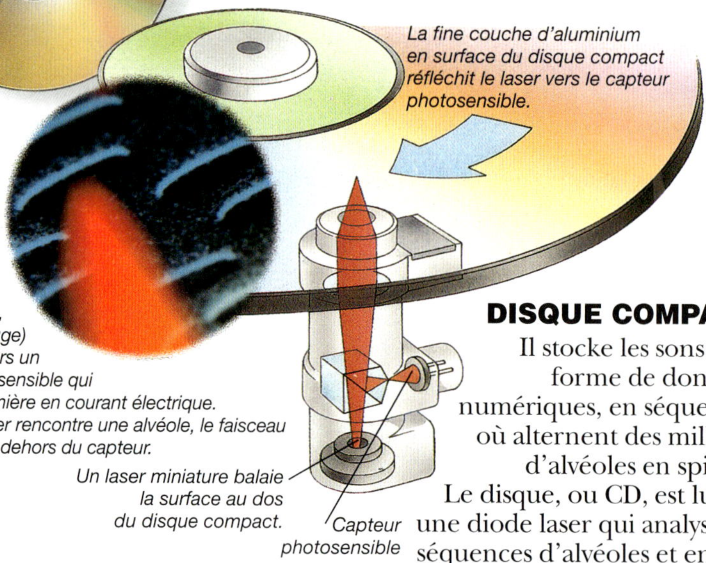

DISQUE COMPACT

Il stocke les sons sous forme de données numériques, en séquences où alternent des millions d'alvéoles en spirale. Le disque, ou CD, est lu par une diode laser qui analyse les séquences d'alvéoles et envoie un signal aux haut-parleurs.

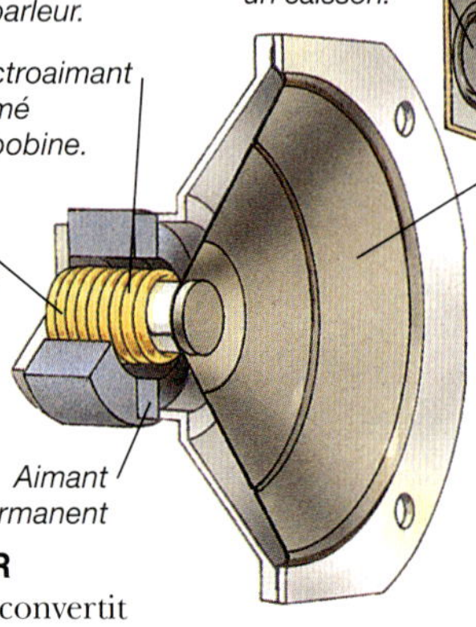

HAUT-PARLEUR
Un haut-parleur convertit les impulsions électriques en ondes sonores. À l'intérieur du haut-parleur, le courant alternatif issu de la source, lecteur CD ou lecteur de cassette, alimente un électroaimant qui génère un champ magnétique variable. Ce champ magnétique entraîne la vibration d'une membrane en forme de cône et la production de sons.

BALADEURS ET MP3
De nouveaux supports de stockage sont sans cesse mis au point. Le MP3 est un format de fichier audio qui peut être stocké sur un ordinateur ou un lecteur portable. La qualité sonore du MP3 est proche de la perfection. Aujourd'hui, les baladeurs MP3 ont rendu obsolètes tous les anciens baladeurs, à cassettes ou à CD. Il est même rare d'en trouver des neufs sur le marché.

Pour en savoir plus

Le Laser
la Musique
la Radiodiffusion
Pop, rock, reggae...
le Son (définition)

Souris, rats et écureuils

LA SOURIS COMMUNE fait partie des mammifères les plus répandus sur la planète, après l'homme. Comme les rats et les écureuils, elle appartient à l'ordre des rongeurs. Tous les rongeurs se servent, pour grignoter des graines, des fruits secs et des baies, d'incisives très développées, dont l'usure est compensée par leur croissance continue. Il existe plus de 1 000 espèces de rats et de souris, adaptées à tous les types d'habitats. La souris est plus petite que le rat, sa queue, longue et mince, est dépourvue de poils, elle est dotée d'un museau pointu, de petits yeux noirs et de moustaches sensorielles. Les rats les plus répandus sont le surmulot et le rat noir. Ils peuvent transmettre la peste bubonique, causent de sérieux dégâts dans les habitations en creusant des galeries souterraines et en rongeant les fils électriques. Les écureuils ressemblent aux rats et aux souris, mais leur queue est touffue. L'écureuil commun (ou écureuil d'Europe), généralement roux, l'écureuil gris (ou écureuil d'Amérique) et l'écureuil volant vivent dans les arbres des régions boisées. Le tamia, écureuil terrestre comme celui d'Amérique du Nord, a une queue plus courte et ne sait pas grimper aux arbres.

La souris commune et le surmulot sont nuisibles à l'homme : ils mangent les grains stockés dans les greniers et ravagent les cultures céréalières.

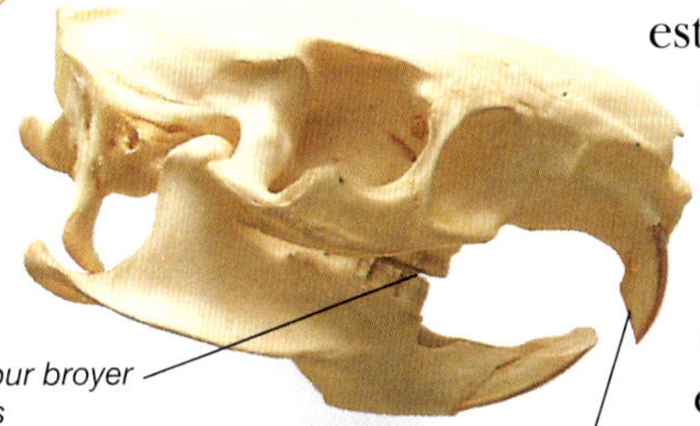

Crâne de rongeur

RAT DES MOISSONS

Rats et souris ont de petits yeux noirs et ronds, de larges oreilles et des griffes puissantes. Le rat des moissons (ou rat noir) est un petit rongeur : 6,5 cm de long pour 10 g. Il se nourrit, entre autres graminées, de blé. Mais il utilise aussi les tiges de graminées pour se tresser un nid de la taille d'une balle de tennis au milieu des blés. En fait, il vit partout où poussent des graminées.

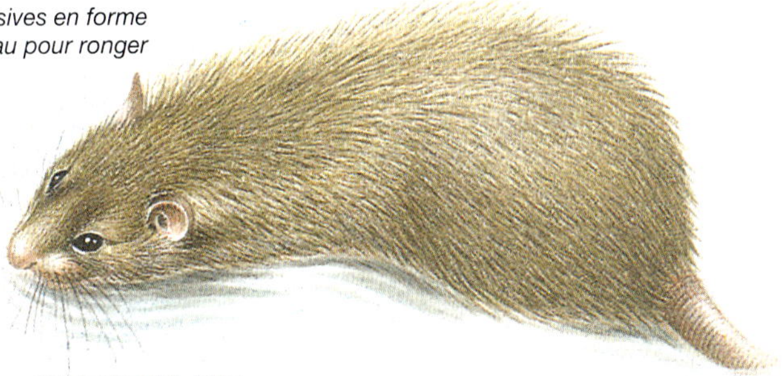

SURMULOT

Le surmulot (ou rat gris), rapide et agile, nage bien, mange tout ce qu'il trouve et se fraye un chemin dans le bois, la maçonnerie et le métal grâce à ses incisives qui rongent tous les matériaux. Ce rongeur, long de 50 cm entre le bout du museau et l'extrémité de la queue, a colonisé toute la planète et jusqu'à nos égouts (d'où son nom de rat d'égout).

LEMMING

Ce petit rongeur est proche de la souris, malgré un museau aplati, un corps trapu, une queue courte et un poil très épais. Habitant des régions septentrionales, il survit aux hivers en creusant un abri sous la neige et en se nourrissant de mousses, de racines, de tiges et de bulbes. Contrairement à la croyance, les lemmings ne se jettent pas délibérément dans la mer pour se noyer : lorsqu'ils migrent en masse en quête de nourriture plus abondante, certains, affaiblis par la faim, se noient en traversant des cours d'eau profonds.

ÉCUREUIL

Avec ses griffes acérées pour s'accrocher à l'écorce et sa longue queue en panache qui lui sert de balancier, l'écureuil est parfaitement adapté à la vie dans les arbres. C'est un véritable acrobate, qui bondit d'une branche à l'autre avec une agilité déconcertante. L'écureuil gris d'Amérique du Nord a été introduit en Europe il y a deux siècles et, depuis, s'est répandu dans les forêts et les parcs. En revanche, l'écureuil d'Europe semble déserter certaines régions européennes. Les écureuils se reposent et dorment dans un nid sphérique, construit dans un arbre avec des feuilles et des brindilles. En période de reproduction, la femelle fabrique un nid encore plus solide pour y élever deux ou trois petits.

L'écureuil dort dans son nid par temps froid, mais sort chercher de la nourriture s'il fait plus doux.

Écureuil commun

REPRODUCTION

Les petits rongeurs doivent se reproduire rapidement pour remplacer les individus tués par des prédateurs ou victimes de mauvaises conditions climatiques. Lorsque la mortalité est faible, leur population grimpe en flèche. Une souris femelle peut donner naissance à plus de 50 petits par an. Au bout de 2 semaines, les jeunes souris sont couvertes de poil, peuvent voir et entendre, et commencent à explorer leur environnement. À l'âge de 3 semaines, elles sont sevrées et prêtes à quitter le nid. Elles atteignent leur maturité sexuelle à seulement 6 semaines.

À la naissance, les souris sont nues, aveugles et sourdes. Elles restent au chaud et à l'abri dans le nid.

GERBILLE

De nombreux rongeurs tapissent le fond de leur nid de végétaux (tiges, écorces, brindilles). La gerbille (ci-dessus), originaire des steppes d'Asie centrale, est un animal de compagnie assez répandu.

TAMIA

Le tamia est un petit écureuil terrestre d'Amérique du Nord. Il tient sa nourriture dans ses pattes antérieures et la grignote avec adresse en utilisant ses incisives comme levier pour casser une graine ou un fruit sec. Le tamia est un animal audacieux et curieux, souvent en quête de friandises dans les parcs et les aires de pique-nique d'Amérique du Nord. Ce qu'il ne mange pas sur-le-champ, il le stocke dans ses abajoues, avant de le déposer dans son nid.

Comme tous les rongeurs, le campagnol lèche ses poils et les imprègne d'une huile spéciale pour les rendre lisses et imperméables, et en chasser les parasites. S'il avait le poil trempé, il ne tarderait pas à mourir de froid.

CAMPAGNOL

Le campagnol est apparenté au lemming et possède, lui aussi, un museau aplati et un corps trapu. Il existe une centaine d'espèces de campagnols, qui vivent dans les habitats les plus variés, des régions arctiques aux forêts subtropicales. Le rat musqué (ou ondatra) d'Amérique du Nord est l'un des campagnols les plus grands. Quant au campagnol nageur qu'est le rat d'eau, on le confond souvent avec le surmulot.

Pour en savoir plus

LES ESPÈCES ANIMALES
LES MAMMIFÈRES
NIDS ET TERRIERS
LA PESTE NOIRE

les Sous-marins

LA FORCE D'UN SOUS-MARIN tient à sa faculté d'évoluer sous l'eau, en toute discrétion. Armé de missiles et de torpilles, un sous-marin peut rester des mois au fond des mers sans refaire surface. L'origine des sous-marins remonterait selon la légende au siège de Tyr (actuel Sour, au Liban), en 332 av. J.-C., lorsque Alexandre le Grand attaqua la cité caché dans une cloche à plongeurs en verre. L'invention du moteur électrique pour la propulsion sous-marine et la mise au point des torpilles contribuèrent à l'avènement des sous-marins modernes qui se distinguèrent au cours des deux guerres mondiales. Les sous-marins d'aujourd'hui sont propulsés par des moteurs Diesel et électriques ou par des moteurs à propulsion nucléaire. On distingue les sous-marins de détection et d'attaque des sous-marins porteurs de missiles. Les petits sous-marins, baptisés submersibles, sont essentiellement utilisés à des fins non militaires, comme l'exploration sous-marine ou la recherche scientifique.

SOUS-MARIN NUCLÉAIRE
Les plus puissants des sous-marins militaires sont ceux armés de missiles nucléaires. Propulsés par des moteurs fonctionnant à l'énergie nucléaire, ces sous-marins peuvent rester en immersion presque indéfiniment et leurs missiles offrent une force de frappe redoutable, à même de détruire plusieurs grandes villes.

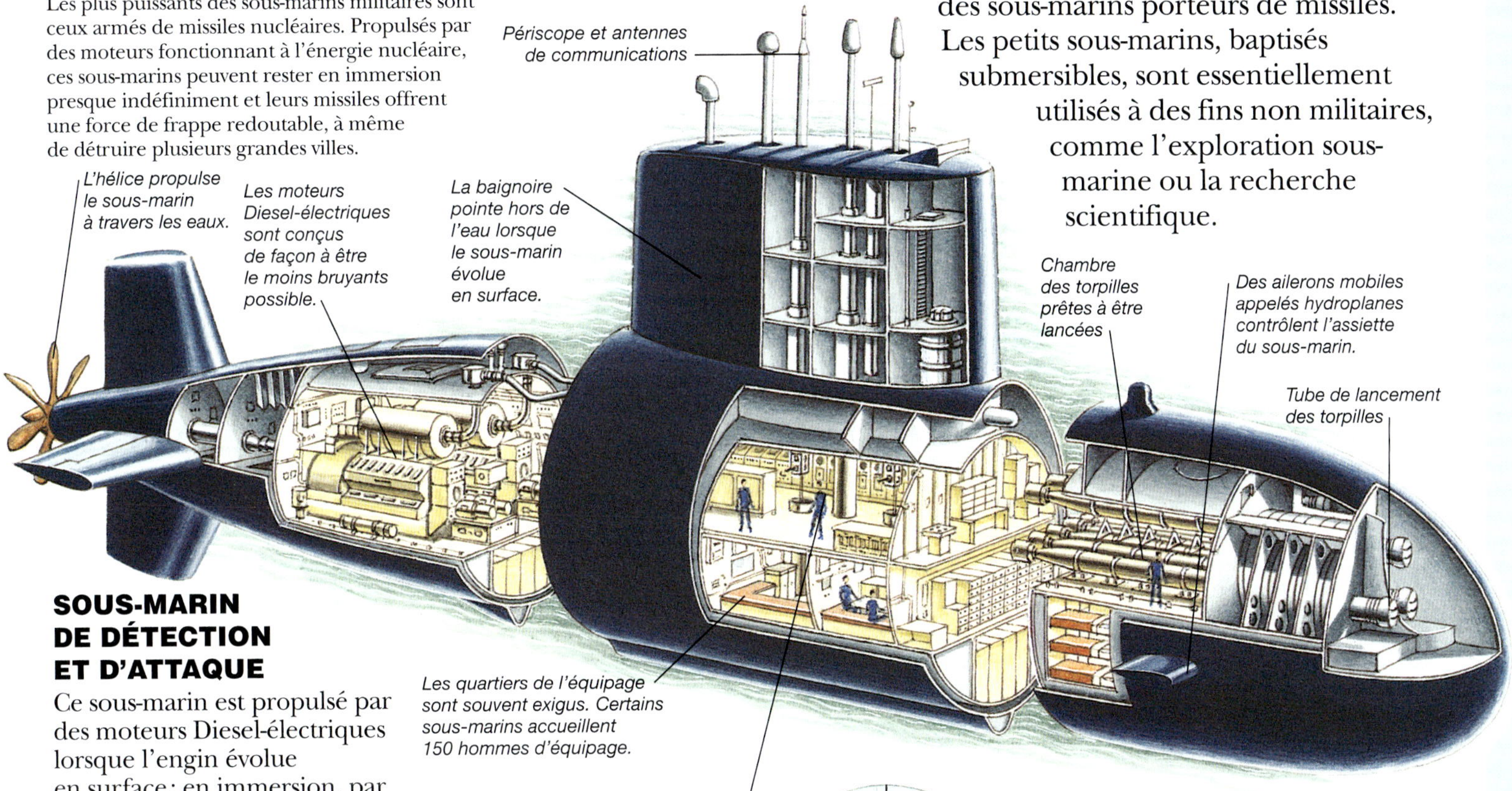

SOUS-MARIN DE DÉTECTION ET D'ATTAQUE

Ce sous-marin est propulsé par des moteurs Diesel-électriques lorsque l'engin évolue en surface ; en immersion, par les seuls moteurs électriques. Des ballasts se remplissent d'eau lors de la plongée ; de l'air comprimé injecté dans les ballasts chasse l'eau au moment de la remontée.

TORPILLES
Les torpilles sont remplies d'explosifs et possèdent leur propre système de propulsion pour atteindre leur cible. De l'air comprimé sert au lancement des torpilles, depuis des tubes situés à l'avant et à l'arrière du sous-marin.

PÉRISCOPE
Le périscope est utilisé en plongée pour repérer les cibles éventuelles en surface. Le périscope se présente comme un tube creux qui émerge au niveau de la baignoire. Le tube est doté de prismes à chaque extrémité et d'un système de lentilles qui présentent l'image de l'objet repéré en surface.

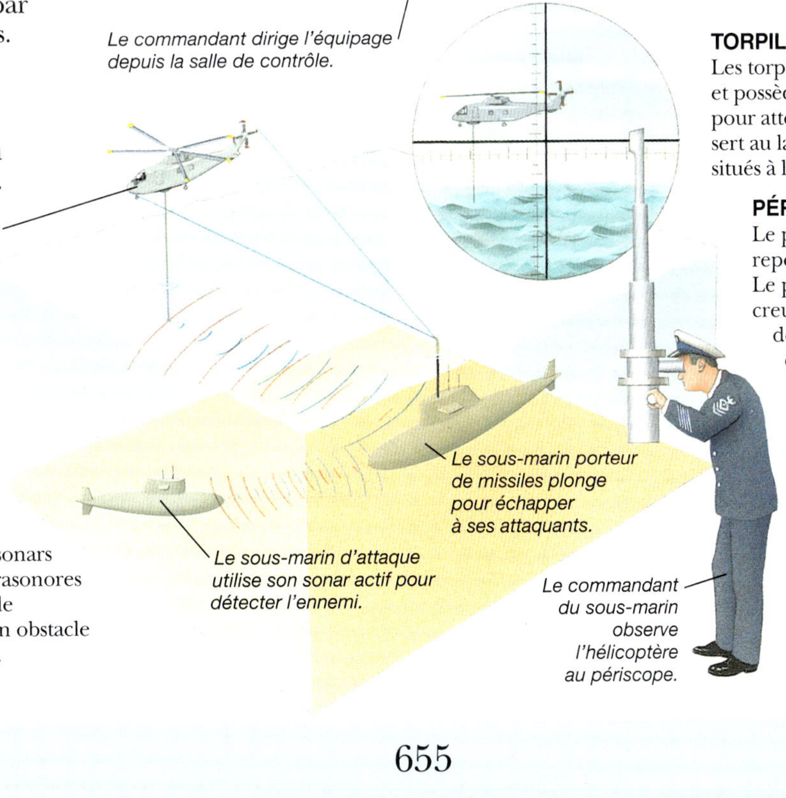

SONAR
Les hélicoptères, les navires et les sous-marins de détection et d'attaque sont tous équipés de sonars, ou systèmes de détection fondés sur la réflexion des ondes sonores. Les sonars passifs sont de simples microphones qui captent le bruit des moteurs des sous-marins. Les sonars actifs émettent des impulsions ultrasonores d'une fréquence haute et inaudible qui se réfléchissent au contact d'un obstacle en produisant un écho particulier.

Pour en savoir plus
LES BATEAUX
LES BATEAUX DE GUERRE
L'EXPLORATION SOUS-MARINE
FUSÉES ET MISSILES
LA MARINE

S

le Sport

CHACUN PRATIQUE UN SPORT pour des raisons qui lui sont propres. Qui fait son jogging matinal veut rester en forme ou essayer de battre un record personnel. Il faut aimer la vie en plein air et connaître les règles de sécurité pour partir, sac au dos, en montagne. Et pour ceux qui pratiquent un sport de compétition, rien ne remplace le bonheur de gagner. De nombreux sports actuels dérivent d'activités autrefois indispensables à la survie, comme le tir à l'arc, la course et la lutte. D'autres sports, comme le basket-ball et le volley-ball, sont des inventions modernes. Les sports de compétition sont conçus pour que tous les joueurs ou toutes les équipes aient des chances égales de réussite. L'amélioration de l'équipement entraîne l'adoption de nouvelles règles pour veiller à ce qu'aucun des concurrents ne soit désavantagé. Les sponsors et les médias jouent aujourd'hui un rôle important dans le sport. Les meilleurs athlètes deviennent des stars millionnaires et les événements sportifs les plus populaires attirent un public international.

De nombreux sports antiques sont encore pratiqués aujourd'hui, mais certains sont oubliés depuis longtemps.

Les responsables veillent au respect de la durée réglementaire des matches.

Les joueurs doivent porter des chaussures spéciales pour ne pas glisser sur le terrain.

ÉQUIPEMENT ET TENUE VESTIMENTAIRE

La tenue vestimentaire est importante dans les sports d'équipe. Elle permet aux joueurs et aux spectateurs de reconnaître rapidement leurs coéquipiers et de les distinguer de leurs adversaires. Outre la tenue de base, composée généralement d'un maillot et d'un short, les joueurs portent parfois un équipement de protection (au football américain, par exemple). Leurs chaussures sont adaptées à la surface du terrain : chaussures à semelles caoutchoutées en salle et chaussures à crampons sur gazon. Selon le sport, l'équipement comprend un ballon, une balle, une batte ou une raquette.

Gestes de l'arbitre au basket

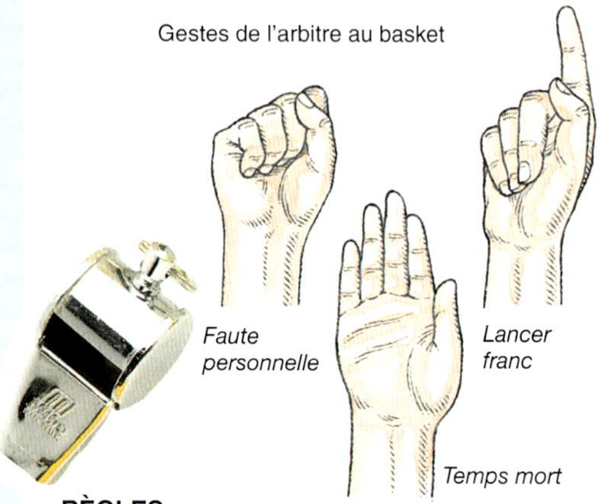

RÈGLES

Chaque sport d'équipe a ses propres règles, que les joueurs connaissent par cœur. Les arbitres se tiennent au bord du terrain et veillent à ce que les joueurs les respectent. Dans certains sports, ils donnent un coup de sifflet pour lancer ou arrêter le jeu. Ils peuvent aussi faire connaître leurs décisions aux joueurs par des gestes ou en se servant de drapeaux.

SPORTS D'ÉQUIPE

Dans un sport d'équipe, comme le basket-ball, tous les joueurs sont là pour faire gagner leur équipe. Les stars sont souvent des attaquants qui marquent des points ou un but. Mais si chaque joueur voulait devenir une star, il n'y aurait personne pour occuper une position défensive et empêcher l'équipe adverse de marquer. Chaque membre de l'équipe remplit une fonction particulière et tous participent à égalité à la victoire finale.

TERRAIN DE JEU

Le terrain (ou le court) a des dimensions standards, des équipements (buts) et des lignes spécifiques au sport pratiqué. Dans certains sports, comme le basket, les dimensions de la zone des lancers francs et du panneau sont différentes si les joueurs sont des jeunes (minibasket).

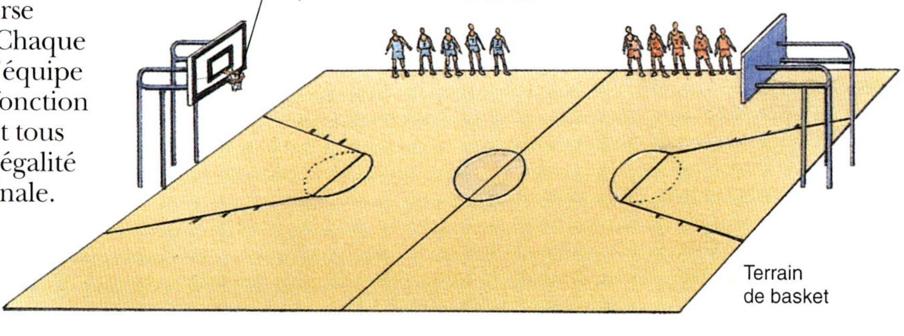

Terrain de basket

COMPÉTITION

Les participants à une compétition individuelle essaient de battre un record ou de se mesurer entre eux. L'escrime, le judo et le tennis opposent deux adversaires. Certaines courses, comme le 100 m, alignent plusieurs concurrents. Le cyclisme sur route se court en pelotons importants, alors que le ski alpin et le tir à l'arc impliquent que chacun fasse séparément le meilleur temps ou marque le maximum de points. Dans certains sports (gymnastique, plongeon), les performances sont notées par des juges.

Les skis permettent de glisser rapidement sur la neige.

GYMNASTIQUE

En gymnastique, les concurrents exécutent des exercices au sol et aux agrès. Les agrès sont des appareils, tels que le cheval, les anneaux, la poutre et les barres. Certains agrès sont réservés aux hommes (anneaux, barres parallèles, barres fixes), d'autres aux femmes (poutre, barres asymétriques).

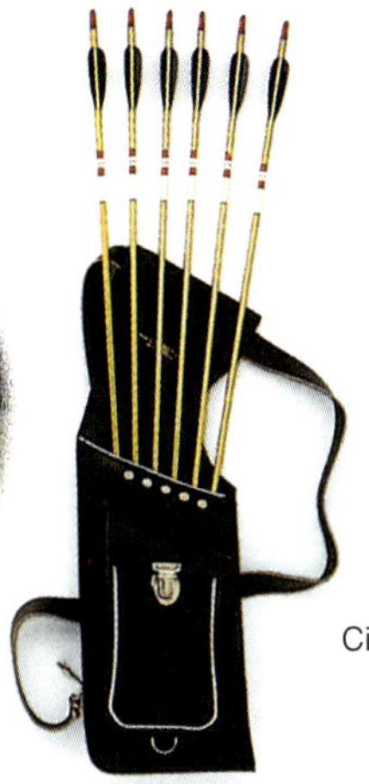

Cible de tir à l'arc

SPORTS DE COMBAT

Le modèle des sports de combat remonte à la Grèce antique. Mais on sait que les hommes ont commencé de se battre sportivement 15 000 ans plus tôt. Progressivement, différents sports de combat sans arme sont apparus : la boxe et la lutte en Occident, le jiu-jitsu en Orient, dont dérivent les arts martiaux que sont le judo, le karaté, l'aïkido et le taekwondo.

SPORTS DE TIR

Le sport qui consiste à viser une cible et à tirer est né avec le tir à l'arc, il y a environ 500 ans. Dans le tir à l'arc moderne, la cible est située à différentes distances. Les archers marquent 10 points si la flèche atteint le centre, puis d'autant moins de points qu'ils s'éloignent du centre. Autres sports de tir : le tir à la cible (pistolet, carabine, cible mobile) et le tir aux armes de chasse.

SPORTS SUR ROUES ET ROULETTES

Les sports sur roues ou roulettes vont du roller à la course automobile. Les réflexes et l'endurance sont deux qualités essentielles dans ce type de sports.

SPORTS AÉRIENS

Le vol libre et le parachutisme sportif donnent des sensations particulièrement fortes.
Le deltaplane et le parapente, tout comme le planeur, utilisent les courants aériens chauds pour se déplacer. Les parachutistes sautent d'un avion, descendent en chute libre sur des milliers de mètres, réalisant des figures en se tenant par la main avant d'ouvrir leurs parachutes pour atterrir en douceur.

SPORTS AVEC ANIMAUX

Les lévriers, les pigeons, les chameaux et les chiens de traîneau participent à des courses, mais la vedette revient incontestablement aux chevaux. On distingue les courses de plat des sauts d'obstacles. Dans les courses attelées, le cheval tire son jockey autour d'une piste dans une voiture à deux roues, comparable à un char antique. Autres sports équestres : le jumping, le concours complet, le dressage et le polo.

Dans le parachutisme ascensionnel, le parachutiste se fait tracter par un véhicule.

Pour en savoir plus

L'Athlétisme
Football et rugby
Les Jeux
Jeux de balle et de ballon
Les Jeux olympiques
Les Sports nautiques

S

les Sports nautiques

LES SPORTS NAUTIQUES, pratiqués sur ou dans l'eau, sont l'une des façons les plus agréables de lutter contre le stress et de rester en forme. Même pour les personnes les plus âgées ou souffrant d'un handicap physique, la natation reste un moyen doux mais efficace de faire de l'exercice. Elle était déjà pratiquée par les Égyptiens, les Grecs et les Romains de l'Antiquité, qui voulaient entretenir leur forme physique et se divertir. Les compétitions sportives sont apparues au XIXe siècle et figuraient aux premiers Jeux olympiques, en 1896. Le surf, le ski nautique, la planche à voile ou l'aviron se pratiquent en surface. Quant aux plongeurs, ils peuvent rester sous l'eau en respirant grâce à des bouteilles à oxygène ou se contenter d'un masque, d'un tuba et de palmes, et nager à peu de profondeur.

Il existe trois disciplines dans le ski nautique de compétition : le slalom, le saut et les figures.

WATER-POLO

Ce sport se pratique dans l'eau entre deux équipes de sept joueurs. Il consiste à faire pénétrer le ballon dans le but adverse. Le bassin mesure 20 m de large sur 30 m de long. Seul le gardien de but a le droit de tenir le ballon à deux mains.

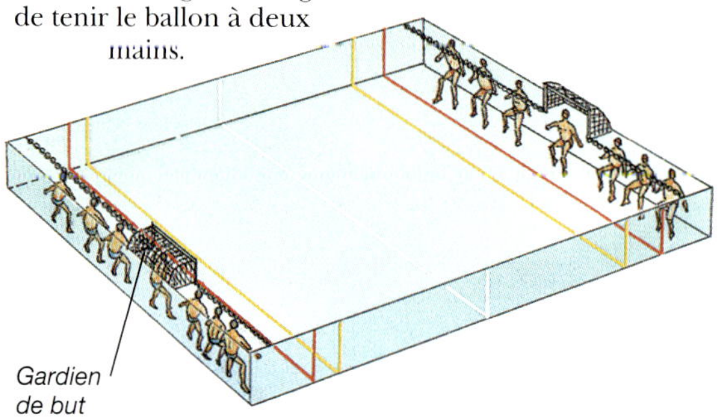

SKI NAUTIQUE

Le pratiquant est relié par une corde à un bateau à moteur qui le tracte. Il peut effectuer un slalom en contournant des bouées, des figures sur un ou deux skis et des sauts au moyen d'un tremplin.

PLONGEON

En compétition, les plongeurs sont jugés sur leur technique. Ils effectuent toute une série de plongeons. Les plus difficiles à réaliser rapportent le plus de points. Le plongeur saute d'un tremplin (1 à 3 m) ou d'une plate-forme de haut vol (5 à 10 m).

RAFTING

Descendre des cours d'eau coupés de rapides à bord d'un raft (radeau pneumatique) est un sport excitant mais dangereux, exigeant des qualités physiques et beaucoup d'adresse pour éviter que le radeau chavire. Le rafter guide et les équipiers pagayent.

PLANCHE À VOILE

La planche à voile était à l'origine, dans les années 1960, une activité de loisirs. Elle est devenue un sport olympique en 1984. Le véliplanchiste se tient en équilibre sur un flotteur plat, muni d'une voile fixée à un mât articulé. Il se dirige en orientant la voile grâce à un arceau appelé wishbone. Les principales épreuves de la planche à voile de compétition sont le slalom, la course et les vagues (sauts et surf). Équilibre et adresse sont indispensables.

Pour en savoir plus

L'EXPLORATION SOUS-MARINE
LA NATATION
LE SPORT
VOILE ET CANOË-KAYAK

Squelette et structure

DES CENTAINES D'OS RELIÉS les uns aux autres, comme un échafaudage, forment le squelette à l'intérieur du corps humain. Sans squelette, celui-ci s'effondrerait. Le squelette maintient notre corps et donne leur forme à toutes les parties molles qui le recouvrent. Il abrite nos organes : le crâne fait boîte pour le cerveau, et les côtes de la cage thoracique protègent les poumons et le cœur. De plus, nos muscles, attachés aux os, font que nous pouvons les bouger. Le tissu osseux est constitué de cellules vivantes entourées de minéraux (calcium et phosphore), ainsi que d'une substance filandreuse et élastique, le collagène. Chez le nouveau-né, la plupart des os sont à l'état de cartilage. Pendant la croissance, le cartilage se transforme progressivement en tissu osseux dur. Nos poignets et nos chevilles sont les derniers à s'ossifier. Lorsque nous avançons en âge, nos os deviennent de plus en plus fragiles et cassants.

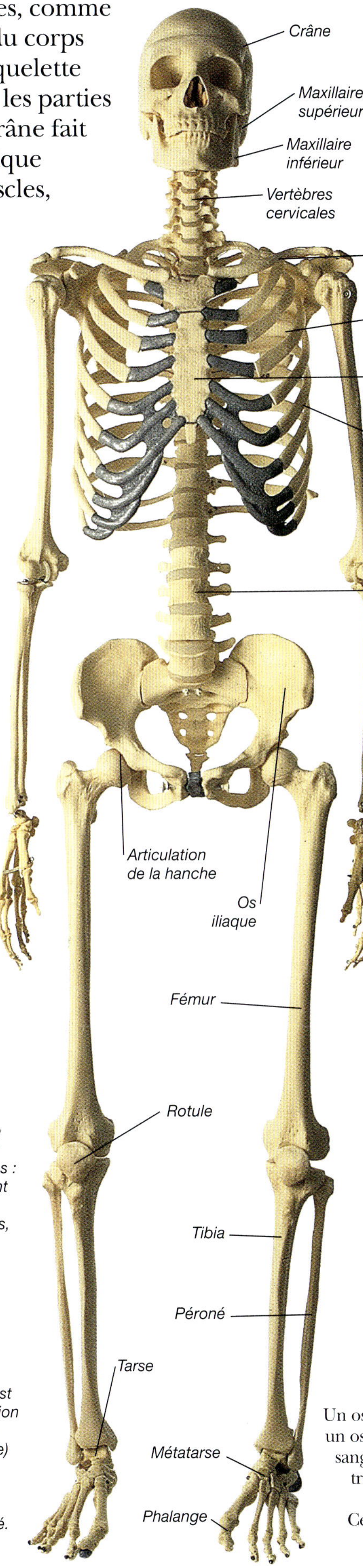

SQUELETTE HUMAIN

Le squelette humain compte plus de 209 os : 22 pour la tête, 32 pour la colonne vertébrale, 29 pour chaque membre, 29 pour le thorax, les deux os iliaques, l'os hyoïde… L'os le plus long est le fémur, les plus petits sont les trois osselets de l'oreille.

SQUELETTE INTERNE

L'homme et les autres mammifères, les poissons, les oiseaux et les reptiles possèdent un squelette interne, fait de nombreux os séparés. L'axe du squelette est la colonne vertébrale. Ses articulations sont peu mobiles, mais la colonne dans son ensemble est très souple, des disques élastiques étant interposés entre les vertèbres. Certains animaux, tels les vers, n'ont pas d'os, mais une cavité emplie d'un liquide sous pression qui fait office d'hydrosquelette.

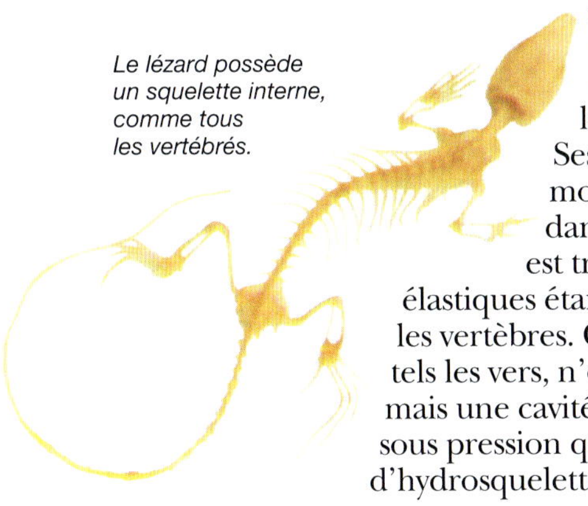

Le lézard possède un squelette interne, comme tous les vertébrés.

ARTICULATIONS

On appelle articulation la jonction entre deux os. Les articulations sont classées selon leur degré de mobilité. On distingue les articulations immobiles (ou synarthroses), qui unissent les os du crâne, les articulations semi-mobiles (ou amphiarthroses), comme entre les vertèbres, et les articulations à grande mobilité (ou diarthroses), par exemple au niveau du genou et du coude.

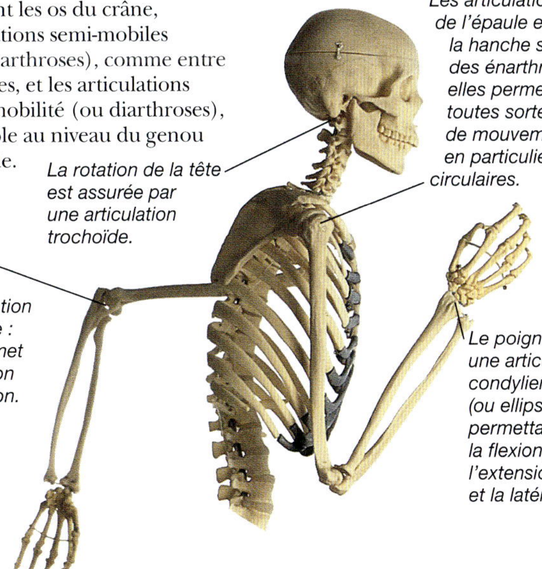

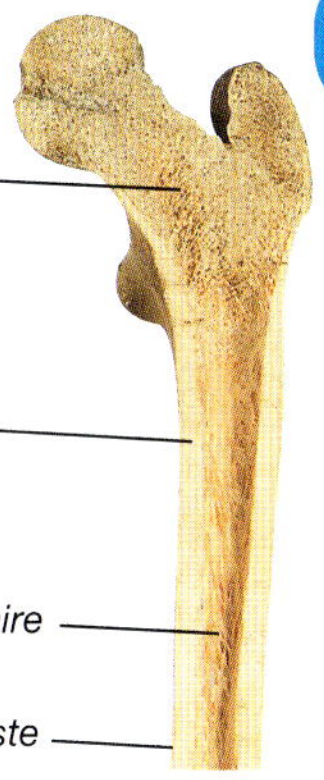

OS

Un os vivant est dur et légèrement souple, un os mort blanc et cassant. Des vaisseaux sanguins passent à travers de minuscules trous à la surface de l'os, lui apportant une quantité constante de sang. Certains os contiennent une substance gélatineuse, la moelle osseuse, qui fabrique les cellules sanguines.

S

COLONNE VERTÉBRALE

La colonne vertébrale est l'axe osseux de notre corps. Elle soutient d'autres parties du squelette, comme le crâne, la cage thoracique et le bassin. L'embranchement des vertébrés, auquel l'homme appartient, doit son nom à cette colonne d'os qui protège la moelle épinière. Elle est capable de mouvements de flexion et d'extension, parce que les vertèbres sont séparées les unes des autres par des disques intervertébraux.

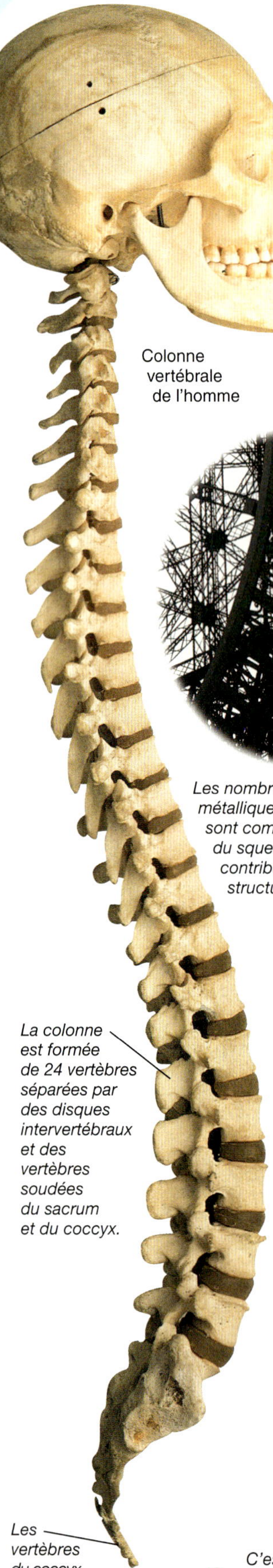

Colonne vertébrale de l'homme

La colonne est formée de 24 vertèbres séparées par des disques intervertébraux et des vertèbres soudées du sacrum et du coccyx.

Les vertèbres du coccyx sont soudées.

Les nombreuses poutres métalliques de la tour Eiffel sont comparables aux os du squelette : elles contribuent à lui donner une structure.

Lombric

Le corps du lombric est empli d'un liquide sous pression.

Un petit bassin gonflable garde sa forme grâce à l'eau qu'il contient.

HYDROSQUELETTE

Certains squelettes sont formés de matériaux mous. Ils sont divisés en plusieurs cavités remplies d'un liquide et rendues rigides par la pression hydrostatique. La plupart des cellules microscopiques qui forment les végétaux et les animaux gardent leur structure de cette façon, de même que certains objets fabriqués par l'homme.

Coléoptère

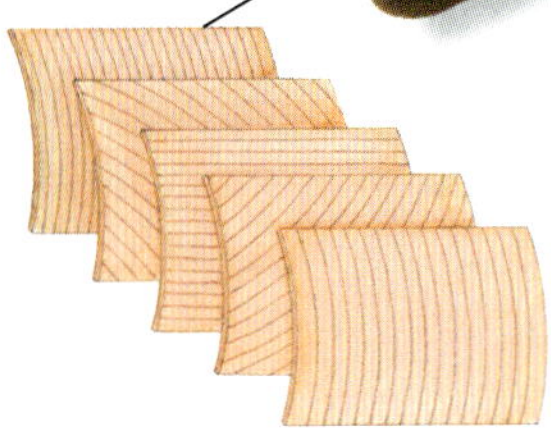

Chitine

CHITINE

Les insectes, les araignées et les scorpions possèdent un squelette externe (ou exosquelette), fait d'une substance dure, appelée chitine. L'enveloppe chitineuse de l'animal superpose des couches de fibres orientées différemment, un peu comme une planche de contreplaqué.

La Coccinelle de Volkswagen

Baptisée « Coccinelle » en raison de sa forme, cette voiture a une carrosserie pour squelette externe.

SQUELETTE EXTERNE

Le squelette externe d'un animal s'appelle un exosquelette. Mais les objets fabriqués par l'homme peuvent aussi avoir une structure externe. Dans une voiture, par exemple, des tôles sont incurvées pour former un habillage solide, qui protège la mécanique interne.

SQUELETTE PNEUMATIQUE

Le squelette pneumatique est gonflé d'air. Mais il peut avoir des parois plus minces, puisque les gaz sont plus légers que les liquides. Le squelette pneumatique est capable de flotter sur l'eau voire de s'élever dans les airs.

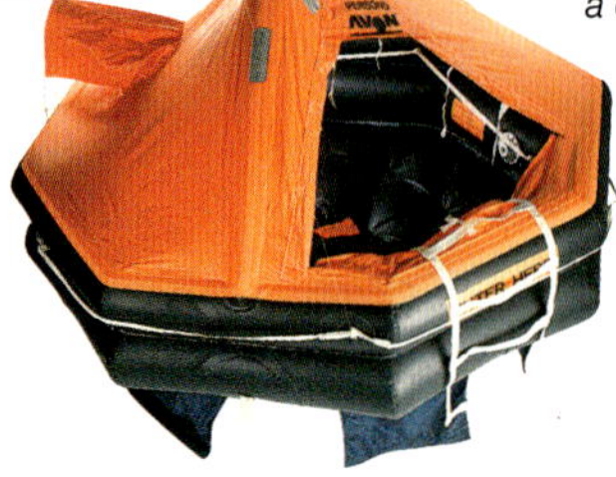

C'est de l'air comprimé qui donne sa forme et sa rigidité à ce radeau de sauvetage gonflable.

La physalie flotte à la surface de l'eau grâce à une vésicule remplie d'air.

Les filaments sont suspendus à la vésicule flottante.

Pour en savoir plus

LE CORPS HUMAIN
LES ESPÈCES ANIMALES
MUSCLES ET MOUVEMENT
LES PONTS

les Statistiques

RECUEIL DE DONNÉES
Pour que les statistiques puissent être analysées, il faut collecter les données. Si l'étude statistique concerne une population, le recueil des données pourra se faire par interviews ou questionnaires écrits. L'échantillon de la population interrogée sera sélectionné selon des critères particuliers ou au contraire choisi au hasard. Les réponses pourront être écrites ou se présenter sous forme de cases à cocher. Toutes seront traduites en données numériques.

LE TERME STATISTIQUE POSSÈDE deux significations. La première renvoie à la traduction en chiffres de données d'observation, comme le nombre d'enfants dans une classe, le nombre de jours de pluie dans une année ou encore le calcul d'un taux d'inflation. La seconde fait référence au travail des statisticiens qui analysent et interprètent ces données numériques pour élaborer probabilités et prévisions. Par exemple, en analysant une donnée comme un taux de précipitation annuel, les statisticiens peuvent calculer des moyennes et des pourcentages, ou encore établir des prévisions de précipitations pour l'avenir. Les statistiques sont une science et forment une des branches des mathématiques. Politiciens, industriels et concepteurs font tous appel aux statistiques.

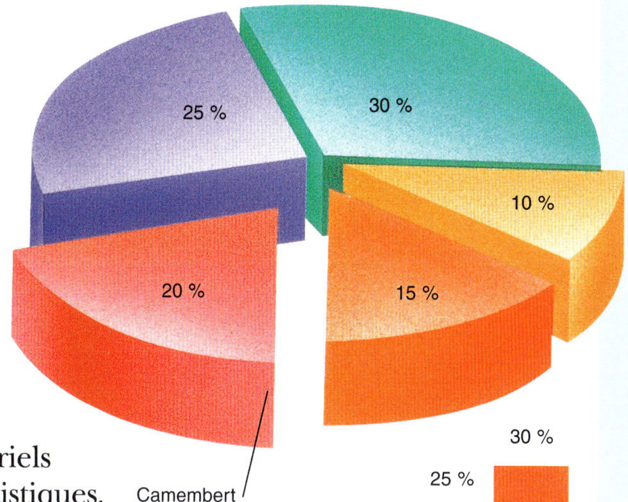

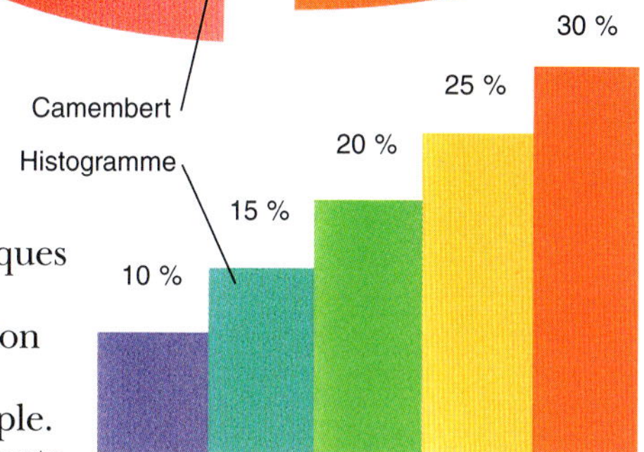

RECENSEMENT
Un des moyens pour recueillir des données statistiques sur une population consiste à organiser un recensement. Un recensement est une opération administrative qui permet de dénombrer officiellement la population d'un État, par exemple. Le recensement peut également prendre en compte l'âge de chaque habitant. Le premier recensement moderne de l'histoire eut lieu en 1790 aux États-Unis.

Au début du XIXe siècle, les écoliers apprenaient à remplir les formulaires de recensement car leurs parents étaient souvent illettrés.

CAMEMBERT ET HISTOGRAMME
Les données statistiques peuvent se présenter sous forme de tableaux, parfois difficiles à décrypter. La représentation graphique facilite la lecture des données. Les camemberts sont découpés en quartiers, les histogrammes répartissent les données en colonnes ou en barres de différentes hauteurs.

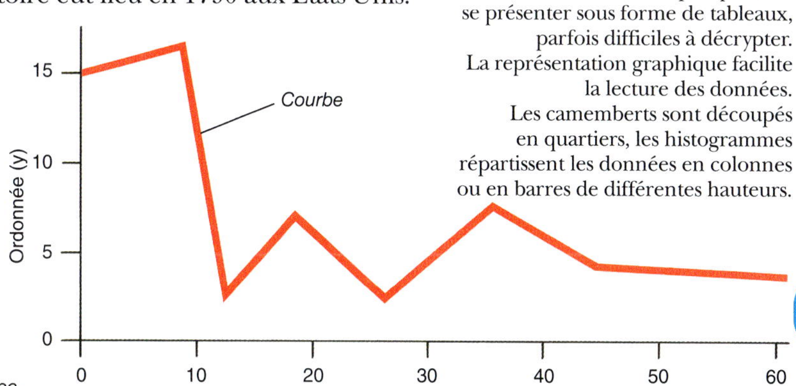

La courbe suit une évolution sur une période donnée.

GRAPHIQUES
Comme les tableaux, les graphiques servent à présenter les données statistiques. L'axe vertical (y) ou ordonnée renvoie à une information (à une quantité de choses, d'individus ou à des événements, par exemple). L'axe horizontal (x) ou abscisse renvoie à une autre information (comme des dates). La courbe d'un graphique permet de visualiser l'évolution d'une variable sur une période donnée.

MOYENNES
Une moyenne correspond à une valeur, représentative d'un groupe ou d'un ensemble. Il ne s'agit pas d'une approximation. Cette valeur fait l'objet d'une opération mathématique qui consiste à faire la somme des variables et à la diviser par le nombre d'individus. Par exemple, la taille moyenne d'un groupe de cinq individus est calculée en additionnant la taille de tous les individus puis en divisant ce total par cinq.

La taille moyenne de ce groupe d'enfants correspond à celle du garçon placé au centre.

Pour en savoir plus
LES MATHÉMATIQUES
LES NOMBRES
LES SCIENCES (DÉFINITION)

S

http://www.musee-bartholdi.com/musee/

la Statue de la Liberté

SUR UNE PLAQUE DE BRONZE apposée à l'intérieur du socle de la statue de la Liberté sont gravées quelques lignes d'un sonnet d'Emma Lazarus, écrit en 1883. Ce poème célèbre présente l'Amérique comme le refuge des opprimés fuyant l'Europe, terre de persécutions et de pauvreté. C'est en 1865 que l'historien français Édouard de Laboulaye eut l'idée d'offrir au peuple américain une statue commémorant l'alliance de la France et des États-Unis. Le projet fut confié au sculpteur Auguste Bartholdi et sa réalisation à Gustave Eiffel, créateur de la tour qui domine le ciel de Paris. La statue de la Liberté arriva par bateau dans le port de New York en mai 1885.

STATUE DE LA LIBERTÉ

Supportée par quatre colonnes d'acier et une armature de fer, la statue de la Liberté, recouverte de plus de 300 feuilles de cuivre, représente une femme couronnée vêtue d'une longue robe, tenant dans sa main gauche le livre de la déclaration de l'Indépendance et brandissant dans sa main droite une torche symbolique. La statue mesure 46 m de hauteur, avec une tête de 5,2 m sur 3 m. La torche en son sommet trône à 93 m au-dessus des eaux.

ELLIS ISLAND

Après une traversée interminable de l'océan Atlantique, les milliers d'immigrants européens qui atteignaient New York apercevaient d'abord la statue de la Liberté. Tous débarquaient sur la petite île d'Ellis Island qui, entre 1892 et 1943, servait de gare d'accueil aux candidats à l'installation sur le territoire américain.

MONTAGE DE LA STATUE

Gustave Eiffel réalisa le montage de la statue dans la banlieue parisienne. Elle fut ensuite démontée et ses éléments entassés dans 214 caisses embarquées à bord du navire français *Isère*. Le remontage des pièces eut lieu à New York.

PIÉDESTAL

La statue de la Liberté est érigée sur un piédestal de béton plaqué de granit. Cernée d'un mur d'enceinte dessinant le profil d'une étoile à 11 branches, la base est intégrée au fort désaffecté de Fort Wood. L'ensemble s'élève sur 47 m de hauteur, soit 1 m de plus que la hauteur de la statue elle-même.

IMMIGRANTS ENTRE 1810 ET 1916

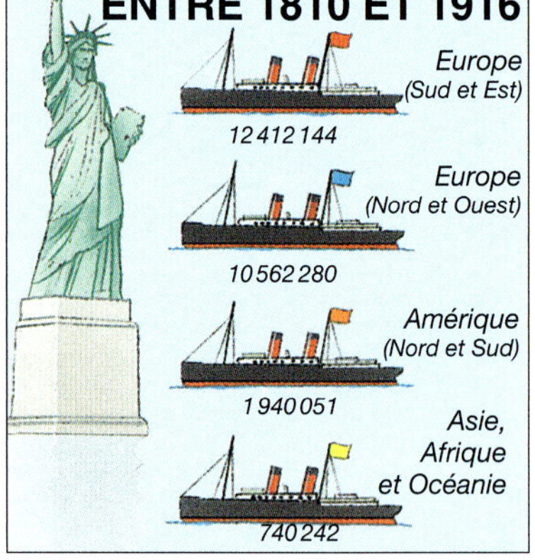

La plupart des immigrants qui débarquèrent aux États-Unis entre 1870 et 1916 arrivaient d'Europe de l'Est et d'Europe méridionale.

Pour en savoir plus

LES ÉTATS-UNIS (HISTOIRE)

Suisse et Liechtenstein

La Suisse est un pays sans débouché sur la mer, situé au cœur de l'Europe. Les Alpes forment une importante barrière au sud. Au nord, les monts du Jura forment sa frontière avec la France. Le lac Léman, à la frontière française, est alimenté par le Rhône.

LIECHTENSTEIN
Superficie : 160 km²
Population : 36 000
Capitale : Vaduz
Langues : allemand, dialecte alémanique, italien
Religions : catholique, protestante
Monnaie : franc suisse

SUISSE
Superficie : 41 284 km²
Population : 7 568 000
Capitale : Berne
Langues : allemand, suisse allemand, français, italien, romanche
Religions : catholique, protestante, musulmane
Monnaie : franc suisse

PAYS DE HAUTES MONTAGNES (elles occupent près des trois quarts du territoire) et de vallées isolées, les 23 cantons suisses constituent une confédération depuis 1291. Ayant accès au nord par le Rhin et contrôlant les passes des Alpes vers le sud, la Suisse domine les routes commerciales nord-sud de l'Europe depuis plusieurs siècles. Pauvre en ressources naturelles, le pays est devenu un riche centre financier, bancaire et commercial, réputé également pour son industrie mécanique, pharmaceutique, de précision (horlogerie) et agroalimentaire (laitage, chocolat).
Le Liechtenstein, minuscule pays montagneux à la frontière orientale de la Suisse, constitue lui aussi un important centre financier et industriel.

PÂTURAGES ALPINS
La plupart des villages alpins se nichent au pied des montagnes et dans les plaines des vallées où le sol est fertile, l'eau abondante et le climat tempéré. Les pentes exposées au sud permettent même la culture de vignes. Les vaches laitières paissent dans les vallées en hiver, et sur les luxuriants pâturages alpins en été.

SPORTS D'HIVER
Chaque année, plus de 100 millions de visiteurs viennent dans les Alpes suisses pratiquer l'alpinisme, la randonnée et les sports d'hiver, dans des stations qui allient souvent une architecture traditionnelle à la modernité de leurs équipements : hôtels de luxe, vastes domaines skiables sillonnés de télésièges et de téléphériques, et qui offrent de surcroît les services de moniteurs et de guides chevronnés. Mais l'impact du tourisme peut devenir dangereux : les arbres sont abattus pour faire des pistes de ski, multipliant ainsi les risques d'avalanches.

LAC LÉMAN
De pittoresques villages bordent les rivages du plus grand lac alpin d'Europe, en particulier au nord, où le sol est fertile. Genève, au sud-ouest du lac, constitue un important centre bancaire et d'assurances. De nombreuses organisations internationales, telles que la Croix-Rouge, y ont leur siège.

ÉCHELLE
0 50 km

Volcan | Montagne | Capitale | Grande ville | Petite ville

Pour en savoir plus
L'EUROPE (HISTOIRE)
LES MONTAGNES (DÉFINITION)
LES MONTAGNES (FAUNE ET FLORE)
LE SPORT

S

les Sumériens

IL Y A PRÈS DE 5 000 ANS, les populations de Sumer, région fertile de basse Mésopotamie (actuel Irak) baignée par le Tigre et l'Euphrate, bâtirent les toutes premières cités-États de l'humanité. La brique servant à la construction d'habitations et de temples imposants fut élaborée à partir de l'argile des berges des fleuves. Les Sumériens mirent au point l'un des premiers systèmes d'écriture de l'histoire, en poinçonnant des tablettes d'argile humide séchées ensuite au soleil. Le prestige de cités comme Our et Ourouk se répandit à travers tout le Moyen-Orient que sillonnaient les marchands sumériens. La civilisation sumérienne prospéra jusqu'en 2000 av. J.-C., lorsque des tribus du désert commencèrent à envahir la région.

MÉSOPOTAMIE
La Mésopotamie délimitait une vallée fertile entre le Tigre et l'Euphrate. Les Sumériens occupèrent le sud de ce territoire et Our brilla comme la première des grandes cités-États de cette civilisation.

L'écriture cunéiforme se présentait sous forme de signes poinçonnés dans l'argile humide à l'aide d'une pointe de roseau taillé.

GILGAMESH
Les Sumériens furent les auteurs de la première épopée écrite qui ait survécu au temps. Cette légende, gravée sur des tablettes d'argile, raconte l'histoire de Gilgamesh, roi d'Ourouk et fils d'une déesse et d'un homme. Jeune roi sanguinaire, Gilgamesh terrassa deux monstres terrifiants avant de parcourir le monde souterrain à la recherche de l'immortalité.

ZIGGOURAT
Au cœur de chaque cité sumérienne s'élevait une tour à gradins, appelée ziggourat. Les Sumériens pensaient que plus ces édifices religieux étaient hauts, plus ils avaient de chances d'atteindre les cieux. Chacun de ces temples pouvait abriter l'une des nombreuses divinités vénérées par les Sumériens. Seuls les prêtres étaient autorisés à s'y recueillir.

SUMER
La région comprise entre les deux fleuves était fertile mais sèche. Les agriculteurs creusèrent des canaux et développèrent un système d'irrigation élaboré qui favorisa une agriculture intensive dont les récoltes étaient suffisantes pour en assurer le commerce. Les Sumériens exploitaient les ressources des berges des fleuves, comme les roseaux qui servaient à la construction de bateaux et de simples huttes ou encore l'argile avec laquelle ils fabriquaient des briques et des poteries.

Barbe taillée à la mode mésopotamienne.

SARGON
Serviteur du roi de Kish, en Mésopotamie, au nord de Sumer, Sargon accéda bientôt au trône d'Akkad. Vers 2350 av. J.-C., il conquit Sumer, puis toute la Mésopotamie et l'est du territoire d'Élam. Il fut le premier à unifier la Mésopotamie. Roi puissant et protecteur des marchands, Sargon assura la prospérité de son royaume à travers le commerce.

Les ouvriers creusaient pour extraire l'argile.

Pour en savoir plus
L'ÂGE DU BRONZE
LES ALPHABETS
LA ROUE

Techniques et technologies

Marteaux en forme de galets et d'os

Silex

ÂGE DE PIERRE
L'âge de pierre définit une période de la préhistoire au cours de laquelle les hommes ont appris à fabriquer toutes sortes d'outils en silex. Ils se servaient de galets et d'os comme de marteaux pour tailler le silex et lui donner un bord tranchant comme une lame.

L'INVENTION DES OUTILS EN PIERRE, il y a plus de 2 millions d'années, a marqué le début de la technique. Pour la première fois, des hommes découvraient qu'il était plus facile de couper ou de trancher avec des outils qu'à mains nues. Mais bien que sa naissance remonte à la préhistoire, la technique ne s'est réellement développée qu'au moment de la révolution industrielle, à partir du début du XVIIIe siècle, c'est-à-dire quand elle est devenue l'application d'idées scientifiques à la réalisation de machines destinées à faciliter l'exécution de certaines tâches. Depuis, le progrès technique a transformé notre monde et nos modes de vie. Il nous a donné des transports rapides et sûrs, des matériaux comme le plastique, des moyens de communication à l'échelle planétaire et de très nombreux appareils. C'est certainement la médecine moderne, à laquelle nous devons l'amélioration de notre santé et l'augmentation de notre espérance de vie, qui a le plus bénéficié du progrès technique. Mais, revers de la médaille, les armes de guerre sont devenues terriblement destructrices et les problèmes environnementaux de plus en plus inquiétants. Le progrès technique lui-même dépend souvent de ressources non renouvelables, comme le pétrole. Les gouvernements sont en quête de solutions alternatives.

Des batteuses aident les agriculteurs à séparer les grains de riz de leurs épis et de leurs enveloppes. Auparavant le travail était effectué à la main.

ORDINATEURS
Le développement des ordinateurs a été l'une des avancées technologiques les plus importantes du XXe siècle. L'invention de la puce électronique (à droite) a marqué le début de l'ère électronique. De nombreuses tâches, jusque-là effectuées manuellement ou qui auraient demandé un temps considérable ont été automatisées. Utilisés dans de nombreux secteurs d'activité, les ordinateurs ont contribué à l'essor de nouvelles technologies.

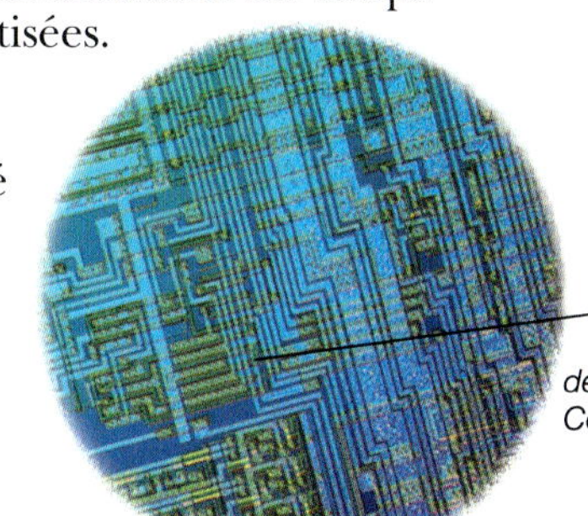

Les puces sont au cœur des ordinateurs. Ces minuscules dispositifs stockent et traitent d'énormes quantités d'informations à grande vitesse.

TECHNIQUES RUDIMENTAIRES
Les pays pauvres n'ont pas les moyens de se procurer la technologie des pays riches. La préoccupation essentielle des habitants est de se nourrir et de se loger. Ils continuent à utiliser des machines relativement simples, comme des moulins à vent pour actionner les pompes d'irrigation.

Les vêtements synthétiques sont légers, lavables en machine et confortables.

Ce casque est en plastique et polystyrène. Sa forme aérodynamique accroît la vitesse du cycliste.

Les handicapés peuvent participer à des activités sportives grâce aux apports de la technologie, comme ce vélo spécialement conçu pour eux.

La roue, inventée en 3500 av. J.-C., a révolutionné les moyens de transport.

VIE MODERNE
Dans le monde occidental, le progrès technique a facilité la vie quotidienne. Les machines à laver, les automobiles et les distributeurs automatiques, en nous allégeant de certaines tâches, nous laissent davantage de temps à consacrer aux sports et aux loisirs. Et nous pouvons voyager pour découvrir d'autres cultures et d'autres environnements.

TECHNOLOGIE MÉDICALE
Des inventions comme la radiographie et le scanner aident les médecins à détecter et à traiter les maladies. Ils peuvent transplanter des organes, poser des stimulateurs cardiaques et réparer des tissus endommagés. Lunettes, lentilles de contact ou prothèses auditives ont transformé la vie quotidienne des personnes qui souffraient de troubles de la vue ou de l'audition. Les prothèses orthopédiques sont devenues plus performantes : de nombreuses personnes peuvent marcher après qu'on leur a remplacé la hanche.

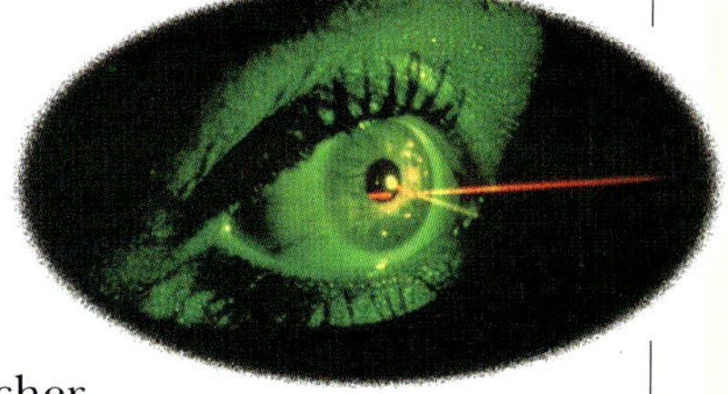

Le laser peut corriger certains défauts de l'œil sans scalpel.

TECHNOLOGIE MILITAIRE

Les armes et les systèmes de navigation militaires utilisent beaucoup de technologie. Les civils en profitent, comme ce fut le cas avec le moteur à réaction et le radar, indispensables aux avions de ligne.

TÉLÉCOMMUNICATIONS

Aujourd'hui, partout dans le monde, on communique instantanément. Paroles, images et textes sont transformés en signaux transmis par des câbles, des ondes radio ou des satellites à des téléphones, des fax, des radios, des ordinateurs et des télévisions.

AGROALIMENTAIRE

De la culture à la distribution, en passant par la récolte et la conservation des denrées alimentaires, la technologie s'est invitée dans nos assiettes. Le développement des échanges internationaux et des transports a enrichi le choix des aliments.

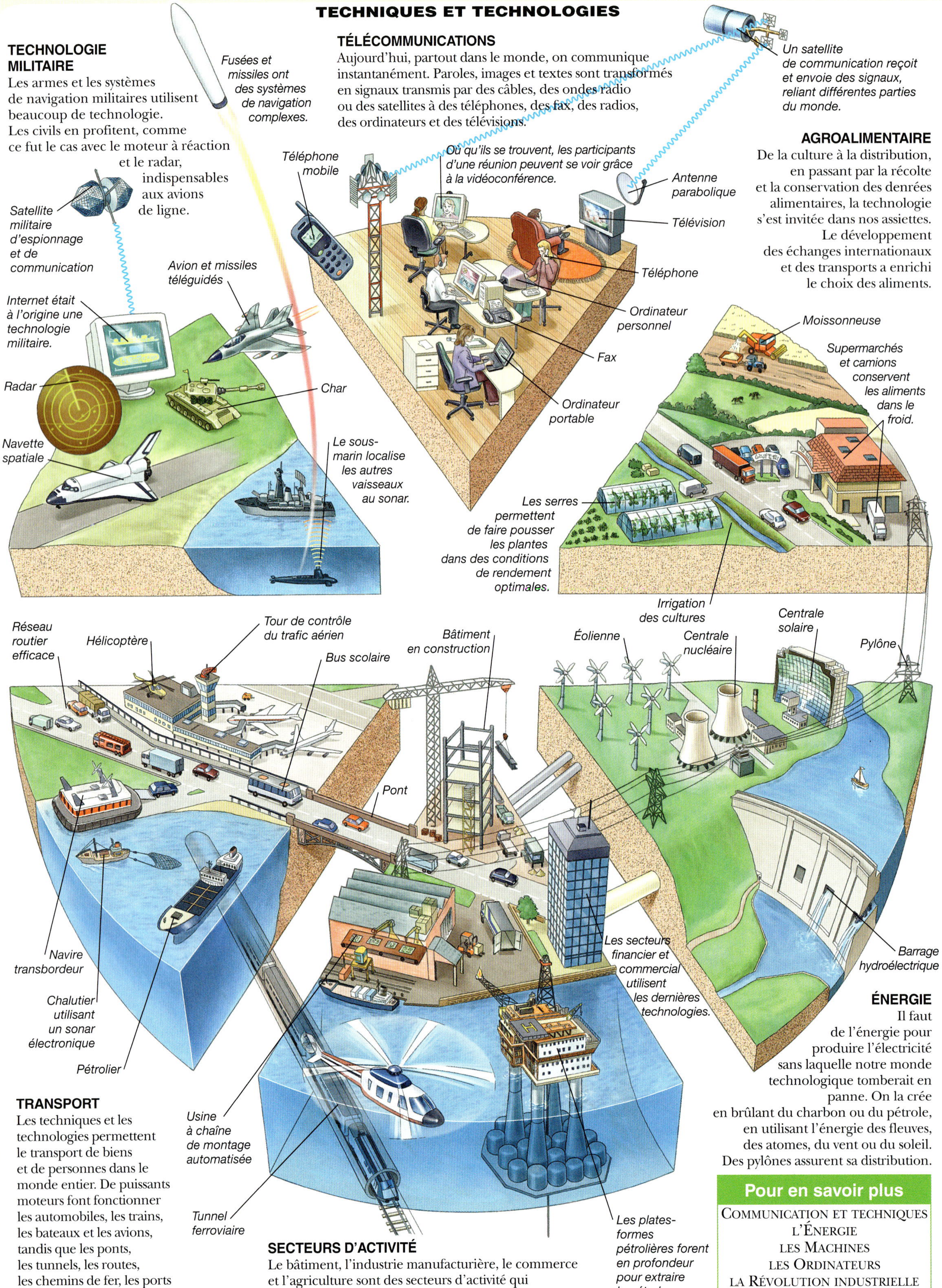

TRANSPORT

Les techniques et les technologies permettent le transport de biens et de personnes dans le monde entier. De puissants moteurs font fonctionner les automobiles, les trains, les bateaux et les avions, tandis que les ponts, les tunnels, les routes, les chemins de fer, les ports et les aéroports rendent possibles leurs déplacements.

SECTEURS D'ACTIVITÉ

Le bâtiment, l'industrie manufacturière, le commerce et l'agriculture sont des secteurs d'activité qui dépendent beaucoup du progrès technique pour leurs équipements, leurs machines et leurs systèmes.

ÉNERGIE

Il faut de l'énergie pour produire l'électricité sans laquelle notre monde technologique tomberait en panne. On la crée en brûlant du charbon ou du pétrole, en utilisant l'énergie des fleuves, des atomes, du vent ou du soleil. Des pylônes assurent sa distribution.

Pour en savoir plus

COMMUNICATION ET TECHNIQUES
L'ÉNERGIE
LES MACHINES
LES ORDINATEURS
LA RÉVOLUTION INDUSTRIELLE
LES TRANSPORTS

le Téléphone

Un haut-parleur, ou écouteur, est équipé d'une fine membrane métallique qui vibre à la réception des signaux électriques qu'elle convertit en ondes sonores.

Des circuits électroniques génèrent des signaux à chaque pression sur une touche du clavier. Ils amplifient les signaux électriques entrants et les envoient à l'écouteur.

Les ondes sonores émises par l'interlocuteur frappent la membrane du microphone. Les vibrations de la membrane sont transformées en signaux électriques qui sont envoyés aux câbles téléphoniques.

UNE PRESSION sur quelques touches du téléphone suffit aujourd'hui pour entrer en communication avec un correspondant à l'autre bout du monde. Bien plus que toute autre invention, le téléphone participa à « raccourcir les distances ». Un signal téléphonique peut prendre plusieurs formes tout au long de son trajet. En ville, il s'apparente à un courant électrique circulant dans des câbles ou à des ondes lumineuses transmises par fibres optiques. Il peut également transiter par les ondes radio, émises et reçues par les téléphones portables, ou réfléchies d'un continent à l'autre par les satellites de télécommunication. De nombreux appareils électroniques, comme les ordinateurs, communiquent entre eux en envoyant des signaux *via* les réseaux téléphoniques. Les télécopieurs utilisent les lignes téléphoniques pour envoyer des textes et des images.

COMBINÉ TÉLÉPHONIQUE

Un courant direct de faible intensité circule dans les câbles reliés au combiné. Les signaux représentant les sons, comme les voix des correspondants, ceux véhiculant des données informatiques ou les messages des télécopieurs sont transmis sous forme d'impulsions rapides qui font varier l'intensité du courant.

Des câbles électriques connectés aux réseaux téléphoniques donnent accès à la planète tout entière.

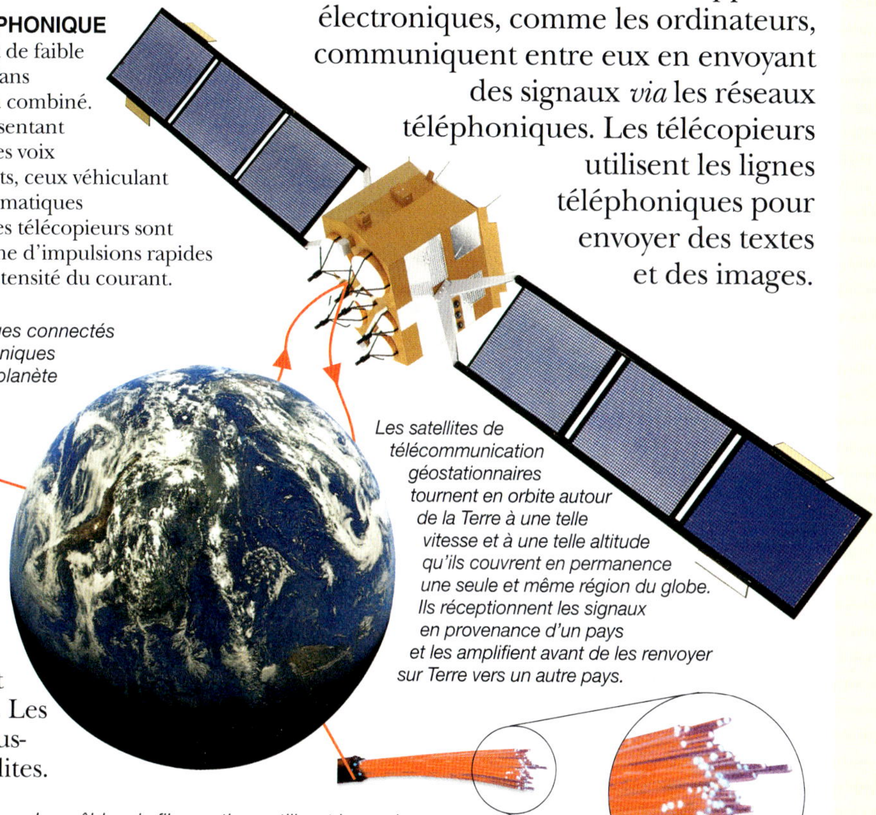

Les satellites de télécommunication géostationnaires tournent en orbite autour de la Terre à une telle vitesse et à une telle altitude qu'ils couvrent en permanence une seule et même région du globe. Ils réceptionnent les signaux en provenance d'un pays et les amplifient avant de les renvoyer sur Terre vers un autre pays.

RÉSEAU TÉLÉPHONIQUE

De puissants ordinateurs contrôlent les échanges téléphoniques et gèrent les liaisons entre les correspondants. Dès qu'un numéro est composé sur un clavier de téléphone, une liaison automatique est établie avec un central interurbain qui transmet l'appel. Les appels internationaux sont acheminés par des câbles sous-marins ou sous forme d'ondes radio au moyen des satellites.

Les images et les textes imprimés par les télécopieurs ont des contours irréguliers car ils sont formés à partir de centaines de point d'encre.

Les câbles de fibre optique utilisent les ondes de la lumière pour véhiculer simultanément des centaines de communications téléphoniques.

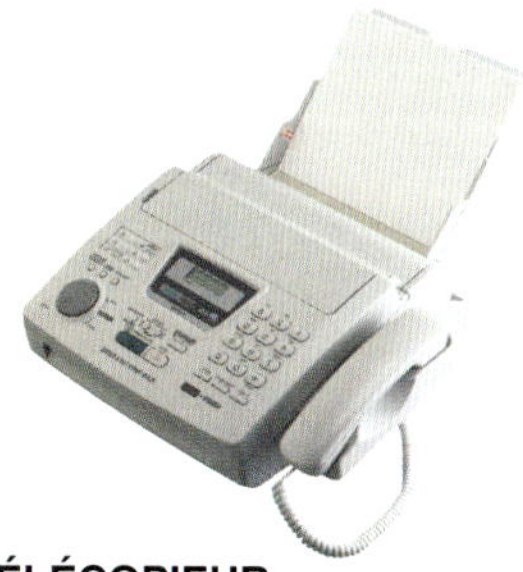

TÉLÉCOPIEUR

Un télécopieur (fax) est un dispositif permettant d'envoyer ou de recevoir des images et du texte au moyen d'une ligne téléphonique. Le télécopieur convertit une image en une série de 0 et de 1 (mode point) qui peuvent être transmis comme des données informatiques conventionnelles. Sur le lieu de la réception, un télécopieur lit les données d'entrée, convertit la série de 0 et de 1 en points, et réimprime l'image.

ALEXANDER GRAHAM BELL

L'inventeur du téléphone est un ingénieur américain d'origine écossaise du nom d'Alexander Graham Bell (1847-1922). En 1875, Bell expérimenta un dispositif de transmission de la voix à distance par câble électrique. Il utilisa des languettes d'acier mobiles qui en vibrant à une extrémité de la ligne produisaient un son à l'autre extrémité. En 1876, Bell fit breveter son invention sous le nom de vibraphone, en fait l'ancêtre du téléphone.

TÉLÉPHONE PORTABLE

Un téléphone sans fil est équipé d'un émetteur et d'un récepteur radio qui communiquent avec une base reliée à une ligne téléphonique. Un téléphone portable fonctionne grâce à de puissantes antennes relais. Grâce aux progrès de la technologie, les téléphones portables deviennent de plus en plus polyvalents et sont dédiés à bien d'autres fonctions que celle de la simple téléphonie ; ils servent aussi à envoyer des courriels, à écouter de la musique....

Pour en savoir plus

COMMUNICATION ET TECHNIQUES
LES ORDINATEURS
LE SON (DÉFINITION)

http://hubblesite.org

les Télescopes

OBSERVÉ À L'ŒIL NU de très loin, un individu se résume à un point minuscule ; un instrument optique comme une lunette permettra de distinguer une image claire et nette et révélera jusqu'aux détails de son visage. Les grands télescopes modernes donnent accès aux objets célestes les plus éloignés. Le télescope Hale installé au mont Palomar, en Californie (États-Unis), peut détecter des objets comme les quasars, distants de 30 milliards de kilomètres de la Terre. Les instruments moins puissants, comme les lunettes, sont utiles aux cartographes, aux navigateurs et aux ornithologues. Les télescopes sont à la base des grandes découvertes scientifiques sur l'Univers. En 1609, l'astronome italien Galilée fut le premier à observer le ciel à l'aide d'une lunette. Ses observations l'amenèrent à conclure que la Terre n'était pas le centre de l'Univers mais qu'elle tournait autour du Soleil. Les télescopes ont depuis aidé les astronomes à se plonger dans l'étude des confins de l'Univers, à la recherche de nouvelles étoiles et planètes.

JUMELLES DE THÉÂTRE
Simple instrument d'optique, les jumelles de théâtre sont formées de deux lunettes identiques placées côte à côte.

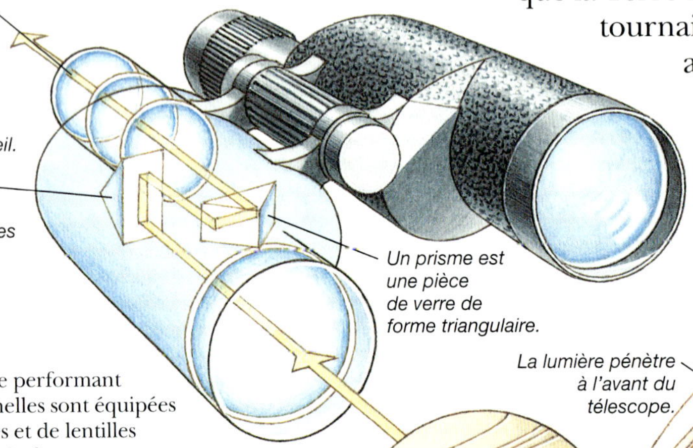

JUMELLES
Instrument optique performant et compact, les jumelles sont équipées d'un jeu de prismes et de lentilles qui permet d'obtenir des taux de grossissement relativement importants.

Quand le télescope Hale fut construit, l'observateur s'installait à l'intérieur même de l'appareil pour y scruter les étoiles. À sa place, désormais, est installé un détecteur électronique.

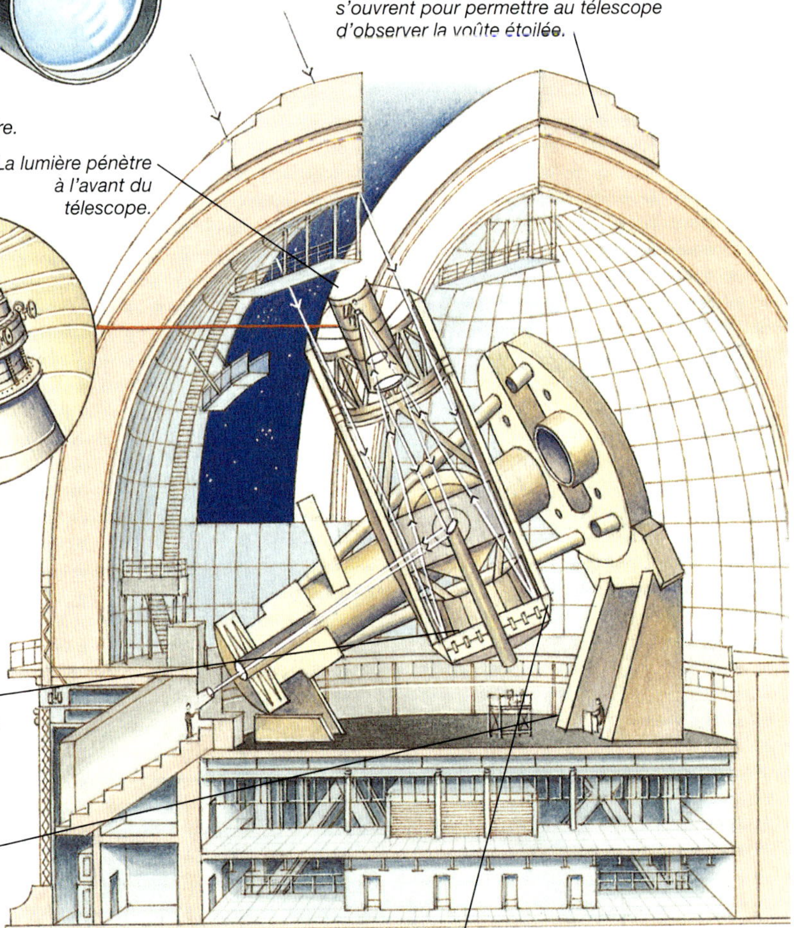

TÉLESCOPES RÉFLECTEURS
La plupart des astronomes utilisent des télescopes réflecteurs qui permettent de capter la faible lueur des étoiles les plus éloignées. Un large miroir concave capte la lumière et la focalise pour former une image. Un miroir plus petit renvoie l'image vers une lentille appelée oculaire. Une caméra ou un capteur électronique photosensible équipe généralement l'oculaire des télescopes astronomiques.

RADIOTÉLESCOPES
Les étoiles et autres objets célestes émettent de la lumière et des ondes radio invisibles. Les astronomes utilisent des radiotélescopes équipés de larges antennes paraboliques qui captent les ondes radio en provenance de l'espace. La radioastronomie a conduit à la découverte d'étoiles éteintes et de galaxies lointaines qui n'auraient pu être détectées par leur seul rayonnement lumineux.

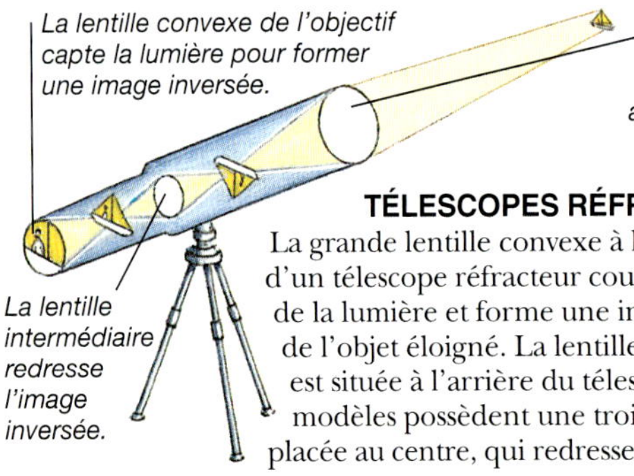

TÉLESCOPES RÉFRACTEURS
La grande lentille convexe à l'avant d'un télescope réfracteur courbe la trajectoire de la lumière et forme une image inversée de l'objet éloigné. La lentille de l'oculaire est située à l'arrière du télescope. Certains modèles possèdent une troisième lentille, placée au centre, qui redresse l'image inversée.

Pour en savoir plus
L'ASTRONOMIE
LA LUMIÈRE
LES MICROSCOPES
LES SCIENCES (HISTOIRE)

http://www.ina.fr/

Télévision et vidéo

DEPUIS SON INVENTION, au début du XXe siècle, la télévision s'est imposée comme l'une des premières sources de divertissement et d'information au monde. La télévision informe le public en diffusant en temps réel des images de conflits, de désastres ou d'événements marquants à l'échelle planétaire. Les programmes télévisuels se présentent sous la forme de signaux électroniques transmis au moyen de satellites et de câbles souterrains. Un récepteur de télévision convertit ces signaux en sons et en images. Les images du récepteur peuvent aussi provenir d'enregistrements réalisés sur sur DVD ou directement à partir d'un Caméscope. Les systèmes vidéo en circuit fermé assurent quant à eux la surveillance de magasins et de bureaux, du public lors de manifestations sportives ou aident à la régulation du trafic routier.

Le cadreur contrôle les mouvements de la caméra montée sur un pied mobile.

Prompteur

La présentatrice lit le texte qui défile sur le prompteur placé dans l'axe de la caméra.

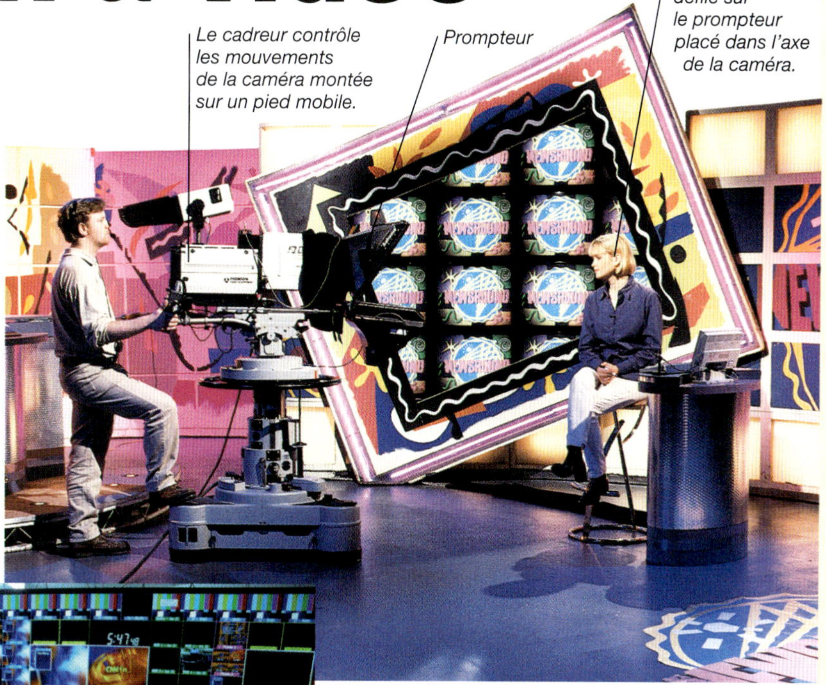

STUDIO DE TÉLÉVISION
En l'espace de quelques heures, le plateau d'un studio peut accueillir un spectacle de variétés, une pièce de théâtre, un débat politique… Les décors doivent pouvoir être changés rapidement. Présentateurs et techniciens travaillant derrière les caméras sont équipés d'oreillettes et de casques pour recevoir les instructions de la régie. La plupart des programmes sont enregistrés, parfois plusieurs mois à l'avance.

RÉGIE
Le réalisateur et le responsable du montage prennent place dans la salle de régie (ci-dessus) face à une série d'écrans, où défilent des images enregistrées en studio ou à l'extérieur, des séquences vidéo ou encore des images envoyées par satellite. D'autres écrans font apparaître photographies, légendes et titrages. Le responsable du montage suit les instructions du réalisateur pour sélectionner les images qui apparaîtront à l'écran, leur ordre et leur durée. Le son est mixé en même temps. Le producteur juge du résultat final et donne son accord pour la diffusion du programme.

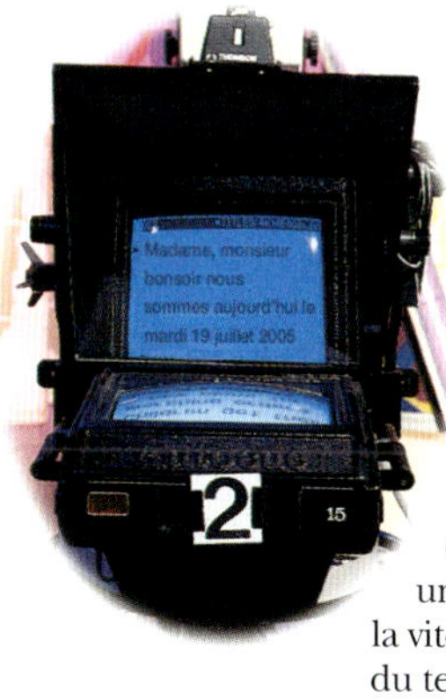

PROMPTEUR
Le présentateur lit son texte sur l'écran du prompteur. Le texte imprimé sur l'écran d'un ordinateur se réfléchit dans un miroir bidirectionnel placé à l'avant de l'objectif de la caméra. En studio, un opérateur contrôle la vitesse de défilement du texte.

REPORTAGES SUR LE TERRAIN
Les équipes qui réalisent des reportages sur le terrain utilisent des caméras légères pour plus de mobilité. Les images sont enregistrées sur bande magnétique ou envoyées au studio à l'aide d'une antenne parabolique mobile.

La prise de son s'effectue à l'aide d'une perche équipée d'un microphone.

Les monteurs visionnent les séquences originales et procèdent à leur montage final.

MONTAGE
Lorsqu'un programme n'est pas diffusé en direct, un monteur rassemble les enregistrements réalisés par chacune des caméras et sélectionne les meilleures séquences. Les séquences sont recopiées et montées dans l'ordre de diffusion à la console de montage (ci-contre). Le montage permet de filmer des séquences sans respecter un ordre précis et selon différents angles de prise de vue. De la qualité du montage dépendent la fluidité et l'impact d'un programme.

TÉLÉVISEUR

Un téléviseur capte les signaux émis par les stations de télévision et les convertit en images, se succédant à une cadence de 25 à 60 images par seconde pour donner l'illusion du mouvement. Le type d'écran de télévision le plus courant est l'écran LCD (à cristaux liquides). Un écran LCD présente des millions de minuscules points lumineux appelés pixels. Chaque pixel est constitué d'un sous-pixel rouge, vert et bleu – les combinaisons de ces trois couleurs permettant de restituer toutes les couleurs d'une image. La couleur des sous-pixels est contrôlée par des cristaux liquides. Les circuits électroniques du téléviseur envoient des signaux électriques à travers les cristaux liquides qui, tels de minuscules interrupteurs, allument ou éteignent chaque sous-pixel.

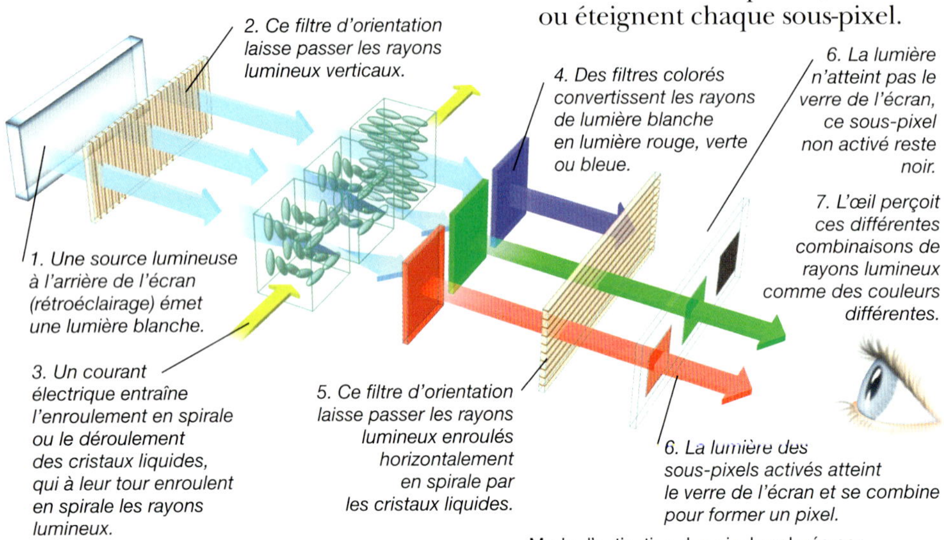

Mode d'activation des pixels colorés par les cristaux liquides d'un écran LCD

TRANSMISSION

Pour parvenir chez le téléspectateur, les signaux de télévision peuvent emprunter plusieurs routes. En règle générale, les émetteurs diffusent directement chez l'abonné les signaux des stations de télédiffusion sous forme d'ondes radio à ultra-haute fréquence (UHF). Les signaux peuvent également être transmis par satellite ou depuis une station terrestre qui les capte et les envoie par câble chez les abonnés.

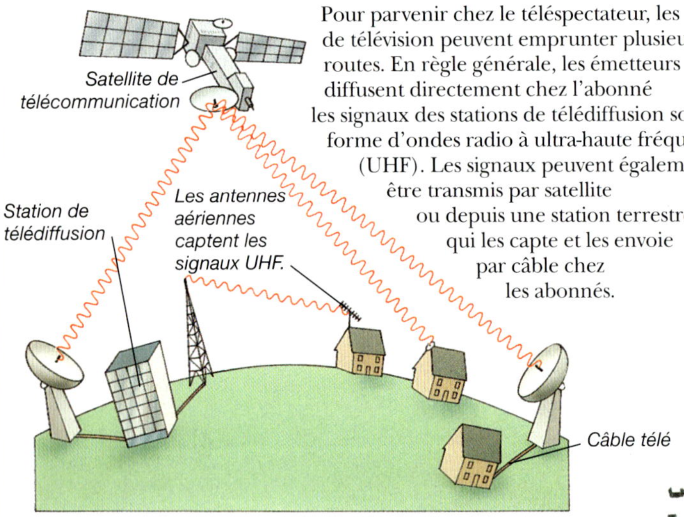

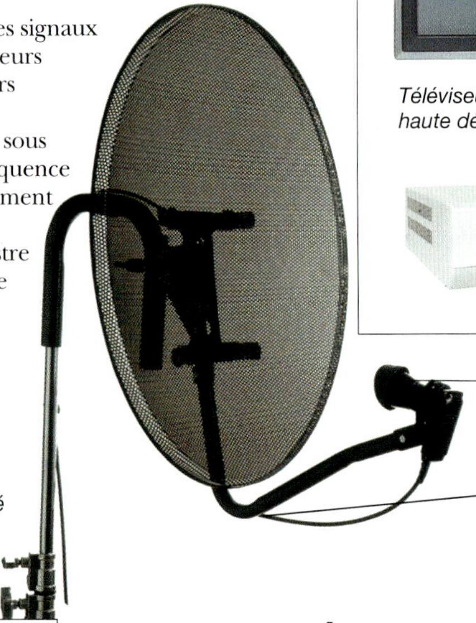

NOUVELLES TECHNOLOGIES

Les téléviseurs à écrans plats plasma ou à cristaux liquides se sont généralisés, mais seront bientôt remplacés par des téléviseurs à écrans ultraminces, à diodes électroluminescentes organiques, issus des technologies LED et OLED.

Minilecteur vidéo

Les programmes sont diffusés en haute définition (HD) et les écrans utilisent de plus en plus de pixels pour restituer une image de meilleure qualité. Des enregistreurs vidéo numériques stockent les images sur disque dur. Les films et les émissions peuvent être téléchargés depuis Internet. La télévision numérique fait appel à un code binaire pour transporter les signaux TV avec une meilleure qualité de son et d'image. Grâce à la télévision interactive, les téléspectateurs sélectionnent leurs programmes et leurs heures de diffusion, tout en disposant d'une large gamme d'options.

Téléviseur à écran plat haute définition

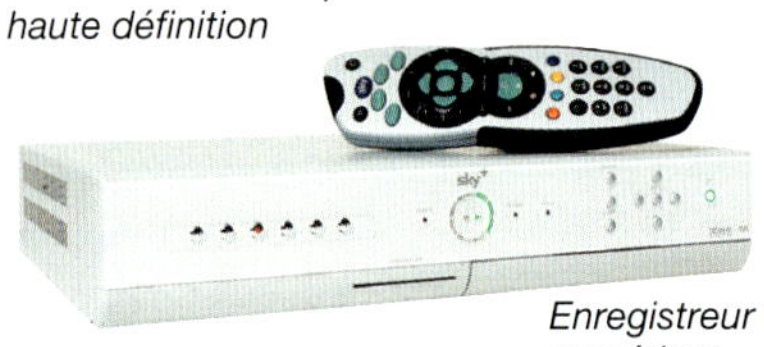

Enregistreur vidéo numérique

INVENTIONS

En 1923, l'Américain d'origine russe Vladimir Kosma Zworykin (1889-1982) fit breveter un tube de caméra qu'il appela iconoscope, mais c'est en 1926 que l'ingénieur écossais John Logie Baird (1888-1946) effectua la première démonstration publique de télévision. L'image était toute petite en rouge et en noir, mais le système de Baird fut utilisé jusqu'au début des années 1930. En 1956, la société américaine Ampex mit au point la bande-vidéo et, en 1969, Sony lança le premier magnétoscope.

CAMÉSCOPES

De nos jours, les caméscopes sont des appareils minuscules, comparés aux anciens caméscopes à cassettes magnétiques. Ils tiennent facilement dans le creux de la main. Presque tous sont numériques et permettent d'enregistrer des séquences vidéos en haute définition et en stéréo. Les images, codées sous forme binaire, sont stockées sur une bande magnétique, un minidisque optique (DVD) ou un disque dur intégré au caméscope.

Caméscope

Pour en savoir plus

Les Appareils photo
Communications et techniques
L'Électronique
Les Radios
Le Son (enregistrement)

les Tempêtes

TORNADES

Les tempêtes les plus violentes sont les tornades. La colonne d'air ascendant qui tourbillonne sous un nuage d'orage est capable de produire des vents de 400 km/h. La pression atmosphérique au centre de l'entonnoir est si basse qu'elle peut faire exploser des immeubles. Une trombe est une tornade au-dessus de la mer qui aspire de l'eau dans son entonnoir. Les vents tournants des tornades de sable en font autant avec le sable du désert.

Les tempêtes sont provoquées par de l'air humide et chaud qui s'élève. Des nuages se forment suite à un refroidissement de l'air ascendant et donnent de la pluie. De l'air pénètre à l'intérieur de la dépression pour remplacer l'air ascendant et des vents violents se mettent à souffler.

Le diamètre du tourbillon circulaire est de 1 500 m.

Le courant ascendant, au centre de l'entonnoir, tourbillonne et aspire tout sur son passage.

À L'INSTANT OÙ vous lisez cette page des orages éclatent sous tous les horizons et la foudre a frappé environ 500 fois. Les violentes perturbations atmosphériques libèrent une puissance phénoménale : l'énergie d'un ouragan pourrait allumer plus d'ampoules électriques qu'il n'y en a aux États-Unis. Les tempêtes, les orages, les ouragans, les tornades et les cyclones sont tous caractérisés par des vents extrêmement forts et résultent toujours de changements dans la pression atmosphérique ou l'humidité de l'air. Certaines régions du monde, par exemple le pourtour du golfe du Mexique, sont régulièrement touchées. Mais la tempête de l'an 2000 a montré que même une région au climat tempéré comme la France n'était pas à l'abri d'une catastrophe de ce genre. Souvent, à la force des vents, s'ajoute la puissance dévastatrice de la pluie, de la neige, du sable ou de la poussière. Lors d'un cyclone, la chute rapide de la pression atmosphérique au centre de la dépression provoque une élévation du niveau de la mer. Associé à la force et à la vitesse du vent au-dessus de l'océan, ce phénomène crée un raz-de-marée terriblement destructeur.

CATASTROPHES NATURELLES

En atteignant les côtes, les vents de 320 km/h qui accompagnent le cyclone ravagent tout sur leur passage. Les plus violents entourent l'œil du cyclone.

CYCLONES

Lorsque de l'air chaud et humide s'élève au-dessus des mers tropicales, il forme un cyclone. La rotation de la Terre fait tourbillonner les vents autour d'un centre étonnamment calme, appelé œil du cyclone. Cette zone, presque sans nuages, où les vents sont faibles, se déplace à une vitesse de 25 km/h et peut mesurer 800 km de diamètre.

ORAGE ET FOUDRE

Les forts courants qui parcourent les nuages d'orage (cumulonimbus) heurtent entre eux les cristaux de glace qui s'y trouvent et leur arrachent des électrons. Le nuage se charge positivement à son sommet, négativement à sa base. Une décharge électrique entre les deux pôles du nuage, entre sa base et le sol ou entre deux nuages produit un éclair. L'air traversé par la foudre, porté à 30 000 °C, se dilate brutalement : c'est le tonnerre.

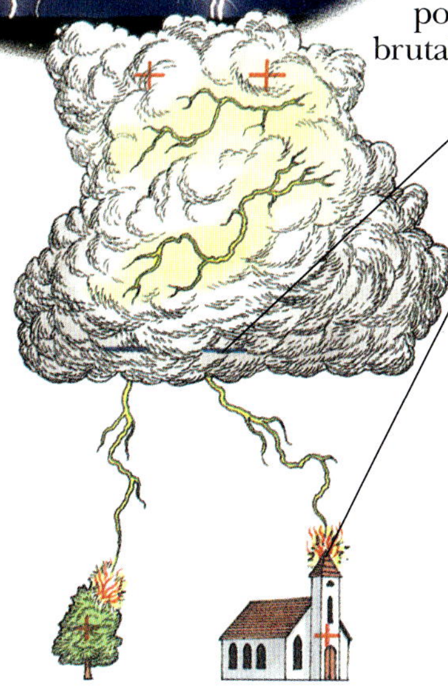

Les charges négatives du nuage attirent les charges positives du sol. La foudre tombe de préférence sur un objet pointu et élevé.

Les bâtiments sont protégés par des paratonnerres, dispositifs métalliques placés sur les toits, qui captent les charges électriques et les canalisent vers le sol.

Pour en savoir plus

LES CLIMATS
LA MÉTÉOROLOGIE
PLUIE ET NEIGE
LE VENT

le Temps

SABLIER
Le sable qui s'écoule à l'intérieur d'un sablier matérialise la fuite du temps. Le sable du bulbe supérieur se vide dans le bulbe inférieur en une heure.

LE TEMPS S'ÉCOULE imperturbablement, toujours dans la même direction, du passé vers le futur. L'homme ne peut modifier le cours du temps mais il sait le mesurer. L'alternance du jour et de la nuit était facilement observable et quantifiable ; à ces premières mesures vinrent s'ajouter d'autres divisions, comme les mois, liés aux observations des phases de la Lune, ou les années, en relation avec le passage des saisons. De nos jours, montres et horloges mesurent le temps en fractions de seconde. En 1905, le physicien allemand Albert Einstein publia sa théorie de la relativité. Pour lui, le temps n'était pas continu et absolu mais lié à la vitesse de déplacement ; le temps passait plus lentement en se rapprochant de la vitesse de la lumière ou en traversant de puissants champs gravitationnels. Certains scientifiques pensent même que le temps s'arrête dans la profondeur des trous noirs.

En réalité la Terre est 400 fois plus éloignée du Soleil que de la Lune.

ANNÉES ET MOIS
Une année est basée sur le temps que met la Terre à accomplir son orbite autour du Soleil, soit 365,26 jours. Les mois varient de 28 à 31 jours. À l'origine, ils correspondaient au temps que mettait la Lune à accomplir son orbite autour de la Terre, soit 27,3 jours.

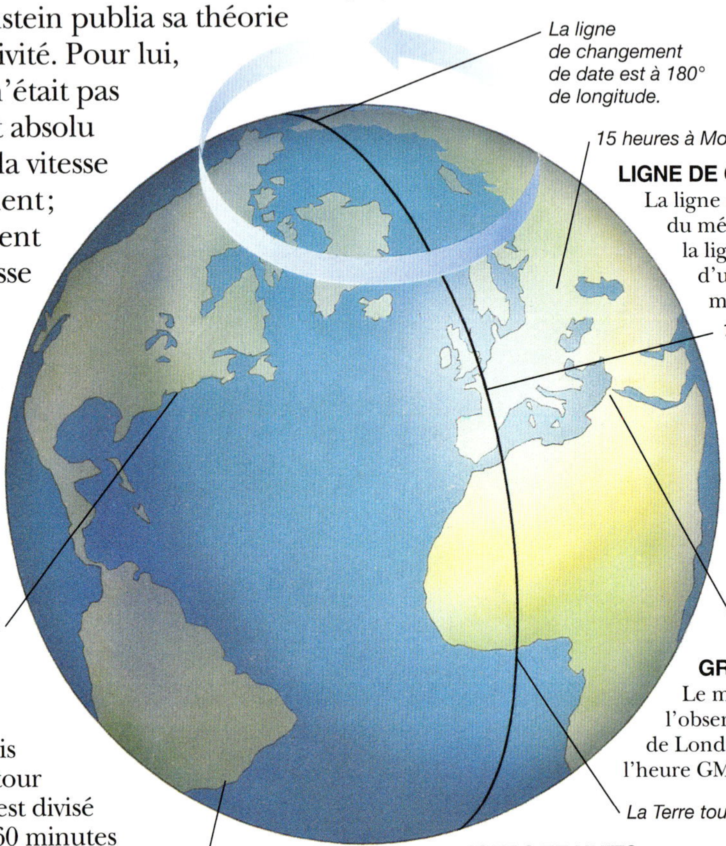

La ligne de changement de date est à 180° de longitude.

15 heures à Moscou, en Russie

LIGNE DE CHANGEMENT DE DATE
La ligne de changement de date suit le tracé du méridien de Greenwich. À l'ouest de la ligne de changement de date on recule d'un jour par rapport à l'est de cette même ligne.

13 heures à Paris

FUSEAUX HORAIRES
Le monde est divisé en 24 fuseaux horaires correspondant chacun à une heure différente du jour. Cette division fut établie afin d'éviter trop de différences d'heures au sein d'une même zone et de façon que le Soleil soit à son zénith dans tous les pays au moment de midi.

14 heures au Caire, en Égypte

7 heures à New York, aux États-Unis

GREENWICH MEAN TIME
Le méridien d'origine passant par l'observatoire de Greenwich, près de Londres, sert de référence pour fixer l'heure GMT.

La Terre tourne dans le sens contraire des aiguilles d'une montre.

DIVISIONS DU TEMPS
Un jour correspond au temps mis par la Terre pour accomplir un tour complet sur elle-même. Le jour est divisé en 24 heures, chaque heure en 60 minutes et chaque minute en 60 secondes. Ces divisions furent établies par les Babyloniens il y a près de 5 000 ans ; 24 et 60 étaient effectivement facilement divisibles par deux, trois et quatre.

9 heures à Rio de Janeiro, au Brésil

JOURS ET NUITS
Le Soleil éclaire environ une moitié de la Terre là où il fait jour. L'autre moitié restée dans l'ombre est plongée dans la nuit. L'alternance des jours et des nuits correspond à la rotation de la Terre sur son axe toutes les 24 heures. L'inclinaison de la Terre sur son axe et sa position par rapport au Soleil entraînent des différences de durée entre le jour et la nuit.

Le calendrier hindou est basé sur des mois lunaires. Diwali, fête des Lumières, marque le début de la nouvelle année, entre octobre et novembre.

CALENDRIERS
Les dates sont fixées par le calendrier. Le calendrier occidental compte 12 mois et 365 jours. Tous les quatre ans, les années bissextiles, le mois de février compte 29 jours. Les années bissextiles sont des années divisibles par quatre, comme 1996 ou 2000. Elles s'expliquent par le fait que la Terre met un peu plus de 365 jours pour effectuer un tour complet autour du Soleil. Des constructions mégalithiques auraient servi aux hommes préhistoriques d'instruments de mesure pour calculer la position exacte du Soleil et déterminer la durée d'une année.

Deux fois par an, aux équinoxes, jour et nuit ont la même durée, lorsque le Soleil est dans le plan de l'équateur.

Pour en savoir plus
ALBERT EINSTEIN
LES ÉTOILES
MONTRES ET HORLOGES
LA PHYSIQUE
LES SCIENCES (DÉFINITION)
LA TERRE
L'UNIVERS

la Terre

La terre est l'une des huit planètes gravitant autour du Soleil et la seule du système solaire à abriter la vie. L'oxygène présent dans son atmosphère et l'eau de ses océans ont contribué à l'apparition et au maintien de la vie. De toutes les planètes du système solaire, la Terre est la seule placée à distance idéale de l'astre solaire pour n'être ni trop chaude, ni trop froide. Plus des deux tiers de la surface terrestre sont occupés par les eaux. Le noyau de notre planète est un mélange de fer et de nickel enveloppé d'un manteau formé de couches successives de roches. L'équilibre fragile qui participe au maintien de la vie sur Terre commence à être menacé par la pollution, la surpopulation et l'épuisement des ressources.

TERRE VUE DE L'ESPACE
Les astronautes observèrent pour la première fois la Terre depuis l'espace. Cette image montre la Terre s'élevant au-dessus de l'horizon lunaire.

ATMOSPHÈRE
Une épaisse couche d'air d'environ 2 000 km, l'atmosphère, enveloppe la Terre. Principalement composée d'oxygène et d'azote, l'atmosphère forme une sorte de bouclier protecteur contre le rayonnement ultraviolet issu du Soleil et évite que la Terre ne se refroidisse ou ne se réchauffe à l'excès.

OCÉANS
Les océans forment de vastes dépressions dans l'écorce terrestre. La profondeur moyenne de ces étendues d'eau est estimée à 3,5 km.

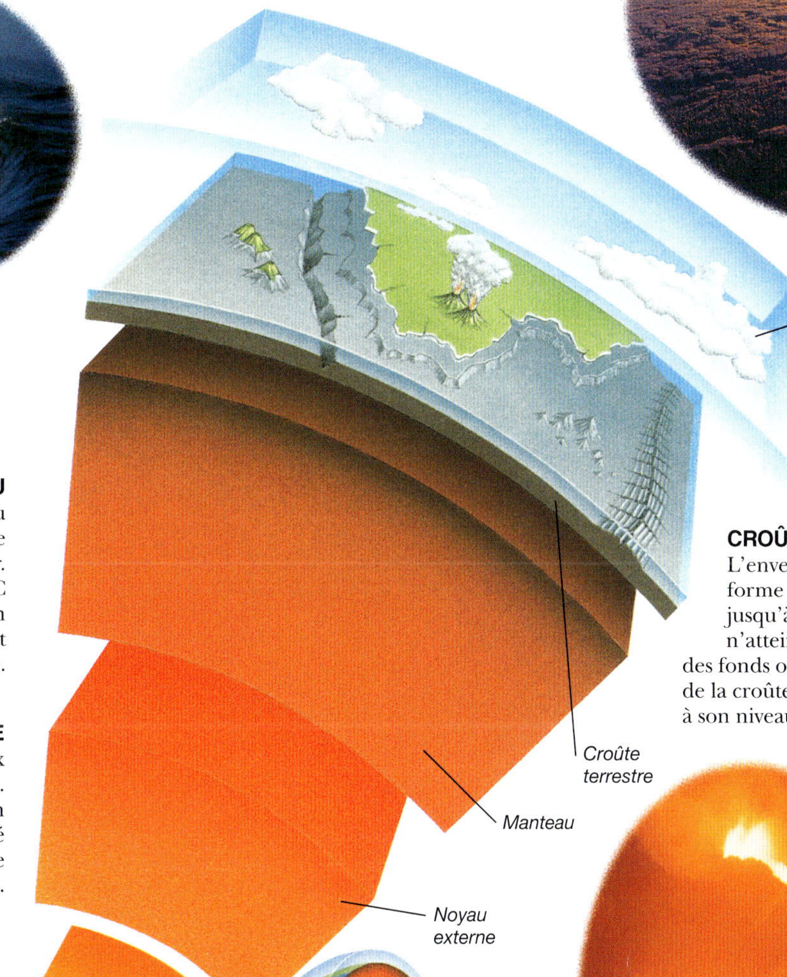

MANTEAU
Sous la croûte s'étend le manteau formant une couche rocheuse de près de 2 900 km d'épaisseur. La température s'élève à 3 700 °C à la base du manteau ; la pression qui s'exerce à ce niveau parvient à maintenir la roche à l'état solide.

CROÛTE TERRESTRE
L'enveloppe rocheuse externe de la Terre forme la croûte terrestre. Elle s'enfonce jusqu'à 70 km sous les continents mais n'atteint que 6 km d'épaisseur au niveau des fonds océaniques. La température de la croûte terrestre atteint les 1 500 °C à son niveau le plus bas.

NOYAU EXTERNE
Le noyau de la Terre forme deux couches, externe et interne. Le noyau externe d'environ 2 000 km d'épaisseur est constitué de fer en fusion ; sa température est approximativement de 2 200 °C.

NOYAU INTERNE
Une boule de fer et de nickel d'environ 2 740 km de diamètre se niche au cœur de la Terre. En son centre la température atteint les 4 500 °C.

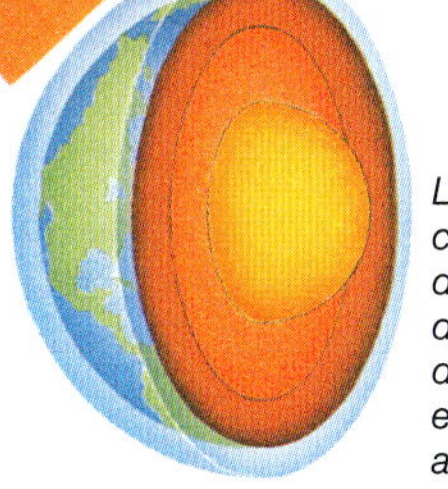

La Terre est constituée de couches d'air, d'eau, de fer, de nickel et de roches autour d'un noyau de fer et de nickel.

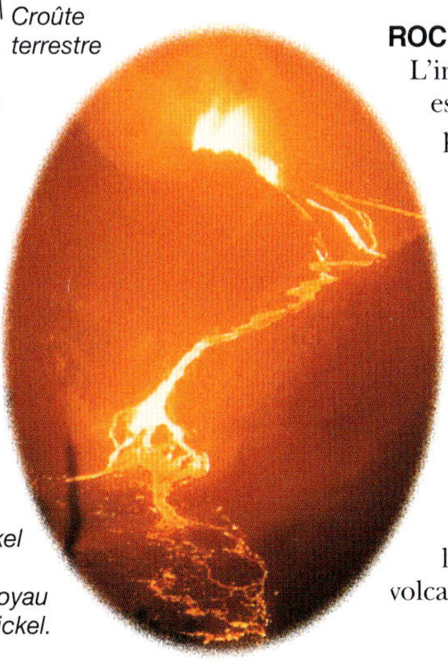

ROCHES EN FUSION
L'intérieur de la Terre est brûlant, chauffé par la désintégration des isotopes radioactifs des roches du manteau. La température atteint de tels degrés que certaines roches fondent et remontent en surface, sous forme de lave libérée par les volcans en éruption.

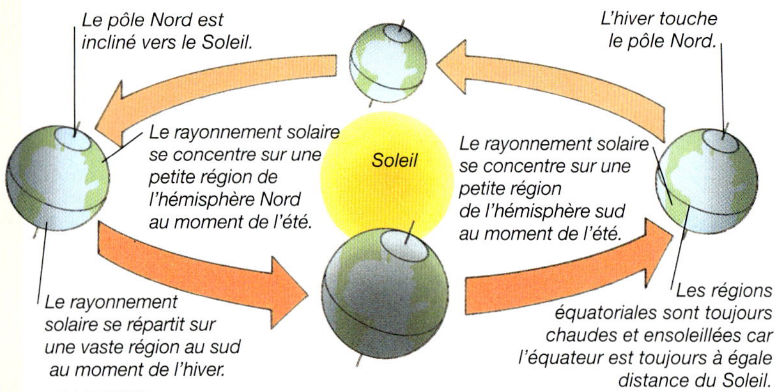

SAISONS

En dehors des zones équatoriales, les saisons changent en fonction de la course de la Terre autour du Soleil. L'inclinaison de la Terre sur son axe forme un angle de 23,5° qui a pour conséquence d'éloigner et de rapprocher successivement du Soleil l'un et l'autre des pôles.

LA TERRE EN CHIFFRES

Diamètre équatorial	12 756 km
Diamètre polaire	12 713 km
Circonférence au niveau de l'équateur	40 075 km
Continents	29,2 % de la surface terrestre
Océans	70,8 % de la surface terrestre
Poids	6 767 452 trillions de tonnes
Révolution	23 h 56 min 4 s
Orbite	365 j 6 h 9 min 9 s
Distance du Soleil	150 millions de km

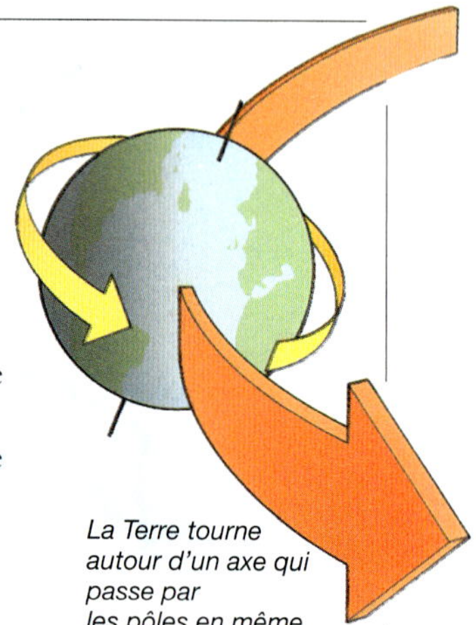

La Terre tourne autour d'un axe qui passe par les pôles en même temps qu'elle gravite autour du Soleil.

FORMATION DE LA TERRE

Les scientifiques évaluent l'âge de la Terre à 4,6 milliards d'années. Certaines pierres lunaires et météorites (débris de roches en provenance de l'espace) auraient le même âge, ce qui laisse penser que l'ensemble du système solaire se serait formé à la même époque. Le Soleil, la Terre et les autres planètes sont nés d'un gigantesque nuage de gaz et de poussières.

1 La condensation d'un nuage de gaz et de poussières, il y a 4,6 milliards d'années, aurait donné naissance au Soleil. En se contractant plus encore, le reste du nuage aurait fini par se désintégrer en résidus de particules de glace et de roches. Ces poussières se seraient ensuite agglomérées pour former les planètes.

2 La Terre aurait mis près de 100 millions d'années avant de former une boule rocheuse. La nouvelle planète se réchauffa sous l'effet de la friction des particules de roches. Sa surface formée de roches en fusion émettait une lueur rougeâtre.

3 Sous l'effet de la radioactivité des roches, la planète se réchauffa jusqu'à former une boule en fusion. Le fer liquide rejoignit le noyau et les roches plus légères restèrent en surface. La surface commença à se refroidir et à former une croûte, il y a 4,6 milliards d'années. L'éruption de volcans libéra des gaz dans l'atmosphère et de la vapeur d'eau qui se condensa pour donner naissance aux océans.

L'eau des océans pourrait provenir de la collision de la jeune planète Terre avec des comètes.

4 Il y a 3,5 milliards d'années, des micro-organismes apparurent. Certains libérèrent de l'oxygène gazeux dans l'atmosphère, il y a 2,3 milliards d'années. Les continents se séparèrent et se déplacèrent lentement jusqu'à atteindre leur position actuelle. Cette lente dérive continentale se poursuit encore aujourd'hui.

ÉNERGIE GÉOTHERMIQUE

La chaleur des entrailles de la Terre produit une source d'énergie propre et sans danger, appelée énergie géothermique. Des roches brûlantes se retrouvent à faible profondeur en certains endroits du monde, comme en Finlande ou en Islande. Leur chaleur réchauffe les eaux souterraines et entraîne parfois le dégagement de vapeur d'eau brûlante (geyser). Forage et pompage permettent d'utiliser l'eau chaude et la vapeur d'eau pour le chauffage ou la production d'électricité.

HYPOTHÈSES ET CERTITUDES

Les hommes pensaient autrefois que la Terre était plate, avant que les Grecs ne découvrent, il y a 2 500 ans, que notre planète était ronde. Vers 260 av. J.-C., le savant grec Aristarque suggéra que la Terre tournait autour du Soleil, hypothèse reprise en 1543 par l'astronome polonais Nicolas Copernic (1473-1543) et confirmée par Galilée (1564-1642). De nouvelles théories, comme celle dite de Gaia, affirmaient que la planète tout entière serait comparable à un organisme vivant.

Pour en savoir plus

L'Atmosphère
les Climats
les Continents
la Géologie
Mers et océans
la Radioactivité
Roches et minéraux
l'Univers

les Textiles

FILAGE, TISSAGE ET TRICOTAGE transforment de simples fibres en textiles. On retrouve les textiles dans les tissus d'ameublement comme dans les vêtements. Ils tiennent chaud car ils emprisonnent de l'air à l'intérieur de leurs torsades de fils. L'air agit comme un isolant et retient la chaleur corporelle. Mais les textiles ne se contentent pas de protéger du froid. Le tissage serré de fibres artificielles permet d'obtenir des textiles à la fois souples et résistants, adaptés à la confection de sacs à dos, de voiles… Les mailles aérées des fibres naturelles absorbent bien l'eau. D'autres, spéciaux, sont aussi solides que des armures, comme le Kevlar utilisé pour confectionner des gilets pare-balles. La fabrication des textiles remonte à 12 000 ans, au début de la domestication et de l'élevage des animaux. En Mésopotamie (Irak actuel), on filait la laine des moutons pour confectionner des vêtements tissés. La culture du coton se développa bien plus tard et les fibres synthétiques firent leur apparition en 1938, à la découverte du Nylon.

ROUET
Le filage manuel, pour transformer la fibre en un fil, était une opération harassante. L'invention du rouet, équipé d'une pédale qui mettait une roue en mouvement, la rendit plus rapide et facile.

FIBRES ET TEXTILES

Les fibres naturelles sont d'origine végétale (coton, lin et chanvre) ou d'origine animale (laine ou soie). Les fibres synthétiques, comme le Nylon, sont fabriquées à partir de dérivés chimiques de pétrole brut.

FILAGE

Les fibres naturelles végétales ou animales sont entremêlées. Les machines à filer commencent par séparer les fibres. Les fibres naturelles ou synthétiques sont ensuite étirées puis torsadées en un long fil continu.

TISSAGE ET TRICOTAGE

Les métiers à tisser entrecroisent les fils de fibres et permettent de fabriquer les textiles tissés. Le tricotage, manuel, ne demande qu'une simple paire d'aiguilles; les machines à tricoter sont bien plus rapides. Le pressage de fibres non tissées donne du feutre, pour la confection de chapeaux.

FIBRES SYNTHÉTIQUES
Un liquide appelé polymère passe à travers la plaque perforée d'une filière ; le liquide en sortant et en refroidissant se transforme en fibres synthétiques.

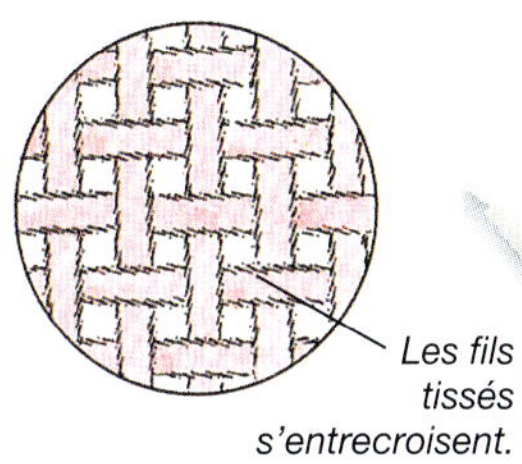

FINITIONS

De nombreux textiles sont imprimés de motifs décoratifs. La technique du batik (ci-dessus) est un procédé à base de cire, ou d'autres matériaux, utilisée pour créer des réserves sur le textile, aux endroits où la teinture ne doit pas pénétrer.

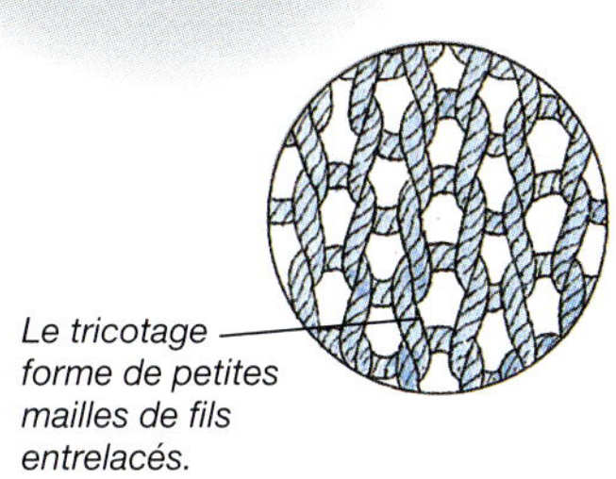

TISSAGE DE TAPIS

Les métiers à tisser destinés à la fabrication de tapis tissent de longs fils de laine ou de fibres synthétiques en un réseau de mailles au dos du tapis. Les fils peuvent aussi être tricotés en boucles, ensuite découpées pour former le velours du tapis.

T

Pour en savoir plus

LES MATIÈRES PLASTIQUES
LES PAPILLONS
LA RÉVOLUTION INDUSTRIELLE
LES VÊTEMENTS

http://www.theatrales.uqam.ca/glossaire.html#A

le Théâtre

SANS PUBLIC, il n'y a pas de théâtre. C'est une des spécificités de cet art qui implique le travail de nombreuses personnes : l'auteur, les acteurs, mais aussi le metteur en scène, les machinistes, les accessoiristes, etc. Tous cherchent à faire vivre le texte de l'auteur, pour que celui-ci s'exprime sur la réalité. Notre théâtre tire ses origines des cérémonies religieuses de la Grèce Antique organisées en l'honneur du dieu Dyonisos et qui mêlaient théâtre, chants et danses. Les différentes formes théâtrales apparues dans le monde revêtaient également un caractère religieux. Au Moyen Âge, on allait voir sur le parvis des églises des pièces qui représentaient des miracles décrits dans les Évangiles ou dans la tradition chrétienne. Puis les auteurs se sont démarqués de la religion et se sont mis à écrire sur tous les aspects de la vie.

MOLIÈRE
Jean-Baptiste Poquelin, dit Molière, fut auteur, acteur et metteur en scène de ses propres pièces à la cour du roi Louis XIV. Ses comédies (*Les Fourberies de Scapin*, *L'Avare*, *Le Bourgeois gentilhomme*) ont beaucoup fait rire et continuent à être jouées dans le monde entier.

La forme semi-circulaire du théâtre à gradins amplifiait le son pour le public.

Ce théâtre date de 2 500 ans et pouvait accueillir 5 000 spectateurs.

THÉÂTRE DE PLEIN AIR
Le théâtre grec antique (ici celui de Delphes) était adossé au flanc d'une colline. Les acteurs portaient des masques pour être identifiés de loin.

Molière, auteur, metteur en scène et acteur, au milieu de ses comédiens

Chaque personnage porte un costume caractéristique, et parfois un masque.

Arlequin est un personnage traditionnel de la farce Italienne, dont Molière s'est beaucoup inspiré.

Molière entouré des personnages de ses pièces sur la scène d'un théâtre

THÉÂTRE GREC
C'était un théâtre à gradins adossé à une colline creusée en hémicycle. Au centre du demi-cercle se trouvait un petit cercle, l'orchestre, où évoluait le chœur (chants et danses). L'espace allongé dans lequel jouaient les acteurs s'appelait le proscenium.

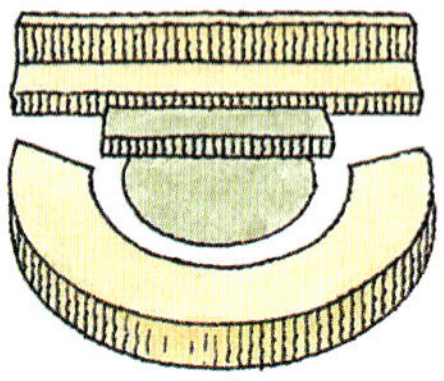

THÉÂTRE ROMAIN
Construit sur le modèle grec, le théâtre romain se différenciait par l'orchestre, qu'occupaient des spectateurs privilégiés, et le proscenium remplacé par une véritable scène.

SCÈNE OUVERTE
Certains théâtres modernes possèdent une scène ouverte, sans rideau. Les acteurs peuvent s'adresser au public plus directement.

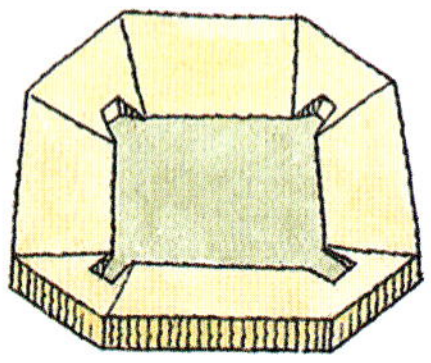

THÉÂTRE EN ROND
C'est une enceinte circulaire où le public entoure les acteurs qui entrent par des allées entre les sièges, comme dans un stade.

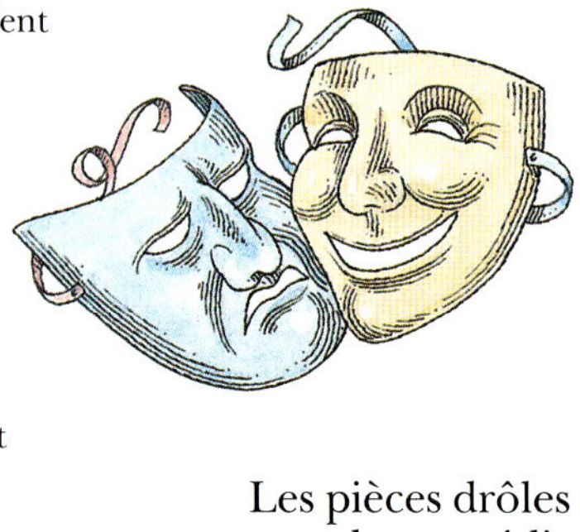

LAURENCE OLIVIER
Sir Laurence Olivier (1908-1989) était une star du théâtre britannique. Il a joué les pièces de Shakespeare dont *Macbeth* (à droite) en les interprétant d'une façon novatrice. Ce grand acteur était aussi metteur en scène et cinéaste.

GENRES
Les pièces drôles destinées à divertir le public sont des comédies. Au contraire, les tragédies sont caractérisées par leur pessimisme et leurs personnages en proie à des conflits intérieurs violents et voués à un destin malheureux. Certaines pièces sont graves mais n'excluent pas les éléments comiques. Eugène Ionesco et Berthold Brecht sont de grands auteurs dramatiques du XXe siècle.

CADRE DE LA SCÈNE
Une utilisation habile des décors et une scène en pente légère contribuent à modifier la perception du public. Les rideaux encadrant la scène donnent également une illusion de profondeur.

LUMIÈRES
Un projecteur de forte puissance, la poursuite, suit les évolutions d'un acteur sur la scène en l'isolant dans un faisceau étroit de lumière.

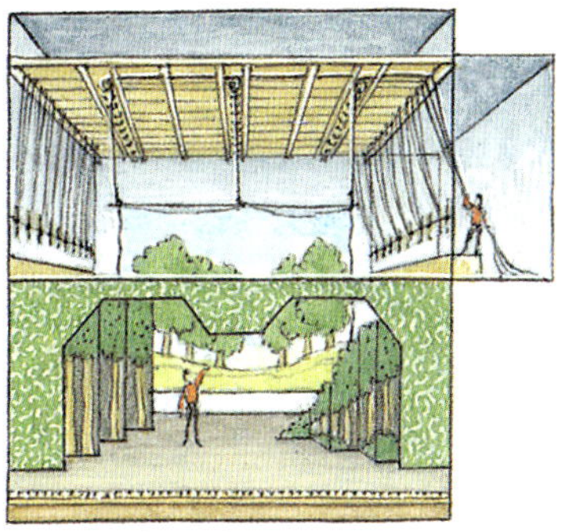

CINTRES ET GRIL
Les cintres, c'est-à-dire l'endroit où l'on remonte les décors, sont situés au-dessus de la scène. Au-dessus des cintres se trouve le gril, un plancher ajouré sur lequel est installée la machinerie.

BRUITAGE
Les bruitages doivent être parfaitement synchronisés. Si un acteur s'écroule avant le bruit du coup de feu, c'est toute la scène qui est ratée. Le bruiteur doit donc être très vigilant.

Pour en savoir plus
LE BALLET
LA LITTÉRATURE
LA MUSIQUE
OPÉRA ET CHANSONS
SHAKESPEARE

la Théorie de l'évolution

SÉLECTION NATURELLE
Dans son ouvrage, *De l'origine des espèces*, publié en 1859, Charles Darwin exposait sa théorie de l'évolution. Beaucoup de gens s'offusquèrent qu'on puisse établir un lien entre l'homme et l'animal. Une caricature de l'époque présentait Darwin affublé d'un corps de singe.

IL Y A PRÈS DE 150 ANS, le naturaliste anglais Charles Darwin fit scandale en publiant un ouvrage où il affirmait que l'homme descendait du singe. Les travaux de Darwin sont aujourd'hui à la base de ce que l'on nomme la théorie de l'évolution. Le terme évolution renvoie à l'idée de transformation et pose comme principe que les espèces vivantes ont changé au fil du temps et ne sont pas le résultat d'une création. La théorie de l'évolution comporte trois volets. La variation renvoie aux différences de taille, de forme, de couleur ou de force au sein d'une espèce, aucun animal n'étant identique à un autre, ni aucune plante. Le deuxième volet a trait à l'adaptation. Certains caractères, comme la couleur, jouent un rôle essentiel dans la probabilité qu'aura un animal ou une plante de survivre plutôt qu'un autre ; certains individus sont ainsi mieux adaptés que d'autres à leur milieu. Troisième volet, l'hérédité renvoie à la transmission des caractères d'une espèce vivante à sa descendance. La génération qui hérite de ses parents de caractères essentiels à l'adaptation aura de meilleures chances de survie. Ainsi, de génération en génération se sont développés les plantes et les animaux les mieux adaptés alors que les autres se sont progressivement éteints. Ce lent processus a conduit aux millions de différentes espèces qui aujourd'hui peuplent la Terre.

Évolution de l'éléphant

PREUVES DU PASSÉ

Les fossiles, ces restes préservés dans la roche, constituent l'essentiel des preuves de l'évolution. Ils montrent comment les plantes et les animaux ont progressivement évolué au fil du temps. Ces espèces d'éléphants ont vécu à des époques différentes, comme l'attestent les os fossilisés retrouvés par les paléontologues. On ne peut être certain de l'évolution progressive d'une espèce vers une autre, mais il est improbable que chaque espèce soit complètement différente des autres. Vraisemblablement ces espèces sont apparentées et on peut penser que les liens qui les unissent deviendront plus évidents avec la découverte de nouveaux fossiles.

PREUVES DU PRÉSENT

Les animaux et les plantes qui vivent aujourd'hui renforcent, eux aussi, la théorie de l'évolution des espèces. À Hawaii, plusieurs espèces d'oiseaux sucriers ne doivent sans doute pas leur ressemblance au hasard. Elles ont évolué à partir d'une seule et même espèce qui peupla l'archipel il y a 5 millions d'années. La sélection naturelle en a fait des espèces différentes, qui gardent un air de famille.

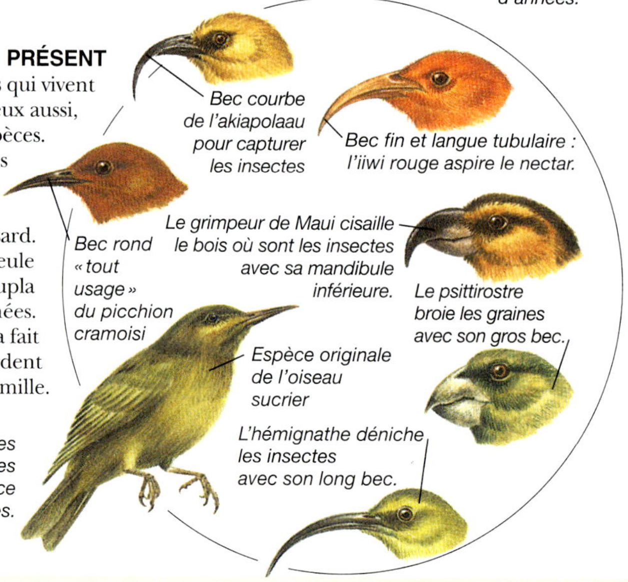

L'archipel d'Hawaii regroupe 28 espèces d'oiseaux sucriers. Les scientifiques pensent qu'une seule et même espèce est à l'origine de toutes les autres.

PRINCIPES DE L'ÉVOLUTION

Imaginez quelques grenouilles vertes évoluant en pleine nature. La plupart des jeunes héritent la couleur vive de leurs parents. Bien camouflés dans l'herbe, ils échappent aux prédateurs. Leur couleur relève de l'adaptation : elle les aide à survivre. Quelques jeunes cependant naissent avec une couleur différente : on parle de variation. Les prédateurs les repèrent dans l'herbe et ils sont vite dévorés, c'est la sélection naturelle. Lorsque l'environnement évolue et que l'herbe commence à jaunir, les grenouilles vertes n'étant plus protégées par leur couleur sont victimes des prédateurs. Progressivement, l'espèce évolue ; le vert n'est plus dominant et cède la place au jaune.

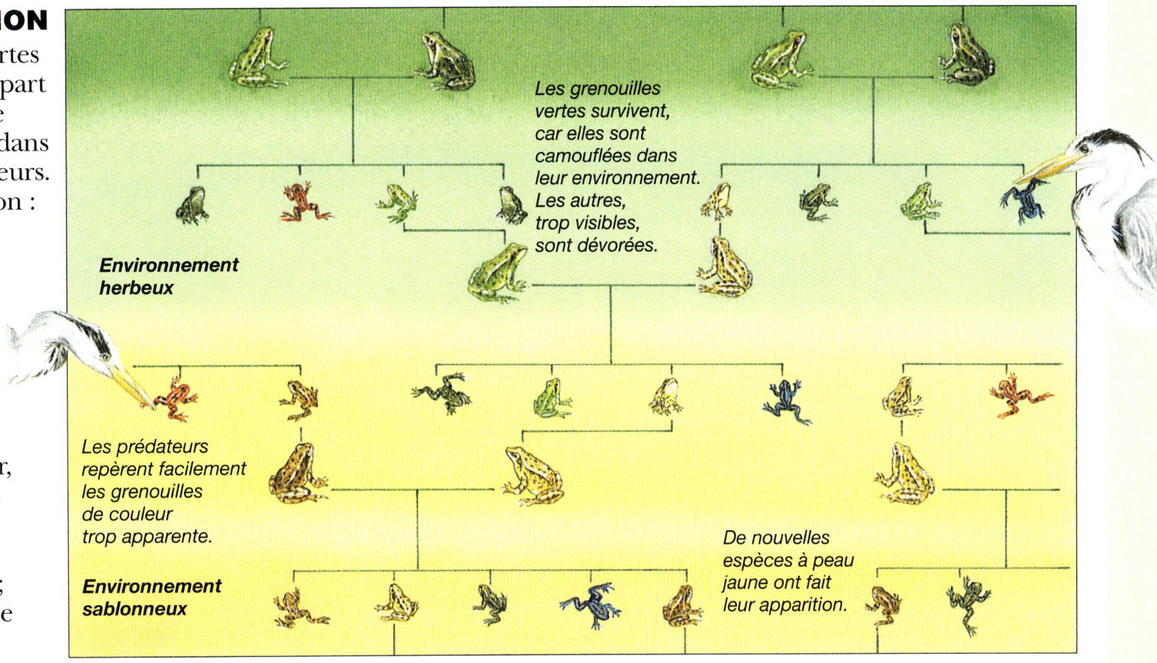

MODIFICATIONS DE L'ENVIRONNEMENT

Les espèces évoluent avec leur environnement. Il y a près de deux siècles, en Grande-Bretagne, des insectes appelés géomètres du bouleau présentaient des ailes de couleur claire, assortie à celle des arbres qu'ils colonisaient. Les oiseaux de proie ne les repéraient pas facilement. Les fumées des usines, qui se multiplièrent durant la révolution industrielle, ayant noirci les troncs d'arbres, les géomètres du bouleau devinrent plus visibles. L'évolution de l'espèce conduisit à l'apparition d'individus aux ailes de plus en plus sombres.

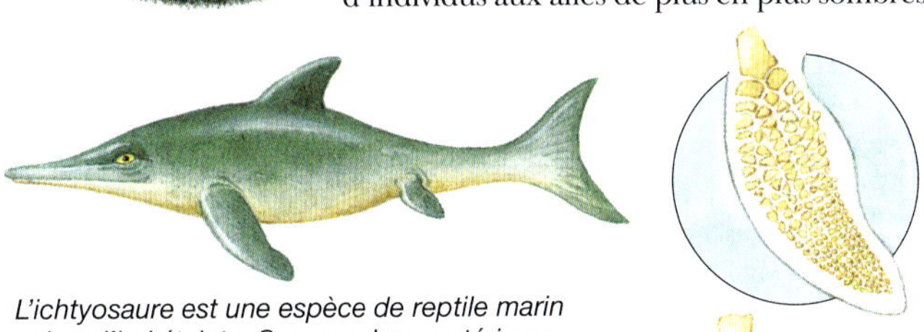

L'ichtyosaure est une espèce de reptile marin aujourd'hui éteinte. Ses membres antérieurs, semblables à des nageoires, étaient constitués d'une multitude d'os.

Le dauphin est un mammifère. Les os de ses nageoires ont tous les caractères des os de l'avant-bras et des mains d'un mammifère.

Le pingouin est un oiseau inapte au vol. Les os de ses nageoires ont tous les caractères des os des ailes des oiseaux.

CONVERGENCE ADAPTATIVE

L'évolution conduit parfois deux espèces animales ou végétales différentes à une forme de ressemblance. Cette convergence dans l'évolution signifie que deux espèces vivant dans un même milieu, en mer par exemple, ont progressivement adopté les mêmes caractères (ici la forme du corps). Tous ces animaux (ci-dessus) ont fini par développer un même corps fuselé, adapté à une progression rapide dans l'eau.

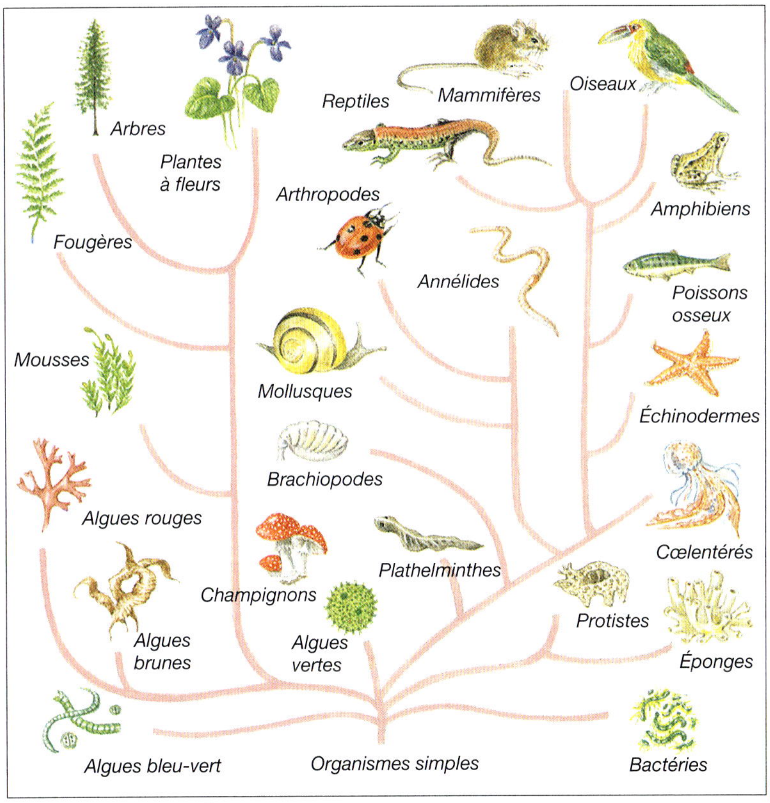

ARBRE DE L'ÉVOLUTION

Les scientifiques pensent que toutes les espèces vivantes sont apparentées et qu'elles ont évolué sur des millions d'années, à partir d'un ancêtre commun. Cet arbre de l'évolution (ou tableau de classification) présente les groupes d'animaux et de végétaux vivant à l'époque actuelle. Les filiations entre espèces sont matérialisées par les lignes rouges.

Pour en savoir plus

CHARLES DARWIN
LES FOSSILES
LA GÉOLOGIE
LES HOMMES PRÉHISTORIQUES
LA PRÉHISTOIRE

Tourisme et voyages

AUTREFOIS, LES GENS s'éloignaient rarement de chez eux, sinon pour commercer ou au hasard des guerres. Les voyages « privés » se limitaient à des pèlerinages religieux. Aux XVIIe et XVIIIe siècles, les classes sociales les plus riches découvrirent le plaisir de voyager. Avec l'arrivée du train, puis de l'autocar, au XIXe siècle, les déplacements sont devenus moins chers, et le tourisme est né. Un trajet qui aurait demandé plusieurs semaines dure aujourd'hui quelques heures, et des destinations lointaines qui nécessitaient plusieurs mois, voire plusieurs années, sont aujourd'hui à quelques heures de vol. Les voyages en avion bon marché ont démocratisé les vacances à l'étranger et les voyages organisés. L'industrie touristique se porte si bien qu'elle représente actuellement une part importante de l'économie mondiale.

Coquille Saint-Jacques

PÈLERINAGES

Depuis l'Antiquité, les hommes du monde entier effectuent des pèlerinages : ils gagnent des lieux saints pour des motifs religieux et dans un esprit de dévotion. Dans l'Europe médiévale, les pèlerins qui allaient se recueillir sur la dépouille de saint Jacques le Majeur, à Saint-Jacques-de-Compostelle, en Espagne, en rapportaient une coque, preuve de leur pèlerinage.

TOUR DE L'EUROPE

Au XVIIIe siècle l'aristocratie française ou britannique avait l'habitude de faire le tour de l'Europe. Les jeunes gens pouvaient ainsi parfaire leur éducation. Ils séjournaient plusieurs semaines, voire plusieurs mois, dans des villes comme Rome et Vienne, accompagnés de membres de leur famille ou d'amis.

VOYAGES ORGANISÉS

Les agences organisent des voyages en groupe, proposant un tarif global comprenant l'avion, l'hôtel et les repas. L'Espagne et la Grèce, réputées pour leur beau temps et leurs plages, ont construit de nombreux hôtels destinés aux touristes impatients de quitter l'austérité du Nord. L'industrie des voyages organisés est une activité florissante qui offre des millions d'emplois.

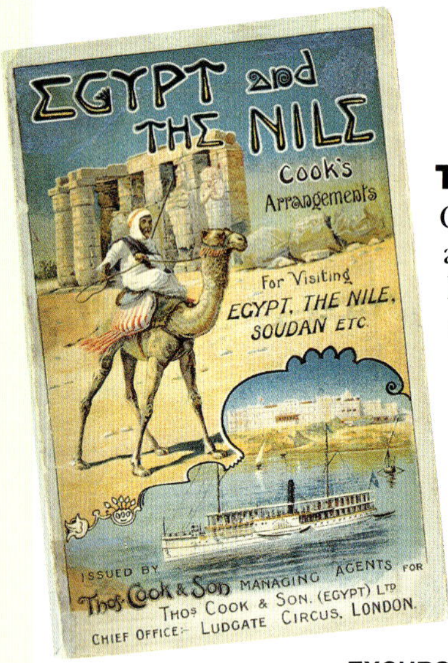

THOMAS COOK

Cet homme d'affaires britannique (1808-1892) a créé le premier voyage organisé, en 1841. Il a rendu les voyages accessibles aux classes moyennes et fondé les agences de voyage qui portent son nom.

Le surf des neiges est un sport de plus en plus pratiqué.

VACANCES SPORTIVES

Certains préfèrent le farniente, d'autres bouger. De nombreux touristes choisissent des vacances sportives. Le ski, par exemple, est devenu très populaire et un véritable marché s'est développé autour des vacances à la neige. Depuis quelques décennies, le tourisme de masse est un peu délaissé par les jeunes au profit de la découverte de régions plus sauvages et moins fréquentées.

La tour Eiffel : un haut lieu touristique

EXCURSIONS D'UNE JOURNÉE

Le développement des trains et des autocars a rendu les trajets plus rapides et moins coûteux. Les excursions d'une journée sont aujourd'hui à la portée de toutes les bourses, ou presque. Parallèlement s'est développé le commerce des souvenirs, petits objets qu'on rapporte chez soi et qui entretiennent la mémoire et la nostalgie des lieux visités.

Pour en savoir plus

LE SPORT
LES SPORTS NAUTIQUES
LES TRANSPORTS

les Trains

ON DOIT LA PREMIÈRE GRANDE LIGNE de chemin de fer, adaptée au transport des marchandises et des voyageurs, à l'ingénieur britannique George Stephenson (1781-1848). Elle parcourait les 58 km qui séparent Liverpool de Manchester. Mais le train allait révolutionner beaucoup plus que le monde des transports. Certes, remblais et déblais défiguraient les paysages, mais hommes et marchandises pouvaient être acheminés en nombre et quantité sur de longues distances, à des vitesses jamais atteintes. Le chemin de fer contribua à l'essor des cités et au développement de continents entiers, comme la Sibérie ou l'Ouest américain. Aujourd'hui, la densité du réseau ferré est telle que si l'on mettait bout à bout les rails des principales lignes de chemin de fer de la planète, on ferait plus de 116 fois le tour de la Terre ! Le train est le plus efficace et le plus économique des moyens de transport. Il se révèle aussi moins polluant que l'automobile ou le camion, car il achemine plus de marchandises en un seul voyage.

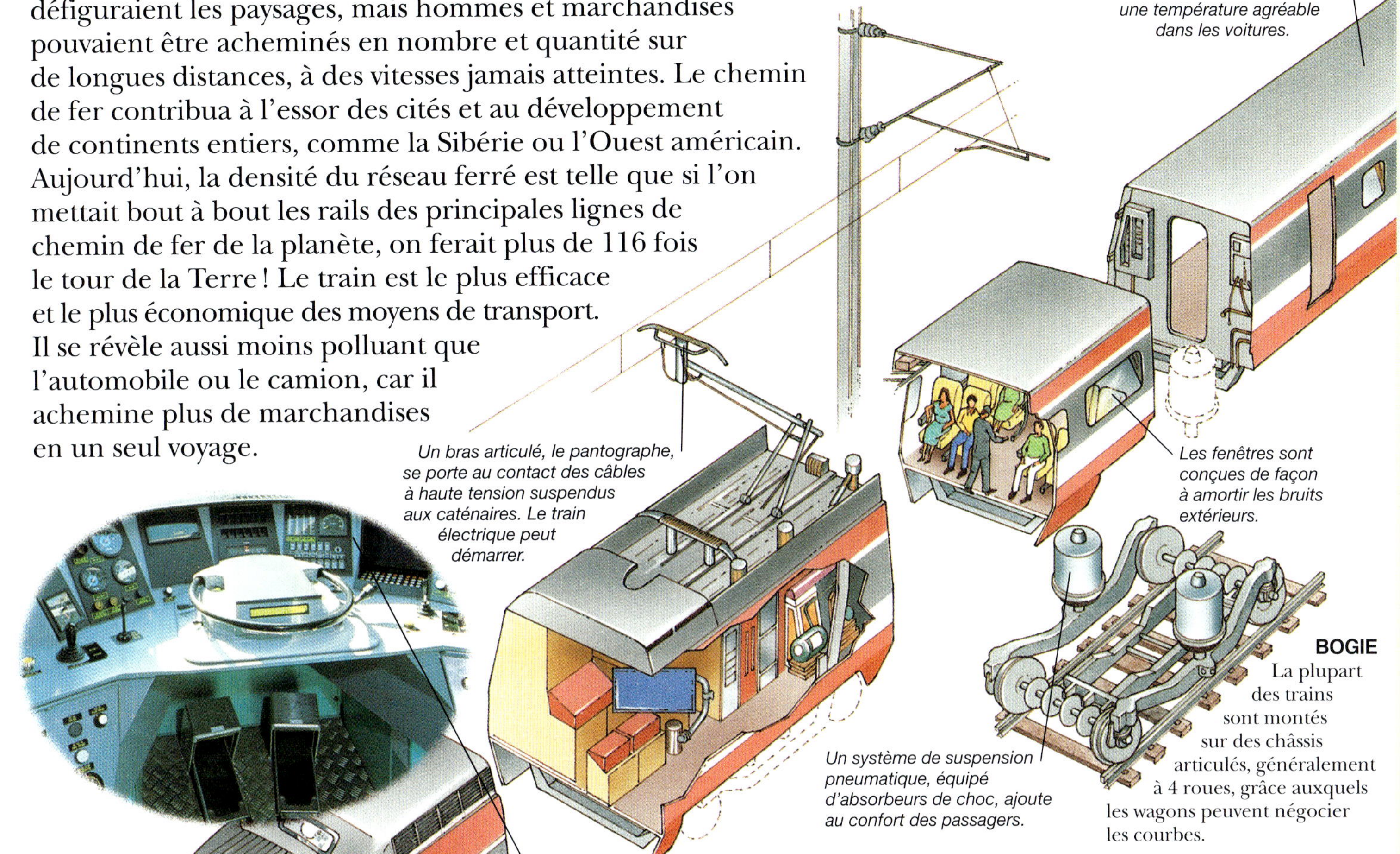
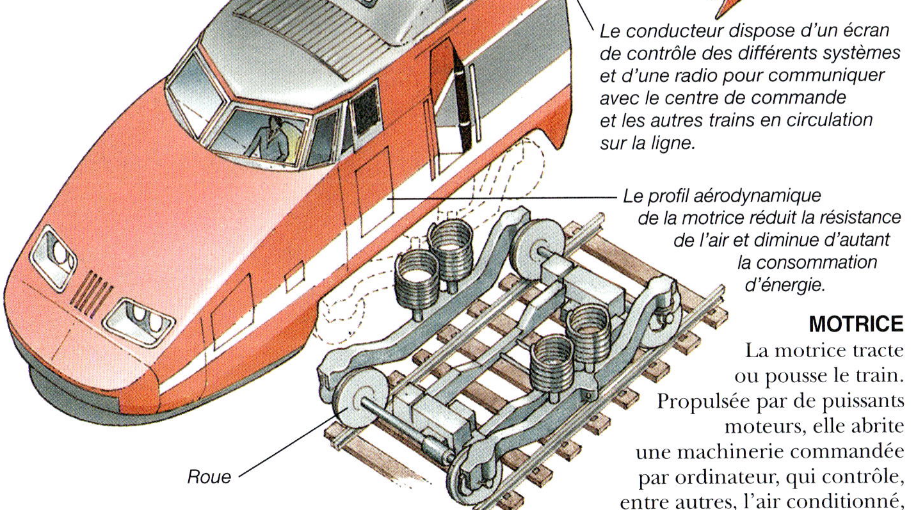

BOGIE
La plupart des trains sont montés sur des châssis articulés, généralement à 4 roues, grâce auxquels les wagons peuvent négocier les courbes.

MOTRICE
La motrice tracte ou pousse le train. Propulsée par de puissants moteurs, elle abrite une machinerie commandée par ordinateur, qui contrôle, entre autres, l'air conditionné, les freins et la fermeture automatique des portes.

TRAIN À GRANDE VITESSE

Le train à grande vitesse français (TGV) est l'un des trains électriques les plus rapides du monde. Son record de vitesse est de 574,8 km/h. Ce train a nécessité la construction de voies spéciales.

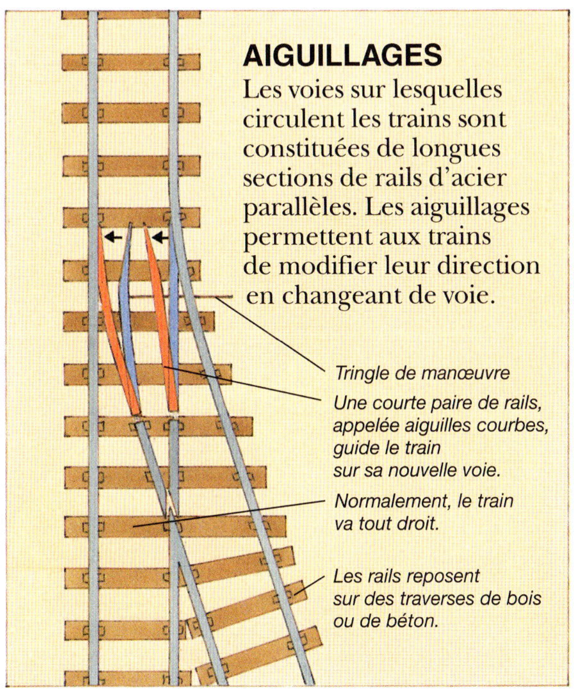

AIGUILLAGES

Les voies sur lesquelles circulent les trains sont constituées de longues sections de rails d'acier parallèles. Les aiguillages permettent aux trains de modifier leur direction en changeant de voie.

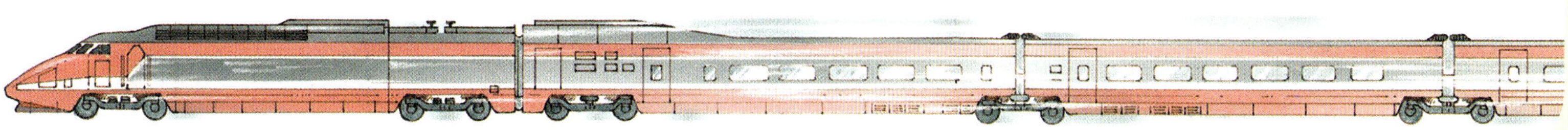

RICHARD TREVITHICK

En 1804, la locomotive à vapeur mise au point par l'ingénieur britannique Richard Trevithick effectua son premier voyage sur rail. Trevithick paria que sa locomotive serait capable de tracter 9 tonnes de minerai de fer sur les 15 km d'une voie ferrée minière du pays de Galles. Il gagna son pari. Sa locomotive transporta non seulement le minerai mais également 70 mineurs enthousiastes, montés à bord de l'engin !

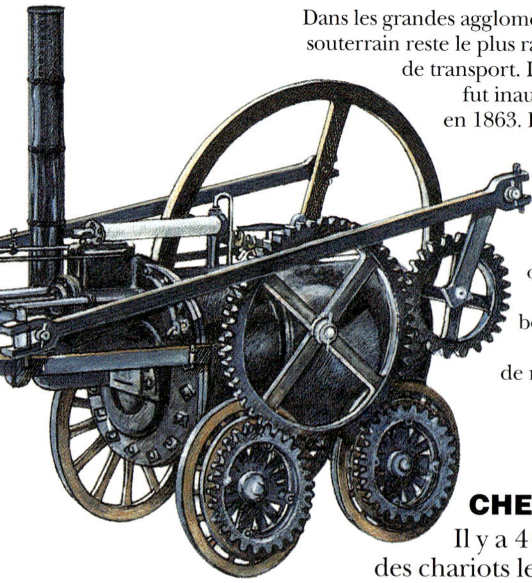

MÉTRO

Dans les grandes agglomérations, le métro souterrain reste le plus rapide des moyens de transport. La première ligne fut inaugurée à Londres, en 1863. Le métro parisien entra en service le 19 juillet 1900 à l'occasion des épreuves des Jeux olympiques qui se déroulaient au bois de Vincennes. Aujourd'hui, de nombreuses villes ont leur métro.

Le design insolite de la Rocket*, construite en 1829 par George Stephenson, préfigurait celui des machines à venir.*

Un chasse-pierre fit son apparition à l'avant des premières locomotives américaines.

Cette locomotive et son tender circulaient en Grande-Bretagne vers le milieu du XIXe siècle.

Certaines machines des années 1930 pouvaient atteindre 200 km/h.

L'âge d'or de la vapeur (1930) vit rouler des locomotives sophistiquées.

CHEMIN DE FER À VAPEUR

Il y a 4 000 ans, les Babyloniens poussaient des chariots le long de rails creusés dans le sol. La traction à vapeur commença à remplacer la traction animale au début du XIXe siècle. En 1825, le premier train de voyageurs circulait en Angleterre. Près de 30 ans plus tard, un vaste réseau ferré sillonnait l'Europe et l'Amérique du Nord. À la fin du siècle, les trains pouvaient dépasser 160 km/h.

SIGNALISATION ET SÉCURITÉ

La signalisation indique aux conducteurs la vitesse et les arrêts à respecter. Autrefois, des bras articulés étaient manœuvrés au moyen de leviers. De nos jours, un dispositif de feux de couleur est géré par des ordinateurs qui analysent le trafic et surveillent leurs positions.

MAGLEV ET MONORAIL

Le Maglev, ou train à sustentation magnétique, file à près de 480 km/h sur une voie en forme de U, spécialement conçue à cet effet. Ces trains à très haute vitesse, qui lévitent 10 cm au-dessus de la voie sous l'effet d'une force électromagnétique répulsive, équipent des pays comme le Japon et l'Allemagne. D'autres trains futuristes ont vu le jour, tels les monorails électriques, suspendus à un unique rail.

ORIENT-EXPRESS

Certains trains se distinguent par leur luxe et l'exotisme de leurs destinations. Dès 1883, l'Orient-Express proposait un service première classe de Paris à Constantinople (Istanbul), en Turquie. Ce train de légende est toujours en activité sur certaines sections de son trajet. Le plus long voyage est celui proposé par le Transsibérien, qui parcourt près de 9 297 km à travers la Sibérie.

Pour en savoir plus

LES AUTOBUS
LES MOTEURS
TOURISME ET VOYAGES
LES TRANSPORTS

les Transports

NOUS VIVONS UNE ÉPOQUE où quelques heures suffisent pour traverser l'océan Atlantique. Un réseau routier dense relie la plupart des villes de la planète. Mais il y a 7000 ans, le seul moyen d'aller d'un endroit à un autre restait la marche. Vers 5000 av. J.-C., les hommes commencèrent à utiliser des ânes et des bœufs équipés de bâts pour transporter marchandises et fardeaux. Quelque 1500 ans plus tard, les premiers véhicules à roues firent leur apparition en Mésopotamie. Vers 1500 apr. J.-C., la construction de grands voiliers permit aux Européens de sillonner tous les océans. Aux XVIIIe et XIXe siècles, l'avènement du moteur à vapeur marqua un tournant dans l'histoire des transports. Bateaux et trains à vapeur se déplaçaient désormais bien plus vite qu'on n'avait pu l'imaginer jusque-là. Le siècle suivant consacra l'automobile, tandis que les premières machines volantes se lançaient à l'assaut du ciel.

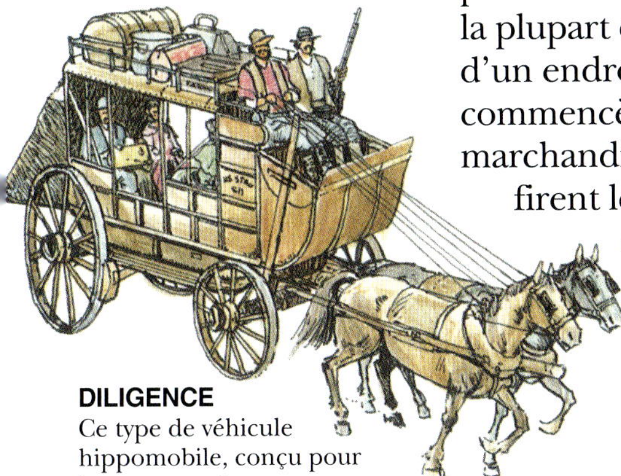

DILIGENCE
Ce type de véhicule hippomobile, conçu pour le transport des passagers, connut son heure de gloire entre le XVIIe et le XVIIIe siècle. Les cochers remplaçaient les chevaux fatigués dans des relais installés le long des routes.

Le chemin de fer, apparu aux États-Unis au début du XIXe siècle, transportait plus de passagers et de marchandises que tout autre moyen de transport.

TRANSPORT TERRESTRE

Le transport terrestre débuta par la marche. Il y a près de 2000 ans, les Romains construisirent un vaste réseau de routes pavées, que les hommes prenaient à pied ou juchés sur des chars tirés par des chevaux. Il fallut attendre le XIXe siècle pour que la vapeur concurrence le cheval. Le train à vapeur représentait un mode de transport économique pour tout individu qui souhaitait parcourir de longues distances. Au début du XXe siècle, l'invention du moteur à explosion ouvrit l'ère de l'automobile, des camions et des autocars.

VOITURES
L'automobile, inventée à la fin du XIXe siècle, reste le plus populaire des modes de transport individuel.

JONQUE
La jonque, un bateau à voile parmi les plus résistants, fut utilisée dans toute l'Asie durant des siècles. Avant tout destinée au commerce, elle arborait de grandes voiles profilées, en toile ou en nattes.

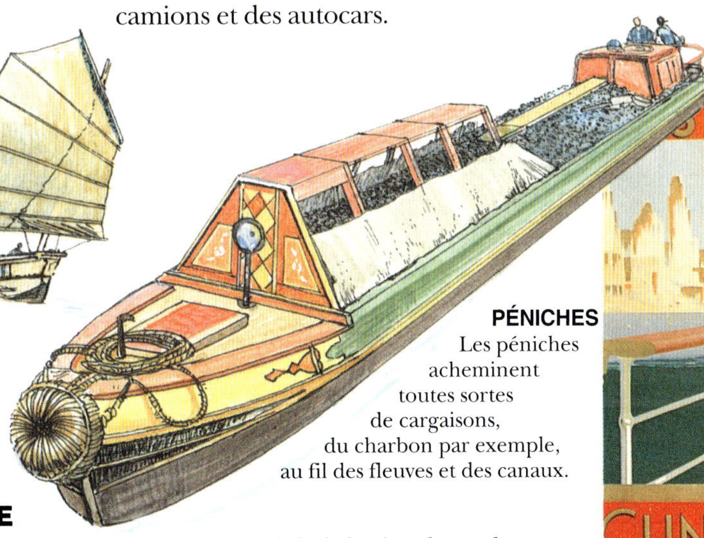

PÉNICHES
Les péniches acheminent toutes sortes de cargaisons, du charbon par exemple, au fil des fleuves et des canaux.

TRANSPORT MARITIME

Tout commença par des troncs d'arbres flottants, en réalité de simples radeaux. Vers 3500 av. J.-C., les Sumériens et les Égyptiens fabriquaient des bateaux de pêche avec des roseaux et des bateaux de bois équipés de rames et de voiles pour des traversées plus ambitieuses. Au XIXe siècle, l'acier chassa le bois et la vapeur, la voile. Les navires d'aujourd'hui transportent des cargaisons phénoménales à des vitesses jamais atteintes par les voiliers.

Les paquebots sont de véritables hôtels flottants, qui emmènent les passagers pour des croisières ponctuées de nombreuses escales.

TRANSPORT AÉRIEN

En 1783, les Français Pilâtre de Rozier et François d'Arlandes réalisèrent le premier vol de l'histoire. En 1903, un public émerveillé assista, près de Kitty Hawk, en Caroline du Nord, à l'envol des frères Orville et Wilbur Wright, dans un avion à moteur qu'ils avaient construit. L'aviation connut un essor sans précédent au cours des deux guerres mondiales. En 1918, les services postaux américains mirent en place le premier service postal aérien.

Au début de l'aviation, les compagnies aériennes vantaient leurs services avec des affiches publicitaires particulièrement évocatrices.

MONTGOLFIÈRES

En 1783, les frères Montgolfier conçurent un ballon capable d'emporter des passagers. Ainsi les hommes commencèrent-ils à voler à bord de nacelles suspendues à des ballons, gonflés d'air chaud ou de gaz plus léger que l'air. Les armées françaises, pendant la Révolution et sous l'Empire, utilisèrent des ballons pour observer l'ennemi ; usage repris durant la guerre civile américaine et la Première Guerre mondiale. Depuis, le vol en aérostat est un loisir.

AVIONS

De nos jours, l'aviation commerciale et l'aviation d'affaires rassemblent des millions d'individus. Le développement du transport aérien est pourtant tout récent. Au cours de la première moitié du XXe siècle, des pilotes audacieux n'hésitèrent pas à risquer leur vie à bord de prototypes improbables pour ouvrir les airs à nos avions modernes. Les premiers avions de ligne commerciaux virent le jour dans les années 1950.

VOLS SPATIAUX

Après avoir conquis le ciel, les hommes entreprirent d'explorer l'espace. En 1957, les Soviétiques lancèrent le premier satellite artificiel, *Spoutnik 1*, et le placèrent en orbite autour de la Terre. Puis, le 12 avril 1961, le cosmonaute Iouri Gagarine (1934-1968) fut le premier homme dans l'espace à bord de *Vostock I*. En 1968, les États-Unis envoyèrent un vaisseau spatial inhabité en orbite autour de la Lune. Un an plus tard, le 21 juillet 1969, l'astronaute Neil Armstrong, puis Buzz Aldrin, son coéquipier, marchèrent sur la Lune lors de la mission spatiale *Apollo 11*.

Vaisseau spatial *Apollo II*

TRANSPORTS NON POLLUANTS

La multiplication des véhicules de transport à moteur entraîne aujourd'hui un véritable problème pour l'environnement, les moteurs, en particulier ceux des automobiles, rejetant nombre de gaz polluants et concourant à détruire le fragile équilibre de l'atmosphère. Les moyens de transport dit écologiques font appel à des énergies naturelles, comme le vent. La pratique de la marche, de la bicyclette ou l'usage de véhicules électriques contribueraient largement à diminuer le taux de pollution de l'air

Pour en savoir plus

LES AVIONS
BALLONS ET DIRIGEABLES
LES BATEAUX
LES TRAINS
LES VOITURES

les Trous noirs

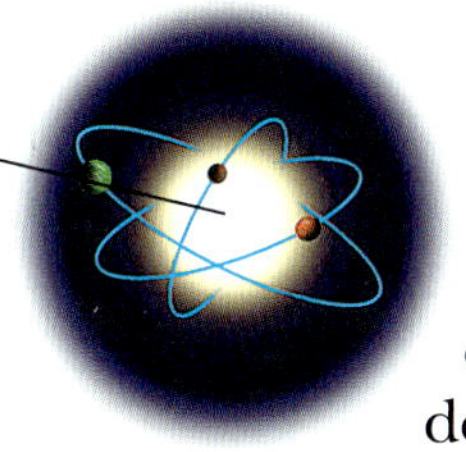

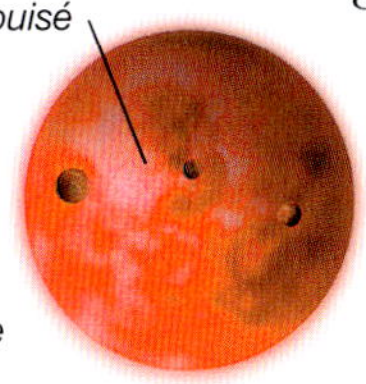

LORSQU'UNE ÉTOILE MASSIVE explose et s'effondre, elle peut donner naissance à un objet d'une incroyable densité. Rien ne peut échapper à sa force d'attraction gravitationnelle, pas même la lumière. Cet objet est appelé trou noir. Tout ce qui se trouve dans le champ d'un trou noir est absorbé et vient s'ajouter à sa masse, ce qui a pour effet d'accroître sa force gravitationnelle. Un trou noir est indétectable car la lumière ne peut s'en échapper. Seules les spirales formées par la matière tournoyant à l'approche d'un trou noir trahissent sa présence. La force d'attraction est telle que des centaines d'étoiles peuvent être entraînées dans ce tourbillon. En se comprimant à l'approche du centre du trou noir, elles forment un tourbillon de gaz, de particules et d'étoiles qui émet un rayonnement intense. Cet objet est appelé quasar.

ALBERT EINSTEIN
Le physicien Albert Einstein (1879-1955) démontra dans sa théorie de la relativité que la lumière se déforme et se courbe sous l'effet de la gravitation, ce qui explique qu'elle puisse être piégée dans un trou noir.

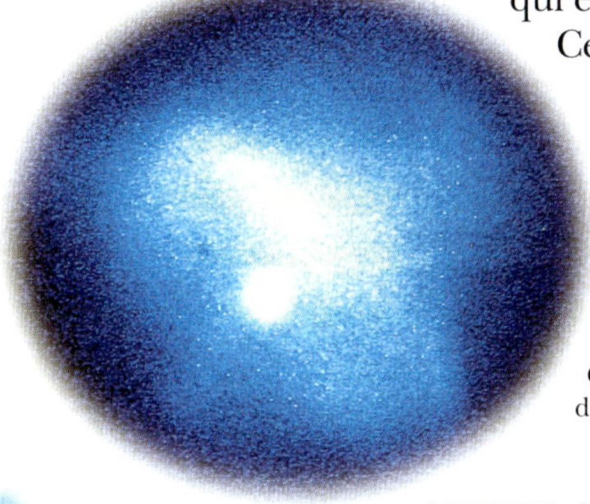

NÉBULEUSE
Le nuage de particules et de gaz généré par une supernova est appelé nébuleuse. Au centre se trouve un trou noir. Lorsque la masse de l'étoile originale n'est pas suffisante pour donner naissance à un trou noir, un pulsar, ou étoile à neutrons, se forme. Ce dernier tourne rapidement en émettant des impulsions lumineuses régulières.

DISQUE D'ACCRÉTION
La matière qui tournoie à proximité d'un trou noir forme le disque d'accrétion. Ce dernier peut être constitué d'étoiles et de planètes aussi bien que de particules et de gaz. Les astronomes sont parvenus à localiser de nombreux trous noirs en détectant leur disque d'accrétion.

La plupart des débris s'effondrent sur eux-mêmes jusqu'à former le noyau extrêmement dense du trou noir.

CHAMP GRAVITATIONNEL
Imaginons l'espace comme une surface plane, un trou noir y figure comme un cône ou un tunnel creusant la surface. Tout objet qui se trouve à proximité du cône sera irrémédiablement attiré vers le centre en tournoyant. Rien, pas même la lumière, ne peut échapper à la force d'attraction gravitationnelle d'un trou noir.

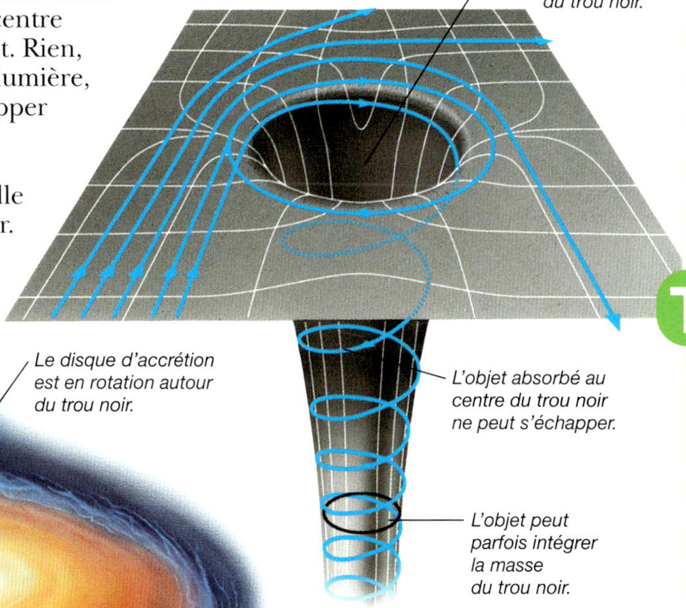

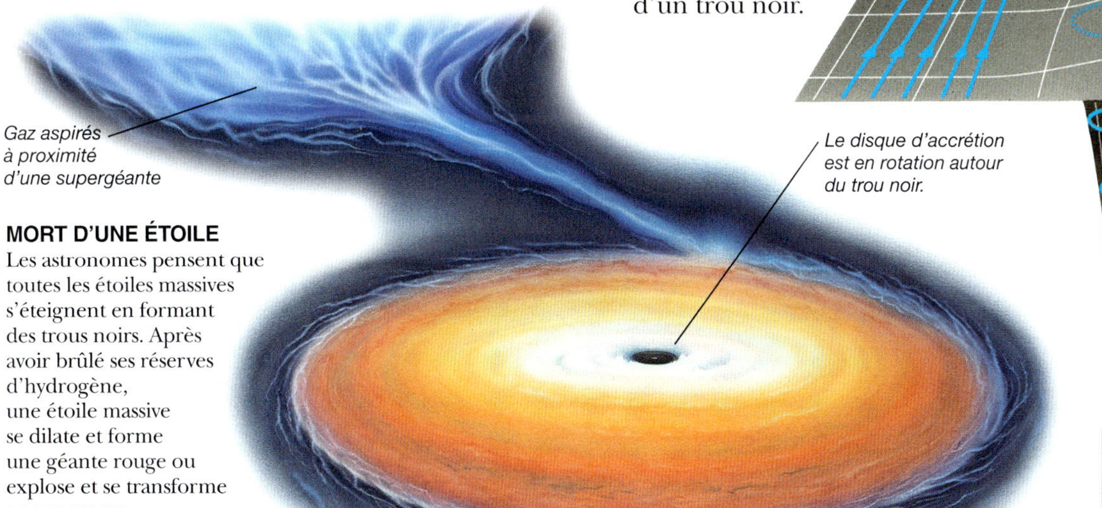

MORT D'UNE ÉTOILE
Les astronomes pensent que toutes les étoiles massives s'éteignent en formant des trous noirs. Après avoir brûlé ses réserves d'hydrogène, une étoile massive se dilate et forme une géante rouge ou explose et se transforme en supernova, puis s'effondre pour devenir une étoile à neutrons ou un trou noir.

Pour en savoir plus
L'ASTRONOMIE
ALBERT EINSTEIN
LES ÉTOILES
LA GRAVITATION

T

les Tunnels

La plupart des grandes structures d'une cité sont dissimulées aux regards. Ainsi des tunnels qui percent ses entrailles. Sous les rues et les immeubles courent des tunnels ferroviaires, piétonniers et routiers, des voies d'égouts, des canalisations d'eau, et même de petits cours d'eau. À Paris, le canal Saint-Martin rejoint la Seine en passant sous la place de la Bastille. D'autres tunnels urbains traversent les montagnes, les fleuves et les mers. Certaines activités trop importantes obligent à creuser des tunnels pour faire franchir des collines à des tronçons de canaux. Mais les plus longs tunnels circulent au plus profond des sous-sols, dans les mines, sous forme de galeries. Les premiers tunnels ont été percés à l'aide de pics durant l'Antiquité. Sur l'île de Samos, en Grèce, se trouvent les vestiges d'un tunnel percé vers 525 av. J.-C. Au Moyen Âge, de nombreux châteaux forts et palais étaient dotés d'un réseau de galeries qui servaient à fuir en cas de siège.

RECORDS
Ses 16,9 km font du tunnel du Saint-Gothard, en Suisse, le deuxième plus long tunnel routier du monde. À proximité, le plus long tunnel ferroviaire a été achevé en 2010. Long de 57 km, il a été creusé à 2 000 m sous terre.

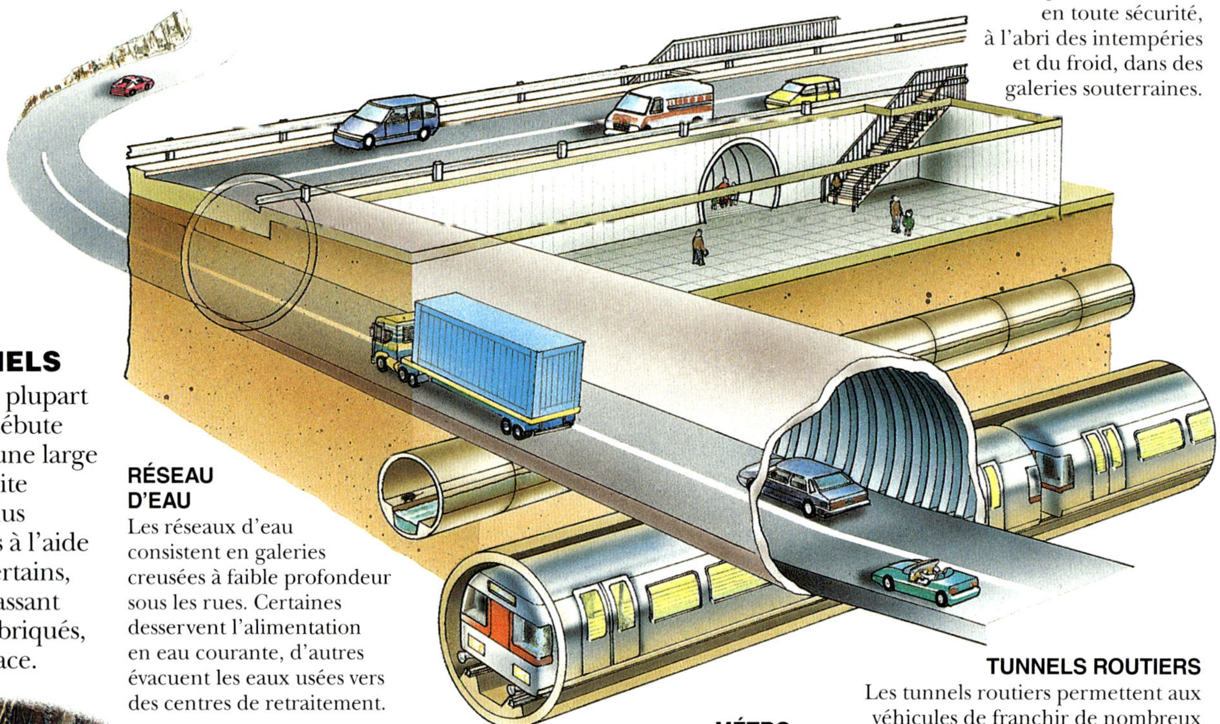

TUNNELS PIÉTONNIERS
Les piétons circulent en toute sécurité, à l'abri des intempéries et du froid, dans des galeries souterraines.

TYPES DE TUNNELS

La construction de la plupart des tunnels urbains débute par le creusement d'une large tranchée qui est ensuite couverte. D'autres, plus profonds, sont percés à l'aide d'une excavatrice. Certains, comme les tunnels passant sous l'eau, sont préfabriqués, puis assemblés sur place.

RÉSEAU D'EAU
Les réseaux d'eau consistent en galeries creusées à faible profondeur sous les rues. Certaines desservent l'alimentation en eau courante, d'autres évacuent les eaux usées vers des centres de retraitement.

TUNNELS ROUTIERS
Les tunnels routiers permettent aux véhicules de franchir de nombreux obstacles naturels, de traverser des fleuves ou d'éviter d'importants carrefours. Éclairés par de puissants projecteurs, ils sont ventilés, afin de chasser les gaz polluants et les fumées.

MÉTRO
Les rames de métro relient différents quartiers d'une ville. Les lignes peuvent être proches de la surface ou leur réseau s'enfoncer dans le sous-sol, pour passer sous un fleuve par exemple.

Machine à percer les tunnels

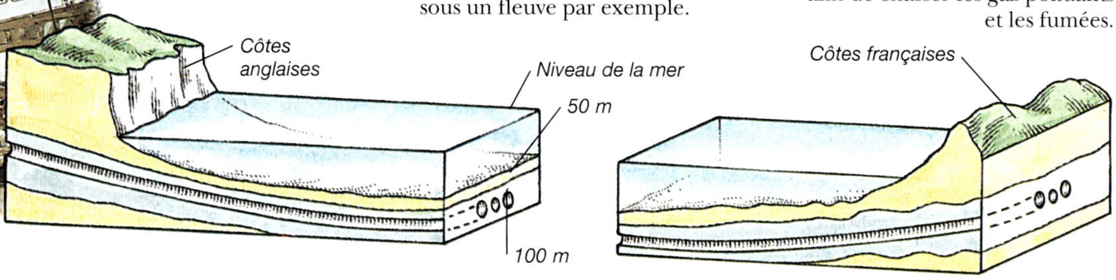

PERCER UN TUNNEL

Les tunneliers sont d'imposantes machines, généralement guidées par ordinateur et laser, qui forent et percent la terre. À l'avant, une fraiseuse taille la roche, tandis que les déblais sont évacués par l'arrière. Les sections de parois du tunnel sont montées à mesure que la machine progresse.

TUNNEL SOUS LA MANCHE
Le tunnel sous la Manche, qui relie la France à la Grande-Bretagne, fut inauguré en 1994. Sur une longueur de 50 km, dont 38 sous la mer, trois tunnels séparés assurent le passage des trains, celui du centre étant réservé aux services de maintenance et aux secours. Des trains spéciaux ont été conçus pour acheminer les voitures et les passagers.

Pour en savoir plus
LE CHARBON
L'EAU
LES TRAINS
LES VILLES

Turquie et Chypre

MARCHÉS
Les marchés tiennent une place importante dans la vie quotidienne turque. On trouve sur les étals une grande variété de produits, des olives, épices et légumes aux vêtements et aux ustensiles ménagers. Cette femme est vêtue d'une manière traditionnelle (pantalon bouffant et foulard imprimé), tenue encore souvent portée, surtout dans les campagnes.

LA TURQUIE S'ÉTEND À LA FOIS en Asie et en Europe ; aujourd'hui sur le point d'entrer dans l'Europe moderne, elle conserve de nombreux éléments de son histoire asiatique. La Turquie occidentale constitua un élément important des mondes grec et romain de l'Antiquité. L'invasion de nomades turcs (Ottomans) venus de l'est au XVe siècle lui apporta la religion musulmane et la culture nomade de l'Asie centrale. La Turquie devint une république en 1923, et se modernisa rapidement au XXe siècle. L'islam ne constitue plus la religion d'État, même s'il est largement pratiqué. Un vaste éventail d'industrie de fabrication et textiles a renforcé les liens économiques croissants entre la Turquie et l'Europe. Avec son climat chaud et ses sols fertiles, le pays est autosuffisant en matière d'agroalimentaire, même dans le sud-est aride où d'énormes barrages sur l'Euphrate servent à irriguer les terres. Les côtes ouest et sud attirent de nombreux touristes.

La Turquie, située à l'extrémité occidentale de l'Asie, se prolonge dans la pointe sud-est de l'Europe. Elle est bordée sur trois côtés par les mers Noire, Méditerranée et Égée.

La forteresse Saint-Pierre à Bodrum (ci-contre) constitue un bel exemple d'architecture croisée.

ISTANBUL
La plus grande ville, et le plus grand port, de Turquie enjambe le détroit du Bosphore séparant les continents d'Europe et d'Asie. Fondée par des Grecs au VIIIe siècle av. J.-C., devenue plus tard capitale de l'Empire romain d'Orient, Istanbul tomba aux mains des Turcs ottomans en 1453. Ils y construisirent de nombreuses mosquées et le somptueux palais de Topkapi, demeure du sultan. Aujourd'hui, la population d'Istanbul, ville active et tentaculaire, dépasse 12 millions d'habitants.

TOURISME TURC
Le climat chaud, les côtes magnifiques et la riche histoire de la Turquie attirent de nombreux touristes d'Europe du Nord. La plupart se rendent sur les côtes de la mer Égée et de la Méditerranée où des ports pittoresques tels que Bodrum (ci-dessus) donnent accès à de magnifiques plages. Mais le développement urbain rapide devient un danger à long terme pour l'environnement.

ANKARA
Ankara devint capitale de la nouvelle République turque en 1923, ceci en signe de rupture avec le passé ottoman. L'histoire de la ville remonte au IIe millénaire av. J.-C. Elle constitua un important centre culturel et commercial ottoman, situé sur les principales routes des caravanes. Aujourd'hui, le centre de la ville moderne accueille le siège du gouvernement.

La bibliothèque de Celsius à Éphèse, construite au IIe siècle apr. J.-C. pour un consul romain

RUINES ANTIQUES
La côte de l'Égée avait été colonisée par les Grecs dès le VIIe siècle av. J.-C., et la Turquie occidentale représenta une part importante du monde grec et, par la suite, du monde romain. De nombreuses cités antiques bien conservées attirent en Turquie archéologues et touristes. Éphèse abritait le temple d'Artémis, l'une des Sept Merveilles du monde.

Pour en savoir plus

L'ASIE (HISTOIRE)
LA GRÈCE ANTIQUE
L'EMPIRE OTTOMAN
L'EMPIRE ROMAIN
LES MERVEILLES DU MONDE ANTIQUE

Volcan | Montagne | Capitale | Grande ville | Petite ville

CHYPRE
Superficie : 9 251 km²
Population : 871 000
Capitale : Nicosie
Langues : grec, turc, anglais
Religions : orthodoxe, musulmane
Monnaie : euro

TURQUIE
Superficie : 774 815 km²
Population : 74 816 000
Capitale : Ankara
Langues : turc, kurde, arabe, circassien, arménien, grec, géorgien, ladino
Religion : musulmane
Monnaie : livre turque

GÉNOCIDE ARMÉNIEN

Les Arméniens sont des chrétiens possédant leur propre langue et une culture ancienne. Un certain nombre d'entre eux étaient installés en Turquie, notamment autour du lac de Van, dans l'est du pays. En 1915, les Turcs ottomans, alliés de l'Allemagne dans le conflit mondial, déportèrent toute la population arménienne, et plus de 1 million d'entre eux périrent.

SÉISMES

La Turquie est située sur une importante ligne de faille, qui la rend très vulnérable aux séismes. En 1999 et 2003, deux importants séismes, à Izmit et à Bingöl, ont fait des milliers de victimes.

GARDIENS DE TROUPEAUX

Des troupeaux de chèvres angora, d'ânes, de moutons et de chevaux paissent sur les plaines désolées et balayées par les vents de Turquie centrale. Autrefois, cette région était habitée par des nomades qui suivaient leurs troupeaux sur les plateaux en été et dans les plaines en hiver. Aujourd'hui, seuls quelques-uns de leurs descendants vivent de cette manière, la plupart s'étant sédentarisés.

Kyrinia, sur la côte nord de Chypre

CHYPRE

Quand Chypre obtint son indépendance de la Grande-Bretagne en 1959, des conflits existaient entre les communautés grecque et turque. L'île fut divisée en deux après une invasion turque en 1974. La « République turque de Chypre du Nord », née de cette division, n'est pas reconnue par la communauté internationale, mais Chypre est entrée dans l'Union européenne en 2004 et fait partie de la zone euro.

PLAINE D'ANATOLIE

Un quart de la Turquie se situe à des altitudes supérieures à 1 220 m. Le haut plateau du centre se compose de plaines et de montagnes. Les terres agricoles sont limitées aux vallées fertiles des rivières, et l'essentiel du territoire n'est utilisé que pour les pâturages. Les hivers sont rudes, avec en janvier des températures moyennes inférieures à zéro ; et dans certaines régions à l'est, la couverture de neige hivernale dure jusqu'à quatre mois.

l'Ukraine

Les Carpates forment la frontière occidentale de l'Ukraine. Au sud s'étend la mer Noire, dans laquelle s'avance la péninsule de Crimée, formant la mer d'Azov à l'est. Les steppes plates d'Ukraine sont divisées en deux par le Dniepr, qui se jette dans la mer Noire.

L'UKRAINE EST UNE RÉPUBLIQUE indépendante depuis l'effondrement de l'Union soviétique en 1991. Le pays se compose de prairies plates au sol fertile, traversées par des fleuves importants tels que le Dniepr, le Donets et le Boug. Le soleil généreux et les plages de sable de la péninsule de Crimée attirent de nombreux touristes, venus surtout de Russie et d'Allemagne. Avec ses terres fécondes et son climat doux, l'Ukraine produit en abondance des céréales, et était autrefois surnommée « grenier à blé » de l'Union soviétique. À l'est, le bassin du Donets, riche en gisements (charbon, fer, manganèse, zinc et mercure), se trouve au centre d'un foyer industriel. À l'ère soviétique, l'Ukraine produisait beaucoup d'armes. Beaucoup d'usines d'armement se sont depuis reconverties dans la fabrication de biens de consommation. Le 26 avril 1986, une explosion à la centrale nucléaire de Tchernobyl provoqua une pollution radioactive importante qui déclencha un vent de panique en Europe. Les terres entourant la centrale restent contaminées, et les villages des alentours se sont dépeuplés.

STATISTIQUES

Superficie : 603 700 km²
Population : 45 708 000
Capitale : Kiev
Langues : ukrainien, russe, tatar, roumain, polonais
Religions : orthodoxe, catholique, protestante, juive
Monnaie : hrivna
Principales activités : agriculture, exploitation minière
Principales exportations : charbon, titane, minerai de fer et de manganèse, acier
Principales importations : pétrole, gaz naturel

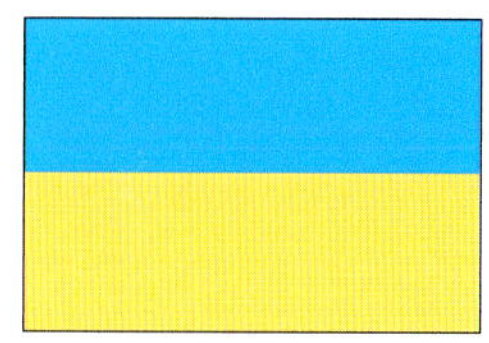

FOYER INDUSTRIEL
L'est de l'Ukraine, avec ses riches réserves de fer, de charbon, de gaz et de pétrole, constitue un centre industriel majeur. L'Ukraine est l'un des principaux producteurs d'acier du monde, et d'immenses fabriques de fer et aciéries dominent le paysage. L'Ukraine fabrique aussi des équipements miniers et de transport, tels que camions, automobiles, locomotives, navires et turbines.

KIEV
Kiev, l'une des plus vieilles cités d'Europe de l'Est, constitua sans doute un centre commercial dès le début du Vᵉ siècle.

KIEV
La capitale de l'Ukraine est située sur le Dniepr, à 952 km de son embouchure sur la mer Noire. Au VIIIᵉ siècle, Kiev devint capitale du premier État russe. Le cœur de la ville est l'ancienne ville haute, où des bâtiments historiques subsistent malgré les dommages subis pendant la Seconde Guerre mondiale. Construite au XIᵉ siècle, la cathédrale Sainte-Sophie (à gauche) est un modèle d'architecture byzantine de l'Église orthodoxe d'Orient.

Pour en savoir plus
L'ÉNERGIE NUCLÉAIRE
L'EUROPE (GÉOGRAPHIE)
L'EUROPE (HISTOIRE)
FER ET ACIER
L'UNION SOVIÉTIQUE

U

http://www.curiosphere.tv/europe/

l'Union européenne

JEAN MONNET
Initiateur et premier président de la Communauté européenne du charbon et de l'acier, le Français Jean Monnet (1888-1979), surnommé le « père de l'Europe », voulait éviter une nouvelle guerre avec l'Allemagne.

DE 1870 À 1945, la France et l'Allemagne se livrèrent trois guerres. Après la Seconde Guerre mondiale, en 1945, les deux pays décidèrent de cohabiter et d'associer leurs forces industrielles. Quatre autres pays se joignirent à eux et, en 1951, la Communauté européenne du charbon et de l'acier (CECA) voyait le jour. Sept ans plus tard, les six pays signèrent le traité de Rome, établissant la Communauté économique européenne (CEE). Depuis, cette communauté est devenue l'Union européenne (UE) et regroupe 27 pays. Son impact sur la vie quotidienne en Europe est considérable. Lentement, l'Europe évolue vers son unité économique, politique et militaire. Quinze des pays de l'Union ont d'ores et déjà adopté l'euro comme monnaie unique.

LE DRAPEAU
Le drapeau de l'Union européenne, créé en 1955, comporte douze étoiles à cinq branches sur fond bleu.

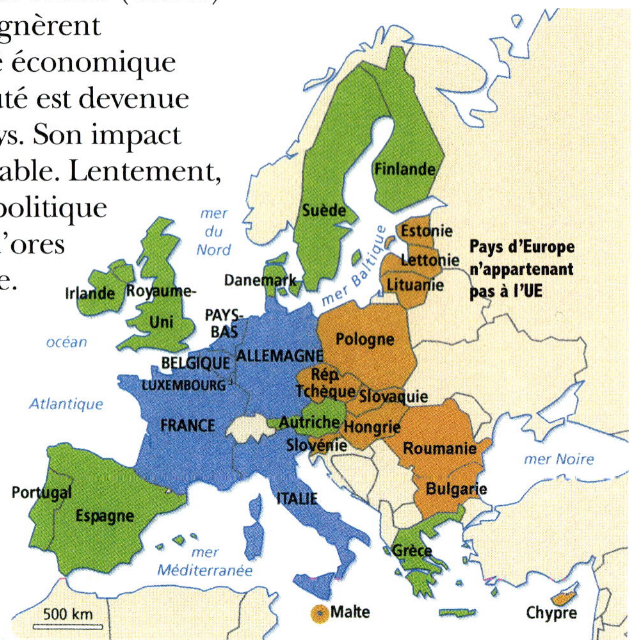

1957, Europe des Six
1995, Europe des Quinze
2007, Europe des Vingt-sept

Une réunion du Parlement européen à Strasbourg

L'Assemblée européenne siège dans un hémicycle.

PARLEMENT EUROPÉEN
Tous les cinq ans, les citoyens d'Europe élisent des députés (membres du Parlement) européens pour les représenter à Strasbourg. Ceux-ci ont le pouvoir d'approuver ou de renvoyer la Commission (le gouvernement de l'UE), de rejeter le budget annuel et d'interroger la Commission sur sa politique. Le Parlement européen n'est pas aussi puissant qu'un parlement national, mais joue un rôle important dans l'évolution de l'Union.

MEMBRES DE L'UE
Les six membres fondateurs de l'UE furent la France, l'Allemagne de l'Ouest, les Pays-Bas, la Belgique, le Luxembourg et l'Italie. Le Royaume-Uni, l'Irlande et le Danemark les rejoignirent en 1973, l'Espagne et le Portugal en 1981, la Grèce en 1986, l'ex-Allemagne de l'Est en 1990, la Finlande, la Suède et l'Autriche en 1995, Estonie, Lituanie, Lettonie, Hongrie, Pologne, Slovaquie, Slovénie, République tchèque, Chypre et Malte en 2004, la Roumanie et la Bulgarie en 2007. D'autres pays souhaitent entrer dans l'Union, comme la Croatie. Bien qu'elle soit en partie européenne (et que Chypre appartienne à l'Asie), la Turquie aspire elle aussi à faire partie de l'Union, mais sa candidature soulève des problèmes.

1951 France, Allemagne, Italie et pays du Benelux créent la Communauté européenne du charbon et de l'acier.

1957 Le traité de Rome institue la Communauté économique européenne et Euratom, l'autorité de contrôle de l'énergie atomique.

1967 Naissance de la Communauté européenne.

1979 Le système monétaire européen entre en vigueur.

1993 Naissance de l'Union européenne.

1999 Lancement de l'euro.

2011 Le projet de constitution européenne n'est toujours pas approuvé par tous les États membres.

À l'intérieur de l'espace Schengen, les contrôles aux frontières disparaissent.

CE QUE FAIT L'UE
L'Union contrôle l'agriculture, la pêche et les affaires économiques, industrielles et culturelles européennes. Elle aide les régions les plus pauvres, en construisant des routes et en finançant des projets d'éducation et de formation. Tout citoyen européen peut détenir un passeport européen.

UNION MONÉTAIRE EUROPÉENNE
Les pays de l'UE associèrent leurs différentes monnaies en 1979, entamant un mouvement vers l'union monétaire et économique complète. Quinze pays membres ont adopté l'euro, la monnaie unique. Les billets et les pièces en euro, utilisés depuis 2002, remplacent les monnaies nationales telles que le franc ou le mark allemand.

Euros

L'UE aide les agriculteurs à produire et à vendre la nourriture (PAC).

Pour en savoir plus
COMMERCE ET INDUSTRIE
L'EUROPE (GÉOGRAPHIE)
L'EUROPE (HISTOIRE)

l'Union soviétique

L'URSS (Union des Républiques socialistes soviétiques, ou Union soviétique) vit le jour à la suite d'une révolution sanglante. En 1917, suite aux pénuries provoquées par la Première Guerre mondiale, une agitation politique se forma et fit tomber le régime tsariste. Malgré la mise en place d'un gouvernement à visées démocratiques, l'agitation ne s'arrêta pas. Les bolcheviques, représentant les soviets (conseils d'ouvriers, de soldats et de paysans acquis aux idées communistes) et menés par Lénine, prirent le pouvoir. En 1922, l'empire se scinda en républiques « soviétiques », et la première nation communiste fut fondée. À la suite de Lénine, Staline imposa au pays une dictature impitoyable, où des millions de personnes, accusées de menées antirévolutionnaires, furent déportées dans des goulags (camps de travaux) en Sibérie. Tout au long du XXe siècle, l'URSS développa une superpuissance industrielle rivalisant avec les États-Unis, mais elle n'offrit à sa population aucune perspective de liberté civile ni de prospérité économique. En 1985, Mikhaïl Gorbatchev entreprit une réforme, mais l'effondrement du communisme précipita la désintégration de l'URSS en 1991.

INDUSTRIALISATION
Sous Staline, des plans quinquennaux réorganisèrent la production de charbon, d'acier et d'énergie. Cette industrialisation à marche forcée consolida l'économie du pays, mais sans réels bénéfices pour les ouvriers.

Affiche de propagande vantant les mérites du travail et l'engagement des ouvriers soviétiques

Schéma de fonctionnement des fermes collectives sous Staline. Les kolkhozes regroupaient une école, une usine et un hôpital ; un quota de la production était systématiquement envoyé à l'État.

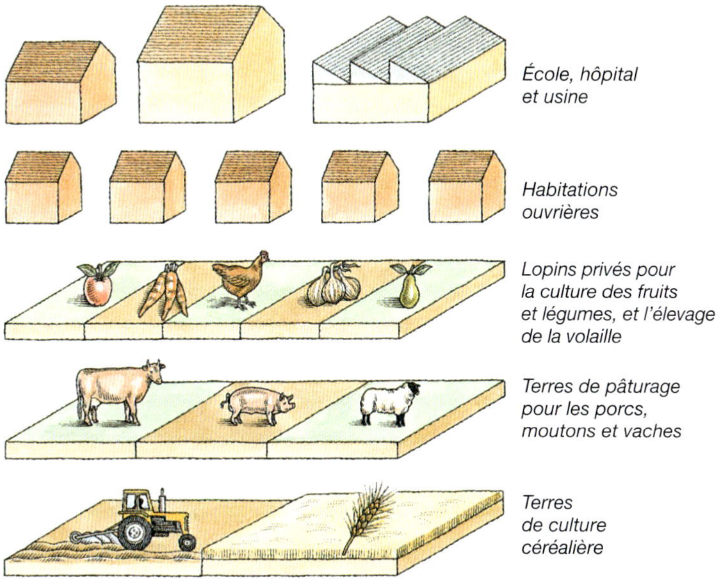

FERMES COLLECTIVES
Staline souhaitait moderniser le monde paysan et en accroître la productivité. L'État confisqua le bétail et les terres de millions de riches paysans (koulaks). Tous ceux qui résistèrent furent envoyés dans des camps de travail. Il fut décidé de créer des coopératives agricoles de production, les kolkhozes, qui furent placées sous contrôle du gouvernement. La majorité des produits issus des kolkhozes était exportée ou utilisée par le gouvernement pour nourrir les ouvriers.

JOSEPH STALINE
Issu d'une famille modeste de Géorgie, Joseph Staline (1879-1953) s'empara du pouvoir à la mort de Lénine. Des millions de personnes, soupçonnées de trahison, furent victimes de sa police secrète. Purges, assassinats des opposants, déportations en camps de concentration marquèrent son règne jusqu'à sa mort.

ALEXANDRA KOLLONTAÌ
Le communisme prônait l'égalité au sein de la société. Ainsi les femmes travaillaient-elles aux côtés des hommes dans les usines. Mais elles ne furent jamais autorisées à exercer un réel pouvoir. Alexandra Kollontai (1872-1952) fut l'exception. Ambassadrice de l'Union soviétique en 1923, elle échappe aux purges staliniennes. Elle rédigea de nombreux articles sur la paix et les droits des femmes.

U

SECONDE GUERRE MONDIALE

En 1941, les armées allemandes envahirent l'Union soviétique. Moscou, un temps menacée, résista. Leningrad subit sans fléchir un siège de trois ans. À Stalingrad, la défaite allemande marqua le tournant de la Seconde Guerre mondiale. Les usines d'armement récemment bâties dans l'est du pays produisaient alors en série des armes sophistiquées, comme le char T34. Les armées soviétiques, dirigées par le maréchal Joukov, prirent Berlin le 2 mai 1945. Cette victoire se solda par un très grand nombre de victimes, tant civiles que militaires : plus de 20 millions de personnes perdirent la vie.

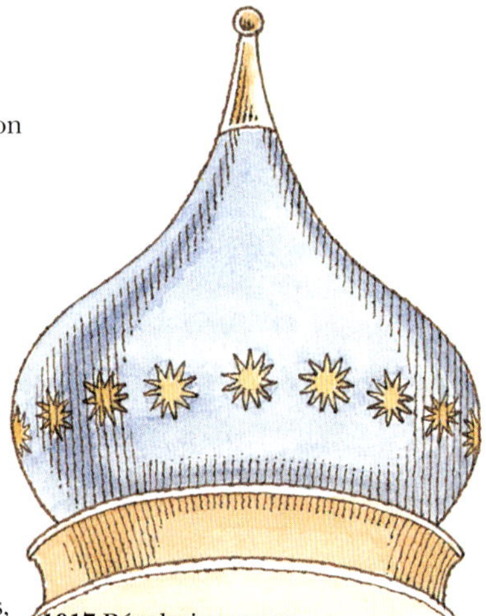

1917 Révolution russe.

1922 Naissance de l'URSS.

1924 Staline succède à Lénine.

1941 Hitler attaque l'URSS.

1945 L'Armée rouge victorieuse occupe tout l'Est européen.

1955 Création du pacte de Varsovie, alliance militaire entre les pays du bloc communiste. La guerre froide divise la planète en deux : soviétique à l'est, américaine à l'ouest.

1956 L'URSS mate l'insurrection de Budapest.

1962 Les Soviétiques tentent d'installer des missiles à Cuba.

1968 L'URSS mate le « printemps de Prague ».

1980-1988 Échec militaire des Soviétiques en Afghanistan.

1991 L'URSS se scinde en républiques indépendantes : Fédération de Russie, Ukraine, Biélorussie, pays Baltes, Géorgie…

TCHERNOBYL

En 1986, l'explosion d'un réacteur de la centrale nucléaire de Tchernobyl provoqua la mort instantanée de 30 personnes et en blessa des centaines d'autres. Un nuage de poussière et de fumée radioactives balaya toute l'Europe, exposant des milliers de personnes à une contamination directe. Le gouvernement soviétique, engagé dans une politique de transparence (glasnost), avertit le reste du monde des risques encourus.

COURSE À L'ESPACE

Le 4 octobre 1957, le monde s'arrêta pour écouter sur les ondes un étrange « bip » venu de l'espace. Les Soviétiques venaient de placer en orbite autour de la Terre le premier satellite artificiel, baptisé *Spoutnik 1*. Quatre ans plus tard, le cosmonaute Iouri Gagarine fut le premier homme à effectuer un vol spatial.

CHUTE DU COMMUNISME

Dès son arrivée au pouvoir en 1985, Mikhaïl Gorbatchev se lança dans une politique d'ouverture et de transparence (glasnost) accompagnée de réformes économiques (perestroïka) visant à améliorer le niveau économique du pays. Les populations des pays communistes commencèrent à manifester leur aspiration à un peu plus de liberté. L'année 1989 vit la destruction du mur de Berlin, puis, en Roumanie, l'exécution du dictateur communiste Nicolae Ceausescu. En Union soviétique, les manifestations anticommunistes se succédèrent. La foule renversa les statues de Lénine et des autres leaders communistes. À Moscou, la statue de Felix Dzerjinsky (1877-1926) fut décapitée.

GORBATCHEV ET IELTSINE

Au cours des années 1980, l'Union soviétique, incapable de se réformer, s'enfonça dans une crise économique sans issue. Beaucoup s'impatientaient, trouvant que les changements promis par Gorbatchev (à droite) tardaient à venir. Celui-ci démissionna, en 1991, alors que l'Union soviétique était scindée en plusieurs républiques indépendantes. Boris Ieltsine (à gauche) prit la tête de la nouvelle Fédération de Russie. En 1999, il démissionna à son tour.

Pour en savoir plus

Le Communisme
La Guerre froide
Les Républiques du Caucase
La Révolution russe
La Russie (histoire)
La Seconde Guerre mondiale

l'Univers

CETTE ÉTENDUE infinie d'espace que nous appelons Univers contient tout ce qui y existe, du Soleil aux planètes, en passant par la Voie lactée et toutes les autres galaxies. L'Univers est en perpétuelle expansion. La connaissance que nous en avons s'est approfondie grâce aux puissants télescopes astronomiques mis au point pour capter la lumière, les ondes radio, les rayons X et toutes les autres formes de rayonnement qui parviennent sur Terre depuis l'espace. La lumière d'une étoile parcourt près de 9,5 milliards de km en une année (cette distance est appelée année-lumière), et peut voyager des centaines d'années avant de nous parvenir. Selon la plupart des scientifiques, l'Univers et ses milliards de galaxies se seraient formés à partir d'un nuage de gaz issu d'une formidable explosion, voici des milliards d'années. Cette hypothèse est appelée théorie du big-bang.

La Voie lactée possède un halo formé d'étoiles et de gaz.

VOIE LACTÉE

Le Soleil n'est que l'une des centaines de milliards d'étoiles de la gigantesque galaxie que nous appelons Voie lactée, et dont les bras spiralés irradient à partir d'un noyau en forme de bulbe. Le diamètre de la Voie lactée est estimé à 100 000 années-lumière et le Soleil se situe à 28 000 années-lumière de son centre.

GALAXIES

Les galaxies, formées de gaz, de poussières et de milliards d'étoiles, se divisent en trois grands groupes, les elliptiques, les irrégulières et les spiralées. La plupart sont elliptiques, de forme plus ou moins ovoïde. Quelques-unes sont irrégulières et d'autres, comme la Voie lactée, sont spiralées (ci-dessous et ci-contre). Le plus souvent, elles forment des amas où elles se regroupent par centaines.

Les carrés de papier symbolisent les amas de galaxies.

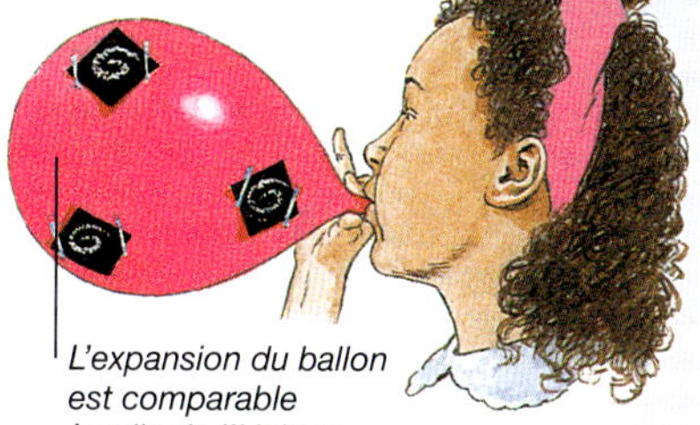

L'expansion du ballon est comparable à celle de l'Univers.

GALAXIES ELLIPTIQUES

Les galaxies elliptiques (non représentées ici) sont principalement constituées d'étoiles âgées (de couleur rouge). Ce type de galaxies contient de faibles quantités de gaz et de poussières qui sont présentes dans toutes les jeunes étoiles.

TROUS NOIRS

L'attraction gravitationnelle de certaines étoiles est si puissante qu'aucune lumière ne s'en échappe. Ce phénomène est à l'origine des trous noirs (ci-dessus). Tout ce qui est aspiré par un trou noir devient invisible à jamais car ni la lumière, ni la matière ne peuvent s'en échapper. Si un trou noir est indétectable, le quasar qui l'accompagne génère, lui, le plus intense des rayonnements.

GALAXIES IRRÉGULIÈRES

Le Grand Nuage de Magellan est une galaxie irrégulière de 30 000 années-lumière de diamètre ; la Voie lactée qui l'accompagne est située à quelque 160 000 années-lumière de cette galaxie.

EXPANSION DE L'UNIVERS

On peut se représenter l'expansion de l'Univers en imaginant des carrés de papier collés à la surface d'un ballon. Chaque carré symbolise un amas de galaxies. En gonflant le ballon, les carrés de papier s'éloignent les uns des autres. De la même façon, les amas de galaxies s'éloignent les uns des autres. Plus un amas est proche de nous plus vite il s'en éloigne.

U

Les derniers dinosaures se sont éteints il y a 65 millions d'années.

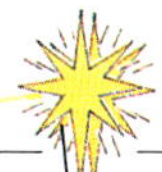

Cette galaxie se situe à 100 millions d'années-lumière. La lumière que nous percevons fut émise à l'époque où les dinosaures peuplaient la Terre.

PLONGÉE DANS LE PASSÉ

On peut observer au télescope des galaxies situées à des millions d'années-lumière. Ce que l'on voit ne correspond pas au moment présent mais remonte à des millions d'années, soit le temps nécessaire pour que leur lumière traverse l'Univers et nous parvienne.

Pour en savoir plus

LE BIG-BANG
COMÈTES ET MÉTÉORITES
LES ÉTOILES
LA LUMIÈRE
LA LUNE
LES PLANÈTES
LES TÉLESCOPES
LA TERRE
LES TROUS NOIRS

les Usines

DES MILLIONS D'OUVRIERS travaillent dans des usines du monde entier pour fabriquer des biens de toutes sortes, du tee-shirt à l'avion gros porteur. Les usines datent de la révolution industrielle, au XVIIIe siècle. Elles sont apparues en Grande-Bretagne à une époque où les gens quittaient massivement les campagnes pour aller gagner leur vie en ville. Les artisans qui fabriquaient des objets dans de petits ateliers ont été remplacés par des ouvriers spécialisés travaillant à la chaîne. Une seule machine faisait le travail de plusieurs personnes, une production de masse devint possible comme base de la production moderne. Aujourd'hui, les robots concurrencent les ouvriers.

PREMIÈRES USINES
Les premières usines étaient bruyantes, sales et dangereuses. Des femmes et des enfants y travaillaient.

Le châssis de la voiture passe sur la chaîne de montage entre des rangées de robots qui assemblent les différentes pièces.

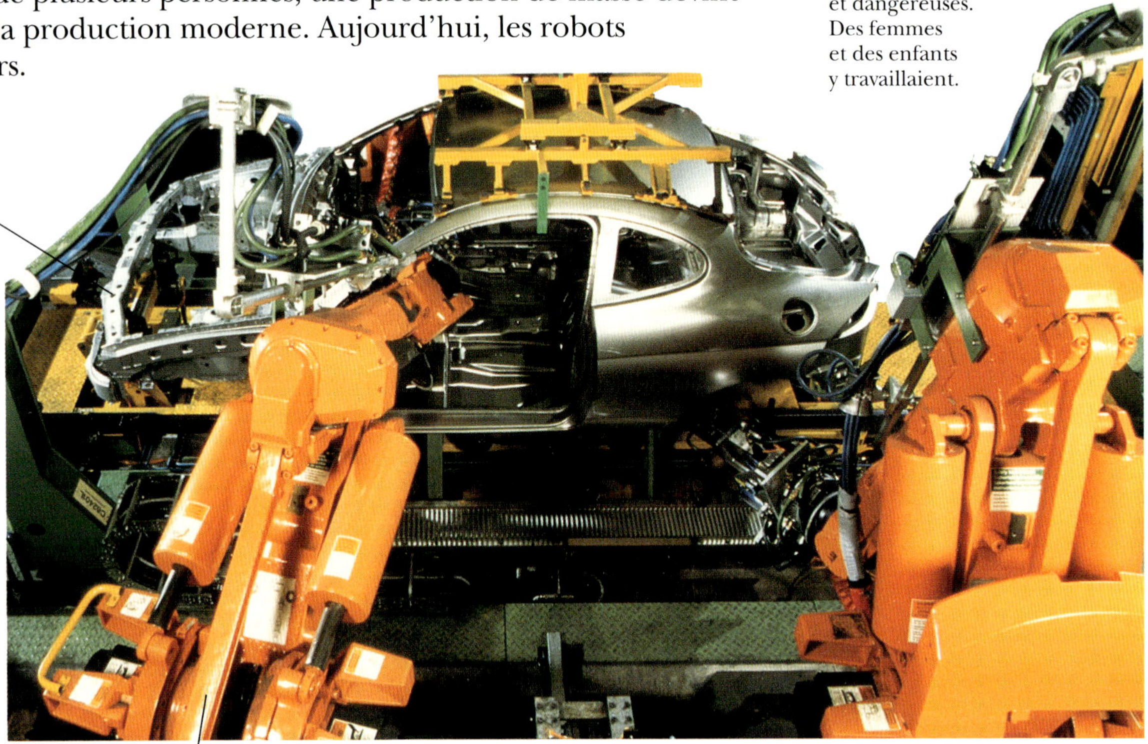

Bras articulé du robot

CHAÎNE DE MONTAGE ROBOTISÉE
Dans la plupart des usines de construction automobile, des machines commandées par ordinateur (des robots) ont remplacé les ouvriers sur les chaînes de montage. Les robots sont programmés pour exécuter toutes sortes d'opérations, telles que peindre ou souder. Ils sont chers à l'achat, mais peuvent travailler jour et nuit avec une précision extrême.

HENRY FORD
L'industriel américain Henry Ford (1863-1947) est le pionnier de la production automobile en série. En 1913 il a fabriqué son premier modèle de voiture, la Ford T, en adoptant le système de la chaîne de montage. Les voitures passaient sur des chariots devant les ouvriers qui exécutaient les mêmes tâches à longueur de journée.

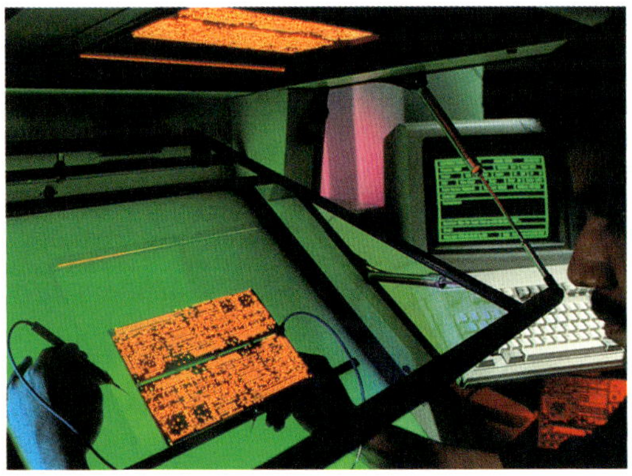

PUCES ÉLECTRONIQUES
Tandis que certaines usines sont sales et bruyantes, d'autres sont d'une propreté absolue. Les puces électroniques sont très fragiles et doivent être fabriquées dans des conditions d'hygiène optimales. Ceux qui les fabriquent portent des vêtements de protection et travaillent en atmosphère stérile, où aucune poussière ne peut pénétrer.

NAVIRES-USINES
Les navires-usines sont des navires spécialement aménagés pour le traitement en mer du poisson. Ils n'ont pas besoin de retourner au port et peuvent rester des mois sur l'eau. Les ouvriers préparent et congèlent le poisson sous le pont, avant de le stocker dans les cales. Les navires-usines pêchent dans les océans du monde entier.

TRAVAIL DES ENFANTS
Dans les années 1800, des hommes politiques britanniques ont adopté des lois pour interdire le travail des femmes et des enfants en usine. Aujourd'hui, la législation de la plupart des pays réglemente le travail des enfants. Mais les pays pauvres recourent encore fréquemment à cette main-d'œuvre très bon marché.

Pour en savoir plus
COMMERCE ET INDUSTRIE
LA PÊCHE INDUSTRIELLE
LA RÉVOLUTION INDUSTRIELLE

Vélos et motos

LE VÉLO est un moyen de transport simple et économique. Il est né en Europe. Son ancêtre, le célérifère (1790), était en bois. En 1861, l'ajout de pédales en faisait un vélocipède. Respectueux de l'environnement, d'un coût d'achat et d'entretien peu élevé, le vélo a depuis conquis la planète tout entière. Comme les vélos, les motos sont des deux-roues. Compactes, facilement manœuvrables, elles se faufilent, parfois dangereusement, dans le trafic. Certaines sont spécialement conçues pour le tout-terrain. Si la conduite d'un deux-roues fait appel au sens de l'équilibre, le cadre est conçu de façon que l'engin soit le plus stable possible.

VÉLOCIPÈDE
Avant l'invention de la chaîne de vélo, les vélocipédistes étaient perchés au sommet de leur drôle de monture : la roue avant, démesurément grande, était équipée de pédales.

MOTOS

En 1885, le constructeur automobile Gottlieb Daimler fabriqua l'une des premières moto en fixant un moteur à vapeur sur un cadre de bicyclette. Aujourd'hui, les plus petites des motos, les cyclomoteurs, sont encore assez proches du vélo (on peut être obligé de pédaler pour gravir une côte), mais d'autres atteignent des vitesses supérieures à 260 km/h, performances dont peu de voitures sont capables mais qui ne sont pas compatibles avec le respect du code de la route.

VIRAGE
Les motards entrent dans les courbes en penchant leur moto et en s'inclinant avec elle. Cette position évite la chute vers l'extérieur ou de filer tout droit avec la moto. Plus la vitesse à laquelle le pilote amorce le virage est élevée, plus il doit incliner sa moto.

VÉLOS

Vers 1790, le comte de Sivrac mit au point une bicyclette à cadre en bois. En 1885, l'Anglais J. K. Starley lança une bicyclette réellement fiable et sûre, dont le profil inspira celui du vélo dit moderne.

Les vélos tout-terrain (VTT) sont équipés de pneus larges et d'un cadre robuste, afin de résister aux chocs d'un parcours accidenté.

VÉLOS DE COURSE
Sur ces modèles légers et rapides, le coureur, dos arrondi, se penche en avant pour mieux pénétrer dans l'air.

TANDEMS
Des bicyclettes pour deux personnes, assises l'une derrière l'autre et qui pédalent de concert pour avancer.

UNICYCLES
Difficiles à conduire et à manœuvrer, les unicycles sont réservés aux numéros de cirque.

TRICYCLES
Les vélos à trois roues, particulièrement stables, exigent cependant un effort de pédalage important.

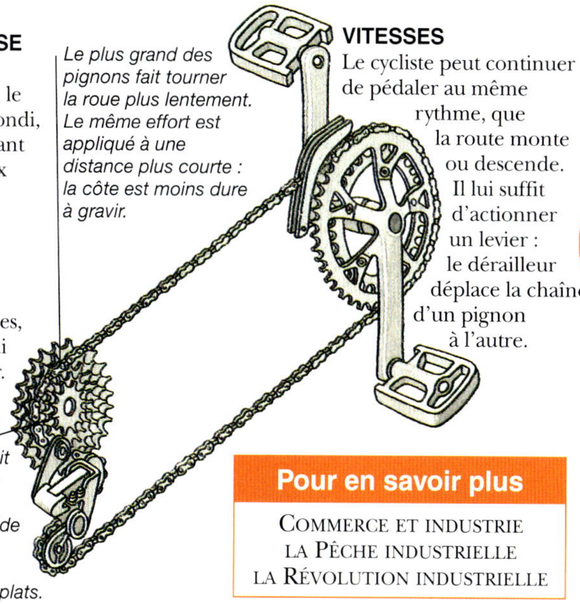

VITESSES
Le cycliste peut continuer de pédaler au même rythme, que la route monte ou descende. Il lui suffit d'actionner un levier : le dérailleur déplace la chaîne d'un pignon à l'autre.

Pour en savoir plus

COMMERCE ET INDUSTRIE
LA PÊCHE INDUSTRIELLE
LA RÉVOLUTION INDUSTRIELLE

http://www.dinosoria.com/vent.htm

le Vent

PETITE BRISE ou ouragan dévastateur, les vents soufflent en permanence autour de la Terre. Ils sont dus à des courants continus d'air, qui se déplacent d'une zone à une autre, sous l'influence de la chaleur. L'air réchauffé par le soleil, parce qu'il se dilate, est plus léger que l'air froid et s'élève ; l'air froid, plus lourd, vient prendre sa place. Ce courant circulaire est à l'origine du vent. L'air chaud et léger exerce moins de pression sur la surface de la Terre que l'air froid : il en résulte une zone de basse pression que vient pénétrer l'air froid. L'air froid, plus lourd, correspond à une zone de haute pression qui chasse l'air vers l'extérieur. Plus la différence de pression entre deux zones est grande, et plus le vent est fort. Les météorologistes mesurent cette force sur l'échelle de Beaufort. Celle-ci est graduée de 0 à 12. Un vent de force 2 est une petite brise. À force 12, c'est un ouragan. La taille et la forme des terres et des mers affectent les vents, qui selon les pays et les régions, portent des noms différents : le chinook souffle en Amérique du Nord, le sirocco en Italie.

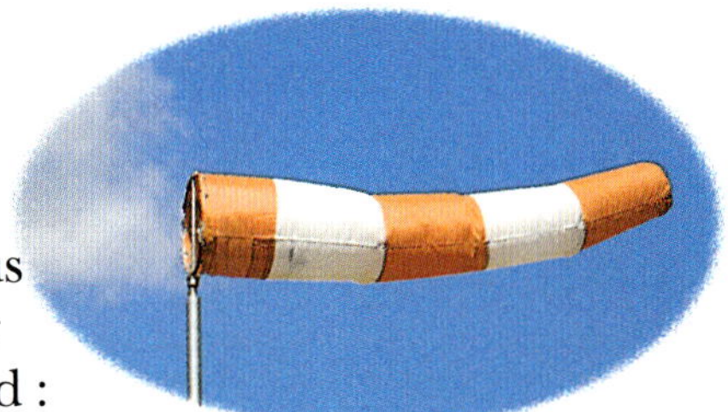

DIRECTION DU VENT
Un vent est souvent nommé d'après sa provenance. S'il souffle de l'ouest, il est appelé vent d'ouest. Les manches à air (ci-dessus) et les girouettes indiquent la direction du vent.

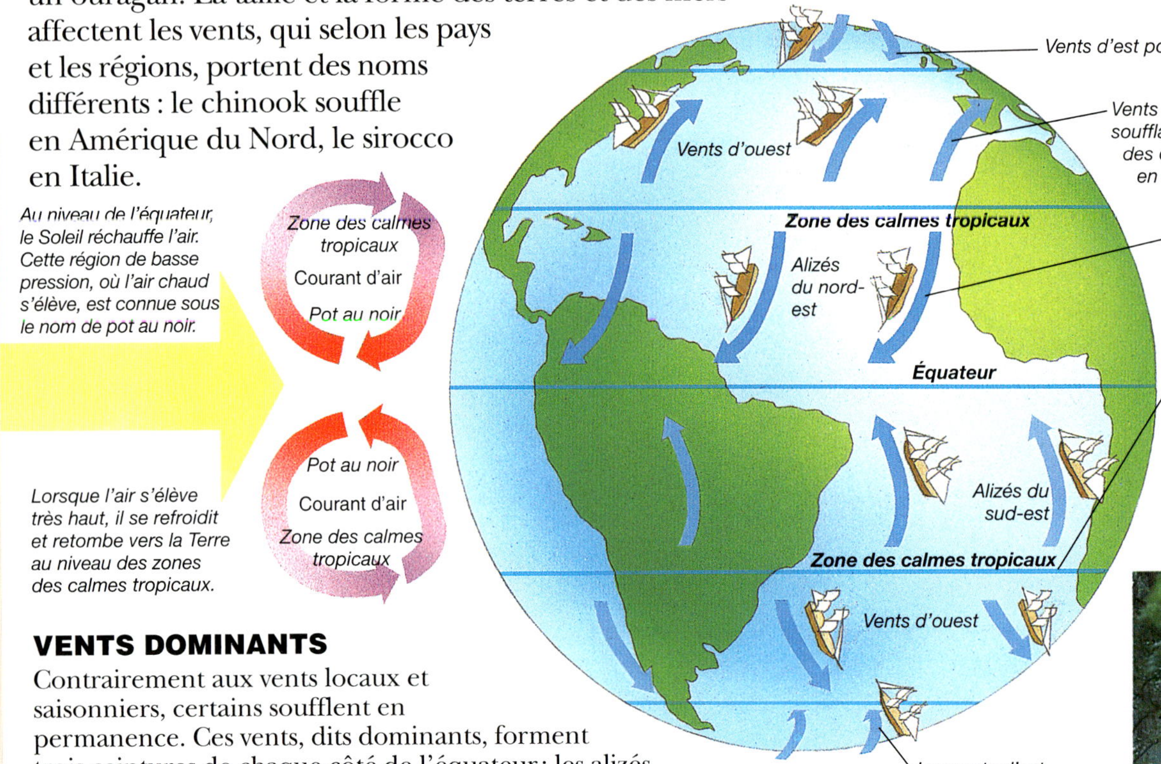

VENTS DOMINANTS
Contrairement aux vents locaux et saisonniers, certains soufflent en permanence. Ces vents, dits dominants, forment trois ceintures de chaque côté de l'équateur ; les alizés, les vents d'ouest et les vents d'est polaires. Leur direction subit l'influence de la force de Coriolis, résultant de la rotation de la Terre : ils s'orientent vers la gauche dans l'hémisphère Sud et vers la droite dans l'hémisphère Nord.

MOUSSONS
Les vents saisonniers alternés portent le nom de moussons. L'exemple le plus connu est celui de l'Asie méridionale : le vent souffle de l'océan Indien vers le continent et y apporte des précipitations abondantes ; en hiver, il souffle de la chaîne himalayenne vers l'océan Indien.

ÉOLIENNES
Les premiers navires utilisaient la force du vent pour traverser les océans. Le vent sert à faire tourner des machines. Ainsi des moulins à vent qui, au VIIe siècle, en Iran, servaient à puiser l'eau des fleuves et qui, plus tard, furent exploités pour moudre le grain. De nos jours, de puissantes éoliennes servent à produire de l'électricité pour alimenter de petites villes. Non polluantes, mais bruyantes et imposantes, elles sont généralement installées à distance des habitations.

Cette ferme expérimentale, située aux États-Unis, produit de l'électricité grâce à ses 300 éoliennes.

Pour en savoir plus

LES CLIMATS
L'ÉNERGIE
LA MÉTÉOROLOGIE
LES TEMPÊTES

Verres et céramiques

L'ARGILE ET LE SABLE sont les matières premières de la céramique et du verre. L'une et l'autre entrent dans la fabrication de la vaisselle, et des différentes bouteilles ou récipients qui servent de contenants aux boissons et à toutes sortes d'aliments. Le verre et la céramique ont pour propriétés communes de résister à la chaleur, de ne pas conduire l'électricité et d'offrir une surface dure et non poreuse. Le verre se différencie par sa capacité à laisser passer la lumière, la céramique par sa résistance à des températures extrêmes. Sous leur forme élémentaire, verre et céramique sont friables. C'est l'ajout de certains additifs en cours de la fabrication qui renforce leur solidité. Le verre et la céramique sont des matériaux anciens ; le verre était utilisé il y a plus de 5 000 ans par les Égyptiens pour fabriquer des objets décoratifs et l'art de la poterie remonte plus loin encore.

VITRAUX
Une armature de plomb maintient les petites pièces de verre coloré qui composent les vitraux que l'on trouve dans les églises, les temples et certaines habitations.

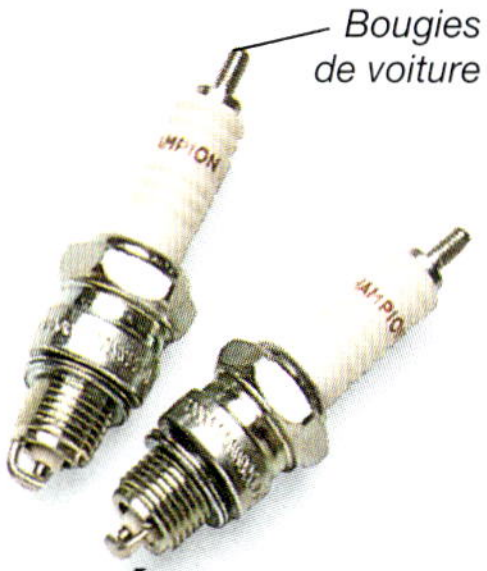

Bougies de voiture

CÉRAMIQUES

L'argile humide est facile à travailler. La chaleur la fige dans la forme voulue : vaisselle, tuile, carreau… Résistant à la chaleur et à l'électricité, la céramique sert d'isolant.

VERRE

Les récipients en verre non teinté protègent leur contenu tout en le présentant de façon agréable. Les lentilles sont des pièces de verre de forme particulière qui focalisent la lumière. Tous les objets en verre ne sont pas fonctionnels, certains se contentant d'être décoratifs.

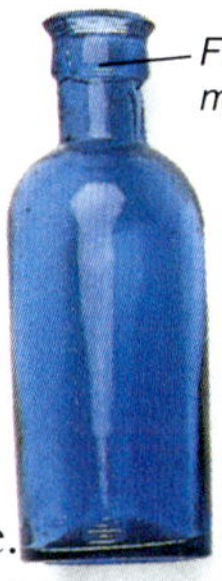

Flacon à médicament

Flacon d'encre

Carafe décorative des années 1930

Carreau de céramique

Loupe équipée d'une grande lentille convexe

Tasse en céramique

ÉMAUX
L'émaillage consiste à vitrifier la surface de métaux ou d'objets afin de les protéger de la corrosion. Les émaux colorés entrent dans l'ornementation de certains bijoux.

FABRICATION DU VERRE

FIBRE DE VERRE

Les matières plastiques renforcées de fibre de verre sont des composites ultrarésistants, notamment utilisés pour la fabrication de pièces de carrosseries automobiles.

COLUMBIA
Le bouclier de la navette américaine *Columbia* était fait de tuiles en céramique, capables de supporter les très hautes températures du retour dans l'atmosphère. Il fut endommagé au décollage. Les sept astronautes trouvèrent la mort dans l'accident du 1er février 2003.

SOUFFLAGE DU VERRE
Le souffleur insuffle de l'air dans une canne à l'extrémité de laquelle est accrochée une boule de verre en fusion. Le verre se dilate jusqu'à épouser la forme souhaitée par le souffleur.

Pour en savoir plus
ÉGLISES ET CATHÉDRALES
LA LUMIÈRE
LES MATIÈRES PLASTIQUES
LA POTERIE

V

Vers et vermidiens

LES VERS sont des créatures longues, fines, molles et dépourvues de pattes. Il en existe des millions d'espèces, de l'ankylostome qui mesure 1 cm au némerte qui fait plusieurs mètres de long. Les trois principaux groupes de vers sont : les annélides ou vers annelés qui incluent les sangsues, les lombrics et les néréides ; les nématodes ou vers ronds, dont il existe au moins 12 000 espèces, et qui possèdent un long corps en forme de tube mais dépourvu d'anneaux (certains sont parasites et peuvent provoquer chez l'homme des maladies graves comme l'onchocercose et l'éléphantiasis) ; les plathelminthes ou vers plats qui comptent plus de 30 000 espèces dont la douve et le ténia, parasites des mammifères.

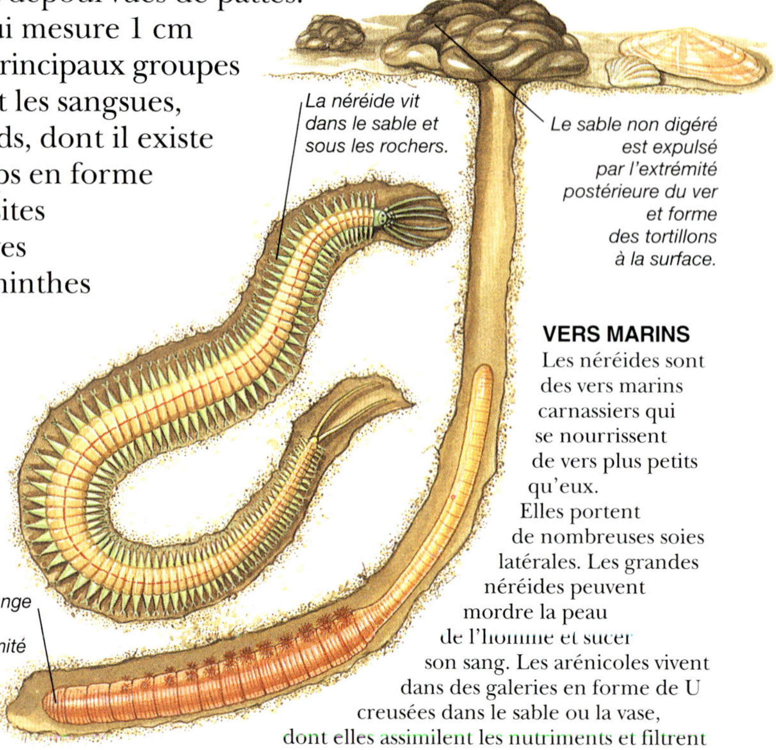

VERS MARINS

Les néréides sont des vers marins carnassiers qui se nourrissent de vers plus petits qu'eux. Elles portent de nombreuses soies latérales. Les grandes néréides peuvent mordre la peau de l'homme et sucer son sang. Les arénicoles vivent dans des galeries en forme de U creusées dans le sable ou la vase, dont elles assimilent les nutriments et filtrent les bactéries pour se nourrir.

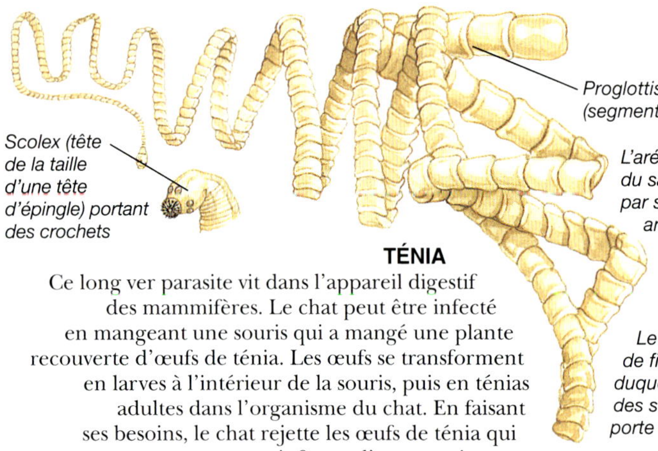

TÉNIA

Ce long ver parasite vit dans l'appareil digestif des mammifères. Le chat peut être infecté en mangeant une souris qui a mangé une plante recouverte d'œufs de ténia. Les œufs se transforment en larves à l'intérieur de la souris, puis en ténias adultes dans l'organisme du chat. En faisant ses besoins, le chat rejette les œufs de ténia qui peuvent infecter d'autres animaux.

VERS DES EAUX DOUCES

Même une petite mare contient de nombreux vers, en particulier des sangsues et des tubifex. La sangsue possède 33 anneaux. Elle suce le sang ou les liquides d'autres animaux, dont les mammifères et les poissons. Son corps est pourvu d'une ventouse à chaque extrémité. Le tubifex, ou ver de vase, possède une enveloppe fine et transparente à travers laquelle on voit son sang.

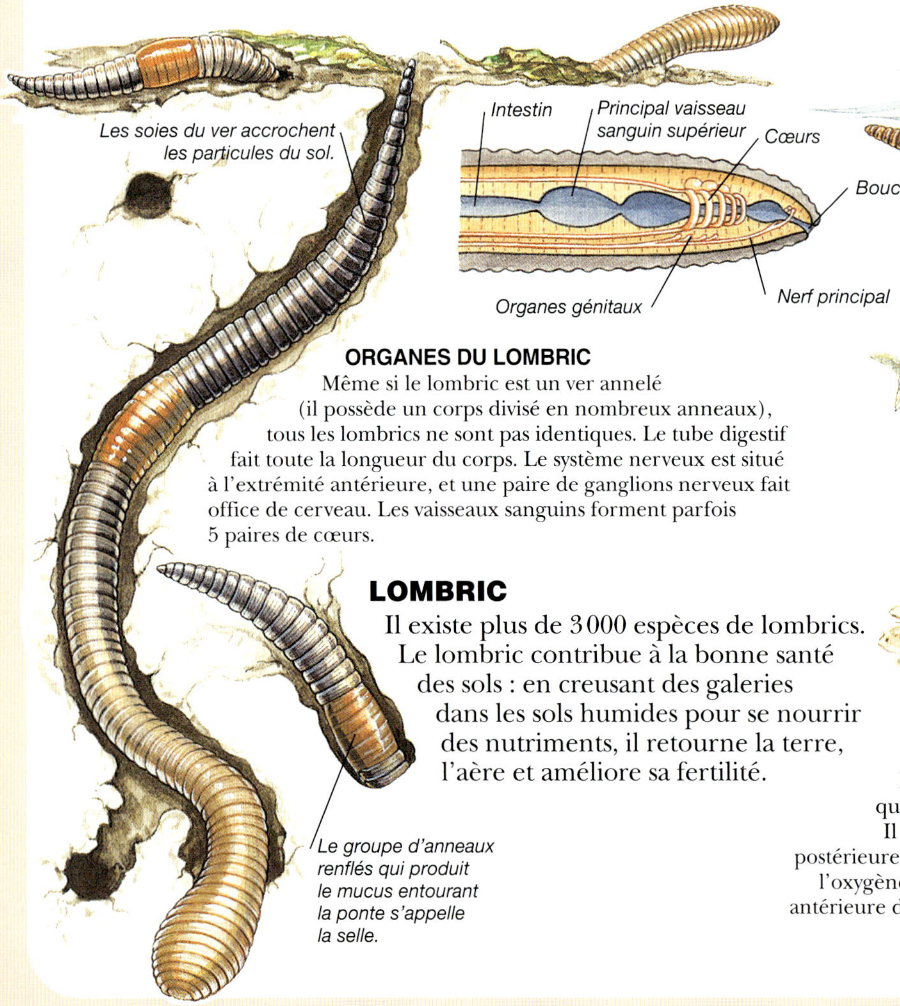

ORGANES DU LOMBRIC

Même si le lombric est un ver annelé (il possède un corps divisé en nombreux anneaux), tous les lombrics ne sont pas identiques. Le tube digestif fait toute la longueur du corps. Le système nerveux est situé à l'extrémité antérieure, et une paire de ganglions nerveux fait office de cerveau. Les vaisseaux sanguins forment parfois 5 paires de cœurs.

LOMBRIC

Il existe plus de 3 000 espèces de lombrics. Le lombric contribue à la bonne santé des sols : en creusant des galeries dans les sols humides pour se nourrir des nutriments, il retourne la terre, l'aère et améliore sa fertilité.

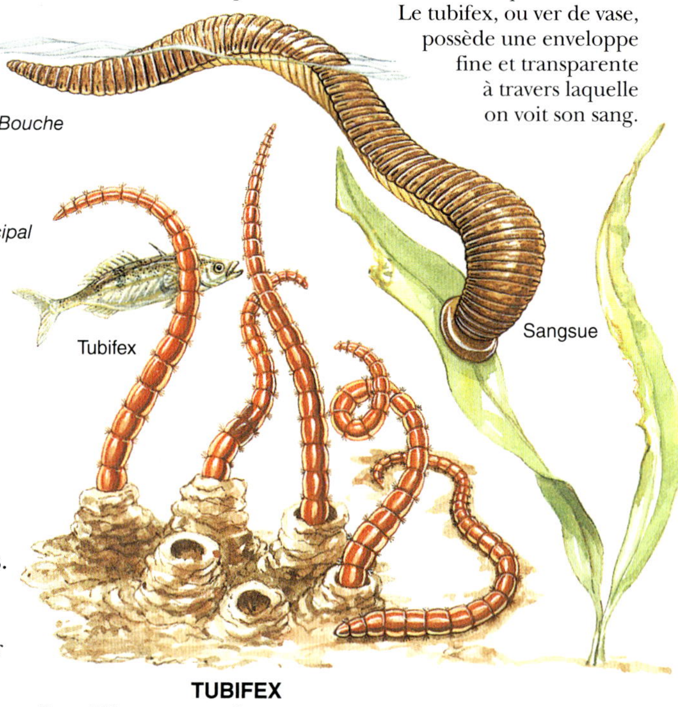

TUBIFEX

Le tubifex est un petit ver qui vit dans les eaux douces. Il fait bouger son extrémité postérieure dans l'eau pour absorber l'oxygène et enfouit son extrémité antérieure dans la vase pour absorber les nutriments.

Pour en savoir plus

LES ESPÈCES ANIMALES
LA MÉDECINE (HISTOIRE)
LES SOLS

les Vêtements

DE LA SOIE ÉLÉGANTE aux vêtements de travail pratiques, ce que portent les gens reflète leur mode de vie. Les premiers vêtements étaient des peaux d'animaux qui protégeaient du froid et de la pluie. Les vêtements protègent toujours contre les intempéries, mais la société dicte également leur forme. Un costume de ville paraît déplacé sur une plage, et personne ne va au bureau en maillot de bain. Les robes restreignent les mouvements des femmes. Elles portent des pantalons et se déplacent avec plus d'aisance depuis qu'elles ont acquis des droits qui leur étaient refusés jusque-là. Autrefois le vêtement était un moyen de montrer son opulence. La mode était aux vêtements coûteux que seuls les riches pouvaient acquérir. Depuis, elle s'est démocratisée et l'habillement se démode vite. Mais porter des vêtements de marque reflète un niveau de vie aisé.

Bonnet, écharpe et gants de laine aident à se protéger du froid hivernal.

CLIMAT FROID
Traditionnellement, les vêtements destinés à un climat froid sont faits de peaux d'animaux. La fourrure, à l'intérieur du vêtement, emprisonne une couche d'air qui empêche la chaleur du corps de se dissiper. Vestes et pantalons modernes sont faits de Nylon au tissage serré, résistant au vent et à l'eau. Le rembourrage de duvet piège l'air entre ses plumes pour conserver la chaleur.

LE VOILE
Dans certaines cultures, les femmes sont obligées de cacher certaines parties de leur corps. Cette femme Kunama d'Érythrée, en Afrique orientale, porte un voile qui couvre sa tête et ses épaules.

VÊTEMENTS FONCTIONNELS

Parfois, la fonction du vêtement (le rôle qu'il remplit) est le facteur le plus important de sa conception. Les imperméables, par exemple, doivent protéger du froid, du vent et de la pluie ; le style et la couleur ne sont pas aussi importants. Mais un vêtement peut aussi obéir à une exigence religieuse, ou être adapté à une tâche ou à la pratique d'un sport : les vêtements religieux couvrent le corps, les bleus de travail sont faits de tissus résistants tandis que les vêtements de sport sont choisis pour leur légèreté.

COSTUME
Les codes vestimentaires varient dans les entreprises modernes. Certaines sociétés encouragent un habillement décontracté, tandis que d'autres préfèrent que leur personnel vienne travailler en costume de ville.

CONFECTION DES VÊTEMENTS

Aujourd'hui, la plupart des Européens et des Américains achètent des vêtements fabriqués en série. Mais ceux qui aspirent à plus d'originalité ou qui n'ont pas les moyens de s'acheter des vêtements du commerce continuent de se les fabriquer. Des patrons de papier montrent comment découper les morceaux de tissu, les assembler et les coudre.

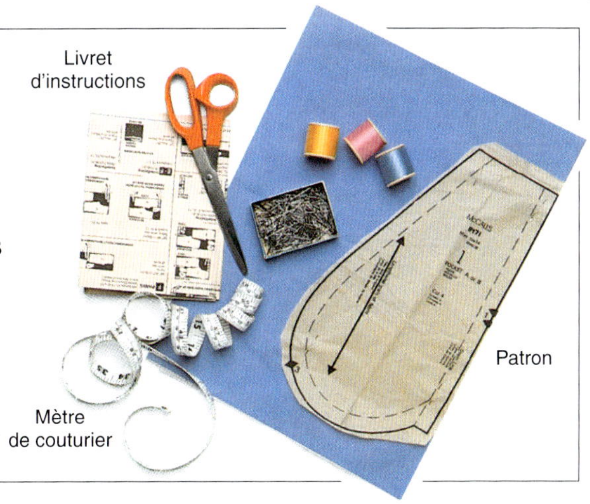

Livret d'instructions

Patron

Mètre de couturier

Plusieurs couches de vêtements protègent de la chaleur.

CLIMAT CHAUD
Ceux qui vivent sous les climats désertiques portent de longues et amples robes de coton, qui remplissent une double fonction : elles protègent la peau des rayons néfastes du soleil et gardent le corps au frais en emprisonnant des couches d'air entre leurs plis. Le costume traditionnel arabe comprend la longue tunique blanche, le manteau et la coiffe.

FAUX-CUL

Les anciennes modes peuvent sembler étranges ou ridicules. À la fin du XIXe siècle, le faux-cul était à la mode. Il gonflait la robe au-dessus des fesses.

Le panier était une structure rembourrée ou métallique, attachée à la taille sous une robe.

ROBES

Les robes des anciens Grecs étaient des morceaux de tissu drapés autour du corps. Dans l'Europe du XIVe siècle, les robes suivaient les contours du corps. Au XVIe siècle, les tuniques des femmes étaient renforcées par des baleines. Le corset resta à la mode jusqu'à la fin du XIXe siècle. Bientôt un simple jupon ample remplaça le faux-cul sous les robes des femmes. Les années 1920 virent un changement plus radical : des robes droites plus pratiques et, pour la première fois, des jupes courtes.

Il fallait beaucoup de tissu, de dentelle, de baleines et d'acier pour fabriquer cette élégante robe du XIXe siècle.

MODE MINI

Les vêtements devinrent progressivement plus simples et moins gênants. Au cours des années 1960, les jeunes obtinrent plus d'indépendance que jamais. Les femmes exprimaient leur liberté en portant des jupes très courtes.

Les bottes à la mode accompagnaient toutes sortes de vêtements.

MAISONS DE HAUTE COUTURE

Les vêtements les plus luxueux sont créés par les grands couturiers. Leurs sociétés sont appelées maisons de haute couture. Des mannequins présentent leurs créations lors de défilés de mode. La couturière Coco Chanel (1883-1971) révolutionna la mode féminine en créant des robes, costumes et pulls, simples et confortables, en jersey, tissu tricoté extensible.

Coco Chanel fut la première à imposer la mode de vêtements simples et pratiques à porter.

Les premières publicités Levi's soulignaient la résistance du vêtement.

BLUE-JEANS

Peu coûteux, faciles à laver et résistants, les blue-jeans apparurent pour la première fois aux États-Unis, en 1850. Un mineur cherchant de l'or en Californie demanda au tailleur Levi Strauss de lui fabriquer un pantalon solide, parce que le tissu ordinaire s'usait trop vite. Les jeans sont faits d'un coton résistant, coloré avec une teinture naturelle indigo.

VÊTEMENTS PROTECTEURS

Certains travailleurs, comme les pompiers ou les ouvriers des centrales nucléaires, ont besoin d'être protégés quand ils accomplissent leur tâche. Ce pompier porte un vêtement résistant au feu, qui le protège aussi des fortes températures. Un masque à oxygène l'empêche de suffoquer en zone enfumée.

UNIFORMES

Les membres d'un même groupe ou organisation portent souvent des vêtements similaires afin d'être aisément identifiés. Ces vêtements standards sont appelés uniformes. Ils renforcent l'esprit d'équipe et la solidarité, de sorte que beaucoup sont fiers de leur uniforme. Certains, comme ceux des infirmières, sont très fonctionnels et protègent la personne dans son travail.

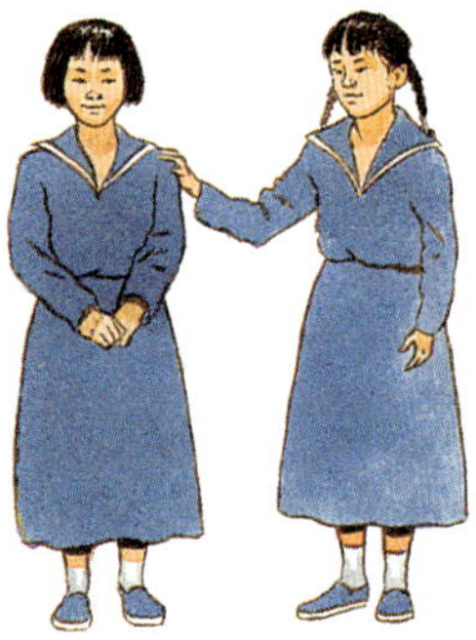

Écolières

Infirmière

Joueur de football

Policier

Pour en savoir plus

LE DESIGN
LES TEXTILES

les Vétérinaires

MARÉCHAL-FERRANT
Quand les vétérinaires n'existaient pas, le soin des chevaux et des autres animaux de la ferme revenait aux maréchaux-ferrants, qui utilisaient des remèdes traditionnels.

CONTRAIREMENT AUX HUMAINS, les animaux ne peuvent pas dire où ils ont mal lorsqu'ils sont malades. Soigner des animaux malades est donc particulièrement difficile. C'est le métier du vétérinaire. À l'origine, les vétérinaires soignaient les chevaux et les animaux de la ferme. Aujourd'hui, ils s'occupent aussi des animaux de compagnie. Ils peuvent réaliser des bilans de santé réguliers des animaux d'élevage, assister la mise bas des agneaux et des veaux, voire se spécialiser et prendre pour patients réguliers les pensionnaires des zoos. Si un animal est très malade et souffre beaucoup, le vétérinaire peut le faire mourir sans souffrance. Les premières écoles vétérinaires ont ouvert en Europe au XVIIIe siècle. Il faut au minimum 5 ans d'études pour devenir vétérinaire.

Les vétérinaires utilisent souvent les mêmes instruments que les médecins – le stéthoscope, par exemple.

CHEZ LE VÉTÉRINAIRE

De nombreux animaux vont chez le vétérinaire. Pour éviter les bagarres et la propagation des infections, les chiens doivent être tenus en laisse et les chats enfermés dans un panier. Le vétérinaire examine l'animal et questionne le propriétaire sur les symptômes. Après avoir posé son diagnostic, il peut faire une piqûre, prescrire des médicaments, prendre des radios ou décider d'opérer l'animal.

Le maître et son animal patientent en salle d'attente.

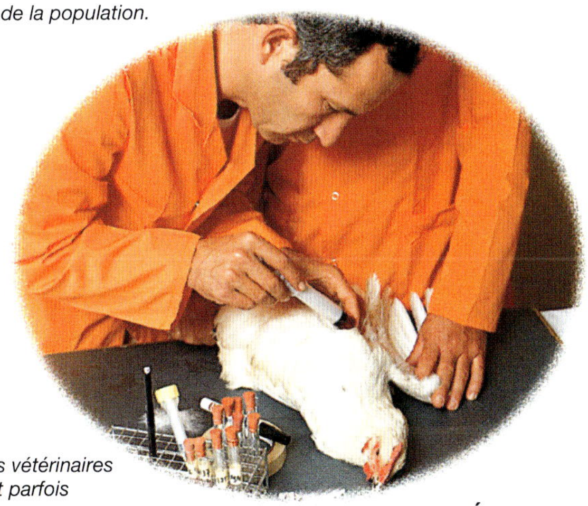

Vacciner les poulets évite qu'un sujet malade ne contamine l'ensemble de la population.

RECHERCHE VÉTÉRINAIRE
La recherche a plusieurs objectifs : approfondir notre connaissance des animaux, élaborer et tester des traitements contre leurs maladies, essayer d'éliminer les zoonoses, susceptibles de se transmettre à l'homme, comme la rage.

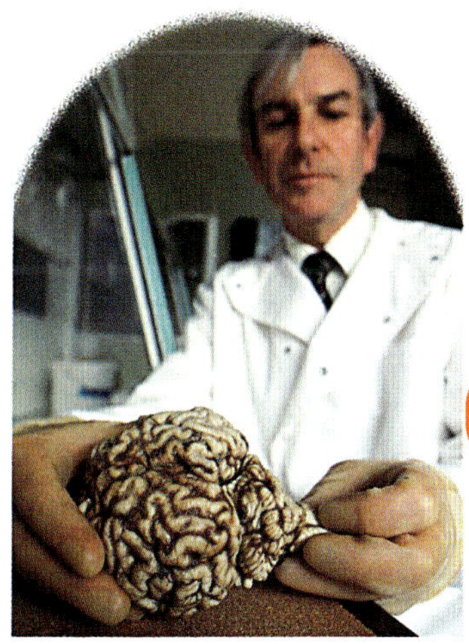

ANIMAUX D'ÉLEVAGE
L'élevage intensif des animaux est destiné à fournir un rendement maximal (en viande, en lait ou en œufs), mais soumet les animaux à des conditions de vie qui diminuent leur résistance aux maladies. Les vétérinaires sont là pour aider les éleveurs à conserver un cheptel et des volailles en bonne santé.

Les vétérinaires ont parfois recours à des hélicoptères pour localiser et soigner les animaux qui parcourent des zones étendues.

SOIGNER LES ANIMAUX SAUVAGES
Certains vétérinaires participent à la protection des animaux sauvages en les soignant. Mais les bêtes imposantes ou féroces, comme les girafes et les lions, ne peuvent être examinées si elles n'ont reçu un calmant. Rassurez-vous : c'est un produit inoffensif, dont l'effet se dissipe rapidement.

Pour en savoir plus
L'AGRICULTURE (DÉFINITION)
LES ANIMAUX DE COMPAGNIE
LES ESPÈCES EN VOIE DE DISPARITION

les Vikings (vie en société)

LES VIKINGS SONT SURTOUT CONNUS pour avoir été des guerriers sans pitié, sans peur ni remords. Leur histoire est mêlée à celles des nombreux peuples qu'ils ont conquis. Ils conjuguaient des talents de guerriers et d'administrateurs. Leurs chefs mirent au point un système administratif complexe en divisant leur royaume en fiefs. Un chevalier était placé à la tête de chaque fief. Les Vikings étaient aussi d'habiles constructeurs de bateaux, ils s'aventurèrent à la conquête des mers. Ils colonisèrent l'Islande et le Groenland et furent les premiers Européens à atteindre l'Amérique du Nord. Ces populations nordiques fondèrent également de paisibles colonies regroupant agriculteurs, commerçants et artisans. En France, on les appelle également Normands, car ils venaient du Nord.

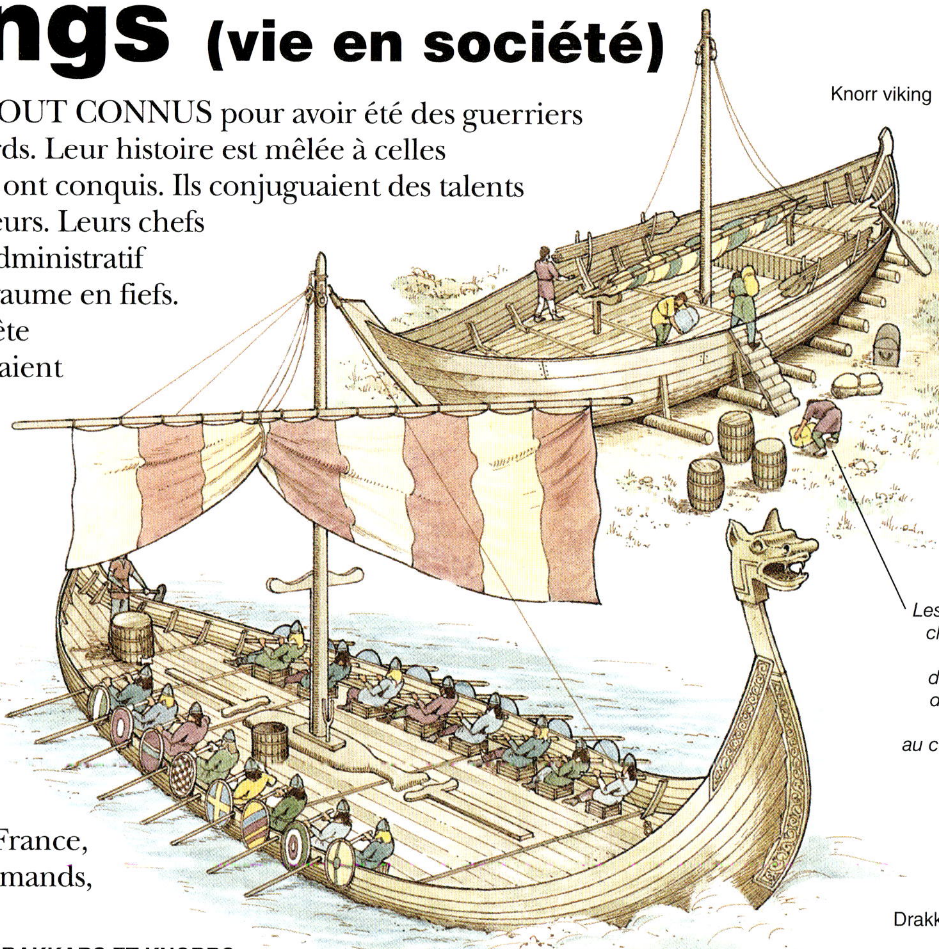

DRAKKARS ET KNORRS

Les Vikings occupaient des terres cernées par la mer et couvertes de forêts denses. Dans de telles conditions, seuls les bateaux pouvaient assurer les transports et les déplacements. Les drakkars vikings étaient de superbes embarcations en bois issu des forêts scandinaves. Ces navires longs et étroits, à voile carrée, pouvaient embarquer 80 rameurs. Des embarcations plus modestes, les knorrs, servaient au commerce et au transport de marchandises.

RITES MORTUAIRES

On inhumait les chefs vikings avec leur bateau. Les proches installaient la dépouille dans un cercueil de bois sur le pont du navire, parfois en compagnie des chiens, chevaux, bétail ou esclaves ayant appartenu au défunt. La dépouille d'un grand guerrier pouvait être brûlée au sommet d'un bûcher ou installée sur le pont d'un bateau qui était ensuite embrasé.

Les proches du défunt entouraient la dépouille de ses possessions les plus chères, par exemple son cheval.

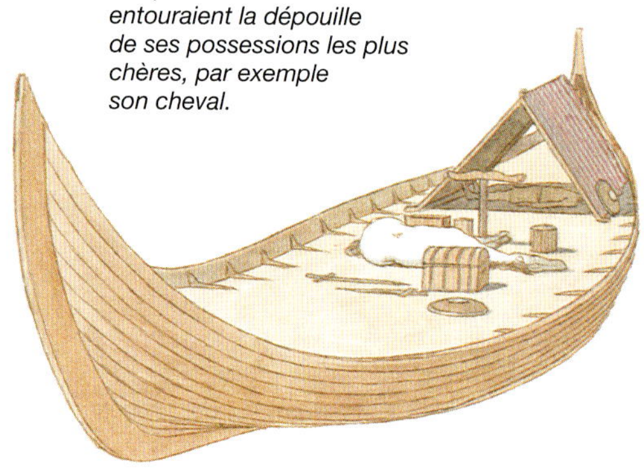

ARCHITECTURE

Architectes talentueux, les Vikings érigèrent d'imposants et solides châteaux défensifs, comme celui de la Tour de Londres. Bâtisseurs infatigables, ils construisirent également des églises, des cathédrales et des monastères. Leurs édifices religieux se caractérisent par des tympans richement sculptés, des murs massifs et des piliers soutenant des arcs brisés ou en ogive.

COMMUNAUTÉS VIKINGS

Certains Vikings s'étaient installés dans des petites cités prospères et commerçantes, comme à York, en Angleterre. La plupart cependant formaient de petites communautés et vivaient en autarcie dans des fermes isolées. Les femmes avaient acquis bien plus de droits que n'importe quelles autres Européennes de l'époque, par exemple celui de divorcer.

Pour en savoir plus

LES NORMANDS (HISTOIRE)
LA SCANDINAVIE (HISTOIRE)

http://wwwliensutiles.org/villesmonde.htm

les Villes

LES PREMIÈRES VILLES se développèrent grâce au commerce, en Asie et au Moyen-Orient, il y a environ 7 000 ans. Elles possédaient des marchés, des banques, des hôtels, des fabriques et des lieux de divertissement. Les villes riches, telles qu'Alexandrie en Égypte, devinrent les centres du pouvoir. Aujourd'hui, la moitié de la population mondiale vit en ville. En 2011, l'agglomération de Tokyo, au Japon, est la plus importante au monde, avec plus de 37 millions d'habitants. Mais toutes les villes ne sont pas aussi vastes. Dans de nombreuses régions, le mot « ville » désigne n'importe quel gros bourg. En Europe, il s'agit généralement d'un bourg possédant une cathédrale ; aux États-Unis, d'une zone urbaine aux limites définies. Mais le gigantisme ne va pas sans poser de problème. Dans les cités mal gérées, le logement est de mauvaise qualité, les embouteillages fréquents, et la pollution importante. Eau, électricité, installations sanitaires, transports, écoles, magasins : apporter tous les services aux citadins exige beaucoup d'organisation.

Brasília fut construite pour remplacer Rio de Janeiro en tant que capitale du Brésil.

CAPITALES

La ville la plus importante d'un pays est appelée capitale. C'est généralement le lieu où s'installe le gouvernement, mais ce n'est pas nécessairement la plus grande ville du pays. Certaines capitales, comme Brasília, ont été spécialement construites à l'époque moderne.

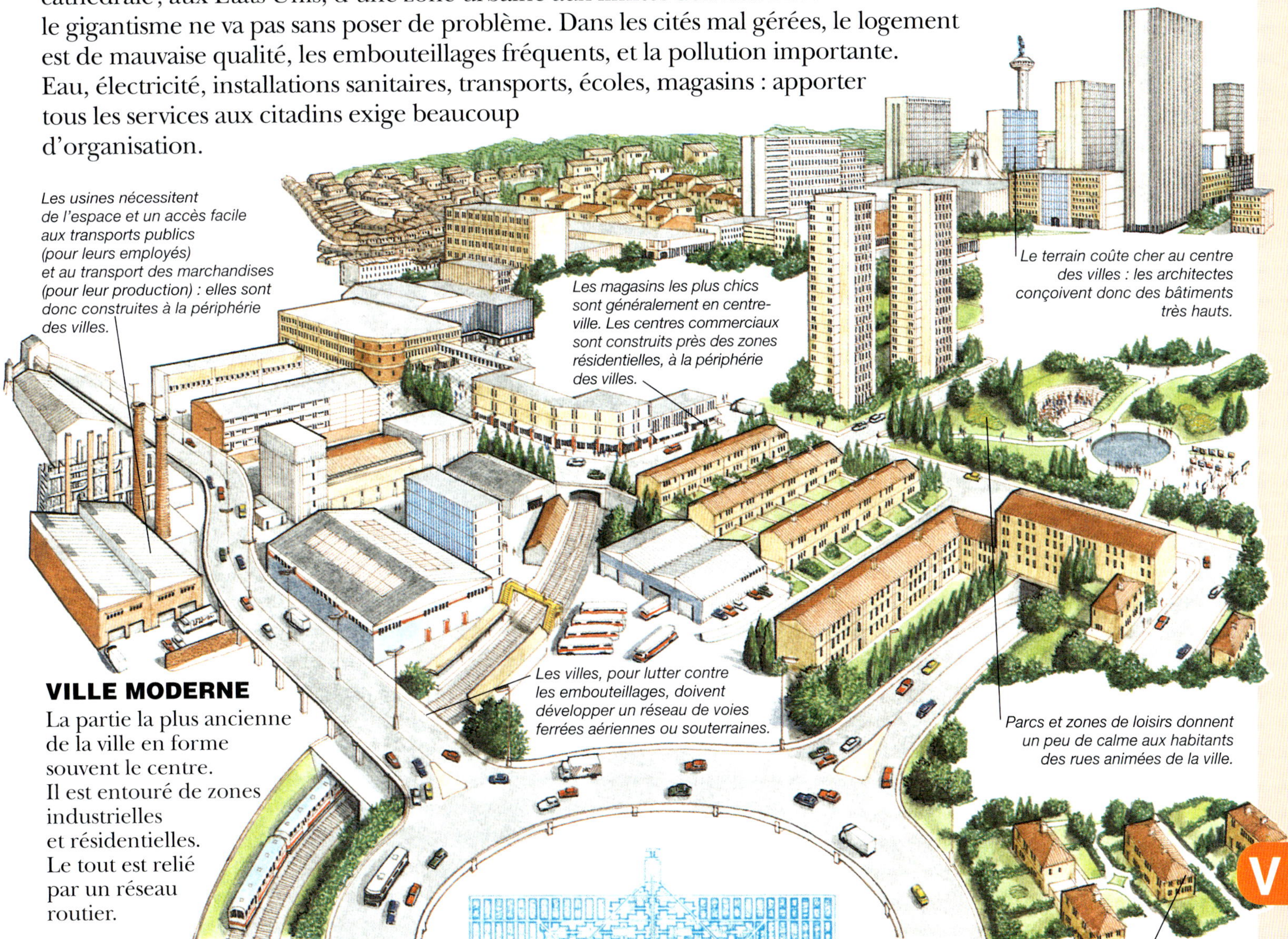

Les usines nécessitent de l'espace et un accès facile aux transports publics (pour leurs employés) et au transport des marchandises (pour leur production) : elles sont donc construites à la périphérie des villes.

Les magasins les plus chics sont généralement en centre-ville. Les centres commerciaux sont construits près des zones résidentielles, à la périphérie des villes.

Le terrain coûte cher au centre des villes : les architectes conçoivent donc des bâtiments très hauts.

Les villes, pour lutter contre les embouteillages, doivent développer un réseau de voies ferrées aériennes ou souterraines.

Parcs et zones de loisirs donnent un peu de calme aux habitants des rues animées de la ville.

Certaines familles vivent près du centre-ville. La plupart s'installent à quelques kilomètres du centre, dans des zones plus spacieuses, appelées banlieues.

VILLE MODERNE

La partie la plus ancienne de la ville en forme souvent le centre. Il est entouré de zones industrielles et résidentielles. Le tout est relié par un réseau routier.

URBANISME

De nombreuses villes se développent autour de leur centre historique, sans plan particulier. Mais certaines, comme Washington, ont été planifiées dès leur création. Dans ce cas, rues et places, transports, égouts, centres d'affaires et installations sportives sont étudiés avant la construction.

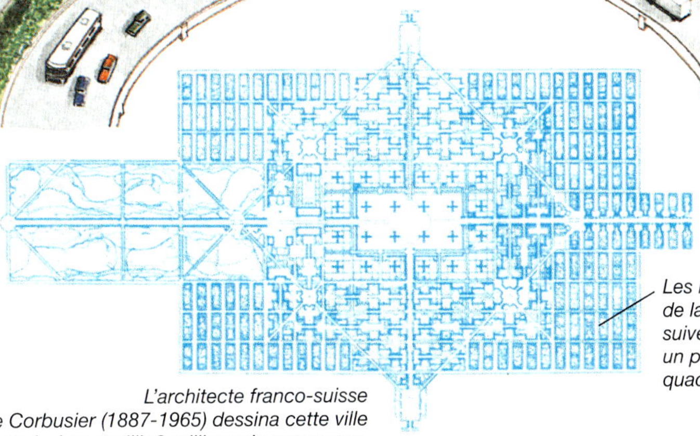

Les rues de la ville suivent un plan quadrillé.

L'architecte franco-suisse Le Corbusier (1887-1965) dessina cette ville destinée à accueillir 3 millions de personnes.

Pour en savoir plus

L'ARCHITECTURE
LA RÉVOLUTION INDUSTRIELLE
ROUTES ET AUTOROUTES

Léonard de Vinci

1452 Naît près du village de Vinci, en Italie.

1466 Déménage à Florence et travaille dans l'atelier de l'artiste Verrocchio.

1482 Est architecte, ingénieur et peintre à Milan, dans le nord de l'Italie.

1503 Commence le tableau *La Joconde*. Conçoit une célèbre machine volante.

1513 Réalise des travaux d'avant-garde sur les lentilles et l'optique.

1515 Étudie l'anatomie.

1516 Meurt en France.

ARTISTE DE GÉNIE ET SAVANT EXCEPTIONNEL, Léonard de Vinci était très en avance sur son temps. Il a été l'une des plus grandes figures de la Renaissance, vaste mouvement culturel né en Italie au XVe siècle. Aujourd'hui, Léonard de Vinci est considéré comme l'un des plus grands peintres de son époque, mais il n'a pas fait que des tableaux, loin de là. Il a dessiné des châteaux et des engins militaires, inventé des machines, étudié la physique et les mathématiques et réalisé des croquis très précis de plantes, d'animaux et du corps humain. Il est certainement l'un des génies les plus complets que le monde ait connus.

LA JOCONDE

Le tableau le plus célèbre du peintre est un portrait de Mona Lisa, l'épouse d'un riche Florentin. Le sourire énigmatique de la jeune femme et l'ambiance vaporeuse de l'arrière-plan, effet appelé *sfumato*, caractérisent ce tableau, exposé au Louvre, à Paris.

VINCI L'INVENTEUR

Les carnets de Léonard de Vinci sont remplis de croquis de machines ingénieuses. Certains engins (une pompe, un véhicule blindé et un appareil pour polir les lentilles) auraient pu être construits et utilisés. D'autres, comme le célèbre ornithoptère, machine volante aux ailes immenses, n'auraient jamais fonctionné, mais étaient révolutionnaires pour l'époque.

L'HOMME UNIVERSEL

À la Renaissance, on pensait qu'un homme pouvait connaître tous les domaines du savoir, jusqu'à devenir un « homme universel ». Léonard de Vinci a apporté de nouvelles idées dans presque tout ce qu'il a étudié. Il a mis par écrit la plupart de ses idées, dans une série de carnets magnifiquement illustrés.

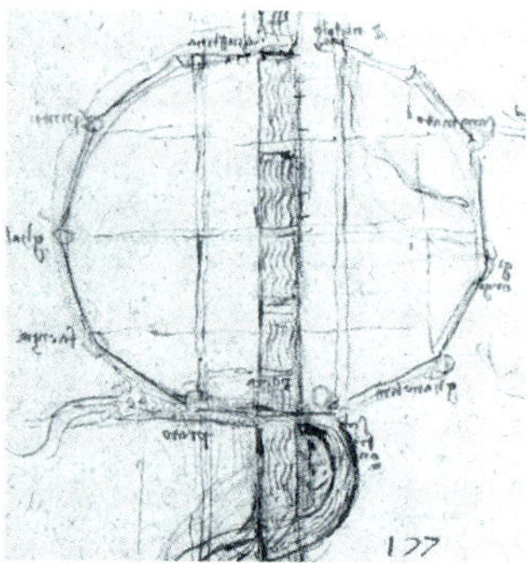

L'ARCHITECTURE

La construction et l'urbanisme fascinaient Léonard de Vinci. Il a dessiné une « cité idéale », qui n'a jamais été construite. Les rues formaient un réseau, un quadrillage semblable à celui des villes américaines modernes. Il a aussi conçu des bains publics et des systèmes d'égouts et de collecte des ordures, inconnus à son époque.

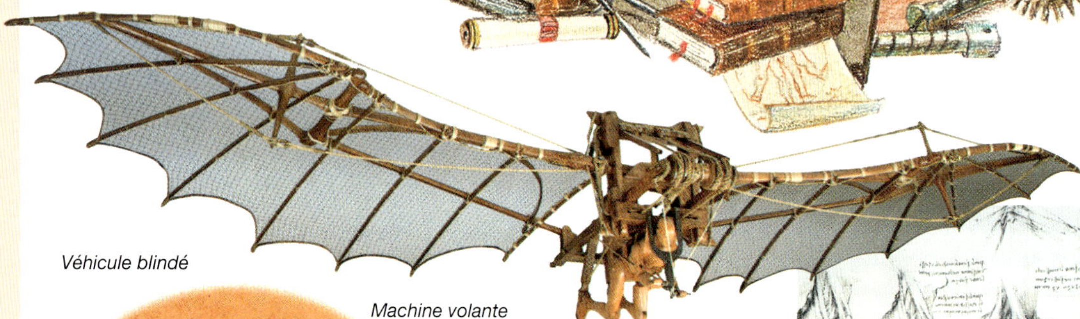

Machine volante

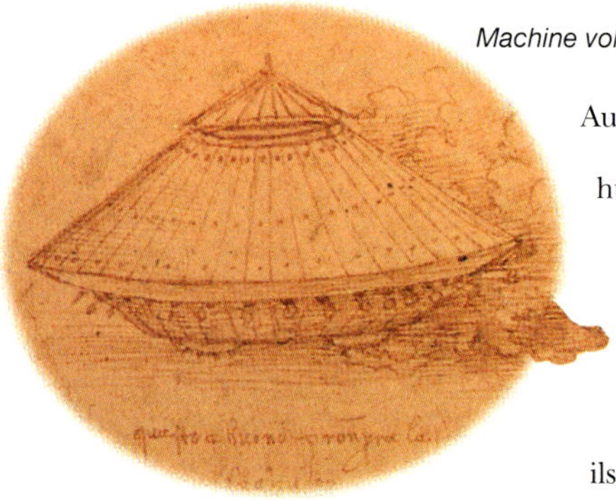

Véhicule blindé

L'ANATOMIE

Au XVIe siècle, on connaissait très peu l'anatomie (l'étude du corps humain et de son fonctionnement). Léonard de Vinci a été l'un des premiers à disséquer, c'est-à-dire à découper, les cadavres et à dessiner leurs muscles et leurs os dans les moindres détails. Si ses dessins avaient été publiés de son vivant, ils auraient aidé médecins et savants.

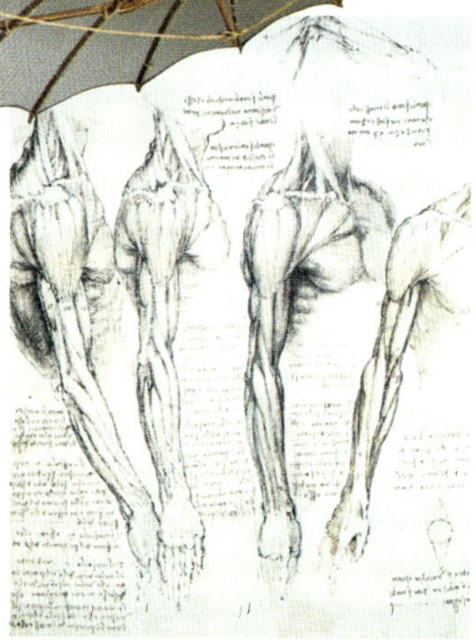

Pour en savoir plus

LE DESSIN
LES HÉLICOPTÈRES
LA RENAISSANCE

Voile et canoë-kayak

COUPE DE L'AMERICA
La plus illustre des régates au monde reste celle de la Coupe de l'America. La finale se dispute entre deux voiliers, représentant chacun une nation ; le vainqueur de ce duel reçoit la célèbre coupe. Cette régate fut baptisée en l'honneur du voilier américain *America* qui remporta la coupe en 1851. Le yacht-club de New York conserva le titre 132 ans durant en réussissant à battre tous les challengers.

MOYEN DE TRANSPORT autrefois incontournable, le voilier et la pratique de la voile relèvent aujourd'hui des loisirs ou du sport. Si les plus petits modèles sont des embarcations monoplaces, les voiliers de compétition peuvent embarquer un équipage de 20 personnes ou plus. Un voilier se dirige à l'aide d'un gouvernail ; une quille ou une dérive assure sa stabilité. Tout l'art consiste à positionner la voile dans le sens du vent. Aviron et canoë ne sont pas tributaires du vent. La pratique de la rame à l'aide d'un seul aviron est dite nage couple, ou nage à pointe. Le canotage est avant tout réservé aux promenades en eaux calmes ; sa pratique en eaux vives exige de pagayer dans les rapides tout en évitant les obstacles.

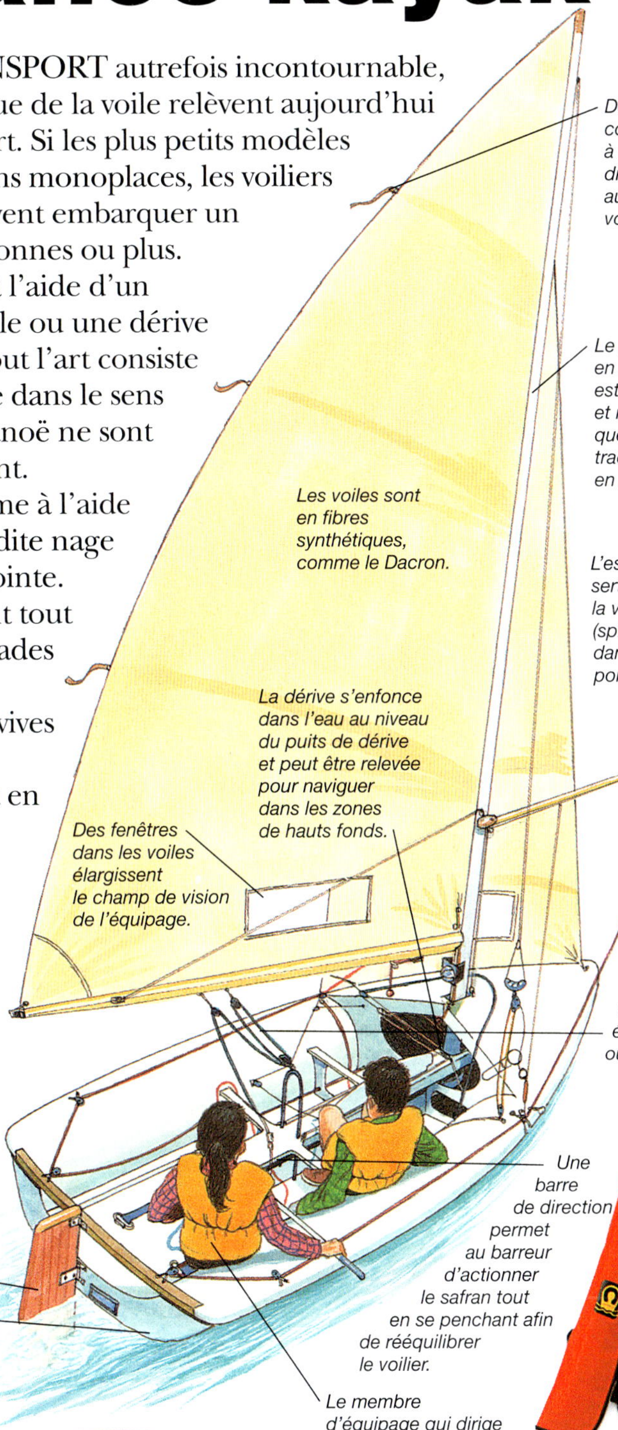

VOILIERS DE COMPÉTITION

La plupart des courses mettent en compétition des voiliers de même classe ou catégorie. Dans ce cas, la puissance et les performances du voilier n'entrent pas en compte ; seules l'adresse et la tactique permettent de départager les concurrents. Du plus simple au plus sophistiqué, qu'il soit manœuvré par une seule personne ou par tout un équipage, tout voilier peut prendre part aux compétitions.

CANOË

Un kayak est une embarcation fermée utilisée pour les promenades ou la compétition. Ce type d'embarcation est propulsé par une double pagaie. À bord des canoës, les canoéistes utilisent une simple pagaie. Lors des courses de canoës-kayaks, les rameurs armés de simples pagaies sont installés à genoux dans les embarcations.

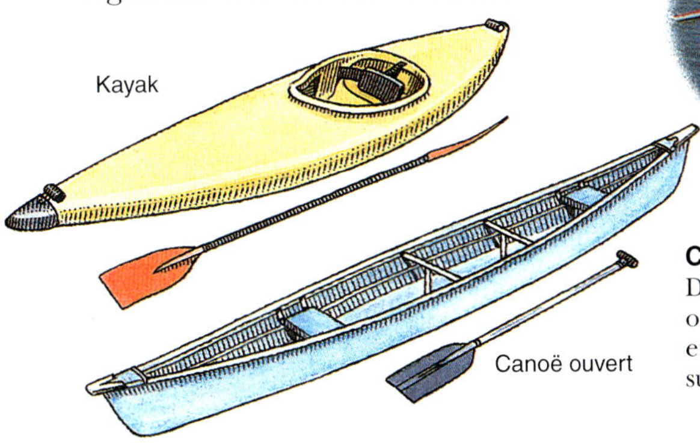

COURSES D'AVIRON
Depuis 1829, une célèbre compétition annuelle d'aviron oppose en Grande-Bretagne les universités d'Oxford et de Cambridge. Les équipages s'affrontent sur la Tamise sur les 6,8 km entre Henley et Hambledon Lock (Londres).

SÉCURITÉ
Naviguer exige le respect de règles de sécurité tel le port d'un gilet ou d'une ceinture de sauvetage. Un voilier doit avoir à son bord une pompe à eau ou de quoi écoper, des rames au cas où le vent tombe, un extincteur, des bouées de sauvetage, des instruments de signalisation sonore et des fusées de détresse pour signaler sa position en cas d'avarie.

Pour en savoir plus
LES BATEAUX
LA NAVIGATION
PORTS ET CANAUX

les Voitures

SI L'ON METTAIT bout à bout toutes les voitures en circulation dans le monde, on formerait une file dont la longueur serait équivalente à la distance séparant la Terre de la Lune. Sans compter qu'une voiture neuve sort d'une usine chaque seconde dans le monde ! La plupart des voitures sont des berlines à usage familial. D'autres véhicules sont dévolus à un usage spécifique, comme les taxis, les voitures de pompiers ou les ambulances. Depuis le XIXe siècle, les voitures sont propulsées par des moteurs Diesel ou à essence ; mais les véhicules contemporains n'ont plus rien en commun avec leurs ancêtres. Les modèles les plus récents présentent des profils aérodynamiques qui diminuent la résistance à l'air, des systèmes de freinage perfectionnés, et l'électronique contrôle désormais un ensemble de dispositifs destinés à améliorer la sécurité et les performances tout en réduisant la consommation en carburant.

COMMENT ÇA ROULE

Le moteur entraîne au moyen d'une série d'engrenages et d'un arbre de transmission les roues arrière ou avant, ou encore les quatre roues. La boîte de vitesse compte quatre ou cinq rapports qui modulent l'énergie transmise aux roues par le moteur. En bas régime, les roues tournent plus lentement et produisent une force plus importante, au démarrage ou pour gravir une côte par exemple. En haut régime, les roues tournent plus vite et la voiture prend de la vitesse.

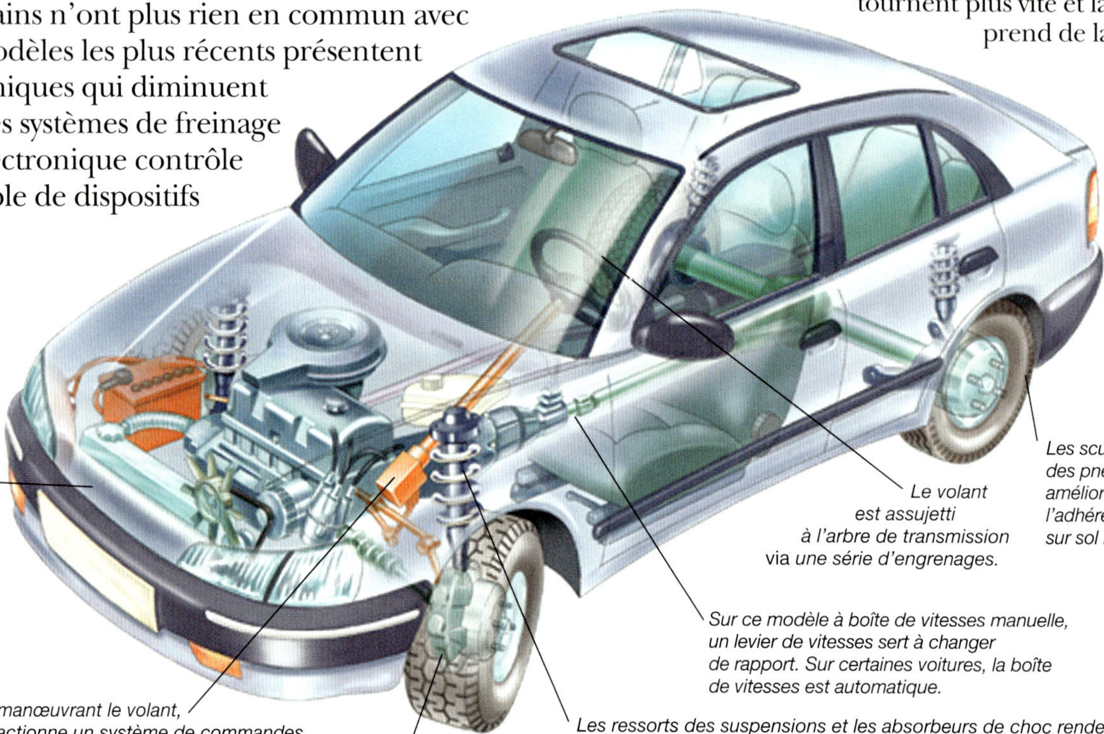

Le radiateur est rempli d'eau. Une pompe fait circuler l'eau autour du moteur afin de le refroidir. Lorsque la voiture roule, de l'air frais s'engouffre dans le radiateur et rafraîchit l'eau avant qu'elle accomplisse son circuit autour du moteur.

Le volant est assujetti à l'arbre de transmission via une série d'engrenages.

Les sculptures des pneus améliorent l'adhérence sur sol humide.

Sur ce modèle à boîte de vitesses manuelle, un levier de vitesses sert à changer de rapport. Sur certaines voitures, la boîte de vitesses est automatique.

En manœuvrant le volant, on actionne un système de commandes qui fait virer les roues avant vers la droite ou vers la gauche.

Les ressorts des suspensions et les absorbeurs de choc rendent la conduite plus confortable pour les passagers et participent à maintenir l'adhérence des pneus sur les revêtements irréguliers.

Une pression sur la pédale de frein comprime un liquide spécial à l'intérieur de tubes qui exercent à leur tour une pression sur les pistons des roues. Les pistons compriment les plaquettes de frein sur les disques des roues, ce qui ralenti et stoppe la voiture.

DISPOSITIF ANTIPOLLUTION

Les gaz d'échappement des voitures sont particulièrement nocifs. Afin de réduire le taux d'émission de gaz polluants, la plupart des modèles sont aujourd'hui équipés de pots catalytiques ; ce dispositif se fixe au niveau de l'échappement.

TYPES DE VOITURES

Les modèles disponibles sur le marché répondent à de multiples usages. La plupart des berlines offrent un vaste habitacle et sont conçues pour satisfaire les exigences de sécurité et d'économie de carburant. D'autres mettent en avant des critères différents, tels que le luxe, la vitesse ou la puissance.

VOITURES DE SPORT

Ces modèles au moteur surdimensionné et aux lignes élancées sont en règle générale des deux places, spécialement conçues pour la vitesse. Certaines peuvent atteindre des vitesses de pointe dépassant les 300 km/h.

DISPOSITIFS DE PROTECTION

Conducteur et passagers prennent place dans un habitacle rigide, formant une cage d'acier qui doit les protéger en cas de collision. Le reste de la carrosserie se déforme et absorbe les chocs. La ceinture de sécurité et les airbags sont autant de dispositifs améliorant la protection en cas d'accident.

VOITURES DE LUXE

Ces modèles imposants, à l'image des célèbres Rolls-Royce, conçus comme de véritables objets d'art, sont parmi les voitures les plus coûteuses au monde.

TOUT-TERRAIN

Des véhicules robustes, au moteur puissant, équipés d'arceaux de protection adaptés à la conduite sur terrains accidentés. Ils présentent en général quatre roues motrices.

HISTOIRE DE L'AUTOMOBILE

À leur apparition dans les années 1880, les premières voitures ou attelages sans chevaux provoquèrent l'hilarité générale. Les progrès techniques dont elles bénéficièrent rapidement finirent par convaincre les plus réticents. En 1903, les voitures atteignaient déjà des vitesses de pointe de 110 km/h. Ces modèles hors de prix, encore fragiles gagnèrent progressivement en robustesse tandis que leur coût baissait. C'est désormais le moyen de transport le plus répandu au monde.

JOSEPH CUGNOT

Le premier prototype de voiture fut propulsé par un moteur à vapeur. En 1770, l'ingénieur français Nicolas-Joseph Cugnot mit au point un attelage à vapeur destiné à tirer un canon. Il parcourut 5 km et fut obligé de stopper son engin toutes les 10 minutes pour reconstituer son capital vapeur.

DAIMLER ET BENZ

Dans les années 1880, les ingénieurs allemands Gottlieb Daimler et Carl Benz travaillèrent séparément à la mise au point du premier moteur à essence. En 1886, Carl Benz fit breveter son célèbre tricycle motorisé (ci-contre), le premier véhicule propulsé par un moteur à essence.

PANHARD ET LEVASSOR

Dans les années 1890, deux Français, René Panhard et Émile Levassor, construisirent la première voiture équipée d'un moteur à l'avant. Une configuration que l'on retrouve aujourd'hui sur la plupart des voitures.

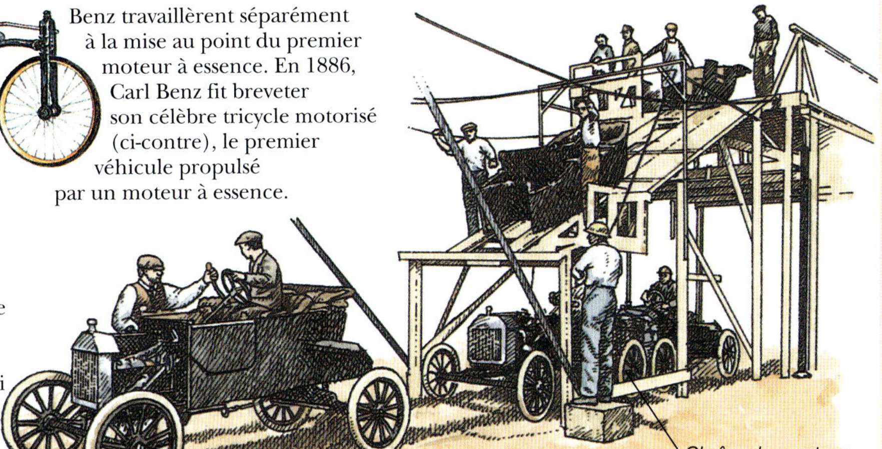

Chaîne de montage de la Ford modèle T

FORD MODÈLE T

Les premières voitures étaient fabriquées et montées manuellement, ce qui expliquait leur prix de vente élevé. En 1908, l'Américain Henry Ford inaugura la première chaîne de montage du modèle T. Cette voiture proposée à bas prix fut la première de l'histoire à connaître un succès auprès du grand public.

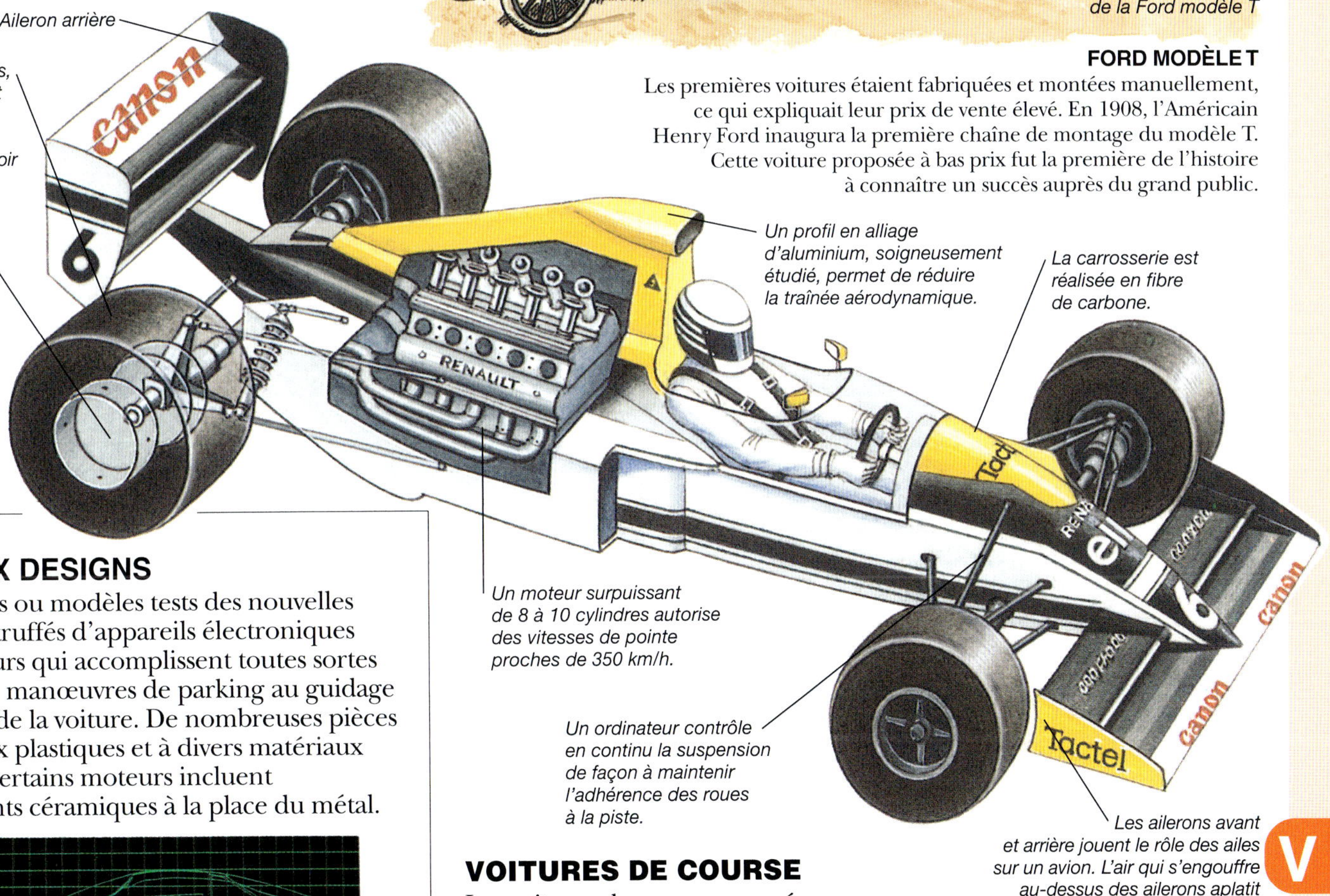

NOUVEAUX DESIGNS

Les prototypes ou modèles tests des nouvelles voitures sont truffés d'appareils électroniques et d'ordinateurs qui accomplissent toutes sortes de tâches, des manœuvres de parking au guidage automatique de la voiture. De nombreuses pièces font appel aux plastiques et à divers matériaux composites; certains moteurs incluent des composants céramiques à la place du métal.

VOITURES DE COURSE

Les voitures de course engagées dans les grands prix sont uniquement conçues pour la vitesse. Ces modèles, très différents des routières, sont dotés de moteurs surpuissants et élaborés à partir de matériaux ultralégers. Leur profil aérodynamique surbaissé accroît leur taux de pénétration dans l'air. Le pilote est contraint d'adopter une position presque couchée pour les manœuvrer.

V

Pour en savoir plus

Les Autobus
Les Camions
Les Moteurs
La Pollution
La Roue
Routes et autoroutes
Les Transports

le Vol des animaux

ARCHÉOPTÉRYX
Le premier oiseau à être apparu sur Terre est l'archéoptéryx. Les restes fossiles retrouvés datent de 150 millions d'années. Cet oiseau associait des caractères d'oiseau et de reptile.

LES OISEAUX, les chauves-souris et les insectes sont les seuls animaux à voler réellement. D'autres comme les écureuils volants, les poissons volants et les lézards volants se contentent de planer et sont incapables de s'élever dans les airs par leur propre force. Pouvoir voler offre plusieurs avantages : attraper des proies en plein ciel, échapper rapidement aux prédateurs et effectuer de longues migrations à l'approche de l'hiver pour trouver ailleurs une nourriture plus abondante. La sterne arctique, par exemple, parcourt chaque année 18 000 km du pôle Nord au pôle Sud. Quant au martinet, il vole continuellement et ne fait escale au sol que pour nicher. En fait, il mange et boit en vol 9 mois sur 12. Les oiseaux, les chauves-souris et les insectes sont également capables de trouver rapidement et efficacement de la nourriture près du sol : le colibri vole sur place pour aspirer le nectar des fleurs, la roussette (chauve-souris frugivore) se nourrit des fruits des arbres et la libellule attrape des moucherons à la surface de l'eau. Tous les animaux aptes au vol, de l'abeille à la buse, ont besoin de grandes quantités de nourriture pour leur fournir l'énergie nécessaire. Les animaux ont commencé à voler il y a 300 millions d'années lorsque les marécages devenaient surpeuplés. Au cours de l'évolution, ils ont développé des caractères de plus en plus spécialisés et adaptés au vol. Pour rester en suspension dans l'air, un animal doit posséder un corps léger et, pour actionner ses ailes, des muscles puissants. Les oiseaux sont dotés d'os creux, ce qui les allège considérablement. Ainsi, l'aigle royal, qui mesure 2,5 m d'envergure, pèse moins de 4 kg.

STERNE
La sterne peut vivre 10 ans en vol, ne retournant sur terre que pour se reproduire.

Chauve-souris

AILES
L'aile est un organe léger, souple, large et plat, capable de propulser l'animal, d'assurer son équilibre dans l'air et de contrôler son vol. Les ailes des insectes sont formées d'une fine membrane maintenue par des nervures tubulaires. Les ailes des oiseaux possèdent des os, des muscles et des plumes. Les ailes des chauves-souris sont constituées d'une fine couche de muscles et de fibres dures insérées entre deux couches de peau soutenues par des os.

Aile d'une crécerelle

VOL STATIONNAIRE

Seules quelques espèces animales sont capables d'effectuer un vol stationnaire. Faire du surplace exige un contrôle parfait et un équilibre subtil. Les papillons nocturnes, par exemple, volent sur place en se nourrissant, tout comme les colibris qui aspirent le nectar des fleurs en battant des ailes à vive allure. Le colibri peut s'immobiliser, monter, descendre, avancer et reculer, comme un hélicoptère. La fréquence de ses battements d'ailes est très élevée : 20 à 50 fois par seconde. Le son produit est un vrombissement.

RECUL DE L'AILE

Pendant le recul, l'aile se tord et sa face dorsale chasse l'air vers le bas pour assurer la portance du colibri.

AVANCÉE DE L'AILE

Pendant l'avancée, l'air est détourné vers le bas par la face ventrale de l'aile pour propulser le colibri.

AILES DES INSECTES

Nombre d'espèces d'insectes sont capables de voler, qui tel le moustique, bat des ailes plus de 1 000 fois par seconde. Les insectes plus grands, tels que papillons et libellules, possèdent des ailes plus importantes dont les battements sont plus lents. Mouches, moucherons et moustiques sont dotés d'une seule paire d'ailes; papillons, abeilles, guêpes et coléoptères de deux paires. Au repos, les élytres des coléoptères se rapprochent pour former le dos de l'animal. Les ailes des insectes se développent à partir de l'exosquelette.

LIBELLULE

La libellule possède 4 ailes transparentes mais puissantes. Elle vole très rapidement à la surface des eaux pour attraper moucherons, aphidés et autres petits insectes volants.

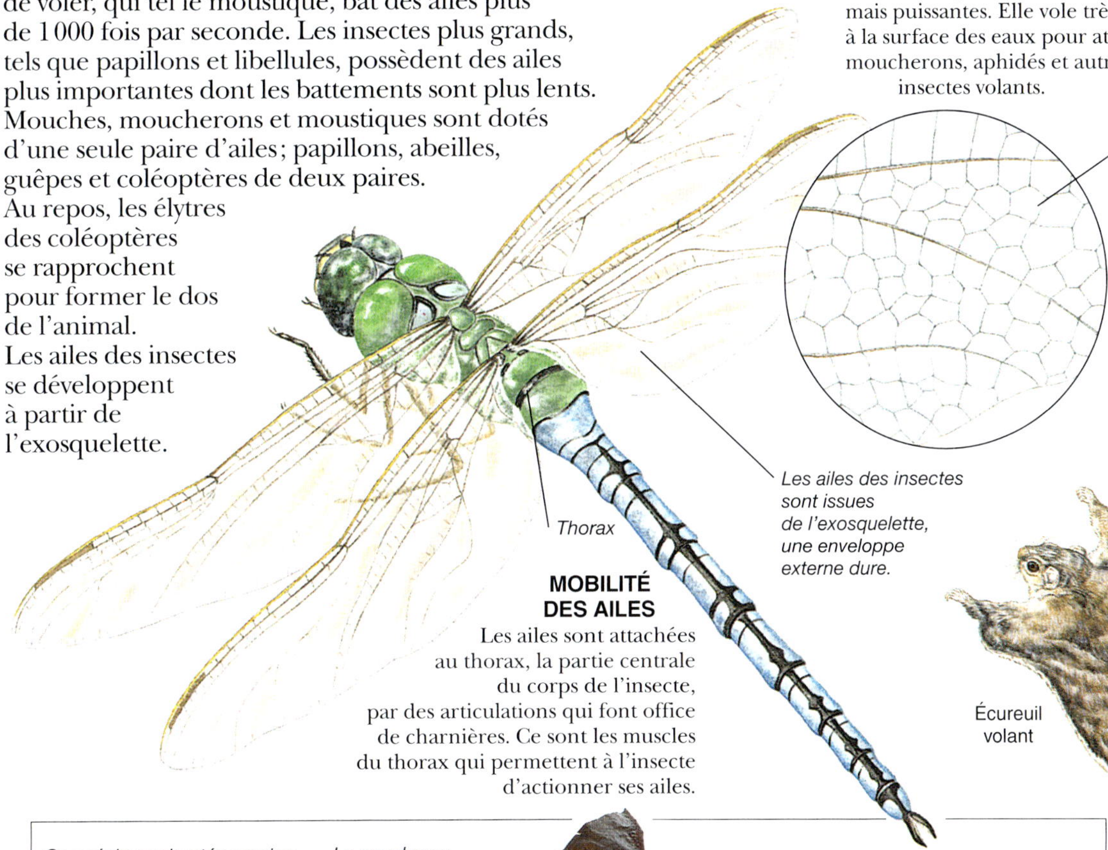

MOBILITÉ DES AILES

Les ailes sont attachées au thorax, la partie centrale du corps de l'insecte, par des articulations qui font office de charnières. Ce sont les muscles du thorax qui permettent à l'insecte d'actionner ses ailes.

VOL PLANÉ

Certains mammifères, dont les écureuils volants et les lémuriens volants, sont capables de sauter d'un arbre à l'autre en vol plané. Mais ils ne peuvent pas battre des ailes. Certains serpents et amphibiens peuvent également planer en s'élançant d'un support élevé.

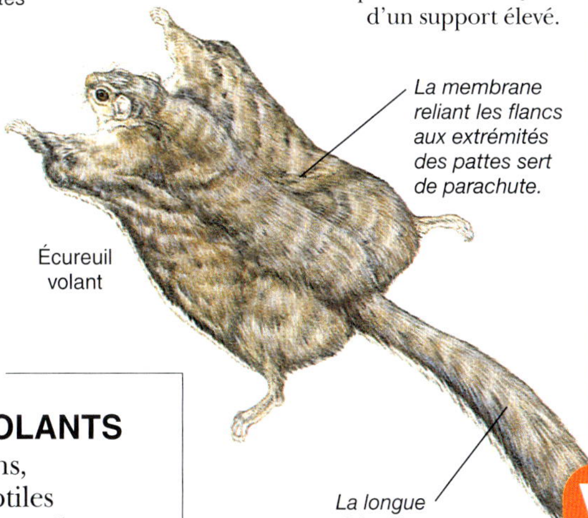

REPTILES VOLANTS

Les ptérosauriens, de véritables reptiles volants, ont disparu il y a 70 millions d'années. On pensait qu'ils se contentaient de vols planés, mais on sait aujourd'hui que la plupart pouvaient battre des ailes. Les plus grandes espèces mesuraient 12 m d'envergure.

Pour en savoir plus
Communication et techniques
L'Énergie
Les Machines
Les Ordinateurs
La Révolution industrielle
Les Transports

V

les Volcans

VIVRE à proximité d'un volcan actif est une source d'inquiétude permanente. Le volcan peut entrer en éruption sans prévenir, ou presque : de la fumée et des cendres incandescentes s'élèvent du cratère en tourbillonnant et la lave brûlante dévale les flancs du volcan, détruisant tout sur son passage. Les éruptions volcaniques sont provoquées par la tectonique des plaques, c'est-à-dire les mouvements des plaques qui forment l'enveloppe de la Terre. Lorsque les plaques entrent en collision ou s'écartent, des roches en fusion remontent des profondeurs. On compte environ 850 volcans actifs dans le monde, la plupart situés dans le Cercle de feu qui entoure l'océan Pacifique. Mais certains forment des reliefs sous-marins ou des îles comme l'archipel d'Hawaii.

ÉRUPTIONS VOLCANIQUES

Un volcan est l'édifice visible au-dessus d'une chambre profonde de roches en fusion, le magma. La pression exercée par les gaz pousse le magma vers la surface : c'est l'éruption. Le magma se transforme en lave qui dévale les flancs du volcan. Les couches de lave et de cendres volcaniques refroidissent et se solidifient pour former une montagne en forme de cône dotée d'une cheminée centrale. Les volcans actifs qui ne sont pas en activité sont dits « en sommeil ». Ceux qui ne sont plus actifs sont éteints.

MAGMA

La forme d'un volcan dépend du magma qu'il produit. Un magma épais forme un cône à flancs raides ; un magma liquide forme un volcan aplati en forme de bouclier. Certains cônes volcaniques sont constitués uniquement de cendres.

LAVE

La matière liquide provenant d'un magma profond qui monte à la surface est la lave. Un lac de lave en fusion remplit le cratère et une fontaine de lave projette le liquide brûlant jusqu'à 15 m de hauteur. Des coulées de lave se déversent le long des flancs du volcan comme des rivières de feu. La température de la lave peut atteindre 1 100 °C, de quoi faire fondre l'acier.

PIERRE PONCE

La lave contenant des bulles de gaz se solidifie pour former une roche criblée de minuscules cavités : la pierre ponce. C'est la seule roche capable de flotter sur l'eau par sa légèreté.

POMPÉI

En l'an 79 en Italie, l'éruption du Vésuve ensevelit la ville romaine de Pompéi et ses habitants sous une couche épaisse de cendres incandescentes. Les archéologues ont mis au jour les vestiges, fort bien conservés. Les corps des victimes ont laissé dans les cendres soudées des cavités, qui ont permis de réaliser des moulages en plâtre tels que celui-ci. La dernière éruption du Vésuve remonte à 1944, et il peut se réveiller à tout instant. L'une des plus grandes catastrophes volcaniques reste celle de l'île indonésienne de Krakatoa en 1883.

GEYSER

Un jet d'eau bouillante qui s'échappe soudain du sol s'appelle un geyser. Des roches très profondes sont suffisamment chaudes pour faire bouillir de l'eau dans une cavité. L'eau jaillit alors des profondeurs. Ce phénomène se produit à intervalles plus ou moins réguliers.

Pour en savoir plus

LES CONTINENTS
LA GÉOLOGIE
LES MONTAGNES (DÉFINITION)
ROCHES ET MINÉRAUX
LES SÉISMES

George Washington

RIEN NE PRÉDESTINAIT George Washington, fils de colons d'origine britannique installés comme planteurs en Virginie, à devenir un homme d'État. Engagé dans une milice locale et nommé adjudant, il obtint le commandement en chef des troupes de Virginie lors de la guerre, franco-anglaise, de Sept Ans (1751-1758). Promis à une brillante carrière militaire, il préféra se consacrer à ses terres de Mount Vernon, jusqu'à la guerre d'Indépendance, où il conduisit ses troupes à la victoire face aux Anglais. Celui que l'on appela « père de la nation américaine » fut élu premier président des États-Unis en 1789, et réélu en 1792. Lors de ses deux mandats, il usa de tout son prestige pour tenter d'unifier son pays.

1732 Naissance dans le comté de Westmoreland, en Virginie.

1759-1774 Membre du Parlement de Virginie.

1775-1781 Dirige l'armée levée par le Congrès continental durant la Révolution.

1787 Participe à la rédaction de la Constitution des États-Unis d'Amérique.

1789 Élu premier président des États-Unis.

1792 Deuxième élection au poste de président des États-Unis.

1797 Retrait de la vie politique.

1799 Décès dans sa résidence de Mount Vernon.

VICTOIRE DE TRENTON

Dans la nuit du 25 décembre 1776, George Washington fit traverser à ses troupes les eaux gelées du Delaware pour attaquer les troupes anglaises basées à Trenton, dans le New Jersey. Cette victoire participa à redonner courage aux insurgés américains à la veille de la Révolution.

Les soldats durent briser la glace du fleuve pour progresser.

CONGRÈS CONTINENTAL

En 1774, les 13 colonies britanniques d'Amérique du Nord se réunirent lors d'un Congrès continental, à Philadelphie, afin de protester contre la domination britannique. Parmi les protestataires, George Washington, délégué de Virginie. L'objectif était de trouver une solution pacifique, mais en 1775, des affrontements éclatèrent entre les deux clans. Le Congrès leva une armée dirigée par Washington et vota la déclaration d'indépendance le 4 juillet 1776. La paix fut proclamée en 1783 et le Congrès devint l'organe du pouvoir de la toute nouvelle nation des États-Unis d'Amérique. En 1789 le Congrès fut aboli et une nouvelle forme de gouvernement vit le jour.

MOUNT VERNON

Érigé en 1743, Mount Vernon fut la résidence de George Washington durant plus d'un quart de siècle. Cette grande demeure en bois surplombant le fleuve Potomac, près d'Alexandria, en Virginie, est aujourd'hui un musée à la mémoire de George Washington.

W

Pour en savoir plus

LES NORMANDS (HISTOIRE)
LA SCANDINAVIE (HISTOIRE)

les Yeux

POUR LIRE cette page vous utilisez vos organes de la vue : vos yeux. Nos yeux nous permettent de savoir beaucoup de choses sur le monde qui nous entoure. Chaque globe oculaire mesure 25 mm de diamètre et se trouve situé dans une cavité osseuse, l'orbite. Les yeux sont mobiles au sein de leur orbite, ce qui nous permet de regarder en haut, en bas et sur les côtés. Chaque œil possède une lentille adaptable assurant l'accommodation, et donne donc une vision légèrement différente d'un même objet. Les deux yeux fonctionnent ensemble sous le contrôle du cerveau : c'est la vision binoculaire. Les rayons lumineux traversent les trois milieux transparents de l'œil pour se projeter sur la rétine qui transforme la lumière en influx nerveux cheminant à travers le nerf optique jusqu'au cerveau, là où les images se forment.

AIGLE ROYAL
L'aigle royal est l'animal doté de la meilleure vision : il peut apercevoir un lapin à plus de 1 km de distance.

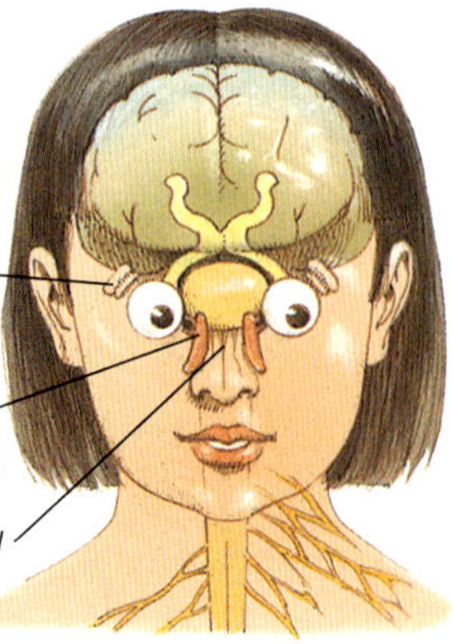

ORGANES ANNEXES DE L'ŒIL
Les paupières et les cils protègent l'œil. Lorsque vous clignez des yeux, vos paupières humidifient le globe oculaire et le nettoient grâce à un liquide produit par les glandes lacrymales situées au-dessus de l'œil, et qui sécrètent également les larmes lorsque vous pleurez, les canaux lacrymaux drainent les larmes vers le sac lacrymal, à l'angle interne de l'œil, d'où elles sont conduites par le canal lacrymo-nasal dans le nez.

FONCTIONNEMENT DE L'ŒIL
Les rayons lumineux passent par la partie antérieure de l'enveloppe extérieure de l'œil, la cornée, puis traversent la pupille qui se dilate dans l'obscurité pour faciliter le passage de la lumière et se contracte si la lumière est intense, pour éviter l'éblouissement. Ils sont ensuite projetés sur la rétine par le cristallin.

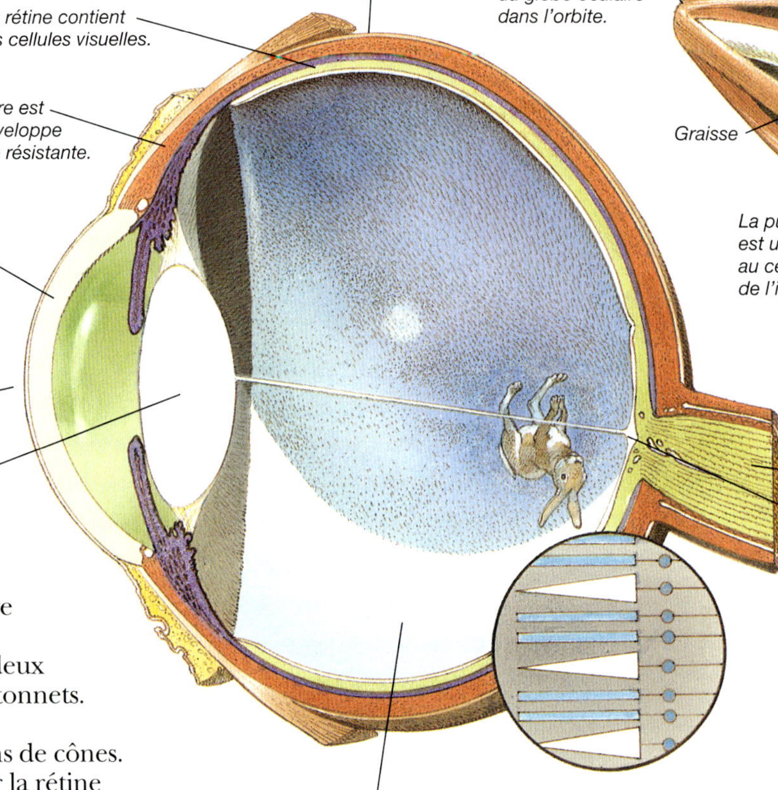

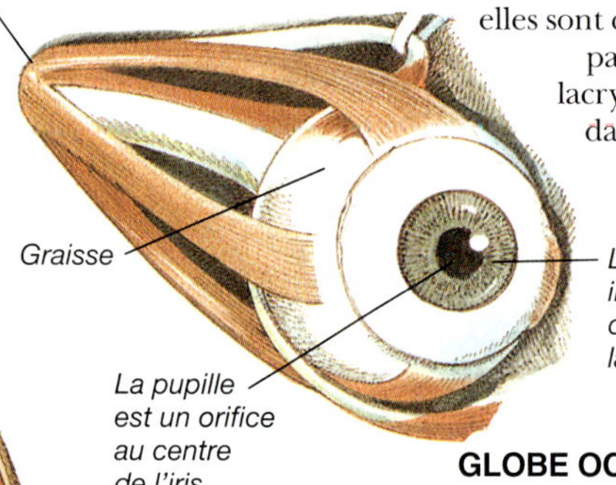

GLOBE OCULAIRE
Trois paires de muscles dits oculomoteurs permettent les mouvements du regard. Des amas graisseux protègent l'œil et le nerf optique constamment sollicité lorsque nous regardons.

VISION

Au fond de l'œil se trouve la rétine qui contient des cellules visuelles de deux types : les cônes et les bâtonnets. On compte 120 millions de bâtonnets et 7 millions de cônes. L'image qui se forme sur la rétine est renversée, mais des influx nerveux transmis au cerveau remettent l'image à l'endroit.

BÂTONNETS ET CÔNES

La rétine contient des millions de cellules visuelles sensibles à la lumière : les cônes et les bâtonnets. Les bâtonnets sont sensibles à l'intensité lumineuse, les cônes aux couleurs. Ils produisent des influx nerveux lorsqu'ils sont stimulés par les rayons lumineux.

DÉFAUTS VISUELS
Une bonne vision dépend d'une bonne accommodation : la courbure du cristallin doit s'adapter à la vision d'un objet rapproché ou éloigné. L'hypermétropie est due à un œil trop court ou à une convergence trop faible du cristallin. La myopie à un œil trop long ou à une trop grande convergence du cristallin. Les lunettes et les lentilles de contact corrigent les anomalies de la vision en aidant le cristallin à accommoder correctement.

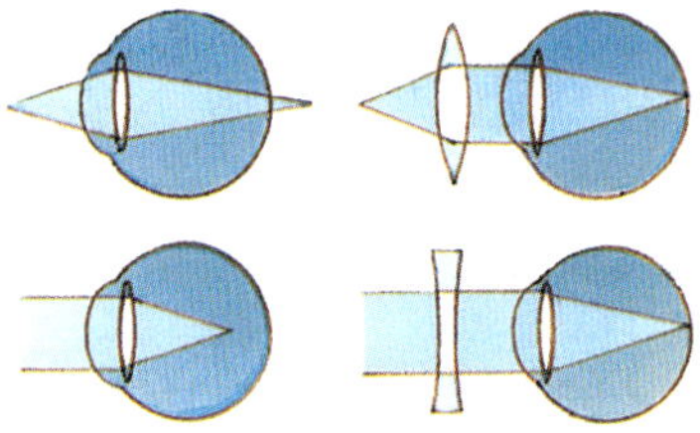

HYPERMÉTROPIE
Les images se forment en arrière de la rétine. Cette anomalie est corrigée par une lentille convexe.

MYOPIE
Les images se forment en avant de la rétine. Des verres concaves sont nécessaires.

Pour en savoir plus
LES APPAREILS PHOTO
LE CORPS HUMAIN
LES COULEURS
LA LUMIÈRE
LES OREILLES

Y

les Zoos

LE PREMIER jardin zoologique, ou zoo, fut créé par des souverains chinois il y a plus de 3000 ans. Aujourd'hui, la plupart des grandes villes ont leur zoo, ou leur aquarium. Ces lieux permettent d'observer et d'étudier des centaines d'animaux différents. Mais tout le monde n'est pas d'accord sur le bien-fondé des zoos. Leurs partisans disent qu'ils permettent d'observer les animaux de très près, qu'ils nous donnent à apprécier les merveilles du monde vivant, qu'ils rendent possibles les recherches scientifiques et assurent la protection des espèces menacées à l'état sauvage ou très rares. Les opposants répondent qu'il est cruel de garder des animaux en captivité, car ils adoptent un comportement contraire à leur comportement inné, et que certains zoos sont mal entretenus et que leurs animaux souffrent de stress et vivent dans de mauvaises conditions d'hygiène.

PREMIERS ZOOS

Dans les premiers zoos, des animaux domptés, tels les éléphants, devaient réaliser un numéro devant les visiteurs, comme le montre cette photo. Aujourd'hui, cette pratique n'a plus cours. L'objectif d'un zoo est de permettre au public d'observer des animaux sauvages de près. L'idéal serait de sauvegarder des lieux sauvages, avec leur faune et leur flore, et d'autoriser le public à les visiter, mais ce n'est pas toujours possible.

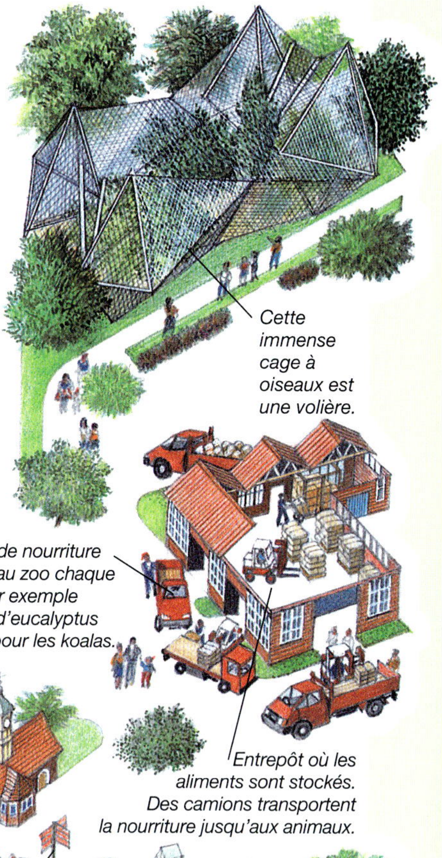

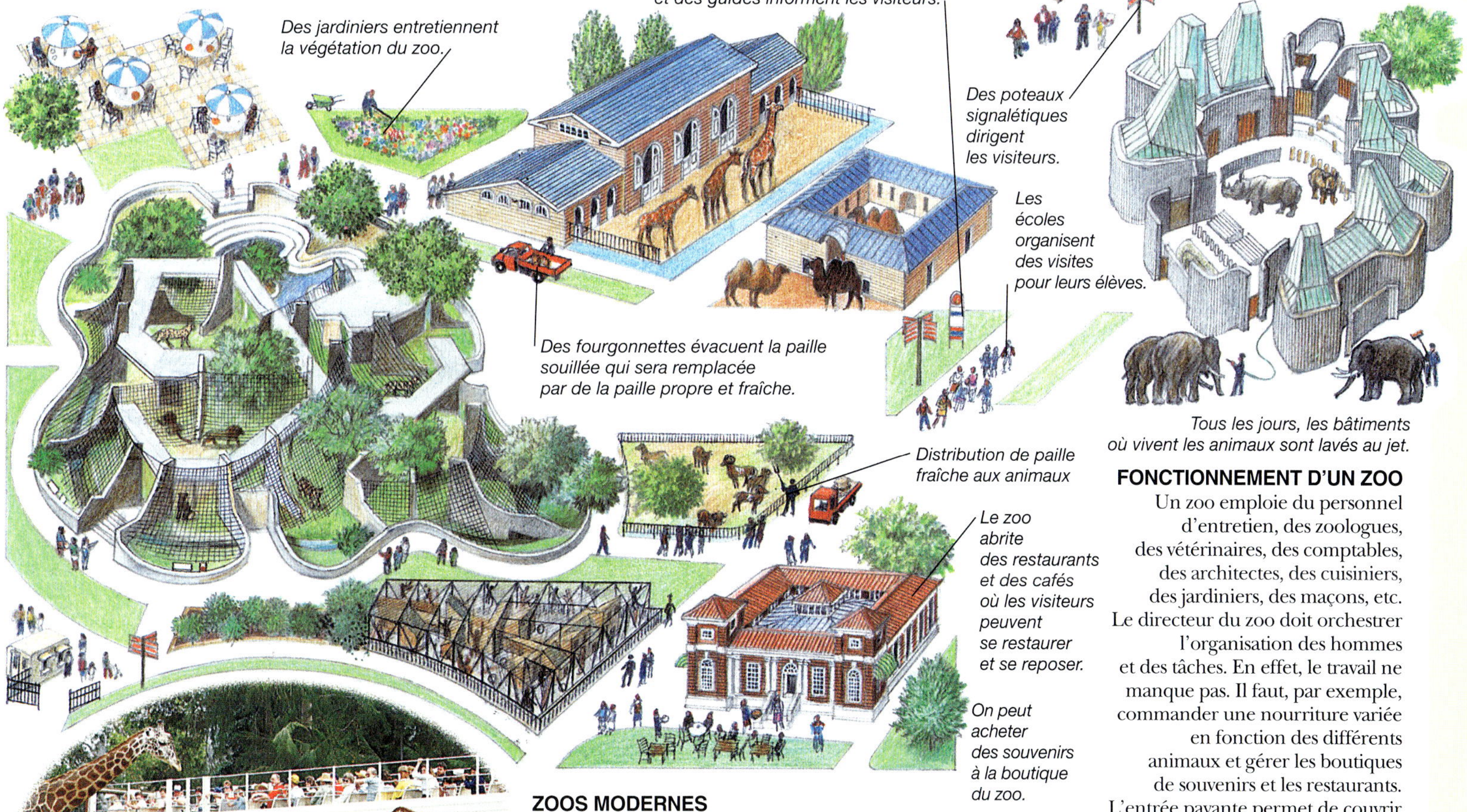

FONCTIONNEMENT D'UN ZOO

Un zoo emploie du personnel d'entretien, des zoologues, des vétérinaires, des comptables, des architectes, des cuisiniers, des jardiniers, des maçons, etc. Le directeur du zoo doit orchestrer l'organisation des hommes et des tâches. En effet, le travail ne manque pas. Il faut, par exemple, commander une nourriture variée en fonction des différents animaux et gérer les boutiques de souvenirs et les restaurants. L'entrée payante permet de couvrir les frais d'entretien, mais la plupart des zoos ont également besoin d'un financement public.

ZOOS MODERNES

Dans certains zoos comme celui de San Diego, aux États-Unis (à gauche), les animaux vont et viennent librement dans de grands enclos où est reconstitué leur milieu naturel. Les visiteurs observent les animaux à travers des panneaux de verre et non des barreaux métalliques, et peuvent même les voir d'un bus à impériale découverte. Des inspections surprises ont lieu pour vérifier que les animaux sont correctement soignés et entretenus. Certains zoos s'occupant très mal de leurs animaux, des associations s'efforcent de les contraindre à améliorer leurs conditions de vie.

Pour en savoir plus

LES ESPÈCES ANIMALES
LES ESPÈCES EN VOIE DE DISPARITION

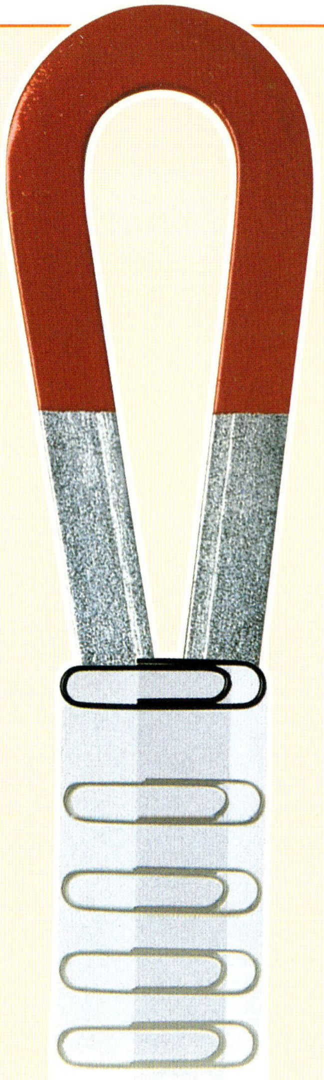

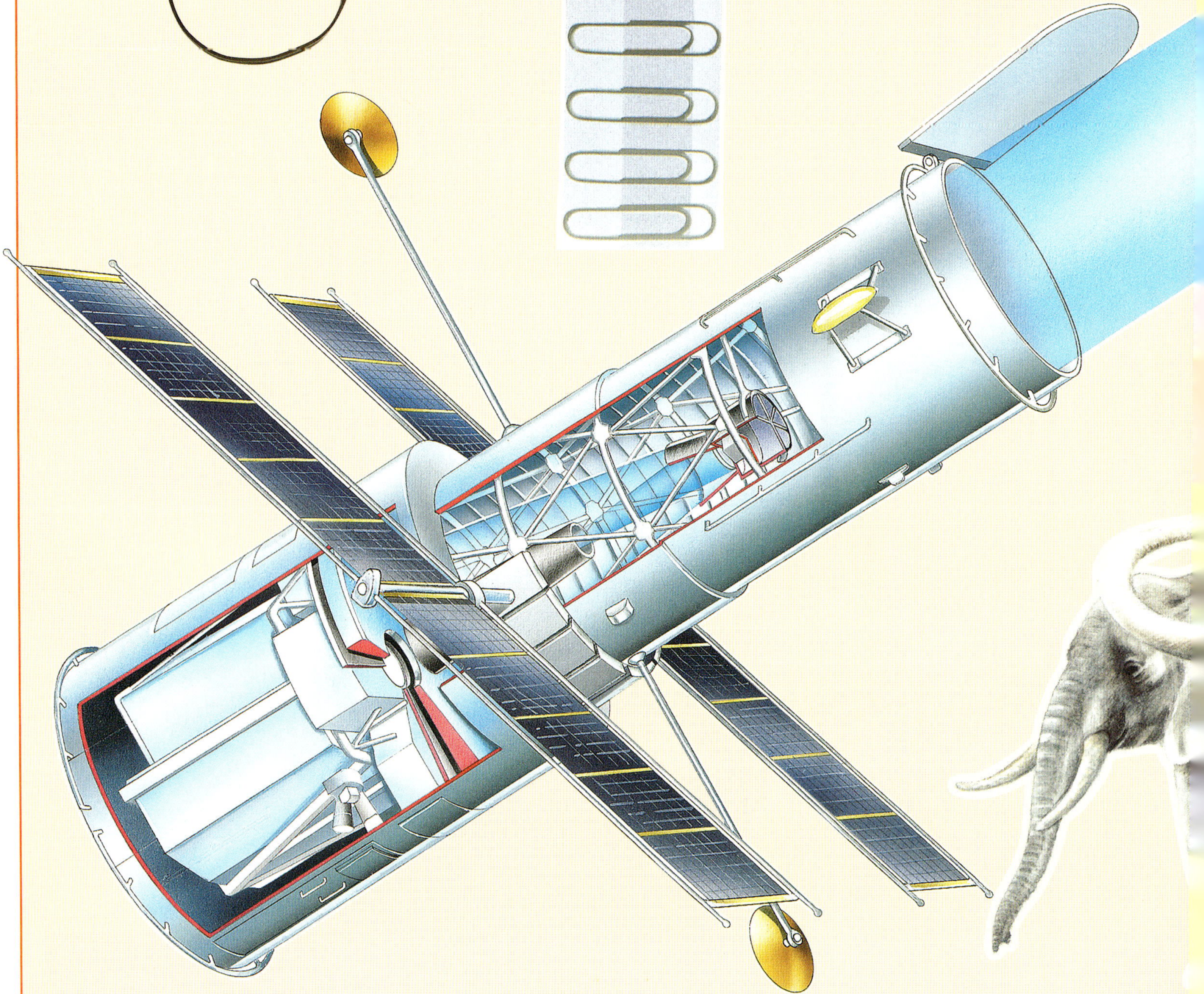

FAITS ET CHIFFRES

Cette partie aborde de grands sujets de façon synthétique, et complète ainsi les thèmes traités dans l'encyclopédie. Elle présente tout d'abord notre monde sous ses aspects historiques, économiques et géographiques, par le rappel des dates marquantes et des chiffres clés. Dans un second temps, le monde du vivant est expliqué selon ses lois mathématiques et physiques, à travers les différentes classifications actuelles des êtres vivants et une approche globale de l'univers. Par souci de clarté, la plupart des informations sont présentées sous forme de tableaux.

	7000 av. J.-C.	6000 av. J.-C.	5000 av. J.-C.	4000 av. J.-C.	3000 av. J.-C.	2000 av. J.-C.
AFRIQUE	Début de la pêche au Sahara et en Afrique du Nord.		Début de l'agriculture en Égypte.	Début de l'écriture hiéroglyphique en Égypte.	Début de la construction des pyramides en Égypte.	
AMÉRIQUE	Début de l'agriculture au Mexique.		Début de la culture du maïs au Mexique.	Utilisation du lama comme animal de trait au Pérou.		Culture olmèque à San Lorenzo.
ASIE	Début de l'agriculture dans l'ouest de l'Asie.		Premières communautés de l'âge de la pierre en Chine.	Début de la métallurgie du bronze au Moyen-Orient.	Apogée de la civilisation sumérienne.	Déclin de la civilisation sumérienne.
EUROPE	Début de la culture des céréales dans le sud-est de l'Europe.	Début du travail du cuivre et de l'or.	Début de la métallurgie du cuivre au sein de la culture Vinca, en Yougoslavie.		Début de l'âge du bronze en Crète.	Civilisation minoenne en Crète.
OCÉANIE	Âge de la pierre en Océanie, jusqu'en 1770 de notre ère.					

L'AFRIQUE

2,5 MA – 2500 AV. J.-C. PREMIERS HOMMES

1,5 MA AV. J.-C.
Homo erectus, notre ancêtre direct, vit en Afrique avant de conquérir le Moyen-Orient et le reste du monde.

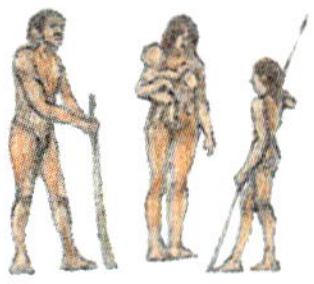

V. 7000 AV. J.-C.
Début de l'élevage de bétail au Sahara.

V. 3000 AV. J.-C.
Les Égyptiens développent l'écriture hiéroglyphique.

V. 2600 AV. J.-C.
Construction de la grande pyramide de Gizeh, en Égypte.

2500 AV. J.-C. – 1400 APR. J.-C. GRANDES CIVILISATIONS

V. 1503 AV. J.-C.
Début du règne d'Hatshepsout, épouse de Thoutmosis II.

900 AV. J.-C.
Royaume de Méroé. L'Égypte affirme sa puissance à travers la construction de cités, de temples et de pyramides.

814 AV. J.-C.
Fondation de Carthage par les Phéniciens en Afrique du Nord. Pratique de la teinture, de la métallurgie, du travail du verre, de la poterie et de la sculpture.

V. 671 AV. J.-C.
Conquête de l'Égypte par les Assyriens. Grands bâtisseurs, ils ornent leurs palais d'imposants bas-reliefs.

500 AV. J.-C.
Début de la civilisation de Nok au Nigeria. Production de sculptures en terre cuite.

332 AV. J.-C.
Conquête de l'Égypte par Alexandre le Grand.

V. 290 AV. J.-C.
Fondation de la grande bibliothèque d'Alexandrie.

100 AV. J.-C.
Le chameau, originaire d'Arabie, est introduit au Sahara.

100 APR. J.-C.
Naissance du royaume d'Aksoum en Éthiopie. Commerce maritime et exportation d'ivoire.

641 APR. J.-C.
Occupation de l'Égypte par les Arabes qui entament la conquête de l'Afrique du Nord.

971 APR. J.-C.
Fondation de la première université au monde, au Caire, en Égypte.

V. 1300 Royaume du Bénin, en Afrique occidentale. Réalisation de têtes de bronze très réalistes.

1400 – 1900 COLONISATION EUROPÉENNE ET COMMERCE DES ESCLAVES

1430
Édification du Grand Zimbabwe. Commerce de l'or avec les musulmans des côtes d'Afrique de l'Est.

1488
Le navigateur portugais Bartlomeu Dias double le cap de Bonne-Espérance.

1510
Les premiers esclaves africains sont embarqués vers les Caraïbes.

1652
Les Boers, colons d'origine néerlandaise, fondent une colonie au cap de Bonne-Espérance.

1787
Colonie britannique du Sierra Leone, en Afrique de l'Ouest.

1795
Bonne-Espérance passe sous administration britannique.

1822 Les États-Unis installent au Liberia et en Afrique de l'Ouest des esclaves affranchis.

1835-1837
Les Boers gagnent le nord du Cap afin d'échapper à la domination britannique.

1899-1902
La guerre des Boers oppose Néerlandais et Britanniques. Les républiques du Traansval et d'Orange sont cédées aux Britanniques.

1900-2000 INDÉPENDANCE ET MODERNITÉ

1910
Création de l'Union sud-africaine.

1914-1918
Première Guerre mondiale. Conquête des colonies allemandes en Afrique par les Britanniques et les Français.

1935
Conquête de l'Éthiopie par les Italiens. Fin de la Ligue des nations.

1949
Durcissement des lois d'apartheid (ségrégation raciale) en Afrique du Sud.

1956
Gamal Abdel Nasser accède à la tête du pouvoir en Égypte.

1957
Le Ghana est le premier pays africain à accéder à l'indépendance.

1962
L'indépendance de l'Algérie met fin à la tutelle de la France.

1963
Fondation de l'OUA, Organisation de l'unité africaine.

1964
Condamnation à la prison à vie pour Nelson Mandela, leader de l'ANC.

1965
La colonie britannique de Rhodésie du Nord accède à l'indépendance.

1967-1970
Guerre civile au Liberia.

1975
Début de l'occupation du Sahara espagnol par le Maroc.

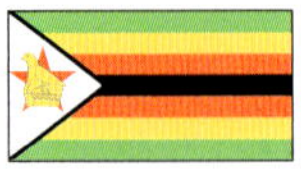

1980
La Rhodésie du Sud devient indépendante et prend le nom de Zimbabwe.

1990
La Namibie, dernière colonie en Afrique, déclare son indépendance face à l'Afrique du Sud.

1993
L'Érythrée accède à l'indépendance.

1994
Nelson Mandela libéré en 1990 est élu président de l'Afrique du Sud.

2010-2011
Les révolutions tunisienne et égyptienne conduisent au départ des présidents Ben Ali et Moubarak. Les protestations dans les pays arabes se multiplient (Liban, Lybie, Maroc, Yémen...).

1000 av. J.-C.	500 av. J.-C.	100 apr. J.-C.	400 apr. J.-C.	500 apr. J.-C.	600 apr. J.-C.	800
Début de la métallurgie du fer en Afrique.	Début de la métallurgie du cuivre en Mauritanie.	238 Début de révoltes en Afrique contre la domination romaine.	L'usage du fer se généralise à toute l'Afrique de l'Est.	L'Empire du Ghana se développe en Afrique occidentale.	637 Prise de Jérusalem par les Arabes.	
Épanouissement de la culture d'Oaxaca, au Mexique.	Début de la période classique de la civilisation maya.	La culture Moche apparaît sur les côtes péruviennes.		Extension de la culture de Thulé aux côtes de l'Alaska.	Apogée de la civilisation maya.	
556-530 av. J.-C. Règne de Cyrus II le Grand, en Perse.	Arsace Ier fonde le royaume de Parthes, en Perse.	v. 224 Fin de la domination des Parthes, début de l'Empire perse.	Extension de l'Empire gupta en Inde.	Invention du système décimal en Inde, introduction du 0.	634 Début de l'Empire musulman.	
Début de l'âge du fer en Italie.	431 av. J.-C. Guerre du Péloponnèse.	116-117 L'Empire romain atteint son expansion maximale.	v. 486 Les Francs conquièrent la Gaule et lui donnent leur nom.	527-565 Règne de l'empereur byzantin Justinien Ier.	787 Début des assauts des Vikings sur les côtes britanniques.	Charlemagne couronné empereur.
	Développement de la culture aborigène.	Développement de la culture polynésienne orientale.		Les Polynésiens naviguent vers l'est.	Implantation des Polynésiens sur les îles Cook.	

L'AMÉRIQUE

40000 av. J.-C. – 2000 av. J.-C. PREMIERS HOMMES

v. 40000 av. J.-C.
Les premiers hommes venus de Sibérie traversent le détroit de Béring et arrivent sur le continent américain.

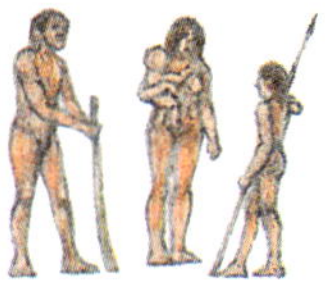

v. 15000 av. J.-C.
Art rupestre dans la région du Brésil actuel.

v. 6500 av. J.-C.
Début de l'agriculture dans les Andes et en Amérique du Sud.

v. 3200 av. J.-C.
Apparition de la poterie en Équateur et en Colombie.

2000 av. J.-C. – 1450 apr. J.-C. EMPIRES ET CIVILISATIONS

2000 av. J.-C.
Début de la civilisation maya en Amérique centrale. Sédentarisation des agriculteurs.

v. 1150 av. J.-C.
Les Olmèques inventent un système d'écriture et de chiffres à base de symboles qui s'étend à tout le continent.

v. 300 av. J.-C.
Essor de la culture maya. Des centres politiques et religieux voient le jour, comme à Palenque.

v. 300 apr. J.-C.
En Amérique du Nord, les Indiens Hopewell construisent des tumulus et pratiquent le commerce.

v. 700 apr. J.-C.
Apparition du tissage au Pérou, en Amérique du Sud. Les tapisseries de laine et de coton sont ornées de jaguars.

v. 900 apr. J.-C.
Les Toltèques partent à la conquête des territoires mayas et créent leur empire en Amérique centrale.

v. 1000 apr. J.-C.
Les Vikings venus d'Europe débarquent en Amérique du Nord.

1450 – 1750 CONQUÊTES EUROPÉENNES ET COMMERCE

1492
L'explorateur génois Christophe Colomb atteint les Caraïbes et place les îles sous autorité espagnole. Des Européens débarqueront à sa suite, à la recherche de trésors.

1494
La division entre l'Amérique portugaise et l'Amérique espagnole se décide au traité de Tordesillas.

1499
Amerigo Vespucci explore l'Amazone, en Amérique du Sud. Le continent sera baptisé d'après le prénom du navigateur.

v. 1510
Les premiers esclaves noirs sont débarqués aux Caraïbes.

1519
Le conquistador espagnol Hernán Cortés part à la conquête du Mexique. Déclin de l'Empire aztèque dirigé par Moctezuma II.

1620
Une centaine de puritains anglais (Pilgrim Fathers ou « Pères pèlerins ») embarqués à bord du *Mayflower* débarquent en Nouvelle-Angleterre.

1636
Fondation de la première université du futur Harvard College.

1750 – 1900 NOUVELLES NATIONS

1783
Naissance de Simón Bolívar, libérateur de l'Amérique du Sud.

1776
Jefferson rédige la déclaration d'Indépendance.

1787
Le dollar fait son apparition en Amérique du Nord.

1791
Révolte des esclaves en Haïti, menée par Toussaint Louverture contre les Français.

1803
Les Américains doublent la superficie de leur pays en achetant la Louisiane aux Français.

1832
Samuel Morse invente le télégraphe électrique.

1848
Ruée vers l'or en Californie.

1852
Elisha Otis invente l'ascenseur.

1861-1865
Guerre de Sécession aux États-Unis.

1865
À la suite de la victoire des nordistes sur les sudistes, l'esclavage est aboli. Assassinat du président Lincoln.

1867
Création du Dominion du Canada. La province de Québec, autrefois réunie à l'Ontario par les Anglais, est restaurée.

1869
Le chemin de fer relie la côte ouest à la côte est des États-Unis.

1876
Bataille de Little Bighorn entre les Sioux et les troupes du général Custer.

1877
Thomas Edison invente le phonographe.

1895
L'Américain King C. Gillette invente le rasoir à lame jetable.

1900 – 2000 MONDE MODERNE

1903
Les frères Wright réalisent le premier vol en avion à moteur.

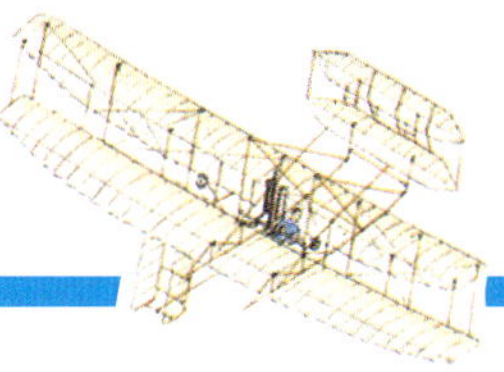

1908
Henry Ford lance sa voiture modèle T.

1913
Hollywood devient un centre de l'industrie cinématographique.

1917
Rupture des relations diplomatiques entre les États-Unis et l'Allemagne. Entrée en guerre des États-Unis.

1920
Naissance du jazz à la fin de la Première Guerre mondiale.

1929
Krach de la bourse américaine de Wall Street ; effondrement des cours. Début de la Grande Crise et de la Dépression.

1941
Entrée des États-Unis dans la Seconde Guerre mondiale.

1945
Signature de la Charte des Nations unies.

1958
La société Texas Instruments invente la puce au silicium.

1959
Ernesto Guevara, dit le « Che », aide Fidel Castro à renverser le gouvernement cubain.

1969
Lors de la mission Apollo 11, Neil Armstrong est le premier homme à marcher sur la Lune.

1991
Guerre du Golfe.

2001
Offensive en Afghanistan après les attentats islamistes du 11 septembre.

2003
Offensive en Irak.

2008
Élection de Barack Obama, premier président noir des États-Unis.

FAITS ET CHIFFRES

	900	950	1 000	1050	1100	1150
AFRIQUE		969 Fondation du Caire qui devient capitale de l'Égypte.	Épanouissement des royaumes de Tekrour et de Gao en Afrique de l'Ouest.		Déclin de l'Empire du Ghana, en Afrique de l'Ouest.	1171 Le chef de guerre musulman Saladin devient sultan d'Égypte.
AMÉRIQUE	Début du déclin de la civilisation maya au nord du Mexique.		Culture du maïs et de la pomme de terre au Pérou.		Affirmation du peuple inca.	Fin de la culture Hopewe en Amérique du Nord.
ASIE	907 Fin de la dynastie Tang en Chine après des années de guerre.	969 Réunification de la Chine sous la dynastie des Song.	Les Chinois perfectionnent le procédé de fabrication de la poudre à canon.	V. 1090 Invention d'une horloge mécanique à eau en Chine.	1099 Prise de Jérusalem par les croisés.	1104 Les croisés s'emparent d'Acre (Israë
EUROPE	911 Le chef viking Rollon s'établit en Normandie.	962 Otto Ier le Grand est couronné empereur du Saint Empire romain germanique.	985 Le Viking Erik le Rouge fonde une colonie au Groenland.	1066 Bataille de Hastings, conquête de l'Angleterre par les Normands.	1132-1144 Construction de Saint-Denis, première abbatiale gothique de France.	1171-1175 Henry II d'Angleterre impose sa souveraineté à l'Irland
OCÉANIE	Installation des premiers Polynésiens en Nouvelle-Zélande.		Les Maoris s'installent en Nouvelle-Zélande.		Apparition des premières sociétés organisées dans les îles d'Hawaii.	Les Maoris s'installent aux abords des fleuves de Nouvelle-Zélande.

L'ASIE

800000 av. J.-C. – 1500 av. J.-C. PREMIÈRES CIVILISATIONS

800000 av. J.-C.
Les premiers hommes venus d'Afrique pénètrent en Asie.

v. 9000 av. J.-C.
Élevage des moutons en Palestine ; premier témoignage de la domestication des animaux.

v. 8500 av. J.-C.
Fondation de Jéricho, première cité fortifiée du monde. Ses maisons de brique étaient protégées par un imposant mur d'enceinte.

v. 3250 av. J.-C.
Les Sumériens inventent un système d'écriture à base de signes, dit cunéiformes, poinçonnés sur des tablettes d'argile. Ils érigent les premières cités, cultivent l'orge, cuisent le pain et fabriquent de la bière.

v. 2698 av. J.-C.
Le mythique empereur chinois Chen-Nong rédige un « Herbier du divin cultivateur »

dans lequel il répertorie plus de 252 plantes.

v. 2500 av. J.-C.
Début de la civilisation de la vallée de l'Indus, en Inde ; culture du riz.

v. 1750 av. J.-C.
Hammourabi fonde le premier Empire babylonien.

1500 av. J.-C. – 1500 apr. J.-C. EMPIRES ET RELIGIONS

v. 1500 av. J.-C.
Implantation de la religion hindoue en Inde.

v. 1200 av. J.-C.
Implantation du judaïsme en Palestine.

650 av. J.-C.
Les premières pièces de monnaie du monde sont frappées au Proche-Orient.

v. 600 av. J.-C.
Le philosophe chinois Lao-Tseu énonce les principes du taoïsme.

v. 563 av. J.-C.
Naissance de Siddharta Gautama ou Bouddha, fondateur du bouddhisme.

v. 551 av. J.-C.
Naissance de Confucius, philosophe chinois à l'origine du confucianisme.

IIIe siècle av. J.-C.
Construction de la Grande Muraille de Chine destinée à protéger le pays des envahisseurs.

v. 30 apr. J.-C.
Crucifixion de Jésus-Christ ; naissance du christianisme en Judée.

v. 100 apr. J.-C.
Invention du papier en Chine.

606 apr. J.-C.
En Chine, les candidats à des postes de fonctionnaires sont soumis à un examen.

632 apr. J.-C.
Mort du prophète Mahomet. Les califes assurent la propagation de la religion musulmane.

868 apr. J.-C.
Le « Sutra du diamant » chinois est le plus ancien imprimé daté au monde.

1156
Création du shogunat au Japon ; les samouraïs contrôlent le pouvoir.

1206
Début de la conquête mongole en Asie.

1259
L'empereur mongol Kubilay Khan règne sur la Chine et fonde la dynastie Yuan qui restera au pouvoir de 1279 à 1368.

v. 1290
Naissance de l'Empire ottoman.

1333
Famines et épidémies de peste s'abattent sur la Chine, faisant près de 5 millions de victimes.

1421
Pékin (Beijing actuel) devient la capitale de la Chine.

1453
Les Ottomans s'emparent de Constantinople et mettent fin à l'Empire byzantin.

1498
Le navigateur portugais Vasco de Gama atteint l'Inde, *via* l'Afrique.

1500 – 1900 COMMERCE ET CONQUÊTES

1556
Akbar le Grand, de la dynastie des Grands Moghols, devient empereur de l'Inde.

1600
Fondation de la compagnie commerciale anglaise des Indes orientales.

1639
Le Japon se ferme aux étrangers.

1631-1641
Construction en Inde du Taj Mahalun, mausolée érigé à la mémoire de son épouse favorite Mumtaz Mahal par l'empereur Chah Djahan.

1649
Conquête de la Sibérie par les Russes qui atteignent l'océan Pacifique.

1858
En Inde, échec de la révolte suscitée un an plus tôt par les cipayes (soldats indiens) contre la domination britannique.

1900 – 2000 MONDE MODERNE

1911
La Chine devient une république.

1918
Chute de l'Empire ottoman.

1920
Mahatma Gandhi entame sa campagne pour l'indépendance de l'Inde.

1921
Mao Zedong et Li Dazhao fondent le parti communiste chinois à Beijing.

1926
Hirohito devient empereur du Japon.

1934-1935
Sous l'égide de Mao Zedong, les communistes chinois entament leur Longue Marche à travers les montagnes pour rejoindre Yenan, le futur siège de leur gouvernement.

1941
Les Japonais attaquent la flotte américaine à Pearl Harbor.

1945
En réponse à l'attaque contre Pearl Harbor, les États-Unis larguent les deux premières bombes atomiques de l'histoire sur Hiroshima et Nagasaki, au Japon.

1947
Indépendance du Pakistan et de l'Inde.

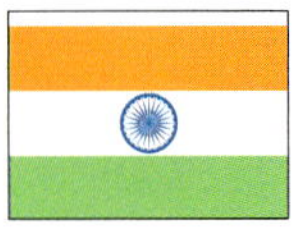

1947
Les Nations unies approuvent la partition de la Palestine entre Arabes et Juifs ; l'opposition des Arabes conduit à des affrontements en Palestine.

1948
Fondation de l'État d'Israël.

1966
Mao Zedong lance la Révolution culturelle en Chine.

1967
Guerre des Six-Jours entre Arabes et Israéliens.

1980-1989
Guerre Iran-Irak.

1990-1991
Guerre du Golfe. L'Irak envahit le Koweït. Les Nations unies interviennent.

2001-2003
Offensive américaine en Afghanistan, puis en Irak.

2008
Manifestations au Tibet. La police chinoise aurait fait des dizaines de morts.

2011
Un puissant séisme frappe le Japon, provoquant un grave accident nucléaire dans la centrale de Fukushima. On dénombre plus de 30000 morts.

1200	1250	1300	1350	1400	1450	1500
Le roi d'Éthiopie Lalibela ordonne la construction d'églises taillées dans la roche.	1291 Les Arabes reprennent la ville d'Acre aux croisés.	1348 La Peste noire s'abat sur l'Égypte.		Le commerce de l'or fleurit dans le royaume du Grand Zimbabwe.	Apogée de l'Empire songhaï en Afrique de l'Ouest.	
Au Pérou, Cuzco devient capitale de l'Empire inca.	Les Chimú étendent leur empire au Pérou.	Les Incas étendent leur empire aux régions centrales des Andes.		Apogée de l'Empire inca en Amérique du Sud.	1519 Les Conquistadors détruisent les Empires inca et aztèque.	
1206 Gengis Khan fonde l'Empire mongol.	1254 Naissance du navigateur italien Marco Polo à Venise.	Osman Ier Gazi fonde la dynastie ottomane.	1368 Les Mongols sont chassés de Chine.	1405 Chute de l'Empire mongol.	Le Portugal installe des comptoirs dans l'océan Indien. Essor du christianisme en Asie.	
1215 Les barons anglais imposent la Grande Charte au roi Jean sans Terre.	1282-1284 Édouard Ier d'Angleterre soumet les Gallois.	1337 Début de la guerre de Cent Ans entre la France et l'Angleterre.	v. 1350 Début de la Peste noire en France.	1429 Jeanne d'Arc chasse les Anglais d'Orléans et fait sacrer Charles VII à Reims.	1455 Gutenberg, inventeur des caractères mobiles, publie la Bible.	
	v. 1250 Plans d'irrigation dans les îles hawaiiennes.	Édification d'immenses statues de pierre sur l'île de Pâques.	La culture maorie se développe au nord de la Nouvelle-Zélande.			v. 1526 Les Portugais en Polynésie.

L'EUROPE

40000 av. J.-C. – 450 apr. J.-C. PREMIERS HOMMES ET ANTIQUITÉ

40000 av. J.-C.
Arrivée de l'homme de Neandertal en Europe.

6500 av. J.-C.
Début de l'agriculture en Grèce et dans les Balkans.

v. 2600 av. J.-C.
Âge du bronze en Crète.

v. 1900 av. J.-C.
Développement de la civilisation mycénienne en Grèce ; construction de palais.

v. 1500 av. J.-C.
Développement du linéaire B, premier système d'écriture grec utilisé en Crète.

v. 1250 av. J.-C.
Guerre de Troie entre les Grecs de Mycènes et les Troyens. Selon la légende, après 10 ans de siège les Grecs pénètrent dans Troie dissimulés dans un immense cheval de bois.

v. 753 av. J.-C.
Fondation de Rome par les légendaires frères jumeaux Romulus et Remus élevés par une louve.

v. 776 av. J.-C.
Premiers Jeux olympiques en Grèce.

750 av. J.-C.
Homère écrit *L'Iliade*, poème épique décrivant la guerre de Troie.

v. 500 av. J.-C.
Les Celtes occupent une grande partie de l'Europe.

146 av. J.-C.
Les Romains partent à la conquête de la Grèce.

44 av. J.-C.
Assassinat de Jules César.

391 apr. J.-C.
Le christianisme devient religion officielle de l'Empire romain.

450 apr. J.-C. – 1450 RELIGION ET MOYEN ÂGE

500 apr. J.-C.
Les Barbares envahissent la majeure partie de l'Europe occidentale.

793 apr. J.-C.
Les Vikings pénètrent au nord de l'Europe.

1096
Première croisade vers la Palestine.

v. 1150
Fondation de l'une des premières universités d'Europe, à Paris.

1285
Fabrication de lunettes en Italie du sud.

1350
La peste bubonique, surnommée Peste noire, anéantit le tiers de la population européenne.

1362
Giovanni de Dondi met au point une horloge astronomique qui indique le temps et enregistre le mouvement des planètes.

1455
François Villon écrit la *Ballade des pendus*, premier grand poème lyrique français.

1450 – 1780 EXPLORATIONS ET SCIENCES

1453
Les Turcs ottomans s'emparent de Constantinople. Fin de l'Empire byzantin.

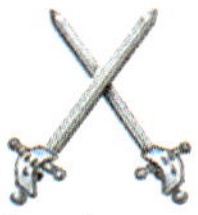

1503
Léonard de Vinci peint *La Joconde*.

1516
Expansion de l'Empire des Habsbourg sous l'autorité de Charles Quint.

1517
Réforme protestante initiée par le théologien allemand Martin Luther.

1519-1522
L'expédition menée par le navigateur portugais Fernand de Magellan (1480-1521) accomplit le premier tour du monde.

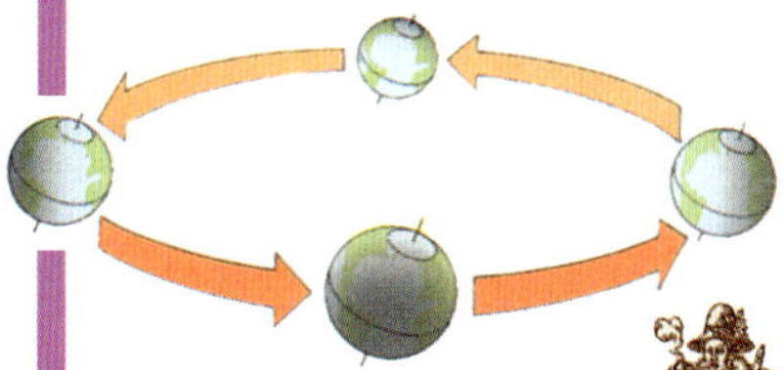

1531
L'astronome polonais Copernic émet l'hypothèse que la Terre tourne autour du Soleil.

1555
Le tabac est importé du Nouveau Monde en Europe.

1603
Union de l'Écosse et de l'Angleterre.

1628
Le médecin anglais William Harvey met en évidence la circulation du sang.

1665
Isaac Newton découvre les lois de la gravité.

1682
Pierre le Grand devient tsar de Russie.

1683
Après deux mois de siège, les Turcs ottomans échouent dans leur tentative de s'emparer de Vienne.

1710
Les Russes s'emparent des provinces suédoises de la Baltique.

1728
Le navigateur danois Vitus Bering découvre entre l'Asie et l'Amérique un détroit auquel son nom sera donné.

1760 – 2000 RÉVOLUTION ET MONDE MODERNE

1789
Prise de la Bastille. Révolution française.

1804
Napoléon Bonaparte est sacré empereur et prend le nom de Napoléon Ier.

1825
Inauguration du premier train de voyageurs en Grande-Bretagne.

1840
Le premier timbre-poste est utilisé en Grande-Bretagne.

1848
Karl Marx et Friedrich Engels rédigent le *Manifeste du parti communiste*.

1859
Charles Darwin publie sa théorie sur l'évolution des espèces.

1876
Alexander Graham Bell invente le téléphone.

1895
L'Italien Guglielmo Marconi invente le récepteur radio.

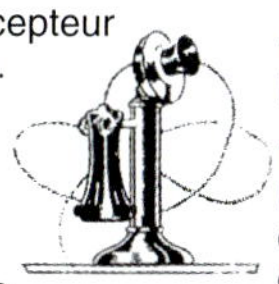

1902
Pierre et Marie Curie découvrent le radium, utilisé comme traitement contre le cancer.

1914
Début de la Première Guerre mondiale.

1917
Révolution russe.

1922
Proclamation de la République d'Irlande.

1933
Adolf Hitler devient chancelier en Allemagne.

1936-1939
Guerre civile en Espagne.

1939
L'Allemagne et l'Union soviétique attaquent la Pologne. Début de la Seconde Guerre mondiale.

1949
Fondation de l'Organisation du traité de l'Atlantique Nord (OTAN).

1957
Création de la Communauté européenne économique.

Les Soviétiques lancent le premier satellite dans l'espace.

1961
Construction du Mur de Berlin.

1989-1992
Les pays de l'ex-bloc de l'Est accèdent à la démocratie.

1990
Réunification de l'Allemagne.

1991
Effondrement de l'Union soviétique.

1992-1996
Guerre civile en Yougoslavie.

2007
L'Europe regroupe 27 pays.

2010
Grave crise économique. La Grèce, l'Espagne et le Portugal adoptent des régimes d'austérité.

	1550	1600	1650	1700	1750	1800
FRIQUE	Expansion de l'Empire songhaï en Afrique de l'Ouest.	Établissement de comptoirs commerciaux européens sur les côtes africaines.	1652 Les Hollandais fondent la ville du Cap en Afrique du Sud.		1755 Épidémie de variole au Cap, en Afrique du Sud.	1822 Création du Liberia pour les esclaves affranch
AMÉRIQUE	1534-1535 Jacques Cartier prend possession du Canada et remonte le Saint-Laurent.	1608 Le Français Champlain fonde la ville de Québec, au Canada.		Essor des colonies d'Amérique du Nord.	4 juillet 1776 Déclaration d'Indépendance des États-Unis.	1801 Thomas Jefferson devient le 3e président des États-Unis.
ASIE	v. 1566 Apogée de l'Empire ottoman.	Les Hollandais contrôlent le commerce des épices dans les îles indonésiennes.	1674 Les Français fondent le comptoir de Pondichéry, en Inde.	1707 Chute de l'Empire moghol.	1751 La Chine conquiert le Tibet.	1819 Stamford Raffles fon Singapour.
EUROPE	1558-1603 Règne de la reine Élisabeth Ire d'Angleterre.	1618-1648 Guerre de Trente Ans en Europe.	1661 Mort de Mazarin, ministre principal de Louis XIV.	1701-1713 Guerre de la Succession d'Espagne.	1763 Traité de Paris ; la France cède ses possessions d'Amérique du Nord.	1805-1815 Guerres napoléoniennes.
OCÉANIE		1642-1644 Le navigateur Abel Tasman découvre la Tasmanie et la Nouvelle-Zélande.	v. 1680 Début d'une guerre civile sur l'île de Pâques.	Premiers contacts entre les Tahitiens et les Européens.	1768-1771 Voyage de James Cook vers le Pacifique.	1810 Kamehameha Ier roi de l'archipel d'Hawaii.

L'OCÉANIE

50000 AV. J.-C. – 1600 APR. J.-C. PEUPLEMENT

v. 40000 AV. J.-C.
Les Aborigènes venus d'Asie du Sud-Est s'installent en Australie.

v. 2000 AV. J.-C.
Peuplement de la Nouvelle-Guinée.

v. 1300 AV. J.-C.
Peuplement des îles Fidji et Tonga.

v. 300 APR. J.-C.
Peuplement de la Polynésie.

v. 950 APR. J.-C.
Les Polynésiens, plus tard connus sous le nom de Maori, s'installent en Nouvelle-Zélande et dans les îles du Pacifique.

1600 – 1850 CONQUÊTES ET COLONISATION

1606
Le navigateur hollandais Willem Jansz découvre l'Australie qu'il baptise Nouvelle-Hollande.

1722
Le navigateur hollandais Roggeveen découvre l'île de Pâques, les Tuamotu et les îles Samoa.

1770
Le navigateur anglais James Cook revendique l'Australie pour la couronne britannique. Il découvre des espèces animales et végétales inconnues en Europe.

1788
Les premiers forçats sont emmenés d'Angleterre au bagne de Botany Bay, en Australie, où se trouve installée la première colonie européenne.

1826
Affrontements en Tasmanie, entre les colons et les Aborigènes.

1840
Traité de Waitangi entre les chefs Maori et les Britanniques qui obtiennent la souveraineté sur la Nouvelle-Zélande. L'île devient une colonie britannique.

1851
Ruée vers l'or à Victoria, en Australie. Les colons arrivent de toute l'Europe.

1850 – 2000 MONDE MODERNE

1860
Les Britanniques Burke et Wills sont les premiers à traverser l'Australie du sud au nord. Tous deux mourront épuisés lors de leur voyage de retour en 1861.

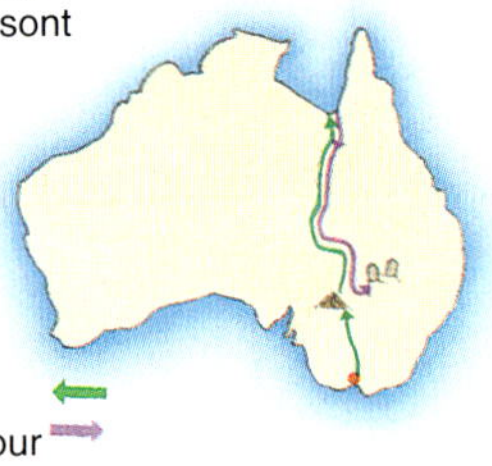

1893
La Nouvelle-Zélande est le premier État à accorder le droit de vote aux femmes.

1901
L'Australie s'affranchit du joug de la Grande-Bretagne ; création du Commonwealth d'Australie.

1907
Autonomie de la Nouvelle-Zélande.

1914
L'Australie et la Nouvelle-Zélande se joignent aux Forces alliées lors de la Première Guerre mondiale.

1927
Canberra devient capitale de l'Australie.

1941-1942
Le Japon envahit les îles du Pacifique.

1945
Deux milions d'Européens émigrent vers l'Australie.

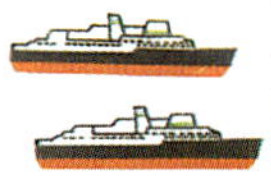

1951
Pacte du Pacifique entre l'Australie, la Nouvelle-Zélande et les États-Unis.

1956
Essais nucléaires britanniques au large des îles du Pacifique.

1985
Forum du Pacifique-Sud pour la dénucléarisation de la région.

2008
Le gouvernement australien s'excuse pour les crimes commis envers le peuple aborigène.

LES GRANDES DATES DE LA CONSTRUCTION EUROPÉENNE

7-11 MAI 1948
Congrès de La Haye. Les délégués d'une vingtaine de pays européens se prononcent en faveur d'une « assemblée européenne ».

27-28 JANVIER 1949
Création du Conseil de l'Europe qui siégera à Strasbourg. Rédaction de la convention européenne des droits de l'homme. Signée à Rome en 1950, elle entre en vigueur en septembre 1953. La majorité des pays du continent adhère progressivement au Conseil de l'Europe.

9 MAI 1950
Le ministre français des Affaires étrangères, Robert Schuman propose la mise en commun des ressources de charbon et d'acier de la France et de la République fédérale allemande. Cette organisation, ouverte aux autres pays d'Europe, marque la naissance de l'Union européenne (UE).

25 MARS 1957
Traité de Rome.
Les six pays fondateurs de la CECA instituent la CEE, Communauté économique européenne et l'Euratom Communauté européenne de l'énergie atomique, qui prennent leurs fonctions en 1958.

4 JANVIER 1960
Convention de Stockholm.
Création à l'initiative du Royaume-Uni de l'Association européenne du libre-échange (AELE) comprenant plusieurs pays européens non-membres de la CEE.

30 JUILLET 1962
Entrée en vigueur de la politique agricole commune (PAC).

1963
De Gaulle annonce que la France met son veto à l'entrée du Royaume-Uni dans la CEE.
La même année, une convention d'association est signée entre la CEE et 18 pays africains.

1er JUILLET 1967
Fusion des institutions de la CECA, de la CEE et d'Euratom qui deviennent la Communauté européenne (CE).
La Commission de la Communauté européenne prend ses fonctions à Bruxelles.

1er JUILLET 1968
Création de l'union douanière ; suppression des droits de douane pour les produits industriels entre les pays membres de la CE.
Institution d'un tarif extérieur commun.

24 AVRIL 1972
La création du Système monétaire européen (serpent monétaire) constitue un premier pas vers l'union monétaire.
Les 6 décident de limiter à 2,25 % les marges de fluctuation de leurs monnaies entre elles.

1er JANVIER 1973
Entrée du Danemark, du Royaume-Uni et de l'Irlande dans la CE, qui compte désormais 9 États membres.

1er JANVIER 1979
Entrée en vigueur du Système monétaire européen (SME).
L'écu devient l'unité de compte européenne.

7-10 JUIN 1979
Première élection au suffrage universel des 410 membres du Parlement européen.

1er JANVIER 1981
Entrée de la Grèce dans la CE.

7 JANVIER 1985
Jacques Delors devient président de la Commission européenne.

1er JANVIER 1986
Entrée de l'Espagne et du Portugal dans la CE.

15 JUIN 1987
Début du programme Erasmus qui fournit un soutien aux jeunes Européens désireux de poursuivre leurs études dans d'autres pays de la CE.

1er JANVIER 1990
Première phase de l'Union économique et monétaire (UEM) qui établit la libre circulation des capitaux et prévoit une plus grande harmonisation des politiques économiques et monétaires des États membres.

19 JUIN 1990
Signature de l'accord de Schengen, qui vise à abolir les contrôles aux frontières entre les pays membres de la CE.

1er JANVIER 1992
Signature à Maastricht du traité sur l'Union européenne qui entrera en vigueur en 1993.

1er JANVIER 1993
Mise en place du marché unique ou Grand Marché intérieur ; la CE est désormais un espace économique garantissant la libre circulation des personnes, des marchandises, des services et des capitaux.

1er JANVIER 1995
L'Autriche, la Finlande et la Suède entrent dans l'Union européenne, qui compte désormais 15 États membres.

3 MAI 1998
Le Conseil européen de Bruxelles décide que 11 États membres (Belgique, Allemagne, Autriche, Espagne, France, Irlande, Italie, Luxembourg, Pays-Bas, Portugal et Finlande) remplissent les conditions nécessaires pour l'adoption de la monnaie unique au 1er janvier 1999.
La Grèce suivra.

1er JANVIER 1999
Les 11 monnaies des États participants disparaissent au profit de l'euro. La monnaie commune est introduite sur les marchés financiers. La Banque centrale européenne (BCE) est désormais responsable de la politique monétaire définie et exécutée en euros.

14-15 DÉCEMBRE 2001
Conseil européen de Laeken. Adoption d'une déclaration sur l'avenir de l'Union ouvrant la voie à la future grande réforme de l'UE. Convocation d'une convention, présidée par Valéry Giscard d'Estaing, afin de préparer une Constitution européenne.

1er JANVIER 2002
Mise en circulation des pièces et des billets en euro.

31 MAI 2002
Ratification du protocole de Kyoto (accord international sur la réduction de la pollution atmosphérique) par les 15 États membres.

1er MAI 2004
République tchèque, Chypre, Estonie, Hongrie, Lettonie, Lituanie, Malte, Pologne, Slovénie et Slovaquie adhèrent à l'UE.

29 OCTOBRE 2004
Les chefs d'État des 25 États membres signent un projet de Constitution pour l'Europe, qui sera rejeté par la France et les Pays-Bas en 2005, à l'occasion d'un référendum.

1er JANVIER 2007
La Bulgarie et la Roumanie entrent dans l'Union européenne.

13 DÉCEMBRE 2007
Signature du traité de Lisbonne, qui devrait remplacer le projet de Constitution de 2004.

2008
L'Irlande rejette le traité de Lisbonne lors d'un référendum.

1850	1900	1925	1950	1990	2000	2010
L'explorateur britannique David Livingstone découvre es chutes Victoria.	1902 Fin de la seconde guerre des Boers en Afrique du Sud.	Hailé Selassié est couronné empereur d'Éthiopie.	1958-1960 Indépendance du Zaïre, du Nigeria et de la Somalie.	1990 Libération de Nelson Mandela, qui sera élu président en 1994.	2004 + de 60 % de la population atteinte du sida vit en Afrique subsaharienne.	2010 Chute de certains régimes autoritaires d'Afrique du Nord.
1861-1865 Guerre de Sécession.	1906 Grand tremblement de terre de San Francisco.	1929 Krach de Wall Street, la Bourse de New York.	1963 Assassinat du président américain John F. Kennedy à Dallas.	1996 Réélection du président américain Bill Clinton.	2001 Attentats islamistes contre le World Trade Center et le pentagone.	2010 Un tremblement de terre secoue Haïti et fait 150000 morts.
851 La Thaïlande s'ouvre au ommerce étranger.	1905 Le Japon accède au rang de puissance mondiale après la défaite des Russes.	1934-1935 Longue Marche des communistes en Chine.	1965-1973 Guerre du Vietnam.	1990-1991 Guerre du Golfe.	2001-2003 Offensive américaine en Afghanistan et en Irak.	2010 Violentes insurrections en Thaïlande contre le régime.
871 Les syndicats sont utorisés en Grande-Bretagne.	1914-1918 Première Guerre mondiale.	1939-1945 Seconde Guerre mondiale.	1968 Événements de mai à Paris.	1992-1996 Guerre civile en Yougoslavie.	Plusieurs pays dénoncent l'offensive en Irak.	2011 Grave crise économique en Grèce et au Portugal.
Seconde révolte des Maoris ontre la colonisation n Nouvelle-Zélande.	1907 La Nouvelle-Zélande devient un dominion.	1939 L'Australie et la Nouvelle-Zélande rejoignent les Alliés.	1970 Autonomie des îles Tonga et Fidji.		2004 Un tsunami tue 300 000 personnes.	

LES PRINCIPAUX SOUVERAINS DE L'HISTOIRE DE FRANCE

MÉROVINGIENS

CHLODION (OU CLODION)
v. 428-v. 447

CLOVIS
481 ou 482-511

CHILDEBERT 1er
511-558

DAGOBERT 1er
629-v. 638

CAROLINGIENS

PÉPIN le Bref
751-768

CHARLEMAGNE
768-814

LOUIS 1er le Pieux ou le Débonnaire
814-840

CHARLES II le Chauve
843-877

LOUIS II le Bègue
877-879

LOUIS III et CARLOMAN
879-882

CARLOMAN
882-884

CHARLES le Gros
884-887

EUDES
888-898

CHARLES III le Simple
893-923

ROBERT Ier
922-923

RAOUL
923-936

LOUIS IV d'Outremer
936-954

LOTHAIRE
954-986

LOUIS V
986-987

CAPÉTIENS

HUGUES CAPET
987-996

ROBERT II le Pieux
996-1031

HENRI Ier
1031-1060

PHILIPPE Ier
1060-1108

LOUIS VI le Gros
1108-1137

LOUIS VII le Jeune
1137-1180

PHILIPPE II AUGUSTE
1180-1223

LOUIS VIII
1223-1226

LOUIS IX (Saint Louis)
1226-1270

PHILIPPE III le Hardi
1270-1285

PHILIPPE IV Le Bel
1285-1314

LOUIS X le Hutin
1314-1316

JEAN 1er (posthume)
1316

PHILIPPE V le Long
1316-1322

CHARLES IV le Bel
1322-1328

VALOIS

PHILIPPE VI de Valois
1328-1350

JEAN II le Bon
1350-1364

CHARLES V le Sage
1364-1380

CHARLES VI
1380-1422

CHARLES VII
1422-1461

LOUIS XI
1461-1483

CHARLES VIII
1483-1498

LOUIS XII
1498-1515

FRANÇOIS 1er
1515-1547

HENRI II
1547-1559

FRANÇOIS II
1559-1560

CHARLES IX
1560-1574

BOURBONS

HENRI IV
1589-1610

LOUIS XIII
1610-1643

LOUIS XIV
1643-1715

LOUIS XV
1715-1774

LOUIS XVI
1774-1792

PREMIER EMPIRE

NAPOLÉON Ier, EMPEREUR
1804-1814

RESTAURATION

LOUIS XVIII
1814-1824

CHARLES X
1824-1830

MONARCHIE DE JUILLET

LOUIS-PHILIPPE Ier
1830-1848

SECOND EMPIRE

NAPOLÉON III, EMPEREUR
1852-1870

RÉPUBLIQUES ET PRÉSIDENTS FRANÇAIS

Ire RÉPUBLIQUE

CONVENTION
1792-1795

DIRECTOIRE
1795-1799

CONSULAT
1799-1804

IIe RÉPUBLIQUE

LOUIS-NAPOLÉON BONAPARTE (1808-1873)
Mandat 1848-1852

IIIe RÉPUBLIQUE

ADOLPHE THIERS (1797-1877)
Mandat 1871-1873

PATRICE DE MAC-MAHON (1808-1893)
Mandat 1873-1879

JULES GRÉVY (1807-1891)
Mandat 1879-1887

SADI CARNOT (1837-1894)
Mandat 1887-1894

JEAN CASIMIR-PERIER (1847-1907)
Mandat 1894-1895

FÉLIX FAURE (1841-1899)
Mandat 1895-1899

ÉMILE LOUBET (1838-1929)
Mandat 1899-1906

ARMAND FALLIÈRES (1841-1931)
Mandat 1906-1913

RAYMOND POINCARÉ (1860-1934)
Mandat 1913-1920

PAUL DESCHANEL (1855-1922)
Mandat 1920

ALEXANDRE MILLERAND (1859-1943)
Mandat 1920-1924

GASTON DOUMERGUE (1863-1937)
Mandat 1924-1931

PAUL DOUMER (1857-1932)
Mandat 1931-1932

ANDRÉ LEBRUN (1871-1950)
Mandat 1932-1940

RÉGIME DE VICHY

PHILIPPE PÉTAIN (1856-1951)
Mandat 1940-1944

GOUVERNEMENT PROVISOIRE

CHARLES DE GAULLE (1890-1970)
Mandat 1944-1946

FÉLIX GOUIN (1884-1977)
Mandat 1946

GEORGES BIDAULT (1899-1983)
Mandat 1946

IVe RÉPUBLIQUE

VINCENT AURIOL (1884-1966)
Mandat 1947-1954

RENÉ COTY (1882-1962)
Mandat 1954-1959

Ve RÉPUBLIQUE

CHARLES DE GAULLE (1890-1970)
Mandat 1959-1969

ALAIN POHER (1909-1996)
Mandat 1969

GEORGES POMPIDOU (1911-1974)
Mandat 1969-1974

ALAIN POHER (1909-1996)
Mandat 1974

VALÉRY GISCARD D'ESTAING (1926-)
Mandat 1974-1981

FRANÇOIS MITTERRAND (1916-1996)
Mandat 1981-1995

JACQUES CHIRAC (1932-)
Mandat 1995-2007

NICOLAS SARKOZY (1955-)
Mandat 2007-2012

CHRONOLOGIE DE LA FRANCE

DE TOUTES LES NATIONS EUROPÉENNES, la France est la plus ancienne. Mais être Français aujourd'hui ou sous Charlemagne ne désigne pas la même réalité et ceux qui peuplaient, il y a quelques milliers d'années, le territoire que nous habitons n'étaient pas des Français. Pour mieux comprendre ce qui fait la France, il faut s'aider des faits, en utilisant une chronologie, outil précieux de l'historien. L'histoire de la France peut être découpée en huit grandes périodes : la Préhistoire avec l'apparition des premières peuplades ; l'Antiquité où les hommes s'organisent, s'arment et conquièrent des territoires (des Celtes jusqu'à la Gaulle romaine) ; le Moyen Âge

850000 – 9000 av. J.-C. — PALÉOLITHIQUE

1,5 Ma av. J.-C.
L'*Homo erectus* apparaît en Europe.

100000 av. J.-C.
Apparition de l'homme de Neandertal en Europe. De nombreux groupes vivent en France, notamment en Dordogne (Le Moustier). Civilisation moustérienne.

40000 av. J.-C.
Arrivée de l'homme de Cro-Magnon en Europe.

35000 av. J.-C.
Disparition des néandertaliens.

30000 av. J.-C.
Premiers objets d'art : des têtes de Vénus en ivoire ont été retrouvées dans les Landes.

18-11000 av. J.-C.
Civilisation magdalénienne. (peintures des grottes de Lascaux).

10000 av. J.-C.
Apparition de l'agriculture.

50000 – 1200 av. J.-C. — NÉOLITHIQUE —> ÂGE DU BRONZE

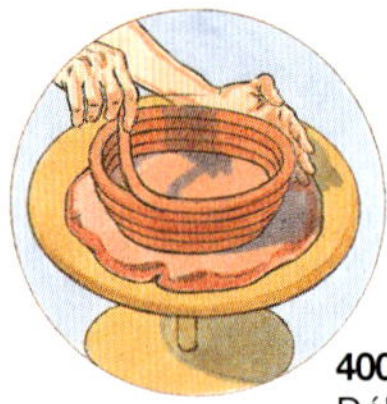

5000 av. J.-C.
Culture du blé, de l'orge et du millet. Polissages de la pierre. Premières poteries : rubanés.

4000 av. J.-C.
Début de la civilisation mégalithique.

3500 av. J.-C.
Apparition des premiers tours de potier.

2500 av. J.-C.
Début du chalcolithique ou âge du cuivre. Couteaux et haches sont retrouvés dans le bassin méditerranéen.

2000 av. J.-C.
Invasions indo-européennes.

1900 av. J.-C.
Début de l'âge du bronze (alliage du cuivre et de l'étain, plus résistant pour les armes et les outils).

1200 av. J.-C.
Premiers rituels funéraires : les morts sont incinérés.

900 – 400 av. J.-C. — LES CELTES

900 av. J.-C.
Début de la période de Hallstatt (premier âge du fer). Le fer est utilisé pour la fabrication des armes et des outils.

700 av. J.-C.
Apparitions des premiers sites celtes en France : Vix, Bourges, Chassey.

600 av. J.-C.
Fondation par les Grecs de Massalia (Marseille).

500 av. J.-C.
Début de la Tène (second âge du fer). La culture celte s'étend de l'Atlantique à la mer Noire.

400 – 52 av. J.-C. — LES GAULOIS

386 av. J.-C.
Les Celtes assiègent Rome. Commence alors une longue période incertaine de combats entre les peuples celtes et les Romains qui durera plus de 300 ans. L'issue sera fatale aux Celtes.

52 av. J.-C.
Un des derniers soulèvements celtes, celui des Gaulois mené par Vercingétorix. Après une brillante victoire à Gergovie, Vercingétorix est assiégé à Alésia. Il jette ses armes aux pieds de César en signe de défaite.

51 av. J.-C. – 476 apr. J.-C. — LA GAULE ROMAINE

51 av. J.-C.
Pacification et romanisation de la Gaule. Plusieurs villes sont fondées, notamment Lyon (Lugdunum)

46 av. J.-C.
Vercingétorix est étranglé dans son cachot à Rome.

44 av. J.-C.
Jules César est assassiné.

5 apr. J.-C.
Construction. de la maison carrée à Nimes (Nemausus).

5 apr. J.-C.
Mort de l'empereur Auguste.

177 apr. J.-C.
Persécution des chrétiens à Lyon sur l'ordre de Marc Aurèle. Martyre de Blandine.

233 apr. J.-C.
Les Alémans, germaniques, sont arrêtés à Strasbourg par les Romains.

312 apr. J.-C.
Après avoir battu son rival Maxence, Constantin devient le maître incontesté de l'Occident.

313 apr. J.-C.
Édit de tolérance du christianisme dans l'Empire romain.

360 apr. J.-C.
Julien est proclamé auguste à Paris.

451 apr. J.-C.
Invasions des Huns repoussées par les Romains alliés des Wisigoths.

476 apr. J.-C.
Prise de Rome et fin de l'Empire romain d'Occident.

481 – 1498 — LE MOYEN ÂGE

481
Clovis succède à son père Childéric.

496
Après la bataille de Tolbiac contre les Alamans, Clovis victorieux se fait baptiser.

511
Mort de Clovis. Son royaume est partagé entre ses quatre fils.

629
Mort de Clothaire II, son fils Dagobert, roi d'Austrasie lui succède. Il réglemente la fiscalité et réforme la justice.

732
Charles Martel au pouvoir depuis 714, bat les Arabes à Poitiers et meurt en 741.

751
Pépin le Bref se fait élire roi à Soissons.

800
Charlemagne est sacré empereur romain d'Occident.

987
Hugues Capet se fait élire roi à l'assemblée de Senlis.

1066
Victoire de Guillaume-le-Conquérant à la bataille d'Hastings.

1099
Les Croisés reprennent Jérusalem aux Turcs qui l'avaient conquise en 1078.

et ses royaumes qui dessinent peu à peu le territoire français ; la Renaissance, qui est le moment d'une véritable unification française par l'emploi d'une langue commune : le français ; le Grand Siècle, c'est-à-dire le XVIIe siècle, règne sans partage de la monarchie absolue ; le XVIIIe siècle, celui des Lumières avec ses savants, ses philosophes, et qui se conclura sur la Révolution ; le XIXe siècle, époque de bouleversements politiques, sociaux, mais aussi celui de la modernité et de l'industrie ; et le XXe siècle, si proche de nous, qui a construit petit à petit – à travers ses guerres, à travers ses libérations – la France d'aujourd'hui.

1187
Prise de Jérusalem par Saladin.

1199
Mort de Richard Cœur de Lion.

1226-1270
Louis IX (Saint Louis) meurt à Tunis lors de la IVe croisade.

1348
Apparue à Marseille, la peste noire se propage en Europe.

1429 Jeanne d'Arc libère la ville d'Orléans des Anglais.

1461
Sacre de Louis XI.

1483-1498
Règne de Charles VIII, qui épouse Anne de Bretagne.

1499 – 1799 LA RENAISSANCE

1499
Louis XII épouse Anne de Bretagne.

1515
François Ier est sacré roi de France.

1539
Ordonnance de Villers-Cotterêts qui impose le français.

1547
Henri d'Orléans, fils de François Ier, est sacré roi de France à Reims.

1549
Édit de Compiègne contre les « hérétiques ».

1572
Saint-Barthélemy, massacre des protestants.

1592
Abjuration d'Henri IV à Saint-Denis. Cet acte va réconcilier le roi avec les Parisiens.

1598
Édit de Nantes : le culte protestant est autorisé, les réformés peuvent acheter des charges.

1600
Henri IV épouse Marie de Médicis.

1610 – 1715 LE GRAND SIÈCLE

1610-1617
Régence de Marie de Médicis. Louis XIII épouse Anne d'Autriche en 1615.

1640
Horace et *Cinna* de Pierre Corneille.

1642
Blaise Pascal invente une machine à calculer.

1643-1661
À la mort de Louis XIII, régence d'Anne d'Autriche et de Mazarin.

1854
Sacre de Louis XIV à Reims.

1659
Les Précieuses ridicules de Molière.

1668
Fables de Jean de La Fontaine.

1681
Fondation de la Comédie-Française.

1697
Traité de Ryswick entre les Provinces-Unies, l'Angleterre, la France et l'Espagne.

1715
Mort de Louis XIV.

1715 – 1799 SIÈCLE DES LUMIÈRES

1715-1723
Régence de Philippe d'Orléans qui redonne du pouvoir au Parlement.

1723-1771
Règne de Louis XV.

1751
Premier volume de l'*Encyclopédie*, interdite par l'Église en 1752.

1753
Le Parlement est contraint de s'exiler à Pontoise.

1774
Louis XV meurt de la petite vérole.

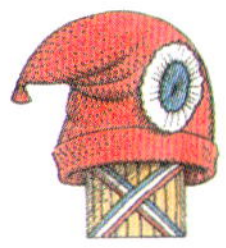

1774-1792
Règne de Louis XVI.

1787
Début de la première assemblée des notables à Versailles sous la présidence de Louis XVI.

1788
Annonce de la convocation des états généraux pour le 1er mai 1789.

1792
Chute de la monarchie.

1793-1794
La Terreur. Louis XVI est guillotiné en 1793.

1794
La Convention décrète l'abolition de l'esclavage.

9 thermidor
Chute de Robespierre.

1795-1799
Le Directoire.

1796-1799
Campagnes de Bonaparte (Italie, Égypte). Coup d'État du 18 Brumaire.

1800 – 1900 LE XIXe SIÈCLE

1800-1804
Le Consulat. Bonaparte signe le Concordat en 1801 et commence la rédaction du Code civil.

1804
Un sénatus-consulte proclame Napoléon empereur des Français.

1804-1814 et 1815
Premier empire.

1814 et 1815-1824
Louis XVIII : monarchie constitutionnelle.

1824-1830
Règne de Charles X qui abdique sous la pression de la révolution de 1830.

1830-1848
Règne de Louis-Philippe Ier qui abdique sous la pression de la révolution de 1848.

1848-1851
IIe République, dont le président est Louis Napoléon Bonaparte.

1852-1870
Second empire : Napoléon III.

1870
Après la défaite de la France, proclamation de la IIIe République.

1879-1885
Vote des lois fondamentales établissant les libertés publiques (Gambetta, Ferry).

1894-1899
Affaire Dreyfus.

1900 – 2000 LE XXe SIÈCLE

1914-1918
Première Guerre mondiale.

1929
Grave crise économique. Inflation et dette publique ruinent la France.

1936-1938
Le Front populaire (Léon Blum) vote d'importantes réformes sociales.

1939-1940
Début de la Seconde Guerre mondiale qui voit en 1940 l'Occupation des trois cinquièmes de la France par l'Allemagne. Régime de Vichy avec le maréchal Pétain.

1940-1944
Suite à l'Appel du 18 juin de De Gaulle, la résistance s'organise. En juin 1944, débarquement des Alliés et Libération.

1946-1958
IVe République, qui verra un redressement économique grâce au plan Marshall américain et les guerres d'Indochine et d'Algérie.

1945-
Ve République, qui verra comme présidents : De Gaulle (1958-1968), Pompidou (1969-1974), Giscard d'Estaing (1974-1981), Mitterrand (1981-1995), Chirac (1995-2007) et Sarkozy depuis 2007.

Population mondiale

Depuis l'origine de l'humanité, la population mondiale a crû et décru en fonction de la nourriture disponible et des maladies.
Le nombre de personnes en vie à un moment donné augmentait lorsque la nourriture était abondante, et chutait en période de famine ou d'épidémie. Jusqu'à l'an 800 de notre ère, la population mondiale est restée inférieure à 200 millions. Mais depuis, elle a spectaculairement augmenté. C'est au XXe siècle que la croissance fut la plus forte ; d'ici à 2030, les experts prévoient que la population mondiale dépassera les 10 milliards. La courbe de population couvrant ces deux pages indique l'accroissement de la population mondiale au cours des cinq derniers siècles.

Les dix plus grandes villes

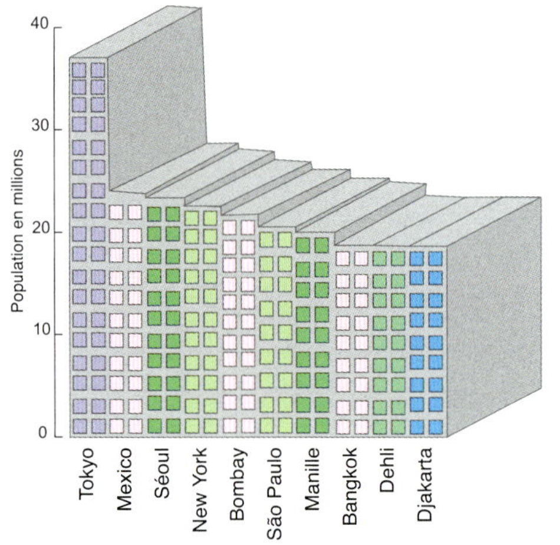

La santé

Combien de patients chaque médecin de ces pays doit-il soigner ?

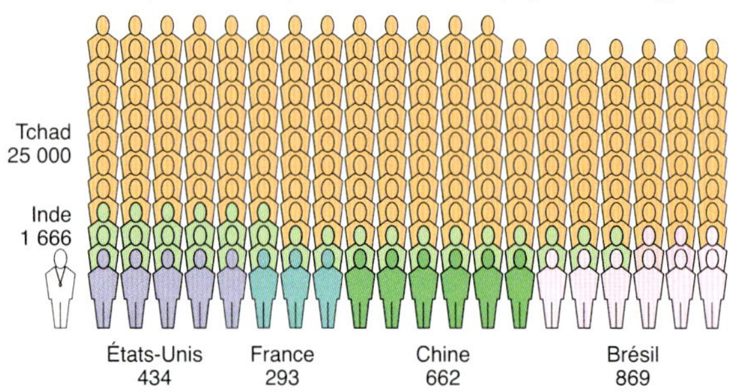

Les calories

Quel est l'apport journalier moyen en calories (minimum FAO : 2 400 calories/jour) ?

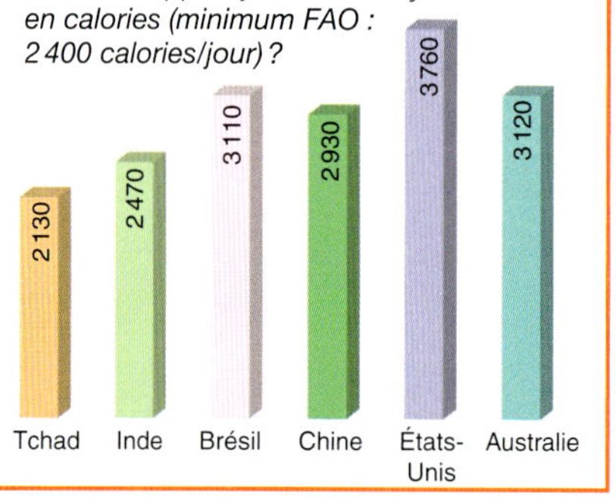

L'eau

Combien de litres d'eau sont consommés par jour et par habitant ?

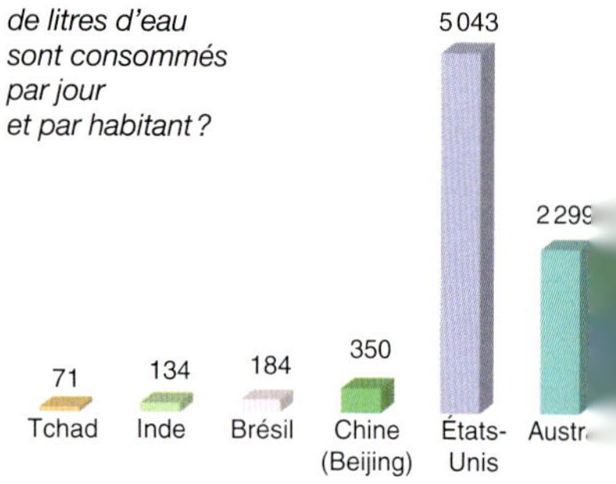

La croissance de la population mondiale

Une silhouette représente 500 millions de personnes.

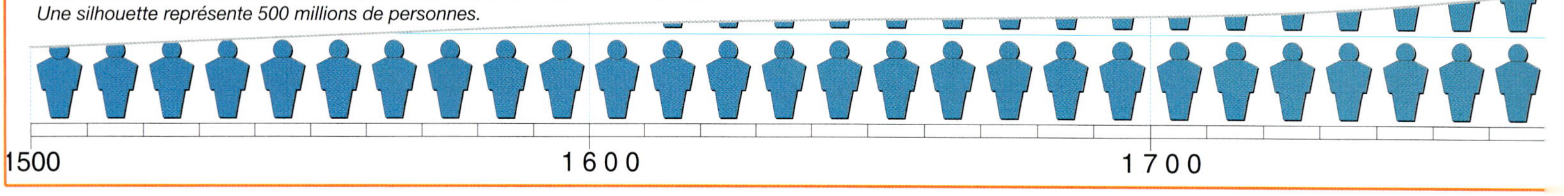

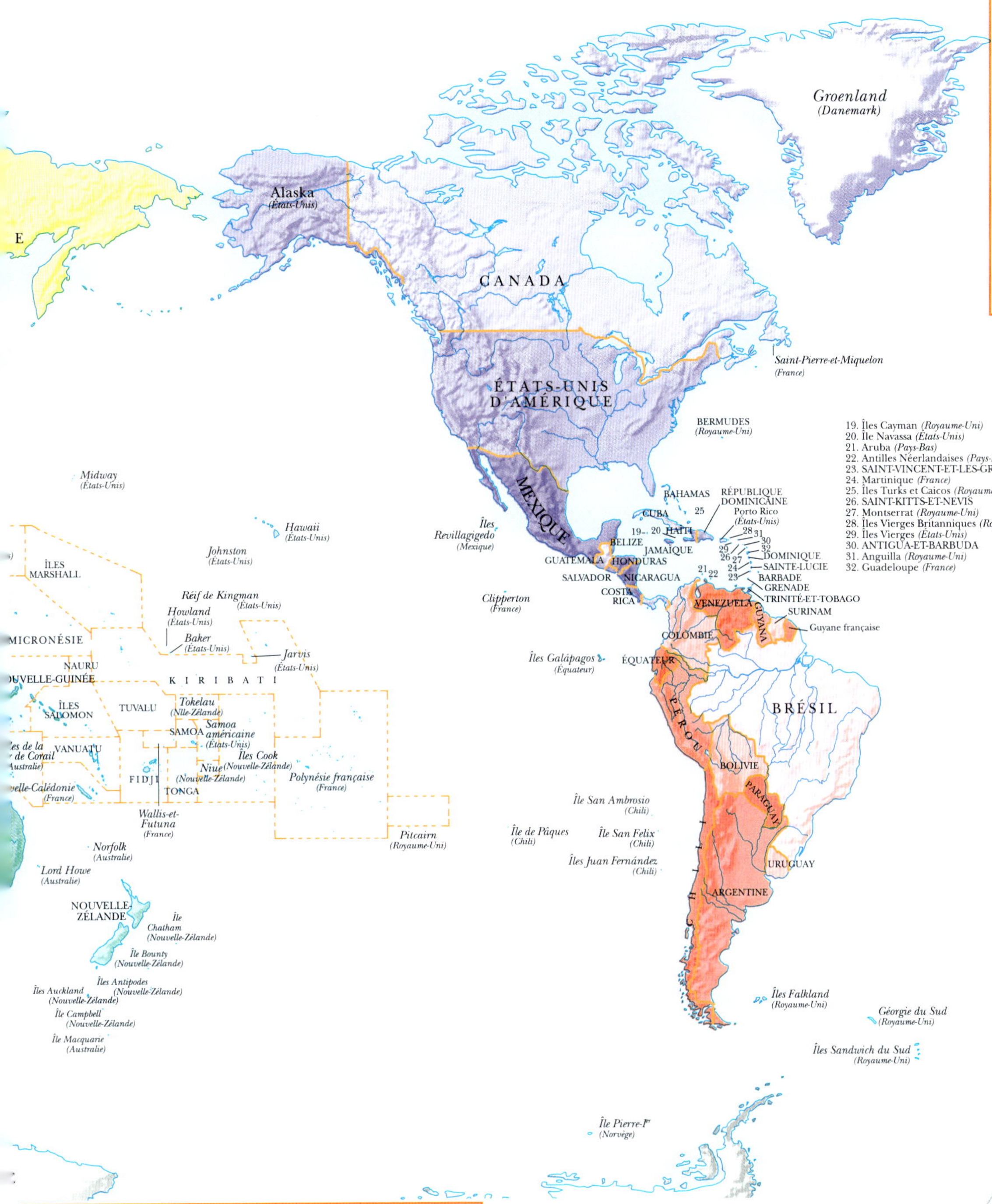

L'ESPÉRANCE DE VIE

Combien d'années les femmes et les hommes de ces pays peuvent-ils espérer vivre ?

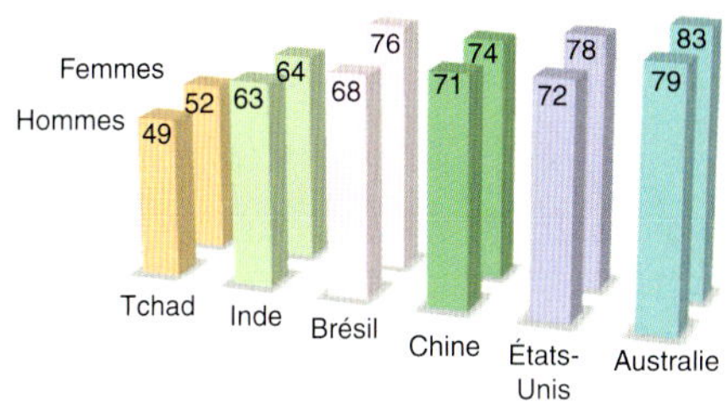

L'ALPHABÉTISATION

Quel pourcentage de la population (de plus de 14 ans) sait lire ?

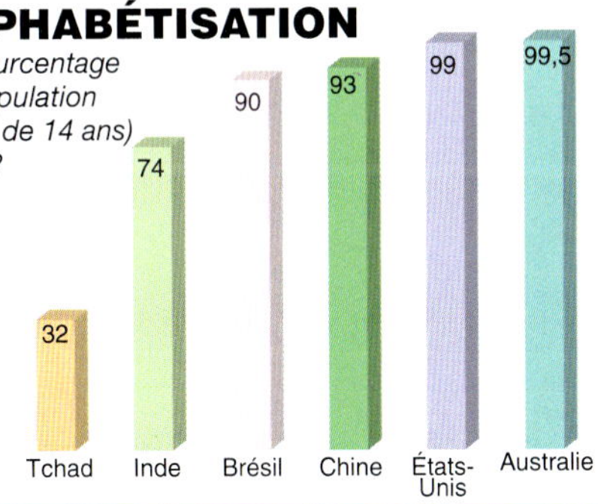

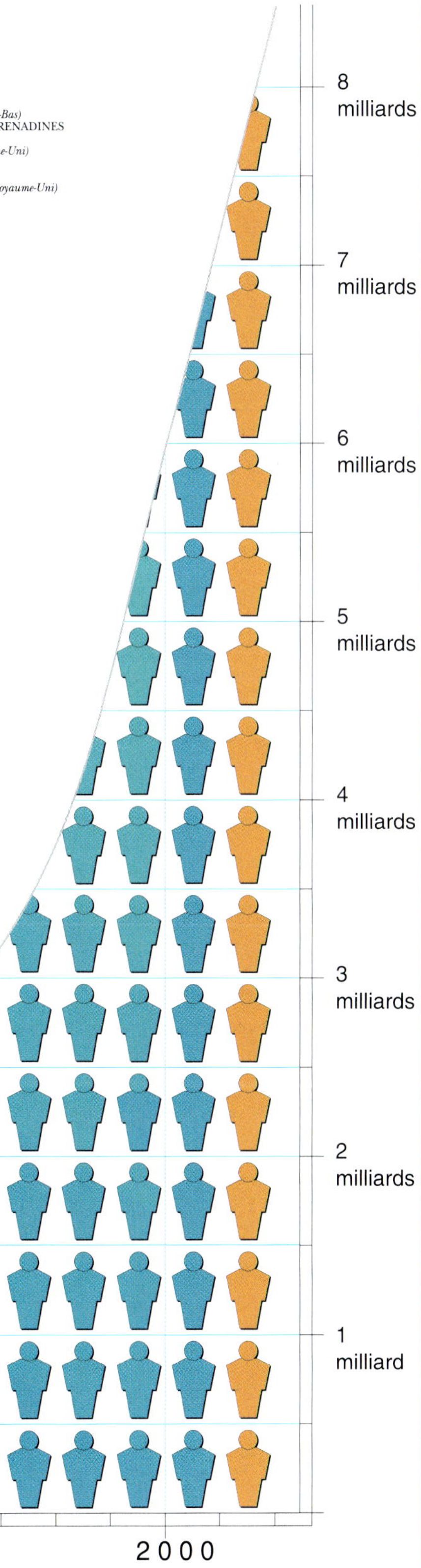

PRODUCTION ET CONSOMMATION D'ÉNERGIE

LES CARBURANTS FOSSILES comme le pétrole, le charbon et le gaz, dont le Moyen-Orient et la Russie restent les premiers producteurs, fournissent encore l'essentiel de l'énergie mondiale, mais ils s'épuisent rapidement. Bien que de nouvelles réserves de pétrole et de gaz naturel soient découvertes chaque année, nul ne peut dire combien de temps elles dureront. Les pays industrialisés, où le nombre d'automobiles et d'appareils électriques est très élevé, utilisent bien plus d'énergie que les pays où l'économie rurale prédomine. Les États-Unis consomment à eux seuls 25 % de l'énergie mondiale, mais ne constituent que 5 % de la population. L'énergie nucléaire reste une énergie à risque et inquiète, non seulement à cause des accidents qui peuvent se produire dans les centrales, mais aussi à cause du danger à long terme que représentent les déchets nucléaires. L'emploi de sources alternatives d'énergie, telles que l'énergie des vagues, l'énergie solaire et l'énergie éolienne, augmente également, mais ne fournit encore qu'une infime fraction des besoins énergétiques de l'humanité.

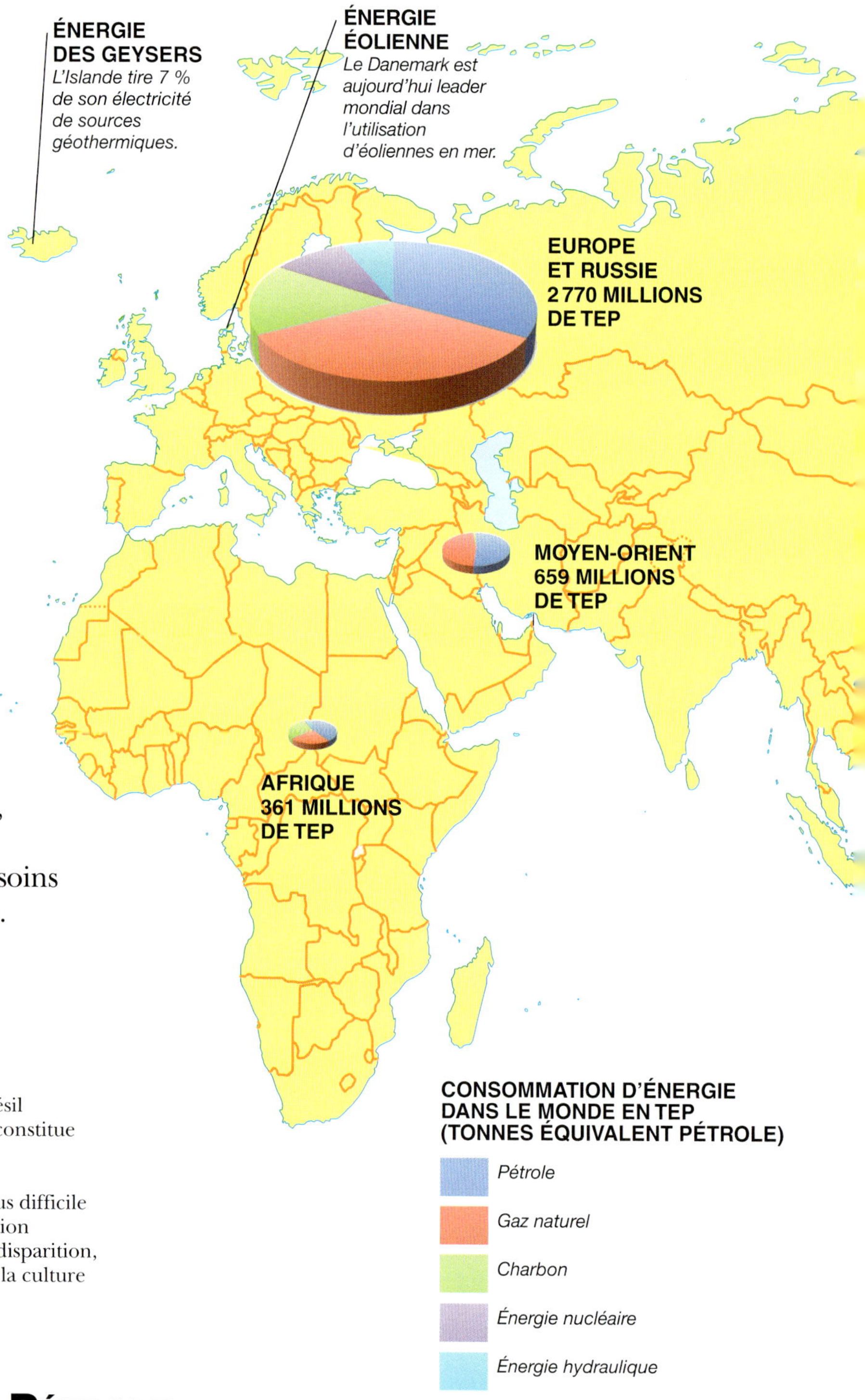

ÉNERGIE DU BOIS
Dans les villages d'Afrique, du Brésil et d'Inde, la combustion du bois constitue la principale source d'énergie. Mais avec la déforestation, le bois de chauffage devient de plus en plus difficile à trouver. D'autre part, la déforestation entraîne l'appauvrissement, voire la disparition, des sols lors des fortes pluies, rendant la culture plus difficile encore.

PÉTROLE

Les économies industrielles modernes dépendent fortement du pétrole pour alimenter machines et usines. Pour satisfaire les besoins mondiaux, près de 9 millions de tonnes sont produites chaque jour. L'Arabie saoudite en est le premier producteur mondial, les États-Unis, le plus gros consommateur. Le pétrole brut est transporté par mer dans d'énormes pétroliers ou par pipe-line vers les pays demandeurs. Depuis les années 1960, les déversements accidentels de pétrole, ou « marées noires », constituent un problème environnemental majeur, polluant les océans et détruisant faune et flore.

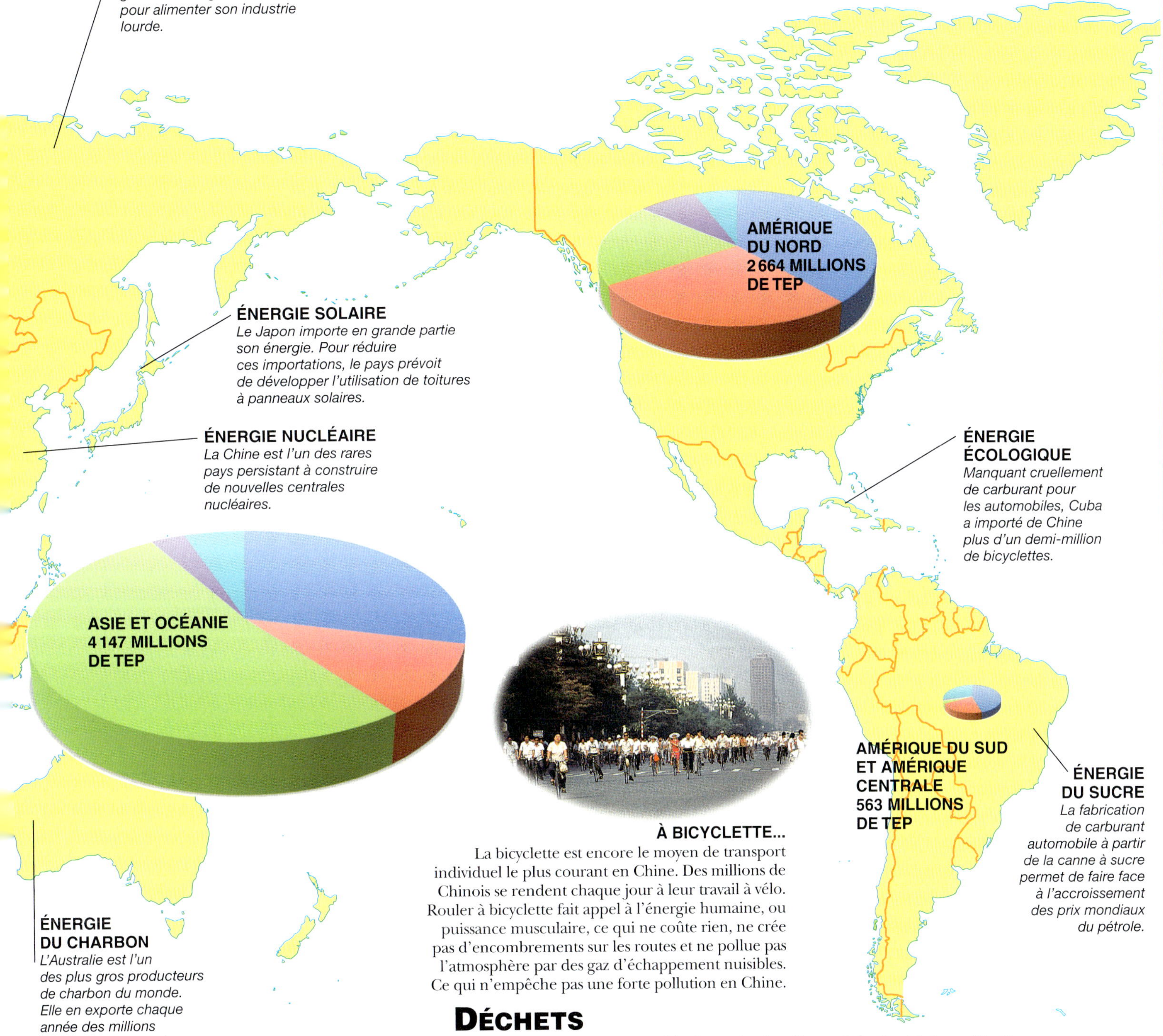

ÉNERGIE DU GAZ
La Russie exploite les immenses gisements de gaz naturel sibériens pour alimenter son industrie lourde.

ÉNERGIE SOLAIRE
Le Japon importe en grande partie son énergie. Pour réduire ces importations, le pays prévoit de développer l'utilisation de toitures à panneaux solaires.

ÉNERGIE NUCLÉAIRE
La Chine est l'un des rares pays persistant à construire de nouvelles centrales nucléaires.

ÉNERGIE ÉCOLOGIQUE
Manquant cruellement de carburant pour les automobiles, Cuba a importé de Chine plus d'un demi-million de bicyclettes.

ÉNERGIE DU CHARBON
L'Australie est l'un des plus gros producteurs de charbon du monde. Elle en exporte chaque année des millions de tonnes, en grande partie vers le Japon.

ÉNERGIE DU SUCRE
La fabrication de carburant automobile à partir de la canne à sucre permet de faire face à l'accroissement des prix mondiaux du pétrole.

À BICYCLETTE...
La bicyclette est encore le moyen de transport individuel le plus courant en Chine. Des millions de Chinois se rendent chaque jour à leur travail à vélo. Rouler à bicyclette fait appel à l'énergie humaine, ou puissance musculaire, ce qui ne coûte rien, ne crée pas d'encombrements sur les routes et ne pollue pas l'atmosphère par des gaz d'échappement nuisibles. Ce qui n'empêche pas une forte pollution en Chine.

DÉCHETS

Plus un pays est riche et développé, plus il produit de déchets. En Europe, chaque habitant produit en moyenne 700 kg de déchets par an. Éliminer ces montagnes de déchets constitue un problème mondial majeur. Le recyclage des ordures y remédie partiellement; 20 % des ordures produites chaque jour par les États-Unis sont recyclées. L'Allemagne est le pays qui recycle le plus efficacement. Dans les grandes villes des pays en voie de développement, les plus pauvres gagnent leur vie en fouillant les décharges publiques et en vendant ce qu'ils récupèrent à des centres de recyclage.

AUTOMOBILE : ALERTE À L'INVASION
Chaque jour, plus de 180 000 véhicules sortent des chaînes de production de la planète. En France, 83 % des ménages possèdent au moins une voiture. La Chine est le premier pays producteur d'automobiles, devant le Japon et les États-Unis. En même temps, chaque jour aux États-Unis, des dizaines de milliers de tonnes d'épaves sont mises au rebut. Par ailleurs, les gaz d'échappement des automobiles polluent l'atmosphère. Dans nombre de grandes villes du monde, le fait même de respirer constitue un risque pour la santé.

Pour en savoir plus
Le Charbon
Commerce et industrie
L'Énergie
L'Énergie nucléaire
Le Gaz
Le Pétrole
La Pollution

COMMUNICATIONS MONDIALES

AUJOURD'HUI, DES DOUZAINES DE SATELLITES font le tour du globe, transmettant des communications entre divers points de la planète. À l'aide d'un téléphone et d'un ordinateur, il est possible de se connecter à Internet afin d'envoyer et de recevoir des informations et de communiquer avec l'autre bout du monde. Internet se développe si rapidement que le nombre d'utilisateurs a doublé entre 2005 et 2010, avec plus de 2 milliards d'utilisateurs, dont 1,2 issus de pays développés. Des satellites de communication spéciaux à orbite basse fournissent une réception mondiale aux utilisateurs de téléphones portables, leur permettant d'envoyer et de recevoir des appels du monde entier. Les Américains effectuent plus de 1 milliard d'appels téléphoniques par jour. Mais dans certaines parties du monde, la population n'a pas les moyens de posséder un téléphone, ou il faut des années pour obtenir une ligne. Dans les zones rurales, les images télévisées peuvent être reçues par l'intermédiaire d'antennes satellite. Ces 30 dernières années, le nombre de téléviseurs dans le monde a presque triplé, atteignant 1,4 milliard.

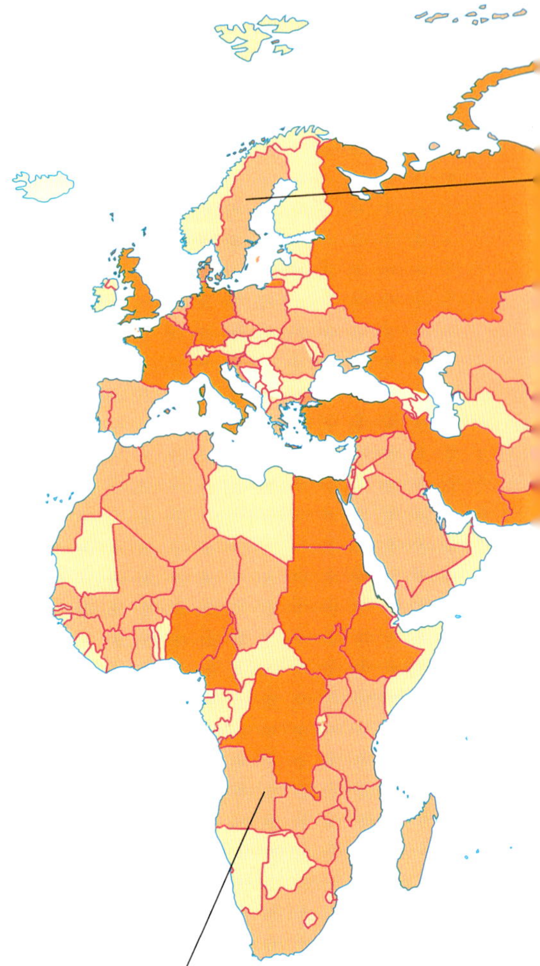

AFRIQUE
En 2010, plus de 400 millions d'Africains possèdent un téléphone mobile, et plus de 100 millions ont accès au réseau Internet.

TÉLÉPHONES PORTABLES

En 2010, on estime à environ 5 milliards le nombre de téléphones portables dans le monde. Le téléphone dans la poche, vous pouvez, de presque n'importe où, téléphoner à quelqu'un presque n'importe où sur la planète, par exemple effectuer un appel dans l'autobus ou appeler votre famille depuis l'étranger. Grâce au smartphone, il est maintenant possible d'envoyer et de recevoir courriels, télécopies et photos, de jouer à des jeux vidéo, d'accéder à Internet, d'écouter de la musique, de regarder son programme télévisé favori ou de voir son correspondant grâce à une webcam intégrée.

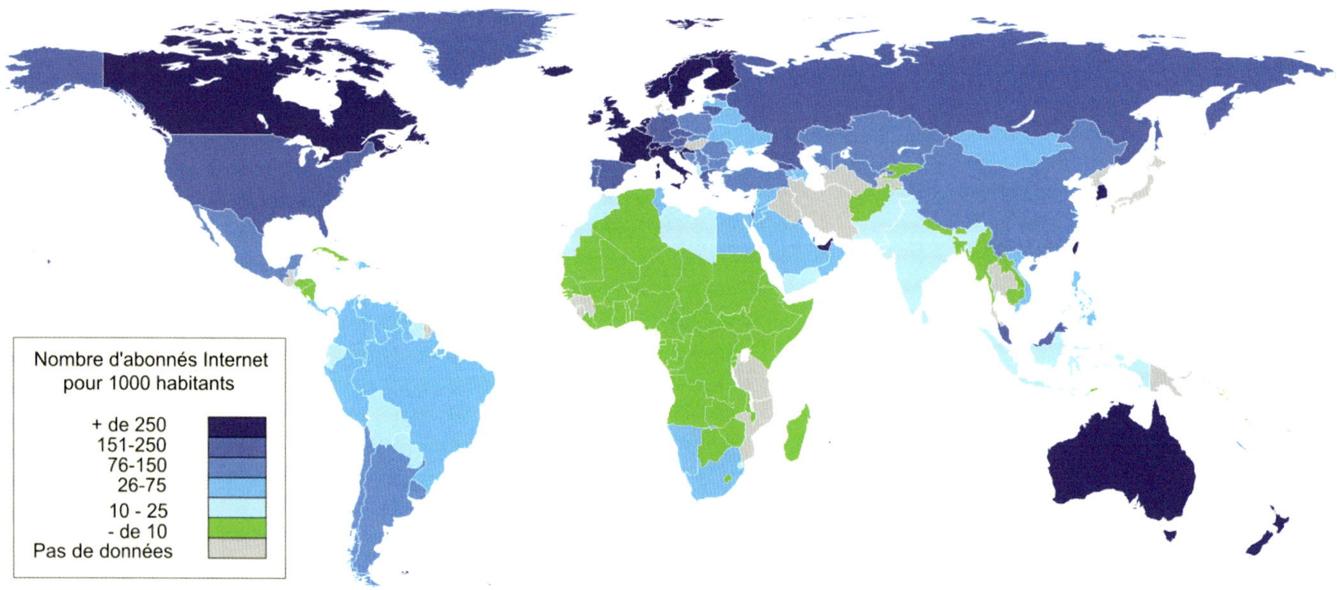

Source : Union internationale des télécommunications, juin 2009.

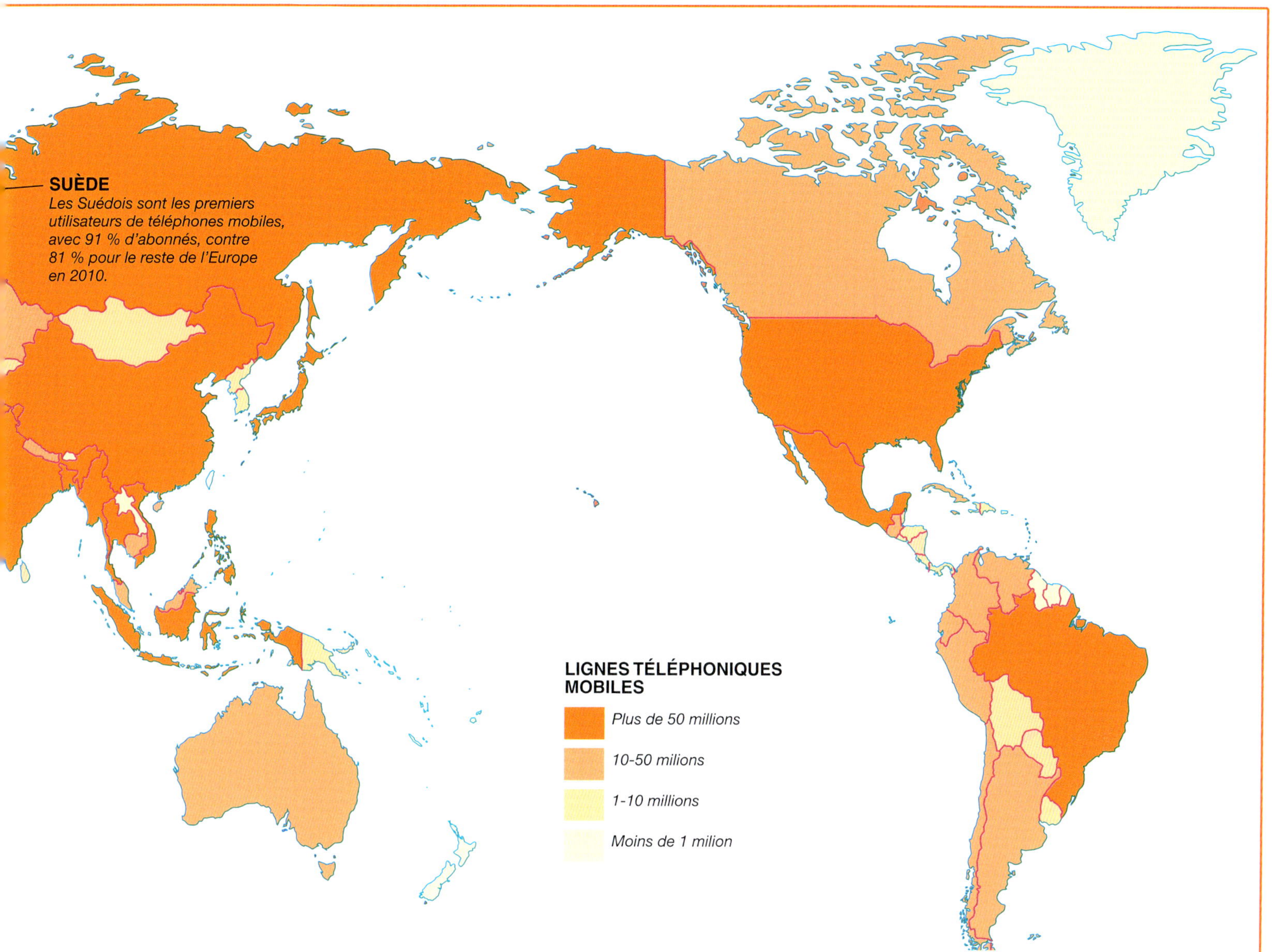

ORDINATEURS PORTABLES

Les ordinateurs portables sont aujourd'hui si petits et légers qu'ils peuvent être utilisés lors d'un voyage en avion ou en train aussi aisément qu'au bureau ou à la maison. Assis sur la plage, vous pouvez envoyer un e-mail à un ami, faire vos courses, accéder à votre compte bancaire, préparer vos vacances ou acheter des places de cinéma.

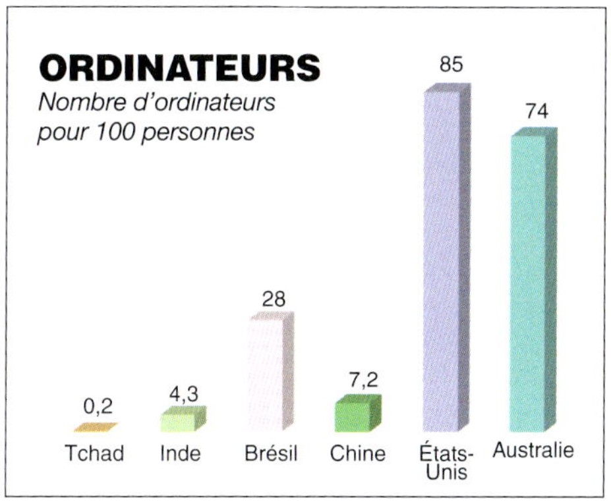

TÉLÉVISION

Sur nos téléviseurs, nous pouvons aujourd'hui recevoir des centaines de chaînes par satellite. En 2010, pour la première fois depuis 20 ans, le nombre de foyers propriétaires d'un téléviseur a diminué aux États-Unis. Cependant, 99 % des ménages américains en sont équipés. Dans de nombreux foyers, la télévision ne s'éteint pratiquement jamais ; les Japonais la regardent en moyenne 9 heures par jour, les Américains, 7 heures, et les Français, 3 heures.

Pour en savoir plus

Internet
Les Ordinateurs
Les Satellites
Le Téléphone
Télévision et vidéo

DÉPARTEMENTS FRANÇAIS

	DÉPARTEMENT	PRÉFECTURE
01	Ain	Bourg-en-Bresse
02	Aisne	Laon
03	Allier	Moulins
04	Alpes-de-Haute-Provence	Digne-les-Bains
05	Hautes-Alpes	Gap
06	Alpes-Maritimes	Nice
07	Ardèche	Privas
08	Ardennes	Charleville-Mézières
09	Ariège	Foix
10	Aube	Troyes
11	Aude	Carcassonne
12	Aveyron	Rodez
13	Bouches-du-Rhône	Marseille
14	Calvados	Caen
15	Cantal	Aurillac
16	Charente	Angoulême
17	Charente-Maritime	La Rochelle
18	Cher	Bourges
19	Corrèze	Tulle
2A	Corse-du-Sud	Ajaccio
2B	Corse-du-Nord	Bastia
21	Côte-d'Or	Dijon
22	Côtes-d'Armor	Saint-Brieuc
23	Creuse	Guéret
24	Dordogne	Périgueux
25	Doubs	Besançon
26	Drôme	Valence
27	Eure	Évreux
28	Eure-et-Loir	Chartres
29	Finistère	Quimper
30	Gard	Nîmes
31	Haute-Garonne	Toulouse
32	Gers	Auch
33	Gironde	Bordeaux
34	Hérault	Montpellier
35	Ille-et-Vilaine	Rennes
36	Indre	Châteauroux
37	Indre-et-Loire	Tours
38	Isère	Grenoble
39	Jura	Lons-le-Saunier
40	Landes	Mont-de-Marsan
41	Loir-et-Cher	Blois
42	Loire	Saint-Étienne
43	Haute-Loire	Le-Puy-en-Velay
44	Loire-Atlantique	Nantes
45	Loiret	Orléans
46	Lot	Cahors
47	Lot-et-Garonne	Agen
48	Lozère	Mende
49	Maine-et-Loire	Angers
50	Manche	Saint-Lô
51	Marne	Châlons-en-Champagne
52	Haute-Marne	Chaumont
53	Mayenne	Laval
54	Meurthe-et-Moselle	Nancy
55	Meuse	Bar-le-Duc
56	Morbihan	Vannes
57	Moselle	Metz
58	Nièvre	Nevers
59	Nord	Lille

	DÉPARTEMENT	PRÉFECTURE
61	Oise	Beauvais
61	Orne	Alençon
62	Pas-de-Calais	Arras
63	Puy-de-Dôme	Clermont-Ferrand
64	Pyrénées-Atlantiques	Pau
65	Hautes-Pyrénées	Tarbes
66	Pyrénées-Orientales	Perpignan
67	Bas-Rhin	Strasbourg
68	Haut-Rhin	Colmar
69	Rhône	Lyon
70	Haute-Saône	Vesoul
71	Saône-et-Loire	Mâcon
72	Sarthe	Le Mans
73	Savoie	Chambéry
74	Haute-Savoie	Annecy
75	Paris	Paris
76	Seine-Maritime	Rouen
77	Seine-et-Marne	Melun
78	Yvelines	Versailles
79	Deux-Sèvres	Niort
80	Somme	Amiens
81	Tarn	Albi
82	Tarn-et-Garonne	Montauban
83	Var	Toulon
84	Vaucluse	Avignon
85	Vendée	La Roche-sur-Yon
86	Vienne	Poitiers
87	Haute-Vienne	Limoges
88	Vosges	Épinal
89	Yonne	Auxerre
90	Territoire de Belfort	Belfort
91	Essonne	Évry
92	Hauts-de-Seine	Nanterre
93	Seine-Saint-Denis	Bobigny
94	Val-de-Marne	Créteil
95	Val-d'Oise	Cergy-Pontoise

DÉPARTEMENTS D'OUTRE-MER	PRÉFECTURES
Guadeloupe	Pointe-à-Pitre
Guyane	Cayenne
Martinique	Fort-de-France
Réunion	Saint-Denis
Mayotte	Mamoudzou

COLLECTIVITÉS D'OUTRE-MER	PRÉFECTURES
Nouvelle-Calédonie	Nouméa
Polynésie française	Papeete
Wallis-et-Futuna	Mata-Utu

Saint-Pierre-et-Miquelon (territoire d'outre-mer en 1946, département d'outre-mer en 1976 puis collectivité territoriale en 1985)

Terres australes et antarctique françaises (Kerguelen, terre Adélie, archipel Crozet, Saint-Paul et Nouvelle-Amsterdam)

GÉOGRAPHIE DE LA FRANCE

PLUS HAUTES MONTAGNES	HAUTEUR (M)
Alpes : Mont Blanc	4 807
Massif central : Puy de Sancy	1 887
Pyrénées : Pic Vignemale	3 298
Vosges : Ballon de Guebwiller	1 423

PLUS GRANDS LACS	SURFACE (KM²)
Lac Léman (France, Suisse)	581,5
Lac du Bourget (Savoie)	45

PRINCIPAUX FLEUVES	LONGUEUR (KM)
Garonne	575
Loire	1 012
Rhin	1 320 (dont 195 en France)
Rhône	812 (dont 522 en France)
Seine	776

VILLE	POPULATION
Paris	2 203 817
Marseille	860 363
Lyon	480 778
Toulouse	444 392
Nice	352 388
Nantes	290 871
Strasbourg	276 867
Montpellier	254 974
Bordeaux	235 878
Lille	232 432
Rennes	214 813
Le Havre	185 311
Saint-Étienne	180 773

RÉGION	SUPERFICIE (KM²)	POPULATION 2007	DENSITÉ (HAB/KM²)
Alsace	8 280	1 847 604	223
Aquitaine	41 308	3 205 490	78
Auvergne	26 013	1 379 138	53
Basse-Normandie	17 589	1 500 300	85
Bourgogne	31 582	1 681 293	53
Bretagne	27 208	3 193 598	117
Centre	39 151	2 591 265	66
Champagne-Ardenne	25 606	1 378 356	54
Corse	8 680	299 542	35
Franche-Comté	16 202	1 187 665	73
Haute-Normandie	12 317	1 851 344	150
Île-de-France	12 012	11 671 585	972
Languedoc-Roussillon	27 376	2 589 704	95
Limousin	16 942	753 537	44
Lorraine	23 547	2 391 381	102
Midi-Pyrénées	45 348	2 855 792	63
Nord-Pas-de-Calais	12 414	4 088 785	329
Pays de la Loire	32 082	3 553 353	111
Picardie	19 399	1 942 169	100
Poitou-Charentes	25 810	1 778 856	69
Provence-Alpes-Côte d'Azur	31 400	4 896 850	156
Rhône-Alpes	43 698	6 172 369	141

JEUX OLYMPIQUES

De très nombreuses disciplines olympiques ont fait leur apparition depuis la création des jeux en 776 av. J.- C. Ci-dessous, les disciplines parmi les plus populaires.

- Athlétisme
- Aviron
- Basket-ball
- Boxe
- Course à pied
- Cyclisme
- Disque
- Équitation
- Football
- Gymnastique
- Handball
- Javelot
- Judo
- Marathon
- Marteau
- Natation
- Perche
- Poids
- Relais
- Saut
- Tennis
- Tir
- Tir à l'arc
- Triple saut
- Voile
- Volley-ball

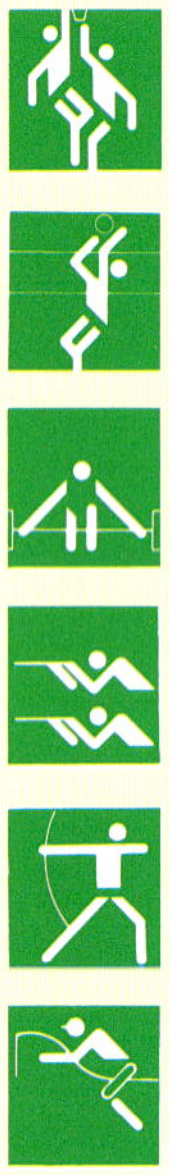

JEUX OLYMPIQUES D'ÉTÉ

VILLE	ANNÉE
Athènes	1896
Paris	1900
Saint Louis	904
Londres	1908
Stockholm	1912
Anvers	1920
Paris	1924
Amsterdam	1928
Los Angeles	1932
Berlin	1936
Londres	1948
Helsinki	1952
Melbourne	1956
Rome	1960
Tokyo	1964
Mexico	1968
Munich	1972
Montréal	1976
Moscou	1980
Los Angeles	1984
Séoul	1988
Barcelone	1992
Atlanta	1996
Sydney	2000
Athènes	2004
Beijing (Pékin)	2008
Londres	2012
Rio	2016

ORGANISATIONS INTERNATIONALES

Les organisations internationales citées ci-dessous travaillent et interviennent, en coopération avec leurs États membres, sur des domaines aussi variés que les finances, le commerce, la paix, l'éducation ou la sécurité.

INTERPOL
Organisation internationale de la police criminelle
Création en 1929
182 États membres
www.interpol.com

FMI
Fonds monétaire international
Création en 1945
184 États membres
www.imf.org

UNESCO
Organisation des Nations unies pour l'éducation, la science et la culture
Création en 1945
191 États membres
www.unesco.org

OIT
Organisation internationale du travail
Création en 1919
178 États membres
www.ilo.org

OMC
Organisation mondiale du commerce
Création en 1995
148 États membres
www.wto.org

COMPOSITEURS

Tomaso Albinoni
1671-1750, Italie
Concertos op. 9

Antonio Vivaldi
1678-1741, Italie
Les Quatre Saisons

Jean-Sébastien Bach
1685-1750, Allemagne
Concertos brandebourgeois

Bach

Georg Friedrich Haendel
1685-1759, Allemagne
Le Messie

Joseph Haydn
1732-1809, Autriche
La Création

Wolfgang Amadeus Mozart
1756-1791, Autriche
La Flûte enchantée

Ludwig van Beethoven
1770-1827, Allemagne
Symphonie pastorale

Hector Berlioz
1803-1869, France
La Symphonie fantastique

Frédéric Chopin
1810-1849, Pologne
Études

Giuseppe Verdi
1813-1901, Italie
La Traviata

Johannes Brahms
1833-1897, Allemagne
Danses hongroises

Piotr Ilitch Tchaïkovski
1840-1893, Russie
Le Lac des cygnes

Giacomo Puccini
1858-1924, Italie
La Bohème

Gustav Mahler
1860-1911, Autriche
Symphonie n° 5

Claude Debussy
1862-1918, France
La Mer

Érik Satie
1866-1925, France
Gymnopédies

Sergeï Rachmaninov
1873-1943, Russie
Concerto pour piano n° 3

Maurice Ravel
1875-1937, France
Le Boléro

Igor Stravinsky
1882-1971, Russie
Le Sacre du printemps

Sergeï Prokofiev
1891-1953, Russie
Pierre et le loup

George Gershwin
1898-1937, États-Unis
Rhapsody in Blue

Kurt Weill
1900-1950, Allemagne
L'Opéra de quat' sous

Leonard Bernstein
1918-1990, États-Unis
West Side Story

De nombreux compositeurs improvisent au piano avant d'écrire leurs morceaux.

PEINTRES

Sandro Botticelli
1444-1510, Italie
Naissance de Vénus

Léonard de Vinci
1452-1519, Italie
Mona Lisa

Albrecht Dürer
1471-1528, Allemagne
La Mélancolie

Michel-Ange
1475-1564, Italie
David

Raphaël
1483-1520, Italie
Mariage de la Vierge

Pierre Paul Rubens
1577-1640, Belgique
La Toilette de Vénus

Rembrandt
1606-1669, Pays-Bas
La Ronde de nuit

Goya
1746-1828, Espagne
Tres de Mayo

Edgar Degas
1834-1917, France
Les Danseuses

Paul Cézanne
1839-1906, France
La Montagne Sainte-Victoire

Auguste Rodin
1840-1917, France
Les Bourgeois de Calais

Claude Monet
1840-1926, France
Les Nymphéas

Pierre-Auguste Renoir
1841-1919, France
Le Moulin de la Galette

Paul Gauguin
1848-1903, France
Femmes de Tahiti

Vincent Van Gogh
1853-1890, Pays-Bas
Les Tournesols

Toulouse-Lautrec
1864-1901, France
Le Bal du Moulin-Rouge

Henri Matisse
1869-1954, France
La Danse

Pablo Picasso
1881-1973, Espagne
Guernica

Mark Rothko
1903-1970, Russie
Yellow Band

Salvador Dali
1904-1989, Espagne
Persistance de la mémoire

Frida Kahlo
1907-1954, Mexique
Autoportrait

Francis Bacon
1909-1992, Grande-Bretagne
Trois études pour une crucifixion

Jackson Pollock
1912-1956, États-Unis
Hors du réseau

Andy Warhol
1925-1987, États-Unis
Campbell's Soup Cans

David Hockney
1937-, Grande-Bretagne
A Bigger Splash

Jean-Michel Basquiat
1960-1988, États-Unis
Fishing

Picasso

ÉCRIVAINS

Dante Alighieri
1265-1321, Italie
La Divine Comédie

Miguel de Cervantès
1547-1616, Espagne
Don Quichotte

William Shakespeare
1564-1616, Angleterre
Roméo et Juliette

Jonathan Swift
1667-1745, Grande-Bretagne
Les Voyages de Gulliver

Voltaire
1694-1778, France
Candide

Jane Austen
1775-1817, Grande-Bretagne
Orgueil et préjugé

Lord Byron
1788-1824, Grande-Bretagne
Don Juan

Jane Austen

Honoré de Balzac
1799-1850, France
La Comédie humaine

Victor Hugo
1802-1885, France
Les Misérables

Edgar Allan Poe
1809-1849, États-Unis
Histoires extraordinaires

Charles Dickens
1812-1870, Grande-Bretagne
Oliver Twist

Fedor Dostoïevski
1821-1881, Russie
Crime et châtiment

Gustave Flaubert
1821-1880, France
Madame Bovary

Charles Baudelaire
1821-1867, France
Les Fleurs du mal

Henrik Ibsen
1828-1906, Norvège
La Maison de poupée

Robert Louis Stevenson
1850-1886, Écosse
L'Île au trésor

Anton Tchekhov
1860-1904, Russie
Oncle Vania

Marcel Proust
1871-1922, France
À la recherche du temps perdu

Colette
1873-1954, France
Chéri

James Joyce
1882-1941, Irlande
Ulysse

Franz Kafka
1883-1924, Tchécoslovaquie
La Métamorphose

Louis Ferdinand Céline
1894-1961, France
Voyage au bout de la nuit

William Faulkner
1897-1962, États-Unis
Absalon ! Absalon !

Ernest Hemingway
1899-1961, États-Unis
Le Vieil homme et la mer

Marguerite Yourcenar
1903-1987, France
Mémoires d'Hadrien

Albert Camus
1913-1960, France
L'Étranger

Isabel Allende
1942-, Chili
La Maison aux esprits

Baudelaire

Stephen King
1947-, États-Unis
Shining

ÉCRIVAINS DE LITTÉRATURE DE JEUNESSE

Charles Perrault
1628-1703, France
Contes de ma mère l'Oye

Comtesse de Ségur
1799-1874, France
Les Malheurs de Sophie

Hans Christian Andersen
1805-1875, Danemark
Contes

Carlo Collodi
1826-1890, Italie
Pinocchio

Lewis Carroll
1832-1898, Grande-Bretagne
Alice au pays des merveilles

Mark Twain
1835-1910, États-Unis
Les Aventures de Tom Sawyer

L. Frank Baum
1856-1919, États-Unis
Le Magicien d'Oz

Jules Renard
1864-1910, France
Poil de carotte

Rudyard Kipling
1865-1936, Grande-Bretagne
Le Livre de la jungle

J. K. Rowling
1965-, Grande-Bretagne
Harry Potter

Poil de carotte

CLASSIFICATION DES ÊTRES VIVANTS

LES SCIENTIFIQUES CLASSENT les êtres vivants (organismes) en grands groupes appelés règnes. Ce tableau répertorie les cinq grands règnes du monde vivant et les espèces représentatives de chaque règne. Selon des études récentes, ces cinq règnes comporteraient encore des milliers d'espèces à découvrir. Chaque règne se divise en embranchements, puis en sous-embranchements et en classes. Les classes se divisent à leur tour en ordres et sous-ordres. Les ordres et sous-ordres se divisent en familles, puis en genres et enfin en espèces.

PROCARYOTES

Les procaryotes regroupent des organismes cellulaires sans noyau, principalement des bactéries vivant dans l'air, dans l'eau et sur terre. On dénombre près de 4 000 espèces de procaryotes.

PROTISTES

Les protistes regroupent des organismes unicellulaires avec noyau comme les amibes qui vivent essentiellement dans l'eau. On distingue près de 50 000 espèces de protistes.

CHAMPIGNONS

Les champignons, appelés aussi mycètes, regroupent les champignons et les moisissures qui ne sont ni des végétaux, ni des animaux. On distingue plus de 100 000 espèces de champignons.

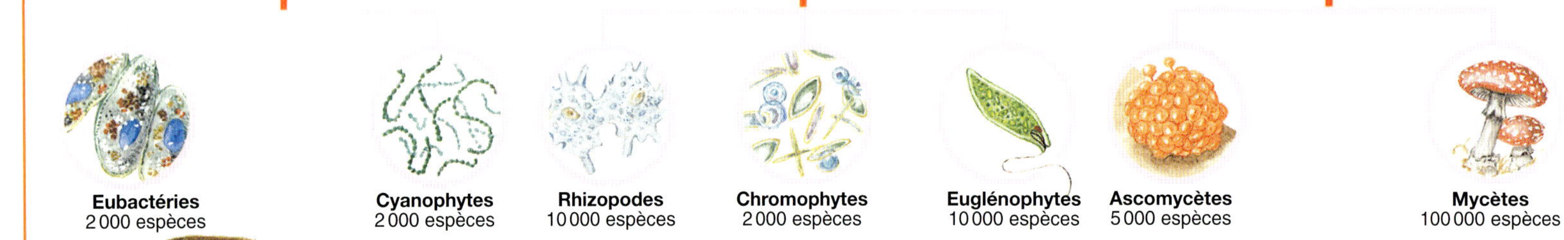

ANIMAUX

Le règne animal inclut tous les organismes aptes à se déplacer et qui survivent en mangeant d'autres animaux ou des végétaux. Les animaux comptent plus de 10 millions d'espèces.

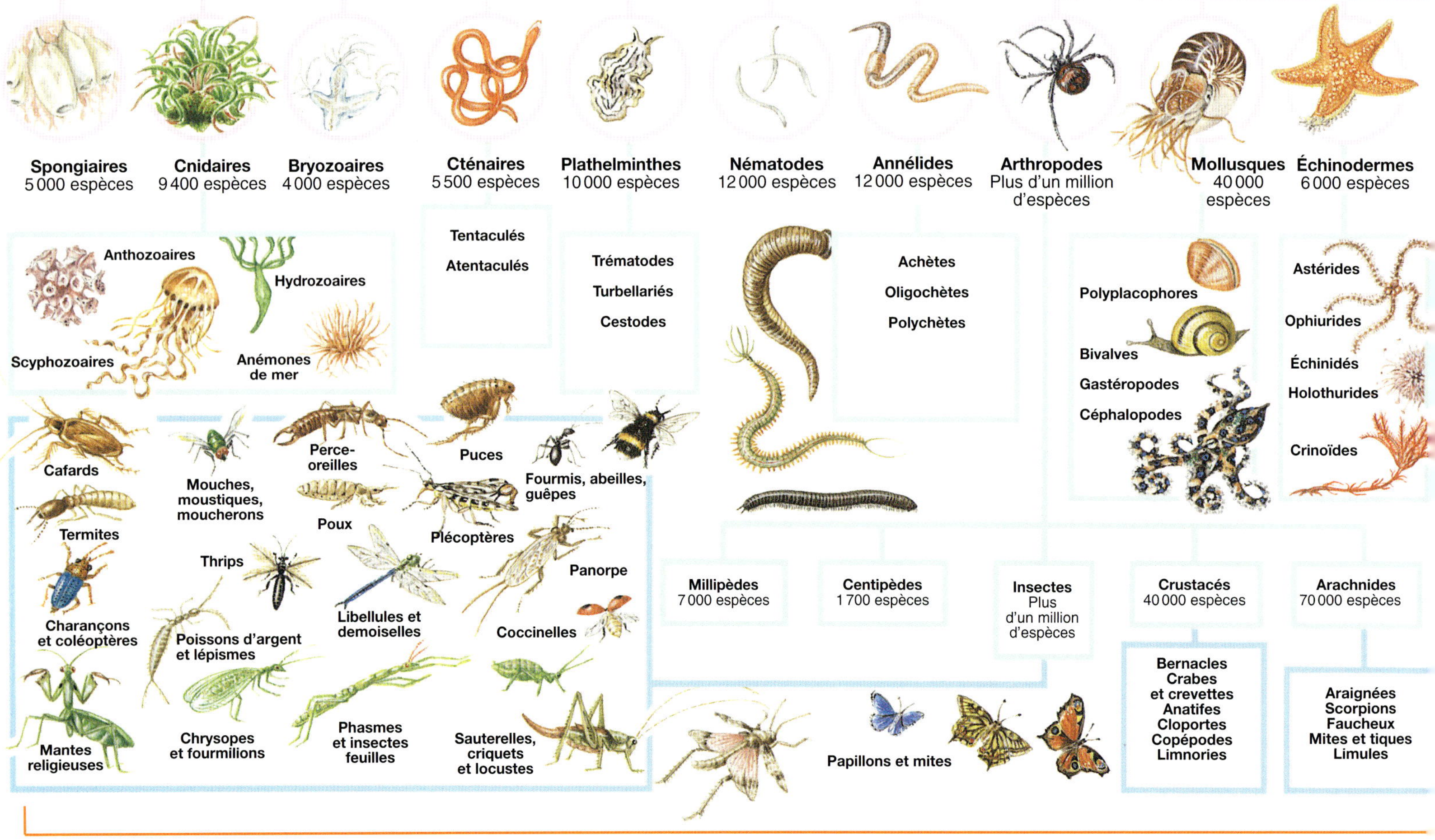

CODE COULEURS

Ce code couleurs permet de visualiser les embranchements des règnes animal et végétal ; chaque espèce peut ainsi être rattachée à la classe à laquelle elle appartient.

- Règne
- Embranchement
- Sous-embranchement
- Classe
- Sous-classe
- Ordre

VÉGÉTAUX

Le règne végétal est constitué d'organismes vivants utilisant la lumière du Soleil pour subvenir à leurs besoins. À la différence des animaux, les végétaux ne peuvent se déplacer. Les végétaux regroupent pas moins de 400 000 espèces.

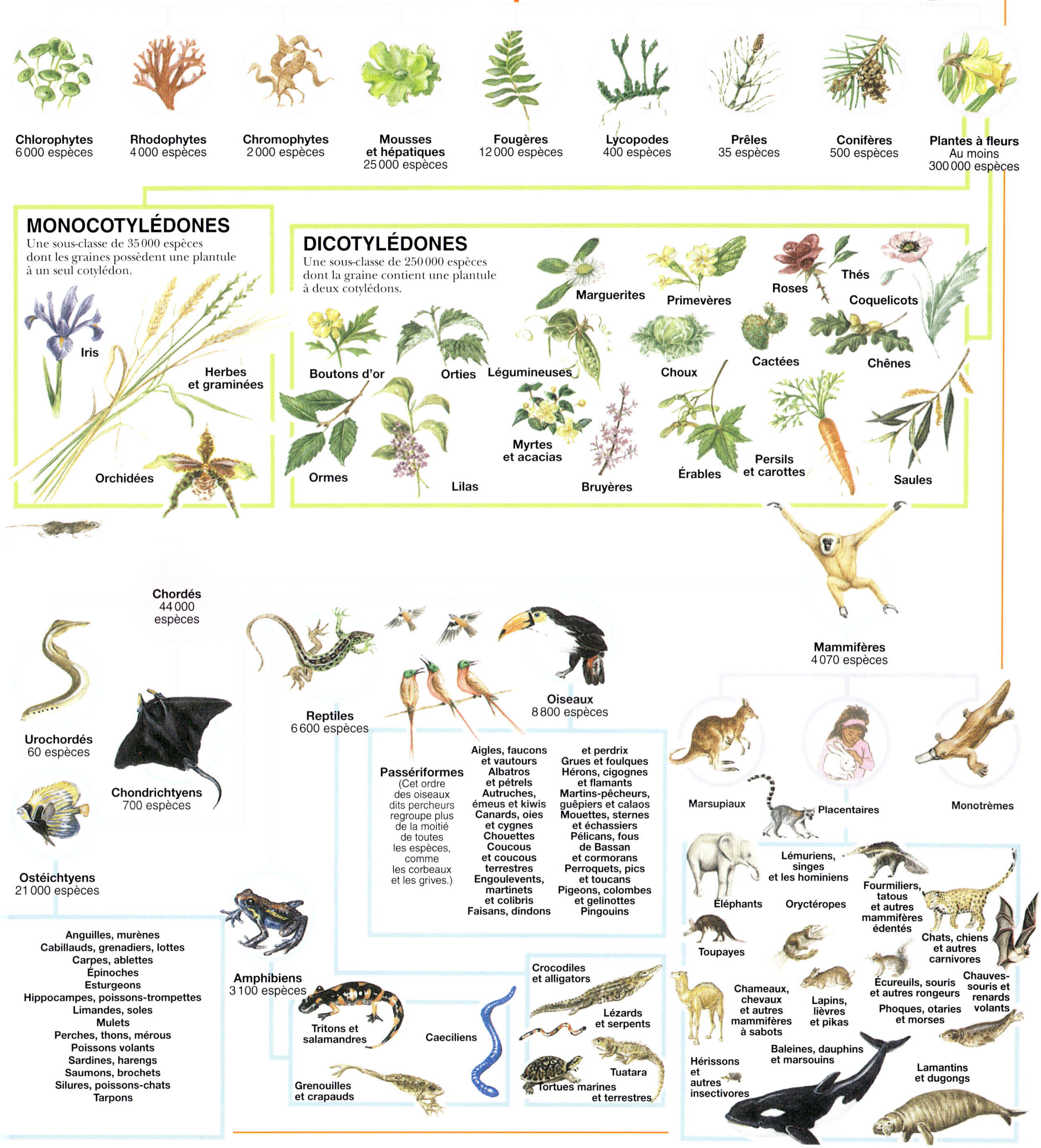

LE MONDE VIVANT EN CHIFFRES

LONGÉVITÉ DES ÊTRES VIVANTS

Le tableau ci-dessous répertorie la durée de vie maximale moyenne de quelques espèces animales et végétales.

CODE COULEURS
Les espèces animales et végétales sont regroupées en neuf grands groupes, chacun identifié par une couleur.

QUELQUES HEURES	QUELQUES JOURS	QUELQUES SEMAINES	QUELQUES MOIS	1 À 5 ANS	5 À 15 ANS	15 À 30 ANS	30 À 45 ANS	45 À 60 ANS	60 À 80 ANS	80 À 100 AN
Certaines bactéries 20 minutes	Volubilis des jardins 1 jour	Mouche à fruits 2 semaines	Carpe 8 mois	Coquelicot 1 an	Étoile de mer 6 ans	Népenthe 20 ans	Coléoptère phytophage 35 ans	Baleine bleue 45 ans	Alligator 61 ans	Anémor de mer commur 80 ans
Éphémère (adulte) 12 heures	Mousseron 5 jours	Mouche commune 3 semaines	Véronique commune 6 mois	Papillon monarque 1 à 2 ans	Renard roux 8 ans	Chauve-souris frugivore 25 ans	Canari 34 ans	Orang-outan 50 ans	Ara bleu 64 ans	Anguille europé-enne 80 ans
Certaines espèces de champignons 18 heures	Puce d'eau 7 jours	Hespéride 3 semaines	Punaise 6 mois	Panais sauvage 2 ans	Blaireau 15 ans	Poisson rouge 30 ans	Ours brun 40 ans	Tortue verte 50 ans	Condor des Andes 70 ans	Esturgeo 81 ans
		Capselle 6 semaines	Veuve noire 3 à 9 mois	Musaraigne 3 ans	Reine fourmi 15 ans	Dragon de Komodo 30 ans	Boa commun 40 ans	Albatros royal 53 ans	Éléphant 75 ans	Orque épaulard 90 ans

MIGRATION

De nombreuses espèces animales effectuent de longues migrations, sur terre, dans les airs ou en mer, une ou deux fois par an, à la recherche de nourri d'un lieu où se reproduire ou encore pour fuir de l'hiver.

Renne du Canada ou caribou
Il effectue jusqu'à 60 km par jour pour se nourrir.

Criquet pèlerin
Un essaim de criquets pèlerins peut parcourir plus de 3 000 km en 2 mois.

Otarie à fourrure
Les otaries à fourrure descendent chaque année sur de plus de 3 000 km vers le sud pour se reproduire, avant de revenir vers le nord.

Hirondelle
Elle parcourt chaque année environ 11 000 km, du nord de l'Europe vers l'Afrique du Sud, avant de revenir vers l'Europe.

VITESSE

AIR

Libellule
58 km/h

Frégate
153 km/h

Martinet épineux
170 km/h – le plus rapide en vol

Pigeon voyageur
177 km/h

TERRE

Lièvre
25 km/h

Autruche
72 km/h – oiseau coureur le plus rapide

Pronghorn (antilocapre)
89 km/h – le plus rapide sur longues distances

Guépar
97 km/h – le plu rapide sur courte distance

MER

Manchot papou
27 km/h – oiseau le plus rapide dans l'eau

Orque épaulard
56 km/h

Marlin
80 km/h

Espadon voilie
109 km/h – le plus rapide des poissons

MAMMIFÈRES · OISEAUX · REPTILES, AMPHIBIENS · POISSONS · ARTHROPODES · AUTRES INVERTÉBRÉS · CHAMPIGNONS · VÉGÉTAUX · ORGANISMES UNICELLULAIRES

RECORDS DU MONDE VIVANT

Voici quelques records homologués pour ces espèces, classées ici par groupes (mammifères, poissons, etc.).

CODE COULEURS
Les espèces animales et végétales sont regroupées selon leur milieu, identifié par une couleur.
TERRE · AIR · EAU

100 À 1 000 ANS	PLUS DE 1 000 ANS
Tuatara 101 ans	Chêne pédonculé 1 500 ans
Tortue terrestre 120 ans	If 3 500 ans
Hêtre commun 300 ans	Séquoia géant 6 000 ans
Pin pondéreux 700 ans	Chaparral 11 000 ans

GROUPES	LES PLUS GRANDS		LES PLUS PETITS		LES PLUS LONGS	LES PLUS HAUTS	LES PLUS VENIMEUX
MAMMIFÈRES (marsupiaux, monotrèmes et placentaires)	Éléphant d'Afrique Hauteur 3,2 m ; poids 5,2 t.	Baleine bleue Longueur 30 m ; poids 120 t.	Musaraigne pygmée Longueur 4 cm ; poids 1,5 g.	Chauve-souris bourdon Longueur 14 cm ; poids 1,5 g.	Rorqual Le plus long des mammifères après la baleine bleue ; longueur 25 m.	Girafe Hauteur 5,2 m ; poids 1,2 t.	La salive de certaines espèces de taupes et musaraignes contient du venin.
OISEAUX (volants et coureurs)	Outarde kori Le plus gros des oiseaux volants ; poids 18 kg.	Autruche Le plus grand des oiseaux ; poids 130 kg.	Guêpier longueur 5,7 cm ; poids 1,6 g.	Les colibris dépensent tellement d'énergie qu'ils ingurgitent chaque jour la moitié de leur poids en nourriture.	Coq bankiva Oiseau dont les plumes de la queue atteignent 10 m de long.	L'autruche qui atteint 2,4 m de hauteur est le plus grand des oiseaux sur Terre.	Aucun oiseau n'est venimeux mais le quelea à bec rouge est le plus destructeur de tous.
REPTILES (serpents) AMPHIBIENS (grenouilles et salamandres)	Salamandre géante de Chine Le plus grand des amphibiens. Longueur 1,8 m ; poids 91 kg.	Crocodile d'estuaire Le plus long des reptiles. Longueur 5 m ; poids 1 t.	Gecko Certains ne mesurent que 1,8 cm de long.	Grenouille naine de Cuba Longueur 1 cm.	Python réticulé Longueur 10 m.	Tortue géante Hauteur 1,2 m.	Hydrophis de Belcher Ce serpent marin à tête noire est le plus venimeux de tous les reptiles.
POISSONS (urochordés, chondrichtyens, ostéichtyens)	Requin-baleine Longueur 18 m ; poids 40 t.		Gobie pygmée Longueur 2,3 cm ; poids 5 mg.	Les plus petits œufs de poissons sont ceux des lingues qui en pondent des millions durant leur vie.	Poisson-ruban Longueur 14 m.	Poisson-lune Hauteur 4,3 m ; longueur 3 m ; poids 2,2 t.	Poisson-pierre Les épines venimeuses de son aileron dorsal injectent un poison violent.
ARTHROPODES (araignées, insectes et crustacés)	Goliath géant Le plus lourd des insectes. Poids 100 g ; longueur 11 cm.	Macrocheire Le plus grand des crustacés. Envergure 3,5 m.	Guêpe parasite Le plus petit des insectes. Longueur 0,2 mm à l'âge adulte.	Alonelle Le plus petit des crustacés. Longueur 0,25 mm.	Phasme géant Le plus long des insectes. Longueur 38 cm.		Mygale australienne Une araignée à la morsure venimeuse et mortelle.
INVERTÉBRÉS (animaux dépourvus de squelette, comme les mollusques)	Calmar géant Le plus grand des mollusques. Longueur 17 m.	Escargot géant africain Le plus gros des mollusques terrestres. Poids 907 g.	Amibes Des organismes trop petits pour être visibles à l'œil nu.		Lombric géant d'Afrique Le plus long des vers annelés. Longueur 6,5 m.	Méduse à crinière de lion Le plus long des cnidaires. Longueur des tentacules 36 m.	Guêpe de mer australienne Sa piqûre est de loin la plus douloureuse de toutes.
CHAMPIGNONS (champignons, moisissures et levures)	Polypore géant Ce champignon peut atteindre plusieurs mètres de diamètre.	Vesse-de-loup géante Un gros champignon de 1,9 m de circonférence en moyenne.	Tous les champignons produisent des spores microscopiques. Le polypore géant en fabrique plus de 30 millions par jour.	NE TOUCHEZ JAMAIS AUX CHAMPIGNONS SAUVAGES. PLUSIEURS ESPÈCES SONT MORTELLES.	Mycélium Ces filaments peuvent s'enfoncer de centaines de mètres sous terre.	Certains champignons parasites comme l'armillaire couleur de miel se développent à la souche des arbres.	Amanite phalloïde Le plus toxique de tous les champignons.
PLANTES (arbres, plantes à fleurs et herbacées)	Séquoia Hauteur 84 m ; poids 2 t	Rafflésie La plus grande de toutes les fleurs. Diamètre 1 m.	Saule des neiges La plus petite des plantes terrestres avec à peine quelques cm de long.	Lentille d'eau Longueur 0,6 cm.	LAMINAIRE GÉANTE Cette algue possède des frondes de 60 m de long.	PIN DOUGLAS Le plus haut des arbres sur Terre peut grimper jusqu'à 126 m.	Belladone L'une des plantes les plus toxiques.

Sterne arctique Record de distance pour ce migrateur qui deux fois par an effectue un voyage de 19 000 km.

Faucon pèlerin 362 km/h – le plus rapide en piqué

MENACES SUR LE MONDE VIVANT

DESTRUCTION DE LEUR HABITAT, pollution, chasse, voici les principales menaces qui pèsent sur les espèces vivantes. Certains animaux se trouvent chassés de leurs territoires naturels ou doivent entrer en compétition avec l'homme pour se nourrir. Des trafics de plantes et d'animaux sauvages contribuent à noircir ce triste tableau.

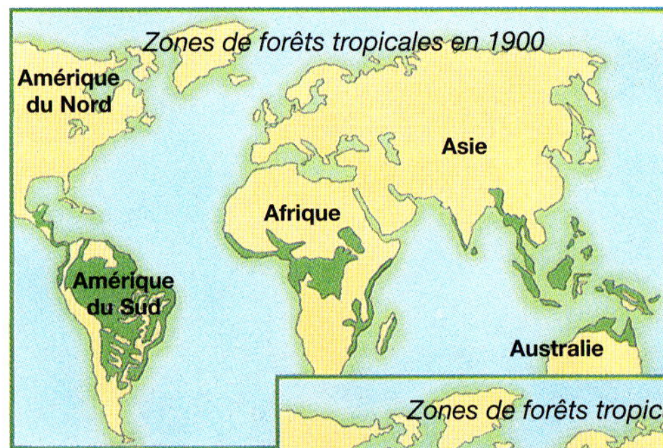

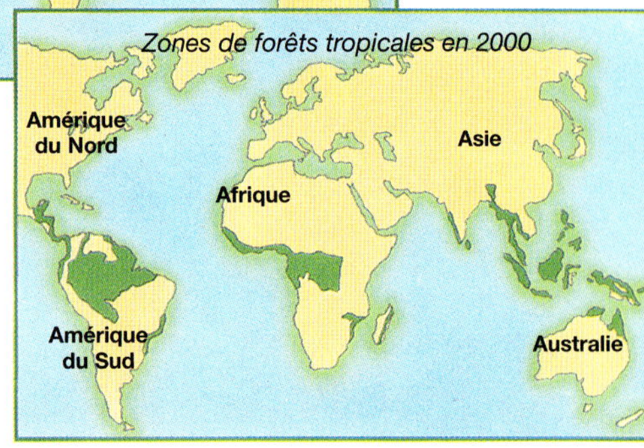

Ces deux cartes présentent à un siècle d'intervalle l'étendue des zones couvertes par les forêts tropicales. L'importance du phénomène de déforestation est nettement visible.

PYRAMIDE DE LA POLLUTION

Une représentation schématique qui permet de mieux évaluer la façon dont les animaux ingèrent des pesticides selon leur position dans la chaîne alimentaire.

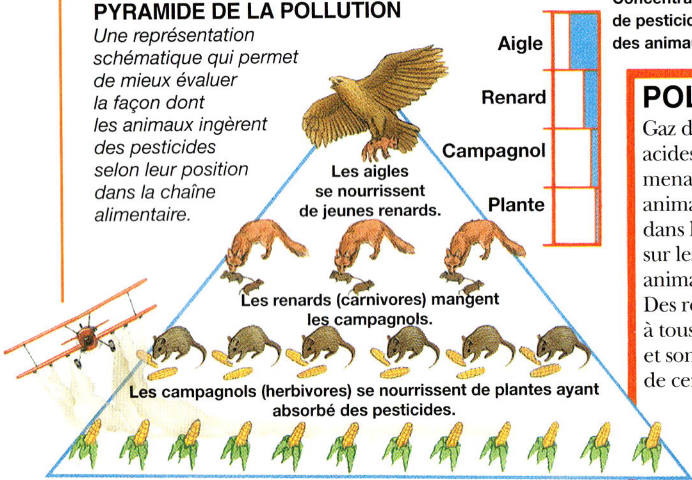

Les agriculteurs pulvérisent des pesticides sur les plants dans les champs.

POLLUTION

Gaz d'échappement, marées noires, pluies acides, déchets et rejets industriels menacent la vie de millions d'espèces animales et végétales. Les pesticides utilisés dans le traitement des récoltes se déposent sur les plantes qui sont ingérées par certains animaux et la contamination se poursuit. Des résidus de pesticides se retrouvent ainsi à tous les niveaux de la chaîne alimentaire et sont directement responsables de la mort de certaines espèces.

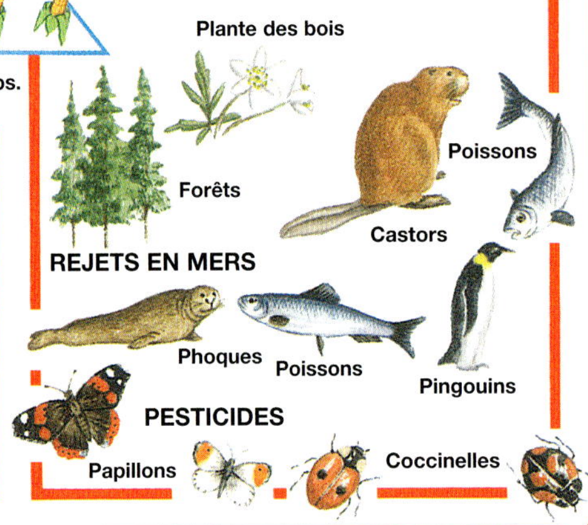

COMPÉTITION AVEC L'HOMME

Toutes les créatures marines se retrouvent en compétition avec l'homme dès qu'il s'agit de se nourrir. De nombreux dauphins se retrouvent chaque année pris dans les filets des pêcheurs et beaucoup d'autres espèces meurent faute de pouvoir attraper suffisamment de poissons pour se nourrir.

DESTRUCTION DE L'HABITAT

Il y a 100 ans à peine, de vastes régions de la planète étaient recouvertes de forêts, peuplées de milliers d'espèces animales et végétales. De nos jours, l'abattage des arbres et la pratique de la terre brûlée ont participé à réduire considérablement la superficie de ces forêts. De nombreuses espèces se retrouvent privées de leur habitat et sont en voie d'extinction, sans compter celles qui depuis ont disparu.

COURBE D'EXTINCTION

De nombreuses espèces ont disparu depuis la formation de la Terre. Ces dernières années, encore plus d'espèces ont été condamnées et si rien n'est fait pour inverser cette tendance, on estime que près de 50 000 espèces disparaîtront chaque année à l'avenir. Ce schéma met en évidence l'extinction de certaines espèces au cours des siècles passés et la menace qui pèse sur certaines dans l'avenir.

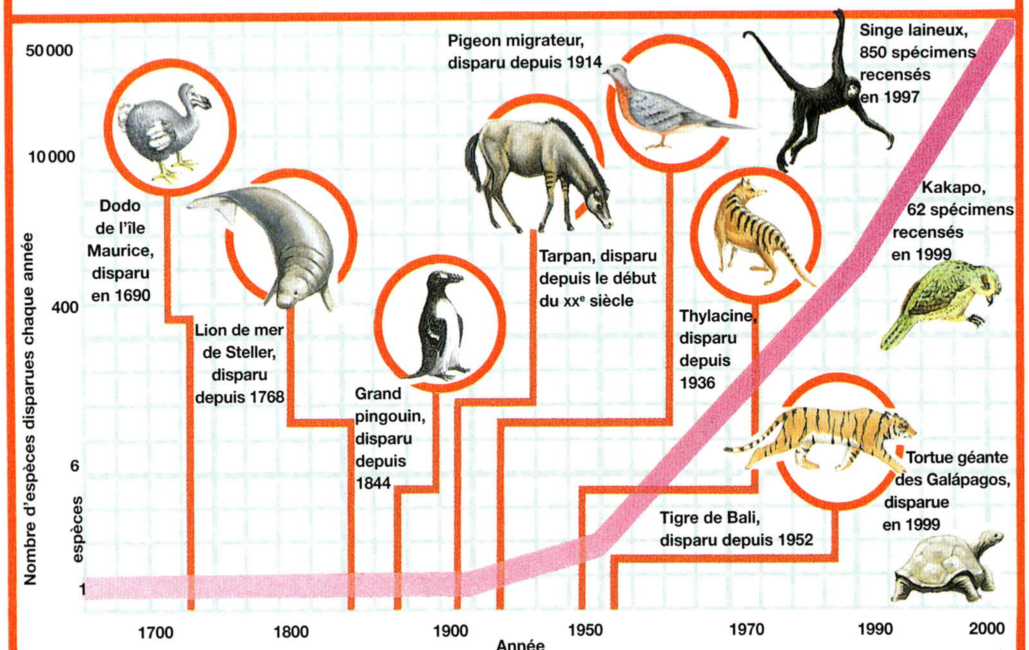

CHASSE ET TROPHÉES

De nombreuses espèces animales, chassées par l'homme des siècles durant pour leur viande, leur fourrure, leur peau ou leur bois, se retrouvent aujourd'hui menacées d'extinction. Beaucoup d'entre elles sont désormais protégées, comme les grands félins, les rhinocéros ou les baleines.

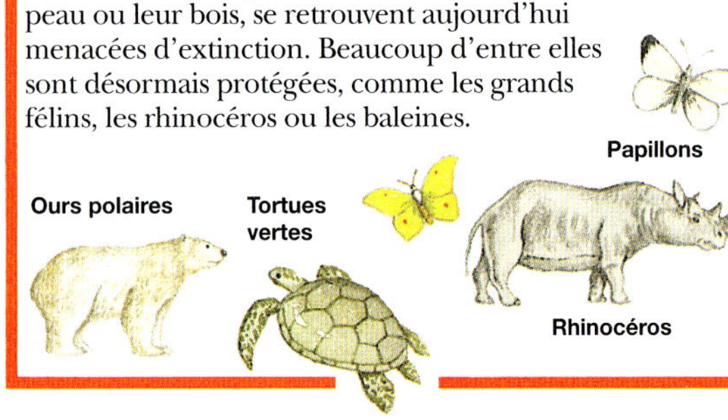

PROTECTION DE LA NATURE

ORGANISATIONS INTERNATIONALES

De nombreuses organisations internationales se consacrent à la protection de la nature, tentant de mettre un terme au commerce de produits d'origine animale et essayant de sauver les espèces menacées d'extinction. Ci-dessous, quelques-unes des organisations de protection de la nature parmi les plus médiatisées.

Société protectrice des animaux
39, boulevard Berthier
75847 Paris Cedex 17
Tél. : 01 43 80 40 66
Fax : 01 43 80 99 23
http://www.spa.asso.fr
Association de protection et de défense des animaux depuis plus de 150 ans.

WWF FRANCE
1, carrefour de Longchamp
75116 Paris
Tél. : 01 55 25 84 84
Fax : 01 55 25 84 74
http://www.wwf.fr
Une organisation qui dispose d'un réseau opérationnel dans 96 pays et propose 12 000 programmes de protection de la nature.

LES AMIS DE LA TERRE-FRANCE
2b, rue Jules-Ferry
93100 Montreuil
Tél. : 01 48 51 32 22
Fax : 01 48 51 95 12
http://www.amisdelaterre.org
Une organisation regroupant des associations de plus de 70 pays qui s'occupe essentiellement de questions environnementales.

IFAW FRANCE
www.ifaw.org
4, rue Édouard-Mignot
BP 1426
51065 Reims Cedex
Tél. : 03 26 48 05 48
Fax : 03 26 48 14 35
Une association qui milite pour trouver des solutions durables à la protection et à la conservation des espèces animales.

GREENPEACE FRANCE
13, rue d'Enghien
75010 Paris
Tél. : 01 80 96 96 96
Fax : 01 80 96 96 96
http://www.greenpeace.org/france
Une organisation présente dans 40 pays du monde qui concentre son attention sur les problèmes globaux qui menacent notre environnement (changements climatiques, consommation énergétique, prolifération nucléaire, dégradation de la biodiversité, pollutions génétiques, dissémination des produits toxiques, etc.).

PARCS ET RÉSERVES NATURELLES

Les parcs et réserves naturelles implantés à travers le monde ont pour objet d'aider les espèces animales et végétales menacées d'extinction à survivre dans leur milieu naturel. On dénombre 1 500 parcs nationaux dans le monde dont neuf en France (Vanoise, Cévennes, Pyrénées, Port-Cros, Écrins, Mercantour, Guadeloupe, Réunion et Guyane). (Voir les Parcs nationaux de France, page 522.)

Réserve de Salonga, Zaïre, Afrique
La plus grande réserve de forêt tropicale humide du monde.
36 000 km²

Éléphants, bonobos

Parc national du Groenland
Milieu de toundra.
Le plus grand parc au monde.
972 000 km²

Ours polaires, morses, phoques

Parc national de Fiordland, Nouvelle-Zélande
Milieu montagneux et îles
12 500 km²

Oiseaux marins, phoques

Parc national des Everglades, Floride, États-Unis
Zone de marécages
5 661 km²

Alligators, lamantins

Parc national de Kushiro Shitsugen, Hokkaido, Japon
Zone de marais.
268 km²

Grues du Japon

Parc national marin d'Alonissos, Grèce
Îles
2 514 km²

Phoques méditerranéens

Parc national des Galápagos, Amérique du Sud
Îles
7 995 km²

Tortues géantes, pinsons de Darwin, iguanes marins

Parc national Wood Buffalo, Canada
Milieu forestier
44 807 km²

Bisons, lynx, rennes

Parc de Yellowstone, États-Unis
Milieu montagneux.
8 983 km²

Mouflons des Rocheuses, élans du Canada

Parc national de Snowdonia, Pays de Galles
Milieu montagneux
2 188 km²

Plantes alpestres, milans, faucons émerillons, faucons pèlerins

Parc marin du récif de la Grande-Barrière de corail, Australie
Milieu marin
345 000 km²

Coraux, anémones de mers et poissons

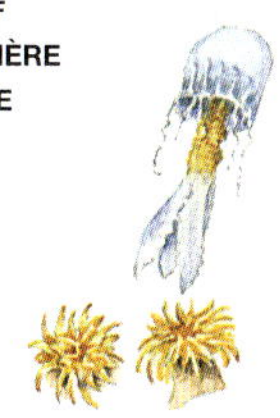

Parc national Iguazu, Argentine, Amérique du Sud
Milieu forestier et rivières
550 km²

Caïmans, jaguars

Parc national de la Guadeloupe
Forêt tropicale
380 km²

Arbres, orchidées

Parc national d'Uluru, Australie
Milieu désertique
1 326 km²

Plantes désertiques, diables épineux

Parc de Royal Chitwan, Népal
Milieu forestier
932 km²

Rhinocéros unicornes, tigres

Parc national des Pyrénées
Milieu forestier
457 km²

Ours, chamois

Carte des constellations

La taille des étoiles sur la carte est fonction de leur luminosité ; plus le point est gros, plus l'étoile est lumineuse.

PRÈS DE 6000 ÉTOILES sont visibles à l'œil nu depuis la Terre ; près de 3000 dans le ciel de l'hémisphère Nord et autant dans celui de l'hémisphère Sud. Les constellations ou groupes d'étoiles sont visibles selon les saisons, les heures de la nuit et l'hémisphère dans lequel on se trouve. Les lumières des zones urbaines ou pollution lumineuse affectent considérablement la clarté du ciel nocturne. Les cartes ci-contre répertorient les principales constellations des deux hémisphères.

Hémisphère Nord

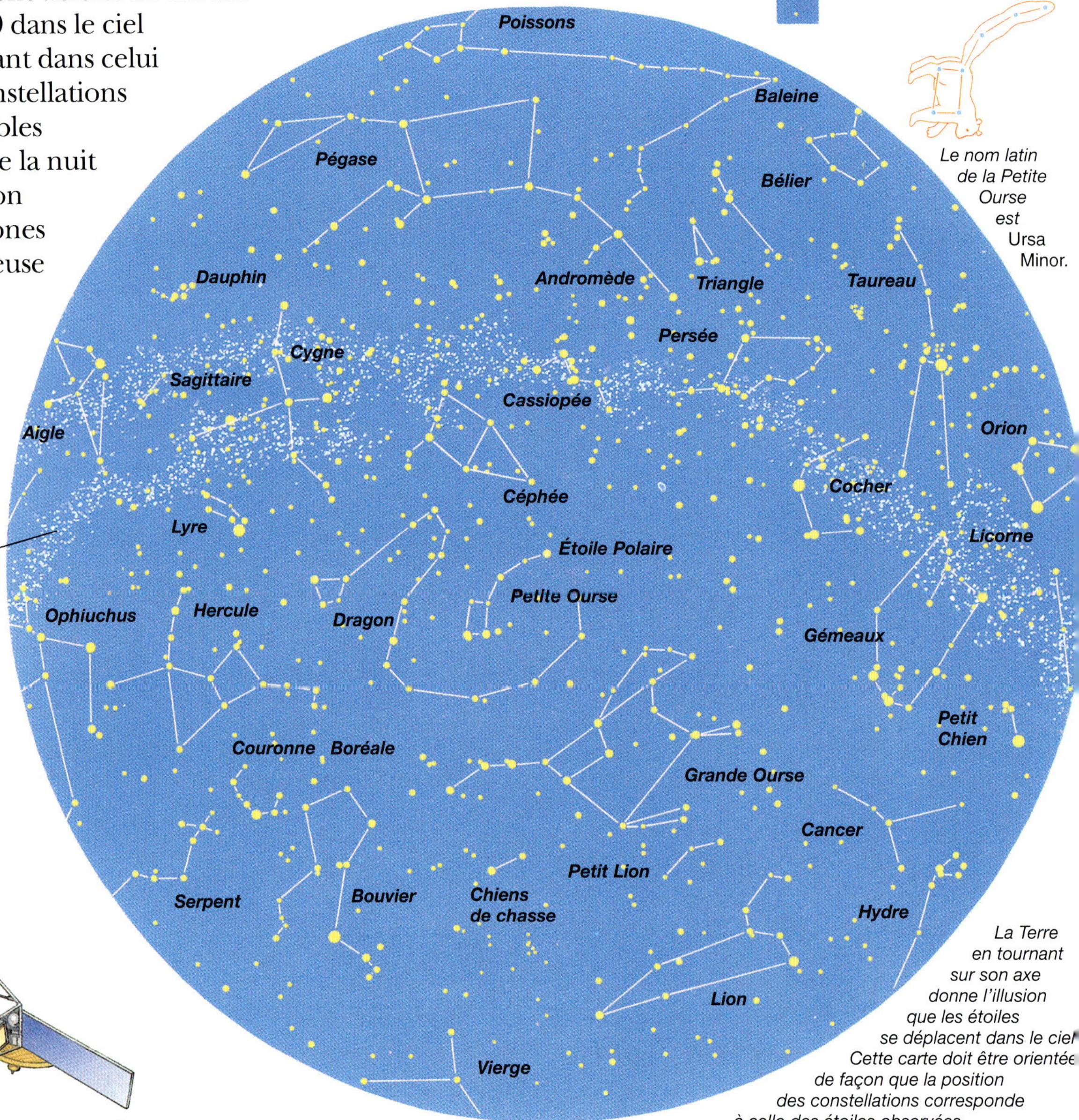

Le nom latin de la Petite Ourse est Ursa Minor.

La Terre en tournant sur son axe donne l'illusion que les étoiles se déplacent dans le ciel. Cette carte doit être orientée de façon que la position des constellations corresponde à celle des étoiles observées.

Sondes lunaires

***LUNA 1* (URSS)**
Lancée le 2 janvier 1959. Première sonde à frôler la Lune.

***LUNA 2* (URSS)**
Lancée le 12 septembre 1959. Première sonde à atteindre la Lune où elle s'écrase.

***LUNA 3* (URSS)**
Lancée le 4 octobre 1959. Première sonde à photographier la face cachée de la Lune.

***RANGER 7* (ÉTATS-UNIS)**
Lancée le 28 juillet 1964. Première sonde à photographier en gros plan la surface de la Lune.

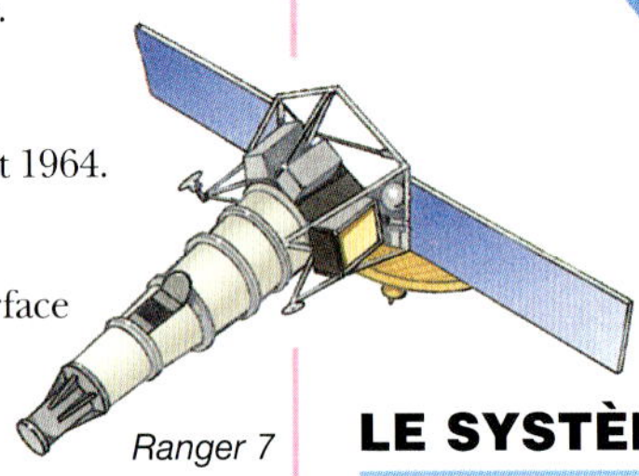

Ranger 7

***SMART 1* (UE)**
Lancement en 2003 de la première sonde lunaire européenne.

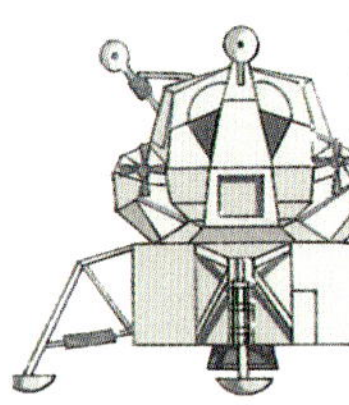

Module lunaire d'*Apollo 11*

Sondes solaires

***HÉLIOS 2* (RDA)**
Lancée le 15 janvier 1976. Survole le Soleil à près de 43 millions de kilomètres.

***DAWN* (ÉTATS-UNIS)**
Lancement en 2007 de la sonde solaire *Dawn* pour percer les mystères de la naissance du système solaire.

Le système solaire

Planète	Diamètre de l'équateur (en km)	Distance du soleil (en millions de km)	Masse en surface (Terre = 1)	Volume (Terre = 1)	Température °C	°F
Mercure	4 879	57,9	0,055	0,056	+350	+662
Vénus	12 104	108,2	0,86	0,86	+480	+896
Terre	12 756	149,6	1	1	+22	+72
Mars	6 794	227,9	0,107	0,15	-23	-9
Jupiter	142 884	778,3	318	1 319	-150	-238
Saturne	120 536	1 427	95	744	-180	-292
Uranus	51 118	2 869,6	15	67	-214	-353
Neptune	50 538	4 496,7	17	57	-220	-364

HÉMISPHÈRE SUD

Dans l'hémisphère Nord, repérez l'étoile Polaire et la constellation de la Petite Ourse pour orienter la carte et visualiser les autres constellations.

La Croix du Sud est également appelée Crux.

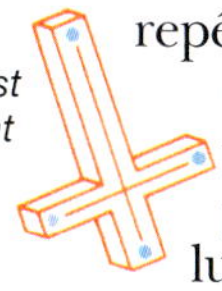

Dans l'hémisphère Sud, repérez la constellation de la Croix du Sud, petite mais particulièrement lumineuse. Prenez ce repère pour visualiser les autres constellations.

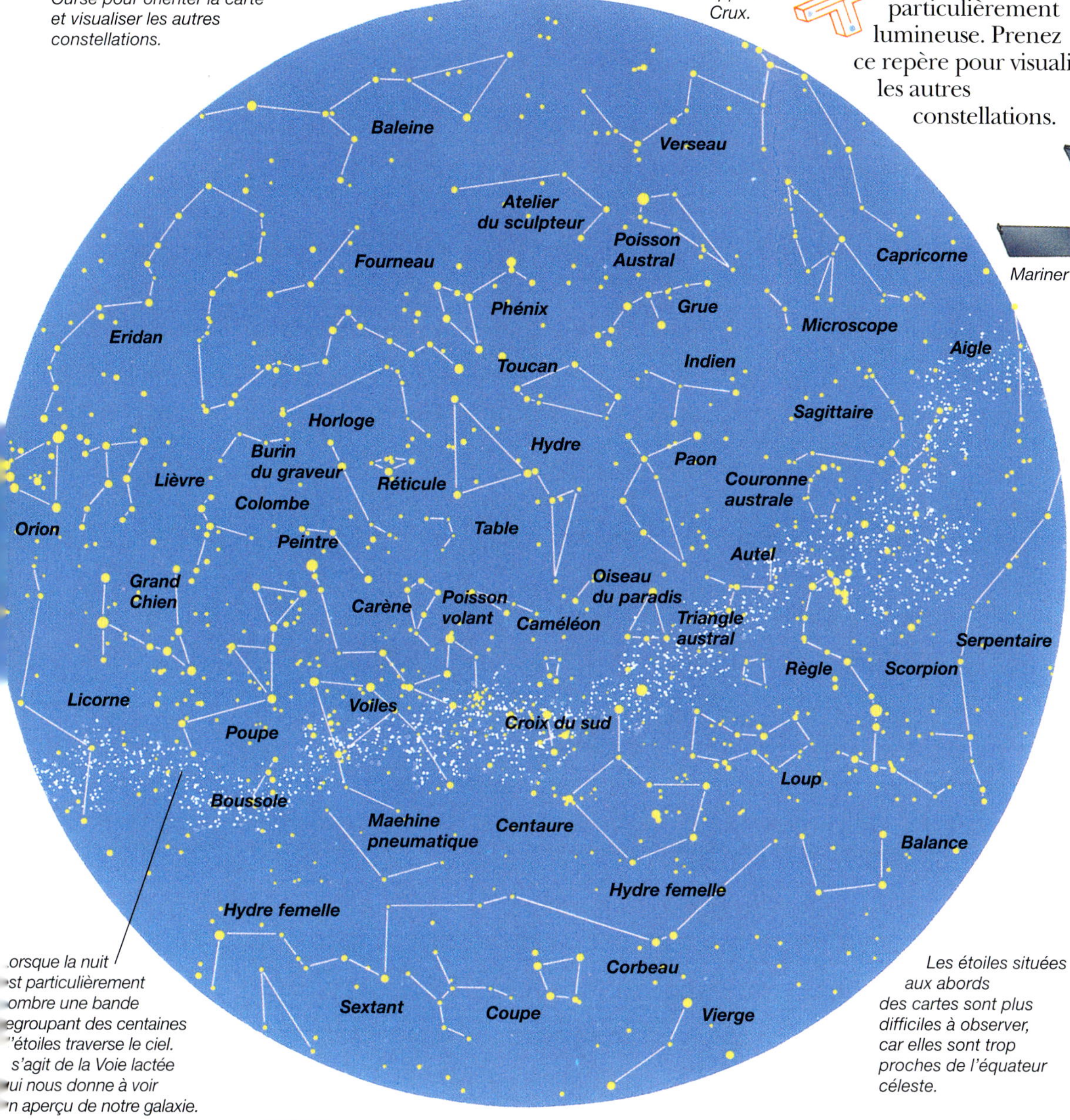

orsque la nuit st particulièrement ombre une bande egroupant des centaines 'étoiles traverse le ciel. s'agit de la Voie lactée ui nous donne à voir n aperçu de notre galaxie.

Les étoiles situées aux abords des cartes sont plus difficiles à observer, car elles sont trop proches de l'équateur céleste.

Force de gravitation en surface (Terre = 1)	Temps de révolution autour du soleil (Terre = 1)	Temps de révolution sur son axe	Vitesse orbitale (en km/s)	Nombre de lunes
0,38	87,97 jours	58,65 jours	47,9	0
0,9	224,7 jours	243,16 jours	35	0
1	365,26 jours	23 h 56 min 4 s	29,8	1
0,38	779,9 jours	24 h 37 min 23 s	24,1	2
2,64	11,86 années	9 h 50 min 30 s	13,1	16
1,16	29,46 années	10 h 39 min	9,6	23
0,93	84,01 années	17 h 14 min	6,8	15
1,2	164,8 années	16 h 3 min	5,4	8

SONDES PLANÉTAIRES

Ci-dessous, quelques-unes des sondes les plus célèbres lancées à l'assaut des planètes.

***PIONEER 5* (ÉTATS-UNIS)**
Lancée le 11 mars 1960. Première sonde à s'enfoncer dans l'espace intersidéral en parcourant près de 36,5 millions de km depuis la Terre.

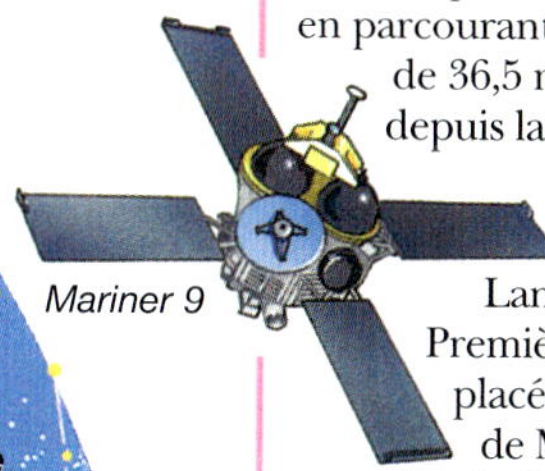

Mariner 9

***MARINER 9* (ÉTATS-UNIS)**
Lancée le 30 mai 1971. Première sonde à être placée en orbite autour de Mars. Elle prendra plus de 7 000 photographies de Mars et de ses satellites.

***PIONEER 10* (ÉTATS-UNIS)**
Lancée le 3 mars 1972. Première sonde à s'approcher de Jupiter.

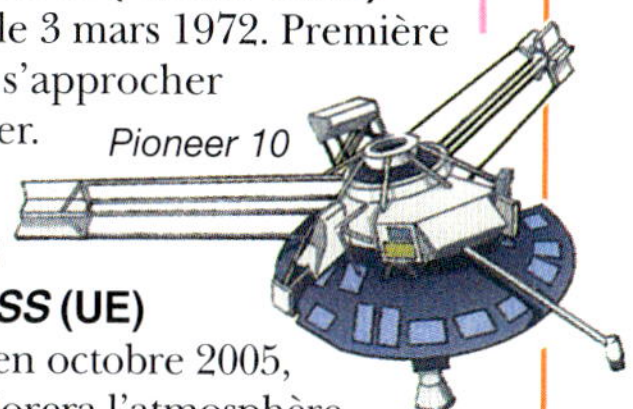

Pioneer 10

***VÉNUS EXPRESS* (UE)**
Lancée en octobre 2005, elle explorera l'atmosphère, la surface et l'environnement ionisé de Vénus.

***VOYAGER* (ÉTATS-UNIS)**
Deux sondes furent lancées en 1977. Elles exploreront à elles deux une grande partie du système solaire, dont Jupiter, Saturne, Uranus et Neptune.

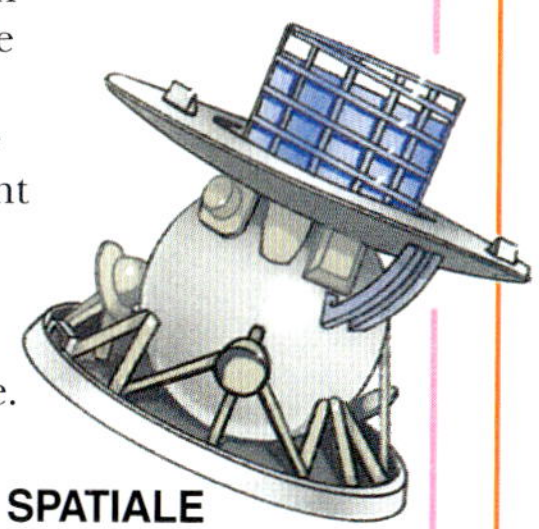

Venera 9

***GIOTTO* (AGENCE SPATIALE EUROPÉENNE)**
Lancée le 2 juillet 1985. Première sonde à s'approcher de la comète de Halley.

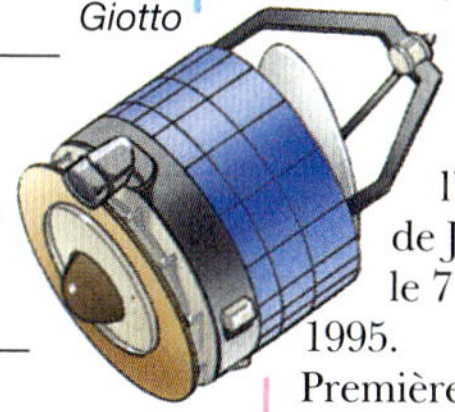

Giotto

***GALILEO* (ÉTATS-UNIS)**
Lancée le 18 octobre 1989 depuis la navette spatiale *Atlantis* qui pénétra l'atmosphère de Jupiter le 7 décembre 1995. Première sonde à analyser l'atmosphère de la plus grosse des planètes du système solaire.

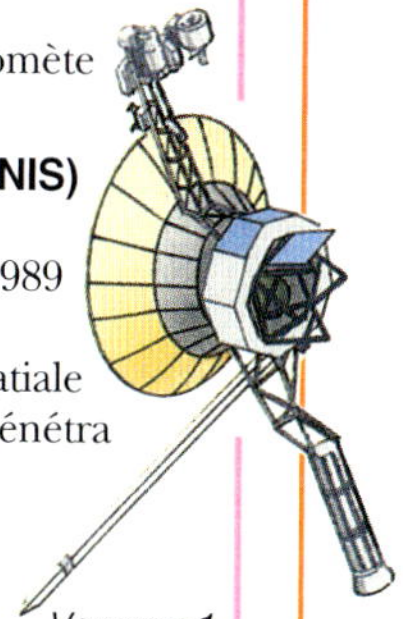

Voyager 1

***CASSINI/HUIGENS* (ÉTATS-UNIS ET AGENCE SPATIALE EUROPÉENNE)**
Lancée le 15 octobre 1997. Première sonde ayant pour mission d'explorer Saturne et son satellite Titan. Après un long voyage de sept ans, s'est mise en orbite autour de Saturne le 30 juin 2004.

LES PLUS GRANDS OCÉANS ET MERS DU MONDE

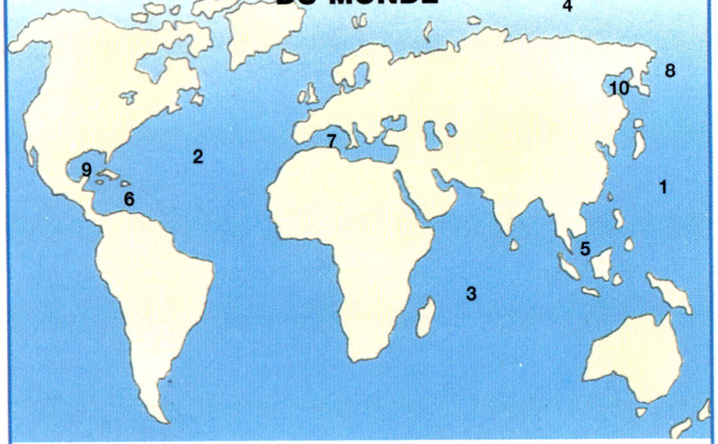

1 Océan Pacifique
155 600 000 km²

2 Océan Atlantique
76 800 000 km²

3 Océan Indien
68 600 000 km²

4 Océan Arctique
14 100 000 km²

5 Mer de Chine méridionale
2 974 600 km²

6 Mer des Caraïbes
2 753 000 km²

7 Mer Méditerranée
2 510 000 km²

8 Mer de Béring
2 261 000 km²

9 Golfe du Mexique
1 543 000 km²

10 Mer d'Okhotsk
1 527 600 km²

LES PLUS GRANDS DÉSERTS DU MONDE

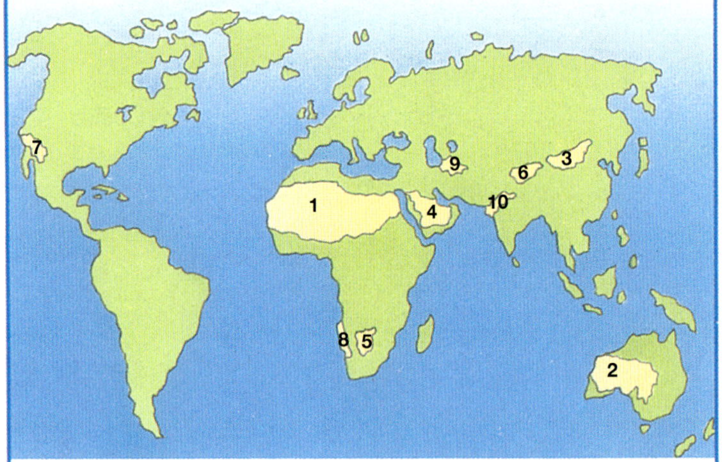

1 Sahara (Nord de l'Afrique)
Environ 9 000 000 km²

2 Grand Désert Victoria
Environ 3 800 000 km²

3 Désert de Gobi (Est de l'Asie)
Environ 1 300 000 km²

4 Rub'al Khali (Arabie saoudite)
Environ 650 000 km²

5 Désert du Kalahari (Sud de l'Afrique)
Environ 500 000 km²

6 Désert de Takla-Makan (Chine)
Environ 330 000 km²

7 Désert de Sonora (États-Unis)
Environ 320 000 km²

8 Désert du Namib (Namibie)
Environ 310 000 km²

9 Désert de Karakoum (Turkménistan)
Environ 300 000 km²

10 Désert de Thar (Inde/Pakistan)
Environ 200 000 km²

LES PLUS GRANDES ÎLES DU MONDE

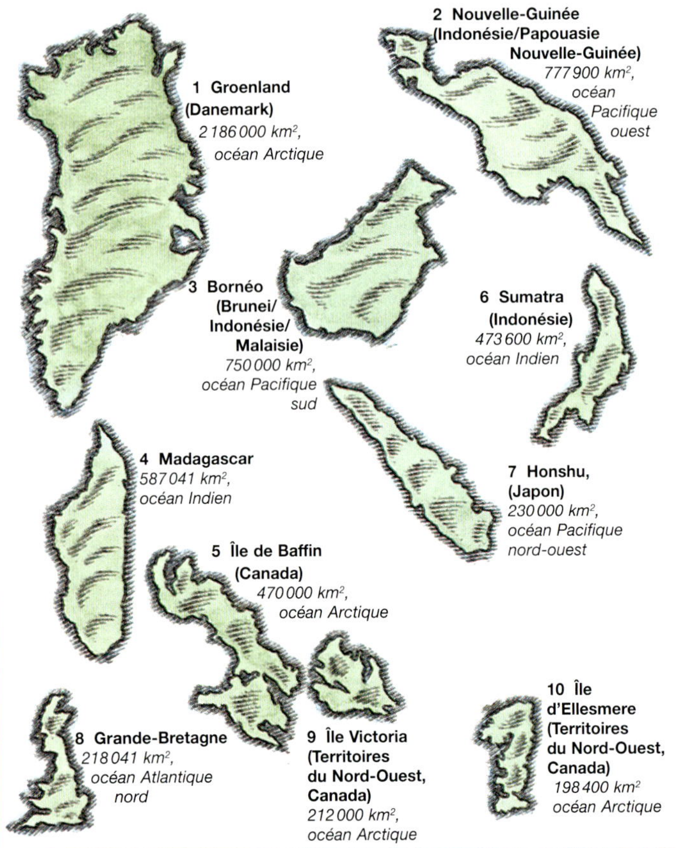

RECORDS MÉTÉOROLOGIQUES

Enneigement
31,1 m, Paradise, Mont Rainier, dans l'État de Washington (États-Unis), entre le 8 février 1971 et le 19 février 1972.

Précipitations
1,9 m, Cilaos, île de la Réunion (océan Indien), entre le 15 et le 16 mars 1952.

Record de sécheresse
Absence de précipitations : 400 ans de sécheresse, désert d'Atacama, entre 1571 et 1971.

Vitesse de vent
371 km/h, mont Washington (1 916 m) dans le New Hampshire (États-Unis), le 12 avril 1934.

Maximum d'ensoleillement
Plus de 4 300 heures d'ensoleillement par an, désert du Sahara oriental (Afrique du Nord).

Minimum d'ensoleillement
Absence d'ensoleillement sur 182 jours d'hiver consécutifs, au pôle Nord.

Température sous abri
58 °C, Al'Aziziyah (Libye) le 13 septembre 1992.

Région la plus chaude
Moyenne annuelle de 34,4 °C, Dallol (Éthiopie) entre 1960-1966.

Région la plus froide
Moyenne annuelle de – 57,8 °C, station permanente du plateau de l'Antarctique.

Jours de pluie
Moyenne annuelle de 350 jours, mont Waialeale (1 569 m), Kauai (Hawaii).

Région la plus ventée
Tempêtes de 320 km/h, baie du Commonwealth, côte George-V (Antarctique).

LES SOMMETS LES PLUS HAUTS DU MONDE

Les sommets les plus hauts du monde se trouvent tous dans la chaîne de l'Himalaya, entre le Tibet, la Chine et l'Inde.

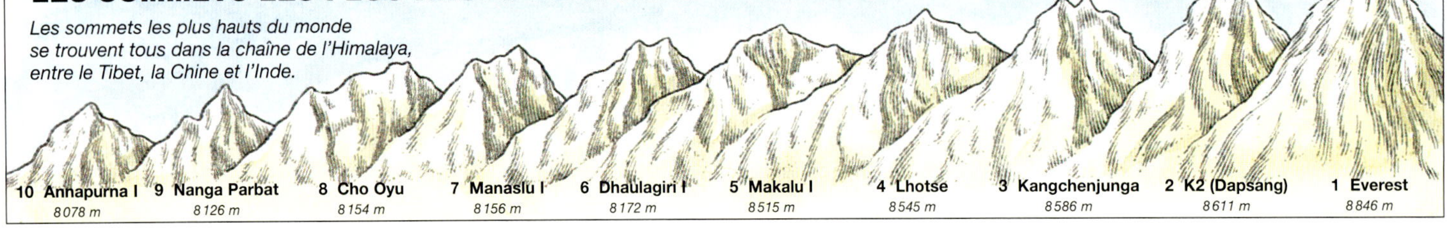

SÉISMES

Deux échelles sont utilisées pour mesurer les phénomènes sismiques, l'échelle de Richter et l'échelle macrosismique européenne 1992 (EMS 1992)

ÉCHELLE DE RICHTER

Elle mesure l'intensité (magnitude) et l'énergie des secousses au niveau de l'épicentre du séisme. C'est une échelle logarithmique graduée de 1 à 9 ; le passage d'une unité à l'autre signifie que la secousse est à chaque fois 10 fois plus importante et que le séisme libère 30 fois plus d'énergie. L'échelle ci-dessous donne une indication des effets produits selon la magnitude.

Magnitude	effets
1	*Détectable seulement par les sismographes.*
2-2,5	*Perceptible par les populations.*
4-5	*Dommages mineurs.*
6	*Destructions.*
7	*Séisme important.*
8-9	*Séisme dévastateur.*

EMS 1992

Elle évalue l'intensité des secousses ressenties à un endroit donné. L'échelle ci-dessous, exprimée en degrés d'intensité de 1 à 12, décrit les effets produits selon l'intensité du séisme.

Intensité	effets
1	*Non ressenti.*
2	*Ressenti uniquement par quelques personnes.*
3	*Ressenti à l'intérieur des habitations (vibration ou léger tremblement).*
4	*Ressenti à l'intérieur par de nombreuses personnes, à l'extérieur par très peu. Les fenêtres, les portes et la vaisselle vibrent.*
5	*Ressenti à l'intérieur par la plupart, à l'extérieur par quelques personnes. Les bâtiments tremblent. Les objets suspendus se balancent fortement.*
6	*Chute d'objets. De nombreuses maisons subissent des dégâts non structuraux (fines fissures).*
7	*Dégâts légers. Les meubles se déplacent et beaucoup d'objets tombent. De nombreuses maisons subissent des dégâts modérés (chutes de plâtres, chutes de parties de cheminées).*
8	*De nombreuses personnes éprouvent des difficultés à rester debout. Beaucoup de maisons ont de larges fissures dans les murs.*
9	*Panique générale. De nombreuses constructions s'écroulent.*
10	*Destructions importantes. De nombreux bâtiments s'effondrent.*
11	*Catastrophe. La plupart des bâtiments s'effondrent. Les voies ferrées sont détruites.*
12	*Catastrophe généralisée. Pratiquement tous les bâtiments sont détruits.*

ÉCHELLE DE BEAUFORT

Force	Description	Vitesse moyenne en km/h	Vitesse moyenne en nœuds
0	Calme	< 1	< 1
1	Très légère brise	1-5	1-3
2	Légère brise	6-11	4-7
3	Petite brise	12-19	8-12
4	Jolie brise	20-29	13-18
5	Bonne brise	30-39	19-24
6	Vent frais	40-50	25-31
7	Grand frais	51-61	32-38
8	Coup de vent	62-74	39-46
9	Fort coup de vent	75-87	47-54
10	Tempête	88-101	55-63
11	Violente tempête	102-117	64-73
12	Ouragan	> 119	> 74

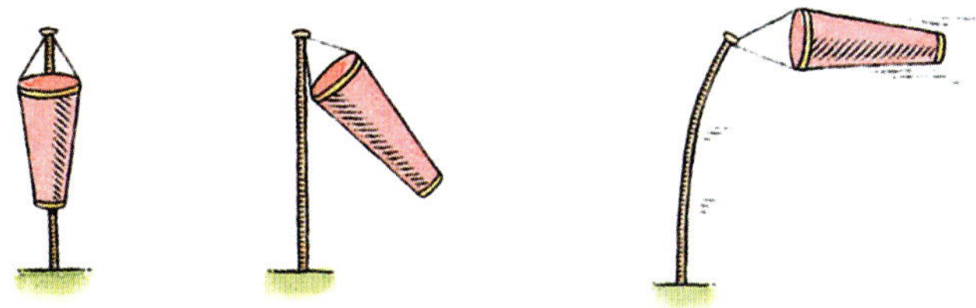

STRUCTURES LES PLUS HAUTES

Tours (y compris celles supportées par des haubans)	Hauteur en m	Année de construction
1 Burj-Khalifa, Émirats arabes unis	828	2009
2 Tour KTHI-TV, Dakota du Nord, États-Unis	628	1963
3 Tour CN, Toronto, Canada	553	1975
Immeubles d'habitations et de bureaux		
4 Tapei 101, Tapei, Taïwan	508	2003
5 World Financial Centre, Shangai, Chine	492	2008
6 International Commerce Center, Hong Kong, Chine	484	2010
7 Tours Petronas, Kuala Lumpur, Malaisie	452	1998
8 Willis Towers, Chicago, Illinois, États-Unis	443	1974
9 Jin Mao Building, Shanghai, Chine	421	1999
10 Two International Finance Center, Hong Kong, Chine	412	2003

Les tours Petronas en Malaisie comptent parmi les plus hauts immeubles d'habitation au monde.

LES PLUS LONGS PONTS SUSPENDUS

Les dix plus longs ponts suspendus du monde sont classés selon leur portée maximale, qui correspond à la longueur de la travée principale.

1 Pont du détroit d'Akashi
1 991 m, Japon, achevé en 1997
2 Pont de Xihoumen
1 650 m, Chine, achevé en 2009
3 Pont est du Grand Belt
1 624 m, Danemark, achevé en 1998
4 Pont de Runyang
1 490 m, Chine, achevé en 1964
5 Humber Bridge
1 410 m, Royaume-Uni, achevé en 1981
6 Pont suspendu de Jiangyin
1 385 m, Chine, achevé en 1999
7 Pont de Tsing Ma
1 377 m, Hong Kong, achevé en 1997
8 Pont Verrazano
1 298 m, États-Unis, achevé en 1964
9 Pont du Golden Gate
1 280 m, États-Unis, achevé en 1937
10 Pont de Yangluo
1 280 m, Chine, achevé en 2007

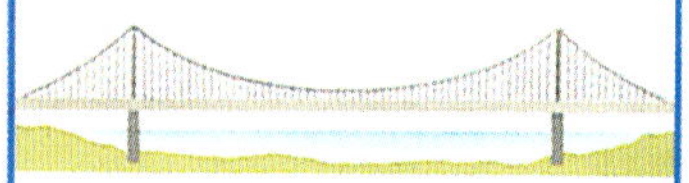

LES PLUS LONGS RÉSEAUX FERRÉS

Un classement par pays des dix plus longs réseaux ferrés du monde.

1 États-Unis
194 731 km
2 Russie
87 157 km
3 Chine
72 708 km
4 Canada
64 994 km
5 Inde
63 518 km
6 Allemagne
45 514 km
7 Australie
41 588 km
8 Argentine
34 463 km
9 France
32 682 km
10 Brésil
31 543 km

La longueur totale du réseau ferré mondial atteint 1 201 337 km.

Les données géographiques (altitude, superficie) sont sujettes à variations selon les saisons et les méthodes de mesure.

SURFACE ET VOLUME

Cercle
Rayon = r
Diamètre d = 2 x r

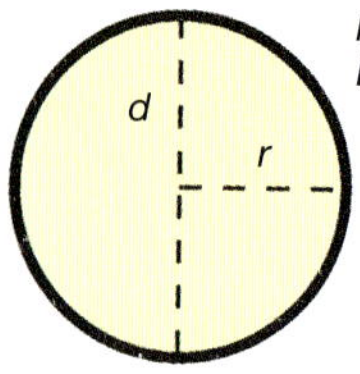

Circonférence = 2 x π x r
Surface = π x r²   (π = 3,1416)

Triangle
Hauteur h
Côtés a, b, c

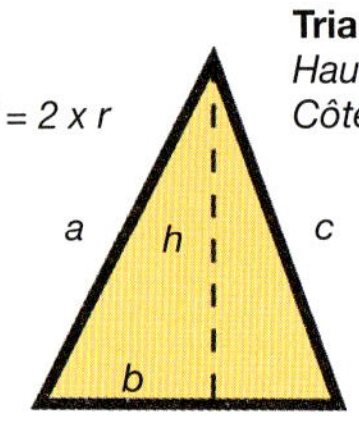

Périmètre = a + b + c
Surface = 1/2 x b x h

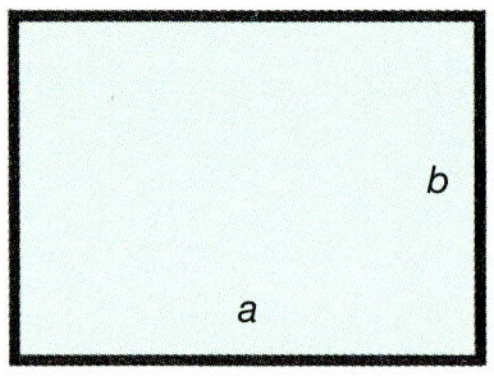

Rectangle
Côtés = a, b

Périmètre = 2 x (a + b)
Surface = a x b

Cylindre
Hauteur = h
Rayon = r

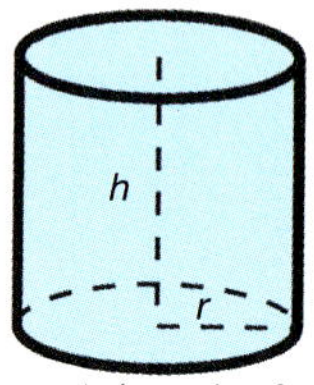

Surface = 2 x π x r x h (sans les faces opposées)
Volume = π x r² x h

Cône
Hauteur = h
Rayon = r
Côté = l

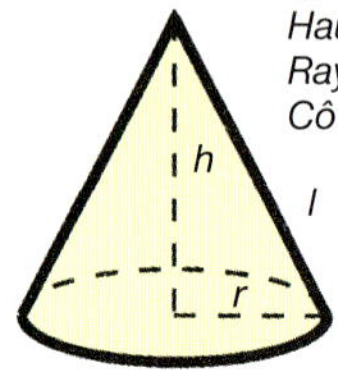

Surface = π x r x l (sans la base
Volume = 1/3 x π x r² x l

UNITÉS DE MESURE

UNITÉS GÉOMÉTRIQUES

Longueur

1 millimètre	10 micromètres (µm)
1 centimètre (cm)	10 millimètres (mm)
1 mètre (m)	100 centimètres (cm)
1 kilomètre (km)	1 000 mètres
1 mille	1 852 mètres
1 année-lumière (al)	9,4607 x 10¹² kilomètres

Aire, superficie ou surface

1 centimètre carré (cm²)	100 millimètres carrés (mm²)
1 mètre carré (m²)	10 000 centimètres carrés
1 hectare (ha)	10 000 mètres carrés
1 kilomètre carré (km²)	1 million de mètres carrés

Volume ou capacité

1 centimètre cube (cm³)	1 millilitre (ml)
1 litre (l)	1 000 millilitres
1 mètre cube (m³)	1 000 litres
1 mètre cube	100 centimètres cubes

UNITÉS DE MASSE

Poids

1 kilogramme (kg)	1 000 grammes
1 quintal (q)	100 kilogrammes
1 tonne (t)	1 000 kilogrammes

UNITÉS DE TEMPS

Temps

1 minute (min)	60 secondes (s)
1 heure (h)	60 minutes
1 jour (d ou j)	24 heures

Fréquence

1 kilohertz (kHz)	1 000 herz (Hz)
1 mégahertz (MHz)	1 000 kilohertz
1 gigaherz (GHz)	1 000 mégahertz

UNITÉS MÉCANIQUES

Vitesse

1 kilomètre par heure (km/h)	0,277 mètre par seconde (m/s)
1 nœud	1,851 kilomètre par heure

Force

1 décanewton (daN)	10 newtons (N)

Énergie, travail, quantité de chaleur

1 kilojoule (kJ)	1 000 joules (J)
1 mégajoule (MJ)	1 000 kilojoules
1 wattheure (Wh)	3 600 kilojoules
1 kilowattheure (kWh)	1 000 wattheures

Puissance

1 kilowatt (kW)	1 000 watts (W)

Pression, contrainte

1 bar (var)	1 000 millibars (mbar)
1 bar	100 000 pascals (Pa)

UNITÉS ÉLECTRIQUES

Intensité de courant électrique

1 kiloampère (kA)	1 000 ampères (A)

Intensité de champ électrique

1 kilovolt (kV)	1 000 volts (V)

SYSTÈME BINAIRE

Dans le langage informatique, le système binaire est utilisé pour représenter les chiffres et les lettres. Le système binaire est basé sur deux chiffres, 0 et 1, qui correspondent à 2 états physiques distincts, 1 (pour conducteur) et 0 (pour non conducteur).

Décimal	Binaire
1	1
2	10
3	11
4	100
5	101
6	110
7	111
8	1000
9	1001
10	1010
11	1011
12	1100

SYMBOLES MATHÉMATIQUES

+	plus
–	moins
±	plus ou moins
x	multiplier
÷	diviser par
=	égal à
≠	différent de
≈	plus ou moins égal à
>	supérieur à
<	inférieur à
≥	supérieur ou égal à
≤	inférieur ou égal à
%	pour cent
√	racine carrée
π	pi (3,1416)
°	degré
'	minute
"	seconde

TABLE PÉRIODIQUE DE MENDELEÏEV

La table périodique classe les éléments chimiques selon leur nombre atomique (nombre de protons de chaque atome de chacun des éléments). Les éléments sont regroupés en rangées horizontales, appelées périodes, et en colonnes verticales, appelées groupes. Les éléments aux propriétés chimiques identiques (comme les métaux alcalins) se retrouvent dans le même groupe vertical.

Symbole chimique — **Fe**
Nombre atomique — **26**
Nom de l'élément — **Fer**
Masse atomique. — **55,847**
La masse atomique correspond au poids d'un atome de l'élément, comparé à celui d'un atome de carbone. Lorsque le chiffre est entre parenthèses, il renvoie au plus stable des isotopes.

1 H Hydrogène 1,008								
3 Li Lithium 6,941	4 Be Béryllium 9,012							
11 Na Sodium 22,990	12 Mg Magnésium 24,305							
19 K Potassium 39,098	20 Ca Calcium 40,08	21 Sc Scandium 44,956	22 Ti Titane 47,90	23 V Vanadium 50,941	24 Cr Chrome 51,996	25 Mn Manganèse 54,938	26 Fe Fer 55,847	27 Co Cobalt 58,933
37 Rb Rubidium 85,468	38 Sr Strontium 87,62	39 Y Yttrium 88,906	40 Zr Zirconium 91,22	41 Nb Niobium 92,906	42 Mo Molybdène 95,94	43 Tc Technétium (97)	44 Ru Ruthénium 101,07	45 Rh Rhodium 102,906
55 Cs Césium 132,910	56 Ba Baryum 137,34		72 Hf Hafnium 178,49	73 Ta Tantale 180,948	74 W Tungstène 183,85	75 Re Rhénium 186,207	76 Os Osmium 190,2	77 Ir Iridium 192,22
87 Fr Francium (223)	88 Ra Radium 226,025		104 Rf Rutherfordium (261)	105 Db Dubnium 262	106 Sg Seaborgium 263	107 Bh Bohrium 262	108 HS Hassium 265	10 MT Meitneriun 266

57 La Lanthane 138,906	58 Ce Cérium 140,12	59 Pr Praséodyme 140,908	60 Nd Néodyme 144,24	61 Pm Prométhéum (145)	62 Sm Samarium 150,4	63 Eu Europium 151,96	6 Gd Gadoliniun 157,25
89 Ac Actinium (227)	90 Th Thorium 232,038	91 Pa Protactinium 231,036	92 U Uranium 238,029	93 Np Neptunium 237,048	94 Pu Plutonium (244)	95 Am Américium (243)	9 Cm Curium (247)

Parallélépipède
Côtés = a, b, c

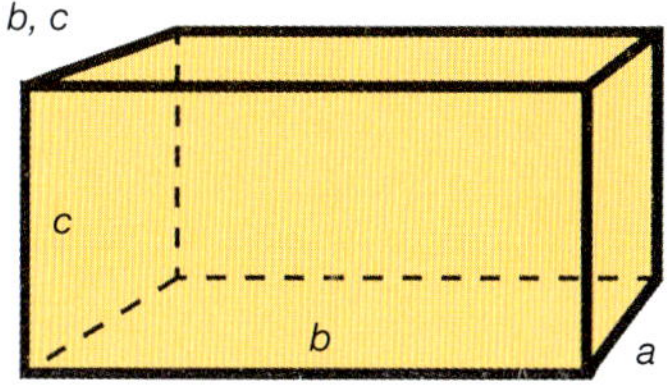

Surface = 2 x (ab + bc + ac)
Volume = a x b x c

Quantité d'électricité, charge
1 ampère-heure (Ah) 3 600 coulombs (C)

UNITÉS THERMIQUES
voir le tableau « Température et équivalences »

UNITÉS OPTIQUES
Intensité lumineuse
1 candela (cd)

INTENSITÉ SONORE
1 décibel (dB) 10 bels (B)

UNITÉS DE LA RADIOACTIVITÉ
Activité radionucléaire
1 curie (Ci) 3,7 x 10^{10} becquerels (Bq)

Dose absorbée
1 gray (Gy) 100 rad (rd)

UNITÉ DE QUANTITÉ DE MATIÈRE
1 mole (mol) : remplace la molécule-gramme.

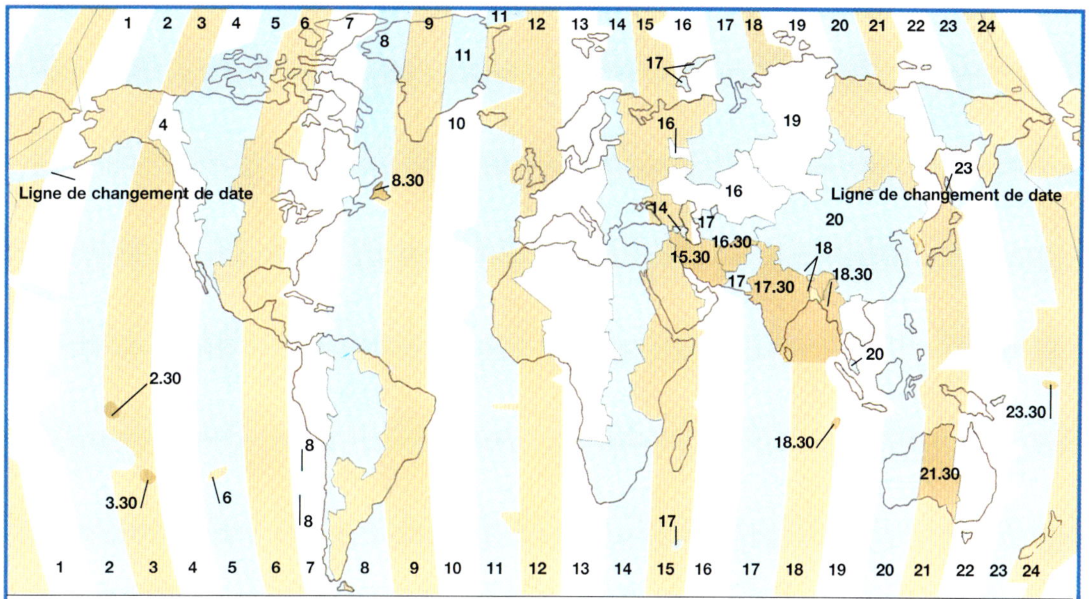

FUSEAUX HORAIRES

La Terre tourne sur elle-même et alors que le Soleil se lève sur certaines régions du globe il se couche dans d'autres. Ainsi, lorsqu'il est 5 heures à New York, il est 20 heures en Australie. Le monde a été divisé en 24 fuseaux horaires, correspondant aux 24 heures du jour, à partir de la ligne de changement de date qui suit le tracé du méridien d'origine, ou méridien de Greenwich. Les heures ont été calculées de façon qu'il soit midi vers le milieu de la journée et minuit vers le milieu de la nuit.

Métaux alcalins	*Métaux alcalino-terreux*
Métaux de transition	*Autres métaux*
Non-métaux	*Gaz rares*
Lanthanides	*Actinides*

De nouveaux éléments chimiques sont parfois découverts mais ne sont officiellement nommés et répertoriés qu'après un certain temps.

								2 **He** Hélium 4,003
			5 **B** Bore 10,81	6 **C** Carbone 12,011	7 **N** Azote 14,007	8 **O** Oxygène 15,999	9 **F** Fluor 18,998	10 **Ne** Néon 20,179
			13 **Al** Aluminium 26,982	14 **Si** Silicium 28,086	15 **P** Phosphore 30,974	16 **S** Soufre 32,06	17 **Cl** Chlore 35,453	18 **Ar** Argon 39,948
28 **Ni** Nickel 58,70	29 **Cu** Cuivre 63,546	30 **Zn** Zinc 65,38	31 **Ga** Gallium 69,72	32 **Ge** Germanium 72,59	33 **As** Arsenic 74,922	34 **Se** Sélénium 78,96	35 **Br** Brome 79,904	36 **Kr** Krypton 83,80
46 **Pd** Palladium 106,4	47 **Ag** Argent 107,868	48 **Cd** Cadmium 112,40	49 **In** Indium 114,82	50 **Sn** Étain 118,69	51 **Sb** Antimoine 121,75	52 **Te** Tellure 127,60	53 **I** Iode 126,905	54 **Xe** Xénon 131,30
78 **Pt** Platine 195,09	79 **Au** Or 196,967	80 **Hg** Mercure 200,59	81 **Tl** Thallium 204,37	82 **Pb** Plomb 207,2	83 **Bi** Bismuth 208,98	84 **Po** Polonium (209)	85 **At** Astate (210)	86 **Rn** Radon (222)
110 **Uun** Unnunillium 269	111 **Uuu** Unununium 272	112 **Uub** Ununbium 277		114 **Uuq** Ununquadium 285		116 **Uuh** Ununhexium 289		118 **Uuo** Ununoctium 293

65 **Tb** Terbium 158,925	66 **Dy** Dysprosium 162,50	67 **Ho** Holmium 164,930	68 **Er** Erbium 167,26	69 **Tm** Thulium 168,934	70 **Yb** Ytterbium 173,04	71 **Lu** Lutécium 174,97
97 **Bk** Berkélium (247)	98 **Cf** Californium (251)	99 **Es** Einsteinium (254)	100 **Fm** Fermium (257)	101 **Md** Mendélévium (258)	102 **No** Nobélium (255)	103 **Lr** Lawrencium (260)

TEMPÉRATURES ET ÉQUIVALENCE

Conversion des degrés Celsius en degrés Fahrenheit :
1 °F = 1 °C x 9/5 + 32
Conversion des degrés Fahrenheit en degrés Celsius :
1 °C = (1 °F – 32) x 5/9

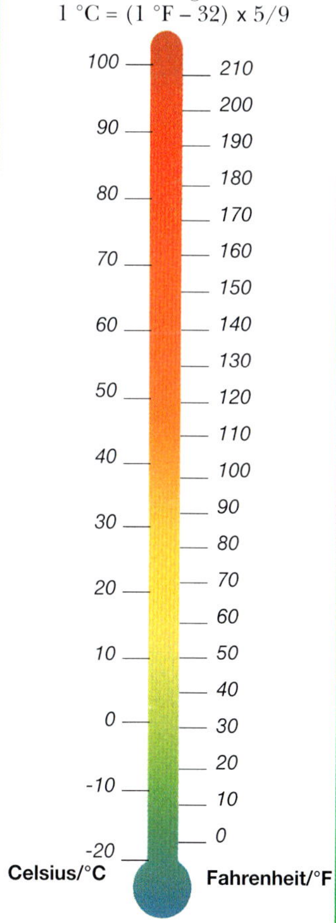

INDEX

Les numéros de page en **gras** renvoient à l'entrée principale, les numéros de page en *italique*, à la partie Faits et chiffres en fin d'ouvrage.

B

D

E

Q

R

S

T

U

V

W

X

Y

Z

REMERCIEMENTS

Consultants Simon Adams, Neil Ardley, Norman Barrett, Gerard Cheshire, Judy Clark, Chris Cooper, Margaret Crowther, John Farndon, Will Fowler, Adrian Gilbert, Barbara Gilgallon, Peter Lafferty, Margaret Lincoln, Antony Mason, Rupert Matthews, Dan McCausland, Steve Parker, Steve Peak, Theodore Rowland-Entwistle, Sue Seddon, Marilyn Tolhurst, Marcus Weeks, Philip Wilkinson, Frances Williams, Tim Wood, Elizabeth Wyse

Collaborateurs éditoriaux Sam Atkinson, Jane Birdsell, Lynn Bresler, Azza Brown, Liza Bruml, Caroline Chapman, Claire Gillard, Carl Gombrich, Samantha Gray, Sudhanshu Gupta, Lucy Hurst, Prita Maitra, Caroline Murrell, Pallavi Narain, Connie Novis, Louise Pritchard, Ranjana Saklani, Jill Somerscales

Collaborateurs artistiques Sukanto Bhattacharjya, Tina Borg, Duncan Brown, Darren Holt, Shuka Jain, Ruth Jones, Sabyasachi Kundu, Clare Watson, Simon Yeomans

Iconographes Ted Kinsey, Maureen Cowdroy, Diane LeGrand, Samantha Nunn, Deborah Pownall, Louise Thomas, Emma Wood

Cartographes Pam Alford, Tony Chambers, Rob Stokes, Peter Winfield

Photographe Stephen Oliver

RESPONSABLES THÉMATIQUES

Physique et chimie
Ian M. Kennedy BSc
Jeff Odell BSc, MSc, PhD

Culture et sociéte
Iris Barry
Margaret Cowan
John Denny B.Mus.Hons
Dr. Peter Drewett BSc, PhD, FSA, MIFA
Dr. Jamal, Islamic Cultural Centre
Miles Smith-Morris
Brian Williams BA
The Buddhist Society

Ressource terrestre
April Arden Dip.M
Hedda Bird BSc
Conservation Papers Ltd.
Peter Nolan, British Gas Plc
Stephen Webster BSc, M. Phil
Earth Conservation Data Centre

Sciences de la terre
Erica Brissenden
Alan Heward PhD
Keith Lye BA, FRGS
Rodney Miskin MIPR, MAIE
Shell UK Ltd.
Christine Woodward
The Geological Museum, London
Meteorological Office

Ingénierie
Karen Barratt
Jim Lloyd, Otis Plc
Alban Wincott
Mark Woodward MSc, DICC.Eng

Histoire
Dr. Anne Millard BA, Dip Ed, PhD
Ray Smith
The Indian High Commission
Campaign for Nuclear Disarmament

Médecine et corps humain
Dr. T. Kramer MB, BS, MRCS, LRCP
Dr. Frances Williams MB, BChir, MRCP

Musique
Simon Wales BA, MBA,
London Symphony Orchestra

Faune et Flore
Wendy Ladd and the staff of the Natural History Museum
London Zoo

Espace
National Aeronautics and Space Administration (NASA)
Neil MacIntyre MA, PhD, FRGS
John Randall BSc, PGCE
Christian Ripley BSc, MSc
Carole Stott BA, FRAS

Sport
Brian Aldred
David Barber
Lance Cone
John Jelley BA
International Olympic Committee

Technologie
Jeremy Hazzard BISC
Paul Macarthy BSc, MSc
Cosson Electronics Ltd.
Robert Stone BSc, MSc, C. Psychol, AFBsF, M.ErgS,
Advanced Robotic Research Ltd.
Stuart Wickes B. Eng

Transport
Doug Lloyd, Westland Helicopters
John Pimlott BA, PhD
Tony Robinson
Wing Commander Spilsbury, RAF
M. J. Whitty GI Sore.E

De plus, Dorling Kindersley souhaite remercier les personnes suivantes qui ont participé à la réalisation et à la production de cet ouvrage :

Liz Abrahams, BBC ; Alan Baker ; All England Tennis Club ; Alvis Ltd. ; Amateur Swimming Assoc. ; Apple UK Ltd. ; Ariane Space Ltd. ; David Atwill, Hampshire Constabulary ; Pamela Barron ; Beech Aircraft Corp ; Beaufort Air Sea Equipment ; Bike UK Ltd. ; BMW ; Boeing Aircraft Corporation ; BP Ltd. ; British Amateur Athletics Assoc. ; British Amateur Gymnastics Assoc. ; British Antarctic Survey ; British Canoe Union ; British Coal Ltd. ; British Forging Industry Assoc. ; British Foundry Assoc. ; British Gas Ltd. ; British Museum ; British Paper and Board Federation ; British Parachuting Assoc. ; British Post Office ; British Ski Federation ; British Steel ; British Sub-Aqua Club ; British Telecom International Ltd. ; Paul Bush ; Michelle Byam ; Karen Caftledine, Courtauld Fibres ; Martin Christopher, VAG Group ; Citroen ; CNHMS ; Colourscan, Singapore ; "Coca-Cola" and "Coke" are registered trade marks which identify the same products of The Coca-Cola Company ; Commander Richard Compton-Hall ; Lyn Constable-Maxwell ; Cottrell & Co Ltd. ; Geoffrey Court ; Sarah Crouch, Black & Decker Ltd. ; F. Darton and Co. Ltd. ; Department of Energy, Energy Conservation Support Unit ; Adrian Dixon ; DRG Paper Ltd. ; Patrick Duffy, IBA Museum ; Earth Observation Data Centre ; Electronic Arts ; Embassy of Japan, Transport Department ; Esso Plc ; Eurotunnel Ltd. ; Ford UK Ltd. ; Sub Officer Jack Goble, London Fire Brigade ; Julia Golding ; Brian Gordon ; Paul Greenwood, Pentax Cameras Ltd. ; Patrick and Betty Gunzi ; Hamleys, Regent Street, London ; Helmets Ltd. ; Jim Henson Productions Ltd. ; Alan Heward, Shell UK Ltd. ; cartoon frames taken from "Spider in the Bath", reproduced by permission from HIBBERT RALPH ENTERTAINMENT © and SILVEYJEX PARTNERSHIP © ; Hoover Ltd. ; Horniman Museum ; House of Vanheems Ltd. ; IAL security products ; ICI Ltd. ; Ilford Ltd. ; Imperial War Museum ; Institute of Metals ; Institution of Civil Engineers ; Janes Publications Ltd. ; Nina Kara ; Jonathan Kettle, Haymarket Publishing ; Julia Kisch, Thorn EMI Ltd. ; Kite Shop, London ; Sarah Kramer ; Krauss-Maffei GMBH ; Lambda Photometrics Ltd. ; Sandy Law ; Richard Lawson Ltd. ; Leica GmbH ; Leyland Daf Ltd. ; London Transport Museum ; London Weather Centre ; The Lord Mayor of Westminster's New Year Parade ; Lyndon-Dykes of London ; Joan MacDonnell, Sovereign Oil and Gas Ltd. ; Neil MacIntyre ; Marconi Electronic Devices Ltd., Lincoln ; Paul McCarthy, Cosser Electronics Ltd. ; McDonnell Douglas Aircraft Corporation ; Philip Mead ; Mercedes ; The Meteorological Office, London ; Ruth Milner, Comark Ltd. ; A. Mondadori Editore, Verona ; Mysteries New Age Centre, London ; National Army Museum ; National Grid Company Ltd. ; National Physical Laboratory ; National Remote Sensing Centre, Farnborough ; Nautilus Ltd. ; Newcastle Hindu Temple ; Helene Oakley ; Olympus Ltd. ; The Ordinance Survey ; Osel Ltd. ; Otis PLC ; Gary Palmer, Marantz Ltd. ; Personal Protection Products ; Pilkington Glass Ltd. ; Pioneer Ltd. ; Philips Ltd. ; Porter Nash Medical ; Powell Cotton Museum ; John Reedman Associates ; Renaissance Musée du Louvre ; Robertson Research Ltd. ; Tony Robinson ; Rockware Glass Ltd. ; Rod Argent Music ; Rolls Royce Ltd. ; Liz Rosney ; Royal Aircraft Establishment ; Royal Astronomical Society, London ; Royal Military Academy, Sandhurst ; SNCF ; Andrew Saphir ; Malcolm Saunders, Simon Gloucester Saro Ltd. ; Seagate Ltd. ; Sedgewick Museum ; Shell UK Ltd. ; Skyship International Ltd. ; Dennis Slay, Wessex Consultants Ltd. ; Amanda Smith, Zanussi Ltd. ; Ross Smith, Winchcombe Folk Police Museum ; Sony Ltd. ; Rachael Spaulding, McDonald's Restaurant Ltd. ; Stanfords Map Shop, London ; Steelcasting Research and Trade Assoc. ; Stollmont Theatres Ltd. ; Swatch Watches Ltd. ; Tallahassee Car Museum ; Texaco Ltd. ; The Theatre Museum, Covent Garden, London ; Toyota ; Trafalgar House, Building and Civil Engineering ; Trevor Hyde ; Wastewatch ; Jim Webb ; Westland Helicopters Ltd. ; Westminster Cathedral ; Malcolm Willingale, V Ships, Monaco ; Wiggins Teape Ltd. ; Howard Wong, Covent Garden Records, London ; Woods Hole Oceanographic Institute ; Yarrow Shipbuilders Ltd. ; The YHA Shop, London.

CRÉDITS PHOTOGRAPHIQUES

L'éditeur aimerait remercier les personnes suivantes pour l'avoir autorisé à reproduire leurs photos :

Abréviations : b = en bas, c = au centre, d = à droite, g = à gauche, h = en haut.

A

Action Plus : Glyn Kirk 525 bg ; Richard Francis 367 bg, 695 gh.
Airship Industries : 136 cbd.
AKG London : 198 h, 198 c, 374 bc, 590 bg ; Michael Teller 374 c.
Alexander Max : 498 bd.
Alexander Photography Bryan And Cherry : 446 bc.
Allsport : 152 cg ; Ben Bradford 160 cg ; Howard Boylan 616 cg ; Shaun Botterill 497 bg.
Alvis Ltd : 607 bd.
Ancient Art & Architecture Collection : 200 gh, 704 gh, 704 bc ; N.P.Stevens 263 hd ; Ronald Sheridan 200 bg, 358 chg, 397 gh, 412 cbd, 473 hd, 473 bc, 536 bg, 591 ch, 664 gh.
Animal Photography : Sally Anne Thompson 537 bg.
Animals Unlimited : Patty Cutts 537 cd.
Apple : 392 c
Archaelogical Museum National : 38 cg.
Archive The Art : 175 bc, 308 cg, 308 bg, 366 hd, 366 cbd, 411 cd, 448 bg, 533 bc ; Paris, bibliothèque des Arts Décoratifs : 680 c ; Château Malmaison 309 chg.
Ardea London Ltd : 218 hd ; Francies Gohier 216 bc.
Ashmolean Museum, Oxford : 262 bc.
Ashmore Catherine : 135 c.
Associated Press AP. : 106 cg, 307 cd, 420 cbd, 692 cbd.
Audley Neil : 110 bg.
Australian Overseas Information Services, London : 13 bc, 121 bg.
Australian Tourist Commission : 116 bg.
Autodesk : 239 bg
Aviso : 245 gh.
Axiom : Chris Bradley 26 c ; Chris Caldicott 26 cg, 27 hd, 589 bd.

B

Barnaby's Picture Library : 672 bg.
Barrett N.S. : 269 hd.
Beech Aircraft Corporation : 454 cgb, 454 bc.
Belle Page : 84 bd, 209 cbd, 258 h, 346 ch, 690 bc.
Bibikow Walter : 612 bg.
Bite Communications Ltd. : 392 cg, 392 c.
Boeing Company The : 124 ch.
Brandt D. C., Joyce and Partners : 80 cb, 81 cgb.
Bridgeman Art Library, London/New York : Archivo de la Cathedral Oviedo Alfonso III c838-910 567 gh ; Ashmolean Museum Oxford Chinese Stirrup 6th-7th century bronze 279 hd ; Bibliothèque Nationale, Paris 531 c ; Bristol City Museum Art Gallery Bristol Harbour 1785, par Nicholas Pocock 283 gh ; British Museum 53 cb, Benin sword 613 bc ; British Museum London, Nineveh Epic of Gilgaresh (clay tablet 7th Century bc) 664 gh ; British Museum, London 51 gh, 113 cb, 457 cg, 531 gh ; Cairo Museum/Giraudon 41 cgb ; portrait par A. Dürer, 1521 ; 613 bd ; Château de Versailles 405 c ; Chester Beatty Library & Gallery of Art 409 bc ; Christies, London 20 bg, 88 bg, 573 hd, 625 bg ; City of Bristol Museum Art Gallery 412 gh ; Dept. of the Environment 722 chd ; Eton College, Windsor 457 cd ; Fabbir 169 cb ; Forbes Magazine Collection, 490 cbd ; Galleria dell Accademia Firenze 591 bg ; 42 chg, 350 gh ; 436 bd, 526 hd ; *Henry Wrothesley 3rd Earl Southampton* 644 cg ; Hertford Cathedral 163 gh ; Lauros Girandon Musée de la Ville de Paris, Carvaralet 527 hd ; Liberty and Co. London 1972 Bauhaus fabriqué par Collier and Campbell pour Liberty 237 bd ; Louvre, Paris 334 hc, 358 bc, 534 hc, 585 bc ; Mallett & Sons Antiquities, London 474 cg ; Mozart Museum, Salzburg, Autriche, *Mozart et sa sœur Maria-Anna*, ivoire par Eusebius Johann Alphen 123 c ; Musée Conde, Chantilly 333 bc ; Musée d'Orsay, Paris (© DA CS) 532 cd ; Musée des Beaux-arts, Tourcoing, Giraudon 159 bd ; National Army Museum, London 381 hc ; National Maritime Museum, Greenwich 450 hd ; New Zealand High Commission, London 498 cg ; Oriental Museum, Durham University 553 gh ; Prado, Madrid 285 hd, 289 cg, 366 gh ; Private Collection, Chariot, Qin Dynasty 193 hd, The Charge of the Light Brigade 433 hd, Sherlock Holmes 433 cbd, 436 bd, 299 cd ; Queenland Art Gallery, Brisbane 12 hg ; Roy Miles Gallery, London 404 bc ; Royal Albert Memorial Museum Olandah Equiano portrait 1780's 283 bc ; Sante Maria delle Grazie, Milano 412 bg ; *Self Portrait with Gloves*, 1498 (panel) par Albrecht Dürer, Prado, Madrid, Spain 49 hd ; Buste de Sir Francis Bacon par Roubillac 644 cd, 283 hd, 713 hd ; *Snow White and the Seven Dwarves*, c.1912 (brock print), English School. Stapleton Collection, UK. 49 b ; Staaliche Museen zu Berlin 165 bc ; T.U. C. London 346 cb ; Tate Gallery, London 128 bc ; Victoria & Albert Museum, London 380 bg Wilberforce House Museum, Hull The Kneeling Slave 18th century, England (painting) 283 cg ; William Morris Gallery, Walthamstow 182 bd.
William Morris, portrait par Hollyer 532 bc.
Brierly Paul : 652 bg.
British Airways Archive Museum Collection : 171 cda, 684 hd.
British Library, London : 38 bg, 311 bg, 311 bc, 434 hg, 475 bg, 499 cgb, 538 cda, 538 cbd.
British Museum : 342 hd.
British Museum, London : 127 cg, 38 bd, 342 hd, 455 bc ; Museum of Mankind 455 hg.
British Steel : 315 cg, 315 cbd.
British Tourist Authority : 614 bg.

C

Camera Press : 144 bd, 582 cb.
Coca-Cola Company : 578 hd, 578 cd.
Coleman Bruce Ltd : 54 cd, 56 chd, 77 bd, 142 cg, 148 bg, 159 cg, 168 cbd, 183 cg, 184 hd, 189 cd, 191 hg, 218 bd, 218 bg, 219 cg, 252 c, 268 cgb, 296 bg, 300 bc, 303 bd, 315 cgb, 331 cg, 336 bc, 488 cd, 494 cg, 504 bc, 504 bcd, 510 bg, 510 cbd, 510 hc, 516 bg, 541 chd, 551 cbd, 636 hg, 673 hg, 675 bc, 676 cg ; Jack Dermid 606 hg ; A.J. Deane 382 bd ; Alain Compost 45 hg, 451 bg, 513 hd, 675 cbd ; Bernol Thies 606 chg ; Bob and Clara Calhoun 517 cgb ; Brian and Cherry Alexander 628 hd ; Brian Coates 149 bg, 504 bcg, 509 bg ; C.B. Frith 511 bc ; C.B. & D.W. Frith 146 c ; C.B. Frith 185 hd, 444 hg ; Charles Henneghein 201 bc, 421 hd, 284 bg ; charlie Ott 425 cg ; Chris Hollerbeck 296 hg, 338 bg ; Colin Moyneux 677 hc ; David C. Houston 384 bg ; David Davies 224 bc ; David Hughes 605 hg ; Dieter & Mary Plage 696 cbd, 488 cg ; Douglas Pike 15 cg ; Dr Echart Pott 429 bc, 559 bg ; Dr Frieder Sanct 469 c ; E. Breeze-Jones 583 hg ; Eric Crichton 318 cb ; Erwin and Peggy Bauer 317 bg ; Fitz Prenzel 112 bg ; Frans Lanting 387 cbd ; Fransisco Erize 541 bc ; Fritz Penzel 92 cgb, 512 hd ; G. D. Plage 43 hg, 185 c, 184 cg, 355 cg ; G. Zienter 172 cbd ; Gene A. Ahrens 295 hg ; Gerald Cubitt 70 cgb, 93 bc, 293 cd, 373 bc, 445 bg, 502 c, 535 hg, 697 hg ; H. Rivarola 12 cg, 203 cg ; Hans Reinhardt 179 hd, 306 bg ; 445 cb ; Hans Richard 266 hd ; Herbert Kranawetter 333 cg ; Inigo Everson 587 hc, 587 cd ; Jane Burton 173 cbd, 255 bc, 572 cg, 604 hg, 642 bc, 653 bc ; Jaroslav Poncar 251 chg ; Jeff Foott 541 cb, 642 c ; Jeff Simon 421 cgb ; Jen and Des Barrlett 354 hd ; Joe Van Wormer 587 bg ; John Markhom 538 cgb ; John Shaw 36 cg, 471 cgb, 552 bd, 674 c ; John Topham 331 hd ; John Wallis 511 bg ; Jonathan T. Wright 409 cg ; Jonathan Wright 140 hd, 461 hg ; Joseph Van Werner 511 bd ; Keith Gunner 476 cg ; Kim Taylor 173 cdh, 267 bc, 463 hg, 472 bg, 523 cg, 679 cg ; L.C. Marigo 71 ch, 259 bd, 368 bd, 568 bc ; Lee Lyon 145 cd ; Leonard Lee Rue III 57 cgb, 233 bd ; Liz Marigo 474 cb ; M. Timothy O'Keefe 595 hd ; Marquez 449 hg ; Michael Fogden 234 hd, 542 bd ; Michael Freeman 196 bd, 373 cgb, 391 bc ; Michael Klinec 377 hd, 174 bg ; Michel Viard 173 hg ; N.A.S.A. 254 hg, 439 bg, 673 cd ; Neville Fox-Davies 481 cgb ; Norbert Rosig 306 hd ; Norbert Schwertz 710 cbd ; Norman Myers 16 bd, 559 hd, 648 bg ; Norman Owen Tomalin 60 hg, 224 chd, 492 chd, 641 hd, 647 cbd ; Norman Plyers 355 hd ; Norman R. Lightfort 371 c ; R. Campbell 327 cbd ; R.I.M. Campbell 79 ch, 79 cg ; Robert Perron 542 cd ; Rod Williams 521 bc, 648 cg ; Ron Cartnell 354 bd ; Stephen J. Krasemann 57 hg, 164 hd ; Udo Hirsch 379 cg ; Vatican Museums and Galleries, Rome 531 cgb ; Walter Lankinen 112 bc, 372 cb, 372 bg, 421 cg ; Werner Stoy 673 c, 710 cgb.
Collection Viollet : 411 hg.
Collections : Bill Wells 495 bc ; Keen 616 cd ; Brian Shuel 395 cd, 396 bg ; Gena Davies 525 chg ; John Callan 558 bd ; John Miller 24 bg ; Nigel Hawkins 68 bg ; Richard Davies 260 c ; Sandra Lousada 616 bd ; Select 398 bc.
Colorific ! : Eric Sampers 486 bg ; Joe McNally/Wheeler Pics 697 cda ; Roger de la Harpe 22 hd.
Columbia Pictures : 229 bg.
Cook Thomas Archive : 680 bg.
Corbis : 240 b, Archivo Iconografico S.A. 689 bg ; Dean Conger 99 b, 622 b, 689 cg ; Marianna Day Massey/ZUMA 84 bg ; Bryan Denton 482 cd ; dpa 47 bd ; Owen Franken 344 bg ; Jamie Grill/Tetra Images 413 hd ; Harald A. Jahn ; Harald Jahn 582 cb ; Koichi Kamoshida/ZUMA Press 280 b ; Douglas Kirkland 116 bd ; Gary Knight/VII 582 cd ; Carol Kohen/cultura 68 bd ; Kyodo/XinHua/Xinhua Press 640 bg ; Lawrence Manning 667 bg ; Ocean 196 hd ; davydov oleg/ITAR-TASS Photo 100 bd ; Erich Schlegel 418 cg ; Schlegelmilch 330 hd ; Penny Tweedie 13 bd ; Uwe Zucchi/dpa 93 cd ; Earland Nasima Kowall 100 bd ; John Noble 44 b ; Lawrence Manning 565 cbd ; Michael St Maur Sheil 529 bc ; Nik Wheeler 286 bd ; Stephanie Maze 629 hc.
Customs & Excise H.M. : 14 bg.

D

Davis James Travel Photography : 500 cd, 528 cg, 565 b, 687 bg, 688 bd.
Dixon C.M. : 380 hg.
Dominic Photography : Zoe Dominic 644 bg.
Dominic Zoe : 512 c, 512 bd.
Douglas Dickens : 105 cd.
Duncan Brown : 620 hd, 620 c, 620 bd.
Dyson Courtesy of : 237 bc.

E

Earth Satellite Corporation : 415 cbd.
Empics Ltd : 270 cd, 416 hd ; 305198 321 cd ; Andy Heading 658 cg, 658 bg ; Tony Marshall 270 hg.
English Heritage Photo Library The : Down House 230 bg ; Jonathan Bailey, Down House 230 hg.
English T. Malcolm : 370 bc.
Environmental Images : 694 bc ; Graham Burns 253 c ; Steve Morgan 346 ch ; Toby Adamson 340 bg.
Essindi : 269 c.
European Parliament Photolibrary : 690 cg, 690 bg.
European Space Agency : 110 cda, 565 cdh.
Evans Mary Picture Library : 14 cbd, 21 hd, 21 hg, 42 cgb, 46 hg, 51 bd, 52 ch, 52 hg, 52 hc, 67 cg, 77 bc, 77 cd, 78 hd, 79 bc, 89 h d, 90 hg, 113 bg, 113 hd, 121 cg, 121 hg, 125 bd, 135 cd, 136 cg, 136 hg, 147 hg, 148 bc, 148 c, 153 hd, 158 cbd, 159 cg, 162 cg, 165 hg, 181 hg, 193 bg, 194 cgb, 195 c, 207 hd, 208 bg, 214 bd, 214 bg, 214 cd, 228 bg, 228 bg, 228 cd, 229 hg, 230 bc, 232 cg, 232 hd, 240 cd, 247 hg, 249 c, 252 cg, 259 bg, 260 hg, 260 hc, 266 bg, 272 cgb, 274 bc, 282 cgb, 283 bg, 283 cd, 289 cbd, 289 h, 300 hg, 313 hd, 316 hg, 333 bd, 334 chg, 340 hc, 341 bg, 344 bd, 344 hg, 345 hg, 352 c, 353 chg, 359 cgb, 368 hg, 369 bg, 376 hg, 377 cg, 377 hg, 378 bc, 386 hd, 397 cb, 405 hg, 405 hc, 410 cg, 411 bc, 412 bc, 416 c, 417 hg, 429 cg, 436 hg, 453 bg, 457 bd, 457 bg, 458 bc, 458 cb, 459 hd, 460 hd, 470 cgb, 475 bc, 475 cbd, 479 cb, 489 bg, 489 cgb, 490 bg, 493 cda, 513 bg, 525 bd, 527 cg, 527 hc, 530 hd, 534 hd, 542 cgb, 542 hd, 546 hg, 551 cd, 551 cd, 552 hd, 553 cdh, 557 hg, 561 cd, 567 bg, 576 chg, 576 hg, 576 hc, 581 c, 581 hd, 584 hd ; 590 bd, 599 hg, 601 bc, 601 cgb, 601 hg, 602 cb, 602 hd, 624 bg, 625 bc, 625 c, 631 hd, 631 hg, 632 bg, 632 cg, 634 bc, 634 ch, 635 ch, 635 hg, 637 ch, 646 cdh, 652 hc, 656 hd, 667 bc, 668 hg, 672 hg, 674 b, 675 hg, 676 hd, 678 hg, 682 cd, 682 cd, 694 hd, 695 hd, 701 hg, 742 hg, 743 cb, 743 cg, 743 ch, 743 hc, Explorer 351 chg, 351 cg, 599 cg ; Illustrazione 309 hd ; ILN 661 cg.
Eye Ubiquitous : David Cumming 528 hg ; David Foreman 688 bg ; Helen A. Lisher 616 hg ; Mike Southern 500 hg ; P. Maurice 688 hc ; Tim Durham 565 cb.

F

Family Life Picture Library : Angela Hampton 209 c, 392 bd.
FLPA – Images of Nature : 510 cg, 671 cgb ; Dick Jones 472 bc ; Roger Wilmshurst 83 chd ; W.S. Clark 60 hg.
Fogden Michael & Patricia : 319 cd.
Ford Motor Company Ltd : 577 cg, 694 cg.
Forman Arc hive Werner : 107 hd, 275 hd, 489 bc, 702 bg ; British Museum 107 cgb ; Metropolitan Museum of Art, New York 474 hd ; M. & Mrs C. D. Wertheim 410 cd.
Format Photographers : Jacky Chapman 162 hd, 253 cda ; Karen Robinson 269 cg ; Mo Wilson 346 hg ; Sasha Lefreund 346 cg.
Fortean Picture Library : Allen Kennedy 308 hg.
French Railways : 681 cg.
Frost John Historical Newspapers : 638 hg.

G

Gamma : Marc Deville, 558 bg.
General Motors Corporation : 649 bg.
Geoscience Features : 341 hd, 361 bc, 537 cbd, 640 bg.
German National Tourist Office : 48 b.
Giraudon Photographie : 311 ch, 366 bc ; Lauros 490 cg.
Greenpeace Inc : 292 hg.

H

Hachette-Livre : 163 c, 209 cd, 209 cg ; Doisneau 231 c ; 231 gh, 231 cg, 231 bd, 231 bg, 241 c, 241 bc, 241 bg, 241 bd, 247 bd, 249 cd, 258 h ; A. Petit Photo Forest 260 hd ; Velpy 260 chg ; 345 gh ; 345 bd ; 345 hd L'assemblée nationale est envahie ! Annales de la république française. Lithographie de J. Arnout d'après V. A dam, 1848. Paris, BNF, Estampes (collection de Vinck 14193, tome 113 fol. 5 ; 346 bd ; 346 cg Gravure extraite de l'*Illustration* du 16/12/1848, p. 249 ; 392 cg ; 431 cg Cliché de Nadar ; 432 hd *Gargantua au berceau.* Gravure d'Alfred Robida, extraite des Œuvres de Rabelais ; 432 chd *Gargantua à Paris, acclamé par le peuple*. Paru dans le n° 2 de l'Univ. 3ᵉ année p. 99 ; 432 bd *Le Corbeau et le Renard ;* 432 bd ; 433 gh Sculpture par Houdou ; 433 c statue de J.-P. Dantan dit le Jeune, musée Carnavalet ; 433 cd gravure de Félix Valloton ; 433 cbd ; 433 bg ; 434 cd ; 35 hg ; 435 c ; 435 bd ; 522 c ; Paris, musée du Louvre : 533 gh *Les Attributs de la musique* par J.- B. Siméon Chardin, 533 c *Écho et Narcisse* par Nicolas Poussin ; Paris, musée d'Orsay 534 hd *Femmes au jardin* par Claude Monet, 534 c ; *Portrait de l'artiste* par Vincent Van Gogh, 534 bg *La Charmeuse de serpents* par Henri Rousseau dit Le Douanier Rousseau ; Minneapolis, Institute of Arts : 534 bd *Paysage près d'Arles* par Paul Gauguin ; 646 cbd ; 676 hd ; 676 cd ; 690 cd, 731 bg.
Halliday Sonia Photographs : 183 cdh, 272 bc, 274 hg, 308 cd, 331 b ; James Wellard 42 hc ; R.H.C. Birch 358 hd.
Hamilton David : 614 cg.
Hampshire County Constabulary : 557 cda.
Harding Robert Picture Library : 16 hg, 17 bd, 19 hd, 26 bd, 27 bd, 28 cd, 32 cg, 33 cg, 55 hc, 58 hd, 64 hd, 72 bc, 85 cd, 85 bc, 101 hd, 103 cg, 110 cd, 157hc, 190 hg, 190 cd, 193 cb, 193 cb, 193 bc, 193 bc, 205 cg, 330 cg, 330 b, 394 bg, 394 bd, 402 bg, 409 hg, 482 cd, 497 bd, 497 h, 636 hd, 636 cgb ; Adam Woolfit 131 hd, 134 bc ; C. Bowman 60 cd ; David Hughes 690 bc ; F.J. Jackson 44 cg ; Frans Lanting 190 c ; Fraser Hall 28 bc ; G.P. Corrigan 81 hg ; G. Renner 38 hc ; G. Boutin 26 bg ; G.M. Wilkins 29 hc ; G.R. Richardson 47 bg ; Gavin Hellier 123 bd, 28 ch ; Goldstrand 134 cd ; J.K.Thorne 418 bg ; James Sarachan 99 hd ; Jeff Greenberg 524 cg ; Jeremy Lightfoot 357 c ; J.H.C. Wilson 384 cg ; Julia Thorne 566 bg ; Michael Jenner 407 bd, 484 b ; Mitsuaki Iwago 73 hd ; Paul van Riel 403 bd ; Phil Robinson 133 bd ; R. Ashworth 394 hg ; R. Cundy 60 ch ; Rob Cousins 157 cd ; Robert Cundy 28 cgb ; Robert Francis 118 cg ; Robert Frerck/Odyssey 60 cg ; Roy Rainford 58 bg ; T. van Goubergen 529 hc ; T. Waltham 61 hd ; Thierry Borridon 329 bg ; Victor Engelbert 33 cd ; Weisbecker 383 cd.
Henson Association Inc. : 451 cd, 451cb. Framestaken from « Spider in the Bath. Reproduit avec l'aimable autorisation de Ralph Entertainment © et Silveryjex Partnership : 240 h.
Higashiyama Kaii : 532 hd.
Historical Society of Pennyslvania The : 711 bg.
Hoffman David : 558 cbd.
Holford Michael : 128 hg, 128 gb, 175 c, 261 cbd, 380 bd, 537 cb, 540 cd, 547 bd ; British Library 204 cd ; british Museum 487 hd.
Holt Studios International : Dunchn Smith 41 bg ; Richard Anthony 665 cd.
Houses & Interiors : Nick Huggins 238 cgb.
Hulton Getty : 27 hg, 98 hd, 121 cb, 143 hg, 685 hd, 270 cg, 270 cd, 270 cb, 270 bg, 271 hg, 271 hd, 153 hg, 153 bg, 161 hg, 161 bg, 211 bc, 226 bc, 264 hg, 264 hd, 269 bc, 479 hd, 690 gh, 42 bc, 342 hg, 374 hd, 381 cg, 381 c, 397 cgb, 405 cg, 410 cb, 429 hg, 312 hg, 580 hd, 610 hg, 635 cbd, 635 bg, 30 cb, 106 cgb, 692 cg, 491 hg, 249 bc, 575 cgb, 637 bg, 638 c, 638 cgb, 638 cb, 742 bg ; Bettmann Archive 80 cg, 161 cd ; Bettmann/UPI 561 cbd ; Douglas Miller 269 cd ; Ernst Haas 264 c ; Keystone 162 bd ; Keystone, Max Schneider, Zurich 30 cgb ; MPI Archives 147 hd ; Val Doone 558 hg.
Hutchison Library : 85 cg, 54 hg, 97 bd, 98 bd, 150 cg, 151 hd, 151 chg, 24 cd, 194 bc, 205 bg, 211 bg, 384 c, 502 cg, 503 hd, 400 bd, 536 hd, 253 hg, 650 c, 62 cg, 63 hd, 64 hg, 31 cg, 33 bg ; Anna Tully 459 bg ; B. Regent 540 bc, 33 hg ; Bernard Green 650 hg ; Bernard Regent 24 bg, 24 bc ; Carlos Freste 382 bc ; Christina Dodwell 502 bg ; Christine Pemberton 98 hg ; 98 c dispin Hughes 35 bg, 131 hc, 31 cd, 33 chd ; Eric Lawrie 63 hg ; F. Greene 98 c ; Felix Greene 578 bd, 448 cd ; H.R.Dorig 457 hg, 66 cbd ; Jeremy Horner 97 cbd, 190 cg ; John Downman 61 bd ; John G. Egan 132 cd ; Juliet Highey 383 hg ; Kerstin Rodseps 249 hg ; Leslie Woodhead 32 hg ; M. Friend 133 cg ; M. Jeliffe 25 hd ; Mary Jeliffe 26 hd ; Maurice Harvey 622 cgb ; Melanie Friend 132 b ; N. Durrell McKenna 192 hd ; Nick Hadfield 253 bg ; Nick Haslam 524 hd, 524 bg, 622 cd, 134 hd ; Nigel Sitwell 151 cd ; P. Moszynski 460 cd ; P.E. Parker 701 bd ; Philip Wolmuth 269 cbd ; R. Ian Lloyd 220 bc ; Richard Howe 150 bd ; Robert Aberman 687 bd ; Robert Francis 97 cda ; Sarah Erinngton 17 c, 25 bc, 189 bd, 444 bc, 444 bd, 35 hg, 71 bg, 41 hg, 23 bd, 32 bd ; Timothy Beddow 35 c ; Titus Moser 100 hd ; Trevor Page 596 bg, 99 cg ; V. Ivleva 99 cd ; Vanessa S. Boeye 97 bg.
Jacqui Hurst : Robert Aberman 483 bd.

I

I.A.L. Security Products : 584 cd.
I.C.I. : 675 cb.
Illustrated London News Picture Library : 381 bg, 683 bd.
Image Bank : 55 bd, 62 cg, 62 b, 65 cg, 65 bd, 94 hd, 96 bd, 101 bc, 118 hg, 118 bd, 127 cbd, 138 bg, 155 c, 155 bc, 156 c, 160 hd, 160 bg, 160 bd, 174 cg, 191 cd, 191 bg, 214 hd, 273 bc, 273 bc, 208 hg, 233 hg, 288 hg, 322 hg, 332 bg, 338 bc, 376 bc, 400 hg, 400 bg, 407 bg, 414 cd, 483 cg, 485 hg, 505 cd, 655 hg, 656 hg, 658 cg, 658 bd, 671 bg, 682 hd, 683 bc, 697 bc, 705 bc, ; Alan Beeker 683 ch ; Alex Hamilton 441 bc ; Andrea Pistolesi 608 hg ; Anne der Vaeren 261 hg ; Anthony A. Broccaccio 639 cg ; Ben Rose 542 c ; Bernard van Berg 332 hd ; Brett Frooner 530 bc ; Brian McNeely 313 chg ; Colin Molyneux 170 hg ; 269 bg ; David Hiser 421 ch ; David Martin 441 hd ; David W. Hamilton 178 hc, 296 hd ; Don Klumpp 482 b, 484 hd ; Dr.J.Gebhardt 245 cb ; Eric L. W heeler 172 cb ; Erik Leigh 493 cbd ; Francis Hildago 379 bc ; Francisco Ontanon 285 bg ; Frank Roiter 128 cbd ; Fulvio Roiter 356 bc ; G.A.Wilton 243 hd ; G. Gundberg 629 bd ; G. Rontmeester 617 bc ; Gary Gladstone 208 hg ; Georgina Bowater 48 h ; Gianalberto Cigolini 196 hg ; Giulliano Colliva 155 bg ; Guido Alberto Rossi 658 cg, 284 bc, 156 cd, 401 cg, 285 bd ; Harold. Sand 467 cd, 298 hd ; Hank Delespinesse 656 cg ; Isy-Schwart 316 cg ; J. Bronsseau 215 cbd ;
J. Bryson 74 bg ; Jean Pierre Pienchat 552 bg ; Joe Azzara 611 hd ; John P. Keely 658 bd ; Joseph B. Brignolo 483 hd, 564 cbd, 153 bg ; Kay Charmost 259 cg ; Kaz Mori 673 cg ; Kodansha Images 139 hd ; Lou Jones 651 bc ; Luis Chstaneda 307 bg ; M. Melford 464 bc ; Marc Solomon 322 bd ; Marvin E. Newman 628 cg ; Michael Melford 581 chg ; Michael Salas 69 hd ; Milan Skarya 14 cbd ; P. & G. Bower 178 hd ; Paul Kleuenz 101 cd ; Peter Thomann 174 cg ; Robert Holland 518 cbd ; Robert Phillips 564 bg ; Ronald R. Johnson 284 cd, 406 hg ; Sah Zarember 417 cg ; Stan Drexter 261 bg ; Steve Dunwell 84 bg ; Steve Niedorf 459 bd, 456 ch ; Stockphotos 442 cd ; Thomas R. Rampy 12 cbd ; Toyotumi Mori 407 c ; Trevor Wood 616 hd ; Ulli Seer 69 hg.
Impact Photos : Caroline Penn 246 bc.
Imperial War Museum : 87 hg, 271 chg, 249 cgb, 576 c.
Innes Photo Library : Ivor Innes 561 cg, 561 cgb ; John Blackburn 561 bg.
Intercity : 478 cbd.

J

Janitz Lou : 523 hg.
JET Joint Undertaking : 278 hg.

K

Katz Pictures : Resnick 147 c.
Kensington and Chelsea Public Library Royal Borough of : 260 cg.
Keystone-France : 247 hd Charles Vanel et Brigitte Bardot dans le film *La Vérité*, 1960 ; 249 gh Simone Veil ; 249 bc Manifestantes féministes.
Kindersley Barnabas : 407 hg, 407 cgb, 407 chd ; 189 bg.
King David Collection : 211 hd.
Kobal Collection : 116 bd, 197 cda, 198 bg, 362 cb, 384 hg, 488 bc, 607 hd, 743 bg.
Kodak Courtesy of : 543 hd.

L

Leitz : 47 bd.
Link Picture Library : 447 cb ; Greg English 447 bd ; Orde Eliason 447 cg, 447 bg ; Philip Schelder 30 bc.
London Features International : 391 cbd.
Lotus Cars Ltd : 697 cb.
Lupe Cunha : 325 cg, 376 cgb, 456 c ; Ann Lyons : 567 hd.

M

Magnum : 692 bc.
Mander & Mitchenson : 199 cg, 199 cd, 199 cb.
Mansell Collection : 78 bc, 121 cd, 169 cg, 575 hg, 631 bg.
Mansell/Time Inc : 350 bd.
Marconi Electronic Devises : Bruce Stone 246 cd.
Marshall Cavendish : Osel Group 314 cd.
Maxi-Livres : 553 cd Maxi-Livres pour le texte. © Jenny Tulip pour l'illustration.
McDonald's Restaurants Ltd : 646 c.
Mercedes Benz : 706 cgb.
Metropolitan Museum of Art The : Rogers Fund 2324 411 cgb.
Michelin : 611 cgb.
Museum Of London : 78 bd.

N

N.A.S.A. : 63 cd, 213 c, 439 cb, 465 hg, 466 bg, 518 bg, 565 c, 684 cg, 684 bd ; Don Dixon 693 cgb ; Finlay Holiday Films 697 cd ; N.A.S.A 685 c.
N.H.P.A. : 63 bd, 64 bd, 86 cg, 119 hd, 151 bc ; Anthony Bannister 472 hg ; Bill Wood 595hc ; Brian and Cherry Alexander 58 cg, 82 hd, 82 c ; Daryl Balfour 37 hd ; J.H.Carmichael 506 cda ; Jerry Sauvanet 324 hg ; John Shaw 60 b ; Manfred Danegger 477 hd ; Martin Harvey 102 bd ; Phillipa Scot 428 chg ; Roger Tidney 236 hg ; Stephen Dalton 181 c ; Stephen Krasemann 36 h ; Willima S. Pakon 449 c.
National Gallery, London : 532 hg, 533 hg, 533 bg, 534 hg, 534 cg, 591 hg.
National Maritime Museum, London : 274 bg, 450 hg, 308 bc ; James Stevenson 190 bd, 342 cgb.
National Portrait Gallery, London : 533 cg ; Brnte, Patrick Branwell, 1817-1848 433 ch.
National Trust Photographic Library : Ian Shaw 522 bc ; Jennie Woodstock 522 c ; Martin Trelawny 525 c.
Natural History Museum The, London : 328 hg, 327 cd.
Network Photographers Ltd. : 54 bd, 557 cbd ; Gideon Mendel 447 hg, 447 cd ; Goldwater 87 bc ; Jenny Matthews 260 bg ; Louise Gubb 447 hc ; Peter Jordan 558 c.
Newark's Pictures Peter : 66 bd, 153 cd, 226 c, 226 bd, 282 bc, 363 cg, 363 cd, 386 cbd, 386 b c, 387 hg, 387 cg, 429 hd, 547 bc, 567 bc, 662 hd, 700 c.
Nobel Foundation : 632 cbd.
Novosti : 621 bd, 624 hg, 602 bg, 691 hd, 691 cbd, 691 bc.

O

Olympic Co-ordination Authority : 416 hd.
Open University : 260 bc.
Ordnance Survey © Crown Copyright : 415 c.
Osborne Christine : 13 cg, 93 bg, 456 hg, 636 cd, 153 hg.

Otis'Elevators Courtesy of : 92 bc.
Oxford Scientific Films : 63 bg, 281 bc, 643 bc ; Animals Animals, M. Austerman 604 bg, Fran Allen 184 cd ; Fran Allen 185 cd ; B.G.Murray/JR. Garth Scenes 552 c ; David Fox 43 cg ; Edward Panker 15 hd ; Fritz Penzel 115 bc ; G.I. Bernard 480 bc, 580 cbd ; J.A.L.Cooke 328 bc, 627 cd, 389 hg ; JAL Cooke 281 cgb ; John Paling 642 cgb ; Kathie Atkinson 114 hd, 445 hg ; Kim Westerskov 349 hc ; Lawrence Gould 556 cg ; Michael Fogden 115 cg ; Pam & Willy Kemp 255 hg ; Raymond Blythe 203 hg ; Ronald Toms 696 bg ; Stan Osolinksi 227 c ; Sue Tainer 339 bc.162 bd ; Keystone, Max Schneider, Zurich 30 cgb ; MPI

P

PA News Photo Library : 344 bg.
Palace of Versailles : 436 cda.
Panasonic : 74cg.
Panos Pictures : 85 bg, 31 bd ; Alain le Garsmeur 727 cd ; Alfredo Cadeno 151 bg ; B. Klass 385 b ; Caroline Penn 65 bg, 729 bd ; Chris Stowers 134 c ; Dermot Tatrow 589 bc ; Dominic Harcourt-Webster35 cd ; Fred Hoogervorst 726 cg ; Giacomo Pirozzi 29 chd ; 17 hd, 24 hd, 24 cg ; Gregory Wrona 596 hg ; Heidi Bradner 134 bg ; Howard Davies 132 hg ; Jean-Leo Dugast 102 hc ; Jeremy Harhgey 31 bd ; John Miles 151 cg ; Liba Taylor 36 bg ; Maya Kardum 699 cg ; N. Durrell McKenna 22 c ; Neil Cooper 23 hd ; Pietro Cenini 35 bd ; Trgve Bolstad 22 cg.
Patankar, Aditya : 489 ch.
Philips Scientific : 470 cbd, 470 bc.
Pickthall Picture Library : Barry Pickthall 705 hg.
Pictor International : 59 bd, 133 hd, 133 c, 134 hg, 286 hg, 344 cd, 357 cg, 357 cd, 401 cd, 402 hd, 528 d, 528 b, 565 hd, 565 cd, 614 hd, 629 bg.
Picture mate : 74 cd.
Planet Earth Pictures : 45 bg, 29 bd, 314 hd, 314 bg, 597 bg, 713 bg ; Adam Jones 58 cd, 59 cg ; Anup Shah 36 bd, 102 hg ; Brian and Cherry Alexander 82 cd ; Christin Petron 79 cd ; David Phillips 481 bc ; Doug Perrine 59 hg ; Gary Bell 119 c ; John Downer 22 bg ; Jonathan Scott 36 cd, 701 bg ; Joyce Photographics 72 cd ; Mary Clay 59 cd ; Paul Cooper 530 cbd ; Peter David 348 hd, 348 bcl ; Peter Lillie 22 bd ; Tom Walker 383 bg, 58 bd ; Warren Williams 278 ch ; William Smithey 349 c.
Platt Richard : 136 bc, 266 bc, 415 cg, 603 cbd.
Popperfoto : 21 cg, 21 c, 52 cg, 67 cb, 67 bg, 98 cb, 153 cg, 153 bd, 194 cbd, 196 bg, 294 h, 309 hc, 309 cg, 309 cb, 334 bg, 334 bc, 364 cg, 364 cd ; 416 bd, 420 bg, 461 bg, 476 hd, 492 hg, 532 cgb, 567 bc, 582 bc, 610 bg, 610 bd, 627 bc, 635 c ; David Crosling, Reuters 271 cbd ; Dmitri Messinis 309 cb ; Dylan Martinez, Reuters 271 cb ; Reuters 264 bc, 345 ch.
Post Office Picture Library : 567 cb.
Powerstock Photolibrary/Zefa : 68 ch, 148 cd, 208 cd, 221 hg, 419 bg, 486 cd, 551 hd, 582 hg, 694 c bd, 730 bg ; 8 bc ; D.H.Teuffen 78 hg ; Geoff Kalt 651 hd ; Hales 672 bc ; Ingo Seiff 706 hg ; R.G.Everts 193 bd ; S. Palmer 584 bg ; K. Scholz 193 cd ; T. Schneider 175 hg ; Transglobe 527 bc.
Public Record Office Picture Library : 496 cb.

Q

©QA Photos Ltd. : Eurotunnel 686 bg.
Quadrant Picture Library : Mark Wagner 68 cbd.

R

Redferns : Charlyn Zlotnik 562 bg ; David Redfern 561 hg ; Des Willie 562 hg ; Elliot Landy 563 hd ; Glenn A. Baker Archives 562 cb ; Kieran Doherty 563 c ; Michael Ochs 562 cbd ; Mick Hutson 398 cd, 563 bg ; Pahdick Ford 563 cd ; S & G 562 bd ; Simon Ritter 562 hc ; Steve Grillett 488 hg.
Bridget Riley : 534 cbd.
Rex Features : 94 hg, 500 bd, 700 cg, 304 hga, 304 hgb, 50 h, 433 hg, 448 hg, 498 bc, 27 bg, 553 bc ; Chat 247 cb ; David Pratt 100 bg ; Fotex 629 hg ; J. Sutton-Hibbert 340 c ; James Fraser 346 cd ; Julian Makey 346 bc ; Sipa 162 bc, 726 bg ; Steve Wood 286 hd ; Times 147 cg ; Wheeler 277 hg.
Ronan Ann Picture Library : 206 bc, 42 c, 310 hg.
Rosney Cliff : 296 bc.
Rover Group : 304 cd.
Royal Collection The (© 1999 Her Majesty Queen Elizabeth II) : 350 hd, 704 cbd.
Royal Mint The (Crown copyright) : 84 hg.

S

Saatchi Gallery : 534 bg.
Scala : 531 bd, 634 cbd ; Museo Nazionale Athenai 106 cb.
Science & Society Picture Library : 486 cg ; Science Museum 582 c, 582 bg.
Science Photo Library : 549 bd, 303 bg, 668 bg, 682 bg ; Alan Hart-Davies 170 bd ; Alexander Isiaras 278 cgb, 665 bd ; Alta Greenberg 295 cd ; Ashdida Hans Frieder Michler 665 c ; CNRI 242 bc, 444 cg ; David Parker 579 cg ; David Parker 646 Group 607 c ; David Parker/Max Planck/Institut for Aeronomie 206 c ; David Wintraub 61 hg ; Dr Fred Espenak 302 hg, 453 cg ; Dr. Gerald Schatten 325 bd ; Dr. Jeremy Burgess 469 hg, 469 bg ; Dr. T.E. Thompson 459 c ; Earth Satellite Corp. 626 ch ; Earth Satellite Corporation 59 cg ; Eric Grave 470 c ; E.W.Space Agency 548 bcl ; Frank Espanak 110 cda ; Hubert Raguet 728 cg ; I.B.M. 470 bd ; Jane Stevenson 592 hg ; Jim Stevenson 169 hg ; John Mead 727 bg ; John Sanford 206 bg, 439 hg ; Ken Briggs 277 bg ; Lawrence Migoale 444 bg ; M.I.Walker 469 cg ; Michael Dohrn 577 cb, 413 hd ; N.A.S.A. 110 cg, 426 bd, 548 bg, 548 bc, 549 bc, 549 bg, 549 bcl, 549 bcr, 560 hg, 623 hd, 584 bc ; N.I.B.S. C. 202 bg ; N.R.A.O. 110v ; P hilippe Plailly 456 cb ; Philippe Reilly 426 bg ; Professor Harold Edgerton 542 cda ; Proffessor R. Gehz 110 ch ; R.E.Litchfield 469 bc ; Royal Greenwich Observatory 377 bc ; Simon Fraser 201 hd, 312 bg ; Smithsonian Institute 59 hc ; St. Mary's Hospital Medichl School 458 c ; Takeshi Takahara 682 bg ; Tim Malyon 426 hd ; Tom McHugh 368 bg ; U.S.Navy 89 bc ; US Geologichl Survey 548 bd ; William Curtsinger 72 hd ; Yves Bauken 210 cb.
Scotland National Museum of : Mayanbowl 455 cbd.
Scottish Highland Photolibdary : R. Weir 256 cda.
Shakespeare Globe Trust : 644 hd.
Shell UK : 539 bc.
Sheridan Ronald : 496 h.
Shutterstock : Certe 443 cg.
Silkeborg Museum : 79 hg.
SKR Photos : LFI 487 bg.
South American Pictures : 67 cda ; Tony Morrison 127 bc.
Spectrum Colour Library : 138 bd ; E. Hughes 615 cg.
Spooner Frank Pictures : 17 cd, 17 bg, 158 bg, 330 hd, 406 bc, 207 bg ; Bartholomew Liaison 232 cd ; Blanche 280 bc ; Chip Hines 232 bc, 52 bc ; Eric Bouver 19 bc ; Eric Bouvet/Gamma 106 cb ; G. Nel Figaro 499 cg ; Gamma 190 hd, 161 bc, 397 bc, 220 hg, 483 bg, 337 cd ; Gamma/V. Shone 640 hd ; JacquesGraf 544 cbd ; John Chiason 91 bd ; K. Kristen 280 ch ; Kahu Karita 410 bg ; L. Novovitch-Liaison 300 bc ; Manaud/Figaro 632 cb ; Nickelsberg/Gamma 90 bg ; Novosti/Gamma 692 ch ; Pierre Perin/Gamma 289 bg.
Sporting Pictures (UK) Ltd : 269 cd, 331 hg, 401 bg, 416 cg, 518 hg, 636 bc, 657 cg, 695 cd.
Still Pictures : 560 c ; Edward Parker 560 cgb ; Harmut Schwartzbach 694 bg ; Mark Edwards 560 bd.
Stock Market The : 419 cb ; Zefa 593 bd.
Stone Images Tony : 102 bg, 150 bg, 152 bd, 208 cg, 210 hd, 210 chg, 210 cg, 210 bg, 256 cg, 256 cbd, 306 bd, 418 bc, 435 hd, 501 hd, 502 bd, 526 bg ; Bob Thompson 60 hd ; Demetrio Carrasco 588 cda ; Donald Nausbaum 152 hc ; Donovan Reese 582 cd ; Doug Armand 49 hg ; Gary Yeowell 687 hg ; Glen Allison 58 c ; Hugh Sitton 402 bc, 687 c ; James Balog 663 c ; John Beatty 83 hg, 500 cg ; John Callahan 503 cd ; John Lamb 329 bd ; Jon Gray 208 cg ; Manfred Mehlig 73 bg, 663 bg ; Martin Puddy 502 hd ; Michael Busselle 68 cgb ; Nigel Hillier 687 cd ; Nigel Snowdon 67 hd ; Peter Cade 491 hd ; Ragnar Sigurdsson 500 bc ; Randy Wells 59 hc ; Robert Everts 133 bg ; Rohan 529 bg ; Seigfreid Layda 49 c Shaun Egan 402 hg ; Stephen Studd 663 hd ; Stuart Westmoreland 116 cd ; Tom Parker 615 bg ; Tom Walker 83 hc.
Superstock Ltd. : 680 cd.
Survival Anglia Photo Library : 293 cg, 293 c ; Jeff Foott 293 cbd.
Sutton Don : 398 chg, 398 bg ; DS17633 398 bd.
Syndication International : 662 bg.

T

© Tate Gallery, London : 534 ch.
Tass News Agency : 213 cg, 343 cgb.
Taylor Ron & Valerie : 546 cgb.
Telegraph Colour Library : 579 cd, 633 cg ; Bavania/Bild Agentur 147 cbd ; Jason Childs 116 cg.
Thames & Hudson Ltd : T he Complete Architecture Works 703 bc.
Thomas Louise : 102 cd.
Topham Picturepoint : 280 hg, 280 cg, 294 b, 420 cg, 619 cb, 637 hg, 669 bg, 670 bg ; Image Works, Lee Snider 486 hd.
Toy Brokers Ltd : 660 hd.
TRIP Art Directors & : B. Vikander 688 hd ; G. Spenceley 132 cg.

U

Unicef : 492 bc.
United Nations : 492 cg.
United Feature Syndicate Inc. Reproduced by permission of : 240 cg.
University of Manchester : Barri Jones, Department of Archaeology 79 hd.

V

V & A Picture Library : 193 bd, 194 hg, 237 cbd.
Vie Du Rail La : 682.
View Pictures : Dennis Gilbert 374 bd.
Virginia Museum of Fine Arts : gift of Col. & Mrs Edgar W. Garbisch 299 hd.

W

Wales National Museum of : 615 cda.
Wallace Collection The : 532 c.
Walmsley Photo Library John : 144 hd, 525 bc, 558 hc, 589 ch.
Watney John : 395 c.
Wilson Reg : 135 cg, 351, 512 hd.
Windsor Castle Royal Library (by permission HM The Queen) : 239 bd.
Wolf Harlandand : 615 cd.
Woods Hole Oceangraphic Instititution : 313 bg.

X

Xinhua News agency : 212 hg.

Y

Young Jerry : 708 bg.

Z

Zefa Picture Library : 48 cd, 48 bg, 55 cd, 67 bg, 87 cg, 96 bg, 103 cd, 122 bg, 141 cd, 154 cg, 161 c, 191 bc, 193 bd, 208 cd, 250 c, 251 cbd, 286 cg, 304 bc, 334 hg, 361 hg, 369 bc, 396 h, 399 bc, 401 hd, 402 c, 418 cg, 468 cd, 468 bg, 462 cg, 622 hg, 288 cdh, 588 bc, 671 c, 615 hg, 616 bg, 701 cb, 711 bd ; Abdil 224 c ; B. Croxford 483 cd ; B. Keppelmeyer 330 cd ; Colin Kaket 385 hd ; Damm 103 bc, 483 hg, 333 hg ; Dr. David Conker 538 bg ; Dr. R. Lorenz 536 hg ; Fritz 499 bc ; G. Hunter 156 bg ; Groebel 621 cd ; H. Grathwohl 468 hd ; Heilman 71 hg, 41 bc ; Helbig 517 hd ; J. Zittenzieher 383 bd ; K. Goebel 262 hg, 49 cd, 482 cg ; K. Keith 287 hg ; K. Scholz 17 hg ; K. Schotz 473 cbd ; Kim Heebig 234 cbd ; Klaus Hackenburg 686 hg ; Knight & Hunt Photo 234 bc ; Kohler 48 cg ; Leidmann 384 hd ; Messershmidt 703 hd ; O. Langrand 343 bc ; Orion Press 146 hd ; Praedel 629 cd ; R.G.Everts 343 cbd ; Scholz 193 cd ; Starfoto 383 cg ; UWS 355 cd ; W. Benser 383 c ; W. Deuter 245 cd ; W.F.Davidson 195 hg ; W. Mole 487 bd ; W.F. Davidson 710 bc ; Werner H. Muller 196 cd.

Droits réservés : 26 bg ; 70 ; 205; 231 bc ; 334 ; 553 c ; 603 c ; 645 b ; 667 bd.

CRÉDITS DES ILLUSTRATIONS

Abréviations : b = en bas, c = au centre, d = à droite, g = à gauche, h = en haut.

A

Allen Graham : 647.
Ashby David : 90 h ; 153 b ; 282 c d ; 299 ; 300 h ; 346 ; 378 ; 366 cg ; 692 hg ; 706 cg, 706 hg, 706 hd ; 717.
Austen Graham/Garden Studios : 166 hg, 166 bg.

B

Biesty Stephen : 124 ; 141 ; 125 ; 176 ; 177 ; 178 ; 370 h ; 655 c ; 668 ; 677 c ; 677 hg ; 706 cd ; 717.
Brakely Rick/Studio Art and Illustration : 139 c ; 140 hc ; 171 ; 208 ; 212 ; 213 bg ; 265 cg ; 337 c ; 426 ; 440 c ; 439 ; 450 c ; 470 ; 579 h ; 584 ; 626 hg ; 652.
Bull Peter Art Studio : 74 hd ; 200 bc ; 200 c, 313 bg, 313 bd ; 313 cd, 314 bd ; 342 hd ; 343 c ; 466 ; 478 bc ; 495 cd ; 495 cg, 580 bg.
Butzer Christopher : 246 c ; 704 hg.

C

Cobbold Julia : 167 b ; 224 ; 361 ; 476 c ; 559 ; 614 bd ; 615 hd
Conlin Stephen : 14 c ; 80 h ; 81 c ; 261 ; 238 bc ; 295 b ; 334 c ; 469 cd ; 475 ; 591 c ; 703.
Crawford-Fraser John : 229 cd ; 451 cd ; 489 cd ; 512.

D

Donahue William : 105 h ; 205 bg ; 272 c ; 275 c, 404 ; 463 ; 473 ; 681 ; 702 h.
Draper Richard : 110.
Duran Keith/Linden Artists : 519 bg.

E

Elsebach Angelika : 34 c ; 70 ; 71 ; 75 ; 76 hg ; 129 c ; 142 ; 181 ; 187 c d ; 203 ; 281 ; 290 h, 290 c ; 323 gh ; 324 ; 328 ; 335 cg, 335 bd ; 336 ; 347 bg ; 355 hg, 355 c, 355 b ; 389 ; 446 ; 449 ; 510 ; 523 ; 679.
Elsebach Angelika/David Moore : 76 hd, 76 bg.
Elsebury Gill : 235 ; 236 ; 360 ; 494 ; 643 ; 627.

G

Galante L.R. : 4 07 cd ; 221 c, 221 cd ; 222 hg ; 353 bc ; 369 cg ; 362 c ; 436 cd.
Gibbons Tony : 139 b ; 140 b.
Goussé Jean-Louis : 87 bg ; 122 (car scolaire) ; 450 (lieutenant de vaisseau).

H

Hall Nick : 673 ; 674 c ; 573 ; 574 ; 666.
Hewetson Nicholas : 13 cd ; 14 bc ; 16 c ; 17 bg ; 21 h ; 48 ; 51 c ; 54 hd ; 62 cg ; 63 ; 66 ; 67 ; 78 c, 78 bc ; 87 d ; 89 hg, 89 h d ; 93 d ; 94 ; 101 cg ; 105 b ; 106 d ; 108 h, 108 b ; 127 h ; 128 cg ; 146 ; 155 hd, 155 bg, 155 cd ; 156 hg ; 160 cd ; 167 hg, 167 cg ; 170 b ; 189 cg, 189 hd ; 211 cg ; 232 bg ; 244 cd ; 249 hd ; 259 ; 262 ; 263 b, 263 hg ; 273 ; 274 cg, 274 bd ; 284 cg ; 289 hg ; 294 cg ; 296 ; 312 c, 312 cd ; 316 ; 325 ; 329 c ; 331 c ; 344 hd ; 351 ; 356 bg ; 358 c ; 359 cg ; 369 hg, 369 cg ; 373 ; 375 hd, 375 b ; 379 ; 382 c ; 390 ; 393 gh, 393 bg ; 395 bd ; 406 b ; 409 ; 410 ; 411 ; 412 hd ; 413 h ; 416 ; 419 ; 425 bd ; 430 ; 436 bd ; 437 bg ; 448 hd ; 450 b ; 458 hg ; 459 cg ; 465 ; 488 hd ; 496 cg, 496 cd ; 498 hg, 498 cd ; 499 hg ; 504 ; 554 bg, 554 bd ; 557 ; 568 ; 590 c ; 595 cg ; 603 bg ; 607 cg ; 609 b ; 610 cd ; 619 hg ; 621 ; 625 c ; 628 hg, 628 bd ; 631 ; 639 ; 651 bc ; 653 cd ; 654 b ; 657 ; 662 c ; 693 cd, 693 bg ; 700 b ; 701 cg ; 702 bg ; 705 cd.
Hill Trevor : 90 b.
Hook Adam/Linden Artists : 30 cg ; 230 c ; 386 c.

J

Jones Kevin Associates : 278.

K

Khan Aziz : 30 hd ; 44 cd ; 68 hd ; 94 hd ; 98 g ; 162 bg ; 181 bd ; 200 hd ; 204 hd ; 214 cd ; 228 cg ; 230 bg ; 256 hd ; 260 hd ; 269 bg ; 282 c ; 309 bd ; 340 bd ; 346 bg ; 353 cd ; 362 hd, 362 bg ; 398 hd ; 433 b ; 455 hd ; 490 cd ; 516 c ; 522 bd ; 525 hd ; 526 cd ; 527 bd ; 558 cd ; 563 cg ; 565 bd ; 589 bc ; 613 hd, 613 bg ; 661 cd ; 664 hd ; 690 cd ; 690 bd.
Kirk Steven : 244 hg ; 594 ; 595 hg, 595 b.

L

Lewis Jason : 193 ; 174 ; 368 ; 370 d ; 386 hc ; 474 ; 479 hg ; 695.
Lewis Richard : 170 c ; 206 ; 207 ; 277 ; 322 ; 544 ; 581 ; 607 bg ; 626 hd ; 651 hc, 651 bg ; 649 ; 671 h ; 674 h ; 719 cg.
Lindsay Ruth : 12 ; 114 ; 115 ; 172 ; 180 ; 185 ; 186 cd ; 318 hg ; 319 ; 372 ; 388 ; 427 bd ; 428 ; 520 ; 571 ; 572 ; 653 h ; 477 except ; 69 ; 130 bg ; 716
Ling Chen : 716 ; 717 ; 718 ; 719.
Loates Mick/Linden Artists : 145 b ; 159 bg, 159 bd ; 164 d ; 219 h ; 254 ; 292 ; 293 ; 348 ; 349 ; 354 ; 422 ; 423 ; 517 ; 541 h ; 546 ; 548 ; 549 ; 641 ; 642 b ; 678.

M

Marffy Janos : 450 cd.
Mcdougall Kathleen : 420 hg.
Mula Coral : 56 ; 39 hg, 39 bg.

P

Poole Brian : 164 b.
Warren Poppiti : 553 c.

Q

Quigley Sebastian/Linden Artists : 138 h, 138 bg ; 227 ; 454 cd ; 464 ; 476 b ; 686 c ; 697 bg ; 768 b.

R

Robson Eric/Garden Studios : 20 c, 20 bg ; 604 ; 605 ; 606
Rose Jackie : 182 g, 182 b ; 183 d, 183 b
Rosney Clifford : 718 cg
Roulstone Simon : 92 cg, 92 cd, 92 hd ; 125 c ; 143 c ; 143 bg, 143 bc ; 170 cd ; 264 cg ; 265 cg ; 266 hg, 266 c ; 315 c ; 341 c ; 378 c ; 392 hd ; 478 hg ; 479 cg ; 493 bg ; 581 c ; 612 c ; 666 ; 685 hg, 685 cg

S

Sergio : 168 ; 202 ; 221 cg, 221 bg ; 485 ; 516 ; 570 ; 592 ; 593 ; 712
Shackell Rodney : 44 c ; 51 bg ; 80 b ; 81 b ; 107 bd ; 144 cg ; 188 ; 245 d ; 260 cl ; 267 ; 282 hg ; 302 hd ; 353 c ; 393 hd ; 347 c ; 358 b ; 382 bg ; 359 bc ; 413 bg ; 440 hc ; 441 bd ; 531 ; 532 ; 535 b ; 536 hg ; 540 hd ; 589 ; 614 bg ; 615 ch, 615 cb, 615 cd ; 634 ; 635 hc ; 721 hc
Shields Eric : 182 c
Shone Rob : ; 88 ; 89 ; 363 ; 37 bg ; 45 cd ; 195 ; 196 ; 216 bd ; 234 c ; 276 h, 276 cg ; 314 ; 333 hd ; 334 d ; 364 ; 545 bd ; 421 ; 437 d, 437 cg ; 438 ; 489 d ; 518 ; 375 hg, 375 cd ; 552 ; 608 c ; 609 cd ; 671 bd ; 675 ; 577 bg, 577 cd
Spadoni Francesco : 228 hg, 228 bc, 228 bd ; 273 cg
Spadoni Francesco/Lorenzo Cecchi : 164 cg, 164 hd, 164 bg, 164 bd
Spong Clive/Linden Artists : 148 hg ; 313 ; 338
Stacey Mark : 169 cd ; 175 cd ; 214 cg ; 270 hd, 270 bd ; 421 cg ; 429 cd ; 455 c ; 644 c

T

Thomas Eric : 20 cd ; 21 bd ; 39 c ; 40 ; 47 c ; 106 h ; 120 ; 121 bg ; 137 c ; 158 hd, 158 cg, 158 bc ; 165 ; 173 ; 238 h ; 284 hd ; 288 c ; 304 cg ; 306 ; 310 d ; 311 ; 366 hd, 366 cg ; 371 hg, 371 cd ; 380 ; 381 hd ; 390 ; 395 hd, 395 g ; 397 c ; 399 ; 405 b ; 508 bg, 508 bd ; 526 cg ; 538 ; 540 c ; 547 ; 575 bd ; 576 bg ; 585 hg, 585 cg ; 598 ; 599 ; 602 ; 618 cd ; 624 ; 676 bg ; 682 hg, 682 cg ; 706 hc ; 711 c ; 713 ; 716 ; 717 ; 718 ; 719 ; 719 c, 719 cd ; 720 hg

V

Vincent François : 213 hd

W

Ward Richard/Precision : 15 hg ; 20 hd ; 57 hg ; 108 c ; 112 h ; 113 h ; 114 hg ; 121 hg ; 126 ; 128 hd ; 136 c ; 137 cd ; 153 cd ; 161 c ; 175 bd ; 201 ; 211 cd ; 216 h, 216 bg ; 223 ; 234 bg ; 250 h c ; 255 ; 272 hg ; 280 ; 323 hg ; 329 hg ; 341 ; 348 cd ; 353 h ; 355 b (cartes) ; 356 h ; 381 bd ; 386 bg ; 387 bg ; 412 cg ; 415 bc ; 440 bd ; 441 hg, 441 bg ; 442 bg ; 448 c ; 461 ; 462 ; 471 ; 477 cg ; 480 bg ; 537 b cg, 537 bg ; 579 b ; 586 hg ; 611 bd ; 625 hg ; 640 c, 640 c d, 640 b ; 655 b ; 662 bd ; 672 ; 693 h, 693 c ; 696 ; 720 c d,
Warwick Craig/Linden Artists : 539.
Weare Phil : 550 g ; 650 bg ; 698.
Webb David/Linden Artists : 56 ; 57 b ; 130 h, 130 bc ; 149 c ; 159 c ; 218 ; 268 ; 278 ; 371 c, 371 b ; 425 hd, 425 bg ; 445 bd ; 472 ; 480 hc, 480 hd, 480 bc, 480 bd ; 506 ; 508 bc ; 555 bg, 555 hg ; 586 b ; 587 ; 642 h.
Winterbotham Ann : 154 bd ; 43 bd ; 555 d ; 481 c ; 511 hd ; 597 ; 303 hd
Wood Gerald : 41 ; 107 bg ; 111 ; 122 ; 197 ; 198 bd ; 269 bd ; 317 ; 376 ; 414 c ; 530 c d ; 537 hg c ; 564 ; 611 c ; 637 ; 656 b d ; 658 ; 670 b c ; 683 ; 684 hg, 684 c d ; 686 b ;
Woodcock John : 16 cd ; 43 hd ; 52 ; 53 cb ; 77 ; 112 c ; 129 b ; 130 cg, 130 hd, 130 c ; 136 b ; 159 h, 159 cd ; 184 ; 217 cg, 217 bg ; 219 bd ; 225 ; 251 ; 265 c ; 274 hd ; 275 b d ; 289 d ; 302 cd ; 303 cg ; 345 b ; 359 d ; 366 bg ; 369 hd, 369 bd ; 397 bd ; 405 d ; 442 hg, 442 c, 442 cd ; 444 ; 456 g ; 458 bd ; 460 b ; 469 cd ; 492 ; 496 bc ; 509 hg, 509 c ; 511 hg, 511 cg ; 541 bg ; 550 cd ; 556 bg ; 575 c, 575 cd ; 576 hd, 576 bd ; 591 d ; 618 b ; 619 b ; 625 d ; 626 bg ; 632 hd ; 635 d ; 638. 656 bg ; 676 cg ; 676 bc ; 691 ; 692 h d ; 705 bg ;
Wright Dan : 179 ; 480 c ; 648.

Achevé d'imprimer en France par Loire Offset Titoulet
Dépôt légal : Septembre 2013 - Edition 01 - 17/0055/8